上海出版资金项目
Shanghai Publishing Funds

民国通俗小说
书目资料汇编

魏绍昌　主编

上海书店
出版社

1

一九三〇年代的福州路（近山东路）。据史载：一九三一年大东书局迁入福州路三一〇号（图中宝塔下白色房屋），一九三二年世界书局从福州路三二〇号（图中大东书局左侧）迁移至福州路三九〇号。此图应摄于一九三一年。

大东书局　　　　　　　　　　　　　　　　　世界书局

何海鸣	范烟桥
平江不肖生	张恨水

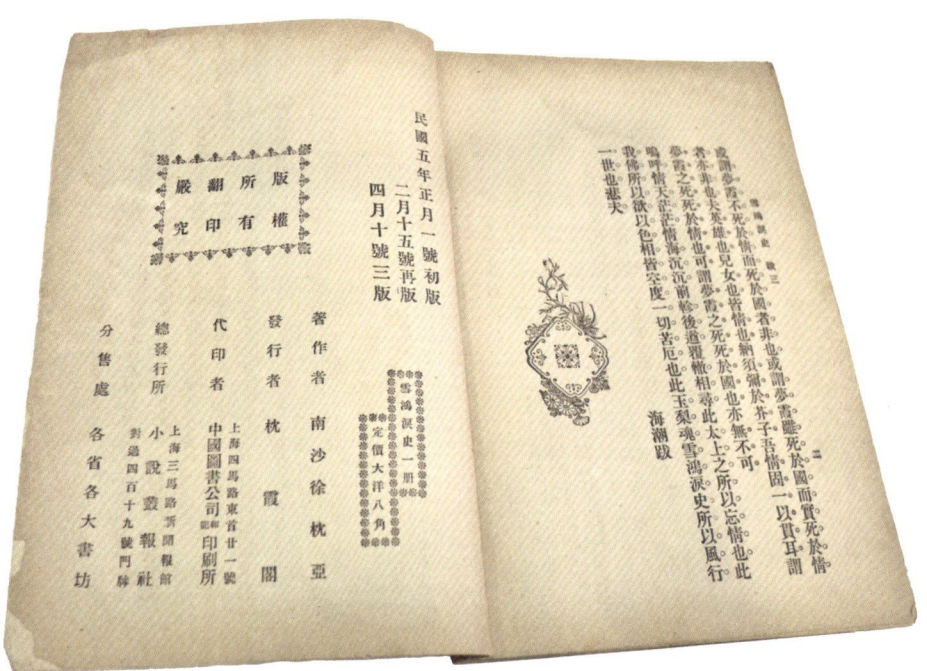

民国时期出版的通俗小说

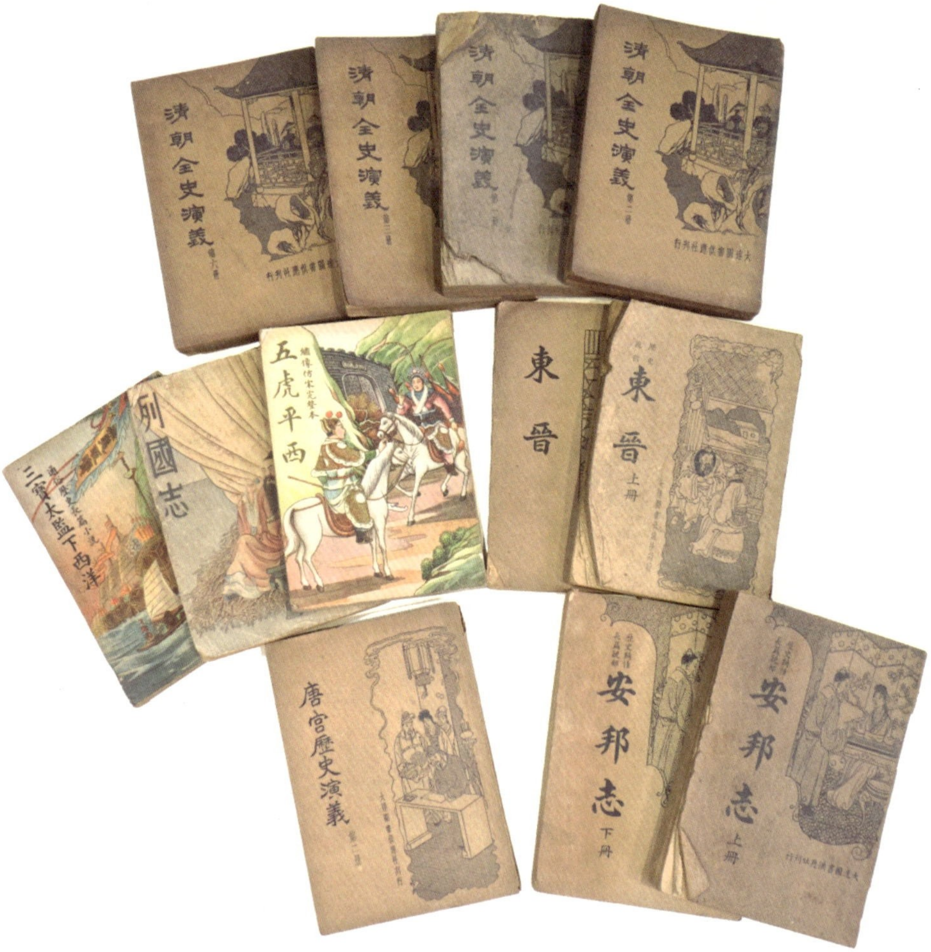

民国时期出版的通俗小说

民国时期出版的通俗小说

主编魏绍昌

《民国通俗小说书目资料汇编》部分手稿

总　目

序(黄霖) ··· 1

凡例 ··· 1

民国通俗小说书目 ······································· 1

民国通俗小说评析 ······································· 1771

书目笔画索引 ··· 1975

编辑后记 ··· 2009

序

黄　霖

早在 20 世纪 90 年代初,魏绍昌先生组织、编写了这部《民国通俗小说大辞典》)(现改名为《民国通俗小说书目资料汇编》),不能不令人惊叹他的识见与魄力,但在当时我就暗暗担心这部大书能否顺利出版。这种担心倒不是出于这部书规模大,头绪繁,要成书不易,而主要是担心当时上上下下不少人还是带着有色的眼镜来看待这批小说与小说家的,这是否会使这部书的问世未必一帆风顺呢?

近一个世纪以来,"鸳鸯蝴蝶派"、"礼拜六派"、"黑幕小说"、"旧派小说",乃至"反动逆流"等等帽子长期在这批小说与小说家的头上盘旋着。假如这批小说果真全是或大部分是传播"病菌"式的"封建的小市民文艺"的话,那么在今天有必要耗去有限的资源去作一网打尽式的搜罗、整理与出版吗? 其他人的看法且不说,就以魏先生来说,他在 1984 年出版的一部很下工夫的资料集《鸳鸯蝴蝶派研究资料》中,对这批小说也是习惯地安上了"鸳鸯蝴蝶派"的帽子,其开卷《叙例》第一条就将它们定性为"现代文学史中宣扬趣味主义的一种流派"。用"趣味"两字来概括这一流派的主要特点,应该说是抓到了痒处。但问题是这里的"趣味"前加上了"宣扬"两字,后面又再添上了一个"主义",显然将这种"趣味"打上了贬义的烙印。接着又说它们"披着'超政治'的外衣","一味投合小市民读者的口味","是半封建半殖民地社会的'典型'产物"等等,抹上了不少灰暗的色彩。

时过五年,魏先生在《我看鸳鸯蝴蝶派》中,继续说了类似的话,但是与前不同的是,我们看到他在具体分析一些作家作品时,已有诸多的肯定,与一些门面话并不一致。所以,我认为魏先生在对待所谓"鸳鸯蝴蝶派"的问题上,其内心深处一直是充满着矛盾的。一方面,他倾注了极大的精力、充满着感情地去搜集、整理这些曾经被人唾弃的小说与小说家的各种材料并进行潜心研究,另一方面则不得不在主流话语

的笼罩下随波逐流,装点了一些套话时语。时至上世纪末,当他考虑编集这部大辞典时,随着时代的进步,他显然已经呼吸到了更多的新鲜的空气,看法有了根本性的转变,其关键性的标志之一,就是不再称这批小说与小说家是"鸳鸯蝴蝶派",而代之以"通俗小说"与"通俗小说家"了。尽管就我个人看来,用"通俗小说"来称呼这批小说也不甚妥帖,这不但与我国传统的"通俗小说"的概念相扞格,又将与民国期间被划出"通俗小说"圈外另贴上或"新"、或"纯"、或"雅"、或"精英"等标签而实际上也是"通俗小说"的一批小说相混淆,且与这批小说中事实上存在着相当数量不"通俗"的作品也不相吻合,但不管怎样,它终究挣脱了一个世纪以来的一条沉重的缰索,用一个还比较倾向于正面的名目来称呼这批小说与小说家了。当然,要彻底抛弃历史的包袱并不是轻而易举的事情,就在这本资料汇编的评介文字中还是有一些论者沿用着"鸳鸯蝴蝶派"的名目,乃至直到今天的一些著作与论文中还能不时见到有人用"鸳鸯蝴蝶派"来称呼这批小说与小说家的,但我们应该看到后来的研究者还是越来越多地用"通俗小说"、"通俗小说家"或其他提法来取代"鸳鸯蝴蝶派"了,使研究中国近现代小说的历史翻开了新的一页。

可是,令人不无遗憾的是,魏先生在当初没有留下编选这部大书的"叙例"、"前言"之类的文字,让我们清楚地了解他当时对于这批小说与小说家的通盘新识。他的识见与宗旨,现在只能通过他编选的其他先生的文字中窥见其一二了。比如,就我看到的样稿中,就窥见一些论者纷纷提出:"时至今日,我们不应不加区别地将鸳鸯蝴蝶派的作家和作品一概否定,而应实事求是地对他们个人和他们的每部作品作具体分析。"(阿章《奈何天》〔顾明道〕)认为将它们"贬低为消闲文学,以和严肃文学的新文学相对立,这是不公平,也是不合理的。"(杜梦璞《广陵潮》〔李涵秋〕)指出将"包括严芙孙先生在内的一批言情小说家,一律被冠以含有贬义的所谓"鸳鸯蝴蝶派"而妄加否定","是缺乏具体分析,是极不公正的"(吴泽蕴《严芙孙说集》〔唐铁海〕)。在这种被重新拾起的实事求是、具体分析的思想指导下,我们可以看到本书中不少论者对这些小说的具体作品与作家作了一些充满着生机的新评价。第一个使我注意到的是贾植芳先生为何海鸣的《老琴师》所作的分析。他说:

> 这类作品或多或少、或强或弱地反映了一些社会生活内容和时代气息,有其一定的历史价值。……作为作家,他们只是卖文求墨的文人,而并

非是为虎作伥的官府爪牙;他们的衣食父母是读者大众,即所谓"看官",而非"帝王家"。他们把自己的作品看成是人们的消遣品,这也说明了他们已经自觉或不自觉地意识到了商品社会的价值观念……他们开始摆脱了在封闭性的农业经济社会里作家对官府的由人身依附到人格依附的附庸地位,成为具有自己独立人格和自食其力的社会个体,这是一种社会的进步。同时,他们作为平民百姓,也在"生活的地狱"里饱受煎熬之苦,因此在他们的作品里,也多少接触到历史事变、时局动态以及纷纭复杂的社会人生百态。

贾先生对《老琴师》这一具体作品又作了这样极高的评价:

这个故事,虽然取材于色情场所的生活,但作者的创作态度是严肃的,他以爱憎分明的生活态度,真实地写出了真实生活中的可怕的真实,以平凡的写实揭露了社会生活中某些本质的东西。

这篇短篇小说是平凡的,但也是深刻的,当时曾被旧派小说作家中的名家周瘦鹃推荐为"1922 年中国小说界的杰作",并说它"有永久的流传价值"。这一评语,今天看来,仍然有其参考价值。

这些话,已经一反了过去流行了近一个世纪的看法,基本上从正面来肯定这批小说与小说家了。贾先生的这些话,是作为一个研究者经过了理性思考之后得出的结论。与此不同的是白桦先生作为作家,写下的阅读拂云生《十里莺花梦》之后的具体感悟。这篇文字虽然与贾先生的思维角度、表述方式与流露出来的语气神情等都并不一致,但同样对小说的现实价值作了高度的评价。白桦先生这样说:

《十里莺花梦》写的是一些有闲文人和妓女们厮混的生活,使我对中国数千载举步维艰的内在原因,有了更多的了解,这是作者无意留给我们的思路。……这本也许是拂云生信手拈来写出的一本闲书,没有刻意要传世,警世,却引起我一番沉重的感慨来,说明即使是一些父辈或祖辈无意间留下的照片,已经褪色泛黄,我们只要认真看一眼,也会心悸肉颤地感受到一点什么。这大约就是文学和历史的力量吧!

白桦先生说得多好啊,"我们只要认真看一眼,也会心悸肉颤地感受到一点什

么"。可惜的是,我们常常不是自己认真地去看,认真地去思考,认真地去得出结论,而往往是看到一些风云人物登高一呼,即闻风而起,随影而动,于是一顶"鸳鸯蝴蝶派"之类的帽子,你我相传,随风飞舞了近一个世纪。如今到魏先生编集这部大书时,终于让人们看到了新的转机。在51篇的评介文字中,就不仅仅是贾、白两位先生表露了这样新识,还有一些作者都对有关作品给予高度的评价。如老编审彭新琪论张碧梧的《悲苦之爱》说,"通过这个故事歌颂人类崇高的感情,控诉社会的不公。整个作品贯穿着作者对人性,对传统美德的呼唤,处处流露出作者的真情。作者的伦理观溶化在整个故事描写中,丝毫不影响艺术形象的完整真实,没有一点说教味道,也没有给人一点虚假感。作者以巧妙的构思,层层切入的手法,把读者紧紧抓住。他精心设计了一个个悬念,然后串成一个整体,可以说天衣无缝,无懈可击。"文学批评家刘金在论《胡寄尘近作小说集》时也说:"胡寄尘的短篇小说,通过对生活中鳞鳞爪爪的直录,揭示和讽刺了当时社会上畸形的人情世态,有些篇章对吸血鬼给予辛辣的嘲讽与鞭挞,有些篇章流露出热烈的爱国思想和朦胧的'要改进这社会'的向往。这是同时期的小说(五四新文学小说除外)所不及的。对此,今天我们应当给他一个恰如其分的足够的评价。"事实上,在这些小说中,有的不待评论家们帮它们说好话,去作出"一个恰如其分的足够的评价",广大的读者早已顶着"几多声势浩大的批判",对它们作出了抉择,这正如徐开垒在论《啼笑因缘》时说的:"几十年后,严峻的历史却无情地向人们揭示这样一个真相:它还活着,还在书市、书场舞台上和影视屏幕中不断出现,这一严酷的事实,向我们继续提出一系列问题,要我们作更多更深的思考。"这些论者的真知灼见,无不表明了在一个新的时代中对所谓"鸳鸯蝴蝶派"的小说与小说家们正在形成一种新的共识。

可是令人失望的是,到1997年书稿杀青之时,却正如我前所料:一时竟出版无门。其原由,听说是由于出版者经费告缺。这里是否还有其他更深层的难处在,诸如是否有人会担心对"臭名昭著"了近一个世纪的"鸳鸯蝴蝶派"如是说,算不算"出轨"等等,就不得而知了。时间一晃,近二十年就过去了。这些年来,经过一批研究者的深入研究,拨乱反正与大声疾呼,致使舆论大变。时至今日,不管用什么名目来称呼这批小说与小说家,大都能以实事求是的态度去作具体的分析了,再不会简单地站在对立的立场上一味去遮蔽、抹黑与否定了。正当此时,这部书稿有望出版,也就在情理之中了。假如魏先生地下有知,一定会感到欣慰,相信他会手之舞之,足之

蹈之的了。

这部书稿能得以出版,高兴的恐怕不仅仅是长眠于地下的魏先生,而更应该受到广大近现代文学的爱好者与研究者的欢迎。正因为一大批这类小说曾经被另眼相看,长期处于被禁、被毁或半禁、半毁的状态之中,不要说留在一般读者脑海里只是一片空白,就是对专门的研究者来说,恐怕也很少能知其大概。如今在魏先生等人的努力下,梳理出了2000多部小说,经分类后,从书名、作者、出版者、出版年月、字数,到章节、回目等,一一加以交待清楚,这不但使我们清楚了民国时期这一大批小说的家底,而且使我们了解了2000多种小说的大致内容与基本情况,极大地开阔了近现代小说阅读与研究的视野。不但如此,魏先生还精心挑选了51篇作品,请一些小说研究与小说创作的行家里手逐篇评介。这20余万字的评介文字,从不同的角度、用不同的色调,对相当部分早被人们遗忘了的一时名作作了细致的解剖,在很大程度上丰富与改写了一部中国近现代的小说史。从这个意义上说,魏先生所编的这部大书真是功德无量。

当然,此书由于编写人员有限,又受到当时各种条件的制约,特别是还没有当今编辑书目之利器——网络与数据库,所以难免有一些疏漏。一、如书目漏载。如陆士谔的小说仅著录21篇,实际上他的通俗小说恐有90余种之多(有的已佚)。再如胡寄尘名下著录了他编集的《家庭小说集》,其实他还编有"侠情"、"哀情"、"言情"、"奇情"、"侦探"、"冒险"、"科学"、"军事"、"外交"、"历史"、"爱国"、"道德"、"伦理"、"教育"、"政治"、"神怪"、"滑稽"、"警世"、"社会"等多种小说集,"家庭"仅是其中一种。除了编集的小说之外,他的多篇创作小说也漏载了。今天假如上网查一查国家图书馆与上海图书馆的书目,一下子就可以增加不少的篇目了。二、如著录有误。如有的因不明作者的字号而将一人分列在两处,如"践卓翁"本是林纾的号,《平报》曾为他开设了"践卓翁短篇小说"专栏,后结集印成《践卓翁短篇小说》三辑,似因胡适批评它不像小说而后改名为《畏庐漫录》。今将践卓翁与林纾分列在两处,当两人来处理,就不太妥当了。甚至有的将不是民国时期的作者也列入其中,如明末清初的烟水散人及其《女才子》等就是。① 产生这些疏误,对于这样一部大书来

---

① 编者注:本书编辑初期,黄霖先生曾审阅了部分书稿,并指出了存在的一些的问题和错漏,编辑根据其意见对相关内容进行了调整与订正。再次向黄霖先生表示感谢。

说,也是可以理解的,总的来说,这些微瑕完全不能掩盖其煌煌功绩。这部大书毕竟能以丰富而详实的资料,新锐而独到的见解去引导人们认知曾经被长期遮蔽、歪曲、否定的半部中国现代小说史。它的出版,必将有力地推动中国近现代小说史的研究走向更加全面、更加科学的一个新阶段。

2014 年 5 月 22 日

凡　例

一、《民国通俗小说书目资料汇编》是著名文史学家魏绍昌（1922—2000）主编的大型资料文献。全书依据篇幅体量，以三分册形式推出。

二、本书的编纂，遵循历史唯物主义原则，如实而全面地反映民国通俗小说的创作结集、出版状况；力求使之成为条目完备、内容翔实、编排科学、检索方便的工具书，供专业工作者、图书资料部门和广大读者使用。

三、本书辑录民国时期出版的通俗小说近2000种。按著译编者的首字笔画为序编排，并尽可能以常用名归并同一著译者的多种笔名。多人合集以第一作者、译者或编者设立条目，合作者在书目中予以著录。翻译文学书目辑入译者名下。同一著译编者名下的作品，按笔画为序编排。

四、书目资料收录时限，原则上以1912年1月1日为上限，1949年9月30日为下限，但根据出书的实际情况，略有上下延伸。

五、每条书目依次编写下述内容：书名，类型，丛书名、异名，著者、译者、编者署名，出版状况，篇幅，题词、序跋情况，章回数，目次等。书名之后另起行，接排条目释文。版本描述之后另起行，分栏记录章回信息。

1. 书名作为条目词头，用三号宋体字表示。书名均按原书题名著录。凡同书异名者，一般在书目中以"即……"注明异名；属于后来改书名再版的，则另立条目。

2. 著译编者名按常用名著录；凡是原书署名非常用名的，则加圆括号置于常用名之后。多人合集，除了按版权页署名著录的，其余则据书中第一篇作品的作者署名著录。

3. 出版状况依据版权页著录下列内容：该书出版单位、出版时间和版次等。版次以编者所见的最早版本为准，用"初版"、"再版"等加以区别。

4. 目次著录该书所收作品篇目、章回和分辑情况，依据该书目录编写。题词、序跋、插图等，均在书目条目中说明。无细目者，略作说明。

　　5. 章回名目中因原书印刷不清或残缺不全的文字,用"□"代替;整个章回名目佚失的,用"(缺)"标明。

　　六、书前共有插页6页,收录反映民国书业状况、作家面貌、图书样态,以及本书创编人员和工作情况的图片17幅,藉以存真和纪念。

　　七、书后附有51篇文学研究专家和当代著名作家有关民国通俗小说的评介赏析文章,便于读者了解20世纪90年代本书创编时期对于民国通俗小说的理解程度和研究水准。文中插入了相应的作者肖像、手迹、书影等,以增强史料性和可读性。

　　八、本书编制了《书目笔画索引》,以便检索。索引以书名字头的笔画笔顺为序排列。书名相同而实不同书者,注明著译者,以示区别。

　　九、本书基本使用规范的简化字,个别人名例外处理。对于反映了民国时期现代汉语、方言俗语中古今嬗变、雅俗共存等特征的字形、语汇,予以适当保留,以资研究备览。

民国通俗小说书目

目 录

第一册

一画

一厂
武林秋 ·········· 1

一舸女士
小江平游沪记 ·········· 2

二画

丁寅生
孔子演义 ·········· 3

了俗道人
乾坤武侠传 ·········· 7

乃 凡
中国侦探在旧金山 ·········· 7

乃 文
房东 ·········· 7

三画

于伟文
武侠春秋 ·········· 8

于 芳
神弹乾坤手 ·········· 8

于星海
换巢鸾凤 ·········· 9

于贯一
浪子末路 ·········· 10

上官誉
胭脂国 ·········· 10

上海市学生联合会
新五月演义 ·········· 10

上海亚华书局
青楼镜 ·········· 11

上海江南学社
四十六刺客奇观 ·········· 11

上海铸记书局
十八反王 ·········· 12

小百姓
不可说 ·········· 13

么其琮
洞房花烛夜 ·········· 13

广文编辑局
百侠英雄奇观 ·········· 14

马枕梧
明代风流皇后 ·········· 15

马健行
老上海见闻 ·········· 16
闲话上海 ·········· 19

四画

王小厂
侠骨柔情 ·········· 23

王小逸(捉刀人、冯轶)
王公馆 ·········· 26
风雨同舟 ·········· 29

石榴红 ………………… 29

同功茧 ………………… 30

弃妇艳 ………………… 31

姊妹淘 ………………… 32

明月谁家 ………………… 35

夜来香 ………………… 35

陌上花开 ………………… 36

春水微波 ………………… 37

歪嘴吹灯录 ………………… 38

野花香 ………………… 39

骚来女士外传 ………………… 40

蝶恋花 ………………… 41

王子后

黑饭店 ………………… 43

王天恨

幻迹 ………………… 44

妃色丝巾 ………………… 45

彷徨的一晚 ………………… 45

秋风 ………………… 45

桃傍李 ………………… 46

梦痕 ………………… 46

王无生

恨海鹃声谱 ………………… 48

王 艺

刀笔地狱 ………………… 48

中国奇案 ………………… 49

明宫艳史 ………………… 50

洪宪宫闱奇案 ………………… 51

惊人奇案 ………………… 51

盗侠奇缘 ………………… 52

王芝嫣

绝命血书 ………………… 53

王西神

西神小说集 ………………… 53

王尘影（太原神隐）

华山女侠 ………………… 54

奇侠救国记 ………………… 55

南方大侠 ………………… 56

王仲明

英娘 ………………… 58

王似云

西风残照 ………………… 59

王 岩

龙凤帕 ………………… 59

王泽寰

雪窗秘史 ………………… 61

朝野艳异轶闻 ………………… 61

王承连

鸳鸯劫 ………………… 62

王南村

悲欢因缘 ………………… 62

王禹生

夜半鹃夜 ………………… 64

王度庐

风雨双龙剑 ………………… 65

龙虎铁连环 ………………… 66

冷剑凄芳 ………………… 66

卧虎藏龙 ………………… 67

金刚玉宝剑 ………………… 67

宝刀飞 ………………… 68

宝剑金钗 ………………… 69

春秋戟 ……………………… 70

香山侠女 …………………… 71

剑气珠光 …………………… 71

洛阳豪客 …………………… 72

铁骑银瓶 …………………… 73

海上虹霞 …………………… 74

绣带银镖 …………………… 74

琼楼春情 …………………… 75

落絮飘香 …………………… 75

朝露相思 …………………… 76

紫凤镖 ……………………… 76

紫电青霜 …………………… 77

新血滴子 …………………… 77

碧海狂涛 …………………… 78

翠陌归人 …………………… 78

暴雨惊鸳 …………………… 79

燕市侠伶 …………………… 79

鹤惊昆仑 …………………… 80

霞梦离魂 …………………… 81

王炳成

清代演义 …………………… 81

王息庵

魏晋六朝演义 ……………… 85

王浩然

雍正剑侠 …………………… 85

王继廷

七世奇缘 …………………… 86

王　萍

牛郎织女 …………………… 87

王皓源

清宫十三朝 ………………… 87

王慈甫

神异奇观 …………………… 91

王静庵

堕溷花 ……………………… 92

王醉蝶

春痕秋影 …………………… 92

井　水

三人会 ……………………… 94

天忏生

洪宪宫闱秘史 ……………… 94

天南野叟

汉宫艳史 …………………… 95

唐宫艳史 …………………… 96

清宫艳史 …………………… 97

隋宫艳史 …………………… 98

天津路钓

女虚无党 …………………… 99

天虚我生(陈蝶仙)

天虚我生小说菁华 ………… 99

玉田恨史 …………………… 99

可怜虫 ……………………… 100

芙蓉影 ……………………… 100

丽绡记 ……………………… 100

疗妒针 ……………………… 100

泪珠缘 ……………………… 100

娇樱记 ……………………… 103

鸳鸯血 ……………………… 104

海外扶航 …………………… 104

黄金祟 ……………………… 104

情天劫 ……………………… 104

情网蛛丝 …………………… 104

琼花劫 …………………… 105

满园花 …………………… 105

无 我

蝶媒恨 …………………… 105

无 愁

斗富奇谈 ………………… 106

卖报童子 ………………… 106

闺阁豪赌记 ……………… 106

情贞 ……………………… 106

湖滨艳迹 ………………… 107

韦月侣

珍珠塔 …………………… 107

春蚕 ……………………… 108

热恋情书 ………………… 109

情花朵朵 ………………… 110

云声雨梦楼主人

香艳大观 ………………… 111

云间颠公（雷瑨）

清代官场百怪录 ………… 111

不 才

蚤尾毒 …………………… 113

不肖生（向恺然、向逵）

玉玦金环录 ……………… 114

龙虎春秋 ………………… 116

半夜飞头记 ……………… 117

江湖大侠传 ……………… 118

江湖小侠传 ……………… 119

江湖义侠传 ……………… 120

江湖异人传 ……………… 126

江湖奇侠传 ……………… 126

江湖怪异传 ……………… 131

江湖游侠传 ……………… 131

近代侠义英雄传 ………… 133

现代奇人传 ……………… 136

侠义英雄传 ……………… 136

留东外史 ………………… 139

留东艳史 ………………… 145

留东新史 ………………… 145

乾坤弩 …………………… 147

不读书生

云雨潮 …………………… 147

太虚生

情天遗恨录 ……………… 148

尤泣红

碧梦痕 …………………… 148

月明楼主

紫藤萝 …………………… 149

乌目山人

海上大观园 ……………… 149

凤俦生

迷人宫 …………………… 152

文公直

赤胆赤心 ………………… 153

秦良玉演义 ……………… 155

碧血丹心于公传 ………… 156

碧血丹心大侠传 ………… 158

碧血丹心平藩传 ………… 159

忆蕙轩主人

风流寡妇 ………………… 161

情焰肉香 ………………… 162

孔孟余

孔夫子 …………………… 163

双修主人
　春波影 ……………………… 164

双琥簃主人
　湖海侠踪 ……………………… 164

双黛馆主
　宋徽宗演义 …………………… 165

毋雠
　侍儿艳闻录 …………………… 166
　纨袴镜 ………………………… 166

书带子
　新天地 ………………………… 166

书剑飘零客
　写真缘 ………………………… 167

五画

玉山狂客
　名媛夺婿录 …………………… 167

玉铎女士
　孤鸾遗恨 ……………………… 168

甘时雨
　四大美人 ……………………… 168

世界书局
　貂蝉全传 ……………………… 169

古越东帆
　客中消遣录 …………………… 170

左玄父
　琼花劫 ………………………… 171

龙骧
　不夜城 ………………………… 172

平梦
　意外奇缘 ……………………… 172

平襟亚(网珠生)
　人心大变 ……………………… 173
　人海潮 ………………………… 174
　中国恶讼师 …………………… 176
　民国奇案大观 ………………… 178
　百大秘密 ……………………… 181
　奇妙世界 ……………………… 183

东海散士
　佳人之奇遇 …………………… 185

东野
　酒令 …………………………… 185

北海后身
　桃源痛史 ……………………… 186

叶小凤(叶楚伧)
　古戍寒笳记 …………………… 186
　如此京华 ……………………… 188
　时代姑娘 ……………………… 189
　前辈先生 ……………………… 191
　蒙边鸣筑记 …………………… 191

叶莞
　贪酷镜 ………………………… 191

叶盖尘
　二少年 ………………………… 192

叶影芦
　迷魂阵 ………………………… 193

田舍郎
　三姑娘 ………………………… 193
　田家风月 ……………………… 194
　花落谁家 ……………………… 194
　绿杨飞絮 ……………………… 196
　孽债 …………………………… 196

田腾蛟

　元史演义 ·················· 196

冉积钝

　佛根奇缘 ·················· 198

生　可

　有夫之妇 ·················· 202

失意人

　真假因缘 ·················· 203

白　夫

　迷娘 ···················· 203

白云野史

　红粉骷髅记 ················ 204

白　羽（宫竹心）

　十二金钱镖 ················ 204

　大侠霍元甲 ················ 206

　大泽龙蛇传 ················ 207

　太湖一雁 ·················· 207

　龙舌剑 ···················· 208

　血涤寒光剑 ················ 208

　武林争雄记 ················ 209

　青衫豪侠 ·················· 209

　青萍剑 ···················· 210

　牧野雄风 ·················· 210

　侠隐传技 ·················· 211

　河朔七雄 ·················· 211

　毒砂掌 ···················· 212

　剑底惊魂 ·················· 212

　狮林三鸟 ·················· 213

　秘谷侠隐 ·················· 213

　恋家鬼 ···················· 214

　惊蝉盗技 ·················· 214

联镖记 ···················· 215

雁翅镖 ···················· 216

横江一窝蜂 ················ 216

摩云手 ···················· 216

白　芸

　卖油郎 ···················· 217

白岳山人

　新宦海潮 ·················· 218

包天笑（天笑生）

　上海春秋 ·················· 219

　天笑短篇小说 ·············· 221

　云想花因记 ················ 222

　甲子絮谈 ·················· 222

　包天笑说集 ················ 223

　社会镜 ···················· 224

　雨过天青 ·················· 224

　孤雏感遇记 ················ 225

　哀 ······················ 226

　埋石弃石记 ················ 227

　留芳记 ···················· 227

　海上蜃楼 ·················· 228

　富人之女 ·················· 229

　新西游记 ·················· 229

　馨儿就学记 ················ 229

冯玉奇

　一代红颜 ·················· 229

　十二鸳鸯 ·················· 230

　万里行云侠 ················ 231

　小红楼 ···················· 231

　小侠万人敌 ················ 232

　个中苦 ···················· 233

云破月圆 …………………… 233

艺海双珠 …………………… 234

太极阴阳剑 ………………… 234

日暮途穷 …………………… 235

水性杨花 …………………… 235

月缺花残 …………………… 236

月落乌啼 …………………… 236

文素臣三集 ………………… 236

文素臣初集 ………………… 237

文素臣续集 ………………… 237

六桥春 ……………………… 238

斗 …………………………… 239

双枪王 ……………………… 239

玉人来 ……………………… 239

龙凤花烛 …………………… 240

龙虎剑侠缘 ………………… 240

叶落西风 …………………… 241

生之哀歌 …………………… 242

白门秋 ……………………… 242

鸟语花香 …………………… 242

民族魂 ……………………… 243

百合花开 …………………… 243

百劫玫瑰 …………………… 244

百花洲 ……………………… 244

血海仇 ……………………… 245

血海情花 …………………… 246

血滴心花 …………………… 246

合欢草 ……………………… 247

并蒂莲 ……………………… 247

灯红酒绿 …………………… 247

江上烟波 …………………… 248

如意劫 ……………………… 248

红粉飘零 …………………… 248

劫泪缘 ……………………… 249

花月争艳 …………………… 250

花石因缘 …………………… 250

花迎春 ……………………… 251

花溅泪 ……………………… 251

两全其美 …………………… 251

乱世风波 …………………… 252

饮恨终身 …………………… 252

沧桑痕 ……………………… 253

姊妹泪 ……………………… 253

纸上的贤妻 ………………… 253

纸醉金迷 …………………… 254

青霜剑 ……………………… 255

苦中苦 ……………………… 255

歧途 ………………………… 255

明月重圆夜 ………………… 256

明珠泪 ……………………… 256

忠魂鹃血 …………………… 257

垂杨影外 …………………… 257

侠义五花图 ………………… 257

侬本痴情 …………………… 258

征 …………………………… 259

征,归,恨 …………………… 259

斧魄冰魂 …………………… 259

夜莺啼月 …………………… 259

妾无罪 ……………………… 260

盲目之爱 …………………… 260

泣残红 ……………………… 261

陌头柳色 …………………… 261

孤岛泪 …………………… 262

姑嫂情深 ………………… 262

春云疑雨 ………………… 262

春江风月 ………………… 263

春花浪蝶 ………………… 263

春雨飞花 ………………… 264

春残梦断 ………………… 264

春闺怨 …………………… 264

茜纱窗下 ………………… 265

草长莺飞 ………………… 265

荒岛怪人 ………………… 265

故剑泪 …………………… 266

香海恨 …………………… 266

秋水长天 ………………… 267

秋水红蕉 ………………… 267

俏姑娘 …………………… 268

剑侠女英雄 ……………… 268

逃婚 ……………………… 269

胜利之光 ………………… 269

闺中鹄影 ………………… 270

珠还合浦 ………………… 270

热血冰心 ………………… 270

热血花 …………………… 271

桃李春风 ………………… 271

晓风残月 ………………… 272

倾国倾城 ………………… 273

豹凤缘 …………………… 273

鸳鸯剑 …………………… 274

海上风云 ………………… 275

海天鸿影 ………………… 275

浮生梦 …………………… 276

流水浮云 ………………… 276

教师万岁 ………………… 277

黄金祸 …………………… 277

菊 ………………………… 277

雪地沉冤 ………………… 278

甜如蜜 …………………… 278

断桥流水 ………………… 279

情天血泪 ………………… 279

情天劫 …………………… 279

情奔 ……………………… 280

情海归帆 ………………… 280

情海恨 …………………… 280

情海恩仇 ………………… 281

清歌艳舞 ………………… 281

混世魔王 ………………… 281

绿窗艳影 ………………… 282

落花梦 …………………… 282

雁南归 …………………… 283

紫陌红尘 ………………… 283

遗产恨 …………………… 283

啼笑皆非 ………………… 284

童子剑 …………………… 284

蜃楼绮梦 ………………… 285

碎月影 …………………… 285

暖谷生春 ………………… 286

歇浦春梦 ………………… 286

罪 ………………………… 287

解语花 …………………… 287

碧波残照 ………………… 288

魂断斜阳 ………………… 288

歌舞春江 ………………… 289

舞宫春艳 …………… 289

霄孽的续集 ………… 290

蝶恋花 ……………… 290

燕语莺啼 …………… 291

颠倒夫妻 …………… 291

霓裳曲 ……………… 291

镜花月 ……………… 292

孽海潮 ……………… 292

蟾宫艳史 …………… 293

露滴牡丹 …………… 293

冯叔鸾

叔鸾小说集 ………… 294

冯韵笙

情奴遗爱录 ………… 294

冯蘅

大学皇后 …………… 294

春华露浓 …………… 295

黑天堂 ……………… 295

镀金小姐 …………… 296

兰陵女史

汉宫秘史 …………… 296

唐宫秘史 …………… 298

清宫秘史 …………… 301

六画

老太婆

县太爷 ……………… 303

亚铎

张大嘴 ……………… 305

尘世不平生

荒唐女侠 …………… 305

尘客

今古不奇观 ………… 308

尘梦生

孽海梦 ……………… 308

曲阿群上

曼倩新语 …………… 309

吕文兆

石头魂 ……………… 312

吕侠

中国女侦探 ………… 315

因明社

京华呓语 …………… 315

朱贞木

七杀碑 ……………… 316

飞天神龙 …………… 317

五狮一凤 …………… 317

玉龙冈 ……………… 317

边塞风云 …………… 318

闯王外传 …………… 318

苗疆风云 …………… 319

郁金香 ……………… 320

罗刹夫人 …………… 320

艳魔岛 ……………… 321

庶人剑 ……………… 321

塔儿冈 ……………… 322

翼王传 ……………… 322

朱伟铭

风月泪史 …………… 323

朱松庐

笑餍泪痕 …………… 323

朱彭城

　明清两国志演义 ···················· 324

朱鸿儒

　爱侣恩仇 ························· 325

　魔窟血痕 ························· 326

朱悍公

　铁窗风味录 ······················ 326

朱瘦菊（海上说梦人）

　此中人语 ························· 327

　金银花 ·························· 327

　脂粉地狱 ························· 328

　剩粉残脂录 ······················ 328

　歇浦潮 ·························· 330

　新歇浦潮 ························· 333

朱鹤影

　宫女遗花记 ······················ 335

　鸳鸯剑 ·························· 336

朱霞天

　五岳奇侠传 ······················ 336

　江南英雄传 ······················ 340

伦　楚

　江浙著名尼姑小传（续编）········ 341

华南山

　红闺青灯 ························· 341

自得齐主人

　绿林侠盗 ························· 343

凫　公

　人海微澜 ························· 343

　生还 ···························· 344

　稚莹 ···························· 344

　隐刑 ···························· 344

庄病骸

　双侠破奸记 ······················ 344

　孙中山革命演义 ··················· 345

　青剑碧血录 ······················ 349

庄耀庭

　瘦马 ···························· 349

刘云若

　一夜春晓 ························· 350

　小扬州志 ························· 350

　水珮风裳 ························· 351

　白河月 ·························· 351

　同命鸳鸯 ························· 351

　回风舞柳记 ······················ 352

　冰弦弹月 ························· 352

　好梦难圆 ························· 353

　红杏出墙记 ······················ 353

　返照楼台 ························· 354

　苦海春光 ························· 354

　京华春色 ························· 354

　春风回梦记 ······················ 355

　恨不相逢未嫁时 ··················· 355

　媳姬英雄 ························· 356

　换巢鸾凤 ························· 356

　逐水桃花 ························· 357

　粉黛江湖 ························· 357

　粉墨筝琶 ························· 357

　酒眼灯唇录 ······················ 358

　海誓山盟 ························· 358

　梨园世家 ························· 359

　梨花魅影 ························· 359

　情海归帆 ························· 359

边荒大侠 …………………… 407

红鬃烈马 …………………… 410

英雄天宝图 ………………… 410

虎穴英雄 …………………… 412

侠义五飞剑 ………………… 413

金如意 ……………………… 414

狐狸奇缘 …………………… 415

夜行飞侠传 ………………… 416

穿金宝扇恨 ………………… 417

换空箱 ……………………… 419

描金凤 ……………………… 419

清风闸 ……………………… 420

温如玉 ……………………… 421

汤逖仟

明朝宫闱秘史 ……………… 422

忏悔生

圣湖艳影 …………………… 431

冒失鬼游沪记 ……………… 432

兴汉书林

中国五千年宫闱秘史 ……… 433

许天随

家庭恩怨记 ………………… 434

许吟状

江邨侠侣 …………………… 435

许指严

十叶野闻 …………………… 435

三十二朝皇宫艳史 ………… 436

三海秘录 …………………… 441

民国春秋演义 ……………… 443

许指严说集 ………………… 448

近十年之怪现状 …………… 449

泣路记 ……………………… 454

南巡秘记 …………………… 454

指严余墨 …………………… 455

清史野闻 …………………… 456

许啸天

一条腿 ……………………… 456

上海风月 …………………… 457

女儿阵 ……………………… 459

天堂春梦 …………………… 459

汉宫春色 …………………… 460

西厢 ………………………… 462

私笑 ………………………… 463

含泪 ………………………… 463

青鸟 ………………………… 464

明宫十六朝演义 …………… 464

爱水碧痕小姐 ……………… 468

唐宫二十朝演义 …………… 468

甜香 ………………………… 472

清宫十三朝演义 …………… 472

情潮 ………………………… 475

微笑的涡 …………………… 476

新婚 ………………………… 476

满清奇侠大观 ……………… 477

潘金莲爱的反动 …………… 478

许慕羲

飞侠偷头记 ………………… 478

元史演义 …………………… 479

元宫十四朝演义 …………… 480

五代史演义 ………………… 483

五美再生缘 ………………… 484

太湖女侠 …………………… 487

中国侦探奇案 …………………… 487

宋宫十八朝演义 ………………… 488

宋宫历史演义 …………………… 491

侠女救夫记 ……………………… 496

周宫艳史演义 …………………… 497

袁世凯演义 ……………………… 498

唐史演义 ………………………… 499

新儿女英雄传 …………………… 501

许廑父

历代剑侠传 ……………………… 501

沪江风月传 ……………………… 505

侠义奇缘 ………………………… 506

春江莺花 ………………………… 507

莲心萱泪录 ……………………… 508

许瘦蝶

蝶衣金粉 ………………………… 508

阮听籁

蛇蝎美人 ………………………… 512

孙了红

侠盗鲁平奇案 …………………… 513

夜猎记 …………………………… 513

紫色游泳衣 ……………………… 513

蓝色响尾蛇 ……………………… 514

孙君平

老上海 …………………………… 514

孙剑秋

十三妹演义 ……………………… 515

剑侠吕四娘演义 ………………… 516

神怪剑侠传 ……………………… 517

清朝奇案大观 …………………… 518

阳羡生

不情人 …………………………… 522

羽　仙

黑箱案 …………………………… 523

红　薇

子夜鹃啼 ………………………… 523

鸟啼花落 ………………………… 525

杨三姐告状 ……………………… 525

七画

贡少芹

女学生之秘密记 ………………… 526

尘海燃犀录 ……………………… 526

春梦 ……………………………… 527

美人劫 …………………………… 527

鸳鸯梦 …………………………… 527

盗花 ……………………………… 528

傻儿游沪记 ……………………… 528

新社会现形记 …………………… 529

蠢众生 …………………………… 530

芸兰女史

三十六宫春艳秘史 ……………… 531

严芙孙

严芙孙说集 ……………………… 532

严独鹤

人海梦 …………………………… 532

红屋 ……………………………… 533

独鹤小说集 ……………………… 533

严庭樾

中兴平捻记 ……………………… 534

苏海若

　　五千年皇宫秘史 ……………… 535

苏雪林

　　南明忠烈传 …………………… 547

苏蛰楼

　　双钏记 ………………………… 548

杜秋声

　　千秋痕 ………………………… 549

杜凌霄

　　东洋猎艳记 …………………… 549

杜惜冰

　　中国抗战史演义 ……………… 550

杏痴

　　剑胆箫心 ……………………… 553

李无咎

　　四大妖精 ……………………… 554

李幻龙

　　四大清官演义 ………………… 557

李龙公

　　顺治演义 ……………………… 559

　　乾隆演义 ……………………… 562

　　康熙演义 ……………………… 564

　　滑稽俱乐部 …………………… 567

　　雍正演义 ……………………… 570

李东野

　　情血 …………………………… 573

李花馆主

　　风流女侠 ……………………… 573

李伯通

　　丛菊泪 ………………………… 574

　　红白杜鹃 ……………………… 575

奇侠雌雄剑 ……………………… 576

　　唐宫历史演义 ………………… 577

　　清朝全史演义 ………………… 580

李昌鉴

　　白夫人 ………………………… 585

　　孤灯幻影录 …………………… 585

　　姊妹血案 ……………………… 588

　　秘密客 ………………………… 588

　　秘密客（续集） ……………… 590

李定夷

　　千金骨 ………………………… 591

　　广笑林 ………………………… 592

　　女界宝 ………………………… 597

　　双珠泪 ………………………… 600

　　双缢记 ………………………… 600

　　民国野史 ……………………… 601

　　丝绣平原记 …………………… 602

　　西方美人 ……………………… 602

　　尘海英雄传 …………………… 603

　　同命鸟 ………………………… 605

　　伉俪福 ………………………… 605

　　杨贵妃秘史 …………………… 608

　　吴苑莺声谱 …………………… 608

　　武则天秘史 …………………… 609

　　武侠异闻 ……………………… 610

　　昙花影 ………………………… 612

　　明清二代 ……………………… 613

　　定夷小说精华 ………………… 616

　　定夷丛刊二集 ………………… 617

　　定夷丛刊初集 ………………… 619

　　定夷说集 ……………………… 622

春闺人梦 …………………… 626
茜窗泪影 …………………… 626
标准美人 …………………… 627
美人福 ……………………… 627
鸳鸯潮 ……………………… 628
雪花缘 ……………………… 629
甜言蜜语 …………………… 630
湘娥泪 ……………………… 632
滑稽魂 ……………………… 633
新上海现形记 ……………… 637
僧道奇侠传 ………………… 638
醇王妃自尽记 ……………… 640
贾玉怨 ……………………… 641
镜花水月 …………………… 642

李逊梅
欲海狂澜 …………………… 643

李铁民
双凤伴凰 …………………… 643

李笑吾
孝女复仇记 ………………… 644

李流芳
神秘盗 ……………………… 644

李涵秋
广陵潮 ……………………… 645
双花记 ……………………… 648
平沙梦 ……………………… 649
自由花范 …………………… 649
并头莲 ……………………… 650
好青年 ……………………… 651
还娇记 ……………………… 652
近十年目睹之怪现状 ……… 652

侠凤奇缘 …………………… 654
怪家庭 ……………………… 654
姐妹花骨 …………………… 656
战地莺花录 ………………… 656
香闺花影 …………………… 657
活现形 ……………………… 659
爱克司光录 ………………… 660
涵秋笔记 …………………… 661
绿林怪杰 …………………… 664
琵琶怨 ……………………… 665
新广陵潮 …………………… 665
瑶瑟夫人 …………………… 667
雌蝶影 ……………………… 668
魅镜 ………………………… 668
镜中人影 …………………… 669

李逸侯
宋宫十八朝演义 …………… 670

李蝶庄
云碧虚恩怨记 ……………… 673
玉蓉儿锄奸记 ……………… 674
白太官 ……………………… 674
蓉奴刺奸记 ………………… 675
雍正剑侠奇观 ……………… 675
赛翠花歼妖记 ……………… 676
燕子飞 ……………………… 676

李燃犀
津门艳迹 …………………… 677

李薰风
比翼双飞 …………………… 678
北平小姐 …………………… 678
北京花 ……………………… 679

北国春秋 ····················· 680

白衣天使 ····················· 680

春城歌女 ····················· 681

桃李门墙 ····················· 681

李警醒

百花娘 ························· 682

第二册

杨尘因

民国春秋 ····················· 685

江湖廿四侠 ··················· 687

玫瑰花 ······················· 691

英雄复仇记 ··················· 692

神州新泪痕 ··················· 693

朝鲜亡国演义 ················· 694

新华春梦记 ··················· 695

儒林新史 ····················· 698

杨志敏

双珠凤全传 ··················· 699

描金凤 ······················· 701

杨南邨

孽海双鹣记 ··················· 702

杨警顽

双珠球全传 ··················· 703

还珠楼主（李寿民）

大侠狄龙子 ··················· 704

大漠英雄 ····················· 705

万里孤侠 ····················· 706

女侠夜明珠 ··················· 706

天山飞侠 ····················· 707

云海争奇记 ··················· 707

长眉真人 ····················· 708

龙山四友 ····················· 710

北海屠龙记 ··················· 711

白骷髅 ······················· 711

边塞英雄谱 ··················· 711

兵书侠 ······················· 712

冷魂峪 ······················· 713

武当异人传 ··················· 714

青门十四侠 ··················· 714

青城十九侠 ··················· 715

虎爪山王 ····················· 719

侠丐樽者 ····················· 720

征轮侠影 ····················· 720

柳湖侠隐 ····················· 721

峨嵋七矮 ····················· 722

铁笛子 ······················· 722

拳王 ························· 723

酒侠神医 ····················· 724

皋兰异人传 ··················· 724

黑森林 ······················· 724

蛮荒侠隐 ····················· 726

蜀山剑侠传 ··················· 727

蜀山剑侠后传 ················· 739

蜀山剑侠新传 ················· 740

翼人影无双 ··················· 741

时报馆记者

侠恋记 ······················· 741

时希圣

朱鸳雏遗著 ··················· 742

武侠笔记精华 ················· 743

吴双热

双热小说精华 ………………… 744

双热浪墨 ………………………… 745

双热新嚼墨 ……………………… 747

双热嚼墨 ………………………… 749

兰娘哀史 ………………………… 750

快活夫妻 ………………………… 751

断肠花 …………………………… 751

鹃娘香史 ………………………… 752

孽冤镜 …………………………… 752

孽冤镜别录 ……………………… 753

吴亚公

并头花 …………………………… 754

吴羽白

侦探世界 ………………………… 754

吴绮缘

反聊斋 …………………………… 755

芙蓉娘 …………………………… 755

冷红日记 ………………………… 756

奇人奇事录 ……………………… 757

吴虞公

万里步行记 ……………………… 757

民国奇闻 ………………………… 758

江湖三十六侠 …………………… 759

青红帮史演义 …………………… 759

鸳鸯池 …………………………… 761

虬道人

隔墙红杏记 ……………………… 761

听潮生

海上百大风流案 ………………… 763

何一峰

万里情侠 ………………………… 765

小侠诛仇记 ……………………… 766

五岳剑仙传 ……………………… 767

双剑缔姻记 ……………………… 770

白眉大侠 ………………………… 771

江湖历险记 ……………………… 771

江湖怪侠传 ……………………… 772

红颜铁血记 ……………………… 774

荒山豪侠 ………………………… 775

荒唐情侠 ………………………… 776

铁血健儿 ………………………… 778

情天廿四侠 ……………………… 780

湖海大侠 ………………………… 782

魔窟英雄 ………………………… 783

何可人

现代照妖镜 ……………………… 785

姐妹花 …………………………… 786

唐祝文周小四杰传 ……………… 786

唐祝文周全传 …………………… 788

铁窗艳影 ………………………… 789

海天泪痕 ………………………… 789

蝴蝶姻缘 ………………………… 790

何海鸣

何海鸣说集 ……………………… 790

奇童纵囚记 ……………………… 791

怒 ………………………………… 791

倡门红泪 ………………………… 792

海鸣小说集 ……………………… 792

琴嫣小传 ………………………… 793

何诹

碎琴楼 …………………… 793

何慧僧

三续今古 ………………… 794

佟冷仙

故都春痕 ………………… 795

位育

公寓之血 ………………… 795

自杀者 …………………… 796

毒蛇与毒草 ……………… 796

触电 ……………………… 797

佛学书局

济颠僧传 ………………… 797

余茜蒂（艾珑）

女僵尸 …………………… 798

风流奇女子 ……………… 798

古屋奇案 ………………… 799

血泪相思 ………………… 799

血泪鸳鸯 ………………… 800

交际花 …………………… 800

红巾党 …………………… 801

春水情波 ………………… 801

神枪太保 ………………… 802

桃色惨案 ………………… 802

桃花恨 …………………… 803

恋爱网 …………………… 804

船家女 …………………… 804

康克姑娘 ………………… 805

新婚大血案 ……………… 805

邹雅明

三探莲花观 ……………… 805

大战百雀寺 ……………… 806

长恨天 …………………… 806

化身美人 ………………… 807

月夕花残 ………………… 807

风月情鸳 ………………… 808

失足恨 …………………… 808

伏虎群雄 ………………… 808

血溅莱茵湖 ……………… 809

泪珠怨 …………………… 809

茫茫飘萍 ………………… 810

秋雨残花 ………………… 810

哀鸿血泪 ………………… 811

梅花女盗 ………………… 811

烽火情侣 ………………… 812

落花残梦 ………………… 812

潇潇夜雨 ………………… 812

霞仙泪史 ………………… 813

饮香室主人

新新聊斋 ………………… 813

冷如雁

花娇莺啼 ………………… 814

姨太太 …………………… 814

冷红生

金陵秋 …………………… 815

冷 佛

奈何天 …………………… 816

春阿氏 …………………… 816

冷香楼主

罗帐秋风 ………………… 817

冷 眼

可怜侬 …………………… 818

冶　逸

江湖侠义传 ………………… 818

新官场现形记 ……………… 819

闲　鸥

雨濯莲花 …………………… 820

汪仲贤

朱八嫂 ……………………… 820

恼人春色 …………………… 821

歌场冶史 …………………… 823

汪珊秋

周秦风流皇后 ……………… 824

汪景星（红绡、汪剑鸣）

七山王 ……………………… 825

八大奇人传 ………………… 825

八太保 ……………………… 826

五龙十三侠 ………………… 826

五弟兄 ……………………… 828

少林女侠 …………………… 829

玉雪夫妻侠 ………………… 831

龙凤缘 ……………………… 831

北国英雄传 ………………… 832

半片残照 …………………… 832

夺艳记 ……………………… 833

血宝塔 ……………………… 833

关外屠龙记 ………………… 834

江湖十八侠 ………………… 836

江湖侠客传 ………………… 836

红梅劫 ……………………… 838

两世冤仇 …………………… 838

武当豪侠传 ………………… 839

虎窟擒王记 ………………… 840

昆仑七侠 …………………… 841

侠艳猎奇记 ………………… 842

空门血案 …………………… 843

毒手魔王 …………………… 843

毒蛇惨案 …………………… 844

鬼魅江湖 …………………… 844

神州七侠传 ………………… 846

神眼莺儿 …………………… 846

艳梦 ………………………… 848

崂山剑侠 …………………… 848

峨嵋剑侠传 ………………… 849

谁为凶手 …………………… 850

梅花暗杀团 ………………… 851

断头亭 ……………………… 851

情海同舟记 ………………… 852

落魄崖 ……………………… 852

掌心剑 ……………………… 852

窗前魅影 …………………… 853

汪漱碧

春梦留痕 …………………… 853

沙不器

反啼笑姻缘 ………………… 855

沈心池

尘海浮沉 …………………… 855

劫后桑田 …………………… 856

花落花开 …………………… 856

残阳影里 …………………… 856

勒马悬崖 …………………… 857

梦里家园 …………………… 857

随风柳絮 …………………… 858

错结同心 …………………… 858

雏燕离巢 ……………… 858

燕归巢 …………………… 859

孽海情侣 ………………… 859

沈东讷

三白桃传 ………………… 859

沈亚文

血泪痕 …………………… 860

沈肝若

夏春娘 …………………… 860

沈茵

杀人的模特儿 …………… 861

夜窗尸影 ………………… 862

沈钟铨

秋梦恨 …………………… 862

沈禹钟

沈禹钟说集 ……………… 863

禹钟小说集 ……………… 863

沈莲侬

中国侦探案全集 ………… 863

沈紫若

江南大侠传 ……………… 864

沈雏鹤

壮姑杀贼记 ……………… 865

沈耀楣

大明奇侠传 ……………… 866

忧愤余生

哀滇泪 …………………… 868

启明书局

移花接木 ………………… 868

灵岩樵子

七子八婿大团圆 ………… 869

三探聚宝楼 ……………… 869

三盗梅花帐 ……………… 870

大打龙虎擂 ……………… 871

大会沙家庄 ……………… 872

大战霸王台 ……………… 872

大破金光阵 ……………… 873

大探玲珑塔 ……………… 874

大盗胭脂虎 ……………… 875

红闺狮吼记 ……………… 876

苏三艳史 ………………… 876

杨乃武 …………………… 877

武松全传 ………………… 878

青龙白虎 ………………… 878

郭子仪征西 ……………… 879

唐明皇游月宫 …………… 880

张个侬（拙笔山人）

少林剑侠 ………………… 880

石破天惊录 ……………… 881

龙门剑侠 ………………… 884

关东奇侠传 ……………… 885

现代武学大观 …………… 887

武当剑侠 ………………… 889

侠女诛仇记 ……………… 889

南北异人传 ……………… 890

峨嵋剑侠 ………………… 891

鸳鸯奇侠传 ……………… 892

黑夜枪声 ………………… 893

新太平花 ………………… 894

新镜花缘 ………………… 894

张子和

芸兰泪史 ………………… 895

张云石
　　香闺花影 ……………………… 896

张文蔚
　　魔窟情焰 ……………………… 896

张六合
　　双痴恨史 ……………………… 898
　　金肃秋殉情史 ………………… 898
　　孤鸿断肠史 …………………… 899

张有斐
　　孤鸿泪史 ……………………… 899
　　绿云哀史 ……………………… 900

张罕成
　　禅关妖梦 ……………………… 901

张枕绿
　　十七年后的 …………………… 903
　　张枕绿说集 …………………… 904
　　枕绿小说集 …………………… 904
　　爱个丝光 ……………………… 904
　　绿窗泼墨 ……………………… 905
　　缠绵 …………………………… 906

张舍我
　　张舍我说集 …………………… 907
　　舍我小说集 …………………… 907

张弢盦
　　双溺记 ………………………… 907

张秋虫（百花同日生）
　　未婚之妻 ……………………… 908
　　初夜 …………………………… 908
　　秋波 …………………………… 909
　　海市莺花 ……………………… 909
　　新山海经 ……………………… 911

张恂九
　　上海历史演义 ………………… 913
　　江湖义贼传 …………………… 916

张恂子（春茧生）
　　人兽关头 ……………………… 917
　　太平天国革命史演义 ………… 919
　　色界天 ………………………… 921
　　江湖秘传 ……………………… 923
　　姊妹侠 ………………………… 924
　　剑珠缘 ………………………… 926
　　迷人洞 ………………………… 927
　　都市风光 ……………………… 928
　　海上迷宫 ……………………… 929
　　隋宫两朝秘史 ………………… 931
　　隋宫春色 ……………………… 933
　　黑海潮 ………………………… 936
　　销魂地狱 ……………………… 938
　　蛾眉剑 ………………………… 939
　　孽海春潮 ……………………… 940

张恨水
　　一夕殷勤 ……………………… 943
　　八十一梦 ……………………… 943
　　大江东去 ……………………… 944
　　山窗小品 ……………………… 945
　　五子登科 ……………………… 946
　　太平花 ………………………… 947
　　中原豪侠传 …………………… 948
　　水浒新传 ……………………… 949
　　丹凤街 ………………………… 951
　　石头城外 ……………………… 952
　　平沪通车 ……………………… 953

北雁南飞 …………………… 953
此间乐 ……………………… 955
似水流年 …………………… 955
如此江山 …………………… 956
欢喜冤家 …………………… 957
杨柳青青 …………………… 958
纸醉金迷 …………………… 959
现代青年 …………………… 960
虎贲万岁 …………………… 960
金粉世家 …………………… 962
夜深沉 ……………………… 966
春明外史 …………………… 967
春明新史 …………………… 970
巷战之夜 …………………… 971
剑胆琴心 …………………… 971
美人恩 ……………………… 973
洪杨劫后奇人传 …………… 974
秦淮世家 …………………… 975
热血之花 …………………… 976
铁血情丝 …………………… 977
秘密谷 ……………………… 978
胭脂泪 ……………………… 979
谁征服了谁 ………………… 980
银汉双星 …………………… 980
偶像 ………………………… 981
梁山伯与祝英台 …………… 982
绿珠小姐 …………………… 982
斯人记 ……………………… 983
落霞孤鹜 …………………… 984
啼笑因缘（正续集） ……… 985
傲霜花 ……………………… 987

雾中花 ……………………… 988
新斩鬼传 …………………… 988
满江红 ……………………… 988
满城风雨 …………………… 990
燕归来 ……………………… 990
张笑天
　垃圾马车 ………………… 992
张海沤
　姊妹花影 ………………… 993
　珠树重行录 ……………… 993
张冥飞
　十五度中秋 ……………… 994
　江湖剑客传 ……………… 995
张梦飞
　天涯孤女 ………………… 996
　银海花 …………………… 997
张碧梧
　宋悟奇家庭侦探案 ……… 997
　张碧梧说集 ……………… 998
张慧剑
　湖山味 …………………… 998
陆士谔
　七剑八侠 ………………… 999
　七剑三奇 ………………… 1000
　八大剑侠传 ……………… 1002
　三剑客 …………………… 1002
　小剑侠 …………………… 1004
　今古义侠奇观 …………… 1006
　白侠 ……………………… 1006
　血泪黄花 ………………… 1007
　血滴子 …………………… 1008

江湖剑侠 ················ 1009

红侠 ················ 1010

帐中话 ················ 1011

侠女恩仇记 ················ 1012

顺治太后外纪 ················ 1012

剑声花影 ················ 1013

清史演义 ················ 1013

黑侠 ················ 1018

新上海 ················ 1019

新剑侠 ················ 1021

新野叟曝言 ················ 1023

雍正游侠传 ················ 1024

陆守险

交易所现形记 ················ 1025

雍正奇侠传 ················ 1026

陆律西

中华民国演义 ················ 1027

多妻遗恨记 ················ 1029

江浙战事演义 ················ 1029

陆韵娥

闺秀相思记 ················ 1030

陆瘦郎

陈七奶奶 ················ 1031

陆澹盦

红手套 ················ 1031

李飞探案集 ················ 1031

陈一夫

春天的落叶 ················ 1032

陈一尤

南北剑侠传 ················ 1032

陈大悲

人之初 ················ 1035

父亲的女人 ················ 1035

红花瓶 ················ 1036

陈大镫

鲍亦登侦探案 ················ 1036

陈小蝶

兰因记 ················ 1037

陈云柯

电影明星艳史 ················ 1037

陈扫花

少林大侠传 ················ 1038

平阳传 ················ 1039

四豪锄异传 ················ 1045

江湖十八侠 ················ 1046

脂粉地狱 ················ 1053

陈达哉

难夫难妇 ················ 1054

陈仲子

白话牡丹亭 ················ 1055

陈冷

新西游记 ················ 1055

陈秋圃

雨后桃花 ················ 1056

难为情 ················ 1056

陈挹翠

四海游龙 ················ 1057

风云儿女 ················ 1057

双龙斗 ················ 1058

血溅青锋 ················ 1058

沧浪女侠（正集） ················ 1058

沧浪女侠（续集）·············· 1059

金罗汉 ························ 1059

孤雏喋血 ······················ 1060

荆芸娘 ························ 1060

蛰龙惊蟒 ······················ 1060

陈莲痕

同治嫖院 ······················ 1061

京华春梦录 ···················· 1061

顺治出家 ······················ 1062

乾隆休妻 ······················ 1062

雍正夺嫡 ······················ 1063

陈朕躬

唐明皇全史 ···················· 1064

乾隆帝演义 ···················· 1064

陈浪仙

草上飞 ························ 1065

陈家瑾

三情豪侠 ······················ 1066

陈野鸥

闺媛现形记 ···················· 1068

陈琨

花开花落 ······················ 1069

陈湘君

牡丹花缘 ······················ 1069

陈辟邪

海外缤纷录 ···················· 1070

陈慎言

如此家庭 ······················ 1071

故都秘录 ······················ 1072

恨海难填 ······················ 1072

陈蔼麓

天南地北 ······················ 1073

东游记 ························ 1074

良人 ·························· 1075

南游记 ························ 1076

烦恼 ·························· 1077

湖上 ·························· 1078

陈澄之

沙漠里的玫瑰 ·················· 1078

邵钧轩

青衫红泪 ······················ 1079

八画

玩时子

滑头现形记 ···················· 1079

菁鸾

相思草 ························ 1080

抱残生

古今艳史 ······················ 1080

抱恨生

洪秀全 ························ 1082

拂云生（挈云生）

十里莺花梦 ···················· 1084

黄熟梅子 ······················ 1085

范剑啸

双蝶怨 ························ 1086

范烟桥

江南豪杰 ······················ 1086

别有世界 ······················ 1087

范烟桥说集 ···················· 1088

侠女奇男传 ···················· 1089

林文烟

　　翠堤春晓 ……………… 1090

林纾（畏庐）

　　巾帼阳秋 ……………… 1091

　　劫外昙花 ……………… 1091

　　京华碧血录 …………… 1091

　　夜取三义寨 …………… 1091

　　官场新现形记 ………… 1092

　　冤海灵光 ……………… 1092

枕流阁主

　　新九尾龟 ……………… 1092

易老

　　花痴 …………………… 1093

知无涯室主人

　　如此社会 ……………… 1094

金小春

　　一朵花 ………………… 1095

　　狗男女 ………………… 1095

　　香姑娘 ………………… 1096

金古禅

　　王先生游沪记 ………… 1097

金老佛

　　江湖好汉全传 ………… 1098

周大荒

　　反三国志 ……………… 1101

周天籁

　　女丈夫 ………………… 1103

　　风流千金 ……………… 1104

　　电影巨头艳史 ………… 1104

　　肉 ……………………… 1104

　　青春乐 ………………… 1105

　　夜夜春宵 ……………… 1105

　　春之恋 ………………… 1106

　　亭子间嫂嫂 …………… 1106

　　桃源艳迹 ……………… 1106

　　铁骨冰心 ……………… 1106

　　卿何薄命 ……………… 1106

　　粉红色的炸弹 ………… 1107

　　菱花二媛 ……………… 1107

　　梅花姑娘 ……………… 1107

　　欲 ……………………… 1107

　　裙带亲 ………………… 1107

周郁浩

　　玉蟾奇缘 ……………… 1108

　　锦香亭 ………………… 1109

周佩仁

　　十大奇侠传 …………… 1109

周瘦鹃

　　万奇全书 ……………… 1110

　　红颜知己 ……………… 1113

　　言情小说集 …………… 1113

　　奇侠恐怖党 …………… 1114

　　空中飞弹 ……………… 1116

　　南社小说集 …………… 1116

　　香艳丛话 ……………… 1117

　　倡门小说集 …………… 1117

　　家庭小说集 …………… 1118

　　紫兰花片 ……………… 1119

　　紫罗兰庵言情丛刊 …… 1125

　　紫罗兰集 ……………… 1126

　　湖上 …………………… 1127

　　新秋海棠 ……………… 1127

瘦鹃说集 …………………… 1128

周憨僧

雪儿复仇记 ………………… 1128

周薇庵

月下飞头记 ………………… 1129

古树魔影 …………………… 1129

郑正秋

蒋老五秘史 ………………… 1130

郑证因

一字剑 ……………………… 1130

七剑下辽东 ………………… 1131

大侠铁琵琶 ………………… 1131

大漠惊鸿 …………………… 1131

万山王 ……………………… 1132

小天台 ……………………… 1132

子母金梭 …………………… 1132

女侠燕凌云 ………………… 1133

女屠户 ……………………… 1133

天山四义 …………………… 1134

云中雁 ……………………… 1134

丐侠 ………………………… 1134

五凤朝阳刀 ………………… 1135

五英双艳 …………………… 1135

太白奇女 …………………… 1135

风雪中人 …………………… 1136

乌龙山 ……………………… 1137

凤城怪客 …………………… 1137

火焚少林寺 ………………… 1138

巴山剑侠 …………………… 1138

双凤歼仇 …………………… 1138

龙凤双侠 …………………… 1139

龙江奇女 …………………… 1139

龙虎风云 …………………… 1139

龙虎斗三湘 ………………… 1140

白山双侠 …………………… 1140

白山双侠（续集） ………… 1141

尼山劫 ……………………… 1141

边城侠侣 …………………… 1143

边荒异叟 …………………… 1143

边塞双侠 …………………… 1143

贞娘屠虎记 ………………… 1144

回头崖 ……………………… 1144

江汉侠踪 …………………… 1144

青狼谷 ……………………… 1145

武林侠踪 …………………… 1145

苗山血泪 …………………… 1146

枫菱渡 ……………………… 1147

矿山喋血 …………………… 1147

昆仑剑 ……………………… 1148

岷江侠女 …………………… 1149

侠盗扬镖记 ………………… 1149

金刀访双煞 ………………… 1150

金梭吕云娘 ………………… 1150

弧形剑 ……………………… 1150

孤雏歼虎 …………………… 1151

南荒侠剑 …………………… 1151

柳青青 ……………………… 1152

剑门侠女 …………………… 1152

闽江风云 …………………… 1153

闽江风云（续集） ………… 1153

幽魂谷 ……………………… 1153

秦岭风云 …………………… 1154

峨嵋双剑 …………………… 1154
钱塘双剑 …………………… 1155
铁马庄 ……………………… 1155
铁伞先生 …………………… 1156
铁拂尘 ……………………… 1156
铁指翁 ……………………… 1157
铁狮王 ……………………… 1157
铁狮旗 ……………………… 1157
铁狮镖 ……………………… 1158
铁铃叟 ……………………… 1158
铁笔峰 ……………………… 1158
铁燕金蓑 …………………… 1159
离魂子母圈 ………………… 1159
离魂子母圈续集 …………… 1159
瑯琊岛 ……………………… 1160
梭金母子 …………………… 1160
雪山四侠 …………………… 1161
野人山 ……………………… 1161
淮上风云 …………………… 1161
绿野恩仇 …………………… 1162
黑凤凰 ……………………… 1162
黑妖狐 ……………………… 1163
蓉城三老 …………………… 1163
嵩岭双侠 …………………… 1163
塞外惊鸿 …………………… 1164
塞外豪杰 …………………… 1165
燕尾镖 ……………………… 1165
霜天雁影 …………………… 1166
鹰爪王 ……………………… 1167

郑坤五
鲲岛逸史 …………………… 1170

郑逸梅
小阳秋 ……………………… 1172
小说集 ……………………… 1173
玉霄双剑记 ………………… 1174
羽翠鳞红集 ………………… 1175
孤芳集 ……………………… 1175
梅瓣集 ……………………… 1178
逸梅小品 …………………… 1183

泪珠生
人面兽心 …………………… 1188
禽兽世界 …………………… 1190

泗水渔隐
双雏记 ……………………… 1192
血昆仑 ……………………… 1193
血海潮 ……………………… 1196
江湖铁血记 ………………… 1200
侠盗飞龙传 ………………… 1201
艳塔记 ……………………… 1202

波罗奢馆主人
中国女子小说 ……………… 1203

孟德兰
迷魂阵 ……………………… 1203
庵堂风月 …………………… 1203

孤桐
游侠外史 …………………… 1204

陔南轩主
爱河历险记 ………………… 1204

九画

春梦生
蕙娘小传 …………………… 1205

潇湘雁影 ·················· 1206

玲媚女士

艳红杯 ·················· 1206

项凤起

浔州黑暗 ·················· 1206

赵加林

姐妹花 ·················· 1206

赵仲熊

乡愚游沪趣史 ·················· 1207

希奇古怪 ·················· 1208

情侠 ·················· 1209

滑稽大王 ·················· 1211

赵亦新

画带情丝 ·················· 1211

痴情录 ·················· 1212

赵苕狂

中国女海盗 ·················· 1212

月园 ·················· 1213

白雪 ·················· 1213

协作探案集 ·················· 1214

红叶 ·················· 1214

弄堂博士 ·················· 1215

赵苕狂说集 ·················· 1215

剑胆琴心录 ·················· 1215

闺房笑史 ·················· 1216

凄风 ·················· 1217

短篇滑稽小说大观 ·················· 1218

鲁平的胜利 ·················· 1218

滑稽世界 ·················· 1219

滑稽探案集 ·················· 1221

微波 ·················· 1221

墙外桃花记 ·················· 1221

孽海鸳鸯录 ·················· 1222

赵树冬

山东大侠 ·················· 1224

侠义鸳鸯 ·················· 1225

家庭三杰 ·················· 1226

赵恂九

鸾飘凤泊 ·················· 1227

赵振亭

绿林豪侠传 ·················· 1227

蛮荒剑侠传 ·················· 1229

赵眠云

云片 ·················· 1230

双云记 ·················· 1232

星海宿 ·················· 1233

赵效贤

落泪梅花 ·················· 1234

赵焕亭（赵绂章）

不堪回首 ·················· 1234

双剑奇侠传 ·················· 1235

双鞭将 ·················· 1239

北方奇侠传 ·················· 1239

江湖剑侠英雄传 ·················· 1242

英雄走国记 ·················· 1245

英雄走国记续编 ·················· 1249

奇侠精忠传 ·················· 1253

明末痛史演义 ·················· 1258

清代畿东大侠殷一官轶事 ····· 1259

惊人奇侠传 ·················· 1260

蓝田女侠 ·················· 1262

赵　璧
　　绝代艳后 ………………… 1263

荆涂
　　新说部丛刊（第一集）……… 1264

草野书生
　　玉蜻蜓演义 ……………… 1264

胡仪鄈
　　三白桃传 ………………… 1266
　　红羊佚闻 ………………… 1266

胡协寅
　　丁郎寻父 ………………… 1267
　　九命奇冤 ………………… 1269
　　五剑十八义 ……………… 1271
　　凤凰山 …………………… 1273
　　走马春秋 ………………… 1276
　　英雄大八义 ……………… 1277
　　剑侠奇中奇 ……………… 1280

胡寄尘
　　双复仇 …………………… 1281
　　明史演义 ………………… 1281
　　春水沉冤记 ……………… 1282
　　胡寄尘近作小说集 ……… 1283
　　胡寄尘说集 ……………… 1284
　　真西游记 ………………… 1285
　　恋爱之神 ………………… 1286
　　家庭小说集 ……………… 1286
　　弱女飘零记 ……………… 1287
　　黄金劫 …………………… 1287
　　喜 ………………………… 1287
　　最近二十年目睹之社会怪现状
　　　　　　　　　　　　……… 1288

最短之短篇小说 …………… 1289
短篇小说丛存 ……………… 1289
藕丝记 ……………………… 1290
黛痕剑影录 ………………… 1291

胡憨珠
　　董小宛演义 ……………… 1292

南海胤子
　　盗陵案 …………………… 1293

省非子
　　改良新聊斋 ……………… 1294

思风室主
　　如此江湖 ………………… 1295

思绮斋
　　碧海珠 …………………… 1296

哈哈生
　　天晓得 …………………… 1296

钟吉宇
　　女学生外传 ……………… 1296
　　北方豪侠王五传 ………… 1298
　　江南酒侠传 ……………… 1299
　　沪滨谈怪录 ……………… 1300
　　侠婢歼情记 ……………… 1301
　　怨凤啼凰 ………………… 1301
　　淫妇 ……………………… 1302

拜月楼主人（董枭）
　　嬲史 ……………………… 1303

适盦主人
　　古今义侠奇观 …………… 1304

香霏生
　　飘茵怨 …………………… 1316

秋翁

秋翁说集 …………………… 1316

秋潮生

蜃海风光 …………………… 1317

修华道人

隋宫秘史 …………………… 1318

俗　士

竟何如 ……………………… 1321

俞天愤

中国侦探谈 ………………… 1322

中国新侦探案 ……………… 1322

绣囊记 ……………………… 1323

薄命碑 ……………………… 1323

俞印民

西施艳史 …………………… 1324

李铁拐全传 ………………… 1325

昭君艳史 …………………… 1325

貂蝉艳史 …………………… 1326

闻野鹤

野鹤零默 …………………… 1326

姜山居士

吕洞宾全传 ………………… 1327

何仙姑全传 ………………… 1328

曹国舅全传 ………………… 1328

蓝采和全传 ………………… 1329

姜侠魂

天涯异人传 ………………… 1330

风尘奇侠传 ………………… 1331

红闺轶闻大观 ……………… 1332

武侠大观 …………………… 1335

南北奇侠传 ………………… 1340

剑侠骇闻 …………………… 1345

清代剑侠奇观 ……………… 1346

雍正七十侠 ………………… 1347

雍正壹佰零八侠 …………… 1348

姜容樵

江湖小八侠 ………………… 1349

武侠奇人传 ………………… 1351

姜鸿飞

花丛艳侠 …………………… 1353

花花豹 ……………………… 1354

扁舟子

酒恶花愁录 ………………… 1354

费只园

清代三百年艳史 …………… 1356

第三册

姚民哀

山东响马传 ………………… 1361

四海群龙记 ………………… 1361

民哀说集 …………………… 1363

江湖豪侠传 ………………… 1363

南北十大奇侠传 …………… 1365

盐枭残杀记 ………………… 1367

箬帽山王 …………………… 1368

姚悔盦

孽海红莲 …………………… 1369

姚鹓雏（龙公）

风飑芙蓉记 ………………… 1370

龙套人语 …………………… 1370

春奁艳影 …………………… 1371

燕蹴筝弦录 ………………… 1371

骆大荒

荒唐大观 ················ 1372

骆无涯

荒唐梦 ················ 1375

十画

秦瘦鸥

二舅 ················ 1377

危城记 ················ 1377

红情绿意 ················ 1378

秋海棠 ················ 1378

第三者 ················ 1379

孽海涛 ················ 1379

珠溪枥老

绿窗绮语 ················ 1380

顽　石

情天恨 ················ 1381

振声小说社

新鲜笑话奇谈 ··········· 1381

耿小的（耿晓谛、耿郁溪）

白日鬼 ················ 1385

如此青天 ················ 1385

花烛之夜 ················ 1385

雨露群蜂 ················ 1386

闹蝶儿 ················ 1386

梁海潮 ················ 1387

落花时 ················ 1387

新云山雾沼 ············· 1387

意可香 ················ 1388

桐庐主人

花柳深情 ················ 1388

希夷梦 ················ 1389

梅梦艳史 ················ 1391

桃花馆主

江湖英雄演义 ··········· 1392

桃园散人

姊妹花 ················ 1398

夏　风

大侠马如龙 ············· 1398

大破笔架山 ············· 1398

风云会 ················ 1399

生死冤家 ················ 1399

白门三剑客 ············· 1400

壮志凌云 ················ 1400

海滨艳梦 ················ 1401

蛮荒怪侠 ················ 1401

夏忠道

柳絮飞 ················ 1402

夏跃儿

双侠缘 ················ 1402

顾佛影

处女的心弦 ············· 1402

新儒林外史 ············· 1404

顾明道

方外奇谈 ················ 1404

血雨琼葩 ················ 1406

江南花雨 ················ 1406

如此江山 ················ 1407

红妆侠影 ················ 1408

红蚕织恨记 ············· 1408

红粉金戈 ················ 1409

花萼恨 ················ 1410

茉莉花 …………………………… 1411

国难家仇 ………………………… 1412

钗头凤 …………………………… 1413

侠骨恩仇记 ……………………… 1414

念奴娇 …………………………… 1415

春宵梦 …………………………… 1415

草莽奇人传 ……………………… 1416

荒江女侠三集 …………………… 1418

荒江女侠五集 …………………… 1418

荒江女侠六集 …………………… 1419

荒江女侠四集 …………………… 1420

荒江女侠初集 …………………… 1421

荒江女侠续集 …………………… 1422

柳暗花明 ………………………… 1422

剑底莺声 ………………………… 1423

哀鹣记 …………………………… 1424

美人碧血记 ……………………… 1425

浊世神龙 ………………………… 1426

艳媚奇遇记 ……………………… 1427

胭脂盗 …………………………… 1428

海外争霸记 ……………………… 1428

雪里残红 ………………………… 1429

章台柳 …………………………… 1430

啼鹃录 …………………………… 1430

啼鹃续录 ………………………… 1431

蓬门红泪 ………………………… 1432

蝶魂花影 ………………………… 1432

磨剑录 …………………………… 1434

铁 楼

六十四奇案 ……………………… 1435

笋乡老人

海上魔宫 ………………………… 1436

倪剑吼

痴情泪 …………………………… 1437

徐一蝉

B.F.党 …………………………… 1438

徐吁公

双城女子 ………………………… 1438

徐伯平

江湖廿八侠 ……………………… 1439

徐枕亚

广谐锋 …………………………… 1441

双鬟记 …………………………… 1441

玉梨魂 …………………………… 1441

兰闺恨 …………………………… 1442

白话玉梨魂 ……………………… 1443

让婿记 …………………………… 1443

余之妻 …………………………… 1444

枕亚浪墨初集 …………………… 1445

刻骨相思记 ……………………… 1446

浪墨三集 ………………………… 1447

浪墨四集 ………………………… 1447

浪墨续集 ………………………… 1449

雪鸿泪史 ………………………… 1449

梨筠泪史 ………………………… 1450

情海指南 ………………………… 1450

清宫溅血记 ……………………… 1451

鼓盆遗恨 ………………………… 1452

燕雁离魂记 ……………………… 1452

徐卓呆(李阿毛)

女侠红裤子 ……………………… 1452

乐 ………………………… 1453

走马灯 ………………………… 1454

软监牢 ………………………… 1455

卓呆小说集 …………………… 1455

徐卓呆说集 …………………… 1456

唐小姐 ………………………… 1456

调笑录 ………………………… 1457

情博士 ………………………… 1460

锦囊秘密 ……………………… 1462

徐春羽

凤虎云龙 ……………………… 1462

龙凤侠 ………………………… 1462

宝马神枪 ……………………… 1463

逃刑传 ………………………… 1463

铁马银旗 ……………………… 1464

屠沽英雄 ……………………… 1464

碧血鸳鸯 ……………………… 1465

燕双飞 ………………………… 1468

徐哑钵

奇童侦探案 …………………… 1468

徐哲身

巾帼英雄 ……………………… 1468

反啼笑因缘 …………………… 1470

双姝泪 ………………………… 1471

汉宫二十八朝演义 …………… 1473

红灯照 ………………………… 1476

孝侠酬恩记 …………………… 1477

昆仑剑侠传 …………………… 1478

官眷香梦记 …………………… 1479

香国之春 ……………………… 1481

恐怖鬼侠 ……………………… 1482

鸳鸯女侠 ……………………… 1483

峨嵋剑侠 ……………………… 1484

晚清三杰 ……………………… 1486

溥仪春梦记 …………………… 1488

徐　疾

古塔疑案 ……………………… 1489

夜窗尸影 ……………………… 1489

宦海沉冤 ……………………… 1489

神出鬼没 ……………………… 1490

恶贯满盈 ……………………… 1490

假刀杀人 ……………………… 1490

徐絜庐

沪滨神探录 …………………… 1491

徐　慎

空心大老官 …………………… 1493

奚燕子

江湖技击传 …………………… 1493

高阳居士

新出金钱会 …………………… 1496

席灵凤

凤凰剑 ………………………… 1497

芙蓉剑 ………………………… 1498

桃花剑 ………………………… 1500

崆峒奇侠传 …………………… 1501

新鲜滑稽笑话 ………………… 1502

唐　熊

花魂侠影 ……………………… 1505

绿林奇侠传 …………………… 1507

竞智图书馆

咬舌奇案 ……………………… 1508

烟水阁主人（王无为）

脂余粉剩 …………………… 1508

娑婆生

人间地狱 …………………… 1508

涅 尔

红玫瑰的手巾 ……………… 1511

海上客

滑稽英雄 …………………… 1512

海上漱石生（孙漱石、漱石生）

一线天 ……………………… 1512

一粒珠 ……………………… 1512

二百五 ……………………… 1514

十姊妹 ……………………… 1514

九仙剑正集 ………………… 1515

九仙剑续集 ………………… 1517

飞仙剑侠大观 ……………… 1518

戏迷传 ……………………… 1519

还魂茶 ……………………… 1520

你来了么 …………………… 1520

金钟罩 ……………………… 1521

金陵双女侠 ………………… 1521

孤鸾恨 ……………………… 1522

海上燃犀录 ………………… 1522

嵩山拳叟 …………………… 1524

樟柳人 ……………………… 1524

浪漫博士

倭袍记演义 ………………… 1525

陶觉先

施公洞庭传 ………………… 1528

喜怒哀乐 …………………… 1536

陶啸秋

无头盗 ……………………… 1537

中国侦探大观 ……………… 1537

情场侦探案 ………………… 1538

陶寒翠

人间快活宫 ………………… 1539

无头大盗 …………………… 1540

民国艳史演义 ……………… 1540

苏台风月 …………………… 1545

荒山女侠 …………………… 1546

荒山奇侠 …………………… 1547

剑底桃花 …………………… 1547

铁脐僧侠传 ………………… 1548

通俗小说社

电话奇缘 …………………… 1550

自由女现形记 ……………… 1550

燕三小姐 …………………… 1551

桑旦华（冯若梅）

几家春色 …………………… 1552

无边风月 …………………… 1552

东方神侠传 ………………… 1554

脂粉奴隶 …………………… 1555

婆媳之间 …………………… 1555

黑寡妇 ……………………… 1556

糕团西施 …………………… 1556

绣虎生

神怪奇侠传 ………………… 1557

十一画

黄士恒

秦汉演义 …………………… 1558

黄大白

　生死冤家 ……………………… 1559

黄小配

　五日风声 ……………………… 1560

　洪杨演义全集 ………………… 1561

黄天石

　新说部丛刊（第二集）………… 1566

黄　权

　凄风苦雨记 …………………… 1566

黄花奴

　杨花梦 ………………………… 1567

黄南丁

　天涯奇人传 …………………… 1567

　杨乃武与小白菜 ……………… 1570

黄转陶

　荒乎其唐 ……………………… 1572

黄香阁

　鸳鸯泪 ………………………… 1573

黄退安

　掷果缘 ………………………… 1574

菊神女士

　神秘之路 ……………………… 1575

梦中生

　颠倒家庭 ……………………… 1575

梦花馆主

　九尾狐 ………………………… 1577

梦笔生

　金屋梦 ………………………… 1579

梅子七

　恶讼师恶计大观 ……………… 1581

梅寄云

　梅花金钗记 …………………… 1583

　碧玉簪全传 …………………… 1583

曹梦鱼

　情天奇侠传 …………………… 1584

曹痴公

　啼啸鸳缘 ……………………… 1586

戚饭牛（介北逸叟）

　山东女侠盗 …………………… 1587

　色迷 …………………………… 1589

野　蛮

　摇头痴官 ……………………… 1589

啸无生

　香衾重暖记 …………………… 1590

欸乃

　二乔蜕恨 ……………………… 1590

望素楼主

　夜劫孤鸾 ……………………… 1591

　胜字旗 ………………………… 1592

梁凤楼

　情海风波 ……………………… 1594

梁秉奇

　镜花水月 ……………………… 1594

梁翀（博陵居士）

　打单 …………………………… 1595

梁溪飘萍

　昙花情侣 ……………………… 1596

情禅室主

　情天绮语 ……………………… 1596

惜红馆主

　剑骨琴心 ……………………… 1597

续啼笑因缘 ······ 1601

惜花生

尼姑小传 ······ 1602

十二画

彭云上

红粉英雄 ······ 1603

董云裳

烽火啼鹃 ······ 1604

董荫狐

义侠惊奇录 ······ 1606

案中奇案 ······ 1606

董濯缨

新新外史 ······ 1607

蒋景缄

水底鸳鸯 ······ 1608

身外身 ······ 1608

灵鹣梦 ······ 1609

秭归声 ······ 1610

费娥剑 ······ 1610

情孽 ······ 1611

帽影钗光录 ······ 1611

湖海飘零记 ······ 1612

碧血巾 ······ 1613

蒋箸超

蝶花劫 ······ 1613

蒋毓如

断肠花 ······ 1614

落魄沪滨一少年

浪子忏悔史 ······ 1615

韩天啸

名姬惨史 ······ 1615

战场喋血之惨史 ······ 1616

寡妇泪史 ······ 1617

粟寄沧

白杨残梦 ······ 1617

景梅九

罪案 ······ 1618

践卓翁

践卓翁小说(第一辑) ······ 1622

喻玉铎

芸兰日记 ······ 1623

喻血轮

双薄幸 ······ 1624

生死情魔 ······ 1624

西厢记演义 ······ 1624

名花劫 ······ 1625

林黛玉笔记 ······ 1625

菊儿惨史 ······ 1625

情战 ······ 1625

情海风波 ······ 1626

悲红悼翠录 ······ 1626

蕙芳日记 ······ 1626

程小青

八十四 ······ 1629

三跛子 ······ 1630

五福党 ······ 1630

石像之秘 ······ 1631

龙虎斗 ······ 1631

东方福尔摩斯 ······ 1631

白衣怪 ······ 1632

矛盾圈 …………………………… 1632

灰衣人 …………………………… 1633

血手印 …………………………… 1633

江南燕 …………………………… 1634

江南燕 …………………………… 1635

两粒珠 …………………………… 1636

青春之火 ………………………… 1636

轮下血 …………………………… 1637

狐裘女 …………………………… 1637

夜半呼声 ………………………… 1638

沾泥花 …………………………… 1639

逃犯 ……………………………… 1640

活尸 ……………………………… 1640

珠项圈 …………………………… 1641

恐怖的话剧 ……………………… 1641

案中案 …………………………… 1642

谁是奸细 ………………………… 1642

难兄难弟 ………………………… 1643

黄浦江中 ………………………… 1643

假面女郎 ………………………… 1644

断指团 …………………………… 1644

紫信笺 …………………………… 1645

黑地牢 …………………………… 1645

窝贼大王 ………………………… 1647

窗外人 …………………………… 1647

湖亭惨景 ………………………… 1647

催命符 …………………………… 1648

新婚劫 …………………………… 1648

舞女血 …………………………… 1649

舞后的归宿 ……………………… 1650

舞宫魔影 ………………………… 1650

裹棉刀 …………………………… 1651

霍桑探案外集 …………………… 1651

霜刃碧血 ………………………… 1653

魔窟双花 ………………………… 1654

程善之

倦云忆语 ………………………… 1654

程瞻庐

月下葡萄 ………………………… 1655

众醉独醒 ………………………… 1656

快活神仙传 ……………………… 1658

茶寮小史 ………………………… 1660

鸳鸯小印 ………………………… 1661

唐祝文周四杰传 ………………… 1661

情血 ……………………………… 1665

葫芦 ……………………………… 1665

黑暗天堂 ………………………… 1666

街谈巷语 ………………………… 1667

湖海英雄 ………………………… 1667

滑头国 …………………………… 1669

新旧家庭 ………………………… 1669

瞻庐小说集 ……………………… 1670

道上客

三姨太太 ………………………… 1670

湖上渔隐

洪秀全 …………………………… 1671

湘影

归梦 ……………………………… 1672

寓公

近十年目睹天津怪现状 ………… 1673

故都风月 ………………………… 1674

谢直君

　　飞絮欺花录 ···················· 1674

十三画

蓝心

　　阿 Q 小姐传 ················· 1675

蓝白黑

　　儿戏夫妻 ···················· 1675

　　大嘴女郎 ···················· 1675

　　水仙花 ······················· 1676

　　色情世界 ···················· 1676

　　杏花春雨江南 ·············· 1676

　　灵肉之门 ···················· 1676

　　夜长梦多 ···················· 1676

　　荒唐先生 ···················· 1677

　　荡妇 ·························· 1677

　　美人鱼 ······················ 1677

　　隔墙风月 ···················· 1678

　　新镜花缘 ···················· 1678

楚泽散人

　　政海野史 ···················· 1678

雷珠生

　　千里侠 ······················ 1680

　　飞侠红蝴蝶 ················· 1680

　　江湖大盗 ···················· 1681

　　侠盗燕飞来 ················· 1681

　　剑侠十三妹 ················· 1682

　　剑侠轰天雷 ················· 1682

　　神刀豪侠传 ················· 1683

　　豪侠英雄传 ················· 1684

虞山古香阁

　　天启宫闱秘纪 ·············· 1684

锦章书局

　　白牡丹 ······················ 1684

新文化书社

　　七世夫妻 ···················· 1686

新华编辑社

　　新鲜九尾龟 ················· 1687

韵清女史（吕逸）

　　石姻缘 ······················ 1688

　　返生香 ······················ 1688

十四画

静观子

　　神怪奇侠 ···················· 1689

静啸（周恨石）

　　风尘游侠传 ················· 1689

蔡东藩

　　元史通俗演义 ·············· 1691

　　五代史通俗演义 ··········· 1693

　　民国通俗演义 ·············· 1695

　　后汉通俗演义 ·············· 1701

　　两晋通俗演义 ·············· 1704

　　宋史通俗演义 ·············· 1708

　　明史通俗演义 ·············· 1711

　　南北史通俗演义 ··········· 1715

　　前汉通俗演义 ·············· 1718

　　唐史通俗演义 ·············· 1722

　　清史通俗演义 ·············· 1725

蔡陆仙

　　飞剑游侠传 ················· 1729

侠义江湖 …………………… 1730

铁血莺花 …………………… 1732

蔡钓徒

花落瀛洲 …………………… 1735

裴小楚

情天惊鸿 …………………… 1736

睡狮

桃源隐侠传 ………………… 1736

瘦腰郎

孤雏劫 ……………………… 1737

漱六山房（张春帆）

九尾龟 ……………………… 1737

天王老子 …………………… 1744

反倭袍 ……………………… 1745

自由女 ……………………… 1747

球龙 ………………………… 1748

黑暗地狱 …………………… 1750

缥渺生

海市人妖 …………………… 1751

十五画

潘镜芙

梨园外史 …………………… 1752

十六画

燕山绮云

正德皇帝历史 ……………… 1753

燕北老人

满清十三朝宫闱秘史 ……… 1754

燕谷老人

续孽海花 …………………… 1759

蹉跎子（新人）

新倭袍 ……………………… 1760

魏兆良

三山奇侠 …………………… 1761

澹秋生

雍正剑侠奇案正编 ………… 1762

雍正剑侠奇案续编 ………… 1763

澹然

鬼媒 ………………………… 1764

十九画

孽缘手

新红楼梦 …………………… 1764

警梦痴仙

海上繁华梦 ………………… 1766

武 林 秋

哀情小说。一厂著。上海小说丛报社。1915 年 10 月版。1 册。13 万字。田履耕序 1 篇。铁冷跋 1 篇。共 32 回。

第 一 回　惨绿年华别亲入学
　　　　　踏青时节遇友追欢

第 二 回　酒绿灯红情不自禁
　　　　　抚时论世悲从中来

第 三 回　安垲弟邂逅逢绝色
　　　　　进步社欢会动单愁

第 四 回　缔情缘倾心成密友
　　　　　消闷意携手访平康

第 五 回　诉恨事辛酸同恻恻
　　　　　重爱情申辩独滔滔

第 六 回　陆叶芬真心待名士
　　　　　孙凤云佯怒诘情人

第 七 回　请罪负荆周旋备至
　　　　　发标吃醋左右为难

第 八 回　红倌人矢志改生涯
　　　　　贤社长决心辞职务

第 九 回　仕女才郎萍飘同感
　　　　　名言至理棒喝当头

第 十 回　对离筵无心浇竹叶
　　　　　追往事有泪洒芦花

第十一回　传噩耗仓皇回故里
　　　　　惹深情匆促返家园

第十二回　痛严亲娇儿枯血泪
　　　　　见甥女狼子起淫心

第十三回　瞥见投函会逢其适
　　　　　甘言逼嫁痛不欲生

第十四回　西子湖头潸焉对泣
　　　　　望夫石上空了前缘

第十五回　订良缘苦情盟白首
　　　　　逢狭路通信逼红妆

第十六回　叙历史红颜都薄命
　　　　　泣情夫碧血痛椎心

第十七回　破疑团陈情慰良友
　　　　　起欲念设计赚佳人

第十八回　悲身世佳人惊恶梦
　　　　　展血书才子断柔肠

第十九回　慰娇儿爷娘议媒妁
　　　　　疑侍婢姐弟究根踪

第二十回　订新婚恶妇施诡计
　　　　　访旧交游子返申江

第二十一回　雅戏竹林良朋聚首
　　　　　　正言药石名妓回头

第二十二回　系赤绳执柯劳宅相
　　　　　　完白璧脱颖出泥途

第二十三回　闻私语惊心破恶计
　　　　　　了情缘割臂写哀书

第二十四回　祸水兴波摧残蕙质
　　　　　　孤山洒泪凭吊梅魂

第二十五回　物在人亡伤心洒泪
　　　　　　地同景异思燕惊鸿

第二十六回　入学校安排劳知己
　　　　　　完婚礼敬慰相知

第二十七回　学琴歌悠扬调复韵
　　　　　　惊恶耗凄绝述哀情

第二十八回　杭沪归车莺啼鹃泪
　　　　　　邯郸醒梦絮果兰因

第二十九回　欲慰痴儿移花接木
　　　　　　托依义父落叶归根

第 三 十 回　黄叶孤坟魂销肠断
　　　　　　青春美景死别生离

第三十一回　断痴魔成千秋恨史
　　　　　　晓大义回一缕芳心

第三十二回　燕语莺啼都成眷属
　　　　　　义夫节妇一列收场

小江平游沪记

社会小说。一舸女士著。上海中央书店。1935 年 3 月 3 版。3 册。13.6 万字。插图 30 幅。共 30 回。

第一回　三尊神女堪为证
　　　　一个人头不怕鹽

第二回　玉堂春忙煞解差
　　　　腌鱼臭触动诗人

第三回　小江平遇小江北
　　　　打野鸭即打野鸡

第四回　脱旗袍老枪躲避
　　　　坍板壁旅客悲伤

第五回　怪兄妹不愿同房
　　　　臭乳腐自有吃客

第六回　四老图描摹社会
　　　　一条裤推广杂志

第七回　野鸡拍浪漫影戏
　　　　卧室锁抖乱夫人

第八回　看电影欢欣满座
　　　　得情书感受伤风

第 九 回　女浴堂二嫂吃人
　　　　　南翔路小江出丑

第 十 回　误把朋友当窃贼
　　　　　倒将尿屎可烧鸡

第十一回　护女权反对堂差
　　　　　看宝贝剥夺衣裳

第十二回　拉胡琴雌狗雄狗
　　　　　叫堂差男妓女妓

第十三回　换衣服博士烧汤
　　　　　登广告任公欺世

第十四回　展览会画师偷窃
　　　　　陆根荣老太赞成

第十五回　多谢蘑菇赠舞女
　　　　　何堪腋臭惊诗人

第十六回　三次吟诗海岸坐
　　　　　一声逐客美人来

第 十 七 回　省个夜壶费力气
　　　　　　割来股肉太痴狂

第 十 八 回　叫几声肉痛血出
　　　　　　吃一脔起死回生

第 十 九 回　库中二嫂人人异
　　　　　　箱里花瓶片片包

第 二 十 回　捞得海参阿父叫
　　　　　　带来眼镜玻窗开

第二十一回　肌肉滑滑跌丈夫
　　　　　　姿势浪浪煞伯母

第二十二回　大门烧破水晶窟
　　　　　　电话传来女浴堂

第二十三回　木器房中陈数件
　　　　　　绣襦被内现三双

第二十四回　浴衣一袭美人睡
　　　　　　马弁三名司令威

第二十五回　开谈判多亏老叙
　　　　　　报冤仇寻入韩庄

第二十六回　铁床已归阑干破
　　　　　　丸药有灵变化生

第二十七回　访韩庄忽来豆粽
　　　　　　出大恭累及纱帐

第二十八回　一盒仙丹洋狗吃
　　　　　　两张名片主人惊

第二十九回　三笑女送雪茄掌
　　　　　　一盆水淋洋帽头

第 三 十 回　握头颈驱逐嫖客
　　　　　　叹桃源惊遇情人

孔子演义

历史小说。丁寅生著。上海大通图书社。1935 年版。1 册。21.8 万字。自序 1 篇。共 100 回。

第 一 回　世泽绵延追溯微子
　　　　　黄河清澈诞生圣人

第 二 回　俎豆篷簋嬉戏习祭礼
　　　　　晦明风雨勤读得名师

第 三 回　早完花烛慰慈亲
　　　　　征收田赋充委吏

第 四 回　滋蕃息充任司职吏
　　　　　受欺蒙去位让贤能

第 五 回　赴周京师事老子
　　　　　问武乐敬服苌弘

第 六 回　仁人赠言心长语重
　　　　　季氏专政国乱君逃

第 七 回　高昭子诚意留大贤
　　　　　齐景公遣使问怪鸟

第 八 回　商羊起舞预防水灾
　　　　　韶乐习闻不知肉味

第 九 回　奉命主祭子贡徒劳
　　　　　越俎代谋再求失礼

第 十 回　子贡辞行宰信阳
　　　　　琴张请假吊宗鲁

第十一回　见机却禄出境代辞行
　　　　　归里主婚量才双择配

第十二回　百里负米服劳养亲
　　　　　五事赠言铭心作宰

第十三回　问冠礼仲尼引古证今
　　　　　还赎金子贡坏法知过

第十四回　闲居讲道畅论明王
　　　　　昏夜闭门峻拒奔妇

第十五回　鲁国有奇男可风末俗
　　　　　孔门多贤士列表题名

第十六回　论前贤太息臧武仲谈兵
　　　　　证古事预知东野毕佚马

第十七回　于奚请繁缨轻视名器
　　　　　颜回尚气节详问立身

第十八回　曾参受杖非孝非慈
　　　　　伯鱼趋庭学诗学礼

第十九回　仲由治蒲邑箪食施民
　　　　　孔子游农山瓦瓯果腹

第二十回　子路言志不脱武夫气
　　　　　曾晳抒怀迎合圣人心

第二十一回　习乡射威仪服众
　　　　　　问刑罚议论超群

第二十二回　铸刑鼎晋君臣乱制
　　　　　　听狱讼古圣王恕民

第二十三回　删诗经剔除郑卫淫风
　　　　　　论奇偶阐明人物生理

第二十四回　子贡傲岸轻视同学
　　　　　　不齐贤能玩弄小臣

第二十五回　阻民刘麦杜绝幸得心
　　　　　　获鱼弃河感戴至诚意

第二十六回　诫子蔑治本教民俭

　　　　　　训无加改妆守姑丧

第二十七回　至诚化民儿童知孝义
　　　　　　副业生利役吏兼工商

第二十八回　牧民牧马意义相同
　　　　　　行德行法治绩美备

第二十九回　孝思迫闵损辞职养亲
　　　　　　客游逢师襄学琴请益

第三十回　入境闻弦歌言偃改良风俗
　　　　　禳火惜宝器子产独矫众论

第三十一回　观治绩入境赞仲由
　　　　　　慕贤名问政论宓子

第三十二回　圣母饰终哀荣尽礼
　　　　　　权臣将死逆料无差

第三十三回　馈豚肉谢礼遇阳虎
　　　　　　识羵羊博学服季斯

第三十四回　萍实甜如蜜浮生水面
　　　　　　骨殖大盈车久埋土中

第三十五回　原壤太放浪蹲踞受杖
　　　　　　子张慕虚荣询问入官

第三十六回　以鸟名官郯君详言祖制
　　　　　　献玉失礼邾子不谙聘仪

第三十七回　朝廷作则敬礼高年
　　　　　　中都为官采风绅士

第三十八回　力行节俭戒奢侈
　　　　　　路不拾遗无盗贼

第三十九回　升司空季斯切隐忧
　　　　　　见相国孔子论内祸

第四十回　季斯优柔寡断祸伏萧墙
　　　　　孔子持重多谋计卫相国

第四十一回　闻人少正卯挑拨谋乱
　　　　　　邑宰公敛阳编练防患

第四十二回　阳虎争权深宵定计
　　　　　　林楚救主半路疾驰

第四十三回　家臣叛主中箭身死
　　　　　　贼首劫君夺路败逃

第四十四回　仲由率兵驻费邑
　　　　　　阳虎行诈夺灌阳

第四十五回　子路奋勇追贼臣
　　　　　　阳虎放火劫关税

第四十六回　齐君纳忠言拘囚乱贼
　　　　　　匡人受苛政谋杀逃臣

第四十七回　别土性开辟富源
　　　　　　升司寇摄行相事

第四十八回　会夹谷孔子相礼取威
　　　　　　责黎弥齐君归田谢过

第四十九回　戢野心定议隳私城
　　　　　　听唆使戕官夺邑宰

第 五 十 回　讨乱贼州仇败北
　　　　　　乞援师侯犯降齐

第五十一回　驷赤巧计逐侯犯
　　　　　　仲尼服众赦不狃

第五十二回　保城垣公敛阳信谗
　　　　　　请斧钺少正卯受诛

第五十三回　整饬吏治折服三家百僚
　　　　　　闲游观宫阐明七情十义

第五十四回　孔子摄相推尊文王
　　　　　　黎弥沮贤进谒季氏

第五十五回　汪锜死社稷哀荣尽礼
　　　　　　孔子去乡邦审慎择栖

第五十六回　颜仇由下榻留圣人
　　　　　　卫文子当宴问贤士

第五十七回　私立庙文子询庙制

第五十八回　解匡围蘧瑗邀孔丘
　　　　　　救鲁难子贡说田常

第五十九回　吴使见齐君求婚劝和
　　　　　　圣人见南子出游陪乘

第 六 十 回　姑布子卿拦路相仲尼
　　　　　　司马桓魋在朝谮孔子

第六十一回　舍车易服避免桓魋害
　　　　　　飞隼贯矢知为肃慎砮

第六十二回　馆人丧脱骖赠赙
　　　　　　佛肸召驾车欲行

第六十三回　物伤其类临河返辙
　　　　　　宾至如归促膝谈心

第六十四回　论谏君仲尼阐明五义
　　　　　　毁乡校子产独辟群言

第六十五回　过蒲被阻公良孺拔剑陈辞
　　　　　　返卫戢兵端木赐驱车游说

第六十六回　为士师掌刑持训诫
　　　　　　逐嬖佞决意肃宫闱

第六十七回　减刑怀德刖危藏贤
　　　　　　被困绝粮子路问难

第六十八回　颜子渊炊饭食弃粒
　　　　　　楚昭王派兵迎大贤

第六十九回　配五行诠释五帝德
　　　　　　览楚史评论楚王奢

第 七 十 回　楚令尹嫉贤沮封田
　　　　　　阿谷女知礼拒求饮

第七十一回　楚狂接舆高歌讽孔子
　　　　　　长沮桀溺冷语嘲仲由

第七十二回　子贡切问勾践仇吴
　　　　　　叶公评论伯嚭误国

第七十三回　仲由借宿遇高士
　　　　　　丈人避面拒来宾

第七十四回　子产朝晋遭责问
　　　　　　孔丘赴吴受欢迎

第七十五回　孔子见符述来历
　　　　　　西施装病撒娇痴

第七十六回　馆舍屯兵仲尼知机远引
　　　　　　祖饯设席子胥慨叹将来

第七十七回　佝偻人捕蜩觅利
　　　　　　意怠乌藏拙保身

第七十八回　世子出亡太孙嗣位
　　　　　　黑牛应瑞白犊连生

第七十九回　卫孔悝倚子路作干城
　　　　　　仪封人称仲尼为木铎

第 八 十 回　公明贾饰词探孔意
　　　　　　冉子有御敌逐齐军

第八十一回　劫甥要盟蒯聩复国
　　　　　　救主被醢仲由丧身

第八十二回　兰生隐谷寄慨操琴
　　　　　　湍激吕梁惊看蹈水

第八十三回　仲尼归国息影优游
　　　　　　陈恒弑君请兵声讨

第八十四回　颜回殁世赠赙举丧
　　　　　　子华成名任侠好客

第八十五回　宰我再三问古帝
　　　　　　冉求报告伐颛臾

第八十六回　柳下季知危沮行
　　　　　　孔仲尼冒险游说

第八十七回　将虎须侥幸脱虎口
　　　　　　召贤臣咨询选贤人

第八十八回　谋聚敛季氏加田赋
　　　　　　恨权奸吴商传死谣

第八十九回　王庆功子胥忠谏丧身
　　　　　　君赐食仲尼贱桃贵黍

第 九 十 回　召会盟夫差谋霸
　　　　　　守馆舍子贡解围

第九十一回　越王见怒蛙致敬意
　　　　　　范蠡载西施游五湖

第九十二回　哀公问吴越兴替事
　　　　　　孔子因不梦感衰颓

第九十三回　会舒州越国要盟
　　　　　　游原野慈乌伤类

第九十四回　冉伯牛恶疾缠身
　　　　　　端木赐片言归地

第九十五回　贺收地鲁君问命
　　　　　　论损益曾子知机

第九十六回　藜蒸不熟曾子出妻
　　　　　　失鸡不归商瞿善卜

第九十七回　决疑团叔鱼忧子
　　　　　　设奇问徙宅忘妻

第九十八回　读《诗经》惕然如惧
　　　　　　对君问畅论不祥

第九十九回　狩西郊君臣尽乐
　　　　　　见死麟圣贤道穷

第 一 百 回　子贡闻歌哲人其萎
　　　　　　圣人辞世说部终篇

乾坤武侠传

武侠小说。了俗道人编辑。上海文智书局。出版时间不详。1 册。上卷 2.9 万字。提要 1 篇。上卷共 10 回。

第一回　黄吏部解组归田 　　　　女道士访徒赠剑	第六回　写信柬先留警告 　　　　入相府误陷机关
第二回　黄福老奴携主逃难 　　　　觉华贼秃黑夜行凶	第七回　曹奸相审问刺客 　　　　陶尚书下拜英雄
第三回　秋月娥替父报仇 　　　　金翅雕单身献艺	第八回　董天宝粉壁题诗句 　　　　飞毛腿狭路遇仇人
第四回　比刀剑各自称雄 　　　　打恶棍众人泄愤	第九回　昆仑山逍遥道收剑 　　　　天妃宫黄菊英求签
第五回　包人穷撒赖放刁 　　　　董义侠相府行刺	第十回　救菊英杀退和尚 　　　　入地道探寻贼踪

中国侦探在旧金山

探案小说。乃凡著。南京万象周刊社。1946 年 10 月版。1 册。15 万字。共 4 案。

第一案　一个没有完场的戏	第三案　永远的美丽
第二案　大厦之火	第四案　冒险家之死

房　　东

社会小说。乃文著。天津励力出版社。1941 年 6 月版。1 册。4 万

字。共 21 节。

武侠春秋

武侠小说。于伟文著。贡院戊辰印刷社。1930 年 4 月版。1 册。4 万字。大浩山人题词 1 篇。自序 1 篇。程先甲、陈纫芷、李铎序各 1 篇。共 32 篇。

冯元佐	汉阳某翁
盲镖客	紫衣道士
马云龙	刀山
甘凤池	夏萼楼
查可朋	年羹尧
神枪赵西来	汤瘪嘴子
担水夫	张汶祥刺马
千人敌	二呆子
韦氏三公子	陈椿
达子敬	七人巷
雷公八	倪广东老
李四清官	汪二先生
三姑	王节山
正文和尚	谭学富
余咸宁	冯老太太
复仇	老焦

神弹乾坤手

武侠小说。于芳著。上海元昌印书馆。1948 年 4 月版。1 册。26.5 万字。共 20 回。

第一回	卧龙山雪夜走灵车	第十一回	小英雄巧摔镔铁塔
第二回	沂州府柳林逢恶棍	第十二回	痴公子艳遇长春寺
第三回	十里铺三气袁九常	第十三回	铁连子舍命全秋生
第四回	万兴店独访姚二爷	第十四回	活无常计阻铁寒英
第五回	解倒悬英雄齐纵火	第十五回	双侠二义智斗焦允
第六回	走长途儿女歼阄黎	第十六回	只身匹马夜遇寒英
第七回	假瞎子多事邀朋友	第十七回	复亲仇力劈银面佛
第八回	赛猴儿无意遇英雄	第十八回	救友难夜入洪泽湖
第九回	全终始侠女系红丝	第十九回	三遇险解围铁沙弹
第十回	探虚实英雄遭黑手	第二十回	四川路缘结柴家堡

换巢鸾凤

哀情小说。于星海著。上海小说丛报社。1916 年 9 月版。上海中原书局。1936 年 11 月重版。1 册。6.6 万字。序 1 篇。题词 2 篇。自题 1 篇。共 20 章。

第一章	读愁情剩稿可怜之人物从此登场		相知扶病不辞艰苦
第二章	何苦来哉金纫飞缨身外物为谁忙耶	第 八 章	秋石醉口开缄罚埋东土遇救生还得展抱负
第三章	多情转化无情负人深处倍伤心也	第 九 章	火警闻于午夜健儿感激涕零庆歌无恙
第四章	听消息于檀口樱唇回头蕉鹿春婆之梦已惺忪	第 十 章	释仇归去天良未泯洵是可儿剑相知赦秋石而自杀
第五章	蔓草荒烟间侠士长眠人间世空余想象	第十一章	夺人爱乃谓人谋我妻昧心昧理披露一夕闲言
第六章	雪泥鸿爪幸留痕白头人在话伤心于碎镜之楼	第十二章	苦雨凄风惨遭禁锢不由人不图报毕竟为绝世之英雄
第七章	硝烟弹雨是前途恢复汉家山剑	第十三章	青梅竹马两小无猜邀月亭中美人之心情流露

第十四章	个妮子煞是多情怅望徒劳翻被无情恼		得相思无诉处
第十五章	一肩行李到金陵半为美人半为国家	第十八章	烛影摇红人儿软化双双俱如愿以偿矣谁复怜忆及地下之人
第十六章	老夫人厉言正色戒娇娃莫亲孽子小艳衔冤	第十九章	卖儿钱今又无多犹忆寡妇孤儿晚风前一齐洒泪
第十七章	毕竟唾绒人不见往返徒劳赢	第二十章	天乎早早已安排今日凄然欲绝便是回头念已差

浪子末路

　　社会小说。于贯一著。上海文明书局。1926 年 7 月 5 版。1 册。2.5 万字。作者提要 1 篇。未分章节。

胭　脂　国

　　言情小说。上官誉著。上海陆开记书报社。1949 年版。1 册。7.3 万字。未分章节。

新五月演义

　　社会小说。上海市学生联合会编著。上海市学生联合会。1947 年 6 月版。1 册。0.9 万字。共 12 回。

第一回	坏政府兴兵内战老百姓走投无路		钉棒飞舞,特务杀声腾腾
第二回	众学生饥饿请愿火车站万头攒动	第四回	学生界组织"后援会"警备部草拟"黑名单"
第三回	大旗飘扬,学生朝气勃勃	第五回	夜深沉沉狗特务捉人正义凛凛女学生受伤

第六回　中奸计学生遭逮捕
　　　　唱团结教授来营救
第七回　特务围攻大同
　　　　走狗殴伤光德
第八回　鞭炮乒乓堂上欢天喜地
　　　　枪声砰砰路中血肉模糊
第九回　激昂慷慨学生再接再厉

　　　　耀武扬威打手辣手辣脚
第　十　回　无耻的东西内奸乔装蒙面容
　　　　该死的畜生走狗闯进女宿舍
第十一回　泪洒霞飞路
　　　　血染大学生
第十二回　达姆弹下学生遭惨死
　　　　珞珈山上教授祭英魂

青 楼 镜

言情小说。上海亚华书局编辑。上海亚华书局。1929 年 6 月再版。1
册。3.5 万字。共 16 回。

第一回　八岁女孩看灯落难
第二回　七旬老佛拐女潜逃
第三回　一急一徐老奴探信
第四回　又惊又爱豪仆偷奸
第五回　入青楼祸中勤学业
第六回　升绣阁梦里遇情人
第七回　阅报纸喜传芳讯
第八回　隔户囡暗察娇容

第　九　回　大嫖客轻财恋妓
第　十　回　假玉珍装腔作势
第十一回　诱愚奴野鸡做圈套
第十二回　遇老友公子入花丛
第十三回　栈中听话粗得端倪
第十四回　报上看诗方知底细
第十五回　大客人痴心谋美妾
第十六回　佳公子如愿结良缘

四十六刺客奇观

社会小说。上海江南学社编。上海江南图书馆。1922 年 10 月初版。
1 册。1.6 万字。书前有刺客被刺、刺客伏墓、刺客奇遇、刺客妙计 4 篇。
共 23 章。

一　松涛声中之刺客
二　藏刀被底之刺客

三	双目尽盲之刺客	十四	误刃胞兄之刺客
四	触槐而死之刺客	十五	乳发未干之刺客
五	雍正钦命之刺客	十六	鱼腹匕首之刺客
六	收人头债之刺客	十七	自形绝从之刺客
七	孝友兼□之刺客	十八	曜人双目之刺客
八	漆身吞炭之刺客	十九	刺马制军之刺客
九	喷嚏杀人之刺客	二十	青州学内之刺客（以上每则一刺客）
十	白光缭绕之刺客		
十一	刺客人化为之虎	二十一	刺客八奇（以上共八刺客）
十二	颜色不变之刺客	二十二	革命中刺客（以上共十七刺客）
十三	博浪沙中之刺客	二十三	刺客艳话（以上一刺客）

十八反王

民间小说。上海铸记书局编著。上海铸记书局。1953 年 12 月版。1 册。7 万字。共 24 回。

第一回	陶天成到清江打擂 熊铁头遇劲敌身亡		华光神救洪奎脱难
第二回	王柳弟兄协力锄奸 荷海姐妹奉命收宝	第 八 回	请众仙蒋林揍尸骸 奉法旨洪奎斩奸贼
第三回	陶天让八盘山会父 徐宏基清江城鏖兵	第 九 回	两军对垒奸臣败北 计摆恶阵妖道逞能
第四回	陶先锋沙场连取胜 严奸贼玉龙钩救兵	第 十 回	李仁杰偷阵伤残生 王素珍会敌身遭困
第五回	严奸贼奉命下高山 陶先锋会战中妖术	第十一回	王素珍闯阵遭围困 蒋赛花奉命下仙山
第六回	矮蒋林清江除奸贼 宋银龙冒认假功劳	第十二回	蒋小姐发令破阵 刘先生点兵攻城
第七回	黑风道拿蒋林报仇	第十三回	破阵图妖人授首 攻清江奸贼遭擒

第十四回　严霸水中逃残生　　　　　　　　　　陶天成冲营中妖术
　　　　　毛凤湖中遇奸贼　　　第十八回　祁凤英搭救玉石帅
第十五回　严奇谎言奏圣上　　　　　　　　　　陶文烂生擒梁奸臣
　　　　　苏洪伐兵下燕京　　　第十九回　冲贼营奸臣尽授首
第十六回　柳元帅保守燕山城　　　　　　　　　破大队妖妇现原身
　　　　　苏奸贼造反谋社稷　　　第二十回　众将面君开攻报恨
第十七回　梁飞虎燕山显威能　　　　　　　　　十扇图聚封官团圆

不 可 说

滑稽小说。小百姓著。上海时事新报馆。1913 年 12 月版。1 册。8.7 万字。

洞房花烛夜

社会短篇小说集。么其琮著。北京盛兰学社。1944 年 6 月初版。1 册。10 万字。共 16 则。

洞房花烛夜　　　　　　　　　　赶三关
开市大吉　　　　　　　　　　　一个耳光
福官传　　　　　　　　　　　　太
一鸣惊人　　　　　　　　　　　女郎小传
征婚　　　　　　　　　　　　　爱之循环
离婚　　　　　　　　　　　　　老 K 正传
梦中自杀记　　　　　　　　　　小张的哲学
新陈代谢　　　　　　　　　　　恨不相逢未嫁时

百侠英雄奇观

武侠小说。广文编辑局编。上海世界书局。1923 年 12 月 5 版。2 册。5 万字。提要 1 篇。共 100 则。

幕中客	神手箭
黑衣人	铁柄伞
独臂侠	短匕首
红髯客	雌雄剑
长髯翁	白光剑
白发叟	袖中剑
黑沙手	双铜铜
金镖客	百练锤
铁老翁	彩锦囊
老少年	卖艺人
黑人影	梁上燕
檐上客	飞毛腿
南山侠	胠箧贼
飞天鹞	黄八子
飞山虎	盗中侠
风尘侠	金炉盗
葛衣翁	大侠盗
伟丈夫	峨嵋盗
飞燕子	琼州盗
侠客孙	跛僧人
油刀侠	剑侠僧
韩铁棍	铁禅杖
连珠弹	铁头陀
神弹子	挚石僧

巨力僧

恶和尚

卖姜翁

卖菜老

老义仆

义纪纲

白莲党

仗义客

鸣不平

剑决斗

狭路仇

侠鸳鸯

义勇丐

铁大头

康飞腿

徐先生

陶锯师

小郭解

僧耳拳

勇野二

黑妖狐

运气术

惩淫伶

铁胄恨

刀上肉

飞剑术

铁伞仇

勇虎儿

搬运法

冰手计

打人王

耍县令

白安人

水上飘

飞姑娘

萧红娘

奇女子

神针娘

黑卫尼

难中女

景州女

褐衣女

大力女

操舟女

当炉女

红裳女

绣鸾刀

卖解妓

新嫁娘

侠女郎

女黄忠

黑旅店

明代风流皇后

宫闱小说。历代风流皇后壬集。马枕梧著。上海新华书局。1923 年

7 月版。1 册。2 万字。前言 1 篇。历代帝王（明代）壬表、历代皇后（明代）壬表各 1 篇。共 20 章。

第一章 赤光烛天见异端
　　　　红罗浮水辅帝星
第二章 皇后谨理嫔妇事
　　　　阉侍禁论政治疏
第三章 陆妃艳慧自天锡
　　　　马后贤明岂偶然
第四章 幼主仁柔堕绪业
　　　　皇叔英明窃正统
第五章 后妃困迫瞬成烬
　　　　君臣相顾尽沾衣
第六章 太宗残忍磔志士
　　　　徐后美德垂宫闱
第七章 宦侍谋逆遭诛戮
　　　　太子监国赈灾黎
第八章 皇后被废居别殿
　　　　贵妃获宠专椒房
第九章 半夜从骑访少传
　　　　卅年亡命认老监
第十章 动帝亲征困虏营
　　　　太后纳币赎车驾

第十一章 塞外君臣相对泣
　　　　　宫中后妃慨蒙尘
第十二章 太子废立启争端
　　　　　上皇复位振纪纲
第十三章 纪民临娠遭毒害
　　　　　万妃谋绪虐宫嫔
第十四章 内监击球导帝子
　　　　　学士献篋媚宫人
第十五章 剑影刀光惊午夜
　　　　　纤妆艳盗掠鸾舆
第十六章 父皇故妃崇尊号
　　　　　酒家小女入深宫
第十七章 龙飞殿里奉皇考
　　　　　乾清宫中受顾命
第十八章 太后赏花宴大内
　　　　　郑氏生子进贵妃
第十九章 选侍固宠挟太子
　　　　　客媪专恣结宦官
第二十章 明帝登山死末路
　　　　　清兵入关张夷威

老上海见闻

社会小说。马健行著。上海国光书店。1947 年版。1 册。13.3 万字。鲍靖序 1 篇。共 155 篇。

上集

大姐说七字令

流过几回水

标飘漂

奇文独赏

居心不正

尚有第二个来

要钱不要命

上下五千年

请打巴掌充酒面

壮夫不为

饭菜不相逢

蛋壳不可动

清慎勤

非孔子之后裔欤

称款开捐

洋监生

吃在身上

不得不苟延残喘

五畜宴

我代说情一次

不可徒行

糊涂批判

难度五更天

吃酒放生

尺工老寿星

正好吃白饭

可怜可怜

遮天陷地

捉隔夜奸

停刻即来

我熬不住

省吃俭用

奴欺主

无肠公子

把话吓脱了

缩螺蛳亏三年

经义策论奇文

名医祭文

请太太团圆

五年不语

辱在泥涂尚有声

看你挂否

我也胡题

小便值洋两元

五烟居士

色香味

帐里功劳

扒灰出典

康有为与典当

绝妙多子图

下集

电车中扒手

对买贼

拐匪

局骗

男拆白神秘小史

女拆白神秘小史

女学生神秘小史

姨太太神秘小史

游戏场雉伎

跳舞场

小跳舞场

按摩院与响导社

旅馆

小客栈

酒店

茶馆

茶会

老虎灶

荐头

借房子

公馆神秘

马路上的勾当

弄堂神秘

慈善事业的内幕

女相士

医院的黑幕

车辆的情形

野鸡包车

商店的内幕

滑头事业之种种

上海的女鞋

旧货摊

放债的种种

小总会

轮盘赌

状师

上海的党会

青帮

红帮

流氓

倒棺材

三张扑克牌

上海的瘪三生活

瘪三的秘密

闲话上海

社会小说。马健行编。上海出版社。1938 年 10 月再版。2 册。9 万字。二集。共 243 篇。

上集

上海倡门沿革史

倡门之组织情形

冶游门径

么二堂子之神秘

野鸡

板板六十四

养小鬼

鬼话连篇

七煞饭

支票妙用

打醮泛

接先生

七星党

诨号种种

轮流年夜饭

结拜姊妹

赛二爹之情夫

林黛玉小史

张书玉谩客受累

陆兰芬之荣哀

陆兰芬之争风案

诗妓小史

许紫烟

李珊珊之殉情

鸥波小榭之受绐

王秀宝与洪述祖

野鸡拉巡抚

小四金刚与尖四金刚

开果盘与糁饭团最低之代价

也是苏州

妍戏子有道

大人与先生并论

饱受炎凉气味

北里漏卮谈

挑出第一名

三声闲话荡湖船

隔年生日

何必干吃醋

吃他三夜醋

人上人

苏老即是小贼

多多益善

吃鲍鱼汤

善于变法

非贝里

不贰过

绝好头衔

闻鼻烟

与一盏灯何涉

星出天麻面

算我一场和

竹杠敲来荠菜青

状元误报

石子客人

作法自毙

弟非要孔方之兄

情切切良宵花解语

西河桥边是啥场化嗄

四金刚戴帽

实梗看人阿要讨厌介

阿要呒清头

大姐说七字令

流过几回水

标飘漂

奇文独赏

居心不正

尚有第二个来

要钱不要命

上下五千年

请打巴掌充酒面

壮夫不为

饭菜不相逢

蛋壳不可动

清慎勤

非孔子之后裔欤

称款开捐

洋监生

吃在身上

不得不苟延残喘

五畜宴

我代说情一次

不可徒行

糊涂批判

难度五更天

吃酒放生

尺工老寿星

正好吃白饭

可怜可怜

遮天陷地

捉隔夜奸

停刻即来

我熬不住

省吃俭用

奴欺主

无肠公子

把话吓脱了

缩螺蛳亏三年

经义策论奇文

名医祭文

请太太团圆

五年不语

辱在泥涂尚有声

看你挂否

我也胡题

小便值洋两元

五烟居士

色香味

帐里功劳

扒灰出典

康有为与典当

绝妙多子图

乌龟自挽

客挽乌龟

白超

名士多疖

想当然耳

颠倒古人

状元妻卧僧房

广文赠妓联

明朝有官事

居然方面

外行太甚

三卯词人

三百文吃减钱色

摹仿逼真

当面骂书呆

奇材异能

生死关头

骂娘孝子

少见多怪

汝不应打我耳光

杀千刀说

老表兄传

王瓜翠

脱衣见夫

捉狗养狗

时样童写

观音吃烧猪

阿利阿利

金叶包屁股

黄鹤高飞

狡兔三窟

梳栊被绐

娘姨欺骗先生

黑牡丹善敲竹杠

买养儿女之妙计

仙人跳

佳公子变相为车夫

拆白党中美人计

诗歌与歌妓之回顾

精忠传不敌果报录

金耀祥走头无路

书场之小掌故

唱杀林宝珠

林步青唱做兼檀

水香菱排场

唱书妓惯作娇态

戏园之回顾

戏剧之沿革

孙菊仙之轶事

汪桂芬案

高彩云案

杨月楼案

霍春祥案

丁灵芝案

绠子飞演三上吊三触柱

诸葛亮堕城楼

刘维忠与丹桂

刘大奎官与孙小六

丁兰荪败兴

车前子

盛极一时之天福

天华园与程麻皮

闻鼓鼙而思将士

同庆园之粤班

大姐捉强盗

烧杀吊杀

春行夏令

李春来悔约

三盏灯能填词

开口跳发讪

喝彩五分钟

上海男女伶合演之历史

潘月樵佚事

上海新剧汇志

下集

上海的大报

上海的游戏场

跳舞场

小跳舞场

按摩院与响导社

旅馆

小客栈

酒店

茶馆

花会

老虎灶

荐头

借房子

公馆神秘

马路上的勾当

弄堂神秘

慈善事业的内幕

女相士

医院的黑幕

车辆的情形

野鸡包车

商店的内幕

滑头事业之种种

上海的女鞋

旧货摊

放债的种种

小总会

轮盘赌

花会

状师

上海的党会

青帮

红帮

流氓

倒棺材

三张扑克牌

上海的瘪三生活

瘪三的秘密

电车中的扒手

对买贼

拐匪

局骗

男拆白神秘小史

女拆白神秘小史

女学生神秘小史

姨太太神秘小史

花会大王神秘小史

大赌窟神秘小史

小客栈神秘小史

荐头店神秘小史

恐吓党神秘小史

滑头瞎子神秘小史

小菜场神秘小史

沪语浅释

游民切口索隐

上海方言解

方言之种种

上海方言索隐

侠骨柔情

　　武侠言情小说。王小厂著。励力出版社。1949 年 1 月。2 册。20 万字。共 32 回。

第一集

第 一 回　天涯逢侠女霜月板桥痕留鸿爪

客路遇淫娃荒村古寺迹感萍踪

第 二 回　蓬岛变魔窟闺秀书生同罹厄运

桃源成幻境鬼头骚妇互起猜疑

第 三 回　真面识庐山小侠指迷么魔授首

柔情成爱水村姑怀感慧婢倾心

第 四 回　寒宵遇旧欢婢叛郎逃变生不测

良夜视新喜桃僵李代事出迷离

第 五 回　好事竟多磨未克双飞先悲独凤

奇缘添一段愁牵两地泪洒孤鸾

第 六 回　意中人不见马足车尘重劳跋涉

梦里事难猜山崖水限再起风波

第 七 回　伴侣失荒山临风悲恻春动人妖

孤身病客舍对月思想淫生市侩

第 八 回　结怨恨宿仇祸来天上协力逐魔

伤心谈泪史恨神人间同情怀感

第二集

第 九 回　劫后感相怜密意柔情魂销永夜

婚前拼自杀凄风苦雨梦断阳台

第 十 回　霜锋一再试巧除痞棍怒斩淫魔

柔语二三言话到愁肠丝萦健翮

第十一回　狂镇叹飞絮旧好情牵爱河祸起

飘零感落花祈愁意惹恨海冤沉

第十二回　情深怀故剑偕探山庄一尼试技

意切昵新欢伴游闹市局女警奸

第十三回　涎色起阴谋梏凤囚鸾情天多恨

除奸施妙计装神作鬼大地皆魔

第十四回　情缘感珠翠萍聚方吹鸾飘又赋

尘纲陷璿瑶花羞何意燕嗔无因

第十五回　紫玉竟成烟惮悟拈花情牵旧侣

红尘未是幻象翻贝叶意念

24

祈交

第十六回 蜡炬未成灰绮债尚多淫心
不死
春蚕犹作茧孽缘何已艳事
独传

第三集

第十七回 绣闼初中计浪子寻欢义婢
受辱
天涯再遇险情郎苦闷弱女
遭殃

第十八回 秘窟戏飞侠珠娘受辱翠妹
逃生
情场困独客春姐含羞秋姑
誓死

第十九回 因巧复前仇花憔柳悴狭路
相逢
将错酬凤愿媚殒秋残穷途
独叹

第二十回 遗书诉恨事飘泊天涯险成
落絮
飞剑斩奸魔浪游塞外谁惜
残花

第二十一回 将良误作匪逆旅遭擒公堂
对质
化险却为夷魔窟受宠山寨
招亲

第二十二回 俪影映斜阳故设疑云重贻
小翠
双飞消永夜忽来怪客再警
遏之

第二十三回 英雌困匪窟客邸生愁故乡
求救
飞侠探魔洞香闺少乐异地
恩人

第二十四回 荒山受揶揄气走英雄急坏
小翠
客舍被欺诱拐逃难女幸遇
超空

第四集

第二十五回 偕逃拼断义众散山空群侠
束手
同志竟联盟孤飞路远弱女
失身

第二十六回 萍水结人妖羞走玉非拐逃
曼姐
深山逢兽怪惊飞金剑吓煞
陈郎

第二十七回 分飞惜劳燕兽吻幸逃妖姬
独至
连理叹萍逢神言巧合侠女
群来

第二十八回 矜才始愤事两番遭辱白璧
空玷
冒险思成功一旦蒙羞红丝
暗系

第二十九回 白叟变黄童良缘缔就双侠
探山
红颜成枯骨好梦不长二姬
丧命

第三十回 献房假相投乘机结识巧计

　　　　　夸耀

　　　　　薄情真抛弃得便逃亡歧途
兴悲

第三十一回　弱女遭蹂躏绝处逢生淫凶
授首

　　　　　妖姬落圈套乐中送死侠义

　　　　　　　　　　　庆功

第三十二回　有意逃红尘反陷春帏偿了
凤债

　　　　　无心玷白璧挣脱情网归结
全书

王 公 馆

　　言情小说。王小逸（捉刀人）撰。上海书报联合出版社。出版时间不详。2 册。13.3 万字。共 155 章。

第一时期　傀儡登场

把姓王的开了刀罢

向刘小姐的腿说话

把两个脑袋当作木鱼一般敲

再留你脸对脸坐上一年

男子就爱注下去的所在

游侣一对对的归巢了

商量了一整夜

是穿孝还是挂红

一肚子男左女右的传统观念

一画一撇一捺

百炼钢化为绕指柔

王少奶奶致命伤的临近区域，有些平平仄仄仄平平起来

明明是初入茅庐偏说是初出茅庐

吊者大悦

软玉温香抱满怀

闹个无休无歇

打破那最后的一关,还有第二个他么

第二时期　乐园

闹个无休无歇

不白之冤

这只雄狐狸快成精了

学会了"顶"字诀

侏儒饱欲死臣朔饥欲死

潘驴邓小闲

腿给地板吸住

臭咸肉气息

红的像玫瑰花一样

天大地大的一件正经事

丈母娘影子

拂袖而去

上楼梯三步做一步

有话即长

入于至善之地

26

第三时期　多事之秋

特别戒严

介乎老妈子丫头之间

羊肉不曾吃惹了满身骚

裤子上会出烟

火星乱迸

别开生面的见面礼

一连串的奸案

儿子娶老婆爸爸眼红

大腿上两根骨头

儿媳妇向公公放炮

难言之隐

缓刑三年

缓婚三年

第四时期　发见新大陆

知父莫若女

糟糕糟糕

丈夫到底是个甚么好玩的东西

四海之内皆兄妹也

赤条条两个人

一条醋溜黄鱼

不问一问青红皂白

和银子闹起脾气来

连放的屁也是香的

第五时期　一片降幡

大人不记小人过

王散愁是老变戏法的

一声不响一言不发

水汪汪的眼睛

把卫生放在嘴上当阿弥陀佛念

对付人下三路的本领

也会像鸦片烟一般上瘾吗

拨动人心弦的举动

娘和女儿赌养儿子

黄家有一条黄狗黄得可爱

巍巍乎是何物也

一次二次以至于数十次

一道电光四道眼光

丈夫也可公诸同好

有眼不识泰水

附骨之疽

一个剥光光的鸡子

全部马屁百法

第六时期　落花

两种原因合成一吓

英文上的疑难杂症

全身麻木不仁

尊臀较重于敝臀

妓女向嫖客进攻

破了第二次第三次的贞操

九门口失守

第七时期　错综变化

皇恩大赦

两讫

一只眼睛看牌一只眼睛看人

听见隔壁火烧

王美鱼的热水袋

第二次做新娘娘

一条稀薄的短裤

翻板三笑姻缘

待月西厢下迎风户半开

贴对陆家浜

一把乱丝似的情网

小妇人两条狗腿一个牛腰

尿遁

第八时期　喜信

谁诱惑了谁

不吃酱油吃醋

俯仰之间

新婚时候的艳史

鬼精灵中的老鬼

登一登而继之以摩一摩

标准丈夫

陈呀皮呀梅呀

美人可欺以其睡

父母之命在那里

糟天下之大糕

潜艇政策

撕下嘴唇来当鸭肫干吃

有洞就钻

开挨哀爱司爱司

一索得男

轧姘头轧出圣人来

一言难尽

第九时期　方周游列国

婚姻密约一式三纸

儿子还是孙子

卧樽候教

缄口金人

哄堂大笑

掉下下巴之虞

小小的一粒黑痣

定心丸

从此君王不早朝

一个女儿二个女婿

站在一条战线上

板壁太厚了

公公在上

三个不相信

满身都是缺点

你猜

小金铃老四红蝴蝶

嫖妓的是谁呢

第十时期　揭幕礼

脏

破案

报仇雪耻

句句真言

麻雀展览会

若有情若无情

蓝布小轿

刁钻的孩子

清凉解毒美味鲜汤

两个黑影

第十一时期　转变

干咳一声

水分或多或少的六只眼

立刻火要冒穿屋里的脸

红一块青一块

马不停蹄

乐不思蜀

干女儿

一件好件件好

足踏东西两半球

第十二时期 大一统

破绽

其罪三

赔了夫人又折兵

一下清脆的声音

遮羞牌

山海关

收支两抵结存刘鹄一名

风雨同舟

社会言情小说。王小逸(何家支)著。上海春明书店。出版时间不详。2 册。17.8 万字。邓绮郎序 1 篇。共 13 回。

上册

一 风雨之夕

二 悲与喜

三 客至

四 残照里

五 拔来报往

六 一弹指

下册

七 迅雷

八 奈若何

九 人间地狱

十 飞来峰

十一 仇家

十二 后庭花

十三 同舟共济

石 榴 红

言情小说。万象丛书之三。王小逸著。万象书屋。1947 年 3 月 3 版。1 册。12 万字。共 16 章。

一　燕归来

二　卢队长万岁

三　两付面目

四　惊人的附带条件

五　寄人篱下

六　道是无情却有情

七　消夏录

八　来鸿

九　不知者无罪

十　石榴红候教

十一　会客程序

十二　晴天一个霹雳

十三　赴宴

十四　话里情人

十五　血

十六　新闻和信及其他

同　功　茧

言情小说。王小逸（冯轶）著。街灯书报社。1942 年 5 月版。2 册。22.4 万字。共 12 回。

第一回　嫁后光阴强为欢笑

　　　　愁边滋味误尽聪明

第二回　此夜缠绵情传眼角

　　　　斯人憔悴瘦到鞋尖

第三回　驼子跌翻祸移兰质

　　　　娇娃出走客述萍踪

第四回　隔帘花好一丑喃喃

　　　　排闷青来群雌粥粥

第五回　南国相思酒阑灯炧

　　　　东方既白云散风流

第六回　翦取淞波输君捷足

　　　　差池燕尾慰我痴心

第七回　乍识庐山难倾热望

　　　　重逢沪市互责寒盟

第八回　凌晨变卦颇怨新欢

　　　　向晚登门独怜故剑

第九回　告朔争羊折衷有法

　　　　还巢遣凤缄口无言

第十回　技止黔驴威加少妇

　　　　吠如桀犬骂尽诸公

第十一回　白眼无情红颜痛哭

　　　　　黄金有力翠袖殷勤

第十二回　峰回路转异客思亲

　　　　　地久天长同功作茧

弃 妇 艳

社会热情长篇小说。王小逸（何家支）著。东南出版社。1947 年 8 月版。1 册。8.2 万字。共 25 章。

第 一 章　丽质天生士人有女
　　　　　轻车风送学子多情

第 二 章　花解语归路喁喁有
　　　　　烛摇红清宵细细长

第 三 章　绮户无眠声传隽侣
　　　　　东门闲步祸起萧墙

第 四 章　待汤药良缘前奏曲
　　　　　结丝罗佳话后花园

第 五 章　酒入欢场忘形一瞬
　　　　　梦回绣枕献媚千般

第 六 章　醉和眠床腹荡心旌
　　　　　擒又纵灯唇施手段

第 七 章　与尔销魂疑云叠叠
　　　　　惭彼捷足冷雨潇潇

第 八 章　传秘札消息误洪乔
　　　　　觅芳踪孽冤逢狭路

第 九 章　兴师问罪慧舌翻澜
　　　　　借箸代筹灵心设阵

第 十 章　庆生辰嘉宾辞吃面
　　　　　施妙计新妇喜登门

第十一章　花烛光浮惊逢假相
　　　　　锦衾春暖乍见新鬈

第十二章　恶作剧结褵才一日
　　　　　恨相逢啮臂待三年

第十三章　铜漏无声挑灯小语
　　　　　铅华不御倚枕闲吟

第十四章　弃夫权两小息纷争
　　　　　垂热泪一腔藏冤抑

第十五章　乘兴以来无颜作客
　　　　　不辞而别有婿追踪

第十六章　抱衾裯携云兼握雨
　　　　　杀风景煮鹤更焚琴

第十七章　常技诛心一哭三饿
　　　　　幽期却步三转四回

第十八章　熠眸星仙裙舞掌上
　　　　　翻被浪蓬鬈到官中

第十九章　振振有词大费唇舌
　　　　　蠕蠕而动也算干戈

第二十章　开谈判警官打边鼓
　　　　　拾坠欢旧侣揭罗衾

第二十一章　签字为凭钗分有据
　　　　　　赋诗择偶镜合无缘

第二十二章　刊广告两女远寻踪
　　　　　　作新娘万人齐着眼

第二十三章　和泪陈词浓宣艳秘
　　　　　　为儿请命酷忆欢情

第二十四章　验精虫红娃发奇誓
　　　　　　坐洋车美妇索金夫

第二十五章　幕后有人力强年当　　　　　眼前无路远走高飞

姊　妹　淘

言情小说。王小逸著。上海书报联合出版社。出版时间不详。1 册。16 万字。作者小引 1 篇。共 158 篇。

第一批　同学的姊妹们

真是奇事	何事发愁
校长生气	毅然决然
侠客不管	器量太小
二人同睡	一不过二
请求原谅	卖身投靠
必主淫荡	临别纪念
其罪有十	夜半起床
讨厌讨厌	爱人爱人
奇哉怪也	重大使命
事出非常	两名老婆
种种原因	代人吃醋
货真价实	鲜血直流
出奇制胜	连续机枪
一个白眼	姐姐的腿
电气马达	杯茗候光
里应外合	第四者来
装病见客	一片广场
六人同睡	所至咸宜
劳驾劳驾	机会难得
一母所生	兄终弟及
非偶然也	下水典礼
过桥大吻	亭楼小叙
	叹观止矣

千肯万肯　　　　　　野蛮举动
调虎离山　　　　　　额上皱痕
左右鞠躬　　　　　　第一大胆
满床乱滚　　　　　　脚兮脚兮
大开方便　　　　　　终身专利
特别履历　　　　　　死后纳妾
随便送人　　　　　　金枝玉叶
预支喜果　　　　　　却之不恭
近在眼前　　　　　　当局者迷
曾经沧海　　　　　　头重脚轻
明见万里　　　　　　移花接木
熊掌与鱼　　　　　　不速之客
东迁洛邑　　　　　　老大破绽
得寸进尺　　　　　　一刻千金
百年偕老　　　　　　退兵符咒
假公济私　　　　　　埋头腋下
做人做彻　　　　　　利权外溢
没有没有　　　　　　神秘真题
藏过孙子　　　　　　逐客之令
一别多年　　　　　　邮递活人
都是狗屁　　　　　　楼畔笑声
不时之需　　　　　　虚与委蛇
　　　　　　　　　　裤子颜色
第二批　邻居的姊妹们　　绝好机会
　　　　　　　　　　头发长短
迁入新居　　　　　　橡皮之门
浅斟低酌　　　　　　天下去得
有事相烦　　　　　　不咎既往
快睡快睡　　　　　　特别放盘
娇小玲珑　　　　　　左辅右弼
一切笑话　　　　　　阴盛阳衰
先后三块

从长计议
略知一二
两声救命
恭喜恭喜
窃窃私语
固所愿也
小孩脾气
供不应求
只求提拔
一门风雅
涂脂新法
画里真真
大腿用途
航海奇谈
毛遂自荐
夜深人静
注重实际
预支薪水
距离一尺
实则旅馆
一动一静
三请诸葛
一人传受
舍己救人
临别纪念
基本知识

新旧脑筋
本地风光
勉为其难
青春之火
屋里青天
贪吃懒做
屠门大嚼
进退两难
明日请早
商鞅变法
从重处罚
独宿三月
唤我一声
当做宝贝
调防回毕
甘拜下风
清汤寡水
终南捷径
上了正轨
开门见山
不过如此
和合二仙
一怒而仙
后弄大姨
别有风味
言归正传

第三批　无名的姊妹们
麻雀证婚

明月谁家

言情小说。王小逸著。上海春明书店。1946 年 10 月再版。10 册。18.6 万字。共 16 章。

一	大柳村夜话	九	纳宠之敬
二	情网	十	许多的告一段落
三	意外的收获	十一	佳人已属沙吒利
四	两全难	十二	风云变幻
五	平地的风波	十三	寄书邮与盗
六	自病后以迄病愈	十四	公宴
七	春云乍展	十五	室迩人遐
八	海上行	十六	几家欢乐几家愁

夜　来　香

社会言情小说。王小逸（捉刀人）撰。出版单位和出版时间不详。1 册。6 万字。共 13 夜。

第一夜	浅草平沙海滨留艳影 钿车深巷狭路遇冤家		蜂蝶恋花丛神传阿堵
第二夜	偷偷摸摸被底趁蜂狂 两两三三街头聚鸳侣	第六夜	（缺）
第三夜	密爱轻怜娇娃谈勇气 雷声雨阵浪子释窝心	第七夜	一场空眼里出西施 两头尖榻前来南郭
第四夜	摧残惊一瞬春色欺人 肉体待三年枯鱼索我	第八夜	住旅馆初劳五虎将 游舞榭乍睹一蛇神
		第九夜	泄春光闺友论交情 夺头彩少爷喊救命
第五夜	雨云阻巫峡火起无明	第十夜	翻旧案渡浦索厨娘

	得新讯约期晤邻女		穴隙相窥逾墙搂处子
第十一夜	东阁登床闻言得真相	第十三夜	一枝欣有托鸾凤换巢
	南山有鸟问罪出奇兵		半夜始闻声鸳鸯逐队
第十二夜	出言无状破口骂穷爷		

陌上花开

长篇社会言情小说。王小逸著。上海新村出版社。1943 年 3 月版。2 册。17.5 万字。序 1 篇。共 20 回。

第一回	陌上花开人归缓缓 床头金尽手妙空空	第十一回	花香鸟语小住为佳 舌剑唇枪大言无惭
第二回	一夕话独断九回肠 二人行谁歌三妇艳	第十二回	一雏凤随意撒娇痴 两贪狼现形余觳觫
第三回	似水柔情掷金虚牝 如花美眷驻足欢场	第十三回	叩响头可怜孤又寡 说谎话洵是熟而流
第四回	真与假深宵来赤凤 是还非破晓醒黄粱	第十四回	有母有母闲话沧桑 曰归曰归不辞风雨
第五回	伴我青灯已惭衾影 笑彼红袖也熠星光	第十五回	凤还巢浪子喜回头 雀吃饼佳人齐捧腹
第六回	连理枝艳艳不孤生 胡蝶梦蘧蘧才一霎	第十六回	厨下偷闲饱闻揖让 狱中乘醉猝遭灾殃
第七回	和盘托出偕遁他乡 拜佛归来相逢狭路	第十七回	斟旨酒谈笑寄同情 见金夫商量成密约
第八回	献殷勤驰驱有狗腿 泄秘密痛哭识狼心	第十八回	春水一篙载将人去 蓬门二女却为谁来
第九回	瘦到眉尖为郎憔悴 留将鞋样自我牺牲	第十九回	买灵魂索逋露真心 侍汤药入厨识孝妇
第十回	聚群奸共捉瓮中鳖 来一士如添锦上花	第二十回	出奇兵寡鹄得新欢 矢同牢仙鸳圆好梦

春水微波

长篇社会小说。王小逸著。上海玫瑰书店。1930 年 1 月初版。4 册。17 万字。插图 32 幅。共 32 回。

第 一 回　芳邻聚钗弁灿灿明星
　　　　　小语倚娇憨盈盈弱息

第 二 回　计出万全邮筒飞素纸
　　　　　愁生一夕旅邸试新妆

第 三 回　秀色始今辰既醉且饱
　　　　　孽缘怜彼美抱衾与裯

第 四 回　闻秘讯局促若辕下驹
　　　　　撒大谎郑重说怀中佛

第 五 回　婉娈拜姑嫜尹邢避面
　　　　　猜疑起姊妹梅雪争春

第 六 回　风狂雨骤凤姊怅红鸾
　　　　　室迩人遐雏娃杏黄鹤

第 七 回　鹣鲽忽参商兴师问罪
　　　　　干戈化玉帛泪洒多情

第 八 回　市中谣诼艳侣喜莺迁
　　　　　被底迷藏良宵讶兔脱

第 九 回　牛鬼蛇神险哉恶社会
　　　　　雷轰电掣别矣亲爷娘

第 十 回　人言可畏空盼燕归来
　　　　　我见犹怜独愁花睡去

第十一回　密室缔交侈谈处女美
　　　　　名园遇旧同抱杞人忧

第十二回　扶病强为欢香消玉殒
　　　　　遣愁聊卒岁李代桃僵

第十三回　祸生眉睫数语破奸谋
　　　　　义薄云天只身投匪窟

第十四回　乍入白云庵见神见鬼
　　　　　忽来青鸟使将信将疑

第十五回　叠浪重波生还成绝望
　　　　　人亡家破死别更吞声

第十六回　昌言解放孀妇赋归与
　　　　　莫测高深衰翁惊去也

第十七回　娓娓诉前尘敷陈艳史
　　　　　茫茫悲后次怅触愁域

第十八回　双飞有愿喜信话金陵
　　　　　一举成名痴情传银幕

第十九回　悄唤一声他烂翻慧舌
　　　　　真成千古恨风听谰辞

第二十回　遗书告罪劳燕叙离衷
　　　　　借箸代筹蝶蜂布疑城

第二十一回　病里光阴尽消磨海上
　　　　　　眼前景物且领略吴中

第二十二回　软红缥缈问道累双雏
　　　　　　惨绿摧残解围来一老

第二十三回　旧例难新人干卿底事
　　　　　　今宵圆好梦慰尔相思

第二十四回　喁喁传隐约风月谁家
　　　　　　去去费踌躇雨云何处

第二十五回	含英咀华西宵夸奇遇 蒙垢忍辱一掌击奸渠	第二十九回	使君有妇铸错待如何 阿姝多情销魂许真个
第二十六回	空门甘祝发已歇繁华 飞絮苦沾泥自寻烦恼	第 三 十 回	仗义慕黄衫璇闺让婿 催归劳白发逆旅寻儿
第二十七回	蟓首蛾眉追踪来客邸 鼠牙雀角兴诉到公庭	第三十一回	出死力娇客作小姨夫 庆生还稚婢谈豪公子
第二十八回	余悸忆当初年旧似梦 轻鞶逗薄醉密意如云	第三十二回	柳暗花明柔乡添佳话 风流云散春水漾微波

歪嘴吹灯录

滑稽小说。王小逸(捉刀人)著。上海书报联合出版社。出版时间不详。1册。8.1万字。共24回。

第天回	仙子凌波自成曲线 郎君急色独闯空房	第日回	伺秋波夜开面首会 荡春魂风送麝兰香
第地回	意缠绵邻妇羡伊人 兴阑珊今宵无战事	第月回	胡天胡帝喜获千金 如琢如磨难为二艳
第元回	眉挑目语各显神通 凤倒鸾颠乍闻艳秘	第盈回	恋余欢凉茶解渴会 赴密约软语销魂最
第黄回	三分带孝云雨荒唐 七次敦伦虎狼年纪	第昃回	琼楼惊艳浆乞蓝桥 碧玉留髡被翻红浪
第宇回	羞答答黠婢几时来 笑盈盈柔乡何处是	第辰回	奇方种子秘戏横陈 居处无郎春光烂曼
第宙回	诗惊海内曼妙无双 春至人间风流第一	第宿回	识奇字一夜姝兼师 试新硎两情浓又富
第洪回	鸳鸯梦稳缘定前生 翡翠衾寒祸延下部	第列回	咽馋涎人是镜中花 怀利器卿为砧上肉
第荒回	倚罗香苦恨醒南柯 脂粉队坚辞探北极	第张回	花娇月媚顷刻摧残 凤去台空居停伤感

第寒回　满坑满谷排日为欢
　　　　疑雨疑云无奇不有
第春回　奸情月睹宛拟投壶
　　　　淫学家传譬如掷弹
第暑回　脚扑朔双美献鸿沟
　　　　眼迷离一夫遏兽性
第往回　开夜宴求风肯挥重
　　　　博欢心探骊期中的

第秋回　避干娘暗暗燕成双
　　　　会群雄眈眈人近百
第收回　玄之又玄登堂入室
　　　　错中有错作奸犯科
第冬回　绣口锦心鬌龄可爱
　　　　回肠荡气晚节难全
第藏回　乍同衾低鬓轻一笑
　　　　再移家搁笔结全书

野 花 香

社会言情小说。王小逸(捉刀人)著。上海万象书屋。出版时间不详。
2 册。22 万字。前记 1 篇。共 40 章。

一　香温玉软昼寝忘餐
　　蛾绿脂红宵征遇艳
二　醉醇醪朱颜上酒晕
　　沐膏泽旧侣话风情
三　引狼入室如此名医
　　灭烛登床俨然新妇
四　梦高唐玉体乍横陈
　　戏小乔花枝齐招展
五　翠袖归来神驰卫玠
　　青蚨飞去泪洒徐娘
六　重黄金残絮悯沾泥
　　歌赤凤爱河悲灭顶
七　冰簟银床不堪回首
　　晚风斜日添个知音
八　赌呼卢黄玉避轻怜
　　错嗔莺弧犀窥浅笑

九　雾花看处痴惹游丝
　　莎雨听时双逃淫网
十　警芳心娟娟愁此豸
　　勾艳魄粥粥聚群雌
十一　燕语呢喃有谁不嫁
　　　蝶魂离合无限相思
十二　探香巢娇女索痴爷
　　　释疑团雏娃交腻友
十三　泛泛桃花几分春色
　　　酸含梅子一寸柔肠
十四　谋嫁杏佳士喜同衾
　　　遗留髡侍儿羞荐枕
十五　野渡横舟载将爱火
　　　密云不雨化作馋涎
十六　擅专房巫峰迷别径
　　　观胜会歇浦涌新潮

十七　药堂小集语啭莺声
　　　锦帐低垂魂销鸭视

十八　数佳丽目已空余子
　　　住温柔身拼老是乡

十九　鸡虫得失醋海微澜
　　　蛮触纷争情场小史

二十　慕双飞妖姬夸白璧
　　　甘一死好梦醒黄粱

二十一　汗漫游征鸿翔天外
　　　　流浪情别鹄话闺中

二十二　画眉有笔笑逐颜开
　　　　避债无台泪随声下

二十三　赤裸裸楼头看月上
　　　　意绵绵洞口问津来

二十四　变生肘腋玉殒香消
　　　　病入膏肓桃僵李代

二十五　泣媒孽凭空陷绝境
　　　　困樊笼蓦地遇冤家

二十六　报之琼玖秋波欲流
　　　　愿作鸳鸯罗襦乍解

二十七　芷春坞新陈成代谢
　　　　近水楼左右喜逢源

二十八　求一得两反唇相讥
　　　　暮四朝三食指大动

二十九　慑淫威孤雏拜乱命
　　　　炫新装独艳觅欢踪

三十　蜂媒长技大言炎炎
　　　鸦婢多才小心翼翼

三十一　起狐疑弱女拒狂且
　　　　工蛊惑忘人慕少艾

三十二　梦结同心顿归乌有
　　　　盟寒割臂辄唤奈何

三十三　摧肝肠泪雨冷珠帘
　　　　现须眉遗风追镜殿

三十四　有妇颟顸谋及藏获
　　　　为郎憔悴恨抱衾裯

三十五　效绸缪幺凤赴幽期
　　　　苦呻吟媚猪呈曲线

三十六　牛鬼蛇神大千世界
　　　　相花水性又一沧桑

三十七　丈人峰巨眼识妍皮
　　　　娘子关纤腰支弱腕

三十八　秋菊经霜含苞待放
　　　　春蚕织茧除死方休

三十九　怀远虑宠妾解围城
　　　　诉前尘瞥佣揭秘幕

四十　禹鼎温犀妖魔尽扫
　　　锦衾角枕琴瑟终谐

骚来女士外传

社会小说。王小逸（捉刀人）著。上海万象书屋。出版时间不详。1
册。6万字。共3章。

第一章　开步向前走　　　　第三章　立定——稍息
第二章　向左转

蝶　恋　花

言情小说。王小逸(捉刀人)著。上海书报联合出版社。出版时间不详。1 册。7 万字。共 133 节。

第　一　节　龙华之春　　　　第二十三节　神思恍惚
第　二　节　公鸡母鸡　　　　第二十四节　蓝布罩衫
第　三　节　方方三里　　　　第二十五节　当面错过
第　四　节　瞒官造状　　　　第二十六节　杳无消息
第　五　节　花言巧语　　　　第二十七节　恋恋不舍
第　六　节　正在怀疑　　　　第二十八节　蓬头赤脚
第　七　节　彪形大汉　　　　第二十九节　无家可归
第　八　节　淘米煮饭　　　　第　三　十　节　擅自作主
第　九　节　大吉大利　　　　第三十一节　手足无措
第　十　节　笑痛肚子　　　　第三十二节　不知不罪
第 十 一 节　一堆乱发　　　　第三十三节　立第一功
第 十 二 节　大洋六毛　　　　第三十四节　冬青墙下
第 十 三 节　五六分钟　　　　第三十五节　胡说白道
第 十 四 节　眼泪汪汪　　　　第三十六节　停止行动
第 十 五 节　十上八下　　　　第三十七节　一层红晕
第 十 六 节　头重脚轻　　　　第三十八节　雷厉风行
第 十 七 节　一幌一幌　　　　第三十九节　门当户对
第 十 八 节　风吹雨打　　　　第　四　十　节　胡妈在前
第 十 九 节　贫富贵贱　　　　第四十一节　一刀两段
第 二 十 节　睡眼惺忪　　　　第四十二节　若无其事
第二十一节　痛在那里　　　　第四十三节　恭喜少爷
第二十二节　自由自在　　　　第四十四节　热气腾腾

第四十五节	百不自由	第七十七节	家庭医院
第四十六节	辣的苦的	第七十八节	入幕之宾
第四十七节	一块酱鸡	第七十九节	桃色新闻
第四十八节	只谈风月	第 八 十 节	未完工作
第四十九节	男女平等	第八十一节	若要灭口
第 五 十 节	天旋地转	第八十二节	推开乱被
第五十一节	我的灵魂	第八十三节	便宜行事
第五十二节	换一称呼	第八十四节	欲贾余勇
第五十四节	第一防线	第八十五节	拦腰一斛
第五十五节	交颈而睡	第八十六节	往外直跑
第五十六节	两片嘴唇	第八十七节	泪珠错落
第五十七节	不上不下	第八十八节	欲盖弥彰
第五十八节	高枕无忧	第八十九节	相与调谑
第五十九节	叩一个头	第 九 十 节	必有蹊跷
第 六 十 节	一言为定	第九十一节	祖宗保佑
第六十一节	千肯万肯	第九十二节	谁是祸根
第六十二节	隔墙有耳	第九十三节	心内一惊
第六十三节	几根眉毛	第九十四节	弄假成真
第六十四节	得寸进尺	第九十五节	狐疑不已
第六十五节	又惊又喜	第九十六节	盘绕胸头
第六十六节	以退为进	第九十七节	应该同去
第六十七节	失敬失敬	第九十八节	不是玩的
第六十八节	相当条件	第九十九节	湿了眼圈
第六十九节	如磁引针	第 一 百 节	毫不担心
第 七 十 节	聚精会神	第一百零一节	体贴入微
第七十一节	明媒正娶	第一百零二节	恃宠而骄
第七十二节	唯命是从	第一百零三节	乐不思蜀
第七十三节	婚姻大事	第一百零四节	烟花环绕
第七十四节	三年五年	第一百零五节	背道而驰
第七十五节	清秋大路	第一百零六节	名正言顺
第七十六节	轩然大波	第一百零七节	不卑不傲

第一百零八节	一层暗影	第一百二十一节	土头土脑
第一百零九节	越规逾矩	第一百二十二节	忍俊不禁
第一百一十节	投鼠忌器	第一百二十三节	只是苦笑
第一百十一节	倒退几步	第一百二十四节	祸不单行
第一百十二节	包藏祸心	第一百二十五节	争来归顺
第一百十三节	奈何不得	第一百二十六节	垂手直立
第一百十四节	新剥鸡头	第一百二十七节	猛吃一惊
第一百十五节	为之骇然	第一百二十八节	还我妻来
第一百十六节	怎样野蛮	第一百二十九节	柳暗花明
第一百十七节	一筹莫展	第一百三十节	易如反掌
第一百十八节	一口答应	第一百三十一节	尽够消受
第一百十九节	淋漓尽致	第一百三十二节	食其残余
第一百二十节	帖然就范	第一百三十三节	鱼水欢谐

黑　饭　店

奇案小说。即六十四件无头血案。王子后著。上海新民书局。1934年10月版。1册。5.9万字。渔父序1篇。共64篇。

一	王巡抚私访：黑夜飞头案	十二	金枪手力擒：珍珠娘吃人案
二	聂知府判断：双口真假案	十三	茅山老道夜破：毒蛇党害人案
三	汪知县破获：人皮刀鞘案	十四	燕子飞破获：贩卖人肉案
四	李巡抚调查：箱尸块血案	十五	铁头陀侦破：黑夜枪声案
五	杭铁头侦探：地窖藏金案	十六	赛燕飞暗破：月下飞镖案
六	女剑侠大破：八卦党吃人肉案	十七	刘师爷判断：被底血尸案
七	老侠客破除：黑虎党杀人案	十八	程把总捉获：红粉骷髅案
八	张捕头捉拿：飞毛腿血案	十九	万镖师暗侦：古荒遗骨案
九	赵捕快侦查：分尸双腿案	二十	云中影侦破：河水浮尸案
十	甘凤池夜破：血手印暗杀团案	二十一	汪太官路遇：恶僧杀人案
十一	陈大力破获：白莲教黑暗地狱案	二十二	少林僧力头：红胡子破腹案

二十三　牛县丞计破：无头尸盗案

二十四　吕晚娘夜破：万人迷奸杀案

二十五　马相士暗探：火窟人尸案

二十六　万花娘破法：石道士饮人血案

二十七　方公子破灭：勾魂党迷人案

二十八　虞统领力破：蜈蚣团焚杀案

二十九　余大头抢挑：喇嘛僧淫杀案

三十　　徐世雄巧获：铁柜僧尸案

三十一　逍遥僧夜获：床帏匕首案

三十二　雨中客惊遇：空房艳尸案

三十三　侠鸳鸯双破：青风党秘密窟案

三十四　钱氏昆仲合除：蒙汗药害人案

三十五　毛头贼报告：一棺双尸案

三十六　韩知县大审：花轿中无头血案

三十七　温慕友查访：男尸女头案

三十八　粉面郎暗除：刀光血迹案

三十九　伍常民破灭：美人毒计案

四十　　鄢教师歼除：纵猿噬人案

四十一　夏大令审判：艳体秃颅案

四十二　七龄童举发：四条命奇案

四十三　五台僧除灭：马贼绑票案

四十四　胡世龙逮捕：风流党惨杀案

四十五　农夫猎子惨睹：三十六刀血案

四十六　乐丰村发现：男女人头案

四十七　狮子头醉殪：客房暗杀案

四十八　程兆发自举：七尸五首大血案

四十九　老渔侠侦获：海岸碧血案

五十　　张铁口一语道破：谋杀亲夫案

五十一　铁桥头拿获：假地狱凶手案

五十二　活无常侦获：白衣教谋乱案

五十三　飞山虎打死：剥皮金刚案

五十四　赵飞虎侦破：装鬼杀人案

五十五　王火龙路殪：花花道人案

五十六　武当樵手刃：诚兴栈凶手案

五十七　沈夫人暗探：无头有头大奇案

五十八　邓子禄夜探：血尸案中案

五十九　大侠盗愤除：恶棍行凶案

六十　　秃头丐阴尾：深宵瘗骨案

六十一　蒋禄门侦破：双头暴野案

六十二　黑夜侠飞斩：恩将仇报案

六十三　钟钱桂自探：盗珍谋害案

六十四　闵子杰盗金破获：黑饭店杀人案

幻　　迹

　　言情小说。红皮小丛书。王天恨著。上海世界书局。1929 年 6 月初版。1 册。3.6 万字。未分章节。

妃色丝巾

言情小说。王天恨著。上海中原书局。1939 年 5 月初版。1 册。3.1 万字。共 10 章。

一　一夜思维

二　试探

三　一封信

四　沽酒去的一刻儿

五　三个女子

六　妃色丝巾

七　桂子的婚姻问题

八　不愿意

九　窗前俪影

十　燕叱莺嗔

彷徨的一晚

社会小说。王天恨编。育新书局。1934 年 7 月版。1 册。3 万字。共 10 节。

第一节　彷徨的一晚

第二节　回故乡去

第三节　店关了

第四节　父亲的误会

第五节　自白

第六节　阴庆的无谓

第七节　四姑太太的威风

第八节　桂子姑娘

第九节　欣喜和悲哀的两回事

第十节　踌躇不决

秋　　风

短篇言情小说。王天恨著。上海世界书局。1929 年 1 月初版。1 册。3.7 万字。作者引班婕妤怨歌行代序。共 5 篇。

一　十个月　　　　　　　　　四　不久长

二　将弃　　　　　　　　　　五　一个弃妇

三　离婚

桃 傍 李

侦探小说。王天恨著。上海育新书局。1935 年 2 月再版。1 册。2.9 万字。共 10 章。

一　任家巷的血案　　　　　　六　第一步侦探

二　检验　　　　　　　　　　七　回忆

三　三姑太太和四姑太太　　　八　春江菜馆的楼上

四　桂子的悲哀　　　　　　　九　水落石出

五　柳步宽的见解　　　　　　十　沐浴去

梦 痕

短篇社会小说。王天恨主笔。曹梦鱼编。钱化佛图。上海春申出版部。1926 年 6 月版。1 册。8.1 万字。吴东园先生题序 1 篇。王梅癯、步林屋、庞独笑、周拜花、沈禹钟、吴听猿诸先生题词各 1 首。插图 7 幅。王梅癯先生题曹梦鱼先生小影 1 首。吴双热先生题王天恨先生小影墨迹 1 首。沈沈、本渊序 1 篇。王天恨跋 1 篇。作者 62 人。共 76 篇。

许瘦蝶　然脂泼黛录　　　　　徐卓呆　盗贼学校

万娟红　红楼吟　　　　　　　赵眠云　酒痕新绿馆酒痕

王天恨　双兔傍地走　　　　　　　　　隔屋书声

程瞻庐　记妖僧大汕　　　　　魏起予　勾龙甲

俞觞云　邮差与拍照者　　　　姚民哀　花萼楼诗话

张枕绿　春宵梦吃　　　　　　范烟桥　昨梦

张庆霖	琴心煮酒录	袁寒云、朱遯叟、吴耳似、吴东园、杨了公、朱粥叟	艺圃新声
	江天小阁杂记		
	一个兵的思潮		
王梅癯	腊八粥	**小小说选**	
华吟水	谭牛	胡谷兰	梦欤
范佩萸	雨时	徐公达	觉悟时
郑逸梅	蟋蟀同盟罢斗记	俞牖云	情人之膝
	群芳小志	黄转陶	火车上
俞天愤	市总董的夫人	俞梦花	如此循环
范菊高	情的障碍	徐因时	回想到四十年前
俞梦花	秋水芙蓉簃漫笔	蓝剑青	招待员
顾醉萸	悼雯记	高天栖	甜黄粱
曹梦鱼	红楼玉琯	徐 綦	今年七夕
	司爱之神	郭枕崚	月下老人
	绮砚余沈		
俞亮时	离别之夜	**小什锦**	
谢鄂常	西风免役记	胡石予	诗钓
陶报癖	循环	周无住	十笏天花宝笔记
朱智先	残忍的报复	华吟水	美总统珂立芝轶事
顾明道	睡乡志异	郑逸梅	东方之达能齐欧
刘恨我	薄幸	顾明道	番僧
程小青	虞游小记	蒋吟秋	梦游记
朱枫隐	慷慨	丁伯平	梦痕吟
徐耻痕	谈谈小说界几位好好先生	姚赓夔	花影记
王红绡	双红宝笔乘	朱 琊	游宝带桥记
汪放庵	银钉别夜	赵眠云	酒令
	梦痕词	吴灵园	灵园新什
屠守拙	游翔小记	卞紫香	金陵名胜记
徐国桢	毕业以后	曹南屏	江山万里楼诗话
邹铁秋	秀谷春痕	张庆霖	喝火令
季也狂	春梦留痕	庞乐园	蜜月吟

华吟水	日人口中之袁项城	曹梦鱼	笑剧新乱点鸳鸯谱
徐碧波	信笔谈	吴耳似	梦痕集后序
王天恨	发表一封书	(余载)吴陵少年诗略。	
	康卜森新探案钻耳环		

恨海鹃声谱

哀情小说。王无生著。上海民权出版部。1915 年 3 月初版。1 册。
4.5 万字。共 20 章。

刀笔地狱

言情小说。王艺编辑。上海会文堂书局。1924 年 10 月版。1 册。7
万字。例言 1 篇。共 24 回。

第一回	有笔如刀青衿丧检 耽书成癖红粉多才	第 八 回	慧丫头代剖私衷 贤寄母权充说客
第二回	慧女片言服老吏 小环惊梦受飞灾	第 九 回	莫善士苦口劝人 恶讼师虚心见鬼
第三回	泼妇施威 懦夫服罪	第 十 回	昧心逞强病中逐友 积钱造孽官里行文
第四回	老童生自伤潦倒 大宗师特拔真才	第十一回	浅水芦滩仇家行劫 薄棺茅屋恶讼捐生
第五回	绣鞋儿幻作凫飞 青衣女权为蝶伎	第十二回	势利人当面悔婚 薄命女上坟哭父
第六回	痴郎君固结深情 俏丫头暗窥心事	第十三回	殷勤料有叮咛嘱 懊悔偏从欢喜来
第七回	好事多磨 知音难得	第十四回	游佛殿巧遇情郎 泛扁舟竟逢醉汉

第十五回　登画舫穷婆有幸
　　　　　换弓鞋处女含羞

第十六回　富贵三春痴人说梦
　　　　　糟糠一世阿母憎穷

第十七回　花嫂登门做说客
　　　　　媚姑抱病困情魔

第十八回　乡姑娘揭穿黑幕
　　　　　欢喜佛指引迷津

第十九回　势利人天涯飘泊
　　　　　多情女花诰团圆

第 二 十 回　泼辣妇称心富贵
　　　　　　势利女误入牢笼

第二十一回　搜细软有心跟小子
　　　　　　采蘼芜无意遇前夫

第二十二回　牢记前情翻剑舌
　　　　　　不甘后悔矢禅心

第二十三回　分余爱心存礼让
　　　　　　拾坠欢书寄缠绵

第二十四回　薄命女含羞归地府
　　　　　　痴情婢抱子好收场

中国奇案

侦探小说。王艺著。上海会文堂新记书局。1937 年 4 月版。1 册。11.5 万字。序 1 篇。自序 1 篇。共 63 篇。

巧姻缘

母子同毙

浪荡儿

盗道

金钟罩

弃好寻仇

人头走路

洪媛媛

龙图再世

冤枉菩萨

鬼告状

张案枝话

老妇雪冤

碧桃案

玉马出棺

梃击

箱中尸

美人急智

失镯

兄弟感泣

白骨炼炭

人头

枯杨生华

贼供

一言肇祸

糊涂爷

解铃系铃

活佛升天

误杀案	金误
鬼诉	失卷
乔妆	胡氏
蒲葵扇	烤婢案
卷逃案	姚阿六
飞盘	阿贞
剖心记	怪物
僧盗	李代桃僵
误娶移尸	惨杀
鹤案	尸异
妇诬翁	连市案
厕中尸	乾没银子
网中环	诗献
天香楼	粤东狱
马蹄金	歧指
曹二姐	灭尸
陆在天	绣鞋狱
刘氏	

明宫艳史

宫闱小说。王艺编著。上海会文堂新记书局。1930 年 6 月 9 版。1 册。5.5 万字。叙 1 篇。共 10 回。

第一回	魏进忠穷途失势 侯二娘被荐入宫		第四回	醋海波掀喜邀宸断 宫车晚出暗会情郎
第二回	叙旧情魏朝对食 结珠胎宫婢亡身		第五回	酬珠玉抱衾有愿 避鹰鹯娇鸟投怀
第三回	逃枕席成全手足 设陷阱谋害忠良		第六回	念先帝明珠贾祸 创女操玉笋遭殃

第七回 暗箭伤人前星失耀　　　第九回 枕席风光容乳母知人论世
　　　　吟诗遭忌空谷埋冤　　　　　　　晨天霹雳杨御史拜本锄奸
第八回 碧血红颜千秋遗恨　　　第十回 按图索骥士气权残
　　　　凤雏麟趾一现昙花　　　　　　　锉骨扬灰奸人结局

洪宪宫闱奇案

宫闱小说。王艺编。上海会文堂书局。1922 年 3 月初版。1 册。3.6 万字。赘言 1 篇。共 7 回。

第一回 洪姨太锦囊传妙计　　　　　　　缇骑四出鬼哭神号
　　　　于夫人隔屋骂曹瞒　　　第五回 圈套现成算无遗策
第二回 云溪僧风鉴识储君　　　　　　　地图奉献惠及同人
　　　　月桂轩弟兄生口舌　　　第六回 沐殊恩有心剔弊
第三回 蝶浪蜂狂阳台梦险　　　　　　　因妒忿入室埋赃
　　　　鱼肠雁足短简情深　　　第七回 笔舌遭殃文人堕溷
第四回 霹雳一声天崩地坼　　　　　　　金钱作恶政客戕身

惊人奇案

侦探小说。王艺著。上海会文堂新记书局。1921 年 6 月版。1 册。11 万字。自序 1 篇。凡例 1 篇。共 10 起。

第一起 严家仆贪淫思国色　　　第四起 朱三秀凭空兴讼
　　　　穷书生脱难报妻仇　　　　　　　陈大令破壁搜奸
第二起 朱娥姐藏尸改嫁　　　　第五起 张世守劫柜得淫僧
　　　　黄得功代友锄奸　　　　　　　　陈斗南伸冤捉屠户
第三起 逼奸分赃李代桃僵　　　第六起 红颜白发命案离奇
　　　　招赌遗书水落石出　　　　　　　得兔忘蹄神签灵验

第七起 哄愚夫女仙施狡狯
入虎穴贤令获人妖
第八起 李小姐后户赠金
董给谏行船得女
第九起 画中黑点顿起风波
乳上红瘢幸除疑癖
第十起 记好官历陈政绩
责奸仆直供奸情

盗侠奇缘

侠情小说。王艺编辑。琴石山人校阅。1册。4.5万字。王艺序1篇。共37节。

第一节 叙盗源著书深忿慨
结山寨习俗事推埋
第二节 饵甘言营官轻受计
中奸谋寨主误报诚
第三节 一舸乘风奇女救父
连镖落水残卒丧魂
第四节 数典忘祖姑安金穴
知人论世枪授梅花
第五节 康孝廉骑驴迷远道
老居停谈虎劝回车
第六节 鸣镝有声金牛翦径
呼援无路耳山成擒
第七节 密室羁囚居然笼鸟
过墙倩影翩若惊鸿
第八节 衔主命二美入虎穴
闻说论一士破狐疑
第九节 蜡烛飞花忽惊残梦
剑光耀眼共创暴徒
第十节 崩角有声枪靡剑折
割耳示罚鸟散狼奔
第十一节 红箧亲贻叮咛小别
青旗示信珍重前途
第十二节 鹅炙麦烧痴奴误事
靴刀怕首健仆何来
第十三节 箪食壶浆重罹陷阱
鞭丝帽影一马双驮
第十四节 红粉蹇修强辞作合
青衫落拓正色拒婚
第十五节 盥沐薰香群奴恣谑
笙歌拥骑孤掌难鸣
第十六节 华晏宵深金牛启衅
洞房春冷赤凤重来
第十七节 以怨报德劳师动众
既擒复纵侠骨仙心
第十八节 素荷信红姑怀盛德
分嫡庶玉女抱衾裯
第十九节 胠箧藏珠物归所爱
轻身疾足绝技如仙
第二十节 贪吏丧资魂难自定
借兵献策祸不单行

第二十一节　锦瑟银筝消磨清夜
　　　　　　层楼复阁时见美人
第二十二节　弱女子慷慨动危词
　　　　　　大将军苦心护亲贵
第二十三节　篝灯属稿治盗清乡
　　　　　　抽笔成书热心劝友
第二十四节　望门投止聊息征尘
　　　　　　怒目无言忽逢怪客
第二十五节　叙前事历劫叹名花
　　　　　　却婚姻含贞白素志
第二十六节　慰离索病榻表深情
　　　　　　弥缺陷同行思劝驾
第二十七节　鸡声茅屋二女同居
　　　　　　蜚语流言群情疑谤
第二十八节　布衣蝉蜕老叟潜踪
　　　　　　废圃宵寒群奴较剑
第二十九节　石宝塔无端塞户牖

　　　　　　怪和尚忽地现原形
第 三 十 节　慧女子灵心释疑窦
　　　　　　渴睡汉多事坐监牢
第三十一节　荒园移塔暗报战书
　　　　　　骏马雕鞍忽逢故仆
第三十二节　觅雅座主仆叙离惊
　　　　　　倾樽酒痴郎惊艳质
第三十三节　红线女狡狯傲官邪
　　　　　　京兆尹深宵失印信
第三十四节　莺燕啼春戏言不禁
　　　　　　鸱枭毁宝义愤同深
第三十五节　粉腻脂香山魈作怪
　　　　　　青燐碧血壮士沉冤
第三十六节　康耳山深夜走盘谷
　　　　　　夏桂仆贪色挂高林
第三十七节　从井救人重罹绮网
　　　　　　迷香得洞权作仙宫

绝命血书

哀情小说。眼泪世界之二。王芝嫣著。1922 年 3 月版。上海中华图书集成公司。1 册。2.6 万字。共 33 节。

西神小说集

短篇社会小说。王西神著。上海世界书局。1924 年 1 月初版。1 册。3.3 万字。赵苕狂写作者传 1 篇。共 9 篇。

杏花春雨记　　　　　　　　│　雪浪春痕

秋薮阁

针楼艳忆

一枝桃

龙舟艳影

陌上花飞

新旧夫妻

猩红劫

华山女侠

武侠小说。王尘影著。上海中原书局。1931 年 8 月初版。4 册。16 万字。筠乡老人、张寰宇序各 1 篇。共 46 回。

第一回	开外衅边陲难守	第十一回	两雄相斗黄教头遭败
	含深意宫廷示警		一席庆功山东帮开贺
第二回	宠太监喧传丑事	第十二回	黄九通大宴门徒
	买童孩亲选俊貌		多喇嘛一指伤人
第三回	安德海炼丹复元阳	第十三回	蒙古僧戏耍大侠
	王三元掼跤献奇能		霹雳将痛斥喇嘛
第四回	请求雪耻大聚群英	第十四回	显本领神剑惊好汉
	约期比武不惮长途		谈武艺投机结知交
第五回	青龙镇初试好手段	第十五回	争奇剑闹成干成
	少林寺各献真工夫		赴约会偏遇莽汉
第六回	大败好汉村镇扬威	第十六回	演缩骨功大侠受惊
	激怒英雌造门寻仇		报父母仇奇女访友
第七回	美婵娟一指透银光	第十七回	成艺返家错认冤魂
	妙本领双掌托金莲		抛官归里痛哭双亲
第八回	英雄逢侠女巧合奇缘	第十八回	因愤恨悬梁图自杀
	憨人闹痴话笑倒座客		述往事珠泪透衣襟
第九回	丑姑娘发酸作怪	第十九回	心坚如铁孝女拜师
	小奇童仗艺取胜		骨瘦似柴和尚治病
第十回	邓紫霞母子奔波	第二十回	私生子波涛受难
	王三元技艺无敌		老剑仙慈悲收徒

第二十一回　谈神通破例收女徒
　　　　　　习打坐忍饥练功夫

第二十二回　痛仇恨苦练武艺
　　　　　　失宿处误入荒凉

第二十三回　天魔寺夜打鬼怪
　　　　　　九华岭暗追妖物

第二十四回　金蝉脱壳女侠受愚
　　　　　　黑幕展开匪人吐供

第二十五回　恶和尚异想天开
　　　　　　两无赖拜师入党

第二十六回　祸生不测袁小姐中伤
　　　　　　意兴阑珊顾志士出走

第二十七回　察气色决断生死
　　　　　　求解救夫妇拜跪

第二十八回　众好汉义气求医
　　　　　　顾英雄妙术救人

第二十九回　用全力绝症得生机
　　　　　　请神医女侠肩重责

第三十回　老隐士崇拜女英雄
　　　　　众百姓欢送捉妖人

第三十一回　左知县挂印隐退
　　　　　　女英雄出门访贤

第三十二回　谋杀子弄假成真
　　　　　　使法术出乖露丑

第三十三回　再世僧云游关外
　　　　　　乱伦子捣乱家庭

第三十四回　族长心慈阻止涉讼
　　　　　　小奸求计不惜千金

第三十五回　县堂上淫妇利齿
　　　　　　酒楼中和尚飞头

第三十六回　一道白光夺还魂魄
　　　　　　三番口舌大发雷霆

第三十七回　放飞剑道人称能
　　　　　　见严师奸徒避面

第三十八回　月夜荒郊女侠追和尚
　　　　　　志坚意切高僧戏佳人

第三十九回　女侠客赶程进京都
　　　　　　缩骨功惊退黄教头

第四十回　王三元二次胜教师
　　　　　黄九通三比梅花桩

第四十一回　看比武万人空巷
　　　　　　用花拳三败教头

第四十二回　再世僧指点英雄
　　　　　　大侠客黑夜离京

第四十三回　入仙境尘念俱消
　　　　　　谈往事忿气全捐

第四十四回　得消息邓七发怒
　　　　　　令绿林佳人飞刀

第四十五回　为徒复仇夫妻下山
　　　　　　酒楼捉敌好汉遭擒

第四十六回　弓鞋飞来酒保倒地
　　　　　　袖箭打去英雄中的

奇侠救国记

武侠小说。王尘影(太原神隐)著。上海亚华书局。1929 年 12 月版。

1 册。3 万字。共 12 回。

第一回	见女色小奸起淫心 为不平奇侠管闲事		第 七 回	危在顷刻柯大利推车 一场决斗阿汗吉丧命
第二回	仗侠义不怕强权 邀朋友群议对付		第 八 回	巴图带兵星夜回都 奸王会议先收群臣
第三回	杏花居奇侠比武 达达王骗除宝剑		第 九 回	达达王实行逼宫 义侍卫为公身亡
第四回	巴司夫养力战敌 老国王得信出宫		第 十 回	诛奸王万民称庆 招驸马金书结束
第五回	见奇侠暗识英豪 射弓箭战胜教师		第十一回	有情人成为眷属 喇嘛臣面相国王
第六回	奸王设计绑架公主 巴图奋勇杀上盗山		第十二回	奸党借兵寇边界 巴图班师回京城

南方大侠

武侠小说。王尘影著。上海醒民出版社。1937 年 3 月。4 册。18.4 万字。共 64 回。

第一回	闹奇案轰动满城 爱清静移家居乡		第六回	枣岭岗灯会称盛 乌公子见美强抢
第二回	得奇兆梦中拜师 赏雪景又来奇僧		第七回	解元为义遭惨祸 灵魂不灭托孤儿
第三回	施擒拿和尚医疾 谈剑术居士会心		第八回	得凶兆急奔家乡 遇强徒因知祸信
第四回	奇僧临别慨赠七宝刀 公子游春义打抱不平		第九回	绿林客义释善人 好公子半途被杀
第五回	追毛贼巧遇英雄 角武艺幸逢敌手		第十回	回家乡灵前哭兄 戏善人奇僧化缘

第 十 一 回　云霞岭好汉散伙
　　　　　　　奇和尚开怀畅饮

第 十 二 回　湖心亭避祸讲春秋
　　　　　　　彭员外慈心救高僧

第 十 三 回　天目山英雄学艺
　　　　　　　奇和尚戏闹公堂

第 十 四 回　丁知县审案叫苦
　　　　　　　彭天保请传剑术

第 十 五 回　骨肉团聚福竟双至
　　　　　　　黑夜交手兄妹捉贼

第 十 六 回　小英雄初试威风
　　　　　　　老员外礼待刺客

第 十 七 回　和盘托出莽好汉感恩
　　　　　　　为报父仇小英雄离家

第 十 八 回　落魄江湖误投主人
　　　　　　　游戏人间卖弄手段

第 十 九 回　奇和尚用法捉魂
　　　　　　　酒楼上突然落头

第 二 十 回　一言不合僧道交手
　　　　　　　突然光临老尼解纷

第二十一回　云霞道姑听受师训
　　　　　　　哈哈和尚指点徒弟

第二十二回　管闲事自寻烦恼
　　　　　　　探消息反增愁闷

第二十三回　小英雄初上府衙
　　　　　　　奇女子保卫奸官

第二十四回　折宝刀彭天保受惊
　　　　　　　害书生聂师爷揩油

第二十五回　侠肠义胆宣布秘密
　　　　　　　受屈含冤横遭奇祸

第二十六回　打禁卒侠女惩恶差

保知府黑夜任守职

第二十七回　插刀题诗惊坏杭州府
　　　　　　　送书说情难倒殷绅士

第二十八回　放书生奸官从公断
　　　　　　　赠宝刀喜煞小英豪

第二十九回　得古剑希图一试
　　　　　　　起愤心便尔自刎

第 三 十 回　言出动人小英雄受感
　　　　　　　貌比羞花女豪杰爱才

第三十一回　梁太守上任遇盗
　　　　　　　公孙氏保全贞烈

第三十二回　老尼姑喜收小徒弟
　　　　　　　奇女侠奉命保知府

第三十三回　探失剑道出白蝴蝶
　　　　　　　候佳人忽遇夜行人

第三十四回　英雄侠女双追黑影
　　　　　　　怜才惜貌同结爱心

第三十五回　赴约会半途遇贼
　　　　　　　愤失剑怒骂偷儿

第三十六回　关帝庙拒客留宿
　　　　　　　众公差因案叫苦

第三十七回　盗宝珠遁逃离杭
　　　　　　　战飞贼削断钢刀

第三十八回　目光锐利宝剑格飞镖
　　　　　　　威名所播豪杰爱好汉

第三十九回　刘飞虎大战黑脸汉
　　　　　　　姜成龙结识马如熊

第 四 十 回　见字条英雄愤怒
　　　　　　　探连府公子迎客

第四十一回　李公子怒斗小英雄
　　　　　　　龙一丰破例收徒弟

第四十二回　巾帼女有意献豪杰
　　　　　　彭天保无计取失剑

第四十三回　调虎离山女侠定计
　　　　　　出手成功物归原主

第四十四回　追情敌怒愤填胸
　　　　　　息争端暂时止斗

第四十五回　设奇计两全其美
　　　　　　刺知府轿中动手

第四十六回　武林城频传警报
　　　　　　小英雄将送人头

第四十七回　见人头惊坏巡抚
　　　　　　搜小厮忙煞军兵

第四十八回　彭天保病倒客店
　　　　　　遇恶道月芳受伤

第四十九回　回家乡得逢惊事
　　　　　　假募化有意挑拨

第五十回　　女英雄怒战恶道
　　　　　　乌老奸二遣刺客

第五十一回　恶道人强行化募
　　　　　　梅花针打退刺客

第五十二回　捉妖除怪用计入府
　　　　　　受伤不起急坏老父

第五十三回　彭员外爱女心重

　　　　　　丁大夫顿生奇计

第五十四回　用妙法立退伤气
　　　　　　见痴妇又生热肠

第五十五回　管闲事辛苦奔忙
　　　　　　入枯庙巧遇匪徒

第五十六回　恶公差索诈银两
　　　　　　小英雄探出真情

第五十七回　谋财害命分赃争多寡
　　　　　　命根不绝钟内受煎熬

第五十八回　除恶务尽严拿同党
　　　　　　骨肉团聚拜谢恩人

第五十九回　南昌府连闹二奇案
　　　　　　彭天保又管不平事

第六十回　　洪道士夜杀店主
　　　　　　恶心人得梦受惊

第六十一回　送人头知县惊心
　　　　　　见书信师爷明事

第六十二回　秘密事当堂招供
　　　　　　不服气便尔动武

第六十三回　恶道化缘暂充伸手将军
　　　　　　老侠奉命收服顽忤师弟

第六十四回　掌心雷恶道毕命
　　　　　　好姻缘合家称喜

英　　娘

社会小说。王仲明著。小小日报社。1927 年 3 月初版。1 册。5.7 万字。宋信生序 1 篇。自序 1 篇。未分章节。

西风残照

言情小说。王似云著。上海百新书店。1947 年 1 月 2 版。1 册。17 万字。共 16 回。

第一回　纸醉金迷筵开消夜
　　　　花明柳暗坞筑藏春
第二回　终始参差伶俜失所
　　　　苍黄翻覆瞋怒无端
第三回　豆蔻梢头招来浪蝶
　　　　海棠花底歆动幽人
第四回　藕断丝连梦残酒醒
　　　　巢倾栋折室迩人遐
第五回　记命强梁错还成错
　　　　沧身溷浊防不胜防
第六回　送旧迎新凤随鸦集
　　　　比权量力鸠占鹊巢
第七回　义重如山两援薄命
　　　　情柔似水三置偏房
第八回　完璧无方感萦知己
　　　　遗珠有憾疼抱丧明

第 九 回　回首前尘沧桑隔世
　　　　　断肠此际琴瑟难期
第 十 回　放下屠刀天真未泯
　　　　　拾来遗物古道可风
第十一回　冰炭连年似曾相识
　　　　　河山旷劫未免有情
第十二回　噩耗纷挐沉渊切齿
　　　　　巧言浸润被哂寒心
第十三回　锦上添花鸳鸯同梦
　　　　　妒中增恨劳燕分飞
第十四回　慷慨辞家风云颁洞
　　　　　殷勤救难炮火流离
第十五回　及汝偕亡仇深吴越
　　　　　迨冰未泮姻缔朱陈
第十六回　古佛青灯可怜如此
　　　　　西风残照徒唤奈何

龙　凤　帕

言情小说。王岩著。上海醒民出版社。1936 年 3 月版。1 册。6 万字。共 40 回。

前集

第 一 回　强中强辽帅索牛羊
　　　　　奇中奇金邦求中国

第 二 回　贪赃得贿庞文仲奏本
　　　　　助金平辽陆允忠挂帅

第 三 回　擒辽帅三国议和
　　　　　老国丈得胜回朝

第 四 回　汝南王黑夜夺辽寨
　　　　　陆公子府前见师尊

第 五 回　精相术总兵劝内弟
　　　　　攻书画烈女救尊亲

第 六 回　落魄穷途父女卖画
　　　　　见色起意主仆欺人

第 七 回　陆公子借剑杀小奸
　　　　　庞云豹贪花送性命

第 八 回　除恶霸凤阳施身手
　　　　　报仇怨文仲调雄兵

第 九 回　献妖媚庞妃哭奏
　　　　　救忠良陆后受刑

第 十 回　汝南王保本救皇后
　　　　　开封府大义释英雄

第十一回　救忠臣夫人尽节
　　　　　施毒计妖妃留宴

第十二回　看奇花庞妃示恩宠
　　　　　捉蜜蜂藩镇入牢笼

第十三回　搜冷宫太子无下落
　　　　　行暗杀阉臣问良心

第十四回　救太子血书龙凤帕
　　　　　责仇后张龙苦尽忠

第十五回　寇丞相三救陆皇后
　　　　　包公子初上铁球山

第十六回　范小姐误救未婚夫
　　　　　冯夫人暗助无耻贼

第十七回　丞相府冯氏起风波
　　　　　银安殿太师闻密报

第十八回　围寇府全忠送消息
　　　　　搜太子文仲太猖狂

第十九回　寇丞相抢子图赖
　　　　　庞太师罚俸捐薪

第二十回　困皇城逼赦五藩王
　　　　　围石府迫交真幼主

后集

第 一 回　庞国丈为子报宿仇
　　　　　韩成彪大发无名军

第 二 回　韩成彪命丧铁球山
　　　　　陆凤阳山寨祭忠魂

第 三 回　摇旗擂鼓奸佞发雄兵
　　　　　弃暗投明全忠明大义

第 四 回　庞国丈二次出奇兵
　　　　　种元帅私放皇太子

第 五 回　济南府慈云冲府道
　　　　　险遭殃凶中得安宁

第 六 回　皇太子对月诉往事
　　　　　程玉霞游园听秘密

第 七 回　被穷诘太子露真情
　　　　　定终身相赠龙凤帕

第 八 回　泄春光晚娘抢凤帕
　　　　　诉奸党后母起黑心

第 九 回　郑氏私放皇太子
　　　　　玉霞乔扮改男装

第 十 回　乔装改扮主仆逃生

又逢贼盗劫上山头

第十一回　懋孟强错认美男子

贤小姐山寨说原因

第十二回　庞国丈奏本捉慈云

宋哲宗爱兄辱外祖

第十三回　老奸贼唆兵损爱子

范太尉借由杀云勇

第十四回　颁救兵宫中诉爱女

发懿旨提兵征双龙

第十五回　妖道飞镖伤凤阳

老祖下凡救忠良

第十六回　焦元帅乔扮射书

皇太子兵散双龙

第十七回　君臣复会定三军

五路藩王得战书

第十八回　谋篡位大聚群奸

投密旨云勇遭擒

第十九回　众藩王兵围皇城

群奸贼自投罗网

第二十回　转乾坤文武迎太子

杀奸党加封众公卿

雪窗秘史

艳情小说集。王泽寰编纂。上海中华新教育社。1926 年 7 月 4 版。1
册。7.5 万字。中浣、韵雪仙人、倩红、陆粹瑛、戏笔序各 1 篇。共 16 则。

杜蘅香	红闺艳史	姚桂婵	红闺艳史
宋紫英	情天恨史	郑秀如	情天恨史
魏文郁	朝野佚史	唐源善	朝野佚史
铁其铮	风流孽史	疡医儿	风流孽史
黎蕴芳	红闺艳史	林玉拂	红闺艳史
李云灿	情天恨史	马氏女	情天恨史
某察院	朝野佚史	陈克嗣	朝野佚史
佟慧玲	风流孽史	马浚浚	风流孽史

朝野艳异轶闻

民间小说。王泽寰著。中华新教育社。1922 年 4 月版。2 册。9.7 万

字。初集序 1 篇。二集序 1 篇。共 8 篇。

初集		二集	
卷一	末造两大侠	卷一	刘子章
卷二	曹椒兰	卷二	俞妙兰
卷三	张大腹	卷三	危有基
卷四	王锦屏	卷四	江采文

鸳鸯劫

哀情小说。王承连著。上海广益书局。1943 年 4 月版。1 册。7.5 万字。自序 1 篇。插图 4 页。共 13 章。

一	憧憬中一位英俊的少年	八	神秘的她
二	热恋着的姑娘	九	难填的恨海
三	几段多情的记录	十	泪洒想思地
四	劳燕分飞各东西	十一	人海茫茫中的萍逢
五	此恨绵绵无时尽	十二	桃色风波
六	流浪中的知心人	十三	离奇的情敌
七	腥风血雨		

悲欢因缘

侠情小说。王南邨著。上海天生书店。1933 年 7 月版。4 册。20 万字。汤笔花序 1 篇。共 48 回。

第一回	穷书生避仇走他乡 小公子卧室遇奇缘	第二回	拆散姻缘仙姑失踪 病入膏肓家人弄鬼

第 三 回　狂嫖好赌出卖侄孙女
　　　　　果报昭彰背疽丧性命

第 四 回　携娇娃外室庆生辰
　　　　　遇强徒长江遭陷害

第 五 回　花言巧语哄骗美人
　　　　　殷勤款待雪姐中计

第 六 回　知府惧内私聚小妾
　　　　　红颜命薄又失自由

第 七 回　气愤填胸雪姐思家乡
　　　　　酸劲顿起尤氏发雌威

第 八 回　戏娇姿恶鬼欺孤
　　　　　怜弱质封君仗义

第 九 回　陶封君阴府认女
　　　　　俞俊卿悲中收子

第 十 回　邢秀才母子祭坟
　　　　　章士奇荒野遇异

第 十 一 回　念美色悄忆奇梦
　　　　　　寻父棺错发闺女

第 十 二 回　回阳世义妹胜同胞
　　　　　　遇异乡贤东成至戚

第 十 三 回　试铁弓叔侄显英雄
　　　　　　解玉环陶苏结秦晋

第 十 四 回　捶禅关菩提三指觉
　　　　　　施武勇英雄两倾心

第 十 五 回　洒别泪征途重气谊
　　　　　　叙情肠绣阁惜分离

第 十 六 回　乍施威强徒齐授首
　　　　　　重聚义昆季共御杯

第 十 七 回　廉县令因公留壮士
　　　　　　贤操江为国举英才

第 十 八 回　得喜信父子欢聚
　　　　　　送上任兄弟含悲

第 十 九 回　小英雄镇守浏河
　　　　　　陶知县兄弟相逢

第 二 十 回　识小妹征棹解离愁
　　　　　　得娇女慈帏添喜色

第二十一回　奇侠女栖身有地
　　　　　　小英雄杀敌得功

第二十二回　含悲离别情同骨肉
　　　　　　知恩必报北上送书

第二十三回　报远信巧遇远归人
　　　　　　觅幽栖崇拜幽居叟

第二十四回　老道学论交成水乳
　　　　　　小仙娃识相别贤愚

第二十五回　去炎威故里访亲知
　　　　　　纳清凉异乡逢骨肉

第二十六回　赣书生侥幸中试
　　　　　　真铁口直言谈相

第二十七回　违圣讳主考难决
　　　　　　送银两呆气复发

第二十八回　邢公子亲上对亲
　　　　　　唐小姐喜中添喜

第二十九回　郎才女貌沟极温柔
　　　　　　母慈子孝欢聚团圆

第 三 十 回　唐进士携眷上任
　　　　　　呆举人伴兄入都

第三十一回　因母病无意取功名
　　　　　　试文才片刻竟成章

第三十二回　劝出仕真心动豪杰
　　　　　　拜相国具眼识英才

第三十三回　试金殿犀管落珠玑
　　　　　　扰海疆倭寇为狼狈

第三十四回　重义气千里冒凶锋　　　　　　展雄威御前杀二虎
　　　　　救急难一身冲险隘　　第四十二回　邢御史遣将救吴门
第三十五回　演双刀船驾献技　　　　　　　陶副总统兵诛海寇
　　　　　试铁篙英雄称能　　第四十三回　现仙容一剑截魔头
第三十六回　投针芥归路禀慈亲　　　　　　奋神勇单骑擒积寇
　　　　　作书函临歧荐壮士　　第四十四回　天缘巧合仙姥指迷途
第三十七回　小英雄结就良缘　　　　　　　恶贯满盈倭奴逢杀劫
　　　　　恶公子见色魂飞　　第四十五回　擒贼首老将立功
第三十八回　查仓廒督宪报私仇　　　　　　上奏章御史陈情
　　　　　纠丑类青山放响马　　第四十六回　论功行赏各升官阶
第三十九回　奉天旨县令擢城隍　　　　　　神号鬼哭主请高僧
　　　　　设巧计夫人斩倭寇　　第四十七回　久别重逢骨肉欢聚
第 四 十 回　贪美色狭路丧凶徒　　　　　　委曲成全姐妹如愿
　　　　　重英豪平台试武士　　第四十八回　雪冤仇坟前诛盗
第四十一回　重恩义客里寄双鱼　　　　　　见圣驾金殿封官

夜半鹃夜

哀情小说。王禹生著。大中图书局。1933 年 8 月版。4 册。10.8 万字。自序 1 篇。许起疾、徐震亚、王泪人序各 1 篇。共 24 章。

第一册

第一章　郎发大髭

第二章　危楼双幕记

第三章　娇儿之颊

第四章　孽海鸳鸯

第五章　此恨绵绵何日消

第六章　薄幸郎

第七章　王姓妾

第八章　一束断肠笺

第二册

第一章　雪贞哀史

第二章　苦鸳鸯

第三章　慈母的血

第四章　昨夕今宵

第五章　香闺泪

第六章　盼煞老母儿不归

第三册

第一章　薄命花

第二章　剜心记

第三章　郎去不复来

第四章　红颜惨劫

第四册

第一章　朝霞泪史

第二章　割股记

第三章　卖花娘惨记

第四章　多情儿女负情郎

第五章　最苦天下作妾人

第六章　孝女竟为刀下鬼

风雨双龙剑

长篇武侠小说。王度庐著。上海育才书局。1948 年 6 月初版。3 集。20 万字。共 18 回。

第一回　逞锋芒宝剑折钢刀

　　　　聆凶吉强徒生恶念

第二回　心摧肝碎锦村举哀

　　　　力尽声嘶侠女遭难

第三回　走荒山艳贼援难女

　　　　观明月温语感痴心

第四回　枫叶村雪天死大盗

　　　　凹子峪半夜遁飞驹

第五回　忍饥耐苦千里寻亲

　　　　仗义扶危双钩拒盗

第六回　萧寥古庙老尼收徒

　　　　茌苒华年女郎成技

第七回　战名侠初次试白龙

　　　　寻宿仇单身渡黄水

第八回　斗强梁深庄抒孤愤

　　　　触情网茅店暂双栖

第九回　窥深庄女郎展奇技

　　　　对宝剑侠少颓情心

第十回　闹歌场铁拳惊莺燕

　　　　投旅店女盗献温柔

第十一回　逢劫骑皓手掳单身

　　　　　宿盗窟银灯消永夜

第十二回　辣手毒心波涛覆艳

　　　　　横财暴富日夜惊愁

第十三回　赚豪雄假妆投旅店

　　　　　寻仇恨诚意结新交

第十四回　小室斟情突来怪客

　　　　　双雌斗剑互争情郎

第十五回　证恩仇坠马伤芳心

　　　　　分敌友挥鞭击宝剑

第十六回	车走飞尘难逃残命			永久仇家临危授手
	龙阻骤雨愧见红娥	第十八回		千回衷曲订此良缘
第十七回	娇娆女盗濒死忏情			百炼精钢沉于浊水

龙虎铁连环

　　长篇武侠小说。王度庐著。励力出版社。1949 年 2 月初版。1 册。7.5 万字。共 9 章。

第一章	巷里觅娇花镖头被辱			竹间怜只影错卜佳期
	江干生恶斗侠士扬威	第六章		莽夫少女结伴往龙门
第二章	负伤忍耻独走撞山牛			愚爱痴情寻郎来凤邑
	醉酒遭疑巧逢飞环女	第七章		庭堂半夜绿钗觅情仇
第三章	依竹而居赛隐娘训女			刀杖相敲白面多薄幸
	隔窗携刀雌暴客钟情	第八章		鞭挞忍频施狂夫心丧
第四章	单手抖白光狂生命促			挡环生恶斗义士伸援
	双骑来小镇少女魂离	第九章		月夜马相追大河竞渡
第五章	溪畔痛分离频叮海誓			啼痕愁重叠纤手挥刀

冷剑凄芳

　　侠情小说。王度庐著。上海励力出版社。1949 年 1 月初版。1 册。8 万字。共 7 回。

第一回	斗起长桥侠女相助			失芳踪深夜滋悲痛
	情生良夜好汉为难	第四回		干姐妹古刹训痴人
第二回	忍泪忏情重栖古寺			情姑娘钢刀敲宝剑
	携剑入市巧遇恩师	第五回		投官衙被指疯魔汉
第三回	探酒楼师徒逞豪雄			允婚事堪怜老实人

第六回　聆直言心伤多情女
　　　　砺宝剑迎斗大刀王

第七回　踞新房凤鸾成大错
　　　　埋永恨血泪结全书

卧虎藏龙

武侠小说。王度庐著。上海励力出版社。1948 年 3 月版。5 册。52.8 万字。共 14 回。

第一回　一朵莲花初会玉娇龙
　　　　半封书信巧换青冥剑

第二回　舞杖飞镖黄昏战古堡
　　　　安弓设网深夜御奇人

第三回　银镫销夜小姐恨鸾音
　　　　宝刀生光女侠歼狐首

第四回　冷笑娇嗔深闺索宝剑
　　　　灯光鬓影元夜遇情人

第五回　人世艰辛泪辞杨小虎
　　　　风砂辽远魂断玉娇龙

第六回　大漠听悲歌寻香惹爱
　　　　满城来风雨卧虎藏龙

第七回　门外怅萧郎歌哭拼醉
　　　　巷中追艳妇兄妹成仇

第 八 回　彩舆迎新娘途逢恶虎
　　　　　香车随宝马私走娇龙

第 九 回　剑舞身随一身真敌众
　　　　　鹰翻鸶落双侠各争强

第 十 回　锵锵刀剑三侠逐一龙
　　　　　潇潇风雨半夜驱群盗

第十一回　幺魔小鬼诡计锁神龙
　　　　　怪客奇人飞行来巨宅

第十二回　堕计错寻仇竟逢鸳侣
　　　　　请君来入瓮大快人心

第十三回　冰心热泪少妇思雠仇
　　　　　诡计阴谋老猾设陷阱

第十四回　礼佛妙峰投崖尽愚孝
　　　　　停鞭精舍入梦酬痴情

金刚玉宝剑

长篇武侠小说。王度庐著。上海励力出版社。1949 年 4 月—1950 年版。3 册。23.6 万字。共 26 章。

第一章　夜带柳梢春少年入梦　　　　楼迷钗影艳倩女离魂

第 二 章　舞剑飞刀深邸惊怪侠
　　　　　集龙会虎孤掌斗群英

第 三 章　试场来香车珠帘望断
　　　　　交锋出素手贫女扬威

第 四 章　沽酒助豪情招啼惹笑
　　　　　登门贻厚礼起浪兴波

第 五 章　嘱避锋芒西陵思丽影
　　　　　飞腾绣户宝剑溅腥光

第 六 章　窗黑室暗惊遇锦绣球
　　　　　钗坠花残忍窥薄命妾

第 七 章　脂粉英雄轻鞭驰小寋
　　　　　山陵风雨宝剑伴佳人

第 八 章　夜半叩门声惊人恶语
　　　　　雨中腾剑气绝世娇姿

第 九 章　素手屠狼山间初展技
　　　　　侠情换剑松下乍相思

第 十 章　单剑追车途中逢鬓影
　　　　　双侠探府夜半战蛟龙

第十一章　金臂飞侠大闹和坤府
　　　　　铁爪蛟龙恶挥霸王鞭

第十二章　绣帐轻遮惊雷催绮梦
　　　　　飞车宵遁小店晤英雌

第十三章　旅夜聚英豪钗嗔剑恨
　　　　　风尘重拼斗鞭舞锤飞

第十四章　热泪交流短街偷侠骨

　　　　　幽情千种双剑订良缘

第十五章　怅望街头伊人无片影
　　　　　追逐车骑利剑斗三雄

第十六章　剑起孤鸿单身施绝技
　　　　　人如双璧连夜走风尘

第十七章　河畔烧骨灰永思仇恨
　　　　　雨中访侠客倍起猜疑

第十八章　夜发悲歌尔岂真侠士
　　　　　重归故里谁识旧邻娃

第十九章　炼狱三年磨煞豪杰骨
　　　　　金刚又闪惊见伊人来

第二十章　织布编蓑隐身行侠义
　　　　　长江小镇把盏待豪雄

第二十一章　屡斗冲天侠画儿恼怒
　　　　　　相逢扬州府老少齐欢

第二十二章　匕首投桅杆豪强堕水
　　　　　　青锋刺轿舆奸相丢魂

第二十三章　铁爪蛟龙逞凶砸酒店
　　　　　　绣球侠女履险入深宫

第二十四章　御宫歌舞突惊短剑来
　　　　　　高殿荒凉半宵群侠至

第二十五章　大闹和珅府恶奴授首
　　　　　　人坠翡翠楼美妾忏情

第二十六章　和珅势败抄家且丧命
　　　　　　易水春寒搏虎复盟鸳

宝 刀 飞

　　长篇武侠小说。王度庐著。上海励力出版社。1948 年 11 月版。1
册。3 万字。共 14 章。

第一章　运粮河飘泊双雏凤

第二章　清江浦侠士出头

第三章　骆马湖黄昏刀光起

第四章　铺陈市里隐侠踪

第五章　牡丹——"二丫头"

第六章　力斗群雄突惊失脚

第七章　初入朱门探宝刀

第 八 章　醉眼神狮把酒话宫闱

第 九 章　青衣小帽隐豪雄

第 十 章　牡丹的泪

第十一章　纵酒征歌神狮狂语

第十二章　施诡计雨夜赚娇娘

第十三章　宝刀飞起

第十四章　携刀催马别都城

宝剑金钗

长篇武侠小说。王度庐著。上海励力出版社。出版时间不详。2 册。35 万字。共 34 回。

第一回　银髯铁臂老镖头隐居

　　　　美景芳春小侠女救父

第二回　碧玉出小家满城惊艳

　　　　狂徒生奇想深夜偷香

第三回　飘零书剑名士惹春愁

　　　　嚣扰烟尘少年窥丽影

第四回　单剑战娇娥喜得绣帕

　　　　轻装走驿路突遇强徒

第五回　又遇危机钢锋助父女

　　　　同羁逆旅艳色惹邪魔

第六回　衰老投监一朝悲残命

　　　　风尘送嫁千里尽柔情

第七回　薄命总红颜夜倾愁绪

　　　　雄关连翠岭雨涤侠心

第八回　立决雌雄青锋降画戟

　　　　从今憔悴壮士困穷途

第九回　误惹烟花呆生游曲巷

　　　　狂挥铁掌侠客闹歌楼

第 十 回　妓以侠名华镫窥俏影

　　　　情真难遗浊酒灌愁心

第十一回　醉后狂言红楼贻笑柄

　　　　仇去小隙宝剑对花枪

第十二回　雨夜留髡魂销香褥枕

　　　　庵堂试武拳打瘦弥陀

第十三回　难遏妒恨重挥铁拳头

　　　　不禁离情暗弹珠泪影

第十四回　人散夜阑史胖传消息

　　　　刀鸣剑啸骂茂败江湖

第十五回　祸患突来英雄罹大狱

　　　　遭逢不幸名妓感前尘

第十六回　落花有主徐侍郎藏娇

　　　　冤狱得伸铁贝勒仗义

第十七回　暂避锋铓德五逃塞北

　　　　相商密计冒六引风涛

第 十 八 回　宝剑生光惊眸窥侠士
　　　　　　秋烛掩泪痛语绝情丝
第 十 九 回　秋风吹古寺侍疾结交
　　　　　　碧血染香巢锄奸仗义
第 二 十 回　陌巷残花凄凉惊宿梦
　　　　　　寒风傲骨慷慨却痴情
第二十一回　飞驹宝剑星夜出都门
　　　　　　素鸟青衣风尘寻夫婿
第二十二回　提刀闯宴泣涕询真情
　　　　　　走马离京死生酬义友
第二十三回　碧血银枪将军遭暗算
　　　　　　蓬门病榻魔手碎残花
第二十四回　义愤护残花人钦侠女
　　　　　　寒宵怜薄命肠断金钗
第二十五回　挥刀纵马侠女歼强徒
　　　　　　正色直言贝勒息恶斗
第二十六回　寒夜挥刀单身驱悍贼

　　　　　　侠心垂死数语寄深情
第二十七回　血涌刀横寒宵惊惨剧
　　　　　　心枯泪尽风雪别燕都
第二十八回　风雪走双驹情俦结怨
　　　　　　江湖驱众盗侠女施威
第二十九回　堕泪伤心惊言闻旅夜
　　　　　　刀光鬓影恶斗起侵晨
第 三 十 回　旷野飞沙孤坟沾痛泪
　　　　　　黄昏细雨怪客报惊音
第三十一回　相会铁窗正言规侠友
　　　　　　独来青冢悲泪吊芳魂
第三十二回　骏马娇姿微言感情义
　　　　　　明枪暗箭薄暮起凶谋
第三十三回　炎天起解挚语嘱良朋
　　　　　　驿路飞驹钢锋歼众盗
第三十四回　小院死奸徒销仇尽义
　　　　　　铁窗来侠影匿剑惊钗

春 秋 戟

武侠小说。王度庐著。春秋书店。1949 年 7 月版。3 册。16 万字。共 24 章。

第一集
第一章　铁戟老将呕血感前尘
第二章　秋风落叶深夜窥书窗
第三章　娇娥买马初次显锋芒
第四章　秋风朗月挥剑拒情郎
第五章　巧计出关玉颜蒙风尘
第六章　客邸凉雨画戟再施威
第七章　小村孤舍人语费猜疑
第八章　黄昏风雨侠女探荒山

第二集
第一章　风尘结伴一路惹相思
第二章　金剑银钩两女初相遇
第三章　孝当竭力单骑闯虎穴

第四章　情心侠胆渭水访豪家
第五章　摆酒宴群钗狂言述归
第六章　深夜闹庭前色魔计拙
第七章　山深天冷痴意感芳心
第八章　催马追车画戟救老父

第三集
第一章　涧底寻老父突逢假虎

第二章　单戟探高峰垂泣求助
第三章　巧献奸计劝人充小姐
第四章　火光香云山窟度深夜
第五章　总镇衙里画戟映星光
第六章　巧遇情人双骑夜追车
第七章　江心船上双斗小银枪
第八章　冷月繁星板桥惊惨剧

香山侠女

武侠小说。王度庐著。上海励力出版社。1949 年版。1 册。7.4 万字。共 12 章。

第一章　从四杰到八怪
第二章　婚姻、摧毁
第三章　侠女李翠秀
第四章　"鼻子董"的扎枪
第五章　未婚妻被抢走之后
第六章　胡丽仙的觉悟

第 七 章　西郊暂避
第 八 章　再遇"崔太太"
第 九 章　小村旷野展侠风
第 十 章　湖山风雨宿鸳鸯
第十一章　匕首、恶人的血
第十二章　香山访女侠

剑气珠光

长篇武侠小说。王度庐著。上海励力出版社。出版时间不详。4 册。40 万字。共 22 回。

第一回　柳色花香笑啼怜娇态
　　　　衣尘帽影隐忍踏长途
第二回　困厄风尘紫驹羞唤卖

　　　　追寻庙舍黄虎失披拦
第三回　柳外溪边初来逢艳女
　　　　庭前榻下两次斗顽猴

第 四 回　绿柳黄昏图夺稀世宝
　　　　　红驹彩剑思慕寡情人

第 五 回　夜半追擒因情翻结怨
　　　　　庄前决斗见火突惊心

第 六 回　巧救顽猴双锋驱众盗
　　　　　思瞻奇侠一叶渡长江

第 七 回　小室灯光两番窥绝技
　　　　　大江风雨半夜遁双驹

第 八 回　孤剑斗群鞭英雄失脚
　　　　　巧言谋毒计鼠辈寻仇

第 九 回　频感中秋月夜逢难女
　　　　　突翻巨案酒肆骗豪雄

第 十 回　月夜刀光闺门战剑客
　　　　　秋风骑影闾里觅奸徒

第十一回　冷月繁星双侠飞古堡
　　　　　钢牙铁爪二虎斗长街

第十二回　收刀窥柬柔情念远人
　　　　　打店夺镖黑鹰搏紫虎

第十三回　巧获明珠芳心思侠举

　　　　　急追莽汉匹马到荒山

第十四回　故人相见酒店慨倾杯
　　　　　恶盗成擒深宵惊遇侠

第十五回　灯酒未阑惊音闻密客
　　　　　奸凶已获大侠隐奇踪

第十六回　旅店潜行史胖窥奇侠
　　　　　彰城巧遇黄虎斗黑鹰

第十七回　雪夜争持侠女遭毒手
　　　　　庵堂探慰奇士露真情

第十八回　剑光鬓影月夜证幽情
　　　　　夜静更深金屋来女侠

第十九回　三骑追来点穴屈女侠
　　　　　单身奋往挥剑振雄威

第二十回　误死红衣人身边失宝
　　　　　巧逢猴儿手野外挥鞭

第二十一回　寒夜灯窗慨言谈侠义
　　　　　玉楼金殿奇士献珍珠

第二十二回　一鹤枉重来良缘成梦
　　　　　九华楼双侠剑气冲霄

洛阳豪客

武侠小说。王度庐著。上海励力出版社。1949 年 2 月版。2 册。14 万字。共 16 章。

正集

第一章　江水滔滔少年侠士
　　　　　隐凤村中少女动相思

第二章　绛窗外试剑对名花
　　　　　洛阳东关娇娥战五虎

第三章　苏小琴闺中戏女伴
　　　　　为防腾云虎夜夜虚惊

第四章　巨案惊人轰动洛城
　　　　　酒楼掷花轻薄遭鞭打

第五章　镜后捉贼小姐施威

　　　　　　月夜鏖战见少年洞穿底细
第六章　绸巾绣鞋惹起狮子吼
　　　　楚江涯追踪看把戏
第七章　云媚儿酒店发雌威
　　　　于铁雕率众为师兄报仇
第八章　苏老太爷客舍忏从前
　　　　楚江涯仗义救衰翁

续集
第九章　家中女子太可疑
　　　　夜深，村外，惨变
第十章　"竟被爸爸识破了吗？"
　　　　青蛟剑找不到仇人

第十一章　斜阳惨黯晚风徐起山中逢
　　　　　"女鬼"
　　　　　清晨吊祭探询李姑娘
第十二章　楚江涯力战群雄
　　　　　李国良老迈发忿语
第十三章　素幔低垂，怪贫妇半夜击棺
　　　　　美剑侠扬剑捉凶
第十四章　夜战高岗宝剑斗金鞭
　　　　　人言可畏名闺蒙羞
第十五章　雨天，老英雄跌死街头
　　　　　河边柳畔会情人，心碎美剑侠
第十六章　闻说有人刎颈死
　　　　　古都三访，洛阳豪客尽余情

铁骑银瓶

　　武侠小说。王度庐著。上海励力出版社。1948 年 5 月版。6 册。73.6 万字。共 19 回。

第一回　旅店天寒移鸾换凤
　　　　边城春早走马飞龙
第二回　琵琶巷把花怜远嫁
　　　　望山庄板石慨前尘
第三回　散资财侠少走风尘
　　　　遭蹂躏村姑投古刹
第四回　凭义愤单剑驱贼众
　　　　访侠踪匹马越关山
第五回　御群凶长河过乌骓
　　　　挥痛泪大漠埋侠骨
第六回　赛八仙森林述侠踪

　　　　春雪瓶草原争铁骑
第七回　万仞天山双剑腾起
　　　　无边大漠小龙飞来
第八回　启亲灵泪沾三尺土
　　　　触义愤拳打半天云
第九回　娇躯宝剑夜战豪雄
　　　　浊洒狂歌屈遭缧绁
第十回　感深交莽汉硬作媒
　　　　依巧计崇楼狂挥剑
第十一回　冲风冒雪铁骑追车
　　　　　震海惊山娇娥解难

第十二回　迷坂城罗衣明往事
　　　　　甘凉道铁骑访群雄
第十三回　走凉州假意结豪友
　　　　　寻疑索潜迹探崇楼
第十四回　深山剑影女杰寻仇
　　　　　石窟火光奇侠尽义
第十五回　单人马雪地遭计擒
　　　　　两义侠深庄翦巨恶

第十六回　驰旷野忍病救情人
　　　　　返家乡磨剑寻宿恨
第十七回　孤舟快语谢绝情丝
　　　　　野店良宵撮成佳偶
第十八回　夜雨萧萧孤剑自倚
　　　　　银灯暗暗美人忽来
第十九回　冀北江南游踪都遍
　　　　　边疆沙草俪影相依

海上虹霞

长篇社会言情小说。王度庐著。励力出版社。1949 年版。1 册。9.7 万字。共 5 章。

第一章　三十年前的悲剧
第二章　女人的命运
第三章　海上吹来的南风

第四章　迈向街头的情思
第五章　海滨的朦胧月

绣带银镖

长篇武侠小说。王度庐著。上海励力出版社。1948 年 10 月版。1 册。9.3 万字。共 9 回。

第一回　论标行重图古老梦
　　　　进城市初到贵人家
第二回　拜名师一心学武技
　　　　触情网五载印相思
第三回　长河助武师徒乖离
　　　　小院栖身豪杰落魄

第四回　打标车英名震京师
　　　　买豆腐小嬛传绣带
第五回　春风得意奇技惊人
　　　　雨夜扬镖娇娥思嫁
第六回　金镖宝剑再度相逢
　　　　侠士蛾眉深宵聚首

第七回　月澹澹娇女诉衷情
　　　　仇深深群雄谋小侠
第八回　入深宅冤家成好友

　　　　　　　　敲小窗软语报惊音
第九回　起斗中□逢人助□
　　　　潜身小铺自叹郎痴

琼楼春情

言情小说。王度庐著。上海励力出版社。1949 年 4 月版。1 册。10 万字。共 8 章。

第一章　灯光窗影人语费猜疑
　　　　绮梦柔情心弦生矛盾
第二章　娇音笑语夸述女人经
　　　　杯酒菲肴故装长者态
第三章　碧槛寻花幽情经撩动
　　　　朱门探母艰窘拙言辞
第四章　绮市独行狂郎惊邂逅
　　　　华楼初上少女感痴迷

第五章　掩泪惊啼春情初拒诱
　　　　怀全试履美物小遂心
第六章　翠陌重归人犹洁似玉
　　　　馨情更缩语亦细如丝
第七章　假寐难眠壁间闻醉语
　　　　含情毕露廊下订佳姻
第八章　好梦难谐中宵疑惨变
　　　　香车往聘二度惹京尘

落絮飘香

社会言情长篇小说。王度庐著。励力出版社。1948 年 9 月版。1 册。9.7 万字。共 9 章。

第一章　作嫁何心华年压金线
　　　　遣愁无计锦字慰芳邻
第二章　小约名园游春偕女伴
　　　　初亲色笑摄影寄深情
第三章　双桨风横湖心听笑话
　　　　孤灯夜静枕畔拭啼痕

第四章　再递情笺深怜成挚爱
　　　　初尝世态娇泪泣穷途
第五章　恶语嚣声惊心听婚事
　　　　晓风朝露含泪叙相思
第六章　小室相谈求知怜同病
　　　　狂言自喜炫富诱芳心

第七章　柳絮才飞春光嫌泄露
　　　　罗衣初试城市赏繁华
第八章　俭妆伤心自怜贫女态

第九章　崇楼顾影谁唤阿侬名
　　　　羡绮迷罗柔心拟水性
　　　　开樽劝酒妒意嗤人情

朝露相思

　　长篇言情小说。王度庐著。励力出版社。1948 年 9 月版。1 册。9.3 万字。共 7 章。

第一章　新备衣冠追踪谈婚事
　　　　难禁苦痛伴病脱竹城
第二章　舞榭歌台狂言欺弱女
　　　　名园丽景苦绪念慈亲
第三章　绝路求生母女居篱下
　　　　柔情惊变血泪泣鸳分
第四章　礼厚情浓几番施故技

　　　　山高楼隐一霎变初心
第五章　骤雨心惊门庭来使者
　　　　回廊目断陌路是萧郎
第六章　暗窥来鸿屈遭狂夫辱
　　　　重传别雁忍作负心人
第七章　路遇方车疑云生疑雨
　　　　家移僻巷秋扇怨秋风

紫凤镖

　　武侠小说。王度庐著。上海励力出版社。1947 年 12 月版。2 册。19 万字。共 7 回。

第一回　岁暮天寒保镖出无奈
　　　　刀飞剑起比武识英雄
第二回　前遮后护大战黄土沟
　　　　美意柔情惊逢泥洼镇
第三回　独打上霸天鸡群显鹤
　　　　重逢紫凤女爱里添仇
第四回　为医伤痕中宵怜俏影

　　　　强学镖技十里送征驹
第五回　试武庭前龙蛇争对舞
　　　　扬鞭道上恩怨感想思
第六回　洞房沉沉鸳衾乖好梦
　　　　中庭扰扰虎爪碎娇花
第七回　月下扬鞭冤仇全消尽
　　　　人间补恨紫凤尚翩然

紫电青霜

武侠小说。王度庐著。上海励力出版社。1948 年 7 月版。1 册。10万字。共 12 章。

第一章　论宝剑开始述奇人
第二章　盲老师炉火炼钢锋
第三章　窥绝艺细聆恩仇
第四章　中途结伴时刻惊心
第五章　遇救欣结小友
第六章　白马老爷云中侠

第 七 章　荡子违命迷丽蝶
第 八 章　小石头水斗王梦侠
第 九 章　思恩仇重铸紫电青霜
第 十 章　急制剑义士呕血
第十一章　走飞驹三杰寻仇
第十二章　剑折人死恨绵绵

新血滴子

长篇武侠小说。王度庐著。励力出版社。1948 年 7 月版。2 册。20.9 万字。共 26 章。

第一章　雍和宫跳神谈往事
　　　　博物院访古引疑思
第二章　斗角钩心诸王竞位
　　　　疏星淡月一侠飞来
第三章　拥慧折节贝勒求贤
　　　　倚剑登堂奇侠尚义
第四章　匣开匕现贝勒魂惊
　　　　蛇栖马奔江湖尘起
第五章　斗飞锤英雄施身手
　　　　憩去镇父女奏琴歌
第六章　显奇能展臂出竹镖

　　　　撞彩舆扬鞭来古刹
第 七 章　深宵古寺妇人何之
　　　　小室灯窗英豪骤访
第 八 章　假客商屈躬会三杰
　　　　真侠士抵掌论群英
第 九 章　蝴蝶儿逃婚趋僧舍
　　　　勇王子结客访侠踪
第 十 章　访旧友联辔走光州
　　　　换新妆一笑夸倾国
第十一章　痴女子客中倾错爱
　　　　猛侠士庭院战长枪

第十二章　侠少年风尘矜英俊
　　　　　美女子湖畔恨相思
第十三章　深湖暗月豪杰对刀
　　　　　暴雨狂风桃花逐水
第十四章　长湖万顷力却追舟
　　　　　薄命千劫终归落溷
第十五章　甘凤池卖艺夫子庙
　　　　　蝴蝶儿初会年羹尧
第十六章　结新欢美人舒巨眼
　　　　　述往事老儒授奇才
第十七章　银灯耀耀艳妓谈奇
　　　　　大江茫茫豪僧劫妇
第十八章　了因僧猖狂违戒律
　　　　　聚英楼龙虎起风云
第十九章　小常随良缘婚侠女

　　　　　莫愁湖暮雨访群雄
第二十章　暴雨惊雷一现蝴蝶
　　　　　江波夜雾遁走蛟龙
第二十一章　寻仇救艳众侠长征
　　　　　　射弩扬弓双舟遇盗
第二十二章　枫叶镇偶逢钗裙侠
　　　　　　仙霞巅寻斗了因僧
第二十三章　雾满悬崖群侠展技
　　　　　　誓盟折箭众龙腾欢
第二十四章　运机谋拥允贞登基
　　　　　　从简略述羹尧尽命
第二十五章　小常随义烈死深宫
　　　　　　雍正帝杯弓惊长夜
第二十六章　报前恩荒村添绮话
　　　　　　偿宿怨雪夜泣分离

碧海狂涛

言情小说。王度庐著。上海励力出版社。1938 年 10 月版。1 册。14.9 万字。共 8 章。

第一章　意外的婚约
第二章　仇隙与纠缠
第三章　破裂了的梦
第四章　暗娼之家

第五章　惜分飞
第六章　海滨的愁闷
第七章　海畔的惊涛
第八章　卑贱幼小者的灵魂

翠陌归人

言情长篇小说。即朝露相思续集。王度庐著。励力出版社。1949 年

4 月版。1 册。10.6 万字。共 8 章。

第一章　泪洒西风苍茫寻薄幸
　　　　灯昏子夜惨痛失慈亲
第二章　目触心伤不堪翻旧影
　　　　鸟飞巢落何处觅新枝
第三章　路转峰回喜投新门径
　　　　天寒岁暮黯别旧家乡
第四章　香飘孽海洒泪强学讴
　　　　人感前尘临妆羞顾影

第五章　一夜烟尘惊慌逃只影
　　　　经年沦落愁病损华年
第六章　苦海方舟异乡承援救
　　　　夕阳旷野故里愧归来
第七章　旧雨倾谈人间惊俱变
　　　　名园养疾心底系相思
第八章　病骨羞颜欢欣来旧地
　　　　香飘絮落寂寞去残春

暴雨惊鸳

社会小说。王度庐著。上海励力出版社。1949 年版。1 册。9.8 万字。共 13 章。

第一章　女伶之家
第二章　二女儿
第三章　钱的悲哀
第四章　家庭诟谇
第五章　大脑袋
第六章　酒楼之约
第七章　掷还了侮辱

第 八 章　舞台盛况
第 九 章　黎妈妈的交际
第 十 章　月夜琴音
第十一章　少年音乐家
第十二章　坤角后台
第十三章　深夜的汽车

燕市侠伶

长篇武侠小说。王度庐著。励力出版社。1948 年 12 月初版。1 册。8 万字。共 15 章。

第一章　寄身学戏

第二章　惊天巨案动京城

第三章　狂风吹弱柳

第四章　飞钩伍降龙

第五章　深夜怪事

第六章　寿堂鹰虎也凌人

第七章　豪侠公子冉青云

第八章　在扮戏房里

第 九 章　雷霆发出纤歌止

第 十 章　梅花攒心针

第十一章　深宵灯火闹长街

第十二章　冉青云之家

第十三章　黎三娘浴塘逞泼悍

第十四章　小犀牛乔装送信

第十五章　孤灯只剑绣闼待群雄

鹤惊昆仑

长篇武侠小说。王度庐著。励力出版社。1947 年 5 月版。2 册。39.3 万字。共 20 回。

第一回　猎艳偷香门徒触大戒

　　　　忏杀悔过老侠动慈心

第二回　雪夜复冤仇犊儿斗虎

　　　　春郊生情爱燕子啄花

第三回　挥刀雪恨单骑走江湖

　　　　脱锁投山几番逢灾难

第四回　嘉陵江上匹马访名师

　　　　琵琶声中单刀驱淫贼

第五回　艰苦求师决心擎梁柱

　　　　风尘走侠豪气逼昆仑

第六回　钢刀挫铁剑名侠杀威

　　　　峻岭连高峰奇人显技

第七回　雄关月下独走鲍阿鸾

　　　　坝水桥边群战李凤杰

第八回　双侠决雌雄血光染剑

　　　　十年怀仇恨盛气传书

第 九 回　志苦心坚十年成绝技

　　　　　风微雨细双侠会荒村

第 十 回　路见灾黎侠行消仇恨

　　　　　夜来旅店妙手戏英雄

第十一回　云岭交锋堕崖逢小侠

　　　　　洞房灭烛挥刀拒新郎

第十二回　驿路停鞭深宵乖好梦

　　　　　灞陵横剑哭笑对情人

第十三回　恨爱交缠随时弹热泪

　　　　　峰峦对矗不意遇银镖

第十四回　援救皆虚深山遗绣鸟

　　　　　恩仇如昨故里听清歌

第十五回　钢锋敌众紫阳走豪雄

　　　　　恶虎伤人川北来强暴

第十六回　夜里追仇昆仑刀染血

　　　　　庄前鏖战阆中侠施威

第十七回　未剪仇根荒山逢怪侠
　　　　　重沾恨蕊宝剑溅桃花
第十八回　古庙深宵道姑劫艳妇
　　　　　长途飞骑哑侠会群雄

第十九回　力撼武当岳一鹤施威
　　　　　云漫展旗峰双侠斗剑
第二十回　玉陨花残凄怆追舆榇
　　　　　星移斗转感慨话江湖

霞梦离魂

言情小说。王度庐著。元昌印书馆。1948 年 12 月初版。1 册。5.4
万字。共 5 章。

第一章　倦叩心扉数言招啼笑
　　　　争来舞榭交口赞坤伶
第二章　一曲未终场玉人何处
　　　　三更来小院泪语堪怜
第三章　欲倩古押衙心劳计拙

　　　　巧逢盲卜者询底寻根
第四章　暴雨摧花芳春罹噩梦
　　　　佳人递简女伶作红娘
第五章　强就欢筵心伤成别语
　　　　遽惊惨变歌断剪青丝

清代演义

历史小说。王炳成著。上海商务印书馆。1919 年 5 月再版。8 册。
24 万字。发凡 1 篇。插图 8 幅。16 卷。共 100 回。

第一回　大一统新建共和邦
　　　　合五族旧谈觉罗氏
第二回　征图伦誓天申旧恨
　　　　克兆嘉踏雪起雄师
第三回　哭英雄全力克龙敦
　　　　通婚媾故交联叶赫
第四回　四使臣赐筵修好
　　　　九部长弃甲投诚

第五回　合四部盟书新订
　　　　定八旗兵制重编
第六回　征呼伦两部隶舆图
　　　　帝满洲一朝凝鼎命
第七回　申七恨清太祖告天
　　　　分四路杨经略出塞
第八回　奏三捷庆功满洲图
　　　　朝群部避暑界藩城

第 九 回　下纳喇尽统呼伦部
　　　　　谕林丹新缔蒙古盟

第 十 回　亡辽沈袁经略死难
　　　　　战广宁王巡抚入关

第十一回　范文程择地建新都
　　　　　袁崇焕登城守绝险

第十二回　吊国丧师来宁远
　　　　　翦邻封兵下朝鲜

第十三回　赐覆书老臣商密稿
　　　　　获谍人边帅泄戎机

第十四回　借公报私毛都督被祸
　　　　　右文济武范学士开科

第十五回　下遵化三路兴兵
　　　　　薄大凌八旗列阵

第十六回　暴雨疾风夜战张观察
　　　　　单枪匹马计释祖总兵

第十七回　援阿噜大起满洲兵
　　　　　城盖洲一收毛家将

第十八回　隆恩礼海外纳降
　　　　　筹方略御前会议

第十九回　飞铁骑九路入中原
　　　　　献玉玺一王开大统

第二十回　勋酬麟阁贵戚分封
　　　　　瑞绕龙衣真人诞孕

第二十一回　卢督师力穷死明塞
　　　　　　洪经略兵败入清京

第二十二回　讳和议陈新甲论死
　　　　　　叙战功阿巴泰献俘

第二十三回　睿亲王出师悲素服
　　　　　　吴总兵激怒肇红颜

第二十四回　乞清师李军窜西陇

　　　　　　延明祚福邸立南都

第二十五回　史阁部分兵定军略
　　　　　　左侍郎抗节论官仪

第二十六回　九宫山闯贼遭擒
　　　　　　梅花岭督师殉节

第二十七回　黄总兵内变殒身
　　　　　　豫亲王江南猎艳

第二十八回　摄政王恩邀异数
　　　　　　两监国困守偏隅

第二十九回　殉故国长留绝命诗
　　　　　　起义兵争抗薙发令

第三十回　获间谍大破攻宁军
　　　　　　困孤城特下劝降诏

第三十一回　方国安拼弃钱塘江
　　　　　　郑芝龙私走仙霞岭

第三十二回　唐桂两藩相争蛮触
　　　　　　瞿何二辅力保西南

第三十三回　扰海疆郑成功抗命
　　　　　　惑左道姜日广遭擒

第三十四回　吊西逝空悲多尔衮
　　　　　　记东侵详述俄罗斯

第三十五回　通青海喇嘛受封
　　　　　　拔桂林阁部殉节

第三十六回　结流寇明祚暂延
　　　　　　起内哄桂王受辱

第三十七回　郑延平奉敕封王
　　　　　　张苍水兴师拒敌

第三十八回　降可望乘机取云贵
　　　　　　迎成功借势入台澎

第三十九回　奸贼图功逼故主
　　　　　　忠臣殉国抗新朝

第 四 十 回　辞妃位陈圆圆修书
　　　　　　撤藩封吴三桂抗诏

第四十一回　假谒陵逆藩起事
　　　　　　失要隘贝勒遭围

第四十二回　受煽惑三藩齐叛
　　　　　　明顺逆一女谏夫

第四十三回　用反间镇将双降
　　　　　　谈结局老奸一恸

第四十四回　平伪帝预结逆臣传
　　　　　　宴群僚恭和御制诗

第四十五回　施提督肃清海疆
　　　　　　索钦使划分界约

第四十六回　平准部护驾出关
　　　　　　擒噶主庆功勒石

第四十七回　庄廷钺浙江兴大狱
　　　　　　岳钟琪西藏奏奇勋

第四十八回　朱一贵台湾创乱
　　　　　　畅春园圣祖宾天

第四十九回　靖边患用计杀功臣
　　　　　　定家难密谋诛同气

第 五 十 回　年羹尧遭忌受诛夷
　　　　　　钱名世得罪赐匾额

第五十一回　搜遗稿吕留良戮尸
　　　　　　靖边氛准噶尔就抚

第五十二回　记西征张广泗平苗
　　　　　　述南巡陈世倌接驾

第五十三回　遇和珅十年感旧梦
　　　　　　伐伊犁两路发精兵

第五十四回　歼逆臣兆惠突围
　　　　　　进香妃傅恒奏捷

第五十五回　选上将再兴金川师
　　　　　　宴勋臣同画紫光阁

第五十六回　英使来朝书陈七约
　　　　　　高宗纪事功诩十全

第五十七回　柴大纪拼命守城
　　　　　　王三槐献俘赵阙

第五十八回　诛权臣朝廷敕法
　　　　　　平教匪将帅旋师

第五十九回　李提督出海痛捐躯
　　　　　　智亲王入宫分殪贼

第 六 十 回　定回部伊郡王展觐
　　　　　　巩粤防林大臣焚烟

第六十一回　镇海口余步云通夷
　　　　　　金田村洪秀全传教

第六十二回　翻旧案穆相遭褫
　　　　　　下长江钱生献计

第六十三回　陆建瀛料敌善扶乩
　　　　　　曾国藩回乡新练勇

第六十四回　洪仁玕驰书赴美国
　　　　　　李少荃投帖入曾营

第六十五回　韦昌辉大闹东王府
　　　　　　叶名琛肇乱广州城

第六十六回　破天津桂花迎英使
　　　　　　狩热河端肃劫文宗

第六十七回　李巡抚陷阵殁三河
　　　　　　瑞将军守城保两浙

第六十八回　沈夫人驰书乞饶督
　　　　　　冯巡检冒险入包村

第六十九回　返热河恭王靖奸党
　　　　　　守上海薛抚练洋兵

第 七 十 回　赵景贤苏州骂座
　　　　　　石达开川狱吟诗

第七十一回　水剩山残一朝结局　　　　　第八十六回　闹拒款为难汪大燮
　　　　　　　云蒸霞蔚五等崇封　　　　　　　　　　　惩排满断送徐锡麟

第七十二回　彭玉麟归隐退省庵　　　　　　第八十七回　题七字秋侠惨蒙冤
　　　　　　　刘松山死破金积堡　　　　　　　　　　　陈九条华侨遥请愿

第七十三回　办教案天津偿款　　　　　　　第八十八回　保畿辅奉诏练新军
　　　　　　　闹番社日本通商　　　　　　　　　　　　复河口分兵驱革党

第七十四回　君哭臣曾相殒金陵　　　　　　第八十九回　攀龙天上泪洒两宫
　　　　　　　后殉帝穆宗凭玉几　　　　　　　　　　　踞虎皖中雄争一战

第七十五回　殉蓟东同悲吴可读　　　　　　第 九 十 回　李国杰冒威劾总督
　　　　　　　保越南特召岑毓英　　　　　　　　　　　温生财乘隙击将军

第七十六回　说刘团唐景崧出关　　　　　　第九十一回　饶辅廷甘殉未婚妻
　　　　　　　焚闽舰张佩纶弃厂　　　　　　　　　　　廖少帆营葬诸烈士

第七十七回　冯子材誓众捷谅山　　　　　　第九十二回　盛宣怀借款筑路
　　　　　　　黎元洪愤时蹈东海　　　　　　　　　　　陈敬岳行刺改装

第七十八回　刘永福拼命守孤城　　　　　　第九十三回　肇祸端赵尔丰督川
　　　　　　　康有为上书谈大局　　　　　　　　　　　济时艰岑春煊谕蜀

第七十九回　条陈立宪学士登朝　　　　　　第九十四回　瑞莘佛拼弃武昌城
　　　　　　　推倒维新逋臣航海　　　　　　　　　　　荫午楼暂驻刘家庙

第 八 十 回　孙逸仙一函出使馆　　　　　　第九十五回　练女军争传吴淑卿
　　　　　　　郑弼臣各省发会章　　　　　　　　　　　殉国难特记黄忠浩

第八十一回　新按察悬赏拿党人　　　　　　第九十六回　派代表互递议和书
　　　　　　　老制军仇洋纵拳匪　　　　　　　　　　　闻独立分驰宣慰使

第八十二回　死西市五忠遭惨祸　　　　　　第九十七回　辞摄政醇邸愿归藩
　　　　　　　破北京八国逞雄威　　　　　　　　　　　组联军宁城初受敌

第八十三回　瓦将军情联老妓　　　　　　　第九十八回　总司令败走上海滩
　　　　　　　李太傅议办罪魁　　　　　　　　　　　　诸志士力编北伐队

第八十四回　悲深中外一梦骑箕　　　　　　第九十九回　三路进兵连城失守
　　　　　　　望慰臣民三呼返跸　　　　　　　　　　　双方停战和局开场

第八十五回　黄克强开宴凤乐园　　　　　　第 一 百 回　军政府力主共和
　　　　　　　吴孟侠掷弹燕京站　　　　　　　　　　　旧皇室永蒙优待

魏晋六朝演义

历史小说。王息庵著。正中书局。1936 年 4 月初版。1 册。1.7 万字。国民说部发刊旨趣 1 篇。插图 10 幅。共 10 回。

第一回　平山越江东成犄角
　　　　烧赤壁汉鼎定三分
第二回　绝内顾蜀汉辟南蛮
　　　　怀远人曹魏平东海
第三回　灭蜀平吴司马旋禅魏
　　　　防微杜渐江郭论徙戎
第四回　九品官人选才分等级
　　　　七贤标榜士习尚玄谈
第五回　贾后专权八王喋血
　　　　匈奴坐大二帝蒙尘
第六回　十六国北地布羶腥
　　　　二三臣南都谋匡复
第七回　统一胡疆溯源太武
　　　　全盘华化肇祖孝父
第八回　宋齐梁陈偏安江左
　　　　荒淫虚诞断送南朝
第九回　篡周灭陈隋文一统
　　　　和亲纳款突厥新兴
第十回　因丧乱沙门遍南北
　　　　全性命方士说神天

雍正剑侠

武侠小说。王浩然著。上海东亚书局。1936 年 4 月版。1 册。2.4 万字。共 26 回。

第一回　叙旧事引入正文
第二回　立东宫祸胎初伏
第三回　结党附四处张罗
第四回　少林寺胤祯学艺
第五回　无妄灾文字贾祸
第六回　遭肷篚旅邸受窘
第七回　代解围侠士仗义
第八回　使剑术暗中格斗
第九回　逞手段层出不穷
第十回　设毒计喇嘛进药
第十一回　得疯病东宫被废
第十二回　抱杞忧尹妃献计
第十三回　镇魂魄侠僧使法
第十四回　漏消息妖法揭破

第 十 五 回	议嗣君群臣倾轧	第二十一回	诛功臣鸟尽弓藏
第 十 六 回	蓄异谋结欢权臣	第二十二回	剪异己一网打尽
第 十 七 回	谋夺嫡窜易字义	第二十三回	得秘传异术杀人
第 十 八 回	达目的雍正登极	第二十四回	天台路探觅踪迹
第 十 九 回	思避祸胤祉宵遁	第二十五回	雪宿仇入宫行刺
第 二 十 回	露春情老羞成怒	第二十六回	侠女子手刃暴主

七世奇缘

民间短篇小说。王继廷著。大连聚胜堂立记书局。1943 年 5 月版。1 册。9.5 万字。共 24 回。

第一篇　一世奇缘　万杞梁、孟姜女

第 一 回　弃家避难
第 二 回　脱衣捞扇
第 三 回　过关寻夫

第二篇　二世奇缘　梁山伯、祝英台

第 四 回　乔装求学
第 五 回　长亭十送
第 六 回　山伯访友
第 七 回　花园叙旧
第 八 回　英台哭灵
第 九 回　裂墓归真

第三篇　三世奇缘　郭华郎、王月英

第 十 回　月英开店
第十一回　私订终身
第十二回　相思绝命

第四篇　四世奇缘　王十朋、钱玉莲

第 十 三 回　指腹为婚
第 十 四 回　抱石投江
第 十 五 回　状元归天

第五篇　五世奇缘　商琳、秦雪梅

第 十 六 回　送子投亲
第 十 七 回　刻骨相思
第 十 八 回　雪梅吊孝
第 十 九 回　训儿成名

第六篇　六世奇缘　韦燕春、贾玉珍

第 二 十 回　遗书托孤
第二十一回　救鹿全孝
第二十二回　水漫蓝桥

第七篇　七世奇缘　李奎元、刘瑞莲

第二十三回　游山拾子

第二十四回　天缘巧合

牛郎织女

民间小说。王萍校阅。上海民众书店。1948 年 6 月版。1 册。2.2 万字。插图 2 幅。共 12 回。

第一回	通明殿众仙领旨 金童星调戏织女	第 七 回	天孙女宫中思情 玉清殿圣母请旨
第二回	救金童老君慈心 责玉女贬出天宫	第 八 回	太白星点化金郎 一封书留别兄长
第三回	牛员外晚年得子 恶马氏唆夫占产	第 九 回	马氏女恶贯满盈 会织女天河洗浴
第四回	受怒怨员外病逝 施狠毒金童遭打	第 十 回	叙旧情二次遭谴 召天将大闹天宫
第五回	金牛星下凡救主 恶嫂子存心害叔	第十一回	李金星二次解围 再遭贬各分东西
第六回	分家产仅得一牛 占便宜马氏欢心	第十二回	鹊桥会天孙如愿 留后世七夕相逢

清宫十三朝

宫闱小说。王皓源著。上海文业书局。1948 年 9 月初版。2 册。39 万字。自序 1 篇。共 100 回。

第一回	游蝶浪蜂山吞幽情 玉兔箭枝巧引璧合		喜坐柳船得遇娇艳
第二回	诡词吞果竟产宁馨	第三回	怜英雄朱唇接吻 窥榴树抱颈盟心

第 四 回　严贝勒开基创业
　　　　　恶王呆摧玉残花

第 五 回　遭后母虐哭逃出外
　　　　　被莽汉欺得遇娇娃

第 六 回　识英雄珍珠配浪子
　　　　　闻警信哭诉真行藏

第 七 回　救孙女三代丧生
　　　　　庆成功尼堪夸口

第 八 回　得内助恢复建州卫
　　　　　封都督索还祖父柩

第 九 回　尼堪外兰乱刀践誓
　　　　　努尔哈赤欢宠乌拉

第 十 回　志大心雄设八旗制度
　　　　　满洲称帝书七恨告天

第十一回　疆场誓语承荫效忠
　　　　　塞外督师杨镐肆性

第十二回　雪里渡河总兵殉难
　　　　　掷头骂敌副将捐躯

第十三回　蛮腰细足皇帝多情
　　　　　谷应角声总兵丧胆

第十四回　结蒙古冲年定大策
　　　　　援沈阳经略守辽边

第十五回　熊廷弼复任经略使
　　　　　王化贞兵败大凌河

第十六回　炮弹飞来满兵败绩
　　　　　地雷炸处皇帝受伤

第十七回　立皇后天子钟情爱
　　　　　传国书喇嘛讲和平

第十八回　种情根巧救小玉
　　　　　偿凤愿亲王大婚

第十九回　槐树荫中窥嫂浴

　　　　　荷花池畔捺叔腮

第 二 十 回　获王玺太宗上尊号
　　　　　　失粮饷大帅困孤城

第二十一回　香衾卧娇艳经略降清
　　　　　　宫内候兄安亲王戏嫂

第二十二回　榻前听命心有灵犀
　　　　　　府内强娇豫王罚俸

第二十三回　一曲湘妃将军惊艳
　　　　　　三军浩荡异族入关

第二十四回　救爱妾忍心见父戮
　　　　　　接寸书复得陈圆圆

第二十五回　两地相思多尔衮迎驾
　　　　　　宫门闹骂小玉妃争风

第二十六回　史可法忠义抗清
　　　　　　豫亲王专情孀妇

第二十七回　建新仪摄政娶太后
　　　　　　名打猎姊妹嫁亲王

第二十八回　水流花谢董妃玉陨
　　　　　　红尘看破顺治出家

第二十九回　悖忠义弑桂王立绩
　　　　　　乱伦常立姑母为妃

第 三 十 回　吴三桂云南起叛
　　　　　　陈圆圆了解世情

第三十一回　因父叛驸马亡身
　　　　　　称帝王三桂遘疾

第三十二回　现昙花吴氏灭亡
　　　　　　尼布楚中俄订约

第三十三回　娶美人三部内相哄
　　　　　　收渔利尔丹得娇艳

第三十四回　妻亡妾阴仰药丧生
　　　　　　儿念父情五台观雁

第三十五回　圣天子垂谈小百姓
　　　　　　雏兄弟互夺嗣皇储

第三十六回　因文字名士戮尸
　　　　　　败准兵勇将设计

第三十七回　立太子暗藏诏书
　　　　　　做皇帝荣尊鸭贩

第三十八回　承恩寺圣祖抚僧须
　　　　　　乾清宫国舅改遗诏

第三十九回　夺弟位雍正登基
　　　　　　换娇儿王妃邀宠

第四十回　　除心患骨肉尽遭凶
　　　　　　防侄变天子遇刺客

第四十一回　爱侄媳雍正乱伦
　　　　　　杀提督将军威赫

第四十二回　雍和宫跳佛逞淫
　　　　　　文字狱吕氏灭族

第四十三回　白髯红颜四娘学艺
　　　　　　钗光剑影天子飞头

第四十四回　吻玉腕郎君心荡
　　　　　　构亭榭太后游园

第四十五回　醉玉肤天子私情
　　　　　　悲环境皇后驾崩

第四十六回　傅夫人瞒夫生龙种
　　　　　　良尔吉奸嫂诱清兵

第四十七回　多情叔嫂双遭斩
　　　　　　邀宠和珅九叩头

第四十八回　悲情伤亲王滴血痣
　　　　　　知往事天子念双亲

第四十九回　私子立功爱切切
　　　　　　香妃殉节恨绵绵

第五十回　　怜颜母太后仁慈
　　　　　　恨淫靡中宫截发

第五十一回　傅经略出兵缅甸
　　　　　　僧格桑弃父逃生

第五十二回　历艰辛阿将军奏凯
　　　　　　平台乱福康安谗忠

第五十三回　纪晓岚妙解老头子
　　　　　　乾隆帝禅位嘉郡王

第五十四回　白莲教横行三省
　　　　　　红帐中半露菱钩

第五十五回　莺鸣燕咤阿妹代兄征
　　　　　　口是心非勒保诱匪首

第五十六回　忧教匪太上皇宾天
　　　　　　抄家产和珅相失势

第五十七回　一幅白绸权奸赐死
　　　　　　四荒平靖皇帝祭陵

第五十八回　现彗星教徒杀知县
　　　　　　遇贼变皇子解宫围

第五十九回　下诏回銮仁宗罪己
　　　　　　单情独恋董氏节栎

第六十回　　奸美婢豫园圈禁
　　　　　　鸩皇后天子伤心

第六十一回　献女伶穆相固宠
　　　　　　发兵舰英国强权

第六十二回　害忠良则徐被黜
　　　　　　订草约琦善乞和

第六十三回　误国辜恩中堂革职
　　　　　　虎门炮响提督丧师

第六十四回　惧战争奕山赔款
　　　　　　恨奸相王鼎轻生

第六十五回　山上白旗总兵殉节
　　　　　　城亡势迫知县吟诗

第六十六回　握手礼江南女娇啼
　　　　　　惑人心洪秀全假死

第六十七回　花貌雪肤辅兄起义
　　　　　　安良去暴新主报恩

第六十八回　抗清师秀全传檄
　　　　　　崇节俭皇后做鞋

第六十九回　战长沙肖朝贵殒命
　　　　　　克南京洪秀全称王

第 七 十 回　韦杨恋爱天妹风骚
　　　　　　男女状元钱江主试

第七十一回　深州失陷匪首就擒
　　　　　　叶赫后裔兰儿邀宠

第七十二回　采汉女四春承爱
　　　　　　构凉床天妹逞淫

第七十三回　信吕祖广州起衅
　　　　　　号苏武印度含诗

第七十四回　溃大营勇将阵亡
　　　　　　威胁约天子北狩

第七十五回　杀风景名园焚毁
　　　　　　兴感喟热河驾崩

第七十六回　回梓宫懿妃急智
　　　　　　传谕旨肃顺计宿

第七十七回　围南京洪秀全自尽
　　　　　　下山东安德海威风

第七十八回　东宫传旨太监伏诛
　　　　　　巡抚秉公慈禧饮恨

第七十九回　爱友妻总督风流死
　　　　　　册皇后天子举大婚

第 八 十 回　谏幼主亲王被惩
　　　　　　寻花柳同治夭亡

第八十一回　固大权旁延统绪

　　　　　　争皇嗣尸谏效忠

第八十二回　露奸情慈禧羞恨
　　　　　　传疑案东宫暴亡

第八十三回　庆祝寿辰旁延统绪
　　　　　　锐意主战覆没海军

第八十四回　李鸿章议和遇刺客
　　　　　　俄德法仗义索酬劳

第八十五回　阿妹有情皇帝无意
　　　　　　康梁谋变袁氏贰心

第八十六回　泄秘谋光绪帝遭囚
　　　　　　屡训政六君子被戮

第八十七回　母子生嫌溥儁入嗣
　　　　　　官匪相护教匪势张

第八十八回　杀公使联军起义愤
　　　　　　传警信八国陷天津

第八十九回　进忠言端王杀义士
　　　　　　避危险太后幸西安

第 九 十 回　爱红颜金花乞民命
　　　　　　修和议太后惩罪魁

第九十一回　任翻译二女承欢
　　　　　　考政治五臣丧胆

第九十二回　爱女伶贝子风流
　　　　　　刺抚台锡麟自供

第九十三回　谋革命弱女遭刑
　　　　　　囚瀛台光绪晏驾

第九十四回　遗懿旨太后继崩
　　　　　　埋炸弹汪黄被捕

第九十五回　试演飞机将军炸额
　　　　　　抛掷炸弹烈士捐躯

第九十六回　革命军武昌起义
　　　　　　军政府撰布檄文

第九十七回　战败清兵四方响应
　　　　　　连番劝驾袁氏出兵
第九十八回　颁信条重组内阁
　　　　　　通电报有意讲和
第九十九回　儿女情长张勋北走
　　　　　　降旨和议唐氏南来
第一百回　　民国告成宣统逊大位
　　　　　　清宫封闭溥仪走天津

神异奇观

社会小说。王慈甫编。上海大陆图书公司。1922 年 4 月 10 日版。1 册。3.5 万字。编者序言 1 篇及绪言 1 篇。共 37 篇。

神祠迁移　放火为祟
神求佳耦　处女正心
神灵赫濯　自惹火灾
神为士感　项王垂泪
神雷殛人　腹上绘松
神灵逃遁　庙貌圮毁
神救溺者　观音显灵
神除淫恶　木客被虎
神前求食　樵夫成神
神赐钱物　暴富获罪
神判鬼徒　魂游地府
神笔题绢　官至入座
神仙求耦　缘尽送归
神在蚌中　观音现像
神助考资　无常济贫
神龙求庙　九子得所
神示祸福　阖家遭疫
神失铁叉　煞神绝迹
神龙化身　金赐士人

神警贪吏　十王点册
神庙近厕　求民弗迁
神屡助战　敕加封号
神被吏击　驱巫出境
神责太史　狐不甘心
神罚淫徒　报施不爽
神福善士　虎食邪徒
神仙赴试　钟离第一
神摄处女　投崖还家
神使误勾　弟愿代兄
神有孝子　父为土地
神女扮男　杀盗联婚
神吏舞弊　诉冤还阳
神爱义士　拐仙度人
神册易名　判官远戍
神游天宫　祖师指教
神罚昭彰　地狱可畏
神能驱鬼　假扮获益

堕溷花

侦探小说。王静庵译。上海育文书局。1908 年 3 月版。2 册。6.4 万字。共 12 回。

第 一 回	趁无事老父营菀裘 出不意少郎遇国色	第 七 回	逆旅私谈惊闻葛士 林间小语始识波雷
第 二 回	妾命可怜桃花堕溷 伧夫太虐柳絮狂飘	第 八 回	小妮子侠心扶孤女 老蠢材莽语怒情郎
第 三 回	聘遗珠情郎侠血 盗良玉倩女离魂	第 九 回	通地理村姬解白粉 识国风名探验砖茶
第 四 回	毕渠街室妪惊巨祸 昆斯寓刑吏讯详情	第 十 回	海耳斯东冶人纳贿 沙士斐尔公子探奇
第 五 回	问官下谳枉杀蛾眉 名探驰谭骂尽肉眼	第十一回	意拳拳客中证金石 情切切花下遇鸳鸯
第 六 回	启情械迦治识机关 解破字勃雷探贼窟	第十二回	救父难曹女重生 谐天缘刘郎再世

春痕秋影

言情小说。王醉蝶著。上海大东书局。2 集。13 万字。自序 1 篇。2 集。共 31 回。上集楔子 1 篇：恋爱自由盟山誓海，婚媾儿戏覆雨翻云。共 31 回。

上集

第一回	挽颓风别演伤心史 隆世谊两小种情根	第三回	博欢颜改妆双庆寿 看情面破格委优差
第二回	慕虚荣书生学干禄 诛革党能吏著先鞭	第四回	南浦歌离相思化蝶 北堂侍疾汤药亲尝
		第五回	急友难玉郎几折足

失亲慈莞姐自戕身

第 六 回　误金壬重返金陵棹
　　　　献珍玩初调单父琴

第 七 回　贤宰官重续鸳鸯偶
　　　　老刑幕思联秦晋欢

第 八 回　逞雌威懦夫甘就范
　　　　施阃教弱女暗吞声

第 九 回　恶继母有心布疑阵
　　　　侠徐傀恋妓却良缘

第 十 回　叙衷肠良言出苦口
　　　　施巧计负气猛回头

第十一回　供京职落魄都门邸
　　　　逢旧雨改官太原城

第十二回　林夫人多情为月老
　　　　钟公子负笈走天涯

第十三回　烽火白门家人离散
　　　　凄凉京口慈父招魂

第十四回　诛异族血染太原府
　　　　救弱女被困汾阳庄

第十五回　出樊笼深宵投古庙
　　　　仗侠义二次救婵娟

第十六回　历艰辛卧病津沽道
　　　　筹医药献技中和园

下集

第 一 回　无赖子危城作虎伥
　　　　守财虏乱世遇狼贪

第 二 回　苦莞春失路逢宵小

义张媪救主脱火坑

第 三 回　瘗遗珠朗斋辞人世
　　　　挟资产徐氏赋归宁

第 四 回　奔父丧遄返真定府
　　　　探夫讯重游春申江

第 五 回　忧患余生人离蓟县
　　　　相逢劫后诗咏渭阳

第 六 回　惊噩耗玉郎感重疾
　　　　忧后嗣敬老训痴儿

第 七 回　陈铁叟喜订鸳鸯谱
　　　　容秋娘允叶凤鸾俦

第 八 回　卧西窗秋宵听古雨
　　　　返故里快意说新闻

第 九 回　秋菊春兰一堂斗艳
　　　　新恩旧谊各具深情

第 十 回　二美同心甘居退让
　　　　良缘谁属无计安排

第十一回　真牺牲巧作遁世计
　　　　苦撮合惊看绝命书

第十二回　钟玉纯再入销魂狱
　　　　徐慕侠远作扶桑游

第十三回　蓬瀛居他乡逢旧雨
　　　　花月夜故剑续新盟

第十四回　鸳锦初呈惊闻奇讯
　　　　凤舆双展伫候归帆

第十五回　剧伤心秋星填恨海
　　　　惊惨变莞春返情天

三 人 会

社会小说。井水著。上海中国图书公司和记。1916 年 5 月初版。3 册。9 万字。共 12 章。

一	怪事	七	渤海之滨下
二	长乐栈	八	奇计
三	秘密会议	九	寄人篱下
四	厌世上	十	脱人篱下
五	厌世下	十一	魂兮归来
六	渤海之滨上	十二	血泪

洪宪宫闱秘史

宫闱小说。天忏生编著。上海明华书局。1918 年 8 月再版。4 册。10 万字。李定夷、李涵秋序各 1 篇。自序 1 篇。照片 4 张。共 54 节。

第一集

第一编　总论

第二编　洪宪后及诸妃之历史

第一节	小白菜过合之轶闻	
第二节	高丽姨太太与小白菜争长之趣闻	
第三节	美人试马肇奇祸	
第四节	何妃艳事	
第五节	乾儿购妾赠假父	
第六节	红红断颈刀头	
第七节	洪述祖恃妹为奥援	
第 八 节	侍婢为姬妾	
第 九 节	居丧纳妾	
第 十 节	桂儿与贵儿	
第十一节	南极星旁两小星	
第十二节	牺牲人命为红颜	
第十三节	女校书为女秘书之趣谈	
第十四节	阿香轶事	
第十五节	翠媛与洪姨之关系	
第十六节	候补姬妾之异闻	

第二集

第三编　洪宪太子与公主及皇孙皇女等之历史

第一节　大阿哥轶事十则

第二节　皇二子之历史及其疏狂态度

第三节　袁诸子之历史及其行状

第四节　洪宪公主之韵事及艳史

第四编　改元前之宫闱秘史

第一节　闱中筹备帝制琐谈

第二节　豹房轶闻

第三节　敕封嫔妃之趣谈

第四节　内监与女官及诸妃争执之交涉

第五节　陆建章绝世奇闻之奏折

第三集

第五编　改元后之宫闱秘史

第一节　家庭朝贺之怪剧

第二节　太子典学问题与改良教育之谕旨

第三节　家庭大闹革命两则

第四节　清办贡货之动议与解决

第五节　皇帝总统之双料头衔

第六节　电话中之秽亵秘史

第七节　手订祖训四大纲及宠妃之奢侈

第八节　御干儿之笑史四则

第九节　侍从女官之轶闻六则

第十节　琐事拾闻

第六编　帝制取消后之宫闱秘史

第一节　新华宫中之妖异

第二节　诸妃诅咒蔡将军之轶闻

第三节　袁太子劝止取消帝制书

第四节　一片娇喉啼泣声

第五节　周妈大闹新华宫

第六节　为呼陛下餐白刃

第七节　请愿书劝进表之珍藏

第八节　四皇子之风流艳史

第九节　诸妃窃取冕服上之珠钻

第十节　陈将军之夫人与洪妃

第四集

第七编　袁帝升遐后之宫闱秘史

第一节　致疾之原因及诸妃子女侍疾之轶闻

第二节　弥留时之琐谈种种

第三节　高丽姨太殉袁皇帝始末记

第四节　大典筹备处改设治丧所

第五节　诸妃争执服制之怪现状

第六节　死后祈福形形色色之轶谈

第七节　分产活动

第八节　出丧声中之轶事种种

第九节　诸妃风流云散之琐谈种种

第八编　结论

汉宫艳史

宫闱小说。天南野叟编。上海世界书局。1925 年 10 月版。1 册。2

万字。共 47 篇。

一	汉宫之名花	二十五	汉宫之严刑
二	汉宫之秀骨	二十六	汉宫之妙语
三	汉宫之锦带	二十七	汉宫之卫士
四	汉宫之女乐	二十八	汉宫之衵衣
五	汉宫之薄命	二十九	汉宫之复壁
六	汉宫之香草	三十	汉宫之齿痕
七	汉宫之长发	三十一	汉宫之假胎
八	汉宫之迷楼	三十二	汉宫之锦囊
九	汉宫之童女	三十三	汉宫之密函
十	汉宫之奇案	三十四	汉宫之丽质
十一	汉宫之鬼怪	三十五	汉宫之秽迹
十二	汉宫之选女	三十六	汉宫之新浴
十三	汉宫之相思	三十七	汉宫之佳儿
十四	汉宫之冤狱	三十八	汉宫之纳凉
十五	汉宫之童谣	三十九	汉宫之猎兽
十六	汉宫之私情	四十	汉宫之毒药
十七	汉宫之好梦	四十一	汉宫之惨剧
十八	汉宫之祸水	四十二	汉宫之仙境
十九	汉宫之别馆	四十三	汉宫之歌辞
二十	汉宫之宝帐	四十四	汉宫之奇方
二十一	汉宫之巨舟	四十五	汉宫之纤足
二十二	汉宫之绉裙	四十六	汉宫之银盆
二十三	汉宫之落叶	四十七	汉宫之夜宴
二十四	汉宫之罗帕		

唐宫艳史

宫闱小说。天南野叟著。上海世界书局。1924 年 7 月版。1 册。4 万

字。共 24 回。

一	则天降生(一凤高飞诞雌杰)	十三	则天昧心(毒刑妄用灭天理)
二	则天入宫(五品例赠作才人)	十四	则天酖子(亲儿暴死绝人伦)
三	则天献媚(卖弄才情效徐惠)	十五	则天杀君(恶僧帮凶进毒剂)
四	则天失宠(被除灾异杀将军)	十六	则天登极(雌杰称帝封佞臣)
五	则天要君(见图谶乞怜誓死)	十七	则天催花(上官婉儿吟百韵)
六	则天侍疾(邀恩宠问病入宫)	十八	则天宠幸(太平公主进六郎)
七	则天使刁(假慈悲代谋夺储位)	十九	则天敬忠(一个臣仁杰为相)
八	则天削发(露私情遁迹入空门)	二十	则天赐裘(双陆戏昌宗无能)
九	则天放荡(截发为尼清规不守)	二十一	则天禁脔(掷金刀女皇使醋劲)
十	则天还宫(引狼入室后悔莫追)	二十二	则天杀僧(放野火老衲丧残生)
十一	则天杀女(施辣手惨无人道)	二十三	则天纳谏(威严远振蛮夷遁)
十二	则天封后(结私党位正中宫)	二十四	则天疾殁(匡复功成武氏终)

清宫艳史

宫闱小说。天南野叟著。上海世界书局。1927 年 4 月版。1 册。2.3 万字。共 20 回。

第一回	闻清歌羁人感身世	第六回	分帝忧宝桢抚东鲁
	伤往事宫女说前朝		采御服得海下南京
第二回	如意洲孝贞奉遗诏	第七回	得奏章恭王申直谏
	热河道文帝遽宾天		抱气忿西后舍琱珰
第三回	闻逆谋荣禄告急变	第八回	惜乌丝严刑毙宫女
	对金表西后弄玄虚		遵祖训传旨斩权阉
第四回	拥嫡嗣慈禧设巧计	第九回	北京城帝王狎娼妓
	伏国法奸党罹极刑		香佛阁童子拜观音
第五回	结欢心建元称同治	第十回	演话剧依旧扫清兴
	护假监懿旨出深宫		吸脑髓忽地回真阳

第十一回　纳忠言一心理政事
　　　　　受刺激重作狭邪游
第十二回　立决心誓求推灵药
　　　　　逞刁狡故意求出宫
第十三回　施残忍穆皇帝晏驾
　　　　　被荼毒孝哲后戕生
第十四回　如心愿慈禧重训政
　　　　　用尸谏御史报深恩
第十五回　李太监弄权收义子
　　　　　荣统领恃宠乱宫闱

第十六回　寇连才单身撄门薄
　　　　　康有为一意变新章
第十七回　袁世凯负心背明主
　　　　　西太后趁势又垂帘
第十八回　植物园佛爷耽宸赏
　　　　　畅观楼福晋逞舌锋
第十九回　立阿哥义和团作乱
　　　　　认赔款小百姓遭殃
第二十回　壮志未酬千秋同悼
　　　　　天良发现一死嫌迟

隋宫艳史

宫闱小说。天南野叟著。上海世界书局。1924 年 1 月版。1 册。5.8
万字。提要 1 篇。共 30 篇。

一　　炀帝弑父（夺储位杨广篡逆）
二　　炀帝烝母（同心结宣华承恩）
三　　炀帝思美（仙都重召慰深情）
四　　炀帝拒谏（越公强阻选美女）
五　　炀帝受朝（筑离宫东京陈百戏）
六　　炀帝迁都（建西苑北海起三山）
七　　炀帝玩月（闲中邀宠妥娘吹箫）
八　　炀帝遇鬼（梦里相逢丽华献舞）
九　　炀帝详梦（深宵问病李庆儿拯君）
十　　炀帝还跸（冬日看花秦夫人剪彩）
十一　炀帝哭尸（侯夫人自缢内监被收）
十二　炀帝观星（袁紫烟司天忠言进谏）
十三　炀帝伐树（袁宝儿赌唱杨柳青）
十四　炀帝闻歌（薛美人舞剑仁智院）

十五　炀帝观画（爱江都看图忆旧）
十六　炀帝好游（开淮河献策邀功）
十七　炀帝造舟（殿脚女牵缆持楫）
十八　炀帝醉酒（迎辇花解睡清醒）
十九　炀帝忌才（假征辽虞世南草诏）
二十　炀帝出巡（远离京众宫女攀辕）
二十一炀帝惊艳（承恩宠吴绛仙画眉）
二十二炀帝闻谣（观王气萧皇后进谏）
二十三炀帝临幸（造离宫美人居月观）
二十四炀帝修禊（逢上巳天子定桥名）
二十五炀帝无道（建迷楼穷极奢华）
二十六炀帝看花（游仙观铲除奇卉）
二十七炀帝偏宠（赐光绫萧后挟仇）
二十八炀帝失眠（来梦儿俊娥擅权）

二十九　炀帝末路(鉴形失语冰饰娱情)｜三十　炀帝被弑(贵儿死节化及篡位)

女虚无党

社会小说。天津路钧著。上海有正书局。1916 年 11 月初版。1 册。2.3 万字。自序 1 篇。未分章节。

天虚我生小说菁华

短篇哀情小说。天虚我生编。时还书局。1925 年 9 月版。1 册。4 万字。共 6 篇。

刘介盦	蕙娘哀史、爱河鸳影	**汪瞻华**	鸳鸯帕传奇
李博亭	娟仙惨史	**汪石青**	鸳鸯冢传奇
刘静一	社会蠹		

玉田恨史

哀情小说。天虚我生著。1915 年 7 月出版。上海三益书社出版。1 册,3 万字。吴承烜东园作序 1 篇。梦犊生、咏霞女士、懒云女士、超然、幻邦、秋水、拜花、陆律西、雁秋、了青、秋雁、侯师石、夏白、东垫、率公、太宽、瘦逸、前人、粉蝶、耳似听猿、井蛙、拜石居士、嘉定二我、兹鸟、陆澂宇、月波、陈畹九女士、侍仙、立炯、绣琴女士、张树立、跫庐、东园、邃园、柘湖道人、绮禅、蜀西闲人、宋焜、玉仙子、佚名、芙镜、者香女士、眠阴女士、醉灵、包抽斧、醉翁、吴熙、筠轩、马寄舫女士、梅香女士、肖艇、汪福田、鸳文女士、寂红女士、拙头陀、剑秋、良起、静观子、有吾、金秉五、龚存诚、宋谦、半解子、琴童、穉馨、病魔、冯蔚草、驾东、瘦骨、迷涂、幻园居士、樵渔、醒手、飐之、栖梧、青溪佩玉、若洲、萧晓风、晓霞、佐彤、槁木子、杜烨、悔予、逸民、怡生、闽江女子、许病华女

99

士、甬江商隐、淡秋各题诗 1 或 2 首。马墨珊、嚼雪、瘦蝶、挥戈生、小蝶、紫亭
女士、栖梧、丁悚、蛰居、习鹏、杨才生各题词 1 或 2 首。朱是龙写玉田恨史书
后 1 篇。杨天培作玉田恨史跋 1 篇。正篇无回目。

可 怜 虫

哀情小说。即学界一斑。天虚我生著。1 册。2.5 万字。未分章节。

芙 蓉 影

言情小说。天虚我生著。中华图书馆。1917 年 6 月初版。1 册。8 千
字。未分章节。

丽 绡 记

言情小说。天虚我生著。上海中华图书馆。1917 年 6 月初版。2 册。
2 万字。未分章节。

疗 妒 针

言情小说。天虚我生著。中华图书馆。1917 年 6 月初版。1 册。1 万
字。共 5 章。

泪 珠 缘

哀情小说。天虚我生著。杭州中合公司。第一、二集 1900 年 4 月版,

第三、四集 1907 年 7 月版。4 册。29 万字。何春旭前言 2 篇。何春楸、赵祖章、陈蝶仙、朱素仙题词各 1 首。作者著楔子 1 篇。共 64 回。金振铎、梦一鹤、汪大可后记各 1 篇。全集自跋 1 篇。续泪珠缘。上海中华图书馆。1932 年 8 月出版。第五集。4 万字。共 16 回。

第 一 回　石书生梦入碧栏杆
　　　　　金公子说明玉蝴蝶

第 二 回　小书生秦府作西宾
　　　　　大花园石生谒东主

第 三 回　西花厅赴席见埙篪
　　　　　南正院演书供色笑

第 四 回　花婉香拥衾春卧病
　　　　　秦宝珠烧烛夜谈心

第 五 回　镜里相看深清绮丽
　　　　　闺中调笑微露娇嗔

第 六 回　柳夫人挈眷贺生辰
　　　　　花小姐伤春吟艳曲

第 七 回　谱新声藕香解音律
　　　　　惊谶语婉姐吊残红

第 八 回　问病床前袅烟誓死
　　　　　依人篱下婉姊伤心

第 九 回　因喜成悲三更惊梦
　　　　　疑真恐假一味痴情

第 十 回　痴公子痴情调美婢
　　　　　软姊儿软语谑娇鬟

第十一回　病袅烟虚心怕鬼
　　　　　情宝珠慧眼识人

第十二回　集书句巧拈红楼令
　　　　　夺酒盏笑浣碧罗襟

第十三回　好弟弟娇倩醉扶归
　　　　　软姐姐密报好消息

第十四回　情公子撮合小鸳鸯
　　　　　婉姐儿邀赏大富贵

第十五回　结芳邻园林生色
　　　　　良宴会山馆留春

第十六回　嗜余桃小妹笑哥哥
　　　　　分兼金大才推嫂嫂

第十七回　闹戏馆葛亮甫被打
　　　　　代帐席夏作珪弄权

第十八回　秦宝珠病歆红玉枕
　　　　　沈藕香亲送绣金衣

第十九回　赚巨款奴才捐官
　　　　　赦小过主人积德

第二十回　送鲜花石时助宴
　　　　　拾睡鞋袅烟担忧

第二十一回　暗猜疑秦公子受屈
　　　　　　明讥讽叶大人贻羞

第二十二回　画锦堂琴边飞竹笛
　　　　　　洗翠亭月下放荷灯

第二十三回　天风楼两夫人看火
　　　　　　新花园诸名士标题

第二十四回　一览亭李冠英防电
　　　　　　大洋房盛蘧仙论风

第二十五回　种杉树秦文伏见识
　　　　　　逛栩园蘧仙触相思

第二十六回　梦中梦翻舟惊恶兆
　　　　　　病上病支枕听诗声

第二十七回　读诗笺眉鬟花婉姐
　　　　　　换绣枕情注顾眉仙

第二十八回　论宫商宝珠见实学
　　　　　　买文字显宦盗虚名

第二十九回　莽宝珠误嗔好姐姐
　　　　　　苦媚香遗集惜惺惺

第 三 十 回　送花果秦琼缔姻
　　　　　　舐纸窗小环出丑

第三十一回　活别离颈缠三尺练
　　　　　　死缠绵臂啮一条痕

第三十二回　趁颠狂小环索命
　　　　　　了冤孽叶赦归阴

第三十三回　苦圆圆奉母质银簪
　　　　　　好宝宝瞒人赠金镯

第三十四回　绣货铺张总管拼股
　　　　　　美人局来顺儿迷魂

第三十五回　听莺处座上讶雄谈
　　　　　　逐马蹄道旁笑倾盖

第三十六回　行酒令良朋猜性质
　　　　　　渥被窝小婢占温柔

第三十七回　一杆棋痴儿呵冻手
　　　　　　两首诗玩妇笑钟情

第三十八回　拈阄儿令翻蝴蝶会
　　　　　　唤美人曲唱牡丹亭

第三十九回　染果毒来顺儿结果
　　　　　　成家室石漱姐还家

第 四 十 回　对葵床四姐妹谈心
　　　　　　抄叶府一家人分手

第四十一回　血模糊命索一颗头
　　　　　　花绰约诗联三十韵

第四十二回　毁春册小夫妻反目

第四十三回　三尺剑蒋圆儿戕命
　　　　　　一席话石漱姊寒心

第四十四回　叶小姐潦草依秦
　　　　　　石公子探花及第

第四十五回　得月楼台良宵闻笛
　　　　　　集词牌令秋字飞觞

第四十六回　软心肠宝珠哭姊姊
　　　　　　巧口角丽云笑哥哥

第四十七回　小广寒法曲舞霓裳
　　　　　　大闹热飞觞折桂令

第四十八回　听琴夜宝珠招薄怒
　　　　　　下场时秦琼遇冤家

第四十九回　报春闱吉士攀龙
　　　　　　宴秋兴诗继换蟹

第 五 十 回　小儿女活折凤鸾俦
　　　　　　老夫人另订鸳鸯谱

第五十一回　俏丫环妙语止伤心
　　　　　　好姊妹分襟齐下泪

第五十二回　易鲛绡断肠分手
　　　　　　闻燕喜狂笑偏心

第五十三回　病宝珠对镜惜芳姿
　　　　　　俏丽云登山听松籁

第五十四回　两头亲花学士悔婚
　　　　　　一手本秦宫保请旨

第五十五回　感皇恩叶家表双节
　　　　　　奉圣旨秦氏娶三妻

第五十六回　绝艳惊逢浣花醉酒
　　　　　　佳期再阻婉姐居丧

第五十七回　收寄女沈左襄仗义
　　　　　　哄行人花占魁出殡

第五十八回　认花容姊妹讶生逢
　　　　　　祭江口弟兄悲死别

第五十九回　连城璧合宝珠迎亲
　　　　　　合浦珠还蕙仙失喜

第六十回　　新婚夕夺被悄嗔郎
　　　　　　好春宵入帏怜小妹

第六十一回　嫁浣花宝珠悲失蜀
　　　　　　劝眉仙婉姐暂归宁

第六十二回　冷素馨多情圆旧约
　　　　　　沈浣花巧说难新郎

第六十三回　破猜疑分明留蜥蜴
　　　　　　配奇婚颠倒做鸳鸯

第六十四回　秦公子偿完风流债
　　　　　　石公子归结泪珠缘

第六十五回　盛蕙仙议续泪珠缘
　　　　　　华梦庵醉演家庭史

第六十六回　论婚姻鬼计擅牢笼
　　　　　　谋家产疯神猜计划

第六十七回　为朋友热心出死力
　　　　　　算家用冷眼看生机

第六十八回　溯风水中年才养子
　　　　　　欠租米流弊属家丁

第六十九回　怕痛苦巾帼改须眉

　　　　　　享闲福家庭亲骨肉

第七十回　　一字课大家斗心角
　　　　　　两首诗小妹悟情禅

第七十一回　何祝春笼络守财奴
　　　　　　秦宝珠听讲生公法

第七十二回　晏除夜画筵开翡翠
　　　　　　消白昼绣被覆鸳鸯

第七十三回　认玉船大方不推究
　　　　　　结珠胎小妹太娇羞

第七十四回　亲上亲云儿出嫁
　　　　　　美中美婉姐说诗

第七十五回　忆旧游美姊感年华
　　　　　　求新学魁儿赴日本

第七十六回　何祝春查账释疑团
　　　　　　沈浣花多情感痴梦

第七十七回　登日报眉仙尽人事
　　　　　　借风琴赛儿论声音

第七十八回　小兄弟有心营鬼窟
　　　　　　老奴才无术补羊牢

第七十九回　鬼计多端桃僵李代
　　　　　　人心叵测害命谋财

第八十回　　顾长寿迷魂破鬼计
　　　　　　李冠英仗义断官司

娇樱记

言情小说。天虚我生著。上海中华图书馆。1919 年 6 月版。1 册。1 万字。未分章节。

鸳 鸯 血

社会小说。即红丝网。天虚我生著。中华图书馆。1917 年 6 月初版。1 册。1.4 万字。未分章节。

海外裴航

言情小说。天虚我生著。上海中华图书馆。1917 年 6 月版。1 册。1.2 万字。未分章节。

黄 金 祟

社会小说。天虚我生著。栩园编辑社。1918 年 7 月再版。3 册。10 万字。跋 1 篇。周拜花、秦寄尘、吴东园、胡健春、吴绛珠、陈琴仙、许瘦蝶、张有吾、必先齐、月浦、樵渔、殷梦尘、樵宾、问津、槁木子、顽石、拜石等题词各 1 首。未分章节。

情 天 劫

哀情小说。天虚我生著。中华图书馆。1917 年 10 月初版。1 册。2.3 万字。共 20 章。

情网蛛丝

哀情小说。天虚我生著。中华图书馆。1917 年 6 月初版。1 册。1.3

万字。未分章节。

琼 花 劫

社会小说。天虚我生著。中华图书馆。1917 年 6 月初版。1 册。1.7
万字。未分章节。

满 园 花

哀情小说。天虚我生著。上海中华图书馆。1917 年 6 月初版。1 册。
1.8 万字。未分章节。

蝶 媒 恨

言情小说。无我著。上海广益书局。1917 年 6 月出版。1 册。2.7 万
字。自序 1 篇。梦公题词 1 首。共 15 回。

第一回　拔孽根惊回警梦
　　　　护明珠远涉都门
第二回　风雪初经玉树憔悴
　　　　主宾殊遇萧寺逢迎
第三回　立地掷刀名妹觉悟
　　　　拔莲出火高士慈悲
第四回　好艺能私承剑术
　　　　惊老宿自荐西宾
第五回　惊艳质初动情根
　　　　访名妹苦求孤姥
第六回　秋蝶无心引人入狱

　　　　春蚕喻意有女在床
第 七 回　起沉疴心感情痴婢
　　　　诉殷勤诚恳智多星
第 八 回　不妄言女吴用守密
　　　　得恶耗平季赐出都
第 九 回　穷途遇知己重至都门
　　　　人面失桃花遽丧魂魄
第 十 回　缱绻深情尺书寄意
　　　　殷勤娓语枯树生春
第十一回　昵新欢遽失慈意
　　　　失娇女仍作孤栖

第十二回　携弱质女吴用远投安庆　　第十四回　暮年孤苦家状凄凉

　　　　　访佳人平季赐重出都门　　　　　　　尘事离奇佳人邂逅

第十三回　受剑术范铁心喜得良师　　第十五回　十年孤志竟刃仇雠

　　　　　访佳人平季赐三至都下　　　　　　　一道遗书遽摧珠玉

斗富奇谈

　　社会小说。无愁著。上海中华书局。1915 年 12 月初版。1 册。2.6 万字。提要 1 篇。共 9 章。

卖报童子

　　社会小说。无愁著。上海进步书局。1916 年 12 月初版。1 册。4.2 万字。提要 1 篇。缘起 1 篇。共 20 章。

闺阁豪赌记

　　社会小说。无愁著。上海中华书局。1916 年 6 月初版。1 册。3 万字。提要 1 篇。共 14 章。

情　　贞

　　社会小说。无愁著。上海进步书局。1917 年 5 月版。1 册。5 万字。提要 1 篇。共 17 章。

湖滨艳迹

言情小说。无愁著。上海中华书局。1917 年 2 月初版。1 册。2.7 万字。共 12 章。

珍 珠 塔

民间小说。韦月侣重编。上海新文化书社。1935 年 9 月版。2 册。30 万字。自序 1 篇。共 84 回。

前传

第 一 回　别母
第 二 回　见姑
第 三 回　赠塔
第 四 回　许婚
第 五 回　遇盗
第 六 回　逢救
第 七 回　贺岁
第 八 回　私窥
第 九 回　寻子
第 十 回　获盗
第十一回　哭塔
第十二回　病危
第十三回　投河
第十四回　入庵
第十五回　巧合
第十六回　奇逢
第十七回　改装

第 十 八 回　唱曲
第 十 九 回　谒师
第 二 十 回　见母
第二十一回　出庵
第二十二回　调解
第二十三回　互让
第二十四回　团圆

后传（麒麟豹）

第二十五回　训读
第二十六回　别母
第二十七回　探亲
第二十八回　济银
第二十九回　激雄
第 三 十 回　打刁
第三十一回　计陷
第三十二回　灭怪
第三十三回　谋雄

第三十四回　陷穴　　　　　　第 六 十 回　诈婚

第三十五回　打擂　　　　　　第六十一回　占寨

第三十六回　邀方　　　　　　第六十二回　阅山

第三十七回　款宴　　　　　　第六十三回　山会

第三十八回　窥雄　　　　　　第六十四回　议救

第三十九回　伏兽　　　　　　第六十五回　劫牢

第 四 十 回　收徒　　　　　　第六十六回　辱裘

第四十一回　见岳　　　　　　第六十七回　接母

第四十二回　款婿　　　　　　第六十八回　剿山

第四十三回　设陷　　　　　　第六十九回　兴兵

第四十四回　杀环　　　　　　第 七 十 回　讨佞

第四十五回　报验　　　　　　第七十一回　扳相

第四十六回　贿镜　　　　　　第七十二回　招安

第四十七回　审问　　　　　　第七十三回　告急

第四十八回　堂毁　　　　　　第七十四回　发兵

第四十九回　狱悲　　　　　　第七十五回　复审

第 五 十 回　监诉　　　　　　第七十六回　考试

第五十一回　嘱禁　　　　　　第七十七回　征番

第五十二回　闹堂　　　　　　第七十八回　番陷

第五十三回　打裘　　　　　　第七十九回　遣珍

第五十四回　盗诬　　　　　　第 八 十 回　破法

第五十五回　二闹　　　　　　第八十一回　斗宝

第五十六回　释雄　　　　　　第八十二回　奏凯

第五十七回　忆子　　　　　　第八十三回　封赠

第五十八回　遇盗　　　　　　第八十四回　荣归

第五十九回　山陷

春　　蚕

社会小说。韦月侣著。上海希望出版社。1937 年 5 月初版。1 册。

11 万字。未分章节。

热恋情书

言情小说。韦月侣著。上海中央书店。1948 年 8 月版。1 册。7.5 万字。共 76 节。

第 一 节	从今天起	第二十四节	还有一个将来哩
第 二 节	悔也无及	第二十五节	谁说我不幸福呢
第 三 节	我是依了你的	第二十六节	为什么呢
第 四 节	提到过我吗	第二十七节	异想天开
第 五 节	已是欲罢不能	第二十八节	果然来了
第 六 节	她竟待你这样好	第二十九节	我不是残忍者
第 七 节	你是可以快活的	第 三 十 节	伟大的赐与
第 八 节	你叫我怎样呢	第三十一节	唯求你要重视
第 九 节	我需要的是你	第三十二节	我只好这样罢
第 十 节	我定不使你失望	第三十三节	你一定要来
第 十 一 节	要这样才好	第三十四节	要命的天气
第 十 二 节	可以结束了	第三十五节	从前没有过
第 十 三 节	真恨我自己	第三十六节	发际的鲜花
第 十 四 节	我要化一滴露	第三十七节	偷吃了你的半段
第 十 五 节	只要有个机会	第三十八节	你也变了
第 十 六 节	要不要骄傲呢	第三十九节	怕见姑娘们
第 十 七 节	只有你是好的	第 四 十 节	为了一对枕头
第 十 八 节	真要我的命	第四十一节	一块糖的笑话
第 十 九 节	总有一天的	第四十二节	你真是贱骨头
第 二 十 节	可怜你妹妹罢	第四十三节	一件难事
第二十一节	已经是过去了	第四十四节	实在不许你去
第二十二节	我会设法的	第四十五节	三天不许理我
第二十三节	你不要动气	第四十六节	要哭了吗

第四十七节	象剩一个影子	第六十二节	第一次共有的
第四十八节	打我也甘愿	第六十三节	真的会如此吗
第四十九节	妹妹的苦心	第六十四节	没有可疑了
第 五 十 节	我也有些不好	第六十五节	完全为了你
第五十一节	你倒猜猜看	第六十六节	你不懂的
第五十二节	但愿你能赶来	第六十七节	会看出来吗
第五十三节	幸亏了她	第六十八节	总难过这暑假
第五十四节	科学未必万能	第六十九节	我是决不回去的
第五十五节	不只是怀疑了	第 七 十 节	恨不得死在那里
第五十六节	自从那次之后	第七十一节	因为我病了
第五十七节	我不是急别的	第七十二节	可算是救命符
第五十八节	也曾有过的	第七十三节	果然你来了
第五十九节	难道都比妹妹重	第七十四节	象个孩子一般
第 六 十 节	我是要靠你的	第七十五节	我又流出了眼泪
第六十一节	是不是弄掉呢	第七十六节	意外的结果

情花朵朵

言情短篇小说集。韦月侣著。大达图书局。1935 年 4 月初版。1 册。13 万字。自序 1 篇。共 30 篇。

上集

绿衣女郎
玉马坠的结合
白猿精
蛇媒
符丽卿
辽阳奇缘
匡庐艳遇
返魂记

情妓罗爱爱
吴兴娘
芙蓉花巧做冰人
张果老的婚姻
桃花女魂
白衣狐仙
借尸还魂重缔旧姻缘

下集

昆仑奴月下做媒	琼奴
复活记	痴心女子负心汉
石榴裙下风流鬼	索命记
杨幽妍	双墓
一失足成千古恨	连理树
三星下嫁记	芙蓉屏
失妻重逢记	白鳖精迷人受祸
	春娘

香艳大观

　　短篇言情小说。云声雨梦楼主人编。上海交通图书馆。1917 年 12 月初版。1 册。10 万字。共 15 篇。

花下解人	美人之研究	**曾衍东**	常静莲
潇湘花侍	绮恨	**梅郎可可**	择婿诀
王曾翼	回疆颇咏	**陈小蝶**	醉灵轩琐话二十六则
刘鼎	西湖杂咏	**璧**	尘尘集七则
石室居士	艳迹编	**阙名**	花露蒸香、登巫节女庙碑记
苀兰生	鸿雪轩纪艳四种	**咏黄**	标准美人修养法
捧花楼	三十六春小谱	**企翁**	剩墨斋笔记

清代官场百怪录

　　短篇社会小说。云间颠公(雷瑨)著。上海扫叶山房。1913 年版。李灵年前言 1 篇。插图 44 幅。1 册。14.7 万字。共 100 篇。

赤条条舆中歌一曲	到军机两般情况
红隐隐屏后导双灯	赞天气一样言谈

数屋瓦伊通判无聊　　　　女公子好效男妆
剥衣冠勒三爷有趣　　　　豕冠岳岳演出奇文
秋扇摇风暗夸爵相　　　　凫鸟雍雍引来妙语
午门跪雨忽遇王爷　　　　示淫威杀人如草
挟嫌隙狂笞典史臀　　　　论文法梦笔生花
耐心肠恭祭财翁腿　　　　仿经文汴人工笑谑
米店主捐官一误再误　　　　引说部刚相谂忠清
醉乡侯断案千差万差　　　　拜老师不识一丁字
惯说项偏逢强项令　　　　为死友甘掷十笏金
号能言转有失言时　　　　筵前进馔钦使科头
入狱中毒谋狠中又狠　　　　席上流涎佳宾捧腹
伏窗窥秘戏羞上加羞　　　　询旗籍县令大颟顸
没奈何车中弹粪点　　　　说姓名元戎偏暇豫
偏凑巧盘里落痰涎　　　　按察使竟为黑夜贼
做对联武将谈文　　　　太守公原是绿林豪
上奏疏今人荐古　　　　六百金赔去大夫人
四字确评老奸巨猾　　　　一串珠骗来小儿子
十分狂态阔论交谈　　　　工献媚进绣履念双
舟中少妾争夸大帅威仪　　　　耐羞颜挂胡珠百八
道左妖姬熟识宰官面目　　　　呆官审案误引粤语
大军机居然说项　　　　黠仆骗财恃谙吴语
小夫人别有会心　　　　奇又奇效铁崖翁行酒
受责言翻疑蒙宠眷　　　　苦更苦比铜台妓分香
善运动转致失便宜　　　　送寿仪家丁露破绽
狼狈为奸忽奴忽主　　　　馈山菜幕友弄蹊跷
枭鸾莫辨是商是官　　　　弃儒冠忽地剃光头
磕破头皮弄巧成拙　　　　脱朝靴当场验纤足
装来体面认假为真　　　　花窟浪游乘机获盗
誓戒烟真伪验人生　　　　酒乡误事无意失官
重聚赌炎凉觇世态　　　　老教官误用乌须药
内跟班屡干外事　　　　戆县令狂笞剃发人

挟乐器太史巧脱身

吝钱文县官愚入网

撰三代名难为书记

成四绝句笑倒童生

二百金送程敬以讹传讹

一千两移赈捐将错就错

窃黄金老仆暗藏奸

收红枣雏伶工设计

假周旋中丞充赌客

真感激强盗认恩公

大辱骂竟免登白简

小挪揄忽送上青云

剧伤心逃去草埝场

大得意飞来河泊所

走熟路众京官吊丧

煨冷灶三属员送客

老教官直言求美缺

大宗师曲意护文童

拿不是人公差革卯

成无主物私簿毁丁

说假话毁家纾难

表真情为国捐躯

诈药费世爵弄奸谋

谈赌具制军工谑语

侃侃高谈差官气焰

殷殷问疾属吏诙谐

触忌讳因祸得福

争意气弄假成真

惩贪吏难施不测威

丧爱姬维抱难言隐

未能忘怀前情耿耿

并非作戏成例彰彰

善揣摩会心不远

工倾轧含意未申

附录：本书出现职官异名表。

蛋　尾　毒

社会小说。不才编纂。上海中国图书公司和记。1916 年 8 月初版。2 册。9.5 万字。共 20 回。

第一回　水竹村农多收十斛麦
　　　　杉榆社酒祸起一杯羹

第二回　指鹿为马何患无辞
　　　　打草惊蛇有心生事

第三回　活地狱初演吊三元
　　　　卖亲家便宜陈二虎

第四回　紫何车大索小儿
　　　　黑风帕广编采女

第五回　黄泥赤腿毫运亨通
　　　　黑籍青天狗才干练

第六回　罗敷怨狱底葬冤魂
　　　　猛虎歌江头悲野老

第 七 回　办河工天高三丈
　　　　　开赈济鬼哭一年

第 八 回　佛头粪破寺现如来
　　　　　狗腿图大庭呈督亢

第 九 回　贾君富抽捐玄妙观
　　　　　陆成愚受辱报恩庵

第 十 回　闹道场贵人伸贱脚
　　　　　听评话大老畅幽情

第十一回　酸风大作煮鹤焚琴
　　　　　肉食与谋敲肤剥髓

第十二回　米传单鬼蜮多端
　　　　　板博士池鱼殃及

第十三回　一盏药灭口遮天
　　　　　半亩园藏碑占地

第十四回　慕女侠风骨惊人
　　　　　抗官威霜锋试颈

第十五回　叩阍妇冰雪丧残生
　　　　　卖解儿嫌疑蒙惨祸

第十六回　严城尽闭风鹤皆惊
　　　　　柴市骈诛花枝独惨

第十七回　白面书生膏斧锧
　　　　　青皮乡董弃糟糠

第十八回　登徒子摧折小园花
　　　　　轻薄儿空喂南山虎

第十九回　冤书生仗义助冤魂
　　　　　恶乡董忌贤成恶计

第二十回　开府会共斥大乡绅
　　　　　设暗探初捕革命党

玉玦金环录

言情小说。不肖生著。中央书店。1927 年 9 月版，1927 年 10 月再版。范烟桥序 1 篇。插图 80 幅。35 万字。共 40 回。

第一回　教书匠投机成首富
　　　　守财奴挨骂发天良

第二回　仙人岩朱履炫奇
　　　　观音庙青衣闹事

第三回　孝子求医恶因潜伏
　　　　仙人降宅横祸飞来

第四回　衙前密告一奸人
　　　　塔下流星三侠客

第五回　间道包抄官民激斗
　　　　托孤郑重主仆伤离

第六回　玉玦金环长离而去
　　　　敝衣恶食旁观不平

第七回　灯影刀光腰缠十万
　　　　夜阑人静壁立千寻

第八回　弥勒院孤儿就傅
　　　　昭庆寺行者应征

第九回　破蒲团跌翻活佛
　　　　乾矢橛悟彻沙弥

第十回　抠衣尝试失足深潭
　　　　信口夸张争功狭路

第十一回　当尸首群丐消怨
　　　　　盗花翎卖解逞能

第十二回　石弹双飞顿教豹变
　　　　　拳风四扫敛尽虎威

第十三回　报大仇老师诚谨慎
　　　　　谋内应旧仆表忠诚

第十四回　劫娇妻半夜登门
　　　　　救后母中途撞树

第十五回　动以危词运筹白马
　　　　　攻其无备卷战桃源

第十六回　分水坳中李公子失算
　　　　　玉屏道上张二哥细心

第十七回　山亭小憩耳割八双
　　　　　峻岭仰攻兵分三路

第十八回　问鼎野心成熠火
　　　　　曲钱金镯起波澜

第十九回　招算命好友设圈套
　　　　　骗测字清官访案情

第二十回　昏夜烛奸公差发地穴
　　　　　积年尽瘁义仆病他乡

第二十一回　逼书遗嘱伙计没良心
　　　　　　谋夺藏珍假妻先下手

第二十二回　起贪嗔葬身火窟
　　　　　　耐辛苦卖技长途

第二十三回　曾孝子看花入歧路
　　　　　　刘知府仗义救孤儿

第二十四回　习艺深宵园林来武士
　　　　　　踏青上巳山洞遇奇人

第二十五回　隐士穴居佳儿落草
　　　　　　县官民僇同族逃生

第二十六回　怜闺女洞房逐妖叟
　　　　　　救坏人客店惊土豪

第二十七回　听残忍话传法留神
　　　　　　动恻隐心移金济困

第二十八回　闹上房从容自首
　　　　　　坐矮楼攻苦轻身

第二十九回　大刀河上义子报恩
　　　　　　黄鹤楼头雏儿学道

第三十回　姻缘有定老道士执柯
　　　　　玄法无边呆汉子念佛

第三十一回　慈恩寺亲戚乐情话
　　　　　　九华山妖魔发怪声

第三十二回　深夜叩门求隐士
　　　　　　空山严阵歼妖蛇

第三十三回　采药走名山故人剪径
　　　　　　避兵入隧道祖师断头

第三十四回　群雄归附小土司
　　　　　　疯汉医治佳公子

第三十五回　道姑夙慧早通佛
　　　　　　孝子性急夜寻仇

第三十六回　小翠智多权作婢
　　　　　　老朱恶满媚赃官

第三十七回　曾孝子报仇杀恶贼
　　　　　　小么儿被诬受极刑

第三十八回　夺碉垒将军从天降
　　　　　　战山崖蛮酋弃旗逃

第三十九回　张必成计取三家村
　　　　　　严如松混战两土司

第四十回　用尽其长收降四部
　　　　　物归原主结束全书

龙虎春秋

武侠小说。不肖生(向恺然)著。交通图书馆。1919 年 4 月版。2 册。11 万字。共 20 回。

第一回　罗邦杰学艺海珠寺
　　　　甘凤池失踪枫叶村

第二回　路民瞻远走麒麟岛
　　　　狄士雄初射鸳鸯箭

第三回　袭台湾清兵得胜
　　　　避镇江谢官埋名

第四回　伏虎山老僧传剑术
　　　　降龙镇大侠教拳经

第五回　白泰官赤心除恶霸
　　　　曹仁父黑夜斩妖魔

第六回　述家难舅甥会面
　　　　报奇冤夫妻丧身

第七回　失御珍欣逢草上飞
　　　　造利器寻取雪中燕

第八回　觅居亭主仆仓皇
　　　　卖图画君臣遇合

第九回　祯贝勒组织暗杀团
　　　　年羹尧统领血滴子

第十回　吴银亚获溪怜佳士
　　　　甘凤池萍水娶美娘

第十一回　游西湖订交方外
　　　　　瞻东岳隆礼圣人

第十二回　登大宝识破真龙
　　　　　练双弹反输假虎

第十三回　断指焚身矜气节
　　　　　飞头沥血照肝胆

第十四回　变宗旨淫欲招殃
　　　　　怀忠心奴仆救主

第十五回　打擂台称少林嫡派
　　　　　哭祖墓得武当正宗

第十六回　十三妹单刀杀总督
　　　　　八千里双剑助将军

第十七回　管自鳌因妻守志
　　　　　濮天鹏为友报仇

第十八回　制虎养狮卫社稷
　　　　　移龙换凤振邦基

第十九回　朱大同慷慨羁牢狱
　　　　　吕四娘秘密进宫门

第二十回　乾隆帝初下江南
　　　　　年羹尧归田削职

半夜飞头记

武侠小说。不肖生(向恺然)著。时还书局。1936 年重版。2 册。10 万字。共 23 回。

第 一 回　石田翁惊梦得麟儿
　　　　　王公子祝嘏逢贞女

第 二 回　梁太太上庙探亲
　　　　　陈珊珊闭门谢客

第 三 回　陈念贻著书贾祸
　　　　　米成山斗气护花

第 四 回　丁内艰王无怀守制
　　　　　叙阔别观音庙谈花

第 五 回　周发廷神医接竹
　　　　　王石田吕祠相亲

第 六 回　置小星垂老入情魔
　　　　　借父命冶容调公子

第 七 回　恶奶娘激怒长厚人
　　　　　刁姨太再蛊淫昏叟

第 八 回　白玉兰买药毒书僮
　　　　　王传绂解纷来梁府

第 九 回　张凤笙求情受恶气
　　　　　王石田迷色发狂言

第 十 回　论族谊忿声仗义言
　　　　　运机谋巧鼓如簧舌

第十一回　惊奇道怪爱妾撒娇
　　　　　净宅驱邪尼妖捣鬼

第十二回　吃死醋丧尽天良

宠妖姬委以家政

第十三回　走消息娇小姐生病
　　　　　惊变卦老义士设谋

第十四回　周发廷鱼塘献计
　　　　　陈忏因梁府化缘

第十五回　起沉疴刚传喜信
　　　　　择日期又种恶因

第十六回　述苦情劝甥成礼
　　　　　犯水厄捣鬼偏灵

第十七回　王石田棒打礼堂
　　　　　张静宜魂归地府

第十八回　无怀失踪急老舅
　　　　　发廷决计诛淫娃

第十九回　史卜存屡探王府
　　　　　周发廷两赴鱼塘

第二十回　王公子穷途寻短见
　　　　　史义士任侠斩淫娃

第二十一回　诧失踪捉奸惊惨祸
　　　　　　伤往事觅子忿揶揄

第二十二回　孙济安借题敲竹杠
　　　　　　薛应瑞出票捉乌龟

第二十三回　侠士飞头公子破胆
　　　　　　和尚丢脸知事惊心

江湖大侠传

武侠小说。不肖生著。上海中央书店。1941 年 2 月版。2 册。35 万字。范烟桥序 1 篇。陈子京校勘后书 1 篇。共 40 回。

第 一 回	教书匠投机成首富 守财奴挨骂发天良	第 十三 回	报大仇老师诚谨慎 谋内应旧仆表忠诚
第 二 回	仙人岩朱履炫奇 观音庙青衣闹事	第 十四 回	劫娇妻半夜登门 救后母中途撞树
第 三 回	老子求医恶因潜伏 仙人降宅横祸飞来	第 十五 回	动以危词运筹白马 攻其无备卷战桃源
第 四 回	衙前密告一奸人 塔下流星三侠客	第 十六 回	分水坳中李公子失算 玉屏道上张二哥细心
第 五 回	间道包抄官民激斗 托孤郑重主仆伤离	第 十七 回	山亭小憩耳割八双 峻岭仰攻兵分三路
第 六 回	玉玦金环长离而去 敝衣恶食旁观不平	第 十八 回	问鼎野心成爝火 曲钱金镯起波澜
第 七 回	灯影刀光腰缠十万 夜阑人静壁立千寻	第 十九 回	招算命好友设圈套 骗测字清官访案情
第 八 回	弥勒院孤儿就缚 昭庆寺行者应征	第 二十 回	昏夜烛奸公差发地穴 积年尽瘁义仆病他乡
第 九 回	破蒲团跌翻活佛 乾矢橛悟彻沙弥	第二十一回	逼书遗嘱伙计没良心 谋夺藏珍假妻先下手
第 十 回	抠衣尝试失足深潭 信口夸张争功狭路	第二十二回	起贪嗔葬身火窟 耐辛苦卖技长途
第十一回	当尸首群丐消怨 盗花翎卖解逞能	第二十三回	曾孝子看花入歧途 刘知府仗义救孤儿
第十二回	石弹双飞顿教豹变 拳风四散敛尽虎威	第二十四回	习艺深宵园林来武士 踏青上巳山洞遇奇人

江湖小侠传

武侠小说。不肖生著。世界书局出版。1925 年 12 月再版。2 册。92 万字。苕狂序 1 篇。插图 96 幅。共 24 回。

第 九 回	入龙潭娇娃救父 搜兔窟弱女锄奸	第 十 七 回	夺神威道旁斗猛兽 比剑术山下缔新知
第 十 回	道左乞怜群盗丢丑 洞前膜拜老猿通灵	第 十 八 回	月光下力劈大虫 山穴中生擒乳豹
第十一回	遇猎人坡前谈异事 张地网山口守淫猴	第 十 九 回	黑夜行窃暗显神通 白日搜赃大开谈判
第十二回	惊神力小侠撕猿 蹈危机公差中箭	第 二 十 回	沁沁臂血弱女怀惭 赫赫军容老儿报怨
第十三回	止嗔戒怒名师规徒 报德酬恩爱女作妾	第二十一回	酿事变深山行猎 解纠纷宝帐盗刀
第十四回	生艳羡公子珍破衣 致殷勤嘉宾进美馔	第二十二回	住黑店行旅惊心 诛强人师徒定计
第十五回	医怪疾高僧留县署 缔深交小侠滞书斋	第二十三回	寿筵前群雄献艺 华堂上有客传杯
第十六回	水乳交融欣逢同调 沆瀣一气喜得名师	第二十四回	人驱驴驴作人言 咒伏虎虎知咒语

江湖义侠传

武侠小说。不肖生著。文艺出版社。1935 年 12 月版。1 册。92 万字。本书特点、自序各 1 篇。共 160 回。

第一回	装乞丐童子寻师 起宝塔深山遇侠	第五回	万二呆打鱼收义子 钟广泰贪利卖娇儿
第二回	述往事双清卖解 听壁角柳迟受惊	第六回	述前情追话湘江岸 访义父大闹赵家坪
第三回	红东瓜教孝发庄言 金罗汉养鹰充卫士	第七回	陆小青烟馆逞才情 常德庆长街施勇力
第四回	董禄堂喻洞比剑 金罗汉柳宅传经	第八回	陆凤阳决心雪公愤 常德庆解饷报私恩

第 九 回　失镖银因祸享声名
　　　　　赘盗窟图逃遇罗汉

第 十 回　木枪头亲娘钱别
　　　　　铁拐杖娭驰无情

第 十 一 回　吕宣良差鹰救桂武
　　　　　　沈栖霞却盗收红姑

第 十 二 回　跛叫化积怨找仇人
　　　　　　小童生一怒打知府

第 十 三 回　罗慎斋八行书救小门生
　　　　　　向乐山一条辫打山东老

第 十 四 回　大乡绅挽留周教师
　　　　　　小侠客气煞洪矮牯

第 十 五 回　小侠客夜行丢裤
　　　　　　老英雄捉盗赠银

第 十 六 回　湘江岸越货劫书箱
　　　　　　岳麓山寻仇遇奇侠

第 十 七 回　指迷路大吃八角亭
　　　　　　拜师坟痛哭万载县

第 十 八 回　小侠客病试千斤闸
　　　　　　老和尚灵通八百鱼

第 十 九 回　坐木凳智远入室
　　　　　　打和尚来顺受伤

第 二 十 回　化公子和尚显神通
　　　　　　救夫人尼姑施智计

第二十一回　逢拐骗更被火烧
　　　　　　得安居又生波折

第二十二回　香山城夫妻行巧骗
　　　　　　村学究神课得先机

第二十三回　练飞刀惨掳童男女
　　　　　　忧嗣续力救小夫妻

第二十四回　迁兴宁再练童子剑
　　　　　　走南岳惊逢智远师

第二十五回　小剑客采药受惊
　　　　　　新进士踏青被骗

第二十六回　古庙荒山唐采九受困
　　　　　　桃僵李代朱光明适人

第二十七回　光明婢夜走桂林道
　　　　　　智远僧小饮岳阳楼

第二十八回　剪纸枷救人锁鬼
　　　　　　抽芦席替夫报仇

第二十九回　土地庙了道酬师
　　　　　　义冢山学法看鬼

第 三 十 回　小豪杰矢志报亲仇
　　　　　　勇军门深心全孝道

第三十一回　入深山童子学道
　　　　　　窥石穴祖师现身

第三十二回　惊变卦孝子急亲仇
　　　　　　污佛地淫徒受重创

第三十三回　述奸情气坏小豪杰
　　　　　　宣戒律枪杀三师兄

第三十四回　动念诛仇自惊神验
　　　　　　无钱买渡人发杀机

第三十五回　偷路费试探紫峰山
　　　　　　拜观音巧遇黄叶道

第三十六回　诛旱魃连响霹雳声
　　　　　　取天书合用雌雄剑

第三十七回　未先生卜居柳仙村
　　　　　　沈道姑募建药王庙

第三十八回　药王庙小和尚变尼姑
　　　　　　柳仙村沈道姑收徒弟

第三十九回　陆伟成折桂遇奇人
　　　　　　徐书元化装指明路

第 四 十 回　朱公子运银回故里
　　　　　假叫化乞食探英雄

第四十一回　卖草鞋乔装寻快婿
　　　　　传噩耗乘间订婚姻

第四十二回　魏壮猷失银生病
　　　　　刘晋卿热肠救人

第四十三回　巧机缘深山学道
　　　　　显法术半路劫银

第四十四回　还银子薄惩解饷官
　　　　　数罪恶驱逐劣徒弟

第四十五回　乌鸦山访师遭白眼
　　　　　常德府无意遇奇人

第四十六回　铜脚道运米救饥民
　　　　　陆伟成酬庸请道藏

第四十七回　探消息误入八阵图
　　　　　传书札成就双鸳侣

第四十八回　遭人命三年败豪富
　　　　　窥门隙千里结奇缘

第四十九回　奇风俗重武轻文
　　　　　怪家庭独男众女

第 五 十 回　做新郎洞房受孤寂
　　　　　抢软帽鱼水得和谐

第五十一回　出虎穴仗雄鸡脱险
　　　　　附骥尾乘大鸟凌空

第五十二回　钱锡九纳宠受凄惶
　　　　　蒋育文主谋招怨毒

第五十三回　薰香放火毒妇报冤仇
　　　　　拔刀救人奇侠收双女

第五十四回　杨赞廷劫财报宿怨
　　　　　万清和救难释前嫌

第五十五回　靠码头欣逢戚友

　　　　　赴边县谊重苌荄

第五十六回　临苗峒误陷机关
　　　　　入歧途遽逢孽障

第五十七回　布机关猛虎上钩
　　　　　合群力猴子称雄

第五十八回　谢援手瓦屋拜奇人
　　　　　惊附身璇闺来五鬼

第五十九回　踞内室邪鬼为祟
　　　　　设神坛法师捉妖

第 六 十 回　绝永患街头埋鬼物
　　　　　起深惊桥下见幽灵

第六十一回　闻哭泣无意遇娇娥
　　　　　诉根由有心钩壮士

第六十二回　蓝辛石月下钉妖精
　　　　　宋乐林山中识神虎

第六十三回　肆凶暴岗头狂发啸
　　　　　求慈悲龛下细陈词

第六十四回　除孽障几尝虎吻
　　　　　防盗劫遍觅镖师

第六十五回　失富儿镖师受斥责
　　　　　夺徒弟大侠显神通

第六十六回　卢家堡奇侠抢门生
　　　　　提督衙群雄争队长

第六十七回　开谛僧峨嵋斋野兽
　　　　　方绍德嵩岳斗神鹰

第六十八回　睹神鹰峰巅生钦慕
　　　　　逢老叟山下受嘲讽

第六十九回　伏猁狲神术惊苗峒
　　　　　逢妖魅口腹累真传

第 七 十 回　抢徒弟镖师挨唾沫
　　　　　犯戒律岳麓自焚身

第七十一回	论戒律金罗汉传道 治虚弱陆神童拜师
第七十二回	访名师叹此身孤独 思往事慰长途寂寥
第七十三回	值佳节借宿入丛林 度中秋赏月逢冤鬼
第七十四回	逼出家为窥秘密事 思探险因陷虎狼居
第七十五回	破屋瓦救星来月下 探莲台冤鬼泣神前
第七十六回	坐渡船妖僧治恶病 下毒药逆子受天刑
第七十七回	遭灾劫妖道搭天桥 发慈悲剑仙授密计
第七十八回	射毒蟒大抚台祭神 除凶僧小豪杰定策
第七十九回	常德庆中途修宿怨 陈继志总角逞英雄
第 八 十 回	游郊野中途逢贼秃 入佛寺半夜会淫魔
第八十一回	宾朋肆应仗义疏财 湖海飘流浮家泛宅
第八十二回	述根由大禅师收徒 隐姓氏张义士访友
第八十三回	求放心杨从化削发 失守地马心仪遭擒
第八十四回	谋出路施四走山东 离老巢郑时来湖北
第八十五回	识芳踪水滨闻絮语 传盗警烛下睹娇姿
第八十六回	盟弟兄同日缔良缘
	四呆子信口谈官格
第八十七回	敞寿筵六姨太定计 营淫窟马心仪诱奸
第八十八回	马心仪白昼宣淫 张汶祥长街遇侠
第八十九回	狗碰狗三狗齐受劫 人对人一人小遭殃
第 九 十 回	夺饭碗老英雄逞奇能 造文书马巡抚施毒计
第九十一回	赠盘缠居心施毒计 追包袱无意脱樊笼
第九十二回	报私恩官衙来侠客 遭急变石穴遇奇人
第九十三回	练功夫雾拥峨嵋山 起交涉钟动伏虎寺
第九十四回	射怪物孙癫子辞师 卖人头邓法官炫技
第九十五回	斗妖术黑狗抢人头 访高僧青蛇围颈项
第九十六回	显法术铁钉钉巨树 卖风情纤手送生梨
第九十七回	邓法官死后诛妖 孙癫子山居修道
第九十八回	红莲寺和尚诉根由 浏阳县妖人说实话
第九十九回	神僧有神行钟名鼻涕 恶鬼作恶事杠折龙头
第 一 百 回	诛妖人邑宰受奇辱 打衙役白昼显阴魂
第一百一回	救徒弟无垢僧托友 遇强盗孙癫子搭船

第一百二回　施巧计诈醉愚船主
　　　　　　救客商装梦捉强徒

第一百三回　仗隐形密室闻秘语
　　　　　　来白光黑夜遇能人

第一百四回　报兄仇深宵惊鬼影
　　　　　　奉师命彻夜护淫魔

第一百五回　闻惊告暂回红莲寺
　　　　　　报深仇巧刺马心仪

第一百六回　郑青天借宿拒奔女
　　　　　　甘瘤子挟怨煽淫僧

第一百七回　献绝技威震湘阴县
　　　　　　舞龙灯气死长沙人

第一百八回　柳家郎推荐真好汉
　　　　　　余八叔讨取旧家财

第一百九回　讲条件忍痛还产业
　　　　　　论交情觍颜请救兵

第一百十回　株树铺余八折狂徒
　　　　　　冷泉岛镜清创异教

第一百十一回　试三事群宾齐咋舌
　　　　　　　食仙桃竖子亦通灵

第一百十二回　工调笑名师戏高徒
　　　　　　　显神通酒狂惊恶霸

第一百十三回　游戏三昧草鞋作钢镖
　　　　　　　玩世不恭酒杯充武器

第一百十四回　管闲事逐娼示薄惩
　　　　　　　了宿盟打赌决新机

第一百十五回　见本色雅士戏村姑
　　　　　　　探奇珍群雄窥高阁

第一百十六回　展钢手高楼困好汉
　　　　　　　挥宝剑小舍劫更夫

第一百十七回　出奇兵酒侠初建绩

盗宝器穷奴再立功

第一百十八回　追玉杯受猴儿耍弄
　　　　　　　返赵璧叹孺子神奇

第一百十九回　失杯得杯如许根由
　　　　　　　惊美拒美无限情节

第一百二十回　宝钗相赠红粉多情
　　　　　　　木棍横飞金刚怒目

第一百二十一回　浑人偏有浑主意
　　　　　　　　憨大忽生憨心肠

第一百二十二回　装神灵大念消灾咒
　　　　　　　　求师傅险尝闭门羹

第一百二十三回　示真传孺子可教
　　　　　　　　驰诡辩相人何为

第一百二十四回　挡剑锋草鞋著异迹
　　　　　　　　烧头发铁匣建奇勋

第一百二十五回　老和尚演说正文
　　　　　　　　哭道人振兴邪教

第一百二十六回　老道甘心作护法
　　　　　　　　半仙受命觅童男

第一百二十七回　慷慨以赴继志称能
　　　　　　　　捆缚而来半仙受窘

第一百二十八回　遭危难半仙呼师傅
　　　　　　　　显神通妖道救党徒

第一百二十九回　喷烈火恶道逞凶
　　　　　　　　突重围神鹰救主

第一百三十回　堕绮障大道难成
　　　　　　　　进花言诡谋暗弄

第一百三十一回　春光暗泄大匠怆怀
　　　　　　　　毒手险遭乞儿中箭

第一百三十二回　救爱子墙头遇女侠
　　　　　　　　探贼巢桥上斩鳄鱼

第一百三十三回　阻水力地室困双雌
　　　　　　　　惊斧声石岩来一马

第一百三十四回　见绝技火窟救灾民
　　　　　　　　发仁心当街援老叟

第一百三十五回　忧嗣续心病牵身病
　　　　　　　　乐天伦假儿共真儿

第一百三十六回　指迷途郑重授锦囊
　　　　　　　　步花径低回思往事

第一百三十七回　避篡夺剀切一封书
　　　　　　　　怜孤单凄清两行泪

第一百三十八回　飞烈火仇边行毒计
　　　　　　　　剖真心难里结良缘

第一百三十九回　生面别开山前比法
　　　　　　　　异军突起冈上扬声

第一百四十回　　祭典行时排场种种
　　　　　　　　雾幕起处障蔽重重

第一百四十一回　媚邪鬼两小作牺牲
　　　　　　　　来救星双雏全性命

第一百四十二回　一棍当前小见身手
　　　　　　　　双剑齐下大展威风

第一百四十三回　黑幕高张遁去妖道
　　　　　　　　病魔活跃累煞群雄

第一百四十四回　发孝心暗入落魂阵
　　　　　　　　凭勇气偷窥六角亭

第一百四十五回　抗暴无术气塞胸怀
　　　　　　　　倒戈有人变生肘腋

第一百四十六回　各驰舌辩镜逊于金
　　　　　　　　互斗神通水不如火

第一百四十七回　病榻旁刀挥如急雨
　　　　　　　　擂台上镖打若连珠

第一百四十八回　见奇观满天皆是剑
　　　　　　　　驰快论无语不呈锋

第一百四十九回　小而更小数头白虬
　　　　　　　　玄之又玄一只乌龟

第一百五十回　　挫强敌玄机仗灵物
　　　　　　　　助师兄神技有飞刀

第一百五十一回　遭暗算家破人又亡
　　　　　　　　困穷途形单更影只

第一百五十二回　荒岛上数言结同志
　　　　　　　　喜筵前一卮奉新人

第一百五十三回　巧计小施奸徒入网
　　　　　　　　妖风大肆贤父受迷

第一百五十四回　彼妇何妖奇香入骨
　　　　　　　　此姝泃美娇态殢人

第一百五十五回　客商遭劫一包银子
　　　　　　　　侠少压惊两个人头

第一百五十六回　致密意殷勤招嘉宾
　　　　　　　　慕盛名虔诚拜虎寨

第一百五十七回　壁上留诗藏头露尾
　　　　　　　　筵前较技斗角钩心

第一百五十八回　灯火下合力卫奇珍
　　　　　　　　洞黑中单身献绝艺

第一百五十九回　论前知罗汉受揶揄
　　　　　　　　着先鞭祖师遭戏弄

第一百六十回　　悲劫运幻影凛晶球
　　　　　　　　斥党争谠言严斧钺

江湖异人传

武侠小说。不肖生著。上海世界书局。1924 年 4 月版。1 册。2.9 万字。本书提要 1 篇。共 10 章。

第一章　楔子
第二章　千里眼与顺风耳
第三章　奇病奇治
第四章　原来是你
第五章　空中飞来酒食
第六章　风雪之夜
第七章　不可思议的侦探术
第八章　算命何用算盘
第九章　怪雀牌与怪名刺
第十章　神仙师傅

江湖奇侠传

武侠小说。不肖生著。上海中央书店。1935 年 6 月 4 日版。5 册。93.7 万字。本书提要 1 篇。共 134 回。

第一回　装乞丐童子寻师
　　　　起宝塔深山遇侠
第二回　述往事双清卖解
　　　　听壁角柳迟受惊
第三回　红东瓜教孝发庄言
　　　　金罗汉养鹰充卫士
第四回　董禄堂喻洞比剑
　　　　金罗汉柳宅传经
第五回　万二呆打鱼收义子
　　　　钟广泰贪利卖娇儿
第六回　述前情追话湘江岸
　　　　访义父大闹赵家坪
第七回　陆小青烟馆逞才情
　　　　常德庆长街施勇力
第八回　陆凤阳决心雪公愤
　　　　常德庆解饷报私恩
第九回　失镖银因祸享声名
　　　　赘盗窟图逃遇罗汉
第十回　木枪头亲娘饯别
　　　　铁拐杖娭馳无情
第十一回　吕宣良差鹰救桂武
　　　　　沈栖霞却盗收红姑
第十二回　跛叫化积怨找仇人
　　　　　小童生一怒打知府

第四十四回　还银子薄惩解饷官
　　　　　　数罪恶驱逐劣徒弟

第四十五回　乌鸦山访师遭白眼
　　　　　　常德府无意遇侠人

第四十六回　铜脚道运米救饥民
　　　　　　陆伟成酬庸请道藏

第四十七回　探消息误入八阵图
　　　　　　传书札成就双鸳侣

第四十八回　遭人命三年败豪富
　　　　　　窥门隙千里结奇缘

第四十九回　奇风俗重武轻文
　　　　　　怪家庭独男众女

第 五 十 回　做新郎洞房受孤寂
　　　　　　抢软帽鱼水得和谐

第五十一回　出虎穴仗雄鸡脱险
　　　　　　附骥尾乘大鸟凌空

第五十二回　钱锡九纳宠受凄惶
　　　　　　蒋育文主谋招怨毒

第五十三回　薰香放火毒妇报冤仇
　　　　　　拔刀救人奇侠收双女

第五十四回　杨赞廷劫财报宿怨
　　　　　　万清和救难释前嫌

第五十五回　靠码头欣逢戚友
　　　　　　入苗峒误陷机关

第五十六回　布机关猛虎上钩
　　　　　　合群力猴子称雄

第五十七回　谢援手瓦屋拜奇人
　　　　　　设神坛磁镖装恶鬼

第五十八回　蓝辛石月下钉妖精
　　　　　　宋乐林山中识神虎

第五十九回　除孽障几尝虎吻

防盗劫遍觅镖师

第 六 十 回　卢家堡奇侠抢门生
　　　　　　提督衙群雄争队长

第六十一回　开谛僧峨嵋斋野兽
　　　　　　方绍德嵩岳斗神鹰

第六十二回　伏猁狲通法惊苗峒
　　　　　　捉虾蟆口腹累真传

第六十三回　抢徒弟镖师挨唾沫
　　　　　　犯戒律岳麓自焚身

第六十四回　论戒律金罗汉传道
　　　　　　治虚弱陆神童拜师

第六十五回　思往事借宿入丛林
　　　　　　度中秋赏月逢冤鬼

第六十六回　窥秘室逼小豪杰出家
　　　　　　遇教星冲破屋瓦逃命

第六十七回　坐渡船妖僧治恶病
　　　　　　下毒药逆子受天刑

第六十八回　搭天桥小百姓遭劫
　　　　　　射毒蟒赵抚台祭神

第六十九回　常德庆中途修宿怨
　　　　　　陈继志总角逞英雄

第 七 十 回　游郊野中途逢贼秃
　　　　　　入佛寺半夜会淫魔

第七十一回　杨状元倾家结豪杰
　　　　　　张义士访友变姓名

第七十二回　求放心杨从化削发
　　　　　　失守地马心仪遭擒

第七十三回　郑秀才听笛识佳人
　　　　　　张义士挥拳战群寇

第七十四回　摆官格施星标娶婢
　　　　　　营淫窟马心仪诱奸

第七十五回	马心仪白昼宣淫 张汶祥长街遇侠
第七十六回	打恶狗赵公子逞奇能 造文书马巡抚施毒计
第七十七回	赠盘缠居心施毒计 追包袱无意脱樊笼
第七十八回	峨嵋山孙癫子学道 浏阳县邓法官逞能
第七十九回	斗妖术黑狗抢人头 访高僧青蛇围颈项
第 八 十 回	邓法官死后诛妖 孙癫子山居修道
第八十一回	红莲寺和尚述情由 浏阳县妖人说实话
第八十二回	诛妖人邑宰受奇辱 打衙役白昼显阴魂
第八十三回	救徒弟无垢僧托友 遇强盗孙癫子搭船
第八十四回	救客商装梦促强徒 受友托隐形探淫窟
第八十五回	报兄仇深宵惊鬼影 奉师命彻夜护淫魔
第八十六回	张义士刺马报冤仇 郑青天借宿拒奔女
第八十七回	赵老板物色好身手 余八叔讨取旧家财
第八十八回	株树铺余八说奇闻 冷泉岛镜清创异教
第八十九回	试三事群宾齐咋舌 食仙桃竖子亦通灵
第 九 十 回	工调笑名师戏高徒

第九十一回	显神通酒狂惊恶霸 破好事掷镖示薄惩 了宿仇打赌决新机
第九十二回	见本色雅士戏村姑 探奇珍群雄窥高阁
第九十三回	三人同心窥重宝 一士不意破囚居
第九十四回	追玉杯受猴儿耍弄 返赵璧叹孺子神奇
第九十五回	失杯得杯如许根由 惊美拒美无限情节
第九十六回	宝钗相赠红粉多情 木棍横飞金刚怒目
第九十七回	浑人偏有浑主意 戆大忽生戆心肠
第九十八回	示真传孺子可教 驰诡辩相人何为
第九十九回	挡剑锋草鞋著异迹 烧头发铁匣建奇勋
第 一 百 回	老和尚演说正文 哭道人振兴邪教
第一百零一回	老道甘心作护法 半仙受命觅童男
第一百零二回	遭危难半仙呼师傅 显神通妖道救党徒
第一百零三回	喷烈火恶道逞凶 突重围神鹫救主
第一百零四回	堕倚障大道难成 进花言诡谋暗弄
第一百零五回	春光暗泄大匠怆怀 毒手险遭乞儿中箭

第一百零六回　救爱子墙头遇女侠
　　　　　　　探贼巢桥上斩鳄鱼

第一百零七回　阻水力地室困双雌
　　　　　　　惊斧声石岩来一马

第一百零八回　见绝技火窟救灾民
　　　　　　　发仁心当街援老叟

第一百零九回　忧嗣续心病牵身病
　　　　　　　乐天伦假儿共真儿

第一百十回　　指迷途郑重授锦囊
　　　　　　　步花径低回思往事

第一百十一回　避篡夺剀切一封书
　　　　　　　怜孤单凄清两行泪

第一百十二回　飞烈火仇边行毒计
　　　　　　　剖真心难里结良缘

第一百十三回　生面别开山前比法
　　　　　　　异军突起冈上扬声

第一百十四回　祭典行时排场种种
　　　　　　　雾幕起处障蔽重重

第一百十五回　媚邪鬼两小作牺牲
　　　　　　　来救星双雏全性命

第一百十六回　一棍当前小见身手
　　　　　　　双剑齐下大展威风

第一百十七回　黑幕高张遁去妖道
　　　　　　　病魔活跃累煞群雄

第一百十八回　发孝心暗入落魂阵
　　　　　　　凭勇气偷窥六角亭

第一百十九回　抗暴无术气塞胸怀
　　　　　　　倒戈有人变生肘腋

第一百二十回　各驰雄辩镜逊于金
　　　　　　　互斗神通水不如火

第一百二十一回　病榻旁刀挥如急雨
　　　　　　　　擂台上镖打若连珠

第一百二十二回　见奇观满天皆是剑
　　　　　　　　驰快论无语不呈锋

第一百二十三回　小而更小数头白虱
　　　　　　　　玄之又玄一只乌龟

第一百二十四回　挫强敌玄机仗灵物
　　　　　　　　助师兄神技有飞刀

第一百二十五回　遭暗算家破又人亡
　　　　　　　　困穷途形单更影只

第一百二十六回　荒岛上数言结同志
　　　　　　　　喜筵前一卮奉新人

第一百二十七回　巧计小施奸徒入网
　　　　　　　　妖风大肆贤父受迷

第一百二十八回　彼妇何妖奇香入骨
　　　　　　　　此姝淘美娇态殢人

第一百二十九回　客商遭劫一包银子
　　　　　　　　侠少压惊两个人头

第一百三十回　　致密意殷勤招嘉宾
　　　　　　　　慕盛名虔诚拜虎寨

第一百三十一回　壁上留诗藏头露尾
　　　　　　　　筵前较技斗角钩心

第一百三十二回　灯火下合力卫奇珍
　　　　　　　　洞黑中单身献绝艺

第一百三十三回　论前知罗汉受揶揄
　　　　　　　　着先鞭祖师遭戏弄

第一百三十四回　悲劫运幻影凛晶珠
　　　　　　　　斥党争谠言严斧钺

江湖怪异传

武侠小说。不肖生著。上海世界书局。1923 年 10 月初版。1 册。5.3 万字。张冥飞作序 1 篇。共 21 章。

第 一 章　楔子	第 十 二 章　巫蛊杀人案一
第 二 章　湖南之巫风	第 十 三 章　鸦片烟馆中得来之消息
第 三 章　贡院中之悬尸	第 十 四 章　巫蛊杀人案二
第 四 章　玩意团开始侦探	第 十 五 章　巫蛊杀人案三
第 五 章　虎威骨令牌	第 十 六 章　黑山鬼母之来历
第 六 章　诸天教	第 十 七 章　三件巫蛊案的结果
第 七 章　突如其来之游学先生	第 十 八 章　顽意团侦探之究经
第 八 章　黑山教与诸天教之仇	第 十 九 章　彭礼和案之大披露
第 九 章　谷山之人鬼战	第 二 十 章　李炳荣之自述
第 十 章　顽意团之会议	第 二十一 章　结语
第十一章　东茅巷之怪屋	

江湖游侠传

武侠小说。不肖生著。3 册。17 万字。三集。共 40 回。

上集

第一回　湖滨飞血浪利刃屠龙 　　　　岭上避深仇歧途遇虎	第四回　劫官银无意遇飞灾 　　　　访名师有心窥绝艺
第二回　恃强凌弱独步称雄 　　　　以力假仁空拳锄暴	第五回　货财渔色两妹判贞淫 　　　　推波助澜双僧分善恶
第三回　睹月心明沙弥证道 　　　　凌风羽化神技惊人	第六回　接木移花升官夸捷径 　　　　扳赃指盗仗义闹公堂
	第七回　天网恢恢深宵来剑客

鸿飞冥冥野店遇奇人

第 八 回　合族毁宗祠荒唐怪诞
　　　　　半山惊艳迹扑朔迷离

第 九 回　彩凤凌宵策蹇归来分骨肉
　　　　　痴蛾投火余桃啖后失头颅

第 十 回　走青州妖人逢劲敌
　　　　　探石窟女侠斗奇门

第 十 一 回　云台山蕙风避难
　　　　　　日月剑慧海传徒

第 十 二 回　高瞻阔步酒肆逞英雄
　　　　　　骏马雕弓山林丧胆魄

第 十 三 回　茅庵逢大侠棘地荆天
　　　　　　枫岭遇妖尼勾风引月

第 十 四 回　有意寻仇风尘仆仆
　　　　　　无心激斗身手翩翩

中集

第 十 五 回　山环水曲打桨逗奚奴
　　　　　　柳暗花明维舟寻剧盗

第 十 六 回　净修僧赤手斩双雄
　　　　　　吕兆麟峨嵋依五侠

第 十 七 回　吕兆麟初下峨嵋岭
　　　　　　薛凤元大闹鹦鹉洲

第 十 八 回　高楼窃玉色胆包天
　　　　　　沧海求珠虚怀若谷

第 十 九 回　日观峰飞剑斩仇元
　　　　　　戴云岭惊人传绝技

第 二 十 回　歧路分金骊歌悲祖道
　　　　　　小人有母义士合风萍

第二十一回　钝秀才穷途逢大侠
　　　　　　贾绅士倚势占名媛

第二十二回　书生入狱平地风波
　　　　　　恶贼害人存心鬼域

第二十三回　施诡计爱妾卖风骚
　　　　　　闹洞房新娘飞雪掌

第二十四回　昏夜送人头县官失魄
　　　　　　深山寻剑侠淑女潜踪

第二十五回　秀才学武刻意练深功
　　　　　　强盗劫人无心遇好汉

第二十六回　销金帐底戏耍强人
　　　　　　押宝台前醉殴浪子

第二十七回　坦腹乘龙弟兄巧遇
　　　　　　空拳制虎夫妇奇遇

第二十八回　天姥山侠女寻夫
　　　　　　江西省灾民乞赈

下集

第二十九回　旅店遇妖人宵阑斗剑
　　　　　　荒山遭毒手野外寻医

第 三 十 回　妙手起飞镖伐毛洗髓
　　　　　　神功窥竹箭贯虱穿杨

第三十一回　天矫神龙半山逢侠母
　　　　　　翩跹彩凤要路制强人

第三十二回　诛草寇无心成爱友
　　　　　　坐蒲团有意耍门人

第三十三回　眼角眉梢恍逢亲手足
　　　　　　剑光钗影险堕好头颅

第三十四回　万顷风涛娇姿狼狈
　　　　　　一村渔舍小劫鸳鸯

第三十五回　僧寺缠绵良宵惊爱侣
　　　　　　风尘憔悴狭路遇冤家

第三十六回　樊笼脱险力斩淫僧

荒岭追踪巧锄恶道

第三十七回　斗灵猴细询异事

诛毒蟒顿释疑团

第三十八回　作楫济川县官防水患

为丛欧爵巡抚丧天良

第三十九回　芙蓉帐底亲妹宠专房

杨柳梢头乃翁窥秘戏

第四十回　斗群雄抚衙飞剑

诛首恶游侠还山

近代侠义英雄传

武侠小说。不肖生著。上海世界书局。1933 年 3 月版。12 册。64.2 万字。沈禹钟序 1 篇。插图 260 幅。共 84 回。

第一回　劫金珠小豪杰出世

割青草老英雄显能

第二回　八龄童力惊白日鼠

双钩手义护御史公

第三回　关东侠大名动京师

山西董单枪伏王五

第四回　王子斌发奋拜师

谭嗣同从容就义

第五回　曲店街王五看热闹

河南村霍四显威名

第六回　霍元甲神勇动天津

王东林威风惊海宇

第七回　少林僧暗遭泥手掌

鼻子李幸得柳木牌

第八回　论人物激怒老英雄

赌胜负气死好徒弟

第九回　遇奇僧帽儿山学技

惩刁叔虎头庄偷银

第十回　显奇能半夜惊阿叔

恶垄断一怒劫镖银

第十一回　巨案频频哈埠来飞贼

重围密密土屋捉强人

第十二回　霍元甲初会李富东

窑师傅两斗凤阳女

第十三回　狭路相逢窑师傅吃屎

兄也不谅好徒弟悬梁

第十四回　伤同道痛哭小英雄

看广告怒骂大力士

第十五回　诋神拳片言辟邪教

吃大鳖一夜成伟男

第十六回　打兔崽火神庙舞驴

捉强盗曹州府陪礼

第十七回　解星科怒擒大盗

霍元甲义护教民

第十八回　曲店街二侠筹防

义和团两番夺垒

第十九回　农劲荪易装探匪窟

霍元甲带醉斩渠魁

第 二 十 回　金禄堂试骑千里马
　　　　　　罗大鹤来报十年仇

第二十一回　言永福象物创八拳
　　　　　　罗大鹤求师卖油饼

第二十二回　奉师命访友长沙城
　　　　　　落穷途卖武广州市

第二十三回　收徒弟横遭连累
　　　　　　避官刑又吃虚惊

第二十四回　看宝剑英雄识英雄
　　　　　　谈装束强盗教强盗

第二十五回　偷宝剑鼓楼斗淫贼
　　　　　　飞石子破庙救门徒

第二十六回　求援系杜知县联姻
　　　　　　避烦难何捕头装病

第二十七回　三老头计议捉强盗
　　　　　　一铁汉乞食受揶揄

第二十八回　老尼姑化缘收徒弟
　　　　　　小霸王比武拜师傅

第二十九回　刘三元存心惩强暴
　　　　　　李昌顺无意得佳音

第 三 十 回　逛乡镇张燕宾遇艳
　　　　　　劫玉镯陈广泰见机

第三十一回　陈广泰热忱救难友
　　　　　　张燕宾恋色漏风声

第三十二回　齐保正吊赃开会议
　　　　　　周金玉巧语设牢笼

第三十三回　陈广泰劫狱担虚惊
　　　　　　齐保正贪淫受实祸

第三十四回　送人头为友报怨
　　　　　　谈往事倾盖论交

第三十五回　黄长胜杀猪惊好汉
　　　　　　罗大鹤奏技收门徒

第三十六回　闻大名莽夫拆厂
　　　　　　传噩耗壮士入川

第三十七回　慕剑侠荡产倾家
　　　　　　遣刺客报仇雪恨

第三十八回　假英雄穷途受恶气
　　　　　　真剑侠暗器杀强徒

第三十九回　三侠大闹成都城
　　　　　　巨盗初探仁昌当

第 四 十 回　取六合战走老将军
　　　　　　赏中秋救出贞操女

第四十一回　仗锚脱险齐四倾心
　　　　　　代报师仇王五劝驾

第四十二回　周锡仁输诚结义
　　　　　　罗曜庚枉驾求贤

第四十三回　论案情急煞罗知府
　　　　　　入盗穴吓倒郭捕头

第四十四回　虚声误我王五殉名
　　　　　　大言欺人霍四动怒

第四十五回　求名师示勇天津道
　　　　　　访力士订约春申江

第四十六回　候通知霍元甲着急
　　　　　　比武艺高继唐显能

第四十七回　降志辱身羞居故里
　　　　　　求师访道遍走天涯

第四十八回　揽麻雀老英雄显绝艺
　　　　　　拉虎筋大徒弟试工夫

第四十九回　巧报仇全凭旱烟管
　　　　　　看比武又见开路神

第 五 十 回　会力士农劲荪办交涉
　　　　　　见强盗彭记洲下说辞

第五十一回　买食物万里探监狱
　　　　　　送官眷八盗觑行装

第五十二回　玩把戏吓倒群盗
　　　　　　订条约羞煞西人

第五十三回　霍元甲二次访沃林
　　　　　　秦鹤岐八代传家学

第五十四回　杀强盗掌心留纪念
　　　　　　成绝艺肺部显伤痕

第五十五回　程友铭治伤施妙手
　　　　　　彭庶白爱友进良言

第五十六回　碎石板吓逃群恶痞
　　　　　　撒灰袋困斗老英雄

第五十七回　服仙丹决计收徒弟
　　　　　　出王邸飞箭杀追兵

第五十八回　方公子一怒折鸳鸯
　　　　　　卜小姐初次探囹圄

第五十九回　假殷勤魏季深骗友
　　　　　　真悲愤余伯华触墙

第 六 十 回　霍元甲谈艺鄙西人
　　　　　　孙福全数言惊恶道

第六十一回　李禄宾两番斗恶道
　　　　　　孙福全初次遇奇人

第六十二回　朱伯益演说奇异人
　　　　　　陈乐天练习飞行术

第六十三回　显法术纸人扛剪刀
　　　　　　比武艺倭奴跌筋斗

第六十四回　霍元甲助友遭呵斥
　　　　　　彭庶白把酒论英雄

第六十五回　抢草堆铜人骇群丑
　　　　　　打地痞赤手拯教民

第六十六回　陈长策闲游遇奇士

王老太哭祷得良医

第六十七回　买油饼小童拜师傅
　　　　　　掼饭甄醉汉杀贤妻

第六十八回　采药深山逢毒雾
　　　　　　救人清夜遇妖魔

第六十九回　种西瓜草坪大斗法
　　　　　　掼火把富室夜降妖

第 七 十 回　推牌九彭庶白显能
　　　　　　摆擂台农劲荪演说

第七十一回　霍元甲三打东海赵
　　　　　　王小乙夜斗翠花刘

第七十二回　霍元甲表演迷踪艺
　　　　　　柳惕安力救夜行人

第七十三回　班诺威假设欢迎筵
　　　　　　黄石屏初试金针术

第七十四回　蓬莱僧报德收徒弟
　　　　　　医院长求学访名师

第七十五回　奇病症求治遇良医
　　　　　　恶挑夫欺人遭毒手

第七十六回　张同璧深居谢宾客
　　　　　　屈蠖斋巧计试娇妻

第七十七回　谭曼伯卖友报私嫌
　　　　　　黄石屏劫牢救志士

第七十八回　进医院元甲种死因
　　　　　　买劣牛起凤显神力

第七十九回　胡丽珠随父亲访友
　　　　　　张文达替徒弟报仇

第 八 十 回　张文达巧遇阔大少
　　　　　　金芙蓉独喜伟丈夫

第八十一回　龙在田仗机智脱险
　　　　　　王国桢弄玄虚迷人

第八十二回　失衣服张文达丢脸
　　　　　　访强盗龙在田出头
第八十三回　逢敌手王国桢退赃

　　　　　　　　　　报小仇张文达摆擂
第八十四回　论因果老衲识前身
　　　　　　显神力英雄遭暗算

现代奇人传

武侠小说。不肖生著。上海世界书局。1928 年 8 月初版。1 册。3.4
万字。赵苕狂序 1 篇。插图 16 幅。共 16 回。

第一回　热心革命豪士倾家财
　　　　盛德移人众星拱北斗
第二回　寂寂门庭何来不速客
　　　　巍巍德守暗有保镖人
第三回　一纸书来故人无恙
　　　　数声枪响逻士遭殃
第四回　防身有器两杆盒子炮
　　　　报酬无由一幅米公书
第五回　石尤无阻神仙显神通
　　　　二竖交缠异人医异疾
第六回　闲闲致词暗弹乡愿
　　　　草草走笔惊退正人
第七回　黑幕重重自陈隐史
　　　　恶因种种又蹈覆车
第八回　奇术如神生死骨肉
　　　　大恩在念顶礼焚香

第九回　工搬运朋俦齐咋舌
　　　　坛土遁茶役暗称惊
第十回　空中显圣小惩淫荒
　　　　梦里从师尽传道术
第十一回　叱鬼呼神齐供奔走
　　　　　吞烟吐雾幻作龙蛇
第十二回　筵前显绝技举重若轻
　　　　　室内诉阴谋投明弃暗
第十三回　轻裘肥马游子回乡
　　　　　旨酒嘉肴浪人设宴
第十四回　世乱年荒殷勤筹巨款
　　　　　腊残岁迫慷慨代长征
第十五回　求贤士秉节顾衡庐
　　　　　退敌军卜龟得预朕
第十六回　奇术巧施转败为胜
　　　　　重谴立降非人实天

侠义英雄传

武侠小说。不肖生著。上海世界书局。1932 年版。出版说明 1 篇。

插图 4 幅。2 卷。50.6 万字。共 75 回。

第 一 回　劫金珠小豪杰出世
　　　　　割青草老英雄显能
第 二 回　八龄童力惊白日鼠
　　　　　双钩手义护御史公
第 三 回　关东侠大名动京师
　　　　　山西董单枪伏王五
第 四 回　王子斌发奋拜师
　　　　　谭嗣同从容就义
第 五 回　曲店街王五看热闹
　　　　　河南村霍四显威名
第 六 回　霍元甲神勇动天津
　　　　　王东林威风惊海宇
第 七 回　少林僧暗遭泥手掌
　　　　　鼻子李幸得柳木牌
第 八 回　论人物激怒老英雄
　　　　　赌胜负气死好徒弟
第 九 回　遇奇僧帽儿山学技
　　　　　惩刁叔虎头庄偷银
第 十 回　显奇能半夜惊阿叔
　　　　　恶垄断一怒劫镖银
第十一回　巨案频频哈埠来飞贼
　　　　　重围密密土屋捉强人
第十二回　霍元甲初会李富东
　　　　　窑师傅两斗凤阳女
第十三回　狭路相逢窑师傅吃屎
　　　　　兄也不谅好徒弟悬梁
第十四回　伤同道痛哭小英雄
　　　　　看广告怒骂大力士
第十五回　金禄堂试骑千里马

　　　　　罗大鹤来报十年仇
第十六回　言永福象物创八拳
　　　　　罗大鹤求师卖油饼
第十七回　奉师命访友长沙城
　　　　　落穷途卖武广州市
第十八回　收徒弟横遭连累
　　　　　避官刑又吃虚惊
第十九回　看宝剑英雄识英雄
　　　　　谈装束强盗教强盗
第 二 十 回　偷宝剑鼓楼斗淫贼
　　　　　飞石子破庙救门徒
第二十一回　求援系杜知县联姻
　　　　　避烦难何捕头装病
第二十二回　三老头计议捉强盗
　　　　　一铁汉乞食受揶揄
第二十三回　老尼姑化缘收徒弟
　　　　　小霸王比武拜师傅
第二十四回　刘三元存心惩强暴
　　　　　李昌顺无意得佳音
第二十五回　逛乡镇张燕宾遇艳
　　　　　劫玉镯陈广泰见机
第二十六回　陈广泰热忱救难友
　　　　　张燕宾恋色漏风声
第二十七回　齐保正吊赃开会议
　　　　　周金玉巧语设牢笼
第二十八回　陈广泰劫狱担虚惊
　　　　　齐保正贪淫受灾祸
第二十九回　送人头为友报怨
　　　　　谈往事倾盖论交

第 三 十 回　黄长胜杀猪惊好汉
　　　　　　罗大鹤奏技收门徒

第三十一回　闻大名莽夫拆厂
　　　　　　传噩耗壮士入川

第三十二回　慕剑侠荡产倾家
　　　　　　遣刺客报仇雪恨

第三十三回　假英雄穷途受恶气
　　　　　　真剑侠暗器杀强徒

第三十四回　三侠大闹成都城
　　　　　　巨盗初探仁昌当

第三十五回　取六合战走老将军
　　　　　　赏中秋救出贞操女

第三十六回　仗锚脱险齐四倾心
　　　　　　代师报仇王五劝驾

第三十七回　周锡仁输诚结义
　　　　　　罗曜庚枉驾求贤

第三十八回　论案情急煞罗知府
　　　　　　入盗穴吓倒郭捕头

第三十九回　虚声误我王五殉名
　　　　　　大言欺人霍四动怒

第 四 十 回　求名师示勇天津道
　　　　　　访力士订约春申江

第四十一回　候通知霍元甲着急
　　　　　　比武艺高继唐显能

第四十二回　降志辱身羞居故里
　　　　　　求师访道遍走天涯

第四十三回　揽麻雀老英雄显绝艺
　　　　　　拉虎筋大徒弟试工夫

第四十四回　巧报仇全凭旱烟管
　　　　　　看比武又见开路神

第四十五回　会力士农劲荪办交涉
　　　　　　见强盗彭纪洲下说辞

第四十六回　买食物万里探监狱
　　　　　　送官眷八盗觊行装

第四十七回　玩把戏吓倒群盗
　　　　　　订条约羞煞西人

第四十八回　霍元甲二次访沃林
　　　　　　秦鹤岐八代传家学

第四十九回　杀强盗掌心留纪念
　　　　　　成绝艺肺部显伤痕

第 五 十 回　程友铭治伤施妙手
　　　　　　彭庶白爱友进良言

第五十一回　碎石板吓逃群恶痞
　　　　　　撒灰袋困斗老英雄

第五十二回　服仙丹决计收徒弟
　　　　　　出王邸飞箭杀追兵

第五十三回　方公子一怒拆鸳鸯
　　　　　　卜小姐初次探囹圄

第五十四回　假殷勤魏季深骗友
　　　　　　真悲愤余伯华触墙

第五十五回　霍元甲谈艺鄙西人
　　　　　　孙福全数言惊恶道

第五十六回　李禄宾两番斗恶道
　　　　　　孙福全初次遇奇人

第五十七回　朱伯益演说奇异人
　　　　　　陈乐天练习飞行术

第五十八回　显法术纸人扛剪刀
　　　　　　比武势倭奴跌筋斗

第五十九回　霍元甲助人遭呵斥
　　　　　　彭庶白把酒论英雄

第 六 十 回　救师傅刘公败和尚
　　　　　　抢草堆铜人平纠纷

第六十一回　陈长策闲游遇奇士
　　　　　　王老太哭祷得良医
第六十二回　推牌九彭庶白显能
　　　　　　摆擂台农劲荪演说
第六十三回　霍元甲三打东海赵
　　　　　　王小乙夜斗翠花刘
第六十四回　霍元甲表演迷踪艺
　　　　　　柳惕安力救夜行人
第六十五回　班诺威假设欢迎筵
　　　　　　黄石屏初试金针术
第六十六回　蓬莱僧报德收徒弟
　　　　　　医院长求学访名师
第六十七回　奇病症求治遇良医
　　　　　　恶挑夫欺人遭毒手
第六十八回　谭曼伯卖友报私嫌

　　　　　　黄石屏劫牢救志士
第六十九回　进医院元甲种死因
　　　　　　买劣牛起凤显神力
第七十回　　胡丽珠随父亲访友
　　　　　　张文达替徒弟报仇
第七十一回　张文达巧遇阔大少
　　　　　　金芙蓉独喜伟丈夫
第七十二回　龙在田仗机智脱险
　　　　　　王国桢弄玄虚迷人
第七十三回　失衣服张文达丢脸
　　　　　　访强盗龙在田出头
第七十四回　逢敌手王国桢退赃
　　　　　　报小仇张文达摆擂
第七十五回　打擂台教师大败阵
　　　　　　显神力英雄遭暗算

留东外史

社会小说。不肖生（向恺然）著。上海民权出版社。1922 年 10 月初版。10 册。98 万字。陈荣广、刘韵琴、张冥飞作序各 1 篇。共 160 章。

第一章　说源流不肖生晓舌
　　　　勾荡妇无赖子销魂
第二章　逢旧友浪子说嫖经
　　　　转新居虔婆敲竹杠
第三章　骗中骗虔婆失计
　　　　讹传讹学生跳楼
第四章　打醋坛倭奴上当
　　　　写情札膀子成功
第五章　肆丑诋妙舌生花

　　　　携重资贪狼过海
第六章　多情种拨雨撩云
　　　　老骨朵退财呕气
第七章　两首新诗祸生不测
　　　　一篇快论功败垂成
第八章　野鸳鸯无端受辱
　　　　大马鹿到处挥金
第九章　莽巡查欺人逢辣子
　　　　小淫卖无意遇瘟生

第 十 章　用笔谈虚心惊竹杠
　　　　　施手段借事作人情

第十一章　弄猢狲饭田町泼醋
　　　　　捉麻雀警察署谈嫖

第十二章　失良缘伤心丁便毒
　　　　　发豪兴买醉舞天魔

第十三章　伏魔家风情惊老鸨
　　　　　销金帐露水结同心

第十四章　出大言军人遭斥责
　　　　　游浅草嫖客发奇谈

第十五章　碎石飞刀呈绝技
　　　　　差神役鬼调佳人

第十六章　开赌场奸谋传弟子
　　　　　遭毒打援手望同乡

第十七章　握雨携云都惊变卦
　　　　　寻根觅蒂只怪多情

第十八章　乘人之危张全捉鳖
　　　　　执迷不悟罗福抱桥

第十九章　掷果潘安登场逞艳
　　　　　惊筵焦遂使酒挥毫

第 二 十 章　新桥弹秘书官破胆
　　　　　　神田火罗呆子穿衣

第二十一章　异客他乡招魂此日
　　　　　　情谈绮语回首当年

第二十二章　脉脉含情张生遇艳
　　　　　　盈盈不语朱子销魂

第二十三章　桑间濮上结带订鸳盟
　　　　　　月下风前对花愁蝶梦

第二十四章　朱痴生扬帆航醋海
　　　　　　罗呆子破浪趁情波

第二十五章　吴品厂嗔蜂叱蛱蝶

　　　　　　秦士林打鸭惊鸳鸯

第二十六章　旧梦重温良媒逢蝶使
　　　　　　新居始卜佳联种兰因

第二十七章　题像初成秾艳句
　　　　　　言情乍结鹭鸳缘

第二十八章　花事阑珊嫣愁姹怨
　　　　　　燕梁岑寂蝶忌蜂猜

第二十九章　续前欢旧梁重绕燕
　　　　　　寒夙约佳偶竟分鸾

第 三 十 章　薄幸青衫尤云滞雨
　　　　　　美人黄土碎玉飞花

第三十一章　诗等驴鸣侈谈风雅
　　　　　　心期燕婉乃遇戚施

第三十二章　谈丛容与绮语任溯洄
　　　　　　武库优游剑术争同异

第三十三章　游侠儿一拳破敌
　　　　　　射雕手片语传经

第三十四章　李锦鸡当场出丑
　　　　　　罗呆子泼醋遭擒

第三十五章　争先一着便遇垂青
　　　　　　抗辨数言不能答白

第三十六章　上野馆拒奸捉贼
　　　　　　同乡会演说诛心

第三十七章　旅馆主无端被骗
　　　　　　女学生有意掉包

第三十八章　水月镜花楼台泻影
　　　　　　招蜂惹蝶旅邸觇情

第三十九章　上酒馆倾盖言欢
　　　　　　掼匹头千金买笑

第 四 十 章　一千银币作七日新郎
　　　　　　两朵荷花享三生艳福

第四十一章　惹草拈花胡蕴玉接客
　　　　　　张冠李戴黄文汉补锅

第四十二章　经理员丸和馆召妓
　　　　　　登徒子上野驿迎亲

第四十三章　贪便宜村妇入彀
　　　　　　探消息英雌发标

第四十四章　胡蕴玉大吃广昌和
　　　　　　黄文汉导游博览会

第四十五章　吊膀子莽少年被拘
　　　　　　坐电车娇小姐生病

第四十六章　伎机变连胜大力士
　　　　　　讲交情巧骗老夫人

第四十七章　上门卖盐专心打杠子
　　　　　　乱伦蔑理奇论破天荒

第四十八章　上酒楼勾引王甫察
　　　　　　打报馆追论唐群英

第四十九章　看学堂媒翁成大功
　　　　　　借旅馆浪子寻好梦

第 五 十 章　王甫察演说苦卖淫
　　　　　　曹亮吉错认好朋友

第五十一章　欺死友大发横财
　　　　　　媚娼妇捐充冤桶

第五十二章　掉枪花凭空借债
　　　　　　还钻戒惹起撚酸

第五十三章　骂父亲浪子发奇谈
　　　　　　闹脾气军人乱闯祸

第五十四章　店主妇赶走英雌
　　　　　　浪荡子又欺良友

第五十五章　真留别哄哭梅太郎
　　　　　　假会亲骗嫖多贺子

第五十六章　现身说法爱情无真
　　　　　　绀臂夺食骗术有效

第五十七章　藏皮鞋俏下女报仇
　　　　　　吃急酒如夫人斗气

第五十八章　陆凤娇一气林巨章
　　　　　　王甫察初会柳藤子

第五十九章　假面目贞女上当
　　　　　　巧语言乖人说媒

第 六 十 章　验守贞血荡子开心
　　　　　　开纪念会侨客寻乐

第六十一章　作儿女语一对可怜虫
　　　　　　论国民性许多无耻物

第六十二章　私受胎朋友担惊
　　　　　　硬吊膀淫人入瓮

第六十三章　写名片呆子出风头
　　　　　　争体面乖人办交涉

第六十四章　逞雄辩压倒法学士
　　　　　　觐慈颜乔装女学生

第六十五章　看娇女千里走阿奶
　　　　　　念终身一夜愁侵骨

第六十六章　娇小姐医院养病
　　　　　　勇少年酒楼买枪

第六十七章　穷变节盼黄金续命
　　　　　　愤填膺借浊酒浇愁

第六十八章　哭金钱以恕道论人
　　　　　　偷衣服仗胆量脱险

第六十九章　真刺客潜身浅草町
　　　　　　好警察乱拿嫌疑犯

第 七 十 章　傻侦探急功冤跑路
　　　　　　勇少年避难走横滨

第七十一章　叙历史燕尔新婚
　　　　　　扮船员浩然归国

第七十二章　钞旧词聊充诀绝吟
　　　　　　买文凭自是谋生术

第七十三章　谈故事乌龟化龙
　　　　　　惨离情病鸾别凤

第七十四章　咬指甲苏仲武自杀
　　　　　　厚脸皮周正勋报仇

第七十五章　滥情人回心思结局
　　　　　　可怜儿含悲归故乡

第七十六章　吴监督演说发奇谈
　　　　　　杨长子雅游预定约

第七十七章　睹物思人苏仲武做诗
　　　　　　逢场作戏杨长子吊膀

第七十八章　欠债还钱朱正章失望
　　　　　　挟妓饮酒平十郎开荤

第七十九章　平十郎带病回乡
　　　　　　杨长子坐怀不乱

第八十章　　步芳尘权作跟班
　　　　　　闯桃源居然寄宿

第八十一章　泄秘密老黄洗澡
　　　　　　大决裂圆子撕衣

第八十二章　老福田演说社会学
　　　　　　黄文汉移情少女花

第八十三章　深心人媚语骗口供
　　　　　　急色儿滥情露底里

第八十四章　圆子将禽兽比人
　　　　　　罗福画乌龟戏友

第八十五章　打英雌罗福怪吃醋
　　　　　　瞰良人圆子真变心

第八十六章　利用品暂借李铁民
　　　　　　反攻计气煞黄文汉

第八十七章　忍气吞声老黄陪礼

　　　　　　欲擒故纵圆子放刁

第八十八章　傻党人固穷受恶气
　　　　　　俏女士演说发娇音

第八十九章　看电影戏圆子失踪
　　　　　　读留别书老黄发报

第九十章　　往事思量悔其何及
　　　　　　全书结束意余于言

第九十一章　不肖生偷闲续史
　　　　　　周之冕对友号丧

第九十二章　舞狮子柳梦菇遮羞
　　　　　　戳牛皮谭理蒿多事

第九十三章　陈学究做东受哑气
　　　　　　秦小姐吃醋挥纤拳

第九十四章　运机谋白丁报怨
　　　　　　打官司西崽放刁

第九十五章　秦小姐爱狗结因缘
　　　　　　肖先生打牛办交涉

第九十六章　角柔术气坏肖先生
　　　　　　拾坠欢巧说秦小姐

第九十七章　吴寄盦蛮乡打猎
　　　　　　章筱荣兽行开场

第九十八章　浪子挥金买荡妇
　　　　　　花娘随意拣妍头

第九十九章　夺妍头恶少行劫
　　　　　　抄小货帮凶坐牢

第一百章　　小少爷吃醋挨手枪
　　　　　　同乡会决议驱败类

第一百零一章　沈铭鉴阴谋制恶少
　　　　　　　章筱荣避地走长崎

第一百零二章　纠人打降天尊起劲
　　　　　　　为友屈膝孝子讲和

第一百零三章	述轶事可泣可歌
	访奇人难兄难弟
第一百零四章	明剪边半夜捣醋罐
	活招牌连日迎冤桶
第一百零五章	斥金钱图娶一娇娘
	写条件难坏两代表
第一百零六章	中涩谷亡命客开会
	精养轩留学生示威
第一百零七章	小暴徒目逐锦鸡飞
	老丑鬼心惊娇凤闹
第一百零八章	林巨章决意投诚
	刘艺舟放词痛骂
第一百零九章	特派员人心不死
	外交官鬼计多端
第一百十章	卖人格民党呕气
	吹牛皮学者借钱
第一百十一章	无耻物一味告哀
	卖国贼两方受逼
第一百十二章	驰电奏暗中放箭
	谈演义忙里偷闲
第一百十三章	编尺牍乐艺南搜奇
	送花篮蒋四立吃醋
第一百十四章	陆凤娇再气林巨章
	邹东瀛略述曾大癫
第一百十五章	看洞房来宾闹笑话
	省姑母艳女得新知
第一百十六章	硬赖婚老龟翻白眼
	遇故欢小姐动芳心
第一百十七章	二姨太细说丑家庭
	老糊涂偏护娇小姐
第一百十八章	含妒意劝和成决裂
	遣闷怀热闹得清凉
第一百十九章	美教员骤结知音友
	丑下女偏有至诚心
第一百二十章	浪荡子巧订新婚
	古董人忽逢魔女
第一百二十一章	苦女儿蓄志报仇
	硬汉子正言却色
第一百二十二章	买大烟搭救秦珍
	说反话挑拨熊义
第一百二十三章	小姐横心打娇客
	老头拼命护女儿
第一百二十四章	毁婚退约悍女遄归
	对客挥毫新郎受窘
第一百二十五章	张修龄深交施小旦
	陆凤娇三气林巨章
第一百二十六章	挥大斧一斫五千
	释疑团重回四谷
第一百二十七章	搜当票逐妾破窃案
	晾手帕娇娃初现身
第一百二十八章	责老友伏焱发正论
	出东洋陈蒿初得名
第一百二十九章	何达武赌钱闯穷祸
	周卜先吃饭遇娇娘
第一百三十章	卖风情陈蒿抢酒
	办交涉周撰呈才
第一百三十一章	炫学问批评情死
	办交涉大占上风
第一百三十二章	供撮弄呆人吃饭
	看报纸情鬼留名
第一百三十三章	周卜先暗算郑绍敀
	李锦泓归罪何达武

143

第一百三十四章　发雌威夫妻生意见
　　　　　　　卖风情姊妹访狂且

第一百三十五章　坐汽车两娇娃现世
　　　　　　　吃料理小篾片镶边

第一百三十六章　大力士当场献艺
　　　　　　　下流坯暗地调情

第一百三十七章　小鬼头苦耐独夜眠
　　　　　　　真马鹿追述求婚书

第一百三十八章　郑绍畋当面挨辱骂
　　　　　　　何达武注意索酬劳

第一百三十九章　英雌着意扮玩物
　　　　　　　铁脚高兴逛游廊

第一百四十章　何护兵忍痛嫖女郎
　　　　　　　陈才媛甘心嫁荡子

第一百四十一章　遣闲情究问催眠术
　　　　　　　述往事痛恨薄幸人

第一百四十二章　诉近况荡妇说穷
　　　　　　　搭架子护兵得意

第一百四十三章　失珍珠牵头成窃贼
　　　　　　　搬铺盖铁脚辟家庭

第一百四十四章　何达武喜发分外财
　　　　　　　李铁民重组游乐会

第一百四十五章　能忍手翻本透赢
　　　　　　　图出气因风吹火

第一百四十六章　丑交涉醋意泣娇娃
　　　　　　　小报复恶言气莽汉

第一百四十七章　郑绍畋大受恶气

　　　　　　　林简青初次登场

第一百四十八章　说谎话偏工内媚术
　　　　　　　述故事难煞外交家

第一百四十九章　赔损失交涉占上风
　　　　　　　述前情家庭呈怪象

第一百五十章　得风声夫妻报信
　　　　　　　图分谤姊妹同居

第一百五十一章　周撰开罪阴谋家
　　　　　　　胡八细说反对派

第一百五十二章　陈老二堂皇结婚
　　　　　　　周之冕安排毒计

第一百五十三章　反对党深谷方聚谈
　　　　　　　游乐团田中馆活动

第一百五十四章　写冬凤带说李锦鸡
　　　　　　　赞圆子极表黄文汉

第一百五十五章　虐亲儿写恶兽奇毒
　　　　　　　探贞操凭女伴证明

第一百五十六章　郑绍畋设辞穷诘
　　　　　　　黎是韦吃水开荤

第一百五十七章　黎是韦大窘郑绍畋
　　　　　　　李苹卿再夺张绣宝

第一百五十八章　黎是韦领衔请开会
　　　　　　　林简青着意使阴谋

第一百五十九章　散人家误认捧场客
　　　　　　　东肥轩夜拟竹枝词

第一百六十章　圆子得所遥结前书
　　　　　　　周撰被驱遂完续集

留东艳史

社会小说。不肖生著。上海大亚书局。1933 年 6 月 8 版。2 册。8.1 万字。史手大错叙 1 篇。序 1 篇。共 30 章。

第 一 章　花好月圆		第 十 六 章　海外传情	
第 二 章　父执延师		第 十 七 章　异域逼婚	
第 三 章　北里来游		第 十 八 章　慈萱凋谢	
第 四 章　先客有婢		第 十 九 章　二竖为灾	
第 五 章　假山絮语		第 二 十 章　心药亲尝	
第 六 章　室迩人远		第二十一章　彼美来东	
第 七 章　赠物见志		第二十二章　尹邢见妒	
第 八 章　情海潮生		第二十三章　酬酢劳形	
第 九 章　异地怀人		第二十四章　良友言情	
第 十 章　重游蓬岛		第二十五章　佳人回国	
第十一章　醋海生波		第二十六章　怀我好音	
第十二章　月下订盟		第二十七章　舅氏言情	
第十三章　二老相攸		第二十八章　文定厥祥	
第十四章　良宵泣别		第二十九章　香车迎迓	
第十五章　远涉重洋		第 三 十 章　二美从行	

留东新史

社会小说。不肖生著。上海世界书局出版。1925 年 8 月再版。3 册。18.7 万字。赵苕狂作序 1 篇。共 36 章。

第一章　唐处士假造女豪杰 　　　　汪议长宠纳老太婆		第二章　探口风汪夫人生病 　　　　出怨气胡女士设谋	

第 三 章　拔枪拼命女侠教夫人
　　　　　天理良心来宾请议长

第 四 章　受威逼忍气签条件
　　　　　闻败耗携眷走春申

第 五 章　汪逊虞家庭施巧骗
　　　　　李润林海舶显忠诚

第 六 章　涉风涛头摇拨浪鼓
　　　　　怕水厄身套救命圈

第 七 章　怕盘诘偏遭钩距
　　　　　因盟漱又受惊惶

第 八 章　会故人抵掌谈战略
　　　　　游闹市半路遇冤家

第 九 章　汪逊虞神户市丢脸
　　　　　胡本蕙下宿屋主谋

第 十 章　半夜访人李润林受恶气
　　　　　清晨谢罪汪逊虞下说辞

第十一章　陈太婆夜教汪议长
　　　　　胡女士私通底下人

第十二章　顽皮惹祸避债离家
　　　　　狂赌输钱立功作督

第十三章　写别字苦煞同乡人
　　　　　看对联怒撤县知事

第十四章　上码头无心逢旧友
　　　　　惊豪富变计学陶朱

第十五章　偷烟泡壮士失声名
　　　　　铲地皮顾问耽惊吓

第十六章　进谗言阴谋逢敌手
　　　　　保少校名片出风头

第十七章　发横财深信成失望
　　　　　看新剧献媚互争光

第十八章　捻酸闹醋竞拜干儿
　　　　　劝嫁说媒各贪权利

第 十 九 章　防刺客密布机关
　　　　　　换和服故设疑阵

第 二 十 章　免惊慌决赴蓬莱岛
　　　　　　查行李着意芙蓉膏

第二十一章　出风头小住西村馆
　　　　　　租别墅谢绝支那人

第二十二章　贺新居当面开教训
　　　　　　听挑拨背地吞大烟

第二十三章　制丈夫奇谋传弟子
　　　　　　新恋爱偏遇旧家庭

第二十四章　探消息单身走澳门
　　　　　　避情敌双飞渡神户

第二十五章　浪子最工撞骗行为
　　　　　　爱情不敌金钱魔力

第二十六章　让贷家伙谋设骗
　　　　　　吃料理破口骂人

第二十七章　送卡片又兴醋海波
　　　　　　发横财乃遂双栖愿

第二十八章　施恶报父子聚麀
　　　　　　失银箱夫妻反目

第二十九章　沈锦棠忿写赔偿字
　　　　　　王甫察诱奸女居停

第 三 十 章　徐君勉绝处逢生
　　　　　　王甫察祸中得福

第三十一章　做县官尽情铲地
　　　　　　骗弱女信口开河

第三十二章　周慕兰大闹长崎市
　　　　　　刘藤子改嫁吴服商

第三十三章　俏下女垂青大肚皮
　　　　　　滥情人又发老脾气

第三十四章　滥情人笑语慰娇妻
　　　　　　薄命女悲啼逐浪子

第三十五章　受恣悫存心吞烟泡

第三十六章　发雷霆决意撵侍姬
　　　　　　打电报下仆掉枪花
　　　　　　补功课教员上恶当

乾　坤　弩

武侠小说。即绿林血续集。不肖生著。上海大众图书社。出版时间不详。1册。6.4万字。共3回。

第一回　柳花娘的空欢喜
第二回　毒弩一点红
第三回　炼魂谷的银光

云　雨　潮

言情小说。不读书生著。上海曼丽书店。1930年6月版。1册。4.4万字。自序1篇,欧阳秀、陈竹林、贝忠浩序各1篇,何龚石跋。共12回。

第一回　举行游艺时值国庆
　　　　遨赏灯会人逢绝艳
第二回　看性书事出凑巧
　　　　想法子势成僵局
第三回　施妙计小姐权且拉马
　　　　讨便宜少爷竟其做狗
第四回　交损友地痞设骗局
　　　　恋美色浪子入套圈
第五回　漫游竹林请坐风凉轿
　　　　幻思玉人且念云雨情
第六回　叉罢麻雀飞来惊鸿现一瞥
　　　　打过野鸡迎去翩凤见双桀

第七回　观前巧遇张文英撚酸
　　　　施林叙会杜鹃影撒娇
第八回　漏夜双逢缠绵生枝节
　　　　春宵一刻缱绻尽金银
第九回　掩丑事浪漫女哭诉阿母
　　　　败门风固执父怒詈娇女
第十回　怜香惜玉公子不胜嗟叹
　　　　弃旧迎新姨太未免淫荡
第十一回　珠香玉笑笑里占三凤
　　　　　眉言目语语妙贯双关

第十二回　有心寻妹因果巷撞见好事　｜　无意窥艳板壁缝张出丑态

情天遗恨录

哀情小说。太虚生著。上海华丰印刷厂。1923 年 4 月版。1 册。4.2 万字。缀言 1 篇。共 6 回。

碧　梦　痕

言情小说。尤泣红著。上海进步书局。1915 年 4 月初版。2 册。9.3 万字。提要 1 篇。汪元文弁言 1 篇。自序 1 篇。分香馆题词 1 首(十令)。淑芳斋题词 2 首(律诗)。怡情轩题词 3 首(评史)。韫梅凡例、释疑、读法各 1 篇。共 25 回。

第一回　小甄菱雨夜话文郎
　　　　俏徐娘深闺评蓝女
第二回　病中病因病试情魔
　　　　喜里喜借喜会新客
第三回　放风筝一笑奇相思
　　　　掷蔷薇两心初缱绻
第四回　施白眼语激虞夫人
　　　　系红丝神会蓝贞碧
第五回　祭落花杜鹃啼血泪
　　　　赏佳节鹦鹉诵新诗
第六回　游名园琴心传语
　　　　拜天孙烛影描愁
第七回　纳新凉窥镜中双影
　　　　试玉笛辨曲内五声
第八回　明爱情文郎璧金镯
　　　　怀醋意徐女掷银针
第九回　联佳咏社结秋海棠
　　　　表苦心情馈新莲子
第十回　介眉寿女伶演剧
　　　　醉桃樽豪客摧花
第十一回　谒李母中秋踏月
　　　　　窥文郎半夜敲窗
第十二回　庆元宵执烛送陈羊
　　　　　游上巳品箫呵瑞福
第十三回　痴文郎春晓窥妆阁
　　　　　病贞儿黑夜赠玫瑰
第十四回　缠病魔蓝母祈福
　　　　　说因果月老游魂
第十五回　银香儿赏月卖风流
　　　　　蓝贞碧借书诉衷曲

第十六回　破情魔四梦月老氏
　　　　　警诨慝双诘徐仙儿

第十七回　遭谤毁蓝贞碧含冤
　　　　　递书简文梦书哭老

第十八回　诘蔷薇两心释前嫌
　　　　　题玉照双美争风月

第十九回　瞽目毒施离间计
　　　　　良朋聚义金玉缘

第二十回　识奸情徐仙儿被黜
　　　　　续旧好蓝贞碧重临

第二十一回　红鸾喜照贞儿室
　　　　　　白虎悲临蓝老门

第二十二回　离恨天文郎卧病
　　　　　　相思地梅女解诗

第二十三回　觅桃源甄李寄情书
　　　　　　撕风筝梦书悟色相

第二十四回　争闲气贞碧投环
　　　　　　溺烟花谈归吐血

第二十五回　梦书神游销魂狱
　　　　　　甄菱语结兰梦因

紫藤萝

社会小说。月明楼主著。天津天津书局。1941 年 3 月初版。1 册。18 万字。金息侯、王伯龙题辞各 1 首。阎家统、宋上达、赵仙洲作序各 1 篇。共 8 回。

第一回　咤燕嗔莺花开好时节
　　　　红桥碧水人在画图中

第二回　柳举诉愁肠珍珠线断
　　　　莲池订白首蜻蝶情深

第三回　春水荡扁舟暮烟流翠
　　　　渔光谱妙曲晓雾含悲

第四回　牧野荆榛有花开并蒂
　　　　爱河鱼雁无字不生春

第五回　一束藤萝花真情无价
　　　　两杯玫瑰酒空穴来风

第六回　宿两鸟云莺声恬静
　　　　秋河冷月天影迷离

第七回　画里识幽情新声乍谱
　　　　梦中倾隐愫故剑难忘

第八回　卿意安乎予怀渺渺
　　　　妹心碎矣此恨绵绵

海上大观园

社会小说。乌目山人著。东亚书局。1924 年 7 月初版。4 册。33 万

字。赵苕狂作序 1 篇。插图 62 幅。共 62 回。

第 一 回　奇女诞生巧逢七夕
　　　　　异人聚合偏在荒村

第 二 回　娇女多姿良缘初缔
　　　　　村儿无福好事多磨

第 三 回　救邻妪金钗入宝库
　　　　　选秀女凤诏出深宫

第 四 回　递芳名二女冀承恩
　　　　　叹前缘一娃惊抱病

第 五 回　沐皇恩安车迎阿母
　　　　　叨异数平步上青云

第 六 回　圣陀头二次证前因
　　　　　罕大班初次遇良偶

第 七 回　倾心吐腹重托冰人
　　　　　据理直言群惊神相

第 八 回　演说台上各骋词锋
　　　　　黄埭村中互订婚约

第 九 回　春暖洞房初成美眷
　　　　　香温曲室小进良谟

第 十 回　游屐金陵萍踪小驻
　　　　　孤灯山寺鸿爪长留

第十一回　慧和尚畅谈黄觉寺
　　　　　罕夫人初建大观园

第十二回　大兴土木名园落成
　　　　　小起风波夫人受谤

第十三回　老实人一怒绝娇妻
　　　　　多才士三番劝良友

第十四回　夫夫妻妻双方释怨
　　　　　弟弟兄兄各自倾心

第十五回　发孝思实行庐墓制

第十六回　念祖德永奠宗庙基
　　　　　老秀才入园当记室
　　　　　呆举人来会作旁听

第十七回　招罗群贤创广仓会
　　　　　延聘多士办女学堂

第十八回　发奇想呆子拜老师
　　　　　严道貌肖僧讲小学

第十九回　一趟神拳身手矫健
　　　　　几套酒令兴会淋漓

第二十回　入英籍独资修马路
　　　　　开女校大会布良规

第二十一回　观察学风飞车四出
　　　　　宣扬佛法讲舍宏开

第二十二回　款客延宾湖滨授馆
　　　　　撩云拨雨席上传情

第二十三回　良友多情间窗日暖
　　　　　贤才入壳冀北群空

第二十四回　玩游鱼同临玉泉寺
　　　　　得幽趣独对飞来峰

第二十五回　赌酒力灵隐留韵事
　　　　　现原形佛殿发幽情

第二十六回　赏雪景良宵开小宴
　　　　　睹奇情曲水救佳人

第二十七回　急景凋年匆匆就道
　　　　　药炉茗碗款款留情

第二十八回　投师习艺别具隐衷
　　　　　酌理斟情宏开士路

第二十九回　庆元宵东家请西席
　　　　　观考榜老弟托阿兄

第 三 十 回　此腹常枏后母肆虐
　　　　　　修羊何薄多士兴嗟

第三十一回　愤待遇两人同辞职
　　　　　　比寿文二子各称能

第三十二回　两姊妹负笈春申道
　　　　　　贤令尹作宰庆元城

第三十三回　恤民艰恩行怀德政
　　　　　　除讼累刑措著清声

第三十四回　圆光骗钱引颈就戮
　　　　　　强盗犯案刺字自新

第三十五回　贤宰官美政比萧曹
　　　　　　小儿女新交联竹马

第三十六回　入馆读书欣得同调
　　　　　　因才择偶喜结良缘

第三十七回　柳媒婆连施奸恶计
　　　　　　两贤女初入大观园

第三十八回　罕通氏豪富震武林
　　　　　　本非僧遗骸葬灵隐

第三十九回　惊烽火强定公司船
　　　　　　害想思断送痴情子

第 四 十 回　女尼受愚高抬地价
　　　　　　名士入彀广辑丛书

第四十一回　习礼让名园开大会
　　　　　　肆讥弹内阋起风波

第四十二回　郑先生异地得知音
　　　　　　施夫人尼庵作说客

第四十三回　纺织娘扁舟访阿姊
　　　　　　西王母上苑集群仙

第四十四回　打精神为姊氏做寿
　　　　　　鼓兴趣领孙儿游园

第四十五回　四杯洋酒醉倒老翁

　　　　　　一纸题名喜煞闺女

第四十六回　客地重逢旧盟堪践
　　　　　　名园巧聚佳偶斯成

第四十七回　借吸烟登楼窥美女
　　　　　　劝入学设计骗娇娘

第四十八回　脱樊笼李若兰赴沪
　　　　　　遭谗言王纯斋出园

第四十九回　佳偶三双同偕花烛
　　　　　　便餐一席初试羹汤

第 五 十 回　孙悟空魂归蓬莱山
　　　　　　林稚清身染杨梅毒

第五十一回　追问根由浪子受责
　　　　　　警告大众夫人陈词

第五十二回　娶孙媳媒婆搬是非
　　　　　　托官厅富商用权术

第五十三回　真触霉头店主受制
　　　　　　大打官司工头被拘

第五十四回　富商贵宦共结亲家
　　　　　　韵士高人同考文课

第五十五回　俏丫环庖室会情人
　　　　　　蠢厨司门房候鸳侣

第五十六回　因羞愧宣玉瑛投河
　　　　　　闻倒闭王启芳赴汉

第五十七回　提亲事二次成画饼
　　　　　　变方针双方结良缘

第五十八回　老道士名言释数理
　　　　　　罕夫人美意系朱绳

第五十九回　贤夫人释两造疑窦
　　　　　　小悟空揽一校教权

第 六 十 回　开诚布公畅谈衷曲
　　　　　　问名纳采喜结朱陈

第六十一回　庆重阳西宾说笑话
　　　　　　守花烛后母示阴谋

第六十二回　除凤冠新娘伤感情
　　　　　　创玉指悍妇酿事变

迷 人 宫

社会小说。凤俦生著。评注者朱瘦竹。明华书局。1935 年 11 月版。4 册。24 万字。内收林屋山人、龚剑虹、何药樵、施济群、张恂子、俞逸芬题词各 1 首。张春帆、张超谨、陈蝶衣、朱瘦竹序各 1 篇。作者自序 1 篇。共40 回。

第一回　走马章台王孙折柳
　　　　薄游北里馆娃攀谈

第二回　演趣剧吃醋转堂唱
　　　　用手段借款做花头

第三回　温吞水善使刀背钱
　　　　屈家礼专烧冷灶火

第四回　吃四菜名驰平康巷
　　　　开果盘风闻勾栏院

第五回　闹笑话两作三百三
　　　　染梅毒一打六〇六

第六回　住旅舍衣袋失纸币
　　　　游西湖花港遇票友

第七回　掷缠头科员怪现状
　　　　谈家常学生诉凄凉

第八回　练习生居然大嫖客
　　　　庶务员闹醋小风潮

第九回　发标劲跳槽大请客
　　　　转堂唱捻酸小呕气

第十回　受暗算历险赔冤钱
　　　　闹饥荒借薪付局账

第十一回　狎客播酸风寻根问底
　　　　　伎女讨局账燕叱莺嗔

第十二回　中风白板趣事成巧合
　　　　　酒壶茶杯活剧演连环

第十三回　冷语冰言之子口如刀
　　　　　意惹情纤郎君心匪石

第十四回　嘻嘻哈哈恣情作雅谑
　　　　　是是非非纵谈肆讥评

第十五回　热火烧心征车逢白板
　　　　　冷水浇头旅店来红颜

第十六回　软讨债神女道苦景
　　　　　妙作用名伎灌迷汤

第十七回　巧计赚伧夫是真是假
　　　　　蜜语诱檀郎若即若离

第十八回　租小房子订约法三章
　　　　　请开台酒做花头两打

第十九回　妙舌粲莲花郎情深似水
　　　　　污泥沾柳絮妾意软如绵

第二十回　酸风醋雨真属无谓
　　　　　舌剑唇枪实乃有意

第二十一回　妒火中烧欲海竟兴波
　　　　　　情丝自缚爱河几灭顶

第二十二回　七十鸟巧言隐祸事
　　　　　　此中人好语赚游蜂

第二十三回　邂逅相逢白板对煞
　　　　　　忏悔情场恩客悬梁

第二十四回　狠巴巴七十鸟提条件
　　　　　　情切切个妮子贴金钱

第二十五回　情场失意忏悔迷途
　　　　　　欲海生澜讥议背景

第二十六回　有约不来落花恨流水
　　　　　　无边风月比翼戏天空

第二十七回　抱衾与裯春风几度
　　　　　　慨富以慷花酒连绵

第二十八回　浪漫女翻作堕溷花
　　　　　　木屐儿邀宴六三亭

第二十九回　宴乐嘉宾华夷联欢
　　　　　　网开一面莺燕南迁

第 三 十 回　寻芳谋捷径电话册兴
　　　　　　龟奴作嫖客灯草灰罚

第三十一回　讨没趣龟客打茶围
　　　　　　传秘方鸨佣治隐疾

第三十二回　真发嚎龟奴乌师双闹院
　　　　　　大怪事小姐夫人皆嫖客

第三十三回　放浪形骸艳称交际花
　　　　　　图穷匕见难煞偾薄儿

第三十四回　似曾相识燕归来有缘终遇
　　　　　　满园春色关不住红杏出墙

第三十五回　子兮子兮如此良人
　　　　　　仙乎仙乎化为蚨蜨

第三十六回　请客有心檀郎卖笑
　　　　　　送穷无术倩女离魂

第三十七回　村姑作冶叶一鸣惊人
　　　　　　乌师任护花三生有幸

第三十八回　信间言流氓辱倡女
　　　　　　作恶剧暴徒摧钱树

第三十九回　身为形役弱息堕风尘
　　　　　　高烧红烛雏妓被梳栊

第 四 十 回　作茧自缚倡女殉情
　　　　　　回头是岸全书告竣

赤胆赤心

武侠小说。文公直著。上海校经山房书局。1934 年 10 月版。6 册。13 万字。黄介民、吕亚飞序各 1 篇。自序 1 篇。秦雷缶首集总评 1 篇。吕亚飞首集总批 1 篇。史可法像 1 帧。史可法书信 1 封。本书卷首史可法传 1 篇。共 40 章。

第一章　赠利器勇将得良师
　　　　怀旧情慈父诲孝子

第二章　作虎伥卖国贼覆巢
　　　　护雏雄独行侠仗义

第 三 章　坚心志小杰拜大师
　　　　　寄深情名驹归壮士

第 四 章　骋骅骝无端惊俗子
　　　　　芟蕉符有意助同人

第 五 章　锄强梁怒斩豪家狗
　　　　　护良善力救难中人

第 六 章　星月长途移家远祸
　　　　　昏镫旅邸据席谈心

第 七 章　访大侠机缘失交臂
　　　　　会奇人慷慨证同心

第 八 章　聚会贤豪共谋救难
　　　　　慨怀忠义独任巨艰

第 九 章　肉鼓横吹喷血骂贼
　　　　　心弦震荡矢志效忠

第 十 章　至诚至性生入死牢
　　　　　全始全终仁极义尽

第十一章　骋长途无端惊宝马
　　　　　入歧路蓦地会英雄

第十二章　萑苻肆虐败井颓垣
　　　　　蒹葭同心拔茆辟土

第十三章　聚会英豪倾衷吐臆
　　　　　计攻恶霸斩丑诛顽

第十四章　白刃丹忱力诛四贼
　　　　　冰心壮志勇歼独夫

第十五章　逾垣援友巧遇嫏嬛
　　　　　越瓦探巢蓦逢双侠

第十六章　扫穴犁庭群雄协力
　　　　　惊天动地一女成功

第十七章　倾心吐胆共策鸿基
　　　　　断股折肱独摧强敌

第十八章　会群龙荒山开华宴
　　　　　餐巨鳝野涧遘奇缘

第十九章　充武备乡里整军容
　　　　　聚贤豪村庄筹伟业

第二十章　僻壤穷乡凶魔初诞
　　　　　家空业尽恶煞相逢

第二十一章　落魄穷途且充隶奴
　　　　　　奔驰驿路只为小星

第二十二章　振狮威懦夫就壶范
　　　　　　逞狼心蠹吏上弹章

第二十三章　抱不平良友作仇人
　　　　　　逞淫凶相知成大敌

第二十四章　劫狴犴小鳅生六澜
　　　　　　聚豺虎硕鼠构奇灾

第二十五章　投草寇藉势肋同侪
　　　　　　脱藩篱倾心图共济

第二十六章　走穷途独戮守财虏
　　　　　　奔生路商投仗义人

第二十七章　有意投亲莫由问讯
　　　　　　无心会友遂缔深交

第二十八章　惩狼群英雄欣聚首
　　　　　　奋虎威儒士幸伸冤

第二十九章　世乱民危奋起救世
　　　　　　恩深义重忍辱酬恩

第 三 十 章　结同心五侠同探险
　　　　　　肆凶恶六贼共遭殃

第三十一章　破匪巢众侠齐努力
　　　　　　述世仇一女独伤心

第三十二章　化恶为良捍乡卫里
　　　　　　因朋及友声应气求

第三十三章　勇志侠心肝胆相照
　　　　　　诚推义合股肱同仇

第三十四章　聚群英盟心同训武
　　　　　　觅旧友辛苦赋长征

第三十五章　忆旧情重话酒罇前
　　　　　　联大伙共投莲帐下

第三十六章　结同心双流汇大海
　　　　　　抗强敌独志奋雄威

第三十七章　平草贼无意会英豪

　　　　　　讨巨寇矢忠从令主

第三十八章　聚四方英雄成大军
　　　　　　扬元戎威风擒积寇

第三十九章　征剧贼刀劈紫金鞍
　　　　　　战悍寇剑断宣花斧

第四十章　擒渠魁众侠奏肤功
　　　　　　失首都孤忠惊噩耗

秦良玉演义

历史小说。即女杰秦侯传。文公直著。上海马启新书局。1934 年 8 月版。6 册。32.9 万字。本书总评 1 篇。宋岳序 1 篇。共 40 章。

第首章　叙源流荒蛮勤辟土
　　　　述旧绩青史炳鸿文

第一章　白女红颜千峰养志
　　　　冰心竹节万里寻夫

第二章　遇豺狼无端双惨死
　　　　受狮犀有意独寻仇

第三章　凄凉惜别慷慨离山
　　　　风雨追亡奋勇渡水

第四章　斩剧贼初试怒狮剑
　　　　擒恶霸双挥卧蟒钩

第五章　卫正义女将军初见
　　　　笃亲情老武师远行

第六章　奋勇除奸六骑并辔
　　　　学成入世独力救亲

第七章　四载伤怀一朝快慰
　　　　双抓在手五女倾心

第八章　会群英仗义急公义

　　　　斩两贼奋威振军威

第九章　斗盗首六女并逞雄
　　　　鬴渠魁八侠齐着力

第十章　扫穴犁庭英雄聚会
　　　　飞绳走索豪杰相知

第十一章　湛意深情间关踪迹
　　　　　热肠烈胆敌忾拯援

第十二章　创巨业荡秽建新基
　　　　　赋同仇驰尘援旧友

第十三章　晤淑女絮絮问根源
　　　　　钦武师殷殷陈宿愿

第十四章　分道扬镳共谋救友
　　　　　坚心忍辱矢志雪仇

第十五章　赤枕反正助缚巨贼
　　　　　丹心急难同策锄奸

第十六章　赋嘤鸣涉险求良友
　　　　　奋雄心聚义会佳期

第 十 七 章　鞫贼供鞫得魔窟情
　　　　　　同抱仇同怜弱女遇

第 十 八 章　入龙潭深宵拯老妇
　　　　　　渡庄河危索仗娉婷

第 十 九 章　并力夺门群英努力
　　　　　　惊心往事一女伤心

第 二 十 章　深思苦索蓦忆惨情
　　　　　　开诚布公明告仇怨

第二十一章　纳兰言忍辱效吞炭
　　　　　　哄菲语记恨险操戈

第二十二章　献狐媚借箸贼女主
　　　　　　扬虎威挥铖斩番奴

第二十三章　奋勇突阵戈挥铖舞
　　　　　　急难处援旗翻卒遁

第二十四章　雪耻荡秽两破贼巢
　　　　　　察毒擒凶独褫奸魄

第二十五章　逐逃寇众侠会同仁
　　　　　　振雄威单刀诛六盗

第二十六章　戮群凶正言宣罪案
　　　　　　筹善后合志涤污坑

第二十七章　抄脏得金行仁以赈
　　　　　　鞫供吐实仗义拯冤

第二十八章　探踪迹且作狎邪游
　　　　　　欣邂逅蓦遇有心人

第二十九章　以直报怨擒彼豺狼
　　　　　　奋勇降魔歼斯狐狸

第 三 十 章　赋长征千里走征途
　　　　　　雪奇冤片言折冤狱

第三十一章　承命护法场擒四秃
　　　　　　惊心伤往事走全家

第三十二章　整顿旌旗戈矛西指
　　　　　　发扬雄武甲马东来

第三十三章　悍泼本家风夫从妇
　　　　　　刁顽谋爵位伪乱真

第三十四章　平地狂波红旗倡乱
　　　　　　冲霄义愤白梏兴师

第三十五章　赤血白铁殉土全忠
　　　　　　金羽银枪为国诛叛

第三十六章　猛将流雄兵收失土
　　　　　　庸臣误国事纵凶酋

第三十七章　裹粮万里行勤王事
　　　　　　挥军千骑发破奸谋

第三十八章　挥戈离旧主矢同心
　　　　　　连骑沐新恩挥热泪

第三十九章　血洒杜鹃红全家灭
　　　　　　声同孤鹤泪巨魁歼

第 四 十 章　奋三军会二帅破贼
　　　　　　荡七寨斩十苗成功

碧血丹心于公传

历史小说。文公直著。湖南岳麓书社。1988 年 1 月新版。1 册。26.7 万字。共 44 章。

第 一 章　抱雄心头陀谋卧底
　　　　　睹奇技藩邸网英雄

第 二 章　入宫闱众好汉告密
　　　　　探大内莽师徒失机

第 三 章　笃友于贤弟救枭兄
　　　　　闲游戏力士骇书生

第 四 章　宿荒郊有心饵豪杰
　　　　　走浅滩无意遇英雄

第 五 章　深谋密计巧言饵士
　　　　　开诚布公议语醉痴

第 六 章　再离家黑夜走长途
　　　　　初遇难绿林悲远别

第 七 章　捣贼店孤客助孤客
　　　　　憩空祠奇侠遇奇侠

第 八 章　一语惊心悬崖勒马
　　　　　片言排难碧海乘舟

第 九 章　逞神力荒祠扛巨鼎
　　　　　冲头阵险谷掷金枪

第 十 章　越山涧猛将施神威
　　　　　破匪巢大侠传飞檄

第十一章　巧相逢师兄救师弟
　　　　　急大难奇侠探奇山

第十二章　荡窟穴双侠逞神威
　　　　　奔长途弟兄赴大义

第十三章　释误会纵谈诛草寇
　　　　　解前嫌陷阵救同人

第十四章　拔刀相助契合同心
　　　　　倾臆共商谋诛乡蠹

第十五章　单骑突阵一将成功
　　　　　群英聚会万流归海

第十六章　杯酒言欢离情畅叙
　　　　　投师慕侠负笈从游

第十七章　戡大敌奋武出全军
　　　　　授嘉谟名言规主将

第十八章　攻草寇大将整军容
　　　　　下战书奇人逞绝技

第十九章　夺头功猛将军失机
　　　　　断铁弓戆英雄陷阵

第 二 十 章　抹红霞青天惊霹雳
　　　　　泛绿漪月夜探幽深

第二十一章　奋神勇水将劫敌船
　　　　　入险关英雄得暗号

第二十二章　探虎穴误触虎狼机
　　　　　斩龙头初试蛟龙剑

第二十三章　克酬素愿矢志归诚
　　　　　承命远游雄心探险

第二十四章　计破敌大将初试硎
　　　　　急击贼元戎飞巨石

第二十五章　破大敌大侠成大功
　　　　　定奇山奇才建奇迹

第二十六章　抖擞威风阵前斩将
　　　　　淋漓血雨崖畔捐躯

第二十七章　血忱忠事血溅沙场
　　　　　情义相符情感敌将

第二十八章　披肝沥胆壮士归心
　　　　　铁戟银枪渠魁毕命

第二十九章　旋师奏凯献馘降俘
　　　　　结伴入都披星戴月

第 三 十 章　走长途蹄痕踩月影
　　　　　宿野店人语破风声

第三十一章　古道热肠慷慨助义
　　　　　闲情逸致谈笑诛凶

157

第三十二章　斩土豪大侠逢奇杰
　　　　　　荡秽窟义士救同侪
第三十三章　首先鞭疑云迷侠士
　　　　　　留后守虚语调英雄
第三十四章　铁弹银枪摩空飞舞
　　　　　　金镖钢箭匝地盘旋
第三十五章　倾心慕侠慷慨赠驹
　　　　　　矢志归诚驰驱就道
第三十六章　抗异族烈女破头颅
　　　　　　访同俦侠士倾肺腑
第三十七章　放豪情纳交天下士
　　　　　　谈往事愁煞个中人
第三十八章　困苦艰难心坚金石

　　　　　　深沉缜密计捣窠巢
第三十九章　觅利剑诚心邀勇士
　　　　　　夺画舫无意遇奇人
第 四 十 章　断铁镰利兵退劲敌
　　　　　　飞白羽黑夜惩奸王
第四十一章　暗下毒丸獍儿弑父
　　　　　　急遣猛将狼弟截兄
第四十二章　破重围急先锋斩将
　　　　　　冲坚阵莽将军振威
第四十三章　竟夜奔波全军覆没
　　　　　　荒野驰骋举局皆输
第四十四章　识诈降巧计成虚话
　　　　　　破敌阵鸿谋建大勋

碧血丹心大侠传

武侠小说。文公直著。出版单位不详。1930 年版。于右任序、文公直作序各 1 篇。凡例 1 篇。1 册。40 万字。共 36 章。

第一章　琼水银山人羁河畔
　　　　侠踪剑影客话关头
第二章　遇豺狼苦孝子绝粮
　　　　拯孤穷旅中人致赆
第三章　光天化日弹走丸飞
　　　　冷月昏灯刀横剑舞
第四章　猛回头冒雪伴长征
　　　　喜开怀临风谈往事
第五章　逞雄威赤手独锄奸
　　　　抱不平回头谋杀贼
第六章　侠骨雄心热肠毅胆

　　　　冰天雪地鞭影蹄痕
第 七 章　背德忘恩淫妇肆毒
　　　　　仗义急难侠士舍身
第 八 章　义入猸犴蓦然遇友
　　　　　惨逢豺虎滴血托孤
第 九 章　错里错错官审错案
　　　　　奇中奇奇侠听奇闻
第 十 章　计诛凶菩提邀众侠
　　　　　谋叛逆妖道说藩王
第十一章　盗骅骝甥舅作冤家
　　　　　诳婵娟叔侄瓈陷阱

第 十 二 章　欺稚诱愚装魔作怪
　　　　　　扶危救厄剑胆琴心

第 十 三 章　缔新交英雄矢忠义
　　　　　　毒旧好妖道假慈悲

第 十 四 章　拯孤儿洞中传大道
　　　　　　除妖孽南下觅同人

第 十 五 章　逢贼徒凝神听密语
　　　　　　遇英雄说法醒痴迷

第 十 六 章　闲戏耍独掌毙潜龙
　　　　　　显奇能一矢诛毒蟒

第 十 七 章　老成谋国南北分驰
　　　　　　巨蠹庇奸刀枪并举

第 十 八 章　灿烂刀光飞来大侠
　　　　　　婀娜佩影翩去惊鸿

第 十 九 章　寄讯传书只身南下
　　　　　　同心戮力联袂北行

第 二 十 章　绿水青山建基立础
　　　　　　金戈铁马破垒攻关

第二十一章　壮志除凶整军经武
　　　　　　热肠急义解橐倾囊

第二十二章　破妖窟铁弹击金镖
　　　　　　显奇能钢枪穿白石

第二十三章　回心向善弃暗投明
　　　　　　矢愿救民犁庭扫穴

第二十四章　传绝技名将遇名师

　　　　　　设网罗淫娃助淫贼

第二十五章　义愤填膺飞符遣将
　　　　　　毅忱诛佞劫狱戕官

第二十六章　献俘馘首出立奇功
　　　　　　禁妖言下车颁示谕

第二十七章　聚经会乱说野狐禅
　　　　　　哄愚民大倡白莲教

第二十八章　诱民变平地起波涛
　　　　　　失戎机深山遇雷雨

第二十九章　电掣雷轰妖僧毕命
　　　　　　星稀雾薄大侠除邪

第 三 十 章　护忠良万里代师劳
　　　　　　济急需千金传祖业

第三十一章　宅心仁厚义释小偷
　　　　　　垂念孤穷误召大盗

第三十二章　掷头颅除奸去秕莠
　　　　　　倾肺腑慕义结金兰

第三十三章　窥途径无意逢双侠
　　　　　　探窠巢踪影晤同门

第三十四章　深入魔穴独探龙珠
　　　　　　计破逆巢分遣虎将

第三十五章　斧劈刀诛毁垣破壁
　　　　　　枪挑鞭击碎玉揉花

第三十六章　破奸窟众侠奏奇功
　　　　　　捷春闱伟士陈新策

碧血丹心平藩传

武侠小说。文公直著。出版单位不详。1933 年版。柳亚子先生为本书题词 1 首。出版说明 1 篇。1 册。28 万字。共 45 章。

第 一 章　功成拜命归省完婚
　　　　　矢志出师捣巢挞逆

第 二 章　骡睒游骑同心密计
　　　　　力夷秘窟锐志降妖

第 三 章　得途径独探邪魔窟
　　　　　惊贼人初试雷霆箭

第 四 章　擒六妖仔细推贼情
　　　　　调九队慷慨征魔道

第 五 章　怪气妖光装模作样
　　　　　神威奋武刉耳馘元

第 六 章　飞羽箭女郎歼巨寇
　　　　　破钢轮莽将树奇功

第 七 章　以子之剑枭子之首
　　　　　因君而射为君而创

第 八 章　攻中央九九队奋勇
　　　　　斩渠魁双双侠复仇

第 九 章　扫穴犁庭功成俄顷
　　　　　诛顽纳顺策定当时

第 十 章　大凯旋献馘犒三军
　　　　　代巡方关心遣十将

第十一章　逢怪客旅邸觌奇情
　　　　　踪番人征途惊警讯

第十二章　听密语莽汉拜哥哥
　　　　　助良朋英雄请妹妹

第十三章　谋猷坚定同矢丹枕
　　　　　慷慨激昂共输赤悃

第十四章　倩影英姿霜锋雪刃
　　　　　银辉宝彩电弹雷丸

第十五章　擒外寇谈笑话成功
　　　　　告同仁轩昂陈往事

第十六章　献俘获千里走长途

　　　　　护人犯深山逢敌寇

第十七章　识寇情飞丸摧寇纛
　　　　　俘敌将骡骑挫敌锋

第十八章　疑云阵阵荡腹生愁
　　　　　义气铮铮挺身代任

第十九章　叩柴扉荒村访二老
　　　　　整青山平地起双雄

第 二 十 章　倾忧悃低首拜英兄
　　　　　　激性情舍身救难友

第二十一章　风云聚会万派朝宗
　　　　　　雷霆施威群英效命

第二十二章　含辛茹苦千里奔波
　　　　　　披臆谈心三更夜话

第二十三章　征叛藩鸿猷聚群侠
　　　　　　张挞伐歃血誓全军

第二十四章　急先锋骤马立头功
　　　　　　大元戎聚英谈寇势

第二十五章　入觐君王细陈寇况
　　　　　　出征叛逆初振天威

第二十六章　遇劲敌前锋落水逃
　　　　　　固根基编师间关发

第二十七章　勇先锋骤马擒狂寇
　　　　　　智女侠强弩殪贼徒

第二十八章　斩渠魁双侠偿夙愿
　　　　　　护宫禁一士进良谋

第二十九章　杜逆谋分军护畿辅
　　　　　　遇逆党跟踪识秘巢

第 三 十 章　入窠巢深夜逢侠女
　　　　　　谈堕陷挑灯念同仁

第三十一章　急友难狂奔乞救援
　　　　　　灭秘窟仗义解厄难

第三十二章　述往事二侠陈心志
　　　　　　惩凶奸一女上文书

第三十九章　大张挞伐六军并举
　　　　　　输诚响义五将归心

第三十三章　受重任计划竟全功
　　　　　　荡逆根冒险摧坚壁

第　四　十　章　叙亲情手足欣聚首
　　　　　　作间谍股肱变初心

第三十四章　途遇铁骑蹈隙致胜
　　　　　　射获敌将行权得供

第四十一章　清内奸升帐鞠三将
　　　　　　破地窟开城袭右军

第三十五章　受气恼只身走万里
　　　　　　明忠诚协力破三军

第四十二章　睹情生疑二将告密
　　　　　　见机擒谍一侠建功

第三十六章　斩将搴旗强寇丧胆
　　　　　　诛凶擒悍英雄献功

第四十三章　擒良将女侠初出马
　　　　　　获莽夫小卒独除凶

第三十七章　偏师奏捷犒劳整军
　　　　　　逆势嚣张询谋制敌

第四十四章　重整六师再展经纶
　　　　　　诰诫百将誓俘凶逆

第三十八章　以退为进毁突拔营
　　　　　　将静慑慌据河守岸

第四十五章　扫穴犁庭大功告竣
　　　　　　诛从擒首元帅班师

风流寡妇

社会小说。即魂迷芳溪。忆蕙轩主人撰。上海中亚书局。出版时间不详。1 册。8 万字。共 16 回。

第一回　轻薄魂消人间艳福生消受
　　　　风流病缠鬼市孽报死缠绵

第六回　凄惨鬼窟泥毡尝妙味
　　　　彷徨末路风絮到锦茵

第二回　傲骨纵嶙峋酒入愁肠也化泪
　　　　燃犀烛网雨笔经圣手竟如刀

第七回　佛法无边大佛赐小佛
　　　　人心善诈新人是旧人

第三回　美景良辰泪珠酬素月
　　　　倒鸾颠凤明镫照琼浆

第八回　流水有心姻缘系蜜橘
　　　　风尘失眠滋味尝苦瓜

第四回　一片香糖渡孽海
　　　　无边春色讼裸宫

第九回　泥牛入海泪下千行
　　　　金屋藏娇珠量十斛

第五回　天涯尚有君线断珍珠泪
　　　　途穷更无路纸薄故人情

第十回　眼角传情街车任月老
　　　　腿底留命竹杠惩风流

第十一回　衾寒入骨班姬泣团扇
　　　　　指触消魂麻姑拜下风

第十二回　挹露闻香掌中现妙相
　　　　　追形逐影怀里来情人

第十三回　罗襦初解声闻霹雳
　　　　　痴梦未苏口吐鲜红

第十四回　煮鹤焚琴袂裂三分内
　　　　　呼卢喝雉心伤一场空

第十五回　狂奴快意一枝秾艳花独占
　　　　　知己感人还君明珠泪双垂

第十六回　爱河迷航柔肠百结
　　　　　欢场聚首花符纷飞

情焰肉香

社会小说。忆蕙轩主人著作。上海中亚书局。出版时间不详。1 册。9 万字。共 16 回。

第 一 回　跨下轻薄暴虎逞威
　　　　　口角温存野狐作态

第 二 回　妙格簪花掌心传密约
　　　　　香踝沾水脚底起红云

第 三 回　梨花带雨眼泪镕铁石
　　　　　雪夜兜风汽车避刀兵

第 四 回　利锥刺芳心烈酒解渴
　　　　　飚轮碾白雪长夜无眠

第 五 回　粉白脂红喑哑对矮女
　　　　　电光石火扑朔迷芳溪

第 六 回　香艳绝伦彩声换玉掌
　　　　　美妙无双弹指试香馨

第 七 回　职兼更衣奇才当重任
　　　　　书成啮血薄命怨空王

第 八 回　动魄惊心情场植荆棘
　　　　　醉生梦死孽海起波涛

第 九 回　意乱神昏身入伤心地
　　　　　泪枯血尽魂返离恨天

第 十 回　结想成痴黄金市骏骨
　　　　　多情余恨罗帕染血花

第十一回　恨载一棺缘悭片面
　　　　　心贯万箭感遗三生

第十二回　软语慰情肠氤氲风雨
　　　　　铁锤敲色胆颠倒衣裳

第十三回　黠婢参戎机钩心斗角
　　　　　先生开会议拍凳敲台

第十四回　物在人亡凄凉对遗影
　　　　　心崩肠裂慷慨捐余情

第十五回　不堪伤神片帆载归骨
　　　　　似曾靓面旧燕傍别家

第十六回　垂危忽惊枪命悬一线
　　　　　相见翻疑梦泪溶双心

孔 夫 子

历史小说。孔孟余著。民众书店。1946 年 10 月再版。1 册。6.5 万字。共 32 回。

第 一 回　祷尼山神欣添贵子
　　　　　作成邑吏小试英才

第 二 回　退让贤能挂冠辞职
　　　　　探讨礼乐襆被进都

第 三 回　政落权门昭公逃难
　　　　　名闻邦国孔子居齐

第 四 回　越俎为谋抱惭失礼
　　　　　见机却禄设计潜行

第 五 回　拜别赠言仲由作宰
　　　　　征求冠礼懿子谒师

第 六 回　阙里闲居诚心讲学
　　　　　朝堂对答失体撄怒

第 七 回　穷颜回气节居人上
　　　　　孝曾参唱歌解父忧

第 八 回　玩景登山各言其志
　　　　　偕徒习射尽兴而归

第 九 回　轻视法规铸成刑鼎
　　　　　攸关风化删改诗经

第 十 回　以德服人贤名卓著
　　　　　至仁感众童叟无欺

第十一回　政简刑清不齐治膳
　　　　　急流勇退闵损辞官

第十二回　求教古琴登堂请益
　　　　　保存宝器禳火有功

第 十 三 回　小住费城乐而忘返
　　　　　　奔丧故里泣不成声

第 十 四 回　多才博学折服季斯
　　　　　　助撤放歌绝交原壤

第 十 五 回　拜见国君一身代相
　　　　　　屈居邑宰众口称贤

第 十 六 回　大治中都还朝应命
　　　　　　调升内任谒相晖忧

第 十 七 回　谋夺政权家臣背主
　　　　　　发生叛乱反贼挟君

第 十 八 回　战败出亡投奔费邑
　　　　　　纳谏拘禁遁迹晋邦

第 十 九 回　夹谷联盟护驾摄相
　　　　　　郈城突变抗命戕官

第 二 十 回　足智多谋计赚马正
　　　　　　除奸锄佞怒斩闻人

第二十一回　吾道难行弃鲁出走
　　　　　　怀才不售去卫他游

第二十二回　惊面貌匡人生恶意
　　　　　　嫉圣贤司马起歹心

第二十三回　穿明珠全赖采桑娘
　　　　　　辟贡赋端推贤相国

第二十四回　道经蒲邑公叔阻车
　　　　　　查勘荒山仲由搏虎

第二十五回	被困在陈忍饥永日 见摈于楚出走长途	第二十九回	陪尾山盗跖骂孔子 黄池会夫差恼卫侯
第二十六回	怂恩索田冉求退敌 诡谋复国蒯聩劫甥	第 三 十 回	勾践沼吴会盟结好 伯牛有疾抱憾终身
第二十七回	忠当尽力战伤残生 志未酬倦游归故里	第三十一回	赖辩才哀兮得土地 费辛苦孔子作春秋
第二十八回	颜回早死不尽哀思 宰我昼寝倍添厌恶	第三十二回	山野打围一麟出现 圣人辞世万古流芳

春 波 影

言情小说。双修主人著。国光印书局。1929 年 7 月版。3 册。20 万字。王蕴章、王济时、韩云章序各 1 篇。自序 1 篇。黄病鸿、雷瑨、金天翮、杜应震、黄钧、张荣培、徐均燨、杨秋心、邹弢、梁崇鼎、陈任枥、赵仲熊、苏涤凡、朱锡梁、章茗镂、吴梅、吴浣尘题诗各 1 首。邹恨石、徐绿芙、田寄痕、曹蔚绚、王西神、周梿霞、陈曾祺、汪锤霖、忏红题词各 1 首。吴宗濂、王西神、褚礼堂、吴朴庵、王济时、施济群、舒舍予、何卍评各 1 则。红豆后人、花影瓶笙馆主人评论各 1 则。6 卷。吴浣尘评点。

湖海侠踪

武侠小说。双琥簃主人著。天津唯一书店。1941 年 11 月初版。1 册。7.6 万字。共 14 回。

第一回	殉赀财贪夫丧命 拯冤屈义士挥金		赫胥宫访贼逢仙侠
第二回	歧路投宿巧定婚姻 中宵闻声勇歼贼寇	第四回	勇都尉惊遇仙流 侠女冠快谈剑术
第三回	平原县盗印惩贪酷	第五回	华祥麟闷中听野语 翁必富意外遇恩人

第六回　天锦堂宾主快谈心
　　　　千家堡弟兄欣聚首

第七回　季麟士一弹落啼鸟
　　　　柏树林双英擒猛汉

第八回　柏树林群雄恶战
　　　　祝家集七侠联盟

第九回　曳尾途中卢生出丑
　　　　置身楼上俞拔生非

第十回　刘伯达饱食生灾

　　　　　　　　　梁献廷狂言招祸

第十一回　群雄大闹萃英楼
　　　　　剧寇出奔聚贤里

第十二回　人和店任千戎办案
　　　　　聚贤里李天禧乞师

第十三回　醉仙楼酒保泄机
　　　　　杨树林褚刚定计

第十四回　众豪杰夜入清风馆
　　　　　小二郎私探栖凤楼

宋徽宗演义

宫闱小说。历代风流皇帝之四。双黛馆主著。上海竞智图书馆。出版时间不详。1 册。2.8 万字。提要 1 篇。插图 8 幅。共 20 回。

第一回　测天机讹成左衽吟
　　　　复新法黜辱元祐党

第二回　宵小当权上天垂象
　　　　昏君失德左道惑人

第三回　造幻象梦游神霄宫
　　　　修道书恩眷林道士

第四回　妙舞轻歌浅宫娱乐
　　　　清词丽句名妓多才

第五回　连番灾异预兆衰亡
　　　　一意荒淫滥施爵赏

第六回　赤身露体宰相现形
　　　　卖刀杀人英雄落草

第七回　劫寿仪文移郓城县
　　　　遗书信血溅乌龙院

第八回　义胆忠心直言极谏

　　　　　　　　　花街柳巷微服私行

第九回　游曲巷蓦地见姣姿
　　　　　坐花坊有心探艳迹

第十回　拉皮条茶博士凑趣
　　　　　露言语俏佳人着忙

第十一回　一领鲛绡织成龙凤
　　　　　十分错意拆散鸳鸯

第十二回　填小词狂汉写闲情
　　　　　赐珍品鸨儿承异宠

第十三回　眠思梦想病骨支离
　　　　　枕冷衾单愁容惨淡

第十四回　恋私情险为刀下鬼
　　　　　掘潜道巧学地中仙

第十五回　名花有主移植宫廷
　　　　　良药无灵愿归田里

第十六回	纳款求和虚糜国帑		民穷财尽太子受禅
	寻欢作乐予赏花灯	第十九回	蔡太师穷死潭州城
第十七回	撒金钱大闹元宵节		李明妃出家慈云观
	赏银两恩领小妇人	第二十回	长途跋涉朱后蒙羞
第十八回	君黯臣庸强邻入寇		异地凄凉道君升遐

侍儿艳闻录

社会小说。毋儶著。文明书局。1921 年 6 月初版。1 册。4.2 万字。插图 4 幅。共 31 章。

纨 袴 镜

社会小说。毋儶著。文明书局。1921 年 6 月初版。1 册。5.9 万字。插图 13 幅。共 31 章。

新 天 地

滑稽小说。书带子著。集文书庄。1910 年版。2 册。4.5 万字。作者序 1 篇。画 20 幅。共 20 章。

第一章	书带子笔述滑稽	第 八 章	阎罗王迎接玉皇使
第二章	通明殿大开会议	第 九 章	世尊调查案卷
第三章	闻仲访求盘古氏	第 十 章	志士求免轮回
第四章	玉皇迁銮新天地	第十一章	凤汗侦探龙华
第五章	地藏王查阅地狱囚	第十二章	行者下降上海
第六章	武判官忘拿革命党	第十三章	诸神仙变化留学生
第七章	地里鬼诬杀女革命	第十四章	东方朔旅馆论文体

第十五章　猪八戒做医生　　　　第十八章　新天宫神圣覆命

第十六章　老土地论新报　　　　第十九章　王灵官夺骂魁星

第十七章　上海县观审囚犯　　　第二十章　嫦娥女饬逐月老

写　真　缘

言情小说。书剑飘零客遗著。上海进步书局。1915 年 5 月版。1 册。

2.7 万字。香山畏岩、瘦蝉女史序各 1 篇。自识 1 篇。共 13 回。

一　　书中之主人　　　　　　　九　　香媚娘之奇案披露

二　　无一当意之裘马少年　　　　　　雪冈第一次下狱

三　　两少年清晨之一见　　　　十　　雪冈第二次下狱

四　　雪冈寓意于写真　　　　　　　　死刑宣告之讹传

　　　两少年始订婚约　　　　　十一　一死一生交情乃见

五　　婚姻之迟延与其成就　　　十二　侦探万恶与黑狱中之鬼气阴风

六　　新婚后之离合　　　　　　十三　幸脱网罗

七　　新闻记者之生涯　　　　　　　　雪冈与慧子之惨别

八　　鬼魅登场形形色色

名媛夺婿录

社会小说。玉山狂客著。上海志成书局。1923 年 5 月版。1 册。2.7

万字。共 12 章。

第一章　湖上春游　山边情话　　第六章　撰联惊艳　把酒言欢

第二章　春满诗心　情生幻梦　　第七章　水里娇花　画中倩影

第三章　风前待月　楼上谈心　　第八章　久别重逢　剖心相见

第四章　据情言情　就醋说醋　　第九章　匹夫患病　双美拈酸

第五章　踵门求耦　赴站送行　　第十章　旁敲侧击　斗宠争妍

第十一章　有情眷属　失意女郎　│　第十二章　天涯地角　花好月圆

孤鸾遗恨

哀情小说。玉铎女士著。文明书局。1926 年 7 月出版。1 册。1.4 万字。本书提要 1 篇。插图 3 幅。未分章节。

四大美人

民间小说。甘时雨著。上海新民书局。1934 年 10 月版。1 册。9.4万字。共 74 章。

西施艳史演义

第 一 章　开宗明义

第 二 章　檇李覆师

第 三 章　困守会稽

第 四 章　献赂请成

第 五 章　拒谏受降

第 六 章　江口送别

第 七 章　石室忍辱

第 八 章　尝粪复国

第 九 章　矢志报国

第 十 章　选姑苏台

第十一章　苧萝访美

第十二章　溪边订约

第十三章　欢迎双美

第十四章　筑消夏湾

第十五章　贷粟练兵

第十六章　湖上采莲

第十七章　杀胥争盟

第十八章　破吴投江

貂蝉艳史演义

第 一 章　忧心国事

第 二 章　焚香告天

第 三 章　计认干女

第 四 章　当筵拜客

第 五 章　惊艳赠冠

第 六 章　觌面求婚

第 七 章　勾引老奸

第 八 章　歌舞献技

第 九 章　连环巧计

第 十 章　亭上密语

第十一章　园中掷戟

第十二章　假意自刎

第十三章　病阻逆谋

第十四章　庵会受杖
第十五章　暗约佳期
第十六章　激怒英雄
第十七章　设谋诛奸
第十八章　遁迹禅关

贵妃艳史演义

第 一 章　奉诏朝天
第 二 章　凤阙承恩
第 三 章　两美相逢
第 四 章　西阁争风
第 五 章　玉奂治疾
第 六 章　癖嗜荔枝
第 七 章　恃宠被黜
第 八 章　剪发邀恩
第 九 章　私通禄山
第 十 章　洗儿赐钱
第十一章　赏花开筵
第十二章　曲奏清平
第十三章　上巳修禊
第十四章　华清避暑
第十五章　夜半私盟
第十六章　羯鼓催花
第十七章　演风流阵

第十八章　歌舞承欢
第十九章　仓皇出奔
第二十章　马嵬赐缳

昭君艳史演义

第 一 章　总论和亲
第 二 章　深宫选妃
第 三 章　拒谏点绣
第 四 章　隐居课女
第 五 章　闻信惊惶
第 六 章　威逼应选
第 七 章　馆驿献美
第 八 章　忍痛长行
第 九 章　旅邸思亲
第 十 章　摹写艳影
第十一章　画工索贿
第十二章　改图倾陷
第十三章　病榻哀吟
第十四章　愿为胡妇
第十五章　饯行惊美
第十六章　诛奸出塞
第十七章　琵琶诉怨
第十八章　青冢流芳

貂蝉全传

民间小说。世界书局编。上海世界书局。1931 年 2 月版。1 册。2 万字。共 20 节。

第一节　貂蝉之喃喃私语
第二节　貂蝉之焚香夜祷
第三节　貂蝉之拜认义父
第四节　貂蝉之出见众客
第五节　貂蝉之狐媚惑人
第六节　貂蝉之择婿条件
第七节　貂蝉之连环巧计
第八节　貂蝉之面订终身
第九节　貂蝉之掩面娇啼
第十节　貂蝉之对月伤怀

第十一节　貂蝉之私会情人
第十二节　貂蝉之回嗔作喜
第十三节　貂蝉之假装疾病
第十四节　貂蝉之离人骨肉
第十五节　貂蝉之庵堂相会
第十六节　貂蝉之搬弄是非
第十七节　貂蝉之暗约佳期
第十八节　貂蝉之捧心哭泣
第十九节　貂蝉之投身池中
第二十节　貂蝉之伏剑自刎

客中消遣录

短篇社会小说。古越东帆编辑。上海会文堂书局。1919 年 1 月版。1册。4 万字。古越东帆序 1 篇。共 4 卷。

卷一

赵善人
苗喜凤
黎某
麻城狱
奇女
智妇三则
骗术三则
情耦
孽缘
卫生
缎子大王

卷二

韦十一娘
于青天
华十五
燕尾轻
万人迷
舟缘
刘姬
包义团
印月僧
鲁驹
义犬
义丐
补恨

丐仇

狸媒

卷三

徐天官

其二

琴娜

红儿

妾命

丐捕蛇

赛昆仑

鬼妻

江生

苦鸳鸯

谋婚案

儿头案

盗侠

秦生

卷四

大刀王五

黄面虎

情天精卫

寻徒

弈技

婚妒

陈阿尖

易嫁

奇缘

慧婢

卫宫人

龚半伦

华氏

琼 花 劫

侠情小说。左玄父著。国华书局。1916 年 11 月初版。共 1 册。6. 7 万字。共 26 章。

第一章	惊梦	**第 八 章**	解纷
第二章	遇主	**第 九 章**	失慈
第三章	就职	**第 十 章**	遭谗
第四章	抱恙	**第十一章**	明嫌
第五章	劝学	**第十二章**	助赀
第六章	祖饯	**第十三章**	留东
第七章	传书	**第十四章**	结褵

第十五章　惨别　　　　　　　第二十一章　通讯

第十六章　省父　　　　　　　第二十二章　奏凯

第十七章　含冤　　　　　　　第二十三章　避祸

第十八章　闻耗　　　　　　　第二十四章　殒玉

第十九章　归唁　　　　　　　第二十五章　埋香

第二十章　吊墓　　　　　　　第二十六章　抚孤

不 夜 城

侦探小说。新侦探丛书之一。龙骧编。上海新侦探丛书出版社。出版时间不详。1 册。5 万字。共 4 篇。

一　孙了红　玫瑰之影　　　　三　雷禹　秋林港的鬼船

二　燮彬　空屋案　　　　　　四　吉玫　不夜城

意外奇缘

言情小说。平梦著。大美书局。1938 年 12 月再版。1 册。6 万字。共 16 回。

第一回　邱玉檀卖身图主母

　　　　宋女史遗像落情郎

第二回　婢媚子暗悔投梭柜

　　　　假奴才跪诉卖身由

第三回　邱小史入梦会情魂

　　　　阎大王饬差投怨债

第四回　试良谋两宵逞欲念

　　　　设奸计一语漏真情

第五回　悦来婢预任情郎占

　　　　燕子窠巧报主翁归

第六回　报夙怨畅辱母家人

　　　　赠郎诗误入亲夫手

第七回　剖衷肠两人原错误

　　　　设圈套一婢做周方

第八回　张命妇开宴结私情

　　　　施偏房无心伤族侄

第九回　费百金请到同堂侄

　　　　凑千两送逞当道官

第 十 回　造酒令嘲笑捐职人
　　　　换床眠戏弄粗心子
第十一回　因纳妾玉檀占上房
　　　　为题诗悦来忌正室
第十二回　用匪刑严敲极恶妇
　　　　见故物误打有情郎
第十三回　否去时梦里游仙界

　　　　泰来候灯前到月娥
第十四回　开寿堂捐资行好事
　　　　习武艺设计荡奸徒
第十五回　得军功七人承诰典
　　　　捐倭饷两代荷天庥
第十六回　有心为善虽善不赏
　　　　首恶为淫犯淫必惩

人心大变

社会小说。平襟亚(网蛛生)著。中央书店。1928年6月初版。4册。32万字。序1篇。共40回。

第一回　小院种花魂销罗袜
　　　　中宵冒雪目断归云
第二回　覆水难收欢场悲失足
　　　　情丝易惹客邸结同心
第三回　送红蛋家庭生诟谇
　　　　赠黄金病榻话缠绵
第四回　斗心机火烧写字台
　　　　集股份制造假钞票
第五回　密设网罗尼姑入彀
　　　　安排陷阱书记含冤
第六回　高抬车价市侩破财
　　　　巧接电波庸医出丑
第七回　辣手狠心红闺生怨望
　　　　忠肝义胆黑狱发天良
第八回　银灯惨淡艳魅拘魂
　　　　粉黛飘零妖姬落魄
第九回　初上镜头明星脱袴

　　　　重来客馆荡妇偷衣
第 十 回　明灯照艳色壁窦探春
　　　　黑夜走荒坟车轮碾恨
第十一回　电浪惊心试情欺爱侣
　　　　风骚入骨嚼雪论明星
第十二回　孀姝还孽债着意怀春
　　　　名角炫胸针当场出彩
第十三回　傀儡登场珠玑在握
　　　　夜叉入室粉黛摧残
第十四回　浪子贪财甘言迷荡妇
　　　　车夫仗义巧计救红妆
第十五回　玎琮繁音户外听春声
　　　　宛转深心楼中擒俊侣
第十六回　奉觞上寿鸨母作亲娘
　　　　灭烛留髡深情除半臂
第十七回　因妒成仇秋娘逢恶客
　　　　欲擒故纵竹杠试檀郎

第 十 八 回　除夕插梅花珠圆妙谑
　　　　　　剧场随荡女笑展春云

第 十 九 回　快雪良宵欢联爱蒂
　　　　　　愁罗恨绮惨述悲怀

第 二 十 回　槛凤奴鸾度愁城岁月
　　　　　　嗔莺叱燕起醋海风波

第二十一回　荡气回肠幽情怀俊侣
　　　　　　飞符调将长跪见亲儿

第二十二回　艳妾伤春贤甥充代表
　　　　　　女嬃报德介弟出风头

第二十三回　刮垢磨光评量蒸气浴
　　　　　　代毛洗髓试演按摩方

第二十四回　玉箫鸣咽楼上舞天魔
　　　　　　水战淋漓人间游地狱

第二十五回　龟奴施毒计断送红妆
　　　　　　力士斗蚕丛生开鸟道

第二十六回　百怪千奇文人谈黑幕
　　　　　　将男作女名士替佳人

第二十七回　艳福难销春痕浓似酒
　　　　　　坠欢重拾绮梦暖于云

第二十八回　血本换貂裘惊心动魄
　　　　　　酥胸凝瑞雪荡气回肠

第二十九回　月影娑婆吴姬入侍

　　　　　　韩庄鏖战名士捐躯

第 三 十 回　计设连环佳人飞玉掌
　　　　　　券分真假市侩丧金钱

第三十一回　曼笑轻颦名园惊绝艳
　　　　　　吴音软语旅邸谑娇容

第三十二回　司徒庙美人看古柏
　　　　　　玄墓山老衲炫奇珍

第三十三回　花前忆旧惆怅对娇姿
　　　　　　月下论婚缠绵悲往事

第三十四回　败卒扬威掳人要白镪
　　　　　　偷儿过瘾挑菜换乌烟

第三十五回　深入不毛狂蜂侵肉体
　　　　　　善和人命恶董解冤家

第三十六回　寡妇见鳏夫推襟送抱
　　　　　　虔婆勾地痞定计拿奸

第三十七回　游名园秋娘回俊眼
　　　　　　避尘嚣村舍驻倾城

第三十八回　天水苍茫凭肩传密语
　　　　　　风云变幻比翼遇狂澜

第三十九回　红袖青衫菱塘垂钓
　　　　　　同心一意月夜定情

第 四 十 回　订婚客邸演说滔滔
　　　　　　送别河梁余情袅袅

人 海 潮

　　社会小说。平襟亚（网珠生）著。中央书店。1934 年重版。5 册。48
万字。钱芥尘、程小青、张秋虫序各 1 篇。杨了公、王小逸、顾佛影、赵云
眠、范君博、郑逸梅、范烟桥题词各 1 首。作者赘言 1 篇。共 50 回。

第 一 回　乡愚好事竞拜雏儿
　　　　　艳魄多情下嫔泥婿

第 二 回　粉靥飞红狂且索夫
　　　　　银红晕绿寡鹄销魂

第 三 回　阱设东窗贞魂蒙垢
　　　　　变生萧寺艳魅含沙

第 四 回　清霜虫舍梦尾话温磨
　　　　　残雪鱼塘鞵尖怜瘦损

第 五 回　喔喔话江南芳生齿颊
　　　　　盈盈出水涘清到梅花

第 六 回　采香泾畔拾翠寻芳
　　　　　摇碧斋中携云握雨

第 七 回　织水帘枕梦惊款乃
　　　　　落红庭院语学呢喃

第 八 回　泣残红泪肠断西泠
　　　　　敲碎碧簪魂销南浦

第 九 回　惹草拈花惭愧登徒子
　　　　　交杯合卺偶傥主人婆

第 十 回　一片汪洋田庐成泽国
　　　　　万星灯火词客到春江

第十一回　征尘未洗隔座听雄谭
　　　　　浊酒初浇当筵工雅谑

第十二回　小楼春雨名士著书
　　　　　舞榭秋波狂奴捧角

第十三回　两枝活杖遗老遣情
　　　　　一线红痧妖姬斗艳

第十四回　鞵凤挑丝心酸惨绿酿
　　　　　烛龙吹泪魂堕软红尘

第十五回　锦被宵寒更阑排大宴
　　　　　洞房春暖月上谱新腔

第十六回　笙管嗷嘈美人避面

情词悱恻浪子回头

第十七回　溶霜捣麝艳窟宵征
　　　　　嚼雪烹茶琼楼春醉

第十八回　雪涕赠银瓶镂心刻骨
　　　　　排愁观电影荡魄销魂

第十九回　大宝初登万花齐俯首
　　　　　欢场新辟一客独惊心

第二十回　蛮貊投荒恨吞心影
　　　　　华鬘历劫愁听鸡声

第二十一回　快乐度春宵筝繁弦沸
　　　　　　诙谐谈影事海阔天空

第二十二回　情场报知遇一粒香丸
　　　　　　客邸谑娇容三杯蜜酒

第二十三回　痴郎规妓语重心长
　　　　　　孝子出妻词严义正

第二十四回　狎客试情心怜弱女
　　　　　　文妖设阱计赚青年

第二十五回　燕叱莺嗔未圆好梦
　　　　　　花娇柳眉难慰痴情

第二十六回　文章贾祸两首打油诗
　　　　　　妙计钩郎三杯拔兰地

第二十七回　薄醉娇嗔美人作态
　　　　　　批红判绿游子陶情

第二十八回　错绾红丝尔虞我诈
　　　　　　重温香梦妾爱痴郎

第二十九回　心计偏工暗偷欢喜佛
　　　　　　奇思独运巧制返魂囊

第三十回　慧舌灵心安排诈术
　　　　　　凄声咽语惨述悲怀

第三十一回　彩笔描蛾直上摩星塔
　　　　　　银箫引凤偕游醉白池

第三十二回	文字生涯茧丝抽乙乙
	女儿情绪瑶琴语丁丁
第三十三回	蝶乱蜂忙恋花空有恨
	鱼沉雁杳捉月了无痕
第三十四回	画苑题名竟成佳耦
	情舫断指未遂好逑
第三十五回	客馆三更惊闻狮吼
	歌场一瞥怕听驴鸣
第三十六回	恨生金屋鹣鲽化离
	魂堕玉楼鸳鸯并命
第三十七回	娼门送嫁一片痴情
	客馆谈心两行清泪
第三十八回	黄金市爱不用蝶蜂媒
	红粉好名甘为牛马走
第三十九回	公子多情暗藏避孕袋
	萧娘爱洁珍惜保安刀
第 四 十 回	恋爱问题两张悬河口
	拜金主义一块活招牌
第四十一回	英雌谈性欲玉尺量才

	浪子弄玄虚铁窗堕泪
第四十二回	刀下留人肉林传笑史
	瓮中捉鳖狎客擅奇谋
第四十三回	六三亭名士醉香醪
	五九节车夫弹冷泪
第四十四回	湖上寻芳骚人遣兴
	公庭对簿市侩寒心
第四十五回	芳心可可疑幻疑真
	慧舌滔滔不挠不屈
第四十六回	一字推敲儒生开博局
	万金浪掷豪客叹囊空
第四十七回	三角恋爱淑女含羞
	五卅风潮青年喋血
第四十八回	侦探奉公偷看西洋镜
	警官守法细玩模特儿
第四十九回	十丈软红尘销金有窟
	漫天飞白雪埋玉无人
第 五 十 回	海上归槎全书结束
	湖滨吊影遗恨无穷

中国恶讼师

侦探小说。平襟亚著。襟霞阁印行。出版时间不详。1 册。4.7 万字。周瘦鹃、吴朱麟、李云、吴虞公、吴绮缘、张碧梧、朱瘦竹、金佛徒、苏海若、藤若渠、平枕霞作序各 1 篇。平襟亚前言 1 篇。共 66 章。

帐中髑髅	罚及匠工
大士是母亲	移祸
一字狱	指甲墨痕
梧桐案	纤手

鸭

绣鞋

木樨香味

环痕

啮耳

黠辩

隔舟人语

有情人成了眷属

马驰伤人

夏裘冬葛

落船坞

沉尸

妙答

掌心文

撒钱

废票支银

给仆

三鲜大面

杀僧案

不平之诉

百忍堂

庆寿

攫被去矣

千金一点

阖棺

攘羊

误杀

童年辱令

屈宰

全节

腐尸

假珠假镯

千里归来

和奸自首

锦囊计

薙发

二语正法

一文受惊

四民受惠

五十元

佛头污粪

手势

倒置字句

心细于发

物归原主

控文案

尼欤僧欤

蒋某狡猾

争牛案

阋墙之争

杭县潘某

残碣

夜奔

奸非致死辩诉

谐判一

谐判二

瓶耳

跋

民国奇案大观

社会短篇小说。(平)襟亚主撰。上海襟霞阁。1919 年 9 月初版。2 集 4 卷。14 万字。周瘦鹃、朱鸳雏、吴虞公作序各 1 篇。襟亚像 1 幅。插图 2 幅。

第一集

襟亚 宋案纪略

郑案纪略

陈案纪略

夏案纪略

麾儿

梜窃

神虎

烹鸽怨

探骊记

黄金镯

智井尸

假面具

指严 天马巫

肥羊券

瘦鹃 月儿

梅痴 康定奇案

帐中僧

江声 殉节二姬

因奸酿变

检察受辱

律师抢亲

痴儿血

秋风纨扇记

金环党

月夜匕首

离魂误

精脱案

鸳鸯错

鸭翁雄经

没字文契

暗杀鹁鸽

互易一

互易二

西生 夫妇同命

监守自盗

寄鹤 砒礵鸭

吗啡杯

美人乳

炸弹匣

炸弹鱼

急智

一文破案

瘦竹 胡贞女案

绮缘 假知事

弑父骇闻

猫窃

芙蓉血

	禅房花木
	弑父骇闻
	难女命案
	政署秘史
	木偶新娘
	伪军政府
	新念秧
	假鬼行奸
	十姊妹
忆红	妖妇祸人
	天阉离婚
	藤花鱼羹
	蛊毒
	奇窃
	借刀杀人
聘红	金钱豹
乌木山人	筹饷惨杀
	追租奇案
	操刀厉鬼
	车中人头
	帐中异尸
	白胡负友
	妖梦成狱
	侠客害人
	误杀亲夫
	囊中秘密
	知事杀妻
	逆伦一
	逆伦二
	赌案一
	赌案二

虞公	死女结婚
石耕	奸杀自首
盖天	伪币案
	百宝箱
无愁	杀子案

第二集

襟亚	纳贿败露案一
	纳贿败露案二
	白战
	真假鸳鸯
	案中案
	玄珠
	吓诈党之失败
	狱囚之言
	黑衣盗
	同室操戈
	电椅
	雪茄炸弹
	无头案一
	无头案二
	无头案三
	无头案四
	无头案五
	无头案六
鸳雏	怪艳尸
	阿父之情书
	失之交臂
	浦江水
	结婚广告
	彩舆车

	假告强奸		军中醋杀案
	三缢		艳体诗
	情宥	**碧梧**	海底沉案
	鸭死		臭虮
	三十二刀	**绮缘**	伟人出妻冤狱
	雅窃		三姓夺妻
	兽叟		明珠化羽
	药丸箱		新娘急智
	寄书巧露		王孝子
江声	杀人公司		分尸惨案
	男堂子内艳史		姑恶
	黑迷党之迷人		并蒂莲
一介书生	宰白鸭案		犬奸
	团圆命案		猿盗
	捕盗之冤		疯人孽
	杀人放火		女侦探
	盗之然诺		尸盗
	宴客杀人		臭虫毒
	花丛趣闻		祸人自案
	婚礼破案		夺妇案
	佣妇通盗		杀女案
	翡翠约指		杀子案
	索被命案		夺婿案
	香晕	**剑公**	磨镜党败露案
	洪党	**酉生**	女总会败露案
	淫尸案	**若渠**	尼尸案
	短梯疑狱		市疯案
	鼻衄肇祸案	**记者**	铁血团之败露案

百大秘密

社会小说。平襟亚(网珠生)著。上海中央书局。1936年4月3版。4册。21万字。发端1篇。两个好伴侣1篇。插图220幅。共110篇。

三雄争逐鹿

二美作忘羊

偃文以修武

举一而反三

滥发密电码

悔吃教育饭

第三次逃婚

第四盏电灯

全家一字剧

一门三国籍

卖技不卖身

放足不放手

身明无长物

城中遇故妻

呔干燥无味

呀好事多么

公寓出血案

报馆供祖宗

忽然大兵至

疑是玉人来

弥撒之眉眨

赌债的还法

脚以外问题

捉弄老瘟生

遥领总主笔

此中有子孙

何处找姑爷

投稿家改业

报恩寺守节

女丈夫微笑

男招待大怒

二老太无耻

两小不知愁

南国擅恋爱

北地重胭脂

绍酒的颜色

咸鱼的气息

侠客拿淫贼

新妇放小脚

雌老虎骂人

女才子择婿

儒医与德医

红灯复绿灯

现在变了酒

应当上些油

摄影师捧角

打抽丰折本

香槟酒秘书

三楼的房客

烟土二万元

一对恶夫妻

小婢的性命

一百支灯泡

教你探戈舞

临时好夫妻

内看百像图

婚姻预约券

成名杀爱妾

租房遇缢鬼

追悼小烈士

居然凤戏龙

绢本桃花图

指挥棍妙用

跳舞参观队

床下有伏兵

游戏场归来

太爷一条腿

台前得教训

桥下露机关

诗台何寂寞

艺苑太离奇

失马宁非福

求凰反上钩

屁股的反面

粗藤条候教

娼作起冲突

古文寓双关

会中更有会

分之还有分

笑不出的哭

病榻风流史

表兄何其多

卖老不卖货

将军吃狗肉

报复的成功

眼睛里奇痒

快刀削嫩梨

要看哪一张

半夜里发痧

客堂间打眼

好一手米字

想吃天鹅肉

当你大菜盆

扶乩有天才

乞丐阔家庭

一妾一汽车

舌头的魔力

掘壁洞新法

韦陀送儿子

朱女士掷瓶

爱灯草和尚

卖糖炒栗子

未婚未财产

嫖客与鸨母

二百五十号

特别募捐术

简易认字法

包医生奇术

情愿不自由

茶围打一遭

奇妙世界

短篇社会小说。平襟亚编。上海交通图书馆。1920 年 10 月版。1 册。9.7 万字。滕若渠、吴虞公、周瘦鹃序各 1 篇。共 134 篇。

第一编　武侠世界

一　　半天红

二　　十丈青

三　　金山王

四　　雪沟客

五　　铁铮女

六　　绣花针

七　　燕子飞

八　　铁指头

九　　乌三娘

十　　玄裳尼

十一　堕崔人

十二　铁头僧

十三　热酒壶

十四　髯将军

十五　竹叶飞

十六　当炉女

十七　舒倔子

十八　红蜻蛉

十九　盗琵琶

二十　长瓜翁

二十一　严履霜

二十二　李凉州

二十三　五奇镳

二十四　十奇剑

第二编　香艳世界

一　　情圣

二　　全美

三　　霞娘

四　　慧姑

五　　陈姝

六　　俪景

七　　豪情

八　　亭句

九　　琼英

十　　溶溶

十一　蕊仙

十二　畹兰

十三　绮华

十四　小兰

十五　燕秋

十六　漱梅

十七　墨娥

十八　银笙

十九　翠喜

二十　小红

二十一　魔儿

二十二　凤宝

二十三　宝香

二十四　绮玉

二十五　小翠

第三编　怪异世界

一　　我祖驱狐

二　　于谦祭石

三　　秋红立鸟

四　　窗外侏儒

五　　惨杀孤妻

六　　悲听鹙语

七　　古棺牛鸣

八　　白骨索金

九　　美人赠粽

十　　宣圣责狐

十一　奇花捕虫

十二　瑶草生梦

十三　了尘化儿

十四　启丰返童

十五　髑髅追人

十六　球龙腾光

十七　墙边玉手

十八　笼里红裙

十九　图圈毛尝

二十　家园瓜异

二十一　风流银杏

二十二　泥刀杀人

二十三　鱼腹大拇

二十四　饼中珠环

二十五　皮鼓作祟

二十六　草帚成精

二十七　额上青痕

二十八　窗中白练

二十九　孤友相随

三十　　思妻反目

三十一　牡丹花妖

三十二　琵琶蛇异

三十三　造化小儿

三十四　天台虫怪

三十五　奇疮人语

三十六　蟹虫报仇

三十七　重阳觐艳

三十八　九日鬼唱

三十九　城隍纳妾

四十　　烈女寻夫

四十一　道人赠囊

四十二　樵客得瓮

四十三　陈婢却怪

四十四　黠儿付鬼

四十五　金陵老道

四十六　吴市跛丐

四十七　虎背奇猫

四十八　虱儿骤长

四十九　蛇媒惑去

五十　　龙至不惧

五十一　大熊可布

五十二　人头小虫

五十三　鳖甲波斯

五十四　尚书却鬼

五十五　灯下柔荑

五十六　山中毒草

五十七	天士起死	七十三	缘瓢金瓜
五十八	周怪治癞	七十四	白水红颜
五十九	巨鱼吞盐	七十五	梦告骸骨
六十	大蟹钳人		
六十一	隔墙箫声	**第四编**	**快活世界**
六十二	知计擒妖	一	庸医小传
六十三	读书鬼避	二	香姑娘传
六十四	灵亭残碣	三	春郊演剧文
六十五	豕背红纹	四	小人赋
六十六	衔珠产异	五	妙解
六十七	蚕虱之毒	六	童谣
六十八	醉后打鬼	七	憨公子传
六十九	新尸起立	八	猁狲王
七十	鬼姬挑人	九	疯子赋
七十一	败鸡忽振	十	齐髡新语七十则
七十二	无端失�459		

佳人之奇遇

言情小说。东海散士著。上海中国书局。1935 年 10 月版。1 册。11.5 万字。复临室主人叙言 1 篇。有待楼主人引言 1 篇。自序 1 篇。插图 73 幅。未分章节。

酒　　令

短篇社会小说。东野著。上海中华图书馆。1922 年 11 月版。1 册。5.6 万字。共 10 节。

一　谓他人父　　　　　二　三娘

三　元首箱（前）　　　　　　　七　伞村

四　美人手　　　　　　　　　　八　元首箱（后）

五　鸭碗与饭桶　　　　　　　　九　买椟还珠记

六　白玫瑰　　　　　　　　　　十　画轴藏珠记

桃源痛史

哀情小说。北海后身著。群学书社。1913 年 4 月初版。1 册。1.6 万字。共 7 章。

第一章　铁道场之喋血　　　　第五章　机械的罪犯

第二章　解剖室之临命　　　　第六章　狼狈的鬼蜮

第三章　常例之文牍　　　　　第七章　混合的法庭

第四章　离奇之函电

古戍寒笳记

社会小说。叶小凤（叶楚伧）著。崇文书局。1923 年 3 月再版。1 册。12 万字。王大觉、范烟桥、凌景坚、吴惜漫序各 1 篇。共 46 回。

第一回　楔子　　　　　　　　第六回　孤树村煮酒谈心

第二回　系颈以来似曾相识　　　　　　古凝神建瓴定策

　　　　排闼而入不知谁何　　第七回　软玉温香独来艳境

第三回　露消息奇方参谜语　　　　　　纸窗雪夜追述奇谋

　　　　叩山村避地识佳人　　第八回　弄聪明桃僵李代

第四回　前度之艳史　　　　　　　　　走钦犯人去楼空

　　　　揾泪于中宵　　　　　第九回　官太太床头传妙策

第五回　联珠弩中宵惊杰士　　　　　　差伯伯意外遇佳人

　　　　孤树村客邸志奇逢　　第十回　乍现双尸失魂落魄

不禁一吓命将出师

第 十 一 回　一士谔谔屈居坐末
　　　　　　有客翩翩来自江南

第 十 二 回　紫藤篱外诗改村居
　　　　　　白草风中人来晓市

第 十 三 回　珠走如意美人入局
　　　　　　车镶七宝妃子进宫

第 十 四 回　春云乍展绣闼留宾
　　　　　　山雨欲来穷荒设教

第 十 五 回　谈大义鸠儿驯野性
　　　　　　约会师鸳侣走长途

第 十 六 回　夜行船孤村访遗硕
　　　　　　破陈乐三泖练舟师

第 十 七 回　恩变仇鸳鸯成小劫
　　　　　　假作真蚌蛤误渔人

第 十 八 回　开狗府湖山蒙不洁
　　　　　　全鸳侣侠士结同盟

第 十 九 回　美停云指掌太仓州
　　　　　　莽乞儿大闹断头港

第 二 十 回　罢诗战鸾绡离绣阁
　　　　　　陈水嬉画桨演明湖

第二十一回　雌抚院闻歌知雅意
　　　　　　女才子雄辩析群疑

第二十二回　试水性龙舟传余韵
　　　　　　得天助蛛网决休祥

第二十三回　述地势名词辩旧诂
　　　　　　泄机密抚部下征书

第二十四回　箫鼓画船临淮新涨
　　　　　　龙蛇上陆瀛海生波

第二十五回　抵掌谈兵别翻酒令
　　　　　　抱衾送笑独具风情

第二十六回　江上良宵名姬同枕
　　　　　　关中羽檄远道征师

第二十七回　闻恶耗两日夜行九百里
　　　　　　挫敌锋一女狠杀六十人

第二十八回　惑虚利赤力克退兵
　　　　　　仪战守郝子玉坚壁

第二十九回　月下沙明何来轻骑
　　　　　　濠边血冷突现佳人

第 三 十 回　古凝神飞檄策各路
　　　　　　吉尔杭秉节视三边

第三十一回　童子跌金刚吉尔杭受缚
　　　　　　游龙遇醉鳌奇色渥褫官

第三十二回　以怨报德全家被困
　　　　　　引虎离山五儿复仇

第三十三回　订新欢祁夫人别嫁
　　　　　　闻密耗杨春华起兵

第三十四回　红石山上羌官
　　　　　　荷叶岭前熟客

第三十五回　衙官卫霍撚须一笑
　　　　　　云霓幽燕弹重指关

第三十六回　骊山烽火传中夜
　　　　　　易水歌声又一时

第三十七回　制中权书生进大计
　　　　　　探敌信江左出偏师

第三十八回　粗客出嘉猷松江唾手
　　　　　　狡奴娴军略石瓮设奇

第三十九回　一棹载佳人朝山拜佛
　　　　　　千人下名邑行赏论功

第 四 十 回　东门锁钥江口雄师
　　　　　　北地缁尘楼头歌舞

第四十一回　因美人留下一命

　　　　借题目激起三军

第四十二回　恒王旧人黄冠野服
　　　　云门仙诀玉版新诗

第四十三回　秦时汉禅历历眼前
　　　　鹤驭鸾吟翩翩世外

第四十四回　出梦入梦迷离神境

　　　　欲去未去迢递心盟

第四十五回　看日出诠释旧闻
　　　　下峰腰惊睹异物

第四十六回　出梦境火攻第一关
　　　　遇道人金箴参万世

如此京华

社会小说。叶小凤著。上海进步书局。1921 年版。1 册。4.4 万字。插图 16 幅。2 卷。共 32 回。

第一回　乔篡窃乱登祈年殿
　　　絜纲领哀唱望江南

第二回　危教读正规弹铗客
　　　刘金事乱和闺情诗

第三回　郭先生探欢场奇境
　　　刘老爷演嫖界新规

第四回　春草玉关钟传名唱
　　　名花绮席电达悲音

第五回　帘掩虾须曲廊小语
　　　茗焙雀舌书舍怡宾

第六回　万里梯航人来南国
　　　一帧织锦名遍京华

第七回　陌上搴帷客来不速
　　　灯前弄影记到名词

第八回　雨花庵佛前参妙谛
　　　沈青儿江上识奇缘

第九回　不顾而唾嗔莺叱燕
　　　幽然神往屑玉霏珠

第十回　限字画古人翻新令
　　　寻消息孤鹤忆离鸾

第十一回　论优伶奇情发妙语
　　　斗艳曲白首依红妆

第十二回　李伯纯诗贻沈挹芬
　　　破落户途窘书呆子

第十三回　煊赫头衔龟能人语
　　　殷勤晋接兔解客嘲

第十四回　中人十家贵官一掷
　　　掌班推食知事登天

第十五回　珠络云裳盟成信誓
　　　眠香乔醋唱遍新声

第十六回　纨扇佳人弃掷恨
　　　缝穷婆子定情诗

第十七回　灌夫骂人何尝真醉
　　　屠儿善价别寓奇文

第十八回　尊前人是戏中事
　　　眼底文多绘外音

第 十 九 回　妖怪娶妻莫名其妙
　　　　　　怒马歧路突如其来

第 二 十 回　洗兵马将军应诗课
　　　　　　破鸳梦名士作花郎

第二十一回　豚犬才名景升儿子
　　　　　　野鸡口吻苏小乡亲

第二十二回　瞎追欢书呆遭呼斥
　　　　　　恶忏悔名士落狴犴

第二十三回　见歪诗名士作和尚
　　　　　　入重地群婢战将军

第二十四回　竹帚先锋脂雄粉怒
　　　　　　虬髯丈夫剑拔弩张

第二十五回　假排场新恩到舆隶
　　　　　　祈速死痛哭向天涯

第二十六回　古刹秋风蒲团入定
　　　　　　市楼夜醉灯火催归

第二十七回　香满萧斋酒边戒酒
　　　　　　月明空巷禅外参禅

第二十八回　听梵音故宫开夜祭
　　　　　　辨篡夺秘册落人间

第二十九回　被禁锢离怀通尺素
　　　　　　和秋兴哀唱动江关

第 三 十 回　奖能员咄嗟供内帑
　　　　　　趁盛会奔走觅街车

第三十一回　趁香车良辰拥佳丽
　　　　　　游僻地粪窖话前游

第三十二回　竞优秀礼帽作舞蹈
　　　　　　寄感慨鼓板绕余音

时代姑娘

哀情小说。四社文库。叶灵凤著。四社出版部。1933 年 7 月初版。1 册。8.4 万字。自题 1 篇。

第一部

一　快乐的乘客

二　半打玫瑰

三　望远镜里的风景

四　人鱼市场

五　所谓舆论

六　彩球

七　丽丽的日记

八　家庭外交

九　少年维特

十　丽丽的来信

十一　坦腹婿

十二　餐后对话

十三　三本书

十四　前夜

十五　突然沉默了的人

十六　星期六

十七　丽丽的决心

十八　期待

十九　泪的结合

二十　　海上夜话
二十一　虚心的人
二十二　父亲的训话
二十三　黑绒的剪影

插曲：海行日记一、二、三、四

第二部

一　　　中国饭店
二　　　两只丝袜
三　　　年红灯
四　　　尊严的动摇
五　　　茫然的心
六　　　同事谈话
七　　　一封挂号信
八　　　所谓朋友的病
九　　　沉思
十　　　不速之客
十一　　汤匙舞
十二　　不会有的电话
十三　　回去吗
十四　　女子公寓
十五　　她要这样的写
十六　　紧急动员令
十七　　口试
十八　　以退为进
十九　　咖啡座谈
二十　　黄昏的恋曲
二十一　新雅
二十二　被降伏了的猎人
二十三　地狱之道
二十四　最后的命令

二十五　被袭击的心
二十六　强心剂
二十七　奈何天
二十八　未婚妻
二十九　不需要的东西
三十　　朱女士
三十一　蛮性的遗留
三十二　永久的偶像
三十三　爸爸
三十四　不要理我
三十五　鱼与熊掌
三十六　争
三十七　小小的惩罚
三十八　惩罚之道
三十九　狭路相逢
四十　　三迁

第三部

一　　　异乡人
二　　　大海捞针
三　　　法律的研究
四　　　短兵相见
五　　　致命伤
六　　　狡兔
七　　　解铃系铃
八　　　晴天霹雳
九　　　韩剑修的遗书
十　　　验尸所
十一　　爱的自首
十二　　忍不住的眼泪
十三　　一切都迟了

十四　两只花圈

前辈先生

社会小说。叶小凤著。上海光华书局。1927 年 10 月版。1 册。7.3 万字。前辈先生告辞了 1 篇。共 20 回。

蒙边鸣筑记

社会小说。叶小凤撰。上海文明书局。1921 年 6 月初版。1 册。2.7 万字。插图 5 幅。共 10 章。

贪　酷　镜

社会小说。叶莞著。四明报社。1922 年出版。1 册。5.3 万字。自序 1 篇。戴衮、陈企白序各 1 篇。毛康寿跋 1 篇。二千题词 4 首。芙影题词 1 首。共 13 回。

第一回	牛知事孝水莅新任 梁所长文庙发牢骚	第六回	走狭邪荡子倾家 因赌博老妪丧命
第二回	三公司合股生财 一场赌破家荡产	第七回	控案忽翻通神有术 官司连坐交好无情
第三回	结新欢狱地鸳盟 鞭逸犯法庭狮吼	第八回	用刑讯罪判杀人 谋上控会开救命
第四回	工医妒妙施连环计 善生财大开方便门	第九回	赣知事电讦交易所 小百姓命殉地方厅
第五回	敲竹杠酒楼订密约 吃官司旅店说人情	第十回	勘灾荒知事赌气 报宿怨所长受亏

第十一回　宴五国春妄希会长　　　　　　开欢送会牛王潜走

　　　　　乘头等车空喊当差　　　闰 一 回　分赃款隙末凶终

第十二回　送德政牌狐党失凭　　　　　　结冤狱水落石出

二 少 年

社会小说。叶盖尘著。上海佛学书局。1931 年 3 月版。1 册。2.5 万字。徐英范序 1 篇。叶盖尘弁言 1 篇。共 20 回。

第一回　慕虚荣煞费苦心　　　　第十一回　亡命客依然作孽

　　　　因溺爱养成逆子　　　　　　　　矿学家邂逅相逢

第二回　失怙恃零丁孤苦　　　　第十二回　得提携出路有期

　　　　遭磨折贫病双缠　　　　　　　　遭掳绑前程又阻

第三回　起沉疴不忘恩德　　　　第十三回　设陷阱宣儿被骗

　　　　难规劝各断往来　　　　　　　　蒙援助赵璧完归

第四回　恣挥霍倏尔倾家　　　　第十四回　应作波重演杀人

　　　　恨身世偏多厄运　　　　　　　　盛增旺飞来巨祸

第五回　全贞操幸凭妙计　　　　第十五回　悔当初刻剥成家

　　　　因排解察破奸谋　　　　　　　　叹今日凄凉满目

第六回　诬偷窃悲遭囚狱　　　　第十六回　程修志乘机脱险

　　　　使金钱压倒贪污　　　　　　　　黄裕中来翰催行

第七回　蒙法官审明冤屈　　　　第十七回　乘酒兴高谈恶史

　　　　被仇徒另起风波　　　　　　　　冒尸亲竟遇冤家

第八回　书绝命词甚凄凉　　　　第十八回　诸罪犯难逃法网

　　　　庆更生自修学业　　　　　　　　真公理自在人间

第九回　悲今昔哭墓陈词　　　　第十九回　赋旋归拟报旧恩

　　　　毙朋党移尸图诈　　　　　　　　求解脱勤修净业

第十回　求忏悔去修净业　　　　第二十回　工艺厂骈蠓成托

　　　　通音问各报素书　　　　　　　　模范村遐迩争传

迷　魂　阵

言情小说。叶影芦著。北平震东印书馆。1930 年 12 月初版。1 册。7.8 万字。作者自序 1 篇。插图 9 幅。共 14 章。

三　姑　娘

言情小说。田舍郎著。二酉出版社。1936 年 2 月再版。3 册。32 万字。共 30 章。

一	送礼探亲		十六	三妹妹你别误会了
二	床底下找本账簿		十七	你们真像新婚夫妻
三	借花献佛		十八	她从乡下出来不久哩
四	雪白雪白的腿马上露出来		十九	为什么怕红头阿三
五	阿贵,你真是慢郎中		二十	别着急自然有道理
六	三姑娘可有意思配成一对儿		二十一	我是害人精
七	男人有男人的好处		二十二	好一个有良心的人
八	暴雨留情		二十三	好马不吃回头草
九	蓬门今始为君开		二十四	不顾人家的死活
十	家丑不可外扬		二十五	敲要敲足输赢
十一	穷星未退色星高照		二十六	一不做二不休
十二	现今势口女人便宜		二十七	并不是吃药的毛病
十三	再不脱我要热死了		二十八	总归弄得他服帖就是
十四	就寻个死罢,活着也难过		二十九	行了好心没有好报
十五	阿福你真太客气了		三十	人面兽心

田家风月

社会小说。田舍郎著。上海华光书报社。1947 年 7 月版。2 册。28 万字。130 幅插图。自序 1 篇。未分章节。

花落谁家

言情小说。田舍郎著。新艺书店。1941 年 3 月初版。1 册。14 万字。共 89 篇。

好山歌   丢脸的
头一回   怎做人
讨赏俸   倒霉的
你听着   追上去
暗思量   真可怜
一个屁   难题目
快来看   都是空
伤心事   很客气
招女婿   好办法
做媒人   拜托你
看新娘   讨谢意
大失败   恶梦记
碰着鬼   笑话了
湿淋淋   不出来
卖关子   咽不下
气伤心   志不穷
养蚕忙   正好比
听到了   神经病

我有兴

景阳冈打狗

我叫狗子三声爷

要你抵命

要你长就长

仍是一条好汉

十八年帮夫运

小皇帝王金虎

你要诚心些呀

香火钱开销几个

你这位先生真有趣

性急要养儿子

眉头一皱计上心来

有眼不识泰山

白面书生小官人

受宠若惊语无伦次

明天详详细细告诉你

没有一个媒人不说谎

我还当她生的疥疮

一箭双雕之意

我待你没有错

义冢地血案

一身做事一身当

小手帕是蛛丝马迹

将狗贱人重办就是

那男的是谁呢

癞痢自有癞痢福

里面请你去一趟

又吃了个空心包子

有谁给你造贞节牌坊

变得白又白嫩又嫩

单枪匹马的李师娘

一定收你做寄女儿

好戏不看错过可惜

脸色马上吓得格白

被骂得眼泪千双挂

骂你就是爱你

脸皮之厚天下独一

并非我寄娘埋怨你

将来都是你的

三十好过四十难当

好买卖百货中百客

手里有一两万私房

不防会翻出老账来

踢踢脚又歪歪嘴巴

这是休息五分钟

黄黄的像浆糊

巴望你也有这么一天

猪油雪菜炒冬笋

看中那双红丝绒鞋子

我想和你谈谈说说

就没有再好的路可走

一则以喜一则以惧

绿杨飞絮

滑稽小说。田舍郎著。上海文立书局。1949 年 6 月版。1 册。8 千字。共 8 章。

第一章	清官难断家务事	第五章	枉费心机一场空
第二章	尽在向她身上捞	第六章	烧香只为望和尚
第三章	撒泡尿照照面孔	第七章	良心还是老的好
第四章	各有三千年道行	第八章	老头讨饭我拎篮

孽　债

社会小说。田舍郎著。世界书报社版。出版时间不详。1 册。9 万字。未分章节。

元史演义

历史小说。田腾蛟著。上海商务印书馆。1922 年 3 月初版。6 册。26.9 万字。红杏山人序 1 篇。自序 1 篇。共 100 回。

第一回	元世祖贬圣伐陵	第 八 回	钟明亮入寇兰关
第二回	程廉访招贤纳士	第 九 回	北固亭范国昌望气
第三回	冬青树记换君王骨	第 十 回	栖霞岭皇甫惇题诗
第四回	灵隐寺激怒英雄心	第十一回	征日本蒙古丧师
第五回	寇复雷大闹临安郡	第十二回	走占城涪陵返国
第六回	秦锡帛起义紫金山	第十三回	贾智深献策掠广陵
第七回	杨镇龙兵犯牛渚	第十四回	万俟屫弃家走寿春

第 十 五 回　种世龙传檄达荆楚

第 十 六 回　杨孝伯击楫过洞庭

第 十 七 回　寿阳城锡帛僭号

第 十 八 回　虎邱寺涪陵遇友

第 十 九 回　狄招讨一征罗浮

第 二 十 回　韩博虎七败贾䴕

第二十一回　岳燕超官辞参政

第二十二回　狄招讨二征罗浮

第二十三回　襄阳城贾辧授首

第二十四回　铁幢浦秦楠败兵

第二十五回　拓拔将计取南安

第二十六回　涪陵公兵进邵武

第二十七回　范国昌入梦承简命

第二十八回　刘先锋修书取漳州

第二十九回　赵涪陵聘贤龙首

第 三 十 回　狄招讨三征罗浮

第三十一回　白映雪夺缘有幸

第三十二回　寇竹生惨遇无辜

第三十三回　翔龙府风云会合

第三十四回　南雄镇雷雨交兵

第三十五回　德报德上官朴免祸

第三十六回　冤构冤万俟厬杀身

第三十七回　涪陵王大兴屯田

第三十八回　淳于丹论史匡君

第三十九回　岳燕超练兵演阵

第 四 十 回　兰天蔚弃暗投明

第四十一回　谢侍郎燕京死节

第四十二回　梅参政淮南召兵

第四十三回　金山寺索通盗宝

第四十四回　周处台马陵伏妖

第四十五回　梅参政昭关战死

第四十六回　贾平章寿阳篡位

第四十七回　凤凰台大开武选

第四十八回　鸳鸯绢巧判良缘

第四十九回　岳招讨计赚长沙

第 五 十 回　慕容儿鏖兵武陵

第五十一回　西泠桥樊生遇艳

第五十二回　术棉庵老魅谈禅

第五十三回　扈光锋收复岳阳郡

第五十四回　元太后驾游五台山

第五十五回　两先锋分剿云梦

第五十六回　岳招讨怒打襄阳

第五十七回　广陵散竹生得谱

第五十八回　牡丹钿玉奴择婿

第五十九回　耿星星兵败海门岛

第 六 十 回　王用槐吹箫九嶷山

第六十一回　炎宋兴复设方镇

第六十二回　众夷国入贡武都

第六十三回　苏公堤朝云集句

第六十四回　七星岩焦芳殉节

第六十五回　云贞女万里传书

第六十六回　钟情人一心合墓

第六十七回　宋主重立元祐碑

第六十八回　孝伯误陷金锁阵

第六十九回　韩太尉骂死留梦炎

第 七 十 回　关将军招降吕大成

第七十一回　宝林寺韩昭毁佛

第七十二回　摩天岭三将殒命

第七十三回　苏县令巧决疑讼

第七十四回　王太常词慰幽魂

第七十五回　寇节度力战青龙岭

第七十六回　狄枢密智破昆仑关

第七十七回　范仆射登台观星　　第八十九回　乌葜僧巧设骗局

第七十八回　元世祖入梦崇圣　　第九十回　许廉访请颁葬制

第七十九回　黄金河大破元兵　　第九十一回　赵完普焚香告天

第八十回　太乙阵生擒索虎　　第九十二回　潞安王出守归国

第八十一回　赵孟頫入宋和兵　　第九十三回　还珠亭冤鬼泄愤

第八十二回　令狐韬当殿论玺　　第九十四回　清风岭廉夫祈嗣

第八十三回　廿四堆宋主扫墓　　第九十五回　张士诚贩盐起泰州

第八十四回　杨妃井太真洗心　　第九十六回　刘伯温望气游西湖

第八十五回　宋昭帝诏求直谏　　第九十七回　脱脱决议开黄河

第八十六回　吴草庐不序藏经　　第九十八回　哈麻献策造龙舟

第八十七回　三清楼公孙醉酒　　第九十九回　韩节度误释友谅

第八十八回　刘蕡墓轩辕还金　　第一百回　明太祖应运和阳

佛根奇缘

宗教小说。冉积钝著。密藏法院。1931 年版。2 册。22.1 万字。共 120 回。

第一回　佛祖谈经升宝座　　第七回　白鹤岭变红鹤山
　　　　碧空谪贬落凡尘　　　　　　铁面王成焦面鬼

第二回　古寺有僧无约束　　第八回　沐佛化全军守法
　　　　碧空得病便离尘　　　　　　谢尘缘名将归西

第三回　有殊缘佛子降生　　第九回　夫人毕命因悲切
　　　　打妄想王侯谋叛　　　　　　歌女求生没奈何

第四回　菩萨按云行化度　　第十回　忙闲浪步停踪处
　　　　贵人入野着邪魔　　　　　　真假因缘扑面来

第五回　能精弄术吐邪火　　第十一回　玉石街前忆玉人
　　　　虎将冲锋观敌情　　　　　　艳阳洞里邀艳友

第六回　对镜再难施鬼计　　第十二回　夸妙手弄假作真
　　　　缓兵权递诈降书　　　　　　漫同尘借花助兴

第 十 三 回　是了因订婚多事
　　　　　　非显客临试延医

第 十 四 回　年少书生十六岁
　　　　　　黉门科第十三名

第 十 五 回　受拜丈人款贵婿
　　　　　　未婚妻子护亲夫

第 十 六 回　清士品清新戒酒
　　　　　　古香性古故迟婚

第 十 七 回　病害相思无妙药
　　　　　　法通禳解有诬师

第 十 八 回　字才人苦读诗书
　　　　　　新秀士连遭磨难

第 十 九 回　假药揭开医黑幕
　　　　　　多金累煞病青年

第 二 十 回　翰卿三载病才清
　　　　　　春永一朝年不寿

第二十一回　惨别离掌珠忽坠
　　　　　　猛醒悟尘网三秋

第二十二回　闻鹦鹉罢酒减食
　　　　　　开箱箧对物思人

第二十三回　登泰山从人暗尾
　　　　　　出餐馆暴客挥拳

第二十四回　打不赢背地夸嘴
　　　　　　怕受责归家不提

第二十五回　饮罢金樽饯行酒
　　　　　　吟成宝鼎送人诗

第二十六回　惟望高升来旅馆
　　　　　　哪知名姓落孙山

第二十七回　淡世情翰卿好佛
　　　　　　辞馆地古香归家

第二十八回　志士居家参佛法
　　　　　　大人入梦指前程

第二十九回　研佛学主仆同修
　　　　　　说婚姻襟母作伐

第 三 十 回　卧罗帐梦母谈心
　　　　　　买檀炉上街若祸

第三十一回　拳因乱打身遭禁
　　　　　　草为含羞口去毛

第三十二回　惊异梦三人脱法
　　　　　　遭大水一旦倾家

第三十三回　寻师首入四川省
　　　　　　开店暂名三义长

第三十四回　江湖汉流当老弟
　　　　　　衙门出事拜先生

第三十五回　一千金改字救生
　　　　　　七百两息讼谈报

第三十六回　寻师三访财神巷
　　　　　　接见全因介绍人

第三十七回　财神巷中称弟子
　　　　　　老关庙内事师尊

第三十八回　荔枝码头送师去
　　　　　　净慈寺里访僧来

第三十九回　住酉阳拜师学道
　　　　　　随名宦座考求名

第 四 十 回　贵州罢任回涪水
　　　　　　黔省逃灾考秘书

第四十一回　夏督军考取秘书
　　　　　　林协统坚求去职

第四十二回　悟危机跌伤入梦
　　　　　　同寂友听唱谈心

第四十三回　出家托寂亮先客
　　　　　　脱俗从复兴入手

第四十四回	白象山削发为僧 罗汉寺受戒学佛		同牧师宿金花寺
第四十五回	意马牢拴初禁足 妖狐无术乱禅心	第 六 十 回	止雹通宵宿安乐 观景康定遇超然
第四十六回	少女求师充外护 老人蓄意款嘉宾	第六十一回	别烟僧教堂收弟 辞叶友山峡降妖
第四十七回	借力腾空过洞府 精诚通感降天仙	第六十二回	折多山降狐冲雹 蛮庄窝歇马受斋
第四十八回	误谣言险些受累 避匪教别有殊缘	第六十三回	八脉山前奸计售 大甸窖里救星来
第四十九回	赵山梦后到温江 关庙接成函寿县	第六十四回	放苦众化身行令 到甘孜动步访缘
第 五 十 回	驾云缩地玩大千 学法参师遇丹五	第六十五回	添照请恩烦保正 临河作法扫妖氛
第五十一回	三徒救难访彭罡 一梦分明策藏行	第六十六回	脂粉网逢源解释 雪花山光本结缘
第五十二回	往藏印督军给照 失鸡羊徒弟生疑	第六十七回	山上借宿遇妖狐 池边饮水逢怪物
第五十三回	养尸窃物怕袈裟 知事斋僧荐法侣	第六十八回	鱼雷腹内动干戈 鹏鹊池中遭杀戮
第五十四回	挂单和尚逢道士 拦途匪盗抢行人	第六十九回	千佛岩人马受惊 乐天国君民苦旱
第五十五回	集马款方遇良朋 卧龙场又逢棒客	第 七 十 回	水萍村中摘梅果 白蟒山上斩妖精
第五十六回	打翻花贼好谈道 行到名山快赶斋	第七十一回	乐天国觉贤求雨 那威殿昌福收妖
第五十七回	蒙顶贡茶雅州马 喇嘛徒弟道人朋	第七十二回	尚真着火除邪道 昌福竹权御色迷
第五十八回	梦虎随军过荣县 遇狐坏道在清溪	第七十三回	多福多宝各护身 运姐运弟同飞去
第五十九回	放真火收蟒蛇精	第七十四回	黑海无船人渡马 毛村有怪鼠伺鹅

第七十五回　偕友人游庙除妖
　　　　　　禀达赖乞谕求照

第七十六回　见达赖谈经受职
　　　　　　诊庄王料死如神

第七十七回　和尚打擂烟花里
　　　　　　师徒行走风雪中

第七十八回　百草山六精作怪
　　　　　　女贞国三众受灾

第七十九回　石房中徒代师囚
　　　　　　酒席上男盗女宝

第 八 十 回　望花岗花中睡觉
　　　　　　坪草溪草上诛妖

第八十一回　取水屠龙人作法
　　　　　　朝山下马僧探奇

第八十二回　谁狂呼野老受施
　　　　　　到波喜汉僧遭险

第八十三回　喇嘛游街被屈辱
　　　　　　汉僧登殿逞殊能

第八十四回　达赖王登殿讲经
　　　　　　元勋允揆情转奏

第八十五回　马和堂从中请命
　　　　　　文书阁赶办出文

第八十六回　延巴拔苦娘儿拜
　　　　　　格喜求医师弟欢

第八十七回　痴人无耻说三生
　　　　　　行者有功由一志

第八十八回　判是非师徒出险
　　　　　　凭虚实姐妹遭凌

第八十九回　神女巡游求伉俪
　　　　　　龙宫定计诳姻缘

第 九 十 回　藏地情形成七贤

第九十一回　师徒计划到三南
　　　　　　炼就金刚摧铜柱
　　　　　　放开珠雾破磷球

第九十二回　催生狐妇虔求药
　　　　　　战胜雀王任靖山

第九十三回　王产妇报恩心切
　　　　　　文贤女获福眼前

第九十四回　女王梦觉求开示
　　　　　　猴子神通摄异才

第九十五回　凭雪辨踪寻师文
　　　　　　腾云吐雾退邪魔

第九十六回　救难妇突围吐火
　　　　　　拔罪姑上表通灵

第九十七回　观世音指引迷途
　　　　　　春初岭降诛妖物

第九十八回　哑丹国中谈妙法
　　　　　　佛叶树上探奇踪

第九十九回　绿莲仙府遭奇辱
　　　　　　不夜山头漫应供

第 一 百 回　鹦鹉成精求道切
　　　　　　猿猴巧计失身危

第一百零一回　妙迷猴洞好前行
　　　　　　　恨煞土城是敢死

第一百零二回　总兵因图强折节
　　　　　　　孝女为亡女跪求

第一百零三回　海子湖胆大乘舟
　　　　　　　鱼虾辈计穷供状

第一百零四回　避秦村里话乡情
　　　　　　　太极卵中产英物

第一百零五回　唵字真言传虎女
　　　　　　　觉华秘藏叩雷音

第一百零六回　天元馆觉路宏开　　　　　　　　　　　　描像标物玉洁师
　　　　　　　成道日好音传到　　第一百十四回　汉光本保险到梵
第一百零七回　旅馆中师徒聚会　　　　　　　　　　　　斗月圣阴谋摄淑
　　　　　　　经楼上父子团圆　　第一百十五回　大闹鱼厅施法术
第一百零八回　千里澈知收碧如　　　　　　　　　　　　奔求龙驾救皇妃
　　　　　　　中宵防贼制卡拉　　第一百十六回　供词确切斩鱼精
第一百零九回　动物求师争出罪　　　　　　　　　　　　问计探寻诛鸟怪
　　　　　　　扎蛙闻法赠行文　　第一百十七回　太子凯旋双失踪
第一百十回　　孤云村巧遇矮人　　　　　　　　　　　　总兵连挫难夺口
　　　　　　　布骆岭力诛妖象　　第一百十八回　为息兵争充说客
第一百十一回　二怪登程认岳母　　　　　　　　　　　　有缘化度授其言
　　　　　　　三龙道歉识贤师　　第一百十九回　莺嘴岩前餐素果
第一百十二回　收妖盅祆皇后苦　　　　　　　　　　　　雷神庙内走佛珠
　　　　　　　降瑞麟喜国王心　　第一百二十回　真经取得会法师
第一百十三回　作词赞贺祯祥岁　　　　　　　　　　　　妙觉功成传密藏

有夫之妇

哀情小说。生可著。杭州之江日报社。1914 年 7 月版。2 册。3 万字。共 16 章。

第一章　惨别　　　　　　　　　第九章　幻想
第二章　遇险　　　　　　　　　第十章　梦变
第三章　话旧　　　　　　　　　第十一章　双简
第四章　感梦　　　　　　　　　第十二章　誓言
第五章　病厥　　　　　　　　　第十三章　苏生
第六章　爱影　　　　　　　　　第十四章　将离
第七章　诗谶　　　　　　　　　第十五章　情潮
第八章　言情　　　　　　　　　第十六章　决绝

真假因缘

言情小说。失意人著。上海天一书局。1932 年 8 月版。1 册。2.5 万字。共 10 回。

第一回　离家乡弃学就商
　　　　管货栈遇艳倾心

第二回　赠寒履佳人钟情
　　　　谈衷曲师兄作难

第三回　假装病设计夺美
　　　　枉用情画饼充饥

第四回　施恶剧半夜扮鬼
　　　　争地盘军阀交兵

第五回　宿旅店避难申江
　　　　约佳期途中巧会

第六回　自由厅上忽惊怪声
　　　　老半斋内互谈肺腑

第七回　听谗言慈母训女
　　　　避嫌疑辞业归乡

第八回　传凶耗爱女身亡
　　　　求婚姻岳母赠女

第九回　愿殉情轻身遇救
　　　　游武陵受骗成婚

第十回　忆前情乐园访旧
　　　　错因缘长恨终身

迷　　娘

言情小说。白夫著。上海沪江书屋。1947 年 11 月初版。1 册。6.7 万字。自序 1 篇。献辞 1 首。共 10 回。

一　巧遇

二　追逐

三　降服

四　雷雨

五　矜持

六　报复

七　诀别

八　重逢

九　断肠

十　锐变

红粉骷髅记

社会小说。即雷芬琪之秘史。白云野史著。出版单位不详。1918 年 11 月版。共 1 册。1.9 万字。自序 1 篇。共 12 回。

第一回	开诗社东床求坦腹 逢旧雨二老话家常	第 七 回	开总会群雌遭骗局 指迷途稚子脱牢笼
第二回	对客挥毫雀屏暗中 登科合卺喜事双逢	第 八 回	被告发雷芬琪出丑 得消息余璧人离婚
第三回	入宦途奇才初附骥 出风头荡妇学时髦	第 九 回	丑律师大嚼天鹅肉 新世界喜逢探艳团
第四回	余璧人瀛岛作随员 雷芬琪栈房还孽债	第 十 回	黄绮云卖友嫁春江 施梧卿贪财迷老蟹
第五回	顽父傻儿熏心势利 痴男怨女巧合姻缘	第十一回	巨腹贾误入仙人跳 老徐娘重勾色鬼魂
第六回	雷芬琪重回海上 曹锦帆误堕情坑	第十二回	窃钻戒奸夫起诉 为土娼荡妇收场

十二金钱镖

武侠小说。白羽著。上海百新书店。1937 年 6 月—1938 年 4 月第 1 版。12 册。92 万字。自序 1 篇。题辞 17 篇。共 60 章。

第一章	小隐侠踪间居传剑术 频闻盗警登门借镖旗		长笑拔镖旗飞豹留束
第二章	湖畔扬镖两逢盗谍 夕阳鸣镝三斗腾蛇	第四章	武并怀嗔镖师下狱 黑鹰赴诉剑客寻仇
第三章	浴血战群寇铁牌亏功	第五章	酒楼访盗迹过耳传讹 荒寨拜山酋利口启隙

第 六 章　探虎口劫质突重围
　　　　　闻马嘶窥垣得一线

第 七 章　两番探古刹贪功被擒
　　　　　三度讯真情扯谎受辱

第 八 章　夜脱匪窟智运寸钉
　　　　　路逢女侠恩怀一剑

第 九 章　卖艺择东床招来地痞
　　　　　拔刀救官眷巧识玉郎

第 十 章　庙会挥拳父女拒捕
　　　　　甥馆比武夫妇反颜

第十一章　折弓启隙闺谑走杨郎
　　　　　仗剑寻夫窥窗见彼美

第十二章　悲穷途覆巢燕投环
　　　　　恨薄幸柳叶青绝裾

第十三章　负气除奸英雌受欺绐
　　　　　赔情话旧鸳侣庆好合

第十四章　献贽登门见拒一老
　　　　　探园窥技被辱双童

第十五章　伪扮采花牝贼施毒计
　　　　　空操利器羽士中阴谋

第十六章　毒发药误英雄赍恨
　　　　　扶伤救死壮士徒劳

第十七章　逆旅瘗遗尸孤魂独吊
　　　　　武林重然诺远道投书

第十八章　读遗嘱耿白雁滋疑
　　　　　恨负约玉旛杆盗剑

第十九章　利刃失中途邀援北返
　　　　　争堤兴大狱败诉成仇

第二十章　贤守秉公褫职殒命
　　　　　门客仗义护眷避贼

第二十一章　探庄图刺麻雷被拳毙

登车避贼嫠姑争前路

第二十二章　一步来迟红颜被掳
　　　　　　三更人静窃刃全贞

第二十三章　群寇涎色溅血斗萧墙
　　　　　　双雄驰援连弹攻玉虎

第二十四章　绿野荒村避仇失伴
　　　　　　孤男弱女绝地连踪

第二十五章　覆巢奔异方孤槃洒泪
　　　　　　避嫌离客馆单舡投亲

第二十六章　觅枝栖投亲遭白眼
　　　　　　怜弱质假馆试为媒

第二十七章　孤踪暂寄软语买欢心
　　　　　　别燕归巢良缘成凤缔

第二十八章　试嫁衣姑嫂戏调舌
　　　　　　展鸾带闺阁偷弹泪

第二十九章　小闹洞房白鹤献喜蛋
　　　　　　大开吉筵檀郎醉春宵

第 三 十 章　知己谈心衔杯论盗
　　　　　　缓急呼助策马访贤

第三十一章　十二金钱六路遍访镖
　　　　　　一豹三熊多方故示警

第三十二章　探盗巢九烟作向导
　　　　　　露马脚二客作镖师

第三十三章　抵隙捣虚金蝉惊脱壳
　　　　　　捕风捉影白刃误相加

第三十四章　拨草寻蛇环参唇典
　　　　　　临流买渡蓦遇骡夫

第三十五章　歧途问路紫旋风逞威
　　　　　　荒堡款关九股烟落胆

第三十六章　三镖客结伴探贼巢
　　　　　　九股烟怀妒甘落后

第三十七章　埋首青纱帐乔茂被围
　　　　　　帐望紫骝驹盗焰孔炽

第三十八章　走荒郊伏贼试轮战
　　　　　　入古堡壮士拒环攻

第三十九章　武林三豪夺路斗群寇
　　　　　　飞天一豹策马逐镖师

第 四 十 章　紫旋风狭路逢敌手
　　　　　　苦水铺霜刀输空拳

第四十一章　弹窗抛火花群贼肆扰
　　　　　　陷垣出冷语壮士炫才

第四十二章　得警报俞剑平登场
　　　　　　闹店房乔九烟示威

第四十三章　寻声索隐飞狐窥豹斑
　　　　　　负气埋踪旋风耻锻羽

第四十四章　论贼情座客滋疑窦
　　　　　　讨盗窟群侠争先鞭

第四十五章　先礼后兵拒帖捣空堡
　　　　　　好整以暇挑战遣行人

第四十六章　插草标假豹戏单臂
　　　　　　抛大箭镖客警伏桩

第四十七章　烟管轻挥迎头验敌方
　　　　　　钱镖七掷寻声斗强贼

第四十八章　狭路相逢智囊问衅
　　　　　　短兵乍接飞盗争锋

第四十九章　泥泽边头扬镳逐伏寇
　　　　　　红灯影里鸣镝布疑兵

第 五 十 章　林下捞鱼空烦罾网
　　　　　　关门捉豹浪掷金钱

第五十一章　越岗增援智囊奏奇袭
　　　　　　当涂险扼飞豹斗奎牛

第五十二章　泥塘设阱镖客陷身
　　　　　　芦泽埋踪强贼诈退

第五十三章　巧植梅花桩大豪竞渡
　　　　　　轻挥吴钩剑苏老凌波

第五十四章　登浮萍双雄齐落水
　　　　　　撒伏阵群盗骤奔巢

第五十五章　十二金钱逐豹踏荒堡
　　　　　　七张铁穹连弹困三杰

第五十六章　飞豹子一战潜踪去
　　　　　　丁云秀单骑助夫来

第五十七章　阴持两端缩手空招忌
　　　　　　穷诘内间众口可铄金

第五十八章　读密札掩灯议行藏
　　　　　　窥阴情破窗犯白刃

第五十九章　云破月来疑团得骤解
　　　　　　推心置腹婉辞慰前嫌

第 六 十 章　惮强敌伉俪筹善策
　　　　　　揭真面仇雠对针锋

大侠霍元甲

　　武侠小说。白羽著。上海广益书局。1946 年 8 月版。1 册。5.7 万字。楔子 1 篇。插图 7 幅。共 9 篇。

第一篇　施神威群宵碎胆　　　　　　　　略施神技惩凶戒恶

　　　　展小技恶僧丧魂　　　　第六篇　神目如电去大患

第二篇　纤手一指洞石天惊　　　　　　　吐气若虹解私见

　　　　雄步经践履痕陆沉　　　　第七篇　呼腥风唤血雨妖邪摧生灵

第三篇　不平鸣拔刀相助　　　　　　　　招刀光弄剑影意气壮山河

　　　　晓大义解释同仇　　　　第八篇　夜半飞头豪客留名

第四篇　追踪迹粪尿横飞　　　　　　　　古堡溅血英雄大义

　　　　雪前耻玉石成粉　　　　第九篇　恶叔欺贫殃及绿林

第五篇　微语用武同伴飞刀　　　　　　　孝子行窃骚惊海上

大泽龙蛇传

武侠小说。白羽著。天津正华出版部。1942 年 10 月—1943 年 9 月初版。3 册。18 万字。每卷有前记、后记各 1 篇。缘起 1 篇。共 16 章。

第一章　潜龙救溺试身手　　　　第 九 章　纵烈火计穷焚身

第二章　伏蛇阴谋布网罗　　　　第 十 章　避仇家狮儿砺爪

第三章　二县吏访贤窥盗　　　　第十一章　训孤儿英雌述敌

第四章　娘子见机拼命　　　　　第十二章　慈孀伤心龙蛇斗

第五章　凌伯萍折节忏情　　　　第十三章　成童励志武林游

第六章　蛇舅母甘堕情网　　　　第十四章　赌拳技小试成败

第七章　解青狼狭路寻仇　　　　第十五章　窥械斗山村蹈险

第八章　发毒矢辣手屠蛇　　　　第十六章　失旅伴狭路逢谍

太湖一雁

武侠小说。白羽著。上海正气书局。1947 年 8 月初版。1 册。6.7 万字。共 8 章。

第一章　槛中一虎　　　　　第五章　当头棒
第二章　群雄劫牢　　　　　第六章　亡命客
第三章　栏山救友　　　　　第七章　三羊开泰
第四章　荆山洞英雄结盟　　第八章　一缕毛一只鹰

龙 舌 剑

武侠长篇小说。白羽著。正气书局。1949 年 4 月再版。1 册。12 万字。共 8 章。

第一章　乱柴沟剧贼劫镖　　第五章　群雄败走
第二章　铁算盘妙计寻仇　　第六章　怪龙岭高僧赐宝
第三章　余公明善后赴援　　第七章　青阳镇奇人示警
第四章　飞毛腿失函惹祸　　第八章　郑州城盗狱劫牢

血涤寒光剑

长篇武侠小说。即十二金钱镖二部作。白羽著。天津正华出版部。1941 年初版。3 册。20 万字。自序 1 篇。共 3 卷。每卷都有前言后记。共 17 章。

第一章　初踏江湖　　　　　第九章　弹指翁寻贼赠药
第二章　小贼孩　　　　　　第十章　恩怨分明
第三章　半只胳臂一条命　　第十一章　峨嵋派卷土重来
第四章　寻仇人来　　　　　第十二章　弹指翁只身驰援
第五章　江边决斗　　　　　第十三章　搜敌觅伴
第六章　剑夺争锋　　　　　第十四章　抟沙女侠彷徨歧路
第七章　抟沙女侠怒斗师兄　第十五章　男女三骑客
第八章　烙铁疗毒　　　　　第十六章　陈元照误缀柳叶青

第十七章　林边诱战

武林争雄记

长篇武侠小说。即十二金钱镖三部作。白羽著。天津正华出版部。1940年—1942年版。5册。34.4万字。有序录1篇。5卷。每卷都有前记后记1篇。共30章。

第 一 章	丁武师封剑闭门	第 十 六 章	夜猫眼突造蓝滩
第 二 章	群弟子筵前试艺	第 十 七 章	鹰爪王荐贤自代
第 三 章	俞剑平三掷钱镖	第 十 八 章	快马韩争雄牧野
第 四 章	丁云秀踏沙行拳	第 十 九 章	寒边围雨夜失马
第 五 章	太极门越次传宗	第 二 十 章	韩昭第凌晨缉盗
第 六 章	飞豹子飘然远引	第二十一章	飞豹子孤掌解纷
第 七 章	鹰爪王游铩羽	第二十二章	魏天佑断指结仇
第 八 章	飞豹子访艺探监	第二十三章	风子帮借交修怨
第 九 章	狱中人飞书求救	第二十四章	商家堡对仗应敌
第 十 章	鲁姐妹夜会群侠	第二十五章	登盗窟牧客锋争
第十一章	高红锦留情陌路	第二十六章	比拳技双豪两败
第十二章	少年客假馆蓝滩	第二十七章	虎林厅仗义惩暴
第十三章	游子试叩听风术	第二十八章	亡命徒沿路劫仇
第十四章	群徒乱踏青竹桩	第二十九章	飞豹子闹衙逞威
第十五章	飞豹子比武生嫌	第 三 十 章	孤行客夜奔逃罪

青衫豪侠

武侠小说。即大侠粉骷髅。白羽著。协和书店。1947年4月版。18万字。共13章。

第一章　度年关豪奴昧良讨义债
　　　　探雪路侠士怜贫解行囊
第二章　兵过半城空拴儿抛母
　　　　风吹宵窗动拔箭得财
第三章　客窗见冥锤魂惊羁旅
　　　　荒亭埋地穴寄顿侠踪
第四章　信道燕覆巢宿留佳丽
　　　　惊传鬼瞰室盗劫善人
第五章　捉弩弹铅挺身急主难
　　　　游刃穿窬到手失掌珍
第六章　张虚势队官诬良拼盗去
　　　　辨伪书宅主勘贼邀探来
第七章　穷林失路孤雁触机关

　　　　探阱救人联骑试身手
第八章　突围比武一士战车轮
　　　　破窗增援双豪捉糖罐
第九章　战群雄图穷匕首见
　　　　援困兽纸包烟弹来
第十章　留别书西宾试为贼
　　　　卖金丹边城阻盗宝
第十一章　众怒难平联庄会打鬼
　　　　　长途遇阻考古团闯山
第十二章　朔汉救同传青衫一现
　　　　　荒山思纵虎和议三章
第十三章　妙手劫行车恃才丧命
　　　　　金坟埋奇宝贻祸贪人

青 萍 剑

长篇武侠小说。白羽著。三益书店。1948 年 7 月版。1 册。6 万字。共 5 章。

第一章　安乐窝动牢囚纵
第二章　七雄覆巢
第三章　林边惊艳

第四章　萍水留情
第五章　新欢旧好两难忘

牧野雄风

长篇武侠小说。白羽著。上海平津书店。1948 年 4 月初版。2 册。22 万字。缘起 1 篇。共 21 章。

第一章　飞豹亡命逢怪叟

第二章　人魔诡笑戏恶奴

第 三 章	雪中人深山访仇	第 十 三 章	探山岭割发悬梁
第 四 章	少年客洞崖搜奇	第 十 四 章	弄夜影龙沙戏豹
第 五 章	萧蛮威胁女罗刹	第 十 五 章	韩昭弟秣马厉兵
第 六 章	女罗刹抗捕献酒	第 十 六 章	飞豹子设谋抗敌
第 七 章	焦人魔垒石诱敌	第 十 七 章	商家堡群雄决斗
第 八 章	萧二蛮子误中毒针	第 十 八 章	大言惊人赤鼻翁
第 九 章	申凌风衔恨行刺	第 十 九 章	众马师竞显身手
第 十 章	飞豹子弄巧成拙	第 二 十 章	戴崇侠折服银枪
第十一章	高红锦溃围丧俪	第二十一章	龙沙叟纵火解围
第十二章	飞豹子单骑缉贼		

侠隐传技

武侠小说。白羽著。上海励力出版社。1947 年 9 月初版。2 册。16.5 万字。共 10 章。

第一章	铁肩汉遇驼背翁	第六章	循渡口仗剑除妖
第二章	老侠士仗义雪冤	第七章	游南荒忽遇隐侠
第三章	三英雄探庙惩凶	第八章	蹈陷坑英雄落网
第四章	王铁肩计擒恶僧	第九章	抱不平驼叟斗牛
第五章	浮罗子观光得剑	第十章	宿荒宅小侠遇怪

河朔七雄

长篇武侠小说。白羽著。上海元昌印书馆。1947 年 12 月第 1 版。2 册。23 万字。共 20 章。

第一章	劫镖银七雄出世	第三章	通真观陆贞获绝技
第二章	报父仇童子访师	第四章	游江湖盗金留柬

第 五 章　抱不平义结骆敏
第 六 章　骆夫人美色起祸
第 七 章　遇不平义士显身手
第 八 章　众英雄大破高家堰
第 九 章　七雄六义逞侠风
第 十 章　明志楼夜获雄双
第十一章　锁龙坡侠僧除怪
第十二章　刘露秋毒计陷朱文
第十三章　朱建武避难入空门
第十四章　锁龙坡朱意明复仇
第十五章　解纷争一剑和群友
第十六章　石炎辉为女择东床
第十七章　石玉芝力战克三怪
第十八章　朱复比剑联姻
第十九章　惩恶妇石烈施威
第二十章　洪旭东临危悔前过

毒 砂 掌

武侠小说。白羽著。上海广艺书局。1949 年 10 月版。1 册。6.5 万字。共 5 章。

第一章　洞房谈宝剑
第二章　南访狮林观路逢黑少年
第三章　客窗互窥测
第四章　荒林雨下斗疑兵
第五章　女侠双比剑玉面留痕

剑底惊魂

武侠小说。白羽著。元昌印书馆。1947 年初版。2 册。16 万字。共 8 章。

第一章　恕叛徒女侠惊筵
第二章　搜逆子群雄下山
第三章　探巨宅人影闪烁
第四章　访地道忽遇妖贼
第五章　鬼画符乡妇求巫
第六章　雄娘子邪术杀人
第七章　三太保贪色被阉
第八章　玉蜻蜓决斗遭擒

狮林三鸟

长篇武侠小说。白羽著。上海广艺书局。1949 年版。3 册。12 万字。自序 1 篇。共 3 卷。

卷一

第一章　初踏江湖

第二章　小贼孩

第三章　半只胳臂一条命

第四章　寻仇人来

第五章　江边决斗

第六章　剑夺争锋

卷二

第一章　抟沙女侠怒斗师兄

第二章　烙铁疗毒

第三章　弹指翁寻贼赠药

第四章　恩怨分明

卷三

第一章　峨嵋派卷土重来

第二章　弹指翁只身驰援

第三章　搜敌觅伴

第四章　抟沙女侠彷徨歧路

第五章　男女三骑客

第六章　陈元照误缀柳叶青

秘谷侠隐

长篇武侠小说。白羽著。上海励力出版社。1948 年 5 月版。2 册。13.2 万字。共 14 章。

第一章　月下访贤

第二章　枫林拯弱

第三章　湖滨习剑

第四章　侠女比武

第五章　庄主托孤

第六章　遇暴泛舟

第七章　青山埋骨

第八章　湖上飞头

第九章　石钟血战

第十章　盗窟奇缘

第十一章　穷途巧遇

第十二章　假凤虚凤

第十三章　旅店聚义　　｜第十四章　秘谷隐踪

恋 家 鬼

滑稽短篇小说。白羽著。天津正大书局。1944 年 9 月初版。1 册。6.3 万字。共 11 篇。

一　恋家鬼

二　杀妻诗

三　西瓜之谜

四　讨厌文集：（一）上场白；（二）我骂你；（三）我再骂你；（四）我骂自己

五　讨厌文集外篇：拿跳蚤；悼笔文；夏的丑；夏底美；读新文学大纲稿本；老太爷头上的鸟；三种小子

六　笑典：管不着这一段；找你推出我去；恋家鬼诉苦；罎子胡同开阁议；

橛子强奸

七　模糊影片：（一）玉清女尼；（二）爷爷吃包；（三）忘恩的喜鹊；（四）偷瓜的大王蛇

八　掉书袋：权当小病一场；古志考；射虎的歧闻；摇头，兔子

九　蜂子诗抄：雅观

十　哭灾区

十一　新语林：吃吃喝喝说说；年画和糖汽车

惊蝉盗技

武侠小说。白羽著。正红出版社。1947 年 4 月版。1 册。14 万字。白羽后记 3 篇。共 22 章。

第一章　弱龄习武志访绝学

第二章　入豫投师观场触忌

第三章　路见不平解纷挥拳

第四章　误斗强手失着一蹴

第五章　献贽被拒负气告绝

第六章　忽来哑丐悄扫晨街

第七章　劣徒遭诬恩师援手

第八章　有空投东揭破阴谋

第九章　娼奴嫁祸绅豪讯奸

第十章　雪漫寒阶矜收冻丐

第十一章　病叟却诊义奴侍药

第十二章　沉疴初起仇火夜发

第十三章	月下说剑隅后观光		第 十 八 章	忿求绝技误入旁门
第十四章	师门欢聚武林谈奇		第 十 九 章	盛名难符地拳折胫
第十五章	筵前试手垣外偷拳		第 二 十 章	认贼作父诈侠图奸
第十六章	失声露迹绰枪捕蝉		第二十一章	志传薪火北上游侠
第十七章	操刀讯哑挥泪陈辞		第二十二章	结网比武艺斗群雄

联 镖 记

武侠小说。白羽著。天津正华出版部。1940 年版。2 册。50 万字。共 41 回。

第 一 回	小白龙斗剑劫镖		第 二 十 回	邓飞虎劫牢救弟
第 二 回	过天星赴援拒寇		第二十一回	狮子林联镖搏虎
第 三 回	邓飞蛇夜袭焚舟		第二十二回	金牛寨丧酋离心
第 四 回	不速客挟诈吊丧		第二十三回	高雌虎携子访艺
第 五 回	林镖头遗榇北归		第二十四回	小白龙脱劫遇艳
第 六 回	未亡人灵前设誓		第二十五回	杨春芳救难乘龙
第 七 回	海燕子纵火搜孤		第二十六回	小白龙迎娶春芳
第 八 回	摩云鹏画计远扬		第二十七回	凌娘子疑诘生客
第 九 回	横江虫窥门蹑迹		第二十八回	邓飞蛇延贤被拒
第 十 回	青纱帐冒雨夜奔		第二十九回	程黑鹰选婿联镖
第 十 一 回	亡命客款关求救		第 三 十 回	女镖客洒钱击盗
第 十 二 回	联庄会传檄御贼		第三十一回	紫天王凭舟御贼
第 十 三 回	老拳师仗义助逃		第三十二回	飞蛇寻仇惊折臂
第 十 四 回	二贼徒踩盘落网		第三十三回	林狮护舟败群贼
第 十 五 回	乡公所讯贼诱供		第三十四回	潜龙湖边现鳞爪
第 十 六 回	降龙木寻仇见逐		第三十五回	盗侠山寺斗心兵
第 十 七 回	邓飞蛇激众备战		第三十六回	卖恩计舍身投湖
第 十 八 回	小辛集群寇攻庄		第三十七回	伏蛇阴谋布网罗
第 十 九 回	寻仇客歧路亡羊		第三十八回	二县吏访贤窥盗

第三十九回　小白龙露迹倾巢 　　第四十一回　凌伯萍折节忏情
第 四 十 回　芳娘子见机拼命

雁 翅 镖

武侠小说。白羽著。三益书店。出版时间不详。1 册。7.6 万字。共 6 章。

第一章　柳林七贤 　　　第四章　英雄儿女情
第二章　莽汉弄诡七雄赴难 　　第五章　狭路逢仇
第三章　醉殴恶少 　　　第六章　李代桃僵少年落狱

横江一窝蜂

武侠小说。白羽著。百新书店股份有限公司。1949 年 4 月版。1 册。5.2 万字。共 8 章。

第一章　边城留孤愤 　　　第五章　荒村说剑
第二章　乳虎露爪牙 　　　第六章　才子求荣为免辱
第三章　杀人为戏 　　　第七章　壮士弃家试北游
第四章　山中豹头人 　　　第八章　盗跖行径夷齐心

摩 云 手

武侠小说。白羽著。北京文兴书局。1942 年 9 月版。2 册。11 万字。共 32 章。叙略。

第一章　结伴寻亲 　　　第二章　宿店闹贼

第 三 章	法坛捉妖		第 十 八 章	窥寺见逐
第 四 章	壮士落网		第 十 九 章	出囚归店
第 五 章	客边邀助		第 二 十 章	进庙中毒
第 六 章	酒店得耗		第二十一章	闷香一缕
第 七 章	青衫客话		第二十二章	美酒三杯
第 八 章	锦衣活尸		第二十三章	筵前比技
第 九 章	秋灯私会		第二十四章	幕后真情
第 十 章	深闺赠金		第二十五章	兰陵好客
第十一章	镖客失手		第二十六章	陌路救人
第十二章	囚室奇逢		第二十七章	误踏祸机
第十三章	难友互讦		第二十八章	毒戕肉质
第十四章	猿獒争斗		第二十九章	械斗总结
第十五章	渠魁劝降		第 三 十 章	行刺遭擒
第十六章	与党诱供		第三十一章	攻城歼敌
第十七章	夜袭无功		第三十二章	越狱救友

卖 油 郎

民间小说。白芸著。上海民众书局。1946 年 7 月再版。江蝶庐重编。上海广益书局。1947 年 3 月新 3 版。1 册。4.3 万字。插图 2 幅。共 16 回。

第一回	祭扫喜相逢缔成眷属		第五回	归宿叹茫茫逢生绝处
	荒郊惊失散堕落平康			经营忙碌碌遇艳名湖
第二回	雪肤着皮鞭娇啼宛转		第六回	酒保能言一壶消块磊
	莲花翻妙舌闲话殷勤			油郎立志十两碎花银
第三回	落魄叹凄凉解囊资助		第七回	涉足花丛求窥西子湖
	私心怀嫉妒背地商量			置身绣阁疑在广寒宫
第四回	谋拔眼中钉银栽破篓		第八回	俗子意绵绵温存受吐
	误听鼓里话棒逐佳儿			美人情款款剀切赠银

第 九 回　痛哭失娇儿堪伤绝后
　　　　　疑心到贼秃回忆当初

第 十 回　嗟彼箱内儿哄僧入壳
　　　　　叹我风前烛望子来归

第十一回　病体呻吟尽捐前日过
　　　　　膝头哀告消释昔时非

第十二回　侑酒画船中触怒恶霸
　　　　　褪衣雪地里冻死佳人

第十三回　锦帐订鸳盟委身报德
　　　　　黄金求月老蓄意从良

第十四回　有舌鼓如簧玉成好事
　　　　　此心明似镜巧合良缘

第十五回　哽咽话前情翁婿相会
　　　　　团圆慰宿愿母女重逢

第十六回　佛殿献香花忍抛尘俗
　　　　　宦途感荆棘颐养林泉

新宦海潮

社会小说。即新官场现形记。白岳山人著。柳溪渔者评点。上海益新书社。1918 年 7 月版。2 册。6.7 万字。汪晦盦、柳溪渔者序各 1 篇。共 16 回。楔子：慨时事南窗入梦，观幻影北地逢仙。

第一回　寄寓言市梢观猴戏
　　　　听评话圣门识鸟音

第二回　公冶长无辜遭冤累
　　　　王廉之有意匿父丧

第三回　妙敛财典史逢讹索
　　　　巧泄忿绅庶逞奸欺

第四回　智多星胁求两亩田
　　　　老腐儒中计一纸书

第五回　派密查太守再受愚
　　　　赶轮船憨员闹笑话

第六回　逢好心牛素君脱险
　　　　起恶意程掌柜施奸

第七回　土老捐官耗财破产成疯病
　　　　巧员应审连哭带诉背诗经

第八回　名士做诗别有一番佳趣
　　　　画家作伪几乎笑断柔肠

第 九 回　苦悭吝县丞寻错
　　　　　巧攻讦将军觅疵

第 十 回　写怪状累牍联篇
　　　　　讲新闻桩桩无耻

第十一回　父母丧良甘心献女居副室
　　　　　夫妻争闹活描活画说钱商

第十二回　老西设谋观察吃苦
　　　　　省长娶妾妓女做诗

第十三回　奇奇奇省长讲学训属员
　　　　　怪怪怪知事请神剪辫子

第十四回　旧官僚称尊受胁
　　　　　苦知县因屁回春

第十五回　一夕闲谈命妇般般是丑
　　　　　两事夹写官场件件奇闻

第十六回　指桑骂槐家庭演活剧　　　借虚影实傀儡再登场

上海春秋

社会小说。包天笑著。上海大东书局。1927 年 6 月版。8 册。45 万字。陈灝一序 1 篇。作者赘言 1 篇。插图 80 幅。共 80 回。

第 一 回　绍箕裘良工初发迹
　　　　　曳罗衣贫女始投身

第 二 回　龟子鸨儿奢淫成俗
　　　　　狐群狗党流荡忘归

第 三 回　交易所奸商擎黑手
　　　　　信托股浪子吸黄金

第 四 回　床头金尽露水缘空
　　　　　帘角灯明风流债见

第 五 回　逭暑冰场尽为冰客
　　　　　藏娇金屋利见金夫

第 六 回　痴公子组织小家庭
　　　　　好朋友安排新装饰

第 七 回　婉转陈词慈帏申严训
　　　　　凄凉铸恨孤枕数残更

第 八 回　成怨偶秀宝始灰心
　　　　　纵娇娃明珠初就学

第 九 回　珠箔银灯阂开堂上宴
　　　　　雪肌玉貌权作剧中人

第 十 回　病院深沉奇葩悲绿叶
　　　　　明灯隐约异馥贮红闱

第十一回　棉纱线板倒石牌楼
　　　　　癞虾蟆想吃天鹅肉

第十二回　金迷纸醉石老养病
　　　　　玉笑珠香柳郎探病

第 十 三 回　诉衷情回肠谈往事
　　　　　　定主意饮泪断初盟

第 十 四 回　朱户迎新美满成眷属
　　　　　　红毹并立缱绻种姻缘

第 十 五 回　召青楼飞车肇奇祸
　　　　　　营黑货贩土作生涯

第 十 六 回　斗繁华广传都市毒
　　　　　　破贞操难敌金钱魔

第 十 七 回　竟筑香巢野鸳双宿
　　　　　　横行广道市虎千群

第 十 八 回　细马粗鞍拙夫偶巧妇
　　　　　　腾驹受络慧女制骄郎

第 十 九 回　缔婚姻良言劝弱弟
　　　　　　感迟暮往事说名倡

第 二 十 回　困娇客孤鸾囚粉黛
　　　　　　笑痴儿小狗沐胭脂

第二十一回　销金海上名士营商
　　　　　　投玉溷中美人薄命

第二十二回　乘龙射雀成姻眷
　　　　　　全赖红丝一线牵

第二十三回　开药房乱卖虎狼药
　　　　　　设医院徒多花柳医

第二十四回　辛苦经营鹊巢被占
　　　　　　温存偎傍鸳侣初谐

第二十五回　燕昵莺娇竟谈凤嗜
　　　　　　蜂狂蝶恋互印同心

第二十六回　绮阁销魂春风入幕
　　　　　　歌场遣兴夜景撩人

第二十七回　红女好嬉游忽遭骗局
　　　　　　白党施伎俩暗布牢笼

第二十八回　约晨游小姑轻践诺
　　　　　　迟夜归阿嫂发瞑言

第二十九回　汽笛声声愁随轮转
　　　　　　轻舸缓缓恨逐波流

第 三 十 回　白娘娘谶言逢白鹤
　　　　　　黄妹妹妙计赚黄狼

第三十一回　情脉脉小家窥碧玉
　　　　　　意殷殷侠童系朱绳

第三十二回　得意姻缘小开成大礼
　　　　　　有情眷属归戚订新欢

第三十三回　瑶窗昼静学友诉衷肠
　　　　　　银幕夜开娇郎译情语

第三十四回　凄凉红粉脱辐伤心
　　　　　　憔悴青年离家失足

第三十五回　春雨孤楼悄呼娇杏
　　　　　　秋风病榻愁谱落梅

第三十六回　鬓影脂香一番绮腻
　　　　　　野花路草几费商量

第三十七回　暗寻芳好花栖密叶
　　　　　　明受气刀影闪灯光

第三十八回　痛失人财痴郎思玉貌
　　　　　　睹怀身世怨女结珠胎

第三十九回　具有深心厨房逐弟

　　　　　　自甘落魄烟窟存身

第 四 十 回　大出丧盛称鸨妇殡
　　　　　　小献谋聚议燕子窠

第四十一回　运谋设计树上开花
　　　　　　断戚灭亲瓮中捉鳖

第四十二回　诉衷肠呢喃寻旧燕
　　　　　　翻辩舌婉转劝归鸿

第四十三回　月夕风晨狡童调艳婢
　　　　　　陌花路柳旧侣遇狂奴

第四十四回　游戏场得意射雉媒
　　　　　　脂粉狱同心寻鸳侣

第四十五回　春光漏泄归仆返扬州
　　　　　　星夜驱驰慈亲来沪渎

第四十六回　吞云吐雾狼狈吃虚惊
　　　　　　究叶寻根葭莩谈旧谊

第四十七回　回瞋作喜阿母入牢笼
　　　　　　反主为宾乃郎受供养

第四十八回　娇妇慈姑居然沆瀣
　　　　　　剧场餐馆小作遨游

第四十九回　柳太太深宵开谈判
　　　　　　石奶奶垂暮理梳妆

第 五 十 回　朱三姐弄神兼捣鬼
　　　　　　湘七姨息事欲宁人

第五十一回　枕边衾底盟约初成
　　　　　　饭罢茶余寂寥难遣

第五十二回　冤家路狭忽惹缠绵
　　　　　　怨耦缘乖平添愁恨

第五十三回　叹飘零贫女堕平康
　　　　　　穷究竟娇妻施鞫讯

第五十四回　密讯追踪车厢邂逅
　　　　　　分栖小住湖馆凄凉

第五十五回　垦土济民藉开奖券
　　　　　　伤人越货莫戢盗风

第五十六回　黑弹枪声汹汹来暴客
　　　　　　红窗灯影絮絮话良人

第五十七回　履公廨闺秀作旁听
　　　　　　入娼寮盗儿恣淫欲

第五十八回　夺枪械猛扑缉私船
　　　　　　劫金珠泄仇旧主宅

第五十九回　小强盗丧生渡华界
　　　　　　大官僚虐婢到英庭

第六十回　　荡浪子脂粉作生涯
　　　　　　淫乐友金钻夸家世

第六十一回　芳筵絮语身入立中
　　　　　　旅邸花符喜生望外

第六十二回　故作招摇名姬游都市
　　　　　　强为欢爱大盗弃戈矛

第六十三回　妙手空空大人豹隐
　　　　　　虚情种种公子狐疑

第六十四回　韩小姐新婚逢学者
　　　　　　周少爷妙舞得情人

第六十五回　接木移花家庭成市肆
　　　　　　曳罗披绣姑妇入商场

第六十六回　守株待兔娇媳赚慈姑
　　　　　　逐水戏鸳荡儿迷艳女

第六十七回　逆旅销魂双栖惊野鹜
　　　　　　投机落魄一去作冥鸿

第六十八回　藏娇有屋屏镜深沉
　　　　　　避债无台囊金羞涩

第六十九回　爱女儿牺牲养老金
　　　　　　买孩子研究贩人术

第七十回　　附腥膻密集比青蝇
　　　　　　贪便宜飞翔逢白鸽

第七十一回　聚密室鸦儿方成队
　　　　　　闹比邻燕子却藏窠

第七十二回　打花会痴愚寻好梦
　　　　　　翻土案邻里泄深仇

第七十三回　新事业群兴电影院
　　　　　　阔绅商齐赴霞飞宫

第七十四回　味规则乐场初鼓掌
　　　　　　占温柔舞伴喜骈肩

第七十五回　绰约冰肌微揎舞袖
　　　　　　横陈玉体羞卸春衣

第七十六回　相客盈门千金窥鬖笑
　　　　　　诗人索债一字费推敲

第七十七回　银幕珠灯明星灿烂
　　　　　　歌衫舞袖香雾沉沉

第七十八回　负鸳盟幽潜署密字
　　　　　　兴雀讼慷慨助巨金

第七十九回　寄鸾笺可怜闺里月
　　　　　　裁鸳锦谁作嫁时衣

第八十回　　书中人都成新眷属
　　　　　　海上客归结小春秋

天笑短篇小说

短篇社会小说。包天笑著。中华书局。1918 年 1 月版。2 册。8.1 万

字。共 20 章。

一	大好头颅	十一	无名之佳人
二	大理石像	十二	石油灯
三	吾侄麦司之书翰	十三	荔枝
四	三十八年	十四	德国腊肠
五	乔奇小传	十五	伪医伪病
六	加拿大归客	十六	京汉道中
七	赠书女	十七	电话
八	女小说家	十八	飞来之日记
九	礼物	十九	冤
十	黑帷	二十	发明家

云想花因记

言情小说。包天笑著。上海中华书局。1915 年 2 月版。2 册。9 万字。共 28 章。

甲子絮谈

社会小说。包天笑著。上海大东书局。1926 年 3 月版。2 册。插图 20 帧。14 万字。共 20 回。

第一回	各奋雄心三军屯黄渡 谁为戎首一炮震红桥	第四回	舟车阻断游子惊心 骨肉暌离拉夫痛泪
第二回	避难仓皇居民移租界 娱情游戏乡女慕洋场	第五回	濒危地战争苦力役 困穷途生活压英年
第三回	逃难人遨游新世界 密卖妇组织暗机关	第六回	棘地荆天坦途匪易 枪声灯影广市不宁

第 七 回　流莺弄舌竟作比邻
　　　　　寡鹄摧心忽逢肱箧

第 八 回　烈药毁容风波险恶
　　　　　重金卖笑云雨荒唐

第 九 回　吞云吐雾旅馆为家
　　　　　席地幕天战场成市

第 十 回　花纸数张发生白战
　　　　　紫霞一笺断送青年

第十一回　寓楼寂寞同悲仰药人
　　　　　市肆喧腾竞说刺花党

第十二回　走方医误用青囊药
　　　　　避难人共趋红会船

第十三回　驮死尸拉夫逃贱命
　　　　　跳老虫游卒逞奇谋

第十四回　典明珠探囊欣异物
　　　　　获巨钞襆被发横财

第十五回　饱食暖衣暂作俘虏
　　　　　断肢折足到处伤残

第十六回　辟易十人疗伤来力士
　　　　　推敲一字随地觅诗翁

第十七回　徙宅避兵遥辞梓里
　　　　　开门揖盗祸起萧墙

第十八回　掌上失明珠竟成恶谶
　　　　　眼前留匪窟大有疑踪

第十九回　驱驰逆旅肉券赎娇儿
　　　　　挥斥家财泪珠抛阿母

第二十回　骨肉重逢珠还合浦
　　　　　烽烟暂息茶熟荒村

包天笑说集

短篇社会小说。包天笑著。上海大东书局。1926 年 12 月版。共 1 册。4.8 万字。共 12 篇。

一　慈善机关的广告

二　小公园

三　不自然的笑

四　在夹层里

五　专制的人类

六　世界女侠

七　家庭活字典

八　军阀家之狗

九　夕阳影里

十　再会

十一　罢碍

十二　挥霍与懒惰

社 会 镜

短篇社会小说集。包天笑等著。上海大东书局。1924 年 5 月 3 版。3 册。11 万字。共有短篇小说 35 篇。

包天笑	蓝钻石戒指		木匠店里一番话
	还有一票	姚赓夔	冲喜
	不自由的自由	谢 豹	金钱的来路和去处
	十银圆	顾梁鹈	戏院中之名片
毕倚虹	七个自杀的妇人	自求多福斋主	哀鸿泪
徐卓呆	无理由的理由	朱觉庵	一个黄包车夫
马二先生	土贩	蔡印禅	写字匠
范烟桥	归家	高叔达	五年
	渐渐消磨	张惕庵	一个旧礼教下订婚的女子
	议郎写真	扬声远	一个十六七岁的老叟
沈家骧	雨中	许寄生	悔
	误了	俞青萍	农人一家的死
	晚涛	施青萍	寂寞的街
	琴弦	陈云柯	一个月的牢狱
张无诤	苦衷	周卧云	两元钱的命
王后哲	梳头	翟秀峰	六克拉半的钻戒
张引平	一袋米	俞天愤	击柝者的冤痛语
吴灵园	送行		

雨过天青

长篇社会小说。包天笑著。上海春明书店。1946 年 11 月版。2 册。23 万字。共 24 回。

第 一 回　独臂翁组织自由村
　　　　　双胞女礼瞻先烈墓

第 二 回　林工师妙解标准化
　　　　　金导员高谈平等观

第 三 回　仰遗容追思老义士
　　　　　开文盲问字小先生

第 四 回　溯往事乐天传妙语
　　　　　缔新交胜地作清游

第 五 回　春到碧萝香浮雪海
　　　　　花飞虎阜月满蠡湖

第 六 回　夸人瑞一留挺三秀
　　　　　叙友情二士会群英

第 七 回　乳燕新莺影联双璧
　　　　　越罗吴锦机织七襄

第 八 回　是幻是真逢场作戏
　　　　　宜行宜止到处为家

第 九 回　含悲茹苦泪洒四厢
　　　　　崇俭习劳体勤十亩

第 十 回　椎髻青裙贤良有母
　　　　　银髯翠袖矍铄是翁

第十一回　认乡亲臼杵旧生涯
　　　　　附权势簪缨新贵族

第十二回　红粉歼仇难消孽障
　　　　　绿窗谈爱重缔良缘

第十三回　劝学务农储材为国
　　　　　留强汰弱选种有场

第十四回　烟火千家乡村合作
　　　　　波涛万里瀛海飞行

第十五回　海外艳闻忽迎桃叶
　　　　　火中奇景竞爨莲花

第十六回　谋兴医学造士成庠
　　　　　思扩村治托儿有所

第十七回　习外勤报人新领域
　　　　　服内务学舍小排场

第十八回　谈经济繁荣兴旧市
　　　　　述婚姻掠夺溯遗风

第十九回　看花赏月活动成家
　　　　　种玉孕珠娠妊有术

第二十回　世界交通同文同语
　　　　　儿童教育奖学怜才

第二十一回　理经纶混合纤维质
　　　　　　兴机械佐成文字功

第二十二回　新闻要讯天外飞来
　　　　　　崇议宏论人间信仰

第二十三回　旧侣新俦文章有价
　　　　　　名区胜地管领得人

第二十四回　湖山荡涤各有千秋
　　　　　　士女欢腾共呼万岁

孤雏感遇记

社会小说。包天笑（天笑生）著。上海商务印书馆。1913 年 3 月初版。1 册。4.8 万字。共 17 章。

哀

社会小说。包天笑著。上海大众书局。出版时间不详。2 册。11.3 万字。2 集。共 20 回。

第一回　一杵钟声清游破寂境
　　　　三更灯影小笑证禅心

第二回　紫藤碧草大好家居
　　　　玄鬓朱颜自然爱好

第三回　幽篁夹道竹径深深
　　　　危磴盘崖篮舆缓缓

第四回　幽人避暑山上成家
　　　　姹女通神溪边故事

第五回　绿阴翠盖甜蜜生涯
　　　　白石清泉温馨工作

第六回　白云缥缈梦绕慈亲
　　　　皓月空明情凄佳侣

第七回　西风刀尺翠袖殷勤
　　　　南国舟车青衫潦倒

第八回　埋首低心十年曳白
　　　　伸眉吐气一旦飞黄

第九回　白镪营心侨商事业
　　　　赤绳系足文学因缘

第十回　玉怨琼愁同情挥涕泪
　　　　珠联璧合夙世订姻缘

第十一回　竹叙留宾座多俊侣
　　　　　郊游约伴村号丽娃

第十二回　秋花如锦点缀乡居
　　　　　电炬零星喧腾餐席

第十三回　逗玲珑娇婢谑余音
　　　　　多惆怅恋人迟好梦

第十四回　良友有情樽边传戏谑
　　　　　佳人无恙梦里得安恬

第十五回　凄凉残照游子动深悲
　　　　　萧瑟寒风闺人系远念

第十六回　细针密缕熨帖制绒衣
　　　　　究叶寻根低回解罗帕

第十七回　冬雪初飞围炉小坐
　　　　　春云乍展拔帜先登

第十八回　静中动思开展览会
　　　　　闲忙里激起劳资家

第十九回　是素非丹恋成三角
　　　　　看朱作碧祸起双胎

第二十回　碧海黄泉拼彼同命
　　　　　缁衣素衲了此余生

埋石弃石记

社会小说。包天笑(天笑生)著。上海商务印书馆。1911 年 12 月初版。1 册。4.4 万字。未分章节。

留　芳　记

社会小说。包天笑(天笑生)著。上海中华书局。1915 年 3 月版。1 册。11.7 万字。林纾弁言 1 篇。作者缘起 1 篇。楔子：絮果兰因伶官追高义,红妆青简稗史话遗闻。共 20 回。

第一回　云酥堂雏凤试清声
　　　　日新店睡狮惊迷梦

第二回　练兵小站一代雄才
　　　　置酒欢场八旗名士

第三回　玉妒珠愁难兼二姝
　　　　鸾飘凤泊艳说三苏

第四回　自由车冒雨走城南
　　　　革命炮震天轰鄂北

第五回　待送行红旗停军旆
　　　　生冲突蓝服误戎机

第六回　都下辇金老臣满志
　　　　御前借箸太后吞声

第七回　汉水弄兵商民遭劫
　　　　石庄遇难勇士丧元

第八回　颁信条清廷抱佛脚
　　　　仇种族蜀道变军心

第九回　肠断青溪美人悲秋水
　　　　情移黄浦多士沸春潮

第　十　回　爱惜羽毛乡愚护辫发
　　　　　　欢迎元首民党重精神

第十一回　芳草鹦洲民军轻敌
　　　　　春城凤阙帝子无家

第十二回　碧血溅飞车低徊丁字
　　　　　红罗凄病榻谈笑甲兵

第十三回　剑胸蜜口老士赴黄泉
　　　　　洞腑烛肝慧伶辞朱邸

第十四回　嗾众示威变兵掠市
　　　　　闻声避险专使逾垣

第十五回　小聚名流市楼谭粉墨
　　　　　大抒政略壁幕隐戈矛

第十六回　晓风残月狼狈出都
　　　　　侠骨柔肠鸳鸯待阙

第十七回　江湖转徙嘉耦同心
　　　　　诗酒徜徉名流断发

第十八回　淞滨雅叙语挟锋铓
　　　　　海舶惊魂途生荆棘
第十九回　惊蛇拨草同业挥拳

第二十回　调虎离山元勋骈首
　　　　　共和杀人呼冤执法处
　　　　　嫌疑卖友痛哭行刑场

海上蜃楼

社会小说。包天笑（天笑生）著。中华书局。1926 年 11 月初版。2
册。15.2 万字。小序 1 篇。共 20 回。

第一回　回风落叶负箧枕云门
　　　　波影涛声倚装游海岛
第二回　山左述民风苍茫渡海
　　　　沪滨逢学友商略移家
第三回　忆旧游师门悲暮树
　　　　述艳史孽海怅飞花
第四回　梨园曲好箫管解闲愁
　　　　桃坞人来灯窗温旧梦
第五回　家酿话游踪凄凉北地
　　　　野花悲堕溷吩咐东风
第六回　瘦书生笑坐村妇舆
　　　　痴公子病倒湘妃阁
第七回　说艺谈情歌筵权作乐
　　　　因时乘势报社试论文
第八回　登坛拜将韩子解围
　　　　索地兴师祖生受敌
第九回　煮茧香中蚕桑开女学
　　　　持螯影里蟹菊叙朋欢
第十回　济济群公红楼夜宴
　　　　嘤嘤多士绛帐风清

第十一回　输产毁家植才兴广厦
　　　　　淡妆靓服媚学有名花
第十二回　翻印禁书一编传快睹
　　　　　狂谈文学四座耸清听
第十三回　编歌剧汪伶叹孤诣
　　　　　研梵文苏子译新诗
第十四回　烟花扑地弱女鬻身
　　　　　风雪漫天孤儿营葬
第十五回　萧寺钟声营斋营奠
　　　　　孤楼灯影多病多愁
第十六回　红英飞雨满地缤纷
　　　　　紫玉成烟一棺萧瑟
第十七回　雪点围炉家人腾西笑
　　　　　云翻筋斗行者作东游
第十八回　青裙素服试译万言书
　　　　　粉腻脂香宏开半日校
第十九回　夜露沾衣钿车携佳丽
　　　　　晨曦照槛绣裤裹宁馨
第二十回　高会名园欢联南社
　　　　　乔迁仁里居近西门

富人之女

社会小说。包天笑著。上海自由杂志社。1926 年 8 月版。1 册。1.8 万字。未分章节。

新西游记

荒诞小说。新小说丛书之十。包天笑著。上海大东书局。1926 年 1 月 3 版。1 册。5.1 万字。未分章节。

馨儿就学记

社会小说。包天笑（天笑生）著。上海商务印书馆。1922 年 3 月五版。1 册。6.3 万字。共 10 章。

一代红颜

言情小说。冯玉奇著。上海三星书店。出版时间不详。2 册。19 万字。共 10 章。

一	酒绿灯红暗里逗秋波	六	母女争宠各自斗智强
二	金屋藏娇身世真堪怜	七	无意邂逅血海忆深仇
三	一心栽培雪地遇哀鸿	八	酸入骨髓爱河起波澜
四	病榻缠绵痴心泪暗抛	九	计远思长忍辱作新娘
五	同衾共枕情深逾夫妇	十	精神永在绝代殒红颜

十二鸳鸯

侠情小说。冯玉奇著。春明书店。1945 年 10 月初版。2 册。13 万字。共 24 回。

第 一 回　别墅名园沧桑论沿革
　　　　　弱肉强食蛇燕感现形

第 二 回　电来惊心慈亲悲夜劫
　　　　　痛深切肤侠女忾同仇

第 三 回　燕尾飞针引出小联珠
　　　　　金台别墅快谈新因果

第 四 回　疑幻疑真梦惊狼入室
　　　　　衔泥衔草曲谱燕还巢

第 五 回　陈情联合会求全弱女
　　　　　冒险入虎穴假扮卫兵

第 六 回　入死出生气夺强盗魄
　　　　　得陇望蜀心醉姐妹花

第 七 回　别恨羁愁抛家千里去
　　　　　相思入骨淹滞一病来

第 八 回　去邠邑岐山法效太王
　　　　　留京共学校情钟燕妹

第 九 回　心挂两场何如归去好
　　　　　客来不速话别又长行

第 十 回　两小无猜嗔哥呼小字
　　　　　同心对泣浥泪灌心苗

第十一回　同病相怜偏逢同病女
　　　　　断肠时节又遇断肠花

第十二回　古井不波为卿心血尽
　　　　　春蚕自缚感子故意长

第 十 三 回　妾意如绵郎情更若水
　　　　　　鬼计多端奸滑久著名

第 十 四 回　刁斗无声马用开枪盗
　　　　　　风波再起燕谋设网擒

第 十 五 回　酒绿灯红晴天来霹雳
　　　　　　室迩人杳竟夕起思潮

第 十 六 回　烽火弥天流连悲鸠鹄
　　　　　　风云变色海滋斗龙蛇

第 十 七 回　听雨楼头争看流星火
　　　　　　大世界口惨睹血肉飞

第 十 八 回　协力同心为政府后盾
　　　　　　分工合作是救亡先锋

第 十 九 回　滥施轰炸名园焦土白
　　　　　　誓死挣扎热血满地红

第 二 十 回　心痛覆巢逃亡奔首都
　　　　　　身创肉搏获救是情郎

第二十一回　月夜话心国破山河在
　　　　　　松林死节魂归蜀道难

第二十二回　大沽口外客子苦行役
　　　　　　新开河边难民作幽囚

第二十三回　巡阅后方邂逅飘零女
　　　　　　脱险匪窟参加别动员

第二十四回　望儿魂归纵横流泪竭
　　　　　　欣女团聚欢笑逐颜开

万里行云侠

武侠小说。冯玉奇著。上海文立书局。1949 年 1 月初版。1 册。8 万字。共 14 章。

第一章	玉泉山下燕子飞剑下留情	第 八 章	柔情蜜意美人计敲诈钱财
第二章	毒镖误中马玉龙报之以李	第 九 章	红颜薄命苦春儿坠入兰香院
第三章	将计就计女豪杰戏弄恶魔	第 十 章	命不该绝独臂盗遇救净土庵
第四章	暗箭难防老英雄竟遭毒手	第十一章	白璧险遭劫幸逢万里行云侠
第五章	惺惺相惜千里送娇女	第十二章	玉人入怀抱全仗怪疾来侵袭
第六章	丑态百出见钱眼睛凸	第十三章	机关层层大佛寺狼狈为奸
第七章	花言巧语无赖子沉迷赌博	第十四章	大斗剑光兰姑娘夫妻相会

小 红 楼

长篇哀艳言情小说。即红楼秋心。冯玉奇著。上海大文书局。1946 年 5 月版。2 册。19 万字。晚香馆主作序 1 篇。浮碧山樵题词七绝 12 首。碧筠题词菩萨蛮 3 阕。共 20 回。

第一回	惆怅流年秋风悲红叶 感怀美眷旧雨话春容		飘零自叹佳句暗传神
第二回	闻耗来归痛流游子泪 知情窃听难测女儿心	第六回	秋风怀倩女孤灯独咏 七夕对牛郎双影并钓
第三回	对月怀人清辉哀乐别 留宾作主心事笑啼难	第七回	万种闲愁相思深入骨 二分明月底事苦心头
第四回	邂逅相逢含羞参月老 会心不远即席索棠诗	第八回	情胜捐躯为郎心血呕 意存救死慰妹事从权
第五回	击鼓催诗酒令翻花样	第九回	渺渺予怀流连摩玉镯 哥哥吾爱颠倒瞰金章

第　十　回　二美同床笑说画眉笔
　　　　　　两人对惜索还约指金
第十一回　一角红楼藏娇今有所
　　　　　　几声新嫂情敌最难堪
第十二回　花烛高烧同衾人异梦
　　　　　　晚萱病厄经雨黯断魂
第十三回　含泪走天涯留书作别
　　　　　　娇嗔谈往事促膝倾心
第十四回　哓舌春姑鸳鸯分两地
　　　　　　痴心爱妹鹣鲽恨三生
第十五回　无色非空春蚕情丝割

是心即佛弥勒笑颜开
第十六回　流水岂无情曾经沧海
　　　　　　落花原有意梦绕巫山
第十七回　谗诟离间只身奔故都
　　　　　　呻吟床褥一病带春愁
第十八回　回首前尘婚姻曾订约
　　　　　　苦心孤诣恋爱甘精神
第十九回　侃侃而谈护花空有愿
　　　　　　喁喁竟夕脱镯寄深情
第二十回　身若莲花摇摇难自主
　　　　　　心同止水黯黯叹无缘

小侠万人敌

侠情小说。冯玉奇著。上海汇文书局。1948 年 11 月版。2 册。13.5 万字。共 12 章。

第一章　贼秃被擒淫婢畏罪巧弄舌
第二章　进香铁佛美妾贪欢共参禅
第三章　浮生若梦风流恩爱毕竟全是假
第四章　一病缠绵客来异乡英雄悲末路
第五章　佛面狼心图赖白玉杯美臣险
　　　　遭劫
第六章　暮色苍茫无意逢父子小侠显
　　　　神通
第七章　怜才起爱心侠女情深冒雨救

君危
第　八　章　夜半闻啼声逆伦爬灰破窗诛
　　　　　　恶徒
第　九　章　多情女同事如意郎
第　十　章　淫毒妇谋毙亲丈夫
第十一章　景物依稀追贼上浮碧竟遇丈
　　　　　　母娘
第十二章　似曾相识诛恶逢爱卿小玉报
　　　　　　大仇

个 中 苦

　　长篇哀情小说。冯玉奇著。春明书局。1941 年 5 月版。2 册。13 万字。卷头语 1 篇。共 12 回。

一	病心踪顿失　溅血泪长流		七	侮人更自辱　解闷反招忧
二	术笼浮薄子　心醉自由花		八	不辞风尘苦　那怕威武侵
三	花香情似蜜　蝶恋态更狂		九	情深鸾凤结　路狭嫂姑逢
四	温柔忘岁月　醋海起风波		十	叔颜朝老父　辣手毒仇人
五	遍地多荆棘　到处是陷阱		十一	醉生甘梦死　今是觉昨非
六	各有难言隐　都从心上猜		十二	人无证善果　骨肉喜团圆

云破月圆

　　言情小说。冯玉奇著。春明书店。1940 年 2 月版。2 册。13 万字。卷头语 1 篇。晚香馆主序 1 篇。共 24 回。

第 一 回	荡湖		第 十 二 回	露奸
第 二 回	食瓜		第 十 三 回	兽行
第 三 回	访菱		第 十 四 回	没书
第 四 回	柔情		第 十 五 回	并蒂
第 五 回	认絮		第 十 六 回	枭獍
第 六 回	执柯		第 十 七 回	衔冤
第 七 回	蜜月		第 十 八 回	各病
第 八 回	倾心		第 十 九 回	云破
第 九 回	心药		第 二 十 回	共患
第 十 回	缱绻		第二十一回	恋恋
第十一回	分袂		第二十二回	浴血

第二十三回　饮弹　　　　　第二十四回　月圆

艺海双珠

长篇哀情小说。冯玉奇著。上海广艺书局。1941 年 1 月版。1 册。8.2 万字。分 12 大段。未分章节。

太极阴阳剑

长篇侠情小说。冯玉奇著。广益书局。1948 年 9 月新 1 版。1 册。11.7 万字。刘剑冷序 1 篇。碧筠女士题词 6 首。共 26 回。

第一回　见斗牛主仆寻奇侠
　　　　渡川河兄妹逅恶憎
第二回　借马匹同来燕子坡
　　　　探贼巢投奔清风寨
第三回　烈女含冤奋身入水
　　　　书生失妹从容抛家
第四回　柳春燕巧遇赤云子
　　　　毒龙山火烧上清观
第五回　燕见凤诉亲为仇杀
　　　　心感德改过作良民
第六回　睹箫凤双雄挥刀夺
　　　　为玉兔二美握拳争
第七回　舞宝剑春燕试小妹
　　　　赠名驹秋岚报大恩
第八回　逛土娼殃及兰花院
　　　　劫白银祸临韩浣薇
第九回　狗党狐群齐来祝寿

　　　　忘师背训一意采花
第十回　酒绿灯红变生不测
　　　　鹃啼燕语策马来归
第十一回　臂似铁宝剑无情斫
　　　　　脸飞霞灵犀一点通
第十二回　呼朋盗驹求荣反辱
　　　　　抱亲痛哭疑幻成真
第十三回　秋月春花未曾虚度
　　　　　文鸳海燕愿慰双栖
第十四回　诳下山无意得阳剑
　　　　　赚归寨有心作恋人
第十五回　死也爱郎情痴心苦
　　　　　生憎薄命缘悭恨留
第十六回　摩顶放踵立志认师
　　　　　饮酒宿店无心杀夫
第十七回　洗手归正三娘再醮
　　　　　淫心不死一锤丧生

第 十 八 回　俏尼姑爱还风流债
　　　　　　假兄弟装出见面亲
第 十 九 回　一痣留恨疑今忆昔
　　　　　　两心相印弄假成缘
第 二 十 回　被底红浪含羞探讨
　　　　　　人面黑痣有力明证
第二十一回　罗海蛟天伦欣团聚
　　　　　　伍飞熊月夜舞双锤
第二十二回　三侠出门找寻小官

　　　　　　一僧吐气代报私仇
第二十三回　小孟尝留风尘豪杰
　　　　　　铁头陀成萍水因缘
第二十四回　认小妹温香抱软玉
　　　　　　劝浪子革面又洗心
第二十五回　淫僧削指聊示薄惩
　　　　　　孝女报仇几遭杀身
第二十六回　饮白刃悔罪孽多端
　　　　　　结全书换阴阳两剑

日暮途穷

社会小说。冯玉奇著。上海广艺书局。1947 年 8 月版。1 册。10 万字。共 10 章。

一　忧心煎煎慰卿良深
二　乱石叠叠救我恩重
三　意外惊艳倾心欲订交
四　有色无香泪滴断肠花
五　一筹莫展山穷又水尽
六　四面楚歌绝路无君子
七　一跃成暴富形迹可疑
八　寻子来海上杳如黄鹤
九　破血案巧使美人计
十　杀人犯终难逃法网

水性杨花

长篇社会小说。冯玉奇著。上海大明书局。出版时间不详。1 册。10.2 万字。共 6 回。

一　两性的情爱是多么神秘
二　月老红丝把他们连系了
三　伤心和喜悦一齐涌上心头
四　怀春的姑娘生了春天的病
五　一个出卖儿子的妇人多狠毒
六　水性杨花又转移了爱的目标

月缺花残

长篇哀情小说。冯玉奇著。春明书店。1942 年 2 月版。1 册。16.2
万字。共 13 章。

第一章　赏菊游湖欣逢旧雨　　　　第 八 章　海上同居比翼双飞

第二章　有女怀春吉士诱之　　　　第 九 章　午夜啼声忽产麟儿

第三章　杀鸡设酒款待嘉宾　　　　第 十 章　恶耗传来破碎家庭

第四章　海誓山盟爱结同心　　　　第十一章　劳燕分飞各自东西

第五章　河梁惜别黯然销魂　　　　第十二章　心碎肠断铁窗风味

第六章　挥泪留书抛家寻郎　　　　第十三章　月缺花残恨留人间

第七章　痛失掌珠一病缠身

月落乌啼

社会言情小说。冯玉奇著。大明书局。1947 年 9 月初版。1 册。8.8
万字。共 8 章。

第一章　囤积居奇守财奴心如蛇蝎毒　　第五章　忠言逆耳辜负梨娘一片心

第二章　乌烟瘴气贤县长目睹怪现状　　第六章　共图义举粉骨碎身不辞劳

第三章　正能克邪魑魅魍魉皆心惊　　　第七章　狼狈为奸肠寸断痛倒地

第四章　碧血儿女愤时嫉俗泪满怀　　　第八章　竟遭不测月落乌啼霜满天

文素臣三集

历史奇情香艳小说。冯玉奇著。上海广益书局。1942 年 12 月再版。
1 册。6.4 万字。告读者 1 篇。附图 8 幅。共 10 回。

第一回	回天有术	献艺种缘
第二回	灵前泣血	枕上断魂
第三回	梦来灵药	羞说病情
第四回	心心印就	脉脉情传
第五回	良朋陷盗	穉妹出危
第六回	目惊艳色	智失黄金
第七回	威武不屈	狂且悔过
第八回	怜卿解危	暗地摧梁
第九回	神女生涯	野禅结果
第十回	欢承四美	乐叙天伦

文素臣初集

志怪传奇小说。冯玉奇著。上海广益书局。1941 年 8 月再版。1 册。5.1 万字。开场白 1 篇。题词 2 篇。编者述 1 篇。附图 8 幅。共10 回。

第一回	行昙出都	沿途采花
第二回	别母赴杭	游湖遇旧
第三回	有鸾求凤	暴雨出蛟
第四回	海棠睡去	莲步艰难
第五回	解衣怜妹	感德呼兄
第六回	祸临燕雀	棒打鸳鸯
第七回	疲于奔命	色即是空
第八回	佛天遭劫	父女有庆
第九回	妹兄惜别	姑嫂话心
第十回	英雄义重	儿女情长

文素臣续集

历史奇情香艳小说。冯玉奇著。上海广益书局。1940 年 2 月再版。1 册。6.3 万字。编者述 1 篇。附图 8 幅。共 10 回。

第一回	娇花解语	碧玉生香
第二回	莽汉挥拳	良妻雅谑
第三回	淫尼堕落	苦海回头
第四回	铁腿遭殃	麟儿遇暴
第五回	汗巾骗去	恶耗传来
第六回	一心侍疾	刻骨报恩
第七回	偎寒偎暖	怜我怜卿
第八回	含羞却步	负屈入庭
第九回	气壮理直	玉洁冰清
第十回	严惩讼棍	辱打良医

六 桥 春

长篇言情小说。冯玉奇著。1939 年 1 月初版。10.8 万字。我慈水人知非子作序 1 篇。玉琴女士题词 8 首。共 30 回。

第 一 回　无意解女围,有意寻春

第 二 回　真个是我见犹怜,
　　　　　送一程,又一程

第 三 回　愁万种,恨千般,
　　　　　叹中郎有女差幸

第 四 回　眼儿媚
　　　　　肩儿并诉衷肠字字儿堪听

第 五 回　感深恩食指流血

第 六 回　劝节财香儿多情

第 七 回　兀坐对灯痴入画
　　　　　添九个香字

第 八 回　听雅谑娇嗔
　　　　　赛过那百啭流莺

第 九 回　假酒佯人有意调俊婢

第 十 回　怨女呆儿,哭笑无停顿

第十一回　小温存
　　　　　略领卿卿一刻春

第十二回　谁会料,伤心事
　　　　　各有伤心人

第十三回　桃花底,相偎相倚
　　　　　伴娇儿,又惊又喜

第十四回　蓦然间,襟上冒烟
　　　　　倒叫我身儿相靠魂儿飞

第十五回　故意园蔬

　　　　　作成他蜜爱轻怜

第 十 六 回　有女同车
　　　　　　享尽了温柔滋味

第 十 七 回　对新人情切切
　　　　　　恋旧欢意绵绵

第 十 八 回　又谁知
　　　　　　蓦地风波起

第 十 九 回　一样病两地牵连

第 二 十 回　匿名帖怎含血到底
　　　　　　刻骨病最堪怜

第二十一回　一篇恋爱讲义
　　　　　　听得我五体投地

第二十二回　闻雷声而惊艳

第二十三回　闲月下以谈心

第二十四回　冤与仇,何处寻
　　　　　　孙与杨,相约临

第二十五回　争禁脔夺爱人身儿也踏进
　　　　　　万恶门

第二十六回　我不意把弓长弯弓便张
　　　　　　恨不把将口到口便吞

第二十七回　怜只怜
　　　　　　把香儿错怪了好人

第二十八回　好人儿不见,掩面泣
　　　　　　我比你更傻着十分

第二十九回　过去事,别悲伤
　　　　　　眼前人,多荒唐
　　　　　　书本子,切莫忘

第三十回　作恶的,病死枪亡
　　　　　　有情的,果然成双

斗

武侠小说。冯玉奇著。文粹书局。1948 年 12 月版。1 册。14 万字。未分章节。

双 枪 王

言情小说。冯玉奇著。上海正气书局。1947 年版。1 册。10 万字。共 11 回。

第一回　谈相批命心惊肉跳述因果
第二回　为非作歹吃素念佛终枉然
第三回　眼前报应血债还血债
第四回　头绪茫无疑中有疑案
第五回　痴妮子明知其盗还爱护
第六回　莽英雄左右为难爱与仇
第七回　剧盗侦探大显神通
第八回　美人英雄各有痴心
第九回　准时不误父女大胆闯虎穴
第十回　革面洗心剧盗改过作良民
第十一回　善恶分明红颜泣薄命

玉 人 来

长篇言情小说。冯玉奇著。上海春明书店。1946 年版。2 册。21 万字。共 12 章。

第一章　海棠虽艳非其匹
　　　　软玉在抱犹闻香

第二章　恃强忍痛争魁首
　　　　未免有情属斯人

第三章　酒绿灯红传媚眼
　　　　药铛茶灶示灵犀
第四章　月到天心秋方半
　　　　女开情窦爱初长
第五章　一夜微酡颜如玉
　　　　连朝瘦损小腰肢
第六章　忧心戚戚有如失
　　　　娇面盈盈欲说难
第七章　有限蝶梦酣未足
　　　　无端劳燕惜分飞

第 八 章　旧雨重逢饥渴慰
　　　　　新欢乍结故交忘
第 九 章　天寒岁暮书初达
　　　　　灯炮夜阑人未回
第 十 章　一失足成千古恨
　　　　　再回头已百年身
第十一章　游艇划水心心印
　　　　　观剧尝音故故猜
第十二章　微闻灵台多变幻
　　　　　骤惊玉人竟复来

龙凤花烛

长篇社会言情小说。冯玉奇著。上海大明书局。1947 年 1 月再版。1 册。12 万字。共 8 回。

一　痴心俏姑娘百般追求
二　多情美少年无意惊艳
三　隐痛层层难以白知己
四　压迫重重娇花落污泥

五　四处张罗网有翅难展
六　两行辛酸泪皈依佛门
七　历劫未曾完骤闻噩耗
八　含泪望新娘龙凤花烛

龙虎剑侠缘

长篇侠情小说。冯玉奇著。上海汇文书局。1948 年 11 月版。2 册。17.3 万字。题词 2 篇。共 20 回。

第一回　月夜吹箫突来引凤客
　　　　痴心结爱渴病求凰人
第二回　千里下山为筹千金饷

　　　　百计求婚用尽百种谋
第三回　诬盗种赃九龙杯被窃
　　　　移花接木向凰姑出难

第 四 回　星月依然双雄争救女
　　　　　门庭如旧老父祸来临

第 五 回　屈打成招衔冤奔长途
　　　　　以强欺弱恃蛮压书生

第 六 回　神出鬼没收服虎头剑
　　　　　风狂雨骤病魔何玉蓝

第 七 回　野店荒村姑娘染奇病
　　　　　胡说白道医生落圊缸

第 八 回　和尚淫恶化缘访美色
　　　　　妮子风流茅屋动春情

第 九 回　一缕闷香爱卿身罹劫
　　　　　千里追踪兄妹各逞强

第 十 回　皇觉寺中大破藏春室
　　　　　何家庄上共庆和乐杯

第十一回　草庵停柩戴天仇必报
　　　　　禅宫藏艳人妖迹可疑

第十二回　如花美眷洞房春无价

　　　　　似梦因缘歧途泣奈何

第十三回　颠倒阴阳浪人遭淫戮
　　　　　天生鹣鲽淑女得好逑

第十四回　儿女弄舌兰闺春得意
　　　　　孀妇受屈月黑暗消魂

第十五回　伤寒起病谁怜孤寒骨
　　　　　泼水湿衣又结露水缘

第十六回　昧良吞产衔血喷人毒
　　　　　登岩入洞无心得剑奇

第十七回　道士炼剑集五百童子
　　　　　大侠复仇刃两颗头颅

第十八回　如玉美臣脱险青龙寨
　　　　　小蛾银瓶联成鸾凤缘

第十九回　镖头有毒一丝牵好合
　　　　　白璧无瑕三美结成双

第二十回　儿女英雄额手齐祝贺
　　　　　龙虎剑侠诛仇庆团圆

叶落西风

社会言情小说。即红粉飘零续集。冯玉奇著。上海大明书局。1947年3月初版。1册。10.5万字。共8回。

一　舞海悲彷徨狭路逢仇惊芳心
二　情场痛失恋歧途遇艳堕失足
三　香饵层层诱忍痛含泪甘受辱
四　悔恨阵阵涌坐听更声到天明

五　涣然冰释痴男怨女哭笑无定
六　死也爱卿郎情至诚左右为难
七　世道崎岖失足成病饮长恨
八　叶落西风手刃大仇难返魂

生之哀歌

社会小说。冯玉奇著。上海汇文书店。1947 年 3 月版。2 册。1.6 万字。共 8 回。

一	风暴雨骤求死却不能	五	睹影惊芳心移恨生爱
二	金言玉语人生即战斗	六	游园遇伊人扶弱锄强
三	文凭衣袴典卖庆寿辰	七	祸从天上来公理何在
四	似曾相识谁料是芳邻	八	愤离地狱去追求光明

白 门 秋

社会言情小说。冯玉奇著。广艺书局。1948 年 11 月版。2 册。14.5 万字。共 12 回。

一	情急智生掌颊拯义士	七	祝寿辰有心探故剑
二	觥筹交错将军心胆寒	八	救父老忍泪作新娘
三	冒险相救暂躲温柔乡	九	情敌当面讵意是恩人
四	爱卿情痴约游白鹭洲	十	义结金兰姐妹情爱深
五	窥艳影蓦地忆秦娥	十一	推己及人两全其美好因缘
六	溅碧血绝处又逢生	十二	精神不死儿女英雄竟作古

鸟语花香

社会言情小说。冯玉奇著。春明书店。1946 年 6 月版。2 册。11.3 万字。共 8 章。

第一章　平地风波棒打鸳鸯两分离　　第五章　姑媳纠纷重演旧剧
第二章　情天泪涟缠绵病榻独自眠　　第六章　因恨背夫欲结新欢
第三章　喜讯传来哀怨芳心怕听人间园　第七章　丧怙失恃一样伤心人
第四章　悲痛而去飘零红粉产麟险丧生　第八章　鸟语花香两对神仙眷

民 族 魂

社会小说。冯玉奇著。上海广艺书局。1946 年 9 月版。1 册。11.2 万字。共 8 回。

一　狼狈为奸父子有同心　　　五　忍饥挨饿壮士志可嘉
二　风声鹤泪鸡犬皆不宁　　　六　梦魂颠倒淑女苦难言
三　徒劳往返受愚又遭灾　　　七　一计莫筹群丑奈何天
四　心若蛇蝎矮子假慈悲　　　八　望穿秋水慈亲欲断魂

百合花开

社会小说。冯玉奇著。春明书店。1941 年 12 月版。2 册。17.9 万字。共 10 回。

一　为争产业各献殷勤　　　六　意绵绵同心订鸳盟
二　艳惊银宫主仆钟情　　　七　奔波忙一心只为她
三　风狂雨暴急奔上车　　　八　廉耻忘贪享裙带福
四　甜蜜未留痛苦忽至　　　九　失意女双双伴白发
五　夜深深骤来不速客　　　十　有情人对对成眷属

百劫玫瑰

长篇言情小说。冯玉奇著。春明书店。1941 年 9 月版。2 册。288 页。17.3 万字　共 10 回。

一	畏人言责打女弟子	六	薄命怜卿甘作妾
二	醉翁之意不在酒	七	心如蛇蝎事出循环
三	负荆请罪羞说往事	八	风波叠叠起未已
四	狮吼磨折弱女怨飘零	九	可怜人对可怜宵
五	月夜泛轻舟柔情如水	十	艳若玫瑰百劫显光明

百 花 洲

社会言情小说。冯玉奇著。上海华英书局。1943 年 8 月版。1 册。14.2 万字。共 10 章。

第一章	玫瑰花儿般的一朵真个是我见犹怜	第六章	水落石出今天你也遭到了同样的侮辱
第二章	细香阵阵扑鼻管赖卿卧榻醉酒又醉人	第七章	君子协定我们永远作个精神上的恋人
第三章	你和我都情不自禁险些儿真个销魂	第八章	艳窟赏名花竟遇到泥美人
第四章	计远思长暂时给你作个热狂的情妇	第九章	含泪从头诉像小鸟儿般的恢复了自由
第五章	遍地陷阱错把玉儿冤作了淫荡的姑娘	第十章	再会吧哥哥妹妹愿你们两对花好月圆

血 海 仇

侠情小说。冯玉奇著。春明书店。1940 年版。1 册。6.8 万字。晚香馆主序 1 篇。共 20 回。

第一回　教子有方慈亲含悲泪
　　　　无父何怙血海泣深仇

第二回　壁上剑长鸣预知喜讯
　　　　月中愁不绝天赐麟儿

第三回　三星在户一臂惊秋梦
　　　　晓风残月千里送春燕

第四回　亲上加亲白云生入赘
　　　　诈中有诈柳春燕设防

第五回　三侠战元霖镜花显圣
　　　　一胎怀双胞柳氏异人

第六回　报断臂恨广法师下山
　　　　结银镖仇白秋萍殒命

第七回　病里痛悼亡赖卿抚育
　　　　客中遭失子泪流香涛

第八回　耐劳习苦劢陶侃运甓
　　　　救灾恤难度文子归山

第九回　草上野鸳鸯终是祸水
　　　　山中新头目声气互通

第十回　燕语鹃啼别离在今日
　　　　龙飞凤舞兄妹获石麟

第十一回　红白剑光大战罗家集
　　　　　一千童子秘制长寿丸

第十二回　有意栽培替徒儿训子
　　　　　无心同路代盗马受冤

第十三回　辞师下山忽逢乔梓会
　　　　　新孀投宿骤起节妇愁

第十四回　妙计破奸若飞智而黠
　　　　　见面不识小侠勇且神

第十五回　剑马久闻名威震寨主
　　　　　妹兄齐脱险携手来归

第十六回　麒麟寨中气煞唐天兆
　　　　　大塔寺里血溅广法僧

第十七回　白璧无瑕鹃儿羞遭劫
　　　　　如鱼得水小凤快获郎

第十八回　青鸾骤至解客馆要挟
　　　　　余孽尚留借禅室迷人

第十九回　黑脸判官乔装新娘子
　　　　　风尘五侠怒戮俏尼姑

第二十回　孝感动天来阿褥尊者
　　　　　恶僧剖腹报血海大仇

血海情花

言情小说。冯玉奇著。上海永新书局。1946 年 5 月初版。1 册。6 万字。共 12 节。

第一节	心有灵犀一点通	第 七 节	魂飞魄散两个心是一个心
第二节	甜酸苦辣味偏多	第 八 节	是破题儿第一遭
第三节	笔尖儿扫尽万千愁	第 九 节	温柔乡霎变罗杀场
第四节	眼底心头充满着无限快感	第 十 节	全了女儿碎了心
第五节	思量遍，呀！怎料得就是你	第十一节	林中寂寂丽叶放情花
第六节	展开极恐怖的一幕	第十二节	江流滚滚掌珠悲血海

血滴心花

志怪传奇小说。即文素臣续集。冯玉奇著。育才书局。1946 年 5 月再版。1 册。5 万字。共 10 回。

第一回	嫉俗愤时老儒谋献曝 偷天换日孝女易奇书	第六回	烈女不二夫饮鸩毕命 阿哥审刺客烙铁招供
第二回	纤手释绑计笼英雄术 闭目绝粒难逃美人关	第七回	故智效齐襄妹兄通奸 托名韩康子姑太打胎
第三回	袒褐裸呈鸡头新剥肉 倒抽口气英物化天阉	第八回	公子多情出家思忏悔 夫人溺爱纵妾肆淫荒
第四回	相国寺中同参欢喜佛 清风寨上大闹合卺杯	第九回	月夜游园骤惊狰狞目 良宵窥隙怒击虎狼人
第五回	吹气如兰泪留香妃恨 销魂出浴心醉杏花楼	第十回	势若冰山奸相悲末路 行同欲海淫秃逞威风

合 欢 草

社会言情小说。冯玉奇著。上海智识书店。出版时间不详。2 册。15.1 万字。共 14 章。

一　代子祈祷叮咛劝信教
二　为君辛劳病榻访缠绵
三　莺妒燕恨情深酸若醋
四　狼心狗肺巧语甜如蜜
五　俏姑娘有心夺爱
六　痴妮子无意窥秘
七　大丈夫何患无妻
八　纨袴儿百般引诱
九　情切切月夜订怨盟
十　意绵绵酒楼醉别离
十一　返故都学府逢旧雨
十二　桃花宫伴舞险失身
十三　半规残月魂归离恨天
十四　日暖花香书成合欢草

并 蒂 莲

长篇社会言情小说。冯玉奇著。上海汇文书店。1947 年 10 月版。全 1 册。8.3 万字。共 7 章。

一　纨袴儿百般引诱
二　情切切月夜订鸳盟
三　意绵绵酒楼醉别离
四　返故都学府逢旧雨
五　桃花宫伴舞险失身
六　半规残月魂归离恨天
七　日暖花香书成合欢草

灯红酒绿

社会小说。冯玉奇著。上海大中华书报社。1946 年 5 月新 1 版。1 册。7 万字。未分章节。

江上烟波

长篇哀情小说。冯玉奇著。2 册。16.8 万字。共 10 章。

第一章	白璧无瑕羞惊鸡头肉	第六章	命途多舛红粉又飘零
第二章	人面桃花笑问何处来	第七章	姐妹巧设计求婚出丑
第三章	落花空有意流水无情	第八章	兄弟竟误会情海风波
第四章	怜我须怜卿留书作别	第九章	风流云散好事化成烟
第五章	（缺）	第十章	江上烟波前尘等一梦

如 意 劫

长篇侠情小说。冯玉奇著。上海广艺书局。1949 年 2 月版。1 册。10.6 万字。共 12 章。

第一章	凤凰坡兄妹显神通	第 七 章	白雀寺中小燕险遭劫
第二章	亡命徒断臂为女色	第 八 章	燕子坡外黑儿竟遇妖
第三章	探贼巢无意救忠良	第 九 章	服仙丹死里逃生
第四章	定恶计有心夺人妻	第 十 章	结仇恨谎报凶信
第五章	窥破行踪戏弄铁头陀	第十一章	淫人妻女眼前报应
第六章	山穷水尽欣逢小孟尝	第十二章	心灰意懒皈依佛门

红粉飘零

社会言情小说。冯玉奇著。上海大明书局。1948 年 10 月再版。1 册。11.4 万字。共 8 章。　　　　　回

第一章　鸾飘凤泊红粉有深仇　　第五章　灯红酒绿萍水相逢成知己
第二章　似真疑假黑暗满荆棘　　第六章　月白风清飘零身世感时泪
第三章　各献圣手的假易假闹趣剧　第七章　药石无效一纸香笺疗相思
第四章　为卿奔走意真情真演把戏　第八章　逝谗有心两瓣樱唇惹情劫

劫　泪　缘

长篇哀情小说。冯玉奇著。中原书局。出版时间不详。2 册。16.6万字。共 18 回。

第一回　遭水灾穷途悲落魄
　　　　投至戚姑夫欺孤儿
第二回　怜我怜卿情深若海
　　　　赠金赠帕义重于山
第三回　迫饥寒投考遭骗
　　　　浇块磊借酒看花
第四回　充园丁暂执贱役
　　　　呼大哥且作西宾
第五回　侠义客拯珠出泥污
　　　　风雨夕游子病缠绵
第六回　体贴入微三姨情重
　　　　压迫到死孽子恨长
第七回　效鹣奔惊生意外艳
　　　　畏多露节全个中人
第八回　疑外疑寻珠迨秋柳
　　　　巧中巧拾笔识芳蓉
第九回　坐对名花听雅谑
　　　　携将西子泛轻舟

第　十　回　趁良宵雪中逢旧雨
　　　　　晤高足灯下探真情
第十一回　一室生春围炉把酒
　　　　　三径就荒对影招魂
第十二回　为陆郎抛家出走
　　　　　感双美软语温存
第十三回　海客言旋承色笑
　　　　　湖滨小驻乐优游
第十四回　温而柔并肩话绮语
　　　　　酸又苦携手试芳心
第十五回　祝寿星笙歌并作
　　　　　见绿珠啼笑皆非
第十六回　有心人果然成眷属
　　　　　多情女毕竟践前盟
第十七回　左右为难情敌当面
　　　　　始终如一割爱明心
第十八回　割断情根用心良苦
　　　　　传来密柬感德莫忘

花月争艳

社会言情小说。冯玉奇著。上海广艺书局出版。1947 年 3 月版。1
册。9.8 万字。共 8 回。

一　春闺嫌寂寞今宵风流情切切　　五　拆字兼看相如此医生
二　池旁诉衷曲同病相怜意绵绵　　六　情花难自禁这般艳妇
三　心猿意马落花多情空有意　　　七　哭笑皆备求婚演丑态
四　水性杨花熊掌与鱼均所欲　　　八　花月争艳逼嫁闹情奔

花石因缘

言情小说。冯玉奇著。上海春明书局。1939 年 7 月 2 版。出版年月
不明。1 册。8 万字。碧筠女士作总评 1 篇。共 10 回。

第一回　酒绿灯红慈亲双行泪
　　　　情深意密秋女一封书
第二回　不孝不慈流浪遭痛骂
　　　　无罣无碍生死不相关
第三回　茫茫无所归佛门被逐
　　　　切切依闾盼阖宅腾欢
第四回　劝子早回头舌焦唇敝
　　　　见娘长含泪意懒心灰
第五回　孽缘未了前尘等一梦
　　　　烦恼又来苦忆几成痴
第六回　细语喁喁医可心头病
　　　　喜气溢溢大开汤饼筵
第七回　高朋满座独缺一主
　　　　华灯初上突失娇儿
第八回　仁和当典麻姑晋爵
　　　　燕子窝破鸳鸯好梦
第九回　假绑票解语花入狱
　　　　真破案呼啸蛇出头
第十回　哭孙儿哭女儿魂归兜率
　　　　无人相无我相心证菩提

花　迎　春

言情小说。冯玉奇著。上海汇文书局。1946 年初版。1 册。7 万字。共 12 回。

第一回	荡湖	第 七 回	蜜月
第二回	食瓜	第 八 回	倾心
第三回	访菱	第 九 回	心药
第四回	柔情	第 十 回	缱绻
第五回	认絮	第十一回	分袂
第六回	执柯	第十二回	露奸

花　溅　泪

社会言情小说。冯玉奇著。上海大明书局。1947 年初版。1 册。1.1 万字。共 8 回。

一	名园惜别离情意缠绵	五	体贴入微情深如海难自禁
二	绣闼窥艳体神魂迷恋	六	阴险奸诈小人之心最堪虑
三	设缓计强颜含笑芳心苦	七	海上觅情郎只身飘零
四	惊艳遇人生何处不相逢	八	名花溅泪痕抱恨无穷

两全其美

社会言情小说。即红豆相思续集。冯玉奇著。文粹书局。1948 年 10 月第 2 版。1 册。10.2 万字。共 8 回。

一　用情千古独断肠女竟走断肠路

二　惨案世无双伤心人痛述伤心事

三　不约而同夫妇俩居然各收义女

四　搬弄是非恶丫头唆主假闹自杀

五　惨遭轰炸进退维谷幸逢多情女

六　含冤莫辩左右为难险作阶下囚

七　痛悉个中情父女别离又相逢

八　两全其美乐姐弟各成好因缘

乱世风波

长篇社会言情小说。冯玉奇著。文粹书局。1949 年 4 月第 1 版。2 册。10 万字。共 8 回。

一　小别又重逢情味更浓

二　巧语虽伶俐病显原形

三　含怨受曲一心为争气

四　甜情蜜意愿早结并蒂

五　异想天开为报复自取其辱

六　诛奸受创躲闺楼无意惊美

七　左右为难脑冲血良医遽逝

八　桃色纠纷酿惨剧乱世风波

饮恨终身

哀情小说。冯玉奇著。上海汇文书局。1948 年 4 月。1 册。7.2 万字。共 6 回。

一　侮人更自辱

　　解闷反招忧

二　不辞风尘苦

　　那怕威武侵

三　情深鸾凤结

　　路狭嫂姑逢

四　赧颜朝老父

　　辣手毒仇人

五　醉生甘梦死

　　今是觉昨非

六　人生证善果

　　骨肉喜团圆

沧 桑 痕

长篇社会言情小说。即明珠泪续集。冯玉奇著。上海文立书局出版。1948 年版。1 册。9.7 万字。共 8 回。

一　患难鸳鸯否极泰来乐优游

二　入室虎狼喧宾夺主痛心肝

三　父母均心寒有此蛇蝎女

四　夫妻皆荒淫海上多趣闻

五　一样心肠毒无独有偶老鸦笑乌炭

六　四海飘零苦到处为家骨肉成仇敌

七　车轮底下逢孝女恍若在梦中

八　闺房里面遇浪子善恶有始终

姊 妹 泪

社会言情小说。冯玉奇著。上海正华书局。1946 年 4 月再版。2 册。18 万字。自序 1 篇。共 12 章。

第一章　月到中秋分外明

第二章　妯娌闺中称英雄

第三章　悍妇施虐孤女泪涟

第四章　诚心诚意欲窥娇妻

第五章　郎情若水妾意如绵

第六章　为医卿病用心良苦

第七章　碧血儿女春情浓于酒

第八章　风雨凄淇遗恨留情天

第九章　误认雪雁作爱妻公子情痴

第十章　错把素臣当快婿姑娘心酸

第十一章　一波才平一波来多事之秋

第十二章　两心相印两心碎返魂乏术

纸上的贤妻

短篇滑稽小说。冯玉奇著。上海广益书局。1940 年 11 月再版。1 册。7.3 万字。插图 4 幅。共 21 篇。

纸上的贤妻

真假

上海式的灶君

两个家庭

敲钉生活

学究新语

电车上

原谅

家庭与学校

金钱之敌

十一年后

不知所云之游记

莫名其妙之情史

一厢情愿之自传

记账

最小的资本家

二万元

骂人与被骂

偶像

欢迎

小说家谈话会

纸醉金迷

长篇社会言情小说。冯玉奇著。上海春明书店。出版时间不详。2册。17.8 万字。共 14 章。

第一章 月上柳梢头误伤彼姝
思亲襟常湿泪滴春衫

第二章 冒雨来归一心知有母
含羞作婢忍辱只为穷

第三章 暗里送秋波养花轩外
含嗔传春意待月西厢

第四章 爱舞若狂情甘为卿死
挥金如土暴雨折花残

第五章 近水有楼台先曾得月
潇湘疑云雨真个消魂

第六章 醉月谈心夜深度狎语
玉容骤睹感触旧情人

第七章 背地闻评论良心激发
借端探家境骨肉重逢

第八章 千般旖旎情真多体贴
万种惆怅画饼待充饥

第九章 乐叙天伦甜酸娘心苦
尽情相告羞赧我自知

第十章 草草光阴烟花过眼去
娓娓清谈欢乐快心头

第十一章 送去胡桃霜闹成口角
窥来陶松雪了若指掌

第十二章 重拾旧欢分钗希再合
金迷纸醉酒绿与灯红

第十三章 镜里看花风流恩爱假
草头着露妻妾富贵空

第十四章　心血忽来潮立书遗嘱　┃　神经中刺激一病成疯

青 霜 剑

长篇侠情小说。冯玉奇著。福禄寿书局。1947 年 7 月初版。1 册。12.5 万字。共 12 章。

第一章　为父报仇单身冒险闯虎穴

第二章　叔侄误会各显神通拜师伯

第三章　见色起淫心风流女欲嚼童子鸡

第四章　睹艳思巧计癫痫僧剑斫小白兔

第五章　青龙寨中大斗剑光良骥得娇妻

第六章　白虎星到兄弟残杀一心抢作王

第 七 章　奋勇除奸青霜剑竟作月下老

第 八 章　正能克邪白人凤到底遇良师

第 九 章　牛郎山被劫魔王洞

第 十 章　落凤坡痛杀忤逆子

第十一章　知恩报恩多情女投身作丫鬟

第十二章　将计就计薄幸郎出奔花烛夜

苦 中 苦

言情小说。冯玉奇著。上海汇文书局。1948 年 4 月初版。1 册。6.6 万字。共 6 章。

一　病心踪顿失　溅血泪长流

二　木笼浮薄子　心醉自由花

三　花香情似蜜　蝶恋态更狂

四　温柔忘岁月　醋海起风波

五　遍地多荆棘　到处是陷阱

六　各有难言隐　都从心上猜

歧 途

社会小说。冯玉奇著。上海晨钟书局。1943 年 12 月初版。1 册。10.8 万字。自序 1 篇。共 8 章。

第一章　艳福几时修冰肌玉骨抱满怀　　第五章　虚荣两字铸成人间多少女子恨
第二章　明月何日圆柔情蜜意甜心头　　第六章　情场失意辛酸滋味谁能不伤心
第三章　千金购画醉翁目的只为她　　　第七章　痛悔鹃女事到今日方知受人欺
第四章　香饵垂钓酒后莲花险遭劫　　　第八章　手刃浪子红颜命薄铁窗泪影

明月重圆夜

言情小说。冯玉奇著。上海汇文书局。1946 年 12 月版。1 册。6.8 万字。共 12 章。

一　兽行　　　　　　七　云破
二　没书　　　　　　八　共患
三　并蒂　　　　　　九　恋恋
四　枭獍　　　　　　十　浴血
五　衔冤　　　　　　十一　饮弹
六　各病　　　　　　十二　月圆

明　珠　泪

社会言情小说。冯玉奇著。文立书局。1949 年 1 月初版。1 册。8.6 万字。共 8 章。

一　夜深送情郎惜别依依　　　五　车马盈门独不见子来
二　久渴逢艳妇柔情绵绵　　　六　虚浮误人忍心逐女去
三　各献殷勤口是心非　　　　七　抱病祝寿辰无意得妻
四　贪心不足得陇望蜀　　　　八　骨肉终有情泪湿明珠

忠魂鹃血

长篇社会言情小说。即龙凤花烛续集。冯玉奇著。上海大明书局。1947 年版。1 册。9.7 万字。共 8 回。

一	雪地探故剑泪湿青衫		五	到底有缘温柔入抱时
二	才圆鸳鸯梦骤又别离		六	毁家纾难慷慨创壮举
三	枪林弹雨死里庆余生		七	千古多情壮志流鹃血
四	暮鼓晨钟劫后成英雄		八	万世流芳热血洒忠魂

垂杨影外

长篇社会言情小说。冯玉奇著。上海武林书店。1946 年 2 版。1 册。14 万字。共 12 章。

第一章	孤苦零丁身世真可怜		第 七 章	子亦无赖兰闺寂寂春虚度
第二章	一意栽培护花深有愿		第 八 章	卿太痴心柔情绵绵意深长
第三章	两心相印花开并蒂莲		第 九 章	遭弃又遭灾幸有儿承欢
第四章	赌影生疑谅解情更浓		第 十 章	失爱复失母苦无人相慰
第五章	逐月乘风欢得贤淑媳		第十一章	窥黑痣陡忆亲儿骨肉欣团聚
第六章	情甜意酸痛失心上人		第十二章	悔前尘垂杨影外陌路圆破镜

侠义五花图

民间小说。冯玉奇著。上海广益书局。1946 年 11 月新 1 版。1 册。8 万字。吕云峰序 1 篇。人物插图 13 幅。共 20 回。

第一回　识玄机燕藩登大宝
　　　　梦南柯罗汉挞逃王
第二回　翡翠琼瑶恩承雨露
　　　　金枝玉叶宠冠群芳
第三回　疑雨楼五花争媚主
　　　　眠云馆万历乐销魂
第四回　芙蓉宫瑶妃得病
　　　　满洲国遣使求亲
第五回　皇觉寺暂停艳尸
　　　　莲花庵权作窝窟
第六回　死去再生名花历劫
　　　　御前舞剑娘子行军
第七回　陶文灿领兵征北国
　　　　左斗南设计破阴谋
第八回　卖主献关求荣反辱
　　　　特恩拜帅领旨救亲
第九回　黑白不明有功反罪
　　　　是非颠倒无怨成仇
第十回　陶文彬挥刀求自刎
　　　　缪金凤敷药医金创

第十一回　冒功劳山寨杀兵丁
　　　　　隐姓名花园传剑术
第十二回　大帅行军雪中杀敌
　　　　　娇花献媚虎帐谈情
第十三回　谗里谗再召回都
　　　　　痴中痴还想献关
第十四回　常琪英无心救徐岱
　　　　　缪金凤立志破满军
第十五回　万年遗臭削职为民
　　　　　一箭飞来以德报怨
第十六回　万历帝御驾亲征
　　　　　麒麟山众将被困
第十七回　得二美福汗班师
　　　　　占一卦预知脱险
第十八回　伏乱箭三将同遭擒
　　　　　归二妃两国成和议
第十九回　通客氏佛门宣淫
　　　　　为老父运动复官
第二十回　班师回朝封官赐爵
　　　　　交杯合卺奉旨完婚

侬本痴情

言情小说。冯玉奇著。上海汇文书店。1947 年 7 月版。1 册。9.4 万字。共 8 章。

一　鬻艺遭师责泪湿红粉
二　往事从头诉身世堪怜
三　难收回春效月落乌啼
四　用情千古独天长地久

五　爱河多风波变幻莫测
六　难逃酒色网魔高十丈
七　回头是岸悬崖勒马迟
八　泄漏秘密含冤今日白

征

社会小说。冯玉奇著。上海大明书局。1949 年 3 月 3 版。1 册。15 万字。自序 1 篇。共 8 章。

征,归,恨

社会言情长篇小说。冯玉奇著。上海大明书局。1948 年 10 月版。1 册(3 部)。40 万字。自序(征),序(归),序(恨)。

斧魄冰魂

长篇社会写实小说。冯玉奇著。上海春明书店印行。出版时间不详。2 册。18 万字。共 12 回。

一	失斧,遭虐	七	抛棺,沉冤
二	争席,说亲	八	闻耗,渴慰
三	托孤,永诀	九	言归,赠芍
四	嬉春,逅兰	十	疑测,推荐
五	反噬,棰凤	十一	背母,双逃
六	约松,闹冰	十二	冤释,钗合

夜莺啼月

长篇社会言情小说。冯玉奇著。励力出版社。1942 年 10 月版。1 册。11.8 万字。共 8 章。

第一章　乐极生悲惨遭无妄灾　　第五章　抛儿再嫁姑娘芳心碎
第二章　一宵勾留情甜意更蜜　　第六章　相依为命母女共流浪
第三章　爱入歧途情场痛失足　　第七章　错里鸳鸯兄妹竟恋爱
第四章　始乱终弃浪子手段毒　　第八章　凄绝人寰小莺悲山月

妾 无 罪

哀情长篇小说。冯玉奇著。上海春明书店。1941 年 8 月再版。2 册。11.7 万字。告读者 1 篇。题词 1 篇。共 12 章。

第一章　代父力田凄徨馌南亩
　　　　临流濯足邂逅挹清谈
第二章　阿囡替躬耕盈盈欲语
　　　　牛郎会织女脉脉含情
第三章　儿女情长多少缠绵意
　　　　老亲病笃难完破碎心
第四章　电影起悲观中年无子
　　　　葬亲多感激以德报身
第五章　醉中带醒欲乞人间种
　　　　笑里藏刀快仁金屋娇
第六章　反噬诱奸心比蛇蝎毒
　　　　衔冤莫白惟有鬼神知

第 七 章　抛室离家度流浪生活
　　　　　同床异衾作形式夫妻
第 八 章　为恼绿巾造成疑心病
　　　　　遗如敝屣痛断弃妇肠
第 九 章　推食解衣深情过手足
　　　　　产儿坐蓐高谊薄云天
第 十 章　为子守义回肠千重结
　　　　　感君贫病报德一身轻
第十一章　金能疗病慈善心肠假
　　　　　人若有缘何处不相逢
第十二章　薄命怜卿夫妻恩义绝
　　　　　伤心恨我悔妾无罪迟

盲目之爱

长篇言情讽刺小说。冯玉奇著。陈继康校订。三益书店。1947 年 8 月版。1 册。5.8 万字。共 6 回。

一　避雨起慈悲搭救孤女　　二　音乐有天才欣逢良师

三　一见竟倾心郎太痴情　　　　五　惺惺惜别灵犀一点通
四　只怨眼不明妾非薄幸　　　　六　绵绵柔情失望泪滴胸

泣 残 红

　　哀情小说。冯玉奇著。上海广艺书局。1943 年 5 月版。2 册。17.3
万字。共 12 章。第一章至第六章章目缺。

第七章　近朱者赤近墨者黑　　　　第 十 章　含痛释仇人桃枝心苦
第八章　春雨连绵落红飘零　　　　第十一章　喜新嫌旧血溅浪漫女
第九章　用情千左独文玉抛家　　　第十二章　不堪回首东风泣溅红

陌头柳色

　　言情小说。冯玉奇著。春明书店。1940 年版。2 册。17 万字。共
14 章。

第一章　血指飞来祸移江东计　　　第 七 章　暗地探真情心花怒放
　　　　片言雪诬代洗覆盆冤　　　　　　　　专诚迎倩影怎么不来
第二章　人海起波澜得新厌旧　　　第 八 章　病占勿药眉黛横春色
　　　　风云多变幻层出不穷　　　　　　　　邂逅故人高怀不染尘
第三章　痛到心头亲前谩说盗　　　第 九 章　流水无情落花空有意
　　　　甜来骨髓快乐若登仙　　　　　　　　此生不变至死亦靡他
第四章　幽歌一曲惊心疑暗鬼　　　第 十 章　为国捐躯留书挥泪别
　　　　情丝千缕月夜忆玉人　　　　　　　　代尽子职汤药必亲尝
第五章　荡检逾娴风流逾闺女　　　第十一章　因假成真良缘竟巧合
　　　　既羞且恨戟指詈狡童　　　　　　　　以公报私嘉耦惜分飞
第六章　泪滴九泉哭亲逢旧雨　　　第十二章　燕儿对对飞思妇肠断
　　　　快若三生鸡酒饫新欢　　　　　　　　芳草年年绿王孙其归

第十三章 天外征鸿凄凉几行字　　第十四章 笑问何处来喜出望外
　　　　 潭中人影寂寞一缕魂　　　　　　　　　相思今始偿示在其中

孤 岛 泪

言情小说。冯玉奇著。上海广艺书局。1948 年 4 月初版。1 册。6 万字。共 6 回。

第一回 不信津门惊鸿影　　　　第四回 载得西施香海浮
第二回 细诉戴天有仇恨　　　　第五回 伴舞为郎心无奈
第三回 情长快睹双鲤跃　　　　第六回 艳如桃李冷如冰

姑嫂情深

长篇社会言情小说。冯玉奇著。文粹书局。1949 年 1 月第 3 版。1 册。10.3 万字。共 8 回。

一 娇柔弱质那堪狂风猛施虐　　　五 万象虽更新唯卿终生永枯萎
二 同病相怜怎禁骇浪痛打击　　　六 偶动正义感讵料惊生意外缘
三 婚姻多买卖含悲忍泪离家园　　七 疑云层层智姑娘侦探秘密情
四 闺中泣鹄影挂名夫妻空留痕　　八 卧病奄奄好舅嫂竟作相思药

春云疑雨

长篇社会言情小说。即小红楼续集。冯玉奇著。上海广艺书局。1948 年 9 月初版。1 册。13.7 万字。共 10 章。

第一章 病院春色碧血儿女情意柔如绵　|　第二章 为卿解怨无郎小姑相思今始偿

第三章　感君仁德诉将哀怨到天明

第四章　代子辛劳天涯游子最可怜

第五章　死里逃生今作人上人

第六章　夫妇口角原属寻常事

第七章　得急电只身赴平爱吾今日才温

　　　　鸳鸯梦

第八章　进谗言春云疑雨小红秋夜遗恨人间留

第九章　星月依稀因跌成疯疑神又疑鬼

第十章　凄凉陈述同病相怜失红复失爱

春江风月

社会写实小说。冯玉奇著。出版单位和出版时间不详。2 册。16 万字。共 15 回。

一　耶稣降生的夜里

二　玉簪刺破海棠花

三　难兄难弟无出其右

四　一门四杰人材济济

五　慈悲的医学博士

六　软玉温香抱满怀

七　醉生梦死顽石怎点头

八　忘恩负义老奸不认旧

九　丧心病狂贩毒成巨富

十　慷慨赠银劝卿仍入学

十一　大律师的外交手腕

十二　百乐门竟成万恶门

十三　以德报怨因跌留遗恨

十四　一斧劈下轰动全上海

十五　倾家荡产春江多风月

春花浪蝶

滑稽香艳小说。冯玉奇著。心心书局。1946 年 12 月初版。1 册。6.2 万字。共 10 幕。

第一幕　这样的理论新字体真亏她想出

第二幕　一夜海潮作成他俩好事

第三幕　簇新的两性作合信托社

第四幕　不要太猖狂当心着打碎痰盂

第五幕　连环多角恋爱的醋波

第六幕　一幕醋风波罚金二千六

第七幕　从川菜馆的吃响导到跑狗场的玩

第八幕	玩赌的门槛到底那个精	第十幕	有神秘性的蓝桥别墅
第九幕	割包皮错认女骗子		

春雨飞花

言情小说。冯玉奇著。上海永康书店。1936 年 10 月再版。1 册。9 万字。共 8 章。

第一章	春雨飞花哀怨芳心身世泪	第五章	疑妻有异心临行权托监察人
第二章	燃火息夜坐对山洞待天明	第六章	窥秘生妒意情海又起醋风波
第三章	千般恩爱意尽付东流	第七章	情有所钟你我俱是可怜虫
第四章	万种缠绵情酸卧西厢	第八章	死也爱郎叮咛努力家国事

春残梦断

社会言情小说。冯玉奇、邵钧轩合著。上海武林书店。1946 年 6 月新 2 版。1 册。10 万字。冯玉奇序。共 8 章。

第一章	秋灯夜雨滴碎子女心	第五章	千般缠绵柔情话东厢
第二章	惊涛骇浪卷入奈何天	第六章	万种惆怅血泪洒西风
第三章	盈盈粉泪夜莺啼红树	第七章	青衫泪湿小玉飘零日
第四章	寸寸柔肠流水惜暮春	第八章	红粉香消仲明断肠时

春 闺 怨

哀艳言情小说。冯玉奇著。上海春明书店。1946 年 6 月初版。1 册。11 万字。共 10 回。

茜纱窗下

哀艳言情小说。冯玉奇著。上海大明书局。1948 年 10 月第 1 版。1
册。11 万字。共 8 回。

一　命途多舛得意竟反成失意
二　世道崎岖姊妹遭遇优劣各别
三　巧舌如簧离间手足情
四　窥影自怜凄凉倩女心

五　香饵垂钓虚荣女失足
六　离奇身世芬姑娘抛家
七　患难之中方见知心人
八　心如止水从此冷爱河

草长莺飞

言情小说。冯玉奇著。上海春明书店。1943 年 1 月版。1 册。12 万
字。共 10 章。

第一章　给你介绍一个女朋友
第二章　怎料到她是倾国倾城貌
第三章　初到情人家怪不好意思
第四章　主人都不在倒成全了他们
第五章　痴嗔哀乐一对欢喜冤家

第六章　生死关头的一家
第七章　谢谢上帝脱离了险境
第八章　爱情专一至死不变
第九章　滔滔不绝说服了两人
第十章　草长莺飞又是春的季节了

荒岛怪人

社会奇情小说。冯玉奇著。上海文粹书局。1949 年 2 月第 1 版。1
册。9 万字。共 6 回。

一　噩耗传来荒山显怪

二　历尽艰险爱犬失踪

三　舍身救主义薄云天　　　　五　心猿意马情海风波
四　晴天霹雳佳偶分离　　　　六　孽冤算清空余泪痕

故 剑 泪

　　社会言情小说。冯玉奇著。春明书店。1941 年 4 月再版。2 册。
20.8 万字。共 14 章。第一章至第七章章目缺。

第 八 章　细诉衷肠飘零悲故剑
　　　　　详谈因果义愤动新愁
第 九 章　十年不见欢如生平愿
　　　　　万金赎身踌躇左右难
第 十 章　奉公割爱严守军人律
　　　　　卖友求荣强迎美色归
第十一章　血溅洞房将军头颅落

　　　　　险脱囚牢英雄手段强
第十二章　重历劫难风波今再起
　　　　　无可奈何红粉又飘零
第十三章　荡气回肠痛述经过事
　　　　　扬眉得意惊聆暗杀人
第十四章　两个有情人无偏不耦
　　　　　半生飘泊女海外寄身

香 海 恨

　　言情小说。冯玉奇著。上海正华书局。1947 年 1 月再版。1 册。12
万字。编者述 1 篇。共 12 回。

第一回　不信津门惊鸿影
第二回　细诉戴天有深仇
第三回　情长快睹双鲤跃
第四回　载得西施香海浮
第五回　伴舞为郎心无奈
第六回　艳如桃李冷如冰

第 七 回　怜香窃玉争禁脔
第 八 回　罢舞从戎惨折肱
第 九 回　海欲枯兮生路绝
第 十 回　花更憔悴无颜色
第十一回　断肠花对断肠人
第十二回　此恨绵绵何时灭

秋水长天

长篇社会言情小说。冯玉奇著。上海春明书店。1946 年 9 月再版。1
册。12 万字。共 10 章。

一	为虎作伥痛在儿女心	六	为爱妹妹奔波情义重
二	热情相爱却换一片冰	七	酸入骨髓情敌在眼前
三	促膝谈心噩耗惊人魂	八	顿起杀机血流满身边
四	仗义救友拜倒石榴裙	九	恶贯满盈步入枉死城
五	冒认哥哥恍若在梦中	十	满城秋色一片轰炸声

秋水红蕉

哀艳言情小说。冯玉奇著。1946 年 10 月 2 版。上海春明书店印行。
共 2 册。11 万字。叙论 1 篇。共 12 回。

一	游泳池无意逢萍水 诊治室含羞约雪园	七	意蜜情深频添爱叶 灯红酒绿怒放心花
二	试芳心小园垂青眼 打电话大陆种情根	八	嗟失恋情甘千日醉 赌偕行防有雨条心
三	回首前尘有怀莫诉 感慨身世同病相怜	九	有女怀春爱成三角 抱君逃火奋不顾身
四	安乐宫中红蕉伴舞 救济社里秋水献技	十	寝食难安受恩莫投 踌躇满志止水不波
五	甜姐姐有意秋波送 表哥哥含酸背地猜	十一	踏雪探春悲酸世界 留书作别菩萨心肠
六	角情场四心滋疑窦 赋绝句一雨又病秋	十二	秋水因缘若离若合 春冰心事亦苦亦甜

俏 姑 娘

社会言情小说。冯玉奇著。上海汇文书局。1947 年 10 月版。全 1 册。共 7.7 万字。共 7 章。

一　代子祈祷叮咛劝信教　　　　五　俏姑娘有心夺爱
二　为君辛劳病榻话缠绵　　　　六　痴妮子无意窥秘
三　莺妒燕恨情深酸若醋　　　　七　大丈夫何患无妻
四　狼心狗肺巧语甜如蜜

剑侠女英雄

武侠奇情小说。冯玉奇著。协和书店。1947 年 5 月版。1 册。12 万字。共 26 回。

第一回　见争斗主仆寻奇侠　　　　　　　　赠名驹秋岚报大恩
　　　　渡川河兄妹逅恶僧　　　第 八 回　逛土娼殃及兰香院
第二回　借马匹同来燕子坡　　　　　　　　劫白银祸临韩浣薇
　　　　探贼巢投奔清风寨　　　第 九 回　狗党狐群齐来祝寿
第三回　烈女含冤奋身入水　　　　　　　　忘师背训一意探花
　　　　书生失妹从客抛家　　　第 十 回　酒绿灯红变生不测
第四回　柳春燕巧遇赤雪子　　　　　　　　鹃啼燕语策马来归
　　　　毒龙山火烧上清观　　　第十一回　臂似铁宝剑无情砍
第五回　燕见凤诉亲为仇杀　　　　　　　　脸飞霞灵犀一点通
　　　　心感德改过作良民　　　第十二回　呼朋盗驹求荣反辱
第六回　睹箫凤双雄挥刀夺　　　　　　　　抱亲痛哭疑幻成真
　　　　为玉兔二美握拳争　　　第十三回　秋月春花未曾虚度
第七回　舞宝剑春燕试小妹　　　　　　　　文鸳海燕愿慰双栖

第 十 四 回　诳下山无意得阳剑
　　　　　　赚归寨有心作恋人
第 十 五 回　死也爱郎情痴心苦
　　　　　　生憎薄命缘悭恨留
第 十 六 回　摩顶放踵立志认师
　　　　　　饮酒宿店无心杀夫
第 十 七 回　洗手归正三娘并瞧
　　　　　　淫心不死一锤丧生
第 十 八 回　俏尼姑爱还风流债
　　　　　　假兄弟装出见面亲
第 十 九 回　一痣留痕疑今忆昔
　　　　　　两心相印弄假成缘
第 二 十 回　被底红浪含羞探讨

　　　　　　人面黑痣有力证明
第二十一回　罗海蛟天伦欣团聚
　　　　　　伍飞熊月夜舞双锤
第二十二回　三侠出门找寻小官
　　　　　　一僧吐气代报私仇
第二十三回　小孟尝留风尘豪侠
　　　　　　铁头陀成水萍因缘
第二十四回　认小妹温香抱软玉
　　　　　　劝浪子革面又洗心
第二十五回　淫僧削指聊示薄惩
　　　　　　孝友报仇几遭杀身
第二十六回　饮白刃悔罪孽多端
　　　　　　结全书换阴阳两剑

逃　　婚

社会言情小说。冯玉奇著。上海汇文书局。1948 年 3 月版。1 册。9.4 万字。共 6 章。

第一章　碧血儿女春情浓于酒
第二章　风雨凄淇遗恨留情天
第三章　误认雪雁作爱妻公子情痴

第四章　错把素臣当快婿姑娘心酸
第五章　一波才平一波来多事之秋
第六章　两心相印两心碎返魂乏术

胜利之光

社会言情小说。冯玉奇著。上海文粹书局。1947 年 7 月版。共 1 册。9 万字。自序 1 篇。共 8 回。

一　甜蜜的美梦

二　欢腾后剩下的悲酸

三　人情薄如秋云　　　　　　六　屋倒碰着连夜雨
四　大家跑上了歧途　　　　　　七　悔恨与羞愧的交流
五　忍痛含泪是为了金钱　　　　八　希望国人仍须努力

闺中鹄影

社会言情小说。冯玉奇著。上海大明书局。1949 年 3 月再版。1 册。8.4 万字。共 8 回。

第一回　春雨连绵坐对孤灯泣黄昏　　第五回　贞节女绝处又逢生
第二回　鸳鸯同遭劫真是一对可怜虫　第六回　诛恶警世人侠义可钦
第三回　蛇蝎行为最毒淫妇心　　　　第七回　万恶淫为首荡妇下场
第四回　生离死别恨悠悠　　　　　　第八回　感君双泪垂唯期来生

珠还合浦

社会言情小说。冯玉奇著。文业书局。1947 年 2 月第 4 版。1 册。8 万字。共 10 章。

第一章　倾心相爱惊生意外艳　　第六章　满目凄凉弱女陷盗窟
第二章　偷窥来书戏开假辩论　　第七章　铁鸟侦察匪警恶斗争
第三章　代子尽职芳心只为他　　第八章　阴谋多端系晕十字街
第四章　银箭留字剧盗显神通　　第九章　雪地破盗窟凯旋来归
第五章　车中呼救黑夜听枪声　　第十章　蜜月共欢度珠还合浦

热血冰心

言情小说。冯玉奇著。上海广益书局。1947 年 9 月版。1 册。7 万

字。自序 1 篇。插图 8 幅。共 16 章。

一　驾言出游

二　投我以琼笺

三　两小多猜

四　画中人是意中人

五　慈母的爱

六　心病

七　辜负她一片深情

八　人有旦夕祸福

九　杀鸡而食之

十　又是个风流孽缘

十一　鱼儿牡丹

十二　同居

十三　觅死

十四　热血而今冷若冰

十五　何日君再来

十六　云破大悲庵

热 血 花

言情小说。冯玉奇著。上海光艺书局。1946 年 11 月版。1 册。11 万字。共 8 章。

一　死别生离伤心人别有怀抱

二　义结金兰为救亡义无反顾

三　激昂慷慨英雄偏逃美人关

四　丧失心肝媚敌岂管老百姓

五　鱼肉乡民压迫不尽滚滚来

六　利诱小人透露机密滔滔说

七　害人害己死到临头悔已迟

八　救民救国花开热血报国时

桃李春风

言情小说。冯玉奇著。上海大明书局。1949 年 2 月初版。1 册。10 万字。共 8 回。

一　投笔从戎应立百世之功

二　黯然销魂只为儿女情重

三　三生空有白头约红颜心酸

四　一贫如洗庆寿辰众生承欢

五　纵海枯石烂生死相从情不移

六　宁头断血流正义可感洁如玉

七　父贤子孝不愧中华国民　　　八　山穷水尽始遇桃李春风

晓风残月

言情小说。冯玉奇著。春明书局。1940 年 8 月版。2 册。15 万字。插图 2 幅。共 20 章。

第一章　草草劳人藉工糊口
　　　　茫茫前途谁是同情
第二章　如花如月光阴过眼
　　　　是泪是血细诉衷肠
第三章　意绵绵情从今夜白
　　　　冤沉沉仇似海样深
第四章　拂面晓风劳卿治面
　　　　半规残月挈子同行
第五章　游上海快购双心钻
　　　　饮酒楼醉眼十字街
第六章　情狂热霎时难分手
　　　　忆前尘陡的上心头
第七章　恶调笑护花深有愿
　　　　换病房背地起误会
第八章　真朋友疾风知劲草
　　　　患难交岁晚见松心
第九章　探消息柔情等于水
　　　　话寸衷蜜意软如云
第十章　风瑟瑟相思惊又喜
　　　　雨阵阵小别恨添长

第十一章　怀所欢针线消永昼
　　　　　送情侣歧路遇前人
第十二章　天亦有情狂雨留客
　　　　　人非无意借题试心
第十三章　为防冷有心馈绒袄
　　　　　因造府不意遇春儿
第十四章　殷勤款宾热诚毕备
　　　　　哀怨相向冷面迎人
第十五章　乘月色忍泪诉前尘
　　　　　冒宵风含辛会母子
第十六章　风烛残年那堪霜雪
　　　　　无根弱草空劳栽培
第十七章　有限光阴霎丁噩梦
　　　　　多情金屋藏彼名花
第十八章　享温柔几消英雄志
　　　　　明大义卒报杀父仇
第十九章　智春儿拥护秋老太
　　　　　侠芝仙义释苦石峰
第二十章　残月晓风依然寂寂
　　　　　思前想后此恨绵绵

倾国倾城

言情哀艳小说。冯玉奇著。上海武林书店。出版时间不详。1 册。11.2 万字。共 8 章。

第一章　清凉独眺惊睹双姝艳　　　　第五章　一意报父仇红颜忍痛伴白发
第二章　窥芳忆旧知恍若一梦　　　　第六章　两心同破碎不堪回首旧恩情
第三章　搬弄是非几遭停职羞　　　　第七章　毁家从戎去名垂千秋
第四章　求婚被拒绝顿起毒心　　　　第八章　奋身蹈火窟流芳百世

豹　凤　缘

言情写实小说。冯玉奇著。出版单位不详。1948 年 9 月新 2 版。1 册。10 万字。余碧筠序 1 篇。插图 13 幅。共 20 回。

第一回　才高咏絮凤兮德何衰
　　　　生有凤缘豹儿入梦奇
第二回　性若蛇蝎财多心又毒
　　　　洁同冰霜命薄泪如珠
第三回　细语喁喁两小花前话
　　　　忧心悄悄慈亲病榻眠
第四回　处心积虑见人情都假
　　　　落花流水孤负好事联
第五回　一样施虐两虎张牙视
　　　　别有怀抱双凤午爪争
第六回　解除压迫一身谋幸福
　　　　嘤咛啜泣万事托同情
第七回　请君入瓮筹安留余臭

　　　　问心无愧赐死黯销魂
第八回　皇宫戏院心切豹逮凤
　　　　春明楼头情深月伴云
第九回　一瞑不视母方离苦海
　　　　两泪交流女又入愁城
第十回　驻足燕华凤脱樊笼去
　　　　托名秋叶枭竟设阱来
第十一回　堕入艳窟度曲悲身世
　　　　　跳出火坑感恩涕泪零
第十二回　草草劳人慰卿驰急电
　　　　　肃肃征口阻我是狂流
第十三回　白发伉俪妒意酸如醋
　　　　　碧海儿女春情软若绵

第十四回　我爱霞郎用情千古独
　　　　　谁怜□女心事两全难
第十五回　鼕鼓一声春华惊帝梦
　　　　　天花乱坠冷眼侦仇人
第十六回　霓云班里姐妹身免辱
　　　　　津浦道上鸳鸯命同歼
第十七回　心乎爱兮怀恨云作敌

情不自禁含羞月来潮
第十八回　欢若生平紫玉意双合
　　　　　相见恨晚云霞情两投
第十九回　世态炎凉人情贫富变
　　　　　晴天霹雳贺客笑啼难
第二十回　如花美眷花开难永好
　　　　　比月清华月缺不长圆

鸳 鸯 剑

武侠奇情小说。冯玉奇著。中原书局。1938 年 5 月版。4 册。11.4
万字。余碧筠序 1 篇。自叙 1 篇。共 24 回。

第一回　破台湾孤儿投海
　　　　奔四川一意复仇
第二回　殉义尽忠群侠亡命
　　　　饮酒食肉三杰斗强
第三回　祝万寿发镖死降官
　　　　破暗昧告密囚参将
第四回　追囚车雪中夜奔
　　　　劫法场死里逃生
第五回　渡川河不意种仇根
　　　　越高墙无心逢燕侠
第六回　刀下一镖恩衔再造
　　　　马上双驮缘结三生
第七回　心血来潮受惊痘出
　　　　诗思泉涌感德情深
第八回　恶头陀下山寻衅
　　　　乖刘懿破竹示威
第九回　三箭贯雁双美逐鹿

全身运力一石化烟
第 十 回　月黯黯误会中飞腿
　　　　　意绵绵刻骨恋心头
第十一回　红叶村双侠乐鱼水
　　　　　白家庄一镖丧鹿鸣
第十二回　木江僧一打白家庄
　　　　　甘凤孙巧遇毕鹤年
第十三回　削剑锋月瑢救弱女
　　　　　断禅杖无意损金莲
第十四回　裙儿飘扬淫妇显丑
　　　　　宝剑出匣地道生光
第十五回　暗里有误小珠认蕊珠
　　　　　美中不足鸳剑无鸯剑
第十六回　施毒计火烧贫民窟
　　　　　赠银两家移仙人镇
第十七回　斩巨蟒义士惊肉袋
　　　　　沐春风宝剑殃美人

第 十 八 回　避仇溪上三妹成行
　　　　　　移祸江东九官划策
第 十 九 回　闷香一缕娇女被劫
　　　　　　袖剑三路黑儿遭殃
第 二 十 回　夺名驹双飞柳叶刀
　　　　　　寻珠儿大闹六塔寺
第二十一回　释误今慨赠盖白雪

　　　　　　用巧言激动赛金刚
第二十二回　奔长途朔儿哭掌珠
　　　　　　动义愤一手救爱徒
第二十三回　众义侠祝七十嵩寿
　　　　　　一老人结五对鸳鸯
第二十四回　锦屏山徐图聚义
　　　　　　舍利子扬长高歌

海上风云

写实言情小说。冯玉奇著。三益书店。1949 年 2 月版。1 册。6 万字。共 7 回。

第一回　落花有意流水竟无情
第二回　世事浮云情场多变幻
第三回　抛妻不成图利又卖妹
第四回　誓死不变为郎双泪垂

第五回　知音何处觅一瓶毒药
第六回　水性杨花女两头缠绵
第七回　往事从头诉寂寞一缕魂

海天鸿影

哀艳言情小说。冯玉奇著。上海春明书店。1940 年 4 月 2 版。2 册。13 万字。卷头小语 1 篇。插图 2 幅。共 12 回。

一　有美一人龙头来独跳
　　长风万里鸿影欲双飞
二　梦回春风凤愿今初偿
　　月移花影情怀欲结难
三　爱极欲狂望梅难止渴
　　痴如中毒画饼暂充饥

四　伴病赖卿浑忘身是客
　　偕君跳海为避火成殃
五　大海感飘零忽逢腻友
　　客窗憎寂寞相约话心
六　醋海挥拳衔冤成不白
　　铁窗饮恨受屈泪染红

七	月上柳梢雪林欣聚首	十	玉体横陈幸逢黄衫客
	电来海外病榻陡惊心		挺身相救才脱黑暗天
八	新爱旧欢眼前抛不得	十一	花好月圆滋味甘苦合
	生离死别痛到苦难言		恩深仇海杀气斗牛冲
九	万里来归侍亲空有愿	十二	恨海茫茫情长难比翼
	一心赎罪醉酒险失身		血花泊泊天末剩孤鸿

浮 生 梦

社会写实小说。冯玉奇著。上海三星书局。1948 年 5 月初版。1 册。7 万字。共 8 回。

一	叹有钱人有何刺激	五	钩心斗角暗地赠银
二	因失帕巧逢崇拜人	六	鄙她父何忍抹她爱
三	闲磕牙促膝话同情	七	百结愁肠如何解得
四	如夫若妇如讥若嘲	八	清苦侈奢环境各别

流水浮云

社会言情小说。冯玉奇著。正气书局出版。1947 年 3 月版。1 册。10.5 万字。共 8 回。

第一回	名园留芳影两小无猜	第五回	权充小拆白艳妾风流
第二回	妯娌演好戏如此家庭	第六回	个中有秘密泪湿娇娃
第三回	见钱眼睛凸庸夫泼妇	第七回	为卿又为我以死相要
第四回	风波叠叠起快镜捉奸	第八回	原来是手足仇深如海

教师万岁

社会小说。冯玉奇著。上海大明书局。1949 年 1 月版。1 册。11 万字。共 8 章。

一　骨肉惜分飞
二　魂归离恨天
三　登门辞师行
四　为谁发如银

五　伟大者教师万岁
六　鞠躬尽瘁为教育
七　一片痴心堪怜
八　难舍难分可敬

黄　金　祸

社会言情小说。冯玉奇著。上海广艺书局。1946 年初版。1 册。9.4 万字。共 6 章。

一　进谗言离间姊弟情
二　为私心手足起裂痕
三　歇恶奴玉明行权

四　争产业黄金作祟
五　奋勇仗义护助原来一片假
六　口出莲衣好心反被恶意猜

菊

社会言情小说。冯玉奇著。上海永康书店。1946 年 7 月再版。1 册。16 万字。共 14 回。

一　清流映明月别离的前夜
二　秋雨沾花泪骤来不速客
三　为菊而来此菊非那菊

四　知心相爱我心即尔心
五　风流贼欣逢淫荡妇
六　多情女欢得乘龙婿

七　天外雁来凄凉几行字

八　闺中鹄影心碎一眶泪

九　恍若梦境盗窟认姊妹

十　白刃相要痛作再醮妇

十一　世道崎岖红粉落风尘

十二　命途多舛生死留遗恨

十三　谁能不爱色不迷人人自迷

十四　卿何薄命岁月悠悠苦残年

雪地沉冤

社会言情小说。冯玉奇著。正气书局。1949 年 4 月再版。1 册。9.5 万字。共 8 回。

第一回　为色又为财负情忘义

第二回　痴心更痴意装势作腔

第三回　山穷水尽兄妹困愁城

第四回　移花接木主婢鸦换凤

第五回　明大义忍心抛家救侠士

第六回　恨良人忠言逆耳演武戏

第七回　对簿公庭浪子复遭殃

第八回　算清仇恨凡事有因果

甜 如 蜜

言情小说。冯玉奇著。上海汇文书局。1949 年 4 月版。1 册。10 万字。共 11 回。

一　柳阴观鱼跃　海上闹鲸吞

二　病自愁中起　祸从天上来

三　登舟挥泪别　投笔事戎行

四　手足分离日　烽烟弥漫时

五　人来桃源境　曲谱好男儿

六　苦中偷作乐　客里暗消魂

七　同心研学术　合影慰痴情

八　飞来黄金祟　引出孽海花

九　春情浓于酒　妒意醋同酸

十　舞池狂欢乐　平地忽风波

十一　负心千古独　失足两身休

断桥流水

社会言情小说。冯玉奇著。春明书店。出版时间不详。1 册。13 万字。共 14 章。

第一章　水淋淋冰肌玉骨亲
第二章　怒冲冲覆书强捉刀
第三章　冒雨访情侣惊喜欲狂
第四章　追踪送别离仗义援手
第五章　洞房花烛夜突遭惨变
第六章　灵犀通一点倾心相爱
第七章　此生不变至死亦靡地
第八章　陌路逢旧相思惊又喜
第九章　夜沉沉小别恨添长
第十章　泪涟涟心碎肠亦断
第十一章　忍痛作神女友爱堪敬
第十二章　含酸遇良明知音永诀
第十三章　海上病缠绵怜卿情深
第十四章　断桥听流水还君清白

情天血泪

言情讽刺小说。冯玉奇著。上海三益书店。1949 年 2 月版。1 册。5 万字。共 6 回。

一　教子有方孰料别具怀抱
二　美色迷人爷儿神魂颠倒
三　情场失意醉态迷离堪怜
四　秘密被窥恼羞成怒可恶
五　一鸣惊人感动慈悲良医
六　光明重见反留情天血泪

情 天 劫

社会言情小说。冯玉奇著。大明书局。1948 年版。1 册。11 万字。共 8 回。

一　人生多变幻捉摸不定　　　　五　（缺）

二　意外得手足一见倾心　　　　六　无志无气浪荡子狡兔三窟

三　纸醉金迷荒唐男女乐逍遥　　七　故剑吐哀曲不堪回首话当年

四　黯然销魂辛酸难言泪暗抛　　八　新欢入怀抱血流闺房情天劫

情　奔

社会言情小说。冯玉奇著。上海广艺书局。1948 年版。1 册。8.5 万字。共 8 章。

第一章　怜卿须怜我同奔天涯　　第五章　光明正大组织新家庭

第二章　逐东又逐西色星高照　　第六章　为郎憔悴伴舞求生存

第三章　惊言欲狂谁知一场空　　第七章　神飘魂摇痴心守财奴

第四章　煞费苦心再度又失望　　第八章　恩断义绝风流贵族妇

情海归帆

社会言情小说。冯玉奇著。上海大明书局。1948 年 10 月再版。1 册。8 万字。共 8 回。

一　同病相怜伤心人无独有偶　　五　欲报大德为友情费尽心机

二　爱河彷徨失意者又遭创伤　　六　见花折花薄幸郎黄金作祟

三　一封书信无头案水落石出　　七　惊芳心孤零零产下麟儿

四　两全其美有情人终成眷属　　八　抱侠肠悔恨恨重圆破镜

情　海　恨

社会写实小说。冯玉奇著。上海三星书局。1949 年 3 月版。1 册。8

万字。共 7 回。

一	防不到人心多险诈	五	四面楚歌吞声忍辱
二	怎禁得香饵巧安排	六	受压迫一对可怜虫
三	处心积虑笑里藏刀	七	醒痴梦尚有不了情
四	魔能弄人忧则致疾		

情海恩仇

　　奇情哀艳小说。冯玉奇著。正气书局。1946 年 10 月版。1 册。10.9 万字。章回目录缺。

清歌艳舞

　　言情小说。冯玉奇著。上海广艺书局。1947 年 2 月版。1 册。9 万字。共 8 章。

一	海外来舞后马上英雄惊艳遇	五	左右难讨好心痛如割露秘密
二	沪上试歌声社会闻人空销魂	六	彼此非善类独具慧眼识好歹
三	痴心歌舞迷口出莲花难垂青	七	笑里藏刀鹿死谁手逐情场
四	落花已有主忠言逆耳反遭辱	八	各自斗智清歌艳舞起风云

混世魔王

　　社会侦探小说。冯玉奇著。上海正气书店。1947 年 8 月版。全 1 册。9 万字。共 8 回。

第一回	七秩荣庆日竟遭惨血案	第二回	一纸遗在地凶手就是他

第三回　不白冤幸遇贤明大侦探　　第六回　假戏真做血案重迭多事秋
第四回　劝世人终要积德与子孙　　第七回　神计妙算大侦探智勇双绝
第五回　混世魔王神出鬼没显神通　第八回　除暴安良恶魔王正法处死

绿窗艳影

社会言情小说。冯玉奇著。上海正气书局。出版时间不详。1 册。7 万字。共 8 章。

第一章　代子尽职倩女有意　　第五章　结义姊妹竟是情敌
第二章　觥筹交错心猿意马　　第六章　忍痛割爱都为义气
第三章　醋海风波又成孽缘　　第七章　一片痴心为情牺牲
第四章　左右为难顾此失彼　　第八章　雪夜诛恶秋雁南归

落 花 梦

哀艳言情小说。冯玉奇著。上海春明书店。1946 年 12 月版。全 2 册。14 万字。插图 2 幅。共 12 回。

一　春满人间看花来海国　　六　爱报欲狂晴天来霹雳
　　艳同仙子冒雨到山亭　　　　中心如焚情海起波澜
二　错认是哥哥迷离扑朔　　七　舌敝唇焦劝兄勤奋学
　　含羞呼嫂嫂实获我心　　　　心灰意懒感子故情痴
三　镜里情郎画中真爱宠　　八　海誓山盟同心证生死
　　他乡游子心上订知音　　　　天崩地裂大陆变风云
四　小鸟依人名花娇解语　　九　刻骨铭心还君双泪垂
　　与子偕老御叶不题诗　　　　披肝沥胆各俱肺腑言
五　蜜意话缠绵樱花村外　　十　试马秋郊情人遭阻击
　　多情留艳影竹叶桥头　　　　慈亲卧病望眼盼殷勤

十一　物是景非泪流相思地　　　　十二　真伪鸳鸯作挂名夫妇

　　　室迩人杳梦作奈何天　　　　　　　同心恋爱成桃花女郎

雁　南　归

长篇社会小说。冯玉奇著。晨钟书局。出版时间不详。1 册。1.6 万字。共 8 章。

第一章　静极思动人之常情　　　第五章　红粉飘零异地作客

第二章　两心相印你我不分　　　第六章　见花爱花浪子心肠

第三章　游湖惊艳神魂颠倒　　　第七章　一样热诚两种怀抱

第四章　因祸得福意外奇遇　　　第八章　似曾相识脉脉含情

紫陌红尘

社会言情小说。即清歌艳舞续集。冯玉奇著。上海广艺书局。1948 年 10 月版。1 册。10 万字。共 8 回。

一　错认知音一眶辛酸泪　　　五　持枪欲寻仇险闯人命案

二　误殴痴儿冤枉无处诉　　　六　误会是香巢泼妇遭奇辱

三　因怜生爱病榻话缠绵　　　七　谁都不爱看破情场奔四海

四　顾此失彼醋海起微波　　　八　卿偏薄命愿与事违留遗憾

遗　产　恨

社会言情小说。冯玉奇著。上海广艺书局。1946 年版。1 册。9.9 万字。共 6 回。

一　身蒙奇耻敢怒不敢言　　　　四　引狼入室竟遭图圄劫
二　淫人妻女报应在眼前　　　　五　计远思长堕陷遗产毒
三　含羞吐秘求援裙钗女　　　　六　仗义逐奸团结最幸福

啼笑皆非

社会奇情小说。冯玉奇著。春明书店。1946 年 10 月版。1 册。9.9
万字。共 10 回。

一　割股疗亲返魂终乏术　　　　六　狮吼河东金屋留泪痕
二　牺牲色相除奸又诛敌　　　　七　舞罢归来深夜险遭劫
三　劫后余生秋风落叶化尘烟　　八　落花有主相逢今已迟
四　恨海渺茫春申江畔泣残红　　九　不堪回首前尘等一梦
五　管弦声中娇娃遇财神　　　　十　啼笑皆非媳妇是亲娘

童 子 剑

侠义奇情小说。即龙虎剑侠续集。冯玉奇著。上海汇文书局。1948
年 3 月版。1 册。7 万字。共 10 回。

第一回　舞宝剑别具心肠　　　　　　　夫妻团聚快乐家庭
　　　　赚玉杯另有用意　　　第六回　避雨逞强虎狼入室
第二回　一缕闷香银瓶被劫　　　　　　送杯获子保官认娘
　　　　三生缘果如玉得妻　　　第七回　鱼水欢洞房花烛
第三回　潘莲贞凤岭遇妹　　　　　　　禽兽行丑态现形
　　　　守财奴一见倾心　　　第八回　清龙寨天王归位
第四回　说梦话似做皇帝　　　　　　　武当山莲贞出家
　　　　下聘礼忽遭奇殃　　　第九回　得恶梦徐丽鹃别母
第五回　歧路分袂魂消河干　　　　　　渡运河大蟒蛇报恩

第十回　投宿店夜半遇周郎　｜　偿夙愿花开结并蒂

蜃楼绮梦

社会言情小说。冯玉奇著。上海文友书局。1947 年 6 月版。1 册。9.6 万字。共 8 回。

一　流水浮云前尘等一梦
二　燕尔新婚一电分鸳鸯
三　玫瑰飘零芳誉震海上
四　环境移人红颜亦可畏
五　香饵垂钓酒色最误人
六　难煞娇娥假爱成真情
七　美人变蛇蝎情敌当面
八　蜃楼醒绮梦岂能彷徨

碎　月　影

奇情写实小说。冯玉奇著。广益书局出版。1941 年 10 月再版。1 册。10.8 万字。姚无畏序 1 篇。介绍冯玉奇先生作品短文 1 篇。插图 8 幅。共 24 回。

第一回　邂逅留情卖花声曼曼
　　　　相逢恨晚倩女意绵绵
第二回　一寸相思梦魂空颠倒
　　　　三生绮孽蓦地惹纠缠
第三回　女也恋新旧欢怀暗妒
　　　　花能解语往事诉从头
第四回　酒绿灯红消魂同艳舞
　　　　兴酣情醉弯臂百媚生
第五回　促膝谈心良宵情切切
　　　　街头挥拳流血泪盈盈
第六回　病榻依依情深难割舍
　　　　芳心可可底事费疑猜
第七回　眷美于花乐门欣跳舞
　　　　客来不速背地伴知音
第八回　人儿比月清圆祈永抱
　　　　情影当前缱绻两难忘
第九回　活泼天真无形医醋女
　　　　风流浪漫巧计引游蜂
第十回　惆怅前尘不堪重回首
　　　　曾经沧海感激至无言
第十一回　穷且益坚彷徨悲局促
　　　　　誓无二心生死愿同衾

第十二回　两小无猜嗔哥弹暗泪
　　　　　偶然被邀跑狗得独赢
第十三回　泼醋捻酸冰场逢情敌
　　　　　撩云拨雨浴室叙旧欢
第十四回　浅酌低斟旨酒分七色
　　　　　深情密意良缘结三生
第十五回　重睹兰闺恍如身入梦
　　　　　藏将金屋蓄意复前观
第十六回　刻骨铭心娘儿齐感德
　　　　　嘘寒问暖疼妹药亲尝
第十七回　为郎憔悴效颦羞说病
　　　　　恐尔怀疑托故暂离身
第十八回　劫后花娇罡风侵未已

夜凉歌罢烈焰烛长空
第十九回　满目凄凉火中悲风木
　　　　　只身飘泊海上泣孤雏
第二十回　破产倾家屋漏更遭雨
　　　　　捉襟露肘移东不补西
第二十一回　怀德赠金劝君仍入学
　　　　　　受嘲呕血代子愤填胸
第二十二回　醉后放浪狂歌成痛哭
　　　　　　眼前轻薄暴雨虐虫沙
第二十三回　日暮途穷那堪销魂客
　　　　　　夜长梦多愁煞断肠花
第二十四回　矢志靡他黄花心可剖
　　　　　　言归于好碎月影难圆

暖谷生春

哀艳言情小说。冯玉奇著。上海文立书局。1948 年 12 月版。1 册。8.2 万字。共 8 回。

第一回　柳浪闻莺无意惊双美
第二回　春夜骤雨有情留嘉宾
第三回　明妒暗恨争宠各献媚
第四回　志薄意弱醉中忘自爱
第五回　悬崖勒马孺子尚可教
第六回　移花接木用心诚良苦
第七回　繁华春江天堂变地狱
第八回　暖谷生春艳福几人享

歇浦春梦

社会言情小说。冯玉奇著。三益书店。1946 年 12 月版。1 册。6 万字。共 7 回。

第一回　同病相怜醉酒成孽缘　　第五回　手刃淫贼飘零奔异乡
第二回　进退维谷左右两为难　　第六回　翻覆无情荡妇心肠狠
第三回　晴天霹雳暴雨打梨花　　第七回　血染衣襟歇浦惊春梦
第四回　狼心狗肺父女成陌路

罪

社会言情小说。冯玉奇著。上海武林书店。1948 年 10 月再版。全 1 册。11 万字。共 14 章。

一　罪恶的展开　　　　　　　　八　那知道他们竟是兄妹俩
二　社会上随俗浮沉的青年太多　九　一样深情谁能抛得
三　溺爱是损失儿女们前途的毒素　十　这是我俩的定情歌
四　谁能逃得过黄金与美人的诱惑　十一　你们真是青年中的模范
五　天堂里也有过着地狱生活的一群　十二　要说谎真也不容易
六　大概我们前世欠她们的债　　十三　太痴心变成了可怜
七　莫辜负了她一番金玉良言　　十四　罪把他锁住了

解 语 花

言情小说。冯玉奇著。上海春明书店。1938 年 7 月版。2 册。11 万字。共 24 回。第一回至第十四回回目不详。

第十五回　刻骨想思移花接竹　　第十八回　镜破难圆人重别
　　　　　伤心落泪似是而非　　　　　　　波平又起事多秋
第十六回　没奈何一瓶毒药　　　第十九回　死出风头仪仗满路
　　　　　莫须有千古奇冤　　　　　　　　生奔地角血泪千行
第十七回　看竹坐花春生满室　　第二十回　巧中巧日组银公司
　　　　　登山涉水悔忏佛门　　　　　　　错里错夜奔石头城

第二十一回　有夫妻名不明团圞聚
　　　　　　无人我相作如是观
第二十二回　防老无儿悲从衷起
　　　　　　承欢有女笑逐颜开
第二十三回　鱼水欢良宵花解语
　　　　　　含饴乐此日竹无忧
第二十四回　三夫人欢行开幕礼
　　　　　　双十节共醉陶乐春

碧波残照

社会言情小说。冯玉奇著。上海武林书店。1946 年 8 月新 2 版。2 册。17 万字。共 14 章。

第一章　沦落天涯羞应征
第二章　痴心错认风流婿
第三章　悬崖勒马回头是岸
第四章　遍地荆棘弱女遗恨
第五章　物微情重聊表寸衷
第六章　似曾相识一笑留情
第七章　木已成舟怜卿甘作妾
第 八 章　疑窦丛生情海起波澜
第 九 章　搬是非有心夺人爱
第 十 章　遭侮辱痛断弃妇肠
第十一章　投我以桃报之以李
第十二章　慷慨赠银友爱堪敬
第十三章　醉态艳若莲白璧无瑕
第十四章　凄凉吊新碑碧波残照

魂断斜阳

哀艳言情小说。冯玉奇著。上海万象书屋发行。1941 年出版。1 册。8.9 万字。共 12 回。

一　期我乎园中
二　赧然羞说病
三　谁为情颠倒
四　各自斗智强
五　夜半无人私语时
六　只羡鸳鸯不羡仙
七　偶然易马偏中计
八　才庆痊可便别离
九　飞雪游湖情比火热
十　投书离间心若死灰
十一　醉酒店从戎留书别
十二　过断桥流水送夕阳

歌舞春江

社会言情香艳小说。冯玉奇著。上海广益书局。1940 年 3 月版。1
册。11 万字。自序 2 篇。共 12 回。

第一回　忧心郁郁味觉甜酸苦
　　　　喜气洋洋语多谑傻狂

第二回　装痴作呆洞房春虚度
　　　　带愁饮恨好事不到头

第三回　商妇孤男暗室前缘结
　　　　呆儿怨女回门笑话传

第四回　屏后偷瞧一翻双元宝
　　　　筵前赌酒大闹满堂红

第五回　拍桌掷杯无非争宠意
　　　　涂脂抹粉引起误会心

第六回　公子情深舞场评心事
　　　　秋娘意蜜午夜拾旧欢

第 七 回　怀疑反目提出离婚案
　　　　　改嫁易夫慰来婿女心

第 八 回　姊妹恍然憨痴原是假
　　　　　妾心妒煞爱极故进逸

第 九 回　因风凑火睹影香巢捣
　　　　　触电烧衣可怜玉体焦

第 十 回　鸾凤待换巢欢腾杏佛
　　　　　高唐原是梦心醉菱仙

第十一回　尺书诉寸衷两心相印
　　　　　三月留冤孽一意打胎

第十二回　铲去情根红丝虚代系
　　　　　飞来恶耗乌鹊喜填桥

舞宫春艳

海上奇闻热情小说。冯玉奇著。上海育才书局。出版时间不详。2
册。14 万字。自叙、序、跋各 1 篇。共 16 回。

一　花落水流前尘等一梦
　　情深意蜜好事化成烟

二　舞罢且溜冰及时行乐
　　奔波惊恶耗吊胆提心

三　针锋相对笑啖童子鸡
　　密约暗通偏逢雌老虎

四　窥浴扪胸偷香传笑话
　　寻仇切齿设计报前仇

五　特地觅红名花逢艳舞
　　仁门待影寒雨疗相思

六　老蚌产珠春暖芙蓉帐　　　　　　　楼头柳色两心破碎缔
　　母鸡孵卵心疼豆蔻钱　　十二　招女来归畅谈胎教学
七　痛到心头声明登驱逐　　　　　　听风出追严诘帕儿金
　　感深骨髓生死结同盟　　十三　音乐悠扬参观人体美
八　如见肺腑瞧出声明点　　　　　　斧斤研劈传播怪新闻
　　情非手足最难惜别时　　十四　酒泛鸳鸯一双同命鸟
九　狗肺狼心蹂躏晚香玉　　　　　　梦回蝴蝶两折断肠书
　　风狂雨骤摧残薄命花　　十五　殡仪馆中惊办合卺酒
十　黑夜放枪浪人遭辣手　　　　　　茜纱窗下酸提木石缘
　　霓裳奏曲俏婢肖红星　　十六　返老还童火燎胡髭白
十一　人面桃花一把辛酸泪　　　　　　因儿哭母诗成泪血红

霄孽的续集

言情小说。冯玉奇著。重庆武林书店。1947 年 3 月初版。1948 年 11月再版。上海武林书店。1 册。20 万字。金雁序 1 篇。自序 1 篇。共12 节。

蝶恋花

滑稽香艳小说。冯玉奇著。上海复新书局。1947 年 3 月再版。1 册。6 万字。共 10 幕。

第一幕　处女的瓜被他破了　　　　第七幕　破天荒的裸体游行大会简章
第二幕　啊呀这可上了她的当　　　　　　来了
第三幕　一夜里拥抱了三朵花心　　第八幕　一个艳舞牛饮的夜里
第四幕　他的家世原来是这样神秘啊　第九幕　海舶上研究着同性恋爱
第五幕　两个人的肉合在一个身体上　第十幕　却是个黄金造成的万恶
第六幕　倒串了一幕花恋蝶

燕语莺啼

言情小说。冯玉奇著。上海春明书店。1948 年版。1 册。10 万字。共 10 章。

一	劫后春申满目显畸形	六	父女反目作势装腔
二	为抱不平意外惊艳遇	七	智除恶奴巧使美人计
三	将计就计荣任秘书长	八	河东狮吼主席变奴隶
四	疑信参半猜煞女娇娘	九	别有怀抱今日始悉女英雄
五	鸡犬登场丑态百出	十	为国牺牲不惜鹃血成忠魂

颠倒夫妻

长篇社会言情小说。冯玉奇著。上海汇文书局。1948 年 11 月版。1 册。7.8 万字。共 6 章。

第一章	月到中秋分外明	第四章	诚心诚意欲窥娇妻
第二章	妯娌闺中称英雌	第五章	郎情若水妾意如绵
第三章	悍妇施虐孤女泪涟	第六章	为医卿病用心良苦

霓　裳　曲

社会小说。冯玉奇著。晨钟书局。1946 年 3 月初版。1 册。7.4 万字。共 12 章。

一	海滨浴日红军叙心曲	三	谅解各沉吟同心结爱
二	情甜蜜意爱河起波澜	四	风狂雨暴夜深情难禁

五　待女来归急煞慈母心
六　钩心斗角都为儿女情
七　巧舌如簧假刀谋杀人
八　因妒成恨血流十字街

九　今生无缘鸳鸯梦难圆
十　香饵层层难逃恶计谋
十一　情场作俘虏前途黑暗
十二　三尺新碑空留人间恨

镜　花　月

社会言情小说。冯玉奇著。上海广艺书局。1946 年 10 月初版。1 册。9.8 万字。共 8 回。

一　家不和被人欺多事之秋
二　身已污悔莫及天长地久
三　同室操戈寡廉又鲜耻
四　男女平权香火赶和尚

五　母子悲别离母泪点滴痛心头
六　强盗遇劫贼强中自有更辣手
七　几经挫折方订鸳鸯结
八　始悟簸弄惨演镜花月

孽　海　潮

社会小说。冯玉奇著。上海广益书局。1946 年 12 月新 2 版。1 册。17.4 万字。自序 1 篇。插图 8 幅。共 16 回。

第一回　守财奴夜昏遭暗杀
　　　　浪漫女带孝怨麻衣
第二回　一棺附身万事都了
　　　　三心两意各显神通
第三回　死出风头哄动看客
　　　　瞎造禄命假充亲儿
第四回　立继书安排巧计
　　　　吞遗产抹煞良心
第五回　羊季汤禁幽浪荡子

　　　　天韵楼巧遇茉莉花
第六回　酒绿灯红畅游艳窟
　　　　更深漏尽醉闹香巢
第七回　情无别用专为献媚
　　　　孽由自作一病缠绵
第八回　别出心裁报响导员
　　　　挖空脑筋吃跑狗票
第九回　意马心猿寻面首
　　　　眠花宿柳比蜜蜂

第 十 回　作壁上观尽窥秘密
　　　　　听房中谑泄漏春光

第十一回　为恼意心思反目
　　　　　半偎香囡欲消魂

第十二回　三路进兵全军覆没
　　　　　一苗两准大获成功

第十三回　落魄失魂争美色

　　　　　倾家荡产是金潮

第十四回　卷巨款逃亡携西子
　　　　　了心愿抱病作新人

第十五回　情切切良宵惭形秽
　　　　　意绵绵蓦地遇旧欢

第十六回　听野老闲评当年事
　　　　　怨寒闺独咏断肠词

蟾宫艳史

社会言情小说。冯玉奇著。上海正华书局。1946 年 4 月再版。2 册。12 万字。共 10 章。

第一章　奋勇获凶惊生意外缘
第二章　冒险释囚愿作情奔侣
第三章　小少鸳鸯情意绵绵醉别离
第四章　惊弓小鸟含冤沉沉巧认娘
第五章　各有怀抱娘儿同苦求

第六章　汤药亲尝聊尽儿媳职
第七章　情切切病榻话缠绵
第八章　雪飘飘含恨奔长途
第九章　腥风血雨战地逢鸳鸯
第十章　灯红酒绿海角会故剑

露滴牡丹

社会言情小说。冯玉奇著。上海汇文书店。1947 年 10 月版。1 册。6 万字。共 5 章。

第一章　奋勇获凶惊生意外缘
第二章　冒险释囚愿作情奔侣
第三章　小少鸳鸯情意绵绵醉别离

第四章　惊弓小鸟含冤沉沉巧认娘
第五章　各有怀抱娘儿同苦求

叔鸾小说集

社会小说。冯叔鸾著。上海世界书局。1926 年 1 月再版。1 册。3.5
万字。赵苕狂作传 1 篇。共 10 则。

一	孽海花筹	六	捉刀记
二	汽车	七	不是她的坟
三	第一神相	八	爱情之疑
四	贪人之迷梦	九	画堂闻歌记
五	三年间的功罪	十	海外奇缘

情奴遗爱录

言情小说。好说部丛书第 1 集第 1 种。冯韵笙编。东亚书局。1911
年 9 月第 1 版。序 1 篇。题词 1 篇。共 8 章。

第一章	度密月	第五章	知己之感
第二章	锦襄朝母墓	第六章	锦襄叙心
第三章	锦襄居丧	第七章	良友与贤妻
第四章	乐子毅通书	第八章	结论

大学皇后

言情小说。冯蘅著。万象书局。1946 年 1 月版。1 册。8 万字。共 12 节。

第一节	男性都是女性的奴隶	第三节	选举前奏
第二节	二对一	第四节	郁南馨万岁

第五节　重整旗鼓

第六节　惊人的手法

第七节　火花文艺协会

第八节　改变作风

第 九 节　校董的慈善

第 十 节　计划成功

第十一节　可怖的动物

第十二节　回到爱人的怀抱里去

春华露浓

言情小说。冯蘅著。万象书屋。1947 年初版。1 册。12 万字。共 15 节。

第一节　一朵惹人爱的蔷薇

第二节　我相信你是处女

第三节　堂堂大学生

第四节　变为黑牡丹了

第五节　刺激的生活

第六节　新奇的一幕

第七节　压不住情感

第八节　兽欲赶掉了理智

第 九 节　我们的关系告一个段落吧

第 十 节　祝贺你们永爱

第十一节　做舞女是一条出路

第十二节　感到悲哀起来

第十三节　唯一的源泉

第十四节　重修旧好

第十五节　报纸上的新闻

黑　天　堂

香艳言情小说。冯蘅著。上海出版社。1947 年 6 月初版。2 册。25 万字。秋野插图 85 幅。王雪尘作序 1 篇。自序 1 篇。共 12 章。

一　今夜要大流血

二　我当他重庆份子办

三　朝了那扇门连开三枪

四　从此她是我的人了

五　他们真辣手

六　祝你多加工钿

七　王大队长死了

八　霸王硬上弓

九　处女值几钱一斤

十　无耻的东西

295

十一　诱奸良家妇女	十二　饶我狗命吧

镀金小姐

言情小说。冯蘅著。上海中央书店。1943 年 1 月初版。1 册。7.3 万字。自序 1 篇。共 12 回。

一	留美外史	七	师生热恋
二	阖第骚动	八	情海幻变
三	爱与寂寞	九	处女之贞
四	大学教授	十	欲魔本色
五	春的苦闷	十一	敌性亲友
六	校董夫人	十二	美梦告终

汉宫秘史

宫闱小说。兰陵女史编。上海宏文图书局。1931 年 3 月 5 版。2 册。5.1 万字。黄慕瑕序 1 篇。2 卷。共 126 篇。

上卷	
后妃分十四等	铁椎之报母仇
此女有奇相	梦龙踞胸
四皓之假充	太上皇喜与无赖游
人彘	因祸得福
少帝非张后子	以甥女为后
赤凤凰来	入闱相后
恩怨之了了	大婚仪泾
酒令之严厉	四壁涂黄金
黑气一团	皇后亦可召幸耶
	阿舅亦为弄物耶

皇后诊脉之尊严

将使汝终身为处女矣

审食其之蛊惑张后

惠帝多男嬖

男装从猎

花为生平知己

皇后书淫

皇后亲蚕

皇后假孕

张后幽居北宫

窦后不忘旧

慎夫人与张后竞艳

张后之保全汉裔

张后不肯垂帘听政

匈奴慕张后色

张后见侮于宫婢

张后之梦惠帝

张后琐事

窦后误入代邸

窦后之孤苦

铜山倒矣

慎夫人衣大布之衣

梦日入怀

床下之大姐

阿娇

董偃私侍长公主

讴者为皇后

巫蛊之冤案

白头翁教臣言

临死之固宠

少翁之召魂

拳夫人之被杀

尸香十余里

建章宫之男妖

赤虬入梦

玉女之忽来

王母之降临

成仙之秘诀

上元夫人之训戒

五岳真形图

柏梁台上之朝拜

下卷

宫中之异物

容成术

以宫人赐东方朔

道士招驸马

不能一日无妇人

死后之荒唐

殉葬之物被盗

建筑之奢丽(四则)

马肝石

细鸟集宫人衣

玉燕钗

甜水浴

怀梦草

丽娟骨节自鸣

食芝不老

影娥池

六岁为后

与我婿饮酒

穷袴

黄牛妪

不忘故剑

史良娣之宝镜

霍显之大逆

太子之侥幸不死

梦月入怀

许后之布衣粝食

画工之得贿

辞輦之识大体

团扇之秋捐

赵飞燕之家世

燕啄皇孙

飞燕初试行气术

愿老温柔乡

合德之穷奢

飞燕之借种

合德之媚姐

乘风仙去

却老方

赤凤为谁来

持合德足

以口授药

窥浴

眘恤胶

绿绨囊中之皇子

张公子

黄皇室主

琼厨金穴

娶妻当得阴丽华

马后美发

马后相当抚他人子

梦飞虫著体

忍痛不言

女诸生

梦吮天乳

选后下体之检验

梁后入宫之典礼

梁后大婚之服饰

梁后行即位礼

梁后降为贵人

香女

唐姬悲歌

后宫设肆

唐宫秘史

宫闱小说。兰陵女史著。上海宏文图书馆。1921 年出版。2 册。4.4
万字。怡情室主人序 1 篇。共 148 篇。

上册

选婿妙法

美人军

美人计

美人唱水调歌

胡儿无父

与民同乐

太真绿玉磬

隐形术

阿马婆之迎合

凉州曲

汤池异宝

虢国夫人之恣横

朝臣不及乐工

马能跳舞

五凤楼下之奏乐

王大娘之长竿

李氏兄弟之技艺

碧芬裘

红尘一骑

宫中神医

金钱赌幸

泪结红冰

被底鸳鸯

冰箸

口含玉鱼

助卿娇态

斗花之戏

宫中月令

风流阵

华清池

猧子入局

合欢相

天书

是何妖妇

下册

梅亭韵事

羯鼓四则

连饮三银船

雪衣女

脱新紫半臂更得一斗面

虹霓屏风

剪发乞恩

紫云回凌波曲

香遗禄山

不重生男重生女

贵妃遗物

梨花树下一冤魂

阿瞒几死于刃下

五色云

棉衣中诗

清平调

和尚前知

宰相通马经

道士之神通

宫中行乐诗

斗鸡

宜春院之妓女

李奴怪梦

万物山九光扇

香玉辟邪

惜福

软玉鞭

上清珠

常无分别元好钱

朱来鸟

穷相女子

天降至宝

瑞鞭

异国进奇宝

卢眉娘

金龟印

伊祁玄解

重明枕神锦衾碧麦紫米

常燃鼎鸾蜂蜜

二捲

金玉化为蛱蝶

韩志和

玳瑁盆　浮光裘　夜明犀

公主观戏

我总未免怕他们

清夜游西园图

同昌公主之奁妆

神智聪如意骝

清宫秘史

宫闱小说。兰陵女史编著。上海宏文图书馆。1926 年 2 月。2 册。3 万 7 千字。尘尘子序 1 篇。共 138 篇。

吞朱果有娠

经被之示恩爱

董妃遗像

睿亲王之暗杀

出家容易转家难

美人计

顺治出家之隐衷

孝庄如十七八好女子

公主诱降

下嫁诏为钱牧斋之手笔

命妇入宫不出

皇后有大烟癖

教士女入宫

狗先生

康熙之骙言

康熙字典之错谬

纳姑为妃

三十万元之樟树

偷马贼

儿戏除奸

兄弟自戕

愿向君王乞爱卿

皇帝先生

隆科多以淫得罪

尸化乌有

太子之密定

康熙死后附身于某妃

侠客无行

尸化紫黑水

私改遗诏

世宗之被暗杀

血滴子

逐臭夫人

平平我国妇人的气

香妃之火化

裸体行酒

皇帝拍卖

伪皇孙

宫中多汉女

情如一家

文不对题

宫中饲虎

鞑不满百

宫中缠足

王三省

歧视满人

宫女讲笑话

诗有脚本

沈归愚几丧一命

烟火中之毒箭

御制诗中之杜撰

灶神得势

热河真是热河

梅妃

诱抢族姑

石亭中之玉瓮

宰相作女妆

呼和相为丈母

颈上砟痕

因荔枝而杀人

不愿做皇帝愿得和相宅

嘉庆之得横财

梓宫声如雷鸣

仁宗之防奸

钻石杀贼

罪不连及

如意作祟

乾清宫灾异闻

明裔报仇

某妃之神技

一副急涕泪

御用笔每支五百两

代补套裤宰相

黄马褂

皇帝扮戏

大学士司鼓

管家婆

麻雀牌之始于宫中

四秋

衣上吴恩人

僧王之遭疑忌

废西后之密诏

皇帝吃醋

兰儿进茗

勇士之冤死

奇女子

年羹尧之骷髅

五百金买得垂帘

慈安受欺于西后

皇帝因挀交而死

喝彩得试差

毅皇后之恶淫戏

衣绣百蛛

批颊杀媳

毒饼杀慈安后

穆宗病幸凤秀女

李师傅之辜恩

小刀断泥人首

王翰林之宠幸

以梅疮为痘疮

春药丧命

安得海之不死

太监吃醋

西后服西衣

我在尔勿虑

西崽做皇帝师

观剧处毗连寝室

视伶工如家人

烛影斧声

人尽夫也

德宗不辨牛马

大姑娘之指婚

西后宫中供武后

慈禧也有怕忌人

唱秧歌人

苦皇帝

夜半唱戏

密戒奕谖

三千余万之颐和园

三十万元之被褥

闯入行宫

李莲英计划之大戏台

烟火中有淫剧

不净身之太监

孝庄之遗箧

第一阔茶客

三物一命

湖州妇人之慈眷

红衣大炮之作怪

多叫几个太监把门

奶子府

吃肉

赤身召幸

留不留

皇室母子无骨肉情

打挚

县 太 爷

社会小说。即县长演义。老太婆著。上海二十世纪文化出版公司。1947 年 11 月版。1 册。22.5 万字。插图 62 幅。共 32 回。

第一回　雨过天晴北海逢情侣

　　　　茶余杰豪仿膳论女人

第二回　日本兵醉酒闹公园

　　　　密斯黄智激老摩登

第 三 回　上条陈荣任郿坞县
　　　　　受欢送烂熳十姐妹

第 四 回　烂熳之园恋爱争选赌
　　　　　中和舞台戏剧看化装

第 五 回　官场秘诀不说话
　　　　　恋爱技术泡蘑菇

第 六 回　薛爱莉送客到郿坞
　　　　　老摩登上任走大梁

第 七 回　绅宅开宴大说荤笑话
　　　　　机关拜客满眼一群鬼

第 八 回　听河东梆子捧狗团打狗团
　　　　　说省政秘密里三层外三层

第 九 回　入秘窟赌场行贿
　　　　　整财政厅长挨骂

第 十 回　陈七爷饭馆说治县
　　　　　乔金秀龙厅唱坠子

第十一回　官商合作银行老板捧县长
　　　　　公私两顾上任县长写情书

第十二回　上任威风大群看九尾妖狐
　　　　　彻夜枪声响开讲十方土匪

第十三回　薛爱莉一怕回北平
　　　　　老摩登两度殉匪情

第十四回　练新军龙军长荐队官
　　　　　提民枪老摩登初行令

第十五回　挽官风牛头主义
　　　　　写情书恋爱哲学

第十六回　生妒情身献剧场
　　　　　惊恶梦手杀情敌

第十七回　二美暗斗情场纵反间
　　　　　一字真经佛法渡迷人

第 十 八 回　贺新年打枪示决心
　　　　　　看赛会比武识奇才

第 十 九 回　城头夜火跳壕歼草寇
　　　　　　荒村晚眺蓬门遇大盗

第 二 十 回　一鸣惊人老摩登剿匪
　　　　　　二跃死线众猫眼丧命

第二十一回　一枝花单骑救夫
　　　　　　老摩登初下老安

第二十二回　土匪报仇小白狼集捍曹州
　　　　　　县长捉贼老摩登再进老安

第二十三回　陈猫眼四陷重围
　　　　　　老摩登三入老安

第二十四回　一枝花死计救爱子
　　　　　　老摩登功成受美誉

第二十五回　全村大摆酒户户敬县长
　　　　　　一家小宴聚处处看美人

第二十六回　庆祝会小碧献鲜花
　　　　　　酬功宴高明论积弊

第二十七回　监狱黑重重女囚操淫业
　　　　　　恋歌意绵绵摩登论爱情

第二十八回　斩烟犯死囚打承审
　　　　　　问花案银鬓恋少年

第二十九回　县长去弊后继大辞职
　　　　　　密斯出嫁先决小脚娘

第 三 十 回　气冲白发老太爷修书训子
　　　　　　血染红丝小脚娘绣诗感夫

第三十一回　梦幻境巨蛇化女人
　　　　　　夏令营大学会皇后

第三十二回　困旅社生身母托梦
　　　　　　跳黄河老摩登自杀

张　大　嘴

社会小说。亚铎编著。天津晚报社。出版时间不详。1 册。4.5 万字。未分章节。

荒唐女侠

长篇武侠小说。尘世不平生著。上海醒民出版社。1936 年 9 月版。4 册。15 万字。插图 8 幅。尘影室主序 1 篇。共 80 回。

第一回　斜月如钩渔女谈情话　　彤云密布书生聆妙计

第二回　急雨无情打散鸳鸯　　秋风有意忙煞众官

第三回　抚台无良心醉鄢氏　　守备受辱预备弃职

第四回　孟抚台求设恶计策　　二盗徒堂上招同党

第五回　林实再为友毁家　　周彦光代主报仇

第六回　看风色携眷避祸　　见赏格心惊肉跳

第七回　周彦光卖头报恩　　林实甫为友受苦

第八回　县堂上义仆骂官　　松林前剑侠劫犯

第九回　周义士黑夜苦奇冷　　落难女风尘识英雄

第十回　俩小有情由渐生恋爱　　三番刺探因愤恨书生

第十一回　倩影多情至生妒嫉　　书生从计居然练武

第十二回　争捕鱼扬威异域　　因投师述说往事

第十三回　说奇人天花乱坠　　为拜师离别家乡

第十四回　学艺心坚误入左道　　初次试心忍杀小儿

第十五回　恍惚离迷邪教弄人　　英雄失足刀剖孕妇

第十六回　尚玄武受愚牺牲身躯　　万能训追悔回乡报信

第十七回　媳妇凶横姑嫂违言　　丈夫柔弱姐弟失和

第十八回　避争闹母子赴辽东　　约游山倩影施巧计

第 十 九 回　扮男子主婢戏晚霞
　　　　　　看海景璧奎受离间

第 二 十 回　尚璧奎大发醋劲
　　　　　　周晚霞小受冷待

第二十一回　悲薄情侠女痛心
　　　　　　为婚事渔家请宴

第二十二回　周彦光招婿约法三章
　　　　　　夏侯氏劝子正话一篇

第二十三回　情根深种一旦难忘
　　　　　　妙计告成芳心窃喜

第二十四回　奇和尚出卖力气
　　　　　　尚璧奎终夜难眠

第二十五回　一片痴心流泪求力
　　　　　　三番作弄饱餐便去

第二十六回　老管家施计藏木鱼
　　　　　　奇和尚赠送大刀丹

第二十七回　闹私娼拳打公子
　　　　　　走长沙投入军队

第二十八回　洪水涧死里逃生
　　　　　　坐山洞意旨不磨

第二十九回　司马亮出家为僧
　　　　　　尚璧奎应选东床

第 三 十 回　喜气欣欣想中雀屏
　　　　　　得意洋洋初试手段

第三十一回　周彦光当筵询父仇
　　　　　　巴倩影得报受惊奇

第三十二回　尚璧奎独占周家女
　　　　　　姜大元途中闹争端

第三十三回　消息传来母女气愤
　　　　　　情根难去主婢定计

第三十四回　珠儿要挟求赏赐

　　　　　　倩影无奈允要求

第三十五回　造假信激怒尚郎
　　　　　　看龙船又起风波

第三十六回　中离间再见秘密
　　　　　　斗闲气暗结怨仇

第三十七回　尚璧奎二中离间计
　　　　　　周晚霞想出误会情

第三十八回　周小姐遣妈送信
　　　　　　宓公子派人放火

第三十九回　喇嘛僧施法敲诈
　　　　　　采珠婢隐匿书信

第 四 十 回　因悲愤一心出家
　　　　　　宿荒郊腹中闹饥

第四十一回　绿林侠盗执法如山
　　　　　　营里侦探狭路逢仇

第四十二回　闵殿扬被逼入伙
　　　　　　尚璧奎力惊众盗

第四十三回　塔子沟大当家让位
　　　　　　姚大刚为兄长复仇

第四十四回　绿林好汉不忘爱国念
　　　　　　荒唐女侠访寻未婚夫

第四十五回　周晚霞言惊群盗
　　　　　　巡查兵阻拦侠女

第四十六回　恶营长强抢姑娘
　　　　　　何巴总计骗侠女

第四十七回　见美色何雄着迷
　　　　　　备酒菜女侠生疑

第四十八回　飞小足踢倒营长
　　　　　　入庵门神前问卜

第四十九回　荒唐女庵门吃斋饭
　　　　　　恶少年佛地干风流

第 五 十 回　淫尼无良为牵线
　　　　　　侠女有意探隐情

第五十一回　花花公子见色垂涎
　　　　　　荒唐女侠怒打恶少

第五十二回　凌云娘坚守贞节
　　　　　　智云尼恶贯满盈

第五十三回　周晚霞火烧观音庵
　　　　　　李知县窥破暗昧情

第五十四回　铁面无私严惩恶公子
　　　　　　归心如箭禀告老娘亲

第五十五回　奇孩子言惊女侠
　　　　　　恶婆婆虐待童媳

第五十六回　侠肠义胆晚霞探家事
　　　　　　甘言蜜语恶婆尽推诿

第五十七回　周晚霞义救养媳
　　　　　　恶尤氏痛失金珠

第五十八回　为失珠宝怨及女佣
　　　　　　登门寻闹用言恐吓

第五十九回　凌云娘母女争理
　　　　　　昌黎县查察情迹

第 六 十 回　凌丽娘得病招商
　　　　　　半夜间竹枕作怪

第六十一回　失宝物女侠惊奇
　　　　　　追黑影一夜奔波

第六十二回　周晚霞疑心莫决
　　　　　　了因姑自述身世

第六十三回　凌丽娘霍然病愈
　　　　　　女侠客叩门借宿

第六十四回　方怀玉见色起邪念
　　　　　　周晚霞方府假允婚

第六十五回　登徒子逐妻留妾

　　　　　　荒唐侠惩治色鬼

第六十六回　换服式女侠扮公子
　　　　　　思行劫绿林过敌手

第六十七回　迷魂怕擒住传人
　　　　　　鲍月卿错认情郎

第六十八回　假公子故意作耍
　　　　　　活阎王真心款待

第六十九回　捉黄莺晚霞显能
　　　　　　生炉忌弓蛟含怒

第 七 十 回　假夫妻快哉厅成亲
　　　　　　新房内迷魂怕起祸

第七十一回　鲍月卿中计跌倒
　　　　　　弓头目行刺被擒

第七十二回　周晚霞夜离飞驼山
　　　　　　乐平县严拿女侠客

第七十三回　见诗句方老头失惊
　　　　　　看审堂周侠女生奇

第七十四回　宋财主百忙求子
　　　　　　何术士登门献丹

第七十五回　天花乱坠愚弄财翁
　　　　　　信口开河暗起邪念

第七十六回　用奇药术士占人妻
　　　　　　救主人婢女巧仗义

第七十七回　清静庵主仆暂栖身
　　　　　　乐平县官差喜财运

第七十八回　黄金白刃诱吓知县
　　　　　　女侠恶徒黑夜大斗

第七十九回　女侠客割耳惩官
　　　　　　蒙古王擂台逞能

第 八 十 回　周晚霞擂台遇夫
　　　　　　老侠士荒岛脱险

今古不奇观

滑稽小说。尘客著。出版单位和出版时间不详。2 册。60.5 万字。共 8 回。

第一回　兴学堂乞丐树先声
第二回　谋县缺老爷施妙计
第三回　女戏子移木接花
第四回　飞将军弃兵作妇

第五回　一匹马全邦遭腥臭
第六回　半文钱阖镇致安宁
第七回　恶讼师幼年露头角
第八回　伪贤妇忽地见心肠

孽　海　梦

香艳小说。尘梦生著。上海竞智书局。1929 年 1 月版。2 册。10 万字。吴端书序 1 篇。朱瘦竹题诗 3 首。总图 1 幅。徐志摩诗 1 首。插图 32 幅。共 16 回。第九回至第十六回回目缺。

第一回　战云密布避难赴他乡
　　　　旧友重逢中流谈陈迹
第二回　开掘矿财富翁受累
　　　　错成鸳牒妓女多情
第三回　小姐多心蜚言入耳
　　　　呆生怄气铁索加身
第四回　念旧交多方出力
　　　　结新谊片语承情

第五回　慈母爱子无微不至
　　　　荡妇迷人有隙便乘
第六回　同乐社藏垢纳污
　　　　正风楼舌剑唇枪
第七回　流氓逞能惨残同类
　　　　祝融肆虐贻祸全村
第八回　述前因空门悲身世
　　　　激义愤学子怒强权

曼倩新语

短篇滑稽小说。曲阿群上编。上海音益书局。1914 年初版。1 册。2.9 万字。共 173 篇。

官影照相馆

头等东洋车

出洋考察偷窃之术

女佣镶金牙齿

呆解新名词

蜡烛头

教员发急

女学生问睾丸

父子同校

吴鉴光

沐猴

粪先锋

某推事

九华楼

候补县对

扒灰联

民之父母

乞丐口气

偶得妙联

弱肉强食

嫖丐诗

北空居士

争坐首席

挽妓父联

读别字

一字笑骂

做虎势

剪辫一

剪辫二

剪辫三

剪辫四

面图龟文

孙菊仙与孙逸仙

内易通奸

龟鼠巧对

作文难于生子

元绪公自挽

千金一诺

改诗

该死

议员革地保

和尚最开通

某教员

只对三千

宴客诗

梅丛债台

侦探报告

殿试策

大风歌	打油诗
钟撞和尚	工整对语
卖妻彩票	梅兰芳新婚联
烟馆联	一元大武
缩地	嘲惧内
宰穷汉	蛀虫
咏题诗	迷信
野鸡拉客诗	清快丸
格格	赖债祖师
绝对妙语	杀头诗
呆对	滑稽童子
嵌字联句	某大人
游戏挽诗	嘲友因奸烙耳
两下两下	大舌
姑息养奸	滑稽匾额
屈膝裁判	某令
动物教员	这两样东西
城退士	定数
什么大人	新发明之新世界
图画教员	冷衙门热衙门
三大爷	大乞丐小乞丐
先生呜呼	强盗牌
某书记	骗下楼
盘阳先生	制造国民
乌龟正是	大少去弗得
滑稽冠军	太古
痛心娃	外国人家做人家
清水送礼	绉纱馄饨
卖粪	烟土与肾囊
懒汉遇懒汉	旱火轮
片马	两寿头

读白相

关亡

二两半一夜

大呼晦气

钟馗报告

自来血

装大脚诗

说变

点兵

黄种

寻开心

争帽

熊秉三认字

铜腥臭

套诗

新赌诀

开矿

肥料

凉血黑心之动物

新娘能诗

痔之字义

高等游民

穷鬼与烟鬼

始终不拔一毛

室人

新名词之妓联

水族馆

烟兄

滑头之研究

娶孙

谢鸭

陆稿荐

打五索

盗胜于官

三只手

奴才奴家

斯文派

客套话

求子

苏老辙老

剧单之茶壶

错杂二字解

特别屁

碰额角头

近视

西人祷告城隍

新名词之喜联

姬要招租

电灯上吃旱烟

敦伦

某知事

近朱者赤

只有两进

介福

寡欲多男

咸肉先生

学究谐对

兖州府

排满

顽皮语

十七字诗

麻鹊诗

石 头 魂

民间小说。吕文兆著。全记书庄。1926 年 10 月版。4 册。54.4 万字。竹山主人序 1 篇。共 100 回。

第 一 回　西王母瑶池开宴
　　　　　天狼星月殿求婚

第 二 回　蒲台县嫦娥降世
　　　　　林宦家后羿投胎

第 三 回　鲍仙姑化身作乳母
　　　　　唐赛儿诞月悟前因

第 四 回　斐道人隐语醒公子
　　　　　林公子假帖赚赛儿

第 五 回　唐赛儿守制辞婚
　　　　　林公子弃家就妇

第 六 回　嫁林郎半年消宿债
　　　　　嫖柳妓三夜了凤缘

第 七 回　扫新垅猝遇计都星
　　　　　访神尼直劈无门洞

第 八 回　九天玄女教天书七卷
　　　　　太清道主赐丹药二丸

第 九 回　赈饥荒廉官请奖
　　　　　谋伉俪贪守遭阉

第 十 回　董家庙真素娥认妹
　　　　　宾善门假端女降妖

第十一回　小猴变虎邪道侵真
　　　　　两丝化龙灵雨济旱

第十二回　柳烟儿舍身赚鹿怪
　　　　　唐月君为国扫蝗灾

第 十三 回　邀女主嵩阳悬异域
　　　　　改男装洛邑访奇才

第 十四 回　二金仙九州游戏
　　　　　诸神女万里逢迎

第 十五 回　姚道衍倡逆兴师
　　　　　耿炳文拒谏败绩

第 十六 回　王师百万竖子全亡
　　　　　义士三千铁公大捷

第 十七 回　黑风吹折盛帅旗
　　　　　紫云护救燕王命

第 十八 回　陈都督占谶附燕王
　　　　　王羽士感梦迎圣驾

第 十九 回　女元帅起义勤王
　　　　　众义士齐心杀贼

第 二十 回　太阴主尊贤创业
　　　　　御阳子建策开基

第二十一回　燕王杀千百忠宦
　　　　　教坊发几多烈女

第二十二回　铁兵部焦魂能诛卫士
　　　　　景文曲朽皮犹抟燕王

第二十三回　鲍道老卖花入教坊
　　　　　曼陀尼悬珠照幽狱

第二十四回　女元帅延揽英雄
　　　　　诸少年比试武艺

第二十五回	真番女赚鱵高指挥 高监军计袭莱州府		兖州府四士逐太守
第二十六回	仝滴风义匿司公子 假燕君活擒茹太守	第四十一回	吕司马谒阙里庙 景金都拔沂州城
第二十七回	黑气蔽天夜邀刹魔主 赤虹贯日昼降鬼母尊	第四十二回	僚败将祸及二王 蛊谣言谋生一剑
第二十八回	卫指挥月明劫寨 吕军师雪夜屠城	第四十三回	卫指挥海外通书 奎道人宫中演法
第二十九回	设玉圭唐月君朝正朔 舞铁锹女金刚截仙驾	第四十四回	十万倭夷遭杀劫 两三美女建殊勋
第 三 十 回	吕军师献鱵行宫 唐月君燕飨诸将	第四十五回	铁公托梦志切苍黎 帝师祈霖恩加仇敌
第三十一回	骊山老姥征十八仙诗 刹魔公主讲三千鬼话	第四十六回	帝旨赐谥殉难臣 天缘配合守贞女
第三十二回	两奇兵飞救新行殿 一番骑鏖战旧细君	第四十七回	幸蒲台五庙追尊 登日观诸臣联韵
第三十三回	景公子义求火力士 聂隐娘智救铁监军	第四十八回	炼神针八蜡咸诛 剪仙籇万民全活
第三十四回	安远侯空出三奇计 吕司马大破两路兵	第四十九回	郑亨争将当先丧律 景隆元帅落后褒封
第三十五回	两皂旗死生报圣主 二军师内外奏朕功	第 五 十 回	蒲葵扇举扫虎豹游魂 赤鸟镜飞驱魑魅幻魄
第三十六回	唐月君创立济南都 吕师贞议访建文帝	第五十一回	鬼母手劈奎道人 燕儿腰斩李竖子
第三十七回	帝师创议内外官制 军师奏设文武科目	第五十二回	访圣主信传虞帝庙 收侠客枭取燕朝使
第三十八回	两军师同心建国 一公子戮力分兵	第五十三回	两句诗分路访高僧 一首偈三缄贻女主
第三十九回	美贞娘杀美淫官 女秀才降女剑侠	第五十四回	航海梯山八蛮竞贡 谈天说地诸子争锋
第 四 十 回	济宁州三女杀监河	第五十五回	震声灵遣使议让位 慑威风报聘许归藩

第五十六回　张羽士神谒天师府
　　　　　　温元帅怒劈灵猴使

第五十七回　九魔女群摄地仙魂
　　　　　　二孤神双破天师法

第五十八回　待字女感梦识郎君
　　　　　　假铺卒空文谒开府

第五十九回　预伏英雄坚地内溃
　　　　　　假装神鬼勍敌宵奔

第 六 十 回　高邮州夫妇再争雄
　　　　　　广陵城昆弟初交战

第六十一回　剑仙师一叶访贞姑
　　　　　　女飞将片旗驱敌师

第六十二回　姚道衍设舟诱敌
　　　　　　雷一震落水归神

第六十三回　三义士虎腹藏兵
　　　　　　一将军龙头杀贼

第六十四回　方学士片言折七令
　　　　　　钱先生一札服诸官

第六十五回　两猿臂箭赌一雄州
　　　　　　一虎儿刀劈两奴贼

第六十六回　谭都督夹睢水立重营
　　　　　　铁元帅烧浮桥破勍敌

第六十七回　一客诛都间藩司
　　　　　　片刻取中州大郡

第六十八回　吕军师占星拔营
　　　　　　谷藩王造谶兴戈

第六十九回　三如公子献雄郡
　　　　　　二松道人缚渠魁

第 七 十 回　逞神通连黛统妖兵
　　　　　　卖风流柳烟服伪主

第七十一回　范飞娘独战连珠蕊

　　　　　　刘次云双斗苗龙虎

第七十二回　妖道邪僧五技穷
　　　　　　仙姥神尼七宝胜

第七十三回　奉正朔伪主班师
　　　　　　慕金仙珠娘学道

第七十四回　两首诗题南阳草庐
　　　　　　一夕话梦诸葛武侯

第七十五回　慕严慈月君巡汴郡
　　　　　　谒庭闱司韬哭冥府

第七十六回　唐月君梦错广寒宫
　　　　　　老梅婢魂归孝廉主

第七十七回　烧岘山火攻伏卒
　　　　　　决湘江水灌坚城

第七十八回　吕军师三败诱蛮首
　　　　　　荆门州一火烧狼贼

第七十九回　神武庙双建帝师旗
　　　　　　偃月刀单枭燕帅首

第 八 十 回　吴侍讲十年抚孤子
　　　　　　吕师相一疏荐名臣

第八十一回　卜兑卦圣主惊心
　　　　　　访震宫高人得病

第八十二回　收英才大科列榜
　　　　　　中春闱二弟还家

第八十三回　建文帝敕议君臣典礼
　　　　　　唐月君颂行男女仪制

第八十四回　吕师相奏正刑书
　　　　　　高少保请定赋役

第八十五回　大赦凶荒杀魔贷金
　　　　　　小施道术鬼神移粟

第八十六回　姚少师毒计全凭炮火
　　　　　　雷将军神威忽显云旗

第八十七回	沙师谋国访魔僧 孀姊知君斥逆弟		第九十四回	燕庶子三败走河间 司开府一战收上谷
第八十八回	二十皮鞭了夙缘 一枝禅杖还恶报		第九十五回	刘亢帅破坚壁清野 谭监军献沙囊渡河
第八十九回	白鹤道士衔金栋凌霄 金箔仙人呼红云助驾		第九十六回	索夫人暗施毒蝛妖蟆 太阴主小试针锋剑㸐
第九十回	丹青幻客献仙容 金刚禅魔斗法宝		第九十七回	坎藏水火生红焰 合土阴阳灭白波
第九十一回	刹魔公主略展翠霞裙 火首毗耶永堕红玉袋		第九十八回	北平城飞玄女片符 榆木川受鬼母一剑
第九十二回	状元正使现五色花脸 画士中书变两角狼头		第九十九回	嫦娥白日返瑶台 师相黄冠归玉局
第九十三回	申天讨飞檄十大罪 命元戎秘授两奇函		第一百回	忠臣义士万古流芳 烈媛贞姑千秋不朽

中国女侦探

侦探小说。吕侠著。上海商务印书馆。1944 年 7 月初版。1 册。2 万字。共 3 篇。

一	血帕	三	枯井石
二	白玉环		

京华呓语

社会小说。因明社编辑。上海因明社。1911 年 12 月版。9 千字。共 12 则。

七 杀 碑

长篇武侠小说。朱贞木著。正气书局。1949 年 7 月—1951 年 3 月版。7 册。40.2 万字。自序 1 篇。7 集。共 34 章。

第一集

第一章　新娘子步步下蛋

第二章　陈大娘的纸捻儿

第三章　铁脚板

第四章　巫山双蝶与川南三侠

第五章　七星蜂符

第六章　玉龙街单身女客

第二集

第一章　武侯祠前

第二章　擂台上(一)

第三章　擂台上(二)

第四章　鹿杖翁

第五章　诡计

第六章　雪衣娘与女飞卫

第三集

第一章　铁拐婆婆

第二章　秃尾鱼鹰的血债

第三章　拉萨宫

第四章　活僵尸

第五章　大佛头上请客

第六章　五毒手

第四集

第一章　铁琵琶的韵律

第二章　疑云疑雨

第三章　且食蛤蜊休问天

第四章　卖荷包的家

第五集

第一章　秘窟风波

第二章　螳螂捕蝉,黄雀在后

第三章　齐寡妇

第四章　金蝉脱壳

第六集

第一章　红粉怪杰

第二章　英雄肝胆,儿女心肠

第三章　回头见

第四章　天晓得

第七集

第一章　小脚山

第二章　婷婷

第三章　神策营

第四章　仇儿的急报

飞天神龙

武侠小说。朱贞木著。上海元昌印书馆。1939 年 3 月初版。1 册。7 万字。共 4 回。

第一回　崆峒武当之仇
第二回　两个神秘女子

第三回　壁虎崖遇艳
第四回　女头领之色情狂

五狮一凤

武侠小说。朱贞木著。上海育才书局。1949 年 12 月版。1 册。4 万字。共 3 章。

第一章　孤村聚义
第二章　孽海情波

第三章　变生肘腋

玉 龙 冈

长篇技击小说。朱贞木著。上海民生书店。1950 年 11 月初版。4 册。17 万字。共 17 章。

第一章　卖花翁的垂青
第二章　六合枪与白莲花
第三章　神秘的鲁颠先生
第四章　英雄美人名士的遭遇
第五章　大将军换却真面目
第六章　小洪相公的踪迹

第 七 章　战争的序幕
第 八 章　血战
第 九 章　凯旋后的雀选
第 十 章　李紫霄与小虎儿
第十一章　三义堡与玉龙冈的关系
第十二章　将军入毂

第十三章　席上飞刀

第十四章　流光剑的奇遇

第十五章　白骨坳

第十六章　山寨的旖旎风光

第十七章　男女英雄的结合

边塞风云

武侠小说。朱贞木著。上海平津书店。1948 年 2 月版。二册。28 万字。共 30 章。

第 一 章　滇南八寨

第 二 章　沐公府之金线鳝王

第 三 章　金翅鹏拆字起风波

第 四 章　飞天蜈蚣的绝命书

第 五 章　万年青

第 六 章　鸡鸣峡浴血结仇

第 七 章　飞钵峰月下却敌

第 八 章　削棍成枪削枪成笔

第 九 章　飞天狐二次受挫

第 十 章　红孩儿险里逃生

第十一章　小蓬莱初宴

第十二章　瞎教师初会狮王

第十三章　秘魔崖

第十四章　通臂猿巧擒游魂

第十五章　黑牡丹夜探沐公府

第十六章　酒鬼计劫玉玲珑

第十七章　沐天澜飞弹退贼

第十八章　上官旭陌路逢仇

第十九章　古刹戏飞狐

第二十章　灵猿迎客白鸽传书

第二十一章　嘉利泽之隐逸

第二十二章　暴风雨的前夕

第二十三章　血雨腥风

第二十四章　一发千钧的攻守战

第二十五章　独占元凶

第二十六章　桑窈娘与何天衢

第二十七章　小魔王惊散了鸳鸯梦

第二十八章　夜探虎穴

第二十九章　虬龙杖与鬼母拐

第 三 十 章　九子鬼母的归宿

闯王外传

民间小说。朱贞木著。上海元昌印书馆。1948 年 12 月初版。6 册。35 万字。作者弁言 1 篇。第六集有前记 1 篇。6 集。共 33 章。

第一集

第一章　瞎独

第二章　言为心声

第三章　活阎罗的寿诞

第四章　半截观音与鹿卢剑

第五章　一对猫头鹰

第六章　艾同知的两重血债

第二集

第一章　鬼见愁的山沟

第二章　八个蒙面人

第三章　乌斯藏的相人街

第四章　两具尸尸三颗脑袋

第五章　好色的归宿

第六章　智擒王老虎义结半斑虎

第三集

第一章　辛家沟的空城计

第二章　"红"是谁

第三章　双塔寺的蹚跤场

第四章　马红姑与窦燕孃

第五章　豆腐西施

第六章　延川浩劫

第四集

第一章　界牌山之战

第二章　人吃人

第三章　龙驹寨

第四章　打虎救虎

第五章　谁是新郎

第五集

第一章　捏着鼻子过关

第二章　移花接木

第三章　雁塔射鹏

第四章　请君入瓮

第五章　流字诀

第六集

第一章　两路攻守之战

第二章　危机

第三章　云雾山

第四章　卷土重来

第五章　又是一个殉难的总制

苗疆风云

武侠奇情小说。朱贞木著。上海正华书店。1951 年 3 月初版。4 册。16 万字。共 20 章。

第一章　穆索威加三五猛

第二章　埋陷阱活擒珠郎

第三章　夜袭盘江铁索桥

第四章　铁索桥边的恶战

第 五 章　艳妾珠冠成祸胎　　第十三章　碧云丹岩的树屋
第 六 章　图财害命的人兽　　第十四章　高僧恩赐朱痕剑
第 七 章　困死英雄木柜中　　第十五章　素素玉骢的结合
第 八 章　害人害己造惨剧　　第十六章　天魔洞里的风光
第 九 章　血溅灵帏酬故主　　第十七章　武侯祠中的剧战
第 十 章　千古惨剧的结束　　第十八章　柳侠拐杖惩悍苗
第十一章　卑污阴险的道儿　　第十九章　任同知的缚狮计
第十二章　象鼻冲麓除凶苗　　第二十章　灵鸽求援哀牢山

郁 金 香

社会小说。朱贞木著。元昌印书馆。1949 年 5 月第 1 版。1 册。8 万字。小序 1 篇。共 8 章。

第一章　恨到归时方始休　　第五章　枉教人立尽梧桐影
第二章　别时容易见时难　　第六章　无端画角严城动惊破一番新梦
第三章　一曲清歌暂引樱桃破　　第七章　寻好梦梦难成有谁知我此时情
第四章　纵啼鹃不唤春归人自老　　第八章　流水落花春去也天上人间

罗 刹 夫 人

武侠小说。朱贞木著。雕龙小说出版社。1948 年 5 月—1949 年 12 月版。6 册。47.4 万字。作者附白 1 篇。6 集。共 34 章。

第一集

第一章　爵邸丧元, 荒山逢寇　　第五章　绝技退飞狐
第二章　恐怖的怪脸　　第六章　异龙湖畔
第三章　蚀骨销魂　　第七章　五十勇士失踪之谜
第四章　黑里俏的英雄　　第八章　虎口余生
　　　　　　　　　　　　第九章　桑苎翁自白

第二集

第一章　仙影崖的秘境

第二章　罗刹峪

第三章　玉狮子

第四章　祸土

第五章　猿国之王

第六章　三斗坪的血债

第七章　用在美人身上的美人计

第八章　黄金祟

第三集

第一章　铁瓮谷

第二章　伏虎驯狮的佳人

第三章　玫瑰与海棠

第四章　欢喜冤家

第五章　活宝

第六章　胭脂虎

第四集

第一章　肚内的秘密

第二章　罗刹神话

第三章　山色溪光别有村

第四章　九尾天狐

第五集

第一章　火狱

第二章　一箭了恩仇

第三章　幸不辱命

第六集

第一章　金驼之劫

第二章　失宝

第三章　风魔岭

第四章　世外桃源

艳 魔 岛

剑侠小说。朱贞木著。元昌印书馆发行。1949 年 3 月出版。1 册。7.7 万字。共 4 回。

第一回　汤九郎君和灵鹤

第二回　夜袭血龙堰

第三回　访艳

第四回　天岩盗宝

庶 人 剑

长篇武侠小说。朱贞木著。上海广艺书局。1951 年 3 月版。3 册。

15 万字。序言 1 篇。共 14 章。

第一章 公孙大娘	第 八 章 搜孤救孤
第二章 一条胳膊债	第 九 章 川滇道上
第三章 师徒之间	第 十 章 双龙旗与五虎旗
第四章 五虎旗	第十一章 龙虎斗
第五章 血斗	第十二章 杀虎绳
第六章 凤城敌踪	第十三章 在天比翼在地连理
第七章 赛棠夷	第十四章 燕尾生

塔 儿 冈

武侠小说。朱贞木著。正华出版社。1950 年版。2 册。10 万字。共 12 章。

第一章 贪财色的剿匪先锋	第 七 章 塔儿冈的盛筵
第二章 俏佳人一鸣惊人	第 八 章 白骨坳中的怪物
第三章 女英雄收服莽英雄	第 九 章 小虎儿得彩头
第四章 施绝计将军上钩	第 十 章 总寨主做了新娘子
第五章 塔儿冈与瓦冈山	第十一章 喜席上的三个贺客
第六章 破庙中的巧遇	第十二章 红孩儿的断臂

翼 王 传

民间小说。朱贞木著。上海广艺书局。1949 年 10 月版。2 册。10 万字。开场白 1 篇。共 6 章。

| 第一章 桃林一劫 | 第三章 萧墙祸起误蛾眉 |
| 第二章 云龙风虎 | 第四章 从此名王泪沾襟 |

风月泪史

言情小说。朱伟铭著。上海文业书局。1936 年 9 月第 1 版。1 册。3.5 万字。作者自作引言 1 篇。卷首 1 篇。共 18 回。

一	投亲	十	逐客
二	遇姝	十一	染病
三	引郎	十二	密约
四	代书	十三	失秘
五	赠物	十四	迎艳
六	雀战	十五	成婚
七	绝情	十六	泣别
八	团叙	十七	风杳
九	谋娶	十八	爱梦

笑靥泪痕

社会言情小说。朱松庐著。上海机杼出版社。1934 年 4 月版。1 册。5 万余字。前记 1 篇。共 25 章。

第一章	绿帘琴韵	第 八 章	蹂躏了少女的心
第二章	忙煞了绿衣人	第 九 章	两疋线春出了翻戏
第三章	爱神之箭贯了她的心	第 十 章	美丽的秋之夜
第四章	行了一次酸楚的握手礼	第十一章	别怕吧我的肉
第五章	电力的引诱	第十二章	第一次的流泪滋味
第六章	一个美妙的秘密	第十三章	小客栈里的秘密会议
第七章	在燃烧着的愤火	第十四章	她已不似处女时代的羞涩了

第十五章　一个美丽的女绑匪
第十六章　坏人总是聪明的
第十七章　虎去狼又来了
第十八章　香闺中的活动装饰品
第十九章　怕听邻家的歌声
第二十章　忍痛签下了卖身契

第二十一章　一封血泪的忏悔书
第二十二章　三不管的二四六号
第二十三章　逃出笼中的小鸟
第二十四章　情场创伤了的女战士
第二十五章　死人的手攀住了爱人

明清两国志演义

历史小说。即吴三桂演义。朱彭城标点。沈世荣校阅。上海大达图书供应社。1935 年 4 月版。1 册。20 万字。编者序 1 篇。题诗 1 篇。例言 1 篇。共 40 回。

第一回　董其昌识拔吴三桂
　　　　袁崇焕计斩毛文龙
第二回　还五将建州修玉帛
　　　　赘三桂藩府闹笙歌
第三回　结勇将田畹献歌姬
　　　　出重镇吴襄留庶媳
第四回　发旧案袁崇焕遭刑
　　　　谋大事李自成起义
第五回　愤县令李岩从乱党
　　　　破神京闯逆掳圆姬
第六回　杀妻儿崇祯皇自缢
　　　　争美姬吴三桂哭师
第七回　争陈圆吴三桂借兵
　　　　杀吴襄李自成抗敌
第八回　弃圆姬闯王奔西陕
　　　　锡诰命三桂却南朝
第九回　左懋第被困北京城

　　　　李自成走死罗公岭
第十回　扫流寇吴帅就藩封
　　　　忏前情圆姬修道果
第十一回　孙可望归降永历皇
　　　　吴平西大破刘文秀
第十二回　平西王兵进云南城
　　　　永历皇夜走永昌府
第十三回　孙可望逼封三秦王
　　　　吴平西手杀永历皇
第十四回　箐子坡永历皇被缢
　　　　北京城吴三桂奔丧
第十五回　筑野园陈姬托修斋
　　　　依海市杨娥谋讨贼
第十六回　捕刺客勇士护吴王
　　　　忌兵权朝意移藩镇
第十七回　陈圆姬遗书谏藩邸
　　　　吴三桂易服祭明陵

第 十 八 回	北京城使臣告变 衡州府三桂称尊		走广东尚王殒命
第 十 九 回	建帝号吴三桂封官 受军符蔡毓荣调将	第 三 十 回	郭壮图饰时修古塔 夏国相倡议弃长沙
第 二 十 回	迎马首孙延龄殒命 卜龟图吴三桂灰心	第三十一回	出郧阳三桂宾天 陷敌营莲儿绝粒
第二十一回	据陕西王屏藩起事 逼洞庭夏国相鏖兵	第三十二回	吴世蕃即位衡阳 夏国相退兵黔首
第二十二回	张勇大战王屏藩 郑经通使吴三桂	第三十三回	拔固原图海鏖兵 走汉中屏藩殉国
第二十三回	王辅臣举兵戕经略 南怀仁制炮破吴军	第三十四回	胡国柱败走桂阳城 傅宏烈起兵桂林府
第二十四回	高大节智破安亲王 夏国相败走醴陵县	第三十五回	康亲王会兵平闽浙 赵良栋奉命取成都
第二十五回	韩大任败死扬子江 高提台大战大觉寺	第三十六回	赵良栋大战阳平关 杨嘉来败走夔州府
第二十六回	高大节愤死九江城 吴三桂亲征松磁布	第三十七回	困罗森五将取城都 逼永兴孤城抗大敌
第二十七回	走固原王辅臣投降 夺荆州蔡毓荣献捷	第三十八回	败谭洪赵良栋进云南 间马宝蔡毓荣摆象阵
第二十八回	弃岳州马宝走长沙 据平凉屏藩破圆海	第三十九回	战平远蔡毓荣奏功 守曲靖郭壮图败绩
第二十九回	弃江西国相退兵	第 四 十 回	破长围七将定云南 赏战功朝廷颁谕旨

爱侣恩仇

社会言情小说。朱鸿儒著。上海正气书局。1946 年 11 月版。1 册。13 万字。共 10 回。

第一回	上海之游	第二回	影子戏

第三回	姑爷在什么时候来的	第七回	跻身青云
第四回	奔走衣食	第八回	摄影场之怪剧
第五回	新旧交替	第九回	异地重逢
第六回	笔据	第十回	一喜一悲

魔窟血痕

社会言情小说。朱鸿儒著。上海正气书局。1947 年 4 月版。1 册。6 万字。共 5 回。

第一回　心在国家效死分投峨嵋地
　　　　手援弱女深宵独闯虎狼区
第二回　金四怒刷砀山黎徐王撤职
　　　　近卫高唱三原则汪逆登台
第三回　为虎作伥厚赏能令丧天良
　　　　舍身为国非刑真可绝人寰
第四回　美人设阱盗名册李光国失机
　　　　爱侣殉情吊墓门文曼华泪下
第五回　原子炸弹促成全部投降日本国
　　　　大蚀本
　　　　五强□□争来最后胜利太平洋
　　　　庆太平

铁窗风味录

社会小说。朱惺公著。上海机杼出版社。1933 年 9 月初版。1 册。1.3 万字。阮中立序 1 篇。自序 1 篇。秋生题词。共 30 篇。

一	一首小诗代引	八	吃豆腐的斋期
二	八卦虎牢门前	九	狱犯吃十一方
三	吃官司要毕业	十	养囚等于养猪
四	坐牢只算白相	十一	大木床与单铺
五	强制执行推薙	十二	地狱式的暗室
六	一斤半煤屑饭	十三	实行调换环境
七	苋菜汤与芹菜	十四	所谓铁窗风味

十五　　番号寓有暗示　　　　　二十三　监狱的工厂化

十六　　串绳权作裤带　　　　　二十四　教诲师的教诲

十七　　何处飞来烟头　　　　　二十五　五分钟的臭浴

十八　　缧绁之味如何　　　　　二十六　监狱卫生杂记

十九　　外国人吃官司　　　　　二十七　关于医药病死

二十　　佛经与党义书　　　　　二十八　忍听断肠人语

二十一　竹书经月一报　　　　　二十九　还将小词代结

二十二　一封信十块钱　　　　　三十　　附录（四则）

此中人语

社会小说。即拆白党之黑幕。朱瘦菊（海上说梦人）著。上海游戏书社。1917 年 9 月版。1 册。7.4 万字。孙玉声、庄秋水、钱绍芬作序各 1 篇。钱香如题词。共 4 章。

金　银　花

社会小说。朱瘦菊著。上海晨钟书局。1945 年 5 月初版。1 册。8.4 万字。共 12 章。

第一章　金镑银洋与美人　　　　第 七 章　不如归去

第二章　老爷太太与娘姨　　　　第 八 章　左右做人难

第三章　时来运来　　　　　　　第 九 章　汤饼会余波

第四章　新夫人带来了儿子　　　第 十 章　四面楚歌

第五章　阿金口中的秘密　　　　第十一章　拒绝和欢迎

第六章　品三的牢骚　　　　　　第十二章　疯人之言

脂粉地狱

社会小说。朱瘦菊(海上说梦人)著。新民图书馆。1922 年版。1 册。
4 万字。秋水、海上漱石生作序各 1 篇。共 12 回。每回有插图 1 幅。

第一回	怀往迹灯明月朗 涉欢场絮惹柳依	第 七 回	请兄弟有声有色 邀朋友无法无天
第二回	遇旧朋初登筵席 睹美妓顿系情丝	第 八 回	金梅生两面沾光 包伯平片言解纷
第三回	迟到行大班动怒 代叫局狎友帮忙	第 九 回	逐芳踪书场遇艳 睹异状戏馆逢仇
第四回	吃番菜笑话连篇 打茶围怪态百出	第 十 回	歇生意吞声忍气 写伏辩低首下心
第五回	吹牛皮满口海话 拍马屁一袭纱衫	第十一回	露劣迹严亲发狠 讨冷债流氓称雄
第六回	新华园小翻醋罐 蕙芳楼大讲斤头	第十二回	抢剩饭浪子下场 吃官司嫖客结局

剩粉残脂录

社会小说。朱瘦菊(海上说梦人)著。上海大东书局。1926 年 8 月
版。4 册。22.8 万字。插图 17 幅。共 46 回。

第一回	徐小红卖笑泥城桥 王二爷演说陈公馆		患生肘腋慈父关怀
第二回	花笑红风尘觅偶 陈大贵宦海求差	第四回	看新妇李代桃僵 入侯门莺嗔燕叱
第三回	变起忽微娇娘逝世	第五回	参泥偶欲去眼中钉 通名医冀拔心头刺

第 六 回　缓药力阴谋暗纵
　　　　　托神通异想天开

第 七 回　小风波追求八字帖
　　　　　大交涉难为两面人

第 八 回　闹醋劲马夫飞白刃
　　　　　斗眼风案目作红娘

第 九 回　陈小姐广开方便门
　　　　　颜师爷暗示蓝桥路

第 十 回　张太太计无虚设
　　　　　金奶奶愤不择言

第 十 一 回　修小怨奴子争雄
　　　　　　进薄言佣妇亡命

第 十 二 回　传凶耗迈妇惊心
　　　　　　假虎威豪奴仗势

第 十 三 回　登门待罪险丧身躯
　　　　　　末路求怜转来奇遇

第 十 四 回　投商店无聊认亲戚
　　　　　　排异己有意结冤家

第 十 五 回　进谗言伙计受气
　　　　　　开花帐店主发威

第 十 六 回　查货账命悬三尺线
　　　　　　歇生意断肠一番言

第 十 七 回　严公馆小领烟霞趣
　　　　　　石佛庙大演迷信谈

第 十 八 回　讲新闻丫环饶舌
　　　　　　咨故实佣妇恣言

第 十 九 回　白讨好灰心惹闲气
　　　　　　枉用情失意蹈清流

第 二 十 回　喝雉呼卢腰缠恨短
　　　　　　吞云吐雾噩梦愁多

第 二十一回　作势装腔夫人索欠

留髡送客公子求谋

第二十二回　大抢花妙翻三寸舌
　　　　　　小竹杠冤赔二百元

第二十三回　慰娇妻渔翁获利
　　　　　　访良友纨绔求金

第二十四回　林鸿仙从良营金屋
　　　　　　潇湘馆觅第筑香巢

第二十五回　场面难绷啬翁夸口
　　　　　　虚名枉挂老妓惊心

第二十六回　度年关雪中空送炭
　　　　　　守阃范锦上不添花

第二十七回　陈云保埋头皈玉帝
　　　　　　陆少溪代表谒金刚

第二十八回　五千五名妓下堂
　　　　　　六另六西医进药

第二十九回　活见鬼金刚入梦
　　　　　　大祈神房客兴迁

第 三 十 回　拨慢钟有心误点
　　　　　　报快信无意添酸

第三十一回　唇枯舌敝夫妇言和
　　　　　　女爱男贪倡优作怪

第三十二回　说笑话四小姐吸烟
　　　　　　苦劝捐三师太屈膝

第三十三回　西子湖泛舟逢趣友
　　　　　　杏花邨点菜笑黄瓜

第三十四回　供养庵茶房送信
　　　　　　警察局游客留踪

第三十五回　打电话尼姑夸手段
　　　　　　演果报庙祝话神通

第三十六回　严少陵访友遇旧
　　　　　　陈仲达纳妾投师

第三十七回　结善缘佛法无边
　　　　　　惧阃威雷池难越

第三十八回　动娇嗔鸳鸯小忤
　　　　　　叙别绪鹣鲽同欢

第三十九回　柳絮帘栊空怄气
　　　　　　桃花门巷莫含酸

第四十回　西窗剪烛志在从良
　　　　　东岳进香意图借寿

第四十一回　求忏悔病夫捣鬼
　　　　　　出计划谋士运筹

第四十二回　寿终正寝陈翁逝世
　　　　　　处分遗产沈老添愁

第四十三回　小设局腹痛头疼
　　　　　　大开吊穷形极相

第四十四回　力疾慰情男儿义务
　　　　　　微言示意侍婢工辞

第四十五回　质遗嘱叔贤受兄呵
　　　　　　舍巨资伯诚遭主斥

第四十六回　助善举正本清源
　　　　　　办义赈沽名钓誉

歇 浦 潮

社会小说。朱瘦菊（海上说梦人）撰。上海新民图书馆。1921 年 5 月初版。10 册。90 万字。寒云、王晦钝、庄幻秋、瘦鹃作序各 1 篇。餐花室主、秋水、洪柔冰、曼陀罗室主、姚民哀、张容题词各 1 首。共 100 回。

第一回　避难依人贞心匪石
　　　　架词试节巧舌如簧

第二回　接匿名信老爷动怒
　　　　诉覆盆冤爱妾撒娇

第三回　乖案目移花接木
　　　　恶科长换日偷天

第四回　聚餐会竭力争口腹
　　　　检方书拼命省铜钱

第五回　呼将伯和尚鸣冤
　　　　慕共姜女郎矢志

第六回　双方得利姑息争端
　　　　一榻横陈快谈报馆

第七回　莽郎君黑夜逞蛮威

　　　　痴女儿深宵惊幻梦

第八回　惑雌黄莲心忍苦
　　　　窥秘密梅子留酸

第九回　生子丧子一喜一悲
　　　　解铃系铃半真半假

第十回　观新剧旅馆订幽盟
　　　　发老骚娼寮闹笑话

第十一回　访桃源老翁逢烟妓
　　　　　逛名园主笔遇仇家

第十二回　影戏场有女怀春
　　　　　番菜馆群公就食

第十三回　吃官司队长受奇羞
　　　　　想议员公民发狂热

第 十 四 回　选举运动成笑史
　　　　　　婚姻反复堕奸谋

第 十 五 回　写状辞满腹牢骚
　　　　　　露机关一床绣枕

第 十 六 回　一观察无意撞木钟
　　　　　　两侦探有心敲竹杠

第 十 七 回　肆恐吓惊散野鸳鸯
　　　　　　巧安排出示真凭据

第 十 八 回　荔香园侍儿报信
　　　　　　蕙芳楼流氓拆梢

第 十 九 回　杀爱妾老爷再装腔
　　　　　　访小妻大妇初设计

第 二 十 回　赠巨金美人仗义
　　　　　　出重洋浪子逃生

第二十一回　庆宜家丈夫迁金屋
　　　　　　感阅墙公子走天涯

第二十二回　拍马屁吮痈舐痔
　　　　　　杀风景叱燕嗔莺

第二十三回　吃苦头良宵推磨
　　　　　　使酸劲暮夜摧花

第二十四回　贪财汉一心下辣手
　　　　　　急色儿两面做难人

第二十五回　重罹绮障名媛伤怀
　　　　　　初惹情魔狂童适童

第二十六回　假从良莲子侬心
　　　　　　真涊浴桃花人面

第二十七回　漫天布局瞎子心虚
　　　　　　蓦地蓬仇冤家路窄

第二十八回　逞利口再用机谋
　　　　　　开华筵大变戏法

第二十九回　行酒令当筵飞巨盏

　　　　　　闹洞房立地赋新诗

第 三 十 回　扯丝巾无端泼醋
　　　　　　熄电灯有意藏奸

第三十一回　屈膝盖有愧男儿
　　　　　　挨耳光可怜妓女

第三十二回　泄春光无心闻密语
　　　　　　看夜戏信口发狂言

第三十三回　遇事生风奸谋百出
　　　　　　拖人落水妙计连环

第三十四回　受没趣狂夫丧气
　　　　　　遭侮辱少妇寒心

第三十五回　百箱土狼狈行奸
　　　　　　一封书妻舅交恶

第三十六回　薄命女空门悲祝发
　　　　　　负心妇醋海怒掀波

第三十七回　酸溜溜一场胡闹
　　　　　　怒冲冲满腹阴谋

第三十八回　推波助浪激走娇娘
　　　　　　殢雨尤云潜来荡妇

第三十九回　太糊涂人何梦梦
　　　　　　真狡猾想入非非

第 四 十 回　怪现状何堪目睹
　　　　　　丑官僚到底心虚

第四十一回　考知事腐儒吐气
　　　　　　释偷儿会长求情

第四十二回　强迫分产贫士毁家
　　　　　　诈欺取财律师入狱

第四十三回　情脉脉鹣鲽同心
　　　　　　恨绵绵鸳鸯共命

第四十四回　蕴恶果大起革命军
　　　　　　展鸿图小试解云手

第四十五回　兵败城西军曹丧胆
　　　　　　营迁闸北司令无颜

第四十六回　谋侦探欺心卖友
　　　　　　开公司着意投资

第四十七回　三等奖谋士张罗
　　　　　　一餐饭党人入网

第四十八回　敲竹杠啬夫难叫苦
　　　　　　掮木梢浪子枉含酸

第四十九回　坐汽车奸谋枉费
　　　　　　寄包裹毒计频施

第五十回　　泄机关弄巧反拙
　　　　　　访消息因爱成仇

第五十一回　运慧剑一怒断情丝
　　　　　　惹邪魔联床追往事

第五十二回　新剧家滔天罪孽
　　　　　　男堂子盖世奇闻

第五十三回　老糊涂回回钻圈套
　　　　　　小滑头处处骗金钱

第五十四回　一溜烟金钱飞去
　　　　　　两面光美色诱来

第五十五回　逞变诈覆雨翻云
　　　　　　善逢迎依草附木

第五十六回　调虎离山果真多智
　　　　　　引狼入室何苦劳心

第五十七回　进密告意中人来
　　　　　　写绝据心头肉去

第五十八回　叙年兴群雌开赌局
　　　　　　表心迹众婢请圆光

第五十九回　贼姑爷空伸三只手
　　　　　　痴女子徒伤一片心

第六十回　　吞生烟计穷力竭

　　　　　　放野火魄散魂飞

第六十一回　钻脚路夤夜访权门
　　　　　　显手段凌晨施骗局

第六十二回　破镜难圆阴阳怪气
　　　　　　坠欢易拾名利关头

第六十三回　了凤孽债赎三生
　　　　　　享遗财�披一件

第六十四回　出奇谋保险纵火
　　　　　　演迷信花会求金

第六十五回　贤宾主三更决妙策
　　　　　　小伙计半语触煤头

第六十六回　武老爷无心落圈套
　　　　　　傻学徒信口泄真情

第六十七回　为虎伥孔方作祟
　　　　　　伤人命祝融肆威

第六十八回　化险为夷钱神得力
　　　　　　顾名思义股东无权

第六十九回　富贵由天金易得
　　　　　　死生在数命难逃

第七十回　　好伙计独享利权
　　　　　　贤昆仲大闹意见

第七十一回　彰报应流离苦妻女
　　　　　　显神通牵合野鸳鸯

第七十二回　守财奴闭门订家法
　　　　　　失贞妇背里觅生涯

第七十三回　咸肉庄官僚托足
　　　　　　鲜果铺学生埋头

第七十四回　染毒疮小偿风流债
　　　　　　播丑声大贻名教羞

第七十五回　惹祸遭殃怪态百出
　　　　　　增荣益誉异想天开

第七十六回　取道尹棋输一着
　　　　　　复帝制语妙双关
第七十七回　感前尘暗吞一掬泪
　　　　　　掀醋罐枉吃五分头
第七十八回　孽海猛回清倚障
　　　　　　春江小住扫情魔
第七十九回　贩私土诡迹张黑幕
　　　　　　充完妙壁术泛红潮
第 八 十 回　远虑深谋雄心扫地
　　　　　　拈花惹草色胆包天
第八十一回　辣手段游子还乡
　　　　　　硬心肠萧郎陌路
第八十二回　夸旧游当筵论因果
　　　　　　结新知背地设机关
第八十三回　计出万全迷龙有阵
　　　　　　功亏一篑缚虎何人
第八十四回　燕子巢下场怜贱妓
　　　　　　虎狼窟历劫叹贫娃
第八十五回　强中强乖人受骗
　　　　　　冤里冤小婢遭殃
第八十六回　一封信险破财奴胆
　　　　　　八百金顿迷穷汉心
第八十七回　传机密属垣有耳
　　　　　　避探侦伺隙何人
第八十八回　甘言易入弱女移家

　　　　　　孽报难逃恶奴结局
第八十九回　藏头露尾莫测妖狐
　　　　　　侠骨冰心决除害马
第 九 十 回　设陷阱疑云障雨
　　　　　　泄命案远走高飞
第九十一回　作恶人难逃法网
　　　　　　可怜女大受折磨
第九十二回　上公堂奶奶求救
　　　　　　抄小路太太遭疑
第九十三回　中箐难言懦夫泄愤
　　　　　　下堂求去荡妇无情
第九十四回　收覆水负荆登门
　　　　　　避后患运筹帷幄
第九十五回　天理循环请君入瓮
　　　　　　人心叵测纵虎归山
第九十六回　玉镜台前遭白眼
　　　　　　流苏帐底进红丸
第九十七回　祸生肘腋醋海兴波
　　　　　　病入膏肓情场结局
第九十八回　请名医何期滑脚
　　　　　　酬月老不惜缠头
第九十九回　匿私赆虔婆工谋
　　　　　　啖余桃优伶中计
第 一 百 回　变起家庭证恶果
　　　　　　潮翻歇浦结新书

新歇浦潮

新小说。朱瘦菊(海上说梦人)著。出版单位不详。1928 年 4 月版。4 册。23.7 万字。严独鹤、若狂序各 1 篇。绘图 160 幅。共 40 回。

第 一 回　感世变新潮翻歇浦
　　　　　悖人伦旧戚等深仇

第 二 回　失皮夹呆人闹笑话
　　　　　打麻雀公子愤浮言

第 三 回　怕老婆孔子文受气
　　　　　训劣子周树雄发威

第 四 回　起内争慈母仰尾
　　　　　乞外援孽子跳楼

第 五 回　妙安排幸逃双主仆
　　　　　怪现状急煞两夫妻

第 六 回　真滑头少爷行骗
　　　　　老面皮闺女求婚

第 七 回　汽车夫灶下访情人
　　　　　大小姐楼头勉腻友

第 八 回　凯小姐惯施强手段
　　　　　贤师爷专做热心肠

第 九 回　未免难堪人逢陌路
　　　　　何以图报礼送当街

第 十 回　报旧怨流氓遣恶党
　　　　　拜老头纨绔作帮匪

第十一回　借题发挥贤郎妙计
　　　　　乘机攘夺市侩阴谋

第十二回　赵小溪含冤负屈
　　　　　马继方耀武扬威

第十三回　五人邂逅 TT 登场
　　　　　意绪彷徨 GG 爽约

第十四回　出主见痴婢饶舌
　　　　　做生意穷汉寒心

第十五回　为怜贫仗义转招尤
　　　　　想撇清求荣翻受辱

第十六回　舐犊情殷小加申斥

求财念切大掉枪花

第十七回　失栈单学徒受愚
　　　　　论客串票友现形

第十八回　送贺礼公份三角
　　　　　绷场面钻戒一颗

第十九回　顺手牵羊小张窃物
　　　　　隔靴搔痒老孔谈经

第二十回　种恶因卒演惨剧
　　　　　交鸿运独得锦标

第二十一回　怅良朋通财虚有谊
　　　　　羞密友避债恨无台

第二十二回　开栈房诱鱼吞饵
　　　　　借汽车驱鸟投罗

第二十三回　接木移花机关巧布
　　　　　谋财害命消息难寻

第二十四回　申舞台拆白演戏
　　　　　黄公馆黠婢装腔

第二十五回　问病源郎情水薄
　　　　　睹异状妾意花秾

第二十六回　吃耳光当场出彩
　　　　　争面子分途邀人

第二十七回　游戏场开枪肇巨祸
　　　　　燕子窠夸口惹飞灾

第二十八回　走金阊荡妇潜踪
　　　　　避虎林慈亲建策

第二十九回　愤劣儿家庭多故
　　　　　惜娇子宾主无谋

第三十回　失魄荡魂难违阃令
　　　　　沽名钓誉假面空张

第三十一回　折节访艳孝子去
　　　　　移樽就教玉人来

第三十二回　鸡偷狗摸梅子送情
　　　　　　雀乱鸦飞桃姨生产
第三十三回　窃金镑机会幸逢
　　　　　　砍咸肉良缘巧合
第三十四回　苦梁三含悲述身世
　　　　　　恶黄六蓄意昧天良
第三十五回　造谣言当面捣鬼
　　　　　　中诡计背地求医
第三十六回　助同学侠骨冰心

　　　　　　排异己深谋远虑
第三十七回　吴女士失踪惊父老
　　　　　　魏公子赴约会婵娟
第三十八回　多事娘妄言空后悔
　　　　　　钟情儿闻变猛寒心
第三十九回　覆雨翻云人情可畏
　　　　　　解衣推食友谊足多
第 四 十 回　情密密两心相印
　　　　　　意茫茫一策莫筹

宫女遗花记

宫闱小说。朱鹤影著。上海中外书局。1924 年 4 月版。1 册。3 万字。共 12 回。

第一回　述红灯裉子引宗教
　　　　创白莲难弟得天书
第二回　丸熊画荻母教劬劳
　　　　韩政萧规仕途攻苦
第三回　返魂无术鸳侣摧残
　　　　微笑拈花库心偷度
第四回　陶然亭读碣悲孤塚
　　　　广福楼灵丹救老翁
第五回　请医生病极出宫女
　　　　怜英主画刺老佛爷
第六回　恩出天家莲英传诏
　　　　愁问懿旨贵女入宫

第 七 回　却忆词多情怀宫眷
　　　　　义和团邪教倡神拳
第 八 回　大阿哥唱戏遭懿训
　　　　　端王爷纵匪误国家
第 九 回　放缘气炮打红灯照
　　　　　矢丹心肠断白衣冠
第 十 回　义士辞家声惊鹍唳
　　　　　书生避难魂逐雁迹
第十一回　颐和园遭擒悲旧侣
　　　　　淫娃窟遇难歼群雌
第十二回　合浦珠还酒楼欢饮
　　　　　客乡萍聚农舍联姻

鸳 鸯 剑

侠情小说。朱鹤影著。上海中外书局。1924 年 4 月版。1 册。3.1 万字。共 12 章。

<table>
<tr><td>第一章</td><td>泪洒刀环忠魂不瞑
梁悬锦帛贞女无家</td><td>第 七 章</td><td>一封书书生中计
三尺剑剑女歼仇</td></tr>
<tr><td>第二章</td><td>湖滨艳侣缘证双飞
山壑良田横遭独霸</td><td>第 八 章</td><td>扑朔迷离贼营间谍
游魂邱墓王府奇缘</td></tr>
<tr><td>第三章</td><td>痛衰亲连宵烽火
寻侠女异地飘萍</td><td>第 九 章</td><td>骤女馆忠言逆耳
返贼营良策攻心</td></tr>
<tr><td>第四章</td><td>鸳鸯塚凭吊逢胡叟
鹦鹉洲遭虏作楚囚</td><td>第 十 章</td><td>伪诸王自残同类
俏书生重遇冤家</td></tr>
<tr><td>第五章</td><td>绝壁题词语惊贼首
牵帷艳影迹探香巢</td><td>第十一章</td><td>选侍姬惊鸿叱燕
骂奸党囚凤姣鸾</td></tr>
<tr><td>第六章</td><td>匣剑神光纵谈国事
冰鲛痛泪誓雪冤仇</td><td>第十二章</td><td>矫若游龙奇锋小试
幻如神虎佳侣重逢</td></tr>
</table>

五岳奇侠传

奇侠小说。朱霞天著。上海中央书店出版。1918 年出版。8 册。55 万字。插图 192 幅。漱六山房校订。漱六山房序 1 篇。自叙 1 篇。8 集。共 100 回。

<table>
<tr><td>第一回</td><td>洪水涌明州龙螺构难
蛟山铸猛兽夷狄潜形</td><td>第三回</td><td>怜同病善人留客
证前缘异地逢师</td></tr>
<tr><td>第二回</td><td>总戎入梦皓叟苦求援
稚子堕江严亲悲抢地</td><td>第四回</td><td>月朗星寒将军遭毒手
山高路迥孝子斗神僧</td></tr>
</table>

第 五 回　十分春意鲁男子正色驱邪
　　　　一瞥红光假秀才当场殒命

第 六 回　剑气摩天书生惊逝影
　　　　哀声动地贤妇哭穷途

第 七 回　碧云洞投师求剑术
　　　　逍遥山瞥眼见蛇妖

第 八 回　秋波溜处谢凤苞辗转销魂
　　　　春黛颦时杨琼瑶模糊忆旧

第 九 回　贞媛痛父投水寻尸
　　　　匹妇含冤拦舆告状

第 十 回　雪复盆村童见天日
　　　　登鬼箓浪子受宫刑

第十一回　当道有豺狼清官弃市
　　　　深山来魍魉侠女惊魂

第十二回　惝怳迷离青山剑影
　　　　布施功德红粉捐金

第十三回　双钩临险阻心地光明
　　　　二指撮葫芦神通广大

第十四回　逞凶蛮旗兵殴小贩
　　　　展功夫侠士救贫儿

第十五回　天外登高斩毒龙老人杖断
　　　　鞋尖探风露光头美女心痒

第十六回　新交故好佛殿解前嫌
　　　　纵鹤擒龙荒山传绝技

第十七回　清晨噪雀骨肉卜相逢
　　　　黑夜奋威英雄驱大盗

第十八回　散家财桑公子结客
　　　　收飞镖李五娘戏徒

第十九回　双合集奇人挥软索
　　　　观日峰道士炼金乌

第二十回　设华筵韩天雄贺女
　　　　攻山寨碧眼儿逞威

第二十一回　泥丸魄透豪气化飞尘
　　　　　宝塔门开梵音回幻梦

第二十二回　灵禽游戏太阳太阴
　　　　　艳妾猜疑是冤是爱

第二十三回　会客厅青光飞碧血
　　　　　祝寿堂白昼堕人头

第二十四回　瓦砾场中剑光挥霍
　　　　　纵横阵里赤雾盘旋

第二十五回　堕高峰侠丐试仁心
　　　　　涉深山幼童逢剑客

第二十六回　发神针山前戏猛虎
　　　　　省慈亲堂上叙天伦

第二十七回　斗剑术一字明邪正
　　　　　演历史二派分泾渭

第二十八回　龙拿虎攫羽林军奉令登门
　　　　　石破天惊玉麻姑乘时出世

第二十九回　雪深仇奸雄授首
　　　　　酿大祸孝女遗头

第 三 十 回　奇男侠女百岁结良缘
　　　　　蹑影飞空双英归故里

第三十一回　慈爱妇思儿成痼疾
　　　　　孝悌郎觅弟遇危机

第三十二回　仇深狭路宝镜摄风雷
　　　　　病入膏肓名医穷药石

第三十三回　古庙深山旧恨引来双蛱蜨
　　　　　荒坟冷月剑光惊起好鸳鸯

第三十四回　小星虚侧室隔牖逃婚
　　　　　老蚌产明珠破棺诞子

第三十五回　古怪稀奇和尚讲前因后果
　　　　　迷离扑朔书生谛凤友鸾交

第三十六回　炼宝剑虹霓焕彩
　　　　　　遇深仇鹣鲽当灾

第三十七回　危扶济困削伤龙虎风雷
　　　　　　载宝还乡蹈入崔荂薮泽

第三十八回　半世横行江上元凶齐授首
　　　　　　十年久别舟中父子喜相逢

第三十九回　忠言逆耳娄雍娘含愤离夫
　　　　　　丧心病狂郭谋远迷灵助友

第 四 十 回　乍笑乍啼僧鬼同闹白云观
　　　　　　疑真疑梦师徒共会小孤山

第四十一回　白马红裳逆徒遭谴责
　　　　　　光天化日教匪犯封疆

第四十二回　逸兴闲情苍颜游福地
　　　　　　伤心惨目黄口赴阴曹

第四十三回　神情恍惚痛丧雏孙
　　　　　　心胆彷徨惊逢幼主

第四十四回　斧劈空棺只剩断香残蜡
　　　　　　病缠贤母幸逢国手神医

第四十五回　忠义堪嘉保主同登接天架
　　　　　　孝思不匮为母独参超界僧

第四十六回　大限难逃琳宫证果
　　　　　　息壤在彼滇水寻师

第四十七回　钓客垂纶现身敷幻影
　　　　　　头陀伏法入梦试真心

第四十八回　骷髅变成人相忽来忽去原
　　　　　　昙是花
　　　　　　渔翁化作书生即色即空乃
　　　　　　为真传

第四十九回　面命耳提迷津传秘诀
　　　　　　修真悟道暗室见圆光

第 五 十 回　贼胆包天教场劫犯

　　　　　　军容耀日总镇行师

第五十一回　勇公子忽遇跛道人
　　　　　　风雷剑力破混元索

第五十二回　传师令夏馆山见弟
　　　　　　中诡计黄土岭被围

第五十三回　两虎争执沙场逢手足
　　　　　　三人肉搏狭路救英雄

第五十四回　解重围空山余战迹
　　　　　　告奋勇黑夜探军情

第五十五回　琉璃瓦上小将军纵鹤擒龙
　　　　　　白石窑中大空僧扶危救难

第五十六回　宝剑舞游龙栅前杀贼
　　　　　　雕翎穿骏马岭下翻蹄

第五十七回　破矢石银团闪烁
　　　　　　扫山岗贼骑纷奔

第五十八回　荡匪巢雄师奏凯
　　　　　　缔良缘佳偶倾心

第五十九回　酬战绩江天柱盛设华筵
　　　　　　犯酒戒计绮芬忽生怪病

第 六 十 回　真火烁娇躯玉殒香销可怜
　　　　　　弱女
　　　　　　飞行驮老父心酸肠断痛哭
　　　　　　门生

第六十一回　昙花悲泡幻爱女归真
　　　　　　暮景哭桑榆东床拜父

第六十二回　幕上现圆光慈云接引
　　　　　　膝前申孝道娇婿殷勤

第六十三回　河满一声千里长途归故里
　　　　　　桐棺三寸数行血泪洒铅山

第六十四回　肝肠断绝一恸弃凡尘
　　　　　　家室纷纭群凶争绝产

第六十五回　天道无差穷秀才拈阄得产
　　　　　世情如梦贤夫人礼佛持齐

第六十六回　大地苍茫逆徒潜引遁
　　　　　红尘游戏溺器忽飞来

第六十七回　侃侃而谈地孩儿正言弹
　　　　　侠客
　　　　　皇皇如也勇明心力战保
　　　　　佳人

第六十八回　裸体呈身温柔乡安心销
　　　　　艳福
　　　　　血飞头落大雄殿挥泪斩
　　　　　狂徒

第六十九回　知命乐天篷窗刺绣
　　　　　多言取祸平地生波

第七十回　骂奸人乡愚申正义
　　　　　争棉被讼棍出奇谋

第七十一回　夺明珠暗中排陷阱
　　　　　施毒计天上堕头颅

第七十二回　劫法场贤令捐躯
　　　　　整贼巢跛奴访友

第七十三回　关前毒剑侦探失中峰
　　　　　树上妖魔将军惊怪物

第七十四回　怪头陀袖中藏大地
　　　　　水獭妖意外失金丹

第七十五回　孤鹜落霞湖心迷幻景
　　　　　碧梧丹凤峰顶哺奇孩

第七十六回　金沙港双童逃大难
　　　　　葫芦谷猛虎阻行程

第七十七回　奋神威千军设伏
　　　　　防要隘一将当关

第七十八回　急中生智黑地控雕弓

　　　　　闲里探奇僧房施诳语

第七十九回　一英雄独立香炉顶
　　　　　众秃驴大滚绣球瓜

第八十回　穿粉壁遁迹温柔乡
　　　　　破石室逃去分水岭

第八十一回　火里莲花荼昆空色相
　　　　　天边剑影天矫探丛林

第八十二回　施邪术黑云围剑客
　　　　　现法身宝殿吓淫僧

第八十三回　打倒如来五雷轰宝座
　　　　　询明原始三侠拜浮云

第八十四回　施邪术踢翻三宝殿
　　　　　运元功吞入掌心雷

第八十五回　白雀归空僧房飞烈焰
　　　　　红云助战剑气压跛奴

第八十六回　御气飞精长空追宝剑
　　　　　报仇发令大帐遣群雄

第八十七回　意马心猿乘云寻复辙
　　　　　破巢毁卵仗剑扫群凶

第八十八回　大限难逃巫山逢怪魁
　　　　　飞升有待剑客赴明州

第八十九回　怒浪惊涛田天民海山遁迹
　　　　　去邪返正韩玉珍梁父从师

第九十回　暗剑劈天灵英雄绝命
　　　　　冤魂围峻岭跛道心惊

第九十一回　鬼啸空山神僧施报应
　　　　　风吹浊雾教主弄玄虚

第九十二回　大闹天空听良言
　　　　　双方消宿怨
　　　　　肃清山寨奋余威
　　　　　一剑斩元凶

第九十三回　兰若蜕皮囊往生净土
　　　　　　少林传戒范丕振宗风
第九十四回　培植根基梵宫担水
　　　　　　潜修拳术草屋悬图
第九十五回　惊波浩淼江上破飞刀
　　　　　　玉箸纵横眼前迎铁弹
第九十六回　掷金钱当场伤勇士
　　　　　　护行船航海拜神龙

第九十七回　石龙柱显灵援海舶
　　　　　　田螺精奋勇战英雄
第九十八回　吐断石磉雷霆惊咳唾
　　　　　　消除辱点威望镇乡间
第九十九回　踏浪登山垣墉围草舍
　　　　　　冲波返璧鹦鹉显奇能
第 一 百 回　御气凌云空山惊侠客
　　　　　　韬光养晦杰士老蓬门

江南英雄传

武侠小说。朱霞天著。上海鸿文书局。1938 年 7 月再版。2 册。7 万字。秦来甫序,文公直叙,姜侠魂、董忆蕙、倪高风序各 1 篇,朱霞天自序 1 篇。凡例 1 篇。共 16 回。

第一回　韫瑯环鸣鹤困英雄
　　　　毓灵秀寿昌生杰士
第二回　遇奇缘婀娜疗俊杰
　　　　贺新婚谈笑击萑苻
第三回　弃家庭浪迹走天涯
　　　　闯辕门投军酬素志
第四回　建立奇功亲兵救主
　　　　陡酿大祸童子伤人
第五回　龙华道缥缈子戏童
　　　　虎邱塔法空僧探险
第六回　得复失愁绝青霜剑
　　　　来忽去奇哉施真人
第七回　望断肠人隔铁岭关
　　　　忆凝眸神飞大雄殿
第八回　掩映花枝大铺落魄

　　　　回旋丽影建邦失魂
第 九 回　蓦地相逢芳心欲碎
　　　　　突然而至香梦惊残
第 十 回　灵隐寺罗汉大游行
　　　　　专诸巷凤池小试锋
第十一回　抱不平攘臂惩淫贼
　　　　　当中道马前拦将军
第十二回　葛神鹰当筵诉衷曲
　　　　　钮蜜蜂溪畔逞顽心
第十三回　念旧德灵狐报大恩
　　　　　因戏言飞鲲寻恶贼
第十四回　得盗踪将军惊绝技
　　　　　亲芳泽侠士了奇缘
第十五回　萧连珠情赠钱马甲
　　　　　宋朝元善遣白木棺

第十六回　石臼轻抛威风懔懔　｜　雷霆猛击天网恢恢

江浙著名尼姑小传(续编)

宗教小说。伦楚著。上海国学维持社。1919 年版。苕溪逸史序 1 篇。墨禅、笠雨、坚匏、读月、望云、苕生各题诗或词 1 首。共 30 则。

一	苏州壶天二尼	十六	杭州吟风庵大顺
二	苏州吉祥禅林金薰	十七	杭州清风庵旗人女
三	松江送子庵妙姑	十八	嘉兴西新庵福龄寿龄
四	镇江法云庵舜英	十九	嘉兴甘露庵绮贞素月
五	无锡白石庵蓉初	二十	嘉兴永年庵龙姑娘
六	无锡春翠山堂秀慧	二十一	嘉兴南庵阿珍
七	平望雨珠庵长生	二十二	台州苍山禅院松风水月
八	平望东观音堂圣传	二十三	海宁望海楼陈姓妇
九	平望东观音堂顺宝	二十四	镇海潮音庵红樨
十	盛泽长生庵金生	二十五	湖墅莲生庵秀英
十一	盛泽长生庵小室小囡寿官银官	二十六	濮院梅花庵云逸
十二	盛泽长生庵二师太	二十七	陶庄延寿庵菊岑
十三	盛泽长生庵福官	二十八	南浔观音庵诸尼
十四	焦山尼	二十九	南浔新庵大空
十五	杭州望海庵丙生	三十	菱湖菱隐庵婉然

红闺青灯

哀情小说。华南山著。上海精勤印务局。1921 年 6 月版。1 册。共 4.8 万字。黄石盦、方韵秋序各 1 篇。共 30 回。

第一回　叙家世两姓均望族　｜　设联姻一夕造孽障

第 二 回　　鼓巧舌错注鸳鸯簿
　　　　　　触感怀幻结蝴蝶梦

第 三 回　　叹薄命没自嗟身世
　　　　　　述苦况互相洒酸泪

第 四 回　　噩耗传来痛切丧亲
　　　　　　恶运并至病危忧郎

第 五 回　　薄命女魂归离恨天
　　　　　　祝融氏驾临苦家庭

第 六 回　　缠绵悱恻曲唱阳关
　　　　　　惊骸惋悼榻下陈蕃

第 七 回　　游留园情结万丈丝
　　　　　　处难境特意全两方

第 八 回　　情言蜜语心同松柏
　　　　　　海誓山盟波兴醋海

第 九 回　　父本解人愿系赤丝
　　　　　　母也不谅拷逼约指

第 十 回　　咫尺相阻难达情怀
　　　　　　遗训缠绵痛折萱堂

第十一回　　通情愫聊凭青鸟使
　　　　　　泄春光被夺双鲤书

第十二回　　可怜小笈负游他乡
　　　　　　闲荡儿设计诱佳人

第十三回　　下迷汤少女乃失身
　　　　　　施密言荡子鼓巧唇

第十四回　　述身世惊奇是旧戚
　　　　　　泼醋意互商施毒谋

第十五回　　诱游园估议美人色
　　　　　　赴幽会竟订终身愿

第十六回　　入勾栏惊悟已及及

　　　　　　蹈深牢悲啼奚有益

第十七回　　巧言花语诱赴沪上
　　　　　　狂风恶波祸起中途

第十八回　　出大难难中巧相遇
　　　　　　说惨劫劫后述身世

第十九回　　匆忙失道又逢荆棘
　　　　　　惶急出险更形狼狈

第二十回　　病逆旅致书多情郎
　　　　　　侍汤药急煞薄命女

第二十一回　烽火满天欲来无从
　　　　　　室迩人杏既至难觅

第二十二回　卖花妇设计诱弱女
　　　　　　薄命女同心结金兰

第二十三回　中恶计出旅赴李宅
　　　　　　信巧言约期睹色相

第二十四回　认义母双花得安身
　　　　　　见旧报悔心探情郎

第二十五回　说诳语返家骗父母
　　　　　　起酸意怀恨在剧场

第二十六回　候中途途上巧相遇
　　　　　　约游园园内谋恶意

第二十七回　伪书一封信彼为真
　　　　　　毒醇数杯了你残生

第二十八回　浪荡子全家自此了
　　　　　　淫恶女入院亦已悟

第二十九回　遭重创忏悔当日故
　　　　　　持决志私奔贪夜中

第三十回　　结联姻合家庆团圆
　　　　　　斩情丝青灯永伴守

绿林侠盗

社会小说。自得齐主人著。上海亚华书局。1929 年 1 月再版。2 册。6 万字。共 24 回。

第 一 回	恶差役下乡索诈	第 十三 回	两跟着同游青楼
第 二 回	恶地保遇恶公差	第 十四 回	楚馆吃醋强中更强
第 三 回	邢德全被诈失银	第 十五 回	四幕友谈笑生风
第 四 回	公差逢盗勃入勃出	第 十六 回	奉公事严防革命
第 五 回	陈瘟生悭吝起祸	第 十七 回	打一印三命俱丧
第 六 回	贝知县半夜惊梦	第 十八 回	抚台巡缉广搜金银
第 七 回	断陈案公正廉明	第 十九 回	两幕府饱载而归
第 八 回	匿名函嘲笑知县	第 二十 回	写小说形容官吏
第 九 回	五公差行新酒令	第二十一回	郝云台深夜杀官
第 十 回	因细故贝知县被参	第二十二回	秦抚台为色害知府
第十一回	忤逆子不认生身母	第二十三回	江秃秃卖头报恩
第十二回	能胥吏智服沈道台	第二十四回	奇女子感运司令官

人海微澜

言情小说。大公报丛书之一。凫公著。出版单位出版时间不详。2 册。20.9 万字。共 20 回。第一回至第十回目录缺。

第十一回	太液嬉水情郎逢艳女		遥天远道絮语托鸿飞
	幽斋揖伎弱妹戏痴兄	第十四回	情天莫补碧海沈躯
第十二回	盛会高歌仙妹试舞		嘉礼方成红闺洒泪
	寒宵细步吉士探情	第十五回	窥密书决心离怨耦
第十三回	小院微疴词心通欲水		惊噩耗削发入空门

第十六回　咄咄逼人长兄三逐
　　　　　昏昏就道弱女孤征
第十七回　争校长女教员返家
　　　　　买干柴大老爷赖账
第十八回　上京就学悔负初心

　　　　　狭路遗书怒呵浪子
第十九回　日暮天寒穷途逢魍魉
　　　　　风横雨骤忧涕是生涯
第二十回　诡祸纷乘香销玉碎
　　　　　春雷一震云散风流

生　　还

　　言情小说。凫公著。天津大公报馆。1937 年 2 月初版。1 册。12 万字。自叙 1 篇。共 12 章。

稚　　莹

　　社会小说。凫公小说集第三。凫公著。出版单位和出版时间不详。1 册。15 万字。自序 2 篇。共 22 章。

隐　　刑

　　社会言情小说。凫公著。天津京津出版社。1941 年 1 月版。2 册。15 万字。未分章节。

双侠破奸记

　　侦探小说。庄病骸著。民立图书馆。1919 年 9 月版。1 册。5.4 万字。朱酒仙、刘花隐序各 1 篇。共 20 章。

第一章　野中之尸　　　　　　　第二章　侠士受缚

第 三 章　法庭之话　　　　　第十二章　荒村夜色

第 四 章　莫须有之狱　　　　第十三章　月下之密谭

第 五 章　山穷水尽疑无路　　第十四章　请君入瓮

第 六 章　二次之勘查　　　　第十五章　巧获元凶

第 七 章　和尚之恶作剧　　　第十六章　言归于好

第 八 章　鸿飞冥冥　　　　　第十七章　伪哑之破露

第 九 章　酒楼一夕话　　　　第十八章　废寺中之活剧

第 十 章　杰士之行踪　　　　第十九章　美人之心肝

第十一章　爱子之被刺　　　　第二十章　全案结束

孙中山革命演义

历史小说。庄病骸著。上海环球公司。1929 年 9 月初版。12 册。74.2 万字。褚民谊、杨杏佛、乌一蝶、文公直、杨尘因作序各 1 篇。自序 1 篇。凡例 1 篇。姜侠魂撰孙中山演义采用参考材料目录 1 篇。谭延闿、蒋中正、胡汉民、孙科、吴敬恒、张之江、古应芬、孔祥熙、王正廷、王伯群、邵元冲、熊式辉、刘纪文、袁良、姚琮题词各 1 首。照片 12 帧。插图 40 幅。共100 回。

第一回　入医校风尘识奇士
　　　　联会党密窟览洪门

第二回　遭挫折英雄悲末路
　　　　抱不平侠士入牢笼

第三回　一室盟心青楼夜话
　　　　满怀壮志旅店高歌

第四回　孙逸仙冒险觐中堂
　　　　冯麟阁怀忿刃俄俘

第五回　为国捐躯卓哉番女
　　　　招贤集会唤醒华人

第六回　书上公车狂言无耻

　　　　志清家国巨款济公

第 七 回　开寿筵蔡知府丢脸
　　　　抢衣饰巡查队横行

第 八 回　杀党人羊城洒碧血
　　　　逢奇士岛国断青丝

第 九 回　遇奸人异邦逢险难
　　　　结学会都下出风头

第 十 回　仆仆风尘淹留岛国
　　　　沉沉消息咫尺天涯

第十一回　出险地英伦播令誉
　　　　遇奇人芝罘谈经纶

第 十 二 回　围颐和园机关泄露
　　　　　　组保皇党蓄锐养精

第 十 三 回　红灯教妖言群惑众
　　　　　　正气会大义讨虏廷

第 十 四 回　扶桑岛上杰士归来
　　　　　　扬子江头英雄一醉

第 十 五 回　落魄江湖欣逢奇女
　　　　　　流连山水饱受虚惊

第 十 六 回　现妖孽拳匪乱津保
　　　　　　畏刺客长素避南洋

第 十 七 回　露机关汉阳洒碧血
　　　　　　改计划台岛作逋臣

第 十 八 回　六百健儿竟寒虏胆
　　　　　　一名妖妇缔就交情

第 十 九 回　倡排满当众剪辫发
　　　　　　遇刺客学塾丧身躯

第 二 十 回　幸西安帝王悲末路
　　　　　　劫大通志士失机谋

第二十一回　未必真痴大王有号
　　　　　　忽然变节文士无行

第二十二回　结欢心项城施狡计
　　　　　　释刺客大王得奇闻

第二十三回　名士风流解颐妙语
　　　　　　斯文败类污辱闺媛

第二十四回　龚半痴演说皇帝梦
　　　　　　冯礼君高筑芙蓉城

第二十五回　毒中毒计杀奸男女
　　　　　　险里险身受小虚惊

第二十六回　庆生辰名花受大辱
　　　　　　杀污吏烈士遭官刑

第二十七回　蔡公使计封纪念会
　　　　　　徐大王智揽学校生

第二十八回　激民变假名逃性命
　　　　　　闹学潮无术作调人

第二十九回　白布会浙东树义帜
　　　　　　满学生岛国施狡谋

第 三 十 回　媚鞑虏公园屈尊膝
　　　　　　迎公使车站受虚惊

第三十一回　白朗斋围炉谈易理
　　　　　　李仲湄当席宣名言

第三十二回　何物汉奸甘心杀友
　　　　　　仰彼义帜壮心从戎

第三十三回　考特科姓名悬党籍
　　　　　　逃荒山德义感村民

第三十四回　拿民党恶探遭斥革
　　　　　　弄黑幕地痞划计谋

第三十五回　永宁寺演空前话剧
　　　　　　苏报馆遭意外风潮

第三十六回　演革命婆心兼苦口
　　　　　　问休咎鸡箸饱老拳

第三十七回　志士变心蝇营狗苟
　　　　　　侦探肆毒李代桃僵

第三十八回　捉部员刘贵狗中计
　　　　　　见胡匪洪一峰上山

第三十九回　鼙鼓声中漫天歌舞
　　　　　　清谈席上一具侠肠

第 四 十 回　过来人演说亡国史
　　　　　　莽英雄酿成末路悲

第四十一回　客店寻仇张冠李戴
　　　　　　当街演说苦口婆心

第四十二回　访义士暗中授机密
　　　　　　争法律会场闹风潮

第四十三回　骗学款刘佐楫受辱
　　　　　改课卷单启鹏病狂

第四十四回　血性男儿誓歼虏贼
　　　　　风流名士贻误军机

第四十五回　浏阳城外一堆碧血
　　　　　了轩町里两枝名庄

第四十六回　吟长歌闺阁逢知己
　　　　　谈国事异国识奇才

第四十七回　锄奸官万福华被拘
　　　　　逢暴客徐锡麟探穴

第四十八回　识英雄嵊山诉衷曲
　　　　　襄盛举高贾助黄金

第四十九回　游欧美主义感侨民
　　　　　渡扶桑革命筑始基

第 五 十 回　汇众流同盟会成立
　　　　　谋起义刘道一丧元

第五十一回　抗苛税钦廉起义师
　　　　　出奇兵逸仙夺炮垒

第五十二回　孙逸仙远走星加坡
　　　　　秋竞雄组织光复军

第五十三回　刺胡奴徐伯荪就义
　　　　　急国仇秋竞雄捐躯

第五十四回　转战粤南清兵中计
　　　　　围攻安庆义士失机

第五十五回　贪利禄忍心卖良友
　　　　　闻壮举慷慨刺虏酋

第五十六回　酒楼遇旧促膝谈心
　　　　　陵畔陈师慷慨训士

第五十七回　扫穴犁庭事败俄顷
　　　　　冲锋陷阵机失须臾

第五十八回　筹军费一夜集多金

　　　　　怀国仇独身击满虏

第五十九回　黄克强回港组机关
　　　　　谭人凤归里聚豪杰

第 六 十 回　深谋远虑计袭五羊
　　　　　云涌风从威来八面

第六十一回　老当益壮石屏请缨
　　　　　误璧为铁声洞殒命

第六十二回　血染襟裳劝成连理
　　　　　魂归碧落恨赍黄泉

第六十三回　碧血黄花芳流千古
　　　　　雷轰电掣惜此一椎

第六十四回　设商肆奇谋死凤山
　　　　　杀党人激变失鄂渚

第六十五回　大振声威光复两汉
　　　　　兵不血刃底定三湘

第六十六回　树义旗陕赣同反正
　　　　　谋捣穴绥卿被狙击

第六十七回　战清兵黄克强莅鄂
　　　　　用奸谋袁世凯出世

第六十八回　皖苏浙三省树白旗
　　　　　桂粤闽一致起革命

第六十九回　首鼠两端宝琦独立
　　　　　万流汇海金陵会师

第 七 十 回　十省集议组织政府
　　　　　万里归来奠定中央

第七十一回　彭家珍舍命杀虏酋
　　　　　袁世凯乘机窃大臣

第七十二回　践誓言虚心逊大位
　　　　　谋建设辙迹遍天涯

第七十三回　烹功狗毒计死张方
　　　　　遣贼奴阴谋杀溢父

第七十四回　托遗志宋钝初逝世
　　　　　　急国难讨袁军兴师
第七十五回　李烈钧大兴讨袁军
　　　　　　孙中山重组革命党
第七十六回　警贫顽大侠探官署
　　　　　　筹巨款权奸失库金
第七十七回　得巨款郭钧再组党
　　　　　　避罗网将军悄出关
第七十八回　演怪剧总统作皇帝
　　　　　　护共和将军起义师
第七十九回　设奇谋大侠诛凶贼
　　　　　　布诈局侦探刺元勋
第 八 十 回　复旧仇马继增伏诛
　　　　　　完大梦袁世凯逝世
第八十一回　督军团北京谋复辟
　　　　　　国民党南都起护法
第八十二回　莫荣新暗杀程壁光
　　　　　　孙中山辞卸大元帅
第八十三回　伸民声学生惩国贼
　　　　　　始投机军阀倒政府
第八十四回　岑春煊贿卖军政府
　　　　　　陈炯明谋杀大总统
第八十五回　忘恩负义变起心脐
　　　　　　奋勇矢忠拥护元首
第八十六回　吴佩孚威逼徐世昌
　　　　　　孙中山蒙难广州市
第八十七回　孙逸仙镇静破奸谋

　　　　　　陈炯明逞凶掠商市
第八十八回　入省河奋勇击车歪
　　　　　　攻韶关回师护总统
第八十九回　许崇智南雄失戎机
　　　　　　孙中山海上敷政见
第 九 十 回　鼠窃贼诡计破机关
　　　　　　莽英雄粗心投罗网
第九十一回　落圈套邵瑶珊就义
　　　　　　戮侦探龙天衢复仇
第九十二回　复友仇小贼伍波臣
　　　　　　谋国是将军讨逆寇
第九十三回　陈炯明狼狈遁东江
　　　　　　蔡巨献独立攻宁益
第九十四回　战长沙朱耀华倒戈
　　　　　　征东江谭延闿助战
第九十五回　大张挞伐元帅东征
　　　　　　突出重围将军破敌
第九十六回　炸鱼雷巧计成虚话
　　　　　　失石龙神威督溃军
第九十七回　奋精神毅力抗强权
　　　　　　严组织改章谋发展
第九十八回　固基础黄埔立军校
　　　　　　讨贿选浙沪起雄师
第九十九回　驱曹吴张作霖入关
　　　　　　逐溥仪冯玉祥革命
第 一 百 回　谋国是北上赴北京
　　　　　　丧北辰国民悲国父

青剑碧血录

武侠小说。庄病骸著。时还书局。1919 年 10 月版。1 册。8 万字。自序 1 篇。共 14 回。

第一回　话沧桑老农感旧事
　　　　谭学艺少年觅良师
第二回　莽无端书生遭惨戮
　　　　最关心公子话风情
第三回　一封书巅倒痴汉
　　　　三尺剑触动仆夫
第四回　杨文威挹翠亭献技
　　　　黄碧霞卧虹桥遭殃
第五回　遭惨事佳人毕命
　　　　审奇案名士诉冤
第六回　何侠女改装替罪
　　　　马捕役得证邀功
第七回　惊心胆客店遇仇
　　　　遗寂寞书斋题诗

第 八 回　扫兴话青天遭霹雳
　　　　　警心物尘世有奇人
第 九 回　得奇物主仆论剑术
　　　　　叙乐事同学醉羽觞
第 十 回　一室孤灯头颅安在
　　　　　两行清泪诉冤何从
第十一回　游西湖暗中擒刺客
　　　　　讯奇案当堂赦佳人
第十二回　游胜地偶然逢老儒
　　　　　缔良缘无故遇仇人
第十三回　敌手相逢灯前比武
　　　　　机关识破月下定谋
第十四回　走长途奸宄逢刺客
　　　　　庆团圆侠女配才人

瘦　　马

社会小说。庄耀庭著。天津新教育书社发行。出版时间不详。1 册。2.1 万字。未分章节。

一夜春晓

社会言情小说。刘云若著。上海广艺书局。1947 年 1 月版。1 册。
21.3 万字。共 9 回。

第一回　风雨越东墙佳人作贼
　　　　英雄出红粉玉手歼仇
第二回　惊心传影像马迹蛛丝
　　　　亡命向家山风声鹤唳
第三回　茅屋出书声桃源误入
　　　　花枝摇月影山鸟惊飞
第四回　旅舍藏奸衣冠侣禽兽
　　　　风尘遘面剑胆识琴心
第五回　赁屋租屋孤女逢新寡

　　　　闹鬼捉鬼情侣遇恩人
第六回　此因此果高楼现身设法
　　　　知己知彼爱河蓦地风波
第七回　海誓山盟重缔同心结
　　　　天罗地网暗施巧舌计
第八回　仇雠互助弱女出险入险
　　　　孽怒相循消息半信半疑
第九回　相处患难旖旎春色成幻梦
　　　　悬崖勒马苦心一片落汪洋

小扬州志

社会言情小说。刘云若著。奉天鸿兴书局。1942 年 6 月版。2 册。
28 万字。姚灵犀序 1 篇。共 8 回。

第一回　一百八钟声消寂小扬州明月障
　　　　红尘
　　　　七二十沽水温柔大观园幽花怜
　　　　碧玉
第二回　缺月重园丑奴儿计弄风流子
　　　　春风一曲思佳客魂销杜韦娘
第三回　蓬户隔离筵春水绿波伊人云远
　　　　名场传韵事酒徒白发之子于归

第四回　春声发弦管红霓关假凤戏虚凰
　　　　业海幻波澜乌龙院狂花驱冷蝶
第五回　丝牵玉虎委巷访寒花
　　　　梦冷文鸳归梁飞冷燕
第六回　燕子骂东风春归人未
　　　　桃源招旧客水带花流
第七回　白发传歌梨园莺燕闹
　　　　红颜憎命虎帐管弦骄

第八回　春风陌巷归梦酿新愁　　　　明月朱楼坠欢争故剑

水珮风裳

社会奇情小说。刘云若著。上海广艺书局。1948 年 12 月版。1 册。6 万字。共 2 回。

第一回　万里烽烟凄凉红叶句　　　第二回　画阁酬春红梅邀客住
　　　　三春花鸟惭愧白茅人　　　　　　　萧墙起祸赤凤为谁来

白　河　月

社会小说。刘云若著。正新出版社。1947 年 4 月初版。1 册。22 万字。代序告读者 1 篇。楔子 1 篇。共 10 章。

第一章　七个旁观自己死亡的人　　第六章　大水冲跑了志士
第二章　庆祝丧礼中的送别　　　　第七章　临别之夜
第三章　二十二号路二十二号　　　第八章　枪弹造成的姻缘
第四章　诗人打成了壮士　　　　　第九章　烽烟遍地鸡犬升天
第五章　一块石头击落两只鸟　　　第十章　梦一样胜利

同命鸳鸯

社会言情小说。刘云若著。上海广艺书局。1940 年版。1 册。12 万字。共 8 回。

第一回　陌巷叩蓬门泥中有女　　　第二回　男化女惟妙惟肖
　　　　繁弦催急管花底藏莺　　　　　　　性与爱难解难分

第三回	急色儿热恋同性	第六回	受苦楚母老虎甘之如饴
	雄婆娘卖弄风情		施残暴小流氓假意捻酸
第四回	戴绿巾床底听好戏	第七回	席前呓语有口无心
	拥被絮灯下睹妖容		酒后狂言拳打足跌
第五回	觅兔窟小店逢煞女	第八回	诉衷曲绘声绘色
	筑香巢陋室变吉屋		窥窗影难解难分

回风舞柳记

言情小说。刘云若著。天津唯一书店。1942 年 2 月初版。2 册。10 万字。共 5 回。

第一回	孽海定风波潮来有信		神女行云蓝田偷种玉
	欢场挥涕泪春来无痕	第四回	忍耻包羞春入迷离梦
第二回	傲骨寄风尘金挥卢雉		穷源竟委身落奈何天
	高深移月影玉倚蒹葭	第五回	细柳摇风同气怜飞絮
第三回	春婆妒梦红雨乱飞花		寒桃历劫为泥更护花

冰弦弹月

长篇社会小说。刘云若著。上海正气书局。1949 年 1—2 月版。全 4 册。计 25.4 万字。共 6 回。

第一回	叠鼓唱斜阳春浓人醉	第四回	斜月窥观双声金络索
第二回	登楼临大道草长惊飞	第五回	花落水流红天惊石破
第三回	东风吹梦一曲玉参差	第六回	烛烧蕊报喜花好月圆

好梦难圆

社会言情小说。刘云若著。上海广艺书局。1948 年 5 月版。1 册。13 万字。共 10 回。

第一回	兵荒马乱女学生遭劫	第六回	流水浮萍接受明珠戒
第二回	移花接木鲁男子受命	第七回	小病违和飞笺邀客
第三回	白璧无瑕了却相思愿	第八回	喜气盈门去旧换新
第四回	红豆多情难系美人心	第九回	换巢鸾凤一语成谶恨
第五回	移花接木推让丝蓼带	第十回	魂归碧海三生证孽缘

红杏出墙记

社会小说。刘云若著。励力出版社。1946 年 6 月新版。2 册。77.8 万字。共 12 回。

第一回	游戏泄春光捐让情场敦友谊 风尘得佳遇缠绵病榻想夫怜		装乔男女合程共途可怜虫相逢旅店
第二回	东道情深两席哀春生魔窟 隔花人远天涯近梦冷欢场	第七回	负气寻仇多事人巧翻傀儡局 让贤避位薄命女独入奈何天
第三回	情网自收丝飞絮落花成解脱 孽缘生变局移宫换羽起波澜	第八回	离合认萍踪为布疑云欲圆缺月 飞来留鸿爪方欣归燕又怅歌骊
第四回	踪迹感飘蓬旧雀归巢新鸠在室 风光连断梦落花无主弱柳牵强	第九回	人海寄蜉蝣银幕生涯遭怀传影事 戏场添脚色明星欲望导演种情根
第五回	花底乱莺声弄机谋名姬玩浪子 墙头成兔脱遭陷阱通客遇逃人		
第六回	迹转参辰变生骨肉同命鸟飞出樊笼	第十回	鸳鸯蝶泪眼同看蝉曳残声蝶醒旧梦

水银灯蛾眉初展月圆双影风
簸前尘

第十一回　凄绝隔年人意外相逢新欢悲
故剑

清廖明月夜灯前取影笑靥换
愁颜

第十二回　鸾凤换巢云破月来花弄影
风花醒梦莺来燕去蝶还枝

返照楼台

社会小说。刘云若著。上海广艺书局。1949 年 6 月版。2 册。10 万
字。共 4 回。

第一回　五夜警穿窬佳人胧箧
重阳攒吃会名士流觞
第二回　绛帐施教育言无二价
朱家开别派祸不单行

第三回　蛾眉如梦里看碧成朱
鬼域满人间含沙射影
第四回　一波三折孽海有回澜
五角六张残云收返照

苦海春光

言情小说。刘云若著。上海广艺书局。1948 年 1 月初版。2 册。48
万字。共 4 回。第一、二回回目缺。

第三回　周郎贪顾曲假凤虚凰
情女惯离魂月来云破

第四回　春梦锁楼台寒潮有信
仙心幻冰雪落叶辞枝

京华春色

社会言情小说。刘云若著。上海广艺书局。1948 年 10 月版。1 册。
16.5 万案。共 8 回。

第一回　罢舞休歌可怜薄命女
　　　　落花啼鸟疑似坠楼人
第二回　晚年昏聩蓄意嫁女偿宿债
　　　　良宵苦短欲思留客酬素心
第三回　吝啬鬼雀屏中选
　　　　河东狮陈仓暗渡
第四回　设巧计请君入瓮
　　　　布疑局干卿底事

第五回　居处无人娇女弃憨汉
　　　　行途觑面浪子讳花容
第六回　初试狐步觉卿卿我我
　　　　重操旧生憾是是非非
第七回　重情义陋室藏要犯
　　　　共患难被底诉积愫
第八回　一夜春风誓与相随
　　　　片刻依恋愿结同心

春风回梦记

言情小说。刘云若著。上海广艺书局。1939 年 3 月版。1 册。17 万字。自序 1 篇。共 8 回。

第一回　伉俪江湖开歌圆破镜
　　　　恩冤尔汝语燕定新巢
第二回　玉楼半天起笙歌稿砧捣去
　　　　锦帐夜阑开影戏油壁迎来
第三回　杨柳试春愁少妇凝妆翠楼上
　　　　摭蒲与大业赌徒得计狱门前
第四回　八方风雨会牢中摧花成符牒
　　　　华古娥眉来梦里得月有楼台

第五回　完心事花烛谐青楼鸳盟再定
　　　　结孽冤芙蓉纷销黛棋局初翻
第六回　儿女情激发英雄气豪士走天涯
　　　　葭莩谊感动菩提心愚兄探地狱
第七回　花底妒秦宫侠骨柔肠铸成大错
　　　　衾影惭金屋海心酸泪莫起沉疴
第八回　千全市酸骨明身世夜月返芳恨
　　　　一殡出双棺忏业冤春风回旧梦

恨不相逢未嫁时

长篇社会言情小说。刘云若著。上海广艺书局。1948 年 7 月初版。1 册。19.5 万字。共 8 回。

第一回　飞鸟有高心狂风吹落　　　　全牛无近目妙绪偷传

第二回	得失幻须臾拾金不昧 去来成往事倚玉难期
第三回	人面依稀旧曲翻新怨 花开造次小白间长红
第四回	转绿回黄旧盟圆墓上 看朱成碧别调起琴边
第五回	无风起絮历乱舞春烟

第六回	止水流花徘徊疑月影 薄情挥痛泪怨转成思
	至性幻痴心星思替月
第七回	白发心孤殷勤寄怜女 红鸾星动宛转赋宜家
第八回	老姣脱风尘繁华一梦 新人投水月绮绪三生

娬妲英雄

社会言情小说。刘云若著。上海平津书店。1947 年 2 月初版。2 册。28 万字。共 13 章。

上集

第一章	莫道不销魂
第二章	燕子归来花落去
第三章	一封书到便兴师
第四章	人生意趣问鸳鸯
第五章	水流花落两无情
第六章	重重绮障因情痴
第七章	远如咫尺近天涯

下集

第一章	桃李春风惊见鬼
第二章	软红十丈奈何天
第三章	身入图圄犹疑梦
第四章	侠骨柔情探虎穴
第五章	妾心原比莲心苦
第六章	为郎憔悴却羞郎

换巢鸾凤

社会小说。刘云若著。上海励力出版社。1941 年 5 月初版。2 册。16 万字。共 2 回。

第一回	罢舞休歌可怜薄命女 落花啼鸟疑是堕楼人

第二回	陌巷叩蓬门泥中有女 繁弦催急管花藏底莺

逐水桃花

社会言情小说。即翠楼杨柳续集。刘云若著。上海广艺书局。1949
年 1 月初版。共 6 回。第一回至第四回回目缺。

第五回	辜负惜花心蔷薇多刺 流连迟月影乌鹊无依	**第六回**	魂断一封书玉人何处 心伤十载梦暴客当关

粉黛江湖

社会长篇小说。刘云若著。出版单位和出版时间不详。1 册。17 万
字。共 7 回。

第一回	寄恨瑟歌居家悲羁旅 慰情弦管回首忆风尘		人海回波惊心□□□
第二回	沦落故人心炎凉惹恨 差池新燕影少艾移情	**第五回**	寒宵奔走作旅邸朱门 旧业凋零故家怜红袖
第三回	芦花隐痛古道走娟婵 梦荔惊魂荒祠逢魍魉	**第六回**	入穴探骊鸳鸯轻离别 焚琴煮鹤狼狈蓄机谋
第四回	天涯衔恨嚼血念家山	**第七回**	旧梦证新巢燕归有约 芳踪忽来归花好月圆

粉墨筝琶

社会小说。刘云若著。一四七画报连载,天津、北平相继解放后即停
刊,作品中止。共 7 回。

第一回	小楼昨夜风雨警仙心	沧海何年画图收鬼趣

第二回	低眉降牝虎红袖青灯	第五回	差中有错应梦祸临头
	弹指幻高楼明珰翠羽		节外生枝感时花溅泪
第三回	朵殿承恩春归花自在	第六回	虎尾有春冰蛾眉杀贼
	蓬门讨逆夜尽月初圆		人生慨朝露玉貌围城
第四回	怜取眼前人偎云续梦	第七回	人寻干净土宛转蛾眉
	关怀天下事割爱抽刀		春在奈何天凄凉月色

酒眼灯唇录

言情小说。刘云若著。天津生流出版社。1941 年 4 月 25 日初版。共 8 回。第一、二回回目缺。

第三回	梅雪争春欢场动鼙鼓	第六回	人面误桃花斧柯代执
	风云色变平地起楼台		天涯遍芳草环珮空归
第四回	葵叶苦倾心巢莺偷接	第七回	弱水一瓢回波留断梦
	梅花狂点额山鸟惊飞		蓬山千叠折柳赋同车
第五回	岑遥水远新柳路旁牵	第八回	恨事说风尘情回一语
	凤假凰虚流莺花外啭		穷途怜骨肉肠断双飞

海誓山盟

社会长篇小说。刘云若著。上海励力出版社。出版时间不详。3 册。22 万字。小序 1 篇。共 9 回。此外还有续集 2 册。上海励力出版社出版。1943 年 10 月初版。共 10 万字。正文前有海誓山盟续集弁言 1 篇。无回目。

第一回	风雨逾东墙佳人作贼		亡命向家山风声鹤唳
	英雄出红粉玉手歼仇	第三回	茅屋出书声桃源误入
第二回	惊心传影像马迹蛛丝		花枝摇月影山鸟惊飞

第四回　旅舍藏奸衣冠侣禽兽　　　　　第七回　海誓山盟重缔同心结
　　　　风尘遘面剑胆识琴心　　　　　　　　　天罗地网暗施巧舌计
第五回　赁屋租屋孤女逢新寡　　　　　第八回　仇雠互袭弱女出险入险
　　　　闹鬼捉鬼情侣遇恩人　　　　　　　　　孽怨相循消息半信半疑
第六回　此因此果高楼现身设法　　　　第九回　相处患难旖旎春色成幻梦
　　　　知己知彼爱河蓦地风波　　　　　　　　悬崖勒马苦心一片落汪洋

梨园世家

长篇社会小说。刘云若著。上海六合书局。1949 年 3 月版。1 册。7 万字。共 3 章。

第一章　粉墨生涯鬼趣新图　　　　　第三章　天涯流浪何处相逢
第二章　喜剧收场顿成悲声

梨花魅影

社会小说。刘云若著。上海国泰书局。1947 年 6 月版。1 册。7 万字。共 3 章。

第一章　粉墨生涯鬼趣新图　　　　　第三章　天涯流浪何处相逢
第二章　喜剧收场顿成悲声

情海归帆

社会言情长篇小说。刘云若著。天津京津出版社。1941 年 10 月 10 日 3 版。10 册。122 万字。沙大风序 1 篇。共 25 回。

第 一 回　银灯绣幕闲歌午人面认桃花
　　　　梦雨灵风试姓名天涯聚劳燕

第 二 回　穷途同病怜黄发仗义纳畸人
　　　　苦海无边望碧波伤情追归侣

第 三 回　人间世是鬼趣图阃缓遭小劫
　　　　掌上珠成风里絮稿叟报深恩

第 四 回　再度落风尘话相思满天明月
　　　　七夕邀牛女怅修阻一道银河

第 五 回　相思药饵同心结翻作返魂香
　　　　有限情缘白头吟催起还巢梦

第 六 回　无主路旁花翠袖单寒东皇
　　　　不作
　　　　怀人窗外月朱楼喧逐逼客
　　　　忽来

第 七 回　情生陌路订金兰珍重美人恩
　　　　义结通家入朱门差池游子意

第 八 回　无可奈何人去远涕泪洒车前
　　　　似曾相识燕归来枝忽生节外

第 九 回　夙业都因情伤心难办三叉路
　　　　绮怀无可忏销魂忽得一封信

第 十 回　憔悴京华薄幸人负荆遭白眼
　　　　纷纭事局好事客掉舌说红颜

第十一回　虚声一块肉和事老油壁同归
　　　　绮恨万重山温情儿心香自爇

第十二回　对案似三曹花落水流春去也
　　　　遗书成一诀天荆地棘客何之

第十三回　得失两番塞翁马节外生枝

　　　　暮朝一本狙公谋史中引例

第十四回　飞蛾投火自伤身狂花有鉴
　　　　弱絮当风终落溷伧竖无情

第十五回　鸿爪雪中痕印遍人间无
　　　　量劫
　　　　莲花泥里宅撷来水上有
　　　　余芳

第十六回　风来有迹依样画葫芦
　　　　云出无心移居落窠臼

第十七回　暮云楼阁掩泪有梨花
　　　　新月帘拢衔泥来燕子

第十八回　缘业问三生峰回路转
　　　　恩冤销一瞬柳暗花明

第十九回　雁燕代飞红楼成补梦
　　　　尹邢相觌绿柳仅摇春

第二十回　逐鹿向情场佳人定霸
　　　　亡羊悲歧路老父绝恩

第二十一回　壁上隐哀音凶宅说鬼
　　　　房东传妙句盗窟游仙

第二十二回　辛苦赋双栖同床各梦
　　　　殷勤联两姓合作分工

第二十三回　文运宏开诗盟结老姻
　　　　佛光普被花雨落前生

第二十四回　春草故人心教星替月
　　　　秋风迁客感怀宝迷邦

第二十五回　逝水几曾留落花随去
　　　　春风且莫定旧燕归来

落花归燕

社会言情小说。即逐水桃花续集。刘云若著。上海广艺书局。1949年6月初版。共8回。第一回至第六回回目缺。

第七回	归地重游意外遭奇险 新人初识生前有夙缘	第八回	可怜一块肉别托鸳鸯 惆怅百年情长留哀怨

湖山烟云

言情小说。刘云若著。上海六合书店。1949年3月初版。2册。16.2万字。共7回。第一回至第三回回目缺。

第四回	天涯衔恨嚼咀念家山 人海回波惊心听鼕鼓	第六回	入穴探骊鸳鸯轻离别 焚琴煮鹤狼狈蓄机谋
第五回	寒宵奔走作旅邸朱门 旧业凋零故家怜红袖	第七回	旧梦证新巢燕归有约 芳踪忽来归花好月圆

碧海青天

言情小说。刘云若著。天津金城印书局。1938年8月版。2册。24万字。共10回。

第一回	白发灯前泪两代恩冤 红颜梦里情三生儿女	第三回	孽海回湜证同心病床留别吻 萧墙起祸生恶念暗室动阴谋
第二回	有味笙歌游丝缠柳絮 无情风雨玉笛落梅花	第四回	石破天惊鸳鸯同落劫 风凄月冷燕子独辞巢

第五回	绝路图生作女工辛苦弹筝手 命途多舛欹美色安排引线人	第八回	人在奈何天相见争如不见 心追生死谊有情怀仍无情
第六回	荒林黑夜暴客阱中亡 茅屋斜阳美人天上落	第九回	意重心长假机关红丝牵白发 峰回路转狂涕泪北鲽遇南鹣
第七回	芳草天涯整归装啼痕翻笑影 浮萍人海逢佳侣旧梦误新知	第十回	廿年事云破月来相思结局外 一纸书楼空燕去遗恨落人间

歌舞江山

社会言情小说。刘云若著。广艺书局出版。1948 年 1 月初版。1 册。25 万字。作者赘言 1 篇。共 2 回。

第一回	虎豹当关将军谈仁义 风云变色群雌策纵横	第二回	打鸭惊鸳梦摇湘女怨 落花流水计赚阮郎归

翠袖黄衫

社会小说。刘云若著。上海育才书局。1948 年 1 月初版。2 册。34 万字。自序 1 篇。2 集。共 8 回。下集第一、二回回目缺。

上集

第一回　一分春色银汉隔红墙
　　　　双浆秋波朱楼收碧玉

第二回　洽比其邻投梭疑作剧
　　　　孤行己意操杖赋无家

第三回　羁牛有子祸水起家庭
　　　　乌鹊无枝疑云成绮障

第四回　回首说辛酸爱河苦海

有情怀故旧雨迹云踪

下集

第三回　鸳鸯水上浮魂消一瞥
　　　　琼玖楼头见曲奏无终

第四回　室迩叹人趣桃花遂水
　　　　回峰当路转杨柳知门

翠楼杨柳

社会言情小说。即水佩风裳续集。刘云若著。上海广艺书局出版。1949 年 1 月初版。1 册。6.4 万字。共 4 回。第一、二回回目缺。

第三回	燕寝凝妆陌头有春色 桃花憎命团扇付秋风	第四回	迹马丝蛛冤家初觏面 焚琴煮鹤姹女自伤身

燕子人家

言情小说。刘云若著。新联合出版社。1941 年 11 月初版。2 册。4 万字。共 6 回。

第一回	蝶梦断华筵蕉心春卷 燕巢营画栋云影朝飞	第四回	捣麝拗莲空赋章台柳 流莺稍蝶错上别枝花
第二回	溪水引桃花旧时人面 游丝恋芳草何处天涯	第五回	（缺）
第三回	三载沧桑长门多蝶舞 满城风雨欢扬正莺歌	第六回	阉伤重创巧遇旧相知 游子无依欣逢和事老

燕都黛影

言情小说。刘云若著。上海六合书局。1949 年 3 月版。1 册。8.4 万字。共 3 回。

第一回	寄恨瑟歌居家悲羁旅 慰情弦管回首忆风尘	第二回	沦落故人心炎凉惹恨 差池新影星少艾移情

第三回　芦花隐痛古道走娟婵　｜　梦荔惊魂荒祠逢魍魉

孽海情波

哀艳小说。刘云若著。上海协和书店。1949 年 5 月版。2 册。10 万字。共 4 回。

第一回　孽海定风波潮来有信
　　　　欢场挥涕泪春去无痕
第二回　傲骨寄风尘金挥庐雉
　　　　高探移目影玉绮兼葭

第三回　春婆妒梦红雨乱飞花
　　　　神女行云蓝田偷种玉
第四回　细柳摇风同气怜飞絮
　　　　寒桃历劫为泥更护花

新大观园

言情小说。刘老老著。文新书局。1927 年 8 月。4 册。37 万字。茗狂序 1 篇。图 62 幅。共 62 回。

第一回　奇女诞生巧逢七夕
　　　　异人聚合偏在荒村
第二回　娇女多姿良缘初缔
　　　　村儿无福好事多磨
第三回　救邻妪金钗入宝库
　　　　选秀女凤诏出深宫
第四回　达芳名二女冀承恩
　　　　叹前缘一娃惊抱病
第五回　沐皇恩安车迎阿母
　　　　叨异数平步上青云
第六回　圣头陀二次证前因
　　　　罕大班初次遇良偶

第 七 回　倾心吐腹重托冰人
　　　　　据理直言群惊神相
第 八 回　演说台上各骋词锋
　　　　　黄埭村中互订婚约
第 九 回　春暖洞房初成美眷
　　　　　香温曲室小进良谟
第 十 回　游屐金陵萍踪小驻
　　　　　孤灯山寺鸿爪长留
第十一回　慧和尚畅谈皇觉寺
　　　　　罕夫人初建大观园
第十二回　大兴土木名园落成
　　　　　小起风波夫人受谤

第 十 三 回　老实人一怒绝娇妻
　　　　　多才士三番劝良友

第 十 四 回　夫夫妻妻双方释怨
　　　　　弟弟兄兄各自倾心

第 十 五 回　发孝思实行庐墓制
　　　　　念祖德永奠宗庙基

第 十 六 回　老秀才入园当记室
　　　　　呆举人来会作旁听

第 十 七 回　招罗群贤创广仓会
　　　　　延聘多士办女学堂

第 十 八 回　发奇想呆子拜老师
　　　　　严道貌肖僧讲小学

第 十 九 回　一趟神拳身手矫健
　　　　　几套酒令兴会淋漓

第 二 十 回　入英籍独资修马路
　　　　　开女校大会布良规

第二十一回　观察学风飞车四出
　　　　　宣扬佛法讲舍宏开

第二十二回　款客延宾湖滨授馆
　　　　　撩云拨雨席上传情

第二十三回　良友多情闲窗日暖
　　　　　贤才入彀冀北群空

第二十四回　玩游鱼同临玉泉寺
　　　　　得幽情独对飞来峰

第二十五回　赌酒力灵隐留韵事
　　　　　现原形佛殿发幽情

第二十六回　赏雪景良宵开小宴
　　　　　睹奇情曲水救佳人

第二十七回　急景凋年匆匆就道
　　　　　药炉茗椀款款留情

第二十八回　投师习艺别具隐衷

　　　　　酌理斟情宏开士路

第二十九回　庆元宵东家请西席
　　　　　观考榜老弟托阿兄

第 三 十 回　此腹常枵后母肆虐
　　　　　修羊何薄多士兴嗟

第三十一回　愤待遇两人同辞职
　　　　　比寿父二子各称能

第三十二回　两姊妹负笈春申道
　　　　　贤令尹作宰庆元城

第三十三回　恤民艰恩行怀德政
　　　　　除讼累刑措著清声

第三十四回　圆光骗钱引颈就戮
　　　　　强盗犯案刺字自新

第三十五回　贤宰官美政比萧曹
　　　　　小儿女新交联竹马

第三十六回　入馆读书欣得同调
　　　　　因才择偶喜结良缘

第三十七回　柳媒婆连施奸恶记
　　　　　两贤女初入大观园

第三十八回　罕通氏豪富震武林
　　　　　本非僧遗骸葬灵隐

第三十九回　惊烽火强定公司船
　　　　　害相思断送痴情子

第 四 十 回　女尼受愚高抬地价
　　　　　名士入彀广辑丛书

第四十一回　习礼让名园开大会
　　　　　肆讥弹内阃起风波

第四十二回　郑先生异地得知音
　　　　　施夫人尼庵作说客

第四十三回　纺绩娘扁舟访阿姊
　　　　　西王母上苑集群仙

第四十四回	打精神为姊氏做寿 鼓兴趣领孙儿游园		大打官话工头被拘
第四十五回	四杯洋酒醉到老翁 一纸题名喜煞闺女	第五十四回	富商贵宦共结亲家 韵士高人同考文课
第四十六回	客地重逢旧盟堪践 名园巧聚佳偶斯成	第五十五回	俏丫环庵室会情人 蠢厨司门房候鸳侣
第四十七回	借吸烟登楼窥美女 劝入学设计骗娇娘	第五十六回	因羞愧宣玉瑛投河 闻倒闭王启芳赴汉
第四十八回	脱樊龙李若兰赴沪 遭谗言王纯斋出园	第五十七回	提亲事二次成画饼 变方针双方结良缘
第四十九回	佳偶三双同谐花烛 便餐一席初试羹汤	第五十八回	老道士名言释数理 罕夫人美意系朱绳
第五十回	孙悟空魂归蓬莱山 林稚清身染杨梅毒	第五十九回	贤夫人释两造疑窦 小悟空揽一校教权
第五十一回	追问根由浪子受责 警告大众夫人陈词	第六十回	开诚布公畅谈衷曲 问名纳采喜结朱陈
第五十二回	娶孙媳媒婆搬是非 托官厅富商用权术	第六十一回	庆重阳西宾说笑话 守花烛后母出阴谋
第五十三回	真触霉头店主受制	第六十二回	除凤冠新娘伤感情 创玉指悍妇酿事变

雍正谋皇秘史

宫闱小说。刘建翁著。上海世界书局。1923年版。1册。4.9万字。提要1篇。共12回。

第一回	月下访贤英雄巧遇 筵前论势侠士初归		云野师设醮求神
第二回	充喇嘛入卫皇城 遇刺客甘仇故主	第四回	进谗言允祁遭绌废 施蛊术野鹤逞阴谋
第三回	陈信成捐躯报德	第五回	千里求贤奥琛初试法 三年造药圣主欲长生

第六回　仗剑入宫威逼草诏
　　　　焚香默祷求现天书

第七回　郑大经行刺被擒
　　　　金氏女含辛忍辱

第八回　王氏妾得主普贤寺
　　　　叨利僧炼剑敌金钟

第九回　欢喜佛大开无遮会

　　　　　　　　冤枉事恨极葬清流

第　十　回　雍和宫设醮打鬼
　　　　　　豆腐肆泯迹逃生

第十一回　兄弟相残骨肉成犬豕
　　　　　天伦已灭手足变仇雠

第十二回　翦灭羽党淫僧西去
　　　　　搜罗野史佳话重提

斗 艳 记

言情小说。(刘)铁冷著。中原书局版。1936 年重版。1 册。7.8 万字。共 24 回。

第一回　奔月婵娟无心露眼
　　　　穿花蛱蝶有意调情

第二回　贺新婚绮语惊雏凤
　　　　闹洞房群英戏彩鸾

第三回　旧雨新交桃园结义
　　　　灯红酒绿画阁联吟

第四回　柳桥送别两意缠绵
　　　　竹径清谈一心景慕

第五回　施奸谋巧破鸳鸯谱
　　　　怀大志远离桑梓乡

第六回　驷马高车又逢奇遇
　　　　环珠绕翠不药相思

第七回　私心自用看护徒劳
　　　　华翰遥颁置邮多误

第八回　破鱼腹多言来小婢
　　　　看龙舟巧笑媚佳人

第九回　病相如小试连环计

　　　　　　　　女学士重来五凤楼

第　十　回　纵谈往事语语惊人
　　　　　　回忆前情昏昏入梦

第十一回　驱魔病榻求艾七年
　　　　　泛棹莲塘高歌一曲

第十二回　红叶题词流波不返
　　　　　银河泼浪驾鹊无缘

第十三回　口蜜腹剑立意求婚
　　　　　戴月披星驰归省母

第十四回　弱妹多情飞书相慰
　　　　　遭家不造寄食谁怜

第十五回　避尘世权锄三径菊
　　　　　怀故人聊赠一枝春

第十六回　放寒假美人嗟薄命
　　　　　贺新年公子证前因

第十七回　奇灯异彩节闹元宵
　　　　　踏雪寻梅风高处士

第 十 八 回	燕瘦环肥各饶丰致		奠雁为礼车马纷驰
	荼甘茶苦一样酸辛	第二十二回	画眉郎传神挥彩笔
第 十 九 回	堂开绮席喜迓冰人		题诗客妙语解人颐
	泪湿芳衾感怀萱草	第二十三回	度蜜月浪游西子湖
第 二 十 回	纳采有期贺书累累		闹肝风魂归罗刹国
	为人作嫁压线频频	第二十四回	榆香麦饭庭祭幽灵
第二十一回	卧病在床身心俱悴		课雨占晴乡居避世

求婚小史

言情小说。即梅娘婚史。刘铁冷著。上海中原书局。1936 年 11 月重版。1 册。100 万字。共 24 章。每章后有梦鸥女士评 1 篇。

第 一 章	幽情旖旎	春梦婆娑	第 十 三 章	剪刀宁弃	药石先投
第 二 章	屏间射雀	墙选乘龙	第 十 四 章	灾真无妄	月竟重圆
第 三 章	琼瑶乍报	鱼雁遥将	第 十 五 章	可人有约	泥佛无灵
第 四 章	桃源路熟	泉府金多	第 十 六 章	敷陈绮思	漏泄春光
第 五 章	怒潮有信	解语无花	第 十 七 章	友怀鸾凤	浪打鸳鸯
第 六 章	荆娘再世	驿使重来	第 十 八 章	波翻醋海	情结爱河
第 七 章	神传阿堵	月认前身	第 十 九 章	棋消长日	草偃薰风
第 八 章	三升浊酒	一幅蛮笺	第 二 十 章	陈诗缉藻	翻舌生莲
第 九 章	当头棒喝	向日情痴	第二十一章	花伤命妇	身幻男儿
第 十 章	茑萝施拍	桃李盈门	第二十二章	郎原薄幸	婢自贞忠
第十一章	花间笑语	竹里吟诗	第二十三章	制同心曲	焚尺素书
第十二章	义难割席	爱重推心	第二十四章	盟要白首	侠仗青萍

铁冷丛谈

短篇社会集。刘铁冷著。上海民权出版部。1914 年 4 月初版。1 册。

7.5 万字。周浩、胡常熹、王元闷、沈章、孙毅任、秋梦、杨行民、徐振英序各
1 篇。自叙 1 篇。卷盦、虞懒僧、秋梦、陈天羽、沈灏、赵字诗、徐镜澄、同里、
梦龙、潘钟酿、花奴、豁盦、庞树拍、哲夫、庐文虎、澹庵、天籁、冷庐客等题词
各 1 首。6 卷。共 76 篇。

第一卷

燕尾儿

义主仆

秘密室

曾省三

诗逋

葵抢

奇贼

拳农

腹婚

林氏

活佛

智妓

第二卷

落臼关

恶讼师

驴骗

侠女

吴鸿

盗官

云娘

桂珠

丐医

痴匠

纪长春

张邈遏

第三卷

壁虎

人妖

诗颠

月波

瞿生

花姑

日妓

奇骗

节妇

何桂技

朱鸦头

湘竹斋主

兰英仙史

第四卷

猿劫妇

林望仙

屠隐

村童

可儿

公侠

翠英

碧筠

李令

哑生

徐丐

谭绍洸

祁守麿

第五卷

骗骗

黑市

汝南生

季榜眼

乘鹰客

朱巡抚

遗民

阿大

胡生

绮云

烈妇

处士

费氏

第六卷

潘素娥

李明章

东洋村

樵家妇

江夏令

许青衣

王会敖

蒋定成

舟中人

琴仙

异爪

郁文

猎妇

铁冷碎墨

短篇社会小说。刘铁冷著。上海小说丛报社。1914 年 10 月初版。1
册。12 万字。徐枕亚、徐吁公、陈梅溪、卢文虎、老人作序各 1 篇。包醒独、
陈武臣、黄花奴题词各 1 首。共 6 卷。

卷一

执牛耳

棠影

赘婿

傲骨

空谷佳人

忙了一场空

离婚后之见面

祸里奇缘

苍溪断肠史

孤雏血泪史

第一章　失恃

第二章　营葬

第三章　寄养

第四章　强婚

第五章　指奸

第六章　控诉

第七章　刑讯

第八章　私拷

第九章　发堂

第十章　病魔

卷二　谭屑

淮扬十日记

绮窗杂识

　　汉郎头

　　争醮妇

　　烈尼

　　焚舆

　　阿魁

　　黄某

　　弗郎氏

　　十艳吟

　　某生

　　词史

　　床下贼

　　琵琶会

　　芋仙

　　东学党

　　寺田

　　淮屋

　　孝子

　　艳词

　　邵陵

　　节妇

　　绍公堤

　　无名诗

　　林处士

　　宗伯

　　丐僧

　　冤狱

　　谐咏

　　腾云龙

　　顾孝子

卷三　游记

南都胜览

卷四　瀛谈

寰海异闻

　　健足

　　六指

　　斧头鸟

　　共和鸟

　　二首牛

　　长鬐公

　　绿蜂鸟

　　瓶嘴巢

　　力士

　　善跳

　　马术

　　火戏

大口

骈生

长鬣马

埋葬虫

草窠鼠

电线运物

陆军功狗

猫哺松鼠

鸡能知雨

火油长管

蚤戏

食土

绝技

藤丝

斗鱼

剪嘴雀

鱼护子卵

电气杀牲

磁圈代币

塌鼻夜叉

矮人

冰雪自行车

神抛珠祭

跳舞

活鬼

飞蛇

钩悬刑

钢板辂

大渡船

美报业

鸡城

金钢锯

无弦弓

棉质丝

帆船

大钟

陨石

大酒桶

蝇食蚤

杀人得妻

巴希亚俗

剃须鼻祖

万年古鱼

大井

悬桥

马虎

象戏

电机吸光

钟表能言

美人凌波

龟岛大龟

不识白人

墨洲怪病

雨蚁

鸟藏果

奥女泅水

浴身奇癖

齿蟹

地道巨擘

七年一雨

卷五　杂著

香艳小品　花里春秋：春

　　　　　　　　夏

　　　　　　　　秋

　　　　　　　　冬

　　　　　　　　相思曲：北双调闺怨蟾宫

　　　　　　　　前腔

　　　　　　　　煞尾

　　　　　　　　新娘十索曲

　　　　　　　　冷庐忆语

游戏文章　笔责刘子文

　　　　　　戏为狸奴弹事

　　　　　　让叩头虫文

　　　　　　汤婆子传

　　　　　　美人约

　　　　　　木美人传

　　　　　　扑满小传

　　　　　　壶子传

　　　　　　责辫子军文

　　　　　　寻夜壶广告

　　　　　　逐烟鬼赋

　　　　　　睡乡记

　　　　　　王孙小传

　　　　　　记滑稽贼

　　　　　　辫子传

　　　　　　债台记

　　　　　　拟官仔请保荐书

　　　　　　虎子传

　　　　　　一粟先生传

　　　　　　悼野菊文

　　　　　　一毛先生传

拟孔方劾某帅

痴子求婚赋

辫子都督六十寿序

拟某校书致滑头大少书

拟商王受敕活阎罗令

卷六　零缣墨渖

新幻术　绪言

　　　　空杯生烟

　　　　压线闻雷

　　　　擦猫发电

　　　　打棒

　　　　扯绳

　　　　飞蛱

　　　　立卵

　　　　线灰系物

　　　　傀儡

　　　　纸帽

　　　　七指抬人

　　　　猜钱

　　　　画蛋

　　　　钓鱼

　　　　骷髅

　　　　催眠

醒迷录　绪言

　　　　施相公

　　　　坑三姑娘

　　　　五司徒

　　　　石敢当

　　　　痘神

　　　　财神

土地	刘猛将军
都天	黄道婆
天妃	

唐代风流皇后

宫闱小说。历代风流皇后丛书丁集。刘笑天编。上海新华书局。1923 年 7 月 1 日版。1.7 万字。丁集导言 1 篇。历代帝皇丁表和历代皇后丁表各 1 份。

第一章　晋阳兴兵成霸业
　　　　婕妤进谗乱皇嗣
第二章　玄武宫门残骨肉
　　　　长孙皇后重仪范
第三章　杨妃得宠伦常乖
　　　　武氏入宫祸乱渐
第四章　反谋高阳归末路
　　　　诏废承乾作庶人
第五章　淑妃相谮争恩泽
　　　　昭仪获宠黜故后
第六章　神宫淫奢穷万象
　　　　别院荒凉锁二后
第七章　白马寺主乱宫闱
　　　　血牛画像毁明堂
第八章　莲花一瓣似郎貌
　　　　白绫三尺征帝恩
第九章　上官婕妤掌倒命
　　　　妥乐公主谋逆举
第十章　公主执政倾朝纲
　　　　事后肆市废庶人

第十一章　武氏艳妆争皇子
　　　　　梅妃雅服动帝情
第十二章　春风桃李花开日
　　　　　秋雨梧桐叶落时
第十三章　上皇辟谷终西内
　　　　　良娣侍驾幸彭原
第十四章　汾阳富贵享遐年
　　　　　天子震怒囚公主
第十五章　昭容半氏预朝政
　　　　　昇平公主献女口
第十六章　清华宫内苦良药
　　　　　中和殿前戏击球
第十七章　天子幼年捕狐狸
　　　　　宦官擅权窃鼎鼐
第十八章　敕命扬州选倡女
　　　　　使诣法门度寺僧
第十九章　斗鸡天子好淫奢
　　　　　育蚕良臣挽颓风
第二十章　帝主幽囚朱梁与
　　　　　太后被弑李唐亡

春 之 花

短篇社会小说。刘豁公、董柏厓著。上海青青社。1926年3月初版。1册。8万字。铜版插画8幅。共36篇。

包天笑	春之夜	蕙芳	阿三小史
何海鸣	捉放新闻记者的魔术	周拜花	翠楼吟
严独鹤	好奇心与模特儿	李允臣	一个神秘的女学生
毕倚红	小说家之成功	程小青	方形的三角
天虚我生	小时清梦录、长寿乐	金嗣芬	樊樊山之三变
周瘦鹃	花生日琐记	白沙泪痕	侍儿集
王钝根	字幕闲谭	秋凤	两副眼泪
徐卓呆	返老还童术之反响	卢梦殊	劫后柔魂
刘豁公	易簀三呼、孽海惊涛	包天白	悼亡
陈小蝶	读史偶得	严芙孙	家书之一页
陆律西	一个上海的家庭、模特儿	周振声	工场花絮
金庄	不嫁主义之隽谈	瞽丐	金杯案
徐枕亚	霜天侠影	何如	樽前双泪
李醉憨	艳体千家诗	听雪	酬芳解史
姜映青	春衣	城南生	惧内人语
梁杏如	月夜	白也	女子之心理
董巽观	忐忑		

海上销金窟

社会小说。刘遽庐著。上海交通图书馆。1922年9月版。10册。42万字。周瘦鹃、陈小蝶、陈亦陶序各1篇。共49回。

第一集

第一回　演楔子开宗鹤树村
　　　　赏良辰遇旧龙华寺

第二回　酒醒灯阑惊鸿闪影
　　　　风驰电掣快马违章

第三回　感兴废愚园谈往事
　　　　观胜负快阁访良朋

第四回　好大言局促受讥评
　　　　得小惠荒唐联姻娅

第五回　遗后患假醉悔寻仇
　　　　具先知远游甘谢客

第六回　圆好梦狎客逞豪情
　　　　赋新婚佳人嗟薄命

第七回　入迷途孤客宿勾栏
　　　　集巨款单身落骗局

第八回　来日大难爱妾明志
　　　　去毒务尽艳妻惊心

第九回　恶商量戏场施毒计
　　　　真龌龊客邸效淫奔

第十回　旅馆容奸淫娃觅死
　　　　家庭多故浪子奔丧

第二集

第一回　人之云亡遗言兴学
　　　　孽由自作受罪入牢

第二回　夫也不良疲于奔命
　　　　士而无行贫为贪财

第三回　对明月感吟明月诗
　　　　荟群芳重订群芳谱

第四回　广搜罗名姝膺第一
　　　　受挤轧内舅悔当初

第五回　费安排新人遇旧人
　　　　设圈套前客让后客

第六回　千里就道携妾偕行
　　　　两室分居背夫远遁

第七回　借债寻欢不嫌重利
　　　　罚锾赎罪遽负深恩

第八回　度残岁惊心逢罗刹
　　　　结新欢放胆入欢场

第九回　结新欢大兜喜神方
　　　　销宿怨设立洋货号

第十回　强中遇强略展身手
　　　　恶上加恶枉费心机

第三集

第一回　恩无可施援案证罪
　　　　迷而不悟丧心病狂

第二回　千里人归变生不测
　　　　一封书去患弭无形

第三回　是何肺腑妻女卖淫
　　　　别有心肠兄妹兴学

第四回　薄命妾赍恨入重泉
　　　　糊涂老倦游收覆水

第五回　同族摧残萧墙起祸
　　　　一堂契合绣阁参禅

第六回　风雨扁舟惊人胆落
　　　　烟霞别径㲉尔魂销

第七回　解厚意初摆双台酒
　　　　蓄深心移植一枝花

第八回　穷途日暮甘作瘟生
　　　　长夜梦多严查屈死

第九回　瞎运动痴心谋局长

　　　　禁招摇盛怒责门徒

第十回　送客登程骊歌唱彻
　　　　强女失节鸾喜欢腾

第四集

第一回　深夜捉奸当场出丑
　　　　连年合伙平地多财

第二回　凄楚遗言美人不寿
　　　　挥霍无度孺子当诛

第三回　复萌故态急色轻财
　　　　薄醉深宵移花接木

第四回　丑家庭劝妻母逼子
　　　　恶社会交友弟箴兄

第五回　悖入悖出天道好还
　　　　谁是谁非人心难测

第六回　冤孽重寻祸机潜伏
　　　　荒淫无度病势垂危

第七回　固结深仇饱尝异味
　　　　痛遭巨骗甘折连枝

第八回　送出丧巧逢失足妇
　　　　请看戏陡遇昧心人

第九回　阳谴可避阴谴难逃
　　　　旧雠未销新雠又结

第十回　诡计多端掠人贩卖
　　　　恶贯将满畏罪受伤

第五集

第一回　完婚姻家中遭巨祸
　　　　罹劫难海外遂良缘

第二回　运邪谋水中空见月
　　　　获恶报雪上更加霜

第三回　奇中奇治家亲杀子
　　　　错上错设计自焚身

第四回　服商贾任报馆记者
　　　　媚优伶作评剧大家

第五回　贩私土全倾积世资
　　　　辇重金空耗中人产

第六回　强暴自取痛甚切肤
　　　　污秽难堪臭遭没顶

第七回　同胞仗义各自回头
　　　　合伙行凶分身落魄

第八回　就医院粗心伤产妇
　　　　访旧居大限遇仇人

第九回　大团圆三生完旧约
　　　　小结束一曲谱新词

双 泪 痕

　　哀情小说。次眉女士著。进步书局。1915 年 5 月版。1 册。3.6 万字。提要 1 篇。未分章节。

玉 如 意

哀情小说。次眉著。上海进步书局。1915 年 7 月版。2 册。6.4 万字。提要 1 篇。共 22 章。

侠义佳人

武侠小说。问渔女史著。上海商务印书馆。1909 年 4 月初版。1 册。14 万字。自序 1 篇。共 20 回。

第一回　说开端村人好利
　　　　爱莲钩乡女愚顽
第二回　老媪有心教傲逆
　　　　小姑无义播雌黄
第三回　少见寡闻以人为鬼
　　　　多迷善忌敬鼠为仙
第四回　谈哲学证明无鬼物
　　　　听演说激动爱人心
第五回　讲新理若是若非
　　　　论旧学似嘲似骂
第六回　为出洋夫妻反目
　　　　因择婿姑媳生嫌
第七回　义重情深弱女涉重洋
　　　　求才问学宏仁访益友
第八回　遇知己竟谈一夕
　　　　聘参谋虚掷千金
第九回　假排场嗔奴叱婢
　　　　喜妆饰傅粉添香

第 十 回　张寿安学侦探手段
　　　　　木本时怀诈骗人心
第十一回　孟宏仁量宏不惩恶
　　　　　夏智民无智受欺凌
第十二回　夫妇伤和衅由艳婢
　　　　　妻妾交哄过在良人
第十三回　怨母偏怜出言不逊
　　　　　要郎专宠永失弗谖
第十四回　白醮洗寺三朝罚跪
　　　　　明珠赐妾一夕同逃
第十五回　狂夫说自由个人自由
　　　　　贤女论平等一律平等
第十六回　吃鱼翅根根细嚼
　　　　　咽乌烟滴滴生吞
第十七回　晓光会选举副会长
　　　　　江阴县创设女学堂
第十八回　请教员饱观黑暗
　　　　　访知己再见光明

第十九回	因记过老媪几拼命	
	讲修身学生起风潮	

第二十回	见色迷心荒唐学子
	废时失业赌博先生

芙 蓉 泪

哀情小说。江山渊著。泰东图书局。1922 年 2 月 6 版。2 册。14.8 万字。共 34 章。

第 一 章	情癖	第 十 八 章	尺书
第 二 章	哭花	第 十 九 章	断讯
第 三 章	怨慕	第 二 十 章	怪缄
第 四 章	拷艳	第二十一章	洪潮
第 五 章	怨别	第二十二章	破案
第 六 章	幻境	第二十三章	骇闻
第 七 章	惊心	第二十四章	悔过
第 八 章	痼疾	第二十五章	元憝
第 九 章	订会	第二十六章	刺奸
第 十 章	说项	第二十七章	琴怨
第十一章	幽会	第二十八章	劝学
第十二章	密订	第二十九章	瞻庙
第十三章	泣别	第 三 十 章	泣诀
第十四章	恶耗	第三十一章	婚梗
第十五章	绝粒	第三十二章	惊梦
第十六章	生机	第三十三章	珠沈
第十七章	惊谣	第三十四章	结局

灰色眼镜

长篇社会言情小说。江红蕉著。长城书局。1931 年 10 月初版。1

册。9 万字。共 18 回。

一	蒙着灰色的社会	十	发肤之痛
二	梦想不到的	十一	生命的燃烧
三	十六岁的小姑娘	十二	她自以为很聪明
四	谁配做校后	十三	狭窄的世界
五	轩然的学潮	十四	找到了光明之路
六	阔人应有装饰品	十五	大律师的手段
七	工读主义者	十六	柳老伯的著作物
八	妆台的奴隶	十七	到处都有了春意
九	她们的伟大	十八	新的眼镜

红蕉小说集

短篇社会小说。江红蕉著。1926 年 1 月版。上海世界书局。1 册。3.3 万字。赵苕狂作本集著者江红蕉君传 1 篇。共 6 篇。

第一篇	萧郎画樱记	第四篇	花好月圆
第二篇	园中	第五篇	古箧良缘记
第三篇	大好姻缘	第六篇	蜜月旅行笑史

嫁后光阴

社会小说。江红蕉著。上海世界书局。1928 年 3 月 3 版。3 册。12 万字。提要 1 篇。共 22 回。

第一回	主妇慈悲救苦救难		搜箧得书春秀脸红
	臧获排挤生事生风	第三回	冰结泪凝雁飞塞北
第二回	探赃翻案阿菊心直		夜阑人静肠断春闺

第 四 回　风木早悲慈母见背
　　　　　蓼莪永废孤儿挥泪

第 五 回　海天万里先报尺书
　　　　　风雪三冬忽亡团鹤

第 六 回　杨仲瑜托带欠资信
　　　　　施千里打碎古花盆

第 七 回　重落风尘签兆先示
　　　　　两度傀儡姻缘未谐

第 八 回　娉婷佳人巧梳哀丝鬐
　　　　　聪明小婢初煮碧罗春

第 九 回　高阁临风清淡不倦
　　　　　柔情寄意粉颊初晕

第 十 回　风骚丑婢初试勾魂术
　　　　　堕落青年已无续命汤

第十一回　周太太乱点鸳鸯谱
　　　　　王妈妈巧立伏辩书

第十二回　羽士禳凶煞先破纸关
　　　　　钿车走西门故作疑阵

第十三回　碧桃初写恽南田

　　　　　红泪又抛宋二姊

第十四回　为避流言迁闸北
　　　　　将成别鹄到杭州

第十五回　一封书信律师惊顽叟
　　　　　三更风露良友托通人

第十六回　覆水难收寸肠断复断
　　　　　留云已来灵犀通不通

第十七回　小姑进谗语能成剑
　　　　　大嫂受冤心可矢天

第十八回　绣阁凄凉养愁储恨
　　　　　海波浩瀚披襟当风

第十九回　余兴未阑血溅炮台湾
　　　　　陷阱新筑冤沉南京路

第二十回　聚无不散离筵抛别泪
　　　　　情有所归师门启争端

第二十一回　夜榻凄清佳人不至
　　　　　情话恍忽红叶飞来

第二十二回　嫩蕊新芽花无结果
　　　　　小窗梅雨书已收场

万喜良与孟姜女

民间小说。江村编撰。上海民众书店。出版时间不详。1 册。4 万字。共 16 回。

第一回　生女儿满门欢喜
　　　　见榜文合家惊慌

第二回　避大难泣别慈亲
　　　　遇短劫哀求暴客

第三回　闲思想绣楼惊梦

　　　　祛心烦花圃纳凉

第四回　扑蝴蝶初呈皓体
　　　　见郎君巧系红丝

第五回　说实话烈女配偶
　　　　闻风声钦差拿人

第 六 回　贤公子柴房被捕
　　　　　恶钦差盗窟丧生

第 七 回　望关山家僮探信
　　　　　寓旅舍店伙传情

第 八 回　喜良冤深埋白骨
　　　　　孟姜情重送寒衣

第 九 回　闻凶讯摒绝铅华
　　　　　走长途别离父母

第 十 回　逢恶奴设计脱险
　　　　　遇节母借宿倾谈

第十一回　包偷光长亭抢物

　　　　　曹小二当店赠钱

第十二回　关吏无情逼唱曲
　　　　　山神有意救贞娘

第十三回　求默佑菩萨暗助
　　　　　说前因女冠同情

第十四回　孟姜女邂逅孝妇
　　　　　包偷光击毙歹徒

第十五回　哭长城坍墙见骨
　　　　　骂奸贼进京面君

第十六回　爱风流始皇御祭
　　　　　明贞节孟姜投江

泪洒凌烟阁

民间小说。江村著。上海民众书店。1947 年 10 月版。1 册。4 万字。
共 10 回。

第一回　奉诏进宫午门受戮
　　　　持刀见驾金殿报雠

第二回　徐元戎泪洒凌烟阁
　　　　明太祖驾崩万寿宫

第三回　姚道衍化绿见真主
　　　　袁柳庄神相识燕王

第四回　皇叔奔丧暗萌异志
　　　　老臣建议监视阴谋

第五回　草泽英雄穷途卖解
　　　　绿林暴客借势欺人

第六回　奉师训佳人别圣母
　　　　中鬼计狗贼哄红颜

第七回　赠丝绦英雄小聚聚
　　　　定机谋中国显神奇

第八回　假新娘洞房诛国舅
　　　　拒官兵血战闹扬州

第九回　养晦待时龙山落草
　　　　乔装改扮燕京打擂

第十回　解君忧凤发接龙须
　　　　图帝业南征离北国

泥马渡康王

民间小说。江邨编。上海广益书局。1947 年 9 月新 2 版。1 册。4 万字。自序 1 篇。插图 7 幅。共 12 回。

第一回	兀术进中原		第 七 回	奸谋倾社稷
第二回	假造蜡丸书		第 八 回	求和质太子
第三回	尽忠潞安州		第 九 回	拚死骂番王
第四回	炮炸两狼关		第 十 回	进衣传血诏
第五回	权变降金邦		第十一回	泥马渡康王
第六回	冰冻渡黄河		第十二回	金陵即帝位

风尘三剑

武侠小说。江荫香著。上海广益书局。1932 年 10 月版。1 册。14 万字。3 集。共 48 回。苕狂序 1 篇。插图 47 幅。

上集

第一回	洛阳县侠士散金钱		第 六 回	众豪奴半途劫小姐
	天汉桥高人赠宝剑			一莽汉单棍逐强徒
第二回	仗父势公子抢娇娃		第 七 回	破佛寺佳人多烈性
	发神威英雄斗恶霸			醉仙乡穷汉没良心
第三回	抱不平惩凶来铁汉		第 八 回	下客店打架成相识
	酬大德结义订金兰			进舅府论文遇可憎
第四回	酿人命弱书生被捉		第 九 回	缔良姻知己作媒翁
	指仙机勇豪杰投亲			奉朝命提兵征海寇
第五回	剥皮县令逼供真凶		第 十 回	西子湖有心避厌物
	涂面小奸乔装假盗			东京客无意遇奇人
			第十一回	违礼教戏婢起邪心

施薄惩请君尝异味

第十二回　治疗怪病药到即除

拜识尊颜客来不速

第十三回　订盟书感怀思义弟

赠宝剑负责救良朋

第十四回　入衙署放火狱神堂

游街市探路田相府

第十五回　斩奸贼寻仇施辣手

延名医设计盗人头

第十六回　孟侠士当堂来出首

卢大夫下狱起沉疴

中集

第 一 回　承认诬攀频加慰藉

恐遭连累密连机谋

第 二 回　平地一跃飞出囚牢

深夜三更喜逢仙长

第 三 回　丈夫磊落贩货经商

淫妇风骚倚门卖俏

第 四 回　恶奴引主接木移花

贱婢偷情怜新弃旧

第 五 回　翠凤园莽夫逢旧友

金鸡巷凶仆害同侪

第 六 回　祝二爷开门遭祸事

邹太守办案识冤情

第 七 回　假传诏旨屈陷忠良

重良供单顺从奸恶

第 八 回　抱屈莫伸留成大辟

临刑在即议劫法场

第 九 回　愤气填胸一人报德

骂声载道百姓衔恩

第 十 回　杀死赃官群情称快

救回盟弟独力翻牢

第十一回　停顿中途不服水土

搭成骗局误坠烟花

第十二回　逼良为娼鸨儿肆虐

诱人入院篾片帮忙

第十三回　献殷勤当面说鬼话

全名节狠心刺郎君

第十四回　烈女诉冤求离火坑

丫环多嘴走漏风声

第十五回　挟美潜迹未脱灾星

冶客诲淫竟成祸水

第十六回　偷入香房冒名顶姓

铸成大错炉奸行凶

下集

第 一 回　狠上狠移头先灭口

案中案告状各呼冤

第 二 回　太守讯供察言观色

娇娘畏法认假为真

第 三 回　索宝剑英雄生怒气

怕钢刀恶贼吐真情

第 四 回　官衙直入半夜诉陈

命案相连一时判决

第 五 回　贤郡守还剑做人情

恶党徒贪财遭孽报

第 六 回　华夫人施恩怜弱质

孟侠士酬德放家丁

第 七 回　完璧归赵山上成婚

饮酒怀人席间详梦

第 八 回　彩楼前抛球欣中选

金殿上对策喜多才

第 九 回　隆宠一时顿忘旧雨

　　　　拒绝千里恐识庐山

第 十 回　目光如电贼子现形

　　　　胆大包身民人见驾

第十一回　曹司寇徇私持异见

　　　　华都察守正动严刑

第十二回　奉仙诏救驾入宫闱

　　　　传圣旨褒功捉奸党

第十三回　议弃山林效功赎罪

　　　　恩结父子避地安身

第十四回　出兵诱敌海寇成擒

　　　　讨逆从征神仙下降

第十五回　破阵图众叛徒被虏

　　　　看榜文真驸马回朝

第十六回　得胜班师献俘告庙

　　　　策勋授爵奉旨还乡

侠义锄奸记

侠情小说。江荫香编。大达图书供应社。1936 年 2 月再版。1 册。15 万字。梦华馆主叙言 1 篇。共 54 回。

第 一 回　三颗明星祥呈才侠气

　　　　一轮明月梦应女儿身

第 二 回　膝下空虚五旬思继子

　　　　花前邂逅两姓喜联姻

第 三 回　大闹花灯城边捉奸究

　　　　暗通绵索宫内讨人情

第 四 回　嘱托三司金钱能作弊

　　　　会同六部铁面总无私

第 五 回　专权误国赦罪据要津

　　　　告老归林赋闲甘下野

第 六 回　私仇巧报一计害三贤

　　　　公事宣劳孤身行万里

第 七 回　几场恶战却敌守西关

　　　　各国联和远征羁北塞

第 八 回　孤军无援失计陷奸谋

　　　　国舅流言有心害忠勇

第 九 回　青年侠士避祸隐贤庄

　　　　赤胆忠臣封王交趾国

第 十 回　浪游不肖子酒馆寻春

　　　　交结小奸徒花园惊艳

第十一回　强下聘金先设美人局

　　　　怒挥宝剑初闹乐安庄

第十二回　真小姐权为女扮男装

　　　　假强盗暂且移名改姓

第十三回　楼头见猛虎私订终身

　　　　墙外有贪狼欲求佳偶

第十四回　当面试文才捉刀出丑

　　　　存心设诡计请酒逼婚

第十五回　隐名豪侠二闹乐安庄

　　　　畏祸忠良三上辞朝本

第 十 六 回　寻亲避害小侠走西羌
　　　　　念父伤怀书生奔北直

第 十 七 回　京城探消息巧遇冤家
　　　　　宾馆款殷勤顿生妒念

第 十 八 回　设计行凶错杀登徒子
　　　　　鸣冤递状贿通府宪官

第 十 九 回　从宽发落罪案定充军
　　　　　起解登程中途遭劫盗

第 二 十 回　半路遇救星西湖卖画
　　　　　一朝得知己南院听琴

第二十一回　分题春柳诗情联好友
　　　　　愿卖秋水剑喜结良朋

第二十二回　相逢萍水客邸递双鱼
　　　　　偷越关山荒庄射一雁

第二十三回　金钱中选配红粉英豪
　　　　　紫塞长征遇黑风寨主

第二十四回　练兵屯山寨救父情殷
　　　　　督工困长城思乡念切

第二十五回　殷勤劝酒侍卫杀旗牌
　　　　　介绍送书番官留御史

第二十六回　识破奸谋送信来苏郡
　　　　　遭逢盗劫避难赴杭州

第二十七回　改扮乔装卖梅花神数
　　　　　疏财仗义怜柳絮奇才

第二十八回　治病请医赠人参二两
　　　　　知情报信庆母子重逢

第二十九回　安居客地感义订婚姻
　　　　　寄住舅家伤怀思父母

第 三 十 回　真假难分松相公赴考
　　　　　雌雄莫辨柳寡妇调情

第三十一回　桂院赏秋相逢不相识

　　　　　棘闱中式同志又同科

第三十二回　分手赶春闱京城候试
　　　　　投身觅旅邸野店擒妖

第三十三回　降收怪物得宝马金锤
　　　　　制伏强徒称少兄老弟

第三十四回　奸贼摆擂台逞凶无理
　　　　　英雄比武艺闯祸争强

第三十五回　小心大胆智赚出三关
　　　　　蓄锐养精威扬夺双寨

第三十六回　父子喜相逢兴师问罪
　　　　　忠奸不两立乘夜探关

第三十七回　告急进京都番人入寇
　　　　　献谗蒙圣主眷属含冤

第三十八回　使相还归法场欣得赦
　　　　　逆儿逃走狭路恨艰藏

第三十九回　蛮邦服王化上表称臣
　　　　　天子悉边情操兵练将

第 四 十 回　攻拔二关雄兵连奏捷
　　　　　分屯五寨老将费周章

第四十一回　豪侠显威风小奸授首
　　　　　边廷传恶耗老贼伤心

第四十二回　悬黄榜龙虎风云际会
　　　　　上金銮弟兄夫妇登科

第四十三回　参相吐真情华堂启宴
　　　　　提兵奉圣诏鼎甲从征

第四十四回　督粮逢旧识互唤恩人
　　　　　巡哨入中军生擒刺客

第四十五回　审明确供托言小贼徒
　　　　　顾念交情释放先行将

第四十六回　恩谊难忘都统罢兵事
　　　　　衷情代剖太师上表章

第四十七回　押解囚车冷嘲兼热讽
　　　　　　（缺）
第四十八回　假传圣旨宫禁借金牌
　　　　　　预识奸机边关来玉节
第四十九回　双龙闸口奸将丧残生
　　　　　　卧牛墩边忠臣探实信
第五十回　　地图陈献定计破番兵
　　　　　　天命攸归投降服中国

第五十一回　得胜还朝四上陈情表
　　　　　　擒奸听审三闹乐安庄
第五十二回　讯口供捉来一众囚徒
　　　　　　铸铁案招出七条罪款
第五十三回　天理昭彰金壬正国法
　　　　　　人心欢乐美满结良缘
第五十四回　饮宴会亲三家成眷属
　　　　　　封官赐爵众将受勋劳

狮头怪侠

武侠小说。江荫香著。上海大达图书供应社。1935 年 1 月初版。1
册。韬汉作序 1 篇。插图 8 幅。7 万字。共 30 回。

第一回　　谈故事证明异域狮
　　　　　　复深仇谋毙镇山豹
第二回　　入嵩山从师习武技
　　　　　　探史庄变相掩真容
第三回　　昧良心奸徒恶盈贯
　　　　　　报奇案知县验遗骸
第四回　　怪少年遭逢旧知识
　　　　　　小妹子窥破假形藏
第五回　　访凶狮探山结伴侣
　　　　　　斩野猪试剑逞才能
第六回　　说谎言离家救同学
　　　　　　定密计避难备行装
第七回　　赴华阴母女用心机
　　　　　　探监牢英雄看脚地
第八回　　黑狮三更悄然而入
　　　　　　青光一道突如其来

第九回　　敌人退避厕所匿藏
　　　　　　女侠来援城关飞越
第十回　　窗前窃听议劫饷银
　　　　　　桌上留书潜偷县印
第十一回　避搜查怪侠离县境
　　　　　　惊失窃赃官赴省会
第十二回　走荒村闻少妇啼哭
　　　　　　探野舍见头陀努胎
第十三回　诛凶僧叙姑表亲情
　　　　　　访新知入永兴镖局
第十四回　旧事重提那堪回首
　　　　　　大仇未报倍切痛心
第十五回　嗟末路蒙恩招女婿
　　　　　　谋生涯献艺作镖师
第十六回　接家眷赁屋定新居
　　　　　　送县印诉冤进抚署

第 十 七 回　托人情府衙纳贿银　　第二十四回　试新铡一丸收敌剑
　　　　　　听密语旅店斗飞剑　　　　　　　返故土半路遇镖车

第 十 八 回　赴张驿快头初入伙　　第二十五回　过潼关镖师防盗警
　　　　　　返本乡恶少强求婚　　　　　　　会秦山群寇肆凶锋

第 十 九 回　假应承房内扮新娘　　第二十六回　劫饷银分发三路兵
　　　　　　真吓煞帐中现怪物　　　　　　　助军队幸临二女侠

第 二 十 回　怀凤恨仇视高天铎　　第二十七回　阵前评理气吐龙泉
　　　　　　开杀戒血溅史家庄　　　　　　　天半飞来手挥蝇拂

第二十一回　双龙镇外侠女相逢　　第二十八回　两头陀恃强占古刹
　　　　　　二虎庄前娇娃被劫　　　　　　　一道士助恶战平原

第二十二回　误抢双妹明珠弹雀　　第二十九回　法弄妖邪包围众侠
　　　　　　巧施一计香饵钓鳖　　　　　　　声惊霹雳击散群魔

第二十三回　哄丫环隔房传密语　　第 三 十 回　破机关火烧灵宝寺
　　　　　　救弱妹纵火运奇谋　　　　　　　联眷属侨寓新丰村

桃花扇演义

民间小说。江荫香著。上海世界书局。1919 年 1 月版。1 册。11.5
万字。自序 1 篇。原序 1 篇。后序 1 篇。附桃花扇名人小史 18 篇。共
40 章。

试　　章　先声(康熙甲子八月)　　第 九 章　抚兵(癸未八月)

第 一 章　听稗(癸未二月)　　　　第 十 章　修札(癸未八月)

第 二 章　传歌(癸未二月)　　　　第十一章　投辕(癸未九月)

第 三 章　哄丁(癸未三月)　　　　第十二章　辞院(癸未十月)

第 四 章　侦戏(癸未三月)　　　　第十三章　哭主(甲申三月)

第 五 章　访翠(癸未三月)　　　　第十四章　阻奸(甲申四月)

第 六 章　眠香(癸未三月)　　　　第十五章　迎驾(甲申四月)

第 七 章　却奁(癸未三月)　　　　第十六章　设朝(甲申五月)

第 八 章　闹榭(癸未五月)　　　　第十七章　拒媒(甲申五月)

第 十 八 章　争位(甲申五月)　　第二十九章　逮社(乙酉三月)

第 十 九 章　和战(甲申五月)　　第 三 十 章　归山(乙酉三月)

第 二 十 章　移防(甲申六月)　　第三十一章　草檄(乙酉三月)

闰 二 十 章　闲话(甲申七月)　　第三十二章　拜坛(乙酉三月)

加二十一章　孤吟(康熙甲申八月)　第三十三章　会狱(乙酉三月)

第二十一章　媚座(甲申十月)　　第三十四章　截矶(乙酉四月)

第二十二章　守楼(甲申十月)　　第三十五章　誓师(乙酉四月)

第二十三章　寄扇(甲申十一月)　第三十六章　逃难(乙酉五月)

第二十四章　骂筵(乙酉正月)　　第三十七章　劫宝(乙酉五月)

第二十五章　选优(乙酉正月)　　第三十八章　沉江(乙酉五月)

第二十六章　赚将(乙酉正月)　　第三十九章　栖真(乙酉六月)

第二十七章　逢舟(乙酉二月)　　第 四 十 章　入道(乙酉七月)

第二十八章　题画(乙酉三月)　　续第四十章　余韵(戊子九月)

乾坤义侠传

武侠小说。江荫香著。上海广益书局。1947 年 2 月初版。1 册。11.6 万字。自序 1 篇。插图 29 幅。共 32 回。

第一回　访名师买棹赴姑苏
　　　　怜孝女挥拳打恶棍

第二回　仗侠气典质长生库
　　　　起贪心匿藏无价珍

第三回　侠士登门赎珠启衅
　　　　佳人受挫惜玉生怜

第四回　识英雄赠图订婚约
　　　　遇姊丈饮酒叙亲情

第五回　群贤馆打倒恶教师
　　　　二美人喜联新眷属

第六回　思鸳侣灯下看娇容
　　　　戏龙舟桥头观胜会

第七回　水上争雄英豪遭溺
　　　　舟中耀武侠女报仇

第八回　蒙援手姻缘成巧合
　　　　闻冲喜姑嫂有违言

第九回　李代桃僵乔装女子
　　　　花明柳暗默忆郎君

第十回　雄媳妇同房娇作态
　　　　老医生诊脉探病源

第十一回　珠胎暗结小别何堪
　　　　玉体违和相思最苦

第 十 二 回　蜜语潜听试探堂弟

　　　　　　私情败露放去娇儿

第 十 三 回　美姑娘黈夜走毗陵

　　　　　　呆书生忿怒归泉路

第 十 四 回　嘱婢传言相期赴约

　　　　　　扮男易服共拟打擂

第 十 五 回　挟有前仇登台比武

　　　　　　似曾相识见面生嗔

第 十 六 回　二教师失手丧身躯

　　　　　　小爵主存心学拳法

第 十 七 回　痛伤儿子怒绝婚姻

　　　　　　延聘英雄盟联手足

第 十 八 回　凤锦楼误杀起凶心

　　　　　　牛王庙遇拐成残疾

第 十 九 回　孝女含悲卖身葬父

　　　　　　恶徒露迹拔脚逃生

第 二 十 回　毗陵驿巧遇丈夫身

　　　　　　常州府断结拐子案

第二十一回　送家信特地到扬州

　　　　　　改男装乘机赴常郡

第二十二回　泣诉神灵帝君显圣

巧逢佳丽太子定亲

第二十三回　韩家庄上众美逞能

　　　　　　铁叉山中叛徒倡乱

第二十四回　皇亲乏嗣承继香烟

　　　　　　公子多情强遭骗局

第二十五回　奸人弄计害命图财

　　　　　　义贼盗银抱赃出首

第二十六回　赐恩诏遇赦出监牢

　　　　　　服仙丹消灾回故里

第二十七回　入贼巢灭寇运奇谋

　　　　　　颁圣旨开科选武士

第二十八回　大元帅征讨铁叉山

　　　　　　众姊妹陷落天罗阵

第二十九回　中飞刀妖道逞凶锋

　　　　　　施妙计美人擒大逆

第 三 十 回　平叛寇元戎复圣命

　　　　　　受勋爵诸将沐恩波

第三十一回　镇国公奉旨喜荣归

　　　　　　韩家庄送女成嘉礼

第三十二回　璧合珠联修来艳福

　　　　　　月圆花好归结全书

七美征西传

民间小说。江蝶庐编。上海广益书局。1939 年 2 月。1 册。9.4 万字。江蝶庐作序 1 篇。人物插图 30 幅。共 36 回。

第 一 回　动游兴踏春惊艳侣

　　　　　慰相思入室拜干娘

第 二 回　送礼登堂情深意合

闻声藏榻胆战心惊

第 三 回　倾积愫干哥爱干妹

　　　　　设牢笼师弟诓师兄

第 四 回　生死关头姑娘复活
　　　　是非公断知县联姻

第 五 回　当路卖书英雄失手
　　　　升堂问案公子讨情

第 六 回　不速客来同盟结义
　　　　多情眷属送暖偷寒

第 七 回　葡萄架下婢仆苟且
　　　　绿竹亭中鸳鸯巧获

第 八 回　忘恩负义诓走娇娃
　　　　顿足高呼邀来义弟

第 九 回　保节操弱女闹洞房
　　　　逃性命小奸坠粪窖

第 十 回　南柯梦观音传佛法
　　　　美春园恶仆戏姣娘

第十一回　美色当前栽赃图害
　　　　怨声载道含屈分离

第十二回　圈套作成软禁相府
　　　　欢娱不遂怒绑牙床

第十三回　救夫妻豪客闹花灯
　　　　杀知县血诗留粉壁

第十四回　闻惊耗二兄弟夜奔
　　　　进谗言四忠良惨戮

第十五回　台上倾心郎君喝彩
　　　　亭中密会小贩为媒

第十六回　足智多谋轿中脱险
　　　　逢凶化吉灰里逃生

第十七回　破罗山豪杰歼官兵
　　　　兴唐国番人造异宝

第十八回　进谗金殿开科求贤
　　　　避雨庙堂梦传武艺

第十九回　张王府屋上擒刺客
　　　　长春楼席前救难人

第二十回　天良灭尽设计害人
　　　　恩义不忘通风报信

第二十一回　刑部威严王爷告状
　　　　土牢黑暗太子更生

第二十二回　惩善恶奸人终伏法
　　　　夺功名武举各逞能

第二十三回　众英雄大闹武举场
　　　　三豪杰监禁狴犴狱

第二十四回　奉丹诏七美征番邦
　　　　起黑心总兵下毒手

第二十五回　贾元帅戳平界牌关
　　　　朱先锋兵进金牛岭

第二十六回　两军对阵偷劫唐营
　　　　一将被擒羁留番寨

第二十七回　月朗风清良民告密
　　　　善言婉劝豪客传书

第二十八回　高山上英雄杀都督
　　　　卧室内姑娘定奇谋

第二十九回　报兄仇秀兰称勇敢
　　　　破山寨裴玉显威风

第三十回　枫桥关元帅下战表
　　　　兴唐国公主带番兵

第三十一回　仙法移山七美遇困
　　　　奸谋劝酒二将遭擒

第三十二回　郭海臣打猎遇义仆
　　　　陈汉文平番挂元戏

第三十三回　二奸党计偷白玉玺
　　　　一钦差密访长沙府

第三十四回　张知府获罪杀满门
　　　　叶将军讨令打头阵

第三十五回　真神勇大先锋丧命
　　　　　　惊貌美小蛮女多情

第三十六回　仗仙绳擒将订婚约
　　　　　　平番国班师庆团圆

大刀王五

武侠小说。江蝶庐著。上海广益书局。1949 年 3 月新 4 版。共 1 册。8 万字。有卷头语 1 篇。共 24 回。

第 一 回　欣会英雄纵谈前日事
　　　　　智降名马盛赞后生畏

第 二 回　樽畔话投机金兰结义
　　　　　楼头起争执银锭传观

第 三 回　原野饯行归惊来奇客
　　　　　全家悲失散拜访名师

第 四 回　黑夜斗飞檐作囚阶下
　　　　　深宵问来历款客厅前

第 五 回　踏月山下飞镖戏群鬼
　　　　　跳弹空际喝彩惊双姝

第 六 回　冒险入深山专心学业
　　　　　好奇斗猴子毅力超群

第 七 回　恋恋下山林猴儿惜别
　　　　　匆匆赶驿路鼠辈哀求

第 八 回　与会本偶然舞刀月下
　　　　　相逢何其巧饮酒楼头

第 九 回　奉师访强人寻踪觅迹
　　　　　诳言愚赌汉化险为夷

第 十 回　兴尽返蓬门斩除荆棘
　　　　　凄其离梓里拜别椿萱

第十一回　劣马试人前兴高采烈
　　　　　大刀惊贼走意得言骄

第十二回　一语夸张仇人逢狭路
　　　　　扬镳分道豪杰走单骑

第十三回　豪情闲逸酒醉吐光头
　　　　　好梦惊还宵深来黑影

第十四回　图报前仇屋巅飞暗器
　　　　　密谈往事窗外语惊人

第十五回　故意弄玄虚英雄入彀
　　　　　暗中通消息豪杰关怀

第十六回　病鬼卧房中喧阗不已
　　　　　猴儿绑炕上变化无穷

第十七回　苦炼十年报仇刺大侠
　　　　　独据一室戏要捉强梁

第十八回　飞剑长空含怒诛妖道
　　　　　白云深处养晦随神仙

第十九回　息影栖真观俗尘尽涤
　　　　　寻亲上清宫孝道可嘉

第 二 十 回　父病亲侍凉宵除怪物
　　　　　　母仇未报幽径拜高人

第二十一回　到处奔波静听隐士语
　　　　　　当街溅血怒取仇人头

第二十二回　排除友难屋上擒头陀
　　　　　　侦探仇踪街前遇至戚

第二十三回　半夜歼强徒母仇方报
　　　　　一朝会旧雨警讯频传

第二十四回　报道城危满腔沸热血
　　　　　捐躯国难万古留佳名

大闹泰山观

武侠小说。江蝶庐著。上海广益书局。1941 年 11 月版。1 册。7 万字。前奏 1 篇。插图 13 幅。共 18 回。

第一回　贪恋红尘图逃下界
　　　　惊遇黑兽被劫登山

第二回　扑蝶园中夫人教子
　　　　读书窗下宿儒为师

第三回　聚仙楼饰词问酒保
　　　　提督府暗器退恶徒

第四回　怒恨填胸下山行刺
　　　　垂头丧气趁水逃生

第五回　闻笛声误中铁口涎
　　　　慕美色怒杀秀才妻

第六回　黑夜凄怆冤魂托梦
　　　　白昼强抢闺女娇啼

第七回　锄恶诛凶血飞古寺
　　　　疏财仗义周济书生

第八回　莽英雄忍饥思旧业
　　　　小侠客纵火焚山冈

第九回　救老仆匆忙归故里
　　　　会恶僧奋勇打擂台

第 十 回　五太岁观中欣聚首
　　　　两孩童座上显奇能

第十一回　宿黑店悍贼遇瘟神
　　　　摆擂台英雄败太岁

第十二回　吐剑光险伤小侠客
　　　　说梦话惊走恶和尚

第十三回　用薰香聚宝楼被盗
　　　　献童子飞云寺降妖

第十四回　打死小奸潜身闺闼
　　　　擒来豪杰幽禁机关

第十五回　飞刀闸英雄脱险地
　　　　莲花山女将许终身

第十六回　江湖侠有心试法宝
　　　　柳树精变化戏僧人

第十七回　饮香醪席上谈衷曲
　　　　舞铁棍月下逞威风

第十八回　青草塘交锋胜勇士
　　　　泰山观秘密造机关

王先生幽默谈

滑稽小说。江蝶庐著。上海广益书局。1939 年 11 月版。1 册。4 万 9 千字。插图 8 幅。共 184 则。

西洋镜	不嫁你
想做男子	煮鱼
出头	满口金牙齿
战斗机	经济打算
要求	马屁
贼脚	舌头做的
更倒霉	理财家
讨债	有求必应
装电铃	鸡蛋糕
就是你	好人与坏人
电话	牙齿痛
没有灵魂的人	捉鸟法
一把刀	我也在衣服内
初次	夸大
开水	戒烟丸
接吻	藕孔
自杀	酒
偷去了半袋米	不许小便
立在雨中	借裤
吱吱叫	等你伤风好了
留着跳舞	屁之长短
失物	生命与虚荣
从军	胃口好
理发	油炸桧

三角借款

自来水笔

现在的钱

染虫

酒是我的命

挑粪

幸亏没穿鞋子

身体

地球旋转

健康

种熟瓜

瘦与胖

蚤虱药

三从四德

正要问你

男贱女贵

不要脸

钱忘不了

好

长二寸

偷苹果

月光之下

烧死蜈蚣

谎

摸一摸

窃米

结婚像剪刀

照片

抢饭

两眼全瞎

跌交

不动产

粪里加盐

点火

头与臀

留着狗铭的

过犯

先生

死

找我一百块钱

奉承

好福气

动手不得

缺了一个人口

拔牙

属狗的

喝汤吧

攻后方

马齿

烧干了海水

人上人

骑马挑担

那个不是贼

快

哑乞丐

眼镜

升级

饭粮

医肚子饿的药

二十万万分钟

多吃饭少开口

喝汽水

黑白袜

光

日光浴

消息不灵

耳之用途

女明星

两

一切都献给你

支票

上星期的雨

杀猪

钥匙在他袋里

十次与九次

也是一种工作

电话求婚

没有通过

大笑三次

地心有吸力的

秃得精光

打鬼

犬

终不忍绝交

叉麻雀

这样

物归原处

呆鸟

失掉的脑袋

高等音乐

不吸自己烟

不管闲事

谁先葬入鱼腹

只得还了他

靠自己

最宜白吃

失于检点

硬

脸黑

地球出汗

不是要烂了吗

牙签

最后希望

省几分邮票

短命鱼

三片面包

鱼

他爱我的耳朵

牺牲

人寿险

鸡叫

只好活下去

红烧肉

精明的商人

打太阳

显微镜

随便

美的东西

失败是成功之母

不吃饭

求得一个女儿

认本家

接财神

迁居

大骂势利狗

练习跳舞

碰着剥猪猡

贩卖棺材

歪才

解释俗语

信托公司

健忘病

借债和赖债

认真做一个好了

口头禅

狼

五彩姻缘

民间小说。江蝶庐(江天览)著。上海广益书局。1936年1月版。1册。8万字。吴门老叟作序1篇。共15回。

第一回　证明五色梦身历南邦
　　　　赋就七言诗宾延西席

第二回　湖上闲游风雅垂青眼
　　　　堤边惊艳奸邪起黑心

第三回　得见有缘人芳心默许
　　　　偏逢无赖子歹念顿生

第四回　云何不乐才子晤佳人
　　　　突如其来深宵失爱女

第五回　见色运机谋霸占凤侣
　　　　怜香救弱息大发狮威

第六回　渡清江浦失意遇强徒
　　　　入华严庵无心逢长嫂

第七回　还愿烧香多娇祈母寿
　　　　索诗题句老妪探才郎

第八回　相思缠病榻传达诗情

　　　　假意拜慈航订成婚约

第九回　乱离遭叛贼失散亲娘
　　　　刺绣比针神权认姊妹

第十回　说破内根由盟联三美
　　　　巧逢旧相识喜获双姝

第十一回　更名易姓雁塔喜标题
　　　　　赴任履新驿亭认骨肉

第十二回　找寻甥女偏还合浦珠
　　　　　拯救诗人发配南昌府

第十三回　进谒抚军却逢故东主
　　　　　选择佳婿又配旧西宾

第十四回　黄抚院为国除奸削佞
　　　　　李知县代友报仇雪恨

第十五回　喜得双姝叙述心间事
　　　　　目迷五色归结梦中缘

文武香球

民间小说。江蝶庐著。上海新文化书社。1935 年 9 月再版。2 册。23 万字。共 72 回。

第 一 回　拾箭	第二十五回　露情
第 二 回　赠球	第二十六回　游园
第 三 回　告周	第二十七回　验尸
第 四 回　许亲	第二十八回　发令
第 五 回　请庚	第二十九回　乔扮
第 六 回　改聘	第 三 十 回　判斩
第 七 回　陷奸	第三十一回　法场
第 八 回　闹观	第三十二回　剿寨
第 九 回　遇盗	第三十三回　贿相
第 十 回　仙救	第三十四回　二剿
第十一回　计陷	第三十五回　诱父
第十二回　勘问	第三十六回　盘球
第十三回　毙薛	第三十七回　习武
第十四回　私逃	第三十八回　私订
第十五回　闹馆	第三十九回　双逃
第十六回　打擂	第 四 十 回　病庙
第十七回　诛盗	第四十一回　求乞
第十八回　占寨	第四十二回　赠银
第十九回　审问	第四十三回　卖对
第二十回　探监	第四十四回　招亲
第二十一回　济贫	第四十五回　收抢
第二十二回　议嫁	第四十六回　贼订
第二十三回　继女	第四十七回　露妆
第二十四回　代婚	第四十八回　考试

第四十九回　武闱　　　　　第六十一回　误擒
第五十回　比武　　　　　　第六十二回　敌阵
第五十一回　拜师　　　　　第六十三回　获胜
第五十二回　三剿　　　　　第六十四回　番陷
第五十三回　山叙　　　　　第六十五回　摆阵
第五十四回　山战　　　　　第六十六回　破阵
第五十五回　议奏　　　　　第六十七回　诛妖
第五十六回　双馈　　　　　第六十八回　平番
第五十七回　恩赦　　　　　第六十九回　奏凯
第五十八回　钦召　　　　　第七十回　封赠
第五十九回　谒相　　　　　第七十一回　荣归
第六十回　发兵　　　　　　第七十二回　团圆

六 月 雪

民间小说。江蝶庐著。上海广益书局。1938 年 7 月版。1 册。12 万 5 千字。自序 1 篇。人物插图 13 幅。共 30 回。

第一回　摒挡走长途多亏义仆
　　　　趱趄悔前约宛劝娇娃
第二回　坐索聘金亲娘何勒逼
　　　　横遭抢白夫妇起争端
第三回　苦口良言乔装离绣阁
　　　　伤心落泪忍痛走他乡
第四回　记挂问丫头楼台受绐
　　　　商量收义女膝下承欢
第五回　戴月披星不辞千里苦
　　　　交杯合卺成就百年姻
第六回　图骗扮书生假真莫辨
　　　　甘心执贱役名利惟求

第七回　驿站杀钦差钢刀溅血
　　　　酒楼赚好汉暗箭伤人
第八回　逼供动非刑冤沉狱底
　　　　联名求复审怒上心头
第九回　惧怕贿银奸差商暗算
　　　　殷勤劝酒义士破阴谋
第十回　虎口余生脱身出囹圄
　　　　龙舟赛会失足坠淮河
第十一回　命苦多磨龙宫避厄运
　　　　嘴馋中毒羊肚丧残生
第十二回　恶贼最刁钻诬攀命妇
　　　　县官真糊涂冤抑贤人

第 十 三 回　波外又生波三更放火
　　　　　　苦中还要苦半日探监

第 十 四 回　武举骂县官鳞伤遍体
　　　　　　恶奴追巡按马不停蹄

第 十 五 回　按院受惊二奴劫宝印
　　　　　　法场问斩百姓怨苍穹

第 十 六 回　送饭得凶耗高年哭媳
　　　　　　开刀生巨变炎夏飞霜

第 十 七 回　鼓噪鸣冤军民求豁罪
　　　　　　冲风冒雪医士吐真情

第 十 八 回　笔底起沉冤拨云见日
　　　　　　案前责枉法摘印休官

第 十 九 回　祖饯糊涂官羞含寡水
　　　　　　生还贤惠妇泣饮残灯

第 二 十 回　婆媳庆重生衔恩感德
　　　　　　军师施号令足智多谋

第二十一回　有耳隔墙听双僧被杀
　　　　　　化装作佛事众杰相逢

第二十二回　假道坐蒲团结缘施药
　　　　　　冒医入虎穴诵咒画符

第二十三回　劫狱反牢借花灯举火
　　　　　　斩关夺路烧柳树疑兵

第二十四回　河上驾扁舟细谈衷曲
　　　　　　樽前凭妙舌畅叙交情

第二十五回　圈套作成却须千口酒
　　　　　　网罗布就全仗一封书

第二十六回　贪吏恶收场桅杆高吊
　　　　　　英雄难报答卦爻参详

第二十七回　忍痛熬刑怒啖污吏眼
　　　　　　贪功落网惊碎恶奴心

第二十八回　打入囚笼中脱身绝望
　　　　　　计困水岛里插翅难飞

第二十九回　别驾出晶宫爱才赐宝
　　　　　　怀丹揭黄榜治疾封官

第 三 十 回　招抚群雄湖山息烽火
　　　　　　铲除三害人烛庆团圆

双 飞 凤

民间小说。江蝶庐著。上海广益书局。1941 年 2 月。1 册。9.5 万字。作者卷头语 1 篇。共 18 回。

第一回　题破庙触怒生怜
　　　　涵香匼夸口惹厌

第二回　刁天胡热讨一场羞
　　　　强不知艳谈天下美

第三回　甘不朵误入湘妃祠
　　　　辛荆燕大开红药社

第四回　话青楼喜遇有心人
　　　　探香闺开出有情路

第五回　慕芳香改装女子
　　　　怜才貌愿变男儿

第六回　近朱者先窃红香
　　　　未来者细商黑漆

第 七 回　辛解愠指子夜明明挑绿绮
　　　　　甘不朵咏灯影暗暗系红丝
第 八 回　因积雨误佳期书生空着急
　　　　　赏牡丹怜俊彦父母也留情
第 九 回　黎瑶草最有心思能忖度
　　　　　甘非想不加声色善提防
第 十 回　刁天胡赖婚姻自告自
　　　　　王知县审官司单打单
第十一回　彤管生花一时惊县座
　　　　　赤绳系美千里报师恩
第十二回　暴将军张阃外杀风流
　　　　　辛小姐饰泥中弄强横
第十三回　暴公子瞒不到底仍还原像

　　　　　假夫人巧饰眼前装出真腔
第十四回　占高魁准拟快乘龙
　　　　　寻旧约何期惊去凤
第十五回　辛光禄事变差再暗订前盟
　　　　　甘探花心不改偏硬辞贵聘
第十六回　为辞婚触权奸遭显祸
　　　　　因下狱感明圣赐归婚
第十七回　痴恶汉向外亲探内事
　　　　　俏佳人借古迹索新题
第十八回　四才子两交婚大快素志真
　　　　　得意
　　　　　双夫妻齐面圣特加恩爵大
　　　　　团圆

双金锭全传

民间小说。江蝶庐编。上海广益书局。1946 年 8 月新 1 版。1 册。6 万字。编者写卷头语 1 篇。人物插图 16 幅。共 13 回。

第 一 回　水手争簃
第 二 回　金锭联姻
第 三 回　扶柩回乡
第 四 回　夺屋动武
第 五 回　花园见婿
第 六 回　逼写婚书
第 七 回　凶奴杀婢

第 八 回　诬陷屈招
第 九 回　义仆探监
第 十 回　哭圣闹衙
第十一回　庵堂定亲
第十二回　沥血告状
第十三回　双美团圆

双珠凤全传

民间小说。江蝶庐著。上海大达图书供应社。1936 年 3 月再版。1
册。11.9 万字。作者叙言 1 篇。共 80 回。

第 一 回　拾凤	第二十五回　服毒
第 二 回　访倪	第二十六回　报验
第 三 回　戏凤	第二十七回　议救
第 四 回　绝欲	第二十八回　换监
第 五 回　投靠	第二十九回　代毙
第 六 回　寻主	第 三 十 回　夜奔
第 七 回　窃贼	第三十一回　相验
第 八 回　遇虎	第三十二回　吊墓
第 九 回　继女	第三十三回　遇盗
第 十 回　报信	第三十四回　缢坟
第 十一 回　击告	第三十五回　救美
第 十二 回　写轴	第三十六回　谒师
第 十三 回　庆寿	第三十七回　闱论
第 十四 回　赏荷	第三十八回　邀卜
第 十五 回　送花	第三十九回　圆梦
第 十六 回　楼会	第 四 十 回　议请
第 十七 回　私订	第四十一回　逼逸
第 十八 回　逸美	第四十二回　游园
第 十九 回　访仆	第四十三回　唱歌
第 二 十 回　质凤	第四十四回　通情
第二十一回　乔探	第四十五回　火庆
第二十二回　哭亲	第四十六回　扑救
第二十三回　逼谋	第四十七回　遣探
第二十四回　醉富	第四十八回　援金

第四十九回　留挈　　　　　　第六十五回　私吊
第 五 十 回　继凤　　　　　　第六十六回　写状
第五十一回　露情　　　　　　第六十七回　密拿
第五十二回　惊秋　　　　　　第六十八回　告状
第五十三回　捉奸　　　　　　第六十九回　大审
第五十四回　显魂　　　　　　第 七 十 回　出罪
第五十五回　移祸　　　　　　第七十一回　滴血
第五十六回　后验　　　　　　第七十二回　店会
第五十七回　酷讯　　　　　　第七十三回　简疑
第五十八回　思金　　　　　　第七十四回　谒刘
第五十九回　错叱　　　　　　第七十五回　惊美
第 六 十 回　追美　　　　　　第七十六回　计议
第六十一回　撰表　　　　　　第七十七回　虚毙
第六十二回　赐爵　　　　　　第七十八回　参相
第六十三回　探葵　　　　　　第七十九回　荣归
第六十四回　诱菊　　　　　　第 八 十 回　团圆

玉 蜻 龙

民间小说。江蝶庐著。上海广益书局。1937 年 1 月版。2 册。18.3
万字。自序 1 篇。插图 13 幅。共 54 回。

第 一 回　奉母探亲　　　　　第 九 回　私奔戏叔
第 二 回　反目赠锣　　　　　第 十 回　还巾绝欲
第 三 回　还愿露容　　　　　第十一回　反诳逐邹
第 四 回　遇凤说亲　　　　　第十二回　激邹亭会
第 五 回　救灾结义　　　　　第十三回　访邹亭会
第 六 回　追邹退仆　　　　　第十四回　释怨盟义
第 七 回　思春设计　　　　　第十五回　登楼杀贾
第 八 回　探妹遇邹　　　　　第十六回　卸级报验

第十七回　首级嘱诬　　　　第三十六回　登山劫凤

第十八回　认级枉问　　　　第三十七回　抢亲告状

第十九回　安狱别母　　　　第三十八回　出京上山

第二十回　戮僧遇邹　　　　第三十九回　遇友议嫁

第二十一回　告状阅词　　　第四十回　私行嘱告

第二十二回　云间访私　　　第四十一回　审问锄恶

第二十三回　审断赠书　　　第四十二回　出罪除奸

第二十四回　别母起解　　　第四十三回　审明逼梁

第二十五回　戮崔陷邹　　　第四十四回　开馆逢豹

第二十六回　枉问打子　　　第四十五回　纳琴选凤

第二十七回　鲨财探狱　　　第四十六回　逼凤别亲

第二十八回　别邹杀解　　　第四十七回　送女隐山

第二十九回　逢义护送　　　第四十八回　落院诉情

第三十回　坠江继子　　　　第四十九回　认父别子

第三十一回　激病访兰　　　第五十回　善恶分明

第三十二回　谒兰点犯　　　第五十一回　获解请勘

第三十三回　演技请唐　　　第五十二回　捉琴急豹

第三十四回　跳墙递纸　　　第五十三回　戮奸悲凤

第三十五回　勘问出罪　　　第五十四回　佳期团圆

四　香　缘

民间小说。江蝶庐重编。上海广益书局。1939 年 3 月再版。1 册。12 万字。嵚崎生弁言 1 篇。插图 29 幅。共 32 回。

第一回　京报　　　　　　　第六回　放杨

第二回　灵饰　　　　　　　第七回　祭旗

第三回　刺严　　　　　　　第八回　闹朝

第四回　显圣　　　　　　　第九回　讹虎

第五回　搜杨　　　　　　　第十回　见姑

第 十 一 回　镜情

第 十 二 回　焚寨

第 十 三 回　赚珠

第 十 四 回　荐引

第 十 五 回　冒姻

第 十 六 回　朝议

第 十 七 回　问卜

第 十 八 回　受敌

第 十 九 回　见夫

第 二 十 回　露真

第二十一回　留托

第二十二回　班师

第二十三回　忆女

第二十四回　哭灵

第二十五回　说亲

第二十六回　探病

第二十七回　梦圆

第二十八回　扳奸

第二十九回　冥勘

第 三 十 回　释贞

第三十一回　完叙

第三十二回　归隐

生 死 板

民间小说。江蝶庐著。上海广益书局。1946 年 7 月初版。1 册。5.5 万字。卷头语 1 篇。插图 13 幅。共 20 回。

第 一 回　相面避灾

第 二 回　搬弄是非

第 三 回　信谗责弟

第 四 回　兄弟析产

第 五 回　讨债肇祸

第 六 回　犯罪收监

第 七 回　当堂抢板

第 八 回　惊闻凶讯

第 九 回　夫妻监会

第 十 回　法场诀别

第 十 一 回　五更悲叹

第 十 二 回　贤妇托孤

第 十 三 回　谋占家财

第 十 四 回　逼侄扫雪

第 十 五 回　回家救主

第 十 六 回　义仆升天

第 十 七 回　破谋斥妻

第 十 八 回　打碗逃奔

第 十 九 回　雷殛恶妇

第 二 十 回　阖家团圆

白 眉 毛

武侠小说。江蝶庐著。上海新民书局。1935年2月再版。1册。6万字。弁言1篇。共20回。

第一回	走长途推铁寻老父 投宿舍拔刀助英雄	第十一回	冲霄楼盗取盟单盒 黑树岗拿捉行刺人
第二回	山西雁喜获大环刀 霹雳鬼强趁齐眉棍	第十二回	白箭牌巧试三暗器 金銮殿恩封四品官
第三回	喝滚汤丑汉动武力 吃血酒侠义结金兰	第十三回	接飞镖惊走白菊花 料丧事治愈神弹子
第四回	扮货郎艾虎救盟兄 劫好友徐良耍义弟	第十四回	抱不平用意破刀法 说大话有心削鼻头
第五回	诉冤状房中现鬼形 审奸情堂上失凶身	第十五回	找凤冠误落陷人坑 慕宝剑独探藏珍楼
第六回	闻刀枪巧遇双主仆 饮药酒醉倒众英豪	第十六回	花园中姊妹各逞能 木箱内英雄初受缚
第七回	大苇塘白眉毛追贼 孤树店镖铁塔逃生	第十七回	山西雁恼怒惩伙计 黑妖狐谈笑嘲多才
第八回	假求饶磕死老道士 真得信追踪小尼姑	第十八回	白菊花酒楼上惊心 病判官酱缸中废命
第九回	起毒心无赖谋玉姐 闭血法豪侠毙淫娃	第十九回	贾家屯冯渊得楼图 团城子徐良获宝剑
第十回	上襄阳徐良陈往事 破铜网智化中机关	第二十回	打擂台艺高奸恶寇 大比武美满订良缘

白 鹤 图

民间小说。江蝶庐编。上海广益书局。1949 年 2 月新 3 版。1 册。9
万字。人物插图 13 幅。自序 1 篇。共 36 回。

第 一 回　典钗　　　　　第 十 九 回　报信
第 二 回　济困　　　　　第 二 十 回　朝议
第 三 回　遣索　　　　　第二十一回　征寇
第 四 回　遇仆　　　　　第二十二回　山叙
第 五 回　代赘　　　　　第二十三回　许亲
第 六 回　款婿　　　　　第二十四回　激愤
第 七 回　却贷　　　　　第二十五回　思认
第 八 回　求乞　　　　　第二十六回　谄奸
第 九 回　侠赠　　　　　第二十七回　周探
第 十 回　图害　　　　　第二十八回　豁罪
第十一回　串诈　　　　　第二十九回　哭庙
第十二回　赴试　　　　　第 三 十 回　盘婢
第十三回　失散　　　　　第三十一回　忆婿
第十四回　仇陷　　　　　第三十二回　诱叔
第十五回　私纵　　　　　第三十三回　嘱别
第十六回　审问　　　　　第三十四回　谒师
第十七回　盗银　　　　　第三十五回　汇劾
第十八回　探监　　　　　第三十六回　团圆

边荒大侠

武侠小说。江蝶庐(江天览)著。上海大达图书供应社。1935 年 12
月版。2 册。14 万字。附志 1 篇。作者序言 1 篇。图 29 幅。共 68 回。

第 一 回　嵩山寺僧侠识英雄
　　　　　睢州城宦裔娶贱妇

第 二 回　为幽欢琐奴除眼障
　　　　　闻奸计拾子动心机

第 三 回　详言尸变险语惊人
　　　　　痛哭主灵伤心逐仆

第 四 回　侦探谋掀翻戕夫案
　　　　　验颅骨昭雪覆盆冤

第 五 回　走铁镞淫妇忍极刑
　　　　　探玉舡能人逢异叟

第 六 回　空堂谈剑事事骇闻
　　　　　深夜贻书种种不测

第 七 回　尸解证功风尘留迹
　　　　　剑术剖秘仙侠同途

第 八 回　甄姑娘解示易筋经
　　　　　张辅臣邂逅贩布客

第 九 回　谈盗迹骤踏袁时中
　　　　　走危途店落妲己庙

第 十 回　迎接贵官转惊店媪
　　　　　怒诛盗探巧救章娘

第十一回　过天风乔装酸枣岭
　　　　　马鹞子战贼张耳崖

第十二回　张安马陷误落贼巢
　　　　　云姑穷途忽逢壮士

第十三回　奋智勇云姑救主人
　　　　　脱陷阱辅臣斩头领

第十四回　搜山寨主仆喜无恙
　　　　　认黑痣姊弟巧相逢

第十五回　真切切下探地囚牢
　　　　　惜惺惺误收沙氏女

第十六回　赴祥符命妇先登程

　　　　　拟详稿干员偏拍马

第十七回　闻俚语张安起情思
　　　　　盗马匹陶六丧残生

第十八回　祥符县刑政显清明
　　　　　薯先生风尘小游戏

第十九回　访官声刺客留鸿爪
　　　　　慨仕路归思动莼鲈

第二十回　结红丝双侠订良缘
　　　　　署下考一官弃敝屣

第二十一回　祥符县法晖露机锋
　　　　　　怀沙驿张安逢将弁

第二十二回　料楚材口述藩王宫
　　　　　　张辅臣志作风云气

第二十三回　卜年命闲谒吕仙祠
　　　　　　赴期约重游河洛地

第二十四回　觅花狸小婢窥春色
　　　　　　聘飞熊伦夫充上宾

第二十五回　炫耀武功大言不惭
　　　　　　侈谈话佛法力无边

第二十六回　闹库伦蒙王失政权
　　　　　　猎讦山淫女逢异兽

第二十七回　喇嘛邪术变幻无常
　　　　　　孤客迷途险遭不测

第二十八回　丁从厚患难拯童子
　　　　　　韩依仁卖力捉偷儿

第二十九回　西藏路商客戒行程
　　　　　　乌梁墩英雄欣聚首

第三十回　祈神符道出红柳海
　　　　　拜圣绩相见摩耶宫

第三十一回　闲人穷庐潭忘主客
　　　　　　初经瀚海别有风光

第三十二回　马鹞子独力诛群盗
　　　　　　丁从厚谈话警淫夫

第三十三回　密卖金符妄怀邪念
　　　　　　纵游佛殿满目奇观

第三十四回　打魔鬼千奇又百怪
　　　　　　走包帐一箭中双雕

第三十五回　韩依仁纵欲倾残生
　　　　　　郝世隆信谗欺正室

第三十六回　小丫头愤诉中菁事
　　　　　　大侠客结识少年场

第三十七回　逞豪兴留恋烟花院
　　　　　　掷缠头起疑长舌婆

第三十八回　沙氏女图谋伤孤雁
　　　　　　吴大用设局捉肥羊

第三十九回　赤手翻斗如同霹雳
　　　　　　黄金借客忽肇风波

第 四 十 回　玉河桥酒肆逢异人
　　　　　　仙樵峪月夜觑侠隐

第四十一回　知白子艺服燕飞来
　　　　　　紫金杯巧盗左乡宦

第四十二回　听谗言郎舅失和气
　　　　　　闻毒计鸦鬟告密情

第四十三回　马鹞子拳打郝世隆
　　　　　　乖毛儿压倒沙氏女

第四十四回　嵩山寺英雄求剑术
　　　　　　火夫房噩梦感秋心

第四十五回　苦心学艺方下工夫
　　　　　　感昔衔杯又逢旧友

第四十六回　两镖客杯酒说原因
　　　　　　一少年旅途恣浪荡

第四十七回　乡村农指路潞阳山
　　　　　　俞大娘玩客乌梅镇

第四十八回　赤枫涧一妇人剪径
　　　　　　乌梅镇两镖客羞颜

第四十九回　辞少林远寻琵琶女
　　　　　　探山寨夜渡飞索桥

第 五 十 回　当场比剑慨允婚事
　　　　　　假意入赘暗赚镖银

第五十一回　赤枫寨气走俞娘子
　　　　　　太原城忽逢张千总

第五十二回　秦王营张安买骏马
　　　　　　大同镇姜瓖练将兵

第五十三回　台前演武管豹一斑
　　　　　　山顶立功云程初步

第五十四回　拜义父英雄归本姓
　　　　　　接娇妻夫妇判衷肠

第五十五回　甄云姑淡漠薄繁华
　　　　　　瞽剑客热心再游戏

第五十六回　大侠客济人识兵气
　　　　　　宵小徒作乱造童谣

第五十七回　谋晋省姜总镇弄兵
　　　　　　援荥河王辅臣赴敌

第五十八回　踹清营威震满洲军
　　　　　　绝冠缨气夺八王子

第五十九回　勇辅臣鏖战荥河岸
　　　　　　装病卒三劝大英豪

第 六 十 回　甄侠女神弹稳军心
　　　　　　姜总镇危城闻耗败

第六十一回　八王子擒敌打虎沟
　　　　　　黑云军渡险瓦口寨

第六十二回　失守大同佳人溅血
　　　　　　栖身燕市壮士虚荣

第六十三回　充贱役荣枯嗟无定
　　　　　　承天眷富贵自有时
第六十四回　感戴皇恩御前供职
　　　　　　晋参经略内室倾谈
第六十五回　结英豪宠赐月来姬
　　　　　　捉刺客巧逢金缕女

第六十六回　定云南洪经略奏功
　　　　　　镇曲靖王辅臣专阃
第六十七回　享富贵英雄溺世俗
　　　　　　招隐逸仙侠表深情
第六十八回　恩叩金殿坐镇平凉
　　　　　　祸起边荒悲歌末路

红鬃烈马

民间小说。江蝶庐著。上海广益书局。1947 年 2 月版。插图 8 幅。1 册。5.1 万字。个道人作前奏曲 1 篇。共 20 章。

第一章　王宝川花园烧夜香
第二章　彩楼配
第三章　前门赶出薛平贵
　　　　父女三击掌
第四章　寒窑成亲
第五章　西凉造反
　　　　苏龙魏虎挂帅
第六章　薛平贵下山投军
第七章　降马立功
　　　　别妻误卯
第八章　探寒窑
第九章　两国交锋
第十章　薛平贵大战代战公主

第十一章　魏虎夜刺薛平贵
第十二章　夜袭番营
　　　　　大获全胜
第十三章　义释代战公主
第十四章　醉卧马背入西凉
第十五章　苏龙魏虎回朝
第十六章　鸟吐人言
第十七章　代战公主赶三关
　　　　　平贵回窑
第十八章　相府算粮
第十九章　献血书宫中认太子
第二十章　大登殿

英雄天宝图

民间小说。江蝶庐重编。广益书局。1946 年 7 月版。2 册。21 万字。

灵岩樵子序 1 篇。共 44 回。

第 一 回　安南国进呈异宝
　　　　　扬州城巧会善人

第 二 回　门下客定计哄骗
　　　　　解元公愤怒遭擒

第 三 回　小丫环报德知恩
　　　　　泼辣妇滥刑拷打

第 四 回　救弱质姑娘惩恶
　　　　　庆良宵双美联姻

第 五 回　小豪杰习武仙山
　　　　　大英雄感寒凉夜

第 六 回　困穷途子身求贼
　　　　　坠粪窖臭气熏人

第 七 回　携弱妹漫游访友
　　　　　别良朋回籍探亲

第 八 回　还宿愿佳人被抢
　　　　　贪风月浪子丧生

第 九 回　小霸王临汾充军
　　　　　巡按院长江遇盗

第 十 回　冒名姓搭救钦差
　　　　　闹公堂结交豪杰

第十一回　天齐庙逞能举鼎
　　　　　青云楼胡闹寻仇

第十二回　订良姻红丝系足
　　　　　挟旧怨黑夜烧楼

第十三回　乏资斧落魄卖拳
　　　　　求功名进京赶考

第十四回　盗花银巧救巡按
　　　　　奉圣旨密访官民

第十五回　兰花院豪杰钟情

　　　　　驸马府娇娘遭难

第十六回　老奸贼奏推鼎甲
　　　　　勇将军夺取状元

第十七回　离帝阙君臣进香
　　　　　退贼兵兄妹救驾

第十八回　憩息松林逢盗首
　　　　　怒攻山寨骂强徒

第十九回　走长途病羁旅店
　　　　　访反叛身陷土牢

第二十回　小奸贼强抢佳人
　　　　　伴驾王欣逢义侠

第二十一回　东昌府巧偷印剑
　　　　　　淮安城幽禁图圄

第二十二回　害善人奸侩定计
　　　　　　探盗穴甥舅相逢

第二十三回　杀强徒大破山寨
　　　　　　约群英同上淮安

第二十四回　剪径贼劫银短路
　　　　　　平康妓荐枕留情

第二十五回　盗库房英雄见主
　　　　　　打花鼓侠女赚奸

第二十六回　焦家寨忽遇虎将
　　　　　　集贤居巧会仇人

第二十七回　隐旅店全仗宝伞
　　　　　　救善人大劫法场

第二十八回　除奸佞封官晋爵
　　　　　　夺天朝进表反元

第二十九回　平苗黎番帐下书
　　　　　　勇太子擂台夸口

第 三 十 回　老豪杰惊逢敌手
　　　　　　半空儿戏耍番奴
第三十一回　仗仙术沙场擒将
　　　　　　刮妖风平地无踪
第三十二回　金家寨元帅屯兵
　　　　　　寒冰塘花姑捉怪
第三十三回　打将珠佳人得胜
　　　　　　老君棍好汉逞能
第三十四回　美婵娟神针却敌
　　　　　　铁石星睡柜遭灾
第三十五回　追番将巧谐花烛
　　　　　　战妖僧惊睹袈裟
第三十六回　矮子奉命下仙山
　　　　　　王爷遇难埋贼府
第三十七回　平苗黎晋爵封王

　　　　　　征交趾兴兵起马
第三十八回　神兽显威喷烈火
　　　　　　仙绦变化困英雄
第三十九回　扫南王羞天魔女
　　　　　　天魔女愤扫南王
第 四 十 回　恃威风义释小将
　　　　　　破恶阵羞辱娇妻
第四十一回　交趾湖勇将归位
　　　　　　绝龙关元帅鏖兵
第四十二回　二皇叔铁笼遭殃
　　　　　　俏佳人山寨诈死
第四十三回　小霸王木像破关
　　　　　　苏千岁沙场丧命
第四十四回　写降书两邦息战
　　　　　　得图马四海升平

虎穴英雄

武侠小说。江蝶庐著。上海新民书局。1935 年 4 月。1 册。3 万字。
共 20 回。

第一回　豪杰飘零穷途卖解
　　　　贼奴逞暴平地受创
第二回　契合神交教导拳法
　　　　品评宝剑初试锋芒
第三回　思量报仇酒店聚义
　　　　密图行刺草堂成擒
第四回　松绑缚讨情释兄子
　　　　借银钱忿怒打叔翁
第五回　黑眚神急智脱羁绊

　　　　小头鬼妙机设牢笼
第六回　仗大力恶僧强募化
　　　　挟前愆蟊贼架空言
第七回　大英雄角力奇能显
　　　　胖罗汉服输巧计排
第八回　钟义士席间断铁箸
　　　　马镖师千里押银钱
第九回　美姑娘深林放响箭
　　　　青年侠中途失镖车

第 十 回　马祥斌叩访阮寨主
　　　　　阮云姑下嫁马英雄
第十一回　得书信应召赴帝阙
　　　　　寻下落别父走登州
第十二回　落圈套旅舍救老汉
　　　　　入人丛长街惩贼徒
第十三回　晤知己马祥斌设宴
　　　　　错宿头卢文皋借居
第十四回　款留上宾为安家宅
　　　　　捉拿妖怪独宿香闺
第十五回　结朱陈拜辞岳父母

　　　　　瞧热闹惊遇亲姐夫
第十六回　求神灵两夫妻还愿
　　　　　抢妇女一恶霸称强
第十七回　探芳踪只身冒奇险
　　　　　毁贼容拼死保情操
第十八回　掷瓦片奋勇斗贼窟
　　　　　中挠钩被擒禁石牢
第十九回　接警讯丰盛店聚首
　　　　　写状词历城县鸣冤
第二十回　破贼巢英雄脱虎穴
　　　　　完骨肉侠义返家园

侠义五飞剑

武侠长篇说部。江蝶庐著。上海广益书局。1939 年 1 月再版。1 册。8.5 万字。人物插图 13 幅。共 32 回。

第 一 回　应运而生异人天降
　　　　　失言以后豪杰灾临
第 二 回　拔刀锄恶仗义救人
　　　　　洞烛奸僧叩头服礼
第 三 回　求名卜姓密察军情
　　　　　寻路入山探听妖迹
第 四 回　冒险山巅惊逢草虎
　　　　　窥春网上忽觌迷沙
第 五 回　攻盘龙山算无遗策
　　　　　破迷魂阵死里逃生
第 六 回　良朋占卜劝友图功
　　　　　贤母自经逼儿立志
第 七 回　三更火起巧赚巨魁

　　　　　一道白光成全盟弟
第 八 回　荒林行猎破庙擒凶
　　　　　王府闲游花园遇美
第 九 回　洞房惊艳色鬼忘形
　　　　　粪窖偷生懦夫遗臭
第 十 回　用武茶坊公差割耳
　　　　　焚烧佛寺和尚光身
第十一回　苦口婆心顿开茅塞
　　　　　夜深人静诉告衷肠
第十二回　引路指迷山僧仗义
　　　　　破棺滴血大侠成功
第十三回　天王得梦祸起萧墙
　　　　　乱贼争权戈操同室

第 十 四 回　款步山头禅参欢喜
　　　　　　吟诗灯下写出相思

第 十 五 回　迁地同居殷勤献媚
　　　　　　走廊看相秘密洞窥

第 十 六 回　良缘美满海底成婚
　　　　　　恶计巧施营前溅血

第 十 七 回　酒后失贞桃花逐水
　　　　　　山中劝驾贝叶证禅

第 十 八 回　丈夫得志背义忘恩
　　　　　　大侠复仇披肝沥胆

第 十 九 回　蓦见人头号啕痛哭
　　　　　　同登牛首凭吊伤心

第 二 十 回　走失婴儿虎彪自责
　　　　　　忽来道长驹凤更生

第二十一回　访迹寻踪英雄遇旧
　　　　　　将身求偶侠女从夫

第二十二回　树林杀贼小试技能
　　　　　　花烛初谐情深伉俪

第二十三回　假托神通半空得印

叠传匪耗独任平妖

第二十四回　校场演武健卒三千
　　　　　　山顶求师剑光一道

第二十五回　夫妇偕逃金箍肇祸
　　　　　　邑尊问案宝剑飞翔

第二十六回　矮子机谋作囚阶下
　　　　　　英雄遇识为客堂前

第二十七回　七里滩头妖姬炼法
　　　　　　五雷阵内乌龟丧身

第二十八回　妖魔大败绿柳化龙
　　　　　　兽阵双生红莲产子

第二十九回　长途发配杀盗拘奸
　　　　　　边陲逞雄拥兵叛乱

第 三 十 回　恶贯满盈贼人戕命
　　　　　　运筹握算反寇自裁

第三十一回　合卺礼成乘鸾跨凤
　　　　　　甘霖遍布捉怪擒妖

第三十二回　骨肉团圆乞恩旋里
　　　　　　丈夫得意告禀归宗

金 如 意

民间小说。江蝶庐著。上海新民书局。1934 年 10 月初版。1 册。4.8 万字。系重编本。自序 1 篇。共 20 回。

第一回　遇昭

第二回　演扮

第三回　投靠

第四回　试琴

第五回　戏婢

第六回　通桃

第七回　露情

第八回　说亲

第九回　盘婢

第十回　看灯

第十一回　庵会　　　　　　　第十六回　许亲
第十二回　闺赠　　　　　　　第十七回　访蒋
第十三回　诳写　　　　　　　第十八回　会试
第十四回　换蟾　　　　　　　第十九回　闹院
第十五回　反激　　　　　　　第二十回　团圆

狐狸奇缘

民间小说。江蝶庐著。上海广益书局。1947 年版。1 册。7.4 万字。开场白 1 篇。图 8 幅。共 22 回。

第一回　好景无常隐居返地府
　　　　孝思不匮扫墓遇妖狐
第二回　幻化美人良宵赴密约
　　　　痴迷公子书馆候佳期
第三回　盗取真元甘言竟入彀
　　　　狂贪美色病体渐支离
第四回　摘果起祸端活吞稚子
　　　　残肢不忍睹吓倒苍头
第五回　一片忠心良言劝幼主
　　　　满腔呆念拙计瞒家人
第六回　激起群情齐心捉妖怪
　　　　顺从众劝挥泪埋儿尸
第七回　公子梦呓含怒叱白发
　　　　长工鼓噪埋伏在黄昏
第八回　一粒金丹毫光惊蠢汉
　　　　双行珠泪媚语试痴郎
第九回　义愤填胸鸟枪打仙女
　　　　巧施障眼手帕变天桥
第十回　玉面狐返洞蓄谋定计
　　　　王道士摆摊作施装腔
第十一回　丑态话如绘哄人财帛
　　　　　大言真不惭谎梦天宫
第十二回　符箓妄涂管家到处贴
　　　　　荆鞭乱打老道苦求饶
第十三回　掩饰羞颜复归邀道友
　　　　　夸张大口重返搭经台
第十四回　捣乱法台玉狐毁圣像
　　　　　保全道教吕祖驾祥云
第十五回　起死赐金丹仙家妙术
　　　　　含怒看宝牒妖女戎装
第十六回　正能制邪用良言相劝
　　　　　邪难胜正放骚气逃生
第十七回　真人定性净室请天兵
　　　　　异类恃强荒山抗神将
第十八回　诸宿降凡尘天罗密布
　　　　　群狐现丑形地网难逃
第十九回　触天怒山前歼怪物
　　　　　腾空法罩底变蚊虫

第 二 十 回　变化惊多端相生相克
　　　　　　遭擒羞无限自怨自悲
第二十一回　鬏辣法台周生求赦罪

第二十二回　阐扬道教吕祖广开恩
　　　　　　运用元机复活苍头子
　　　　　　矜怜物命纵归玉面狐

夜行飞侠传

武侠小说。江蝶庐著。上海新民书局。1935 年 1 月版。上海广益书局。1948 年 7 月版。1 册。6.2 万字。共 30 回。

第 一 回　思往事贤母说冤恨
　　　　　　留短柬侠客馈赆仪
第 二 回　赴棘闱书生赶试事
　　　　　　住黑店掌柜吃人心
第 三 回　梅花侠暗救小主仆
　　　　　　玄衣女戏耍美郎君
第 四 回　弱书生初会李逸仙
　　　　　　老苍头拜请范小淹
第 五 回　失盘川王府充医生
　　　　　　施刀圭闺房治奇症
第 六 回　俏丫头无意泄婚约
　　　　　　纨绔子有心设诡谋
第 七 回　赏桂花奸徒假殷勤
　　　　　　喝药酒书生真醉倒
第 八 回　桂香轩艳婢遭杀害
　　　　　　勾栏院篾片暗商量
第 九 回　陷儒生黑夜贿幕宾
　　　　　　救小主黄昏求侠女
第 十 回　警贪婪县官丢胡子
　　　　　　听秘密侠客受飞镖
第十一回　飞侠客牢狱救贤士

　　　　　　弱书生旅店拯老翁
第 十 二 回　瞻佛像误入藏春园
　　　　　　触机关被禁灌水窟
第 十 三 回　梅花侠单身探古刹
　　　　　　虬髯师狠心逼红颜
第 十 四 回　活络闸莽汉中药箭
　　　　　　盘旋镜恶魔掷飞刀
第 十 五 回　灯光中和尚食婴孩
　　　　　　冷月下侠女歼贼秃
第 十 六 回　小团圆初订凤头钗
　　　　　　登贤榜欣折蟾宫桂
第 十 七 回　探花郎荣归返故乡
　　　　　　登徒子毒意夺遗产
第 十 八 回　焚妆阁镜姑险轻生
　　　　　　掷人头逸仙警恶霸
第 十 九 回　赀重金聘请拳教师
　　　　　　通书信侮辱琼林客
第 二 十 回　摆擂台拳打卷地虎
　　　　　　跳官舫剑刺探花郎
第二十一回　一道白光惊走飞贼
　　　　　　数支竹签巧断奇情

第二十二回　供出金簪恶妇吐实
　　　　　　丢失印信暴客留诗
第二十三回　蓦见美色闺女受戮
　　　　　　探访贼踪贤令化装
第二十四回　播邪术传教骗乡愚
　　　　　　置蒙药赚计欺县尹
第二十五回　识破行藏被禁钟楼
　　　　　　为辨哭声倾听茅屋
第二十六回　黄花观里侠女救夫

　　　　　　历城县中纸人作怪
第二十七回　华玄风邪法扰闾阎
　　　　　　李逸仙飞镖擒妖人
第二十八回　杀老道肃清黄花镇
　　　　　　找印信试探坛子湾
第二十九回　梅花侠独破凌霄阁
　　　　　　玄衣女怒斩铁背鼋
第三十回　　得家书辞官亲侍疾
　　　　　　晓大义豪侠庆团圆

穿金宝扇恨

民间小说。江蝶庐编。上海广益书局。1946 年 5 月版。1 册。6.5 万字。江蝶庐弁言 1 篇。人物图 4 页。共 46 回。

卷上

第一回　安南国进呈宝扇
　　　　陶彦山惧祸亡身
第二回　陶文灿力撕小奸
　　　　严汉莲哭诉圣驾
第三回　美书生绣阁藏身
　　　　勇豪杰钞关授徒
第四回　陶文彬乔装婢女
　　　　方翠莲巧合姻缘
第五回　松林中惊遇强盗
　　　　棺木内喜会佳人
第六回　御史府夫人庆寿
　　　　水球寨恶贼遭殃
第七回　失麟儿跳来猛虎
　　　　捉虱子拜见天官

第八回　王家庄小姐装疯
　　　　龙泉县英雄被执
第九回　王素珍半途惊贼
　　　　刁蝉梅千里寻夫
第十回　产肉球刁氏害病
　　　　验尸首王善丧生
第十一回　肉丘坟柳浪解厄
　　　　　珍珠山文灿遭擒
第十二回　陶文灿山寨结义
　　　　　王素珍沙场鏖兵
第十三回　愤奸党怒扰帝阙
　　　　　助姣娃惨戮满门
第十四回　毛大嫂涉水牵舟
　　　　　陶二爷登台唱戏
第十五回　走湖广投奔姑父

摆擂台招赘姻亲

第 十 六 回　众英雄襄阳聚会
两兄弟骨肉重逢

第 十 七 回　总兵府群英返寨
清江城众贼摆擂

第 十 八 回　八盘山王能送信
蜈蚣岭严霸争锋

第 十 九 回　斗法宝走马交兵
下仙山回家认父

第 二 十 回　严汉珍沙场耀武
蒋矮子宝帐偷情

第二十一回　苏玉兰铜底身死
陶文彬刀下轻身

第二十二回　百花仙招魂摄魄
乌黑龙引兵攻关

第二十三回　千岁下书求隐士
元戎探穴遇仙人

卷下

第二十四回　乌月红弃暗投明
瓯泥佛掀风作浪

第二十五回　虎牙滩妖人丧胆
白光洞郎舅谈心

第二十六回　清江城密谋毒计
登州府玩赏花灯

第二十七回　豪杰耍刀惊艳遇
娇娃得扇订良姻

第二十八回　丑矮子逞骄伤命
小英雄放火烧衙

第二十九回　赤土冈父子相会
红毛国奸贼私通

第 三 十 回　保江山勤王救驾
灭奸党晋爵封官

第三十一回　杨钦差扰民选美
苏总兵献女为妃

第三十二回　封国丈衣金腰紫
闯公府头破血流

第三十三回　五花图番邦进贡
十罪犯香气戕生

第三十四回　削权柄西官拼命
痛年高东岳哭灵

第三十五回　杨国芳阴谋恶策
神箭手巧会良朋

第三十六回　飞过海隐身盗宝
陶国公获罪抄家

第三十七回　饮药酒全家醉死
刮狂风二子遇仙

第三十八回　显神通双星获救
凭柬帖二巧联姻

第三十九回　即墨县严查叛逆
周家村惊散夫妻

第 四 十 回　进京去姊妹易服
宿朝中凶徒劫财

第四十一回　一毛贼害人自害
两弟兄难上加难

第四十二回　凤凰潭乍遇善人
刘家店又逢恶煞

第四十三回　刘地保火烧房屋
陈员外计赚官兵

第四十四回　爱才华过继蜈蚣岭
掘土坑活埋国舅

第四十五回　二巧安身飞虎寨

群仙开启肉丘坟 万岁爷下旨招安
第四十六回 陶文灿高山聚义

换 空 箱

民间小说。江蝶庐著。上海大达图书供应社。1935 年 4 月版。1 册。8.4 万字。自序 1 篇。共 24 回。

第 一 回 赌看
第 二 回 调扮
第 三 回 赌东
第 四 回 窥臀
第 五 回 遇金
第 六 回 戏金
第 七 回 骗父
第 八 回 私合
第 九 回 逼唐
第 十 回 闹文
第十一回 遣接
第十二回 庆寿
第 十 三 回 误留
第 十 四 回 演琴
第 十 五 回 戏闺
第 十 六 回 笑揖
第 十 七 回 藏文
第 十 八 回 换箱
第 十 九 回 知道
第 二 十 回 说订
第二十一回 逼金
第二十二回 拷翠
第二十三回 气豹
第二十四回 团圆

描 金 凤

民间小说。江蝶庐著。上海大达图书局。1936 年 4 月版。2 册。20 万字。自序 1 篇。2 卷。共 46 回。

第一回 义仆劝主
第二回 思亲借贷
第三回 投弟寻主
第四回 扫雪遇翠
第五回 留京醉奸
第六回 跌雪联姻

第 七 回　聘翠设计
第 八 回　拜年乔嫁
第 九 回　赚贿写状
第 十 回　议审造帖
第十一回　断回审问
第十二回　勒棺济武
第十三回　谒岳赠凤
第十四回　访友托许
第十五回　盘荣见姑
第十六回　招亲钦诏
第十七回　想妹害王
第十八回　贿忠诬钊
第十九回　谏贿别店
第 二 十 回　探主访兰
第二十一回　报信寄锼
第二十二回　见母别兄
第二十三回　冒郡换狱
第二十四回　劫墓追钊
第二十五回　杀妻遇盗
第二十六回　差探掘藏

第二十七回　探婿受辱
第二十八回　劫斩访主
第二十九回　祈雨授职
第 三 十 回　通诚得雨
第三十一回　见君赐绶
第三十二回　花园亭会
第三十三回　茶访思夫
第三十四回　戏妹诉情
第三十五回　遇宪捉荣
第三十六回　证书勘审
第三十七回　殒婢谒钱
第三十八回　赦罪戮寿
第三十九回　赠珠勒凤
第 四 十 回　还乡命耆
第四十一回　盘仆追凤
第四十二回　假死骗兄
第四十三回　考武征番
第四十四回　败荒招亲
第四十五回　聘将诈降
第四十六回　封赠团圆

清 风 闸

民间小说。江蝶庐编。上海广益书局。1947 年 9 月版。1 册。6 万字。插图 13 幅。自序 1 篇。共 32 回。

第一回　流落他乡遇知己
第二回　凄凉晚景续鸾胶
第三回　垂怜小子继螟蛉
第四回　金尽床头归不得

第五回　寡廉鲜耻灭伦常
第六回　风鉴惊人断吉凶
第七回　清风闸上假装疯
第八回　闭井支锅图灭迹

第 九 回　不顾纲常母嫁子　　　第二十一回　归家酬谢马将军

第 十 回　凌虐不堪寻短见　　　第二十二回　财神示梦掘藏金

第十一回　自古姻缘一线牵　　　第二十三回　控告冤情定远县

第十二回　赁居揎屋近荒唐　　　第二十四回　游花园题匾作对

第十三回　嗟彼孝女嫁穷神　　　第二十五回　纳粟捐官拔劣迹

第十四回　猜拳行令闹洞房　　　第二十六回　匪徒索诈捕厅来

第十五回　显魂借贷雪花银　　　第二十七回　有子方为万事足

第十六回　小本营生难出息　　　第二十八回　包青天出牌招告

第十七回　得过且过度残年　　　第二十九回　贤孝女代父鸣冤

第十八回　时来运转四五六　　　第 三 十 回　求雨坛前认尸骸

第十九回　乔装改姓扮财主　　　第三十一回　淫妇奸夫双伏法

第二十回　一人得彩乐无涯　　　第三十二回　建生祠感恩报德

温 如 玉

民间小说。江蝶庐著。上海广益书局。1942 年 9 月版。1 册。9 万
字。作者叙言 1 篇。共 24 回。

第一回　造访上名山一朝倾盖　　第 七 回　结识富家郎炎凉立判
　　　　牵连入叛案两面疏通　　　　　　窃听隔壁戏悔恨交迸

第二回　变产出州牢戒除嫖赌　　第 八 回　借酒做令官尽情调侃
　　　　停舟玩胜景骗去花银　　　　　　当筵唱曲子大发牢骚

第三回　倒运一起来母亡妻故　　第 九 回　打金钟儿檀郎闹脾气
　　　　抽丰双失望兔死狐悲　　　　　　见苗秃子笺片弄才情

第四回　匆促忽言归征车暂驻　　第 十 回　一缕青丝剖明婊子意
　　　　流连不忍去妓院勾留　　　　　　两行热泪哭软大爷心

第五回　华屋变钱挥金充浪子　　第十一回　旧梦重温存释嫌消恨
　　　　章台走马设宴款神仙　　　　　　良言劝撑节为爱生怜

第六回　遁形换花瓶疑神捣鬼　　第十二回　神女从良约同公子誓
　　　　热情如火炭誓海盟山　　　　　　姐儿祝寿受尽龟婆欺

第十三回　置酒洗尘款留旧伙计
　　　　　见钱开眼看破滥小人

第十四回　款款深情倾心赠财物
　　　　　依依暂别埋首读文章

第十五回　恶仆埋藏锒阴谋暗算
　　　　　奸人逞利嘴明报私雠

第十六回　负气怨红颜背人服毒
　　　　　忘恩趋乌龟笑彼倾家

第十七回　凶信突传来魂飞魄渺
　　　　　祭文朗念罢泪竭声嘶

第十八回　公子呼冤州衙细诉苦
　　　　　清官审讯铁面不留情

第十九回　鞋底打秀才难饶苗秃
　　　　　心头恼无赖重责萧麻

第二十回　潦倒走京都访寻旧友
　　　　　赋闲住客邸会晤高人

第二十一回　指点迷津名山修大道
　　　　　忽逢妖妇烟谷庆余生

第二十二回　看守丹炉镜中幻仙境
　　　　　刮开云雾眼底见家乡

第二十三回　旧事重提疑真还疑假
　　　　　情人复会难割又难分

第二十四回　好景总虚空徒劳妄想
　　　　　红尘从此别永不再来

明朝宫闱秘史

宫闱小说。汤遫仟编辑。上海中华图书馆。1919 年 4 月版。4 册。12 万字。何子俊、郭后觉、王十二序各 1 篇。姚雨岩等题词各 1 首。卷末跋 1 篇。共 4 卷。

卷一
洪武时代宫闱史
马皇后之贤慈
宫官制
红牌
范孺人
女秀才
严遇内侍
雷震谨身殿
造钞用秀才心肝
诗狱

皇淑妃
驸马府
观海东青
浆粉钱
制儒服
御膳列豆腐
江家读孝经
重蚕桑
悯农诗
孝慈录
千秋节仪制

正统时代宫闱史

京兆进春牛

纳后仪制

更选女官

高皇牌

功德寺

奇门功

当年失遇卿

光禄吏

小南城

玉玲珑

吴官童

验绣囊

裕陵图

止殉葬

西苑

南城

不识牛马之皇太子

景泰时代宫闱史

增建御花房

召惜儿

花竹双鸟图

唐氏

银豆歌

成化时代宫闱史

伶官善诙谐

结丝灯

施纯妇

谏架棕棚

王摩诘真迹

八尺里

永寿宫

西宫怨

红药诗

万贞儿

弘治时代宫闱史

七十六铃长夜长

撤幡杆

赐名施文用

丹砂书就辟兵符

沈琼莲宫词

拽铜缸

张皇后

松江布

天下老神仙

正德时代宫闱史

册妃

载得美人归

乌龙船

善说无生法

不许楼罗注起居

调画眉

平台

过锦

于喜

选取民妇

猎骑大扰民

威武北征凯旋

王浣衣

白回子女

剃度师

大棚火

武清侯

特赐泥水刀

验彤史

赐黄

都人子

老女宫

都督松

新建伯

霍光传

金茶壶

太子衣

选驸马

御内操

太孙生

乾裕阁

泰昌时代宫闱史

频询册封仪

何明郑稽山

剔士嬉戏

梃击

红丸

移宫

宁德公主

天启时代宫闱史

赌迷藏

爱花香

教翠娥

红板拖版

拥珠球

铜机

异种花草

五色云

海天霞

彩棚护牡丹

群仙液

迎霜宴

饰面粉

露行花

演金牌记

赐金印

掐指爪痕

看祭水

批红

后辞御操

蹴圆堂

戏建小宫殿

建三殿

宫女禳灾

竞创新妆

女赞礼官

客氏居乾西二所

红箩炭

九九消寒图

月夜至宫

私豢犬

围猎宫中

金丝束发冠

射杀元臣马

赤霞骢

抹布刀儿

客氏谋倾张后

霓裳羽衣堆纱佛

竞尚淡妆

汲井得二金鱼

魏阉好花

周后精研通鉴

苏样妆束

象生花兽头鞋

辟习射场

田礼妃善鼓琴

悬匾

跌碎磁碗

尝燕窝羹

内书堂读书

消寒花

碧焰珠

挂葫芦

喜读书

花爆

麦丝灯

景物似江南

喜茉莉

尝花

袁妃独得宫中欢

白纱衫

设罎簃

小竖承恩

金茎露

田贵妃佚事十九则

放鸽台

清商侧调

演西厢

深恚内官

进纺车

喜集武艺

持斋

省愆居

亲折一枝梅

皇亲不宜与翰林结婚

嘉定夫人入朝

朝罢慈宫竟倦眠

雪中之桂花

舞西施

后不穿靴

召对词臣

桃枣代金银豆

四神骏

异物

赐御卮

田妃谏进女乐

打稻戏

笑惊贵妃

误触小狻猊

赐银牌

田妃绣补

青袍视事

密行礼祷

昨宵羊车宿何处

进封贵妃

梦岂休征

撤炙

传密谕

颁封

赐名

卷四

崇祯时代宫闱史二

永历宫杂记	**明宫宫闱杂缀**
广南城外皇姑墓	正月
五华山	二月
周藩宫佚史	三月
辽藩宫杂记	四月
蜀藩宫佚史	五月
银瓶击	六月
乐户殉	七月
严兰珍	八月
汉殿仙	九月
义妃	十月
贞妃井	十一月
娄妃墓	十二月
万春池	兔儿山登高
湘城哀	滇南贡石
琵琶伎	早蔬
宁靖王	廊下内酒
楚王故宫	消夜果
靖江王故宫	岁轴
潞琴	爆仗屏风
宁王故宫	山鳌火杨柳
河艑	挑菜
西河王故宫	进时花
郑妗	避暑所之阴寒
潞王故宫	分赐节物
瑞王故宫	朝天门市
衡王故宫	供进夹服
桂花故宫	菊糕
鲁府灯	蚕池
风卷青楼拍板声	大内用笔
	大内用笺

宫人入道诗

金陵春夜听人度曲

荐新品物

虫蚁房

三宫子粒

蔽惑人主

长春头脑两酒

鹿逸海滨

卖冰

七夕之玩具

湖堤万柳

两太后御书

孙宦所制墨

异香浮动

发遣宫女

龙涎香

水户

拣花舍人

大内扫雪

淳化阁帖碑板

纸护领

镂玉笔管

内用纸

宫人斜

金陵旧内

西河白狐

宫廷之位置

暖阁

欢喜佛

圣湖艳影

社会小说。忏悔生著。上海进步书局。1917 年 3 月初版。2 册。9 万字。8 卷。共 32 回。

第一回　返故国良朋谈心事
　　　　入花丛名士种情根

第二回　看戏文蓦地遇知交
　　　　吃花酒良宵开夜宴

第三回　看梳头帘下印深情
　　　　因转局筵前吃干醋

第四回　慧舌灵心片言解薄怒
　　　　酸风妒雨醋海再兴波

第五回　唱小曲谈笑带机锋
　　　　吃大菜缠绵倾肺腑

第六回　王云鹏醉心风月场
　　　　江淹秋得意永和里

第七回　谐好事平康选梦
　　　　见书信蜚语惊心

第八回　好事多折磨点金乏术
　　　　相思缠疾病医药无灵

第九回　闻秘事淹秋初失意
　　　　鉴前车心甫劝良朋

第 十 回　因望火好意成仇
　　　　　初跳槽新知如故
第十一回　悲身世从良初定议
　　　　　趁风流偷局患沉疴
第十二回　聆妙曲知音逢名士
　　　　　看戏文无意遇秋娘
第十三回　谐好事舅母感深情
　　　　　翻成局书生重友谊
第十四回　吴大少悔娶沈静芳
　　　　　金老鸨怒逐魏子向
第十五回　管瑾侯卑躬屈节
　　　　　金素兰弃旧怜新
第十六回　德都统倚红偎翠
　　　　　秦公子问柳寻花
第十七回　老幕友花枝思独占
　　　　　佳公子人月喜双圆
第十八回　当筵说笑话即景生情
　　　　　半夜掉抢花偷天换日
第十九回　沈仲梅喜结三笑缘
　　　　　贾镜龙赌吃双台酒
第二十回　假公义快报私仇
　　　　　贪虚名竟受实祸
第二十一回　争口舌燕咤与莺嗔

夺房间风酸又雨妒
第二十二回　大解围徐季结新交
　　　　　　小争风贾方继旧义
第二十三回　歌舞声中风波突起
　　　　　　温柔乡里妒念全消
第二十四回　停差委家庭革命
　　　　　　重义气朋友赠金
第二十五回　意外缘心心喜相印
　　　　　　个中事处处好难猜
第二十六回　石望谿瞒妻再娶妻
　　　　　　江淹秋有妾还置妾
第二十七回　蔡玉英魂归离恨天
　　　　　　钱宝珠愿作赔钱货
第二十八回　露破绽忽翻成局
　　　　　　漏消息远避他乡
第二十九回　有限黄金难填欲海
　　　　　　不堪白眼长谢花丛
第 三 十 回　享艳福喜结花叶缘
　　　　　　杀风景惊破鸳鸯梦
第三十一回　凄惨惨生离如死别
　　　　　　意绵绵忘旧又怜新
第三十二回　设祖饯快游西子湖
　　　　　　赴远行暂结瓜山梦

冒失鬼游沪记

滑稽小说。忏悔生著。上海小说丛报社。1917 年 9 月版。1 册。4
万字。

中国五千年宫闱秘史

宫闱历史小说。兴汉书林编辑。兴汉书林。1921 年 9 月版。1 册。3.3 万字。共 24 回 60 则。

一　夏宫秘纪
　　妹喜秘史：魂飞魄荡巫山梦

二　商宫秘纪
　　妲己秘史：有情芍药含春泪

三　周宫秘纪
　　褒姒秘史：情绪万千一笑中

四　吴宫秘纪
　　西施秘史：春光泄漏五湖道

五　秦宫秘纪
　　赵姬秘史：一度深情一惘然

六　楚宫秘纪
　　虞姬秘史：虞兮虞兮奈若何

七　汉宫秘纪
　　李夫人秘史：玉肤花貌仔细认
　　王昭君秘史：春花秋月何时了
　　班婕妤秘史：出入君怀那忍弃
　　丽娟秘史：九华帐里陈玉肤
　　赵飞燕秘史：怀中三夕得真趣
　　唐姬秘史：含情一曲帝心知

八　蜀宫秘纪
　　甘后秘史：玉质柔肌细摩挲

九　吴宫秘纪
　　赵夫人秘史：房中无风自生凉
　　潘夫人秘史：姿意酣醉唾玉壶

四香秘史：思香媚寝琉璃屏

十　魏宫秘纪
　　薛美人秘史：怜卿怜我蜜如胶

十一　晋宫秘纪
　　胡贵妃秘史：缘纱系臂承恩泽
　　贾后秘史：香汤浴罢共绻缱

十二　魏宫秘纪（北朝）
　　灵太后秘史：春风一度入闺闼

十三　宋宫秘纪（五代）
　　山阴公主秘史：三十面首随心爱
　　王皇后秘史：粉体裸裎仔细看

十四　齐宫秘纪
　　何妃秘史：曜灵殿里结欢心
　　潘妃秘史：白绫裹足轻一握

十五　梁宫秘纪
　　徐妃秘史：半面妆成候帝幸

十六　陈宫秘纪
　　张贵妃秘史：玉树后庭花艳发
　　张孔二妃秘史：点点红血染衣襟

十七　隋宫秘纪
　　宣华夫人秘史：同心绾就擅专房
　　萧妃秘史：绣幕三更赏艳花
　　候夫人秘史：君恩一夕雨露深
　　袁宝儿秘史：纤纤瘦腰不胜春

十八　　**唐宫秘纪**

　　杨贵妃秘史：楼前百戏竞争新

　　梅妃秘史：妇人遗舄证欢情

　　武则天秘史：鲜红柔润爱倍浓

十九　　**宋宫秘纪**

　　李皇后秘史：纤纤玉手染新红

　　玉姬秘史：欲归枕席负良宵

二十　　**辽宫秘纪**

　　萧太后秘史：十淫十香定终身

二十一　**金宫秘纪**

　　昭妃秘史：同卧同起如夫妇

　　昭宁公主秘史：妙年弱质邀

　　爱宠

　　元妃秘史：撤去帏帐御妃嫔

　　唐贵妃秘史：篋中褻衣难玩视

　　丽妃秘史：秽谈戏文成笑乐

　　柔妃秘史：弥勒身形非处女

　　昭妃秘史：纳入宫中广嗣续

二十二　**元宫秘纪**

　　程妃秘史：夜阑香消宝帐浓

　　骆妃秘史：太液池凤队夺标

　　鄂妃秘史：金缕箱载得情人

　　戈妃秘史：桃花着水增娇艳

　　张妃秘史：争娇献媚生巧思

　　香妃秘史：燕儿舞翻冠飞履

二十三　**明宫秘纪**

　　陆贵妃秘史：陆仙人聪明得福

　　李妃秘史：季凤姐裙带挂钱

　　江妃秘史：筑瑶宫另赏艳花

　　梅妃秘史：红粉遍多英雄才

　　周妃秘史：绣履常留宰相名

二十四　**清宫秘纪**

　　顺治皇太后秘史：滴琼浆□活

　　命汤

　　尹妃秘史：露私情伤残骨肉

　　香妃秘史：好色选来域外花

　　西太后秘史：爱惜香云如异宝

　　珍妃秘史：胭脂井殒玉消香

家庭恩怨记

　　社会小说。许天随著。新剧小说社。1914 年版。1 册。2.5 万字。许天随自序 1 篇。家庭恩怨记题词 1 篇。剧照 6 帧。陈治安作家庭恩怨记跋言 1 篇。许天随作家庭恩怨记书余 1 篇。共 10 回。

第一回　黎宋卿武昌起义

　　　　王伯良汉口投诚

第二回　良朋推荐得差委

　　　　北里冶游纳小星

第三回　哀儿无告添新恨

　　　　爱姬怀人续旧欢

第四回　萌恶意简斋设计
　　　　露奸情淫妓进谗

第五回　冤莫白重申自戕
　　　　苦相思梅仙成痴

第六回　老仆忠诚陈大义
　　　　奸夫侥幸逃余生

第七回　王伯良愤杀淫妇

　　　　何会长义激故人

第八回　何三山正言被逐
　　　　梁玉如落拓丧生

第九回　刚与卢医初作别
　　　　又偕教士涉重洋

第十回　正欲立功图晚盖
　　　　偏逢祸变死异乡

江邨侠侣

武侠小说。许吟秋著。上海艺林书店。1941 年 9 月版。2 册。20 万字。张腾青序 1 篇。共 6 回。

第一回　云水苍茫泛舟行乐
　　　　管弦嘈切称寿罹灾

第二回　卜宅江邨暗通情愫
　　　　吹箫篱落顿感侠衷

第三回　剑折钗分魂销古渡
　　　　弹飞雁落仇雪空山

第四回　探危楼娇娃布欲阵
　　　　盗古剑小侠陷情关

第五回　章邱县中薛飞盗印
　　　　丹枫林下杨虎从师

第六回　水月邨淫魔喜就缚
　　　　云霞观骨肉庆团圆

十叶野闻

宫闱小说。许指严著。上海国华书局。1917 年 7 月版。2 册。11.6 万字。自叙 1 篇。共 43 则。

一　奉安故事

二　九王轶事（十则）

三　下嫁拾遗

四　董妃秘史

五　顾命异闻（三则）

六　拾明珠相国秘事（二则）

七　夺嫡妖乱志（七则）

八　九汉外史（五则）

九	鱼壳别传（四则）	二十七	刚愎自用
十	和珅轶事（四则）	二十八	毓屠户（六则）
十一	香厂惊艳	二十九	寇太监
十二	礼部堂议和	三十	刘太监
十三	林夫人书	三十一	端王与溥僎
十四	圆明园修复议	三十二	荣禄与袁世凯（四则）
十五	豹房故智（五则）	三十三	控鹤珍闻（十则）
十六	孝贞后（五则）	三十四	瀛台起居注（五则）
十七	阎文介方正	三十五	老庆记公司（三则）
十八	四春琐谭（五则）	三十六	倚翠偎红（二则）
十九	垂帘波影录（十则）	三十七	某福晋
二十	热河行宫欢喜佛（三则）	三十八	磨盾秘闻（十二则）
二十一	玛噶喇庙（二则）	三十九	小德张
二十二	崔李两总管（四则）	四十	春阿氏案
二十三	昌寿公主（四则）	四十一	贺昌运
二十四	清末雀戏（三则）	四十二	吏部鬻官案
二十五	瓦将军试金台书院	四十三	流星有声
二十六	肃顺狱异闻		

三十二朝皇宫艳史

宫闱小说。许指严编。新光书店。1928 年 6 月版。4 册。25.8 万字。
天台山农序 1 篇。编者序例 1 篇。6 编。共 174 篇。

第一编　远古—三代

女娲石

嫘祖育蚕缫丝

娥皇女瑛

涂山氏女

姜嫄简狄

妹喜荒淫

妲己

圣女姒氏

孔子妾

津吏女娟

太史敫女

西施郑旦

龙阳君安陵君

申侯

祢子瑕

襄城君

夫差女玉

巫山神女

玄天女

第二编　秦汉

秦宣太后

阿房宫

虞美人草

辟阳侯

汉武帝

丽娟

长门赋

馆陶宫主

昭君

隋清娱

卫子夫

汉成帝

飞燕合德

卓文君

妙音仙姝

桓帝梁后入选秘事

神女玉钗

麻姑

三国晋南北朝隋

铜雀奴

薛灵芸

蜀甘后

邓夫人

孙亮四姬

潘妃

张丽华

织锦回文

冯小怜

葛公爱姬

隋广迷楼

吴绛仙

红拂妓

祝英台

第三编　中古编上：唐

樊素小蛮

绛桃柳枝

真珠

开元遗事

宇文薄命女

刘道济

张女梦幻

妆楼记

虬髯客案

车中女子

聂隐娘

杨太真外传上

杨太真外传下

红线传

扬州梦记

杜秋

郑德璘

锦裙记

冥音录

离魂记

张庾

李咸

王敬伯

长孙绍祖

刘讽

独孤穆

田夫人

孟氏

李武章

窦玉

曾季衡

金缕裙

酒徒鲍生

钱起

雀罗什

李陶鬼妇

王元之

崔夫人

崔氏轻红

崔书生

皇甫幺女

起幼芳

章台柳

古押衙

昆仑奴

冯燕

杨娼殉节

李妹奇烈

月下红绳

盈盈巧计

幽会

红绡诗媒

任氏

西厢记本事

一斛珠本事

汧国夫人轶事

小玉长恨

大郎女

河间妇

玉箫再世

红叶媒

虎全贞

裴越客

吴氏女

王福娘

真真

佛乳妓

非烟

张红红

贞娘墓

醉与妓围

选婿窗

郭元振

待关鸳鸯社

鱼玄机

第四篇　中古编下：宋元明

鸳鸯双飞寺

真坡公妾

2

杭州妓院艳语	水仙子
广州妓院艳语	林娟娘
蕊枝	女统领
玉素	绮云
真珠	慧娘
金钱	鸣佩鸣剑
乔秀	巢女
濮小姑	月儿
曾春姑	走索女
郭十娘	张梦兰
宝钗	严女士
三姑娘	小白鞋
安月娥	傅彩云
韵珊	傅鸾祥
香云	旅店女
林宛宛	王香君
黄云仙	小桃花馆主
杨氏卖娼异国	王素素
傅彩云	黄淑华
金菊仙	莲心
胡宝玉	陈丽君
杨兰官	卖花女郎
路娟	秀妹
采莼	陈素卿
香倩	周月琴月香
玉儿	黄梦兰
玉娘曲本事	薛丽华
红兰	金凤
顾慧仙	凤奴
陈仲蘧	翠娥
邱小娟	抱琴

苏非亚轶事

茶花女本事

名伶十三旦轶事

第六编　近代

蒋三小姐

鸳鸯枪

同意花

自由镜

白下惨闻

艳囮之盗

店主妇

风倒香椿记

嵩山路之船窝

郎卖国妾卖风流

洋夫人坠车

如遇痴珠秋痕

武人艳福

宠妾灭妻之新模范

可爱之外交小女子

大京华大拆白党

招夫广告

奸骗之牛金事

兰陵花絮

上海花界题名录

三海秘录

社会笔记小说。许指严著。上海新民图书馆兄弟公司。1924 年 7 月初版。1 册。10 万字。周剑云、冯衡、李子宣序各 1 篇。插图 8 幅。共 73 篇。

甲录(建始及鼎盛时)

三海监世家

琼岛之造成

仙人承露盘

养心斋

庆霄楼

漪澜堂

碧照楼

远帆阁

湖天浮玉亭

抱素书屋

天上妙境

乐园

南海宝月宫

宝月楼

待月轩艳话

流水音

万笏林

瀛台旧址

牡丹台

海天深处

藻韵楼故事

白皮古松

木化石

大圜境

中海冰床

福禄居

丰泽园

春藕斋

延福宫　嘉会殿

宝光门

钓矶

紫光阁

虹桥福清门

团城玉瓮

乙录（衰微时代）

咸同朝北海景况

乐园中之长生玉主

北海监范得禄

浮玉亭之鬼影

铜人泪

铁树开花

四春宴

打鬼大会

庆宵楼下之莽男子

乐园后身之新玉钩斜

远帆阁逐孤

焚毁宝月宫

松间巨蛇

花妖

福禄居大窃案

黑衣党秘史

福清门起居注

居仁堂轶事

万寿辰之夜

瀛台幽帝始末

古井波

猴怪

丙录（新华时代）

新华门纪元

大典筹备处

团城参议院

新华宫琐拾

养心斋治丧

黄陂轶事

游园会

附三殿游记

九日之议政大臣署

丰泽园密议

河间轶事

花鸟依然

捕鱼得金牌

琼盈小影

金石声

紫气东来

晚晴簃余闻

民国春秋演义

历史小说。许指严、许啸天著。上海国民图书公司。1930 年 7 月版。8 册。52 万字。泗水涣隐序 1 篇。自序 1 篇。插图 108 幅。照片 2 帧。柳亚子赠许啸天先生诗 1 首。共 100 回。

第 一 回　蓝衣儿就读北帝庙
　　　　　金港盗突临翠亨村
第 二 回　行白契老父困苛税
　　　　　劈甘庶奇童展长才
第 三 回　游子不返伤心髦归
　　　　　弱弟偕游属目巨梁
第 四 回　奋夺拳海外却奇辱
　　　　　折佛手村中逢众怒
第 五 回　孙中山初遇郑士良
　　　　　广州城密行三合会
第 六 回　红花亭参预秘密会
　　　　　砭德立厚爱高材生
第 七 回　风云际会志士兴中
　　　　　雷霆暴发党魁漏网
第 八 回　走伦敦孙文被难
　　　　　遇柯尔孟生仗义
第 九 回　翁同龢识拔维新党
　　　　　孙家鼐输诚西太后
第 十 回　袁世凯小站练雄兵
　　　　　康有为深宫伸大义
第十一回　六君子断头西市
　　　　　二首领识面南洋
第十二回　菲岛风云孙中山仗义

　　　　　长江奔走哥老会合群
第 十三 回　西太后深宫读日报
　　　　　端郡王畿辅纵拳兵
第 十四 回　瓦德西甲帐狎徐娘
　　　　　唐在常长江断首级
第 十五 回　千钧一发误在中点
　　　　　直入长飞威震惠州
第 十六 回　史坚如身殉总督署
　　　　　秋竞雄志合同盟会
第 十七 回　风云际会黄兴来日本
　　　　　肝胆期许吴樾走天津
第 十八 回　通新军赵声仗义
　　　　　打先锋林文陷阵
第 十九 回　四川路组织光复会
　　　　　安徽省运动学生军
第 二十 回　遭奇祸恩抚台洞腹
　　　　　受极刑徐烈士挖心
第二十一回　锦阁情深贵福认义妹
　　　　　轩亭冤重秋瑾成烈女
第二十二回　吴芝瑛仗义葬遗骸
　　　　　袁世凯习射伤少女
第二十三回　浪荡儿初涉花柳场
　　　　　纨绔子惯欺脂粉儿

第二十四回　落魄京华他乡遇故
　　　　　　销魂沪地穷途卖壶

第二十五回　宫灯掩映闵妃赠弱妹
　　　　　　炮火连绵袁车占韩宫

第二十六回　唐绍仪代人受困
　　　　　　阮忠枢助友仗义

第二十七回　一雕双箭自相妒杀
　　　　　　芝草杨花计取功名

第二十八回　病相思美人归黄土
　　　　　　杀奸雄志士入西牢

第二十九回　惨诀别光绪帝逝世
　　　　　　失权位袁世凯回家

第 三 十 回　数行日记不忘权势
　　　　　　八次革命逼走元勋

第三十一回　汪精卫开设照相馆
　　　　　　胡汉民化装外国人

第三十二回　黄花岗烈士殉党
　　　　　　打金街川民护路

第三十三回　搜党册逼成兵变
　　　　　　起老臣谋定国事

第三十四回　隆裕后挥泪托国
　　　　　　黎元洪顺时救民

第三十五回　陈英士光复沪浦
　　　　　　朱介人助战南京

第三十六回　冯国璋胜占汉阳镇
　　　　　　刘之洁猛攻南京城

第三十七回　歌声起处茗盏横飞
　　　　　　美色投来香车叠拥

第三十八回　吴禄贞车站遭暗杀
　　　　　　隆裕后宫庭议遗书

第三十九回　彭家珍计炸良弼

　　　　　　蔡元培受惊北京

第 四 十 回　都北京养成恶势力
　　　　　　结四国攫取外债权

第四十一回　借刀杀人张方送命
　　　　　　慈猫哭鼠故友吊丧

第四十二回　王金发撤销督府
　　　　　　许啸天受惊越城

第四十三回　朱夫人求医产子
　　　　　　宁女士骗钱杀人

第四十四回　莺嗔燕咤都督府
　　　　　　酒绿灯红总统家

第四十五回　寂寞宫闱隆裕后逝世
　　　　　　大好家园宋夫人别子

第四十六回　北车站宋教仁被刺
　　　　　　迎春坊应桂馨遭擒

第四十七回　漏消息隔墙有耳
　　　　　　施鬼蜮举国伤神

第四十八回　儿女英雄松下接吻
　　　　　　劣父弱女火里逃身

第四十九回　美人胯下留炸弹
　　　　　　将军门前弄干戈

第 五 十 回　孙中山劝袁退位
　　　　　　陈英士抗北兴师

第五十一回　郑汝成防守制造局
　　　　　　钮永建鼓励学生军

第五十二回　让吴淞民军出走
　　　　　　攻南京辫兵横行

第五十三回　选总统议员受窘
　　　　　　修约法政府越权

第五十四回　黎元洪发难救国会
　　　　　　袁世凯用计撤副座

第五十五回　冯国璋得妇感主座
　　　　　　曹汝霖卖国亲东邻

第五十六回　除国贼上海罢市
　　　　　　试骏马日置伤胫

第五十七回　廿一条签约
　　　　　　六君子筹安

第五十八回　月明夜静美人伴公子
　　　　　　利令智昏总统变帝王

第五十九回　贺振雄上书抗帝制
　　　　　　杨士琦献计辱民权

第 六 十 回　梁士诒罗掘金钱
　　　　　　杨皙子笼络名士

第六十一回　谈国体梁启超发傥论
　　　　　　拒封号黎元洪持正义

第六十二回　灯昏月上将军遇刺
　　　　　　纸醉金迷都督被围

第六十三回　西子湖边金发送命
　　　　　　镇南关外任公逃生

第六十四回　弹药横飞郑汝成遭惨击
　　　　　　金壶远掷袁世凯受虚惊

第六十五回　群雌粥粥戏呼万岁
　　　　　　新臣济济试锡五封

第六十六回　张敬尧军败滤地
　　　　　　蔡松坡威震綦江

第六十七回　逼退位总统抚遗物
　　　　　　不吃饭巡按传笑柄

第六十八回　黄金逼人陈其美遇刺
　　　　　　帝子末路袁项城病疯

第六十九回　托孤寄子徐世昌受遗命
　　　　　　推云见日黎元洪就大位

第 七 十 回　国会重光冯华甫中选

第七十一回　伟人遽弱黄克强病逝
　　　　　　识英雄小凤仙寄痴情

第七十二回　苦风尘蔡松坡赉壮志
　　　　　　孙总理重组革命党
　　　　　　卢夫人力持离婚议

第七十三回　宋庆龄慧眼识英杰
　　　　　　李烈钧独力抗凶徒

第七十四回　段祺瑞受惑凌总统
　　　　　　德意志持强封海面

第七十五回　公民党干涉参战案
　　　　　　督军团逼下解散令

第七十六回　闹复辟悍将逼宫
　　　　　　避烽烟总统出府

第七十七回　段祺瑞马厂誓师
　　　　　　孙中山广东拜帅

第七十八回　绮梦难圆冯国璋悼亡
　　　　　　雄心勃发张作霖劫械

第七十九回　穷书生海天欣奇遇
　　　　　　小将军杯酒斩元凶

第 八 十 回　美人薄命海天折鸳翼
　　　　　　侍儿多情风月结郎心

第八十一回　罗帐春深名媛失节
　　　　　　情天月缺武夫亡身

第八十二回　陆徵祥和会抗议
　　　　　　章公使车站蒙羞

第八十三回　学生队捣毁曹家宅
　　　　　　工商界停罢沪市场

第八十四回　孙中山退沪著书
　　　　　　吴佩孚投笔从戎

第八十五回　徐树铮邀权遭众敌
　　　　　　段祺瑞护短受大羞

第八十六回	李纯羞愤戕生 孙文慷慨誓师		孙传芳逼走卢永祥
		第九十四回	写遗嘱总理逝世 设公祭指挥行军
第八十七回	陈炯明炮攻总统府 张作霖兵败天津卫	第九十五回	廖仲恺遇雠遭惨杀 何应钦初战立奇功
第八十八回	徐世昌被逼下场 黎元洪受围下台	第九十六回	刘玉春坚守武昌城 孙传芳兵退沪宁道
第八十九回	孙中山重返广州城 许崇智力守博罗江	第九十七回	谋乡应夏超失踪 乘间隙龙潭苦战
第九十回	战东江大元帅冒险 修黄河众西宾观礼	第九十八回	守涿州傅军震威名 袭羊城共党扰后路
第九十一回	祝师长力围抱犊岗 孙头目智劫津浦车	第九十九回	杀蔡公五三留惨案 炸张帅东北悬新旗
第九十二回	孙中山据理争关税 王承斌持强夺印信	第一百回	孙哲生西山移梓 宋庆龄南海伤神
第九十三回	张培荣计杀孙美瑶		

民国春秋演义附民国年鉴。民国年鉴编例。民国年鉴自序。

民国年鉴

元年

革命原始

武汉起义

各省光复

南京政府

清廷退位

二年

毁宋密案

国会开幕

二次革命

解散民党

三年

复辟先声

四年

筹安会起

帝制请愿

津浦路案

五年

各省独立

取消洪宪

袁氏病故

黎氏就任

帝制罪魁

国会重开

桂军联蒋　　　　　　蒋宋联姻

唐叶交哄　　　　　　川军内哄

北伐誓师　　　　　　国民党章

秋操逐杨　　　　　　**十七年**

张氏祸鲁　　　　　　蒋氏回京

夏超发难　　　　　　东陵巨案

泗汀之战　　　　　　济南惨案

赣省之战　　　　　　统一全国

天师诉冤　　　　　　张氏遇险

毕军溃败　　　　　　官制简记

十六年　　　　　　桂系称兵

租界设炮　　　　　　各项条例

光复南京　　　　　　西北兴北

下令清兵　　　　　　杨郭之战

定都南京　　　　　　复严烟禁

蒋氏下野　　　　　　杨氏伏诛

龙潭之战　　　　　　陕甘灾况

许指严说集

短篇社会小说。许指严著。上海大东书局。1927 年 5 月版。1 册。2.5 万字。共 6 篇。

布饼胡　　　　　　　鹑啄梅

手帕俱乐部　　　　　娜嬛缩影

日者妇　　　　　　　劳工艳话

近十年之怪现状

社会小说。许指严著。赵苕狂增补。上海大东书局。1924 年 5 月 4 版。4 册。9 万字。自序 1 篇。36 卷。共 235 则。

卷一　项城称帝轶事

新华宫内之贞节堂

大典昙华即治表

衮冕利市三倍

四十九日中之地狱天堂

喇嘛俨然洪宪帝

六十万金之宝座

香乾儿秘辛

彩云易散

身后是非谁管得

津门咫尺有徐娘

杨柳青青别有香

洪铲铸错

凤儿

拆白党涎垂三尺

钱塘苏小

西子湖边哭姊声

蛋壳乾坤

筹安余臭尚值千金

卷二　定武复辟轶事

龙蛇飞舞

某妃痛语

向空朝贺

武装汽车

烟枪掷处血飞花

请君入瓮

卷三　南北战争轶事

军中珍闻

战地珍闻

草木皆兵

掠城秘录

一日而杀数十人

卷四　直皖构兵轶事

架枪声中之趣史

争言髯帅

雀儿与炮火齐飞

群小误我

猢狲散尽

滑稽条陈

任重致远

十万金

半蛀虫

一个鬼葫芦

拈酸借债

醉钟馗

卷五　诸贼媚外轶事

别有手段

假欢送

拱手听命

棋孽

卷六　巧宦营官轶事

饰如君祝寿

幻术团

假传见

卷七　军人风流轶事

红苋菜

装妖得妻

一女救一村

无力逐杨花

婢学夫人妾作妻

调停派之新太太

汪买霄压倒英雄

卷八　达官贪污轶事

局长连演双断桥

大搜私账

民国之骨董祸

老蚌食小学生

老蚌摄少女

蜃楼中妖精打架

吊蚌珠得大官

蚌窝中大开卢雉场

卷九　社会恶浊轶事

阔厨子贾六

饭店之魔窟

慈善家之悖行

北海中一团秋兴

家战话剧

向狗赔罪

犬公之位

水牛大发雷霆

女饭店

瘪三生活状

何四奇案

何惜用老头子钱救小妮子

小阿二

特别私塾

异人异术

卷十　家庭黑暗轶事

今之燕儿

钓台巧遇

绝兄逐妻之大政客

父子间之小念秧

祸水

寡妇冤状

新杀子报

卷十一　闺门谐谑轶事

滑稽喜联

雀迷几致误佳期

囵人婚仪

敌侨多情

腌蛋西施好福气

城项

皇华轶话

卷十二　青楼风月轶事

黑香皂杀人

以梅毒报怨

一角红笺召女来

小香妃

宗社党

青云直上

当作哀鸿一例看

营长翻倒醋瓶

卷十六　学子考试轶事

百弊中之学校考试

学生竟作穿窬

累及全体

试室怪相

卷十七　律师唆讼轶事

锦囊计

志在律费

某省律师之现象

卷十三

卖尽风骚丑议员

掌颊声中两议员

赎徽章五百金

臭汗淋漓

吮痈舐痔

卷十八　江湖卖艺轶事

康大力士失败史

护园寺武术大会

卖解女

风尘二杰

卷十四　知事枉法轶事

小题大做

情同翻戏

一意孤行

虎狼吏

卷十九　法官听讼轶事

审判官出卖批颊

名士判石女

赵阎罗

一树夭桃

卷十五　名姝香艳轶事

女伟人游西湖

孙服善葫芦里卖什么药

洞房乐趣无代表

乞儿报社之演说

女阔少何来

卷二十　拆白猎艳轶事

指环忽飞

细崽欤拆白欤龙阳君欤

探艳队规约

小野味攫得家鸡

金蚨三百余香在帕

上当了

卷二十一　政海龌龊轶事

小鹰之秘史

东城别墅

吸野片一万二千余两

半间堂遗韵

无耻奴结局

女外交总长

新过墟志

北海大鱼行

卷二十二　市侩鬼蜮轶事

绝妙书名

便宜中实无便宜

搬运术

钱肆劫案

卷二十三　禅门秽浊轶事

松月通异想天开

佛说热昏颠倒

卖完罗汉散残花

和尚为军人开追悼会

卷二十四　优伶歌舞轶事

梅毒世界

十万舍铃捉落花

某知事求仙致命

整饬榛苓风化

百韵诗成命竟倾

卷二十五　边徼怪奇轶事

大漠奇谈

军歌新谱

蒙王贩士

学做人

卷二十六　都会迷信轶事

活菩萨

城隍会新闻

祭竿木神

巨宅捣鬼

坐化

老虎犹能为厉乎

老博士

大捣鬼

仙灵照相之新谈荟

将开仙鬼照相铺

雷击奇画

辟谷邨妇

移山接吻

此蚊大可研究

鬼话连篇

大树飘零

抬菩萨

卷二十七　男女诈骗轶事

骗匪苦肉计

女拆白党遇议员

冒名太太

某编译社之攫金术

不吸烟卷吸鸦片

私刻图章署伪款

幌子医院

走方郎中

无何有之医院

子虚之中美实业公司

荒唐之伟而利公司实业部

鸿福券

四小姐

鄙书痴遇白鸽

香国日报

白鸽新声

假杂志骗钱。

卷二十八　童妪诱拐轶事

女学生拒夫

巧遇终非好相识

自由之不自由

影戏外之影戏

遗志失珠

也算有情成眷属

掠卖新史

卷二十九　遗志在野轶事

队队夷齐下首阳

大呼革命党

不知有汉

玩世不恭

卷三十　庸医杀人轶事

欺以其方

一知半解

大架子

包医独门

卷三十一　选举舞弊轶事

金钱选举票

关出家人甚事

名在扇中

连翩而进

卷三十二　赌博害人轶事

一手四牌

雀固能飞

取巾拭之

贪小失大

卷三十三　盗贼偷劫轶事

调虎离山

火焚凶僧

江乡之灭门祸

不偏不倚

卷三十四　党匪纵横轶事

斧帽大战

个中活地狱

于三黑

湘妖称帝之怪剧

浏阳新闯帝

肉蛋公司

警员被刺

卷三十五　奸人贩士轶事

磁器箱神出鬼没

一篙春水土花香

假和尚之叵测

幻之又幻

卷三十六　细民谋利轶事

上海独有之劳动社会

车夫之欺生客

包粪术奇闻

小瘪三

卖桔者

泣　路　记

侠情小说。许指严著。上海小说丛报社。1915 年 11 月版。1 册。6 万字。自叙 1 篇。楔子 1 篇。共 20 回。

第一回　悲社屋地老天荒

第二回　走下城复巢完卵

第三回　王内官再献三太子

第四回　毛将军走匿半山村

第五回　哭凤阳惊心遗老

第六回　屈龙种暂号寄奴

第七回　祖德有灵栖同皇觉

第八回　婿乡得水潜入姚江

第九回　走山左纛笔客诸侯

第十回　馆东平下帷称学究

第十一回　题襟汶上文字因缘

第十二回　就食江南穷途落拓

第十三回　饥来驱我访友饶阳

第十四回　薄言旋归课儿甫里

第十五回　避党祸再为童子师

第十六回　震虚名忽遭叛逆案

第十七回　中朝深入连鸡忌

第十八回　垂老难宽一网恩

第十九回　霜华冰蘖碧血溅丹青

第二十回　瓜蔓株连淫威穷影迹

南巡秘记

志怪传奇小说。许指严著。上海国华书局。1915 年 5 月初版。1 册。6 万字。自序 1 篇。共 10 篇。

幌子僧　　　　　　　　　水剧场

幻桃

无发国母

野叟曝言全稿

一夜喇嘛塔

惟一之孔雀翎

青芝岫小史

一箭双雕

海宁陈墓拾闻

指严余墨

短篇史料和社会言情小说。许指严著。上海国华书局。1918 年 9 月初版。2 册。8.4 万字。共 28 则。

上卷　史料

藩变拾闻

奇嫡志

奇嫡续志

玉妃案

慈禧垂帘记

拳乱摭谈

三大吏别传

老庆记公司

妖术

宗社党轶事

下卷　说部

秘密外交

女苏秦

喇嘛革命

九日龙旗

胜蓝痛语

武员丑史

秘密谈

度劫庵

桃花毒

杨为我

八面锋

姊妹花

可怜虫

堕花怨

花丛生佛

蔓菁小传

墓门鸮

天实为之

清史野闻

历史笔记小说。许指严著。上海国华新记书局。1935 年 1 月版。共
1 册。4.6 万字。共 10 篇。

藩变拾闻	拳乱摭谈
夺嫡志	三大吏别传
夺嫡续志	老庆记公司
玉妃案	妖术
慈禧垂帘记	宗社党轶事

一 条 腿

言情小说。许啸天著。上海明华书局。1949 年 2 月新 5 版。1 册。
9.4 万字。共 20 幕。

第一幕	腿的比赛	第十一幕	夫人的联席会议
第二幕	被玩弄的男性	第十二幕	强奸妻子奇案
第三幕	花瓶学校	第十三幕	律师室里的女人
第四幕	换换口味	第十四幕	四大女天王
第五幕	处女的血	第十五幕	黑脸情人
第六幕	一群小姐	第十六幕	别人的丈夫
第七幕	旧夫妻新结婚	第十七幕	灵肉的爱
第八幕	还你的心	第十八幕	美人鱼和模特儿
第九幕	财神与美人	第十九幕	神秘的画家夫人
第十幕	女人的男秘书	第二十幕	炸去她一条腿

上海风月

社会小说。许啸天著。上海时还书局。1925 年 9 月初版。2 集。各 3 册。36 万字。自序 1 篇。共 60 回。

初集

第 一 回　谈风月首推李公馆
　　　　　讲繁华忙煞表老爷

第 二 回　脂粉丛中夸海口
　　　　　琼珠室里动馋心

第 三 回　莺莺燕燕跳舞会
　　　　　鬼鬼祟祟秘密窝

第 四 回　登报求婚招来急色
　　　　　析财嫁女同去乘龙

第 五 回　妻女倚门为糊口
　　　　　新娘赠果暗销魂

第 六 回　参燕行中女嫖客
　　　　　司令部里假秘书

第 七 回　上海风吹堕名节
　　　　　公馆儿钟爱杨花

第 八 回　交遗产气坏老舅
　　　　　骗军饷乐死狂儿

第 九 回　并蓄兼收留客住
　　　　　水营陆战为财忙

第 十 回　抢牌位方女矢节
　　　　　通心电魏妇忘形

第十一回　枪声惊破鸳鸯梦
　　　　　轮迹送来风月场

第十二回　真倒运大人变小的

假看相女客结男欢

第 十 三 回　自由恋爱别开生面
　　　　　　秘密交际暗结同心

第 十 四 回　冤孽巡环绅士出丑
　　　　　　佛光普照和尚做媒

第 十 五 回　薄幸郎怜新弃旧
　　　　　　烟花女覆雨翻云

第 十 六 回　听澈三更魂超孽海
　　　　　　传来一纸讼在萧墙

第 十 七 回　托归宁藏垢纳污
　　　　　　绝奸计借刀杀人

第 十 八 回　徐桂芳堕入魔窟
　　　　　　李芸姑别营鹊巢

第 十 九 回　徐桂芳穷途遇侠妇
　　　　　　卡尔登闹市挟萧郎

第 二 十 回　一身冤孽随波去
　　　　　　五百银钱赎命来

第二十一回　历劫归来凄凉身世
　　　　　　孽缘偿尽偶促穷途

第二十二回　病榻灯昏追溯往迹
　　　　　　喜筵客满演说世情

第二十三回　云雨反覆女儿手
　　　　　　风潮起落官宦场

第二十四回　对卖贼冒充总长媳

宦家女拘坐巡捕房

第二十五回　囚鸾筱凤女贼末路

怜卿惜我婢子钟情

第二十六回　燕子窠中荡妇得意

绑匪窟里贞女丧魂

第二十七回　假夫妻住店说新闻

穷伉俪得财招奇祸

第二十八回　土财主遭劫

大强盗漏网

第二十九回　腻粉香脂贞男失节

披星戴月荡妇兜风

第三十回　病榻缠绵坠欢幸拾

欢场荆棘挺险行凶

二集

第一回　炫装侮盗香消玉殒

卖绣养夫蝶恋鹣栖

第二回　落发撒环双亲绝义

磨镜黑迷两雌并峙

第三回　纸醉金迷盛府数首富

环肥燕瘦伍氏产佳丽

第四回　偷香抱暖耘儿得意

起死回生彩姑钟情

第五回　野鸡大学师生打野鸡

法律小姐夫妻讲法律

第六回　姘戏子屈辫子遭殃

扮女装急色儿上当

第七回　乡间卖哭夜叉现形

台上传情荡妇吃醋

第八回　结恩客妓女枉死

恋情人名媛偷生

第九回　山穷水尽兴烟赌

女爱郎欢结露水

第十回　丑媳妇怕见严姑面

巧女儿难成无米餐

第十一回　病榻留一面倩女离魂

清灯照午夜慈母训子

第十二回　校长垂青丐妇乳

学生竞描师母姿

第十三回　狼狈为奸营秘密

鸳鸯相爱摄双躬

第十四回　玉照传观春漏泄

青春断送店摧残

第十五回　写伏辩初上仙人跳

娶艳妾永玷好家声

第十六回　浪荡子深入迷魂阵

纨袴儿巧擒翻戏党

第十七回　小总会里朋友各遭殃

沪杭车中母子双遇骗

第十八回　耳环偷去恩情绝

手枪擎来脂粉残

第十九回　小伙计得时充行长

老丈母失偶嫁儿郎

第二十回　一朵花兵舰遥送

四美人专车偕来

第二十一回　三小姐飞机送客

苏佩兰卖身养夫

第二十二回　花枝招展书馆女

玉容憔悴路旁花

第二十三回　徐公馆贪儿得志

半淞园丽姝投河

第二十四回　徐兰因苦抚私生子

汪琛珊乐赘富家姻 第二十八回 二少奶奶旅舍见督办
第二十五回 花光人面总长府惊艳 朱老婆婆街头说贞女
女貌郎才驸马街招亲 第二十九回 儿啼女号慈母失节
第二十六回 交涉使诬控逃妾 旁敲侧击浪子贪财
督办署枪毙爱姬 第三十回 杨公子初上仙人跳
第二十七回 黄金虚掷姬人去 女明星死殉无义郎
花篮竞送舞女来

女 儿 阵

言情小说。许啸天著。上海明华书局。1935 年 10 月再版。2 册。17万字。共 20 回。第一回至第十回回目缺。

第十一回 救我的爱娜 第十六回 肉的圈套
第十二回 还我的心来 第十七回 新娘的乳峰
第十三回 大臀钟小姐 第十八回 陈太太的写字间
第十四回 小白脸与她 第十九回 一只丝袜
第十五回 太太教科书 第二十回 十六岁小姑娘

天堂春梦

短篇言情小说。许啸天著。名家小说社。1949 年 3 月再版。2 册。12.4 万字。4 集。共 40 章。

第一集 春色恼人 五 流线恋爱
一 春色恼人 六 欲罢不能
二 摩登的玩意儿 七 温香的大腿
三 送了一个媚笑 八 休养吧
四 落在陷阱 九 床上的婚礼

十　忏悔的爱

第二集　怀春淑女

一　怀春淑女

二　小妇人的一条腿

三　一夜迷惑

四　替死的冤鬼

五　玩得畅快

六　甜蜜的幻梦

七　吃吃的笑声

八　饶命吧

九　身不由主

十　得了宝贝一般

第三集　满园春光

一　满园春光

二　甜蜜的一吻

三　死在你怀里

四　奇特之烦恼

五　力士和美人

六　结识干女儿

七　打破处女招牌

八　一看意外姻缘

九　小嘴唇的诱惑

十　天作之合

第四集　万象回春

一　十六岁小姑娘

二　快活得跳起来

三　热情的好妻子

四　迷恋

五　骑马

六　异样的温存

七　夺去了灵魂

八　流浪生活

九　情丝重逢

十　万象回春

汉宫春色

宫闱小说。许啸天、徐哲身著述。上海新华书局。1931 年 10 月版。4 册。44.1 万字。朱子佳作序 1 篇。徐哲身、钱钝根、天虚我生题诗各 1 首。共 60 回。

第一回　莺莺燕燕吕氏姬妾

　　　　忧忧郁郁秦国王孙

第二回　谋功利不韦赠妾

　　　　贪杯酒公孙纵奸

第三回　观街灯夫人尝异味

　　　　慕大器太后宠淫臣

第四回　秦始皇从谏养母

　　　　燕太子交友报仇

第 五 回　阿房宫歌舞翩跹
　　　　　瑯琊山云气郁勃

第 六 回　博浪沙掷槌
　　　　　圯上桥纳履

第 七 回　童男女东海立国
　　　　　主昏庸密室矫诏

第 八 回　篝火狐鸣陈涉起义
　　　　　锦帐绣榻张耳得妻

第 九 回　爱酒爱色刘邦结友
　　　　　疑云疑雨王氏得胎

第 十 回　美人出狱旧友多情
　　　　　英雄屠狗老人巨眼

第十一回　杀殷通项梁起义
　　　　　得乌骓子羽纳妇

第十二回　访隐士范增下山
　　　　　立共主孙心登位

第十三回　英雄落魄韩信卖鱼
　　　　　将军骄敌项梁亡身

第十四回　项将军九路迎大敌
　　　　　秦皇帝半夜听娇声

第十五回　蛾眉宛转女丐入幕
　　　　　鼙鼓喧腾帝王伏剑

第十六回　见美色沛公销壮志
　　　　　救故友项伯泄军机

第十七回　当筵舞剑樊哙救主
　　　　　照月窥容项王偎玉

第十八回　五百佳丽生埋荒冢
　　　　　两行涕泪计脱金钩

第十九回　韩信月下遇美
　　　　　张良灯前窥书

第二十回　箧剑帷灯红粉诉往事

　　　　　须眉巾帼黑夜走严关

第二十一回　项羽定计杀义帝
　　　　　　韩信结义寄殷娘

第二十二回　萧何月下追韩信
　　　　　　樊哙拦舆谏汉王

第二十三回　韩信执法斩殷盖
　　　　　　樊哙奉命修栈道

第二十四回　渡陈仓略定汉中地
　　　　　　攻主陵愤烹老母尸

第二十五回　陈平月下盗艳嫂
　　　　　　汉王材中纳戚姬

第二十六回　抛儿弃女荥阳受困
　　　　　　飘粉零脂薄氏献媚

第二十七回　战泜水险设背水阵
　　　　　　劝汉王深谋借箸谈

第二十八回　去范增巧施反间计
　　　　　　激纪信密递诈降书

第二十九回　仇神童片言折项羽
　　　　　　齐广王一怒烹郦生

第 三 十 回　烹太公刘邦索杯羹
　　　　　　战广武汉兵分十路

第三十一回　划鸿沟楚汉休战
　　　　　　求桃娘虞姬陈情

第三十二回　虞姬将死尚供柔情
　　　　　　项羽已亡犹余勇气

第三十三回　汉高帝吝赏功臣
　　　　　　辟阳侯狂迷荡后

第三十四回　无遮会娥姁显丑
　　　　　　有美图关氏受愚

第三十五回　天道无私樊侯当禁脔
　　　　　　汉家有幸郦氏吓雄狐

第三十六回　赦裸虫立准奸夫奏
　　　　　　看人彘惊痴少帝心

第三十七回　海外奇谈单于调太后
　　　　　　天开异想幼女主中宫

第三十八回　一腔抑郁金殿挥刀
　　　　　　万种妖羞营门受杖

第三十九回　慎夫人悔过酬金
　　　　　　缇萦女上书赎罪

第　四　十回　赐铜山邓通仍饿死
　　　　　　执玉管晁错竟调情

第四十一回　醉后言侄儿遭白眼
　　　　　　相中术姐妹入青宫

第四十二回　嗣君同沐浴万古奇闻
　　　　　　亲姐拉皮条千秋丑史

第四十三回　东方曼倩滑稽班头
　　　　　　司马长卿词章领袖

第四十四回　忆旧事全亏白首吟
　　　　　　悔前愆痛下轮台诏

第四十五回　天不假年孝昭遗恨
　　　　　　王因无德昌邑遭驱

第四十六回　妖狐化后宣淫
　　　　　　霍显为儿设计

第四十七回　众功臣容图麟阁
　　　　　　一美女身当人熊

第四十八回　从胡俗昭君嫁子
　　　　　　泣牛衣贤妇规夫

第四十九回　真开心便殿戏龙阳
　　　　　　大晦气中宫飞燕子

第　五　十回　姐献弟夫献妇董贤承恩
　　　　　　臣欺君侄欺姑王莽篡位

第五十一回　汉光武喜复江山
　　　　　　阴丽华亲承雨露

第五十二回　慕隐士钓石留名
　　　　　　忆功臣云台绘像

第五十三回　秋千架上荡春情
　　　　　　翡翠帷中露玉足

第五十四回　妒抛花佳人惨毙
　　　　　　递封奏老将还朝

第五十五回　汉宫不利幼主
　　　　　　皇室多误阉人

第五十六回　立献帝丞相污宫妃
　　　　　　拜貂蝉司徒诛国贼

第五十七回　刘氏双姬同骨肉
　　　　　　乔家二女嫁英雄

第五十八回　刘玄德几老温柔乡
　　　　　　赵子龙偶眠脂粉窟

第五十九回　闻琴声从权娶寡嫂
　　　　　　解诗意被激赎文姬

第　六　十回　胸无芥蒂周女为妃
　　　　　　样有葫芦曹家失国

西　厢

民间小说。许啸天改著。上海时还书局。1923 年 8 月初版。1 册。11 万字。作者卷头言 1 篇。许家恩西厢本事 1 篇。附原文。啸天生西厢

考证 1 篇。共 15 回。

第 一 回　惊艳	第 九 回　前候
第 二 回　借厢	第 十 回　闹简
第 三 回　酬韵	第十一回　赖简
第 四 回　闹斋	第十二回　后候
第 五 回　寺警	第十三回　酬简
第 六 回　请宴	第十四回　拷红
第 七 回　赖婚	第十五回　哭宴
第 八 回　琴心	

私　笑

短篇社会小说。时代乐园第四集。许啸天主编。绿灯书店。1933 年 8 月版。1 册。4 万字。共 3 则。

| 许啸天　私笑 | 钟吉宇　淫妇 |
| 徐则骧　悲惨的一生 | |

含　泪

社会小说集。时代乐园第三集。许啸天著。绿灯书店。1943 年版。1 册。4 万字。短篇 3 则。许啸天：含泪。卓呆：痰盂。李梨：马路巡阅使。共 7 章。

一　有个老太婆在哀哀地哭泣着	五　她们也是些被摈弃的
二　黄色车夫的小小的暴动	六　一个苦力的死
三　小孩子们的练习战术	七　女工们的生活的一斑
四　这是闹着玩的呀	

青　鸟

社会小说。甜蜜小丛书第九集。许啸天著。上海绿灯书屋。1937 年
5 月再版。0.6 万字。未分章节。

明宫十六朝演义

宫闱长篇小说。许啸天著。上海时还书局。1927 年 3 月版。8 册。
80 万字。杨尘因、陆士谔、张海沤、胡憨珠、庄病骸、张冥飞各作序 1 篇。自
序 1 篇。共 120 回。

第一回　碧水桃花魂销胜地
　　　　浓云腻雨梦入巫山
第二回　夸神箭倾城卜一笑
　　　　亲美色秃马羡双驮
第三回　温柔乡英雄避难
　　　　脂粉计儿女留情
第四回　王妃万古遗淫迹
　　　　烈士千秋传盛名
第五回　古儿山单身逢侠客
　　　　斡难河大被寝红颜
第六回　叔嫂同衾家庭生变
　　　　弟兄交恶骨肉相残
第七回　铁木真塞外独称尊
　　　　努齐儿村中三盗骨
第八回　获刺客雄主失头颅
　　　　通香妃佳人断玉臂
第九回　鱼磬声中纳番妇

　　　　旌旗影里嫁王妃
第 十 回　谋明宗误饮鸩毒酒
　　　　　迎顺帝强匹鸾俦
第十一回　一声霹雳定龙穴
　　　　　满室芳菲诞虎儿
第十二回　朱太祖凤阳会群雄
　　　　　常遇春校场演铁盾
第十三回　酿笑话大海闹新房
　　　　　献绝技花云斗黑汉
第十四回　半夜绸缪艳姬荐枕席
　　　　　朝芥蒂娈妇泄机谋
第十五回　君主荒淫明太祖起义
　　　　　将军勇猛徐天德立功
第十六回　成双耦还珠入楼
　　　　　学六韬投笔从戎
第十七回　采石矶前擒敌将
　　　　　兰陵城下败雄酋

第 十 八 回　九江口火烧陈友谅
　　　　　　白龙潭水淹张士德

第 十 九 回　六寸肤圆温香在抢
　　　　　　十分春色碧血溅衣

第 二 十 回　参佛典灵隐逐狂僧
　　　　　　登帝位应天选秀女

第二十一回　凤辇龙旌还宫春
　　　　　　血影刀光憾万民

第二十二回　裙履余芬吴美人擅宠
　　　　　　衮裯遗爱惠妃子拈酸

第二十三回　宫廷祸兴胭脂劫
　　　　　　宰相奇谋肱股诛

第二十四回　截脂割舌云奇殉节
　　　　　　伤心惨目太子亡身

第二十五回　夜走铁骑栈道渡蓝玉
　　　　　　魂化杜鹃香冢泣残红

第二十六回　传白绫元妃赐缢
　　　　　　吞丹石潭王自焚

第二十七回　忆前尘高僧谈禅理
　　　　　　伤往事允炆了宿缘

第二十八回　叛北平燕王举白帜
　　　　　　入空门建文遁红尘

第二十九回　使出岛国奇珍异宝
　　　　　　频创邪教鬼牛蛇神

第 三 十 回　万恩青丝报知己
　　　　　　两行红泪雪沉冤

第三十一回　父疑子仁宗暴崩
　　　　　　凤易龙孙妃僭位

第三十二回　婉转娇啼西园月黑
　　　　　　灯红酒绿万寿风清

第三十三回　阑珊花事悲故主

　　　　　　　澈夜笙歌恼直臣

第三十四回　张太后愤怒废莲房
　　　　　　于巡抚谈笑定疑案

第三十五回　庭院深深青梅竹马
　　　　　　孤帏寂寂流水高山

第三十六回　桃李满门王振专权
　　　　　　冰霜载道蓉儿承恩

第三十七回　人面桃花书生失丽耦
　　　　　　途穷日暮侠士飞金刀

第三十八回　杀云妃禁宫闹鬼
　　　　　　接总管馆驿破奸

第三十九回　怀来县巨阉授首
　　　　　　锦鸡栅皇帝被掳

第 四 十 回　鼗鼓胡笳英宗陷沙漠
　　　　　　轻歌曼舞蛮女献殷勤

第四十一回　柳掩春台皇后见废
　　　　　　香飘月府天子还都

第四十二回　骏马游街徐梦兰吐气
　　　　　　紫微入室李太岁扬威

第四十三回　苦雨凄风太上皇复辟
　　　　　　夕阳衰草于忠肃埋魂

第四十四回　百花洲老处女承恩
　　　　　　疑天阙彭秀才遇怪

第四十五回　洞府春深落霞藏色
　　　　　　禁门人静纫荪露情

第四十六回　火炙金莲万妃奇妒
　　　　　　水沉玉女宪宗伤怀

第四十七回　老王爷啖蝗留古迹
　　　　　　小杜宇斗狮展奇能

第四十八回　伍云潭黑夜探皇宫
　　　　　　韩起凤花朝盗宝氅

第四十九回　翠钿白圭外邦聘玉女
　　　　　　秋光银烛藩邸刺徽王

第 五 十 回　大公主再醮风流帝
　　　　　　小内监初试云雨情

第五十一回　韩起凤对客献技术
　　　　　　魏宫人报主抚孤稺

第五十二回　惊圣驾疯妇闹金殿
　　　　　　征猺窟将军毁藤甲

第五十三回　蛮洞苗儿奇风怪俗
　　　　　　开府太监选色征歌

第五十四回　拔赵易汉尚书娶丑女
　　　　　　指鹿作马太后辨夫人

第五十五回　祷姮娥方道士求雨
　　　　　　剿鞑靼王满奴朝天

第五十六回　意熊婀娜侠女怀宝剑
　　　　　　情深旖旎英主惊人头

第五十七回　四海民共庆千秋竹
　　　　　　两贞女同殉万岁山

第五十八回　秋月梧桐寡鹄成禁脔
　　　　　　胡天锋镝老将化飞尘

第五十九回　霓裳翩跹正往帝登位
　　　　　　鹰犬驰骤司礼监专政

第 六 十 回　鬓影衣香豹房恋美色
　　　　　　杯蛇市虎西厂置奇刑

第六十一回　王阳明石棺尝死味
　　　　　　刘贵人梅萼效艳妆

第六十二回　遍地樱花正德戏凤姐
　　　　　　半帘素月江彬充龙阳

第六十三回　藩王猎艳密设销魂帐
　　　　　　武宗渔色初游石头城

第六十四回　翠翠红红江南留韵事

　　　　　　花花絮絮萧寺开经坛

第六十五回　扬州看花双龙斗侠盗
　　　　　　金山吊古独臂擒淫僧

第六十六回　江飞曼误盗雪里青
　　　　　　王经略大破红缨会

第六十七回　毁琼楼脂香随流水
　　　　　　还銮辇豪气逐风云

第六十八回　月缺花残凤姐伴碧草
　　　　　　鱼沉雁杳冯妇赴黄泉

第六十九回　煮鹤焚琴孤灯寂寞
　　　　　　刻舟求剑众喙纷纭

第 七 十 回　情致绵绵世宗入魔窟
　　　　　　忠忱耿耿陆炳赴焰山

第七十一回　测字知机严嵩拜相
　　　　　　报怨雪恨杨女谋王

第七十二回　荔娘多艳樱口代唾盂
　　　　　　东楼纵欲绣榻堆淫筹

第七十三回　叱燕咤莺粉黛争颜色
　　　　　　化云幻鹤羽士显神通

第七十四回　纤腰一捻翠琴悲离鸾
　　　　　　金钩双挽尚玉射飞鸿

第七十五回　香闺传绝技途杀恶客
　　　　　　禁宫递情牍夜会徐娘

第七十六回　绣襦温馨柳生困粉阵
　　　　　　银蟾清冷娟娜遭情魔

第七十七回　雪藕冰桃嘉王宴仙春
　　　　　　交梨火枣瑜妃进铅丹

第七十八回　奸相抄家珠光宝气
　　　　　　玉人来苑银杏红墙

第七十九回　戚继光威镇三边地
　　　　　　仇总兵戮尸汴梁城

第 八 十 回　花月琴声名士追芳踪
　　　　　　山水诗韵美人殉痴情

第八十一回　皇帝昏憒三更驾鹤
　　　　　　海瑞廉洁两袖清风

第八十二回　旧雨重逢宸妃投井
　　　　　　昙花一现穆宗宾天

第八十三回　春色九重神宗继大统
　　　　　　珠帘半卷刘女侵中宫

第八十四回　接木移花冯保雪旧憾
　　　　　　帷灯匣剑张怪刺昏君

第八十五回　建翠华迷香听玉笛
　　　　　　游翠台醉酒杀金莲

第八十六回　东林党狂儒流碧血
　　　　　　白莲教妖人遣泥孩

第八十七回　五岭关杜松斩贝勒
　　　　　　千秋鉴魏朝奸媒姆

第八十八回　红颜刃仇秀华成眷属
　　　　　　阉竖缔爱魏珰偕鸳俦

第八十九回　君臣不识丁邻邦腾笑
　　　　　　妃嫔尽受娠今古奇闻

第 九 十 回　十万貔貅血染沙漠
　　　　　　六宫粉黛玉殒红罗

第九十一回　云拥香车客氏淫宫阙
　　　　　　泪洒斑竹魏阉乱朝纲

第九十二回　遗臭逆宦奸象遍天下
　　　　　　争雄丑类饥氓据山林

第九十三回　兵燹天灾繁华成瓦砾
　　　　　　寇警妖异村镇尽荒丘

第九十四回　朵朵金兰献忠杀四川
　　　　　　滔滔洪水闯贼淹西乡

第九十五回　迁怒幺麽辕门堆死鼠

第九十六回　殃及泉下室内污艳尸
　　　　　　风月无边田贵妃制曲
　　　　　　鬓钗留影吴三桂惊艳

第九十七回　落花有意艳姬钟情
　　　　　　春水长流英雄气短

第九十八回　金屋无人皇亲遣丽质
　　　　　　河桥肠断经略梦香魂

第九十九回　铁马金戈洪承畴鏖兵
　　　　　　雪肤花貌文皇后迷敌

第 一 百 回　孤帐桐琴佳人歌一阕
　　　　　　秀花鸳梦才子事三朝

第一百一回　血滴玉盘李闯醢常洵
　　　　　　文秀莲瓣崇祯贬田妃

第一百二回　云鬓珠兰宫中憾秋扇
　　　　　　荒村古墓棺内走蛇龙

第一百三回　玉石俱焚藩王殉难
　　　　　　琴剑飘泊义士拯危

第一百四回　细语莺声三桂杀贤妇
　　　　　　雕弓翎羽永福射闯王

第一百五回　花影隔帘倒乱鸳谱
　　　　　　哀声满野折断雁行

第一百六回　热泪流红悲诔一篇文
　　　　　　青磷闪碧悖语数行书

第一百七回　为国求糈皇亲装穷汉
　　　　　　守城拒寇将士效忠臣

第一百八回　巾帼将军云英争父骨
　　　　　　青楼侠女曼仙鸩奸酋

第一百九回　晨聚暮散朝士尽蜉蝣
　　　　　　柳翠花红国丈庆耄耋

第一百十回　喋血深宫凄凉悲亡图
　　　　　　伤心月殿遗恨感煤山

第一百十一回	脂粉酬功血溅青罗帐 忠义报主泪洒绿扬天	第一百十六回	浅笑轻颦玉人装半面 银筝渔鼓少主宴三更
第一百十二回	拔须灸鼻民蠹现怪象 凿睛敲齿贼将施酷刑	第一百十七回	花落江南轻舟载美人 色空滇北冷寺栖芳踪
第一百十三回	愤争红颜思引狼入室 忍弃白发为揖盗开门	第一百十八回	北风凛凛海道奔黑夜 疑云阵阵噩梦惊深宵
第一百十四回	鸟语花香九王爷窃玉 剑光灯影文皇后奸情	第一百十九回	新仇旧恨清帝入空门 燕唱莺啼吴藩登大位
第一百十五回	风扫残雪三桂夺园园 露滴金枝睿王娶嫂嫂	第一百二十回	水尽山穷永历遁缅甸 吟梅嚼雪明事结全编

爱水碧痕小姐

言情小说。许啸天著。上海美美书屋。1929 年 9 月版。1 册。1 万字。未分回目。

唐宫二十朝演义

宫闱小说。许啸天著。上海新华书局。1928 年 7 月版。丁云先绘图 100 幅。包天笑总评。严独鹤序、诗各 1 篇。丹翁序 1 篇。西神作高阳台词 1 首。周瘦鹃、许慕羲作序各 1 篇。自序 1 篇。8 册。67 万字。共 100 回。

第一回	浅笑轻歌内府开家宴 遗红拾翠深宫戏宣华	第四回	眼波当筵会心默默 火光匝地群盗凶凶
第二回	金盒传来子占文妾 凌波步去侬夺郎心	第五回	燕子入怀娇魂初定 才郎入座慧眼频亲
第三回	夸国富海市陈百戏 诉衷情明灯映红颜	第六回	红拂姬人奔公子 紫髯侠客盗兵符

第 七 回　茶蘼架下苦雨破好事
　　　　　都护帐里烹儿餍馋涎

第 八 回　花嫩不经抽春风几度
　　　　　眼媚宜露洗柳色无边

第 九 回　剪彩成花秦夫人弄巧
　　　　　望辇结怨侯家女投环

第 十 回　谈天文袁紫烟得宠
　　　　　贴人情大姨娘多情

第 十 一 回　玉环赠处郎心碎
　　　　　　锦缆牵时殿脚行

第 十 二 回　画长眉绛仙得宠
　　　　　　幸迷楼何稠献本

第 十 三 回　玩童女初试任意车
　　　　　　砍琼花忽得长春药

第 十 四 回　烽火连天深宫读表
　　　　　　笙箫彻夜绛帐摇身

第 十 五 回　楼外烽烟书生画策
　　　　　　宫中酒色将军入彀

第 十 六 回　聚家宝李渊起义
　　　　　　相英雄虬髯让贤

第 十 七 回　陈水戏灯火澈御沼
　　　　　　步月光鹿影惊帝座

第 十 八 回　巡宫阙月下遇红颜
　　　　　　坐锦屏裙边订白首

第 十 九 回　彻宫禁私通魏氏
　　　　　　入阁门惨杀朱妃

第 二 十 回　白绢绕颈炀帝就死
　　　　　　红颜贴体肖后贪生

第二十一回　恩怨分明美人成烈女
　　　　　　忠义昭著内宫护幼君

第二十二回　夏德建自立为主

窦线娘巧战得婿

第二十三回　旧事重提肖后忍辱
　　　　　　新仇暗结秦王遭擒

第二十四回　马上坠弓鞋世民结袜
　　　　　　宫中正帝位李渊点妃

第二十五回　通贵妃父子聚麀
　　　　　　争良田妃嫔结怨

第二十六回　卫怀王淫凶杀乳母
　　　　　　隐太子贪色劫夫人

第二十七回　弟杀兄玄武门喋血
　　　　　　父禅子唐太宗即位

第二十八回　王将军巧计杀主
　　　　　　魏丞相私访遗孤

第二十九回　恩情缠绵杨妃失节
　　　　　　宫闱幽秘斐氏送儿

第 三 十 回　天子风流侄配婶
　　　　　　东宫横暴奴私主

第三十一回　双美人搓脂摘玉
　　　　　　一老妻结义守情

第三十二回　兴佛法玄奘出使
　　　　　　伏祸胎武氏承恩

第三十三回　箫声起处初施雨露
　　　　　　素筵张时再证恩情

第三十四回　排异己肖后遭谪
　　　　　　结欢心皇后屈尊

第三十五回　王皇后失宠遭废
　　　　　　韩夫人当筵承幸

第三十六回　迎喜宫母女承宠
　　　　　　荣国第帝王祝寿

第三十七回　逼奸宫眷敏之得罪
　　　　　　惨杀后妃武氏行权

第三十八回　一废再废终立太子哲
　　　　　　初玄继玄虚设皇帝哲

第三十九回　炊突无烟佳人丧命
　　　　　　闺闱抱病公主易夫

第四十回　　冯小宝初入迷魂阵
　　　　　　来俊臣威震丽景门

第四十一回　筑明堂大兴土木
　　　　　　夺宠姬祸因奸淫

第四十二回　薛怀义力竭身死
　　　　　　张易之身强中选

第四十三回　玉臂触处情心动
　　　　　　美貌传时赘婿来

第四十四回　皇太女天开异想
　　　　　　崔侍郎暗纵娇妻

第四十五回　拔佛须公主斗巧
　　　　　　游夜园驸马偷香

第四十六回　皇后裙边云飞五色
　　　　　　太子府中议灭三思

第四十七回　韦皇后妙选面首
　　　　　　冯七姨奇制荐枕

第四十八回　慧范和尚双雕艳福
　　　　　　太平公主三日奇缘

第四十九回　朱棒横飞后妃惨死
　　　　　　香木杂佩帝子中谗

第五十回　　惠妃得子金神入胁
　　　　　　明皇遇仙黑僧降龙

第五十一回　惠妃计杀太子
　　　　　　力士夜进梅妃

第五十二回　廊阁纤耸骊山宫
　　　　　　龙凤腾舞华清池

第五十三回　翁占媳杨贵妃承宠

　　　　　　兄通妹虢夫人守寡

第五十四回　冰盘献荔枝
　　　　　　温池赐香汤

第五十五回　盗美姬庆绪夺父妾
　　　　　　续旧欢采草承皇恩

第五十六回　杨贵妃翠阁争夕
　　　　　　唐明皇夹幕藏娇

第五十七回　杨玉环醉排风流阵
　　　　　　李太白狂草训蛮书

第五十八回　幸曲江寡妇承恩
　　　　　　返杨府宠姬逢怒

第五十九回　贵妃截发赎宠
　　　　　　宫女窥浴动情

第六十回　　占厦屋夫人营新第
　　　　　　调灵禽天子泣花坟

第六十一回　唐天子斗鸡
　　　　　　杨国舅私妹

第六十二回　赐御香明驼私发
　　　　　　屈宠臣内殿愤争

第六十三回　赐婚姻杨家极宠
　　　　　　讨奸佞张氏遗裔

第六十四回　安禄山警破霓裳曲
　　　　　　杨贵妃醉戏小黄门

第六十五回　长生殿梅妃受辱
　　　　　　马嵬驿国忠丧生

第六十六回　白绫三尺贵妃毕命
　　　　　　短剑一挥夫人轻生

第六十七回　蜀道中玄宗让位
　　　　　　新殿上龟年骂贼

第六十八回　李暮题词看锦袜
　　　　　　呆卿割舌殉孤城

第六十九回　许远计杀敌将
　　　　　　张巡惨烹爱姬

第 七 十 回　猪儿夜刺禄山
　　　　　　龟年途遇李暮

第七十一回　念梅妃宫中刻像
　　　　　　欺上皇道旁拉马

第七十二回　会亡妃玄宗宴驾
　　　　　　爱良娣肃宗惧内

第七十三回　玉美人引出真美人
　　　　　　假夫妻配成怨夫妻

第七十四回　箭贯玉箭注缘分
　　　　　　杯饮酒泪识恩情

第七十五回　进忠言建宁王自尽
　　　　　　恋痴情李夫人乔装

第七十六回　辅国贪心窃奇宝
　　　　　　秋葵泄妒私俊男

第七十七回　李辅国行凶杀国母
　　　　　　程元振设计除奸雄

第七十八回　牟羽可汗涎母色
　　　　　　代宗皇帝恋后情

第七十九回　落魄女子充故钏
　　　　　　多情天子怜新人

第 八 十 回　元载纳娇妻身败名裂
　　　　　　子仪绑爱子义正辞严

第八十一回　粉面郎后宫惑女
　　　　　　锦衣人深山访贤

第八十二回　吴国舅力除大憨
　　　　　　小公主下嫁狂儿

第八十三回　德宗曲意媚王女
　　　　　　士会弃官娶美人

第八十四回　急色儿好色取辱

　　　　　　薄命妇安命作丐

第八十五回　乱官眷朱泚变节
　　　　　　击奸臣秀实尽忠

第八十六回　岁乐王月下刺贼
　　　　　　德宗帝宫中绝粮

第八十七回　退长岁朱泚纵色
　　　　　　守项城杨氏助夫

第八十八回　窦桂娘忍辱报仇
　　　　　　李宿卫痴情烝主

第八十九回　听谗言谋废太子
　　　　　　和番人遣嫁公主

第 九 十 回　拘骅国进宝
　　　　　　卢媚娘全贞

第九十一回　云烟缥缈天子求仙
　　　　　　粉黛连翩学士承宠

第九十二回　法门寺迎佛骨
　　　　　　中和殿破私情

第九十三回　春色微传花障外
　　　　　　私情败灵掖庭中

第九十四回　叔恋侄文宗急色
　　　　　　女负男太子殉情

第九十五回　夺美妾武宗下辣手
　　　　　　报宿恨郑后行残心

第九十六回　竞豪华公主下嫁
　　　　　　贪荒淫天子蒙尘

第九十七回　遭大劫黄巢造反
　　　　　　忌明主季述逼宫

第九十八回　杀宦官全忠立威
　　　　　　弑昭帝史太行凶

第九十九回　缢太后归束唐室
　　　　　　恋妻妌断送晋朝

第一百回 长安祸起郭威称帝
　　　　　陈桥兵变赵宋受禅

　　唐宫二十朝演义附篇：唐宫香艳秘
笈。内含：迷楼记。海山记。开河记。

教坊记。隋唐佳话。梅妃传。杨太真外
传卷上、下。长恨歌传。开元天宝遗事。
明皇杂录。中朝故事。开天传信记。常
侍言旨。

甜　香

　　言情小说。甜蜜小丛书第一集。许啸天著。上海绿灯书屋。1937 年
6 月再版。1.4 万字。未分章节。

清宫十三朝演义

　　宫闱小说。许啸天著。上海新华书局。1926 年 5 月版。6 册。58.5
万字。丁云先封面绘图,天虚我生题词 1 首。苕狂、爱偻童仰慈、徐哲身序
各 1 篇。许啸天自序 1 篇。共 100 回。

第一回 杏花天里莺鸣燕唱
　　　　布尔湖边月证山盟

第二回 洞房天半神仙眷
　　　　毡幕地中龙虎儿

第三回 三尺粉墙重温旧梦
　　　　六十处女老作新娘

第四回 灯前偷眼识英杰
　　　　林下逐麑遇美人

第五回 割发要盟英雄气短
　　　　裂袍劝驾儿女情长

第六回 腰间短刀斩伏莽
　　　　枕边长舌走英雄

第 七 回 依佟氏东床妙选
　　　　　救阿太西辽麈兵

第 八 回 古埒城觉昌死难
　　　　　抚顺关尼堪断头

第 九 回 脂香粉阵靡雄主
　　　　　睡眼蒙眬退敌兵

第 十 回 奸外母蒙格柱死
　　　　　避内讧努尔求尸

第十一回 羡繁华观光上国
　　　　　赖婚姻得罪邻邦

第十二回 杀亲子祸起骨肉
　　　　　投明主初试经纶

第 十 三 回　被底红颜迷降将
　　　　　　腔中热血赠知人
第 十 四 回　苏子河边淹战将
　　　　　　萨浒山下困雄师
第 十 五 回　兄逼弟当筵结恨
　　　　　　甥杀舅登台焚身
第 十 六 回　翠华园神宗醉玉肤
　　　　　　慈庆宫妃子进红丸
第 十 七 回　依翠偎红将军短气
　　　　　　娇妻雏儿天子记孤
第 十 八 回　逼宫廷纳喇氏殉节
　　　　　　立文后皇太极钟情
第 十 九 回　朱唇接处嫂为叔媒
　　　　　　黄旗展来臣尊帝号
第 二 十 回　传疑案宸妃逝世
　　　　　　惊艳遇洪帅投诚
第二十一回　多尔衮计歼情敌
　　　　　　吉特后巧偿宿缘
第二十二回　露奸情太宗暴殂
　　　　　　见美色豫王调情
第二十三回　救爱妾三桂借兵
　　　　　　杀宫眷崇祯殉国
第二十四回　酬大勋太后下嫁
　　　　　　报宿恨天子重婚
第二十五回　悲离鸾小宛入宫
　　　　　　誓比翼世祖游园
第二十六回　入空门顺治逊国
　　　　　　陷情网康熙乱伦
第二十七回　劫民妇暗移国祚
　　　　　　通国师计杀储君
第二十八回　小二哥暂充钦差

　　　　　　皇四子大战侠客
第二十九回　甘凤池座上献技
　　　　　　白泰官山中访盗
第 三 十 回　斗法术计收血滴子
　　　　　　换娇儿气死陈阁老
第三十一回　康熙帝挥泪废太子
　　　　　　汪绅士接驾失弱女
第三十二回　改遗诏雍正登位
　　　　　　好美色胤祯丧命
第三十三回　红灯热酒皇子遗爱
　　　　　　煮豆燃萁兄弟化灰
第三十四回　牛鬼蛇神雍和宫
　　　　　　莺燕叱咤将军帐
第三十五回　鸟尽弓藏将军灭族
　　　　　　妻离子散国舅遭殃
第三十六回　破好事大兴文字狱
　　　　　　报亲仇硬拆鸾凤俦
第三十七回　破腹挖脑和尚造孽
　　　　　　搴帷入帏亲王销魂
第三十八回　弓鞋到处天子被刺
　　　　　　手帕传来郎君入彀
第三十九回　宝亲王私通舅嫂
　　　　　　乾隆帝宠爱香妃
第 四 十 回　狱中回妇深夜被宠
　　　　　　宫里天子静昼窃听
第四十一回　念父母乾隆下江南
　　　　　　争声色雪如登龙舟
第四十二回　东征西讨福康安立功
　　　　　　依翠偎红皇太子偷香
第四十三回　证前盟和珅弄权
　　　　　　结深欢高宗宿娼

473

第四十四回　莺莺燕燕龙须纤
　　　　　　叶叶花花云雨楼

第四十五回　脱簪苦谏皇后落发
　　　　　　奋拳狠斗天子被擒

第四十六回　涿州府皇孙出现
　　　　　　同乐园宫女失身

第四十七回　莺啼燕唱江南去
　　　　　　匣剑帷灯刺客来

第四十八回　文字奇冤冢中戮尸
　　　　　　姐妹绝艳水底定情

第四十九回　红烛照处美人死
　　　　　　绿树荫中帝子来

第五十回　　死宝妃高宗伤往事
　　　　　　游离宫嘉王窥秘像

第五十一回　燕瘦环肥国外选色
　　　　　　偷寒送暖宫内纳姬

第五十二回　老头子纪昀妙解
　　　　　　女孩儿福公祝寿

第五十三回　奇珍异宝和珅抄家
　　　　　　擎石蹋树成得献技

第五十四回　遇宫变煤黑子效死
　　　　　　献巧艺王董氏伤生

第五十五回　崇节俭满朝成乞丐
　　　　　　庆功劳一室作饿夫

第五十六回　弃旧怜新宫中杀眷
　　　　　　莺啼狮吼林上找妃

第五十七回　敬事房驼妃进御
　　　　　　豫王府奸婢杀生

第五十八回　皇儿仁慈不杀禽兽
　　　　　　天子义侠挽救穷酸

第五十九回　姑谋妇皇后中毒
　　　　　　妾救夫烈妇偷尸

第六十回　　创异教洪氏起义
　　　　　　知死期穆相辞行

第六十一回　昏灯哀语慈后逝世
　　　　　　香钩情眼荡子销魂

第六十二回　美人计宣娇救阿兄
　　　　　　烈女行文宗罢选秀

第六十三回　宣武门外名媛倚闾
　　　　　　钉鞋铺中贞妇投梭

第六十四回　皇恩浩荡冰花失志
　　　　　　侬情旖旎四春承欢

第六十五回　金莲贴地琼儿被宠
　　　　　　粉庞失色紫瑛丧生

第六十六回　目成心许载㵥㸒族姑
　　　　　　歌场舞榭玉喜识书生

第六十七回　倾心一笑杏花春解围
　　　　　　祝发三年陀罗春守节

第六十八回　金莲点点帝子销魂
　　　　　　珠喉呖呖阿父同调

第六十九回　美人落魄遭横暴
　　　　　　天子风流选下陈

第七十回　　琼珠翠玉聘儿去
　　　　　　婉转歌吟引凤来

第七十一回　杀汉女胭脂狼藉
　　　　　　攻粤城炮火纵横

第七十二回　阆贵妃寄腹产载淳
　　　　　　咸丰帝避难走热河

第七十三回　泣脂啼粉梦警三更
　　　　　　画栋雕梁园付一炬

第七十四回　防懿妃文宗草遗诏
　　　　　　立怡王肃顺夺国玺

第七十五回　除异己慈禧有急智
　　　　　　烛奸谋安后运独断

第七十六回　安得海好货取祸
　　　　　　郑亲王贪色遭殃

第七十七回　十年富贵奴凌主
　　　　　　一曲昆簧帝识臣

第七十八回　李鸿藻榻前奉诏
　　　　　　嘉顺后宫中绝食

第七十九回　争大统吴可读尸谏
　　　　　　露春色慈安后灭奸

第 八 十 回　李莲英擅宠专权
　　　　　　慈安后遭妒惹祸

第八十一回　荣禄初入宫禁地
　　　　　　懿妃死偿恩情债

第八十二回　慈安太后为嘴丧命
　　　　　　峒元道士望气得意

第八十三回　白云观太后拈香
　　　　　　神仙会郁氏纳赘

第八十四回　花明柳暗颐和园
　　　　　　弹雨硝烟高丽宫

第八十五回　西苑内皇帝听艳歌
　　　　　　坤宁宫美人受榜掠

第八十六回　劝亲政翁师傅荐贤
　　　　　　兴醋波瑾珍妃被谪

第八十七回　幸名园太后图欢娱
　　　　　　坐便殿主事陈变政

第八十八回　三月维新孤臣走海上
　　　　　　半夜密议皇帝囚瀛台

第八十九回　寇太监殿前尽忠节
　　　　　　游浪子书馆惊宠遇

第 九 十 回　接木移花种因孽果
　　　　　　剑光血痕祸起萧墙

第九十一回　烽火满城香埋枯井
　　　　　　警骑夹道驾幸西安

第九十二回　植蚕桑农妇辱吏
　　　　　　闹宫苑喇嘛驱魂

第九十三回　舒郁愤无聊踏春冰
　　　　　　忆旧恨有心掷簪珥

第九十四回　碧血溅衣寡君自晦
　　　　　　青衣入侍稗子蒙恩

第九十五回　开贿赂奕劻鬻爵
　　　　　　兴赌博小德摆庄

第九十六回　恨绵绵瀛台宴驾
　　　　　　阴惨惨广殿停尸

第九十七回　乱禁阙再建晶园
　　　　　　争封典两哭寝陵

第九十八回　保家声醇王忍小节
　　　　　　斫国脉宣统让大位

第九十九回　丧心病狂大辫儿复辟
　　　　　　衣香鬓影小皇帝完婚

第 一 百 回　封闭清宫溥仪走天津
　　　　　　畅谈风月全书结总目

情　　潮

言情小说。许啸天著。出版单位和出版时间不详。2 册。13 万字。

自序 1 篇。共 14 节。

第一　少女的饥渴	第八　最销魂的一夜
第二　肉欲与情爱	第九　难为了妹妹
第三　永远抛不下的恩情	第十　少女的烦恼
第四　欲火	第十一　翠儿
第五　姊姊的情人	第十二　情帕
第六　原来是哥哥	第十三　可怜的少女
第七　我空欢喜了你	第十四　不料在此处相见

微笑的涡

言情小说。许啸天著。上海绿灯书店。1934 年 4 月初版。1 册。10 万字。共 14 章。

一　销魂的一课	八　女人跌到怀里来
二　骗了我的心	九　四十号房里
三　泪滴在她腮儿上	十　有别的女人在外面
四　小狗的叫声	十一　一个销魂的良夜
五　迷人的影儿	十二　特别纪念品
六　风流念三	十三　我是好人家的女儿
七　不堪入耳	十四　打破了微笑的涡

新　婚

短篇社会小说。许啸天著。群学社。1933 年 7 月版。1 册。4.7 万字。共 18 篇。

新婚	金三娘

八角钱

惹人的笑涡惹人的脚

含着泪笑吧

我忍到今天

红叶

慈善家的死

一个月没有吃饭

最不能忘情的一幕

避面

抱进汽车里

齿痕

车厢中一位教授

意外的事

浴池点滴

公园琐屑

是天的意还是你的意呢?

满清奇侠大观

短篇武侠小说。许啸天撰述。上海时还书局。1923 年 10 月初版。2 册。14.5 万字。自序 1 篇。共 36 节。

一	飞蚨蝶……寺中得婿	十七	铁杖黄……劫珠还珠
二	罗天尊……拔柱报仇	十八	三公子……夫妻双侠
三	卞云西……掷钱杀盗	十九	雪丫头……磁屑杀盗
四	小红儿……助夫抗母	二十	卢幻山……受打还刀
五	李二官……佛腹捕盗	二十一	石把总……代师报仇
六	张国梁……削竹拒敌	二十二	石达开……教儿捉奸
七	黄面虎……劫印救民	二十三	九麻子……计杀淫僧
八	黄海霞……赠扇报德	二十四	杨四姑……临嫁复仇
九	戚阿哥……忍辱成侠	二十五	黄八子……狱中结友
十	云二姑……吐针杀仇	二十六	黄金满……海上放镖
十一	郑大肚……佛寺斗法	二十七	唐殿荣……舍命全交
十二	武良生……情场喋血	二十八	王克章……逃婚出嫁
十三	杨大头……割爱全贞	二十九	二胡子……裤带救主
十四	大刀王……劫衣护官	三十	风姑儿……风尘识婿
十五	杨叶儿……奇计劫肆	三十一	甘凤池……勇盖江南
十六	陈老三……冒官到任	三十二	白太官……仗义杀兄

| 三十三 | 达平山……毁目自戕 | 三十五 | 郑松嫣……报仇作娟 |
| 三十四 | 周秃秃……卖头报德 | 三十六 | 海上燕……仗义全婿 |

潘金莲爱的反动

反案小说。许啸天著。美美书屋。1935 年 6 月再版。1 册。12.5 万字。作者为潘金莲而写反动宣言 1 篇。自序 1 篇。共 20 章。

一	男性的女孩子	十一	叔叔
二	摧折	十二	我的心早已给你了
三	不平衡的恋	十三	李瓶儿
四	追求	十四	成对成双
五	畸形的爱	十五	疑
六	瞒	十六	就是她
七	透露	十七	结束了风流账
八	痴	十八	惊喜
九	春梅	十九	一夜辛苦
十	心上人儿	二十	梦里的微笑

飞侠偷头记

武侠小说。许慕羲著。上海广益书局。1929 年 7 月续版。1 册。5.5 万字。江荫香序 1 篇。自序 1 篇。共 16 回。

第一回	陆周明出外从师		较拳技低头陪罪
	王征南偷窥绝技	第四回	游灵隐巧逢豪杰
第二回	赴宁波侠士访友		迎宗藩高举义旗
	入庙宇和尚泄机	第五回	试胆量庙中赌赛
第三回	巧装扮故意胡言		遇怪物殿上挥拳

第 六 回　虎跑寺同访英雄
　　　　　绍兴城初会剑侠

第 七 回　兵部府陆周明讨差
　　　　　清河镇毛廿一拉夫

第 八 回　三更半夜诘问路途
　　　　　绛炬银灯谈论方略

第 九 回　花园中飞行绝迹
　　　　　寝室内寄柬留刀

第 十 回　陆侠士屡次警奸王
　　　　　耿继茂停止拉夫役

第十一回　见奇僧暗窥行径

　　　　　筵侠士细诉生平

第十二回　慧莲无意遇师弟
　　　　　唐王有心拒谏臣

第十三回　福州城晋谒英豪
　　　　　将军府款留侠客

第十四回　施妙计宠妾休妻
　　　　　谈剑术排云驭气

第十五回　惊魂动魄剑师献技
　　　　　里应外合奸臣卖国

第十六回　义胆忠肝刑场授命
　　　　　奇谋秘计城下偷头

元史演义

历史小说。许慕羲著。上海大达图书供应社。1935 年 4 月版。1 册。11 万字。朱太忙序 1 篇。共 24 回。

第 一 回　德薛禅半路结婚
　　　　　帖木真穷途遇救

第 二 回　追失马途中得良友
　　　　　联邻部月下会娇妻

第 三 回　诸部归心上帝号
　　　　　深山遇救纳偏妃

第 四 回　联盟誓王罕认义子
　　　　　图反复桑昆启战端

第 五 回　小奴仆片言取富贵
　　　　　死骷髅一笑启干戈

第 六 回　灭乃蛮群雄授首
　　　　　封功臣多士蒙恩

第 七 回　信神巫弟兄启衅

　　　　　破居庸金主求和

第 八 回　定储嗣手足启争端
　　　　　发狂言西夏遭破灭

第 九 回　山川作祟弟代兄亡
　　　　　疆宇益宏子承父志

第 十 回　贾似道议和卖国
　　　　　元世祖嗣位建都

第十一回　奔维扬似道丧师
　　　　　破临安伯颜奏凯

第十二回　文信国生前仗气节
　　　　　阿合马死后露奸贪

第十三回　贪货财两奸遭显戮
　　　　　遇陷害贰室失贤储

第十四回　用汉军季庭破纳延
　　　　　效直谏彻里劾僧格
第十五回　献玉玺皇孙嗣位
　　　　　幸五台太后施恩
第十六回　信佛法丹巴欺妇女
　　　　　畏人言李孟效神龙
第十七回　番僧恃符凌辱亲贵
　　　　　阉宦释奠迅致风雷
第十八回　肆淫秽太后藏奸
　　　　　恃恩宠僧徒犯法
第十九回　驻南坡英宗被弑

　　　　　幸上都泰定升遐
第二十回　施酖毒弟为太子
　　　　　逞奸淫后作夫人
第二十一回　会启鸳鸯看朱成碧
　　　　　　泽延凤掖因爱成仇
第二十二回　坠井下石巴延弑后
　　　　　　饮羊登垒满济辞官
第二十三回　游皇城举国若狂
　　　　　　治黄河揭竿起事
第二十四回　陷滁州吴公起义师
　　　　　　破燕京元帝回蒙古

元宫十四朝演义

宫闱小说。许慕羲编辑。上海新华书局。1930 年 6 月版。4 册。35 万字。自序 1 篇。插图 12 幅。共 80 回。

第一回　巧遇合乘龙跨凤
　　　　泣孤孀别鹄离鸾
第二回　白光入宝天赐麟儿
　　　　玉貌如花喜谐鸳侣
第三回　俺巴该中计受非刑
　　　　斡难河游猎遇美妇
第四回　劫佳人联成姻眷
　　　　发娇嗔追回叛徒
第五回　奔波亡命潜迹水内
　　　　倚翠偎红匿迹车中
第六回　一宵温柔订密约
　　　　两行清泪送情人
第七回　缔嘉偶良宵成礼

　　　　觅娇妻黑夜进兵
第八回　庆生还月园花好
　　　　烹俘虏目惨心伤
第九回　吃寡醋当筵批颊
　　　　得天佑临阵反风
第十回　氍帐温柔重寻旧梦
　　　　妆台缱绻又得佳人
第十一回　闻娇叹怒歼情敌
　　　　　释前嫌喜订新盟
第十二回　诈许婚有意背盟
　　　　　激诸将拼命却敌
第十三回　灭克烈帖木真施威
　　　　　杀汪罕太阳汗夸口

第 十 四 回	灭乃蛮杀夫取妇	
	平朔漠即位称尊	
第 十 五 回	选美色使臣被拘	
	擒女酋主将寻欢	
第 十 六 回	张盛筵欢飨臣僚	
	信谗言祸生骨肉	
第 十 七 回	舍亲女西夏投诚	
	献公主金邦乞和	
第 十 八 回	困妇翁女夫背义	
	定储位兄弟相争	
第 十 九 回	讨回部威震讹答剌	
	征西域兵进印度河	
第 二 十 回	二回妇挥泪辞故乡	
	两公主承恩怀妒意	
第 二十一 回	并后匹嫡群女争宠	
	长枕大被雄主销魂	
第 二十二 回	嘱后事英雄洒泪	
	遇良缘儿女柔情	
第 二十三 回	遇强暴美人殉节	
	刺亲王勇士丧身	
第 二十四 回	盗骨报仇克遂心愿	
	脂香粉阵渎乱宫闱	
第 二十五 回	断玉臂珍重人道	
	伐金邦继承先志	
第 二十六 回	信巫师拖雷代君	
	破蔡州完颜亡国	
第 二十七 回	堕城楼美妇殉节	
	争浮桥勇将捐躯	
第 二十八 回	导荒淫奸佞得志	
	兴土木黎庶遭殃	
第 二十九 回	筑神坛喇嘛传道	

	纳回妇净室求仙	
第 三 十 回	纵声色太宗逝世	
	逞威福皇后临朝	
第 三十一 回	定大位亲王主政	
	立新君宗族生嫌	
第 三十二 回	忽必烈兵征大理	
	蒙哥汗师侵南宋	
第 三十三 回	三道诏敕建元立极	
	一代规模开国承家	
第 三十四 回	复崖山南宋亡国	
	死柴市丞相尽忠	
第 三十五 回	忠魂不泯名著千秋	
	琼岛聚宴栏陈百兽	
第 三十六 回	诛谏臣丧心病狂	
	崇西僧灭天毁圣	
第 三十七 回	详梦兆喜获遗骸	
	伐陵寝虐及枯骨	
第 三十八 回	幸上都花香玉笑	
	听轻讴魄荡魂销	
第 三十九 回	讨日本两遭败衄	
	征占城再挠师徒	
第 四 十 回	因忧惧太子逝世	
	落圈套王妃悬探	
第 四十一 回	巡辽河铁木耳出师	
	谋叛变诸王子败绩	
第 四十二 回	绝饮断食烈士死节	
	披星戴月侠女复仇	
第 四十三 回	抒快美人心权臣伏法	
	为忧紫微变雄主销魂	
第 四十四 回	五台迷西僧太后纵欲	
	宫闱生异象天子解迷	

第四十五回　酒醉心速陈仓暗度
　　　　　　香消玉殒红鸾夜逃

第四十六回　拂柳杨花红粉初度
　　　　　　温衾暖帐伶官受恩

第四十七回　膺圣恩矫召诛奸匿
　　　　　　建佛事僧徒乱禁宫

第四十八回　软语温情禁宫乱国母
　　　　　　娇嗔狞怒膝下慰相知

第四十九回　兴圣宫国母纳新宠
　　　　　　殖边廷周五泄异谋

第五十回　　矢志不从节妇刺面
　　　　　　欺心谋害恶奴出首

第五十一回　寝宫私语贱妇逞奇谋
　　　　　　荒郊射猎忠臣得侠士

第五十二回　闹热场中乡女损节
　　　　　　阴云道上贤主被弑

第五十三回　庆生辰朱医开华宴
　　　　　　盼情侣闺阁露相思

第五十四回　慰前情闺中谈佳话
　　　　　　虑后患良臣请除奸

第五十五回　敞琼宴席上传情
　　　　　　贪美色宫中受制

第五十六回　敕贵妃姊妹受皇恩
　　　　　　失神主窃盗兴太庙

第五十七回　传假旨逼嫁孀雌
　　　　　　建斋醮举行大赦

第五十八回　集都堂大臣会议
　　　　　　陈时政平章辞官

第五十九回　当朝进谗帝师行奸
　　　　　　狭路相逢公主受辱

第六十回　　结旧臣怀王抱大志

　　　　　　睹美色番僧起淫心

第六十一回　经声法鼓忽亡帝主
　　　　　　带刀夺门议立君王

第六十二回　立幼主奸相弄权
　　　　　　入大都藩王即位

第六十三回　百骑锐卒惊敌寨
　　　　　　一片角声退雄兵

第六十四回　落陷坑驸马中计
　　　　　　入关门诸王被拴

第六十五回　权相奸臣奉宝出降
　　　　　　泣鸾悲凤别州安置

第六十六回　酬功勋宗女厘降
　　　　　　登宝位使臣劝进

第六十七回　进酖酒故后衔冤
　　　　　　施巫蛊逆臣受首

第六十八回　立储君阴魂附体
　　　　　　避冤孽皇子移居

第六十九回　祥嗔薄怒废后失节
　　　　　　蔑理乱伦藩王迎妃

第七十回　　受冥谴文宗崩驾
　　　　　　立嗣君奸相怀疑

第七十一回　称兵犯阙祸延灭族
　　　　　　逼君弑后殃及深宫

第七十二回　停科举谴谪谏官
　　　　　　议徽号尊崇姊母

第七十三回　戮宗王奸臣欺主
　　　　　　逐伯父大义灭亲

第七十四回　千秋遗恨太后归天
　　　　　　万重奉亲贤臣远戍

第七十五回　提旧事片言回圣意
　　　　　　遇新宠半夜沐君恩

第七十六回 贾友恒建议治河
韩山童妖言惑众

第七十七回 进番僧初习演揲儿
选少女秘传双修法

第七十八回 天魔舞锦簇花团

人兽斗血飞肉溅

第七十九回 扫群寇迭克名城
应天象忽亡大帅

第八十回 明太祖奠定中原
元顺帝出奔北塞

五代史演义

历史小说。许慕羲著。上海大达图书供应社。1925 年 3 月版。1 册。12 万字。序 1 篇。例言 1 篇。共 30 回。

第一回 禅大梁全忠称帝
攻夹寨存勖解围

第二回 救深冀李存勖主盟
帝幽燕刘守光肆虐

第三回 梁主宣淫宫闱内乱
郢王篡位夫妇同诛

第四回 破幽燕刘守光遭擒
分相魏贺德伦归晋

第五回 将计就计三破刘郡
攘外安中独驱胡骑

第六回 宗衍嗣蜀大肆奢淫
承业为唐独抒忠荩

第七回 攻镇州符习报故君
建唐园存勖称皇帝

第八回 漆头颅朱友贞末路
施粉墨李存勖登场

第九回 逞畋猎唐主荒游
侈门第刘后逐父

第十回 作坤陵罗贯受冤刑

伐西蜀继岌岌领帅印

第十一回 信谗言伶宦得志
杀功臣勋旧离心

第十二回 赵在礼固守邺郡
李嗣原攻据大梁

第十三回 安重海献计还唐宗
李嗣原监国继大位

第十四回 失河中小愤成大怨
割阆州两川怀二心

第十五回 并邻镇知祥据两川
恃武力从荣招横祸

第十六回 五节度溃败凤阳城
三宰相争上劝进表

第十七回 徐知诰建立南唐国
石敬塘谋逆河东镇

第十八回 恃外兵石敬塘代唐
信妖言范延光作乱

第十九回 媚契丹晋廷招侮辱
耽曲蘖闽主召危亡

第 二 十 回	朱文进弑主称闽主 景延广当国召辽寇		地辖忻代刘崇延汉
第二十一回	破敌城安审琦仗义 逼签名杜重威降辽	第二十六回	鉴发掘遗命薄葬 辟众论锐意亲征
第二十二回	称孙男晋主贪生 载帝虮辽君毕命	第二十七回	富国强兵周主图治 丧师失地唐帝求和
第二十三回	诛汉奸杜重威授首 叛幼主李守贞连衡	第二十八回	扮僧装留守弃地 去帝号唐主求和
第二十四回	开钱筵将相存意见 争权利君臣启杀机	第二十九回	仗大节孙晟报国 造战舰周主破唐
第二十五回	军变澶州郭威兴周	第 三 十 回	地割江北唐主称臣 兵变陈桥赵家一统

五美再生缘

民间小说。许慕羲著。上海大文书局。1938 年 4 月再版。1 册。共 16.7 万字。共 78 回。

第一回	钱月英酬神还愿 冯子清误入花园		冯子清聘定月英
第二回	赠金扇冯旭得意 拜天地翠秀许婚	第 八 回	魏家妇人前卖俏 花文芳黑夜偷情
第三回	游西湖林璋遇故 卖宝剑马云逢凶	第 九 回	魏临川于中取利 花文芳将计就计
第四回	马云大闹五柳园 汤彪重义赠金帛	第 十 回	书房内明修栈道 墙头上暗度陈仓
第五回	真才子走笔成章 假斯文揉碎肚肠	第十一回	武宗爷亲点主考 花荣王相府详梦
第六回	姚夏封广陵风鉴 常万青南海朝山	第十二回	林正国触奸投水 徐宏基进香还朝
第七回	末翰林代为月老	第十三回	定国公早朝上本 林正国权为西宾

第 十 四 回　魏临川暗使毒计
　　　　　　冯子清明受灾殃

第 十 五 回　花文芳面嘱知县
　　　　　　孙文进性直秉公

第 十 六 回　三学生员递公呈
　　　　　　知县缉拿魏临川

第 十 七 回　孙文进复审人命
　　　　　　魏临川花府潜身

第 十 八 回　生员聚众闹辕门
　　　　　　巡部都堂强断婚

第 十 九 回　冯旭受刑认死罪
　　　　　　百姓罢市留青天

第 二 十 回　罗太守安抚百姓
　　　　　　孙知县复任钱塘

第二十一回　冯子清钱塘起解
　　　　　　马文山哭别舟中

第二十二回　李坤奉主命差遣
　　　　　　花能黑黑夜放火

第二十三回　有怜定计害临川
　　　　　　月英家门带姑孝

第二十四回　花文芳纳采行聘
　　　　　　钱月英认义姊妹

第二十五回　钱月英改妆避祸
　　　　　　文芳开宴款家人

第二十六回　李坤仗义释冯旭
　　　　　　有怜智识赚崔氏

第二十七回　使假银暗中奸计
　　　　　　公堂上明受非刑

第二十八回　赵翠秀代主替嫁
　　　　　　花有怜奸拐红颜

第二十九回　假小姐闺中哭别

第 三 十 回　真公子婚娶新人
　　　　　　花文芳爱色受戮
　　　　　　赵翠秀为主报仇

第三十一回　钱林闻信忙奔走
　　　　　　童红飞报进都城

第三十二回　都堂飞马闭城门
　　　　　　知县踏看定真假

第三十三回　孙文进通详咨部
　　　　　　花荣王火速行文

第三十四回　假小姐市曹行刑
　　　　　　真丈夫法场劫犯

第三十五回　劫法场英雄显武
　　　　　　调官兵追赶逃人

第三十六回　乌金镇瓦打英雄
　　　　　　刘家庄夜闹官兵

第三十七回　观音点化常万青
　　　　　　马杰调兵捉壮士

第三十八回　金山寺总镇司将
　　　　　　扬子江英雄交锋

第三十九回　万青被擒解杭州
　　　　　　飞鹏甘露逢旧友

第 四 十 回　钓鱼台英雄聚义
　　　　　　丹阳县夜劫犯人

第四十一回　马杰提兵追壮士
　　　　　　英雄踏水夺行舟

第四十二回　花荣王哭奏天子
　　　　　　东方白锁解东京

第四十三回　三法司勘问方白
　　　　　　地方官搜擒月英

第四十四回　功臣庙潜身避祸
　　　　　　迎风山姊妹遭凶

第四十五回　常万青路见不平
　　　　　董天雄恶盈受戮

第四十六回　花有怜身入相府
　　　　　沈廷芳花园得意

第四十七回　沈廷芳独占崔氏
　　　　　姚夏封入赘东床

第四十八回　花有怜智诱林旭
　　　　　姚蕙兰误入圈套

第四十九回　沈义芳贪淫被戮
　　　　　冯子清屈招认罪

第 五 十 回　沈白清出洋上宪
　　　　　姚夏封得信探监

第五十一回　护国寺奸僧造孽
　　　　　马文山误陷土牢

第五十二回　武宗爷私游阮月
　　　　　林正国幸遇明君

第五十三回　奉圣旨谒相辞阁
　　　　　察民情理屈伸冤

第五十四回　姚夏封赴水投状
　　　　　林经略行牌准提

第五十五回　假老虎恶盈满贯
　　　　　真老虎与民除害

第五十六回　三鸟飞鸣冤喊状
　　　　　三秃被害命强奸

第五十七回　赴市曹奸僧枭首
　　　　　暗捉访私渡黄河

第五十八回　林公月下准鬼状
　　　　　枭司令箭催行刑

第五十九回　姚夏封法场活祭
　　　　　林经略暗进淮城

第 六 十 回　林经略行香宿店

　　　　　府城隍各案显灵

第六十一回　冯旭解辕见母舅
　　　　　林璋出票捉有怜

第六十二回　林公释放许有龙
　　　　　经略正法桑剥皮

第六十三回　经略拜本进京都
　　　　　廷芳计害花有怜

第六十四回　林经略判出奇冤
　　　　　崔氏妇路遇对头

第六十五回　林经略开棺验场
　　　　　崔家妇当堂受刑

第六十六回　林经略二次开棺
　　　　　宋朝英辕门听审

第六十七回　易道清立毙杖下
　　　　　陈武氏得放回家

第六十八回　林公严刑拷淫妇
　　　　　崔氏受刑吐真情

第六十九回　沈廷芳潜身内院
　　　　　宋枭司当堂受刑

第 七 十 回　天子见表心不悦
　　　　　林公失陷护国寺

第七十一回　汤彪急调海州兵
　　　　　林璋初请上方剑

第七十二回　林公火烧护国寺
　　　　　公差受比捉廷芳

第七十三回　沈廷芳逃出被获
　　　　　林经略勘问真情

第七十四回　沈廷芳供出真情
　　　　　林经略结清各案

第七十五回　沈廷芳杖下立毙
　　　　　刘尚书痛哭姨侄

第七十六回　林正国挂印征西
　　　　　　冯子清独占鳌头

第七十七回　结丝罗两国和好

　　　　　　献降书元帅班师

第七十八回　受皇恩一门富贵
　　　　　　加封赠五美团圆

太湖女侠

武侠小说。许慕羲著。上海新民书局。1935 年 4 月再版。1 册。6 万字。作者弁言 1 篇。共 12 回。

第一回　赏中秋惨遭回禄
　　　　救闺秀喜攀高亲

第二回　销赃物自投罗网
　　　　劫监犯枉费心机

第三回　见人头县官吃惊
　　　　缉盗案捕快受责

第四回　聘能人降尊纡贵
　　　　访旧友奉命缉凶

第五回　恼顽童先生辞馆
　　　　越高岭壮士游山

第六回　兄弟峰无意遇师傅
　　　　虎丘山有心收门徒

第 七 回　朱贩子当场逞强梁
　　　　　穿珠婆为母报仇怨

第 八 回　两重伤痕一时全愈
　　　　　四路埋伏二贼奔逃

第 九 回　追贼寇沈步云中箭
　　　　　奉师命李月贞下山

第 十 回　剜腐肉医治箭创
　　　　　开革囊放走剑气

第十一回　救好友施术石佛寺
　　　　　逐妖僧比剑黄山峰

第十二回　秦锡畴奉命访能人
　　　　　谢幼庵约友赴险地

中国侦探奇案

侦探小说。许慕羲著。上海广益书局。1940 年 8 月版。1 册。12 万字。本书提要 1 篇。插图 29 幅。共 24 章。

一　封翁探案

二　新婿投河

三　假扮星士

四　巨鬼吞人

五	刀上指影	十五	箱中炸弹
六	自行侦探	十六	酒甕藏尸
七	身入盗窟	十七	美人重生
八	缩骨丹	十八	蛇入谷道
九	黄堂访案	十九	奇电
十	狱吏潜听	二十	剖胎案
十一	海外奇人	二十一	洞胸刳腹
十二	怪手印	二十二	蝎涎毙命
十三	太守为盗	二十三	屏间暗门
十四	慈溪冤女案	二十四	闺仇记

宋宫十八朝演义

宫闱小说。许慕羲著。上海新华书局。1929 年 1 月版。8 册。65 万字。100 幅插图成 1 册。外集 1 册另附图 20 幅。周瘦鹃、朱元序各 1 篇。自序 1 篇。共 100 回。

第一回	杏花细雨走青骢 凤目蛾眉归绛帐		战敌兵李筠中计
第二回	守信施威拳术惊人 匦胤泄忿便壶钻孔	第 八 回	选先锋教场举石狮 取雄关城壕跃骏马
第三回	推心置腹三雄结义 轻歌妙舞双美献技	第 九 回	跃龙马大破唐军 递雁帛勉励旧友
第四回	入教坊佳人重巨眼 赋长征壮士起雄心	第 十 回	刀光血影豪富灭门 割肉剜心佳人雪恨
第五回	奋神威深宵斗恶煞 遇异僧萧寺延嘉宾	第十一回	乘风飞驰渡淮河 淡月无光劫敌寨
第六回	指迷途老僧赠偈语 遇机会太祖入戒行	第十二回	软玉温香荒酒色 奇花异卉绕楼台
第七回	遇盟兄太祖投军	第十三回	金樽檀板度良宵 玉骨冰肌葬火窟

第 十 四 回	彩球飞去龙凤配合 哀诏颁来车驾上宾		斗虎抵众残民命
第 十 五 回	观天察象惑军心 筑坛受禅登大位	第 三 十 回	星流天雨兆灭亡 白云阳春歌宛转
第 十 六 回	点绣选美人民悲号 偎红倚翠天子风流	第三十一回	舞伎歌童开夜宴 杏朱梨粉觑晓窗
第 十 七 回	静香轩孀妇怀春 兴庆坊公主再醮	第三十二回	陶学士馆中遇美 李国主池畔垂纶
第 十 八 回	图大事光义挥金 乱宫闱惠妃纵欲	第三十三回	金莲花上观妙舞 红罗亭中逼承恩
第 十 九 回	秋千架上惊魂荡魄 芍药圃前密爱轻怜	第三十四回	小周后密制帐中香 李后主始创北苑妆
第 二 十 回	李筠孤忠报周朝 刘氏抗节感太祖	第三十五回	十万水军歼采石 一曲离歌别江南
第二十一回	立约言密藏金匮 收边境平定荆南	第三十六回	疑怪物英雄初诞 宴父老豪杰还乡
第二十二回	奇珍异宝姘宫冷 萧鼓画船锦江秋	第三十七回	烛影斧声留疑案 见机纳士献版图
第二十三回	杨柳海棠梁州曲 冰肌玉骨洞仙歌	第三十八回	庆生辰钱俶亡身 赐药酒李煜绝命
第二十四回	红锦褥中藏艳骨 白杨树下见幽魂	第三十九回	遭疑忌皇子自刎 修宿怨妹丈殉边
第二十五回	粉香花气莲池曲 檀板金樽柳枝词	第 四 十 回	沙河口曹彬败绩 陈家谷杨业捐躯
第二十六回	铁如意指挥三军 金凤钗手剔孤灯	第四十一回	讨蜀乱宦官掌兵 战夏寇小将却敌
第二十七回	鲜花宝炬借张仙 玉碎香消中冷箭	第四十二回	寇准片言立储君 吕端独力定帝位
第二十八回	玉堂珠殿兴土木 炼汞烧丹费心机	第四十三回	康保裔血流战阵 杨延昭冰冻坚城
第二十九回	霞裙云幄启巫风	第四十四回	鼓喧闻乐拜天书 典礼辉煌封泰岱

第四十五回　小贩儿骤膺武职
　　　　　　花鼓女正位昭阳

第四十六回　移山陵王曾劾奸
　　　　　　结女巫丁谓获罪

第四十七回　服衰冕太后谒庙
　　　　　　宋美人仁宗拒谏

第四十八回　侵边疆元昊入寇
　　　　　　违节制任福尽忠

第四十九回　增岁币富弼奉使
　　　　　　进词曲柳永获谴

第 五 十 回　狭路相逢裹帕一笑
　　　　　　中宫饮宴肇祸三更

第五十一回　承大统旁支入继
　　　　　　议崇封聚讼盈廷

第五十二回　行新法误用怪僻人
　　　　　　引刑律狡脱谋夫女

第五十三回　进图画郑侠谏主
　　　　　　咏诗句苏轼贬官

第五十四回　进贤臣朝政清明
　　　　　　黜奸党人民悦服

第五十五回　言绍述众奸佞登朝
　　　　　　恃宠爱刘美人进谗

第五十六回　兴冤狱皇后修行
　　　　　　生太子贤妃正位

第五十七回　黜邪任贤政治清明
　　　　　　继志述事朝纲紊乱

第五十八回　郑贵妃宫中专宠爱
　　　　　　张天师殿上显神通

第五十九回　信方士大筑宫观
　　　　　　导微行私入青楼

第 六 十 回　皇帝吃醋借端逐词人
　　　　　　女子观灯乘机窃金盏

第六十一回　艮岳成山禽飞鸟舞
　　　　　　睦州肇乱财尽民穷

第六十二回　贪小利背盟纳降将
　　　　　　请内禅刺臂上血书

第六十三回　罢战议和益炽寇氛
　　　　　　去忠留奸竟犯众怒

第六十四回　促进兵老将捐躯
　　　　　　通蜡书宰相误国

第六十五回　挖目脔肉庸臣结果
　　　　　　割须弃袍老贼逃生

第六十六回　赴敌营万民挽驾
　　　　　　立异姓二帝蒙尘

第六十七回　贪生怕死皇帝作俘虏
　　　　　　应天顺人藩王继大统

第六十八回　诵唐诗遗恨渡河
　　　　　　幸浙省迁都避寇

第六十九回　英雄美人成眷属
　　　　　　保母宫女殉殇儿

第 七 十 回　吴嫔御雕弧退兵
　　　　　　梁夫人桴鼓助战

第七十一回　兀术悬赏出江口
　　　　　　岳飞引军复建康

第七十二回　充内间夫妇同归
　　　　　　誓报国弟兄著绩

第七十三回　复襄汉岳家军施威
　　　　　　保江淮韩太尉克敌

第七十四回　平水寇单骑赴贼巢
　　　　　　请终丧结庐傍母墓

第七十五回　勇吴璘力障陇蜀
　　　　　　智刘琦计守顺昌

第七十六回　诏班师千秋遗恨
　　　　　　坏长城三字沉冤

第七十七回　受册封迎还母后
　　　　　　贪富贵假冒帝姬

第七十八回　刺奸相义士丧命
　　　　　　遇行者太师惊心

第七十九回　伏冥诛报应昭彰
　　　　　　立皇嗣择人付托

第 八 十 回　弑君主篡夺大位
　　　　　　杀嫡母灭绝人伦

第八十一回　陈家岛将军奏捷
　　　　　　采石矶书生立功

第八十二回　惊溃变符离丧师
　　　　　　通和议燕京订约

第八十三回　赏花玩月膝下承欢
　　　　　　笛韵箫声池边奏乐

第八十四回　怀妒意金盒献手
　　　　　　请过宫玉阶流血

第八十五回　浙江亭宰相待罪
　　　　　　重华宫寿星崩驾

第八十六回　钻狗窦尚书拜寿
　　　　　　悦龙颜贵妃献媚

第八十七回　启兵端北伐丧师
　　　　　　降敌国西蜀谋变

第八十八回　玉津国权奸伏诛

第八十九回　斡难河蒙古崛起
　　　　　　迁汴京远避强梁

第 九 十 回　渡淮水忘思开拓
　　　　　　授节钺降盗加官

第九十一回　擅废立皇子抱屈
　　　　　　史弥远姑息养奸

第九十二回　郑清之力主讨贼
　　　　　　弃汴京金人避寇

第九十三回　攻蔡州宗主报仇
　　　　　　赵制使议复中原

第九十四回　蒙古主兴兵伐南宋
　　　　　　贤阃帅延揽人才

第九十五回　太学生维持名教
　　　　　　丧大将天变频仍

第九十六回　逐宰臣人心共愤
　　　　　　嗣汗位改革制度

第九十七回　拘行人结怨邻邦
　　　　　　史天泽奉命讨叛贼

第九十八回　宋度宗下拜留权臣
　　　　　　困襄阳五年坚守

第九十九回　蹂江右三道进兵
　　　　　　文天祥倡议浮海

第 一 百 回　谢太后举国降虏
　　　　　　二帝归魂空支残局
　　　　　　三忠殉国结束全书

宋宫历史演义

历史小说。许慕羲编。上海大达图书供应社。1935 年 4 月再版。6 册。32 万字。朱惟公序 1 篇。共 120 回。

第 一 回　赵指挥奉诏升官
　　　　　杜夫人中途坐蓐

第 二 回　红光绕室喜觇休征
　　　　　香气满身预知吉兆

第 三 回　室中博戏幸免奇灾
　　　　　坛前散步忽生妒意

第 四 回　举铁鼎压倒同人
　　　　　骑劣马误交损友

第 五 回　怀壮志背母潜行
　　　　　走长途寺僧拒客

第 六 回　识贵人真主投宿
　　　　　赠川资老僧指迷

第 七 回　四字偈言隐示前程
　　　　　一宵争斗竟除大害

第 八 回　战凶煞乡人感恩
　　　　　延嘉宾山村结义

第 九 回　有心投效三杰同行
　　　　　立志从戎双雄入伍

第 十 回　集贤馆丕展鸿猷
　　　　　昭阳院密求凤诏

第十一回　匹马宫中取诏救
　　　　　两军阵前显威名

第十二回　奋神威战败北汉
　　　　　命大将兵进南唐

第十三回　窦学士守正不阿
　　　　　赵判官大显才能

第十四回　战扬州转败为胜
　　　　　守六合以寡敌众

第十五回　李景达兵败长江滨
　　　　　赵匡胤力战寿春镇

第十六回　削帝号南唐称臣

雪旧耻北邦丧胆

第十七回　染沉疴世宗回都
　　　　　献美色唐主进贡

第十八回　造楼台溺情酒色
　　　　　叩宫门请立皇储

第十九回　应天象御苑被灭
　　　　　托孺子鼎湖返驾

第 二 十 回　紫云如盖两日重光
　　　　　　黄袍加身三军共戴

第二十一回　受禅填宋主登基
　　　　　　金柜诏太后崩驾

第二十二回　李节度悬像思故主
　　　　　　宋太祖杯酒释兵权

第二十三回　赵彦韬背主求荣
　　　　　　王昭远统兵御敌

第二十四回　降孟昶全斌立功
　　　　　　供张仙花蕊念旧

第二十五回　献俘虏刘𬭎待罪
　　　　　　馈礼物赵普见疑

第二十六回　兵强将勇下长江
　　　　　　烛影斧声传疑案

第二十七回　逼侄杀弟太宗背盟
　　　　　　损兵折将曹彬失律

第二十八回　报君恩杨业死节
　　　　　　定储位寇准进言

第二十九回　王钦若闭户诵经
　　　　　　宋真宗亲征退兵

第 三 十 回　因梦兆敬建道场
　　　　　　征祥瑞恭迎天书

第三十一回　金匮石碴举行封禅
　　　　　　玉清昭应大兴土木

第三十二回　花鼓女正位中宫
　　　　　贤相国谪居外任

第三十三回　劾奸党王曾效忠
　　　　　贬崖州丁谓现报

第三十四回　挽御辇参政陈大义
　　　　　祭宗庙太后服衮冕

第三十五回　怀妒意皇后修道
　　　　　叩宫门台官进言

第三十六回　众台臣忠谏贬官
　　　　　两秀才酒楼题壁

第三十七回　感知遇文士划策
　　　　　启边衅夏主兴兵

第三十八回　违将令任福败绩
　　　　　守边关仲淹填词

第三十九回　富郑公两使北国
　　　　　西夏主再寇中朝

第四十回　种使君暗施反间计
　　　　　宋学士巧遇宿缘人

第四十一回　御内乱皇后应变
　　　　　劾相臣御史直言

第四十二回　狄青计夺昆仑关
　　　　　包拯出知开封府

第四十三回　请建储君一言悟主
　　　　　离间母子两宫生嫌

第四十四回　韩魏公正色立朝
　　　　　王安石邪说欺君

第四十五回　行新法神宗求治
　　　　　绘流民郑侠上书

第四十六回　吕惠卿初行手实法
　　　　　王荆公再知江宁府

第四十七回　苏东坡诗咏伤时
　　　　　司马光鉴成资治

第四十八回　辅幼主太后临朝
　　　　　任贤人庶民称庆

第四十九回　感知遇贤相尽瘁
　　　　　赐社饭太后归天

第五十回　仆墓碑陷害忠良
　　　　　废正宫谗兴魔魁

第五十一回　崇庆贤太后生嗔
　　　　　昭阳院贤妃得志

第五十二回　端王即位任旧臣
　　　　　蔡京入朝议绍述

第五十三回　用奸臣重行绍圣法
　　　　　诬忠良树立党人碑

第五十四回　郑贵妃宫中擅宠
　　　　　林侍郎殿上失仪

第五十五回　改官名宰相擅权
　　　　　信方士道流得志

第五十六回　建醮讲经崇信神仙
　　　　　争奇斗异大兴土木

第五十七回　宋徽宗院中嫖妓
　　　　　周邦彦床下潜踪

第五十八回　启华筵皇帝吃醋
　　　　　匿金杯村妇填词

第五十九回　运石通泉成艮岳
　　　　　臣佞君黯肇乱原

第六十回　平方腊独擒渠酋
　　　　　征辽邦轻启边衅

第六十一回　纳叛臣昏君背约
　　　　　杀降人众将离心

第六十二回　闻警报徽宗禅位
　　　　　弹臣佞陈东上书

第六十三回　困守都城议和议战
　　　　　　答应条款误国误家

第六十四回　遵敌约亲王作质
　　　　　　激众怒内侍遭殃

第六十五回　调和父子上皇返驾
　　　　　　贬谪奸邪蔡京伏诛

第六十六回　报喜信权阉就戮
　　　　　　堕奸谋金人入寇

第六十七回　信术士召募神兵
　　　　　　献降书押交金帛

第六十八回　张邦昌汴京称帝
　　　　　　宋高宗应天践祚

第六十九回　李相国劝主诛奸
　　　　　　宗留守请驾还汴

第七十回　　弃扬州敌兵入寇
　　　　　　幸临安叛将胁君

第七十一回　起义师高宗复辟
　　　　　　筵都堂范琼下狱

第七十二回　美人江中击桴鼓
　　　　　　将军船上御敌兵

第七十三回　悬重赏得延残喘
　　　　　　遇勇将又起深愁

第七十四回　月下高歌遁敌兵
　　　　　　坎中纵火焚金将

第七十五回　信谗言曲端见疑
　　　　　　拒忠谏张浚败绩

第七十六回　背祖国刘豫称帝
　　　　　　惧南朝达懒设谋

第七十七回　纵内间夫妇回国
　　　　　　平群盗将帅立功

第七十八回　吴将军遗柑惊虏
　　　　　　刘待制据床待敌

第七十九回　守陇蜀兄弟扬威
　　　　　　克襄汉金齐丧胆

第八十回　　韩太尉设伏退寇
　　　　　　赵丞相劝主亲征

第八十一回　惧威名寇兵远遁
　　　　　　入贼巢群盗投诚

第八十二回　贼招贼功成意外
　　　　　　寇攻寇绩建湖中

第八十三回　平水贼期限八天
　　　　　　战敌兵力诛两将

第八十四回　弃盔甲敌帅逃命
　　　　　　搬是非宰相失和

第八十五回　吕参军寡谋激兵变
　　　　　　岳元帅设计诳骄虏

第八十六回　秦丞相独力主和
　　　　　　宋高宗甘心从贼

第八十七回　守陕西吴璘逸待劳
　　　　　　战须昌刘锜寡敌众

第八十八回　岳元帅进兵朱仙镇
　　　　　　杨再兴中箭小商河

第八十九回　诏班师尽弃十年功
　　　　　　杀大将竟遗千载恨

第九十回　　避奸相弃官归隐
　　　　　　献誓表割地称臣

第九十一回　识真情帝姬伏国法
　　　　　　阻立嗣权相蓄阴谋

第九十二回　除异己秦桧专权
　　　　　　刺奸人施全死节

第九十三回　闻隐语奸相吃惊
　　　　　　观阴审幹役入梦

第九十四回　伏冥诛权相惨报
　　　　　　贺正旦使臣泄机

第九十五回　弑君篡位纵欲败度
　　　　　　遣将调兵毁约背盟

第九十六回　杀敌母灭绝天伦
　　　　　　兴人马侵犯邻国

第九十七回　瓜州渡统制失印
　　　　　　采石矶参军立功

第九十八回　震威名敌将惊心
　　　　　　激众怒昏君焚尸

第九十九回　将帅不协军士溃败
　　　　　　宰臣持异和战纷争

第　一　百　回　汤思退主和误国
　　　　　　宋孝宗竭力奉亲

第一百零一回　恒舞酣歌樽前论曲
　　　　　　尊荣安富月下吹箫

第一百零二回　陈弊政汪应辰上疏
　　　　　　觊相位钱端礼罢职

第一百零三回　立太子紊序越次
　　　　　　任近习拒谏饰非

第一百零四回　施重杖香消玉殒
　　　　　　断纤腕魄荡魂惊

第一百零五回　请过宫宰相牵裾
　　　　　　出都门大臣谢罪

第一百零六回　通阃臣韩侂胄邀功
　　　　　　受内禅宋宁宗即位

第一百零七回　效狗吠得擢显职

　　　　　　工狐媚正位中宫

第一百零八回　信人言侂胄伐金
　　　　　　通敌国吴曦叛宋

第一百零九回　讨逆贼义士奋勇
　　　　　　息兵戈权相伏诛

第　一　百　十　回　汴京失守金主避难
　　　　　　越州应试皇孙入朝

第一百十一回　陷泥淖大盗授首
　　　　　　闻谣传辅臣投池

第一百十二回　联蒙古宋君复仇
　　　　　　破蔡州金主殉国

第一百十三回　容貌改易入宫正位
　　　　　　灯烛辉煌挟妓游湖

第一百十四回　魏学士督师京湖
　　　　　　孟宣抚复兴川蜀

第一百十五回　筑新城伯士建功勋
　　　　　　下毒药朝臣怀疑惧

第一百十六回　忽必烈开幕漠南
　　　　　　余制使殒命蜀西

第一百十七回　隐匿军情大全误国
　　　　　　假捏捷报似道欺君

第一百十八回　臣强君弱千古奇闻
　　　　　　开府督师一筹莫展

第一百十九回　文天祥请建四镇
　　　　　　元伯颜分兵三路

第一百二十回　逼崖山元兵肆虐
　　　　　　投大海宋运告终

侠女救夫记

民间小说。许慕羲著。上海广益书局。1948 年 7 月版。1 册。12.8 万字。共 50 回。

第 一 回　老书生传家有道
　　　　　贤仆妇为主多情

第 二 回　除恶贼宽以济猛
　　　　　仗大义公而忘私

第 三 回　慕文名轻财借屋
　　　　　谋生计设帐课徒

第 四 回　伍员庙小子行凶
　　　　　汤家镇老夫害病

第 五 回　孝子疗亲两番割股
　　　　　娇娃救母一样诚心

第 六 回　得祥梦魁星照命
　　　　　相佳婿医士为媒

第 七 回　行聘礼泰山惬意
　　　　　逢考事乃父谦辞

第 八 回　考秀才成全后进
　　　　　小童子照应同人

第 九 回　得案首快婿高标
　　　　　说苦情良友设法

第 十 回　为寒士县令成全
　　　　　见贤郎太尊说合

第十一回　报喜信兄弟呕阿姐
　　　　　送贺礼府县拜亲翁

第十二回　遇小贼盗物免追
　　　　　念伯情舍财相助

第 十三 回　贤夫妇仗义疏财
　　　　　　坏儿郎嫌贫爱富

第 十四 回　簸骗嘴设计求亲
　　　　　　势利虫直言挺父

第 十五 回　华夫人还金除后累
　　　　　　夏小姐设法济穷人

第 十六 回　因贫淫设计赚书童
　　　　　　思雪忿唆词虐婢女

第 十七 回　听信谗言公子鞭婢
　　　　　　致触成怒老夫责儿

第 十八 回　贤父母二次济贫穷
　　　　　　劣儿郎两番贪富贵

第 十九 回　万太尊因公黜职
　　　　　　夏令尹恨子亡身

第 二十 回　贪污吏欺心毕露
　　　　　　忤逆儿故态复萌

第二十一回　汤德元被诱入官衙
　　　　　　华兆琨受捆羁僧寺

第二十二回　华兆璧因盗诬扳
　　　　　　洪鹏程升堂审讯

第二十三回　用严刑公子认供
　　　　　　见冤枉老奴痛哭

第二十四回　福寿寺僧人盘底细
　　　　　　大同县门吏鞠冤情

第二十五回　洪鹏程诬良为盗
　　　　　　汤德元负屈入监

第二十六回　李禁卒报恩救命
　　　　　　洪县令入狱验尸

第二十七回　领棺枢起死回生
　　　　　　备文书捏情定案

第二十八回　言罪状老母生悲
　　　　　　说苦情阿郎行诈

第二十九回　定佳期母子欺闺女
　　　　　　听实语夫妇露真情

第 三 十 回　听鬼叫阿父显魂
　　　　　　惊恶梦女婢定计

第三十一回　过彩礼瑶云害病
　　　　　　行巧计庆喜改装

第三十二回　全节义二女逃命
　　　　　　说冤情众人议论

第三十三回　离客店弱女奔波
　　　　　　上盗船歹人害命

第三十四回　绿洋湖因财害命
　　　　　　白渔村逃难全生

第三十五回　脱缎靴露出红菱
　　　　　　赠棉衣奉酬金叶

第三十六回　白大娘回家询实信
　　　　　　包小姐放轿接佳人

第三十七回　入包府弱女安身
　　　　　　离家门阿兄着急

第三十八回　遇良辰新人无下落
　　　　　　恨前事门客设机谋

第三十九回　遭管押李坤设法
　　　　　　受贿赂王瑶谎言

第 四 十 回　还聘物贪财反去财
　　　　　　受官刑害人仍害己

第四十一回　给川资伯母多情
　　　　　　遇患难英雄受辱

第四十二回　新解元高居魁首
　　　　　　大主考喜得门生

第四十三回　附官舟入京登鼎甲
　　　　　　见师尊为友诉冤情

第四十四回　大钦差奉旨查辨
　　　　　　新状元衣锦荣归

第四十五回　报喜信改换门庭
　　　　　　理冤情奏参府县

第四十六回　王活嘴认供掌嘴
　　　　　　包大人问案救人

第四十七回　拜奏折批定罪名
　　　　　　建牌坊表扬贞节

第四十八回　讨强人包公挂帅
　　　　　　中奸计王龙遭擒

第四十九回　下文闱兄弟同入选
　　　　　　考武场手足共登科

第 五 十 回　论功加赏诸将凯歌
　　　　　　奉旨完姻四门集庆

周宫艳史演义

宫闱小说。许慕羲著。上海新华书局。1930 年 7 月版。1 册。8.2 万

字。自序 1 篇。朱凤竹绘图 8 幅。共 20 回。

第一回	神人感应帝子诞生 鸟兽效顺天心点佑	第十一回	居羑里亲食子肉 宿灵台梦兆飞熊
第二回	勤树艺后稷献奇才 教稼穑唐尧任贤士	第十二回	文王磻溪访贤士 夷齐首阳阻义兵
第三回	重农事公刘缵祖业 入桑林熏鬻遇美人	第十三回	渡黄河白鱼跃舟 信流言大风拔木
第四回	动众兴师狄人发难 卑礼厚币太王求和	第十四回	穆天子西巡会王母 周宣王中兴伐猃狁
第五回	避北狄开基立国 适西岐应天顺人	第十五回	应童谣枉杀民妇 宠褒姒渎乱宫庭
第六回	建号改朔周室始基 担簦提筐昆夷威服	第十六回	举烽火千金买笑 召犬戎一怒兴师
第七回	雀衔丹书生圣子 桥浮渭水配佳偶	第十七回	救镐京诸侯起义 弃旧坏屏主迁都
第八回	姜后宫中抱沉冤 西伯驿内闻密语	第十八回	周天子兴兵伐郑 五大夫助逆叛君
第九回	醢九侯纣王无道 饯长亭西伯失言	第十九回	定储位桓公尊周 通隗后太叔奔狄
第十回	囚羑里文王演卦 入朝歌邑考丧身	第二十回	迁九鼎秦国称尊 归一统周运告终

袁世凯演义

历史小说。许慕羲、庄病骸著。上海交通图书馆。1917 年版。2 册。14 万字。江亢虎弁言 1 篇。庄病骸、王浚卿、王濬卿序各 1 篇。姜泣群凡例 1 篇。慈禧、袁世凯、孙中山等六人肖影各 1 帧。颐和景影像 2 帧。2 集。共 24 回。

第 一 回	贾公和寄迹项城县 真士硕高谈袁府事		第 十 三 回	张汶祥督辕行刺 袁保庆白下归阴
第 二 回	戎马倥偬金屋藏娇 汤饼筵宴华堂称庆		第 十 四 回	论婚姻有缘缔淑女 吟诗章无意遇良朋
第 三 回	继螟蛉犹子接书香 劝爱妾夫人明大义		第 十 五 回	上京华子身走长途 击暴徒少年试技术
第 四 回	依恃宠爱任性欺人 假传命令登陴观战		第 十 六 回	论时政文章关国事 办赈捐奔走效勤劳
第 五 回	有心立功克遂私愿 冷眼旁观暗识奸雄		第 十 七 回	逞冶游春江悲落魄 遇故交人海得拯援
第 六 回	究行踪慈母训爱子 闹书塾顽童辱师尊		第 十 八 回	一枕黄粱醒来春梦 万言兵略谈到微中
第 七 回	设筵送夫骊歌高唱 芸窗课子绛帐生春		第 十 九 回	杀将士军中认罪 感知交死里逃生
第 八 回	闭户传经匠心独运 兰闺雅谑妙语解颐		第 二 十 回	整军纪威凌黄分统 试笔谈计缚李太皇
第 九 回	送远行闺阁惜分袂 玩风景寂寞遣长途		第二十一回	解重围邻邦识奇士 平堂乱宫内愤淮军
第 十 回	遇名师书室习兵机 遵严命还乡应考试		第二十二回	李大臣天津订约 尹学士闵邸馈珍
第十一回	琐闱夜永知府阅文 试院风清学台杜弊		第二十三回	谋自主韩廷借外力 居丧礼闵氏夺政权
第十二回	公子试牛刀一场没趣 匹夫演马戏两败俱伤		第二十四回	过春江中途遭暗杀 出朝鲜微服庆生还

唐史演义

历史小说。许慕羲著。上海大达图书供应社。1935 年 8 月版。1 册。13 万字。天随后人序 1 篇。共 32 回。

第 一 回　渡辽水隋帝验图歼

入晋阳唐公起义师

第 二 回　破霍邑世民胜隋师

废恭帝高祖登大宝

第 三 回　丹霄宫妃嫔兴谗

玄武门弟兄喋血

第 四 回　三千怨女被放出宫

四百死囚自归就狱

第 五 回　选才人武氏沐皇恩

争太子承乾谋大位

第 六 回　伐高丽新太子监国

乱春宫武才人聚尘

第 七 回　肃仪门臣僚朝女主

蓬莱宫妃后显冤魂

第 八 回　杀亲子四易青宫

称太后独踞紫殿

第 九 回　万象神宫怀义得志

受图拜洛武氏称周

第 十 回　逞淫刑酷吏亡躯

进嬖臣公主割爱

第十一回　上阳宫武则天逊位

乾元宫韦皇后临朝

第十二回　纵奸淫中宗帝点筹

揽权势皇太女设策

第十三回　造蜚语忠臣骈戮

进鸩毒母女狼心

第十四回　两公主同正典刑

明皇帝独勤大政

第十五回　平卢镇禄山承异眷

华清池贵妃沐恩波

第十六回　戏搐捕国忠觐帝

赐金钱贵妃洗儿

第十七回　祭双星明皇证私盟

破东都禄山僭大号

第十八回　幸西蜀明皇避胡氛

驻灵武肃宗登大宝

第十九回　攻两京郭李建奇功

守睢阳巡远殉大节

第二十回　移西内宦竖肆奸欺

逐镇将武臣同跋扈

第二十一回　连方镇希烈主盟

逼乘与朱泚谋逆

第二十二回　马燧单骑破怀光

阳城伏阙救陆贽

第二十三回　排众议裴度破淮蔡

谏佛骨韩愈贬潮州

第二十四回　抗朝命庭凑肆强梁

弑敬宗守澄行废立

第二十五回　分党派牛李参商

诛宦官南北水火

第二十六回　杀宰相中尉得志

破泽潞刘稹伏诛

第二十七回　枢密使叠擅大权

南诏蛮两陷交趾

第二十八回　监军进谗几失交趾

公主薨逝大杀医官

第二十九回　令孜得宠骤升中尉

黄巢造反连陷两京

第三十回　田令孜奉令幸西蜀

李克用败贼复长安

第三十一回　陇西王八表修怨

昭宗帝两次蒙尘

第三十二回　迁东都全忠肆逆　　　　　　禅大梁唐祚告终

新儿女英雄传

武侠小说。许慕羲著。上海新民书局。1934 年 8 月版。1 册。4.3 万字。志轩作弁言 1 篇。作者作缘起 1 篇。共 8 回。

第一回　安宣清中途染病
　　　　余监生狭路寻仇
第二回　天理循环害人害己
　　　　语言闪烁疑假疑真
第三回　别少年句留客店
　　　　逢义士安抵军台
第四回　卸行装细诉前情
　　　　睹玉钗惊逢旧物

第五回　觅芳踪老翁访义士
　　　　设巧计侠女赚书生
第六回　金玉贞信口开河
　　　　牛公子失魂落魄
第七回　御炉口血溅肉飞
　　　　海龙城枪林弹雨
第八回　挂头颅疑神疑鬼
　　　　说辫子亦庄亦谐

历代剑侠传

武侠小说。许廑父著。上海南方书店。1930 年 8 月初版。9 册(第 9 册为插图)。40 万字。自序 1 篇。赵苕狂、徐枕亚序各 1 篇。插图 100 幅。共 100 回。

第一回　盘古氏开天辟地
　　　　冶性子炼剑造人
第二回　显神通造成新世界
　　　　窃宝剑谋并旧山河
第三回　诛蚩尤玄女收宝剑
　　　　养蚕桑嫘祖解仙机
第四回　发慈悲玄女传剑诀

　　　　炼真炁昌念得丹经。
第五回　杀恶兽伯益担惊
　　　　苦流金后羿射日
第六回　徐羽军紫气逐黄龙
　　　　广成子传符遗高密
第七回　愤战败怒授精灵
　　　　救遗雏喜逢高弟

第　八　回　白衣女无心遇昌念
　　　　　　西王母巧计度姮娥

第　九　回　食丹药姮娥奔月
　　　　　　中毒计后羿丧生

第　十　回　元元儿飞剑斩寒浞
　　　　　　白衣女正语诫青猨

第十一回　比剑术断送头皮
　　　　　　窃丹书创立魔教

第十二回　比旱魃七年大旱
　　　　　　降雷火一震雷霆

第十三回　论炼剑白衣女飞升
　　　　　　踏春郊陆夫人贾祸

第十四回　笃朋友谊两番杀贼
　　　　　　恋夫情妇一意求师

第十五回　中山客设辞欺多士
　　　　　　元元儿飞剑驱群妖

第十六回　宣十诫豆卢氏拜师
　　　　　　枉虔心陆无畏别友

第十七回　客馆绸缪鸳鸯无计
　　　　　　荒山寂寞弱质担惊

第十八回　惊恶耗美人悲薄命
　　　　　　生欲念狗子怀野心

第十九回　药酒生春几遭大辱
　　　　　　剑光驱怪又受虚惊

第二十回　因刺虎无心遇虎母
　　　　　　为求仙意外觏仙真

第二十一回　元元儿巧试红衣女
　　　　　　　豆卢氏技惊支皋生

第二十二回　施神通只手辟岩穴
　　　　　　　显武艺一剑败雄兵

第二十三回　显神通剑劈罗浮

　　　　　　辟邪魔光诛妖孽

第二十四回　聚气完神有心演大道
　　　　　　　因祸得福无意遇明师

第二十五回　鹘突魔渡海收盘荼
　　　　　　　精精子云游见天子

第二十六回　林幼比有缘得玉函
　　　　　　　白官儿矢志求剑术

第二十七回　黄通理力助侠士
　　　　　　　林小干术戏诸仙

第二十八回　前定缘小干入道教
　　　　　　　化形法剑仙炼生炰

第二十九回　林小干炼剑逢仙师
　　　　　　　黄通理奉命赴王屋

第三十回　试本领飞剑劈巨石
　　　　　　蓄邪心献媚惑正人

第三十一回　克邪魔通理得救
　　　　　　　造劫运盘荼降凡

第三十二回　厉王愎谏观龙漦
　　　　　　　褒妃定谋害申后

第三十三回　宠妖姬烽火召乱
　　　　　　　防仇敌罗网高张

第三十四回　得女徒通理破妖术
　　　　　　　叙同门任氏款嘉宾

第三十五回　起野心师徒受辱
　　　　　　　慕大道越王求仙

第三十六回　越宫君臣论剑术
　　　　　　　吴邦夫妇拜明师

第三十七回　欧冶子辞官承道统
　　　　　　　白官儿传位游名山

第三十八回　侠士深山逢妖魅
　　　　　　　贤豪都市遇机缘

第三十九回	鱼肠弑暴主 属镂害贤臣
第四十回	处女为父母报仇 咬师以妖术欺世
第四十一回	夸海口前辈出丑 惑谗说丈人被诛
第四十二回	剑侠下凡诛孽犬 真主起义斩白蛇
第四十三回	长颈鸟喙汉皇负义 热肠侠胆恬童拯主
第四十四回	一统业忽生变乱 双指魔再起风波
第四十五回	红拂女宵奔奇士 虬髯客探访英雄
第四十六回	受赠产克成王佐业 了尘缘获度证仙班
第四十七回	奉师命力诛群寇 得狐丹又起野心
第四十八回	今世前生悉现镜影 异端正道全凭剑光
第四十九回	真人不受色迷 英主竟遭女祸
第五十回	真下流父纳子妾 显报应臣奸君妃
第五十一回	宰相多才激成巨变 贵妃有术迷住圣心
第五十二回	鼙鼓声惊破霓裳曲 马嵬坡空瘗美人魂
第五十三回	王屋仙灭邪扶正 昆仑奴报主成功
第五十四回	情切切深情钟名妓

	夜沉沉午夜显英才
第五十五回	为游春风光泄陌上 重报德剑气显床头
第五十六回	义磨勒遗书戒幼主 勇许俊单骑劫佳人
第五十七回	达奚仙尽心授高足 红线女盗盒儆凶人
第五十八回	弱女郎脱病悟道 神剑师收徒赠丹
第五十九回	论俗缘剑师说法 偿凤孽侠女回家
第六十回	磨镜生了结尘债 聂隐娘两忏亲心
第六十一回	嫁贫人藉了夙债 见魏帅立奏奇功
第六十二回	仗神机聘来双侠 为报德逐去二妖
第六十三回	李判官奉令办怪案 莫炼师下山诛妖人
第六十四回	遇炼师双妖毙命 作为伥二贼胁肩
第六十五回	作走狗双奴献媚 拒冰人刘老惊心
第六十六回	刘正心苦心学拳剑 王绣虎如虎害良民
第六十七回	众怒难平贪官丧命 冤家路狭义士归真
第六十八回	双指恶魔冒牌造浩劫 终南剑侠奉命守玉函
第六十九回	高青钱改装探巨案 谭正芳黑夜勘贼庄

第 七 十 回	访英雄不辞劳苦 遇少年备见离奇	第八十六回	毙奸臣诸豪远窜 饷同志一马遭灾
第七十一回	得升店剑仙下降 范家庄众侠夜行	第八十七回	张素玉力战胡寇 陆婉秋亲送仙粮
第七十二回	（缺）	第八十八回	铜鼎捱辱受过 帖木受劝退兵
第七十三回	还盗钱忽受盘诘 惊奇遇身入仙乡	第八十九回	方外有缘传武技 迷途无意遇神交
第七十四回	有缘相会仙人露相 无心问世飞剑遁形	第 九 十 回	诸少年研究剑派 两表亲初提婚姻
第七十五回	良马执柯卒逢艳侣 得陇望蜀再结仙缘	第九十一回	惊梦兆玉成姻娅 传技艺别创教门
第七十六回	猪道人邪言惑正 罗仙姑限满皈真	第九十二回	下苦功名山学道 背师命下体受伤
第七十七回	失仙妻又逢老友 赴昆仑先访卧龙	第九十三回	杂念惹魔几酿巨祸 醉中打狗又起争潮
第七十八回	卧龙冈双魔作祟 王屋山三侠皈正	第九十四回	验本领莽夫受辱 辩气力明师训徒
第七十九回	进明入世火化三仙 正心幻身点度索遂	第九十五回	浔阳江干别师傅 四明郡中得门人
第 八 十 回	装疯作痴道人施法 报仇治恙公子回头	第九十六回	破邪术穷剿青黑派 创国术初传内外功
第八十一回	一止梦警有缘客 双妖迷惑修道人	第九十七回	众盗议劫少林寺 游僧戏侮大和尚
第八十二回	高仙人收拾妖孽 索公子得受丹函	第九十八回	少林寺突遭攻击 因果师预示方针
第八十三回	玄谟子下山拯忠烈 宋遗民入京刺奸人	第九十九回	救众僧大施神力 防流弊独传法元
第八十四回	两侠除奸一击不中 诸贤会议共图再举	第 一 百 回	现真身总论源流 谈后事归结全书
第八十五回	和尚多情作通逃薮 仙女尚侠任青鸟使		

沪江风月传

言情小说。许廑父著。上海启新书局。1922 年 12 月版。4 册。15 万字。王袖沧校阅。徐天啸眉批。徐枕亚总评。4 编。共 32 回。

第 一 回　评月量风文人遣兴
　　　　　寻花问柳佳客怡情

第 二 回　一席谈冶叶访情郎
　　　　　两句话名花折醋客

第 三 回　流水桃花佳人心性
　　　　　清风朗月高士情怀

第 四 回　论世当筵欢倾酒盏
　　　　　藏娇觅室深护花铃

第 五 回　搅鸳盟碰和来恶客
　　　　　拍马屁听戏赞倌人

第 六 回　冷到不堪受尽委屈
　　　　　嫖亦有道点醒愚蒙

第 七 回　款待新欢忍驱旧侣
　　　　　安排美酒为饯名花

第 八 回　千里星霜长途离别
　　　　　一窗风雨卧榻缠绵

第 九 回　缠绕病魔乞灵参术
　　　　　掀腾醋海惹祸芙蓉

第 十 回　续前缘深情留翰墨
　　　　　谈往事幽怨诉琵琶

第十一回　凤管莺簧同参梵呗
　　　　　蜂喧蝶闹恣扰花丛

第十二回　旧雨重逢房中喁唧
　　　　　群花大会席上诙谐

第十三回　任炊爨事榴媛帮忙
　　　　　开汤饼筵莲娘串戏

第十四回　发议论名士阐嫖经
　　　　　认担保寒儒呕闲气

第十五回　消醋意和风吹急雨
　　　　　行酒令莲子伴桃花

第十六回　清辨滔滔灯前雅谑
　　　　　深情脉脉帐里鹃啼

第十七回　两封书良朋修眉史
　　　　　一席话说客奏肤功

第十八回　做花头瘟生吃寡醋
　　　　　敲竹杠老朽化冤钱

第十九回　混花丛软红逢拆白
　　　　　谈宦海去燕逐来鸿

第二十回　受恶气除夕打房间
　　　　　发利市新年叫牌局

第二十一回　清思几缕缕缕回文
　　　　　　怪状多般般般发噱

第二十二回　爱闹阔冤点大蜡烛
　　　　　　横破产愁赴新衙门

第二十三回　征关气运人妖辈兴
　　　　　　咎起含酸风波迭出

第二十四回　息战片言刚柔并济
　　　　　　哀鸿一例仁厚为怀

第二十五回　三马路老蟹谈故事
　　　　　　久安里烈妓殉情人

第二十六回　愿作鸳鸯惊回清梦
　　　　　　嫌同鹣鲽逗起酸心

第二十七回　作嫁忌人频施讪笑
　　　　　　拆白受窘忽启凶心

第二十八回　名妓下场麦田委尸
　　　　　　情天证果绣阁埋魂

第二十九回　续命无丝香消玉殒
　　　　　　妒云第几红泪青衫

第三十回　月老多情红丝绾合
　　　　　灯谜雅戏白圭拆分

第三十一回　唱彻骊歌魂销南浦
　　　　　　缔成鸳谱爱溢春闺

第三十二回　混迹花丛又经除夕
　　　　　　新翻酒令归结全书

侠义奇缘

言情小说。许廑父著。上海大同书局。1921 年 3 月版。2 册。7.5 万字。共 20 回。

第一回　西兴道上旧雨重逢
　　　　南星站边昙花一现

第二回　以假易真妖僧作恶
　　　　指非说是名妓碰和

第三回　北里看花感怀桑海
　　　　西湖载酒惆怅冬风

第四回　伤怀良友饮泣故宫
　　　　失宠衰亲吞声暗地

第五回　惹情魔杜畹贞惊梦
　　　　慰良友范畏卿用情

第六回　溺苦海校书诉苦事
　　　　驾慈航公子发慈心

第七回　判袂分襟客中增闷
　　　　莺啼燕语病里开颜

第八回　访艳无踪自嗟误事
　　　　客来不速共说奇逢

第九回　噩耗传来芳心惊碎
　　　　病魔重扰苦志扶持

第十回　薄命红颜受制恶鸨
　　　　深更黑夜援救佳人

第十一回　芳心宛转有语难宣
　　　　　客意踟蹰欲言不尽

第十二回　欲谋温饱且弃天良
　　　　　蓄意淫昏伴为高宜

第十三回　杜畹贞苦心和兄嫂
　　　　　王伯谈奸计诱庸愚

第十四回　事出无因书生受吓
　　　　　变生不测美女遭擒

第十五回　打电报奥援求海上
　　　　　得风闻怅惘立门前

第十六回　救难女友朋商密计
　　　　　逢醉汉兄妹悟情缘

第十七回 作浪兴波偏工咂毒
　　　　 高飞远走巧学鸿宾
第十八回 几番商榷慷慨相随
　　　　 一纸音书缠绵赠别

第十九回 波涛声里欢缔新盟
　　　　 风月场中巧逢旧侣
第二十回 神仙眷属欢喜成缘
　　　　 生死交情凄凉设祭

春江莺花

社会小说。即歇浦莺花志。许廑父著。上海国民图书馆。1923 年 10 月初版。2 册。7 万字。苔狂序 1 篇。共 36 回。

第一回 演秘戏共和开幕
　　　 使威风伟人闹嫖
第二回 香面孔名妓薄怒
　　　 碰奇牌四座齐惊
第三回 震三当面诮庸奴
　　　 琴寓有心慢都督
第四回 尽友谊说金玉言
　　　 诱瘟生道肉麻话
第五回 妓寮暂作办公室
　　　 倌人权充女优伶
第六回 借乾铺捉弄寿头
　　　 真恩客变做老太
第七回 受圈套存心跳槽
　　　 论白相良宵清话
第八回 张玉生一言破的
　　　 颜老五五诀论嫖
第九回 吴蕙卿深情款客
　　　 大都督强力欺人
第十回 玉软香温园好梦
　　　 捻酸吃醋做花头

第十一回 发牢骚畅谈政局
　　　　 转念头一箭双雕
第十二回 扳差头独打房间
　　　　 吃花酒代邀朋友
第十三回 小宝大闹福致里
　　　　 子封潜逃永泰栈
第十四回 大相骂莺嗔燕叱
　　　　 苦调停敝舌焦唇
第十五回 争醋风自寻烦恼
　　　　 说冷话讥讽朋友
第十六回 后房密语施阴谋
　　　　 北京急电办和议
第十七回 谈时局讥诸政客
　　　　 听腻语是有情人
第十八回 揾珠泪送君南浦
　　　　 集感慨如此江山
第十九回 分南北畅论大势
　　　　 议国体惟有共和
第二十回 混花丛老当益壮
　　　　 藏赤屋醋海生波

第二十一回　逢旧人声色不变　睹徐娘丰韵依然
第二十二回　无情思调笑优伶　办实业广招资本
第二十三回　颜老五客窗卧病　王翠玉艳府藏奸
第二十四回　一句明话破阴谋　几度筹思回沪渎
第二十五回　假从良小宝施计　巧瀄洛赵八上当
第二十六回　恣调笑妓女羞涩　穿西装刁奴荒唐
第二十七回　交运气家人作官　媚司长下属请客
第二十八回　抱不平怒责院妓　发怨言痛恨政府
第二十九回　哄银钱流氓侥幸　敲竹杠无赖害人
第 三 十 回　漂嫖账变好为仇　订婚约回嗔作喜
第三十一回　老五定谋破好事　薏卿立志作良家
第三十二回　破迷阵巧施刻薄　纳忠谏誓绝妖娆
第三十三回　订条件武生要约　露奸情妓女受惊
第三十四回　阿巧姐多言挨骂　单公子妄想寻欢
第三十五回　黛玉对客论时髦　薏卿惹人生敬爱
第三十六回　藏金屋情天长驻　志莺花韵事流传

莲心萱泪录

社会小说。许廑父著。上海东升书局。1922 年 10 月版。1 册。12 万字。未分章节。

蝶衣金粉

短篇滑稽小说。许瘦蝶著。上海新声杂志社。1922 年 12 月版。2 册。14 万字。共 215 篇。

赔了官儿又折须
馒头换面吃

百年后之八月一号
神权谈话会

党争之分析

幸福

新天文家

犯奸之价值

丏语

烟精上当记

争小失大

尼姑出嫁

吃饼趣史

戒烟局现形记

舅妈与炸弹

送灶

为吃风菱成眷属

裤裆中之炸弹

纪晓岚误我

新测字

玉皇尝异味

三千元之失望

滑稽戒烟

种子之误会

卖灶锭

情见势绌

秋叶误我

孔门大会议

谁知鸟之雌雄

共和酱园

五毒大会

除毒新药品

东窗事发

螽斯余痛

吃西瓜

国体盲谈

滑稽理化家

声

三百千

急泪

无颜有喜

吾友之预言

徐娘怨

相逢都县封侯相

诗人妙解

动物院中之大扰乱

六月六

两孔之见

鬼国演义

梦中之十万元

拓棉花

男子平权谈

消弭兵变策

铅字冤状

讨鸦片檄

乞儿上大总统书

寡妇谢新律家启

理财新策

民国解

狗屎香考

新内则

说蚁

绿衣娘传

烟鬼与赌鬼书

赌鬼答烟鬼书

蚊子诉状

妓女双名考

乐死说

荷花大少爷还山记

花虫传

侦探队长招募女侦探通告

钱鬼传

青楼团请开卫生妓院意见

书人生五计说

雷公电母奏玉帝疏

香国大总统加黄花九锡命令

药都督告捷电

王伯伯考

瘦蝶招黄花道人小饮启

指谈

代皖省某警长开办公娼告示

百子歌

论选举运动宜用妇女

滑稽戏评

迎年守岁说

鸦片军宣言书

松竹梅招菊花入会书

哀铜元文

代皖妓通告各界书

选举释义

清隆裕后谕旨

债国记

戏答瘦鹤书:附瘦鹤原书

橄榄中国考

衣食住研究会章程

苏省公民上省会议员书

帽国革命记

案山记

手枪传

鹅王上鹰王书

鹰王覆鹅王书

枇杷大少传

许氏新说文

巴拿马赛会征求物品通告

冬烘被嘲记

凉友传

移赠公民权宣言书

两院议员乞贷于花丛姊妹书

论中立之人才

祭天肠公子传

王湘绮寄周妈书

瘦蝶辞黄花道人启

华利公司新出品广告

罗织大学章程

娘娘为我国平等之鼻祖说

秋将军传

钟馗与侦探之比较

自由女儿传

梦想电报

说花

特性解

游烟花薮记

候补知事与上峰书

灰蚱蜢呈词

讨封氏檄

靠天吃饭说

小学校赋

保辫会会长上王壬秋书

说圆

拟开百蝶会启

色识

官

春王本纪

夏后本纪

秋娘小史

冬即别传

赛会陈列所征集物品通告

盗贼世界出版之露布

王右军辨诬

记古物保存所之一斑

旧历新年之滑稽日记

观放风筝记

奉法者强则国强论

发行家内公债票宣言书

趋时酬世良方

白胖大姑娘致马技正书

祭参政院文

烟瓦冤状

全国人民上政府书

质问司法部

印花税推行法

县知事之南针

皇帝新解

筹安会征求大手笔启

国耻纪念扇留别全国人民书

帝国新字典出现之广告

河南卫氏请保存古迹存

阴历致阳历书

阳历答阴历书

投稿部人员上部长乞假书

说十三

饭桶参谋长

阿弥陀佛宣言书

项城铸象之商榷

苏民上犇帅书

妓界致枇杷大少书

废物利用说

潮神谕鬼水文

戏致帝制派议员书

荷花大少爷传

袁项城致嫦娥书

双十节感言

周妈祭王湘绮文

金少爷传

登高梦

太昊氏诉状

新妇去来辞

新辞源

祭某镇守使

全国人民上清庆王书

送孙行者归花果山序

创办洗心医院宣言书

嫣姑娘传

禁烟节之烟鬼

立夏称人说

滇兵大拜堂结婚辞

复辟声中之趣闻

颜厚革履厂广告

投稿字消夏日记

派遣远征军之商榷

远征军总司令就职宣言书

贺参战督办处函

有饭大家吃

姮娥招周夫人游月宫书

讨横行将军檄

岁寒之友传

新年新笑史

稿家祭财神文

元夜观灯记

理想中之调和人物

穷神对

梦游混沌国记

张大帝寄女书

财迷先生祷财神文

达摩告法众文

中国寡妇少女致德国寡妇少女书

钟进士不愿捉鬼之宣言

彭祖诞之谈片

新神话

辫帅答定武军欢迎辞

牛郎致织女辞不赴约书

地藏菩萨下野通电

黄华道人传

向谐文部辞职书

蝶语

蛇蝎美人

社会小说。阮听籁著。出版单位和出版时间不详。1 册。4.48 万字。序 1 篇。共 5 章。

一　一个有朝气的青年
　　虚耗你的光阴,便是消灭你的青春。潘家大少爷,一定会中状元的。

二　踏进软尘十丈的都会里
　　只要你学有所成,我任何也不痛惜。真的,小巫见大巫了。

三　堕落就这样开始了
　　爵士音乐,多么使人陶醉啊!学无

止境,玩它一个痛快吧!

四　执迷不悟的下场者
　　有了你,我不再爱别人了。琼英:你的爱太虚伪了啊!

五　彻底地觉悟回来
　　红了她的名,却黑了她的心!我觉悟了,彻底的觉悟了。

侠盗鲁平奇案

侠义侦探小说。孙了红著。中央书店。1943 年 10 月版。1 册。14 万字。共 4 案。

第一案　鬼手

第二案　窃齿记

第三案　血纸人

第四案　三十三号屋

夜　猎　记

侦探小说。孙了红著。上海大地出版社。1948 年 10 月初版。8.5 万字。2 篇。开场白和闭幕词各 1 篇。第二篇共 11 幕。

一　夜猎记

二　木偶的戏剧

第一幕　讥笑他是一个木偶！

第二幕　木偶在橱窗里跳舞！

第三幕　木偶逃出来了！

第四幕　返老还童的木偶！

第五幕　木偶作有计划的撤退！

第六幕　伸手拍到木偶肩膀上

第七幕　木偶掣付收据

第八幕　木偶的家庭

第九幕　木偶向对方致敬

第十幕　木偶的焦土政策

第十一幕　再会吧！木偶！

紫色游泳衣

侦探小说。孙了红著。上海大地出版社。1948 年 9 月初版。1 册。12.6 万字。共 3 篇。

一　紫色游泳衣

二　囤鱼肝油者

三 鸦鸣声

蓝色响尾蛇

侦探小说集。侠盗鲁平奇案。孙了红著。上海大地出版社。1948 年 4 月初版。1 册。12 万字。2 篇。第二篇共 20 节。

一 **真假之间**

二 **蓝色响尾蛇**

1. 在深黑色氛围里
2. 太不够刺激
3. 黑暗中的脸
4. 凌乱的一切
5. 两个或三个
6. 来宾们的余兴
7. 纸币之谜
8. 老孟的报告
9. 第二种报告
10. 第三种报告
11. 女主角
12. 一张纸片
13. 赌博的开始
14. 金鱼皮高跟鞋
15. 血溅郁金香
16. 袭击
17. 利蔻沙酒
18. 摊开纸牌来
19. 蓝色的死神
20. 最后之波折

老 上 海

社会小说。孙君平著。上海民友书局。1928 年 1 月版。1 册。2 万字。共 11 回。

第一回 连环套

第二回 零零碎碎的谈话

第三回 长三堂子

第四回 中下妓

第五回 末等的

第六回 骗中骗

第七回 淌白老六的历史

第八回 咸肉庄子与台基

第九回 私碰私

第十回 讨姨太太险些吃官司

第十一回　光怪陆离的上海

十三妹演义

剑侠小说。孙剑秋著。东林书局。1923 年 4 月再版。周鼎、王大错序各 1 篇。共 32 回。

第 一 回　说科举塾师谈文
　　　　　看秘籍侠客入梦

第 二 回　吴三桂为妾复仇
　　　　　年羹尧派人行刺

第 三 回　祭阴灵十三妹告别
　　　　　惊奇相史瞎子识人

第 四 回　祯贝勒设计夺储
　　　　　年烙铁严刑除害

第 五 回　安乐椅刺客熬刑
　　　　　血滴子贪官敛迹

第 六 回　假赴救中途停宪节
　　　　　吃虚惊半夜乱军心

第 七 回　防刺客总督退兵
　　　　　逃监犯太爷请罪

第 八 回　云中燕乡村访刺客
　　　　　十三妹半路遇强人

第 九 回　路见不平拔刀相助
　　　　　人逢意外倾盖论交

第 十 回　少室山奇士变名
　　　　　阳城岭故人初见

第十一回　见侠女老友伤心
　　　　　做王八财翁出丑

第十二回　习剑术立志复仇

　　　　　避世乱隐居讲学

第 十 三 回　打不平恶吏遭殃
　　　　　　兴大狱县官定计

第 十 四 回　洛阳县糊涂问案
　　　　　　十三妹黑夜救人

第 十 五 回　试本领飞越县衙
　　　　　　叙世次惊逢同族

第 十 六 回　洛阳县无中生有
　　　　　　卧龙山劫后逃生

第 十 七 回　日暮途遥荒村投宿
　　　　　　宵夜人静古寺藏奸

第 十 八 回　恶教匪寺中遭劫
　　　　　　跛和尚剑下丧生

第 十 九 回　脱险地女侠见机
　　　　　　留远客山人重义

第 二 十 回　八阵图细参兵法
　　　　　　一匹马忽遇仇人

第二十一回　赴青海誓枭仇首
　　　　　　返终南重拜亲坟

第二十二回　过天津路中遇官犯
　　　　　　抵北京意外逢世兄

第二十三回　兴大狱太史衔冤
　　　　　　溯前事门生抱恨

第二十四回　陈克清奉命赴太原
　　　　　　十三妹冒险探刑部

第二十五回　游香厂有心探内幕
　　　　　　登酒楼无意悉真情

第二十六回　批游记太史恃才
　　　　　　出恶气贪官倒运

第二十七回　太原府密查污吏
　　　　　　雁门驿巧进美人

第二十八回　媚上司媳妇当女儿

　　　　　　称阎王商人怕知府

第二十九回　李制台仗势抢民女
　　　　　　苏巡抚怕死劾贪官

第三十回　受警告苏克济惊心
　　　　　正国法赵申乔丧气

第三十一回　十三妹伪入暗杀团
　　　　　　皇四子私改传位诏

第三十二回　报前仇大憨快遭刑
　　　　　　结全书英魂重入梦

剑侠吕四娘演义

武侠小说。孙剑秋著。上海益新书社。1936 年 6 月 8 版。2 册。7.6 万字。不才子序 1 篇。共 30 回。

第一回　明大义雍正颁书
　　　　伪设誓张熙中计

第二回　搜逆书师生遭惨祸
　　　　漏法网母女走他方

第三回　地棘天荆黄山避难
　　　　神号鬼哭黑狱沉冤

第四回　除九族暴君施辣手
　　　　病逆旅老仆咽酸心

第五回　闻凶耗老奴悲往事
　　　　誓复仇侠女下决心

第六回　显武艺双刀惊绝技
　　　　习剑术千里访名师

第七回　习剑术痛下工夫
　　　　谋储位衅生骨肉

第八回　信誓言阿哥萌妄想

　　　　施魇术皇子蓄奸谋

第九回　发奸谋同室各操戈
　　　　触盛怒宫门险喋血

第十回　破魇术妃子求情
　　　　闻凶耗阿哥着急

第十一回　篡大位国舅造遗诏
　　　　　除后患皇帝运神谋

第十二回　捏罪状忍心下毒手
　　　　　改名字有意辱同胞

第十三回　杀提督擅逞淫威
　　　　　戮功臣暗施毒计

第十四回　杀同气煎豆苦然其
　　　　　灭刺客离筵置毒酒

第十五回　报仇心切侠女下山
　　　　　临别情长老尼赠剑

第 十 六 回　遇文执故人念旧
　　　　　　闻母丧女侠伤心

第 十 七 回　变姓名远道访英雄
　　　　　　玩把戏当场露破绽

第 十 八 回　审狗供有心破妖术
　　　　　　除匪害无意获人皮

第 十 九 回　话投机异姓联姊妹
　　　　　　赴大会狭路遇冤仇

第 二 十 回　祭先帝同挥亡国泪
　　　　　　览长江省识天堑雍

第二十一回　愿入会侠女誓恢复
　　　　　　议除害方丈发慈悲

第二十二回　吕四娘誓除长江害
　　　　　　甘凤池演说少林拳

第二十三回　试侠剑力斩江豚

　　　　　　惊绝技清除山寇

第二十四回　走长途侠女说师傅
　　　　　　奉密旨抚台剿山寇

第二十五回　剿水泊尽灭暗杀党
　　　　　　游泰山骇遇拜香人

第二十六回　店小二无意说真情
　　　　　　知客僧有心掩秘幕

第二十七回　假香客登山探秘密
　　　　　　战方丈半夜破机关

第二十八回　罗汉殿妖魔尽扫
　　　　　　妙香庵师弟重逢

第二十九回　接警报相公请罪
　　　　　　听笛声天子多情

第 三 十 回　报大仇四娘了夙恨
　　　　　　雪奇冤一剑结全书

神怪剑侠传

武侠小说。孙剑秋著。上海益新书社。1924 年 5 月初版。7 万字。共 30 回。

第一回　说要旨振襟辟神怪
　　　　脱重险古庙葬头颅

第二回　投客店无心遇同志
　　　　慕箭法有意炫奇材

第三回　试剑术月中显身手
　　　　绳祖武海上聚英雄

第四回　识真相当场吐肝胆
　　　　聆忠告绝岛避风波

第五回　防海盗先期设策

　　　　冒庄丁半夜投书

第六回　中诡计三更赴救
　　　　报前仇全岛被焚

第七回　演飞剑女侠斩仇人
　　　　中暗箭教师殉知己

第八回　桃花岛英雄暂托迹
　　　　静明园皇帝寄幽情

第九回　请游园天子多情
　　　　托更衣美人蒙幸

第 十 回　感身世中宫悲薄命
　　　　　念书句权相沐天恩

第十一回　膺殊眷轿夫升总管
　　　　　希上旨宰相荐名姝

第十二回　霍集占兴兵助逆
　　　　　乾隆帝下诏征回

第十三回　来文端泼水识奇才
　　　　　兆将军悬军入险地

第十四回　叶尔羌兆惠中计
　　　　　呼拉玛富德被围

第十五回　吃败仗霍集占逃生
　　　　　誓死战河布敦争气

第十六回　走穷途逆首受诛夷
　　　　　贷死罪美人沾雨露

第十七回　桃花岛老什归天
　　　　　望海店四娘遇盗

第十八回　遇强梁奋身入虎穴
　　　　　探秘密有意效蛇行

第十九回　吕四娘飞行出盗窟
　　　　　赫连义沉醉失倾城

第二十回　越巉岩夜半救名姝
　　　　　斗剑法空中刺盗首

第二十一回　走长途千里送婵娟
　　　　　　说暗号伤心提往事

第二十二回　慰寂寞灵前伴孤女
　　　　　　破沉闷路上遇故人

第二十三回　尤翼侯奉调赴边疆
　　　　　　吕四娘好奇探疑案

第二十四回　重叠演血案怪怪奇奇
　　　　　　慷慨进箴言磊磊落落

第二十五回　使骑联镳同赴伯都纳
　　　　　　缒幽凿险直进兴安岭

第二十六回　入险地顿逢怪物
　　　　　　进幽谷忽遇毛人

第二十七回　除巨害殷勤赠匕首
　　　　　　劝归隐剀切进箴言

第二十八回　问归路混同江唤渡
　　　　　　显异迹葫芦峰诛妖

第二十九回　伯都纳侠女得奇书
　　　　　　宝月楼香妃怀故主

第 三 十 回　完大节香妃赐死
　　　　　　结全书侠女探亲

清朝奇案大观

　　民间小说。孙剑秋编著。东华书局。1921 年 10 月版。4 册。14 万字。自序 1 篇。共 232 篇。

剑秋	杀孀妇移祸讼师案	顺昌冤狱
	杀死一家四命报仇案	焚死灭迹案
	南京刺客报仇案	恶僧杀人案

士宏	假神道平反冤案		疯子杀县令案
星杓	杀子案	**敬叔**	德胜门之老人案
	烈女被诬案		孝媳被诬杀翁
	孝廉公诬陷乡民案	**子庄**	蒙城巨盗
	弟杀兄偿前生债案	**上山**	盗劫库银儆贪官案
元度	子复父仇杀人案	**琐云**	慈云尼庵之风流案
	其二		冒认本夫案
前人	子复父仇杀人案		京师某公子被少妇谋杀案
蛟起	因磨粉石破案		捧香诵多心经破案
晓岚	双塔村疑案		捉奸酿命案
	伪雷案		公使馆命案
	伪妓脱祸		自由结婚之奇案
次云	海烈妇案		鸡奸自首案
捧昌	三岁孩雪父案		因奸杀死两命案
	清涧疑案		阴阳生藉出殃杀人
荫甫	屠妇误杀亲夫案		未婚夫杀妻案
	仆妇通盗案		本夫逼妻卖奸案
	新婚奇案		因刀伤痕破案
	榜人通盗案		耳中塞絮案
用中	冒充王爷案		僧尼互换案
	霍帅假妖案		假雷神破案
	盗妹杀兄		因少奶奶三字破谋杀案
	李二臻子报仇杀人案		孝媳冤狱
	地板下死尸案		庖刀破案
	老妇杀夫案		窃贼冒充新郎案
	杀母移祸姊婿案		荆花入鱼羹案
	子逼父缢案		冒充王爷案
栖霞	新娘误杀案		山阳巨狱
	极品大员逆伦案		竹匠杀奸案
叔耘	寒山寺一百四余命巨案		验字迹破谋杀案
	步兵杀知府案		井中死尸案

和奸妙判

子报父母仇

争坟酿命案

出嫁女贿盗杀兄案

王焕冤案

未婚妻殉夫案

苗女刃雠案

滥用催眠术杀人案

报父弟雠杀死野番案

王相臣女离婚案

毒饼谋杀案

要恭勤被诬杀人

孙山 狱囚劫官案

再嫁妇杀子女自尽案

苏制军昭雪逆伦案

武奉以死媪易情妇案

新房中之死尸案

常州恶妇煮人案

宜兴伪虎案

壁虎遗精案

男扮女装案

戊午科场案轶闻

其二

喜婆引诱良家男女案

獭祟新娘案

恶奴杀主

天女奇案

莽知县误执孔氏佃农案

洞庭山某医视疾诱新妇案

砍死父头诈财案

鸿渐 榜人谋杀案

武进演武厅之谋杀

新丰秋胡老妈案

张德姑被继母缢杀案

那暂为烈女昭雪案

元和令女鬻身为婢

席氏有意杀妾

祥麟 侠客阉割诬子案

小喜子案

杀妻换妻案

不 情 人

社会小说。阳羡生编。上海国华书局。1914 年 5 月版。1 册。1.6 万字。管义华、罗天网序各 1 篇。共 20 回。

第一回　园泣

第二回　游宦

第三回　蒙垢

第四回　虐母

第五回　折莲

第六回　戏妹

第七回　遇侠

第八回　私怀

第 九 回　索女
第 十 回　侦探
第十一回　奥援
第十二回　泄谋
第十三回　被陷
第十四回　托孤

第十五回　会合
第十六回　救蓉
第十七回　鳒死
第十八回　乡还
第十九回　团圞
第二十回　遗诏

黑　箱　案

侦探小说。羽仙编。上海交通图书馆。1922 年 5 月再版。1 册。2.1 万字。自序 1 篇。共 10 章。

子夜鹃啼

伦理哀情小说。红薇著。上海广益书局出版。1946 年 10 月新 1 版。2 集。12 万字。自序 2 篇。徐慧冰跋 1 篇。插图 8 页。共 40 回。

上集

第一回　楼上飞杯惊疑异兆
　　　　病中慈母溺爱娇儿

第二回　医术渐穷命危一线
　　　　慈帏深虑愁锁双眉

第三回　却病无方祷求神佑
　　　　移情有意别恋鹣缘

第四回　妻病关怀梦魂颠倒
　　　　香衾假寐情绪昏沉

第五回　角黍端来馋涎欲滴
　　　　秋江归去暮色绝佳

第六回　席卷奔逃女儿负义

　　　　拔钗相助表妹多情

第七回　发现天良舍刀谢妇
　　　　报酬恩德祖腹哺儿

第八回　共枕同床情痴若醉
　　　　生离死别泪涌如潮

第九回　命绝中秋招魂恸哭
　　　　鹃啼子夜对月凄凉

第十回　佣妇宵奔家庭遭窃
　　　　鸾弦别续隽侣殉情

第十一回　一笑一啼悲欢靡定
　　　　　半推半就捉摸何从

第十二回　春暖洞房心酸病榻

双栖锦帐梦骇离魂

第十三回　扑蝶折花怒殴弱女
　　　　　佳肴美酒献媚檀郎

第十四回　顽妇蠢愚报言无补
　　　　　雏儿伶俐睹影增悲

第十五回　有术御夫伪装自尽
　　　　　无功劝妇晕倒楼头

第十六回　意极针锋夫妻反目
　　　　　语含讥刺姑媳勃豀

第十七回　狭怨忘恩江干返棹
　　　　　人亡物在子夜思卿

第十八回　浅笑轻颦伊情似水
　　　　　抚今追昔郎意如绵

第十九回　戏洒香泉芬芳四溢
　　　　　偷藏手帕玩弄三更

第二十回　依忱怀春清宵听雨
　　　　　祸根潜伏鸳梦分飞

下集

第一回　密意犹豫疑怀莫释
　　　　痴情缱绻别绪难堪

第二回　相对无言愁情懊恼
　　　　藉端反目怒语喧腾

第三回　妒恨交攻波澜乍起
　　　　爱憎反复权变何从

第四回　伪慰檀郎盘飧丰美
　　　　阴施冷箭信口雌黄

第五回　纯洁童心爱观花落
　　　　凶顽母意潜纵蚊飞

第六回　寄养外家姑媳交恶

私递书简鹣鲽传情

第七回　怨恨盲婚凄然下泪
　　　　缔盟鸳偶燕尔新欢

第八回　一病缠绵为郎憔悴
　　　　三生冤孽惹母忧愁

第九回　兄妹参商碰边掮惑
　　　　姻缘挫折病后除荤

第十回　譬喻万端频规肉食
　　　　蓝黄二色喜示新衣

第十一回　呆视樱桃回思往昔
　　　　　夜拈针线只感歔欷

第十二回　弱女闻雷心怀觳觫
　　　　　娇娃醉酒理智昏沉

第十三回　二美相携邀游海上
　　　　　千丝同烫嬉笑室中

第十四回　游兴阑珊乘轮归里
　　　　　宾朋欢畅摘橘投唇

第十五回　坚意拒婚红丝难击
　　　　　苦心说项白首缔盟

第十六回　薄命桃花事多拂逆
　　　　　乞灵药石病又垂危

第十七回　秋夜无眠愁牵病骨
　　　　　过门不入激怒细君

第十八回　不幸家庭娇妻嗜赌
　　　　　失欢夫婿少妇投庵

第十九回　逃避淫魔纵身入井
　　　　　牺牲贞洁望月推窗

第二十回　渺渺离魂千秋遗憾
　　　　　茫茫尘海一死方休

鸟啼花落

社会小说。红薇著。上海广益书局。1947 年 3 月新 3 版。1 册。6.3 万字。自序 1 篇。插图 7 幅。共 14 回。

第一回	春到人间莺歌燕舞 花飞墙外刺绣打棋	第 八 回	几度惊涛红妆惧水 数番醉意白首难期
第二回	辍学侍亲难全孝意 持竿垂钓别有鱼心	第 九 回	养鸟栽花闲情幽绝 奴啼鬼啸尘境纷纭
第三回	江上扁舟波明艳影 枕边好梦泪兆先机	第 十 回	投赠玉狮嫔星暗伏 往观平剧鼓椁情澜
第四回	春夜观灯追随不舍 情鸳铸错后悔已迟	第十一回	情海掀波剧场喧闹 诗人妙句美色迷魂
第五回	夜叩村扉犬伤人足 恩施花国桃媲松年	第十二回	夜访青闺矛情反复 泪垂红袖恨事难平
第六回	妙语如珠销磨良夜 离愁似海凄绝盟心	第十三回	白璧坚持直言规劝 红情转变小病增愁
第七回	桑下偷窥心疑凤姐 庭中对酌意醉梅姑	第十四回	大地春深落花有主 弥天劫重流水无情

杨三姐告状

民间小说。红薇著。上海民众书店。1946 年版。1 册。3 万字。自序 1 篇。共 10 回。

第一回	负义欺孀良心抹尽 偷情盗嫂浪子轻狂		下毒手密议杀娇妻
第二回	通奸情狂欢恋小叔	第三回	慈母悲啼不胜怆痛 娇儿暴死显见阴谋

第四回	誓死报仇兰闺义重		病翁思媳遽尔言婚
	沉冤难雪墨吏心昏	第八回	奔天津三姐再鸣冤
第五回	二次开庭哥哥入狱		扮商贾清官私察访
	三更托兆姐姐呼冤	第九回	遇农夫奸谋方泄露
第六回	气愤填膺持刀欲刎		避巡警鸳侣赋分飞
	钱神作祟左袒何从	第十回	雪沉冤淫奴遭恶报
第七回	县令欺民居然销案		现因果商妇说良心

女学生之秘密记

哀情小说。贡少芹著。上海进步书局。1915 年 5 月版。1 册。2.9 万字。作者提要 1 篇。共 20 章。

尘海燃犀录

社会小说。贡少芹著。陈云柯校。上海国华书局。1925 年 1 月版。1 册。4.6 万字。共 12 回。

第一回	走捷径餐间逢横逆		莽将军野心思发难
	攫优差阃内选机谋	第 七 回	军事会议背地怀疑
第二回	大逞狮威夫妻反目		老帅偷牌当场出丑
	密商鬼计母女谈心	第 八 回	垫赌资自认小晦气
第三回	以欺应欺私心自用		争座位忽演全武行
	将计就计妙绪横生	第 九 回	刺秘密将军觅侦探
第四回	逞巧言有心固宠幸		逞词锋说客论军情
	偿初愿间接倩后援	第 十 回	逞虎威回籍调重兵
第五回	施媚术私第宴新亲		拍马屁出资代做寿
	撒醋风华堂演话剧	第十一回	一双尤物各订知交
第六回	女说客妙舌解纷争		两个情人巧施诡计

第十二回　咄咄奇闻交换妻妾　　　　　真真失望赔折资产

春　　梦

滑稽寓意小说。贡少芹著。上海文明书局。1915 年 6 月初版。2 册。5.1 万字。提要 1 篇。共 12 回。

第一回　老夫妇受惑蚁媒婆
　　　　穷女儿思嫁金龟婿

第二回　撒娇痴姑作快心言
　　　　治相思别筹疗病术

第三回　促佳期称心满意
　　　　学官派作势装腔

第四回　错中错从权成错事
　　　　缘外缘巧遇有缘人

第五回　代划策密室召新欢
　　　　假购物片言绐笨仆

第六回　少夫人叫局出风头
　　　　阿家翁升官赴新任

第 七 回　女盘龙豪赌掷万金
　　　　雌押衙倚势夺双美

第 八 回　异想天开妇人纳宠
　　　　佳音远至夫婿做官

第 九 回　获宠言三迁膺虎节
　　　　真幸事一索产麟儿

第 十 回　惊噩耗平地起风波
　　　　慨下场官途如水淡

第十一回　患贫穷旅店染沉疴
　　　　挨饥饿荒村吃白食

第十二回　唉为甚么醒而又醒
　　　　呀原来是梦中做梦

美　人　劫

哀情小说。贡少芹著。上海进步书局。1915 年 4 月初版。1 册。4.6 万字。共 24 章。

鸳　鸯　梦

哀情小说。贡少芹著。上海文明书局。1915 年 4 月初版。2 册。7.2

万字。作者提要 1 篇。共 40 章。

盗 花

侦探小说。贡少芹编。上海中华书局。1916 年 6 月版。1 册。3 万字。作者提要 1 篇。共 16 章。

傻儿游沪记

滑稽小说。贡少芹著。上海国华书局。1928 年 7 月版。1 册。6 万字。序 1 篇。共 20 回。

第一回	小小总会藏垢纳污 咄咄滑头设谋定计		真妙计郘伯夐赚金
第二回	傻公子娶妇演奇闻 亲舅母携甥赴歇浦	第 十 回	吃大菜刀割嘴唇皮 扳机轮车冲烟纸店
第三回	拐巨资忍心抛至戚 做东道假意骗痴儿	第十一回	邵一樵公案当柜台 胡丽卿旧居迁新宅
第四回	镜中我我打镜内人 笼里猴猴抓笼外客	第十二回	贪口腹乘车遗浊物 设圈套片语说痴儿
第五回	跳马车倾跌在尘埃 打电话惊呼遇鬼魅	第十三回	逞妙舌力作撮会山 布迷阵赚入风流窟
第六回	演笑谈舞台当床榻 学吊膀手腕系麻绳	第十四回	傻公子寻乐误佳期 胡丽卿借词翻前议
第七回	初入花丛手足无措 侈谈奇遇言语解颐	第十五回	娼妇失踪为鬼为蜮 虔婆寻衅是假是真
第八回	剥马褂权抵干湿钱 赎衣襟大闹野鸡窟	第十六回	开庭讥鸨妇供实情 退赃银捕差私舞弊
第九回	假生辰胡丽卿做寿	第十七回	无处栖身忍饥挨饿 伤心落魄鬻物典衣

第十八回　事机凑巧忽遇对头
　　　　　末路穷途幸逢老父
第十九回　探访真情穷原竟委

　　　　　安排妙计旧案重翻
第二十回　娼妇被执公堂受儆
　　　　　傻儿夭逝果报昭彰

新社会现形记

社会小说。贡少芹著。上海新华书局。1917 年 3 月初版。3 册。13.6 万字。插图 40 幅。共 40 回。

第 一 回　返故乡志士叙天伦
　　　　　赠小星县官施媚术
第 二 回　驻高踪武汉遇良朋
　　　　　倡均产会场资笑柄
第 三 回　听奇谈志士发正论
　　　　　演活剧夫妇判离婚
第 四 回　社鼠城狐痴人说梦
　　　　　海天雪浪刺客跟踪
第 五 回　伟人见机避暴客
　　　　　记者敲窗媚娇娃
第 六 回　英雌怒试芙蓉掌
　　　　　志士出卖文虎章
第 七 回　护国寺议员行窃
　　　　　万牲园逆子殴亲
第 八 回　肝胆可风义士义举
　　　　　形骸放浪名流名言
第 九 回　阶下囚徒故作玩世装
　　　　　革命伟人戏上征蒙策
第 十 回　辞顾向洁身远引
　　　　　遇知音握手言欢
第十一回　诈赃银罪恶昭彰

　　　　　逞口舌滑稽问答
第 十二回　嫉暴政党人谈秘密
　　　　　警奇遇遗老感沧桑
第 十三回　代雪冤孤孀蒙惠
　　　　　接电报孝子奔丧
第 十四回　青年拒谏入歧途
　　　　　知事贪功酿大变
第 十五回　辞议员正士请除名
　　　　　争购票党徒呈怪状
第 十六回　骇听闻清室赐追封
　　　　　售稿件文人鏖笔战
第 十七回　遇强梁烈女捐生
　　　　　运私士大员获利
第 十八回　十万元引进狼氛
　　　　　一首诗贻讥豚尾
第 十九回　访友无意遇故人
　　　　　亲子忍心抛生母
第 二十回　神圣议员横飞墨盒
　　　　　斗方名士共狎男伶
第二十一回　慕虚名倾心交志士
　　　　　　走捷径屈膝拜干娘

第二十二回　骗中骗蓄心叵测
　　　　　　冤外冤有口难分
第二十三回　审判厅律师哄法吏
　　　　　　筹赈会妓女充学生
第二十四回　博妓欢专车往湖北
　　　　　　闻兵信高蹰滞山东
第二十五回　滑头知事智责教民
　　　　　　落魄佳人痛陈往事
第二十六回　戒严声中头颅如寄
　　　　　　泰安城内荆棘难行
第二十七回　绕远道言归游子车
　　　　　　听弹词萍遇穷途友
第二十八回　贪厚赏毒手陷胞兄
　　　　　　失奥援伤心哭假父
第二十九回　弛赌禁奋发笔长歌
　　　　　　纵盗魁枉法全至戚
第三十回　　显宦艳姬背夫从什
　　　　　　落第知事卖妾还乡
第三十一回　穷议员候领川资

执法处脱逃质子
第三十二回　洋奴倚势压平民
　　　　　　荡子竟走得新妇
第三十三回　咄咄家庭乃有骗子
　　　　　　茫茫宦海竟无好人
第三十四回　作冯妇名流感知遇
　　　　　　惊暴客侠士解重围
第三十五回　办警犬代做滑稽文
　　　　　　封报馆大施压制力
第三十六回　求干涉主笔享盛名
　　　　　　狎优伶官场多败类
第三十七回　入外籍装死免当兵
　　　　　　募分债派员说遗老
第三十八回　强梁知事诬陷平民
　　　　　　骨董先生乔装和尚
第三十九回　贩古玩亏空多金
　　　　　　特奥援弥缝参案
第四十回　　大好共和谁知是梦
　　　　　　卌回小说权且收场

蠢众生

社会小说。贡少芹著。震亚图书局。1915 年 10 月版。1 册。7 万字。提要 1 篇。共 10 回。

第一回　不倒翁嫖院
　　　　暴发户捐官
第二回　俏佳人就学南京
　　　　呆公子吊丧东郭
第三回　莽县令擅责进士公

酸秀才赚入烟花窟
第四回　爱惊吓猝遇流氓
　　　　做人情代延祭友
第五回　许统带片语解重围
　　　　高太守微行遭莽汉

第六回　李代桃僵无辜罹法网	女志士倡开天足会
前因后果细述杀奸情	第九回　得优差争贺观察公
第七回　鸳鸯谱错淑女误终身	泄妒忿诬栽革命党
狼狈为奸滑头施骗术	第十回　江天雪浪名士潜踪
第八回　老富翁又做地皮虫	沉院春风美入怀别

三十六宫春艳秘史

宫闱小说。芸兰女史著。世界书局。1920 年 8 月版。1 册。24 万字。郑仙等题诗 25 首。插图 25 幅。36 章。共 72 则。

一	夏宫秘纪：妺喜秘史	十八	魏宫秘纪：华阴公主秘史
二	商宫秘纪：妲己秘史	十九	齐宫秘纪：冯淑妃秘史
三	周宫秘纪：褒姒秘史、姚姬秘史	二十	周宫秘纪：元贵妃秘史
四	鲁宫秘纪：文姜秘史	二十一	宋宫秘纪：王皇后秘史
五	吴宫秘纪：西施秘史	二十二	齐宫秘纪：潘贵妃秘史
六	楚宫秘纪：秦女秘史	二十三	梁宫秘纪：徐妃秘史
七	齐宫秘纪：蔡姬秘史	二十四	陈宫秘纪：张孔二妃秘史、乐昌
八	陈宫秘纪：夏姬秘史		公主秘史
九	卫宫秘纪：宣姜秘史	二十五	隋宫秘纪：宣华夫人秘史、吴绛
十	燕宫秘纪：玄天女秘史		仙秘史
十一	秦宫秘纪：邯郸姬秘史、明瑟秘史	二十六	唐宫秘纪：武则天秘史、韦后秘
十二	楚宫秘纪：虞姬秘史		史、杨贵妃秘史、寿阳公主秘
十三	汉宫秘纪：李夫人秘史、王昭君秘		史、上官婉儿秘史
	史、班婕妤秘史、飞燕秘史、合德	二十七	梁宫秘纪：王氏秘史
	秘史、丽妃秘史	二十八	唐宫秘纪：刘皇后秘史
十四	蜀宫秘纪：甘后秘史	二十九	晋宫秘纪：冯皇后秘史
十五	魏宫秘纪：甄后秘史	三十	宋宫秘纪：花蕊夫人秘史、玉姬
十六	吴宫秘纪：邓夫人秘史		秘史、李师师秘史
十七	晋宫秘纪：贾后秘史	三十一	辽宫秘纪：萧后秘史、妃秘史

三十二　金宫秘纪：丽妃秘史、柔妃秘史

三十三　元宫秘纪：淑妃秘史、鄂妃秘史、骆妃秘史

三十四　明宫秘纪：江贵妃秘史、李妃秘史、安妃秘史、费宫人秘史

三十五　清宫秘纪：顺治太后秘史、慈禧太后秘史、珍妃秘史、李妹秘史

三十六　洪宪宫秘纪：于皇后秘史、黄爱妃秘史、闵爱妃秘史、何爱妃秘史、柳爱妃秘史、红红秘史、洪爱妃秘史、范爱妃秘史、叶爱妃秘史、贵儿秘史、周爱妃秘史、阿香秘史

严芙孙说集

短篇社会小说。严芙孙著。上海大东书局。1925 年 5 月初版。1 册。3 万字。插图 9 幅。共 9 则。

一　不相关的爱

二　归宁

三　烦恼

四　杨奶奶的女儿

五　刑场欢声

六　嫁衣

七　双臂记

八　招牌

九　花轿

人 海 梦

社会小说。严独鹤著。上海新声书局。1924 年 12 月初版。1 册。7 万字。何海鸣、李寿熙、冯叔鸾、瞻庐、沈禹钟、朱大可、毕倚虹序各 1 篇。寄尘、郑逸梅、卓呆题词各 1 首。每回插图 2 幅。共 10 回。

第一回　人海浮沉惊涛骇浪
　　　　梦魂颠倒骤雨狂风

第二回　掉酸文腐儒谈女教
　　　　装阔气画轴署官衔

第三回　办学堂科举变形
　　　　听演说官僚献丑

第四回　开礼堂大人审溺器
　　　　闹笑话呆客碎茶杯

第五回　家庭革命父子绝交
　　　　结婚自由朋友集款
第六回　夺金刚阖座腾欢
　　　　打妖精当场出丑
第七回　谓它人父频翻花样
　　　　彼其之子别缔良缘

第八回　闹讲堂学士翻本
　　　　理讼案义父破财
第九回　翻旧恨刺破博士头
　　　　宴新郎快试仙人掌
第十回　喧呶终夕丑态般般
　　　　剧病中宵深情款款

红　　屋

　　短篇社会小说。红杂志夺标小说。严独鹤、施济群、陆澹盦编。上海世界书局。1922 年 8 月版。1 册。4.5 万字。施济群弁言 1 篇。插图 4 幅。共 22 篇。

第 一 章　侠情小说
第 二 章　侦探小说
第 三 章　侦探小说
第 四 章　社会小说
第 五 章　爱国小说
第 六 章　滑稽侦探小说
第 七 章　义侠小说
第 八 章　纪事小说
第 九 章　侦探小说
第 十 章　寓意小说
第十一章　苦情小说

第 十 二 章　趣情小说
第 十 三 章　言情小说
第 十 四 章　札记小说
第 十 五 章　言情小说
第 十 六 章　哀情小说
第 十 七 章　滑稽小说
第 十 八 章　东方亚森罗蘋奇案
第 十 九 章　家庭小说
第 二 十 章　奇情小说
第二十一章　广告小说
第二十二章　军事小说

独鹤小说集

　　短篇社会小说。严独鹤著。世界书局。1926 年 1 月版。1 册。3.7 万字。著者传 1 篇。序 1 篇。共 6 篇。

一　留学生一

二　留学生二

三　恋爱之镜

四　月夜萧声

五　如此牺牲

六　可怜之女郎

中兴平捻记

历史小说。严庭樾著。集成图书公司。1909 年 12 月版。6 卷。21 万字。共 40 回。

第 一 回　黄应图遏籴训子
　　　　　仇正怀纠众贩盐

第 二 回　张落刑贪色入牢笼
　　　　　龚振魁得贿纵要犯

第 三 回　洞房春匪寇婚媾
　　　　　醋海波公子丧身

第 四 回　黄太守请兵缉匪
　　　　　龚振魁拒捕伤晴

第 五 回　造妖言沿路敛金
　　　　　谋不轨出关买马

第 六 回　宿旅店匪类结弟昆
　　　　　返临淮书生作谋主

第 七 回　众匪初陷辛家集
　　　　　群捻惨屠徐州城

第 八 回　张总愚揭竿东省
　　　　　陈大憙助乱河南

第 九 回　庚河督出师剿匪
　　　　　德翼长轻敌亡身

第 十 回　误妖术官军惊溃
　　　　　聘隐士大将立功

第十一回　陈大憙计陷泗颍

　　　　　袁甲三力御临淮

第 十二 回　通发逆三扰安庆师
　　　　　　助苗练再陷寿州郡

第 十三 回　捻首纠众劫玉成
　　　　　　胜师伏兵破悍寇

第 十四 回　张落刑纠众桐花岭
　　　　　　龚瞎子授首松子关

第 十五 回　李续宜夜破张落刑
　　　　　　詹启纶计擒龚必达

第 十六 回　恶贯盈僧王斩巨逆
　　　　　　善人堡地洞缚军师

第 十七 回　射密书柏融反正
　　　　　　扫匪穴仇逆成擒

第 十八 回　张总愚寻仇颜家庄
　　　　　　僧亲王战殁曹州境

第 十九 回　并余孽粤匪并捻匪
　　　　　　分窜道东股分西股

第 二十 回　曾侯相节制三省
　　　　　　王衍庆独当五河

第二十一回　陈大憙再陷辛家集
　　　　　　刘铭传解围徐州城

第二十二回　曾威毅出山抚鄂
　　　　　　成大吉阻水丧师
第二十三回　审东路逆谋叵测
　　　　　　铋南都豫备不虞
第二十四回　李肃毅兵统诸路
　　　　　　孙参谋策献兜围
第二十五回　开盛筵三军效力
　　　　　　筹全局六道出师
第二十六回　演武场四将角艺
　　　　　　修文坡百骑劫营
第二十七回　扰罗田百里结连营
　　　　　　显神威一日抢五寨
第二十八回　解长围诸军连捷
　　　　　　因龃龉曾鲍辞官
第二十九回　制飞桥潜渡连环车
　　　　　　扼要隘退保半壁岭
第 三 十 回　刘铭传乘雪破雷车
　　　　　　郭松林因风烧米囤
第三十一回　埋地雷轰克广济城

　　　　　　因天雨灌收黄梅县
第三十二回　用虚声惊走陈大憙
　　　　　　获密函诘获伪军师
第三十三回　张总愚被困空城
　　　　　　李肃毅剿平东捻
第三十四回　假投降巧救花参将
　　　　　　爱人才谋间铁大刀
第三十五回　服大刀联辔返官营
　　　　　　守卧帐单身惊刺客
第三十六回　刘铭传为聚米谋
　　　　　　周盛波效囊沙策
第三十七回　刘士奇月下斩金鳌
　　　　　　李朝斌水中擒石豹
第三十八回　陈得才计穷服毒
　　　　　　马融和解阙窬尸
第三十九回　陈大憙败走南阳
　　　　　　李肃毅剿平西捻
第 四 十 回　庆升平橐枪销海内
　　　　　　晋爵秩雨露遍人间

五千年皇宫秘史

宫闱小说。苏海若著。上海三星书局。1934 年 8 月第 3 版。8 册。30.7 万字。周钢序 1 篇。自序 1 篇。共 14 卷。

唐虞朝

帝尧　赤龙受娠

　　　　老人怪诞

　　　　蛮女避婚

帝舜　家庭黑暗

　　　　得五彩图

　　　　凤凰来仪

三代朝

夏　　产生趣谈

得山海经

不甘独宿

黄龙负舟

泣罪于途

让位遗闻

五子作歌

好闻裂缯

龙逢行歌

成汤祷雨

德友禽兽

桐宫悔过

梦中得圣

木偶行博

妲己丧邦

三十六妖

周附列国

鸳鸯鸣岐

隘巷弃儿

文王戒子

泽及腐骨

作铭自警

鬻子四生

谤讟世父

康王之城

胶船御王

太子得脱

共和先声

死鬼复仇

千金一笑

三尾之猴

大义灭亲

羽父弑君

姜氏怀春

无知作乱

士艻行凶

毁家纾难

圉人戏女

夷吾奔梁

赵盾弑君

翳桑遗母

真孤匿山

崔杼弑君

晏婴三跃

男女辨性

庭墙痛哭

阳虎盗玉

湛卢入楚

入郢鞭尸

持刀口谏

送君南浦

葛妇行歌

吴王好色

无面见人

吴紫玉传

楚王铸剑

秦朝 不韦献姬

挑兵构祸

废除谥法

南渡求仙

子房狙击

置酒焚书

	阿房筑宫		弑后进女
	太子自杀		势高夷族
	珍奇之墓		徐福上疏
	倒行逆施	成帝	当头棒唱
	狱中上书		以真作假
	赵高弑帝		飞雉集庭
	子婴杀高		祸水灭火
			戒之在色
汉朝			许后赐死
楚霸王	慷慨悲歌		赵飞燕传
高祖	拔剑斩蛇	哀帝	郑崇下狱
	约法三章		七死七亡
	白璧献羽		燕啄皇孙
	悦服群臣	平帝	王莽进女
	未央取乐		鬼神感莽
	宠姬夜泣	新莽	国号更新
惠帝	厕中人彘		饮酒不乐
	酖酒杀人		父子同妻
吕后	幽杀少帝	光武帝	光武废后
	异种当锄		置酒行乐
景帝	栗姬恚恨		姊妹连诛
	梁王杀盎		陈辞侍母
武帝	祠灶求仙	明帝	马后淑德
	牛腹伪书	章帝	不封外戚
	隔帷鬼语		贵人自杀
	山下闻声	和帝	邓后恭谦
	回头是岸	安帝	诉冤得雨
	汉武帝传	顺帝	宠中求宠
	薛灵芸传	质帝	食饼而死
昭帝	脱簪求免	灵帝	宫中设肆
	立而废之		二后相争

太后遭难

董卓废帝

献帝 鸡犬不安

脐中置炷

坐床自叹

三国朝

操贼逼宫

立之而喜

陪了夫人

魏主妄作

公卿负土

两婢进粥

少子嗣立

死而无恨

乐不思蜀

后宫华丽

晋朝(附五胡)

武帝 宫中号泣

恃女益豪

富贵共之

羞煞贾充

逃于厕中

吴妓入宫

骏怀恶意

惠帝 太子淳古

贾后杀人

侍御绝食

廉耻沦亡

不了了之

逼杀太子

狗尾续貂

菰菜莼羹

后宫遭劫

怀帝 好读论语

新亭对泣

暴虎杀人

刘后上书

愍帝 三后并立

陵中金帛

太弟失宠

肉袒牵羊

中宗元皇帝 裤中匿子

显宗成皇帝 鹿死谁手

以金易粟

两下相杀

孝宗穆皇帝 瞎儿一泪

杀心太重

天助人杀

人亦杀之

孝武帝 弑君立像

溺洒荒淫

举酒祝星

燕主杀母

太子昏庸

倒悬井中

穷途托母

毒酒杀人

南北朝

临死叮咛

吟诗取祸

凉王盗嫂

尖锐笔头

二人争立

直谏遭殃

痛哭得官

猪王驴王

生元杀之

君臣对弈

佛终不佑

改骊为弧

不杀不乐

匿身佛下

猿子悲鸣

不甘独宿

步步莲花

太妃出战

鸡生四翼

魏主好佛

胡后生男

太后祭庙

西方求佛

养虎得噬

乘酒杀之

太后下发

皇女充男

闭口八年

从妹不嫁

婢言不信

梁主修塔

君臣相反

剃须施粉

杀之成名

亵渎宗族

杨愔受诛

母死而喜

周主进学

与后握手

池水尽赤

护母归周

死而无恨

朝士吃粪

房中和尚

剃发还家

无愁天子

天杖捶人

五后并立

作乱受伏

突厥和亲

狎客唱和

置妃膝上

臣心如面

上书被诛

隋朝

头上生角

诏定雅乐

太后救人

公主联姻

崔妃进毒

猫鬼作祟

爱妾生男

废嫡惨剧　　　　　　　万象神宫

不平之鸣　　　　　　　武氏造像

未卜先知　　　　　　　先击脑袋

子弑其父　　　　　　　唐室更新

炀帝　大营园囿　　　　　　　艰苦共尝

马上听歌　　　　　　　死灰复燃

大闹龙舟　　　　　　　五狗在朝

氅毛投地　　　　　　　家门不幸

帐里赋诗　　　　　　　桑韦之歌

私通妃姊　　　　　　　宫女拔河

格杀弗论　　　　　　　乳母之婿

迷楼淫药　　　　　　　韦后横行

海山仙异　　　　　**明皇**　焚珠碎玉

开河始末　　　　　　　信任谗佞

美女供献　　　　　　　空中神语

将士得妻　　　　　　　望梅止渴

溥天同怨　　　　　　　妙舞清歌

　　　　　　　　　　　死别生离

　　　　　　　　　　　姊妹联吟

唐朝　　　　　　　　　花容憔悴

高祖　体有三乳　　　　　　　未免有情

兄弟阋墙　　　　　　　恨也何如

命毁鹊巢　　　　　　　妒煞杨花

太宗　临别赠言　　　　　　　名士风流

洛阳话旧　　　　　　　真个魂消

高宗　三子争立　　　　　　　此恨绵绵

生日悲哀　　　　　　　梅蕊晚香

武氏上台　　　　　　　太真外传

二圣临朝　　　　　　　宫中舞马

怀恨杀兄　　　　　　　七郎横暴

太子两废　　　　　　　赤子恨我

中宗　怀义得宠

	雕挟两兔		言之丧心
	草木流血	武宗	僧尼还俗
	珠王楫橹	宣宗	王皞孤直
	虢国夫人		宣宗责女
	忘名之相		君心难测
	四壁画龙	僖宗	内外气塞
肃宗	五不可留		高骈受愚
	易地为宜	昭宗	镕铁锢帝
	重见太上		
	辅国专横	**五代朝**	
代宗	母也不谅	梁	袖里怀书
	宫中饭僧		死无葬地
	盂兰盆会		天地不容
	一字一事		晋王谢罪
德宗	假冒太后	蜀	纵火焚宫
	父子如初		太后卖官
	借吉成婚		以帛易女
	劫夺民物		宫女秉烛
宪宗	公主贤淑		脱冠露髻
	曳倒碑楼		蜀主东游
穆宗	削发出家	唐	皇后辱父
	击球得病		先封伶人
	太后裂书		唐王出猎
敬宗	不拜可风		拜臣为父
	坐于殿上		强占民女
	丹扆六箴		作清署楼
	竞渡端阳		伶人遣婢
	骊山何罪		白沙畋猎
	游戏招殃		阉竖误国
文宗	宦官弄事		伶人弑主
	太子暴薨		求援于人

	须知农苦		宫中火灾
	倩妹代之		飞蝗蔽天
	卧病声哀		太子监国
	方士惑主	仁宗	殿中种麦
晋	晋王立后		厚葬宸妃
	马上弑主		掩饰后过
	滥赏优伶		开棺哭母
	一声长叹		误批帝颈
辽	剖腹实盐		剪发征赏
	淑妃号泣		亲舐主目
汉	何用毛锥		妃死辍朝
	难了家事		宿卫禁中
	司空弑主		阎罗包老
	继元弑母		大放宫人
周	如保赤子	英宗	母子不容
宋	宋主视学		屏后见衣
	杜后教子	神宗	含冤莫诉
	识破元机		作诗入狱
			太后谕帝

宋朝

太宗	抱尸哭子	哲宗	斯人贤淑
	希夷先生		女中尧舜
	后苑赏花		捞掠宫妾
	纵火焚宫		柩前即位
	开宝塔寺	徽宗	赤气亘天
	群犬同食		宫中乐宴
	半部论语		灵素讲经
	登楼观灯		入见安妃
真宗	神人下降		街坊遇艳
	令兄改名		上书除贼
	效唐明皇		眷恋师师
		徽钦	蒙尘始末

高宗	临安小住
	半臂遮身
	帝作三宝
	遣使迎后
	岳飞下狱
孝宗	弩弦伤目
光宗	道士善相
	离间三宫
	不良之后
宁宗	个儿当贵
理宗	恃宠不检
度宗	似道怒人

元朝

世宗	大义凛然
	太子尤惧
	仁厚可风
	和尚就擒
	不屈而死
成宗	上书论盗
	太后上山
	贾人献宝
	海桑入都
	诏定庙次
武宗	腰带掷地
	颁行钞法
仁宗	北上南移
	慕太上皇
英宗	剪发毁容
	献七宝带
	追远报本

	禁中张灯
	大元通制
	金字藏经
	黄金神主
明宗	开诚布公
	帐中盗玺
	帝师起立
文宗	溺血而死
顺帝	天雨绿毛
	皇后升祔
	巴延弑后

明朝

太祖	中都营殿
	太祖受欺
	侃侃而谈
	行丧议礼
	马后贤慈
	保保真奇
	和尚赐坐
	解缙上书
	治狱通经
	宫中戒严
	吟诗触怒
	重视丝绮
	纳履受灾
	宁见阎王
惠皇	跃马投火
	是耶非耶
	菜根之歌
	庵中题壁

	皇后靖难		吟诗得幸
	千金一株		房中秘术
	翠红投缳	孝宗	立庙被讥
成祖	剖肠祭主		黄米白米
	徐后明达		玉玺进献
	射柳之戏		白昼散灯
	宠幸权妃		定祔庙制
	颁行内训	武宗	妓中拔取
	妖妇作怪		乌龙盘船
仁宗	建馆讲经		选取民妇
宣宗	刲股疗母		伞扇长随
	贵妃伴惊		酒馆消遣
	田家异味		阉奴作祟
	卿真爱我		野店寄居
	念农情切		至死方休
	宣宗御笔		出卖人肉
	自知死期		大放烟火
	西苑同欢		家里逍遥
英宗	便殿托孤		得刘美人
	和尚称帝	世宗	南城阅马
	纳后仪制		小山流览
	死守京城		大毁佛像
	夜有赤光		真险些儿
景宗	万妃小传		皇后亲蚕
	宫内波涛		宫中建醮
	金刀诬反		救荒格言
	倒行逆天		四铁御史
宪宗	阿丑诙谐		刺臂上疏
	纪妃藏子		奉送白龟
	彩灯进献		妃子撰文
	谏架棕棚	神宗	孝事二宫

教子有方
售履报恩
宫内练操
光宗　明梃击案
　　　红丸疗疾
熹宗　宫眷饰面
　　　宫女禳灾
　　　竞创新妆
　　　抹布刀儿
　　　宫娥读经
　　　更装踏雪
　　　幔中妙计
　　　削发为尼
崇祯　田妃鼓琴
　　　小竖承恩
　　　朝罢倦眠
　　　进封贵妃
　　　见色起淫
　　　太后画像
　　　周后贤节
　　　白色灯笼
　　　崇祯陵寝
　　　长平公主
　　　宫人杀贼
　　　太子惨死
　　　陈圆圆传

清朝
顺治　太后再醮
　　　杀妃真相
　　　太后出家

康熙　儿女情深
　　　董妃别传
　　　空门匿迹
　　　卫妃奇香
　　　宫中点缀
雍正　宫中海淫
　　　新杀人器
　　　世宗外传
乾隆　宫中卖买
　　　加封私子
　　　寿诞志盛
　　　眷恋香妃
　　　香妃外传
　　　如曾相识
　　　孝贤蹈水
　　　巧夺天功
　　　称呼妙解
　　　奉旨纳妾
嘉庆　园中刺客
　　　鬼神佑之
　　　和珅入狱
道光　饮食艰难
　　　尸谏进贤
　　　林中豪侠
咸丰　善歌得宠
　　　鹿血壮阳
　　　行宫秘藏
　　　临终涕泣
　　　长至尺许
　　　俭德可风
同治　立后暗潮

	遗诏怒碎		见函变色
	裸尸暴市		德宗外传
	地上倾茶	宣统	大呼冤枉
	皇叔滑稽		喜作大字
	太后私生		入宫即哭
	母女不睦		老树不祥
	喜饮凉粉		抢夺妇女
	总管世家		力主共和
	挽联讥讽		皇帝心热
光绪	用九九盒		宠小德张
	预备膳牌		阉宦纳妾
	太监演义		太监横行
	善画葡萄		八姑奶奶
	太后赐食		修延熙宫
	吃腊八粥	附太平天国朝	下诏求欢
	王公嗜戏		特别称呼
	瑾妃善舞		开裆裤子
	太监威风		一饭千金
	孝钦钦作		野蛮食品
	孝钦恶帝		红妃中计
	榻上卧人		瑶台点缀
	太后屈膝		玉散香销
	卖官减价		择婿征文
	不堪入口		登天祈福
	太监行窃		空门匿迹
	梳新式髻		徐妃生计
	飞蛇惊帝		珠玉宝座
	珍妃坠井		甜露活人
	袖中汤圆		人肉馒头
	对狗叩头		上书脱罪
	逼死皇后		诗中隐语

南明忠烈传

历史小说。即沧海同深录。苏雪林撰述。国民图书出版社。1941 年 5 月版。1 册。20 万字。自序、凡例、引言各 1 篇。共 20 章。

第三章　杭州迎降与刘宗周等之死

第四章　因反抗薙发令而倡义的江南各郡县

第五章　鲁王监国浙江与起兵

第六章　唐王建号闽中及其殉国

第七章　广信建昌抚州与赣州的兵事

第八章　江浙密盟起义的团体

第九章　舟山始末

第十章　浙东皖鄂各地的游击军和义民

第十一章　桂王即位与广东兵役

第十二章　武冈播迁与湖南兵役

第十三章　金声桓李成栋反正与失败

第十四章　肇庆朝政之概况

第十五章　何堵之死与湖南的沦陷

第十六章　瞿张之死与广西的沦陷

第十七章　桂王受胁孙可望与抗节诸臣

第十八章　桂王奔滇入缅与其末路

第十九章　张煌言之事功及其被执

第二十章　郑成功与台湾始末

双 钏 记

社会小说。苏蛰楼著。上海中原书局。1936 年 11 月重版。1 册。7.5 万字。共 32 章。

第 一 章　桂香可怜　　　　　　　　　　　楚桂香

第 二 章　鬼口乡之风景与荷生脩文家之状况并老态龙钟时之脩文

第 三 章　脩文中年时之和乐家庭

第 四 章　荷生之脧削乡民与娶轻凤时之幻想

第 五 章　学举子业时之脩慷

第 六 章　翁媳争阋

第 七 章　脩慷死后之状况与轻凤脩文

第 八 章　黄氏楚辱轻凤

第 九 章　轻凤之巧潛

第 十 章　脩文夫妇反目与脩文痛楚桂香并又贤与轻凤之争阋

第十一章　章翁劝和脩文不听脩文又痛

第 十 二 章　黄氏觅死遇救

第 十 三 章　刘媪家之会议

第 十 四 章　黄氏死时家庭之状况

第 十 五 章　鬼口乡之族正会

第 十 六 章　荷生遗言

第 十 七 章　黄氏死后之脩文

第 十 八 章　鬼口乡风俗之变更

第 十 九 章　鬼口乡风俗变更之状态

第 二 十 章　赵又陵厕身脩慨家

第二十一章　黄金美人

第二十二章　轻凤素娥脩绮喜与黄金美人相往还

第二十三章　脩慨谋娶黄金美人

第二十四章 脩慨有志竟成

第二十五章 不速之客小潘安

第二十六章 中秋夜寓主人之一席话

第二十七章 小潘安移寓脩慨家

第二十八章 金红赵又陵小潘安一去如

黄鹤

第二十九章 又贤轻风大决裂

第 三 十 章 桂香哭姑

第三十一章 被抢时之桂香

第三十二章 综结

千 秋 痕

哀情小说。杜秋声著。中国图书公司。1916 年 4 月版。1 册。1.7 万字。序 1 篇。未分章节。

东洋猎艳记

言情小说。杜凌霄著。三合图书社。1947 年 9 月初版。1 册。5.5 万字。共 20 章。

一 公寓里的妙龄女郎

二 进了巷而深入

三 神秘之夜

四 女人的心比毒蛇还要毒

五 寡妇、姨太太、小姐、女学生

六 一切均听她摆布

七 到处是机关

八 出毛病不是好玩的

九 女人同样可以玩男人呀

十 实行裸体回到自然

十一 舞衣离开了身体

十二 困兽之斗

十三 不争气的东西

十四 一件重大的秘密

十五 图占她的身体

十六 风流贼在此

十七 好美丽的姊妹花

十八 沐浴艳态

十九 淫棍

二十 外的收获

中国抗战史演义

历史小说。杜惜冰著。东方书店。1946 年版。6 册。61 万字。储祎序 1 篇。共 100 回。

第 一 回　万宝山鲜民成祸水
　　　　　芦沟桥日寇起衅端

第 二 回　王冷斋持正执言
　　　　　吉星文裹伤苦战

第 三 回　战南苑赵登禹殉国
　　　　　退保定宋哲元兴兵

第 四 回　平津沦陷鬼哭神号
　　　　　沪市频惊风声鹤唳

第 五 回　银翼凌空神鹰来海上
　　　　　硝烟弹雨壮士入沪东

第 六 回　南京路巨弹惊魂
　　　　　宝山城全营殉国

第 七 回　汤恩伯死守南口
　　　　　刘汝明痛失张垣

第 八 回　弃天镇李服膺伏法
　　　　　守忻口郝梦龄捐驱

第 九 回　平型关初试游击战
　　　　　阳明堡火烧日机场

第 十 回　太原城两路鏖兵
　　　　　四行库一军死守

第十一回　柳川师团偷渡金山卫
　　　　　红星勇士炸沉陆奥舰

第十二回　陈季良率舰保要塞
　　　　　唐生智聚众守南京

第十三回　蓄意挑衅美舰遭轰炸
　　　　　惨无人道日寇肆暴行

第十四回　韩复榘轻弃济南
　　　　　王铭章身殉滕县

第十五回　台儿庄日酋丧师
　　　　　徐州城大军突围

第十六回　三岛扬威空中惊纸弹
　　　　　黄河决口天意助中华

第十七回　寇掠沿海岛民遭浩劫
　　　　　围攻中航奉世斥元凶

第十八回　血战马当长江夸天堑
　　　　　聚歼广济洼地建殊勋

第十九回　一掷拼孤注华南进犯
　　　　　三军皆大意痛失羊城

第二十回　战略达成全师撤武汉
　　　　　神经过敏大火毁长沙

第二十一回　侵略陷泥淖日酋设计
　　　　　丧心甘卖国汪逆潜逃

第二十二回　飞昆明游说龙云
　　　　　走河内响应近卫

第二十三回　弃顺投逆陈周趋绝路
　　　　　条分缕析领袖揭阴谋

第二十四回　太平洋初传警报
　　　　　南昌城胶着日军

第二十五回	曾仲鸣作替死冤魂	
	林柏生遭当头棒喝	
第二十六回	丁默邨歹土扬威	
	汪兆铭沪滨匿迹	
第二十七回	血战随枣上将建伟绩	
	会谈三岛傀儡甘卖身	
第二十八回	谋脱泥淖长沙初会战	
	聚歼顽敌湘北逐斜阳	
第二十九回	暗擦酸王汪初争风	
	明拆伙高陶宣密约	
第 三 十 回	露野心日寇图并吞	
	揭阴谋领袖垂诰诫	
第三十一回	阻内犯南昌再战	
	断外援北海鏖兵	
第三十二回	陷城冲锋初试机械队	
	摧坚折锐大捷昆仑关	
第三十三回	僭还都花样翻新	
	组伪府丑态百出	
第三十四回	浴血苦斗自忠殉襄水	
	阻敌西犯陈诚守宜昌	
第三十五回	虚声恫吓香港遭封锁	
	趁火打劫越南受羁轭	
第三十六回	日机炸陪都义民遭劫	
	国军克桂南天日重光	
第三十七回	大战豫南中流夸砥柱	
	窜扰浙东日暮叹穷途	
第三十八回	防套汇放弃黑市场	
	发伪钞展开经济战	
第三十九回	争权夺利李士群登场	
	辣手狠心吴四宝造孽	
第 四 十 回	月黑风高中行酿血案	

	林深菁密上高败日军	
第四十一回	孤军营团长遭毒手	
	中条山日寇患盲肠	
第四十二回	日美谈判东亚兆风雨	
	罗邱会晤世界现曙光	
第四十三回	炫武力长沙再会战	
	拼孤注东条初登场	
第四十四回	偷袭珍珠港行同盗贼	
	放弃夏威夷预兆败亡	
第四十五回	半夜惊炮声沪市全陷	
	天堂变地狱香岛沉沦	
第四十六回	白衣渡江长沙三会战	
	助纣为虐马来陷日军	
第四十七回	席卷南洋倭寇忘形骸	
	漫游印度领袖竭尽谋	
第四十八回	魏锐特孤军守菲岛	
	蒋委长遣兵援缅甸	
第四十九回	反攻太平洋倭奴丧胆	
	空袭东京区日寇亡魂	
第 五 十 回	威克岛美军长征	
	珊瑚海日舰遭歼	
第五十一回	小试锋芒奏捷中途岛	
	势同弩末再兴浙赣兵	
第五十二回	徒劳无功望梅难止渴	
	棋差一着失败定终身	
第五十三回	麦帅飞澳洲盟军再振	
	伪钞换法币民众遭殃	
第五十四回	为虎作伥清乡苏浙边	
	巴蛇吞象远袭阿留申	
第五十五回	太行山游击奏奇功	
	马玉河日军遭反击	

第五十六回　所罗门海反攻告大捷
　　　　　　瓜达康纳血战建殊勋

第五十七回　南进路断森林大战
　　　　　　侵略梦破布纳退兵

第五十八回　陈纳德组织飞虎队
　　　　　　威尔基促进中美交

第五十九回　笑话奇谈伪政府参政
　　　　　　忠勇奋发大别山反攻

第 六 十 回　守国门大战怒江
　　　　　　退缅边深入山地

第六十一回　山野蛮荒穷奇极秘
　　　　　　狐群狗党鸟尽弓藏

第六十二回　高空歼倭酋山本丧命
　　　　　　沿江截日寇石牌鏖兵

第六十三回　南太平洋展开基地战
　　　　　　阿留申岛初兴复巢悲

第六十四回　如此还租界天下奇闻
　　　　　　蓄意夺棉纱万人痛骂

第六十五回　功狗下场送命一樽酒
　　　　　　傀儡末路大哭办公厅

第六十六回　学步效颦东京集群丑
　　　　　　旋乾转坤海陆起雄兵

第六十七回　蛮河鏖兵天荆地棘
　　　　　　丛林苦斗鬼泣神惊

第六十八回　会议开罗惩倭初定策
　　　　　　血战常德歼寇再收攻

第六十九回　石破天惊展开越岛战
　　　　　　雷轰电掣闪击拉巴尔

第 七 十 回　马绍尔海将建功
　　　　　　土鲁克美军进击

第七十一回　一代巨奸敌巢卧病
　　　　　　满城狐鼠小丑跳梁

第七十二回　廖耀湘挥军克泰洛
　　　　　　孙立人率众夺孟关

第七十三回　陷挂形孤军悬海外
　　　　　　辟退路烽火满中原

第七十四回　何集生身殉洛阳城
　　　　　　李家钰战死陇海道

第七十五回　阻敌豫西丸泥封函谷
　　　　　　制日死命跳岛夺塞班

第七十六回　克加迈缅北告捷
　　　　　　战孟拱日寇丧命

第七十七回　登关岛海面举烽火
　　　　　　渡洞庭湘北喧鼓声

第七十八回　失长沙张德能正法
　　　　　　守衡阳方先觉被俘

第七十九回　远征军奇袭密支那
　　　　　　尼米兹登陆帛琉岛

第 八 十 回　轰炸台湾菲岛大海战
　　　　　　重回旧地麦帅践诺言

第八十一回　奏凯歌美军克雷岛
　　　　　　扩战祸日寇入广西

第八十二回　犯桂柳赌注拼最后
　　　　　　克八英制敌费艰辛

第八十三回　巨机飞天空东京挨炸
　　　　　　病床落地穴汪逆丧生

第八十四回　逆尸西归万年遗臭
　　　　　　寇焰东退河池留芳

第八十五回　吕宋岛美军重登
　　　　　　马尼拉日寇败溃

第八十六回　合围南坎犁庭扫穴
　　　　　　会师芒友士饱马腾

第八十七回　中印通车千辛万苦
　　　　　　硫磺登陆血海尸山

第八十八回　攻新维进克腊戍
　　　　　　窥缅中解放瓦城

第八十九回　扫荡残敌菲岛齐解放
　　　　　　空中袭击倭土满疮痍

第九十回　守中原血卫老河口
　　　　　　登琉球先占庆良间

第九十一回　山颓木坏罗斯福骑箕
　　　　　　地暗天昏齐学启殉国

第九十二回　保卫雪峰山严阻日寇
　　　　　　血战雷祖岭奏捷湘西

第九十三回　攻那霸美军苦战
　　　　　　夺首里日寇势穷

第九十四回　河池反攻势如破竹
　　　　　　柳州光复迭克名城

第九十五回　犯赣南困兽犹斗
　　　　　　克桂林胜利门开

第九十六回　炸东京寇巢成地狱
　　　　　　致通牒三国劝输诚

第九十七回　自杀机飞山穷水尽
　　　　　　原子弹炸海裂岩崩

第九十八回　霹雳起晴天苏联宣战
　　　　　　颓势难挽救日皇投降

第九十九回　麦克阿瑟登陆日本土
　　　　　　何总司令受降南京城

第一百回　抗战胜利普天同庆
　　　　　　巨奸入网大快人心

剑胆箫心

武侠小说。杏痴著。中华图书馆。1921 年 6 月再版。2 册。12 万字。共 32 回。

第一回　燕子归来京华梦醒
　　　　桃花人隔潭水情深

第二回　落月停云挑灯不寐
　　　　翠烟红雨泛棹同游

第三回　好风吹送活色生香
　　　　皎月初生骈珪叠玉

第四回　针楼粉席风露清宵
　　　　彩幄幔亭神仙眷侣

第五回　雁字长天省亲万里
　　　　斜阳古寺聚首重阳

第六回　慷慨诗歌国魂唤醒
　　　　纵横剑气壮士长行

第七回　棘地荆天英雄末路
　　　　鹃魂碧血信史重行

第八回　壮志莫酬倦还燕京
　　　　骊歌重唱卜宅江南

第九回　红袖琳琅玉愁绮恨
　　　　香函旖旎絮果兰因

第十回　阐隐发微老人创论
　　　　恤孤济困公子赠金

第 十 一 回　仙居鼓瑟鸾凤舞声
　　　　　　诗星证盟鸳鸯题字

第二十二回　伦常失据秽豕负涂
　　　　　　日月无光豺狼遮道

第 十 二 回　夜游高会虎阜重临
　　　　　　仗义锄奸南徐初遇

第二十三回　乔装远道侠女行权
　　　　　　遇旧他乡商人感德

第 十 三 回　瘴雨烟蛮奸徒流配
　　　　　　飘萍断梗弱息依归

第二十四回　怆怀世路借酒浇愁
　　　　　　蒿目时艰挂冠隐归

第 十 四 回　琼珠窈窕宝镜添辉
　　　　　　璧月团圆灵春长寿

第二十五回　棠魂鹡鸰歌哭无端
　　　　　　梨梦沉酣新愁若恕

第 十 五 回　壶觞醉月艳福遥临
　　　　　　珍重批图古情横集

第二十六回　笔歌墨舞纸上空谈
　　　　　　肠断泪枯人间何世

第 十 六 回　目断幽燕伤心失怙
　　　　　　气吞河朔投笔从戎

第二十七回　衔杯对雪挥洒霜毫
　　　　　　卸甲归田销磨英气

第 十 七 回　烟水苍茫一棺凄咽
　　　　　　江山破碎士气销沉

第二十八回　吴苑鹿台空留陈迹
　　　　　　汉宫秋月恸哭遗臣

第 十 八 回　畸人天末喜庆更生
　　　　　　胜地名筵遭逢意外

第二十九回　香冢题名快逢故剑
　　　　　　赤绳系足感激冰人

第 十 九 回　萧夺幽灵衔哀终古
　　　　　　旗亭绝唱追胜当年

第 三 十 回　红豆词抛海棠诗苦
　　　　　　老人星陨处士坟青

第 二 十 回　小家碧玉许字寒儒
　　　　　　荒冢青磷长埋故吏

第三十一回　淞皮酒碧逆旅情长
　　　　　　金谷春酣玉楼人醉

第二十一回　古色幽香留芳彤史
　　　　　　明珰翠羽交拜青庐

第三十二回　西子烟波三生花草
　　　　　　南朝金粉满目榛芜

四大妖精

志怪传奇小说。李无咎著。上海大达图书供应社。1935 年 2 月版。1
册。10.3 万字。共 56 回。

孙行者

第一回　五行山行者脱难

六尘保群盗伏诛

第二回　鹰愁涧失马得马

凤鸣村杀僧救僧

第 三 回 黑怪呼风袈裟被窃
黄蜂肆毒长老失踪

第 四 回 广厦连云真僧罹厄
温泉试浴妖魅求欢

第 五 回 棒喝一声收云歇雨
书投千里适馆授餐

第 六 回 赛异宝财主起贪心
设奸谋法师夸大口

第 七 回 撒手归空黄粱醒梦
伤心无语黑店沉冤

第 八 回 枯骨陈词凶徒局促
裸身却敌玉女猖狂

第 九 回 求救助四海访龙王
显神通二郎诛蚌怪

第 十 回 化斋饭恶语慢禅师
赐琼浆长生戏道士

第十一回 互乡难处设阱寻雠
佛法无边请君入瓮

第十二回 刮垢磨光众生变相
临河援溺弱质叩恩

第十三回 怜无告咒水起沉疴
恤孤寒点金偿宿债

第十四回 侮弱吞银丧心反噬
登堂惩恶俯首无言

猪八戒

第十五回 银河满任去旧更新
田舍逢娇逾墙钻隙

第十六回 走三村天蓬堕茅厕
度七夕织女会牵牛

第十七回 宴云楼有心联属吏
游月府无意遇嫦娥

第十八回 降天罚削籍贬尘寰
显神通游魂闹冥府

第十九回 路转轮回错投赤道
途分人畜误入朱门

第二十回 福陵山肥羊充馋吻
云栈洞寡妇赘鳏夫

第二十一回 琴摧弦断鸳梦无常
耕雨锄云雀屏中选

第二十二回 续琴弦欢娱谐鱼水
醮蒲酒面目现庐山

第二十三回 觊家产进恝逐妖精
罾无良多情祖夫婿

第二十四回 魂飞魄散咒语无灵
乐极悲生良缘已尽

第二十五回 物在人亡怆怀今昔
男耕女织愿守清贫

第二十六回 逢陌路失女庆珠还
战深闺神头惊铁铸

第二十七回 听皈依伤心挥血泪
悲身世撒手赴黄泉

第二十八回 爱眷三年空余长恨
心经一卷悟彻真如

白娘娘

第二十九回 溯前恩姻缘证凤世
施法力风雨阻归程

第三十回 色受魂飞嘉宾入幕
男欢女洽小婢执柯

第三十一回 陷法网夫婿作阶因

入公门新娘见邑宰

第三十二回　一怒施刑粉臀遭厄

三年徒配赤足难行

第三十三回　逞凶残狗奴还自受

行贿赂鸳侣喜重偕

第三十四回　业绍白圭蝇头博利

力夸乌获铁口捐银

第三十五回　灭凶顽娇娃施绝技

报仇恨老道丧残生

第三十六回　醉蒲觞璇闺惊爱婿

乞芝草瑶岛见师尊

第三十七回　绝处逢生忭遇南极

相思成疾偷越东墙

第三十八回　事续秘辛狂奴无忌

情深爱子老母乞怜

第三十九回　另请军师巧儿智竭

细详国色公子魂销

第四十回　误罹陷网贞妇失身

恨切深雠凶徒毕命

第四十一回　性迷淫药色胆如天

梦破巫山赧颜无地

第四十二回　梦蛟龙魁星降人世

收妖孽法海压雷峰

红孩儿

第四十三回　芭蕉洞罗刹女招亲

翠云山血光星诞世

第四十四回　绿道人送一粒金丹

红孩儿炼三昧真火

第四十五回　蛟怪遁逃五行反克

龙筋抽去初次逞威

第四十六回　倚门倚闾慈母关心

如醉如痴魔王迷性

第四十七回　玉面公主醋海兴波

白眉大王肉地赴宴

第四十八回　舐犊情深天伦欢叙

妖狐恶满火劫难逃

第四十九回　辟蹊境枯松涧称王

走香关茂林庄遇难

第五十回　依样葫芦银瓶力竭

暂消火焰铁扇性恶

第五十一回　假慈悲有意弄虚空

真宝贝杀人借刹那

第五十二回　一派胡言孤儿假扮

七天魔难长老遭殃

第五十三回　横祸飞来小妖毙命

降魔乏术大圣乞师

第五十四回　万刃千刀无边道力

一步三拜有意挫磨

第五十五回　逢白衣良言驯野性

游紫竹对月起邪心

第五十六回　龙女戏人善才急色

观音施法圣婴归真

四大清官演义

历史小说。李幻龙著。上海会文堂书局。1924 年 6 月初版。1 册。10.1 万字。插图 4 幅。共 56 回。

包孝肃演义

第 一 回	邂逅新知赠金周急 遨游旧地题壁招殃
第 二 回	前倨后恭僧徒丧胆 陈尸溅血孀妇无头
第 三 回	射影含沙妻菲成锦 平情折狱反覆穷源
第 四 回	惊瞥影婢女诉疑团 识奸情邑尊勘密室
第 五 回	睹宝匣无意读奇文 论藏珍专心探秘钥
第 六 回	寻源溯本顿识迷津 入室升堂重探秘窟
第 七 回	壁破关键得窥隧道 案惊复杂又起奇峰
第 八 回	觅桃源偕奔脱狡兔 惊李代巧计设金蝉
第 九 回	睹扇箑绅士诉真名 迹逃亡凶徒罹法网
第 十 回	旱逢甘雨荡妇偷情 洞壁邻垣狂且惊艳
第十一回	拾遗佩艳句写相思 寄私书幽期偿宿愿
第十二回	如漆投胶欢歌赤凤 因妒成怨饮恨黄泉
第十三回	荐奇才贤官忻特擢 觊沃产小叔起无良
第十四回	漏网强徒快偿宿怨 赠金侠士巧报前恩

海介忠演义

第 一 回	新主登基直臣建节 凶僧敬酒侠士施威
第 二 回	愤弃儒冠十年训武 横飞铁杖一命归阴
第 三 回	拘凶手太守殉私情 睹姣容狂且生狡计
第 四 回	吟艳句风月逗春情 露私书官衙开夜宴
第 五 回	愤羞中菁挟刃寻仇 惧革前程埋赃诬盗
第 六 回	翻定案黑狱洗沉案 请上方黄堂遭显戮
第 七 回	中途避雨援手拯危 狭路逢凶裸裎受辱
第 八 回	闻私语月夜走新城 失行踪云庄访旧友
第 九 回	卜吉凶草庵访术士

探消息盗窟觅中丞

第 十 回　飞黑索妖道显神通
系红丝佳人许婚媾

第十一回　美女私奔易钗为弁
乡愚失窃李戴张冠

第十二回　众口铄金萋菲成锦
醉心阿堵秘密分赃

第十三回　明正典刑贪官伏法
自罹陷坑妖道丧生

第十四回　效于飞百年歌好合
乞休致一櫂放归舟

陆清献演义

第 一 回　循吏修仁水神解危
文星下界瑞霭冲霄

第 二 回　布服粗衣贤官被谤
卑词厚礼富室联宗

第 三 回　假殷勤巧计成虚话
巡田陌绝色动淫心

第 四 回　殢雨尤云狂且轻薄
幽期密约荡妇逃亡

第 五 回　开诚心土豪化善士
陈故事逆子孝慈亲

第 六 回　惊顽心全家同愧悔
祝抚寿平地起风波

第 七 回　留遗爱号泣送贤侯
守官箴饰词拒权相

第 八 回　万众胪欢瞻依新令
一心顶礼感召圣灵

第 九 回　报命案宰官验尸身
论凶情刑幕陈疑窦

第 十 回　见刀痕无辜遭缧绁
听舆诵有意问根源

第十一回　黑夜行凶路人窥隐
赤忱报案要犯就擒

第十二回　良有司悉心追犯意
乡愚妇信口具供词

第十三回　搜凶器疑案总迷离
见血衣真情始披露

第十四回　归地府满朝尽咨嗟
迎城隍全书告终结

彭刚直演义

第 一 回　办水师彭团练发迹
见门对高学政怜才

第 二 回　公子抡元感恩知己
佳人薄命抱恨终天

第 三 回　悲死别哽咽诉衷情
奏凯旋凄凉怀旧梦

第 四 回　听舆诵含怒斩贪官
进谗言乘机雪宿愤

第 五 回　染黑籍劣弟受官刑
宴青楼娇妻遭惨祸

第 六 回　三上章杜门全孝道
重游皖题壁写幽情

第 七 回　见少女荡子起淫心
逞官威乡愚遭毒手

第 八 回　彭侍郎移文审奸案
谭副将设计救故人

第 九 回　戮元凶毅然秉独断
惊绝色蓦地惹相思

第 十 回　入室吊丧客来不速

登堂拜母祸起非常

第十一回　力竭计穷书生丧气

情真罪当贵戚戕生

第十二回　老儒官正颜抒谠论

愚孝子无意快奇逢

第十三回　蔽善隐贤盐官见责

横征暴敛卡官作威

第十四回　却赆仪万民感大德

驻胜地两绝结全书

顺治演义

历史小说。李龙公、陈燕方著。上海广益书局。1924 年 4 月版。2 册。12 万字。提要 1 篇。照片 15 幅。插图 160 幅。共 80 回。

第一回　侵辽沈后金主穷兵

让贤能皇太极嗣位

第二回　额哲献玺大清改号

庄妃惊梦福临诞生

第三回　松山失守经略被擒

俘臣招降奴才献计

第四回　美色销魂饮酖入壳

讹言殉国赐祭褒宗

第五回　设重誓多尔衮通奸

泄机谋皇太极殒命

第六回　议嗣位摄政王揽权

立新君顺治帝践祚

第七回　伏隐忧四方起盗贼

贪美色三桂惜分离

第八回　战代郡虎先锋受伤

缢坤宁周皇后殉节

第九回　城亡国破朝士酣歌

跣足科头崇祯殉难

第十回　李自成入都僭帝号

龚芝麓媚贼受新恩

第十一回　散珍宝才妓嫁庸臣

复仇雠宫人诛贼帅

第十二回　江湖隐迹公主逃生

宫院纵淫艳姬入选

第十三回　老父招降从容奉诏

爱姬被夺慷慨兴师

第十四回　清廷乞援三桂复仇

塞外陈兵自成败绩

第十五回　大焚宫阙一炬成灰

尸积效原全军尽歼

第十六回　得横财亢仁成富室

闻喜信三桂返京师

第十七回　破镜重园欢偿宿愿

梓宫改葬初沛新恩

第十八回　念君王破家建陵寝

旌忠义下诏设专祠

第十九回　进媚言众降臣招辱

劝篡位呆郡王丧生

第 二 十 回　迎车驾顺治帝入京
　　　　　　善辞令范文程拟诏

第二十一回　订约章承畴蓄深意
　　　　　　议新政文程定方针

第二十二回　孙之獬倡议薙发命
　　　　　　孔文谟险遭断头灾

第二十三回　工媚术演剧庆新生
　　　　　　睹娇姿通奸乱伦纪

第二十四回　旧臣恩主义立新君
　　　　　　由柏逃生冒名监国

第二十五回　鸡鸣山建立旌忠祠
　　　　　　武英殿恭行正位礼

第二十六回　史可法暗结宵小仇
　　　　　　马士英引进逆阉党

第二十七回　叙旧事师式左光斗
　　　　　　编新文讥嘲马家口

第二十八回　迎太后朱由伯着急
　　　　　　使清廷吴三桂加封

第二十九回　望西山遥祭先帝灵
　　　　　　进北京受尽降臣气

第 三 十 回　穿孝服直入文华殿
　　　　　　逞辩才驳倒多尔衮

第三十一回　信谗言追回南朝臣
　　　　　　接家眷激怒洪氏母

第三十二回　回原籍母子脱关系
　　　　　　沿明制满清始开科

第三十三回　中状元傅以渐显名
　　　　　　赠美姬伊密之慷慨

第三十四回　询国运活佛说玄机
　　　　　　证报应满门遭屠戮

第三十五回　剿流寇多尔衮下令

第三十六回　遇乡民李自成亡身
　　　　　　选娇娃官府扰苏杭
　　　　　　献虾蟆乞儿敲竹杠

第三十七回　安旧业无福为知县
　　　　　　建清议有心骂奸徒

第三十八回　名妓多情成全义士
　　　　　　奸徒承旨钳制朝臣

第三十九回　真假不明太子下狱
　　　　　　是非难察阁部请朝

第 四 十 回　护送皇妃枝秀得祸
　　　　　　檄清君侧良玉兴兵

第四十一回　写回书名士惊白发
　　　　　　布防务清兵驻黄河

第四十二回　阻援兵马士英秉政
　　　　　　递急奏史可法被围

第四十三回　史阁部中计殉国难
　　　　　　方烈女相夫树义声

第四十四回　柳如是力谏钱牧斋
　　　　　　杨维垣死报宏光帝

第四十五回　捐躯殉难烈士伤心
　　　　　　厌世逃禅童妃祝发

第四十六回　黄端伯全节感黎民
　　　　　　刘良佐昧心追故主

第四十七回　部将反戈得功自刎
　　　　　　降臣媚主用极遭刑

第四十八回　阎应元设计贩清兵
　　　　　　李成栋邀功肆屠戮

第四十九回　慕资财老夫得少女
　　　　　　承嗣续内侄作螟蛉

第 五 十 回　半老佳人豫王中目
　　　　　　几封回信刘妇感情

第五十一回　歆羡虚荣三秀失身
　　　　　　迭来惊报多铎话别

第五十二回　游海子多尔衮遇刺
　　　　　　露供词豫亲王班师

第五十三回　刘三秀产子封正妃
　　　　　　张献忠屠民雪旧恨

第五十四回　杀爱妾堆成小脚山
　　　　　　歼臣寇平定四川省

第五十五回　挟私怨痩毙肃亲王
　　　　　　重内亲优待新进士

第五十六回　皇太后因奸含醋意
　　　　　　顺治帝用意破机关

第五十七回　非礼掇合牧斋蒙恩
　　　　　　假示勤殷郑王凑趣

第五十八回　顺治帝从权遵母命
　　　　　　摄政王蔑礼娶兄嫂

第五十九回　评论戏本讥嘲降臣
　　　　　　催办结束毒死俘君

第 六 十 回　朗读祭文置身天地
　　　　　　惊看碑字大数天在

第六十一回　黄道周联语骂同乡
　　　　　　郑成功抗清逃海外

第六十二回　报宿怨大铖伏冥诛
　　　　　　快群情士英遭显戮

第六十三回　起内讧明旧将叛清
　　　　　　下意旨摄政王抱志

第六十四回　赏荷包一字值千金
　　　　　　建经台五光兼十色

第六十五回　服药丸多尔衮暴薨
　　　　　　揽秦疏顺治帝亲政

第六十六回　重孝恩皇太后还宫
　　　　　　发逆谋摄政王没籍

第六十七回　锄恶除奸朝臣敛迹
　　　　　　盛仪丰礼幼主新婚

第六十八回　抱孙儿慈宫娱暮景
　　　　　　慨国运满局似残棋

第六十九回　孔有德满门殉桂郡
　　　　　　延平王领兵扰江南

第 七 十 回　郑成功忠心报故国
　　　　　　董小宛慧眼识才郎

第七十一回　金屋藏娇遭逢乱世
　　　　　　玉关暗度惊碎芳心

第七十二回　慧影梅才尽江郎笔
　　　　　　慈宁宫恩牵息妫情

第七十三回　评诗句深宫情切切
　　　　　　订誓言长夜意绵绵

第七十四回　寝宫问候体贴入微
　　　　　　禁地森严机谋立败

第七十五回　李定国兵败走边荒
　　　　　　洪承畴身亡留遗嘱

第七十六回　蓄异志吴三桂进兵
　　　　　　传檄文朱由榔中计

第七十七回　弑故君逆贼丧天良
　　　　　　废皇后廷臣遭斥辱

第七十八回　顺治帝册立新皇后
　　　　　　董鄂妃魂归大罗天

第七十九回　多情帝无计驻芳魂
　　　　　　高行僧有心示禅意

第 八 十 回　脱黄袍披上紫袈裟
　　　　　　袭旧套辅立新幼主

乾隆演义

历史小说。清代十帝之四。李龙公、陈燕方著。上海广益书局。1925年9月初版。6册。13万字。提要1篇。图9幅。插图160幅。共80回。

第 一 回　新主登基覃恩普遍
　　　　　廉臣逝世家室萧条

第 二 回　畏忠直台谏擢封疆
　　　　　导荒淫韩人进美色

第 三 回　妃嫔入御制度更新
　　　　　宫殿重修繁华胜昔

第 四 回　残腊祀神君王度曲
　　　　　岁朝赐宴臣子夸荣

第 五 回　天道好还报施不爽
　　　　　人情难测穷达无常

第 六 回　平苗蛮会师破大箐
　　　　　耽晏乐移跸驻圆明

第 七 回　谢圣恩蓦地见姣容
　　　　　借寿诞乘机餐秀色

第 八 回　深夜寻欢春光泄漏
　　　　　名园解闷美景骋怀

第 九 回　书生潦倒屡困文场
　　　　　名士登庸顿邀睿鉴

第 十 回　示俭德下旨筑蚕台
　　　　　试真才命题作江赋

第十一回　今引证古断结婚姻
　　　　　修德全名告归田里

第十二回　疆臣轻敌师老无功

　　　　　经略庸才冤沉不白

第十三回　分职权重组内阁制
　　　　　献拳勇力保椒房亲

第十四回　阉宦弄权侍郎革职
　　　　　将军怀远夷狄输诚

第十五回　邀异宠甘戴绿头巾
　　　　　逞豪强怒逢铁面吏

第十六回　老儒归去夫贵妻荣
　　　　　边警传来先惊后喜

第十七回　追封谥号优恤忠臣
　　　　　讥诮随行妒生皇后

第十八回　人杰地灵神童出世
　　　　　山明水秀玉女临凡

第十九回　显才干骚扰盗跖村
　　　　　称豪富贡献霍光璧

第二十回　吃鸡卵美味羡豪商
　　　　　坐龙船长途探胜迹

第二十一回　天宁寺老僧翻妙舌
　　　　　　玄墓山古刹赏名钟

第二十二回　慕名花感深香雪海
　　　　　　畅余兴视察钱塘江

第二十三回　降天殃老奴惊奇梦
　　　　　　赠吉壤富室感神言

第二十四回	黄幄高张感深风木 红楼小住享尽温柔			怜香惜玉天子风流
第二十五回	花残月缺顿昧前身 口是心非竟成反目	第四十回	香气氤氲难成好事 刀光闪烁几丧残生
第二十六回	泄气忿冤归离恨天 撰碑文搦作相思泪	第四十一回	特建名楼娇藏金屋 别通隧道暗度陈仓
第二十七回	违犯国丧大臣革职 变更祖制母后生嗔	第四十二回	慈宁宫里醋海兴波 宝月楼中玉容无主
第二十八回	十里长安目迷五色 三朝元老名播千秋	第四十三回	香消玉殒血溅深宫 室迩人遥心惊噩耗
第二十九回	因参案调东南重镇 幸行宫召西北降番	第四十四回	哭香魂如听长恨歌 解愁闷重读高唐梦
第三十回	赏花翎方总督受宠 敲竹杠高太监吃亏	第四十五回	缇骑夜至惊散鸳鸯 慈母恩深情殷舐犊
第三十一回	家风可溯越级超升 骑术自夸当场出丑	第四十六回	博欢心特建苏州街 寻好梦托生济南府
第三十二回	军威克振强敌披靡 欲望难孚野心勃发	第四十七回	言外有情以误传误 途中破闷将错就错
第三十三回	叛首脱逃干戈遍地 同门唱和文字遭殃	第四十八回	倚翠偎红一船春色 繁证博引满腹秋潮
第三十四回	中敌计兵心竟涣散 复邮台将士各争先	第四十九回	芳心忐忑长夜难挨 香梦迷离惊魂若失
第三十五回	逆酋病死准部肃清 边警又来回疆独立	第五十回	打巴掌竟吃眼前亏 踢飞脚且出心中气
第三十六回	布教争权内讧时起 背盟作乱下诏专征	第五十一回	愿清修削去烦恼丝 因熟睡错过目的地
第三十七回	主帅无谋身遭大辟 回姬绝色体有奇香	第五十二回	颁密旨宣召青衫子 沛殊恩赐赏黄角峰
第三十八回	得援兵奋勇解重围 受俘虏留心访绝色	第五十三回	夏知府贿赃酬厚意 洪总兵纵子任横行
第三十九回	奏凯班师将军威武	第五十四回	恶贯满盈血流头破 天颜咫尺胆战心惊

第五十五回　绿柳红桃别开生面　　第六十八回　兵可称神由上而下
　　　　　　奇峰怪石大惬宸衷　　　　　　　　魂能附体化雌为雄

第五十六回　豪商泄忿片语破家　　第六十九回　朱印分明卿卿低唤
　　　　　　巧匠显能连宵造塔　　　　　　　　金川平服个个荣迁

第五十七回　赐御联老和尚索解　　第 七 十 回　木本水源李思不匮
　　　　　　中官毒呆秀才著书　　　　　　　　夜深人静刺客何来

第五十八回　消隐祸记梦毁淫书　　第七十一回　报父仇巾帼显英雄
　　　　　　焚衵衣修心种善果　　　　　　　　窥御驾雕翎丧姊妹

第五十九回　翰苑狂生才华太露　　第七十二回　细译诗文吹毛求疵
　　　　　　回疆逆首烽火重惊　　　　　　　　别存作用纳贿招权

第 六 十 回　谏巡行直言遭斥辱　　第七十三回　枉慕虚荣富豪服毒
　　　　　　卖碑帖落魄觅生涯　　　　　　　　清查冒振纨袴逮京

第六十一回　赐招牌杭世骏交运　　第七十四回　吴美人琵琶重别抱
　　　　　　贪货利吴达善昧良　　　　　　　　纪学士气节顿全消

第六十二回　军书旁午烽火连天　　第七十五回　绿天深处侠妓栖身
　　　　　　号令重申风云变色　　　　　　　　红粉多情佳儿毕命

第六十三回　儿女私情亲家通信　　第七十六回　福康安暗伤柴大纪
　　　　　　风尘劳瘁老病归天　　　　　　　　海兰察活捉林爽文

第六十四回　随机应变获尝头衔　　第七十七回　西峰寺妖妇正严刑
　　　　　　附势趋炎顿忘廉耻　　　　　　　　锁南关疆臣传败报

第六十五回　刘相国婉言消怒气　　第七十八回　八秩良辰十分热闹
　　　　　　阿将军绕道出奇兵　　　　　　　　七条要约一待驳回

第六十六回　前功嫉忌异域丧身　　第七十九回　宝月楼定计杀皇孙
　　　　　　邪教猖狂妖言惑众　　　　　　　　紫光阁记功绘图像

第六十七回　贼众成群男浑女浊　　第 八 十 回　功纪十全铺张扬厉
　　　　　　旗兵奏捷罚罪赏功　　　　　　　　位尊太上典丽乔皇

康熙演义

历史小说。李龙公、陈燕方编述。上海广益书局。1924 年 7 月版。6

册。13 万字。提要 1 篇。插图 7 幅。共 80 回。

第 一 回　怀柔夷耿属国来朝
　　　　　敝屣尊荣禅门遁迹

第 二 回　误传凶信弱女离魂
　　　　　解脱风尘书生仗义

第 三 回　三步成诗名传才子
　　　　　一篇完卷革去生员

第 四 回　旧夫妻重谐新花烛
　　　　　新题目仍缀旧文章

第 五 回　取泮元名改金人瑞
　　　　　骂主考词填黄莺儿

第 六 回　恃才讥讽狂士结仇
　　　　　纠众陈词缙绅下狱

第 七 回　陷无辜中丞草奏疏
　　　　　兴大狱钦使受赃银

第 八 回　监狱传书情伤别鹄
　　　　　边庭充配忏应断牛

第 九 回　方光琛梦中逢故友
　　　　　汤若望意外获愆尤

第 十 回　结羽党盘踞钦天监
　　　　　招额驸笼络平西王

第十一回　尔诈我虞大臣争宠
　　　　　握拳攘臂幼主动容

第十二回　证据纷陈难以回护
　　　　　威权独揽畅所欲为

第十三回　阻读书恃权欺幼主
　　　　　拟遗诏定计去元凶

第十四回　范文程饰终邀盛典
　　　　　康熙帝问病受虚惊

第十五回　骰掷不同预征吉兆

　　　　　阵演布库擒戮凶臣

第十六回　验历算南怀仁复职
　　　　　办大婚傅腊塔出差

第十七回　敲竹杠归安县索诈
　　　　　碰顶子杭州府焚书

第十八回　报宿仇奸徒兴大狱
　　　　　露消息名士走他乡

第十九回　昂将军贪赃遭大辟
　　　　　柳夫人救子舍残生

第 二 十 回　剪头发立意报前恩
　　　　　磕脑袋饰词邀特赦

第二十一回　良言感悟疏乞归田
　　　　　汉俗相沿禁弛缠足

第二十二回　论古评今娓娓不倦
　　　　　招贤纳士济济多才

第二十三回　遴选美人争妍斗艳
　　　　　互分党派貌合神离

第二十四回　秣马厉兵逆藩谋叛
　　　　　老夫少妇富室希荣

第二十五回　城隍庙改建褒忠祠
　　　　　金刚诗送归阎罗殿

第二十六回　写对联江湖得奇梦
　　　　　奏妙乐藩府开盛筵

第二十七回　坍围墙术士识先机
　　　　　授甥馆穷婿叨宠遇

第二十八回　赏银盏赵天雄斗富
　　　　　碎珠灯朱鸣虞纳交

第二十九回　恶世子使酒逞威风
　　　　　老参谋袒身曝烈日

第 三 十 回　正家法王府怒规子
　　　　　　削兵权朝臣议撤藩

第三十一回　陈永华计复台湾岛
　　　　　　郑成功唬走和兰人

第三十二回　弹丸地建设小朝廷
　　　　　　美色关计赚大和尚

第三十三回　传来消息阿母惊心
　　　　　　搬弄是非乃兄毕命

第三十四回　修内政延平王袭封
　　　　　　识伪疏安达公强项

第三十五回　接诏书按住无名火
　　　　　　捋须髯欣看解语花

第三十六回　拜故主暗窥将士心
　　　　　　射飞禽献出英雄手

第三十七回　斩钦使致祭大纛旗
　　　　　　赍急疏唬慌戈什哈

第三十八回　蓄头发吴三桂传檄
　　　　　　树腹心孔四贞失权

第三十九回　露逆谋递到闺中信
　　　　　　留余地姑听堂上言

第 四 十 回　小女子深谋施巧计
　　　　　　大王爷醉色便忘形

第四十一回　离虎口范承谟庆生
　　　　　　起狼心耿精忠酖母

第四十二回　吴绛雪仗义捐残躯
　　　　　　徐尚朝邀功遭辱骂

第四十三回　议监国嫡庶起内讧
　　　　　　斩参谋父子早离心

第四十四回　掘碑文无人解玄妙
　　　　　　摆阵势恃勇中敌谋

第四十五回　逆贼披靡满天烽火

　　　　　　大军出发遍地干戈

第四十六回　断粮道王提督叛清
　　　　　　用火炮图将军克敌

第四十七回　孙延龄死后报宿仇
　　　　　　韩大任私心诬良友

第四十八回　慷慨陈言头头是道
　　　　　　仓皇正位草草不恭

第四十九回　风狂雨骤王气消沉
　　　　　　露冷月明妾心婉转

第 五 十 回　王国栋求荣卖故主
　　　　　　李天植全节赖贤妻

第五十一回　郭壮图巧布野象阵
　　　　　　陈良栋猛攻石虎关

第五十二回　守宫门夏国相殉节
　　　　　　掘棺木平西王戮尸

第五十三回　生皇子误碎黄金钗
　　　　　　访同年怒踢红缨帽

第五十四回　沐皇恩多士庆风云
　　　　　　遭兵困孤城呼庚癸

第五十五回　姚启圣立意破和议
　　　　　　冯锡范专权招怨言

第五十六回　节庆上元宫门赐宴
　　　　　　字传遗偈古寺进香

第五十七回　赐御袜密访生身父
　　　　　　发帑银布施修道僧

第五十八回　失澎湖刘国轩逃生
　　　　　　平台湾朱衍桂绝命

第五十九回　奉懿驾重幸五台山
　　　　　　勘河工初临济南府

第 六 十 回　谒孔陵额赐大成殿
　　　　　　禁淫祠像毁上方山

第六十一回　立太子议征名儒师
　　　　　　祭天坛虔祷祖后病

第六十二回　郭御史铁面劾权臣
　　　　　　宋巡抚金阊迎御驾

第六十三回　派公使订约尼布楚
　　　　　　统大军亲征噶尔丹

第六十四回　克伦河飘扬黄龙旗
　　　　　　归化城贡献赤骐马

第六十五回　勒石碑敕记圣武功
　　　　　　制腊像保存真身佛

第六十六回　留好官小民呼万岁
　　　　　　扈圣驾胜地著千秋

第六十七回　碧萝峰品茗锡嘉名
　　　　　　南海子钓鱼邀宠眷

第六十八回　蚯蚓粪陈明府受冤
　　　　　　狮子林汪富商被骗

第六十九回　赐看馔恩宠宋巡抚
　　　　　　结英豪交订年翰林

第 七 十 回　盗御马侠士识龙驹
　　　　　　失明珠英名传鱼壳

第七十一回　假乞儿赤心探盗窟
　　　　　　真好汉黑夜入官衙

第七十二回　少林僧临行赠铁杖
　　　　　　福生栈投宿失银箱

第七十三回　穷书生无意遇贵客
　　　　　　老和尚有心媚至尊

第七十四回　念咒语大破喀勒魔
　　　　　　用驾裟摄收血滴子

第七十五回　服红丸太子得疯症
　　　　　　废青宫番僧施魔魇

第七十六回　假殷勤众王爷探病
　　　　　　真忿恨小太监泄谋

第七十七回　明察秋毫亲贤远佞
　　　　　　暗藏春色假女真男

第七十八回　佟国维上疏遭严斥
　　　　　　戴名世抄书受极刑

第七十九回　奏凯音年羹尧进京
　　　　　　借名义朱一贯倡乱

第 八 十 回　出神兵潘兆献奇谋
　　　　　　掉遗诏胤祯承大统

滑稽俱乐部

短篇滑稽小说。李龙公编。兢智图书馆。1924 年 1 月版。32.6 万字。共 144 篇。

游戏文章

南屏　燕子窠赋
　　　国民学馆参观记

桄公　奉劝诸公戒烟檄

逸梅　约私情记

真园　白先生小传

敉公　角先生轶事
　　　楮先生传

牛翁　代答新文化佳儿之函件

　　　卓文君自由结婚

　　　造屋题名

悟旭　这也莫集中主义

半泓　求婚广告

耐庵　拟反对节制生育意见书

　　　交通部拍卖饭桶广告

　　　骚胡子之赋

　　　实行裁兵说

绍侯　退耕老人赋

　　　戏拟某医生拔胡广告

诙谐诗歌

鹤影　人海八咏

灾映　谐词四首

生老病死

牛翁　吹牛歌

醒生　赋得粥桶律师

均正　打油诗

老吃白食　新吃白食

敉公　五首祖传的情诗

受过辞

梦湘　徘体即事诗

南湖　王子铭将军与张女士于辛酉花朝

　　　行文定礼奉贺二首

　　　金少梅册封文艳亲王陈参议以诗

　　　为寿余也被命

了公　剃头打油诗

　　　大鼻打油诗

葤花　时装美人新咏

蠖屈　俗语诗十首

鹤影　赛会竹枝词

烟桥　古歌注疏

饭牛　吴谚新乐府

　　　先笑后号啕半打

　　　梅郎小山歌

　　　芷芷花歌

　　　十字小山歌

和尚　交易所新山歌

半狂　香烟五更调

牛翁　牛皮经

哲身　襄阳摇船曲

　　　秋燕曲

　　　西溪曲十首

椿翘　中秋新山歌

国斌　戏名五更调

时事滩簧

饭牛　中秋斋月宫开篇

　　　破获私铸开篇

　　　义麻雀开篇

　　　兜风新开篇

　　　西湖景开篇

　　　百花新开篇

　　　妓院小热昏

　　　特别小热昏一

　　　特别小热昏二

　　　特别新苏滩

鹤影　奉直战争新开篇

牛翁 端阳新开篇

留园景致开篇

买臣休妻开篇

拙庵 禁止彩票滩簧

大风小热昏

新鲜笑话

狂圣 偷米

双生

尘垢

鹤影 珍珠络真猪猡

嘲麻子夫妇

我死你怕的

前人 趣问答

这个甥儿不是姊夫养的呀

原来你研究板眼的

理科试验

十三元六角

多头空头

父亲亲口对吾说的

善忘

万年火柴

米价保险公司

租卖时间公司

寒暖贮蓄银行

代米珍品

无线电灯

轻便转运公司

飞行工厂

扩充当铺范围

利用死人

发财秘密

何不烫一烫

马前泼水

烘山芋

支那狂客

宁有是理

不见有嘴

吝啬校长

打大链

近视眼

又一近视眼

乌

某女校员

猪婆肉

切勿遗失

妒妇

钱树子

脚

苍髯在握

猜迷

客套话

六炮台

将军之马

席上

大律师

五个小鬼

催眠术

看笑杂志的

一粒笑丸

小儿语

谎

独脚韵词

挖妻

借一个少爷

解放改造

体力增进

新文学家

人畜之分

游戏笔记

新相骂宝卷

小姊妹之谈话

恩相好之谈话

烧香老太婆之谈话

娘姨大姐之谈话

东洋车夫谈话

时髦倌人之谈话

曼翁 官场笑话五则

海锐 赌中新闻

徐卓呆 新发明之新事业

襟亚 齐髡新语

小谈话

燕子 欢喜庵谐墨

老白 皆大欢喜阁谐墨

佛影 花妈柳颤室随笔

召侯 尚友笑谈十则

饭牛 风凉宝卷

有趣谈话

牛翁 螳螂招亲宝卷

雍正演义

历史小说。清代十帝全史之三。李龙公、陈燕方著。上海广益书局。1925 年 1 月版。6 册。12 万字。提要 1 篇。图 11 幅。共 80 回。

第一回 骨肉离心暗施手段
弟兄结党各献神通

第二回 煌煌谕旨厌闻祥瑞
赫赫褒封别有隐衷

第三回 肃官方临朝黜御史
防祸患密旨立皇储

第四回 服胆识驱策狂翰林
征人才罗致老学究

第五回 先生入瓮意气消磨
进士登科风云际会

第六回 掷御笔有意难戆官
赐堂匾加恩宠勋旧

第七回 入侯门喜逢青眼主
莅书馆怒斩绿衣童

第八回 石锁高抬男儿出手
金盘捧出厨子断头

第九回 老苍头殷勤送衣服
众贵胄秘密议朝廷

第十回 王府需才英雄托足
天涯落魄豪侠伤心

第 十 一 回　谈往事倾听一席话
　　　　　　感旧交勾起十分情

第 十 二 回　结姻亲赵天雄成婚
　　　　　　奉恩旨胡正礼卖字

第 十 三 回　书生归去囊橐充盈
　　　　　　边警传来风云紧急

第 十 四 回　效赤心力保岳提督
　　　　　　征青海威震年将军

第 十 五 回　出奇谋深夜破敌营
　　　　　　得良将睿谋邀宸鉴

第 十 六 回　锡封明裔笼络汉人
　　　　　　除革贱民讴歌圣德

第 十 七 回　逸居无教风化攸伤
　　　　　　忠谏非虚旗民受学

第 十 八 回　识祸机直言幽暗室
　　　　　　求美色密语献婵娟

第 十 九 回　效忠告再进金石言
　　　　　　恃威权养成心腹患

第 二 十 回　守清廉德泽戴青天
　　　　　　惩豪恶甘心登白简

第二十一回　升京职拔去眼中钉
　　　　　　显神通突来门外客

第二十二回　两枝神箭本领超群
　　　　　　一派虚言哨探受骗

第二十三回　起狼心蓄意杀番奴
　　　　　　点马匹深宵擒壮汉

第二十四回　厩中囚侍宴得虚荣
　　　　　　座上客喷酒施妙术

第二十五回　遇异人技术走江湖
　　　　　　斩番使乘机探巢穴

第二十六回　触铜铃惊心扮犬吠

献珠玉巧辩释狐疑

第二十七回　色美言甘半疑半信
　　　　　　心雄胆壮忽刚忽柔

第二十八回　起烦恼立意撇红尘
　　　　　　趁余威进兵乘黑夜

第二十九回　黄沙千里极目无涯
　　　　　　黑气一团惊魂不定

第 三 十 回　辞官职跳出是非门
　　　　　　让头功暗藏讥刺语

第三十一回　邹异士占卦识玄机
　　　　　　黄总兵贪欢弛职务

第三十二回　惊宿鸟深夜杀番兵
　　　　　　逐群兽中途困贼首

第三十三回　恃大功忠言竟逆耳
　　　　　　防隐患要地早关心

第三十四回　真义侠甘为亡命徒
　　　　　　好夫妻愿缔同心结

第三十五回　仗肝胆咫尺觊龙颜
　　　　　　走风尘英名提鱼壳

第三十六回　坐书斋何来黑衣人
　　　　　　服药粉立化红血水

第三十七回　老名士代拟朋党论
　　　　　　大将军高唱凯旋歌

第三十八回　御驾亲迎威风八面
　　　　　　军容整肃号令一声

第三十九回　家法綦严先生丧胆
　　　　　　师言说谎公子受刑

第 四 十 回　旧相识结成新知己
　　　　　　穷书生顿作富家翁

第四十一回　圆明园修成消夏地
　　　　　　雍和宫建设唪经场

第四十二回　宣淫作俑秽德彰闻
　　　　　　刻意燃箕严谕议罪

第四十三回　老英雄装病辞差遣
　　　　　　小兄弟抗命获愆尤

第四十四回　拟碑文卖弄生花笔
　　　　　　守庐墓收罗啖饭人

第四十五回　异己铲除无微不至
　　　　　　同怀隔膜有口难分

第四十六回　宗人府权为猪狗圈
　　　　　　怡亲王默化虎狼威

第四十七回　奉旨联姻喜谐秦晋
　　　　　　遴员坐镇保障东南

第四十八回　触隐怒枉死景和宫
　　　　　　念同胞拘禁寿皇殿

第四十九回　捕风捉影密派干员
　　　　　　对月谈心欣逢贵客

第五十回　　蒙圣眷河泊所得缺
　　　　　　出闱题典试官倒霉

第五十一回　设机关起用田文镜
　　　　　　遭禁锢气死隆科多

第五十二回　百两纹银争多论少
　　　　　　三千月俸此去彼来

第五十三回　听口碑骑驴入县境
　　　　　　让官印策马回省城

第五十四回　博美名竟称奇男子
　　　　　　效忠谏激起戆直臣

第五十五回　钢刀加颈神色自如
　　　　　　烽火惊心苗蛮作乱

第五十六回　邀异宠铸印合年命
　　　　　　献颂词借端驳疵疣

第五十七回　岳钟琪忘恩逞傲气
　　　　　　孙剑才临别赠良言

第五十八回　大将军降为城门官
　　　　　　老先生保留贵公子

第五十九回　父子分离伤心一哭
　　　　　　君臣猜忌含冤千秋

第六十回　　赐参汤年羹尧毕命
　　　　　　变财产沈希约报恩

第六十一回　治蛮荒鄂尔泰加封
　　　　　　派钦使俄罗斯订约

第六十二回　侃侃正言童华加封
　　　　　　殷殷垂问李卫市恩

第六十三回　结暗仇有心辱来使
　　　　　　醒昏梦用计杀强奴

第六十四回　岳钟琪驻兵递急疏
　　　　　　张廷玉抗议请兴师

第六十五回　述先德忽来游说客
　　　　　　立伪誓侦察关系人

第六十六回　谈友谊张先生受愚
　　　　　　扮男装吕四娘漏网

第六十七回　语妙双关留良戮尸
　　　　　　网开一面曾静庆生

第六十八回　试心术召回岳钟琪
　　　　　　感师恩活祭谢济世

第六十九回　叙身世鸡足山从师
　　　　　　显拳术微山湖遇盗

第七十回　　英雄落魄依旧生涯
　　　　　　儿女关心联成眷属

第七十一回　水尽山穷别开生面
　　　　　　夜深人静突报强梁

第七十二回　纵荒淫大参欢喜禅
　　　　　　含醋意暗念喇嘛咒

第七十三回　施邪法咒牛现原形
　　　　　　挟宿仇龙女入禁地

第七十四回　西北边陲军书旁午
　　　　　　东南重镇眷顾无忧

第七十五回　岳将军误设车骑营
　　　　　　策额驸宠用飞毛腿

第七十六回　刻意经营屯兵北戍
　　　　　　历年奏疏随水东流

第七十七回　凝春院里皇子多情
　　　　　　储秀宫中贵妃薄命

第七十八回　宿书斋梦里见佳人
　　　　　　祭天坛御前来刺客

第七十九回　边圉告警枢臣轧铄
　　　　　　菩萨参禅侠女脂韦

第 八 十 回　破疑团并卧假鸳鸯
　　　　　　失脑袋一声真霹雳

情　血

言情小说。李东野、程瞻庐著。上海世界书局。1924 年 5 月 3 版。1 册。1.9 万字。提要 1 篇。插图 12 幅。共 18 回。

第一回　蹴球

第二回　咏诗

第三回　运动

第四回　流昒

第五回　失窃

第六回　游学

第七回　寄书

第八回　赠物

第九回　割臂

第 十 回　吻腕

第十一回　别美

第十二回　省文

第十三回　遭逛

第十四回　遇青

第十五回　诉愤

第十六回　疗疾

第十七回　露机

第十八回　题血

风流女侠

武侠小说。李花馆主著。上海育古山房。1930 年 8 月版。1 册。70 万字。自序 1 篇。书前插图 16 幅。共 16 回。

第一回	急色少年维扬城借宿 风流师太水月庵宣淫	第 九 回	残月映凉亭一场气苦 孤灯照客店三更梦醒
第二回	忿失宠淫尼下毒 睹惨变勇士藏刀	第 十 回	夜色昏沉江边觅渡 刀声砰碰船里惊心
第三回	丧天良图赖神佛 仗义愤怒斩妖尼	第十一回	月下谈天原非好意 江中厮杀岂是忍心
第四回	吊火窟唏嘘流涕 闹酒楼激昂发言	第十二回	女侠被困鱼愁港 元凶遭劫牛魔城
第五回	田广新发愤除大害 卜子欣含笑诉前情	第十三回	没奈何城下归降 出至诚水边送别
第六回	落霞亭二雄道别 漱石庄一老赠言	第十四回	隔房露奸情女侠仗义 四方播秽德淫僧横行
第七回	闹乱子惧累地主 探消息钦佩师兄	第十五回	生也不辰自古红颜多命薄 难中遇救而今白发为病因
第八回	有意延挨田家郎不怀好意 无礼要求花姑娘怒拒非礼	第十六回	弱质投亲遭磨折 英雄伏法结全书

丛 菊 泪

社会小说。即邗水春秋。李伯通著。上海广益书局。1933 年 2 月版。6 册。37.2 万字。插图 30 幅。例言 1 篇。自序 1 篇。共 30 回。

第一回	钟家庄大做螃蟹会 风来堂小咏菊花诗	第五回	出口成章词吐珠玉 见钱发货笔走龙蛇
第二回	悔执教鞭金蝉蜕壳 断送生命倩女离魂	第六回	大明湖笙歌消酷暑 扬州城风雨逼重阳
第三回	误人子弟艳说嫖经 写我牢骚轰打酒擂	第七回	逐走满奴搢绅一致 冒充革命流氓投机
第四回	演梨园美人行峡雨 入莲幕名士赴京华	第八回	军政府坐镇江北地 招贤馆广集天下才

第 九 回　断弦续弦丽人金屋
　　　　　交印接印小吏跌窗

第 十 回　以讹传讹后生薅闹
　　　　　知法犯法当局糊涂

第十一回　姑苏城官长狎名妓
　　　　　高家堰视学赚强徒

第十二回　鱼八雁哭泣进牢门
　　　　　薛云亭仓皇落江水

第十三回　小老婆大开碗底会
　　　　　诸姊妹齐使马刷兵

第十四回　虎大哥无端遭暗杀
　　　　　张犞帅得意领雄兵

第十五回　旧县重来儿童竹马
　　　　　倾城再遇人面桃花

第十六回　二马居得意配鸾凤
　　　　　言身寸安心纵鹰犬

第十七回　往芜湖大摆直隶州
　　　　　过维扬欢迎部视学

第十八回　建筑名园湖山生色
　　　　　盗偷法宝寺院行云

第十九回　闹栈房侦县长宿娼
　　　　　设灵帷借公堂闹吊

第 二 十 回　携爱妾羡慕小先生
　　　　　　集同人结拜十姊妹

第二十一回　远客归来洞庭秋水
　　　　　　诗人留恋太湖落霞

第二十二回　学程改组特设机关
　　　　　　县志重修再增粮串

第二十三回　女强盗施展泼辣手
　　　　　　小老婆操纵选举权

第二十四回　小劫杀夫妇断头台
　　　　　　大鏖兵官僚拿手戏

第二十五回　狂客登轮忽沉大海
　　　　　　名流入幕小住南京

第二十六回　游水玩山及时远足
　　　　　　遣兵调将越境秋操

第二十七回　小马大行逢人加委
　　　　　　俗官雅做到处吟诗

第二十八回　贴标语到处换旗徽
　　　　　　驾飞机破空施炸弹

第二十九回　布党纲绳捆县知事
　　　　　　忤军阀枪毙警察官

第 三 十 回　露布成功党国先进
　　　　　　题襟纪胜邗水春秋

红白杜鹃

言情小说。李伯通著。上海新民书局。1935 年 1 月版。1 册。8.4 万字。李涵秋序 1 篇。楔子 1 篇。共 16 回。

第一回　产娇娃两家报喜信
　　　　圆好梦五岁缔良缘

第二回　吴宝善贪顽荒学业
　　　　赵百城遇骗入勾阑

第三回　护亲儿乔珠娘撒泼　　　第十回　写诗笺喜得许香素
　　　　存歹意刁诵臣入圈　　　　　　　脱金镯放走吴县臣

第四回　辫帅装憨象不对象　　　第十一回　瀛洲旅馆胡群请客
　　　　总兵得兆龙又生龙　　　　　　　姑苏花园龙韬失踪

第五回　亦犯亦官当场出丑　　　第十二回　引强徒珠姨通线索
　　　　有香有色生女慰情　　　　　　　拒嘉客辫帅发雷霆

第六回　找律师洪陆赶下关　　　第十三回　许香素一心救夫婿
　　　　遇美人刁胡逛车站　　　　　　　龙伯符不意逐波臣

第七回　美龙韬灯下会许娟　　　第十四回　设骗局唐燕年出面
　　　　歹胡群营仓搜赵璧　　　　　　　做密探赵百城化装

第八回　刁诵臣指挥遭辣手　　　第十五回　巧机缘奇男逢卧室
　　　　胡其仁号哭撞头拳　　　　　　　恶作剧侠女坠高楼

第九回　七尺奇男险丢身命　　　第十六回　天外飞来死者复活
　　　　一双坏蛋几被官刑　　　　　　　别后聚话好梦重圆

奇侠雌雄剑

武侠小说。李伯通著。大达图书馆。1935 年 4 月版。1 册。8 万字。涵秋序 1 篇。共 16 回。

第一回　腾紫气术士识星文　　　第六回　久扳谈对面成婚约
　　　　脱蓝衫少年领乡荐　　　　　　大计画一意绝强徒

第二回　萧先生遗书别公武　　　第七回　寻客寓忽逢萧翼之
　　　　徐夫人梦剑产青萍　　　　　　央内亲得通徐霞客

第三回　弱女坠渊长蛟跃水　　　第八回　把酒议婚冰清玉洁
　　　　老翁冒险猛虎投林　　　　　　拂衣探险虎穴龙潭

第四回　一雌一雄剑随盗去　　　第九回　绝世英雄陷入土室
　　　　疑真疑假人为书来　　　　　　第二侠女跌下危楼

第五回　入盗窝赵公武止宿　　　第十回　救赵锷两女显英雄
　　　　吃寿酒陈龙臣许婚　　　　　　丧黄琏强徒忙会议

第十一回　小团圆待漏四更天
　　　　　大聚谈赴宴三条巷
第十二回　捉侦探将机就计
　　　　　取宝物得雌遗雄
第十三回　陈鲛珠放火出重围
　　　　　黄金铸挂头泄积忿

第十四回　莽英雄赚出金华府
　　　　　奇侠女恶战龙鳞山
第十五回　打杀盗魁赵孝廉用武
　　　　　倾陷名士刀知县捉人
第十六回　雨骤风驰揭开全幕
　　　　　月圆花好完结新婚

唐宫历史演义

宫闱小说。李伯通著。上海大达图书供应社。1934 年 3 月再版。8 册。70 万字。例言 1 篇。自序 1 篇。共 100 回。

第一回　起凉州真龙寻远脉
　　　　演唐绪仙李发奇花
第二回　叹杨家深宫行弑逆
　　　　疑李姓四路听歌谣
第三回　烽火辽东虎头蛇尾
　　　　烟花邗水凤艒龙舟
第四回　太原郡李叔德起兵
　　　　瓦冈寨蒲山公卖友
第五回　兵破长安唐公摄相
　　　　火烧十院隋帝归魂
第六回　以李代杨高祖受禅
　　　　失兄拥弟越王称尊
第七回　征仁杲用兵折塮城
　　　　擒李密设伏熊耳道
第八回　除杨侗王世充僭号
　　　　伐李轨吐谷浑助兵
第九回　尉迟恭义不背主
　　　　罗士信智能择君

第　十　回　虎牢关战擒窦建德
　　　　　雍州驿仇杀王世充
第十一回　川东巴东萧铣失据
　　　　　江表岭表李靖收功
第十二回　大交兵秦王征黑闼
　　　　　小得志太子用魏征
第十三回　延豪英拜官天策府
　　　　　生内变驻跸仁智宫
第十四回　去弁仍钗花木兰回里
　　　　　飞行绝迹柴壁龙劫营
第十五回　玄武门弟兄仇不解
　　　　　未央宫父子泪如麻
第十六回　大开明宫武德内禅
　　　　　重置十道贞观新猷
第十七回　平突厥二李立奇功
　　　　　贺上皇群臣呼万岁
第十八回　征外藩吐谷浑上表
　　　　　失内助长孙后宾天

第 十 九 回　征高昌侯君集猎艳
　　　　　　破吐蕃牛进达冲锋

第 二 十 回　真珠毗伽失利议婚
　　　　　　太子承干称兵谋反

第二十一回　推倒青宫国舅左袒
　　　　　　飞渡辽海御驾亲征

第二十二回　唐太宗欣赏白袍将
　　　　　　江夏王扫荡薛延陀

第二十三回　龟兹用兵徐贤妃抗议
　　　　　　太宗晏驾武媚娘为尼

第二十四回　两可汗分据伊列河
　　　　　　三驸马并入刑部狱

第二十五回　辟灵犀薛礼捍大水
　　　　　　兴巫蛊王后落冷宫

第二十六回　程知节八旬征突厥
　　　　　　薛仁贵三箭定天山

第二十七回　战定三韩八十大将
　　　　　　书献百忍九世同居

第二十八回　李世勣训子训孙
　　　　　　娄师德大福大量

第二十九回　迁洛阳深宫避怨鬼
　　　　　　定波斯外国贡奇珍

第 三 十 回　将上宾还下封禅诏
　　　　　　触母怒因赋黄台辞

第三十一回　徐敬业起兵成败史
　　　　　　薛怀义闯道受宫刑

第三十二回　两路进兵诸王失败
　　　　　　女主称制嗣皇夺尊

第三十三回　三尺杖击杀王庆之
　　　　　　九令童救活狄仁杰

第三十四回　雪奇冤安金藏剖腹
　　　　　　中巧计薛怀义丧身

第三十五回　阎知微向默啜称臣
　　　　　　狄仁杰为则天说梦

第三十六回　张嘉贞欣赏郭元振
　　　　　　狄仁杰力荐张柬之

第三十七回　两弟兄聚徒大佛寺
　　　　　　众文武劫后上阳宫

第三十八回　中宗行乐武后殡天
　　　　　　三思专权五王夺职

第三十九回　窦从一拜赐合欢宴
　　　　　　张仁愿建筑受降城

第 四 十 回　藏垢纳污韦后弑帝
　　　　　　拨乱反正平王搜宫

第四十一回　决内禅指示扫帚星
　　　　　　破逆谋发明赤箭粉

第四十二回　张说姚崇同朝争相
　　　　　　薛讷王睃两路出兵

第四十三回　定兰池收服六胡州
　　　　　　改弪骑建设十大镇

第四十四回　王君奂破虏仗娇妻
　　　　　　张守珪防边收福将

第四十五回　明皇帝重张九龄风度
　　　　　　武惠妃从李林甫密谋

第四十六回　张果老辞居集贤院
　　　　　　罗公远导游广寒宫

第四十七回　玉环承恩华清赐浴
　　　　　　采苹续梦西阁行云

第四十八回　李太白醉写黑蛮书
　　　　　　高力士强解清平调

第四十九回　贵妃洗儿一缕长命
　　　　　　丞相当国五百阴兵

第 五 十 回　长生殿誓拜牛女星
　　　　　　华清宫惊破羽衣曲

第五十一回　杨国忠激反安禄山
　　　　　　郭子仪力荐李光弼

第五十二回　杨玉环葬身马嵬驿
　　　　　　李嗣升即位灵武城

第五十三回　白衣山人换穿金紫
　　　　　　青莲学士被劫江淮

第五十四回　刺禄山发现猪婆龙
　　　　　　伐庆绪驱除膜羯狗

第五十五回　上皇返驾李泌辞京
　　　　　　南八乞援张巡杀贼

第五十六回　史思明计赚安庆绪
　　　　　　白孝德阵斩刘龙仙

第五十七回　甘露殿翁媳有违言
　　　　　　柳泉驿父子又推刃

第五十八回　李辅国事郎君不了
　　　　　　大宁王向朝廷讼冤

第五十九回　柳太常疏劾程元振
　　　　　　刘评事面斥鱼朝恩

第 六 十 回　红线娘飞行渡漳水
　　　　　　懒残僧长啸阴衡山

第六十一回　翻新声长命西河女
　　　　　　述艳史章台杨柳枝

第六十二回　高氏女冒充沈太后
　　　　　　桑道茂预识李西平

第六十三回　破敌阵马燧造三桥
　　　　　　抗天兵朱滔联四镇

第六十四回　德宗蒙尘姜公辅叩马
　　　　　　朱泚谋逆段秀实挝须

第六十五回　熊熊烈火浑瑊御冲军
　　　　　　滚滚沸油真卿投鼎镬

第六十六回　李怀光忍心弃爱子
　　　　　　王武俊誓死报十兄

第六十七回　天生李西平以为社稷
　　　　　　世传颜鲁国竟作神仙

第六十八回　张延赏当前失快婿
　　　　　　李希烈好色劫娇娃

第六十九回　康乐和亲咸安下嫁
　　　　　　神仙忠孝邺郡封侯

第 七 十 回　陆贽忠贞直言切谏
　　　　　　于頔亢爽仗义疏财

第七十一回　请立储杜黄裳动议
　　　　　　决伐蜀高崇文出师

第七十二回　荡蜀川胆仗高霞寓
　　　　　　平镇海泪洒在秋娘

第七十三回　聂隐娘飞空习剑术
　　　　　　王翊元定计守旗门

第七十四回　魏博归朝蔡州梗化
　　　　　　元衡遇害裴度幸生

第七十五回　声妓遣还光颜誓志
　　　　　　风雪展进李愬成功

第七十六回　巫峡雨云便宜刘悟
　　　　　　蓝关风雪潦倒韩湘

第七十七回　误服金丹宫车暴变
　　　　　　喜寻艳史章奏恶闻

第七十八回　韩退之往说王庭凑
　　　　　　牛僧孺谋去李文锐

第七十九回　清思殿中官救御驾
　　　　　　鱼藻宫午节闹龙舟

第 八 十 回　肃清宫禁裴度诛奸
　　　　　　埋没英才刘蒉下第

第八十一回　一枝擅长郑注医术
　　　　　十年落魄杜牧罪言

第八十二回　杨柳春风李生及第
　　　　　石榴甘露仇监典兵

第八十三回　杨贤妃毒计害皇储
　　　　　唐武宗雄心平虏患

第八十四回　巡河湟刘蒙定边计
　　　　　破泽潞石雄应谣言

第八十五回　痴皇帝怕见李德裕
　　　　　死宰相梦警令狐绹

第八十六回　烧丹炼汞何处成仙
　　　　　调将遣兵多方剿寇

第八十七回　老王式两立汗马功
　　　　　勇高骈小试射雕手

第八十八回　取彭城庞勋赚元密
　　　　　守泗州辛说助杜慆

第八十九回　老封君有屈庞举直
　　　　　哑公主下嫁韦保衡

第九十回　不第秀才黄巢造反
　　　　　盖世豪杰克用知兵

第九十一回　吕用之奸谋赚刘损
　　　　　毕师铎苦口劝高骈

第九十二回　田令孜劫驾幸川蜀
　　　　　陈景思解宝入沙陀

第九十三回　唐僖宗受俘大玄楼
　　　　　李克用脱险上源驿

第九十四回　手刃宰臣包围馆驿
　　　　　背驮帝主步出散关

第九十五回　毕师驿引众击高骈
　　　　　杨行密起兵破秦彦

第九十六回　李存孝设计捉朝臣
　　　　　杜让能竭忠匡御座

第九十七回　密谋废立三帅齐心
　　　　　倒灌洪流一军尽墨

第九十八回　计逐宦官崔胤画策
　　　　　谋劫天子朱温典兵

第九十九回　投清池诸王悲溺死
　　　　　宿椒殿帝主惨遭凶

第一百回　后唐南唐发生枝叶
　　　　　真李假李让出河山

清朝全史演义

历史小说。李伯通著。上海广益书局。1938 年版。3 册。共 99.7 万字。作者著前言、编例各 1 篇。共 124 回。

上编

第一回　大转法轮诸佛出世
　　　　偶吞仙果三女游河

第二回　长白山觉罗氏发迹

　　　　宁古塔吉祥佛化身

第三回　尼堪外兰兴兵构衅
　　　　阿泰京章失地丧师

第四回　李成梁始开兵衅

张国彦重料敌情

第 五 回　万历妈妈纵酋归国
　　　　　皇帝伯伯遣将巡边

第 六 回　海西卫一女双聘
　　　　　萨尔浒六路进兵

第 七 回　大计划乘胜赚朝鲜
　　　　　恶姻缘反兵破叶赫

第 八 回　定盛京重用范文程
　　　　　取辽阳兼赚熊廷弼

第 九 回　太祖崩驾天聪即位
　　　　　朝鲜失国林丹丧师

第 十 回　杀大将袁崇焕遭谗
　　　　　出边城洪承畴失利

第十一回　大玉妃计赚降帅
　　　　　二疯子怒犯御营

第十二回　曹变蛟再惊御跸
　　　　　扬古利蔑视韩奴

第十三回　全罗一道力抗清兵
　　　　　关南三虎偷献明地

第十四回　明廷清廷议和反迁
　　　　　豫邸肃邸分道出师

第十五回　入雁门肃亲王立功
　　　　　破襄阳李自成僭号

第十六回　射闯目神箭手命中
　　　　　摄御魂吉祥佛归天

第十七回　太原府罗汝才被杀
　　　　　保定城李建泰出降

第十八回　李闯王彰仪门得手
　　　　　崇祯帝寿皇亭殉身

第十九回　薄福命坐跌九龙床
　　　　　生力军战胜一片石

第 二 十 回　定北京多尔衮摄政
　　　　　　建南都朱由崧谒陵

第二十一回　史可法开府扬州路
　　　　　　阿济格败贼汾河湾

第二十二回　郑森材京营终戎政
　　　　　　左萝石使馆哭皇灵

第二十三回　真慈娘认做王之明
　　　　　　莽高杰受骗许定国

第二十四回　鹤镇交绥多铎小挫
　　　　　　金陵着手由崧成擒

第二十五回　破军星落魂九宫山
　　　　　　黑煞神审迹四川路

第二十六回　剿献贼逼上断头台
　　　　　　拥明藩反抗薙发令

第二十七回　苏省浙省诸路起兵
　　　　　　唐王鲁王同时监国

第二十八回　刘三季再醮归豫邸
　　　　　　陈洪范强词劫潞王

第二十九回　领雄兵分路破闽浙
　　　　　　撤残局一气卷烟云

第 三 十 回　对生相哭诵御祭文
　　　　　　立宗藩议设新政府

第三十一回　永历建国颇顺人心
　　　　　　绍武称尊略同儿戏

第三十二回　邵夫人临阵试宝刀
　　　　　　洪经略撤兵承玉旨

第三十三回　龙凤呈祥太后下嫁
　　　　　　鸳鸯惊梦小宛失踪

第三十四回　失真魂多尔衮堕马
　　　　　　易主帅郑亲王督兵

第三十五回　何腾蛟湘潭死节

李成栋肇庆迎銮

第三十六回　葬鱼腹溺死金声桓
　　　　　　陷象阵战亡孔有德

第三十七回　奉御旨梁化凤撤兵
　　　　　　哭孝陵郑成功誓志

第三十八回　忿批颊同敞骂旧仆
　　　　　　怒掷冠毓贞打奸徒

第三十九回　爱星阿被困枯藤峡
　　　　　　李定国设伏磨盘山

第四十回　　永历主窜身缅甸国
　　　　　　顺治帝祝发五台山

第四十一回　以圣继圣玄烨嗣位
　　　　　　因祸得祸慈烺入京

第四十二回　诛鳌相布库小用武
　　　　　　撤吴藩云南大起兵

中编

第四十三回　韩殿撰对奏撤藩封
　　　　　　王学士建言诛额驸

第四十四回　毁活宝吴藩大起兵
　　　　　　集天潢清宫小会议

第四十五回　勒尔锦兵败失湘鄂
　　　　　　杨来嘉势急拢荆襄

第四十六回　沙额驸力平察哈尔
　　　　　　图丞相督战虎山墩

第四十七回　孙延龄桂林失势
　　　　　　吴三桂衡州建都

第四十八回　克武昌岳洛再点将
　　　　　　破广州赉塔大宣淫

第四十九回　姚公子兵下福州城
　　　　　　吴皇帝丧归完天府

第五十回　　出四川赵良栋立功
　　　　　　失云南吴世璠自缢

第五十一回　破滇城毓荣得艳妇
　　　　　　渡泷水姚仪失宝力

第五十二回　勇蓝理盘肠决胜
　　　　　　奸明珠着手藏娇

第五十三回　纪南巡康熙帝揽胜
　　　　　　述北征俄罗斯请和

第五十四回　征准部三帅并出
　　　　　　联活佛两路夹攻

第五十五回　破驼城大败葛尔丹
　　　　　　失龙种潜入少林寺

第五十六回　兄弟参商宫门溅血
　　　　　　春秋鼎盛龙驭上宾

第五十七回　岳钟琪往平和硕部
　　　　　　年羹尧前替大将军

第五十八回　圈禁高墙猪狗兄弟
　　　　　　杀平西藏鱼肉回僧

第五十九回　岳钟琪破和硕三路兵马
　　　　　　曾蒲潭数清廷十大罪名

第六十回　　陈泰败兵和通泊
　　　　　　策零破贼杭爱山

第六十一回　血海寻仇侠娘鬻技
　　　　　　宫禁大索世祖暴崩

第六十二回　赐宝力追念遏必隆
　　　　　　御瀛台严讯张广泗

第六十三回　岳钟琪独说莎罗奔
　　　　　　达瓦齐穷投霍吉斯

第六十四回　幌子僧迎驾误禅理
　　　　　　浑台吉越境出天花

第六十五回　废帝后广结鸳燕侣

校文字大起瓜蔓抄

第六十六回　救兆惠兵破和桌木
　　　　　护香妃驾幸鱼台宫

第六十七回　定金川海兰察威震敌军
　　　　　征缅甸杨应琚痰迷心窍

第六十八回　阿文成师次老官屯
　　　　　福康安兵败危泊尔

第六十九回　平台湾柴大纪无罪受刑
　　　　　征安南孙士毅转胜为败

第 七 十 回　和相国遇事专权
　　　　　嘉亲王经年蓄愤

第七十一回　行内禅新主初即位
　　　　　平国乱两路大起兵

第七十二回　齐王氏排列八卦阵
　　　　　杨遇春挥动七星旗

第七十三回　朱射斗遇十面埋伏
　　　　　王三槐揭官场黑幕

第七十四回　白莲教平又生边祸
　　　　　安南乱靖再定海疆

第七十五回　落将星李长庚殉难
　　　　　捕贼首强克捷奏功

第七十六回　隆宗门林清急纵火
　　　　　道口镇杨芳大鏖兵

第七十七回　述祖德难忘嘉庆帝
　　　　　叙时局转入道光朝

第七十八回　定天山活捉张格尔
　　　　　平喀城惊走玉普素

第七十九回　新田县赵金龙起事
　　　　　武冈州蓝正樽称兵

第 八 十 回　罗思举大破八排猺
　　　　　林则徐严禁鸦片土

第八十一回　余步云失利招宝山
　　　　　陈化成力战吴淞口

第八十二回　五口通商南京订约
　　　　　六龙失驭金田起兵

下编

第八十三回　咸丰帝即位选妃
　　　　　太平军飞檄排满

第八十四回　江忠源调和两军
　　　　　洪大全入陷重地

第八十五回　破桂林石达开得志
　　　　　失永安乌兰泰亡身

第八十六回　蓑衣渡一毙冯云山
　　　　　天心阁再殒萧朝贵

第八十七回　鬼哭神嚎中原失势
　　　　　龙蟠虎踞天国建都

第八十八回　北伐天兵略分三路
　　　　　南征羽檄不下万言

第八十九回　塔齐布阵斩曾天养
　　　　　鲍春霆击走石达开

第 九 十 回　曾国藩三次遇险
　　　　　陈玉成一战横行

第九十一回　冯官屯护天国二帅
　　　　　圆明园赏御宛四春

第九十二回　捻发合势三河鏖兵
　　　　　洪杨失欢天国内哄

第九十三回　左幕府专折奏事
　　　　　叶相国扶乱请神

第九十四回　四国军攻破大沽口
　　　　　三日火烧毁圆明园

第九十五回　热河驾崩三奸谋国

北京政变两宫垂帘

第九十六回　张国梁孤身陷战阵
　　　　　　程学启专断杀降王

第九十七回　铁公鸡入川受困
　　　　　　豹子头在浙突围

第九十八回　苗沛霖捆送陈玉成
　　　　　　曾国荃擢用李臣典

第九十九回　追洪福发逆铲除
　　　　　　诛胜保捻祸蔓衍

第 一 百 回　湘军淮军迭占势力
　　　　　　东捻西捻挨次荡平

第一百零一回　丁宝桢迅诛安得海
　　　　　　　左宗棠飞调郭松林

第一百零二回　刘锦棠大破金积堡
　　　　　　　白彦虎遁出嘉峪关

第一百零三回　戡定回疆左侯奏凯
　　　　　　　削平滇乱岑督建功

第一百零四回　西宫谒西后皮硝李进身
　　　　　　　天子出天花高阳传受诏

第一百零五回　争继嗣决立光绪帝
　　　　　　　渎宫闱怒斥懿贵妃

第一百零六回　翻俄约会小侯出使
　　　　　　　争皇储吴侍御捐躯

第一百零七回　蓄阴谋暗害慈安后
　　　　　　　耗巨款大建颐和园

第一百零八回　平韩乱计捉大院君
　　　　　　　失法和兵助安南国

第一百零九回　战马江张佩伦逃走落靴
　　　　　　　幸醇邸李莲英献计锯树

第 一 百 十 回　成婚礼光绪帝亲政
　　　　　　　借外援齐天福起兵

第 一 百 十 一 回　仇洋教直鲁有动机
　　　　　　　　　争朝鲜中日起战事

第一百十二回　东瀛逞雄黎宋卿蹈海
　　　　　　　南台独立刘永福麾兵

第一百十三回　派李鸿章各国出游
　　　　　　　用康有为百日变法

第一百十四回　慈禧后三次调政
　　　　　　　保皇会两湖起兵

第一百十五回　立皇储大阿哥入宫
　　　　　　　戕公使义和团肇祸

第一百十六回　八国联军瓦德西统帅
　　　　　　　两宫出走珍贵妃亡身

第一百十七回　幸西安当朝诛祸首
　　　　　　　反京都老佛学时髦

第一百十八回　遇革党五大臣出京
　　　　　　　设公司老庆记当国

第一百十九回　捉匪徒激战泰宁寺
　　　　　　　护军火严办二辰丸

第 一 百 二 十 回　安庆省徐锡麟行刺
　　　　　　　　　镇南关黄克强进兵

第一百二十一回　子从母逝两宫同日
　　　　　　　　宾天
　　　　　　　　父代子权幼帝旁支
　　　　　　　　继统

第一百二十二回　汪精卫图杀摄政王
　　　　　　　　黄克强谋袭广东省

第一百二十三回　端午桥奉旨收铁路
　　　　　　　　黎宋卿革命起民军

第一百二十四回　袁氏出山宣统帝退位
　　　　　　　　张勋复辟段祺瑞兴师

白 夫 人

侦探小说。李昌鉴著。上海闻声出版社。1938 年 10 月版。1 册。16 万字。李昌鉴近影、戏照各 1 帧。共 20 章。

第 一 章	舞女血案轰动了整个上海		妹妹
第 二 章	惨无人道的王荣康到家做一次强盗	第十二章	三个臭皮匠大家鬼商量决定了毕少楼是凶手
第 三 章	白夫人对待丈夫手段妙到极点	第十三章	江一鸣在最痛苦时期来了心爱美人作安慰
第 四 章	荣康夫人大发神经病打碎你这照相机	第十四章	瘦老头子拉洋车很吃了胖太太的苦
第 五 章	白室里发现了女尸被杀得离奇	第十五章	事情实在辣手冯探长也束手无策
第 六 章	离奇命案终于无法查出凶手	第十六章	杀人凶犯在艳玉日记里已指出
第 七 章	姊妹口角为了各人眼光不同		
第 八 章	白地毯上的脚印大有研究的价值	第十七章	白夫人开辞荣巧珠因为她是不忠于主人
第 九 章	稳取荆州的遗产被人所得	第十八章	毕少楼一口咬定江一鸣是杀人犯
第 十 章	翁梅倩还有这样一个宝货的干女儿	第十九章	意想不到其中还有这段秘密
第十一章	浓情蜜爱多叫几声亲哥哥爱	第二十章	悲剧开幕荣康夫人死得凄惨

孤灯幻影录

长篇恐怖小说。李昌鉴著。上海竞新出版社。1948 年 12 月重版。3 册。20.7 万字。共 30 章。

第一章　桃花村变成了一个鬼世界——鬼打门倒霉了豆腐店老板吓坏了丁大头,命运不济的好夫妻弄得无家可归真可惨

第二章　玉皇庙做了鬼公馆投宿者活人进去死人出来——金刚复活有意同穷人开心悲剧遂即产成,僵尸鬼出现它到还注重于卫生

第三章　丐头儿哈癞头专爱打个抱不平——白天鬼不出来大家庙里去参观张大林痛哭妻儿,丁大头贪小利弄得活见鬼吓去三魂七魄

第四章　活泼大姑娘出卖处女美——癞痢头癞花头弄得人家难为情来,讨鱼税刁奴逞凶张大林一献好身手

第五章　刁三报复抓去了王大阿巧也被带走——农人生活真苦多病的阿土负担太重,好厉害的知县太太把穷人命都算了去

第六章　忠心的阿福苦求主人开恩——用大刑阿土九死一生无人道分散骨肉,五云楼里黄天虎调戏阿巧

第七章　欲火已战胜了道德问题且图了眼前再说——看见吊死鬼小命真有些靠不住,野蛮手段阿巧急得叫救命

第八章　雌老虎开出铁甲车惊散了一段好梦——吊死鬼钉牢黄包车老

夫妻没有命了,阿巧不翼而飞哈癞头死在五云楼里

第九章　因果问题到不可不信——鬼话真有道理恶人听了也会变好人,死了阿巧又来了一个女人投河真忙坏了哈癞头

第十章　独眼龙自不量力也想癞头上动癞毛——牛鼻子拳打灯笼壳子脚踢苍蝇笼子,哈癞头大显神威为地方上除害令人痛快

第十一章　哈癞头大闹公堂舌剑唇枪葛知县弄得无可奈何——吊死鬼真帮忙晦气了刁三屁股倒霉,四十竹板皮破血流监禁三月也是循环报应

第十二章　康保义的脾气古怪情愿把女儿做穷人家的媳妇——做一个大将军杀那不讲理的财神菩萨,德贞的美貌仿佛似吸铁石色情狂颠倒了

第十三章　黄天虎大生相思病胡言乱语——黄丽芬寻死觅活不愿做丑八怪的老婆,爱子心切设想妙计来一幕滑稽好戏

第十四章　康小姐与黄天虎实行洞房花烛之夜——好媳妇替公报仇新房立时做了战场,死鬼阿土出现黄天虎吓得逃了三魂走了七魄

第十五章　阿土送根娣回家喜坏了瞎老

太婆——柴中清逞凶阿土牌位有灵吓走了匪人,行嫁妆哈癞头巧遇张大林遂结师生缘

第十六章 改换门庭穷人突变富人——热闹声中新郎不幸投河自尽,议论纷纷不是韩郎命薄就是新娘克夫

第十七章 朱三爷的牢骚至死不会发完——天不肯成人之美好人反遭不幸,新娘子哭倒灵前凄然令人酸鼻

第十八章 牛鼻子拦轿抢人急坏了周先生——哈癞头大显神威恶人都得远避三舍,大战之下恶人送命张大林难逃杀人凶犯

第十九章 恶魔噬人弱女子终究做了牺牲品——铁蹄下挣扎红颜女子逃不出是多薄命,怕老婆是葛知县的拿手好戏

第二十章 红颜女子多薄命死了还要遭妒嫉——张大林被诬为杀人凶犯判定了死刑,消息哄传急坏了儿女亲家

第二十一章 叫人受冤良心有愧哈癞头自首——痛快淋漓不怕麻烦终于解决了人命大案,张大林重义至死不叫一声冤枉

第二十二章 父母爱子女无不尽心尽力——多情渔家女神魂颠倒演下有趣悲剧,雪中送炭急难之中才看出真心朋友

第二十三章 命运不济到处碰壁何处来的奇怪信——贞节女子无颜容身荷花池洗尽羞耻,女儿出阁老夫妻拼命真是天下第一奇闻

第二十四章 新郎官猴在桌上闹着看新娘子真是奇闻——滑稽结婚笑话百出这是官家好子孙,不知趣的伴娘弄得新郎官大叫其救命

第二十五章 凶悍泼辣的知县太太也有吃瘪的一天——傻瓜的儿子也知道怜香惜玉气死了老娘,红粉骷髅佳人多薄命吊死鬼讨命

第二十六章 大惊小怪无非是庸人自忧——失去官印忙坏了捕快护勇,果报昭彰知县太太吃粪

第二十七章 叫化子交运知县大老爷都会向他磕头——盗官印的贼人想不到还是一家人,知县老爷死去了太太收回了脑袋

第二十八章 意外飞祸哈癞头杀了知县少爷——烈女惨死令人可

怜乞丐也会来凭吊，黄天虎酒醉心迷说出了他过去所作阴谋

第二十九章 突然而来的乞丐居然自称韩忠宝——斩首哈癞头全

第 三 十 章 村乞丐大闹法场，打破迷信巡抚大人是公正无私大快人心的一次案审——大团圆还有一个小团圆，罪犯判定了罪名令人欢跃

姊妹血案

侦探小说。李昌鉴著。上海闻声出版社。1941 年 6 月初版。1 册。9.7 万字。作者近影 1 幅。作者随便谈谈 1 篇。介绍哀情小说忏悔之夜 1 篇。共 15 章。

第一章 肚皮不争气求神问卜徒费心机
第二章 狼狈为奸周大毛也不是好人
第三章 春宵夜总会是制造罪恶匪窟
第四章 虚情假意来一套互相欺骗
第五章 冤家对头快乐声中掀起醋波
第六章 好心变成恶意真是冤哉枉也
第七章 设下陷阱大姑娘一失足成千古恨
第八章 怕吃官司只好苦苦哀求
第九章 花前月下谈情说爱想不到是一

幕悲剧
第 十 章 天柱河里浮起女尸还有刀伤
第十一章 朱丹忱恶作剧打碎大毛钱氅
第十二章 破门捉奸刀砍奸夫淫妇
第十三章 顾大麻鬼计多端好人终究受他欺骗
第十四章 高配不上不够资格是石罗汉骗人术
第十五章 刀砍奸夫淫妇结果自己受缚

秘 密 客

侦探小说。李昌鉴著。上海闻声出版社。1938 年 3 月版。3 册。30 万字。李昌鉴像 1 帧。李昌鉴播音剧团四人像 4 帧。共 41 章。

上集

李昌鉴敬告读者

第 一 章　旅社里离奇命案

第 二 章　总长家里的案子

第 三 章　陈屏风失踪三天

第 四 章　恐怖之夜演出神秘的事件

第 五 章　秘密客二次救滕探长

第 六 章　倒霉的李科逃不出凶手嫌疑

第 七 章　秘密客又做了一件惊人的事

第 八 章　姚夫人承认自己是凶手

第 九 章　又是一个女尸裤子也不穿

第 十 章　魔鬼窟中独掌大权的女首领

第 十 一 章　滕文钊冒险探匪窟

第 十 二 章　又是一件离奇的命案

第 十 三 章　设巧机关捉拿秘密客

第 十 四 章　电梯里一串有肠蟹

第 十 五 章　狡猾的老干娘终于敌不过滕探长

第 十 六 章　一个有手段的女犯人

中集

李昌鉴题词

第 十 七 章　陈屏风不怕死的要宣布督办罪状

第 十 八 章　风声鹤唳草木皆兵江浙开起火来

第 十 九 章　一朝天子一朝臣卫道云就任了上海警长

第 二 十 章　一张联名保单终于断送了蒋雪卿的命

第二十一章　突如其来的飞刀断送了史芸生的命

第二十二章　可怜的总长已知道夫人的行为

第二十三章　倒霉的曲克夫被三先生所杀

第二十四章　冯岛介绍华荣良认为生财之道

第二十五章　秘密客手快脚快人家终于赶不上

第二十六章　翁格林走头无路又不敢违背玉旨

第二十七章　总长公馆里举行盛大跳舞会

第二十八章　王琳琳得了一串赝鼎珠链

第二十九章　冒充秘密客劫去龚夫人的钻链

第 三 十 章　劫取钻链的真相已经破露

下集

李昌鉴题词

第三十一章　国民日报大登镇守使的秘密

第三十二章　大胆秘密客镇守使公馆里自投罗网

第三十三章　镇守使大发牢骚

第三十四章　秘密客探病结果被捕

第三十五章　樊伦波窃取值价三十万法郎的珠链

第三十六章	真假周萍夫人老干娘大上当	第三十九章	打倒首领老干娘实行公开制度
第三十七章	王琳琳被铁胆团绑去关在逍遥室里	第四十章	紧急会议讨论刺死三先生案
第三十八章	老干娘无计胜敌手	第四十一章	害人即害己坏人的总结束

秘密客(续集)

侦探小说。李昌鉴著。闻声出版社。1940 年 2 月初版。3 册。19.7 万字。开场白 1 篇。共 30 章。

第 一 章	雷雨之夜形成了一个恐怖世界		突然失踪
		第 十三 章	老干娘大开紧急会议
第 二 章	足智多谋的杨霜华想得好巧妙的计策	第 十四 章	奸夫淫妇闹出哥哥妹妹逼得警长夫人自杀
第 三 章	铁胆团首领解赴南京不想中途被劫	第 十五 章	镇守使衙门里有贼偷
		第 十六 章	有烈性的唐彩凤至死不从
第 四 章	破庙里铁胆团作为临时机关	第 十七 章	谢人杰不是杀人犯
第 五 章	丑人多作怪老妖精也和人家开起玩笑来	第 十八 章	好厉害的手榴弹终于战胜了匪人
第 六 章	一件离奇命案遂告结束好心成了恶意	第 十九 章	沈联英被刺多亏怪面人相救
第 七 章	莽张飞专喜闯祸弄得探长走投无路	第 二十 章	神秘机关五花八门倒是新科学
第 八 章	破皮鞋是可以证明谁是凶手	第二十一章	月下谈情怪面人向文月华求爱
第 九 章	勇敢的张标水战怪面人		
第 十 章	火烧铁胆团机关陈屏风死得好惨	第二十二章	秘密客是否总长二夫人值得研究的
第十一章	狡猾的老干娘吓坏了滕文钊	第二十三章	裸体美人公开参观
第十二章	王小六子死得真离奇唐彩凤	第二十四章	口是心非一个半斤一个八

两都不是好货

第二十五章　怪面人的一封信气死了汪
震海

第二十六章　一个情人没有弄清楚倒又
来了一个

第二十七章　汪震海大坍台三百客大菜
了一案

第二十八章　文月华真心爱汪震海情愿
把心挖出来

第二十九章　大队人马浩浩荡荡向铁胆
团进攻

第 三 十 章　怪面人喜气洋洋招待长官
们参观厕所

千 金 骨

惨情小说。李定夷著。上海国华新书局。1931 年 2 月版。1 册。7 万
字。吴承烜、倪承灿、锦江氏、朱仰沙序各 1 篇。舒淑仪、吴蕊先、陈树轩、
汪诗圃、黄花奴、苏海若、朱岳生题词各 1 首。共 20 回。

第一回　中郎有女克绍青箱
　　　　伯道无儿争承血统

第二回　暮境凄凉老翁就木
　　　　空帏寂寞少妇下堂

第三回　广厦石间竟成焦土
　　　　灵犀一点似解情怀

第四回　殷殷问话有意慰情
　　　　咄咄逼人无方疗妒

第五回　我本无情那来绮思
　　　　汝缘甚事煞费苦心

第六回　同穴同衾誓言旦旦
　　　　怜卿怜我别恨绵绵

第七回　狐媚工谗动翻口舌
　　　　娥眉见嫉错缔姻缘

第八回　红冰碧血拼葬此身
　　　　苦雨凄风仅存残喘

第 九 回　操长舌忍欺薄命花
　　　　　陷奸谋误入青楼梦

第 十 回　香粉狱中备尝苦趣
　　　　　笙歌队里权寄残生

第十一回　酒绿灯红低徊度曲
　　　　　夜阑人静宛转陈情

第十二回　侠骨慈肠悬崖勒马
　　　　　香魂倩影孽海归艖

第十三回　人之无良兄乎太酷
　　　　　母也不谅女兮奈何

第十四回　恶家庭几开无遮会
　　　　　义姐妹都是可怜虫

第十五回　侍儿仗义纵火解纷
　　　　　弱女含悲挺身走险

第十六回　祸结兵连心惊烽火
　　　　　雁沉鱼香肠断家山

第十七回	大海捞针针同幻化	第十九回	悲末路葬身青凤坞
	天台寻梦梦已惺忪		悟浮生祝发白云庵
第十八回	残魂欲断独恋藁砧	第二十回	醵金市骨聊慰平生
	香草长埋空余粉黛		封墓勒碑永留纪念

广 笑 林

滑稽短篇小说。李定夷著。国华书局编辑。上海国华书局。1917 年 3 月版。1 册。6.5 万字。共 306 篇。

定夷	漂业公所	学古
	门联	伪馒头
	洞房佳话	文虎章
	保险单	空欢喜
	上生活	难为情
	臭局长	难安排
	妖日	说不出
	新军歌	看不破
	无资本金之商业	急杀人
	不可解之字义	吃不消
	当头棒	等不得
	说小	没奈何
竞存	谐联	检查
	谐诗	做生日
无愁	男女有别	廪生唱保
	讨帖司	阴历阳历
	半个头字	搭猪脚爪
	督督督	不期而遇
	调查员	鸟话
	苏班锣鼓	所见不同

白吃

日俄奥比

欠你一家

忽有忽无

嘲村学究诗

宝塔诗

剥衣亭

原来新郎轿子

促进会

得福不知

灯笼作怪

讲论语

字类人形

顷刻光

死后风光

东三省

排排坐

艺员

大举入寇

喝洗脚水

此亦报馆中人

社会主义

怕事

寄恨 羁押一日折洋一元

俏皮语

保存国粹之大机关

春夏难关

博士通文

当场出丑

改革与协约

社会主义之窒碍

想与老娘抢寿材么

酒缸患病

眼生眉顶

打鬼上算

人脆奇谈

是父是子

术士之灵变

拆字谭

迁居即是治安

识事务之犬

张冠李戴庆祝

婚税之研究

释祈祷

弟子变成叔

原来也是看相银币的

恋爱之自由

和尚晦气

男女之凑数

侮人自由

狗粪不中吃

锭硬不如人硬

沽佳酿去了

如此性急

王八头衔

谁教你寡欲

不吉利之妙语

曹瞒通奸

难道是肉不成

和尚犯法

宁耐泥涂辱

腹内无物

快携灯来

鲫鱼性命

吸尽证据

割股

即此镜中

授汝代读

极端烦恼

失金得凳

瓜哉瓜哉

诗钟人语

无故分半与人

古方杀人

一顶绿帽子

医贫

牵头

乞丐为伍

还是我回钞

狂生狂语

外太公

吃大菜

咏牌九

斡而已矣

醉癖

原来是小菜场买办

室无光线

佛门妖孽

老翁失利

老爷在此

老爷恩典

八字不好

尊师座位

吓退公子

和尚说法

讽妻妙句

难师难徒

见神龙无首

先生出丑

抢夜羹饭

风中烛

淫妇妙舌

送命之謷

着黄鞋

踏药渣

召租

物类中之死刑

贫富之场面

进士策

趣僧

人情之比例

新推背图

先进别解

画眉画梅

好个现身说法

大吉大吉

钱篮双空

米价之谑

出门两元

测字谐谈

吃粪

隔年历本

馋话

妙对

	狡匪		误会小老婆
	自由结婚		斟酌饱满
	医生		推事
	卫生丸		泰水其涸
秋水	华人之尚武精神		四书讲义
	新旧诗人	**乙乙**	蒯赉坎
	地圆之证		博冶
	小犬		欲借尊堂一用
颍川秋水	移病就药		吃信慢些写
	出卖伤风		一门熟读论语
	烟鬼之尚武精神		别字
	不识孟子		四书别解
	误解运动		难字
轶池	定情诗		蒙师讲书
	酒禁		狂士参禅
	汤饼宴		还小
	荣虱		饺儿
	出尔反尔		这真是笑话
	医星专家		借鱼请客
	打样		八卦墙门
	圆梦僧		穷郎中
	诗趣		五官位置
	诡辩		多走了二十里多
	仿唐诗		川流不息
	裸剧		官语
	恍惚	**寿帅**	嘲大鼻诗
	陈语巧合		风雅偷儿
	大小蘑菇		肚脐对肚脐
	足误	**道听**	妙不可阶
	刘朦胧	**半仙**	重阳诗
	滑头妙语		胡子传染

	棍当头		一等嘉禾章
药聋	肉师		休要管闲事
	脚等文凭		父为子隐
	畜生好吗		英语退鬼
	厨师窃物		特别改良
陌夫	西施		亲兄弟勤算账
匏园	一门四书		兄弟阋墙
无名氏	臭事臭做		惩傲
	丐隐		有求必应

女 界 宝

短篇社会小说。李定夷总纂。包醒独校。上海国华书局。1917 年 12 月初版。1918 年 3 月再版。6 册。20.8 万字。李定夷弁言 1 篇。共 156 篇。

第一集　志孝

苦海余生	朱孝妇	剑山	孙节妇
一厂	张孝女		曹小娥
佚名	黄婉芳		荻溪妇
竞存	喜儿		孙氏
剑山	胡孝女		血带
戢庵	梅贞姑嫂	一厂	黄节妇
定夷	凤姑	烂柯	朱节妇
少芹	庞女	明道	蔡氏
药聋	舜英	阜山	钱秀霞
民畏	婉姑娘	左丹	侯贞女

第二集　志节

砺生	汪节母		

第三集　志烈

剑山	曹烈妇		
秋水	莲姑		

季庐	吴氏妇		**剑山**	陆秀娥
	姚秋英		**竞存**	巧英
	雯姑		**志隐**	阿秀
悔初	沈保珍			
织孙	青娥		**第五集　志情上**	
砚云	裳娘		**指严**	麻疯女
虎山	丐妇		**企白**	刘素云
傲庐	叶鹃娘		**定夷**	王漱花
定夷	巩氏			刘美儿
	柳影怜			许晓芙
	淮上烈妇		**烂柯**	张红桥
	吴烈女		**恨人**	掌珠
	王氏妾		**剑山**	刘祝两妇
绮缘	海烈妇			王兰英
小游仙	张莺姑		**醒梦**	江爱华
一厂	二烈妇		**无愁**	方珍姑
			舍我	李婉芝
			林纾	环娘
第四集　志才			**天民**	胜芳女子
砺生	句曲女史		**亮时**	韩氏妇
	马湘兰		**阿瑛**	阿怜
吁公	秋瑾女弟		**志情下**	
定夷	杨韵琴		**寄尘**	竺贞姊妹
	王娇珠		**一明**	双娥
民畏	蜀川夫人		**逸隐**	琴素
虎山逸史	顾二娘		**企白**	花文琴
	某旗女		**憨鹏**	陈蓉芬
	某氏女		**剑山**	陈锦英
轶池	彩云			眇妻
	冯畹兰			戚兰秀
烂柯	题壁女子		**剑痴**	堕水女郎
剑舒	智妇			

方颖	杨氏妇		彩娟
省身	王素娟		爱春
红侠	周雅凤	**韵珊**	翠仙
季庐	某妓	**吁公**	良玉楼
定夷	杜秋英	**庑山逸史**	葛毕氏
	林蝶香	**烂柯**	金玉兰
	周贞娘	**指严**	红桃
	云箫·琴影		金玉姊妹
指严	啼鹃	**秋水**	刘氏
恨人	朱淑芳		
民畏	海棠		

第六集　志色

第七集　志侠

定夷	宝金	**绮缘**	琐碧
	尤鑫培		刘叔英
	阿凤	**少芹**	何亚莲
绮缘	陈浣霞	**荫生**	柔玉
零丁	曹宝玉	**明道**	卖解女
	陈月娥		侠尼
	李佩兰		绿衣女子
	林素云	**恨人**	卖解女二
	杨宝珠	**剑山**	鞏姐
	王秀锦	**阜山**	岳丽芬
	素娟		沈英娘
	爱林		云凤英
	汪蟾辉	**烂柯**	香草
	杨绣芸	**佚名**	女盗
一厂	徐彩宝	**零丁**	盈盈
茗狂	卞雪香	**戆道人**	奇女子
禺人	冯婉娘	**小慧**	刘晴莹
季庐	中年妇	**一厂**	某歌妓

第八集　志异

绮缘	洛浦水仙		紫姑神
	陈芸芷	**吁公**	阿娇
	弄笛女郎	**定夷**	王赵两妇
	狐女		韩妃
	碧霞·红雪	**季庐**	妖妇
	画中人	**烂柯**	洛阳花神
	捣衣女	**一厂**	月英
	鬼妓		俞娟娟
	怪婢	**瘦庐**	何氏妇
	巢居女子	**忏红**	香梦

双 珠 泪

哀情小说。李定夷著。上海新华印书馆。1922 年 12 月。1 册。3 万字。王铭恩序 1 篇。徐恼公序 1 篇。共 14 节。

第一节	发端	第 八 节	喋月
第二节	结婚	第 九 节	游湖
第三节	饮血	第 十 节	忏情
第四节	哭墓	第十一节	诬闺
第五节	探艳	第十二节	构讼
第六节	葬花	第十三节	幻梦
第七节	拒奸	第十四节	完贞

双 缢 记

哀情小说。李定夷著。上海国华书局。1916 年 9 月版。1 册。4 万字。吴承烜、张世琦、张庆霖序各 1 篇。杨绍彭、申保禄、赵赓云、贡少芹、

吴绛珠、陈琴仙等双绂记题词各 1 首。本书缘起 1 篇。共 14 章。

第一章	身世从头诉	姻缘到底成
第二章	洞房春不暖	痼疾药无灵
第三章	金夫毕命日	玉女断肠时
第四章	空闺忆旧情	吉壤营幽宅
第五章	招魂来扫墓	含血忍喷人
第六章	名花仗爱护	大树悲凋零
第七章	灵萱又不寿	弱絮更多艰
第八章	堂前来暴客	夜半起邪心
第九章	空门伴古佛	利口进甘言
第十章	定计去西湖	藉端游沪北
第十一章	打破闷葫芦	乞怜活菩萨
第十二章	昨夜筹深谋	今朝施巧计
第十三章	好梦终成梦	求仁果得仁
第十四章	绝笔争披诵	祸魁快伏诛

民国野史

历史小说。李定夷著。上海国华书局。1937 年 3 月 4 版。1 册。3 万字。共 27 篇。

总统寿辰祝虾记

国史馆长介寿之小启

冯上将军双寿记

粤巡按署庆寿志

江西之三星献寿图

陶然亭雅集之俪启

章一山却聘记

叶德辉之文艺谈

辜鸿铭之愤慨

创议复辟之健将

王垿与谭贝勒齐名

三湘耆旧传

无独有独之假官

戚扬遇疯记

愿作鸳鸯不羡官

刘文嘉第二

吴营长之威风

使君泪滴牡丹江

法曹不法

何苦呴气呢

张大帅晋京记

孙总长流血

王湘绮与史馆

张彪重入鄂州城

呜呼王治馨

死矣刘鼎锡

知事试验之笑柄共十二则

丝绣平原记

侠义艳情小说。即玉洁冰清。李定夷著。上海新中华书馆。1933 年
2 月。1 册。2.6 万字。弱水渔郎题四绝 1 首。燕燕序、小孤山人、邓亦孟
序各 1 篇。共 10 章。

第一章　艳觏　　　　　　第六章　话情
第二章　良觌　　　　　　第七章　别恨
第三章　评花　　　　　　第八章　重逢
第四章　胜游　　　　　　第九章　泣劝
第五章　访茶　　　　　　第十章　团圆

西方美人

短篇言情小说。李定夷主编。上海国华书局。1919 年 2 月版。1 册。
8.4 万字。共 24 篇。

韵唐　魔王之后——约瑟芬·玛丽　　定夷　新嫁娘——绿楼
　　　铁血宰相之妻——玉哈那　　　戢庵　女儿探——哀拉
少芹　迭更司夫人——安娜　　　　　蜀魂　可人儿——衡姑
　　　才女——雪梨　　　　　　　　　　　鬼女儿——卑德
　　　未亡人——亚利尼　　　　　　搜彤　画师之妇——海琳娜
竞存　女诗人——塞孚　　　　　　　吁公　大小乔——密因·爱雯
树声　爵妃——格梭林　　　　　　　　　　西方道韫——爱侬
　　　姊妹花——法琅司·萨赖　　　明道　可怜侬——意娟
　　　多情女——孟业　　　　　　　　　　深闺思妇——柳丝
　　　乡姑娘——惠虚　　　　　　　　　　侠婢——碧玉
剑虹　安琪儿——露丝　　　　　　　墨隐　女书记——华多

| 舍我 | 智多星——希姆 | 无我 | 巾帼英雄——萱兰 |

尘海英雄传

短篇武侠小说。武侠丛刊之二。李定夷主纂。上海国华书局。1919
年7月版。2册。15万字。自序1篇。共110篇。

皋庑外史	徐锡麟		虬髯侠
资弼	安重根		拳师女
	刘淑英		女剑仙
定夷	石樵		剑仙
	刘捷		剑侠
	粉面狮		赵屠
	张绍廉		甘凤池一
	汤厨		甘凤池二
	凌虚舞		甘武奉
	胡狱卒		七妹
	碧月儿		老妇
	西山异人	藏园	郑娟红
	桐溪渔叟	东园	杨碧珠
	柳影怜	花奴	刘亚声
	跛大姐		河洛少年
	徐氏昆季		伯龙父子
	沈兰仙	剑山	陈宗绮
	李氏女		舟人子
忍庵	秋瑾		汪佩莺
	青州丐妇	漱严	毛生
	萧苗婉	文庵	盗智
明道	十氏双侠	月僧	双泉寺僧
	无名侠士	惕天	异僧

寄沧	海岛大王		**藏园**	草莽和尚
	柳南		**鸿富**	李玥娘
	美少年			许烈士
	吴佩琳			桂王之侍卫
	枣红儿师生			边外之好男子
	胭脂虎姐弟			女中侠士
民畏	田婉姑		**少芹**	义丐一
药聋	三侠记		**慕羲**	群丐二
吁公	蔡将军		**天亶**	菊娘
	尹将军			余玉莲
姜然	黄氏女		**棫泉**	某孝廉
鸿寿	刘少棠夫妇			捕蛇者
	余铁生		**心菓**	袁仆
	陆小娥		**戎马书生**	儿女英雄
荫生	赵瑞玉		**石民**	云严
啸虎	刎颈交			飞檐人
绮缘	翠云娘			刘二旗
轶池	白衣秀士		**宁静轩主**	金彪父子
	剑仙			薛苧娘
民哀	包英美		**昆仑**	金某
病骸	杨啸			文举人
今生子	李儿			庐州武弁
乃寄	王春之			李峥嵘
仲侠	张稚云		**牖云**	熊飞将军
忆红	林姓女郎		**天醉生**	王素云
	陆剑英			善哭生
	徐帼英			王山
	邹氏女			双剑仙
建勋	胡蓉秋		**侠民**	王秀娟
志隐	贫女兴学记			梁兴甫
	胡桃商			异僧

王昌大 ｜ 旅邸少年

同 命 鸟

　　文言社会小说。李定夷著。上海国华书局。1918 年 4 月版。1 册。
6.5 万字。吴绮缘、顾明道、吴承烜序各 1 篇。程筠甫、王凤梧题词各 1 首。
发端 1 篇。共 28 章。

第 一 章	龙华道上斗新妆	第 十 五 章	和哥之愤慨
第 二 章	高楼明月夜	第 十 六 章	卧楼春雨断肠声
第 三 章	红闺雅韵	第 十 七 章	慈帏月冷
第 四 章	并头羡煞碧鸳鸯	第 十 八 章	送君南浦
第 五 章	五月五日天中节	第 十 九 章	别后之琐记上
第 六 章	纳凉夜话	第 二 十 章	别后之琐记中
第 七 章	嘉宾从远来	第二十一章	别后之琐记下
第 八 章	沪江鼙鼓声	第二十二章	药店飞龙日
第 九 章	秋江晚眺	第二十三章	娇娃块肉
第 十 章	中秋夜追说中秋	第二十四章	芙蓉春发
第十一章	又是一新年	第二十五章	客中送客倍销魂
第十二章	迷离梦境	第二十六章	合家欢
第十三章	邻妇之投奔	第二十七章	浮生梦醒
第十四章	化行南国	第二十八章	证果情天

伉 俪 福

　　艳情小说。李定夷著。上海国华新书局。1935 年 2 月 4 版。4 册。
12 万字。前集：李定夷自序（伉俪福旨趣），吴东园序一，倪轶池序二，朱剑
山序三，陈秋水序四，许浊物词一，汪诗圃词二，程筠甫词三，吴绛珠词四，
许碧霞词五，陈琴仙词六，华抉云词七，黄花奴词八，邢耐寒词九，刘裴邨读

伉俪福杂述。后集：吴绮缘序一，顾明道序二，吴承炬序三，王凤梧题词，李定夷自序(同命鸟发端)。共54回。

前集

第 一 回　亲上加亲良缘初缔
　　　　　爱神垂爱佳偶竟成

第 二 回　绣阁娇娃含情脉脉
　　　　　寻芳鸳侣细语绵绵

第 三 回　柔情蜜意纸上胜芳
　　　　　乐事赏心水滨观渡

第 四 回　赋标梅子归歌之子
　　　　　颂迫吉嘉礼贺新郎

第 五 回　今夕何夕乡入温柔
　　　　　至情忘情静言好合

第 六 回　理绵衾欢情留枕畔
　　　　　开宝镜春色上眉梢

第 七 回　洞房雅谑妙语解颐
　　　　　伊人中酒醉态可掬

第 八 回　乐天伦同摄合家欢
　　　　　供纪念喜留纪念影

第 九 回　画里有人笑谈爱宠
　　　　　座中多士争看新娘

第 十 回　盲风雨竟夕不成眠
　　　　　苦想思半杯难下咽

第十一回　拨管弄弦共征喜兆
　　　　　调朱研紫忽报耗音

第十二回　姐妹行中痛弱一个
　　　　　艳阳春里喜产千金

第十三回　爱情深挚盟结三生
　　　　　幻梦离奇魂惊半夜

第十四回　读古书深闺遣良夜

　　　　　游胜境雅意乐新年

第十五回　勤劝酒妹丈难姐丈
　　　　　工雅谑大姑戏小姑

第十六回　谋嗣续劝纳小星
　　　　　重宗祧勉从闺令

第十七回　容爱宠戚族共称贤
　　　　　产明珠翁姑重失望

第十八回　壶中乏术天姥峰颓
　　　　　膝下无孙老人心戚

第十九回　重虚文老翁寻烦恼
　　　　　伸好意叔祖善调停

第二十回　扑朔迷离观灯易服
　　　　　情词闪烁取笑藏谜

第二十一回　恨绵绵终宵牵别绪
　　　　　　情切切千里苦相思

第二十二回　骊歌再唱徒唤奈何
　　　　　　鹤梦难圆惨遭大故

第二十三回　信堪兴牛眠重卜吉
　　　　　　观局势鹤骨得长安

第二十四回　天各一方惊心鼎革
　　　　　　人归千里怅望烽烟

第二十五回　形影相随初来沪渎
　　　　　　新奇遍睹小住夷场

第二十六回　神仙眷属曲谱鸳鸯
　　　　　　儿女恩情福传伉俪

后集

第 一 回　斗新妆桃花映人面

惊艳服兰言透世情

第 二 回　高楼明月即景生心
　　　　　绣户小星向隅无憾

第 三 回　鄂渚寄诗香闺敲字
　　　　　沪滨顾曲名士赠言

第 四 回　故屋卜居清池蓄文鸟
　　　　　晶帘小坐雅号锡婴哥

第 五 回　遣令节芳园斗酒
　　　　　背古典佳耦逞才

第 六 回　夜坐招凉论超女则
　　　　　清谈发噱曲绘官场

第 七 回　鼟鼓声中客来不速
　　　　　车骑道上举室尽迁

第 八 回　定惊魂重归旧宅
　　　　　疑恶兆痛失双禽

第 九 回　感事兴怀中年哀乐
　　　　　泛舟得趣秋夜缠绵

第 十 回　旧梦重寻一番冷雨
　　　　　新凉多感十度中秋

第十一回　垂烛泪除夕溯前尘
　　　　　起笑涡新年说怪梦

第十二回　饮武士刃惊心预谶
　　　　　听公子话真理悟人

第十三回　婢学夫人心怀叵测
　　　　　邻有淑女语妙动听

第十四回　欲擒故纵杜撰相夫经
　　　　　以进为退效著御妾术

第十五回　重浮名卖文受窘

欺弱女赠稿吝酬

第 十 六 回　感风雨郎心同妾心
　　　　　　较锱铢师道成市道

第 十 七 回　得噩耗伤心哭母
　　　　　　谋奔丧愤话激夫

第 十 八 回　千里还乡心留人去
　　　　　　一朝判袂言浅意深

第 十 九 回　几卷稗官长途良伴
　　　　　　一声老父絮话家常

第 二 十 回　瞻遗容永离膝下
　　　　　　传懿训恨隔重泉

第二十一回　变仓卒烽火连江
　　　　　　受惊惶病魔侵体

第二十二回　久缠床笫信誓真情
　　　　　　将入膏肓偷弹热浪

第二十三回　宛转哀音服膺受教
　　　　　　艰辛至孝割臂疗亲

第二十四回　否极泰来乐椒酒
　　　　　　秋花春放感芙蓉

第二十五回　辞冰人托言稚弱
　　　　　　送远客属意平安

第二十六回　半日观游逍遥新世界
　　　　　　一张照片融洽小家庭

第二十七回　修文地下染疾猩红
　　　　　　视息人间举家缟素

第二十八回　零丁弱息抉棒返烦恼地
　　　　　　惆怅余生饮醉归离恨天

杨贵妃秘史

艳情小说。李定夷著。新中华书馆。1933 年 2 月版。1 册。2.1 万字。共 20 篇。

一	杨贵妃落水换容	十一	杨贵妃因妒被逐
二	杨贵妃初侍寿王	十二	杨贵妃挽回圣意
三	杨贵妃选侍君主	十三	杨贵妃曲谱霓裳
四	杨贵妃华清赐浴	十四	杨贵妃嗜好荔枝
五	杨贵妃斗艳吟诗	十五	杨贵妃苦念胡儿
六	杨贵妃妒谪梅妃	十六	杨贵妃鸳鸯戏水
七	杨贵妃兄荣姊贵	十七	杨贵妃七夕密誓
八	杨贵妃笑认干儿	十八	杨贵妃惊心鼙鼓
九	杨贵妃戏洗胡儿	十九	杨贵妃泣别国门
十	杨贵妃敬重诗仙	二十	杨贵妃缢死马嵬

吴苑莺声谱

社会小说。李定夷著。上海国华书局。1916 年 2 月初版。1 册。1.7 万字。绪言 1 篇。共 36 篇。

城内花事概略	尤媛媛沈宝宝陈月英
王佩兰	李双珠
京帮名妓	竹林小榭
青阳地花事	湘妃阁
陈媛媛王大琳金小宝张小红张媛媛姊妹	周文宝
林宝钗	王月娥周宝宝周三宝
金凤	沈媛媛

白兰花

曾如兰

梁畹畛

花宝钗

赵玉环

小如意

陈丽娟

陈桂香

李媛媛——附金姐

张媛媛

天香阁

周丽云

高媛媛

影楼

李红玉李宝宝

沈金定

花奇玉

花凤春

富春楼

王莲舫

王小莲

俞媛媛

武则天秘史

宫闱小说。四大风流皇后秘史之一。李定夷著。新中华书馆。1933年2月版。1册。2万字。共20回。

一　武则天作歌自炫

二　武则天被选入宫

三　武则天册封才人

四　武则天计助储君

五　武则天削发为尼

六　武则天心猿意马

七　武则天玷污佛地

八　武则天结好皇后

九　武则天留养百花楼

十　武则天入门见妒

十一　武则天弄权结党

十二　武则天矫诏杀后

十三　武则天登极封臣

十四　武则天下诏催花

十五　武则天破敌扬威

十六　武则天信谗戮忠

十七　武则天重狄仁杰

十八　武则天宠张昌宗

十九　武则天怒杀怀义僧

二十　武则天命终宫寝

武侠异闻

短篇武侠小说。李定夷编。上海国华书局。1919 年 5 月初版。2 册。15.6 万字。吴承烜作序 1 篇。共 118 篇。

许指严	鱼壳别传		赤面虎
贡少芹	阿红小传		二旅客
	江南燕子		独臂老妇
	甘凤池轶事二则		陈月娥
	剑侠小史		流丐
	纪俞长城伏法事		圬工传
	侠妾		林小杰
	钱广炘		伟丈夫
	白寡妇外传		秃三
吴绮缘	女将军传	朱剑山	海外岛王
	女骑		陈武雄夫妇
	雍正锄侠记		镖师
	龙女		明道人
	记王兰雪事		皂隶妇
	嵩山双隐侠		张不忍女
	榜人女	陈恨人	卖解女子
	抉云生	俞藏园	铁汉僧
	神力		铁臂将军
李定夷	窦蓼娘		伶中侠
	白衣娘	徐剑痴	老仆雨泉
	碧云娘	汪剑虹	箬笠僧
	罗汉僧		操舟翁
许廑父	黄元球	骆无涯	年虎儿
	柳芳华	姚民哀	哑秀才

黄花奴	卖糖者		髯骑士
	赤鼻子		铁头和尚
	许黑		梁德
	鞋店主		卖解女儿
高献箴	喜儿		神箭魏刚
	宿迁捕长		玉山郎
	燕尾轻		莲姑
陆蛰民	钱湖女侠		张木工
	刘力士		杨天麟
	灵箫别传		红须客
张织孙	铁棋子		花刀刘二
	黄鸣冈		跛足者
	黄瑞伯	**张械泉**	荷荷僧
	霍元甲	**朱寿鸿**	聂学政
	马永贞		孝廉
	毕阿生		技师
	九头鸟		说书女
	吴恩来		黑衣侠士
	红衣女子		张大郎
	某二公子	**君美**	吴下健儿
顾明道	飞头将军	**杨药聋**	燕娘
	侠农		飞和尚
	铁丐		支勇
	侠尼		蔡烈士
	何鸣凤	**金一明**	黄副将女
	绿衣女子	**金励生**	伶侠
	邓布衣	**邸剑舒**	书奇僧事
	邝勇	**刘建勋**	贞姑娘
	银髯翁		老胡子
	吕金刚	**庄病骸**	童氏昆季
	朱铁枪	**黄悔初**	杨洁甫

	绿野侠踪	**华瘦梅**	尹杜生
四郎	广陵女子	**金惕夫**	谢孀妇
李恬予	雪中人		许四
陈季庐	祝文元		曾武华

昙 花 影

言情小说。李定夷著。上海国华书局。1915 年 12 月初版。1 册。5 万字。倪承灿、陈秋水、黄花奴序各 1 篇。共 20 回。

第一回	叙家世江南推望族 求婚姻海上订香盟	第十一回	诉悲怀可怜薄命女 闻祸事惊绝多情郎
第二回	芳草斜阳心伤小别 落花流水肠断相思	第十二回	相思愈苦相见愈迟 其室则空其人则远
第三回	半夜谈心客来不速 扁舟赴约予情信芳	第十三回	夜雨昏灯追谈离绪 秋风莼菜偕返故乡
第四回	芳衷细诉一片痴心 尘劫重提两行血泪	第十四回	佳妇佳儿天生佳偶 慈父慈母齐展慈颜
第五回	正名定分礼谒北堂 下榻留厢光分东壁	第十五回	卜良辰共证鸳鸯梦 渡蜜月初寻伉俪欢
第六回	丽句清歌卿多凤慧 忧时感事仆本恨人	第十六回	束新装小别亦伤心 感寒气沉疴又侵骨
第七回	并肩谈心薄言情愫 弹棋遣兴竞夺锦标	第十七回	缘长缘短总是无缘 泪少泪多莫非血泪
第八回	邪侵骨肉娇女惊心 病入膏肓名医束手	第十八回	月落参横辉沉婺女 人间天上悼等潘郎
第九回	说前尘回首犹浮梦 丧慈母低头依短檐	第十九回	幽明路隔环珮空归 殡葬礼成色香长瘗
第十回	杯弓蛇影弱女含冤 夜月荒江渔郎仗义	第二十回	墨和泪挥成长恨歌 色即空悟澈春婆梦

明清二代

短篇历史小说。李定夷编纂。上海国华书局。1917 年 4 月版。2 册。23 万字。共 8 卷。

第一编 明代

卷一 孤臣殉国志

张家玉殉国始末

赵士超事略

朱圣明事略

夏祖训事略

成德事略

张煌言死事状

杨廷枢绝命辞

两太监

金明佐

颜继渊

陈耀忠

朱凤仪

张辅明

陈思明

飞头将军

指冢中人

卷二 义民泣血录

苏城五烈

辽民任某

彭飞龙

江阴童子

嘉定农夫

王氏兄弟一

王氏兄弟二

王氏兄弟三

柳敬亭

伛偻翁

兵张有德

江阴九老

跛老人

金氏佣

明末之仆

傅臻绝命诗

卖饼翁

明道人

诸大可

梁成

砖上尸迹

张锡眉

刘楷

卖蔡翁

樗叟

赵卯

医生不空

某刺客

显忠夫妇

张八

丐者

湖变纪略

生还录

卷四　江湖琐载

黄崖教案

金陵冤狱

三不着

汴梁大狱

东乡民变记

两杯茶教匪

拳匪之咒

拳匪之愚

碧云娘

林桂仙姊妹

龙女

红红传

自动神机

记银山风潮

霍那小史

真可汗

定夷小说精华

短篇言情小说。李定夷著。上海国华新记书局。1935 年 1 月版。1
册。6.7 万字。倪承灿、秋水、陈素然、吴甲三等序各 1 篇。共 19 篇。

一　两杯茶(历史小说)

二　缥缈乡(历史小说)

三　冤禽泪(言情小说)

四　顾曲缘(言情小说)

五　女儿剑(复仇小说)

六　鸰原双义记(义侠小说)

七　双雕福(言情小说)

八　情海潮(言情小说)

九　自由毒(警世小说)

十　杜秋英

十一　王琴仙

十二　花玉英

十三　碧云娘

十四　林蝶香

十五　周贞娘

十六　吴静篁

十七　窦寥娘

十八　张月珍

十九　林桂仙姊妹

定夷丛刊二集

短篇(社会)文集。李定夷著。上海国华书局。1915 年 9 月初版。1 册。12 万字。倪承灿、陈腐、秋水、朱仰沙、吴甲山序各 1 篇。共 6 卷。

卷一 说萃上

一 两杯茶

二 缥缈乡

三 冤禽泪

四 顾曲缘

五 女儿剑

六 鸰原双义记

七 双雕福

卷二 说萃下

一 情海潮

二 自由毒

卷三 谈薮

一 剩粉残芳录　杜秋英

　　　　　　　王琴仙

　　　　　　　花玉英

　　　　　　　碧云娘

　　　　　　　林蝶香

　　　　　　　周贞娘

　　　　　　　吴静簹

　　　　　　　窦寥娘

　　　　　　　张月珍

　　　　　　　林桂仙姊妹

二 墨隐庐琐记

三 课余漫墨

卷四 韵语

一 西洋名人艳史　拿翁暮年杂闻

　　　　　　　　铁血宰相之艳福

　　　　　　　　第斯拉尔之伉俪

二 兰闺清芬录

卷五 趣海

一 也是文集　复友人劝入筹安会书

　　　　　　知事试序

　　　　　　夏大少开会记

　　　　　　惧内者言

　　　　　　记情天趣剧

　　　　　　神鬼世界发刊辞

　　　　　　拟傲骨覆黄金书

　　　　　　复旧日报宣言书

　　　　　　戏拟怕老婆会会章

　　　　　　纪梦

　　　　　　为拆白党辩护书

二 嚼舌谈　侍儿

　　　　　告状异闻

　　　　　曲阜僻解

文殊势利菩萨	画符
旗枪	不分你我
调侃吕纯阳	文旦
插柳	狗倒灶
秦砖	吃草
夫子哂之	印捕
三生债	不识一丁
方兴未艾	捉车
欲盖弥彰	新式契约
不是牙科	滑头叫局
手布	过瘾
辩骚臊	两脚猫
一命如钱	老实头
送耳光	齿数
侮人自侮	现钱交易
认同种	寻人奇状
较量肥瘦	读汉书
枉教合苞	要麻雀头
鸡皮三少	捉臭虫新法
扯肩胛	究是谁大
妙判	和尚即五更机
戏叔	脚布欤手巾欤
终南捷径	能者多劳
三日阿爹	自治机关之人物
多男子	死后尚须患病
认错孟夫子	滑头新解
好头衔	也是名士
饭店晦气	龟联
好尺牍	茶馆雅号
嘲好名	撞钟妙谛
酒本	倚马才

吃笔

顽童嘲先生

赠妓妙联

说情

无心坐杏台

怪道白狼要造反

请君入瓮

推事

发表

请君有以语我来

能分水陆

三　滑稽诗话

卷六　文剩

墨隐庐文草　　革命先烈诔词

　　　　　　　祭太岳丈张公雪鹤文

　　　　　　　庄母余太夫人寿序

　　　　　　　清代外交大事记首序

　　　　　　　义侠列传自序

　　　　　　　辣女儿序

　　　　　　　小说新报发刊词

　　　　　　　消闲钟发刊词

定夷丛刊初集

短篇(社会)文集。李定夷著。上海国华书局。1914 年 10 月初版。1 册。7.3 万字。徐吁公、沈章、警众序各 1 篇。共 4 卷。

卷一　短篇小说

劫灰苦语

红线后身

狎邪鉴

梅影小传

鹃娘血

卷二　长篇笔记

刘捷

石樵

张绍廉

粉面狮

汤厨

凌虚舞

胡狱卒

碧月儿

西山异人

桐溪渔叟

跛大姐

吴梦燕

云影——琴箫

某教员

某巡士

卷三 短篇笔记

范增墓

玄武湖

梅花岗

北京竹枝词

马嵬驿

冯燕卿

戚继光

随园遗址

何桂清

刘鳌

谶语

黄鹤楼

惆怅词

题壁诗

陈伯平遗句

季子墓

帝王之威福

嘲明诸生

客将

八阵图

春联

孙欢伯

咏新嫁娘

莫愁湖新景

陶然亭题壁

金圣叹

赵乐群

左文襄轶事

柴大纪

马青霞

长寿寺

海幢寺

管于嘉

张五娘

翠柳轩

姚龚唱和诗

妙对

明祖轶事

张生

某孝廉

秦赓堂

张三

老学究

诗谶

吴三桂

王渔洋后裔

杨忠文血袍

洪秀全试士

吴蕙仙

挽凌起彦

李鸿章吃狗

塔巅箭

海蔡兰

嘲喇嘛

许景澄

回文诗

想思树

泰山联

墓联

女贞花诗

俗语联

门联	杨秀清
谐曲	曾夫人
析字联	苗俗
悍妇肉	界碑铭
会馆联	邵飙
谐语	周沐润
嘲黑籍冤魂	谢凤
讽诗	钗徐五
谐联	毛文龙
赠毓贤联	方望溪
遗诗	洪承畴
小孤山联	王鑫
蒙人居室	寿礼
信国千秋	新嘉驿题壁
夏存石	义民
洪骆骊语	雪罗汉
翼王诗钟	郑板桥
张佩纶	舣舟亭
忠王遗诗	朝鲜诗人
方正学语	洪氏德政
陶惠淑	台湾蛮族
葛云飞	江心寺碑
杜濬	南北两张
明祖像	天宁寺僧
联媒	恶俗
金娇墓	傅善祥
七杀碑	姑嫂坟
卢忠烈	江春霖
万家庙	钱牧斋
焦礼塘	福康安
报国寺题壁	清高宗

白塔寺　　　　　　　　　巫峡路

周奎　　　　　　　　　　林蕊香

王先谦　　　　　　　　　赠妓诗

寿心石　　　　　　　　　杨忠愍

史公寺联　　　　　　　　唐景崧

罗大纲　　　　　　　　　李明新

万季野　　　　　　　　　史公墓

焦烈妇

梦异　　　　　　　　　**卷四杂著**

赵伯先遗句

定夷说集

短篇(社会)文集。李定夷著。上海国华书局。1919 年 1 月初版。2
册。7.7 万字。许指严、姚民哀、贡少芹、俞藏园序各 1 篇。

前编

一　　一片石本事

二　　谢恩里

三　　名山御迹

四　　拾和珅相国事

五　　匿名信

六　　土牢记

七　　败军骁将

八　　黄崖流血记

九　　巾帼英雄

十　　宪海明星

十一　峨嵋血

十二　秣陵冤狱

十三　服妖

十四　义和团琐拾

十五　红妆季布

十六　惨狱

附刊史余

王昭君墓

明庄烈后遗物

张煌言祠

明末三大儒

李闯为僧

张献忠之子

奸民

画异

吴三桂之家书

种族疑案一

种族疑案二

禁烟谈

庖隐

丁汝昌殉国真相

太平天国祷辞

纪李忠王事

窦寥娘

纪石翼王事

曾太傅轶事

鲍超之气度

诗史

清德宗服丧之误

戊戌案中五翰林

废立逆谋

论庚子五忠

庚子殉难之臣

清德宗庙号尊谥释

忌辰之传疑

清孝钦后之深心

张佩纶之纪功碑

满人甘作虎伥

张之洞之晚盖

李鸿章之验船

贻壳案

三不着

葵园先生

存斋先生

考生妙谐

童子捷才

袁海观之官声

莱服子巡抚

左宗棠之苞苴

林绍年之政绩

巾帼大人

端方之佳城

项城之恩眷

落水中丞

宝熙谲谏

张文襄慢士

刘岘庄督江由来

马玉山之妖姬

赵季珊之善政

沈鹏曾之持正

李兴锐之威厉

总督之末路

魏光焘之笑柄

某中丞之受愚

三多之误国

台站

牯牛岭开放史

奏禁鼻烟

今烈妇传

载洵游宁之纪念

陆氏父子

清宫大床

预谶

钟颖之罪

英雄儿女各千秋

名将风流

吴将军之夫人

唐会泽工诗

黎黄陂轶事

段合肥轶事

洪宪太子

寒云公子

洪宪冤狱

福昌殿玉佛

复辟纪念

楚坝王

后编

一　美人魂

二　阶下囚

三　吧城雁语

四　绝命书

五　宝金曲本事

六　蜜月风光

七　印度采风记

八　旅韩拾闻

九　迷夫教

十　痴丐

十一　夺艳记

十二　韵琴小传

十三　巾帼虬髯

十四　争不成双

十五　我见犹怜

十六　委任状

附刊谈片

编辑余话一

编辑余话二

读书小志

论小说家一

论小说家二

论小说家三

小说之沿革

答客问

暗室静坐

退步

皮肉生涯

论黛玉葬花

女色辩

新世界

血迹坊

荒陵断碣

在理教

变相印子钱

桃潭曲

春风不渡玉门关

情海竹枝词

美儿可儿

小小风流罪过

徐孝子

离婚骈判

销魂词

婚媾奇谈

奇疾

谈蒙俗

上海之玷

巩氏

韩俗近古

金石

情书

古冢

惜花词

妙批	刘寄奴泉
名言	姑娘会
新婚对镜词	

春闺人梦

哀情小说。李定夷著。上海国华新记书局。1938 年 8 月 9 版。1 册。2.3 万字。包醒独、阳南村序各 1 篇。胡信邪、杨行己、陈腐、戴简翁、程习鹏题词各 1 篇。鬘红女史评语 1 则。共 12 章。

第一章　从军	第 七 章　投亲
第二章　闺忆	第 八 章　逼婚
第三章　避乱	第 九 章　依刘
第四章　遇匪	第 十 章　丧子
第五章　出险	第十一章　别王
第六章　夜泣	第十二章　义殉

茜窗泪影

哀情小说。李定夷著。上海国华新记书局。1931 年 2 月 6 版。1 册。9 万字。徐枕亚序一。包醒独序二。徐天啸序三。茜窗泪影题词数首。共 28 章。

第一章　侨居	第 七 章　军别
第二章　鸿影	第 八 章　闺感
第三章　情因	第 九 章　家难
第四章　心病	第 十 章　芳恙
第五章　密誓	第十一章　问疾
第六章　花会	第十二章　哀雁

第十三章	宁家	第二十一章	宵行
第十四章	北征	第二十二章	药验
第十五章	入觳	第二十三章	依刘
第十六章	奴赚	第二十四章	莅宁
第十七章	艳妒	第二十五章	私访
第十八章	谋遁	第二十六章	乡居
第十九章	试丸	第二十七章	南归
第二十章	计售	第二十八章	矢节

标准美人

　　短篇历史小说集。李定夷编。上海国华新记书局。1936 年 3 月 2 版。1 册。2.2 万字。共 22 则。

西施	崔莺莺
罗敷	梅妃
虞美人	杨太真
戚夫人	红绡
卓文君	关盼盼
赵飞燕	花蕊夫人
班婕好	李师师
王昭君	梁夫人
绿珠	玉堂春
吴降仙	冯小青
红拂	杜十娘

美　人　福

　　言情小说。李定夷著。上海国华书局。1914 年 4 月版。1 册。7.8 万

字。徐吁公序一，倪尔灿序二，陈守黎序三，冯常序四。江山渊、苏恨仙、海倚楼、周柳春、包醒独、铁沙天一、杨剑华题词各1首。吴维骢跋1篇。共20回。

第一回 说常理文士逞谰言 著新书稗官献薄技	**第十一回** 亭短亭长频洒情泪 书来书去互诉幽怀
第二回 作旅行汉水遇良朋 叙家世鄂州推望族	**第十二回** 燕翼堂改建俪仙阁 樱花馆更名鲽影楼
第三回 意合情投订盟鄂渚 兴高采烈揽胜燕京	**第十三回** 校舍筑成裙钗兴学 秋风战捷夫婿封侯
第四回 客里话情几番示意 湖滨惊艳一见倾心	**第十四回** 怜名花老人收义女 见宝藏小婢起贪心
第五回 琴感知音我来不速 花开解语卿本多情	**第十五回** 种竹栽花美人丰度 锄强扶弱义士心肠
第六回 开华筵夫人庆鹤寿 进旨酒公子献鸿文	**第十六回** 谗人高张诤臣罢职 名宦归去胜地卜居
第七回 簇彩缕金一堂集艳 灯红酒绿众美联欢	**第十七回** 片舟双桨偕泛平湖 万紫千红薄游香国
第八回 旧游戏场头头除旧 新俱乐部色色翻新	**第十八回** 玉树琼花两情烂熳 人间天上普庆团圆
第九回 游湖亭七言联雅句 结吟社十美起新名	**第十九回** 流苏帐里絮语绵生 玉镜台前柳眉试画
第十回 蓝田种玉聘礼告成 南浦饯行离愁伊始	**第二十回** 渡蜜月双鞭离祖国 乘长风万里赴西洋

鸳鸯潮

哀情小说。李定夷著。上海国华新记书局。1936年6月版。1册。6万字。刘铁冷、胡仪郸、陆澹盦序各1篇。徐枕亚、包醒独、陈索然等作鸳鸯潮题词各1首。后附鬘红女史评语1篇，海绮楼主评语1篇。共16回。

第一回 噩耗飞来女儿命薄
    扁舟归去公子情深

第二回 如梦如烟心伤往事
    怜卿怜我肠断恨人

第三回 好事多磨意同槁木
    闲愁莫却心比卷葹

第四回 月冷霜天埙篪急奏
    珠湮沧海琴瑟空调

第五回 石烂海枯此心不改
    水流花谢往事皆空

第六回 邂逅相逢天缘巧合
    情怀互剖人意缠绵

第七回 千里传书悲欢交集
    一堂聚话痛痒相关

第八回 劫中劫弱女堕风尘
    愁里愁旅人同雪涕

第 九 回 蕙折兰摧蓝田玉冷
    水落石出合浦珠还

第 十 回 重话曲衷恨人肠断
    一窗烟雨游子神伤

第十一回 返魂无术伤如之何
    誓海有盟谁能遣此

第十二回 似真非真魂归倩女
    一误再误梦断征人

第十三回 祸起萧墙家庭多故
    病婴床席卢扁无灵

第十四回 斩情敌薇亭大复仇
    中奸谋彤瑛重落劫

第十五回 是色是空不堪重话
    为商为参枉是多情

第十六回 廿年幻梦情悟镜花
    三尺孤愤恨余泪草

雪 花 缘

言情小说。李定夷著。上海国华新记书局。1931 年 2 月 6 版。1 册。3.8 万字。自序 1 篇。共 14 章。

第一章 绿杨春好

第二章 雁南燕北

第三章 凤鸟初来

第四章 落花流水

第五章 娇娃块肉

第六章 河梁携手

第七章 红闺知己

第 八 章 杜宇声声

第 九 章 抚棺一恸

第 十 章 来鸿去燕

第十一章 黄花秋瘦

第十二章 崔护重来

第十三章 属纩人语

第十四章 埋香埋肉

甜言蜜语

滑稽小说。李定夷著。上海国华新书局。1914 年 6 月再版。1 册。4.6 万字。共 142 篇。

上卷　滑稽谈

寿星

马牛同类

势利之犬

嘲戴眼镜

饕餮受人愚弄

送鬼趣谈

鬼话连篇

抄袭家

弥陀开口

有恃无恐

誉儿癖

见机而作

求横财

拍马者解嘲

牛尾汤

皇帝老儿借债

小部分均产

连你二十五个

大百姓

建筑共和房屋

文明豆腐与文明人

临时太太之取义

明版康熙字典

某富翁趣事

寿联

他又开药方子了

早被人冲毁尽了

大门嫌小了

大烟枪衔在嘴里呢

一年少似一年

有胡子没牙

鬼也怕人吃白食

尔祖我孙我孙尔祖

记者与妓者

伦敦敦伦

乡人点菜

血心寿板

烟鬼化鲞

蔡姓解嘲

烧星宿香

媚神妙诀

懦夫自掩

喜占便宜

地球变平

烟贵

和尚滋味

博友斗趣

大钟不准

花言巧语

二十四孝

召租个中物

拆字妙谑

直把官场作戏场

水进自然水出

跷牙须

驳倒伪圣人

思想乃事实之母

秃子奇谈

人情之比例

掉文拘礼

泥尼斗口

告白乃强种之原

嘲烟鬼一

嘲烟鬼

新式讣闻

文虎

古怪

伟人

买路钱

乡下亲家

误解自由

千岁龟

呆县令

圆活

拍案成文

四畏里

牌九制艺

阿郎阿王

新逐客令

小菜场

破庙文

打杀地下人

红缎被头

德不孤必有邻

方便

外交手段

直言不讳

通臭文

缠语解颐

爽伤之误

十七学士

天真妙语

误会香烟

薄命形同雪美人

七月流火

劝业场大开花会

老鸨斗趣

题照之谑

以戆遇黠

狂生妙对

法僧说法

腐儒咬文

僧眼

司马懿为温公子孙

威灵显赫

烟鬼讨替

不识汉书

拘忌者言

催眠术

惩骄

白字

下卷　酣歌集

鲜花调

醒嫖曲

劝我郎

新十二月想思

烟花女子叹十声

十杯酒

改良哭小郎

王熙凤词

秋闺怨

花名山歌

近体小调

旋闺愿

栽黄瓜

烟花叹

上海滩道情

十二个月女学生

老十八摸

新闺叹开篇

十块香帕时调

新十杯酒

学生恨

新四季想思

四季花儿歌

十二朵绣花

禽言曲

拟缪莲仙嫖赌吃着四戒

闺怨开篇

改良十劝词

想思调

小学生学山歌

五更调九种

湘　娥　泪

苦情小说。李定夷著。上海国华书局。1914 年 8 月版。1 册。2 万字。包醒独、阳南村序各 1 篇。胡仪鄌等 5 人题词 5 篇。共 12 章。

第一章　从军

第二章　闺忆

第三章　避乱

第四章　遇匪

第五章　出险

第六章　夜泣

第七章　投亲

第八章　逼婚

第九章　依刘

第十章　丧子

第十一章　别王

第十二章　义殉

滑 稽 魂

滑稽作品集。李定夷编。古今书室。1919 年 10 月版。1 册。7.8 万字。6 卷。共 241 篇。

卷之一　滑稽文章

诗隐　卖笑者言

　　　嘲斗蟋蟀文

　　　看大出丧文

　　　游上海劝业场文

　　　龟先生传

　　　尖头先生传

　　　阿氏家传

　　　饭桶小传

　　　中国土神致外国财神书

　　　洪水自述意见书

　　　重九日青女致犀仙登高启

　　　游劝业场赋

烂柯　老婆说

留隐　说梦

哲庐　烟鬼女科学全才

好笑　好好先生传

拾尘　的溜先生传

　　　新说文解字

详三　三先生事略

寿昌　西先生传

　　　白娘娘传

鹃魂　别字先生传

怜英　麻皮小姐传

佚名　上海花国乐余里都督蕙勤通电反对总理莲英文

啼猿　拟问天津灾状

云夫　拟小房子召租启

书剑风尘客　戏拟贫汉出租家主婆广告

何琦　劝业场铭

痴侬　劝业场记

韵天　上海绝大之动物院记

　　　滑头新婚记

梦芸　江北老人六旬荣庆记

戟公　戏订笑学校教授法

卷之二　滑稽诗词

诗隐　翩里仙人曲

　　　嘲矮子

　　　嘲长子

　　　嘲胖子

　　　嘲瘦子

　　　重阳游劝业场行

　　　悼红词

瘦鹃　新情歌

豁盒　上海新竹枝词其一

顽石　上海新竹枝词其二

友山　上海劝业场竹枝词

缩天 戏咏知事十章

佚名 打油诗

无名 新妇赠郎诗

新娘遗溺

景韩 咏女学生

化诚 嘲哑子

嘲瞎子

嘲驼子

嘲麻子

嘲聋子

嘲矮子

嘲胖子

嘲瘫子

莲心 嘲前清遗老

嘲西装客

南亭 嘲某小说家

嘲某僚

嘲某记者

嘲某买办

芹儿 嘲荷花太少

咏上海夜花园

小子 留学生现形五更调

寿昌 戏迷五更调

病夫 最新五更调

老老 文明宣卷

卷之三　滑稽常识

磊 止鼻涕法

治癫痫病

医目盲法

治口吃法

一分钟剪发法

逃难时之秘诀

自制颜色镜片

治喉痛法

治跛法

御寒法

详三 治目疾

治牙痛

安眠奇方

耳聋注意

治头晕法

治脚肿法

洗发法

戒烟新法

特别制衣法

特别救火法

治冻疮法

治伤寒法

治黑心法

治腰驼法

新催眠法

新御寒法

岳根 治阻食法

治头痛法

治小儿夜哭法

复白 治泻法

治喉痛法

治疯瘫法

楼荨 美容法

治跷脚法

医冻疮法

寿昌	御寒法		花奴	一个笑葫芦
	治咳法		有心人	农家趣事
	治矮子法		碌生	我是你的令尊
	治吐血法		少芹	夹死总长
	治驼法			我正是思婶母
				奉旨独立钦命都督
卷之四	**滑稽小说**			督军都将之商榷
少芹	贼			啧啧啧
耐朋	吐丝先生			我总不敢开口
万良	魔术家言		剑侠	龟鉴
肇媛	孔子谈			妓女情书
草草	富翁月历			杀人
明道	愚夫贪妇			贺婚诗
章贡译意	书谈		随缘	顽童
澹盦	梅毒菌物谈			三碗
冥飞	蓉城人语			教化叫援
尘因	春江痴梦		心吾	嘲歪鼻子
				小火烧
卷之五	**滑稽故事**			扣一半欠一半
墨隐生	外夫		意吾	放虎势
	月信		玉麟	迷信历本
稽生	一字写长			并非匆促
	新婚对联		富传	审判趣闻
	摘奸妙计			骗术
诗隐	识别字			鸦片古典
	酒令		乡下人	乡下人笔记
	謇骗		详三	别字先生
	鬼骗			糊涂妹子
	猜拳新法			挟制丈夫
	竹师		阿桂	苏彝士河
	雅谑		子褒	羞煞老公公

	像煞表姊妹		仆与煤
子系	可谓老矣		鸟与墙
	太聪明了		文法
胡诌	第二父	**隐渔**	惧内戒饮
烂柯	娶妻有益		好滋味的菜
凤凰	人不如畜		师生问答
介庵	外侄内侄		
	谐联		

卷之六　滑稽新闻

天民	塾师箝口	天津夜花园之写真
豁公	打年糕	短命龙旗
寿昌	五位令尊	上匾人为下匾人
	一误再误	林学衡之奇术
	嘲听讲笑话者	虎伥谈时
少青	憨子要妻	警厅长训令道尹
	窃儿多计	倪嗣冲怒捆铁嘴
守梅	太伤心	宦裔之野鸡
槐卿	时间贵于金钱	姑太太大闹俱乐部
一笑生	趋谈	醋海波
笑月	乾温客栈	武艳亲王大减价
	阎王生病	秘书作贼
山民	自打自	北京大学演剧记
	人欵狗欵	龙华镇笑史
伽摩	注杜诗	钱大爷不如王阿法
	西洋镜	李二姐扯碎证书
	改唐诗	鬼婚
慧厂	髯婿解嘲	半雄鸡生卵
	嘲矮子	瞎先生贺喜
	老人吹螺	奇怪之商标
平闲	退鬼经	乡下人闹笑话
天良	蚱蜢耶铁钉耶	三脚人
梦芸	鹿与父	和合人

某教员现形记

元宝翻跟斗

抢亲趣闻

愚夫妇抢子

一对新娘

半寸小人

汉口之怪异

能言之豕

玄妙观之黑幕

淮贼琐闻

呜呼宣战请愿团

外人收买小脚鞋

绍兴太子下狱

特别波罗蜜

苏州天成遇骗记

烹女

吃人肉

梁溪之酒鬼

官迷

新上海现形记

社会小说。李定夷著。出版单位和出版时间不详。2 册。7.6 万字。共 30 回。

第一回　秋雨离魂征衫梦觉
　　　　春雷鸳蜇妙语环生

第二回　酒绿灯红巧逢旧友
　　　　金迷纸醉初入欢场

第三回　煮鹤焚琴个儿命薄
　　　　揉香碎玉之子无良

第四回　花会害人贫婆见短
　　　　印钱盘利市侩计工

第五回　迎风待月无非幽会
　　　　翻云覆雨都是毒谋

第六回　请婚期急色儿中计
　　　　保寿险卖淫妇谋财

第七回　春色偷窥玷污白璧
　　　　甘言频进诱入青楼

第八回　诡计告成女儿落劫
　　　　火坑深入假母施威

第九回　欺诈取财贫儿暴富
　　　　颠狂骂座狎客争风

第十回　敲竹杠假名革命党
　　　　借盘川奉送卫生丸

第十一回　恶探图功损人利己
　　　　　蛮兵失律耀武扬威

第十二回　名节何存妖姬无行
　　　　　报应不爽淫棍伏诛

第十三回　义仆杀身赤心耿耿
　　　　　恶奴卖主黑幕重重

第十四回　窃玉偷香何妨作贼
　　　　　甘言厚币只为采花

第 十 五 回　纵火图赖无赖合伙
　　　　　　怀金远适同党受欺

第 十 六 回　利己损人大骗特骗
　　　　　　倾家荡产买空卖空

第 十 七 回　时来运来初施诡计
　　　　　　得步进步再设毒谋

第 十 八 回　误入歧途人财两失
　　　　　　痛诋恶俗悲愤独深

第 十 九 回　游戏场开辟新天地
　　　　　　绮罗狱沉沦好女儿

第 二 十 回　害理伤天拆白成党
　　　　　　偷香窃玉探艳有团

第二十一回　调虎离山雌儿落套
　　　　　　引狼入室墨吏倾家

第二十二回　嗜欲念深甘堕孽海
　　　　　　诈欺计定暗布香钩

第二十三回　碰和台初试好身手
　　　　　　迷魂阵双擒瘟大头

第二十四回　伪币兴狱沉冤莫辨
　　　　　　春婆梦觉复水难收

第二十五回　巧相逢千秋无限恨
　　　　　　悔无及一对可怜虫

第二十六回　此唱彼随再接再厉
　　　　　　前仆后继愈弄愈糟

第二十七回　一念矜怜误投罗网
　　　　　　半生辛苦顿感伤桑

第二十八回　洋场禁烟有名无实
　　　　　　海关焚土借公济私

第二十九回　想横财收藏萝卜票
　　　　　　翻花样购买盎斯金

第 三 十 回　紫玉成烟可怜黄土
　　　　　　青衫归去远隔红尘

僧道奇侠传

短篇武侠小说。李定夷、许指严编。上海国华书局。1928 年 12 月初版。2 册。12 万字。不才子、俞牖云序各 1 篇。共 128 篇。

顾明道	一微头陀		复仇秘史
	报恩庵尼	俞牖云	御车僧
	赤脚僧		风道人
	六奇道人		粉面侠
	莽和尚		寒月和尚
	关西行者		角底戏
	吴门僧	刘企达	大腹尼
	一清长老		曹州小尼

	白头尼		和尚道台
	蹩道人		荆道人
葛怀天	邱闺英		黑僧
	小黑张		真悟之侠行
	小吴锡		僧卧云
	康泰尔		小僧慈普
	王雄		僧武超之自述
	玉山十条龙		奇异之道人
	赵鹤亭、姚吉敬	李定夷	莲花尼
	闵坚定		无名尼
	戴伯钧		歌尼
	王一林		聋尼
	洪承嗣		谛慧
	苏纪唐		静真
	江福保		闵僧
	李梅安		无牒僧
	周二仙		小和尚
佚	行游僧		灵隐寺僧
	伶人徐某	吴奇缘	禅关盗窟
	秃秃僧		铁钵禅师
朱鸿寿	怪道人		僧道角力
	黄武英家之拳僧		侠尼
	梦禅僧		潼关侠尼
	李拳师口述之僧尼		古刹奇僧
	行脚僧		袒臂僧
	散道人	朱剑山	云台山女僧
	双斧僧		布衣道人
	老尼身世		无量庵老僧
	疯道人		义禅
	狂笑道人		江阴贫道
	墨道人		塞外僧

泰安僧	**许指严** 寄禅和尚
痴道人	钟和尚
杨拳师口述之游方僧	乌拉山老僧
白眉僧	王克章
带发僧	了凡
少年尼	超恒
白衣道人	铁罗汉
胖罗汉	异僧
狂僧捕盗	云影僧
句容侠僧	黔僧
大罗和尚	飞来僧
觉禅	知非和尚
捕蛇僧	练工术
江河异僧	聂道人
铁骨和尚	**刘建勋** 秃秃
丐僧	卖解女
孝僧	脱尘僧
法远	伶人梁某
尼奉贞	智利和尚
金陵尼	月禅尼
无名之老尼	施道人
舟中尼	云间僧
念洪道人	箫道士
驼道人	纯道人
老道侠行	**江山渊** 医僧不空

醇王妃自尽记

宫闱小说。李定夷著。上海国华新记书局。1935 年 1 月再版。1 册。
2.4 万字。共 26 章。

第 一 章　绪论
第 二 章　福晋之身世
第 三 章　小王醇联姻之原因
第 四 章　溥仪入宫
第 五 章　东安市场之艳迹
第 六 章　上海之野鸳鸯
第 七 章　隆裕之怒斥福晋
第 八 章　小醇王之惧内
第 九 章　瑜妃与福晋之龃龉
第 十 章　小皇帝之婚姻问题
第十一章　小皇帝之出洋问题
第十二章　膳房太监之自刎
第十三章　宁寿宫前又一血案

第十四章　玉牒馆案
第十五章　御用之哈叭狗
第十六章　魏阁盗案
第十七章　予谥权之缪辘
第十八章　范寿臣之狱
第十九章　永和宫之皇室会议
第二十章　风流贵人之自尽
第二十一章　小皇帝之哭灵
第二十二章　徐东海之震悼
第二十三章　经单照录
第二十四章　大出丧之一席话
第二十五章　外报之记载
第二十六章　结论

贾 玉 怨

言情小说。李定夷著。上海国华新记书局。1931 年 2 月版。1 册。8 万字。梁溪海绮楼主人、刘铁冷、娄东东纳沈章序各 1 篇。铁沙天一、包醒独、何子恨、胡仪鲧、杨南村、陈索然题词各 1 首。鬓红女史评语 1 篇。后序 1 篇。共 30 回。

第一回　叙家世兰陵推望族
　　　　求学问沪渎肇前程
第二回　胜地游春情因巧种
　　　　深闺待字母教文明
第三回　红豆春肥绮怀谁诉
　　　　黄粱夜警情幕初开
第四回　燕语莺啼花间情话
　　　　山盟海誓人世良缘
第五回　遭家不造萱草摧残

　　　　窥户无声桃花依旧
第六回　漏泄春光慈亲震怒
　　　　仓皇夜渡季舅偕归
第七回　友朋谊笃远道来招
　　　　儿女情长扁舟过访
第八回　画梅相贻谢卿厚贶
　　　　抚琴遣兴期我知音
第九回　鸟语数声心惊送别
　　　　骊歌三奏肠断临歧

第 十 回　万里长征聊酬壮志
　　　　　尺书遥寄备述殷情

第十一回　鸣凤岗射熊逢剑侠
　　　　　落花村下马读残碑

第十二回　古剑盟心情犹棣萼
　　　　　秋风刺骨病客蛮荒

第十三回　软语频频落花有意
　　　　　严辞侃侃流水无情

第十四回　红颜薄命噩耗飞来
　　　　　青衫多情孤舟归去

第十五回　媚主意侍女施奸谋
　　　　　察婢言佳人识陷井

第十六回　冤债三生名花落劫
　　　　　忠言一席剧盗投诚

第十七回　离盗窟健儿运神算
　　　　　走花村农媪现婆心

第十八回　闲愁谁诉孤女投亲
　　　　　祸事无端老奴走险

第十九回　倩女多愁病婴床席
　　　　　骊姬挑衅祸起萧墙

第二十回　骨肉违和是谁之咎
　　　　　姻缘错缔实命不犹

第二十一回　香销玉碎魂返清都
　　　　　　李代桃僵波平情海

第二十二回　邂逅相逢天缘巧合
　　　　　　殷勤话旧往事堪伤

第二十三回　舟次披书怀情论古
　　　　　　旅中访艳有意乔装

第二十四回　燕子楼头花开解语
　　　　　　茜纱窗下草结同心

第二十五回　好事多磨意同槁木
　　　　　　闲愁莫诉心比卷葹

第二十六回　妖姬乍傍琴瑟调谐
　　　　　　噩耗横来埙篪奏急

第二十七回　是耶非耶胡来凶耗
　　　　　　斯人斯疾竟堕情天

第二十八回　抔土埋香昙花一现
　　　　　　孤舟援溺玉树再生

第二十九回　薄命花归薄命司
　　　　　　鼓盆客歌鼓盆曲

第 三 十 回　绝人逃世此恨绵绵
　　　　　　短曲长歌余音袅袅

镜花水月

　　言情小说。李定夷著。上海国华书局。1936 年 3 月 3 版。1 册。3.6
万字。弁言 1 篇。未分章节。

欲海狂澜

社会小说。李逊梅著。上海启智书局。1935 年 10 月 3 版。1 册。5
万字。自序 1 篇。共 10 回。

第一回　姑嫂闲谈派分新旧
　　　　冤家巧遇情辨贞淫

第二回　理难治欲迹涉桑中
　　　　肉可图欢珠藏蚌腹

第三回　闻女丑阿父动严威
　　　　念儿娇慈母独怜恤

第四回　私生娃苦命托乳母
　　　　薄情郎负心走他乡

第五回　无聊日殷忧窥孽女
　　　　迫吉辰欣喜庆于归

第六回　同榻于飞依稀旧梦
　　　　异邦宦旅惆怅新欢

第七回　卖女为婢醉狗图财
　　　　鬻良作娼毒妇造孽

第八回　受挞伏刑堪怜弱息
　　　　迎新送旧可惨无辜

第九回　信桃花劣男逞兽性
　　　　悲柳絮弱女侍偏房

第十回　妻妾翻波揭出真隐
　　　　父女喋血了尽残生

双凤伴凰

言情哀艳小说。李铁民著。上海春明书店。1946 年 3 月再版。2 册。
13 万字。共 12 章。

第一章　那个年轻的一口极流利的北
　　　　平话

第二章　初进情场究竟没有这般大胆

第三章　愈瞧愈爱索性瞧个仔细

第四章　见花折花险些儿丧了性命

第五章　二美相值病房里的疑神疑鬼

第六章　娥皇女英春色平分

第七章　相思的片面观可笑亦复可怜

第八章　出乎意料之外竟打碎了稳瓶

第九章　流下来的眼泪抑是哭出来还
　　　　是笑出来

第十章　脑部受重创失却了记忆

第十一章　偷天换日老唐果然上了当

第十二章　四张婚书结束了全书

孝女复仇记

社会小说。李笑吾编。中外书局。1921 年 6 月初版。1 册。1.9 万字。编者序 1 篇。张春兰、邱桂蟾、翁如童、江琴各题词数首。共 18 章。

第一章　孝女之父母诣沪

第二章　孝女之生身沪滨

第三章　孝女之父遭无辜

第四章　孝女之父充黑龙

第五章　孝女之母死非命

第六章　孝女之呼仇为父

第七章　孝女之入学从师

第八章　孝女之始知身世

第九章　孝女之蓄意寻父

第 十 章　孝女之禁锢密室

第十一章　孝女之装男夜遁

第十二章　孝女之困身拳匪

第十三章　孝女之书苦乞食

第十四章　孝女之卧病农家

第十五章　孝女之因病认父

第十六章　孝女之割股疗疾

第十七章　孝女之诬攀受刑

第十八章　孝女之孤身复仇

神 秘 盗

侦探小说。李流芳著。上海知识出版社。1938 年版。1 册。12.5 万字。自序 1 篇。共 14 回。

第一回　射白光金家遭洗劫

　　　　投名刺盗党逞威风

第二回　访情慰情看护阻密会

　　　　报捕辱捕盗匪寻开心

第三回　说爱谈情志同意洽

　　　　移资助学愿与心违

第四回　函牍传情机宜密示

　　　　婚姻受阻反念盟生

第五回　怒气冲天借刀科学

　　　　陶情作乐辟室销魂

第六回　为友递书娇妻兴醋浪

　　　　引宾入室阿婶动淫心

第七回　失此得彼荡妇欣巧遇

　　　　拒欢结恨情侣困魔障

第八回　报贩喧腾盗耗震都市

　　　　玉人苏醒梦回忆匪踪

第 九 回　见疑泄秘夫妇参加领导
　　　　　组党征员盗匪合作分工
第 十 回　施温柔旨髓换钞票
　　　　　惩淫贱盗党作对头
第十一回　仗势求婚方少爷竟遭没落
　　　　　殉情作盗金小姐出任先锋

第十二回　媚上宾妖姬布迷阵
　　　　　订密约黄雀与弹弓
第十三回　手套留绽痕累牵老父
　　　　　地窟商对策仇报敌人
第十四回　尤侦探勘案遭毒手
　　　　　科学党离埠避锋头

广 陵 潮

社会小说。李涵秋著。上海震亚图书局。1928 年 2 月初版。16 册。100 万字。李涵秋遗像 1 幅。须弥发刊缘起 1 篇。老谈弁言 1 篇。纫秋、紫瑚、熊瑞、李铎、徐春作序各 1 篇。菊屏"说苑珍闻" 1 篇。扁舟读"说苑珍闻" 1 篇。警众"说苑珍闻" 1 篇。包柚斧、山田饮江等 5 人作诗各 1 首。庄纶仪、吴中皋、朱哲存等 17 人题诗 16 首、作词 4 首。百新有限公司。1946 年 6 月改版第 1 版。4 册。严独鹤、陈慎言、刘云若、顾明道、张恨水作序各 1 篇。共 100 回。

第一回　避灾荒村奴择主
　　　　演迷信少妇求儿
第二回　宦途水淡公子下场
　　　　异想天开女儿剖腹
第三回　鹤唳风声避兵亡爱妾
　　　　疑神见鬼赏月病高年
第四回　失儿得儿酿成惨剧
　　　　死女生女演出新闻
第五回　误参苓庸医蝎毒
　　　　歌苿苢恶妇蛇心
第六回　痴公子肠断达生编
　　　　新嫁娘祸胎马桶盖
第七回　白虎当头县官笞秃婿

　　　　红鸾错配娇女嫁书呆
第八回　睡柴堆鸳鸯惊赤炎
　　　　编花榜狐兔聚青年
第九回　师道失尊严雷先生痛哭
　　　　尼庵藏污垢贺公子嬉春
第十回　嫠妇宵行蓬门窥暧昧
　　　　玉人命促酒座话酸辛
第十一回　栋折榱崩贫儿发迹
　　　　女婚男读孀母关心
第十二回　是前生孽障泪断莲钩
　　　　悔昔日风流魂飞棘院
第十三回　礼成释菜童子谒蒙师
　　　　会启盂兰佳人惊恶鬼

第 十 四 回　里巷相惊老妇侈谈天主教
　　　　　　书斋苦寂先生羞听女儿经

第 十 五 回　吊荒坟风前增怅惘
　　　　　　堕粪窖月下捉迷藏

第 十 六 回　老梅克除夕渡慈航
　　　　　　恶顾三中秋劫喜轿

第 十 七 回　劣弟恃蛮奸嫂嫂
　　　　　　顽弟装势做哥哥

第 十 八 回　锦袜留痕居丧权折齿
　　　　　　絮袍肇祸遇事便生波

第 十 九 回　赌局翻新快谈麻雀
　　　　　　仙机入妙误掷番蚨

第 二 十 回　强盗分金对句倡言革命党
　　　　　　儿童躲学书包偷掷土神祠

第二十一回　母惩爱子小妹谑娇音
　　　　　　鬼责贪夫贤姬成大礼

第二十二回　侮乡愚小嬉仙女镇
　　　　　　应科试大闹海陵城

第二十三回　赌嘴功竹叶杯倾玫瑰酒
　　　　　　试怀夹桃花纸嵌茯苓糕

第二十四回　家庭厌制泼妇扇雌威
　　　　　　淫窟深沉变童传妄语

第二十五回　信风闻恶姑施毒手
　　　　　　误日者淑女阻嘉姻

第二十六回　误姻缘伤心成幻梦
　　　　　　假道学雄辩到敦伦

第二十七回　论新闻政权俨翻专制局
　　　　　　编小说才人例堕奈何天

第二十八回　结新欢瀛眷辞湘水
　　　　　　惊异宠游踪卜润州

第二十九回　酒绿灯红孀妇怨
　　　　　　枫册荻翠估人船

第 三 十 回　雌押衙隔江劫美
　　　　　　丑司事拦路求人

第三十一回　求荐举儿子赠余桃
　　　　　　避喧嚣夫君歌折柳

第三十二回　卜书贞替人吃醋
　　　　　　林雨生拼命戒烟

第三十三回　一往情深离筵争进酒
　　　　　　百无聊赖欢宴独愁眠

第三十四回　春生雪地幽室结同心
　　　　　　义薄云天空门惊祝发

第三十五回　重黄金啬夫槛凤
　　　　　　疑白璧浪子杯蛇

第三十六回　家庭戾气蓄志杀亲娘
　　　　　　世界奇闻丧心告妻父

第三十七回　风定江平登轮惊铳手
　　　　　　霜寒夜永拥被话刀头

第三十八回　胪言风听诟谇起家庭
　　　　　　断发文身凄惶游岛国

第三十九回　万树梅花新旧党
　　　　　　一江榆荚去来船

第 四 十 回　意外缘惊魂沉水底
　　　　　　心上事吉谶出水中

第四十一回　使醋劲波涨莫愁湖
　　　　　　遇酒疯途穷真武庙

第四十二回　救危祸幸遇旧情人
　　　　　　发狂言交欢新志士

第四十三回　拜干娘巧施拍马
　　　　　　瞑老父快论精虫

第四十四回　打电报孝子奔丧
　　　　　　设乱坛奸徒作古

第四十五回　乞捐资短尽英雄气
　　　　　　吞巨款空生宵小心
第四十六回　欺小姑红闺娇割臂
　　　　　　充侠客黑夜惨飞头
第四十七回　惩蚁媒官留疑案
　　　　　　发蛟水民苦苛捐
第四十八回　别恨满琴书抛秀轩中成
　　　　　　旅客
　　　　　　吟场森剑戟消闲录上感
　　　　　　诗人
第四十九回　拨雨撩云缠绵痴婢意
　　　　　　含沙射影憔悴小妻心
第 五 十 回　负心郎空撰芙蓉诔
　　　　　　薄命女虚赓荇菜诗
第五十一回　学校春深莺莺燕燕
　　　　　　佛堂夜永雨雨风风
第五十二回　蛮舅爷无心槛凤
　　　　　　痴妓女有意离鸾
第五十三回　革命家汉皋小驻
　　　　　　负心汉媒孽为奸
第五十四回　捕听者劣弟诌谎言
　　　　　　平山堂群雄开大会
第五十五回　弄假成真毒人施毒手
　　　　　　将计就计情种寓情痴
第五十六回　江宁府书生脱祸
　　　　　　武昌府民党成功
第五十七回　黄天霸双手陷扬州
　　　　　　孟海华一心攻浦口
第五十八回　碧血凝愁孀妇归旅衬
　　　　　　红旗报捷娘子集雄师
第五十九回　大义灭亲娇娃忙北伐

　　　　　　阴谋未已奸侣又南来
第 六 十 回　武昌城仓皇惊炮火
　　　　　　黄歇浦呜咽听潮声
第六十一回　几颗蜜炙樱桃联欢卫队
　　　　　　四枚茶叶鸡蛋谢罪议员
第六十二回　深闺缱绻都督多情
　　　　　　天理昭彰奸人授首
第六十三回　逛马路托足倡寮
　　　　　　驳轿夫伤心政局
第六十四回　真多情无心逢彼美
　　　　　　假殉难到处散丧条
第六十五回　明伦堂腐儒大会
　　　　　　净慧寺泼妇飞来
第六十六回　起黑心莽秀才被辱
　　　　　　盟白首死和尚招亲
第六十七回　筵前碎语阿姐话从头
　　　　　　寺里游踪美人惊觌面
第六十八回　洗尘酒芳筵生雅谑
　　　　　　照乘珠密室动幽情
第六十九回　席地幕天英雄出屠狗
　　　　　　鸠形鹄面乞丐想从龙
第 七 十 回　纷纷劝进洪宪辟新元
　　　　　　踽踽独行腐儒思旧梦
第七十一回　分香卖履故督多情
　　　　　　返剑还珠痴郎快意
第七十二回　小团圆商量联宅眷
　　　　　　真妖孽研究到文言
第七十三回　故友重逢中分鸳耦
　　　　　　纤儿无赖妄肆鸮音
第七十四回　触娇嗔芳筵工笑谑
　　　　　　结新好情海起波澜

第七十五回　大设宴筵谰言发噱
　　　　　　重收孤子高谊可风

第七十六回　吃虚惊祸生眉睫
　　　　　　设妙策枉用心机

第七十七回　一夕话款款续良缘
　　　　　　半江风匆匆送行色

第七十八回　兴尽悲来商量作归计
　　　　　　时衰运倒租赁到妻房

第七十九回　雇挑夫朱成谦受窘
　　　　　　见爱媳柳克堂装憨

第 八 十 回　鱼肉善良奸蠹枉法
　　　　　　呻吟床榻寡鹄工愁

第八十一回　诉芳衷璇闺伤往事
　　　　　　谈果报酒馆说新闻

第八十二回　详灵签双方工索隐
　　　　　　论医理一味乱吹牛

第八十三回　逞谈锋当场演说
　　　　　　辞职务暗地输金

第八十四回　还凤愿酬神旗杆巷
　　　　　　得急电复辟北京城

第八十五回　遗老拜牌演成趣剧
　　　　　　腐儒说梦志在科名

第八十六回　报师恩门生忙后事
　　　　　　助丧费壮士念前情

第八十七回　养矫娇老人托梦兆
　　　　　　排劣货学子散传单

第八十八回　大示威国民开会
　　　　　　小受罚绅士说情

第八十九回　诗社联欢园林雅集
　　　　　　天空照相机械神仙

第 九 十 回　轧姘头老年染梅毒
　　　　　　禁私塾暗地起风潮

第九十一回　念前情璇闺生鼠雀
　　　　　　绵后泽深夜续鸾凰

第九十二回　黑吃黑乔家运欺人
　　　　　　冤报冤田福恩丧父

第九十三回　加车租苦力闹风潮
　　　　　　停工厂贫民绝生计

第九十四回　捐秋扇闺房惊恶梦
　　　　　　度春秋旅馆殉佳期

第九十五回　悬弧设帨三府征祥
　　　　　　进爵添筹一堂集庆

第九十六回　巧结合新郎被骗
　　　　　　辨是非败子回头

第九十七回　柳克堂因财受祸
　　　　　　明似珠失计潜踪

第九十八回　严取缔庸医侥幸
　　　　　　办清乡劣董倒霉

第九十九回　贤淑仪历劫归太虚
　　　　　　呆云麟忏情入幻境

第 一 百 回　秦太君考终团圆宴
　　　　　　华登云归结广陵潮

双 花 记

哀情小说。李涵秋著。上海小说林社。1907 年初版。1 册。3.1 万

字。吴应丙作弁言 1 篇。蟫庵作读双花记赘言 1 篇。陈善昌作书蟫庵赘言后 1 篇。于渐逵作双花记叙 1 篇。朱广寿作双花记碎谈 1 篇。剑影楼主作双花记之六大可惜 1 篇。汉江游侠儿作双花记丛谈 1 篇。绮楼痴蝶作双花记跋语 1 篇。哈礼堂、包安保、李荣漳、滤花寮主艺盦、杜课园、洪仲骞、万震东、江东一郎、红豆社主、周懿孙、龙溪太郎、王燮廷、平陵味道人、城北公子、剑影楼主作词各 1 首。未分章节。

平 沙 梦

艳情小说。即青萍吼。李涵秋著。伟大出版社。1938 年 10 月版。1 册。2.4 万字。自序 1 篇。共 10 回。

第一回　渺渺情天特生丽质
　　　　翩翩佳士忽觏仙葩
第二回　茂陵秋雨怒茁情苗
　　　　绣被春薰微亲芗泽
第三回　深宵围炉折东邀相知
　　　　醇膏微薰两小谈红楼
第四回　群芳争索妙丹青
　　　　淑女含嗔有醋意
第五回　春山远黛拟作湖上游
　　　　赠扇慰情好事多磨折
第六回　莺迁鸳居英才待试
　　　　狼子野心半途劫书
第七回　名落孙山羞见故人
　　　　嬎子设计思结同心
第八回　否极泰来重温旧梦
　　　　茜纱帐内戏名昙花
第九回　噩梦惊前兆
　　　　花宵庆生辰
第十回　堕孽障闺秀怨命
　　　　返故里才子无能

自由花范

社会小说。李涵秋著。上海世界书局。1923 年 2 月版。4 册。17 万字。提要 1 篇。铁瘦绘插图 40 幅。共 24 回。

第一回　创办学堂孀妇发私囊　　　　监造校舍穷儒逢际遇

第 二 回　放暑假才女赋新诗
　　　　　得家书闺娃拒婚约

第 三 回　中途遇恶探险诈杀人
　　　　　远道谒尊亲殷勤献计

第 四 回　摔会薄倔强辞职
　　　　　查宿舍萋斐工谗

第 五 回　女教员抱屈萌短见
　　　　　小书生避谤走他方

第 六 回　仆妇作伐弄蹊跷
　　　　　庶务结婚增笑剧

第 七 回　说顽石憨痴莫讳
　　　　　怕炸弹逃避不遑

第 八 回　假悔婚厅长论平心
　　　　　真使气教员挨毒打

第 九 回　善逢迎邵瑶媚权贵
　　　　　生艳羡季氏进佳肴

第 十 回　遇知己杯酒谈心
　　　　　动忧思客窗听雨

第十一回　粉香居无意遇彼姝
　　　　　花烛夜有心殴贺客

第十二回　老羞成怒口角横肆
　　　　　欢喜未完风波陡起

第十三回　泸言风听憔悴断肠花

酒绿灯红欢欣同命鸟

第十四回　憨小妹娇嗔发讥诮
　　　　　慈阿母肆口论自由

第十五回　盗虚声巨金求侠客
　　　　　施暗杀远道探仇人

第十六回　杀子求荣良心丧尽
　　　　　担惊成病蠢物戕生

第十七回　才子钩名绣花枕
　　　　　娇娃使劲泼醋缸

第十八回　半淞园佳人会友
　　　　　平安里校役失踪

第十九回　励贞操愤愤赴东洋
　　　　　挚良朋匆匆归故里

第 二 十 回　师生结契肺腑倾谈
　　　　　　母女同心语言调侃

第二十一回　动真义愤议设美人计
　　　　　　得假情书大起醋风潮

第二十二回　泄阴谋销弭风流罪
　　　　　　参佛理聊为月旦评

第二十三回　断恩绝义苦忆庭闱
　　　　　　斗智逞才频投尺素

第二十四回　堕爱河一成一败
　　　　　　卜嘉礼宜室宜家

并 头 莲

言情小说。李涵秋著。上海新声书局。1933 年 4 月初版。1 册。3 万字。共 5 回。

第一回　悲故剑沈郎祭死妇　　　　　　泛轻舟崔女缔新交

第二回　携隽侣中流避暴雨
　　　　图报复帷幄运奇谋
第三回　谢莼斋说退林监督
　　　　崔莲音被摈淑云校

第四回　元精珠难续书生命
　　　　白绫带竟系侠女魂
第五回　古井不波夜奔崔女
　　　　新冢被发晨活沈郎

好　青　年

社会小说。李涵秋著。上海国华书局。1923 年 9 月 4 版。6 集。31.8
万字。插图 20 幅。共 20 回。

第一回　山色湖光病中佳丽
　　　　箫心剑胆酒后疏狂
第二回　闹学堂校长剑财
　　　　走荒郊儿童畏祸
第三回　单相思小鬟盘鬼话
　　　　害假病医士用人参
第四回　雌阿母变成雄阿母
　　　　旧学生欺凌新学生
第五回　睹芳姿蛾眉见妒
　　　　施诡计蜮影工谗
第六回　鸳鸯同梦误入桃源
　　　　鹣鲽双飞惊闻梅讯
第七回　奋义侠双稚赶逃人
　　　　晤良朋一言释前隙
第八回　斯文骨肉寒夜托孤
　　　　尚武精神春郊放礨
第九回　演飞机捐资助侠女
　　　　闯棋局下榻款英雌
第十回　官场戏场小儿顾问
　　　　买票投票会长滑稽

第十一回　悲落魄校长拉车
　　　　　昧良心花娘争产
第十二回　摔水盂憨小姐生嗔
　　　　　编花篮胖姑娘坐井
第十三回　沪杭火车客惊一瞥
　　　　　广寒月殿人不双圆
第十四回　偶展雄威阿兰脱险
　　　　　别开生面告白求婚
第十五回　急奔驰不愧多情友
　　　　　假名义权作未婚妻
第十六回　老夫耄矣互誉佳儿
　　　　　公子归来空思艳侣
第十七回　演影戏童稚闹离婚
　　　　　辟利源女儿谋独立
第十八回　发虎威逼走娇娃
　　　　　结鸳盟欣逢女友
第十九回　谈往事欢腾歇浦潮
　　　　　励贞操春剪吴淞水
第二十回　一封书殷勤托老友
　　　　　五色石缺陷补情天

还 娇 记

奇情小说。李涵秋著。上海清华书局。1928 年 6 月 3 版。2 册。6.1 万字。共 10 回。

第一回	试佳儿桃花惊艳句 晤弱妹萍絮感离踪	第六回	亲上亲嘉耦翻成怨耦 险中险仇人权作恩人
第二回	室迩人遐腐儒空猎艳 酒阑灯炮游客枉销魂	第七回	蹑芳踪晓窥睡帐 纷雅谑夜启华筵
第三回	谋嗣续蠢妇诞奇胎 了恩仇花娘施毒手	第八回	如兄如弟燕尔新婚 今夕何夕见此粲者
第四回	只女孤男洞房坛绮孽 双棺一榻魅室走惊魂	第九回	曲曲洞房新人辜好梦 深深妓院嫖友献奸谋
第五回	闹骑驴乡老还家 逛鸣凤书痴教读	第十回	天地本无私害人祸己 家庭多缺陷奸妇嬬儿

近十年目睹之怪现状

社会小说。李涵秋著。上海世界书局。1928 年 4 月 4 版。4 册。41.9 万字。赵苕狂序 1 篇。共 40 回。

第一回	乔坐衙作福作威 施毒计害人害己		乡绅闹意见古绌左支
第二回	说大话吓煞土老儿 送人情欢联县知事	第五回	屋漏旦明举人讲学 沿门托铎丐妇伸冤
第三回	上匾额满面起光荣 吝金钱一心欺骨肉	第六回	缘外缘诗歌鹡鸰 错中错谱乱鸳鸯
第四回	骨肉起风波后恭前倨	第七回	讲共和保卫团聚睹 开眼界钓鱼巷狂嫖

第 八 回　开大会偶惊艳影
　　　　　结新盟计诱童骏

第 九 回　卖风流教员遭马刷
　　　　　谋扰乱兵士获传单

第 十 回　求救无门人情落落
　　　　　请君入瓮天网恢恢

第十一回　螳捕蝉恶人占财产
　　　　　蛇吞象弱女报仇雠

第十二回　泄忿气鞭笞鸾凤
　　　　　审奸情棒打鸳鸯

第十三回　溺私情深宵闻惨语
　　　　　动公愤开会发狂言

第十四回　走权门殷勤钻狗洞
　　　　　失人格谈笑荐蛇医

第十五回　庆生辰大闹老虎灶
　　　　　嗟落魄小谪护龙桥

第十六回　老医生怀娠误膨胀
　　　　　小痞棍育子设粪门

第十七回　冷落门庭乡愚谈往事
　　　　　草菅人命医士判徒刑

第十八回　遇小贼狱里快谈天
　　　　　觅外甥街前迷岔路

第十九回　获巨金外甥赎罪
　　　　　失赃物阿舅遭冤

第二十回　婢膝奴颜心源授受
　　　　　灯昏夜黑人体模型

第二十一回　报妻仇误惊阿姊
　　　　　　探兵信巧遇孤孀

第二十二回　卖小妻媒人论身价
　　　　　　骗侄媳绅士逞风骚

第二十三回　叙旧情可歌可泣
　　　　　　制春服奇事奇文

第二十四回　奋义勇枉作冰人
　　　　　　陷牢笼痛惩淫妇

第二十五回　一夜夫妻成局忽翻变局
　　　　　　满城风月故乡怎及他乡

第二十六回　设圈套有意占孤孀
　　　　　　踢皮球无心惊艳遇

第二十七回　评古画张口喊梅花
　　　　　　夺名园居心敲竹杠

第二十八回　工鬼计舌鼓如簧
　　　　　　耀官星冤沉似海

第二十九回　拜干女不枉解悭囊
　　　　　　媚小妻权且升正室

第三十回　谋荐举局长渡江
　　　　　　述新闻旗人改姓

第三十一回　怜旧宠玉殒香销
　　　　　　进艳姬花团锦簇

第三十二回　狐党成群门房工笑谑
　　　　　　蛾眉见嫉卧室起喧嚣

第三十三回　骗老人大同说大话
　　　　　　恋慈母哀女起哀音

第三十四回　托良媒翻云覆雨
　　　　　　得喜信锦簇花团

第三十五回　窃明珠暗中施狡计
　　　　　　全贞璞意外遇奇缘

第三十六回　怀剪刀冰清玉洁
　　　　　　揭黑幕石破天惊

第三十七回　认兄妹洞房昵语
　　　　　　驳名分监督施威

第三十八回　受责骂楚囚相对
　　　　　　叙家常骨肉团圆

653

第三十九回　起风波内宅出新闻
　　　　　　聆笑语门房窥秘戏

第　四　十　回　金尽还乡频遭白眼
　　　　　　　　日暮寄宿致感当年

侠凤奇缘

侠情小说。李涵秋著。上海清华书局。1918 年 10 月初版。6 册。29.9 万字。枕亚、瞻庐、吴瘦鹃、浣东野、陆律西、李寿熙、浩然、严独鹤作序各 1 篇。作者自序 1 篇。天台山农、恽秋星、韩素君、韩凤琴、顾焕文、姚民哀、许太和、朱大可、薛柔声题诗各 1 首。浩然、许瘦蝶题词各 1 首。共 14 回。

第一回　骂县官风霾惊噩劫
　　　　遇巡捕月夜走洋街

第二回　曲中缘痴情融水酒
　　　　弦外恨国耻入凤琴

第三回　证三生艳魂销菊扣
　　　　留双影痔血画桃花

第四回　焰熊熊大逢名士怒
　　　　情切切小缀玉郎词

第五回　结新欢狂言訾小姐
　　　　悲往事血泪洒慈亲

第六回　玉软香温春生锦被
　　　　势尽交绝寒吝绨袍

第七回　沙家巷拼命觅新欢
　　　　华景街无心逢旧友

第　八　回　筹饷局司事夜吹牛
　　　　　　演武厅美人春试马

第　九　回　望江亭上惨惨骊歌
　　　　　　元夜灯前憧憧鬼影

第　十　回　召红笺花朝开酒宴
　　　　　　推白刃菊部起风波

第十一回　逞谈锋枪唇刃舌
　　　　　陷冤狱剑胆琴心

第十二回　论婚姻爱情征父女
　　　　　述心事雅谑到师生

第十三回　鏖战情场惊逢劲敌
　　　　　夤缘高位礼聘通儒

第十四回　负心人巧献风流计
　　　　　多情女大闹月儿湖

怪　家　庭

社会小说。李涵秋著。上海震亚图书局。1931 年 2 月 10 日正集再

版。1931 年 5 月 1 日续集初版。4 册。26.3 万字。李警众作续集序 1 篇。
车耀午作读怪家庭续集书后 1 篇。贡少芹作怪家庭序 1 篇。共 40 回。

正集

第 一 回　众门客争咏斧柯诗
　　　　　小医生巧卖葫芦药

第 二 回　劣小儿洒墨污长衫
　　　　　假富户收功在报纸

第 三 回　将计就计妙算结连环
　　　　　以讹传讹谗言攻漏洞

第 四 回　朱雀红鸾婚姻前定
　　　　　青龙白虎凶吉并行

第 五 回　借衣服亲家母出丑
　　　　　认姻戚小姨父发疯

第 六 回　认交情双雄斗智
　　　　　揽家政一手遮天

第 七 回　黑幕模糊爱生假父
　　　　　红闺开放计陷金姨

第 八 回　逢旧雨垂老得场官
　　　　　度荒村无心遇亲母

第 九 回　悟往事老泪洒村墟
　　　　　染沉疴孤身羁旅邸

第 十 回　哭肚皮小姐发疯
　　　　　割靴勒郎君赌气

第十一回　读情书平添游子恨
　　　　　接家信惊碎老妻心

第十二回　训劣婿反唇相讥
　　　　　寻生子问心抱愧

第十三回　听秘事贿仆绝根株
　　　　　丧良心寻医下毒药

第十四回　歹毒妇苦口劝夫君

尴尬人狠心欺岳母

第十五回　一生作茧磨蝎临宫
　　　　　七日停尸腐蛆出户

第十六回　恶家庭饕风虐雨
　　　　　习工艺惨雾愁云

第十七回　歌芣苢产妇发娇嗔
　　　　　诱芙蓉痴儿闹笑剧

第十八回　收孤女镇远忆前仇
　　　　　借巨款文谦施诡计

第十九回　染重疾爱女丧生
　　　　　见密函劣婿被逐

第二十回　不肖儿悖理乱伦
　　　　　好家庭风流云散

续集

第 一 回　阮囊羞涩望切成龙
　　　　　表叔多情心嫌野鹜

第 二 回　施琢香乡试中经魁
　　　　　袁吉谦穷途归故里

第 三 回　忤逆儿背母走天涯
　　　　　浪淫妇怀财逢旧雨

第 四 回　十二圩金姨匿迹
　　　　　七家巷使女逢生

第 五 回　旧眷属再度庆团圆
　　　　　怪家庭又翻新局面

第 六 回　芙蓉婢软语全贞操
　　　　　宣夫人慈心收义女

第 七 回　苦命女负屈含冤

	有情人终成眷属		否极泰来合浦半还珠
第 八 回	秦午樵执柯遭白眼	第十五回	纵兽欲凶徒中毒
	方镇远遇骗落风尘		闹醋劲荡妇怀春
第 九 回	日暮途穷痴儿比匪	第十六回	鸠占鹊巢风流小报
	饥寒交迫群小纳邪		楼空凤去天道好还
第 十 回	雄辩滔滔新婚无望	第十七回	袁吉谦贪财甘受骗
	义声卓卓破镜重圆		项文豹卖友进谗言
第十一回	败子回头春生蓬壁	第十八回	活魔鬼闻风索诈
	红鸾双照喜溢门楣		孽鸳鸯服毒殉情
第十二回	争喜筵重提往事	第十九回	袁吉谦恶满葬江鱼
	谋生计又记前仇		秦午樵分金惠寡鹄
第十三回	周瑟夫寻仇空受饿	第二十回	美妻妾人间真富贵
	戴文谦忍辱又遭殃		怪家庭天赐巧团圆
第十四回	日暮途穷茶寮欣晤旧		

姐妹花骨

哀情小说。李涵秋著。上海震亚图书局。1923 年 7 月版。1 册。4.6 万字。序言 1 篇。未分章节。

战地莺花录

社会小说。李涵秋著。上海新民图书馆兄弟公司。1919 年 5 月版。6 册。42 万字。严独鹤、周剑云、范泛君、博甫谨作序各 1 篇。共 24 回。

第一回	闹市烟云人惊绝艳	第三回	公子芙蓉消遣法
	旅斋风雨客述奇闻		美人桃李艳阳时
第二回	进谗言劣儿废读	第四回	旧知县频遭月旦
	明大义烈女全贞		新议员重出风头

第 五 回　借赀财气死孟宗魁
　　　　　求子息药杀王无咎

第 六 回　易女装娇儿入世
　　　　　惊国变老父归天

第 七 回　真相思男儿惊绝艳
　　　　　乔入学女校结新欢

第 八 回　孤舟遇险夜渡重洋
　　　　　两小无猜春生锦被

第 九 回　伤时局狂歌当哭
　　　　　感家难发愤从戎

第 十 回　避兵祸挈眷走羊城
　　　　　奋战功只身入虎穴

第十一回　结新知志士论交
　　　　　泄春光伧夫骂座

第十二回　谒岳丈林耀华拒婚
　　　　　请救兵赵璧如就道

第十三回　吃花酒贻误兵机
　　　　　失军心巧来说客

第十四回　捕间谍全营哗变
　　　　　释兵权志士宵征

第十五回　索戒指小妹娇嗔
　　　　　证盟言秀姑访旧

第十六回　叙往事暗订意中缘
　　　　　因悔婚又成天外客

第十七回　乞假婚喜气溢三军
　　　　　现真相良缘成一梦

第十八回　薄总统老太婆畅谈时事
　　　　　宴嘉宾少夫人重叙幽欢

第十九回　乔吃醋香口吮兰言
　　　　　理残妆娇嗔试纤掌

第 二 十 回　春融锦帐玉软香温
　　　　　祸起璇闺刀光灯影

第二十一回　因溺爱抱恨入重泉
　　　　　悔求婚含羞归故里

第二十二回　感挚爱异地结新盟
　　　　　望和平公园开大会

第二十三回　忆坠欢玉人嗟薄幸
　　　　　释宿憾公子忏闲情

第二十四回　劫中劫不肖子竟作波臣
　　　　　缘中缘有情人都成眷属

香闺花影

短篇社会小说。李涵秋、张云石编。上海世界书局。1922 年版。4册。19 万字。附插图 120 幅。李涵秋序一,瞻庐序二,蕴章识序三。编辑小诲集 1 篇。共 83 篇。

第一集

张玉如　毒钻
　　　　　反常的恋爱

多妻鉴
灯语
一个医生的秘密

朱恨波	新婚劫		范瑞恩	一个看护妇
	旧忆			快一点
	一幅油画		徐婉云	新文学家
余屏嫣	中秋之园会			
	侠情记		**第三集**	
	难兄难弟		朱恨波	扶新记
章芬	谁的错			狂澜余桴
	宁为玉碎			梦尘阁忆语
徐婉云	绝琼记			嘉定游记
	不愿意		YS	银镯
陆尘客	潇湘劫			看错了
	快活家庭的一日		朱静蓉	名誉
陈淑英	义仆			青年之梦
	一个卖唱的妇人			人……鬼
			渔舟姑娘	一个抱独身主义者
第二集				伊的志遇
尤静娴	不可思议的女婿		张玉如	三神可怕底女人
	名义上的夫妇			呜呼贞操
	冰艳亲王			一个侦探的日记
	一对不杖期夫			十年一大变
余屏嫣	邻氏兴衰录		尤静娴	醉后的损失
	一个成功的博士			一脚踢成千古恨
	慈母之爱		蒻蒨	镜子的面面观
朱恨波	京汉道中		杨亦民	自由误我
	游开封一日记			新紫荆树
陈淑英	飞机		罗啸琴	恶姑娘
张玉如	贤母贤儿			情场失意的女郎
	一个小说家的幻梦			绣阁谈鬼录
	重婚的罪恶			
	一个觉悟的女子		**第四集**	
章芬	双鬟记		波影	情花泪果

	桃花开日断肠时	幕面女郎	黎明
云奇	伤心	汪若丽	说不出的苦
	环境		麻雀牌的一夕话
诸昌嫄	绿宝石	高赓红	爱情侦探
徐婉云	嫁女记	陶实如	伊之蜜月
	如此相逢		一个堕落的教员
张玉如	画师之妻	长寄女郎	春雨记
	状元糕的艳史	蒋琼奴	姐妹花
剑影	惨嫁记		新婚惨剧
爱恨	有情人难成眷属	朱竹君	爱国之花
唐维玉	扫墓记	凤影	三个捧角家的下场

活　现　形

社会滑稽小说。李涵秋著。上海国华新记书局。1932 年 1 月 8 版。4
册。15.9 万字。贡少芹校订。插图 16 幅。提要 1 篇。共 16 回。

第一回	燕语莺啼三姨缱绻		工雅谑老贼拽银铛
	花团锦簇小侣缠绵	第 八 回	识乔装联床话风雨
第二回	丑小姐工吟新体诗		整归辔野店冒星霜
	美女伶乔拜老干父	第 九 回	爱真才拜访女文豪
第三回	入险出险幸脱重围		窃虚名冒充大主笔
	知恩报恩相逢陌路	第 十 回	一使忽来礼延贤士
第四回	谈宝物伧奴发狂言		三生有幸巧遇淫僧
	施妙计父子演活剧	第十一回	入骗局贪欢失玉镯
第五回	议婚姻阿翁施扑责		托知交得意诵歪诗
	劫财物群盗运机谋	第十二回	开琼筵何来裂帛声
第六回	救贞女英雄入秘室		入秘室偷瞰鸳鸯侣
	避亲夫和尚爬晒台	第十三回	大出丧异乡逢旧雨
第七回	误相思佳人遗玉佩		小饮宴学究感浇风

第十四回	闻噩耗千里视亲儿 染沉疴一心恋彼美		大发书痴伧奴治病
第十五回	忽来情敌女子负心	第十六回	此众生相各自下场 看有情人都成眷属

爱克司光录

社会小说。李涵秋著。中央书店。1927 年 10 月再版。4 册。33 万字。杨云史前言 1 篇。鲍观澄、张春帆、冯叔鸾、范烟桥序各 1 篇。插图 64 幅。共 32 回。

第一集

第一回	神鬼道消哀哀鲁二混 缙绅权重赫赫张三丰
第二回	抵日货小百姓抄家 起风潮众商人罢市
第三回	愤时局沪渎驻游踪 逞谈锋酒楼逢大侠
第四回	小盗不起大盗不至 窃钩者诛窃国者侯
第五回	小说家快谈骗局 大善士建设乩坛
第六回	缘外缘丑妇害相思 错中错少爷窥浴
第七回	逞狡谋移花接木 惊奇丑倒树寻根
第八回	假撮合威压平民 兴风波羞生中箐
第九回	刘海蟾狂吟新体诗 邵壁虎大骂旧文学
第十回	酒家征逐高兴联盟

	钗钏依稀无心遇美
第十一回	爱金钱忍心卖妹 毁盟约蓄志休妻
第十二回	奋勇下书祝先生吃粪 殷勤劝酒邵女士卖身
第十三回	输官司村女投河 泄奸情美人设局
第十四回	遵遗嘱独子承家 闹赌场义仆护主
第十五回	姑妇勃谿家庭多故 男女交际门户公开
第十六回	请讼师疑神见鬼 谒县长叱燕嗔莺

第二集

第 一 回	冒风雪战士夜归家 具盘飧美人初觌面
第 二 回	荡妇偷情微言歪有理 管家推毂好意枉操心
第 三 回	尴尬病羞对尴尬人

阴险贼偷制阴险药

第四回　笑靥生春汗巾换手帕
　　　　痴情可掬大蒜煮黄鱼

第五回　少女怀胎虔婆借箸
　　　　老娘倒绷呆汉灌肠

第六回　穷凶极恶祸起馋人
　　　　扑朔迷离弹飞情敌

第七回　老夫妻心碎朱签
　　　　好朋友冤沉深井

第八回　守苦节晨奔老屋
　　　　吃虚惊夜走荒江

第九回　饥寒起盗心负恩蓬底
　　　　轻薄来巴掌遇旧车厢

第十回　忍大仇急通兰谱

示小惠远下鱼钩

第十一回　杯酒解疑心甘言似蜜
　　　　　串珠试爱力绝处逢生

第十二回　假钞票陷人入狱
　　　　　真荐信诳友投军

第十三回　刀光剑影祸从天外飞来
　　　　　玉笑珠香语自性中流出

第十四回　好事多磨钗分镜破
　　　　　天缘凑巧路转峰回

第十五回　风萧萧谈心怜寡鹄
　　　　　车辘辘蓄意救孤鸳

第十六回　结局夜深听末路
　　　　　名园花好让良缘

涵秋笔记

短篇社会札记小说集。李涵秋著。上海国学书室。1919 年 6 月版。2 册。13 万字。须弥志校读后记 1 篇。共 158 则。

彩凤随鸦记

铁头头陀

赭云

邹心如

怀宁冤狱

青棠

记唐烈妇事

尚书第鬼

陈月珠

方希孟

镜光岩

吕凤梧

义仆

媚蓉

离愁杂志

折狱二则

辰州符

绿柔

楚昭王第二

情误

义骡

锦袱案

驴能言

文娥

弟兄斗富

侠女

丐医

园光

惜花生

伪金砖

马道婆

谢镜红

杀虎堡

灵狝

六藏

偶对

马子

地官第井

水龙

打扁担

蛾眉

风俗谈

迁官面长

白发药

管辂

嫦娥

迷楼

袁子才先生轶事

花子先生

陈邵平

洪杨轶闻

伪廉

三教雅谑

犯兽

尺二冤家

相不足凭

肉飞仙

秋千

陈若禾先生轶事

庸医杀人

胡某

云云

巧对

雌雄龙

倒舁肩舆

得眼林

尸媾

某乙

地鸡地鸭

雉鸣求其牝

画记

古字

击瓯

荐新

梁太子

彭公雪琴韵事

蛇吃醋

黄均太

王石公太太

温令

燕娘

年羹尧轶闻

长舌妇

孔某

李石泉德政

珊瑚妇人

螺亭

鞭药

程榴

兵马司巷红水

十三人

秀才弑父

长春树

犬歌

刺蟒

肌肤生火

榴瑞堂

边振新

芙蓉先生

荆州卫

阴阳人

兰氏

徐绍垣

东海王

吉氏

王筱香

萧洵

鸢戏志异

邱虎

黄鹤楼之哑妇

王平

萧士成

潘书琳

月影庵

秦瑞苹

余生

担粪小厮

尤某

鹄中人

奇诒

严大成

鱼异

狎婢遭焚

秘方

道士冤狱

传戒肇乱

石人禳火

逃学

于大

李梦符

豆腐闸儿人

韵人韵事

医产

窃鱼

有道尼

炸药

李子长画

征钱

虎掌刺

观心

万太郎

哑子

骗术一

骗术二

骗术三	剖腹
骗术四	某宦女
骗术五	火劫
屠户	水灾
剜心	风灾
刘烈女	钟董轶事
薛某	谭三癫

绿林怪杰

武侠小说。李涵秋著。上海大东书局。出版时间不详。2 册。11.5 万字。孙石奇作裂虎篇。插图 32 幅。共 32 章。

第 一 章	快杰之诞生与其幼稚之时代	第十七章	收徒
第 二 章	只手擒蟒	第十八章	避祸
第 三 章	义劫济孤	第十九章	打鬼
第 四 章	三百两	第二十章	入伙
第 五 章	落水被擒	第二十一章	拒捕
第 六 章	赠物报恩	第二十二章	疏通盐卡
第 七 章	路遇英雄	第二十三章	贩私获利
第 八 章	冒险探狱	第二十四章	群英赴宴
第 九 章	捕蛇	第二十五章	酒楼脱险
第 十 章	举鼎比武	第二十六章	杀虎
第十一章	酒鬼	第二十七章	悬赏
第十二章	盛怒之下	第二十八章	谋刺
第十三章	群雄拥戴	第二十九章	投诚
第十四章	约法	第 三 十 章	光复
第十五章	宿院	第三十一章	炸药
第十六章	威劫	第三十二章	建祠

琵 琶 怨

短篇言情小说。李涵秋著。上海国学书室。1915 年 3 月版。1 册。1.5 万字。共 6 则。

一　黄金霞

二　纤纤

三　恽楚卿

四　秋蓉

五　红仙

六　叶红玉

新广陵潮

社会小说。李涵秋残稿, 程瞻庐续撰。世界书局。1928 年 10 月版。5 册。40 万字。程瞻庐序 1 篇。共 50 回。

第一回　抚松楸凄凉怀小妹
　　　　思竹树邂逅遇蛮婆

第二回　掉书袋秀才动唇舌
　　　　索赘仪悍妇撞头拳

第三回　许学究星降文昌宫
　　　　马货郎雨阻天王寺

第四回　莽头陀跳窗起恶念
　　　　村姑子落水感恩人

第五回　恶阇黎树下寻仇
　　　　贤御史林间归隐

第六回　都天庙酸丁谋膏火
　　　　太史第措大起风潮

第七回　疑真疑假落水鬼显魂
　　　　可泣可歌扫街夫救母

第八回　议祭礼官绅拜古寺
　　　　整行装母女赴吴门

第九回　开学校黑夜遇明星
　　　　扫闲轩良霄赏皓月

第十回　花解语魂消末座
　　　　月无情泪洒空房

第十一回　谑翠嘲红刊登小品
　　　　　看朱成碧缔结深仇

第十二回　情极计生金蝉脱壳
　　　　　途穷日暮飞鸟入笼

第十三回　匆匆行色假意契苔岑
　　　　　黯黯春光伤心题鲜壁

第十四回　痴心女单恋寄红笺
　　　　　薄命妇全真归黄土

第 十 五 回　扬中送别夫也不良
　　　　　　掩袖工谗天乎何酷

第 十 六 回　恶因缘娇妾受奇冤
　　　　　　空欢喜学生动公愤

第 十 七 回　杂花生树三月莺飞
　　　　　　醋海兴波一声狮吼

第 十 八 回　访檀奴情绪缠绵
　　　　　　拜莲座眼花撩乱

第 十 九 回　离佳郡雪奴失踪
　　　　　　走权门玉女留影

第 二 十 回　假眼泪幻成真眼泪
　　　　　　恶心肠装作善心肠

第二十一回　隔户听悲声书生肠断
　　　　　　开筵遭剧变都宪魂飞

第二十二回　水尽山穷客商逢旧雨
　　　　　　灯红酒绿绣阃错奴星

第二十三回　宦海遭风卫兵缠白布
　　　　　　情天历劫逆旅挽红丝

第二十四回　论恋爱风流夸骨相
　　　　　　分犒赏天足着皮鞋

第二十五回　世风不古廉吏受奇冤
　　　　　　天道何知孤儿遭横祸

第二十六回　惨凄凄淑女泣鸰原
　　　　　　情脉脉痴姬待蜜月

第二十七回　室暗灯昏运毫悲身世
　　　　　　夜阑人静倚枕诉哀情

第二十八回　误佳期冷落新娘子
　　　　　　报宿怨推翻老翰林

第二十九回　题栗主疑心生暗鬼
　　　　　　怨檀郎肆口骂化人

第 三 十 回　仗武力催放合欢花

　　　　　　泄机谋折断交柯树

第三十一回　航空遇险女志士失踪
　　　　　　问罪兴师酸秀才受辱

第三十二回　怪怪奇奇共庆圣狂节
　　　　　　真真假假疑是再生缘

第三十三回　弭风潮菢头开大会
　　　　　　得电信祝发入空门

第三十四回　接木移花换巢成鸾凤
　　　　　　乘风破浪同命订鸳鸯

第三十五回　自怨自艾游子死他乡
　　　　　　载沉载浮飞仙登彼岸

第三十六回　侍病榻夜静话前尘
　　　　　　泣孤舟途穷交好运

第三十七回　陌上停车乡农谈旧事
　　　　　　壁间留字贪吏受奇殃

第三十八回　出风头学究登场
　　　　　　论电影孝廉骂座

第三十九回　伴娇儿灯前说梦话
　　　　　　遇侠客月下破奸谋

第 四 十 回　入监狱祸因恶积
　　　　　　访燕巢乐极悲生

第四十一回　结深仇小寡妇争锋
　　　　　　遇劲敌老太婆失势

第四十二回　慕簪缨登门访旧友
　　　　　　敲竹杠僻巷遇傻儿

第四十三回　三生有幸双拜大恩人
　　　　　　百折不回可怜小猴子

第四十四回　清辩滔滔推翻天道
　　　　　　独行踽踽回转家乡

第四十五回　荷沼回风缠绵闻笑语
　　　　　　槿篱落日隐约识行踪

第四十六回　美眷如花飞艇载仙子　　　　　　　乔坐衙儿子审亲娘
　　　　　　浮生若梦古寺礼空王　　第四十九回　白发商人话忤逆因果
第四十七回　胡律师设计图遗产　　　　　　　　青年学子谈神圣生涯
　　　　　　醋娘子割爱置偏房　　第 五 十 回　惹祸招殃难逃天理
第四十八回　大决战族人争继嗣　　　　　　　　彰善惩恶大快人心

瑶瑟夫人

言情小说。李涵秋著。上海国学书室。1925 年 3 月再版。1 册。4.7 万字。共 38 章。

第 一 章　思妇之春情　　　　　　第 十 九 章　突奈都律师
第 二 章　冒险是爱情的发现　　　　第 二 十 章　石洞结果
第 三 章　姆仪学校与汇英学校之配合　第二十一章　绣雨女郎
第 四 章　至理奇谈　　　　　　　　第二十二章　一颗玉弹打出两颗来
第 五 章　支那妇女如是　　　　　　第二十三章　餐馆与火车
第 六 章　露山打围　　　　　　　　第二十四章　幽室
第 七 章　既生了个榕玉为甚的又生了　第二十五章　虎背桥之大风雨
　　　　　个瑶瑟夫人　　　　　　第二十六章　好大鱼好大鱼
第 八 章　石洞　　　　　　　　　　第二十七章　网香居
第 九 章　大餐馆　　　　　　　　　第二十八章　俨然熊明侍姬
第 十 章　莫不是被人拐了去　　　　第二十九章　血腥
第十一章　皮夹如故　　　　　　　　第 三 十 章　危亭
第十二章　梦也梦也　　　　　　　　第三十一章　双环探险
第十三章　黑云飞熊　　　　　　　　第三十二章　又窜进一个人来
第十四章　系何人系何人　　　　　　第三十三章　裁判所之晤会
第十五章　会计员之抢白　　　　　　第三十四章　宣告死刑
第十六章　白瓦格顿　　　　　　　　第三十五章　狱别
第十七章　楼上有贼　　　　　　　　第三十六章　一男一女
第十八章　明知榕玉并不是摩立君所藏　第三十七章　撒雪榕玉供述原委

第三十八章 一夫二妇完案

雌 蝶 影

言情小说。李涵秋著。上海国学书室。1921 年 4 月再版。1 册。4 万字。共 18 章。

魅 镜

社会小说。李涵秋著。上海国华书局。1926 年 10 月版。5 册。27 万字。贡壁序 1 篇。李涵秋自叙 1 篇。插图 20 幅。2 集。共 20 回。

第一回　泣穷途雪夜酿幽酸
　　　　论均产风尘惊奇遇
第二回　训义方泪溢金樽
　　　　索巨款魂飞铁弹
第三回　孝里赶悖理反称行礼
　　　　镜中影多情却似无情
第四回　螳捕蝉侦探施妙手
　　　　蛇吞象强盗没良心
第五回　窃余香书痴眠绣榻
　　　　施诡计节妇建牌坊
第六回　春思缠绵小诗贾祸
　　　　夜凉缱绻艳曲销魂
第七回　失票据老妇发狂
　　　　得横财丑妻卖俏
第八回　触娇嗔红闺小语
　　　　施狡术黑夜圆光
第九回　普陀山挟妓进香

　　　　玄妙观寻师肇祸
第 十 回　叙艳史旧事忆从头
　　　　　拾坠欢故人重握手
第十一回　开大会妙语论公妻
　　　　　解重围无心逢旧友
第十二回　舐目疾密室媚干娘
　　　　　关亡魂庵堂认义子
第十三回　缱绻香丝人歌赤凤
　　　　　萋菲贝锦我怨青蝇
第十四回　鹤善堂欢联姊舅
　　　　　养光院号召生徒
第十五回　火烧藏家楼书生脱险
　　　　　尘封荐福寺娇女潜踪
第十六回　走昆仑荒江挈双美
　　　　　选总统香国宴群花
第十七回　撄重疾陌路感萧郎
　　　　　哭歧途旅斋惊噩客

第十八回　拾坠欢败子回头
　　　　　误自由娇娃失足
第十九回　不贪为宝天富善人

　　　　　　　　　　　指盗作奸官惩淫妇
第二十回　寓劝于惩镜无遁影
　　　　　安良锄暴魅尽潜形

镜中人影

社会小说。李涵秋著。大成图书局。1925 年 10 月版。6 册。35.4 万字。严独鹤、程瞻庐序各 1 篇。共 20 回。

第一回　谈家常香温玉软
　　　　悲身世雨冷风凄
第二回　大冲突穷士发穷威
　　　　小殷勤书生闹书气
第三回　媚权贵设计到孤儿
　　　　敝琼筵狂言惊小妹
第四回　识英雄裙钗巨眼
　　　　论时局学究高谈
第五回　大劈棺强盗失望
　　　　小破钞善士送亲
第六回　闹新房有心拆鸾凤
　　　　游胜地无意遇鸳鸯
第七回　势利家庭逆子反成孝子
　　　　自由恋爱情人变作仇人
第八回　尔诈我虞成恶社会
　　　　夫贤妇淑结小家庭
第九回　试劣马巧遇同胞
　　　　拉包车不堪回首
第十回　具锦葽斐冤沈凤侣
　　　　妆台冷落议续鸥弦

第十一回　至情无情愿披肝胆
　　　　　大德不德莫负头颅
第十二回　设盛筵膳夫呈异味
　　　　　侍中栉弱女答高情
第十三回　寻旧好大宴九华楼
　　　　　遇异人就医三圣院
第十四回　不肖师生情场斗智
　　　　　感怀身世雨夜谈心
第十五回　慕虚荣沉冤佛寺
　　　　　私俊仆避迹乡村
第十六回　巧言如簧怒生比舍
　　　　　残灯似豆祸起萧墙
第十七回　露机关大善士丢脸
　　　　　索棺木老师太惊心
第十八回　兴教育乔扮黄冠
　　　　　惊痴顽高谈玄理
第十九回　睹遗容阃训森严
　　　　　听祝告神经错乱
第二十回　小疑团画里摄真容
　　　　　大结穴镜中留人影

宋宫十八朝演义

宫闱小说。李逸侯、赵梦云著。上海五权书社。1928 年 10 月初版。6 册。43 万字。梦云、陶风子题诗各 1 首。黄时可、刘大白题宋宫诗绝句各 4 首。张处机题宋宫诗绝句 2 首。陶寒翠、筍乡老人、戴渭清、姜侠魂、韦兰史作序各 1 篇。插图 200 幅。共 100 回。

第 一 回	淡月疏星唐宗祷告 红光紫气宋祖诞生	第 十 二 回	月白清风炼师见鬼 酒酣耳热蜀主填词
第 二 回	偶求良友跳出乐窝 巧遇异僧指明迷路	第 十 三 回	三战三逃蜀军败绩 八攻九胜宋将成勋
第 三 回	从征北汉奋武扬威 随伐南唐披坚执锐	第 十 四 回	修降表李家成世业 受国俘宋主害相思
第 四 回	虎斗龙争扫平江北 称臣纳士收复淮南	第 十 五 回	窦仪学士独知掌故 花蕊夫人两显才能
第 五 回	美女圣君不胜酒力 孤儿寡妇莫保皇基	第 十 六 回	采蘑采旗殿庭奏舞 媚猪媚狗宫院寻欢
第 六 回	应天顺人法尧禅舜 形单影只带恨含愁	第 十 七 回	汉刘铱丧邦见辩才 唐李煜荒政讲舞术
第 七 回	绿酒筵前秾歌艳舞 红灯影里蜜爱轻怜	第 十 八 回	和尚游倡昏君作客 士人诣阙大将专征
第 八 回	两孤臣火里尽孤忠 三勇将水边施勇猛	第 十 九 回	白衣纱帽一时待罪 斧声烛影千载传疑
第 九 回	赵太祖杯酒释兵权 郝夫人侃言谈婚姻	第 二 十 回	遵盟言继承大统 纳土地宾服天朝
第 十 回	皇姨招配轻掷彩球 都督赏军大啖人肉	第二十一回	降汉主诗成平晋县 伐辽邦兵败高梁河
第十一回	雪夜寒天访荐贤相 轰雷掣电惊倒美妃	第二十二回	赵太子捐身横宝剑 杨令公杀舞敌金刀

第二十三回　救妹未反中奸计
　　　　　　陷皇弟独逞奸谋

第二十四回　欢天喜地颂德歌功
　　　　　　发愤成狂操刀执挺

第二十五回　曹彬失律屡战屡逃
　　　　　　杨业败亡尽忠尽节

第二十六回　君子馆边弃甲丧师
　　　　　　王孙亭畔揭竿起事

第二十七回　杀贪吏民众吐气
　　　　　　立储君朝野归心

第二十八回　雀舌龙芽贤后纳忠谏
　　　　　　鱼肠燕角良将退敌兵

第二十九回　慈寿宫中叮咛垂诫
　　　　　　澶渊城北踊跃用兵

第 三 十 回　假造天书说神捣鬼
　　　　　　大兴土木劳民伤财

第三十一回　谋衣谋食美人奏技
　　　　　　作威作福贼子弄权

第三十二回　诸奸签发丁相徙边
　　　　　　一病长眠李妃谢世

第三十三回　结私怨一言罢官
　　　　　　承新宠二美感主

第三十四回　争献纳使臣识大体
　　　　　　立战功良将镇边陲

第三十五回　定变乱中宵闹宫禁
　　　　　　运奇谋元夜入昆仑

第三十六回　定大计劝立储君
　　　　　　陈孝道斡旋国母

第三十七回　撤帘归政退处深宫
　　　　　　变法维新洊登台阁

第三十八回　罢旧臣书生当国
　　　　　　兴重兵诸将平戎

第三十九回　临漪阁神宗闻私议
　　　　　　安上门乡侠图流民

第 四 十 回　议疆界失地七百里
　　　　　　开边衅屠民五万人

第四十一回　曹后怜才免兴冤狱
　　　　　　神宗尽孝谨守遗言

第四十二回　调兵遣将五路兴师
　　　　　　弃甲抛戈全军败绩

第四十三回　筑城永乐辱国丧师
　　　　　　奋战兰州斩关夺寨

第四十四回　献阴谋走谒高公绘
　　　　　　征政见驰问司马光

第四十五回　罢奸邪太后任忠良
　　　　　　争意气朝臣结党派

第四十六回　乐新婚天子画眉
　　　　　　犯众怒婕妤丢脸

第四十七回　郝总管相府定奸谋
　　　　　　梁押班公堂铸冤狱

第四十八回　闪电惊雷天良重现
　　　　　　残脂零粉旧爱难忘

第四十九回　诬贤妃两番拟诏
　　　　　　破敌兵八面埋伏

第 五 十 回　刘贤妃正位中宫
　　　　　　向太后传旨立嗣

第五十一回　因果循环章惇食报
　　　　　　贤奸混淆蔡京弄权

第五十二回　挥涕泪王后陈词
　　　　　　隐姓名安民刻石

第五十三回　采花石小人作威福
　　　　　　召神将天师弄元虚

第五十四回　勤政殿进言排异己
　　　　　　太清楼赐宴集群臣

第五十五回　疑神疑鬼云气现楼台
　　　　　　即假即真仙人抛钵盂

第五十六回　玉华宫刘贵妃作舞
　　　　　　琼林殿荪太师题诗

第五十七回　晚香坊里天子寻欢
　　　　　　神母谷前妖民称乱

第五十八回　张叔夜截海获宋江
　　　　　　韩世忠搜山擒方腊

第五十九回　外交失策结金攻辽
　　　　　　边将无能丧师纳款

第六十回　　结彩放灯庶民同乐
　　　　　　攻城掠地胡骑逞雄

第六十一回　黜奸邪临朝除旧恶
　　　　　　昵声使别结新欢

第六十二回　情书一纸险罹杀身灾
　　　　　　和约四条酿成亡国祸

第六十三回　易质请和敌兵北还
　　　　　　微服冶游上皇南幸

第六十四回　荒唐云雨枕畔吐真言
　　　　　　固结恩师神前立私誓

第六十五回　血染皇都忠臣战死
　　　　　　尸横禁苑宫女捐身

第六十六回　孤臣死节千古留芳
　　　　　　二帝蒙尘万民陨涕

第六十七回　军前就死烈妓殉情
　　　　　　酒边作歌皇后受辱

第六十八回　忘廉耻入宫献媚
　　　　　　怀仇恨结党行奸

第六十九回　阻车驾巧使美人计

　　　　　　遭兵灾骤陷广陵城

第七十回　　陷番营输金赎爱女
　　　　　　劫宫脊涂面扮强徒

第七十一回　救危难梁红玉杀贼
　　　　　　入宫闹沈昭容承恩

第七十二回　跋扈将军称兵犯禁阙
　　　　　　风流天子掩泪出宫门

第七十三回　大将勤王讨平逆贼
　　　　　　君王复辟分封功臣

第七十四回　宫中试浴荡漾春情
　　　　　　舌上翻澜横肆冤诬

第七十五回　蓝宫娥妄施诡计
　　　　　　梁夫人平反奇冤

第七十六回　索宫嫔围城惊銮驾
　　　　　　乘楼船航海避金兵

第七十七回　歼强敌桴鼓助战
　　　　　　突重围大箭收攻

第七十八回　香消玉殒深院发哀音
　　　　　　魄散魂飞孤城闻匪警

第七十九回　斩盗诛凶中途设伏
　　　　　　勤王御敌各路兴兵

第八十回　　卖国求荣刘豫称帝
　　　　　　撒娇献媚钱氏受封

第八十一回　百般苦楚席地幕天
　　　　　　万种凄凉雁声笛韵

第八十二回　泣楚囚遣使修书
　　　　　　用汉奸引狼入室

第八十三回　投峻剂庸医杀人
　　　　　　窃高位奸臣误国

第八十四回　孤魂何寄火葬遗骸
　　　　　　异域相逢桑悲历劫

第八十五回　吾谋不用主将乞休
　　　　　　有隙可乘夫妻同恶

第八十六回　承恩宠妙舞媚新君
　　　　　　陷忠良奸谋倾社稷

第八十七回　屈节求和韦后归国
　　　　　　密谋篡位金主丧身

第八十八回　诛残暴金邦立新主
　　　　　　惊哗变宋将隳前功

第八十九回　求陵寝遣使议和亲
　　　　　　立社仓及时施仁政

第 九 十 回　寿皇禅颐养天年
　　　　　　中宫擅权离父子

第九十一回　怙势作威玉手贮锦盒
　　　　　　直言极谏碧血染丹墀

第九十二回　立新君赵汝愚定策
　　　　　　杀良相韩侂胄专权

第九十三回　假虎威专权逐朝士
　　　　　　逞狐媚设计惑君王

第九十四回　丧师辱国诸将无能
　　　　　　决策锄奸权臣伏法

第九十五回　中途避雨巧遇王孙
　　　　　　平地生波擅易帝主

第九十六回　灭世仇班师献俘
　　　　　　朝天子论功行赏

第九十七回　丧元良金壬作相
　　　　　　传捷报饰词欺君

第九十八回　拘使臣擅开外衅
　　　　　　畏权奸惨杀宫嫔

第九十九回　汪立信舍身殉国
　　　　　　陈宜中上疏除奸

第 一 百 回　虏幼君宗社覆亡
　　　　　　支残局忠臣效死

云碧虚恩怨记

女侠小说。李蝶庄著。上海东南书局。1922 年 7 月版。1 册。1.8 万字。共 10 回。

第一回　集贤村女侠降生
　　　　飞虹岭妖道作祟

第二回　遇名师弱女得救
　　　　逢故旧寒士缔婚

第三回　云碧虚别师下山
　　　　魏仑子弑父逃脱

第四回　雪父仇梅溪祭祖
　　　　报亲恩桂岭寻师

第五回　恶痞棍计陷良民
　　　　弱女子义救孀孤

第六回　无头案县令丧胆
　　　　飞来祸太守惊魂

第七回　纨袴子弄巧成拙
　　　　穷措大因祸得福

第八回　游方僧大闹静禅寺
　　　　侠女子怒捣朵云庵

第九回　戒顽民节妇沐恩
　　　　惩逆子老妪感德

第十回　忽笄忽弁莫识雌雄
　　　　宜室宜家斯称佳偶

玉蓉儿锄奸记

武侠小说。清朝四大剑侠之四。李蝶庄著。东南书局。1922 年 7 月版。1 册。1.8 万字。共 10 回。

第一回　玉蓉儿惊梦成疴
　　　　仙道人逐魔疗病

第二回　北阙挂冠云清归隐
　　　　南中浪迹侠女壮游

第三回　八山锄盗义拯樊圃
　　　　长亭饯别珍送吴郎

第四回　追淫僧夜走龙腰村
　　　　毁贼巢计炸香霏窟

第五回　侯硷商中夜失娇儿
　　　　何介福受托侦剧盗

第六回　侠女擒盗勇登绝壁
　　　　提督剿凶兵迫悬崖

第七回　申国法金标遭显戮
　　　　恸亡儿老妪诉真情

第八回　盗婴儿身临虎穴
　　　　刺宠妾血溅鸳帏

第九回　省老父遄归梓里
　　　　送石麟又诣维扬

第十回　凤侣鸾俦同偕佳偶
　　　　水清玉润庆赋好逑

白 太 官

武侠小说。即江南大侠白太官。李蝶庄著。公记书局。1927 年 7 月 4 版。1 册。2.2 万字。翁伯鹤序 1 篇。共 10 回。

第一回　蠖屈家园潜心学艺
　　　　鹏冲云路蓄志锄奸

第二回　鹤唳风声闾阎频惊大盗
　　　　龙藏虎伏蓬荜忽出奇侠

第三回　情关桑梓挺身擒剧盗

　　　　义拯孀嫠徒手杀淫僧

第四回　避祸秣陵惩绅恤渔父
　　　　漫游镇江诛僧肃禅林

第五回　诛荡妇老妪恩衔环报
　　　　铲巨盗豪商庆获珠还

第六回　翠娥擅权翠袖自善惑夫主　　少甫酒市遇仲连
　　　　红莲狡诈红粉偏工媚少君　第九回　白太官夜盗念萱女
第七回　相国寺中惩痞棍　　　　　　曹山虎拳毙卖饧儿
　　　　济南道上扫强徒　　　第十回　秦淮河壮士朝天
第八回　碧娘兰闺遭暴客　　　　　　峨嵋山侠客息影

蓉奴刺奸记

武侠小说。李蝶庄著。上海东亚书局。1922 年 5 月版。1 册。1.8 万字。共 10 回。

第一回　擅威权豪奴助虐　　　第六回　韩冶平擅为党首
　　　　遇狂暴碧玉遭污　　　　　　　僧如海缅述贼巢
第二回　西台激怒上弹章　　　第七回　入盗窟暗踩匪踪
　　　　深闺任侠学剑法　　　　　　　结妖姬计锄凶党
第三回　诣峨嵋蓉奴访师　　　第八回　挥龙潭冶平授首
　　　　惊粉黛鼎铭失宝　　　　　　　陷虎穴亚杰全贞
第四回　失妾蹉商逢聂隐　　　第九回　集古齐鼎彝仍在
　　　　侠女侦盗探丛林　　　　　　　赛广寒绿柳犹存
第五回　北湖镇霞姑失踪　　　第十回　庆珠还宝归原主
　　　　古驿亭蓉奴访盗　　　　　　　谐凤卜缘缔同怀

雍正剑侠奇观

武侠小说。李蝶庄著。东亚书局。1921 年 3 月版。1 册。3 万字。共 18 回。

第一回　伏龙墩飞剑斩老侠　　第三回　毛小五歼除恶贼
第二回　缪芸姑壮志报父仇　　第四回　华老头归真反璞

第 五 回　梅庵尼忏情归佛　　　第十二回　白云深处红儿隐

第 六 回　琳娘巾帼愧须眉　　　第十三回　侠娟秀惩逆救兄

第 七 回　朱庆福诛除凶恶　　　第十四回　赵耿杀人雪不平

第 八 回　刘福忠心报主仇　　　第十五回　黄山道飞剑诛暴

第 九 回　侠绮霞歼贼成志　　　第十六回　异丈人挥剑戮盗

第 十 回　癞和尚代友除凶　　　第十七回　半天红剑客归真

第十一回　宋家婢复仇报德　　　第十八回　十丈青光侠士殒

赛翠花歼妖记

剑侠小说。李蝶庄著。上海东南书局。1922 年 7 月版。1 册。2 万字。共 10 回。

第一回　格训贪淫瞿刑贾祸
　　　　玉英行孝寻父离乡

第二回　赛翠花伤心别慈母
　　　　鲁慕云仗义赠龙驹

第三回　刃财狼玉英遇仙
　　　　入奸狴孝女见父

第四回　救天伦乔装越牢狱
　　　　探贼隐沽酒享丐儿

第五回　飞神剑凶徒饮刃
　　　　除奸党孝女复仇

第六回　云濛山玉英踩盗
　　　　辉光阁翠花歼妖

第七回　感良言贼党惊悟
　　　　散藏锒众人洗心

第八回　报郎恩躬视汤药
　　　　除民害誓扫妖氛

第九回　玉英窃听婚姻事
　　　　大郎喜谐鸾凤缘

第十回　雪叔仇刺杀酷吏
　　　　歼会党安辑良民

燕 子 飞

武侠小说。李蝶庄著。大东书局。1927 年 7 月版。共 1 册。2.1 万字。方海容序 1 篇。共 10 回。

第一回 百花村父子归真
协义堂孤儿学艺

第二回 半痴僧衔恩报德
燕子飞习艺倾心

第三回 钱万选排难遭殴辱
燕子飞探隐踩菱塘

第四回 扮卜者张亮出语惊人
访尸亲鉴鸿欣遇老叟

第五回 朱商人驿邸中遇盗
燕子飞青云观诛奸

第六回 梁侠士枣庄惩悍妇
蒋太守柳庵觐雏尼

第七回 小婢承恩宠秋红怀春
逆子挟嫉妒洪五弑母

第八回 雪祖仇潜游燕市
盗御杯欻入龙舟

第九回 孝廉献女希荣利
侠士劫妓缔姻缘

第十回 过衙斋故人话旧
返梓里侠士隐居

津门艳迹

言情小说。李燃犀著。吉林长春文化社。1943 年 5 月版。2 册。25 万字。共 15 回。

第一回 汪玉洲斗牌天会轩撞轿
牛瑞堂套车金家窑陪情

第二回 借钱买人李四哥是三姐丈
持服纳宠刘小伯为老姨丈

第三回 辛庄儿抢亲穆西楼片言解纷
南台子寻衅王二海赤身应敌

第四回 夺鱼秤云家门前行贩争锋
抢妓女竹竿巷口龟鸨鏖战

第五回 搬幼事非季小塘饱受窝心骂
信口开河朱有德惨遭无妄灾

第六回 殷锣锅报仇竹杖灌铅
齐瘸腿示威茶壶灌溺

第七回 烛影摇红郑十老爷捐馆
莲钩蹴凤喜新姨娘投环

第八回 变生肘腋三大王怒发虎狼威
祸起萧墙黄少奶潜吞芙蓉粉

第九回 双喜临门新嫁娘洞房产子
西厢待月未婚婿隔院调情

第十回 血口喷人王二楞一刀伤数命
众星捧月张四爸片语解奇冤

第十一回 借事生风季小塘欺心激寡妇
消灾弭患穆西楼仗义释群疑

第十二回 未到先知孙阴阳谈相鹌鹑店
肆财傲物高起发误认蟋蟀王

第十三回 小试其端一措大上圈得佳趣
大开掉合群公子斗宝逞豪华

第十四回 作浪兴波任千总赌场施凌虐
沾泥惹絮妙尼姑佛殿害思相

第十五回　金屋藏娇汪玉洲纳宠侯家店　｜　雪夜布阵李贵喜独霸桃花庵

比翼双飞

言情小说。李薰风著。合作书屋。出版时间不详。1 册。13 万字。共 14 回。

第一回	开校结新欢似糖似蜜 拖尸演怪剧如火如荼	第 八 回	玉音飞来荒唐欠信资 签名有据偶傥证婚人
第二回	谈笑有鸿儒权门作客 安慰游名地画舫迟君	第 九 回	比翼双飞近郊营别墅 同床异梦佳话遍古城
第三回	解袋馈黄金仁风侠骨 扬鞭挥血泪辣手婆心	第 十 回	一面似投心快谈家事 当场不认子大变人伦
第四回	居必择高邻莺迁乔木 时来成大器鱼跃龙门	第十一回	教子有方辣毒严父掌 分身乏术嫉妒女人心
第五回	业障在今生夫妻有子 冤家由前世母女成仇	第十二回	难作调停人谁来多事 甘为附属品夫也不良
第六回	善果恶姻缘白圭有玷 假哭真欢喜苦海无边	第十三回	鸣警寻夫且来查户口 守节教子宁作出家人
第七回	拂袖去慈亲瑶池添座 出阁成爱侣法院分金	第十四回	煮鹤焚琴登堂不速客 毁家度岁出世宁馨儿

北平小姐

言情小说。李薰风著。新时出版社。1933 年 9 月 11 日初版。2 册。23.5 万字。共 8 回。

第一回	莫辨雌雄驰骋冰上客 难分尔我惆怅画中人	第二回	盛会高歌珠喉倾四座 名园漫舞藕臂证三生

第三回　宛转深心歌场评绝色
　　　　缠绵旧话病榻叙离踪
第四回　踏雪寻梅韵事疑天上
　　　　挑灯度曲闲情是人间
第五回　月影娑婆隔窗闻夜话
　　　　花枝绰约把酒饯离人

第六回　一曲骊歌丹心盟日月
　　　　长征雁塞碧血溅关山
第七回　烛尽乐未央谁家商女
　　　　曲终人不见何处国魂
第八回　真伪自分明啼残红泪
　　　　兴亡谁管得掩卷青灯

北 京 花

言情小说。李薰风著。长春同化印书馆。1942 年 11 月版。1 册。8.3 万字。共 20 回。

第一回　瑞雪兆丰年群歌盛世
　　　　兰闺增艳话婢作夫人
第二回　大孝可格天奔波血泪
　　　　分金难续命别具肝肠
第三回　酒肉款宾朋春生曲巷
　　　　刀圭求术士病入膏肓
第四回　喜得有钱来人贫志短
　　　　从容拂袖去岁暮天寒
第五回　医术不求全杀生容易
　　　　人言真可畏枯骨难收
第六回　解券助贫寒穷途君子
　　　　焚香求富贵花界女流
第七回　世态有炎凉拜金主义
　　　　心情分苦乐吃饭问题
第八回　无赖一世穷换来白纸
　　　　可怜两行泪飞去青蚨
第九回　祈死在权门甘为厉鬼
　　　　谋生托福地不作冤家

第 十 回　款待自有心初来巨第
　　　　　过从原无意深入歧途
第十一回　快乐丈夫身如斯爱侣
　　　　　辛酸女子命见此良人
第十二回　交际半公开模棱夫妇
　　　　　爱情如儿戏势利主奴
第十三回　不吝粪土财豪华代价
　　　　　频来酒食地趣味生活
第十四回　雅曲谱霓裳仙姝试舞
　　　　　新声惊阿堵俗子多金
第十五回　谈笑释疑怀唇枪舌剑
　　　　　啼哭闻噩耗人面兽心
第十六回　还我自由身风尘一梦
　　　　　谢君毁勤意蓬荜为家
第十七回　糊口赖群邻余生如寄
　　　　　开心语四座韵事何多
第十八回　挥泪骂伧夫难为闺秀
　　　　　屈膝拜爱女惭愧严亲

第十九回	无意见凶徒魂飞旅邸	第二十回	春去梁空谁怜王谢燕
	失心诛浪子血溅重楼		桃僵李代君是北京花

北国春秋

社会言情小说。即京城风月、旧京风月。李薰风著。出版单位和出版时间不详。2 册。22 万字。共 9 回。

第一回	客至两三人满身花影		莲心忍苦奇祸起萧墙
	水深四五尺一笠秋风	第六回	末路堪悲女儿多不幸
第二回	烛剪西窗半宵听暗雨		痴情难慰君子自好逑
	茶香野店一客赋秋声	第七回	影事有余愁吟思扇薄
第三回	一片痴心遗笺留韵话		新凉无限意睡眼灯欺
	两行清泪步月诉离情	第八回	歌舞庆良辰啼痕难掩
第四回	心迹迷离曲终人散后		诗文增韵话笑靥重开
	闺情旖旎花好月圆时	第九回	陌上踟蹰花飞春已去
第五回	梅子流酸疑云生暗地		湖边怅惘人殁水犹寒

白衣天使

社会小说。李薰风著。北京广明出版社。1944 年 1 月初版。2 册。12.7 万字。共 15 回。

第一回	茶肆听小说名家资料	第四回	志在新人攻心凭交际
	香车载护士儒将风流		痴如彼美市爱费周章
第二回	跳舞遣长宵美人在抱	第五回	众志可成城厚生事业
	笙歌消永昼嘉客如归		一心惟磊落酬应社交
第三回	触景伤情人生如戏剧	第六回	救命须良方神医何在
	奇方疗病恋爱用黄金		杀人有代价勇士难求

第 七 回	水落石出震惊医生胆		深宵惊色鬼滞雨尤云
	穷图匕见破碎妇人心	第十二回	黑幕重重人间活地狱
第 八 回	笔下不超生罪成书面		黄泉渺渺心上假天堂
	指头可代印逼作箕役	第十三回	人世难生活甘为女鬼
第 九 回	死有余辜难偿阎王债		超凡求速死窃取仙丹
	生而何乐空具菩萨心	第十四回	无情妇贪财功亏一篑
第 十 回	钱可通神香婆入医院		有心人援手事败垂成
	符能疗病术士作魔师	第十五回	谈笑不从容心怀叵测
第十一回	白昼闹跳神乌烟瘴气		啼哭可抵罪笔下超生

春城歌女

长篇社会言情小说。李薰风著。上海励力出版社。1941 年版。2 册。24 万字。共 10 回。

第一回	点缀古城东名村入画	第六回	露水姻缘是啼不是笑
	繁荣陋巷北废第兴学		衣冠优孟怜我须怜卿
第二回	惆怅有青衫重温旧梦	第七回	剪叶成圭终身决一笑
	飘零感翠袖乍试新声		遗书当药片语值千金
第三回	蜜意在花笺口脂作印	第八回	醋海惊涛筵前飞玉掌
	丝情缠雪臂玉爪留痕		情场遗憾月下散青蚨
第四回	把卷效呢喃长歌娱客	第九回	忍作讴歌伤心局外客
	凭栏惊欸乃太液疑仙		强为欢笑失意剧中人
第五回	冷月漾芳园珊瑚疑活	第十回	此恨绵绵幽魂归地府
	晚凉喧闹市灯火如龙		余情袅袅爱侣走他乡

桃李门墙

言情小说。李薰风著。上海励力出版社。1946 年 11 月版。2 册。23

万字。共 17 回。

第一回	迎岁入花城梦惊客邸		忘情弹老调惭愧乡愚
	寻花来荦巷春在邻家	第 十 回	此是温柔乡逢场作戏
第二回	永昼话缠绵欢逢旧雨		无非浪漫女到处留情
	良宵歌宛转乐对名姝	第十一回	不胜北国寒离人多病
第三回	拂袖去知音空劳玉燕		应知此间乐老马迷途
	举杯惊不速共赏灯笼	第十二回	座有解语花香留人去
第四回	元夜闹长街香车宝马		室无忘形友喜见客来
	新声传乐府檀板黄莺	第十三回	学作蝴蝶装银城声色
第五回	香火祷佛堂同君一拜		演成骷髅戏古寺风光
	春光播凤苑有女双栖	第十四回	粉黛列门墙愁托书卷
第六回	难得美人恩轻财尚义		须眉识燕赵喜报灯花
	何如君子乐茹苦安贫	第十五回	可谓恋爱忆朝秦暮楚
第七回	能有几人知心伤此夜		无如相思苦一日三秋
	草成千载恨目断他乡	第十六回	别馆赋同心名花有主
第八回	惆怅欲如何难为孺子		花园游比翼胜日寻春
	逡巡行不得羞见严亲	第十七回	甘苦共君尝情深鬼妇
第九回	无意结新欢踟蹰戏癖		祸福由天命哭倒村夫

百 花 娘

女侠小说。李警醒著。上海荣记书店。1922 年 6 月版。1 册。1.8 万字。今昔一人序。共 10 回。

第一回	花诞日百花娘产生		祝寿骤遭飞来祸
	魔乱时丑魔王出现	第四回	三句话钱可通神
第二回	穷思极想欲得美女人		五百银苦能免吃
	勾心斗角想题好名字	第五回	班房里押居善养人
第三回	报喜忽逢意外变		尼庵中逼宿节义妇

上海出版资金项目
Shanghai Publishing Funds

民国通俗小说书目资料汇编

魏绍昌 主编

上海书店出版社

2

民国春秋

历史小说。杨尘因编。上海中南书局。1926 年 4 月初版。4 册。18万字。金啸梅、陶凤子、赵苕狂作序各 1 篇。4 卷。共 60 回。

第 一 回　四照堂调将遣兵
　　　　　总统府筹糈划饷

第 二 回　壮语笑嘲杨云史
　　　　　愤言怒斥李彦青

第 三 回　闻密谋一马驰告
　　　　　开会议群英纵论

第 四 回　偷香捉雪臂猛嗅
　　　　　解瘾凭乌烟狂抽

第 五 回　冯玉荣贪功处斩
　　　　　白坚武怀旧诵诗

第 六 回　赏画图客来不速
　　　　　逞游说我倦欲眠

第 七 回　决雌雄九门激战
　　　　　定奖叙荒庙庆旋

第 八 回　盼回师古戍人语
　　　　　疑中变军门客谈

第 九 回　求和平带兵苦谏
　　　　　除奸党按纸严拿

第 十 回　行酒令初辨花月
　　　　　纵媚情忽惊风雷

第十一回　设奇谋甫闻捷音
　　　　　醒好梦已见金牌

第十二回　吴佩孚伏枕而言
　　　　　彭寿莘拊胸为叹

第十三回　犯嫌疑曹锟遭囚
　　　　　辟谣诼溥仪被逐

第十四回　张绍曾遘和无望
　　　　　杨宇霆献策有成

第十五回　渡黄海波浪滔滔
　　　　　泊烟台鼓号寂寂

第十六回　拒假道情断故人
　　　　　助食粮名扬异族

第十七回　示后世咏诗纪痛
　　　　　感前尘斟酒攻愁

第十八回　测时局每言必中
　　　　　耽家居于世无求

第十九回　勉忠将毁誉休问
　　　　　誓壮士生死愿同

第二十回　鸡公山倦云归岫
　　　　　晚翠轩寒雨敲窗

第二十一回　雅集登临冬秀阁
　　　　　　胜游怆念苏家园

第二十二回　段祺瑞进京执政
　　　　　　吴光新赴浙息争

第二十三回　当头棒一士谔谔
　　　　　　解颐谈众宾呵呵

第二十四回　惧生辱曹锐服毒
　　　　　　救死刑摩罗骗金

第二十五回　征孝思挥泪伤母
　　　　　　敦古谊赠书惜贤

第二十六回　一朝欢搁管书联
　　　　　　万古恨扪心呕血

第二十七回　李医士诊治谬舛
　　　　　　月仙师鸾言迷离

第二十八回　汤汤赤潮忧异端
　　　　　　灿灿美玉喜佳谶

第二十九回　挥霍场歌扬弦沸
　　　　　　温柔境玉艳花娇

第 三 十 回　慰萧寺停屐访梅
　　　　　　载扁舟披蓑邀雨

第三十一回　驻黄州开窗画竹
　　　　　　泛赤壁把盏论文

第三十二回　孙中山医院病亡
　　　　　　龚心湛公园祭奠

第三十三回　岳阳楼倚栏数帆
　　　　　　决川舰烧烛看易

第三十四回　张夫人避难去洛
　　　　　　徐霞客染疴来湘

第三十五回　庆寿辰转哀为乐
　　　　　　演昆剧借古鉴今

第三十六回　妆短匕义释刺客
　　　　　　制长铭恸思亡妻

第三十七回　剖盛衰详阐主义
　　　　　　等生死姑云达观

第三十八回　秉忠心义士见主
　　　　　　征奇税贫民卖儿

第三十九回　狠继子鄙吝成性
　　　　　　情女伶侠豪为怀

第 四 十 回　齐燮元东瀛译书
　　　　　　张之锽别墅下弈

第四十一回　弃前嫌愿求合作
　　　　　　图再举岂报私仇

第四十二回　小伎艳名字宝玉
　　　　　　大人奇癖啖香脂

第四十三回　吃镶边座间有宾
　　　　　　搜异证榻上何物

第四十四回　败好事狎客修怨
　　　　　　访艳姝鸨娘受惊

第四十五回　痛国耻奈无斧柯
　　　　　　展旧诗空有壮志

第四十六回　读遗书狼藉血泪
　　　　　　谒新墓凄凉鹃啼

第四十七回　飘泊甚桐凤换巢
　　　　　　销魂石莲云送果

第四十八回　露丑态掀唇索吻
　　　　　　施媚工回眸留髡

第四十九回　梁鸿志诗比东坡
　　　　　　张福来病思玉帅

第 五 十 回　意绵绵云烟供养
　　　　　　笑吃吃戏谑传情

第五十一回　悲穷途卖马济急
　　　　　　怨失策乔装图遁

第五十二回　马司令殷勤劝寿
　　　　　　董将军慷慨助金

第五十三回　挨耳光平遭奇辱
　　　　　　喷唾沫险脱重围

第五十四回　兰因里歌楼飞殃
　　　　　　汉江春餐馆解纷

第五十五回　假姊妹言归和好
　　　　　　好江山渐觉破离

第五十六回　廖仲恺广州被害
　　　　　　蒋方震武昌蒙招
第五十七回　讲笑话轰天伸愤
　　　　　　辨诬言烹菜遣闲
第五十八回　讨国贼北阁联盟

　　　　　　慰苍生东山再起
第五十九回　孙督善遣陆宗舆
　　　　　　浙军计擒施从滨
第 六 十 回　商行止策士定谋
　　　　　　庆雨霖奇人献颂

江湖廿四侠

武侠小说。杨尘因著。上海时还书局。1929 年 7 月再版。16 册。90 万字。戴季陶、郑孝胥、张之江、李景琳、陈去病、高冠吾、俞而民、余十眉题字各 1 幅。姜侠魂出版宣言 1 篇。漱石生、周瘦鹃、张丹斧、沈卓吾、伍澄宇序各 1 篇。潘公展、独崔、黄介民、阎红丸题字各 1 幅。卢炜昌、陈公哲、陈东阜、文公直、伍郎、天涯飘零客、张冥飞、徐于、萝邨居士和作者序各 1 篇。插图 544 幅。共 120 回。

第一集

第一回　论侠义开场分泾渭
　　　　因游戏平地起波澜
第二回　老虔婆贪财助强暴
　　　　小虎子避祸走风尘
第三回　风风雨雨姑舅蒙冤
　　　　是是非非姊妹遇劫
第四回　未脱魔星迭肇奇祸
　　　　才入虎穴又遇仇人
第五回　凄凉夜双魔救双妹
　　　　莽荡山群凶逼老妇
第六回　森罗寨童天虎逞雄
　　　　宝善庄混世魔肇辱
第七回　避世弃家销声敛迹
　　　　装聋饰聩戏贼惩凶

第 八 回　说往事三壮士闲谈
　　　　　见异光老英雄践约
第 九 回　傻大姐弃家忽失踪
　　　　　童二爷入店过馋瘾
第 十 回　白发红颜同遭恶报
　　　　　黄金黑幕重结奇冤
第十一回　结友探奸直破密窟
　　　　　丧财放火拘入官衙
第十二回　旅馆守穷遇客解难
　　　　　征途御敌被获遭殃
第十三回　两寨联盟五友结义
　　　　　三人窥室二汉寻仇
第十四回　讲大人片语释仇人
　　　　　爱少年深宵谈隐事
第十五回　二侠离寨骨肉为难

老道入庄父女称霸

第十六回　陷魔窟丈夫不折志

　　　　　破情关妖孽枉劳心

第二集

第十七回　二侠客月夜探幽情

　　　　　两魔女重阳定奸计

第十八回　遇故人初探飞龙寨

　　　　　救双侠大闹周家楼

第十九回　破机关大闹周家楼

　　　　　识棍法小戏毛子店

第二十回　马王庙孤女陷网罗

　　　　　猪头山三侠寻烦恼

第二十一回　过浔阳邻舟探隐案

　　　　　　泊鄂渚河畔遇奇人

第二十二回　梁玄通半路遇仇人

　　　　　　顾凌霄深宵破魔术

第二十三回　老侠尼破法解纠纷

　　　　　　小遗民投身求拯救

第二十四回　孤忠爱国苦战忘身

　　　　　　大义倾家悬崖匿迹

第二十五回　两侠猿偕投古石洞

　　　　　　三义士同葬南屏山

第二十六回　风尘客半途遇恶客

　　　　　　势利人野店欺病夫

第二十七回　烽火横来店主代客

　　　　　　萍水蓦遇酒佣留宾

第二十八回　质衣待客慈母训儿

　　　　　　扫秽除奸侠士戏友

第二十九回　亡家破产叔侄投亲

　　　　　　谋财杀人夫妻作恶

第三十回　失婵娟瞀目修明史

　　　　　报眦怨陷人谋复官

第三十一回　卖主贪财重兴文狱

　　　　　　从友弃业远避凶机

第三十二回　三义士御敌赤茅山

　　　　　　八侠客议破白莲教

第三集

第三十三回　开密议八侠分两派

　　　　　　破黑狱一杰救双雄

第三十四回　三豪杰落店询往事

　　　　　　两英雄醉酒遇奸人

第三十五回　试武艺李姬遵遗嘱

　　　　　　拒婚约邹雷守前盟

第三十六回　赤茅山三术士留言

　　　　　　白莲教五里埠流血

第三十七回　邓元姑寄迹晚翠村

　　　　　　黄健公义释董玉宝

第三十八回　百家洼邓元姑中计

　　　　　　赤茅山左飞龙选姬

第三十九回　分道探山援救孤女

　　　　　　结团破寨义遣群娃

第四十回　邹震春仗义救孤孀

　　　　　崔隐农慈心诊贫媪

第四集

第四十一回　老侠尼飞书召弟子

　　　　　　八卦教结党播风云

第四十二回　左飞龙接待两社友

　　　　　　姚光教祭练百宝炉

第四十三回　祭灵旛巧遇二郎神

落客店戏耍小财宝

第四十四回　夺变童箴片逞威风
　　　　　　争闲气客邸逢仇敌

第四十五回　留柬书托名杀土豪
　　　　　　探旅店寻仇逢暴客

第四十六回　劫豪家无意破奸情
　　　　　　戏敌人有心留寸柬

第四十七回　携室偕行不辞而去
　　　　　　建野聚议广集同仁

第四十八回　老和尚智败老道士
　　　　　　莽大汉力逐莽教徒

第五集

第四十九回　入庵院惊雏尼技术
　　　　　　落酒店陷老叟牢笼

第 五 十 回　丧气而归途遇同伙
　　　　　　奋志欲起暗护变童

第五十一回　割耳朵姚光教逃生
　　　　　　折右腿左飞龙失机

第五十二回　卸甲丢盔扫兴归寨
　　　　　　乘风破浪分道离庵

第五十三回　拒捐款闲语结恶缘
　　　　　　听讲经全家演惨死

第五十四回　探惨案暗识白日鼠
　　　　　　投古寺巧遇铁背熊

第五十五回　爱色贪财同遭恶报
　　　　　　疑神见鬼重起祸根

第五十六回　弄巧成拙大起风波
　　　　　　借假作真横敲竹杠

第六集

第五十七回　三方丈归寺说是非
　　　　　　老和尚当筵显身手

第五十八回　马玄化苦语倡和平
　　　　　　余太元任性遭失败

第五十九回　现真面目远道认亲
　　　　　　充假官吏隔邻窥战

第 六 十 回　蓄阴谋中道杀同侪
　　　　　　逞私欲半途逼疯女

第六十一回　闯室惊艳邪念复萌
　　　　　　落店养荷好梦入幻

第六十二回　逞淫威周店遇冤家
　　　　　　报夙仇拦路击蟊贼

第六十三回　诛淫凶且泄亡家恨
　　　　　　慕侠义强拜女贞师

第六十四回　郭玉琼投师落黑店
　　　　　　黄岫云率妹探奇闻

第七集

第六十五回　说狗斗母子谈战情
　　　　　　摆虎威师生陷贼窟

第六十六回　飞粪桶黄岫云解危
　　　　　　开密室郭玉琼脱险

第六十七回　双侠捕凶同陷密窟
　　　　　　孤女避祸又入贼巢

第六十八回　诱上诱孤女受折磨
　　　　　　奇中奇诸侠大奋斗

第六十九回　邓元姑半途识表兄
　　　　　　卢多儿避贼遇诸侠

第 七 十 回　女师生瞥眼忽分离
　　　　　　表姊妹当场开玩笑

第七十一回　一场欢聚各叙来源
　　　　　　数言惊心独身远走

第七十二回　众乡绅共谋解剧案
　　　　　　诸侠士分道议行程

第八集

第七十三回　三弱女连环拜三帅
　　　　　　二健儿合力打二兽

第七十四回　寡妇孤儿迭遭大敌
　　　　　　强兄健弟并立奇功

第七十五回　黑毛熊牝牡同陨命
　　　　　　白面郎兄弟庆重生

第七十六回　寻恶兽中道遇仇人
　　　　　　诉冤情半途逢侠士

第七十七回　当场破敌共释前仇
　　　　　　携手入都同谋异举

第七十八回　搜饭店吓诈绸缎商
　　　　　　探宫闱戏盗珊瑚树

第七十九回　百尺楼二童遇二叟
　　　　　　九头鸟一弹换一刀

第 八 十 回　周秀文高升店访仇
　　　　　　邱大福百顺斋结怨

第九集

第八十一回　夏小燕酒楼逢侠客
　　　　　　吴二秃饭店遇仇人

第八十二回　林家饭店二叟解围
　　　　　　姜氏牌坊五侠聚会

第八十三回　宝昌栈肖方晏诸客
　　　　　　宛平县邹雷探二雄

第八十四回　裴世勋仗义释二囚

　　　　　　顾凌霄飞拳击三霸

第八十五回　京市三霸报仇招辱
　　　　　　玄门诸侠扫恶除奸

第八十六回　诸侠客密走宛平县
　　　　　　女剑仙大闹乾清宫

第八十七回　怪和尚下山收孤女
　　　　　　贤太守遣仆召群英

第八十八回　老辈英雄迭离尘世
　　　　　　玄门豪杰分走京华

第十集

第八十九回　数千里寻师遇怪物
　　　　　　十六年交友识异人

第 九 十 回　借水行舟弃儒而贾
　　　　　　以官为贼学怪装魔

第九十一回　大敌逼来飘然飞去
　　　　　　小劫难度倏焉破机

第九十二回　禅空谈心隔墙有耳
　　　　　　高楼蹑迹越屋飞丸

第九十三回　闲磕牙茶楼说杀案
　　　　　　一席话衙役访英雄

第九十四回　明大义刀下救仇雠
　　　　　　施小技公堂鞠淫贼

第九十五回　遇异人深山历奇境
　　　　　　景前贤渡海觅扶余

第九十六回　悲禾黍矢志建新邦
　　　　　　御豺狼独力歼蠹役

第九十七回　辽东鹤露夜救孤女
　　　　　　狄金儿灯下瓢淫妪

第九十八回　狄葆兴避祸隐栖霞
　　　　　　辽东鹤仗义卫居停

第九十九回 议葬事万□一折衷
　　　　　探旗营狄正祥显□

第 一 百 回 夜入衙署师徒儆佞
　　　　　独探贼巢姊弟争雄

第十一集

第一百零一回 复仇雠剖腹祭亡叔
　　　　　　念志友诚心访旧交

第一百零二回 探洞庭二郎遇大刀
　　　　　　闹河西菩提逢豹子

第一百零三回 波激艨艟误友为敌
　　　　　　火烧兰若遇旧逢亲

第一百零四回 聚群英孤茔悲冷月
　　　　　　议大计杯酒贯长虹

第一百零五回 奋雄威拔发续弓弦
　　　　　　逞绝技飞羽射狼牙

第一百零六回 雪奇冤半路杀仇人
　　　　　　耐闲气客途访小寇

第一百零七回 体贴侄女独毙五虎
　　　　　　义释师兄和好两族

第十二集

第一百零八回 聚群雄宵深谈往事
　　　　　　诛两贼月下复前仇

第一百零九回 劫监狱错救邹茂祥
　　　　　　妆官兵嫁祸崇明岛

第一百十回 持公道二士救衰翁
　　　　　急义气八侠逢好汉

第一百十一回 夜战洞庭双姝落水
　　　　　　晨攻马迹八侠开山

第一百十二回 除奸蠹三雄同卧底
　　　　　　屠孽鳄一义显奇能

第一百十三回 破黑店二女逢铁塔
　　　　　　搜地窖双侠护金城

第一百十四回 红花镇上血雨腥风
　　　　　　圆通寺中刀光剑影

第一百十五回 清佛地雷弹打淫僧
　　　　　　急父难神驹载孝子

第一百十六回 斩黄狗松林商行旅
　　　　　　越白云碧浪荡孤舟

第一百十七回 三三队败神拳太岁
　　　　　　六六神破洞庭东山

第一百十八回 进苞苴贪吏构黑狱
　　　　　　昭奇冤侠客留白简

第一百十九回 会母兄救人还自救
　　　　　　诛妖盗强者更逢强

第一百二十回 定西山侠义庆团圆
　　　　　　泛海岛壮志启新邦

玫 瑰 花

侦探小说。杨尘因著。上海会文堂新记书局。1928 年 6 月版。1 册。3.1 万字。共 20 章。

第一章　玫瑰花之嫌疑犯

第二章　惜花人与爱花人

第三章　牢狱之苦况

第四章　无名少年

第五章　怪哉二书

第六章　夜行中之黑影

第七章　少年与壮者

第八章　少年之来去无踪

第九章　又一假扮少年

第十章　黑夜奇遇

第十一章　情人从天外飞来

第十二章　玫瑰花与玫瑰花大交战

第十三章　失物与生命之关系

第十四章　神怪欤盗贼欤

第十五章　访故人追述往事

第十六章　仇人一变做恩人

第十七章　无结果之谈话

第十八章　座上客与阶下囚

第十九章　梅国华身蹈危机

第二十章　珠联璧合之结果

英雄复仇记

武侠小说。杨尘因著。上海益新书局。1929 年 4 月版。2 册。10 万字。王大错、张冥飞、张海渔、杨尘因序各 1 篇。插图 20 幅。共 20 回。

第一回　感往事志士捐躯

　　　　创新猷英雄遂愿

第二回　麦田春秘密外交

　　　　云在霄奋勇驱敌

第三回　金相贪婪订商约

　　　　闵后献策夺国权

第四回　分党派昧心祸国

　　　　闹风潮拼命求荣

第五回　龙虎岭父子脱险

　　　　仁义村兄弟出亡

第六回　破奸计直劝良朋

　　　　设逆谋巧赚表弟

第七回　卖国奴谋杀闵后

　　　　昧心贼舞弄韩王

第八回　冤外冤惨杀老臣

　　　　计中计残害大将

第九回　霍武卫弄巧反拙

　　　　云将军伏义锄奸

第十回　热心人结党兴师

　　　　卖国贼献策借债

第十一回　小令尹带印避祸

　　　　　大将军颁兵遭殃

第十二回　劝良友侯氏入伙

　　　　　骂汉奸王振失机

第十三回　三寸舌劝走英雄

　　　　　一窝蜂变成强盗

第十四回　借乱事乘虚谋利

　　　　　失战机忍辱和议

第十五回　安重根含忿求学
　　　　　云在霄爱国丧身
第十六回　丧国权损失外交
　　　　　清债务监理财政
第十七回　韩王片言害万民
　　　　　倭商一枪伤二命

第十八回　闹是非人亡家破
　　　　　贪酒色虎斗狼争
第十九回　伤人命冤中叫苦
　　　　　办交涉节外生枝
第二十回　安重根报仇殉命
　　　　　李完用卖国求荣

神州新泪痕

社会小说。杨尘因著。上海清华书局。1921 年 11 月版。2 册。10 万
字。共 40 回。

第一回　穷书生杯酒扫游兴
　　　　新学士片语鄙闲人
第二回　一枕凄凉顿惊异梦
　　　　无端烽火抱恨终天
第三回　惊弓鸟避难脱樊笼
　　　　伤心人穷途遭白眼
第四回　鬓影钗光酣歌狂舞
　　　　酒阑人醉煮鹤焚琴
第五回　洪亮卿酒后打情人
　　　　辛觉盦旅中遇侠仆
第六回　泄愤气侉汉大发威
　　　　闹趣话堂倌小倒运
第七回　莽大汉迭串独脚戏
　　　　苦同志争夺回炮台
第八回　说闲话张万全煮茗
　　　　演武戏吴天侠飞鞋
第九回　总机关曝日闲嚼舌
　　　　大松林剪路夺馒头

第十回　办军械大志士说奇
　　　　读制艺老先生称妙
第十一回　假斯文王鼎遇瘟神
　　　　　大计划林超捉穷鬼
第十二回　骂王先生首事吹牛
　　　　　谒罗大人小的拍马
第十三回　泼邪疯娘子扔瓦罐
　　　　　引军法司令敲钉锤
第十四回　诸参议争吃白米粥
　　　　　老百姓赔偿乌骨鸡
第十五回　暴敛横征小民遭劫
　　　　　提兵调将大帅兴师
第十六回　扎寨安营参谋献策
　　　　　搜舱剪路司令失威
第十七回　张二虎逼总司令跳梁
　　　　　赵大爷劝众小民罢战
第十八回　失新基深夜奔旧巢
　　　　　夺大权昧心背同志

第 十 九 回　翻莲舌数语骗三人
　　　　　　　敲竹杠深宵嫖下女

第 二 十 回　觅温柔小酌各忘形
　　　　　　　避患难新巢同敛迹

第二十一回　陷穷途守苦志卖文
　　　　　　　演新剧各热心筹款

第二十二回　接邮片势利感同人
　　　　　　　闹报馆萍水遇至戚

第二十三回　避是非三人闲散步
　　　　　　　分党派同室大操戈

第二十四回　苦中寻乐志士偷鞋
　　　　　　　局外谋生穷儒投笔

第二十五回　因势利解散机关部
　　　　　　　立条约聘请编辑员

第二十六回　编新闻剪刀大遭劫
　　　　　　　做小说唇舌两相争

第二十七回　白素英投稿逞雄才
　　　　　　　周桐荪对友翻利舌

第二十八回　偎红拥翠颠倒鸳鸯
　　　　　　　拈韵敲诗迷离蛱蝶

第二十九回　畏流言周桐荪丧胆
　　　　　　　闹闲气白素英挥拳

第 三 十 回　说恋爱男女开谈判
　　　　　　　论时局叔侄发牢骚

第三十一回　寻妹丈急煞大舅子
　　　　　　　因侄女难坏做媒人

第三十二回　乱箭横飞迫述恋爱
　　　　　　　单刀直破放任自由

第三十三回　和事老强做慈善家
　　　　　　　主人翁变成门外汉

第三十四回　谈报纸铁夫耍官腔
　　　　　　　做时评桐荪斗闲气

第三十五回　白素英巧灌迷魂汤
　　　　　　　黄国忠痛骂革命党

第三十六回　论党务党人伤往事
　　　　　　　倡女权女子播新潮

第三十七回　数行书脱离父女情
　　　　　　　廿七人挽救朋友命

第三十八回　周桐荪逃出温柔乡
　　　　　　　万世昌愤入幽冥路

第三十九回　争家产孝子掼灵牌
　　　　　　　夺爱情武人杀暴客

第 四 十 回　负心人失计离汉口
　　　　　　　伤时客遁迹走天涯

朝鲜亡国演义

历史小说。杨尘因著。广文书局编。广文书局。1915 年 2 月 5 版。1 册。4.2 万字。共 12 回。

第一回　愤时局前车防覆辙
　　　　遇志士亡国诉哀辞

第二回　大搜捕朝人遭劫运
　　　　奇耻辱众女罹非刑

第三回　胜国遗黎十条苛禁
　　　　孤忠义旅千古同悲
第四回　大院君失权怀隐恨
　　　　闵王妃预政兆乱媒
第五回　云扬舰无端挑衅隙
　　　　济物浦初次订条文
第六回　播谣言离间欧美国
　　　　闹乱子罪魁大院君
第七回　济物浦二次再立约
　　　　开化党万恶召强邻

第 八 回　天津城双方修韩好
　　　　　景福宫连叠被日兵
第 九 回　游上海殄除国贼
　　　　　剿东学牵动外交
第 十 回　逞强权越俎谋新政
　　　　　告祖庙当众布条文
第十一回　朝鲜主痴心梦皇帝
　　　　　坤宁宫惨变弑君妃
第十二回　结会图君大卖特买
　　　　　倡言并国不亡而亡

新华春梦记

社会小说。杨尘因著。张海沤批。上海泰东图书。1920 年 8 月版。5 册。58 万字。陈荣广、张冥飞、张海沤、汪文鼎等叙 5 篇。插图 20 幅。10 卷。共 100 回。

第一回　寒夜青灯痴人说梦
　　　　攀龙附凤竖子筹安
第二回　两纸书传凄凉逆邸
　　　　数声犬吠风雨京华
第三回　徐阁老隔墙听谏友
　　　　罗厅长托病暗辞官
第四回　夜漫漫杨杏城建白
　　　　情脉脉梅兰舫传红
第五回　参政院代行立法院
　　　　公民团演成请愿团
第六回　覆雨翻云咄哉冯妇
　　　　穿针引线忙煞张郎
第七回　一曲缠绵蜂狂蝶闹

　　　　　双星缱绻燕语莺歌
第 八 回　梁任公避地怀前情
　　　　　黎宋卿闭门伤往事
第 九 回　恶侦探伤心卖契友
　　　　　痴娘子破产贿奸徒
第 十 回　白毛鼠报仇巧弄鬼
　　　　　黑旋风遭侮愤挖心
第十一回　入幕烛奸舌底遭嫉
　　　　　挑灯捉影榻下遗骸
第十二回　必告旋归季直特直
　　　　　无端逸去仲仙如仙
第十三回　袁总统伤心扔玉盏
　　　　　于夫人斗气掼金壶

第 十 四 回　千里邀功烘云托月　　　　　　　　　　　袁世凯挑皇族发财

　　　　　　一场会议流水落花　　第 三 十 回　夺储金会中献鬼计

第 十 五 回　阮太保奉旨充蒋干　　　　　　　　　　　叙隐事宫里说天心

　　　　　　冯将军藉故背秦嬴　　第三十一回　太子挥拳皇娘斗嘴

第 十 六 回　千里归来一场纳闷　　　　　　　　　　　车夫叫苦乞丐呼冤

　　　　　　三更传旨两地猜疑　　第三十二回　香冷灯昏背人弹泪

第 十 七 回　大皇帝巧言护民国　　　　　　　　　　　更残漏尽握手抒怀

　　　　　　小名士翘首拜君主　　第三十三回　傻公子花钱做陪客

第 十 八 回　一位麻老儿死要脸　　　　　　　　　　　痴女士弄舌现原形

　　　　　　三个傻小子穷开心　　第三十四回　绮罗人密结绮罗丛

第 十 九 回　名士筹安利中求利　　　　　　　　　　　胭脂虎巧布胭脂阵

　　　　　　傻汉入会官上加官　　第三十五回　夺头功同党闹意见

第 二 十 回　汤中将暗扯顺风旗　　　　　　　　　　　祝上寿合宅庆飞升

　　　　　　吕老爷私结升官党　　第三十六回　宏开寿域一字显荣

第二十一回　夺头功同谋如敌国　　　　　　　　　　　挟制民权八人定法

　　　　　　耍手法清质入污沟　　第三十七回　杨皙子急放空心炮

第二十二回　消闲开会风月无边　　　　　　　　　　　阮斗瞻突发打头风

　　　　　　匿怨纳交牛骥一皁　　第三十八回　大丈夫奋袂闯重围

第二十三回　软语温言英雄儿女　　　　　　　　　　　痴儿女牵衣伤叠曲

　　　　　　奇形怪状红粉妖魔　　第三十九回　大皇帝秘室论时人

第二十四回　筱凤仙羞与粉头伍　　　　　　　　　　　三太保勾栏探隐事

　　　　　　花元春夺得锦标归　　第 四 十 回　小姑娘舌战三太保

第二十五回　借刀杀人强奸民意　　　　　　　　　　　老鸨母瞎骂大将军

　　　　　　捕风捉影搜虐良家　　第四十一回　六万金公请袁太子

第二十六回　朱桂莘假装和事老　　　　　　　　　　　一篇账吓煞戴先生

　　　　　　安慈红巧遇祸国妖　　第四十二回　荣禄惑人酸丁丧命

第二十七回　大可温言妇女兴起　　　　　　　　　　　死生异路夺友寡情

　　　　　　小幡警告狐兔仓皇　　第四十三回　梅宝玑热心耍把戏

第二十八回　论外交杨皙子缄口　　　　　　　　　　　谢石钦妄想翻筋斗

　　　　　　倡女权安静生扬眉　　第四十四回　吕参政返乡充说客

第二十九回　顾巨六叙富翁叫苦　　　　　　　　　　　吴总理开会接钦差

第四十五回　谢石钦请客忙选举
　　　　　　陈元壁隔房惹是非

第四十六回　舞碟飞盘一场大闹
　　　　　　争荣竞禄两党交讧

第四十七回　王夫人破财惹烦恼
　　　　　　邱皇帝累母受饥寒

第四十八回　寡婆桥劣子背慈亲
　　　　　　百家山贼党结契友

第四十九回　立新基大封龙虎将
　　　　　　理旧业别开狐兔巢

第五十回　办外交双方耍鬼脸
　　　　　守中立两面看风头

第五十一回　设仙棚大捐保皇费
　　　　　　谈吉兆密结尊王团

第五十二回　断头台皇帝逢厄运
　　　　　　枉死城小民遇灾星

第五十三回　东粤波翻狼奔兔突
　　　　　　北燕云黯虎啸龙吟

第五十四回　袁大少假充琉璃球
　　　　　　李六更大唱莲花落

第五十五回　瑾太妃寒宫伤往事
　　　　　　庆亲王病榻惨遗言

第五十六回　逼皇宫哭死陆润庠
　　　　　　献朝服笑煞袁世凯

第五十七回　撞木钟参政敲竹杠
　　　　　　打饭碗代表吊夜壶

第五十八回　参政邀功推尊万岁
　　　　　　夫人嗃气胡闹一场

第五十九回　丰泽园君臣造民意
　　　　　　湘绮楼主仆谈爱情

第六十回　陈仲恂初遭打头棒

　　　　　　李克端旁敲顺边锣

第六十一回　一夕话轰动周妈妈
　　　　　　甘番洋惑住李嫂嫂

第六十二回　老周妈泼撒母猪疯
　　　　　　刁柳氏怒翻王婆舌

第六十三回　选女官大皇帝维新
　　　　　　辞宫阙两太妃怀旧

第六十四回　草离离斜阳葬白骨
　　　　　　春漠漠芳卉恋红情

第六十五回　趱风头姑小姐邀宠
　　　　　　拍马屁表老爷倒楣

第六十六回　抹粉涂脂当场献丑
　　　　　　花言巧语屈膝承欢

第六十七回　蛇影弓杯莺嗔燕叱
　　　　　　风狂雨骤石破天惊

第六十八回　番菜馆总理强寻欢
　　　　　　编辑部工役恶作剧

第六十九回　卖报纸小弟兄白忙
　　　　　　查账目大总理扫兴

第七十回　求表兄代弟谋生活
　　　　　痛时事爱国入樊笼

第七十一回　呆羁王大展擎天手
　　　　　　大妖孽闷做缩头龟

第七十二回　风风雨雨暮暮朝朝
　　　　　　君君臣臣鬼鬼祟祟

第七十三回　为邀功拼命荐活宝
　　　　　　因献媚设计觅酸丁

第七十四回　穷书生平地驾风云
　　　　　　大皇帝无聊求筮卜

第七十五回　卖元宵小伙计遭瘟
　　　　　　打先锋大将军恋栈

第七十六回　大将军落魄谱求凰
　　　　　　胖夫人牵衣歌折柳
第七十七回　一团高兴秣马厉兵
　　　　　　片刻闲谈心惊神悸
第七十八回　大英雄出师讨国贼
　　　　　　小百姓合众叹人权
第七十九回　唐都督奋袂伸民权
　　　　　　蔡司令矢志讨国贼
第 八 十 回　平内讧皇帝乱点兵
　　　　　　办外交钦使大丧气
第八十一回　方璟生谋财结密友
　　　　　　沈中宪假意论良心
第八十二回　说良心有心发妙论
　　　　　　窃密约同约设奇谋
第八十三回　七万金宠奴卖旧主
　　　　　　一封书暴帝训权臣
第八十四回　惹风波怒演状元谱
　　　　　　耍手腕接串上天台
第八十五回　风萧萧夜深惊怪响
　　　　　　云黯黯宫禁现危机
第八十六回　江宇澄喜极触霉头
　　　　　　雷朝彦怒试巨灵掌
第八十七回　漫天风雨幸脱魔关
　　　　　　蓦地烟云恍如梦境
第八十八回　陈其美深宵谋杀敌

　　　　　　郑汝成半路惨捐躯
第八十九回　中奸谋朱将军逃命
　　　　　　丧良心屈巡使跳槽
第 九 十 回　吃饭将军画虎变狗
　　　　　　能言说客对牛弹琴
第九十一回　逐孽龙南海起风波
　　　　　　驱公狗西林统兵甲
第九十二回　蔡钦使献策害仇人
　　　　　　龙将军忘情诛良友
第九十三回　护国法特组军务院
　　　　　　感时事大唱鼓儿词
第九十四回　于娘娘大骂女侍官
　　　　　　沈太太高攀亲家母
第九十五回　受朝贺大过皇帝瘾
　　　　　　订家训密为姬妾谋
第九十六回　送敕书太保讨没趣
　　　　　　献妙语女士反遭瘟
第九十七回　大志难酬藏头欲避
　　　　　　小星失望捷足潜飞
第九十八回　妙想天开吟诗骗友
　　　　　　窘无人助献服媚妻
第九十九回　一封书康圣人劝友
　　　　　　数句话徐相国投机
第 一 百 回　虎踞龙蟠宛如幻境
　　　　　　珠沉玉碎同入幽都

儒林新史

社会小说。杨尘因著。上海新民印书馆。1919 年版。2 册。13万字。周剑云、姚民哀、郑鹧鸪各作序 1 篇。范君博题词 1 首。共

20 回。

第一回　演新篇博士创实业
　　　　讨欠账总理罢穷威

第二回　投时机热心组分处
　　　　入僻境蓦地陷迷途

第三回　觅野食枉劳一片心
　　　　听夜戏狂闹三条腿

第四回　探隐事打破闷葫芦
　　　　感旧情顿发新思想

第五回　争女权玉瑛说自由
　　　　辨诗体公侠倡革命

第六回　老腐儒趋时招没趣
　　　　新文士趁势打空拳

第七回　堕穷途楼头惊怪梦
　　　　寻老友栏畔探幽情

第八回　深宵短榻片语破愁
　　　　绿意红情一场空喜

第九回　孤客怀春苦中寻乐
　　　　长途遭劫死里逃生

第十回　办小学老监生翻新
　　　　开大会众酸丁守旧

第十一回　土地祠老先生出丑
　　　　　马家寨少大人逞强

第十二回　访旧友无端受冷气
　　　　　贺新郎蓦地兴暗潮

第十三回　辛女士妙开花月宴
　　　　　卓公侠混入脂粉团

第十四回　大律师蓦地出风头
　　　　　老朋友临时抱佛脚

第十五回　二千金从舌尖赚得
　　　　　一封书自天外飞来

第十六回　投时机文士设奇谋
　　　　　忙选举夫人施妙计

第十七回　因事谈事大掉枪花
　　　　　买空卖空小要把戏

第十八回　小弄舌筵前谈新政
　　　　　大翻身车上遇故人

第十九回　千里偕行红情密密
　　　　　二人定计黑幕重重

第二十回　认姑母筵前小翻戏
　　　　　闹口舌堂上大挥拳

双珠凤全传

民间小说。杨志敏著。上海大通图书社。出版时间不详。1 册。6.3 万字。共 80 回。

第一回　拾凤

第二回　访倪

第三回　戏凤

第四回　绝欲

第　五　回　　投靠　　　　　　第三十六回　　谒师

第　六　回　　寻主　　　　　　第三十七回　　闺论

第　七　回　　窃贼　　　　　　第三十八回　　邀卜

第　八　回　　遇虎　　　　　　第三十九回　　圆梦

第　九　回　　继女　　　　　　第　四　十　回　　议亲

第　十　回　　报信　　　　　　第四十一回　　逼逸

第十一回　　击吉　　　　　　第四十二回　　游园

第十二回　　写轴　　　　　　第四十三回　　唱歌

第十三回　　庆寿　　　　　　第四十四回　　通奸

第十四回　　赏荷　　　　　　第四十五回　　火废

第十五回　　送花　　　　　　第四十六回　　扑救

第十六回　　楼会　　　　　　第四十七回　　遣探

第十七回　　私订　　　　　　第四十八回　　援金

第十八回　　逸美　　　　　　第四十九回　　留挚

第十九回　　访仆　　　　　　第　五　十　回　　继凤

第　二　十　回　　质凤　　　　　　第五十一回　　露奸

第二十一回　　乔探　　　　　　第五十二回　　惊秋

第二十二回　　哭亲　　　　　　第五十三回　　捉奸

第二十三回　　逼谋　　　　　　第五十四回　　显魂

第二十四回　　醉福　　　　　　第五十五回　　移祸

第二十五回　　服毒　　　　　　第五十六回　　后验

第二十六回　　报验　　　　　　第五十七回　　酷讯

第二十七回　　议救　　　　　　第五十八回　　思金

第二十八回　　换监　　　　　　第五十九回　　错咤

第二十九回　　代毙　　　　　　第　六　十　回　　追美

第　三　十　回　　夜奔　　　　　　第六十一回　　撰表

第三十一回　　相验　　　　　　第六十二回　　赐爵

第三十二回　　吊墓　　　　　　第六十三回　　探环

第三十三回　　遇盗　　　　　　第六十四回　　诱桃

第三十四回　　缢坟　　　　　　第六十五回　　私吊

第三十五回　　救美　　　　　　第六十六回　　写状

第六十七回　密拿
第六十八回　告状
第六十九回　大问
第 七 十 回　出罪
第七十一回　滴血
第七十二回　店会
第七十三回　简疑

第七十四回　谒刘
第七十五回　惊美
第七十六回　计议
第七十七回　虚毙
第七十八回　参相
第七十九回　荣归
第 八 十 回　团圆

描 金 凤

民间小说。杨志敏著。上海大通图书社。1936 年 2 月版。2 册。13. 3 万字。共 46 回。

第 一 回　义仆劝主
第 二 回　思亲借贷
第 三 回　投井跌雪
第 四 回　扫雪遇翠
第 五 回　留金醉奸
第 六 回　寻主联姻
第 七 回　聘翠设计
第 八 回　拜年乔嫁
第 九 回　赚贿写状
第 十 回　议审造帖
第十一回　断回审问
第十二回　勒棺济武
第十三回　谒岳赠凤
第十四回　访友托许
第十五回　盘荣见姑
第十六回　许亲钦诏
第十七回　想妹害王

第 十 八 回　贿忠诬钊
第 十 九 回　谏贿别店
第 二 十 回　探主访兰
第二十一回　报信寄锺
第二十二回　见母别兄
第二十三回　冒郡换狱
第二十四回　劫墓追钊
第二十五回　杀妻遇盗
第二十六回　差探掘藏
第二十七回　探婿受辱
第二十八回　劫斩访主
第二十九回　祈雨授职
第 三 十 回　通神得雨
第三十一回　见君赐绥
第三十二回　花园亭会
第三十三回　茶坊思夫
第三十四回　戏妹诉情

第三十五回　遇害捉荣

第三十六回　证书勘审

第三十七回　殒婢谒钱

第三十八回　赦罪戮荣

第三十九回　双珠勒凤

第四十回　还乡合卺

第四十一回　盘仆追凤

第四十二回　假死骗兄

第四十三回　考武征番

第四十四回　败荒招亲

第四十五回　聘将诈降

第四十六回　封赠团圆

孽海双鹣记

哀情小说。杨南邨著。上海中原书局。1936 年 10 月重版。1 册。7.2 万字。沈东讷评。共 20 章。

第一章　庭阶春日永
　　　　身世落花悲

第二章　热肠凝冷意
　　　　怨语诉幽情

第三章　痴心祈佛佑
　　　　清话饮茶多

第四章　新词催夜雨
　　　　蜜意醉春醪

第五章　落花本无意
　　　　流水自多情

第六章　闲情撩绮恨
　　　　噩梦惊芳魂

第七章　话到知心好
　　　　诗成艳体佳

第八章　鸠媒方怨母
　　　　蛇影复惊郎

第九章　怨书哀写血
　　　　讹讯痛沉珠

第十章　断肠词乍谱
　　　　射影计重施

第十一章　方痛鸳鸯劫
　　　　旋歌雀鼠诗

第十二章　只余愁日月
　　　　重见汉河山

第十三章　飞蝇人出狱
　　　　刻骨痛相思

第十四章　妒花风布阵
　　　　啼血语惊心

第十五章　肠断章台柳
　　　　珠亡魏照车

第十六章　噩音才到耳
　　　　横祸忽燃眉

第十七章　成烟悲紫玉
　　　　失路痛萧郎

第十八章　云冷高唐梦
　　　　菊残少女风

第十九章　伤心谈往事
　　　　　笑靥迓还珠

第二十章　有情成美眷
　　　　　挥泪记双鹣

双珠球全传

民间通俗小说。杨警顽著。上海大通图书社。1939 年 4 月版。1 册。
8.6 万字。共 48 回。

第　一　回	辞婚	第二十三回	送信
第　二　回	戮忠	第二十四回	触扮
第　三　回	报信	第二十五回	哭环
第　四　回	遇友	第二十六回	盗赃
第　五　回	传技	第二十七回	送女
第　六　回	比武	第二十八回	认媳
第　七　回	招亲	第二十九回	完姻
第　八　回	花鼓	第　三十　回	告状
第　九　回	送镪	第三十一回	见母
第　十　回	遗龙	第三十二回	访僧
第十一回	探梅	第三十三回	破穴
第十二回	园会	第三十四回	挪胎
第十三回	约期	第三十五回	擒僧
第十四回	醉球	第三十六回	接瓶
第十五回	行贿	第三十七回	审问
第十六回	枉法	第三十八回	病故
第十七回	杀女	第三十九回	救芳
第十八回	夜奔	第　四十　回	探情
第十九回	彩楼	第四十一回	说亲
第二十回	强婚	第四十二回	山会
第二十一回	潜行	第四十三回	送妆
第二十二回	上山	第四十四回	路劫

第四十五回　抄斩
第四十六回　擂台

第四十七回　破敌
第四十八回　见驾

大侠狄龙子

长篇武侠小说。还珠楼主著。上海正气书局。1948 年 7 月—1951 年 3 月版。58.5 万字。共 12 集。

第一集　积想已成痴客馆灯孤惊素脉
　　　　幽情谁与诉卷帘人瘦比黄花
　　　　明月照松间寂寞寒山翔铁羽
　　　　氛烟生石缝迷茫毒雾起勾蜈
　　　　俊眼识英雄酒肆挥金怀古哲
　　　　凌空飞倩影山亭密语见天人
第二集　电击霆飞百尺高竿空劈掌
　　　　离长会短小山丛桂好谈心
　　　　峨顶见神灯古寺荒崖惊恶虎
　　　　月明观异兽寒宵煮酒话灵婴
第三集　煮酒款佳宾雪满山中来虎女
　　　　飞丸惊恶兽月明林下斗犀儿
　　　　止水忽生波人似孤鸾空嗟丽质
　　　　三生曾有约心同流水不恋落花
第四集　同病应相怜对此清辉愿言永夕
　　　　幽情谁与诉曾经沧海难恋落花
　　　　薄命怅红颜倚玉偎香成苦忆
　　　　当筵飞木令高怀雅量感雄奸
第五集　劈掌戮群凶桃弩惊芒谋人自毙
　　　　痴情深一往溪山如画与子同行
　　　　劫后喜逢君共吐平生隐痛
　　　　舟中成敌国惊回弱女余生

第六集　念切孤寒开荒谈侠女
　　　　情殷旧侣软语劝痴人
　　　　良夜吐衷曲朗月疏星愿言不尽
　　　　幽崖传绝技怒虎惊龙运掌如飞
第七集　欢喜晤良朋酒绿灯红愿言不尽
　　　　殷勤掺素手山深路险蜜意无穷
　　　　暗谷走孤身沟中惊起白猩子
　　　　寒光摇冷月天外飞来黑女侠
第八集　高处可胜寒雪岭罡风冰悬万丈
　　　　中怀难与说深心苦绪错铸千秋
　　　　笑语情亲斗酒只鸡邀近局
　　　　师徒义重丹崖碧嶂共幽栖
第九集　相见复何年会短离长独留遗恨
　　　　承欢消永夜心长语重耦俱无情
　　　　缺月已难圆无望珠还专心图大业
　　　　罡风吹不动有怀云路苦志隐寒山
第十集　冷月照琼林午夜梦回罡风急
　　　　昏灯摇碧火隔墙人去剑光寒
　　　　积雪似撑空野店荒村歼巨憝
　　　　余波浑不静青山红树起遥思

第十一集　小隐在城郊廿载辛勤医疾苦

大名垂宇宙一生谨慎响先贤

煮酒夜谈心良夜迢迢欣来异士

斩关深入险玄门寂寂巧剪群凶

绝壑渡孤身晴日丽空清泉

艳雪

寻珍穿秘甬珠林翠幕匿影

摇虹

万窍起繁音玉振金声忽惊

哀咽

双丸摧毒火烟消雾散共戮

凶顽

第十二集　地穴隐浮囊甫得奇珍误传

小警

灵峰窥剑器重逢旧侣喜话

亲情

寻贞水详参铁简篆

惊丑类独探幻波池

电掣雷轰凌空一击

身轻叶落绝顶双飞

炉火已纯青泥化钢消呈异宝

岚光真如沐山明水丽恋清游

大漠英雄

武侠小说。还珠楼主著。上海百新书店。1949 年 3 月版。6 册。35 万字。作者前引 1 篇。共 12 回。

第一回　大漠走明驼电击霆奔惊砂夕起

深宵闻玉笛风饕雪虐铁羽晨飞

第二回　剑气冲霄绝壑雄风寻炼士

香光知海万方仪态照华灯

第三回　大壑飞身雪地冰天援爱侣

灵峰取宝晶门玉柱拜仙师

第四回　山洞闻青琴同心兆应三珠树

冲云渡雪岭携手人如比翼鹣

第五回　苦意诉衷肠夫也不良天何此醉

有情成眷属佳人绝代国士无双

第六回　绝壁助真仙万丈寒潮参魔主

三关通大劫千重霞影遁妖人

第七回　绝顶涌莲花变灭旗门腾异彩

飞光追魅影旃檀佛法护真神

第 八 回　劳燕惜分飞万种离愁伤薄命

痴情察隐患三杯别酒纵淫凶

第 九 回　别泪注金尊惆怅天涯断肠

人远

清音鸣玉磬荒凉石屋十指

禅修

第 十 回　平地涌灵泉火雾千重独飞

健羽

蛮荒寻异宝关山万里同探

神峰

第十一回　古碣暗藏珍冷焰寒光生宝带

班荆成至契晶峰玉洞起仙韶

第十二回　洒雪喷珠不尽流泉飘灵雨　　｜　　熔沙沸石冲空火柱似森林

万里孤侠

武侠小说。还珠楼主著。上海百新书店。1948 年 10 月版。2 册。12 万字。第一册提要：世泽溯川东十亩芳塘客小隐，孤身游冀北千行杨柳醉高人。万里长征古渡黄河观落日，凌晨庄约平林绿野斗灵猩。附壁攀藤竹院清溪寻隐士，飞标却敌石牢兽阱救天人。第二册提要：雨霁万峰青萧寺荒林藏盗迹，江流千里白孤篷残梦惊芳心。月下共清尊夜景空明江山如画，瓮中观恶斗邪云弥漫剑气若虹。

女侠夜明珠

长篇武侠小说。还珠楼主著。华英书局。1948 年 11 月版。5 集。24 万。

第一集　野岸识传侠广殿松祠惊绝艳
　　　　鱼篮开法会满江星火放河灯
　　　　古义释黄衫贤使君深宵逢异士
　　　　深情怀翠袖美少年万里走征尘
第二集　客馆独开樽夜雨秋灯欣逢侠女
　　　　松林同对敌刀光宾影不见伊人
　　　　积想竟成痴黄叶有声寻古渡
　　　　微波浑不动明珠一点识宵光
第三集　觌面又天涯双桨凌波人已渡
　　　　穿林寻野老孤身赴敌马如飞

　　　　旅邸话秋灯白酒黄鸡同惊异士
　　　　深宵探盗窟飞檐走壁再救伊人
第四集　宛转发金针恸彼孤鸾拼并命
　　　　殷勤将素手惊予劳燕惜分飞
　　　　苦志念苍生滚滚浊流与言一慨
　　　　空拳入白刃茫茫前路有女同行
第五集　缟袂凌波深情怀爱侣
　　　　中流勒马仗义拯孤穷
　　　　应变识先机赖有黄金收赈米
　　　　临危坚壮志凭将赤手障狂澜

天山飞侠

武侠小说。还珠楼主著。北京新华书局。1944 年 1 月初版。3 集。22.1 万字。共 9 回。

第一集

第一回　灯火灿长街酒肆深宵惊怪客
　　　　　冻云横大漠冰天雪地驰飞橇

第二回　古洞藏兵环攻二寇
　　　　　灵狒卫主独裂穷凶

第三回　晴雪艳梅花无限香光笼胜域
　　　　　智囊擒宝月千重剑气荡寒沙

第二集

第一回　邪雾漫长空滚滚呈沙飞碧霄
　　　　　彩云笼大漠森森剑气拥重舟

第二回　制番僧高人怀远虑
　　　　　观壁画小侠悟玄机

第三回　丸月照孤灯满地碧云闹竹馆
　　　　　银花明万树腾空彩焰灿春宵

第三集

第一回　微隙溯天山一剑冲霄逃厉史
　　　　　轻雷殷地轴万花吐艳烛遥空

第二回　一旅望中兴此地有峻岭崇山森
　　　　　林沃野夏屋良田琪花瑶草
　　　　　几人存正朔其中多忠臣孝子志
　　　　　士遗民英雄豪杰奇侠飞仙

第三回　梅馆延宾良宵开夜宴
　　　　　山堂演武元日盛军容

云海争奇记

长篇武侠名著。还珠楼主著。天津励力出版社。1940 年—1943 年初版。10 册。100 万字。共 10 集。每集前有前提。

第一集　烟水苍茫双桨凌波人似玉
　　　　　风尘奔荡扁舟剪烛夜如年
　　　　　佳丽关心亭中卜卦
　　　　　鸰原在念湖上回航
　　　　　骇浪挽危舟江女酬恩施绝技
　　　　　粗心惊失错苏翁临难托遗孤
　　　　　闻变哭良朋山馆伤心风定后
　　　　　践言携淑女马蹄乱踏月明归

第二集　古树斜阳踏浪行波逢异士
　　　　幽崖密莽飞虹掣电败凶僧
　　　　返里省慈亲谷暗峡荒诛恶兽
　　　　闻钟惊绝艳月明林野斗婵娟

第三集　深机密阱伏莽刺清官
　　　　除暴安良中途惊丑类
　　　　行波踏竹一神童大雨戏镖师
　　　　掣电飞芒诸剑客荒山歼巨寇

第四集　破金钹凶僧授首
　　　　伏白刃巨盗轻身
　　　　活火烹茗深山来旧雨
　　　　只鸡斗酒古庙戏神偷

第五集　舐犊情深空山强侠女
　　　　原鸰念切暗语托神童
　　　　胜地挥金黑摩勒初逢异丐
　　　　开门揖盗小铁猴再戏奸人

第六集　志苦情真长路遄征急友难
　　　　言甘币重假名拜寿肆凶谋

　　　　危崖夜灯红失路无心遭巨寇
　　　　荒山凉月白穷途遇救见高人

第七集　老少年两试劈空掌
　　　　黑摩勒三探女丐村
　　　　闲窥秘隐无意得仙兵
　　　　假作痴呆有心擒巨寇

第八集　石洞获藏珍夜月荒村寻侠女
　　　　江楼逢刺客平林古渡戮神奸
　　　　啸侣命俦众佳侠山中赴会
　　　　奇能绝技诸异丐台上施威

第九集　会花村群英打擂
　　　　诛恶党异丐施威
　　　　正胜邪消天外来佳侠
　　　　虹飞电舞场中见异人

第十集　明月照禅关千尺高林腾跐影
　　　　遥空驰雪羽一声长啸落胎仙
　　　　绝壑耀奇辉氛雾若云迷海色
　　　　腥香收毒物兽虫如织赴鲸吞

长眉真人

　　武侠小说。还珠楼主著。上海正气书店。1948 年 9 月版。1 册。30
万字。共 24 回。

第一回　举酒酹流光良夜难逢清游如绘
　　　　对枰泊野渡神鞭御寇群丑伏诛
第二回　苦忆心盟宝马如龙寻旧侣
　　　　突飞神掌佛光满地遁元凶
第三回　银汉驶孤舟人在镜中船真天上
　　　　暗云藏大厉惊逢血影喜遇真仙

第四回　潭水碧如油玉钥金环呈宝相
　　　　桃花红似焰兰珠芝果发奇香
第五回　美玉种灵葩倾盖论交求大药
　　　　寒光生古洞仙缘巧遇获藏珍
第六回　巧得干莫古篆神碑先示偈
　　　　言寻朋好青山碧水远闻歌

第 七 回　对枰试藏珍紫电青霜森剑气
深宵寻异境清溪明月艳桃花

第 八 回　涤垢浴清波奇艳当前萦绮念
飞花呈丽景香光如海起仙音

第 九 回　古洞试仙环花貌雪肤皆恶鬼
鲜花埋艳骨血莲翠果拥红珠

第 十 回　宝剑破神经黑地狱逃恶鬼影
金刀穿玉股红莲花拥艳尸魂

第十一回　宝剑耀寒辉一道长虹诛丑类
仙云封古洞满山明月拜真人

第十二回　苦恋双栖多情成孽累
伤心独枕无意入魔宫

第十三回　一径入魔宫镜殿春生忽惊
奇艳
双修多乐事蓬莱路远重话
危机

第十四回　厉啸划长空彩气千重消黑眚
清光笼远峤晴霄万里舞胎仙

第十五回　旅邸夜沉冥玉宇无声明远视
洞庭波浩渺银河倒泻失惊湍

第十六回　力挽狂澜巧遇异人飞幻影
心忧前路独寻古庙访真情

第十七回　恩爱已成仇犹惜余欢三日饮
时机争一瞬多蒙蜜意两心知

第十八回　樱口吸元精满院红光施毒手
锦囊留素柬一丸灵药挽沉疴

第十九回　老蚌孕明珠灼灼桃花腾
丽彩
金霞消毒眚森森剑气射
惊虹

第二十回　合力斩妖虫紫电惊芒逃
厉魄
无心逢劲敌血云如焰拥
魔宫

第二十一回　入谷访幽兰翠浪因风散
花雨
酬恩挥玉轸魔云如焰救
灵鹃

第二十二回　软语尽温存蜜意如云柔情
似水
灵心生妙语明珠在握与子
同行

第二十三回　赴约忆深仇万里长空飞
比翼
救灾怜涸鲋一川渴土涌
清泉

第二十四回　野火起森林匝地霞光同诛
旱魃
离魂收倩女弥天风雨再警
芳心

龙山四友

武侠小说。还珠楼主著。上海育才书局。出版时间不详。42.2 万字。共 39 章。

第 一 章	长安城外的飞骑	
第 二 章	幽谷狂潮	
第 三 章	奇境天开	
第 四 章	石牢中铁汉被迫害的老人	
第 五 章	林中大火	
第 六 章	白衣虎女	
第 七 章	虎背飞侠	
第 八 章	晓风残月桂花香	
第 九 章	误伤林鸾石牢被困	
第 十 章	苦斗被擒流水无情恋落花	
第十一章	雪山打围震英威	
第十二章	森林中的恶斗	
第十三章	雪山初救女灵婴	
第十四章	一见倾心成知己	
第十五章	深林重唔素心倾	
第十六章	斜阳红欲坠暮地起清吹	
第十七章	避凶淫弱女窜荒山	
第十八章	华灯明璧月俪影各成双	
第十九章	飞身行树杪独力斩三凶	
第二十章	火树银花香光如海	
	虹飞虎啸草木皆兵	
第二十一章	小空空孤身戏群贼	

第二十二章	美侠女虎背缔良缘	
第二十三章	异兽红忙的威力	
第二十四章	花好月圆人似玉	
	惊斗来敌去如飞	
第二十五章	月光中的恶斗	
第二十六章	寻怪鸟巧援石野儿	
第二十七章	巧杀毒蟒独斗三凶	
第二十八章	追逃鹿喜得绿萼衣	
	冒严寒陷身冰雪窟	
第二十九章	鸣镝渡流星天外长虹飞利器	
第三十章	昏林森厉影危岩密奔高人	
第三十一章	良友喜相逢把酒谈心忽惊警号	
第三十二章	恶斗	
第三十三章	斩红蛟巧得皮衣	
第三十四章	冷雨秋宵惊来巨寇	
第三十五章	虹飞电舞喜戮群凶	
第三十六章	猿长老的徒众	
第三十七章	巧斗	
第三十八章	平野中的恶斗	
第三十九章	以毒攻毒群猿诛丑类	

北海屠龙记

长篇武侠小说。还珠楼主著。上海百新书店。1948 年 3 月第 1 版。2 册。11 万字。前提 1 篇。共 8 回。

一　疗妒仗灵丹临难痴情怜爱宠

二　飞光诛丑类相逢隔世话前因

三　无意儆凶顽湖上笙歌喧碧羽

四　有心防邪魔盆中宇宙演红花

五　御邪除凶万顷烟波飞血雨

六　临危遇救千重雷火拥青莲

七　义重师门擒身谋老怪

八　喜求灵药绝海屠妖龙

白　骷　髅

长篇通俗侠义小说。还珠楼主著。上海正华书店。1951 年 5 月初版。2 册。9 万字。共 8 回。

一　隐名恶盗白鹰子

二　大侠黑骷髅

三　皇庄村富商遇寇
　　招商店侠客逢凶

四　势迫危临舍身全爱子
　　恩深感切仗义救孤鸾

五　绝处喜逢生残月晓星迷去路
　　知机宁犯险深山幽谷话前情

六　信符竹手箭

七　同商密计古寺聚英侠
　　巧得总图强龙建殊功

八　二女侠杀贼猢狲愁

边塞英雄谱

长篇武侠小说。还珠楼主著。上海正气书局。1949 年 1 月版。1 册。8 万字。共 5 回。

第一回　冷月昏灯霜腾龙股剑
　　　　嘶风掣电雪艳马蹄尘
第二回　地穴藏身班荆欣宿契
　　　　杯觞叙旧妙语见天真
第三回　虬髯客来三跃鱼更联二老

玄裳人去独探虎穴拯孤穷
第四回　老少年巧戏飞天鼠
　　　　阴阳手胆寒贯蚤针
第五回　鸿飞弋慕踏雪走双鸳
　　　　地旷灯明惊心逢五矮

兵 书 侠

武侠小说。还珠楼主著。上海正气书局。1949 年 6 月版。12 册。60万字。

一　燔松炙虎巧戏凶僧
　　入洞探奇言寻异士
　　绝顶飞身凌空挥铁掌
　　罡风御寇擘腹见藏珍
二　绝顶夜栖身水气沉冥风雨恶
　　奇珍初诲盗云涛浩荡剑光寒
　　暗雾审荒山古寺疏钟惊闻密语
　　深宵焚盗窟花坞野火怒失霜镡
三　赤手戮凶顽入境先寻青笠老
　　孤身擒火箭凌空飞渡白衣人
　　旗帜谁家万顷沧波惊远棹
　　江山如画千行杨柳坐垂纶
四　长笛听飞声江渚月明同倾旨酒
　　深宵穿秘甬山中雷雨再遇高人
　　骇浪隔前舟铁桨穿波逢异士
　　荒林寻古寺霜华满地识危机
五　踏月访幽居野寺欣逢山泽隐
　　穿波诛巨寇洞箫声彻水云乡
　　湖底斩凶蛟骇浪千重飞剑气

林中寻异士香光十里舞胎禽
六　逆水斗凶蛟电掣虹飞独援弱女
　　颓波明夕照离长会短互赠刀环
　　万顷谷纹平何处巨鱼翻白浪
　　孤舟风雨恶有人半夜闪红灯
七　胜迹记千年后乐先忧名言不朽
　　黑风飞万丈穷山暗谷奇险连经
　　长啸月中来豕突狼奔惊兽阵
　　高人今不在花团锦簇稳幽居
八　远水碧连空甫学冥鸿逃矰缴
　　斜阳红欲暮忽惊鸣镝渡流星
　　无计托微波一往痴情投大药
　　孤身悬绝壁千重彩雾涌明珠
九　念切民生尊荣成敝屣
　　居安乐土忧患惊危机
　　良夜月华明火树银花翻成血海
　　乱山风雨恶孤臣孽子喜遇英侠
十　萧寺栖身荒林毙寇
　　飞刀断臂绝处逢生

朗月照孤篷母病沧江复惊盗劫
深山穿暗雾重逢良友喜见珠明
十一　壮士切民生事业千秋当从此始
香光浮月影清言永夕相与同行
高处可胜寒暗雾危峰寻野老

罡风吹不堕飞丸走石傲雄奸
十二　山深谷险独斗淫凶
电射星飞小伤巨寇
丛桂吐奇馨满眼秋光明夜月
锦云铺大海几声猿啸起遥峰

冷 魂 峪

武侠小说。还珠楼主著。正气书局。1948 年 12 月版。2 册。26 万字。共 13 回。

第一回　灯火灿长街酒肆深宵惊怪客
　　　　冻云横大漠冰天雪地驶飞橇
第二回　古树藏兵环攻二寇
　　　　灵狒卫主独裂穷凶
第三回　晴雪艳梅花无限香光笼胜域
　　　　智囊擒宝月千重剑气荡寒沙
第四回　邪雾漫长空滚滚星沙飞碧昔
　　　　彩云笼大漠森森剑气拥金舟
第五回　制番僧高人怀远虑
　　　　观壁画小侠悟玄机
第六回　九月照孤灯满地碧云开竹馆
　　　　银空明万树腾空彩焰灿春宵
第七回　微隙溯天山一剑冲霄逃厉史
　　　　轻雷殷地轴万花吐艳烛遥空
第八回　一旅望中兴此地有崇山峻岭沃

野森林夏屋良田琪花瑶草
几人存正朔其中多孝子忠臣
遗民志士英雄豪杰奇侠飞仙
第九回　梅馆延宾良宵开夜宴
　　　　山堂演武元日盛军容
第十回　午夜响寒潮志决心坚荒山
　　　　卧雪
　　　　青春迷姹女危临梦醒魔窟
　　　　沉丹
第十一回　冒雾上天山巧遇奇童获异宝
　　　　　冲寒行地窍忽生急智得神兵
第十二回　黑飚肆狂威邪火无功妇大化
　　　　　立冰森冷煜阴雷一击奏殊功
第十三回　苦志弭凶灾瞬息成仁消浩劫
　　　　　炎荒寻乐土千秋遗憾泣孤臣

武当异人传

武侠小说。还珠楼主著。上海两利书局。1946 年 10 月版。6.2 万字。共 4 回。

第一回	苦志望神尼几树寒芳成独赏	第三回	长笛暗飞声明月梅花联爱侣
第二回	痴情怜慧婢一丸灵药起余生	第四回	流霞腾幻影疾风雷雨斗妖人

青门十四侠

武侠名著。还珠楼主著。上海正气书局。1948 年 1 月版。4 册。23 万字。共 4 集。每集有前提。

第一集	朗月寒星惊来巨寇		痴心悲片面临风惆怅恨难穷
	金丸白刃喜遇高人		勤觅驻颜方白发深情怜爱侣
	有美泄机禅关开秘扃		频挥知己泪红颜苦意脱灵鸳
	无心涉险黑夜坐深渊		诉缠绵再作投怀燕
	巧得宝珠飞丸诛毒蟒		伤摇落同飞比翼鹣
	穷穿螺径游子困荒山	第三集	着意温存分柑怜素手
	斜日照高林十月丹枫红似焰		关心危难比剑失虹钩
	回风消野火千山银瀑雨如泉		采仙桃惊逢毒蟒
	冷雨凄风古刹权栖逢野魅		飞彩练巧遇毛人
	飞霜掣电惊魂乍定得龙钩		虎跃猿腾丰草长林驱兽阵
第二集	古洞权栖石枕梦回惊异啸		星飞电舞金丸宝剑戮凶群
	荒山遇魅金星霆击救天人		怪病失芳华绣谷双栖成苦忆
	比剑习飞丸与我周旋宁作我		仙山寻旧侣银潢咫尺漫相思
	温言衿雅谑为郎憔悴却羞郎		急难遄征穷途怜慧婢
	妙语喜双关判袂殷勤情曷限		殷勤侍疾美意感芳心

第四集 厉出地中魅影枭声惊鬼子

人来天上银虹电闪戮妖魂

古洞读丹经隔世重来完夙愿

荒林援静女柔情蜜意许双栖

归志恋宫墙万道毫光从地起

冲霄驰骥足一声长啸乱云飞

并辔驶遥天迢递关山求道诀

奇香生绝壑溟濛烟水觅灵葩

无意遇仙缘比翼鹣寻红寿草

有情成美眷并蒂莲共素心人

青城十九侠

武侠小说。还珠楼主著。上海正气书局。1931 年 2 月——1950 年新 4 版。24 集。150 万字。

第一集

第一回 白雪丽阳春奇峰由地平涌起

青芒摇冷月故人自天外飞来

第二回 三千里侠客走风尘

百丈坪神童歼异兽

第三回 斩蟆狮初结火仙猿

阻山洪再谒铜冠叟

第二集

第一回 栖迟古洞半夜得奇珍

轸念良朋穿晶濑绝险

第二回 骇浪失同舟铁砚峰前逢鬼老

狂飙起匝地金鞭崖畔遇妖禽

第三回 碧桧林惊逢锦带蛟

红菱磴初谒银须叟

第四回 成孝道子职托灵猴

赌放邪腐心哀旧雨

第三集

第一回 身陷魔宫鬼声魅影

魂销艳舞玉软香温

第二回 承奥诀三关通窍要

调灵鹤千里御风行

第三回 下仙山初逢伏蟒

入古刹巧获奇书

第四集

第一回 瘴雨蛮烟双侣无心遭恶蛊

红桃绿柳一行有命遇神医

第二回 产神婴古洞诛恶蟒

惊异兽绝壁采朱兰

第三回 续命无方二仙怜孝子

返魂有术九载待灵芝

第四回 入古穴遇怪墨蜂坪

悟前因泄机青竹简

第五回 两探妖窟雷雨审荒山

载访仙娃愿言申宿契

第六回 银燕盘空幽壑森森逢禁侣

　　　　铁链曳地清琴泠泠喜知音

第五集

第一回 韩仙子幽壑绾双姝

　　　　纪神童深宵惊异兽

第二回 挥慧剑心断七情索

　　　　觅沉竹力诛三脚怪

第三回 飞霜掣电雪魅伏辜

　　　　旨酒佳肴殃神借洞

第四回 柔情似水苗女传音

　　　　邪火弥空仙娘失计

第五回 彩雾笼沙洲群丑弥天喧蛊语

　　　　流光照川峡轻舟两岸渡猿声

第六集

第一回 忧危难千里走蛮荒

　　　　儆凶顽三峡擒巨寇

第二回 大泽深山频惊怪异

　　　　奇人神兽同荡毒气

第三回 同是避秦人异域班荆成宿契

　　　　别有伤心史深宵促膝话前因

第四回 有心弭祸巧语震凶苗

　　　　无意施恩灵药医病叟

第五回 追逃人三熊中巧计

　　　　惊蠢子颜觍种恶因

第六回 信奸谗苗酋背德

　　　　承重嘱捕快泄机

第七集

第一回 指挥若定深峡藏兵

　　　　恩怨分明元凶授首

第二回 沙飞石走神虎斗凶猱

　　　　雾涌尘昏仙猿惊怪鸟

第三回 蛮徼投荒苦心寻良友

　　　　仙山疗疾无意得丹经

第四回 往事怆神故人第宅招魂祭

　　　　锐身急难长路关山仗剑行

第五回 卧薪尝胆苗峒练仙兵

　　　　出谷迁乔蛮山驱兽阵

第六回 乌桕山奇童诛恶道

　　　　锦鸡谷孝女孕灵胎

第八集

第一回 妙法惩凶淫电掣雷轰奸夫毕命

　　　　宿缘多孽累会稀别远孺子思亲

第二回 誓报深恩遄归故里

　　　　心惊夙怨独扑妖神

第三回 巨变识先机预储山粮驱猛兽

　　　　昏林逢大憝潜挑野怪逗凶魁

第四回 赤手屠千犀大雪迷茫归路远

　　　　慈心全五友冥峦迢递使星飞

第五回 玉积晶堆踏橇滑行千岭雪

　　　　雷轰电舞挈舟腾越万山洪

第九集

第一回 片语结朋欢即席同倾金珀酒

　　　　轻飙摇烛影卷帘惊现黑衣人

第二回 探虎穴绝壑渡孤身

　　　　斩妖巫群雄张盛宴

第三回 沙飞石走神虎斗凶禽

　　　　雨血腥风仙猿诛恶道

第四回　故交情重象使赍粮
　　　　敌忾同仇蛮人纵火

第十集

第一回　浩劫恸沙虫把臂悽怆生何着
　　　　甘心伏斧钺横刀壮烈死如归

第二回　灵符幼影斩蟒铁花坞
　　　　接木移花惊狐斑竹涧

第三回　虎跃猿腾同探怪阵
　　　　雷轰电舞净扫妖氛

第四回　折同侪古鉴识先机
　　　　遇异人飞刀歼丑类

第十一集

第一回　朗月照松林洞壑幽奇清溪如镜
　　　　晴空翔鹤羽烟云变灭异宝腾辉

第二回　争羚乳智服苗酋
　　　　点哑穴独擒丑女

第三回　银羽翩跹火焰山前观苗舞
　　　　芦笙幽艳月明林下起蛮讴

第四回　引袖拂寒星良夜幽清来鬼女
　　　　潜蛟破危壁洪流澎湃动雷声

第五回　恶怪伏诛明珠入抱
　　　　仙山在望灵鸟来归

第十二集

第一回　日落风悲空山惊异啸
　　　　星昏月冷黑夜服凶苗

第二回　擒怪蛇奇迹述穷荒
　　　　逞凶心巧言诓野猓

第三回　奇宝辉腾暗暗森林寻异士

　　　　精芒电射轰轰烈火荡妖氛

第四回　开乐土同建碧城庄
　　　　款群苗初逢白猩子

第十三集

第一回　嶻列峰遥穿山寻古洞
　　　　红嫣紫姹平野戏凶猩

第二回　掷果飞丸兽域观奇技
　　　　密谋脱困月夜窜荒山

第三回　涉险渡危峰兽遁森林失旅伴
　　　　储甘劚野笋人归峡谷斩山魈

第四回　冒雪吐寒芳万树梅花香世界
　　　　围炉倾美酒一团春气隐人家

第十四集

第一回　飞鸟传书荒岩求大药
　　　　开门揖盗古洞失珍藏

第二回　矢射星投飞橇驰绝险
　　　　冰原雪幕猎兽入穷荒

第三回　挥铁掌狭路肆凶谋
　　　　放飞簧凭崖伤巨寇

第四回　灵丹续命穴地安亲魂
　　　　黑夜寻仇穿山诛恶首

第十五集

第一回　掘睛问供扼项复仇耿耿孤忠拼
　　　　一死
　　　　灵鸟前驱明珠照乘茫茫长途走
　　　　孤身

第二回　碧焰吐寒辉大雪空山惊女鬼
　　　　银虹诛丑魅殷雷动地起灵婴

第三回　旭日艳幽花顿失阴霾登乐土
　　　　狂飙撼危壁突飞宝刀斩妖狐
第四回　电击霆奔仙兵穿石岸
　　　　烟笼雾约神物吸金船

第十六集

第一回　群仙盛会古鼎炼神兵
　　　　二女长征飞舟寻蜀水
第二回　鲁道人仗义拯奇婴
　　　　吕灵姑飞刀诛巨害
第三回　横江白露绝壑运蛛粮
　　　　匝地金光荒崖探怪迹
第四回　雷雨撼川峡三吸金船寻异宝
　　　　烟光耀岩谷同驱邪魅斩番僧

第十七集

第一回　封地窍奇宝奠灵川
　　　　斗妖人神光降魔火
第二回　刃亲仇孝女返灵岩
　　　　吞蛊毒神蛛吞巨害
第三回　芟妖孽二女驰蛮荒
　　　　寻巨灵群仙搜怪迹
第四回　明月朗青峰炙鹿燔松清游如绘
　　　　重霄翔白羽熔山沸石烈火烧空

第十八集

第一回　净妖氛议觅双童蛊
　　　　急友难言寻比翼鹣
第二回　无意相逢石玉珠班荆成宿契
　　　　有心求助冷青虹促膝述前因
第三回　山川险阻首涉仙都

　　　　洞壑幽深重逢爱侣
第四回　一念痴情无心成大错
　　　　两番涉险五遁见玄功

第十九集

第一回　一念痴情无心成大错
　　　　两番涉险五遁见奇功
第二回　铸错信奸谗忍教霸散春霆霜凋
　　　　夏绿
　　　　锐身赴急难誓结三生鹣鲽同命
　　　　鸳鸯
第三回　恩怨两难言谁启戒心因聚敛
　　　　吉凶皆自取同遭孽累为贪嗔
第四回　剑气纵横铜鼓山下诛邪祟
　　　　烟波渺浩香兰渚上拜仙真
第五回　狂飓起遥天飞斧玄雪伤怪士
　　　　祥雾消劫火沉舟碧海访珠宫

第二十集

第一回　灵桂飘香珠宫谈异迹
　　　　佛光度厄黑海拯仙姝
第二回　入火宫炎潭惊鬼女
　　　　斩灵蛇绝岛斗仙童
第三回　雷叱霆奔烈焰千寻腾海起
　　　　云笼雾里金光百丈自天来
第四回　排难解纷退苍虚独调慧舌
　　　　佛光异宝飞紫钵各显神通

第二十一集

第一回　苦忆箴言一老含仇离远峤
　　　　难收神物众仙失计纵番僧

第二回　再访仙灵小住玄龟殿
　　　　重寻正果同登度厄舟
第三回　选胜尽勾留爱玩烟霞迟远路
　　　　思亲拼独往飞翔险阻急心归
第四回　孽尽可怜宵生死缠绵终一痛
　　　　功成生灭火去来惆怅又分飞

第二十二集

第一回　铁砚峰飞叉擒鬼老
　　　　红菱磴烈火炼枭魂
第二回　肆凶威摧残同命鸟
　　　　闻警报急救可怜虫
第三回　斜日景苍茫姑射仙人逢侠士
　　　　洞庭波浩渺岳阳楼上对君山
第四回　重返水村同谋消浩劫
　　　　潜游山寺合力探妖踪

第二十三集

第一回　风雨深宵渔人惊怪异

　　　　仙灵咫尺水主示玄机
第二回　明月开尊小集湖洲招蛊主
　　　　清波荡桨重探妖窟过君山
第三回　变灭潜踪藏舟戏侠女
　　　　凶顽护犊截浪斗巫师
第四回　情殷旧友巩霜鬟婉语进良箴
　　　　巧迕真人张锦雯荒山闻异事

第二十四集

第一回　雷雨锁双鬟魂悸魄惊悲死劫
　　　　晦明争一瞬水流花放悟玄机
第二回　迷途罔返独炼妖经
　　　　恶气难消同攻老怪
第三回　力庇凶顽辜恩乖至谊
　　　　心惊凤孽诡迹掩阴谋
第四回　宾主巧参差芦荻藏奸百丈寒光
　　　　消邪火
　　　　水云长浩渺湖山如画一声铁笛
　　　　起遥波

虎爪山王

武侠小说。还珠楼主著。上海正气书局。1947 年 12 月版。1 册。3.9 万字。内容提要：护镖车雄关逢大盗,探秘篋客馆遇高人。金铁交鸣山中观比武,溪山如画柳下待垂纶。戏凶徒寒光喷水箭,探盗窟蛇影舞鞭丝。电掣雷轰群顽授首,功成身退一女旋归。

侠丐樽者

武侠小说。还珠楼主著。正气书局。出版时间不详。1 册。5.3 万字。前提：持杖锄凶解纷逢丐侠，浮杯竞渡结畔起龙舟。无意遇良朋流转江湖闻异迹，多情成孽累缠绵生死失仙期。置酒坐青松石顶飞觞清游若绘，踏花行白刃刀头比武奇技如神。扫毒遣灵禽舞电飞光同诛众恶，扶危怜弱女祸淫福善总结全书。

征轮侠影

武侠小说。还珠楼主著。三星书店。1948 年 10 月版。4 册。27 万字。共 24 章。

第一章	伧夫遇侉兵人前丢丑	
	美少逢雅客座上联欢	
第二章	有志振门楣佳儿任重	
	因嫌生间隙恶妇使刁	
第三章	略施巧计嫂氏竟低头	
	大掉花枪小郎亦蹙额	
第四章	长岁就食泣辞白发母	
	津沽探亲欣订忘年交	
第五章	恭觐慈颜侄儿拜伯父	
	无遗下体野鹜作家鸡	
第六章	献媚索头钱贱妇现世	
	遭骗输巨款墨吏倒霉	
第七章	允文允武烟馆混鱼龙	
	亦捧亦吹酒楼骋口舌	
第八章	当场还席举座齐掩鼻	
	背地骂人一客独惊心	
第九章	失势避权门权作西宾	
	乘机弄暗鬼暗充侦探	
第十章	无赖肆凶威辱凌妇女	
	小人仗洋势戏弄长官	
第十一章	叩头乞狗命满口胡柴	
	俯首受酷刑全身糜烂	
第十二章	报却一时仇厅长快心	
	受尽千般苦囚徒拼命	
第十三章	倚宠进谗言长舌可畏	
	伺机尽孝意小心堪嘉	
第十四章	仆仆征途千里见骨肉	
	茫茫尘海广厦集闲人	
第十五章	倚马能工书记何翩翩	
	谈书微中和尚亦卓卓	

第十六章　好行小慧同事起纠纷
　　　　　爱进谗言一家生间隙
第十七章　目注美色浪子动淫心
　　　　　怒挥老拳侠少发义愤
第十八章　青梅竹马胜事忆当年
　　　　　美酒佳肴快聚在今日
第十九章　鬓影钗光联欢同看竹
　　　　　珠香玉笑斗韵各生妍
第二十章　隔座送秋波深情款款

　　　　　对榻吐香雾蜜意绵绵
第二十一章　将差就错喜结鸳鸯侣
　　　　　　由浅及深畅谈闺房情
第二十二章　众美呈眼前消我壮志
　　　　　　多金入囊底助尔豪情
第二十三章　暗赠兼金彼姝真仗义
　　　　　　遽悔前约伯氏太无良
第二十四章　板舆就养慈母喜平安
　　　　　　佳朕纷来全书得归结

柳湖侠隐

武侠小说。还珠楼主著。上海正气书局。1948 年 5 月初版。6 册。24.2 万字。6 集。共 12 回。

第一集
第一回　地胜武陵源红树青山容小隐
　　　　　人飞方竹涧蛮烟瘴雨救灵婴
第二回　灵乳话空青金剑双飞逢侠士
　　　　　冻云迷远翠铁箫一曲退蛮姑

第二集
第一回　骑鹤送郎归生死缠绵怜姹女
　　　　　穿林同友去关山迢递访仙灵
第二回　衡岳云先开策杖同攀金锁峡
　　　　　洞庭叶未下烟波初泛木兰船

第三集
第一回　转世护双鬟百丈虹霞飞玉杖
　　　　　求援逢二老千山雷雨拜仙真

第二回　竹径影参差月冷风凄逢古魅
　　　　　桃林春潋滟水流花放悟前因

第四集
第一回　雷雨窜荒山一夕孽缘终噩梦
　　　　　仙云封古洞千年至宝误壶公
第二回　猎豹遇妖徒落日荒山惊怪异
　　　　　燔松尝美酒隆冬风雪拜仙师

第五集
第一回　石破天惊入手证奇缘玉钩宛在
　　　　　神潜守固誓心聆好语苓兔皈依
第二回　苦志恋檀郎月明有恨传青鸟
　　　　　痴情怜倩女剑遁如虹上玉山

第六集

第一回　古洞喜同栖软玉温香情曷限
　　　　梨花春带雨生离死别恨难穷

第二回　月下起蛮讴艳侣如云笙歌匝地
　　　　花前驱兽阵光烟似海雷火崩山

峨嵋七矮

武侠小说。蜀山续集。还珠楼主著。正气书局。1947 年 6 月版。3
集。19 万字。未分章节。每集各有前引。

第一集　急难遄征小阿童初催神术剑
　　　　飞行御寇凌云凤巧试宙光盘
　　　　无计脱淫娃辽海魂归悲玉折
　　　　潜踪求异宝三生友好喜珠还
第二集　玉璧遁仙童百丈蛛丝歼丑怪
　　　　穿碑封地窍万年石火护灵胎
　　　　情重故交宝相夫人烦七矮
　　　　穷追倩女疯癫和尚遭双顽
　　　　一径入幽深紫曳青萦仙山如画
　　　　孤身逢诡异龙飞电舞晶瀑传真

　　　　戏妖徒洞天逢良友
　　　　援黎女穴地斗颠师
第三集　古洞几千春遍地香光开别府
　　　　滇池八百里弥天霞彩斗颠师
　　　　亭午唱荒鸡竹树萧疏容小隐
　　　　凌空飞白练池塘清浅长灵秧
　　　　孽尽断肠人剧怜绝代风华与尔
　　　　同死
　　　　功成灵石火为求神山药饵结伴
　　　　长征

铁笛子

长篇武侠小说。还珠楼主著。上海汇文书店。1950 年 11 月版。7
册。34 万字。共 28 回。

一　飞贼
二　银花明火树朗月耀星河
三　访侠
四　大侠铁笛子

五　绝处现生机始识温情出同类
六　剑光摇冷焰夜雨遁孤儿
七　破窗逃巨寇异地晤良朋
八　会佳宾茅屋惊黑老

　　　　敷妙药转眼易妍媸

九　　煮酒正谈心霪雨连朝来异士

十　　三凶两怪

十一　数千年来的大害

十二　桂子飘香秋山如画
　　　　山民报警客馆惊心

十三　戏群贼癫和尚赤手剪凶顽

十四　小哑巴孤身歼巨寇

十五　溪山真如画　月下舞金轮

十六　洪水暴发

十七　林玉峦酒肆傲凶顽
　　　　癫和尚旋身诛恶霸

十八　茅屋聚群英杯酒言欢谈大业

十九　　开渠兴水利　妙计募灾粮

二十　　小侠客风雪走征骑

二十一　客馆救娉婷未敢通词逢彼怒
　　　　　长途驰骏马忽惊别语忆朋交

二十二　雪地冰天忽惊寇警

二十三　人似濯冰壶雪夜深山忽惊怪异

二十四　古洞藏凶小侠被困

二十五　触目惊心孤身探奇险

二十六　临危遇救古洞说神奸

二十七　雪夜除凶

二十八　苦趣尽当时独殉痴情惟甘一死
　　　　　清光明远路小筹拙笔再续全书

拳　　王

　　长篇技击小说。还珠楼主著。上海武陵书屋。1951 年 4 月版。3 册。8 万字。共 13 回。

一　孤身投虎穴
　　大盗出豪门

二　踏刀断索老武师强冲恶饯
　　举牛过顶小英雄苦练神功

三　一雨便成灾如此苍生曷其有极
　　再来防不敌速投明路勿昧先机

四　神力显英威幸有朋交怀远虑
　　清修坚苦志全施庙产事躬耕

五　野寺寄孤身鸡酒迎师惊逢怪异
　　柳林寻旧约瓜田歇暑喜得知音

六　　形踪奇诡的疯人

七　　暑夜杯觞谈往事廿年薪胆痛深仇

八　　大鹏十八式擒拿手

九　　逢四害老武师丧命
　　　报亲仇小双侠探山

十　　山腹中的笑声

十一　古洞飞尸初惊异事

十二　燃灯取宝再戮凶顽

十三　绝处喜逢生甫得知音又飞劳燕

酒侠神医

长篇武侠小说。还珠楼主著。上海励力出版社。1950 年 7 月初版。1 册。4 万字。共 4 回。

一　风雪单骑

二　剖瓜解渴小侠女村肆儆凶人

三　奇侠神医

四　隐名大盗夜飞儿

皋兰异人传

武侠小说。还珠楼主著。励力出版社。1947 年 4 月版。2 册。15.9 万字。前提:(上集)骇浪行舟轻乘羊皮艇,独身戏寇空留人耳箱。恶报徒伤心残喘苟延惊后约,重关飞大侠良朋佳会喜同仇。(下集)雾漫沙鸣神猴受辱,雄谈剧饮老侠论交。奉使命连夜渡关河,儆凶顽飞光援侠士。

黑　森　林

武侠小说。还珠楼主著。1950 年 6 月——1951 年 5 月版。民生书店和新流书店。11 册。53.3 万字。11 集。共 44 回。

第一集

一　炎荒中的名医

二　绝代佳人姐妹花

三　错骨分筋恶武师林中出丑

四　木里戛中大盗

第二集

一　单恋

二　双侠女苗峒斗凶夷

三　双侠女月夜服凶苗

四　危峰舞剑绝壑飞身

第三集

一　骷髅锁钥

二　形迹诡秘的病人群

三　杏林双燕马如飞

四　小英侠一指服凶苗
　　老医生深宵中伏莽

第四集

一　避强仇二女遁蛮荒

二　寻异人深宵观兽阵

三　惊心动魄的一幕

四　绝处逢生石猴儿赤手屠千犀

第五集

一　闻惊访双姝夜月蛮荒谈异事
　　深山寻隐士森林黑暗起长征

二　大地忽陆沉石破天惊　死别生离争
　　一瞬

三　浩劫庆余生绝巇悬身惊逢兽阵

四　森林迷弱女荒崖闻啸又蹈危机

第六集

一　误遇食人苗力尽筋疲又临绝地

二　飞行高树顶林深水秀再现生机

三　蛮荒奇遇

四　双收义女喜得明珠

第七集

一　古洞艳尸

二　绝处喜重逢甫脱凶樊又入死城

三　神勇,刚烈,紧张,奇险

四　危机起伏中的奇男奇女

第八集

一　绝处逢生最怜弱女

二　老蛮婆悲愤吐凶谋

三　好事近喜音来

四　珠联璧合苦尽甘来

第九集

一　微语警芳心地绝蛮荒何来高士

二　繁花明远树天开奇境喜谒幽人

三　款佳宾登盘荐春笋
　　联同气连夜走森林

四　香光如海壮士宵征

第十集

一　蜈蚣谷勇士长征
　　宝石崖老人虑患

二　烈火攻毒虫大泽深山偏多怪异
　　迷云横绝顶奇危极险又失同侪

三　笑语响空山崖石嶕峣人不见
　　异声潮野地孤峰兀立象成围

四　患难失同怀幸脱波臣联美眷
　　恩情深异类送来灵药饷奇婴

第十一集

一　义收巨象喜产奇婴

二　喜相逢巨人出山
　　通奇险群象开路

三　斩妖巫大郎立功
　　施巧计逆酋授首

四　大破平天砦同返黑森林

蛮荒侠隐

长篇武侠小说。还珠楼主著。上海正气书局。1948 年 7 月版。5 册。
32 万字。共 25 回。

第　一　回　村舍酿春醪招来毒龙恶虎
　　　　　　名士逢侠客言游金马碧鸡

第　二　回　避祸作长征白骨沟前诛猛兽
　　　　　　惊心临绝巇野人砦里见蛮姑

第　三　回　射银涛孤身除怪蟒
　　　　　　争家嗣合谋弑亲夫

第　四　回　病榻话前因肠断天涯思亲何处
　　　　　　穷荒欣奇遇心存故国投老来归

第　五　回　通商惠工恩柔野猡
　　　　　　角力降虎智伏神姑

第　六　回　篝火天灯狮王显圣
　　　　　　含沙射影虎女妄恩

第　七　回　灯红酒绿野火烧春
　　　　　　月朗星稀毛人行刺

第　八　回　谈异兽奇迹溯洪荒
　　　　　　走孤藤飞身行绝巇

第　九　回　巨蹄踏黄沙石破天惊追野兽
　　　　　　抛刀飞血雨晴开腹剖见明珠

第　十　回　智斩玄牦五指峰英雄除害
　　　　　　烧残野火三千里孝女思亲

第十一回　兼弩穿云匝地芦笙遗爱在
　　　　　　三凶前路排天碧嶂旅愁多

第十二回　却敌仗神旗一侠腾身惊
　　　　　　丑虏
　　　　　　酬恩开盛宴千人拍手唱
　　　　　　情歌

第十三回　愤凶淫单刀探孽窟
　　　　　　怜弱质飞豆救蛮姑

第十四回　跻危崖双雄攀绞索
　　　　　　窥丑媟一击碎妖龙

第十五回　电掣星飞千凶毕命
　　　　　　情深意密三剑同归

第十六回　贪美色恶幕逢奸
　　　　　　拯孤穷舆夫仗义

第十七回　烧盘谷智用奇兵
　　　　　　搜孽窟同消丑类

第十八回　蒂绝根诛独怜小草
　　　　　　烟霏雾涌共话妖光

第十九回　火树银花积秽妖氛飞木难
　　　　　　龙飞凤舞通灵剑气走青冥

第二十回　绿野柳如烟地胜桃源逢隐士
　　　　　　绣坪花自染筵开水阁话飞儿

第二十一回　涉险探消息入耳惊闻千
　　　　　　里讯

深情同患难此身忍负百年心

第二十二回 情切隐忧山中选婿
恩深指点槐下从师
第二十三回 额插金刀处心诛女魅
瞳渗玉乳无意拜仙灵

第二十四回 鬼影幢幢古洞深宵歼巨憝
滩声浩浩长江千里送归帆
第二十五回 明月棹轻舟缥缈银潢飞爱侣
遥山寻远水迷离春梦孕灵胎

蜀山剑侠传

武侠长篇。还珠楼主著。上海正气书局。1948 年 9 月版。50 集。1 100 万字。共 309 回。

第一集

第一回 月夜棹孤舟巫峡啼猿登栈道
天涯逢知己移家结伴隐名山
第二回 舞长剑师徒逞身手
上峨嵋烟雨锁空濛
第三回 云中鹤深山话前因
多臂熊截江逢侠士
第四回 见首神龙醉道人挥金纵饮
离巢孤雏赵燕儿别母从师
第五回 鹤舞空山侠客惊蛇怪
云迷蜀岭孝子拜仙师
第六回 名山借灵物仙侠夜话
古洞斩妖蛇义女重逢
第七回 擒淫贼大闹施家巷
逢狭路智敌八指僧
第八回 林中比剑云中鹤绝处逢生
寺内谈心小火神西行求救
第九回 古庙逢凶众孝廉禅堂遭毒手
石牢逃命憨公子夜雨越东墙
第 十 回 拯孤穷淑女垂青
订良姻醉仙作伐
第十一回 潜心避祸小住碧筠庵
一念真诚情感追云叟
第十二回 白日宣淫多臂熊隔户听春声
黑夜锄奸一侠女禅关歼巨盗
第十三回 周轻云学剑辟邪村
金罗汉搬兵五云步
第十四回 天都峰白侠遇凶僧
锁云洞红药逢仙侣
第十五回 齐漱溟访道入名山
荀兰因深闺失爱女
第十六回 散家财合籍注长生
承衣钵一门归正果
第十七回 闲寻幽壑巧遇肉芝
独劈华岩突喷妖火
第十八回 惊怪异深宵闻厉声

策群力仙崖诛毒蟒

第二集

第 一 回　独抱热肠芝仙乞命

　　　　功服灵药侠女多情

第 二 回　金蝉初会碧眼佛

　　　　朱梅误中白骨箭

第 三 回　金罗汉访友紫金泷

　　　　许飞娘传书五云步

第 四 回　晤薛蟒三上紫金泷

　　　　访异人结嫌白鹿洞

第 五 回　小孟尝结客挥金

　　　　莽教师当场出丑

第 六 回　望门投止赵心源门内接银镖

　　　　渡水登萍陶孟仁江山观绝技

第 七 回　赛仙朔三次戏法儿

　　　　小孟尝二番逢矮叟

第 八 回　白露横江良朋谈往事

　　　　青霓掣电侠女报亲仇

第 九 回　逐洪涛投江遇救

　　　　背师言为宝倾生

第 十 回　得青霓余莹姑下山

　　　　认朱砂秦素因感旧

第十一回　金鞭崖陶钧学剑

　　　　碧筠庵朱梅赴约

第十二回　烛影忽摇红满殿阴风来鬼祖

　　　　剑光同闪电昏林黑月会妖人

第十三回　力诛四寇周侠女送友碧筠庵

　　　　夜探强敌醉道人飞身慈云寺

第十四回　弥天星雨两次破金蚕

　　　　彻地金光一番诛丑怪

第十五回　秘笈误良朋三世重逢始结师

　　　　生完夙孽

　　　　寒月森剑气四侠倾盖同施身

　　　　手探慈云

第十六回　小灵猴僧舍宣淫

　　　　女昆仑密室被困

第三集

第 一 回　密室困昆仑滟滟红霞飞剑惊

　　　　芒寒敌胆

　　　　禅林逢异教漠漠黄雾迅雷忽

　　　　震散妖氛

第 二 回　诛淫孽火焚色界天

　　　　救丽姝大闹慈云寺

第 三 回　访能人马夜叉独上玄阴宫

　　　　窥秘戏柳燕娘动情天魔舞

第 四 回　颁来敕令四剑侠奉命回武当

　　　　齐集广场众凶邪同心敌正教

第 五 回　宝镜散子母阴魂诸剑仙斗法

　　　　完小劫

　　　　神雷破都天恶煞一侠女轻敌

　　　　受重伤

第 六 回　烟云净扫同返辟邪村

　　　　毒瘴全消大破慈云寺

第 七 回　爱缠绵采药上名山

　　　　惊摇落携女游城市

第 八 回　客馆对孤灯不世仙缘白眉留

　　　　尺简

　　　　冻云迷蜀岭几番肠断孝女哭

　　　　衰亲

第 九 回　大雪空山割股疗亲行拙孝

冲霄健羽碧崖丹涧拜真仙

第 十 回　只影感苍茫寂寂寒山欣逢
佳侣

孺心伤离别漫漫前路喜得
神雕

第十一回　李英琼万里走孤身
赤城子中途逢异派

第十二回　步明月古寺斗僵尸
玩梅花擒龙得宝剑

第四集

第 一 回　斩巨人马熊报恩
摘朱果猩猩殒命

第 二 回　紫电飞芒诛木魅
青山赏雨动归思

第 三 回　别猩熊巧遇石明珠
擒猛虎惊逢鬼道士

第 四 回　鬼哄森林李英琼飞剑斩妖人
春藏魔窟朱矮叟无心得异宝

第 五 回　大发鸿慈为难女顽童作伐
小完夙愿偕仙禽异兽同归

第 六 回　并驾神鹰逐鹿惊邪火
饥餐朱果斗剑遇同门

第 七 回　感深情抱病长征
施妙法神囊缩地

第 八 回　登桂屋灵药医奇病
浴温泉涤垢去尘氛

第 九 回　相逢狭路初会飞龙师
预示仙机同谒红花姥

第 十 回　遇髯仙奉命返峨嵋
结同门商量辟仙府

第十一回　抱不平余英男神针御寇
寻仇隙魏枫娘飞剑伤人

第十二回　轻嗔薄怒同摘梅花
慧质仙根共寻碧涧

第十三回　辟洞天裘芷仙学道
传飞柬李英琼出山

第十四回　湘江避祸穷途感知音
岳麓凭临风尘识怪叟

第五集

第 一 回　雪夜寻仇钱青选岳麓遭毒打
残年买醉赵心源酒肆结新知

第 二 回　抱不平同访戴家场
负深思阻婚凌氏女

第 三 回　深宵煮酒同话葵花峪
险道搜敌双探鱼神洞

第 四 回　妖法肆凶淫郭云璞无心擒
侠女

深情逢薄怒戴湘英立志学
神枪

第 五 回　两番负气陈圩下书
无限关情吕村涉险

第 六 回　观社戏巨眼识真人
窥幽林惊心闻噩耗

第 七 回　失掌珠凌翁拼老命
援弱女飞剑化长虹

第 八 回　玉清师托借神火针
追云叟初试桃花瘴

第 九 回　一心向道软语劝檀郎
拔地移山驱神通古洞

第 十 回　断蛇移山穷神出世

春卮盛馔一友延宾

第十一回　打擂试登萍有意藏奸无心
出丑
轻身行白刃淫人丧命荡女
挥拳

第十二回　急怒失元神毒云蔽日妖苗
中计
伤心成惨败飞剑惊芒和尚
逃生

第十三回　小完杀劫群凶授首
齐唱凯歌巨寇成擒

第六集

第　一　回　忒痴情穿云寻古洞
临绝险千里走青螺

第　二　回　十年薪胆二番僧炼魔得真传
两辈交期三剑客中途逢旧雨

第　三　回　几番狭路苦孩儿解围文笔峰
一片机心许飞娘传信五云步

第　四　回　无意失霜镡雪浪峰前惊怪鸟
有心求故剑紫玲谷里见仙姑

第　五　回　萋斐相乘冤遭毒打
彩云飞去喜缔仙姻

第　六　回　结同心缘证三生石
急报仇情深比翼鹣

第　七　回　推云拨雾同款佳宾
冷月寒星独歼恶道

第　八　回　秦紫玲神游东海
吴文琪喜救南姑

第　九　回　情重故人玉罗刹泄机玄冰谷
仇同敌忾女殃神先探青螺峪

第　十　回　鬼风谷神雕救主
玉影峰恶徒陷师

第十一回　息尚一存为有元珠留半体
凶心弗改又将长臂树深仇

第七集

第　一　回　紫郢化长虹师道人殒身白
眉针
晶球凝幻影怪叫化惊魔青
螺峪

第　二　回　断臂续身元凶推巨擘
追云驰电妙法散神砂

第　三　回　入古刹五剑客巧结番僧
煮雪鸡众仙娃同尝异味

第　四　回　银光照眼奇宝腾辉
黑眚遮天妖僧授首

第　五　回　勇金蝉单身战八魔
怪叫化赤手戏天王

第　六　回　施诈术诳走锁心锤
奋神威巧得霜角剑

第　七　回　败群魔莽汉盗天书
记前因藏灵怜故剑

第　八　回　生死故人情更堪早岁恩仇忍
见鸳鸯同并命
苍茫高世感为了前因魔障甘
联鹣鲽不羡仙

第　九　回　斩孽龙盗宝鼎湖峰
失天箓腐心白水观

第八集

第　一　回　乘危放妖氛冰窟雪魂疑异彩

　　　　锐身急友难灵药异宝返仙魂

第二回　洒雪喷珠临流照影
　　　　飞芒制电古洞藏珍

第三回　力劈仙源欣逢旧雨
　　　　眷言伦好情切友声

第四回　万里孤征余英男杀贼枣花崖
　　　　一心溺爱金圣母传针姑婆岭

第五回　霞煮云蒸伤心完宿劫
　　　　郎情忘意刻骨说相思

第六回　难遣春愁班荆联冶伴
　　　　先知魔孽祖臂试玄针

第七回　吮雪肤灵物示仙藏
　　　　窥碧岭虎儿遭愚弄

第八回　天惊石破宝剑龙飞
　　　　雾散烟消淫娃鼠遁

第九回　两界等微尘幻灭死生同泡影
　　　　灵岳多异宝金精霞彩耀云衢

第九集

第一回　长笑落飞禽恶岭无端逢壮士
　　　　还乡联美眷倚闾幸可慰慈亲

第二回　张老实三更探盗窟
　　　　周云从千里走荒山

第三回　举步失深渊暮夜冥冥惊异啸
　　　　挥金全孝子风尘莽莽感知音

第四回　雾涌烟围共看千年邪火
　　　　香屑玉屑喜得万载空青

第五回　积虑深仇劫妖天蚕岭
　　　　伤心前路求友钓鳌矶

第六回　藏珍天分寒萼怨偏私
　　　　敌忾同心金蝉急友难

第七回　彩縠撑空万顷金波飞恶蛊
　　　　阴风入洞一团红肉走妖蚕

第八回　匝地妖氛脱身悲失剑
　　　　弥天血雨极恶斗元凶

第九回　穷搜岩涧手挥剑气晃银河
　　　　直上苍穹足踏云流行紫昊

第十集

第一回　万蹄扬尘铁羽红裳驱兽阵
　　　　孤身犯险灵药异宝返仙魂

第二回　美仙娃失机灵玉岩
　　　　哑少年巧得玄龟剑

第三回　猛兽报恩神禽救主
　　　　真人遗柬侠女寻珍

第四回　重返仙山灵泉初孕暖冰肌
　　　　三探妖窟毒眚齐飞裂地肺

第五回　合群力同收青索剑
　　　　从众请初试火灵珠

第六回　斩妖尸得宝返仙山
　　　　逢巨恶无心留隐患

第七回　绝巘立天风朗月疏星白云入抱
　　　　幽岩寻剑气攀萝附葛银雨流天

第八回　涤垢汗失衣逢异士
　　　　遭冤孽辟石孕灵胎

第九回　两仙童风穴盗冰蚕
　　　　四剑侠蛮山惊丑怪

第十一集

第一回　双探穹顶毒火煅文蛛
　　　　同入岩窝飞光诛恶蛊

第二回　晶锅幻彩邪雾蒸辉彻地分身消

敌首

仙阵微尘神刀化血先天正气炼

妖灵

第三回 恶计毁仙山巧语花言谋荡女

对柙凌绝巘玄机妙用警淫娃

第四回 迷本性纵情色界天

识灵物言访肉芝马

第五回 困仙山群魔惊失利

闯妖云二女建殊功

第六回 涉险贪巧寒萼逢异叟

分光捉影工休激藏灵

第七回 行地窍仙府陷双童

拜山环幽宫投尺简

第八回 完使命得宝返峨嵋

斩妖旗冲烟入敌阵

第九回 制田飞龙妖氛净扫

涤污掩秽仙境长新

第十二集

第一回 临难得奇珍纳芥藏身微尘护体

多情成孽累伤心独活永誓双栖

第二回 舌底翻澜解纷凭片语

孝思不匮将母急归心

第三回 灿滟金光雁山诛鲩怪

霏飞玉雪微雨赏龙湫

第四回 运仙传发火震伏尸

破狡谋分波擒异獭

第五回 敌众火雷风以抗天灾反照空明

凡贪嗔痴爱恶欲皆集灭道

历诸厄苦难而御魔劫勤宣宝相

无眼耳鼻舌身意还自在观

第六回 龟策蓍灵初呈妙算

蛮烟瘴雨再作长征

第七回 虎爪山单刀开密莽

雅林砦一剑定群苗

第八回 天惊石破万蹄踏尘

电射星驰双猱救主

第十三集

第一回 采山粮深林逢恶道

惊兽阵绝涧渡孤藤

第二回 入穴仗灵猿火灭烟消奇宝现

惊风起铁羽天鸣地吒雪山崩

第三回 灵山圣域巧拜仙师

紫海穷边同寻贞木

第四回 心存故国浮海弃槎

祸种明珠好人窃位

第五回 极穷途三凤初涉险

凌弱质二龙首伏辜

第六回 报大仇群凶授首

恋红尘一女私心

第七回 莽莽红尘重新乐土

茫茫碧海再踏洪波

第十四集

第一回 重返珠宫一女天心居乐土

言探弱水仙源怅望阻归程

第二回 虎啸龙翔冲波戏浪

山崩海沸熔石流沙

第三回 光腾玉柱贝阙获奇珍

彩焕金章神奴依女主

第四回 茫茫热海巧拯同枝

烈烈狂飙生擒异兽

第五回　都火梵呗毒炼少林僧
　　　　撒手烟云惊逢铁伞道

第六回　挥宝扇祥光驱邪眚
　　　　服真水脱骨换灵胎

第七回　本是双清翻成投怀燕
　　　　剧怜同病难为比翼鹣

第八回　犯珠宫一妖授首
　　　　游少室二女寻真

第十五集

第一回　顶礼拜番僧晶球示兆逢魔女
　　　　寻仇追野猓荒崖肆虐遇仙娥

第二回　珍重故人情碧海黄泉寻旧侣
　　　　深衔前世恨洪炉宝鼎炼神砂

第三回　友谊更亲情玉雪仙童双入海
　　　　淫娃换姹女迢遥甬道送传言

第四回　久候寂无音初探紫云穿秘甬
　　　　深攻同陷阵频摧玉柱斩灵鲛

第五回　四女困双童异宝护身欣脱险
　　　　一心成两用前言在耳苦求全

第六回　炼法中魔深与拒违衷棋不定
　　　　飞行经海上救援逢阻遇偏奇

第七回　秘阵困英云海中兀立离明殿
　　　　片言消误会天外飞来女神婴

第八回　迎仙岛被羁忍耻勉完知已托
　　　　紫云宫再入曲全聊寄解纷书

第九回　飞剑斩琼林火树银花惊魔女
　　　　护身凭宝伞妖光邪雾困神婴

第十回　牟尼珠奏功一丸独破璇光尺
　　　　传音针告急两矮初乘辟魔梭

第十一回　渔利设机谋飞娘祝嘏邀同恶
　　　　　贪淫排陷阱金蝉定志战妖尼

第十二回　一念固元关妖法千般终自敝
　　　　　双童捧仙救神雷一震退群魔

第十三回　教主返仙山梁孟同收微尘阵
　　　　　妖尼辞水府金石三入紫云宫

第十六集

第一回　人语烟中三仙逢矮叟
　　　　雀环飙转万里走神砂

第二回　呈奇计酒海涌碧波
　　　　庆芳辰珠宫开血战

第三回　势迫危临一奴救主
　　　　邪消正胜双凤亡身

第四回　仗异宝横扫紫云宫
　　　　困磁光失机铜椰岛

第五回　三女负荆千鲸掀巨浪
　　　　双童遇救独叟戏痴仙

第六回　洗髓脱毛岂为贪功甘入险
　　　　除根斩草都因疾恶苦追求

第七回　误逐暴宾嫌生苗人祖
　　　　重逢慈父喜煞孝女儿

第八回　复道行波奇观穷宙合
　　　　藏珍在鼎密偈示仙机

第九回　金镜神光同心求百宝
　　　　蹄涔沧海无意失双鹣

第十七集

第一回　图解勤参寸心通妙谛
　　　　飞云可捉咫尺误仙缘

第二回　阻险审荒山落日穷途仙乡何处

兴亡说古国尺刀寸弩殷鉴空悲

第三回 疾老成僬人初窃位

拯生灵侠女再除妖

第四回 云腾鹤举飞剑斩毒虺

电掣雷轰神光歼巨憨

第十八集

第一回 灵根不昧再世修真

狭路逢仇初番涉险

第二回 偷秘籍密炼花煞罡

聚阴魂暗设玄牝阵

第三回 一篑功亏桥陵失宝

浃旬有难古墓羁身

第四回 探地穴侏儒建奇勋

斗妖尸仙童消隐患

第五回 功成一击金菩提暗藏白眉针

计斩双凶太虚鉴巧制九疑鼎

第六回 照影视晶盘滟滟神光散花雨

失声惊鬼物琅琅梵唱彻山林

第十九集

第一回 月夜挟飞仙万里惊波明远镜

山雷攻异魅千峰回雪荡妖氛

第二回 大地焕珠光念悔贪愚始悉玄门

真妙谛

法轮辉宝气危临梦觉惊回孽海

老精魂

第三回 巨掌雀环神光寒敌胆

皓戈禹令慧眼识仙藏

第四回 毒雾网中看岩壑幽深逢丑怪

罡风天外立关山迢递走征人

第二十集

第一回 念切蒸尝还乡求嗣子

舌如簧鼓匿怨蓄阴谋

第二回 射影喷毒沙平地波澜飞劳燕

昏灯摇冷焰弥天风雪失娇妻

第三回 雪虐风饕凄绝思母泪

人亡物在愁煞断肠人

第四回 悔过输诚灵前遭惨害

寒冰冻髓孽满伏冥诛

第五回 隔室庆重圆悲喜各殊遗憾在

深宵逢狭路仇冤难解忒心惊

第二十一集

第一回 地棘人荆阴谴难逃惊恶妇

途穷日暮重伤失计哭佳儿

第二回 临命尚凶机不惜遗留娇女祸

深情成孽累最难消受美人恩

第三回 宝镜耀明辉玉软香温情无限

昏灯摇冷焰风饕雪虐恨何穷

第四回 强欢笑心凄同命鸟

苦缠绵肠断可怜宵

第五回 国士出青衣慷慨酬恩轻一击

斋坛惊白刃从容雅量纵双飞

第二十二集

第一回 旧梦已难温为有仙缘祛孽累

更生还如愿全凭妙法返真元

第二回 披毛戴角魔窟陷真娃

惩恶除奸妖徒遭孽报

第三回 照怪仗奇珍冷冷寒光烛魅影

行凶排恶阵熊熊魔火炼仙真

第四回 玉貌花娇奇艳千般呈妙相
邪消正胜传音万里走妖娃

第二十三集

第一回 大熊岭魔火化蓝枭
三柳坪神针诛黑丑

第二回 彩幔横江禹令神蛛收异宝
奇辉焕斗金轮火剑胜妖尸

第三回 魅影爆冰魂滟滟神光散花雨
佛灯飞圣火昙昙幻境化金蛛

第四回 玉艳香温秘戏花阴调鬼子
山鸣地叱神雷天降荡妖氛

第二十四集

第一回 佛法显神通倾刻勾销前后孽
玄功争造化一轮转尽古今愁

第二回 踏雪赏幽花玉雪仙婴双人抱
飞光惊外道金乌邪幕总无功

第三回 灵境锁烟环绝世仙娃参佛女
厉声腾魅影穷凶鬼祖遇神鸠

第四回 闭门读丹经明霞丽霄开紫府
飞光摇璧月朵云如雪下瑶池

第二十五集

第一回 火柱困霜髡雷泽砂中援道侣
蓝田餐玉实灵空天际见真人

第二回 蓦地起层楼仙馆宏开延怪客
清谈矜雅谑碧峰小集啖丹榴

第三回 隐迹戏群凶恶犯伏诛妖徒授命
对枰凌大敌穷神妙法驼叟玄功

第四回 地叱天鸣剑气纵横寒敌胆

金声玉振卿云纠缦丽鸿都

第二十六集

第一回 大地为洪炉沸石熔砂重开奇境
长桥横圣水虹飞电舞再建仙山

第二回 熊血儿喜得阴雷珠
小仙童初涉人天界

第三回 弹指悟夙因普渡金轮辉宝相
闻钟参妙谛一泓寒月证禅心

第四回 胜会集冠裳无限清光为有仙姬
延月姊
同仇消芥蒂难忘故剑还将驼叟
斗痴翁

第二十七集

第一回 弭祸无形采薇僧岷山施佛法
除恶务尽朱矮叟灌口显神通

第二回 巽语度金针大道同修功参内外
乾焰生火宅玄关一渡业判仙凡

第三回 灵药难求仙女儿飞驰红风岭
佛光解禁痴上人遁走白犀潭

第四回 一叟运玄功电转飙轮穿地肺
群仙怜浩劫无形弭祸上天心

第二十八集

第一回 直上八千寻荀兰因罡风消毒火
飞行九万里齐霞儿阴岭拜枯仙

第二回 巧语释微嫌寂寂荒山求异宝
玄功消浩劫茫茫孽海静沉沙

第三回 举酒庆丰功辽海澄波宁远峤
寻幽参妙法千山明月渡飞仙

第四回 谢罪登门女神婴正言规苗祖

隐身探敌小癞姑妙法戏妖徒

第二十九集

第一回 奇宝丽霄不尽祥氛消邪火

惊霆裂地无边邪火走仙娃

第二回 小住碧云塘历劫丹砂谈霞举

独探红木岭冲霄剑气化龙飞

第三回 千里传真一鉴芳塘窥万象

众仙斗法五云毒瘴失仙机

第四回 鸣鼓兴戎众仙奋斗苗人祖

腾光护法七矮欣逢苦竹仙

第三十集

第一回 布阵遏妖氛霞影十重由地起

飞身援道侣彩云一片自天来

第二回 破遁闪灵旗变灭盈虚森气象

传声谈旧迹循环因果快恩仇

第三回 绝海剪鲸波万里冰天求大药

荒原探鳌极千寻雪窖晤真灵

第四回 奇景丽春秋灼灼花枝明似焰

极光涵海岳沉沉丹井酷生寒

第三十一集

第一回 一径入晶宫广殿通明参极主

横空张绿网长天无际遁飞人

第二回 天末涌金轮海气荒凉观日景

洞中惊黑眚岚光明丽访仙娃

第三回 云山无恙道侣修真

玉牒生芒妖尸惧祸

第四回 绝艳迷人尤物原祸水

行波入地圣池走神婴

第三十二集

第一回 复璧行波潜踪穿秘甬

遗音示业古洞困神婴

第二回 华日丽仙山花放水流人独立

灵潭追魅影星驰电射燕飞来

第三回 急难脱身英云双入险

玄机制敌土木两无功

第四回 穹顶舞寒星沧海蹄涔迷鬼主

祥宫伤炼士珠光剑气护仙娃

第三十三集

第一回 双脱重围无心铸错

独寻良友巧意逢真

第二回 厉啸落长空电射屠龙驱丑魅

祥云封圣城花开见佛拜神僧

第三回 有相无生七宝幢中呈瑞彩

先机若悟小寒山上谒神尼

第四回 款仙宾清谈灵石筑

参慈父同上武夷山

第三十四集

第一回 灵石筑五女谈心

古杉坪二仙盗法

第二回 喜得先机良友关心辞小住

忧深末劫妖尸失计召淫魔

第三回 密室觑浓春玉软香温惊绝艳

祥云消煞火金光宝相走神婴

第三十五集

第一回　轻敌蹈危机暗袭阴魔迷幻相
　　　　转安凭定力内莹神智返真如

第二回　烈焰可栖身一朵灯花生世界
　　　　微波能起浪几重煞幕护妖坛

第三回　势蹙怅双飞妄肆凶威残羽党
　　　　计穷轻一掷自投罗网困金屏

第三十六集

第一回　月弩荡阴霾厉啸一声飞毒手
　　　　金幢压地肺伽音九劫起真灵

第二回　佛火炼妖尸独指禅光擒艳鬼
　　　　莲花明玉钥重开宝鼎脱神婴

第三回　无意纵凶顽七宝腾辉穿秘甭
　　　　同心求圣籍一丸神泥锁玄关

第三十七集

第一回　佛火灭余氛咫尺违颜空孺慕
　　　　丹砂消累劫宫墙在望感师恩

第二回　古洞盗禅经一篑亏功来老魅
　　　　深宵飞鬼影连云如画亘长空

第三回　贝叶焕祥辉地缺天残参佛相
　　　　魔宫烧毒手神童仙女盗心灯

第三十八集

第一回　蓦地起惊霆电漩星砂诛老魅
　　　　凌空呈宝相缤纷花雨惊真灵

第二回　孽重忧危离魂怜倩女
　　　　心灵福至隐迹护仙童

第三回　怨毒种灵禽白骨穿心腾魅影
　　　　缠绵悲死劫金莲度厄走仙童

第四回　缟袂可胜寒万树梅花佳人独立
　　　　璇沙能御敌弥天灵雨妙女双飞

第三十九集

第一回　惊丽质蓦地起微波
　　　　忿轻狂凌空飞巨掌

第二回　绝海渡鲸波喜得冰纨传密奥
　　　　求丹行铁甬巧穿石壁赴璇宫

第三回　冰魄吐寒辉霞影千重光似焰
　　　　金庭森玉柱花开十丈藕如船

第四回　却敌环攻玉殿晶宫伤老魅
　　　　传音告急翠峰瑶岛困峰仙

第四十集

第一回　玉虎吐灵音警禅心降魔凭定力
　　　　毒龙喷冷焰伤恶怪却敌运玄功

第二回　火伏地中妖光熔玉岭
　　　　人来天上星雨泻银河

第三回　赤手拯群仙万丈罡风消毒雾
　　　　深宵腾魅影千重雷火遁凶魂

第四回　御劫化元神永宁仙宇虹光碧
　　　　降妖凭宝鼎曼衍鱼龙海气腥

第四十一集

第一回　灵境甫安澜忽听传音急友难
　　　　离筵陈壮志为观飞柬报师恩

第二回　飞剑除凶鱼黄水堤封消巨浸
　　　　登山逢怨女白莲花送见仙童

第三回　浩荡天风万里长空飞侠士
　　　　迷离花影一泓止水起情波

第四回　惘怅古今情魔火焚身惊鬼魅

缠绵生死孽花光如海拜仙灵

第四十二集

第一回 绣谷双飞示灵机喜得天孙锦
江皋独步急友难惊逢海峤仙

第二回 瑶岛降琼仙冉冉白云人来天上
金樽倾玉液茫茫碧水船在镜中

第三回 我必从君相期再世斜日荒山悲
独活
卿须怜我此中有人他年辽海喜
双清

第四十三集

第一回 破壁纵神魔一系功成千叶火
飞光笼大岳半空高系五山图

第二回 霞彩拥灵旗万里枭声逃老魅
青莲消血影四山梵唱拜神僧

第三回 难越是情关妙语翻莲矜雅谑
逃生惊鬼手仙云如幄护瑶姬

第四回 神斧劈凶妖灭火飞泉功消浩劫
天环联异宝同心合璧缘证三生

第四十四集

第一回 宝气千重鬼语啁啾飞黑眚
仙城万丈朱霞潋滟画遥空

第二回 疾恶毙穷凶无限缠绵悲死孽
痴情怜覆水双心灿烂傲飞仙

第三回 情重故人名山访道侣
喜收神火奇宝吐灵辉

第四回 救仙童误投玄牝阵
援道侣同返幻波池

第四十五集

第一回 恨重仇深长啸曳空来老魅
危临敌盛宝云如雾护仙山

第二回 遗偈悟连山获藏珍双英并秀
飞光离远峤惊浩劫一女还山

第三回 烈火弥天神圭擒异士
飙轮舞电飞剑斩妖人

第四回 玉陨香消感深情金宫援倩女
恶盈数尽施妙法火遁戮凶魂

第四十六集

第一回 独朗慧光呈宝相灵生兜率火
群飞星雨毁花容误放弥陀珠

第二回 有意纵妖娃宝树婆娑青霞散绮
隐形擒异士精虹潋滟红雨飞花

第三回 灿烂祥霞双飞莲座
庄严宝相自有元珠

第四回 五遁显神通烈火玄云呈玉碣
一环生世界青阳碧月耀金宫

第四十七集

第一回 转婵为妍玄功参造化
回嗔作喜爱侣述缠绵

第二回 苦缔心盟三生寻旧约
宏施佛法七老悟玄机

第三回 逝水惜芳华路远山深求宝诀
冲空闻异响烟霏雾涌遁神魔

第四回 绝海剪鲸波万里长空求大药
穿云飞羿弩诸天恶阵走仙童

第四十八集

第一回　宝相灿莲花万道霞光笼远峤
金针飞芒雨千重暗雾遁元凶

第二回　妙法渡鲸波电射虹堤惊海若
香云冲癸水星飞莹玉破玄冰

第三回　密爱轻怜再世仙缘圆旧梦
精芒掩曜无边毒火堕诸天

第四回　赤手戏元凶潋滟祥辉生宝盖
沉沙惊浩劫昏茫黑海耀明灯

第四十九集

第一回　排难解纷热雾海中飞宝鼎
除恶务尽明霞天半起金城

第二回　晤仙灵畅饮青瑶乳
探宝库言寻黑海禅

第三回　合力助痴龙地穴神碑腾宝焰

潜踪闻密语波心赤煞耀尸光

第四回　入耳震神音玉宇晶宫摧浩劫
凭空伸巨掌魔光血影遁妖魂

第五十集

第一回　固魄仗灵丹散绮青霞消煞火
艳歌生古洞飞光紫电斗元凶

第二回　雷发紫霆珠霹雳一声逃老魅
身潜兜率伞香光百里困神婴

第三回　宝鉴吐乾焰一击摇芒弹月弩
鬼声逃魅影满空飞血散花针

第四回　恩爱反成仇更怜欢喜狱成魂惊
魄悸
酷刑谁与受为有负心孽报神灭
形消

蜀山剑侠后传

长篇武侠小说。还珠楼主著。上海正气书局。1949 年 3 月版。5 册。24 万字。前引 1 篇。共 20 回。

第一回　随飓入遥空天宇混茫伤只影
飞身同一叶卿云缥缈遇真仙

第二回　宝气明霞力援爱侣
疾风劲草苦斗神魔

第三回　瑶草琪花勤求蓝田玉
仙裳异宝同破碧目光

第四回　地底传声双蛛援石女
莲心御劫九鬼陷神婴

第五回　义重同门惊心闻友难
情殷旧雨长路阻仙云

第六回　灵石筑二女话玄机
小琳宫三仙防后劫

第七回　雪岭现神光魔网张空窥魅影
圣陵藏鬼女桥山隐迹话清修

第八回　把臂驶遥空缥缈轻烟笼剑气
飞光明大岳迷漫烈火涌元珠

第 九 回　合璧仗双心离合神光同消
　　　　　黑眚

　　　　　分身防大敌纵横剑气独朗
　　　　　慧珠

第 十 回　传语寄心声迢递关山眷怀
　　　　　伦好

　　　　　玄功增智慧缤纷花雨独秀
　　　　　英云

第十一回　满室焕祥辉悟彻玄修欣逢
　　　　　奇福

　　　　　更生怀大德初窥至宝再警
　　　　　芳魂

第十二回　灵桂吐奇馨十里香光明彩焰
　　　　　仙禽诛老魅千山雷雨乱虹流

第十三回　阳九肆凶威无穷大气藏坤极
　　　　　机先消浩劫一点精光耀碧辰

第十四回　父子喜重逢掌上传声福临
　　　　　祸去

　　　　　师徒同御侮空中下击雾散
　　　　　烟消

第十五回　应敌有先机宝焰飞光青霞
　　　　　幻绮

　　　　　酬恩完夙约梵音出壁健羽
　　　　　摩云

第十六回　弹指阻双凶妙法无边生幻相
　　　　　飞身诛大敌红光一线建奇功

第十七回　烈火荡妖云冷焰红光诛二憾
　　　　　冲烟闻鬼语地灵天象护双童

第十八回　平地涌金轮太乙光生灵石火
　　　　　凌空收匹练弥尘幡化彩云飞

第十九回　毒气落红沙百丈祥辉援道侣
　　　　　灯光兜率火千里霞雨戮凶顽

第二十回　神物喜仙传好友重逢同歼
　　　　　大憝

　　　　　玄功惊魅影三才并秀再耀
　　　　　双心

蜀山剑侠新传

武侠小说。还珠楼主著。上海百新书店。1948 年 5 月 1 版。4 册。
27 万字。共 8 回。

第 一 回　残月唱鸡声宝马双乘飞侠影
　　　　　轻飔飖柳岸扁舟一叶渡洪波

第 二 回　嵩岳斗群凶剑气纵横寒敌胆
　　　　　沧江逢绝艳眉痕缥缈见仙山

第 三 回　跃马渡长溪客馆深宵闻异事
　　　　　潜身入古洞晶门玉屋访高人

第 四 回　诱敌啖灵芝叱燕嗔龙银虹独耀
　　　　　痴情怜慧婢明灯仙馆宝镜双辉

第 五 回　劳燕竟同飞迢递关山浓情似酒
　　　　　匡床容小憩迷离春梦美意如云

第 六 回　此去合双栖为有凤愿鸳盟交深
　　　　　金石

再来成隔世依然前生鹤侣眷属
　　　神仙

第七回　揽胜集冠裳裙屐缤纷大江东去

　　　　深情怜故旧烟波浩淼一雁南飞

第八回　小结全文群丑悉歼霹雳火

　　　　情联五友归帆同隐洞天庄

翼人影无双

长篇大众小说。还珠楼主著。上海汇文书店。1951 年 5 月版。6 册。27 万字。共 24 回。

一　田野哀鸿救凶灾突来怪客

二　有翅膀的异人

三　白泉居的穷苦酒客

四　密室窗外的笑声

五　警告

六　迎面打来的飞刀

七　深夜神雕

八　雪夜恶斗

九　斗群贼翼人会空空

十　铁羽凌霄冰丸如雨

十一　对影成三人铁板铡苦战仙人掌

十二　深宵翔铁羽雪夜见飞星

十三　前路惊心深宵飞铁羽
　　　村家投宿沉睡失英娃

十四　冷月照高林电掣星飞寒敌胆
　　　荒庵藏巨害途长虑远变芳颜

十五　盗铁杖奇侠戏凶僧

十六　蹑踪影神驹渡险壑

十七　敲破铁木鱼五十年卧薪尝胆

十八　幽崖明远火异教警连山

十九　窥古洞铁笛子陷身

二十　毒刺钻身锁筋缩骨
　　　斜阳衰草遇怪惊奇

二十一　森林中的骷髅

二十二　毒火散如烟一击功成霹雳子

二十三　伤恶鸟贺小侠初斗白蟾剑

二十四　铁羽竟中分古洞阴森惊异事
　　　　昏光摇冷夜哀呻惨厉惊雄心

侠　恋　记

多情侦探小说。时报馆记者编著。上海时报馆。1905 年 11 月初版。1 册。3.8 万字。共 46 回。

第 一 回	怪客	第二十四回	伯爵之来历
第 二 回	千金之俸	第二十五回	美人之来历
第 三 回	绝世美人	第二十六回	小林之来历
第 四 回	跳舞会	第二十七回	小林与美人
第 五 回	强盗	第二十八回	死了
第 六 回	比剑	第二十九回	玉换
第 七 回	入狱	第 三 十 回	马车中之秘密谈话（上）
第 八 回	美人实是仇敌	第三十一回	马车中之秘密谈话（下）
第 九 回	美人之信	第三十二回	非伯爵
第 十 回	伯爵之仆	第三十三回	真伯爵
第 十一 回	伯爵者美人之敌	第三十四回	瓦多娘之出处
第 十二 回	两个秘密	第三十五回	囚伯爵
第 十三 回	妙！妙！	第三十六回	假伯爵与真美人
第 十四 回	危机动	第三十七回	追……逃
第 十五 回	谁欤	第三十八回	金牌之效
第 十六 回	假装美人	第三十九回	美人捕虏
第 十七 回	遭难	第 四 十 回	野心勃勃
第 十八 回	杀	第四十一回	小林捕虏
第 十九 回	伯爵之使者又来	第四十二回	终局的胜利毕竟是谁？
第 二十 回	搜索家宅	第四十三回	警察长捕虏
第二十一回	伯爵与美人	第四十四回	虚无党
第二十二回	破绽暴露	第四十五回	护照
第二十三回	美人之使	第四十六回	火车

朱鸳雏遗著

笔记小说。时希圣编。上海大通图书社。1936 年 11 月初版。1 册。6.2 万字。编者序 1 篇。姚鹓雏、杨少碧、沈浸之题词各 1 首。

一　小品文

巨灵记

诛情记

绝粮记

情诗集自跋

非嫁记

艳魅记

过茔记

惨讹记

离京记

圣诞记

兄弟记

惊梦记

待时记

污莲记

二　手札

与妇笺

三　诗歌

四　纪念文

武侠笔记精华

短篇武侠小说。时希圣编。上海新民书局。1936 年 1 月再版。1 册。11 万字。平襟亚作序 1 篇。共 59 篇。

蒋公略传

饿虎吞羊

轻若飞燕

托天之势

别有桃源

尽得其秘

抛石成球

小试擒拿

运气如铁

坠入毛坑

杯壶入木

打抱不平

红肿如桃

拍牌入桌

功亏一篑

手指劈柴

丈外取钥

病时情状

蒋公论赞

云门寺僧

龙山禅师

峨眉长老

独臂尊者

指月禅师

北方侠盗	广陵邹生
隐侠夺珠	侠女青萍
朱砂手术	秦绮玉传
黄衣少年	知非和尚
铁指环儿	狂僧捕盗
九峰山人	句容侠僧
紫虬髯客	大罗和尚
陆慧娘传	禅关盗窟
榜人女子	铁钵禅师
王兰英传	月禅尼姑
窖中妇人	碧霞道姑
姊妹峰记	秃秃和尚
黄面姑娘	复仇秘史
飞娘复仇	吴门老僧
卖解女郎	盲目道人
义妪抚孤	甘凤池传
周生艳遇	白太官传
土王三女	

双热小说精华

短篇社会小说。吴双热著。上海国华书局。1935 年版。1 册。5.2 万字。自序 1 篇。共 42 篇。

一	**言情小说**	闺语	七	**译本小说**	猩猩因果
二	**爱国小说**	童子军之小会议	八	**爱国小说**	双十纪念
三	**滑稽小说**	耶稣害我	九	**社会小说**	轮船上的茶房
四	**警世小说**	死后	十	**纪念小说**	五四
五	**伦理小说**	有母在	十一	**诙谐小说**	髅佑酒
六	**警世小说**	不良之兄	十二	**社会小说**	乞丐与富翁

十三	滑稽小说	狗	二十八	鮝鱼发光
十四	言情小说	慈母手中线	二十九	犬救主
十五	寓言小说	阋墙恨	三十	符术三则
十六	骗术小说	一枝香烟	三十一	破天荒之追悼会
十七	纪实小说	拙妇	三十二	鬼影
十八	寓言小说	逐臭	三十三	奇犬
十九	滑稽小说	三笑	三十四	狐二则
二十	侦探小说	步步莲花	三十五	蛇丐
二十一	写实小说	可怜侬	三十六	果报
二十二	写实小说	笑隔荷花共人语	三十七	铁木鱼僧
二十三	孝丐		三十八	魔术
二十四	义仆王喜		三十九	怪豕
二十五	揖盗		四十	冤狱
二十六	飞来城隍		四十一	陈货郎
二十七	贼报恩		四十二	医狱

双热浪墨

短篇社会小说（文集）。吴双热著。上海小说世界社。1927 年 8 月 3 版。1 册。8.5 万字。徐天啸序 1 篇。共 4 卷。

卷一　软红杂说

小说

奇情小说	险些儿打散鸳鸯	燕园老主
风世小说	一饭之恩	孝子复仇记
复仇小说	人不如猴	渔翁轶事：舟人语
奇情小说	别来无恙	醉白居士
		艺兰居士

卷二　见闻录

还俗僧仗义锄奸恶	髯翁
	刘九畴
	冯铸
	杜云鹏

殷孝子

毛飞

蛇丐

王银松

谢方樽

赵石侬

义丐

金叶

陆大

吴颠

卷三　文苑
文
与天啸及枕亚证盟文（有序）

读徐天啸哑语集书后

神州女子新史序

黄花旬报序

红楼梦余词序

玉梨魂序

重葺三声书屋记

补题囊情诗草序

袖里乾坤序

锦囊序

诗
钱塘江观潮

红蔷薇

野梅

菊影

吊梁昭明读书台

虎溪早行

姑苏台植园八咏

续姑苏台植园八咏

咏物——笼鸟，网鱼，圈虎，囊萤

莲塘泛舟四首

简天啸

中秋望月

题画寄左侬

菊花

莲花

杨花

闺情

前题（有引）

前题回文

除夕感赋

题画

卷四　滑稽文章
动物评

大言

问天

理想新人类（一）（二）

儿童竹枝词

肥卦

鸦片卦

烟团简章

小儿燕居

宝塔歌

破格对句

卫生趣语

醉史

邹氏之会饮

三醉人

豚卦

鼠讨猫檄

尖卦

哈哈传

婆婆自传

名伶好奇

袖里乾坤

问吁公

老人行

嘲运动选举

药王菩萨

屁学丛书序

元夜参观鼠婚记

老太婆解

此之谓小说

闻木樨香室落成记

钱卦

双热新嚼墨

社会短篇小说（文集）。吴双热著。国华书局。1921 年 10 月再版。1
册。8 万字。自序 1 篇。共 4 卷。

卷一　小说

言情短篇　闺语

爱国短篇　童子军之小会议

滑稽短篇　耶稣害我

警世短篇　死后

伦理短篇　有母在

警世短篇　不良之兄

译本短篇　猩猩因果

爱国短篇　双十纪念

社会短篇　轮船上的茶房

纪念短篇　五四

诙谐短篇　骷髅佑酒

社会短篇　乞丐与富翁

滑稽短篇　狗

言情短篇　慈母手中线

寓言短篇　阅墙恨

骗术短篇　一支香烟

纪实短篇　拙妇

寓言短篇　逐臭

滑稽短篇　三笑

侦探短篇　步步莲花

写实短篇　可怜侬

写情短篇　笑隔荷花共人语

卷二　见闻录

孝丐

义仆王喜

揖盗

飞来城隍

贼报恩

文

自杀

敷衍主义

苟取

糊涂

家庭教育之反照

盲婚

笑骂由他

心与口

社会之毒

无足轻重之时间观念

双热嚼墨

短篇社会小说。吴双热著。徐枕亚编。上海小说丛报社出版部。1915 年 3 月初版。1 册。8.2 万字。包醒独作序 1 篇。共 5 卷。

卷一　翰墨林

与天啸及枕亚证盟文

与徐天啸哑语集书后

神州女子新史序

红楼梦余词序

玉梨魂序

重茸三声书屋记

补题囊情诗草序

袖里乾坤序

锦囊序

卷二　春秋笔

马铁棍

莘老

柳渔隐

醉白居士

艺兰居士

髯翁

刘九畴

冯铸

杜云鹏

殷孝子

毛飞

蛇丐

王银松

谢方樽

赵石侬

义丐

金叶

陆大

吴颠

卷三　小说汇

大骗术

爱之魔

贝题红

疯道人

笑之教育史

新东游记

卷四　游戏文

动物评

大言

问天

理想新人类(一)(二)

儿童竹枝词

肥卦

烟团简章

小儿燕居

宝塔歌

破格对句

卫生趣语

醉史

邹氏之会饮

三醉人

豚卦

虫政府

鼠讨猫檄

尖卦

哈哈传

婆婆自传

名伶好奇

袖里乾坤

问吁公

老人行

嘲运动选举

药王菩萨

屁学丛书序

元夜参观鼠婚记

老太婆解

此之谓小说

闻木樨香室落成记

钱卦

卷五　零星话

矮妹小史

双热之童年史

旅程之农业观

空中色相

兰娘哀史

　　哀情小说。吴双热著。上海民权出版部。1913 年 10 月再版。1 册。
1.4 万字。孙家树、卷盦、徐枕亚、王无闷、庄绉秋、何宗唐、吴兆烈作序各 1
篇。匪石、吴听猿、方仁后、张含兰、李静筱、叶横秋、张静桓题词各 1 首。
庄绉秋、庄道新、戴贞慧、赵秋蝶、翟楚材、朱葵笙、陆蔚生、范茂芝、马霞客、
肖花、刘佩珩、陶采畴、刘仲博、李卧庐、廖海秋、魏俊三、蓝杏农、魏愚盦、黄

花声、张静恒、陈卜勋、周翠庵、徐信、薛倬彦、朱碧澄、鸢湖铁冷、沈明斋、沈崇垣、石篁、何警秋、鲍祗予、娄睡苏、靖公、徐思晋题诗各若干首。作者照片 1 幅。作者作书后共 22 首诗。

快活夫妻

　　滑稽小说。吴双热著。出版单位和出版时间不详。1 册。4.5 万字。共 14 回。

第 一 回	闭着秋波俏装瞎子	第 八 回	十杯干酒一卷屁经
第 二 回	吃完夜饭乱对山歌	第 九 回	朱干娘隔窗听笑话
第 三 回	约法三章拘留五日	第 十 回	霍爱红闭户唱开篇
第 四 回	胭脂双掌绰拍几声	第十一回	捉盲儿错认老祖宗
第 五 回	口角鞋杯十分风味	第十二回	猜迷子双坐中秋夜
第 六 回	醉中人面一塌糊涂	第十三回	听春词戏翻新曲调
第 七 回	邻里登堂乡亲乞寿	第十四回	耍孩儿同唱十夫妻

断 肠 花

　　哀情小说。吴双热著。上海中原书局。1936 年 10 月版。1 册。6.4 万字。共 16 章。

第一章	玲珑娇小女儿花	第 八 章	水晶宫里返魂来
第二章	春香一副辣心肠	第 九 章	红粉犹余虎口生
第三章	欲擒故纵不情天	第 十 章	孤凄身世可怜生
第四章	春香去尚不饶人	第十一章	无奈重题一字婚
第五章	昆仑月夜盗红绡	第十二章	高堂落尽老人星
第六章	云郎苦忆画中人	第十三章	义士奇逢古押衙
第七章	西湖西子是耶非	第十四章	赚人眼泪一封书

第十五章　玉人无恙十年归　｜　第十六章　薄命秋花剧断肠

鹃娘香史

奇情小说。吴双热著。上海民权出版部。1924 年 3 月初版。2 册。6.5 万字。共 14 章。

第一章　情字之破题儿　｜　第 八 章　比邻莺语入帘来

第二章　隔墙有我悄怜卿　｜　第 九 章　姗姗来迟

第三章　花名底事唤鸳鸯　｜　第 十 章　各向群芳谱上题

第四章　噎病唉　｜　第十一章　画中爱宠梦中情

第五章　药炉病榻间之况味　｜　第十二章　一双心意两相投

第六章　金兰姊妹最关心　｜　第十三章　谈何容易脱情关

第七章　恨不相逢未嫁时　｜　第十四章　情海共回头

孽　冤　镜

哀情小说。吴双热著。上海民权出版部。1914 年 7 月初版。1 册。7 万字。刘铁冷、陈志群、沈肝若、徐枕亚、金汉霄、黄耀卿作序各 1 篇。自序 1 篇。虞懒僧、毅任、李铎、陈索然、虞启徵、朱毓芬、吴听猿各题诗若干篇。楔子 1 篇。共 24 章。

第一章　游春　｜　第 八 章　登楼

第二章　逅艳　｜　第 九 章　证盟

第三章　问津　｜　第 十 章　酒意

第四章　旧恨　｜　第十一章　违面

第五章　鳏居　｜　第十二章　侦探

第六章　读画　｜　第十三章　恶耗

第七章　语冰　｜　第十四章　吊影

第十五章　设谋

第十六章　传书

第十七章　发秘

第十八章　鼠窃

第十九章　楼空

第二十章　惨剧

第二十一章　再误

第二十二章　憔悴

第二十三章　末日

第二十四章　尾声

孽冤镜别录

哀情小说。吴双热著。上海中原书局。1937 年 1 月重版。2 册。5 万字。共 16 回。

第一回　吊香魂哀词制蓉诔
　　　　述绮恨绝命写桃笺

第二回　书城双坐儿女无猜
　　　　棒喝一声鸳鸯被打

第三回　牵意绪偷窥新嫁娘
　　　　论爱情潦倒佳公子

第四回　香闺歌瑟娇客闻诗
　　　　海屋称觞悍妻哭寿

第五回　胭脂虎遗臭桃花坞
　　　　窈窕娘破涕石头城

第六回　肠断心伤昙花一现
　　　　东鳞西爪春水干卿

第七回　红颜命薄白首缘悭
　　　　绿醑浇愁青萍舞恨

第八回　妖莲姹凤春色恼人
　　　　鬓影衣香梅花含笑

第九回　叩佳音痴生闻冷语
　　　　乖好事倩女忽离魂

第十回　及时行乐尽日看山
　　　　撅笛湖中闻歌柳下

第十一回　见五百年风流孽冤
　　　　　看颠倒煞多情公子

第十二回　痴儿女齐弄凤凰箫
　　　　　好因缘待点鸳鸯谱

第十三回　遣残宵闲诵懊侬词
　　　　　换新编好订销魂集

第十四回　破工夫泥观风景画
　　　　　闷胡芦悄打美人楼

第十五回　述身世末路辱书生
　　　　　执謇修通辞求淑女

第十六回　薛夫人草堂认佳婿
　　　　　王公子湖上合奇缘

并 头 花

短篇社会小说。吴亚公著。上海志成书局。1922 年 4 月版。1 册。
2.5 万字。徐啸客序 1 篇。共 36 篇。

仙乎仙乎	滇中奇女
隔院箫声	自由花恨
缺月重圆	柔情侠骨
红巾女将	碧玉回头
智勇歌姬	巧技作祟
惊鸿一瞥	剑光艳影
蓬岛仙葩	复仇妙计
娇花有主	空谷幽兰
鸳鸯巧计	双雄夺雌
青泥莲花	侠凤情鸾
巾帼丈夫	男妆爱诬
淑红绝技	侯门似海
采石仙子	孽海红颜
疯女良心	死夫活妇
临州艳梦	碧华痴情
总统夫人	残菊傲霜
春明尤物	记黑鸦头
妾知罪矣	凤英歌喉

侦 探 世 界

侦探小说集。吴羽白著。上海大东书局。1914 年 4 月再版。1 册。
3.4 万字。共 6 则。

张无诤著 空室 遗嘱 人耶鬼耶 | **何朴斋著** 雪狮
玉壶 | **吴羽白著** 蔡宝田案

反 聊 斋

反案小说。吴绮缘著。上海清华书局。1918 年 6 月初版。1 册。4.8 万字。徐枕亚弁言 1 篇。共 12 篇。

一 棠仙
二 梅婢
三 天台艳迹
四 林下美人
五 憨伉俪
六 笑姻缘
七 红楼余梦
八 碧海奇缘
九 绛帐贻羞
十 绿林尚义
十一 画里真真
十二 楼头盼盼

芙 蓉 娘

侠情小说。吴绮缘著。上海清华书局。1918 年 10 月初版。1 册。5 万字。楔子 1 篇。共 12 回。

第一回 薄命名成谶
垂髫技已工
第二回 论交窥肝胆
挟策识英雄
第三回 灯畔双锋舞
花时一笑同
第四回 冤沉三字狱
痛废十年功
第五回 绝塞惊奇变
荒庵寄艳踪
第六回 红楼援弱女
黑夜劫狂童
第七回 雅奏青衫湿
新装绛帕蒙
第八回 歌残桃叶渡
血染木兰弓
第九回 秋雨悲陈迹
春愁掩绮栊

第 十 回　小星赓在户　　　　　　　　生涯类转蓬
　　　　　名马惯嘶风　　第十二回　临岐千泪落
第十一回　心事归平淡　　　　　　　　回首万缘空

冷红日记

　　哀情小说。吴绮缘著。上海中原书局。1936 年 10 月重版。1 册。6 万字。共 37 回。

一	元旦	二十	六月六日
二	元宵	二十一	六月十八
三	花朝	二十二	七夕
四	二月十三日	二十三	七月二十
五	二月十四日	二十四	八月朔日
六	三月二日	二十五	八月五日
七	清明	二十六	中秋
八	三月三日	二十七	八月十六
九	三月十四日	二十八	八月十八
十	三月十五日	二十九	九月一日
十一	三月十九	三十	重阳
十二	三月二十九	三十一	九月十八
十三	四月初五	三十二	十月三日
十四	四月十二	三十三	十月十九
十五	四月二十	三十四	十一月十日
十六	四月二十七	三十五	十二月十八
十七	端午	三十六	十二月二十三
十八	五月十九	三十七	除夕
十九	五月二十八		

奇人奇事录

武侠小说。吴绮缘著。上海中国新光印书馆。1949 年 7 月初版。1 册。7.8 万字。朱华作序 1 篇。共 16 篇。

白家庄	牧牛童
莲花庵尼	乱世双杰
蝙蝠王	毛童
珠儿	张老师
临城妪	柳生夫妇
黑地狱	黄岩名捕
水上飞	灵璧少妇
了凡僧	乡媪

万里步行记

社会小说。吴虞公编著。上海世界书局。1922 年 11 月版。1 册。3.8 万字。编者提要 1 篇。共 12 回。

第一回	雪窖冰天少年初出世 惊涛怒浪游子归故乡		访署长坠入秘密窟
第二回	进幼稚园孩子露头角 开谈话会同学起争端	第六回	问伙计一片怪议论 坐马车几里盲路程
第三回	泛漏舟面不改色 陈快论口若悬河	第七回	贩米粮自告奋勇 进土窟又起惊疑
第四回	入深山采掘药草 搭火车走失父母	第八回	假代表放胆坐议场 泄秘密挺身述错误
第五回	吃面包忽遇奇怪人	第九回	一场血争巧破虚无党 两行热泪接得报告书

第　十　回　有心求学问辞别主人　　　　　众人吃喝冤为马贼
　　　　　　　无意碎玻璃忽逢校长　第十二回　羁日兵营惨遭戮辱
第十一回　单身跋涉误走荒村　　　　　　　留巡捕房备受优待

民国奇闻

社会小说。吴虞公著。襟霞图书馆。1921 年 4 月版。1 册。2 万字。共 42 节。

第　一　节　百岁老翁自寿诗　　　　第二十二节　一省四督军
第　二　节　百岁老翁寿考终命　　　第二十三节　司法争座位
第　三　节　新杀子报　　　　　　　第二十四节　嫁神
第　四　节　奇怪兄弟　　　　　　　第二十五节　炼铜厂私卖废铜
第　五　节　挖睛　　　　　　　　　第二十六节　女鬼作祟
第　六　节　土知事　　　　　　　　第二十七节　两女同溺
第　七　节　好教员　　　　　　　　第二十八节　知事罪恶史
第　八　节　长春姨太　　　　　　　第二十九节　京报案之黑幕
第　九　节　社神娶妇　　　　　　　第　三　十　节　土匪竟有节烈妻
第　十　节　吃醋教员　　　　　　　第三十一节　奇炉记
第十一节　买办总长　　　　　　　　第三十二节　死而复苏
第十二节　神骗　　　　　　　　　　第三十三节　恶僧
第十三节　赤鼻　　　　　　　　　　第三十四节　蟒珠
第十四节　陆参谋长　　　　　　　　第三十五节　滑头报馆
第十五节　白云观道士　　　　　　　第三十六节　银行经理受辱
第十六节　南北不和　　　　　　　　第三十七节　死了儿子
第十七节　屋上穿山甲　　　　　　　第三十八节　莫干山奸商
第十八节　讨债鬼　　　　　　　　　第三十九节　护身奇器
第十九节　秋瑾　　　　　　　　　　第　四　十　节　捕獭
第　二　十　节　杀子　　　　　　　第四十一节　捕蛇
第二十一节　吉林车中　　　　　　　第四十二节　畜蛊

江湖三十六侠

江湖轶闻。吴虞公编。上海振华书馆。1919 年 9 月版。1 册。6 万字。自序 1 篇。共 36 篇。

襟亚	卧薪翁		幕客
	圄人刘		铁肚皮
	紫髯客		换形侠盗
践卓翁	程逐	莲春	甘凤池轶事
虞公	分身剑	公芬	莲钩断指
	陈循藻	公俊	徐三耳
舒豪	瞿善人		芳娘娘
书生	壁虎	寄鹤	侠女报恩
	龙舟争光		月光瘤影
江声	徐正之		大胆画师
	僧舍侠踪		玉狮子
嘿人	芦管侠技	酉生	王氏女
	义仆		桃花女
	青岛侠一		邗江僧
	青岛侠二	佛徒	侠女锄奸
九乾	女团总	绮缘	清宫人
长春	金陵古寺		李莔媚
	鸡皮叟	忆红	侠僧

青红帮史演义

历史小说。吴虞公著。上海世界书局。1922 年版。1 册。共 13.3 万字。作者序 1 篇。共 30 回。

第 一 回　演武场小英雄失仪
　　　　　集贤镇老将军杀虎
第 二 回　西天王独霸清河县
　　　　　东方亮称雄白水村
第 三 回　感怀旧事樽前放歌
　　　　　缔结新交月下比剑
第 四 回　锦毛狮计取黄金车
　　　　　绣花豹义结绿林客
第 五 回　唤风雨妖僧显神通
　　　　　发雷霆老将斥鬼话
第 六 回　感旧德古寺供神灵
　　　　　开香堂陈园收徒弟
第 七 回　翠姑娘房中媚客
　　　　　黑老爷夜半追人
第 八 回　英雄末路身变肥豕
　　　　　仙佛下场病倒秃驴
第 九 回　瘦书生月下读奇书
　　　　　老头子庙中会好汉
第 十 回　上山头好友翻脸
　　　　　盘海底醉汉挥拳
第十一回　刳心肝奸人遭横死
　　　　　割首级侠客报深仇
第十二回　天花乱坠学究说谎
　　　　　萍水相逢英雄聚义
第十三回　立帮规秀才造反
　　　　　上军报统带冒功
第十四回　独角龙大败红羊军
　　　　　四眼狗强抢黄花女
第十五回　丑态毕露金凤姐受辱

　　　　　平地起雷玉麟楼逞凶
第十六回　酒楼聚首畅话平生
　　　　　湖海贩盐小试手段
第十七回　举头领公推盛春山
　　　　　说鼻祖溯源少林寺
第十八回　威凛凛沥血祭神
　　　　　闹烘烘散票捣鬼
第十九回　走湖海八大爷受惊
　　　　　劫法场三麻子脱险
第二十回　投客店隔室听隐语
　　　　　拜码头当面说来由
第二十一回　重友谊孙琪送银钱
　　　　　依帮规李寅致封赠
第二十二回　磔尸身伸红帮纪律
　　　　　惩淫恶逞绿林威风
第二十三回　同类相残巧施苦肉计
　　　　　深仇不解兜拿断臂人
第二十五回　丧龙头香堂哭英雄
　　　　　执牛耳酒店会豪客
第二十六回　帮并帮山主起野心
　　　　　毒攻毒提台施妙计
第二十七回　身首异处大圣受刑
　　　　　血肉横飞统领被炸
第二十八回　娇啼宛转小王妃遭擒
　　　　　倦眼朦胧老胡子就逮
第二十九回　蔡标制定带子招牌
　　　　　孙琪排演茶碗阵势
第 三 十 回　合青红两帮缔密约
　　　　　分黑白全书下定评

鸳 鸯 池

短篇言情小说。吴虞公辑。上海泰东图书局。1918 年 1 月版。1 册。2.7 万字。海若、朱侠骨题词二幅。周化龙、吴朱麟、梅园老人各序 1 篇。吴虞公跋 1 篇。共 20 篇。

一　颠倒鸳鸯　　　　　　　十一　梅花换佳人

二　似曾相识燕归来　　　　十二　月重圆

三　妙哉　　　　　　　　　十三　巧遇

四　含芳日记　　　　　　　十四　醋姻缘

五　网媒　　　　　　　　　十五　髠奴福

六　至诚格天　　　　　　　十六　诗痴

七　心有灵犀一点通　　　　十七　雪梅

八　一树梨花压海棠　　　　十八　奇异之婚史

九　琵琶缘　　　　　　　　十九　相思鸟

十　盈盈一水间　　　　　　二十　义士非无古押衙

隔墙红杏记

社会小说。虮道人辑。湘社印刷部。1918 年 11 月再版。6 册。11 万字。共 6 卷。

卷一（缺编目）　　　　　五　为绵嗣续共一妻

卷二　　　　　　　　　　六　淫人之女妻淫人

一　姑侄妒奸彰秽德　　　　七　大姨夫作小姨夫

二　孽缘都从窃种来　　　　八　姑媳妒奸伤三命

三　自觅婿家奇女子　　　　九　嫂嫂美貌累叔叔

四　为爱丈夫成色狂　　　　十　儿媳秘戏动阿翁

十一　留将完璧会黄泉

十二　母淫子暗渡陈仓

十三　兽交毕竟赴黄泉

十四　叔窥嫂浴效陈平

十五　侍儿多情郎薄幸

十六　野鸳鸯兄妹为之

十七　夫婿薄幸美人死

十八　女还孽债父淫人

十九　慷慨赠姬嫁童男

卷三

一　烝主母兼及少女

二　聘杏奸梅得公妻

三　为欲藏娇污妻室

四　女大中留家出丑

五　侄烝叔妾仆杀叔

六　既污甥女又淫媳

七　主母端为窃种来

八　诱女为唱后庭花

九　多情人终谐鸳牒

十　兄烝弟母弟淫嫂

十一　诱室女复烝岳母

十二　阿父奸女误终身

十三　年少孀妇通姨侄

十四　父子聚麀叔戏嫂

十五　一兄一妹效齐襄

十六　薄幸郎始乱终弃

十七　群雌粥粥多秽德

十八　淫僧一箭竟三雕

十九　丈夫竟亦背妻遁

二十　赔了夫人又折兵

二十一　有妹怀春兄诱之

卷四

一　先欲后情非吾妻

二　一生奸骗为谁忙

三　妙龄女郎爱老翁

四　博资掷彩嫁阿妹

五　一身周旋父女间

六　舅母甥女共面首

七　慰情相爱有叔叔

八　捉妻奸顿成巨富

九　兄袭弟爱弟污嫂

十　临死犹眈妻女淫

十一　四佣妇泄漏春光

十二　拥女三夕不及乱

十三　竟以奢侈堕妇德

十四　大妇妒宠绝主祀

十五　孀母奸子成淫妇

十六　奸处女妻女受报

十七　避萑苻旅店苟合

十八　梁上君子窥秘戏

十九　木主成亲转嫁兄

二十　蹈海殉国兼殉情

二十一　烹私儿还馈尔父

二十二　凰求凤横施压力

卷五

一　兄妹私通堕母术

二　宦室千金爱乞丐

三　冒姊图欢终改嫁

四　假面叟蛊淫三女

五　　为保遗产烝父妾

六　　以媳作妾代子职

七　　贪淫之后得悖逆

八　　父女竟成不解缘

九　　奸孀污女复霸产

十　　为爱天仙奸女尸

十一　梁上君子作快婿

十二　同性相爱私弟妇

十三　新妇何来八月妊

十四　以女居奇几再嫁

十五　鸳鸯祷佛卒参禅

十六　母女竟作妯娌呼

十七　母悍赖有女儿贤

卷六

一　　借种谋财寄母来

二　　重神交姊弟为之

三　　岳母通婚争嗣续

四　　玉貌花容作乳媪

五　　磨镜慰情聊胜无

六　　外交折冲赖父妾

七　　母爱螟蛉女爱郎

八　　多情男女遭鬼妒

九　　兄受弟逸出贤妻

十　　女盗居然太守妻

十一　竟以文字成姻缘

海上百大风流案

社会小说。听潮生著。上海华生书店。1930 年 4 月版。1 册。15 万字。网蛛生、朱双云、吴微雨、吴农花、周瘦鹃、施济群、吴俞逸、张恂子、骆无涯作序各 1 篇。4 集。共 51 回。

第一集

第一回　马迹蛛丝重寻故垒

　　　　雪泥鸿爪再筑新巢

第二回　订密交兄妹演同居

　　　　悲失足夫妻双服药

第三回　蜡烛有心应落泪

　　　　杨花无主竟沾泥

第四回　施毒计荡子卖娇妻

　　　　上法庭名花讨嫖账

第五回　曲院争妻珠还剑合

　　　　琼楼宴客花好月圆

第六回　盗兄嫂金屋成灰烬

　　　　戏友妇香衾留秽痕

第七回　桑间却馈井已不波

　　　　萧寺退藏心如止水

第八回　慕虚名妹妹竟私奔

　　　　遭虐待真真求解放

第九回　被体芦花彩云易散

出墙红杏旧梦不温

第 十 回　情场失意痛哭萧郎
　　　　旅邸轻生叮咛爱子

第十一回　贴标语许先生受窘
　　　　读情书邵主任发痴

第二集

第 一 回　艳福未修汝死我死
　　　　丝罗莫托一离再离

第 二 回　泊凤飘鸾红颜悲薄命
　　　　打鸡骂犬泼妇撒娇痴

第 三 回　低酌浅斟小姑入彀
　　　　吞声饮恨弃妇投江

第 四 回　病榻苦呻吟丝巾裹泪
　　　　铁窗悲憔悴罗袜生尘

第 五 回　半夜枪声避灾遇祸
　　　　一场春梦养子吞儿

第 六 回　有女怀春征婚登报
　　　　无交可订拒爱修书

第 七 回　往事成烟婊子殉情
　　　　坠欢莫拾良人遇祸

第 八 回　小阁藏春望穿秋水
　　　　孤舟载月声咽碧波

第 九 回　燕窟遇妻已非完璧
　　　　秦楼访女未许还珠

第 十 回　谐好事重联秦晋
　　　　遇匪人错结朱陈

第十一回　谁家秋色公子多情
　　　　何处春魂美人薄命

第十二回　青草池塘活蟾献宝
　　　　香车油壁神女销魂

第十三回　矮校长大器晚成
　　　　女明星耳光白吃

第三集

第 一 回　醋海风波琼瑶望报
　　　　巫山云雨太子受伤

第 二 回　塞翁失马李代桃僵
　　　　父子聚麀月移花影

第 三 回　听雨楼凄凉绝笔
　　　　团圞节愁绝遗书

第 四 回　欣赏模特儿学生滋事
　　　　垂青灶下婢夫妇失欢

第 五 回　淞滨落魄荡子让妻
　　　　被底销魂良明夺爱

第 六 回　起妒心一瓶硝镪水
　　　　悲薄命半盒芙蓉膏

第 七 回　郎情妾意好事幻云烟
　　　　户对门当多情成眷属

第 八 回　痴律师蓄意殉情
　　　　傻舍监无心留影

第 九 回　献奇能赵子龙跃马横戈
　　　　斗法宝白素贞曳兵弃甲

第 十 回　憔悴芳容枯庵仰毒
　　　　多情歌女旅邸赠金

第十一回　桥头风雪驴背吟诗
　　　　岭上梅花鳌头获选

第十二回　浮槎欲海彼岸难登
　　　　失鹿情场望洋兴叹

第十三回　三尺白绫张郎殒命
　　　　一抔黄土倩女离魂

第四集

第一回 一派韶光先开岭上寒梅
满园春色重见墙头红杏

第二回 楚楚可怜文郎割爱
惺惺相惜黄子换妻

第三回 玉体横陈风光旖旎
骊珠在握春色无边

第四回 即色即空佛门留艳迹
疑真疑假法院打官司

第五回 一见倾心文娘忘故剑
甘言蛊惑小妹堕烟花

第六回 途穷日暮缘绝三生
石烂海枯情深一往

第七回 淑女名姝公堂涉讼
孤鸾寡鹄醋海兴波

第 八 回 影事成烟情天惊恶梦
坠欢莫拾恨海幻空花

第 九 回 因爱成仇夫妻道苦
怜新弃旧主婢缘离

第 十 回 梨园惊艳一矢贯双雕
北里认妻千金收覆水

第十一回 陌路萧郎芸窗失恋
私奔红拂歌馆争夫

第十二回 污小姑女婿公堂被控
慕少艾学徒密室行凶

第十三回 得新欢同寅演好事
对小叔妯娌起干戈

第十四回 沉沦欲海对泣牛衣
指点迷津同登彼岸

万里情侠

武侠小说。何一峰著。上海新智书局。1933 年 9 月 3 版。4 册。17.5 万字。自序 1 篇。共 32 回。

第一回 醇酒见交情香浮杯斝
神功运指掌独劈华山

第二回 陆剑鸣爱才斗剑法
孙海鹏远道访奇人

第三回 痛国耻陆沛涵绝粒
弄禅机僧峻嵩化缘

第四回 法华寺小侠客拜师
太行山奇女子卖艺

第五回 铁榔头困斗女英雄

赤砂手力服群恶痞

第六回 蒋桂姐中途逢怪侠
苏天锡卯角显英名

第七回 飞虹惊电月下看飞梭
置腹推心灯前谈解数

第八回 蜜语话深宵郎痴妄爱
风波生平地燕掠蜂狂

第九回 卜鉴泉漫使擎云手
尤伯符巧试杀人心

第　十　回　舌底生铎奸言甜似蜜
　　　　　　　袖中怀箭恶计辣于姜

第 十 一 回　剑飞血溅五夜掷人头
　　　　　　　烛闪光摇三更惊虎帐

第 十 二 回　斗拳法吓退万大力
　　　　　　　抖手铸气煞陆神童

第 十 三 回　天柱山英雄看活佛
　　　　　　　福慧寺奇侠陷机关

第 十 四 回　剑风到处禅寺杀人妖
　　　　　　　灯火黄时莲花生幻相

第 十 五 回　深闺惊怪客星眼朦胧
　　　　　　　魔窟泣冤禽回肠荡结

第 十 六 回　沥血剖心英雄诛恶虎
　　　　　　　改头换面逆子变山羊

第 十 七 回　入古寺夜半陷牢笼
　　　　　　　思往事中途逢剑侠

第 十 八 回　剑功武术侠士生涯
　　　　　　　海阔天空美人肝胆

第 十 九 回　石洞拜奇人风飘黄叶
　　　　　　　荒郊逢怪杰泪洒青坟

第 二 十 回　侠男儿轻身入监狱
　　　　　　　伟丈夫饮恨刃刑台

第二十一回　窄路遇冤家险膏虎吻

　　　　　　　狼心食人肉惨受鸣离

第二十二回　老英雄夜半宿客店
　　　　　　　飞行侠月下破邪魔

第二十三回　飞剑刺龙鲜雄心似铁
　　　　　　　孤身入虎穴侠气如云

第二十四回　米宗恺饮剑入泉台
　　　　　　　仇玲姐挥拳击淫贼

第二十五回　水牢惊异侠处女完贞
　　　　　　　破庙访奇人英雄聚首

第二十六回　老侠客苦心诛怪杰
　　　　　　　满天星辣手劫娇娃

第二十七回　娇鸟脱藩笼春生锦帐
　　　　　　　情天增怅惘泪洒空山

第二十八回　蒋桂姐巧遇千里眼
　　　　　　　鄡教主威镇六盘山

第二十九回　花枝怅望暗赚广寒仙
　　　　　　　蝶梦迷离轻碎连城壁

第 三 十 回　莲花粲妙舌顽石点头
　　　　　　　星眼闪秋波狂且中计

第三十一回　僧峻嵩飞剑败鄡俊
　　　　　　　褚元亮设局赚钊鸣

第三十二回　灵犀通一点雨压花愁
　　　　　　　劳燕喜双飞风吹萍聚

小侠诛仇记

　　长篇武侠小说。何一峰著。上海南方书店。1936 年 8 月重版。2 册。8 万字。共 20 回。

第一回　送人头英雄救孝子　　　　　比剑法小侠会名姝

第 二 回　老侠客苦心谈往事
　　　　　疯道士巧计骗黄金

第 三 回　指迷路月夜拜奇人
　　　　　陷机关石房逢怪杰

第 四 回　赤手救娇娃英雄肝胆
　　　　　苦心试情侠美女襟怀

第 五 回　空卷寒云丹心如皓月
　　　　　薪添炉火碧血溅青锋

第 六 回　黑夜挥刀奸雄欣报怨
　　　　　铁床槛凤侠女痛离魂

第 七 回　鹃声鸣子夜泄漏机关
　　　　　地室锁英雄安排坑堑

第 八 回　设局诈暗赚临波仙
　　　　　惹情丝虚布疑云阵

第 九 回　孽报循环痴娘迷色网
　　　　　花枝招展和尚陷情关

第 十 回　进美酒妙使鸩人心
　　　　　巧报仇合用阴阳剑

第十一回　疯和尚佛殿战芸香

　　　　　小侠客僧房飞血剑

第十二回　玉龙寺情侠诛淫僧
　　　　　天王殿英雄擒恶伙

第十三回　诚可通灵井中得古剑
　　　　　祸难预测郊外遇强人

第十四回　盗衣橱教徒遭险
　　　　　见人皮侠女惊心

第十五回　纯阳庙小侠客祭灵
　　　　　方家村老英雄遇害

第十六回　燕叱莺嗔街头逢美婢
　　　　　鸾囚凤槛帐底唤文君

第十七回　薛天左帐外泄真言
　　　　　许香珠愁边使妙计

第十八回　玩鸡蛋英雄显绝技
　　　　　举炉鼎小侠运神功

第十九回　显法术教徒中计
　　　　　放金镖穆女诛凶

第二十回　小侠快歼仇剑飞血溅
　　　　　英雄难报德玉殒香埋

五岳剑仙传

　　武侠小说。何一峰著。徐枕亚评注。育新书局。1934 年 8 月再版。4册。25.3 万字。王大错、许厪父各作序 1 篇。自序 1 篇。插图 6 幅。4 集。共 64 回。

第一回　风尘落魄剑士生涯
　　　　樽酒联交书生肝胆

第二回　老叫化积缘劫神童
　　　　小侠客飞剑惊恶痞

第三回　金石胆山洞拜明师
　　　　卫天球岳麓劫匪友

第四回　钟维岳苦心传戒律
　　　　黄铁娘巧计赚奇童

第 五 回　峨嵋山女侠探人妖
　　　　　圆洞寺尼姑施法力

第 六 回　入佛寺双侠蹈危机
　　　　　附骥尾单身脱虎穴

第 七 回　黄铁娘山岩认父
　　　　　方克峻衡岳锄奸

第 八 回　犯戒律深山饮血箭
　　　　　触机关地室会淫魔

第 九 回　情波生欲海絮化沾泥
　　　　　神算卜金钱云翻雨覆

第 十 回　中迷香侠女陷牢笼
　　　　　盗宝弓妖僧探山穴

第十一回　僧空禅困斗女英雄
　　　　　黄精甫力救双剑士

第十二回　罗汉戏观音爱河没顶
　　　　　妖光吞口剑赤日当空

第十三回　僧空禅斗法圆洞寺
　　　　　方克峻火烧峨嵋山

第十四回　鼓楼救豪杰侠气干云
　　　　　石屋遇淫娃春情似茧

第十五回　谢援手石胆拜奇人
　　　　　订戒律剑仙会岳麓

第十六回　罪无可赦桐叶仙除奸
　　　　　诚能格天金石胆证道

第十七回　岳麓洞小豪杰忧亲
　　　　　乌鼠山老英雄戏友

第十八回　星夜寻亲轻身入虎穴
　　　　　井边垂钓举手得鲈鱼

第十九回　旧事重提热心崇戒律
　　　　　玉人已往何处显冤魂

第二十回　母子痛离魂形同槁木

英雄惊报冤虎啸深山

第二十一回　假田铎设局赚英雄
　　　　　　真刁鼎登坛显法力

第二十二回　空报仇小侠入牢笼
　　　　　　巧相逢奇人掀黑幕

第二十三回　指迷路子民下说辞
　　　　　　送毒草天雕惊噩梦

第二十四回　刁法师余痛忏前情
　　　　　　祁老头深山谢俗客

第二十五回　癫叫化半路进谗言
　　　　　　小侠客深林斗剑术

第二十六回　风驶云飞英雄身似箭
　　　　　　山高月小剑士气如虹

第二十七回　岳麓洞剑士施道力
　　　　　　乌鼠山豪杰责狂儿

第二十八回　山庙识裙钗形同妖魅
　　　　　　石坟藏剑侠月照荒郊

第二十九回　入山洞小侠认机关
　　　　　　搬石鼓奇人窥道法

第 三 十回　一棒当头丹房惊法力
　　　　　　孤身入道衣钵欠真传

第三十一回　动元阳英雄破色戒
　　　　　　斗剑法奇侠劫门生

第三十二回　传法力圣母收徒
　　　　　　入牢笼英雄丧胆

第三十三回　槛凤囚鸾丹房惊铁汉
　　　　　　飞虹掣电黄侠射红灯

第三十四回　风动窗开高楼赠宝剑
　　　　　　蛛丝马迹野庙探奇人

第三十五回　教书史剑仙作学究
　　　　　　闹房间恶少缚淫僧

第三十六回　和尚变尼姑烟笼芍药
　　　　　　情波翻孽海春满银屏

第三十七回　失金刀小住郭家村
　　　　　　陷铁屋惊逢庄知县

第三十八回　生机争一发侠女完贞
　　　　　　珠泪洒千行娟娘遇救

第三十九回　钟维岳孤心救双美
　　　　　　朱孑民独力会群魔

第 四 十 回　金公子暗赚凌波仙
　　　　　　祝夫人大摆迷魂阵

第四十一回　钟维岳月下捉妖精
　　　　　　方克峻空中斗剑法

第四十二回　爱水灌情苗安排坑堑
　　　　　　神工运鬼斧密布机关

第四十三回　奇女子荒山服蛇虎
　　　　　　老剑仙定计射豺狼

第四十四回　水电凌空剑仙施法力
　　　　　　风云变幻奇侠显神通

第四十五回　滴天髓深山谈大道
　　　　　　入虎穴窄路遇冤家

第四十六回　青龙吐焰雾惨被鸿罹
　　　　　　古树锁英雄几膏虎口

第四十七回　竹实满生机神仙道果
　　　　　　莲花粲妙舌美女情怀

第四十八回　酸醋拌锡糖情丝万丈
　　　　　　红鸾杀华盖贼计千条

第四十九回　女道学直言化顽婢
　　　　　　老剑仙热血教徒儿

第 五 十 回　愧汝知机女中识豪杰

　　　　　　授人以柄阃外缚英雄

第五十一回　报兄仇天雕下山林
　　　　　　惹情丝圣母现色相

第五十二回　遗帕惹相思痴心如醉
　　　　　　微波通款曲香梦方酣

第五十三回　雨洗芙蓉幽斋劳缱绻
　　　　　　春生玉碗绮梦太荒唐

第五十四回　秦小姐含泪返金丹
　　　　　　钟剑仙驱妖招恶怨

第五十五回　漫天撒飞网难弟寻仇
　　　　　　平地煽风波强人犯戒

第五十六回　金石胆三入迷魂阵
　　　　　　祁天雕再犯紧箍符

第五十七回　波翻云诡圣母责狂徒
　　　　　　弓急弦张剑仙会泰岳

第五十八回　祁法师初木雨露恩
　　　　　　秦教主大摆剑光阵

第五十九回　朱孑民初犯剑光阵
　　　　　　钟维岳再会侠男儿

第 六 十 回　锦囊传妙计道力弥纶
　　　　　　杀阵种情花春心宛转

第六十一回　红衣女妙使百灵幡
　　　　　　嵩岳仙智袭五行阵

第六十二回　赐仙丹桐叶救徒儿
　　　　　　入山洞钟老破劲敌

第六十三回　孙旭东饮剑入泉台
　　　　　　黄精甫返风烧孽阵

第六十四回　出山洞误入八阵图
　　　　　　除妖魔香解三里雾

双剑缔姻记

长篇武侠小说。何一峰著。上海南方书店。1937 年 4 月改订版。2 册。8 万字。共 20 回。

第一回　买伤药梦玉失踪
　　　　遭毒手杰民尽孝

第二回　阴平道奇人救孝侠
　　　　虎泉寺和尚变尼姑

第三回　梦玉女丹房会幼弟
　　　　慧远师赤手救娇娃

第四回　听凶耗英雄落泪
　　　　谈数命国士灰心

第五回　小侠客石洞拜师
　　　　庞道人禅园讨剑

第六回　诠噩梦晤对知心侣
　　　　数家珍畅谈先天功

第七回　入深山慧师采药
　　　　夺荷人冯侠逞凶

第八回　余秀才灯前会仙子
　　　　吴小官郊外看娇娘

第九回　辛风泪雨郊外遇奇人
　　　　灰线草蛇庙中逢故友

第十回　古庙泄冤情苍天有眼
　　　　官衙刺恶少金剪无声

第十一回　俏丫鬟多情羡凤
　　　　　恶公子着意怜香

第十二回　出牢笼又遭凶险
　　　　　全贞节得遇救星

第十三回　燕哺莺鸣微波通款曲
　　　　　椓橦飞壁黑夜探佳人

第十四回　提督衙燕儿出险
　　　　　纯阳庙狄老调兵

第十五回　挨毒打英雄落水
　　　　　吐真情怪侠输心

第十六回　彩凤双飞新婚传韵事
　　　　　灵犀一点深夜遇仇人

第十七回　连理枝头多情遭月妒
　　　　　松林深处无意见神童

第十八回　泄机关梨阶埋宝剑
　　　　　警凶顽子夜掷人头

第十九回　比翼文鸳柔情争似水
　　　　　含沙鬼蜮恶计辣于姜

第二十回　县官惩恶痞明断通神
　　　　　剑侠报私恩全书搁笔

白眉大侠

长篇武侠小说。何一峰著。上海育古山房。1930 年 5 月版。2 册。6 万字。自序 1 篇。共 16 回。

第一回　头角峥嵘佳儿非俗器
　　　　梦魂错愕绝技得仙传

第二回　白眉侠巧胜千里眼
　　　　灰衣人来报十年仇

第三回　沈虎林开场招怨毒
　　　　费伯熊恶计赚孤孀

第四回　诈中诈恶人招恶手
　　　　奇又奇名侠救名妹

第五回　柳家堡凶奴吐真情
　　　　白蛇村英雄除恶少

第六回　盗印章威胁来知府
　　　　试拳法急杀史神童

第七回　燕啭莺鸣转轮逢对路
　　　　月圆花好盗窟逗良缘

第八回　密语话深闺美人肝胆
　　　　葫芦藏妙药老衲生涯

第 九 回　僧月朗道力服花豹
　　　　　史珠兰热血救苗星

第 十 回　老教士推情全骨肉
　　　　　小豪杰冒险鼓风波

第十一回　见人头苗侠哭灵
　　　　　劫监狱史勇救友

第十二回　莲花生妙法魔术偏工
　　　　　母子得相逢伤心如醉

第十三回　石破天惊井中得神剑
　　　　　波翻云诡泸县说新闻

第十四回　宣佛语妖尼显法力
　　　　　剖奇冤地痞受天刑

第十五回　苗白眉月下除妖精
　　　　　徐少彬酒边赚剑客

第十六回　剑光惊一瞥教匪歼除
　　　　　大侠入空门全书结束

江湖历险记

侠义小说。何一峰著。上海南方书店。1936 年 8 月重版。2 册。9 万字。共 20 回。

第一回　老和尚深宵遇劲敌　　　　　小豪杰千里报师仇

第 二 回　邢柱夜陷落叶河
　　　　　苗奎威镇飞熊寨

第 三 回　摘人心贼巢认阿妹
　　　　　赠宝刀杯酒见豪情

第 四 回　平山寇兄妹遭擒
　　　　　亲芗泽县官撒野

第 五 回　封知县暗使杀人心
　　　　　苗寨主巧献拿空手

第 六 回　良宵宿黑店侠盗争雄
　　　　　窄路遇冤家英雄遘险

第 七 回　中诡谋侠盗避凶灾
　　　　　入憨局赌徒遭毒手

第 八 回　逆天伦恶道诛师
　　　　　听奸言英雄出走

第 九 回　烧村寨好女郎遭擒
　　　　　炼毒剑侠男儿丧胆

第 十 回　恶强盗杖打莽男儿
　　　　　死左雄刀伤活邱豹

第十一回　得内援兄妹脱险

　　　　　施邪法贼道无情

第十二回　大恩不言谢奇侠襟怀
　　　　　好友视如仇英雄作用

第十三回　神眼彪半路遇苗奎
　　　　　孙天雄客邸见邱豹

第十四回　碎虎胆寻仇斗怪侠
　　　　　麠道人飞剑斩天雄

第十五回　笑面虎荒山败贼伙
　　　　　锦毛豹星夜会强人

第十六回　说往事彭侠留宾
　　　　　缔恶缘神坛逐鬼

第十七回　入山庙几膏虎吻
　　　　　陷机关又被鸿罹

第十八回　天人交战辔马入危崖
　　　　　冤孽难消奇人设黑幕

第十九回　逞兽欲欺辱大弟子
　　　　　论国仇歼杀三师兄

第二十回　蓄志诛仇袖中怀宝镜
　　　　　苦心全孝方外灭元凶

江湖怪侠传

长篇武侠小说。何一峰著。上海百新书店。1939 年 5 月 13 版。5 册。25 万字。共 50 回。

第一回　弓娴马熟猛地占巍科
　　　　萧心剑胆轻轮逢对路

第二回　二件事仗刀剑胁人
　　　　一夕话要夫婿入党

第三回　天人交战趄景告恩家

　　　　姊妹倾谈香房怨毒贼

第四回　天打雷劈死后受极刑
　　　　戏艳调皮生前遭孽报

第五回　良辰美景异地溯相思
　　　　刀术针功当场逗绝技

第 六 回　程侠女乔戏花嫒红
　　　　　朱首领怒叱王惕白

第 七 回　炫能竞胜剑侠试奇功
　　　　　接木移花情天消艳福

第 八 回　女教师打擂做新郎
　　　　　官少爷登台作幽鬼

第 九 回　捉羊抵虎捕盗伙通
　　　　　射鹿猎獐雨云翻覆

第 十 回　巧计谋成锡爵上当
　　　　　恶势力姜文虎助奸

第 十 一 回　金剪声寒强人字婿
　　　　　　晴窗梦醒去发留头

第 十 二 回　飞来剪珩夜胁凶徒
　　　　　　独行客破庙逢怪侠

第 十 三 回　巧报仇术神童遇猿
　　　　　　活现形朱首领戏虎

第 十 四 回　悟解数初试飞行功
　　　　　　痛国仇漫洒伤心泪

第 十 五 回　余丝未尽灯下醉情痴
　　　　　　一息尚存井边救难女

第 十 六 回　孙讼师主谋失辩
　　　　　　甘小姐苦志殉名

第 十 七 回　金剪飞来电光惊一瞥
　　　　　　玉人入梦血泪洒千行

第 十 八 回　深闺小语怪侠何来
　　　　　　古刹寻踪伊人宛在

第 十 九 回　入隧道英雄吓英雄
　　　　　　设牢笼强盗赚强盗

第 二 十 回　头颅大解脱血溅剪飞
　　　　　　师弟忽牵来魂惊胆落

第二十一回　侠肝义胆同志误作寇仇

　　　　　　铁骨冰心异姓竟成兄妹

第二十二回　凶变突无端声泪俱竭
　　　　　　苦刑恶作剧血骨迸飞

第二十三回　苗铎三拷鄞维邦
　　　　　　卫杰再晤左其美

第二十四回　贾大夫慈心获美妇
　　　　　　縻老头合掌运神功

第二十五回　罪无可宥左其类除奸
　　　　　　诚可通灵党开山得马

第二十六回　湖州府奇童服骏马
　　　　　　竹林寺山侠陷机关

第二十七回　真蹊跷尼姑非女性
　　　　　　大解脱和尚悟禅机

第二十八回　左其美热心救难女
　　　　　　唐伯屏凉血卖恩家

第二十九回　生有余哀一心思父衬
　　　　　　死犹多恨双泪揾君衣

第 三 十 回　还印章威胁王知县
　　　　　　戏剪术力逼陈制军

第三十一回　痛父仇千里访师友
　　　　　　闻恶耗一怒杀凶徒

第三十二回　露冷风浪病中惊恶梦
　　　　　　神怡心旷月下看飞梭

第三十三回　密语话深闺隔垣有耳
　　　　　　官兵逢狭路平地生风

第三十四回　抄家私众衙役欺心
　　　　　　劫法场小英雄救友

第三十五回　触私忿挥泪哭掌珠
　　　　　　豁神拳当筵戏小友

第三十六回　风掀帘动侠女惹情魔
　　　　　　蛇影杯弓呆儿遭谤语

第三十七回　深闺惊怪客气凛冰霜
　　　　　　野店遇人妖形同傀儡

第三十八回　潮州城三刺潘得安
　　　　　　范家村初遇庞人瑞

第三十九回　霜清月冷白骨咽西风
　　　　　　巢覆卵完青山悲落叶

第 四 十 回　猛地起狂飙险膏虎吻
　　　　　　漫天撒飞网惨被鸿离

第四十一回　雷打雨散洪珠儿避灾
　　　　　　狐假虎威相秉忠负友

第四十二回　法王座下蛛网吐余丝
　　　　　　狮子溪边莲花生幻相

第四十三回　母子痛离魂浮生若梦
　　　　　　英雄欣报德险语惊人

第四十四回　旧雨重逢刀边救奇侠
　　　　　　夫棺甫葬夜半失雏儿

第四十五回　指迷途尼姑说法
　　　　　　拜师坟怪侠被擒

第四十六回　老农夫夜走罗浮山
　　　　　　小豪杰身陷广林寺

第四十七回　山村试拳法玉碎香消
　　　　　　石洞遇奇人声嘶泪尽

第四十八回　甘琼英轻身入虎穴
　　　　　　徐白玉提盗赠金刀

第四十九回　英雄小聚会掬泪千行
　　　　　　母子得相逢伤心一哭

第 五 十 回　剑云血露五侠快诛仇
　　　　　　箭雨刀霜千军争杀敌

红颜铁血记

长篇武侠小说。何一峰著。上海新文化书社。出版时间不详。2 册。8 万字。共 20 回。

第一回　桂仙祠访师遭白眼
　　　　罗珉山闻警哭红妆

第二回　一息尚存英雄声是泪
　　　　单刀直入女侠气如虹

第三回　飞烙铁独镇黑虎寨
　　　　穆玉兰大闹落峰山

第四回　变戏法强盗入牢笼
　　　　化凶顽美人谈戒律

第五回　意绵绵痴儿说疯话
　　　　情切切玉女害相思

第六回　女盗侠大闹成都城
　　　　老英雄夜入竹林寺

第七回　深院栖鸾秋山迷古塔
　　　　官衙槛凤女盗劫娇娃

第八回　浊流饮恨女侠襟期
　　　　大智若愚英雄肝胆

第九回　穆玉兰登堂认父
　　　　富小姐古寺拜师

第十回　中药酒美人报怨毒
　　　　雪奇耻盗妹释冤仇

第十一回　灵心拈鬼卦惨受鸿离
　　　　　毒手逼贞娃几遭虎口

第十二回　红姑娘甘言诱处子
　　　　　女道学咽泪哭情人

第十三回　积恨难填美人愁绪
　　　　　大恩必报侠盗心肝

第十四回　横滨岸女侠救裙钗
　　　　　黑虎寨美人大聚会

第十五回　富菊姑枪挑尼格里
　　　　　托也复挥战落峰山

第十六回　走迷路贼人中巧计
　　　　　进良言和尚救凶徒

第十七回　肝胆照人此心如白刃
　　　　　衷怀奚诉含泪怨红裙

第十八回　女侠集雄师威扬巾帼
　　　　　奇人遭白眼辱没须眉

第十九回　血肉横飞痴情同一哭
　　　　　冤魂错愕孝烈足千秋

第二十回　小侠士设祭哭情人
　　　　　老夫人深宵惊恶梦

荒山豪侠

长篇武侠小说。何一峰著。上海国华新记书局。出版时间不详。4册。18万字。自序2篇。共40回。

第一回　月夜识人妖虎威狐假
　　　　山岩留艳迹凤去巢空

第二回　月破云开显庐山面目
　　　　蛛丝马迹识强盗心肝

第三回　中薰香侠男儿落难
　　　　入虎穴奇女子遭擒

第四回　俏佳人设局赚情鸳
　　　　男道学临崖勒危马

第五回　波翻云诡贼计千条
　　　　玉碎香消情丝万丈

第六回　风波生孽海美女离魂
　　　　娇鸟入雕笼天魔献舞

第七回　独角村美人遭毒手
　　　　觉林寺和尚显神功

第八回　块磊难消双睛喷火焰
　　　　冤仇已解斗酒见豪情

第九回　弹甲高歌风尘嗟潦倒
　　　　单刀直入豪侠发狂言

第十回　拼却头颅丹心留楮叶
　　　　传来凶警血泪洒珠容

第十一回　甃井凿清泉覆巢完卵
　　　　　渔舟傍野岸漏网余生

第十二回　方外遇奇人形同妖魅
　　　　　愁边逢俊侣义重云天

第十三回　瘦和尚登高赚怪客
　　　　　俏佳人绝技蹴飞球

第十四回　铁履突飞来惊虹掣电
　　　　　苦刑恶作剧碎骨粉身

第十五回　怪男儿山庙寻幽
　　　　　奇女子渔舟认父

第十六回　王大尹树林识强盗
　　　　　孟神童卯角显英风

第十七回　水上显神功美人身手
　　　　　袖中怀宝剑老侠情怀

第十八回　绮语话深宵君心似铁
　　　　　莲花生妙舌郎意如春

第十九回　巨眼识裙钗心生坑堑
　　　　　祸机沉曲蘗胸有戈矛

第二十回　女侠快歼凶龙争虎斗
　　　　　美人欣脱险鱼跃鸳飞

第二十一回　警电传来绿林惊红粉
　　　　　　梦魂错愕玉泪洒青坟

第二十二回　置腹推诚奸言甜似蜜
　　　　　　含沙射影鬼计毒于蛇

第二十三回　讨人情和尚受凄惶
　　　　　　设局诈英雄陷罗网

第二十四回　巨猾诌胡言安排坑堑
　　　　　　金龙盘虎寨密布机关

第二十五回　南阳城刘贵脱身
　　　　　　饶州府印空卖艺

第二十六回　水底运神功浪花溅雨
　　　　　　宵深逢怪杰险语惊人

第二十七回　摆喜筵枭雄设局诈
　　　　　　中薰香情侠陷机关

第二十八回　拼着头颅舍身活故友
　　　　　　剩余心血长跪奉亲娘

第二十九回　黑面虎险语逼孤孀
　　　　　　莽头陀片言激怪侠

第三十回　暗度金针得锄奸秘钥
　　　　　幸逢铁臂作引路明灯

第三十一回　愧汝知机抽身离火窟
　　　　　　授人以柄蓦地遇官兵

第三十二回　火焰飞空千军争破寨
　　　　　　鼓声捷报一将喜成功

第三十三回　变戏法混充活神仙
　　　　　　造谣言巧劫童男女

第三十四回　葫芦变布袋幻象皆空
　　　　　　古刹拜奇僧音容犹昔

第三十五回　扑朔迷离禅房来浪蝶
　　　　　　伦常乖戾恶道受天刑

第三十六回　俏丫鬟耻情归地府
　　　　　　恶道士作法惹冤魂

第三十七回　艳塔泄春光鸾囚凤槛
　　　　　　风尘识奇侠鹤立鸡群

第三十八回　炼宝刀情侠殉身
　　　　　　痛国仇奇人说法

第三十九回　飞龙寺贼秃受天刑
　　　　　　摩天岭英雄联凤侣

第四十回　昙花惊一瞥众志成城
　　　　　劳燕喜双飞全书结束

荒唐情侠

武侠小说。何一峰著。上海受古书局。1931 年 1 月初版。4 册。

19.5 万字。陶寒翠总评 1 篇。自序 1 篇。共 50 回。

第 一 回　胡帝胡天禅门谈戒律
　　　　　非空非室欲海荡情波

第 二 回　痴情女无心槛凤
　　　　　薄幸郎有意求凰

第 三 回　月圆花好美女伺衾裯
　　　　　雨覆云翻村郊增寂寞

第 四 回　彩凤双飞痴儿看月姐
　　　　　灵犀一点石女动风情

第 五 回　贼计千条客中谈韵事
　　　　　情丝万丈帘内会莺娘

第 六 回　看淫书贞娘失节
　　　　　结同心美女怀春

第 七 回　卖人头暗杀祁保正
　　　　　送情书威逼贺相公

第 八 回　孽报循环随风飘弱絮
　　　　　花枝招展屈膝作情俘

第 九 回　陷机关暗赚鹊桥仙
　　　　　设局诈巧用拿云手

第 十 回　蜜语话深闺郎情冰薄
　　　　　莺声歌后院妄意风狂

第十一回　血泪搵琵琶美人情绪
　　　　　棋枰消岁月女冠生涯

第十二回　棋边谈法力魔术偏工
　　　　　灯下摘心人痴娘入化

第十三回　仙观栖身春痕浓似酒
　　　　　爱河没顶香梦暖如云

第十四回　耍缅刀神功运只指
　　　　　补虚灵丹药擅奇勋

第十五回　锦帐回春香怜翠袖

　　　　　痴人说梦肠断红笺

第十六回　灵丸调雅谑妙语解颐
　　　　　奇技得仙传天魔献舞

第十七回　看彩盆痴情如醉
　　　　　解罗襦绮梦难圆

第十八回　积善缘淫僧说疯话
　　　　　盗金锭怪客显神通

第十九回　老英雄爱才看绝艺
　　　　　小侠客比武得良驹

第 二 十 回　巧机缘振武寻师
　　　　　显法术不空劫马

第二十一回　奇又奇竹竿胜铜枪
　　　　　玄中玄松枝拴骏马

第二十二回　风雨共摧残藩花堕溷
　　　　　神通真广大法雨弥空

第二十三回　僧悟性深宵惊怪客
　　　　　石鸣骥客店遇奇人

第二十四回　比剑法英雄遭毒手
　　　　　设牢笼和尚显神通

第二十五回　一息尚存英雄救难友
　　　　　单刀直入庙里会淫魔

第二十六回　揭朱符再救东方杰
　　　　　驱孽障初请宇文新

第二十七回　万法唯心剑仙施道力
　　　　　一针见血老丐进良言

第二十八回　剑法得仙传疾知秋隼
　　　　　神通运太极矫若游龙

第二十九回　妄意如春星眸扬笑靥
　　　　　郎情似茧血泪搵花容

第 三 十 回　青眼出裙钗郎非宋玉
　　　　　　寸心表天日妾岂罗敷

第三十一回　去如黄鹤孤身离色网
　　　　　　来若游鱼五鬼闹风波

第三十二回　空穴来风生机存一线
　　　　　　情天有缺遗恨足千秋

第三十三回　石鸣骥中途逢剑侠
　　　　　　方梦兰远道访英雄

第三十四回　丫环怜玉乳软语求鸾
　　　　　　公子觑花容多情恋凤

第三十五回　情香姝羞情归地府
　　　　　　死士俊身死托空门

第三十六回　道中有道肉眼羡真传
　　　　　　身外无身妖僧施法力

第三十七回　道庙栖迟舍身遭水厄
　　　　　　江边垂钓举网得浮尸

第三十八回　比拳法冤家逢窄路
　　　　　　点脊骨六指运神功

第三十九回　燕燕莺莺绮情饶逸兴
　　　　　　风风雨雨险语太惊人

第 四 十 回　囚莺槛凤起情海波涛

　　　　　　巢雀居鸠度空门岁月

第四十一回　古寺识淫僧行同妖魅
　　　　　　青山埋艳骨月照荒郊

第四十二回　起人肉骨贼痊变神医
　　　　　　掣电惊虹边荒寻怪侠

第四十三回　孽海荡情波天人交战
　　　　　　禅房惊怪梦女鬼何来

第四十四回　入山洞僧耕云拜师
　　　　　　盗宝刀白凤林殒命

第四十五回　珠光杀白面试乾坤刀
　　　　　　炉火添红巧作鸳鸯冢

第四十六回　挥手千金英雄气概
　　　　　　输心一笑豪杰胸襟

第四十七回　密语话秋灯隔垣有耳
　　　　　　红鸾助华盖平地生风

第四十八回　冤家对路古寺灭妖僧
　　　　　　情海长春风尘惊异侠

第四十九回　九族刃刑台覆巢完卵
　　　　　　三军争效命众志成城

第 五 十 回　剿除叛逆闻人凤立功
　　　　　　勘破情关石鸣骥证道

铁血健儿

武侠小说。何一峰著。上海南方书店。1929 年 9 月初版。4 册。19.6 万字。插图 50 幅。林俪琴作题铁血健儿 1 篇。徐哲身作序 1 篇。自序 1 篇。共 50 回。

第一回　老教师酒边逢怪客
　　　　小豪杰灯下读奇书

第二回　痛国仇孤心投父执
　　　　捐义躯九族刃刑台

第 三 回　雁头抓箭神技喜无俦
　　　　　刀下摘心莫灵惊作古

第 四 回　浮生争似梦肠断花笺
　　　　　长舌鼓如簧谗生贝锦

第 五 回　克斯米一怒害贤良
　　　　　孙必古全家入犴狴

第 六 回　酒后话真言隔垣有耳
　　　　　袖中生巧计顺水推舟

第 七 回　助桀为虐郭知县藏奸
　　　　　蒙难全贞孙小姐使诈

第 八 回　吴提督苦心折狱
　　　　　许秘书挖目归田

第 九 回　餐风饮泪午夜拜兄坟
　　　　　冷月寒鸦孤身寻师骨

第 十 回　还镳银老达官走眼
　　　　　盗宝刀小英雄吃惊

第十一回　铁血论文素心盟白马
　　　　　铜山握别红泪洒青萍

第十二回　石伯群凉血骗好友
　　　　　徐志骧仗义杀骄妻

第十三回　寸发不留奇童遭惨杀
　　　　　单刀直入小侠陷机关

第十四回　薛云娘飞剑杀头陀
　　　　　杨锡庆徒手入王府

第十五回　争妍取媚起宦海波涛
　　　　　监凤囚鸾尝铁窗风味

第十六回　杯弓蛇影国事嫌疑
　　　　　绫带轻裘将军丰度

第十七回　收缰勒马古寺任逍遥
　　　　　煮鹤焚琴迷宫兴土木

第十八回　弄假成真孙士飙入教

舍身取义冯燕南就刑

第十九回　浊流饮恨人血酒浆
　　　　　危幕栖安风声草木

第二十回　朱独臂独辟太阳宗
　　　　　邵继光继设三元会

第二十一回　纸人喷火焰狗血淋头
　　　　　　匣剑吐寒光伥灵授首

第二十二回　史冠芳病赚褚棣卿
　　　　　　阎万华怒激郭如海

第二十三回　貂裘换酒名士襟怀
　　　　　　罗袂生寒美人肝胆

第二十四回　见情书呆儿受谤
　　　　　　论国耻侠女惊心

第二十五回　巨眼出青钗妇随夫唱
　　　　　　寸心矢天日眼笑眉开

第二十六回　德州城钱四卖拳
　　　　　　武夷山齐五得马

第二十七回　盗草人误陷水家寨
　　　　　　卖花斧活捉刘汉升

第二十八回　鬼能为厉酒后失金刀
　　　　　　诚可通灵涧边遇神虎

第二十九回　报父仇单刀搠四虎
　　　　　　急国难午夜走三山

第 三 十 回　品香楼英雄割舌
　　　　　　聚义厅强盗盟心

第三十一回　秋雨滴梧桐风吹叶落
　　　　　　茜窗留楮草棂在人亡

第三十二回　白璧本无瑕几膏虎口
　　　　　　黄金难解厄幸免鸿离

第三十三回　钱迺刚孤身入督署
　　　　　　岳广义杯酒刺枭雄

第三十四回　盗印章威胁铁制军
　　　　　　送人头智赚余知县

第三十五回　劫法场力救小英雄
　　　　　　打擂台气走大力士

第三十六回　血肉横飞狂风惊怪客
　　　　　　梦魂错愕古寺杀人妖

第三十七回　白日鼠三探太子府
　　　　　　红胡侠火烧剑锋山

第三十八回　割发留头烈忱救难女
　　　　　　架梁换木只手运神功

第三十九回　剑光惊一瞥石破金开
　　　　　　战血沃九江云翻雨覆

第 四 十 回　惨雾连天风云大变化
　　　　　　秽尘滚地时势造英雄

第四十一回　生机存一线烈女卖身
　　　　　　雄辩惊四筵伧夫割舌

第四十二回　莽男儿轻身入虎穴

　　　　　　疯道士飞檄摘人头

第四十三回　公仇和忿众志竟成城
　　　　　　剑雨刀霜三军同插血

第四十四回　碧鬟红袖儿女情长
　　　　　　青浦黄旗风云气壮

第四十五回　呕余血泪三侠喜诛仇
　　　　　　拼着头颅千军争杀贼

第四十六回　蓦地起风波血流漂杵
　　　　　　漫天撒鱼网泪洒秋江

第四十七回　国亡人在烈士膝如金
　　　　　　血浅刀飞男儿身是铁

第四十八回　警电突飞来毛将安附
　　　　　　肉刑恶作剧死有余辜

第四十九回　积重难返斧共舟沉
　　　　　　不平则鸣声随泪尽

第 五 十 回　美人物化红血染桃花
　　　　　　烈士名成丹心留楮叶

情天廿四侠

长篇武侠小说。何一峰著。上海受古书店。1937 年 3 月 3 版。4 册。
19 万字。共 40 回。

第一回　老道学月夜走元阳
　　　　小侠客官衙惊怪杰

第二回　岳麓山僧印禅收徒
　　　　淮阴县许光杰盗剑

第三回　周剑琴苦心试大侠
　　　　褚文藻辣手害娇娃

第四回　老道士一怒责狂徒

　　　　小侠客片言崇戒律

第五回　情姊丈痛情归地府
　　　　妙和尚道妙泄天机

第六回　情天增怅望泪陨青衫
　　　　明月喜团圆春生锦帐

第七回　指到春回青囊储妙药
　　　　香消玉殒黄土咽西风

第 八 回　衣钵得真传神龙掉尾
　　　　　丹房惊道力磨蝎临头

第 九 回　爱水灌情花郎心冰薄
　　　　　垂杨飞落叶妾意风狂

第 十 回　好事多磨芳情成绮梦
　　　　　玉人宛在珠泪揾花容

第十一回　燕啭莺鸣美人声似泪
　　　　　鸾囚凤槛怪侠气如虹

第十二回　夏侯鹗义释毕占鳌
　　　　　薛润良怒斥褚文藻

第十三回　遇救星鱼水庆和谐
　　　　　比武艺英雄显身手

第十四回　范小姐妙使点钢枪
　　　　　卞先生巧射穿相箭

第十五回　好事多磨冤家逢窄路
　　　　　夫仇未报红泪落青山

第十六回　饭雨飞空奇僧施绝技
　　　　　春花无主亲父作媒人

第十七回　孽海鼓情潮郎心似剪
　　　　　青衫误红粉妾意如冰

第十八回　莺啭雕梁轻音通款曲
　　　　　香噙口角遗帕惹相思

第十九回　设局诈亲母骗亲儿
　　　　　践旧约表兄欺表妹

第二十回　蒋嫒莲怒责薄幸郎
　　　　　僧观云智赚痴情女

第二十一回　雪压花愁痴娘逢骗局
　　　　　　金迷纸醉女侠试男装

第二十二回　莺啼燕啭危幕诉幽情
　　　　　　月破云开高山窥道力

第二十三回　斗法力薛老救灵笪

第二十四回　破情关悟公度秋月
　　　　　　入牢笼书生失节
　　　　　　陷机关侠女惊心

第二十五回　犯色戒再炼纯阳剑
　　　　　　守贞操初试探骊心

第二十六回　香送帘栊女中得麟凤
　　　　　　波生情海阃外缚英雄

第二十七回　传法力逆弟弑明师
　　　　　　破机关美人救道友

第二十八回　达水河越货杀豪商
　　　　　　承化城求师逢异侠

第二十九回　古庙服灵蛇神仙道果
　　　　　　荒山飞羽箭铁血姻缘

第 三 十 回　爱河揾泪奇男子联姻
　　　　　　恼海生风好女郎殒命

第三十一回　雨雨风风生机争一脉
　　　　　　莺莺燕燕密语话深宵

第三十二回　报父仇琪儿救孝侠
　　　　　　变天伦逆子弑亲爷

第三十三回　崇戒律怒责傻和尚
　　　　　　夺仙芝暗劫女神童

第三十四回　薛润良苦心设局诈
　　　　　　谯摄阳养性冒风波

第三十五回　苦行僧诈降茅山派
　　　　　　独脚道计赚碧峰师

第三十六回　谯摄阳佛寺拜明师
　　　　　　僧空如深山见怪杰

第三十七回　竭力全忠袖中怀宝剑
　　　　　　苦心尽孝方外识英雄

第三十八回　劫慈母秋月诛兄
　　　　　　得贤徒灵笪证道

第三十九回　报大仇合用阴阳剑
　　　　　　歼妖孽惊闻霹雳声

第四十回　母子得相逢神仙道果
　　　　　山坤传故事稗野生涯

湖海大侠

长篇武侠奇情小说。何一峰著。上海南方书店。1934 年 10 月改订版。4 册。22 万字。陶寒翠序 1 篇。自序 1 篇。插图 80 幅。共 40 回。

第　一　回　乘风破浪豪侠生涯
　　　　　　逆水推舟英雄身手

第　二　回　水立波翻芦苇飞信箭
　　　　　　风吹萍聚杯酒见神交

第　三　回　独臂龙义让葫芦寨
　　　　　　穿星胆威镇太湖帮

第　四　回　奇中奇大侠化红妆
　　　　　　玄又玄名姝逢恶盗

第　五　回　水上运神功疾如秋隼
　　　　　　湖心飞铁剑矫若游龙

第　六　回　秋水临风美人身似剑
　　　　　　浪花溅雨壮士气如虹

第　七　回　伏龙庵澹性证道
　　　　　　白雀寺异杨寻师

第　八　回　绿林掠红粉情海生风
　　　　　　血泪揾花容爱河没顶

第　九　回　李僵桃代女侠扮新娘
　　　　　　雨覆云翻美人遭毒手

第　十　回　负蚌壳暗渡鹊桥仙
　　　　　　陷机关巧救云中凤

第十一回　密语话图圄郎心似水
　　　　　情天增怅惘妄意如云

第十二回　奇女子多情恋凤
　　　　　小英雄有意求凰

第十三回　空花烛难为三度新郎
　　　　　恶姻缘了却一名闺秀

第十四回　金眼鳌怒斩韦虎林
　　　　　北海龙威慑窦鸿藻

第十五回　洞庭湖英雄显身手
　　　　　观音寺和尚现神通

第十六回　玉蝴蝶孤身入虎穴
　　　　　水蜻蜓一怒责英雄

第十七回　爱心养情花刀边伴侣
　　　　　神功使鬼斧袖内机关

第十八回　笑里藏刀奸雄面目
　　　　　袖中怀箭名侠胸襟

第十九回　巨眼识英雄安排坑堑
　　　　　热心救女侠泄漏军机

第二十回　诸葛鹗计袭洞庭帮
　　　　　北海龙力破磨盘寨

第二十一回　杀阵布天罗箭飞弦急
　　　　　　绿林识怪杰鹤立鸡群

第二十二回　燕啭莺鸣星眸扬笑靥
　　　　　　云翻雨覆怪侠助神鳌

第二十三回　石屋布机关仙人戏水
　　　　　　湖心留怪迹狮子盘球

第二十四回　拨金针空穴来风
　　　　　　遇救星侠女脱险

第二十五回　小豪杰童年显绝艺
　　　　　　老和尚巧语寓禅机

第二十六回　佛心回天锦囊储妙药
　　　　　　奇峰陡险杯酒困英雄

第二十七回　辣手劫娇娃藩花堕溷
　　　　　　法台破魔术秋电凌空

第二十八回　韦如虎暗使杀人心
　　　　　　叶树声妙用激将法

第二十九回　总督衙怪客诌谎言
　　　　　　太湖帮英雄揭黑幕

第 三 十 回　女英雄赴火破邪法
　　　　　　恶和尚诡计种冤仇

第三十一回　撕法扇暗退窦鸿藻
　　　　　　入督署气慑铁制军

第三十二回　总督衙韦如虎伏诛
　　　　　　太湖帮僧澹性搦战

第三十三回　见美色恶强盗欺心
　　　　　　报主仇好女郎殒命

第三十四回　报军情暗助太湖帮
　　　　　　划石鼓力服山东盗

第三十五回　侠骨嶙嶙热心救女盗
　　　　　　情丝缕缕信口诌胡言

第三十六回　沈海龙再犯洞庭帮
　　　　　　祝红云巧破金钟罩

第三十七回　布袋敛飞刀全军报捷
　　　　　　水牢喷火焰一炬成功

第三十八回　章大刚含泪怨师尊
　　　　　　僧澹性热心全戒律

第三十九回　显法力陆书田拜师
　　　　　　巧机缘李湘亭明道

第 四 十 回　危崖勒辔马名士生涯
　　　　　　樵水傍渔山英雄末路

魔窟英雄

武侠香艳奇情小说。何一峰著。上海南方书店。1930 年 8 月版。上海新文化书社。1935 年 6 月 5 版。4 册。20 万字。朱凤竹绘插图 50 幅（每回 1 幅,有简单注释）。魔窟英雄自序 1 篇。王梅琚写序 1 篇。共 50 回。

第一回　非色非空痴心怜玉质
　　　　是真是幻当面错仙缘

第二回　白俊生设宴款宾
　　　　褚公子回家拜母

第三回　偷天换日巧计妙如神
　　　　钻穴逾墙色情狂似酒

第四回　嵇友山洞房识侍婢
　　　　沈瑞仙方外遇奇人

第 五 回　竹杠横敲讼师欺谕童
　　　　　华筵新设胞叔赚犹儿

第 六 回　掷人头黑夜揭奸谋
　　　　　中闷香黎明惊噩梦

第 七 回　汪玉山威吓卫沐芬
　　　　　朱涤光怒缚周乃武

第 八 回　龙行雨施只手救英雄
　　　　　絮泊萍飘深山逢剑侠

第 九 回　求师访友豪侠走天涯
　　　　　飞剑流光英雄成绝技

第 十 回　雪峰山费立练功
　　　　　荷花洞沈英显圣

第十一回　歌榭迷离魔宫初托足
　　　　　晴天霹雳浩劫又临头

第十二回　闹酒店片言折侠盗
　　　　　闯房间子夜遇英雄

第十三回　肝胆论交群雄开宴会
　　　　　江湖溷迹一怒绝朋侪

第十四回　客邸叹途穷辱身降志
　　　　　铁窗传噩耗荡气回肠

第十五回　飞天熊热心救友
　　　　　赛美髯着意留宾

第十六回　浇酒奠浆伤心哭死父
　　　　　挂梁悬柱得意看娇妻

第十七回　马尾山英雄结英雄
　　　　　将军府强盗赚强盗

第十八回　雨雨风风奇情恣幻想
　　　　　莺莺燕燕雅谑补余音

第十九回　孙亚夫片言救淑女
　　　　　吴邦熊苦志报深仇

第二十回　旁若无人英雄出虎穴

　　　　　束之高阁豪侠困风尘

第二十一回　吴将军屈节拜良师
　　　　　　崔小姐空门识尼侠

第二十二回　青蚨片片只指试神功
　　　　　　火焰腾腾色身超法界

第二十三回　痛国仇书生落草
　　　　　　闻警耗才女惊心

第二十四回　打断良缘翻成好梦
　　　　　　掀开锦帐难遂风情

第二十五回　仇继宏怒斥孙也六
　　　　　　杨四虎暗劫云宜英

第二十六回　恶捕头仗势逞凶威
　　　　　　贤太守苦心探禁狱

第二十七回　强徒遵戒律投案轻生
　　　　　　老猾诬善良当场出丑

第二十八回　潮州城巨盗伏诛
　　　　　　清凉寺英雄比武

第二十九回　开山僧积怨找仇人
　　　　　　祖天虬慕名拜义侠

第 三 十 回　荀首领输忱谈国耻
　　　　　　朱法师励友进良言

第三十一回　淡月疏星风云看变化
　　　　　　全身铁杵豪侠显神通

第三十二回　猛虎咆哮安禅伏魔怪
　　　　　　毒龙天娇热血救娇娃

第三十三回　吴游击进兵攻秦岭
　　　　　　方军师定计赚胡奴

第三十四回　弓急弦张将军身似胆
　　　　　　剑飞杖舞壮士气如虹

第三十五回　放金镖力斗余温侯
　　　　　　劈石块勇服孙怀德

第三十六回　蒋首领片言激义侠
　　　　　　朱法师一怒责英雄
第三十七回　论国耻孤心播教法
　　　　　　比剑术狭路遇奇人
第三十八回　惺惺相惜白铁见神交
　　　　　　咄咄惊人红星追月影
第三十九回　陷机关怪客被囚
　　　　　　见人头英雄丧胆
第　四　十回　地室暖于春烟笼芍药
　　　　　　奸言甜似蜜香满银屏
第四十一回　斗剑法大盗伏诛
　　　　　　服丹丸英雄出险
第四十二回　六诏山朱法师传教
　　　　　　尚书府柳小姐失迹
第四十三回　多宝阁侠女失刀
　　　　　　太阳庵老尼设法
第四十四回　广慈师大言责玄化
　　　　　　瑞仙姐蓄意问安禅
第四十五回　入禅门褚郎说风话
　　　　　　闯房间黎侠显神通
第四十六回　峨嵋山安禅入教
　　　　　　飞龙岭绳武陈情
第四十七回　去如黄鹤何处探孤迹
　　　　　　来若灵鱼此中即仙境
第四十八回　诚可通灵岳绳武哭墓
　　　　　　事无可忍朱法师出山
第四十九回　花如人意云雨黯巫山
　　　　　　血溅刀飞英雄罹法网
第　五　十回　覆巢完卵平地看登仙
　　　　　　飞絮沾茵全书告结束

现代照妖镜

社会写真小说。何可人著。上海武林书局。1947 年 3 月 4 版。1 册。5 万字。共 20 回。

一　史公馆的联欢大会
二　醋与媚的活动
三　决裂的进展
四　双雌斗智
五　各有三千年道行
六　一相情愿的离婚
七　男子的无上魔力
八　群妖出身的履历
九　后门进出的买办
十　活财神的风流
十一　小白脸的红运亨通
十二　四个大肚子的女职员
十三　少奶奶的会议
十四　部长跟科长的秘密
十五　响导社的鼻祖
十六　交桃花运的律师
十七　父子鸡奸的逆伦大案
十八　淫妇的供状

十九　王律师的神机妙算　　｜二十　一个摩登女子送上门来

姐 妹 花

社会小说。何可人著。新生书局。1934 年 4 月版。2 册。6 万字。作者书外书 1 篇。插图 4 幅。共 12 章。

第一章	我肚子里有了孩子了	第 七 章	既有今日何必当初
第二章	万恶的军阀	第 八 章	他自己不小心哇
第三章	我想也去试一试	第 九 章	你也一定不是个好东西
第四章	扯了三天百无禁忌的杏黄旗	第 十 章	就此哀哉呜呼伏地不响
第五章	枪毙——砍脑袋	第十一章	天地良心啊
第六章	夫妻本是同林鸟	第十二章	贵人——犯人

唐祝文周小四杰传

长篇民间小说。何可人著。上海活体印书馆。1936 年 10 月初版。杭州武林书店发行。4 册。25 万字。序 2 篇。共 40 回。

第一回	爱子心切观音拜观音 交友情深魁首迎魁首	第六回	为子复仇怒气勃勃 代女择婿笑靥频频
第二回	美人激语唐解元登科 圣德齐天新进士褫职	第七回	怕拘束独身出游 开学宴当面许配
第三回	老学生筵上说新闻 小才子斋中论章法	第八回	小通判邂逅尼姑庵 假斯文喧嚣古佛寺
第四回	还乡赴考寞寞动春愁 往事重提无端增旧恨	第九回	纨袴子庵堂行酒令 俏尼姑佛殿送书生
第五回	讲笑话主仆谈心曲 定条件配偶诉衷肠	第十回	热闹场中形形色色 灯山矗处怪怪奇奇

第 十 一 回　神前拜佛猛兄便倾心
　　　　　　　初入试场高才夺魁首

第 十 二 回　窃玉偷香讨论秘诀
　　　　　　　张冠李戴顿结良缘

第 十 三 回　海枯石烂私订终身
　　　　　　　佳妇娇儿恳求作伐

第 十 四 回　意马心猿婚姻难趁愿
　　　　　　　谈天说地秘密共宣扬

第 十 五 回　杜翰林二次作伐
　　　　　　　祝通判初报丁忧

第 十 六 回　黑夜荒郊幽斋见鬼
　　　　　　　义心侠胆书生救人

第 十 七 回　看热闹街坊传怪事
　　　　　　　抢妇女恶霸受奇羞

第 十 八 回　惩恶霸长跪受罪
　　　　　　　逞文才酒令翻新

第 十 九 回　信口开河筵前闹意气
　　　　　　　心裁别出才子说玄虚

第 二 十 回　联吟分韵老虎惹讥嘲
　　　　　　　妃白俪青毒蛇受奚落

第二十一回　魂颠倒小才子病眠旅邸
　　　　　　　死缠绵盛美人心系书生

第二十二回　感奇梦有美病相思
　　　　　　　爱娇女妖巫敲竹杠

第二十三回　设空城计心病还须心药
　　　　　　　做雪景诗有情争似无情

第二十四回　为友宣劳月老拼双档
　　　　　　　登门应试小杰出风头

第二十五回　偷看佳婿丈母欢心
　　　　　　　惊叹妙诗泰山承认

第二十六回　周绍莹无心成配偶
　　　　　　　沈静娟有意作深谈

第二十七回　怨愤交加病魔缠体
　　　　　　　悲欢并至才子谈心

第二十八回　深宵逢盗劫惊坏娇娃
　　　　　　　豪语吓匪徒多亏义仆

第二十九回　同名同姓众文士怀疑
　　　　　　　难舍难分俏佳人出走

第 三 十 回　乔装改扮留札慰双亲
　　　　　　　李代桃僵献儿媚帝室

第三十一回　淮安道上风景宜人
　　　　　　　杏花园中奇事发现

第三十二回　为报父仇施法截粮船
　　　　　　　因代母罪长跪在酒楼

第三十三回　花园评赏才子惊貌
　　　　　　　鱼池闲眺美人羞颜

第三十四回　猜拳行令醉倒景清
　　　　　　　一声霹雳盗去成嘉

第三十五回　婿君皇逼行亲女
　　　　　　　怨老父乔扮儒生

第三十六回　披星戴月访情郎
　　　　　　　接木移花驱恶盗

第三十七回　江彬王京城篡位
　　　　　　　吕韫珠旅邸救君

第三十八回　新皇登极大赐功臣
　　　　　　　老皇驾崩奸党作乱

第三十九回　奸人谋反全数诛锄
　　　　　　　功立荣归一门团叙

第 四 十 回　老才子陈迹迷离
　　　　　　　小英杰良缘辐辏

唐祝文周全传

民间小说。何可人著。上海良友合作社。1935 年 12 月版。4 册。19 万字。自序 1 篇。插图 16 幅。共 32 回。

第 一 回	敝屣功名佯狂避世 安排金屋蓄意寻芳	第 十三 回 一箭三雕姻缘奇巧 单枪匹马手段高妙
第 二 回	努力进行丑人存非想 乔妆改扮才子试新声	第 十四 回 佛寺定情奇缘生意外 酒楼遇鬼丑态露当场
第 三 回	翰林第一旦售巧计 悦来店两情结同心	第 十五 回 八美庆团圆疑是天上 一船载佳丽羡煞人间
第 四 回	情海惧生波难为两膝 爱河防起浪暗结同心	第 十六 回 花下吟长歌夭桃吐艳 筵间行趣令金粟飘香
第 五 回	义结金兰筵开东阁 情殷玉女琴操西厢	第 十七 回 蓦地遇佳人神魂颠倒 庭前赏丽质意念奔驰
第 六 回	素志终酬同心成连理 良缘巧缔一诺重千金	第 十八 回 不辞奔波追踪下虎丘 徒劳唇舌问讯恼渔翁
第 七 回	戴月披星效忠闺阁 丧魂失魄棒打鸳鸯	第 十九 回 米田共舟中翻细账 唐伯虎月下追佳人
第 八 回	央月老团圆二美 扮乞儿游戏三昧	第 二十 回 一曲高歌美人漏脸 两番巧笑才子销魂
第 九 回	指鹿为马捕头失眼 认假作真才子装腔	第二十一回 孤舟夜宿忍饥受寒 太虚梦游疑真是幻
第 十 回	坐大轿解元愚缉捕 具盛筵县令礼佳宾	第二十二回 自觉难堪两儿遗憾 谁能遣此三笑留情
第十一回	佳客殷勤款赏心秋色 美人容易得满面春风	第二十三回 弄假成真忧时挥痛泪 埋名隐姓立约露衷情
第十二回	论柯仪妙人善戏谑 访玉容名士自风流	第二十四回 戏家丁枝山恶作剧 拜干娘伯虎惹人怜

第二十五回　有目共赏人生何颠倒
　　　　　　叩头如捣思想太新奇
第二十六回　小主母苦心用忠告
　　　　　　呆公子妙语解人颐
第二十七回　天香堂华老款佳客
　　　　　　金粟斋唐寅戏跟头
第二十八回　美解元作怪装神仙
　　　　　　俏丫环妄思成眷属

第二十九回　一派真殷勤丑人作怪
　　　　　　满腔假敷衍才子寡情
第 三 十 回　煮鹤焚琴大煞风景
　　　　　　吟诗作对小试才能
第三十一回　一片痴心暗赠轻绡帕
　　　　　　十分好意空开合卺筵
第三十二回　游兴浓浓画师坐山轿
　　　　　　雨丝片片解元觅轻舟

铁窗艳影

社会艳情小说。何可人著。上海广化书局。1947 年版。1 册。6 万字。共 9 回。

一　爱人同自杀险境复遭
二　月缺难圆傲侣归阴曹
三　忍饥挨饿成铁窗艳影
四　浪子起野心私造地窟
五　创办响导社广选艳妹

六　情报飞来宛如鸳鸯棒
七　艳妹晨情奔寻亲情急
八　梦魂颠倒似晴天霹雳
九　婚姻暗藏侦探欲断魂

海天泪痕

长篇哀艳小说。何可人著。上海大中华书局。1946 年 11 月版。1 册。7 万字。共 8 回。

一　独立阁上初相见
二　意外奇逢结腻友
三　相逢都是可怜人
四　不如意事接连来

五　一番奇计救将军
六　处处风波处处愁
七　冤家狭路又相逢
八　留得余情待后期

蝴蝶姻缘

长篇社会言情小说。何可人重编。杭州武林书店。1937 年 4 月初版。2 册。10 万字。自序 1 篇。共 16 回。

第一回 灵隐寺师尊贻宝偈
芒萝山蝴蝶作冰人

第二回 华柔玉命题亲考试
蒋青岩想象拟娇娆

第三回 拜姑娘中堂叙旧
因表侄东院留宾

第四回 楼下潜身听私语
灯前遣闷谱琵琶

第五回 假女婿成真女婿
恶姻缘变好姻缘

第六回 小姐防嫌记心腹
侍儿缝绽换诗词

第七回 逆权臣竟遭横祸
嘱佳婿同上京华

第八回 李半仙灯下说原因
蒋青岩客中遇拐骗

第 九 回 赠寒衣义女偷情
赏元夜佳人密约

第 十 回 蒋青岩坚辞屏雀
袁太守强赘乘龙

第十一回 柳碧烟扫雪吟诗
蒋青岩挑灯设誓

第十二回 李半仙开尊谈朝政
裕大臣扶病受佳人

第十三回 三才子同登鼎甲
众佳人共赏荷花

第十四回 泥金报三捷临门
缩春楼双珠入手

第十五回 华小姐催赴扬州约
袁太守重赘状元郎

第十六回 六美共归金马客
三贤同隐芒萝山

何海鸣说集

短篇社会小说。何海鸣著。上海大东书局。1927 年 5 月初版。1 册。5.8 万字。共 11 篇。

一 压岁钱

二 面孔的改造

三　可怜的债主

四　离婚后的交情

五　大沧二沧

六　儿童公育

七　音乐组合

八　闺中怨语

九　V 光线

十　十三个情人上

十一　十三个情人下

奇童纵囚记

社会小说。何海鸣著。上海中华书局。1917 年 9 月版。1 册。2.4 万字。插图 18 幅。共 12 章。

怒

社会小说。何海鸣著。上海大众书局。1932 年 9 月版。2 册。10.8 万字。插图 40 幅。楔子 1 篇：苗秀士咏石演物语,李将军射虎作寓言。共 20 回。

第一回　身世伶仃灾童得主
　　　　风尘劳碌战将还家

第二回　政局占机先热中工弄巧
　　　　阘规分博进驭下恨无恩

第三回　小厮游上京赏心悦目
　　　　穷东候阔客搅肚翻肠

第四回　花国观光驰骋饶雅兴
　　　　柴房卧病惟悴隐芳踪

第五回　羡军职师爷求保举
　　　　抢财神倡女启争竞

第六回　弱妹作牺牲新交意淡
　　　　妖姬怀嫉妒旧爱情浓

第七回　拾坠欢消磨永画
　　　　偷灵药困顿良宵

第八回　孽海无边皆色欲
　　　　残花到处有啼痕

第九回　祸不单行一夕恶缘身受累
　　　　数由前定三天清恙局翻新

第十回　侧室信萧闲品题马弁
　　　　孤星同摇落拜倒鸦环

第十一回　雄图谋卷土浪女善更张
　　　　密誓泄属垣情人留表记

第十二回　慕狡童主仆同爱恋
　　　　争俊仆妻妾费周章

第十三回　互认蟛蛣可恨婆娘无出产
　　　　　难为蛤蟆坐看儿女结姻亲
第十四回　拂袖相争偎侬共命
　　　　　量衣有待寄拜成行
第十五回　贺喜筵又来撮合
　　　　　办公处如此安排
第十六回　意见纷歧且捧妈妈玩票
　　　　　曲文深奥试教侉侉帮腔

第十七回　轻歌曼舞沸热炽柔情
　　　　　饮泣吞声凄清闻密语
第十八回　表射艺壮举现英姿
　　　　　讲嫖经冶游怜弱质
第十九回　破题儿衔杯劝酒忙里偷闲
　　　　　可怜虫废寝忘食苦中作乐
第二十回　沉溺波遇冤孽舍肉到豪门
　　　　　发怒谛激英雄掉头游草泽

倡门红泪

社会小说。新小说丛书之十二。何海鸣（求幸福斋主）著。上海大东书局。1924 年 3 月初版。1 册。6.3 万字。作者跋 1 篇。共 7 章。

第一章　送嫁
第二章　嫁后
第三章　逃妾
第四章　逃后

第五章　重逢
第六章　夫之训练
第七章　终身大事

海鸣小说集

短篇社会小说。何海鸣著。上海世界书局。1929 年 12 月 3 版。1 册。3.2 万字。赵苕狂作著者小传 1 篇。共 7 则。

一　五十年后的娼妓
二　脚之爱情
三　惧内的侦探家
四　一个枪毙的人

五　小说家之妻
六　离婚的证据
七　红倌人

琴嫣小传

言情小说。何海鸣著。民权出版部。1916 年 11 月初版。1 册。2.4 万字。自序 1 篇。张冥飞书琴嫣小传前 1 篇。附录山梁大王载记 1 篇。未分章节。

碎　琴　楼

哀情小说。何诹著。上海商务印书馆。1913 年初版。1 册。10 万字。自序 1 篇。共 34 章。

第一章　败叶丛中之鬼火烹鸾曲
第二章　夜访琼花姥姥于荒落得记其悲言
第三章　进化先生创办学堂及琼花春病
第四章　琼化疾愈授计云郎投之以野菜之花
第五章　云郎扑球伤足琼花以云郎下第辩护于先生
第六章　云郎受斥于饭主人感愤成疾琼花视子其居
第七章　秋雨微睸琼花及琼花感别
第八章　琼花以册睸云郎疾愈遂与之游于西圃
第九章　琼花为云郎弹琴刘夫人及秋雨为微言遂伤其娇女
第十章　琼花觐圣返为云郎受责而玉英至自石村
第十一章　进化学堂休业琼花乃以玉梅送云郎归其居
第十二章　老魅莅李绅家琼花疾呕血自啮其铜环
第十三章　琼花病得奇梦乃授词秋雨祷于金花之神
第十四章　老宿孕训子琼花赠金成云郎之孝
第十五章　琼花夜阅飞龙箭云郎以家难与琼花离居
第十六章　有客密谋于横江秋夜九环以喑语喑云郎
第十七章　琼花却百金绮裳云郎来问疾
第十八章　云郎怨琼花琼花誓之以翠琰之约老魅复莅李绅家
第十九章　云郎为琼花放纸蝶遂避李家乡之瘟神

第 二 十 章　王成卿示威于其钱库带笠
　　　　　　人以云郎凶问至自广州

第二十一章　云郎丐于绿坡江琼花临吊
　　　　　　云郎云郎复之以哀礼

第二十二章　宝山及玉英遇于珠江遂挈
　　　　　　之及青芙东渡

第二十三章　琼花弹琴寄其哀怨刘夫人
　　　　　　得无妄之灾

第二十四章　李绅营业大败云郎以鸳鸯
　　　　　　藏带与琼花为不言之盟

第二十五章　云郎密寓琼花以情札琼花
　　　　　　以父命归于银生

第二十六章　琼花哀歌碎琴遂以所怀为
　　　　　　书与云郎诀

第二十七章　寿大王起于北山县官弃城

　　　　　　挈其妾宵遁

第二十八章　琼花避寇于肥主人肥主人
　　　　　　涎之琼花遇侠宵遁遇其父

第二十九章　王成卿以不仁蒙祸琼花归
　　　　　　其故居得银生豪信

第 三 十 章　琼花得掷花之石私瞰云郎
　　　　　　李绅贫落被摈于其亲友

第三十一章　陈文卿绝李绅李绅死琼花
　　　　　　自缢

第三十二章　云郎哀愤成疾琼花以寇逼
　　　　　　奔视之于广州

第三十三章　寇迫琼花于黄漳店自溺侠
　　　　　　者救之归于竹林茅庐

第三十四章　琼花死云郎弗知所终

三续今古

言情小说。何慧僧著。上海觉悟书社。1936 年 11 月 6 版。2 册。
18.2 万字。苕畔恨人序 1 篇。共 20 回。

第 一 回　王有道疑心弃妻子

第 二 回　陈之美巧计骗多姣

第 三 回　木知日真托妻寄子

第 四 回　一宵缘赴约两情人

第 五 回　孔良宗负义薄东翁

第 六 回　花二娘巧智认情郎

第 七 回　朱公子贪淫中毒计

第 八 回　马玉贞汲水遇情郎

第 九 回　两房妻暗中双错认

第 十 回　蔡玉奴避雨逢淫僧

第十一回　日宜园九月牡丹开

第十二回　黄焕之慕色受官刑

第十三回　香菜根乔妆奸命妇

第十四回　杨玉京假恤孤奸寡

第十五回　许玄之赚出重囚牢

第十六回　乖二官骗落美人局

第十七回　梦花生媚引凤鸾交

第十八回　李月仙割爱救亲夫

第十九回　铁念三激怒诛淫妇　｜第二十回　汪监生贪财娶寡妇

故都春痕

社会小说。佟冷仙编著。天津平时报出版合作社。1934 年 3 月初版。1 册。10 万字。陈蝶生、苏智涵各作序 1 篇。共 4 回。

第一回　鬼蜮心肠措词行阴险
　　　　刁奸面目借端骗钱财
第二回　酒醉轻狂偷窥曲线美
　　　　心藏险恶戏耍模特儿

第三回　巧言行险多为拜金主义
　　　　毒计养奸只图性欲问题
第四回　午夜闲游命丧枪林下
　　　　丰筵戏谑魂销绣榻中

公寓之血

侦探小说。位育著。上海百新书店。1949 年 1 月初版。夏华侦探案。介绍夏华 1 篇。1 册。8.1 万字。共 2 篇。

一　公寓之血
第一章　惊骇的遭遇
第二章　不相符合的问题
第三章　斯蒂倍克汽车
第四章　两个金忠棨
第五章　不愉快的谈话
第六章　币制奇谈
第七章　改变作风
第八章　姓郝的姓耿的捉到了
第九章　一个侠义的人

二　一个残废者的供词
第一章　我害了眼病
第二章　四个祖传的单方
第三章　我开始周密地计划
第四章　机会来了
第五章　我心里非常紧张
第六章　且装不知道
第七章　我被扣了

自 杀 者

长篇侦探小说。位育著。上海百新书店。1949 年 1 月初版。1 册。6
万字。共 2 篇。

一 自杀者

第一回　有这么许多奇怪吗

第二回　伍国麒这人

第三回　两封回电

第四回　无标签的针药

第五回　伍氏兄弟

第六回　无线电

二 狗

第一回　来了一个突然的报告

第二回　尸体上发现了疑点

第三回　保证在二十四小时内破案

第四回　这全是狸狸的功劳

毒蛇与毒草

长篇侦探小说。位育著。上海百新书店。1949 年 1 月初版。1 册。7
万字。共 2 篇。

一 毒蛇与毒草

第一回　可怕的伤口

第二回　砰砰两枪

第三回　可怕的症状

第四回　香港回电

第五回　夏华遇险

第六回　四只鳄鱼皮箱

第七回　码头上的老人

第八回　新尸

第九回　鬼幽

第十回　光明伟大的阴谋

二 吻别

第一回　奇异的动作

第二回　经理室中的会谈

第三回　大侦探来拜访

第四回　吻别

触　　电

夏华侦探案。位育著。上海百新书店。1949 年 1 月初版。1 册。8 万字。共 2 篇。

一　触电

第一回　身上没有伤痕的死尸

第二回　在守弄人那里得了线索

第三回　在咖啡馆中的守候

第四回　最末第四家

第五回　去捉凶手

第六回　伪钞一千二百多亿

二　符与咒

第一回　班长失踪

第二回　恍惚的惨剧

第三回　恶战

第四回　奇异的咒语

第五回　奇异的符箓

第六回　笑话和怪事

济颠僧传

社会小说。佛学书局编订。上海佛学书局。出版时间不详。1 册。6.3 万字。印光法师文钞 1 篇。范古农序 1 篇。共 20 回。

第一回　静中动罗汉投胎

　　　　来处去高僧辞世

第二回　茅屋两言明佛性

　　　　灵光一点透禅机

第三回　近恋亲守身尽孝

　　　　远从师落发归宗

第四回　坐不通前真苦恼

　　　　悟得澈后假颠狂

第五回　有感通唱歌度世

　　　　无执著拂棋西归

第六回　扫得开突然而去

　　　　放不下依旧再来

第七回　色迷情禅心愈定

　　　　酒醉性大道遍醒

第八回　施绫绢乞儿受恩

　　　　化盐菜济公被逐

第九回　不甘欺侮入净慈

　　　　喜发慈悲造藏殿

第 十 回　现金身太后施钱　　　　　　　　　　　显神通醉后装金

转轮回虾蟆下火　　第十六回　不避嫌裸体治瘵

第十一回　介僧馋贵人施笋　　　　　　　　　　恣无礼大言供状

触铁牛太守伐松　　第十七回　死夫妻订盟后世

第十二回　佛力颠中收万法　　　　　　　　　　勇将军转蠡成灵

禅心醉里指无明　　第十八回　徐居士疏求度牒

第十三回　松长老欣飞锡杖　　　　　　　　　　张提点醉索题诗

济师父怒打水坛　　第十九回　救人不澈因天数

第十四回　榜文叩阍惊天子　　　　　　　　　　悔予多事懒看山

酒令参禅动宰官　　第二十回　来去明一笑归真

第十五回　解冤结死人走路　　　　　　　　　　感应神千秋显圣

女 僵 尸

侦探小说。即罗丝探案。余茜蒂（艾珑）著。广益书局。1945 年 10 月版。1 册。5 万字。自序 1 篇。插图 8 幅。共 10 回。

第一回　活元宝换得钞票　　第六回　探古墓胆战心惊

第二回　闹失踪惊动全村　　第七回　不速客神出鬼没

第三回　寻线索蛛丝马迹　　第八回　无头信来得蹊跷

第四回　盗案犯招认凶手　　第九回　定妙计罗丝探敌

第五回　女僵尸空屋出现　　第十回　揭面具原来是你

风流奇女子

短篇侦探小说。余茜蒂（艾珑）著。上海广益书局。1947 年 9 月新 3 版。1 册。9.1 万字。自序 1 篇。插图共 7 幅。共 4 篇。

第一篇　妻子的秘密

第二篇　破镜重圆

一　朋友自杀了

二　过去是一个梦

三　离奇的问题

四　我们永远爱你

五　抓住了二个人

六　有情人终成眷属

第三篇　神秘家庭

一　女客来访

二　突然失踪

三　恐吓电话

四　支解女尸

五　举起手来

六　神秘家庭

第四篇　风流奇女子

一　一篇写情小说

二　着衣镜里的女尸

三　一封遗书

四　一件件血衣

五　一网打尽

六　谁是凶手

古屋奇案

侦探奇情说部。余茜蒂(艾珑)著。上海广益书局。1946 年 12 月新 2 版。1 册。6 万字。自序 1 篇。插图 8 幅。共 10 章。

一　一篇奇文

二　二个怪客

三　黑夜枪声

四　古屋见尸

五　逃脱匪窟

六　揭穿秘密

七　找寻线索

八　十封书信

九　劈箱检验

十　谁是凶手

血泪相思

言情小说。(余)茜蒂著。上海二酉出版社。1942 年 11 月初版。1 册。8.6 万字。自序 1 篇。共 14 章。

第一章　不堪回首忆当年	第 八 章　桃花依旧笑春风
第二章　无限激刺寄溜冰	第 九 章　问询旧游何处逢
第三章　两行热泪落君前	第 十 章　秋来远别又重逢
第四章　断肠人对断肠人	第十一章　一种艺术生涯
第五章　今朝有酒今朝醉	第十二章　最是伤心辞别日
第六章　昨夜归去睡末得	第十三章　郁积着的苦闷
第七章　一宵缱绻情也恨	第十四章　流水落花春去也

血泪鸳鸯

短篇社会小说。（余）茜蒂著。上海广益书局。1946 年 4 月版。1 册。7 万字。前言 1 篇。插图 4 幅。共 15 篇。

第一篇　弄猴者	第 九 篇　快信
第二篇　褪色的记忆	第 十 篇　扒儿手
第三篇　工潮	第十一篇　感冒这一天
第四篇　忏悔	第十二篇　血泪鸳鸯
第五篇　自杀	第十三篇　未完成的梦
第六篇　赌徒自白	第十四篇　柯甫
第七篇　贫血症	第十五篇　以上两讫
第八篇　难民所里	

交 际 花

社会言情小说。（余）茜蒂著。鸿文书局。1946 年 5 月版。1 册。6.5 万字。自序 1 篇。跋 1 篇。共 12 章。

第一章　爱恋的开始	第三章　舞校教师
第二章　在旅馆中	第四章　怕他又爱他

第五章　求婚
第六章　醉后
第七章　男人都不是东西
第八章　爱与金钱的搏斗

第 九 章　新闻记者来访
第 十 章　一只金钢钻戒指
第十一章　考虑归宿问题
第十二章　自由之路

红 巾 党

侦探小说。余茜蒂(艾珑)著。广益书局。1946 年 8 月新 2 版。1 册。6 万字。序 1 篇。共 10 回。

一　王朴斋的家庭
二　风骚的太太
三　突然失踪
四　拾到一块手帕
五　校长死了

六　一封血书
七　河浜里的死尸
八　钱树民的日记
九　冒险出走
十　疑案水落石出

春水情波

言情小说。余茜蒂(艾珑)著。上海中央书局。1941 年 5 月版。1 册。11.6 万字。自序 1 篇。共 16 章。

一　热烘烘的嘴唇
二　紧紧地抱着她
三　新婚第一夜
四　嘴边露着笑意
五　尽向张寡妇注视
六　我的心要碎了
七　带着一肚子的委曲
八　牵连到周太太的乳峰

九　倔强地挣扎着
十　小翠你饶了我吧
十一　慢慢地伸进被去
十二　你蹂躏了她
十三　一个甜蜜的请求
十四　抚着女儿的头发
十五　你简直疯了
十六　燃烧起怒火之花

神枪太保

言情小说。余茜蒂著。上海广艺书局。1948 年 3 月版。1 册。12 万字。自序 1 篇。共 36 章。

第 一 章	观形	第 十 九 章	启程
第 二 章	宴会	第 二 十 章	枪声
第 三 章	正义	第二十一章	神技
第 四 章	春游	第二十二章	来客
第 五 章	情妒	第二十三章	鬼戏
第 六 章	赌气	第二十四章	恐吓
第 七 章	楼空	第二十五章	狂妇
第 八 章	反抗	第二十六章	蒙难
第 九 章	勇士	第二十七章	血尸
第 十 章	失败	第二十八章	少女
第十一章	同车	第二十九章	愚弄
第十二章	逼婚	第 三 十 章	被害
第十三章	噩耗	第三十一章	检讨
第十四章	病中	第三十二章	遇鬼
第十五章	消沉	第三十三章	开战
第十六章	日记	第三十四章	搜索
第十七章	自杀	第三十五章	按钮
第十八章	奋斗	第三十六章	破案

桃色惨案

侦探小说。(余)茜蒂著。上海春明书店。1940 年版。1 册。7.2 万字。自序 1 篇。3 篇。共 24 章。

第一篇　不速客

第一章　不速客

第二章　生死之谜

第三章　离奇的杀害

第四章　找寻线索

第五章　狭路相逢

第六章　突然被绑

第七章　一场决斗

第八章　真相大白

第二篇　殡仪馆血案

第一章　留下一朵桃花

第二章　三个人的失踪

第三章　移尸

第四章　一辆可疑的汽车

第五章　皮皂箱子

第六章　秘密文件

第七章　推测

第八章　疑案的揭晓

第三篇　桃色惨案

第一章　船上的枪声

第二章　发生了惨案

第三章　杜曼莉的艳史

第四章　审询凶手

第五章　一男一女

第六章　几封情书

第七章　觅尸

第八章　回上海去

桃 花 恨

　　长篇社会言情小说。余茜蒂(艾珑)著。广益书局。1946 年 10 月新 2 版。1 册。6 万字。自序 1 篇。共 12 回。

一　对窗的遥望

二　金钱的魔力

三　父亲的信

四　情意绵绵

五　出走

六　厄运的开始

七　在无言中

八　日记

九　一夜风流

十　偷婢

十一　死的挣扎

十二　桃花谢了

恋 爱 网

热烈香艳哀情小说。余茜蒂(艾珑)著。上海广益书局。1948 年 3 月新 3 版。1 册。13.3 万字。自序 1 篇。插图 4 页。共 20 回。

一	钟情	十一	心事
二	相思	十二	妒火
三	痴狂	十三	犯罪
四	追求	十四	礼物
五	可怜	十五	绝交
六	秘密	十六	报复
七	一曲	十七	争风
八	巧遇	十八	悔悟
九	纸包	十九	逼婚
十	偷吻	二十	痛别

船 家 女

长篇社会言情小说。余茜蒂(艾珑)著。广益书局。1948 年 8 月新 1 版。1 册。9 万字。自序 1 篇。共 18 回。

一	三角球	八	捉贼
二	春假期内	九	孝子
三	挂辫子的姑娘	十	四种方式
四	甜情蜜意	十一	献丑
五	一幕趣剧	十二	到上海去
六	旧情复活	十三	张老三的可怜
七	三位一体	十四	计划升官发财

| 十五 | 侵略与蹂躏 | 十七 | 自己亲生的女儿 |
| 十六 | 旧地又相逢 | 十八 | 永远的活下去 |

康克姑娘

社会奇情写实小说。(余)茜蒂著。广益书局。1946 年 10 月再版。1 册。4.5 万字。序 1 篇。共 10 回。

一	惊艳	六	赠戒
二	调情	七	购笔
三	寄意	八	途遇
四	夜思	九	信来
五	诱引	十	归宿

新婚大血案

侦探小说。余茜蒂(艾珑)著。上海广益书局。1947 年 2 月版。1 册。5 万字。自序 1 篇。插图 4 幅。共 5 篇。

一	新婚大血案	四	神秘医生
二	斧头党的活动	五	鬼
三	四七一一		

三探莲花观

长篇武侠小说。邹雅明著。上海大明书局。1949 年 2 月 1 版。1 册。9 万字。共 10 回。

一　恶道行凶女侠刺巨奸　　　　　六　怀恨旧恶丑莽汉拆台
二　叛逆附炎相府起鏖战　　　　　七　鹰王逞能双侠诛顽敌
三　盗胎炼剑悲声震夜空　　　　　八　酒楼动武一女戏急色
四　挥拳飞腿擂台博胜负　　　　　九　声震江湖一打天台湾
五　移祸嫁罪俏佳人献计　　　　　十　气壮山河三探莲花观

大战百雀寺

长篇武侠小说。邹雅明著。上海大明书局。出版时间不详。1 册。10 万字。共 10 回。

第一回　女侠追踪山寺战凶僧　　　第六回　谒师传技黉夜遇魔鬼
第二回　老道解危松林伏怪兽　　　第七回　盗驹起挑飞鹰诛草莽
第三回　峻山慑盗荒村救娇娃　　　第八回　拔树助战奇人放掌雷
第四回　黑店杀贼神弹歼顽徒　　　第九回　雪剑漫舞大战百雀寺
第五回　卖艺比武恶少施毒手　　　第十回　风云际会擂打飞虎台

长 恨 天

社会长篇哀情小说。邹雅明著。上海大明书局。1946 年 12 月版。1 册。6 万字。共 8 回。

一　月缺难圆绿窗掩艳影　　　　　五　漫步花前情场多傲侣
二　花飘残红浪子起野心　　　　　六　伤感泪下寸心揉断肠
三　人叹薄命一梦证终身　　　　　七　双花蒙难旅店诉前尘
四　心悲往事双姝离故乡　　　　　八　孤雁哀鸣空门剩红泪

化身美人

侦探小说。邹雅明著。上海大明书局。1948 年 10 月 3 版。1 册。6.8 万字。共 13 章。

一　血案开场

二　艳遇策划

三　黑夜盗劫

四　征婚伏线

五　车尾追踪

六　半片残照

七　咄咄怪事

八　新奇窃案

九　神秘怪盗

十　两个警士

十一　探长失踪

十二　脱险归来

十三　虎窟擒王

月夕花残

哀情小说。邹雅明著。上海大明书局。1948 年 7 月 2 版。1 册。9.6 万字。共 12 章。

一　媚容带娇色虞山遍游瞻古刹

二　憨态含妒意鸳梦惊残泣红泪

三　霓裳婆娑姿婀娜瘦腰把情调

四　风月良宵夜欢场卖笑念奴娇

五　流光怎复返变云为雨雨为云

六　青春不再来惟卿怜我我怜卿

七　事本不预知痛挥热泪恨失足

八　人殊难逆料历尽茹苦悲歧途

九　遇人尽不淑母也不谅空留恨

十　赴约可已错妾本无辜频遭劫

十一　佳偶成怨偶美人夭折赴黄泉

十二　受辱报奇辱倩魂逐断堕青山

风月情鸳

社会哀情小说。邹雅明著。上海中亚书局。1949年2月初版。1册。10万字。共12回。

一　泛舟湖上留恋相思地
二　奔波途中徒唤奈何天
三　伸展魔手抱山山抱水
四　悲凉歌喉鸣鸟鸟鸣树
五　悴色经霜惊散同林鸟
六　凄声咽月摧残并蒂花
七　断肠声声空门恨无涯
八　哀泪滚滚悔心嫌已迟
九　病榻温存郎意叠叠愁
十　小楼倾诉妾心片片碎
十一　白首虚约伤心因果日
十二　美人埋香断肠风雨时

失足恨

哀情小说。即泪珠怨续集。邹雅明著。上海新智书局。1933年12月版。1册。3.2万字。周丽云序1篇。共6回。

第一回　开会惊甜梦长舌拈酸
　　　　斗言伤恶情拔足私奔
第二回　夤夜潜尼庵复进狂奸
　　　　暴客嫉名姝愿赴阴曹
第三回　怒鞭毁爱妻突时殃灾
　　　　喜财吭曼歌当场逮捕
第四回　旅邸增寂寞病魔情魔
　　　　孤榻话缠绵仁心义心
第五回　深情款款探病遇冤家
　　　　江水滔滔伤心跃殉身
第六回　血泪化孤坟秃笔收篇
　　　　梦魂归香海全书结局

伏虎群雄

长篇武侠小说。邹雅明著。上海武陵书屋。出版时间不详。4集。

18.5 万字。共 20 回。

第一、二集

第一回　渡口盗马板桥败飞贼
第二回　荒村诛凶野店虏孤嫠
第三回　投宅比武月夜请教师
第四回　两雄力斗内衙惩县令
第五回　翠楼幽叙荒林服黑汉
第六回　力诛仇首东霸天访友
第七回　药酒诈卖背弩诛杨城
第八回　双侠追杀松林包围战
第九回　夜探奸府南霸天逞能
第十回　陷身机关盖世杰命危

第三、四集

第一回　大侠脱险二郎庙剑击
第二回　双侠落网密室斩草人
第三回　奸府杀敌翠茶坡联姻
第四回　伏兵崛起败走黑栈道
第五回　行刺被擒众侠集京都
第六回　设计擒敌黉夜翦凶僧
第七回　陷身王府女侠救莽汉
第八回　众侠打擂城郊劫法场
第九回　血溅琼楼飞狐口遇救
第十回　伏虎群雄皇宫诛暴君

血溅莱茵湖

长篇侠情小说。邹雅明著。上海大明书局。1949 年 3 月 1 版。1 册。9 万字。共 10 回。

一　慑服老道两派议息争
二　善门淫尼同室起操戈
三　公堂含冤老英雄仗义
四　古庙遇救俏道姑奔命
五　老叟阻路卧龙林称雄

六　小姐联姻王家村歼敌
七　黑夜发令巨奸逼皇宫
八　贼将中计荒冈伏授首
九　三剑五侠肉搏马家坡
十　七星六煞血溅莱茵湖

泪珠怨

哀情小说。邹雅明著。上海新智书局。1933 年 12 月版。1 册。3 万字。诸寒莱序 1 篇。共 5 回。

第一回	喋血骤喷遍车访知音		恨结青衫怀狂态毕露
	含沙暗射强笑入朱门	**第四回**	落魄叹穷途好花苦离
第二回	心已粉碎不堪入空门		碧血伤丹心小草怜活
	肠继寸断难以慰芳魂	**第五回**	酒醉徜街头昂昂救人
第三回	魂销白罗帐曲线呈现		语终挥泪珠咄咄怪事

茫茫飘萍

言情小说。邹雅明著。大明书局。1949 年 2 月初版。2 册。9.5 万字。共 8 章。

第一章	货款未遂艳影种祸根	**第五章**	酒色迷惑昏庸夜归人
第二章	孝思不匮父女起争端	**第六章**	孽缘兴波钟情多幻梦
第三章	角逐情场弃旧迎新欢	**第七章**	好花自落弱女泣断肠
第四章	苦口婆心教女有义方	**第八章**	舐犊情深败子痛回头

秋雨残花

哀情小说。邹雅明著。上海大明书局。1947 年 2 月初版。1 册。11.2 万字。共 16 章。

一	午夜缔盟热泪洒凉亭	九	漫游虞山旅邸励名姝
二	风流炉梦长歌挥想思	十	飘然登门艳遇惊呆徒
三	旅途求爱腻语缠红粉	十一	热情冷意桃色漏春光
四	衾夜遭劫疑案成哑谜	十二	钩心斗角舞榭泄艳影
五	幽室寻计小窗遣村汉	十三	飞尽红英离合又悲欢
六	侠骨义心红楼度良宵	十四	啼老杜鹃潦倒兼困窘
七	孽由自作事白各断肠	十五	一代艺人沧桑悲尘世
八	情无别用相逢诉旧怨	十六	两行红泪白骨埋青山

哀鸿血泪

社会言情小说。邹雅明著。上海大明书局。1948 年 9 月第 1 版。1 册。7 万字。共 12 回。

一　娇痴出众垂阳话风情

二　爱侣相随暴雨诉花事

三　智取恶徒斧劈奸淫鬼

四　弦外有音情人成眷属

五　美玉玷染泪珠暗偷弹

六　黄夜偷袭月下奏凯旋

七　乔扮潜探浪人施伎俩

八　冒险埋弹列车遭倾覆

九　血溅洪山烈士惨殉难

十　抛家弃子佳人逢奇遇

十一　浑身是胆假情迷庸夫

十二　血染杜鹃新房了恩仇

梅花女盗

惊险离奇侦探小说。邹雅明著。上海大明书局。1947 年 5 月初版。1 册。11 万字。共 14 回。

一　一幕惊人的公开劫案

二　怪电话中的拍案叫奇

三　无影踪的凶杀案

四　探长寓所的一条命案

五　办公室中审问怪盗

六　怪汽车里的美人

七　捕获两个盗匪

八　二十六号的线索

九　侦探长三搜盗窟

十　徐探员的生死谜

十一　行劫百宝箱的动机

十二　警盗大会战

十三　雪夜探盗窟

十四　设计擒盗案情大白

烽火情侣

言情小说。邹雅明著。上海大明书局。1947 年 2 月再版。1 册。6 万字。共 10 章。

一 泛舟河上国难谈家仇	六 黉夜偷袭月下奏凯旋
二 爱侣相随暴雨诉抗战	七 乔扮潜探浪人施伎俩
三 智取恶徒斧劈奸淫鬼	八 冒险埋弹列车遭倾覆
四 弦外有音情人终成眷属	九 血溅洪山烈士惨殉难
五 美玉玷染泪珠暗弹	十 哀鸿遍地全书结胜利

落花残梦

长篇社会哀情小说。邹雅明著。上海大明书局。1948 年 9 月 1 版。1 册。9 万字。共 12 回。

一 心伤无限梦魂成永隔	七 双花蒙难旅店诉前尘
二 花飘残红浪子起野心	八 孤雁哀鸣空门剩红泪
三 人叹薄命一梦证终身	九 归舟泣诉绮情增萦念
四 心悲往事双姝离故乡	十 狭路相逢冤家受困窘
五 漫步花前情场多傲侣	十一 婚歌乍唱好合成佳耦
六 伤感泪下寸心揉断肠	十二 痛遭颠沛暴雨落残红

潇潇夜雨

长篇社会哀情小说。邹雅明著。上海大明书局。1949 年 1 月 2 版。1 册。11 万字。共 12 章。

一　墓碑垂泪红颜悲薄命
二　茅亭践约银光度良宵
三　恨中益恨情奔泣叹异乡
四　愁上添愁聘绘味先酸涩
五　蒙面丧心美人魂归夜月
六　吞声饮恨丑态步阆丽花
七　旅邸衔哀含悲残花何足惜
八　客窗善愁工啼败柳不堪怜
九　悍妇偏逢出生入死身自由
十　美人何在伤心惨目话风波
十一　饮泣受辱含辛茹苦寄情依依
十二　挥泪托孤葬玉埋香流芳藉藉

霞仙泪史

哀情小说。邹雅明著。上海武林书店。1946 年 9 月版。1 册。3.2 万字。诸寒莱序 1 篇。共 8 回。

第一回　无端成祸根双眼迸泪
　　　　不幸为情种两心并痛
第二回　憨态含妒熊乍戏乍谑
　　　　媚容带娇容宜笑宜颦
第三回　闹尽春光雨窟云巢里
　　　　逐残芳信鹣交鲽合时
第四回　慧剑斩情丝冷语温辞
　　　　绿竹掩怨偶凄声叠出
第五回　拔俗孤芳蓬门来俊士
　　　　临风独秀途头逅仇人
第六回　宿怨未消倚门增娇嗔
　　　　病榻温存密室呈春光
第七回　喁噱一堂数行诀别词
　　　　诙谐满座万颗凄惶泪
第八回　离恨天中流丹永化碧
　　　　堪怨地里葬玉长埋香

新新聊斋

神怪小说。新新谐丛。饮香室主人著。上海交通图书馆。1924 年 6 月版。1 册。2.7 万字。共 30 则。

新女人国
痴生梦石
虎伥
泉女
枯骨语
画舫娘子

鱼宫	胭脂癖
鬼姤	奸恶报
媚儿	显宦造反
风流窟	床头鬼语
相思枕	狐盗
迷魂烟	蛇蝎恨
薄命恨	侠少年
捉奸学堂启	新医术
元元传	忍耐难
花妖骗	鬼亲家
长睡翁	义犬
极乐园	猫癖

花娇莺啼

社会言情小说。冷如雁著。海风书局。出版时间不详。1 册。8.7 万字。共 5 回。

第一回	密室拥娇姬一了风流债		夜阑人静系深情爱款想思
	隔窗听妙语乍试云雨情	**第四回**	掀开鸳鸯被泄露春光
第二回	是前世孽缘淫妾春风得意		再逛游艺园结交情侣
	任彻夜缱绻俏婢喜气遂心	**第五回**	了结孽缘一箭射双雕
第三回	蜂狂蝶浪为底春光生恼恨		夜静更深旅舍讲性学

姨 太 太

言情小说。冷如雁著。海风书局。出版时间不详。1 册。11 万字。共 18 回。

第一回　密室拥娇姬一了风流债
　　　　隔窗听妙语乍试云雨情
第二回　是前世孽缘淫妄春风得意
　　　　任彻夜缱绻俏婢喜气遂心
第三回　蜂狂蝶浪为底春光生恼恨
　　　　夜阑人静系深情爱款想思
第四回　掀开鸳鸯被泄露春光
　　　　再逛游艺园结交情侣
第五回　了结孽缘一箭射双雕
　　　　夜静更深旅舍讲性学
第六回　揭破闷葫芦艺去瓦解
　　　　难煞俏佳人情变心寒
第七回　及时寻快活密室聚餐
　　　　醉后道真言醒骚膻臭
第八回　要求趁津撒娇弄媚
　　　　旅邸恫吓满足春心
第九回　烟榻逞风流挤眉弄眼
　　　　万元捞到手遄反旧京
第十回　风骚虽排遣奔就情侣

　　　　倩影被揭穿索性潜逃
第十一回　枕畔话人生两字行乐
　　　　　榻边回眸笑意重情深
第十二回　噩耗突传来伤心病榻
　　　　　临阵私逃走大煞风情
第十三回　病革未忘情惦记少艾
　　　　　盖棺方论定好色贪财
第十四回　祸福无常朱门顿零落
　　　　　红颜薄命少妇泣空帏
第十五回　拘泥世俗真意怕说破
　　　　　快嘴浪妇当众话前情
第十六回　趱车追迹至侦查秘密
　　　　　黑夜入洞房别样香甜
第十七回　三载忍辱保持处女红
　　　　　阶逛游园碰见三情敌
第十八回　放刁胡赖撞了一鼻子灰
　　　　　浓装艳抹实行大吃鸡余
煞　　尾　她们的归宿

金 陵 秋

历史小说。冷红生著。上海商务印书馆。1914 年 4 月初版。1 册。3.9 万字。作者缘起 1 篇。共 30 章。

第一章　腐责
第二章　叙系
第三章　遇艳
第四章　鄂变
第五章　鄂政

第六章　述憾
第七章　访美
第八章　规战
第九章　复沪
第十章　收吴

第十一章　完镇　　　　　　　第二十一章　叙战

第十二章　女箴　　　　　　　第二十二章　馆甥

第十三章　闻败　　　　　　　第二十三章　媚座

第十四章　图宁　　　　　　　第二十四章　审势

第十五章　用间　　　　　　　第二十五章　探梅

第十六章　誓师　　　　　　　第二十六章　和议

第十七章　督战　　　　　　　第二十七章　弹哄

第十八章　看护　　　　　　　第二十八章　礼成

第十九章　摅怀　　　　　　　第二十九章　西归

第二十章　订婚　　　　　　　第 三 十 章　寓词

奈 何 天

言情小说。冷佛著。北京爱国白话报馆。1911 年 4 月初版。1 册。1.8 万字。自序 1 篇。石君题词 4 首。共 8 章。

第一章　寻芳遇艳　　　　　　第五章　忍耻葬夫

第二章　惜玉怜香　　　　　　第六章　竭诚竭母

第三章　血溅罗衣　　　　　　第七章　誓逃苦海

第四章　泪湿绫帕　　　　　　第八章　魂断情天

春 阿 氏

社会小说。冷佛著。出版单位不详。1913 年 12 月版。1 册。24.2 万字。马序 1 篇。自序 1 篇。石胜华、关当世、醉渔题词各 1 篇。抄本春阿氏小像判词 1 首。日市隐题弁言 1 篇。识者编抄本序言 1 篇。插图 6 幅。后记 1 篇。共 18 回。

第一回　酌美酒侠士谈心　　　│　　　　洗孝衣佳人弹泪

第 二 回	劝孙妇委曲行情	
	死儿夫演成疑案	三蝶儿怜贫恤弟
第 三 回	访案情乌公留意	第十二回　讲孝思病中慰母
	听口供侠士生疑	论门第暗里题亲
第 四 回	验尸场抚尸大恸	第十三回　没奈何存心尽孝
	白话报闲话不平	不得已饮泪吞声
第 五 回	讯案由公堂饮恨	第十四回　宴新亲各萌意见
	录实供外界指疵	表侠义致起波澜
第 六 回	春阿氏提署受刑	第十五回　聂玉吉树底哭亲
	德树堂沿街访案	王长山旅中慰友
第 七 回	盖九城请究陈案	第十六回　阅判词伤心坠泪
	乌翼尉拘获普云	闻噩耗觅迹寻踪
第 八 回	验血迹普云入狱	第十七回　避弋鸟世外求仙
	行酒令秋水淡天	薄命人狱中绝粒
第 九 回	项慧甫侦探女监	第十八回　述案由归功翼尉
	宫道仁调查例案	慰幽魂别筑佳城
第 十 回	露隐情母女相劝	
	结深怨姊妹生仇	
第十一回	贾婆子夸富题亲	

附录　光绪三十二年六月至八月,北京《京话日报》刊登有关春阿氏案情的消息报道,读者来函及质疑文章。

罗帐秋风

言情小说。冷香楼主著。上海百新书店。1947 年 1 月 1 版。1 册。17 万字。共 20 回。

第一回	惑浸润家室起风波	
	溺丰姿阃闱逞鬼蜮	满腹阴谋人皆间谍
第二回	假义真情殷勤空达意	第四回　畏威惧祸反复见人心
	离愁新病宛转怨相思	较是论非荒唐传远事
第三回	无边愁绪谁寄音书	第五回　淑女可欺小人得志
		风姿相似情好则非

第 六 回　月明灯暗暴客逞强
　　　　　日暮途穷佳人觅死

第 七 回　遇故人又是一番魔障
　　　　　说闺伴难伸九折柔肠

第 八 回　认姊妹笑中刀剑
　　　　　宴嘉宾席上干戈

第 九 回　杀风景大帅威风
　　　　　结权门官僚下气

第 十 回　买履添衣情虚义假
　　　　　说长道短鬼使神差

第十一回　夜色如烟斯人何在
　　　　　前情似水今梦非痴

第十二回　交损友初堕欢场
　　　　　起疑情顿移素志

第十三回　情海狂澜秋蚕作茧

　　　　　凝波微睇春意如酥

第十四回　月园花好初入天台
　　　　　雨覆云翻小逢摧折

第十五回　恶消息老鸨变心肠
　　　　　恨荒唐慈亲行夏楚

第十六回　拂袖出门去世态炎凉
　　　　　举步欲何之人情翻覆

第十七回　愧往事古寺哭慈亲
　　　　　错前缘病床悲旧好

第十八回　急归省街头惊旧话
　　　　　探消息客次展遗书

第十九回　惊恶梦预报灾祥
　　　　　痛沉疴忽生意外

第二十回　恩情园骨肉客舍归来
　　　　　幻影显痴心扁舟远去

可 怜 侬

哀情小说。冷眼著。上海时还书局。1922 年 6 月版。1 册。3.9 万字。共 7 章。

第一章　一个又奇怪又可怜的美人

第二章　两个孩子的幸福给他母亲当作
　　　　礼物送掉

第三章　我却有守贞的自由权

第四章　我足足守了九个年头

第五章　我们在梦里么

第六章　美丽的小像竟做了命中的魔鬼

第七章　这一回却如了他的心愿

江湖侠义传

武侠小说。冶逸著。上海亚华书局。1928 年 7 月版。2 册。6.5 万

字。前言 1 篇。共 24 回。

第 一 回　江天吏怒斩龙阳君
第 二 回　阴凤池暗探猪子窟
第 三 回　三尺青锋立除拐犯
第 四 回　一幅素绢造成机船
第 五 回　出妻见子宾主交欢
第 六 回　淫妇奸夫痴人说梦
第 七 回　谈技艺共叙来由
第 八 回　闻哭声暗寻踪迹
第 九 回　钱警官设谋诬窃贼
第 十 回　江天吏定计救乡民
第十一回　办学堂义士亡力
第十二回　入破庙英雄会面

第 十 三 回　小公孙剑法羡英雄
第 十 四 回　新弹子酒家逢义士
第 十 五 回　黑夜间祝义士冤魂
第 十 六 回　青锋下了奸人性命
第 十 七 回　说乡愚创办警察
第 十 八 回　伏海盗暗算英雄
第 十 九 回　叶壮士贪杯吐实语
第 二 十 回　叶举人盗色露机关
第二十一回　俏郎君忍心劫义士
第二十二回　飞燕轻妙手盗赃银
第二十三回　石董事自认拳匪
第二十四回　江天吏作别英雄

新官场现形记

社会小说。冶逸著。上海改良小说社。1908 年 7 月版。2 册。3.2 万字。插图 8 幅。楔子 1 篇。共 8 回。

第一回　哭穷途轻生乐死
　　　　遇高邻入伍当兵
第二回　吉参府因祸得福
　　　　言大使引类呼朋
第三回　挖差使房布衣定计
　　　　吃施粥颜太守诉穷
第四回　陆知县亡家失职
　　　　潘通守得官行窃

第五回　春意乍苏潘通守得缺
　　　　夏云一展邵司狱生灾
第六回　官做贼发押追赃
　　　　荒作熟买儿典女
第七回　下朱谕道台平大浪
　　　　倍小心学子逞阴谋
第八回　失部照尹左司成病
　　　　收司监骆观察下场

雨濯莲花

言情小说。闲鸥著。上海民权出版部。1916 年 9 月初版。1 册。11 万字。共 32 章。

第 一 章	卖佣	第 十 七 章	驱暴
第 二 章	馈物	第 十 八 章	请婚
第 三 章	夺灯	第 十 九 章	许嫁
第 四 章	下钩	第 二 十 章	晤隐
第 五 章	议婚	第二十一章	惊丑
第 六 章	受窘	第二十二章	闻病
第 七 章	立约	第二十三章	归省
第 八 章	局骗	第二十四章	劝女
第 九 章	待旦	第二十五章	赘婿
第 十 章	脱险	第二十六章	匿书
第十一章	投师	第二十七章	赴宴
第十二章	质手	第二十八章	访旧
第十三章	谈心	第二十九章	离缘
第十四章	售稿	第 三 十 章	失踪
第十五章	盗银	第三十一章	被绐
第十六章	园遇	第三十二章	双娶

朱 八 嫁

社会小说。汪仲贤著。上海正风书局。出版时间不详。1 册。8.5 万字。共 50 幕。

第一幕 老子同女儿吃醋		第二幕 丈母娘更要同女婿吃醋

第 三 幕　顾小姐是百败命
第 四 幕　女儿的理想丈夫姓小
第 五 幕　女孩子在家里将要生蛋了
第 六 幕　新官人是大麻皮
第 七 幕　他有脚气病的吗
第 八 幕　不要年纪轻轻呒清头
第 九 幕　以臀尖为中心点旋转
第 十 幕　哼！好大一个大翻身
第 十 一 幕　由同床各被到同房各铺
第 十 二 幕　生路与死路
第 十 三 幕　命里注定的恶运
第 十 四 幕　名义上的夫妻
第 十 五 幕　拜倒石榴袍下
第 十 六 幕　他不是童男子了
第 十 七 幕　女儿煽惑娘同爷离婚
第 十 八 幕　女儿要革老子的命
第 十 九 幕　养了一个炸弹在家里
第 二 十 幕　麻辣辣酸溜溜的滋味
第二十一幕　家里差些烧得精光
第二十二幕　哭妙根笃爷的调子
第二十三幕　吴稚晖的口宽债紧滋味
第二十四幕　将泡水吊了一脚踏瘪
第二十五幕　穷得夜戏都没有看
第二十六幕　不是千娇百媚的小芙蓉
第二十七幕　斜刺里杀出一个程咬金
第二十八幕　焦不离孟　孟不离焦
第二十九幕　官财不许两全
第 三 十 幕　用治兵之法去治女人
第三十一幕　板板六十四的面孔
第三十二幕　换脑袋的朋友
第三十三幕　只能在长江一带耀武扬威
第三十四幕　还要什么有贝之才
第三十五幕　不愿别人偷了乖去
第三十六幕　他们像狗样的对咬
第三十七幕　吞了一个五味架下肚
第三十八幕　合演一出南北和罢
第三十九幕　舍命陪君子
第 四 十 幕　这是个疯子吗
第四十一幕　每一颗麻子里生一个疔疮
第四十二幕　肉麻当有趣
第四十三幕　脸蛋子就是本钱
第四十四幕　画一把钢刀给你
第四十五幕　亲亲热热的叫声姆妈
第四十六幕　数数看有几个丈夫
第四十七幕　好一个天落馒头
第四十八幕　我不许你撒尿
第四十九幕　完了完了
第 五 十 幕　朱八嫁何止八嫁

恼人春色

社会小说。汪仲贤著。上海万象书屋。1946 年版。1 册。19.7 万字。前记 1 篇。共 38 回。

第 一 回　客意弥深相思诉马路　人心无餍生活羡牛衣

第 二 回　嫉俗恼新装怀疑浪子　违时嘲老悖触怒尊亲

第 三 回　意懒心灰避嚣营别业　天长地久安素守终身

第 四 回　鸾凤换巢痴心话衷曲　鸳鸯待阙春意透眉梢

第 五 回　梦寝系相思长怀檀影　婚姻多挫折莫测椿灵

第 六 回　银河一湾女牛星熠熠　金钱万恶母虎吼声声

第 七 回　结契金兰殷勤充说客　运筹帏幄虚伪遂阴谋

第 八 回　是前生之孽蓦地相逢　欺君子以方从心所欲

第 九 回　雌虎闹华堂猝撄横祸　冤禽葬醋海误订恶缘

第 十 回　金屋试新妆生财有道　铜床悬锦带续命无汤

第十一回　华发怒冲冠杯浮大白　春纤怜锦袜冰透圆肤

第十二回　报草煊染逆子触严威　约法离奇娇妻勖纯孝

第十三回　熏染习荒唐芳邻作祟　讪嘲惹愤懑情海掀波

第十四回　雪上加霜丈夫嗟失业　挥金似土少妇慕虚荣

第十五回　曲赜决绝负气走新都　情异炎凉忍栶游古寺

第十六回　蹀躞穷途充饥餐秀色

第十七回　缠绵两地诉苦藉情邮　登楼惊黑暗鸠占鹊巢　觌面识依稀莺迁鸽舍

第十八回　无可奈何轻帆挂南浦　似曾相识移榻看东流

第十九回　迷雾横江无心盟白水　夭桃炤眼有客赴清波

第二十回　空亭惊魅影慷慨解囊　宿舍会情仇凄其割席

第二十一回　垂幕念亲儿愁来斫地　耗音传老父抱恨终天

第二十二回　俗客触前尘难消愤火　故乡逢旧侣满布疑云

第二十三回　疑信相参贻书堪慰藉　笑语如旧覆水莫重收

第二十四回　促狭刁钻频施苦肉计　哀感顽艳难为撮合山

第二十五回　莫填恨海避面走天涯　难杀荷丝舍身顺亲意

第二十六回　大错铸成时九洲铁聚　嫁衣端正处一步来迟

第二十七回　指桑骂槐正言弹恶客　僵桃代李金壬定诡谍

第二十八回　瘵疾说当筵请君入瓮　哀客窥隔牖与鬼为邻

第二十九回　瞥面睹形容妖姬丧胆　腐心访踪迹君子报仇

第三十回　辣手做文章艳尸索替　鲜花围墓碣故剑系思

第三十一回　故垒夕阳斜重来燕子　洞房春昼暖待嫁东风

第三十二回　前愆无补日热泪空流
　　　　　　同病相怜曲终人不见

第三十三回　一夜慰相思生涯如梦
　　　　　　百年成好合居处无郎

第三十四回　花好月圆两家仙眷属
　　　　　　天惊石破一纸恶音来

第三十五回　造访登门书生求息事

第三十六回　运筹撒网巨猾肆机心
　　　　　　挪揄常有鬼多金为累
　　　　　　解脱岂无方遗产充公

第三十七回　眼前成孽障恶妇咆哮
　　　　　　天外现奇峰仇人相见

第三十八回　冤家伺狭路莠草除根
　　　　　　生意满荒村书香有种

歌场冶史

社会小说。汪仲贤著。社会出版社。1935 年版。2 册。60 万字。漱石生序 1 篇。2 集。共 30 回。楔子：人面结冰花尸陈陋巷,燕窝惊魅影谣起深宵。

第 一 回　质库好商量缝工有智
　　　　　包银难折扣台柱无情

第 三 回　戏馆不难开请君入瓮
　　　　　人心容易买邀客同樽

第 四 回　悦耳新声当筵歌北曲
　　　　　伤心旧雨倚酒笃东翁

第 五 回　白雪留音佳人倾海上
　　　　　黄金寻梦巧匠走天涯

第 六 回　片纸传情绮怀惊幻梦
　　　　　兼金有力泪眼动芳心

第 七 回　博笑一时火炉烧木屐
　　　　　承欢半日肉体换貂裘

第 八 回　狭路劫情俘群雌逐鹿
　　　　　良宵圆好梦游子射雕

第 九 回　相思难诉别泪洒征轮
　　　　　烦恼自招含羞囚绮帐

第 十 回　欲海茫茫徐娘重堕溷
　　　　　情天黯黯冯妇又开筵

第十一回　蝉移别树薄幸怨萧郎
　　　　　虎啸通衢横行称侠客

第十二回　杯酒联欢干戈化玉帛
　　　　　寸笺作介文字结姻缘

第十三回　呼侬执役浴室好藏春
　　　　　与子偕行市楼空捕影

第十四回　撒娇饮鸩小星还旧巢
　　　　　疗妒烹莺酷吏判冤狱

第十五回　约法三章舍身全大义
　　　　　离筵一席挥泪别亲父

第十六回　期月归宁人比黄花瘦
　　　　　经年作伴债如白虮多

第十七回　舐犊情深狂风折萱草
　　　　　望夫心切细雨湿金莲

第 十 八 回　疑云为幻逼作出山泉
　　　　　　旧雨多情愿成连理树

第 十 九 回　客店作羁囚役同牛马
　　　　　　他乡逢贵妇境别泥云

第 二 十 回　金钱示小惠雀战延宾
　　　　　　风雪走长途鹃啼怀母

第二十一回　空口赔金解颜惟一笑
　　　　　　醉言入梦触耳耐三思

第二十二回　凭阑听旧曲桄触鸾飘
　　　　　　袒褐露情斑惊遭狐媚

第二十三回　良人比履取譬绝情痴
　　　　　　老妓赠银市恩邀美誉

第二十四回　循循善诱擒纵得师承

　　　　　　落落寡交纡回萦客意

第二十五回　柔若绵羊妖姬蓄男妾
　　　　　　艳如彩蝶痴汉恋娇妻

第二十六回　知难引退和泪一封书
　　　　　　乘隙寻欢遮羞三纸钞

第二十七回　何以慰情采舆迎弃妇
　　　　　　不堪回首魔窟遇前夫

第二十八回　豪赌通宵倾家决死战
　　　　　　幽居三月闭户读新闻

第二十九回　迷离成匪党缧绁加身
　　　　　　蹀躞见丧仪烟云过眼

第 三 十 回　夫随妇唱合作创歌场
　　　　　　花落人亡长眠终冶史

周秦风流皇后

宫闱小说。历代风流皇后甲集。汪珊秋著。上海新华书局。1923 年 7 月版。1 册。1.7 万字。泗水渔隐作总序 1 篇。编例 1 篇。前言 1 篇。历代帝王、历代皇后甲表(三皇五帝唐虞夏商周秦)各 1 篇。共 20 章。

第一章　太极两仪化庶类
　　　　上古三皇启人伦

第二章　五帝教民跻进化
　　　　十后辅政垂阃范

第三章　琼室象廊朝北面
　　　　仁师天戈放南巢

第四章　妇德家风绍大业
　　　　玉杯象箸隳宗社

第五章　沙丘酒肉晏王妃
　　　　鹿台珠玉成劫灰

第六章　道路侧目疾庸主
　　　　永巷待罪回帝心

第七章　妖异满地惊深宫
　　　　烽火骊山埋帝子

第八章　宣圣述作东周事
　　　　诗人空悲南山篇

第九章　令色巧言离骨肉
　　　　卑辞厚礼托藐孤

第十章　庄姬纳儿支患难
　　　　夏母归宁启战争

第十一章　弑君祸自棠姜始
　　　　　报国由来越女贤
第十二章　回廊销尽英雄气
　　　　　馆娃空存国色香
第十三章　郑袖夜啼释谋士
　　　　　张仪游说主连衡
第十四章　幸姬获宠通关节
　　　　　太后被黜居深宫
第十五章　帝后多情怜奴子
　　　　　王孙末路作家佣

第十六章　左师设词动太后
　　　　　如姬盗符解赵围
第十七章　邯郸美姬亡秦皇
　　　　　柏翳尊君易吕氏
第十八章　苋阳暴王迁太后
　　　　　荆门死士杀春申
第十九章　阿房尽瘝先王法
　　　　　骊山空埋帝子魂
第二十章　雄师压境围项籍
　　　　　悲歌慷慨立虞姬

七 山 王

武侠小说。侠盗满天飞惊险说部之一。汪景星（汪剑鸣）著。广益书局。1949 年 1 月新 3 版。1 册。7.5 万字。前奏 1 篇。共 2 节。

一　秘密地图　　　　　　　　二　七山王

八大奇人传

短篇武侠小说。汪景星（红绡）著。上海广益书局。1941 年 6 月再版。1 册。9.8 万字。给读者 1 篇。附志 1 篇。书前插图 8 幅。共 8 篇。

第一奇人　（周淑姑）杀巨魁难忘故剑情
　　　　　悲失节抱石投湘水
第二奇人　（邱凤翔）起淫念欲火乱三焦
　　　　　诛番僧剑光惊四座
第三奇人　（吕浩然）结孽缘帷中窥玉体
　　　　　泄众愤署外炕龙虾

第四奇人　（徐震谷）病缠绵轻衾怜弱瘦
　　　　　剪草莽杯酒快心胸
第五奇人　（施剑豪）看龙灯总宰失娇儿
　　　　　脱虎口义侠获美女
第六奇人　（斐义仪）戏教席共缚地鳖虫
　　　　　伤乱离独运擎天手

第七奇人 （江爽岩）投名师试学万人敌
除巨害初施一叶锋

第八奇人 （陶其华）报兄仇火烧青磷崖
捉女奸大闹麻姑院

八 太 保

长篇武侠小说。汪景星（汪剑鸣）著。上海广益书局。1946 年 8 月新
2 版。1 册。11. 2 万字。前奏曲 1 篇。书前插图 13 幅。共 20 回。

一　胡文亮大闹三义坊

二　梁上燕射虎救檀郎

三　劫镖银巧设美人局

四　卖风骚兰姐媚镖师

五　庆功筵魏浩快恩仇

六　度良宵烈火近干柴

七　入迷宫士子遇淫妃

八　得秘画皇帝肆荒淫

九　受贿赂真假两魁元

十　报亲仇单骑歼元凶

十一　下黑店女侠窥行色

十二　借宝马耍戏一绺毛

十三　神弓太保力斗四将

十四　将计就计入山诈降

十五　读会规沥血对神明

十六　任教师初登演武堂

十七　授生徒详谈三部功

十八　施绝技喜遇管三春

十九　呆小子力战云中鹗

二十　摆擂台集齐八太保

五龙十三侠

长篇武侠小说。汪景星著。上海新亚书店。1936 年 5 月版。6 册。
21 万字。序 6 篇。共 60 回。

第一回　紫海黄花秋光大好
蛇神牛鬼往事重提

第二回　八姓村中英雄开会议
毒龙岭上奇丐歼妖蛇

第三回　神童展身手恶虎戕生

小侠显奇能娇娃遇救

第四回　以德报怨恶霸行凶
见义勇为高人出首

第五回　入千佛寺贞姑履虎尾
设百花楼知府作龟头

第 六 回　冤海无涯害马贪狼张胆目
　　　　　春光泄漏奸夫淫妇失头颅

第 七 回　荒庵来大侠怪梦迷离
　　　　　茅屋隐高人奇情昭揭

第 八 回　服铁精丹院里教神童
　　　　　炼棉花弹山头依老衲

第 九 回　恩高义重一侠别徒儿
　　　　　语恶形凶双雄殴店主

第 十 回　素月临空侠姑听密语
　　　　　黄金生翼孝子泣穷途

第 十一 回　恶霸吃呆亏请君入瓮
　　　　　　清官施妙计调虎离山

第 十二 回　惊奇绝技弹打没毛虎
　　　　　　矢矫神功力分铁角龙

第 十三 回　双雄探险银弹击金铃
　　　　　　一席生春蠢郎惊丑女

第 十四 回　黄牙黑面乍展美人图
　　　　　　红袖青衫大摆英雄谱

第 十五 回　新郎能怒厅上出奇闻
　　　　　　好事难谐房中留笑史

第 十六 回　鱼水不谐难为桑姥姥
　　　　　　鸳鸯拆散逼死柏公公

第 十七 回　试才定聘喜得意中人
　　　　　　见色不迷俨然柳下惠

第 十八 回　换日偷天真夫婿成假夫婿
　　　　　　移花接木美姻缘变恶姻缘

第 十九 回　霸王请客人耳谢媒翁
　　　　　　侠女除凶狗官成瓮鳖

第 二十 回　花枝无恙寒士得娇妻
　　　　　　萍水相逢老翁逢劲敌

第 二十一回　明修栈道引月向风
　　　　　　　暗度陈仓携云握雨

第 二十二回　僵桃代李神女暗连欢
　　　　　　　接木移花巫娥偷荐枕

第 二十三回　鸳鸯野合热血溅红罗
　　　　　　　骨肉分张奇冤沉黑海

第 二十四回　天理昭彰淫徒遭恶报
　　　　　　　人情冷暖尼侠透禅机

第 二十五回　遵师嘱四侠走风尘
　　　　　　　报父仇一丸丧剧盗

第 二十六回　狂风大浪柳下泊扁舟
　　　　　　　铁索钢钩堤边捉水怪

第 二十七回　浪高百尺力歼猪婆龙
　　　　　　　气焰千寻怒打狗头吏

第 二十八回　小剑侠沦为灶下养
　　　　　　　老道士援救雪中人

第 二十九回　我劳如何庵中依大侠
　　　　　　　似曾相识月下见佳人

第 三十 回　柔情似水两小无猜
　　　　　　恶霸如牛千人侧目

第 三十一回　为丛殴爵义士入牢笼
　　　　　　　以力假仁神婴遭鱼肉

第 三十二回　恶霸赃官县衙飞首级
　　　　　　　奇男侠女旅舍际风云

第 三十三回　七侠追踪途中寻眼线
　　　　　　　一庞报德胯下抢人头

第 三十四回　庇恶容奸乡愚不解事
　　　　　　　行凶受辱小侠逞奇能

第 三十五回　恩同再造二女服灵丹
　　　　　　　义不容辞双姝乘黑卫

第 三十六回　登徒苦恼肌肉战寒风
　　　　　　　小婢慈悲心肠如烈火

第三十七回　落花有意淫妇偷人
　　　　　　流水无心恶奴杀主

第三十八回　贝齿樱唇樽前调雅谑
　　　　　　蛮腰秃袖阃内捉强人

第三十九回　摇尾乞怜淫徒露消息
　　　　　　将妻作友侠女发娇嗔

第 四 十 回　途穷境绝窟里定奇谋
　　　　　　电掣雷奔山头飞利弩

第四十一回　同心协力少女解重围
　　　　　　积怨成仇强徒延助手

第四十二回　旅客倒霉点银逢盗贼
　　　　　　登徒不肖持剑杀师尊

第四十三回　野心难驯忠言逆耳
　　　　　　贼心不改妖妇多情

第四十四回　入九仙庙大盗进谗言
　　　　　　破铁布衫渠魁遭毒手

第四十五回　镔铁刀寨外滚人头
　　　　　　银光锤山前击石子

第四十六回　鬓影钗光娇娃诛草莽
　　　　　　唇枪舌剑老媪作冰人

第四十七回　鹣鲽乖张郎心坚似铁
　　　　　　鸳鸯和合母命重如山

第四十八回　行善事猿母得生
　　　　　　破功夫镖师谢世

第四十九回　宏恩难报猿母救孤雏
　　　　　　旧恨未消凶徒劫寡鹄

第 五 十 回　山前沐血断送众强人
　　　　　　庙内谈心喜逢一小侠

第五十一回　号令分明山僧定大计
　　　　　　掌声清脆店主解重围

第五十二回　何其超巧言试小侠
　　　　　　冷玉明妙计饰新娘

第五十三回　遇人不淑憨女发雌威
　　　　　　问路无由黑厮作恶剧

第五十四回　清言娓娓事无不可对人言
　　　　　　利刃飕飕贼有未曾经我杀

第五十五回　身如铁塔火里救娃娇
　　　　　　舌有莲花厅前难盗首

第五十六回　认敌为儿渠魁计左
　　　　　　引狼入室老妇智昏

第五十七回　老妪失算细说电光掌
　　　　　　小侠逞能初试雷火拳

第五十八回　闺中遭毒手禽兽同行
　　　　　　郊外报深仇虎狼结队

第五十九回　不期而遇母女谈心
　　　　　　积怨难消夫妻反目

第 六 十 回　云消雾散大会十三侠
　　　　　　笔秃墨枯完成一部书

五 弟 兄

侦探小说。汪景星（红绡）著。上海广益书局。1946 年 8 月版。2 册。13 万字。自序 1 篇。插图 7 幅。共 24 章。

第 一 章　一件血案开场

第 二 章　来访探长的怪客

第 三 章　闻名不如见面

第 四 章　捕着一名巨盗

第 五 章　第二次的严厉检查

第 六 章　烟台海关三次搜案

第 七 章　凌主任轮上失踪了

第 八 章　煤堆中扒出人来

第 九 章　无根钞□□悬空钱

第 十 章　一则走样的新闻

第十一章　一封招供的怪信

第十二章　一只调侃的电话

第 十 三 章　白云寺又踏一个空

第 十 四 章　响导女郎被人谋害

第 十 五 章　杀坏李四嫌疑重大

第 十 六 章　华西公寓水落石出

第 十 七 章　苏州河中一场血战

第 十 八 章　江湾镇上三匪求医

第 十 九 章　盖江南受累出亡

第 二 十 章　解独手死不供认

第二十一章　美男计林太太入彀

第二十二章　得甜头梅大龟破财

第二十三章　邱龙生见死不救

第二十四章　梅公馆又出奇文

少林女侠

长篇武侠小说。汪景星（汪剑鸣）著。广益书局。1946 年 3 月新 1 版。2 册。22.5 万字。序 3 篇。共 48 回。

第一回　艇内发呼声渔姑蒙垢
　　　　湖心飞浊浪水寇遭殃

第二回　山环水抱幻术捉镖师
　　　　月黑风高老僧擒恶鬼

第三回　赃官杀掉秋风一叶浑难寻
　　　　醉客归来春色满窗关不住

第四回　开月老行贱婆甘卖贱
　　　　偿风流债屠户被人屠

第五回　发聩振聋狂言惊四座
　　　　飞魂落魄横祸起中途

第六回　飞龙炼剑惨杀百婴孩
　　　　恶虎戕生成名一侠女

第七回　太保村中淫徒遭辣手
　　　　杨公墅外刺客遇英雌

第八回　风清日丽数首写情诗
　　　　塔影湖光一篇怀古赋

第九回　西子湖边淫髡遭恶报
　　　　金山寺里尼媪炼神功

第十回　杯酒联欢异乡逢旧友
　　　　片言启祸酒店遇奇人

第十一回　戴假面具群凶罹法网
　　　　捉真仇人众侠议奇谋

第十二回　秃头逢憨大侦探丧身
　　　　沥血对神明英雄行诈

第 十 三 回　泄谋事败险堕好头颅
　　　　　　触景启疑来窥真面目

第 十 四 回　旅地遇妖人雌雄莫辨
　　　　　　绣闱诛剧盗善恶分明

第 十 五 回　浊浪横空仁鱼救侠女
　　　　　　刀轮塞洞妙手盗飞阴

第 十 六 回　陌路相逢可怜齐国莩
　　　　　　桃源未访先问武陵人

第 十 七 回　当筵一曲血泪湿罗衫
　　　　　　临别片言结仇兴大狱

第 十 八 回　善恶昭昭公堂翻铁案
　　　　　　风尘仆仆茅舍遇奇人

第 十 九 回　一天风雨借酒话沧桑
　　　　　　万斛牢骚随机显身手

第 二 十 回　花拳绣腿女侠显神功
　　　　　　狗肺狼心教师施鬼计

第二十一回　利刀碧血巾帼报深仇
　　　　　　板斧红裙须眉现妙相

第二十二回　河东狮吼蹂躏好花枝
　　　　　　阃内鸡鸣难为臭男子

第二十三回　杀人肆内义士除凶
　　　　　　张榜街头英雄应召

第二十四回　献计歼巴蛇三军用命
　　　　　　设筵延怪叟一曲高歌

第二十五回　墨宝不轻留扇面撕成蝴
　　　　　　蝶舞
　　　　　　神功初运用太阳涂作海
　　　　　　棠红

第二十六回　狭路遇冤家鹦鹉厅前遭
　　　　　　毒弹
　　　　　　中途惊怪事凤凰岭上试

　　　　　　神枪

第二十七回　语蜜辞甘假人熊受骗
　　　　　　途穷境绝铁琴叟解围

第二十八回　扬威耀武脚底见高低
　　　　　　泣鬼惊神拳头分上下

第二十九回　饱受虚惊江中飞血肉
　　　　　　难偿欲望塞内害相思

第 三 十 回　莺嘲燕噱妹妹戏哥哥
　　　　　　月白风清姑姑救嫂嫂

第三十一回　中蜻蜓钉惨遭毙命
　　　　　　飞蝴蝶帕真够销魂

第三十二回　学艺辞亲双姝离鲁北
　　　　　　谒师请命九侠赴辽东

第三十三回　萍水相逢娇娃戏莽汉
　　　　　　人心大快黑狗打黄狼

第三十四回　鬓雾鬟云教场呈妙相
　　　　　　钗光剑影衙署杀赃官

第三十五回　司法犯法知县作强徒
　　　　　　杀人救人巨渠遭毒手

第三十六回　白雪青梅荒村款客
　　　　　　红颜翠袖昏夜追踪

第三十七回　筵开客满大盗款佳人
　　　　　　凤去楼空尚书失娇女

第三十八回　浴佛节太后受虚惊
　　　　　　瘟神会妖人施幻术

第三十九回　风尘仆仆恶盗斗娇娃
　　　　　　行色匆匆淫徒留侠女

第 四 十 回　劳燕分飞秋风惊一叶
　　　　　　花枝憔悴珠泪洒千行

第四十一回　一脔食罢吓煞众强徒
　　　　　　七侠飞来扫除群肖小

第四十二回　破唐山七兄弟丧身　　　　　　　　　　野店遇凶徒解囊济急

第四十六回　鲁昆仑怒打常九黑

　　　　　　　入沧县一老翁遇救

第四十三回　轻翻妙舌飞燕诳强徒　　　　　　　　　南宫霸水战十三红

第四十七回　好友作冰人霞飞双颊

　　　　　　　暗运神功降龙诛草莽

第四十四回　迎月楼头亲王窥秘戏　　　　　　　　　良友工雅谑语妙千秋

　　　　　　　惠风阁下尼侠捉妖僧

第四十八回　风云际会勾留松柏庵

第四十五回　亲王怀异志引颈受刑　　　　　　　　　善恶分明大破莲花岭

玉雪夫妻侠

长篇武侠奇情小说。汪景星著。上海广益书局。1946 年 8 月新 2 版。2 册。18 万字。共 24 章。

第 一 章　青磷谷壮士失镖银　　　　　　第 十三 章　恶浪滔天清官逢海盗

第 二 章　朝笏峰怪兽救女侠　　　　　　第 十四 章　义气干云飞侠定奇谋

第 三 章　雪中莲贤臣谈异事　　　　　　第 十五 章　淫威赫赫皇子占民妻

第 四 章　治危疾大侠收义子　　　　　　第 十六 章　为民除害双侠探茅山

第 五 章　小亮儿筵前诛大憝　　　　　　第 十七 章　救友求援只身入古寺

第 六 章　二侠士入山诈投降　　　　　　第 十八 章　不顾死活淫妇遇淫徒

第 七 章　开盛宴寨主款英雄　　　　　　第 十九 章　练功习武阿婆赛严师

第 八 章　九天王大设朝天酒　　　　　　第 二十 章　冰天雪地荒岭访奇葩

第 九 章　赐神印沥血见真诚　　　　　　第二十一章　小别重逢樽边谈怪事

第 十 章　赌铜宝暗合两鸳鸯　　　　　　第二十二章　觅取灵根女侠冒天险

第十一章　起剧变百超入水牢　　　　　　第二十三章　九死一生怪侠救蛾眉

第十二章　群英会大破乱石山　　　　　　第二十四章　安良除暴侠女建奇功

龙 凤 缘

武侠小说。汪景星（红绡）著。广益书局。1946 年 11 月新 1 版。1

册。9 万字。作者卷头语。共 22 章。

第 一 章	护黄河村人召壮士	第 十二 章	释前嫌联臂入京华
第 二 章	惊怪事铁甲大将军	第 十三 章	漏消息双侠探王府
第 三 章	求平安唱戏酬河伯	第 十四 章	奇女侠仗义除国贼
第 四 章	起风波割肉赌铜宝	第 十五 章	寡鹄吟红颜悲薄命
第 五 章	李春风奋勇斩驼龙	第 十六 章	欺弱质恶霸起淫心
第 六 章	好技艺大众瞧飞叉	第 十七 章	抱不平血溅青萍楼
第 七 章	快人心之凤遭骈戮	第 十八 章	剪刀镇病魔困侠士
第 八 章	银头叟发垢铸青霜	第 十九 章	野人参敬赠意中人
第 九 章	下渤海大侠歼海怪	第 二十 章	落霞山拳毙虎魔王
第 十 章	借宝剑独探秦皇岛	第二十一章	临淮关大摆英雄擂
第十一章	武家堡英雄遭陷阱	第二十二章	铁沙掌造成龙凤缘

北国英雄传

长篇武侠小说。汪景星著。上海武林书店。1947 年 6 月新 1 版。1
册。10 万字。序 1 篇。共 12 章。

第一章	女魁首青磷谷绺径	第 七 章	除大憨小侠报亲仇
第二章	李七爷战败失镖银	第 八 章	两英雄联袂入虎穴
第三章	虎纹狗深山救侠女	第 九 章	演武场侠士显神威
第四章	玉雪山庄英雄留客	第 十 章	冯国亮雄辩脱奇险
第五章	再造恩化龙收义子	第十一章	赐神印巧使金钟罩
第六章	寿厅前邪正大比武	第十二章	群雄毕集大破九龙会

半片残照

侦探小说。福尔摩斯探案代表作第五集。汪景星(汪剑鸣)著。上海

广益书局。1947 年 3 月新 2 版。1 册。12 万字。自序 1 篇。共 8 回。

一　魔窟

二　箱中尸体

三　怪犬

四　半片残照

五　流星锤

六　古屋

七　二万元

八　情敌

夺 艳 记

社会绮情小说。汪景星(红绡)著。上海广益书局。1941 年 12 月再版。1 册。6.5 万字。插图 8 幅。作者导言 1 篇。附志 1 篇。共 20 章。

第一章　天涯游子买棹归来

第二章　乍见双翘新郎失色

第三章　不孝第一无情第一

第四章　桃花人面千古同悲

第五章　小说家初奏乔迁曲

第六章　觅罗帕淑女遭檀奴

第七章　园游约佳人不解事

第八章　访画家注意意中人

第九章　观对弈袖里传鱼雁

第十章　人口可畏守口如瓶

第十一章　购产兴讼借花献佛

第十二章　遵父命低首缔良缘

第十三章　伟丈夫挥拳击恶少

第十四章　星云会初次作宵游

第十五章　劝夫人女大不中留

第十六章　偕爱侣海滨同试浴

第十七章　美人鱼才行下水礼

第十八章　兴未阑一棹到吴淞

第十九章　钱神作祟情海翻波

第二十章　诡计揭穿月圆花好

血 宝 塔

武侠香艳小说。汪景星(汪剑鸣)著。广益书局。1 册。9 万字。卷头语 1 篇。共 20 章。

第一章　云中鹗怒打花罗汉

第二章　漏秘密专访李三春

第 三 章　惊奇事发现血宝塔	第十二章　断痴情颈血溅红罗
第 四 章　除巨害侠女斩人妖	第十三章　勘报仇严君入梦魂
第 五 章　教偷银惨丧两条命	第十四章　交杯酒翻成送命汤
第 六 章　醉八仙巧遇鸳鸯腿	第十五章　唐大蟒勾结两湖军
第 七 章　岳阳楼摆擂集英雄	第十六章　设法坛妖道施妖术
第 八 章　诈投降恭请五豪侠	第十七章　赵巡抚全仗夫人福
第 九 章　西门玉力败郑占魁	第十八章　建奇功满江惊炮火
第 十 章　刘彩霞假败得快婿	第十九章　梅巧缘破了招魂镜
第十一章　雪里红偏逢死不丢	第二十章　破群贼众侠受皇恩

关外屠龙记

武侠小说。汪景星著。上海大达图书供应社。1936 年 1 月再版。2册。24 万字。康泰明、施济群、潘公侠、张恂子作序各 1 篇。自序 1 篇。插图 48 幅。共 48 回。

第 一 回　煮豆燃其小郎惊巨测 　　　　　衔环结草老仆报深恩	第 八 回　风云变色豪杰陈词 　　　　　肝胆照人英雄仗义
第 二 回　冤沉海底财帛动青天 　　　　　金尽床头穷途遭白眼	第 九 回　相遇无恙奇侠显神功 　　　　　临别赠言淫徒施鬼计
第 三 回　风尘憔悴义仆走金华 　　　　　生活凄凉贤妇入古寺	第 十 回　大树村斗牛遭惨祸 　　　　　三义庙建屋出奇人
第 四 回　酒杯订交喜逢倾盖客 　　　　　盘餐味美能雪覆盆冤	第十一回　换日偷天佞臣施鬼计 　　　　　移花接木侠女显神功
第 五 回　万人俊大闹醉春园 　　　　　岳钟琪小住惠风阁	第十二回　避祸远仇勾留驻马店 　　　　　披星戴月暗探伏牛山
第 六 回　古佛青灯深宵惊艳魅 　　　　　黑山白水午夜探妖人	第十三回　调尸换首母女重前情 　　　　　置腹推心主宾谈往事
第 七 回　得宝刀怒斩渠魁首 　　　　　入野店巧遇故乡亲	第十四回　山路崎岖群雄探虎穴 　　　　　水功卓越一侠入龙潭

第 十 五 回　源泉失色抛却好头颅
　　　　　　闺闱威风欺凌亲骨肉

第 十 六 回　盛气凌人羽仙翻妙舌
　　　　　　雄心盖世老妇发慈心

第 十 七 回　白家儿香唾退强人
　　　　　　黑店伙甘言诱小侠

第 十 八 回　妖妇丧身大破人肉肆
　　　　　　渠首漏网肃清雷首山

第 十 九 回　野心皇子欲试屠龙手
　　　　　　窃食头陀偷掀吸血钟

第 二 十 回　血影刀光深宫逢劲敌
　　　　　　目眩心动异地遇名花

第二十一回　纸醉金迷寻芳流北里
　　　　　　酒酣耳热吃醋斗琴堂

第二十二回　甘凤池闭目射金铃
　　　　　　四皇子空拳击石马

第二十三回　变化不测美女幻番婆
　　　　　　祸起无端危丹惊刺客

第二十四回　花生妙舌二美难情郎
　　　　　　棒喝当头一姬斥小侠

第二十五回　白泰官结褵归正轨
　　　　　　铜冠道见色起淫心

第二十六回　石破天惊计收血滴子
　　　　　　倚官仗势怒打紫炭头

第二十七回　浊酒千杯谁能遣此
　　　　　　珠喉一串我见犹怜

第二十八回　赤焰熏天火焚十皇子
　　　　　　白光绕地剑救小英雄

第二十九回　寻赃未获名捕历风霜
　　　　　　下酒无肴赃官献肝肠

第 三 十 回　忍心辣手古井归贤妻

第三十一回　美色迷人豪门纳新宠
　　　　　　胡帝胡天土豪宠娇女
　　　　　　奇人奇事孝子弑严君

第三十二回　好友一堂杯空天地窄
　　　　　　雄师十万旗指鬼神惊

第三十三回　皇子多情行营添女乐
　　　　　　叛徒得计边寨失戎机

第三十四回　蜈蚣娘独立斗四将
　　　　　　蜻蜓钻一发毙三狼

第三十五回　相逢邂逅见色动芳心
　　　　　　行刺无心寄刀留妙药

第三十六回　雪花六出战场逞能
　　　　　　情泪千行荒山共语

第三十七回　弑夫媚敌侠女痴情
　　　　　　失媳伤心山王结怨

第三十八回　岳钟琪计囚入洞虎
　　　　　　乐秀容力杀两头蛇

第三十九回　死里逃生凿山辟蹊径
　　　　　　穷途绝境列阵拒追兵

第 四 十 回　岳相如巧使离间计
　　　　　　安国志初读葫芦缄

第四十一回　长矛大戟勇士搏沙场
　　　　　　至理名言奇人归甲帐

第四十二回　妙格簪花娥眉施玉腕
　　　　　　征尘蔽日侠客奋金戈

第四十三回　血浪滔天双雄诛王鬼
　　　　　　怨声载道一诏重千金

第四十四回　义薄云霄拣刀觅智伯
　　　　　　气吞山岳仗义杀天潢

第四十五回　歧途彷徨迷津遇老叟
　　　　　　胡笳凄恻战地失英雄

第四十六回	一身胆量妙舌解郎围		胜负难分宝刀逢铁浆
	满腹牢骚利刀张贼焰	第四十八回	野史告成山贼独逃名利网
第四十七回	死生一决银弹击金镖		妖氛扫尽健儿齐唱太平歌

江湖十八侠

武侠集锦小说。汪景星（红绡）著。上海广益书局。1940 年版。1 册。9.2 万字。作者写前言 1 篇。插图 8 幅。共 18 回。

第一侠	云中燕显技索镖银	第 十 侠	台湾僧辜负好头颅
第二侠	东方铁报友救娇客	第十一侠	万象华痛剿天门会
第三侠	击柝人足下见功夫	第十二侠	马如龙智勇过常人
第四侠	两神童合力歼贼秃	第十三侠	无名侠剑气若长虹
第五侠	李百练大破七星会	第十四侠	天假缘荒庵逢大侠
第六侠	邵铮秀弃官娶浣云	第十五侠	江镖师狭途逢劲敌
第七侠	跛足僧匕首歼巨魁	第十六侠	柳莺儿身手愧须眉
第八侠	金石声遥访三奇士	第十七侠	赵飞雄剑底定良缘
第九侠	印尘师惨遇铁沙掌	第十八侠	蔡志雄弃邪得佳偶

江湖侠客传

武侠小说。汪景星著。大达图书供应社。1935 年 9 月再版。2 册。8.2 万字。张恂子序言 1 篇。自序 1 篇。蔡陆仙题词 1 首。4 集。共 40 回。

第一回	秃袖蛮腰山前擒恶兽	第三回	剑烁青锋知音鸣玉轸
	钗光剑影筵上惩贪狼		书传白鸽却敌赖神獒
第二回	逞绝技强食一脔	第四回	风清月白闺闱聚良朋
	遁荒山退避三舍		斗换星移间阎惊暴客

第 五 回　数语证三生迁莺出阁
　　　　千杯寻一醉调虎离山

第 六 回　射影含沙健儿遇害
　　　　释疑解误凶手成擒

第 七 回　宿怨已消樽前调雅谑
　　　　深仇未复月下探迷宫

第 八 回　入险地侠姑逢劲敌
　　　　听春声义士歼淫魔

第 九 回　黄沙白骨血泪吊斜阳
　　　　缟服衰妆哀容怜瘦月

第 十 回　负屈含冤丧心欺寡鹄
　　　　怜香惜玉仗义灭凶徒

第十一回　美景良宵翻成莫须有
　　　　惊涛骇浪尽付笑谈中

第十二回　小别离平空惊恶耗
　　　　大出丧暮地起风波

第十三回　刀光霍霍吓退大镖师
　　　　剑影飕飕擒来双刺客

第十四回　妙舌粲莲丽姝驱害马
　　　　毒囊泄气癞狗救佳人

第十五回　遇救星美玉无瑕
　　　　述往事芳心欲碎

第十六回　肆意凌人双雄逢旧友
　　　　风生宏辩杯酒论赃官

第十七回　高文麒直言规过
　　　　邓一鹗革面洗心

第十八回　三颗头赌胜东道
　　　　一勺水患病中途

第十九回　情深一往邂逅遇知音
　　　　酒未三巡诙谐调雅谑

第二十回　毕秋枫一掌劈三熊
　　　　颜春秀只身逢众盗

第二十一回　莲瓣飞来莽夫见蛱蝶
　　　　　剑光到处恶道困娇娃

第二十二回　殷勤劝驾孽海早回头
　　　　　邂逅生心酒楼初露面

第二十三回　土豪恶霸无法无天
　　　　　白刃红颜快人快事

第二十四回　直言无隐虎口庆余生
　　　　　着意锄凶龙潭初探险

第二十五回　报宿怨凶僧请助手
　　　　　听春声刺客起淫心

第二十六回　使离间移尸望海庙
　　　　　释误会践约杀牛场

第二十七回　雏凤试新声助阵儿驱秃尾犬
　　　　　小姑幸无恙解围郎战恶头陀

第二十八回　骇浪惊涛相逢窄路
　　　　　侠姑杰士聚首情天

第二十九回　抚今思昔一侠独伤神
　　　　　弄月吟风群雄开夜宴

第 三 十 回　纵体入怀朝霞映粉颊
　　　　　偎香抱玉夜月透疏帘

第三十一回　气焰千寻秋枫遭毒弩
　　　　　情深一往春秀请神医

第三十二回　伐毛洗髓呼吸返游魂
　　　　　帖胆输心缠绵偎病榻

第三十三回　夺棺木群枭战一鹗
　　　　　闹围场三盗遇双侠

第三十四回　得宝赠银铸成大错
　　　　　攫财劫美殃及全家

第三十五回　猿啼峰窄逢劲敌
　　　　　　鹿鸣墅议复深仇

第三十六回　小别重来莺嘲燕谑
　　　　　　物归故主鼠窜狼奔

第三十七回　设宴留宾玉钟芳翠神
　　　　　　借花献佛俏语谑娇音

第三十八回　香花顶礼桃李际风云
　　　　　　银烛摇红仇□欣授首

第三十九回　劫镖银大盗失头颅
　　　　　　论婚姻高僧为月老

第 四 十 回　闹新房一夕尽狂欢
　　　　　　结全书千古留佳话

红 梅 劫

社会纪实小说。汪景星（红绡）著。上海广益书局。1948 年 5 月新 2
版。2 册。10.5 万字。序 1 篇。共 24 章。

第 一 章　鸿福里索债起风波

第 二 章　涎美色院长设圈套

第 三 章　抱不平英雄打出手

第 四 章　偷鸡人偷蚀一把米

第 五 章　偎病榻淑女报知音

第 六 章　明大义剑华拒乱命

第 七 章　城门火殃及池中鱼

第 八 章　舍身救父约法三章

第 九 章　设奇计装病离虎口

第 十 章　多情女自愿投罗网

第十一章　金屋藏娇春光泄漏

第十二章　镜花水月遗恨无穷

第 十 三 章　人亡物在触目伤心

第 十 四 章　故人再见杯酒联欢

第 十 五 章　科学杀人双美定局

第 十 六 章　一发千钧恶人天助

第 十 七 章　春光泄漏计成画饼

第 十 八 章　兔死狐悲巧言缓颊

第 十 九 章　潘金莲夤缘入豪门

第 二 十 章　黄景云大义离寄父

第二十一章　力出牢笼自由还我

第二十二章　拜佛求神计脱虎口

第二十三章　死里逃生灯前话旧

第二十四章　风云儿女结束全书

两世冤仇

长篇侦探小说。福尔摩斯侦探奇案代表作第四集。汪景星（汪剑鸣）
著。上海广益书局。1939 年 4 月再版。1 册。10 万字。叙和开卷小语各

1篇。共22回。

武当豪侠传

武侠小说。汪景星著。上海广益书局。1932年1月版。4册。29万字。李景林、平襟亚、陆士谔、韩清和序各1篇。汪景星答广州刘南图先生代序1篇。插图96幅。铁笛生评。筠乡老人批。共48回。

第 一 回　当门祸水悍妇虐佳儿
　　　　　窄路冤家淫髡迷小侠

第 二 回　万念皆空荒山依老衲
　　　　　一丝不挂闹市出奇文

第 三 回　恩赐五龙镯亲王启妒
　　　　　巧偷双凤杯淫贼消魂

第 四 回　灯昏日暗白绢散芳魂
　　　　　日暮途穷清言丧贼胆

第 五 回　牛鬼蛇神娘儿开黑店
　　　　　热心侠骨豪杰解重围

第 六 回　刀戟森严镖师临大敌
　　　　　烟波浩荡和尚显神功

第 七 回　遭雷火战好花径暴雨
　　　　　服冰雪丹檀口贴香腮

第 八 回　雨阻阳台良宵惊剧变
　　　　　雪迷巫峡午夜报深仇

第 九 回　狗苟蝇营媒婆翻妙舌
　　　　　鹊巢鸠占恶霸得娇妻

第 十 回　似曾相识小子复归来
　　　　　无可奈何寿翁遭毒打

第十一回　古寺歼神龙英雄得剑
　　　　　广场施妙手侠女偷桃

第十二回　造苍生福佳人呈色相
　　　　　贻毕世羞府尹入勾栏

第十三回　灾民泄愤署外炕龙虾
　　　　　老叟呈能口中飞铁弹

第十四回　一见多情彩声呖呖
　　　　　两心暗印软语绵绵

第十五回　一对情侣河干谈爱果
　　　　　两只僧鞋宫内露行藏

第十六回　荒庵逢艳魅引月勾风
　　　　　幽室困英雄撩云拨雨

第十七回　魔窟逃生火烧莲仙庙
　　　　　悬崖飞剑光被柳云峰

第十八回　色授魂飞空山闻燕语
　　　　　心惊魄动废屋听鹃啼

第十九回　皇宫盗宝巧计骗情郎
　　　　　罗帐藏兵神威慑魔女

第二十回　安庆府深宵劫要犯
　　　　　杭州城星夜访奇僧

第二十一回　汤药亲尝老僧有母
　　　　　　风波叠起高士辞医

第二十二回　医海新闻老妪调少女
　　　　　　佛门秘史罗汉劫观音

第二十三回	朋友情深席延两豪杰 夫妻计巧酒醉众强盗	第三十六回	飘零书剑大侠隐荒庵 憔悴花枝哀鹃啼野冢
第二十四回	龙凤订婚良朋为月老 风云变色莽汉斗番僧	第三十七回	咄咄逼人藩王施伎俩 循循诱我小玉卖风骚
第二十五回	疑假疑真魂销甘露水 即空即色春满肉屏风	第三十八回	帐里刀光亲王遭惨戮 房中血影兵部受虚惊
第二十六回	昏夜闯皇宫祸中得福 深宵探盗穴绝处逢生	第三十九回	憨小子误试逍遥椅 俏女侠陷身安乐窟
第二十七回	匆匆行色小侠访情人 娓娓清言老夫谈往事	第 四 十 回	武凤雏施威救好友 李红英献媚感英雄
第二十八回	鸳鸯腿误胜银头叟 蟋蟀功吓退铁背狼	第四十一回	癖发龙阳铁珠伤命 身离虎口画眉受创
第二十九回	失心头物豪杰读鱼缄 寻意中人英雄入虎穴	第四十二回	义薄青云女侠不平除害马 冤沉黑海老僧报德救孤雏
第 三 十 回	范成龙被囚遭暗算 金双燕重义更多情	第四十三回	豺狼成性父母分张 虺蜴为心弟兄作恶
第三十一回	春光泄漏醋海起风波 秋色平分情天呈异彩	第四十四回	登徒具肉眼不识神僧 恶霸受奇窘误奸胞妹
第三十二回	云迷田陇无赖丧生 花映门楣亲王得趣	第四十五回	乔五虎恃强先毙命 蒋三马弃暗决投明
第三十三回	良宵未度硬拆凤鸾俦 横祸飞来惨遭脂粉劫	第四十六回	庇恶容奸觉智遭痛骂 穷词屈理广慧受飞刑
第三十四回	城外遇冤家送终主簿 浪头寻好梦吓煞徒儿	第四十七回	山中会议巧盗黄金印 月下订婚生擒白玉屏
第三十五回	拔树撼山只身敌四虎 掀天揭地独力败双雄	第四十八回	雾卷云消群奸授首 墨枯笔秃一部告成

虎窟擒王记

惊险侦探小说。汪景星（汪剑鸣）著。上海武林书店。1948 年版。1

册。8.2 万字。共 12 章。

第一章	五十万元大劫案		第 七 章	一幕惨酷的报应
第二章	都成了瓮中之鳖		第 八 章	大头领被人暗杀
第三章	海水中发现的丽人		第 九 章	杀人团自相残杀
第四章	同舟共济船主款嘉宾		第 十 章	白宫别墅来一怪客
第五章	帆船中一幕风流案		第十一章	莫干山上遇到活鬼
第六章	七人党施威歼海盗		第十二章	恩仇了了大盗成擒

昆仑七侠

武侠小说。汪景星著。上海文立书店。1948 年 12 月初版。2 册。15.6 万字。吴俪影评。蔡陆仙注。共 40 回。

第一回	虫声唧唧午夜话家常		第 九 回	金迷纸醉王子作优人
	鬼火磷磷塔巅惊剑气			鬓影衣香女伶窘猾吏
第二回	破绿光剑老英雄伤臂		第 十 回	风高月黑花下葬冤魂
	捉黄衣道小豪杰出头			水尽山穷寺前逢老衲
第三回	徐州府化缘凶逞一霎		第十一回	沥血侠姑修书呈老佛
	长白山避难面壁廿年			报仇孝子负刃走京华
第四回	异乡逢旧友酒后泄机		第十二回	赫赫藩王帐中遭白刃
	旅店遇奇人事前示警			潇潇秋雨寺内遇虬髯
第五回	荒村留怪侠礼貌彬彬		第十三回	龙吟虎啸义士分甘
	县署杀赃官恩仇了了			鬼叫狐鸣荒庵遇魅
第六回	老拳敬客酒肆显英雄		第十四回	溅血飞头佛前驱木怪
	飞剑歼仇荒山展身手			惊神泣鬼寺外斩妖蛇
第七回	骏马雕弓佳人行猎		第十五回	颠倒野鸳鸯是谁作谴
	花拳绣腿莽汉成擒			流离亲骨肉惟我关怀
第八回	良心未愍豪杰出龙潭		第十六回	匆匆行色好友进千言
	积怨难消优伶入虎陷			脉脉柔情灵迟通一点

第十七回　落花有意幽谷出娇莺
　　　　　流水无心危途逢侠盗

第十八回　葛岭题诗穷途逢怪客
　　　　　章台增色侠妓救书生

第十九回　驭凤凌空情天飞俪影
　　　　　骑虎不下孽地歼冤家

第二十回　山寇逞凶富商遭浩劫
　　　　　宰官肉眼老叟显神功

第二十一回　余桃味好升官全仗后庭花
　　　　　　神虎施威救命幸来林外客

第二十二回　舆前飞雪刃断送赃官
　　　　　　寺内拜神僧提携志士

第二十三回　连环腿偏遇蚱蜢番
　　　　　　螳螂功巧媲太极拳

第二十四回　憬憬难亲侠姑媲剑客
　　　　　　嬉嬉好弄莽汉遇奇童

第二十五回　郎解重围桃腮呈一笑
　　　　　　妾嗟薄名珠泪洒千行

第二十六回　色授魂飞窗前惊艳丽
　　　　　　笔酣墨舞纸上见珠玑

第二十七回　泥塑新娘南山留笑史
　　　　　　荣归太守北里访情人

第二十八回　空山月冷小侠觅慈亲
　　　　　　古寺灯明妖尼迷俗子

第二十九回　罪恶滔天淫尼污佛士
　　　　　　斯文扫地寒士泣穷途

第三十回　小豪杰为西宾吐气
　　　　　大教师替东道纳头

第三十一回　悭囊打破土蠹解皮裘
　　　　　　酒兴增高老翁挥破衲

第三十二回　黄金生翼财阀飞魂
　　　　　　红袖当窗淫髡觐面

第三十三回　侯门似海不许老僧敲
　　　　　　色胆如天侈谈处女美

第三十四回　攘臂除凶老夫伸大义
　　　　　　停杯话旧小侠遇奇人

第三十五回　滑稽梯突奇丐赠奇联
　　　　　　旖旎风流佳人偶佳士

第三十六回　好汉遇暴雨贝勒行凶
　　　　　　善士被奇冤平民聚议

第三十七回　闹公堂赃官成瓮鳖
　　　　　　揭绣幕巾帼变须眉

第三十八回　施妙计渠魁罹法网
　　　　　　设群筵群小入牢笼

第三十九回　启怨寻仇惨逢八卦剑
　　　　　　除凶剪暴怒使七星拳

第四十回　恩仇了了七侠一途
　　　　　善恶昭昭全书结束

侠艳猎奇记

　　侠情小说。汪景星（汪剑鸣）著。广益书局。1947年4月版。1册。11.5万字。作者自作卷头语1篇。插图8幅。共14篇。

第一篇　侠女酬恩记　　　　第 八 篇　深宫观画记

第二篇　虎穴双姝记　　　　第 九 篇　金盆鬼唱记

第三篇　脂粉奇劫记　　　　第 十 篇　放下屠刀记

第四篇　奸豹求仙记　　　　第十一篇　豪侠除妖记

第五篇　达官奇癖记　　　　第十二篇　五女下嫁记

第六篇　合浦珠还记　　　　第十三篇　黑熊含冤记

第七篇　百子仙胎记　　　　第十四篇　妖鼋媒介记

空门血案

侦探奇情小说。汪景星（红绡）著。上海广益书局。1941 年 7 月再版。1 册。7 万字。卷头语 1 篇。共 16 章。

第一章　她的外号叫女梅兰芳　　　第 九 章　正手得生反手即死

第二章　破了家组成戏班子　　　　第 十 章　半天霞突然失踪啦

第三章　五万元省长购坤伶　　　　第十一章　霍探长亲勘箱尸案

第四章　谨防赔了夫人又折钱　　　第十二章　请到警局去弯一下子

第五章　怎地又给这"地理鬼"寻着　第十三章　照定玉颈就是一斧

第六章　一个会玩票的和尚　　　　第十四章　蒲包竟像噬人的魔鬼

第七章　黄熟梅子还要卖青　　　　第十五章　案外案因案破案

第八章　早知你左右逢源了　　　　第十六章　古井中捞起了艳尸

毒手魔王

惊险紧张侦探小说。汪景星（红绡）著。上海武林书店。1946 年 10 月新 3 版。1 册。9 万字。共 12 章。

第一章　一位挥金如土的大少爷　　第三章　报贩哄动了望平街

第二章　中山桥下悬挂着艳尸　　　第四章　龙华塔上又出奇文

第五章　新闻记者嫌疑重大　　　　第九章　女英雄深夜冒险入虎穴
第六章　无辜被拘到看守所中　　　　第十章　探长将成火窟冤魂
第七章　第三第四两条命案　　　　　第十一章　恶徒被捉英雄灼伤
第八章　薄醉之后倾吐衷肠　　　　　第十二章　凶手原来就是你啊

毒蛇惨案

　　长篇侦探小说。福尔摩斯侦探奇案代表作第三集。汪景星（汪剑鸣）著。上海广益书局。1949 年 4 月 4 版。1 册。8 万字。作者叙 1 篇。共 6 回。

鬼魅江湖

　　武侠小说。汪景星著。上海广益书局。1933 年 5 月再版。4 册。17 万字。张恂子、蔡陆仙、俪影女士、汪遯盦各作序 1 篇。自序 1 篇。鬓华女士题词 1 首。共 40 回。

第一回　携琴载酒佳士赏春光　　　　第七回　一往见深情玫瑰深山寻鹿茸
　　　　摘句寻章荒庵逢艳侣　　　　　　　　中途惊怪事牡丹闹市当人头
第二回　酒入欢肠帐中惊雪刃　　　　第八回　胜如雷盛筵留女侠
　　　　人囚暗室壁外听风声　　　　　　　　周致刚狭路遇冤家
第三回　野心勃勃土豪恶霸满乾坤　　第九回　同仇敌忾花生舌底定奇谋
　　　　贼势汹汹牛鬼蛇神窥社稷　　　　　　泣鬼惊神血溅灵前全孝道
第四回　射豹得獐围场争胜负　　　　第十回　月影娑婆双美联襟谈往事
　　　　攀龙附凤绣闼论婚姻　　　　　　　　剑光烁闪奸夫淫妇了余生
第五回　斜月透疏帘琴韵歌声明壮志　第十一回　癫狗想天鹅当局一时嗟失魄
　　　　繁星列银汉离愁别恨碎芳心　　　　　佳人戏莽汉旁观两盗竟遭殃
第六回　妙手解重围五毒砂飞迷老眼　第十二回　风尘遁迹铜琶凄越唱吴歌
　　　　无心遭毒技三清峰上请神医　　　　　客地遭愁花雨缤纷观幻术

第 十 三 回　旅馆无聊一粲暗窥仇士首
勾栏生色万金难买美人心

第 十 四 回　是空是幻痴儿竟获镜中花
疑假疑真老父偷翻斋内课

第 十 五 回　杯酒联欢喜事方成遽遭
横祸
会场搜括生员受辱申斥
赃官

第 十 六 回　寻仇千里晓风残月到扬州
受辱一时饮粪尝污逃北里

第 十 七 回　妖尼作恶展术骗童身
侠妓多情殷勤偎瘦骨

第 十 八 回　林则徐听歌细拍红牙和
古曲
龙碧桃雪恨轻挥白刃杀
赃官

第 十 九 回　遭毒算女侠险成擒
逢劲敌老翁施绝技

第 二 十 回　高悬孽镜直言苦口渡痴人
抛却屠刀革面洗心逃浊世

第二十一回　桃僵李代误救纪东明
义正辞严力规江口秀

第二十二回　莺莺燕燕西子湖畔小勾留
雨雨风风南郭馆中惊怪事

第二十三回　蛾眉遭浩劫解围毕竟是
蛾眉
鬼蜮弄愚民罹祸仍然为
鬼蜮

第二十四回　除凶惩恶旅地逞奇能
捉怪降妖新房□剧变

第二十五回　捉假妖怪筵前畅饮状元红

遇真仇人屋上飞来玫瑰白

第二十六回　暴徒寻旧恨青霜剑下幻
游魂
寡鹄报夫仇太极拳飞图
劲敌

第二十七回　民不聊生处女无辜遭浩劫
谁能忍辱健儿除暴惨丧身

第二十八回　蛛丝马迹钦差误认狱中囚
月黑风高老妇生擒梁上客

第二十九回　皓月当头淫徒开寿宴
朝曦初上侠女断仇元

第 三 十 回　归心似箭浪急风高径留
游子
恶语如刀拳飞足舞毒打
茶倌

第三十一回　有心听切口一侠遇双英
仗义助优伶三人成六只

第三十二回　裙带风光不重生男重生女
金钱世界吸民膏血掩民冤

第三十三回　颈血溅公堂差幸万人除
害马
胎儿遭白刃伤心一妇遇
妖人

第三十四回　见义勇为小偷罹横祸
闻声匿迹大盗掩行藏

第三十五回　闺人遭暗算妖道遇高僧
玉体御风行娇娃逢老衲

第三十六回　小别重来无限深情翻妙舌
中途仁足偷看辣手待贫民

第三十七回　佃户遇救星教师忽成田
内鳖

土豪遭晦气少爷权作席前佣	**第三十九回** 据理索镖银黑儿显身手
	决心离孽地妓女遇奇人
第三十八回 穷民吐气快事一朝来	**第 四 十 回** 电掣雷轰群奸绝踪
玉体离魂御风千里去	温犀禹鼎一部告成

神州七侠传

武侠短篇小说。汪景星(汪剑鸣)著。广益书局。1946 年 4 月初版。1 册。9.8 万字。卷头语 1 篇。插图 8 幅。共 7 侠。

第一侠 霍龙骧　事迹：一、侦探 二、发现　三、遇险 四、成功	二、飞魂　三、义友　四、意外
	第五侠 凤影　事迹：一、螟蛉 二、应试　三、夺妓　四、报恩
第二侠 虬髯叟　事迹：一、授徒 二、遇艳　三、乞画　四、良缘	**第六侠** 程解元　事迹：一、两小 二、分飞　三、堕落　四、忏悔
第三侠 吕雪鸪　事迹：一、奇癖 二、销魂　三、丧胆　四、三美	**第七侠** 冯云灿　事迹：一、延师 二、出征　三、冤狱　四、昭雪
第四侠 郑铁弓　事迹：一、豪语	

神眼莺儿

武侠小说。汪景星著。上海广益书局。1946 年 12 月新 1 版。1 册。18 万字。悔盦作序 1 篇。自序 1 篇。插图 29 幅。共 30 回。

第一回 张文亮白下罹奇祸 李武明淮东访异人	牛鬼蛇神风波忽起
	第三回 一封书公案幻人头
第二回 蛛丝马迹线索可寻	三少爷香巢展身手

第 四 回	亲仇一霎晋北逞凶 沦落廿年齐东行丐
第 五 回	破贼巢小啰兵泄机 入佛寺老和尚显技
第 六 回	客醉如泥公差受辱 官清似水守备倒霉
第 七 回	扬威耀武水寇遭殃 明吃暗偷商家流弊
第 八 回	病垂危寡鹄托孤雏 心叵测淫徒妍怪妇
第 九 回	寿筵未已同堂操戈 喜宴初开双雄晋酒
第 十 回	宦海崎岖无心结怨 新房剧变蓄意报仇
第十一回	别鹤心悲续弦弹旧谱 残枭手辣设计害亲夫
第十二回	一重疑案累及两堂官 半夜调尸牵连众和尚
第十三回	桃僵李代误会释奇冤 话软声低殷勤谈往事
第十四回	少妇伤心闲吟怀旧赋 宰官卓识细阅辨冤词
第十五回	聚赌抽头集资埋老父 易钗而弁决意访凶徒
第十六回	谋财害命水底葬冤魂 渔色征花室中开艳会
第十七回	赏心悦目一侠入牢笼 射影含沙群雌遭捉弄
第十八回	唇枪舌剑妙语尽讥讽 好友疏财黄金成粪土
第十九回	床头金尽辜负好男儿 舆外风生难为贤邑宰
第 二 十 回	兔死狐悲老人谈往事 张冠李戴侠盗白奇冤
第二十一回	清官遇险妙手解重围 逆子争妻狠心图老父
第二十二回	春声触耳处女乱芳心 艳色临窗强徒思染指
第二十三回	语甜似蜜暗算轿中人 貌艳于花难为柳下惠
第二十四回	凄风苦雨篱下侵花枝 皓月明星庭中诛草莽
第二十五回	情天聚首一粲结同心 醋海腾波四婢先毙命
第二十六回	秃袖蛮腰雄心诛恶道 袴天席地急病遇庸医
第二十七回	水深火热病榻见多情 鬼哭神号通衢出怪事
第二十八回	昭昭果报屠户失头颅 脉脉含情佳人调慧舌
第二十九回	唇枪舌剑猾吏作冰人 面热肠炎赃官诞美色
第 三 十 回	七载奇冤一朝大白 双姝得偶全部告成

艳　梦

言情小说。汪景星(红绡)著。上海武林书店。1946 年 7 月版。1 册。
7.4 万字。自序 1 篇。共 20 章。

第一章　两张薄纸换上三叠新钞票

第十一章　害得我夫妻有床难睡

第二章　我的丽,你果然来了

第十二章　不进不出半进半出

第三章　两张嘴又津津有味的合起来

第十三章　左右逢源的便宜

第四章　恰恰地跟阿姐配成了一对

第十四章　我的身体和她碰紧了

第五章　你乖乖地再换三天吧

第十五章　十分妩媚的少女羞态

第六章　要罚我三天不准吃荤

第十六章　痛了要不要流血呢

第七章　她给一个人作泄欲的工具

第十七章　痛快地长久的吻一下子吧

第八章　两只吊带似的东西

第十八章　投进两腿之间去

第九章　你们女孩子家不能看的

第十九章　被单上染了颜色啦

第十章　一笑再笑三笑四笑

第二十章　她终于是我的人了

崂山剑侠

武侠奇情长篇新作。汪景星著。上海广益书局。1946 年 4 月新 1 版。
2 册。12.4 万字。插图 14 幅。自序 1 篇。共 24 章。

第一章　罪恶滔天妖僧食人肉

第 八 章　冤家路窄府尹请名师

第二章　海神大祭淫贼报前仇

第 九 章　含沙射影孝子入犴狴

第三章　暗箭伤人堡主抉双眸

第 十 章　遇难呈祥老妪胜京控

第四章　胡帝胡天小人初得志

第十一章　噩耗飞来玉屏悲失母

第五章　全贞尽义剧变起深闺

第十二章　锄奸如草兄妹喜相逢

第六章　严君获救女侠走京华

第十三章　双目失明玉屏觅奇药

第七章　玉笑珠香琴声诱吉士

第十四章　旅店强徒偷鸡先蚀米

第十五章　孝思不匮强盗祭亡亲　　　第 二 十 章　难逃一劫姊妹看仙翁

第十六章　月夜登山纵火烧贼巢　　　第二十一章　报应不爽掌珠双毕命

第十七章　罪恶滔天妖道练采补　　　第二十二章　洛下寻妻堂倌传噩耗

第十八章　宅心仁怀霖雨救苍生　　　第二十三章　西华寺内小侠探淫魔

第十九章　纳垢藏污佛门出怪事　　　第二十四章　鸡公山下僧道大斗法

峨嵋剑侠传

武侠小说。汪景星著。上海广益出版社。1932 年 5 月续版。4 册。24 万字。自序 1 篇。共 40 回。

第一回　扁舟一叶恶仆劫双娇
　　　　孽浪千寻窄途逢众暴

第二回　情急智生强徒偎寡鹄
　　　　途穷日暮悍妇救孤雏

第三回　泄漏春光全家遭白刃
　　　　平分秋色双侠救红颜

第四回　调虎离山恶僧助阵
　　　　引狼入室孝女投环

第五回　雌雄剑巧破李公拐
　　　　鸳鸯锤偏逢百子刀

第六回　月暗灯昏徐一真逢笑面虎
　　　　波平浪静褚三畏歼癞头龟

第七回　登小艇甥舅喜相逢
　　　　入古观弟兄临险境

第八回　莽夫贪口腹烂醉如泥
　　　　侠女慕英豪柔情似水

第九回　绿荸村救夫风云变色
　　　　黄梅观炼剑星斗无光

第十回　伏铁头怒撞木观音

　　　　斩绿君病斗花罗汉

第十一回　是空即色小僧妄学野狐禅
　　　　　以力假仁少妇险归沙托利

第十二回　豚尾垂垂教师翻成俎上肉
　　　　　剑光霍霍土豪变作井中蛙

第十三回　蔷薇院月夜歼花妖
　　　　　茉莉峰中途逢恶兽

第十四回　神功矫矫伏豹擒熊
　　　　　私语喁喁飞头折臂

第十五回　刀光剑影玉凤出樊笼
　　　　　义重情深侠姑偎病榻

第十六回　遵师嘱春风偷度玉门关
　　　　　复前仇月夜隐身金碧馆

第十七回　雪一剑耻老道设奇谋
　　　　　费二千金都司纳新宠

第十八回　矢橛有情甘执弟子礼
　　　　　毛锥自荐愿作先生馔

第十九回　冤海无涯千言难折狱
　　　　　刑场失色一纸迅如雷

第 二 十 回　铁板铜琶霓裳一曲
　　　　　　粉拳玉掌蛱蝶双飞

第二十一回　失恃孤雏尽挥后母泪
　　　　　　丧心主妇甘与仆人私

第二十二回　书生破好事深闺惊散野
　　　　　　鸳鸯
　　　　　　侠女证前因狭路提携亲
　　　　　　骨肉

第二十三回　报父仇血溅含冤墓
　　　　　　抱不平头飞聚义楼

第二十四回　贤邑宰巨眼识英雄
　　　　　　恶头陀无心留侠士

第二十五回　难谐好事羽士变泥牛
　　　　　　未复深仇强徒成肉臡

第二十六回　醋海沸腾恃强先毙命
　　　　　　孽缘邂逅倚势霸成亲

第二十七回　白水黑山英雄惊异梦
　　　　　　锦屏绣幕利刃断痴情

第二十八回　黄石岗公公诛姥姥
　　　　　　白云观妹妹救哥哥

第二十九回　听切口双英刀救江南椿
　　　　　　闻惊报一杰独斗云中凤

第 三 十 回　闹书斋塾师袒护小剑侠
　　　　　　出佛寺娇娃偏遇恶头陀

第三十一回　斗换星移淫髡遇双侠
　　　　　　钗光剑影稚子见亲娘

第三十二回　贼秃损晴古寺设谋图一逞
　　　　　　强徒援手擂台显技败群雄

第三十三回　霹雳手惊走兰天霁
　　　　　　螳螂功拜倒白云飞

第三十四回　酒酣耳热前尘影事话沧桑
　　　　　　色授魂飞翠袖明珰称敌手

第三十五回　青衫红粉胜负难分
　　　　　　星眼樱唇雌雄莫辨

第三十六回　深院听鹃啼侠女身成银
　　　　　　蛱蝶
　　　　　　洞房惊险影新郎首变血
　　　　　　葫芦

第三十七回　裙带风光贪夫逢侠女
　　　　　　脂粉妙计香饵钓金鳌

第三十八回　筵开玳瑁春色上眉梢
　　　　　　月照芙蕖刀光临颈际

第三十九回　座旁叟即壁上像老衲透
　　　　　　禅机
　　　　　　筵前客作轿中人强徒遭
　　　　　　辣手

第 四 十 回　附凤攀龙群英结偶
　　　　　　伏狳斩蟒双侠潜踪

谁为凶手

侦探长篇小说。汪景星（红绡）著。上海广益书局。1946 年 9 月新 2版。1 册。7.7 万字。序 1 篇。4 幅图。共 12 章。

第一章　宋小姐良夜款佳宾
第二章　凤仙花险变拘魂票
第三章　变生肋腋恶狗行凶
第四章　膝下犹虚招收义子
第五章　施恩拯援火中莲
第六章　礼佛朝山遭惨祸

第七章　疑云阵阵难捕凶徒
第八章　灯光下恶魔难遁形
第九章　趋奉店东别有怀抱
第十章　春色满园关不住
第十一章　一枝红杏出墙来
第十二章　水落石出全案大白

梅花暗杀团

长篇侦探小说。福尔摩斯侦探奇案代表作第六集。汪景星（汪剑鸣）著。上海广益书局。1947 年 2 月新 2 版。1 册。14 万字。作者叙 1 篇。共 7 回。

一　梅花暗杀团
二　俱乐部
三　青衣女
四　巨奸谋产

五　红圈会
六　新婚血案
七　劫弟

断　头　亭

武侠小说。侠盗满天飞惊险说部之二。汪景星（汪剑鸣）著。上海广益书局。1947 年 12 月版。2 册。22 万字。插图 13 幅。共 10 章。

一　雪地遇美
二　病榻多情
三　游山惊艳
四　猎狗技能
五　飞来惨祸

六　且作新娘
七　祭神大会
八　当场出彩
九　双雄巧遇
十　石破天惊

情海同舟记

长篇社会言情小说。汪景星（红绡）著。上海广益书局。1942 年 11 月再版。1 册。10 万字。序 1 篇。共 10 记。

第一记　三通鼓响黑虎跃球坛
　　　　一水萦回牵牛会织女

第二记　神威震奋四座彩惊天
　　　　身手超人三更逢怪客

第三记　情深一往水乳庆交融
　　　　学富三余年华伤老大

第四记　神形不属过眼似烟云
　　　　凤愿可偿喜缔凤鸾俦

第五记　一见钟情怜卿期白首
　　　　千寻愤火薄命恨红颜

第六记　一叶轻艇水云印丽影
　　　　万家生佛怀刀斩奸徒

第七记　不屈淫威闺娃施妙计
　　　　立功盖世才女逞奇谋

第八记　世态炎凉弟兄翻门槛
　　　　人情浇薄姐妹换良人

第九记　未免有情阳关唱三叠
　　　　谁能遣此沙场遇知音

第十记　游子他乡施恩全母女
　　　　淫娃负义卖笑遘前夫

落 魄 崖

侦探小说。福尔摩斯侦探奇案代表作第二集。汪景星（汪剑鸣）著。广益书局。1937 年 7 月初版。1 册。11 万字。共 12 章。

掌 心 剑

武侠小说。汪景星（汪剑鸣）著。广益书局。1946 年 10 月新 2 版。1 册。6 万字。自序 1 篇。共 20 章。

第一章　月白风清剑光飞血雨

第二章　慈悲身手怪蟒竟归皈

第三章　起死回生葫芦藏妙药

第四章　青出于蓝神僧悟大道

第五章　怙恶不悛一剑伏妖猿

第六章　求习剑术拜倒佛床前

第七章　四座惊心镖师夸海口

第八章　魂飞胆裂横祸起中途

第九章　弱肉强食星夜走茅山

第十章　电掣雷轰高僧歼恶道

第十一章　万牲园中马猴教小侠

第十二章　骨肉团圆中秋庆佳节

第十三章　马戏场中冤家逢狭路

第十四章　纸醉金迷镖师娶祸水

第十五章　逐好友黄振寰被害

第十六章　奠阴灵孟金龙报仇

第十七章　听切口三盗遇双英

第十八章　山道崎岖迷途入虎穴

第十九章　芙蓉帐里侠女救檀郎

第二十章　恩仇大快奉母隐深山

窗前魅影

惊险紧张侦探小说。汪景星(红绡)著。上海武林书店。1946年5月新1版。1册。9万字。共12章。

第一章　园游会闺秀竞新妆

第二章　有情人将成眷属

第三章　宋小姐再度遇险

第四章　猎狗居然想吃人

第五章　收养一个可怜乞儿

第六章　营救火坑中女郎

第七章　云台山一幕惨案

第八章　调查完毕仍无眉目

第九章　出人意外的凶手

第十章　父亲杀人儿子作证

第十一章　案外案另生枝节

第十二章　水落石出奇案大白

春梦留痕

长篇社会言情小说。即春情艳语。汪漱碧著。上海春明书店。1941年6月再版。2册。21万字。自序1篇。共36回。

第一回　见异思迁山妻申预诫　　乘时际会小妇主中枢

第 二 回　元夜动风波欲擒故纵
　　　　　西宾参末议立誓载书
第 三 回　兔死狗烹黠奴遭放逐
　　　　　莺簧狐媚庸主惑邪淫
第 四 回　清波求托迹难耐摧残
　　　　　口角偶忘形遽流轻薄
第 五 回　昙花惊一现共哭雏儿
　　　　　热血溅三更孰怜孽子
第 六 回　愧悔交萦临危怀旧侣
　　　　　惊疑莫已冒夜觅新缣
第 七 回　转劫觅鸳栖境殊冰炭
　　　　　遄荒惊虎迹病入膏肓
第 八 回　愁肠九叠倩女赋离魂
　　　　　锦瑟六弦黔娄伤薄命
第 九 回　忍泪逗孤雏小纾愁怨
　　　　　潜身追野鹜乍入迷途
第 十 回　恶枭入室家破始亡身
　　　　　娇凤移巢青蝇丛白璧
第十一回　乍见倾芳心移舟旁岸
　　　　　再来谕宿约惊梦悼亡
第十二回　郎意萧疏牵丝来密友
　　　　　妾心酸楚抱恨望新人
第十三回　忤俗逞奇谋偏遭辱詈
　　　　　乘机驱大敌竟告成功
第十四回　初展春云盈盈犹在望
　　　　　偶逢旧雨娓娓竟忘嫌
第十五回　花前申宿约誓证三生
　　　　　竹战卜前程棋输一枰
第十六回　桃厄饯岁噩梦警邪思
　　　　　椒酒迎年新词怀旧侣
第十七回　一苇归航喜月圆人健

　　　　　双雄绝义叹隙末凶终
第十八回　作合本无心误参局内
　　　　　含酸非有意枉矢情浓
第十九回　履霜坚冰苦心思杜渐
　　　　　别风淮雨怒扈转增情
第二十回　大雷断讯憔悴哭连枝
　　　　　小雨盈阶苍茫望归棹
第二十一回　宿憾自萦怀懒为一晤
　　　　　　孽缘联顷刻话到三更
第二十二回　肃肃宵征罔识风霜苦
　　　　　　喁喁灯畔难抛露水缘
第二十三回　大礼昭成家室增欢乐
　　　　　　前盟未替闺阃起风波
第二十四回　软语慰娇娃渐消妒意
　　　　　　流言传薏苡又遭谗词
第二十五回　未免有情拒人千里外
　　　　　　谁能遣此惊梦两年情
第二十六回　积忿伸一朝遽倾秘密
　　　　　　诼谣生四面遂肇分离
第二十七回　诟詈无休铅刀难割爱
　　　　　　讥弹不已慧剑忍挥情
第二十八回　蜚语动酸怀变生意外
　　　　　　绝情来触望怨乃朋兴
第二十九回　欲诉沉冤可堪门似海
　　　　　　暂驱绮思难忍泪如麻
第三十回　得鱼忘筌久丛薄幸语
　　　　　失兔顾犬谁念断肠人
第三十一回　桃实灼丹华明珠入握
　　　　　　石榴凝血泪紫玉生烟
第三十二回　鸾镜难圆长离伤旧友
　　　　　　贞珉独矗作合感贤妻

第三十三回　大蔡展威棱吞声饮泣
　　　　　　小斋思俊侣睹物怀人
第三十四回　凤迁幽谷婪尾殿群芳
　　　　　　雁返旧栖潜踪侦独艳

第三十五回　旧侣倾离怀渡头话别
　　　　　　故交感空幻天末忏情
第三十六回　秋容况瘁客馆断芳踪
　　　　　　春梦留痕故里怀星月

反啼笑姻缘

社会小说。沙不器著。上海紫罗兰书店。1933 年版。1 册。9.1 万字。自序 1 篇。共 9 回。

第一回　倾囊买醉美人笑劝酒
　　　　满座春风郎子狂点戏
第二回　舞场晤青衫见财怀意
　　　　蓬门访碧玉炫富蓄意
第三回　天下无难事只在深心
　　　　世上谈多情端赖缠头
第四回　续命市恩借花权献佛
　　　　亡金失财逐客更绝交
第五回　有家如无家别营香巢

　　　　双宿又双飞另辟欢场
第六回　乐极生悲堕落入倡门
　　　　穷无所依逼迫上梁心
第七回　行歌增离愁镜照分鸾
　　　　旅途劫归车琴弹别鹤
第八回　数行诀绝词红丝遽断
　　　　万颗凄惶泪玉趾空劳
第九回　落魄穷途遇骗入匪窟
　　　　邂逅绝地饰词慰离魂

尘海浮沉

社会言情小说。沈心池著。上海正气书局。1947 年 5 月版。1 册。8 万字。共 4 回。

第一回　扑朔迷离筵开汤饼
　　　　弄假成真义结金兰
第二回　灯红酒绿疯婆撒野
　　　　叶落花凋淫棍念旧

第三回　琵琶一叠芳誉遍歌浦
　　　　银汉双星织女渡鹊桥
第四回　度玉门私订白首
　　　　漏春光分袂红颜

劫后桑田

社会小说。沈心池著。上海正气书局。1946 年 12 月版。1 册。8 万字。共 8 章。

第一章	上海的另一个环境	第五章	出人意外的坏消息
第二章	表姊弟初次的误会	第六章	她挂念一位不谈话的好朋友
第三章	三弟回来了	第七章	意想不到的惨变
第四章	四妹充当了一个绿衣使者	第八章	家园何处孩子们将要回来了

花落花开

长篇哀艳奇情小说。沈心池著。上海华英书局。1947 年版。1 册。12 万字。共 10 章。

第一章	孤儿寡妇	第六章	第二次的介绍人
第二章	自力更生又一人	第七章	两对夫妻的对比
第三章	第一次见面第一次作风	第八章	艺人末路说珍珠
第四章	书中故事眼前人	第九章	花将落
第五章	天上双星人间七夕	第十章	花又开

残阳影里

社会小说。沈心池著。上海正气书局。1947 年 1 月版。1 册。12 万字。序 1 篇。共 10 章。

第一章	傍水居里一个美丽的女小店主	第二章	初试新声的一夜

第三章　甜蜜蜜的一对少男少女　　第七章　甜蜜的梦糊涂的走

第四章　气坏了一个姜七爷　　　　第八章　枪声接连着火光

第五章　殷家园子里的一个镜头　　第九章　闯祸的跑了

第六章　酒店里的阴谋　　　　　　第十章　朱漆红船映夕阳

勒马悬崖

哀艳奇情小说。沈心池著。上海正气书局。1947 年 1 月版。1 册。11 万字。自序 1 篇。共 10 章。

第一章　京沪夜车上展开的一个故事　　第六章　钱用漏了

第二章　因祸得福　　　　　　　　　　第七章　不化钱的衣料

第三章　一个残废的母亲　　　　　　　第八章　异想天开

第四章　离家的一夜　　　　　　　　　第九章　一转念的觉悟

第五章　意外的收获　　　　　　　　　第十章　故事以外的故事

梦里家园

社会小说。沈心池著。周晓光校。上海正气书局。1946 年 11 月出版。1 册。8.2 万字。共 8 章。

第一章　一对姊妹二个脾气　　第五章　轰炸下的一家

第二章　父亲和儿子　　　　　第六章　他们丢下了大哥的舅子

第三章　一支近亲　　　　　　第七章　客里中秋

第四章　四妹和姨娘的小纠纷　第八章　表姊和表弟先走了

随风柳絮

社会小说。沈心池著。上海大明书局。1949 年 4 月第 2 版。1 册。8 万字。自序 1 篇。共 8 回。

错结同心

社会言情小说。沈心池著。上海正气书局。1947 年 6 月版。1 册。12 万字。共 10 章。

第一章	兄妹因缘重提旧事		那一边毁物求情
第二章	负气失踪的张秋芳	**第七章**	一转念的变态心理
第三章	残废的老娘　喝酒的六叔	**第八章**	不是谈情说爱
第四章	事态更严重	**第九章**	两根小金条
第五章	一车同去哭回来	**第十章**	一张阴阳面孔
第六章	这一边脸伤头破		

雏燕离巢

社会小说。沈心池著。上海正气书局。1946 年 10 月版。1 册。11 万字。自序 1 篇。共 10 章。

第一章	周三的悽惨	**第六章**	因果报应循环不爽
第二章	离巢逃难	**第七章**	你安静的去吧
第三章	生离死别	**第八章**	天良发现
第四章	雪上加霜	**第九章**	穷途末路
第五章	回忆前尘	**第十章**	老婆儿子都不需要

燕 归 巢

社会小说。沈心池著。正气书局。1948 年 3 月版。1 册。8.2 万字。
共 8 章。

第一章　月白风清荒园茅亭赴密约

第二章　品茶闲话深情热恨苦难言

第三章　窥窗撩酸灯光人影痛肝肠

第四章　往事烟消厌闻旧人说新怨

第五章　薄命苦心掌下脱身奔夜井

第六章　絮语深宵狡妇长舌逞辩才

第七章　温情冷语甘苦同时一亭隔

第八章　一夜惊惶血溅荡妇走浪子

孽海情侣

社会言情小说。沈心池著。上海正气书局。1947 年 5 月版。1 册。9
万字。共 4 回。

第一回　末路莽汉寒山乞食
　　　　歧途青女空门寄迹

第二回　一灯相对客旅愁前程
　　　　斗屋蜷居穷途遇故知

第三回　雨过天霁蓬门邂淑女
　　　　月明星稀衾底缮吉士

第四回　柳暗花明清歌一曲
　　　　峰回路转愁肠百结

三白桃传

言情小说。沈东讷著。小说丛报社。1916 年 5 月初版。1 册。5 万
字。弁言 1 篇。序 8 篇。题词 9 首。共 10 章。

第一章　拒桃

第二章　逅艳

第三章　避乱

第四章　狂士

第五章	遭劫	第八章	上书
第六章	争婚	第九章	封庵
第七章	庵会	第十章	鹃化

血 泪 痕

哀情小说。沈亚文著。上海华东书局。1937 年 5 月版。1 册。10 万字。恽铁樵序 1 篇。张嘉寿序 1 篇。自序 1 篇。共 12 回。

第一回	大腹贾痴候芳踪 福姨太巧施诡计	第 七 回	何物姑夫爱钱如命 可怜侄女典饰拯亲
第二回	寒夜纵谈颇饶逸兴 深宵焚币大快妹心	第 八 回	欧式侠情诛丘八 霏霏谠论劝团长
第三回	瑟瑟西风车夫挥泪 迢迢长夜少妇邪思	第 九 回	二女谈心征求妙计 四人密议解决难题
第四回	一榻横陈构幻想 两心相背各猜疑	第 十 回	赠钻戒情敌成知己 葬诗魂少妇忏情夫
第五回	三奶奶假献殷勤 福公馆大掀波浪	第十一回	闹坤宅掌掴月老 游古庵巧遇道姑
第六回	有心辟佛大骂光头 无计消寒竟谈笑话	第十二回	晚霞社前情渺渺 落花诗幽恨绵绵

夏 春 娘

侦探小说。沈肝若著。上海进步书局。1916 年 5 月初版。1 册。2 卷。2.5 万字。自序 1 篇。共 24 回。

第一回	葛洛夫携女归田 孟汲斯抚孤移宅	第二回	理遗产推知岁入 骇存项不速客来

第 三 回	真难料逆境翻欢 不可说伴狂而死	第 十 四 回	孟奈街决非善地 水手会骇遇奇人
第 四 回	思妻忆母父女同情 妙语娇啼园林共话	第 十 五 回	旅客殷勤妇人骄贵 两般心事一席哑筵
第 五 回	听呓语疑团固结 断情恨慧剑猛挥	第 十 六 回	残简得来证明心迹 疑云扫去怒苗情芽
第 六 回	难乎为情逢彼之怒 不见可欲惟我能行	第 十 七 回	展览会独邀时誉 俱乐部竟是孽媒
第 七 回	雏龄女泣诉失欢事 老年人怕听绝望辞	第 十 八 回	假婚约汤德受骗 真嫌疑笛楷为难
第 八 回	博虚荣苔痕立病院 思代庖汤德荐良朋	第 十 九 回	筹经费创办俳优校 提存款预备汗漫游
第 九 回	村医士旧地托孤踪 寝院长情场演趣史	第 二 十 回	追芳踪忽逢魔女影 脱奇险初识名探颜
第 十 回	苔痕宴客奇人初露面 古孙有女贵妇细盘踪	第二十一回	玄之又玄二人对质 骗中有骗半路拐逃
第十一回	百板桥边惊逢少女 红枫林外决绝情魔	第二十二回	漏网无鱼絮结果 哀鸣有鸟兰知因
第十二回	投悔过书计赚忏情客 阐独身义语侵厌世人	第二十三回	搜空屋又逢诧事 救良朋作合奇缘
第十三回	樊司可疑侦探着手 兰珠被惑动定入魔	第二十四回	古孙女重生新恋爱 路脱氏回复旧家庭

杀人的模特儿

侦探小说。沈茵著。上海吼声书局。出版时间不详。1 册。7 万字。
共 7 节。

第一节	匪徒的毒辣手段	第三节	无期徒刑
第二节	偶然间的破案	第四节	夜半枪声

第五节　杀人的模特儿

第六节　黑暗中的笑声

第七节　一张奖券

夜窗尸影

侦探短篇小说集。沈茵编著。上海吼声书局。出版时间不详。1 册。7.6 万字。共 9 篇。

第一篇　骇人的三件命案

第二篇　夜窗尸影

第三篇　奇异的枪声

第四篇　匪棍的威胁

第五篇　珍珠被劫记

第六篇　二枝箭一个尸体

第七篇　丛林里的枪声

第八篇　车声弹痕

第九篇　究竟是谁杀死他

秋　梦　恨

社会言情小说。沈钟铨著。在文出版社。1 册。8.2 万字。共 16 章。

第一章　爸爸！我改了！

第二章　德兴！这孩子是好的

第三章　天这么冷你可以回去了

第四章　你不是个好东西

第五章　这封信我可不能送的

第六章　你究竟为什么哭呀

第七章　她已消瘦了！

第八章　怎么你还不知道我的心情呢

第九章　她已允许了

第十章　露珠！我已订婚呢

第十一章　德兴！我恐怕是不会好了

第十二章　我不愿意干了

第十三章　又到上海了

第十四章　故态复萌

第十五章　一个晴天的霹雳

第十六章　悔也来不及了

沈禹钟说集

短篇社会小说。沈禹钟著。上海大东书局。1926 年 12 月版。1 册。5.1 万字。共 14 则。

一	故屋	八	有些疯了
二	荒碑记	九	两日记者
三	山居	十	环境之爱
四	婚夕	十一	春夜
五	电话的时间过去了	十二	归来
六	迁居	十三	归宁
七	蹇宇居	十四	邂逅记

禹钟小说集

短篇社会小说。沈禹钟著。上海世界书局。1924 年 6 月初版。1 册。3.1 万字。赵苕狂作沈禹钟君传 1 篇。共 7 则。

一	车尘	五	七夕
二	瓜棚下	六	股息
三	奴颜记	七	学徒趣史
四	瀛海逃情记		

中国侦探案全集

侦探小说。沈莲侬著。上海世界书局。1923 年 6 月版。1 册。4.4 万字。著超、自序各 1 篇。共 10 篇。

紫髯客	铁指环
蝴蝶党	红纱灯
野人窟	秘密室
砵砂手	密约案
黄衣盗	一粒钻

江南大侠传

长篇武侠小说。沈紫若著。上海中央书店印行。出版时间不详。2册。12万字。序3篇。共40回。

第一回 忆太平纵谈往事
　　　　课儿女高隐深山
第二回 得异梦童子拜名师
　　　　赏雪景高人疗宿疾
第三回 击剑跳丸三年传绝技
　　　　离乡背井两载约归期
第四回 酒佣谈虎患过客惊心
　　　　猎户逞狐威差人倒运
第五回 诛夜叉黑夜试干将
　　　　逐宵人深宵逢侠士
第六回 萍水相逢灯前谈往事
　　　　风波陡起梦里托孤雏
第七回 帷灯匣剑二客传言
　　　　刀影钲声四子报信
第八回 出险途道院得佳音
　　　　养新病门庭来仙侣
第九回 逢老道幸离虎口
　　　　作西宾几入狴牢
第十回 疑鬼疑神三登道观

　　　　是真是假独闹公堂
第十一回 施毒计二憾肆凶
　　　　　擒暴客两人奋武
第十二回 三碗酒刺客吐真情
　　　　　五更天英雄留别话
第十三回 千里走单身途穷日暮
　　　　　孤灯陪二老夫泣妻悲
第十四回 智除奸党报德赠刀
　　　　　身返故乡探今吊古
第十五回 觍雠面臣门似市
　　　　　泄春光妄意如云
第十六回 绿酒红灯三宵望断
　　　　　青锋碧血一大成功
第十七回 无头案还是无尾
　　　　　有恩人到底有缘
第十八回 大街雅步良冶治刀鞘
　　　　　半夜绮言异香喷帽匣
第十九回 觑奇人暗诛走街虎
　　　　　聘镖客图作曳尾龟

第 二 十 回　忍气结英才奸人作用
　　　　　　还刀教善策奇士行为

第二十一回　鸳鸯湖同看野鸳鸯
　　　　　　豪杰人双会老豪杰

第二十二回　方冲独力敌镖客
　　　　　　闻人千里送赃银

第二十三回　听鸨舌壮士失聪明
　　　　　　玩龙湫私心感劳逸

第二十四回　环赐娇儿魂归梓里
　　　　　　产还故主凤送兰桡

第二十五回　说家事侠女忧人
　　　　　　逢酒友波斯识宝

第二十六回　茂椿诚心宴好友
　　　　　　褚三巧计盗连环

第二十七回　笑语庭中巧逢侠女
　　　　　　归来月下忽见仇人

第二十八回　猛回头败子誓神灵
　　　　　　猝易形佳人服裙屐

第二十九回　陆彪演说陈元瑞
　　　　　　闻人迷失大仙峰

第 三 十 回　战群凶兄弟施威

　　　　　　示迷途夫妻报德

第三十一回　山外山英雄生远志
　　　　　　骗中骗奸宄背盟言

第三十二回　途分水陆豪杰登程
　　　　　　态作痴呆英雄戏盗

第三十三回　富屯溪贤士教孝
　　　　　　顺昌县名宦遭殃

第三十四回　轮穿双耳娇娃逼破乔妆
　　　　　　烛剪孤舟贤尹欣逢旧契

第三十五回　化愚顽府尹佩深仁
　　　　　　说姻缘闺媛竞娇谑

第三十六回　觅良伴邂逅白额虎
　　　　　　访奸人奔走戚家寨

第三十七回　戚家寨群英并火
　　　　　　鹫峰岩二士争锋

第三十八回　留宾馆友朋商妙策
　　　　　　探虎窟兄弟入危途

第三十九回　相逢狭路双战英雄
　　　　　　不远长途独追逋客

第 四 十 回　说奇观阿乖示悬崖
　　　　　　成绝技方冲取异果

壮姑杀贼记

武侠小说。沈雏鹤著。大陆图书公司。1922 年 5 月版。1 册。1.6 万字。共 10 回。

第一回　武当山剑侠卜居
　　　　蒋家村孤女被虏
第二回　慕侠单身入盗窟

　　　　巨魁服罪释娇娃
第三回　上鱼饵慕侠身亡
　　　　探虎穴元凶败遁

第四回	觅仇人石庄御盗		正国法恶妇就刑
	仗正义飞剑诛僧	第八回	钱侠女误投黑店
第五回	见宝约心怀恶意		金铁头恶贯满盈
	诛贼党兔死狐悲	第九回	无毛虎称霸北塘
第六回	店妇阴谋设毒计		小试技登徒屈伏
	壮姑蒙冤入囹圄	第十回	触暗机壮姑被禁
第七回	雪沉冤难女出狱		出险窟手刃父仇

大明奇侠传

民间小说。沈耀楣标点。上海大达图书供应社。1934 年 3 月再版。1
册。17 万字。小引 1 篇。共 54 回。

第一回	庆景星人才降世		云太师南岭封王
	梦明月玉女临凡	第 十 回	云父私通国舅
第二回	云太师无儿继子		刁虎强聘千金
	钟御史爱女联姻	第十一回	刁相公独探桃花店
第三回	雁都统城边巡奸隐		雁公子一闹太平庄
	刁国舅宫内讨人情	第十二回	云小姐女扮男装
第四回	太平侯买嘱三司		雁公子改姓换名
	云太师会同六部	第十三回	文翠琼私定终身
第五回	刁国舅专权误国		刁国舅求谐佳偶
	云太师告老归林	第十四回	文翰林考才不许
第六回	报私仇一计害三贤		刁国舅设计强求
	尽公心孤身行万里	第十五回	文翰林三上辞朝本
第七回	雁都统降守西关		雁公子二闹太平庄
	钟御史身羁北寨	第十六回	雁公子独闯西羌
第八回	都统无救陷奸谋		钟相公私奔北直
	国舅流言害忠勇	第十七回	云文设计害钟生
第九回	雁公子云府避祸		刁虎通谋差季德

第 十 八 回　季德行凶错杀人
　　　　　　云文使贿先鸣状

第 十 九 回　钟山玉问罪充军
　　　　　　红元豹半途相救

第 二 十 回　钟公子西湖卖画
　　　　　　章小姐南院抚琴

第二十一回　钟林题诗逢好友
　　　　　　陈玉卖剑结良朋

第二十二回　钟公子客邸传书
　　　　　　雁公子途中射雁

第二十三回　董家庄雁羽安身
　　　　　　乌风洞红光落草

第二十四回　太平侯南关断义
　　　　　　老御史北寨思乡

第二十五回　重义番官留御史
　　　　　　无情国舅害忠臣

第二十六回　识奸谋陈玉送信
　　　　　　逃乡土夫人避祸

第二十七回　章员外仗义疏财
　　　　　　钟公子母子重逢

第二十八回　钟夫人将女联姻
　　　　　　章员外教儿伴读

第二十九回　感时兴钟生流泪
　　　　　　思父母云姐传情

第 三 十 回　下南关夫妻相逢不识
　　　　　　会东床宾朋聚会谈心

第三十一回　步青云同登北阙
　　　　　　思白发独步西关

第三十二回　旅店擒妖收宝贝
　　　　　　村庄伏盗赠黄金

第三十三回　少兄老弟拜宾朋
　　　　　　夜走晨眠寻父翁

第三十四回　刁龙设擂逞凶
　　　　　　雁羽争强闯祸

第三十五回　小英雄智出三关
　　　　　　老都统勇平双寨

第三十六回　父子相逢议起兵
　　　　　　君臣会合思差将

第三十七回　胡总兵申父告急
　　　　　　云太师上表归朝

第三十八回　云父怀金逃走
　　　　　　文正袖简传情

第三十九回　云太师忧国忧民
　　　　　　圣天子操兵练将

第 四 十 回　破二关雁羽兴师
　　　　　　失五寨刁龙授首

第四十一回　弟兄夫妇共登科
　　　　　　郎舅师生同聚会

第四十二回　钟山玉吐露真情
　　　　　　云素晖暗传实情

第四十三回　云太师挂印提兵
　　　　　　文翰林持权标本

第四十四回　钟山玉督粮遇红光
　　　　　　章定金巡营擒季德

第四十五回　念交情都统休兵
　　　　　　逞款曲太师上本

第四十六回　云太师行营审实情
　　　　　　雁都统大寨闻真信

第四十七回　文翰林内庭见驾
　　　　　　圣天子传旨封官

第四十八回　北狼关胡申告急
　　　　　　南极殿刁发兴谋

第四十九回	飞虎闸胡申丧命	第五十二回	辨忠奸朝廷正法
	卧龙墩钟珮回南		报恩仇众士舒怀
第 五 十 回	献地图大破番兵	第五十三回	结朱陈共效鸾凤
	顺天心共归中国		联秦晋同谐金璧
第五十一回	众公卿四上陈情表	第五十四回	授金书一团富贵
	小英雄三闹太平庄		膺铁卷万里封侯

哀 滇 泪

社会小说（文言）。忧愤余生著。昆明学舍。1915 年 2 月。1 册。1.3 万字。附滇乱答客问 1 份。未分章节。

移花接木

侦探小说。亚森罗苹全集之三。启明书局编。启明书局。1942 年版。小引 1 篇。共 23 章。

一	深闺女儿语	十三	第三次通知
二	怪客	十四	秘密道路
三	旧事重提	十五	讥美
四	移爱	十六	嫌疑犯
五	第二次来了	十七	逃走
六	贼影	十八	旧照片
七	风雨奔波	十九	剧盗和名探
八	神秘的失窃	二十	逃出虎口
九	探寻线索	二十一	绝婚
十	失踪者的发现	二十二	一败涂地
十一	检点失物	二十三	花好月圆
十二	珠耳环		

七子八婿大团圆

民间小说。灵岩樵子著。广益书局。1946 年 11 月版。1 册。插图 7 幅。5 万字。共 26 回。

第 一 回　钟景期游园惊艳
第 二 回　慕才情私订终身
第 三 回　金马门学士骂贼
第 四 回　葛太古贬谪范阳
第 五 回　钟状元金殿奏本
第 六 回　李太白力保钟濂
第 七 回　葛学士二次骂贼
第 八 回　安禄山范阳兵变
第 九 回　红于替死救佳人
第 十 回　卫碧秋赚城脱险
第十一回　睢阳城老将尽忠
第十二回　葛明霞遁迹尼庵
第十三回　钟景期萧寺避雨

第 十 四 回　遇猛虎巧会英雄
第 十 五 回　钟状元雀屏中选
第 十 六 回　郭子义奏凯回朝
第 十 七 回　钟节度克复睢阳
第 十 八 回　卫碧秋欣逢学士
第 十 九 回　唐肃宗大封功臣
第 二 十 回　王知府进献美女
第二十一回　卜渔翁父女相逢
第二十二回　皇华馆贺高争执
第二十三回　钟景期双美完姻
第二十四回　安禄山二进中原
第二十五回　汾阳王金殿挂帅
第二十六回　绝龙岗禄山归天

三探聚宝楼

民间小说。灵岩樵子编。上海广益书局。1946 年 5 月新 3 版。1 册。6.3 万字。提要 1 篇。插图 8 幅。共 30 回。

第一回　登盘山群雄歼盗
第二回　郭子仪法场救母
第三回　唐明皇宴赏牡丹
第四回　李太白代天巡狩

第五回　百花楼怒诛小奸
第六回　林学士全家殉难
第七回　林冲招亲太行山
第八回　东平城夫妻相会

第 九 回	卫辉府夜刺钦差	第 二 十 回	黑龙潭太白登仙
第 十 回	李太白东平卖卜	第二十一回	马彪二探聚宝楼
第十一回	望花楼火烧巡按	第二十二回	扮江湖王府诈降
第十二回	马玉飞大闹王府	第二十三回	银安殿拜认假父
第十三回	李太白土牢受苦	第二十四回	黄玉霞私托终身
第十四回	双雄初探聚宝楼	第二十五回	荆山镇马彪访贤
第十五回	李白葬身黑龙潭	第二十六回	追黑影误中毒镖
第十六回	林冲一扫利孤坟	第二十七回	马彪三探聚宝楼
第十七回	小霸王枪挑奸贼	第二十八回	劫法场大闹东平
第十八回	诸葛英下书颁兵	第二十九回	借神风长安缴旨
第十九回	白家店群英聚会	第 三 十 回	用奸谋开考武场

三盗梅花帐

民间小说。月唐演义之六。灵严樵子著。广益书局。1945 年 3 月新 2 版。1 册。5 万字。提要 1 篇。插图 8 幅。共 30 回。

第 一 回	徐汉文别师下山	第 十 四 回	闯阵图营救道友
第 二 回	五色莲大破神锁	第 十 五 回	诸葛英气走马彪
第 三 回	万佛珠击走妖人	第 十 六 回	马彪夜探玉蟾楼
第 四 回	海长眉臂助狼主	第 十 七 回	扮女装混入相府
第 五 回	五妖攻打太行山	第 十 八 回	李玉梅作对吟诗
第 六 回	青龙三次战白虎	第 十 九 回	佳人计盗梅花帐
第 七 回	孙伯令下山救主	第 二 十 回	碧游宫毛遂诳书
第 八 回	两阵前仙妖斗法	第二十一回	喷冰雹妖姑肆虐
第 九 回	孙膑变幻化身术	第二十二回	乌凤仙摄走幼主
第 十 回	海长眉召请神将	第二十三回	郭元帅发兵征西
第十一回	兴龙坡妖仙摆阵	第二十四回	严秀英阵前得胜
第十二回	孙膑骑牛观阵图	第二十五回	慕丰姿番女痴情
第十三回	毛遂被围定仙椿	第二十六回	鲍官保双美招亲

第二十七回　薛克虎奉令攻关　　第二十九回　碧桃囹圄作红娘
第二十八回　白赛花沙场订姻　　第 三 十 回　虎堂哄父降天朝

大打龙虎擂

民间小说。新乾坤印第三集。灵岩樵子著。上海广益书局。1942 年
4 月再版。1 册。7 万字。自撰提要 1 篇。插图 8 幅。共 18 回。

第一回　金光阵高僧斗恶道
　　　　关帝庙严父会佳儿
第二回　讶旋风厅前问女鬼
　　　　贪美色房里弑婶娘
第三回　体恤冤魂元戎察访
　　　　相逢仇敌小侠负伤
第四回　赌赛输赢白光绕颈
　　　　图谋行刺黑夜潜踪
第五回　破阵图妖人惧狗血
　　　　护法台佛祖驾祥云
第六回　蓦见苍蝇顿生疑窦
　　　　端详坟墓难洗沉冤
第七回　验尸场假情哭白骨
　　　　宿神庙奇梦得黄昏
第八回　买粉糕闺女吐真情
　　　　剖肚腹淫娃甘伏法
第九回　蒋家村英雄求借宿
　　　　蝎子岭豪杰探行藏

第 十 回　设巧计侠女扮新娘
　　　　　逞奇能飞镖歼剧盗
第十一回　黑沙手应聘龙虎擂
　　　　　大元戎驻节重庆府
第十二回　莽英雄挥刀杀刺客
　　　　　呆大汉卖力打擂台
第十三回　龙虎擂施威败台主
　　　　　乾坤印发极吓群英
第十四回　调大兵围城擒反叛
　　　　　斩强吏额手颂清官
第十五回　折狱严明老妪叫屈
　　　　　依书判断节妇伸冤
第十六回　巧使薰香窗前窥看
　　　　　暗偷宝剑墙上留言
第十七回　设谋诓剑员外登山
　　　　　放火烧巢贼人漏网
第十八回　见香客密访尹家宅
　　　　　访仙姑心迷如意郎

大会沙家庄

长篇武侠小说。新乾坤印第五集。灵岩樵子著。广益书局。1947 年 9 月新 3 版。1 册。7.5 万字。提要 1 篇。共 18 回。

第一回　插翅虎献计刺元帅
　　　　赛蛟龙恃强退英雄
第二回　假剪径奇侠仗铁篙
　　　　叙来源道人试宝剑
第三回　闹市化缘穷凶恶极
　　　　书房盗剑胆大心粗
第四回　挟雌雄剑惊走恶僧
　　　　登雁峰山良箴淫贼
第五回　庆五旬寿群英聚会
　　　　晋三杯酒羽士称觞
第六回　贺家村亲身访徒弟
　　　　弥陀寺遁走遇师兄
第七回　巧使金镖擒来甚易
　　　　痛熬夹棍死也无妨
第八回　觅迹寻踪修函往索
　　　　强词夺理留剑不还
第九回　目底无人盘踞水寨
　　　　江湖有友邀集山庄

第　十　回　出山虎含愤打老道
　　　　　　余道元服输还宝剑
第十一回　沙家庄机关擒贼人
　　　　　九太岁酒店索旧债
第十二回　焦天龙下山遇故友
　　　　　铁笛仙相府做军师
第十三回　用机谋真印换假印
　　　　　削官职思乡返故乡
第十四回　饮药酒黑店醉英雄
　　　　　卖火石当街收徒弟
第十五回　奇道士街头遇劲敌
　　　　　吴元戎田下乐清闲
第十六回　招贤馆内网罗好汉
　　　　　雷公殿外摆设擂台
第十七回　得彩银贤孝子进身
　　　　　访铁篙老英雄败绩
第十八回　黑砂手伤阎王老九
　　　　　紫阳掌破集英擂台

大战霸王台

长篇武侠小说。新乾坤印第六集。灵岩樵子编著。广益书局。1949 年 4 月新 6 版。1 册。7.5 万字。提要 1 篇。共 18 回。

第一回　集英台沙龙败恶道
　　　　美醉居缪豹走长途
第二回　丢包裹桌间留粉虎
　　　　盗路费墙上失头巾
第三回　赌宝刀途中遇淫贼
　　　　中机纽地底困歹人
第四回　鲁大忠洗手开镖局
　　　　暴金刚忍心劫货车
第五回　江湖侠仗义探信息
　　　　白龙岗奋勇夺镖归
第六回　胭脂虎山上访旧友
　　　　呼延龙宴前夸大言
第七回　伍时贤计赚问路客
　　　　鲁大忠力挫寻仇人
第八回　显能为击败众好汉
　　　　图报复激怒老英雄
第九回　欠店钱街坊卖拳术
　　　　结知己酒楼吐衷肠

第十回　访恶霸血溅水木园
　　　　杀强梁力战云兰谷
第十一回　抱不平窗前来黑影
　　　　　怀大志途次访剑踪
第十二回　玲珑塔盗剑惊英豪
　　　　　定风庄探珠遇劲敌
第十三回　回客店二探定风庄
　　　　　仗凶顽大战霸王台
第十四回　武太云擂台败恶霸
　　　　　鲁信义西庄访情由
第十五回　刘山虎掷杯泄耻辱
　　　　　吴天保巧计脱牢笼
第十六回　新兰山豪杰避锋芒
　　　　　开封府英雄漏破绽
第十七回　刘山虎假痳擒义士
　　　　　多智星酌酒定良谋
第十八回　破西庄群魔惊匿迹
　　　　　返旧地故老喜重逢

大破金光阵

民间小说。新乾坤印第二集。灵岩樵子著。上海广益书局。1948 年 3 月新三版。1 册。8 万字。提要 1 篇。插图 8 幅。共 18 回。

第一回　问根由英雄仗大义
　　　　中暗器恶贼戕残生
第二回　占课卜妖精暗叫苦
　　　　比拳技豪杰显威风
第三回　五行伞祥光惊群贼
　　　　阴阳梦冷气罩佳人

第四回　收宝贝神孩退凶煞
　　　　放火龙妖人烧侠义
第五回　螺蛳岛里二道商量
　　　　吉安栈中群英毕集
第六回　贪佳酿误喝蒙汗药
　　　　探地道惨赌杀人坊

第 七 回　困顿穷途孝男剪径
　　　　　痛遭家变游侠回乡
第 八 回　用大刑县官逼写状
　　　　　中毒雾小侠险伤身
第 九 回　怀凤恨恶僧拼死斗
　　　　　失掌珠寡妇痛心弦
第 十 回　极烈女神童耍豪杰
　　　　　探监牢长老救英雄
第十一回　除小害钢刀杀县令
　　　　　起歹念毒药死亲夫
第十二回　怒诛淫妇哭奠灵牌
　　　　　偷盗婴胎血飞床褥

第十三回　见妙尼留心窥秘密
　　　　　会县尊相见话衷肠
第十四回　金光阵英雄惊独陷
　　　　　清安县侠义闻凶耗
第十五回　施邪术众英雄陷阵
　　　　　飞白光一剑客逞能
第十六回　灵丹妙用起死回魂
　　　　　圣旨假传抬棺殓骨
第十七回　挽救忠臣高僧示梦
　　　　　款留壮士元帅施恩
第十八回　渡大江知州通水贼
　　　　　驾小艇渔隐救元戎

大探玲珑塔

民间小说。新乾坤印第七集。灵岩樵子著。上海广益书局。1948 年 11 月新 5 版。1 册。7.1 万字。提要 1 篇。插图 7 幅。共 18 回。

第一回　吴天保偷盗定风珠
　　　　韩小姐逞强迷魂帕
第二回　烟云岭二盗定风珠
　　　　沙家庄初探玲珑塔
第三回　试宝珠一语分真假
　　　　设巧计三更擒英豪
第四回　妆阁订姻喜来月老
　　　　卧房留字惊失宝珠
第五回　刘山虎议婚劝侠女
　　　　高淑芳仗义救佳人
第六回　整山规英雄权落草
　　　　羡武艺侠义结金兰

第 七 回　涎美色恶徒图非礼
　　　　　愤横行义士抱不平
第 八 回　皇甫忠率众泄耻辱
　　　　　朱天义为友丧残生
第 九 回　拒官兵携眷避山寨
　　　　　赶夜路试剑杀跳梁
第 十 回　闻钟声误入佛禅寺
　　　　　敌僧众怒撒夺魂沙
第十一回　搜秃驴柴房问火夫
　　　　　除首孽萧寺守凶僧
第十二回　放飞镖虎面师伤命
　　　　　舞宝剑铁臂僧丧生

第十三回　救节妇凉亭斩恶仆
　　　　　思义姊山寨访娇娃
第十四回　高淑芳夜探吴家店
　　　　　张筱亭独保万兴园
第十五回　助教师放镖退恶棍
　　　　　战力士当街来救星

第十六回　破罩门结果大力士
　　　　　吃白食认识恶公子
第十七回　贺梁臣称雄丧剑底
　　　　　卢员外亡命上山冈
第十八回　沙家庄大探玲珑塔
　　　　　吴天保完聚八美缘

大盗胭脂虎

民间小说。新乾坤印第四集。灵岩樵子著。上海广益书局。1947年10月版。1册。6.2万字。提要1篇。插图8幅。共18回。

第一回　观音庵仙姑擒豪杰
　　　　合卺酒豪杰哄仙姑
第二回　吴天保单刀战群贼
　　　　九花姑独恋救英雄
第三回　失元帅素花寻短见
　　　　败印精天保显奇能
第四回　观诗词剑仙解意义
　　　　求婚约隐侠话家常
第五回　寻踪到府父子相逢
　　　　比武当场夫妻角逐
第六回　出奇谋山坡打猛虎
　　　　用巧计药酒醉强人
第七回　接圣旨元帅筹起节
　　　　劫囚车印精恃顽强
第八回　乘官船大盗图行刺
　　　　宿客店小二说根苗
第九回　杀女尸墙间留标记
　　　　捉淫贼衙内逞神威

第　十　回　呵斥赃官跪求释罪
　　　　　　依从国法押赴市曹
第十一回　劫法场贪官逃蚁命
　　　　　破宝印老子退妖魔
第十二回　江阳县捉拿胭脂虎
　　　　　芦花山巧战水中鲤
第十三回　病二郎山上会知己
　　　　　铁篙子林前论宝刀
第十四回　失宝刀急坏英雄汉
　　　　　订兰谱拜为生死交
第十五回　惊骇非常铁篙忽失
　　　　　感恩不浅破镜重圆
第十六回　胭脂虎黑夜盗元帅
　　　　　神偷将荒山救大人
第十七回　抱不平酒楼逐走狗
　　　　　中机关空屋困英雄
第十八回　插翅虎奉命刺巡按
　　　　　吴南园起程返京都

红闺狮吼记

社会言情小说。灵岩樵子重编。上海广益书局。1948 年 5 月新 2 版。1 册。10 万字。自序 1 篇。共 16 回。

第一回 名御史旌贤风世 悍妒妇怙恶乖伦	第 九 回 相妗子痛打甥妇 薛素姐监禁夫君
第二回 欺绝户本妇盗财 逞英雄遭人捆打	第 十 回 狄希陈飞星算命 邓蒲风设计诳财
第三回 狄生客中遇贤主 天爷秋里殛凶人	第十一回 狄希陈诳语辱身 张茂实信嘲殴妇
第四回 狄员外饕餐食店 童奶奶怂恿庖人	第十二回 智姐假手报冤仇 如卞托鹰惩悍泼
第五回 狄员外纳妾代庖 薛素姐殴夫生气	第十三回 薛素姐延僧忏罪 白姑子造孽渔财
第六回 孤儿将死遇恩人 凶老祷神逢恶报	第十四回 狄生遭打又陪钱 张子报仇兼射利
第七回 多心妇属垣着耳 浅咀汉圈眼游行	第十五回 尖咀监打还伤臂 狠心赔酒又挨椎
第八回 孝女于归全四德 悍妻逞毒害双亲	第十六回 艾回子打脱主顾 陈少潭举荐良医

苏三艳史

民间小说。灵岩樵子著。上海广益书局。1941 年 4 月版。1 册。4.8 万字。弁言 1 篇。插图 7 幅。共 18 回。

第一回 王礼部留子索捕	第二回 三公子妓院挥霍

第三回	遭白眼床头金尽	第十一回	沈延令计赚三姐
第四回	中奸计芦丛遇劫	第十二回	卖三姐鸨儿贪财
第五回	关王庙金哥传信	第十三回	走山西旅店罚誓
第六回	玉堂春烧香许愿	第十四回	赵监生托媒牵线
第七回	赠花银情深意重	第十五回	谋亲夫皮氏下毒
第八回	盟同心公子还乡	第十六回	玉堂春含冤入狱
第九回	见老父负荆请罪	第十七回	都察院三堂会审
第十回	图上进刺股读书	第十八回	庆团圆白头偕老

杨 乃 武

民间小说。灵岩樵子著。上海广益书局。1946 年 9 月新 2 版。1 册。6.7 万字。插图 3 幅。共 30 回。

第 一 回	通情	第 十 六 回	逼供
第 二 回	结婚	第 十 七 回	探监
第 三 回	决绝	第 十 八 回	闺叹
第 四 回	赴考	第 十 九 回	学议
第 五 回	见色	第 二 十 回	公禀
第 六 回	设计	第二十一回	府审
第 七 回	捉奸	第二十二回	会审
第 八 回	下毒	第二十三回	省审
第 九 回	奔丧	第二十四回	覆审
第 十 回	告状	第二十五回	哭诉
第十一回	自白	第二十六回	进京
第十二回	密嘱	第二十七回	部状
第十三回	诱擒	第二十八回	提讯
第十四回	县审	第二十九回	部议
第十五回	开验	第 三 十 回	雪冤

武松全传

民间小说。灵岩樵子著。上海广益书局。1946 年 11 月新 1 版。1 册。7.9 万字。蝶卢小序 1 篇。插图 4 幅。共 22 回。

第 一 回	景阳冈好汉打虎	第 十 二 回	供人头灵前祭奠
第 二 回	阳谷县无意遇兄	第 十 三 回	卖人肉英雄打店
第 三 回	潘金莲挑帘戏叔	第 十 四 回	十字坡义结张青
第 四 回	武松奉命走东京	第 十 五 回	安平寨力举石墩
第 五 回	西门庆巧会金莲	第 十 六 回	孟州城结拜施恩
第 六 回	贪美色茶坊求计	第 十 七 回	武松醉打蒋门神
第 七 回	王婆子撮合私情	第 十 八 回	张都监计陷武松
第 八 回	武大郎结伴捉奸	第 十 九 回	飞云浦怒杀公人
第 九 回	砒礵毒死三寸钉	第 二 十 回	良宵血溅鸳鸯楼
第 十 回	何九叔送丧偷骨	第二十一回	行者夜走蜈蚣岭
第十一回	闻兄耗武二告状	第二十二回	二龙山落草避难

青龙白虎

民间小说。灵岩樵子著。上海广益书局。1944 年 3 月新版。1 册。5 万字。作者提要 1 篇。图 8 幅。共 28 回。

第一回	五雷塔罩鲍官保	第 七 回	唐明皇金殿议事
第二回	安禄山毒牌伤将	第 八 回	传圣旨西凉颁兵
第三回	神砂困住太行山	第 九 回	锁阳城薛蛟回朝
第四回	殷合仙遣徒下山	第 十 回	薛千岁太行鏖兵
第五回	万佛头惊走龟精	第十一回	鲍官保智伏小将
第六回	白虎二次战青龙	第十二回	荒郊外义结金兰

第十三回　薛蛟归顺太行山　　第二十一回　铁玉环杀败张信

第十四回　长安城群奸定计　　第二十二回　王奇活捉风玉花

第十五回　李林甫勾引番王　　第二十三回　乌凤英生擒矮子

第十六回　乌狼主攻打太行　　第二十四回　余文俊摄入宝瓶

第十七回　二呆瓜阵前获胜　　第二十五回　番公主怒蒸矮鬼

第十八回　鲍官保疆场斩将　　第二十六回　羞失身遁归仙山

第十九回　吴若兰招赘林冲　　第二十七回　八卦妖下山报仇

第二十回　众女将大战妖人　　第二十八回　拘仙镇子仪受伤

郭子仪征西

民间小说。月唐演义之六。灵岩樵子著。上海广益书局。1946 年 11 月新 4 版。1 册。4.6 万字。提要 1 篇。插图 8 幅。共 26 回。

第 一 回　银燕关白滚归降　　第 十 四 回　郭子仪疆场奋战

第 二 回　薛文俊阵前中箭　　第 十 五 回　乌凤妖术败唐兵

第 三 回　韩家庄白马救主　　第 十 六 回　焚山谷八将归天

第 四 回　擒番将韩坤用计　　第 十 七 回　绝龙岭薛蛟殉国

第 五 回　黄天杰铜底丧生　　第 十 八 回　无极图杀退救兵

第 六 回　吴刚匹配黄凤鸾　　第 十 九 回　林洪奉命下仙山

第 七 回　乌天熊生擒唐将　　第 二 十 回　跨神虎独闯番营

第 八 回　鲍官保力战天熊　　第二十一回　诸葛英发兵接应

第 九 回　乌梨花沙场逞能　　第二十二回　七星旗收无极图

第 十 回　黑虎锤破落魂锤　　第二十三回　白水洞巧救储君

第十一回　韩凤英进关游说　　第二十四回　平大宛三军奏凯

第十二回　姻缘镜联成佳偶　　第二十五回　钟景期长安应试

第十三回　困虎城元帅中计　　第二十六回　游花园书生拾帕

唐明皇游月宫

民间小说。灵岩樵子著。上海广益书局。1948 年 12 月新 7 版。1册。7.2 万字。自序 1 篇。插图 8 幅。共 30 回。

第 一 回	求长生广集神仙	第 十 六 回	打擂台巧会佳人
第 二 回	游月宫信笔题诗	第 十 七 回	点穴拳慑服英雄
第 三 回	嫦娥衔恨奏凌宵	第 十 八 回	洞房花烛被遭擒
第 四 回	青龙白虎下凡尘	第 十 九 回	囚车短劫川心谷
第 五 回	上阳宫江妃得宠	第 二 十 回	双合山鞭打老奸
第 六 回	杨贵妃兄妹专权	第二十一回	余成龙里应外合
第 七 回	二龙山英雄结拜	第二十二回	三法司会审钦犯
第 八 回	小奸恃强抢婵娟	第二十三回	太白终南遇果老
第 九 回	郭子仪怒打不平	第二十四回	杨国舅考场嫉贤
第 十 回	番奴进献九狮图	第二十五回	渤海国进贡四宝
第十一回	神风刮走众英雄	第二十六回	午门揭榜显奇才
第十二回	余小姐松林遇虎	第二十七回	李太白醉草蛮书
第十三回	江上渔翁认义女	第二十八回	彩山殿智降异兽
第十四回	鲍节度摆擂招贤	第二十九回	安禄山金殿见驾
第十五回	擂台打败二呆瓜	第 三 十 回	贵妃出浴乱宫闱

少林剑侠

武侠小说。张个侬著。上海大亚书局。1931 年 4 月 3 版。1 册。5 万字。自序 1 篇。共 10 回。

第一回	惩流氓壮士卖解 戏行客老叟逞技	第二回	谈哲理头头是道 练武艺针针见血

第三回　拜师傅壮士得真传
　　　　杀疯犬老衲收弟子

第四回　因小事忽然结深仇
　　　　行远道蓦地遇剑客

第五回　两剑客初次决雌雄
　　　　三侠士荒郊闻野哭

第六回　施诱惑兄妹通奸
　　　　恋情侣夫妻反目

第七回　求灵签贤母哭蛉子
　　　　读书信道士诧奇事

第八回　不幸重重人亡财又失
　　　　消息沉沉音杳耗亦无

第九回　遇高人奇士成剑侠
　　　　移疾病乞丐起沉疴

第十回　苦肉计名捕赚剧盗
　　　　不忍心剑客救巨魁

石破天惊录

长篇武侠小说。张个侬著。上海南方书店。1935 年 7 月再版。10册。32 万字。自序 1 篇。共 100 回。

第一回　溽暑困人长街欣解后
　　　　茶寮茗话隐语泄玄机

第二回　赇上买下情是动人
　　　　李僵桃代身能役鬼

第三回　夜行僻道毙犬止龙吠
　　　　宵征径途劝友息纷争

第四回　伫亍趑趄畏首畏尾
　　　　声名洋溢是师是徒

第五回　信闲言双侠士火并
　　　　得警讯众英雄登程

第六回　四虎大闹石家窪
　　　　群雄皈依白莲教

第七回　倏焉他适白昼遁间谍
　　　　突如其来深宵遇刺客

第八回　乍逢女侠仓皇归梓里
　　　　初展身手飞弹建奇勋

第九回　铁鞭临头匪酋脑浆流
　　　　钢刀着颈贞女碧血染

第十回　为劣徒情求方外士
　　　　因美色误认室内人

第十一回　背师罔母巨憝欺己心
　　　　　行商坐贾大盗蔽人眼

第十二回　孕祸胎摧残姊妹花
　　　　　忤孽果断送鸳鸯命

第十三回　率语率言伧夫杀身
　　　　　悖入悖出巨猾丧财

第十四回　杀人放火露强盗本相
　　　　　革面洗心遵良友忠言

第十五回　老拳师临终传遗嘱
　　　　　小寡妇出家成绝艺

第十六回　于道姑山巅习剑术
　　　　　戚贼酋村居求遗书

第 十 七 回　碎锱泯迹老妪有心
　　　　　　索骥按图壮士寻女

第 十 八 回　与虎谋皮呼朋引类
　　　　　　夸技显艺洞石举缸

第 十 九 回　结勇士治酒款宾
　　　　　　角武力挥掌碎石

第 二 十 回　击兽掷禽巧炫武技
　　　　　　赠金馈姬智设网罗

第二十一回　中狡谋内宦遣勇士
　　　　　　壮行色奸阉馈程仪

第二十二回　老和尚飞剑警恶秃
　　　　　　小拳师使诈赚凶僧

第二十三回　以德报怨赠金遣暴客
　　　　　　因妒争风夺夫演丑剧

第二十四回　狠心辣手击杀糟糠妻
　　　　　　撩云拨雨诱惑朋友妾

第二十五回　殢雨尤云孽参欢喜禅
　　　　　　鹊巢鸠占激成大火并

第二十六回　血染黄沙贪淫果报
　　　　　　火毁萧寺穷凶行藏

第二十七回　凤去台空人如黄鹤
　　　　　　路断径剪鬼现无常

第二十八回　贼劫贼血溅芳草地
　　　　　　寇逢寇尸横野渡津

第二十九回　盗斗剪径鼠窃生涯
　　　　　　杀妻殛友狠贼本相

第 三 十 回　倚红偎翠乐哉温柔乡
　　　　　　拳打足踢逝兮痞棍魂

第三十一回　姻缘巧合佳偶庆天成
　　　　　　喜筵盛会吉门来恶汉

第三十二回　探悉芳踪登门索逃妾

第三十三回　结得奥援持柬请高人
　　　　　　蒸庶婶机心张情网
　　　　　　杀遗孤辣手用钢针

第三十四回　眼前报应造孽钱被窃
　　　　　　身后纠纷遗巨产起衅

第三十五回　鸿飞冥冥弋人何慕
　　　　　　精赤条条之子无裳

第三十六回　雨女侠正言排众议
　　　　　　一功狗被算殒厥躯

第三十七回　天诱其衷亲口泄奸谋
　　　　　　法绳厥后恶人遭显戮

第三十八回　拳来脚往一场狠斗
　　　　　　强言恶语数句祸根

第三十九回　慕游侠公子成乞丐
　　　　　　遇镖客响马作邱明

第 四 十 回　济困厄贤乔梓热肠
　　　　　　救危难大英雄出手

第四十一回　遇奇丐独眼龙拜师
　　　　　　避官刑醉太岁混迹

第四十二回　解衣推食深心结奇侠
　　　　　　涉水登山方外遇高人

第四十三回　走江湖名驰独眼龙
　　　　　　闯码头身系囹圄狱

第四十四回　阶下囚翻为座上客
　　　　　　害人贼即是亲民官

第四十五回　忆往事名捕破疑案
　　　　　　擒飞贼盲丐建奇勋

第四十六回　陈直言贼官乞原情
　　　　　　遇故雨侠丐得薪传

第四十七回　暴睢恣肆难民扰闾里
　　　　　　耀武扬威侠士显艺能

第四十八回　爱屋及乌双侠发宏愿
　　　　　　见义勇为一丐解友难
第四十九回　旧雨重逢同作鲁仲连
　　　　　　新命忽颁受任秘密使
第 五 十 回　谈前尘洞中縈要
　　　　　　进良言干戈平息
第五十一回　凭三寸舌战雾化祥云
　　　　　　恃一席酒恶意变好感
第五十二回　英雄会英雄席间联欢
　　　　　　刺客逢刺客屋上狠斗
第五十三回　波谲云诡错综幻变化
　　　　　　石破天惊俄顷见异人
第五十四回　遇奇人剧贼受惊
　　　　　　见尼僧虎伥丧胆
第五十五回　穷原委响马知情
　　　　　　教徒弟奸阉组党
第五十六回　阴狠残贼渠行若彼
　　　　　　扑朔迷离我闻如斯
第五十七回　柔克刚谦恭果受益
　　　　　　忠防佞荩筹破奸谋
第五十八回　问徒弟恶声厉色
　　　　　　答师尊冷言冷语
第五十九回　言下有物强词对恶问
　　　　　　笑里藏刀狠心施辣手
第 六 十 回　河北侠归途遇暴
　　　　　　东宫阉绝处逢生
第六十一回　寺人遇旧凄凉诉危难
　　　　　　镖客任侠慷慨告奋勇
第六十二回　是官是盗快人快语
　　　　　　即真即伪狡贼狡谋
第六十三回　虑生虑死群臆怀恐怖

第六十四回　任战任守分工谋合作
　　　　　　邑令深思议兼筹并顾
第六十五回　壮士侠行闯虎穴龙潭
　　　　　　功成名就合浦庆珠还
第六十六回　凤倒鸾颠内庭演对食
　　　　　　私阉竖客氏淫宫阙
第六十七回　通乳媪奸珰乱朝纲
　　　　　　傻女婿洞房闹妖怪
第六十八回　好父亲客厅使诈语
　　　　　　假画符串道士捉妖
第六十九回　真作怪演贾女偷香
　　　　　　丑丈夫捉妖丧厥命
第 七 十 回　俏佳人便殿见君王
　　　　　　妙计安排乳媪入宫
第七十一回　好梦初圆阉官对食
　　　　　　闹书房顽童退学
第七十二回　夺耕牛流氓启衅
　　　　　　逃囹圄死囚越狱
第七十三回　投舅妗娘子出宗
　　　　　　萌故态儇儿惹祸
第七十四回　逼赌债无赖割肾
　　　　　　太监娶寡妇千古奇闻
第七十五回　皇帝袒乳母万年秽迹
　　　　　　内侍拜把仁兄贤弟
第七十六回　皇上醉庸夫人指挥
　　　　　　振乾纲正言规妻
第七十七回　乖妇道恶声报夫
　　　　　　联情谊拜为干姊妹
第七十八回　系丝箩缔结恶姻缘
　　　　　　穷打算老父想极法
　　　　　　妙安排阿兄用狡计

第七十九回　割靴腰把兄弟反目
　　　　　　剪裙边干姐妹破脸

第八十回　争宠夺爱各用机谋
　　　　　钩心斗角都张罗网

第八十一回　坤宁宫采女用计
　　　　　　尚衣监中官捉奸

第八十二回　争攘妖姬魏朝闹明宫
　　　　　　钟情逆阉客氏觐帝子

第八十三回　风流女解决风流债
　　　　　　可怜人化作可怜虫

第八十四回　除情敌设地网天罗
　　　　　　赚伧夫遣净军阉将

第八十五回　杀魏朝逆阉窃权
　　　　　　除王安奸党矫旨

第八十六回　城孤社鼠俱为廊庙宰
　　　　　　拳师镖客同作穿窬盗

第八十七回　为国消隐忧正言规盗
　　　　　　代主谋福利倾怀交贤

第八十八回　一席话打动侠盗心
　　　　　　两条计窥破奸佞意

第八十九回　作讹言设辞文过
　　　　　　逞意气奋勇请缨

第九十回　蓄意险恶奸阉遣刺客
　　　　　立志义勇侠士保忠良

第九十一回　天诱其衷巨猾不打自招
　　　　　　攻手异端大憨如虎附翼

第九十二回　有司颟顸苟安遗巨祸
　　　　　　小丑跳梁恃势萌逆谋

第九十三回　镖客失镖乞援旧雨
　　　　　　花贼采花羞见新朋

第九十四回　念江湖义气姑宽彼过
　　　　　　看朋友情面聊延其生

第九十五回　教子义方贤母毕命
　　　　　　憾郎怙恶侠女行刺

第九十六回　店小二演说石员外
　　　　　　赛杨戬溯论戚四儿

第九十七回　姨母侄同仇齐练武
　　　　　　师兄弟合意共反戈

第九十八回　污生女贪淫受显报
　　　　　　见亲娘复仇证孽果

第九十九回　报深仇了却冤孽债
　　　　　　警逆阉火毁玉帝观

第一百回　风虎云龙信王登大宝
　　　　　诛奸锄佞全书结子目

龙门剑侠

长篇武侠小说。张个侬著。出版单位和出版时间不详。2 册。11 万字。序 1 篇。共 24 回。

第一回　龙门传侠茜窗著书
　　　　张口投师村店遇雨

第二回　立志复仇行乞奔走
　　　　仗义收徒慨传衣钵

第 三 回　疑鬼疑神属垣闻诡语
　　　　见贤见义暗地保忠良

第 四 回　杨柳青侠士初出手
　　　　巨野县会首两留宾

第 五 回　祭祖莹茶肆闻闲话
　　　　诛保正树梢挂人头

第 六 回　访仇人武邑惊邪教
　　　　遇义士叶村练民兵

第 七 回　正能祛邪雠仇授首
　　　　柔以克刚侠义入狱

第 八 回　表同情侠客夜越狱
　　　　骂奸阉文士闹生祠

第 九 回　焚生祠大闹宣家堡
　　　　救乡老夜踹夏镇营

第 十 回　乘船救人失足落水
　　　　进庄索仆中伏遭擒

第十一回　化险为夷侠士遇救
　　　　追踪得讯乡老乞援

第十二回　闺中话旧侠女抱不平
　　　　虎穴救人良朋奋群勇

第十三回　小剑客演说白莲教
　　　　大名士市恩红柳村

第十四回　杏小二信口开河
　　　　大侠义夜探贼窟

第十五回　未亡人伤心潜堕泪
　　　　真孝子矢志刺缙绅

第十六回　救孝子火焚红柳村
　　　　受桎梏被囚滋阳府

第十七回　探府衙怒诛主仆
　　　　闹监狱错杀人妖

第十八回　叠起奇峰咄咄称怪事
　　　　示来乩判啧啧叹异闻

第十九回　探尼庵获仇诛令尹
　　　　追囚车救友出牢笼

第二十回　涉水登山夹沟逢女侠
　　　　求根问底滁县得仇人

第二十一回　得兴儿前仇尽释
　　　　访妙莲旧事重提

第二十二回　假进香细察进路
　　　　真出丑顿时毕命

第二十三回　酒店中巧遇洪逊
　　　　猫儿集点醒凶徒

第二十四回　叶廷珍倒反白莲教
　　　　邱成龙携徒返龙门

关东奇侠传

武侠奇情小说。张个侬著。上海南星书店。1930 年 8 月版。5 集。20 万字。第五集系章育青绘关东奇侠写真图。苕狂赵氏序 1 篇。自序 1 篇。共 40 回。

第一回　鱼鼓轻敲惊闻韩湘子　　　　鸿影一瞥疑是安琪儿

第 二 回　大豪杰任侠诛洋奴
　　　　　恶土劣强奸死烈妇

第 三 回　忠告善道静友进谏
　　　　　杀人自首英雄充军

第 四 回　惩解差侠士初试技
　　　　　壮行色朋友馈程仪

第 五 回　狠心辣手禁卒肆虐
　　　　　快举豪行军犯闹监

第 六 回　狗头军师划谋定策
　　　　　塞北豪侠排难解纷

第 七 回　岭南健儿大闹锦州狱
　　　　　关东侠士小集三家村

第 八 回　表孤忠遗言报国
　　　　　纠同志结党聚义

第 九 回　前途多岭巇行不得也哥哥
　　　　　后援少将伯真难为了妹妹

第 十 回　盗库银子矛刺子盾
　　　　　改批文狐掘即狐埋

第十一回　明哲保身远行避祸
　　　　　奸谋诡计画饼徒劳

第十二回　是是非非为名为利
　　　　　生生死死传信传疑

第十三回　财能通神有罪亦可赎
　　　　　谵足速祸无风竟兴波

第十四回　人间巧事戏语成谶语
　　　　　天外奇祸喜剧变悲剧

第十五回　糊涂官糊涂定谳
　　　　　慷慨士慷慨陈词

第十六回　侦正犯意外得线索
　　　　　追义贼奇巧破疑案

第十七回　受责自处白刃染红血

　　　　　巧言诱供英雄赚积窃

第十八回　真奇闻官教贼翻供
　　　　　大快事贪及污丧生

第十九回　难兄弟运功杀洋人
　　　　　贤郎舅拟状诉列宪

第二十回　打师父徒弟白昼显身手
　　　　　欺孤儿寡妇黑夜飞人头

第二十一回　毙命中途荡子果报
　　　　　悬首高杆恶叔丧元

第二十二回　公道在人心贞嫠得释
　　　　　义勇形容色侠士被疑

第二十三回　惩莠民贤令破积案
　　　　　敬壮士难弟结良朋

第二十四回　袒护杰士正言结阿兄
　　　　　嫁祸侠客讹语欺徒弟

第二十五回　小子无知骄矜遭挫辱
　　　　　志士有意课徒育英才

第二十六回　客来不速蓦地会胜友
　　　　　名以幸成倏然逢好汉

第二十七回　奏凯歌数番夺锦标
　　　　　受耻辱初次被败北

第二十八回　气愤愤长街逢女侠
　　　　　狠巴巴狭路逐冤家

第二十九回　前尘洄溯舌底生莲花
　　　　　思潮起伏胸际障疑云

第三十回　发奋图雄师门同立雪
　　　　　馈金示惠蓬荜忽生辉

第三十一回　劣弟子挟嫌劫师傅
　　　　　大英雄青眼识良驹

第三十二回　辞官阶拳叟明心
　　　　　泄异谋志士解体

第三十三回　雪前耻二次作壮游
　　　　　　修旧怨两番斗女侠

第三十四回　一场狠斗男女各受伤
　　　　　　数句谵言后先招奇祸

第三十五回　不速客来旅店惊好梦
　　　　　　非常礼至家宅兆焚如

第三十六回　大强盗卖命桃僵用李代
　　　　　　老英雄任侠香楮作贺仪

第三十七回　耀武扬威不愧老当益壮
　　　　　　词严义正何殊神针法灸

第三十八回　救难女老侠士显艺
　　　　　　作刺客大流氓丧生

第三十九回　背官箴有司徒自苦
　　　　　　泄机密侠义竟速祸

第 四 十 回　英雄好汉如是下场
　　　　　　侠女奇男这般结局

现代武学大观

长篇拳术小说。张个侬著。上海大成书局。1930 年 12 月初版。4册。21.5 万字。序 2 篇。总论及编辑大意各 1 篇。共 50 回。

第一回　开寿宴忽来不速客
　　　　斗蟋蟀惹下难解仇

第二回　记前仇数四修怨
　　　　防后患再三练武

第三回　童子登高诧遇妖魔
　　　　老叟闻讯趋访义侠

第四回　忿藏私难兄弟远行
　　　　遭暗算名捕头瞥目

第五回　遇乞丐小子初受辱
　　　　收徒弟道人授拳经

第六回　老道士传授易筋经
　　　　小徒弟演习掉虎势

第七回　小鬼谷街头收高足
　　　　大盗魁浴室遭毒手

第八回　一乞丐戏侮绿林魁
　　　　双剑侠平反文字狱

第 九 回　试本领偷学八段锦
　　　　　教武艺传授石头拳

第 十 回　偷武艺二次逃师门
　　　　　遭强暴三番受挫辱

第十一回　甘屈辱当街拜师
　　　　　赔损失旅店付款

第十二回　铤而走险孝子为狗盗
　　　　　善以道之行脚进良言

第十三回　侠义士苦习拳艺学
　　　　　忠厚人见逼印子钱

第十四回　袁老儿演说黔中侠
　　　　　马义士传授睡功图

第十五回　拐子马任侠成名
　　　　　铁角牛仗义锄奸

第十六回　马准绳纠正少林拳
　　　　　柳公侠练习钩托手

第 十 七 回　练身步技击得薪传
　　　　　　惊丐瞥后生遁仓卒

第 十 八 回　追逃徒侠客逢义士
　　　　　　留嘉宾良师护门人

第 十 九 回　逢奇人无意得手法
　　　　　　逅高士有意听名言

第 二 十 回　传手法拳艺告成功
　　　　　　论劲力武术抉隐微

第二十一回　文人瑞吝传八法
　　　　　　沐大公割肉赌钱

第二十二回　受折辱远行求师
　　　　　　传太极遵图习艺

第二十三回　读经解初明理法
　　　　　　演拳式练习身手

第二十四回　买刀幸识大英雄
　　　　　　贪利致恼真杰士

第二十五回　惟利是图市侩工心计
　　　　　　进而教之豪杰传刀谱

第二十六回　丧心病狂夺产卖寡嫂
　　　　　　见义勇为挥刀杀劣叔

第二十七回　学剑术精研内功
　　　　　　走昆明巧得枪法

第二十八回　铩羽归来苦练枪法
　　　　　　弹丸飞去欣获名驹

第二十九回　十年艺成归途逢奇丐
　　　　　　一语喝破中道解纠纷

第 三 十 回　快刀割乱麻快人快语
　　　　　　豪兴飞酒杯豪客豪情

第三十一回　逞强暴耀武扬威
　　　　　　奋义勇追奔逐北

第三十二回　剜肉医疮袁克昌举债

第三十三回　见色思淫南宫学兴谋
第三十三回　使奇谋巧言欺愿女
　　　　　　贪厚赏狠心卖良朋

第三十四回　口蜜腹剑鼓舌如簧
　　　　　　狠心辣手推人下水

第三十五回　突如其来强盗捕快
　　　　　　倏然而去友人仇家

第三十六回　举两雄孀妇幸有后
　　　　　　下说辞豪杰作冰人

第三十七回　恶奴作媒讨没趣
　　　　　　义士任侠防暴客

第三十八回　追刺客代人报仇
　　　　　　杀豪霸与众共弃

第三十九回　推己及人困母全子
　　　　　　抱恨终天为父丧命

第 四 十 回　急父仇孝子短命
　　　　　　成祖志贤孙习武

第四十一回　传棍法类及诸般艺
　　　　　　习剑术精研内外功

第四十二回　修旧怨老祖携幼孙拜寿
　　　　　　演情剧和尚与尼姑结婚

第四十三回　有愿莫偿一对可怜虫
　　　　　　古井不波无计奈何天

第四十四回　小姐逃禅婢代主嫁
　　　　　　老僧留客妹即兄谋

第四十五回　警顽固凭佛法神权
　　　　　　除妖魔仰刀光剑影

第四十六回　平苗乱老衲助官兵
　　　　　　扶灵柩小侠归梓里

第四十七回　欺心赖债遇神偷
　　　　　　报仇雪恨有剑侠

第四十八回　真孝子庐墓卫遗骸
　　　　　　大侠客飞剑斩贼酋
第四十九回　慕虚荣佳偶成怨耦

　　　　　　用法术逆妇变贤妇
第 五 十 回　遭符咒悔罪成贤孝
　　　　　　遵师训出家学神仙

武当剑侠

武侠小说。四大剑侠之第二种。张个侬著。上海大亚书局。1931 年 4 月版。1 册。5.3 万字。朱楚荪序 1 篇。自序 1 篇。共 10 回。

第一回　被嫁祸侠客入囹圄
　　　　白奇冤道人解桎梏
第二回　巧取豪夺借刀杀人
　　　　甘言令色设计诱敌
第三回　弄巧成拙引狼入室
　　　　恶贯满盈遇盗身亡
第四回　恶因孽果命丧招商店
　　　　香消玉殒魂归离恨天
第五回　树倒猢狲散且趁火打劫
　　　　牢破机关毁聊顺水行船

第六回　留盗窟机关县令具深心
　　　　讯贼酋口供道士用砂手
第七回　一去不返盗党作黄鹤
　　　　甘罪无词英雄请领限
第八回　溯往事小结前文
　　　　议本案忽翻旧账
第九回　使飞剑施道法方外士任侠
　　　　仗武艺运神功槛内人逞能
第十回　抱义愤代友报仇
　　　　行巧计为人雪恨

侠女诛仇记

香艳武侠小说。张个侬著。上海南方书店。1935 年 3 月五版。1 册。4 万字。自序 1 篇。共 10 回。

第一回　杀人越货剧贼留名
　　　　缉凶追赃捕头领限
第二回　惊血案县令失色
　　　　缉剧盗孝女改装

第三回　三镖师闲谈露消息
　　　　一侠女窃听得佳音
第四回　老和尚游方暂挂锡
　　　　小强盗指路赚英豪

第五回　怪侠士被欺落圈套
　　　　名捕头受聘定计策
第六回　老英雄智激小英雄
　　　　众好汉议救一好汉
第七回　破贼窟侠士立功赎罪
　　　　越监狱巨憝暴动逃刑

第八回　名捕智料众逸犯
　　　　侠女巧诛二寇仇
第九回　老学究正言训令子
　　　　小青皮谑语戏娇娃
第十回　豪杰忿怒除强暴
　　　　侠女义勇锄凶顽

南北异人传

长篇武侠小说。张个侬著。上海南方书店。1929 年 8 月初版。4 册。21 万字。姚苏凤作序 1 篇。自序 1 篇。共 40 回。

第一回　巍峨殿阙深宵来鸟瞰
　　　　清净梵宫白昼接仙踪
第二回　发宏愿立志成绝技
　　　　闻绮语蓄意破邪魔
第三回　违佛律胡帝胡天
　　　　挥戒刀除淫除秽
第四回　千佛寺初次逢怪杰
　　　　三山街两番戏神偷
第五回　侃侃而谈盗亦有道
　　　　锋锋相逼秦岂无人
第六回　波谲云诡异人传异事
　　　　石破天惊豪客发豪情
第七回　数行留言美人激异侠
　　　　一声欸乃舟子斗渔翁
第八回　治恶霸奋勇称渔父
　　　　除凶徒仗义有侠僧
第九回　鬼祟祟人约黄昏后
　　　　喜孜孜月上柳梢头

第　十　回　卤莽灭裂偾事撄巨祸
　　　　　　冰雪聪明悔过掩前眚
第十一回　具揭谛心悬崖勒马
　　　　　秉真如念苦海回头
第十二回　诛奸淫碧血溅衾枕
　　　　　论拳技豪气干云霄
第十三回　较拳足见虎跃龙腾
　　　　　比家什仰刀光剑影
第十四回　以首触石遽萌短见
　　　　　顺手牵羊权作偷儿
第十五回　全孝道侠士赠金
　　　　　仗剑术异人除怪
第十六回　剪径贼幻形害行旅
　　　　　狠心人诡计杀同怀
第十七回　听妇言忍心残手足
　　　　　申天讨仗义诛奸淫
第十八回　孽果恶因如响斯应
　　　　　山魈毒蟒随手而踣

第 十 九 回　叹险巇侠客惊失窃
　　　　　　弄狡狯恶贼呈机锋

第 二 十 回　小不忍一言起风波
　　　　　　大无畏数语生枝节

第二十一回　赤眉贼吹无腔短笛
　　　　　　少林僧演出奇武工

第二十二回　探贼巢闯龙潭虎穴
　　　　　　战盗首仗剑利刀锋

第二十三回　真兀突怪杰助神拳
　　　　　　忒离奇异侠遭恶骗

第二十四回　臭烘烘茶坊尝异味
　　　　　　香喷喷客店赏奇葩

第二十五回　管闲事掌柜肇祸变
　　　　　　作调人旅客解事端

第二十六回　错寻仇隙指鹿为马
　　　　　　虔祀妖神以羊易牛

第二十七回　怪侠客仗勇诛贼酋
　　　　　　店主东用计下蒙药

第二十八回　少林僧点穴震黑店
　　　　　　关东侠留书盗宝珠

第二十九回　用头功侠僧创顽童
　　　　　　显身手胡匪擒劣马

第 三 十 回　请君入瓮怪杰戏小二
　　　　　　为徒复仇拳师斗侠僧

第三十一回　好勇斗狠一方称首霸
　　　　　　博施济群百里讴善人

第三十二回　假慈悲计赚可怜虫
　　　　　　真侠义力除社会蠹

第三十三回　书生堕魔障玉软珠柔
　　　　　　妓女逞娇憨莺嗔燕叱

第三十四回　纸醉金迷花繁亦柳密
　　　　　　冰言冷语雨骤又风狂

第三十五回　遭白眼书生悲堕落
　　　　　　赠黑卫侠妓助行装

第三十六回　货代步中途遭念秧
　　　　　　赠黄金异地逢知己

第三十七回　凄凉末路谁饭王孙
　　　　　　踯躅长街言念旧友

第三十八回　少林僧长街逢女侠
　　　　　　武当徒旅店访男英

第三十九回　老和尚化缘收弟子
　　　　　　小英雄访友拜师傅

第 四 十 回　遇乞丐童子拜师
　　　　　　成剑侠全书结束

峨嵋剑侠

武侠小说。四大剑侠之第三种。张个侬（拙笔山人）著。上海三星书局。1933 年 6 月 4 版。1 册。4 万字。共 10 回。

第一回　文士潦倒权为打铁汉
　　　　老叟离奇隐作经纪人

第二回　释隐疑剪烛论前情
　　　　劫民女仗威施暴虐

第三回　削须眉奸王惊飞剑
　　　　返故乡山盗觑行装

第四回　服众寇老妇显神威
　　　　讨银箱大侠访盗迹

第五回　斗剑光色彩分派别
　　　　报友忿改扮勘敌踪

第六回　廉女色明显真豪杰
　　　　惊凶亡巧撞浮滑人

第七回　结缘有心倚门卖笑
　　　　交友无意临别珍言

第八回　恶头陀强化铁钟缘
　　　　飞流子自蹈冤孽债

第九回　绿巾有魂蠢汉拿奸
　　　　白刃无情红颜喋血

第十回　急兄仇飞头掷浪子
　　　　怀隐忿僻道逢故知

鸳鸯奇侠传

长篇武侠小说。张个侬（拙笔山人）著。上海鸿文书局。1939 年 5 月 3 版。2 册。12 万字。自序 1 篇。共 40 回。

第一回　老学究设馆受生徒
　　　　四六儿拾草得珠袋

第二回　讪珠袋徐麟仗严威
　　　　助暴虐群儿打出手

第三回　背离父母六儿投佛寺
　　　　关怀民瘼程老作县官

第四回　狗眼差棍打程知县
　　　　卖解妇陈诉委屈情

第五回　程星壁接篆布新献
　　　　老苍头书房献妙策

第六回　目无王法朱幼华大闹公堂
　　　　胆大敢为程铁面政声显著

第七回　惊哭声四邻齐蚁集
　　　　受子累老儒苦奔波

第八回　会法缘六儿拜长老
　　　　题名号别古兆凶忻

第 九 回　万里从师长途跋涉
　　　　一袋随身古井重波

第 十 回　山神庙暴客劫明珠
　　　　紫霞洞华儿海师弟

第十一回　闾阎被祸邪魅频侵
　　　　慈悲悯世长老灭怪

第十二回　六载艺成别师归去
　　　　一生悭吝责儿无知

第十三回　捐巨款热心襄善举
　　　　当宝珠突兀化千金

第十四回　诱婢女店伙试偷香
　　　　当破席英雄识佳士

第十五回　江湖汉尸位图口腹
　　　　张瘌头挥带策群牛

第十六回　露奸谋伧奴遭驱逐
　　　　弄唇舌小子丧天良

第 十 七 回　惟口兴戎弄假成真
　　　　　　青天霹雳祸生肘腋
第 十 八 回　托掌珠老仆受主命
　　　　　　报消息广泰诉曲衷
第 十 九 回　离乡远遁义仆投故旧
　　　　　　噩耗飞来乡老传悲音
第 二 十 回　池鱼殃居民遭横变
　　　　　　风水地老仆觅佳窝
第二十一回　潜身形主仆隐荒村
　　　　　　探消息管家归故土
第二十二回　儒将有缘得逢仙长
　　　　　　住持慧眼只识叫化
第二十三回　识庐山暴客惊走
　　　　　　炫邪术妖道掀波
第二十四回　施甘霖僧道赌法力
　　　　　　挟旧忿小洪占禅林
第二十五回　拐汉有心佳儿无辜
　　　　　　甘言诱服巧计成虚
第二十六回　避凶汉僻道遇明师
　　　　　　展长技荒山惊群寇
第二十七回　忆桃花玉儿悲身世
　　　　　　惊险事道婆卧绝崖
第二十八回　抑扬顿挫磋砌有道
　　　　　　见异惊奇愚蠢无知

第二十九回　失小主老仆跳深潭
　　　　　　惊奇情侠女初仗义
第 三 十 回　一知半解夸口遭讽刺
　　　　　　改头换面捐监显声威
第三十一回　欲念如焚节妇宵遁
　　　　　　诡计多端二竖献谋
第三十二回　责箴片老妇扬威
　　　　　　警凶顽女侠割耳
第三十三回　回故土跌翻老朝奉
　　　　　　诉前事吃惊小姑娘
第三十四回　张瘌头任侠救义友
　　　　　　廖玉莲闯迹访双亲
第三十五回　惊噩耗双亲遭毒手
　　　　　　报私仇赵二弄风波
第三十六回　黄土一抔孤儿饮痛
　　　　　　首级两颗侠士同悲
第三十七回　万花楼喜逢双侠义
　　　　　　黄怕轩吊殓起色心
第三十八回　包藏祸心故示亲睦
　　　　　　寡廉鲜耻腼颜称男
第三十九回　卫均臣惨遭冤里冤
　　　　　　林华甫事逢奇中奇
第 四 十 回　夸法力喇嘛轻首座
　　　　　　诉曲情全书暂收篇

黑夜枪声

侦探小说。张个侬著。百新书店。1936 年 4 月版。1 册。2.5 万字。
自序 1 篇。共 10 章。

第一章 离奇之惨杀案　第六章 勘案之频摧
第二章 谁欤杀吾夫者　第七章 怪哉叟也
第三章 不速之客　第八章 案情之经过
第四章 投桃报李之频　第九章 黑夜枪声
第五章 奇幻之报告　第十章 法庭之判决

新太平花

言情小说。张个侬（拙笔山人）著。上海三新书店。1935 年 4 月再版。1 册。4 万字。作者写前言 1 篇。共 10 回。

第一回 病榻凄凉伤心史料
　　　 军人敛暴掬泪文章
第二回 惊武士大祸起萧墙
　　　 赂贪夫妙策救故主
第三回 伤逝怨别人情鬼蜮
　　　 罗愁织恨面目狰狞
第四回 穷途潦倒质衣悲游迹
　　　 异乡落魄设帐起情波
第五回 影事如潮多情罹怅惘
　　　 人生似梦小宴攫病魔

第六回 伊人护士愁肠千绪
　　　 女尼捕鬼花样新翻
第七回 疾起沉疴功成捕鬼
　　　 学非深造憨掬挥毫
第八回 小苑评奇花太平志喜
　　　 穷途逢旧雨惘怅言离
第九回 怅赋别离柔肠千绪
　　　 萦思故里鱼雁三通
第十回 事出离奇重萌占喜兆
　　　 变生不测远走避兵燹

新镜花缘

社会言情小说。张个侬著。上海文业书局。出版时间不详。1 册。5.8 万字。序 2 篇。共 10 回。

第一回 满口自由娇娃斥顽固
　　　 一叶模特绣阁话春情

第二回 乱伦常家庭传秽事
　　　 舛骨肉闺阁播酸风

第三回　娇妹嫁阿兄艳闻学府
　　　　逆儿烝庶母酷泼家庭
第四回　选色征歌芬芳群集
　　　　依人作嫁家庭革新
第五回　便私图屈膝求妹妹
　　　　为服务推心结嫂嫂
第六回　情中情因情感妹妹
　　　　错中错认错劝哥哥

第七回　莺燕闹新郎别开生面
　　　　艳丽捐旧好乍展春云
第八回　电影明星现身色相
　　　　银幕密友猎艳追踪
第九回　手足寻仇摧残三角恋爱
　　　　夫妇反目另缔欢喜冤家
第十回　特别订交特别绝交
　　　　自由恋爱自由割爱

芸兰泪史

言情小说。张子和编。上海世界书局。1923 年 2 月再版。1 册。3.9
万字。编者序 1 篇。共 26 章。

第 一 章　悼兰
第 二 章　怜才
第 三 章　折芍
第 四 章　蹈月
第 五 章　饯花
第 六 章　惜影
第 七 章　萱凋
第 八 章　伤离
第 九 章　还乡
第 十 章　春感
第十一章　葬花
第十二章　落梅
第十三章　梦惊

第十四章　忏情
第十五章　痴恨
第十六章　泪书
第十七章　掬诚
第十八章　重聚
第十九章　持赠
第二十章　赏兰
第二十一章　魔障
第二十二章　婚议
第二十三章　对泣
第二十四章　获谴
第二十五章　死别
第二十六章　兰催

香闺花影

短篇社会小说。张云石、李涵秋编。上海世界书局。1922 年 10 月初版。1 册。8 万字。李涵秋、程瞻庐、王西神序各 1 篇。编辑赘言 1 篇。照片 4 幅。插画 30 幅。共 28 篇。

张玉如	毒钻		不愿意
	反常的恋爱	陆尘客	潇湘劫
	多妻鉴		快活家庭的一日
	灯语	陈淑英	义仆
	一个医生的秘密		一个卖唱的妇人
朱恨波	新婚劫	湘君女士	青天只当箬帽大王
	旧忆		掮湿木梢
	一幅油画	静娴女士	一个爱司三十元
余屏嫣	中秋之园会	蒙面女郎	女界珍闻
	侠情记	屠郭淑珍	阿侬四时之不亦快哉
	难兄难弟	朱婉贞	联语
章芬	谁的错	婉如女史	清芬馆笔记
	宁为玉碎	骊云女士	男女平权之疑点
徐婉云	绝琼记	寿梅女史	考画工

魔窟情焰

言情小说。张文蔚著。上海建华书局。1936 年 3 月初版。4 卷。20 万字。共 40 回。

| 第一回 | 风景不殊扬鞭柳岸
愁怀如此题壁旗亭 | 第二回 | 纸醉金迷梨园播笑史
镂红刻翠菊部谱芳词 |

第 三 回　赏新曲清谈入妙
　　　　　逢旧交往事重题

第 四 回　通眉语秋娘生巧智
　　　　　托微波青鸟传密言

第 五 回　钟情客会心画阁
　　　　　急色儿受辱通衢

第 六 回　红粉自怜感怀薄命
　　　　　绿章遍乞维护名花

第 七 回　蹈法罚锾公私莫辨
　　　　　分朋树党晋楚争雄

第 八 回　张党势巧组俱乐部
　　　　　增声价代作感怀诗

第 九 回　呆书生有意献诗
　　　　　疯和尚无端入狱

第 十 回　缧绁无辜苦心劝世
　　　　　痌瘝在抱良药活人

第十一回　书痴多情片言受绐
　　　　　文人好事小报丛兴

第十二回　报宿仇参谋遭暗杀
　　　　　演新剧妓女发雌威

第十三回　优孟登场亦讽亦谏
　　　　　斯文扫地为利为名

第十四回　刻羽引商各怀目的
　　　　　环肥燕瘦独出心裁

第十五回　阻行旌周郎情切切
　　　　　停歌板谢女病恹恹

第十六回　轻薄儿饱享巨灵掌
　　　　　颠狂女浪酬荡小情

第十七回　李代桃僵似真似幻
　　　　　口诛笔伐谁是谁非

第十八回　无赖文人骗去锦袍一袭
　　　　　有情眷属联将鸳侣双飞

第 十九 回　官长肆威竟发煌煌禁令
　　　　　　妄人出丑偏为楚楚衣冠

第 二 十 回　绿怨红愁无可奈何花落去
　　　　　　粉香脂艳似曾相识燕归来

第二十一回　蹴以达钩蜂狂蝶恋
　　　　　　伤将玉臂燕妒莺娇

第二十二回　低唱浅斟诗成即席
　　　　　　面红耳赤彩出当场

第二十三回　金尽床头书生落魄
　　　　　　羞贻堂上倩女离魂

第二十四回　投笔从戎男儿远戍
　　　　　　围炉射虎佳客伤时

第二十五回　异帜独嫖娥眉善妒
　　　　　　同床各梦蛇足贻讥

第二十六回　白雪阳春美人重上寿
　　　　　　红颜薄命假母大施威

第二十七回　弱女含颦绮筵饮泣
　　　　　　伧奴肆恶暗室亏心

第二十八回　诉衷情顿释疑团
　　　　　　慕虚荣忽撄巨祸

第二十九回　选优伶非非作奇想
　　　　　　封王号赫赫晋荣衔

第 三 十 回　敲竹杠评剧家收监
　　　　　　掮木梢纨绔小被殴

第三十一回　捧角丧身美人落泪
　　　　　　借题溺职法吏丢官

第三十二回　读小诗伤心失鸳侣
　　　　　　明大义苦口劝檀郎

第三十三回　订兰盟深宵累慈母
　　　　　　悲薤露月夜吊坤伶

第三十四回　赌气争权议员失利
　　　　　　痴心妄想市侩现形
第三十五回　遇拆白荡妇受骗
　　　　　　失小星律师逃禅
第三十六回　调虎离山小施计策
　　　　　　引狼入室大起风波
第三十七回　破赌窟恶徒结局

入空门名妓下场
第三十八回　结发夫妻甘心毁约
　　　　　　沽名君子低首认亲
第三十九回　指点湖山才人传韵事
　　　　　　逍遥沪渎浪小陷穷途
第四十回　云散风流临歧挥别泪
　　　　　　台空凤去搁笔结全书

双痴恨史

哀情小说。张六合著。大达图书供应社。1935 年 4 月再版。1 册。5.9 万字。自序 1 篇。刘中道、张鸣阳序各 1 篇。共 12 回。

第一回　感物兴怀口发痴言
　　　　忘餐废寝心生疑念
第二回　追思往事顿得良筹
　　　　默悟前情立增喜色
第三回　美酒嘉肴款待上客
　　　　高谈阔论鄙薄寒儒
第四回　灯火初明身闲访友
　　　　鸡声乍唪情急修书
第五回　论婚事兄弟开谈判
　　　　赴幽期儿女动痴情
第六回　枕上高呼惊醒异梦
　　　　窗前小酌恳托良媒

第七回　撮合美事大翻莲舌
　　　　坚却良缘小动闲气
第八回　月冷灯昏佳人洒泪
　　　　杯破水流书生心惊
第九回　情思郁结酒攻愁肠
　　　　医理精通药愈险症
第十回　苦口良言劝慰良友
　　　　意惹情牵眷念情人
第十一回　披阅画图发生呆感
　　　　　提说婚事惹动牢骚
第十二回　病魔缠身伤心情场
　　　　　变生意外抱恨黄泉

金肃秋殉情史

社会小说。张六合著。安乐诚文信书局。1933 年 2 月版。1 册。4 万

字。插图 2 幅。钱大可、赵尚贤、马素兰作序各 1 篇。共 10 章。

孤鸿断肠史

哀情小说。即幻梦缘。张六合著。上海文智书局。1933 年 6 月版。2 册。5 万字。杨岳五、王柏龄、霍秋吟序各 1 篇。共 10 回。

第一回	剧场遇艳发生美感 友家闲谈惹动痴情	第六回	美酒佳肴款待贺客 鸳枕锦帐稳度良宵
第二回	红粉怜才尽心恋爱 青衫重义恳托媒妁	第七回	闻笛韵隔院动乡思 评联语临风发感慨
第三回	妙女清歌当邀叹赏 老媪选婿殊费疑猜	第八回	西子湖边心旷神怡 运动场里色舞眉飞
第四回	婚姻告成喜出望外 娇姝谑语错抱虚惊	第九回	孝女思亲痛切蓼莪 游子忆母泪洒客地
第五回	路遇雉鸡大扫游兴 迁入新房快慰平生	第十回	家庭和顺草堂春暖 情场蹭蹬抱恨终天

孤鸿泪史

哀情小说。张有斐、徐枕亚著。上海马启新书店。1937 年 4 月版。1 册。7.5 万字。徐枕亚序 1 篇。共 16 回。

第一回	春光纵横扁舟吟时景 花影斑驳杯酒谈乐事	第四回	乐园幽会儿女诉私情 寝室代书丽姝含娇羞
第二回	甜言蜜语相倚绿荫下 触情伤神泛现粉笺上	第五回	颠倒梦魂能不暗伤神 飘零骨肉原有喜护情
第三回	病困愁城指日相继亡 情念苦海幸人得生还	第六回	落花有意流水本无情 焚笺决心教书太留神

第 七 回　因缘各有分忍怅听诘　　　第十二回　碾毙女郎注目大堪怜
　　　　　情敌两难明装道扮戏　　　　　　　　巧遇人友暂教小学生

第 八 回　波生平地两泪诉前尘　　　第十三回　美人聚舞绿衣飞腿际
　　　　　祸起萧墙一纸咨免职　　　　　　　　杯酒言欢红晕泛桃腷

第 九 回　五里雾中忍泪撤回家　　　第十四回　清歌妙音散扬花月夜
　　　　　三更夜里坐艇谈琐事　　　　　　　　污院秽女总出水火坑

第 十 回　车站分手美人赠珍品　　　第十五回　徜徉街头邂逅拯老佣
　　　　　道路碰盗名士睹爱姝　　　　　　　　严寒岁冬书信惊少女

第十一回　驰马销愁掀头伤老妪　　　第十六回　一抔黄土永埋英雄志
　　　　　怒气横秋擎拳击娇女　　　　　　　　两行血泪长辞尘网去

绿云哀史

哀情小说。张有斐著。上海元昌印书馆。1948 年 7 月初版。1 册。6.4 万字。共 16 回。

第一回　春光纵横扁舟吟时景　　　　第 八 回　波生平地两泪诉前尘
　　　　花影斑驳杯酒谈乐事　　　　　　　　　祸起萧墙一纸咨免职

第二回　甜言蜜语相倚绿荫下　　　　第 九 回　五里雾中忍泪撤回家
　　　　触情伤神泛现粉笺上　　　　　　　　　三更夜里坐艇谈琐事

第三回　痛困愁城指日相继亡　　　　第 十 回　车站分手美人赠珍品
　　　　情念苦海幸人得生还　　　　　　　　　道路碰盗名士睹爱姝

第四回　乐园幽会儿女诉私情　　　　第十一回　驰马销愁掀头伤老妪
　　　　寝室代书丽妹含娇羞　　　　　　　　　怒气横秋擎拳击娇女

第五回　颠倒梦魂能不黯伤神　　　　第十二回　碾毙女郎注目大堪怜
　　　　飘零骨肉原有喜护情　　　　　　　　　巧遇人友暂教小学生

第六回　落花有意流水本无情　　　　第十三回　美人聚舞绿衣飞腿际
　　　　焚笺决心教书太留神　　　　　　　　　杯酒言欢红晕泛桃腷

第七回　因缘各有分忍怅听诘　　　　第十四回　清歌妙音散扬花月夜
　　　　情敌两难明装道扮戏　　　　　　　　　活院秽女总出水火坑

第十五回　徜徉街头邂逅拯老佣　　　　　第十六回　一抔黄土永埋英雄志
　　　　　严寒岁冬书信惊少女　　　　　　　　　　两行血泪长辞尘网去

禅关妖梦

社会小说。张罕成。浙江商报。1932 年 5 月版。1 册。11 万字。丁
楚孙等词 3 首。杨奎明序 1 篇。共 60 回。

第 一 回　断命村设计埋观音　　　　　　第 十 二 回　翻醋瓶大妇轻生
　　　　　长寿庵建议修大殿　　　　　　　　　　　　掘地窖小工交运
第 二 回　富商人携眷入庵殷殷求子　　　第 十 三 回　白云漫天何福德来庵探讯
　　　　　名教员亡妻逆旅点点泪珠　　　　　　　　　乌云蔽日方子荣到处生财
第 三 回　行程中花花絮絮　　　　　　　第 十 四 回　设计陷人土贩偕游沪上
　　　　　山门外形形色色　　　　　　　　　　　　　见财起意匪徒行劫途中
第 四 回　观音殿伯刚拿贼　　　　　　　第 十 五 回　中西探侦拿劫犯
　　　　　会客室妙音化缘　　　　　　　　　　　　　雌雄党索诈寿头
第 五 回　查根底询明两人家世　　　　　第 十 六 回　朱作楫途中遇难侠
　　　　　开支票写定一千银元　　　　　　　　　　　董道隆沪上开香堂
第 六 回　住持留斋土酒素殽淮辨味　　　第 十 七 回　莲僧妖道斗法蓬莱山
　　　　　美人赠帕天长地久共相思　　　　　　　　　佳士美人抒情繁华市
第 七 回　一别多情异床共梦　　　　　　第 十 八 回　红瘦绿肥白发朱颜归故里
　　　　　两年不晤设法汇金　　　　　　　　　　　　细心大胆高山穷谷破妖魔
第 八 回　鲁道隆开设燕子窠　　　　　　第 十 九 回　贩土案取消通缉
　　　　　何福德大闹凤泉居　　　　　　　　　　　　卖风情连累相思
第 九 回　朱作楫又娶篷室　　　　　　　第 二 十 回　方子荣引党徒潜回北马
　　　　　费半农重会美人　　　　　　　　　　　　　戚才贵开旅馆招待南人
第 十 回　妙音入城会伯刚　　　　　　　第二十一回　户闭窗开丁宅报窃案
　　　　　爱玉出阁嫁才贵　　　　　　　　　　　　　花言巧语空门护奸情
第十一回　双十节中秋开运动会　　　　　第二十二回　限日期破案追赃
　　　　　重阳汛租界设跳舞场　　　　　　　　　　　通消息鱼来雁往

第二十三回　种孽缘腹中喜存一块肉
　　　　　　吃冤枉堂上喝钉双副镣

第二十四回　三道城中到处九流三教
　　　　　　五方里内看来十室九空

第二十五回　接急电黄县请兵防乱
　　　　　　明大义红粉决计重情

第二十六回　真脏物连夜送还
　　　　　　被诬人当场开释

第二十七回　用春药纵淫少妇
　　　　　　露酥胸引惑青年

第二十八回　赛西施索诈刘瑞堂
　　　　　　盖黄婆招纳蒋光第

第二十九回　王虎臣校场赛马
　　　　　　许崇周旅馆吹牛

第 三 十 回　逞私欲徐鹏献计
　　　　　　出奇谋钟博成名

第三十一回　半农接阅情书若惊若喜
　　　　　　作楫占详恶梦将信将疑

第三十二回　侠士劝富商红尘看破
　　　　　　娥眉惑巧宦黑籍同登

第三十三回　意马心猿共兴云雨
　　　　　　联盟缔约各具心肠

第三十四回　妙音用妙计结交知事太太
　　　　　　光第效光蛋强抢店官娘娘

第三十五回　少尼久旱逢甘雨
　　　　　　富户他乡染湿瘟

第三十六回　立遗嘱家产平分
　　　　　　约私奔存折交出

第三十七回　经理作弊端公司倒闭
　　　　　　尼姑通内线县署糊涂

第三十八回　淫娃远避奸夫携手同行

　　　　　　游子不归老母倚门而望

第三十九回　劫商船徐鹏毙命
　　　　　　杀侦探钟博题名

第 四 十 回　两县会缉暗杀党
　　　　　　七人同避长寿庵

第四十一回　酒店中看出破绽
　　　　　　公堂上吐露真情

第四十二回　扮妻室马大嫂探监
　　　　　　请律师梁爱珠被骗

第四十三回　刘炳华设计醉监役
　　　　　　寿冠英奋身放犯人

第四十四回　医药无效好汉亡身
　　　　　　看守不严牢头抵罪

第四十五回　香堂中设灵公祭
　　　　　　石室内劫款平分

第四十六回　戚剑卿受嫌走沪滨
　　　　　　蒋光第乘醉闹浴室

第四十七回　大腹便便丽娟装假病
　　　　　　小心翼翼妙音结善缘

第四十八回　设筵寿大盗临门
　　　　　　欠烟账小开无路

第四十九回　道隆逼款险遭命案
　　　　　　芹生遇救酬谢医生

第 五 十 回　遗书催赎开明地点
　　　　　　藏票不移破露机关

第五十一回　假接洽暗中报捕
　　　　　　散党徒梦里受惊

第五十二回　绑票案捕房严讯
　　　　　　长寿庵石室自封

第五十三回　丽娟借医院分娩
　　　　　　半农雇乳娘抚儿

第五十四回　图长久金屋藏娇
　　　　　　露风声铁窗受病
第五十五回　治匪不严知事撤任
　　　　　　作妖过甚女尼被拘
第五十六回　封庵抄产狗男女出奔
　　　　　　水尽山穷野鸳鸯拼命
第五十七回　新知事引渡绑案犯

　　　　　　旧家庭催归色痴儿
第五十八回　风流史一子归宗
　　　　　　绑票案两匪正法
第五十九回　方子乐迁喜改过
　　　　　　费半农遗书出家
第 六 十 回　朱作楫三气赴黄泉
　　　　　　长寿庵一炬成焦土

十七年后的

短篇社会小说集。张枕绿著。上海良晨好友社。1922 年 11 月版。1册。5.8 万字。张枕绿手迹 1 帧。生活照 5 幅。共 26 篇。

第 一 篇　十七年后的一吻
第 二 篇　灯前之酒
第 三 篇　一转念间
第 四 篇　荣誉与健康
第 五 篇　两父之间
第 六 篇　影上爪痕
第 七 篇　同梦
第 八 篇　衾底良心
第 九 篇　窗外之人
第 十 篇　阳春残华
第十一篇　目前
第十二篇　隔室
第十三篇　艺术与慈爱

第 十 四 篇　美境的破灭
第 十 五 篇　雪宵匠吁
第 十 六 篇　诊费
第 十 七 篇　毁誉
第 十 八 篇　吊偶
第 十 九 篇　可怜的劣子
第 二 十 篇　一块肉
第二十一篇　操纵
第二十二篇　妇人之言
第二十三篇　谣言
第二十四篇　悔悟
第二十五篇　小别七日
第二十六篇　一年辛苦为谁忙

张枕绿说集

短篇社会小说。张枕绿著。上海大东书局。1927 年 5 月版。1 册。2.6 万字。插图 8 幅。共 11 篇。

一	寄情之点	七	美睡
二	阳春残华	八	短期离婚
三	一年辛苦为谁忙	九	悔悟
四	疯人著作	十	其妻之死
五	小公子之臀	十一	意中人之父
六	安全福地		

枕绿小说集

短篇社会小说。张枕绿著。上海世界书局。1924 年 6 月初版。1 册。3.3 万字。赵苕狂作张枕绿传 1 篇。共 9 篇。

一	项圈	六	爱河障石
二	护新人	七	冒牌
三	艺术之淫	八	一块肉的反动
四	不重生男重生女	九	林中
五	妻之妹		

爱个丝光

短篇社会小说。张枕绿著。上海枕华出版部。1919 年 9 月初版。1 册。2.3 万字。自序 1 篇。周瘦鹃、陈富华、庄蔚心、叶振公、赵笛仙、姜梦

甦序各 1 篇。范冷芳、顾幻音题词各 1 首。共 13 篇。

夥友之面

毕业文凭之代价

电光里

博爱

孝子

将来国民之母

轮回

诲淫小说家

呜呼评剧家

牌……爷……

电影

想发财

无钱之罪

绿窗泼墨

社会笔记小说。张枕绿著。上海枕华出版社。1919 年 8 月版。1 册。3.3 万字。叶振公、赵笛仙、贡芹荪作序各 1 篇。自序 1 篇。朱秋镜、姜梦甦、陈企白、庄蔚心、郭血黄作题词各 1 首。共 6 部分。

一　说小

　　簪花人（言情）

　　贫富之界（哀情）

　　亡国后之爱情（复仇）

　　巧报（警世）

　　无语（哀情）

　　青楼相士记（侠情）

　　辫结（哀情）

　　才子佳人（游戏）

二　纪零

　　美人名马

　　厨子秦镜蓉传

　　爱国樵夫传

　　拿破仑之爱情画

　　贞男

　　画家小史

　　师弟

　　茅儿

　　黄哑

三　艺屑

　　巾国遗闻序

　　振胜报发刊辞

　　近世战略序

　　丐题穷吟集穷言

　　诗选

四　瀛觚

　　奇函

　　怪眼

旨酒三杯诗百首

美人一笑值千金

万唤千呼浑不应

三言两语便成婚

赢得玉人回首顾

不堪回首当年事

文人奇疾

仇视美女之美术家

女优之价值

美人遗发

多夫之妇

一刻钟之夫妇

惜花人

花光血色两相辉

精神感触

同心永爱

质妻库

老夫妇之新花样

医生之广告新术

残疾媒合社

笑与不笑之比赛

和平司的克

狗之情敌

大赌豪

善睡之美妇人

特别赠品

五　谑余

门面会话

正经滑头传

普通爱情小说摘略

君子疾没世而名不称焉别义

六　话剩

小说小说

韵语

缠　　绵

　　短篇言情笔记。张枕绿著。上海良晨好友社。1924 年 1 月版。1 册。
2 万字。张枕绿题词 1 首。共 18 篇。

洗心记

绣囊记

吻瞑记

遗履记

痴棠记

葩萃记

代笔记

援艳记

吊波记

心许记

全孝记

袖珍记

帕证记

像异记

恒情记　　　　　　　　　　幻艳记

就役记　　　　　　　　　　重谐记

张舍我说集

短篇言情小说。张舍我著。上海大东书局。1927 年 5 月初版。1 册。2.9 万字。插图 3 幅。共 8 篇。

一　两对自由恋爱　　　　五　邻女之爱

二　小学生的外妇　　　　六　恋爱的界限

三　环境的不同　　　　　七　父子欤夫妇欤

四　默然无语　　　　　　八　博爱与利己

舍我小说集

短篇社会小说。张舍我著。上海世界书局。1926 年 1 月再版。1 册。3.3 万字。赵苕狂作传 1 篇。共 7 篇。

一　自由恋爱的究竟　　　五　一个月内的六封信

二　一个问题的两面观　　六　字纸篓里的回声

三　最高点的爱　　　　　七　险极了

四　二十年后

双 溺 记

哀情小说。张弢盦著。上海会文堂书局。1920 年 3 月版。1 册。1.9 万字。陆祖耀、吴乐山序各 1 篇。田拙人、章秋心、李楚狂、俪梅馆主、周浔阳等题词 5 篇。共 11 章。

一　毓秀

二　待字

三　失恃

四　遭劫

五　珠沉

六　殉义

七　缉凶

八　侦获

九　喋血

十　招魂

十一　结慨

未婚之妻

社会小说。张秋虫著。上海惜阴书局醒民出版社。1944 年 10 月版。3 万字。张丹斧序 1 篇。共 15 回。

第一回　一秒钟内会你

第二回　挤在肉屏风里

第三回　一对搭拉酥

第四回　花蝴蝶

第五回　汽车放臭屁

第六回　近代包龙图

第七回　原来是一双同志

第八回　照相馆前醉倒了

第九回　她是非卖品

第十回　一张怪名片

第十一回　故意使他撞木钟

第十二回　郎是蝴蝶侬是花

第十三回　捉弄弃夫

第十四回　为什么不去做新娘

第十五回　原来就是你

初　夜

社会小说。张秋虫著。上海时还书局。1929 年 6 月版。1 册。3.7 万字。共 10 章。

秋　波

言情短篇小说。张秋虫著。上海商报馆。1924 年 11 月初版。1 册。6.2 万字。侯毅、张慧剑、张冥飞、赵君豪、陈仲回序各 1 篇。黎敬夫题词 1 首。自序 1 篇。共 13 篇。

一　秋波

二　归后

三　危险

四　两张当票

五　江上芙蓉记

六　夜深了

七　良心

八　何苦

九　粉面妖魔

十　经济

十一　燕语

十二　桑新仁的死

十三　胡孙王

海市莺花

社会小说。张秋虫(百花同日生)著。上海中央书店。1929 年版。5 册。33.2 万字。自序 1 篇。诗 1 首。插图 50 幅。共 50 回。

第一回　云鬟玉臂望断天河
　　　　冰簟银床愁生禁苑

第二回　金吾不禁雅贼试偷香
　　　　赤凤谁来哀情求割爱

第三回　雁悴鸿憔衔书投艳侣
　　　　莺慵燕懒煮酒论英雄

第四回　野渡横舟忆金钢钻戒
　　　　悬崖勒马惊药水棉花

第五回　妙酿趁梨花良宵尽醉

　　　　芳尘生锦袱旅馆言愁

第六回　云中犬海客谈瀛
　　　　雾里花吴廊乡僰

第七回　钿车粉席联织女黄姑
　　　　绿楼红丝逗鸳鸯翡翠

第八回　纸上缠绵江里月疑闺里月
　　　　灯前尔汝眼中人间意中人

第九回　的的朱唇巧印燕支晕
　　　　田田素脸妍增獭髓痕

第 十 回　北道联欢扁舟载西子
　　　　　南枝向暖飞絮逐东风

第 十一 回　痒处难搔麻姑思袖手
　　　　　玉人欲妒甘后乍更衣

第 十二 回　引吭高歌娇痴来乳燕
　　　　　含情故问清瘦到梅花

第 十三 回　名家初摄影烟尾余生
　　　　　旧侣忽忘形桑中有喜

第 十四 回　啮臂香盟断梦温残梦
　　　　　簪花妙楷风流警下流

第 十五 回　器伟专车嫪毒承新变
　　　　　钢柔绕指嫦娥爱少年

第 十六 回　狂欢酿病睹物思人
　　　　　黠妓投机改头换面

第 十七 回　人杰胎灵坠地成名士
　　　　　妻荣夫贵披裘诩大龟

第 十八 回　狂奴快意加冕开筵
　　　　　孝子承欢登床拜母

第 十九 回　舐犊情深高堂传枕秘
　　　　　投壶礼古遗少恨窑新

第 二十 回　疑雨疑云奇方窥赵后
　　　　　难兄难妹艳迹比齐襄

第二十一回　好梦易醒魂飞木铎
　　　　　多情余恨泪浣金河

第二十二回　竹杠横敲贞媛逢大侠
　　　　　桃符下达骨董获奇珍

第二十三回　芦帘后漏烂漫春光
　　　　　钥孔中观华严世界

第二十四回　榻旁鼾卧名士牢骚
　　　　　厕上苦吟诗人憔悴

第二十五回　载酒题襟拜赏桃花笏

　　　　　寻芳拾翠参观马桶间

第二十六回　屋漏怀惭书空呼负负
　　　　　车轮辗恨对影詈真真

第二十七回　开门揖婿智张孔雀屏
　　　　　为妓捐躯敢作芙蓉主

第二十八回　卖野人头黑炭招来牛马走
　　　　　添娇妾翼黄金铸就鹁鸪飞

第二十九回　半身裸影相士觅兼差
　　　　　一纸清单娇娃供假账

第 三十 回　炎凉异致疟鬼乱情场
　　　　　水陆双栖文豪藏肉市

第三十一回　悴凤倚憔桐针心苦语
　　　　　残云横断峡刺耳新声

第三十二回　蘖苦梅酸名园空延仁
　　　　　花明月暗香经共盘桓

第三十三回　哀荣绝代觅兔爰爰
　　　　　福慧无双明星晰晰

第三十四回　同行争女角戏效三拉
　　　　　导演逞奇才功亏一跪

第三十五回　闻雷失箸错愕作狼奔
　　　　　凿壁偷光阴阳关牛喘

第三十六回　片言折狱倚枕候鸡鸣
　　　　　万里投荒攀辕豁虎跳

第三十七回　红摇烛影新妇盼新郎
　　　　　绿荫簏光公媪育公子

第三十八回　花荣雾淞薄袖粉香
　　　　　车走雷声纤云抱月

第三十九回　痕留贝齿口角度春风
　　　　　水漫金山指头霈法雨

第 四十 回　微闻乡泽联袂到南湖
　　　　　忽发狂言冲冠因北里

第四十一回　语竟舌犹香惊催饭去
　　　　　　夜深花欲睡笑唤茶来
第四十二回　捣麝拗莲意尽愁无尽
　　　　　　归裘还扇情深恨亦深
第四十三回　旅邸身孤自怜独客
　　　　　　纱窗影乱曼度双声
第四十四回　奇文共赏才子评花
　　　　　　妙嗓堪珍龟奴喝彩
第四十五回　膝下有黄金枕头告状
　　　　　　人前翻白眼桌底传情

第四十六回　水晶宫冷荡气回肠
　　　　　　豆蔻汤温携云握雨
第四十七回　空房月黑梦隔蘼芜
　　　　　　大道枝柔情牵杨柳
第四十八回　丝随藕断别鹤恋分鸾
　　　　　　风动帘开岸花留槛底
第四十九回　玉体横陈魂销衣带水
　　　　　　香车共载春满肉屏风
第五十回　　家破人亡空贮两行泪
　　　　　　死归生奇幻消一卷书

新山海经

长篇社会香艳小说。张秋虫著。中央书店。1930 年 1 月版。1933 年 5 月再版。5 册。36 万字。自序 2 篇。共 50 回。

第一回　名流聚黄浦狗盗鸡鸣
　　　　佳话证红氍鸾颠凤倒
第二回　暴虎凭河须眉青黢黜
　　　　惊鸿过市髑髅血模糊
第三回　绿杨春好报馆做花头
　　　　红稻啄残宾筵偎菊影
第四回　近水楼台灵鼍先得月
　　　　点眼金箔玉树自临风
第五回　魂消瓜印和泪写新词
　　　　妙到毫颠捧心窥秘戏
第六回　珠玉出尘捧入芙蓉帐
　　　　金钱役鬼招来玳瑁筵
第七回　梦惯无拘游魂过谢
　　　　江流不转遗恨吞吴

第八回　飞烟补恨态逐云舒
　　　　冷露无声花因人热
第九回　曲终人不见睡解千愁
　　　　花好月难圆痴拌一死
第十回　丹心吁戚电慑珠帘
　　　　赤手衔悲雷呻月殿
第十一回　意难忘莲钩传好感
　　　　　狂欲死藕臂寄深情
第十二回　走马看花云中鳞爪
　　　　　吹箫引凤洞里烟霞
第十三回　怅前尘无奈金龙尾
　　　　　摧大敌难为毛竹枪
第十四回　杵臼论交花间庞影
　　　　　葫芦依样窗上人头

第 十 五 回　芳草天涯撩人随意绿
　　　　　　樱桃树底避面可怜红

第 十 六 回　半醉微酣香圃翻纸币
　　　　　　出奇制胜妙处觅金环

第 十 七 回　尤云殢雨感局外英雄
　　　　　　白璧青蝇怜泥中柳絮

第 十 八 回　春水一篙私调穿叶箭
　　　　　　残红满径笑验守宫砂

第 十 九 回　罗衣湿麝解处微香
　　　　　　皓足翻莲引人入胜

第 二 十 回　风尘厌倦小姐从良
　　　　　　宦海浮沉新装斗艳

第二十一回　披麻布袋舞妓摇臂
　　　　　　啃铁馒头姣童折齿

第二十二回　兰闺扪虱檀口揾香腮
　　　　　　桂室鸣牛晶瞳遭毒手

第二十三回　白草黄云穴中窥斗
　　　　　　青磷碧血塞外招魂

第二十四回　倦鸟归林世人皆欲杀
　　　　　　春潮带雨此物最相思

第二十五回　惊天动地杀妾建奇勋
　　　　　　弃甲曳兵危词苏渴睡

第二十六回　锦袜弓鞋粗官调女秘
　　　　　　金题钿轴名士媚男娼

第二十七回　榻上送行骞裳索赠
　　　　　　车中教欲盥手生香

第二十八回　河魁嗔大监故故娇呻
　　　　　　并剪试齐纨喁喁私语

第二十九回　旧任移交肩头一片玉
　　　　　　春风不度月下半开门

第 三 十 回　枕流漱石揽镜试啼妆

第三十一回　红丸梃击聋哑惊奇
　　　　　　绣袢绷盛童呆呼救

第三十二回　小女娇痴相思凭药饵
　　　　　　欢场跌宕结客仗裙腰

第三十三回　桃花锦浪萧寺参禅
　　　　　　玉液琼浆香笺纪艳

第三十四回　一夜新婚随人俯仰
　　　　　　骈枝妙舞亚地回旋

第三十五回　奇方医失恋四两猪油
　　　　　　大道可生财一双狗腿

第三十六回　苦尽甘来因伤知肉味
　　　　　　魂飞魄散借债打茶围

第三十七回　翠袖鸳裙酿伦常惨变
　　　　　　青楼珠箔联翰墨因缘

第三十八回　笔尖横扫艳窟谈文
　　　　　　纸上轻描倡门鬻字

第三十九回　嚼芯吹花离魂疑倩女
　　　　　　含醇抱扑前度让刘郎

第 四 十 回　蝶浪蜂狂诗人碰壁角
　　　　　　莺忙燕乱主任出风头

第四十一回　持螯把酒雅士逞雄谈
　　　　　　弄月吟风才人施绝技

第四十二回　妓阀挥毫骂人翻谱牒
　　　　　　参军落帽韵事记文坛

第四十三回　森森清波吐吞铁柱
　　　　　　蠕蠕肉椅突起苍头

第四十四回　外物骄人驱车告贷
　　　　　　前门拒虎拔帜先登

第四十五回　百炼钢柔将军曳白
　　　　　　五铢衣重姹女流黄

第四十六回	班齐玉筍菊部迎銮 恶辟桃枝花丛闹鬼		第四十九回	囊剩一元钱挥金买马 欲壑饱填夏姬创嫪毐 沙场醉卧罗汉请观音
第四十七回	台下求凰入门登雪岭 帐中说戏擂鼓战金山		第五十回	鬼话蝉嫣舍身投逝水 妖姬戏癖隔室送秋波
第四十八回	心期连理树掩袖工啼			

上海历史演义

社会历史小说。即神秘的上海。张恂九著。上海南星书店。1931 年 8 月版。8 册。34.5 万字。徐沧一、王小逸作序各 1 篇。佛影题词 1 首。自序 1 篇。照片 16 幅。共 80 回。

第一回	种祸根印土入中华 悲前事将星沉粤海		第十回	家常絮絮谋泄遭殃 书记翩翩花开解语
第二回	牛制台逃命城中 陈提督尽忠淞口		第十一回	吉抚台司剿匪军 周绅士进伐交策
第三回	王志元淫欲戕生 姚教谕衣冠哭庙		第十二回	罗雀掘鼠民众绝粮 覆雨翻云逆魁授首
第四回	杨庆恩遗体返江平 穆炳元苦心全沪上		第十三回	讨好白人得名和利 可怜焦土转富为贫
第五回	民众焚匪宵入匿迹 阳侯遇厄志士成仁		第十四回	紫阳裔谱悉梓乡 太平军觊觎芦渡
第六回	鹈鲽不殊黯黯五茸春草 虎狼相继悠悠几度沧桑		第十五回	兵庸将怯远逊乡团 西服洋枪无惭常胜
第七回	通商传教派别支分 异服殊言少见多怪		第十六回	刘青天舆情爱戴 高白面卖友同归
第八回	声气暗通红巾起事 刑名惨祸黄口逃生		第十七回	官绅合议李鸿章督师 中外同盟巴夏礼有识
第九回	俞树方无耻列绅衿 孙让卿疏财谋逆首		第十八回	李鸿章人材荟萃皆半功 方聚星下位沉沦同痛惜

第 十 九 回　易姓认同宗太嫌唐突
　　　　　　愚夫游租界若遇神仙

第 二 十 回　万花开海上北里寻芳
　　　　　　七碗快风生东邦别致

第二十一回　令行租界官府贤明
　　　　　　恩戴西员商人涕泪

第二十二回　赤心待友否极泰来
　　　　　　白手成家多财喜贾

第二十三回　胜地重游西兵退让
　　　　　　法人殒命苦力承当

第二十四回　谄媚欧人草菅民命
　　　　　　鄙夷中土攘夺法权

第二十五回　谈风度名士留芳
　　　　　　延冰人莽夫求偶

第二十六回　无故开枪更夫可恨
　　　　　　杀人偿命国法能伸

第二十七回　甬人仗义乡魄长安
　　　　　　皖水钟奇曹交再世

第二十八回　垂青睐佳人归沪渎
　　　　　　媚白种大帅发雷霆

第二十九回　要津黄浦冠盖如云
　　　　　　归国青年花枝解语

第 三 十 回　猎艳华侨风光细腻
　　　　　　冒名总督骗术新奇

第三十一回　陆知县通权达变许鸳盟
　　　　　　朱总巡雷厉风行禁鸦片

第三十二回　海外征夫呼号天日
　　　　　　闺中荡妇漏泄春光

第三十三回　颜如渥丹心甘割爱
　　　　　　党名拆白鼻祖遁稽

第三十四回　小朱嫖妓险丧生

　　　　　　书玉逞骄多负债

第三十五回　林黛玉掌中玩名士
　　　　　　谢金花邸内侍王爷

第三十六回　弱国不自强终为奴隶
　　　　　　同乡坚团体可胜甲兵

第三十七回　保护治安讴歌沪渎
　　　　　　提倡迷信玷辱官方

第三十八回　奇男怪女说部多材
　　　　　　遗母留雏行人凄绝

第三十九回　康圣人率徒求庇护
　　　　　　吴会审受辱起风潮

第 四 十 回　十三冤魄弹雨枪林
　　　　　　亿万家财风流云散

第四十一回　托名实业春梦一场
　　　　　　绝世奇人锡山两代

第四十二回　西席为门生借著
　　　　　　东瀛搜世胄藏书

第四十三回　总督购遗书金陵生色
　　　　　　奇材遭冤狱满族淫威

第四十四回　北地英雄半生赉志
　　　　　　西商奴隶一旦多财

第四十五回　父债子还报施不爽
　　　　　　霜寒冰至作俑何人

第四十六回　鼠牙雀角扬外抑中
　　　　　　西鲽东鹣满员汉道

第四十七回　肉食鄙夫不知羞耻
　　　　　　樱花末日渐看飘零

第四十八回　陈金聚罪不致断头流血
　　　　　　尤泰仁义无复燕瘦环肥

第四十九回　勃郎林伟人殒命
　　　　　　共进会壮士归心

第 五 十 回　披肝沥胆结果离奇
　　　　　　范水模山信徒肃穆

第五十一回　绿女红男须循轨道
　　　　　　长阡短陌不若心田

第五十二回　地理迷茫甲衰乙盛
　　　　　　天生奇杰乞丐车夫

第五十三回　秋燕春鸿王孙赍志
　　　　　　花残月缺倩女离魂

第五十四回　妓院有同命鸳鸯
　　　　　　官场惟醉心风月

第五十五回　花明柳暗春色深藏
　　　　　　酒绿灯红巨家贻笑

第五十六回　急色登徒红颜薄命
　　　　　　寻芳令尹白首空盟

第五十七回　名袭潇湘馆夏姬再世
　　　　　　舟行印度洋春色双探

第五十八回　万里星轺花明海外
　　　　　　一官风厉竹脆庭前

第五十九回　明月不归春侠肠全负
　　　　　　留珠可返椟卓识堪师

第 六 十 回　赛马围肠此地谁悲宿草
　　　　　　飞驹过隙霎时顿易沧桑

第六十一回　刘福彪倚赖捉刀友
　　　　　　陈英士实行革命家

第六十二回　革命未成功星沉黄浦
　　　　　　通儒来讲学日励青年

第六十三回　大侠士遭奸计骑鲸
　　　　　　奇女郎为兄仇出马

第六十四回　白腊痢疑心生暗鬼
　　　　　　高福安仗义制倭奴

第六十五回　弹雨枪林回溯春申风启

第六十六回　革命党遇侦探遭殃
　　　　　　好古家有神仙艳福

第六十七回　虎臂狼腰争夸武术
　　　　　　牵牛策马各逞神威

第六十八回　绝技鹰扬后尘宜步
　　　　　　救人虎穴义侠非常

第六十九回　大酒肥鱼不留阿堵
　　　　　　鸡鸣犬吠悉属奇材

第 七 十 回　走索者步碗者身手精灵
　　　　　　上古欤近代欤衣冠更易

第七十一回　热心教授淬尽词锋
　　　　　　糊口穷儒绞完脑汁

第七十二回　佳公子白下移家
　　　　　　名倌人黄昏殒命

第七十三回　结交损友应被狐疑
　　　　　　侦探行踪误于鸦片

第七十四回　自作孽浪荡子断头
　　　　　　苦出身警察厅理发

第七十五回　效忠直系徐辅洲捐躯
　　　　　　遭骂离家毕庶澄负气

第七十六回　威风司令锦绣还乡
　　　　　　平地区官绫罗献媚

第七十七回　色不迷人惟有乘桴浮海
　　　　　　赌能致命那堪旅馆投缳

第七十八回　白头老妪问诸水滨
　　　　　　黄口娇儿险哉天痘

第七十九回　命宫中定终身赤手
　　　　　　轮盘下殉薄命红颜

第 八 十 回　积钱造孽真空现昙花
　　　　　　情海生波看将来结果

江湖义贼传

武侠小说。张恂九著。上海中央书店。1935年1月再版。4册。23万字。共40回。

第 一 回　天赐珍奇老渔翁获资意外
　　　　　命伤士劣小贩子求救途中

第 二 回　牛鬼蛇神讼师手段
　　　　　蛛丝马迹侦探心思

第 三 回　罪恶滔天猛虎难逃法网
　　　　　金钱若命悍狮惯吼深闺

第 四 回　张芝房有色有声交县令
　　　　　田作贵独来独往似神仙

第 五 回　神行太保远道如飞
　　　　　光耀珍珠偷儿起意

第 六 回　空谋屃海宝墨吏灰心
　　　　　苦贷蚕桑资雏鬟饮泣

第 七 回　义侠可风穆小姐甘心作贼
　　　　　金钱有力老警官料事如神

第 八 回　早岁椿萱萎谢近族欺孤
　　　　　同胞姊妹才能连宵退贼

第 九 回　絮絮灯前淑女深宵遇侠
　　　　　迢迢水面少妇绝处逢生

第 十 回　两次寻仇强徒受创
　　　　　三项元素武术名言

第十一回　贝叶莲花侠尼研击刺
　　　　　白头黄口孀妇险牺牲

第十二回　强劫娇娃土豪受创
　　　　　明欺老丐劣子遭殃

第十三回　妒奇才双瞳遭毒手
　　　　　拼老命只手卫良民

第十四回　萍水相逢志同道合
　　　　　风云回忆姓晦名潜

第十五回　施暗杀同志尽捐躯
　　　　　戒奸淫深闺堪保节

第十六回　发醋意悼妻当众挥拳
　　　　　逃水灾难妇异乡被劫

第十七回　恃财势恶棍受伤痕
　　　　　遇英雄拐匪破秘窟

第十八回　白荷堂口中离奇命案
　　　　　陈则林心内痛悼前尘

第十九回　妻子蒙冤腐心切齿
　　　　　英雄同志倾盖班荆

第二十回　十龄童子江上飞凫
　　　　　万恶淫徒火中埋骨

第二十一回　矜孤恤寡铁爪鹰无意施仁
　　　　　　喝雉呼卢石甘棠昧良殒命

第二十二回　妖妇深藏地下银钱
　　　　　　染司义释夜间窃贼

第二十三回　勾结乡绅官场黑幕
　　　　　　诛锄恶棍侠士丹忱

第二十四回　巨肆株连失财失命
　　　　　　土皇宅里疑鬼疑神

第二十五回　金汤坚固来飞将军
　　　　　　人兽牵连侮土皇帝
第二十六回　疾病淹缠浪人落魄
　　　　　　奸情撞破忿火中烧
第二十七回　偷儿为贪污种子
　　　　　　学校戒姑息养奸
第二十八回　望佳子弟端在家庭教育
　　　　　　管中学生谁能成绩优良
第二十九回　破浪乘风难穷黑幕
　　　　　　呼卢喝雉陷尽青年
第 三 十 回　亦拐亦偷妇人关键
　　　　　　大富大贵扒手追随
第三十一回　雀随螳后剪绺成空
　　　　　　金穴铜山汉奸似梦
第三十二回　东邦人诉苦饮泣吞声
　　　　　　南满路盗银风驰电掣

第三十三回　智取巧夺奇计惊人
　　　　　　至公无私爱徒断舌
第三十四回　新交和旧友同道联欢
　　　　　　富户即奸商慢藏诲盗
第三十五回　偿父债女郎险堕风尘
　　　　　　惩恶伧侠士携归阿堵
第三十六回　穆兰芳智力拒狂徒
　　　　　　云闺雄玩游逢义士
第三十七回　奇女子侠肠谐伉俪
　　　　　　众英雄合作拯同盟
第三十八回　女侠士轻身罹大难
　　　　　　众英雄竭智灭奸徒
第三十九回　电掣风驰安排巧计
　　　　　　珠光宝气秘密乔迁
第 四 十 回　穆兰芳手刃仇人为烈女
　　　　　　众义士心伤国难结同盟

人兽关头

社会小说。张恂子著。大通书局。1929 年夏初版。4 册。32 万字。周瘦鹃序及作者自序各 1 篇。插图 40 幅。共 60 回。

第一回　神仙眷属两小话缠绵
　　　　流水年光一妪增枨触
第二回　是钗非弁颠倒著衣裳
　　　　看碧成朱机锋藏虐谑
第三回　发庄论懦夫训娇女
　　　　习下流娼妇匿伶官
第四回　褪朱颜含愁吹竹管
　　　　讳白发临老入花丛

第五回　接木移花琼筵施巧计
　　　　狂蜂浪蝶金屋卜芳邻
第六回　歌赤凤如君游旅馆
　　　　怨青蝇流氓闯房间
第七回　莺粟膏残坠欢重拾
　　　　芙蓉褥软艳福难消
第八回　三党纷纭增兹多口
　　　　一灯惨淡嗜彼小星

917

第 九 回　省晨昏妻娇承色哭
　　　　　惑奸佞老母起风波

第 十 回　茗烟花气病榻萦情
　　　　　汗馥脂香孤衾殢梦

第 十 一 回　玉体横陈侈谈曲线美
　　　　　　罗襦乍解吓倒写真师

第 十 二 回　错里错艺术家割靴
　　　　　　奇中奇留学生行骗

第 十 三 回　设旨酒投辖款嘉宾
　　　　　　写情书捉刀求挚友

第 十 四 回　单相思潘郎惊掷果
　　　　　　双沐浴姹女懒簪花

第 十 五 回　活现形俊仆入孀闺
　　　　　　恶作剧丑人游妓院

第 十 六 回　惟口兴戎名伶骂票友
　　　　　　因材施教美妓嫁娈童

第 十 七 回　串骂殿花自芳报仇
　　　　　　借阳台汪海生得趣

第 十 八 回　匿迹销声三天打泡戏
　　　　　　怜新弃旧一段恶姻缘

第 十 九 回　梨花春雨飞掌击红颜
　　　　　　纨扇秋风伤心吟白首

第 二 十 回　狗盗鸡鸣开门揖客
　　　　　　云停雨伫下榻延宾

第二十一回　打秋风良朋献计
　　　　　　投浊流请帖遭殃

第二十二回　判罚金雏妓上公庭
　　　　　　讨嫖账冤家逢狭路

第二十三回　窥沐浴书生工谐谑
　　　　　　开房间娼女费踌躇

第二十四回　鸳鸯待阙泪洒萧郎
　　　　　　鸾凤换巢情牵荡子

第二十五回　鲦鱼开眼一夜碎郎心
　　　　　　娇鸟依人片言知妾意

第二十六回　嫩蕊娇花摧残丙夜
　　　　　　愁云惨雾笼罩申江

第二十七回　喷热血民命等鸿毛
　　　　　　碎芳魂蛮音听鸠舌

第二十八回　报嫌隙力索嫖账
　　　　　　窥秘密乱闯房间

第二十九回　灯炮酒阑迷离荡千梦
　　　　　　花晨月夕悴憔女儿心

第 三 十 回　女学生畅谈同性爱
　　　　　　俏校长痛扑假郎君

第三十一回　歌飞雉阿娘怀古训
　　　　　　赋求凰弱妹发娇嗔

第三十二回　自由婚淫娃择婿
　　　　　　文明礼荡小成亲

第三十三回　雪肤玉貌偷眼看参差
　　　　　　曲槛深廊伤心成瓦砾

第三十四回　雪上加霜谗言收恶果
　　　　　　落井下石密语定奸谋

第三十五回　负屈含冤一枚金戒
　　　　　　伤心刻骨三尺红罗

第三十六回　报凶信懦夫惊恶耗
　　　　　　收陋规巧宦发横财

第三十七回　走内线私和人命
　　　　　　插外快重弄玄虚

第三十八回　福无双至狼狈生心
　　　　　　情有独钟鸳鸯待阙

第三十九回　议婚姻尊前添柸触
　　　　　　感身世花底话泛滥

第 四 十 回　人言可畏憔悴闺襜
　　　　　　好事多磨呻吟病榻

第四十一回　憔悴年华痴儿堕绮障
　　　　　　荒唐世界村媪说神权

第四十二回　病里光阴消闲窥壁画
　　　　　　花开时节调谑听嫖经

第四十三回　料理店俏下女发娇嗔
　　　　　　纪念会留学生谋雪耻

第四十四回　膏毒吻通衢流热血
　　　　　　批逆鳞法院骋雄辞

第四十五回　遭缧绁冤沉三字狱
　　　　　　费奔波情重一封书

第四十六回　两博士灵药挽沉疴
　　　　　　一医生静针施妙术

第四十七回　呻吟床笫血染老头皮
　　　　　　婉娈裙钗青垂小伙子

第四十八回　缔良缘郎心随柳絮
　　　　　　溯前情妾面映桃花

第四十九回　发危言洞房最佳婿
　　　　　　萦别绪海舶梦闺人

第 五 十 回　下决心求学走他乡

　　　　　　偿夙愿成名归祖国

第五十一回　申夫人悔种蓝田玉
　　　　　　曾公子愁遗沧海珠

第五十二回　香温茶热软语慰痴儿
　　　　　　梦浅宵长群居僧恶少

第五十三回　发庄言名医肆讥讽
　　　　　　行诈术恶客用权谋

第五十四回　讨赌账贫儿气短
　　　　　　闹博场庄士成名

第五十五回　得陇望蜀刮目看名娼
　　　　　　弃旧怜新断肠伤侍妾

第五十六回　紫玉成烟婿兮不淑
　　　　　　黄金作祟人之无良

第五十七回　耻薄幸含悲归地府
　　　　　　报深仇蓄意闹欢场

第五十八回　流赤血窄路遇冤家
　　　　　　湿青衫穷途泣商妇

第五十九回　笑风泪雨枕畔念前尘
　　　　　　鬓影衣香花阴温昔梦

第 六 十 回　话旧事清泪尽双垂
　　　　　　沸余情孽缘悭一吻

太平天国革命史演义

历史小说。即红羊豪侠传。张恂子著。上海民治书店。1929 年 4 月版。6 册。30.7 万字。陬子题诗 1 首。叶楚伧序 1 篇。插图 120 幅。共 60 回。

第一回　忧嗣续尼姑献计
　　　　光门楣和尚投胎

第二回　北京城新贵觐宫廷

　　　　黄陂县公差遭扑击

第三回　失怙恃小草痛将离
　　　　弄玄虚好花开顷刻

第 四 回　怀绝技穷途卖解
　　　　　肆毒焰狭路寻仇

第 五 回　蕙折兰摧土豪劫娇婢
　　　　　茹甘茶苦公子访名师

第 六 回　屏声色服从周师傅
　　　　　献本领大闹尚家庄

第 七 回　遮眼法群雄受气
　　　　　轻身术两杰倾心

第 八 回　陈大鹏古寺遇禅师
　　　　　张凤立荒山逢剑侠

第 九 回　妄意软于云争看卫玠
　　　　　郎情浓似蜜遣嫁高柔

第 十 回　千里路迢遥夫人洒泪
　　　　　一章诗赞美孺子关心

第十一回　夜色深沉高僧传武艺
　　　　　海波汹涌剧盗讲交情

第十二回　谈革命绿林燃绛蜡
　　　　　闹醋劲白刃向红妆

第十三回　人言可畏荡子听骊歌
　　　　　母命难违英雄蠖伤屈

第十四回　蓄异谋轩眉论青史
　　　　　求快婿系足引红丝

第十五回　小驻萍踪欢生逆旅
　　　　　初烧花烛变起萧墙

第十六回　香港岛教民避祸
　　　　　鹏化山怪杰解围

第十七回　狐假虎威娈童驰怒马
　　　　　龙腾虎跃壮士斗村牛

第十八回　曾玉珩演说烧炭党
　　　　　杨秀清独霸平隘山

第十九回　荐衾裯苗女枉多情

　　　　　避荒歉蠢人欣得所

第 二 十 回　石达开闲吟宝剑篇
　　　　　　冯云山议创保良会

第二十一回　富家儿揽辔喜登龙
　　　　　　娇小姐扬鞭慭试马

第二十二回　提亲事媒妁惑甘言
　　　　　　闹洞房宾朋作恶剧

第二十三回　托鬼神枭雄乔说梦
　　　　　　见图画县令暗惊心

第二十四回　设陷阱借箸献奇谋
　　　　　　入图圉叩门惊噩耗

第二十五回　就虚避实定计救良朋
　　　　　　涉水跋山挈金求俊仆

第二十六回　巧言令色厮养弄权
　　　　　　换日偷天疆臣入彀

第二十七回　纵虎归山中丞失策
　　　　　　放蛇入壑大令辞官

第二十八回　倾竹叶壮志凌云
　　　　　　访梅花雅人踏雪

第二十九回　借酒烧愁乞儿呕闲气
　　　　　　因尸图诈地痞昧良心

第 三 十 回　较锱铢续命仗游丝
　　　　　　逞才华回天凭只手

第三十一回　活冤孽姊弟相逢
　　　　　　用心机夫妻得意

第三十二回　阄寿筵群丐露狰狞
　　　　　　发奇论书生入犴狴

第三十三回　洪秀全避祸走荒村
　　　　　　冯云山遭擒羁县狱

第三十四回　相逢狭路良友解囊
　　　　　　排斥异端腐儒训子

第三十五回　报凶信敛财充贿赂
　　　　　　宿村店微请说行藏

第三十六回　大闹韦家祠李副将落胆
　　　　　　火烧武氏堡张巡检丧元

第三十七回　金田村群雄起义
　　　　　　大黄江向帅突围

第三十八回　克永安初建太平国
　　　　　　战阳朔失陷天德王

第三十九回　调虎离山轻舟出暗水
　　　　　　移花接木驿路设疑兵

第 四 十 回　赋诗饮酒慷慨津门
　　　　　　血影刀光凄凉燕市

第四十一回　桂林城洪秀全解围
　　　　　　蓑衣渡冯云山中炮

第四十二回　守天条朝贵杀亲爷
　　　　　　主郑重秀清抑骁将

第四十三回　石马铺清将失长城
　　　　　　蔡公坟大军争犄角

第四十四回　设地雷三炸长沙城
　　　　　　走间道初打岳州府

第四十五回　桴鼓薄危城火烧夏口
　　　　　　投鞭塞天堑铁锁长江

第四十六回　陈丕成徒步访名师
　　　　　　洪小姐慧心识佳婿

第四十七回　佳儿妇广州双越狱
　　　　　　大小阮汉口诧奇逢

第四十八回　飞将军兵权初握
　　　　　　石敢当威镇两湖

第四十九回　中�贻羞妖姬通恶仆
　　　　　　小星替月后母逐孤儿

第 五 十 回　尝胆卧薪蕲成绝技
　　　　　　含辛茹苦誓报深仇

第五十一回　割人头孽子从军
　　　　　　干时政书生遣戍

第五十二回　取金陵钱东平潜踪
　　　　　　破永安李秀成脱罪

第五十三回　秦丞相进爵顶天侯
　　　　　　罗天将大掠田家镇

第五十四回　莽头陀气盖佛山镇
　　　　　　娇娘子计狒陈大王

第五十五回　能师父力战大沥堡
　　　　　　马三娘夜走牛栏岗

第五十六回　拥美妾借酒浇愁
　　　　　　用火攻背城决战

第五十七回　女才子偶制椒花颂
　　　　　　穷书生喜赓娇女篇

第五十八回　慧舌灵心暗祝长生果
　　　　　　饕风虐雪催开薄命花

第五十九回　痴公子彩凤头双飞
　　　　　　俏佳人灵犀通一点

第 六 十 回　割耳献功笑腾白下
　　　　　　设官授职鼎定金陵

色 界 天

社会小说。张恂子著。上海大星书局。1929 年 8 月版。4 册。15 万

字。每回插图 1 幅。共 40 回。

第 一 回　开宗明义村妇托神权
　　　　　匣剑帷灯纤儿施鬼计

第 二 回　泪洒灯前空床增枨触
　　　　　魂游花底病榻镇缠绵

第 三 回　情款款妾面映莲花
　　　　　急匆匆郎心随柳絮

第 四 回　娇小姐正言弹老父
　　　　　俏丫鬟软语惑狂且

第 五 回　目语眉挑情牵两妹妹
　　　　　手挥目送恩重一哥哥

第 六 回　抢老婆笑倒闲人
　　　　　行大礼飞来泼妇

第 七 回　鹜虚名洞房闹笑话
　　　　　怯娇羞残蜡照啼痕

第 八 回　作恶剧弱弟报深仇
　　　　　算旧账阿兄惊好梦

第 九 回　雕笼脱娇鸟稚女生心
　　　　　野渡听材庞蒙师嚼舌

第 十 回　搓酥滴粉两首情诗
　　　　　代李僵桃一番胡话

第十一回　玉怨珠啼佳人泼醋
　　　　　笑风泪雨公子调冰

第十二回　斗宠争妍痴儿费唇舌
　　　　　尤云殢雨黠婢献殷勤

第十三回　吟艳句骚客坐茶楼
　　　　　惜微赀酸丁上饭店

第十四回　走欢场小试麻姑爪
　　　　　访妆阁初停神女云

第十五回　鸦片铺蠢人得趣

　　　　　雉妓院嫖客发威

第 十 六 回　一宵缘喜出望外
　　　　　　三字狱祸自天来

第 十 七 回　诉肺腑狱中逢难友
　　　　　　没心肝意外结新知

第 十 八 回　村妇念前情捶胸顿足
　　　　　　蒙师窥活剧鼓舌摇唇

第 十 九 回　宣丑史历历数家珍
　　　　　　赴密约申申听娇叱

第 二 十 回　得凶信学究骋雄辞
　　　　　　探押所老妻挥热泪

第二十一回　援村夫练裙留眼泪
　　　　　　戏娇婢纨袴索唇脂

第二十二回　唾沫斜飞侈谈经济学
　　　　　　眼波遥掷饱听绑匪经

第二十三回　因祸得福丑女荐枕
　　　　　　既狠且辣泼妇施威

第二十四回　沟水分流夫妻生意见
　　　　　　重洋稳渡姊妹谑娇音

第二十五回　慕虚荣结伴赴花都
　　　　　　谈考试同堂传笑史

第二十六回　杨女士弃家误良友
　　　　　　英小姐排闼访情人

第二十七回　初失足娇娃赴幽会
　　　　　　闲嗑牙荡子逗闲情

第二十八回　小驻跳舞场看朱成碧
　　　　　　薄游轮盘窟转绿回黄

第二十九回　喝雉呼卢福无双至
　　　　　　惊鸳打鸭情有独钟

第 三 十 回	三寸舌法院逞雄辞 九回肠空庭咽酸泪		变心肠谑语识行藏
		第三十六回	断雁传书农家生诟谇 游鱼脱网旅邸起风波
第三十一回	筹款项律师献计 撒娇痴老父回心	第三十七回	李戴张冠逾墙楼处子 东眠西食渡浦访萧郎
第三十二回	救萧郎英小姐安心 访逃妇费大头饶舌	第三十八回	入娼门淫徒使诡计 出火坑慈母费冤钱
第三十三回	计定樽边捉刀听恶谑 师行枕上借箸献奇谋	第三十九回	分飞蛱蝶底事蓦相逢 待阙鸳鸯阿谁勤撮合
第三十四回	星稀月白逋客脱樊笼 梦浅宵长蠢奴落圈套	第 四 十 回	一品香华堂惊艳影 色界天噩梦结全书
第三十五回	聚骨肉轻舟脱陷阱		

江湖秘传

武侠小说。张恂子著。上海曼丽书局。1934 年 5 月初版。3 册。17.8 万字。严独鹤、周瘦鹃各作序 1 篇。自序 1 篇。本书提要 1 篇。共32 回。

第一回	潼关道交臂失新知 陕州店轩眉摩旧创	第 七 回	谒门生冷官捧檄 虐娇女宠妾专权
第二回	是真是幻灰烬到须糜 将信将疑神魂移彩蝶	第 八 回	负夫骨健妇走风尘 报亲仇名媛戴星月
第三回	演戟术侈谈勇士 传刀法话遇侠尼	第 九 回	断头沥血二憨分尸 切齿腐心群奸授首
第四回	珠泪双垂佳人怀宿怨 阳关三叠孝女访名师	第 十 回	脱图圄仗义救红妆 涂肝脑诛奸飞白刃
第五回	盈盈媚眼土妓调情 历历伤心英雄毕命	第十一回	前尘若梦恶妇倾生 道术无灵头陀送命
第六回	蜂狂蝶浪佛地遇冤家 鹤峙鸾停空廷来侠士	第十二回	斩草除根火烧玉皇院 寻根究叶大闹宿迁城

第 十 三 回 偷宝剑只身探古刹 削青丝遁踪空入门	第二十三回 感师恩临岐空洒泪 动乡思对酒黯销魂
第 十 四 回 流水无情因缘草草 属垣有耳岁月迢迢	第二十四回 火树银花枭雄归故里 啼莺语燕剧盗访勾栏
第 十 五 回 一呷药虔婆施手术 两行泪孤女断肝肠	第二十五回 显色身红楼飞彩蝶 试本领素手索青蚨
第 十 六 回 指点迷津娇鸟脱樊笼 背乡离井冥鸿避矰缴	第二十六回 荡气回肠篝灯谈往事 焚兰泥玉挥泪话江乡
第 十 七 回 双枝竞秀俊仆发壮言 三女成奸淫妪工恶谑	第二十七回 露行藏狭路遇冤家 斗意气太湖罹重创
第 十 八 回 林深叶茂溅血报亲仇 雪虐风饕赠银敦友谊	第二十八回 结茅庵妙术起沉疴 指迷途片言消宿憾
第 十 九 回 施号令俏尼姑定计 入网罗飞将军遭擒	第二十九回 指桑骂槐太尊疑捕役 将星替月剧盗聘名娼
第 二 十 回 盖世英观光神仙庙 刘传笏创造八仙拳	第 三 十 回 明珠细马骗取娇娃 烈火干柴奸通盟嫂
第二十一回 整帮规血影刀光 闹礼堂落花流水	第三十一回 破涕为欢登徒得妇 舍长用短捕快遭擒
第二十二回 老拳师有意授真传 小乞丐无心成绝艺	第三十二回 费猜疑心惊花蝴蝶 彰善恶血溅野鸳鸯

姊 妹 侠

武侠小说。张恂子著。上海醒民出版社。1930 年 10 月初版。4 册。13.4 万字。筍乡老人序 1 篇。共 32 回。

第一回 县令枉贪赃牢中救父 侠女真有术肆内戏人	第三回 仗邪术师兄调师妹 昧天良亲夫杀亲妻
第二回 来去无踪群惊巨案 神鬼莫测独缔奇缘	第四回 羊角峪才出龙潭 牛尾岭又投虎穴

第 五 回	恶棍枉操心性命难逃 巨窃真妙手踪迹全无	第 十 九 回	狗头岬失宝起风波 松风院受劫化尘灰
第 六 回	大言炎炎酒楼夸奇宝 密网层层香闺捉神偷	第 二 十 回	逢士媚英雄伤磨蝎 饮滴酒小婢痛残红
第 七 回	疑雨疑云纷纷猜测 变貌变色事事离奇	第二十一回	巧相逢酒肆得消息 真恶赖方丈守奇珍
第 八 回	奇女子独赴豪士宴 烂小人屡生鬼蜮谋	第二十二回	救师遵遇险石莲道 说机关推奇困龙亭
第 九 回	毁盟书装疯全众命 露奸情报密害东人	第二十三回	魏老道飞出水牢笼 混元僧丧身火烧窟
第 十 回	几番出死入生全仗天佑 一时移花接木但凭机谋	第二十四回	隔座动奸心英雄受愚 入门受刑逼婵娟遭欺
第十一回	悟彻尘缘英雄感末路 了却心事侠女惊黄昏	第二十五回	小婢报恩计脱死囚笼 土豪受愚宴设留香阁
第十二回	追黑影欣然同一笑 装神话快语训群愚	第二十六回	小女侠大闹瘟神府 老英雄独刺多贝子
第十三回	窥破真相羞煞同门 迷失本性危哉斯人	第二十七回	成竹在胸谈笑除奸 济危有术快意得刀
第十四回	黄鹤楼头双侠遭劫难 白龙寺里群艳斗芳菲	第二十八回	哀音嚼雪登徒色喜 甘言吞蜜统领销魂
第十五回	冤家狭路巧遇色魔神 孽报临头狂污痴女魂	第二十九回	小龙神江心退官兵 醉和尚楼头遇淫贼
第十六回	艺成归来双亲痛物化 淫奔失望一女记深仇	第 三 十 回	神火破飞剑三英雄劫难 灵丹解淫药一侠脱牢笼
第十七回	化云僧信谗擒鸿采 湘英女中伏走辛慈	第三十一回	道高一着三凫遁无踪 智胜众恶马九诈难成
第十八回	海誓山盟淫娃空欲念 雪泥鸿爪正士脱秽名	第三十二回	一片凄凉孝女盗骨 皆大欢喜四姓团圆

剑 珠 缘

武侠奇情小说。张恂子著。上海醒民出版社。1938 年 9 月版。4 册。13 万字。筠乡老人序 1 篇。自序 1 篇。共 32 回。

第 一 回　延秋阁上挥拳惊俗子
　　　　　留春洞里低首拾飞花

第 二 回　霍霍刀光三徒授艺
　　　　　猎猎风声一女从师

第 三 回　路人侧目怵术肆横行
　　　　　魔劫临头动心施恶计

第 四 回　冤家狭路各显神通
　　　　　恶报当前难逃天网

第 五 回　不痴不颠英雄礼佛
　　　　　亦庄亦谐奇士装疯

第 六 回　窈窕三娘比武招夫
　　　　　滑稽六不试巧败敌

第 七 回　菩提寺里恶僧凶终
　　　　　刘家寨上豪仆惊心

第 八 回　一曲歌点醒美人梦
　　　　　五声雷断送侠士魂

第 九 回　曹家店双侠报深仇
　　　　　纯阳寺一童脱飞灾

第 十 回　兴汉有心密结四姓会
　　　　　脱危无术险受一刀刑

第十一回　削须割鼻赵总督震怒为娈童
　　　　　提灯携杖洪首领破相上公庭

第十二回　不避艰难奋起肩重责
　　　　　假借神力谈笑治奸淫

第十三回　凉亭分瓜快意途中添佳侣
　　　　　师门伏剑伤心何处报冤仇

第十四回　酒杯浮莲嗜痂真有癖
　　　　　侯门玷璧忍辱却可怜

第十五回　一击不中女侠险遭不测祸
　　　　　再番失败淫魔猜破暗中谋

第十六回　艳事流传争说将军非善终
　　　　　碧血染遍难挽劫运苦群黎

第十七回　延嗣续谈笑救诸孤
　　　　　成诀别殷勤伸正义

第十八回　无意送金钏一念动邪思
　　　　　有心窥色相三更惊好梦

第十九回　魔障一起萧凤鸣堕落有因
　　　　　褛灾未已诸绮芳困厄无端

第 二 十 回　冰莲子节妇魂消
　　　　　　恶状词奸人胆破

第二十一回　海上起风波英雄销豪气
　　　　　　楼头传警报孝子报深仇

第二十二回　禅参欢喜紫云化飞灰
　　　　　　冤成不解金雷苗孽芽

第二十三回　同恶相济认贼作师尊
　　　　　　会面有缘驱邪助侠女

第二十四回　飞来黑索故意生陷阱
　　　　　　隐形白昼有计脱牢笼

第二十五回　落鹰亭畔英雄同一哭
　　　　　　三星观里巾帼共怆怀

第二十六回　太虚师攻破幻云居
　　　　　　永明侠被困百灵台

第二十七回　飞来红索生情思祭剑
　　　　　　突垂青眼有心图问鼎

第二十八回　误上醉红楼芸儿胆破
　　　　　　巧遇流霞阁金雷兴酣

第二十九回　满园春色逍遥宫里逍遥
　　　　　　一片痴心留香苑中留香

第 三 十 回　色相本虚空临终尝异味
　　　　　　善恶终有报结果应宣誓

第三十一回　破真相林中飞白刃
　　　　　　沐秽气门外惊青皮

第三十二回　腻影伤怀愤潀图短见
　　　　　　良缘快合谈笑好收场

迷 人 洞

社会小说。张恂子（春茧生）著。上海人心书局。1930 年 2 月初版。自序 1 篇。3 集。15 万字。共 32 回。

第一回　憎荡子旅途生口舌
　　　　捧女伶醋海起风波

第二回　遂好事鸳鸯卜同居
　　　　泄秘密爱河翻巨浪

第三回　风流客难了风流债
　　　　造孽人赔将造孽钱

第四回　难兄弟同心惩外妇
　　　　两姊妹合力舞天魔

第五回　效欧化创行模特儿
　　　　讲平权难倒女学生

第六回　影里情郎巴黎传艳迹
　　　　画中爱宠海上说新闻

第七回　鬼计多端桃僵李代
　　　　人心叵测卖命谋财

第八回　假自杀爱民爱国
　　　　真拆白无义无情

第 九 回　破奸情狗男女受罪
　　　　　献妙策余师长升官

第 十 回　尴尬人偏逢尴尬事
　　　　　自由女崇拜自由婚

第十一回　看刑具公堂闹笑话
　　　　　使妙计姨太逞威风

第十二回　戏谑花间珠香玉笑
　　　　　祸生阃内说怪谈奇

第十三回　老翁买笑便宜偏蚀本
　　　　　少年情死绝处又逢生

第十四回　弄玄虚奸徒偏自害
　　　　　求自由少女误痴情

第十五回　组民团有心拒顽寇
　　　　　救少女无意失良朋

第十六回　做圈套报仇雪恨
　　　　　遇强暴花摧柳残

第 十 七 回	恼客人无端招晦气	第二十五回	吞云吐雾话匣大开
	度地狱有意捉嘉宾		柔情蜜意悬崖勒马
第 十 八 回	谋家产计逐寡嫂	第二十六回	折柳大家观光按摩院
	历魔劫磨难娇娃		看花博士试洗必那浴
第 十 九 回	成局忽翻虔婆失色	第二十七回	演趣剧浴室现原形
	妙计安排雏儿有命		攀相好韩庄论肉价
第 二 十 回	白相人仗义解危难	第二十八回	惨遭回禄作同命鸳鸯
	登徒子迷色入牢笼		喜照红鸾成患难夫妇
第二十一回	老怪物有意填欲海	第二十九回	波谲云诡疑团莫释
	少女会无耻求平权		远飞高走弋人何慕
第二十二回	山中筑欢场忽惊噩讯	第 三 十 回	薄幸郎狠心施辣手
	江上求清流空遗妙文		浪漫女狭路逢冤家
第二十三回	美妇人试演失足恨	第三十一回	琅珰入狱登徒子贪色果报
	狂汉子非议假文明		忏悔情场交际花当庭服毒
第二十四回	重女权创造秘密会	第三十二回	野鸡窠内大律师发怒
	破骗局毕命黑水洋		迷人洞里浪荡子回头

都市风光

社会香艳小说。张恂子(春茧生)著。上海文业书局。1937 年 7 月 2 版。2 册。8.3 万字。共 20 回。第一至第十回回目缺。

第十一回	开会欢迎大有作用	第十五回	纸醉金迷杀人施毒手
	称名买办小试其锋		莺啼燕语舍命入柔乡
第十二回	贪便宜为小失大	第十六回	万里探亲情悲陌路
	捉私货弄假成真		一朝失足心痛歧途
第十三回	迷魂城两雄落魄	第十七回	遇仇雠一显好身手
	演说会幼女陈辞		苦命运群小逞豪强
第十四回	假托招摇遍施陷阱	第十八回	孰怨孰恩是非颠倒
	发挥能力独奏奇勋		半真半假情思迷离

第十九回　送暖偷寒风情旗旄
　　　　　怜香惜玉烟雾氤氲

第二十回　塞上翁种因得果
　　　　　云中幻照影燃犀

海上迷宫

长篇社会香艳小说。张恂子(春茧生)著。上海沪滨书局。1928 年 7 月版。4 册。附插图 42 幅成另册。陈小蝶、韦兰史、陶寒翠、范烟桥各写序 1 篇。周妩臣题词 1 首。共 50 回。

第 一 回　抱不平怜香惜玉
　　　　　诉薄命浅笑轻颦

第 二 回　祝家郎量珠聘玉
　　　　　宦室女忍辱轻生

第 三 回　十里洋场看花走马
　　　　　三更鸳帐挥泪失身

第 四 回　解罗襦初圆绮梦
　　　　　闯房间惊破良缘

第 五 回　桃花人面艳窟乔迁
　　　　　弱絮风中娼门流毒

第 六 回　苦命女偏来浪蝶丛
　　　　　粉面郎乱点文鸳谱

第 七 回　五小姐拈酸妓院
　　　　　三姑娘出丑舞场

第 八 回　站柜台荡子牵情
　　　　　开房间娇娃失节

第 九 回　故素新缣几回历劫
　　　　　灯红酒绿一夕狂欢

第 十 回　目迷五色陌路遇花枝
　　　　　魂断三更督军传色乐

第十一回　肉屏风将军摩醉眼
　　　　　脂粉阵监督试娇喉

第 十二 回　俏佳人巧使金蝉计
　　　　　痴公子偏憎莲子羹

第 十三 回　初日芙蓉灵心调雅谑
　　　　　三眠杨柳侍婢学夫人

第 十四 回　感郎恩梦酣蛱蝶
　　　　　遵母教棒打鸳鸯

第 十五 回　投浊流娼门羁弱质
　　　　　诱处子沙发作阳台

第 十六 回　存奢望点大蜡烛
　　　　　用手段褪守宫砂

第 十七 回　费唇舌一夜拾余欢
　　　　　起风波两雄争当夕

第 十八 回　冤大头忏情绝娼妓
　　　　　红倌人蓄意贴优伶

第 十九 回　赴高唐春风一度
　　　　　话杭州珠泪千行

第 二十 回　血影刀光斜阳喋血
　　　　　珠围翠绕旧雨倾心

第二十一回　演话剧淫妪说风话
　　　　　窥秘戏孀妇听春声

第二十二回　堕溷沾泥随风飞柳絮
　　　　　　锦衾绣枕逐水惜桃花

第二十三回　捧玉钟有心怜翠袖
　　　　　　露春纤着意玩莲钩

第二十四回　酒入欢肠载言载笑
　　　　　　泪抛星眼为雨为云

第二十五回　入狴犴美少年无颜
　　　　　　结杨梅好女郎送命

第二十六回　别杭州访问凤鸾巢
　　　　　　老上海演说鸥鹭传

第二十七回　借灯光求荣反辱
　　　　　　问根由指东说西

第二十八回　绣榻话萍踪坠欢重拾
　　　　　　雪肌认针孔诡计偏工

第二十九回　碧玉年华欢场初涉足
　　　　　　黄金势力魔劫又临头

第 三 十 回　锦帐一宵萧郎成陌路
　　　　　　债台百级娼女泣穷途

第三十一回　憔悴莺花心劳术绌
　　　　　　绸缪燕惋语软声低

第三十二回　身世感枉洒双行泪
　　　　　　舆论界难忘一饭恩

第三十三回　捉刀人娼寮谈笔墨
　　　　　　挥拳客酒肆说新闻

第三十四回　么凤院书生赌气
　　　　　　人肉市狎客寻芳

第三十五回　急流勇退宦海抽身
　　　　　　惹草拈花爱河灭顶

第三十六回　忽妓忽妻青卢迎碧玉
　　　　　　亦官亦盗白刃劫黄金

第三十七回　平地一声雷将军败绩
　　　　　　无风三尺浪姬妾变心

第三十八回　贫家女尽化可怜虫
　　　　　　痴心妇难觅宜男草

第三十九回　尤嗣续贤妇求医
　　　　　　灭伦纪丑人作怪

第 四 十 回　误庸医魂归离恨天
　　　　　　羡芳姿身入销魂地

第四十一回　麝馥兰芳银钉摇绿焰
　　　　　　衣香鬓影钿毂辗红尘

第四十二回　打麻雀同卧芙蓉榻
　　　　　　慰鳏鱼偷掀翡翠衾

第四十三回　换日偷天安排巧计
　　　　　　墙花路柳细诉衷情

第四十四回　浪漫史痴心怜弱女
　　　　　　秘密党辣手鬻娇娃

第四十五回　侠士黄衫多情寄书鲤
　　　　　　高堂白发反哺报慈乌

第四十六回　钿毂辗红尘似曾相识
　　　　　　歌筵逢翠袖于意云何

第四十七回　念身世哀猿泣巫峡
　　　　　　论嫁娶娇鸟脱雕笼

第四十八回　天空海阔火坑抽身
　　　　　　细马明珠倡门送嫁

第四十九回　携朋好赛狗话明园
　　　　　　起风波群鱼入法网

第 五 十 回　劝善惩恶大功告成
　　　　　　禹鼎温犀全书结束

隋宫两朝秘史

长篇宫闱香艳小说。张恂子著。上海大中华书局。1949 年 1 月版。3
册。计 18.7 万字。周瘦鹃、赵苕狂、漱六山房、吴中弼、沈秋雁、黄转陶序
各 1 篇。自序 1 篇。共 50 回。

第 一 回　华林园纳凉说艳
　　　　　天渊池灭烛调情
第 二 回　失尊卑昏主作酒佣
　　　　　丧廉耻妖妃充店妇
第 三 回　臣废君南宋立外藩
　　　　　子试父北魏继明主
第 四 回　月夜卜金钱天心从吉
　　　　　风雷兴玉阙圣意除凶
第 五 回　在制生儿母后知祸水
　　　　　入宫见妒姊妹起风波
第 六 回　蜜中砒双花并命
　　　　　雪上霜一士轻生
第 七 回　开锦囊公主陈词
　　　　　灭沙门太子缓诏
第 八 回　肘腋变生宵人肆恶
　　　　　萧墙祸起逆子生谋
第 九 回　巧笑倩兮珍禽能学语
　　　　　灵魂去了神女显真身
第 十 回　云雨太荒唐梦真梦假
　　　　　尘寰多变幻怜死怜生
第十一回　除元凶新君登大宝
　　　　　慕三美黠婢唤更衣
第十二回　媚茶儿三人一致

　　　　　粲莲花片语全贞
第十三回　存心纵欲贞妇魂飞
　　　　　有意成仇藩王家破
第十四回　呼芦喝雉宫殿变博场
　　　　　泣血椎心辒辌归艳骨
第十五回　破镜重圆仍遭破镜
　　　　　白圭不玷克保白圭
第十六回　李代桃僵鸳鸯遭打散
　　　　　风狂雨暴莺燕尽摧残
第十七回　防鬼未防人中宵变化
　　　　　共欢终共妒竟夕谗言
第十八回　妙语纷披波平醋海
　　　　　行为荒谬种借灵丹
第十九回　品足评头红颜来蹂躏
　　　　　征歌选曲青眼睹公侯
第二十回　昏暗连绵大臣窃柄
　　　　　威权逼迫幼主离宫
第二十一回　紫气绕门庭英雄出世
　　　　　金麟生躯壳师父知机
第二十二回　攀龙附凤功狗受封
　　　　　柳弹莺娇媚猪邀宠
第二十三回　统一朔南献俘太庙
　　　　　混淆黑白夺嫡深宫

第二十四回　风送梅香路入天台
　　　　　　月移花影梦绕巫山

第二十五回　半夜窥殿床空人去
　　　　　　凌晨薄苑玉碎花残

第二十六回　惜花有意变色出宫门
　　　　　　学曲无心调情传闺榻

第二十七回　祸从口出高颎被谗
　　　　　　利令智昏杨约陈词

第二十八回　有口铄金东宫废主
　　　　　　无凭妖梦郿国伤儿

第二十九回　虎口庆余生幸遇壮士
　　　　　　蓬门惊绝艳欣尝清蔬

第 三 十 回　施笼络殷勤折节
　　　　　　逼悔婚咤叱凌人

第三十一回　七光箭影大闹蜀王府
　　　　　　肝摧肠断夜走陕西城

第三十二回　巧相逢冤家路狭
　　　　　　恶手段亲兄谋深

第三十三回　画蛾眉宫中生雅谑
　　　　　　保花蕊席前发诤言

第三十四回　离奇午梦梦醒又寻欢
　　　　　　温存子夜夜凉偏种病

第三十五回　大宝殿孽冤相逢
　　　　　　芙蓉轩怒愤交加

第三十六回　如是云云奸谋百出
　　　　　　徒呼负负迫逐双妃

第三十七回　银钟飞去巧送鸳鸯
　　　　　　金盒传来空怀芳念

第三十八回　风清月白好梦结同心
　　　　　　花迎柳拂急事候宫门

第三十九回　依希花月貌筵间斟酒
　　　　　　消磨英雄气牛背读书

第 四 十 回　酒污蟒绣杨素肆威
　　　　　　梦惊罗帐陈氏夺魂

第四十一回　花开花谢红颜凋零
　　　　　　鱼大鱼小白头失礼

第四十二回　筑花圃佞臣献议
　　　　　　选采女皇后定评

第四十三回　十六苑群芳领袖
　　　　　　五大湖胜地题名

第四十四回　龙游凤移小梦清凉
　　　　　　琴证鸳盟深情火热

第四十五回　惜花陈词王桂枝得体
　　　　　　当筵献曲朱贵儿易服

第四十六回　急转金铃纷飞莺燕
　　　　　　逼求松鼠笑索胭脂

第四十七回　解凶兆翻成吉梦
　　　　　　闻豪名共结深交

第四十八回　清夜月明歌声动海上
　　　　　　炎夏日暖娇语出凉亭

第四十九回　帘外悄无人春光未泄
　　　　　　花丛小相会好事成双

第 五 十 回　席上传鞋旖旎风流
　　　　　　窗前窥榻艳冶魂消

隋宫春色

宫闱史小说。张恂子著。上海文业书局。1934 年版。4 册。22.68 万字。周瘦鹃序 1 篇。赵苕狂序 1 篇。漱六山房作隋宫春色序 1 篇。吴中弱序 1 篇。黄转陶序 1 篇。沈秋雁序 1 篇。张恂子自序 1 篇。戚饭牛、奚燕子题隋宫春色词各 1 首。徐哲身题咏隋宫春色二绝 1 首。共 100 回。

第五十四回　悲欢苦乐层见叠书
　　　　　　宝辇龙船初下江都

第五十五回　戏炀帝梦里揶揄
　　　　　　捉后主殿前符咒

第五十六回　离奇神话种玉出琼花
　　　　　　荒唐祥瑞拔氅有老鹤

第五十七回　矮民媚主净身入宫
　　　　　　玉李荣枝先声异兆

第五十八回　睹落花怨女伤神
　　　　　　读遗诗痴人痛泪

第五十九回　千人选透突出奇才
　　　　　　百般肆谑方现艳质

第 六 十 回　谈天象如数家珍
　　　　　　升赤光惊现王气

第六十一回　妙术转春回灵心慧质
　　　　　　落花随波去雅趣奇情

第六十二回　精翠池边鱼龙百戏
　　　　　　广明殿上巾钗一席

第六十三回　化莲成鸟幻术侮人
　　　　　　借鸡替祸符法通灵

第六十四回　出巡无名亲幸启民帐
　　　　　　耀武存心深讨土谷浑

第六十五回　江都宫吴歌翻旧曲
　　　　　　辽东城隋将大丧师

第六十六回　误寻仇索妹赵家庄
　　　　　　报移祸杀贼南门街

第六十七回　黑夜救婵娟刀光霍霍
　　　　　　花银保白发棒影纷纷

第六十八回　窦线娘巧劫牢狱
　　　　　　刘守备力战衙前

第六十九回　黎阳发难独取下策
　　　　　　东都解围败走穷途

第 七 十 回　屠党羽惨无人道
　　　　　　泄忿怒丧尽良心

第七十一回　胆小若鼠埋伏费心机
　　　　　　智能料敌落草避灾殃

第七十二回　改姓名避祸淮阳村
　　　　　　露消息投奔瓦岗寨

第七十三回　得众心枭雄有地
　　　　　　谈往事美人传趣

第七十四回　忌突厥计杀史蜀胡
　　　　　　袭车驾兵围雁门关

第七十五回　幽轩短槛迷楼藏春
　　　　　　登楼入阁任意寻欢

第七十六回　情伤三美再动游幸念
　　　　　　愤因五子又削纳言官

第七十七回　悲歌发江头来去无踪
　　　　　　妙人在殿脚隐显有定

第七十八回　麻叔谋杀人藏白璧
　　　　　　狄去邪放胆入地穴

第七十九回　痴心一片私藏传国宝
　　　　　　分尸三段符应二金刀

第 八 十 回　调兵遣将假计得真情
　　　　　　入营行刺虚言成实事

第八十一回　倾众报仇将计就计
　　　　　　率师讨贼借人杀人

第八十二回　平双雄削柄滋乱贼
　　　　　　施绝计飞箭伤大将

第八十三回　万象春长夜寻欢
　　　　　　十大罪传檄讨昏

第八十四回　狱中问计佳儿兴王
　　　　　　宫里通词美妃侍寝

第八十五回　三番苦谏变起晋阳
　　　　　　一路顺利兵入关中

第八十六回　负义杀友顿失众人心
　　　　　　背约寻欢屡尝闭门羹

第八十七回　破好事携走玉人
　　　　　　泄积忿叱逐宠妃

第八十八回　家乡在念将士潜行
　　　　　　社稷为尤宫人伏剑

第八十九回　识覆亡紫烟绝迹
　　　　　　骂叛党贵儿丧身

第九十回　　恶贯满盈炀帝凶终
　　　　　　丑态百出萧后偷生

第九十一回　腻云兴雨屈节受淫污
　　　　　　刻骨冰心雪仇献鸩毒

第九十二回　施蹂躏惨无人道
　　　　　　进奋兴大发兽欲

第九十三回　一逃一逐双走雷夏泽
　　　　　　盒来盒往各解哑谜儿

第九十四回　荐忠良夏主忘仇
　　　　　　激义愤隐士受聘

第九十五回　流珠堂畔三更哀旧主
　　　　　　明月江头深宵收暴客

第九十六回　狭路起口角冤家欢喜
　　　　　　飞索跌英雄好事求成

第九十七回　钦烈志水埠喜迎宾
　　　　　　拒求亲月老空有兴

第九十八回　除暴不成功狗受烹
　　　　　　解围有诈枭雄屈尊

第九十九回　反复无常枭雄绝命
　　　　　　坚持不屈虎将丧元

第一百回　　当筵刺语萧后受辱
　　　　　　布席礼佛杨氏终凶

黑　海　潮

社会小说。张恂子（春茧生）著。上海大中华书局。1932 年 1 月版。4 册。16 万字。金一明、春茧生序各 1 篇。共 40 回。

第一回　愁云惨雾笼罩好家庭
　　　　骇浪惊涛导源伪首饰

第二回　传匪讯夥计苦奔波
　　　　借房客乡邻费心计

第三回　设机关权投匪窟
　　　　充代表领破匪巢

第四回　逃得残生合家欢笑
　　　　说将险境一室唏嘘

第五回　群鱼漏网探捕费心计
　　　　娇鸟出笼邻居增枨触

第六回　仙人跳瘟生落陷阱
　　　　老白相屈死假帮忙

第七回　借印钱穷人苦恼
　　　　捐照会黑店兴隆

第八回　想发财别开生面
　　　　寻作乐独唱俚词

第 九 回　　谏果甘香存心叵测
　　　　　　仙姿绰约阵布迷魂

第 十 回　　海上奇谈摹声绘色
　　　　　　天涯落魄苦尽甜来

第 十 一 回　开会欢迎大有作用
　　　　　　称名买办小试其锋

第 十 二 回　贪便宜为小失大
　　　　　　提私货弄假成真

第 十 三 回　迷魂阵两雄落魄
　　　　　　演说会幼女陈辞

第 十 四 回　假托招摇遍施陷阱
　　　　　　发挥能力独奏功勋

第 十 五 回　纸醉金迷杀人施毒手
　　　　　　莺啼燕语舍命入柔乡

第 十 六 回　万里探亲情悲陌路
　　　　　　一朝失足心痛歧途

第 十 七 回　遇仇雠一显好身手
　　　　　　苦命运群小逞豪强

第 十 八 回　孰怨孰恩是非颠倒
　　　　　　半真半假情思迷离

第 十 九 回　送暖偷寒风情旖旎
　　　　　　怜香惜玉烟雾氤氲

第 二 十 回　塞上翁种因得果
　　　　　　云中幻照影燃犀

第二十一回　三窟兔无形脱走
　　　　　　两百人顿异炎凉

第二十二回　显武艺软化斧头党
　　　　　　说人情放出狱中魂

第二十三回　少奶奶声名狼藉
　　　　　　老婆婆怨气直冲

第二十四回　假中假生财有道

骗里骗送礼揩油

第二十五回　锦上添花联络情感
　　　　　　雪中送炭挟款逍遥

第二十六回　好朋友为好成仇
　　　　　　假夫妻弄真作幻

第二十七回　闹醋劲秘谋初下手
　　　　　　溯往事笑话大哄堂

第二十八回　拆白党自投陷阱
　　　　　　寻仇家大索真赃

第二十九回　假职员捶床痛哭
　　　　　　活寡妇长夜兴嗟

第 三 十 回　入牢笼儿女念衣食
　　　　　　起风波乡老判田牛

第三十一回　闹意气绅士施辣手
　　　　　　卖丸药妻女受天刑

第三十二回　信口雌黄调侃神女
　　　　　　满怀伪诈吞噬穷民

第三十三回　黑雾迷漫虎伥得意
　　　　　　红尘扰攘蜗角纷争

第三十四回　拆白党棋逢敌手
　　　　　　女朋友笑里藏刀

第三十五回　怕老婆阳衰阴盛
　　　　　　拍影片醋雨酸风

第三十六回　学校闹风潮乖人滑脚
　　　　　　空房惊鬼影荡妇生心

第三十七回　海市蜗居红楼层叠
　　　　　　美人春睡白日懵腾

第三十八回　抛死尸二房东报案
　　　　　　扮逃勇假首饰欺人

第三十九回　蠢小子金钱愁脱手
　　　　　　俏大姐血泊怅陈尸

第 四 十 回　　避重就轻神奸避祸　　│　　追因究果万恶归宗

销魂地狱

社会香艳小说。张恂子（春茧生）著。上海大星书店。1929 年 5 月初版。2 册。9.4 万字。自序 1 篇。共 20 回。

第一回　凄其夜色浪子恣流连
　　　　旖旎风光虔婆勤撮合

第二回　玉笑珠香环儿初失足
　　　　魂飞色授胡子滴谗涎

第三回　嗜痂成癖燕叱莺嗔
　　　　钻穴相窥鸾颠凤倒

第四回　调虎离山前客让后客
　　　　金蝉脱壳新人换旧人

第五回　斗角钩心纤儿索钻戒
　　　　补疮剜肉黠婢窃私房

第六回　丐余沥酸情翻醋海
　　　　怒分羹阋祸起萧墙

第七回　医士谋财助兄杀弟
　　　　鸨奴逐利飞短流长

第八回　三姆妈解纷工作伐
　　　　四小姐抱屈惑挑唆

第九回　因卸责招徕小胡子
　　　　滥结交惹出断腰峰

第十回　陈公馆借开野合筵
　　　　沈律师提倡同参会

第十一回　泄漏春光护花加桎梏
　　　　　遭逢狼子覆水赋漂流

第十二回　卜芳邻赚入烟花窟
　　　　　怨遥夜重劳撮合小

第十三回　及时行宰庄主竞锥刀
　　　　　排闷捉奸姘夫敲竹杠

第十四回　招翠黛引来诸姊妹
　　　　　结金兰联合众英雄

第十五回　烟云恍惚疏通恐吓书
　　　　　风雨飘飘伪饰收编话

第十六回　卢香阁论摊报效金
　　　　　风流薮改作机关部

第十七回　分权利空言欺众士
　　　　　博功名妙计贴夫人

第十八回　私情窥破弱女盗赃
　　　　　妙语激成荒伦舞弊

第十九回　乐在其中瘟生受辱
　　　　　心存叵测泼妇兴戎

第二十回　图抱复枉戕罪恶身
　　　　　系镣铐小结风流史

蛾 眉 剑

武侠小说。张恂子著。上海华生书店。1929 年 12 月初版。6 册。31.5 万字。6 集。共 48 回。

第 一 回　月黑天低倚阑惊剑气
　　　　　脂香粉馥当户避拳锋

第 二 回　未免有情眉梢眼角
　　　　　浑疑是梦帘影灯光

第 三 回　淑女投梭词严义正
　　　　　娇姬卖俏色授魂飞

第 四 回　平步登天乞儿偶娼女
　　　　　牛刀小试泼妇打医生

第 五 回　破奸情婆娘施毒手
　　　　　借盘费豪杰论交情

第 六 回　郑氏三雄截江遇强敌
　　　　　郝家一老逃世隐荒陬

第 七 回　回生起死菩萨心肠
　　　　　释怨言恩英雄肝胆

第 八 回　种祸胎有心搂处子
　　　　　遭毒手无意遇强人

第 九 回　逞奇能师徒离虎口
　　　　　觅宝物母女听骊歌

第 十 回　露行藏剧盗同舟
　　　　　献绝技枭雄脱网

第十一回　宿空桑侠女款嘉宾
　　　　　离乡梓英雄得奇遇

第十二回　握兵符游侠儿脱胎换骨
　　　　　祝圣寿众臣工踵事增华

第十三回　深沉殿阙相国沐殊恩
　　　　　憔悴京华军门呕闲气

第十四回　六月霜飞忠臣授命
　　　　　三更月落女侠惊心

第十五回　宿村店姊妹逢奇侠
　　　　　访仇人主仆走长途

第十六回　色令智昏苦丫头逼奸丧命
　　　　　心安理得娇小姐蘸血题诗

第十七回　一水拖蓝江干客去
　　　　　万山积翠门外人来

第十八回　入空谷壮士歼淫猴
　　　　　走通衢登徒驰骏马

第十九回　运齿功吓走三镖师
　　　　　使腿劲飞来双侠客

第二十回　寻蛇拨草皂役生心
　　　　　调虎离山粉头中计

第二十一回　胭脂牢狱杯酒陷枭雄
　　　　　　铁石心肠篝灯拒奔女

第二十二回　凤去台空名山供避世
　　　　　　莺飞草长好景觳怀春

第二十三回　一淫徒大闹洞庭山
　　　　　　众豪杰议破天风寺

第二十四回　虎跃龙腾恶僧施毒手
　　　　　　鸾囚凤槛娇女陷重围

第二十五回　夜已三更僧寮捕间谍
　　　　　　功亏一篑密室露机关

第二十六回　剥穷复始大陆走龙蛇
　　　　　　否极泰来冷宫瞻节钺

第二十七回　求势仆强颜作欢笑
　　　　　　谒督座垂涕诉牢愁

第二十八回　邪术摄生魂搊弦算命
　　　　　　深宵感奇梦系鼓鸣冤

第二十九回　断头沥血术士兴妖
　　　　　　走肉行尸死人作怪

第 三 十 回　五里雾还魂报宿怨
　　　　　　一窝风协力赴新仇

第三十一回　香积厨中极僧伤命
　　　　　　华严庵外恶少遭殃

第三十二回　目眩心摇神鞭小试
　　　　　　魂追魄夺道术无边

第三十三回　宵深古刹剑客闯重围
　　　　　　日午茶亭冤家逢狭路

第三十四回　结冤仇习艺走青州
　　　　　　妒艳色偷生羁白下

第三十五回　听密语陌头逢旧雨
　　　　　　窥行藏屋上斗新知

第三十六回　搬口舌豪杰起雄舌
　　　　　　明是非恶奴破奸胆

第三十七回　茅山访道指示迷津
　　　　　　灵洞遇仙巧传真谛

第三十八回　佛地庄严进香开水陆
　　　　　　道场清净演卦见图形

第三十九回　双侠舍生探宝殿
　　　　　　七雄卖艺入禅堂

第 四 十 回　三剑客酣斗两妖人
　　　　　　五虎将勇施众僧侣

第四十一回　解冤仇水牢拯凤子
　　　　　　联骨肉火窟获鸦雏

第四十二回　岁月凄凉金夫入定
　　　　　　烟花放诞玉女参禅

第四十三回　电掣雷轰妖僧授首
　　　　　　水深火热鬼蜮忘形

第四十四回　杯酒言欢细说蛾眉剑
　　　　　　刀花起舞变花八卦楼

第四十五回　百脉高山佳人在户
　　　　　　一泓祸水豪杰囚牢

第四十六回　红颜女侠义探牢狱
　　　　　　白发翁谈笑卖头颅

第四十七回　劫法场七雄聚义
　　　　　　赚城门一将多谋

第四十八回　种璧数青山巧连秦晋
　　　　　　探珠流碧水闲话唐虞

孽海春潮

社会小说。张恂子（春茧生）著。上海新新书店。1928 年 9 月版。4 册。21 万字。苕狂序 1 篇。自序 1 篇。共 60 回。

第 一 回　浪漫女蹈海忏前情
　　　　　小说家拈豪修野史

第 二 回　萍水相逢幸得母姨撮合
　　　　　香衾独宿悔教夫婿经商

第 三 回　拘莲捣麝郎意薄于云
　　　　　囚凤奴鸾亲心坚似铁

第 四 回　怨女无依误交土妓
　　　　　强徒被逮殃及恋人

第 五 回　怜弱女仗义解囊金
　　　　　感深恩有心探家世

第 六 回　枕上托终身盟山誓海
　　　　　人前诉心事露尾藏头

第 七 回　赌轮盘娇娃濒绝境
　　　　　讯存折爱婿变初心

第 八 回　接香吻欧客吮朱樱
　　　　　嬉春郊少君攀绿柳

第 九 回　若即若离玉楼买醉
　　　　　如胶如漆金屋庐欢

第 十 回　一席话结成新夫妇
　　　　　五万金拆散好姻缘

第十一回　走北平小作汗漫游
　　　　　返南海难圆乐昌镜

第十二回　广州市四天王结义
　　　　　香港岛一富豪钟情

第十三回　侠骨柔肠通衢飞侠蝶
　　　　　轻怜密爱餐馆宿鸳鸯

第十四回　好事多磨色情勘破
　　　　　空门遁迹香火无缘

第十五回　浪漫女散财萌死志
　　　　　薄幸郎挥泪读遗书

第十六回　物在人亡新愁怜刻骨

第十七回　生误会贻赠避孕丹
　　　　　遭乱离难遂订婚愿

第十八回　一辆汽车匆匆投逆旅
　　　　　万家灯火惘惘访情人

第十九回　登徒子见色起淫心
　　　　　老成人怜穷施援手

第二十回　酒绿灯红城开不夜
　　　　　花娇叶媚阵入迷魂

第二十一回　名妓多情灯前坚密约
　　　　　　良朋仗义意外发横财

第二十二回　情密密送客留髡
　　　　　　恨绵绵得新忘旧

第二十三回　探新居粉靥泛红霞
　　　　　　逢旧雨鲛绡承热泪

第二十四回　回天无力淑女含冤
　　　　　　越俎代谋小姑饶舌

第二十五回　殷勤晋接闻语暗惊心
　　　　　　冒昧陈辞求荣反受辱

第二十六回　赏花役淑女探情敌
　　　　　　闯房间勾栏起醋潮

第二十七回　三角恋爱怨女轻生
　　　　　　一席良言胞兄觉悟

第二十八回　修旧好立誓绝新交
　　　　　　慰痴情温存接香吻

第二十九回　金屋藏娇完成眷属
　　　　　　华堂设宴气走傧人

第三十回　阿舅慕虚荣人胡无礼
　　　　　律师挥痛泪自办离婚

第三十一回　幼女失慈亲以泪洗面
　　　　　　小姑谒长嫂促膝谈心

第三十二回　解愁闷同逛游戏场
　　　　　　趋时髦迷恋跳舞女

第三十三回　说风情妙舌逗灵犀
　　　　　　打电话良宵申密约

第三十四回　芳心可可若即若离
　　　　　　情话喁喁半推半就

第三十五回　开香槟乡曲失魂灵
　　　　　　打巴掌狭邪闹醋劲

第三十六回　舞星绝旧好余恨绵绵
　　　　　　健仆说帮规忠心耿耿

第三十七回　吃讲茶开枪肇巨祸
　　　　　　挨毒打辞职避冤家

第三十八回　劝和解钱可通神
　　　　　　说根由走为上着

第三十九回　舞星诉苦难拾坠欢
　　　　　　导演怜贫自居介绍

第 四 十 回　揽胜西湖畅谈风景
　　　　　　进香天竺猝遇登徒

第四十一回　挨辱骂纨袴逞淫威
　　　　　　抱不平侠尼施援手

第四十二回　卖假药伤科骗钱
　　　　　　谋泄忿妖姬献策

第四十三回　淑女被诬捉将官里去
　　　　　　律师营救保释赋归来

第四十四回　贺客闹房作弄宾相
　　　　　　檀郎扶醉试验新娘

第四十五回　冶叶弄蹊跷请验贞操
　　　　　　新郎说真话笑倒花名

第四十六回　救同事茶房仗义
　　　　　　绑幼主恶仆丧心

第四十七回　生误会开枪杀同类
　　　　　　成僵局撕票逞凶顽

第四十八回　红粉列门墙孜孜问字
　　　　　　绛帷同笔砚脉脉含情

第四十九回　未遂好述骊歌遽唱
　　　　　　相逢凤世鸳侣天成

第 五 十 回　同学揶揄言言刺耳
　　　　　　伊人薄幸寸寸回肠

第五十一回　悬灯断索疑神疑鬼
　　　　　　旧恨新愁如怨如慕

第五十二回　女弟子辍学谋生
　　　　　　恶少年半途惊艳

第五十三回　作茧自缠执迷不悟
　　　　　　以利为饵矢志相从

第五十四回　假惺惺入抱揽腰肢
　　　　　　情切切联床话肺腑

第五十五回　倚枕设盟污将白璧
　　　　　　叩门传话碎到芳心

第五十六回　女贼戏登徒众宾喧扰
　　　　　　邮船抵商埠旅客纷纭

第五十七回　逛马路意外获奇缘
　　　　　　游公园门前逢旧雨

第五十八回　赌窟调情灵犀通一点
　　　　　　勾阑饮恨身价值千金

第五十九回　堕溷花无门诉苦
　　　　　　沾泥絮有客矜怜

第 六 十 回　探艳窟女扮男装
　　　　　　醒绮梦晨钟暮鼓

一夕殷勤

社会小说。纸醉金迷之二。张恨水著。上海百新书店。出版时间不详。1 册。12.2 万字。共 18 章。

第一章　成就了一笔生意

第二章　安排下钓饵

第三章　入了陷笼

第四章　心病

第五章　两个跑腿的

第六章　巨商的手法

第七章　大家都疯魔了

第八章　如愿以偿

第九章　一夕殷勤

第十章　乐不可支

第十一章　极度兴奋以后

第十二章　一张支票

第十三章　谦恭下士

第十四章　忍耐心情

第十五章　破家之始

第十六章　胜利之夜

第十七章　弃旧迎新

第十八章　挤兑

八十一梦

社会小说。南京新民报文艺丛书之一。张恨水著。南京新民报社。1942 年 12 月版。1 册。18.8 万字。陈铭德序 1 篇。自序 1 篇。楔子：鼠齿下的剩余。插图 20 幅。共 14 篇。

第五梦　号外号外

第八梦　生财有道

第十梦　狗头国之一瞥

第十五梦　退回去了二十年

第二十四梦　一场未完的戏

第三十二梦　星期日

第三十六梦　天堂之游

第四十八梦　在钟馗帐下

第五十五梦　忠实分子

第五十八梦　上下古今

第六十四梦　"追"

第七十二梦　我是孙悟空

第七十七梦　北平之冬

第八十梦　回到了南京

尾声一篇

大江东去

言情小说。张恨水著。南京新民报馆。1946 年 1 月版。1 册。14 万字。自序 1 篇。共 20 回。

第一回　付托樽前殷勤双握手
　　　　分离灯下慷慨一回头

第二回　匆促回舟多情寻故剑
　　　　仓皇避弹冒死救惊鸿

第三回　铁鸟逐孤舟危机再蹈
　　　　芦滩眠冷月长夜哀思

第四回　风雨绕荒村泪垂病榻
　　　　江潮惊恶梦血溅沙场

第五回　离妇襟怀飘零逢旧雨
　　　　艺人丰度潇洒结新知

第六回　择友进微词蛾眉见嫉
　　　　同行仗大义铁面无私

第七回　送客依依倚门如有意
　　　　思人脉脉窥影更含愁

第八回　噩耗陷神京日烦客慰
　　　　离怀伤逝水邻有人归

第九回　别有心肠艳装邀伴侣
　　　　各除面幕妒语斗机锋

第十回　明月清风江干话良夜
　　　　残香剩粉纸上布情丝

第十一回　轻别踟蹰女佣笑索影
　　　　　重逢冷落老母泪沾襟

第十二回　千里投亲有求唯作嫁
　　　　　一书促病不死竟成忧

第十三回　旧巷人稀愁看鸡犬影
　　　　　荒庵马过惊探木鱼声

第十四回　炮火连天千军作死战
　　　　　肝脑涂地双手挽危城

第十五回　易服结僧缘佛门小遁
　　　　　凭栏哀劫火圣地遥瞻

第十六回　半段心经余生逃刃口
　　　　　一篇血账暴骨遍衢头

第十七回　悲喜交加脱龙落远泪
　　　　　是非难定破镜又驰书

第十八回　一语惊传红绳牵席上
　　　　　三章约法白水覆窗前

第十九回　下嫁拟飞仙言讶异趣
　　　　　论交重老友谜破同心

第二十回　故剑说浮沉掉头不顾
　　　　　大江流浩荡把臂同行

山窗小品

短篇社会小说。张恨水著。上海杂志公司。1945 年 12 月版。1 册。3.9 万字。自序 1 篇。张静庐跋 1 篇。共 56 篇。

第 一 篇　短案	第二十五篇　手杖
第 二 篇　涸溪	第二十六篇　余之马褂
第 三 篇　竹与鸡	第二十七篇　养鸡
第 四 篇　泥里拔钉	第二十八篇　种菜
第 五 篇　野花插瓶	第二十九篇　鬼扯
第 六 篇　珊瑚子	第 三 十 篇　昼晦
第 七 篇　断桥	第三十一篇　苔前偶忆
第 八 篇　雾之美	第三十二篇　忍也忍也
第 九 篇　虫声	第三十三篇　埋葬
第 十 篇　秋萤	第三十四篇　苗文夷文
第十一篇　晚晴	第三十五篇　路旁卖茶人
第十二篇　蒲草	第三十六篇　农家两老弟兄
第十三篇　鸡鸣声中	第三十七篇　儿时书
第十四篇　金银花	第三十八篇　吴旅长
第十五篇　待漏斋	第三十九篇　对照情境
第十六篇　贵邻	第 四 十 篇　长生殿桃花扇合刊本
第十七篇　贱邻	第四十一篇　冬晴
第十八篇　天河影下	第四十二篇　跳棋
第十九篇　劣琴	第四十三篇　建文峰
第二十篇　愚贩	第四十四篇　禾雀与草人
第二十一篇　购两当轩集者	第四十五篇　斑鸠之腊取
第二十二篇　蕻菜花	第四十六篇　忆车水人
第二十三篇　小紫菊	第四十七篇　耙草者
第二十四篇　猪肝价	第四十八篇　疗贫之铭

第四十九篇　月下谈秋　　　　　　第五十三篇　断桥残雪

第 五 十 篇　劫余诗稿　　　　　　第五十四篇　果盘

第五十一篇　小月颂　　　　　　　第五十五篇　杜鹃花

第五十二篇　另一山窗　　　　　　第五十六篇　除夕苦忆

五子登科

社会小说。张恨水著。1947 年北平新民报画刊连载。上海文化出版社。1957 年版。1 册。20.7 万字。共 24 回。

第一回　供奉香花飞降天上客　　　第十一回　乐上心头失言呼已矣
　　　　引来金粉暗含意中人　　　　　　　　媚居眼底回答总嫣然

第二回　客梦宵惊有图观不厌　　　第十二回　香帕试偷慧心双手送
　　　　主人言妙西服送将来　　　　　　　　资金再跃密计自天来

第三回　腰折礼嫌多主奴分野　　　第十三回　笑饮香脂订婚遭女问
　　　　开箱财动魄珠宝争辉　　　　　　　　乐观车阵隆礼送人时

第四回　慨允赠裘谢恩宜上座　　　第十四回　来客本无关加衣尽礼
　　　　试猜织锦好在不言时　　　　　　　　待人原有意握手如狂

第五回　歌场挟美来听声有意　　　第十五回　幕后飞符曲终人不见
　　　　阶石候君立唱喏无妨　　　　　　　　夜深筹策酒熟客初来

第六回　心醉奇装燃烟忘食味　　　第十六回　聚宝看成箱提防露影
　　　　门深封锁侧户走奔车　　　　　　　　进言甜带蜜敬恳分金

第七回　约指一钩金会心暗渡　　　第十七回　冬夜酣呼怀金留醉态
　　　　入门三面网逼老迁家　　　　　　　　春明遥别冒雪告游踪

第八回　含怒有因冰消梳发后　　　第十八回　忘返看红楼欲擒故纵
　　　　飞觞无忌亲送俯肩中　　　　　　　　附身呈白简受益良多

第九回　曲槛洞房中生涯似蜜　　　第十九回　喜爱读书时兰因絮里
　　　　巧妆素脸畔机划囤金　　　　　　　　生涯隐画里月夕花朝

第十回　伴怒又娇羞疏交函电　　　第二十回　辛苦一番密谈风雪夜
　　　　低声兼下气赎罪茶烟　　　　　　　　流连半日并蒂蕙兰时

第二十一回　话到家人残花须割席
　　　　　　谁为西子甘露有甜心
第二十二回　兄妹为之玉鱼堪细玩
　　　　　　先生醉矣竹叶不禁扶

第二十三回　酗醉隔宵封房赠弱妹
　　　　　　言谈终日缩弟看尊兄
第二十四回　耳畔语音圆小栏独立
　　　　　　天边雪电到双翼高飞

太 平 花

社会小说。张恨水著。三友书社。1933 年 6 月初版。3 册。30 万字。自序 1 篇。共 30 回。

第一回　隔水听歌板桥初识宝
　　　　割鸡留客田舍夜谈兵
第二回　禅宇赏花姿千枝塑雪
　　　　战场观隧道四面惊雷
第三回　颠倒梦魂悄看村妇鬓
　　　　飘零骨肉闲话征人家
第四回　冒险入荒城勇瞻悍将
　　　　摊捐到小店忿屈骄兵
第五回　叩户索藏珠恃强凌弱
　　　　挥旗拦去路以少敌多
第六回　懦将是惩笳声增客感
　　　　征人欲去日影系闺情
第七回　马上黄昏销魂忆韵事
　　　　灯前红晕抵掌说思潮
第八回　临砚作清谈书生探爱
　　　　挥鞭发冷笑武士寻仇
第九回　玉脸印啼痕绮怀莫掩
　　　　枭心窥艳影险计频生
第十回　进退叹两难客窗不寐
　　　　雌雄邀一决狭路相逢

第十一回　释怨为征车甘冒风雨
　　　　　钟情因侍疾频敬羹汤
第十二回　聚首来贵人忽通婚妁
　　　　　遁词陷游子假定婚姻
第十三回　解佩谢恩人缘缔月夜
　　　　　临流吊死士义薄云天
第十四回　构三字冤睚眦施法网
　　　　　不多时别惆怅失飞鸿
第十五回　托艳隐高情客离战地
　　　　　短征多奇遇夜宿荒村
第十六回　赴难入围城闻雷失箸
　　　　　访旧来冷巷避弹牵裾
第十七回　炮火动连宵穴城抗敌
　　　　　貔貅起半夜涉水冲锋
第十八回　瓜葛认余亲横生枝节
　　　　　葫芦嘲旧侣别识英雄
第十九回　窘境绝粮一驴伏隐事
　　　　　大风陷阵百骑奏奇功
第二十回　情所难堪爱人成月老
　　　　　事原无奈醉客作诗狂

第二十一回　举措乖张雄心原有托 　　　　　神情恍惚憨态岂无愁	第二十六回　曲直论友生欲迷去路 　　　　　慈祥怀母德休叹无家
第二十二回　喜讯促娇啼悲从何起 　　　　　侠心分救药愤有自来	第二十七回　一信促犹豫丝萝有托 　　　　　半年尽辛苦沧海难填
第二十三回　难耐饥驱夺门失老父 　　　　　勉忘创痛倚榻慰愁人	第二十八回　满纸布疑云芳心突变 　　　　　四乡余劫火旧地重来
第二十四回　处处殷勤感恩还落泪 　　　　　重重误会触法又羁身	第二十九回　情敌两难明挥毫割爱 　　　　　因缘各有分忍泪听歌
第二十五回　奔命战场投荒余痛哭 　　　　　托孤寒庙垂死作哀鸣	第三十回　　大敌当前将军方握手 　　　　　流民载道死士猛回头

中原豪侠传

侠情小说。张恨水著。万象周刊社。1946 年 5 月版。3 册。22 万字。刘自勤、张友鸾序各 1 篇,自序 1 篇。共 26 回。

第一回　古寺卖书奇人隐负贩 　　　通衢喝彩烈士激同胞	第八回　陌上遗芳巾美人示意 　　　楼头布幻局座客移形
第二回　儿女子情跃屏惊艳侣 　　　大丈夫事试马说明师	第九回　侧帽回廊落魂喧刺客 　　　扬鞭大道慨古论英雄
第三回　冷巷夜行隔墙听醉语 　　　花栏午静小院过芳踪	第十回　待渡大河送人生远志 　　　回眸隔座品茗鉴芳心
第四回　重币卑辞轻车访贱役 　　　狂风暴雨黑夜走奇囚	第十一回　勾月走单骑窃符救友 　　　　空拳入白刃麾敌无人
第五回　谈笑戏奴才通衢散步 　　　仓皇惊警告飞箭传书	第十二回　枪鸟任西东援师飞弹 　　　　衣巾迷黑白欺敌解围
第六回　聚首倾盆越城夸往事 　　　斩香试剑眩目服精工	第十三回　闺阁传疑玉人劳局外 　　　　乡农受侮怪客入城来
第七回　传钵说奇逢龙游天外 　　　踏青欣幸遇驻马林前	第十四回　风鹤相惊满城迎御史 　　　　衣冠不整高座骂庸官

第十五回　再启疑团忽亡钦使迹
　　　　　同欣快举小约茶佣家
第十六回　月下狂欢舞钩评绝技
　　　　　天涯此别停马说奇人
第十七回　窗外生风闻声窥角技
　　　　　书丛白昼对影笑传神
第十八回　微泄春光拒婚提旧恨
　　　　　侈谈洋务译述勉前程
第十九回　急雨走蓬车泥途送信
　　　　　西风鸣铁马高阁潜踪
第二十回　同过郑州客窗谈大侠
　　　　　独来华岳岭脊觅高人

第二十一回　绝顶斜阳喜逢逃世客
　　　　　　荒山冷月险过斗棋亭
第二十二回　削壁洞居烹茶作夜话
　　　　　　平原马到赠剑祝雄图
第二十三回　一闪灯光破窗惊剑遁
　　　　　　同干杯酒露臂看刀痕
第二十四回　林木参天单骑访古堡
　　　　　　月华满地双影耀高枝
第二十五回　一举回天病身惊快事
　　　　　　双枪中的妙手卜前程
第二十六回　黄叶庄中看刀布妙局
　　　　　　红鸳烛下举盏庆良缘

水浒新传

民间小说。张恨水著。建中出版社。1943 年版。凡例 1 篇。自序 1 篇。2 册。46 万字。共 68 回。

第一回　四好汉车马下梁山
　　　　两相公笙歌傲上国
第二回　窦缉使真开门揖盗
　　　　蔡相公也粉墨登场
第三回　借刀杀人权奸定计
　　　　当堂逐客儒吏丧生
第四回　煎同根张达动官兵
　　　　放野火时迁闹相府
第五回　劝酒盗令柴进赚城
　　　　夺船渡河花荣还箭
第六回　三路调兵高逑献计
　　　　万旗匝地关胜屯军

第七回　陷州城将军失进退
　　　　步月色豪杰叹飘零
第八回　避战地二梁别乡城
　　　　作远图三阮探海舶
第九回　明火劫舟群雄渡海
　　　　乔装登岸双杰探城
第十回　智多星迹露海州市
　　　　张叔夜计退梁山兵
第十一回　雪夜被围群雄失势
　　　　　单骑决战名将成功
第十二回　张叔夜祖钱表深情
　　　　　宋公明反正宣大义

第 十 三 回　衣冠异趣僧道同归
　　　　　　儿女牵情屠沽偕隐
第 十 四 回　识内侍孙二娘入宫
　　　　　　戏御街宋徽宗乞饭
第 十 五 回　哀故土杨雄说难民
　　　　　　救中原陈东修密柬
第 十 六 回　怀庐墓两雄动归心
　　　　　　戍边关三军壮行色
第 十 七 回　奚知州情急联武员
　　　　　　高太尉弊深纳内侍
第 十 八 回　闻边警州官弃城走
　　　　　　见露布好汉结队来
第 十 九 回　合围三面田仲斩酋
　　　　　　拒战四门董平殉国
第 二 十 回　小旋风拍案骂庸官
　　　　　　丑郡马放火烧流寇
第二十一回　妾妇行两番敬美酒
　　　　　　英雄义千里访危城
第二十二回　卢统制阵前一通书
　　　　　　朱参军马上三条计
第二十三回　施小计雪夜袭金兵
　　　　　　泄众忿公堂咬水贼
第二十四回　贼妇人献身诱番将
　　　　　　金元帅贪色收逃吏
第二十五回　喝里色阻军冀南通
　　　　　　宣统制尽节沧州衙
第二十六回　风雪遮天舍生献计
　　　　　　战袍染血复命成仁
第二十七回　挥大旗柴进夺城门
　　　　　　放弩箭燕青擒寇将
第二十八回　遣细民赴死勉时迁

　　　　　　夸宗室弃城伤赵野
第二十九回　探出路卢俊义擒俘
　　　　　　作先锋郝思文摆阵
第 三 十 回　驰驱星野一旅突围
　　　　　　践踏全军双雄劫帅
第三十一回　戴白巾哀兵作夜战
　　　　　　挥赤帜大将逞虎威
第三十二回　童衙内抢路射难民
　　　　　　史大郎横刀辱贵少
第三十三回　大学生上书伏御阙
　　　　　　花和尚入世说流氓
第三十四回　李相公卫国募民兵
　　　　　　何制使守城纳义士
第三十五回　半夜缒城同决死志
　　　　　　终朝巷战痛剿顽敌
第三十六回　十八勇将飞骑勤王
　　　　　　一万义兵解围驱贼
第三十七回　见议款李纲挥老泪
　　　　　　闯空邸林冲报旧仇
第三十八回　老经略扶病统援军
　　　　　　小弟兄受知行险计
第三十九回　四烈士杀身惊番帅
　　　　　　三名臣对策破金兵
第 四 十 回　姚统制一旅误兴师
　　　　　　关将军十路小杂贼
第四十一回　畏寇焰李纲突罢职
　　　　　　激民情陈东再上书
第四十二回　东京城马忠辞众杰
　　　　　　相国寺智深遇仇人
第四十三回　哀新鬼故人祭荒冢
　　　　　　骂宰辅醉僧题愤诗

第四十四回　花和尚火烧相国寺
　　　　　　玉麒麟兵扼临清城

第四十五回　贼知县试行苦肉计
　　　　　　杨都监细察夕阳城

第四十六回　贪杯中计杨雄被俘
　　　　　　飞马叩庄汤隆传信

第四十七回　试闲棋卢俊义释俘
　　　　　　受重币喝里色换将

第四十八回　逞贪心雪里蛆掘墓
　　　　　　施巧辩鼓上蚤盗头

第四十九回　施小计关胜取两城
　　　　　　作微行杨志谒祖庙

第 五 十 回　巴色玛三日大搜索
　　　　　　青面兽单枪快报仇

第五十一回　小兄弟聚首惊盲词
　　　　　　老宣慰释俘遣细作

第五十二回　请诏书耿南仲进谗
　　　　　　闻潮音鲁智深坐化

第五十三回　及时雨奉令荐袍泽
　　　　　　黑旋风负气跳黄河

第五十四回　入云龙芦沟遇旧友
　　　　　　病尉迟燕市结新交

第五十五回　乞怜妇中计漏军情
　　　　　　神行人报警伤病体

第五十六回　宋统制邓州起义兵
　　　　　　花先锋鄢陵遇钦使

第五十七回　惠民河凿舟沉金兵
　　　　　　尉氏县飞骑悬汉帜

第五十八回　陶宗旺忘身搏强敌
　　　　　　呼延灼力疾效前驱

第五十九回　霹雳火跃马寺木寨
　　　　　　没羽箭飞石打金酋

第 六 十 回　扯吊桥武松奋神勇
　　　　　　截粮草吴用逞奇谋

第六十一回　老弟兄歃血武圣堂
　　　　　　众死士破金朱仙镇

第六十二回　赵官家阅军南薰门
　　　　　　太学生拜将白莲寺

第六十三回　智宋江片言退金吾
　　　　　　勇武松独手擒铁将

第六十四回　陷京城六甲兵误国
　　　　　　停巷战一金使议和

第六十五回　苦战南城十将殉国
　　　　　　屈降北国二帝蒙尘

第六十六回　作走狗范琼露阴谋
　　　　　　饮药酒宋江全大义

第六十七回　误中毒筵众星四散
　　　　　　羞食夷粟一帅北沉

第六十八回　雪国耻同死白虎堂
　　　　　　快人心大捷黄天荡

丹 凤 街

　　长篇言情小说。即负贩列传。张恨水著。山城出版社。1946 年 1 月初版。1 册。18 万字。自序 1 篇。共 26 章。

第 一 章　诗人之家

第 二 章　饭店主人要算账

第 三 章　挣扎

第 四 章　狡毒的引诱

第 五 章　吞饵以后

第 六 章　明中圈套

第 七 章　谈条件之夜

第 八 章　朋友们起来了

第 九 章　他们的义举

第 十 章　开始冲突

第十一章　新型晚会

第十二章　新人进了房

第十三章　一小贩之妻

第 十 四 章　重相见

第 十 五 章　不顾作奴才的人

第 十 六 章　鱼鹰的威风

第 十 七 章　好汉作事好汉当

第 十 八 章　鱼帮水水帮鱼

第 十 九 章　情囚之探亲

第 二 十 章　乡茶馆里的说客

第二十一章　杨大嫂的惊人导演

第二十二章　老人的意外收获

第二十三章　风雨无阻

第二十四章　里应外合

第二十五章　全盘失败

第二十六章　这条街变了

石头城外

社会小说。即到农村去。张恨水著。南京万象周刊社。1946 年 5 月版。1 册。10.4 万字。共 15 节。

第一节　开始感到了烦腻

第二节　第一个印像就很好

第三节　乡下人的见解

第四节　交了一个好邻居

第五节　有了因斯披里纯

第六节　乡村之初夜

第七节　城市的引诱性

第八节　夫人终于进城了

第 九 节　小村里的闻与见

第 十 节　意志动摇了

第十一节　泄漏春光

第十二节　被迫着去履行协定

第十三节　无聊

第十四节　转变了

第十五节　到城里去却成功了

平沪通车

言情小说。张恨水著。上海百新书店。1941 年 8 月第 1 版。1942 年 2 月第 2 版。1 册。9 万字。共 14 章。

第一章　一个向隅的女人
第二章　萍水相逢成了亲戚
第三章　中了魔了
第四章　二等车上的典型旅客
第五章　身份不明的一幕
第六章　深夜在三等车上
第七章　大家心神不安

第 八 章　求人助者亦愿助人
第 九 章　甜言蜜语
第 十 章　小醉了一场
第十一章　浦口渡江时
第十二章　醇酒妇人
第十三章　原来她是个骗子
第十四章　不堪回首又苏州

北雁南飞

社会哀情小说。张恨水著。山城出版社。1946 年 7 月版。2 册。34 万字。自序 1 篇。共 38 回。

第一回　北雁南飞题签惊绮语
　　　　春华秋实同砚动诗心
第二回　透一点真情人逢老圃
　　　　积十分幽怨事说西厢
第三回　带醉说闲情漫猜消息
　　　　借资掷孤注小起风波
第四回　淡淡春怀读书营好梦
　　　　潺潺夜雨煮茗话闲愁
第五回　读赋岂无由闻声下泪
　　　　看花原有意不语含羞

第六回　竖子散流言非分是冀
　　　　书生推小恙有托而逃
第七回　抱布而来观场初上市
　　　　夺门竟去入阱又冲围
第八回　委屈作贤妻入林谢罪
　　　　缠绵语知己指日为盟
第九回　冷眼看娇儿何忧何喜
　　　　热衷作说客频去频来
第十回　谓我何求伤心来看月
　　　　干卿底事素手为调羹

第 十 一 回　数语启疑团挥拳割爱
　　　　　　七旬撑泪眼苦节流芳

第 十 二 回　作态为何相逢如未见
　　　　　　收心不得举措总无凭

第 十 三 回　秘信枕中藏扑灯解困
　　　　　　佳音门外断掷笔添愁

第 十 四 回　谣诼散情侪弄巧成拙
　　　　　　痴心盼侠士如愿以偿

第 十 五 回　拜佛见情人再冲礼教
　　　　　　下乡寻少妇重入疑城

第 十 六 回　恨良人难舍身图报复
　　　　　　逞匹夫勇破釜种冤仇

第 十 七 回　受侮堪怜作书荐醉汉
　　　　　　伤怀莫释减膳动严亲

第 十 八 回　智母重闺防闲侦娇女
　　　　　　酒徒肆醉舌巧触莽夫

第 十 九 回　黑夜动杀机狂徒遁迹
　　　　　　朱笺画供状严父观诗

第 二 十 回　不尽欲言慈怖询爱子
　　　　　　抚穷之恨古渡忆佳人

第二十一回　调粉起深宵欲除桎梏
　　　　　　追踪破密计突赴清流

第二十二回　醒后投缳无人明死意
　　　　　　辱深弄釜全族作声援

第二十三回　沥血誓宗祠通宵备战
　　　　　　横矛来侠士半道邀和

第二十四回　见面恨无言避人误约
　　　　　　逞才原有意即席题诗

第二十五回　绮语何来对联成罪案
　　　　　　沉疴突染侍疾碎芳心

第二十六回　肠断情书泪珠收拾起
　　　　　　心仇恶客血雨喷将来

第二十七回　倚枕听谰言破涕为笑
　　　　　　支床作复柬截发伤神

第二十八回　弃妇重逢尝夫妻滋味
　　　　　　传书久玩暴儿女私情

第二十九回　红袖暗藏入门惊艳福
　　　　　　黄衫面约登阁动归心

第 三 十 回　此姊妹为谁红丝暗引
　　　　　　使父母谋我热泪偷垂

第三十一回　获柬碎娘心饰词莫遁
　　　　　　论诗触舅忌危陷深藏

第三十二回　内外各通言逃生定计
　　　　　　娘儿双斗智深夜登程

第三十三回　堕陷入夫家登堂拜祖
　　　　　　灰心见俗子闭户悬梁

第三十四回　救死幼全家甘言解怨
　　　　　　怀柔施小惠妙策攻心

第三十五回　寂寞柳边舟传言绝客
　　　　　　徘徊门外月闻药投亲

第三十六回　善作严亲传诗能束子
　　　　　　归成少妇闻雁尚思人

第三十七回　痛哭斯人隔墙闻怨言
　　　　　　忽惊恶客敛迹中险谋

第三十八回　归去异当年人亡家破
　　　　　　相逢如此日木落江空

此 间 乐

社会小说。纸醉金迷之三。张恨水著。上海百新书店。1949 年 5 月初版。1 册。11 万字。共 18 章。

一　忙乱了一整天

二　交换的难关

三　戏剧性的演出

四　钻石戒指

五　心神不定

六　营救丈夫的工作

七　夜深时

八　不可掩的裂痕

九　一误再误

十　破绽中引出了线索

十一　赌徒的太太

十二　人血与猪血

十三　回家后的苦闷

十四　有家不归

十五　各有一个境界

十六　他太残忍了

十七　屡败屡战屡战屡败

十八　此间乐

似水流年

社会小说。张恨水著。上海中国旅行社。1933 年版。2 册。23.5 万字。自序 1 篇。共 24 回。

第一回　秋水望穿采菱舟去
　　　　栏干依遍拂面香来

第二回　千里同车萍路偶合
　　　　孤灯入梦玉臂微依

第三回　每日必来狂风欺客
　　　　无书不读妙语撩人

第四回　走马看花犹怜此豖
　　　　焚香扫地为候伊人

第五回　奇遇难忘舄履交错
　　　　良图终就耳鬓厮磨

第六回　楮墨为劳以书代舌
　　　　海天不老借月通辞

第七回　对女儿居楼前枯坐
　　　　作蝴蝶舞花下重逢

第八回　大会无遮众生颠倒
　　　　名园有约一客徘徊

第 九 回　膏火资泥沙连日用
　　　　雌黄语鸿鲤不时来

第 十 回　一语忘情水流花谢
　　　　两翻问病藕断丝连

第十一回　谢心医勾金赠艳友
　　　　看爱子千里走衰翁

第十二回　喜近芝兰交成宝肆
　　　　悔生豚犬见约黄泉

第十三回　气匆匆人前遭白眼
　　　　羞答答灯下看红颜

第十四回　惜可怜虫良朋劝驾
　　　　购相思谱学子称能

第十五回　文债难偿临渴掘井
　　　　情丝未断抱病登场

第十六回　病丑难宣永蒙不洁
　　　　创深未复更痛无居

第十七回　逆旅闲居伤心失学
　　　　空房小住含泪思亲

第十八回　寝食俱忘作书自荐
　　　　衣冠不整投刺空回

第十九回　拒忠言还乡无面目
　　　　走绝路冒雪典衣衫

第二十回　起贪魔炉边成绮梦
　　　　涉虚想纸上作高谈

第二十一回　狂饫肥甘酒楼傲客
　　　　　勉抗冻馁野寺依僧

第二十二回　郊外藏踪激昂发奋
　　　　　关东浪迹沦落相逢

第二十三回　涉情嫌关山行不得
　　　　　动孝思月夜归去来

第二十四回　河上逍遥见人怀旧
　　　　　天涯尺咫舍父登程

如此江山

社会小说。张恨水著。百新书店。1941 年 6 月版。2 册。15 万字。共 24 章。

第一章　热心人趁热天来

第二章　秦淮之夜

第三章　欢迎姑母同行

第四章　又一位斯文小姐

第五章　不是冤家不聚头

第六章　忽瞑忽喜春风面

第七章　三笑

第八章　登山

第九章　结邻

第十章　又一场误会

第十一章　云雾里的话

第十二章　谁家玉笛暗飞声

第十三章　弹性的手杖

第十四章　作出来的病

第十五章　杯弓蛇影

第十六章　这边欢乐那边愁

第十七章　文似看山不喜平

第十八章　井水不犯河水

第十九章　不可忍受终须忍受

第二十章　黄莺斗舌之时

第二十一章　欲擒故纵之间

第二十二章　等着了一封绝交信

第二十三章　她也很消极

第二十四章　最后一计

欢喜冤家

言情小说。即天河配。张恨水著。晨报社。1940 年 10 月版。2 册。25.7 万字。自序 1 篇。插图 32 幅。共 32 回。

第一回　甘苦不同歌声到煞尾
　　　　甜酸莫辨倩影记从头

第二回　一念虚荣停歌投大吏
　　　　十分诚意拱手送情人

第三回　投刺怯严威缘悭一面
　　　　赠仪消宿约报止千金

第四回　心事重归来匆匆送客
　　　　风光问嫁后郁郁思人

第五回　不语只温存少年可爱
　　　　试歌转凄楚怨女兴悲

第六回　两地缠绵旁人暗结网
　　　　半生偃傯知己故谈狐

第七回　为悦己容频来露心迹
　　　　介美人意隔座受衣香

第八回　座有介人定情在杯酒
　　　　目无余子立誓作花铃

第九回　渐起疑团情书漏消息
　　　　忽生急病妙计定风波

第十回　好语珠圆媒妁翻灵舌
　　　　寸心麻乱晨昏计聘钱

第十一回　解闷时都忘缠绵无限
　　　　　弃官言不得啼笑皆非

第十二回　闺梦逐征车还怜小别
　　　　　农家苦夏日转异远来

第十三回　掘地取藏银艰难赠弟
　　　　　登门献重币挥霍为卿

第十四回　冷热只因财留餐沽酒
　　　　　聪明还弄舌钱别放歌

第十五回　如愿以偿千金博此夕
　　　　　见机而作一曲话当年

第十六回　伉俪情深介铃原有术
　　　　　逢迎道苦托钵竟无门

第十七回　一代莺花销磨七件事
　　　　　满城风雨高卧二分愁

第十八回　频道不如归形成槁木
　　　　　可怜无所好目送飞鸿

第十九回　离膝去依依枯荣莫卜
　　　　　回乡愁戚戚甘苦难问

第二十回　举目尽非亲且餐粗粝
　　　　　捧心原是病频梦家山

第二十一回　革面却繁荣衣衫尽换
　　　　　　健身安贫贱井臼同操

第二十二回　奇货可居双身释重负
　　　　　　百喙莫辩千里报谰言

第二十三回　无限伤心偎炉度长夜
　　　　　　不堪回首含泪看新春

第二十四回　生女不留人川资暗赠
　　　　　　求官还作客京市空来

第二十五回　铩羽空回托足嗟无地
　　　　　　埋名可隐伤心愧有家

第二十六回　一饭艰难王郎原自愧
　　　　　　十年薄幸冯妇竟重来

第二十七回　喜怒须无因心藏隐痛
　　　　　　声容浑不似弦托悲音

第二十八回　情敌难忘借杯浇块垒
　　　　　　醉乡堪老高睡是生涯

第二十九回　宴客避良人强为欢笑
　　　　　　开门迎伧父故作痴聋

第 三 十 回　归去已柔肠何曾奋斗
　　　　　　别来空忍泪终冒嫌疑

第三十一回　言所难宣颠狂半夕醉
　　　　　　势在必走决绝一封书

第三十二回　垂泪尚登场悲歌欲绝
　　　　　　伤心艰撒手忍辱空还

杨柳青青

言情小说。张恨水著。山城出版社。1947 年 4 月版。1 册。24.8 万字。自序 1 篇。共 28 回。

第一回　推食殷勤偏邀贫女忆
　　　　入门慷慨别具武夫雄

第二回　陋室结芳邻暗钦健叟
　　　　权家择良伴痛诋贫娃

第三回　终负解铃心登门铸错
　　　　暗怜丫角愿推食分羹

第四回　情局复开茶寮倾积愫
　　　　年关难渡质库作哀鸣

第五回　煮茗度长宵怆怀岁暮
　　　　题标抗暴日呐喊声高

第六回　甜苦情场冷观评两面
　　　　崎岖世路密约订三年

第 七 回　数语绝恩情闭门痛哭
　　　　　一肩担道义酌酒商谈

第 八 回　愤语激青年辞官遁去
　　　　　热心怜少女挟纩亲来

第 九 回　谑语岂无由东床暗引
　　　　　突来良有以西席闲筹

第 十 回　闻语警芳心封侯愿渺
　　　　　听歌有羡色报国身闲

第十一回　俯首许婚姻芳情脉脉
　　　　　关心到士卒喜气洋洋

第十二回　寒贱苦从戎病夫落伍
　　　　　牺牲甘解甲战士多情

第十三回	弃职见知音佳人默许 承家得来者壮士狂欢	第二十一回	絮语灯前苦心训弱息 杖游山下冷眼看英雄
第十四回	授室多艰徘徊忧后顾 邀朋小聚腼腆记前程	第二十二回	创痛难堪凝神听鼓乐 欢情未洽促别到飞符
第十五回	客去含羞柔情荡微笑 人来访旧恶信启愁怀	第二十三回	酌酒传餐狂欢含别泪 挑灯温梦低唱数长更
第十六回	酸楚襟怀当前还祝福 倥偬戎马暗里突移军	第二十四回	喜气犹存归房余绮梦 秋宵难度闻雁惹啼痕
第十七回	孰能无情家思灰士气 兵不厌诈豪语壮军心	第二十五回	旧事难忘对门窥丽影 坠欢可拾隔座窃芳巾
第十八回	脉脉传茶含悲慰夫婿 匆匆出塞强笑别家人	第二十六回	午夜挑灯寄书重铸错 平畴试马投笔突离家
第十九回	欲即欲离同车忆往事 半哭半笑倚枕病残秋	第二十七回	塞上音稀归农生远计 闺中病困倚枕泣惊魂
第二十回	卜吉有期老人连日笑 铲愁不尽旧雨对门居	第二十八回	杨柳青青都生儿女意 笙歌隐隐尽变故人家

纸醉金迷

社会小说。张恨水著。上海百新书店。1949 年 3 月 1 版。1 册。12 万字。共 18 章。

一	重庆一角大梁子	九	排队
二	吊楼上两家庭	十	半日工夫
三	回家后的刺激	十一	皮包的喜剧
四	乘兴而来败兴回	十二	起了酸素作用
五	输家心理上的逆袭	十三	物伤其类
六	一切是撩拨	十四	一场惨败
七	买金子买金子	十五	铸成大错
八	半夜奔流	十六	杯酒论黄金

十七 两位银行经理 ｜ 十八 再接再厉

现代青年

社会小说。张恨水著。上海摄影社。1934 年 9 月版。3 册。34.1 万字。共 12 回。

第一回 此日难忘教儿半夜起
　　　　良辰不再展画少年看
第二回 小试天才牵牛联旧句
　　　　高谈人事移榻受新知
第三回 骨肉见天真相依为命
　　　　稻粱谋晚计刻苦经年
第四回 两小无猜寄居增友爱
　　　　一介不取弃产绝乡情
第五回 一车行李含泪别故园
　　　　数件乡仪赧颜探巨害
第六回 豪仆夸世家名姝恃宠
　　　　新邻来陋巷老媪垂怜

第 七 回 频唤哥哥相亲如手足
　　　　苦劳夜夜发奋愧须眉
第 八 回 含笑订良缘衣裳定礼
　　　　怀忧沾恶疾汤药劳心
第 九 回 病榻感私恩掬肠细语
　　　　江头系别绪忍泪偷弹
第 十 回 隔室听南音他乡遇艳
　　　　故宫看国宝御道联踪
第十一回 品茗传神殷勤迷座客
　　　　读书怯试慷慨说名姝
第十二回 甜犊情深彷徨度永夜
　　　　索衣泪急踯躅上归车

虎贲万岁

社会小说。即武陵虎啸。张恨水著。上海百新书店。1946 年 7 月第 1 版。1 册。30 万字。自序 1 篇。共 80 章。

第一章 大雷雨的前夜
第二章 第二个爱人走了
第三章 死活在这圈子里
第四章 圣经与情书

第五章 向炮口下走的路程
第六章 太浮山麓摸索着
第七章 虎穴上的瑞禽
第八章 多谢厚礼恕无小费

第 九 章　老百姓加油

第 十 章　石公庙堤上和堤下

第 十 一 章　罗家冲壕中行

第 十 二 章　第八次进犯又压下去了

第 十 三 章　电话中的杀声

第 十 四 章　炮打波式阵

第 十 五 章　西北郊一个黄昏

第 十 六 章　手榴弹夜袭波式浪

第 十 七 章　话说叶家岗

第 十 八 章　夺回岩坳

第 十 九 章　三个女人

第 二 十 章　文官不怕死

第二十一章　黄九妹还活跃着

第二十二章　火药涂染的情书

第二十三章　风！火！雷！炮！

第二十四章　肉搏后的一个微笑

第二十五章　回马枪

第二十六章　四十八颗手榴弹

第二十七章　锦囊三条计

第二十八章　火瀑布下的水星楼

第二十九章　竹杆挑碉堡

第 三 十 章　女担架夫

第三十一章　两位患难姑娘

第三十二章　勤务兵的军事谈

第三十三章　鸟巢人语

第三十四章　夜风寒战郭　星火肃孤城

第三十五章　铁人铁人

第三十六章　自杀的上帝儿女

第三十七章　战至最后一人的壮举

第三十八章　零距离跑与火牛阵

第三十九章　余师长弹下巡城

第 四 十 章　忽然寂寞的半天

第四十一章　逮活的

第四十二章　没让敌人活埋到

第四十三章　虎啸

第四十四章　杀四门

第四十五章　以忠勇事迹答复荒谬传单

第四十六章　覆廓碉堡战

第四十七章　通信兵和工兵都打得顶好

第四十八章　看到巨幅电影广告

第四十九章　秃墙夹巷中之一战

第 五 十 章　向民间找武器

第五十一章　刀袭敌后手推战梯

第五十二章　余师长亲督肉搏战

第五十三章　最得意的一句话

第五十四章　听援军的枪声啊

第五十五章　裹伤还属有情人

第五十六章　平凡的英雄神奇的事实

第五十七章　人换机枪

第五十八章　这样的吃喝休息

第五十九章　对攻心战的一个答复

第 六 十 章　师部门前的血

第六十一章　江心泪

第六十二章　冲！冲过去

第六十三章　罗家岗望月

第六十四章　用日本机枪打日本人

第六十五章　没有垮字

第六十六章　拿下傅家堤早过年

第六十七章　饱餐了精神不知肉味

第六十八章　拿下毛湾打开大门

第六十九章　一口气打回城去

第 七 十 章　国旗飘飘

第七十一章　废城巡礼

第七十二章　坐井观天

第七十三章　敌尸群中夜猎

第七十四章　荒凉　恐怖　奋斗

第七十五章　鸟履交错

第七十六章　复活之夜

第七十七章　一只离群孤雁

第七十八章　空山无人

第七十九章　一场噩梦以后

第 八 十 章　虎贲万岁

金粉世家

长篇社会小说。张恨水著。世界书局。1932 年 10 月初版。1935 年 10 月重版。1947 年 10 月 7 版。1 册。80 万字。自序 1 篇。楔子和尾声各 1 篇。共 112 回。楔子：燕市书春奇才惊客过,朱门忆旧热泪向人弹。

第一回　陌上闲游坠鞭惊素女

　　　　阶前小谑策杖戏娇嬛

第二回　月夜访情俦重来永巷

　　　　绮宴招腻友双款幽斋

第三回　遣使接芳邻巧言善诱

　　　　通幽羡老屋重价相求

第四回　屋自穴东墙暗惊乍见

　　　　人来尽乡礼共感隆情

第五回　春服为亲筹来供锦盒

　　　　歌台得小聚同坐归车

第六回　倩影不能描枣花帘底

　　　　清歌何处起杨柳楼前

第七回　空弄娇嗔看山散游伴

　　　　故藏机巧赠婢戏青年

第八回　大会无遮艳情闹芍药

　　　　春装可念新饰配珍珠

第九回　题扇通情别号夸高雅

　　　　修书祝寿隆仪慰寂寥

第 十 回　一队诗人解诗兼颂祷

　　　　半天韵事断韵极酸麻

第十一回　独具慧心诗媛疑醉语

　　　　别饶兴趣闺秀有欧风

第十二回　花月四围尽情吐心事

　　　　竹城一战有意作调人

第十三回　约指勾金名山结誓后

　　　　撩人杯酒小宴定情时

第十四回　隔户听闺嘲漏传消息

　　　　登堂难客问怒起风波

第十五回　盛会伴名姝夫人学得

　　　　令仪夸上客吉士诱之

第十六回　种玉向侯门尺书求友

　　　　系绳烦情使杯酒联欢

第十七回　歌院重逢自惭真面目

　　　　绣花独赏暗寓爱根苗

第十八回　谨谢主人怜不为绿叶

　　　　难明女儿意终惜明珠

第 十 九 回	初议佳期快谈银幕下 又蒙厚惠释虑白镪中
第 二 十 回	传字粉奁会心还密束 藏身花架得意听娇声
第二十一回	爱海独航依人逃小岛 情场别悟结伴看闲花
第二十二回	眷眷初逢寻芳过夜半 沉沉晚醉踏月到天明
第二十三回	芳影突生疑细君兴妒 闲身频作乐公子呼穷
第二十四回	远交近攻一家连竹阵 上和下睦三婢闹书斋
第二十五回	一扇想遮藏良人道苦 两宵疑阻隔少女情痴
第二十六回	屡泄春光偕行露秀色 别翻花样说古听乡音
第二十七回	玉趾暗来会心情脉脉 高轩乍过握手话绵绵
第二十八回	携妓消愁是非都不白 酿金献寿授受各相宜
第二十九回	小集腾欢举家生笑谑 隆仪敬领满目喜琳琅
第 三 十 回	粉墨登场难为贤伉俪 黄金论价欲组小家庭
第三十一回	藕断丝连挥金营外室 夜阑人静倚枕泣空房
第三十二回	妇令夫从笑煞终归鹤 弟为兄隐瞒将善吼狮
第三十三回	笔语欺智囊歌场秘史 馈肴成画饼醋海微波
第三十四回	纨袴聚豪家灭灯醉月 艳姬伴夜宴和索当歌
第三十五回	佳节动襟怀补游郊外 秋光扑眉宇更入山中
第三十六回	山馆留宾归途行不得 月窗寻梦旅舍夜如何
第三十七回	兄弟各多情丛生韵事 友朋何独妒忽绝游踪
第三十八回	拥翠依红无人不含笑 勾心斗角有女乞垂怜
第三十九回	情电逐踪来争笑甜蜜 小星含泪问故示宽宏
第 四 十 回	胜负不分斗牌酬密令 老少咸集把酒闹新居
第四十一回	当面作醉容明施巧计 隔屏说闲话暗泄情关
第四十二回	云破月来良人避冢妇 莺嗔燕咤娇妾屈家翁
第四十三回	绿暗红愁娇羞说密事 水落石出惆怅卜婚期
第四十四回	水乳樽前各增心上喜 参商局外偏向局中愁
第四十五回	瓜蔓内援时狂施舌辩 椿萱淡视处忽起禅机
第四十六回	手足情深芸篇诳老父 夫妻道苦莲舌弄良人
第四十七回	屡数奇珍量珠羡求凤 一谈信物解佩快乘龙
第四十八回	谐谑有余情笑生别墅 咄嗟成盛典喜溢朱门
第四十九回	吉日集群英众星拱月 华堂成大礼美眷如仙

第 五 十 回　新妇见家人一堂沉瀣
　　　　　　少年避众客十目驰骋

第五十一回　顷刻千金诗吟花烛夜
　　　　　　中西一贯礼别缙绅家

第五十二回　有约斯来畅谈分小惠
　　　　　　过门不入辣语启微嫌

第五十三回　永夜涌心潮新婚味苦
　　　　　　暇居生口角多室情难

第五十四回　珍品分输付资则老母
　　　　　　债台暗筑济款是夫人

第五十五回　出入一人钱绉眉有自
　　　　　　奔忙两家事慰醉无由

第五十六回　授柬示高情分金解困
　　　　　　登堂瞻盛泽除夕承欢

第五十七回　暗访寒家追恩原不忝
　　　　　　遣怀舞榭相见若为情

第五十八回　情种恨风波醉真拼命
　　　　　　严父嗤豚犬忿欲分居

第五十九回　绝路转佳音上官筹策
　　　　　　深闺成秘画浪子登程

第 六 十 回　渴慕未忘通媒烦说客
　　　　　　坠欢可拾补过走情邮

第六十一回　利舌似联珠诛求无厌
　　　　　　名花成断絮浪漫堪疑

第六十二回　扣户喜重逢谁能遣此
　　　　　　登门求独见人何以堪

第六十三回　席卷香巢美人何处去
　　　　　　躬参盛会知己有因来

第六十四回　若不轻心清谈销永日
　　　　　　何曾有恨闲话种深仇

第六十五回　鹰犬亦工谗含沙射影
　　　　　　芝兰能独秀饮泣吞声

第六十六回　含笑看蛮花可怜模样
　　　　　　吟诗问止水无限情怀

第六十七回　一客远归来落花早谢
　　　　　　合家都忭悦玉树双辉

第六十八回　堂上说狂欢召优志庆
　　　　　　车前惊乍过迎伴留痕

第六十九回　野草闲花突来空引怒
　　　　　　翠帘绣幕静坐暗生愁

第 七 十 回　救友肯驰驱弥缝黑幕
　　　　　　释囚何慷慨接受黄金

第七十一回　四座惊奇引觞成眷属
　　　　　　两厢默契坠帕种相思

第七十二回　苦笑道多财难中求助
　　　　　　逍遥为急使忙里偷闲

第七十三回　扶榻问黄金心医解困
　　　　　　并头嘲白发蔗境分甘

第七十四回　三戒异时微言寓深意
　　　　　　百花同寿断句写哀思

第七十五回　日半登楼祝嘏开小宴
　　　　　　酒酣谢席赴约赏浓装

第七十六回　声色无边群居春夜短
　　　　　　风云不测一醉泰山颓

第七十七回　百药已无灵中西杂进
　　　　　　一瞑终不视老幼同哀

第七十八回　不惜铺张慎终成大典
　　　　　　慢云长厚殉节见真情

第七十九回　苍莽前途病床谈事业
　　　　　　凄凉小院雨夜忆家山

第 八 十 回　发奋笑空劳寻书未读
　　　　　　理财谋悉据借箸高谈

第八十一回　飞鸟投林夜窗闻愤语
　　　　　　杯蛇幻影晚巷走奔车
第八十二回　匣剑帷灯是非身外事
　　　　　　素车白马冷热个中人
第八十三回　对簿理家财群雏失望
　　　　　　当堂争遗产一母伤心
第八十四回　得失爱何曾愤来逐鹿
　　　　　　逍遥哀自己丧后游园
第八十五回　衰服近优伶不亏好友
　　　　　　红颜计柴米贻笑方家
第八十六回　白玉锡佳名二花争艳
　　　　　　黄金供滥用一客无愁
第八十七回　私念故乡偏房兴去志
　　　　　　忽翻陈案记室背崇恩
第八十八回　故主宣言群奴半日散
　　　　　　旁人屈指一子八月生
第八十九回　临榻看新孙难言此隐
　　　　　　怀金窥上客顾为谁容
第九十回　露影太荒唐封金预告
　　　　　　怀时忽解脱对月长嗟
第九十一回　泉水出山残文留旧迹
　　　　　　衣衫刺目烈火灭余痕
第九十二回　伏枕染重疴母怀戚戚
　　　　　　传笺盼一顾郎趾匆匆
第九十三回　半夜驰车娓婉谈浮海
　　　　　　清晨破镜凄凉卜下场
第九十四回　病榻起疑团乍惊惨色
　　　　　　情场增裂缝各动离怀
第九十五回　强夺珠针病狂怀璧遁
　　　　　　永离鸳帐封步闭楼居
第九十六回　风景不殊游踪增感慨

　　　　　　情怀莫逆闲话自缠绵
第九十七回　冰炭人情失官求内助
　　　　　　泥云身世访主忆前情
第九十八回　院宇见榛芜大家中落
　　　　　　主翁成骨肉小婢高攀
第九十九回　谈笑弄娇嗔新装十索
　　　　　　言行失常态情局孤忙
第一百回　惨语断生平小楼伴佛
　　　　　　狂呼惊夜半烈炎冲霄
第一百一回　两老动慈怀共看瓦砾
　　　　　　同胞作愤语全没心肝
第一百二回　对客道烦忧初尝苦境
　　　　　　替人流急泪重见残装
第一百三回　对坐无聊愁城增怨色
　　　　　　远来有意情海起新澜
第一百四回　上室迎宾故谈风土好
　　　　　　大庭训子严斥羽毛丰
第一百五回　得意让花骄权门夜叩
　　　　　　失踪惊屋闭旧巷重来
第一百六回　亦假亦真旧邻传噩耗
　　　　　　疑非疑是胜地觅芳踪
第一百七回　决绝一书旧家成隔世
　　　　　　模糊双影盛事忆当年
第一百八回　寄爱写小诗投邮有意
　　　　　　对亲作快语析产何惭
第一百九回　巨室瓜分最怜孺子去
　　　　　　情场球戏难受美人狂
第一百十回　航海倚英雌更谋捷径
　　　　　　弃家付儿辈独隐名山
第一百十一回　驴背遇穷途昙花一现
　　　　　　禅心伤晚节珠泪双垂

第一百十二回　金粉各飘零情场永别　　尾声　消息索哀词人悲秋扇
　　　　　　　轮蹄相驰逐旧事重提　　　　　生涯寄幻影梦老春婆

夜 深 沉

言情小说。张恨水著。上海三友书社。1941 年初版。2 册。36.84 万字。严独鹤题书名。共 41 回。

第 一 回　陋巷有知音暗聆妙曲
　　　　　长街援弱女急上奔车

第 二 回　附骥止飘零登堂见母
　　　　　入门供洒扫作客宜人

第 三 回　多半日勾留闻歌忆旧
　　　　　增一宵梦寐移榻惊寒

第 四 回　娓婉话朝曦随亲挽客
　　　　　殷勤进午酒得友为兄

第 五 回　茶肆访问俦老伶定计
　　　　　神堂坐壮汉智女鸣冤

第 六 回　焚契灯前投怀讶痛哭
　　　　　送衣月下搔首感清歌

第 七 回　腻友舌如簧良媒自荐
　　　　　快人钱作胆盛会同参

第 八 回　一鸣惊人观场皆大悦
　　　　　十年待字倚榻独清谈

第 九 回　闲话动芳心情俦暗许
　　　　　蹑踪偷艳影秀士惊逢

第 十 回　难遏少年心秋波暗送
　　　　　不忘前日约雨夜还来

第十一回　甘冒雨淋漓驱车送艳
　　　　　不妨灯映掩举袖藏羞

第 十 二 回　无术谢殷勤背灯纳佩
　　　　　　多方夸富有列宝迎宾

第 十 三 回　钩饵布层层深帷掩月
　　　　　　衣香来细细永巷随车

第 十 四 回　小别兴尤浓依依肘下
　　　　　　遥看情更好款款灯前

第 十 五 回　揉碎花囊曲终人已渺
　　　　　　抛残绣线香冷榻空存

第 十 六 回　遍市访街人伴狂走马
　　　　　　移家奉老母缱绻分羹

第 十 七 回　妙语解愁颜红绳暗引
　　　　　　伤心到艳迹破镜难圆

第 十 八 回　忙煞热衷人挑灯作伴
　　　　　　窃听夜阑语冒雨迁居

第 十 九 回　顿悔醉中非席前借箸
　　　　　　渐成眉上恨榻畔拈针

第 二 十 回　带醉说前缘落花有主
　　　　　　含羞挥别泪覆水难收

第二十一回　两字误虚荣千金失足
　　　　　　三朝成暴富半月倾家

第二十二回　末路博微官忍心割爱
　　　　　　长衢温旧梦掩泪回踪

第二十三回　仆仆风尘登堂人不见
　　　　　　萧萧车马纳币客何来

第二十四回　翠袖天寒卜钱迷去路
　　　　　　高轩夜过背烛泣残妆

第二十五回　难忍饥驱床头金作祟
　　　　　　空追迹到门外月飞寒

第二十六回　绝路忘羞泥云投骨肉
　　　　　　旧家隐恨禽兽咒衣冠

第二十七回　醉眼模糊窥帘嘲倩影
　　　　　　丰颐腼腆隔座弄连环

第二十八回　倚户作清谈莺花射覆
　　　　　　倾壶欣快举天日为盟

第二十九回　月老不辞劳三试冰斧
　　　　　　花姨如有信两卜金钗

第 三 十 回　事业怯重摧来求旧雨
　　　　　　婚姻轻一诺归慰慈亲

第三十一回　朱户流芳惊逢花扑籁
　　　　　　洞房温梦惨听夜深沉

第三十二回　虎口遇黄衫忽圆破镜

楼头沉白月重陷魔城

第三十三回　入陷惜名花泪珠还债
　　　　　　返魂无国手碧玉沾泥

第三十四回　归去本无家穷居访旧
　　　　　　重逢偏有意长舌传疑

第三十五回　难道伤心但见新人笑
　　　　　　又成奇货都当上客看

第三十六回　别泪偷垂登场艰一面
　　　　　　机心暗斗举案祝双修

第三十七回　怀妬听歌事因惊艳变
　　　　　　蓄谋敬酒饵肯忍羞吞

第三十八回　献礼亲来登堂拜膝下
　　　　　　修函远遣拭泪忍人前

第三十九回　谈往悟危机樽前忏悔
　　　　　　隔宵成剧变枕上推贤

第 四 十 回　一恸病衰亲惨难拒贿
　　　　　　片言惊过客愤极回车

第四十一回　立券谢月娘绝交有约
　　　　　　怀刀走雪夜饮恨无涯

春明外史

社会小说。张恨水著。上海世界书局。1931 年 3 月版。12 集。80 万字。共 86 回。自作前序、后序、续序各 1 篇。

第一回　月底宵光残梨凉客梦
　　　　天涯寒食芳草怨归魂

第二回　佳话遍春城高谈婚变
　　　　啼声喧粉窟混战情魔

第三回　消息雨声中惊雷倚客

风光花落后煮茗劳僧

第四回　勤苦捉刀人遥期白首
　　　　娇羞知己语暗约黄昏

第五回　选色柳城疏狂容半夕
　　　　消魂花下遗恨已千秋

第 六 回　萍水约双栖非鸡非鹜
　　　　　钗光惊一瞥疑雨疑云

第 七 回　寂静禅关奇逢讶姹女
　　　　　萧条客馆重币感花卿

第 八 回　佛国谢知音寄诗当药
　　　　　瓜棚迟晚唱咏月书怀

第 九 回　事出有因双姝通谜语
　　　　　客来不速一笑蹴帘波

第 十 回　我见犹怜孤灯照断雁
　　　　　谁能遣此深夜送飘茵

第十一回　窥影到朱门高堂小宴
　　　　　听歌怜翠袖隔座分香

第十二回　出谷佩蛾眉藏珠自赎
　　　　　分金快月老沽酒同倾

第十三回　设筵开场歌台真灿烂
　　　　　典衣终曲舞袖太郎当

第十四回　绮语道温存闻香止步
　　　　　晚妆悲薄幸泣粉成痕

第十五回　沦落相逢沾泥同惜絮
　　　　　缠绵示意解渴暗分甘

第十六回　欲壑空填花丛迷老吏
　　　　　坠欢难拾宦境困英雌

第十七回　目送飞鸿落花原有主
　　　　　人成逐客覆水不堪收

第十八回　私语腻闲人情何绵密
　　　　　良宵留荡子乡本温柔

第十九回　垂泪还珠归程添怅惘
　　　　　忍心碎束好梦渐阑珊

第二十回　纸醉金迷华堂舞魅影
　　　　　水流花谢情海咏归槎

第二十一回　斗室迎仙频来四海客

　　　　　　瓣香却病聊赠一枝梅

第二十二回　满面啼痕拥衾依绣榻
　　　　　　载途风雪收骨葬荒丘

第二十三回　拈韵迎春诗情消小恙
　　　　　　放怀守岁旅感寄微醺

第二十四回　新句碧纱笼可怜往事
　　　　　　锦弦红袖拂如此良宵

第二十五回　破屋疏瓯空名传胜迹
　　　　　　荒城古刹幸遇晤芳姿

第二十六回　奇句写情怀攫羊似虎
　　　　　　锦屏漏消息打鸭惊鸳

第二十七回　梦感前尘填词伤旧雨
　　　　　　书还故主铸错得新诗

第二十八回　惜玉笑量珠舞衫扑朔
　　　　　　献花同染指捷径迷离

第二十九回　临水对残花低徊无限
　　　　　　倚松邻瘦竹寄托遥深

第 三 十 回　不辨雌雄混战娘子队
　　　　　　都无伦次同结女儿盟

第三十一回　稚子无家依人侪郑婢
　　　　　　名姝雅集顾曲学周郎

第三十二回　顾影自怜漫吟金缕曲
　　　　　　拈花微笑醉看玉钩斜

第三十三回　猜得之子踪名藏字里
　　　　　　勘破美人计金尽床头

第三十四回　斗酒只鸡凄凉祭绿野
　　　　　　闲花野草惆怅晤青衫

第三十五回　流盼属新知似曾相识
　　　　　　听歌怀故国无可奈何

第三十六回　金屋深藏银灯摇艳影
　　　　　　魔城自限锦字惜华年

第三十七回　玉臂亲援艳诗疑槁木
　　　　　　珠帘不卷绮席落衣香

第三十八回　消恨上红氍人胡不醉
　　　　　　断恩盟白水郎太无情

第三十九回　深巷逐芳踪投书寄爱
　　　　　　华筵趁余兴击鼓催花

第 四 十 回　等到酸心频吟梅子令
　　　　　　何堪寓目先苦女儿身

第四十一回　指点画中人神传阿堵
　　　　　　纷腾诗外事典出何家

第四十二回　彻夜搜枯肠文章有价
　　　　　　因时阓利薮名士无虚

第四十三回　促膝快谈灰心悲独话
　　　　　　临风品茗冷眼羡双修

第四十四回　对影三人夕阳无限好
　　　　　　依山一笛高处不胜寒

第四十五回　远道供山珍百朋相锡
　　　　　　下厨劳素手一饭堪留

第四十六回　卜宅近芳邻喜环碧树
　　　　　　迎秋有乐事约种黄花

第四十七回　学尚涂鸦饾饤空摘句
　　　　　　功成喝彩旦夕自寻香

第四十八回　鬻画分金割爱助膏火
　　　　　　读书补拙勉力答琼瑶

第四十九回　淑女多情泪珠换眷属
　　　　　　书生吐气文字结姻缘

第 五 十 回　酒食情人掷金留笑去
　　　　　　脂粉地狱微服看花来

第五十一回　同谢解囊人还劳白发
　　　　　　笑看同命鸟婉惜青春

第五十二回　一束结金兰缘订来世

第五十三回　四言留血泪誓守今生
　　　　　　永夜离怀心悲将满月
　　　　　　斜阳古道肠断独归人

第五十四回　纳礼典轻裘为花请命
　　　　　　论交关盛馔按日传餐

第五十五回　限刻夺诗魁风流前辈
　　　　　　连宵制菊选笔墨闲人

第五十六回　大典繁陈攫金胜竹叶
　　　　　　新章急就挥汗颂梅花

第五十七回　四壁鼓吹同欢加冕日
　　　　　　一堂椅案不是读书天

第五十八回　大好少年身转同脂粉
　　　　　　可怜旧舞地来阅沧桑

第五十九回　里巷荒芜蓬门惊枉驾
　　　　　　风尘落拓粉墨愧登场

第 六 十 回　事不由人冲寒谋出路
　　　　　　饥来驱我坠溷误前程

第六十一回　拥絮听娇音惺忪温梦
　　　　　　煨炉消永夜婉转谈情

第六十二回　枕上托孤心难为妹妹
　　　　　　楼头拼命意终惜卿卿

第六十三回　气味别薰莸订交落落
　　　　　　形骸自水乳相惜惺惺

第六十四回　已尽黄金曲终人忽渺
　　　　　　莫夸白璧夜静客何来

第六十五回　空起押衙心终乖鹣鲽
　　　　　　不须京兆笔且访屠沽

第六十六回　成竹在胸有生皆皈佛
　　　　　　禅关拥雪僻地更逢僧

第六十七回　对席快清谈流连竟日
　　　　　　凭栏惊妙舞摇曳多姿

第六十八回　心隔蛮弦还留芳影在
　　　　　　目空螳臂起舞剑光寒
第六十九回　宽大见军威官如拾芥
　　　　　　风流关国运女漫倾城
第 七 十 回　声色相传儿原跨灶物
　　　　　　锱铢计较翁是惜财才
第七十一回　妙手说贤郎囊成席卷
　　　　　　壮颜仗勇士狐假虎威
第七十二回　飘泊为聪明花嫌解语
　　　　　　繁华成幻梦诗托无题
第七十三回　慷慨结交游群花绕座
　　　　　　荒唐作夫妇一月倾家
第七十四回　描写情思填词嘲艳迹
　　　　　　牺牲色相劝学走风尘
第七十五回　辛苦补情天移星替月
　　　　　　殷勤余恨史拊掌焚琴
第七十六回　入户拾遗金终惭浙脸
　　　　　　开囊飞质券故泄春光
第七十七回　颇有遗芳半宵增酒渴

　　　　　　言无余隐三字失佳期
第七十八回　一局诗谜衙容骚客集
　　　　　　三椽老屋酒藉古人传
第七十九回　妙语如环人情同弱柳
　　　　　　此心非石境地逊浮鸥
第 八 十 回　满座酒兴豪锦标夺美
　　　　　　一场鸳梦断蜡泪迎人
第八十一回　药石难医积劳心上病
　　　　　　渊泉有自凤慧佛边缘
第八十二回　一榻禅心天花休近我
　　　　　　三更噩梦风雨正欺人
第八十三回　柳暗花明数言铸大错
　　　　　　天空地阔一别走飘蓬
第八十四回　爽气溢西山恰成美眷
　　　　　　罡风变夜色难返沉疴
第八十五回　落木惊秋心吟诗绝命
　　　　　　抚棺伤薤露恸哭轻生
第八十六回　旧巷吊英灵不堪回首
　　　　　　寒林埋客恨何处招魂

春明新史

长篇社会小说。张恨水著。新生书局。1946 年版。2 册。19.1 万字。自序 1 篇。楔子 1 篇。共 10 回。

楔　子　深巷卖花来村人入幕
　　　　高轩驰马到羽士登龙
第一回　儿女英雄多情甘作妾
　　　　美人名士得意共参军
第二回　一幕血花曲中人不见

　　　　半窗日影客散鸟还来
第三回　门有贵人车花登上第
　　　　市成君子国纸作洪灾
第四回　巨博掷千金媒人作嫁
　　　　豪歌收八美与客同欢

第五回　血肉横飞凯旋犹痛哭　　　　第八回　灯下看花屠沽成上客
　　　　辰星寥落朝会更高歌　　　　　　　　伶门伴食笔压负骚人
第六回　点铁成金泥云三月别　　　　第九回　解道镜中花挥金似土
　　　　开门揖盗牛马一生休　　　　　　　　可怜闺里月吊影销魂
第七回　力疾从公媒翁中夜起　　　　第十回　衔列白幡前鬼添新爵
　　　　知新温故娇妾对门居　　　　　　　　焚券红烛下客遁空门

巷战之夜

社会小说。即冲锋。张恨水著。南京新民报社出版。1946 年 11 月 3 版。1 册。6.4 万字。自序 1 篇。共 14 章。

一　周年纪念　　　　　　　　　　　八　炸起了中国男儿的怒火
二　车站上的人潮　　　　　　　　　九　天津在被屠杀中
三　散后之家　　　　　　　　　　　十　月下劳军
四　事变之前夜　　　　　　　　　　十一　肉搏,四比七十九
五　动摇者之窘相　　　　　　　　　十二　动摇者醒了
六　暴风雨将来时　　　　　　　　　十三　渡河。天津,再会了
七　流弹横飞下　　　　　　　　　　十四　二周年纪念

剑胆琴心

侠情小说。张恨水著。新晨报营业部。1930 年版。自序 1 篇。左笑鸿作恨水三绝 1 篇。1 册。34.3 万字。共 36 回。

第一回　卖酒秋江壁诗惊过客　　　　第三回　索骥遍峰峦荒厂度夜
　　　　舍舟中道襆被访高贤　　　　　　　　结茅在泉石古洞疑仙
第二回　点烛高谈壮军戎马健　　　　第四回　搔痒撼丰碑突逢力丐
　　　　翻身下拜月下剑光寒　　　　　　　　抚膺来旧国同吊斜阳

第 五 回　慷慨话当年重游旧路
　　　　　凄凉吊夜月愁听寒涛

第 六 回　踪迹不明梦中惊解纽
　　　　　姓名无异身外托传书

第 七 回　凉夜斗凉山戏玩老辈
　　　　　客途听客话义救寒儒

第 八 回　随手显功夫茶寮较力
　　　　　细心分解数草地挥拳

第 九 回　虽败犹荣埋名甘遁世
　　　　　弄巧成拙盗宝枉追踪

第 十 回　匕首横飞此君来不速
　　　　　刺痕乍裹孝子感尤深

第十一回　逆旅晤蛾眉青垂寒士
　　　　　轻车弄虎穴巧服群雄

第十二回　兔起鹊落梦酣来恶斗
　　　　　目挑眉语马上寄幽情

第十三回　是鬼是仙塔尖飞野火
　　　　　疑人疑我道半释强俘

第十四回　绝艺惊人空手入白刃
　　　　　狂奔逐客黑影舞寒林

第十五回　此理不明卧地惊怪汉
　　　　　前疑可释举火会高朋

第十六回　茅店相逢老妪奋大勇
　　　　　荒庵小住少女现轻功

第十七回　三侠同攻众幺遭痛击
　　　　　群英偶集一老阻忠谋

第十八回　白首誓双拼骄翁败北
　　　　　绿林付一炬大寇潜踪

第十九回　轻薄数言惩顽过闹镇
　　　　　苍茫回顾感遇渡寒江

第二十回　踏雪为书生情深觅药

　　　　　分金赠壮士义重衔环

第二十一回　佳偶可成娇容窥醉色
　　　　　　良缘忘别宝剑换明珠

第二十二回　避险白门送一肩行李
　　　　　　逞才蜀道弄几个轻钱

第二十三回　奇器求生连环成巨炮
　　　　　　只身服敌两手破单刀

第二十四回　胡帝胡天山王重大典
　　　　　　难兄难弟魔窟庆余生

第二十五回　世外有天人手牵猛虎
　　　　　　目中无鼠辈心恕妖狐

第二十六回　不谋而合无心得哑侣
　　　　　　胡为乎来故意斗尼僧

第二十七回　手指数伸强梁驴上去
　　　　　　灯花一闪倩影座中飞

第二十八回　暗碎心房酒家逢铁块
　　　　　　独开眼界松谷见猿桥

第二十九回　舍命访奇人兽林下拜
　　　　　　腾身救远客鹰啄飞来

第 三 十 回　萍迹聚东川良朋把臂
　　　　　　花容窥北艳有女同舟

第三十一回　促膝道奇闻同酣白战
　　　　　　隔窗作幻想独醉红情

第三十二回　鬟影衣香相思成急病
　　　　　　晓风残月消息鉴芳心

第三十三回　惟侠有情片帆甘远逐
　　　　　　移忠作孝匹马请孤征

第三十四回　群贼如毛装神玩蠢敌
　　　　　　浑身是胆率仆突重围

第三十五回　蔽日旌旗奇兵散股寇
　　　　　　连宵炮火妙策救危城

第三十六回　粉壁留题飞仙讶月老　｜　倭刀赠别酌酒走昆仑

美 人 恩

言情小说。张恨水著。上海世界书局。1934 年 4 月初版。1 册。21.2 万字。共 24 回。

第 一 回　幻想拾遗金逐尘大道
　　　　　传神在阿堵后客空廊

第 二 回　踯躅泥中谋生怜弱息
　　　　　徘徊门外对景叹青春

第 三 回　一念狂痴追驰蓬面女
　　　　　三朝饱暖留恋窃钩人

第 四 回　携手作清谈渐兴妄念
　　　　　濯污惊绝艳忽动枯禅

第 五 回　去垢见佳儿转疑丽色
　　　　　好施夸善士初警贪心

第 六 回　觑面增疑酸寒玷善相
　　　　　果腹成病危困见交情

第 七 回　勉力经营奔忙犹自慰
　　　　　积劳困顿辛苦为谁甜

第 八 回　厚惠乍调羹依闾以待
　　　　　苦心还卖字隐几而眠

第 九 回　襆被易微资为人作嫁
　　　　　弹琴发妙论对我生财

第 十 回　声色互连初入众香国
　　　　　贫病交迫闲参半夜钟

第十一回　疗病有奇方借花献佛
　　　　　育才夸妙手点铁成金

第十二回　终煞雌威搜衣藏蓄币
　　　　　更增友好对镜为梳头

第十三回　白眼横施碎花消积恨
　　　　　憨态可掬授果续前欢

第十四回　生死见交情挥之门外
　　　　　温柔增兴趣投入怀中

第十五回　联袂上层楼迷离游伴
　　　　　闭门过午夜甘苦情囚

第十六回　昨事未忘故人羞问病
　　　　　雌威远播娇女恨污名

第十七回　四壁斋空薄衣难耐冷
　　　　　一丸月冷怀刃欲寻仇

第十八回　终受美人恩解铃堂上
　　　　　重增同伴情邀酌街头

第十九回　尴尬行为推恩逢纨绔
　　　　　豪华声望传刺动蛾眉

第 二 十 回　明镜青灯照人愧屋漏
　　　　　　城狐社鼠联伴结金兰

第二十一回　终效驰驱无言怜督叟
　　　　　　同遭冷落失恋笑王孙

第二十二回　慢索珠还语声亡座右
　　　　　　恰惊价巨块肉剜心头

第二十三回　突获殊荣畅怀成领袖
　　　　　　勉忘奇耻安分作奴才

第二十四回　抵抗觅生机懦夫立志　　｜　　相逢谈旧事村女牵情

洪杨劫后奇人传

长篇武侠小说。即红羊劫后奇人传。张恨水著。重庆陪都书店。1947 年 1 月渝初版。1 册。32 万字。自序 1 篇。冯勤功序 1 篇。共 36 回。

第 一 回　卖酒秋江壁诗惊过客
　　　　　舍舟中道襆被访高贤

第 二 回　点烛高谈壮军戎马健
　　　　　翻身下拜月下剑光寒

第 三 回　索骥遍峰峦荒庵度夜
　　　　　结茅在泉石古洞疑仙

第 四 回　搔痒撼丰碑突逢力丐
　　　　　抚膺来旧国同吊斜阳

第 五 回　慷慨话当年重游旧路
　　　　　凄凉玩夜月愁听寒涛

第 六 回　纵踪不明梦中惊解纽
　　　　　姓名无异身外诧传书

第 七 回　凉夜斗凉山戏玩老辈
　　　　　客途听客话义救寒儒

第 八 回　随手显工夫茶寮较力
　　　　　细心分解数草地挥拳

第 九 回　虽败犹荣埋名甘遁世
　　　　　弄巧成拙盗宝枉追踪

第 十 回　匕首横飞此君来不速
　　　　　游踪直告孝子拜深情

第十一回　逆旅晤蛾眉青垂寒士
　　　　　轻车奔虎穴巧服群雄

第 十二 回　兔起鹘落梦酣来恶斗
　　　　　目挑眉语马上寄幽情

第 十三 回　是鬼是仙塔尖飞野火
　　　　　疑人疑我道半释强人

第 十四 回　绝艺惊人空手入白刃
　　　　　狂奔逐客黑影舞寒林

第 十五 回　此理不明卧地惊怪汉
　　　　　前疑可释举火会高朋

第 十六 回　茅店相逢老妪奋大勇
　　　　　荒庵小住少女现轻功

第 十七 回　三侠同攻众幺遭痛击
　　　　　群英偶集一老阻忠谋

第 十八 回　白首誓双拼骄翁败北
　　　　　绿林付一炬大寇潜踪

第 十九 回　轻薄数言惩顽过闹镇
　　　　　苍茫回顾感遇渡寒江

第 二十 回　踏雪为书生情深觅药
　　　　　分金赠壮士义重衔环

第二十一回　佳偶可成娇容窥醉色
　　　　　　良缘志别宝剑换明珠

第二十二回　避险白门送一肩行李
　　　　　　逞才蜀道弄几个轻钱

第二十三回　奇器求生连环成巨炮
　　　　　　只身服敌两手破单刀

第二十四回　胡帝胡天山王重大典
　　　　　　难兄难弟魔窟庆余生

第二十五回　世外有天人手牵猛虎
　　　　　　目中无鼠辈心恕妖狐

第二十六回　不谋而合无心得亚侣
　　　　　　胡为乎来故意斗尼僧

第二十七回　手指数伸强梁驴上去
　　　　　　灯光一闪倩影座中飞

第二十八回　暗碎心房酒家逢铁块
　　　　　　独开眼界松谷见猿桥

第二十九回　舍命访奇人兽林下拜
　　　　　　猎珍供远客鹰啄飞来

第 三 十 回　萍迹聚东川良朋把臂
　　　　　　花容窥北艳有女同舟

第三十一回　促膝道奇闻同酣白战
　　　　　　隔窗作幻想独醉红情

第三十二回　鬓影衣香相思成急病
　　　　　　晓风爱月消息鉴芳心

第三十三回　惟侠有情片帆甘远逐
　　　　　　移忠作孝匹马请孤征

第三十四回　群贼如毛装神玩蠢敌
　　　　　　浑身是胆率仆突重围

第三十五回　蔽目旌旗寺兵散股寇
　　　　　　连宵炮火妙策救危城

第三十六回　粉壁留题飞仙许月老
　　　　　　倭刀赠别酌酒走昆仑

秦淮世家

言情小说。张恨水著。百新书店。1940 年 11 月初版。1 册。20 万字。作者补序 1 篇。共 24 回。

第一回　唐大嫂茶座说前因
　　　　徐二哥河厅作上客

第二回　还旧服姊妹表歉忱
　　　　赠新书良朋存厚道

第三回　见艺人传书有遗憾
　　　　怜神女冒雨表同情

第四回　登门送款贫汉施仁
　　　　远道索书青年露迹

第五回　惜浪费局外进忠言
　　　　具深心席前作娇态

第六回　押戒指妙计赚现金
　　　　留字条辣手演喜剧

第七回　唐二春独来慰知己
　　　　王大狗二次济苦人

第八回　重私恩偷儿争自首
　　　　忿家丑失主两饶人

第九回　难消重耻闭户撒娇
　　　　苦遇恶魔回家受训

第十回　赞少女骚客赋艳诗
　　　　接财东钱商摆盛宴

第十一回　恶作剧席上饮交杯
　　　　　大不堪台前喝倒彩

第十二回　无法可想好汉低头
　　　　　有命能拼贱人吐气

第十三回　中圈套送女上河船
　　　　　欠思量驰车入虎穴

第十四回　困迷楼毒倒洁身女
　　　　　谈屈膝气死热心人

第十五回　看得不平失言遭害
　　　　　回来尴尬破费遮羞

第十六回　吃亏人把盏劝磕头
　　　　　探风客登门遭毒手

第十七回　忍痛山头深更探险
　　　　　救人虎口暗室遭围

第十八回　赠约指暗放有心人
　　　　　作骄客痛骂无赖子

第十九回　情脉脉软语度难关
　　　　　泪涟涟深心走绝路

第二十回　斗手法逐步破深谋
　　　　　弄心机当筵递暗信

第二十一回　混长夜热酒留众客
　　　　　　劫武器灭灯捆醉人

第二十二回　烈烈轰轰高呼溅血
　　　　　　凄凄惨惨垂首离家

第二十三回　老邻妇端坐度难关
　　　　　　贱女人挺身挡恶棍

第二十四回　发语双关拒奸救友
　　　　　　引刀一快纵火除魔

热血之花

社会小说。张恨水著。上海三友书店。1946 年 6 月版。1 册。7.8 万字。共 16 回。

第一回　怕见榴花灾生五月
　　　　愿为猛虎志在千秋

第二回　争道从戎拈阄定计
　　　　抽闲访艳握手谈歌

第三回　密地潜来将军发令
　　　　雄资骤得少女忘形

第四回　歌院传笺名伶入彀
　　　　兰闺晤客旧侣生疑

第五回　留别书弃家卫社稷
　　　　还约指忍泪绝情人

第六回　啼笑苦高堂人去后
　　　　昏沉醉客舍夜阑时

第七回　魔窟归来女郎献捷
　　　　荒园逼去猖寇潜踪

第八回　兄弟相逢扬声把臂
　　　　手足并用决死登山

第九回　不测风云忘危杀贼
　　　　无上荣誉受奖还乡

第十回　复国家仇忍心而去
　　　　为英雄寿酌酒以迎

第十一回　涣释疑团凌空落柬
　　　　　深临险境乘隙窥营

第十二回　施妙腕突现真面目
　　　　　下决心不受假慈悲

第十三回　邀影三杯当时雪耻
　　　　　流血五步最后逞雄

第十四回　含笑遣书从容就义
　　　　　忍悲收骨慷慨宣言

第十五回　访寒居凄凉垂老泪
　　　　　游旧地感慨动禅心

第十六回　恩断三秋悲歌落泪
　　　　　名垂千古热血生花

铁血情丝

侠情小说。张恨水著。文光书局。1938 年版。4 册。24.4 万字。自序 1 篇。共 36 回。

第一回　卖酒秋江壁诗惊过客
　　　　舍舟中道襆被访高贤

第二回　点烛高谈秋高戎马健
　　　　翻身下拜月下剑光寒

第三回　索骥遍峰峦荒庵度夜
　　　　结茅在泉石古洞疑仙

第四回　搔痒撼丰碑突逢力丐
　　　　抚膺来旧国同吊斜阳

第五回　慷慨话当年重游旧路
　　　　凄凉吊夜月愁听寒涛

第六回　踪迹不明梦中惊解纽
　　　　姓名无异身外诧传书

第七回　凉夜斗凉山戏玩老辈
　　　　客途听客话义救寒儒

第八回　随手显工夫茶寮较力
　　　　细心分解数草地挥拳

第九回　虽败犹荣埋名甘遁世
　　　　弄巧成拙盗宝狂追踪

第 十 回　匕首横飞此君来不速
　　　　　创痕乍里孝子感尤深

第十一回　逆旅晤蛾眉青垂寒士
　　　　　轻车奔虎穴巧服群雄

第十二回　兔起鹘落梦酣来恶斗
　　　　　目挑眉语马上寄幽情

第十三回　是鬼是仙塔尖飞野火
　　　　　疑人疑我道半释强俘

第十四回　绝艺惊人空手入白刃
　　　　　狂奔逐客黑影舞寒林

第十五回　此理不明卧地惊怪汉
　　　　　前疑可释举火会高朋

第十六回　茅店相逢老妪奋大勇
　　　　　荒庵小住少女现轻功

第十七回　三侠同攻众么遭痛击
　　　　　群英偶集一老阻忠谋

第十八回　白首誓双拼骄翁败北
　　　　　绿林付一炬大寇潜踪

第 十 九 回　　轻薄数言惩顽过闹镇
　　　　　　　苍茫四顾感遇渡寒江

第 二 十 回　　踏雪为书生情深觅药
　　　　　　　分金赠壮士义重衔环

第二十一回　　佳偶可成娇容窥醉色
　　　　　　　良缘志别宝剑换明珠

第二十二回　　避险白门送一肩行李
　　　　　　　逞才蜀道弄几个轻钱

第二十三回　　奇器求生连环成巨炮
　　　　　　　只身服敌两手破单刀

第二十四回　　胡帝胡天山王重大典
　　　　　　　难兄难弟魔窟庆余生

第二十五回　　世外有天人手牵猛虎
　　　　　　　目中无鼠辈心恕妖狐

第二十六回　　不谋而合无言来旅伴
　　　　　　　胡为乎来故意斗尼僧

第二十七回　　手指数伸强梁驴上去
　　　　　　　灯花一闪倩影坐中飞

第二十八回　　暗醉心房酒家逢铁块
　　　　　　　独开眼界松谷见猿桥

第二十九回　　舍命访奇人兽林下拜
　　　　　　　腾身救远客鹰啄飞来

第 三 十 回　　萍踪聚东川良朋把臂
　　　　　　　花容窥北艳有女同舟

第三十一回　　促膝道奇闻同酤白战
　　　　　　　隔窗作幻想独醉红情

第三十二回　　鬓影衣香相思成急病
　　　　　　　晓风残月消息鉴芳心

第三十三回　　惟侠有情片帆甘远逐
　　　　　　　移忠作孝匹马请孤征

第三十四回　　群贼如毛装神玩蠢敌
　　　　　　　浑身是胆率仆突重围

第三十五回　　蔽日旌旗奇兵散股寇
　　　　　　　连宵炮火妙策救危城

第三十六回　　粉壁留题飞仙讶月老
　　　　　　　倭刀赠别酌酒走昆仑

秘 密 谷

言情小说。张恨水著。上海百新书店。1946 年 5 月版。2 册。13 万字。共 24 回。

第一回　　艳丽姤情偁眼前伴客
　　　　　神奇谈秘谷天半疑仙

第二回　　渡水回车崎岖尝险道
　　　　　凿墙燃灯辛苦话山家

第三回　　山景屡惊人转增旅趣
　　　　　泉声初到耳更道仙机

第四回　　谈笑而来歇肩留古庙
　　　　　鼓舞以上拭藓读残碑

第五回　　松畔寻途攀绳登绝壁
　　　　　峰头举火警犬吠深山

第六回　　石破天惊又峰峦耸翠
　　　　　烟消日出有桑柘成材

第 七 回　有古人风衣冠如画里
　　　　　非君子国男女杂樽前
第 八 回　裂士分王仙山非乐园
　　　　　烹茶享客素女起凡心
第 九 回　共觉解人颐目桃眉语
　　　　　忽传逐客令剑拔弩张
第 十 回　共突重围穴墙而遁
　　　　　更临绝地束手被缚
第十一回　茅茨土阶亦具王者气
　　　　　物华天宝足壮客卿观
第十二回　座上群贤挑灯难划策
　　　　　山中宰相踏月要寻诗
第十三回　戴月逃生藏身听战铎
　　　　　隔溪拒敌飞箭射红光
第十四回　逃伴停踪似路原非路
　　　　　少年旧臂无情却有情
第十五回　义愤填膺救人重入谷
　　　　　杀人遍野观战共登山

第十六回　外力可凭鸣枪便退敌
　　　　　同情尽失放火欲烧山
第十七回　有故而来议和登敌堡
　　　　　至死不悟求使保君权
第十八回　百姓共擒王嫔妃侧目
　　　　　九卿皆变贼宫殿成墟
第十九回　皇帝作奴才偷生不易
　　　　　家庭成泡影易宅犹欢
第 二 十 回　瘦竹清泉幽怀来好伴
　　　　　干柴烈火趣语谑同人
第二十一回　忍俊不禁含羞邀说客
　　　　　无辞可对点首许情人
第二十二回　阶下乞怜痴情恋故土
　　　　　门前劝驾危语系芳心
第二十三回　行止难两全呜呜哭耳
　　　　　贤愚都不舍望望去之
第二十四回　几日驰名居然天上客
　　　　　一生了账死矣道傍儿

胭 脂 泪

社会小说。即锦片前程。张恨水著。上海万象书屋。1948 年 5 月 10 版。1 册。29.4 万字。插图 68 幅。共 32 章。

第 一 章　爱人的谎言
第 二 章　爱神之箭
第 三 章　孤军奋斗
第 四 章　徒刑期满了
第 五 章　人天交战
第 六 章　新发现

第 七 章　秘密工作
第 八 章　通财之谊
第 九 章　其欲逐逐
第 十 章　鹡鸰暂寄一枝安
第十一章　三种不同的虚伪
第十二章　苦海无边

第 十 三 章　攀龙附凤

第 十 四 章　跃登龙门以后

第 十 五 章　借重大名

第 十 六 章　包厢与散座

第 十 七 章　两位不识时务的来宾

第 十 八 章　粉墨登场

第 十 九 章　一页日记

第 二 十 章　蹊径不同的要求

第二十一章　顺着错道儿走

第二十二章　一幅漫画

第二十三章　一联串的麻烦

第二十四章　无法拒绝的馈赠

第二十五章　一个秘密

第二十六章　他消极了

第二十七章　爱莫能肋

第二十八章　不由得周身抖颤

第二十九章　准在德国饭店等你

第 三 十 章　局长和女秘书失踪了

第三十一章　进退两难

第三十二章　还是走这一条路

谁征服了谁

社会长篇小说。纸醉金迷之四。张恨水著。上海百新书店。1949 年
6 月初版。1 册。共 18 章。

一　居然一切好转

二　一连串的好消息

三　魔障复生

四　失去了母亲的孩子

五　滚雪球

六　谁征服了谁

七　各得其所

八　皆大欢喜

九　有钱然后有闲

十　凄凉的童歌

十一　黄金变了卦

十二　失败后的麻醉

十三　欢场惊变

十四　舞终人不见

十五　空城一计

十六　螳螂捕蝉黄雀在后

十七　收场几个忍心人

十八　爆竹声中一切除

银汉双星

言情小说。张恨水著。上海大众书局。1931 年 10 月初版。2 册,6.3

万字。本书提要 1 篇。朱石麟作序 1 篇。照片 6 张。共 10 回。

第一回　楚楚歌声诗人娱老
　　　　盈盈舞态仙子无愁
第二回　嗜影成迷娇娃落发
　　　　逢场作戏浪子倾心
第三回　缄雪分甘梅香袭齿
　　　　染指作柬絮语撩人
第四回　令色令仪灯前艳影
　　　　亦真亦幻画呈情侪
第五回　乐舞未央玉山颓矣
　　　　情怀莫逆兄妹为之

第六回　月上花梢来听试曲
　　　　尘飞陌上笑咏同车
第七回　满榻芬芳小楼且住
　　　　一天风露午夜何之
第八回　倩影双栖黄金铸爱
　　　　柔肠寸断白柬书愁
第九回　惆怅秋风寓言却扇
　　　　凄凉落月影事成图
第十回　银汉同离双星割席
　　　　玉楼重闭少女归心

偶　　像

言情小说。张恨水著。南京新民报社。1946 年 2 月版。共 1 册。16 万字。自序 1 篇。共 24 章。

第 一 章　艺术与战争
第 二 章　老牌艺术家的脾气
第 三 章　师道尊严法相庄严
第 四 章　孰能遣此
第 五 章　天人交战
第 六 章　失了灵魂吗
第 七 章　认定了错路走
第 八 章　一切不知所云
第 九 章　就算合作了
第 十 章　甜的辛苦
第十一章　为了什么折腰
第十二章　众生相

第 十 三 章　自我牺牲
第 十 四 章　一切顺利
第 十 五 章　割须弃袍
第 十 六 章　正期待着
第 十 七 章　两幕喜剧
第 十 八 章　你真勇敢
第 十 九 章　爱情与钱
第 二 十 章　???
第二十一章　寻寻觅觅冷冷清清凄凄惨
　　　　　　惨戚戚
第二十二章　完了?
第二十三章　活死人

第二十四章　各有因缘莫羡人

梁山伯与祝英台

民间小说。张恨水著。宝文堂书店。1954 年 11 月初版。1 册。12 万字。附后记。共 20 回。

一	周朝开国有太姒	十一	两位大媒
二	一个折衷办法不能接受	十二	了不起的女公子
三	改扮男装去杭州	十三	拒绝马家婚
四	草亭相会	十四	楼台会
五	柳荫结拜	十五	讨药方
六	莫辜负这绿叶扶疏的日子	十六	半下午了我应该走了
七	疾病相扶持	十七	最后一面
八	师母为冰人	十八	这里不晓得什么马家
九	十八里长亭相送	十九	忽然坐船可以走
十	由回忆到回家	二十	化蝶

绿珠小姐

哀情小说。张恨水著。上海志新书局。1941 年 4 月版。1 册。6.8 万字。共 8 回。

第一回	遭水灾穷途悲落魄 投至戚姑父欺孤儿	第四回	充园丁暂执贱役 呼大哥且作西宾
第二回	怜我怜卿情深若海 赠金赠帕义重如山	第五回	侠义客拯珠出泥污 风雨夕游子病缠绵
第三回	迫饥寒投考遭骗 浇块磊借酒看花	第六回	体贴入微三姨情重 压迫到死孽子恨长

第七回　效鹣奔惊生意外艳
　　　　畏多露节全个中人

第八回　疑外疑寻珠逅秋柳
　　　　巧中巧拾笔识芳蓉

斯　人　记

长篇社会言情小说。张恨水著。上海百新书店。1946 年 10 月初版。2 册。32.4 万字。自序 1 篇。本书发端 1 篇。共 24 回。

第 一 回　生女别妍媸疗贫学曲
　　　　　得人在妩媚送笑登龙

第 二 回　赞梅菊齐芳艺名突起
　　　　　得芝兰并座佳运频来

第 三 回　失宠作良图帮闲早约
　　　　　辍歌惜小别快睹先临

第 四 回　深夜喜犹来听歌当课
　　　　　微波惊乍托献寿封金

第 五 回　虎辔一掀情天嗟莫补
　　　　　花丛三顾长夜喜能狂

第 六 回　荡子金多驱车购彩锦
　　　　　美人计巧破梦索钻环

第 七 回　凄怨十阕词斯人有迹
　　　　　风流一席话和尚多情

第 八 回　绮语难忘买书怜佛子
　　　　　芳名重晤问字过诗家

第 九 回　顾曲看奇人随声喝彩
　　　　　惊寒怜知己寄子赠袍

第 十 回　下顾感分金清歌永诀
　　　　　投怀能作态约指双收

第十一回　大妇千里来一筹莫展
　　　　　新人数朝去四大皆空

第十二回　一席冠裳无言作俗客
　　　　　满城风雨努力苦寒儒

第十三回　书不疗贫无钱难赎命
　　　　　花如解语有酒可浇愁

第十四回　生女耀门楣闾阎侧目
　　　　　迎宾易冠服鸡犬皆仙

第十五回　冒雨过荒丘寻盟黑夜
　　　　　飞笺谑文友盛会华堂

第十六回　十日沉吟衣香如未去
　　　　　两香晤对心影证无言

第十七回　三次走奔车忙中得趣
　　　　　双方佩珍物戏外传奇

第十八回　联袂闲游蹑踪作幻想
　　　　　倚栏小立拾帕赏余香

第十九回　传扇令人怜为花请命
　　　　　迎门留客坐代父宣劳

第二十回　订约不忘典裘供小叙
　　　　　接交有术敷粉发奇谈

第二十一回　计钞作东席前佯骂酒
　　　　　　解围共座案下巧传音

第二十二回　事料几分试衣问良母
　　　　　　心倾一见登门访少年

第二十三回　璧合中西室家增负担
　　　　　　风同上下闺闼苦周旋

第二十四回　料理新篇断剪京华梦
　　　　　　商量旧迹来看蝴蝶图

落霞孤鹜

言情小说。张恨水著。上海世界书局。1931 年 8 月初版。1932 年 10 月再版。4 册。19.74 万字。插图 72 幅。自序 1 篇。共 36 回。

第 一 回　雪巷遗金解囊感过客
　　　　　妆台调粉对镜惜华年

第 二 回　濯帕心深倩人劳素手
　　　　　追踪路渺戏雪蹴蛮靴

第 三 回　忍泪受淫威鸡群独活
　　　　　叩阍施急智虎口亲援

第 四 回　难报美人恩驰怀远道
　　　　　欲烦青鸟使托意微资

第 五 回　折柬储愁无缘劳鲍叔
　　　　　挑灯温梦何计托朱家

第 六 回　银饼学梭投狂奴折齿
　　　　　鸩胶和蜜饮少女轻生

第 七 回　坠泪登车叹无家可别
　　　　　倾心握手早有梦相亲

第 八 回　夜话缠绵可怜儿女意
　　　　　深居寂寞无奈管弦声

第 九 回　索骥一仇人尚追囚凤
　　　　　牵丝三月老故献藏珠

第 十 回　艳影重窥因缘原是巧
　　　　　灵犀暗合姓氏却疑同

第十一回　所举非人叨叨空弄舌
　　　　　相知者我脉脉已倾心

第十二回　钿盒朝供求凰配犬子
　　　　　铁窗昼闭入狱避狮威

第十三回　听雨度凉宵怀人不寐
　　　　　破门突火阵救友忘危

第十四回　鸯誓背人移酬恩割爱
　　　　　鸾书当面押饮恨订婚

第十五回　喜信飞来放怀探旧雨
　　　　　佳期空到抚影泣新人

第十六回　握手动幽情绿窗低诉
　　　　　登堂飞喜色红烛高烧

第十七回　霞鹜齐飞香车迎义友
　　　　　薰莸同器蓬屋纳佳人

第十八回　酌茗约清谈良宵缓度
　　　　　拈花作微笑好梦将圆

第十九回　闹市见情侪停车道故
　　　　　寒家惊贵客割臂传神

第二十回　曲访深居登堂疑独见
　　　　　突惊绝艳纳币视重来

第二十一回　意外殊荣武冠许拙匠
　　　　　　当前奇耻钓饵嘱新娘

第二十二回　反翻思潮含羞遣翠袖
　　　　　　牺牲色相强笑入朱门

第二十三回　踯躅夜深归灯前低问
　　　　　　趑趄路半约席上轻谈

第二十四回　曲院逐芳姿暗偷罗帕
　　　　　　酒楼订后约亲送归车

第二十五回　忿语激良人含机失笑
　　　　　　忘情款爱友把茗移情

第二十六回　共感飘零羡称白玫瑰
　　　　　　都忘廉耻微讽野鸳鸯

第二十七回　情所未堪褥被辞家去
　　　　　　事非无意题笺续句来

第二十八回　锦字欹斜暗藏心上语
　　　　　　眼波流动频负局中棋

第二十九回　小会名园幽林藏密影
　　　　　　穷居客馆深夜落啼痕

第 三 十 回　进退两无因徘徊践约
　　　　　　笑啼都不是委屈承欢

第三十一回　衣履隔夫妻突沾恶疾
　　　　　　闺房来姊妹渐布疑云

第三十二回　入幕兴谣暗疑不速客
　　　　　　挥毫明志立写绝交书

第三十三回　一纸露真情惊心坠地
　　　　　　双珠志别恨割席还家

第三十四回　引类过倡门邪言共诱
　　　　　　探踪到寒舍热泪同倾

第三十五回　朋友互欺当场来间谍
　　　　　　翁姑同拜舍命作情俘

第三十六回　百日困魔城怕看满月
　　　　　　一联留血泪惨失飞鸿

啼笑因缘（正续集）

社会小说。张恨水著。上海三友书社。1930 年 12 月初版。3 册。
19.08 万字。作者小影及签名式照片 1 幅。作者手笔啼笑因缘原稿第 1 页
照片 1 幅。明星公司摄制啼笑因缘影片剧照 4 幅。李浩然题词蝶恋花并
序 1 页。严独鹤序 1 篇。自序 1 篇。啼笑因缘续集。1935 年 1 月第 1 版。
共 10 回。5.35 万字。自序 1 篇。

正集

第一回　豪语感风尘倾囊买醉
　　　　哀音动弦索满座悲秋

第二回　绮席晤青衫多情待舞
　　　　蓬门访碧玉解语怜花

第三回　颠倒神思书中藏情影
　　　　缠绵情话林外步朝曦

第四回　邂逅在穷途分金续命
　　　　相思成断梦把卷凝眸

第五回　颇有残脂风流嫌着迹
　　　　手加弱指心事证无言

第六回　无意过香巢伤心致疾
　　　　多情证佛果俯首谈经

第七回　值得忘忧心头天上曲

未免遗憾局外画中人

第 八 回　谢舞有深心请看绣履
　　　　行歌增别恨拨断离弦

第 九 回　星野送归车风前搔鬓
　　　　歌场寻俗客雾里看花

第 十 回　狼子攀龙贪财翻妙舌
　　　　兰闺藏凤炫富蓄机心

第十一回　竹战只攻心全局善败
　　　　钱魔能作祟彻夜无眠

第十二回　比翼羡鸳俦还珠却惠
　　　　舍身探虎穴鸣鼓怀威

第十三回　沽酒迎宾甘为知己死
　　　　越墙窥影空替美人怜

第十四回　早课欲疏重来怀旧雨
　　　　晚游堪乐小聚比秋星

第十五回　柳岸感沧桑翩鸿掉影
　　　　桐阴听夜雨落木惊寒

第十六回　托迹权门姑为蜂蝶使
　　　　寻盟旧地喜是布衣交

第十七回　裂券飞蚨绝交还大笑
　　　　挥鞭当药忍痛且长歌

第十八回　惊疾成狂坠楼伤往事
　　　　因疑入幻避席谢新知

第十九回　慷慨弃寒家酒楼作别
　　　　模糊留血影山寺锄奸

第二十回　展转一封书红丝误系
　　　　奔波数行泪玉趾空劳

第二十一回　艳舞媚华筵名姝遁世
　　　　　寒宵飞弹雨魔窟逃生

第二十二回　绝地有逢时形骸终隔
　　　　　圆场念逝者啼笑皆非

续集

第 一 回　雪地忍衣单热衷送客
　　　　山楼苦境寂小病留踪

第 二 回　言笑如常同归谒老父
　　　　庄谐并作小宴闹冰人

第 三 回　种玉米迟解铃甘谢罪
　　　　留香去久击案誓忘情

第 四 回　借鉴怯潜威悄藏艳迹
　　　　移花弥缺憾愤起飘茵

第 五 回　金屋蓄痴花别具妙计
　　　　玉人作赝鼎激走情俦

第 六 回　借箸论孤军良朋下拜
　　　　解衣示旧创侠女重来

第 七 回　伏枥起雄心倾家购弹
　　　　登楼记旧事惊梦投怀

第 八 回　辛苦四年始终成泡影
　　　　因缘千里合同拜高堂

第 九 回　尚有人缘高朋来旧邸
　　　　真无我相急症损残花

第 十 回　壮士不还高歌倾别酒
　　　　故人何在热血洒边关

傲 霜 花

社会小说。即第二条路。张恨水著。上海百新书店有限公司。1947年2月1版。1册。33万字。自序1篇。共48章。

第 一 章　化装品展览会

第 二 章　此间乐

第 三 章　你有法子没有

第 四 章　救命要钱

第 五 章　这书卖定了

第 六 章　那件"事大"

第 七 章　"薪"与"水"

第 八 章　两位老教授

第 九 章　菊残犹有傲霜枝

第 十 章　我四十不动心

第十一章　青眼与白眼

第十二章　读书人卖书

第十三章　意外之遇

第十四章　拉散车的

第十五章　山城之一夜

第十六章　先生馔

第十七章　新闻圈外的新闻

第十八章　醉了

第十九章　一乐也

第二十章　有所不为

第二十一章　饥来驱我学陶潜

第二十二章　冷眼所见

第二十三章　不速之客

第二十四章　先生将何之

第二十五章　老处女的转变

第二十六章　打牙祭

第二十七章　物伤其类

第二十八章　鸽子笼

第二十九章　也是最后一课

第 三 十 章　苦恼的追逐

第三十一章　碰壁

第三十二章　忍俊不禁

第三十三章　两个约会

第三十四章　生活与臭味

第三十五章　此道中人

第三十六章　相对论

第三十七章　一座谈会

第三十八章　再试验一次

第三十九章　戏中人与戏外人

第 四 十 章　一个对比

第四十一章　印象颇佳

第四十二章　冷和热

第四十三章　改正航线

第四十四章　见所见而来

第四十五章　隆情盛意

第四十六章　由同调到合伙

第四十七章　尽在不言中

第四十八章　各有千秋

雾 中 花

社会小说。张恨水著。春秋出版社。1948 年版。1 册。2.4 万字。未分章节。

新斩鬼传

讽刺小说。张恨水著。上海正风书局。1936 年 4 月版。3 册。9.5 万字。钟吉宇、来岚声、许廑父序各 1 篇。自序 1 篇。共 14 回。

第一回	钟进士再统斩妖兵	第 八 回	一碗饭流血逐亲爹
第二回	玄学鬼乱布标点阵	第 九 回	老妈军誓师狗尾洞
第三回	作檄文颜之厚搬书	第 十 回	短命鬼辞世马头山
第四回	看禀帖钞如命赊酒	第十一回	制铁钉将军攻拍击
第五回	贾道学饱吃风流棒	第十二回	戴纸脸士子说慈悲
第六回	甄造业甘作守财奴	第十三回	显奇术见钱开瞎眼
第七回	三文钱破头打官事	第十四回	得妙诀割肉换良心

满 江 红

爱情小说。张恨水著。上海世界书局。1932 年 10 月初版。4 册。21.4 万字。夏日苕作序 1 篇。自序 1 篇。共 40 回。

第一回	赏月渡长江吟联少女	第三回	一雨作丝牵情天不老
	闻弦过野寺笑接狂生		三杯添晚醉萍水无猜
第二回	聚谑求凰各为种玉计	第四回	旭日同看相知人欲去
	详猜遗帕独作访珠游		荒斋独守前度客还来

第 五 回	安步当车香尘留艳迹
	逢场作戏灯彩罩疑团
第 六 回	惊异遇歌场忽明真相
	谈笑归客舍莫抑悲怀
第 七 回	半夜款香巢突闻快语
	清晨过老圃幸遇知音
第 八 回	高卧发狂吟心仪坡老
	清歌杂微笑座有周郎
第 九 回	窥艳笑远来形诸梦寐
	惊心闻乍别访遍舟车
第 十 回	杯酒两忘嫌各倾肺腑
	百金一点曲共骇听闻
第十一回	俗客易招驰驱凭片纸
	骄花难犯褒贬托微波
第十二回	婉转陈词通函劝撒手
	佯狂发笑记事话伤心
第十三回	隔户听歌声回车有意
	登场卖爱物注目堪怜
第十四回	归去囊空问款疑寒士
	邀来夜永拈阄夺美人
第十五回	无日不来轻车驰小径
	有闻必录快镜窃芳颜
第十六回	衣饰岂无惭婉商求友
	丝萝非有托快拒藏娇
第十七回	贫境不堪噤声别酒肆
	迷途未远破晓过农家
第十八回	未免有情携琴弹树下
	可以无憾沽酒醉灯前
第十九回	努力见交情暗中买画
	建功藉艺术高格酬金
第二十回	路上一相逢实成大错
第二十一回	筵前同笑谑渐见深情
	藏币走仓皇奔车逐迹
	明灯照战栗惊鸟投怀
第二十二回	灯下话余惊共消长夜
	案中藏秘计对质公庭
第二十三回	不作夫妻何须假兄妹
	果为艺术自有好评章
第二十四回	做事有终解铃还钻石
	怀才不遇困腹啜瓜羹
第二十五回	贫贱择交难冷嘲热讽
	激昂变态易浅笑深颦
第二十六回	伟大规模谒陵论豪杰
	逍遥伴侣订约访湖山
第二十七回	突逢学子来翩翩可喜
	善为美人役脉脉钟情
第二十八回	游棹夕阳中湖光绘影
	并肩白堤上夜色宜人
第二十九回	无可奈何留书权作别
	似会有意置酒即催眠
第 三 十 回	床下负荆时见机而作
	湖边聚首处有约不来
第三十一回	卖画受饥驱忽成上客
	解囊壮醉色更遇高人
第三十二回	旧好不忘午阴酣茗话
	坠欢可拾陋室涩游踪
第三十三回	吹笛引新侪开怀道故
	闻琴过旧地却步羞前
第三十四回	交绝转圜时登山痛哭
	情参还璧后拍手惊呼
第三十五回	填海有心人追芳迹往
	负荆无术函约怨声回

第三十六回　情敌恰相逢强颜握手
　　　　　　恩人何忍害储药回心
第三十七回　交友可无猜宠召面谢
　　　　　　作妾原不忝盛惠心仪
第三十八回　救急筵前新郎甘假冒

　　　　　　约逃海外旧雨可能忘
第三十九回　雨道奔忙可怜一路哭
　　　　　　火船赴难忽忆满江红
第四十回　　酒醉梦回江中船不见
　　　　　　曲终人渺天上月依然

满城风雨

社会小说。张恨水著。上海大众书局。1934 年 9 月版。3 册。20 万字。共 10 回。

第一回　两岸金鼓喧龙舟竞渡
　　　　四城灯火息风鹤疑兵
第二回　爆竹喧天壶浆迎战士
　　　　斯文扫地鱼贯缚书生
第三回　夕照起悲笳攀门惨别
　　　　西风飞野火微服逃生
第四回　荡产倾家劫余纳重赋
　　　　轰雷掣电夜半迫孤城
第五回　喋血城壕骷髅易名将
　　　　停骖门巷瓜蔓认英雌

第六回　治国如斯一隅三反法
　　　　救民到底十室九空天
第七回　兄弟阋墙操戈招外寇
　　　　风云变色掷弹炸危城
第八回　战后寻欢儿女供鱼肉
　　　　醉中划策家乡付劫灰
第九回　憔悴愧重逢香桃骨瘦
　　　　从容艰一死丝柳情长
第十回　揭竿成义军共图大事
　　　　投河殉情侣各有千秋

燕 归 来

言情小说。张恨水著。上海正华出版社。1948 年 10 月新版。2 册。44 万字。共 42 回。

第一回　玉貌同钦拆笺惊宠召
　　　　寓楼小集酌酒话平生

第二回　掘草充饥求生倒马粪
　　　　为民请命纳税舍豚儿

第 三 回　赤地绝生机人兽相食
　　　　　寒山寻出路星夜登程
第 四 回　别子到荒城双亲待毙
　　　　　卖身投老吏五载离家
第 五 回　慷慨约同行不甘落后
　　　　　凄凉愁独活勉祝成双
第 六 回　青眼相逢湖山留客住
　　　　　素衣结伴风雨渡江来
第 七 回　各有深心殷勤为护士
　　　　　独具正义慷慨说行人
第 八 回　亲手抚创痕旁人侧目
　　　　　退身虚前席之子有心
第 九 回　妙事见重重汴梁小住
　　　　　游兴生勃勃铁塔同攀
第 十 回　絮语蓄痴情争夸女性
　　　　　酒家逢绝艳暗慕天真
第十一回　少女同餐兴阑增苦闷
　　　　　遗民谁见话里漏情机
第十二回　谁是有情人忽惊旅梦
　　　　　喜逢幽然者闲话行都
第十三回　大地荒尘灰心萌退志
　　　　　黄河落日触景起哀思
第十四回　且忍旅人愁街头访古
　　　　　难堪关塞夜月下舒怀
第十五回　各淡远游心徘徊月夜
　　　　　初尝行役苦驰逐风尘
第十六回　四壁家空感大匠努力
　　　　　一池春暖论美女祸人
第十七回　灞水长桥仰先民伟大
　　　　　曲江荒草伤近代凋零
第十八回　笑探五典坡高谈入胜

　　　　　病饮新丰酒微意分甘
第十九回　把脉坐床前情词恍惚
　　　　　追书来天外意态殷勤
第二十回　报怨特工谗庄谐并进
　　　　　多情原不忝函电交驰
第二十一回　买帖过碑林人怀愠色
　　　　　　啜羹尝肉味梦感余生
第二十二回　震耳赏秦音人归夜市
　　　　　　分襟渡渭水诗唱阳关
第二十三回　荒冢成群见咸阳古道
　　　　　　流氓接踵过西北高原
第二十四回　破屋寒窑餐黑馍白水
　　　　　　斜风细雨看荒草空城
第二十五回　把盏说边情真成神话
　　　　　　登堂瞻县政难废排场
第二十六回　说笑出邠州同观石佛
　　　　　　伤怀入陇境重到瑶池
第二十七回　穷地盛装卖身作旅客
　　　　　　餐歌朝死绝路恸斯人
第二十八回　东望归程未免爱垂柳
　　　　　　西来苦事如何饮浊泉
第二十九回　意外遭逢荒祠看古物
　　　　　　目前尴尬好酒敬新知
第 三 十 回　瘠地倦游踪攀条引怨
　　　　　　晚程疑客影馈物生嫌
第三十一回　欲语难转一番传恶耗
　　　　　　伤心何必再度励前程
第三十二回　小民果难为御夫争利
　　　　　　古人不可及走卒开山
第三十三回　山路御风行停车惊寇
　　　　　　峰头挥雪坐闻锋疑仙

第三十四回　断墙残垣黄昏吊故土
　　　　　　青毡败絮白发守寒衙
第三十五回　喂虎吸民膏现身说法
　　　　　　倾壶止色变立誓呼天
第三十六回　敲骨人来堵门殴县令
　　　　　　断肠梦破伏枕哭双亲
第三十七回　微露儿女情当时尴尬
　　　　　　忽传生死信前路凄凉
第三十八回　旧侣难堪隔墙闻笑语

　　　　　　新交可敬解佩谢隆情
第三十九回　相客在衣冠疏狂失态
　　　　　　穿山绝草木荒落惊心
第 四 十 回　荒店叱饿人逢伊手足
　　　　　　边城坐上客爱此河山
第四十一回　酒入愁肠割豚拼一醉
　　　　　　诗留素壁画燕祝双栖
第四十二回　共半日清游泣倾肺腑
　　　　　　订三前后约握别风尘

垃圾马车

滑稽神秘小说集。张笑天著。上海中央图书公司。1936 年 5 月初版。1 册。3.3 万字。含短篇共 25 则。

一　　七小姐
二　　学样
三　　法国公园之夜
四　　二个耳光,一只火腿
五　　不雅观
六　　不怕难为情
七　　要开门钱
八　　一条黑弄堂
九　　叔接嫂天叫三声好
十　　绿帽子
十一　二刀毛
十二　亭子间里生活
十三　吃醋

十四　　公开的妻子
十五　　活龙活现
十六　　一夜睡到大天亮
十七　　上海的娘姨
十八　　揩油大王
十九　　试验品
二十　　女人真用得着
二十一　小客栈里
二十二　男男女女乐其乐
二十三　弄得这样地步
二十四　马马虎虎的女学生
二十五　垃圾与爱情

姊妹花影

言情小说。张海沤著。上海中原书局。1936 年 10 月重版。1 册。5.3 万字。共 20 章。

第一章	双花	第十一章	逢婢
第二章	伴读	第十二章	丐养
第三章	远嫌	第十三章	觅母
第四章	西归	第十四章	忍溷
第五章	巢复	第十五章	剿山
第六章	入都	第十六章	窜沪
第七章	诬陷	第十七章	园迟
第八章	婚变	第十八章	义救
第九章	狼祸	第十九章	兰会
第十章	冤遇	第二十章	璧合

珠树重行录

长篇社会言情小说。张海沤著。民权出版部。1916 年 2 月初版。1 册。11 万字。自序 1 篇。共 40 章。

第一章	渡美	第 八 章	侠概
第二章	检册	第 九 章	正规
第三章	赠花	第 十 章	两全
第四章	惊书	第十一章	联志
第五章	莲心	第十二章	图粤
第六章	同病	第十三章	诡谋
第七章	物表	第十四章	魔祟

第 十 五 章　诀志

第 十 六 章　诛凶

第 十 七 章　赴欧

第 十 八 章　训弟

第 十 九 章　怜才

第 二 十 章　雪救

第二十一章　共难

第二十二章　潜别

第二十三章　覆舟

第二十四章　赠钻

第二十五章　追踪

第二十六章　入墨

第二十七章　虐侨

第二十八章　脱险

第二十九章　闻变

第 三 十 章　约归

第三十一章　刺虎

第三十二章　阵会

第三十三章　看护

第三十四章　夜援

第三十五章　认石

第三十六章　请姊

第三十七章　壁听

第三十八章　辨奸

第三十九章　净秽

第 四 十 章　双成

十五度中秋

社会小说。张冥飞著。民权出版社。1916 年 3 月初版。1 册。11.1 万字。张海沤、蒋箸超、叶楚伧、杨尘因作序各 1 篇。自序 3 篇。共 40 章。

第 一 章　归舟

第 二 章　情芽

第 三 章　避乱

第 四 章　侨沪

第 五 章　孽因

第 六 章　祝捷

第 七 章　巧间

第 八 章　病秋

第 九 章　放佯

第 十 章　秋吟

第十一章　夜话

第 十 二 章　失恃

第 十 三 章　情误

第 十 四 章　归国

第 十 五 章　营葬

第 十 六 章　辞嫁

第 十 七 章　怀旧

第 十 八 章　失怙

第 十 九 章　再误

第 二 十 章　毒螯

第二十一章　野祭

第二十二章　还珠

第二十三章　雁信
第二十四章　纵火
第二十五章　依婶
第二十六章　计陷
第二十七章　盘夫
第二十八章　动机
第二十九章　闺谴
第 三 十 章　革命
第三十一章　惨祸

第三十二章　移家
第三十三章　诀别
第三十四章　被捕
第三十五章　伤逝
第三十六章　囚话
第三十七章　仇毙
第三十八章　狱梦
第三十九章　情圆
第 四 十 章　余韵

江湖剑客传

武侠小说。张冥飞著。上海世界书局。1924 年 10 月版。共 4 册。21.3 万字。序 1 篇。楔子 1 篇。共 32 回。

第一回　蟠桃老小隐柳仙墩
　　　　腊梨僧大闹药王庙
第二回　腊梨僧怒诛刺棍
　　　　时松甫力战淫魔
第三回　侄从姑穷搜贼巢穴
　　　　叔欺嫂活现恶家庭
第四回　千里传书谒高士
　　　　三人避祸走荒山
第五回　髯师疗疾水贼求魁
　　　　烈士捐躯良朋急难
第六回　刘一韩偷头完友谊
　　　　殷南雷横刀破诡谋
第七回　美男子偏遇蒋金花
　　　　勇少年远报时松甫
第八回　黄蔼人巧计杀奸人
　　　　张师逖极力扶忠裔
第九回　发狂疾遇洞主垂青
　　　　脱魔障仗山君出险
第十回　张更生养病定婚姻
　　　　时松甫狂吟逢故旧
第十一回　孟春阳诛妖观音寺
　　　　　长眉翁救人来薰楼
第十二回　余宪章襄阳传密谕
　　　　　韩国祥开封得奇珍
第十三回　河孩儿泅水戏客
　　　　　无赖子挈金入都
第十四回　枪林箭雨侠士腾空
　　　　　雪霁月明畸人演技
第十五回　五华乡黑夜捉人妖
　　　　　三星镇清晨逢小侠

第 十 六 回　归父骨孝女毁容
　　　　　　快侠肠中途贾祸
第 十 七 回　众侠客襄阳小聚
　　　　　　一少年黄山得师
第 十 八 回　时松甫痛斥活观音
　　　　　　蒋金花又窘美男子
第 十 九 回　二老翁远访游九龄
　　　　　　四恶少群欺王一凤
第 二 十 回　谷若虚发愤访名师
　　　　　　王一凤危言吓巧官
第二十一回　教残忍左道练神兵
　　　　　　求师法深山逢隐士
第二十二回　洪武乡一老阐桃源
　　　　　　平安寨群雄战草寇
第二十三回　死里逃生淫人有女
　　　　　　祸因恶积土棍燔家
第二十四回　虐行旅官兵即强盗

　　　　　　肆挑唆妖鬼妒良缘
第二十五回　众侠士两次戮官兵
　　　　　　一痞徒连朝戏豪杰
第二十六回　腊梨僧现相女儿身
　　　　　　蟠桃老临别孤臣泪
第二十七回　吕大毛解纷排难
　　　　　　秦翠宝仗义报恩
第二十八回　时松甫怒打方镇南
　　　　　　云七娘大闹江陵县
第二十九回　潘庆恩阴柔制人
　　　　　　翟通源慷慨自杀
第 三 十 回　斩喇嘛是两面埋伏
　　　　　　惩禽兽报十载沉冤
第三十一回　二女郎严城脱围
　　　　　　一童子长途报信
第三十二回　金官屯一童子试技
　　　　　　洪武乡众豪杰遁身

天涯孤女

言情小说。张梦飞著。上海百新书店。1947 年 10 月 1 版，1948 年 5 月 2 版。6.4 万字。共 10 回。

第一回　鹤唳风声战神临歙浦
　　　　鸦飞鹊乱贫汉走清溪
第二回　客里卧床心猿意马
　　　　病中逃难惨雾愁云
第三回　炸弹横飞难民遭劫运
　　　　祠堂留宿纨袴起邪念
第四回　石上订三生郎情妾意

　　　　人间原一梦月缺花残
第五回　两佳人荒村遇暴客
　　　　一书生黑夜救娇娃
第六回　起邪念妻子被淫
　　　　报亲仇姑娘得救
第七回　冒姓名移花接木
　　　　弄机关换日偷天

第八回　黑心人偏作多情汉
　　　　欢乐地忽变是非场
第九回　醋海起风波恶言恶语

　　　　情场成仇敌生是生非
第十回　说行踪疑团尽释
　　　　明大义情念全抛

银 海 花

社会小说。上海妇女外史初集。张梦飞著。上海卿云图书公司。1926 年 11 月初版。1 册。6.8 万字。周瘦鹃、施济群作序各 1 篇。共 14 回。

第一回　染疫病英雄卧床褥
　　　　避烽烟老妇走申江
第二回　丘八爷白日打门
　　　　红十字灾区分会
第三回　小书生一心寻母
　　　　老裁缝无意得财
第四回　避猜疑移花接木
　　　　谋事业时蹇命乖
第五回　主笔穷途同声一哭
　　　　文人末路何处遂心
第六回　述来意羡慕虚荣
　　　　起歹心觊觎财物
第七回　显文才如愿结婚
　　　　免受气欲思开店

第 八 回　两番筹款新娘诚意
　　　　　一语道穿男子心肠
第 九 回　见景生情恶夫善辞令
　　　　　途穷日暮邻妇问情踪
第 十 回　美姣娘初入电影界
　　　　　恶社会何来安乐乡
第十一回　追往事痛思老母
　　　　　想前情午夜修书
第十二回　噩耗空传迎归母柩
　　　　　虚心若捣欲补郎情
第十三回　情敌深时恶人生计
　　　　　皮拳挥处流氓受伤
第十四回　夺情人连朝筹策
　　　　　杀冤家深夜遭擒

宋悟奇家庭侦探案

侦探小说。张碧梧著。大东书局。1 册。5.2 万字。共 8 篇。

一	狐疑	五	红鬼丸
二	作法自毙	六	披屋中的病人
三	遗嘱的变化	七	两败俱伤
四	鬼脸	八	鸿飞冥冥

张碧梧说集

短篇社会小说。张碧梧著。上海大东书局。1927 年 5 月初版。1 册。4 万字。共 8 篇。

一	月语	五	悲苦之爱
二	邻舍家的夫妻	六	弃儿
三	黑夜飞刀	七	豹头山
四	眼波	八	视死如归

湖 山 味

社会小说。张慧剑著。上海世界书局。1929 年 6 月初版。1 册。3.5 万字。附录 1 篇。共 14 篇。

一 写于扬州	雅赌
晓发	
永生	**二 写于南京**
塔之趣	藕味
镇江给与我的礼物	向阳的死鸟
焦山的苦忆	瞎师母的访问
扬州市	萧条
舟之巡视	驴恋
绿云深处一诗翁	

七剑八侠

武侠小说。陆士谔著。时远书局。1921 年版。2 册。12.4 万字。共40 回。

第 一 回　深宫现鬼魅皇帝惊心
　　　　　天语露不祥相臣疑惧

第 二 回　吕四娘飞剑刺雍正
　　　　　鄂尔泰走马接乾隆

第 三 回　孝媳疗姑割股代药
　　　　　名医治病着手成春

第 四 回　西安城拜访年公子
　　　　　徐州府巧遇顾肯堂

第 五 回　年公子奋志习黄岐
　　　　　通臂猿凶淫摄妇女

第 六 回　云中燕奋勇战神猿
　　　　　顾肯堂热心为媒妁

第 七 回　通臂猿徒手斗剑侠
　　　　　张孝子乞救入飞龙

第 八 回　云中燕送回难妇
　　　　　广慈师剑斩神猿

第 九 回　顾肯堂飞马渡吴江
　　　　　徐灵胎奇方疗断臂

第 十 回　甘凤池飞行报警
　　　　　岳钟琪奉旨出征

第十一回　岳将军三攻一线天
　　　　　甘侠士独扼飞龙岭

第十二回　盗帅印岳钟琪罢职
　　　　　征飞龙传尔丹失机

第十三回　亲王府巧娘赠墨
　　　　　乾清宫虢姨承恩

第十四回　传尚书受惊极虚捷
　　　　　云中燕奇祸遭灭门

第十五回　用奇谋强盗告事主
　　　　　究横祸絮果溯兰因

第十六回　旧案重提知府做贼
　　　　　新翻花样术士召仙

第十七回　行大礼夫妻好合
　　　　　发伟论运气推原

第十九回　神偷巧计盗衾物
　　　　　大令朱签拘发妻

第二十回　太阳庵老道请皇封
　　　　　飞龙岭女僧为国母

第二十一回　招大盗夷主降龙封
　　　　　　游安南双侠探虎穴

第二十二回　凤尾鸟双侠同受困
　　　　　　松江城五剑喜相逢

第二十三回　五剑侠吊丧来浙
　　　　　　参将军畅论水师

第二十四回　两英雄化名投凤鸟
　　　　　　五剑客飞剑取灵峰

第二十五回　五剑侠大闹东海府
　　　　　　张镖师呼救云家庄

第二十六回　允征夷千金一诺
　　　　　　诊奇疾见病知原
第二十七回　李参戎出兵征凤鸟
　　　　　　甘侠士巧计上灵峰
第二十八回　凤池说降七剑侠
　　　　　　云杰飞身灵磁峰
第二十九回　八侠大破凤尾岛
　　　　　　夷舰穷追李长庚
第三十回　　凤尾邦追敌受小创
　　　　　　两剑侠进京逢豪仆
第三十一回　淫妾劝饮常春酒
　　　　　　权相私藏火齐珠
第三十二回　施奇术夜盗火齐
　　　　　　巧乔装画游御苑
第三十三回　冯丙监逐一指示

　　　　　　两剑客随处留心
第三十四回　毕镇台战死沙场
　　　　　　张镖师寿终正寝
第三十五回　三剑客结伴游三藏
　　　　　　八大侠同心组八卦
第三十六回　凤尾岛鸟龙出现
　　　　　　三澎洋两寇相争
第三十七回　李镇台大剿凤尾盗
　　　　　　八大侠新嗜舟山梅
第三十八回　捕剧盗火齐照海
　　　　　　遇鸟龙八侠失踪
第三十九回　天宁寺吕寿出家
　　　　　　北京城林清造反
第四十回　　破滑县教徒失败
　　　　　　克飞龙剑侠收场

七剑三奇

长篇侠义小说。陆士谔著。上海时还书局。1935 年 10 月 8 版。2 册。12 万字。自序 1 篇。共 40 回。

第一回　万里摄行飘流费雅哈
　　　　深山觅食分啖野人参
第二回　团坐会食番俗成亲
　　　　树海绿天群英采药
第三回　游目骋怀乍临异地
　　　　登峰造极陡遇奇人
第四回　云峰师石屋役山君
　　　　宗喀巴黄衣演大乘
第五回　万里间关寻故剑

　　　　八侠入寺谒降龙
第六回　白泰官大闹禅宫
　　　　吕四娘小施巧计
第七回　大宝王严行番国律
　　　　吕四娘初上布达拉
第八回　救师傅凤池售神剑
　　　　游大招三侠遇奇僧
第九回　大招寺禅师谈因果
　　　　布达山活佛讲藏经

第 十 回　巴塘道七剑话三奇
　　　　　马当山双侠驱群盗

第 十一 回　张侠庵堂会夫妻
　　　　　翁咸童年辱县令

第 十二 回　绝处逢生归家全节
　　　　　奇峰陡起废票取银

第 十三 回　横祸飞来豪绅失色
　　　　　鹤魂陡去帝子无颜

第 十四 回　假新妇对簿破奸谋
　　　　　老讼师片言折疑狱

第 十五 回　蒋四房诬奸谋产
　　　　　翁大相易僧为尼

第 十六 回　汉口镇女侠摆擂台
　　　　　刘副戎派兵司弹压

第 十七 回　吕四娘登台献技
　　　　　窦祖敦黑夜探花

第 十八 回　汉口镇窦贼打擂台
　　　　　大因寺罗汉施佛种

第 十九 回　活剥生吞禅院变地狱
　　　　　乘虚捣暇龙拳跌淫僧

第 二十 回　悟真师西行得信
　　　　　蒙古王南下打擂

第二十一回　拆锦囊四娘觅死
　　　　　睹人头皇帝受惊

第二十二回　慎终追远孝女哭慈亲
　　　　　析异辨同医师研经义

第二十三回　姑苏台飞来剑侠家
　　　　　自流井发生侦探案

第二十四回　新县令问案细推敲
　　　　　小侠士乔装充侦探

第二十五回　魔中魔借尸还魂
　　　　　缘外缘凭官判合

第二十六回　强化缘难为施主
　　　　　闻异香陡失新娘

第二十七回　云杰独探大因寺
　　　　　禅悦双送小卞娘

第二十八回　吕四娘名言醒烈妇
　　　　　小侠士率众战淫僧

第二十九回　云侠士小受惊惶
　　　　　三剑客大破僧寺

第 三十 回　开地窟解放众难女
　　　　　假文凭顶替抵江南

第三十一回　作官弃官权谋可喜
　　　　　失顶还顶骗术通神

第三十二回　胡达夫巧使美人计
　　　　　窦祖敦陡遇摄魂花

第三十三回　淫贼穷途投骗匪
　　　　　名医妙手起沉疴

第三十四回　医惊病猛击茶几
　　　　　毙妖狐秘合毒药

第三十五回　四娘黉夜访翁咸
　　　　　吕寿中途救舟子

第三十六回　九个字解除奇厄
　　　　　两兄妹喜遇名师

第三十七回　无锡城兄妹双卖艺
　　　　　采花贼仇敌巧相逢

第三十八回　甘虎儿飞钱打淫贼
　　　　　吕四娘挟剑觅门徒

第三十九回　绣阁生擒窦祖敦
　　　　　花厅会审采花贼

第 四十 回　侠女锄奸生埋淫贼
　　　　　良医遭厄双种荷花

八大剑侠传

长篇武侠小说。陆士谔著。上海交通图书馆。1923 年 10 月 10 版。1 册。5.5 万字。共 19 回。

第一回　年总兵无意诞豪杰
　　　　知机子巨眼识英雄

第二回　讲中庸塾师受窘
　　　　裁狂狷名士踵门

第三回　战私闱春风得意
　　　　赋东征雨雪载途

第四回　年羹尧无心遇侠士
　　　　张乐天有意结英贤

第五回　运气术嗪倒郝老五
　　　　联珠弹收服净修僧

第六回　云中燕发明血滴子
　　　　众英雄祝寿法华庵

第七回　歼山魈幸仗奇人
　　　　聆师言悔失交臂

第八回　祯贝勒广制血滴子
　　　　年羹尧组织暗杀团

第九回　隐姓名偷学罗汉拳
　　　　矜艺术陡遭刖足祸

第十回　年羹尧巡抚蜀省

　　　　陈美娘卖艺南京

第十一回　鸳鸯拐扫除恶煞
　　　　　双鲤鱼订就良缘

第十二回　谢品山追述灭门祸
　　　　　甘凤池立志报前仇

第十三回　甘夫人手刃仇雠
　　　　　甘凤池就婚宛洛

第十四回　美娘失踪事出意外
　　　　　存亡莫必卜占牙牌

第十五回　孙大头称霸菱花村
　　　　　众英雄推诚甘侠士

第十六回　大失望有心觅铜瓮
　　　　　天外喜无意得玉鱼

第十七回　吕侠士义愤冲霄
　　　　　众英雄西山盛会

第十八回　小侠士单身探虎穴
　　　　　甘凤池飞剑斩慈云

第十九回　背盟言侠首遭诛
　　　　　破盗窟全书完结

三　剑　客

武侠小说。陆士谔著。上海时还书局。1924 年版。2 册。12 万字。

共40回。

第 一 回　黄沙白草剑客长征
　　　　　膻肉骆浆女僧破戒

第 二 回　沙漠海剑道人论寒暖
　　　　　抗霭山噶尔丹猎奇兽

第 三 回　乱纲常索诺木弑父
　　　　　扩版图准噶尔称汗

第 四 回　噶尔丹用计灭青海
　　　　　三剑客砺树骇蒙人

第 五 回　剑道人游说噶尔丹
　　　　　康熙帝祖护喀尔喀

第 六 回　考先锋斡旋里应征
　　　　　战人熊浑铁汗身亡

第 七 回　红丸案忠臣被诬
　　　　　朱屐计孝子报仇

第 八 回　孝感动天遁叟诛熊
　　　　　鼙鼓匝地剑客伤鹰

第 九 回　服药求神弄幛绝望
　　　　　妻娇婢美术士动心

第 十 回　论人参胡瑶峰服膺
　　　　　炼丹丸周吉祥起谋

第十一回　止渴饮鸩体毁蚕室
　　　　　含沙暗射艳猎深闺

第十二回　试魔术恶霸占家私
　　　　　启铁锁义婢拯主人

第十三回　白刃黄金铸冤狱
　　　　　红灯黑夜访名师

第十四回　报怨毒腹背受伤
　　　　　排患难风尘遇侠

第十五回　嚣市论交拳认赤足

　　　　　冷衙相见刑止罪魁

第十六回　传绝技同门试剑影
　　　　　雪大耻故里添风光

第十七回　了因走蜀弑师傅
　　　　　涵信回乡探故人

第十八回　延义士宾主尽欢
　　　　　惩贪官夫妻惊疾

第十九回　款门客英雄入彀中
　　　　　动边师皇亲出塞外

第二十回　平噶尔丹夸功勒石
　　　　　刺阿密达飞剑连珠

第二十一回　三剑客分道扬镳
　　　　　　五同门聚山论艺

第二十二回　纪旧游剑师题石
　　　　　　沐新恩僧徒作官

第二十三回　洞房幽阁义劫赘僧
　　　　　　削壁悬崖狡营兔窟

第二十四回　降明诏行宫废太子
　　　　　　挟荐书术士觐亲王

第二十五回　富贵玉堂推命理
　　　　　　绮罗绣闼视残病

第二十六回　服金丸怪医怪病
　　　　　　施符咒魔术魔人

第二十七回　贝勒探幽郡王献密
　　　　　　偶像埋地羽士敛形

第二十八回　墨吏贪官勤捐巨室
　　　　　　壮夫命妇礼让黄金

第二十九回　堂下鹤立断疑狱
　　　　　　夜半人来失奏书

第 三 十 回　白髯客陌路还童
　　　　　　黑飞虎荒山啖肉

第三十一回　拯民困女侠探深宫
　　　　　　邀皇宠酷吏兴大狱

第三十二回　剪纸作人召妖有术
　　　　　　仗义杀贼慧剑无灵

第三十三回　飞符挟计惊总督
　　　　　　端坐凝神呵鬼兵

第三十四回　雁峰塔扫荡余孽
　　　　　　日勒府透说祸根

第三十五回　名姝侠女一夕相逢

　　　　　　刺客囚僧两番动众

第三十六回　赵家庄赤足脱樊笼
　　　　　　秦淮河骈指伤纨袴

第三十七回　大吏逞残蓄爪牙
　　　　　　壮夫得救免刀锯

第三十八回　秉庭训刀记僧帽
　　　　　　宿茅店壁窥异人

第三十九回　济南城了因伸大义
　　　　　　狮子林关通刺元凶

第 四 十 回　计施连环五毒亡命
　　　　　　箱开预兆八侠欣逢

小 剑 侠

　　长篇侠义小说。陆士谔著。上海时还书局。出版时间不详。2 册。8 万字。共 40 回。

第一回　横林镇父子团圆
　　　　邓尉山夫妻偕隐

第二回　甘凤池金殿献技
　　　　嘉庆帝玉尺衡才

第三回　甘凤池巧跌蒙古王
　　　　十三妹追念太师傅

第四回　恶举人毒计灭邻家
　　　　小剑侠巧术移泥像

第五回　小剑侠游览百花洲
　　　　云万里调任南昌县

第六回　黄昏杏雨血泊横尸
　　　　白日红鸾新郎惨毙

第七回　南昌县平反戕弟案

　　　　小剑侠侦探杏雨庄

第八回　案中案一僧完疑狱
　　　　情外情片语解纠纷

第九回　金鸡村月海卖蛊药
　　　　徐州府慎言谋家财

第十回　杜月海详言施蛊术
　　　　古慎言软语慰姚娘

第十一回　中蛊毒周子祥偏心
　　　　　揭宝盆蔡晓月失色

第十二回　半夜突来双剑侠
　　　　　中宵细审两夫妻

第十三回　泗泾镇崛起富商
　　　　　苏州城分设茶铺

第 十 四 回　平安传竹报舐犊情深
　　　　　　轻薄惹桃花引狼入室

第 十 五 回　睿织造纡尊莅茶栈
　　　　　　赫抚台下令洗沉冤

第 十 六 回　姚秉礼中毒身亡
　　　　　　金铭三严刑问案

第 十 七 回　姚李氏屈打成招
　　　　　　胡宗德进京上控

第 十 八 回　金大爷半夜失人头
　　　　　　小剑侠中途理冤狱

第 十 九 回　三颗头颅惊倒赫抚院
　　　　　　两瓶蛊药惹出无妄灾

第 二 十 回　中蛊毒顿迷本性
　　　　　　访茶楼突遇故人

第二十一回　斗剑术师弟战师兄
　　　　　　失印信巡道降知县

第二十二回　小侠单身访巨憝
　　　　　　大令入闱校多士

第二十三回　云万里智勘盗案
　　　　　　胡禄堂风鉴人豪

第二十四回　中蛊毒夏生迷本性
　　　　　　准状词云令出朱签

第二十五回　云万里审明蛊药案
　　　　　　封棣华送来神效方

第二十六回　审痰涎棣华辨蜈蚣
　　　　　　运奇谋万里救双侠

第二十七回　吃麻酥虎儿先得救

买蛊药月海陡遭擒

第二十八回　云大令倾心交小侠
　　　　　　甘虎儿黑夜探银村

第二十九回　卫仲材吞服毒药
　　　　　　甘虎儿毁灭秘方

第 三 十 回　云杰投药迷陶贼
　　　　　　封仪千里作冰人

第三十一回　甘小侠演讲天马山
　　　　　　封举人拜访陈医士

第三十二回　凤池两次用奇谋
　　　　　　虎儿三回盗秘籍

第三十三回　北来恩诏任调厦门
　　　　　　夜半巨声书传秘密

第三十四回　云观察参透书中秘
　　　　　　封孝廉乔装新道台

第三十五回　青龙山刺客遭擒
　　　　　　台湾岛山民起事

第三十六回　垫竹片日久印龙纹
　　　　　　造天书宵深发狐火

第三十七回　朱一贵自称中兴王
　　　　　　林爽文发起天地会

第三十八回　柴总兵困守台湾
　　　　　　女将军接统舰队

第三十九回　审刺客封仪定计
　　　　　　感大恩朱斌归心

第 四 十 回　两对夫妻同谐花烛
　　　　　　双半剑侠结束全书

今古义侠奇观

武侠小说。陆士谔著。上海世界书局。1923 年 3 月初版。1 册。6 万字。插图 28 幅,提要 1 篇。共 14 回。

第一回	红拂妓巨眼识英雄 虬髯公风尘逢侠女	第 八 回	太极峰强藩惊绝技 五台山侠客遇奇人
第二回	魏州城侠婢盗金合 潞帅府幕友赋骊歌	第 九 回	老镖师跨骡寻仇 小孝子间关访父
第三回	聂隐娘深山习剑术 刘昌裔神算折强宾	第 十 回	邓九公名震江湖 十三妹威行草泽
第四回	车中女旅店玩儒生 田膨郎唐宫偷玉枕	第十一回	岳钟琪杯酒结张熙 吕四娘月夜刺雍正
第五回	昆仑奴月夜盗红绡 虬髯叟严辞警奸党	第十二回	甘凤池投师习剑 陈美娘卖艺招亲
第六回	马和尚穷庐警酋母 将军客旅馆遇英雄	第十三回	韩宝英深心报知己 石达开易服遁空门
第七回	达摩师名山藏秘籍 岳少保柳下遇神僧	第十四回	胡立人生游丰都城 张汶祥行刺马新贻

白 侠

武侠小说。陆士谔著。上海时还书局。1924 年 3 月初版。1 册。7 万字。共 20 回。

第一回	五台山天子降临 三千众禅堂听点		白莲庵女僧惊失窃
第二回	泾阳驿御帐得奇书	第三回	剑道人挈徒望紫气 黑衣女应召访奇人

第 四 回　卫仲虎千里求援
　　　　　顾宁人两番遭祸

第 五 回　钱蒙叟喜筑绛云楼
　　　　　顾宁人怒索门生帖

第 六 回　顾亭林守正甘缧绁
　　　　　老白猿用计救英豪

第 七 回　白侠有意探清宫
　　　　　廉州无心遇石谷

第 八 回　王石谷应征北上
　　　　　康熙皇降旨南巡

第 九 回　峨嵋山白侠收徒
　　　　　安德驿曹生受困

第 十 回　恭亲王满载北归
　　　　　曹仁父携金南下

第十一回　刘国轩计斩国师
　　　　　曹仁父路救金老

第十二回　设圈套土豪渔男色

　　　　　中毒计浪子受宫刑

第十三回　曹仁父飞行寻恶霸
　　　　　白泰官避敌访名师

第十四回　曹仁父剑斩阿勒德
　　　　　田皇亲进奉陈畹芬

第十五回　田王亲急来抱佛脚
　　　　　吴三桂趁势劫娇娘

第十六回　恸哭六军皆缟素
　　　　　冲冠一怒为红颜

第十七回　陈畹芬智说李闯
　　　　　曹仁父义送金郎

第十八回　碎磁枕张欣铎访师
　　　　　睹殿柱韩子绶失色

第十九回　吴天嶷称霸珠江
　　　　　梁金刀骤逢大敌

第二十回　红柳和尚感情殉命
　　　　　白猿老人收徒回山

血泪黄花

社会小说。陆士谔著。上海新小说林社。1911 年 11 月版。2 册。6 万字。共 12 回。

第一回　湖北省督署戒严
　　　　贡院街电生送信

第二回　朱标统大开秘密会
　　　　黄队官快读革命文

第三回　武昌城民军起义
　　　　总督署大帅割须

第四回　瑞制台黑夜走兵轮

　　　　札师爷急中生巧智

第五回　黄队官力攻火药局
　　　　朱标统智取汉阳城

第六回　鹤唳风声全家失色
　　　　鱼沉雁杳彻夜惊心

第七回　谈趣事妙舌生莲
　　　　念征夫情魔入梦

第八回 惊噩梦女士心烦 读檄文英豪气壮	徐振华易装访友
第九回 朝鲜人讴歌变国俗 大都督发誓励同胞	第十一回 抱巨炮排长立奇功 竖国旗全军呼万岁
第十回 吴淑卿壮志从军	第十二回 睹病状肉跳心惊 闻捷音眉飞色舞

血 滴 子

侠义小说。陆士谔著。时还书局。1935 年 9 月初版。1 册。6 万字。自序 1 篇。共 20 回。

第一回 祯贝勒亲统血滴子 云中雁夜探阿哥家	血滴子身囚云母窟
第二回 造膝密陈微言谏主 腾空蹑足午夜飞行	第十一回 云中燕初游多宝阁 血滴子双探乾清宫
第三回 血滴子王府盗名姬 康熙皇深宫颁恩旨	第十二回 张孝子万里寻亲 毕中军片言解祸
第四回 军舰坐花提台失印 衙齐飞剑县令助捐	第十三回 净修僧中途逢剑侠 张孝子挈眷返家园
第五回 周南江黑夜失头胪 一枝梅飞行斗鱼壳	第十四回 飞龙岭英雄履险 多宝阁豪杰遭擒
第六回 鱼壳遇敌返家园 臬台重金聘名捕	第十五回 改遗诏雍王登大宝 煮豆箕皇子被诛夷
第七回 血滴子湖上遇名贤 飞来峰水中擒剧盗	第十六回 年羹尧深更遭飞贼 何玉凤奉母走他乡
第八回 一枝梅飞镖救于督 血滴子奉召走京师	第十七回 年羹尧被疑获严谴 血滴子中计自相残
第九回 三家村无心遇豪士 一线天有意访奇人	第十八回 云中燕回京救同志 吕四娘奉母走飞龙
第十回 长平主教创太阳宗	第十九回 张敬卿心坚如铁 吕留良身后遭刑

第二十回　云中燕解除血滴子　　　　　　路民瞻组织剑侠团

江湖剑侠

武侠小说。陆士谔著。上海国华新记书局。1940 年 9 月版。4 册。17 万字。吴晚香序 1 篇。共 40 回。

第 一 回　奇文警世武侠开宗
　　　　　苛政害民小人得志

第 二 回　割龇烹羔丐僧作剧
　　　　　含沙射影胥吏挟嫌

第 三 回　醉金刚鏖战独臂龙
　　　　　路振飞巧逢游彩凤

第 四 回　师徒萍聚散一片疑团
　　　　　兄妹铁峥嵘两丸银弹

第 五 回　十斛量珠难为月老
　　　　　千钧角技大出风头

第 六 回　倚翠偎红痴儿偿凤愿
　　　　　掀风播浪巧妇进谬言

第 七 回　寿宇宏开喜偷香得意
　　　　　春闺驰禁悲窃玉罹灾

第 八 回　云雨模糊含沙遭毒算
　　　　　风尘落拓洒泪报深恩

第 九 回　门生入幕祸起萧墙
　　　　　侠士酬恩冤沉犴狴

第 十 回　顺水推舟抉眸惩县令
　　　　　携云握雨骈首戮奸淫

第十一回　山中显技银弹击神鹰
　　　　　寺内逛游老僧属佳客

第十二回　有心拜佛硬结香火缘

得道颈陀惨遭脂粉劫

第十三回　谆谆告诫觉慧嘱生徒
　　　　　矫矫神功莲池施手腕

第十四回　李德明从妻纳妾
　　　　　苏玉花定计害人

第十五回　引狼入室祸水溢门楣
　　　　　调虎离山善人罹恶报

第十六回　移花接木县令飞魂
　　　　　换日偷天讼师替死

第十七回　七羊山老僧收佛子
　　　　　清河县淫妇难清官

第十八回　两次开棺奇冤莫白
　　　　　一朝倾盖往事重提

第十九回　天理昭彰公堂翻铁案
　　　　　人情冷暖旅舍困英雄

第 二 十 回　病体支离穷途逢暴客
　　　　　灯帏寂寞良夜失娇娃

第二十一回　桃叶问津中途闻绝技
　　　　　菊村访友托柱显奇能

第二十二回　野店追踪逢隐侠
　　　　　广场斗武要何英

第二十三回　柳暗花明风尘访妹
　　　　　星辉月皎山寨救人

第二十四回　别院留髡欢场铸大错
　　　　　　隔墙有耳血刃溅深宵
第二十五回　调虎离山智歼恶道
　　　　　　喧宾夺主巧遇奇童
第二十六回　越俎代庖琴堂开笑史
　　　　　　献旗祝嘏柳屯破奸谋
第二十七回　游彩凤巧遇祁天龙
　　　　　　白菊潭夜探小柳屯
第二十八回　翻铁案群雄罹法网
　　　　　　探贼巢三侠走云台
第二十九回　孑身避祸督署售青萍
　　　　　　有美同心金闺歌赤凤
第 三 十 回　嘘寒送暖祸水当门
　　　　　　染旨分甘酸风匝地
第三十一回　传武技金屋献娇姬
　　　　　　运神功酒筵接铁弹
第三十二回　感深恩匪穴救良朋

　　　　　　述往事深林逢剑侠
第三十三回　空拳赤手月夜斩淫髡
　　　　　　以逸待劳松巅施巧计
第三十四回　巡抚蓄奸谋痴心问鼎
　　　　　　深闺萌兽欲借酒评花
第三十五回　恨掩春闺佳人毕命
　　　　　　刀飞抚署侠士报仇
第三十六回　走济南四侠战镖师
　　　　　　救同门双雄试铁弹
第三十七回　风云际会侠义锄奸
　　　　　　萍水奇缘老翁赠药
第三十八回　传鸽书夫妻剿巨寇
　　　　　　试水箭童子显奇能
第三十九回　意马驰缰歧途困戆汉
　　　　　　野虎吠影狭路遇仇人
第 四 十 回　鸣凤岭异人诛眇目
　　　　　　七羊山四侠证同心

红　　侠

长篇武侠小说。陆士谔著。上海时还书局。出版时间不详。1 册。5 万字。自序 1 篇。共 20 回。

第一回　冒处士山塘小隐
　　　　陈抚台湖上访贤
第二回　陈泰智劫董小宛
　　　　傅山巧遇剑道人
第三回　傅青主伏阙上书
　　　　冒辟疆土穴求计
第四回　落雁峰李灌练飞弹

　　　　观音像傅山演释典
第五回　李向若他乡遇故友
　　　　昌世杰萧寺歼凶僧
第六回　椒山祠豪杰拜忠臣
　　　　乾清宫英雄厄鹰犬
第七回　九城严兵捕刺客
　　　　旅馆黑夜来异人

第 八 回　卫仲虎威震三关
　　　　　单南洲道光八禁

第 九 回　紫盖峰师徒论拳技
　　　　　皇华道贼子献金砖

第 十 回　白莲庵空访黑衣师
　　　　　明月夜飞来红彩霞

第十一回　攀藤扪葛直上最高峰
　　　　　排纷解难力捍坍天祸

第十二回　点秀女红侠入清宫
　　　　　建殊勋皇叔加封号

第十三回　补敝救偏红侠献巧计
　　　　　行权济变太后举大婚

第十四回　雁荡山双侠乘龙
　　　　　喀喇城皇父晏驾

第十五回　赏宫花红侠会董妃
　　　　　闯绣阁小鳅掀大浪

第十六回　郑天海驱逐恶仆
　　　　　李桐叔盘诘张春

第十七回　张春诳取嫁女帖
　　　　　刑部审问郑天海

第十八回　猾吏肆毒报前仇
　　　　　刁仆设筵饯旧主

第十九回　郑天海风雪走长途
　　　　　卫仲虎客窗施巧计

第二十回　中宵走钦犯阖室张皇
　　　　　蓦地赌家人抱头痛哭

帐 中 话

社会小说。陆士谔著。上海进步书局。1916 年初版。1 册。3.4 万字。提要 1 篇。共 19 章。

一　开端

二　蚤起

三　赌

四　酒

五　新衣

六　辨怕

七　香烟

八　新剧

九　色一

十　翻戏

十一　色二

十二　闲事

十三　宴客

十四　养鸟

十五　中秋

十六　蟋蟀

十七　官

十八　商

十九　结尾

侠女恩仇记

武侠小说。陆士谔著。上海交通图书馆。1917 年 12 月初版。1 册。
2.8 万字。共 6 回。

第一回	闻警,读檄	第四回	校士,猎虎
第二回	遭难,遇救	第五回	谏石,嫁马
第三回	祝寿,觐王	第六回	酬恩,殉节

顺治太后外纪

宫闱小说。清秘史之一。陆士谔著。上海文明书局。1915 年 8 月版。
1 册。3.9 万字。提要 1 篇。孙鑫源,汪馥炎序各 1 篇。共 20 章。

第 一 章	总论	第十二章	吴三桂之乞师,燕京之定鼎
第 二 章	文后之幼年	第十三章	多铎之平定江南,摄政王之加封
第 三 章	文后之初嫁		
第 四 章	叶赫之灭,文后之归清太宗	第十四章	皇太后之下嫁
第 五 章	文后之权术	第十五章	摄政王之薨
第 六 章	锦州之战,洪承畴之降	第十六章	世祖之亲政
第 七 章	朝鲜之纪恩碑	第十七章	世祖之废后
第 八 章	固伦公主之指婚	第十八章	世祖之孝事皇太后
第 九 章	太宗之崩	第十九章	世祖晏驾之疑案,董妃之薨
第 十 章	世祖之继统	第二十章	文后之晚境。结论
第十一章	多尔衮之为太将军		

剑声花影

侠情小说。陆士谔著。上海世界书局。1926 年 3 月五版。1 册。1.1 万字。提要 1 篇。共 6 回。

第一回	闻警,读檄	第四回	校士,猎虎
第二回	遭难,遇救	第五回	谏石,嫁马
第三回	祝寿,觐王	第六回	殉节,酬恩

清史演义

历史小说。陆士谔著。上海民众书局。1911 年新编零集出版。1929 年改排新式付印。7 集。67.48 万字。李泰来序言 1 篇。江啸霞序文 1 篇。廖敦孝题词 50 首。书后有左酉山、许瘦蝶、陈息游题词各 1 首。戴唁庵题辞 4 首。共 140 回

初集

第一回　清太祖志吞华夏
　　　　吉特妃出猎春郊

第二回　祭堂子七恨告天
　　　　殂清帝三军皆墨

第三回　邓袴子命丧辽阳
　　　　袁抚台书斥满帝

第四回　清太宗怒斩王皋
　　　　哀督师智收毛帅

第五回　虎跃龙骧辽天动战鼓
　　　　风凄雨冷燕市哭忠魂

第六回　炮尽矢穷卢督师殉难

　　　　花明柳暗洪经略降清

第七回　风驰雨骤大将征南
　　　　电掣雷轰睿王摄政

第八回　泣秦庭三桂乞师
　　　　伸大义睿王讨贼

第九回　酒绿灯红双心互印
　　　　莺亡燕去一怒冲冠

第十回　吴三桂大战一片石
　　　　摄政王安抵北京城

第十一回　羽檄传来南都立主
　　　　　彩云飞去北国迎銮

第十二回　史阁部丹忱报国

　　　　　　摄政王壮志吞明

第十三回　争旧制使臣抗节
　　　　　　定新仪太后大婚

第十四回　清君侧左帅称兵
　　　　　　绍大统唐王监国

第十五回　平江南豫王获美妇
　　　　　　题邮壁宫女感黍离

第十六回　锡金冠艳孀成大礼
　　　　　　颁朱谕恨叔用机心

第十七回　平四川一贼伏天诛
　　　　　　破两粤双忠完大节

第十八回　劲气凌霜李定国力扶明室
　　　　　　精忠贯日郑成功智拒清封

第十九回　郑延平再覆父书
　　　　　　张苍水一拒清将

第二十回　破云南舆图成一统
　　　　　　殂顺治清史暂收场

二集

第 一 回　万众蒿呼夷兵戴真主
　　　　　　三藩跋扈隐祸伏萧墙

第 二 回　萨郎中星驰告变
　　　　　　清圣祖锐意用兵

第 三 回　清圣祖狐绥卫女
　　　　　　郑延平虎踞台湾

第 四 回　威扬海外异国来朝
　　　　　　寡起宫中同怀结怨

第 五 回　消寒社咏史积微嫌
　　　　　　畅春园疑案成千古

第 六 回　伸大义八侠志中兴
　　　　　　编密码九王思靖难

第 七 回　风摧荆树豆惨豆箕
　　　　　　春满上林喜咏鹡鸰

第 八 回　喜出望外晋福麟诞儿
　　　　　　事变非常将军啮玉臂

第 九 回　一阵风引起十年话
　　　　　　新总兵断送故将军

第 十 回　倪庶常奉旨卖字
　　　　　　张茂才入陕投书

第十一回　究主使制府运奇谋
　　　　　　醒群迷圣君颁特谕

第十二回　坤宁宫虢姨承恩
　　　　　　龙神祠尧母祈雨

第十三回　清高宗一平西域
　　　　　　傅学士再定伊犁

第十四回　思倾城圣君侧席
　　　　　　平回纥大将凯旋

第十五回　玉碎香消贞妃殉故主
　　　　　　花凄月惨圣主悼回姬

第十六回　批通鉴独抒卓见
　　　　　　巡江南遍阅名花

第十七回　传经略宣威南服
　　　　　　温将军耀武金川

第十八回　谢振定赫怒烧车
　　　　　　管韫山谰言贾祸

第十九回　林爽文起发天地会
　　　　　　柴大纪方守诸罗城

第二十回　嘉庆帝受禅继大统
　　　　　　太上皇训政宣重光

三集

第 一 回　地黑天昏白莲倡乱

花娇柳媚女将请缨

第 二 回 数奇命将军空百战
多情种红粉自千秋

第 三 回 获贼首儒臣得意
见上谕权相惊心

第 四 回 整纪纲和相被查抄
布德教小民蒙矜恤

第 五 回 衔恩命勋臣充蝶使
怜才士县令作冰人

第 六 回 战云起海上朝士惊心
冷月照蹉衙黄金失色

第 七 回 情海生波狂且受赚
大君有命宿将专征

第 八 回 台湾岛海贼受困
黑水洋良将丧身

第 九 回 奸臣寇海波不扬
运奇谋覆盆得雪

第 十 回 李文成潜身滑县
天理教大闹皇城

第十一回 建奇勋帝子获荣封
捍大患书生奸剧寇

第十二回 曹振庸巧意逢君
张格尔甘心谋逆

第十三回 张格尔纵横西域
宣宗帝宵旰深宫

第十四回 河清海晏乍庆升平
美雨欧风传来警信

第十五回 著伟论儒士挽狂澜
弄小巧大臣窘番使

第十六回 定新律黄爵滋上书
查鸦片林则徐赴粤

第十七回 烧鸦片大扬国威
派钦差重翻旧案

第十八回 琦中堂因循误国
清宣宗慷慨誓师

第十九回 陷虎门关提督殉难
割香港山贝子和戎

第二十回 王相国一死报君
裕钦差刑牲誓众

四集

第 一 回 对月举杯将军起舞
登城痛哭提督多情

第 二 回 规宁郡智士献奇谋
支危局将军拼血战

第 三 回 刘韵珂附片保伊相
舒屋庵妙策用偷儿

第 四 回 战吴淞八忠殉国难
盟白下五口启通商

第 五 回 刘巡抚遗书责三帅
怡制台办案渡台测

第 六 回 疆吏含沙冤沉三字狱
金弹脱兔巧约二年期

第 七 回 徐广缙坐镇广州府
洪秀全倡乱金田村

第 八 回 莽英雄慷慨题诗
真名士从容破敌

第 九 回 一曲清歌新承恩泽
三更蕉梦快似登仙

第 十 回 答燕鞭莺气凛霜雪
降龙伏虎威比雷霆

第十一回 恶风潮儒臣遭厄运

申军法名士进良言

第十二回　长风破浪儒将请缨

　　　　　烟雨满江元戎投水

第十三回　陈辉龙殉命城陵矶

　　　　　彭玉麟大破田家镇

第十四回　圆明园四春争殊宠

　　　　　勤政殿一女进谠言

第十五回　杏花春奉诏宴群芳

　　　　　叶相国高谈惊四座

第十六回　广州城洋人耀武

　　　　　长春馆相国扶鸾

第十七回　长春馆仙人遭劫

　　　　　镇海楼苏武狂吟

第十八回　从容定难相国释俘囚

　　　　　慷慨陈辞廷臣争和议

第十九回　四钦差奉令承教

　　　　　七先生立异标奇

第二十回　科场有弊柏相遭刑

　　　　　劫数难违园神辞职

五集

第 一 回　烽火连天乘舆北狩

　　　　　旌旗蔽野敌骑西来

第 二 回　应妖梦圆明园遭劫

　　　　　颁哀诏文宗帝大行

第 三 回　太后垂帘新翻政局

　　　　　亲王议政重振朝纲

第 四 回　林夫人巧计保南昌

　　　　　恭亲王忠心筹西域

第 五 回　剿捻匪僧王殉难

　　　　　游都市天子微行

第 六 回　丁抚台智斩安太监

　　　　　慈安后妙选窈窕娘

第 七 回　浴日补天片言格主

　　　　　移花接木一语立君

第 八 回　辞爵禄亲王乞骸骨

　　　　　争统绪主事效史鱼

第 九 回　张之洞上书论继统

　　　　　崇亲王奉旨镇热河

第 十 回　崇星使蹒跚误国

　　　　　张洗马慷慨谈兵

第十一回　废俄约曾使才长

　　　　　谈球案左侯气愤

第十二回　清韩难生俘大院君

　　　　　丧越疆罢斥恭内阁

第十三回　长城有赖凉山踊跃鏖兵

　　　　　炮火无情学士仓皇夜遁

第十四回　苏元春力摧劲敌

　　　　　冯子材夜闯法营

第十五回　顾和局特诏弃越南

　　　　　拒通商片言误自主

第十六回　袁项城轻骑赴宴

　　　　　开化党露刃入宫

第十七回　弹内监盛世发危言

　　　　　建御园圣朝彰孝治

第十八回　东学党倡乱金罗道

　　　　　叶志超振旅牙山城

第十九回　陷平壤左宝贵殉节

　　　　　战辽海邓世昌成仁

第二十回　丁汝昌孤舟拒亡敌

　　　　　徐邦道弱卒挫强军

六集

第 一 回　章高元力守盖平县
　　　　　吴大澂失陷田庄台

第 二 回　刘公岛丁军门殉难
　　　　　春帆楼李伯相议和

第 三 回　德宗帝变法图强
　　　　　康有为上书论治

第 四 回　颐和园旧臣群告变
　　　　　宁寿宫太后再垂帘

第 五 回　皇太后诏立大阿哥
　　　　　毓巡抚信奉义和团

第 六 回　徐学士一语丧家邦
　　　　　刚中堂片言靖大难

第 七 回　义和团大闹天津卫
　　　　　聂提督殉难八里台

第 八 回　救国难慷慨劾群凶
　　　　　载列强涕泪告先庙

第 九 回　玉陨香消珍妃坠井
　　　　　素衣豆粥车驾西巡

第 十 回　瓦统帅入居仪鸾殿
　　　　　怀尚书清道北京城

第十一回　李伯相北上议和
　　　　　唐才常南中起事

第十二回　涕泪语宫嫔感怀身世
　　　　　堂皇夸僚佐际会风云

第十三回　高道士踵门谒管学
　　　　　裕小姐奉诏觐慈宫

第十四回　亲香颊慈宫龙慧女
　　　　　颁珍馔圣后念勋臣

第十五回　仁寿殿勃夫人入觐
　　　　　慈宁宫漪小姐辞差

第十六回　祈甘霖太后祷后土
　　　　　宴外宾公主作主人

第十七回　绘御客德菱代太后
　　　　　仗大义日本挑强俄

第十八回　旅顺口俄将丧师
　　　　　东京城日皇宣战

第十九回　大清国颁诏守中立
　　　　　小朝廷忍耻订同盟

第二十回　蒋式瑆上疏劾庆王
　　　　　唐绍仪奉诏议藏约

七集

第 一 回　安重根暗杀伊藤公
　　　　　李完用手定合邦约

第 二 回　掷炸弹惊走五大臣
　　　　　议立宪气倒老中堂

第 三 回　颁明诏圣君筹宪政
　　　　　定官制贤相话沧桑

第 四 回　张尚书反对新官制
　　　　　南昌令身戕天主堂

第 五 回　改藏约星使得优差
　　　　　剃发匪女子明大义

第 六 回　争路约制府运机谋
　　　　　办卫生警员闹笑柄

第 七 回　振贝子私娶杨翠喜
　　　　　赵启霖疏劾庆亲王

第 八 回　瞿鸿玑多言遭严谴
　　　　　谭鑫培奉旨吸乌烟

第 九 回　徐锡麟暗杀恩巡抚
　　　　　陆征祥抗议海牙城

第 十 回　镇南关小动干戈

二辰丸大启交涉

第十一回　变出非常亲王监国

　　　　入承大统两帝兼祧

第十二回　患足疾袁世凯归隐

　　　　依宪法大皇帝亲戎

第十三回　谋建共和汪兆铭行刺

　　　　请开国会孙洪伊上书

第十四回　借外债政府酿乱源

　　　　谋革命党人争救国

第十五回　广尘留东招靖庵

　　　　意洞回闽纠同志

第十六回　温生才孤行误大事

　　　　黄克强冒险蹈危机

第十七回　广州城英豪遭厄运

　　　　黄花冈雄鬼泣秋风

第十八回　争路案川人哭景帝

　　　　变国体民军起武昌

第十九回　瓦解土崩人心已去

　　　　宣誓告庙天命难和

第二十回　降懿旨清帝卸政权

　　　　定优待河山归民国

黑　侠

长篇武侠小说。陆士谔著。上海时还书局。1936 年 11 月重版。1 册。6 万字。共 20 回。

第一回　顺治皇恪遵祖制

　　　　红侠女大闹清宫

第二回　太行山黑侠获大鹰

　　　　七家岭红裳定奇计

第三回　黑侠飞剑斩张春

　　　　郑王奉旨审土棍

第四回　顺治帝追论李黄臕

　　　　黑衣僧智救傅青主

第五回　董贞妃深宫抱病

　　　　顺治皇弃国出家

第六回　五台山真龙皈佛座

　　　　皇草驿骏骡屈盐车

第七回　大将军驻兵双庙驿

　　　　小侠女决策居庸关

第 八 回　岳岳恒山何来响马

　　　　森森柏树劫去银车

第 九 回　五台山鸷鹰恋故主

　　　　皇华驿章帝葬山林

第 十 回　金猴子千里访良医

　　　　傅青主长途课贤子

第十一回　诊湿病洞见脏腑

　　　　辨人参细入毫芒

第十二回　斜阳古道匹马飞来

　　　　冷月寒江三鱼塞漏

第十三回　将厨子感恩求关节

　　　　陆举人守正斥权奸

第十四回　窥隐秘金猴探宫院
　　　　　专刑赏鳌相霸朝纲

第十五回　康熙帝奇谋擒国贼
　　　　　陆陇其正谊匡圣君

第十六回　圣天子操弓射鹰人
　　　　　大富翁开馆修明史

第十七回　吴县令上□告密

第十八回　谭府尊奉令拿人
　　　　　沈侍郎亲鞫明史察
　　　　　朱老儿充发黑龙江

第十九回　万里沙漠水贵如金
　　　　　一片侠肠身探入狱

第二十回　五台山众僧议迎驾
　　　　　康熙帝访父到丛林

新 上 海

社会小说。陆士谔著。上海改良小说社。1910—1911 年版。10 册。20 万字。李友琴序 1 篇。自序 1 篇。赘疣漫诗 1 首。插图 60 幅。共 60 回。

第一回　借故人作全书纲领
　　　　遇主笔聆一席狂谈

第二回　小滑头张园吃醋
　　　　大绅士画舫延宾

第三回　贾敏士信口开河
　　　　荆殿臣忍心害理

第四回　刁邦之大肆偷香手段
　　　　卖国贼初现强盗心肠

第五回　四马路目睹种种怪状
　　　　一席话听来句句奇闻

第六回　谈迷信雨香标新论
　　　　奔捕房窃贼发巧思

第七回　侈藏书何妨满口雌黄
　　　　谈经夜不胜盛衰感慨

第八回　醋海兴波嫖场结团体
　　　　商人明义正论挽狂澜

第九回　新小说灌输新知识
　　　　臭出丧糜费臭铜钱

第十回　乘电车无心遇艳
　　　　上台基有意看花

第十一回　假票骗娇娥滑头伎俩
　　　　　联床圆好梦禽兽行为

第十二回　仙人跳荡子吃亏
　　　　　窃花边女绅出丑

第十三回　祸中福信客发财
　　　　　假作真绸庄遇骗

第十四回　急电二字东伙惊心
　　　　　废纸一箱夫妻反目

第十五回　输赢枢纽片语转机
　　　　　进出关头异常吃紧

第十六回　智囊献策扫过老犁牛
　　　　　借学改良创刊空白据

第 十 七 回　骗巨款公子多才
　　　　　　办外交部丞识窍

第 十 八 回　让实争虚欺蒙黔首
　　　　　　登楼射虎惊倒霸王

第 十 九 回　黄浦滩头细数梨园历史
　　　　　　红氍毹上竞看名角登台

第 二 十 回　韦阿宝痴情嫁戏子
　　　　　　沈月春怨恨遁空门

第二十一回　元和县徐胡氏献丑
　　　　　　一洞天吴陶臣拆姘

第二十二回　片言解颐雨香论纸烟
　　　　　　绝技惊人小幺肆肱箧

第二十三回　论流氓返本穷源
　　　　　　习翻戏专心一志

第二十四回　天罗地网阵布迷龙
　　　　　　盘马弯弓势将射虎

第二十五回　吃花酒温生初入网
　　　　　　创公司翻党大吹牛

第二十六回　场益里温贵拜观察
　　　　　　新舞台单武遇故知

第二十七回　开夜宴引类呼朋
　　　　　　堕迷龙翻云覆雨

第二十八回　王阿忠苦言谏主
　　　　　　温和生猛醒回头

第二十九回　聆妙论别具会心
　　　　　　创新报翻成笑话

第 三 十 回　拍马屁挡手煎药
　　　　　　送仙丹小妇多情

第三十一回　风流荡子初受牢笼
　　　　　　欢喜冤家偏逢狭路

第三十二回　阔大少花丛访艳

　　　　　　女嫖客妓院逞豪

第三十三回　遇笨伯老爷受累
　　　　　　抢小孩巡士发财

第三十四回　三百金白鸽高飞
　　　　　　六千两黑心太甚

第三十五回　荐买办满口胡言
　　　　　　娶续弦一场笑话

第三十六回　姚锦回心醉学生装
　　　　　　曾士规计设美人局

第三十七回　云痴雨滞短榻横枪
　　　　　　地黑天昏幽斋斗雀

第三十八回　女总会群雌现怪状
　　　　　　黄河阵翻党出奇兵

第三十九回　吹牛皮当场出丑
　　　　　　兑金镑暗地发财

第 四 十 回　雷厉风行上官禁赌
　　　　　　警顽觉懦下士兴歌

第四十一回　磨刀割肉暗室欺亲
　　　　　　红顶花翎茶楼丐食

第四十二回　人才济济富户登龙
　　　　　　天网恢恢淫棍下狱

第四十三回　喊糖糕老父怀疑
　　　　　　飞戒楚嘉宾受吓

第四十四回　孙嫂子倒缝补服
　　　　　　呆老爷逼走乌江

第四十五回　打野鸡呆子得意
　　　　　　拐闺女寡妇狠心

第四十六回　骇听闻全家切齿
　　　　　　登告白两字滑头

第四十七回　索车钱当场出丑
　　　　　　开花账对半平分

第四十八回　坐大堂知县杀酒风
　　　　　　游马路买办逢债鬼

第四十九回　做押款惯弄空头
　　　　　　谋家产再生巧计

第 五 十 回　贼和尚栈道明修
　　　　　　美娇娘陈仓暗度

第五十一回　扑空营乖人中计
　　　　　　犯众怒蠢妇受亏

第五十二回　官强盗乘轿劫乡绅
　　　　　　留学生抵掌谈国政

第五十三回　纵谈币制博引旁征
　　　　　　瞻仰美人鸡皮鹤发

第五十四回　异想天开城隍娶妇

　　　　　　奇形怪现和尚为爷

第五十五回　办军装初临异地
　　　　　　谈洋务别有会心

第五十六回　人和里拜访杨知州
　　　　　　旅泰馆会谈南经理

第五十七回　付定银观察落圈套
　　　　　　办骗子买办运奇谋

第五十八回　卖蛋糕教习戏村妇
　　　　　　吃生活主笔遇流氓

第五十九回　售花榜斯文扫地
　　　　　　反古史炼石补天

第 六 十 回　新发明移息作股
　　　　　　巧结构借友完书

新 剑 侠

长篇武侠小说。陆士谔著。上海时还书局。1935 年 3 月 13 版。2册。12 万字。共 40 回。

第一回　严绍模变产谋州官
　　　　倪邦达保镖遇剑侠

第二回　闭塞言路国师得宠
　　　　牵引内线家姬说情

第三回　赐知县风流太傅宅
　　　　揽讼事武断翰林家

第四回　富妇丧儿荒冢横尸
　　　　巨绅翻案冷衙释囚

第五回　无端相逢仇家今日
　　　　不期而遇客邸故人

第六回　劫亲贵谷横秋被擒

　　　　送珠宝郑金氏落窟

第 七 回　侠去千里珠还合浦
　　　　　人来午夜家认南皮

第 八 回　叙得失绿玉琢名花
　　　　　述离合青剑游胜地

第 九 回　案中案李生诉细情
　　　　　侠外侠甘女遭敌手

第 十 回　书留破晓壮士惊心
　　　　　额悬重赏市侩设计

第十一回　山阴城陈世刚惹祸
　　　　　嘉鱼县阳亮澄就幕

第 十 二 回　妆台花迷巡抚失印
　　　　　　官署起火县令入彀

第 十 三 回　敛贿赂贫士筑富宅
　　　　　　逞伎俩无赖谒讼师

第 十 四 回　两人见证媒孽有据
　　　　　　三堂会审冤狱无头

第 十 五 回　钦使南下秦海充军
　　　　　　剑客北上穆相缉盗

第 十 六 回　掷布袋白日还头颅
　　　　　　踏屋瓦黑夜闻啜泣

第 十 七 回　七尺躯祝吏报恩情
　　　　　　一封书云侠排患难

第 十 八 回　叠石为牢古树成栅
　　　　　　瓣香祝寿绿玉纪功

第 十 九 回　探隐衷姊妹花并蒂
　　　　　　贾横祸宾主毒熏心

第 二 十 回　侠耦待刑冤火通红
　　　　　　奸众枭首怒剑飞白

第二十一回　叩恩泽绿花赏殿陛
　　　　　　儆奸邪碧血满官衙

第二十二回　箭收弓藏计售皇子
　　　　　　香销玉陨胆落宠姬

第二十三回　人亡镜破旧尹收场
　　　　　　锦簇花添新任到县

第二十四回　葛鸿禄触机起祸心
　　　　　　萧福成临难遇奇侠

第二十五回　破庙避雨得师乘剑
　　　　　　长亭坐夜失路逢人

第二十六回　老成西去礼尽师生

　　　　　　山客北来义访故旧

第二十七回　万飞山横行遭屈辱
　　　　　　于啸海狭路得引援

第二十八回　八角亭劫后话余生
　　　　　　青龙寺灯前圆骨肉

第二十九回　大雄宝殿六义聚首
　　　　　　人间地狱孤剑探幽

第 三 十 回　白幼堂遇救还残躯
　　　　　　李清渠仗义揭冤幕

第三十一回　琴堂老吏平翻疑狱
　　　　　　深山众伙围劫刑犯

第三十二回　敕谕空颁强夷入寇
　　　　　　督院新易壮夫落荒

第三十三回　葛凤藻山寺圆破镜
　　　　　　胡元炜府署拯同窗

第三十四回　倡耶教国士初被逮
　　　　　　兴团练群英新结义

第三十五回　平隘山钱江论战策
　　　　　　金鸡岭罗宇称枭雄

第三十六回　良友登山手舞足蹈
　　　　　　官军袭寨血溅肉飞

第三十七回　李清渠县堂释义士
　　　　　　于啸海客舍典奇珍

第三十八回　认玉树姚氏图奸谋
　　　　　　绐剑侠欧阳施骗术

第三十九回　十里庄毒酒魔侠骨
　　　　　　姚家店恶侩设银坑

第 四 十 回　地窟银窖残剑解缚
　　　　　　朱门绣户浩劫成灰

新野叟曝言

社会小说。陆士谔著。上海小说进步社。1909 年 5 月版。2 册。6.1 万字。李友琴作序、总评各 1 篇。共 20 回。

第一回　明宗旨利民富国
　　　　发伟论石破天惊

第二回　千古兴亡片言解决
　　　　兆民颠沛十子辛勤

第三回　制帆车金演发奇想
　　　　建公宅文初运巧思

第四回　开办试验场农业进步
　　　　发明预治法医学改良

第五回　乘帆车素臣出游
　　　　赐古琴初儿作赋

第六回　欧罗巴联师起革命
　　　　景日京黑夜走慈江

第七回　景日京穷途遇滑贼
　　　　朱百晓黑店送残生

第八回　诛剧贼日京逞威
　　　　送主人亚鲁尽义

第九回　筑飞舰旅行他星球
　　　　炼硝酸制造棉花药

第十回　抱翠堂分韵吟诗
　　　　谨身殿特旨召对

第十一回　论弊政痛定思痛
　　　　　造纸炮奇外生奇

第十二回　裂地轰天英雄壮志
　　　　　杯弓蛇影儿女痴情

第十三回　游飞舰长卿惊奇
　　　　　征欧洲文初拜帅

第十四回　传檄定欧洲将军威武
　　　　　片言摧俗论名士风流

第十五回　文元帅班师回祖国
　　　　　醒狮舰发轫探他星

第十六回　醒狮舰初临异界
　　　　　少年队环游月球

第十七回　试炸药轰裂月世界
　　　　　探木星发现钻石山

第十八回　履宝地诧逢竖头兽
　　　　　猎巨蚌惊得夜光珠

第十九回　声东击西计降狮虎
　　　　　排云驭气周历星球

第二十回　玉宇琼楼恍临仙境
　　　　　珠宫贝阙如入画图

雍正游侠传

武侠小说。陆士谔撰。上海世界书局。1923 年版。5 万字。自序 1篇。插图 32 幅。上下卷共 32 回。

第 一 回　杭州城崛起布商
　　　　　笕桥镇隐居儒士

第 二 回　陈景希巨眼识真龙
　　　　　雍正帝诏书征绣虎

第 三 回　两布衣应召进京
　　　　　四皇子议开地道

第 四 回　雍亲王无意遇张恺
　　　　　血滴子有心侦王氏

第 五 回　千里行尸辰州奇术
　　　　　斗室布阵刺客遭擒

第 六 回　血滴子被困贝勒府
　　　　　十四皇出任大将军

第 七 回　皇四子偷读大婚诏
　　　　　康熙帝卧病畅春园

第 八 回　改遗诏雍正登基
　　　　　简将军真龙游嬉

第 九 回　养心殿圣主训同怀
　　　　　维止社亲藩谋靖难

第 十 回　张技师精心制削器
　　　　　铁帽王恃势夺人妻

第十一回　论汉文睿见破群疑
　　　　　勘雷殛明心烛微隐

第十二回　汤猎户深谋做命案
　　　　　黄守备恃势抢新人

第十三回　雍正皇微行观审案
　　　　　顾县令正言折强徒

第十四回　雍正帝擢用顾铁牛
　　　　　云中鹤夜探廉王府

第十五回　张兰芳双擒血滴子
　　　　　雍正帝亲探廉亲王

第十六回　瑞云轩游龙被困
　　　　　乾清宫天子失踪

第十七回　廉亲王审问雍正
　　　　　净修僧出访游龙

第十八回　玛勒吉有意结静修
　　　　　冯福清无心遇瑛特

第十九回　云中雁夜探昆明庄
　　　　　净修僧巧遇血滴子

第 二 十 回　窥削器双杰入花园
　　　　　　隐姓名五雄投王府

第二十一回　五豪杰加入维止社
　　　　　　两大臣催救雍正皇

第二十二回　用奇谋双雄送晚饭
　　　　　　掣差签三杰管花园

第二十三回　血滴子飞救三豪杰
　　　　　　侍卫军大破廉王府

第二十四回　廉王府雍正帝失踪
　　　　　　隆福寺云游子论字

第二十五回　廉王改组维止社
　　　　　　京师发现剥皮人

第二十六回　乌京兆乔装访案
　　　　　　娄道人炼瓦为金

第二十七回　娄近垣指点迷途
　　　　　　云中燕侦探贼窟

第二十八回　云中燕勘破人皮案
　　　　　　隆科多熬审纪秋生

第二十九回　解砒毒药求黄防风
　　　　　　破逆党兵困驸马第

第 三 十 回　怡亲王迎驾回宫
　　　　　　娄道士剪绸戏帝

第三十一回　田文镜特疏劾亲臣
　　　　　　雍正帝加恩宽元舅

第三十二回　能臣封章定凤案
　　　　　　明主垂拱庆升平

交易所现形记

社会短篇小说。陆守险著。中华集成公司。1922 年 3 月初版。1 册。5 万字。共 69 篇。

一日百元之开销

医生吃洋药

西子湖与小蓬莱

拍板声停拍板声起

买缺自毙

结党争权

四千金之寿礼

乡下人做会计长

官气十足

直木匠

奇特之抵押款

省议员之大文章

假股票

甘心倒闭

更进一层

伸手人之大劲敌

也是投机事业

所员抱饭碗主义

继续与竞争之弊窦

劝戒同行营投机函

木樨风味主任尝

失败妇女之投缳

半日半打之失败

失败人投河落魄

发起人之赎身忙

法领取缔严厉

二妾争股

维持交易所良法

投机人之归去来辞

失败后临时之撞骗

失败声中唱离婚

一拍费却三千金

闭门选举法

经纪公会大武剧

改建房屋之大计划

交易所合并之乐观

交易两字新测法

理事室群雌耀武

竟把市场作债台

穷学究也想发财

职员之俱乐部

红蓝成单作股票

声嘶力竭之取缔

假服毒弥补失败

领伪照全所攻讦

姊妹花同殉失败人

劝告商人勿盲从父

造伪票备案通缉

特别股东大会记

光怪陆离之函牍

外报通论交易所

买卖贪心磷砒并进

难筹巨款家人分离

某总长之打草惊蛇

梁财神之金蝉脱壳

三十万元之单刀大会

秘密机关之口福公司

某庶务之刮地皮主义

某大律师之黑夜潜逃

某理事之汽车贴封皮

夫妻交易所之筹备处

乔某十万交保之巨案

用女所员之别开生面

报考所员之翻戏黑幕

挥霍无度之所员行窃

假造股票之重金悬赏

某理事之拗台脚主义

某所所员之饭碗风潮

某所理事之帽巾签诀

雍正奇侠传

长篇武侠小说。陆守险著。上海时还书局。1937 年 6 月 7 版。1 册。6 万字。共 20 回。

第一回 气数难回广造毒物
队伍编配胪举人才

第二回 登潼关无心遇故友
宴内院报信恼群雄

第三回 少华寺安排赴友难

西宁府义侠设机谋

第四回 肖天德独探乌国府
神弹子暗献聚宝楼

第五回 众英雄大闹巴颜寨
花太岁夜走哈喇山

第 六 回　旅店藏踪心伤义侠
　　　　　深宫启奏怒激君王
第 七 回　辨高低后宫比武
　　　　　分南北侠士争权
第 八 回　高升店得书诛大盗
　　　　　太平山落草访胞兄
第 九 回　破梅花桩水陆并进
　　　　　练血滴子正副兼全
第 十 回　（缺）
第十一回　施黠谋乘机改遗诏
　　　　　定年号坦然登大宝
第十二回　鸟尽弓藏英雄沮志
　　　　　燃箕煮豆兄弟操戈
第十三回　众英雄大闹梅花庄
　　　　　云中燕痛哭养心殿

第十四回　邗江上秀贞遭污毕命
　　　　　梅花庄庞虎蹈险亡身
第十五回　刺天德大侠忽起疑云
　　　　　惑妇言天宗自招祸水
第十六回　血染黄沙学使罹法
　　　　　魂迷翠袖幕友丧元
第十七回　鱼更残贤令得消息
　　　　　鸳梦中太官逞诙谐
第十八回　听谮言白太官被刺
　　　　　生疑心云中燕伏诛
第十九回　喇嘛僧陷害诸幼侠
　　　　　红隐师议销血滴子
第二十回　白太官矢志学剑
　　　　　吕晚娘复仇入宫

中华民国演义

历史小说。即民国史演义。陆律西著。上海广益书局。1937 年 2 月再版。1 册。18 万字。自序 1 篇。共 42 回。

第一回　瑞制军妄杀激变
　　　　黎都督仗义督师
第二回　制枪械占领兵工厂
　　　　遵公法照会领事团
第三回　探消息齐集日报馆
　　　　声罪讨传布北伐文
第四回　聚同志黎黄相逢
　　　　任私党焦陈被害
第五回　袁项城发电停战争

　　　　蔡都督提议组政府
第六回　潘艺员助攻制造局
　　　　黄司令失守汉阳城
第七回　误师期绍桢失机
　　　　舍爱妾张勋出走
第八回　改阳历公举大总统
　　　　订优待初开参议院
第九回　集会组党笑柄横生
　　　　借款裁兵谈判决裂

第 十 回　征同意省长承任命
　　　　　假共和总理受指挥

第 十 一 回　国庆纪念总统酬庸
　　　　　车站送行党员被刺

第 十 二 回　洪述祖青岛潜踪
　　　　　李烈钧湖口独立

第 十 三 回　郑汝成力守制造局
　　　　　黄克强抛弃石头城

第 十 四 回　肆劫掠骄兵逞淫威
　　　　　图专制国会遭解散

第 十 五 回　廿一条榻前会议
　　　　　五九期国耻铭心

第 十 六 回　穿针引线借重名伶
　　　　　里应外合预封妃子

第 十 七 回　驰密电干儿尊皇父
　　　　　困京尘侠妓识英豪

第 十 八 回　倾肺腑良夜证鸳盟
　　　　　遮耳目侵晨脱虎口

第 十 九 回　燕市繁华筹备大典
　　　　　滇南起义拥护共和

第 二 十 回　新华宫试演登殿剧
　　　　　编辑室惊闻炸弹声

第二十一回　宣秘密专使被拒
　　　　　发警告有子亢宗

第二十二回　大京兆被辱执法处
　　　　　女官长得志新华宫

第二十三回　莫须有女官长下石
　　　　　伪独立巡按使骑墙

第二十四回　卖友求荣无独有偶
　　　　　审机观变异地同心

第二十五回　四面楚歌迫除洪宪

　　　　　一场纷扰会启南京

第二十六回　正首邱项城托老友
　　　　　开会议辨帅订坚盟

第二十七回　复约法撤销军务院
　　　　　开国会选出副总统

第二十八回　小凤仙闺中惊噩梦
　　　　　国务院会议起风潮

第二十九回　张帅北上大逞威风
　　　　　李阁登台甘为傀儡

第 三 十 回　清宣统受愚登场
　　　　　黎总统被逼退位

第三十一回　冯总统宁垣受职
　　　　　段司令马厂誓师

第三十二回　贯彻主义德奥宣战
　　　　　各保势力冯段失和

第三十三回　长江放舰督办示威
　　　　　北海卖鱼总统生利

第三十四回　安福组成殃国祸民
　　　　　和议停滞劳众伤财

第三十五回　北大风潮群奸丧胆
　　　　　沪江罢市阛阓齐心

第三十六回　代表南来销声匿迹
　　　　　册封北去吐气扬眉

第三十七回　筹饷械大兴定国军
　　　　　褫官勋通缉内乱犯

第三十八回　党员末路远走高飞
　　　　　督军自戕无独有偶

第三十九回　王占元被逐离鄂
　　　　　吴佩孚受命攻湘

第 四 十 回　率舰队杜锡珪奏功
　　　　　破岳州吴孚威奋勇

第四十一回　保定祝寿大集优伶
　　　　　　奉天示威预储饷械

第四十二回　华府会议收回岛澳
　　　　　　信使往还统一中原

多妻遗恨记

社会小说。改良社会小说之五。陆律西著。中外书局编辑。上海中外书局。1921 年 6 月版。1 册。2 万字。夏蛟川序 1 篇。共 18 章。

一	沪游	十	订婚
二	起念	十一	赴任
三	完姻	十二	借款
四	求子	十三	离婚
五	纳婢	十四	起复
六	通仆	十五	进姬
七	争室	十六	家丑
八	攘利	十七	卷逃
九	艳遇	十八	遇友

江浙战事演义

历史小说。陆律西著。上海宏文图书馆。1925 年 5 月初版。1 册。4 万字。插图 10 幅。共 20 回。

第一回　溯祸源江浙起风云
　　　　谋和平绅商驰函电

第二回　划缓冲希望成画饼
　　　　图厚利房客贴招租

第三回　薪桂米珠旅居不易
　　　　枪林弹雨保卫森严

第四回　浏河鏖战团长遭擒
　　　　沪城拉夫商店罢市

第五回　觅伤妻遍走十字会
　　　　告亲友同处困穷乡

第六回　府院议下讨伐令
　　　　街市围观刺花党

第 七 回　孙中山北伐驻韶关
　　　　　张作霖厉兵起东省

第 八 回　闻警报欢联燕尔
　　　　　因避难巧缔鸳盟

第 九 回　遭拐骗掌珠悲堕落
　　　　　衔使命宿将助联军

第 十 回　杨化昭独力守嘉定
　　　　　陈乐山分路攻宜兴

第十一回　占利钝何锋钰扶乩
　　　　　谈势利张国威献宝

第十二回　孙传芳安稳得仙霞
　　　　　卢永祥仓皇移沪渎

第十三回　参谋却敌四路挥军
　　　　　交际名花一言定策

第十四回　男会员独抱济世心
　　　　　女侦探巧布迷魂阵

第十五回　移舰队海军就饷糈
　　　　　毁路桥松江添战垒

第十六回　张阿福大抢金山县
　　　　　吴家禄明劫水警长

第十七回　恣淫掠兵匪济贪横
　　　　　掘坟墓存亡同被难

第十八回　何军使从容谈道德
　　　　　卢司令下野留元气

第十九回　外交干涉蛇足无功
　　　　　宁波独立昙花贻笑

第二十回　设祖饯杯酒话沧桑
　　　　　吊劫灰扁舟归故里

闺秀相思记

写情杰作。陆韵娥撰述。大陆图书公司编辑。上海大陆图书公司。1923 年 6 月初版。1925 年 2 月再版。1 册。3.2 万字。相思曲 2 阙。共16 章。

第一章　春色难关飞蛱蝶
　　　　芳心默许订鸳鸯

第二章　雀屏入选来娇客
　　　　虎阜同游咏美人

第三章　杜鹃声里春难驻
　　　　青鸟飞来梦也甜

第四章　苦盼星期为有约
　　　　满怀心事竟难言

第五章　宝镜自怜颜色好

　　　　密函相约爱情深

第六章　有情眷属谈心乐
　　　　无限离愁话别难

第七章　争作小姑能笑谑
　　　　纵非倩女欲离魂

第八章　梦里悲欢空即色
　　　　个中情景是耶非

第九章　风雨萧条鲛泣泪
　　　　关心迢递雁传书

第 十 章　恨无彩凤双飞翼

　　　　　只有灵犀一点心

第十一章　满腹疑团浑不解

　　　　　断肠消息本难瞒

第十二章　悔叫夫婿军中去

　　　　　苦忆征人梦里来

第十三章　莲子苦心悲独活

　　　　　爇花妙舌说当归

第十四章　影中夫婿知何处

　　　　　天上神仙送巧来

第十五章　得书幸喜郎无恙

　　　　　允约谁知妾有心

第十六章　月正团圆花正好

　　　　　为郎憔悴见郎羞

陈七奶奶

社会小说。即北京风流案。陆瘦郎著。北京文古书社。1916 年版。1 册。14 万字。郑天章序 1 篇。共 4 章。

第一章　韩家潭时期之陈七奶奶

第二章　椿树头条时期之陈七奶奶

第三章　破案后之陈七奶奶

第四章　陈七奶奶之终了

红 手 套

侦探小说。陆澹盦著。上海三星书局。1932 年 8 月版。2 册。9 万字。共 36 章。

李飞探案集

侦探小说。陆澹盦著。上海世界书局。1924 年 8 月初版。1 册。7.4 万字。提要 1 篇。楔子 4 页。共 5 案。

第一案　棉里针

第二案　古塔孤囚

第三案　隔窗人面

第四案　夜半钟声

第五案 怪函

春天的落叶

言情小说。陈一夫著。上海新智书局。1930 年 12 月版。1 册。6.2 万字。未分章节。

南北剑侠传

长篇武侠小说。陈一尤著。上海华成书局。1929 年夏初版。4 册。17 万字。提要 1 篇。共 88 回。

第一回	顺治帝入主中原 清圣祖征贤山泽		脏官丧胆掷楼台
第二回	老蚌无意产明珠 顾生有心教杰士	第 十 回	述祸首泪挥谢老 刃仇雠志遂甘郎
第三回	年羹尧记游山水 张天凤暗访英雄	第十一回	红娇女岳城卖技 小英雄汴洛成婚
第四回	两义侠禅堂留画 李孝姑猛地失踪	第十二回	失佳偶凤池焦心 斩恶徒了因解悟
第五回	白泰官暗探地窟 刘土豪突丧天灵	第十三回	谒宋陵调和积怨 窥禹穴突遇奇才
第六回	曹仁父峨嵋学术 吕四娘天目皈依	第十四回	年羹尧联交大侠 勇书生歼灭妖魔
第七回	郝老五负气焚修 众英豪闻音访友	第十五回	羹尧无心遇故友 曹生点穴捉双奸
第八回	巧智发明血滴子 利器新试采花蜂	第十六回	黄河渡遭逢两杰 锦屏山晤会六云
第九回	节妇含冤归地府	第十七回	返都城纵谈奇遇 归府第顿露真情

第 十 八 回	龚尧奉命请群雄 雍王谋储植死党		悲兰友厚赠孤儿
第 十 九 回	编队伍分担党务 陷东宫计赚喇嘛	第三十四回	访剑仙独探鬼谷 寻胞弟同困石崖
第 二 十 回	肆吹求密探王府 放恶毒播弄阿哥	第三十五回	聚宝楼主师谈剑 雍和宫党众捐躯
第二十一回	年龚尧巡抚川省 曹仁父暗进京城	第三十六回	指迷津洗心佛殿 救同志喷血皇都
第二十二回	改遗诏窃登大位 戮尸身大结私仇	第三十七回	云中燕解除毒器 广慈师暗露天机
第二十三回	狮子山四娘除暴 曹蛾坝了因锄奸	第三十八回	失印信提台破胆 掷飞刀讼棍抉肠
第二十四回	会周浔北山玩景 访吕白南海惊魂	第三十九回	窥罗汉儒生毕命 背慈亲娇女放生
第二十五回	两乔装密谈原委 重占课预兆先机	第 四 十 回	戏奸僧情传侠女 歼山贼火葬淫娃
第二十六回	八大侠宫中助友 两队长剑下亡身	第四十一回	少年手术惩舟子 老人脚拍跌教师
第二十七回	起疑云几残功狗 逢侠盗骇睹金头	第四十二回	掷飞叉圣莲捉恶 弄剑术人龙惊心
第二十八回	总督求婚思保障 副戎绝配困狴牢	第四十三回	寄头颅戏要义侠 邀恩宠遣使妖僧
第二十九回	雍帝怀疑遣飞贼 龚尧防祸暗托孤	第四十四回	雍正帝心迷声色 吕四娘手刃仇雠
第 三 十 回	酬厚恩负藏小主 降严旨惨戮功臣	第四十五回	陈公子至尊御极 吕四娘祭墓还乡
第三十一回	三杰村追探黑影 一线天磨折雄心	第四十六回	戏龙头惊疑侠女 掷木匣吓退抚台
第三十二回	老尼僧摩戒公主 大侠女巧遇情郎	第四十七回	李抚进京探秘迹 四娘返汴遇奇人
第三十三回	产石麟重酬孝子	第四十八回	白眉僧收留弟子 金臂侠挟送情郎

第四十九回　卖友妻受惩义士
　　　　　　惊艳色通串淫尼

第 五 十 回　指剑枭除四色鬼
　　　　　　神光惊吓一枝梅

第五十一回　谈手术猜疑师弟
　　　　　　表心情宴会群豪

第五十二回　三庄主飞传惊耗
　　　　　　两奸夫同伺花魁

第五十三回　蒋公子埋毒嫁害
　　　　　　陈绍乾设计杀人

第五十四回　小偷儿直陈恶毒
　　　　　　大侠女抓取心肝

第五十五回　杀命官藩臬会议
　　　　　　游太白云曹遇奇

第五十六回　老侠士溯谈家世
　　　　　　小隐娘夜上山巅

第五十七回　姊妹花双光斗剑
　　　　　　秦良玉一柱擎天

第五十八回　仁义分谈袁黄派
　　　　　　侠僧激怒大小乔

第五十九回　红娇约助鸿沟战
　　　　　　老衲拟联秦晋欢

第 六 十 回　易玉镜订成配偶
　　　　　　教琼瑰远拜仙师

第六十一回　访遗孤情深师友
　　　　　　显神灵指示老人

第六十二回　青龙偃月驱邪魅
　　　　　　灵丹妙药祛病魔

第六十三回　入郿县再求凤侣
　　　　　　游花园偷看仙郎

第六十四回　招快婿双星会合

　　　　　　访名师娇女无踪

第六十五回　小夫妻追探飞贼
　　　　　　两老儿远觅名姝

第六十六回　白莲教谋财夺色
　　　　　　黑面僧饮血茹毛

第六十七回　改男装远寻妹子
　　　　　　遇少年同去函关

第六十八回　瞰关城险逢狼虎
　　　　　　偷汉子错遇佳人

第六十九回　秦佩琼隐缠罗网
　　　　　　郎氏妇拨弄祸非

第 七 十 回　牛首领私探艳色
　　　　　　秦佩琼连刃凶徒

第七十一回　削树枝惊吓余匪
　　　　　　逢妖术陷落深坑

第七十二回　巧语花言惑娇女
　　　　　　空情假意试奸僧

第七十三回　下石阶孤身入险
　　　　　　游花坞双艳惊逢

第七十四回　假疯狂乞怜淫贼
　　　　　　亲姊妹设计石牢

第七十五回　传鲤素老人救难
　　　　　　疑雕形帮伙搜身

第七十六回　闻女耗惊残秦老
　　　　　　悉妻情泪洒王生

第七十七回　年公子忧成郁病
　　　　　　吕四娘感动哀辞

第七十八回　泄神光气伤隐侠
　　　　　　会渑池策救双娥

第七十九回　觉空连筹真谋画
　　　　　　吕女允试假风情

第 八 十 回　美人计双探贼窟
　　　　　　恶魔王误赚花魁
第八十一回　杀风景假装涕泣
　　　　　　骗剑符巧弄笑颦
第八十二回　打破石牢救众女
　　　　　　横飞剑影斩五关
第八十三回　战群雄乱施毒焰
　　　　　　驱困兽跃坠深潭
第八十四回　吕女计焚五云寺

　　　　　　悟真疑虑金臂郎
第八十五回　众杰倦游返鬼谷
　　　　　　老尼访侠下江南
第八十六回　道合三更训弟子
　　　　　　策分五路袭君山
第八十七回　收毒剑白虹闪铄
　　　　　　入洞岩黑虎遭擒
第八十八回　悉兵祸决心斗气
　　　　　　组侠团悟道归宗

人 之 初

社会小说。四社文库。陈大悲著。四社出版部。1934 年 4 月初版。1 册。13.3 万字。开场白 1 篇。共 10 章。

第一章　柳莺阁的怪事
第二章　秦淮河之夜
第三章　父亲的神秘
第四章　半张像片
第五章　黄莺惊梦

第六章　青天霹雳
第七章　一线曙光
第八章　火
第九章　第一滴眼泪
第十章　爱与恨之战

父亲的女人

社会小说。甜蜜小丛书第十集。陈大悲著。上海绿灯书屋。1937 年 6 月再版。1.6 万字。未分章节。

红 花 瓶

社会小说。四社文库。陈大悲著。四社出版部。1933 年 6 月初版。2 册。18 万字。废话开场 1 篇。共 20 章。

第一章	可爱的上海	第十一章	原来如此
第二章	"外国火腿"	第十二章	在银幕下
第三章	在酒楼上	第十三章	含泪的微笑
第四章	慈爱的姑母	第十四章	隔墙怪话
第五章	烦恼后的烦恼	第十五章	和盘托出
第六章	京沪车上	第十六章	秋风秋雨
第七章	如此京华	第十七章	玄武湖心
第八章	剥茧抽丝	第十八章	黎明以前
第九章	力量	第十九章	血和泪
第十章	（缺）	第二十章	最后五分钟

鲍亦登侦探案

侦探小说（中华短篇小说）。陈大镫、陈家麟著。上海中华书局。1916 年版。4 册。18 万字。共 24 篇。

第一集	行长之分身法
上册	**下册**
遗失债券	银行之伟人失踪
金刚钻石之被劫	书记官
偷银行之密码	石匠头
洗衣店怪人失踪	空无居人之办事室
大手指	致囚之密码

第二集

革手套

蛇首

遮威

木偶

诱贼之通书

皇冕

第三集

意勃索波之窃案

伯劳特街之互欧

伏弩

康思密之假票

画工之高手

核算员之庖代

化装之犹太人

兰 因 记

言情小说。陈小蝶著。上海大东书局。1926 年 6 月版。1 册。2.3 万字。共 11 章。

电影明星艳史

社会香艳小说。陈云柯著。上海华光书局。1935 年 2 月 4 版。4 册。12 万字。共 24 回。黄花奴、蒋叔良、刘恨我各作序 1 篇。

第一回　试投机穷酸怨抛冷板凳

　　　　仗捉刀粗汉慨典夏布衫

第二回　勒马险崖收场交易所

　　　　走访平康发创电影业

第三回　邀同情寅平舟开宴一品香

　　　　恼异见顾则民辞退商书馆

第四回　生悔心平舟发牢骚

　　　　定玄计则民显身手

第五回　新世界无心邂逅

　　　　自由厅有意牢笼

第六回　大旅社只身护醉花

　　　　番菜馆全体宴明星

第七回　筵上遇敌应宝珠受窘

　　　　院中挟艳翁有声捻酸

第八回　连理欲同栖落花有意

　　　　萍踪原偶合流水无心

第九回　翁有声遇艳便瘫软

　　　　狡宝珠乘势撒娇痴

第十回　评主角失欢腻友

　　　　考演员当选笨汉

第十一回　利分秘密分明揩油
　　　　　祸起戏谑索性敲竹

第十二回　夺角争风小姑心淡
　　　　　猎新厌旧浪子意浓

第十三回　怕雌威竟会雌虎面
　　　　　践幽约偏遇幽会人

第十四回　为虚荣秘窟定情
　　　　　贪欢乐道傍授计

第十五回　骗中骗贫儿装阔架
　　　　　冤上冤酸夫惊好事

第十六回　嗔莺怒蝶闹翻醋海
　　　　　细酌低斟暗筑香巢

第十七回　化装室娇娃饮泣
　　　　　摄影场妒妇呼饶

第十八回　文阀作威大菜消灵障
　　　　　笔孽贻祸老拳敬书生

第十九回　营业惨淡偃旗拆股
　　　　　情场悲凉杜门晦养

第二十回　李彩芝因妒逸进
　　　　　王汗纶无端受辱

第二十一回　未亡人穷途走歇浦
　　　　　　小洋鬼求恋沉醋海

第二十二回　银幕倩影冯妇再来
　　　　　　谐语谑音旧雨重逢

第二十三回　纨袴子寻欢混电影
　　　　　　浪漫妇慕荣乱芳心

第二十四回　恋新离旧是非人
　　　　　　绘鬼传神现形记

少林大侠传

长篇武侠小说。陈扫花著。上海春明书店。1946 年 8 月初版。2 册。17 万字。共 30 回。

第一回　章台走马慧女识英雄
　　　　杏林征花尖咀唆公子

第二回　罗夫人淑德遣妹投亲
　　　　白月兰运厄河中遇盗

第三回　白月兰船中遇救
　　　　阎义士任侠行刺

第四回　捉刺客马大丧命
　　　　请好汉张三受聘

第五回　报奇辱客店行刺
　　　　擒好汉道人妙技

第六回　设计策陷害侠客
　　　　用飞剑怒斩大盗

第七回　众剑侠葛岭会晤
　　　　伍天鹏湖边行义

第八回　伍天鹏夜泊遇友
　　　　梧桐子观审行侠

第九回　梧桐子松江报信
　　　　倪子明杭州遇友

第十回　众无赖迎接剑侠
　　　　伍天鹏镖伤恶棍

第十一回　梧桐子酒店比剑
　　　　　裴占元钢鞭取胜
第十二回　报仇隙夜攻好汉
　　　　　访豪杰拜别众友
第十三回　中飞镖误服方药
　　　　　投客店数惊飞影
第十四回　同客船夜谈京案
　　　　　救友女痛击恶徒
第十五回　方国瑞奉召进京
　　　　　倪泰山下山助友
第十六回　刘笑山行侠除暴
　　　　　九千岁恶贯满盈
第十七回　访妻眷夜刺仇人
　　　　　寻名师庞村受敌
第十八回　梧桐子解围收徒
　　　　　倪泰山惊谈侠客
第十九回　倪子明作恶果报
　　　　　杨七宝剑斩恶霸
第二十回　沈天奎报仇受戮
　　　　　洪刚直邀友劫镖

第二十一回　宿客店杨爷遭刺
　　　　　　擒刺客深夜遇友
第二十二回　徐静山关外习艺
　　　　　　杨仲仁大破贼巢
第二十三回　北华山头目报信
　　　　　　倪寨主别友访仇
第二十四回　伍天鹏应招赴京
　　　　　　天雁峰山下遇友
第二十五回　遣好汉二次进京
　　　　　　拿盗贼使用飞剑
第二十六回　李天然儆惩恶盗
　　　　　　钟可大慰留好友
第二十七回　倪天飞进京遇友
　　　　　　访名师误走歧路
第二十八回　遇好友饮酒细谈
　　　　　　道往事山寺比剑
第二十九回　西明寺圆明收徒
　　　　　　徐家村徐爷剿贼
第　三　十　回　钟可大迎接好友
　　　　　　颜仁山野寺除害

平 阳 传

长篇武侠小说。即小霸王张勇打擂台。陈扫花著。上海锦文书局。1925 年初版。江蝶庐重编。上海广益书局。1940 年 9 月再版。4 册。51 万字。正文前有弁言 1 篇。共 176 回。

第一回　梅素兰小姐摆擂
　　　　小霸王张勇出世
第二回　聚英楼豪杰相会

　　　　凤凰台班虎丧身
第三回　黄花岗七英相会
　　　　小霸王独擒二虎

第 四 回　八英同下广州府
　　　　　三鬼夜上铁佛山

第 五 回　铁佛寺观音显圣
　　　　　茅草屋和尚泄机

第 六 回　三鬼夜下铁佛寺
　　　　　八英大闹岳阳楼

第 七 回　瘦和尚夜作刺客
　　　　　飞毛鬼戏弄刘魁

第 八 回　打刺客暗救英雄
　　　　　行夜路途遇风飞

第 九 回　清风庙英雄歇足
　　　　　铁佛山杨志夜行

第 十 回　探消息偷看青云板
　　　　　破机关大破铁佛山

第十一回　杀和尚火烧铁佛山
　　　　　救小姐送回集贤村

第十二回　呆刘魁痛打呆刘魁
　　　　　四虎村摆设五虎擂

第十三回　四虎村月下拜道士
　　　　　众英雄台前试身手

第十四回　呆刘魁取败猛虎台
　　　　　铁头鬼头打马文义

第十五回　迎风飞擂台总算账
　　　　　阴瘟鬼台上偷纹银

第十六回　白虎台初试拳头
　　　　　众英雄大显身手

第十七回　众好汉台前遭失败
　　　　　毛道士擂上称英雄

第十八回　小霸王怒打毛道人
　　　　　四虎村重摆红袖擂

第十九回　马金花擂台用药箭
　　　　　飞毛鬼夜走四虎村

第 二 十 回　飞毛鬼计偷毒箭药
　　　　　　呆刘魁夜上马家村

第二十一回　扬州霸大闹海棠院
　　　　　　江都县白日飞人头

第二十二回　迎风飞试用开锁术
　　　　　　飞毛鬼箭伤扬州霸

第二十三回　众英雄同上云阳山
　　　　　　伏马坡月下遇好汉

第二十四回　神孩童月下献奇艺
　　　　　　达摩师传授易筋经

第二十五回　众英雄同上五虎山
　　　　　　僧道士共摆七星擂

第二十六回　众英雄同下云阳山
　　　　　　巨野县共打七星擂

第二十七回　白面王怒上地煞擂
　　　　　　迎风飞巧打独脚僧

第二十八回　高三保三打七星擂
　　　　　　黑面王大破铁布衫

第二十九回　小霸王初试红沙手
　　　　　　七星擂打破棉花工

第 三 十 回　阴风刀刀伤班玉贞
　　　　　　神仙指指破阴风刀

第三十一回　红砂手救活宋清
　　　　　　神仙指医治玉贞

第三十二回　崆峒仙子割股报恩
　　　　　　观音菩萨入梦点化

第三十三回　论交情钟班联秦晋
　　　　　　说梦话张钱作朱陈

第三十四回　顺风耳二上云阳山
　　　　　　千里眼三遇石湖老

第三十五回　顺风耳隐身作刺客
　　　　　班半天欢死云阳山

第三十六回　仙人隐阴破红旗隐
　　　　　死半天忽做活半天

第三十七回　千里眼三上云阳山
　　　　　石湖老二破隐身术

第三十八回　千里眼生擒六角亭
　　　　　顺风耳逐出山东省

第三十九回　李家庄捉拿探花郎
　　　　　红牡丹遗失花粉帕

第四十回　黑树林华清风剪径
　　　　　金鸡岗班半天除害

第四十一回　小酒保无意得巨财
　　　　　王小二见财生恶意

第四十二回　藏身作盗黑夜飞行
　　　　　变形为怪偷天换日

第四十三回　变黄狗咬死王小二
　　　　　斗法术生擒紫金道

第四十四回　风雨谷符封紫金道
　　　　　清贞洞会谈桃花妖

第四十五回　扫帚精夜迷行路客
　　　　　黑衣盗追踪跳粉墙

第四十六回　黑衣盗贪色丧性命
　　　　　扫帚精受擒变原形

第四十七回　到九华洞一女一男
　　　　　过三峡口四僧三道

第四十八回　众僧道拜会诸罗汉
　　　　　各弟兄同下五云山

第四十九回　半空中飞下红脸汉
　　　　　一霎时摆成罗汉台

第五十回　红脸汉初会众英雄
　　　　　众豪杰共打罗汉台

第五十一回　使空拳郝地佛称能
　　　　　吃败仗高三保无色

第五十二回　流星拳拳打众英雄
　　　　　闪电掌掌击诸罗汉

第五十三回　双电掌擂台比试
　　　　　分胜败郝氏伤胆

第五十四回　称奇能私用破心剪
　　　　　用阴工比试罗汉台

第五十五回　比硬工手抓五行石
　　　　　用轻术身离三尺台

第五十六回　小霸王拳打电背工
　　　　　老狐狸手放阴阳剑

第五十七回　打擂台大破电背工
　　　　　捉妖怪收取阴阳剑

第五十八回　三昧火火烧狐狸精
　　　　　乾坤袋袋装罗汉僧

第五十九回　峨嵋山罗汉拜仙师
　　　　　莲花庵英雄烧佛庙

第六十回　众英雄重游扬州府
　　　　　扬州府领兵捉英雄

第六十一回　鹤鸣街英雄遭围困
　　　　　陶家庄三保跳粉墙

第六十二回　跳粉墙闺房暗藏身
　　　　　订私情小姐赠玉蝠

第六十三回　真娘河豪杰遇水鬼
　　　　　太白楼大盗识英雄

第六十四回　虎丘山共游三仙亭
　　　　　青阳地同打百日擂

第六十五回　百日擂打死粉狸猫
　　　　　高三保遗失玉蝙蝠

第六十六回　高三保黑夜遇强盗
　　　　　　白日鼠墙上留形迹

第六十七回　高三保二失玉蝙蝠
　　　　　　白日鼠三次戏英雄

第六十八回　众豪杰客寓重相会
　　　　　　白日鼠纸上留行踪

第六十九回　大狸猫错当白日鼠
　　　　　　玉蝙蝠变成石蝙蝠

第 七 十 回　过京口三戏黑夜贼
　　　　　　下清江五鬼到嘉兴

第七十一回　石湖老者店中托梦
　　　　　　江南水鬼湖上称能

第七十二回　众英雄湖中走刀桩
　　　　　　小霸王水上托铁闸

第七十三回　请战席白日鼠奉菜
　　　　　　比阴工小霸王称能

第七十四回　白手大仙一指敬茶
　　　　　　江南水鬼二龙取水

第七十五回　白大仙三用大仙手
　　　　　　小霸王初试霸王拳

第七十六回　真请酒英雄论交情
　　　　　　离太湖共上杭州城

第七十七回　灵隐寺大殿遇济公
　　　　　　望湖楼张勇打老道

第七十八回　朱老道怒用斩仙剑
　　　　　　济癫僧暗施破僧鞋

第七十九回　济癫僧仙索捆老道
　　　　　　痴和尚宝贝赠英雄

第 八 十 回　和尚英雄半途分别
　　　　　　老翁少子一路伤心

第八十一回　小霸王星夜下衢州
　　　　　　济公佛梦中会李老

第八十二回　衢州府观看百日擂
　　　　　　恶狗村痛打曾三拳

第八十三回　百日擂金小英失败
　　　　　　曾三拳张家店报仇

第八十四回　牛八道衢州府报仇
　　　　　　小霸王凤鸣山遭难

第八十五回　凤鸣山树上生济公
　　　　　　土菩萨脐内出和尚

第八十六回　济公佛眠山露真身
　　　　　　飞毛鬼黄家偷吃食

第八十七回　众英雄二到集贤村
　　　　　　梅素兰合家重相见

第八十八回　岢岚山道人访隐士
　　　　　　凤凰岭和尚邀英雄

第八十九回　送书信隐士会妙真
　　　　　　捉妖怪和尚遇道士

第 九 十 回　李家庄济癫僧捉妖
　　　　　　凤凰岭红衣儿称能

第九十一回　红衣儿月下送书信
　　　　　　众英雄元宵看花灯

第九十二回　飞毛鬼三射红衣儿
　　　　　　众僧道同上铁龙山

第九十三回　二妙观了尘盗箭药
　　　　　　铁龙山群孩摆擂台

第九十四回　群孩儿开台打擂
　　　　　　呆英雄台前失败

第九十五回　白面王初敌八卦拳
　　　　　　卢瑞清击退群孩儿

第九十六回　红衣儿打败众英雄
　　　　　　小霸王只手擒红儿

第九十七回　洪天吉私用混元丹
　　　　　　金刚臂战胜铁膀工

第九十八回　吐白练偷打张勇
　　　　　　用电掌射击了尘

第九十九回　比袖箭天福伤命
　　　　　　中电掌了尘亡身

第 一 百 回　洪天祥山寨诉苦
　　　　　　八道人下山报仇

第一百零一回　铁龙山道人摆擂
　　　　　　　集贤村英雄启行

第一百零二回　小霸王六打八卦擂
　　　　　　　卢瑞清大破铁脚工

第一百零三回　小霸王大破八卦擂
　　　　　　　八道人星夜上梁山

第一百零四回　施法术制死张勇
　　　　　　　用阴阳算出天机

第一百零五回　集贤村观音托梦
　　　　　　　水竹坞张勇访母

第一百零六回　打擂台小猴拜师
　　　　　　　探消息张勇见母

第一百零七回　安南国进猴反中原
　　　　　　　高教头打擂伤性命

第一百零八回　红焰祖遣徒上长安
　　　　　　　小霸王揭榜打金猴

第一百零九回　紫阳庄王则造反
　　　　　　　贝州城圣姑兴妖

第一百十回　胡永儿妖术兴兵
　　　　　　小霸王奉旨平阳

第一百十一回　仗妖法击退官军
　　　　　　　施魔杵肃清妖孽

第一百十二回　小霸王得胜回朝
　　　　　　　平阳传权为收束

第一百十三回　平阳王奉旨返乡
　　　　　　　梅素兰深夜回里

第一百十四回　梅占春择吉移家
　　　　　　　汤伯良打死人命

第一百十五回　无赖索诈弄假成真
　　　　　　　和尚显法反巧为拙

第一百十六回　提名字吓倒猛和尚
　　　　　　　因排解忙煞中间人

第一百十七回　莽英雄跪请收徒
　　　　　　　平阳王黑夜失踪

第一百十八回　众英雄分头侦探
　　　　　　　宓捕头奉命引导

第一百十九回　思故友藉探消息
　　　　　　　问路境讼师受苦

第一百二十回　公孙鹏弃邪归正
　　　　　　　向老仙遇妖受惊

第一百二十一回　为救夫甘愿受辱
　　　　　　　　劫张勇一念成私

第一百二十二回　情意连绵道姑竟倒戈
　　　　　　　　黑夜飞行张王比腿力

第一百二十三回　二女侠劫牢反狱
　　　　　　　　一道人戏要收徒

第一百二十四回　云裳子王庄献艺
　　　　　　　　公孙鹏引友拜客

第一百二十五回　张勇怒责忠勇王
　　　　　　　　焦豹暗恨大仇人

第一百二十六回　为友复仇死而无冤
　　　　　　　　当面做媒玉成好事

第一百二十七回　平阳王偕众游山
　　　　　　　　竹禅僧返老还童

第一百二十八回	吃丹丸张勇发疯 劝相打和尚破头		刘呆子至死不屈
第一百二十九回	昆明道勒逼签字 王将军设计延时	第一百四十四回	二英雄愿共患难 七里道化剑称能
第一百三十回	梅素兰力救夫难 老道士斗败剑术	第一百四十五回	学武艺离家远出 访高僧深山受苦
第一百三十一回	受冤妇投江自尽 郑伯康设计谋产	第一百四十六回	艺成下山赶奔回乡里 因妒发拳误打亲生儿
第一百三十二回	恶书童满载回乡 女剑侠公堂破案	第一百四十七回	金三泰登门访钱棍 瞿老儿开贺遭纷扰
第一百三十三回	桐庐县请求破案 林天香出联征夫	第一百四十八回	莽英雄初次受辱 大善士说明苦衷
第一百三十四回	飞剑传书救夫心切 丹丸九转疯病立愈	第一百四十九回	梅素兰飞剑破妖术 七星道弃邪愿归正
第一百三十五回	捉余党二将领命 用巧语一道为难	第一百五十回	胡秀才设馆训蒙童 张如明托友觅艳妾
第一百三十六回	假意投降暂保性命 暗用迷药巧拿妖道	第一百五十一回	弱质过江遇水盗 干娘被害丧残身
第一百三十七回	说大话吓退妖道 探机关又逢难题	第一百五十二回	做圈套浪妇排解 弄巧计蠢夫着魔
第一百三十八回	农家子一举成名 翠姑娘因婚痛哭	第一百五十三回	张如明偷娶小妾 胡凤姐被骗入船
第一百三十九回	徐翠凤不愿成婚 董老头因气投河	第一百五十四回	半吞半吐不说真情 既打且骂闺女受辱
第一百四十回	梅素兰酒店捉妖道 高三保插言探虚实	第一百五十五回	胡凤姐上吊自尽 吐血鬼荒郊盗棺
第一百四十一回	入机关安然脱险 见教师逼吞红丸	第一百五十六回	司马光奉使走长途 一真道磕拜谢旧恩
第一百四十二回	刘魁忠言劝盟兄 教师反目拿奸细	第一百五十七回	一真道静室绘图 少华山王姬请贤
第一百四十三回	通明道讨令监斩	第一百五十八回	扯赏格都尉愿擒巨贼 见软鞋县令疑是神手

第一百五十九回　江湖客捐任知县
　　　　　　　　孔绅士设酒宴宾

第一百六十回　当筵见宝心大动
　　　　　　　黑夜擒贼案大白

第一百六十一回　张知府闻案失惊
　　　　　　　　富公子误交匪类

第一百六十二回　毛泽中抗拒官兵
　　　　　　　　高三保奋力擒妖

第一百六十三回　好汉结交江湖客
　　　　　　　　千金难买美人心

第一百六十四回　萧碧珠提出条件
　　　　　　　　郭立三难分双足

第一百六十五回　出奇计收服姑娘
　　　　　　　　因小忿结成大仇

第一百六十六回　造房屋暗坏风水
　　　　　　　　商对付难得奇谋

第一百六十七回　萧碧珠血溅陈家
　　　　　　　　高三元心爱琼姑

第一百六十八回　两女侠相偕下山
　　　　　　　　殷参将黑夜进兵

第一百六十九回　卢瑞清巧遇有情人
　　　　　　　　梅素兰剑断总铁索

第一百七十回　众英雄合力破山
　　　　　　　女剑客同心擒贼

第一百七十一回　契丹国故意寻衅
　　　　　　　　平阳王挑选队长

第一百七十二回　公孙成艺技惊人
　　　　　　　　平阳王突害奇病

第一百七十三回　梅素兰夜探妖阵
　　　　　　　　哈拉道率徒作法

第一百七十四回　气愤填胸抵抗无法
　　　　　　　　变生不测倒戈有人

第一百七十五回　高三元戏弄妖道
　　　　　　　　哈拉道擂台逞能

第一百七十六回　众英雄齐心打擂
　　　　　　　　哈拉道作雾逃生

四豪锄异传

长篇武侠小说。陈扫花著。上海春明书店。1941 年 3 月初版。2 册。19.5 万字。共 20 回。

第一回　白泰山巧遇高僧
　　　　净心寺虔诚习艺

第二回　恶武三集众寻仇
　　　　阎义士拔刀相助

第三回　恶武三邀友报仇
　　　　徐仁和再战积盗

第四回　沈精忠为徒报仇
　　　　净缘道与友解纷

第五回　罗起龙夜探黄府
　　　　姜教师箭擒刺客

第六回　王文虎行刺受擒
　　　　徐剑侯搭救豪杰

第 七 回	姜教师惊走刺客 朱道人追赶仇雠	第十四回	探奇迹行宫祝寿 献供宝大侠受擒
第 八 回	访仇人庵外比试 遇赃官醉汉冲道	第十五回	赠银两轻视老人 比武艺惊服好汉
第 九 回	曾勇善化名行刺 恶道人路逢神偷	第十六回	卢凤花寻仇遇师 老女侠下山收徒
第 十 回	榆树岭计破妖剑 知府衙狗官伏诛	第十七回	卢凤花下山报仇 杜剑侠假死隐修
第十一回	曾有顺观中炼剑 刘静德河岸斗法	第十八回	学道法误传众徒 修书信搭救二侠
第十二回	刘静德受困妖阵 紫袍道收伏猪精	第十九回	斗圆明敦请隐士 用大道雷霹剑侠
第十三回	唐英毅山野隐居 罗道安听琴访友	第二十回	生悟心遥求师长 苦修炼全书结束

江湖十八侠

武侠小说。陈扫花著。上海文业书局。1937 年 1 月 1 版。8 册。约 63 万字。缺 1、5、6、7 集,回目总数不明。

第二集

			黄天锡送友下山
第 一 回	铁棍子树下遇救 霍天元巧逢徒侄	第 六 回	黄天锡回山下帖 赛燕飞误投黑店
第 二 回	铁鞋道慷慨赠金 姜登禄尽义劝酒	第 七 回	蒙汗酒醉倒英雄 虎头山审问好汉
第 三 回	三教观书声咿唔 众英雄进观请友	第 八 回	沈老八回山报信 赛诸葛山寨献计
第 四 回	王家店吕白遇救 松林下面邀明月	第 九 回	卧虎岭金铸受谏 沈季元率众下山
第 五 回	赛燕飞星夜赶路	第 十 回	众英雄误投黑店

　　　　　　张天虎事败受擒

第 十 一 回　众英雄酒后误事
　　　　　　沈老八怒毁黑店

第 十 二 回　张天虎妙计脱身
　　　　　　虎头山寨主下山

第 十 三 回　遣探子禀报总寨
　　　　　　出野恭窃听消息

第 十 四 回　失店客掌柜吃惊
　　　　　　观书信华二称能

第 十 五 回　高成县喽啰住店
　　　　　　黄龙山叩见寨主

第 十 六 回　众喽啰告辞回山
　　　　　　黄天锡审问吕白

第 十 七 回　赛燕飞巧言辩白
　　　　　　张光仪屋上受擒

第 十 八 回　众英雄力敌二侠
　　　　　　花志林巧施铁弹

第 十 九 回　众好汉大败而逃
　　　　　　赛燕飞山中遇救

第 二 十 回　明月道夜追吕白
　　　　　　众英雄屋上聚会

第二十一回　李天强惊走群英
　　　　　　王天寿肩上中弹

第二十二回　失英豪怒责喽啰
　　　　　　怨寨主山寨投顺

第二十三回　虎头山寨主通信
　　　　　　活阎罗邀友回店

第二十四回　神眼侠款待众友
　　　　　　山神庙沈八行威

第二十五回　沈老八荒庙遇敌
　　　　　　赛燕飞途中复仇

第二十六回　众侠客南下复仇
　　　　　　满天飞访友采花

第二十七回　伍妈妈杖击淫贼
　　　　　　满天飞邀友报仇

第二十八回　徐家店乌金受擒
　　　　　　采花盗石桥脱身

第二十九回　五里岗淫贼访友
　　　　　　长腿狼细叙老尼

第 三 十 回　因报仇黑夜探店
　　　　　　扮乔装白日作盗

第三十一回　扮客商住店探信
　　　　　　追仇人黑夜行刺

第三十二回　满天飞客店行刺
　　　　　　采花盗遗靴脱身

第三十三回　见美色顿起恶意
　　　　　　遇淫贼水中擒敌

第三十四回　乌金脱身欺老妇
　　　　　　庞婆暗镖伤淫贼

第三十五回　寻乌金路中遇庞京
　　　　　　救淫贼庞京退金龙

第三十六回　德平县夜审淫贼
　　　　　　童金龙设计救友

第三十七回　五里岗黄大回家
　　　　　　伏虎山计议劫犯

第三十八回　解要犯道经刘家堡
　　　　　　回山寨吊兵攻客店

第三十九回　刘家店夜救乌金
　　　　　　庞大力客店伤身

第 四 十 回　裂绳索逃脱吴铁膀
　　　　　　用计策空留假生路

第四十一回　吴铁膀误中圈套

濮班头遽寻短见

第四十二回　濮班头急处逢生

云中侠名言劝友

第四十三回　得恶耗痛子心切

设酒宴托友访仇

第四十四回　进谗言陷害左邻

擒锦山上山杀贼

第四十五回　报子仇取心祭灵

避仇隙德州访友

第四十六回　见故友重提往事

说前情款留好汉

第四十七回　二淫贼逃奔河南

秦二爷道院见友

第四十八回　设酒宴款待好友

思报仇暗设奇计

第四十九回　言美色引动旧友

动尘念决意下山

第五十回　兴隆镇无意见淫贼

法华寺有心探贼踪

第五十一回　褚家墩二次会豪侠

法华寺进院探消息

第五十二回　仙妙观道人借香

法华寺海燕追踪

第五十三回　太平庄好汉叙晤

净心庵淫贼采花

第五十四回　使闷香熏倒老尼

救老尼吓退淫贼

第五十五回　救老尼恩感侠客

约后期暂别义士

第五十六回　众淫贼屋内聚议

濮天昭屋上受窘

第五十七回　落瓦片惊断话头

得信息客店练功

第五十八回　中计策秦魁受擒

遇敌手出庄逃走

第五十九回　庞老头江岸擒贼

乌淫贼水中脱身

第六十回　老夫妇坐谈豪侠

云中侠叩门见友

第六十一回　桑家岭河中弃友

平河边岸旁行侠

第六十二回　感知己暗救好友

发怒心怂恿报仇

第六十三回　云中侠智擒秦魁

卢志兴畏见庞玉

第六十四回　卢志兴酒店遇友

乌淫贼设计报仇

第三集

第一回　擒桑进志兴报仇

用药酒黑店迷人

第二回　救义士吓退淫贼

见剑光惊住侠客

第三回　寻剑光二侠相逢

约后期徒叔分别

第四回　卧虎岭乌金报信

四义士下山复仇

第五回　庞老头接见故友

千里腿陈说仇情

第六回　众好汉进庄报仇

庞老头力敌群雄

第七回　独角兽巧计脱身

左元龙中刀败阵

第 八 回　众好汉大败而逃
　　　　独角兽救友脱险

第 九 回　张光仪妙药救乌金
　　　　沈季元设计攻庞庄

第 十 回　众喽啰埋伏庄外
　　　　诸好汉庄口比试

第 十 一 回　用好言规劝义士
　　　　设计策巧击好汉

第 十 二 回　众好汉二次受敌
　　　　用喽兵夜袭庞庄

第 十 三 回　庞家庄深宵受袭
　　　　老庞婆奋勇退敌

第 十 四 回　云中侠见轿起疑
　　　　玉禅庵侠客夜访

第 十 五 回　见美色设计行奸
　　　　说隐情提醒侠客

第 十 六 回　探机密二进禅房
　　　　试机括观看地室

第 十 七 回　行侠义三进玉禅庵
　　　　破机括扬刀惊淫尼

第 十 八 回　惊淫尼地室授首
　　　　挂人头衙外吓人

第 十 九 回　得消息惊坏赃官
　　　　设计策消弥案情

第 二 十 回　露奸情少妇自尽
　　　　乘歹船恶奴遭害

第 二十一 回　上船桅巧计杀贼
　　　　破假怪谎言诱侠

第 二十二 回　用蒙药醉倒侠客
　　　　出纹银喜坏恶贼

第 二十三 回　假勾情侠客探隐
　　　　捉余孽开门擒贼

第 二十四 回　截路鬼因愤伤身
　　　　云中侠结果淫妇

第 二十五 回　放水贼希异觉悟
　　　　说奇话存意惩劝

第 二十六 回　呼延仁异乡济友
　　　　毛博义轻财赌博

第 二十七 回　上赌场甘作瘟人
　　　　设博局算计善士

第 二十八 回　用计策邪不侵正
　　　　见银两又生恶意

第 二十九 回　共宿店错投贼巢
　　　　迷女色误饮毒酒

第 三 十 回　毁贼巢永除后患
　　　　进山林装盗行劫

第 三十一 回　云中侠镖伤贼徒
　　　　毛博义山庙分赃

第 三十二 回　山神庙结果无义贼
　　　　闲云岭又遇剪径人

第 三十三 回　截路盗见镖恼怒
　　　　万志鸿踵门比武

第 三十四 回　比本领气死教师
　　　　收徒弟上山学艺

第 三十五 回　学本领回家报仇
　　　　斗海鸟侠客响名

第 三十六 回　追仇人客店打尖
　　　　见彩光寻觅奇人

第 三十七 回　说纵横劝投金铸
　　　　思大义弃暗就明

第 三十八 回　敬忠孝不忍拒敌

因侠义暗中保护

第三十九回　童金铸遣友报仇
　　　　　　庞家庄黑夜追踪

第四十回　庞小姐力战盗贼
　　　　　　曹义士剑斩姚太

第四十一回　用飞剑怒斩乌金
　　　　　　伤只臂遇救逃生

第四十二回　收飞剑再遇道人
　　　　　　畏剑侠众寇回山

第四十三回　庞家庄款留剑侠
　　　　　　登州府寻访好汉

第四十四回　用纵横拉拢已助
　　　　　　叙派别势成仇敌

第四十五回　昆仑派下山收徒
　　　　　　黄家庄聘师学艺

第四十六回　鸣铜锣捉拿道人
　　　　　　吐凝痰击倒教师

第四十七回　褚教师托言回乡
　　　　　　黄国贤赠银访儿

第四十八回　拜师傅设誓守戒
　　　　　　遣徒弟回家省亲

第四十九回　秦教师称能争强
　　　　　　武醉汉仗势胡闹

第五十回　余老道惊走武二
　　　　　　众恶徒集聚寻仇

第五十一回　秦教师争强比较
　　　　　　余老道拐杖惊人

第五十二回　一口气吹倒教师
　　　　　　半刻间惊忆侠客

第五十三回　闻威名感化恶徒
　　　　　　保镖银惊异江湖

第五十四回　镇八方怒劫镖银
　　　　　　小豪杰巧遇故人

第五十五回　镇八方劝留豪杰
　　　　　　曹学忠决意走镖

第五十六回　惊黑影夜泊河岸
　　　　　　上船梢准备拒敌

第四集

第一回　用头拳船上受敌
　　　　　失镖银客途访故

第二回　行远路自叹不如
　　　　　惊奇遇暗悔荒唐

第三回　上山寨拜见老伯
　　　　　叙世情细说劫镖

第四回　道剑术惊倒豪杰
　　　　　留世侄设法索镖

第五回　访名师潜心习剑
　　　　　报前仇夺回镖银

第六回　避飞剑恼怒曹刚
　　　　　追侠客喜见高山

第七回　穿高山乘间脱身
　　　　　遇剑侠酒店细谈

第八回　见紫剑不敌逃脱
　　　　　敬义士搭救曹刚

第九回　遇海燕证明虚谣
　　　　　遣剑侠报复仇隙

第十回　报仇隙夜攻庞庄
　　　　　杀盗寇勇敢拒敌

第十一回　杀恶寇救护儿女
　　　　　见剑光惊慌脱身

第十二回　斗剑术众侠帮助

杀盗寇善恶分明

第 十 三 回　斗飞剑急中遇救
　　　　　　见剑光知遇劲敌

第 十 四 回　曾义山率徒脱身
　　　　　　女剑侠剑术惊人

第 十 五 回　吃败仗大败回山
　　　　　　派徒弟邀请剑客

第 十 六 回　斗剑术救护老友
　　　　　　惊好汉收剑脱身

第 十 七 回　青峰山曹刚哭师
　　　　　　古木林高僧示影

第 十 八 回　见师母设誓守戒
　　　　　　拜师傅山洞学艺

第 十 九 回　遵师命下山采药
　　　　　　觅师墓佛家幻变

第 二 十 回　钟永源碣山称霸
　　　　　　老头儿铁杖惊人

第二十一回　众酒客夸奖铁杖
　　　　　　老头儿酒店响名

第二十二回　钟永源踵门比较
　　　　　　小孩儿细说家规

第二十三回　比武艺惊倒好汉
　　　　　　试工夫拳击石墩

第二十四回　用手指弹剑飞空
　　　　　　喝彩声剑侠出现

第二十五回　秉侠义飞剑杀贼
　　　　　　因威名惊散棍徒

第二十六回　老剑侠误收逆徒
　　　　　　危子敬作恶摄魂

第二十七回　用邪术刺血祭幡
　　　　　　付宝剑收拾逆徒

第二十八回　危子敬见剑逃走
　　　　　　紫剑侠释放冤魂

第二十九回　危子敬作恶受诛
　　　　　　紫剑侠急中遇救

第 三 十 回　放宝剑惊走和尚
　　　　　　报仇隙追逼二侠

第三十一回　紫剑侠力敌妖僧
　　　　　　岳道仁帮助侠客

第三十二回　妖和尚古庙养伤
　　　　　　小妖魔钟山盗药

第三十三回　钟道人降伏牛精
　　　　　　古和尚盗取仙药

第三十四回　古和尚失陷迷阵
　　　　　　铁板道降伏妖魔

第三十五回　秦如龙邀请前辈
　　　　　　紫剑侠路中战斗

第三十六回　下江南寻找侠客
　　　　　　见奇事喝水喷人

第三十七回　侯剑侠码头闲谈
　　　　　　论古人喝水试量

第三十八回　遇私仇码头斗剑
　　　　　　恼奋斗下界劝和

第三十九回　余进德派人请友
　　　　　　江童颜奇人怪事

第 四 十 回　江童颜路遇老祖
　　　　　　曾义山再逢道月

第四十一回　遇女侠山中比剑
　　　　　　见畜物妄开杀戒

第四十二回　单元道怒责徒弟
　　　　　　侯真人管理山妖

第四十三回　侯真人宝剑镇妖

	单元道河南收徒	第　十　回	设陷言助恶为虐
第四十四回	妙算计老狐报仇		乘时机借势谋乱
	逞本领三侠怀剑	第十一回	吊大兵奸恶伏除
第四十五回	见妖魔怒发冲冠		行功赏清官升职
	起怒心目中生光	第十二回	遇师弟名山练剑
第四十六回	焦尾狐惊惧脱身		行功果关外远游
	曾义山应劫怀剑	第十三回	见异客剑侠生惊
第四十七回	江童颜山岩寻徒		游名山雪下显能
	汲仁义河边失踪	第十四回	惊奇客冒雪出游
第四十八回	斗女侠反遭围困		询小二异人已去
	擒仇敌深锁古山	第十五回	感宦途飘忽萍踪
			念故友楼空鹤去
第八集		第十六回	到金溪忽来故老
第　一　回	闻侠义贤师收徒		邀好汉细谈巨恶
	除恶霸剑侠行义	第十七回	痛爱女竟夜悲号
第　二　回	革官职贪赃获罪		惊路人叩门规劝
	拿恶霸家产入公	第十八回	追义侠影迹无踪
第　三　回	用宝刀结束恶僧		讨女儿表白奸恶
	放飞剑搭救徒弟	第十九回	痛女儿杜老得病
第　四　回	奉师命预期回山		见黑影老妇生惊
	嘱门徒山岩聚晤	第二十回	见首级霍然去病
第　五　回	行侠义远游南省		戮巨奸侠客行义
	游春景巧遇知友	第二十一回	送杜老远地投亲
第　六　回	得贤妇内助有人		念女儿心忧义士
	遇知己官衙留客	第二十二回	行侠义智勇俱全
第　七　回	御外侮推举村主		感恩德酬谢心深
	结奸恶鱼肉乡民	第二十三回	辞婚姻为友作伐
第　八　回	受怂恿意图谋叛		结亲事杜老远徙
	进善言反遭盛怒	第二十四回	设典铺薄利生息
第　九　回	拜师傅道院学道		患恶霸众起愤怒
	遇道人村士荐贤	第二十五回	集众力战走恶僧

	来好汉能擒大盗		遇牧童剑侠生悯
第二十六回	到抚州晤会好友	第三十八回	收牧童回山炼剑
	见好汉忽忆奇人		奉师命下山行侠
第二十七回	倾家资乐善好施	第三十九回	见剑气山峰观看
	遇恶僧骗取钱财		遇同道放剑帮助
第二十八回	寻善士侠客收徒	第四十回	持针黹有方教子
	嘱徒弟峨嵋拜师		采樵薪尽心孝母
第二十九回	报仇隙客店斗剑	第四十一回	断休咎村民受愚
	遇好汉暗探行踪		凭学力识透妖孽
第三十回	功果满辞友回山	第四十二回	上高峰识透妖蛇
	恶迹着道人索诈		追侠客妖孽放剑
第三十一回	上屋梁拔剑较武	第四十三回	登高山晴空霹雳
	邀好汉防范恶道		斗剑术伏除妖蛇
第三十二回	因郁抑秀才弃世	第四十四回	奉师命回山修炼
	痛身世节妇夜啼		受寄托关外访故
第三十三回	悲身世节妇自尽	第四十五回	遇仇敌侠客遭擒
	行点化老尼收徒		盗布包愤烧灵位
第三十四回	结庐舍深山修炼	第四十六回	存侠义心非恶道
	离抚州携徒回山		寻剑侠巧遇好友
第三十五回	奉师名下山采药	第四十七回	得消息二侠出险
	除盗寇为世去害		给茅蓬山岭对垒
第三十六回	炼剑术下山行道	第四十八回	卧虎岭剑侠斗剑
	行侠义领袖群侠		十八侠上山修炼
第三十七回	受待虞孤子思亲		

脂粉地狱

长篇社会言情小说。陈扫花著。上海文业书局。1937 年 7 月 2 版。3 册。12 万字。自序 1 篇。共 24 回。

第 一 回　静坐厅堂潮来心中
　　　　　因接情书动游上海
第 二 回　谈老父得银三千两
　　　　　慕巨商顽固一刷新
第 三 回　评双花得见女皇后
　　　　　因粗忽惭愧旧汽车
第 四 回　开旅社夜游天韵
　　　　　惊俏女追踪戏场
第 五 回　夜游大马路忽来巨灵之手
　　　　　初临按摩院几疑贵妃降凡
第 六 回　回大西脑海印美女
　　　　　作谈局电话去故知
第 七 回　因朋友深夜奔驰
　　　　　得消息吃惊巨案
第 八 回　雏妓时髦群客倾心
　　　　　官场拍马偣人妒色
第 九 回　羡偣人总长谒青楼
　　　　　惊嫖客相帮识钻戒
第 十 回　聚妖雏特置六室
　　　　　极淫靡一浴千金
第十一回　新戏子拆白计行
　　　　　六姨太卷逃受骗
第十二回　阻滞火车站欲回不得
　　　　　痛恨忘义人挺行到申
第十三回　阔赌棍消遣大旅馆

　　　　　小拆白吊膀月舞台
第十四回　劝酒施计拆白人去如黄鹤
　　　　　沋浴识戒不羁妇梦醒南柯
第十五回　返故乡四邻称羡生男不如
　　　　　生女
　　　　　恨面首荡妇自叹双宿岂若
　　　　　单飞
第十六回　见拆白怒恼顿生
　　　　　近群贤愤恨悉去
第十七回　设串局赌输万金
　　　　　布智谋惊走面首
第十八回　狂论清谈游院设东道
　　　　　志满色欢返途遇故交
第十九回　叙往迹叹息按摩院
　　　　　觅面首别聚大行台
第二十回　游上海旅馆遇逃妾
　　　　　喜机会客地访故交
第二十一回　沈大鹏欢迎都中客
　　　　　　金飞鹤憎恨拆白人
第二十二回　善拍马谄媚荐律师
　　　　　　识缧绁诬蔑成冤狱
第二十三回　捕探来临深夜捉嫖客
　　　　　　舞场夜游无意识逃姬
第二十四回　鉴覆辙学士警悟
　　　　　　科罪狱荡妇果报

难夫难妇

社会小说。陈达哉著。上海佛学书局。1932 年 6 月初版。1 册。0.4
万字。未分章节。

白话牡丹亭

民间小说。陈仲子述。上海新华书局。1922 年 3 月初版。1 册。2.6 万字。陈鼎元题辞 1 篇。金啸梅作序 1 篇。共 16 回。

第一回	风诗兴感	第 九 回	幽明乍会
第二回	情梦生魔	第 十 回	端委全彰
第三回	青眼怜才	第十一回	再世重逢
第四回	红闺抱病	第十二回	五湖一棹
第五回	倩女离魂	第十三回	金门策士
第六回	旅人滞迹	第十四回	横池弄兵
第七回	芳园拾画	第十五回	否极泰来
第八回	月夜归魂	第十六回	月圆花好

新西游记

滑稽小说。陈冷著。有正书局。1908 年 5 月初版。1 册。4.9 万字。弁言 1 篇。共 5 回。

第一回	唐三藏西游考宗教		看举手马夫生色
	猪八戒海上改洋装	第四回	看猴戏老孙受调侃
第二回	妖姻窟师徒初受困		听猪谈小子学时髦
	四马路行者显神通	第五回	讲条约孙行者守旧
第三回	说招股猪辈寒心		叉麻雀猪八戒谈新

雨后桃花

社会小说。陈秋圃著。大中华书局。1947 年 9 月版。1 册。15 万字。共 14 章。

第一章	仲连受辱	第 八 章	厄运频加
第二章	一副怪联	第 九 章	如此世态
第三章	不欢而散	第 十 章	逐客
第四章	病榻情绪	第十一章	情变
第五章	影场一宵	第十二章	掷柳迁乔
第六章	二美逅面	第十三章	轻生
第七章	粉笔生涯	第十四章	林下泉声静自来

难 为 情

长篇言情小说。陈秋圃著。北京文兴书局。1946 年 11 月初版。1 册。14 万字。自序 1 篇。共 14 章。

第一章	仲连受辱	第 八 章	厄运频加
第二章	一付怪联	第 九 章	如此世态
第三章	不欢而散	第 十 章	逐客
第四章	病榻情绪	第十一章	情变
第五章	影场一宵	第十二章	掷柳迁乔
第六章	二美逅面	第十三章	轻生
第七章	粉笔生涯	第十四章	林下泉声静自来

四海游龙

武侠小说。陈抎翠著。上海励力出版社。1948 年 5 月初版。2 册。20 万字。自序 1 篇。共 12 章。

第一章　石镖师千里送嫁女
第二章　追盗踪单身涉险途
第三章　名镖师遇难独石口
第四章　惧灭门泛舟隐沧浪
第五章　陕甘道初现侠踪
第六章　石华英单掌警奸
第 七 章　夺青锋误戮小丧门
第 八 章　古超凡愤怒走剑阁
第 九 章　痛亲仇单骑蹑盗踪
第 十 章　渡剑门夺石争锋
第十一章　突重围惊走余继海
第十二章　评是非两姓解嫌怨

风云儿女

武侠小说。即四海游龙续集。陈抎翠著。上海励力出版社。1948 年 10 月版。2 册。20.6 万字。共 7 回。

第一回　冒雨蹑芳踪单骑驱盗
　　　　坦腹作东床试剑联姻
第二回　游园谈剑诀忽惊奇遇
　　　　踏月送归人犹恋侠情
第三回　解衣摘鞍一夕感旧事
　　　　鸣驼响镖千里走辽荒
第四回　为虎作伥溅血劫奇货
　　　　驱兽争雄失着焚荒庵
第五回　血滴碧阶扬威破飞刃
　　　　听雨小楼寂寥感琴心
第六回　片言起风波镖师聚议
　　　　匹马走古道侠女逞威
第七回　往事堪足惊回头勒马
　　　　劣子听训责怀羞负荆

双 龙 斗

长篇技击小说。陈抱翠著。上海广艺书局。1949 年 11 月版。1 册。
8 万字。共 6 章。

第一章　露消息夜遁冲霄岭

第二章　生异心携眷返江湖

第三章　破山寨埋迹移恨

第四章　走江湖千里寻仇

第五章　施计策西去避嫌怨

第六章　乘隙蹈闲纵火灭门

血溅青锋

长篇武侠小说。陈抱翠著。上海励力出版社。出版时间不详。1 册。
10 万字。共 6 章。

第一章　石统带陌巷逢怪客

第二章　窥黑山仙猿施威

第三章　破寨焚山群盗亡命

第四章　服儒冠遁迹西席

第五章　战霍山各武师含恨

第六章　追镖车血溅青锋

沧浪女侠(正集)

长篇武侠小说。陈抱翠著。上海励力出版社。出版时间不详。1 册。
5 万字。共 3 章。

第一章　诛暴君三度闹宫廷

第二章　吴飞霞薄命入青楼

第三章　收高徒慈心传绝艺

沧浪女侠（续集）

长篇武侠小说。陈抱翠著。上海励力出版社。出版时间不详。1 册。5 万字。共 3 章。

第四章　谋清廷女侠走金陵
第五章　挫强敌力斗海豹子

第六章　听天命遁迹隐沧浪

金　罗　汉

长篇武侠小说。陈抱翠著。上海励力出版社。1948 年 10 月初版。正集续集各 1 册。2 册。共 8 回。

正集 8 万字

楔　子　述往事演说红莲寺
　　　　发快论私淑不肖生
第一回　侠心肠仗义抚孤儿
　　　　情缠绵歌台困英雄
第二回　走异域慧剑断情魔
　　　　归故乡尺鲤酬素心
第三回　惊绝色大盗闹歌台
　　　　避荼毒各姬礼空王
第四回　忱栖霞遁迹走琅琊
　　　　吕宜良访道入峨嵋

第五回　投愚师斗虎坠绝崖
　　　　收高徒控鸾返仙山

续集 8 万字

第一回　宿荒刹有心收怪徒
　　　　走仙山无意降神魔
第二回　峨嵋僧开山惹尘孽
　　　　燃犀道封刃铸错大
第三回　惊怪事法困刘鸣采
　　　　瞻奇侠夜探肃王府

孤雏喋血

长篇武侠小说。陈抟翠著。上海励力出版社。1949 年 6 月版。1 册。6 万字。共 8 章。

第一章	示异兆总督被刺	第五章	忌功名同僚衔怨
第二章	半剥皮血溅曲巷	第六章	设恶计假书祸人
第三章	审刺客委员避席	第七章	散流言暗闹开封
第四章	服儒冠遁迹课徒	第八章	彰恶迹大憝授首

荆 芸 娘

长篇武侠小说。陈抟翠著。上海三益书店。出版时间不详。1949 年 4 月 1 版。1 册。4 万字。共 6 章。

第一章	姑苏城外两骑客	第四章	图谋孤孀之女
第二章	美人巨眼	第五章	杀人亡命蒙青睐
第三章	巾帼丈夫的行径	第六章	施家滩上初显身手

蛰龙惊蟒

武侠小说。陈抟翠著。上海励力出版社。1949 年 2 月版。1 册。10 万字。共 4 章。

第一章	夺渔船惨戳海龙神	第三章	拴马桩误失小侠女
第二章	风云儿单鞭驱强敌	第四章	掷头颅涉险入深宫

同治嫖院

民间小说。清宫四大奇案之一。陈莲痕著。上海广益书局。1937 年 4 月再版。1 册。3.3 万字。共 26 回。

一	砭薄俗详论婚姻	十四	拉皮条翰苑多才
二	辅幼主两宫垂帘	十五	逞逸兴买纸书联
三	演武艺草菅人命	十六	承恩泽花儿交运
四	立中宫西后阴谋	十七	进画册小王邀宠
五	卜吉期两宫还政	十八	存偏见姑媳交谪
六	受掣肘鸳鸯分离	十九	进忠言恭王罹祸
七	责宫监聊泄闷气	二十	宴宾楼店遇狂且
八	话往情周监导游	二十一	尝异味蓉桃齐艳
九	脱拘挛初涉花径	二十二	贪欢乐风流致疾
十	品群芳玉仙获选	二十三	破色戒恶疾转剧
十一	温柔乡暖席春宵	二十四	泄密谋帝驾升遐
十二	评妍媸君臣忘形	二十五	议立嗣西后偏私
十三	美人计请君入瓮	二十六	悲命蹇贤后轻生

京华春梦录

社会小说。陈莲痕著。上海竞智图书馆。1925 年 3 月版。1 册。5.2 万字。程瞻庐、顾明道、程小青、徐碧波、黄转陶、庚子生、朱涤秋各作序 1 篇。陈莲痕自序和跋各 1 篇。姚民哀、许瘦蝶、姚赓夔、凌镜秋、李龙公、沈太侔、郑逸梅、范烟桥、许太和、郑周寿梅各题辞 1 则。共 8 章。

第一章	掌故	第三章	雅游
第二章	冶例	第四章	香奁

第五章　丽品
第六章　谐趣
第七章　轶事
第八章　琐记

顺治出家

民间小说。陈莲痕著。上海大达图书供应社。1935 年 7 月版。1 册。3.1 万字。共 26 回。

一　论痴情细说缘由
二　坠风尘美人沦落
三　喜相逢一见倾心
四　话旧情缘订三生
五　好姻缘天作之合
六　鹬蚌争渔翁得利
七　丁乱世遍地萑苻
八　惨分离劳燕东西
九　遭浩劫转徙风尘
十　献美姬冀博荣宠
十一　侯门一入深如海
十二　怀旧情矢志不移
十三　赐瓷盆天子多情
十四　挖腰包典史倒运
十五　甜蜜蜜体恤入微
十六　品芳兰雅怀契合
十七　晋妃位恩承雨露
十八　得消息才子遁迹
十九　受掣肘好事多磨
二十　抱丧明忧郁致疾
二十一　了孽缘香消玉殒
二十二　伤心人敝屣轩冕
二十三　清凉寺皈依参禅
二十四　大布施南巡赐袜
二十五　真解脱永绝尘缘
二十六　倦云游归真证果

乾隆休妻

民间小说。陈莲痕著。上海大达图书供应社。1935 年 12 月版。1 册。2.5 万字。共 26 回。

一　抱不平评论积习
二　意相左贤后反目
三　体仁宫猝然惊艳
四　承恩宫玉妃专宠

五	因嫉忌后帝交谪	十六	进诤言贤后受侮
六	逞才华奏参宠姬	十七	言逆耳怒贬贤后
七	结深怨卧薪尝胆	十八	遭险难祸生不测
八	布迷阵瘟生入瓮	十九	悲身世贤后落发
九	施暴力豪仆出丑	二十	建寺观千里募赀
十	闹妓院忽来圣旨	二十一	谈禅机话中有因
十一	进忠谏五台进香	二十二	重遭难冤家路狭
十二	羡繁华江南汗漫	二十三	救贤后名妓仗义
十三	进艳姬舟中消魂	二十四	念旧情天良发现
十四	尽愚忠深夜草疏	二十五	信谗言暗施毒计
十五	感激刺孤注一掷	二十六	惨遭劫骨化灰烬

雍正夺嫡

民间小说。陈莲痕著。上海大达图书供应社。1936 年 4 月版。1 册。4.2 万字。共 26 回。

第 一 回	叙旧事引入正文	第 十 四 回	漏消息妖法揭破
第 二 回	立东宫祸胎初伏	第 十 五 回	议嗣君群臣倾轧
第 三 回	结党附四处张罗	第 十 六 回	蓄异谋结欢权臣
第 四 回	少林寺胤祯学艺	第 十 七 回	谋夺嫡窜易字义
第 五 回	无妄灾文字贾祸	第 十 八 回	达目的雍正登极
第 六 回	遭胅箧旅邸受窘	第 十 九 回	思避祸胤祉宵遁
第 七 回	代解围侠士仗义	第 二 十 回	露春情老羞成怒
第 八 回	使剑术暗中格斗	第二十一回	诛功臣鸟尽弓藏
第 九 回	逞手段层出不穷	第二十二回	剪异己一网打尽
第 十 回	设毒计喇嘛进药	第二十三回	得秘传异术杀人
第十一回	得疯病东宫被废	第二十四回	天台路探觅踪迹
第十二回	抱杞忧尹妃献计	第二十五回	雪宿仇入宫行刺
第十三回	镇魂魄侠僧使法	第二十六回	侠女子手刃暴主

唐明皇全史

历史宫闱小说。即风流天子唐明皇、唐明皇演义。陈朕躬撰述。上海东亚书局。出版时间不详。4 万字。插图 4 幅。共 36 章。

一	述旧事点明来历	十九	续旧欢杨妃情妒
二	避忌谗亲煮打胎药	二十	意绸缪比翼连枝
三	御妃嫔别有妙术	二十一	务奢侈妃戚逞富贵
四	歌值千金一曲止喧	二十二	杨贵妃艳事琐记
五	添宫妆巧制十眉图	二十三	范阳镇安禄山起兵
六	争奇斗巧诸王奢侈	二十四	马嵬驿玉碎香消
七	叙宫闱杂记趣事	二十五	扶风县野老献饭
八	奇珍品四时即景	二十六	怀旧恨雷海青骂贼
九	造梅亭江妃恃宠	二十七	定大乱枭逆授首
十	赐钗盒杨妃定情	二十八	看锦袜王妪得计
十一	赂权臣安禄山得势	二十九	李龟年沦落江南
十二	游曲江虢国承恩宠	三十	女真观宫女私祭
十三	因情妒贵妃娇嗔	三十一	蜀道崎岖触景生情
十四	献青丝玄宗念旧	三十二	说神话姑妄言之
十五	郭子仪酒楼疑诗谶	三十三	谋改葬空穴剩香囊
十六	制新谱李暮偷曲	三十四	凤去楼空玄宗悼亡
十七	逞舌辩杨安争权	三十五	寄钗盒情天补恨
十八	长生殿贵妃庆辰	三十六	得喜信人月双圆

乾隆帝演义

历史小说。陈朕躬著。上海宏文图书馆。1925 年 3 月版。1 册。4.7 万字。插图 4 幅。共 36 章。

一　事由天定先种异兆

二　宫廷深秘天潢乱统

三　一往情深缘订再生

四　君臣父子心照不宣

五　恃天威雌风慑人

六　耽禅悦五台小驻

七　获言罪杭世骏去官

八　宫监进妓舟中绸缪

九　忠言逆耳怒废贤后

十　结奇缘借躯践凤约

十一　竞悦天颜雪蕙争春

十二　斗奇巧水上作剧场

十三　断袖癖小樱承宠

十四　狂生狂言以狂见召

十五　愤尘氛纳兰后落发

十六　匠心独运园成圆明

十七　再生缘权奸逢意外

十八　打不平小霸王殒命

十九　旧货摊皇帝写招牌

二十　二次倦游意恋苏杭

二十一　怀大志远谋报宿仇

二十二　幌子和尚野狐参禅

二十三　恋迷楼名士发牢骚

二十四　巧计拒谏观潮命文

二十五　锦缆博宠贞女死节

二十六　宫口秽乱奇事迭出

二十七　破密谋卖友求荣

二十八　喇玛塔一夜竟功

二十九　忍心杀美一箭双雕

三十　谒祖墓君不忘本

三十一　侠骨柔肠侠妓救后

三十二　逞媚悦巧翻新花样

三十三　秘密关系权奸盛宠

三十四　色欲熏心骨肉自残

三十五　幸热河群妃争宠

三十六　片刻欢竟成千古恨

草　上　飞

武侠小说。陈浪仙著。群众图书公司。1923 年 6 月版。1 册。3 万字。自序 1 篇。共 48 章。

第 一 章　投宿

第 二 章　访侠

第 三 章　府警

第 四 章　决胜

第 五 章　惊艳

第 六 章　感怀

第 七 章　伏盗

第 八 章　辟邪

第 九 章　隐痛

第 十 章　许婚

第十一章　窃玉

第十二章　焚舟

第十三章　御侮　　　　　　　第三十一章　推击

第十四章　警敌　　　　　　　第三十二章　山警

第十五章　救霞　　　　　　　第三十三章　剿匪

第十六章　雪恨　　　　　　　第三十四章　孤愤

第十七章　山陷　　　　　　　第三十五章　豪赌

第十八章　惩墨　　　　　　　第三十六章　艳情

第十九章　奇缘　　　　　　　第三十七章　争宠

第二十章　闹店　　　　　　　第三十八章　兴学

第二十一章　缔婚　　　　　　第三十九章　激怒

第二十二章　私逃　　　　　　第四十章　遇险

第二十三章　喜合　　　　　　第四十一章　沉舟

第二十四章　落院　　　　　　第四十二章　恶战

第二十五章　杀虎　　　　　　第四十三章　误机

第二十六章　团圆　　　　　　第四十四章　劫婚

第二十七章　疑问　　　　　　第四十五章　蹑盗

第二十八章　刺血　　　　　　第四十六章　计赚

第二十九章　割肉　　　　　　第四十七章　醒愚

第三十章　盗金　　　　　　　第四十八章　隐遁

三情豪侠

短篇侠情小说。陈家瑾著。上海东亚书局。1933 年版。1 册。4 万字。3 篇。共 56 回。

第一篇　三情豪侠　　　　　　　　情绪冲动来接吻

第一回　一见如故成情侣　　　第四回　浓厚草香充满空际
　　　　触景生情讲故事　　　　　　　漏出笑声才知归途

第二回　花荫柳下细谈情　　　第五回　回故乡旧情复叙
　　　　赴省垣相别期快　　　　　　　见黄鹰醋海生波

第三回　明媚碧绿叙情怀　　　第六回　握手言别叙爱情

別要忘记意中人

第 七 回　看影戏增加情波
　　　　　生慈念仗义输财

第 八 回　闻惊耗魂飞胆落
　　　　　情敌会肉战心惊

第 九 回　心中隐忧肉体苦痛
　　　　　骤雨突来精神乐趣

第 十 回　胜景介绍触起旧情
　　　　　眉来眼去伤心呜咽

第十一回　泪红雨落别情人
　　　　　成千古恨一失足

第十二回　夫妻间共圆好梦
　　　　　闻响声乐极生悲

第十三回　声音可怕吓死我
　　　　　尸山血河不久成

第十四回　保护爱情结晶品
　　　　　谈分别秋波泪滚

第十五回　严肃悲壮慷慨演说
　　　　　乘此时机热血洒去

第十六回　敬祝胜利大杀倭贼
　　　　　可爱战士民族英雄

第十七回　猛然一惊热泪滚流
　　　　　奋勇苦战敌人惨败

第十八回　流泪竟无言请勿要伤心
　　　　　一闻到噩耗破晓竟西去

第二篇　情波

第 一 回　见倾心成为双侣
第 二 回　看领结匝风蝶舞
第 三 回　两人寻苗生暧昧
第 四 回　双侣飞陡成肝胆

第 五 回　喝残酒情丝陡生
第 六 回　转欢心敬赠肖像
第 七 回　见黄雀醋海生波
第 八 回　车站别情浓语甜
第 九 回　看影戏触景生情
第 十 回　赴省垣旧情复发
第十一回　闻惊耗魂飞胆落
第十二回　会情敌心惊肉战
第十三回　花荫柳下细谈心
第十四回　苴飞猫鸣别洒泪
第十五回　乡愁起心慌意乱
第十六回　失恋悲世厌生轻
第十七回　阅肖像感恩父母
第十八回　明身世投海殉情

第三篇　情血

第 一 回　情浓兴厚士女交游
　　　　　心灰意懒舌耕糊口

第 二 回　逍遥自在居桃花园
　　　　　暴病弃世死亡不明

第 三 回　伶丁无助跋涉艰难
　　　　　适宜办法在家设帐

第 四 回　心不满足令人吃惊
　　　　　已经发生嘹激爱情

第 五 回　日俄外交风云吃紧
　　　　　花园中间促膝谈心

第 六 回　为了爱情牺牲祖国
　　　　　结婚问题深遭拒绝

第 七 回　生着相思情波消沉
　　　　　情动吻着不肯仰首

第 八 回　圆瞪双目苦笑一声

迂拙步态惨白面色

第 九 回　狂喜情绪噎住呼吸
　　　　　堕入疑惶深地阱中

第 十 回　车站握别情波缠绵
　　　　　爱情增加不减昔日

第十一回　未正式结婚会临盆分娩
　　　　　我们相亲爱享安居乐业

第十二回　怀孕事实不可掩饰
　　　　　容光焕然探出头来

第十三回　搂住颈项吻着银发
　　　　　秘密异常疑为侦探

第十四回　仿佛梦中情美地笑
　　　　　耳际轻语战抖起来

第十五回　脑中映演甜蜜生活
　　　　　面上露出紧张神情

第十六回　苦工警告步下留神
　　　　　为国服务内心坦适

第十七回　无数呻吟终于告息
　　　　　横冲直撞追寻旧情

第十八回　一闻噩耗魂飞天外
　　　　　为了魔鬼怪真可怜

第十九回　愁云惨雾受伤心头
　　　　　十死一生黑暗势力

第二十回　仰首情空狂哭起来
　　　　　泪血悲呼黑暗世界

闺媛现形记

言情小说。陈野鸥编著。中外书局。1923 年 8 月 25 日初版。1 册。6 万字。共 24 篇。

一　　辣手摧残姊妹花

二　　无情棒打野鸳鸯

三　　错将浪子作檀郎

四　　回头还算好收场

五　　一枝轻薄自由花

六　　鸳衾羞再唤先生

七　　来生愿作并头莲

八　　书声琴韵悔多情

九　　难收覆水马蹄前

十　　底事轻生效绿珠

十一　贪荣葬送一明珠

十二　铁窗曾否胜青楼

十三　两滴殷红血统真

十四　媚情荡魄快登场

十五　沦落总缘误解情

十六　白绫三尺缢婵娟

十七　千金也作沾泥花

十八　床头人作冥鸿飞

十九　一枪洞见妇人心

二十　惊人毕竟算英雌

二十一　黄粱梦醒在青楼

二十二　妄意郎心两殉情

二十三　神仙不羡鸳鸯 ｜ 二十四　一番失足镜重圆

花开花落

言情小说。陈琨著。上海美纶出版社。1948 年 3 版。1 册,19 万字。共 8 章。未分章节。

牡丹花缘

艳情小说。陈湘君著。上海天新书局。1923 年 5 月初版。1 册。5 万字。共 14 回。

第一回　贤妇抚双儿持家
　　　　仇家造蜚语全节
第二回　孝媳事姑主家政
　　　　荡子耗产困赌场
第三回　分田产惠忠卖养氏
　　　　破惠家隈鬼唤怜姑
第四回　讼赌徒追田还主
　　　　尽女职代母操家
第五回　拒豪强珍馐好弟妇
　　　　破婚姻蜚语满湘城
第六回　鬼泼清赊园丁用计
　　　　呆惠信中奸谋游园
第七回　初进园奸恶即营兔窟
　　　　入重地书痴身陷龙潭

第 八 回　作谐语公子戏书生
　　　　　请早安佳人问梦兆
第 九 回　属巧对马绅开内宴
　　　　　还湿衣乳母倒求亲
第 十 回　惠怜姑力主弟婚
　　　　　贤母氏戒儿绝交
第十一回　娶才女窗友逞新辨
　　　　　诬究奸积棍又放刀
第十二回　负冤起解半途遇兄
　　　　　获盗陈情军台见父
第十三回　都督府大冤伸雪
　　　　　父与子回家团圆
第十四回　父领子求告亲翁
　　　　　夫与妻破镜重圆

海外缤纷录

社会言情小说。陈辟邪著。上海卿云图书公司。1929 年 11 月初版。8 册。44 万字。作者卷头语 1 篇。冯都良、竹子寿各序 1 篇。巨摩、圣笑、调梅、秋衣各题词 1 首。共 40 回。

第 一 回　天涯寂寞飞絮何心
　　　　　客地凄凉落花有意

第 二 回　凤泊鸾飘萧娘身世
　　　　　灯红酒绿公子情怀

第 三 回　学步邯郸弄巧成拙
　　　　　排难鲁仲扶弱抑强

第 四 回　咳唾珠玉四座皆惊
　　　　　谈笑风云一场没趣

第 五 回　落魄阮生乐天安命
　　　　　偷香韩掾出丑露乖

第 六 回　卖笑倚门两行清泪
　　　　　现身说法一朵红云

第 七 回　三年窥户真个魂消
　　　　　一霎惊鸿宁为玉碎

第 八 回　病榻缠绵有人如玉
　　　　　海天上下美眷若仙

第 九 回　檀板金尊笑靥暗妒
　　　　　歌衫舞袖窈窕生怜

第 十 回　诉衷曲青青河畔草
　　　　　蹑芳踪依依陌上花

第十一回　雨虐风狂香留锦被
　　　　　珠沉玉碎泪洒黄昏

第十二回　煞费心机姊夺妹宠

曲尽媚态李代桃僵

第十三回　慰檀奴理发诉心事
　　　　　慕少艾乘槎觅神仙

第十四回　比翼翱翔一双蝴蝶
　　　　　同心缱绻三只鸳鸯

第十五回　幽谷花香美人意得
　　　　　温泉水滑荡子魂销

第十六回　绰约柔情红妆伴读
　　　　　庄严师道傀儡登场

第十七回　探恶薮清晨奋拳击
　　　　　激公愤黑夜闻枪声

第十八回　燕詈莺嘲难为老朽
　　　　　凤颠鸾倒何妨公妻

第十九回　受学位巧施盗铃术
　　　　　开法网难买爱国心

第二十回　中朝天子妙手空空
　　　　　胜国名姝芳心扣扣

第二十一回　怜新弃旧未免寡情
　　　　　　飞短流长谁能遣此

第二十二回　海阔天空郎情如水
　　　　　　形单影只妾愿化烟

第二十三回　离乡背井岂有他念
　　　　　　怜孤恤寡别具深心

第二十四回　个中人妙粲莲花舌
　　　　　　座上客竞编竹枝词

第二十五回　粉槛飞花惯抛红豆
　　　　　　香车掷果艳说碧鬐

第二十六回　天网恢恢疏而不漏
　　　　　　风尘仆仆慨当以慷

第二十七回　浅笑低鬟日成众里
　　　　　　柔情蜜意欢拾尊前

第二十八回　榻畔深谈红灯照艳
　　　　　　街头小步翠袖生凉

第二十九回　双桨清风浪翻醋海
　　　　　　一天明月光照爱河

第 三 十 回　别具心肠竟成好事
　　　　　　有何面目再见旧人

第三十一回　一窗萤火万里归魂
　　　　　　三粒金丹十年绮梦

第三十二回　生路别开以博设馆

　　　　　　银幕乍展借厢营巢

第三十三回　开罢棠梨轻风逐燕
　　　　　　栽成杨柳细雨留莺

第三十四回　病渴相如未醒绮梦
　　　　　　闻歌子野莫寄闲情

第三十五回　唇枪舌剑醋醋情怀
　　　　　　心电眼波飞飞魂魄

第三十六回　冶蝶狂蜂邮舍猎艳
　　　　　　离鸾别鹊客邸哀音

第三十七回　秋水伊人偷弹闲泪
　　　　　　春风杨柳忽动归思

第三十八回　挥尽黄金始悟爱憎
　　　　　　吟残白纻又歌离别

第三十九回　东南孔雀一别三生
　　　　　　西北高楼人间天上

第 四 十 回　魂销南浦多士离都
　　　　　　肠断西茵美人抱屈

如此家庭

社会小说。陈慎言著。北京晨报社。1926 年 12 月初版。1 册。6.5 万字。共 7 回。

附　录　江亭恨

第一回　讲条件舐犊情深
　　　　签密约河东威摄

第二回　斗奢华改造家庭
　　　　甘淡泊息影病院

第三回　耽㧓蒱群雌犯法
　　　　避娠妊医士居奇

第四回　误刀圭大夫负气
　　　　购公债闺友投机

第五回　冒重利认贼作友
　　　　挟债权反主为奴

第六回　充缝纫老妇伤神
　　　　作文章书生呕血

第七回　慕虚荣黑夜勃谿

忏遗恨黄泉相见 | 附 录 江亭恨

故都秘录

社会小说。陈慎言著。四社出版部。1933 年 10 月初版。2 册。25.5
万字。自序 1 篇。共 13 回。

第一回 萧寺避嚣清淡消永昼
　　　 华堂祝蜡把酒述先型

第二回 檀板高歌小楼聆雅奏
　　　 玉壶买醉隔座送香钩

第三回 捉影捕风中宵探秘府
　　　 避嫌远引黑夜走奔车

第四回 卧轨轻生伤心遭魍魉
　　　 逢场作戏巨眼识英雄

第五回 刲臂疗亲泉台留愤恨
　　　 捐金赎命暗室愧神明

第六回 典重器王孙消赌债
　　　 争微利遗老算和谈

第七回 打鸭惊鸳宫人纵火
　　　 借花献物贵妇留宾

第 八 回 琼岛清游惊开狮子口
　　　　 石门小驻忽起鼠牙争

第 九 回 别馆赏知音琴师入幕
　　　　 歌楼逢旧雨马弁挥拳

第 十 回 败柳不堪攀柱垂青眼
　　　　 好花经再折只剩空枝

第十一回 华筵大开名流绎甲骨
　　　　 债台高筑贵胄抱龙头

第十二回 名园编剧初试新声
　　　　 小屋藏娇忽来旧雨

第十三回 平地惊雷风流云散
　　　　 轰天烽火玉殒香消

恨海难填

社会言情小说。陈慎言著。北京华龙印书馆。1940 年 10 月初版。1
册。13.2 万字。共 10 章。

第一章 妄人生妄想
第二章 片言成疑案
第三章 出门拼一死
第四章 入室觅知音
第五章 金粉可消愁
第六章 密谋诳财肓

第七章　攘利竞机心　　　　　第九章　彩凤竟随鸦

第八章　伤心传恶耗　　　　　第十章　游子突归乡

天南地北

社会小说。陈蔼麓著。上海世界书局。1928 年 8 月初版。1 册。6 万字。朱又云序 1 篇。插图 20 幅。共 20 回。

第一回　吾道不孤登坛月活佛
　　　　有人后至置酒饮高朋

第二回　逸趣横生群公拍马
　　　　头衔显赫老子吹牛

第三回　堕床欲绝裙底饱香拳
　　　　乘兴而来门前通款曲

第四回　封翁折节忍辱洗便壶
　　　　誊录献勤鞠躬进绣袜

第五回　犹夸三绝画怪字歪诗未通
　　　　难为一餐酒洌豆香汤半盏

第六回　绿袄红裙乡姑见教主
　　　　痴头怪脑曲老主讲坛

第七回　苦块昏迷语无伦次
　　　　神魂陨越礼失经常

第八回　风波平地两败俱伤
　　　　歌哭无端奇兵突起

第九回　老父顽固防女如防狗
　　　　痴儿娇憨戏娘似戏猫

第十回　当仁不让拍胸荐西席
　　　　终日以思挖脚制妙文

第十一回　作势装腔迂儒打国语
　　　　　涎皮嘻脸高足见师尊

第十二回　男女公开花娘进别解
　　　　　色声俱厉老爷发奇威

第十三回　有女怀春深情恋同病
　　　　　吾君不幸噩梦误佳期

第十四回　从容自尽欲凭孝性返亲魂
　　　　　宛转相持共拼雌雄雪奇耻

第十五回　春色恼人倚衾温旧梦
　　　　　明灯不夜入幕缔新欢

第十六回　得其所哉弃家以从爱
　　　　　失而当矣巧言乃取憎

第十七回　为鬼为蜮假手杀仇人
　　　　　疑雨疑云便壶作恶剧

第十八回　凤眼垂怜千金下嫁
　　　　　雀屏中选万卷承恩

第十九回　刀光血影惊散野鸳鸯
　　　　　天干地支推排好日脚

第二十回　风流未解新妇扬清波
　　　　　奇趣横生檀奴串臭戏

东 游 记

滑稽小说。陈霭麓著。上海世界书局。1926 年 10 月初版。3 册。14.96 万字。张秋虫作序 1 篇。共 40 回。

第 一 回　灵霄殿月姊折狂言
　　　　　戛月亭麻姑惊噩耗

第 二 回　斩使臣燕王靖难
　　　　　讨逆藩惠帝兴师

第 三 回　弱主被缢孤臣悲失国
　　　　　群仙论谪秀士庆生儿

第 四 回　蛮貊驻星槎中官布政
　　　　　箕裘绍文职秀士宣威

第 五 回　海外峰青青峰留使节
　　　　　山中果赤赤果证仙缘

第 六 回　枵腹雷鸣餐黑饭
　　　　　流弹雨点退黄狼

第 七 回　破浪乘风权舟毕的国
　　　　　穷途陋巷策马痛心街

第 八 回　善人是富人赉感穷民
　　　　　贤母推恩深情怜弱女

第 九 回　爱河恨海彼岸击慈航
　　　　　闷饭愁醪废园排御宴

第 十 回　平海朝晞诗成击钵
　　　　　排空浊浪祸起萧墙

第十一回　弱水三千纵身随怪去
　　　　　迷楼一角奋勇救儿回

第十二回　贤弼贤君国门迎大使
　　　　　难兄难弟乡社斥偷风

第十三回　城号聪明金绳开觉路
　　　　　院名研究宝帐说经传

第十四回　人来海国向晚看星灯
　　　　　客上楼船当筵呈闳辩

第十五回　有女论诗从容惊博士
　　　　　无言对策恧缩失盛名

第十六回　花果山山仙乡胜阆苑
　　　　　馋涎滴滴故智效东方

第十七回　洞口鸾虬互驮仙客去
　　　　　席前歌舞尽傍画梁飞

第十八回　临别赠言殷勤识玉镜
　　　　　向来停舶迢递接金戒

第十九回　出门悄悄微服走千街
　　　　　举国靡靡大观陈百岁

第二十回　妙语狂歌黄冠惊使客
　　　　　晶灯宝镜红粉幻骷髅

第二十一回　铜筋铁骨奋勇毙雄狮
　　　　　　玉碗金刀腾空斗法宝

第二十二回　毛锥穿腹通宝竟无灵
　　　　　　雪浪翻舟孤雏幸有救

第二十三回　谗臣肇祸水将客作囚
　　　　　　孤馆来救星乔装出险

第二十四回　盘马挽弓奇兵破劲敌
　　　　　　披星戴月单骑访师兄

第二十五回　尘心未尽一怒下深山
　　　　　　左道横行连番失猛将

第二十六回　仙客驾牛阵前施异宝
　　　　　　道人堕鹿火里显原形

第二十七回　飞将下孤城残王授首
　　　　　　娇儿堕冷泪义士伤神

第二十八回　孱王畏祸举国奉淫祠
　　　　　　贤使救民当廷筹妙策

第二十九回　玉鉴金刀苍皇追巨怪
　　　　　　昏天黑地人马化骷髅

第 三 十 回　仙翁助法宝河上降妖
　　　　　　弱女认姑娘风前堕泪

第三十一回　人入奇乡着眼彭殇论气节
　　　　　　秋深御苑缀篱金玉媚诗心

第三十二回　华亭张绮宴合座尽欢志
　　　　　　优游
　　　　　　短烛煎乡心残宵无寐遭
　　　　　　横祸

第三十三回　晓风残月大舶失娇儿
　　　　　　匹马单刀寒山走夜雪

第三十四回　草莽遇同怀因灾得福
　　　　　　英雄晓大义弃寨离山

第三十五回　丹谷遇青蛇堕马储君中
　　　　　　异毒
　　　　　　银花开火树倚楼佳客看
　　　　　　华灯

第三十六回　绮席横银箫宛转宫商移
　　　　　　翠袖
　　　　　　浮云暗玉垒苍皇鼓角起
　　　　　　黄巾

第三十七回　登坛作法神火烧王师
　　　　　　以逸待劳妖人献毒计

第三十八回　孤城悬一发武卫晋京奋
　　　　　　铁血
　　　　　　明诏动三军安侯荡寇赴
　　　　　　沙场

第三十九回　妖妇肆淫威王师小折
　　　　　　安侯羁大难仙客重临

第 四 十 回　一鼓净妖氛三军奏捷
　　　　　　万民颂帝德五女蒙恩

良　　人

短篇社会小说。红皮小丛书。陈霭麓著。上海世界书局。1929 年 6 月初版。1 册。3.8 万字。共 7 篇。

一　良人
二　劫要
三　梁下
四　绛雪丹
五　入无台
六　白鹅
七　二蹓手

南 游 记

滑稽小说。陈霭麓著。上海世界书局。1929 年 1 月初版。3 册。13.3 万字。赵苕狂序 1 篇。插图 60 幅。共 30 回。

第 一 回　众生有疾苦菩萨下莲台
　　　　　彼土多妖魔仙人遮马首

第 二 回　野炮阻云程名山卓锡
　　　　　龙驹来海国小市问津

第 三 回　夜色笼千街人荷残月投孤馆
　　　　　苍头起一室客堕胡床作楚囚

第 四 回　佛法无边斩关脱缧绁
　　　　　猪头真个到处卖呆痴

第 五 回　身如掣电独逞飞行横天空
　　　　　车走轻雷仍留小语通隔座

第 六 回　甘霖逢久旱遗我念羊
　　　　　故旧遇他乡赍君一榻

第 七 回　顾问片言抵得平民一命
　　　　　院长身份不过政客之奴

第 八 回　流星赶月伏案恣狼吞
　　　　　宿鸟惊弓枪头作鼠窜

第 九 回　李代桃僵余生蹈法网
　　　　　僧看佛面深夜访仙宫

第 十 回　枕边听小语销魂绣榻承殊恩
　　　　　镜里图横陈照眼明灯看秘戏

第十一回　张冠李戴打破闷葫芦
　　　　　虎皮驴蒙演成小巴戏

第十二回　科罪考功凭功折大狱
　　　　　烧香扫塔守法招微词

第十三回　绮席偎胭脂金鼓声中闻妙语
　　　　　华堂凝丝肉珠帘歌阕起春雷

第十四回　有客清狂登场惊四座
　　　　　斯人慷慨戴月走千里

第十五回　三藐三菩提安良除暴
　　　　　一佛一罗汉起死回生

第十六回　玉漏三更绕床还索笑
　　　　　银灯一盏扰梦不成眠

第十七回　病榻抚沉创噬脐莫及
　　　　　公园弹苛例游刃有余

第十八回　背人试浴匜室舞天魔
　　　　　与子偕游逢场拍电影

第十九回　衾底缠绵金凤花开可怜夜
　　　　　镫首婉转玉楼人醉奈何天

第二十回　花言弄舌底马屁一人
　　　　　食指摇樽前猪排十客

第二十一回　手掷三千黄金散尽豪情息
　　　　　腹缠十万朱毂归来笑语生

第二十二回　和泥和水水情泥意暂缠绵
　　　　　疑雨疑云云散雨零空色相

第二十三回　狼狈为奸掳人勒赎
　　　　　宽严相济约法输财

第二十四回　破壁高飞席前窥秘密
　　　　　　排门直入窟底歼囚徒
第二十五回　涕泪照孤檠鲸龙环骨
　　　　　　叱嗟惊广座群狗丧魂
第二十六回　只解怜才赠金又说项
　　　　　　但求多男信善复烧香
第二十七回　菩萨心肠施金舍饭

　　　　　　韦驮缘法奖善惩奸
第二十八回　祸起无端街头吃白饭
　　　　　　客来不速榻畔偷乌烟
第二十九回　一勺芙蓉魂归关塞黑
　　　　　　无边风露天上月光寒
第 三 十 回　愿有情人都成眷属
　　　　　　肙阿罗汉静定禅机

烦　　恼

社会言情小说。陈霭麓著。上海大众书局。出版时间不详。3 册。15 万字。共 30 回。

第一回　　（缺）
第二回　　倚楼悄悄有女效颦
　　　　　末世栖栖斯人落魄
第三回　　芳草斜阳秋光黯淡
　　　　　美人名酒醉态婆娑
第四回　　素月清溪有人打桨
　　　　　半床绿褥浪子销魂
第五回　　社结天倪以文会友
　　　　　心因世道随感遣词
第六回　　密意重重银灯双照
　　　　　清宵细细绣被独眠
第七回　　绮梦无端撩人枕上
　　　　　晨风乍发并影池边
第八回　　病榻存临深情款款
　　　　　书坊通谒骄语洋洋
第九回　　难弟难兄妙兼天下
　　　　　可歌可泣凄绝尊边

第 十 回　美人已嫁积恨如山
　　　　　蓑草独寻为卿堕泪
第十一回　解佩江皋泪和恨咽
　　　　　倾尊堂畔爱逐妒生
第十二回　密室春醪安排迷阵
　　　　　絮词细语牵引情怀
第十三回　名士几人呼卢喝雉
　　　　　孤注一掷荡产倾家
第十四回　浪子情怀挥土如金
　　　　　长门岁月以泪洗颜
第十五回　醉后轻狂向人乞舞
　　　　　江头落魄载酒排愁
第十六回　往事成尘愁生翠袂
　　　　　清光照眼艳说璇宫
第十七回　疑云疑雨荒唐一梦
　　　　　醉花醉月惆怅三更
第十八回　百战情魔难为柳下

十分痴态压倒虎头

第 十 九 回　出水芙蕖殢人故故

换巢鸾凤绕树依依

第 二 十 回　故垒重寻破愁一笑

芳魂乍断临别三叹

第二十一回　朝露无情时侵绣袜

春风相识又入罗帏

第二十二回　楚恨秦愁娇花老去

穷途斜日浪子归来

第二十三回　合凤牵鸾红丝在握

揉兰捣麝碧血可怜

第二十四回　黄鹄歌残麻衣似雪

青鸾抛却玉筯成冰

第二十五回　积雨横风落花憔悴

平沙浅草孤雁凄凉

第二十六回　剥茧抽丝闲愁黯黯

烘云托月绮障重重

第二十七回　小草何心栖栖独活

游蜂无赖故故轻狂

第二十八回　素心晤对同病相怜

翠被香消坠欢难拾

第二十九回　狭路赠珠妒生横祸

小楼买醉酒散牢愁

第 三 十 回　客馆秋风魂归兜率

疏灯夜雨泪洒空江

湖　　上

短篇社会小说。红皮小丛书。陈霭麓著。上海世界书局。1929 年 6 月初版。1 册。3.4 万字。共 7 篇。

一　湖上

二　僵蚕

三　悼今云

四　Moon Palace

五　舟中

六　浪漫的一夕

七　裘老爹的悲观

沙漠里的玫瑰

社会小说。新中华丛书。陈澄之著。上海中华书局。1948 年 8 月初版。1 册。15.3 万字。共 7 章。

一　波茨坦的故事　　　　　　五　中亚西亚之恋

二　沙漠里的玫瑰　　　　　　六　库尔勒的三姊妹

三　归宿的追求　　　　　　　七　苏尔曼奇亚和花芝儿

四　今日卿何在

青衫红泪

言情小说。邵钧轩著。武林书店。1948 年 8 月版。10 万字。共 8 回。

一　秋灯夜雨滴碎子女心　　　五　千般缠绵柔情话东厢

二　惊涛骇浪卷入奈何天　　　六　万种惆怅血泪洒西风

三　盈盈粉泪夜莺啼红树　　　七　青衫泪湿小玉飘零日

四　寸寸柔肠流水惜暮春　　　八　红粉香消仲明断肠时

滑头现形记

滑稽小说。玩时子著。上海鸿文书局。1908 年 1 月初版。1 册。2 万字。共 12 回。

第一回　谈旧学遗恨溯南闱　　　　　　进小房雏姬解颐

　　　　触新机宦情渡东海　　第六回　开菜单欢场许报效

第二回　阅新闻纵谈曲院　　　　　　　伸银水学界占便宜

　　　　逢骗术闲步张园　　　第七回　骗到手引身兔脱

第三回　蹑踪逐影暗施机关　　　　　　话从头信口牛腔

　　　　并榻吹烟明开灯火　　第八回　梦身变狗残羹啜

第四回　何来招待偏属经济部　　　　　下手赌棋先着争

　　　　妄说家庭竟起革命军　第九回　启覆函饰辞爽约

第五回　逢冶叶狎客点戏　　　　　　　操胜算刻意求输

第 十 回　却翻台词锋老练
　　　　　逼算账语意烦冤
第十一回　遣兴茶寮却生烦恼

第十二回　点醒客栈才破机关
　　　　　强寻欢称觞香阁
　　　　　算毕业返旆办台

相 思 草

言情小说。青鸾著。上海万象书屋。1941 年 4 月初版。1 册。14 万字。1941 年青鸾居士自记 1 篇。未分章节。

古今艳史

社会言情小说。抱残生著。上海东方印刷所。1914 年 1 月版。2 册。8.5 万字。序 1 篇。共 111 篇。

初编

李五姑	夫人城
客栈女	割耳重生
殉城妓	女士绣鞋坟
黠婢	高丽侠女
奇缘	乳媪
侠妓	清太后代笔
雷女	草笠配
粤女	章台镜
沈夫人	杨翠喜之风流案
李连英女弟	题翠喜镜影
韩约素	又古体一首
韫妆临阵	李女
某氏女	智女
柳姓女	才女
	稽三姑

童娘

丐妇

疑案

朱九妹

梨花劫

香妃

蚕女

豹缘

汝州女盗

易形

幻声

魂学

梨花枪

烈女魂

奸杀

女标客

魔妻

狐媒

侠妪

张玉秀

杭州慈渡庵某女士

二编

粉蝶传

雪儿

温林氏

某公子好蓄姬妾

杨宝珠

王秀锦

杨绣芸

林素云

曹宝玉

李贞姑下坛自述始末记

林爱官

王爱宝

巧仙

陈月娥

李佩兰

爱林

素娟

李顺娘

珠江花舫记

三小姐

净莲庵某故绅妾

黑美人

女盗侠传

李玉桂

小莲

澹娟

王月琴

蘅香

小瀛仙

素英

小玉红小红

岫云

如意

小桂

双凤

双龄小传

一度风流千贯钱

天缘巧合

珠江才妓

蚌精

虎女

女盗二则

虞美人传

黄竹子传

傅善祥

赵碧娘

安月娥

郑二娘

陆兰英

玉姑小传

半夜姻缘

梦迷致双泉宝珠书

丁氏妇甘为情死

重庆妓女封玉桃呈请从良文

刘美儿案判词

船女奇缘

破镜重圆

王丽娟

李巧玲

陈佩卿

吴巧云

附录

母后再婚说

才貌双全之皇后

妇女漫游世界

命妇与贫妇之运会

洪 秀 全

历史小说。抱恨生校点。新文化社。1936 年 5 月版。2 册。31 万字。共 54 回。

<table>
<tr><td>第一回</td><td>穆彰阿惑主害青宫
钱东平访贤游幕府</td><td></td><td>洪秀全失陷桂平牢</td></tr>
<tr><td>第二回</td><td>会深山群英结大义
游督幕智士释豪商</td><td>第六回</td><td>罗大纲皈依拜上帝
韦昌辉乘醉杀婆娘</td></tr>
<tr><td>第三回</td><td>发伊犁钱东平充军
入广西洪秀全传道</td><td>第七回</td><td>韦昌辉义释洪秀全
冯云山联合保良会</td></tr>
<tr><td>第四回</td><td>闹教堂巧遇胡以晃
论嘉禾计赚杨秀清</td><td>第八回</td><td>冯云山夜走贵县
洪秀全起义金田</td></tr>
<tr><td>第五回</td><td>杨秀清初进团练局</td><td>第九回</td><td>劫知县智穷石达开
渡斜口计斩乌兰泰</td></tr>
</table>

第　十　回　洪仁发误走张嘉祥
　　　　　　钱东平重会胡元炜

第十一回　萧朝贵计劫梧州关
　　　　　　冯云山尽节全州道

第十二回　洪秀全义弃桂村郡
　　　　　　钱东平智败向提台

第十三回　张国梁背义加官
　　　　　　赛尚阿单骑逃命

第十四回　李秀成百骑下柳郡
　　　　　　石达开传檄震湖南

第十五回　胡林翼冷笑掷兵书
　　　　　　曾国藩遵旨兴团练

第十六回　洪宣娇痛哭萧朝贵
　　　　　　钱东平大破曾国藩

第十七回　彭玉麟恤情赠军饷
　　　　　　郭嵩焘献策创水师

第十八回　左宗棠应聘入抚衙
　　　　　　洪天王改元续汉统

第十九回　封王位洪秀全拒谏
　　　　　　火汉阳曾天养麾兵

第二十回　向荣大战武昌城
　　　　　　钱江独进兴王策

第二十一回　洪天王开科修制度
　　　　　　汤总兵绝命赋诗词

第二十二回　向荣怒斥陆建瀛
　　　　　　钱江计斩蒋文庆

第二十三回　勇鲍超独救江忠源
　　　　　　智钱江夜赚吴观察

第二十四回　萧王妃夺旆镇江城
　　　　　　洪秀全定鼎金陵郡

第二十五回　李秀成平定南康城

　　　　　　杨秀清败走武昌府

第二十六回　攻岳州智劫胡林翼
　　　　　　入庐郡赚斩江忠源

第二十七回　李秀成两夺汉阳城
　　　　　　林凤翔大战扬州府

第二十八回　林凤翔夜夺扬州府
　　　　　　韦昌辉怒杀杨秀清

第二十九回　钱东平挥泪送翼王
　　　　　　林凤翔定计取淮郡

第三十回　石达开诗退曾国藩
　　　　　　李秀成计破胡林翼

第三十一回　韦昌祥刎颈答钱江
　　　　　　李鸿章单骑谒曾师

第三十二回　谭绍洸败走武昌城
　　　　　　钱东平遁迹峨嵋岭

第三十三回　李秀成一计下江苏
　　　　　　林凤翔十日平九郡

第三十四回　林凤翔大破讷丞相
　　　　　　李开芳再夺卫辉城

第三十五回　李秀成出师镇淮郡
　　　　　　林凤翔败走陷天津

第三十六回　完大节三将归神
　　　　　　拔九江天王用武

第三十七回　陈英王平定九江地
　　　　　　刘丽川智取上海城

第三十八回　取铜城陈其芝麾兵
　　　　　　奉朝旨左宗棠拜将

第三十九回　向军门败死丹阳城
　　　　　　胡林翼窥复武昌城

第四十回　罗泽南走死兴国州
　　　　　　罗大纲夜夺扬州府

第四十一回	李忠王定计复武昌
	陈玉成弃财破胜保
第四十二回	守六合温绍原尽忠
	战许湾鲍春霆奏捷
第四十三回	金陵城大开男女科
	李秀成义葬王巡抚
第四十四回	张国梁投殁丹阳河
	周天受战死宁国府
第四十五回	陈玉成六战蕲水河
	杨制台败走黄梅县
第四十六回	李秀成义释赵景贤
	林启荣大败塔齐布
第四十七回	曾国藩会兴五路兵
	林启荣尽节九江府
第四十八回	龙虎战大破陈玉成
	官胡兵会收武昌府
第四十九回	救九江曾国荃出身
	战三河李续宾殒命
第 五 十 回	战桐城忠王却鲍超
	下浦口玉成破胜保
第五十一回	何信义义献江苏城
	石达开大战衡州府
第五十二回	李孟群死战卢州城
	左宗棠报捷浮梁县
第五十三回	雷正琯密札访钱江
	杨辅清匿兵破庆瑞
第五十四回	破曾军魏超成陷广信
	降腾保李昭寿献滁州

十里莺花梦

社会小说。拂云生著。上海三星书局。1933 年 7 月再版。2 册。12
万字。图 16 幅。严独鹤、周瘦鹃、观蠡室主人、韦阑史、张秋爽序言各 1
篇。自序 1 篇。张丹斧、许瘦蝶、干钝翁、尤半狂、翁乔笙题词各 1 首。施
济群跋 1 篇。共 20 回。

第一回	燕叱莺嗔雪泥留爪印
	目听眉语风月误辰芳
第二回	缠头锦寄相思谒
	罗宋花开色界天
第三回	望阵而逃古代衣冠误壮士
	过门不入春宵凉月舞麒麟
第四回	电匣无情三更惊好梦
	杨妃有胆八岁战村童
第五回	纷纸一张洋才惊掷果
	烟枪三尺遗少会安天
第六回	胯下郎当须眉现妙相
	帐中旖旎檀口吮朱痕
第七回	导演多情三杯白兰地
	文人薄命九角小洋钱
第八回	罗袜风波红伶切切
	梨园沧海名票谭谭

第 九 回　秋絮凄凉春梦冷
　　　　　关山笳鼓成人诗

第 十 回　两少争妍上下床分名士狗
　　　　　三生有幸淋漓躬沐美人恩

第十一回　绣帏逐挲雷腿光可鉴
　　　　　兰挠惊闪电唇味如饴

第十二回　客馆凄清鸳鸯待阙
　　　　　湖波潋滟燕子双栖

第十三回　残夜分桃微茫楚梦
　　　　　隔床让肉凄断吴娃

第十四回　雪水冰浆难为惹草客
　　　　　凄风苦雨愁煞看花人

第十五回　艳香姑尊前认子恕不回炉
　　　　　萧相国月下追韩信未开闸

第十六回　酥饼鸡腰越中传美味
　　　　　稽山禹殿湖上话情魂

第十七回　翠阁琼楼潮来如箭
　　　　　酒旗歌板人醉似棉

第十八回　白鸟丹沟光偷池畔
　　　　　朱颜玄鬓掌落樽前

第十九回　挥尘潭龙卿胡薄命
　　　　　悬崖勒马妾也飘零

第二十回　月上柳梢头花底乍逢何草草
　　　　　欢来千里外人前相见莫依依

黄熟梅子

言情小说。拂云生（拏云生）著。上海新声书局。1932 年版。1 册。11.4 万字。卷头语 1 篇。自跋 1 篇。共 26 章。

一　　十六元

二　　晦气面孔真挂味

三　　秀才进科场

四　　春云再展

五　　房间游艺史的新记录

六　　孝思不匮之艺术家

七　　先生对小姐

八　　老三的阿斯

九　　水晶宫

十　　费仲尤浑进妲己

十一　腿的工作

十二　欲仙欲死

十三　妙莲师太

十四　交际字典中之一格

十五　佛前低拜订来生

十六　落花有意随流水

十七　回单图书

十八　五四爷帮忙

十九　秋雨秋风愁煞人

二十　双泪落君前

二十一　白钖色

二十二　说话一句头

二十三　血泪声声郎心莫挽

二十四　你忘了我罢

二十五 消魂之夕 | 二十六 忠实的配角

双 蝶 怨

哀情小说。范剑啸著。陆士谔润文。上海大声图书局。1917 年 4 月版。1 册。5.7 万字。共 18 章。

一	蛇惊		十	救娣
二	舞剑		十一	陷鹃
三	娣病		十二	平贼
四	闻笛		十三	婚符
五	共猎		十四	鸩胡
六	楼遇		十五	仇蝶
七	聘鹃		十六	破辛
八	逐万		十七	丧父
九	遭难		十八	双缢

江南豪杰

长篇武侠小说。范烟桥编著。上海伟华书局。出版时间不详。1 册。7 万字。共 21 回。

第一回	一棹芦花深处			风清月白逐强梁
	两壶竹叶青边		第五回	欺乡曲车厢药醉
第二回	离草泽汽车北上			惩奸恶铁道肉糜
	涉花丛海舶东来		第六回	新县令政简访旧雨
第三回	浪人深夜惊飞弹			老镖师病笃托遗孤
	下女黎明送密书		第七回	惊绝技铁豆着飞鸦
第四回	日暮途穷怜弱女			用功夫丝缰策怒马

第 八 回　折柳当鞭平坡回猎
　　　　　拈花插髻绣阁谈婚

第 九 回　奉檄南迁船唇破烟水
　　　　　乘传西去屐齿遍名山

第 十 回　动恻隐心小施其技
　　　　　作痴妄想大放厥词

第十一回　恶霸欺人酒楼泣歌女
　　　　　他乡遇旧旅舍济穷官

第十二回　乘假寐探囊取物
　　　　　听疯话按图索骥

第十三回　惊失踪大索汉口镇
　　　　　得盗书初探信阳州

第十四回　觅仇人私离少林寺
　　　　　救弱女夜走长台关

第十五回　扶醉归来忽逢飞剑
　　　　　破空远逸遍布侦骑

第十六回　扫叶楼小坐读奇诗
　　　　　清凉寺薄游惊娇哭

第十七回　假进香故意入僧房
　　　　　误触机无心得女鸟

第十八回　嫉恶如仇和尚入狱
　　　　　求贤若渴浪子登程

第十九回　手版脚靴居然入壳
　　　　　鸡鸣狗盗尽付甄陶

第 二 十 回　枉法贪赃怨声载道
　　　　　积威激变义旅漫天

第二十一回　月黑天昏脱人缧绁
　　　　　豆兵剑客疫敌披靡

别有世界

滑稽小说。范烟桥著。上海世界书局。1928 年 8 月初版。1929 年 5 月再版。1 册。5 万字。自序 1 篇。共 20 回。

第一回　爱旧画虾蟆惊校长
　　　　换新衣蝴蝶误夫人

第二回　打落门牙默然无语
　　　　笑歪嘴巴能者多劳

第三回　看电影女宾争坐位
　　　　听说明邻座送香烟

第四回　游留园桥边失一足
　　　　登虎丘石上证三生

第五回　赤柬误投呆翁祝寿
　　　　白衣权借疯子送丧

第六回　惧传染处处讲卫生
　　　　学修行朝朝习静坐

第七回　未得长生先能辟谷
　　　　莫愁无子旦看争嗣

第八回　闹新房小溲萧萧下
　　　　听壁说元宝滚滚来

第九回　跋学生激起饭风潮
　　　　聋博士狂谈粪经济

第十回　有心人得缄候芳躅
　　　　无事忙教曲误佳期

第十一回	摄外景驼青年入幕		第十六回	看圆光引鬼上门
	运内功矮婆子挥巾			歇生意下井投石
第十二回	疑蚌精一丝不挂		第十七回	登广告小主笔大吹大擂
	遇雉妓六魄无归			争惠钞老学究假痴假呆
第十三回	大言不惭归途逢阔客		第十八回	吃白食肉松误皮丝
	小心过分行箧托茶房			捉乌烟夜壶救老枪
第十四回	气喘吁吁与脚夫竞走		第十九回	打碎说书场顿分两派
	书空咄咄听遗老牢骚			拆穿西洋镜扭做一团
第十五回	礼无不答包扎空心		第二十回	讨欠账端正九品盘
	隐有难言错传外慕			发横财重吃年夜饭

范烟桥说集

短篇社会小说。范烟桥著。上海大东书局。1927 年 5 月初版。2 册。8.7 万字。作者手迹 1 幅。插图 13 幅。共 32 篇。

一	不自由恋爱		十五	灯的三个时代
二	猫		十六	夕阳西下
三	原来如此		十七	官
四	画		十八	儿孙福
五	芦花		十九	信心
六	牺牲者		二十	垂死的兵
七	富家翁起居注		二十一	前尘
八	向平愿了		二十二	一哭
九	酒钱		二十三	一个胜似一个
十	秘笈		二十四	鸡头肉
十一	续弦		二十五	故家乔木
十二	无事忙		二十六	祖父
十三	牛语		二十七	柳色
十四	海上		二十八	难乎其为师

二十九　绿叶成荫子满枝　　　三十一　爱萌重苗

三十　内助　　　三十二　婚铃

侠女奇男传

武侠小说。范烟桥著。上海世界书局。1929 年 1 月版。3 册。12 万字。自序 1 篇。共 40 回。

第 一 回　一棹芦花深处
　　　　　两壶竹叶青边

第 二 回　离草泽汽车北上
　　　　　涉花丛海舶东来

第 三 回　浪人深夜惊飞弹
　　　　　下女黎明送密书

第 四 回　日暮穷途怜弱女
　　　　　风清月白逐强梁

第 五 回　欺乡曲车厢药醉
　　　　　惩奸恶铁道肉糜

第 六 回　新县令政简访旧雨
　　　　　老镖师病笃托遗孤

第 七 回　惊绝技铁豆着飞鸦
　　　　　用功夫丝绦策怒马

第 八 回　折柳当鞭平坡回猎
　　　　　拈花插髻绣阁谈婚

第 九 回　奉檄南迁船唇破烟水
　　　　　乘传西去屐齿遍名山

第 十 回　动恻隐心小施其技
　　　　　作痴妄想大放厥词

第十一回　恶霸欺人酒楼泣歌女
　　　　　他乡遇旧旅舍济穷官

第 十二 回　乘假寐探囊取物
　　　　　听疯语按图索骥

第 十三 回　惊失踪大索汉口镇
　　　　　得盗书初探信扬州

第 十四 回　觅仇人私离少林寺
　　　　　救弱女夜走长台关

第 十五 回　扶醉归来忽逢飞剑
　　　　　破空远逸遍布侦骑

第 十六 回　扫叶楼小坐读奇书
　　　　　清凉寺薄游惊娇哭

第 十七 回　假进香故意入僧房
　　　　　误触机无心得女鸟

第 十八 回　嫉恶如仇和尚入狱
　　　　　求贤若渴浪子登程

第 十九 回　手版脚靴居然入觳
　　　　　鸡鸣狗盗尽付甄陶

第 二十 回　枉法贪赃怨声载道
　　　　　积威激变义斾漫天

第二十一回　月黑天昏脱人缧绁
　　　　　豆兵剑客疲敌披靡

第二十二回　半山寺书声琅琅
　　　　　谢公墩雄辩滔滔

第二十三回　呼将伯夫子揖门生
　　　　　　权应付娇儿充侍婢

第二十四回　费苦心长街走侠士
　　　　　　具只眼茶舫识偷儿

第二十五回　日暮途穷一闷棍
　　　　　　夜深人静雨穿窬

第二十六回　还巨欠债户起疑心
　　　　　　访流氓土豪怀恶意

第二十七回　遭暗算双拳挥群小
　　　　　　受烦言千里走单骑

第二十八回　函谷关边打猛虎
　　　　　　阌乡城外布奇闻

第二十九回　谋进展洛阳城访友
　　　　　　喜汲引长辛店参车

第 三 十 回　塞外殖民俨然元首
　　　　　　漠边化俗妒煞将军

第三十一回　大明湖三英雄结义
　　　　　　张家口众工人要盟

第三十二回　晓利害工人就范
　　　　　　判是非喇嘛负荆

第三十三回　异域幽囚惨逢酷吏
　　　　　　严冬并骑喜见救星

第三十四回　小队速成突围数次
　　　　　　荒边疾走枵腹三天

第三十五回　丑恶外扬怒飞一掌
　　　　　　睚眦必报悔失片言

第三十六回　买路钱来新郎悭吝
　　　　　　吃喜酒去大媒踉跄

第三十七回　触电铃惊醒监守梦
　　　　　　飞宝剑怒斩酒人头

第三十八回　薄功名辞官访知己
　　　　　　快登临出塞遇诗人

第三十九回　化广长舌有意求贤
　　　　　　作浪漫谈无心傲恶

第 四 十 回　假称疾啸众劫行李
　　　　　　喜同志合力讲屯垦

翠堤春晓

言情小说。林文烟著。上海名家小说社。1949 年 4 月版。2 册。10 万字。共 24 篇。

一　她的渴望

二　被吻后的沈逢禧

三　肉的迷惑

四　刘少君爱的初试

五　第二次拥抱

六　怒放了的心花

七　点污了她的清白

八　樊嘉如新婚生活

九　性的爆炸

十　嬲

十一　廉耻的毁灭

十二　丑

十三　公开的秘密

十四　不可开交

十五　关不住的春色

十六　无力的抗拒

十七　多情的坏蛋

十八　攒进了被窝里去

十九　放得庄重些

二十　干女儿

二十一　拼命的挣扎

二十二　如了心愿

二十三　妒

二十四　最后的一吻

巾帼阳秋

社会小说。林纾著。中华小说社。1917 年 8 月版。1 册。2.3 万字。苦海余生序 1 篇。小引 1 篇。共 22 章。

劫外昙花

历史小说。林纾著。上海中华书局。1918 年 1 月版。1 册。2 万字。畏庐序 1 篇。共 16 章。

京华碧血录

社会小说(文言)。林纾(畏庐)著。商务印书馆。1923 年 12 月初版。1 册。5 万字。自序 1 篇。共 53 章。

夜取三义寨

民间小说。林纾著。生活书店。1939 年 4 月版。大众读物乙种之廿五。1 册。1800 字。

官场新现形记

社会小说。林纾著。上海普通图书局。1917 年 8 月初版。1 册。2.3 万字。共 22 章。

冤海灵光

社会小说。林纾著。商务印书馆。1916 年 6 月版。1 册。2 万字。未分章节。

新九尾龟

社会小说。枕流阁主著。世界书局。1925 年 9 月 4 版。3 册。9.9 万字。提要 1 篇。3 集。共 24 回。

第一回　涉足花丛忽逢暴客
　　　　置身香国欲聘姣娃

第二回　放白鸽空劳美人计
　　　　起黑心长离倩女魂

第三回　大礼堂宏宣黑幕
　　　　小假山突遇狂徒

第四回　淑女当炉两番受辱
　　　　冤家狭路一足招灾

第五回　对薄公庭侠士入狱
　　　　疗伤医院恶棍阉身

第六回　市侩吹牛佳人拍马
　　　　穷途没鸟巨网罗鱼

第 七 回　穷巷花枝含别泪
　　　　　婿乡风雨送残生

第 八 回　抛拆鸳鸯情天待月
　　　　　浪招蜂蝶醋海翻澜

第 九 回　擎云阁名驰楚馆
　　　　　汪惠人梦入阳台

第 十 回　元绪公让妻侍酒
　　　　　登徒子遇美倾情

第十一回　流水无情悲捐秋扇
　　　　　落花有意欲度春风

第十二回　入洋行有心选钻戒
　　　　　聚餐馆无意结丝萝

第十三回　弄假成真交换饰物
　　　　　忘恩负义痛斩情丝
第十四回　投芍赠兰夫婿奔波传信简
　　　　　指桑骂槐老媪隔室漏春光
第十五回　施离间夫妻入谷
　　　　　诉冤抑翁婿相规
第十六回　借解放临婚免难
　　　　　受郁怨投江捐生
第十七回　绝处重生赠金解厄
　　　　　功亏一篑画饼充饥
第十八回　擎云阁妙计作鸿飞
　　　　　佛照楼推情及乌爱
第十九回　充录事扶摇入云路
　　　　　泄冤状肘腋起风波

第 二 十 回　汪录事含冤获罪
　　　　　　余执法仗义秉公
第二十一回　寻夫远适京华道
　　　　　　弱女权充典狱官
第二十二回　狱底遇知音重登衽席
　　　　　　深宵惊恶梦喜出监门
第二十三回　笑语破行踪心折佳人司
　　　　　　虎狱
　　　　　　罡风吹恶雨天相侠女出
　　　　　　龙潭
第二十四回　妻作妹妹作妻有情都成
　　　　　　眷属
　　　　　　冤报仇仇报冤恶党卒受
　　　　　　刑章

花　　痴

社会小说。易老著。上海文新书局。1936 年 3 月初版。1 册。2.8 万字。自序 1 篇。共 8 回。

第一回　痴心妄想哀求瓦老爷
　　　　腻梦乱怀喜来双合同
第二回　孤注在此番生死关头
　　　　门槛有全套发财指南
第三回　运舛命乖裤带有余生
　　　　人去楼空家徒成四壁
第四回　蛮理太无情自寻烦恼
　　　　神话真可笑偏称信史

第五回　皆大欢喜巧中小乌龟
　　　　一团邪气齐求吊煞鬼
第六回　狼狈归来有苦说勿出
　　　　侥幸连中弄假反成真
第七回　怨恨交并沉疴终难起
　　　　贪欲不熄没趣到头来
第八回　大弄玄虚愚民听死活
　　　　连吃本钱鬼戏害活人

如此社会

社会小说。知无涯室主人撰述。上海大同书局。1926 年 7 月版。3 册。16 万字。插图 30 幅。共 30 回。

第 一 回 棘地荆天网罗张歇浦
风声鹤唳仓卒渡钱塘

第 二 回 营企业虑入是非场
步平康初迷欢乐窟

第 三 回 李代桃僵鹊巢独占
灯昏语黯鸳侣双分

第 四 回 飞橄召名花筵开不夜
深宵惊幻梦洞入迷香

第 五 回 为八块钱丧三条命
摆双台酒来四个人

第 六 回 毒攻毒奇药奏奇功
精打精拆梢逢拆白

第 七 回 剧馆暗勾情明灯照艳
名园空赴约暮霭催归

第 八 回 客馆春深魂销浪子
冰场夜舞魄荡妖姬

第 九 回 意绵绵谰言通爱语
凶狠狠刃影闪灯光

第 十 回 风斜雨密恨逐欢来
酒绿灯红悻与乐俱

第十一回 痴云疑雨祸福难分
冷露冰花心胸如见

第十二回 密意深深萧娘毁阱
芳心可可倩女留髡

第十三回 玉笑珠香倾心联爱侣
魂飞魄荡纵体入情钩

第十四回 流弹无情尘缘悭一饭
落花有泪绮梦觉三更

第十五回 是色是空红妆皈净土
疑云疑雨紫陌车轻车

第十六回 挖壁传书情场留艳迹
飞杯逐婿孽海泛新潮

第十七回 情脉脉秦女恋新欢
怒冲冲陆郎捐旧爱

第十八回 一意离婚贪夫成陌路
三番设计巨猾布樊笼

第十九回 笑里藏刀言甘缘币重
笼中囚凤计毒见谋深

第二十回 危楼憔悴智妇还家
铁索琅珰奸徒入狱

第二十一回 警音叠叠陈老惊心
情障重重柳郎失足

第二十二回 病里凄清初挥慧剑
伊人憔悴再惹情丝

第二十三回 游丝牵嫩绿莫慰痴心
流水逐残红难消醋意

第二十四回 良朋谈艳邸讨论情诠
客子卧孤楼推求病理

第二十五回	尴尬人难免尴尬事	第二十八回	说宵奔宛转苦侬心
	糊涂女巧获糊涂偶		开夜宴彷徨惊父命
第二十六回	困境徘徊且伸妙手	第二十九回	途穷日暮浪子羁囹圄
	歌场邂逅重拾坠欢		玉软香温佳人发说论
第二十七回	细诉前尘春生翠袖	第三十回	全友义末路馈轻裘
	闲提后事泪湿青衫		鉴前车青楼醒绮梦

一　朵　花

长篇言情小说。金小春著。中央书店。1947 年 3 月新 1 版。1 册。25 万字。共 26 回。

第 一 回	仙乐般的歌声	第 十 四 回	一种耻辱的残酷
第 二 回	她像游龙一样	第 十 五 回	到海外去过生活
第 三 回	迷惘在十字街头	第 十 六 回	一朵争艳的鲜花
第 四 回	开始过另一种生活	第 十 七 回	被蹂躏得够残酷了
第 五 回	风雨之夜	第 十 八 回	爱情决不是商品
第 六 回	漂亮的小海姑娘	第 十 九 回	她象燕子一样
第 七 回	张经理的课程	第 二 十 回	一位金融界的巨首
第 八 回	如登仙一样	第二十一回	他有四个半妻妾
第 九 回	猫儿叫跳的春天	第二十二回	她实在太神秘了
第 十 回	习惯性的媚眼	第二十三回	杀人不见血的魔鬼
第十一回	建设恋爱新秩序	第二十四回	一个永远的微笑
第十二回	一个卑劣的意念	第二十五回	人世间最悲痛的事
第十三回	想起了总要脸红的事	第二十六回	是一朵自由之花

狗　男　女

言情小说。金小春著。上海汇文书店。1941 年 7 月初版。1 册。16

万字。巴仑作序 1 篇。共 18 章。

一 青年人在春天

二 冲破礼教的刺网

三 及时行乐

四 没有家教的家庭

五 做鬼也风流

六 破碎了甜蜜的幻梦

七 太太正在洗澡

八 欢喜她的风骚

九 磁石与铁屑

十 廿二岁的小娘姨

十一 恐怕你会心痛

十二 主仆之间

十三 一切都愿牺牲

十四 像瞧万花筒

十五 染到很多的鲜血

十六 惨死在旅馆里

十七 害怕和忏悔的交织

十八 一个米蛀虫的下场

香 姑 娘

长篇社会言情小说。金小春著。出版单位和出版时间不详。1 册。18 万字。共 18 章。

一 满间都是香气

二 测验爱情的寒暑表

三 恋爱两重奏

四 女人第一,钞票第一

五 你要注意你的健康

六 黄金买得美人心

七 要她有个鲜明的表示

八 她对任何男人都不忠实

九 影星原来是这样的

十 做了糖果西施

十一 再到交际场中去活跃

十二 不计手段卑鄙

十三 做舞女是下贱的吗

十四 征服了一个异性

十五 律师是个好色之徒

十六 私茶房的争辩

十七 五毛钱一枚钻戒

十八 她害了众人

王先生游沪记

长篇滑稽小说。金古禅著。大通图书社。1939 年 3 月版。3 册。13.5 万字。3 卷。共 48 回。

第 一 回　主角的写像

第 二 回　这就叫骗脱裤子

第 三 回　统舱里的一出喜剧

第 四 回　引人入胜的赌局

第 五 回　他是后方捣乱分子

第 六 回　险做了浊浪中的冤魂

第 七 回　落了三十六个党的圈套

第 八 回　王师母威震黄浦滩

第 九 回　社与馆小阿媛分明

第 十 回　电车里的王先生

第 十 一 回　黄包车可以二人坐的

第 十 二 回　目的地终被寻到了

第 十 三 回　最难得他乡遇故人

第 十 四 回　大舞台的戏外戏

第 十 五 回　好一出水漫木樨厅

第 十 六 回　来一个迁地为良

第 十 七 回　善后问题的讨论

第 十 八 回　大世界之游

第 十 九 回　居然是正式任职

第 二 十 回　莫忘了旧时伙伴

第二十一回　移樽就教的摩登女郎何在

第二十二回　不速而来的王先生

第二十三回　越来越好的清唱者

第二十四回　蟹粉面中吃出了二只苍蝇

第二十五回　借财才压倒了狮威

第二十六回　自己的女儿权作跳舞的导师

第二十七回　取包围形式的野鸡

第二十八回　打野鸡得到的教训

第二十九回　捕房的一夜与赌窟的通宵

第 三 十 回　赌窟中的王先生

第三十一回　小陈预备做女婿

第三十二回　幺二堂子与人体美展览会

第三十三回　报纸上的特别广告

第三十四回　小花园兰芳家的一席

第三十五回　乘着酒兴参观按摩浴室

第三十六回　消息的透露

第三十七回　去做个终身伴侣

第三十八回　小陈招亲

第三十九回　电车太不识相了

第 四 十 回　感觉到卓别林的名利双收

第四十一回　酒吧间之夜

第四十二回　快乐公司的招股

第四十三回　燕子窠中的虚惊

第四十四回　招考演员的两个条件

第四十五回　翻印钞票的妙术

第四十六回　失望的事接踵而来

第四十七回　跳舞场中又见了刺眼之事

第四十八回　拆了个洋烂污

江湖好汉全传

武侠小说。金老佛著。上海中西书局。1926 年 11 月版。4 册。28.6 万字。金松庵、周逸云、胡鹤逸、李融僧、陆醉樵、俞啸琴、漱上山房主人为本书题词各 1 首。张春帆、周瘦鹃、吴瑞书、严逸鸥、曾季雄、何汉文作序各 1 篇。共 100 回。

楔　子　走穷途张公子卖解
　　　　抱不平老和尚施威
第一回　大王庙远尘问身世
　　　　鹰游山张玉拜门墙
第二回　中秋节群雄大聚会
　　　　山东道奇媪劫镖银
第三回　陆二妈戏弄护镖人
　　　　万子春广结江湖客
第四回　桃源县神弹打恶棍
　　　　万家庄兄弟访名师
第五回　寇士杰途遇金弹子
　　　　贾碧儿夜走黄土岗
第六回　白石矶冯嘉失神虎
　　　　郝家堡孟平练飞刀
第七回　扑山虎摆擂太平庄
　　　　赛元霸误走桃花寨
第八回　绿衣侠飞剑救冯嘉
　　　　金弹子无心得快婿
第九回　存心济世道姑行医
　　　　无意功名书生学剑
第十回　故意栽赃贪官手段
　　　　拔刀相助侠士心肠
第十一回　中毒计孪妇走江湖
　　　　施妙术割须惊恶棍
第十二回　江亦山采药遇猛虎
　　　　张介谋古寺遇高僧
第十三回　渡寒港深宵遭毒手
　　　　过湘江雪地救奇儿
第十四回　闹运河尤猛惊粮帮
　　　　惊绝技蒋生识奇士
第十五回　约友游春神拳击怪
　　　　恶僧募化故意寻仇
第十六回　蒋定远习静排竹户
　　　　法华寺试力举铜钟
第十七回　惠岸僧斗技折双臂
　　　　蒋举人仗义扶幼弱
第十八回　接飞镖谈笑退强徒
　　　　备盛筵殷勤请豪杰
第十九回　上山岗有心探盗窟
　　　　因失路无意遇师尊
第二十回　破悭囊薄惩贪婪客
　　　　散金银加惠极贫民

第二十一回　因福得祸无辜被执
　　　　　　杀奸锄恶侠士自首

第二十二回　接木移花弥缝巨案
　　　　　　桃僵李代蒙蔽一时

第二十三回　郑鹏寿访友无锡县
　　　　　　张介谋夜入阎王庄

第二十四回　立志报仇国梁授首
　　　　　　无端通盗侯庆成擒

第二十五回　通臂猿斗剑中神针
　　　　　　远尘僧情急求师祖

第二十六回　远尘僧泥首听高谈
　　　　　　银髯客蓄心练神剑

第二十七回　甘下流浪子破家财
　　　　　　杀人命畏罪奔盗窟

第二十八回　钱得福巧使离间计
　　　　　　佘乐和火并猪龙山

第二十九回　杀寨主佘乐和得志
　　　　　　剿山贼张士琳分兵

第 三 十 回　迁地为良多方避难
　　　　　　好言相劝巨寇归心

第三十一回　救篙工乐和传剑术
　　　　　　授血诏银髯励雄心

第三十二回　桃花寨亦山斩巨寇
　　　　　　洞庭山健飞遇奇人

第三十三回　谢散人纵饮肆奇谈
　　　　　　黄须道背师归异派

第三十四回　黄须道斗狠受奇创
　　　　　　银须客指点收小侠

第三十五回　方城县佘乐和保镖
　　　　　　伏牛山郑鹏寿开贺

第三十六回　平地风波昏皇授首

深宵剑影女侠复仇

第三十七回　嘉兴府银须逢故人
　　　　　　净慈寺静明赠神物

第三十八回　天目山活捉狐狸精
　　　　　　琵琶峰烧炼鸳鸯剑

第三十九回　采药草乐和兴恶念
　　　　　　入酒肆健飞显奇能

第 四 十 回　遇侠客宗森失头颅
　　　　　　扮相士史刚探密秘

第四十一回　缧绁加身狱中受罪
　　　　　　机关破露水底逃生

第四十二回　邪术学成只身归去
　　　　　　报仇心切卷土重来

第四十三回　梦旧仆张玉报深仇
　　　　　　见大鹏远尘访老道

第四十四回　中邪术胡尚德受伤
　　　　　　试买丹银髯客治疾

第四十五回　屈万泰邪术败群雄
　　　　　　巡查使贪婪遭大难

第四十六回　胆破心惊广招护卫
　　　　　　奴颜婢膝结好奸徒

第四十七回　孟子平双探二龙山
　　　　　　银髯客斩除独脚虎

第四十八回　通臂猿一怒走山东
　　　　　　飞云子片言惊智定

第四十九回　破邪术双试鸳鸯剑
　　　　　　到穷途单收通臂猿

第 五 十 回　要盟定约两派言和
　　　　　　设酒张筵散人闯席

第五十一回　远尘僧用计成鸳侣
　　　　　　陆翠姑半路遇凶徒

第五十二回 陆翠姑梦中得剑术
张公子夜半寄鱼书

第五十三回 美人侠士各为婚姻
拜佛祷神虔求子嗣

第五十四回 鬼火神灯诞生怪杰
神眸铁口断定终身

第五十五回 逃学杀蛇几番鬼话
角力斗勇八面威风

第五十六回 入丁巷小子逞英雄
拜门墙老人传武艺

第五十七回 愤世嫉俗空余遗恨
咬牙切齿誓报深仇

第五十八回 胡儿入伙狼狈为奸
武术学成剑仙远引

第五十九回 飞龙岭三侠重聚首
江亦山万里独寻亲

第 六 十 回 琐尾流离出入水火
云开宇宙骨肉团圞

第六十一回 遇洋人因祸得奇福
赴南洋致富赖良谋

第六十二回 花言巧语笺片募捐
究底寻根奸徒就范

第六十三回 遭痛打片纸诉冤情
寄鱼书县尹得真相

第六十四回 入广州投奔黄德祖
使诡计陷害江亦山

第六十五回 剖腹挖心奸人结局
云龙凤虎正义同归

第六十六回 达义堂前聚来豪杰
伏牛山下又失英雄

第六十七回 沥血要盟指天誓日

祭旗宣令泣鬼惊神

第六十八回 传檄文大义责门徒
定规例有心防后患

第六十九回 野草闲花难邀顾盼
扶危济困反种祸根

第 七 十 回 报私仇宋良遭不白
感深恩邱寿察奸情

第七十一回 敌忾同仇大开宴会
输财仗义不愧英雄

第七十二回 移眷搬家预防不测
摩拳擦掌欲试奇能

第七十三回 打擂台一显好身手
失同伴初见侠心肠

第七十四回 上西山难释忧疑意
论武艺演说内外功

第七十五回 听源流邢如虎让位
别尊卑宋士玉称王

第七十六回 释罪犯徐伤科受累
探消息白日鼠称能

第七十七回 失罪犯徐伤科受诬
告捕快丁军师被收

第七十八回 中元令节施食度亡
黑夜残更反牢劫狱

第七十九回 独施妙计满目狼烟
各奋神威再屠丁巷

第 八 十 回 图寡妇张行主借钱
杀人命徐老虎入狱

第八十一回 宋山王因贫抱远虑
徐老虎入海贩私盐

第八十二回 图巨利联络缉私营
因阻道行贿聂得胜

第八十三回　说人情官员掼纱帽
　　　　　　辱船伙私贩拒官兵

第八十四回　弄假成真老虎失势
　　　　　　亲离众叛山王出奔

第八十五回　西山王正法清河县
　　　　　　徐老虎独霸海州城

第八十六回　狐假虎威搜查乱党
　　　　　　冤深仇重残害良民

第八十七回　聚义厅前重提旧事
　　　　　　抱犊崮上初展威风

第八十八回　害良民贾金彪被炸
　　　　　　拒官兵孙美珠称雄

第八十九回　据险要谈笑败官兵
　　　　　　识性情有心激弱弟

第九十回　　练雄师孙美瑶得势
　　　　　　寄密信崔进士说降

第九十一回　意见不一左右为难
　　　　　　尊酒倾谈迟疑莫定

第九十二回　远信传来深倾高见
　　　　　　豪情毕露不悖初心

第九十三回　弃邪归正初受招安
　　　　　　整旅阅兵即充要职

第九十四回　清政府搜查革命军
　　　　　　怪老人演说红枪会

第九十五回　编成劲旅剿贼立功
　　　　　　诬陷英雄逼归草野

第九十六回　广州城革命党殉难
　　　　　　岐龙山陆亚领称兵

第九十七回　三点会求助革命党
　　　　　　八旗兵扫荡岐龙山

第九十八回　盗首潜踪窜身异域
　　　　　　新兵缴械结合民军

第九十九回　攻金陵张辫帅失势
　　　　　　袭浦口徐老虎分兵

第一百回　　覆雨翻云敷陈旧事
　　　　　　酒酣耳热待续新编

反三国志

翻案小说。周大荒著。上海卿云图书公司。1930 年 9 月初版。8 册。30.7 万字。吴佩孚、张尧卿、樊钟秀作序各 1 篇。韩国钧、叶德辉题词各 1 首。插图 120 幅。楔子 1 篇：雨夜谈心伤今吊古,晴窗走笔遣将调兵。共 60 回。

第一回　省诈书水镜留元直
　　　　迎徐母孔明遣赵云

第二回　战江夏孙氏雪前仇
　　　　让荆州刘牧惩后患

第三回　借刀杀人周郎设计
　　　　因虚作实曹相兴兵

第四回　泄旧忿张绣弃曹瞒
　　　　挫先声甘宁射乐进

第 五 回　小周瑜水陆破曹兵
　　　　　矮张松东西贩蜀土

第 六 回　游江上赵子龙得图
　　　　　取汉中夏侯渊耀武

第 七 回　数抗命矫诏召马腾
　　　　　联新婚开阁迎吕范

第 八 回　战合肥太史慈中箭
　　　　　出潼关马孟起报仇

第 九 回　曹孟德计阻临潼县
　　　　　诸葛亮兵伐白水关

第 十 回　马孟起间道入西川
　　　　　管幼安捐躯蹈东海

第十一回　伏皇后策授传国玺
　　　　　乔国老痛哭小东床

第十二回　赋归宁孙夫人不归
　　　　　下密诏汉献帝不密

第十三回　铜雀台大宴论当涂
　　　　　金凤桥爱子陈天命

第十四回　孙夫人雨泣葬江流
　　　　　刘皇叔雪涕祭武擔

第十五回　吴蜀仇雠阿瞒称帝
　　　　　汉魏禅让子建出亡

第十六回　大复仇刘玄德兴师
　　　　　小得胜夏侯渊败绩

第十七回　魏文长偷度子午谷
　　　　　马孟起再入长安城

第十八回　侈亲征魏武帝逞兵
　　　　　雪积憾马孟起奋武

第十九回　征旧部马岱旋武威
　　　　　袭故智魏延渡壶口

第二十回　急援兵贾诩明联吴

第二十一回　扮舟商吕蒙暗袭蜀
　　　　　　赵子龙截江败吕蒙
　　　　　　庞士元巡城识向宠

第二十二回　张翼德血战夺方城
　　　　　　关云长兵威震河北

第二十三回　议迁都曹操还许下
　　　　　　领新军马岱出关中

第二十四回　孙仲谋两路攻荆州
　　　　　　赵子龙一军夺江夏

第二十五回　刘玄德正位汉中王
　　　　　　诸葛亮誓师长安道

第二十六回　老黄忠奋威败徐晃
　　　　　　勇姜维设计赚曹真

第二十七回　诸葛瞻越险夺龙门
　　　　　　司马昭藏兵匿少室

第二十八回　张文远反攻围方城
　　　　　　庞士元智救袭郏鄏

第二十九回　刘玄德驻跸荆州城
　　　　　　徐文响失机沔阳县

第 三 十 回　仙桃镇徐赵大鏖兵
　　　　　　皂角市关张双纵火

第三十一回　斗三将许褚丧渑池
　　　　　　陷重围徐晃弃函谷

第三十二回　偃师县曹彰战马超
　　　　　　黑石关黄忠败张郃

第三十三回　除虎伥射杀满伯宁
　　　　　　藉雄媒招降诸葛诞

第三十四回　曹孟德许昌大会议
　　　　　　孙仲谋鄱阳小阅兵

第三十五回　犯桂阳虞翻夜撤师
　　　　　　收零陵蒋琬宵临敌

第三十六回 大凉山孟获慑疑兵
三连海吕凯擒蛮帅

第三十七回 赵子龙麾兵九里关
马孟起烧粮孟津驿

第三十八回 炸新安诸葛试地雷
拒洛水司马掘天堑

第三十九回 洛阳城汉魏大交锋
孟津县许典双败阵

第四十回 游洛水诸葛亮赋诗
收合肥孙仲谋传檄

第四十一回 徐文响尽节死新蔡
曹孟德临命涧漳河

第四十二回 刘玄德略地驻南阳
赵子龙决水灌临颍

第四十三回 败李典赵云入许都
炙华歆马超掘疑冢

第四十四回 张文远凭城殉叶县
司马懿拔队退延津

第四十五回 出上党马超袭安阳
渡荥泽张飞战原武

第四十六回 邢台县孟起走曹彰
幽州城文长捉程昱

第四十七回 公孙渊献俘幽州城
司马懿坐困延津县

第四十八回 刘阿斗遇刺江陵驿

吕子明分袭封邱城

第四十九回 濮阳城三国大交兵
章邱邑二将深入敌

第五十回 吕子明战死濮阳城
司马懿退屯东阿县

第五十一回 救东阿曹仁双中伏
破馆陶于禁再被擒

第五十二回 定山东诸葛亮归天
失江北孙仲谋殒命

第五十三回 黄公覆殉节九江口
张翼德驱兵采石矶

第五十四回 白门鼓角将帅成功
黄海风涛君臣共命

第五十五回 赵子龙按甲定闽瓯
蒋公琰督兵收交广

第五十六回 楼桑村树萎殒真王
柳城塞秋高来敌骑

第五十七回 刘王孙正位继中兴
庞丞相序官复旧制

第五十八回 封功臣六王膺上赏
划军区四督镇雄边

第五十九回 马孟起衣锦返西凉
曹子建悲歌行绝塞

第六十回 深杯浮白铁案掀翻
古墓冬青石人惆怅

女 丈 夫

言情小说。周天籁著。上海世界出版社。1949 年 4 月初版。1 册。
4.2 万字。未分章节。

风流千金

言情小说。周天籁著。出版单位和出版时间不详。2 册。29 万字。未分章节。

电影巨头艳史

言情小说。周天籁、袁地依著。上海电影话剧社。1949 年 1 月初版。2 册。6.5 万字。姜星谷序 1 篇。王序 1 篇。共 24 章。

第 一 章	缺		第十三章	你这个不要脸的东西
第 二 章	这小鬼是个滑头		第十四章	打楼梯上滚到楼梯底
第 三 章	白天求欢当口		第十五章	走一条新的路线
第 四 章	蜘蛛精大迷沙和尚		第十六章	三百多名全部淘汰
第 五 章	牛皮吹得无天野地		第十七章	今夜先把她摆平
第 六 章	一颗大红大紫的明星		第十八章	一见倾心再见倾城
第 七 章	嫁不嫁是你自由		第十九章	考进的二只精彩壳子
第 八 章	袁媚云被逼上梁山		第 二 十 章	太太等你去谈心
第 九 章	宁可饭碗头敲碎		第二十一章	逃到天边也抓你回来
第 十 章	这样漂亮的美人儿		第二十二章	同时轰然爆裂
第十一章	郑妮妮雪雪白的皮肤		第二十三章	娟娟有电影神童之目
第十二章	灵不灵当场试验		第二十四章	死亦为章家之鬼

肉

香艳言情小说。周天籁著。上海影艺出版公司。1948 年 12 月初版。1 册。7.2 万字。未分章节。

青 春 乐

　　言情小说。周天籁著。出版单位和出版时间不详。1 册。11 万字。共 8 章。

一　隐隐约约弹起来了

二　人家屋里诸多不便

三　摸上去软绵绵的

四　做你一个白相东西

五　看来很有意思

六　第一夜还有些难受

七　只穿条三角裤

八　在他脸上吻一下

夜夜春宵

　　社会警世小说。周天籁著。出版单位和出版时间不详。1 册。12.1 万字。共 18 章。

第一章　蜜月旅行

第二章　阿二和娘姨的调情

第三章　展开豪华场面

第四章　人间艳福

第五章　误了佳期

第六章　新奶奶的应酬手腕

第七章　神秘之窟

第八章　名舞表演

第九章　一夜销魂

第 十 章　花间不景气

第十一章　韩庄之行

第十二章　三年前情人

第十三章　贵族门中

第十四章　丁小姐的苦闷

第十五章　新的发展

第十六章　人间天上

第十七章　大竹杠敲进

第十八章　物腐而后虫生

春 之 恋

言情小说。周天籁著。上海粹文社。1946 年 9 月版。1 册。8.9 万字。未分章节。

亭子间嫂嫂

社会艳情小说。周天籁著。出版单位不详。1942 年 5 月初版。2 集。4 册。129 万字。钱芥尘、周越然、苏子、陈亮、王耿耿等各作序 1 篇。未分章节。

桃源艳迹

言情小说。银花小说丛选集。周天籁著。上海银花出版社。1949 年 2 月初版。1 册。9.4 万字。未分章节。

铁骨冰心

言情小说。周天籁著。上海育才书店。1947 年 8 月初版。1 册。14.6 万字。未分章节。

卿何薄命

言情小说。周天籁著。影艺出版公司。1948 年 12 月初版。1 册。11 万字。未分章节。

粉红色的炸弹

言情小说。周天籁著。天下出版社。1949 年 2 月版。1 册。8.2 万字。未分章节。

菱花二嫒

言情小说。周天籁著。上海影艺出版社。1949 年 3 月初版。1 册。7.3 万字。未分章节。

梅花姑娘

香艳言情小说。周天籁著。上海文光书局。1948 年 2 月初版。1 册。20.4 万字。演玉作序 1 篇。未分章节。

欲

香艳言情小说。周天籁著。世界书报社。1949 年 2 月初版。1 册。8 万字。未分章节。

裙 带 亲

社会小说。周天籁著。上海文化企业公司。1949 年初版。1 册。7.1 万字。未分章节。

玉蟾奇缘

民间小说。即十二美女玉蟾缘。周郁浩标点、沈世荣校阅。上海大达图书供应社。1935 年 4 月版。1 册。1 万字。前言 1 篇。种兰居士、芸樵外史、蓴香隐者各题词 1 首。共 53 回。

第 一 回　恬澹人读史问天

第 二 回　通元子安排果报

第 三 回　冥判官发放轮回

第 四 回　赵与胡两家鬼祟

第 五 回　赵文华纳妹东楼

第 六 回　于少保奉旨回阳

第 七 回　张总督出征倭寇

第 八 回　曹邦辅海上从征

第 九 回　通元子帮助破倭

第 十 回　两奸贼攘功肆虐

第 十 一 回　三义人救主逃生

第 十 二 回　乌金荡埋名习武

第 十 三 回　赵怿思忭亲归杭

第 十 四 回　丑胡彪甘做陪堂

第 十 五 回　莽童昆大闹西湖

第 十 六 回　陈素娥雪洞藏洪

第 十 七 回　美洪昆夜跌杜园

第 十 八 回　巧玉莲怀孕双奔

第 十 九 回　龙仙姑腾空骇赵

第 二 十 回　勇蔡飞救难酬恩

第 二十一 回　枣核钉毒计栽诬

第 二十二 回　蔡小姐狱中双救

第 二十三 回　杜金定两遭毒手

第二十四回　小洪猛幻形救杜

第二十五回　莽童昆义杀淫奔

第二十六回　通元子妙法救童

第二十七回　卖花叟借言警俗

第二十八回　枣核钉再抢素娥

第二十九回　陈素娥落院刺胡

第 三 十 回　美洪昆北游楼会

第三十一回　高玉英佳偶受蟾

第三十二回　枣核钉考黜褫衿

第三十三回　秦彩鸾游园入梦

第三十四回　华佗庙梦引宿因

第三十五回　乌金荡洪昆访友

第三十六回　武洪昆独打仇人

第三十七回　沈兰馨拜师习武

第三十八回　奇男子法传洪昆

第三十九回　打擂台巧遇桂芳

第 四 十 回　刘尚书文武典闱

第四十一回　蒋佩香错中得偶

第四十二回　倭王妃入海起兵

第四十三回　众女将大战圣姑

第四十四回　通元子再助平倭

第四十五回　张元帅大捷勘奸

第四十六回　旧功臣追赠洗冤

第四十七回　复父仇剐心祭墓　　　第五十一回　通元子指点前因

第四十八回　送捷音众美归杭　　　第五十二回　东浙王归第完姻

第四十九回　李兰芳于归曹府　　　第五十三回　恬淡人草堂闲话

第 五 十 回　五美人报仇雪恨

锦 香 亭

民间长篇说部。周郁浩标点。上海大达图书供应社印行。1935 年 10 月再版。1 册。8.5 万字。耀媚作小引 1 篇。共 16 回。

第一回　钟景期三场飞兔款　　　　第 九 回　啸虎道给引赠金

第二回　葛明霞一笑缔鸳盟　　　　第 十 回　睢阳城烹僮杀妾

第三回　琼林宴遍觅状元郎　　　　第十一回　雷海青掷筝骂贼

第四回　金马门群哗节度使　　　　第十二回　虢夫人挥尘谈禅

第五回　忤当朝贬官赴蜀　　　　　第十三回　葛太古入川迎圣驾

第六回　逢义士赠妾穷途　　　　　第十四回　郭汾阳建院蓄歌姬

第七回　禄山儿范阳造反　　　　　第十五回　司礼监奉旨送亲

第八回　碧秋女雄武同逃　　　　　第十六回　平北公承恩完配

十大奇侠传

侠义小说。周佩仁编。上海百新书店。出版时间不详。1 册。6.3 万字。共 10 回。

第一回　田承嗣思并青齐　　　　　　　　昆仑奴计盗红绡

　　　　红线女夜盗金盒　　　　第四回　霍小玉误订终身约

第二回　李将军慷慨赠名姬　　　　　　　黄衫客巧赚薄情郎

　　　　许虞侯计谋成好事　　　　第五回　斥奸党名臣贾祸

第三回　崔公子心惊丽质　　　　　　　　救主难兄弟残身

第六回　部郎下狱闹公堂
　　　　义士捐躯全善类
第七回　留臧获董翔遭暗箭
　　　　除奸宄顾惜试霜锋
第八回　费宫娥易服救主

　　　　罗汝才锦怅亡身
第九回　方观承穷途发迹
　　　　胡玉姑避世修行
第十回　张兴德醉试罗汉拳
　　　　毕效忠巧设金蝉计

万奇全书

社会小说。周瘦鹃编。上海枕华出版部。出版时间不详。1 册。3.06
万字。滕若渠、陈企白、程絮禅、沈井口、包桢孚、张枕绿、陈富华各作序 1
篇。共 153 篇。

瘦鹃　小说家之豪侈
枕绿　不可思议之怪女郎
　　　美人之眼
　　　你是何人我是谁
　　　被吻之希奇交涉
富华　仇视女子之体育家
　　　二十万金之绣鞋
　　　跛脚赛走会
　　　别开生面之新闻纸
　　　三十年不言一语
　　　奇特之装饰
　　　希世之宝
　　　名人遗物
　　　接吻之价值
　　　十分钟之夫妇
侠寒　握手接吻之代价
有材　拍卖脑袋之奇闻
　　　奇遇

　　　面包中之炸蛋
　　　奇技
　　　滥娶奇闻
　　　善睡之夫妇
　　　奇判
　　　风流奇判
　　　奇人酒量
　　　小寡妇
　　　豪贼
　　　别开生面之二保险公司
磨厉生　无疾而终
　　　奇胎
　　　希奇古怪之游玩法
　　　雕刻家之奇能
　　　女变为男
　　　珠还合浦
　　　接吻收捐
　　　禁止女子蓄发

	纳费接吻之奇广告
血黄	夫妇离别保险
	英皇后之爱花癖
	女学生做理发匠
	科学产儿之奇闻
	腹内照像之奇闻
日盈	女子请求男装
	狗之烟癖
振公	西人之豪赌
绿光	不堪回首
	各有所长
	两不相下
侠童	幼龄之女盗
	远古之皇座
	负债之德皇
	博物院中之憎辱陈列品
少云	意大利之奇钟
俊德	奇鳄
	教育之试验法
	欧洲之英雌
仙影	威尔逊之四戒
松泉	蚁蝇之不和平
允臣	大如浴盆之巨蚌
	莎士比亚之书价
芙孙	女优佳话
兰	特别报馆
一鸣	奥国富宝偷运食物
睡仙	结婚之迷信
无根	世界第一司的克
葵	美国新牛
	南洋橡树

	印度之奇风殿
疯僧	法京开警犬追悼会
党齐	西人梦验
草草	澳州盐湖
裕青	千年前之莲实
履冰	伦敦纽约有电话
	崇拜英雄
	老夫少妻
	奇异择婚法
枕	送入我门来
	口脂香
	女著作家艳史
	百发百中不发何中
	丈夫济济看梅郎
华	男化为女
	这也算约法三章
	一段奇姻缘
侠	架空单轨电车
	空中飞行之病院
玉鲸	横断大西洋之赏金
	美国最大之铁桥
	柯色山之深洞
	世界最富之小儿
云	最精致之留声机
允	英国之猪猡大王
	美军营中之女厨司
	四龄幼孩毙熊志
	柠檬水可窥秘密
开	美国寿星
石	瑞典北部之森林
琼生	世界第一清地

臣	世界第一冒险家		世界唯一之大蜘蛛
祯尧	破天荒之旅行家	梅初	十万元代价之鸡
瘦	非洲中部之草船	我美	一笑十万金
杏一	俄罗斯名优艳史	旁观	新奇之镜
红儿	能操十国语言之婴武	涤烦	世界最贵重之椅
不大	日本之男女浴堂	悟真	美国登山之火车
吉	出卖丈夫	阙十原	檀香山鱼之特色
胡我知	日本之奇孩	李爱珍女史	知人秘密之机器
别抱	那威文豪之怪癖		哭之竞争
瑞	空中演剧	友菊	伊尔柏多之天幕旅馆
	奇犬	笑仁	意大利之异山异海
罗生	非律滨之奇俗	叔豪	一胎三子二无头
仲轩	感恩之狮	小山	墨西哥之肥皂湖
	男腹产子		世界最大之花
	妇有长髯	贻情	离婚奇俗
闲闲	西人绝食之奇	琴影	世界最精美之建筑物
	俄国矮女	章贡	世界奇树之种种
	耳技夫人	九芬	海底火车
	食人树	佑赓	水陆兼行之奇舟
	名花绝艺	茾盒	射击九百里之大炮
尘影	吸烟赛会		下泪弹
	金齿之犬	梦甦	世界最贵之钻石
漱石	九月食瓜		合欢草
叔型	世界最长之人种	井蛙	飞机上机关枪之练习新法
	摩洛哥国之怪风俗	爱莲	印度奇俗
	墨斯哥之大钟		锡兰怪树
朱甦	俄露斯之犬车	海楼	狮笼中行结婚礼
志祥	飞钟		

红颜知己

言情小说。周瘦鹃著。上海中华书局。1917 年 3 月初版。1 册。2.7 万字。未分章节。

言情小说集

周瘦鹃编辑。上海大东书局。1926 年 11 月版。4 册。31 万字。共 85 篇。

王西神	香樱秘笈		疯
胡寄尘	爱与不爱		天真之爱
张静庐	电灯与爱情	梅孤芳	回忆
石征鸿	不自由毋宁死	钱释云	战血情泪
陈文炎	你去问母亲吧		归
唐 型	伊		旧恨
吴陵天恨	情痴	孙了红	自杀以后
陈绿桥	课读之夜	陶孟英	一个骸骨的梦
朱冰蝶	微微一笑	李伊凉	现在我恕了你
	残酒	天华生	风雨重阳
	嘤鸣	张耀华	小花朵
	嘤鸣余波		绒衣
沈家骧	失恋者	KZ	所谓伊人
	情感之初变		春灯酒痕
	疑决	黄转陶	情人与化人
	背约		情忏
	归期	荆剑民	惘怅
	孤寂		同命环

	伤心之地	赵眠云	沧浪生
顾明道	订婚之夜	蔡孤桐	误吻
	一个难解决的恋爱问题		玉无瑕
	同性恋爱	西巫瘦铁	月下人语
赵赤羽	同性恋爱	刘恨我	一吻
	驱海记		归
胡嫣红	红珍珠泪语	何心冷	伊要嫁了
	秋宵酒后	骆无涯	离婚后之会面
	红泪春潮	陈松龄	花残月缺
范菊高	机会	张蕨苹	血吻
	情波	普 生	荷影
江红蕉	无名氏的情书	马鹃魂	剧散了
	战媒		遗爱
姚赓夔	飘泊的心	吴云梦	初恋之沉醉
	心痕	朱松庐	失恋之后
	忏	萧菊君	神圣的爱情与艺术
吴田伧	冒险的结合	俞牗云	隐痛
	爱的测量	潘奇梦	心死
张南泠	秋水伊人	汤佳秋	空相忆
	玉玲珑馆	叶寒庐	第七次来信
	情之进步	范佩萸	欠资
王雪影	互寄的贺年片	徐冷波	恋爱之神
金啸梅	他为什么死	包天白	情幕窥心记
	我怎以也蹈了覆辙	静 波	伊的心
	铁窗艳迹		

奇侠恐怖党

侦探小说。周瘦鹃著。上海国华新记书局。1938 年 8 月 3 版。4 册。30 万字。12 卷。共 76 章。

第一卷　二万镑

第一章　怪名刺

　　　　奇火焰

第二章　铅粉字

　　　　飞行艇

第三章　恫吓之书

第四章　请君入瓮

第五章　降敌

第六章　空屋

第七章　最后的胜利

第二卷　黄面具

第一章　三万镑

第二章　大火

第三章　生死关头

第四章　恐怖党巢穴

第五章　鱼儿上钩

第六章　危机一发

第三卷　怪木桠

第一章　不速之客

第二章　新速记法

第三章　五万镑之珍宝

第四章　李代桃僵

第五章　影戏片中之秘密

第六章　脱险

第四卷　钢爪

第一章　化钢机

第二章　交换条件

第三章　乔装之计

第四章　恩欤怨欤

第五章　铜墙铁壁

第六章　入险出险

第五卷　岛中之秘密

第一章　又一牺牲者

第二章　怪飞船

第三章　抹尔西岛上

第四章　又一恫吓书

第五章　入虎穴探虎子

第六章　飞机被劫

第六卷　名画

第一章　夜半之客

第二章　代价五万镑

第三章　空中之飞机

第四章　飞机中之一席话

第五章　一落千丈

第六章　胜利

第七卷　劫货

第一章　美术展览会

第二章　南尔逊李之进行

第三章　水管之爆裂

第四章　意外之机遇

第五章　南尔逊李之成功

第八卷　白喉痧

第一章　恶耗忽来

第二章　查无所获

第三章　费兰锡司之失踪

第四章　南尔逊李之被困

第五章　尼柏尔之侦探

第六章　南尔逊李之获救

第七章　费兰锡司之出险

第九卷　潜行艇

第一章　两张纸

第二章　秘密通告

第三章　五十万镑之要求

第四章　汽船与潜艇

第五章　中计遇险

第六章　遇救

第七章　脱险

第十卷　荒岛电台

第一章　巴楷特复申前请

第二章　船中之怪剧

第三章　托名冒登潜艇

第四章　克斯尼海岛

第五章　无线电台

第六章　夺回潜艇与金钱

第十一卷　孤岛飞船

第一章　攻打迦司里海岛

第二章　夺获汽油船

第三章　破获迦司里海岛

第四章　火烧晨雾汽油船

第五章　南尔逊李之受困

第六章　岛上之飞船

第七章　飞船中之二党人

第十二卷　飞车

第一章　货车被劫

第二章　复得货车

第三章　假信

第四章　旅馆中之老人

第五章　古怪之老人

第六章　风车

第七章　车中一弹

空中飞弹

侦探小说。周瘦鹃、程小青著。上海交通图书馆。1920 年 1 月初版。1 册。3.8 万字。共 16 章。

南社小说集

短篇社会小说。周瘦鹃(周国贤)等编。南社。1917 年版。南社丛刻

临时坛刊。1 册。6 万字。王文濡跋 1 篇。共 13 篇。

周瘦鹃	自由	闻野鹤	媒毒
成舍我	黑医生	姜杏痴	蛇齿
程善之	儿时	叶中泠	云
叶小凤	贼之小说家	王大觉	红爪郎
王钝根	予之鬼友	孙阿瑛	伤心人语
赵苕狂	奇症	贡少芹	哀川民
胡寄尘	黄金		

香艳丛话

　　言情小说。周瘦鹃编。中华图书馆。1914 年 10 月版。1 册。13 万字。插图 32 幅。天笑生、王晦、吴承烜、张时芳、吴梅、金少侯作序各 1 篇。天虚我生、程善之、吴东园、许瘦蝶、莽汉、潘公展、马墨珊、汪蕉心、袁鸳痕、余井塘、袁卓然、蒋箸超题词各 1 首。共 5 卷。第一卷有编者弁言 1 篇。

倡门小说集

　　短篇社会小说。周瘦鹃编。上海大东书局。1926 年 12 月版。1 册。4.1 万字。共收 11 篇。作者 7 人。

周瘦鹃	天堂与地狱		倡门之子
许厪父	倡门之父		温文派的嫖客
包天笑	从政与从良	何海鸣	从良的教训
	云霞出海记	姚民哀	倡门之女
求幸福斋主	老琴师	徐卓呆	倡门之衣
	倡门之母		

家庭小说集

短篇社会小说。周瘦鹃编。上海大东书局。1926 年 11 月版。2 册。15 万字。共 47 篇。

徐卓呆	我没看见		沈妈妈的秘密日记
	务本女校的庭前	方秩音	家变
	拆信的老朋友	范佩萸	不如夫人
	盼望中的邮件	瞿道援	嫁后
	怀素室	荆剑民	异父兄弟
	造墓记	姚民哀	不良的家庭教育
	回家以前		上海人家的普通传染病
胡寄尘	无形的炮弹	姚赓夔	遗惠
蓝剑青	富翁之子	朱涤秋	阅墙记
吴田伧	不成功的美国式离婚	王天恨	田家乐
	邮发		家主的权威
张南冷	后母的心	周瘦鹃	洋行门前的弃妇
	萍踪	宗 耐	饭店面前的弃夫
吴闻天	死的原因	沈禹钟	死耗
谢鄂常	返棹记	江红蕉	循环妻妾
刘恨我	理想的丈夫	范烟桥	最后一封信
	婚前的一夜		两样
	妾不如妻	吴灵园	浅见
朱冰蝶	归家	天恨生	谁是我的亲爱
	洪老太太的死后	施青萍	弃家记
朱天石	进退维谷	黄转陶	为什么要娶妾
沈家骧	天上人间	顾明道	羊
	嫁	潘寄梦	妻妾问题
朱松庐	觉悟之后		

紫兰花片

短篇社会小说。周瘦鹃著。上海大东书局。1923 年 4 月版。13 集。31 万字。共 381 篇。

第一集

等
德国废帝之风流史
月与美人
先生欤狗欤
心碎
一吻
亡妻
绝艳之地名
窥西小记
沪人之流行病
西门的街上
留声机片零话
古塔中
新妆
名人之字迹
新式侠客
愿天
历史中有位置的一首诗
惧内
说觚
两件离婚案
记影戏东下
小常识

茗余零话
悼亡之作
卓别灵之迷信
呜呼情
许多朋友的签名式

第二集

老伶工
莎话
记小脚妈妈
重圆
茗余零话
西门的街上
做媒
痣
女子最好的时代
镜台奴痛
隽语
伦敦唯一的贤妻
新式侠客
妓女身上的小电灯
哼！没有这回事
新发明之返老还童术
西湖诗话

昨夜梦中

饮水琐言

狗的罪

不幸之结婚

记白云庵灵签

想做亚当夏娃的一对夫妇

吃出来的别号

死神

钞票上的家书

酸梅汤与半月小星

许多朋友的签名式

新式侠客

记欧洲无冠之后

节劳

茗余零话

华盛顿与小斧

哑儿多多

晚香小录

脚与零用

记三剑客

赚笑录

许多朋友的签名式

第三集

拨快十分钟

新发明之驻颜术

闺人逭暑法

小说家之拿破仑

中一九二二年上海春赛香宾票者之谈片

诚实的试验

一篇描写叫局的文章

街头拾来的两句话

德国新闻纸上的求婚

广告

隽语

贫与富

奇趣的赌赛

状元糕之艳史

霞飞将军轶事

福尔摩斯探案作者之言

西门的街上

荔枝话

第四集

蜚语

苦出身的大富豪

隽语

月话

悲婀娜

爱修饰的文学家

西门的街上

耶稣纪元以前之惧内者

记二词客

红氍偶忆

说女子饰物

纪梦之诗

亚森罗苹案作者之言

说睡

铁指环

新式侠客

初等国文教科书中之妙句

残疾何妨

不可思议之治病法

铁工之血

英人论孙子兵法

在柏林

说舤

小常识

一百二十岁之老新郎

茗余零话

赚笑录

许多朋友的签名式

第五集

嫁后之日记

斜桥

挥金如土

啼珠怨玉吟

锡游小记

弭兵之影戏

西门的街上

女子的装束

威廉须之变化

烟话

外国空城计

世界唯一的良人

不可思议之细工

隽语

卖国奴之子

又有发明返老还童术者

白珠娘

不言

紫兰花片的花片

西湖之夜

记影戏《儿女英雄》

茗余零话

新式侠客

说舤

变

暹罗之孖女

赚笑录

许多朋友的签名式。

第六集

红楼别夜

情海哀鹣志

巴黎的爱神车

逊帝佳话

吾爱

词人隽事

至情

二千年前之古情事

花语

恋爱与舟事

望郎回

接吻逸话

读曲歌

日本女诗人之情史

情天妙籁

人面花容

一见倾心艳史

来时

一双水汪汪的眼睛

相思带

月光

写情之词

调筝人

量吻器

黄花岗下一烈士之情史

樱唇语堕选

恋爱女神奏捷记

以诗换接吻

哀弦

爱情谚语

情跳

言情小诗

爱之花

桃屑

拿破仑之五百二十万吻

情海思潮

第七集

重逢

世界奇女子

隽语

心底箫声

海外琐事

文人的饮食

军人之梦

紫兰花片之花片

望夫山

捣鬼

跳舞会后

七度蜜月

粗豪之诗

蠢而不蠢

锦囊艳屑

西门的街上

悲天悯人之缝衣歌

名人之发

记罗克影片祖母之儿

灯语

情爱与王冕

茗余零话

禾游小记

联语偶拾

天气述异

朱樱香屑

赚笑录

许多朋友的签名式

第八集

锦绣堆

忘

记情哲

曼殊谐札

日本女谚

诗人爱物

茶话

宋教的医术

西门的街上

绿猫

紫兰琐录

礼拜五

茗余零话

记虞山人之言

西门的街上

木腰与丝袜

隽语

松江之鲈

蛙的行乐法

块肉余生述索隐

银屏掇艳

生活

无意中之名作

紫兰花片之紫兰花片

赚笑录

许多朋友的签名式

第十一集

风雨中的国旗

是为吾所有之祖国

新婚燕尔中之罗克

春尽

钞票上的情书

塔与哲学家

临终之语

窥西续记

二十年之阔别

小游戏

倔强之嚣俄

西门的街上

爱国丛谈

吾友诗话

亡国之音

长睡

稚愿

吾国之爱国者

屑谈

"母亲"

故国

汽车夫的国王

影戏明星的钱

赚笑录

说瓢

海外珠尘

一封凄惋的信

许多朋友的签名式

第十二集

不祥的美

美人陈列所

一个十全十美的美人

张子野词中之美人

香水话

美人须知

美人的标准

三次微笑

尤琴妮

美人与土地

美人名字

诗人心目中的美人

美人手

三姝媚

红颜不老的法兰西美人

美人欤玩物欤

美人梳头

美人与杀人犯

一千八百年前的艳尸

影中人

美的三时期

美人作奸犯科

美人足

家庭中之美人

六十三岁的老美人

美人谱

美人泪眼

美人比赛

美人小词

美与心理作用

美人云发

美人之贻

古美人的研究

美人画

卓别灵之美人观

美人零话

第十三集

偏孝

真爱

幽居

天文学家之畜类

蚕

新美人足

晚秋

我佛山人诗

为情而死

说觚

婹娲将军

茉莉花下琐记

哥伦布航海日记

联语

哭兄余泪

海客小谈

结婚的利益

人生

花品

三潭印月之一纪念

杜鹃之声

肺痨病与文艺

红氍偶记

随运而转之威廉须

初恋

赚笑录

歇浦零话

海外珠尘

紫罗兰庵言情丛刊

　　言情小说。周瘦鹃著。上海时还书局。出版时间不详。1册。7.2万字。共13篇。

一　断肠日记

二　鱼

三　花开花落

四　心血

五　玫瑰有刺

六　临去秋波

七　噫无处投递之书

八　午夜鹃声

九　冷与热

十　遥指红楼是妾家

十一　不闭之门

十二　真假爱情

十三　郎安在

紫罗兰集

短篇社会小说。周瘦鹃著。上海大东书局。1922 年 5 月初版。2 册。7.2 万字。作者肖像 1 幅。照片 2 幅。共 36 篇。

一　　玫瑰小筑

二　　记某医士

三　　小说家之肖子

四　　恋母

五　　名都隽喻

六　　吸咽逸话

七　　英雄

八　　文身述异

九　　袜胸

十　　前尘

十一　勇与沉着

十二　不事修饰之名人

十三　友道

十四　小学生之拿破仑

十五　珍妃诗

十六　孝

十七　记化妆小影

十八　　谈影戏

十九　　盲乎

二十　　洞仙歌

二十一　记十三

二十二　往事

二十三　家

二十四　丹青小志

二十五　流浪之小说家

二十六　悬崖

二十七　简易之职业

二十八　记小凤仙

二十九　银匙

三十　　天台山奇女子

三十一　德国皇家之白衣女鬼

三十一　五年为期

三十二　诗意的裁判法

三十三　无题

三十四　幸福　　　　　　　三十六　豪侈之文学家

三十五　宠衣

湖　　上

文集。周瘦鹃编。上海大东书局。1929 年 6 月初版。湖上摄影 8 张。共 17 篇。

陈小蝶　湖上诗痕录　　　　　蒋祖尧　西湖小住记

　　　　湖楼春影辞　　　　　　吴灵园　西泠春访记

　　　　理安溪梦记　　　　　　陈翠娜　西湖诗梦影

　　　　溪山两梦诗　　　　　　胡石予　游湖什

　　　　疥余诗　　　　　　　　苹　盦　西泠幽梦录

江红蕉　清游碎记　　　　　　陶在东　重修西湖南泠亭碑记

周瘦鹃　平湖秋月　　　　　　俞啸琴　湖上微波

毕倚虹　湖上探春记　　　　　邓春澍　游泉唐山水七日记

钟剑公　湖上俊游记

新秋海棠

言情小说。周瘦鹃著。1944 年 10 月初版。1 册。14.3 万字。弁言 1 篇。共 12 章。

一　九死一生　　　　　　　七　天有不测风云

二　血与血交流　　　　　　八　茫茫四顾欲何之

三　西子湖畔　　　　　　　九　"我……我为的是爱……爱你!"

四　桃花潭水深千尺　　　　十　虎穴中

五　共苦同甘　　　　　　　十一　新秋海棠

六　是前生注定事　　　　　十二　皆大欢喜

瘦鹃说集

短篇社会小说。周瘦鹃著。上海大东书局印刷。1927 年 5 月版。2册。共 22 篇。8.5 万字。

亡国奴家里的燕子

挑夫之肩

照相馆前的疯人

在山泉

良心上的死刑

西市辇尸记

强盗式的丈夫

对邻的小楼

先父的遗像

避暑期间的三封信

大水中

紫罗兰庵困病记

节妇坊

爱妻的金丝雀与六十岁的老母

耳上金环

不实行的离婚

英雄与畜生

父与国

圣人

女子之嫁后

铮儿之病中

小厂主

雪儿复仇记

武侠小说。即九龙山女剑侠。周憨僧。上海东亚书局。1922 年 5 月版。1 册。2.4 万字。共 16 回。

第一回 冉冉间云徐出岫
　　　 汹汹祸水暗生源

第二回 宴嘉宾春云渐展
　　　 却群盗血雨横飞

第三回 一榻禅言成谶语
　　　 终宵恶绪兆凶机

第四回 报私仇毒遗蝎螫
　　　 得噩耗痛惨鸾分

第五回 梁覆燕巢悲破卵
　　　 沙寻龙窟访明珠

第六回 迢递关山衔恨鸟
　　　 凄凉风雨可怜虫

第 七 回　五夜愁肠萦北里
　　　　　一清声磬傍西湖
第 八 回　佛性慈悲怜弱草
　　　　　侠心慷慨护贞花
第 九 回　合蒲珠还逢女侠
　　　　　邪溪铸剑访奸人
第 十 回　搜盗窟星驰电扫
　　　　　入宫衙人影刀光
第十一回　详上宪官样文章
　　　　　访兰闺交全患难

第十二回　舞剑器夜宴宏开
　　　　　赠金珠宵深款语
第十三回　庆家室鸾翔凤翥
　　　　　惊刺客马迹蛛丝
第十四回　仕途滥竽售奸谋
　　　　　蜀道行舟惊女侠
第十五回　越船舱宵侦匪迹
　　　　　认门牌巧得奸人
第十六回　一剑挥来诛盗党
　　　　　五云深处渺仙踪

月下飞头记

滑稽小说。鬼趣小说第二种。周薇庵著。上海春秋出版社。出版时间不详。1 册。2.7 万字。插图 4 幅。共八章。

一　一个人头从天外飞来
二　一个半老俊俏的老板娘
三　勇猛地把妇人拦腰的一抱
四　在乡下地方真是仙女了

五　醉醺醺地眼睛好像兔子
六　僵尸正在吃我们养的鸡
七　汗毛根根都竖了起来
八　这是一件谋杀亲夫案

古树魔影

侦探小说。周薇庵著。永久出版社。1948 年 11 月初版。1 册。6 万字。后记 1 篇。共 14 回。

一　年轻美丽的小姐出现在床前
二　像是棺材里倒出来的骷髅
三　神志模糊中失去了贞操

四　又是一起强奸案
五　衬裤上有着血迹
六　世界上没有第二个看得中的女人

七　一个女鬼在面前

八　沉醉在灵肉之中

九　我是被魔鬼奸死的

十　这分明是一个淫棍

十一　你们来收我的尸体

十二　手枪对准了妇人

十三　怪人落网

十四　千百年的沉冤

蒋老五秘史

哀情小说。郑正秋著。中央图书局。1920 年 6 月。1 册。4.2 万字。周剑云序 1 篇。陈正祖新诗体 1 篇。附观剧记 4 篇。跋 1 篇。插图 3 幅。共 12 回。

第一回　五娘呵！机器式的婚姻误了你的终身

第二回　五娘呵！天地间的至情却在你养媳妇身上

第三回　五娘呵！四只眼睛拜堂是喜上加喜呀？是气上加气哩

第四回　五娘呵！可怜你奉公公命向火坑里去讨生活

第五回　五娘呵！灯船外的月亮却做了你们的色媒人了

第六回　五娘呵！这才是惜花使者不是贪花浪子

第七回　五娘呵！一点亲骨血还不能团聚在一起

第八回　丈夫呀！你是厌世我只好与你同归于尽了

第九回　五娘呵！休教无情的风来吹坏你多愁的身

第十回　罗生呀！你躯壳虽死你的精神永远不死了

第十一回　五娘呵！我们寡妇孤儿伤心叫做没法的事你又何苦要来插一份哩

第十二回　五娘呵！你投河不死上吊不死你到底死在阿芙蓉膏上吗

一　字　剑

武侠小说。郑证因著。元益书局。1949 年 5 月版。1 册。6.7 万字。共 5 章。

第一章　深宵蹑踪挥剑再寻仇
第二章　庆寿筵开娇花逢暴雨
第三章　玉带桥畔双龙困强徒

第四章　午夜灯昏诛仇挥慧剑
第五章　佛门普渡禅语解冤愆

七剑下辽东

长篇武侠小说。郑证因著。上海育才书局。1949 年 1 月再版。4 册。22 万字。共 12 章。

第一章　失足恨穷困入歧途
第二章　动仁慈弃邪遭惨祸
第三章　誓复仇含恨走天涯
第四章　玉柱峰一鸥传绝艺
第五章　奉师命仗剑下终南
第六章　白花河双侠侦盗迹

第 七 章　下辽东暗访叶天龙
第 八 章　蒋英奇旅店会三侠
第 九 章　陆达夫复仇石城岛
第 十 章　商山侠单剑会双英
第十一章　逞恶谋毒施火攻计
第十二章　黄沙汀七剑困天龙

大侠铁琵琶

武侠小说。郑证因著。上海正气书局。1948 年 11 月初版。1 册。6.2 万字。共 5 章。

第一章　群侠应援入京师初探集英楼
第二章　大仇当前忆往事师徒暗潸泪
第三章　夜入冷宫铁琵琶独臂擒罪魁

第四章　诛仇雪恨突重围群侠出都门
第五章　人头祭忠魂结束全书铁琵琶

大漠惊鸿

武侠小说。郑证因著。上海励力出版社。出版时间不详。1 册。13

万字。共 6 章。

第一章	灵山怪叟护主入都门	第四章	缉捕元凶边荒履险地
第二章	大闹行辕三番示惊兆	第五章	惨睹苗墟舍身全大义
第三章	宫廷肇乱当殿劫苗酋	第六章	灵山怪叟挥剑保苗疆

万 山 王

武侠小说。郑证因著。上海元昌印书馆。出版时间不详。1 册。6 万字。共 4 章。

第一章	仗义应援莽苍聚侠剑	第三章	婆心苦口难渡恶根人
第二章	金沙谷内初会万山王	第四章	利剑轻挥一阵胜三雄

小 天 台

长篇武侠小说。郑证因著。上海汇文书店。1951 年 3 月版。1 册。4 万字。共 10 回。

一	金蟾脱壳	六	日月鞭战胜双雄
二	健驴少女出现山边	七	死里逃生误入双狮谷
三	追敌失踪暂栖古刹	八	涵真师磨砺邓霜娥
四	师兄弟弄巧成拙	九	无形得绝技
五	双战青衣女	十	下天台寻仇搜异

子母金梭

长篇武侠小说。郑证因著。上海励力出版社。1947 年 11 月版。1

册。15万字。共 10 章。

第一章	孤雏寡母含恨走征途	第六章	午夜寻仇浴血唐家弄
第二章	祸起微嫌机工演仇杀	第七章	负伤受辱求援白鹭汀
第三章	挥泪托孤伤心劝夫婿	第八章	冤业难消金文锦惨死
第四章	一身是胆初试武南兴	第九章	功亏一篑愤投虎牙山
第五章	宿世冤家酒楼试身手	第十章	暗入扬州金梭显身手

女侠燕凌云

武侠小说。郑证因著。上海励力出版社。1949 年版。1 册。7.7 万字。共 6 章。

第一章	燕凌云富春江泛棹	第四章	华万虚夜探海棠谷
第二章	遇穷神群侠聚山村	第五章	投名帖姬谦试身手
第三章	移神灯莽夫犯帮规	第六章	回煞棒绝技斗神魔

女 屠 户

武侠小说。郑证因著。吴志学修。上海元昌印书馆。出版时间不详。1 册。6.96 万字。共 6 章。

一	女屠户诈死出榆关	四	夜鹰子巧遇女屠户
二	偿孽缘侯琪入魔阵	五	落魂坡四侠困淫孀
三	公主岭淫孀遭挫败	六	金七老大闹飞天岭

天山四义

侠义小说。郑证因著。上海元昌印书馆。出版时间不详。1册。7万字。共6章。

第一章　宦海回槎卢向乾全家遭惨祸
第二章　兄仁弟义访仇踪双小走江湖
第三章　被诱遭擒九连环舍生救师弟
第四章　深明大义盛贞娥山洞匿仇敌
第五章　磨难未消入天山峰前遇怪蟒
第六章　奇侠援手奇天岭含泪入师门

云中雁

武侠小说。即铁伞先生续集。郑证因著。上海励力出版社。1949年8月初版。2册。15万字。共8章。

第一章　凶僧锻羽蹑贼踪师徒探嵩山
第二章　夜访少林铁伞翁古刹试身手
第三章　狭路相逢活报应作恶逞凶口
第四章　破伏摧敌罗汉堂铁伞翁遭殃
第五章　沉冤昭雪降珠恩荒园再较技
第六章　淫贼成擒犯天牢双凶再漏网
第七章　徒僧寄柬连山庄诱敌上金钩
第八章　果报分明觉明僧血溅张家口

丐　侠

武侠小说。郑证因著。上海广艺书局。1949年9月。2册。14.3万字。共12章。

第一章　悲歌铁笛渤海访仇踪
第二章　酒醉松林暴徒施辣手
第三章　任侠招祸牧场化劫灰
第四章　义拯孤雏宁安侦盗迹
第五章　巧获二凶杀人先灭口
第六章　双侠夜会配所救忠良

第七章　师门惜别仗剑下白山　　第　十　章　畏敌图逃狠心焚妻女

第八章　意决志坚龙江侦仇迹　　第十一章　铁笛利剑海上战三凶

第九章　江湖落魄渤海逗侠踪　　第十二章　羞愤自戕血溅浮沙堡

五凤朝阳刀

武侠小说。郑证因著。上海励力出版社。1948 年 5 月初版。1 册。10 万字。共 6 章。

第一章　晴天霹雳含恨出榆关　　第四章　挥拳仗义踏雪访知父

第二章　断锁开槛惊鸿脱网罗　　第五章　掌震恩师激怒义侠人

第三章　力避敌踪寒宵寻老父　　第六章　五凤神刀立斩黑煞手

五英双艳

武侠小说。郑证因著。上海励力出版社。出版时间不详。7 万字。共 8 章。

第一章　小憩南湖铁箫侠惊闻厄耗　　第五章　夜入嵩山铁箫侠初探少林寺

第二章　游山遇险裘冷艳受辱几失身　　第六章　重访古刹达摩院僧俗较神功

第三章　誓振门规紫髯叟仗剑下终南　　第七章　蹈危履险罗汉堂三侠惊异状

第四章　巧语如簧莽和尚误收冤孽子　　第八章　法轮常转宣十戒十僧困元凶

太白奇女

武侠小说。郑证因著。上海汇文书店。1950 年 11 月版。2 册。10 万字。共 20 回。

第一回　怪客侦望天台
第二回　劫后余生的残废叟
第三回　茅屋忽来不速客
第四回　亡命他乡
第五回　川黔水患
第六回　盘蛇渡劫赈款
第七回　杀官拒捕
第八回　连珠弹惩盗夺船
第九回　避祸扬帆
第十回　江边狙击

第十一回　樊宅搜山
第十二回　断指负伤衮坡自戕
第十三回　智救巧姑
第十四回　家破人亡困顿江湖
第十五回　邓翁述往事姑嫂侦山庄
第十六回　小盘龙岭现仇踪
第十七回　恶庄主夜逼姑嫂
第十八回　茅屋挥刀
第十九回　寡媳惨死巧姑逃
第二十回　冤家相见

风雪中人

长篇侦探小说。郑证因著。上海广艺书局。1950 年 3 月版。3 册。18 万字。共 30 回。

第 一 回　风雪中人
第 二 回　救民蒙祸
第 三 回　厄耗频传
第 四 回　义助脱逃
第 五 回　千里求援
第 六 回　野店惩凶
第 七 回　再伸魔手
第 八 回　终落网罗
第 九 回　拜庄宿庄
第 十 回　虎口脱身
第十一回　捕头暗侦
第十二回　受贿逞凶
第十三回　劫牢犯狱
第十四回　义结邱雄

第 十 五 回　双凤被围
第 十 六 回　破伏闯关
第 十 七 回　夜走荒山
第 十 八 回　警耗频传
第 十 九 回　再遇伏兵
第 二 十 回　银丸破弩
第二十一回　舍生取义
第二十二回　三入迪化
第二十三回　土窖潜踪
第二十四回　苦肉诱敌
第二十五回　羊投虎口
第二十六回　淫刑取供
第二十七回　活捉四凶
第二十八回　行辕盗马

第二十九回　乔装诈城　　　第 三 十 回　撤兵释囚

乌 龙 山

武侠小说。郑证因著。上海新流书店。1950 年 12 月版。2 册。9 万字。共 6 章。

第一章　拯奇士午夜嵩山侠僧颁法牒　　第四章　隐古刹乱点飞蝗恃勇犯龙山

第二章　遇异人龙山峻岭铁剑逗侠踪　　第五章　伏龙谷群侠寄迹密议救福王

第三章　入金陵初会劲敌僧俗较绝技　　第六章　涵虚僧一枝铁铲摧敌奏全功

凤城怪客

长篇武侠小说。郑证因著。上海汇文书店。1950 年 9 月版。4 册。17 万字。共 26 回。

第 一 回　牢头惨虐　　　　第 十 四 回　墓地潜踪

第 二 回　怪客索债　　　　第 十 五 回　遇伏遭擒

第 三 回　绿野脱身　　　　第 十 六 回　龙麟夜会

第 四 回　千里应援　　　　第 十 七 回　松林怪客

第 五 回　惩奸侦讯　　　　第 十 八 回　狠盗寻仇

第 六 回　调虎离山　　　　第 十 九 回　荒山恶斗

第 七 回　乔装公差　　　　第 二 十 回　险境奇袭

第 八 回　夜店劫囚　　　　第二十一回　三凶铩羽

第 九 回　明拘暗捕　　　　第二十二回　再入盛京

第 十 回　四路伏兵　　　　第二十三回　生擒剧盗

第十一回　抽梁换柱　　　　第二十四回　奸徒劫狱

第十二回　惩警贪官　　　　第二十五回　闯关脱险

第十三回　力斗群凶　　　　第二十六回　大快人心

火焚少林寺

武侠小说。郑证因著。新华书店。1948 年 10 月版。1 册。7. 2 万字。共 6 章。

第一章	虎口幸余生　孤鸿逃海上	第四章	夜搜少林寺　一衲斗三凶
第二章	燕山韩子翼　晚闯大碑山	第五章	侦骑蹑侠踪　乔装访涵一
第三章	投书劝避祸　良友太关怀	第六章	番僧下蒲田　古刹化劫灰

巴山剑侠

武侠小说。郑证因著。上海励力出版社。1949 年 3 月再版。1 册。12. 8 万字。共 8 章。

第一章	山林猎罢惊遇雨中人	第五章	江面追舟盗徒施辣手
第二章	午夜青灯小侠试身手	第六章	金刀摧敌削敌辱甘云
第三章	重入江湖金刀访双煞	第七章	四川双煞夜闯红柳庄
第四章	敌踪屡现火断乱石沟	第八章	巴山剑客赴援献绝技

双凤歼仇

长篇武侠小说。郑证因著。上海励力出版社。1949 年版。2 册。18 万字。共 12 章。

第一章	走江湖卖艺关帝庙	第四章	溯前尘悲切谈往事
第二章	侦仇踪祝寿入韩园	第五章	老镖头岳阳惩巨盗
第三章	献武功绝技警群贼	第六章	罹惨祸杀家芦林潭

第七章　孝女堪钦双姝冒险探韩园
第八章　虎口余生救双凤退守香菱坞
第九章　岷山一怪告奋勇夜扰芦花湾

第 十 章　齐心仗义誓寻仇昼访韩天放
第十一章　强敌难制较武功暴雨解危局
第十二章　午夜荒江歼恶魔双凤偿宿愿

龙凤双侠

武侠小说。即一字慧剑。郑证因著。上海元昌书局。出版时间不详。8.1 万字。共 6 章。

第一章　寒夜青灯孤孀述往事
第二章　母亡家破孝子访仇踪
第三章　雪夜探庄挥拳悲锻羽

第四章　师门惜别仗剑再寻仇
第五章　孽缘前定栖凤恋游龙
第六章　恩爱冤家深宵觇盗踪

龙江奇女

武侠小说。郑证因著。上海正气书局。1950 年 4 月版。1 册。6 万字。共 10 回。

第一回　潜踪蹑迹
第二回　金蝉脱壳
第三回　万谷搜敌
第四回　蝎峡恶斗
第五回　乔装镖客

第六回　野店留踪
第七回　侠盗斗智
第八回　痛惩凶顽
第九回　冤家路窄
第十回　难逃法网

龙虎风云

武侠小说。郑证因著。上海励力出版社。出版时间不详。1 册。8 万字。共 10 章。

第一章	遇狂——惩凶	第六章	暗袭——火攻
第二章	请训——应援	第七章	怀愤——杀家
第三章	邀劫——恶斗	第八章	奇侠——警恶
第四章	绝谷——破伏	第九章	践约——赴会
第五章	侦敌——探山	第十章	凶僧——锻羽

龙虎斗三湘

武侠小说。郑证因著。上海正气书局。1947 年 6 月初版。1 册。15 万字。共 10 章。

第一章	奉师命潇湘访旧友	第六章	中苗刀大侠献医术
第二章	试义仆竹林困苗成	第七章	劫幼女义仆惨浴血
第三章	惊厄耕罗刹女备战	第八章	侦盗迹铁鹞子探庵
第四章	天南盗寻仇绿云村	第九章	具肝胆双侠访盗薮
第五章	护金莺避祸洞庭湖	第十章	苦水屯群雄龙虎会

白山双侠

武侠小说。郑证因著。上海汇文书店印行。出版时间不详。1 册。5.2 万字。共 8 章。

一	凤城怪客	五	土棍铩羽
二	愤杀暴徒	六	雨夜密谋
三	海滨遇救	七	替友除奸
四	林场惊变	八	乔装诱盗

白山双侠(续集)

武侠小说。郑证因著。上海汇文书店。出版时间不详。1 册。5.2 万字。共 8 章。

一	荒江劫船	五	化敌为友
二	深入虎穴	六	祸起不测
三	夜会恩兄	七	严刑逼供
四	挥泪赠银	八	被困监牢

尼 山 劫

长篇侠情小说。郑证因著。上海广艺书局。1950 年 2 月版。8 册。47 万字。共 80 章。

一	尼山妖庙	十四	夜探妖宫
二	旧友重逢	十五	闯伏脱困
三	火炼金身	十六	坟山惊变
四	乩坛惑众	十七	巧逢捕快
五	圣母显灵	十八	陷身魔窟
六	雷殛财房	十九	火洞淫刑
七	仙颜隐现	二十	绝地奇遇
八	法斩妖狐	二十一	孽缘巧合
九	起死回生	二十二	鬻技勾奸
十	僵尸作祟	二十三	父兄惨毙
十一	荒村怪影	二十四	莽汉杀奸
十二	火化僵尸	二十五	合谋奸占
十三	枯骨藏奸	二十六	夜会巫婆

二十七　掳劫木工
二十八　修筑秘窟
二十九　秽乱妖洞
三十　翠姑惨睹
三十一　雷火试威
三十二　暗救巧匠
三十三　传柬呼援
三十四　妖婆失利
三十五　乔装香客
三十六　舍身卧底
三十七　智斗妖党
三十八　神殿递柬
三十九　深宵秘议
四十　忍痛殴女
四十一　绿野遇伏
四十二　化敌为友
四十三　曲阜脱身
四十四　四路分兵
四十五　枯林怪影
四十六　深涧遇险
四十七　怪洞奇人
四十八　痛述前尘
四十九　急流勇退
五十　全家惨戮
五十一　火窟寻尸
五十二　林边惨状
五十三　沉船遇救

五十四　死里逃生
五十五　岛上传艺
五十六　海滩试技
五十七　六载艺成
五十八　别师赠刀
五十九　茅店侦奸
六十　巧得仇踪
六十一　岭腰暗侦
六十二　峰边怪影
六十三　妖洞脱身
六十四　松林密议
六十五　乔装香客
六十六　神殿传柬
六十七　恶党邀劫
六十八　红墙秘语
六十九　智骗妖婆
七十　妙珠被擒
七十一　潜入妖宫
七十二　设坛肆虐
七十三　毒施辣手
七十四　家破人亡
七十五　泗水杀家
七十六　智歼妖党
七十七　爆炸妖洞
七十八　力斗群魔
七十九　恶贯满盈
八十　除暴安良

边城侠侣

武侠小说。郑证因著。上海育才书局。1948 年 4 月版。1 册。14 万余字。共 6 章。

第一章　平地启风波鬼影子寻仇盗马
第二章　双侠显身手斗劲敌牧场惩凶
第三章　隐患已潜伏铁骑临含冤被捕
第四章　诳服成大狱贤孝女夜探大牢
第五章　联袂下宁安宿荒山双小遇祸
第六章　采参剑峰谷斗群凶一战成功

边荒异叟

武侠小说。郑证因著。上海正气书局。1949 年 11 月版。1 册。6.6 万字。共 6 章。

第一章　皇华驿外铁拂尘怒惩党春台
第二章　披星戴月访师兄乌蒙遇妖道
第三章　九阳真人起淫心夜犯青莲庵
第四章　雪耻复仇尹涵虚千里寻庵主
第五章　苦行庵主秉正义师徒会强敌
第六章　边荒异叟九宫阵铁掌靖妖氛

边塞双侠

武侠小说。郑证因著。上海新华书局。1948 年 10 月初版。2 册。10 万字。共 6 章。

第一章　故态复萌铁燕子九城留盗迹
第二章　一朝显达忘旧恩反脸竟成仇
第三章　手眼通天卢总镇含冤遭缧绁
第四章　双侠仗义誓复仇夜走玉龙山
第五章　辣手频施黄花谷协力斗三凶
第六章　双小被劫入川边奇侠释恩怨

贞娘屠虎记

武侠小说。郑证因著。上海励力出版社。1947 年 12 月版。1 册。7 万字。共 6 章。

第一章	武师女误嫁中山郎	第四章	老镖头夜探五丈岭
第二章	入歧途家庭伏惨祸	第五章	贿禁卒犯狱救恶婿
第三章	屠耐贞杀女全血胤	第六章	刺淫贼贞魂归离恨

回 头 崖

武侠小说。郑证因著。上海元昌印书馆。1949 年 11 月初版。1 册。6 万字。共 6 章。

第一章	女屠户匿迹白砂堡	第四章	走绝路一念起慈心
第二章	白衣庵惊逢甘婆子	第五章	渡迷关误走回头崖
第三章	陆七娘计骗话报应	第六章	悔前非痛心归正道

江汉侠踪

武侠小说。郑证因著。上海广艺书局。1948 年 12 月初版。2 集。7.5 万字。共 12 章。

正集

第一章	双峰峪苦心求绝艺	第四章	一伏两英雄显本领
第二章	汉江口仗势斗渔人	第五章	信谗言大打还覆城
第三章	砂阳镇恶弟兄逞凶	第六章	翔云鼠江边遇敌手

续集

第一章　醉东风阵上见英雄

第二章　车飞虎纵火烧渔场

第三章　图报复夜犯潜江县

第四章　见题诗惊倒车县令

第五章　白教师指名索凶犯

第六章　老英雄调解结本书

青 狼 谷

武侠小说。郑证因著。上海广艺书局。1949 年 9 月版。1 册。6 万字。共 8 章。

第一章　甘三娘苦心传艺

第二章　千里访仇踪

第三章　夜探于家塘险遭不测

第四章　金钩铁索闯重围

第五章　柳飞狐拔刀相助

第六章　夜闯青狼谷

第七章　单臂断索力斗黑煞

第八章　同挥义剑恩怨一笔勾

武林侠踪

武侠小说。即铁卒先生。郑证因著。上海励力出版社。1941 年 8 月。4 集。30.8 万字。共 22 章。

第一集

第一章　恩怨几时休

　　　　乱石沟镖头遭毒手

第二章　慈航泛苦海

　　　　少林僧绝顶逗孤踪

第三章　疗伤宿野店

　　　　方家屯武师觇盗迹

第四章　穷途遭夜袭

　　　　铁伞翁仗义惩群凶

第五章　侠士护孤儿

　　　　青云山杏坛传秘技

第二集

第一章　午夜辛勤

　　　　铁伞翁倾心传秘术

第二章　深宵话别

　　　　云中雁仗剑入江湖

第三章　吏蠹官贪

胡文渊含冤闯御状

第四章　灯昏月暗
　　　　恶狱吏受贿用奇刑

第五章　狠盗栽赃
　　　　逞淫凶奸杀十七命

第六章　祸从天降
　　　　负奇冤蒙辱陷图圄

第三集

第一章　怀愤入津沽
　　　　云中雁挝鼓投案

第二章　公门多恶役
　　　　汪捕头代抱不平

第三章　毒虐狱中囚
　　　　运神功炸铐断锁

第四章　镖师齐仗义

冒风霜千里赴援

第五章　县令动淫刑
　　　　程继志诬服定谳

第六章　亲朋皆扼腕
　　　　铁伞翁画策救徒

附：续集记略。

第四集

第一章　神火书冤
　　　　花园现奇迹

第二章　小试身手
　　　　旅店盗公文

第三章　逞凶淫谋刺云中雁

第四章　直隶司夜审程继志

第五章　大力神天牢探师弟

苗山血泪

长篇武侠小说。郑证因著。上海广艺书局。1950 年 3 月版。2 册。13 万字。共 20 回。

第 一 回　苗山避祸

第 二 回　奇童谑惩

第 三 回　横征暴敛

第 四 回　屠杀三村

第 五 回　乔装探山

第 六 回　三老破奸

第 七 回　双梭警敌

第 八 回　怒打土司

第 九 回　逃亡涉险

第 十 回　苗岭侦仇

第十一回　被诱入伏

第十二回　夹沟火困

第十三回　死里逃生

第十四回　危峰惊变

第十五回　捕头泄机

第十六回　苗墟惨睹

第十七回 旧友重逢
第十八回 暴压苗民

第十九回 惨戮贪官
第二十回 还乡归化

枫 菱 渡

武侠小说。郑证因著。上海正华书店。1951 年 4 月初版。2 册。8 万字。共 10 回。

第一回 避奇冤隐迹玄通观
第二回 孤身出外寻访佳婿
第三回 夜半逐刺客稍显绝技
第四回 停泊枫菱巧遇人杰
第五回 路见不平拔刀相助

第六回 绝技惩凶供实情
第七回 遭挫折太湖求援
第八回 鹊巢鸠占成篡志
第九回 夸富恶奴遭惨报
第十回 饰耻被讥逞毒谋

矿山喋血

武侠小说。郑证因著。上海正气书局。出版时间不详。2 册。15.8 万字。前言 1 篇。共 12 章。

第一章 追赃缉匪
金刚掌联辔下关东
第二章 分道扬镳
热酒棚捕头逢异叟
第三章 焦勇泄机
小矿主冒险入虎穴
第四章 深宵告秘
侦恶徒二匪逞阴谋
第五章 忘恩负义
肆凶焰矿山施毒手

第六章 口蜜腹剑
中狡计被困乌金岩
第七章 斩关破伏
黑龙姑义救小矿主
第八章 惩凶退敌
闯矿山牧场寄侠踪
第九章 牧野英雄
具肝胆共议除敌策
第十章 深宵惊变
追刺客联骑下洮南

第十一章　黑龙束利

苦水屯改道入宁安

第十二章　风雪边荒

献仙参元凶入法网

昆　仑　剑

长篇武侠小说。郑证因著。上海励力出版社。1949 年 6 月版。4 册。28 万字。共 36 章。

第 一 章　义救忠良三侠邀援寻旧友

第 二 章　防仇备战银九巧打满天星

第 三 章　雪山二丑午夜探庄试身手

第 四 章　逞强较技铁蚨一击警双魔

第 五 章　法谕再颁联袂轻舟挥义剑

第 六 章　网罗密布金刀宝刃闯兰州

第 七 章　群雄仗义夜闯兰州

第 八 章　缇骑捕良吏

第 九 章　草上飞猖狂兰州城

第 十 章　拒救援群雄铩羽

第十一章　昆仑剑客三传铁蚨令

第十二章　再入兰州将军夜审

第十三章　单剑斗二丑

第十四章　程万里金环扬威

第十五章　苦肉计闯重伏

第十六章　挫伏兵突围脱困

第十七章　强项吏脱身魔手

第十八章　龙形八掌剑斗七指魔

第 十九 章　哑道人救麒麟创强敌

第 二 十 章　玄门一剑

第二十一章　惊逢古剑受窘怀嫌

第二十二章　老鸦滩耕耘抑壮志

第二十三章　冒险入苗山

第二十四章　白云洞苗家结良友

第二十五章　救苗女鞭打金钱豹

第二十六章　传鞭授艺隐患潜伏

第二十七章　二苗女出山游鹿寨

第二十八章　恶奸商诈骗苗民

第二十九章　官商勾结暴打小洞主

第 三 十 章　佟天慧愤回老鸦滩

第三十一章　老父垂危祸从天降

第三十二章　惨受毒刑囚禁囹圄

第三十三章　二苗女惩贪雪愤

第三十四章　冤愤难伸群苗烧鹿寨

第三十五章　乱石山设伏败官兵

第三十六章　争生存退居黑松谷

岷江侠女

武侠小说。郑证因著。上海建文书局。1950 年 5 月版。2 册。12 万字。共 20 回。

第一回　私访盐区

第二回　廉吏被囚

第三回　吕翁义释

第四回　设局陷害

第五回　奸商纳贿

第六回　插刀寄柬

第七回　怀珠遇盗

第八回　侠女惩暴

第九回　卖珠被陷

第十回　运署警奸

第十一回　掳官杀眷

第十二回　江崖避祸

第十三回　犯险搜凶

第十四回　苇塘火困

第十五回　寻仇杀家

第十六回　死里逃生

第十七回　勇投虎口

第十八回　搜崖惊异

第十九回　脱身突围

第二十回　群凶落网

侠盗扬镖记

武侠小说。郑证因著。正新出版社。1947 年 12 月版。1 册。10 万字。共 8 回。

第一回　庆寿辰风波陡起

第二回　劫镖车嫁祸栽赃

第三回　山神庙惊逢异事

第四回　武昌府行侠歼寇

第五回　蒋明臣出生入死

第六回　方清平先礼后兵

第七回　侠良姑得师受艺

第八回　奸群丑昭雪覆盆

金刀访双煞

长篇武侠小说。郑证因著。上海励力出版社。1948 年 8 月版。2 册。21 万字。共 12 章。

第一章	黑鱼峡盗党逞凶焰		第 七 章	顾哀黎单剑胜双环
第二章	蹑敌踪卢奇试身手		第 八 章	火焰阵被困幽魂谷
第三章	小悟真力斗火云僧		第 九 章	勇恽义智入孽龙山
第四章	顾哀黎初访天龙寺		第 十 章	探番寺大破九宫阵
第五章	龙门山双煞会群雄		第十一章	入地宫侠剑闯重伏
第六章	红衣僧巧摆乱石桩		第十二章	救双娥擒龙降九煞

金梭吕云娘

武侠小说。郑证因著。上海元昌印书馆。1949 年 3 月版。2 册。8.3 万字。共 6 章。

第一章	漫天风云单剑护惊鸿		第四章	力保孤雏云娘全大义
第二章	昭德夫人陷身仙猿岭		第五章	荒山遇伏神魔斗群凶
第三章	临难不屈巾帼胜须眉		第六章	仙谷留踪摧敌完壮志

弧 形 剑

武侠小说。郑证因著。上海育才书局。1949 年 2 月初版。全 1 册。8 万字。共 5 章。

第一章	铁扇庄掌震少林僧	第二章	方云程义收良善子

第三章　救师妹杨振远涉嫌
第四章　惨别离义传弧形剑

第五章　义侠儿临危偏遇救

孤雏歼虎

长篇武侠小说。郑证因著。上海广艺书局。1951 年 3 月版。共 3 册。15.5 万字。共 30 章。

第 一 章　莽猎户搜奇遇险
第 二 章　田园被占爱女失踪
第 三 章　恶山主结交官府
第 四 章　淫毒妇逼夫虐侄
第 五 章　玉郎哭坟
第 六 章　雪中可怜儿
第 七 章　肖寺隐孤雏
第 八 章　回头崖至诚感奇僧
第 九 章　玄鹤寺师徒授艺
第 十 章　苦和尚警变搜凶
第十一章　少林僧封庙下山
第十二章　落魂坡待敌
第十三章　苦和尚愤侦敌情潜搜林场
第十四章　巧遇胡巧哥
第十五章　闯山庄入盗窟

第 十 六 章　恶淫妇恋奸媚盗
第 十 七 章　殪仇氏力战三霸天
第 十 八 章　负伤逃窜落魂坡寻师
第 十 九 章　山神庙师徒遭毒手
第 二 十 章　终天遗恨埋骨誓复仇
第二十一章　土窖脱困
第二十二章　二次搜庄
第二十三章　认贼作父之贵儿
第二十四章　飞鸟诱敌
第二十五章　夺贵儿苦僧甘受苦
第二十六章　战群凶
第二十七章　投宿贾祸
第二十八章　贵儿脱身
第二十九章　西岗五虎
第 三 十 章　九死一生

南荒侠剑

武侠小说。郑证因著。上海正气书局。1949 年 4 月再版。1 册。11.4 万字。共 8 章。

第一章　索敌纵侠剑走南荒　　　　第五章　菩提庵铁剑遇侠尼
第二章　黎母峰深宵追爱子　　　　第六章　金都寨无心得盗劫
第三章　大竹谷惊心逢异叟　　　　第七章　群雄会苗酋生恶念
第四章　鹰愁涧初会鬼见愁　　　　第八章　破奸谋鬼谷释前仇

柳 青 青

武侠小说。郑证因著。上海广艺书局。1948 年 8 月版。2 集。13 万字。共 20 章。

正集　　　　　　　　　　　　　**续集**

一　乔装卖艺　　　　　　　　　　一　封锁渔村

二　逮捕渔民　　　　　　　　　　二　死里求生

三　江湖落魄　　　　　　　　　　三　贪官露迹

四　还乡惊变　　　　　　　　　　四　谴惩民贼

五　监牢惨虐　　　　　　　　　　五　祖孙被捕

六　夜侦渔村　　　　　　　　　　六　难中遇救

七　诱迫渔民　　　　　　　　　　七　洞察民隐

八　竹林惩恶　　　　　　　　　　八　大吏侦冤

九　官逼民反　　　　　　　　　　九　兵困渔村

十　劫牢犯狱　　　　　　　　　　十　除暴安良

剑门侠女

长篇武侠小说。郑证因著。上海独立书局。1948 年 6 月版。2 册。13 万字。共 6 章。

第一章　访金霞月夜走荒山　　　　第三章　烁坚贞羽士赐丹砂
第二章　惩强徒天门全孝义　　　　第四章　望江崖惊来不速客

第五章　枫树坡侠剑警群魔　　　第六章　献绝技慈航渡众恶

闽江风云

　　武侠小说。郑证因著。上海励力出版社。1950 年 4 月版。1 册。6.5 万字。共 10 回。

第一回　铁琵琶手　　　　　　第六回　鱼腹秘藏

第二回　莲姑拒暴　　　　　　第七回　越狱脱逃

第三回　蔡妻惨死　　　　　　第八回　救兄自缢

第四回　伸冤受辱　　　　　　第九回　荒村恶斗

第五回　栽脏陷害　　　　　　第十回　水坞开山

闽江风云(续集)

　　武侠小说。郑证因著。上海励力出版社。1950 年 5 月版。1 册。6.5 万字。共 10 回。

第一回　闯关朝舵　　　　　　第六回　铁琵琶手

第二回　水坞阵兵　　　　　　第七回　阴谋败露

第三回　群雄会斗　　　　　　第八回　水澳安帮

第四回　怜才缩掌　　　　　　第九回　红旗飞至

第五回　金五扬威　　　　　　第十回　血债清还

幽　魂　谷

　　武侠小说。郑证因著。上海元昌书馆出版。出版时间不详。1 册。4.9 万字。共 4 章。

第一章	冤家对面力战万山王	第三章	午夜搜山侠尼遇奇士
第二章	伺隙偷袭两徒遭掳劫	第四章	魔消难满龙凤证良缘

秦岭风云

武侠小说。郑证因著。上海汇文书店。1950 年 12 月版。1 册。5 万字。共 10 回。

第一回	山庄恶斗	第六回	缀上了诈术脱身的崔三秀
第二回	乱柴沟邓谦埋恨	第七回	窃听谷内的秘谋
第三回	邓谦隐秘一生的奇遇	第八回	野人熊匿迹青麻谷
第四回	勇苗青忍苦卧底	第九回	奸杀火并
第五回	暗侦怪客	第十回	檐底潜窥终遭毒手

峨嵋双剑

长篇武侠小说。郑证因著。上海广艺书局。1949 年 10 月版。4 册。20 万字。共 18 章。

第一章	蓉城侦国贼　卖艺隐侠踪	第　十　章	劫小侠保柱显身手
第二章	乔装入王府　献技惊群雄	第十一章	于肖儿万里谒恩师
第三章	英雄困穷途　投师求绝艺	第十二章	保桂王少侠闯连营
第四章	栖身入王府　剑客握兵权	第十三章	白眉叟大营现侠踪
第五章	开坛传教义　壮士结洪缘	第十四章	于肖儿雪山送秘诏
第六章	谋鸩平西王　酒库试身手	第十五章	金马山群侠挥义剑
第七章	泄秘谋倒反成都府	第十六章	莽应时叛变劫桂王
第八章	谷云峰率众退峨嵋	第十七章	篾子坡桂王遭惨杀
第九章	天山叟入川访群侠	第十八回	陷大营脱险走台湾

钱塘双剑

武侠小说。郑证因著。上海元益印书局。1949 年版。1 册。6 万字。共 5 章。

第一章　孽重情深庙堂盟誓愿

第二章　乔装缉盗捕头试身手

第三章　宿恨难消权充座上客

第四章　威胁利诱软语锁金龙

第五章　磨折重重图谋生阻难

铁　马　庄

长篇武侠小说。郑证因著。元昌印书馆。1951 年 1 月再版。共 5 册。32 万字。前言 1 篇。共 50 章。

一　　乔装掳劫

二　　别家探山

三　　惨睹挥拳

四　　贿官陷害

五　　严刑逼供

六　　义援异叟

七　　侠踪倏隐

八　　雪峰夜会

九　　虎穴侦凶

十　　惊逢奇士

十一　卸骨惩暴

十二　酒肆挥拳

十三　暗侦阴谋

十四　血发警奸

十五　中途劫赃

十六　夜探县衙

十七　寒宵监会

十八　矿山血战

十九　峭壁搜凶

二十　变生不测

二十一　午夜献奸

二十二　虎口余生

二十三　敬酒赠刀

二十四　狡谋暗算

二十五　旧事重提

二十六　猿叟应援

二十七　穷搜野谷

二十八　三次对刀

二十九	悬崖撒手	四十	单骑迹凶
三十	生荣死哀	四十一	后三台玉姑闯险
三十一	抚孤授艺	四十二	深入匪寨
三十二	建场建庄	四十三	狐媚小场主
三十三	赤地千里	四十四	玉姑险遭不测
三十四	大祸潜伏	四十五	谁救走了骥群
三十五	暴掠牧场	四十六	师徒巧遇
三十六	火烧农庄	四十七	风尘异人镖局寄迹
三十七	陷身火窟	四十八	百草沟镖头惨败
三十八	剑伤匪党	四十九	投帖拜山
三十九	墓地恶斗	五十	再遭暗算

铁伞先生

武侠小说。即武林侠踪续集。郑证因著。上海励力出版社。1948 年 9 月版。2 册。10.5 万字。共 6 章。

第一章	大力神天牢会师弟	第四章	云中雁伸冤脱缧绁
第二章	十八司夜审负屈人	第五章	缉元凶侠剑聚津沽
第三章	单松龄单剑警淫贼	第六章	少林僧铁铲镇荒园

铁 拂 尘

武侠小说。郑证因著。上海正气书局。1949 年 1 月版。1 册。11.5 万字。共 10 章。

第一章	避敌踪风雪走凉州	第四章	探驿馆双侠会双凶
第二章	铁狮幢双小戏飞狐	第五章	铁琵琶寒夜诱强敌
第三章	蛇骨鞭三击铁琵琶	第六章	义侠翁雪中留警字

第七章　柳飞狐孤峰得秘敕　　第九章　毙奸党小侠全贞女
第八章　萧制君全家入网罗　　第十章　闹凉州双小斗金轮

铁 指 翁

武侠小说。郑证因著。上海汇文书店。1951 年 4 月版。1 册。5 万字。共 10 回。

第一回　铁指翁夜访小天台　　第六回　月牙湾检柴问路
第二回　双掌斗双姝　　　　　第七回　夜侦中计
第三回　涵真递掌示威　　　　第八回　日月鞭战练子枪
第四回　沙门三六式对大擒拿手　第九回　邓霜娥失陷惊睹铁指翁
第五回　二次乔装穷搜盗迹　　第十回　黑妖狐出现月牙湾

铁 狮 王

武侠小说。郑证因著。三益书店。1948 年 2 月版。1 册。7 万字。共 4 章。

第一章　铁狮王威震五羊城　　第三章　避敌踪含恨走边荒
第二章　战群凶总镖头自刎　　第四章　逞淫凶苗酋逼节妇

铁 狮 旗

武侠小说。郑证因著。上海三益书店。1949 年 12 月版。2 册。10 万字。共 6 章。

第一章　小侠追踪探洞穴义救纪瑶珍　　第二章　群雄御盗摧强敌齐下五指峰

第三章　狭路相逢歼楚璧夜探沙鱼港　　第五章　肃清香山施绝技众义捣巢穴
第四章　荒山设伏弄狡狯二次脱网罗　　第六章　克奏全功铁树砦群雄归烈骨

铁　狮　镖

武侠小说。郑证因著。新光书局印行。出版时间不详。1 册。9 万字。共 7 章。

第一章　五指峰孤雏会双龙　　　　第五章　渡仙舟怒传侠义柬
第二章　访二丑香山侦盗窟　　　　第六章　惊厄耗群雄入衡山
第三章　入匪巢双雄闯重关　　　　第七章　枫树谷设计斗强敌
第四章　袭镖局乐善庄聚义

铁　铃　叟

武侠小说。郑证因著。上海广艺书局。1949 年版。1 册。6.2 万字。共 6 章。

第一章　狼子贪心恶矿主恃强夺矿产　　第四章　层层设伏阴风洞侠士破阴谋
第二章　负伤忍辱余大业待时豹子岗　　第五章　变装易服雪山侠巧入黑虎矿
第三章　铁铃示警老郎中古刹戏双匪　　第六章　云开日现快恩仇血溅鸡爪崖

铁　笔　峰

武侠小说。郑证因著。上海正气书局。1948 年 10 月版。1 册。6 万字。共 6 章。

第一章　潜踪避祸忠良子学剑铁笔峰　　第二章　心苦志坚苦行庵苦心练绝艺

第三章　月夜荒山战灵猿涵虚救师弟

第四章　公子负伤铁拂尘击退九连枪

第五章　虚锁庵门苦行尼携徒访仇踪

第六章　同仇敌忾求师父流云岩寻姊

铁燕金蓑

武侠小说。郑证因著。上海元益书局。1949 年 6 月第 1 版。1 册。7 万字。共 6 章。

第一章　孽债难消鬼见愁初探思乡岭

第二章　恩将仇报野人岛欧阳陷匪帮

第三章　水师缉盗得金蓑奔避千金寨

第四章　仇深怨重盗盟柬再入赤霞庄

第五章　御变邀援九宫洲跪求南明叟

第六章　死生一发翻旧案二老困苍龙

离魂子母圈

武侠小说。郑证因著。新华书局。1948 年 5 月版。1 册。7.9 万字。共 6 章。

第一章　女屠户被困红砂谷

第二章　活报应蓝庄侦盗踪

第三章　感恩师午夜战群贼

第四章　蹑敌迹大闹三星镇

第五章　追云手一怒惩三凶

第六章　金七老榆关斗帮匪

离魂子母圈续集

武侠小说。郑证因著。新华书局。1948 年 7 月版。1 册。8.3 万字。共 6 章。

第一章　缉淫孀四侠巧相逢

第二章　女屠户破死闯重围

第三章　救吴青夜犯临榆舵

第四章　追叛徒侠盗戏帮匪

第五章　金钱镖力斗活报应　　第六章　陆七娘诈死出榆关

琅 琊 岛

武侠小说。郑证因著。上海广艺书局。1949 年 11 月初版。2 册。14 万字。共 20 章。

一	剥削惨虐		十一	逆子逞暴
二	抱子投海		十二	杨叟自焚
三	双童水斗		十三	酷刑逼供
四	搜村惊变		十四	怒杀妖姬
五	祖孙巧遇		十五	小龙脱险
六	学艺复仇		十六	夜袭琅琊
七	荒港奇童		十七	双童谴惩
八	夜探琅琊		十八	侠叟破伏
九	小龙陷敌		十九	元凶入网
十	变生肘腋		二十	血债血还

梭金母子

武侠小说。郑证因著。上海励力出版社。1947 年 9 月版。1 册。15.6 万字。共 10 章。

第一章	孤雏寡母含恨走征途	第六章　午夜寻仇浴血唐家弄
第二章	祸起微嫌机工演仇杀	第七章　负伤受辱求援白鹭汀
第三章	挥泪托孤伤心劝夫婿	第八章　冤孽难消金文锦惨死
第四章	一身是胆初访武南兴	第九章　功亏一篑愤投虎牙山
第五章	宿世冤家酒楼试身手	第十章　暗入扬州金梭显身手

雪山四侠

武侠小说。郑证因著。元昌印书馆。1948 年 12 月初版。1 册。6.3
万字。共 4 章。

第一章　护孤儿雪山权避祸　　第三章　金刚掌义助铁铃叟
第二章　五云抓独力斗双凶　　第四章　假车夫狡计再脱身

野　人　山

长篇侠情小说。郑证因著。上海育才书局。1948 年 5 月初版。2 册。
12 万字。共 20 章。

一　龙川除蟒　　　　　　十一　小蝶甦生
二　洗劫四镇　　　　　　十二　媚施离间
三　卷土重来　　　　　　十三　魔窟脱身
四　死里逃生　　　　　　十四　森林寄踪
五　恩将报仇　　　　　　十五　侦奸惩恶
六　小蝶侦奸　　　　　　十六　巧救阿双
七　仗义搜山　　　　　　十七　群苗赴义
八　野人火并　　　　　　十八　力战三凶
九　义救苗酋　　　　　　十九　火攻诛酋
十　荒林惊艳　　　　　　二十　泽及汉苗

淮上风云

武侠小说。郑证因著。上海广艺书局。1949 年 10 月版。2 册。9 万

字。共 6 章。

第一章	荡轻舟双小戏帮匪	第四章	侦敌踪双侠惩帮匪
第二章	草上飞初探绿竹塘	第五章	金七老柳堤显身手
第三章	逞奸谋再入清风堡	第六章	会群雄僧道渡欧阳

绿野恩仇

武侠小说。郑证因著。上海正气书局。出版时间不详。2 册。23 万字。共 10 章。

第一章	女色可亡国 浴血桑林浦	第六章	精娴绝技者 竟是盗薮人
第二章	焚宅埋本主 含泪走天涯	第七章	临危救死难 野店葬恩兄
第三章	淫徒勘火窟 避仇走金陵	第八章	卖金遭缧绁 含恨入囹圄
第四章	投师失意下 卧病困湘边	第九章	灵猿结良伴 练技隐荒山
第五章	误从江湖客 陷身铁马庄	第十章	冤家重聚首 恩仇一笔勾

黑 凤 凰

武侠小说。郑证因著。上海广艺书局。1949 年 9 月版。1 册。10.7 万字。共 6 章。

第一章	雪地徐娘计传秘柬	第三章	庄师履险黑凤应援
第二章	佛楼啸聚夜扰长沙	第四章	岳麓搜山帮匪受创

第五章　抽梁换柱设伏诱敌　　　第六章　雾锁云封悬崖撒手

黑 妖 狐

武侠小说。郑证因著。上海汇文书店。1951 年 4 月版。1 册。5 万字。共 10 回。

第一回　黑妖狐酷刑取供　　　第六回　巧觇秘窟
第二回　沙门双剑会群魔　　　第七回　爱徒作质忍辱订约
第三回　铁指翁舍身入虎穴　　第八回　狡贼脱身飞龙涧
第四回　师徒义重庵主搜山　　第九回　再觇盗迹鸿飞冥冥
第五回　遇伏破伏　　　　　　第十回　三环套师徒重逢

蓉城三老

武侠小说。郑证因著。上海广艺书局。1949 年 3 月版。1 册。8 万字。共 6 章。

第一章　无心结怨双鸟闹蓉城　　第四章　野谷投宿午夜战群凶
第二章　一叶扁舟抢关较绝技　　第五章　拜山较投被困一线天
第三章　盗党乔装酒棚弄诡计　　第六章　脱险破伏三老擒双鸟

嵩岭双侠

武侠小说。郑证因著。上海励力出版社。1949 年版。1 册。5 万字。共 3 章。

第一章　风尘隐奇士牧场逗侠踪　　第二章　雨夜盗良驹双侠戏双寇

第三章　鬼影子怀仇掀巨案

塞外惊鸿

武侠小说。郑证因著。新风书店。1951 年 5 月版。5 册。21 万字。共 40 回。

第一集

一　郊原试马惊逢怪客
二　夜访双松岭
三　塞外惊鸿栖牧场
四　廉吏结怨权奸
五　慧眼识英雄
六　夜侦将军府
七　铁云峰城南追秘札
八　御史宅群丑逞凶焰

第二集

一　讯奸错骨
二　王府求援金蝉脱壳
三　秘议脱身
四　闯关夺路
五　抽梁换柱父子脱身
六　女扮男装别母寻父
七　出居庸敌踪已现
八　土地祠被围惨败

第三集

一　长白山主突现侠踪
二　送骡车避道脱险

三　梨树坡豪侠款客
四　三追三挡
五　父子戏三凶
六　逞威树怨
七　闹庄
八　梨树坡谑惩捕役

第四集

一　跳崖脱身
二　二次穷追
三　黑松岗恶犬肆威
四　夺路遇伏
五　痛创恶役
六　黑旗营阻难当头
七　崖上偷窥山村怪汉
八　惺惺相惜

第五集

一　杨大荒初显身手
二　却强敌闯山口
三　驰援报警
四　老龙套口铁棍扬威
五　退官兵活阎王三次锻羽

六　乱松林山主传柬　　　　　　　八　山村栖止又遇异人

七　阻碍丛生走访野狐岭

塞外豪杰

武侠小说。郑证因著。上海广艺书局。1949 年 9 月初版。2 册。15.6 万字。共 12 章。

第一章　庆寿筵开会群雄风波平地起　　第 七 章　一身是胆入龙潭计闯乌龙寨

第二章　寻镖雪恨青面豹塞外振英威　　第 八 章　斩关破伏常得胜力夺豸獬营

第三章　强徒中计何道兴力破芦苇沟　　第 九 章　中秋佳节有德纳宠失野狐岭

第四章　互起猜疑叶大熊倒反风云堡　　第 十 章　野狐岭破北地王落草富贵山

第五章　妄生贪心朱有德囗啸野狐山　　第十一章　二次劫镖老英雄誓死除群丑

第六章　大犯县城勇韩涛二次探贼巢　　第十二章　解冤释怨青面豹偕子返田园

燕　尾　镖

长篇武侠小说。郑证因著。上海育才书局。1950 年 3 月版。2 册。13 万字。自序 1 篇。共 20 回。

一　洪流泛滥　　　　　　　　　　十　　狂徒丧胆

二　呼援受辱　　　　　　　　　　十一　臣盗拜庄

三　救险搜奸　　　　　　　　　　十二　猝遭毒手

四　春郊试马　　　　　　　　　　十三　替父寻仇

五　镖歼双豹　　　　　　　　　　十四　失风陷敌

六　艺传奇女　　　　　　　　　　十五　淫徒肆暴

七　夜侦恶徒　　　　　　　　　　十六　毁家仗义

八　侠踪隐现　　　　　　　　　　十七　夺船逃命

九　绿野惩凶　　　　　　　　　　十八　武师探庄

十九　剑胜三凶　　　　　　　　二十　除暴安良

霜天雁影

长篇武侠小说。郑证因著。正华书店。1951 年版。5 册。共 40 章。

第 一 章　铁门湾苦难渔夫　　　　第二十一章　风尘客千里送镖师

第 二 章　夜入双龙港　　　　　　第二十二章　镖头示懦

第 三 章　单枪会群盗　　　　　　第二十三章　夜访三官庙

第 四 章　散财济众　　　　　　　第二十四章　小河口搜匪

第 五 章　结盟离乡流浪江湖　　　第二十五章　智渔童翻船识匪面

第 六 章　小辰山救人反遭祸　　　第二十六章　追敌入羽山

第 七 章　斗恶杀奸　　　　　　　第二十七章　狡贼行诈逃身

第 八 章　二次遇祸　　　　　　　第二十八章　夜聚豹头岗

第 九 章　身陷囹圄　　　　　　　第二十九章　匪窟听盗语

第 十 章　山穷水尽中的一线生机　第 三 十 章　借舟追舟

第十一章　卖珍宝辽东遇祸　　　　第三十一章　黄河套黑夜惩凶

第十二章　陆凌峰被迫显身手　　　第三十二章　苇塘中又睹奇人

第十三章　渔舟航海避祸逃亡　　　第三十三章　虾米湾侦盗窟

第十四章　怪客搜船　　　　　　　第三十四章　黑铁塔朱宝庆

第十五章　遇盟叔渔舟献人头　　　第三十五章　霸据一方抢架贫女

第十六章　古刹遇伧夫　　　　　　第三十六章　路见不平拔刀相助

第十七章　镖客惩凶结怨　　　　　第三十七章　太极拳痛惩狂徒

第十八章　蝎子沟镖客中伏惨死　　第三十八章　弃家远飏甘心为匪

第十九章　诈死逃生　　　　　　　第三十九章　奇门枪对鬼头刀

第二十章　穷道士侠肠热骨　　　　第 四 十 章　虾米湾瓦解冰消

鹰 爪 王

长篇武侠小说。郑证因著。励力出版社。1942 年 8 月—1950 年初版。共 14 册。每册有前情索隐和续集记略。134 万字。共 145 章。

第 一 章　走风尘失书贾祸

第 二 章　吴剥皮毒打良民

第 三 章　鹰爪王初试绝技

第 四 章　杨凤梅纤掌惊奸

第 五 章　七宝珠筵前惊寇

第 六 章　走华山贼困松坪

第 七 章　诱敌踪莽猿坠涧

第 八 章　会侠尼共议锄奸

第 九 章　将军府陈冤寄柬

第 十 章　布疑阵爱徒失踪

第十一章　落魂提双侠惩五寇

第十二章　天罡手寄柬摘星崖

第十三章　铁牛庄夜会风尘客

第十四章　万柳堂义救紫云女

第十五章　石猴驿火窟释仇雠

第十六章　归云堡怒传侠义柬

第十七章　下乾山荒村寻盗迹

第十八章　探荒园铁掌毙凶癸

第十九章　义侠儿舍命拒淫媚

第二十章　败群寇火焚陆家堡

第二十一章　鹰爪王铁掌败鄷伦

第二十二章　伏波剑威镇神女峰

第二十三章　泛扁舟淫媚漏网

第二十四章　福安店群寇夜袭

第二十五章　界山口雨中人示警

第二十六章　乾河甸帮匪再寻仇

第二十七章　双侠宿店破奸谋

第二十八章　叛徒被困卧牛山

第二十九章　正门规惨刑戮淫贼

第 三 十 章　判盗蜂纵火焚盗艇

第三十一章　双掌运神功飞石人吓退群丑

第三十二章　铁蓑示侠迹绿竹塘众志成城

第三十三章　小憩征尘众义侠深宵议事

第三十四章　破伏寄柬辛镖头追贼涉赚

第三十五章　勘盗迹金刀叟巧试轻身术

第三十六章　赴浙南风尘客策马踏征途

第三十七章　飞云道海贞姝逼取紫河车

第三十八章　万柳堂惩淫徒巧得地煞剑

第三十九章　金针续命香闺少女洗污名

第 四 十 章　一叶扁舟长江破浪斗帮匪

第四十一章　帮匪舟袭鹰爪王小试降龙手

第四十二章　江干小憩夏候英大闹望江楼

第四十三章　寄柬留名胡香主乔装术士

第四十四章　淫媚现迹地理图被诱迷途

第四十五章	假公济私凤尾帮二匪火并
第四十六章	施恩市惠探匪巢弄巧成拙
第四十七章	荒江午夜突现侠踪
第四十八章	铁掌轻挥群魔剑迹
第四十九章	脱匪困夏候英日逢三侠
第五十章	缉贼踪鹰爪王夜斗双煞
第五十一章	西川双煞狡设青竹桩
第五十二章	挥刃拒敌义聚石佛洞
第五十三章	秦中三鸟盗镖试身手
第五十四章	妙手仙猿暗用测天尺
第五十五章	伍宗义杆棒斗群贼
第五十六章	矮金刚初会侯天惠
第五十七章	虬龙棒巧破锁口鞭
第五十八章	护珍匣柬慰两镖客
第五十九章	蹑迹跟踪侠心戏三昧
第六十章	抽梁换柱智门缘林人
第六十一章	矮金刚堤戏双寇
第六十二章	金刀僧栖鹤寺逞凶
第六十三章	秦中三鸟卷土重来
第六十四章	再挫贼锋两番定计
第六十五章	施青手药酒困群雄
第六十六章	较轻功巨盗终受辱
第六十七章	追云手雁荡山再现侠踪
第六十八章	索伏桩火灵针晴空作祟
第六十九章	走绝壁鹰爪王悬崖试身手
第七十章	追盗迹堡主初会小龙王
第七十一章	午夜探贼巢鹰爪王暗勘船坞
第七十二章	洪波除水兽追云手义救奇童
第七十三章	世族叹陵夷隐迹江村权避祸
第七十四章	深宵谈往事老妪挥泪托孤儿
第七十五章	异质本天生稚虎凌波探虎穴
第七十六章	破伏挥利剑双侠初次闯竹城
第七十七章	盗窟殖渔盐屡屡设伏
第七十八章	九宫迷方阵步步危机
第七十九章	救江杰深宵追盗艇
第八十章	用火攻双侠闯重伏
第八十一章	犯险福寿堂再遇女屠户
第八十二章	淫孀遭严谴香主振帮规
第八十三章	孽海无边风流妇甘心作恶
第八十四章	清波设伏水心亭营救爱徒
第八十五章	凤去楼空侠尼留柬
第八十六章	渔舟鼓浪泗水驰名
第八十七章	先礼后兵武维扬飞舟送宴
第八十八章	关门投柬鬼影儿炫技轻敌
第八十九章	白浪泛轻舟泗水渔家初犯险
第九十章	匪巢呈幻境武林健者较神功
第九十一章	狭路巧相逢巨盗寻仇荒江设伏
第九十二章	佟云露绝技连施辣手暗箭无功
第九十三章	大力断帆樯覆盗舟么魔敛迹
第九十四章	轻舟搜盗窟中奸谋被诱迷途

第九十五章　日暝波汹乱箭如蝗双艇遇险	第一一五章　鹰爪王遇助脱险内三堂
	第一一六章　颁旗令执堂迎驾会群雄
第九十六章　丐侠示警应援破伏孤鼠智穷	第一一七章　遇宿仇旧日冤家重会面
	第一一八章　惩凶顽帮主一怒开香坛
第九十七章　月暗星稀草木皆兵强敌再逞	第一一九章　大祸潜伏正帮规棒打鲍子威
第九十八章　英雄较技蹑形逐影匪徒潜踪	第一二〇章　生心内叛结死党午夜犯宾馆
第九十九章　镖师斗巨寇锁口鞭再肆淫威	第一二一章　秦中三鸟再寻仇惨毙老龙口
第一〇〇章　盗匪逞凶顽金丹续命	第一二二章　净业山庄群雄会惊来不速客
第一〇一章　浪疾波汹水中呈幻影	
第一〇二章　武师奋战初试连环镖	第一二三章　唇枪舌剑怀宿嫌武力决雌雄
第一〇三章　偷鸡盗酒侠丐成庖人	
第一〇四章　双艇无情满江飞烈焰	第一二四章　武场初开猛左恒铁掌挫敌锋
第一〇五章　肃整帮威内三堂三番传旗令	第一二五章　劲敌当前万柳堂初试地煞剑
第一〇六章　提闸暗助飞鸳船破浪闯迷途	第一二六章　箭打连环矮金刚小试擒龙手
第一〇七章　弃舟投柬金雕堂香主宴群雄	第一二七章　金砖换金掌金七老辣手报旧仇
第一〇八章　古爵献酒鹰爪力暗警火飞龙	第一二八章　一丐一侠河间府义救崔镖头
第一〇九章　盗窟辟幽居水榭花畦呈异趣	第一二九章　暗助蓝璧金老寿青竹桩较技
第一一〇章　茅亭浮水面莲池较技斗神功	第一三〇章　缩掌怜才释前嫌怒闯连环坞
第一一一章　试绝技轻功暗渡浮沙阵	第一三一章　沙门慧剑五户阵巧斗连环圈
第一一二章　寄柬帖侠尼巧还白羽箭	
第一一三章　天凤堂四雄深宵谈秘境	
第一一四章　灭神灯异侠暗助胡香主	第一三二章　胆大包身飞刀阵小侠胜

薛庸

便铲

第一三三章 较九芒球万柳堂侠心服萧毅

第一四〇章 碧眼虬龙查家钩骄敌遭毒手

第一三四章 划地对拳铁蓑道示惩献淫媚

第一四一章 大鹰爪力争生死掌震武维扬

第一三五章 众怒难犯女屠户领死入刑堂

第一四二章 死里求生女屠户诈术诱吴青

第一三六章 一决死生少林僧独力较三阵

第一四三章 净业出庄困群雄铁蓑显身手

第一三七章 掌震灯檠束香桩群侠献神功

第一四四章 凌波击匪多指尼港口护船帮

第一三八章 天南逸叟金龙鞭力敌活报应

第一四五章 瓦解匪帮鹰爪王重返清风堡

第一三九章 杀孽难消离魂圈恶战方

鲲岛逸史

武侠小说。郑坤五著。南方杂志社。出版时间不详。2 册。25 万字。自序 1 篇。共 50 回。

第一回 赠茶器尤老人割爱
信风水吴贼子行凶

第六回 误救人宁馨儿失镜
互报怨恶阿牛倾家

第二回 小守己单身夺祖母
老信义神力退贼人

第七回 为正义训戒顽孙
打不平膺惩贼子

第三回 避危机神祠当要塞
呈绝技树木嵌金钱

第八回 用金钱打回杨进宝
讨远镜气走李为珍

第四回 得奇器乳虎添翼
用毒药豺狼丧心

第九回 编团练老遗民立功
贪远镜前总爷做贼

第五回 破迷信老英雄捉怪
因母病贼孝子伤人

第十回 兄弟酬恩爱人定聘
汉砂分界刺客挥刀

第 十 一 回	百战百败贼人丧胆 一生一死刺客寒心
第 十 二 回	险杀无辜好官深悔殃民祸 造成万恶凶贼犹存舐犊情
第 十 三 回	收化外民恩威并用 炸海洋贼血肉横飞
第 十 四 回	义首延年没药有喜 军师误算化吉逢凶
第 十 五 回	贼运衰颓大言受打 宦途曲折直道招尤
第 十 六 回	和尚含冤西天忽成地府 佳人受难监狱却用教堂
第 十 七 回	求亲事老尼说教 访知己名士赋诗
第 十 八 回	治骄兵掷出人头五颗 撩快婿塞来秽布一丸
第 十 九 回	冤天大枉主仆被诬为贼妇 交臂而失骨肉相逢等路人
第 二 十 回	绝处逢生幸交益友 无端惹祸误杀亲兵
第二十一回	究真理如悟古人深用意 忍大辱可怜老妇险伤生
第二十二回	放弃仇雠足见英雄雅量 巧留娇客方知老太多情
第二十三回	施符水妖道煽惑愚民 饮铳弹半仙变成死鬼
第二十四回	重重艳福英雄无计脱情关 句句名言哲士有心说人道
第二十五回	无风起浪狡贼筹谋 好事多魔老尼激变
第二十六回	故误佳期新郎作怪 巧依罚则贤妇多谋
第二十七回	子弹赠投莫道感恩知己易 人情变幻方知见义勇为难
第二十八回	负气挂冠犹了未完天职 处囊脱颖岂容埋没人才
第二十九回	为知己赠言破除风水邪说 悯俗人迷信指导雷电原因
第 三 十 回	占贼船反宾为主 失盗窟穷鼠吃猫
第三十一回	善用金钱借花献佛 巧收土棍曲突徙薪
第三十二回	巧烧贼船官军得胜 误入佛寺僧侣逞凶
第三十三回	重人情遗书留友谊 说物理引证破群迷
第三十四回	从军有志誓报夫雠三少妇 为善必昌喜邀天祐一渔人
第三十五回	殃及池鱼杨家罹贼成祸 冤由土煞哲士口斥胎神
第三十六回	着着成功贤令六才驱剧贼 头头是道丑奴有术驱群雌
第三十七回	遗臭千年不义弟兄皆授首 留香百世殉忠父子并捐躯
第三十八回	君子含冤恩仇误会 义民战胜邪正分明
第三十九回	寄恨赋诗慧尼命薄 论功行赏李广数奇
第 四 十 回	献治台国策增兵力崇官权 永久服民心 差拏妖虎爷捉狗精爬入粪 忽然伸马脚

第四十一回　治小人英雄失算
　　　　　　借外力狡贼横行

第四十二回　犯官符正人受冤屈
　　　　　　迎圣旨粤族得荣誉

第四十三回　触目惊心舍取断文片片
　　　　　　冤天枉地招来误解重重

第四十四回　捣贼巢少英雄捉鬼
　　　　　　说梦境老义士破迷

第四十五回　闭门不纳少妇无情
　　　　　　隔水能鸣善人作怪

第四十六回　见香色之于花虫一时妙悟
　　　　　　化夫妻而为师友几世清修

第四十七回　将军杀贼焉肯损人利己
　　　　　　老妇擒儿果然大义灭亲

第四十八回　初试艺取得贼头两个
　　　　　　嘉联婚聘来媳妇一双

第四十九回　百里寻亲何独家贫生孝子
　　　　　　一门死节方知世乱出忠臣

第 五 十 回　援助官军菜包老爹得地
　　　　　　屈从匪贼埠圳巧匠丧生

小 阳 秋

传记小说。郑逸梅著。上海日新出版社。1947 年 11 月初版。1 册。4 万字。作者自志 1 篇。共 50 篇。

任伯年之塑像

吴昌硕及其弟子

邵元冲夫妇之隽才

林琴南卖画

从高太痴说到希社

郑叔问啸傲烟霞

毕倚虹受业于黄季刚

鲁迅称许绿野仙踪

顾子山之名联

吴中怡园琴会之十四人

萍社之五虎将

宋哲元之大刀

诗简传情之徐枕亚

张宗昌办新鲁日报

陆士锷之龙泉剑

赛金花结识孙三儿

柳余之交谊

苏佩秋之闺律

金鹤望宣讲我国文化

郑娱清之示儿诗

程瑶笙论画

蔡松坡与唐继尧

章太炎之私生活

岭南画家高奇峰

翁铜士崇拜甘地

冯春航之往事

上海最早之唱歌教师沈心工

野鸡大王徐敬吾

梁鼎芬追念端涭阳

严复是预言家

窒息而死之沈道非

苏曼殊居江上藏书楼

周人菊才思敏捷

燕谷老人之燕园

追忆报人谈善吾

张謇公秋夜草疏

杨云史临死赋攘夷颂

藁葬赤柱山头之谭元博

梁鸿志口头之龚老师

网师园旧主张今颇

王克敏之狐臊气

光复上海之四烈士

魏迪元工诗

顾影佛与邹翰飞

胡雪岩之世系

周湘之风义

从楚园到刘公鲁

玉树临风之陆子美

沈心海获芝志喜

郑稚辛之柳下居

小　说　集

社会小说。郑逸梅编。上海竞新书局。1926 年 7 月版。1 册。8.3 万字。共 26 篇。

天笑、红蕉	无法投递	天愤	临时疫院
瘦鹃	我想苏州	枕绿	两难
枕亚	愿作鸳鸯不羡仙	民哀	悔之晚矣
双热	豆腐西施	碧梧	遗传性
小凤	栖生	明道	某富豪之家庭
天台山农	桔中乐	豁公	古井波
指严遗稿	边荒遗迹	绮缘	试金石
胡寄尘	三个世界	牖云	羞谜
卓呆	古井	菊高	玫瑰红
小青	精神病	吟秋	女儿貌
少芹	一个解放的女子	钝铁	文学家
烟桥	归来	王瀛洲	左右难

范佩萸　请假　　　　　　　　|逸梅　残余之照片

玉霄双剑记

武侠小说。郑逸梅著。上海益新书社。1930年2月版。2册。11万字。范烟桥作序1篇。程瞻庐题词1首。赵眠云题玉霄双剑记人物咏1篇。顾明道作序1篇。自序1篇。共24回。

第 一 回　绝迹飞行适逢风伯
　　　　　担惊受吓遂来病魔

第 二 回　兰蕙芳心早知祸变
　　　　　蛇蝎毒口别有奸谋

第 三 回　绛珠姊代父述医语
　　　　　碧筠庵因病细谈心

第 四 回　颠倒妾婢抵死取偿
　　　　　断绝婚姻逆来顺受

第 五 回　七窍冰心宜学仙佛
　　　　　一函玉泪请愿椿堂

第 六 回　老尼进言十分诚意
　　　　　真师推荐百岁畸人

第 七 回　萱室怀疑明珠掌上
　　　　　椿庭卓识白鹤云中

第 八 回　课农事山隐暂韬名
　　　　　显神通玉虚存妙用

第 九 回　托娇女仰止巨人山
　　　　　别祖先暂回仁寿里

第 十 回　黄茅数椽拜师成礼
　　　　　苍藤一杖凭虚御风

第十一回　费心机想红丝再系
　　　　　动官兴靠黄金有灵

第十二回　金夫人承命擅家政
　　　　　玉奴儿含怨幻闺情

第十三回　计诱痴儿波谲云诡
　　　　　梦托仙女木接花移

第十四回　雪肤花貌向学有缘
　　　　　水驿山程行修开路

第十五回　电闪闪挫剧盗前锋
　　　　　血淋淋取恶僧首级

第十六回　巨蠹自亡无烦心剑
　　　　　故人虽死代筑草堂

第十七回　遵义府顺道访高人
　　　　　碧霄洞占居来妖道

第十八回　道观同游未窥地室
　　　　　尼庵回去重叙天伦

第十九回　巨人山求药济沉疴
　　　　　岳阳楼摄魂姿游览

第二十回　慧绛珠愿学北宫女
　　　　　老玉虚重会东方生

第二十一回　山林韵格闺秀丰才
　　　　　　壑谷侦查畸人久驻

第二十二回　巡抚辕门收盗作吏
　　　　　　渔翁村舍代酒烹茶

第二十三回 剑锋险挫迅诛妖人
地室廓清放还幽女

第二十四回 绛霄侍父游览名山
梅仙馆甥完成嘉耦

羽翠鳞红集

短篇社会小说。郑逸梅著。上海益新书社。1929 年 7 月版。1 册。9.4 万字。丹翁题书名。作者小影 1 幅。册画 14 幅。共 30 则。

一　同居

二　妇女妆束屑谈

三　看花小识

四　虚伪的死

五　槎溪访墓记

六　鼠蠹余札

七　家庭会议

八　游宴小记

九　纸帐铜瓶室联话

十　凝酥韵话

十一　杂谈一嚏

十二　驼之翅

十三　古酒名录

十四　参话

十五　急难姻缘

十六　乱离中之两篇纪念文字

十七　章台艳韵

十八　一个开风气之女学生

十九　名花艳乘

二十　珍果艳史

二十一　克买湖记

二十二　九九缘

二十三　今人与古人同名号偶摘

二十四　梅龛杂碎

二十五　毒钮

二十六　参观电影工作谈

二十七　双璧记

二十八　一个悟彻人生观的导演

二十九　残余之照片

三十　短期之离婚

孤　芳　集

掌故小说。郑逸梅著。上海益新书社。1932 年 8 月版。1 册。4 万字。自序 1 篇。两编。共 144 则。

甲编

一	虎蜉
二	槟榔摧肝
三	日妓谒诗僧苏曼殊墓
四	苏门答腊之元旦和尚
五	和阗之羊脂玉
六	阎氏之玉鸡
七	谭茶陵之名言
八	吴中之红豆树
九	六万三千斤重之铜佛
十	里昂水灾中之一对情侣
十一	苏曼殊之与山芋
十二	爪哇人之多妻俗
十三	蟋蟀有活命之恩
十四	椒子御盗
十五	醉仙桃
十六	鲨珠
十七	张王庙之石狮球
十八	谭祖庵之风趣
十九	国庆印话
二十	丹桂宴之奇影
二十一	一品桃
二十二	木渎之摩喉罗
二十三	湘潭之木凤仙
二十四	闻所未闻之笑柄
二十五	栩园访旧
二十六	琴僧栖谷之圆寂
二十七	客述曾农髯之度量
二十八	俞粟庐轶事
二十九	程雪楼轶事
三十	大晏岭之佛面榆
三十一	普陀之土蛇子
三十二	瓜蛇与蛇瓜
三十三	顾鹤逸轶事
三十四	百斤重之大西瓜
三十五	苗民之雕刻
三十六	烟赌话趣
三十七	不食牛肉之大宣传
三十八	傅红薇之著述
三十九	子女推让遗金
四十	异竹
四十一	吴杏芬之论画隽语
四十二	吴昌硕之写像
四十三	冯蒿叟之与冻豆腐
四十四	韩止叟轶事
四十五	名兰鱼鱿娇
四十六	胡林翼善识气运
四十七	天池山之铁树子
四十八	潇湘劫
四十九	樊樊山轶事
五十	诗人胡石予先生之悼亡
五十一	为朱淑贞辨诬
五十二	为唐六如辨诬
五十三	李农如之风趣
五十四	易实甫痛哭陶然亭
五十五	黄鑪痛语
五十六	杏芬老人之画之价值
五十七	独鹤出群格
五十八	廉南湖挽万柳夫人
五十九	陈英士不忘其旧
六十	赣省之共祸拾零
六十一	人性与兽性之奇谈

六十二　任立凡轶事
六十三　南亭亭长之与安垲第
六十四　六〇六之起源
六十五　杨度之醉后画梅
六十六　谈巫峡之猿
六十七　鲍咸昌轶事
六十八　菊部隽谈
六十九　维也纳之离奇命案
七十　　毁箦
七十一　印粉
七十二　吴中古木志
七十三　西方之歌剧泰斗
七十四　巴黎香水广告
七十五　昆山石
七十六　哥萨克人之驭马
七十七　梦蛇
七十八　价值数千金之木屐
七十九　虾蟆负子出游之异
八十　　雪琴后人之金石谈
八十一　孙宝琦之风义
八十二　西方之红蝴蝶
八十三　贫民之新生计
八十四　曲江之响尾蛇
八十五　余天遂轶事
八十六　天遂轶事补记三则
八十七　余天遂先生之吊奠

乙编

一　　宋园访旧记
二　　西园听雨记
三　　靖园窥虎记

四　　观瑞云峰记
五　　秋山红树记
六　　游龙寿山房记
七　　怡园流觞记
八　　访蒋圃记
九　　天平试马记
十　　记槎溪葛氏园
十一　游环秀山庄记
十二　遂园啸傲记
十三　植物追胜记
十四　鹤园夜宴记
十五　虎阜瞻幢记
十六　游濂溪别墅记
十七　上方之游
十八　莲宕之游
十九　记玄妙观之古鼎
二十　神仙庙纪游
二十一　周庙观玉记
二十二　留园兰会记
二十三　惠荫园赏桂记
二十四　拙政园赏蕖记
二十五　狮林赏菊记
二十六　探梅两日记
二十七　菊宴琐记
二十八　豫园观画记
二十九　小说家之非战
三十　　他变了个样儿了
三十一　三篇小小说
三十二　谈谈几位奇怪朋友
三十三　吃素信教的两艺术家
三十四　人生痛苦之一夕谈

三十五　银灯裸影记

三十六　两个为电影而牺牲者

三十七　看影戏的常识

三十八　樱岛杂碎

三十九　暹逻杂碎

四十　　斐洲兽语

四十一　补陀归客谈

四十二　关于电车上之两问题

四十三　挨外国人的骂

四十四　我上了一次的当

四十五　被盗纪趣

四十六　朱门盗瞰记

四十七　质当小话

四十八　蔷薇丛话

四十九　枇杷琐话

五十　　荔枝胜记

五十一　元旦杂碎

五十二　摘星楼诗钟

五十三　大众心理之违反

五十四　开凿月球之伏流

五十五　作如是观

五十六　调笑录

五十七　如是云云

五十八　凝香词

梅 瓣 集

社会小品文集。郑逸梅著。上海图书馆。1925 年 4 月版。1 册。8 万字。钱释云题词 1 首。陈莲痕、华吟水、徐碧波各作序 1 篇。共 281 则。

沈红红

黎秋爽

滑稽对

姜猴子

赵云崧

泰兴老人

国庆诗钟

拥翠偎红记

朝报谰言

红汗

罗汉莱

江宁周生

尼弄狡狯

紫云

郑樱桃

三十六郎庄

生髭妇

宝山夫人

张士钊

益智丹

大小眼将军

李九蟠

女胜男

柳神村

铁兰

新丧妇

弥勒佛画

谈某

木匠诡术

刘秋廷

鬼情

陆稼书

陆润庠

朱商仲

朱寿长

张孟洽

苦兵诗

测字养亲

凤尾

禅联

一箭双雕

何秋佩

碧珠

崔护第二

张关东

回味诗

五色诗

明珠暗投

秋月庵

田字诗

王强氏

点金术

调笑秀才

白羊黑犬

内人

谷皮纸

广东茄子

放飞金

蛇异

乩诗

苹果谐声

俗语对

鸦鸣鹊噪

桃奴祠

诗谶

彩票

某太史

雅联

羽客

江阴李某

宫闺异名

索技

袁一掌

某镖客子

金甲神

纪猴

缝工

蜈蚣子

铜匠担

神好色

秋菱集

金银眼猫

章英素

俞曲园旧宅

飞燕新妆

绿毛螺

草鞋钱	无情对
麋鹿	国策谜
阮守恒	令节之前后一日
谚语用韵	三友酒
烧梨	黄杨
鹅印	红梨
雀牌	绿毛龟治疝
鬼话三则	猫头鞋
饲狗	予之幼阤
柳若霭	月状大小
绯桃秋花	灵狐
食秽	雍姬母
黎廷弼	古人以龟命名
蒋蓉初	星士
梓人	蛇丐
蛇出游	丛菊图
怪产	半指
红虾	治冻瘃
二儿	历代宫闱淫乱史补遗
大手	还金
薄幸郎	周将军
十锦点心	横塘曲
镜中缘	名人小轶事十五则
梅龙菊虎	假风流案
美人头	污闺
龙虱	枫蟹
粉痕青编	烛焰
菊叶解腥	绣谷园
台阁	孟浪与孟浪
炭画	野婆
黄秋海棠	宋邦绥

反字

娈童

姹女

荫庭联

奇僧

僵尸四则

俏冤家

红叶

绣诗酬医

逸梅小品

短篇社会小说。郑逸梅著。上海中学书局。1934 年 4 月版。2 册。20 万字。漱六山房、王文濡、程瞻庐、许息盦、张恨水、陆士谔、刘铁冷、顾明道、范烟桥、周元住、范叔寒、蒋吟秋、邓铁造、朱灭目、徐碧波、周瘦鹃、程小青作序各 1 篇。海上漱石生、顾佛影、前人、童爱楼、屠守拙、许瘦蝶、冰史、范烟桥、朱六阶、胡石予、蒋梅笙、王均卿、江亢虎、赵焕亭、谢玉岑、屠守掘、高天楼题词各 1 首。共 279 篇。

上册

颐和园之西瓜灯

清道人以画见蟹

顾鹤逸之海野图

锦州之义马

寒山寺古钟

方还之死

马关议和佚史

书家佚谈

陈英士之笑话

大刀金秀风

嫩江之西瓜弹

瓜李艳名

作画遣兴之陆小曼

章聂二将

画苑绀珠

梁燕荪轶事

战笠之光荣

二树荣萎

卢子嘉轶事（又补录）

灵魂照相之研究

青阳地之残碣

岑云阶遗事

天竹子

梅

吴中杨梅

梅子

桃

疆村老人之风趣

蝙蝠酱

菲洲之招凉树

树中情窟

学海一勺

热河行宫中之珍藏

如此摩登

美国酒禁中之奢闻

杨杏佛之诗

东京市上劫掠物

锦州

南京路之旧影

于髯轶事

一个无名英雄

满地红

爱迪生琐事

影坛片羽

谈瑛

浦惊鸿

白居易与卓别麟表同情

倭邦琐话

中日之役丧失军舰考

平望之敌楼

镇倭轶书

倭报之讽刺画

伍朝枢轶事

汤玉麟之无赖

汉口水灾之回忆

新年逸话

菲岛杂碎

劫后余鳞

倭刀

臭虫

王梅癯

吸烟笑话

甲午之役中之翁绶祺

古猗园之回忆

元宵

倭国之军人

吴稚志身受倭辱

赴国难之简大狮

张敬尧轶事

富阳之鲥鱼

香蕉

金柑

橙

香橼

荔枝

水仙

结婚训辞可箴砭薄俗

将来之人类

油画之滥觞

夏威夷岛人之水技

冰

雪

古梅欣赏记

金盘银盏

庚子联军中之倭奴肆暴

摄影珍谈

大凉山之玀蛮

采平山之民风

扇

甲午诗史

琉球毛盛栋

吃的问题

喜峰口之血战

酒丐之死

牡丹江上之魏阿桃

能计里程之摩托车

烽镝中之清籁馆

兵燹拾零

募金趣屑

戴季陶孝思不匮

运菲解禁之火腿

曾左彭之治事精神

犬养毅轶事

韬晦故都之吴子玉

莘荠

里昂崖崩

墨市

菲律宾之麦哲伦墓

冯玉祥之清兴

烽火中之孝子

双琼馆之金钱莲

奇鱼识小

青云历劫记

抵制仇货之先例

割让台湾时之邱菽园

吴禄贞出卖顺风

榆关

闽变中之萨镇冰

吴中花事

灵魂床

青岛之新骗术

明代歼倭寇之三英雄

海外珠尘

鸡

围炉谈倭录

鞠部涠夏记

穷话

迦盦之逃画

霞飞在中国之一段因缘

樊樊山

滇中之换鼎

亡韩追痛录

赣地之巨桴

茶

曾农髯之惜名

美术家颜文梁

莲房红粉记

藕

西装

一得之言

失业与爱情

西瓜之种种

廿余年前之爱多亚路

吴子玉玩赏春灯

兵灾中之微生高

日闻拾隽

酒与妓

金鱼

龟

晨钟之警惕

离婚

劫灰中之林琴南遗译

没脚蟹与无核枣

王铁珊两趣事

介绍几句外国话

红豆树

扶桑赘话

藏扇话趣

隐身术

槎溪秋访记

续集

夏日之乐事

书南亭亭长

二十四番花信谈

蝉

银鱼

汪精卫嗜鸡雏成癖

暴迹留存之冷香阁

金花菜

潘兰史轶事

聚头扇

吕四港人之水技

瑞香

箑耦记

柳

东本愿寺之佛画会

霍桑探案隽拾

逝者如斯录

别开生面之报纸

海外扬芬录

艺乘之春

太湖之凫

吴苑导游录

现代之玄奘

芭蕉

槎溪葛氏园

月季

印章

端午

冰结凝

衡岳之胜

雨

异兰

桃

裸

蜘蛛

祈雨

竹园墩之俞三寿

甲午之役中之无名英雄

弹词中之开篇

于髯轶事

庚子年倭寇之盗我宫中宝物

杨梅

骆亮公之死

南瓜

鲫

画林轶闻

西瓜

捕蟋蟀忽逢佳运

枳首蛇与两头人

蜡梅

冬日之乐事

杨树庄轶事

嘉陵江头之滑竿

孙传芳皈依我佛　　　　　　　梅龛散记
海棠　　　　　　　　　　　　采芳撷艳录

人面兽心

长篇社会小说。即海市春色。泪珠生著。上海环球书店。1929 年 10
月版。4 册。20 万字。筍乡老人、徐若侨作序各 1 篇。共 64 回。

第 一 回	会开秘密提出四条文 私察行踪随来一暗探	第 十二 回	敲竹杠施耀全捣鬼 出手枪钱小秋留宾
第 二 回	跨灶有佳儿恶魔出世 赌台来妙女宵小生心	第 十三 回	旅店受窘黑夜剥猪猡 闺房伤情清晨吃食物
第 三 回	官场失意银行吐气 赌窟起念菜馆生心	第 十四 回	着衣吃饭慈母爱儿心 挥去招来强徒害人论
第 四 回	口蜜腹剑宵小手段 意马心猿儿女心肠	第 十五 回	散赌场私宅避风 回公馆森林送命
第 五 回	吃大菜要求好事 吞芙蓉成就良缘	第 十六 回	黑夜抛尸浪花飞溅 黄昏审案情节离奇
第 六 回	设陷阱佳人受骗 入圈套娇娘被禁	第 十七 回	旅社搜查惊天动地 报馆记载吊胆提心
第 七 回	苏瑞龙有心探口风 钱小秋假意问殷勤	第 十八 回	访消息忽逢暗探 递音信记起秘书
第 八 回	幽室闹奇闻香茶作梗 闺房询行踪莲子充饥	第 十九 回	绣阁诉情由唤醒娇女 法院录口供重托良朋
第 九 回	存折发生愈滋疑窦 邮件飞至偏是枪花	第 二十 回	血气未定就口馒头落得吃 奸情才露两面巴掌也难尝
第 十 回	谈盗窟逆料匪徒 瞒捕房反请包探	第二十一回	膝盖互看情场韵事 拳头代吃家室奇文
第十一回	有意结新交为探底蕴 无心遇故旧全露隐情	第二十二回	庆更生医士论病理 望速死儿女丧天良

第二十三回　一旦痛归真福无双至
　　　　　　霎时惊上吊祸不单行

第二十四回　打门户立时赖伙友
　　　　　　解绳索当场认婿儿

第二十五回　旧业重开只以容颜引顾客
　　　　　　珠胎暗结恐防讥笑速成亲

第二十六回　自作主张办喜事瞒着慈母
　　　　　　代为解劝论情理提起严亲

第二十七回　孤苦身家不舍家道消散
　　　　　　刁恶思想愁着店业萧条

第二十八回　闻悲声小星劝大妇
　　　　　　施毒计嫡女害亲娘

第二十九回　一条麻绳立时舌伸眼突
　　　　　　两张相片遽尔粉骨碎身

第 三 十 回　极恶穷凶分藏财物掩耳目
　　　　　　恭言维语还将巾帼比须眉

第三十一回　鬼使神差阴曹路上追踪去
　　　　　　你推我诿死人房中报信来

第三十二回　一片胡言真把人名作儿戏
　　　　　　满口谎语横丧天良装官腔

第三十三回　求知己事关紧要
　　　　　　报捕房案成疑猜

第三十四回　洋人见缢鬼吓得手足无施
　　　　　　杀星遇冤家算来寿命有限

第三十五回　迁新居谋除障物
　　　　　　厌旧物先杀亲生

第三十六回　一片假意作弄郎君
　　　　　　几句空言别辞姐妹

第三十七回　浏览江中顿萌毒念
　　　　　　闻游海上遽变方针

第三十八回　苦命娘熬苦抚婴儿

　　　　　　善心人行善受恶气

第三十九回　天道无私害人又遭人害
　　　　　　报应不爽欺他反被他欺

第 四 十 回　海誓山盟车中订密约
　　　　　　真情假意榻上造谣言

第四十一回　起毒念汉皋到上海
　　　　　　谈梦游永安又先施

第四十二回　以假作真钱小秋有意
　　　　　　恋新弃旧杨仲珊伤生

第四十三回　老天假手去恶
　　　　　　荡妇屈膝求情

第四十四回　会云雨假作屈死
　　　　　　看赌博虔求神灵

第四十五回　场中豪兴原是滑戏
　　　　　　屋角传语具见真情

第四十六回　两夜欢娱恩情尚在
　　　　　　一时羞忿怨气难消

第四十七回　找房屋无端逢旧伙
　　　　　　翻门槛有幸赖亡夫

第四十八回　怒气冲冲韩三干吃醋
　　　　　　慰言婉婉吴伯空劳心

第四十九回　翻戏深夜就缚
　　　　　　冤家狭路相逢

第 五 十 回　王天令救出嫌疑犯
　　　　　　罗铁水踏进翻戏党

第五十一回　脂粉敷面美女忘形
　　　　　　柏油浇头丑人作怪

第五十二回　谢媒翁难为双膝盖
　　　　　　见夫婿拼着嫩头皮

第五十三回　口出狂言拆白恫吓
　　　　　　紧行缓步暗探钉梢

第五十四回　诡秘行踪门隙张望
　　　　　条件苛刻会内安排

第五十五回　小拆白欺骗老拐子
　　　　　淫荡妇结识薄情郎

第五十六回　夫妇同奔造成七届会议
　　　　　男女互欺掉上半天枪花

第五十七回　荡妇巧施脂粉计
　　　　　老儿硬索棺材本

第五十八回　小拆白笑谈富贵友
　　　　　老死坯怒打热心人

第五十九回　铁练着头到底先回旧路

　　　　　利刃剖腹原来断送残生

第 六 十 回　秘密营生车装船载
　　　　　满盈恶贯鬼使神差

第六十一回　自作自受果报真快
　　　　　相生相克末日都临

第六十二回　行动诡谲枭獍遭擒
　　　　　形色仓皇鹣鹣相逢

第六十三回　见夫君谎言往事
　　　　　回故里破镜重圆

第六十四回　大破同安闭黑幕
　　　　　枪决凶犯共收场

禽兽世界

长篇社会警世小说。泪珠生著。上海南方书店。出版时间不详。4
册。15 万字。总评自序各 1 篇。共 50 回。

第一回　茶舞会群雌露色相
　　　　电话间一客掉花枪

第二回　挨门抢饭白眼频遭
　　　　顺手牵羊青蚨几串

第三回　借酒醉偷度玉关中
　　　　泄春光夜拷花园内

第四回　云翻雨覆只手惯瞒天
　　　　露虐风欺三更眠草铺

第五回　小语殷勤得金忘情义
　　　　丑态可掬转眼热心肠

第六回　媚眼调情筵前送色笑
　　　　锦帐试谑床背惊销魂

第七回　藉裙带得意倒干戈

　　　　染烟霞落魄当穷袴

第 八 回　摇尾乞怜响头四个
　　　　负荆请罪银饼一元

第 九 回　舞侣双双乱点鸳鸯谱
　　　　泪痕点点同销蛱蝶魂

第 十 回　悟受愚解除婚约
　　　　忘旧好另结新欢

第十一回　巧笑发奇谈羞煞老母
　　　　狠心施毒手苦了佳人

第十二回　车中写像别有风光
　　　　席上争壶各显面目

第十三回　醋语酸言音在弦外
　　　　甜情蜜意爱出风头

第 十 四 回　认假作真戏言肇祸
　　　　　　弄巧成拙诈死遭讽

第 十 五 回　求原谅软语述往事
　　　　　　感旧情息怒恕狂且

第 十 六 回　宣丑史风争姊妹花
　　　　　　传异文妒起糟糠妇

第 十 七 回　诡计共商量打倒尊卑阶级
　　　　　　当场图活命半添淫贱心肠

第 十 八 回　揭帐露奸情藉端要挟
　　　　　　搴帘窥秘事惹起纷争

第 十 九 回　画饼充饥何曾得意
　　　　　　望梅止渴别有深衷

第 二 十 回　泄春光安排巧计
　　　　　　破好事另生枝节

第二十一回　怪事流传四邻嘲笑
　　　　　　真相泄露半夜复仇

第二十二回　受刺激抛家远行
　　　　　　露笔迹覆谋发奸

第二十三回　惊情变青衫独叹
　　　　　　献媚态红粉双挑

第二十四回　甜言蜜语蛇蝎心肠
　　　　　　荡魄销魂狐狸行径

第二十五回　无赖汉惯作无赖事
　　　　　　薄情女偏逢有情人

第二十六回　干小姐哭诉陈情
　　　　　　美术家道歉服罪

第二十七回　尊酒调和波平醋海
　　　　　　信口挑唆妒出舞场

第二十八回　荐奇材偷香施技艺
　　　　　　谈劲敌订约比输赢

第二十九回　力借长春丹难为鸨母
　　　　　　谋因大钻戒易诈官僚

第 三 十 回　销魂湖上妾意如绵
　　　　　　负义旅中郎心似虎

第三十一回　鱼水两无情再求如意
　　　　　　鸳鸯不独宿又得知音

第三十二回　怒撕支票忠言谏同学
　　　　　　甘作模特迷魂恋伧夫

第三十三回　挥利剪孽根断送
　　　　　　说同衾好事成功

第三十四回　话柄流传百元荐枕席
　　　　　　生意推销群雌做衣架

第三十五回　挥手两竿恩情不薄
　　　　　　丧良五夜义气全无

第三十六回　急煞荒伧深危中鸩毒
　　　　　　快哉妙人畅说锁龙丸

第三十七回　逞机巧假母作亲娘
　　　　　　翻花样奸夫成娇客

第三十八回　一封书严施闺训
　　　　　　三寸蜡痛报冤仇

第三十九回　丑态现白昼惹起争端
　　　　　　翻脸出当场闹出决裂

第 四 十 回　悟元良议拆鸳鸯侣
　　　　　　念旧好追访蛱蝶踪

第四十一回　丑婆娘偏多丑行
　　　　　　苦女子备尝苦味

第四十二回　食言背约情女魂销
　　　　　　惊艳求媒才郎情急

第四十三回　妙态如画冰人舌粲金莲
　　　　　　喜气临门快婿诗歌玉树

第四十四回　肺腑难猜连袂入党
　　　　　　肝肠莫捉两对离婚

第四十五回　半宵欢乐有宅竟难归
　　　　　　一线光明赎珠幸得路

第四十六回　虎口余生未除绮障
　　　　　　蛇杯分去大发妒心

第四十七回　鞭挞横施鬟儿明绝命
　　　　　　针锋相对虞氏暗施谋

第四十八回　云泥路隔白刃行凶
　　　　　　萍水交深黄金结纳

第四十九回　破案清明锒铛入狱
　　　　　　通情乞巧谑浪生风

第五十回　丑事破寒宵妖人末路
　　　　　全家陷火窟兽史完篇

双 雏 记

武侠小说。即半夜飞头记续集。泗水渔隐著。时还书局。1936 年 12 月重版。2 册。10 万字。杨尘因序。共 24 回。

第一回　王无怀失路逢人
　　　　葛周通毁家习技

第二回　观音庙弱女侍萱帏
　　　　千寿寺淫僧熬肉计

第三回　黑盘蛇夜斩野鸳鸯
　　　　梁锡诚误招逆螟蛉

第四回　梁银保浪走花丛
　　　　陈珊珊横遭淫劫

第五回　范老排难痛失子
　　　　陆郎留客但为奴

第六回　葛周通大闹溧阳城
　　　　陈三老独截敖荡口

第七回　居敢当笑谈海浪竿
　　　　矮道人莽撞观音庙

第八回　认父女蓬门藏娇
　　　　义昆仲荒村落陷

第九回　夺漏网独葛战三李
　　　　退群寇二薛下孤城

第十回　留壮士安良媚权门
　　　　打头蛇薛成报旧主

第十一回　白发红颜求神问卜
　　　　　青剑碧血入夜采花

第十二回　十年老捕重出马
　　　　　一世英雄阶下囚

第十三回　范大官衙释史郎
　　　　　李二酒楼拜陈兴

第十四回　倩女飘零走白下
　　　　　群英结伴上扬州

第十五回　绣龙山登胜遇奇僧
　　　　　白茅港迎敌获亡子

第十六回　客店肱箧喜逢剑客
　　　　　镖局投书欣接神镖

第十七回　傅有盛火烧普济寺
　　　　　王无怀泪洒陶然亭

第十八回　老镖师密运薛汉
　　　　　小骗子暗算周通

第 十 九 回　兖州府葛周通卖技
　　　　　　二牌庄莫道人逞凶

第 二 十 回　灯明深院话恩怨
　　　　　　车驻长亭审是非

第二十一回　梁银保破窑诉情
　　　　　　张英儿隔帘择婿

第二十二回　凤阳城薛成仿旧
　　　　　　石落村周通遇祸

第二十三回　张小五赎囚送孤客
　　　　　　王无怀读壁悲双雏

第二十四回　丈人峰三侠聚首
　　　　　　扬州城八义称觞

血 昆 仑

武侠小说。泗水渔隐著。上海大光明书店。1931 年 7 月版。8 册。34.8 万字。自序 1 篇。共 100 回。

第一回　赵沧海豪谈昆仑侠
　　　　钱鸿昭横死扬州城

第二回　钱光武抛家寻仇
　　　　皇甫庄排难遇杰

第三回　孔元霸月夜打假鬼
　　　　米宗风征途点乱拳

第四回　信阳州鲁良留客
　　　　江头市孔郎投师

第五回　黑天鹰威名震太湖
　　　　郭远宗微服访溧水

第六回　余宣仁闲庭恼孙兴
　　　　铁掌心水寨夺陈标

第七回　陈纤娘末路盗金
　　　　甘凤池中宵惊艳

第八回　剑男侠女添情话
　　　　铁指绵拳认冤家

第九回　治毒手灯前裸臂
　　　　报宿仇帐下销魂

第 十 回　甘凤池破身失神剑
　　　　　余宣仁断臂谒名师

第十一回　南昌府故人说旧情
　　　　　铁岭关名师访老侠

第十二回　魏灵昏剑传血昆仑
　　　　　余宣仁怨消江头市

第十三回　昆仑剑不翼而飞
　　　　　师徒侠因义用武

第十四回　林康侯访旧问计
　　　　　两头蛇结帮横行

第十五回　孔元霸气宇压何贵
　　　　　胡飞虎奸巧使李柄

第十六回　王独眼点打关帝庙
　　　　　孔大郎败退豹子山

第十七回　老道逞能收徒弟
　　　　　何贵诱色诈钱财

第十八回　夜偷香李炳遇怪侣
　　　　　浪采花金刚狎艳孀

第 十 九 回　光慈盗剑说神变
　　　　　　二娘咬舌罹惨祸

第 二 十 回　见患难何胡匿迹
　　　　　　感气类孔郑订交

第二十一回　郑老娘移入钱府
　　　　　　王半天避居深山

第二十二回　劈脑盖阮小郎求医
　　　　　　劫镖银王十军死狱

第二十三回　鸡鸣山群义饮茅檐
　　　　　　霸王庄乡愿欺闾里

第二十四回　阮五切齿诉怨仇
　　　　　　时鼎慧眼识英俊

第二十五回　鲁良酒醉大骂座
　　　　　　仲凡毒计小逞奸

第二十六回　鲁教师消遣县差头
　　　　　　胡知县打点官生意

第二十七回　时么宝义走信阳城
　　　　　　黄燕臣书投汝宁府

第二十八回　胡令逼放三义士
　　　　　　李扬硬拿小逆儿

第二十九回　小培本屈死替父罪
　　　　　　时么宝远游别慈幛

第 三 十 回　鲁良雪天遇故知
　　　　　　郑通黑夜惊妖道

第三十一回　落马驿锄奸安孙氏
　　　　　　虎爪岭避雨识尹超

第三十二回　诉家世泪伤尹母
　　　　　　仗血性惯极孔郎

第三十三回　林小月反赚郑通
　　　　　　屠长发暗算孔大

第三十四回　王金开断肢剖心

　　　　　　尹四郎洒血祭祖

第三十五回　吕大器余闲作商贾
　　　　　　尹三姐报恩说婚姻

第三十六回　老侠童山舍定情夜
　　　　　　刁泼皮客店出丑时

第三十七回　邱白脚一箭双雕
　　　　　　毛黑脸两番三计

第三十八回　薛昌图片言断大狱
　　　　　　万化刚回溯述通家

第三十九回　深山祝寿观猴拳
　　　　　　华屋张筵添鹤舞

第 四 十 回　迎新亲前辈追风流
　　　　　　点旧学后生练太极

第四十一回　五剑客分道扬镳
　　　　　　三书生联袂游院

第四十二回　俏小凤一见独钟情
　　　　　　痴香雪几番细诉苦

第四十三回　赵友亮樽前撮良缘
　　　　　　花树人身后鬻爱女

第四十四回　张婆逼娼遇清贞
　　　　　　陈八冒官猎闺秀

第四十五回　李嬷嬷春院肆淫威
　　　　　　钱光武章台赴密约

第四十六回　时么宝远色微觞
　　　　　　花小凤闭门谢客

第四十七回　坏衣饭虔婆大动火
　　　　　　审缓急弱女暗赠金

第四十八回　周廷玉大闹春浓院
　　　　　　小麟台摧残落溷花

第四十九回　访名媛史崇俦诊病
　　　　　　接严谕赵友亮辞行

第五十回　赵郎话别出帝京
　　　　　香雪伏义输罗汉

第五十一回　学诸葛史老借东风
　　　　　焚契券花姑脱北里

第五十二回　痴香雪移居扬州馆
　　　　　癫光慈假称血昆仑

第五十三回　老僧眩技惊书生
　　　　　六郎适馆唔台吉

第五十四回　时卓泉挟嫌漫挑唆
　　　　　包发銮帏才转推荐

第五十五回　和坤延纳时公宝
　　　　　李氏妒逼钱秀才

第五十六回　与源当李炳发花痴
　　　　　飞凤店郑通遇旧识

第五十七回　话剑客真假别昆仑
　　　　　入酒家依稀认皇甫

第五十八回　孔郎怒闹方家店
　　　　　何贵孍结施九娘

第五十九回　挈孤女安居维扬馆
　　　　　赚义士引逗大罗庵

第六十回　妙因尼九嫁使恶计
　　　　　斗姥阁两义陷地牢

第六十一回　九娘掠女说同谋
　　　　　隐婆贪利作闲谋

第六十二回　多脚蝎窝藏娇女
　　　　　猛孔大生啖毒蛇

第六十三回　刘驼子下井投石
　　　　　郑小郎问状杀仇

第六十四回　除凶人火烧柴木巷
　　　　　救弱女婚订剑客家

第六十五回　五剑客一堂惨别
　　　　　两女侠万里长征

第六十六回　老喇嘛重渡鸟兽葬
　　　　　女剑客初入蒙古包

第六十七回　游库伦欣逢江南客
　　　　　登佛宫惊传血昆仑

第六十八回　癫光慈奇门避劫
　　　　　骆格图剪径弃财

第六十九回　红字旗惊绝悍马贼
　　　　　短尾鼠噬食蠢蒙人

第七十回　女剑客漫游郡王府
　　　　　黑风浪仙逝铁岭关

第七十一回　和总管初邀帝宠
　　　　　时六节归省母病

第七十二回　阮小五结伴访旧知
　　　　　黄燕臣闻变併内眷

第七十三回　置妾媵祸起萧墙
　　　　　扶患难变生肘腋

第七十四回　庄凤春贪色背恩主
　　　　　鲁教师被累陷州牢

第七十五回　薛保宗索债偿命
　　　　　王小明入狱逞威

第七十六回　时仲凡捏呈陷害词
　　　　　毛文蔚审理教匪案

第七十七回　郝差官威势行府衙
　　　　　王行健冤苦诉茶肆

第七十八回　遭酷吏恨深汝宁府
　　　　　锄乡愿血溅忠恕堂

第七十九回　郑通奉令到汝南
　　　　　阮五斋书走燕北

第八十回　查疑案衙役试惯技
　　　　　传冤狱酒家鸣不平

第八十一回　探消息清晨访丁公
　　　　　　剪奸宄黑夜遇暴汉

第八十二回　毛文蔚验尸察隐情
　　　　　　王小明避祸惊夜语

第八十三回　尹小郎强中逞强
　　　　　　白浪生客途留客

第八十四回　莽汉初投剑客家
　　　　　　五郎一入总管府

第八十五回　恣淫乐罪案记南巡
　　　　　　伸冤抑良朋会北地

第八十六回　孔元霸屈打悦来店
　　　　　　王小明回忆鸡鸣山

第八十七回　遵师命力排患难
　　　　　　记父仇血争存亡

第八十八回　怀游子时母初入京
　　　　　　憎宦途史老欲归里

第八十九回　尹超乔装探冤狱
　　　　　　白生月夜入深山

第 九 十 回　义士追踪赴行在
　　　　　　客帝巡幸到历城

第九十一回　白浪生射箭下书
　　　　　　王行健刮骨疗毒

第九十二回　伸大冤冒雪走汴梁
　　　　　　觅奇药忆旧赴金陵

第九十三回　独臂盛传江湖士
　　　　　　三义重访患难人

第九十四回　汴梁城黄燕臣起解
　　　　　　望都山孔元霸劫囚

第九十五回　吕大器深院匿群英
　　　　　　白望天诏书困曹直

第九十六回　黑地窟暗藏八英雄
　　　　　　铁掌心治愈两义士

第九十七回　小豪杰同门习内功
　　　　　　老市僧歇店置外宅

第九十八回　拒淫娃郑通立家业
　　　　　　逢污吏时鼐思故乡

第九十九回　时公宝珂里谐亲
　　　　　　钱光武宦途遇旧

第 一 百 回　血昆仑历劫归真主
　　　　　　剑侠传颠倒落嚣尘

血 海 潮

历史武侠小说。泗水渔隐著。上海新华书局。1929 年 6 月版。8 册。
52 万字。骆无涯序 1 篇。自序 1 篇。插图 4 幅。共 100 回。

第一回　陈圆圆失恃落勾栏
　　　　魏大郎把酒谈流寇

第二回　夜劫船异僧退众盗
　　　　蓦相逢壮士发配军

第三回　茅家埠两义访隐
　　　　清水桥米老闹家

第四回　米巧娘排难遭横祸
　　　　金润生乘势报旧嫌

第 五 回　米金炎平反冤狱
　　　　　林自建苦答恩情

第 六 回　钱塘县林监押释囚
　　　　　艳阳道罗三娘点穴

第 七 回　浣花村三侠饮风尘
　　　　　独树镇孤客送行赆

第 八 回　陈圆圆应运入侯门
　　　　　柳如是浪迹投名士

第 九 回　武林城义犯起解
　　　　　草桥驿黑店逞凶

第 十 回　傅大福草莽定去就
　　　　　洪承畴忠节付裾钗

第十一回　永福宫委身谋位
　　　　　皇亲府列艳款宾

第十二回　逼流寇煤山缢明帝
　　　　　争艳妾关将投清军

第十三回　山海关英雄落海
　　　　　北京城胡虏定京

第十四回　吴降将破镜重圆
　　　　　范金龙孤舟聚义

第十五回　秦淮河群彦娱声妓
　　　　　维扬郡连翩谒名公

第十六回　侯公子慷慨答军书
　　　　　刘孝廉寂寞商归计

第十七回　栖霞山傅大福羁径
　　　　　紫金桥卓九郎捕蛇

第十八回　秃道人断凶遭凶
　　　　　李啸雄避难遇难

第十九回　肆淫威血溅扬州
　　　　　恸忠烈泪洒许浦

第二十回　罗三娘负骨寻母仇
　　　　　刘向臣焚庐徇国难

第二十一回　李策削发走闽中
　　　　　　吕鸣挈眷居岗上

第二十二回　李头陀巧遇米夫妇
　　　　　　霍一龙浪追进黑林郎

第二十三回　卫世昌水劫福山船
　　　　　　霍一龙火烧白圭寺

第二十四回　吕不平结众守深袤
　　　　　　罗三娘救孤走南昌

第二十五回　岣嵝峰处士留女侠
　　　　　　象山港海贩擒壮夫

第二十六回　认面目霍海出险
　　　　　　传耗音米老成仁

第二十七回　郑将军岛中励将士
　　　　　　众英雄海上吊英魂

第二十八回　延平王罗致英俊
　　　　　　啸雄僧邂逅怨家

第二十九回　五百结踏浪救李策
　　　　　　傅大福蛮拳打剑僧

第 三 十 回　李头陀山下访师
　　　　　　钱继棠镇中求援

第三十一回　柳如是虞山毕命
　　　　　　钱继棠海外充军

第三十二回　董小宛被劫进宫
　　　　　　顺治帝逃禅退位

第三十三回　莽和尚拳打顺治帝
　　　　　　小娇娘技试黄叶村

第三十四回　罗三娘茅棚训贤徒
　　　　　　费佳亮镖店留弱女

第三十五回　欧阳威镇三叉口
　　　　　　范豹怒打二郎神

第三十六回　刘向臣全家被逮
　　　　　　吕大器孑身探监

第三十七回　掘地鼠远接万小化
　　　　　　盖关东初逢血昆仑

第三十八回　精一僧荒村传剑术
　　　　　　万里秋府衙认囚徒

第三十九回　轩亭口义士劫法场
　　　　　　日照岭解善中魔药

第四十回　　群英欢宴范家船
　　　　　　豪僧独杀普陀寺

第四十一回　慧修险遭黑迷禅
　　　　　　李策重兴白莲社

第四十二回　白莲僧攻打黑迷禅
　　　　　　卓九郎乍遇孙五毒

第四十三回　孙奋款接掘地鼠
　　　　　　吕蒙投谒小孟尝

第四十四回　许圣手计赚孟卓
　　　　　　雪桃花夜奔吕蒙

第四十五回　俏许妹削器设阱
　　　　　　黑云龙踏雪采花

第四十六回　欧阳玉点死黑云龙
　　　　　　孟无量初入白莲社

第四十七回　小孟尝创兴三合会
　　　　　　万化刚收教四剑徒

第四十八回　雪桃花暗结祸胎
　　　　　　陆地仙始立洪门

第四十九回　云小郎初造血滴子
　　　　　　吕大器重登普陀山

第五十回　　血滴子遇机入皇室
　　　　　　海潮生挈孤走天涯

第五十一回　骆亿成私访到华阴
　　　　　　顾洪勋投亲陷洛口

第五十二回　金霸雄踞乌盖山
　　　　　　小翠力救顾公子

第五十三回　荒山义女侍病客
　　　　　　僻县清吏遭恶星

第五十四回　钱晓楼无奈说姻缘
　　　　　　潘红玉有心欺孤寡

第五十五回　骆大成惧内留客
　　　　　　顾洪勋察情避亲

第五十六回　施良遗金客店中
　　　　　　红玉送情书院夜

第五十七回　暗使计秋月送酒
　　　　　　漫设词浪妇行权

第五十八回　顾洪勋寂寞出骆府
　　　　　　白望天慷慨遇宾馆

第五十九回　骆志英投缳殉慈母
　　　　　　端福隆见色起祸心

第六十回　　向达善托势说媒
　　　　　　骆志英闻变出走

第六十一回　欧阳玉救亡入尼庵
　　　　　　骆太成失女鞭淫仆

第六十二回　端总管恃强凌弱
　　　　　　云布库探店被创

第六十三回　闹婚姻骆二下狱
　　　　　　掠妻妾高陛成家

第六十四回　吕祖殿怨家忽相逢
　　　　　　总管府恶仆自投死

第六十五回　云飞燕夺艳归骆家
　　　　　　祯贝勒蓄意谋皇位

第六十六回　祯贝勒亲统血滴子
　　　　　　直郡王延纳喇嘛僧

第六十七回　发狂疾行宫废太子
　　　　　蓄阴谋巧言激父皇

第六十八回　欧阳玉再拯弱女
　　　　　白望天重走燕京

第六十九回　飞天侠结伴访故知
　　　　　小孟尝无端遭横祸

第 七 十 回　探牢狱慷慨说孟卓
　　　　　通贿赂毒计使蔡横

第七十一回　孟卓假死出牢狱
　　　　　周兴劈棺遇怪尸

第七十二回　涞水县白望天试刀
　　　　　秀岩山小孟尝还魂

第七十三回　得消息庞公喜遇侠
　　　　　失印信州官夜吞金

第七十四回　易州城剑侠惊鬼神
　　　　　大树坡豪杰论生死

第七十五回　群英小聚净光寺
　　　　　孤客漫留白水村

第七十六回　顾洪勋落拓投肉店
　　　　　蒋大秀见财起黑心

第七十七回　金霸激怒闹公堂
　　　　　吕蒙闻信走荒寺

第七十八回　血滴子黑夜捣鬼
　　　　　铁拐巷白日飞头

第七十九回　吕大器拳取血滴子
　　　　　祯贝勒误入哥老会

第 八 十 回　血滴子奉命探哥老
　　　　　哥老会拆帮分清洪

第八十一回　冷地蛇植党谒盐贩
　　　　　独眼枭见机创青帮

第八十二回　甘兄弟运河行凶
　　　　　苟叔侄瓜州寻衅

第八十三回　血滴子密约大觉寺
　　　　　青红帮大闹宝盖山

第八十四回　张头领劫火避异地
　　　　　祯贝勒风雪遇英雄

第八十五回　年羹尧狭路收女豪
　　　　　金小翠僻巷遇火伴

第八十六回　骆知县捕盗出塞
　　　　　年进士结义入壳

第八十七回　年羹尧驰劲召异人
　　　　　端福隆奸淫逢石女

第八十八回　浪妇毒鸩端总管
　　　　　女盗义访骆志英

第八十九回　净光寺孟无量认女
　　　　　黑枫岭金小翠打虎

第 九 十 回　小黄举火烧茅蓬
　　　　　茫豹带伤闹酒店

第九十一回　范小郎个中说冤情
　　　　　薛老师局外辞良策

第九十二回　薛延寿诈病救罪犯
　　　　　龚恂斋闻命谒恩师

第九十三回　龚恂斋义释顾洪勋
　　　　　阎小黄计赚蒋二哥

第九十四回　蒋二谋财重杀戮
　　　　　金霸换囚出牢笼

第九十五回　望岭镇赤身埋蒋二
　　　　　薛家店白手嫁翠娘

第九十六回　康熙帝四幸五台山
　　　　　朱一贵独刺清凉寺

第九十七回　龙泉关朱一贵出险
　　　　　大树坡甘风池投师

第九十八回　发正定义士去国
　　　　　　聚台湾血海重波

第 一 百 回　傅剑侠昆仑留血影
　　　　　　结全书琵琶泣海潮

江湖铁血记

武侠小说。泗水渔隐著。时还书局。1936 年 12 月版。2 册。12 万字。自序 1 篇。共 24 回。

第 一 回　递权奄赵石麟殉难
　　　　　惊奇祸张汝偕悔婚

第 二 回　魏雄拳打杨头目
　　　　　刘标夜投李家庄

第 三 回　陆道中贪色逼张女
　　　　　刘志顺重义留魏郎

第 四 回　临关市赛飞燕送客
　　　　　江宁府张曹氏规夫

第 五 回　马头坡血洒长松
　　　　　大雨山恩认少主

第 六 回　汪海如山中话旧
　　　　　查理堂吴下留宾

第 七 回　千里飘零商女落溷
　　　　　一朝邂逅公子关情

第 八 回　盖豁才计赚陈娘
　　　　　张少齐忿打乐院

第 九 回　张公子藏娇累禁闭
　　　　　陈泼皮挟仇动杀机

第 十 回　四结义陈发暗使权
　　　　　两行凶唐森夜替死

第十一回　盖二无端身入狱
　　　　　晚霞末路独探亲

第 十 二 回　避官司刘大落草
　　　　　　怅佳人张郎病狂

第 十 三 回　治心疾恶梦惊痴迷
　　　　　　全私情冤囚出缧绁

第 十 四 回　盖老二怀酒寻仇
　　　　　　郑黑九逐赌起祸

第 十 五 回　董小哥设计探奸情
　　　　　　尹得禄惧罪作见证

第 十 六 回　翻命案庄主同下狱
　　　　　　求救援经隆夜入吴

第 十 七 回　魏雄失察遭磨难
　　　　　　费顺凭空播是非

第 十 八 回　查理堂壁藏壮士
　　　　　　魏门神怒打淫僧

第 十 九 回　陀罗寺禅房闹奸情
　　　　　　望江楼酒座中蒙药

第 二 十 回　济连僧系铃解铃
　　　　　　赛飞燕作法说法

第二十一回　魏大郎独力退群盗
　　　　　　张汝偕巧言饰祸心

第二十二回　一番唆计祸来不测
　　　　　　千里落陷绝处逢生

第二十三回　吴大琛投书遇酷吏
　　　　　　王成谦留客招奸夫

第二十四回　查彪问途窘奸渠
　　　　　　薛成传檄释英俊

侠盗飞龙传

武侠小说。泗水渔隐著。上海时还书局。1937 年 2 月重版。2 册。13 万字。自序 1 篇。共 20 回。

第一回　章店主沽酒遇暴徒
　　　　黄差遣奉命召密探

第二回　唐副官帐下说秘本
　　　　张帅府夜半走宠姬

第三回　初探案冯桂堂查院
　　　　细论情金瑞生营商

第四回　李明玉浪追文素秋
　　　　章品能收歇齐来福

第五回　金探长新开老店
　　　　顾经理旧雨重逢

第六回　柳红飞夜投荒庵
　　　　文素秋幻化艳妇

第七回　陈二姐深院说风情
　　　　净修尼佛堂谈因果

第八回　李队长计除黄犬
　　　　冯探目巧遇张忠

第九回　马宏林诱说寥家子
　　　　李明玉大闹伴云庵

第十回　诸可亮借端觅闲钱
　　　　章小三挟嫌施毒计

第十一回　宋氏买子探寥宅
　　　　　公差捕盗抄诸门

第十二回　潘志澄挥金仗义
　　　　　冯桂堂敲血逼情

第十三回　章宋氏间探闺闱中
　　　　　李步青架去飞龙窟

第十四回　追剧盗金瑞生失陷
　　　　　听酷刑王官三落胆

第十五回　冯桂堂明查金踪
　　　　　林咸休暗赚章妇

第十六回　发黑箱金探分尸
　　　　　惊血案章三刎颈

第十七回　话旧案故人谈家世
　　　　　求新计众探会欧阳

第十八回　众探细说案中案
　　　　　欧阳查问情内情

第十九回　领使命七探分道
　　　　　查岗惊众伙质疑

第二十回　接杯酒徐康德遭擒
　　　　　破暗室李步青得救

艳 塔 记

武侠小说。即双雏记续集。泗水渔隐著。时还书局。1936 年 11 月重版。2 册。12 万字。自序 1 篇。共 24 回。

第 一 回　赛飞燕卖技寻仇
　　　　　黑盘蛇因恩消怨

第 二 回　翻旧案无怀重入狱
　　　　　惊恶耗周通夜探衙

第 三 回　壮士挺身县吏落魄
　　　　　儒生设计阴阳会审

第 四 回　问疑狱楚囚对泣
　　　　　移病房孤客超生

第 五 回　老妪解情青剑留别
　　　　　浪子逞志红袖添香

第 六 回　紫霞岭净化篛径
　　　　　北林寺珊珊陷身

第 七 回　斩铁牢薛成夜出狱
　　　　　藏艳色惠如暗争风

第 八 回　闹花丛寨主逞淫威
　　　　　延残喘盗僧发善愿

第 九 回　争寨权罗元杀主
　　　　　探盗窟周通入彀

第 十 回　薛成迷途除恶霸
　　　　　李郎折狱救故人

第十一回　江宁县定罪诛元凶
　　　　　天津桥聚首道契阔

第十二回　应院试邂逅侠士
　　　　　展长才结识亲王

第十三回　王无怀走马上新任
　　　　　赵明浩入府说良缘

第十四回　诈钱财孔贵堂失魂
　　　　　访妖道王知府遇难

第十五回　崔二娘救驾殉父
　　　　　曹四子夺色谋财

第十六回　旌烈女兖州府治丧
　　　　　劫皇亲郓城县下狱

第十七回　火神庙薛成闹鬼
　　　　　北林寺燕儿烧香

第十八回　陈兴率众占山寺
　　　　　罗元猎艳走江村

第十九回　陈珊珊御暴净守身
　　　　　于万生烛奸巧施计

第二十回　洗春楼剧盗自投网
　　　　　艳乐院贞女误失足

第二十一回　张婆细说个中艳
　　　　　　闲僧浪引物外游

第二十二回　众英雄闻信访衙
　　　　　　黎游击探盗覆命

第二十三回　曹头领陈尸祭烈女
　　　　　　王巡抚微服谒奇僧

第二十四回　观音阁韵语征双雏
　　　　　　绣龙山艳塔传千古

中国女子小说

短篇社会小说。波罗奢馆主人编。广益书局。1925 年 4 月。1 册。3.8 万字。编者序例 1 篇。共 10 篇。

杨季威　黄奴碧血录

朱怀珠　荒冢

　　　　有情眷属

　　　　辟尘珠

吕韵清　貍奴感遇

　　　　白罗衫

汤红绂　女露兵

　　　　旅顺勇士

徐寄尘　寒谷生春记

李碧云　祈祷

迷　魂　阵

香艳奇情小说。孟德兰著。上海世界书报社。1949 年 5 月初版。1 册。9.2 万字。共 10 章。

第一章　船中艳秘

第二章　以身相偎

第三章　调虎离山之计

第四章　温功一番

第五章　酸在心头

第六章　开记条斧

第七章　关上房门

第八章　三角之间

第九章　无意相逢

第十章　为爱牺牲

庵堂风月

香艳小说。孟德兰著。上海永久出版社。1948 年 8 月初版。2 册。14.5 万字。孟德兰前言(代序) 1 篇。董天野封面。欧阳金作庵堂风月读后感 1 篇。共 24 章。

第 一 章	袈裟隐隐露红衫	第十三章	百花莫待晓风吹
第 二 章	妙是妙来香是香	第十四章	近日伤春输与你
第 三 章	觅得知心还被妒	第十五章	不堪侧听断肠声
第 四 章	前世欠下一笔债	第十六章	昨宵凤来探云房
第 五 章	双双蝴蝶播芬芳	第十七章	我待妙香万分情
第 六 章	十个麻皮九个骚	第十八章	流泪眼对流泪眼
第 七 章	一失足成千古恨	第十九章	在天愿作比翼鸟
第 八 章	在天愿作比翼鸟	第二十章	清纱帐中有春秋
第 九 章	棒打鸳鸯两处分	第二十一章	病中又想度春风
第 十 章	凭香寄语报平安	第二十二章	色即是空空是色
第十一章	为君诉说心头苦	第二十三章	随口胡乱说誓言
第十二章	从此不闻琵琶声	第二十四章	三更永别最心伤

游侠外史

言情小说。孤桐著。上海文明书局。1921 年 6 月初版。1 册。5 万字。蔡达叙 1 篇。黄髯客题辞 4 首。共 24 章。

爱河历险记

社会小说。陔南轩主著。上海陔南轩主出版部。1936 年 9 月版。2 册。18 万字。徐哲身、陈劲草序各 1 篇。道明自序 1 篇。共 32 回。

第一回	满腔热血勇士拯娇娃 一片痴心孤儿擒巨盗	第四回	铁索锒铛牢中仍恋姐 云泥分隔席上拒称兄
第二回	剪烛诉浮踪不羞自荐 违章伤劲敌欲占先筹	第五回	一肩行李破浪逐萧郎 千里奔波同舟遇狠贼
第三回	舌粲莲花竭诚单谏主 眉拈柳叶未敢两酬恩	第六回	玉箫引彩凤尽吐私衷 香饵钓游鱼安排毒计

第 七 回　特章娇躯甘为情侣死
　　　　　重提旧话难转美人心

第 八 回　兰田冀种玉降格相处
　　　　　合浦幸还珠抚衷有愧

第 九 回　横祸天来恩人之救驾
　　　　　缇骑夜至夫妇两分飞

第 十 回　情同杞妇宝玉赠同情
　　　　　泪洒湘妃珍珠如洒泪

第十一回　装猪装狗恰巧是装羊
　　　　　画虎画皮果真难画骨

第十二回　疑鬼疑神犯人患恶疾
　　　　　好兄好弟淫棍改邪行

第十三回　乐极生悲笑中落下颏
　　　　　恩将仇报手底死同根

第十四回　风流孽障前日上征鞍
　　　　　欢喜冤家今朝临绣阁

第十五回　月下灯前奸奴思染指
　　　　　桑间濮上荡妇表真忱

第十六回　真阿哥脚底揩油
　　　　　假公子心头受刺

第十七回　风尘逋客脱险返家门
　　　　　雪鬓慈亲存心问身世

第十八回　胆战心惊夫人召旧识
　　　　　形更质易怪杰郡王孙

第十九回　狭路相逢双方逞恶行
　　　　　多年隐事一旦表分明

第二十回　花烛在明朝各酬凤愿
　　　　　兰汤沐午夜又是空华

第二十一回　羊城大赌落拓叹穷途
　　　　　　燕尔新婚锒铛入死狱

第二十二回　骗中又骗百宝复搬场
　　　　　　危上加危三人齐问斩

第二十三回　待死诸囚全为座上客
　　　　　　临行有日迭作席中人

第二十四回　携琴兼载鹤婆媳还家
　　　　　　宿露复餐风门庭易姓

第二十五回　道路迢遥三人空跋涉
　　　　　　天涯咫尺一女更伶仃

第二十六回　大登广告信息总消沉
　　　　　　小驻游踪飘零无底止

第二十七回　君子可欺方秘书就职
　　　　　　妖姨逞妒意婢女忠心

第二十八回　石桥有级谩骂具深心
　　　　　　抢匣祸人收藏成大辟

第二十九回　受尽奇刑冤沉三字外
　　　　　　真能仗义案解一言中

第三十回　孝思不遗真个感同支
　　　　　　忠义堪嘉居然结异姓

第三十一回　茶馆闻奇事肉跳心惊
　　　　　　喜堂听哭声手忙脚乱

第三十二回　善恶奸邪到头终有报
　　　　　　悲欢离合结果决无亏

蕙娘小传

哀情小说。春梦生著。上海广益书局。1914 年 4 月初版。1 册。4 千

字。胡寄尘序 1 篇。附胡寄尘作冰天鸿影 1 篇。未分章节。

潇湘雁影

言情长篇说部。春梦生、胡寄尘著。上海新民书局。1934 年 3 月版。1 册。3.9 万字。蕙娘小传序 1 篇。共 3 篇。

一　蕙娘小传
二　冰天鸿影

三　潇湘雁影

艳 红 杯

哀情小说。玲媚女士著。上海革新书店。1940 年 1 月初版。1 册。4.7 万字。郭兰馨题幔 1 篇。作者卷头小语 1 篇。未分章节。

浔州黑暗

社会小说。项凤起著。上海集成图书公司。1910 年 1 月初版。1 册。3.8 万字。自序 1 篇。鉴原说略 1 篇。论浔州黑暗 1 篇。未分章节。

姐 妹 花

言情小说。赵加林编。东亚书局。出版时间不详。1 册。3 万字。共 10 回。

第一回　赵大携女离故乡
　　　　林老女子成佳耦

第二回　思幼女赵妈伤感
　　　　中洋枪林老身亡

第三回　兵匪格斗逃奔异乡
　　　　夫妻共苦谋食都市
第四回　儿女累谶验林翁言
　　　　柴米忧诚恐丈夫病
第五回　贩洋枪居然发迹
　　　　为小星也是高升
第六回　撒娇嗔留难督办
　　　　为升官诋毁处长

第七回　奶水合格做乳娘
　　　　思妻受喝跌高屋
第八回　借工钱被妹掌脸
　　　　搜金锁小姐跌亡
第九回　大宝被禁军务处
　　　　党书送藏桃哥家
第十回　为视女赵妈巧逢夫
　　　　会老父二宝遇母妹

乡愚游沪趣史

滑稽小说。赵仲熊著。上海文明书局。1921 年 2 月初版。4 册。14 万字。双修室主序 1 篇。读法 1 篇。共 32 回。

第一回　逍遥游乡愚怀乐土
　　　　行路难良友进忠言
第二回　打野鸡初次涉花丛
　　　　捉瘟虫双柏敲竹杠
第三回　席上春生嘉客陡逢刘老老
　　　　盆中水溢村夫险作白娘娘
第四回　观水龙钱愚失踪
　　　　中头标富宏得彩
第五回　诉苦情闻言堪绝倒
　　　　尝香味掩鼻学参禅
第六回　等朋友茗楼逢冶叶
　　　　攀相好曲院访名花
第七回　秽气薰天村翁出丑
　　　　酸风满座学究掉文
第八回　真胡闹新房叨喜酒
　　　　假内行马路看丧仪

第九回　书场上春风识面
　　　　妓寮中黑夜留髡
第十回　骑驴背鸭大有忠心
　　　　倚翠偎红忽开豪宴
第十一回　登宝塔缢鬼惊魂
　　　　　落智井雨师作虐
第十二回　买猪肉误犯教门规
　　　　　想天鹅错踏仙人跳
第十三回　急中出智权宿更房
　　　　　乐极生悲病缠逆旅
第十四回　裸体走长街双双出相
　　　　　炎天吃冷水点点飞空
第十五回　公司船范桐遭辣手
　　　　　大新街钱愚访知心
第十六回　亡魂丧胆误认凶神
　　　　　见色生心自罹孽障

第 十 七 回　囊中金暗去明来
　　　　　　鞋上字奇形怪状
第 十 八 回　看野景狭路遇飞云
　　　　　　乘夜凉中途遭冷雨
第 十 九 回　论国旗强作解人
　　　　　　吃番菜别开生面
第 二 十 回　睹镜影丑人多作怪
　　　　　　现昙花冤孽忽重逢
第二十一回　评商场别有会心
　　　　　　论光镜忽生幻想
第二十二回　探口风密骗用心机
　　　　　　闻乐声伧夫惊怪物
第二十三回　富宏试开留声机
　　　　　　钱愚误猜隔壁戏
第二十四回　力大神鳌惊心谈地震
　　　　　　技工拍马张口落天花

第二十五回　乘飞艇空中遇厄
　　　　　　登酒楼意外闻灾
第二十六回　逞奇能跌翻村老
　　　　　　述新谈笑倒良朋
第二十七回　拿云手出彩当场
　　　　　　捧冰心效颦末座
第二十八回　虚虚实实白吃雷斋
　　　　　　假假真真同观电术
第二十九回　活遭殃淌白受飞灾
　　　　　　真掉谎野鸡经毒打
第 三 十 回　雪练刀光绳悬虹影
　　　　　　香烟人气车走雷声
第三十一回　戴志被打游戏场
　　　　　　钱愚大闹坟山路
第三十二回　游狮林如入八阵图
　　　　　　志鸿泥提醒一场梦

希奇古怪

滑稽小说。赵仲熊著。上海世界书局。1928 年 8 月初版。1 册。4.5 万字。苕狂序 1 篇。共 20 回。

第一回　公请外国鬼
　　　　何来陌生爷
第二回　牛粪当大菜
　　　　老饕遇吃星
第三回　癫痫头遭瘟
　　　　秦凯新受气
第四回　呆子充斯文
　　　　石人吃倒账

第五回　清客串放屁
　　　　死乌龟称能
第六回　放刁小白脸
　　　　识宝老太师
第七回　狗犬大共和
　　　　男女新文化
第八回　野鸡登广告
　　　　乡人讲嫖经

第 九 回　小儿寻开心
　　　　　丑人多作怪
第 十 回　戏弄外国人
　　　　　乱说西游记
第十一回　嘴上抹鸡屎
　　　　　墙间画点心
第十二回　一群急性人
　　　　　两个精灵鬼
第十三回　老脸说孙子
　　　　　当面骂和尚
第十四回　劈去颗颅头
　　　　　撒下大烂污

第十五回　忠仆怕捉贼
　　　　　乖人不赶鹰
第十六回　讲理拜先生
　　　　　投胎变小狗
第十七回　女元帅看操
　　　　　外国人扮鬼
第十八回　骑马变魁星
　　　　　捉怪遇兔子
第十九回　白臀印荷花
　　　　　旧帽赢东道
第二十回　急死新娘子
　　　　　笑煞外国人

情　侠

武侠小说。赵仲熊著。上海新民图书馆兄弟公司。1928 年 1 月版。5 册。25.9 万字。周瘦鹃、黄转陶作序各 1 篇。自序 1 篇。吴门程瞻庐先生情侠全书总评 1 篇。陈小蝶题词 1 首。共 46 回。

第一回　访高僧习艺穷窿山
　　　　惩恶霸大闹元妙观
第二回　丁德盛拾金不昧
　　　　严湘泉设计图财
第三回　飞蝗石巧打奸人
　　　　贪狼星偏逢狠客
第四回　风高月黑调虎离山
　　　　水尽山穷孤雏失路
第五回　着手成春青年得意
　　　　无心遇艳锦帐销魂
第六回　上洞庭单身谒大侠

　　　　闹太湖双英歼群盗
第 七 回　游剑池攘臂救佳人
　　　　　跳花墙寻球逢黠婢
第 八 回　叶婉君软语讽严亲
　　　　　王教师厉词驱恶客
第 九 回　布罗网奸人工设计
　　　　　求剑法侠女纵娇痴
第 十 回　拿云手良友救英雄
　　　　　护花心贤师逢侦探
第十一回　金兰契灯前谈旧怨
　　　　　玉人吟背地起疑团

第 十 二 回　包山祠当场较武
　　　　　　松涛轩对月怀人

第 十 三 回　士奇义释倪镇华
　　　　　　紫英私探殷家庄

第 十 四 回　凤去楼空三更脱险
　　　　　　鸿飞天外双美潜踪

第 十 五 回　惜同心穷诘好女儿
　　　　　　逢缢鬼惊倒花太岁

第 十 六 回　寄情书侠女效黄衫
　　　　　　绾红丝佳人充月老

第 十 七 回　戏登徒魂销色鬼
　　　　　　看舍利计赚娇娃

第 十 八 回　入虎口金弹打凶僧
　　　　　　露马脚石罗疑师弟

第 十 九 回　江都相遇细诉行踪
　　　　　　天外飞来忽逢暗算

第 二 十 回　灵鹫僧计图弃婉君
　　　　　　凌子云血溅孟家店

第二十一回　中毒计单进通天寺
　　　　　　闯重围独战罗汉僧

第二十二回　救义兄深林投石子
　　　　　　探险地月夜破飞叉

第二十三回　石罗急智救贤徒
　　　　　　德盛舍身寻二美

第二十四回　投明弃暗飞贼知机
　　　　　　履险如夷佳人守志

第二十五回　伤同类老刘起贪心
　　　　　　护红妆高僧点要穴

第二十六回　平空起衅沙弥无情
　　　　　　狭路逢仇鬼头受窘

第二十七回　提前事讪嘲赛黑狸

　　　　　　妒成功行刺白云鹤

第二十八回　埋伏计暗里诛强徒
　　　　　　罗汉拳阵前败太岁

第二十九回　出奇兵大破飞猿岭
　　　　　　擒巨魁夜闹绿杨村

第 三 十 回　纵鸟归林奸僧中计
　　　　　　引虎出洞方丈劫囚

第三十一回　濮子春独挡慧旭
　　　　　　王洪峰力战乾刚

第三十二回　散天花老僧摧大敌
　　　　　　焚钟楼众侠破通天

第三十三回　金飞彪追马遇黑雕
　　　　　　濮紫英飞丸救尹进

第三十四回　黑夜交锋流星赶月
　　　　　　广场比剑簇锦团花

第三十五回　救侠女黄龙留后约
　　　　　　服高僧黑雕悔初心

第三十六回　天外得财无端奇简
　　　　　　火中救美未免有情

第三十七回　背后兴兵毒心辣手
　　　　　　灯前说剑绣口雄谈

第三十八回　起疑云飞霞访紫英
　　　　　　游名园殷杰抢凤宝

第三十九回　巧计谋两番成画饼
　　　　　　真节烈一命赴清波

第 四 十 回　尹小姐智御广慧
　　　　　　杨总管火烧殷庄

第四十一回　杀头陀双进正觉寺
　　　　　　逃妻妾气倒守财奴

第四十二回　弄圈套子春认义女
　　　　　　探消息湘泉得飞财

第四十三回　闻惊信单身探虎穴
　　　　　　议良媒冷眼测鸾俦
第四十四回　临池观水戏波影刀光
　　　　　　画堂作战场龙争虎斗

第四十五回　强遇强胜芳丧命
　　　　　　喜中喜君秀成亲
第四十六回　离间计促成红鸾喜
　　　　　　逍遥游归隐白云乡

滑稽大王

滑稽小说。即滑稽趣史。赵仲熊编。上海世界书局。1922 年 4 月 2 版。1 册。3.1 万字。提要 1 篇。共 14 回。

第一回　一声呱呱怪物下胎
　　　　两情脉脉老爷搭脚
第二回　吃苦头老子失鼠须
　　　　逗顽皮痴儿翻马桶
第三回　穷秀才胯下见尿痕
　　　　女学生头上受臊水
第四回　火神光降满头焦黑
　　　　星士恭维信口雌黄
第五回　走江湖诈财老爷被骗
　　　　据灰堆作战少女受创
第六回　滚床下吓坏赤脚婢
　　　　匿缸中急煞白头翁
第七回　老学究上厮集飞蜢
　　　　新少年登门吹法螺

第八回　北里涉足先生牵线
　　　　西席吊膀学徒拆梢
第九回　秋波横抛泼翻醋缸
　　　　春光泄漏打破饭碗
第十回　黑板上生徒画乌龟
　　　　黄浦滩女工骂测老
第十一回　玉楼命驾风凄素帏
　　　　　金屋藏娇春暖锦帐
第十二回　致训辞一派胡说
　　　　　行婚礼两番笑谈
第十三回　交桃花运妻妾争风
　　　　　害杨梅疮夫妇同病
第十四回　烈烈轰轰到处横行
　　　　　洋洋洒洒不可向迩

画带情丝

言情小说。赵亦新著。天津励力出版社。1940 年 10 月初版,1941 年 7 月再版。3 册。31 万字。共 12 回。

上册

第一回　厚谊深交关怀客地苦岑寂
　　　　体饥侍渴初见秀色感温存

第二回　宦海浮沉聪明人常被聪明误
　　　　情场颠倒痴情汉愿结痴情录

第三回　叙衷曲好友密谋施慧剑
　　　　解倒悬纨袴设计拯名花

第四回　聆清歌沦落人含泪诉身世
　　　　动怜爱知心客恣情度良宵

中册

第一回　题芳名书生作茧自缚
　　　　解烦恼歌姬远走高飞

第二回　念家累小楼上负荆请罪
　　　　惊变故客邸中血染衣襟

第三回　医心疾知友圣手愈沉疴
　　　　争地盘军阀政客角权势

第四回　沙家巷初睹人间地狱
　　　　一江春密告难言隐衷

下册

第一回　结同心公子藏娇金屋
　　　　调琴瑟小姐权充冰人

第二回　爱河植爱苗花开并蒂
　　　　疑云叠疑雾浪起无风

第三回　受委曲大巧轻生获救
　　　　泄气愤秀兰仗势行凶

第四回　忍辱含羞赤心耿耿矢天日
　　　　生离死别长恨绵绵无尽期

痴 情 录

长篇言情小说。赵亦新著。励力出版社。1946 年 11 月版。3 册。36 万字。共 4 回。

第一回　结同心公子藏娇金屋
　　　　调琴瑟小姐权充冰人

第二回　爱河植爱苗花开并蒂
　　　　疑云叠疑雾浪起无风

第三回　受委曲大巧轻生获救
　　　　泄气愤秀兰仗势行凶

第四回　忍辱含羞赤心耿耿矢天日
　　　　生离死别长恨绵绵无尽期

中国女海盗

侠义小说。赵苕狂著。上海大东书局。1925 年 4 月版。1 册。3 万

字。共 12 回。

第一回　毓秀钟灵诞生女杰
　　　　闻声感气惊起英雄
第二回　珠言玉笑美尽东南
　　　　道合志同交联手帕
第三回　冒巨险街头刺总督
　　　　脱重围江上遇良朋
第四回　奇哉巧哉同时劫狱
　　　　天也人也一举成功
第五回　备兵筹饷煞费心机
　　　　设职立官组具头绪
第六回　变服装逃出荆棘地
　　　　破风浪传来壮丽歌

第 七 回　几阵欢呼欣得佳岛
　　　　　一场恶战错认敌人
第 八 回　逞奇谋乔装卖技女
　　　　　运巧智戏弄念淫奴
第 九 回　王府施威巨金攫去
　　　　　孤岛托迹新国肇兴
第 十 回　谋大计乘槎归故国
　　　　　发慈心破艇救亡人
第十一回　疑真疑幻骨肉重逢
　　　　　是乐是悲别离互诉
第十二回　侠女奇男竟成眷属
　　　　　洞天福地长住神仙

月　园

短篇言情小说集。赵苕狂编。上海世界书局。1925 年 4 月 3 版。1
册。4 万字。编者作序 1 篇。共 10 则。

严独鹤　　团圞等待中秋节
程瞻庐　　不自由也自由
江红蕉　　大好姻缘
　　　　　花好月圆
马二先生　海外奇缘

张枕绿　　艺术之淫
范烟桥　　多波折的结婚
严芙孙　　麻面郎
张碧梧　　重阳糕
陆律西　　嫁前之日记

白　雪

短篇社会小说。赵苕狂编纂。上海世界书局。1923 年 6 月初版。1

册。3.5 万字。自序 1 篇。共 10 篇。

沈禹钟	股息	江红蕉	狂笑
	车尘	严芙孙	锁魂之地
	客中佳节	张枕绿	未完
胡寄尘	人生之一幕	恨波女士	贫富阶级
	安慰	俞印民	遗产之毒

协作探案集

侦探小说。赵苕狂编。上海世界书局。1924 年 8 月初版。1 册。5 万字。提要 1 篇。共 6 案。

第一案	古塔上	第四案	无敌术
第二案	捉刀人	第五案	漆匣子
第三案	十字架上	第六案	最后之胜利

红　叶

短篇社会小说。锦囊四妙（丛书）。赵苕狂编。上海世界书局。1929 年 4 月版。1 册。4 万字。自序 1 篇。共 10 篇。

江红蕉	萧郎画樱记	张舍我	毋忘我
	园中	虎头后人	卖梨娘
沈禹钟	清溪春影	范烟桥	快活之夜
王西神	秋粼阁	徐哲身	墙外桃花
马二先生	一幅仕女图	屏嫣女士	中秋之园会

弄堂博士

社会小说。红皮小丛书。赵苕狂著。上海世界书局。1929 年 6 月初版。1 册。3 万字。作者说明 1 篇。共 6 章。

第一章　皮匠摊旁开常会

第二章　博士主席的房客联合会

第三章　可怜的工具们

第四章　打醮与坍台

第五章　三角恋爱

第六章　最后一幕

赵苕狂说集

短篇社会小说。赵苕狂著。上海大东书局。1927 年 5 月初版。1 册。3.7 万字。共 10 则。

一　半月

二　儿戏

三　窗

四　两篇帐目

五　证据误人

六　钻祸

七　来去自由

八　琴韵鞋声

九　理想与实行

十　自寻烦恼

剑胆琴心录

长篇武侠小说。赵苕狂著。1 册。13 万字。自序 1 篇。共 20 回。

第一回　慑刺客巧施千里眼

　　　　觅古鼎远探江罗山

第二回　查失鼎水夫甘自首

　　　　报前仇小侠险遭殃

第三回　秘法相治贤徒更生

　　　　熬手骤加恶僧暴毙

第 四 回　夸运气水夫得重生
　　　　　来魔头宝鼎又遭劫

第 五 回　授馆致饩主太殷勤
　　　　　说剑吟诗客何潇洒

第 六 回　见双璧师伯动深怀
　　　　　返奇珍英雄叹异事

第 七 回　老英雄庙中疗大毒
　　　　　小儿女岗上比雕弓

第 八 回　英豪合作按图索驹
　　　　　祖孙宵谈属垣有耳

第 九 回　逢妖僧深宵困奇阵
　　　　　遇荡女白昼现原形

第 十 回　相负而行深情款款
　　　　　同舟共济蜜意绵绵

第十一回　得箭书稍纾舐犊情
　　　　　入虎穴顿起擒王意

第十二回　阴图圆成河姊仗义

第十三回　啧啧称奇四人盗宝
　　　　　嗟嗟生叹一女成擒

第十四回　将差就错黑夜装神
　　　　　误弁为钗白日见鬼

第十五回　追淫僧忽陷虎狼窟
　　　　　遇妖尼误入温柔乡

第十六回　训徒儿妙擅天眼通
　　　　　勾蛇女巧施锦囊计

第十七回　风月僧还遭风月报
　　　　　妖淫女卒受妖淫殃

第十八回　仗巧计安然离秘窟
　　　　　温友谊初次觐梵宫

第十九回　师门谊重终是弟昆
　　　　　骨肉情深卒为父女

第二十回　和尚作媒两对佳偶
　　　　　水夫称贺一片祥光

不堪盘诘小妹含羞

闺房笑史

言情小说。赵苕狂编著。上海大东书局。1926 年 4 月 6 版。自序 1 篇。共 50 回。

一　洞房笑史：似喜如羞又怕疑

二　蜜月笑史：作羹须倩小姑尝

三　画眉笑史：似浓如淡不曾匀

四　咕臂笑史：口愿君心似妾心

五　晚妆笑史：端详烛下分明甚

六　小饮笑史：尊前一笑两相同

七　习舞笑史：怕滑更添腰绰约

八　习歌笑史：度曲惟教唱柳君

九　试衣笑史：难消素手为缝绽

十　窃履笑史：珠凤鞋帮一捻红

十一　赏花笑史：惜花人更惜空枝

十二　扑蝶笑史：髻丛花片蝶飞衔

十三　戏郎笑史：暗风相约宋墙东

十四　泼水笑史：窗前忽度何人影

十五	摄影笑史：此际能无唤奈何	三十三	绘画笑史：细拈小笔画轻纱
十六	烹茶笑史：一砌松风静煮茶	三十四	斗牌笑史：毯席呼卢坐一围
十七	纳凉笑史：便遣萧郎不自持	三十五	调婢笑史：一回低媚一回嗔
十八	窥浴笑史：绰约肌肤和雪似	三十六	叱奴笑史：此身自属人勾管
十九	垂钓笑史：问要鱼羹吃也无	三十七	拥衾笑史：相偎难许半衾离
二十	采莲笑史：绿荷犹是盖双鸳	三十八	围炉笑史：一觞冬暮慰无聊
二十一	午睡笑史：千蝶帐深萦午睡	三十九	偷香笑史：唤声低彻枕函边
二十二	习书笑史：学书不学卫夫人	四十	题照笑史：一篇才了又重题
二十三	调冰笑史：饮冰何计得心凉	四十一	扑雪笑史：雪压红楼照座明
二十四	沉瓜笑史：眼波心事暗相牵	四十二	消寒笑史：只有寒宵与意宜
二十五	乞巧笑史：有情皇帝李三郎	四十三	除岁笑史：拼取无眠守岁华
二十六	拜月笑史：月华如雪满匡床	四十四	贺年笑史：新婚新岁多新意
二十七	赏菊笑史：此日为欢亦一奇	四十五	制灯笑史：回廊灯影也堪夸
二十八	持螯笑史：菊黄时节蟹堪持	四十六	猜谜笑史：却着词臣仔细猜
二十九	登高笑史：繁华白日怯登临	四十七	卧病笑史：一幅杨妃病齿图
三十	煨粥笑史：蒲葵扇子竹根炉	四十八	煎药笑史：敢著微词恼谢娘
三十一	撒娇笑史：玉人性格费猜译	四十九	说梦笑史：模糊言句费猜许
三十二	泼醋笑史：意热偏令入手迟	五十	坐蓐笑史：阿侯姿貌似谁多

凄 风

短篇社会小说。赵苕狂编著。上海世界书局。1925 年 4 月版。1 册。3.4 万字。自序 1 篇。共 10 篇。

徐枕亚	卖饧时节杜鹃声	胡寄尘	国庆家不庆
	死前之三日	张敏生	心血之痕
江红蕉	半页之日记	王定庵	卖花声里
徐卓呆	壬戌之秋七月既望	笑佛女士	形式上的夫妻
张枕绿	护新人	俞印民	可怜春宵

短篇滑稽小说大观

滑稽小说。赵苕狂编。上海大东书店。1921 年 11 月版。2 册。6.6 万字。编者序 2 篇。滑稽补白 2 篇。共 24 篇。

周瘦鹃	白罗缴		一塌糊涂
胡寄尘	不平等之平等	**张毅汉**	就此了结
	电车上之五分钟	**贡少芹**	顽童
	特别之婚礼		三个假父
	不要学校的教育家		打耳光
许指严	贼骨头		治麻面
赵苕狂	娇妻	**徐梦鸥**	原来如此
	公犹货也	**新知主室**	博士口中之油瓶
姚鹓雏	蚊雷		女革命家
	蝉笛	**管际安**	快游记
杨尘因	中国卓别灵	**杨戍生**	物罕见珍
	歌台捣乱记		

鲁平的胜利

侦探小说。赵苕狂著。上海正气书局。1948 年 3 月版。1 册。8 万字。自序 1 篇。3 篇。共 41 章。

第一篇　狭窄的世界
第二篇　鲁平的胜利
一　白圭微点
二　惊鸿一瞥
三　细述案情
四　太漂亮了
五　你来了么
六　架上鹦鹉
七　枕中秘密
八　一封短简

九	今天的第一个节目	九	关于孙家的历史
十	很痛快的一个人	十	结得芳邻
十一	另有情人	十一	她会不会杀人
十二	小白脸变成了痨病鬼	十二	天真无邪的少女
十三	峰回路转	十三	园中静伏
十四	一只皮鞋	十四	一个平淡的镜头
十五	储款以待	十五	你瞧着就是了
十六	如此结局	十六	洞如观火
		十七	希望你也参加

第三篇　少女的恶魔

一	定时性的恐怖案	十八	一个黑影溜进来
二	一道曙光	十九	可怕的一幕
三	又一杰作	二十	一封奇怪的信
四	一个惊人的发见	二十一	同谋者
五	小魔王沈十的姊姊	二十二	扑了一个空
六	大海捞针	二十三	还有这么一个转变
七	一条可注意的广告	二十四	果然是她
八	牛司也有行情	二十五	最后的结束

滑稽世界

滑稽短篇小说集。赵苕狂编。上海世界书局。1923 年 6 月初版。全 4 册。22 万字。编者序 1 篇。4 编。共 66 则。

第一编　滑稽之社会

严独鹤	先知术		老鸨式的丈母
	政客之秘诀	徐卓呆	狭窄的世界
	三张过时的贺年片		急性的元旦
程瞻庐	眼睛器量		匣内之物
	延请主笔		时髦税
		王西神	滑稽之王

谈老谈	疯人日记		巧小姐
江红蕉	先生之发	何海鸣	脚之爱情
马二先生	第一神相		惧内的侦探家
	贪人之迷梦		新婚妒误
范烟桥	笔生花		离婚的证据
姚民哀	秋天的棺材店老板	胡寄尘	无线电报
严芙孙	乔迁之喜		二十二年前的照片
毓清女士	闹丧	徐卓呆	上帝之大缺陷
孙季康	五月初三夜	孙漱石	好一个皮夹子
刘煜生	龟奴之语	赵赤羽	不打不成相识
			女婿是猪八戒

第二编　滑稽之家庭

程瞻庐	女诗人的马桶	吴公雄	醋中错
	七夕之家庭特刊		
	七寸五分的眼光		**第四编　滑稽之寓言**
	一块糖	严独鹤	倒乱千秋过重阳
	但求化作女儿身	程瞻庐	毫毛变相
	肖子		新旧猪八戒
何海鸣	小说家之妻		苍蝇大闹森罗殿
徐卓呆	新人物		老鼠做亲记
张枕绿	项圈		蠹鱼窠里的长生禄位
赵赤羽	月饼		黑暗地狱里的蜡烛
	急煞了		元宝一席话
何朴斋	顽童趣史		夫妻小说迷
			高头军
		胡寄尘	无所不可

第三编　滑稽之情场

严独鹤	美人之罪过	许廑父	圣人逃难
	理想中的妻子	姚民哀	太岁打架
程瞻庐	瞒了鱼雁	赵赤羽	瞒过了天老爷
	不自由也自由	吴讱之	钟馗妹自由离婚
		唐忍庵	诸事不宜

滑稽探案集

滑稽侦探小说集。赵苕狂编。上海世界书局。1924 年 8 月初版。1
册。5.2 万字。共 12 案。

第一案　大侦探与毕三党

第二案　太太奶奶式的侦探

第三案　母之情人

第四案　一群饭桶大侦探

第五案　自己上当

第六案　什么东西

第 七 案　床底下的拆白党

第 八 案　错得太巧

第 九 案　好运气

第 十 案　留心第三次

第十一案　当票被窃

第十二案　特别侦探术

微　　波

短篇社会小说。赵苕狂著。上海世界书局。1929 年 1 月初版。共 1
册。3.6 万字。自绪言 1 篇。共 10 回。

一　微波

二　小阿媛的今昔

三　高跟鞋的爱情

四　归宁

五　抢三角

六　老实人

七　添菜

八　做官去

九　外祖母

十　空气紧张

墙外桃花记

短篇醒世小说。赵苕狂编。中国第一书局。1923 年 5 月。1 册。共
6.2 万字。编者序 1 篇。共 16 篇。

海上说梦人	此中秘密	定 庵	卖花声里
	快活新郎	徐卓呆	不可思议的姊妹
何海鸣	红倌人	徐哲身	别开生面之翰墨缘
张舍我	做奴仆的资格	吴双热	姨太太的自杀
	堕落史中的一节	看经女史	四面受敌的省议员
漱石生	好一个皮夹子	平襟亚	恋爱的破产
马二先生	香帕	陈云柯	一个崇拜自由恋爱者
严芙荪	卖笑之钱		

孽海鸳鸯录

社会小说。赵苕狂著。上海大东书局。1925 年 5 月 5 版。1 册。5.2 万字。著者弁言 1 篇。共 85 篇。

恨绵绵	物外风致
多情老人	凤去台空
书呆言情	擒纵有法
小说孽	绝世美人乃骷髅
龙华道上	假山洞内之呻吟声
噫误矣	好事多磨
惺惺相惜	锦囊妙计
我见犹怜	床头人
误传消息	飞艇良缘
紫玉成烟	薄幸之报
车中奇遇	甘为情死
同命鸟	下婚女仆
青年宝鉴	灶下婢
风尘奇女	优伶有福
金条脱赠无吝色	西洋美女
女侠行经	一觉扬州梦醒来

情敌

东洋有情妓

吾乃来也

双双同穴

小大姐之历史

衣饰不翼而飞

汗巾之赠

野鸡大王

江山船

花国总统之轶事

蓝桥咫尺起风波

海上第一美人传

鸳鸯冢

丝厂女子

一命呜呼

月下老人是乃郎

因缘簿上挂虚名

水到渠成

演刁刘之新剧家

画师误我

李代桃僵

假婿

麻女非僮不嫁

西崽假充学生

黠傭自认赘婿

问是梨花是杏花

玉儿情死

忍辱含羞廿六年

秋千板上小蛮鞋

市门女

满堂红

冒作新郎

女招待

徐娘丰韵

三更小待粉墙东

入其彀中

抢亲笑话

歌满江红一曲

天阉逢石女

不是冤家不碰头

三日之代价

绣鞋儿

八百金之守贞

暗中摸索

拆白党之万恶

卜者女

一顿恶打

行旅金鉴

人道之贼

一刻值千金

欲即反离

黑白分明

稀奇电话

山东大侠

长篇武侠小说。赵树冬著。上海国华新记书局。出版时间不详。4册。20万字。序3篇。共40回。

第 一 回　恶都统好色乱伦
　　　　　贤参将原情守义

第 二 回　施诈谋淫贼污烈妇
　　　　　谈义忿公子嘱姣儿

第 三 回　青州府初审行刺
　　　　　白马山二次投师

第 四 回　给孤寺前彼此序冤情
　　　　　白马山下弟兄逢劲敌

第 五 回　蠢乡绅开门揖盗
　　　　　贤长老扫榻留宾

第 六 回　遭飓风祸中得福
　　　　　入孤岛绝处逢生

第 七 回　白马山病鹘联姻
　　　　　济南府锦云失踪

第 八 回　端亲王龙山遭困
　　　　　雍正帝石屋被囚

第 九 回　战龙山刘龙得剑
　　　　　破石屋病鹘收徒

第 十 回　小周清立志报亲仇
　　　　　贤病鹘原情全孝道

第十一回　走荒郊巧逢淫妇
　　　　　攻山峡大战强徒

第十二回　遇淫贼病鹘试飞剑
　　　　　获盗魁周清得宝铠

第十三回　镖比镖针芒相对
　　　　　侠遇侠绝技并陈

第十四回　战女侠病鹘陈绝技
　　　　　斩孽龙长老述神功

第十五回　洛口镇群英聚会
　　　　　黄河崖三憨伤身

第十六回　种前因爱妾师武曌
　　　　　明后果义弟作陈平

第十七回　明误会英雄仗义
　　　　　述前因侠女施威

第十八回　勇李奇仗义灭亲
　　　　　蠢飞禅助恶为虐

第十九回　贻后患病鹘诛奸道
　　　　　释前仇周清得佳偶

第二十回　羊柱山慧兰遭擒
　　　　　李家庄碧娘求救

第二十一回　护国寺众侠逐淫僧
　　　　　　羊柱山双燕援节妇

第二十二回　战淫僧周清施绝技
　　　　　　诛恶道病鹘运奇谋

第二十三回　行酒令周清滑稽
　　　　　　用火功慧兰出险

第二十四回　混元剑黑眉丧命
　　　　　　八卦刀周亮遭擒

第二十五回　救徒儿猿公多情
　　　　　　释老道病鹄存德

第二十六回　两下店周清盗剑
　　　　　　张夏镇四霸抛刀

第二十七回　齐河县两派争锋
　　　　　　郭家庄二虎打擂

第二十八回　陆震东巧试电光手
　　　　　　金病鹄初用劈罩功

第二十九回　败台主周清用巧打
　　　　　　战恶霸王贵使仙拳

第 三 十 回　武侯祠众侠见神医
　　　　　　白云贯群奸助恶霸

第三十一回　用玄功老人争先
　　　　　　中诈谋白眉殒命

第三十二回　郭家庄双侠联姻
　　　　　　昆仑峰群雄习艺

第三十三回　瑯琊岛铁山遭擒
　　　　　　昆仑峰老人赐剑

第三十四回　病鹄身陷练功房
　　　　　　碧娘夜探灵山岛

第三十五回　奋神威正胜邪消
　　　　　　决死战强存弱死

第三十六回　敏刘龙有心援俊杰
　　　　　　蠢王贵无意捉奸雄

第三十七回　武当山两派大争锋
　　　　　　冲霄峰群雄齐聚会

第三十八回　电光手聋哑伤身
　　　　　　雄黄掌碧娘逃命

第三十九回　拒忠言长春逢劲敌
　　　　　　弭杀戒猿公作调人

第 四 十 回　打马猴刘龙得偶
　　　　　　诛恶贼病鹄完姻

侠义鸳鸯

侠情小说。赵树冬著。上海国华新记书局。1916 年 4 月 3 版。2 册。7.4 万字。自序 1 篇。共 20 回。

第一回　川岳无灵拆散同心鹣鲽
　　　　情天肆谑摧残比翼鸳鸯

第二回　缘缔三生一见成情侣
　　　　线牵千里两姓结干亲

第三回　贤太守历劫抛妻子
　　　　恶县官栽赃害善人

第四回　蒙奇冤幼山入狱
　　　　闻巨变慧珠探监

第五回　审判厅慧珠鸣冤
　　　　虎丘山桂馨舌辩

第六回　监狱署幼山毙命
　　　　苏州府慧珠奔丧

第七回　生急智虎口得余生
　　　　惊噩耗江心重遇难

第八回　秦陶氏闭楼明节烈
　　　　吕子文开阁待佳宾

第 九 回　蔑公理厅长殉情面
　　　　　全节操推事示清高

第 十 回　识英俊子文择婿
　　　　　避嫌疑桂馨辞婚

第十一回　老夫人嫌穷爱富
　　　　　小公子誓海盟山

第十二回　用密谋奸人下药
　　　　　遭诬蔑烈妇吞金

第十三回　设奇谋楼窗赴幽会
　　　　　装假病卧榻定佳期

第十四回　因迷信引起巨祸
　　　　　进谗言配成奇冤

第十五回　泄机谋贞女失踪
　　　　　报知音义士自尽

第十六回　痛离鸾卧榻病相思
　　　　　悲失凤香闺伸抑郁

第十七回　赵桂馨佳期惊失踪
　　　　　吕慧贞吉夕守空闺

第十八回　赵桂馨焦山学艺
　　　　　秦慧珠无锡易装

第十九回　遇同乡车中絮语
　　　　　见故迹山上放声

第二十回　偿凤愿剑合丰城
　　　　　报前仇珠还合浦

家庭三杰

长篇侠情小说。赵树冬著。上海国华新记书局。1947 年 3 月版。2 册。6 万字。序 1 篇。共 20 回。

第一回　王艳梅彼岸回头
　　　　蒋瑞云穷途遇救

第二回　结同心公子多情
　　　　赋分飞佳人薄幸

第三回　为名花波兴醋海
　　　　因浪漫祸起萧墙

第四回　信谗言老父逐佳儿
　　　　明大义幼弟救亲兄

第五回　悔前非深夜病相思
　　　　惊恶耗穷途追旧好

第六回　下毒手妒妾谋正室
　　　　徇私情知府庇同寅

第七回　嗟势利义士受欺凌
　　　　叹炎凉侠女盟约誓

第八回　想发财反而耗财
　　　　因势利遂致失利

第九回　救难女义士施威
　　　　诛恶霸奸徒丧胆

第十回　用奇谋连克双城
　　　　布埋伏网分四面

第十一回　伏内应诈败夺胶州
　　　　　布罗网德军困阴岛

第十二回　用诈谋一夜克即墨
　　　　　建奇勋五日定胶东

第十三回　退大盗兄弟相逢

　　　　　惩奸官夫妻聚首

第十四回　刘鸾英临终忆长子

　　　　　蒋遇春病榻嘱亲生

第十五回　诬良为盗淫贼昧天良

　　　　　仗义疏财公子全节烈

第十六回　蒋瑞诚烟台起毒意

　　　　　余双龙劳山谋异图

第十七回　弃空城瑞云鏖兵

　　　　　中奇谋双龙授首

第十八回　张志芳误陷瞒天网

　　　　　余巧云大设风流窟

第十九回　释众匪瑞云布德

　　　　　收巧云志芳成仁

第二十回　悔前非瑞诚皈正

　　　　　了因果志芳复仇

鸾飘凤泊

中篇言情小说。赵恂九著。大连宝业洋行。1941 年版。1 册。7 万字。鸾飘凤泊再版自序 1 篇。共 4 篇。

第一篇　鸾飘凤泊

第二篇　茅亭

第三篇　海滨

第四篇　春苑

绿林豪侠传

武侠小说。赵振亭著。上海南星书店。1930 年 8 月版。5 册。16 万字。杨友白序 1 篇。自序 1 篇。插图 80 幅。4 集。共 40 回。

第一集

第一回　春满绿林群英聚会

　　　　妒生红粉单骑追奔

第二回　跨名驹途中遇恶贼

　　　　探洞房檐下接飞镖

第三回　失良马欣逢绿林侠

　　　　查胡珠暗访电兔儿

第四回　卖艺弄玄虚惊神泣鬼

　　　　见危生恻隐行侠招灾

第五回　受揶揄直供成铁案

　　　　施援救智赚入监门

第六回　脱樊笼冤家逢狭路

　　　　遭擒获绝处遇救星

第七回　赤手敌官兵惊神泣鬼

良驹易美女释怨联姻

第 八 回 劫官银施展好身手
　　　　　闻惊报急煞寓主人

第 九 回 电兔儿还珠显妙手
　　　　　小西海留客话从头

第 十 回 擒匪首吴督得名驹
　　　　　避官兵粉儿宿古寺

第二集

第十一回 一指禅神威慑匪众
　　　　　小哥子介绍访英雄

第十二回 闹剧场掳劫富家子
　　　　　入密室调戏活财神

第十三回 朱森玉有缘逢侠女
　　　　　飞山虎挟怨追逃人

第十四回 飞镖吓退亲兄长
　　　　　侠女情钟富室儿

第十五回 多情女用计擒刺客
　　　　　富家儿因祸订良缘

第十六回 双美完花烛祸起萧墙
　　　　　侠女入囹圄冤由诬陷

第十七回 鲁莽缉凶误走老爷寨
　　　　　奔波查案投宿田家屯

第十八回 索诈成仇尊臀吃苦
　　　　　侦查不易助手需贤

第十九回 逞英雄粉儿得奖金
　　　　　睹宝气王彪生误会

第二十回 林景礼当场献神技
　　　　　江东好用计吊原赃

第三集

第二十一回 江东好有心护同类
　　　　　　麦克司无面见英雄

第二十二回 悍匪拒捕一场恶战
　　　　　　奇珍被盗两败俱伤

第二十三回 绝世美人笑言激公子
　　　　　　乔装侦探诳语赚喽啰

第二十四回 探匪巢拈阄分攻守
　　　　　　蹈陷阱束手被拘擒

第二十五回 用火攻官兵全军覆没
　　　　　　烧贼寨匪首挈眷奔逃

第二十六回 急煎煎越岭庆逃生
　　　　　　恨绵绵从头诉往事

第二十七回 衔使命张虎缉要犯
　　　　　　睹公函铁雷送残生

第二十八回 泰岳崩颓十三郎接统部众
　　　　　　京津危急江东好荐任参谋

第二十九回 庆生辰母女登堂祝寿
　　　　　　谋行刺主婢托故脱身

第 三 十 回 孝女复仇险蹈杀身祸
　　　　　　义夫营救访谒红官儿

第四集

第三十一回 设计装疯英雌出狱
　　　　　　着鞭归去山魅揶人

第三十二回 月下奔驰突来响马
　　　　　　灯前调笑难作冰人

第三十三回 害命谋财侠女救客难
　　　　　　求婚被拒妻弟诉衷情

第三十四回 布牢笼拦路劫新娘
　　　　　　闻惊讯登堂谒岳父

第三十五回　袭山寨施全奋神勇
　　　　　　索娇娃幼顺作调人

第三十六回　无理要求难为姐丈
　　　　　　乘机护劫急煞伛人

第三十七回　美惊鸿忠言劝革面
　　　　　　义王升磨蝎话从头

第三十八回　打桢子巧遇泼赖妇
　　　　　　觅枝栖急煞绿林雄

第三十九回　夺山寨压东边逞雄
　　　　　　动干戈海杨军仗义

第　四　十回　行刺偷营自残同类
　　　　　　弃邪归正结束全书

蛮荒剑侠传

长篇武侠小说。赵振亭著。上海南方书店。1936 年 12 月重版。3
册。13 万字。序 2 篇。共 40 回。

第一回　报冤仇生留怀异志
　　　　夺宝剑大侠献奇能

第二回　花残月缺烈女丧生
　　　　灯绿星沉恶人授首

第三回　恶贯满盈朱括皮索诈
　　　　冤遭不白小张义被擒

第四回　乡老能言瘟官发怒
　　　　慈亲有疾孝子怀愁

第五回　慈亲弃养孝侠义投官
　　　　县令捐廉双雄争自首

第六回　遵国法陆猛发配
　　　　报私恩张义追踪

第七回　张天师收伏黑鱼精
　　　　符老二擂倒楚阳台

第八回　闻悲声仗义救孕妇
　　　　下辣手极刑治凶徒

第九回　小口诸酒楼遇双侠
　　　　大英雄当街战恶霸

第　十回　俊邵斌巧破滚膛刀
　　　　赛尉迟偷看双秘戏

第十一回　周恭白单探伊家营
　　　　诸忠彪双陷黑地牢

第十二回　救三雄神弹子显能
　　　　破机关谢玉美脱险

第十三回　小孟尝三箭败阮虎
　　　　神弹子独力退群寇

第十四回　投文书欣逢贤令尹
　　　　过中岗偏遇截路客

第十五回　迷路途单身陷地穴
　　　　奋神勇独力解重围

第十六回　报应昭彰群凶遭惨戮
　　　　人心大变剧盗占丛林

第十七回　九指僧方丈泄隐语
　　　　陆英雄地牢闻哀声

第十八回　门庭冷落志在四方是男儿
　　　　旅邸荒凉病沉一隅叹游子

第 十 九 回	灵岩山游子蒙难 玉佛寺淫僧施威	第 三 十 回	钱师爷贪赃造冤狱 白小姐遗溲成奇谈
第 二 十 回	灭天理杀害义仆 散银两开释无辜	第三十一回	闻惊耗捶胸顿足 阅书信痛哭流涕
第二十一回	火光烛天英雄毁盗窟 珠泪满面游客归故乡	第三十二回	发危言草草了命案 论大势侃侃谈战情
第二十二回	管鲍谊高分袂留镪物 桃园义重同契结金兰	第三十三回	黑虎镇回马截追兵 牛栏河趱程逢旧雨
第二十三回	起死回生英雄遇救 报仇雪恨苗蛮兴兵	第三十四回	对故交英雄发牢骚 遇奸徒弱质受惊恐
第二十四回	报大仇狠心毒手 请神镖厚币卑词	第三十五回	西子湖画舫载丽质 茅家埠别墅锁佳人
第二十五回	月夕花晨耿耿怀旧雨 车尘马蹄仆仆走长途	第三十六回	碎玉消香断送名媛归极乐 剖心沥血手刃淫贼奠孤坟
第二十六回	仙剑斩盗寇尸横遍野 骡车误行旅夜宿荒郊	第三十七回	趱程求援畅谈往事 倾心结衲平息风波
第二十七回	月黑星沉三更露宿 刀声剑影矞夜交兵	第三十八回	客店输诚草泽英雄露本色 归途闻变市镇小民诉苦情
第二十八回	薛神镖临危遇救 诸忠彪仗义惹祸	第三十九回	众英雄深林暂驻马 二侠士盗窟假投诚
第二十九回	观音庵登徒抢弱质 嘉兴府豪杰救英雄	第 四 十 回	施巧计剧盗授首 祭亡灵野史告终

云　片

　　笔记小说。赵眠云著。上海中孚书局。1934 年 7 月版。1 册。9 万字。范烟桥、金季鹤、尤半狂、蒋吟秋、顾明道、郑逸梅作序各 1 篇。插画 4 幅。共 114 篇。

甲编　心汉阁杂记

金凤

樊惜惜

朱蕙芬

尼庵艳薮

朱企秋

挽妻诗之质朴

杨默默

王勇姑词

潘公子轶事

王心筠两梦

柴才子

杜孝子

阿银

前身卫玠

双星会

奇梦

古云庄

张雨岑

白桃花亭

佛王孙

葛子筠

四只白脚

霜蓉曲

再世之宝黛姻缘

乩仙诗

鬼怕瓯北诗

客述宋渔父遗墨

客谈鲁涤平之相

田桐爱重才士之述闻

吕焕炎与岳忠武王之马

段芝泉金刚经癖

逆子杀母

黄莺曲

记城南诸园

王士珍遗吴佩孚书

述吴昌硕先生之芜园

述傅钝安变名之多

随园六岁之谶语

二先生轶事

传奇之欲作复止

红绿诗话

庄轶群女士之苦心

乙编　新辀轩志

婚配

死丧

服食

居住

营作

贸易

庆祝

斗杀

附录

双 云 记

言情小说。赵眠云著。集成图书馆。1925 年 8 月版。1 册。3.8 万

字。自序 1 篇。徐枕亚、郑逸梅跋各 1 篇。共 20 回。

第一回　清课

第二回　梦游

第三回　述梦

第四回　构陷

第五回　拯友

第六回　订婚

第七回　话别

第八回　南还

第九回　馆甥

第十回　悼亡

第十一回　续胶

第十二回　谗间

第十三回　重别

第十四回　父丧

第十五回　起用

第十六回　夺婚

第十七回　截发

第十八回　寄女

第十九回　西征

第二十回　镜圆

星 海 宿

社会小说。赵眠云、郑逸梅编。上海生生美术公司。1925 年 9 月初版。1 册。3.5 万字。共 22 则。

陈莲痕　都门异客

江红蕉　懦人

黄转陶　旁论

赵芝岩　家教

范烟桥　十年说梦

蒋吟秋　晴窗梅语

郑逸梅　爱护平等

范君博　怀月轩砚滴

金季鹤　烟花一瞬

顾明道　循环

程小青　花话

尤卓厂　戏剧问题

范菊高　烦演双齣

程瞻庐　望云居偶谈

范佩萸　返乡记

姚赓夔　觅恋一羽

屠守拙　痛定回忆录

吴闻天　梦异录

黄若玄　国学

尤半狂　梅花清梦庐昆曲谭

徐碧波　情猩记

赵眠云　民治院

落泪梅花

哀情故事。赵效贤著。赵迁民校正。上海琳琅公司。1938 年 11 月初版。4.7 万字。听众题词、签名 4 页。自序 1 篇。共 10 回。

一　那有十三岁的女孩去嫁人的呢

二　梅仙做我家的媳妇你知道配吗

三　忍着到我自立了你就不会苦的

四　夺了梅仙的礼服套在自己身上

五　这俏郎君定可以给自己占有的

六　要个乡下姑娘很有些不值得吧

七　花儿好月儿圆可是人太单调了

八　女孩儿恐怕等不到新年要去了

九　阿梅真不要脸她在干坏事体呢

十　我想将培珍许配给你家志少爷

不堪回首

哀情小说。赵焕亭著。上海鸿文书局。1937 年 10 月版。2 册。12 万字。自序 1 篇。共 30 回。

第一回　谈大匠痛陈兵祸
　　　　鸣天铎大振民声

第二回　庆太平群议上元灯
　　　　乐家庭畅谈总统制

第三回　闹村社点缀风光
　　　　骂泼皮拨撩蜂虿

第四回　杜琐姑结伴嬉春
　　　　冯歪嘴登台奏技

第五回　说田家艺人传治象
　　　　演兵劫娇女惊芳心

第六回　漏牛税村老破悭囊
　　　　敲竹杠会员施辣手

第七回　宴桃园杯酒论英雄
　　　　说轶事风云开直奉

第八回　蓬莱县名将挺生
　　　　保定城壮士入伍

第九回　走长途济困却娇姿
　　　　镇衡州散金戏说客

第十回　曲终奏雅愿见和平
　　　　水激石鸣衅开直皖

第十一回　战净畿直皖大交兵
　　　　　防溃掠村农小罹劫

第十二回　杜老翁无心伤痁棍
　　　　　楼桑村初次接逃兵

第 十 三 回　买枪械二次接兵
　　　　　　挑河汉邻村嫁祸
第 十 四 回　溃兵三次扰村坊
　　　　　　痞棍挟嫌当虎伥
第 十 五 回　肆劫掠军队殃民
　　　　　　遭凌辱刘杜挂孝
第 十 六 回　杜老翁款待宾朋
　　　　　　金仲雅演说直奉
第 十 七 回　闹会议玉帛隐干戈
　　　　　　认螟蛉金娘得娇女
第 十 八 回　话乱状津门多伏奔
　　　　　　矜统一名将辅庸材
第 十 九 回　上元节今昔殊观
　　　　　　桃园会沧桑话劫
第 二 十 回　染疫疠守田幸生
　　　　　　返乡园环娘归宁
第二十一回　论时局直奉□危机
　　　　　　叙亲情刘杜小团聚

第二十二回　杜琐姑惆怅别离情
　　　　　　保定帅沉酗总统梦
第二十三回　刘达误饮补肾胶
　　　　　　谐鬼畅谈从军乐
第二十四回　传战讯风鹤频惊
　　　　　　拉兵车骨肉长别
第二十五回　涿州城杜老探兵车
　　　　　　琉璃河奉天初败绩
第二十六回　赴前线饱受老拳
　　　　　　闯阵壕亲观血战
第二十七回　琉璃河守田倾生
　　　　　　楼桑村琐姑被掳
第二十八回　乐战胜保帅称雄
　　　　　　惊噩耗胡母殉子
第二十九回　闹选举保定喜登台
　　　　　　走关山杜翁苦寻女
第 三 十 回　统一望空输棋一着
　　　　　　白宫梦醒世局翻新

双剑奇侠传

武侠小说。赵焕亭著。上海受古书店。1926 年 5 月 3 版。8 集。30 万字。陆士谔序 1 篇。自序 1 篇。共 100 回。

第一集

第 一 回　创劫盗佣保托奇踪
　　　　　会名园宾客谈剑术
第 二 回　竹枝舞英雄伤末路
　　　　　广慧寺老衲接豪宾
第 三 回　访良友反得娇妻

　　　　　置离筵群看诡士
第 四 回　山阴县戾气溯来源
　　　　　张夫子讲坛倡异学
第 五 回　假道学丢丑辍讲席
　　　　　传风鹤飞警到常州
第 六 回　偾军事巧官谈兵

斩贼头奇光示异

第 七 回　闯危城两侠踏深宵
　　　　　走荒村双艳惊巧遇

第 八 回　纳奔女设计毙凶淫
　　　　　扮贼装无心闻匪语

第 九 回　拯娇姿愧煞邬明山
　　　　　说奇光惊走四眼狗

第 十 回　张布告禁止武社
　　　　　矜意气角逐拳场

第十一回　假说剑设局攫金
　　　　　真反目避喧访友

第十二回　陈武师隐迹洞庭山
　　　　　来旺儿醉探摩云犼

第二集

第 一 回　方寸印退帮首领
　　　　　十字路遇莽头陀

第 二 回　邬明山穷途逢太守
　　　　　林孟侯乔扮戏孀雌

第 三 回　赵班头巧计露诗笺
　　　　　哈屠夫挥拳闹街市

第 四 回　弭大狱捐金全友谊
　　　　　得钱钞无赖戏妻房

第 五 回　搅典当毒拳暗下
　　　　　闹腐坊色眼潜窥

第 六 回　遇淫髡大娘险失节
　　　　　救梁生道济巧逢仇

第 七 回　慰亡友扑毙蒋总管
　　　　　受内伤畅论白步拳

第 八 回　通罡气起死回生
　　　　　赠双剑倚天斫地

第 九 回　藏秘诀明山欺友
　　　　　赏龙舟包侠逢豪

第 十 回　闹渔会闲戏白牡丹
　　　　　盗银砖夜探黄猿港

第十一回　朱九州显能收弟子
　　　　　武元彬飞柬决雌雄

第十二回　广州城义释武太保
　　　　　仙霞驿计稳蒋镖师

第三集

第 一 回　拯穷途乡壮得教师
　　　　　闻发警包村修旧圩

第 二 回　现谶文古莹发异碣
　　　　　闹宗祠达士识衰机

第 三 回　施奇术反掌取户籍
　　　　　染恶疾回首感良朋

第 四 回　致奇富瞀目酬友谊
　　　　　萌恶念劣子哄家庭

第 五 回　逞豪富兄弟争雄
　　　　　失金赀妯娌吵架

第 六 回　开塔窗一客赚贪夫
　　　　　走腐坊三雄访贤裔

第 七 回　包庄主置酒款教师
　　　　　长明僧藏金寻荡妇

第 八 回　走贼渠大战红枫港
　　　　　奋乡兵初却黄衣怪

第 九 回　庆功筵酒后挥拳
　　　　　南沙窝夜间觇异

第 十 回　孔昭达入水探怪窟
　　　　　贩枣客独力起猪龙

第十一回　金刚派侠隐授徒

吉安城苦儿流寓

第十二回　入学塾双侠订交
　　　　　买山果登徒遇艳

第四集

第 一 回　送香茶巧布美人局
　　　　　捡雪梨初调五二乐

第 二 回　真狡狯夫妇逗风情
　　　　　假慷慨主客谈贸易

第 三 回　阻好事偏来二憨
　　　　　串骗局大会群魔

第 四 回　黠花娘变计攫金
　　　　　骏竖子抱病消渴

第 五 回　得歪财言之丑也
　　　　　钻床帏理宜有之

第 六 回　买案首钱可通神
　　　　　话试场客偏捣鬼

第 七 回　名士疏狂骂酒座
　　　　　壮夫游戏试官刑

第 八 回　诸一峰解围夸赤手
　　　　　邹玉林游贩走黄尘

第 九 回　夕阳亭死别生离
　　　　　怀人驲闲情逸致

第 十 回　困旅店忽逢豪客
　　　　　渡大江又说游踪

第十一回　十八村投宿逢侠女
　　　　　缩阳术示技逗奇情

第十二回　破内功侠女戏玉林
　　　　　拉纸衣贫妮述虎棍

第五集

第 一 回　通州城投溷寻恶霸
　　　　　尹善人置酒款嘉宾

第 二 回　野酒店质衣乔装
　　　　　玉皇观隐身觇盗

第 三 回　作游戏点穴捕群偷
　　　　　询行踪善人修荐札

第 四 回　题店壁壮士击雄关
　　　　　宿荒村朴俗逗奇趣

第 五 回　十一郎闹店黄榆堡
　　　　　邹玉林问樵双岔巅

第 六 回　沈阳城侠女显奇踪
　　　　　白塔寺玉林遭骗局

第 七 回　宿古寺畅谈寨外风
　　　　　走深山巧觇猩公酒

第 八 回　救灵猩力斩锦绦蛇
　　　　　打酒坊巧遇王大胆

第 九 回　述洄溪侠士惊奇
　　　　　贪杯斝酒徒醉卧

第 十 回　勇侠士独探洄溪
　　　　　莽竹牛群坑坎陷

第十一回　述异事九客失踪
　　　　　赴参圈两友探险

第十二回　三台冈侠友侦青豹
　　　　　土崖洞难女说凶徒

第六集

第 一 回　邹玉林奋勇劈假豹
　　　　　靠山王被缚吐真情

第 二 回　壮士豪情宿土洞
　　　　　村民牛酒闹洄溪

第 三 回　住参场贤主款嘉宾
　　　　　溯归程售珠歌得宝

第 四 回　北京城喜发归装
　　　　　怀人驲惊闻噩耗

第 五 回　阴氏女戏叔逼风怀
　　　　　徐二官扶柩回故里

第 六 回　秦大圭贪淫敦友谊
　　　　　诸一峰遇仆悉奸谋

第 七 回　挂双头侠徒报良友
　　　　　散黄金壮士走天涯

第 八 回　探包村乔装兰大炮
　　　　　谈发匪演说小青娘

第 九 回　结孽缘兰道称雄
　　　　　较拳捧昭达作祟

第 十 回　赌酒座璧城拜下风
　　　　　逗闲情伯高卜吉兆

第十一回　逞邪法迷药闹团丁
　　　　　得惊闻血光逼兵气

第十二回　焦知县殉难诸暨
　　　　　长发匪二打包村

第七集

第 一 回　小青娘飞檄显身手
　　　　　混天星跃马逞英雄

第 二 回　猛掷战青娘压阵
　　　　　巧擒贼玉林夺马

第 三 回　兰总管助打包村
　　　　　蒋教师酣战魔女

第 四 回　御兰道剑反妖风
　　　　　闹包村夜征鬼趣

第 五 回　真无赖乔扮假无常

　　　　　集纯阳冲破群阴阵

第 六 回　大炮逞法摄生魂
　　　　　玉林探营窥秘帐

第 七 回　修罗阵兰道肆凶邪
　　　　　地藏庵阮卒觇秘密

第 八 回　伯高破阵走大炮
　　　　　璧城得趣获青娘

第 九 回　憨老蛋闲谈泄秘事
　　　　　莽昭达假醉掷人头

第 十 回　诸暨县伯高显名
　　　　　万全山昭达访友

第十一回　开福寺良朋巧遇
　　　　　皖南地大侠埋名

第十二回　诸一峰流寓寄身
　　　　　许矮子闭门拒客

第八集

第 一 回　玉林衔杯戏许矮
　　　　　昭达裸舞会一峰

第 二 回　游万泉三侠待病友
　　　　　送炸果婆子作蜂媒

第 三 回　趁归途忽遇李通海
　　　　　闹包村大娶金钱花

第 四 回　包伯高喜迎嘉客
　　　　　蒋璧城醉打华堂

第 五 回　李通海教练枪弩队
　　　　　诸一峰策划高戴村

第 六 回　禹王河坐探报发警
　　　　　黄牛墅无赖戏村娘

第 七 回　走穷途巧遇飞天鼠
　　　　　衔杯酒演说李秀成

第 八 回　报亡兄双头祭墓
　　　　　说忠王一客搬兵
第 九 回　李秀成合股陷诸暨
　　　　　诸一峰定策挫贼氛
第 十 回　温柔梦豪士逞闲情
　　　　　庆功酒群贼肆淫乐
第十一回　一峰当筵捉大炮
　　　　　璧城伏路戏同人
第十二回　包伯高一槊护双将

　　　　　诸一峰支手夺军旗
第十三回　小飞狐忽遇李通海
　　　　　赛温候大战诸一峰
第十四回　馈金珠说动蒋教师
　　　　　示整暇大作盂兰会
第十五回　陷包村双侠潜踪
　　　　　藏秘笈两生异志
第十六回　据黄崖凶魔倡教乱
　　　　　合双剑邪止两收场

双　鞭　将

武侠小说。赵焕亭著。天津大明书局。1943 年 9 月版。2 册。15.1 万字。共 6 回。

第一回　逞凶顽衔恨劫翠姨
　　　　遭白眼途穷识奇士
第二回　色迷人大盗遭刑戮
　　　　财乱性捕头走险途
第三回　醉酒挥拳大山吃打
　　　　含冤越狱高岳戮奸

第四回　试武技演叙白娘子
　　　　弄钢鞭仇结商三官
第五回　访巨盗老将呈英风
　　　　宿佛堂红妆惊怪异
第六回　破山贼突来白娘子
　　　　争翼姨仇杀宋全兴

北方奇侠传

武侠小说。赵焕亭著。世界书局。1929 年 6 月初版。6 册。30.9 万字。自序 1 篇。3 集。共 73 回。

第一集
第一回　解饷官忧愁困旅店

　　　　某大员冒昧认英雄
第二回　武灵山大吏访贤

　　　　　孝虎庄异人寄迹

第 三 回　深夜探奇客来不速
　　　　　赤手夺刃艺较群雄

第 四 回　解京饷三侠取盗首
　　　　　送部收一客显飞踪

第 五 回　水月庵老僧救难女
　　　　　颅骨酒大盗逞凶锋

第 六 回　武灵山大侠托高踪
　　　　　苏州城三英入武社

第 七 回　闹武社向坚挨大杖
　　　　　觇密约黄鼎戏痴儿

第 八 回　老书生打破高唐梦
　　　　　小兄弟饮饯耍离坟

第 九 回　陈辩论凭吊英雄
　　　　　为酒食勃豀姑妇

第 十 回　强中强起衅臭博饪
　　　　　绳还绳大闹法雨寺

第十一回　诚斗狠严亲训正义
　　　　　感家境名士赴春闱

第十二回　孝子顺亲持梵典
　　　　　书生垂老占龙头

第十三回　叙情话演说杨再生
　　　　　赴云南得官大姚县

第十四回　御欺侮双侠赴京都
　　　　　矜阅历老客落骗局

第十五回　双侠却敌黑风林
　　　　　土人闲述榆林寨

第十六回　开路鬼酒醉打商店
　　　　　涿州城梅氏显双雏

第十七回　唱道情两次来挪揄
　　　　　闯卡泛群卒阻乞丐

第十八回　榆林寨巧觇梅英媛
　　　　　天门凤狎戏鲍大嫂

第十九回　通州店闲谈侠女
　　　　　少年场群接豪宾

第二十回　闻黑语处分金赀
　　　　　入国门慨叹乱象

第二十一回　杨再生寻仇搅商店
　　　　　安敦书病榻诉愁肠

第二十二回　赠白马送客出榆关
　　　　　游燕市把臂逢故友

第二十三回　天门凤制胜狝猴拳
　　　　　玉美人偏遇天魔女

第二十四回　山果园一场笑话
　　　　　火神祠大好奇逢

第二集

第 一 回　窥奇迹郊野访异人
　　　　　走荒祠深宵拜大侠

第 二 回　一客订交飞白刃
　　　　　二侠赴约叩禅关

第 三 回　净慧尼荒庵述萍迹
　　　　　方守备高宴试梅桩

第 四 回　挂金珠武师玩海盗
　　　　　钻壁洞巧妇弄偷儿

第 五 回　震泉州双美捉盗
　　　　　闹淮安远客寻仇

第 六 回　琏珍立志寻血仇
　　　　　名世窥奸擒女谍

第 七 回　兴安卫气慑名王
　　　　　跑马川春窥野合

第 八 回　游马市姐妹露艳迹

莅操场夫妇中阴谋

第 九 回 某王子纵兵掠卫镇

邢壮士乔服侦坚屯

第 十 回 占奎觇敌姜女墓

琏珍夜奔黑山岭

第 十一 回 入屯幕剑斩金毛犬

火草场计盗赭云驳

第 十二 回 托禅栖侠女避仇

辞故友壮夫折节

第 十三 回 偷攘邻鸡招来恶詈

戏作口技添得笑资

第 十四 回 逞骄矜窃窥跌坐法

识忠孝明示武功基

第 十五 回 南宫生量才传剑术

武灵山四侠别师尊

第 十六 回 传奇迹间述剑虹娘

伤乱象闷饮燕市酒

第 十七 回 赌盗术美人名马

别弟子豹隐鸿冥

第 十八 回 方黄游戏惩淫贪

群侠慷慨怀忠愤

第 十九 回 遗民闲话摄政王

梅女拳惊阿鲁特

第 二十 回 逞凶淫奇闻龙女椅

谋行刺详拟蟠桃宫

第 二十一 回 装鬼神夜救难女

扮童竖昼赴琳宫

第 二十二 回 充扫夫计入蟠桃宫

取鸟巢险试乾坤塔

第 二十三 回 一客盗取莲珠灯

四侠攒斗阿鲁特

第 二十四 回 武灵山义仆寻少主

还乡坞贤令感穷居

第三集

第 一 回 赠金亭良友嘱良言

黄石村侠徒遇侠女

第 二 回 剑虹娘较武招婚

火龙标劫村授首

第 三 回 争意气良友受离间

取人头侠女成剑术

第 四 回 走天涯侠女遇严亲

闹花筵豪宾逢逐妾

第 五 回 黄向坚辞姻剑虹娘

玉美人巧遇白湖主

第 六 回 望江驿双侠倾谈

梅大郎人头侑酒

第 七 回 较剑术大郎邀客

探山寨黄嚣称雄

第 八 回 凤啄山寨主款豪宾

庐州城侠士挫恶霸

第 九 回 闹官捐逞人败类

作淫孽李戴张冠

第 十 回 钱举计图双龙寨

英媛巧设美人局

第 十一 回 白湖主联姻得快婿

黄毛怪纠众闹灵堂

第 十二 回 黄嚣灵堂设裸筵

英媛野店系情丝

第 十三 回 引枭雄钱举失谋

决行止雪庵卜卦

第 十四 回 试官刑戏闹公堂

　　　　　　　赴友约惊闻火并

第 十 五 回　奋钢标石全复仇
　　　　　　　闻秘谋向坚弃友

第 十 六 回　落叶庵群贤饮饯
　　　　　　　黄向坚万里寻亲

第 十 七 回　逞强梁兵丁闹袜店
　　　　　　　示暇逸主客接清谈

第 十 八 回　傻二领苦力养亲
　　　　　　　德阿普刀圭赠客

第 十 九 回　满兵肆扰剿玉山
　　　　　　　向坚山村逢浣妇

第 二 十 回　钱招弟憨态留宾

　　　　　　　黄向坚奇观出浴

第二十一回　谈老佛一言感憨妇
　　　　　　　走山径二憾逞奸谋

第二十二回　壮士戏贼显内工
　　　　　　　逸客读书觇雪夜

第二十三回　草衣论卦得婚象
　　　　　　　少妇趁船遭恶骗

第二十四回　黄壮士游戏惩淫
　　　　　　　杜老者颓唐对客

第二十五回　用人血食杜老谈神
　　　　　　　吞火踏刀妖巫作祟

江湖剑侠英雄传

武侠小说。赵焕亭著。上海春明书店。1936 年 5 月版。4 册。14 万字。自序 1 篇。共 40 回。

正集　第一编

第 一 回　降天灾恶魔出涿郡
　　　　　　避大祸流卒入贝州

第 二 回　小孟尝夜走赤松岭
　　　　　　霹雳鬼剪径青榆林

第 三 回　醉金刚大闹会仙居
　　　　　　通臂猿误入三官庙

第 四 回　白发红颜安贫守志
　　　　　　青衫黄袖仗义除奸

第 五 回　江南三侠初会妖道
　　　　　　陕西五义大破机关

第 六 回　小霸王仗义救烈女

　　　　　　众英雄合力扑群凶

第 七 回　千金女招亲摆擂台
　　　　　　百衲僧下山邀匪首

第 八 回　小霸王误走鸡鸣山
　　　　　　燕尾子初探红莲寺

第 九 回　飞云子巧救众英雄
　　　　　　金眼佛逞妖困侠客

第 十 回　剑仙侠义分道扬镳
　　　　　　儿女英雄洞房花烛

第二编

第十一回　古道荒山双雄遇怪

孤村野店小侠除妖

第 十 二 回　诛旱魅初试雌雄剑
传正道欣授五雷符

第 十 三 回　霸王庄有心识豪杰
集贤镇无意遇凶徒

第 十 四 回　翻江鼍大闹鄱阳市
金麒麟戏耍巡检司

第 十 五 回　水麓州陶信访良朋
云霞岭明镐拆柬帖

第 十 六 回　逞毒谋设计害忠臣
遵师谕划策诛刺客

第 十 七 回　参奸臣金殿辨是非
遣刺客馆驿盗印信

第 十 八 回　救贤宰古寺战凶徒
警愚顽厅壁留字句

第 十 九 回　巾帼英雄拔刀仗义
布衣寒士投笔从戎

第 二 十 回　凤阳关无意逢高士
鸡鸣镇月夜拜双侠

第三编

第二十一回　述往事杯酒论英雄
留佳宾清夜除魔怪

第二十二回　汴梁城一打玄武擂
相国寺初会惠琳僧

第二十三回　证前因片言明大道
叙旧谊协力扫凶焰

第二十四回　请名人二打玄武擂
会侠客初上东亭山

第二十五回　显身手施威逞丑类
出谕示执法奖群英

第二十六回　挑是非怒激刘太玄
治毒伤三打玄武擂

第二十七回　解重围师徒成水火
奉训谕兄弟下湘潭

第二十八回　欺忠臣行贿通关节
思雪恨夫妇泄机谋

第二十九回　盗书信回寓商妙策
留字柬相府诉奸谋

第 三 十 回　开考场请旨留夏竦
认字迹文章惊薛奎

第四编

第三十一回　古圣庵诸雄除恶霸
荷泽县士庶感青天

第三十二回　龙击乡民报官相验
雨阻行旅醉泄机关

第三十三回　奸夫淫妇明正典刑
恶霸土豪同罹法网

第三十四回　入县衙接印传急谕
调兵将擒凶下监牢

第三十五回　探贼巢误入独龙岗
怪樵夫泄机玄女庙

第三十六回　追刺客误中金钱镖
斗淫僧初试鸳鸯拐

第三十七回　代县篆英雄发号令
奉师命豪杰下河南

第三十八回　谈往事置酒宴佳宾
叙未来筵前话奸吏

第三十九回　除奸党大会河中府
审刺客招供敬勤堂

第 四 十 回　谈因果仙侠不结冤

戏娼妓丸剑扫眉发

续集 第一编

第 一 回 天涯弢叟施法困侠
空谷禅师谈玄解怨

第 二 回 冒大险双探独龙岗
请高人再进河中府

第 三 回 闯三关英雄探虎穴
述旧事侠义隐山林

第 四 回 定妙策明镐拜奇侠
结丝罗华元为媒妁

第 五 回 五侠客三探独龙岗
除众寇初上终南山

第 六 回 奏盟单奉旨进汴京
送旗伞攀辕留贤令

第 七 回 金銮殿奸佞记前仇
挹翠楼义士显奇技

第 八 回 南清宫打虎得金牌
滁州府接印出示谕

第 九 回 聚义厅双侠逞剑术
延英园二女显钢锋

第 十 回 称臣献表请将借兵
飞剑传书仙侠大会

第二编

第 十一 回 桂花厅仙侠叙门派
镇江府僧道起风波

第 十二 回 杭州城二仙救名士
玉峰岭妖狐盗金丹

第 十三 回 金山寺外妖道授首
留仙洞内巨凶就擒

第 十四 回 解要犯再试登云帕
抄逆产同往孔家庄

第 十五 回 探佛堂双侠得宝剑
施诡计群阉换文书

第 十六 回 造假旨明镐进汴京
闯宫门贤王闹法场

第 十七 回 七千岁校场打奸臣
宋仁宗金殿诛阉臣

第 十八 回 庆功臣赏宴仁寿宫
加官职实授开封府

第 十九 回 访民情秦王赴河北
探消息明镐困临清

第 二十 回 醉狱卒结义泄奸谋
病钦差清兵擒恶霸

第三编

第二十一回 一枝兰内宫盗三宝
四侠客汴京访群雄

第二十二回 于凤翔泄机开封府
邵九皋寻徒紫霞宫

第二十三回 杨栖霞神针伤刺客
韩馥玉盗宝警顽徒

第二十四回 明大义马云峰报案
错路途韩天龙救危

第二十五回 指明路四好汉归正
破妖坎七千岁请贤

第二十六回 查阅边关君臣叙旧
大开武场巾帼争雄

第二十七回 张尧佐猎艳相国寺
蒋秀英私下少华山

第二十八回 文輦卿酒楼惩淫徒

张乾曜金殿施神术

第二十九回　梅玉贞绝技胜群女
　　　　　　蒋秀英比武占鳌头

第 三 十 回　张天师作法火神庙
　　　　　　老妖狐邪施演武厅

第四编

第三十一回　醉金刚花园打淫徒
　　　　　　蔡门客毒谋害正士

第三十二回　贪贿赂宵小乱朝纲
　　　　　　坠网罗忠良贬岭表

第三十三回　张统制大闹万安渡
　　　　　　蔡知府修造洛阳桥

第三十四回　偿宿愿诚心感天神

约反期谋泄杀官吏

第三十五回　骂逆贼三忠臣尽节
　　　　　　举元帅七千岁闯宫

第三十六回　登台拜帅克日出兵
　　　　　　斩将夺城先期败敌

第三十七回　夏枢密减兵扣粮草
　　　　　　张先锋斩将立奇功

第三十八回　罗汉队计施虎豹图
　　　　　　父子兵大破火牛阵

第三十九回　借宝镜妖狐现原形
　　　　　　掘地道壮士献城阙

第 四 十 回　破妖邪证明星宿碑
　　　　　　除奸逆结束仙侠传

英雄走国记

武侠小说。赵焕亭（赵绂章）著。上海益新书社。1930 年 4 月版。8 册。45 万字。自序 1 篇。共 111 回。

第一集上卷

第一回　定因寺大侠托奇踪
　　　　马鞍山遗民传轶事

第二回　商夫人佛宫祈后嗣
　　　　祁公子野庙辨奸徒

第三回　射翠鸟擒贼显奇儿
　　　　辨辽参夤缘来保母

第四回　折豪强得罪戍辽东
　　　　走关山全家寓屯卫

第五回　阴阳界携友放洪围

神星子示相获怪鸟

第六回　兴安卫一夫逞鬼蜮
　　　　飞龙峪两士杀熊雏

第七回　探熊馆小鸣逢厄运
　　　　示参图大瓜起贪心

第八回　走淙涧月夜得灵参
　　　　起风波深宵来金壬

第九回　金棍将断臂肆雄威
　　　　孟酒鬼隔窗闻秘计

第十回　魂飞犴狴痛沉冤

巧泄机关来莽汉

第十一回　萝村口贤母潜踪
　　　　　泗州城枭徒遇艳

第十二回　嗔莺吒燕渐定风波
　　　　　抚剑伤怀忽闻火警

第十三回　闹衙署侠客诛奸
　　　　　遭网罗贤妇死节

第十四回　剚作忠力斩鬼使
　　　　　蹑马骏先歼苗伧

第十五回　挂人头双侠探参场
　　　　　赚淫卒孟二匿主母

第十六回　高翔云乔服侦名主
　　　　　张琳仙拯人知秘帐

第十七回　断九葵剑揳仇胸
　　　　　困名王火烧屯幕

第十八回　兴安卫邹五尽交情
　　　　　山海关琳仙伤往事

第一集下卷

第　一　回　闹糕点豪士混尘踪
　　　　　济穷途客窗谈诈局

第　二　回　张琳仙易姓走他乡
　　　　　祁太守除蛟募勇士

第　三　回　截江峡飞剑斩长蛟
　　　　　论武功贤母示养飞

第　四　回　逞凶锋召客人头宴
　　　　　会骄帅护主大观楼

第　五　回　佘腾蛟舞剑震当筵
　　　　　祁公子大言惊满座

第　六　回　金阊郡大盗遭擒
　　　　　徐塘庄三英聚首

第　七　回　远道驰书有心报国
　　　　　旗亭赍酒无意逢豪

第　八　回　深情慷慨援手拯名花
　　　　　逸气飞扬低头拜彼美

第　九　回　巡抚衙狂士谈笑
　　　　　邓尉山雏鬈诧客

第　十　回　祁巡抚杯酒表丹忱
　　　　　佘腾蛟荒江闻黑语

第十一回　战水寇巧力除强
　　　　　救月奴无心结怨

第十二回　嘉定城侠妓起乡兵
　　　　　寒山坞南冠逢小主

第十三回　劫囚车陆母定奇谋
　　　　　窃头颅公子悲家难

第十四回　探危城再访万乡绅
　　　　　步杨林巧遇魏大炮

第十五回　祁公子巧扮乡里娘
　　　　　魏大炮乔装拳棒客

第十六回　军中酺庆一箭偷头
　　　　　客路班荆群奸握手

第十七回　聚龟头父女捣鬼话
　　　　　卖松江翁婿逞狼心

第十八回　却追兵陷敌天弧阵
　　　　　来活宝庆寿小灵岩

第二集上卷

第　一　回　鱼跃鲤闯筵寻旧怨
　　　　　谢曼华舞索解重围

第　二　回　干娘剧儿女称觞
　　　　　寿星明歌舞献技

第　三　回　寄闲情侠女游湖

闯危城雏鬟死敌

第 四 回 魏大炮急难奔苏城
鱼跃鲤藏舟救侠女

第 五 回 奔太湖曼华托迹
探南京跃鲤微行

第 六 回 对湖水公子伤怀
会邓庄群英聚首

第 七 回 谈异人闷煞魏大炮
访博徒巧遇张花嘴

第 八 回 文德桥无心觇勇士
张花嘴信口演刘䴥

第 九 回 坐茶肆闲话凶王
游道观偶觇仙迹

第 十 回 经府第人说札将军
扮乡老暗探豫王府

第十一回 老乡亲默察凶王居
一团雪巧闹吕仙阁

第十二回 真壮士捉鸽窥宫室
假老乡茶话卖痴呆

第二集下卷

第十三回 作恳函英雄定大计
较飞行儿女露柔情

第十四回 打酒店主仆喜相逢
闹梅墅族人起争哄

第十五回 入祁府业障得意
接官眷冯氏迎门

第十六回 商夫人故里暂安居
佘腾蛟旅途闻噩耗

第十七回 金阊郡遇旧知变故
杏花村小叙说行踪

第十八回 伯通寄札青螺山
双侠问途百草峡

第十九回 走深山村人谈猛兽
宿士窟双侠较内功

第二十回 赴藤峪品水玉醴潭
访高士款吴三官庙

第二十一回 望露台偊童谈异兆
坐草堂高士款豪宾

第二十二回 款述生平居然儒侠
肝胆相照遑论形骸

第二十三回 退群盗一言脱缧绁
取灵药月夜赴砂碑

第二十四回 深草坡球戏褐衣儿
玉醴潭剑毙双豹子

第二十五回 制媚药道人说灵湫
借裤子小童戏胖妇

第三集

第 一 回 合媚药刘静取水獭
汹灵湫跃鲤遇神鼋

第 二 回 厌老饕俵散鼋肉
歌得宝剖划珠衣

第 三 回 香藤峪一客望星文
杏花春群侠开夜宴

第 四 回 清夜游群贤言志
霄光舞侠女弄珠

第 五 回 吴壮士再入南京
魏山人夜遭巡卒

第 六 回 充皂隶王孙落魄
扮卜者高士行藏

第 七 回 玄武湖一客听琴

豫王府山人混迹

第 八 回 进秘药俨然狎客
预曲宴如此先生

第 九 回 隆庆舞名王示威武
群英会刘静策离间

第 十 回 静道人乘间施密计
木将军举鼎逞强果

第十一回 逞莽性当场折令箭
示神勇奋足挂石坊

第十二回 见厉祟豫王感疾
谈仙道刘静设谋

第十三回 闹街坊巧遇徐工头
扮哑叭伏探洞霄观

第十四回 扫经阁兼窥秘室
探山洞忽得奇途

第十五回 建醮场游人闹香会
走道观侠士觅同人

第十六回 佘腾蛟抓街透暗信
六公子卖字写春词

第十七回 宜春帖解释吉祥词
太平鼓谱出兴亡恨

第十八回 好事多磨忽逢恶客
深心有托夜伺凶王

第十九回 拜醮坛豫王降香
说仙缘申道捣鬼

第二十回 尝仙露一场笑话
烧道观群侠雄风

第二十一回 一客酣战札将军
五龙大闹洞霄观

第二十二回 入地窟寻取豫王
穿山洞逃脱群侠

第二十三回 奔太湖群侠潜踪
混南京郎湛谋事

第二十四回 钻热灶拟布美人局
碰硬钉偏遇褴褛客

第二十五回 穷磨局面主客不堪
害人心肠夫妻一对

第四集

第 一 回 思告密巧逢李志
希干进一谒王门

第 二 回 候通谒痴人作春梦
奔酒坊卫士戏骄娘

第 三 回 五柳居暗觇狂士风
香衾梦预定美人计

第 四 回 柳困花憔偏邂逅
云情雨意两模糊

第 五 回 一曲琵琶媚狂客
午夜巡骑闹傒僮

第 六 回 郝毛儿叉鱼奉母
石老黑逞醉调妻

第 七 回 摸鱼儿大闹红蓼湾
醉落魄巧遇秦家叟

第 八 回 好机缘佣工豫王府
赚杯酒绝倒郝毛儿

第 九 回 逗闲情笑话谈秘戏
寻策士午夜走名王

第 十 回 闻侦报豫王候疲张
策太湖智士料邓侠

第十一回 索刺客掌中画策
攀势要裙带得官

第十二回 逞女谒官衔加营务

闹鱼税贪吏摆堂威

第 十 三 回　邓伯通游戏试官刑

朱厅官张皇惊手谕

第 十 四 回　宣王谕朱异约同僚

入太湖群英叹国难

第 十 五 回　邓伯通复壁藏宾

普陀山观音显异

第 十 六 回　作福缘重修大雄刹

闹渡口气折宜兴邦

第 十 七 回　皈空门英雄销壮志

御倭寇法善起僧兵

第 十 八 回　霹雳枪血溅冰雪地

广济僧抢艳金华城

第 十 九 回　角武功双坐蒲团

动嗔相横飞白刃

第 二 十 回　因感触高衲徙经坛

困斋戒老饕思肉食

第二十一回　不讳风怀公言床笫

欲动食指先观朵颐

第二十二回　抢狗肉一味无赖

穿铁甲八面威风

第二十三回　邵巡检演述青龙党

众官船迷路石阙口

第二十四回　穿石阙渔婆嘲朱异

窃宝剑公子战汤渊

第二十五回　步金莲莽夫夺气

闹渔船大侠宣威

英雄走国记续编

武侠小说。赵焕亭（赵绂章）著。上海益新书社。1931 年 5 月版。8册。44 万字。郑逸梅、顾明道作序各 1 篇。英雄走国记续编提要 1 篇。

第一集

第一回　老英雄临歧谈报国

阿将军守隘设防兵

第二回　太湖社香客朝山

白沙洲诸侠遁迹

第三回　白沙洲两将追刺客

红柳冈一侠掷人头

第四回　触黄尘间途普陀山

憩野店闻异红术铺

第五回　走沙窝月夜闹人魔

困旅店老客托心腹

第六回　昧天良暴得多金

收债息撮来祸水

第七回　报应分明起祸中菁

纵欲无度得艳苏台

第八回　怀怨毒娈童谋主

逞淫心悍仆乔装

第九回　遭胁制名花落溷

盗金赀京国潜踪

第十回　施一娘流落穷途

杨二混邂逅骗局

第十一回　得赀丧赀横财不富
　　　　　行骗被骗天道好还

第十二回　走尘风忽遇神偷
　　　　　挖壁洞一场笑话

第十三回　落捕籍改业走他乡
　　　　　起贪心害友成拙计

第十四回　一娘易名红术女
　　　　　五侠投宿临海镇

第十五回　落旅店遇艳觇娇
　　　　　渡沧波景山观海

第十六回　接香客喜礼闹村婆
　　　　　镇名山轶闻说僧侠

第十七回　锦屏崖鲍婆指路
　　　　　云涧道公子感怀

第十八回　小憩石林苍猿窃帽
　　　　　飞渡索桥曼华吃跌

第十九回　驻马坡兴叹伤国事
　　　　　大雄殿祈福念亲闱

第二十回　来宝刹初访慧通师
　　　　　游险崖巧救香云女

第二十一回　叹穷途二相寻兄
　　　　　　受妇制大纪遣弟

第二十二回　姚氏泊舟遇情人
　　　　　　二相病榻托孤女

第二十三回　薄命女备尝苦趣
　　　　　　无赖汉醉烧柴房

第二十四回　香云落籍归新主
　　　　　　泛兵守山查刺客

第二十五回　朝阳岭公子问途
　　　　　　香泉岩苍猿引客

第二集

第　一　回　慧通畅论天人理
　　　　　　圣灯示异忠孝感

第　二　回　入宝刹方丈集贤宾
　　　　　　说虎茔农人遭讼事

第　三　回　觇地势慷慨论兴衰
　　　　　　策归无从容赠茔域

第　四　回　葬虎茔千秋表忠节
　　　　　　观日出五侠奔东明

第　五　回　东明观醉客题诗
　　　　　　慧通师草堂示偈

第　六　回　普陀山诸侠别高僧
　　　　　　见娘亭鲍婆述古迹

第　七　回　缠绵情愫侠女赠珠
　　　　　　黯淡河山荒亭聚语

第　八　回　临海镇侠徒分手
　　　　　　池阳驲佐领捉人

第　九　回　美人盘佐领逞豪
　　　　　　槐市街公子遇旧

第　十　回　叙契阔喜款同人
　　　　　　衔杯酒惊闻家难

第十一回　大业障炫富招劫盗
　　　　　商夫人扶病跪香经

第十二回　闻噩耗夫人陨命
　　　　　哄梅墅风鹤惊心

第十三回　感家难淑女殉身
　　　　　卖郝府鸥鸨毁室

第十四回　中奸谋小人丧囊橐
　　　　　闹故里公子感门庭

第十五回　笑面虎巧语赚人
　　　　　退思堂设伏捉客

第 十六 回　六公子大显赤手工
　　　　　　穆阿桂独擅蹼跤技

第 十七 回　哄梅墅身陷囹圄
　　　　　　探县监巧逢牢卒

第 十八 回　急友难叩祝雷祖庙
　　　　　　招扫夫哄闹大仙堂

第 十九 回　侦棘狱壮士乔装
　　　　　　奔梅墅中途遇雨

第 二十 回　得惊闻腾蛟叩小主
　　　　　　除狱舍许盛祭萧王

第二十一回　入县城火烧马厩棚
　　　　　　越牢狱镖打崔长胜

第二十二回　踏绊索双虎遭擒
　　　　　　会营坊两官讯犯

第二十三回　被监押主仆入罗网
　　　　　　出血案县门挂人头

第二十四回　笑面虎作恶遭显戮
　　　　　　乌格福献策耀军容

第二十五回　双侠起解野云渡
　　　　　　旗兵闹店端阳节

第三集

第 一 回　乌格福趱程凤子峪
　　　　　祺老仆哄酒白沙岭

第 二 回　施妙计橡林劫囚车
　　　　　访故人客途逢壮士

第 三 回　雷祖庙憩卧闻惊耗
　　　　　郝公子北上说游踪

第 四 回　伤国难大侠走风尘
　　　　　逗闲情店婆撩云雨

第 五 回　集贤镇公子滞行程

　　　　　兰靛洼尹叟谈轶事

第 六 回　学艺术欣逢一点红
　　　　　巧姻缘戚试连珠弹

第 七 回　觇剑气辞师归故里
　　　　　复兄仇避捕入红帮

第 八 回　感中元伤心祭野
　　　　　逢隐士起病沉疴

第 九 回　深心有托略访江湖情
　　　　　客邸无聊小作叶子戏

第 十 回　南阳府公子望缑山
　　　　　芦花港傅婆款行客

第十一回　驱狼子拳打飞天蛇
　　　　　沽美酒憩足十里店

第十二回　十里居略闻红帮迹
　　　　　深溪虎引出打稻歌

第十三回　嬲醉客群来打稻妇
　　　　　搏大虫夜走响枫冈

第十四回　王猎户迎虎延宾
　　　　　田金标搅酒闯座

第十五回　茅家铺金标夺死虎
　　　　　缑山口帮众挂人头

第十六回　望双峰游人觇气象
　　　　　说古剑浣妇述遗闻

第十七回　观古剑一场笑话
　　　　　置交筋引起风波

第十八回　李云鹏捉客东峰道
　　　　　郝公子惊心辅善堂

第十九回　辨朱旗良朋聚首
　　　　　遗钢镖凶衲寻仇

第二十回　老英雄毕命金凤指
　　　　　小侠女大战穿花蝶

第二十一回　刘毓昆巧救姜佩瑗
　　　　　　太虚观忽逢南海客

第二十二回　识英雄一客听琴
　　　　　　诛劫盗海滨亡命

第二十三回　溪源谷英雄事畜牧
　　　　　　东峰寨父老议修闸

第二十四回　访英豪二客游南
　　　　　　遇孽缘一佣窥秘

第二十五回　洪金城率帮据西寨
　　　　　　毕先生贾怨起堪舆

第四集

第　一　回　缑氏山两雄争意气
　　　　　　响泉闸一箭谢调亭

第　二　回　据西寨苗沛逞恣睢
　　　　　　盗官室燕娘显身手

第　三　回　白兰花敛迹入红帮
　　　　　　蜡烛峰悬组逾绝险

第　四　回　登峰造极快酌天瓢
　　　　　　飞镖中柱搅翻欲海

第　五　回　响泉闸逞气决白打
　　　　　　郝公子显力慑红帮

第　六　回　毕先生杯酒再解围
　　　　　　西峰寨剑舞娱重客

第　七　回　嚼刀头方却卤莽人
　　　　　　游蕨岭又逢尴尬事

第　八　回　恶撮合燕娘丧命
　　　　　　胡挑拨苗沛兴戎

第　九　回　洪金城气走缑山
　　　　　　确山王假称明裔

第　十　回　访良朋鸿冥豹隐

　　　　　　游旧地寒坞杨林

第　十一　回　吊陆母公子伤怀
　　　　　　瞰嗣子伯通得疾

第　十二　回　寒山坞陆香谈邓侠
　　　　　　田兴庙公子遇云鹏

第　十三　回　黄天佑阴谋除白教
　　　　　　辅善堂鸷鸟现凶征

第　十四　回　战缑山双侠同死难
　　　　　　游燕市一客托行踪

第　十五　回　闹土妓北地春光
　　　　　　遇猎友西窗夜话

第　十六　回　游燕市初变姓名
　　　　　　刺名王先求索线

第　十七　回　剑气隐一廛侠女托迹
　　　　　　京尘混十丈三怪潜踪

第　十八　回　雍和宫大起慈福阁
　　　　　　华夫人盛饰荟芳园

第　十九　回　小侠女探路乔装
　　　　　　莽获卫值宿醉卧

第　二十　回　斗猛犬夜探王府
　　　　　　颁上谕下嫁奇闻

第二十一回　跸路伏桥再击不中
　　　　　　梵宫侦夜三刺称雄

第二十二回　探经坛喜觇九龙帐
　　　　　　走高阁镖打马元杰

第二十三回　复国仇侠女埋壮志
　　　　　　验刺客军弁说真名

第二十四回　锦秋墩一杯酹墓草
　　　　　　通州寓万里订游踪

第二十五回　结客南游公子伤乱
　　　　　　荒祠题壁湛若留诗

第二十六回　吴商人下榻留宾
　　　　　　马氏妇铄釜逐客

第二十七回　去柳城卖字奔前程
　　　　　　入桂林写书闻友耗

第二十八回　访故人遍历瘴疠乡
　　　　　　去穷山忽遇江南客

第二十九回　黎母山公子觇野苗
　　　　　　伏波崖宝珠惊夜叉

第 三 十 回　郝公子高阜观打猎
　　　　　　相思寨大侠作名医

第三十一回　郝公子醉闯绣闼
　　　　　　云婵娘喜谢嘉宾

第三十二回　大阅合操婵娘耀武
　　　　　　人亡琴在公子伤怀

第三十三回　探山长白清祚始昌
　　　　　　遁迹空门英雄末路

奇侠精忠传

长篇武侠小说。赵焕亭（赵绂章）著。上海益新书社。1925 年 3 月初版。1926 年 6 月 3 版。1948 年 3 月 10 版。8 册。31 万字。自序 1 篇。8 集。共 128 回。

第一集

第一回　感瑞兆名将诞生
　　　　试啼声乡人情话

第二回　遭回禄示兆宝刀
　　　　遇灵芝探奇古洞

第三回　述仙缘兄弟奇逢
　　　　闹家塾师生笑柄

第四回　葛玄一设教腾蛟村
　　　　冷田禄窃学点穴法

第五回　试淫行大盗动恶机
　　　　游岳庙群英肆逞瞩

第六回　混风尘双侠留踪
　　　　听茶话狡童注念

第七回　茶客闲述白老狗
　　　　田禄夜探红石崖

第 八 回　于豹儿冷眼观微
　　　　　杨时斋热心规过

第 九 回　逢道侣玄一潜踪
　　　　　动纯诚遇春割股

第 十 回　叙前尘甥舅话良宵
　　　　　闹寿筵强梁寻旧憾

第十一回　田武师丧命凶锋
　　　　　红英女伤心家难

第十二回　起情思噩梦警芳心
　　　　　辞故里求师涉长道

第十三回　宿村店老客叙闲情
　　　　　传异闻荒山藏怪兽

第十四回　盘陀山孝女葬亲
　　　　　慧照寺老僧逐弟

第十五回　杜娘子荒野遇凶淫

陈二官客途遭陷阱

第十六回 劍炊矛淅血溅浮屠宫

雨意云情夜宿章华驿

第二集

第 一 回 匣剑帷灯述豪举

狂花浪蝶遂幽欢

第 二 回 施元昌计折紫金钟

茹家娘大闹玄真观

第 三 回 花娘子隐约逗春光

红英女飘零触幽感

第 四 回 陈二官荒园续佳会

茹南池跃坐证初工

第 五 回 刺梁燕气慑群凶

赏中秋恨思往事

第 六 回 走深山诛蟒奋神威

镌石壁题名志大德

第 七 回 荐豪客贤令修书

报师恩义士拥帚

第 八 回 项副教一味藏奸

御扑营五鬼闹判

第 九 回 陶然亭野望诧奇装

茹南池归程携弱息

第 十 回 了生死绝笔述怀诗

逗衷情巧打同心结

第十一回 窥艳扎马顿起淫心

遭冷局红英捐傲性

第十二回 鉴微识远老眼无花

涉险探奇雏环告警

第十三回 化鲤门豪侠辞师

襄阳城淫徒遇艳

第十四回 谏幼主老仆剖深衷

闹婚堂怪风示衰兆

第十五回 来探诮有玷贻羞

听春声无理取闹

第十六回 恶姻缘忽接好姻缘

今昔地顿增今昔感

第三集

第 一 回 返乡园衰状增凄

憩山村孽缘巧合

第 二 回 春怀香梦两迷离

幽院闲庭试款曲

第 三 回 遂幽欢狡童授艺

窥秘事荡妇留钗

第 四 回 于太翁病榻遗言

冷田禄亲帏肆忤

第 五 回 却污金正士立身

试云程贤母训子

第 六 回 惊肮篚于益戏观场

入府城逢春闱客寓

第 七 回 魁元坊一妪留宾

华阳观两贤握手

第 八 回 设骗局黠妇攫金

测诡踪良朋注念

第 九 回 深宵探斗于益踏奸踪

客邸联床时斋再规过

第 十 回 辞故里北上赴春闱

趁渡船客途逢大侠

第十一回 浮梁镇一客逞豪情

升仙港三凶遭显戮

第十二回 山工庙正气除邪

奚老翁宾筵见女

第十三回　恣桑濮中箐播差称

　　　　　剪风情强梁劫通好

第十四回　孙银姐爱逐情移

　　　　　吴屠夫鹊巢鸠占

第十五回　据洞房千古奇凶

　　　　　奋官威一场没趣

第十六回　赚恶棍过客画奇谋

　　　　　述险闻驴夫落骗局

第四集

第　一　回　谦恒太小四被毒

　　　　　　伊阳镇孙经捣鬼

第　二　回　炎凉反面客路识人情

　　　　　　声势惊心车夫谈侠士

第　三　回　水底鱼除恶乱石沟

　　　　　　玉娜姹索客万福集

第　四　回　走畏途游戏种种

　　　　　　宿姜里疑阵重重

第　五　回　滕家寨豪客款宾

　　　　　　杨遇春雄谈惊座

第　六　回　全节义滕二装神

　　　　　　示整暇寨主耀武

第　七　回　群英聚会教练场

　　　　　　大侠游戏死囚牢

第　八　回　叶一清对酒说良缘

　　　　　　水底鱼临歧赠名骑

第　九　回　近帝乡瞻象芦沟桥

　　　　　　征乱源演说何相府

第　十　回　叶倩霞赌酒取羊舌

　　　　　　杨时斋遇雨陷黑车

第十一回　脱陷阱侠女再乔装

　　　　　抢库丁宠奴矜霸气

第十二回　朱延卿临命说根源

　　　　　祝松山长跽求排解

第十三回　行刺窃骡两没趣

　　　　　盗珠掷束巧相逢

第十四回　倩霞大闹媚川楼

　　　　　遇春被盗旅客店

第十五回　探侠女燕市遇良朋

　　　　　述活佛邪气露先兆

第十六回　英雄儿女两模糊

　　　　　黔楚风云将际会

第五集

第　一　回　杏花村叙旧说邪氛

　　　　　　马差官荐贤入福府

第　二　回　述豪情夜盗火云驹

　　　　　　趋公府途逢花嘴豹

第　三　回　额公府刺客祷三槐

　　　　　　龙母山戾气钟一孽

第　四　回　老峒主临终托约法

　　　　　　猛柳邓慑众斗凶牛

第　五　回　恃奇术小试邪心

　　　　　　摄生魂又作淫孽

第　六　回　巧脱牢笼浪游黔楚

　　　　　　相逢意气结客仙榴

第　七　回　长沙府凌鲤闹监牢

　　　　　　大姚山杜照讲贸易

第　八　回　孔雀峒两客觇跳月

　　　　　　葵花寨三保款雄宾

第　九　回　羹尝不乃巧试祝由科

禁犯插青险遭苗女卡

第 十 回　落苗寨奇缘逢石女

得宝剑救友走山峒

第十一回　踏寨路剑斩裁骨猺

拯药客乔探人胙瓮

第十二回　凌壁虎夜战中鱼梭

石姑姑选婿得鸳侣

第十三回　显奇能争道飞索桥

击警鼓大闹葵花寨

第十四回　大姚山两寨释前嫌

永绥厅半生索罪卒

第十五回　半生通好龙母山

杜照献媚藤筋具

第十六回　趁庙会狭路逢仇

劫牢狱官衙溅血

第六集

第 一 回　大姚山苗众称兵

雷泽镇英雄奉母

第 二 回　结义士朝奉说官情

擒剧盗雷扬报友德

第 三 回　避深山贤母识兵氛

感寒疾孝子求医士

第 四 回　策永绥吴石分兵

陷长水官绅死节

第 五 回　吴半生永绥困总镇

雷义士急难闯危城

第 六 回　立首功刀劈罗赫

挫敌焰弩射石姑

第 七 回　战永绥雷石大交锋

据赤霞黔楚小遭劫

第 八 回　逞凶锋里正遭奇辱

探乱状燕市遇同人

第 九 回　结新欢田禄纵淫风

思旧好花娘起痴念

第 十 回　杀人亡命石卜起雄心

客路求浆水祝说邪教

第十一回　太白山村姬遇假虎

大宏寺勇士戮奸僧

第十二回　救羁穷义心显本善

触教友邪法动微机

第十三回　拯贫妇夜探坝口街

觇教蠹巧逢高天德

第十四回　冷田禄仗义金水坝

高天德邀客青梓林

第十五回　慨谈教理大有深心

渐露恶端忽逢不若

第十六回　堕一念枭狐恣淫孽

识四魔虎鼠结邪缘

第七集

第 一 回　话椎埋群魔小聚会

议酒食一窃入牢笼

第 二 回　闹婚堂李七入瓮

闯洞房田禄采花

第 三 回　毁家书田禄忮于杨

访乡友鸣凤得损益

第 四 回　小客寓两友谈心

大教场群英较艺

第 五 回　平苗策揆文奋武

经略府寄束留刀

第 六 回　额经略奉诏讨红苗

滕壮士乔装寻侠女

第 七 回　真壁虎巧赚叶倩霞
　　　　　假铁口大闹芦花港

第 八 回　激滕芳改计刺苗渠
　　　　　赴天姚无心逢贼侦

第 九 回　逞雄心两侠入危途
　　　　　摆疑阵二憾探秘计

第 十 回　石门谷误醉柳花香
　　　　　鹿芝坪奇观滕捧舞

第十一回　滕叶被困浴日楼
　　　　　凌雷大战永绥邑

第十二回　得警闻三保下山
　　　　　感意气长兴斫阵

第十三回　勇长兴匹马战苗渠
　　　　　莽逢春西乡闻喜信

第十四回　赴黔楚双侠从军
　　　　　开坛会三槐闹教

第十五回　劫运将开奸民逢妖道
　　　　　雨窗闲话老妇说神君

第十六回　元会镇隐识邪氛
　　　　　关帝庙忽逢难女

第八集

第 一 回　审金姐侠徒知恶霸
　　　　　闹东村教目逞凶锋

第 二 回　伏魔庙神刀斩铁腿
　　　　　徐妃村双侠访黄冠

第 三 回　叩前途喜遇颠师

走深山惊逢长狄

第 四 回　诛夜叉双侠出险地
　　　　　会赤霞吴逆得妖雌

第 五 回　额经略雷门据胜
　　　　　乌苏拉午夜偷营

第 六 回　德将军大战赤霞关
　　　　　杨逢春巧岔永绥道

第 七 回　石三保燋铜设毒弩
　　　　　王树风邪法诅生魂

第 八 回　勇于益破邪兼断手
　　　　　憨逢春寻贼转窥春

第 九 回　赴雷门遇春荐弟
　　　　　克长水杜照输诚

第 十 回　觇卦板引出叶滕踪
　　　　　盗异草喜逢向导客

第十一回　滕荟探险鬼母峪
　　　　　鲤神示异鹿芝坪

第十二回　示道术纭纭嘱慈言
　　　　　赴军营逢春得健仆

第十三回　死松桃忠魂入梦
　　　　　战柳邓文吏鏖兵

第十四回　蜗角岩冷武争功
　　　　　车轮战杨芳困敌

第十五回　叶倩霞飞剑刺洛端
　　　　　杨遇春挥泪斩凌鲤

第十六回　访高士捣穴擒渠
　　　　　为美人割袍断义

明末痛史演义

历史小说。赵焕亭(赵绂章)著。上海益新书社。1923 年 1 月版。6 册。21.7 万字。钱愚欣作序 1 篇。自序 1 篇。共 46 回。

第 一 回　谈朝政科第得真儒
　　　　　述往事煞星开劫运
第 二 回　对平台崇焕督师
　　　　　掠关中迎祥倡乱
第 三 回　中反间皮岛失长城
　　　　　惑谗言督师收诏狱
第 四 回　张献忠负心杀故友
　　　　　洪承畴纾策捕群雄
第 五 回　妖神庙祈嗣感凶魔
　　　　　米脂驿窃妻归大盗
第 六 回　高庄元大闹白云山
　　　　　张夫人独拒点灯子
第 七 回　战南原变蛟破敌
　　　　　守武安良玉鏖兵
第 八 回　孔有德叛命登州城
　　　　　陈奇瑜纵贼车箱峡
第 九 回　焚皇陵流寇肆凶淫
　　　　　战湫头将军尽忠节
第 十 回　三军有惧喜赋桑中
　　　　　七顶伏师捷闻峡口
第十一回　盱眙令移孝作忠
　　　　　空隐僧鉴微识远
第十二回　赚宛城流贼投诚
　　　　　犯京畿清兵入寇

第 十 三 回　卢象升巨鹿陨将星
　　　　　　郝鸣銮房山遇侠女
第 十 四 回　云娘设计刺献忠
　　　　　　良玉兴兵击罗寇
第 十 五 回　捐戚畹引动九莲仙
　　　　　　会凶魔牵来红娘子
第 十 六 回　十八子宋矮进谶符
　　　　　　福禄酒藩王遭惨祸
第 十 七 回　猎妖蛇千古奇闻
　　　　　　赐祭文一场笑话
第 十 八 回　李自成水灌开封城
　　　　　　罗汝才兵犯阳武县
第 十 九 回　掘献陵疾霆示天威
　　　　　　陷武昌长江沉帝子
第 二 十 回　张献忠见侮狗皮仙
　　　　　　李自成惨屠凤翔县
第二十一回　无逸殿圣主伤怀
　　　　　　蜀江营异人试法
第二十二回　拜仙台累几上层霄
　　　　　　武宁关丸泥失隘口
第二十三回　殉社稷弓剑怆煤山
　　　　　　破都城铜驼罹荆棘
第二十四回　吴将军缟素借清兵
　　　　　　睿亲王旆裘主中夏

第二十五回	福藩王继统南都 史阁部视师江北	第三十六回	代充戍隶卒著高名 遣刺客将军试毒手
第二十六回	小朝廷马阮肆奸贪 大火并牛李残羽翼	第三十七回	郑芝龙据闽通清 黄道周徇赣遇侠
第二十七回	陷城都异梦感神 战土桥两雄角武	第三十八回	松江郡众义抗淫威 江阴县双忠显奇节
第二十八回	豫亲王兵下江南 张献忠惨屠巴蜀	第三十九回	惊骄帅一柬留词 遁空门九宫悟道
第二十九回	凤凰山箭殪八大王 睢州城计陷翻山鹞	第 四 十 回	罗公山大盗伏诛 徽州郡遗臣荐士
第 三 十 回	排纷解难上相殚孤忠 槛凤囚龙朝端传异狱	第四十一回	天一诛恶祁门岭 黄澍计夺丛函关
第三十一回	柳敬亭泄秘西筑矶 左宁南兴兵东犯阙	第四十二回	国香吟感物伤时 孝经册遗友见志
第三十二回	左昆山绝命九江城 史可法殉节维扬郡	第四十三回	钱塘飞渡天意厌朱明 山谷行吟人谋捉马相
第三十三回	青磷碧血十日记扬州 危幕积薪两奸策京口	第四十四回	援衢州龙友兴兵 朱九龙葛嫩抗节
第三十四回	天子无愁仓皇下殿 将军有勇慷慨捐生	第四十五回	弃仙霞君妃同命 会安平父子离心
第三十五回	残山剩水赋就哀江南 别鹄离鸾吟成蘼芜怨	第四十六回	破赣闽战事小收场 在正朔海隅大生聚

清代畿东大侠殷一官轶事

武侠小说。赵焕亭著。北京益世报刊登载。1925 年版。存上卷。9 万字。自序 1 篇。

第一回	田盘山大侠记贻踪 辽东道红旗遭黠盗	第二回	孤村双侠良夜留宾 失事英雄荒山侦贼

第 三 回　遭嘲讽气煞李红旗
　　　　　折刚强计劫吕大复

第 四 回　抱犊山翟五张筵
　　　　　风溪崖单刀赴会

第 五 回　山东道壮士显威名
　　　　　太平村镖师遭暗算

第 六 回　蛰龙峪大侠挺生
　　　　　翟昙庵异人流寓

第 七 回　殷志学入塾得明师
　　　　　蛰龙峪习武防暴客

第 八 回　戏教师微露身手
　　　　　谈剑术畅论源流

第 九 回　翟先生传授内外功
　　　　　殷志学巧遇风尘客

第 十 回　孙侠士偷富济贫
　　　　　殷一官探奇遇敌

第十一回　娘娘宫一官遇前辈
　　　　　团林集二捻拒官差

第十二回　擒剧盗志学显奇能
　　　　　防水患父老议坝务

第十三回　徐辅子乔探韩昌庄

　　　　　小白龙凶抢金雷坝

第十四回　赵柱儿大闹王八坑
　　　　　翟先生思瞻斩蛟剑

第十五回　龙王庙狭路逢仇
　　　　　豫南道一朝结怨

第十六回　除凶伧迹隐鸿冥
　　　　　踏御道嗔遭虎视

第十七回　殷志学游戏惊人
　　　　　张安仁豪华结客

第十八回　矜意气燕姬侍客
　　　　　试品格复壁窥宾

第十九回　倭仲太一味吹牛
　　　　　殷志学单指取胜

第 二 十 回　施老仆演说呆公子
　　　　　小白龙乔伴村厮儿

第二十一回　访泼皮忽逢叶小脚
　　　　　恶摆布大闹福祥居

第二十二回　豪客挥拳狎客伏
　　　　　伧人入屋傻人惊

第二十三回　设谲谋感悟纨袴
　　　　　拜师尊引动英雄

惊人奇侠传

武侠小说。赵焕亭著。上海华成书局。1930 年 1 月版。6 册。24 万字。自序 1 篇。共 60 回。

第一回　锦秋湖乡人开庙会
　　　　女郎祠大侠寄游踪

第二回　逞游戏大侠显身手

　　　　凑淫赀无赖闹缝穷

第三回　大侠双点穴惩淫徒
　　　　红蓼洼采山逢异境

第 四 回　黄妖怪遣使闹寿筵
　　　　　盖天王伏剑酬良友

第 五 回　方老翁乞援赴白涧
　　　　　后花园散步遇红妆

第 六 回　飞虎旗威名退大盗
　　　　　剑虹村间气产奇儿

第 七 回　啖糖饼师母病稀
　　　　　扳树干先生落溷

第 八 回　闹邻家夜捉煞神爷
　　　　　开家宴大聚婆娘会

第 九 回　呵嚏药一撮涨春流
　　　　　都来看群儿嘲裸妇

第 十 回　争驴肾一儿作祟
　　　　　咬木棒双瞽挥拳

第十一回　觇贫士有意留宾
　　　　　谈富儿无心闲话

第十二回　悭刻儿贪心娶滥妇
　　　　　游学士高论诏奇儿

第十三回　叙轶事暗警童心
　　　　　游木兰偷觇御猎

第十四回　格猛兽显名御围场
　　　　　扮大盗巧窃点穴法

第十五回　揕飞拳恶客寻仇
　　　　　开学塾伧人附骥

第十六回　开学塾方宅宴宾师
　　　　　闹后园傻儿遭戏侮

第十七回　溺柴堆仆妇撞仙姑
　　　　　浚废井贪夫得古镜

第十八回　恶丐卧门肆猖语
　　　　　诸生角武戏憨态

第十九回　王家儿负重走长途

耿先生闲游访古刹

第 二 十 回　诬盗窃忽起耳环争
　　　　　　解纠纷小试圆光术

第二十一回　谈法术先生论古
　　　　　　会乡饮地保称尊

第二十二回　馋老饕信口开河
　　　　　　小书生无心窥秘

第二十三回　闹柴房老佣胡打落
　　　　　　会丧葬地保大排场

第二十四回　放焰口大师主经座
　　　　　　跑彩桥憨子抱娇娘

第二十五回　哈老三乔扮吊丧人
　　　　　　许娘子闲愁责逋客

第二十六回　方绳其巧赚香钩
　　　　　　了明僧偷觇色相

第二十七回　闹经场忽现火中莲
　　　　　　感义气特设和事酒

第二十八回　敦族谊慨赠腴田
　　　　　　值令节会吃寒食

第二十九回　拜祖墓仕女嬉春
　　　　　　走破窑绳其探险

第 三 十 回　救小女智胜邪徒
　　　　　　搜窑窟惊觇人彘

第三十一回　王地保领众索匪徒
　　　　　　刮地风裸体搅典肆

第三十二回　泼悍妇怪相闹街坊
　　　　　　无赖子穷途卧古庙

第三十三回　结孽缘二憨混江湖
　　　　　　瞻旱象村众望雨泽

第三十四回　耿先生占卦诇灾变
　　　　　　法兴寺祈雨闹神坛

第三十五回　得甘雨转起淫霖叹
　　　　　　惧灾变叩问紫姑神

第三十六回　因风雪谈天说雷祖
　　　　　　祭雹神望远赏山形

第三十七回　耿先生预识潜蛟患
　　　　　　红蓼洼重兴护堤会

第三十八回　徐大山闲情赠藕
　　　　　　挂月村学友留宾

第三十九回　访同人深宵抵足
　　　　　　值灾异地震惊心

第 四 十 回　经奇变街坊易相
　　　　　　笑忘情男女裸聚

第四十一回　众父老善后地震灾
　　　　　　小侠士误听风情语

第四十二回　掘苦菜引述笑谈
　　　　　　步村墟巧逢呆客

第四十三回　高娘子劝夫联亲情
　　　　　　吴思恭登堂拜方母

第四十四回　见甥儿满堂腾欢笑
　　　　　　谒主母一味叙家常

第四十五回　因备盗演说乌云豹
　　　　　　扮货郎巧值商兰姑

第四十六回　剧盗瞰艳上柴庄
　　　　　　店翁酒款乌云豹

第四十七回　施娘子险遭凶淫
　　　　　　杜大娘戏显身手

第四十八回　饮脚水一场笑话
　　　　　　得匕首又逞凶锋

第四十九回　显异能赤手夺刃
　　　　　　雪奇耻白昼探庄

第 五 十 回　买山柴开门揖盗
　　　　　　入杜宅黉夜寻仇

第五十一回　听春声请君入瓮
　　　　　　恣酣战恶客坠楼

第五十二回　断索鞭强盗潜踪
　　　　　　叙轶事亲戚情话

第五十三回　绳其送客步村墟
　　　　　　大山无赖卧麦场

第五十四回　红蓼洼集众祭金堤
　　　　　　耿先生望云惊患气

第五十五回　自响崖雷雨起潜蛟
　　　　　　金墉堤父老防溃岸

第五十六回　谈水患信口开河
　　　　　　守堤险飞矛赴敌

第五十七回　庆安澜父老谢神庥
　　　　　　贺堤工中秋开盛会

第五十八回　方母谈梦见衰征
　　　　　　了明磬罄逗逸趣

第五十九回　触羁愁先生题壁
　　　　　　闹村坊世禄伏桥

第 六 十 回　设疑兵四面埋伏
　　　　　　闯重围拖肠大战

蓝田女侠

武侠小说。赵绂章著。上海大达图书供应社。1935 年 10 月再版。1

册。4.5 万字。共 18 回。

第一回　风云兆动山谷起潜蛟
　　　　桑梓情深海堤筑鸣凤
第二回　得奇士绛帐留宾
　　　　议堤工青蝇集座
第三回　怀珠坞冯尹隐奸谋
　　　　蟆头沟何娘谈异迹
第四回　沅华女村店诛凶
　　　　性涵师道林示兆
第五回　试短剑狭路逢仇
　　　　赠缅刀尺书志别
第六回　触强梁吴家溅血
　　　　誓薪胆侠女寻师
第七回　遭坑陷善士系囹圄
　　　　卖田庐贤母撑冻馁
第八回　刘山薪村竖肆蜗争
　　　　入染场英雄甘蠖屈
第九回　蓝理探险起雄心
　　　　卢质遗书大决斗

第 十 回　井尾溪遇姊诛仇
　　　　　漳州郡论功得罪
第十一回　十年约合浦还珠
　　　　　一江风人鱼掀浪
第十二回　除棕怪觅地武功山
　　　　　伏山姑修真石城洞
第十三回　传剑术炉火纯青
　　　　　刺滚铃霜风一击
第十四回　反怀珠沅华教弟
　　　　　走仙霞蓝理投军
第十五回　定温州大战蜈蚣山
　　　　　斗灌口重系犴狴狱
第十六回　试禅心海岛破邪
　　　　　练水军厦门耀武
第十七回　斩罪弁祭纛兴师
　　　　　夺澎湖拖肠血战
第十八回　受国恩蓝氏显殊勋
　　　　　称家庆侠女求大道

绝代艳后

言情小说。赵璧著。上海中央书店。1947 年 5 月版。1 册。5.9 万字。共 20 回。

第一回　终南山里的隐士
第二回　却聘
第三回　父母心
第四回　不速客

第五回　大汉皇帝之宝
第六回　平地登天
第七回　一件行刺大案
第八回　慷慨的赦免

第 九 回　忠臣强谏

第 十 回　在夹攻中

第十一回　安定太子的妙计

第十二回　隐士思凡

第十三回　第一次建功

第十四回　羽翼已成

第十五回　冰山倒了

第十六回　永巷里的幽囚

第十七回　几个义男侠女

第十八回　翻云覆雨

第十九回　永远的悲剧

第二十回　狼狈归来

新说部丛刊（第一集）

短篇社会小说。荆涂、王理堂著。上海清华书局。1921 年 3 月版。1 册。5 万字。共 14 篇。

一　一封情书

二　两童子

三　三个女学生谈话

四　最后一分钟

五　男同学

六　醋意（一）

七　醋意（二）

八　新家庭

九　第一次接吻

十　黄包车

十一　是兵

十二　怨耦

十三　怪老人

十四　互助的学友

玉蜻蜓演义

民间小说。草野书生著。上海华光图书局。1931 年 5 月版。4 册。24 万字。郭兰馨序 1 篇。自序 1 篇。薛寒梅题词 1 首。共 40 回。

第一回　春浓曲院公子踏青

　　　　风罡梅花浮头肇衅

第二回　灯红酒绿义结金兰

　　　　月小山高窟藏铁佛

第三回　留情卷畔浅笑低鬟

　　　　露玉闺中含怒规夫

第四回　寂寂空门尘心飞絮

　　　　青青原野义愤干云

第 五 回　月黑天高飞来横祸
　　　　　鸳飘凤泊历尽风波

第 六 回　听闲话浪子起邪心
　　　　　弄狡狯淑妇抱遗恨

第 七 回　七里山塘心驰艳田
　　　　　一抔黄土肠断东风

第 八 回　绛帐花娇张罗爱域
　　　　　红阑月笼织茧情天

第 九 回　椿萱并谢孤子神伤
　　　　　鸦鹏同群美人心碎

第 十 回　弹红泪愁眉伤旧梦
　　　　　卖风骚媚眼露春情

第十一回　落花有意流水无情
　　　　　灯火凄凉云房寂寞

第十二回　肉欲横流奸淫世界
　　　　　芳踪重蹑欢拾庵堂

第十三回　舌剑唇枪佛前调笑
　　　　　心猿意马殿上生香

第十四回　剥茧抽丝两心相印
　　　　　启键排闷五蕴难空

第十五回　色胆如天偷香吻颊
　　　　　惊鸿在巷惜玉纾金

第十六回　庵门私守人约三更
　　　　　窗格偷窥体陈一榻

第十七回　阳台好梦云雨巫山
　　　　　绣阁愁深怅望家院

第十八回　痴男怨女债了相思
　　　　　如火似荼军出娘子

第十九回　别有威风索夫问罪
　　　　　恋此滋味众女计藏

第二十回　初次搜庵相逢不识

再番床第密意绸缪

第二十一回　黑带桥头泊船遇盗
　　　　　　鸡鸣山上吞丸诱奸

第二十二回　情海飞波单弓射鹃
　　　　　　天涯咫尺二度搜庵

第二十三回　兄弟相见山寨联欢
　　　　　　嫂妇失和家庭叠变

第二十四回　三度搜庵一极上下
　　　　　　此次离别长隔阴阳

第二十五回　病榻缠绵风流还债
　　　　　　云房惨淡欲海回轮

第二十六回　病入膏肓夭殇残夜
　　　　　　葬于佛殿魂魄飞归

第二十七回　死别生离相逢梦里
　　　　　　断疑解惑问卜堂中

第二十八回　寨上题诗多情感怀
　　　　　　灯前小语空负芳心

第二十九回　欢笑成尘志贞画像
　　　　　　旧情如梦师弟疏亡

第 三 十 回　十月怀胎庵堂产子
　　　　　　三更闻哭街路拾儿

第三十一回　自悔罪匿布施拜忏
　　　　　　大兴工程游园演剧

第三十二回　庆生辰雅云认继子
　　　　　　锦衣归沈栋遇书童

第三十三回　书生艳福再度缠绵
　　　　　　儿女情长一天明月

第三十四回　林下清闲优游卒岁
　　　　　　堂中庆贺祸患降天

第三十五回　买舟南渡有意露珍
　　　　　　悬像北窗无心见子

第三十六回　心中疑惑强进云房
　　　　　　梦境相同凄然认母
第三十七回　十六年隐情始被露
　　　　　　千万丈怒火闹冲天
第三十八回　庵堂认母整装旋里

第三十九回　唱道情疑心控妓女
　　　　　　见轻生问话救家人
第四十回　　情深怨了乐叙天伦
　　　　　　花好月圆都成眷属

三白桃传

哀情小说。胡仪鄌著。上海中原书局。1937 年 8 月版。1 册。5.4 万字。书旨 1 篇。共 10 章。

第一章　拒桃
第二章　逅艳
第三章　避乱
第四章　狂士
第五章　遭劫

第六章　争婚
第七章　庵会
第八章　上书
第九章　封庵
第十章　鹃化

红羊佚闻

传奇笔记小说。胡仪鄌、徐枕亚编。上海小说丛报社。1915 年 1 月初版。1 册。11 万字。胡仪鄌序 1 篇。陈惜题词 1 首。共上中下 3 卷,有附刊。季秋男、稽兆铃序各 1 篇。稽问耕著。共 57 篇。附刊金陵癸甲新乐府。金陵无名氏遗稿。自序 1 篇。乐府共 49 首。

上卷　战血余腥录

胡仪鄌　云娘、听王妃、江采霞、黄淑华、赵烈妇、范德邻、王金洛、张继庚

徐枕亚　包村异闻、剑灶村之无名英雄、剖腹记、欲海归槎记、某少年（悻悻原稿）、草付道人、僧侠、石人流血、某参将佚事（无名氏原稿）、毒家庭（元爔原稿）、一饭难（休宁彦华原稿）、钱华卿

（小妖原稿）

中卷　天京秘录

许指严　女馆琐闻、风倒东园柳本事、科举儿戏、洪宣娇别传、金任小史、碧娘贞烈始末、四宗争权秘记、李秀成供词拾遗、小天王后案、蒋驴子轶事

下卷　从军速记

邓亚鲁、袁慧姑、梁士超、张茂才、武显昌、颜姓子、曹昌奇、江孝廉、独眼孝子、李祖德、秦爱姑、胡万全、洪大全、大头检点、毕三义、顾生、杨二姑、丐女、张仲林、金孝子、钱媪、白马、珠儿、徐彦章、谭士弼、季祖义、程鸿恩、大力天将、道姑、乐平冤狱、某董、金二寡妇、朱秀姑、黄自成、曾祖荣、张一瓢、殷金龙、施生、谢女、黄静姑、刘兰姑、李栋臣、谭铁臂、苏淡如、钟氏、马士铨、胡福林、沈淑姑、苗民、苗族、石屋男子、石碣、圆石、怪声、汪颠子、牛腹中肉块、卜人

附刊　金陵癸甲新乐府

谢河工、接廷寄、朱九江、保金陵、闲城守、掘地道、破皇城、催进贡、搜财物、当圣兵、捉兄弟、姊妹馆、削竹签、搓麻绳、盘粮、抬砖、割麦、斫柴、禁裹足、选女孩、牌尾馆、抬盐、领稻、收菜子、扫街道、拆妖庙、带娃崽、禁薙头、禁烟酒、禁偷窃、禁妖书、天条书、敬天父、天下凡、讲道理、改正朔、易服色、造宫殿、设官府、铸大钱、征好玩、扛龙灯、点状元、拆皇城、领飞子、验剪发、作买卖、庆升天、望大兵

丁郎寻父

民间小说。胡协寅著。上海广益书局。1936 年 10 月版。1 册。15.7 万字。绘图 13 幅。共 56 回。

第一回　嘉靖爷开科取士
　　　　济小塘落榜读书
第二回　观曲词严嵩动怒
　　　　救房东小塘施恩
第三回　王书手报恩嫁女
　　　　济小塘择日完姻
第四回　柳树精奉命点化
　　　　变板凳度脱济生
第五回　念大学化饭充饥
　　　　宿僧舍许修佛寺
第六回　混元鬼赵府作祟
　　　　开缘簿死者复生

第 七 回　青鱼精戏弄小塘
　　　　　独角龙水滧泗州

第 八 回　西秦王爱财爱骗
　　　　　赵知府存仁施恩

第 九 回　书铺中贿通严府
　　　　　徽承光充配扬州

第 十 回　琼花观小塘拜友
　　　　　偷库银承光被擒

第十一回　济小塘回家戏妻
　　　　　遣五鬼混乱家庭

第十二回　王美容怒骂夫主
　　　　　一枝梅偷富济贫

第十三回　试遁法苗庆出狱
　　　　　显神通小塘传法

第十四回　变戏法大闹严府
　　　　　聚乡民义征土贼

第十五回　李家集小塘点将
　　　　　霸州城金蝉兴兵

第十六回　小塘夜造假天书
　　　　　王氏计换阴魔录

第十七回　终南山吕祖点化
　　　　　黄河岸鱼精作耗

第十八回　得道书小塘辞友
　　　　　遇仙洞苗庆修真

第十九回　济小塘折芦过江
　　　　　戚总镇兴兵平贼

第二十回　定海城小塘摆阵
　　　　　白鹿洞承光遇狐

第二十一回　湿神符承光遇难
　　　　　　焚仙洞小塘除妖

第二十二回　假道童韩府丧命

死乞丐法场受刑

第二十三回　山海关小塘遇友
　　　　　　总帅府怀古受惊

第二十四回　济小塘机房装病
　　　　　　搬运神京城运丝

第二十五回　韩庆云高中魁首
　　　　　　济小塘面辱严嵩

第二十六回　磨大王兴妖作祟
　　　　　　碾将军领众抢亲

第二十七回　焚灵符退除奸鬼
　　　　　　索谢钱赈济饥荒

第二十八回　韩庆云梦里做梦
　　　　　　济小塘法中变法

第二十九回　韩驸马花园试宝
　　　　　　风如虎军前立功

第三十回　槐阴下点破奇梦
　　　　　趵突泉试演飞杯

第三十一回　高仲举典产求名
　　　　　　靠山主图财截经

第三十二回　用木刀立斩邱四
　　　　　　演戏术搭救高生

第三十三回　月英东岳还香愿
　　　　　　年七见色起淫心

第三十四回　贪钱财李虎害命
　　　　　　骂知县仲举受刑

第三十五回　一枝梅借宿报信
　　　　　　于月英全节送夫

第三十六回　为全节对夫剜目
　　　　　　因救友威吓解公

第三十七回　王从善仗义送信
　　　　　　胡尚书款留年侄

第三十八回　高仲举重婚张氏
　　　　　　于月英生产丁郎

第三十九回　判冤情恩开大汉
　　　　　　救孤子雷击凶徒

第 四 十 回　微承光护送孤子
　　　　　　小神童辞母脱逃

第四十一回　张贤人收留孤子
　　　　　　小神童改姓攻书

第四十二回　高仲举探妻遭害
　　　　　　韩庆云为友访亲

第四十三回　一枝梅大闹磁店
　　　　　　苏九宫仗义疏财

第四十四回　王解公猴洞受难
　　　　　　济小塘四川降妖

第四十五回　于月英寓所讨饭
　　　　　　胡世显金榜夺魁

第四十六回　赴筵席年七被绑
　　　　　　审众犯陆爷动刑

第四十七回　严世蕃差人行刺

　　　　　　微承光怒摔凶徒

第四十八回　马猴大闹风流院
　　　　　　京城画形捉小塘

第四十九回　孙疯子混闹神庙
　　　　　　微承光护送节妇

第 五 十 回　吴月莲上吊遇救
　　　　　　欧法官煎药骗财

第五十一回　微承光现形装鬼
　　　　　　欧老道中魔闹坛

第五十二回　哄愚人物归本主
　　　　　　做活局治服恶豪

第五十三回　怀宁侯闭户躲灾
　　　　　　徐夫人细问端详

第五十四回　苏九宫侯府卖画
　　　　　　怀宁侯纸上遇仙

第五十五回　孙疯子当堂服软
　　　　　　包察院监禁恶豪

第五十六回　王解差当堂投审
　　　　　　众奸党从实招认

九命奇冤

民间小说。胡协寅著。广益书局。出版时间不详。1 册。插图 13 幅。共 40 回。

第一回　凌贵兴妄想功名
　　　　马半仙细谈风水

第二回　求购宅倒是颠非
　　　　扮假棺争长论短

第三回　绘猛虎宗孔设计

　　　　托危病凌氏修书

第四回　慈母潜身听白话
　　　　强徒施掌博黄粘

第五回　黄苗冈兄弟掘芋
　　　　中秋夜姊妹题诗

第 六 回　中庭上妹子直谏
　　　　　北沙畔贼匪横行

第 七 回　夺椅桌预早移书
　　　　　庆花坛终宵闹酒

第 八 回　劝夫哥姑嫂自尽
　　　　　纠盗贼叔侄同谋

第 九 回　命偿命祈伯丧良
　　　　　贼荐贼简当设计

第 十 回　林大有改妆登岸
　　　　　张凤阿丐食沙街

第 十 一 回　张义丐偷报奔逃
　　　　　　凌恶霸纠匪打劫

第 十 二 回　凌美闲烟攻石室
　　　　　　黄千总兵按沙街

第 十 三 回　黄县宰相验七尸
　　　　　　何谊父推荐贤友

第 十 四 回　施智伯仗义腾词
　　　　　　简勒先贪财设计

第 十 五 回　拼罚俸孺人催番
　　　　　　指滥保干证遭刑

第 十 六 回　张凤作嗔辞买嘱
　　　　　　天来含泪具遵依

第 十 七 回　负重财爵兴往镇
　　　　　　受夹棍张凤归天

第 十 八 回　凌贵兴交结李丰
　　　　　　施智伯拜服东来

第 十 九 回　施智伯怒拗毛锥
　　　　　　孔制台严拿贼党

第 二 十 回　杨福单拳擒大有
　　　　　　李丰双足跪高全

第二十一回　府太爷置酒求谋
　　　　　　简勒先快船赶贿

第二十二回　端州上贵兴反案
　　　　　　双门底天来被辱

第二十三回　梁天来拦舆递禀
　　　　　　蔡显洪念友遗金

第二十四回　程医生赚奸辅友
　　　　　　林贼首领赏开筵

第二十五回　访天来爵兴点贼
　　　　　　托陈式德先赠书

第二十六回　和平县大有分兵
　　　　　　泗昌行区明度曲

第二十七回　林大有宿娼被获
　　　　　　张阿凤托梦防奸

第二十八回　南雄领遇雨逃生
　　　　　　泗昌行装作假箱

第二十九回　苏臬台微行访察
　　　　　　凌公子无意逢迎

第 三 十 回　梁祈福身遭横祸
　　　　　　区元榜志激良朋

第三十一回　淫女儿通奸被逐
　　　　　　富家翁屈打成招

第三十二回　念母舅陈书探监
　　　　　　获主仆天爵登舟

第三十三回　苏按察细查旧案
　　　　　　梁庶民假扮新科

第三十四回　惶恐滩遇惊丧胆
　　　　　　滕王阁览景生愁

第三十五回　鄱阳湖祈神庇佑
　　　　　　常玉山遇盗惊慌

第三十六回　北新关当官纳税
　　　　　　神州城藉友投书

第三十七回　给事衙宜人认亲
　　　　　　保和殿吏部奏本

第三十八回　程进士触犯天颜
　　　　　　马太师抚慰民望

第三十九回　孔尚书御前对局
　　　　　　梁监生殿角鸣冤

第 四 十 回　韶州关参军提兵
　　　　　　广州府钦差结案

五剑十八义

武侠小说。胡协寅著。上海广益书局。1946 年 12 月新 1 版。1 册。18 万字。洪寄萍序 1 篇。人物插图 29 幅。共 72 回。

第一回　向元戌奉命督师
　　　　莫知县招兵平寇

第二回　莽祁豹一言招飞祸
　　　　恶头陀狠语丧身躯

第三回　赛鳟诸仗义救人
　　　　智祁虎弃邪归正

第四回　奸卜明叩头赔罪
　　　　贤令尹虚心若谷

第五回　卜姓名单身入虎穴
　　　　为朋友初次上龙山

第六回　人被妖摄无踪影
　　　　虎入龙潭得实音

第七回　草虎可巡山神通广大
　　　　诱马述前情义士机深

第八回　痴虎阚春容几危性命
　　　　秋鸿施妙术竟可伤人

第九回　锦霞仙算无遗策
　　　　莫色鬼死里逃生

第十回　苗天桃大破盘龙寨
　　　　魏梨花术布迷魂阵

第十一回　莫信伊因祸得福
　　　　　章云祥占卦知凶

第十二回　贤母自尽迫子改行
　　　　　良朋苦劝助友图功

第十三回　虎将归降功成一代之伟
　　　　　鸡妖被刺名遗万世之羞

第十四回　死者更生生反死
　　　　　真降说假假偏真

第十五回　二城连复军师策
　　　　　单身离窟贼无谋

第十六回　兔脱无踪欣遇虎
　　　　　身居首座要推功

第十七回　莫睹梅花思止渴
　　　　　余惊鸟语报军机

第十八回　粪窟偷生终遗臭
　　　　　茶坊杀役显英名

第十九回　王得标访犯逢义士
　　　　　章云祥邂逅结知交

第二十回　风传阎王令贼秃惊心
　　　　　火焚达摩庵观音露体

第二十一回 良言劝友弃邪归正
　　　　　 假说救父借公行私
第二十二回 詹霭仁恨天施巧报
　　　　　 章云祥破地救苍生
第二十三回 章云祥穷究通山路
　　　　　 梁希贤慕义指迷途
第二十四回 梦中点化师生义
　　　　　 色相迷人妖孽缘
第二十五回 滴血焚尸功被天下
　　　　　 毒蛇救虎义比高山
第二十六回 洪秀全祸胎从梦起
　　　　　 魏飞龙诡计不消行
第二十七回 乱贼争权苍天示报
　　　　　 伪五相杀坟地无灵
第二十八回 易姓更名脱虎口
　　　　　 移花接木受狐迷
第二十九回 魏梨花贪淫偷和尚
　　　　　 甄玉梅曲意顺夫人
第 三 十 回 兰缘有意偏为妾
　　　　　 梅岂无心傍贵人
第三十一回 王夫人移居亲妹妹
　　　　　 金刚子玄语意绵绵
第三十二回 将星才落侠女归山
　　　　　 妖龙戏珠义士下海
第三十三回 奇又奇母子相逢在海底
　　　　　 恨只恨弟兄分手半途中
第三十四回 洞庭君筵前识佳婿
　　　　　 章云祥海内拜双亲
第三十五回 龙掌珠以理劝夫
　　　　　 莫信伊甜言骗友
第三十六回 雷一鸣仗义访虎

　　　　　 莫信伊阴谋杀豹
第三十七回 莫色鬼倚兰偎玉
　　　　　 慧丫头见履知机
第三十八回 雷一鸣苦劝还俗
　　　　　 莫信伊迭次升官
第三十九回 独角龙幻形保主
　　　　　 莫大人负义背恩
第 四 十 回 雷一鸣受兄寄子
　　　　　 章云祥为弟报仇
第四十一回 独角龙兴云布雨
　　　　　 章云祥拜爵封神
第四十二回 入山门痛伤绝命
　　　　　 游地府喜见全家
第四十三回 十殿阎王齐会审
　　　　　 一城百姓奠忠魂
第四十四回 失驹儿全家惊骇
　　　　　 奉神梦合境迎宾
第四十五回 驹凤落阱初相识
　　　　　 花木同妍早有根
第四十六回 驹凤齐飞天外
　　　　　 猛虎失陷地中
第四十七回 祁虎无心遇旧友
　　　　　 红莲立意要从夫
第四十八回 侠女两订婚姻约
　　　　　 妖妇重搜喜雨楼
第四十九回 杀暗探红莲初显法
　　　　　 盗督印一鸣大受惊
第 五 十 回 花烛初谐夫妇礼
　　　　　 水火既济显神通
第五十一回 真法术几丧两命
　　　　　 假神通得银三千

第五十二回　李逢春极力保举
　　　　　　铁道人独任平妖

第五十三回　祁虎登台选将士
　　　　　　一鸣上山请救兵

第五十四回　洗尘师允发五百罗汉
　　　　　　石磬子代请两位仙姑

第五十五回　一对夫妻逃遁下山
　　　　　　五百罗汉勇往破敌

第五十六回　开金锁闯出大祸
　　　　　　显玉镯得破沉冤

第五十七回　章驹儿凶手为座客
　　　　　　包矮子苦主作囚徒

第五十八回　祁虎督兵走下山
　　　　　　姣如布阵撒红沙

第五十九回　步祸氏探营布阵
　　　　　　雷一鸣反败为功

第 六 十 回　五雷阵飞龙夫妻丧命
　　　　　　七里滩梨花独自逃生

第六十一回　巢飞熊负荆拜虎
　　　　　　魏如蛟折柳成龙

第六十二回　百兽阵红莲乱中双生子

　　　　　　千岁猴白云庵内献梨花

第六十三回　祁虎进京托妻寄子
　　　　　　驹凤发配杀盗擒兵

第六十四回　李扬才造逆攻城
　　　　　　雪鸾俦指挥定乱

第六十五回　魏如蛟浪言巧绝命
　　　　　　雪将军蓄意选东床

第六十六回　李扬才军前自刎首
　　　　　　梅夫人阁内议终身

第六十七回　谐花烛章驹儿乘鸾跨凤
　　　　　　求甘霖金刚子布雨兴云

第六十八回　以水制火咸知道人法力
　　　　　　擒妖捉怪全是金刚神通

第六十九回　铁道人无心晤如玉
　　　　　　金刚子有意济青莲

第 七 十 回　锦上又添花将军复任
　　　　　　善人终结果翁婿奇逢

第七十一回　亲戚朋友同登及第
　　　　　　姊弟父女骨肉团圆

第七十二回　雷雪结金兰共成十八义
　　　　　　阴阳重会合法律定三生

凤 凰 山

民间小说。胡协寅校。上海大达图书供应社。1936 年 2 月版。2 册。61.8 万字。春晖阁主序 1 篇。共 72 回。

第一回　杜瑶娟内府复娇装
　　　　张荣国中堂重叙旧

第二回　郡主禀母观杜氏

　　　　赵王训子责洪声

第三回　张荣国庭前赏雪
　　　　赵贤王院内寻春

第 四 回　幽兰院佳人使性
　　　　　翠华堂爱婿陈情

第 五 回　晋阳瞒娘留胡氏
　　　　　王妃爱子继洪宏

第 六 回　贤郡主回家见姑嬬
　　　　　美双林设计娶夫人

第 七 回　龙太郡思女会亲
　　　　　杜瑶娟为母寄信

第 八 回　遵国典爱女中天心
　　　　　得残书王子存醉意

第 九 回　赵王智用鹦鹉杯
　　　　　瑶娟初荐鸳鸯枕

第 十 回　因慢亲五郎逢丑妇
　　　　　为谤父三子得姣妻

第十一回　奇忠府赵王拜客
　　　　　天妃庙公主拈香

第十二回　秦司马貌法迎岳丈
　　　　　范永春舞弊害皇宫

第十三回　解嫌疑恩封杜氏
　　　　　恐仇寇暗释长卿

第十四回　瑞华殿秦妃接夫主
　　　　　龙图阁王子训儿孙

第十五回　柏森堂新人朝旧主
　　　　　蓬莱岛金屋贮佳人

第十六回　巫云院佳人玩月
　　　　　太平街天子观灯

第十七回　唐昭宗私幸嬬姨
　　　　　龙贤国威施胡女

第十八回　长陵无情弃原配
　　　　　素云有意再重婚

第十九回　胡端仙姐妹重逢

　　　　　龙秀森夫妻叙话

第 二 十 回　凤夫人南宫求太后
　　　　　　赵郡主西地具良人

第二十一回　西兴县天使点卷
　　　　　　斗姥宫皇后求嗣

第二十二回　武夫人兰房生子
　　　　　　罗惠姣城内寻夫

第二十三回　元兰奉命赴西京
　　　　　　洪声遵旨归南国

第二十四回　龙郡马夫妻重聚首
　　　　　　赵洪声母子受拘囚

第二十五回　云贵主夫妻反目
　　　　　　龙郡马郎舅谨心

第二十六回　金銮殿辞君探父母
　　　　　　方安山避雨聘姣娥

第二十七回　赵王多情留爱子
　　　　　　洪弘仗义赠姣娃

第二十八回　洪英存心害五弟
　　　　　　赵王无意逐麟儿

第二十九回　赵洪弘金殿朝君
　　　　　　杜夫人虹桥遇鬼

第 三 十 回　巫云院瑶娟思母
　　　　　　栖霞轩王子留宾

第三十一回　武晋国遵旨送新妇
　　　　　　杨医官治病得娇妻

第三十二回　因闲文秦妃得病
　　　　　　争王鼎王子生嗔

第三十三回　赵王宫中朝文母
　　　　　　瑶娟堂内拜夫人

第三十四回　文华府真主降世
　　　　　　凌霄阁赵王观星

第三十五回　龙贤国夫妇和谐
　　　　　　赵洪弘弟兄情重

第三十六回　赵王后西宫见帝
　　　　　　杨月宾承幸为妃

第三十七回　夏司马忠言被戮
　　　　　　云贵主义奋朝京

第三十八回　九龙驿冤魂索命
　　　　　　云贵府怨鬼缠身

第三十九回　赵王遗嘱归长子
　　　　　　洪声争位属王孙

第 四 十 回　众夫子各归子女
　　　　　　赵洪英抗命君王

第四十一回　宗令巧计留柴子
　　　　　　洪声暗箭射朱温

第四十二回　知趣凤公归阁政
　　　　　　无心王子立东宫

第四十三回　洪弘仗义扶孤子
　　　　　　长陵犬递弑唐君

第四十四回　赵太后怒责黄门官
　　　　　　赵宗令为国惨亡身

第四十五回　文华府白玄送信
　　　　　　夹马营杜氏添丁

第四十六回　赵洪声遣使上表
　　　　　　武成王平定安南

第四十七回　成王遣使还母侄
　　　　　　云间地少妇浣纱

第四十八回　元兰覆命遭冤死
　　　　　　双林装死别妻儿

第四十九回　郭彦威金陵聚众
　　　　　　赵太后九庙行香

第 五 十 回　赵太后托孤国贼
　　　　　　周云厂救主亡身

第五十一回　朱温篡位废唐君
　　　　　　成王发兵兴义举

第五十二回　秦帅领兵挖地道
　　　　　　洪声出门陷沙滩

第五十三回　洪声进香寻长老
　　　　　　王代择婿献阳关

第五十四回　赵匡胤私放柴荣
　　　　　　武夫人痛怜长子

第五十五回　王孙逃走遇殃鸡
　　　　　　柴荣避难逢郑子

第五十六回　洪声用智伏四镇
　　　　　　王代奋勇斩余文

第五十七回　朱良潼关逢虎将
　　　　　　友贞弑君坐龙廷

第五十八回　柴荣宗继姑承大业
　　　　　　符国丈次女许承龙

第五十九回　梁均王设计刺朱良
　　　　　　赵洪声用计诛皇甫

第 六 十 回　得西京勇诛递将
　　　　　　登大宝义立新君

第六十一回　东阁院宇文夺宠
　　　　　　云间城匡胤解围

第六十二回　唐庄宗遣使和周
　　　　　　南宋王奉旨迎母

第六十三回　庄宗下诏立祖庙
　　　　　　匡义他乡遇故知

第六十四回　赵匡义山中逢王凤
　　　　　　冯承祖湖内救真龙

第六十五回　安国公辞王归里
　　　　　　赵匡义遇主莲塘

第六十六回　唐庄宗无子立大弟
　　　　　安国公代侄定婚姻
第六十七回　匡胤内宫伴太子
　　　　　明宗外出失西京
第六十八回　匡胤提兵逢赵普
　　　　　世宗垂病托孤儿
第六十九回　宋太祖陈桥即位

　　　　　众功臣金殿封官
第 七 十 回　匡武奉旨迎太后
　　　　　宋主无意立元妃
第七十一回　石敬塘兵败投番
　　　　　宋文麟辞友归宋
第七十二回　龙贤国母子聚首
　　　　　赵匡义双美团圆

走马春秋

侠情小说。胡协寅校勘。上海广益书局。1948 年 3 月版。2 册。8 万字。小引 1 篇。人物插图 13 幅。共 16 回。

第一回　春王怒究葡萄酒
　　　　文柬巧设胭脂计
第二回　邹妃险试龙泉剑
　　　　刘后屈丧绞连宫
第三回　御花园神风救驾
　　　　南郡府水遁藏身
第四回　改面目父子不相亲
　　　　识天心君臣该打散
第五回　金銮殿怒贬邹奸党
　　　　天齐庙梦示龚家庄
第六回　龚家庄孤存封宫
　　　　临淄城孙膑劝夫
第七回　孙膑演法退燕兵
　　　　邹妃巧计烧王府
第八回　借风遁孙膑归山
　　　　闭朝门袁达反国

第 九 回　邯郸城孙廉联国
　　　　招风树宾毅结义
第 十 回　乐彦平临淄受辱
　　　　燕昭王金台拜将
第十一回　乐毅兴师挂帅
　　　　齐仲劫营丧命
第十二回　破莒州乐毅戮尸
　　　　战邹平豹威斩将
第十三回　姜帅施逞聚兽旗
　　　　妖仙摆设胭脂阵
第十四回　乐毅被困胭脂阵
　　　　叔阳演法迷魂坑
第十五回　勇乐毅勇诛二将
　　　　乐闵王误用双奸
第十六回　破临淄乐毅洗宫
　　　　就杏林邹妃碎剐

英雄大八义

武侠小说。胡协寅校勘。广益书局。1910 年版。1 册。18 万字。序 1 篇。共 100 回。

第 一 回　金知府傲上
　　　　　怒打马皇亲

第 二 回　感恩情义子赠盘费
　　　　　报忠良穷汉卖宝珠

第 三 回　公子去献宝
　　　　　义士来报恩

第 四 回　金汉文识好汉
　　　　　义士对天盟誓

第 五 回　公子投义兄
　　　　　义士暗探信

第 六 回　路遇赵华阳
　　　　　同保金公子

第 七 回　公子身遭难
　　　　　壮士得凶信

第 八 回　士公生疑心
　　　　　大闹万源楼

第 九 回　大战二班头
　　　　　蛮子现巧艺

第 十 回　大闹兴隆铺
　　　　　蛮子斗班头

第十一回　英雄同结义
　　　　　夜闹兵部府

第十二回　假设阴曹府
　　　　　锁拿王文义

第十三回　白氏显灵验
　　　　　王文义招报

第十四回　王文义运败
　　　　　花庭内摘心

第十五回　杀死王兵部
　　　　　严拿真凶手

第十六回　大闹皇亲府
　　　　　杀人留姓名

第十七回　杀人留诗句
　　　　　教习去逃生

第十八回　隔窗听机密语
　　　　　黑夜觅聚宝楼

第十九回　头探聚宝楼
　　　　　错杀兰香妾

第二十回　皇亲府相验死尸
　　　　　开封守看破机关

第二十一回　知府会义士
　　　　　　清官知实情

第二十二回　蛮子入开封
　　　　　　知府会恩公

第二十三回　知府用巧智
　　　　　　出外请英雄

第二十四回　知府定巧计
　　　　　　四处请英雄

第二十五回　避雨行仗义
　　　　　　道士忒淫邪

第二十六回　英雄救夫妇
　　　　　　大闹三清观

第二十七回　蛮子救难妇
　　　　　　万家路逢凶

第二十八回　蛮子拿凶寇
　　　　　　大闹包子铺

第二十九回　蛮子招大难
　　　　　　雷顺救名师

第 三 十 回　蛮子中蒙药
　　　　　　雷顺来救应

第三十一回　搬请草上飞
　　　　　　二盗鸳鸯裤

第三十二回　蛮子找苗庆
　　　　　　三盗鸳鸯裤

第三十三回　蛮子使飞志
　　　　　　醉盗鸳鸯裤

第三十四回　蛮子中巧计
　　　　　　苗庆展才能

第三十五回　蛮子得宝裤
　　　　　　苗庆从出世

第三十六回　蛮子使飞计
　　　　　　醉中有牢笼

第三十七回　蛮子床下藏
　　　　　　王氏夜劝夫

第三十八回　大闹王家店
　　　　　　恩收姜云龙

第三十九回　蛮子展才能
　　　　　　王氏劝夫行

第 四 十 回　大闹信义当

　　　　　　白胜公杀妻

第四十一回　壮鬼行孝道
　　　　　　义士助天然

第四十二回　蛮子假当袍
　　　　　　智诱白胜公

第四十三回　大闹信义当
　　　　　　弟兄比雌雄

第四十四回　班头请好汉
　　　　　　帮拿赵华阳

第四十五回　巧盗乌金罐
　　　　　　白胜公杀妻

第四十六回　黉夜遇淫妇
　　　　　　蛮子拿奸夫

第四十七回　赵华阳拿奸
　　　　　　好汉杀七命

第四十八回　淫妇卖风流
　　　　　　巧遇孙玉凤

第四十九回　杀死奸夫妇
　　　　　　白爷弃当铺

第 五 十 回　夜审淫夫妇
　　　　　　问出实口供

第五十一回　大闹陈家庄
　　　　　　小豪显巧艺

第五十二回　蛮子多贪酒
　　　　　　丢了银合裤

第五十三回　巧盗银合裤
　　　　　　留诗警英雄

第五十四回　小豪杰要笑
　　　　　　大闹平胡镇

第五十五回　小壮士露面
　　　　　　夜闹谷和店

第五十六回　搜找小豪杰
　　　　　　三次来引见

第五十七回　恩收小豪杰
　　　　　　阮英投名师

第五十八回　小英雄假败
　　　　　　树林外认师

第五十九回　苗庆遭大难
　　　　　　群雄劫牢狱

第 六 十 回　大闹嘉定州
　　　　　　杀人救苗庆

第六十一回　王氏遭火患
　　　　　　吴佩假慈悲

第六十二回　吴佩反脸陷世荣
　　　　　　苗庆单身战李太

第六十三回　毛成贼陷巧计
　　　　　　绊腿绳获英雄

第六十四回　赃官受贿赂
　　　　　　苗庆熬重刑

第六十五回　吴德顺嘱牢头
　　　　　　周智杰救知己

第六十六回　军头知报德
　　　　　　禁子不昧良

第六十七回　得内应大会州城
　　　　　　谋劫狱先探路径

第六十八回　知州惊闻变
　　　　　　教军赶犯人

第六十九回　吴德顺命归阴
　　　　　　张指挥卖余勇

第 七 十 回　英雄难脱重围
　　　　　　智杰安排巧计

第七十一回　教军假被创

　　　　　　指挥夜收兵

第七十二回　报私仇陈豹反害己
　　　　　　明大义汪氏顺夫谋

第七十三回　汪勇接待英豪
　　　　　　阮英刺杀恶霸

第七十四回　遇师弟蛮子解围
　　　　　　捉淫贼阮英奋勇

第七十五回　富三雄夺邢智
　　　　　　神弹手救雷顺

第七十六回　雷顺叩谢花师叔
　　　　　　蛮子暗别周好善

第七十七回　酒楼遇道姑
　　　　　　暗试追风腿

第七十八回　投奔张家庄
　　　　　　争住万和店

第七十九回　英雄齐庆寿
　　　　　　道姑取胎元

第 八 十 回　蛮子捉王平
　　　　　　阮英剁双足

第八十一回　说来历英雄开寿筵
　　　　　　请张明盗取占花宝

第八十二回　好猴子巧盗宝
　　　　　　假瞎子认输东

第八十三回　张明出世同赴义
　　　　　　陶金滚脚石伤人

第八十四回　神偷激陶金
　　　　　　宝刀悬杆斗

第八十五回　软骨法自松绑
　　　　　　做大人暗防贼

第八十六回　孙太陷阮氏
　　　　　　张明做知州

第八十七回	好弟兄释冤仇 小英雄除恶霸	第九十四回	英雄出水池 大战假道姑
第八十八回	幸遇赵得成 救出孙彩云	第九十五回	武永赚皇亲 蛮子报知府
第八十九回	兴隆寺集群雄 谷和店迎八义	第九十六回	酬劳假庆功 酒醉众打手
第 九 十 回	八义齐集会 二盗聚宝楼	第九十七回	到总线八门齐开 撑虎口宝珠到手
第九十一回	赵得成破铜人 秦元亮被毒水	第九十八回	知府写状达吏部 士公探监报佳音
第九十二回	东京大聚会 三破聚宝楼	第九十九回	拿问马太师 见君鸣冤枉
第九十三回	众冲入埋伏 水池困英雄	第 一 百 回	汉文封官昭善报 八义受赏大团圆

剑侠奇中奇

侠义小说。胡协寅著。上海进步书局。出版时间不详。1 册。7 万字。提要 1 篇。人物插图 3 幅。4 卷。共 48 回。

第一回	升平桥义侠赠剑	第十一回	昧理谋奸身受辱
第二回	争春园英雄救人	第十二回	伏义医疮遇异人
第三回	雪浮亭豪杰助阵	第十三回	聚义赠剑说冤枉
第四回	松林内仙长指迷	第十四回	施计放火盗人头
第五回	假响马勇劫小姐	第十五回	为友除病忘天理
第六回	真英雄冲散强人	第十六回	报医入狱起沉疴
第七回	破佛寺白璧遭险	第十七回	张仲怕累明知府
第八回	紫霞轩赤绳联姻	第十八回	马俊喜逢活真师
第九回	吴经略奉旨伐寇	第十九回	阮氏卖俏寻男子
第十回	常公子邀友游湖	第二十回	春香偷情引主奴

第二十一回	顾明园鲍刚逢友	第三十五回	三进开封索宝剑
第二十二回	金鸡巷太守白冤	第三十六回	两案人命审真情
第二十三回	假传圣旨害忠良	第三十七回	因贪财横死奸党
第二十四回	重改口供顺奸恶	第三十八回	为施恩放走家丁
第二十五回	救凤公一人报德	第三十九回	铁球山喜燃花烛
第二十六回	杀赃官百姓施恩	第 四 十 回	银安殿笑接彩球
第二十七回	凤栖霞误入烟花	第四十一回	常让怒怪假柳绪
第二十八回	常云仙欣逢贞烈	第四十二回	马俊义奏真史通
第二十九回	筵骗邀饮空欢忘	第四十三回	三法司坚持异见
第 三 十 回	丫环泄漏脱灾危	第四十四回	九重主恩封功臣
第三十一回	居二姑冶容惹祸	第四十五回	遇金翁情结父子
第三十二回	武大汉妒奸行凶	第四十六回	征米贼天将神仙
第三十三回	狠上狠杀头灭口	第四十七回	真驸马承恩招赘
第三十四回	误中误认假为真	第四十八回	众公侯奉旨团圆

双 复 仇

武侠小说。胡寄尘著。文明书局。1924 年 7 月版。1 册。2 万字。未分章节。

明史演义

历史小说。胡寄尘编辑。上海广益书局。1947 年 11 月版。1 册。9 万字。傅熊湘、叶楚伧、朴庵各序 1 篇。凡例 1 篇。人物插图 29 幅。共 22 回。

第一回	争山河群雄逐鹿		渡黄河徐达定中原
	乘风雨辙鲋化龙	第三回	荣辱无常多少功臣赐死
第二回	取金陵太祖平群寇		规模粗定从今皇帝独尊

第 四 回　动干戈燕王夺国
　　　　　忍披荆建文出家

第 五 回　建文帝四方挂锡
　　　　　方孝孺十族被夷

第 六 回　郑太监出使西洋
　　　　　明成祖亲征北漠

第 七 回　乐安州汉王造反无成
　　　　　土木役英宗亲征不返

第 八 回　太上皇还朝复辟
　　　　　江太监窃政被诛

第 九 回　刘瑾专权忠臣被谪
　　　　　江彬用事武宗南巡

第 十 回　据南昌宸濠造反
　　　　　收江西阳明平乱

第十一回　明世宗崇尚道教
　　　　　严分宜残害忠良

第十二回　俺答南侵逼京师
　　　　　日本内寇略闽浙

第十三回　排高拱江陵柄政

　　　　　拒日本朝鲜请援

第十四回　号东林千人结党
　　　　　进红丸三案传疑

第十五回　诸臣被诛生祠竞建
　　　　　五人就义遗墓犹存

第十六回　传西学利玛窦东来
　　　　　归中邦郑芝龙受抚

第十七回　张献忠惨屠西蜀
　　　　　李自成大掠中原

第十八回　崇祯帝凄凉殉国
　　　　　费宫人慷慨诛仇

第十九回　爱新氏崛起辽东地
　　　　　吴三桂借用建房兵

第二十回　入榆关满人夺国
　　　　　奔辰州李贼伤身

第二十一回　半壁江山六宫歌舞
　　　　　　两函书信千古流传

第二十二回　烈士孤臣捐躯酬北阙
　　　　　　残山剩水挥泪吊南疆

春水沉冤记

哀情小说。胡寄尘编。上海进步书局。1915 年 11 月初版。1 册。2.98 万字。提要 1 篇。共 22 章。

第一章　晚泊

第二章　宦隐

第三章　烽火

第四章　投江

第五章　从军

第六章　怀人

第七章　还湘

第八章　救红

第九章　诗媒

第十章　浪游

第 十 一 章　访旧　　　　　　　第 十 七 章　赎蔡

第 十 二 章　依岱　　　　　　　第 十 八 章　归舟

第 十 三 章　遭忌　　　　　　　第 十 九 章　沉珠

第 十 四 章　逃禅　　　　　　　第 二 十 章　后悔

第 十 五 章　内讧　　　　　　　第二十一章　殉情

第 十 六 章　堕溷　　　　　　　第二十二章　吊艳

胡寄尘近作小说集

短篇社会小说。胡寄尘著。上海会文堂新记书局。1928 年 10 月初版。3 集。14 万字。自序 1 篇。共 63 篇。

第一集

狡猾的房东

媒人

处世哲学家

故居

城市中的生活

聪明孩子

买花小记

处世与赌博

老土的悲哀

两样的爱

不来了

最安乐的一夜

父亲的假面具

吃饭者

生活的压迫

恐慌时代

佣史

危机

心之变迁

乞丐的职业

失恋者之救星

第二集

滑稽的世界末日

催眠术大家

茶博士之见闻录

茶博士之见闻续录

茶博士之见闻三录

未来的学术界

这是更确的消息

笑欤哭欤

六月十六

没有什么说

算命者之趣剧

鼠国游记

滑学博士

伴侣

点土成金

疯人

二百岁之少年

新旧蠹鱼

黄金

倩影

一个要紧的虱子

神秘的美人

第三集

侠少年

我所遇见的侠客

一个无用的侠客

热心的校长

贫富阶级

观剧以后

糊涂哲学

美洲访古记

一篇有价值的小说

可怜相爱不相识

二十二年前的照片

三十年后之上海

五十年后之上海

梦里的光阴

伊之断片

蝴蝶小传

灶君眼里的沧桑录

阔人日记

片面之爱情

旁观者之泪

胡寄尘说集

短篇社会小说。胡寄尘著。上海大东书局。1927 年 5 月初版。1 册。3.8 万字。插图 6 幅。共 14 篇。

一　心血与粪土

二　不得了

三　平而不等

四　一册诗稿

五　村妪的政见

六　飘泊

七　不了解

八　过渡时代的痛苦

九　歌者

十　闲人

十一　美之宇宙

十二　死后

十三　字纸篓中的呼吁声

十四　不可思议之日记

真西游记

民间小说。胡寄尘著。上海佛学书局。1932 年 7 月版。1 册。3.7 万字。序例 1 篇。上下 2 卷。共 26 回。

第 一 回　老先生善为村塾师
　　　　　好学生新翻西游记

第 二 回　发宏愿万里求经
　　　　　排众议只身就道

第 三 回　渡流沙亲见妖魔
　　　　　宿古堡夜谈鬼怪

第 四 回　黄沙白骨诵经度鬼雄
　　　　　九死一生冒险到邻国

第 五 回　高昌国绝食感王心
　　　　　阿父泉登崖寻古迹

第 六 回　觅古迹遇险未成灾
　　　　　闻盗警料事有先见

第 七 回　越凌山几死冰雪窟
　　　　　沿热海直趋素叶城

第 八 回　华筵得见穹庐主
　　　　　绝域重逢祖国人

第 九 回　渡沙碛摩呾梦龙缠
　　　　　过康国沙弥遭火灼

第 十 回　出铁门山路崎岖
　　　　　遇国变行旅阻梗

第十一回　礼佛迹暂游缚国
　　　　　冒严寒直过雪山

第十二回　满天大雪幸遇猎人
　　　　　万里他乡喜逢汉寺

第十三回　游雪山难觅故龙宫
　　　　　瞻胜迹渐入北印度

第十四回　一心瞻礼释迦影
　　　　　片言感化强盗心

第十五回　先圣遗踪沿途细说
　　　　　储君痛史剪烛闲谈

第十六回　渡河失足忠马救人
　　　　　越国求经贤王爱客

第十七回　荆棘池边遇贼脱险
　　　　　庵罗林中从师学经

第十八回　怀古闲谈曲女事
　　　　　望风仰慕戒日王

第十九回　渡殑伽河感化杀人盗
　　　　　谈提婆事折服小乘僧

第二十回　给孤独述好善遗闻
　　　　　历四门观悟道古迹

第二十一回　顶礼释迦寂灭像
　　　　　　访问国王施鹿林

第二十二回　吠多城里觅得藏经
　　　　　　菩提树前留下佳话

第二十三回　谒戒贤师习瑜伽论
　　　　　　游王舍城访竹林园

第二十四回　遇海客闻说狮子国
　　　　　　回古寺折服婆罗门

第二十五回	逢尼乾子占卜东归	第二十六回	唐僧取经归长安
	谒戒日王参预盛会		书生执笔记西游

恋爱之神

短篇社会小说。胡寄尘著。上海广益书局。1939 年 1 月版。1 册。5.3 万字。韬汉序 1 篇。插图 4 幅。共 10 篇。

一	恋爱之神	六	快乐之水
二	嫦娥之怨	七	水晶人
三	四面人	八	不肖的子孙
四	幸福之宫	九	中国之阿丽思
五	怪医生	十	镜花缘补

家庭小说集

短篇社会小说。胡寄尘著。上海广益书局。1925 年 3 月版。1 册。4 万字。共 19 篇。

一	先生的车夫	十一	忙与闲
二	可怜的家产	十二	心病
三	两对无家之人	十三	快乐家庭
四	债主	十四	交际家
五	三眼人	十五	末路公子
六	封建式的家庭	十六	四角式的恋爱
七	女仆与教师	十七	单独结婚
八	热心	十八	我儿之小史
九	第三次痛哭	十九	朝云小史
十	不屑的态度		

弱女飘零记

哀情小说。胡寄尘著。上海广益书局。1914 年 1 月版。1 册。1.8 万字。自序 1 篇。

黄　金　劫

社会小说。胡寄尘著。上海文明书局。1924 年 1 月 4 版。1 册。2.4 万字。提要 1 篇。共 12 章。

第一章　绪言

第二章　律师麦闻之家庭

第三章　飞艇之堕落

第四章　不速之客

第五章　海船之自焚

第六章　情场之敌

第 七 章　依利柴勃司餐馆之火

第 八 章　气球之失败

第 九 章　落克完而途中之强暴

第 十 章　红人之凶残

第十一章　哈兰白珠之结祸

第十二章　荡妇家中之秘密会议

喜

滑稽小说。胡寄尘著。上海大众书局。1932 年 9 月初版。2 册。8 万字。插图 40 幅。共 20 回。

第一回　村夫与解字发蒙
　　　　小学生著书祝寿

第二回　王乐天发表剪须名言
　　　　杨百川讨论欺世妙计

第三回　酒边反唱击筑歌

　　　　饭后高谈救国诀

第四回　乐道人登报寻胡须
　　　　张先生招人领牙齿

第五回　提倡改革钟表制
　　　　商量废除昼夜名

第 六 回　柳如声演讲新生活　　　　　　　　　金鱼浴美看客受窘
　　　　　王乐天阐明旧思想　　第十四回　览赠品画师寓深意
第 七 回　谈化装小巫见大巫　　　　　　　　　看题名作家弄玄虚
　　　　　开玩笑假面变真面　　第十五回　争辨白礬博士衔
第 八 回　仿漫画发明新片　　　　　　　　　　发挥红楼人种论
　　　　　观试演博得佳评　　　第十六回　提倡学生杀先生
第 九 回　宣传难助王乐天　　　　　　　　　　主张报纸代书籍
　　　　　妙言逼退许其昌　　　第十七回　万里结婚两边行礼
第 十 回　秘密公开万人赴会　　　　　　　　　四字演说努力做人
　　　　　玄虚说破一笑收场　　第十八回　以国嫁人作媒失败
第十一回　两口合来刚是吕　　　　　　　　　　将妻公世赖婚有辞
　　　　　长须剪去便成仙　　　第十九回　家庭中造谣解颐
第十二回　人生九事尽成问题　　　　　　　　　清明时题诗罚跪
　　　　　爱情三角胜过牛羊　　第二十回　约赴聚餐乘兴同来
第十三回　雌猫相思演员得意　　　　　　　　　畅谈贡献尽欢而散

最近二十年目睹之社会怪现状

社会小说。胡寄尘著。上海新华书局。1921 年 6 月版。2 册。4.2 万字。共 10 回。

第一回　说楔子自叙生涯　　　　　　　　　留学生昌言留辫
　　　　托种官略寓刺讽　　　第六回　入茶馆学生遇骗
第二回　烟鬼糊涂葬火窟　　　　　　　　　惩生徒校长受窘
　　　　廪生叹息恋科场　　　第七回　夸多能替人吹螺
第三回　不期好友变敌人　　　　　　　　　睹怪状得机退学
　　　　姑指族叔是拐子　　　第八回　纨袴子因妒生怨
第四回　教东文巧设骗局　　　　　　　　　贫寒士求学卖父
　　　　读西书初入学堂　　　第九回　总主笔大摆架子
第五回　新同学照例请客　　　　　　　　　假文人巧骗金钱

第十回　做小说硬尽义务　｜　入酒家忽遇狂士

最短之短篇小说

　　短篇社会小说。胡寄尘著。上海晓星编译社。1923 年 5 月版。1 册。2.7 万字。自序 1 篇。共 24 篇。

他的积蓄	衣食住
可怜的同胞	跑马
爱克斯眼镜	钱
上帝的教训	鬼之痛语
死后的奋斗	滑稽之千里眼
一个军人	律师欤疯人欤
爱国先生	近视眼与手表
无国之民	不得已之爱情
教育家之回顾	文化运动
钱的面孔	汽车
富家帐簿之一页	电灯的神秘
镜子的吸力	自杀

短篇小说丛存

　　滑稽小说。胡寄尘著。上海广益书局。1944 年再版。1 册。7.4 万字。本书附志 1 篇。插图 8 幅。共 31 篇。

临别	黄太太的儿子
闽风小记	钱癖
弟弟的猫	蜡美人与疯子
慈母与炮弹	情弹

伊人之一生	乙种小家庭
被逼迫者	歌女
鱼乐国	贫富阶级
最后的情书	贼
孤寡	礼拜六之日记
不幸的洋囡囡	情人的日记
文学家	四种结婚式
儿子的将来	鸽子笼中的游记
奇怪的家产	储蓄
在电车上的感想	湖滨生活
零碎的梦	赴会归来
归来	

藕 丝 记

言情小说。胡寄尘编辑。上海文明书局。1915 年版。1 册。3.1 万字。提要 1 篇。共 18 章。

第一章	听雨	第 十 章	趣事
第二章	归梦	第十一章	丁艰
第三章	宴集	第十二章	忏情
第四章	绮语	第十三章	赖婚
第五章	劫婚	第十四章	诡计
第六章	感遇	第十五章	恶耗
第七章	传情	第十六章	索居
第八章	腐谈	第十七章	演说
第九章	感旧	第十八章	自悔

黛痕剑影录

笔记小说。胡寄尘著。上海广益书局。1914 年 3 月初版。1 册。5 万字。自序和题词各 1 篇。共 93 篇。

俞小霞

卖花女

张生

黄胡子

徐明

陈大

宝凤小秋

杨叟

萧翁

甄素琼

方生

蜀山神仙

沈氏子

陈仲连

支氏子

浙中医者

大脚小姐

欧阳超

跛道人

渔人两则

刘路

冷光先生

琴客

素英

碧霞

杜兰

鱼四则

小梅

玉瑛

红姑娘

猿二则

武彝僧

海太子

侠尼

糊涂叟

柳生

牛大哥

赌博师

盲女

留莺

钱生

犬两则

鬼诗

卫辉富翁两则

雪芭蕉

焦先

郭志

物理四则

章冠鳌	绛梅
陆申	木客
宜珍	女解元
尤云章	渔者两则
陈长庚	杨少荃
葛某	金大
秦儿	桃潭渔父
虎老人	黄公俊
赌鬼	电儿
蜕老遗事	龙卵
赣人某	金三姑娘
采葛人	独足客
寒碧和尚诗	蛇
梦异	缢女虫
英英	猎者
闲云	蜀客
髯仙	金铃子
瞿翁	阿箫
邹昌	周氏姊妹
琴生	黄岘野人
双鸥	佛山人遗事
太监艳史	丁月卿
春航集	

董小宛演义

民间小说。胡憨珠编。竞智图书馆。1924 年 6 月版。1 册。6.6 万字。苏约作董小宛演义序 1 篇。插图 2 幅。共 16 回。楔子。

第一回　一帆风顺轻撇绿波　　　　　　三载别离欢聚萧寺

第二回　感宿谛名士通灵犀
　　　　具慧根美人皈古佛

第三回　风物怜人青莲趱程
　　　　文章憎命巢民下第

第四回　翻花谱董小宛占元
　　　　开绮筵冒辟疆惊艳

第五回　碧栏畔才子动绮怀
　　　　画堂中佳人传芳曲

第六回　惊烽火书生儋归棹
　　　　感崛巇弱女奔孤村

第七回　荒郊低徊重悲钗分
　　　　绮阁薜苣得庆剑合

第八回　多情女片舟送远客
　　　　势利僧禅室评清泉

第九回　借家伶新声奏影事

第　十　回　惜芳春相国注鸳笺
　　　　　　动鼓鼙高兵惊蝶梦

第十一回　史可法殉忠梅花岭
　　　　　冒辟疆息影绿杨村

第十二回　恋美色大帅遂倒戈
　　　　　慕英才少女甘作妾

第十三回　昧天良忍做沙叱利
　　　　　明大义慨效古阿衡

第十四回　清太后多情怀故剑
　　　　　冯小五任侠袭钿车

第十五回　董小宛被赚入清宫
　　　　　冒辟疆应召入帝都

第十六回　悟色相蛇蜕椒房宠
　　　　　醒幻梦敝屣万乘尊

盗 陵 案

民间小说。南海胤子著。好好小说社。1928 年 12 月版。1 册。6 万字。照片 4 张。自序 1 篇。凡例 1 篇。共 12 回。

第一回　保护明陵清室受酬报
　　　　暗盗宫室军阀设奸谋

第二回　买赃物商人入官狱
　　　　截珍珠青岛获逃兵

第三回　查盗案竟有两委员
　　　　保骸骨幸得一字典

第四回　惊剧变宣统收残骨
　　　　得消息政府捕凶徒

第五回　衣香鬓影饭店好生涯

　　　　　宝气珠光银行存赃物

第六回　洪侦探推测案情
　　　　谭师长上呈辩护

第七回　访皇族伤心谈往事
　　　　罪陵官监守受嫌疑

第八回　开审判组织法庭
　　　　重保护新订条件

第九回　跳舞会侦探受迷
　　　　游艺园美女狡脱

第 十 回　疑假疑真宋汝梅被捕
　　　　　忽东忽西洪吉三帮忙
第十一回　洪吉三大谈侦探学

　　　　　谭师长不认骨肉亲
第十二回　谈因果形现狐狸精
　　　　　破风水先建真武庙

改良新聊斋

滑稽小说。省非子著。振亚书局。1909 年 2 月版。2 册。2.4 万字。自序茶余酒后著新聊斋之缘起 1 篇。共 49 则。各附插图 1 幅。

一百四十元传

三十年后无通人

糊涂虫

义和团之奇女子

制革补牙织毛剃头修脚宰牛放马打狗钓

龟捉鳖之进士

少妇泪

前世哥哥

华人仅剩屁股

速成必败

要钱面目之管太守

村居梦记

黑馆一步不可入

半截新学

哑驴

路旁不能说话

一败涂地

刘先生

狐亦陪坐议官制

顽固尾之大狐讲科学

董狐出洋

北京之梦与上海之梦

英国奇婚

宋江卢俊义当征兵

宋二爷

五岁童子写大对

巢阿小记

蛮牛纵谈天下事

诸葛子瑜之驴

乌龟心中有路矿图

东邻壮夫之背疮

和尚

神女

神鳌不胜压力

雅鳖

顶戴闲谈

好夫妇

亚洲之黑气

癞蛤蟆势利

捕鼠猫

候补盗之言

医疾驴

畜犬

捐特别九尾之头衔

袁云仙校书小传

色中饿鬼传

鬼火道士传

财神运神寄文昌书

新学界上人劝嫖学界上人书

如此江湖

社会小说。思风室主著。上海大东书局。1930 年 5 月版。2 册。11 万字。插图 20 幅。共 20 回。

第一回　楔子开场老生饶舌
　　　　评书一席志士惊心

第二回　逢旧雨林间开异境
　　　　结新知筵畔发哀音

第三回　不速客来联床话梦
　　　　有情人杳双骑追踪

第四回　遇侠士尊前订昆弟
　　　　探强梁月下走关河

第五回　古庙藏奸三更遘变
　　　　空江夺美一剑成功

第六回　庆珠还重闹添色笑
　　　　求剑合小阁诉衷情

第七回　成局忽翻明珠在握
　　　　前尘重忆碧血常存

第八回　施仁术宵人归正轨
　　　　作箴修弱女咏宜家

第九回　一着占先名家出铳
　　　　尺书寄远游子登程

第十回　羁逆旅属垣听活剧
　　　　惜分飞永夜泣空房

第十一回　转绿回黄固所愿也
　　　　　移花接木谁之力欤

第十二回　凭慧舌良缘联两姓
　　　　　逞私心恶语先当官

第十三回　人来歇浦踪迹浮鸥
　　　　　梦落吴江依稀乳燕

第十四回　大公馆家人同陌路
　　　　　小房子俊侣话前尘

第十五回　尔诈我虞夫妇道苦
　　　　　此来彼往朋友缘悭

第十六回　冒不韪军官欺细弱
　　　　　苦行役名士感迍邅

第十七回　杯酒同心惓伤家国
　　　　　风尘巨眼省识英雄

第十八回　开宾馆虚怀礼贤士
　　　　　过曲院真面认佳人

第十九回　阿妹无良逼兄绝嫂
　　　　　儿子不肖宠妾灭妻

第二十回　大秘密单身闯绝徼
　　　　　小结束一梦警孤舟

碧 海 珠

艳情小说。思绮斋著。京师书业公司。1907 年 9 月初版。1 册。2.3 万字。无生生序 1 篇。陈洙、鬟因女士题词各 1 首。未分章节。

天 晓 得

滑稽小说。哈哈生著。新智书局。1933 年 3 月版。1 册。2.6 万字。明白瘟生序 1 篇。共 8 回。

第一回	真绝倒种种形色不同 太可怜桩桩事件难堪
第二回	当当头朝奉裴司开登 笑笑话先生山额夫人
第三回	果然不堪回首话当年 无奈相逢都是可怜人
第四回	出气骂伧夫二十八字 含笑迎佳客一百大洋
第五回	舌头翻澜虚言成理直 钱可通神冷颜易欢笑
第六回	小姑娘恋情热望同居 老好婆灰心哭阻合婚
第七回	鸳鸯枕上求根本解决 香火情中作消极办法
第八回	防未来患镇日脚奔波 写过古事一篇天晓得

女学生外传

言情小说。钟吉宇著。上海大风出版社。1929 年 5 月初版。4 册。16.1 万字。书前有严独鹤题词,吴微雨、吴农花、沈秋雁、谷韵芳、周瘦鹃、姜绿湄、施济群、徐卓呆、徐枕亚、徐耻痕、许厪父、陈听潮、贺秀湄、郑子褒、蒋剑侯作序各 1 篇。作者杂志 1 篇。冯若梅作总评 1 篇。书后作者自跋 1 篇。共 32 回。

第 一 回　一见相亲空负了多情奶奶
　　　　　两心难印何须怨无义哥哥

第 二 回　芳草如茵秽事不堪卒语
　　　　　夜凉如水旧闻何忍细听

第 三 回　假借鱼鳞为女弟子谋如此
　　　　　辨微毫发作欢喜场诚何如

第 四 回　慧心兰性作弄伧夫
　　　　　滑调油腔情挑幼女

第 五 回　耳边恣絮语气焰千寻
　　　　　床侧发澜言情深一往

第 六 回　春色透眉梢两受揶揄应呼
　　　　　荷荷
　　　　　往事来心上千般调笑低唤
　　　　　哥哥

第 七 回　赋骊歌黯然生别恨
　　　　　绝雁讯宛转起疑猜

第 八 回　风风雨雨浑疑夜载楚襄王
　　　　　战战兢兢畏缩有如柳季子

第 九 回　同性爱无故遇酸风
　　　　　万种情有心传蜜意

第 十 回　宛转多情何分男女
　　　　　缠绵同命不异鸳凰

第十一回　耳畔闻风严君施教诲
　　　　　眼前取景幼女解捺酸

第十二回　灯下戏娇娃衾裯在抱
　　　　　寓中寄恋女离遏谁怀

第十三回　远别离两心一片无限凄凉
　　　　　真解放单女三男何妨共枕

第十四回　鸳鸯同命何堪一棒当头
　　　　　兵甲制人无异六辔在手

第十五回　议条件暗室欲亏心
　　　　　单相思闭城强夺志

第十六回　燕泣莺啼鸳盟顿易
　　　　　风狂雨骤凤侣不双

第十七回　轻摩妙处伙伴赔钱
　　　　　重睹芳容离鸾堕泪

第十八回　夜半调情轻狂难寓目
　　　　　院中施计阴险欲诛心

第十九回　悔吝生乎一念玉臂被污
　　　　　幽怀发自片时香衾渍泪

第二十回　十年贞不字欲诞麟儿
　　　　　一夕笑言欢尽污筠操

第二十一回　爱系鱼书难迷筠操
　　　　　春藏旨酒遽破坚贞

第二十二回　世号文明能营营乃能振振
　　　　　地非藏卫嫁弟弟又嫁哥哥

第二十三回　拾堕欢幻梦一场再为冯妇
　　　　　叙旧好春风复度重遇襄王

第二十四回　说病原情人学巫医
　　　　　视初度娇女遭严斥

第二十五回　为郎憔悴恨满心头
　　　　　代友绸缪莲翻舌底

第二十六回　有志竟成一场好事从天降
　　　　　绸缪永夜双星灿烂在人间

第二十七回　好事多磨空劳盼望
　　　　　彩云易散重负痴情

第二十八回　歌唱乌乌杂以错交履舄
　　　　　笑言晏晏不殊颠倒衣裳

第二十九回　席间谈旧事两节闲交
　　　　　午夜扪桃源一场笑话

第三十回　传消息惊碎文君胆
　　　　　讲恋爱重圆旧雨心

第三十一回　失家教冷室死娇儿
　　　　　　　议秘事闺中惊噩耗

第三十二回　赋好合闺秀结鸳盟
　　　　　　　感幽情娇娃惊恶梦

北方豪侠王五传

武侠小说。钟吉宇著。上海大中华书局。出版时间不详。2 册。7 万字。共 22 回。

第 一 回　倾盖深山良言劝豪杰
　　　　　　逞奇户外巧力降良驹

第 二 回　眼前事英雄奇遇
　　　　　　意外财豪杰耽惊

第 三 回　遭祸殃一家分散
　　　　　　觅明师千里奔驰

第 四 回　戏店家反被困辱
　　　　　　入山泽又受惊惶

第 五 回　逐鬼怪喜遇明师
　　　　　　耍灵猴炼成刀法

第 六 回　假周亮行劫猛虎村
　　　　　　小王五献技苑水铺

第 七 回　逞刀法夜斗女侠
　　　　　　觅老父路遇英雄

第 八 回　错中错过客疑强盗
　　　　　　计上计英雄杀赌徒

第 九 回　杀匪棍无意遇亲
　　　　　　谈往事严词训子

第 十 回　逞孩气临行试劣马
　　　　　　保重镖狭路遇仇人

第十一回　小豪杰力败着寇
　　　　　　醉英雄大闹望都

第十二回　醉后挥拳英雄得意
　　　　　　宵深行刺剧盗濒危

第十三回　白日鼠北京羽化
　　　　　　方翼亭室内逞刁

第十四回　逞机变草地谈心
　　　　　　送消息鱼书定计

第十五回　卧榻上变化无穷
　　　　　　大树中往来如此

第十六回　老英雄戏擒刺客
　　　　　　小剑侠剑戮妖人

第十七回　论剑派洞宣大道微
　　　　　　结婚姻隐伏丧生祸

第十八回　闻消息山中遇父
　　　　　　谈往事月下逢妖

第十九回　侍父病月院降妖物
　　　　　　急母仇林下遇神仙

第二十回　觅仇雠无意遇仇踪
　　　　　　笃友谊有心排友难

第二十一回　他乡逢至戚且喜且悲
　　　　　　　黑夜入人家疑神疑鬼

第二十二回　报母仇匪徒授首
　　　　　　　殉国难烈士捐躯

江南酒侠传

武侠小说。钟吉宇著。上海春明书店。1929 年 8 月初版。2 卷。9.9 万字。传序 2 篇。传侠序 1 篇。总评 1 篇。共 24 回。

第 一 回　识先机杜门谢武士
　　　　　追飞贼内室失姣儿

第 二 回　觅幼弟深夜私遁
　　　　　痛骨肉千里寻踪

第 三 回　李淡然夜战黑沙洲
　　　　　黄天太途迷五桂山

第 四 回　战群匪镖打周大
　　　　　识豪杰心折张五

第 五 回　困天柱黄韵华遇救
　　　　　截大关萧长才逞凶

第 六 回　小剑侠戏弄张子祥
　　　　　黄韵华初遇陆无病

第 七 回　睹秽状飞剑诛妖人
　　　　　践约言遣儿助义侠

第 八 回　结夫妇穷山炼剑
　　　　　破色戒长姊耽惊

第 九 回　缴剑丸尘凡重堕
　　　　　斗人熊风烛可爱

第 十 回　急父仇月下逢妖
　　　　　贪杯酒茅家遇艳

第十一回　欺弱女无端来羞辱
　　　　　责幼妹意外订姻亲

第十二回　好客轻财祸生意外
　　　　　传音递耗事发舟中

第十三回　张子祥剑斗肖道
　　　　　陆婉秋戏弄乐本

第十四回　白凤英笎帚杀追兵
　　　　　史翠君紫光戏幼女

第十五回　吹剑气急送扁舟
　　　　　行义侠驰驱湖海

第十六回　假酒匣变化葫芦
　　　　　真工夫吓退和尚

第十七回　撒娇娃假刀杀鞑子
　　　　　背少妇妙计惩淫僧

第十八回　上光山一心谋报复
　　　　　究余党两白被株连

第十九回　出阴神花盆收飞剑
　　　　　杀淫混老树挂头颅

第二十回　入四川有心访道
　　　　　上峨嵋无意遇仙

第二十一回　动嗔念玉音惹闲非
　　　　　　因小忿剑清大会战

第二十二回　一念参差失至宝
　　　　　　数番斗剑总成空

第二十三回　争闲气剑仙遭劫
　　　　　　叙旧事武侠动情

第二十四回　贪美色和尚丧生
　　　　　　拜名师英雄问道

沪滨谈怪录

社会小说。钟吉宇著。上海吉报发行部。1941 年 9 月版。1 册。13.5 万字。自序 1 篇。插图 8 幅。共 45 篇。

一	陈越贫		二十四	黎生
二	韩子		二十五	金金
三	茶神		二十六	祁门黄公遇魔
四	舍利岛		二十七	土地觅妻
五	李林甫		二十八	五百年富贵
六	黄公		二十九	娟娟
七	云南大理去		三十	凤安公主
八	韩允娘		三十一	翼城书生
九	富女逃婚		三十二	子塑菩萨
十	地穴遇美记		三十三	丽霞
十一	薛英娘		三十四	梅娘
十二	缢鬼报仇		三十五	太守除妖
十三	颜氏女		三十六	张樵
十四	陈大发		三十七	神书
十五	刘健行		三十八	杨王郎
十六	阴魂报仇		三十九	云阳公主
十七	王德孚		四十	玩九娘
十八	游山奇遇		四十一	胡桐叔
十九	枯骨逐盗		四十二	江云
二十	朱衣云		四十三	游仙洞
二十一	清末番僧		四十四	聊城某氏宅
二十二	屠爱山		四十五	紫玉
二十三	费儿			

侠婢歼情记

侠情小说。钟吉宇著。百新书店。1942 年 11 月版。1 册。14 万字。附录 1 篇。共 16 回。

一　山中走马无意结深仇
　　烛下行觞多情惊绝艳
二　千里相逢百般猜肺腑
　　十年阔别一见系相思
三　春光易老黄炉密语动闺情
　　好事多磨黑夜雨声惊客梦
四　侠士多情画阁朱楼访旧雨
　　佳人难得华灯剑影起相思
五　逞英雄奋身见长史
　　告秘事黠婢起风波
六　泼水飞花挥刀如戏
　　推云蔽月显技惊仇
七　喜气溢眉梢婢还作妾
　　酸心瀹骨醢姬乃欺夫
八　通消息娇姬权作冰人
　　探机谋侍婢竟成间谍

九　疑神疑鬼婢媪讹深闺
　　论死论生夫人谈佛殿
十　观秘记侠婢惊心
　　设奇谋庸才丧胆
十一　售阴谋娇娃肠断
　　　试神力贵客心惊
十二　蝴蝶飞飞家人闻密语
　　　家书款款老叔诉亲情
十三　假英雄惊真侠女
　　　虚客套惩恶少年
十四　闻消息假病探情人
　　　憎因缘决心归极乐
十五　现宝镜差了因缘
　　　问前程却有果报
十六　观奇梦片刻通三际
　　　证往事万里觅归人

怨凤啼凰

言情小说。钟吉宇著。上海卿云图书公司。1931 年 11 月初版。4 册。20 万字。程瞻庐作序 1 篇。自序 1 篇。徐枕亚、许廑父各题词 1 首。共 24 回。

第 一 回　腻友去何之一天怅惘
　　　　　藁砧归已晏万种温柔

第 二 回　书斋斗趣贵客太彷徨
　　　　　闺阁撺酸夫妻初反目

第 三 回　探香巢小妹权充间牒
　　　　　墜孽海情涛竟作冰人

第 四 回　小饮在街头饱尝母训
　　　　　花言起闺闼惯结兄仇

第 五 回　寻寻觅觅挚友贵周章
　　　　　是是非非夫妻争口舌

第 六 回　角枕文衾鸳鸯好合
　　　　　情场孽海龙虎相争

第 七 回　弄假成真夫妻反目
　　　　　以虚作实情侣续欢

第 八 回　绿醑空却红螺美人薄怒
　　　　　黑夜惊来白发莽汉生嗔

第 九 回　婉淑多情片言全大体
　　　　　斯文扫地小事打秋风

第 十 回　文氓生涯蝇营狗苟
　　　　　奸徒恶计鬼斧神工

第十一回　施展出万种奸谋云翻雨覆
　　　　　装点就许多花样鬼智神张

第十二回　镜破钗分佳人悲薄命
　　　　　风流云散公子怨空闺

第十三回　教孺子聊遣闲愁孤凰惆怅
　　　　　托交深乃遭白眼世事波查

第十四回　世道本炎凉翻云覆雨
　　　　　人情知冷暖假义虚仁

第十五回　黑狱佳音官衙轻十万
　　　　　人间恨事闺伴说三更

第十六回　贿赂公行掂斤播两
　　　　　语言没利入耳刺心

第十七回　因误生嫌痴情遭白眼
　　　　　乘机渔利巧计赋求凰

第十八回　因果迷离难中成凤侣
　　　　　风云变幻意分订鸳盟

第十九回　荡子教淫阴险过于鬼蜮
　　　　　佳人历劫坎坷有似斯文

第二十回　莺乱花飞只为畸另遭白眼
　　　　　桃僵李代都缘鲁莽闹黄昏

第二十一回　遭大劫忽转奇峰
　　　　　　诉衷肠都成恨事

第二十二回　累我累人芳心欲碎
　　　　　　怜卿怜父幽恨难平

第二十三回　祸起眼前昔为助人今累己
　　　　　　变生意外本来扶柩几丧生

第二十四回　白首难偕半是孤鸳寡鹄
　　　　　　红颜薄命无非怨凤啼凰

淫　　妇

社会小说。甜蜜小丛书第 17 集。钟吉宇著。上海绿灯书店。1937 年 5 月再版。1.4 万字。未分章节。

嬲　史

社会小说。即鬼市银灯。拜月楼主人（董枭）著。上海曼丽书局。1932 年 1 月初版。5 册。13.2 万字。姜侠魂、邹守愚、文公直作序各 1 篇。自序 1 篇。插图 64 幅。共 32 回。

第 一 回　轻薄魂消人间艳福生消受
　　　　　风流病缠鬼市孽报死缠绵

第 二 回　傲骨纵嶙峋酒入愁肠也化泪
　　　　　犀光烛魍魉笔经圣手竟如刀

第 三 回　美景良辰珠泪酬素月
　　　　　颠鸾倒凤明灯照琼浆

第 四 回　一片香糖渡孽海
　　　　　无边春色讼裸宫

第 五 回　天涯尚有君线断珍珠泪
　　　　　途穷更无路纸薄故人情

第 六 回　凄惨鬼窟泥龟尝妙珠
　　　　　彷徨末路风絮倒锦茵

第 七 回　佛法无边大佛赐小佛
　　　　　人情善诈新人是旧人

第 八 回　流水有心姻缘系蜜橘
　　　　　风尘失眼滋味尝苦瓜

第 九 回　泥牛入海泪下千行
　　　　　金屋藏娇珠量十斛

第 十 回　眼角传情街车任月老
　　　　　腿底留命竹杠惩风流

第十一回　衾寒入骨班姬泣团扇
　　　　　指触消魂麻古拜下风

第十二回　挹露闻香掌中现妙相
　　　　　追形逐影怀里来情人

第十三回　罗襦初解声闻霹雳
　　　　　痴梦未苏口吐鲜红

第十四回　煮鹤焚琴裤裂三分白
　　　　　呼卢喝雉心伤一场空

第十五回　狂奴快意一枝浓艳花独占
　　　　　知己感人还君明珠泪双垂

第十六回　爱河迷航柔肠百结
　　　　　欢场聚首花符纷飞

第十七回　跨下轻薄暴虎逞威
　　　　　口角温存野狐作态

第十八回　妙格簪花掌心传密约
　　　　　香踝沾水脚底起红云

第十九回　梨花带雨眼泪镕铁石
　　　　　雪夜兜风汽车避刀兵

第二十回　利锥刺芳心烈酒解渴
　　　　　飙轮碾白雪长夜无眠

第二十一回　粉白脂红喑哑对矮女
　　　　　　电光石火扑朔迷芳溪

第二十二回　香艳绝伦彩声换玉掌
　　　　　　美妙无双弹指试香臂

第二十三回　职兼更衣奇才当重任
　　　　　　书成啮血薄命怨空王

第二十四回	动魄惊心情场植荆棘		铁锤敲色胆颠倒衣裳
	醉生梦死孽海起波涛	第二十九回	黠婢参戎机勾心斗角
第二十五回	意乱神昏身入伤心地		先生开会议拍凳敲台
	泪枯血尽魂返离恨天	第三十回	物车人亡凄凉对遗影
第二十六回	结想成痴黄金市金骨		心崩肠裂慷慨捐余情
	多情余恨罗帕染血花	第三十一回	不堪伤神片帆载归骨
第二十七回	恨载一棺缘悭片面		似曾觌面旧燕傍别家
	心贯万箭憾遗三生	第三十二回	垂危忽惊枪命悬一线
第二十八回	软语慰情肠氤氲风雨		相见翻疑梦泪溶双心

古今义侠奇观

　　义侠小说集。适盦主人编。上海中华书局。1920 年 3 月初版。4 册。30 万字。周敩肃、陆费墀作序各 1 篇。分 54 类。共 655 篇。

一 农人
徐三脚
五义士
熊国祥
刘计安
章冠鳌
周进
墨爷
祝清
翁卓卓

二 工人
京西店老人
油坊匠
某佣工
郑成仙

冯铁匠
黄珠
鲁铁匠
伍平
施某
施铁工
皮匠秦四
陈木工
阿团
杨斯盛

三 商人
田兴
陈仲熙
王伯唐
宝婆生

张鼎

林中黑影

奇童

二十三　少年

十兄弟

刺猿人

韦坐少年

逆旅少年

花中少年

江湖某少年

奇少年

飞燕

步氏兄弟

京师美少年

二十四　勇士

高渐离

边澄

丁千斤马八百

葛诚

五人传

曳梯郎君

石壮士

大铁椎

吕尚义

汪十四

贾时泰

舒雅佩

壮士却盗

贝如笙

秦勇男

孔武

解五狗

陆剑霞

瑞氏兄弟

徐英

孔大眼

小徽州

霍元甲

二十五　刺客

钼麂

专诸

要离

豫让

聂政

荆轲

张良

梁王刺客

杨贤

梁冀刺客

沐谦

津店刺客

秀州刺客

二十六　镖师

陈镖师

少年剑术

叶五

天津某镖师

二十七　隐逸

青巾者

燕客

王姓客

袁客

吴仆韩某

李甲

赵登

草鞋大王

韩铁棍

江福

赵升

阿大

王明

三十一　女子

聂隐娘

三鬟女子

万义姑

沈云英

吴佩琳

金陵瞽女

吕四娘

侠女诛某相

侠女歼某巨公

荆儿

珍娘

张青奴

壁飞善技

卫女

纪大姑

赤脚长衫之妹

赛木兰

女李三

楚女

骆氏女

武进拳师女

李奉贞

韩女

红孩儿

飞霞

翠姑娘

如意儿

燕娘

翠云娘

松嫣

南海女

顾月波

梁氏女

渔家女一

渔家女二

朱绣君

湖中奇女

当炉女子

冉英

三十二　妇人

贾人妻

空舍妇人

荆十三娘

程妇

雷氏

庚娘

义全侧室

刘夫人

黄妇不降清

王隶妇

李云娘

恩太太

蒋静

小二

鸳鸯侠

伪书杀贼

杜宪英

大力姑娘

丐妇

陆四娘子

淄川农妇

万花小姐

朱大脚

破庙侠妇

马丽姑

王九姑

陈禾青

三十三　老妪

侯夫人

白泰官母

林姑娘

荒居老妇

双漂母

三十四　孀妇

申屠氏

誓死保塚

秦良玉

夫人城

漳浦蔡女

杨娥

吴降雪

乔女

邹母书捐

一妇三善

李寡妇

三十五　妃嫔

费宫人

香妃

三十六　妾媵

董国度妾

周栎园姬

妾击贼

妾救嫡

倪惠姑

汪翠娥

梨涡

三十七　婢女

红线

朵那女奴

秋菊

冬梅

书儿

翠儿

冒氏婢

杨氏婢

程姓婢

沈绅婢

铁爪婢

汪丽英

卖解女

翠宝

三十八　佣妇

张氏

丐妇

白巧儿

三十九　奶婆

湖南义妇

大脚仙

老乳母

四十　优伶

大净扮关公

某伶恤某公妻子

尹兰

何伶独力救千人

郝金官

张伶破法兵

程长庚

四十一　娼妓

邵金宝

双义妓

顾横波

李香君

方芷

何飞琼

张玉秀

扬州四

苏佩香

许红玉

李凤贞

杨法龄

紫鹃

黄菊奴

爱卿

翠娘

苏瑞芳

柳月琴

飞燕楼

四十二　劫盗

钟传

莒中老人

附舟人

王克章

海霞

深山中伟男子

盗得盗物

王二

李勇

白兰花

张青

李胡子

崔老八

白飞鼠

马翁

三少年

陈大

苍髯叟

刀侠还饷

粉面狮

曾三阳遇盗

铁臂张三

陈佝偻

黄八子

太湖渔人

潘虎

江洋巨盗

盗悔杀人

灵蚌

灵蛇

蛇王

蜂王

树神

五十三 飞禽

卢守常鹤

去雁复来

雁足传书

双雁齐毙

桂林馆乌

鸦挽铃

鸦啄赵大

燕雀击阉人

燕子笺

燕重逢

禽孝乡

莺攫卒中

鹳负金

鹳诉冤

烈鹳碑

鸡扑虎眼

鸡啄行脚僧

大花鸭

义鹅塚

黄雀衔环

绿衣使者

秦吉了

五十四 走兽

虎救樵

虎养赵城妪

虎杀不孝

虎为人报仇

骏马哀鸣

骢救谭贩

义驴

义骡

孝牛触仇

牛御盗

牛斗虎

牛斗狼

牛杀盗

牛护女主

犬殉主

犬孝母

犬为过客雪仇

四儿

犬啮偷盗

犬哺弃儿

犬出瘗婴

犬控毒妇

犬救主于火灾

犬脱人于虎厄

死犬啮屠户

犬为贾客挖盗还金

犬破盗窟

犬卫丐尸

犬捉奸

犬赴水救主

半途狙击犬鸣冤

三发羊癫犬尽义

猫殉主一

猫殉主二　　　　　　　　　义猴塚

金猫儿　　　　　　　　　　猴忠卫某

猫急主难　　　　　　　　　猿为卜三雪冤

飘 茵 怨

哀情小说。香霏生著。上海进行书局。1916 年 9 月版。1 册。4 万字。夏秋风、张珮士、谛真、李耀汉各作序 1 篇。共 14 章。

第一章　得书　　　　　第 八 章　侠史

第二章　惊艳　　　　　第 九 章　黑影

第三章　定情　　　　　第 十 章　柬异

第四章　泣别　　　　　第十一章　菜市

第五章　蜂患　　　　　第十二章　骇绝

第六章　情变　　　　　第十三章　悍博

第七章　奇遇　　　　　第十四章　终怅

秋翁说集

短篇社会小说。秋翁著。上海万象书屋。1942 年 10 月版。1 册。11 万字。秋翁前言 1 篇。董天野绘图 34 幅。共 17 篇。

孔夫子的苦闷　　　　　　王小二过年

秦始皇入海求仙　　　　　贾宝玉出走

张巡杀妾飨将士　　　　　孟尝君遣散三千客

潘金莲的出走　　　　　　孙悟空大战青狮怪

沈万三充军　　　　　　　新白蛇神

齐人馈女乐　　　　　　　江郎别传

郭秀才诛妖　　　　　　　义姑姊片言退齐兵

皋陶的神兽豸獬

酒仙石曼卿

第一〇一回镜花缘

蜃海风光

社会小说。秋潮生著。卿云图书公司。1931 年 8 月初版。4 册。16 万字。江红蕉、张恂小序各 1 篇。春茧生评述 1 篇。共 40 回。

第 一 回　飞絮粘风挟艳人海
　　　　　落花堕溷闲话情长

第 二 回　春色无边一枝红杏
　　　　　幽宵如梦满室生香

第 三 回　色相未空佛门留艳迹
　　　　　绸缪无限旅店露春光

第 四 回　学府起风潮波生醋海
　　　　　爱河同滔溺悱恻情书

第 五 回　桃花人面清响散歌喉
　　　　　落英缤纷红潮泛舞裤

第 六 回　香艳摄影片公评肉感
　　　　　强硬恐吓信密议隐藏

第 七 回　枪掯旧妻诱奸教员
　　　　　剪寄新闻同情浪子

第 八 回　此心寥落六载风光
　　　　　回首凄凉一场春梦

第 九 回　离情话筵上扶醉赠金
　　　　　冷眼看街头浪游飞弹

第 十 回　飘零海上谋借鹪枝
　　　　　邂逅玉人调情隔座

第十一回　灯火缠绵竟蹈仙人跳
　　　　　湖光俪影被绑强盗窠

第 十 二 回　匪窟荒唐名媛被污
　　　　　密网罗织巨盗受擒

第 十 三 回　蜂拥万人法场看斩首
　　　　　爱成三角情网独争雄

第 十 四 回　偷欢云雨夜度玉门关
　　　　　暗试摩挲更残女宿舍

第 十 五 回　夜雨楼头伤心话身世
　　　　　孤灯榻畔缱绻欲销魂

第 十 六 回　一箭双雕书生艳福
　　　　　双心一襟少妇争汉

第 十 七 回　不甘灭落搬出亭子间
　　　　　多少风情同游吴淞口

第 十 八 回　卧室作阳台玉人瓜破
　　　　　闲情话风月荡妇无情

第 十 九 回　赌窟独游倒贴娘舅
　　　　　公庭对讼辜负情郎

第 二 十 回　黄金市爱忏悔闲情
　　　　　青蚨论交未醒绮梦

第二十一回　客舍灯青珠玑落纸
　　　　　斜阳窗淡慧眼怜才

第二十二回　几缕情丝春城受洗礼
　　　　　数行日记秋水露心声

第二十三回	玫瑰座前轻笼疑雨 灵香阁里想见风流	第三十二回	密意眼波低徊黛影 娇嗔暗妒曲尽心机
第二十四回	海市妖娆津津有味 小楼情侣款款欲仙	第三十三回	银幕场中蛾眉成嫉妒 黄昏榻畔红泪洒相思
第二十五回	情话有深心人前装病 歌场增惆怅背后瘀愁	第三十四回	无可奈何重温旧梦 误传消息因爱疑心
第二十六回	公园看月浪蝶蹑芳踪 角枕遗书婵娟悲玉殒	第三十五回	凭吊芳魂绵绵长恨 听谈花会娓娓初闻
第二十七回	醉态惺忪温香抱满怀 娇情笼落肉艳姿轻狂	第三十六回	寒雨挑灯邻居来夜话 待车驿路拆白进游词
第二十八回	借色为钩黄金生翼 同心作茧山誓海盟	第三十七回	孽海无边长留失足恨 湖山有约相倚并肩情
第二十九回	鸾飘凤泊柳下惜分飞 低按轻摩灯前尝野味	第三十八回	色迷迷艳妇施摆脱 心恻恻鸾凤泣风波
第 三 十 回	沉沉火宅樱口诉前尘 漫漫残宵量钱卖京乐	第三十九回	两地相思伤心成断梦 再番游宴腻舞识娇娥
第三十一回	别绪情长楼头细语 晨昏相见巷口投书	第 四 十 回	歌离吊梦明月一天 破浪乘风前程万里

隋宫秘史

宫闱小说。修华道人著。上海宏文图书馆。1922 年 11 月版。2 册。3.8 万字。董振康序 1 篇。共 172 篇。

上册

连理树之忽萎	自然帘
周宣帝被弑之疑案	鹤能识字
文帝爱民之作伪	宣华夫人之手纹
文帝之诱人犯法	吴崃之知天文
杀母留子	文帝嗜醋芹
	梦见龙无首

皇帝何乐

炀帝自制曲名

醒酒石之奇异

泥偶之崇萧后

龙舟遇怪怪能先知

迷楼中之哭声

紫花梨之愈病

炀帝之天性好淫

冰蚕丝

隋宫之舞马

宫人之神经病

萧后之尝粪

征高丽之目的

炀帝之别号

蝇虎子能舞

黄色蛇

猫名

袁宝儿之善记

翳形草

明月观中之御箭

炀帝识骏马

醉舆

移春槛

龙皮扇

投钱赌寝

泪妆

雪花粉始自炀帝

下册

侯夫人为萧后所致死

炀帝乃大鼠化身

冰价顿贵

鲤鱼生角

杨柳谢李在荣

杨梅不敌玉李

西苑之胜

五湖北海之奇观

活鬼出现

萧后劝炀帝勿杀杨素

文帝索命

乌铜屏

任意车

梦坐火中

萧后与宇文化及同谋

萧后为夏姬之后身

迷楼之巧匠

微行之劫女

萧后之荡

矮民之密奏

洋山神

独孤后之恶报

玉蟾蜍

隋宫之锦裙

鞋名之奇异

紫姑神

道士作怪

炀帝之好术士

恭帝诞时之蛇

太岁成精

乌鹊相斗

文帝服独睡丸

钟哭

炀帝作洞庭湖神

通天狐作窃贼

手巾箱中之怪声

树变人形

炀帝恶梦

炀帝工小楷

侯白之见杀

能变花色

弥勒出世

宣华之奸生子

绣履披颊

十六夫人各有私印

虾蟆治头风

一诗活一命

被褥能自舒卷

迷楼之富丽

乞巧楼

古器变妖

花妖

鹰封威武大将军

占晴雨石

射粽

活手炉

异刀之惊人

薛治儿之剑术

扬州之瘦马;附瘦马记

梨园实创自炀帝

周婆制礼

萧后有三妹

能烧十日之石炭

烛亦变妖

绛仙与蜂蝶有缘

迷楼中之汤池

虬髯公之行刺

附张说虬髯客传

炀帝之爱红拂

父子食量之大异

来护儿之善推拿术

炀帝喜看小说

竟　何　如

奇情小说。俗士著。时事报馆。1910 年 9 月版。1 册。1.6 万字。共 10 回。

第一回　一封书远缄游子泪

　　　　两枝花深闭绣闺春

第二回　标有梅美女怀春

　　　　言如簧佳人入彀

第三回　出于无奈淑女同车

　　　　突如其来冤家狭路

第四回　眼睁睁两团热火

　　　　味津津一席长谈

第五回　露水缘折得名花
　　　　决绝词铸成赝鼎
第六回　事到难图肠百折
　　　　变生不测泪千行
第七回　大奇事杳如黄鹤
　　　　真惨剧断送红颜

第八回　伤心惨目泪洒河干
　　　　触目惊心魂飞天外
第九回　乐极生悲一朝败露
　　　　黄回绿转双璧归来
第十回　旁观客细谈原因
　　　　有情人终成眷属

中国侦探谈

侦探小说。俞天愤著。上海清华书局。1921 年 2 月版。1 册。7.3 万字。共 12 篇。

黑幕
双履印
三棱镜
鬼旅馆
鸡公仔
珠还

风景画
打人团
血履
花瓶
伪币案
遗嘱

中国新侦探案

侦探小说。俞天愤著。上海小说丛报社。1917 年 2 月版。1 册。8.4 万字。徐枕亚序 1 篇。共 20 篇。

啄木鸟
枕中秘
一分钟
井底游魂
笔尖

偷香妙手
生发油
懆岛
文明结婚
火柴

白菡萏香初过雨 爆竹一声
开 坩中石
双十节 三万元
箱中履印 猫香
鬼影 金玉错

绣 囊 记

民间小说。俞天愤著。上海中原书局。1936 年 11 月版。1 册。5.1 万字。吴双热总评 1 篇。共 12 章。

第一章　仪从如云路人瞩目
　　　　荒祠避雨新妇吞声
第二章　宦海同归盈箱累箧
　　　　家园新建宴客延宾
第三章　顶带荣身雀屏中选
　　　　钻营得力鹏翼冲天
第四章　纳粉捐脂深闺严谕
　　　　缚鸡嫁鬼长媳承欢
第五章　一点慈心赠金舆外
　　　　双辉华烛掩泪帏中
第六章　有术点金弃儒习贾
　　　　无心渡海积少成多

第 七 章　幽谷迁乔适逢水厄
　　　　　减飧救溺又借枝栖
第 八 章　白手成家门闾生彩
　　　　　朱扉掩户朔望拈香
第 九 章　诞育佳儿神光耀宅
　　　　　雇来乳媪文雅宜人
第 十 章　无意搴帏惊呼倒地
　　　　　得偿夙愿乐比登天
第十一章　家破财亡不堪回首
　　　　　夫离妻散暂作人佣
第十二章　面目重新依旧故我
　　　　　朱陈互缔归结全书

薄 命 碑

哀情小说。俞天愤著。上海小说丛报社。1916 年 9 月初版。1 册。5.8 万字。吴恤作序 1 篇。自序 1 篇。枕亚题写书名。共 10 回。

第一回　落花满地无意悟情踪
　　　　明月当窗细读销魂句
第二回　别眼盈盈泪涌双红颊
　　　　新愁叠叠卧写百媚娘
第三回　屑玉联珠欣赏芙蓉露
　　　　吟诗赌酒预约菊花觞
第四回　汽笛催人小别南湘馆
　　　　醋瓶逐客大闹北涛林
第五回　道破四词闲评二八对
　　　　密传五字巧绎十三行

第六回　心事谁知红泪沾罗袖
　　　　美人定论青眼粲琼筵
第七回　苦海言归辜负持螯约
　　　　愁城静守听遍吼狮声
第八回　棋局全翻拆散鸳鸯侣
　　　　琴心独会新谱凤凰台
第九回　为饯弓鞋笑说陈情表
　　　　何来尺素神往感怀诗
第十回　月缺花残矢志吞轻养
　　　　生离死别薄命剩余灰

西施艳史

民间小说。俞印民编。新华书局。1922 年 6 月初版。1 册。2.3 万字。泗水渔隐题词 1 首。记者弁言 1 篇。共 20 章。

一　若耶浣溪
二　碧窗惊艳
三　侬身许国
四　兰闺深交
五　坐花斗韵
六　孤馆怀春
七　花粉酿资
八　相思药饵
九　艳压宫娥
十　湖山洒泪

十一　馆娃藏娇
十二　回廊响屧
十三　泉映新妆
十四　锦缆香舟
十五　莲花深处
十六　香泾挂帆
十七　宝殿消夏
十八　千里情书
十九　吴宫花草
二十　五湖一棹

李铁拐全传

民间小说。八大神仙之一。俞印民编。上海新华书局。1923 年 4 月 10 日出版。1 册。2.2 万字。李铁拐历史提要 1 篇。共 24 章。

一	八大神仙原始	十三	跛丐泥丸瘳疫
二	函谷谈元语虚	十四	庙貌重兴土木
三	老君道教源流	十五	城隍山上谈相
四	铁拐求道之初	十六	富室骷髅现形
五	深山茅舍魔劫	十七	浓痰乍吐点睛
六	得道蹑屩下山	十八	信手拍肩解纷
七	一夕神游太虚	十九	剧盗长跪受缚
八	杨度谈化尸体	二十	茜草治人隐疾
九	灵丹起死回生	二十一	巨蛇假托遭殛
十	戏放青牛下山	二十二	葫芦一倾斩妖
十一	青牛捣乱秦宫	二十三	破窑盲丐传神
十二	长房缩地真传	二十四	铁拐仙箓冠名

昭君艳史

民间小说。俞印民编。上海新华书局。1922 年 6 月初版。1 册。2.2 万字。泗水渔隐题词 1 首。弁言 1 篇。共 20 章。

一	荆门产香	六	深宫别宴
二	画图省识	七	春色闹人
三	白璧点瑕	八	魂销软语
四	胡马南来	九	玉鞭骊歌
五	书上掖庭	十	塞外鱼雁

十一	恨雪佳丽		十六	新宫忆旧
十二	镜哭分鸾		十七	梦幻故园
十三	石榴裙下		十八	伤心人语
十四	猎后新词		十九	风沙埋玉
十五	军领粉黛		二十	青冢千古

貂蝉艳史

民间小说。俞印民编。上海大共和书局。1922 年 7 月版。1 册。2.2 万字。泗水渔隐题词 1 首。记者艳史弁言 1 篇。共 20 节。

第一节	深院祷月		第十一节	园亭片语
第二节	一夕丹心		第十二节	广长慧业
第三节	椿树空花		第十三节	悬崖勒马
第四节	画堂高宴		第十四节	萧墙祸起
第五节	柳丝牵情		第十五节	人约黄昏
第六节	内庭小饮		第十六节	打鸭惊鸳
第七节	妙计连环		第十七节	香窃停云
第八节	樽前订盟		第十八节	操戈同室
第九节	剑影娇声		第十九节	唇吻光芒
第十节	春锁重门		第二十节	剑底芳魂

野鹤零默

短篇社会小说。闻野鹤著。清华书局。1928 年 6 月初版。1 册。8.6 万字。叶叶、姚鹓雏、潘文柔、刘豁公、朱玺作序各 1 篇。姚鹓雏、奚燕子题辞各 1 篇。4 卷。共 19 篇。

卷一　稗粹

春莺絮梦录

古井波澜

鸠鹊移巢记

雹碎春江记

我之小史

玄珠

铁血双鸳

红鹃啼血记

孤邸霜鸿

补黻案

卷二　艳薮

南天眉影录

鸳瓦余磨录

黛梦轩纪艳六种

卷三　笔记

恓稣诗话

恓稣词话

恓稣三笔

黄妳余札

卷四　谐乘

续笑笑录

春笑轩谐著

吕洞宾全传

民间小说。八大神仙之三。姜山居士编。上海新华书店。1923 年 4 月版。1 册。2.2 万字。提要 1 篇。共 24 章。

一　洞宾钟毓灵秀

二　好学深思不倦

三　斗室危坐养心

四　庭前椿萱并谢

五　毁家惠泽黎庶

六　异地琴剑飘零

七　诗才七步服众

八　人坐马帐春风

九　名师托钵来门

十　鹤岭山腰谈道

十一　黄粱一梦华胥

十二　云房属试仙术

十三　天际云表来去

十四　飞剑山嵋斩虎

十五　路迷桃花源泉

十六　牡丹花下三戏

十七　一念错犯天谴

十八　黄鹤一去不返

十九　仙童力除左道

二十　活割额血疗疾

二十一　大树接药生春　　二十三　泥丸着手长生
二十二　汉江洛阳访旧　　二十四　洞宾仙籍添名

何仙姑全传

民间小说。姜山居士编。新华书局。1923 年 4 月版。1 册。2.1 万字。提要 1 篇。共 24 章。

一　仙姑慧业前修　　十三　因果自成报应

二　祖德穷途拯妪　　十四　猛政何如仁道

三　激发义愤遭祸　　十五　老僧晚馈云母

四　狱中解环济贫　　十六　养生送死尽礼

五　仙僧托钵幻金　　十七　食粉空驾云端

六　贪夫焚身殉利　　十八　万恶惟淫为烈

七　何母三迁训子　　十九　荒庵采和寻徒

八　圣丐一言识机　　二十　师弟互幻仙术

九　黑夜叩户送篚　　二十一　疗疾认师下山

十　恶少警惕迁善　　二十二　石室独处养心

十一　渔夫解橐获福　　二十三　长风万里破浪

十二　枯柳救苦救难　　二十四　仙姑脱险升仙

曹国舅全传

民间小说。姜山居士编。上海新华书局。1923 年 4 月版。1 册。2.05 万字。曹国舅历史提要 1 篇。共 24 章。

一　国舅应劫降生　　四　辞官恳切陈情

二　紫云环宇产芝　　五　恋色包藏祸心

三　汉宫逞骄专权　　六　巧言设计诱人

七　贞妇埋骨深院

八　憎恶哭别离家

九　劫火焚烧庐舍

十　能吏铁面治狱

十一　将军泄机被围

十二　赵生误告下狱

十三　恶吏逞势入彀

十四　包公明镜高悬

十五　太后力辩忠佞

十六　奉诏家臣出使

十七　国舅遇使登仙

十八　八仙祝寿求文

十九　八仙蟠桃大会

二十　八仙东渡过海

二十一　洞宾飞剑斩妖

二十二　国舅犀带分水

二十三　玉帝准奏剿抚

二十四　大士排难解纷

蓝采和全传

民间小说。八大神仙之五。姜山居士编。上海新华书局。1923 年 4 月版。1 册。2.2 万字。蓝采和历史提要 1 篇。共 24 章。

一　采和乱世诞生

二　跛僧幻身点顽

三　由来孝性天真

四　托产乳母之子

五　得道凡间普济

六　长安市上散粮

七　狂歌十二醒世

八　争产市井殴击

九　隽语排难解纷

十　挥手驯服恶少

十一　四壁黄花隐寄

十二　劫火泡影归真

十三　岩壁活树结庐

十四　梦中破镜重圆

十五　猛虎似真还假

十六　十年俗尘未净

十七　长生卧鹿山间

十八　开瓮美酒尽腐

十九　善人仙药致富

二十　放刀立地成佛

二十一　论性警惕世俗

二十二　渡人共登彼岸

二十三　孤店遭劫遇救

二十四　采和飞升上界

天涯异人传

短篇武侠小说集。姜侠魂编辑。上海交通图书馆。1917 年 8 月初版。5.7 万字。吴绮缘、抒怀斋主作序各 1 篇。共 72 篇。

顾古湫	周翁		楚二胡子二
	任三		异丐二
许慕羲	盲道人上		草庵和尚
	盲道人下		髯艄公
	甘凤池		某道士
戴钧衡	戈照邻		华善述
许指严	三奇人		山林友
选卿	孙孟孚		半仙
胡寄尘	桃坞先生	**生**	张供奉
	太仓庖人	**许宗杰**	祝由科
	李德林		异丐一
	熊老仆	**遇春**	吴定州
	张广才滕半仙	**泗滨野鹤**	零陵老衲
	河间大汉	**奚燕子**	铁骨余天罡
	林先生		鞠茂堂
	胡孝子	**胡无闷**	窦店异客
痴虫	剑客	**闻野鹤**	尤生黄天雄
寥	陈八公	**山阳焜**	褚复生
阙名	铁箫乞者	**醉公**	葛衣仙
	风道人	**张庆霖**	卖菜佣
	老者	**江南长恨子**	卖菜翁
	郑成仙		白太官一
	冯雄		白太官二
	成都山洞之异人		白大痴

徐岳	鲁仙
	麻衣僧
秋风	徐一青
	宋山
长恨子	楚二胡子一
广孝	卖瓜人
汤用中	白太官三
禹甸	异丐三
佩兰	异丐四
	跛道
梅郎	某少年
桥西亭长	黄氏子王季明

生人	三绝技者
罗韦士	吴生
	古塔下客
野僧	樵夫
无聊	黄力士
胡朴庵	刘腾
王瀛洲	跛丐
杨南邨	金钩李
	浣纱妇
	辰阳卖薯翁
	张士
	黄须客

风尘奇侠传

武侠小说。姜侠魂编。上海振民编辑社。1915 年 3 月初版。1 册。8.7 万字。张超父序 1 篇。编者序 1 篇。共 64 篇。

罗韦士	赤帻客
	跛丐
	浙西二侠士
	老仆
	韩夷
杨南邨	卖浆老人
	飞剑十三娘
	城北翁
程善之	某团长
仁后	李生事
印南峰	陈海虹
	闵先生

	楚生
伏虎道场行者	南峰先生
李澄	刘幕少年
	珠儿
	草上飞
	黄瘦生
阙名	黑衣奴
	叶澜潘和五
	伍童
	鲍增祥
	髯丈夫
	杜教师

	义盗	许奉恩	李二
	莲花峰主	黄天池	叶伶
	邢生	刘士木	曾连庆
	斯巴达女	庄乘黄	某店使
	梁慧贞	李警众	酒家佣
	翁二郑昭	凉凉	罗芳伯
	孟禅客	管秋初	何王凤
	奇丐		江凤卿
	李越寻	旅汉翁仲	郑氏女
	双剑客	药聋	扬州侠妇
	何生	黄花奴	旅顺丐儿
	毛生		山东老人
	倪惠姑	时芳	纪黑头
	某华侨	朱剑山	忠义之盗
	万夫雄		义丐
秋星	翠云娘		油坊匠
王韬	程香严	柴小梵	某翁
	奚倩云	逸园	窦尔敦
	蓟素秋		刘国轩
	玉儿	施可斋	钟鼎钟矞

红闺轶闻大观

言情短篇小说。姜侠魂编。上海交通图书馆。1917 年 8 月版。1 册。8.6 万字。吴惜序 1 篇。共 174 篇。

第一篇　哀艳篇		李涵秋	吉氏、王筱香
林琴南	何嫒娘	孙孙山	邱太太艳史
剑痴	西湖艳迹	小梵	青灯社快谭一则
醉僧	赛金花在京之轶史	曾衍东	董子玉一家言

阙名	太原妓
	长沙妓
徐剑痴	秋海棠女史
小凤	阿赉小传
吴绮缘	可怜侬
庞檗子	白海棠
	香妃
	珍妃
王瀛洲	双砖塔楼笔记之一

第二篇　侠义篇

啸顾	洪秀全妻
	凌翁女
洪辂	松嫣
金炳麟	干将妻莫邪
	南林处女
	聂政姊嫈
	淮阴漂母
	李诞寄女
	比铜钳
	卖食客姥
	长孙氏媪
	王氏女
	李靖妻张氏
	红线
	吐蕃妇人
	聂锋女隐娘
	孟媪
	三鬟女子
	蜀妇人
	董国度妻

	杨氏女娥
	李氏
王以铨	鲁保母臧氏
	卫滕婢
	魏公子乳母
	珠崖令妻女
	石崇侍女绿珠
	翟女素婢青青
	李叔引妻崔氏
	袁粲幼子乳母
	随宫人朱氏
	王姆兰英
	沈氏婢女施氏
	王氏婢兰姐
	赵淮妾
	赵碧澜二妾
	宋宫人陈氏朱氏
	耶律常哥
	金尚宫郑氏
	伟兀氏婢朵那
	元宫人
	花云侍儿孙氏
	张孟喆妙聪
	何文渊妾
	温润妻宫氏
	沈襄妻
	沈应奎妻邵氏
	许世达婢冬梅
	周宗建二妾
	陈氏婢翠梅
	张国纮妾杨氏

陈其珍婢金莲

明宫人费氏

李娃

杨玉

南园　厄林一则

阙名　孙筠

陈万言

小霞

叔良　阿慧

第三篇　幻悟篇

金炳麟　轩辕帝少女

太姥

昌容

李真多

董双成

绿萼华

张丽英

刘纲妻樊氏

钱氏女妙真

麻秋女

蛇姑

耿谦女

哑女

吴氏女

伴娘

郑八郎女

正觉

杨孝宁妻徐子

徐常净

李楚成妻欧氏

独自金刚

任佛奴

陈员员

程南园　林妃雪

烟水阁主人　卖浆女

第四篇　文艺篇

金炳麟　管仲妾婧

伙生女羲娥

王氏女嫱

秦嘉妻徐氏

霍里子高妻丽玉

苏伯玉妻

蔡邕女琰

李矩妻卫氏

石崇侍女翔凤

徐藻妻陈氏

元载妻王氏

程氏女长文

文茂妻晁氏

杨唐源妻牛氏

吉中孚妻张氏

长孙佐辅妻

李氏女治

于佑妻韩氏

鱼氏女玄机

韩嵩妾王氏

裴悦妻羽仙

王驾妻陈氏

若耶溪女

寇准妾茜桃

卢氏女

张愈妻蒲氏

曾布妻魏氏

赵明诚妻李氏

观灯女

溧阳题壁女

林某妻韩氏

沈生妻张氏

傅汝砺妻孙氏

吴伯固女

薛氏二女

徐元嗣女

施伯仁妻郑氏

姜子奇妻

周伯玉妻郭氏

阆州守妻宋氏

安效妻张氏

铁铉二女

孟澄女淑卿

沈氏女琼

周济妻朱氏

文某侍女柳儿

邵爱女联伎

薛涛

庞礴子　顾太清遗事

马湘兰小象

何翠砚

李因砚

河东君妆镜

阙名　李秀成妾

小梵　青灯轩快谈二则

曾衍东　幽宫诗

疙瘩老娘

王以铨　徐氏女吾

李南女

吴主权妾赵氏

山中姑媳

卢氏女眉娘

源更嬴妻

杨隐之女

吴仁璧女

胡宗愈妻丁氏

耿听声

黄道婆

韩医妇

李素女金儿

薛素素

曾衍东　颠当

武侠大观

　　短篇武侠小说。姜侠魂编。上海大中华书局。1930 年 10 月初版。4
册。34.4 万字。周瘦鹃、闻宥、汪洋、姚民哀、郑正秋、周剑云、张冥飞、朱宗
良、穆诗樵、朱鸿富、林生白、铁楼、吴绮缘、王瀛洲、贡少芹、杨尘因、庄病骸

作序各 1 篇。编者自序 1 篇。共 254 篇。

侠中仁

病骸	林肯侠史
	李秀成别史
闻野鹤	霜天鸿影录
瘦鹃	奥皇约瑟二世
	弱女救兄
冥飞	垂发女郎
燕山铁僧	赵西来
仲轩	华盛顿轶事
觉醒	记纽约少女轶事
逸虎	记克伦斯基
	铁血慈航
灵凤	异僧
九九	立忽侠传略
丁戊	梁醒儿传

侠中孝

瞻庐	沈小七
云鹤	德意志之木兰
瘦鹃	记马孝子
韵琴舍我	孝女奈杰娜复仇记
守拙	陆氏二拳师
陆抚凡	张午香
叔豪	孝贼张怀
芝轩	孝子亚丁
佚名	舍身救父
	樵叟
	韩德利
非我	记孝侠女王霞娘

扶风	弱女报仇记
树芳	书奚奴复仇事
桂仙	剑影
海虞逸凡	黄氏女
蔡病鹤	凌云复仇女

侠中智

刘蛰叟	苏半天
钏影	美人电
舍我	利非
	阿瑟
倚寒	李镕夫
天白	智妇御盗
	慧妻侠婢
轶群	加拿大之女英雄
兰	弱女殉国
	女爱国家
梦蝶	铁杵僧
佚名	勇士萨姆生
	耶稣诞日华盛顿之礼物
蔡病鹏	侠婢
悲雁	吕七
谯国子	贾女人
蟊盦	某幕僚
	黄彪
粲霞室主	智女
刘云舫	智妪
蝶庄	劫姊记

侠中义

病骸	陆荣廷之侠史
	祺瑞与袁项城之相知
	彭玉麟外纪
	清世宗奸侠记
	燕客传
芝轩	彭玉麟外纪二
白虚	李铁牛
瘦鹃	探险轶闻
	义仆记
	三爱国者
燕山铁僧	徐占一
	韩外边
大觉	侠妓记
阙名	义丐
天白	尼侠
逸虎	美梨女士
	欧战中之女英雄
迷仗	小英雄传
炯公	义贼
侠童	婢雪主冤
锄非子	侠奴
嘘成	兴堡将军
刘麟生	梦里深闺
无埃	义贼
爱棠	义丐
秦侠	剑侠孙五
天目生	叶麻子
蝶庄	陈三
君豪	大刀王五
躬行	白头军

襟亚	碧棠女侠
佚名	侦探奇侠
	被诬昭雪
老赵	姚咸林
息庐	王季臣
萍寄	顾度

侠中幻

杨南邨	宠鹤士人
白虚	奇婚
瘦鹃	记天台女子
	紫罗兰大侠
尘因	莺儿
有容	航空艳迹
安贫	古堡双杰
薆绮	某氏子
吴增鼎	老渔
郁伯符	复仇
乐钧	戴公
丁戊	王英老千传
	女侠二则
剑平	长瓜郎
芝轩	独脚老人
绍楂	赛郭解
黄轩祖	内黄大盗
莺运	雪特莱
澹盦	宋坤
天悲	陈痴子
陈恨石	贾万户
养吾	胡大辫子
佚名	杨八

蕴真	卞铣拳		佚名	勇少年
沧海客	黑和尚			解王狗
襟五	博传瞎三郎		朴安	李天石
				蓝忠

侠巾勇

燕山铁僧	冯德麟之轶事		偶然	纪邹娟英事
病骸	冯麟阁传		天悲	侠僧
	张国梁轶事		襟亚	铁骨将军
涵秋	铁头陀			鸣佩鸣剑
舍我无为	地室之死			赭衣童子
朱剑山	黄统领			神镖跛丐
	侠和尚		病余生	刘东
民哀	力人传		无埃	姚某
聆风簃主	王某		石民	狂公子传
	章铁拳		天丐	俞安
赵观梅	大力士霍元甲		瘦鹃	道丹纳
缦绮	安师传			魔王之血
	太行寺僧		芝轩	人月双园
	白天官		孤鹤	简极盛轶事
黄轩祖	裕州刀匪		溪石	刘田鸡
	剑术		子谨	该撒轶事
	龙门鲤		子英	二勇量
	王天冲		凤公	大汉
倚寒	仇邦彦		谯国之	周道刚
阿甜	叶兰		珊海	少林学艺
天亶	马七		定峰	倍肯纳
阿兰	地头蛇		應墼	叶鸿驹轶事
忆红	僧侠			

侠中隐

天白	断臂陀头		民哀	孤钟残响录
	施大锥		野鹤	周子父子合传
	铁爪婢		闲人	古胜人之神技

珊海	枪法
剑	某孝廉
吴遇春	何心隐
乐钧	汤琇
藜民	某丐
虹侠	秃顶僧
倚寒	玉狮记
王显	王冕
	王渐
舍我	娜迷阿
纾盦	王竹庵
天丐	沈蒙士
枕绿	徐武士
芝轩	李剑庚
慕鹏	徐南京传
少江	白某
周翰生	髯将军
虞公	顾山四杰
痴	武侠丛谈
程半帆	李侠仙
张训虎	程某
	戴某
炯公	戎马书生

侠中烈

瘦鹃	记梁蕙华
	苏菲亚
	烈女坠崖记
	女英雄
逸虎	爱国女儿
无为	菠茀亚

舍我	舍身救国
鹤译	碧血堡垒
彭佛初	女局员
铮铮	好男儿
复赍	安明根
烟桥	葛裙
舍我	吾夫之国贼
拙鸠	柔肠侠骨
乘黄	千金不字之女儿
梧冈	许菊仙
剑秋	烈女刃雠
天白	烈妇全夫
长风生	船女爱珠
病狂	蜀南黄烈女
襟亚	蔡女复仇
佚名	徐珂莲
眉痕	喋血鸳鸯

侠中趣

病骸	章太炎趣史
野鹤	陈镖师
杨南邨	白云寺僧话
静庵	楷理亚复国记
舍我	司提芬
佚名	金骑兵
	孙半仙
	支那布
	记某镖师
	侠盗
小亭	记侦探长孟口尼
聆风簃主	绝影飞

瞻庐	相依为命		葳晴(欧战轶闻)
乐钧	我来也		塞阿逊(欧战轶闻)
啸天庐主	陆妓	逸虎	齐路(欧战轶闻)
涤尘	纪会稽女盗事		女军人
海虞瘦竹	麻衣丐	天白	燕娘子
		薆绮	宗念云
侠中艳		倚寒	儿女英雄
小凤	卓女	介士	妙慧
瘦鹃	红樱	悔斋	冰僧
	记高丽女子	佚名	古义常昭
李蝶庄	台江三侠	天帠	梅乡
舍我	莱虽尔(欧战轶闻)	王瀛洲	柳娘扫花记
	米娜(欧战轶闻)	尘因	孤岛美人记
	亚安士(欧战轶闻)	乐钧	段珠、补白

南北奇侠传

短篇武侠传记。姜侠魂编纂。上海新华书局。1926 年版。4 册。20
万字。庄病骸、杨尘因、姜侠魂序各 1 篇。俞印民题南北奇侠传。4 卷。共
223 篇。

奇中侠		曾衍东	常通安
陈澹然	张文祥传	汤芷卿	王馥堂
全祖望	杨曲传先生事略	昌萃	草上飞
原李	傅先生轶事	灿霞	吴钧客
罗韦士	捕马客	无埃	奇童
善之	杨大头	南冠	A 传
苏盦	邑令与侠盗	太常仙蝶	红蘩蕗轶事
总宜盦主	吴子恒任侠	佚名	奇少年
冯梓华	侠伶馥郎		吴慧卿

义贼

煎海僧轶事

某甲

梁氏女

奇中烈

王无为	残碑记
曾衍东	义夫烈妇
	张烈妇
	马思敬之女
蒂民	葛嫩

奇中弟

啸秋	周韵霞代姊复仇
	姊妹姻缘
朱遂	三年复仇记
佚名	友义
禹甸	义士遗风

奇中仁

赵野史	张受先
惊众	飞律
谷仁	梯司

奇中畸

胡承谱	书梅巨源
嘉定二我	张乙
竹楼	奇道士
李澄	邹翁、周友
	李儿
	辛妪、秋姐

奇中矫

顾元庆	倪林云遗事
鲜庵	江南生
吴双热	赵石侬

奇中义

说元室主	查如龙刘元初轶事
朴庵	乞儿传
季	无尘先生
嘉定二我	秦丐
	刘家庙双杰传
尊闻阁主	黔客
曾衍东	张二唠
	张氏,附单廷玑事
小梵	青灯社快谭
吴双热	王银松
吴沛霖	黄义姑传
翰芬女史	爱国二童子
翰城	卖解小女
南冠	志愿军英雄记
佚名	侯侗曾
	徐九一
	刘秉良
	科罗特夫妇合传

奇中勇

张庚	记明刘少保轶事
徐岳	公儿王喜子合传
清凉道人	杨莘野
白虚	余孟豪
曾衍东	断头兵

	张陈武		鲜庵	长年王
尊闻阁主	汪燕山轶事		善	吴叟
宋和	纪猎者			
张肇兴	周老人		**奇中才**	
天任	越南战役之健将		张琦	记杨诚村军门事
剑秋	偷头记		黄之隽	释大涵传
时芳	许外委		佚名	白门酒保
瘦蝶	奇童		程善之	四姑娘
天白	女铁枪		吴双热	杜云鹏
佚名	阿夫雷德事略			
	少年首领		**奇中困**	
	铁子		谢良琦	康生传
	十二骑		杨文鼎	石钧传
	布兰亚			海幢僧传
			佚名	黄公俊
奇中节				刘醉鬼
倪无斋	程妇		倪无斋	长安布衣
曾衍东	薛鲁氏			
	陈戌节妇		**奇中技**	
	金贞女传		王梅癯	妞妞
李澄	曹起凤·吴汝贞·张屠		善之	黄芳辋
	崔氏·高凤女			雕弓
	杜少英·长沙女·薛孝姑			剑娥
			玉册道人	断鞭
奇中智				吴卫淇
汪琬	刘公惟中传		齐学裘	余星桥
程善之	水上飞		蘧盦	大相扑
佚名	厨卒		陆长春	宜兴幕客
醒吾	蓝姐		尊闻阁主	邓解元杀虎
天游	仁山僧			曹将军
汤芷卿	幕友退敌		爱棠	於景豪

佚名	徐翁
	黎某

奇中艺

徐昆	书身本事
钱大昕	周山人传
俞蛟	罗两峰传
	陈寿山传
胡朴庵	吴兴祚
	郭守敬
	蟹钳
	吉坦然
	王叔远
	张立夫昆季
	韩志和
	马钧
谷仁	陶界之四杰
陈澹然	异伶传
	谭鑫培传
佚名	飞行船王

奇中术

徐昆	书李都司事
赵怀玉	书李芬
黄之纪	朱烂鼻小传
和邦额	录参领某事
徐岳	异客传
	瞽者陈我白传
王友亮	记方山人事
程善之	黑李
	吉羽

	蛇和尚
黄彦	毒蟒
黄冰碪	俞叟奇术
汤芷卿	奇门捉贼
平民	遁仙王昙
	地仙朱英武
醒亚	异丐
	薛君亮
	来生
曾衍东	高道士
	冯灏亭
俞蛟	记神相
	严君平裔

奇中仙

李澄	黄州道士
	王慕仙
	军某
	周二痴
	扬州士人
	松祖
	彭望龄
	巫猛儿
	沈刘公子
陈庭	百五老人传
刘鸿翱	陈钖畴先生小传
印南峰	书痴僧
程善之	方颖
陆长春	仙丐
吉乐	淡如
尊闻阁主	一睡七十年

	云衣道人
佚名	任子明
	三塔寺丐
	探花僧

奇中狂

王韬	龚蒋两君轶事
胡朴庵	武风子
黄永祺	何义门轶事
沈道非	狂生吴云
尊闻阁主	颠僧

奇中冤

胡朴庵	张积中传
印南峰	谢文正

奇中忠

全祖望	钱忠介公遗事
梁章钜	书黄忠端公遗事
振公	堵胤锡传
亚云	窦成
	罗万策
时芳	冯举
	屈伦
曾衍东	叶禄
倪心石	侠妓之教忠
陈小蝶	无名之女英雄
舍我	英雄记
阿蘋	救国女郎

奇中孝

翁广平	余姚两孝子万里寻亲记
全祖望	蓬莱王孝子传
邹祗谟	邓孝童传
蓝鼎元	宜侯公家传
汪琬	颜中和事略
俞蛟	闵孝子传
程善之	铁丁
鸣璋	沈娥娥
吴双热	殷孝子
沧苍	朱布衣自传
曾衍东	王世名
逸园	逸园笔记一则
季	独足樵者

奇中癖

程善之	顾权
天壤王郎	伊普生之奇癖
埃云	奇丐

奇中狡

养田	记徐文长先生轶事
秋蝶	郑板桥先生轶事
佚名	王仲瞿手札
程善之	海棠
刘铁冷	弗郎氏

奇中谐

若愚	谈言微中
曾衍东	周劈刀

奇中险

钱锴重　　航海述奇

剑侠骇闻

武侠小说。姜侠魂编。上海振民编辑社。1919 年 4 月再版。1 册。5
万字。共 45 篇。

赓磐	芙蓉岛		王敬宏仆
瞻庐	吕四娘外传		昆仑奴
悔我生	奇女子		李龟寿
庄病骸	渔翁女		虬须叟
	某侠客		张训妻
允臣	窄袖女郎		义侠
厥名	三侠图		青巾者
	扶余国王		青邱子
	僧侠		顶缸和尚
	西京店老人		高髻女尼
	头陀僧		伟男子
	丁秀才		琵琶鼓女
	纫针女子		侠女
	潘宸		逆旅少年
	侠妇人		袁客
	张乖崖		空空儿
	秀州刺客		珠儿
	行者		黄瘦生
	李胜		道人
	车中女子		童之杰
	兰陵老人		河海客
	红线		柳南

飞剑将军 |

清代剑侠奇观

武侠小说。姜侠魂编。中华图书集成公司。1922 年 6 月版。1 册。4.5 万字。共收 51 篇。

尘因	髯和尚		张乐如
黄花奴	白燕儿		王倜士
徐继明	茅叟	王吟秋	郑铁蛋
黄建勋	见闻一束	吴绮缘	孙义士
阙名	义侠禽贼		击柝翁
	燕子尾	幻音	黑衣侠
金一明	关霆雷	达庵	榜人某
胡寄尘	洞庭女子		汪涛
黄奇童	白衣童	王笨伯	阿八
李瘦梅	侠贼		天涯一剑客
唐崇慈	坎坷先生	杨佩玉	双侠联婚记
钜鹿六郎	静禅	王无为	任猛
湩沃	瞽子复仇		湛觉
陈启祯	蒙城少年	邓天乎	大侠王某
袁仁	翻阳渔翁		徐生
袁贻翁	卜人	张庆霖	阍人妇
袁啸村	某生奇遇	秋白	云鹤山人
杨煦之	秦十六	寄云	阿凌
袁绮园	黑巾客		周氏妇
	琼儿		丐侠
	月夜奇闻		草上飞
	侠盗		梁独秀
陈富华	潘虎		林二娘

行脚僧		俞笙和	张捷
黑麻子		野鹤	铁陀
张老林			

雍正七十侠

武侠小说。姜侠魂辑。出版单位和出版时间不详。1册。8.8万字。共76篇。

病骸	铁棋子	姚竹天	樵侠
	李摩天	烟水阁主人	盗女
	周昌强	曾琦	韩凤山
王无为	罗万有	乐钧	何生
	吴怀义	海虞瘦竹	铁杖生
	剑吾	无埃	古寺老僧
	王犀		侠贼
	管豹	城基	黄善初
瘦鹃	记印度大诗人太阿儿	阙名	华盛顿欧文儿时之轶事
蛰叟	华蕙娘	忆恨	胡生
企青	高显忠		张生
区区	魏七	我香山人	书某冶工事
於仲良	渔舟女侠	谯国子	叶五
剑亚生	女爱国家	天悲	节妇报仇
仲琴	白额虎		义仆
逸虎	记女子敢死队	天白	明金正希先生轶事
	欧战中之无耳将军	朱苏	八先生
牖启	记欧战中二学生		朱坤宝
朱鹃魂	王志成	无为	记兀者王允文
李宗俊	戴英志		义士传
	韦碧霞		黑虎

	李红玉	醉红	耿十八
	碧霞	扶声	髯丈夫传
	奇女	镜云	一剪秋
随缘	弱女复仇记	声豪	白飞鼠
佚名	夏铁丁	铁牛	肖秦即
	某少女	怀白	义妪
襟亚	筝女	芝轩	铁髯
志愚	姚玉虎	澹盦	一阵风
李剑亚	女侠	凤郎	孙节妇
若鹏	陆兰清	烟桥	一饭之恩
兰台散人	红嫣	吴增鼎	都灰鸳影
唐九芬	波兰社会党记	半帆	记捕蛇者三则
孟仆	侠盗	东海	某军抚
余希澄	屠阿葆	诗时	记周玉
梦苏	剑士报恩记	啸虎	徐宝山轶事
畲园	白胜魁	郑良臣	鄱阳盗
南冠	濮狄生复仇记	阿鹃	劳玉如

雍正壹佰零八侠

武侠小说。姜侠魂编辑。时还书局。1937 年 6 月重版。2 册。11.5
万字。共收 66 篇。

耐簃一	模范兄弟		浣云
罗韦士	族斗		张凤阳
张景连	记窦尔墩	王无为	义丐
徐节元	罗汉机关	刘开	素云传
程善之	八百斤	李念慈	五都阃收嫁难女记
	双刀张	蒋梦苏	王天仇
	海三		钱有康

宋和	义仆传	包桢孚	船家女
熊宝泰	荀璜传	耐寒	林志和
徐岳	许魁传	倚寒	大侠李二
齐学裘	水西张二先生	何心秋	瘠童
谢良琦	贾时泰传	双热	杜三宝
王岩	文适韩君传	倪心石	聂书儿小传
啸霞山人	绛帻生	浦渔隐	墨爷
黄沐共	郑俟	树立	飞天蜘蛛
晓荫	孝女复仇	支离	花蝴蝶
吉乐	石柱僧痕	病瘿	双龙剑
	桂香	佚名	书江斌
尊闻阁主	逆旅主人		书花面僧
	侠婢		邱小娟
少白	卢霞英		铁儿
兰台散人	女盗燕尾青		胜国孤臣
无埃	布商		女盗
	岳某		陆凌霄
	枣乡		边大有
印雪轩	义盗（一）		鲜庵齐僧
闻义	义盗（二）		邵小村轶事
达今	义盗（三）		贼不二色
扶声	髯丈夫传		王乞儿
耐冷	金大力		陈打生
胡朴庵	潘佩言之枪法	失名	定儿
兰因	蒋天石	无署名作品	某少年
子英	周进		王隶夫妇

江湖小八侠

武侠小说。即武侠奇人传续集。姜容樵著。上海振民书局。1932 年

8 月初版。6 册。26.2 万字。文公直眉批。姜侠魂总评。于右任、张树声、张之江题字各 1 幅。褚民谊、文公直序各 1 篇。共 48 回。第一至四十回回目缺。

第四十一回	侠尼施威完璧归赵 豪侠仗义破镜重圆
第四十二回	水月寺中风诏隐姓 碧云庵内玉英埋名
第四十三回	咆哮公堂语侵刺史 议劫古刹斧劈醉僧
第四十五回	单刀李奋身擒两贼 大枪刘仗义扫群奸
第四十六回	刘凤春威镇郑州庙 马玉堂魄夺雄县城
第四十七回	慕英雄奋志求真艺 企豪杰发愿访奇能
第四十八回	红拂女穷途逢恶贼 玉面虎要路遇英雄
第四十九回	李德冲有心显身手 章桂英无意露行藏
第 五 十 回	深州城小蝎子缔婚 丰润县万能手却敌
第五十一回	角膂力仇雠成契友 慎提防智勇制强徒
第五十二回	大侠客临终传遗书 小丑类分道劫囚车
第五十三回	灵山徒大闹天津狱 终南侠小集余庆埠
第五十四回	置腹推心两侠仗义 披肝沥胆一士归诚
第五十五回	戏中军张立山阵辞

	吓大臣李存义听供
第五十六回	不速客宵夜显身手 幸成名白昼掷头颅
第五十七回	劫镖银消息惊天地 聚义党划策溯神鬼
第五十八回	蓦地相逢货郎报德 无心投网市侩逞奸
第五十九回	打絮把庞小娥失踪 捉妖徒郑道非成擒
第 六 十 回	太行山道人传绝技 桃花堡女侠杀庸奴
第六十一回	布疑阵黑夜试探庄 投网罗深宵偷渡水
第六十二回	双涉险前后落波心 单破牢左右难投托
第六十三回	不辞劳意外得线索 添隐忧倏然肇祸端
第六十四回	荡魔窟火焚霸王庄 起狼心水淹马家宅
第六十五回	跳涧虎划策劫牙僧 揪地龙寄书傲土豪
第六十六回	起误会一再被揶揄 受惊吓两番遭奚落
第六十七回	夺山寨东霸天肆虐 战村店铁臂膀施威
第六十八回	尚祥云智伏康小八 徐继鸿魔战夏军门

第六十九回　逞邪术左道败官兵
　　　　　　策良谋山人胜夷众

第七十回　　惩教匪豪杰初施威
　　　　　　擒巨寇英雄小显能

第七十一回　于五瞎途中逢恶贼
　　　　　　杨八愣檐下练金钟

第七十二回　跛道人传艺得艺徒
　　　　　　怪和尚习武惩顽民

第七十三回　樊笼脱险独力斗仇
　　　　　　荒领追踪只身入穴

第七十四回　傲官绅三雄欣聚首
　　　　　　斩教徒二士猛追踪

第七十五回　牛鬼蛇神密云结伙
　　　　　　雷轰电掣巨盗遭擒

第七十六回　陌路相逢兄弟互戏
　　　　　　擂台奇遇痞棍遭擒

第七十七回　贼胆包天忽来忽去
　　　　　　侠名动地倏显倏藏

第七十八回　诚能格天英雄证道
　　　　　　罪无可赦弟子受刑

第七十九回　定计擒兄群雄破案
　　　　　　入穴缚虎好汉成功

第八十回　　巧相逢山麓斗狠汉
　　　　　　空报复塞北惊刺客

第八十一回　低首下心勤求至道
　　　　　　苦表孤诣大挞逆徒

第八十二回　鸟飞兔走涤荡山林
　　　　　　剑劈刀诛扫除腥膻

第八十三回　惊妖孽苦口恳奇英
　　　　　　获鼠子谈笑缚妖魔

第八十四回　幢幢黑影群魔难赦
　　　　　　凄悽荒塚三侠建勋

第八十五回　以德报人心降壮士
　　　　　　出奇制胜力战妖夷

第八十六回　毅胆赤忱奋勇涉险
　　　　　　钢刀白羽并力歼渠

第八十七回　平妖夷大侠展嘉猷
　　　　　　奏凯旋众议归故土

第八十八回　弟兄聚首敌忾同仇
　　　　　　妖党欺愚装魔作怪

武侠奇人传

武侠小说。即江湖大八侠。姜容樵著。振民书局。1928 年版。2 册。23.8 万字。自序 1 篇。文公直批。姜侠魂评。共 40 回。

第一回　溯源流细阐两拳宗
　　　　拯婵娟蓦逢双佛子

第二回　宿因缘侠女幼从师
　　　　大慈悲老尼独纵怪

第三回　施道法独斩石人头
　　　　垂香钩稳擒鲤鱼怪

第四回　五龙堂贤吏建神庙
　　　　三河县豪客截镖车

第 五 回　老武师怒掣弧形剑
　　　　　恶道人狠放燕翅镖

第 六 回　董海川王邸逞绝技
　　　　　郭云深县署寄萍迹

第 七 回　设奸谋议劫大侠士
　　　　　伸正义怒斩众痞徒

第 八 回　救师伯双侠探官牢
　　　　　训徒侄三雄陷匪阱

第 九 回　话往事七侠结誓盟
　　　　　忆前情二士急公义

第 十 回　钱大令痛剿三皇会
　　　　　董老公遍拿无极党

第十一回　丛凤诏大胆劫囚徒
　　　　　李存义热心破骗局

第十二回　师兄妹半路结夫妇
　　　　　义父子同床成恋爱

第十三回　聚丑类浪子娶淫娃
　　　　　缉逃凶英雄谒老侠

第十四回　董秀生放言惊四座
　　　　　黄润舫慕艺中奇谋

第十五回　青溪渡众侠共除奸
　　　　　利涉桥瘟神独逃命

第十六回　张占魁大闹龙蟠里
　　　　　李存义独探虎踞关

第十七回　中奸计豪杰被囚困
　　　　　堕狡谋好汉狂施威

第十八回　老英雄赤手敌群寇
　　　　　少豪杰独力追逃贼

第十九回　大战仇寇幸逢弟侄
　　　　　诈吓强徒巧遇师父

第二十回　查失印独自探匪窟

　　　　　访盗踪单身陷贼巢

第二十一回　沙家寨夜盗大官印
　　　　　　笔架峰暗据小喽啰

第二十二回　两次探山寄刀留柬
　　　　　　三番寻印取椟遗珠

第二十三回　斩老虎半路掳新娘
　　　　　　诛人妖跟踪歼兽族

第二十四回　移花接木恣意逞奸
　　　　　　调虎离山疲于奔命

第二十五回　荡山巢大侠擒小寇
　　　　　　走塞外悍妇激蛮夫

第二十六回　有意寻仇错认煤马
　　　　　　不期而遇混追铁沙

第二十七回　贾余勇再戏煤大王
　　　　　　弄玄虚礼扫仓老鼠

第二十八回　战豪奴尹德安诱敌
　　　　　　傲奸徒刘凤春击寇

第二十九回　隐侠踪权作卖菜佣
　　　　　　留名字大惊狼狗党

第 三 十 回　传绝技李铁牛逢师
　　　　　　避深仇白金凤遇友

第三十一回　龙拏虎攫侠士戏蛮
　　　　　　石破天惊武师丧女

第三十二回　痛爱女无意显奇能
　　　　　　戏蛮人有心逞神力

第三十三回　三侠女风尘诛草寇
　　　　　　两好汉水上制强徒

第三十四回　翠云班里双侠擒寇
　　　　　　祈县城中一士省亲

第三十五回　乔锦堂初释癞头鼋
　　　　　　马梦蛟再访云中雁

第三十六回　驼形拳击毙马梦蛟
　　　　　　孔方兄救活云中雁
第三十七回　玉麒麟赤手独锄奸
　　　　　　金眼雕崩拳单杀贼
第三十八回　抱犊崮群寇谋大举

　　　　　　骆驼山小侠踪怪人
第三十九回　子房山麓剧盗逞威
　　　　　　范增墓前偷儿丧胆
第四十回　　夜探贼巢渠魁漏网
　　　　　　明攻匪寨众侠被围

花丛艳侠

武侠小说。即水浒别传。姜鸿飞著。上海建文书店。1947 年 5 月版。1 册。11.3 万字。姜侠魂略传 1 篇。自序 1 篇。楔子 1 篇。插图 32 幅。共 16 回。

楔　子　一天风云感良友
　　　　三更魂梦会佳人
第一回　卢俊义下山游故都
　　　　李飞云访妹上东京
第二回　蔡家集书生落魄
　　　　东京城豪杰遇仇
第三回　燕小乙夜访留香院
　　　　李师师义救玉麒麟
第四回　报夙仇公子献妙策
　　　　遭冤诬好汉罹奇灾
第五回　梁中书杯酒吐肺腑
　　　　李师师谈笑破奸谋
第六回　高衙内苦思林节妇
　　　　蔡公子力荐锦丫头
第七回　锦儿祷鬼林娘子
　　　　太岁风魔留香院
第八回　陷佳人父子深谋

　　　　毒登徒姊妹妙计
第九回　吴军师巧计救美
　　　　李大姐伴死脱祸
第十回　玉田村中来美女
　　　　将军庙内换艳尸
第十一回　刘琼仙淫奔高旺儿
　　　　　王教头误刺秦提辖
第十二回　穷途落魄孝子殒母
　　　　　慷慨行侠义贼挥金
第十三回　花花豹酒店鬼计
　　　　　玉蜻蜓屋顶神威
第十四回　林冲厚奁嫁锦儿
　　　　　李成高谊结文通
第十五回　锦儿巧计报恩师
　　　　　王进绝艺惊良朋
第十六回　诉往事英雄哭豪杰
　　　　　忆旧情红颜拜道君

花 花 豹

武侠侦探小说。姜鸿飞著。上海风云出版社。1948 年 8 月初版。1
册。7 万字。共 12 回。

第一回	染时疫父女逢善人 论桃花宾主谈色相	第 七 回	林中竹偷香林家祠 女豹子耀武忠义堂
第二回	窥冷拳发现斑斑纹 放流言惊传花花豹	第 八 回	订奇缘徒弟配师父 成疯症老夫思少妾
第三回	探妙相灯下露玉体 演奇术林间飞豹子	第 九 回	一条鞭弃邪归正 采花蜂折柳践花
第四回	康家庄好汉劫富翁 梅花峰英雄惊贼党	第 十 回	白大王小偿风流债 方姑娘巧耍采花贼
第五回	媚爱妾富翁服神枣 亲芳泽飞贼施闷香	第十一回	救娇女方芝同追贼 杀师妹白玉霜迫奸
第六回	康家庄采花蜂窃美 梅花峰双翼虎遭难	第十二回	假妹夫索美诈银 伪新郎贪花伤生

酒恶花愁录

言情小说。扁舟子著。上海中华书局。1917 年 1 月版。3 册。13.5
万字。自序 1 篇。共 36 回。

第一回	剔青釭新填感逝词 浮绿蚁小集迎秋院		饱艳福销魂金屋贮
第二回	窗外夭桃蓦惊午梦 筵前华烛絮话归心	第四回	忏女儿兰闺生怨语 谈豪杰月夜作清游
第三回	纳良规敛手阅墙争	第五回	谋进化学校试新硎 动官威府尊颁厉训

第 六 回　虔礼佛重证旧因缘
　　　　　浪吟诗喜添新伴侣

第 七 回　讲风骚促膝接宵谈
　　　　　伤堕溷证心销绮孽

第 八 回　谈自治五大令受窘
　　　　　论新章万刑幕解围

第 九 回　开盛会学界破天荒
　　　　　致训词长官钻地窟

第 十 回　纪镜寰大肆悬河口
　　　　　虞文福暗结保界团

第十一回　腐神士咬文嚼字
　　　　　蠢乡民败产倾家

第十二回　旁观客冒雨发阴谋
　　　　　莫逆交倾樽申正谊

第十三回　叙历史小学校现形
　　　　　忤监督莽生徒入狱

第十四回　荆棘当途并羁缧绁
　　　　　薰莸入器双作曹邱

第十五回　研教育斗室集群英
　　　　　卖痴呆晨餐谋小醉

第十六回　敲诗把酒忙里偷闲
　　　　　治国齐家小中见大

第十七回　怜同病幽愤诉家庭
　　　　　听方言诉书翻目录

第十八回　迎舆小语视学争风
　　　　　隔舫狂谭书生落水

第十九回　跪庭闱委屈慰亲心
　　　　　谒函丈从容谈性理

第二十回　讲新闻乡村构奇变
　　　　　读报告书牍选谐文

第二十一回　忆旧情良宵对月

闻警报平地惊雷

第二十二回　占三从二物与民胞
　　　　　　推己及人水深火热

第二十三回　队官发语别有肺肠
　　　　　　总镇遄行几无面目

第二十四回　顾得钱陡遂发财愿
　　　　　　黎滋勇首建劝降功

第二十五回　念民艰征镜寰贾祸
　　　　　　急友难洪匡白轻身

第二十六回　柯部长仗义救书生
　　　　　　梁统领施威刑志士

第二十七回　谈县事黎滋勇荐贤
　　　　　　揽幕才胡天舟佐治

第二十八回　杨绅士白头请愿
　　　　　　张中军锦服荣归

第二十九回　兵逐匪小百姓遭殃
　　　　　　匪赚兵阔委员倒灶

第三十回　牛鬼蛇神前尘若梦
　　　　　　美人香草本事成诗

第三十一回　隐缘天再入黄粱
　　　　　　访赤松同迷白雪

第三十二回　识草书酒令翻新
　　　　　　吟短律诗情入古

第三十三回　耐岁寒三友话深情
　　　　　　奋舌战五伦宣奥义

第三十四回　一堂倾盖合诵南华
　　　　　　拾级登山共寻兰若

第三十五回　调律吕初闻空谷音
　　　　　　对嫦娥再弹流水曲

第三十六回　地老天荒成绝憾
　　　　　　笔酣墨饱诉余哀

清代三百年艳史

历史小说。即清代十三朝演义。费只园编辑。上海校经山房成书局。1929 年 1 月版。6 册。17 万字。海上漱石生等题词 5 篇。许月旦序言 1 篇。跋 1 篇。编辑大意 1 篇。共 100 回。

第 一 回　吴三桂一怒裂家书
　　　　　侯朝宗三生盟画扇
第 二 回　圆破镜垂恩宠公主
　　　　　弃故剑希旨禁王妃
第 三 回　市隐园顾横波祝寿
　　　　　祇陀庵卞玉京朝天
第 四 回　命防河鸳侣警邢姨
　　　　　志过墟鹣飞感刘妹
第 五 回　恸史相生别人渔家
　　　　　悯王子比邻留祸水
第 六 回　马嫆容血痕蜚阅峤
　　　　　柳如是泪渍洒虞山
第 七 回　霞喷舌唾葛蕙芳报主恩
　　　　　霜上鬓丝李宛君评国事
第 八 回　编忆语为小宛伤神
　　　　　开闰集听妥娘语旧
第 九 回　梦醒寇湄马蹄寻故垒
　　　　　宠襄王月螓首贮雕盘
第 十 回　惧穷追曾妃沈鹢舰
　　　　　劝反正李妾饮龙泉
第十一回　乱头粗服侠妓试刀叉
　　　　　蛮袖弓鞋可儿传褚墨
第十二回　心如古井闲诵义娘诗

第十三回　魂返湘江空倾朱女泪
　　　　　杨夫人化鹤谢尘缘
　　　　　李三姑哺鸟还苦志
第十四回　平西弱息横肆苏台
　　　　　留山小妻同幽柏寺
第十五回　赘齐婿孔四贞袭爵
　　　　　拒闽帅吴绛雪投崖
第十六回　王辅臣旧情思结发
　　　　　尚之信异事诧飞头
第十七回　赛观音分纪冀北程
　　　　　访连儿小构滇南案
第十八回　尤晦庵晨索寄笺人
　　　　　毛西河夜拒当垆女
第十九回　鸳湖学士惭愧上公车
　　　　　渔详夫人慷慨倾私囊
第二十回　徐昭华别署弟子籍
　　　　　陈南楼新题列女图
第二十一回　冰天雪窖年幕促归帆
　　　　　锦簇花团尹衙催合卺
第二十二回　偷采笔智激小杏奴
　　　　　分白锣硬证三荫子
第二十三回　何女变真名穷栖山谷
　　　　　吕娘赍旧恨远涉江湖

第二十四回　紫玉成烟晓岚哭沙漠
　　　　　　红绡被盗秋帆遣昆仑

第二十五回　嘉勇贝子阃令服先几
　　　　　　节烈夫人国恩邀特宠

第二十六回　画舫笙歌经略乱翻金谷酒
　　　　　　胡尘车骑回妃生入玉门关

第二十七回　布服扁舟郑板桥嫁女
　　　　　　机声灯影洪北江娱亲

第二十八回　金章紫绶两代领鹓班
　　　　　　锦缆牙樯双姝合鸳梦

第二十九回　展画图众女集湖楼
　　　　　　评书法名姬居相邻

第 三 十 回　量美人创格笑戟门
　　　　　　识夫婿多情羡雏玉

第三十一回　赏雀翎二美别粉榆
　　　　　　割豚肩一官诞苜蓿

第三十二回　槃水辇缨作诗代哭
　　　　　　重楼邃阁吊古伤今

第三十三回　订散记才女访绡山
　　　　　　证轶闻侠尼惊岔道

第三十四回　幺妹从戎良缘空结发
　　　　　　云英痛父力战获归元

第三十五回　牝鹤啄阴郎官断疑狱
　　　　　　孤雏出口卜者雪前仇

第三十六回　中表兄设计愁绝霜闺
　　　　　　未婚夫潜逃冤消冰案

第三十七回　竹竿巷里花烛重谐
　　　　　　碧浪湖头桃根双桨

第三十八回　述楚女靴刀亲毙匪
　　　　　　话陈婢笆斗试轻身

第三十九回　宝马香车品评讲国事

　　　　　　帏灯匣剑法诵定盦诗

第 四 十 回　贾妇独垂怜言甘币重
　　　　　　丐妻难忍辱志诀身歼

第四十一回　锦绣屏开三千输粉黛
　　　　　　乳花香溢百八挂牟尼

第四十二回　芦草霜寒力擒黑首
　　　　　　莲花露萎巧灭齐妖

第四十三回　喋血满街死守乌烈妇
　　　　　　裹尸一骑空忆葛将军

第四十四回　行色匆匆定情梦槜李
　　　　　　襟怀落落保节重盐梅

第四十五回　选色到嫦娥双翘获宠
　　　　　　批鳞由秀女一语回天

第四十六回　锦衾角枕洪宣娇会无遮
　　　　　　钿合金钗傅善祥盟凤好

第四十七回　进名笺北鄂快飞觞
　　　　　　驰羽檄西江悲倚剑

第四十八回　左道记肖娘吞刀吐火
　　　　　　荒村问包妹斩将搴旗

第四十九回　画玉梅雪琴喧夺小姑山
　　　　　　订金兰竹屿稳栖黄歇浦

第 五 十 回　杨侯服夫人计安反侧
　　　　　　朱婿袭统领智换雌雄

第五十一回　费恭人义陈清白书
　　　　　　赵小姐情贻红绿佩

第五十二回　姑媳纺车节楼灯火
　　　　　　弟兄金榜绣阁文章

第五十三回　茅店板桥凄凉题壁稿
　　　　　　荆天棘地仓猝寄夫书

第五十四回　柏相昵如君荣生哀死
　　　　　　乌王生逆子后果前因

第五十五回　点天灯惨刑惩朱氏
　　　　　　掘地道内应死王娘

第五十六回　十八岁殉夫芙蓉一盏
　　　　　　五千里归柩芦荻孤舟

第五十七回　潜成市虎金铄廖玳梅
　　　　　　信断帛鸿玉殒姚修竹

第五十八回　韩约素刓章工品石
　　　　　　顾二娘制砚小题铭

第五十九回　高牙喋血疑案投缳
　　　　　　远道归魂哀情随溷

第六十回　停红烛洞房误僚婿
　　　　　坐黑车永巷识闺娃

第六十一回　行云流水毛子醉明窗
　　　　　　檀板金尊珠儿离画舫

第六十二回　歌舞芝园绮罗满南国
　　　　　　银铛棘寺桎梏困西施

第六十三回　文字妆前预许状头婿
　　　　　　诗篇枕畔笑拜丈人行

第六十四回　离宫弦管仙偶俪樱花
　　　　　　小队弓刀佳人怨杨柳

第六十五回　继妻施谲计宠荷金章
　　　　　　新妇擅清才礼贻团扇

第六十六回　责鸦鬟有心倾幕客
　　　　　　炫鹤补故意诮檀郎

第六十七回　孺妹盛遇折杞畏人言
　　　　　　侠妓孝思画兰偿父债

第六十八回　倪子和虐婢甘罚重金
　　　　　　文仲恭买姬笑看完璧

第六十九回　订鸂鶒衅起恩中丞
　　　　　　寄螟蛉情联继方伯

第七十回　为息妻嗔名虚翰林院

　　　　　　小惩客过胆破孝廉船

第七十一回　德晓峰纵女入歌场
　　　　　　裕朗西携姬归租界

第七十二回　引雏媒预约澂大爷
　　　　　　图鹿叙纷传潘观察

第七十三回　袁紫卿袭祖芬南中三绝
　　　　　　金阿宝助夫恶湖上一舟

第七十四回　黄连母造识受炉香
　　　　　　红灯照弄姿纵篝火

第七十五回　县君迎驾栉具早承欢
　　　　　　郡主随銮布衣初进御

第七十六回　旧事感星槎仪鸾梦冷
　　　　　　新交盼云路拾翠人来

第七十七回　明月诗成状元郎平分柳色
　　　　　　春雷梦醒司员妻误入桃源

第七十八回　疗妒少鸽羹吴探花逐艳
　　　　　　衔哀随鹤吊陈太史招魂

第七十九回　蛾眉寄语重价购贤书
　　　　　　蚕尾兴谗飞章酿巨狱

第八十回　附藩臣笑纳寄生花
　　　　　颂县宰巧赚摇钱树

第八十一回　交俄将阴助亡国人
　　　　　　控英妇姑录离婚史

第八十二回　缟袂痛黄蓥梨园一部
　　　　　　红妆谈谢妓华屋双栖

第八十三回　试霜毫远延缪供奉
　　　　　　掠云鬟小坐李姑娘

第八十四回　尊罍雅叙蛮语解新音
　　　　　　缲素分贻慈客留副本

第八十五回　妻毙夫谋全仗尚书势
　　　　　　女装男扮也冒大人名

第八十六回　车来贿迁起居惊入座
　　　　　　人亡物在书币艳千金

第八十七回　吊轩亭秋瑾惨遗诗
　　　　　　游美洲姚蕙编画报

第八十八回　芝瑛夫人题碑酬旧谊
　　　　　　惠兴女士殉学寓深心

第八十九回　打鸭惊鸳端午桥假谈道学
　　　　　　画虎类狗瑞莘儒错认风流

第 九 十 回　义起汉皋黎妻伸大义
　　　　　　忠沉汾水陆妇殉双忠

第九十一回　五口共投河无惭名族
　　　　　　九旬犹触壁群话孀妇

第九十二回　月锷霜铦袁太君规侄
　　　　　　龙蟠虎踞周女传从夫

第九十三回　盛命妇赞襄成善举
　　　　　　罗夫人慷慨助遗祠

第九十四回　开私门窝娼捕陈七
　　　　　　追汽车择婿笑朱三

第九十五回　名刺谁投王馆长依老媪
　　　　　　诛辞闲写康圣人恸雏姬

第九十六回　哀孝女预殉筹迈使
　　　　　　记名妓空悲革命人

第九十七回　近妇饮醇故都督晦迹
　　　　　　捐金投璧旧女伶下堂

第九十八回　下笔千言多情获芝草
　　　　　　借刀一杀有意死莲英

第九十九回　双分鸳牒五少奶重缔珠绿
　　　　　　一角蜃楼二小姐潜占镜听

第 一 百 回　出游东渡肃女慨飘零
　　　　　　归葬西陵瑾妃资结束

上海出版资金项目
Shanghai Publishing Funds

民国通俗小说
书目资料汇编

魏绍昌　主编

上海书店出版社

3

山东响马传

武侠小说。姚民哀著。上海世界书局。1925 年 1 月再版。1 册。4 万
字。莒狂序 1 篇。插图 12 幅。共 16 回。

第一回　泰安府中欣逢前辈
　　　　山东道上初识异人

第二回　风狂雨急暂息征鞭
　　　　夜静更阑同倾客话

第三回　窥玉手崔老儿被害
　　　　盗灵参贾小子遭殃

第四回　闻鸽翎仓皇来草寇
　　　　答春典谈笑退英豪

第五回　穷原尽委细述盗踪
　　　　追根溯由畅谈匪祸

第六回　遵古训避道去危邦
　　　　冒朔风轻身来客地

第七回　孙玉振延师课爱子
　　　　周天松踏雪递盟书

第八回　聚英豪寨中同结义
　　　　说俊杰庄上细陈言

第 九 回　闻密谋弱弟诘阿兄
　　　　　泄秘语主翁责侍仆

第 十 回　征尘滚滚递得飞书
　　　　　墨印油油传来隐语

第十一回　告当道贾金彪修怨
　　　　　别娇妻孙美珠吞声

第十二回　决生死合族齐开会
　　　　　定去留诸仲各陈词

第十三回　传秘诀几句口头语
　　　　　拜山门一张铁胎弓

第十四回　率党入山中途遇警
　　　　　呼徒纵火半道获奸

第十五回　护庄桥前小试身手
　　　　　聚义厅上大显神通

第十六回　帮外教赶脚遇危机
　　　　　规良朋故人持正义

四海群龙记

武侠小说。姚民哀著。上海世界书局。1930 年 6 月版。4 册。20 万
字。赵莒狂序 1 篇。共 36 回。

第一回　闹命案茶寮谈往事　　　　　　　访畸人寺壁读新诗

第 二 回　闵伟如穷途遇盗侠
　　　　　姜伯先督署儆贪官

第 三 回　洛日庄睹三不社新章
　　　　　藏军洞遇廿年前旧雨

第 四 回　报廿年恩德抵掌谈武术
　　　　　下千日工夫苦志练轻身

第 五 回　梦葫芦打破蒙葫芦
　　　　　土强盗碰着大强盗

第 六 回　强盗请先生情理周致
　　　　　土豪陷士文罗织百般

第 七 回　申义利正言折群寇
　　　　　诉怨冤微服走京师

第 八 回　纯阳庙深宵听奇语
　　　　　汤阴城白昼出新闻

第 九 回　试春闱侠盗助朱提
　　　　　怜壮士贞尼赠苍虬

第 十 回　净土庵说剑指迷途
　　　　　都天庙开堂收徒弟

第十一回　旧庙训新徒援今证古
　　　　　豪门求快婿煮鹤焚琴

第十二回　整家规法治一刁童
　　　　　访恶霸途逢三俊杰

第十三回　缙绅班中竟着此辈
　　　　　招商店内何来故人

第十四回　室迩人远奇奇怪怪谣三首
　　　　　就事论文是是非非注一番

第十五回　失火累池鱼龙驹被盗
　　　　　轻敌临虎穴豪杰遭殃

第十六回　入阱救彼出阱救己
　　　　　得人者昌失人者亡

第十七回　泄私愤设阱陷娇娃

嗟薄命含垢赚暴客

第十八回　一家哭社会灭亡公理
　　　　　万民惊英雄保障人权

第十九回　不量力小辈捋虎须
　　　　　献神威大名破鼠胆

第二十回　神龙客冒昧晋忠言
　　　　　雪狮儿舍生泄秘史

第二十一回　多心眼先患预筹防
　　　　　　献身手深宵恶作剧

第二十二回　送金讨眼睛巧逢敌手
　　　　　　卖解走码头暗访正凶

第二十三回　贤大令微服私行
　　　　　　村先生闲言泄愤

第二十四回　报旧恩海峡招小隐
　　　　　　全友谊琴署降高轩

第二十五回　订新知惺惺相惜
　　　　　　修旧怨咄咄逼人

第二十六回　仗义全交情甘堕法网
　　　　　　贪功卖友谋定捉流氓

第二十七回　知己互相怜六州铸错
　　　　　　市谣多误会一火烧庄

第二十八回　闻所来见所去司马骑驴
　　　　　　修尔戈振尔矛群龙开会

第二十九回　国士访奇人重洋放棹
　　　　　　英雄救侠义千里传镖

第 三 十 回　遵师命下山访孤子
　　　　　　示先机剪径阻群龙

第三十一回　扶病入图圄难逃定数
　　　　　　挂冠归闾闬衔恨戕生

第三十二回　王大忠交运发横财
　　　　　　小鸭子殉情仰毒药

第三十三回　囚打囚怨冤相报
　　　　　　错中错愤恨徒呼
第三十四回　姜伯先舍生取义
　　　　　　闵伟如认父收尸

第三十五回　小报仇戕官杀吏
　　　　　　大结合歃血联盟
第三十六回　贤进奸诛恩仇了了
　　　　　　笔宣口述始末源源

民哀说集

短篇言情小说。姚民哀著。上海国华书局。1921 年 1 月初版。1 册。9 万字。于秋墨、李定夷、吴双热、周瘦鹃、周剑云、胡朴安、徐枕亚、俞天愤、张丹斧、张碧梧、程瞻庐、冯壮公、管义华、郑正秋、郑鹧鸪、严独鹤、严谔声、姚民哀作序各 1 篇。柳亚子、叶楚伧、王大觉、傅屯良、姚鹓雏、宋痴萍、周芷畦、范烟桥、徐稊稊、范君博、顾静观、徐笑云题辞各 1 首。杨尘因、唐忍庵、张心芜题跋 1 篇。共 19 篇。

人之种种

绮宛　银妃

白鸽峰

成败英雄

侬是情场失意人

离婚

一封信

牺花飘泊

模范英雄

切肤之痛

怀璧其罪

燉煌生

智兄愚弟

诗学规范

孤岛痛思录

泊凤飘鸾史

筝声琴韵楼忆语

三十年社会见闻录

江湖豪侠传

武侠小说。姚民哀著。上海世界书局。1929 年 6 月版。5 册。26 万字。自序 1 篇。共 50 回。

第 一 回　多艺多才英雄出小辈
　　　　　以长以口寄子胜亲儿

第 二 回　色舞眉飞中途逢骏马
　　　　　神倾目注酒肆遇奇人

第 三 回　拜义父初睹木杨城
　　　　　欺呆儿硬夺龙驹马

第 四 回　仇深怨重怒劈榆树台
　　　　　躁释矜平细述黑山党

第 五 回　壮士豪情当筵发虎啸
　　　　　雅入深致对月作龙吟

第 六 回　巧安排寿堂作香堂
　　　　　大报复同党联异党

第 七 回　冤诉人前斑斑泪点
　　　　　名标棺上历历粉痕

第 八 回　合座生惊惊言失火
　　　　　刁猴仗胆胆敢行凶

第 九 回　困二竖单身卧逆旅
　　　　　谕英雄并辔历长途

第 十 回　玉面玄毛一时俊物
　　　　　英风豪态能辈传人

第十一回　各显神通三盗龙驹
　　　　　小试身手乍逢玉面

第十二回　两针解围梅花瓣瓣
　　　　　一钩纾难白缨垂垂

第十三回　惑流言白马侯拒婚
　　　　　遭暗算天达店失火

第十四回　场头飘拂旗绣蜈蚣
　　　　　马背翻腾人同蛱蝶

第十五回　反切词成荒伧辱凤女
　　　　　空亡课希小侠惜龙驹

第十六回　露尾藏头谁邮怪柬
　　　　　　寻根究底争读新诗

第十七回　离故里呆儿有呆气
　　　　　怜穷途豪客发豪情

第十八回　烈火多威盗匪事业
　　　　　秋云善幻儿女情怀

第十九回　见蜈蚣旗登门索马
　　　　　过青草洼通相拜山

第二十回　盗中盗一驹遭磨折
　　　　　婚外婚二凤费调停

第二十一回　鹰唳长空传书告惊
　　　　　血流午夜挟刀寻仇

第二十二回　救危亡屋顶来娇娃
　　　　　叹报应井中葬恶汉

第二十三回　雪夜长途偏逢丑女缠
　　　　　异乡逆旅又被病魔侵

第二十四回　恨灭仇消一狼授首
　　　　　郎才女貌三凤完姻

第二十五回　开赌厂大流氓抽头
　　　　　借盘缠小秃子割肉

第二十六回　遭绑劫香饵是佳人
　　　　　受诬攀祸根由骏马

第二十七回　如梳如栉嗟此妙喻
　　　　　亦兵亦匪苦我小民

第二十八回　将机就计燕子显神通
　　　　　接木移花盐儿遭厄运

第二十九回　独眼贼驰书要旅长
　　　　　白马侯应募捕渠魁

第三十回　转败为胜军前来大侠
　　　　　将恩作仇阶下屈英雄

第三十一回　探匪巢误遇小喽啰
　　　　　营土窖活葬奇女子

第三十二回　因机因势孤身赴救
　　　　　　擒贼擒王八路进兵

第三十三回　聪明绝世巧辨牛蹄
　　　　　　残狠无伦暗安火种

第三十四回　疑上疑燕儿遭大败
　　　　　　错中错傻子建奇功

第三十五回　鱼漏网眼单骑投大憨
　　　　　　鳖入瓮中独力战群雄

第三十六回　使黑虎拳巧妙无伦
　　　　　　飞鸳鸯腿因果不爽

第三十七回　五花八门偷儿分派别
　　　　　　肥鱼大肉捕快买安全

第三十八回　酒肆茶坊严防跳虱
　　　　　　深更月夜惊遇僵尸

第三十九回　骇魄惊魂二尸格斗
　　　　　　洗心革面黠贼迁行

第 四 十 回　练武艺伏舍打沙包
　　　　　　伐顽民登台挂帅印

第四十一回　尔依我赖共整残兵

　　　　　　草斩根除齐营土穴

第四十二回　愤人言单身离故土
　　　　　　聆伟论广座识知音

第四十三回　赚乡愚私立白骨教
　　　　　　遣徒党巧弄新花头

第四十四回　砂飞石走黑夜来故人
　　　　　　酒热茶温深宵叙旧谊

第四十五回　播流言愚民惑财神
　　　　　　冒烟火大侠救难女

第四十六回　入虎穴卧底方城山
　　　　　　刺星君倒反白骨教

第四十七回　遭失败愤练五毒工
　　　　　　免纷纠巧施金蝉计

第四十八回　假吊孝灵堂起凶心
　　　　　　小报仇拜次施毒手

第四十九回　鸡粪入口龙马捐生
　　　　　　暗器中身恶贼丧命

第 五 十 回　善恶昭昭揭明大旨
　　　　　　恩仇了了归结全书

南北十大奇侠传

长篇武侠小说。姚民哀著。上海大东书局。1930 年 1 月初版。5 册。31 万字。插图 100 幅。共 50 回。

第一回　谭党会野史开场
　　　　谋结合异僧涉世

第二回　王气未全衰天地英灵孕霸主
　　　　名师自投荐安危经济授奇儿

第三回　酒肉友朋多赵王孙迎宾倒屣

　　　　交情生死见言笠人入梦托孤

第四回　挟技走风尘千里马未逢伯乐
　　　　游春识异丐万人敌长困泥涂

第五回　六千里外叹飘零杜宇催归归
　　　　未得

十二时中空盼望孂嫠佞佛佛
无灵

第 六 回　游子喜归来感友赠金慰慈母
同根煎反急唆夫设阱陷堂兄

第 七 回　枭獍逞奸邪同谋遗产
英雄扶正气独戏公堂

第 八 回　肱筬动天良堪称侠义真君子
健儿显身手不了恩仇非大夫

第 九 回　春宝山开堂放布
清德宗下诏求贤

第 十 回　应诏陈词劾三凶万民称快
批鳞罪犯戮孤忠四海呼冤

第十一回　绝处逢生察木多孤忠远戍
风尘奇遇便宜坊隐侠留迹

第十二回　双义传镖何惧天罗地网
单身说寇全凭舌剑唇枪

第十三回　前路茫茫寄家书凄惶挥涕泪
悲风猎猎怜同病典质济寡孤

第十四回　飞霞女还金酬德
孤云僧谈命推星

第十五回　冷眼旁观多髯翁热心破局骗
亲身经历大力女含怒讲家常

第十六回　狭路逢仇题壁惹殃投黑店
空山遇隐开樽谈侠宿青庐

第十七回　追聚前情火烧醉金刚
风波倏起蜂刺菊花青

第十八回　定数最难逃螳螂在前黄雀在后
隐忧犹未已当局者迷旁观者清

第十九回　遍地叹荆榛万里云山孤枕梦
深山藏虎豹三年旧雨一朝逢

第二十回　卜国运盗窟论僧诗

索陌规昌都失钦犯

第二十一回　吊明孝陵无意得龙驹
游南汤山有心救闺媛

第二十二回　两地相思意难忘柔情脉脉
一天风雨人去也清泪重重

第二十三回　奉主命星夜驰驱临白下
避缇骑惨分骨肉走东瓯

第二十四回　或有前缘卖解女幸逢逋
逃客
事由数定畸零儿欣遇振
奇人

第二十五回　人心险恶讲赌经利弊重重
荆棘江湖谈粮帮规矩叠叠

第二十六回　万壑同源拜大学创始孔
子教
千夫所指恨西人组织义
和团

第二十七回　祸生不测感凄凉为客病
魔临
喜出望外念故旧开轩延
谱侄

第二十八回　柔情脉脉自由女偏逢薄
幸郎
天下荒荒经纪人频遭尴
尬事

第二十九回　探虚实赎当明羞把式匠
献才能飞棋暗助保镖师

第 三 十 回　计中计嵊匪溯源还赝鼎
难上难英雄负气访真棋

第三十一回　孤客叹无家迹浪萍飘空
怅怅

	知己轻易别马蹄辕辙恨漫漫	第四十一回	宦海肮脏赵王孙无瑕返赵 人心险恶端午桥诡计多端
第三十二回	念犯贪嗔毒秃谋财设陷井 报分善恶异僧说偈指迷津	第四十二回	呆人生呆福无意得联嘉耦 玄中更玄妙有心双盗龙驹
第三十三回	劝业会龙马夺头标 上新河名师报喜信	第四十三回	疏礼貌郭二明献才能 盗宝具老邬暗傲士劣
第三十四回	灵官庙双盗软玉鞭 云龙山计激赵王孙	第四十四回	受教训宝物归原 指迷途良臣择主
第三十五回	面貌雷同误指拍花贼 相逢邂逅识破假仙人	第四十五回	水龙王杯酒话新青 白马郭单骑出边塞
第三十六回	迷本性国士可怜成人腊 种兰因丽姝巧计护书生	第四十六回	义马村三侠异叙旧 渑池县十兄弟亮镖
第三十七回	陶大令断狱傲奸民 王酒鬼传书戏贤妇	第四十七回	救关宗汉侠客不留名 戏刘兴邦神偷未露面
第三十八回	赵王孙入伍请标旗 熊烈士孤军谋大举	第四十八回	小狮子寻师得怪病 野牛精杀父救奇僮
第三十九回	钱通灵对局识人龙 郭寿丞盗马惹奇祸	第四十九回	全义气亲兄弟镇台入塞 争毛团表姐妹打赌出山
第四十回	报前恩舍娣拒追兵 谭归恨临风挥热泪	第五十回	有意寻仇来四面八方盗寇 不期而遇聚三山五岳英雄

盐枭残杀记

武侠小说。姚民哀著。上海世界书局。1928 年 8 月初版。1 册。2.9万字。赵苕狂序 1 篇。插图 16 幅。共 16 回。

第一回	风清月朗萧寺驻行踪 雾散云开远峰观海景	第三回	念国耻羞佩黄金印 因微嫌竟下绝交书
第二回	客邸良宵闲谈旧事 吴头楚尾细数英雄	第四回	敛金钱通衢揭黄榜 挥白刃遍体见鳞伤

第五回　显神勇深宵斗恶鬼
　　　　隐佣工暗地觅传人

第六回　丽人远至脉脉含情
　　　　孺子初来牙牙学语

第七回　荒村孤寺何来圣僧
　　　　枳积棘丛亦生芳草

第八回　数联妙句挥向壁中
　　　　两事铜屏提来腕底

第九回　广交游会员联会友
　　　　通声气同志缔同盟

第十回　渔贩渔商靠水吃水
　　　　统领统带在官言官

第十一回　按三才巧作梅花阵
　　　　　筹妙计阴联缉捕营

第十二回　兵去匪来四乡无乐土
　　　　　神号鬼哭何处是桃源

第十三回　尔猜我疑种成恶果
　　　　　情投意合缔得新交

第十四回　重友谊英雄见血性
　　　　　懈军心大猾出奇谋

第十五回　大队健儿轻装趋敌垒
　　　　　多年心血长叹付东流

第十六回　奇阵成空梅花朵朵
　　　　　英雄自刎碧血年年

箬帽山王

武侠小说。即四海群龙记续编。姚民哀著。上海世界书局。1931 年版。1 册。23.6 万字。共 36 回。

第一回　联珠班卖艺逢劲敌
　　　　潘海渠偷剑遇高人

第二回　侍母病无心退暴客
　　　　保身家蓄意访名师

第三回　愤国事秀士辞家
　　　　谋生计穷儿卖身

第四回　侠女有心泄天机
　　　　优怜无意得救星

第五回　焚戏班一场浩劫
　　　　查茅棚两度虚惊

第六回　听悲歌月下订交
　　　　全大义当堂自首

第七回　假传令侠客出囹圄
　　　　真绑架公子入盗窟

第八回　八拜交妄言妄听
　　　　九牛功罕见罕闻

第九回　试神功连毙二命
　　　　得秘方分传三徒

第十回　万有全逞凶栽筋头
　　　　秦渔隐埋名乐天年

第十一回　既失鱼罾又中毒计
　　　　　才离虎口复陷龙潭

第十二回　访名师马海仑讨饭
　　　　　抱不平张海歧遭殃

第 十 三 回	巧遇奇僧复燃死灰志 瞥见侠女重波古井澜	第二十五回	论英雄杯酒订新交 驱猛虎传书留异迹
第 十 四 回	蝴蝶女寻兄闯萧寺 侠义汉传令再开山	第二十六回	干家庄行路结冤家 东小坝落水遇救星
第 十 五 回	马当山老尼收徒弟 骂娘阿伙伕应团总	第二十七回	住客栈巧遇二友 盗宝镜夜逢三敌
第 十 六 回	争闲气大赛龙灯 解纠纷小试武艺	第二十八回	恶战通宵原是夫妻 救护数年本为师徒
第 十 七 回	望江楼题词惊俊杰 南京城讨饭欺众人	第二十九回	进士第破镜重圆 淮安府失剑复现
第 十 八 回	恼羞成怒恶僧下毒手 旁观不平侠客显绝技	第 三 十 回	咒蛇阵睹希奇法术 抱龙头见尚武精神
第 十 九 回	失宝剑欲觅无从 得画图莫名其妙	第三十一回	老规矩械斗夺码头 新章程考试收弟子
第 二 十 回	客邸订新知雄谈滔滔 樽边述旧恨宿孽重重	第三十二回	箬帽山王水战鳌鱼 多臂道人术骗宝贝
第二十一回	叔婶昧良心话埋弱女 英雄仗义气暗换孤儿	第三十三回	为发财葛锦绣卖朋友 抱不平桑海山违师教
第二十二回	重然诺踏破陇头云 卜休咎妄猜推背语	第三十四回	桑海山舍生取义 秦渔隐中计寻仇
第二十三回	寂寞长途纵谈湖匪 凄清旅舍迭聆怪谈	第三十五回	推心置腹前嫌尽释 放火烧山旧案未了
第二十四回	五虎堡五杰村是一是二 纱帽峰箬帽山疑假疑真	第三十六回	大典礼开山训堂义 小结束分道展宏图

孽海红莲

佛化小说。姚悔盦。上海佛学书局。1932 年 10 月初版。1 册。1.2 万字。未分章节。

风飐芙蓉记

言情小说。姚鹓雏著。小说丛报社。1916 年 7 月初版。1 册。7.3 万字。鹓雏父作小序 1 篇。叶小凤作评 1 篇。共 20 章。

龙套人语

社会小说。姚鹓雏（龙公）著。上海竞智图书馆。1930 年 2 月版。3 册。14 万字。冯叔鸾作马二先生序 1 篇。自序 1 篇。共 24 回。

第一回　水浊山童闲人吊古
　　　　香残灯炧名士教歌

第二回　调虎离山春宵独拥
　　　　望鱼兴叹宦海无边

第三回　秦和尚嗜糖成癖
　　　　郑诗人罢酒无家

第四回　计遣李猪将军绝命
　　　　刑求沈鸨妙伎承恩

第五回　徐调玄后来居上位
　　　　王芝瑞临去振乾威

第六回　魏阙江头状元下野
　　　　石麟天上公使降生

第七回　二妙阁尊前按檀板
　　　　一笑轩灯下写银钩

第八回　哭始哭终因诤成怨
　　　　贿来贿往每变益奇

第九回　朱一罗垓心翻战舌
　　　　王培之鸡肋免尊拳

第　十　回　桃叶渡坐花来上客
　　　　　半山寺载酒话前朝

第十一回　擅辩才盲人骑瞎马
　　　　建奇议博士食生蝗

第十二回　袁青崖伤人对遗挂
　　　　陈云门投老宿空桑

第十三回　黄牛儿白宫薰翠被
　　　　青羊港碧血作红潮

第十四回　红白脸双持狼虎局
　　　　阴阳卦独策犬鹰功

第十五回　龙稚萧急来抱佛脚
　　　　羊慕诸临去送秋波

第十六回　群才济济无疾而终
　　　　一士谔谔有闻必录

第十七回　镜大师宗风振内学
　　　　朽居士画理迈前修

第十八回　乡饮投壶先兵后礼
　　　　大庠入縠偃武修文

第 十 九 回	邹海安冤羁溧水狱	第二十二回	夕阳楼片帆来酒帝
	袁伯庄夜走太平门		孤山墓杯水荐诗僧
第 二 十 回	虎阜秋清南冠未说剑	第二十三回	割私财芝兰蔚桃李
	狼山月黑殿撰赴修文		控本府苜蓿易莼鲈
第二十一回	魏敬斋避兵黄歇浦	第二十四回	无是人闲编点将录
	程巡按归隐赤松村		有缘客独咏过江诗

春奁艳影

言情小说。姚鹓雏著。上海中原书局。1936 年 10 月重版。1 册。3.6 万字。未分章节。

燕蹴筝弦录

社会小说。姚鹓雏著。小说丛报社。1916 年 5 月版。1 册。7 万字。吹万居士、柳亚子、刘铁冷序各 1 篇。自序 8 篇、跋 1 篇。共 30 章。

第 一 章	欢情翻震荡	密坐益彷徨	第 十 三 章	计程冲瘴疠	回首梦高唐
第 二 章	琴师能贺客	字解辨凡将	第 十 四 章	客来桃叶渡	人在木兰舠
第 三 章	弱絮吟偏敏	蛮笺擘最强	第 十 五 章	唐突邀行酒	勾留信裹粮
第 四 章	萝茑情方狎	崔符势忽昌	第 十 六 章	画舫连晨夕	歌台杂雨旸
第 五 章	连江驰羽檄	尽室隐村艄	第 十 七 章	寄恨遗卷发	题缄嘱小臧
第 六 章	探丸搜保社	结侣宵茅房	第 十 八 章	百忧成结辖	一病在膏肓
第 七 章	孟里经三徙	樊楼又一厢	第 十 九 章	榱先为檀斫	李果代桃僵
第 八 章	庀改梁鸿赁	机仍织女襄	第 二 十 章	记曲由来擅	催归且未遑
第 九 章	末缘通叩叩	只是觉伥伥	第二十一章	杜宇催归数	雏尼送喜忙
第 十 章	有时还邂逅	何苦太周防	第二十二章	凤拟韩童配	新成卓女孀
第十一章	朝霞凝远岫	春渚得归艎	第二十三章	者回成逼侧	此别太凄惶
第十二章	冰下人能语	云中雀待翔	第二十四章	入洛多华誉	摛辞喜拜飏

第二十五章	小星初耿耀	文苑足徜徉	第二十八章	岂无同宿雁	终类失群獐
第二十六章	霜后红兰萎	灯前绿绮长	第二十九章	剪纸招南国	输钱葬北芒
第二十七章	峡里瑶姬远	风前少女殃	第 三 十 章	崔徽风貌在	苏小墓门荒

荒唐大观

短篇社会小说。骆大荒著。上海玫瑰书店。1928 年 12 月 3 版。4 集。20.8 万字。本书提要 1 篇。

第一集　老牌教育家

第 一 课	北四川路桥堍研究曲线美
第 二 课	膀子的福音
第 三 课	模特儿
第 四 课	摩托公馆
第 五 课	桂花导演
第 六 课	给青春时代的弟弟妹妹们一个忠告
第 七 课	召租条子的效力
第 八 课	职业指导(一)医生
第 九 课	职业指导(二)商店伙计
第 十 课	职业指导(三)剃头司务
第十一课	职业指导(四)立角子巡捕
第十二课	打倒搭架子主义
第十三课	电车上
第十四课	退淌妙法
第十五课	解决退淌问题
第十六课	孵豆芽的安乐土
第十七课	提倡成语化图案的新装
第十八课	遇兔记
补 充 课	五芳斋楼上赏鉴太极图

四进士　跳舞入门;跳舞的种类;跳舞的姿势;跳舞的谈吐;跳舞的礼服;跳舞的音乐;跳舞的房间;跳舞的时候;跳舞的学校、舞场杂谈:舞场的起端;上海的舞场、大华饭店、新利查、派利饭店、卡尔登、安乐宫、圣乔治;舞场的入门

色斌　罗宋妓女的进帐

碌碌生　恋爱学:精神与肉体;恋爱的三个步骤;同居及亲戚的恋爱;学问上的恋爱;同居和邻居恋爱的不同;精神恋爱胜于肉体恋爱;看影戏的门槛;吃白相的门槛;开栈房的门槛

客堂楼主　小房子讲义:地点;范围;寻房子;傢伙;布置;开支

第二集

嫏公　荒唐初阶:菩萨面前的荒唐;说书场与各商店中的荒唐

1372

碌碌生 荒唐小门槛;嫖的小门槛;赌的小门槛;吃的小门槛;着的小门槛

老牌教育家 同性恋爱轧朋友;轧朋友的资格;轧朋友个轧法;轧朋友的目的;轧朋友的乐趣

个中人 SP经;开场白;SP之定义;SP之资格;SP之性别;白相SP的资格;白相SP的各种方法;SP经补;白相SP格目的;SP的出产地搭伊笃格特点

红玉 像姑

老苏莱 白相相公

前清大学生 京津SP业追记

包鱼 北京学生荒唐之派别

三将军 蒙古归客谈

荒唐生 嫖学入门:提起笔来先写脱几句

第一编:嫖规;要讲嫖学先说嫖规;大场窝与住家之比较;大场窝;住家;铺房间为什么喜欢铺在大场窝;铺房间;先生;做手;拆份头;叫堂差;打茶围;做花头;住夜;借干铺;开房间;借小房子;买票;轿饭账;开台酒;十月早与冬至;吃私菜;粢饭团;抄局账;青龙堂差;开果盘

第二编:嫖法。先决问题;面子的两种比较;面子与轧朋友;面子与态度;面子与言语;面子与衣服;金钱和面孔;面子余谈;嫖的第一戒;配不配;转念头的手段;答客问;再答客问;少打茶围;烧冷灶;大方与小家气;单嫖;机会;开户头;做花头;落相好;借房子;梳栊;偷开包;挨城门;吃醋;跳槽

第三编:嫖例:嫖铺房间之例;嫖铺房间而兼先生之例;嫖小先生之例;嫖尖先生之例;嫖大先生之例;嫖红先生之例;嫖初出道做手之例;嫖老资格做手之例;嫖揩房间小大姐之例;初嫖之例;长嫖之例;专叫堂差不做花头之例;天天不离堂子之例;因转念头而做花头之例;不转念头而做花头之例;转着念头再做花头之例;转着念头不做花头之例;以嫖为生之例;瘟嫖之例;刮皮嫖之例;奇奇怪怪之嫖例;正正当当之嫖例;结束的话

第三集

蜀奴 嫖的动因

落拓书生 京沪花事对照录(一)

前清大学生 京沪花事对照录(二)

老大 幺二堂子

弄堂博士 新年中之幺二

老大 宁波堂子

江北达克透 老虫经:何谓跳老虫;价格;房中装饰;接客

骊黄 捞淌指南:鉴别法;拣择法;测验法;经济捞法。尝试集:序言;嫖长三之尝试;嫖幺二之尝试;吃咸肉之尝试

老牌教育家 记按摩术

海上小将 十二个雅号的注解:绍兴十一老;杭州跳蟹;拱宸桥弄堂

阿姐;肖山婊子;宁波花老、嘉兴私门头;湖州半开门;兰溪鲜火腿;金华臭荷包;富阳夜娇娇;松江小娘;上海咸肉;记嫖船妓;妓船之内幕;初打茶围之规例;老佛倪之雅号;船妓爱权势;隔船春色;醋海波;老吏断案;经验;不堪回首

师山　住家位子;住家位子之解释;住家位子之状况;住家位子入门之难;住家位子之便利;住家位子中之名人

败家精　无夕的嫖

焚痴　叙州的嫖

痴兰　暹罗的嫖

师山　最下等之妓

小滑头　梅毒的鉴别法

包鱼　梅毒的避免法

海上小将　红玫瑰疗疾

赋闲生　钉梢讲义:荒唐者言——回首当年;孵豆芽;禅关春色;戒严之赐;罗宋牛舌;吴门之行;好一个水晶包;酒为色媒人;一握;眼泪汪汪;一言中的;当心女推销员;电车站上;新惠中耶影戏院耶;司丹康的余香;邑庙前的一段姻缘;捞淌的一个小法门;海龙王;断命猫;后面的两辆车钱

第四集

老苏菜　吴门记游;饱餐北风;途遇向导;骑驴作海参;姑苏住丽多;大嚼松鹤楼;吴苑品茗;六小时之大荒唐;别矣吴门

刘恨我　琴因恨果录,荒唐碎锦

一小将　荒唐新诗

天楼　荒唐词

抱琴生　今淮阴侯

老牌教育家　卖画者言

荒唐生　新西厢辞一幕

弄堂博士　嫖的门槛话

阮簃厂　清菜暖锅

师山　大同二宝

三将军　京津妓女之三套

冷眼旁观生　荒唐格言

寂寞无聊客　荒唐的消遣

客堂楼主　清明时节的荒唐

振华　赌的三个宗旨

阮倚天　赌场之迷信

弄堂博士　赌的门槛话

碌碌生　诗谜蠹:撬巴;梅花古本;挖补的古本;现刻的古本;巴豆汤待客;烧马褂

张愚深　花会经验谈

健笔弄墨室主　赌的经过谈、赌徒供状

小子　宝台写真

倪四少爷　骰子讲义

赌精　赌的黑幕种种:牌九;摇摊;摇宝;麻雀;扑克

娘公　抽签之黑幕

得津滚　抽签中牌九之黑幕	**蜀奴**　雀话
振华　牌九黑幕	**阿龙**　方城遇险记
健笔　赌场小黑幕	**不为情**　也是一门槛
不才　新牌经：圈风、断么、做望	**新鲜花园室主**　沙蟹翻门槛
不才　读新牌经	

荒 唐 梦

社会小说。骆无涯著。上海玫瑰书店。1929 年 8 月初版。6 册。24.6 万字。周瘦鹃、漱六山房、赵苕狂、严独鹤作序各 1 篇。作者写在荒唐梦的前头 1 篇。插图 96 幅。共 48 回。

第一回　青帘红粉艳女当炉
　　　　绿蚁金樽呆徒集会

第二回　绿野听歌双姝留后约
　　　　朱门邀客一女食前言

第三回　画舫琼筵佳人劝酒
　　　　孤灯小院俗子叩关

第四回　枉费心机情场恨永
　　　　亲调汤药病榻春深

第五回　无可奈何寒衾揾热泪
　　　　似曾相识旧燕筑新巢

第六回　三章约法腻语慰娇妻
　　　　一缕深情柔魂迷彩券

第七回　剧馆赏奇才黄钟大吕
　　　　包厢惊艳色野草闲花

第八回　艳窟寻芳餐老拳一顿
　　　　高楼顾曲喝异采三声

第九回　扬威黩武花市说繁华
　　　　龁齿磨牙蛾眉遭侮辱

第 十 回　晓梦迷离痴儿入壳
　　　　春心飘荡恶客敲更

第十一回　酒徒作戏疑鬼疑神
　　　　海客谈瀛有声有色

第十二回　嫖理千端精通非易
　　　　情人半打应付裕如

第十三回　下堂少妇引蝶勾蜂
　　　　入海泥牛潜踪遁影

第十四回　迷离扑朔壁窦泄春光
　　　　放诞风流河干惊艳侣

第十五回　陌上花开离筵魄荡
　　　　河东狮吼外室心惊

第十六回　姑丢却了浪漫心肠
　　　　蓦相逢那风流冤孽

第十七回　情思宛转客邸怀春
　　　　月影婆娑湖心打桨

第十八回　兰桡画桨月夜作清游
　　　　楚馆秦楼倡门成盗薮

第 十 九 回　诉前因量珠成梦幻
　　　　　　偿孽债从贼入狴犴

第 二 十 回　倩女情长回心傍饭桶
　　　　　　痴儿孽重捧角丢书包

第二十一回　台前飞巨掌颊现云霞
　　　　　　橱后试真心情分厚薄

第二十二回　爱孽分明回头是岸
　　　　　　情怀叵测屈膝求人

第二十三回　指堕欢春情浓似酒
　　　　　　收覆水绮云软于梦

第二十四回　绝情缘肖郎惊豹变
　　　　　　轮爱恋楚女发雌威

第二十五回　海枯石烂妾志难移
　　　　　　谋密言深郎心可动

第二十六回　殉情图白杀动魄惊心
　　　　　　咽泪勖前进回肠荡气

第二十七回　发慈悲斟情全自爱
　　　　　　游沪渎走马看名花

第二十八回　倡门觅梦惆怅对芳姿
　　　　　　客馆谈心缠绵论往事

第二十九回　娇儿夺命艳妾勾魂
　　　　　　旧爱低眉新欢努目

第 三 十 回　侦行踪檀奴探旅舍
　　　　　　传电信客子转乡关

第三十一回　艳邸规情侈言同情爱
　　　　　　良宵召局惊逅故乡人

第三十二回　飘零粉黛客地困娇娘
　　　　　　惆怅年华柔情萦侠士

第三十三回　热泪诉衷情花明柳暗
　　　　　　轻车寻晓梦电掣风驰

第三十四回　良朋惜别恭送行旌
　　　　　　旧地怀情重觏俊侣

第三十五回　是缘是孽狎友恬真言
　　　　　　若即若离痴人迷艳色

第三十六回　还孽债荡妇送香钩
　　　　　　约行期肖郎惊暴雨

第三十七回　绮梦迷离游丝牵嫩绿
　　　　　　奇缘遇合流水逐残红

第三十八回　心坚似铁恨我未成名
　　　　　　命薄如花怜卿甘作妾

第三十九回　蓓蕾放名花东风有主
　　　　　　佳丽携客馆病体萦心

第 四 十 回　珠香玉笑好梦惺忪
　　　　　　语黯灯昏伊人憔悴

第四十一回　明珠出椟痛失人财
　　　　　　好友陈词绻怀身世

第四十二回　谈往事阿母诉衷肠
　　　　　　慰痴情檀奴翻慧舌

第四十三回　黄金市爱浪子下场
　　　　　　红粉好名伶官入幕

第四十四回　缘尽金空淫娃被弃
　　　　　　盗来赃露诮客成擒

第四十五回　月夕风晨好成盟约
　　　　　　野花路柳喜惹缠绵

第四十六回　白相人狎倡纵兽欲
　　　　　　登徒子吃醋费心机

第四十七回　倡门重堕惨述悲怀
　　　　　　金屋初营欢联爱蒂

第四十八回　病院深沉余情增怅惘
　　　　　　明灯隐约绮梦觉荒唐

二　　舅

短篇社会小说。秦瘦鸥著。上海太平书局。1944 年 4 月版。1 册。10 万字。共 12 篇。

第一篇　给他母亲杀死的?

第二篇　十二年了

第三篇　二舅

第四篇　这不过是秋天

第五篇　小店主

第六篇　一个洋囝囝

第 七 篇　热带鱼

第 八 篇　落叶

第 九 篇　同学少年

第 十 篇　风雨故人来

第十一篇　第三者

第十二篇　恋之梦

危　城　记

社会小说。秦瘦鸥著。1947 年前后《申报》曾连载。怀正文化社。1948 年 4 月版。1 册。18 万字。作者重写本书的说明 1 篇。共 16 章。

第一章　黑云压城城欲摧

第二章　怜君何事到天涯

第三章　人世几回伤往事

第四章　人生有情泪沾臆

第五章　野哭几家闻战伐

第六章　慎勿出口他人狙

第七章　弟兄羁旅各西东

第八章　手持文书杂嗔喜

第 九 章　屋底达官走避胡

第 十 章　哭声直上干云霄

第十一章　人生由命不由他

第十二章　新鬼烦冤旧鬼哭

第十三章　回看血泪相和流

第十四章　途穷反遭俗眼白

第十五章　别君去号何时还

第十六章　长风破浪会有时

红情绿意

社会言情小说。即软血温香。秦瘦鸥著。大中华书局。1948 年 8 月版。1 册。18.8 万字。共 16 回。

第一回　逼离婚律师见鬼
　　　　痛单恋纨袴轻生

第二回　同病相怜张韩缔鸳侣
　　　　他乡遇故李郭结金兰

第三回　一着占先病夫吐气
　　　　三角恋爱弱女分尸

第四回　公理何存执法无私遭惨杀
　　　　强权安在指挥失利走邻邦

第五回　情歌艳曲童女唱春
　　　　嫖学赌经滑头办报

第六回　苦笔耕寒士求官
　　　　攘政柄军阀黩武

第七回　软玉温香舸飞北里
　　　　愁红惨绿羽檄南都

第八回　忙里偷闲追欢作乐
　　　　祸中得福化险为夷

第九回　革命潮兴青年溅热血

　　　　弦歌声起浪子谱新词

第 十 回　俱乐部票友装疯
　　　　　按摩院将军托病

第十一回　逞谈锋老奴告密
　　　　　献媚辞荡妇争宠

第十二回　夫以妻荣听差升局长
　　　　　父因子显走卒作封翁

第十三回　霹雳起晴天铁甲无功终败北
　　　　　呜咽悲末路英雄短气竟归西

第十四回　因微嫌化友为仇
　　　　　知大义投明弃暗

第十五回　无意钻营蒙青眼
　　　　　有心作合苦白头

第十六回　情河多险浪万千鸳侣成者几人
　　　　　孽海少平波十六回书权当一哭

秋 海 棠

社会言情小说。秦瘦鸥著。金城图书公司。1942 年 7 月初版。1 册。24 万字。共 18 回。

一	三个同科的弟兄	十	慈父的心
二	良友与荡妇	十一	夜半歌声
三	镇守使的姨太太	十二	意外风波
四	意外的遇合	十三	流浪到上海
五	爱与欲的分野	十四	打英雄的生活
六	爱情结晶品	十五	爸爸,卖唱去吧
七	脸上划一个十字	十六	青春之火
八	可感的友情	十七	也是一段叫关
九	一个古怪的庄稼人	十八	归宿

第 三 者

短篇社会小说。秦瘦鸥著。波涛出版社。1947 年 4 月初版。1 册。10 万字。共 12 篇。

一	给他母亲杀死的?	七	热带鱼
二	十二年了	八	落叶
三	二舅	九	同学少年
四	这不过是秋天	十	风雨故人来
五	小店主	十一	第三者
六	一个洋囝囡	十二	恋之梦

孽 海 涛

言情小说。秦瘦鸥著。上海雪茵书店。1929 年 1 月初版。4 册。15.3 万字。严独鹤、周瘦鹃作序各 1 篇。自序 1 篇。插图 32 幅。共 16 回。

第一回　逼离婚律师见鬼　　　　　　　痛单恋纨袴轻生

绿窗绮语

短篇言情小说。珠溪栌老编。中华图书馆。1922 年 7 月版。1 册。3.6 万字。编者弁言 1 篇。共 33 篇。

阿修罗	李凉州		冯氏女
冷铁	汝南生		雨笠记
失名	吴生		离魂女
	金玉兰		小情种
海寄	林翠翘	静安女史	娟梅
耐侬	小紫	奇	三生石
鸣鹤	娟娟	隐	伊密之
	程奇生	翰	张氏女

	降头术	刘汉	意外缘
	女塾师		疯十八妪
	珊珊	**攎**	某氏女
醉候	嵛云娘	**菊**	绣帘春
遁夭女士	自由花		巧姻缘
夫名	涟漪	**刘均**	杨娥
	石朝官	**逸梅**	惜红
前人	梦中缘		盗妹
楚伧	潘生		

情 天 恨

艳情小说。顽石著。上海新学社。1905 年 2 月版。1 册。1.2 万字。未分章节。

新鲜笑话奇谈

滑稽小说。振声小说社编。出版单位和出版时间不详。2 卷。5 万字。共 200 篇。松鹤野史叙 1 篇。插图 12 幅。

上卷

爱财如命

黑松林失火

嫖客化龙

鼻烟壶

一子四父

乡人塌台

卖得大便宜

睡不醒

绿脑袋

折烂污

马屁功

不祥之兆

失破机关

卑职伺候

人不如犬

狗装人像

邪术骗人

净桶为帽

真是做青

和尚捉奸

我何能文

令人不测

鼋能骗物

大和尚亏了小和尚

分而食之

江西老俵识宝

醉鬼风流

观音开戒

阴阳颠倒

演说种种

阔大少吃亏

以手代言

果真灵

宁波人口谈

见钱眼开

老丈人吃粪

蠢人遇笨人

滑头滑到底

饭桶先生

狗眼看人

女医治未然病

醉鬼相金刚

猫捕鼠疑鬼

大少认白字

糊涂龟

狐仙冒充观音

终身无子

绝粒殉身

海棠汤

大毛人攫女

仙人童颜

代兄杀嫂

一女嫁九夫

土地奶奶索诈

鬼闻鸡鸣则缩

蜈蚣能降蛇

道士能知土味

鬼乖乖

冒失鬼

说官话鬼

雷公失锥

土地受饿

打僵尸鬼

命该薄棺

黑煞神

秃尾龙

贪财恶报

霸王显灵

仇深似海

死夫卖活妻

恶鬼索诈不遂

一目五先生

恶丐行凶

一棺藏十八人

真龙图变做假龙图

鬼争替身人因得脱

蛇冤难报

鬼嫁女

求雨奇术

森森警察

遗民诗

上海两种木竹声

先生后生

周郎被奸

雅谑

魂魄主人

退灰柄

嘲秦太守

挽妓父联

功课单

公娼

邮票

不亦乐乎

计逃

五归全福

只身露体

守义

千里姐妹

敲敲锣鼓亦好的

互看

照我的旧袜式子

箕子为之奴

汝令堂太太

折老

贺联

鸡

吃茶痛乎

呆徒守店

失午先生

即里去了

诗翁诗赠

牛郎织女

南腔北调

学养后嫁

不准便溺

召租

公民

温大龙

一家三孝廉

女子之三大自德

裁缝

老蚌

说事

争胙肉

娶妾嵌字联

新酒令

详梦

滑稽酒令

一字成隙

滑稽县令

讲题之解颐

趣话

人谜

赠妓联

瓦枕打贼

相兔子

怀鼓戒色

此物大吉祥

果真洞房

摇小会

白　日　鬼

滑稽小说。耿小的著。上海励力出版社。1949 年版。1 册。11 万字。共 5 章。

第一章　王瞎子捉奸有点摸不着　　第四章　干妈多情诗人多病
第二章　潘马邓孙吴五路进攻　　　第五章　红了樱桃绿了头帽
第三章　唐僧下界传种子

如此青天

侦探小说。耿小的(耿晓提)著。上海元昌印书馆。1947 年版。1 册。12 万字。共 10 章。

第一章　一个谜　　　　第六章　六根不净
第二章　二重人格　　　第七章　七魄升天
第三章　三角乱爱　　　第八章　八步紧
第四章　四处私访　　　第九章　九回肠
第五章　五十大板　　　第十章　十全福禄

花烛之夜

社会小说。耿小的著。上海励力出版社。1946 年 7 月初版。1 册。8.8 万字。共 18 回。

第一回　洞房花烛夜　　　第三回　艺术之宫
第二回　高始觉的经济学　第四回　珠联璧合

第 五 回　设台请神　　　　第十二回　春季旅行

第 六 回　唱搭桌戏　　　　第十三回　一件怪事

第 七 回　开办学校　　　　第十四回　海屋添筹

第 八 回　建设　　　　　　第十五回　美人计

第 九 回　新女性　　　　　第十六回　四面楚歌

第 十 回　兴波作浪　　　　第十七回　起了风潮

第十一回　筹备游艺　　　　第十八回　君子曰终

雨露群蜂

社会小说。耿小的（耿晓谛）著。上海正新出版社。1947 年 7 月初版。1 册。16 万字。共 8 章。

第一章　春光好　　　　　第五章　鹊踏枝

第二章　石榴红　　　　　第六章　薄幸引

第三章　醋葫芦　　　　　第七章　意不尽

第四章　寄生草　　　　　第八章　相见欢

闹　蝶　儿

社会小说。耿小的著。上海励力出版社。1947 年 5 月新版。1 册。4.5 万字。耿郁溪作序 1 篇。共 4 章。

第一章　寻艳复寻香不寻臭　　第三章　映日忽争起师生恋爱

第二章　似闲还似忙　　　　　第四章　因风乍共归老家去

梁 海 潮

言情小说。耿小的著。上海励力出版社。1949 年 1 月新版。1 册。7 万字。共 3 章。

第一章　一剪梅
第二章　二郎神

第三章　三叠解

落 花 时

社会言情小说。耿小的著。唯一书店。出版时间不详。1 册。7 万字。楔子 1 篇。共 6 章。

第一章　天增岁月人增寿
第二章　诗歌杜甫其三句
第三章　设诡计假凤虚凰

第四章　处世无奇但率真
第五章　爆炸两三声人间是岁
第六章　又是一年芳草绿

新云山雾沼

滑稽小说。耿小的著。励力出版社。1947 年 6 月版。1 册。5.8 万字。共 6 回。

第一回　孙行者遍游七十二地狱
第二回　八戒吓走扶乩人
第三回　逛天桥大圣批八字

第四回　寻沙僧行者入火星
第五回　回坟土三僧得团圆
第六回　开辟新天地

意 可 香

社会言情小说。耿郁溪著。天津励力出版社。1949 年 1 月新 1 版。2 册。23 万字。共 8 章。

第一章　多情却似总无情　　　第五章　人到情多情转薄
第二章　道是无情却有情　　　第六章　多情女情重愈斟情
第三章　多情早被无情恼　　　第七章　无奈钟情容易绝
第四章　一片幽情冷处浓　　　第八章　人间何处问多情

花柳深情

言情小说。桐庐主人标点。周梦蝶校。大达图书供应社。1934 年 3 月再版。1 册。7.6 万字。萧鲁甫序 1 篇。桐庐主人小引 1 篇。共 32 回。

第一回　绿意轩中思著作　　　　　　　爱小脚遽尔成亲
　　　　西溪村里说原由　　　第 八 回　真爱色独饶卓识
第二回　明眼人劝夫改业　　　　　　　死吃烟异样哀鸣
　　　　痴心老纵妾持家　　　第 九 回　中烟毒父子归阴
第三回　迁监生赴省求名　　　　　　　窥隐事弟兄析产
　　　　老学究临场做梦　　　第 十 回　赤脚妇耕田度日
第四回　画船书舫怀同畅　　　　　　　长毛贼到境移家
　　　　绿鬟红灯志更殊　　　第十一回　三件事普天遭劫
第五回　两毒缠身难救药　　　　　　　一片火小脚亡身
　　　　片言提要枉芳心　　　第十二回　祸临门家室倾覆
第六回　先愁莲瓣难逃难　　　　　　　天降罚骨肉分离
　　　　十踏槐花顿勒缰　　　第十三回　庆生机弟兄得窖
第七回　经大难居然悔过　　　　　　　寻死路学究投营

第 十 四 回　游沪渎时文不售
　　　　　　羡妓馆大脚生财
第 十 五 回　拒恶少巧力保贞
　　　　　　卧破庙神明垂训
第 十 六 回　蹈前辙仍遭文劫
　　　　　　悔旧事未破迷途
第 十 七 回　烟灯困体难兴业
　　　　　　色界迷人又累身
第 十 八 回　捷时文偿他夙愿
　　　　　　嫁小脚得了祸胎
第 十 九 回　意外遭两人错配
　　　　　　梦中事一半先灵
第 二 十 回　冷眼旁观知利害
　　　　　　热心独抱替勤劳
第二十一回　觅生机山中立业
　　　　　　悔往事客舍谈心
第二十二回　苦莲娘丧夫失业
　　　　　　老学究访旧投亲
第二十三回　历宦途英雄短气

　　　　　　昭冥报恶逆戮尸
第二十四回　访门生纵谈时事
　　　　　　得家书息影蓬庐
第二十五回　耐贫穷能勤操作
　　　　　　生悔悟思变形骸
第二十六回　恃夫怜因风生事
　　　　　　避家难出外寻生
第二十七回　畅远游观风问俗
　　　　　　回故土舍旧图新
第二十八回　小试端革除恶习
　　　　　　大作用采录名言
第二十九回　策富强作书寄友
　　　　　　陈利弊得旨加官
第 三 十 回　聚村妇能擒草寇
　　　　　　得水利创造木轮
第三十一回　矿苗识得成巨富
　　　　　　学馆分研见至文
第三十二回　绿意轩追书往事
　　　　　　春申浦梦逐邪魔

希 夷 梦

历史小说。桐庐主人标点。大达图书供应社。1936 年 1 月版。2 册。38.7 万字。新序 1 篇。二卷。共 40 回。

上卷

第一回　喜泰平坠驴招国士
　　　　悲鼎革哭像励孤军
第二回　食周粟终不为宋臣
　　　　睹覆巢安能望完卵

第三回　闹皇庄狂童取辱
　　　　焚歌苑侠气遭擒
第四回　重心膂入狱脱真才
　　　　掩耳口焚牢烧假犯
第五回　验骨殖图文行邻国

辨声音指引入名山

第 六 回　隐士避功名奚啻阱陷

　　　　忠心甘节义尤切乡魂

第 七 回　囊空不免吹篪

　　　　腹实何须弹铗

第 八 回　筹国政贤相辞朝

　　　　行新法乞儿受爵

第 九 回　救浇漓立议修文德

　　　　整散漫挥毫著武谋

第 十 回　明荐暗倾沉疴难国手

　　　　顺留逆去利器试盘根

第十一回　妒嫉暗招兵

　　　　糊涂偏选将

第十二回　寻良友雾漫认龙驹

　　　　夺佳人风萍降猘犬

第十三回　得情由良相保奇才

　　　　知确实贤君宥骄将

第十四回　馈赂交邻为敌树敌

　　　　正名施令攻心结心

第十五回　计中计赚开百结关

　　　　身外身诱进独锁渡

第十六回　虚有可乘取城易于拾芥

　　　　武无用处破岭难若登天

第十七回　察阵势漆胶吴越

　　　　中反间鱼水参商

第十八回　义胆忠肝难胜谗夫浸润

　　　　志悲气愤单摧大敌貔貅

第十九回　酬知己剖腹表丹心

　　　　救良朋束腰擒白额

第二十回　绊雄兵两途袭敌

　　　　燔巨舰单艇擒酋

第二十一回　鹿角车毙骁骑攻瑕取胜

　　　　　蜂房卵毁屯积走险成功

第二十二回　数节迎刃星驰电掣

　　　　　一着错布瓦解冰消

卷下

第二十三回　地利人和资用全援绝可守

　　　　　城坚将智粮饷足塞要毋攻

第二十四回　两函书商量和议

　　　　　一道表惶恐求成

第二十五回　五猴擎天印

　　　　　石雉炬双毫

第二十六回　定河为界大将军封侯镇土

　　　　　指石喻心老庶长制佞保储

第二十七回　变成法补全成法

　　　　　戮贪员惩劝贪员

第二十八回　追捕犯喜得金船渡溺水

　　　　　求快婿误将木氏作王郎

第二十九回　招驸马笼络英雄

　　　　　认公主成全窈窕

第 三 十 回　为奸谋散分奸势

　　　　　进正土扶持正人

第三十一回　重宿儒盈廷皓首

　　　　　除痼疾遍野春风

第三十二回　念疾苦一辆寻源

　　　　　审形势三年奏绩

第三十三回　破肚移心善念深仇都了结

　　　　　拘魂易体巨奸淫恶自灾殃

第三十四回　怀逆谋群凶授首

　　　　　舒忠愤二子捐躯

第三十五回　众邪误置蚁聚雷成

　　　　　　三将陷亡舍生取义

第三十六回　守令得人民安冠殄
　　　　　　渠魁失计身丧亲离

第三十七回　武事无庸武备
　　　　　　攻坚莫若攻心

第三十八回　金莲瓣倒垂群英智竭

　　　　　　紫竹根斜画众鄙魂穷

第三十九回　逢覆舟询乡国快意对伤心
　　　　　　追亡友别妻孥暂离成永诀

第 四 十 回　功名何处梦回剩得须眉白
　　　　　　疆土奚存国丧难禁篡夺评

梅梦艳史

　　言情小说。桐庐主人著。上海启智书局。1934 年 5 月版。1 册。8.5
万字。本书提纲 1 篇。共 15 回。

第一回　得奇梦遣子游南国
　　　　重诗才开馆请西宾

第二回　九里松吴郎刮目
　　　　十锦塘荡子留心

第三回　好姻缘翠娟心许
　　　　恶风波郑子私谋

第四回　吴瑞生月下许良缘
　　　　金御史夜中失爱女

第五回　木客商设谋图凤侣
　　　　花夜叉开笼救雪衣

第六回　渡清江舟中遇盗
　　　　走穷途庵内逢嫂

第七回　水小姐还愿祈母寿
　　　　王老妪索诗探才情

第八回　真相思情怀一首诗

　　　　假还愿密订三生约

第 九 回　遭流离兰英失母
　　　　买针荨翠娟认妹

第 十 回　明说破姊妹拜姊妹
　　　　暗铺排情人送情人

第十一回　易姓字盛世际风云
　　　　赴新任驿亭遇骨肉

第十二回　寻甥女并得亲生女
　　　　救人祸贻累当身祸

第十三回　谒抚院却逢故东主
　　　　择佳婿又配旧西宾

第十四回　金抚院为国除奸
　　　　李刑厅替父报仇

第十五回　联双乔各说心间事
　　　　娶五美得逐心中缘

江湖英雄演义

武侠小说。桃花馆主著。上海新华书局。1927 年 5 月版。3 册。50 万字。新华书局主人弁言 1 篇。3 卷。共 180 回。

第 一 回　徐公子轻财好客
　　　　　黎道人重义传徒

第 二 回　海鸥子临别显才能
　　　　　鹤阳楼英雄初出手

第 三 回　伍天豹小闹宜春院
　　　　　李文孝鞭打扑天雕

第 四 回　赛孟尝怒打小霸王
　　　　　方国才避难走他方

第 五 回　徐定标寻访一枝梅
　　　　　伍天熊私下九龙山

第 六 回　神箭手逆旅逢侠客
　　　　　铁头陀行刺遇英豪

第 七 回　一枝梅徐府死头陀
　　　　　慕容贞李庄完首级

第 八 回　徐鸣皋兄弟观打擂
　　　　　飞云子风鉴识英雄

第 九 回　雅仙蓼鸣皋遇师伯
　　　　　玄都观严虎摆擂台

第 十 回　赛孟尝拳打严虎
　　　　　罗季芳拉倒擂台

第十一回　救义兄反牢劫狱
　　　　　换犯人李代桃僵

第十二回　铁稜关挑灯大战
　　　　　救妹丈弃邪归正

第十三回　警好王剑仙呈绝技
　　　　　杀土豪义士报冤仇

第十四回　扬州府严拿凶手
　　　　　轩辕庙锤打夜叉

第十五回　赛元庆误落李家店
　　　　　杨小舫大闹清风镇

第十六回　除黑店兄弟相逢
　　　　　明报应三娘再嫁

第十七回　避冤仇四海远游
　　　　　徐鸣皋一上金山

第十八回　非非设计擒众杰
　　　　　徐庆神箭射了凡

第十九回　徐义士二次上金山
　　　　　众英雄一同陷地穴

第二十回　一枝梅金山救兄弟
　　　　　狄洪道千里请师尊

第二十一回　句曲山侠客遇高人
　　　　　　华阳洞众妖谈邪道

第二十二回　徐鸣皋刀斩七怪
　　　　　　狄洪道路遇妖人

第二十三回　皇甫良杀人医病
　　　　　　狄洪道失陷王能

第二十四回　草上飞踪寻表弟
　　　　　　狄洪道喜遇焦生

第二十五回　草上飞斩符常谭闵
　　　　　狄洪道擒皇甫医生

第二十六回　云阳生仗义下江南
　　　　　王守仁惧祸投钱塘

第二十七回　红衣娘单身入地穴
　　　　　徐鸣皋三次上金山

第二十八回　大雄殿英杰逞威能
　　　　　地穴门侠女显绝技

第二十九回　云阳生斩非非和尚
　　　　　赛孟尝破金山禅寺

第 三 十 回　徐鸣皋焚烧淫窟
　　　　　林兰英父女团圆

第三十一回　太平县弟兄失散
　　　　　石埭镇故友相逢

第三十二回　石埭山强盗作窟
　　　　　望山楼义士施威

第三十三回　徐鸣皋力斩五虎将
　　　　　飞龙岭大炸五雷峰

第三十四回　霓裳仙救鸣皋李武
　　　　　山中子劫罗德王能

第三十五回　朱宸濠献美人巧计
　　　　　唐子畏绘十美图容

第三十六回　杨小舫穷途逢义友
　　　　　周湘帆好侠结金兰

第三十七回　王守仁谏纳美人
　　　　　包行恭遵师下山

第三十八回　孙寄安为财轻离别
　　　　　沈醴泉设计抛银钱

第三十九回　睹娇容沈三思恶意
　　　　　用奸谋苏氏入牢笼

第 四 十 回　老虔婆设金蝉巧计

沈三郎蹈杀身危机

第四十一回　除奸淫夜斩沈三郎
　　　　　包行恭大闹杏花村

第四十二回　张家堡厮打成相识
　　　　　英雄馆举鼎遇故人

第四十三回　南昌府群英聚首
　　　　　兴隆楼兄弟重逢

第四十四回　一枝梅安义山寻友
　　　　　徐鸣皋元宵节遇妖

第四十五回　安义山主仆重逢
　　　　　梅村道弟兄齐会

第四十六回　黄三保狐假虎威
　　　　　徐鸣皋为朋雪耻

第四十七回　众义士大闹勾栏院
　　　　　徐鸣皋痛打铁教头

第四十八回　军师府铁昂求计
　　　　　郑元龙走马报信

第四十九回　徐鸣皋智料奸谋
　　　　　李自然发兵遣将

第 五 十 回　小侠客箭射至刚僧
　　　　　郗将军力擒三勇士

第五十一回　徐鸣皋一探宁王府
　　　　　朱宸濠疏劾俞巡抚

第五十二回　王府戒严防刺客
　　　　　村店谈心遇异人

第五十三回　宁潘府禁军为盗
　　　　　赵王庄歃血练兵

第五十四回　一枝梅弹打铁教头
　　　　　三侠士大战郗将军

第五十五回　鷾寄生逼走郗天庆
　　　　　徐鸣皋相会焦大鹏

第五十六回　备御敌造奇法炮箭
　　　　　　结同盟合佐玉良才

第五十七回　李自然狠心施毒计
　　　　　　郏天庆再打赵王庄

第五十八回　霓裳子独救赵王庄
　　　　　　郏天庆枪挑草上飞

第五十九回　余半仙祭炼招魂法
　　　　　　霓裳子金殿显奇能

第六十回　　徐鸣皋二探宁王府
　　　　　　朱宸濠叛逆动刀兵

第六十一回　朱宸濠传檄江南
　　　　　　玄贞子投书海外

第六十二回　傀儡生度脱凡胎
　　　　　　飞云子斩除恶僧

第六十三回　王妈妈谋利亡身
　　　　　　苏月娥贪淫自缢

第六十四回　飞云子名言劝世
　　　　　　玄贞子妙术传徒

第六十五回　焦大鹏独救苏州城
　　　　　　徐鸣皋三探宁王府

第六十六回　傀儡生救万人性命
　　　　　　徐鸣皋遇十世姻缘

第六十七回　徐鸣皋了结夙世缘
　　　　　　余半仙摆设迷魂阵

第六十八回　孙大娘错斗王凤姑
　　　　　　狄洪道打死常得保

第六十九回　十三生大破迷魂阵
　　　　　　众剑客齐会赵王庄

第七十回　　约后会玄贞子回山
　　　　　　传圣旨张太监遇盗

第七十一回　张太监落水庆重生

　　　　　　陆松年设筵款良友

第七十二回　陆家湾庄汉说前因
　　　　　　葫芦套英雄诛众寇

第七十三回　宁寿宫垂询往事
　　　　　　武英殿召见英雄

第七十四回　挂帅印杨御史讨贼
　　　　　　拒叛逆毕知府出征

第七十五回　知府尽忠参将死节
　　　　　　将军建议元帅分兵

第七十六回　郭汝曾议收宁远县
　　　　　　徐鸣皋伏法土耳墩

第七十七回　投密约射矢遗书
　　　　　　慢军心设计骄敌

第七十八回　徐鸣皋活捉左天成
　　　　　　一枝梅计败吴方杰

第七十九回　西和城慕容行刺
　　　　　　安化县徐庆进卒

第八十回　　仇游击暗地说前情
　　　　　　杨元帅督兵攻逆贼

第八十一回　高铭智败杨小舫
　　　　　　刘杰弹打周湘帆

第八十二回　周湘帆中弹昏沉
　　　　　　鹞寄生送药解救

第八十三回　鹞寄生力辞杨元帅
　　　　　　王文龙巧激一枝梅

第八十四回　李知诚献书诈降
　　　　　　杨元帅运筹决胜

第八十五回　一枝梅弹打魏光达
　　　　　　徐鸣皋枪挑王文龙

第八十六回　置镖败投兰州城
　　　　　　鸣皋暂领巩昌府

第八十七回　拒王师周昂设奇计
　　　　　　审奸细元帅探军情

第八十八回　杨元帅误困兰州
　　　　　　徐指挥踏翻贼塞

第八十九回　上密书元帅得消息
　　　　　　托疾病游击设奇谋

第 九 十 回　轻骑飞来叛王受缚
　　　　　　诸城克复元帅班师

第九十一回　平逆藩论功受赏
　　　　　　避近幸决计归田

第九十二回　杨丞相上表乞休
　　　　　　王御史奉旨招讨

第九十三回　料敌情一番议论
　　　　　　剿贼巢五路进兵

第九十四回　询土人将军思破贼
　　　　　　献野兽猎户暗行刁

第九十五回　假奉承强盗入牢笼
　　　　　　真顺从村民献密计

第九十六回　改装易服将士潜行
　　　　　　巧语花言强人受骗

第九十七回　探路径密记情形
　　　　　　发号令进攻山寨

第九十八回　徐鸣皋火烧涮头寨
　　　　　　卧山虎被困枣木林

第九十九回　枣木林卧山虎丧身
　　　　　　大庾营徐皋鸣报捷

第 一 百 回　咨诹野老元帅尊贤
　　　　　　试探贼情将军诱敌

第一百一回　运筹帷幄三次矫兵
　　　　　　决胜疆场一番出令

第一百二回　徐鸣皋奉令助三军

池大髻枵腹战二将

第一百三回　徐鸣皋力斩二寇
　　　　　　任大海独战三人

第一百四回　徐将军义勇兼施
　　　　　　王元帅恩威并用

第一百五回　卜大武矢志投诚
　　　　　　王远谋现身设法

第一百六回　献妙计卜大武陈词
　　　　　　去诈降谢志山受骗

第一百七回　一枝梅盗箭斩冯云
　　　　　　赛花荣暗器伤徐寿

第一百八回　一枝梅得箭还箭
　　　　　　玄贞子知灾救灾

第一百九回　一枝梅再盗弩箭
　　　　　　卜大武初次说词

第一百十回　弃邪归正独刀锄强
　　　　　　阳助阴违双刀杀贼

第一百十一回　驰奏章元帅报捷
　　　　　　　论战绩武宗加封

第一百十二回　击杀命官宸濠造反
　　　　　　　奉旨征讨守仁督帅

第一百十三回　徐鸣皋分兵驰救
　　　　　　　郯天庆督队进攻

第一百十四回　一枝梅独施神勇
　　　　　　　郯天庆误听人言

第一百十五回　设妙策令派官兵
　　　　　　　因劫寨火焚贼众

第一百十六回　牵羊担酒太守犒师
　　　　　　　折将损兵逆贼请罪

第一百十七回　分雄师急救南康城
　　　　　　　刺降贼夜入按察署

第一百十八回　劝儿夫妻妾进良言
　　　　　　　杀贼徒英雄留首级

第一百十九回　见首级骇倒奸王
　　　　　　　发弹子打伤主将

第一百二十回　挟异端余七保逆贼
　　　　　　　仗邪术非幻败王师

第一百二十一回　刘养正议图安庆
　　　　　　　　王守仁再打南昌

第一百二十二回　擅绝技一箭射降贼
　　　　　　　　仗邪术二次败官军

第一百二十三回　解药施丹救全军士
　　　　　　　　反风灭火败走妖人

第一百二十四回　非幻妖召神劫大寨
　　　　　　　　傀儡生遗法代官兵

第一百二十五回　丁人虎面禀细根由
　　　　　　　　王守仁预设反间计

第一百二十六回　王元帅移檄召诸侯
　　　　　　　　众官军黑夜劫贼寨

第一百二十七回　众英雄大破非幻寨
　　　　　　　　一枝梅夜入南昌府

第一百二十八回　遗书反间布散谣言
　　　　　　　　度势陈词力排众议

第一百二十九回　刘养正议取金陵城
　　　　　　　　一枝梅力打南昌府

第一百三十回　一枝梅诱敌击贼兵
　　　　　　　郯天庆守城战官将

第一百三十一回　马耳山英雄齐却敌
　　　　　　　　南昌府贼将再兴兵

第一百三十二回　用火攻官军大败
　　　　　　　　摆恶阵妖道逞能

第一百三十三回　徐鸣皋探阵陷阵

　　　　　　　　海鸥子知情说情

第一百三十四回　海鸥子演说非幻阵
　　　　　　　　狄洪道借宿独家村

第一百三十五回　狄洪道除害斩山魈
　　　　　　　　白乐天殷勤留勇士

第一百三十六回　独家村赠金辞金
　　　　　　　　飞霞楼遇旧叙旧

第一百三十七回　赶路程二义士御风
　　　　　　　　具杯酒两盟嫂设馔

第一百三十八回　焦大鹏初见王元帅
　　　　　　　　玄贞子遗盗招凉珠

第一百三十九回　焦大鹏设计盗宝
　　　　　　　　一枝梅奋勇杀官

第一百四十回　自然建议请鸿儒
　　　　　　　余七回山延师父

第一百四十一回　徐鸿儒下山奉伪诏
　　　　　　　　河海生盗扇得真情

第一百四十二回　同类相仇恨如切齿
　　　　　　　　终身谁托刻不忘心

第一百四十三回　一尘子劝余秀英归诚
　　　　　　　　徐鸿儒约王守仁开战

第一百四十四回　比剑术玄裳子对敌
　　　　　　　　助破阵傀儡生重来

第一百四十五回　余秀英私献光明镜
　　　　　　　　王元帅主持美姻缘

第一百四十六回　徐鸣皋救出亡门阵
　　　　　　　　众守军昏倒落魂亭

第一百四十七回　余秀英嘘寒送暖
　　　　　　　　徐鸣皋倚玉长香

第一百四十八回　知恋新恩秀英盗扇
　　　　　　　　不负旧德鸣皋遗书

第一百四十九回　王元帅回书约内厅
　　　　　　　　御风生见面说前因

第一百五十回　伍天熊率妻来归
　　　　　　　玄贞子登坛发令

第一百五十一回　十三生大破非非阵
　　　　　　　　众剑客各攻逆贼营

第一百五十二回　闻内变妖道惊心
　　　　　　　　遇仇人鸿儒切齿

第一百五十三回　焦大鹏独救余秀英
　　　　　　　　王凤姑力斩非幻道

第一百五十四回　玄贞子飞剑斩妖人
　　　　　　　　王守仁分兵取二郡

第一百五十五回　朱宸濠议救二郡
　　　　　　　　徐鸣皋智败三军

第一百五十六回　攻大寨贼将丧师
　　　　　　　　设计谋元帅诈病

第一百五十七回　徐庆夜夺广顺门
　　　　　　　　自然遁出南昌府

第一百五十八回　众官兵巧获宜春王
　　　　　　　　余秀英智赚王元帅

第一百五十九回　徐鸣皋奉书尊王令
　　　　　　　　余秀英暗地说私情

第一百六十回　逞绝技女将破离宫
　　　　　　　听良言从贼甘投地

第一百六十一回　徐鸣皋抄检宁王宫
　　　　　　　　朱宸濠逼走盘丝谷

第一百六十二回　朱宸濠退保樵舍
　　　　　　　　雷大春进攻九江

第一百六十三回　明武宗御驾亲征
　　　　　　　　朱宸濠暗遣刺客

第一百六十四回　巧立水军联舟作阵

第一百六十五回　议破战舰以大为工
　　　　　　　　师成熊罴大队南征
　　　　　　　　性本豺狼中宵行刺

第一百六十六回　焦大鹏行宫救圣驾
　　　　　　　　明武宗便殿审强徒

第一百六十七回　明武宗移跸驻荆州
　　　　　　　　孙知府奉命审刺客

第一百六十八回　用骗供刺客承招
　　　　　　　　上表章知府复命

第一百六十九回　伍定谋下书约战
　　　　　　　　一枝梅奉调进兵

第一百七十回　鄱阳湖轻舟试练
　　　　　　　潜谷口黑夜烧粮

第一百七十一回　用奇谋官军纵火
　　　　　　　　施奋勇贼将亡身

第一百七十二回　觐天颜元帅辞功
　　　　　　　　诛逆贼娄妃引罪

第一百七十三回　朱宸濠夜遁小安山
　　　　　　　　洪广武安居德兴县

第一百七十四回　雷大春诚心投表弟
　　　　　　　　洪广武设计绊奸王

第一百七十五回　用反言喁喁试妾妇
　　　　　　　　明大义侃侃责夫君

第一百七十六回　殷勤款待假意留人
　　　　　　　　激烈陈辞真心劝主

第一百七十七回　投机密议仆奔驰
　　　　　　　　入罗网奸王就缚

第一百七十八回　朱宸濠敲牙割舌
　　　　　　　　明武宗散财发票

第一百七十九回　明武宗西山看剑术
　　　　　　　　众英雄黑店灭强人

第一百八十回　大奸已殛御驾班师　｜　丑虏悉平功臣赐赏

姊 妹 花

侦探小说。桃园散人著。上海沈鹤记书局。1919 年 12 月版。1 册。0.66 万字。太憨生序 1 篇。插图 4 幅。

大侠马如龙

武侠小说。夏风著。上海广益书局。1941 年 3 月版。1 册。7 万字。自序 1 篇。插图 8 帧。共 16 章。

第一章　上国观光异人宠幸
第二章　卖解场中钗光剑影
第三章　钻火圈飞燕显奇技
第四章　出怪事窃贼盗御宝
第五章　马如龙单身入虎穴
第六章　老夜叉酷喜食人心
第七章　灭人伦逆子害手足
第八章　张白燕冒死救檀郎
第九章　索御宝独探碧云宫
第十章　魔窟灯昏英雄病倒
第十一章　清浊当分姐妹反目
第十二章　鹤子道慷慨泄天机
第十三章　杀虎歼猿参仙借血
第十四章　灶下婢操杖逐强徒
第十五章　长牙大鼍奉命西征
第十六章　邪不胜正奏凯班师

大破笔架山

武侠小说。夏风著。上海广益书局。1948 年 6 月新 4 版。1 册。7.2 万字。作者卷头语 1 篇。插图 8 幅。共 16 章。

第一章　报私仇聚众劫镖银
第二章　遭奇祸盗首啖人心
第三章　淑女怜才小动唇舌
第四章　檀郎被屈舅母糊涂

第五章　芒砀山女侠伏双雄	第十一章　乞援手敬谒老英雄
第六章　石抡魁应召去庐山	第十二章　何家兄妹仗义拔刀
第七章　显绝技刺客投罗网	第十三章　夜探水寨身手惊人
第八章　人头祭侠女哭胞兄	第十四章　小火龙半夜烧贼粮
第九章　蛇头钉打倒恶头陀	第十五章　赛李俊书劝白云鹏
第十章　奸淫贼初试霹雳手	第十六章　众英雄大破笔架山

风 云 会

武侠奇情小说。夏风著。上海广益书局。1949 年 4 月版。1 册。10 万字。开场白 1 篇。插图 7 幅。共 20 章。

第一章　庆中秋府尹遭奇祸	第十一章　玉罗汉怒撞银髯侠
第二章　塞外风尘迷途入险境	第十二章　冰雹神宴请武国起
第三章　好梦初回眼前成地狱	第十三章　祝华诞老侠赠奇画
第四章　绝处逢生淫僧授首级	第十四章　抛砖引玉乞丐设谋
第五章　伉俪情深桃僵谋代李	第十五章　日照双槐偷天换日
第六章　恶耗飞来寨主罹法网	第十六章　改邪归正为国宣劳
第七章　色中饿鬼邂逅遇妖狐	第十七章　赛天王力规樊姥姥
第八章　江南酒侠父女庆重逢	第十八章　淫娃荡妇密计杀人
第九章　盗首渠魁群谋劫法场	第十九章　钗光剑影衙署杀赃官
第十章　拉枯摧朽三侠逞威风	第二十章　儿女英雄齐会望云山

生死冤家

社会言情哀艳长篇。夏风著。上海广益书局。1941 年 11 月版。1 册。7 万字。自序 1 篇。插图 7 幅。共 16 章。

第一章　惊鸿一瞥客子动绮思	第二章　文章憎命幸得美人怜

第三章	情深一往投赠鸳鸯枕		第 十 章	罗掘俱穷难了向平愿
第四章	玉人无恙天外忽飞来		第十一章	变生肋腋负气走西湖
第五章	私语喁喁前尘如梦寐		第十二章	雨覆云翻冤家重聚首
第六章	恶魔设局弱女入牢笼		第十三章	乐极生悲严君责爱子
第七章	赎身有计难集孔方兄		第十四章	难违亲命含恨作新娘
第八章	软红十丈病后数游踪		第十五章	使君有妇妾命薄于花
第九章	斯文扫地商贾重金钱		第十六章	人亡物在此恨永绵绵

白门三剑客

武侠小说。夏风著。上海广益书局。1946 年 3 月新 1 版。1 册。6 万字。编者序 1 篇。插图 7 幅。共 12 章。

第一章	狭路寻仇镖师逢劲敌		第 七 章	毒弩飞来无心遭暗算
第二章	一鸣惊人小侠显奇功		第 八 章	缠绵病榻狂恋女华陀
第三章	路见不平二老救孤旅		第 九 章	非刑拷打兄弟痛连心
第四章	满城风雨盗案若牛毛		第 十 章	含情脉脉别恨侵芳心
第五章	马迹蛛丝甘霖入冤狱		第十一章	泄漏春光官府成巨盗
第六章	性如烈火激走小元霸		第十二章	奔电掣雷剧盗竟成擒

壮志凌云

社会香艳小说。夏风著。上海广益书局。1948 年 6 月版。1 册。6.6 万字。自序 1 篇。插图 7 幅。共 16 章。

第一章	失恃孤儿痛挥后母泪		第五章	化装有术学子变村姑
第二章	留书告别浪迹到春申		第六章	身入虎穴端赖传书鸽
第三章	乘风破浪远赴五羊城		第七章	美色迷人喜煞巴营长
第四章	马逢伯乐素志展鹏程		第八章	口似悬河粲花翻妙舌

第 九 章　艳如桃李操守若冰霜　　　第十三章　偷天换日数将定奇谋。
第 十 章　气焰逼人吕鹏鸣肆暴　　　第十四章　安排金锁准备捉蛟龙
第十一章　投明弃暗团长忆胞兄　　　第十五章　千钧一发囚凤出牢笼
第十二章　移花接木帐底暗销魂　　　第十六章　摧枯拉朽一阵破金汤

海滨艳梦

言情小说。夏风著。上海广益书局。1941 年 11 月版。1 册。10 万字。作者卷头语 1 篇。插画 7 帧。共 16 章。

第一章　临阵脱逃的混帐主人　　　第 九 章　望的一丝不苟一尘不染
第二章　烟卷儿烧了秀发　　　　　第 十 章　错望杭州作汴州
第三章　一位医学博士的夫人　　　第十一章　女儿未嫁人一缸水不浑
第四章　你倒得陇望蜀起来了　　　第十二章　脸上倒也红是红白是白
第五章　五百元忽然变成五十元了　第十三章　一个特殊行动的女学生
第六章　一幕李代桃僵的妙计　　　第十四章　他想检查她的骨头起来
第七章　哭会使女人软了芳心　　　第十五章　一场麻雀牵起了情丝
第八章　不是花骨头便是轻骨头　　第十六章　五对情人综错的结局

蛮荒怪侠

武侠奇情小说。夏风著。上海广益书局。1946 年 5 月版。1 册。7.8 万字。自序 1 篇。共 16 章。

第一章　避雷雨危崖惊怪事　　　第六章　假慈悲古寺遇淫僧
第二章　激孝思仙草疗咯血　　　第七章　蜂房谷异人初出世
第三章　祭河神叠供汉人头　　　第八章　观灯会老人劫爱子
第四章　抱不平断锁走蛟龙　　　第九章　入黑店被困摩天堡
第五章　解重围奇女遭驱逐　　　第十章　斩淫贼大侠救佳人

第十一章 　行赏罚力持扶汉会	第十四章 　万剑山毒蟒伤行旅
第十二章 　组分会侠盗入牢笼	第十五章 　葬狒姆母子喜相逢
第十三章 　报深恩喜结凤鸾俦	第十六章 　破黑旗怪侠受皇封

柳 絮 飞

社会小说。夏忠道著。重庆北新书局。1944 年 11 月版。1 册。9 万字。未分章节。

双 侠 缘

义侠小说。夏跃儿著。上海文明书局。1916 年 10 月初版。2 册。7.2 万字。提要 1 篇。共 16 章。

一	诉旧	九	暗谈
二	玫愿	十	茶问
三	伪容	十一	情热
四	避祸	十二	又声
五	惊报	十三	从戎
六	苏陈	十四	拯美
七	遇左	十五	诛仇
八	沙技	十六	偕隐

处女的心弦

短篇社会小说集。顾佛影编。上海青声书社。1929 年 8 月版。1 册。9.4 万字。前言我整理处女的心弦的经过 1 篇。共 71 则。

黄日琏	月夜	夏毓馨	旧梦
俞淑贞	法国公园的一夜	施瑞玉	离家以后
曹秀琳	有也如无	袁季兰	儿时
吴蕴之	知己天涯	王悉均	爱娟
吴丽华	记忆之一页	刘洁文	落霞
严敏燕	金陵一瞥	李新民	童史的一页
王秀贞	故乡	王静英	醉卧沙场
吴蕴芬	寒夜的回忆	顾舜华	祖母的故事
	快乐到悲哀	王祖英	最后的光明
郑锡瑜	四年前的学校生活	卫汉昭	返真记
朱涤章	午夜枪声	王碧霞	前后
王淑英	记我友 A 女士	朱文珠	慈晖之殒
邵湘舲	酷念的他	江芷	悲秋
夏武英	同情	姚瑞英	三年前
王素兰	往事	王定芬	梨花残了
毛仲颐	姊姊的酬报	葛和笙	黯然
何爱宝	话旧	姚肇如	一页无聊的日记
李继瑜	弱柳	徐闺玉	桂姐
张炳莲	谁之过	颜素娥	父亲
楼芹芳	船票	涂慧瑛	残年
石志筠	老农底谈话	许锡润	别情
徐韵和	断鸿	夏毓智	转变
王秀鹃	她的悲哀	谢钧	吴淞江畔
李芬仪	蟋蟀	陈亚莲	死前
胡惠宝	孤魂泪痕	宋怀新	鬼影
左绍芬	半夜啼声	庄秉贞	不寐之夜
卜振华	阿弥娘的死	黄德英	春去
郑梅倩	母子	龚娥	何处去了
陈素父	他	归桢宝	无母之痛
石韫英	一个迷离的梦	纪纫容	遗嘱
黄天香	聘金	吴瑞和	画稿

魏胤和	寂寞中的烦恼	**王饴祖**	阿薇
毛庭瑜	如梦	**吴引荪**	过去
余婵娟	堕落	**汪琬**	怀旧小撷
梅玉琴	忆旧游	**徐毓卿**	浮海归来
陈琦	进会		

新儒林外史

社会小说。顾佛影著。上海大东书局。1924 年 6 月版。1 册。4.8 万字。共 12 回。

第一回	游西湖酒馆点名肴		第 七 回	有意开笼阍奴遁迹
	缺东风军师施妙计			无心入阱视学施威
第二回	大出丑辛智华解围		第 八 回	难下台倒串三花脸
	小惊慌钱绍珉失袋			真上劲重哼独韵腔
第三回	窃玉垆头老奴造孽		第 九 回	逃考试酝酿小风潮
	摸金匮底浪子迷魂			遭训斥鼓吹大革命
第四回	吐气扬眉新猷乍展		第 十 回	西装破碎校长无颜
	翻箱倒箧旧调重弹			东道调停学监多智
第五回	赵呆子挨饿候佳期		第十一回	麴先生巧平众怒
	李勇士裸身参盛会			侠少年代打官司
第六回	几桩条件一概应承		第十二回	腻语樽前可人期合
	三日自由大家拼命			薄游湖上野史收场

方外奇谈

武侠短篇小说。顾明道等著。上海国华书局。1920 年 1 月初版。2 册。12 万字。不才子、俞牖云作序各 1 篇。共 52 篇。

顾明道	一微头陀		江福保
	报恩庵尼		李梅安
	赤脚僧		周二仙
	六奇道人	佚	行游僧
	莽和尚		伶人徐某
	碧霞道姑		秃秃僧
	关西行者	朱鸿寿	怪道人
	吴门僧		黄武英家之拳僧
	一清长老		梦禅僧
	复仇秘史		李拳师口述之僧尼
俞牖云	风道人		行脚僧
	御车僧		散道人
	粉面侠		双斧僧
	寒月和尚		老尼身世
	角觗戏		疯道人
邹企达	大腹尼		狂笑道人
	曹州小尼		黑道人
	白头尼		和尚道台
	蹩道人	李定夷	莲花尼
葛怀天	邬兰英		无名尼
	小黑张		歌尼
	小无锡		聋尼
	康泰尔		谛慧
	王雄		静真
	玉山十条龙:赵鹤亭		闽僧
	姚吉敬		无牒僧
	闵坚定		小和尚
	戴伯钧		灵隐寺僧
	王一林	吴绮缘	禅关盗窟
	洪承嗣		体钵禅师
	苏纪唐		

血雨琼葩

长篇侠义小说。顾明道著。上海春明书店。1945 年 9 月版。2 册。15 万字。自序 1 篇。共 22 章。

第 一 章	人生何处不相逢	第 十 二 章	尽如宁武可奈何
第 二 章	朔方健儿好身手	第 十 三 章	不肯低头在草莽
第 三 章	令人却忆平原君	第 十 四 章	圆圆小字娇罗绮
第 四 章	燕蹴飞花落舞筵	第 十 五 章	何处豪家强载归
第 五 章	红裙妒煞石榴花	第 十 六 章	早携娇鸟出樊笼
第 六 章	暂醉佳人锦瑟旁	第 十 七 章	冲冠一怒为红颜
第 七 章	攻城杀将何纷纷	第 十 八 章	五更鼓角声悲壮
第 八 章	落花有意随流水	第 十 九 章	黄昏胡骑尘满城
第 九 章	怜君何事到天涯	第 二 十 章	蜡炷迎来在战场
第 十 章	公孙剑器初第一	第二十一章	要留青史与人看
第十一章	英姿飒爽来酣战	第二十二章	银烛金杯映翠眉

江南花雨

长篇言情小说。顾明道著。上海春明书店。出版时间不详。1 册。15 万字。前奏 1 篇。尾声 1 篇。共 12 章。

第一章	回首江南好春色	第 七 章	茂陵秋雨病相如
第二章	蓬门未识绮罗香	第 八 章	飘零踪迹别离天
第三章	惊才绝艳少年行	第 九 章	十年消息记曾无
第四章	小姑居处尚无郎	第 十 章	金尊檀板奈情何
第五章	通词何处托微波	第十一章	妾被黄金误已多
第六章	嗟君此别意如何	第十二章	蓬门今始为君开

如此江山

爱国小说。顾明道著。上海三友书社。1934 年 6 月初版。3 册。
22.1 万字。题句 1 篇。题词 2 篇。序 2 篇。共 20 回。

第一回　江山黯澹志士着先鞭
　　　　儿女沉酣簧宫选皇后

第二回　寿辰邀腻友何故殷勤
　　　　银幕动悲思谁为抵抗

第三回　飞将军争球入坚垒
　　　　女学士试技溺清波

第四回　出死入生幸逢侠骨
　　　　一鳞半爪微见芳心

第五回　游湖得俊侣迹留雪鸿
　　　　抗日组义军气吞河岳

第六回　航空救国锐意制新机
　　　　捐款助边热心援黑马

第七回　一诺千金故作慷慨
　　　　五光十色堪慰寂寥

第八回　别有用心初创少年社
　　　　同怀决死争观铁血团

第九回　一封书疑云陡起
　　　　小集会怪趣横生

第十回　忠勇期徐盛抵掌谈兵
　　　　义愤效陈东入京请愿

第十一回　驱车慰病女好意成空
　　　　　和事作调人真相得白

第十二回　为谁流血老母陡惊惶
　　　　　何物恼人彼姝偏寂寞

第十三回　蚕食鲸吞强邻黩武
　　　　　风声鹤泪富室避兵

第十四回　落花有意痴念空咄嗟
　　　　　永夜无眠忧心独憔悴

第十五回　热血诉飞鸿健儿许国
　　　　　芳怀明大义娇女离乡

第十六回　赴水脱盗舟奋身一掷
　　　　　闻风走黑夜蹑足再奔

第十七回　中道乞援同行喜得伴
　　　　　病院探友相对暗伤神

第十八回　忍痛撤防男儿呼杀贼
　　　　　捐躯卫国好友泣伤麟

第十九回　养病在院中忽来贵客
　　　　　闻风徙海上重聚天伦

第二十回　苦雨凄风青山埋烈士
　　　　　悲歌击剑黑水投义军

红妆侠影

侠情小说。顾明道著。春明书店。1943 年 1 月初版。1 册。6.2 万字。自序 1 篇。共 10 章。

第一章	芳名艳说银弹子	第六章	从容杀盗显身手
第二章	仇人相见决生死	第七章	欲销魂处已销魂
第三章	潼关道上流星飞	第八章	入山幸遇少林僧
第四章	寝苫枕戈孝女心	第九章	赴汤蹈火气如云
第五章	芳草天涯何日归	第十章	风尘仆仆复仇归

红蚕织恨记

哀情小说。顾明道著。上海广文书局。1928 年 7 月版。1 册。4.4 万字。漱六山房主人、赵眠云、蒋吟秋题词各 1 首。顾醉萸、郑逸梅、同芳谷作序各 1 篇。共 10 回。

第一回	碧海茫茫清言霏玉 柔情渺渺噩梦惊心	第六回	半途遇险误入樊笼 绝处逢生幸脱虎穴
第二回	忧愁困苦独坐思前尘 滑稽突梯信口讲赌经	第七回	乘风破浪何来巨舰 清歌曼舞忽逢美人
第三回	受诱感侈言社交 为谴责顿萌短见	第八回	意绵绵酒楼小宴 情切切病榻谈心
第四回	筑新冢伤心埋玉 会名园击鼓催花	第九回	转危为安名医施妙手 有胜无败健儿逞奇能
第五回	惊耗报到哀哉苍天 伊人不归杳如黄鹤	第十回	绿意红情风光细腻 慧心綮齿况味温存

红粉金戈

长篇侠情小说。顾明道著。上海春明书店。1948 年 7 月再版。2 册。29 万字。自序 1 篇。共 32 回。

第 一 回　月白风清酒楼逢少艾
　　　　　艺高胆大荒野得奇图

第 二 回　索解疑文金藏秘密岛
　　　　　贪看美色梦恋温柔乡

第 三 回　求一士南澳宿渔家
　　　　　集群英西沙探宝窟

第 四 回　活虎生龙海滨喋血
　　　　　惊风骇浪节外生枝

第 五 回　黾山来逐鹿侠士缔交
　　　　　虎穴去求亲淫徒中计

第 六 回　筵外挥刀快人快事
　　　　　山头飞石如火如荼

第 七 回　病榻托孤雀屏初中
　　　　　青楼探艳鸳梦重园

第 八 回　吉士闻歌旧情复燃
　　　　　红妆任侠新雨初逢

第 九 回　故意探真相巧言媚客
　　　　　有心除情敌暗箭伤人

第 十 回　良友高谊弃家远走
　　　　　美人祸水屈打成招

第十一回　救英雄冒险入潮城
　　　　　识禁卒乔装劫犴狱

第十二回　血溅妆楼妖姬毕命
　　　　　身栖海岛壮士称雄

第十三回　港边恶斗绝技叹无双
　　　　　月下清谈知音庆有侣

第十四回　下降书儒生运妙计
　　　　　探异地豪杰识蛮人

第十五回　仗义救危邦骤飞血雨
　　　　　思亲归故里忽散慈云

第十六回　海泊巧逢名伶访友
　　　　　重围难突勇士求亲

第十七回　海上飓风大军忽撤
　　　　　窗前利剑刺客何来

第十八回　杯弓蛇影仗义送书生
　　　　　火炬神歌求仁援弱女

第十九回　海舶合围岛人败北
　　　　　奇兵破敌壮士遁南

第二十回　誓死不降效负嵎猛虎
　　　　　决心他去作脱壳金蝉

第二十一回　智攻海霞城英雄创业
　　　　　　火烧云龙谷大将丧生

第二十二回　美人和敌帐里添欢情
　　　　　　壮士觐王宫中生杀气

第二十三回　航海寻兄情深手足
　　　　　　中宵侍疾好合瑟琴

第二十四回　戈头溅血勇士复仇
　　　　　　箭镞飞身文人殒命

第二十五回　海国重来夫仇必报
　　　　　　奇兵突袭战血有腥

第二十六回　鼓楼枭首一女殉夫
　　　　　　帷幄运筹百象破敌

第二十七回　城下乞盟雄狮刎颈
　　　　　　林间中伏侠女捐躯

第二十八回　毒蛇肆虐倩女离魂
　　　　　　邻使慰情异邦入赘

第二十九回　出师勤王事奔马阵摧
　　　　　　夺国起雄心倚楼人语

第三十回　　爱女泄阴谋国王伏甲
　　　　　　高台试大炮志士殒身

第三十一回　长风破浪林凤征南
　　　　　　黑夜攻营肖柯喋血

第三十二回　妙计不成捐躯显勇武
　　　　　　霸基难建潜迹避穷荒

花 萼 恨

言情小说。顾明道著。上海春明书店。1948 年 7 月再版。1 册。15 万字。自序 1 篇。共 26 章。

第 一 章　莺啼燕语报新年
第 二 章　憎爱分明后母心
第 三 章　问君谁是意中人
第 四 章　心有灵犀一点通
第 五 章　初相见似曾相识
第 六 章　新歌一曲令人艳
第 七 章　千金散尽还复来
第 八 章　春愁黯黯独成眠
第 九 章　赖有智囊作鲁连
第 十 章　最是可怜阿母心
第十一章　疑神疑鬼有阴谋
第十二章　一片深深舐犊情
第十三章　初下卢家玉镜台
第十四章　欣识吴门交际花
第十五章　落花时节又逢君
第十六章　问君底事总荒唐
第十七章　凄凉病榻悲双亲
第十八章　分离雁行叹燃萁
第十九章　世事茫茫难自料
第 二 十 章　双栖海上营金屋
第二十一章　卿须怜我我怜卿
第二十二章　因何水火不相容
第二十三章　妒花风雨猝兴波
第二十四章　情天孽海如幻梦
第二十五章　一旦分飞同命鸟
第二十六章　花萼悴荣伤母心

茉 莉 花

短篇言情小说集。顾明道著。上海益新书社。1935 年 8 月四版。1
册。13 万字。尤半狂、胡亚光各作序 1 篇。曹梦鱼、张慧剑、赵眠云、庞乐
园各题词 1 首。著者卷首语 1 篇。

第一部分　图画

天真

云树苍茫

林中

西子晚妆

赤壁夜游图

丹翁题诗

风前奏一曲

七里泷边

冷艳

珠溪暮色

野航

第二部分　小说

茉莉花

拯救

不幸的苹果

最美之妻

暗箭

如此恋爱

故乡

垂死的吻

野花

谁是情侣

患难

裁缝匠的玩物

家信

为人作嫁

月色

哭

妆奁

病

此中人语

盟兰记

第三部分　　小言、丛谈、小小说、笔记、尚武录、西笑、野乘、游记

小言　　积极与消极

丛谈　　武侠小说丛谈

　　　　劫后思痛录

　　　　虎口余生记

小小说　罢课之一幕

笔记　　祸水

　　　　夺媳秘史

　　　　闹鬼

	婚骗		客人之革囊
	情海哀鹣		特别礼物
尚武录	孙氏弟兄		车中客
	何景翼		红海之画
	无我上人		丐者婚筵
西笑	不感谢之报答		旅客小智
	父不识子		奇异之地址
	病人惊走医生	野乘	大刀琐谈
	好寻人过		记大刀会中一老英雄
	乞钱妙法	游记	天池探胜记
	马耶人耶		重游天池记。
	奇妙医术		

国难家仇

哀情小说。顾明道著。上海三星书局。1933 年 10 月版。2 册。14.8 万字。范烟桥、金芳雄、徐碧波、郑逸梅作序各 1 篇。插图 40 幅。共 20 回。

第一回	晓风残月沧海送孤帆		胆大艺高盗逐日名马
	铁板铜琶小园识俊士	第 七 回	悲国难壮士陈感言
第二回	起义军挥戈抗暴日		痛家仇老人殉强敌
	飞钿縠醉酒度良宵	第 八 回	奇兵夜袭初立战功
第三回	输财助边援黑马		铁骑南来同创倭寇
	断指贻友恋红羊	第 九 回	送秋波美人垂青眼
第四回	腻友赠旗舍生取义		惊绝色侠士拒红粉
	酒家饯别视死如归	第 十 回	月下动乡思惊心幻梦
第五回	痛言斥浪子棒喝当头		河边献妙计敌忾同仇
	迁怒及名花掌飞香颊	第十一回	义士怀忠倒戈攻日寇
第六回	月明人寂舞环龙宝刀		倭将好色醉酒失名城

第十二回　舍生歼暴敌计夺甲车
　　　　　誓死守孤城力撄炮火

第十三回　枪林弹雨幸脱重围
　　　　　旨酒良宵乍临迷阵

第十四回　订鸳盟枕边述往事
　　　　　惊铁鸟天外来古人

第十五回　音书邮滞心忆关山
　　　　　烽火宵深梦惊淞沪

第十六回　逞兽行倭奴违人道

　　　　　任护务闺秀慰伤兵

第十七回　输家财无限愤痛
　　　　　闻噩耗满怀悲哀

第十八回　断脰裂胸守土有男儿
　　　　　易装赴义复仇惊英雄

第十九回　机会幸逢他乡得同志
　　　　　祸殃难免中道遇敌兵

第二十回　脱险履安重逢骨肉
　　　　　会师抗日大播声威

钗 头 凤

写实哀情小说。顾明道著。春明书店。1942 年再版。2 册。13.5 万字。自序 1 篇。共 22 回。

第一回　薰香摘艳才子声华
　　　　击楫渡江英雄肝胆

第二回　客地漫游初来卖解女
　　　　名园雅集独赏断肠红

第三回　酒绿灯红细语忘倦
　　　　人横马醉豪奴施威

第四回　罗御史率子媚权贵
　　　　临安府悬榜寻雪狮

第五回　兴冤狱志士灰心
　　　　忆远亲慈闺惊梦

第六回　雨妒风欺贤媛受虐
　　　　愁深病重老父托孤

第七回　走马观灯野心忽炽
　　　　扁舟送女古道可风

第八回　做新郎误抢有夫妇

　　　　入荒刹巧逢怪道人

第 九 回　度佳节喜尝樱桃
　　　　　归故乡幸脱陷阱

第 十 回　锦心绣口绿窗读新诗
　　　　　明月清风良夜联鸳牒

第十一回　慰相思缠绵有意
　　　　　窥秘密邂逅无心

第十二回　豆腐店私叙幽情
　　　　　妙严庵暗藏春色

第十三回　得陇望蜀浪子宣淫
　　　　　覆雨翻云恶尼进诮

第十四回　谈命说相疑多受愚
　　　　　持螯赏菊乐极生悲

第十五回　荫失椿萱更逢姑恶
　　　　　味甘冰蘗幸得郎怜

第十六回　避香溪憔悴女贞花
　　　　　授锦囊绸缪赚人策
第十七回　誓掇巍科思成美眷
　　　　　暗伺间隙计遣娇娥
第十八回　得惊耗红珠奔波
　　　　　成孽缘书玉作恶
第十九回　蜂轻蝶狂利诱势逼
　　　　　冰清玉洁心苦志坚
第二十回　贤公子窥探淫窟
　　　　　侠丈夫援救美人
第二十一回　心痛落花帕藏珠泪
　　　　　　魂销情影词谱钗头
第二十二回　黄衫仗义宝剑光寒
　　　　　　紫玉成烟哀鹣翼折

侠骨恩仇记

武侠小说。顾明道著。上海大东书局。1916 年 3 月版。1920 年 8 月再版。2 册。8 万字。俞牖云序 1 篇。共 14 回。

第一回　人面兽性白昼奸污
　　　　锄强诛暴夜半飞头
第二回　老英雄深山比剑
　　　　小姑娘大道夺镖
第三回　云龙庄儿女欢聚
　　　　飞豹寨侠义结交
第四回　传神拳三战称霸
　　　　争意气一怒杀友
第五回　少林僧新收门下
　　　　打虎将物色名师
第六回　急公义奋勇护魏家
　　　　报私仇舍身入虎穴
第七回　春郊驰猎英气虎虎
　　　　小园赏月情话依依
第八回　闻噩耗负气独行
　　　　为婚事伤心自杀
第九回　黄衫儿慷慨好义
　　　　紫衣女缠绵多情
第十回　脱虎穴幸来神剑侠
　　　　探鬼堡巧遇玉面郎
第十一回　赛孟贲一指倒五百
　　　　　小神童双剑诛三王
第十二回　酒绿灯红力士遭祸
　　　　　剑光血雨众鬼丧生
第十三回　两雄大闹狮子馆
　　　　　三侠夜探凤凰庄
第十四回　英雄侠骨尽了恩仇
　　　　　儿女柔情都成眷属

念 奴 娇

长篇社会香艳小说。顾明道著。上海春明书店。1942 年 11 月版。1 册。3 万字。自序 1 篇。共 18 回。

第一回　池塘扑蝶燕语莺声
　　　　茅舍唼鱼别情离恨

第二回　淑女有贤声持家多智
　　　　财奴招怨诅为富不仁

第三回　求偶倩冰人伧夫急色
　　　　分金逢好友名士伤神

第四回　相思两处隔好事多磨
　　　　大错一朝成阴谋得逞

第五回　鸦凤非因缘含愁下嫁
　　　　薰莸异气味抱恨绝裾

第六回　情丝永断奋袂为国殇
　　　　手足重逢痛心谈家事

第七回　掌上得珍珠聊因快意
　　　　堂前求蝶赢别有用心

第八回　顽童肇祸顿起戒心
　　　　佳客登门频施青眼

第九回　喝雉呼卢歧途狂态见
　　　　敲金戛玉绛帐艳情多

第 十 回　狗偷鼠窃刘子摸金
　　　　　璧合珠联钱郎跨凤

第十一回　雪地索旧逋财奴撒手
　　　　　锦囊生妙计恶棍失风

第十二回　杀身何慷慨歌女成仁
　　　　　避祸太彷徨美人遭劫

第十三回　鉴人有术旗媪选丽姝
　　　　　惊艳倾心名王宠绝色

第十四回　贞烈独求全松筠节著
　　　　　艰难唯一死舐犊情深

第十五回　恩深雨露难挽美人心
　　　　　志博声誉愿还疯子妇

第十六回　珠冠炫辉柔情如水转
　　　　　银灯映艳好梦正春深

第十七回　抱残守缺名士隐身
　　　　　攀凤附龙小人得志

第十八回　萦念故家胤嗣难觅
　　　　　挂名金榜骨肉重圆

春 宵 梦

长篇言情小说。顾明道著。上海春明书店。1946 年 6 月版。1 册。10.4 万字。自序 1 篇。共 32 章。

第 一 章　到甜蜜蜜去

第 二 章　你是一块又甜又香的糖

第 三 章　谁送我到此的

第 四 章　杨小姐来了

第 五 章　伊是我的表妹

第 六 章　这是要问你的

第 七 章　众星拱月

第 八 章　打倒郭四小姐

第 九 章　武曌是女权主义者

第 十 章　他的意中人

第十一章　在锣声琴韵中姗姗而出

第十二章　老而不死是为贼

第十三章　你真是个妙人

第十四章　如聆九天珠玉

第十五章　我同杨小姐是朋友

第十六章　今天要和你谈谈

第 十 七 章　我心头甜透了

第 十 八 章　母也天只不谅人只

第 十 九 章　怎么这火车已开走呢

第 二 十 章　让我来玩一下吧

第二十一章　你摄得最好了

第二十二章　心田里燃起一团妒火

第二十三章　独乐乐不如与人乐乐

第二十四章　双泪落君前

第二十五章　我和杨小姐交友是偶然的

第二十六章　炙痛了他的心

第二十七章　却不料乐极生悲

第二十八章　总是猜不出一个所以然来

第二十九章　这封信是别有作用的

第 三 十 章　此人是小姐的朋友

第三十一章　那一个疯子先生

第三十二章　你是新生的芳树

草莽奇人传

武侠小说。顾明道著。上海南方书店。1934 年 5 月版。4 册。24 万字。郑逸梅、杨剑花、范烟桥序各 1 篇。程瞻庐、金季鹤题辞各 1 篇。插图 160 幅。共 40 回。

第一回　一箦功亏筹边计拙

　　　　单车行远报国心长

第二回　客店救孤儿仁言感物

　　　　空山谭好景骤雨催人

第三回　服群番深林遇隐

　　　　防远敌孤岛练兵

第四回　北上觅止栖警传黄海

　　　　南归图挽救变起萧墙

第五回　民主国昙花倏现

　　　　台南城独木空支

第六回　挫锐气竹林成围猎

　　　　下战书半壁抗雄师

第七回　愤离邪党京国投军

　　　　谋刺奸珰梨园混迹

第　八　回　十刹海卖浆女遭劫
　　　　　　丁字沽红姑娘逞妖

第　九　回　除盐枭水战海里奔
　　　　　　装嫁娘血溅大师姐

第　十　回　义和团纷扰天津城
　　　　　　聂将军尽忠八里台

第十一回　施巧谋匪魁成嚼火
　　　　　　闹醋劲土倡倏掀风

第十二回　车驾仓皇万重丧胆
　　　　　　宫闱冷落一剑寒心

第十三回　紫禁城虚投宝剑
　　　　　　长松山力敌大刀

第十四回　落寞孤行趵突泉遇侠
　　　　　　游戏三昧滦口镇捉妖

第十五回　客地喜逢红鼓女
　　　　　　边关怒打骄镖师

第十六回　明月夜失马得良朋
　　　　　　乱山间流弹落佳果

第十七回　诡计探情马群出土堡
　　　　　　掉文约法车害扰荒村

第十八回　止需索班头屈正义
　　　　　　告冤枉弱女寻救星

第十九回　入深山空车启艳羡
　　　　　　伐大树神弹弄玄虚

第二十回　布绳网三盗设诡谋
　　　　　　争坐位两雄斗意气

第二十一回　王家口畅饮齐心酒
　　　　　　　大马集高谭逆耳言

第二十二回　一匹布计赚贪妇
　　　　　　　满山雪诡访元凶

第二十三回　完巨案雪花拳雨

话故事髯绺烟丝

第二十四回　月黑天昏擒小丑
　　　　　　　酒酣耳热数家珍

第二十五回　守师训虎尾脚失传
　　　　　　　诳海船石尤岛探险

第二十六回　小遇合仗军师片语
　　　　　　　大喝彩惊侠女双刀

第二十七回　功成杀鼠子报父仇
　　　　　　　曲奏求凰兄解妹愠

第二十八回　壮士捕鲸同舟共济
　　　　　　　义儿弑侠两败俱伤

第二十九回　不速客快语窘乡绅
　　　　　　　漫游人疑心追奇女

第三十回　设疑阵连宵盗巨宝
　　　　　　破阴谋两美吐真情

第三十一回　一叶舟清游烟雨楼
　　　　　　　半瓶酒细说因循岛

第三十二回　孤岛更生赌徒偏得意
　　　　　　　他乡落拓挚友喜相逢

第三十三回　众英雄初试弄玄虚
　　　　　　　两侠女夜行救困厄

第三十四回　桑间觑艳浪子思邪
　　　　　　　屋漏警凶拳师相虐

第三十五回　妙舌逗痴顽管教入彀
　　　　　　　卑辞动恻隐许与自新

第三十六回　图报复访寻隐老
　　　　　　　决攻取指点舆地

第三十七回　包山寺诸侠远征
　　　　　　　奉天城双雄行刺

第三十八回　中副车堕城了宿孽
　　　　　　　追敌骑孔道斗无休

第三十九回	因羡生妒纵火烧客舍	第 四 十 回	乞援芒砀山群魔北去
	见财起意策马劫银囊		除凶大马集三骑南来

荒江女侠三集

武侠小说。顾明道著。上海三星书局。1932 年 11 月初版。2 册。15 万字。插图 28 幅。严独鹤、严芙孙、徐哲身、黄转陶、金芳雄、郑逸梅、陈达哉、程小青、戚饭牛作序各 1 篇。奚燕子、许瘦蝶、庞乐园、范烟桥、许疚盦、何药樵题诗词若干首。共 14 回。

第一回	远道访故人庵中避雨	第 八 回	意马心猿绮障难除
	客窗谈往事壁上飞镖		顾前失后刺客成擒
第二回	怪老人病榻赠宝刀	第 九 回	除七怪大破邓家堡
	莽力士琼筵献炙肉		谒禅师重上昆仑山
第三回	七星店巧戏火眼猴	第 十 回	情海生奇波真欤伪欤
	邓家堡重创青面虎		新房演悲剧是耶非耶
第四回	山洞乞灵药起死回生	第十一回	深林追草寇误中阴谋
	古寺访高僧截辕杜辔		黑夜登乌龙甘蹈虎穴
第五回	离乡投亲喜逢恩庇	第十二回	卖解女密室锄奸
	以怨报德惨受奇冤		钓鱼郎桑林惊艳
第六回	仗义闯公署快语惊人	第十三回	密意秾情爱人为戎首
	乔妆入青楼有心捕盗		解纷排难侠客作鲁连
第七回	破疑案宵小反坐	第十四回	低首作情俘幸脱虎狼口
	赠图册机关得明		侠心平剧盗巧成麟凤缘

荒江女侠五集

武侠小说。顾明道著。上海文业书局。1937 年 5 月第 1 版。2 册。13 万字。易君左、天笑题词各 1 首。影片插图 4 幅。周瘦鹃、刘铁冷、郑逸

梅、徐耻痕、尤绮作序各 1 首。金天翮鹤舫、包天笑、易君左、许息盦题诗各 1 首。毕志飏题诗 2 首。瘦蝶倚声题词 1 首。顾明道作对读者的谈话 1 篇。插图 24 幅。共 12 回。

第一回　醉酒狂行水中闹趣剧
　　　　游山闲话湖畔访异人

第二回　快意畅谈解衣为剑舞
　　　　奋身苦战投水作珠沉

第三回　访女侠蓦地得凶音
　　　　观兽戏平空生惨剧

第四回　代打擂台女儿献绝技
　　　　留居客地俊士结新知

第五回　一梦太荒唐暗怀醋意
　　　　飞镖何突兀别有阴谋

第六回　烟雨楼老人谈飞贼
　　　　灵官庙双侠救英雄

第 七 回　曲巷去采花头陀锛羽
　　　　　龙潭来盗锤妖道殒生

第 八 回　妙计偶然生山巅入颗
　　　　　芳踪何所觅水上交兵

第 九 回　绮障孽冤三娘还故里
　　　　　枪声剑影群侠破横山

第 十 回　怪杰逐白浪老鼋就缚
　　　　　将军来黑夜淫妇伏诛

第十一回　逍遥店施技打骄兵
　　　　　洪泽湖驾舟追水寇

第十二回　古寺谒老僧前尘顿忆
　　　　　征途逢响马诡计堪惊

荒江女侠六集

武侠小说。顾明道著。上海文业书局。1940 年 4 月第 1 版。2 册。14 万字。严独鹤、程瞻庐序各 1 篇。自序 1 篇。周瘦鹃、朱剑芒题诗各 1 首。许瘦蝶题词 1 首。插图 28 幅。共 14 回。

第一回　飘泊江湖一镳诒鸳侣
　　　　困居陷阱四侠战强徒

第二回　夜雨孤灯闻歌救弱女
　　　　单刀匹马退敌显神威

第三回　助战成功仗红妆季布
　　　　化仇为友赖白发鲁连

第四回　邂逅中途女儿劫狱

　　　　绸缪良夜壮士乞婚

第五回　草寇飞刀山前逢故友
　　　　奇人设计阁上绐强徒

第六回　秘经出奇仇头斯得
　　　　深山惊艳玉臂何来

第七回　窥浴动淫心萧墙起祸
　　　　倒戈下毒手峻岭丧师

第 八 回　龙骧寨剑仙救大厄
　　　　　曾家庄故雨话旧情
第 九 回　檀板银筝筵前观女乐
　　　　　柔肠侠骨峪内报凶音
第 十 回　袁寨主攻城报私怨
　　　　　鲍提督征峪起雄师
第十一回　制胜倚双雄头陀殒命

　　　　　出奇探问道勇将陷身
第十二回　观奇能前山求挑战
　　　　　仗粲舌深夜请息兵
第十三回　一夕退三军智穷老将
　　　　　征途逢奇兵艳说荒江
第十四回　比剑术古刹飞银丸
　　　　　庆新婚洞房遇刺客

荒江女侠四集

武侠小说。顾明道著。上海文业书局。1937 年 3 月 2 版。2 册。14 万字。插图 28 幅。许云樵作海外姻缘 1 篇。严独鹤、陆士谔、王文儒、吴慕侠序各 1 篇。程瞻庐、海上漱石生、许瘦蝶题词各 1 首。共 14 回。

第一回　神灯妖篆旧事重提
　　　　赛会迎仙怪相毕现
第二回　故意谈天书蛇神牛鬼
　　　　有心探秘室粉腻脂香
第三回　运奇谋大破玄女庙
　　　　访故友重来贾家庄
第四回　挑衅斗骄全村罹巨劫
　　　　逞能负气小侠作双探
第五回　蜈蚣棍群惊娇女
　　　　问罪书独难老人
第六回　竞雄犊崗三弹显奇能
　　　　卧底贼巢群英除巨害
第七回　买剑龙飞何来老道士
　　　　品茗虎跑忽遇怪头陀

第 八 回　黄昏寂寂铁杖惊书生
　　　　　碧海茫茫扁舟追剧盗
第 九 回　虎斗龙争飞镖伤侠士
　　　　　花香鸟语舞剑戏红妆
第 十 回　飞觞醉月秘史初闻
　　　　　扫穴犁庭芳踪遽香
第十一回　鸳鸯腿神童吐气
　　　　　文字狱名士毁家
第十二回　作刺客誓复冤仇
　　　　　听花鼓横生枝节
第十三回　妙计布疑云英雄被绐
　　　　　孤身陷敌手女侠受惊
第十四回　恶梦初回设谋离虎穴
　　　　　清游未已冒险入太湖

荒江女侠初集

武侠小说。顾明道著。上海大益图书局。1930 年 8 月 4 版。1931 年 4 月 5 版。2 册。12 万字。插图 40 幅。严独鹤、赵焕亭、陆士谔、姚民哀、徐碧波、郑逸梅各写序 1 篇。丹翁、吟秋、眠云、烟桥、瘦蝶各题诗词若干。共 20 回。

第一回　剑光飞黑夜铁拐逞威
　　　　血雨溅红胡大刀殒命

第二回　学武术名山拜师
　　　　显奇能石屋杀虎

第三回　歼三雄大义卫邻寨
　　　　驱一道英名震荒江

第四回　田园荒废苦志寻宿仇
　　　　旅店凄凉伤心哭贤妇

第五回　探血案小摧马贩子
　　　　求助手遍访云三娘

第六回　入虎穴双侠蹈危机
　　　　收门徒老僧获恶果

第七回　诛神狮入生出死
　　　　破秘室转危为安

第八回　飞银丸淫僧伏法
　　　　遇侠客众女庆生

第九回　以柔克刚铁头俯首
　　　　设谋害敌壮士杀身

第十回　破韩庄剑光黛影
　　　　归赵璧侠骨热肠

第十一回　投黑店巧逢奇人
　　　　　杀女盗欣获宝镯

第十二回　觞祝华堂神童献绝技
　　　　　剑飞杰阁怪客说前情

第十三回　妖人施术欺愚氏
　　　　　双侠奋勇探古塔

第十四回　毒雾腥风女侠险丧命
　　　　　香窝艳薮男儿欲销魂

第十五回　三姊妹同争美郎君
　　　　　一英雄独探天王寺

第十六回　石破天惊山中窥奇窟
　　　　　蛇神牛鬼岛上逢异人

第十七回　分水岭天豪立头功
　　　　　张家口剑秋寻女侠

第十八回　锄强济弱仁心义心
　　　　　嘘暖问寒病魔情魔

第十九回　相逢狭路有意复仇
　　　　　偶入蓬门无心中毒

第二十回　试葫芦法玄起淫心
　　　　　斩蜈蚣女侠偿夙愿

荒江女侠续集

武侠小说。顾明道著。上海三星书局。1933 年 6 月 5 版。2 册。16 万字。李浩然题词 1 首。严独鹤、范烟桥、徐碧波、顾醉萸、蒋吟秋各写序 1 篇。程瞻庐、金季鹤、尤爱梅、雍元贞、凌莘子、许瘦蝶各题词若干首。插图 28 幅。电影剧照 5 幅。共 14 回。

第一回　奋神威山中伏鸶鸟
　　　　怀绝技夜半盗花驴

第二回　鹿角沟喜获新知
　　　　双龙坪巧逢老道

第三回　温香软玉大盗敛虎威
　　　　宝马锦衣小主遘奇险

第四回　豪气如云观剧惩太岁
　　　　柔情若水劫牢救英雄

第五回　大闹风虎堂波兴醋海
　　　　双探螺蛳谷身陷重山

第六回　走古刹无意遇能僧
　　　　歼剧盗同心成美眷

第七回　魅影鸱声邸中捕鬼
　　　　雪花血雨岭上救人

第八回　得伪书魔王授首
　　　　亲芗泽公子销魂

第九回　落魄穷途鬻书卧虎邨
　　　　月夜飞刀蹈险天王寺

第十回　铁弹三飞教师丧胆
　　　　渔歌一曲侠女动心

第十一回　孤舟赴奇险怵目惊心
　　　　　病榻诉离愁回肠荡气

第十二回　彩凤高飞猝逢邓七怪
　　　　　神雕引路重晤云三娘

第十三回　老龙口渡船遇道姑
　　　　　红叶村石窟囚侠士

第十四回　两奇人醉闹太白楼
　　　　　五剑侠大破天王寺

柳暗花明

言情小说。顾明道著。上海春明书局。出版时间不详。2 册。19 万字。共 26 回。插图 25 幅。第一至第十四回回目缺。

第十五回　流水落花阿娇生妒意　　　　兴风作浪二憾示淫威

第 十 六 回　一封书诽语伤君子
　　　　　　百步巷深宵斗暴徒
第 十 七 回　适彼异邦苦心避鬼蜮
　　　　　　送君南浦微意通灵犀
第 十 八 回　护持逢好友学术有缘
　　　　　　赏识得美人文章增价
第 十 九 回　名剧倾城为君歌一曲
　　　　　　鱼书邀客睹影喜三生
第 二 十 回　妩媚喜彼姝嘉宾小醉
　　　　　　猖狂惊二竖好事多磨
第二十一回　锦上添花芳名传海壖

　　　　　　楼中来客絮语乐天伦
第二十二回　闺中遗素简人面桃花
　　　　　　堂上奏新声凤笙龙笛
第二十三回　菊有黄华游怀斯骋
　　　　　　人逢青眼心事初谈
第二十四回　柔情书里诉千酸万辛
　　　　　　绮思座中生朝云暮雨
第二十五回　有美彷徨侯门初入
　　　　　　斯人憔悴故剑难忘
第二十六回　喁喁喜相逢珠还剑合
　　　　　　绵绵恨无已柳暗花明

剑底莺声

历史香艳侠情小说。顾明道著。上海春明书店。1941 年 9 月版。1册。16.5 万字。共 24 回。

第一回　渺渺诗情楼头赏皓月
　　　　森森剑气泽畔遇奇人
第二回　故国去勤王历兵秣马
　　　　名湖来潜影赏菊持螯
第三回　霜锋怜胆水上退狂徒
　　　　纤足消魂树头惊少艾
第四回　意马心猿黄昏践密约
　　　　惊魂夺魄黑夜逃残生
第五回　旨酒佳肴夸烹饪妙手
　　　　忠言婉语见爱护深心
第六回　小儿女欢习梅花剑
　　　　老英雄侈谈眇目人
第七回　花落鬓边男儿显绝技

　　　　人横杖下侠士动仁心
第 八 回　军书旁午棨戟重临
　　　　　舐犊深情扁舟莅止
第 九 回　锦囊妙计虎将救危城
　　　　　春水绿波王孙泛小舸
第 十 回　徜徉山水魅影初逢
　　　　　鼙鼓江淮楚歌四起
第十一回　诸王生异志名将杀降
　　　　　单舸出围城渔翁送信
第十二回　孤城困守妙计欲回天
　　　　　末路奔波贤王终授命
第十三回　杜门养晦怪客窥人
　　　　　借酒浇愁病魔为祟

第十四回　一舸匆匆避身古刹
　　　　　百年寂寂埋骨青山
第十五回　天涯托足小侠遁踪
　　　　　湖上飞头狂徒伏诛
第十六回　客地遇乡人乔装避目
　　　　　名湖探古迹鏖战惊心
第十七回　被掳上牛山王孙誓死
　　　　　劝降来石室盗女多情
第十八回　山中作甥馆剧盗招亲
　　　　　水上逢渔舟双姝获救
第十九回　漂泊至荒村渔夫好色

　　　　　缠绵留病榻小婢窃金
第二十回　报德意诚盈盈拜义父
　　　　　复仇心切仆仆访英豪
第二十一回　求助有诚义儿舞长铗
　　　　　垂青何幸假凤作东床
第二十二回　萍飘絮泊旅店聚踪
　　　　　夫唱妇随孤舟脱险
第二十三回　小轩陈苦志儿女琴心
　　　　　秘谷屯雄师桃源剑气
第二十四回　飞来恶战侠女孤魂
　　　　　天赐奇缘英雄艳福

哀鹣记

哀情小说。顾明道著。上海益新书社。1930年4月版。4册。14.7万字。荀慧生题泪渍青衫1页。顾明道自序1篇。俞牖云、沈婉兰序、赵眠云序各1篇。程瞻庐、顾醉萸、郑逸梅、金季鹤题诗各1首。共22回。

第一回　薰香摘艳才子声华
　　　　击楫渡江英雄肝胆
第二回　客地漫游初来卖解女
　　　　名园雅集独尝断肠红
第三回　酒绿灯红细语忘倦
　　　　人横马醉豪奴施威
第四回　罗御史率子媚权贵
　　　　临安府悬榜寻雪狮
第五回　兴冤狱志士灰心
　　　　忆远亲慈闱惊梦
第六回　雨妒风欺贤媛受虐
　　　　愁深病重老父托孤

第七回　走马观灯野心忽炽
　　　　扁舟送女古道可风
第八回　做新郎误抢有夫妇
　　　　入荒刹巧逢怪道人
第九回　度佳节喜尝樱桃
　　　　归故乡幸脱陷阱
第十回　锦心绣口绿窗读新诗
　　　　明月清风良夜联鸳牒
第十一回　慰相思缠绵有意
　　　　窥秘密邂逅无心
第十二回　豆腐店私叙幽情
　　　　妙严庵暗藏春色

第十三回　得陇望蜀浪子宣淫
　　　　　覆雨翻云恶尼进谗
第十四回　谈命说相疑多受愚
　　　　　持螯赏菊乐极生悲
第十五回　阴失椿萱更逢姑恶
　　　　　味甘冰蘖幸得郎怜
第十六回　避香溪憔悴女贞花
　　　　　授锦囊绸缪赚人策
第十七回　誓掇巍科思成美眷
　　　　　暗伺间隙计遣娇娥

第十八回　得惊耗红珠奔波
　　　　　成孽缘书玉作恶
第十九回　蜂轻蝶狂利诱势逼
　　　　　冰清玉洁心苦志坚
第二十回　贤公子窥探淫窟
　　　　　侠丈夫援救美人
第二十一回　心痛落花帕藏珠泪
　　　　　　魂销倩影词谱钗头
第二十二回　黄衫仗义宝剑光寒
　　　　　　紫玉成烟哀鹣翼折

美人碧血记

哀情小说。顾明道著。上海海左书局。1929 年 1 月初版。4 册。11 万字。赵眠云、郑逸梅、金季鹤题词各 1 首。范烟桥、杨剑花序各 1 篇。4 卷。共 22 回。

第一回　揽胜名湖老人蜡屐
　　　　鼓琴矮屋隐士遗怀
第二回　绛帐红毹女弟子
　　　　锦心绣口妙文章
第三回　伤遭际耐受冷言
　　　　深阅历畅谈黑幕
第四回　绛云楼姊妹重逢
　　　　红梅轩主宾欢聚
第五回　春郊猎鹰犬一弹无情
　　　　医院侍茶汤三生有幸
第六回　述往事惨绿愁红
　　　　猜诗迷钩心斗角
第七回　名山恁眺共赏春光

　　　　小阁低徊忽逢佳友
第八回　青梅竹马自昔有心
　　　　钿约钗盟者番如顾
第九回　绮宴间檀郎代饮
　　　　酒令下女伴构思
第十回　月下谈心各抒深意
　　　　窗前剪烛共赏奇文
第十一回　因微嫌忽生芥蒂
　　　　　为苦思竟成膏肓
第十二回　慕烈女蓄心不嫁
　　　　　游荷荡有意求欢
第十三回　谢吟秋快谛良缘
　　　　　徐子美欣联名媛

第十四回	海上观潮乐也寻梦			纸醉金迷豪游海上
	车站送别黯然销魂	第 十 九 回	噩耗飞来洪波失知友
第十五回	乐春酒居然大聚会		孑身他去惊地见恋人
	为拇战又起小风潮	第 二 十 回	一封书秋气困人
第十六回	珠香玉笑新岁新婚		两行泪春蚕作茧
	燕去楼空恨人恨事	第二十一回	航海同舟凶占灭顶
第十七回	名园缔造佳木成林		疗兄刲臂诚可格天
	情绪缠绵忠言逆耳	第二十二回	沧海珠沉美人化碧血
第十八回	风清月白怅望天涯		青衫泪湿春梦结新书

浊世神龙

侠情小说。顾明道著。上海同仁书屋。1947 年 6 月版。1 册。15 万字。共 28 回。

第一回	骇浪惊风强徒逢怪侠			喝雉呼卢流氓入壳
	红枫白酒野老话神龙	第 九 回	佳人留清白拼作绿珠
第二回	绿窗吟丽句少女有情		恶霸逞淫威飞来怪侠
	白屋质金钱荒伧无道	第 十 回	怪怪奇奇神龙闹县署
第三回	喜相逢惊才绝艳		风风雨雨弱女隐湖滨
	痴作伴流水落花	第十一回	志求乐士古刹寄娇娃
第四回	忽生妄想室内戏娇娃		心怯空房深宵来暴客
	偶作清游山前惊怪客	第十二回	小丑跳梁老尼微惩恶
第五回	惊绝句霸王动邪念		病魔作祟倩女几离魂
	嫉热情傻子怀阴谋	第十三回	短棹扁舟巧逢水贼
第六回	热心推毂揽才来小简		青囊妙术艳说良医
	粲齿订盟惜别唱骊歌	第十四回	妙手回春一方起疢疾
第七回	当秋光偶吞钩饵		丹心仗义千里送多娇
	晤名媛误入牢笼	第十五回	一马疾驰劫来魔影
第八回	花言巧语无赖设谋		双雄酣斗忽失芳踪

第 十 六 回　破地穴明珠还合浦
　　　　　　得凶音侠士奔阳城

第 十 七 回　消愁无术酒店结新知
　　　　　　告语有人帝都访学士

第 十 八 回　侠骨热肠权为青鸟使
　　　　　　镜花水月难作白头吟

第 十 九 回　登高作序才子声华
　　　　　　入幕相攸侍郎情意

第 二 十 回　永夜不成眠思潮难遣
　　　　　　侯门竟缔好韵事争传

第二十一回　寥寥数语真意难明
　　　　　　短短一书前盟遽弃

第二十二回　刻骨痛心红颜叹命薄

　　　　　　赴汤蹈火黄衫侠情深

第二十三回　黑夜惩书生人身借物
　　　　　　长途护弱女异地交兵

第二十四回　匹马介围老当益壮
　　　　　　小桥遮路樵竟多能

第二十五回　冤狱才成将军作寇
　　　　　　战云乍展侠士回乡

第二十六回　山遥水远千里奔波
　　　　　　虎斗龙争两军喋血

第二十七回　险地骤临民兵攻剧盗
　　　　　　草卢重顾大义激樵夫

第二十八回　孤身卧底忽作鲁连
　　　　　　千里护娇愿为月老

艳孀奇遇记

社会奇情小说。顾明道著。东南出版社。1949 年 1 月初版。1 册。13 万字。郑逸梅作艳孀奇遇记序 1 篇。共 18 回。

第 一 回　池塘扑蝶燕语莺声
　　　　　茅舍唵鱼别愁离恨

第 二 回　淑女有贤声持家多智
　　　　　财奴抬怨诅为富不仁

第 三 回　求偶情冰人伧夫急色
　　　　　分金逢好友名士伤神

第 四 回　相思两处隔好事多磨
　　　　　大错一朝成阴谋得逞

第 五 回　鸦凤非因缘含愁下嫁
　　　　　薰莸异气味抱恨绝裾

第 六 回　情丝初断奋袂为国殇

　　　　　手足重逢痛苦谈往事

第 七 回　掌上得珍珠聊因快意
　　　　　堂前求蝶嬴别有用心

第 八 回　顽童肇祸顿起戒心
　　　　　佳客登门频施青眼

第 九 回　喝雉呼卢歧途狂态见
　　　　　敲金戛玉绛帐艳情多

第 十 回　狗偷鼠窃刘子摸金
　　　　　璧合珠联钱郎跨凤

第十一回　雪地索旧逋财奴撒手
　　　　　锦囊生妙计恶棍失风

第十二回　杀身何慷慨歌女成仁
　　　　　避祸太彷徨美人遭劫
第十三回　鉴人有术满妪选丽姝
　　　　　惊艳倾心名王宠绝色
第十四回　贞烈独求全松筠节著
　　　　　艰难唯一死舐犊情深
第十五回　恩深雨露难挽美人心

　　　　　志博声誉愿还疯子妇
第十六回　珠冠炫辉柔情如水转
　　　　　银灯映艳好梦正春深
第十七回　抱残守缺名士隐身
　　　　　附龙攀凤小人得志
第十八回　萦念故家胤嗣难觅
　　　　　挂名金榜骨肉重圆

胭　脂　盗

侠客小说。顾明道著。百新书店有限公司。1947 年 10 月初版。1
册。9.6 万字。田希孟序 1 篇。共 12 回。

第一回　桃花坡李翠娃劫镖
　　　　迎宾馆梁国器惊艳
第二回　秦掌柜黑夜追娇女
　　　　红姑娘白日留嘉宾
第三回　慈母爱娇女促成鸳鸯侣
　　　　落花逐流水初试云雨情
第四回　小英雄处处遇艳
　　　　胭脂盗个个多情
第五回　争丈夫姊妹吃醋
　　　　作调人母女为媒
第六回　李德山拒婚责云妹
　　　　秦家妈劫婿赠玉姑

第七回　破劫案胭脂盗避祸
　　　　退强敌铁臂弓施威
第八回　夺佳婿大闹迎宾馆
　　　　缔良缘双奔太原城
第九回　秦玉燕诉冤闹蛾儿
　　　　包定六求计钻地鼠
第十回　杀虎林力擒胭脂盗
　　　　黑柳林巧遇红胡子
第十一回　闹蛾儿倾心花花豹
　　　　　朱红英投奔杨柳村
第十二回　姊姊多情遭毒手
　　　　　弟弟立志诛仇人

海外争霸记

长篇武侠小说。顾明道著。上海最新书局。出版时间不详。2 册。10

万字。楔子 1 篇。共 14 回。

第一回	金山寺席上争霸王 铁牛岭林中逐国兽		第 八 回	磨剑岭苗猹麾兵 绛桃洞狮虎上阵
第二回	播穀会贵介饮龙泉 野人山遁亡斩妖道		第 九 回	运妙思山边破猛兽 探间道岭上逢奇人
第三回	入番邦初罹奇险 感异数终缔良缘		第 十 回	大放毒气苗女逞异能 直捣黄龙健儿绾绝险
第四回	登山刺虎儿女英雄 越溪争田弟兄仇敌		第十一回	立志勤王出兵故国 解围挫敌起义水城
第五回	山中运筹火烧藤甲 筵前舞剑力擒名王		第十二回	俘野象缅兵丧胆 耦寨女壮士销魂
第六回	嫉战功较量身手 逢刺客远投蛮荒		第十三回	起义军重逢好友 运妙计再破缅兵
第七回	幽窟释爱人旧情犹热 深林博巨豹神勇可钦		第十四回	三战丧名将满城风鹤 十荡定霸业还我河山

雪里残红

哀艳名著。顾明道著。上海育才书局。出版时间不详。1 册。8.7 万字。郑逸梅、姚赓夔、金芳雄作序各 1 篇。共 20 回。

第一回	轻舟短棹喜睹惊鸿 酣酒狂歌畅谕世事		第五回	饮冰水雪乳生凉 观电影樱唇小吻
第二回	侈言恋爱登徒念痴 感怀河山志士身死		第六回	豪气侠情山中试马 嫩愁秾想河上谈心
第三回	见顽父纵论菡萏馆 得知友访艳鸳鸯街		第七回	工媒孽为鬼为蜮 惯谗讥多愁多病
第四回	芳容初识细语销魂 草屋暂投同床异梦		第八回	充说客妙施粲舌 请媒人煞费苦心

第 九 回　听谗言骨肉生变
　　　　　激大义友朋劝行

第 十 回　好事多磨祸局忽乱
　　　　　骊歌乍赋鸳盟难成

第十一回　温香软玉游子梦巫山
　　　　　苦雨凄风孤雏悲阿母

第十二回　怅望天涯少女卧疾
　　　　　猝走郊野奸徒施谋

第十三回　殉义他方故人送信
　　　　　献身党国弱女从军

第十四回　剑光月影一军同欢
　　　　　弹雨枪林二士被掳

第十五回　无心脱险才离樊笼
　　　　　有意逃生又入陷阱

第十六回　好男儿孤村喋血
　　　　　黄衫客黑夜下书

第十七回　俊侣言欢何来冷眼
　　　　　名山探胜忽遇冤家

第十八回　萍水相逢揭来异地
　　　　　凤鸦非耦误适薄情

第十九回　醇醪偶醉始识真相
　　　　　故剑难忘追寻遗柩

第二十回　酬凤愿佳人逝世
　　　　　读绝书烈士成仁

章 台 柳

奇情小说。顾明道著。上海春明书店。1941 年 11 月版。1 册。3 万字。题前 1 篇。共 10 章。

第一章　有女同舟

第二章　壮士何来

第三章　暴徒惊美

第四章　白发红颜

第五章　鸳湖俪影

第六章　言犹在耳

第七章　池水春寒

第八章　不速之客

第九章　海上艄师

第十章　侠骨芳魂

附　载　柳如是之姓氏及诗词

啼 鹃 录

短篇哀情小说。顾明道著。上海五洲书局。1922 年 12 月版。1 册。11.2 万字。许指严、蒋梦熊、吴承烜、俞牖云、范烟桥、沈禹钟、柳亚子、刘廷

枚、许冠群等作序各 1 篇。郑逸梅、张枕绿等 30 人题诗、词各 1 首。自序 1
篇。照片 2 张。共 18 篇。啼鹃赘语 1 篇。跋 2 篇。

还珠泪

啼蛄别史

哀凤记

他之秘密

孽海双花记

春之恨

孤燕痛语

梅芬阁本事

焚稿

可怜他死了

十年一吻

我为什么要嫁

中秋之夜

一束断肠的香笺

西子湖边

看是无情却有情

飞机恨丝

奈之何哉

啼鹃续录

　　哀情小说。顾明道著。上海五洲书局。1929 年 8 月版。1 册。16.5
万字。弁言 1 篇。周瘦鹃、程瞻庐、范烟桥、程小青、赵眠云、黄转陶、陈莲
痕、曹梦鱼、王莼英、周云英、黄若玄序各 1 篇。王西神、朱枫隐、吴双热、张
庆霖、郑逸梅、王梅癯、陶寒翠、钱释云、顾醉莼、庞乐园、王天恨、周南庐题
词各 1 首。插图 10 幅。共 18 篇。颜波光、吴真奇、席宝珍、田希孟跋各
1 篇。

埋香记

空门情死

美人魂

幸欤

春之恨

恋爱之价值

枕上记

天外飞鸿

哀哉未亡人

泪花血果

隐痛

可怜的歌女

跳舞场中

离婚后的一面

一个女友

幽秘的心

明星脱辐记

恋爱中的牺牲者。

啼鹃余墨：笔记10篇。

另外一栏2篇：

哀女弟子刘陈王芬

呜呼小丽

蓬门红泪

哀情小说。顾明道著。上海文业书局。1939年3月初版。2册。10.7万字。范菊高、郑逸梅、匡寒僧作序各1篇。共16回。

<table>
<tr><td>第一回</td><td>偎红倚翠见色思淫
劈线唾绒为人作嫁</td><td>第 九 回</td><td>玩月吟风名山探胜
清歌妙舞华屋晋觞</td></tr>
<tr><td>第二回</td><td>身世凄凉雨窗夜话
衷心缱绻睡梦惊啼</td><td>第 十 回</td><td>校长多情愿为月老
王孙好色竟作迷狂</td></tr>
<tr><td>第三回</td><td>游蜂猖獗彼美虚惊
病榻缠绵个郎焦虑</td><td>第十一回</td><td>富贵可求大营祖墓
鱼熊兼爱别筑香巢</td></tr>
<tr><td>第四回</td><td>秋水望穿名医如此
芳心摧裂老母奈何</td><td>第十二回</td><td>神女生涯可怜孽障
爱情逝水终痛离鸾</td></tr>
<tr><td>第五回</td><td>燕叱莺瞋痛鞭雏婢
风斜雨细饮泣牛棚</td><td>第十三回</td><td>有志谋生初来海上
无心行乐小饮园中</td></tr>
<tr><td>第六回</td><td>珠香玉笑吴下观梅
锦簇花团蓬门作伐</td><td>第十四回</td><td>伊人难见陡起疑云
好事多磨终成画饼</td></tr>
<tr><td>第七回</td><td>大闹青卢独夸宝物
狂欢旅店共度良宵</td><td>第十五回</td><td>人约黄昏游词逆耳
瑕留白璧隐痛刺心</td></tr>
<tr><td>第八回</td><td>话别销魂偏逢恨事
同车有女初识芳容</td><td>第十六回</td><td>卧病他乡深怜密爱
省亲故里啼脂怨粉</td></tr>
</table>

蝶魂花影

言情小说。顾明道著。上海国华书局。1935年2月5版。6册。26.1

万字。王蕴章、周瘦鹃、范烟桥序各 1 篇。程瞻庐题词 1 篇。金季鹤作蝶魂花影人名十咏应 1 篇。共 40 回。

第 一 回	春恨压衾美人卧病 名扬拂袖高士归田	第十五回	如此俊侣绮思瑶情 大好春光蝶魂花影
第 二 回	娇婢子幸逢贤公子 土老儿谬荐模特儿	第十六回	习航空男儿抱壮志 得尺素情侣起猜疑
第 三 回	车走香街巨灵飞掌 筵开华屋仙子称觞	第十七回	韩叔达为子延名师 韦秋心以身许党国
第 四 回	午台初试欣赏新声 小影乍投故作雅谑	第十八回	亭上相逢谁能遣此 灯边密咏未免有情
第 五 回	愁罗恨绮少妇泪 玉洁冰清静女心	第十九回	绝裾以去慧剑断情丝 束装归来清言诉离绪
第 六 回	纵猎名山巧逢旧雨 试茶小阁忽睹丽姝	第 二 十 回	勃勃野心浪子窥艳 咄咄怪事娇女失踪
第 七 回	仗大义明珠还合浦 灭人伦逆子弑亲娘	第二十一回	争自由闺内设谋 逼考试堂前受辱
第 八 回	登徒好色愿托良媒 游侠可风共传异事	第二十二回	义比鲁连愿为排难客 人如卫玠喜作入幕宾
第 九 回	轩中絮语得有心人 海上小游识浪漫女	第二十三回	辛苦为谁采花成蜜 绸缪未雨出谷迁莺
第 十 回	妙绪环生画家留趣史 霓裳巧舞会场集贤宾	第二十四回	壮志干霄匆匆行色 征车就道黯黯离情
第十一回	夺锦标捷足先登 播芳誉神拳小试	第二十五回	江水滔滔以身殉学 深情款款与子同袍
第十二回	壮士出关剑光鬓影 奇僧救厄侠骨热肠	第二十六回	起风潮性书成祸种 惊霹雳报纸播凶音
第十三回	锦簇花团欣联腻友 珠香玉笑喜拓琼宴	第二十七回	驾龙媒愿为地主 联鸳牒拒却冰人
第十四回	小戏谑香衾梦觉 拒婚姻东床愿空	第二十八回	得银盾造成新纪录 执教鞭参观模范村

第二十九回　孽缘自作好色丧身
　　　　　　异想天开折钱赎契

第 三 十 回　草屋说书感化愚妇
　　　　　　良宵赏月邂逅凶徒

第三十一回　施毒计二憨昧良
　　　　　　遇救星双姝脱险

第三十二回　枪声人影幸遇黄衫
　　　　　　鹤焰灯光如同白昼

第三十三回　赏秋光拾级登山
　　　　　　因党祸束身入狱

第三十四回　得惊报好友探监
　　　　　　迎义师故人倾盖

第三十五回　杯酒论英雄顿明真相
　　　　　　片言订姻娅共贺良缘

第三十六回　顺潮流截发作新妆
　　　　　　亲艿泽贻书索艳影

第三十七回　惊绝色魑魅现形
　　　　　　考丈夫娇娃玩世

第三十八回　云影波光清歌宛转
　　　　　　情根爱芽细语缠绵

第三十九回　杨瘦蝶无计遣情魔
　　　　　　柳飞琼有心充说客

第 四 十 回　风轻云淡飞渡重洋
　　　　　　合璧珠联喜成嘉耦

磨 剑 录

武侠笔记小说。顾明道著。明道出版社。1940 年 7 月初版。2 卷。1 册。9.7 万字。范烟桥、徐碧波、程小青序各 1 篇。自序 1 篇。王冰持跋 1 篇。沈禹钟、郑逸梅题词各 1 首。共 19 篇。

王赳

水怪唐四郎

高杰

陈老樵

陈邦彦

柴秃儿

焦琏

贺十五姑

箭侠

马贩子

怪道人

蝴蝶儿

唐雄夫

郑胡

张家玉

男儿祈战死

匹夫有责

海上义师

孤城喋血

六十四奇案

民间小说。铁楼编。上海交通图书馆。1917 年 8 月版。1 册。5.7 万字。庄病骸序 1 篇。共 61 篇。

曦斋	冤狱一		屠妇冤
	冤狱二	趣园	蝇集镰刀
阙名	冤狱三		仵作舞弊
	句容县断案		张四奸谋
	沧浪乡志		游湖
	煮人狱		借虎杀人
	犬门		谋财诬奸
	杨东村鞫案		左手杀人
	松滋狱		藏砒陷害
	鹿洲公案		银色雪冤
率公	江阴狱		误饮住宿茶水
康遑窘	决狱丛谈三则		诈作冻死
钝	李生		犬报主仇
恨人	良乡狱		假神雪冤
冷香馆	十六字折狱		移盆诬窃
胡我生	于谱缘		悖诗免罪
李涵秋	李石泉德政		虺涎毙命
立三	活罗汉		毒蛇入腹
庄纫秋	山左招远县之巨案		图奸窃财
	论莱阳葛张氏之狱		怜才免罪
肖庼	引史断狱	许奉恩	小卫玠
李警众	石娟娘		婉姑
闻野鹤	一封书		某氏子
石兰女史	恶姑血		媚艿

清苑县某氏子		张船山先生讯盗
杜有美		张静山观察折狱
守贞	**滨泗轩主**	滴血
褪壳龟		孙大均
茶令		某讼师
孙明府	**烬斧**	双尸
倪公春严		

海上魔宫

社会小说。笋乡老人著。上海星光书店。1929 年 5 月版。5 册。11.7 万字。颍川秋水作序 1 篇。绘图 1 册。42 幅。共 42 回。

第一回	天上绰约穷途邂逅		枪声人影忽遇凶人
	神女迷离暗室觇觎	第 十 回	小苓娘慧舌灿莲花
第二回	娇音度处柔软断		恶牛郎狠心逞蛇蝎
	短枪掷时懦夫来	第十一回	酒杯擎来死里逃生
第三回	温柔深入绮罗遍体		绮筵开时乐极生悲
	恩情互结鸳鸯并头	第十二回	召将飞符双雄斗智
第四回	言辞恼恍疑云疑雨		设计伏阱三角联盟
	姿态宛妙胡帝胡天	第十三回	日招心许伤心一掷
第五回	兔起鹘落美人妙计		灯昏人乱束手千里
	雨覆云翻俗子动心	第十四回	谈笑自如独临险境
第六回	燕瘦环肥灵机瞬转		桎梏骤加深入重囚
	兔死狗烹人情无常	第十五回	破疑团真中有假
第七回	深情脉脉花园通惊语		逢劲敌假里认真
	传神宛宛餐室睹妖姿	第十六回	全军齐发女首领出征
第八回	天魔舞乐煞章军长		大功尽弃草条约被盗
	连环计智服守财奴	第十七回	珠唇吹兰男儿颠倒
第九回	暗去明来险遭毒手		金钱掷地少妇慷爽

第 十 八 回　真奇谈盗窟逢小窃
　　　　　　大不幸迷药中奸谋

第 十 九 回　假寡妇软语求情
　　　　　　大侦探伏辨偷生

第 二 十 回　入深闺大侠成擒
　　　　　　破藩篱罪人脱逃

第二十一回　全案推翻突出奇峰
　　　　　　统盘筹算密上阳台

第二十二回　术工催眠系铃解铃
　　　　　　情因草约患得患失

第二十三回　留尺素兄妹巧使计
　　　　　　闻警报贼党怨徒劳

第二十四回　诈钱财异想天开
　　　　　　图张罗心裁别出

第二十五回　展阴谋掀风作浪
　　　　　　试手段遣将调兵

第二十六回　下暗术一箭中双雕
　　　　　　劫吗啡连环逞妙计

第二十七回　不道个中无缘法
　　　　　　却将杯酒献殷勤

第二十八回　征余党神谋底定
　　　　　　得内助巧计安排

第二十九回　依依不舍私贩入壳
　　　　　　切切如诉行商倒箧

第 三 十 回　投客邸逆旅谋新营
　　　　　　打弹子留恋试故技

第三十一回　灯红酒绿举杯映绣帘
　　　　　　燕语莺啼落帽入银幕

第三十二回　皇皇广告大放厥辞
　　　　　　袅袅伊人独工媚术

第三十三回　秋波转处黄金脱手
　　　　　　迷阵告终白镪盈门

第三十四回　起疑窦重作侦探人
　　　　　　窥隐情蓦逢蒙面盗

第三十五回　恶盗窟逞凶几火并
　　　　　　跳舞场寺艳闹风流

第三十六回　良朋邂逅密约除奸
　　　　　　好事迷离先发制人

第三十七回　彩凤双飞空留白简
　　　　　　灵犀一点剩有丹心

第三十八回　酿内变发现怪信
　　　　　　遭暴击推究凶祸

第三十九回　群魔开庭纷纷拟律
　　　　　　孤女被创茕茕无归巾

第 四 十 回　泪斑斑苓姑述往事
　　　　　　恨绵绵再生哭腻友

第四十一回　迎远客合伙涉重洋
　　　　　　传异闻剧盗遇绑票

第四十二回　焚巢穴重返故里
　　　　　　结全书大破魔宫

痴 情 泪

哀情小说。香艳丛书之一。倪剑吼编纂。上海中国图书公司和记。1916 年 5 月初版。2 册。8 万字。自序 1 篇。共 32 章。

第 一 章	投笔		第十七章	悲歌
第 二 章	长途		第十八章	题壁
第 三 章	渡台		第十九章	听涛
第 四 章	筹防		第二十章	宴会
第 五 章	遇艳		第二十一章	咏怀
第 六 章	寻芳		第二十二章	借债
第 七 章	惊病		第二十三章	慢使
第 八 章	兵变		第二十四章	闻讯
第 九 章	订情		第二十五章	寻夫
第 十 章	独立		第二十六章	探病
第十一章	离别		第二十七章	侍疾
第十二章	噩梦		第二十八章	永诀
第十三章	寄笺		第二十九章	议丧
第十四章	复函		第三十章	扶榇
第十五章	叙旧		第三十一章	殉情
第十六章	筑巢		第三十二章	哭坟

B. F. 党

侦探小说。徐一蝉著。上海良辰好友社。1923 年 6 月版。1 册。1.2 万字。未分章节。

双城女子

奇情小说。徐吁公著。上海小说丛报社。1916 年 2 月版。1 册。2.6 万字。徐吁公、谢素声、葛荫春、王绮、崔昆玉、穆辰公、傅闻阁主人等序 7 篇。黄玉峰、苏生、葛廉夫、陈病尧、时曼陀、谢虹英、许学源等题词 7 篇。四忏词人跋 1 篇。首楔子 1 篇。共 12 章。

第一章　艳传红柳
　　　　憨索绿窗

第二章　玉连环影
　　　　云锁茆庄

第三章　语轻如剪
　　　　情软于饧

第四章　明珠弹雀
　　　　孤泪盛囊

第五章　九州铁错
　　　　片纸神伤

第六章　鸟啼姑恶
　　　　豆结兰缸

第七章　鲛山悼翠
　　　　弓影惊庞

第八章　萧娘书断
　　　　子夜灰扬

第九章　白绫三尺
　　　　鸩酒一觞

第十章　人迷玉迹
　　　　梗系珠江

第十一章　花粘锦浪
　　　　　血染吴舣

第十二章　穷途日暮
　　　　　古塞鞭长

江湖廿八侠

武侠社会小说。徐伯平著。上海南星书店。1930 年 4 月版。4 册。18 万字。张个依序 1 篇。共 40 回。

第一回　黑地乌天贪官访案
　　　　袒胸露臂侠客惩淫

第二回　纤趺三寸浪子魂销
　　　　怪脸两张老僧胆碎

第三回　扮鬼装神周将军显圣
　　　　弄刀舞棍拳教师遭殃

第四回　龙斗地头蛇英雄得剑
　　　　鸠驱巢中鹊恶霸敛钱

第五回　跛足盗手擎三足鼎
　　　　丱角童力按两头牛

第六回　阶下囚倏为座上客
　　　　墙外人化作夜游神

第七回　狮子峰前化装惊侠客
　　　　报恩寺外泼水阻佳宾

第八回　草上飞行献来绝技
　　　　井中行窃别出奇兵

第九回　运资财生人逢活鬼
　　　　闹意见好友变冤家

第十回　喜孜孜财气和晦气齐来
　　　　乱哄哄刀锋与剑锋相接

第十一回　用诈术重施蒙汗药
　　　　　画花脸再劫十万金

第十二回　遇劲敌云散风流
　　　　　抢火场创深痛巨

第 十 三 回　入圈套头陀显手身
　　　　　　报消息侠女露机关

第 十 四 回　刀光剑影梦醒三更
　　　　　　逐北追奔功亏一篑

第 十 五 回　图口腹英雄呕闲气
　　　　　　精皮肤伙计枉挥拳

第 十 六 回　作恶剧活埋贩马贼
　　　　　　真晦气难敌小丫头

第 十 七 回　弄玄虚打翻石元宝
　　　　　　真冒失冲破鸳鸯剑

第 十 八 回　炮凤烹龙饱尝异味
　　　　　　腾云驾雾大献神通

第 十 九 回　扑朔迷离人生原梦境
　　　　　　仙丹灵药妙计使连环

第 二 十 回　武胜关失散迷途
　　　　　　五指山遥觇形势

第二十一回　保镖客船中御贼
　　　　　　弄潮儿水底擒蛟

第二十二回　挥雨伞驱除剑侠
　　　　　　鸣铙钹崇拜尼姑

第二十三回　鞠育恩侠女伤心
　　　　　　壁虎功孤儿献技

第二十四回　忽败忽胜群盗倒霉
　　　　　　一进一退傻人得志

第二十五回　用全力雄狮搏兔
　　　　　　费周旋猛虎吞羊

第二十六回　挟巨款逃遁绝迹
　　　　　　露原形贻害无穷

第二十七回　用心力得授真传
　　　　　　护村庄抵御流寇

第二十八回　使禅杖独斗老夫人
　　　　　　挺白刃生擒娇小姐

第二十九回　试胆量月夜斗僵尸
　　　　　　发奇想艺场窥弱女

第 三 十 回　卷被窝恶霸夺婚
　　　　　　揭轿帘新娘漏脸

第三十一回　被戏弄无处伸冤
　　　　　　探亲戚又逢绝路

第三十二回　想升官寻访英雄
　　　　　　谋久远议夺山寨

第三十三回　徐一飞白昼伏奇兵
　　　　　　万人俊良宵逢怪侠

第三十四回　恶贯满盈贪官削职
　　　　　　甘来苦尽少妇生儿

第三十五回　巧施法术小喽啰遭殃
　　　　　　智取名山众英雄聚义

第三十六回　日暮途穷县官遭劫
　　　　　　功高望重谋士专权

第三十七回　众弟兄同心戮力
　　　　　　一侠盗知德报恩

第三十八回　留柬借银英雄本色
　　　　　　恃强逼醮无赖居心

第三十九回　金小玉有意诓英雄
　　　　　　王先生无端受冤屈

第 四 十 回　梦醒中宵店东出丑
　　　　　　尸陈血泊强盗下场

广　谐　锋

社会小说。徐枕亚(东海三郎)编。大众书局。1934 年 3 月重版。1
册。7.7 万字。天愤序 1 篇。共 311 则。

双　鬟　记

哀情小说。即棒打鸳鸯录。徐枕亚(东澥三郎)著。上海小说丛报社。
1916 年 9 月初版。上海大众书局。1940 年 10 月 7 版。1 册。7.7 万字。
陈医隐、吴双热、吴绮缘各作序 1 篇。俞天愤评小序 1 篇。姚民哀写跋 1
篇。共 16 章。

第 一 章	宦海归帆日　华堂把袂时	第 九 章	又遇糊涂父　聊兴问罪师
第 二 章	梅花欣有主　琪草叹无姿	第 十 章	迷心同宝玉　失志类鞠儿
第 三 章	翠盖阴如梦　瑶窗语似丝	第十一章	妖梦鸡成谶　遗言凤待仪
第 四 章	两情同入彀　一病害相思	第十二章	老奴翻铁案　阿婿误金龟
第 五 章	毒计连环巧　惊魂泣路歧	第十三章	青鸟无聊劝　乌鸦岂忍随
第 六 章	密书勤往返　爱婢效奔驰	第十四章	且循新妇礼　莫慰小郎痴
第 七 章	消息春光漏　嫌疑夏楚施	第十五章	缘法生前定　人心死后知
第 八 章	夜深来院落　岁暮各天涯	第十六章	红颜归浩劫　黄口为扶持

玉　梨　魂

哀情小说。徐枕亚著。上海民权出版部。1914 年 8 月版。1 册。10
万字。双热序 1 篇。张含兰、唐左侬、陶采畴等 11 人诗各 1 首。汇成题词
1 篇。陈惜誓、徐枕亚题诗汇成艺苑 1 篇。共 30 章。

第 一 章　葬花

第 二 章　夜哭

第 三 章　课儿

第 四 章　诗媒

第 五 章　芳讯

第 六 章　别秦

第 七 章　独醉

第 八 章　赠兰

第 九 章　题影

第 十 章　情耗

第十一章　心潮

第十二章　情敌

第十三章　心药

第十四章　孽媒

第十五章　渴暑

第十六章　灯市

第十七章　魔劫

第十八章　对泣

第十九章　秋心

第二十章　噩梦

第二十一章　证婚

第二十二章　琴心

第二十三章　剪情

第二十四章　挥血

第二十五章　惊鸿

第二十六章　鹃化

第二十七章　隐痛

第二十八章　断肠

第二十九章　日记

第 三 十 章　凭吊

兰　闺　恨

哀情小说。徐枕亚著。中原书局。1936 年 10 月重版。1 册。4.7 万字。序 1 篇。共 24 章。

第 一 章　悼亡

第 二 章　证梦

第 三 章　纪游

第 四 章　揽胜

第 五 章　投店

第 六 章　哄车

第 七 章　遇美

第 八 章　诉怀

第 九 章　定情

第 十 章　泣别

第十一章　借辖

第十二章　订盟

第十三章　谋劫

第十四章　遇盗

第十五章　分金

第十六章　访艳

第十七章　露机

第十八章　谒守

第 十 九 章　鞫冤

第 二 十 章　通讯

第二十一章　定案

第二十二章　主婚

第二十三章　醵贺

第二十四章　还乡

白话玉梨魂

哀情小说。徐枕亚著。何朴盦译。上海明华书局。1933 年 9 月版。2 册。14 万字。何朴盦译序。共 30 章。

第 一 章　葬花

第 二 章　夜哭

第 三 章　课儿

第 四 章　诗媒

第 五 章　芳讯

第 六 章　别秦

第 七 章　独醉

第 八 章　赠兰

第 九 章　题影

第 十 章　情耗

第十一章　心潮

第十二章　情敌

第十三章　心药

第十四章　孽媒

第十五章　渴暑

第 十 六 章　灯市

第 十 七 章　魔劫

第 十 八 章　对泣

第 十 九 章　秋心

第 二 十 章　噩梦

第二十一章　证婚

第二十二章　琴心

第二十三章　翦情

第二十四章　挥血

第二十五章　惊鸿

第二十六章　鹃化

第二十七章　隐痛

第二十八章　断肠

第二十九章　日记

第 三 十 章　凭吊

让　婿　记

哀情小说。徐枕亚著。上海清华书局。1929 年 4 月版。1 册。4.2 万字。许厘父词 1 首。共 12 章。

第一章　大人家举止端详全不见半点狂

第二章　独见了那人兜的便亲

第三章　知音者芳心自同感怀者断肠悲痛

第四章　一个憔悴潘郎鬓有丝一个杜韦娘不似旧时

第五章　谁想他识空便的灵心儿早瞧破唬得我倒躲倒躲

第六章　你须不夺人之好你有心争似无心好我多情蚤被无情恼

第七章　将锦片前程已蹭脱一边妙句儿落空他一边虚名儿误赚我

第八章　便是言词赚一时纰缪半世羞惭

第九章　我魂离壳这祸灭身袖梢儿揾不住啼痕一时去住无因进退无门

第十章　只为你可憎才熬定心肠耐办一片至诚心留得形骸在

第十一章　是兜率宫是离恨天我谁想这里遇神仙

第十二章　要算主人情重将我雁字排连着他鱼水难同

余 之 妻

言情小说。徐枕亚著。广州开通书局。1946 年 12 月再版。1 册。5.56 万字。叶秀序 1 篇。徐子哀跋 1 篇。共 30 章。

第 一 章　嫦娥记得此时情

第 二 章　别矣吾夫

第 三 章　秋星自述上

第 四 章　秋星自述下

第 五 章　玉钗敲断

第 六 章　浸润之潜

第 七 章　人之无良我以为舅

第 八 章　寒衾偎泪到天明

第 九 章　艰难留一死

第 十 章　哀乐不同情

第十一章　又是一番惨别

第十二章　痛哭别先灵

第十三章　莫愁前路无知己

第十四章　肠断萧娘一纸书

第十五章　旅馆中之沧桑话

第十六章　裔外媚孤花

第十七章　他不瞅人待怎生

第十八章　世间不少凤随鸦

第十九章　囊中又有卖妻钱

第二十章　一夕伤心话

第二十一章　关盼盼耶冯元元耶

第二十二章　多情转化无情

第二十三章　病倒萧郎

第二十四章　一生惯受美人恩

第二十五章　梨花消息雨声中
第二十六章　催归书至
第二十七章　南旋

第二十八章　望云临终之忏悔
第二十九章　尸谏
第 三 十 章　生离死别各收场

枕亚浪墨初集

短篇社会文集作品集。徐枕亚著。上海清华书局。1915 年版。1 册。16 万字。胡仪鲰、倪轶池、姚鹓雏、吴双热、徐吁公、章水心、陈惜誓各作序1 篇。陈卜勋题词 1 首。共 6 卷。

卷一　说蠡

惨情小说　余归也晚

孽情小说　自由鉴

烈情小说　一死难

妒情小说　毒药瓶

哀情小说　弃妇断肠史

卷二　艺苑

断碎文章

枕霞阁吟草

庚戌秋词

卷三　艳薮

冰壶寒韵

红楼梦余词

惆怅诗

珠沉玉碎词

荡魂词

闺情限字诗

卷四　谭荟

薝腾室丛拾

卷五　谐丛

快活三郎文集

快活三郎诗话

卷六　杂纂

儿童俱乐部参观记

闽游纪略

苦招生记

刻骨相思记

哀情小说。徐枕亚著。秋魂室主天啸氏评阅。广东大通书局。1929年5月版。2册。13.6万字。共28回。

第 一 回　著新书笔阵扫芜词
　　　　　溯往事琴川留艳迹
第 二 回　江湖落魄憔悴行吟
　　　　　萍水订交殷勤留宿
第 三 回　齐公祠荒凉权寄燕
　　　　　辛峰亭风雪独骑驴
第 四 回　一卷吴绫忍抛手泽
　　　　　两番谢屐遍访高踪
第 五 回　迎风倒屣经辟三三
　　　　　煮雪围炉寒消九九
第 六 回　题罢春联残年断送
　　　　　猜来雅谜元夕清游
第 七 回　佳人有眼睹物相思
　　　　　恶客无情借端构衅
第 八 回　花园四壁诗献良辰
　　　　　桥认三弓祓修上巳
第 九 回　江笑山移寓鸥梦轩
　　　　　颜小玉回居茧香院
第 十 回　闻玉笛愁生明月夜
　　　　　卷珠帘人瘦落花天
第十一回　观竞渡双桨荡春愁
　　　　　宴湖田七言联丽句
第十二回　家无醋罐安用鸽羹
　　　　　世有孽媒莫非鸠鸟

第 十 三 回　立鹦冢仿开元遗事
　　　　　　著鹤铭续华阳妙文
第 十 四 回　满室药香沉疴忽染
　　　　　　隔墙花影密约成空
第 十 五 回　絮语连绵剑奴述旧
　　　　　　花开造次诗客搜奇
第 十 六 回　缠凶竖少个探梅人
　　　　　　酬小婢一篇采菱曲
第 十 七 回　访旧闲纵不闻犬吠
　　　　　　悲秋新句同听鹃啼
第 十 八 回　无赖子欺贫阻婚事
　　　　　　伤心人嫉俗制箴言
第 十 九 回　病榻抽身静极思动
　　　　　　客窗携手合而复离
第 二 十 回　诀怨女拨棹春申江
　　　　　　遇故知设筵秋梦阁
第二十一回　证灵签终圆金钿约
　　　　　　占好梦反解玉鞋诗
第二十二回　寸铁作笔名震花丛
　　　　　　尺素传书喜闻竹报
第二十三回　残月章台百年小别
　　　　　　白云亲舍千里来归
第二十四回　惊绝技易老出燕京
　　　　　　赴佳期江郎返虞麓

第二十五回　菱镜一奁美人注美
　　　　　　桐棺三尺才子长眠
第二十六回　鹤魂馆怀旧理残编
　　　　　　鸥梦轩饯行弹别泪

第二十七回　如许丰神烟波画鹢
　　　　　　可怜光景曲院残莺
第二十八回　剪纸招魂铸成恨史
　　　　　　鸣榔戛响唱破情天

浪墨三集

笔记社会小说。徐枕亚著。上海清华书局。1922 年 10 月初版。1 册。11 万字。7 卷。

卷一　经传并观
卷二　续冰壶寒韵
卷三　欲海归槎记
卷四　辟支琐记
卷五　哑哑录
卷六　蝶梦花痕录
卷七　诗梦钟声集
第一章　白杨埋骨地　碧血断魂诗
第二章　宦毒征邻税　无缘作女师

第三章　八年劳问字　两小喜通词
第四章　冷眼窥家变　名花合赏奇
第五章　蓬门车马盛　逃仆短长词
第六章　幸得深闺援　翻招竖子痴
第七章　长亭惨离别　哑迷费猜疑
第八章　出守南天去　飞缄北雁驰
第九章　殉情甘赴水　报父转生儿
第十章　受德须酬德　生离不死离

浪墨四集

社会笔记小说。徐枕亚著。上海清华书局。1922 年 10 月初版。1 册。11 万字。共 7 卷。

卷一　清史拾遗
　　沈文肃夫人
　　张炳垣与其妻赵氏

京口驻防将士祭海都统文
蒙古风俗
得胜陀

五国城考

乾隆中禁满洲子弟学汉语

多隆阿自拟石勒

张廷玉之谨慎终以要君获罪

世宗不许避嫌名

筚路蓝缕之满洲

客卿

甲午诸将

拳乱中纪事诗

河工

香山寺健锐营

抱见

瀛台

怀塔布之流亚

紫光阁功臣像

偷头

谭嗣同妻

王湘绮姊妹

虎将行

王文韵之失言

罪魁名单

董福祥之就诛

赵舒翘之谢恩遗折

李秉衡之亮节

九有德之女

方灵皋文之魔力

张文襄少时轶事

卷二　憎腾室丛拾

刘孝廉

杨忠烈杨忠愍佚事

石将军

徐文长佚事

李拗枝

羊城竹枝词

陆清献治案琐闻二则

悟彻上人

汪登载

傅媚兰

纪草付道人令狐康事

陶疯子

黠贼二则

花冢

许秀才

关侯祖父名字

史八夫人

包村异闻

余二

蒋顺

义鸠

普照寺僧是月

枣花

卷三　孤村喋血记

卷四　趣闻百韵

卷五　哑哑录

卷六　剖腹记

卷七　廋词选存

浪墨续集

社会笔记小说。徐枕亚著。大众书局。1931 年 4 月 9 版。1 册。17 万字。共 23 种。

卷一　说部　　　　　卷三　笔记
卷二　绮谈　　　　　卷四　杂纂

雪鸿泪史

哀情小说。徐枕亚著。上海清华书局。1916 年 1 月再版。1924 年 1 月 13 版。1 册。13 万字。自序 1 篇。徐天啸、秦蛰秋、顾柘村、韦秋梦、倪轶池、冯常、周亮夫、沈凤览、俞长源、冯雏泉各作序 1 篇。徐吁公、浮尘过客、虞启征、剑影、刘谷荪、蒋沧海、瘦竹、太瘦生、张庆霖、天愁生、励生、剑魂、樵渔、半山旧主、杨陛云、万幼新、江夏宝琛、陈景尧、芙影室主、潘幻影、倪少白、汪春樵、苏恨仙、王吟雪、光风霁月庐、祝封、杨昌国、殷梯云、何亚澄等题词。102 首。例言 1 篇。石昆题词补遗 6 首。陈卜勋、姚天宣、海潮作跋各 1 篇。共 14 章。

第一章　己酉正月　　　　　第 八 章　七月
第二章　二月　　　　　　　第 九 章　八月
第三章　闰二月　　　　　　第 十 章　九月
第四章　三月　　　　　　　第十一章　十月
第五章　四月　　　　　　　第十二章　十一月
第六章　五月　　　　　　　第十三章　十二月
第七章　六月　　　　　　　第十四章　庚戌正月至六月

梨筤泪史

社会小说。徐枕亚著。奉天艺光书店。1938 年 11 月初版。1941 年 4 月再版。1943 年 3 月 3 版。1 册。15 万字。例言 1 篇。共 14 章。

第一章	己酉正月	第 八 章	七月
第二章	二月	第 九 章	八月
第三章	闰二月	第 十 章	九月
第四章	三月	第十一章	十月
第五章	四月	第十二章	十一月
第六章	五月	第十三章	十二月
第七章	六月	第十四章	庚戌月至六月

情海指南

短篇哀情小说。徐枕亚著。上海中原书局。1937 年 8 月重版。1 册。7.3 万字。共 50 篇。

孩提之童(至情)	七夕缘(贞情)
胡不归(爱情)	双烈(殉情)
断垣余烬(感情)	一粟(惨情)
看(悟情)	善门(痛情)
昔日(忆情)	焚稿(侠情)
神仙侣(哀情)	一炬功(智情)
贮金(伤情)	菱诸归舟(奇情)
邻居(悲情)	唾余(冤情)
去年今夕(别情)	一园(辨情)
磷影(烈情)	二十四桥(别情)

炊烟(警情)

莲钩(盼情)

匣中钱(矫情)

三年(励情)

噫晚矣(悔情)

此时(释情)

回想(疑情)

大误(嫌情)

是奚为者(误情)

烟壶(移情)

美人误我(酿情)

一拜(癖情)

珠凤(堕情)

残烛余音(狡情)

接待室(愤情)

一封书(险情)

是谁之函(快情)

送伞人(忍情)

不买菜(骄情)

飞船(谐情)

绅士与耕牛(诙情)

败絮(窘情)

午夜鹃声(诈情)

欸乃(声情)

老黄(物情)

依旧(验情)

命(定情)

白骨(幼情)

不动心(忘情)

窗前月(无情)

清宫溅血记

宫闱小说。徐枕亚著。上海清华书局。1923 年 4 月版。1 册。3 万字。郭元觉序 1 篇。共 8 回。

第一回　北京城名士坎坷
　　　　如来庙美人施侠

第二回　皇太子有意采花
　　　　白小姐无心惹祸

第三回　皇宫内君臣定计
　　　　中堂府母女耽惊

第四回　胡言妄说太子调情
　　　　嚼舌刎身贞女殉节

第五回　救难妇阿兄行侠
　　　　探消息剑客进宫

第六回　劫内监打听冤情
　　　　骂尚书提出诉讼

第七回　林举人以身许知己
　　　　陈尚书为国诱东宫

第八回　贤尚书设计破冤案
　　　　圣天子守法杀亲儿

鼓盆遗恨

哀情传记。徐枕亚著。出版单位和出版时间不详。1 册。1 万字。泣述 1 篇。杂忆 30 篇。每篇有序。

燕雁离魂记

哀情小说。徐枕亚著。上海世界书局。1924 年 6 月初版。1 册。6.2 万字。提要 1 篇。共 14 章。

第一章	艳遇	第 八 章	祸机
第二章	情妒	第 九 章	趋难
第三章	幽困	第 十 章	情让
第四章	病变	第十一章	函诀
第五章	家哄	第十二章	潜踪
第六章	情祟	第十三章	蕙馨日记
第七章	别恨	第十四章	漱卿日记

女侠红裤子

香艳滑稽小说。徐卓呆著。上海中央书店。1930 年 5 月版。2 册。插图 25 幅。第一至十二回目缺。

第十三回	惊电话友朋分真假 劫金镑经理占便宜	第十五回	手枪变糖饼怀中戏法 关帝唤周仓殿上神通
第十四回	女侠客盗擒四个 小孟尝虱养三千	第十六回	计中有计入公安局避难 妙而又妙借白水滩题名

第 十 七 回　假医生注射微生物
　　　　　　太夫人尝试杨梅疮
第 十 八 回　情人入坛淫妇知恩报德
　　　　　　童子开门老师未卜先知
第 十 九 回　夜壶流热尿急坏床上师
　　　　　　烟囱滚人头吓煞灶下婢
第 二 十 回　涧边老妪墙头迎远客
　　　　　　棺内僵尸灯下吸香烟
第二十一回　不用通报客来屋顶

　　　　　　久劳摸索人入烟囱
第二十二回　天癸忽来侄媳向叔公絮语
　　　　　　地皮圈去富翁惊穷鬼冤魂
第二十三回　调兵遣将租屋拆墙头
　　　　　　卖出买进运米贩人口
第二十四回　利用空房汽车偷运白米
　　　　　　重修大殿尼姑尽入韩庄
第二十五回　迎青年花经不曾缘客扫
　　　　　　脱绿裤蓬门今始为君开

乐

社会言情小说。徐卓呆著。上海大众书局。1932 年 9 月版。2 集。10.2 万字。共 20 回。

第一回　高僧妙语乞丐胜常人
　　　　女仆贪心厨房多冷饭
第二回　贫妇愁穷梦中踢行灶
　　　　富翁读书嘴角嚼香烟
第三回　殷勤款客不裤而裙
　　　　勉强学人钓鱼落水
第四回　薄粥一餐贫儿放弱
　　　　空庭双影处女谈经
第五回　一纸何来商诸姊姊
　　　　三年不育气煞婆婆
第六回　慈母放生钓者乐
　　　　观音送子老人欢
第七回　阿姊触机移花接木
　　　　舅爷作伐户对门当
第八回　泄妙计永留赤子

　　　　发怪论愿做乌龟
第 九 回　一纸书来钱翁尿道
　　　　　双枪夜袭秦老魂飞
第 十 回　侠客大名似曾相识
　　　　　舅爷脾气亦应先知
第十一回　翻云覆雨烂手忽成好手
　　　　　地棘天荆有钱不及无钱
第十二回　娘子军前懦夫洗臭脚
　　　　　众香国里嫖客捉迷藏
第十三回　楼头嬉戏男子抛彩球
　　　　　殿上神通道人护票柜
第十四回　欲看红痣妓女惊心
　　　　　不戴绿巾老爷滚蛋
第十五回　龙套多能表情十足
　　　　　富翁好玩烧屋千间

第十六回 观火登楼一宵痛快
　　　　 塞茄赛马万众周章

第十七回 乾爷大捧坤角走红
　　　　 团主无情行头作抵

第十八回 天上人间柳树精发狠

第十九回 衣庄菜馆大支票作威
　　　　 打鼓老报仇洋盘打伤
　　　　 软骨人治病玉皇软化

第二十回 几箱书本润老百金
　　　　 四个馒头乐公万岁

走 马 灯

言情小说。徐卓呆著。上海梁溪图书馆。1924 年 6 月版。1 册。4.6 万字。共 48 章。

一	窃听	二十	白刃
二	剧场中	二十一	意外
三	不安	二十二	嫂子
四	失踪	二十三	破产
五	上海	二十四	捕捉
六	粽子	二十五	首领
七	小客栈	二十六	纸锭灰
八	可怕的小胡须	二十七	珍奇的人
九	冤哉枉也	二十八	冷风
十	老夫妇	二十九	方匣
十一	血	三十	木器店
十二	苏州	三十一	女仆的生活
十三	笔据	三十二	醋
十四	酒	三十三	博爱医院
十五	酷肖	三十四	夜遁
十六	逃	三十五	偿罪
十七	借光	三十六	老牧师之家
十八	一二百元	三十七	孤儿院中
十九	劳合路	三十八	窃盗

三十九	电报	四十四	奚福生
四十	警察局	四十五	围墙
四十一	香港	四十六	意外的来客
四十二	箱中人	四十七	美国来的电报
四十三	是你	四十八	其后

软 监 牢

言情小说。即新小说丛书之二。徐卓呆编著。上海大东书局。1922年 10 月版。1 册。4.5 万字。共 15 章。

一	木桥	九	堕落
二	无须老人	十	墙外之声
三	香烟	十一	畜生
四	红纸包	十二	命令
五	蔷薇	十三	灯光
六	西楼	十四	喇叭声
七	燕窝	十五	请求
八	不治之病		

卓呆小说集

社会小说。徐卓呆著。上海世界书局。1926 年 1 月版。1 册。3 万字。赵苕狂作徐卓呆君传。共 7 篇。

一	狭窄的世界	五	时髦税
二	急性的元旦	六	匣内之物
三	新人物	七	上帝之大缺陷
四	七度新婚		

徐卓呆说集

短篇社会小说。徐卓呆著。上海大东书局。1927 年 5 月初版。3 册。15.4 万字。插图 35 幅。共 35 篇。

一	半时劳动制	十八	五对半夫妇
二	天然美的脸	十九	笑而不答
三	死灰永燃	二十	不肖子
四	水声	二十一	百年后之社会
五	无形的离婚	二十二	烂香蕉馆主
六	猴	二十三	间接
七	吐痰客	二十四	神圣职业
八	叛离	二十五	小说家之爱
九	无进步的乡村生活(一名牧童阿八的无味日记)	二十六	家庭同盟罢工
		二十七	赤裸裸的男子丑态
十	用最后媒介物以后	二十八	色魔之子
十一	浴堂里的哲学家	二十九	方面的心
十二	你为什么要娶妻	三十	嫁后的情书
十三	某女士的遗书	三十一	姨太太让渡记
十四	过去未来的寡妇	三十二	女校对员
十五	一家	三十三	半段美人
十六	神经过敏	三十四	小说材料批发所
十七	如此相逢	三十五	不可思议之恋爱

唐 小 姐

言情小说。徐卓呆(李阿毛)著。上海万象书屋。1941 年版。亚公前记 1 篇。1 册。12 万字。共 23 章。

第 一 章　归途		第 十 三 章　豪华	
第 二 章　春草		第 十 四 章　反拨	
第 三 章　夜曲		第 十 五 章　承诺	
第 四 章　姊妹		第 十 六 章　虹霓	
第 五 章　面影		第 十 七 章　群雌	
第 六 章　前兆		第 十 八 章　委托	
第 七 章　惨败		第 十 九 章　虚荣	
第 八 章　书信		第 二 十 章　相约	
第 九 章　冰人		第二十一章　媚态	
第 十 章　代庖		第二十二章　同车	
第十一章　情缘		第二十三章　无瑕	
第十二章　蜜月			

调 笑 录

滑稽小说。徐卓呆著。大东书局。1924 年 2 月再版。1 册。2.8 万字。共 178 则。

我若是个男人	调和其味
脚踏车与牛	尸骨无存
笔一枝与糖一块	老猴子
没有胡须	忍耐
海上与床上	劣画
彼此一律	十回有九回
诊金	怎做得小民父母
临终之望	贱物
良师	有天无日
莫若杀人	相当的责罚
拿翁的讥嘲	我等
仲马的滑稽	割耳剥皮

明许小便	不打老伯
牛联	尼姑生和尚
肉声	同一写法
疑难问题	不听吾言
无异真牙	须要说个明白
誓不吸自己的烟	半价
待君生须	多夫主义
王买蛋	糊口
不可半途而废	吃白食
不妨	吾人不能及也
旧式小儿	倒箱底
不消化病	停孕神方
同时买的	鸡肠中之糠
猴如大人	候补一世
争钩	板子现成
太太大人一般	毋庸体操
拔去天草	扣积分
小伙子	说笑话
文人之妻	二孔与一孔
南京的哥哥	花头百出
手足并举	四人抬鼻
病死一人	暗无天日
待父母	乌龟买卖
再踢一下	尔非吾夫
还我一铜元	哈哈镜
短病鱼	借粉
拾得一横	强辩
哑	弟子服其劳
骨	匍
节俭	死秃
头	屠妇寿联

思想乃事实之母

血心寿板

教育学生

猫狗尚能跳跃

君勿哑哑

问问你娘

运动选举

赌妇

女道学

小热昏

先告罪罢

爱你撙节

能古不能今

逆性癖

不亦君子乎

加倍

索饮客

犬先生

大人过与他的

外祖母之婿

月经

豕耳

管子

屈与杜

饿鬼道中生

老子

乌龟肚里笑话

大便

试验

里科

烂屁股

孔子状如酒壶

使伊飞去

施饭学校

狗粮

腹内传染病

狗子打官话

于我何关

不来了

母校

大小儿

学养子

校长位置

无不爱之

先生是个兔子

改唐诗

大大再说

牺牲

中生

一肚皮国民

杨梅窗

女婿点戏

盍一试之

钻石指环

虐待

交换

好意

饮鸩

今昔之比

丢脸

近视眼养成所

神枪手

盍麾吾出　　　　　　　马车漏矣

严父　　　　　　　　　竟夕不宁

最足动听之语　　　　　将来还要打他

招牌倒矣　　　　　　　支解八块

犬化人　　　　　　　　蚊大如鸭

催眠家　　　　　　　　变成光棍

借与欠　　　　　　　　实在难看

生两月耳　　　　　　　先生非孔子

杀病菌　　　　　　　　王八总是大人

热煞　　　　　　　　　房屋迁往外国

不准招亲　　　　　　　另请高明

先生二百五　　　　　　一万年之末日

贫医　　　　　　　　　已出海洋三星期

召租　　　　　　　　　神效催眠剂

求勿服药　　　　　　　残余食品

情 博 士

　　滑稽言情社会小说。徐卓呆著。上海业余合作社。1930 年 12 月版。4 册。16 万字。共 40 回。

第一回　博士多情坐马桶撰稿
　　　　少爷任性拉尼姑结婚

第二回　六十老母穿高跟皮鞋
　　　　四张草稿入混元金斗

第三回　烧掉它吓煞一封信
　　　　捞不得怕见三条腿

第四回　抖乱博士屁股粘贴苍蝇纸
　　　　肉麻杂志论文感动新茶花

第五回　多情女熟读红楼梦
　　　　刮皮人争吃鳝丝面

第六回　林妹妹合作水门汀
　　　　皇哥哥难看子宫病

第七回　尿无出路便成泪
　　　　道送亡灵轮到僧

第八回　访金屋认盆难认门
　　　　接长吻要情不要命

第九回　桂瑶投吃隔夜寿酒
　　　　雄臭虫生夹阴伤寒

第 十 回	倾小瓶情学博士造眼泪 背旧诗潇湘妃子放棉花
第 十 一 回	跳舞场外新茶花坐摆渡船 游泳池中情博士寻橡皮帽
第 十 二 回	跨车疾驰不见一只短脚 促膝畅谈怕吃第三种水
第 十 三 回	吃牙污权当白搭油 充男妾难逃吸铁石
第 十 四 回	信仰堂子格言老六避面 实行爱情叛徒博士结婚
第 十 五 回	五客大菜两面串戏 一篇妙文二人落第
第 十 六 回	老仆多能烦演双出 班长未嫁先举一雄
第 十 七 回	小姐不孕忌服痧药水 丈夫暴死难弃绣花衣
第 十 八 回	沙皮擦面皮大可医病 爱人做工人也怕失业
第 十 九 回	免除裤腰身穿无底袋 预防香汗胸挂铜锁片
第 二 十 回	看毒门以女诊男 挖耳朵避重就轻
第二十一回	活用金钱蜡烛出口 实行隔离肥鸭进门
第二十二回	博士算房饭账男女惊慌 苍蝇做介绍人皮肉接触
第二十三回	小弄卖长锭房中缩脚 操场当活马胯下抬头
第二十四回	做标金空头急煞 试碗爿奇病霍然
第二十五回	狡兔女装居然女态

第二十六回	博士男性不用男人 投机家不救投机客 刮皮女应拜刮皮师
第二十七回	算菜钱偷开皮夹 销戏券再约黄昏
第二十八回	利用大出丧特制花篮 关闭小房间畅谈水学
第二十九回	当裤子购买雪花 折行头练习艺术
第 三 十 回	囊府无钱钱由人贴 额角有血血从何来
第三十一回	穿丝袜教粉腿出丑 推小车用胡子化妆
第三十二回	浪漫女车中扮戏 运动场腿上揩油
第三十三回	脚缚床柱方称高足 臀入镜箱疑是肥头
第三十四回	秦吉了学习跳马 萧东门拒绝弄眼
第三十五回	挖美目眼瞎人亦瞎 装怪腔身老心不老
第三十六回	男子出门如见大饼 处女无夫借用外人
第三十七回	吃红烧甲鱼听小尼姑下山 服白带药片惊老密司寻死
第三十八回	豆腐店货软拳硬 绸缎铺男卑女尊
第三十九回	摸摸看庭中洗浴 耶耶乎被面接龙
第 四 十 回	尼姑情重吉了见四空 男子国有博士杀千刀

锦囊秘密

侦探小说。徐卓呆著。上海公记书局。1924 年 4 月版。2 册。12 万字。共 10 篇。

风虎云龙

武侠小说。徐春羽著。百新书店。1949 年 3 月 1 版。1 册。95.5 万字。共 10 回。

第一回	佛肚山群僧掠美 神心寺一女除凶	第六回	石破山惊击沉魅影 龙吟虎啸奋起豪心
第二回	华堂称寿祸生不测 造府求婚仇结无因	第七回	舒友难风火入碉堡 报亲仇雪夜走关山
第三回	凛余威花令全孤子 贪厚尝李妪陷凌云	第八回	大报仇魏奇快意 小结怨凌云失机
第四回	狼子野心刁奴卖主 雏儿疾首弱女逢师	第九回	无情剑慨传三绝艺 木兰花巧递一封书
第五回	苦中苦避难遭难 甜里甜失师得师	第十回	诛狗兔巾帼大义 杀豺狼师徒小隐

龙　凤　侠

长篇武侠小说。徐春羽著。上海广艺书局。1949 年 12 月版。1 册。7 万字。共 4 回。

第一回	宝弓耍绝技巧结奇缘	第二回	玩石压奸商怨报后果

第三回　忿钱财舍施逢异人　　｜　第四回　除大害侠义歼匪帮

宝马神枪

长篇武侠小说。徐春羽著。上海励力出版社。1947 年 5 月初。2 册。15 万字。共 8 回。

第一回　懦公子雪夜行程　　　　第五回　楚东苏风尘三侠客
　　　　莽男儿风天剪径　　　　　　　　齐南子始终一书生
第二回　齐南子威震九龙沟　　　第六回　九头僧大闹桃花店
　　　　楚东苏误入七鸧寺　　　　　　　一指姑小游竹叶山
第三回　三多儿智渡美人关　　　第七回　莽汉裴新娘一场笑话
　　　　万虚子巧排英雄谱　　　　　　　仇人是旧友两地伤心
第四回　住黑店主仆再逢灾　　　第八回　觅良驹英雄惊锻羽
　　　　冒白刃师徒双救难　　　　　　　送宝刀侠士闹顽皮

逃 刑 传

武侠小说。徐春羽著。上海励力出版社。1948 年 5 月版。2 册。9.5 万字。共 4 回。楔子：引旧话燕市来怪汉,述往事天桥看神弓。

第一回　日暮苍皇王孙失路　　　第三回　许都头夜探桃花镇
　　　　风尘青眼公子延师　　　　　　　王教师大闹华家村
第二回　悲际遇丑鬟偷学艺　　　第四回　哀王孙都头遭缧绁
　　　　喜同心披发急亲仇　　　　　　　念公子庄主探监牢

铁马银旗

技击长篇小说。徐春羽著。上海广艺书局。1950 年 1 月版。1 册。8 万字。共 4 回。

第一回　跑车赛马玉美人受辱
第二回　梨花鼓词穷瞎子惩恶
第三回　学艺心热大肚子约法二章
第四回　宝刀初试快哉亭群雄收徒

屠沽英雄

长篇武侠小说。徐春羽著。天津励力出版社。出版时间不详。2 册。18 万字。共 20 回。

第一回　藏影形英雄卖肉
　　　　现身手番子失机
第二回　小炫奇大嚼烂肉面
　　　　细盘算误放铁龙头
第三回　论英雄白鹿溯源流
　　　　失怙恃黑熊生草莽
第四回　施隐恻员外抚孤儿
　　　　闹贪玩学生戏师长
第五回　失良机稚子昧本灵
　　　　炫怪异镖师传小巧
第六回　遇奇人员外识风尘
　　　　教孽子英雄留绝艺
第七回　破壁飞龙达人知机
　　　　推车引凤恶棍设阱
第八回　假殷勤母子双定计
　　　　真急怒父女两失机
第九回　铁骨冰心侠孝遭困
　　　　狼声鸦影凶顽逞奸
第十回　工毒计狠人施奸
　　　　急亲仇孝女迁难
第十一回　勇铁妮舍死拒强梁
　　　　　软陈杰贪生遭横报
第十二回　工设计狼子丧天良
　　　　　誓孤芳平儿洒热血
第十三回　急变骤生惊鼠骇雀
　　　　　勇气备至扑虎敲狼
第十四回　托孤儿火烧林家街
　　　　　卖卜子刀吓相县令
第十五回　遭横事奸人悟天机
　　　　　逞奇凶顽徒杀知己

第十六回　李判官三救节烈妇
　　　　　孙善士初举宁馨儿
第十七回　乐极生悲客来不速
　　　　　喜出望外宾至如归
第十八回　铁龙头演说底里情

　　　　　瞎判官追溯逃亡案
第十九回　备尝艰苦矢志靡他
　　　　　细致殷勤忘情尔我
第二十回　百炼千锤艺功学就
　　　　　一差二错露丑出乖

碧血鸳鸯

长篇武侠小说。徐春羽著。天津上海励力出版社。1940 年 6 月—1949 年 1 月版。9 册。72 万字。共 85 回。

第一回　恼市井酒保逞谈锋
　　　　赞弓刀英雄恣豪唱
第二回　娶孽妇引狼入室
　　　　恋浪子逐鹊居巢
第三回　天道难知善人遇祸
　　　　良心尚在义仆鸣冤
第四回　有私有弊金钱役鬼
　　　　无法无天热血归魂
第五回　挂人头惩奸三官庙
　　　　戏脂粉除害柳家村
第六回　小犯上福禄同归
　　　　假成真埙篪异道
第七回　小孺子雪岭寻师
　　　　老镖头冰山涉险
第八回　喜相逢披发急亲仇
　　　　念同道锐身纾友难
第九回　赐正名百年良遇
　　　　急防备千里传书
第十回　醉行者威震燠陵谷

　　　　病尉迟误走冷竹塘
第十一回　热恋成虚梦淫娃无耻
　　　　　铁胆质太空侠女多情
第十二回　济困扶危一翁乐善
　　　　　假公售奸两吏施威
第十三回　骄敌则败紫云失机
　　　　　穷凶为奸舒铁被陷
第十四回　施软攻英雄就义
　　　　　表决念慈母归亡
第十五回　挟私念恶友求婚
　　　　　持正论神尼纾难
第十六回　全大孝鬻身葬母
　　　　　报宿仇借剑杀人
第十七回　感深恩紫云救江枫
　　　　　申师意红雪说祝静
第十八回　孺子可教田正学艺
　　　　　良师前知卞方教奉
第十九回　小书生两试田孺子
　　　　　老侠士三戏病尉迟

第 二 十 回　显神奇推拿梅花攒
　　　　　戒玩忽耍戏哨子箭

第二十一回　哨子箭谈笑惩泼皮
　　　　　玲珑手局诈毁宝器

第二十二回　轻敌对玉柱失机
　　　　　爱人材钱鼎受骗

第二十三回　刺儿岛钱鼎丢镖
　　　　　漂母祠马彰卖艺

第二十四回　含沙射影英雄遭陷
　　　　　明镜照人令尹辨冤

第二十五回　一好汉风火五路军
　　　　　两班头月夜双失盗

第二十六回　笑判官负罪缉盗
　　　　　病尉迟吵家装疯

第二十七回　浪里蹿夜奔莱州城
　　　　　庄疯子气走刺儿岛

第二十八回　欧阳平智赚庄疯子
　　　　　沈罗锅戏斗九爪蝎

第二十九回　勇陶进神枪败三猛
　　　　　佟伯玉宝刀吓群贼

第 三 十 回　醉行者杯酒破毒兵
　　　　　病尉迟长途传凶讯

第三十一回　卢永泰智激庄疯子
　　　　　舒紫云义释秦晋芳

第三十二回　虬髯翁万里寻禅师
　　　　　醉行者单掌劈三寇

第三十三回　失度谍百了觅踪
　　　　　访盗贼群雄设计

第三十四回　魁星阁班头失机
　　　　　莱州堂壮士泄底

第三十五回　热血沥肝英雄仗义

察情披目侠客施仁

第三十六回　慈心生害褚雄戕官
　　　　　愤气难消罗刹滴血

第三十七回　死高徒良师反目
　　　　　求佳妇慈母苦心

第三十八回　舒紫云抢护杨花堡
　　　　　奚红雪失陷冷竹塘

第三十九回　绝处逢生将军飞至
　　　　　死里求活公子陈词

第 四 十 回　流水落花儿女情长
　　　　　含沙射影英雄气短

第四十一回　念游子慈母失心疯
　　　　　睹怪人老侠萌隐志

第四十二回　柔克刚绝艺惊巨丑
　　　　　粗中细神威退毛贼

第四十三回　试牛刀小将初立功
　　　　　破雁锐群愍齐授首

第四十四回　百邪不侵双锤挫敌
　　　　　二难并至双手呈能

第四十五回　重义气卢春走长途
　　　　　偷西瓜钟符遭诡计

第四十六回　一静师火烧冷竹塘
　　　　　三侠士失陷莱州府

第四十七回　误一念拼命觅情仇
　　　　　散千金毁家急友难

第四十八回　莱州府英雄自首
　　　　　北京城蠹吏施威

第四十九回　施奸诡庄化入樊笼
　　　　　弄小巧伯玉探府第

第 五 十 回　救师父卞方盗宝
　　　　　骂贼徒玉柱伤身

第五十一回　毒攻毒二士寻踪
　　　　　　险里险单身御寇

第五十二回　娄拱北大闹静远堂
　　　　　　钱永泰失趣香檀寺

第五十三回　背城借一飞来异士
　　　　　　为国丧元气走豪雄

第五十四回　显身手三丸折俞侉
　　　　　　贪戏嬉一刀死狻猊

第五十五回　老禅师苦口痛陈词
　　　　　　小壮士只身排群寇

第五十六回　显绝艺更逢奇异士
　　　　　　遍行踪一意报亲仇

第五十七回　遭暗算惨死黄天璧
　　　　　　讲人情怒斩陈镇芳

第五十八回　遭惨报活劈阴阳扇
　　　　　　闹玩皮惊退苦罗刹

第五十九回　避火弹假手两将军
　　　　　　冒兵刀伤心双兄弟

第 六 十 回　病判儿掌击五色鬼
　　　　　　俞伯玉弹打千爪蝎

第六十一回　报师仇苗凤三锻羽
　　　　　　试身手田正再建功

第六十二回　显绝艺慈尼解围
　　　　　　逞口舌卢春求救

第六十三回　述仇源演说小伽兰
　　　　　　哭丧计诈取神弩手

第六十四回　痛师占卜孙刚射雁
　　　　　　喜友偕行丁威打虎

第六十五回　割股疗师孺子壮志
　　　　　　片言止斗法僧慈航

第六十六回　为富不仁鱼肉乡里
　　　　　　行侠仗义保卫间阎

第六十七回　装新娘丁威喜成名
　　　　　　拜花烛狗子悲异变

第六十八回　讲解脱折服跛金刚
　　　　　　施仁义开释瞎父子

第六十九回　单宏文失陷野马岭
　　　　　　病金刚结怨驻龙厅

第 七 十 回　错中错李代桃僵
　　　　　　情感情水流花去

第七十一回　秦晋芳惭情横自刃
　　　　　　奚红雪孤意陷黑牢

第七十二回　羞意答答儿女脱险
　　　　　　壮心勃勃弟兄闯关

第七十三回　瞽目鱼一仗救英雄
　　　　　　小狻猊单鞭杀草寇

第七十四回　使机智山贼赚寨主
　　　　　　鼓侠情美人杀霸王

第七十五回　假字号骇走朱砂手
　　　　　　真人物严讯小鹞鹰

第七十六回　匣灯帷剑珠还合浦
　　　　　　走将飞兵义重三山

第七十七回　说心腹英雄识英雄
　　　　　　伤骨肉好汉救好汉

第七十八回　小投降异地逢仇人
　　　　　　大施展深宵寻好友

第七十九回　报宿冤火烧陈大寿
　　　　　　急友难水泡包小芳

第 八 十 回　妈妈山包花郎送信
　　　　　　鬼见愁庄疯子失机

第八十一回　凌空飞坠神乎其技
　　　　　　步险履夷勇之为功

第八十二回	凭神威合力战群雄	**第八十四回**	小火狐日遭三险
	藉机智单身救二老		长臂妖夜困双英
第八十三回	怒生心头火烧蝴蝶寇	**第八十五回**	小龙山百虫上寿
	喜出望外路遇翡翠瓜		野马岭五老陈词

燕 双 飞

武侠小说。徐春羽撰。百新书店。1949 年 3 月 1 版。1 册。13.6 万字。共 2 回。

第一回	觇怪异一剑斩情丝	**第二回**	袁玲姑学艺铁龙庵
	误渊流五陵迷意网		秦克宁思亲玉虎岭

奇童侦探案

侦探小说。徐哑钵著。上海中华书局。1916 年 9 月初版。1 册。6.3 万字。提要 1 篇。插图 8 幅。共 24 章。

巾帼英雄

长篇武侠香艳小说。徐哲身著。上海春明书店。1948 年 10 月 3 版。2 册。13 万字。共 32 回。

第一回	报师恩军前投效		败军将无限娇羞
	念世谊法外容情	**第四回**	小游戏台主称奇
第二回	吃果子孩童造化		大救星公子出险
	摆擂台和尚称雄	**第五回**	岳总镇城中施赈
第三回	通匪贼有心捣乱		活无常窗上现形

第 六 回　异想天开人鬼辩理
　　　　　　奇谈海外牛犬报恩

第 七 回　远路长途三人欣邂逅
　　　　　　深更半夜二女讲阴阳

第 八 回　放浪形骸床中谈妙理
　　　　　　荒唐举动屋上看奇文

第 九 回　上屋敌凶徒已忘病体
　　　　　　下河救义友不顾娇躯

第 十 回　宝珠分水势病客收功
　　　　　　铁弹倒镖旗女尼绝技

第十一回　入江捉怪能容有道蛟
　　　　　　从井救人偷割良心肉

第十二回　戏少女惹动两兄弟
　　　　　　仗情娘联成三姊妹

第十三回　谈婚事小妹任执柯
　　　　　　养病姑贤姬甘作娟

第十四回　述奇闻妖王盗法宝
　　　　　　伤暂别众侠爱班头

第十五回　坐离筵忧愁军法事
　　　　　　闹笑话错认同姓人

第十六回　前踞后恭恳求寻侄女
　　　　　　悲多喜少不算乐天伦

第十七回　太刚愎老尼空点化
　　　　　　想成全抚院费心思

第十八回　中丞拜寿姨太风光
　　　　　　太守称心公文批准

第十九回　负心人终究负心

强项吏依然强项

第 二 十 回　书信未付邮太尊被禁
　　　　　　　神针才小试野叉受伤

第二十一回　绿毛僵尸半夜攫婵娟
　　　　　　　假面剑仙无人知底蕴

第二十二回　抖凛凛眼看吃人头
　　　　　　　软洋洋喉中咽涎沫

第二十三回　半个月剑侠无踪
　　　　　　　一封书镖师有难

第二十四回　半路帮忙强人头不见
　　　　　　　隔窗问话公子欲酬恩

第二十五回　迟来半步气息仅一丝
　　　　　　　早趁三更遗言留几句

第二十六回　判官设法借寿十年
　　　　　　　义士直言添愁万斛

第二十七回　见玉体强迫婚姻
　　　　　　　赐金丹立成夫妇

第二十八回　兄弟阅垟外御其侮
　　　　　　　人妖斗宝内出奸徒

第二十九回　乞心珠跪地撒娇
　　　　　　　送贺礼约期宣战

第 三 十 回　女徒窥秘事红杏出墙
　　　　　　　侠客结知心黄金满路

第三十一回　纵仇人偷眼看夫婿
　　　　　　　救路毙无心遇对头

第三十二回　黄鹤焚琴二人疑是盗
　　　　　　　剥皮揎草百姓险戕官

反啼笑因缘

反案小说。徐哲身著。锦文堂书局。1933 年版。4 册。28.7 万字。共 40 回。

第 一 回　平子工愁慰情来弱妹
　　　　　季常有癖示好斥贤郎

第 二 回　娘有两条心相形见绌
　　　　　鸡无三只腿待遇难堪

第 三 回　移樽就教旅邸谒军师
　　　　　见义勇为穷逢欣难女

第 四 回　臂风似铁绝技挡红颜
　　　　　汗气如饴舞场寻白发

第 五 回　大可解颐衰翁惩恶客
　　　　　无端失约公子避佳人

第 六 回　二美同情巧施逐客令
　　　　　一痴迷画急煞执柯人

第 七 回　兰蕙本同根初谈实话
　　　　　葫芦藏甚药莫释疑团

第 八 回　学欣同调见面作深谭
　　　　　才足济奸存心行诡计

第 九 回　隔墙有耳枪弹也惊心
　　　　　入座无声钻光偏触目

第 十 回　舌粲莲花片言能奏凯
　　　　　眉攒柳叶后悔似嫌迟

第十一回　西施羞说病妙语双关
　　　　　韩寿爱偷香笑谈百出

第十二回　白水作长征乞来灵药
　　　　　青楼权小住别具私衷

第 十 三 回　神女昵襄王歌称破例
　　　　　　杨妃收义子阵布迷魂

第 十 四 回　煮鹤樊琴明明分外快
　　　　　　投鼠忌器暗暗卖交情

第 十 五 回　他乡遇故知酒楼会面
　　　　　　久旱逢甘雨书室调情

第 十 六 回　乍观姨母电眼底无花
　　　　　　不受美人怜胸中有竹

第 十 七 回　既上巫山犹能逃色界
　　　　　　虽经沧海难免种情根

第 十 八 回　树底诉衷肠温柔妖媚
　　　　　　梦中剖肺腑悄怳迷离

第 十 九 回　物色本繁难书陈品貌
　　　　　　掌声纵清脆祸种根源

第 二 十 回　电话箱前书痴张怒目
　　　　　　风琴铺里女士展娇颜

第二十一回　一帧高陈前情抛逝水
　　　　　　千金归赵旧爱等空花

第二十二回　开门揖盗有弊却无私
　　　　　　顺手牵羊损人不利己

第二十三回　情在理中交浅言深日
　　　　　　祸来意外心惊肉跳时

第二十四回　余事可牺牲仅冀一见
　　　　　　片言劳叮嘱全在三从

第二十五回　肤上机能分明讥院长
　　　　　　梦中吃语隐约骂夫人

第二十六回　腻友如云深情吟落月
　　　　　　归心似箭扶病上征车

第二十七回　三生有幸夫妻竞代劳
　　　　　　一事无成叔嫂争闲气

第二十八回　有电难详辞中原曲折
　　　　　　逢凶化吉意外竟团圆

第二十九回　少女述闲文兼调表嫂
　　　　　　晚娘抛旧隙忽爱前儿

第 三 十 回　面貌相同先从佳婢报
　　　　　　因缘谁属徒事杞人忧

第三十一回　柔情似水何来辟水珠
　　　　　　火势如山具有移山术

第三十二回　到处欢迎互让陈蕃榻
　　　　　　倚床痛哭单深伯道忧

第三十三回　全家承拯命感激尤深
　　　　　　一枕共谈心机关已泄

第三十四回　允否两难言行踪隐秘
　　　　　　诚伪都易辨心迹光明

第三十五回　情场怜碧玉儿女心肠
　　　　　　浊世遇黄衫英雄肝胆

第三十六回　囊底无钱英雄甘受辱
　　　　　　心中有主侠女避求婚

第三十七回　劝允良缘老翁无话答
　　　　　　飞来急电孝子做人难

第三十八回　自媒仍北败媒母难描
　　　　　　任侠复南行华陀再世

第三十九回　屡奏奇功虚怀仍若谷
　　　　　　深明大义舍己报殊恩

第 四 十 回　报德知恩隔窗听密语
　　　　　　毁家抒难抗日结全书

双　姝　泪

长篇哀情小说。徐哲身著。上海大众书局。1941 年 3 月再版。2 册。15 万字。共 36 回。

第一回　锦上添花名媛字快婿
　　　　雪中送炭贫女缔良缘

第二回　吟诗成谶语我爱银筝
　　　　关店起谣言人疑碧玉

第三回　费氏女费尽心机欺凌少女
　　　　刁师爷刁钻古怪挟制穷爷

第四回　恣情风月萧郎误认红娘
　　　　过眼烟云巨室沦为白地

第五回　假作小殷勤回天有力
　　　　真能大解脱入地无声

第六回　生不逢辰丫鬟双殉主
　　　　死难瞑目老母独悬梁

第七回　祸不单行险入登徒手
　　　　福无双至谁怜郑侠图

第八回　沿途撩养女老鸨心肠
　　　　跪地劝娇妻乌龟脸面

第 九 回　言之成理戚翠羽换日偷天
　　　　才足济奸刁银笋过桥抽板

第 十 回　国破家亡泪煮伤心血
　　　　风声鹤唳魂离未死身

第 十一 回　刀柄代良辰筵前受辱
　　　　　枪声起午夜枕畔锄奸

第 十二 回　雪肤花貌手软执刑人
　　　　　玉洁冰清颜开承审吏

第 十三 回　炎凉世态行旅本艰难
　　　　　忧患余生姻缘才美满

第 十四 回　引虎入门几作分飞鸟
　　　　　投鼠忌器甘成独眼龙

第 十五 回　夫婿伤怀十斛胭脂长吉血
　　　　　女莹量体一丝杨柳楚宫腰

第 十六 回　计似万全满拟瞒天能过海
　　　　　棋高一着翻教接木未移花

第 十七 回　避祸有方蝶梦先通芳草寺
　　　　　送穷无术牛衣对泣落花天

第 十八 回　覆雨翻云双眼空知金有价
　　　　　袒胸裸体一心饱览玉无瑕

第 十九 回　药水几盆逐次洗迷贞性□
　　　　　桐棺三尺长途载得老奴回

第 二十 回　迷离梦境方忻夫婿封侯
　　　　　嘈杂人声忽报郎君正法

第 二十一 回　万箭攒心孕妇因惊产子
　　　　　　一针见血虔婆力劝卖身

第 二十二 回　无可奈何病西施牺牲色相
　　　　　　不期而遇小卫玠消受温存

第 二十三 回　话长似锦宵短如裁
　　　　　　室小于舟春深若海

第 二十四 回　堕溷叹红梅神女生涯皆

夙劫
隔帷窥雪乳襄王故事又
重提

第二十五回　一发千钧佳人送入登徒手
　　　　　　三言两语巧婢招回倩女魂

第二十六回　猝不及防瓮中刚捉鳖
　　　　　　莫明其妙釜底已抽薪

第二十七回　挥尽黄金都道我不如归去
　　　　　　加来白眼试问卿于意云何

第二十八回　一门造反卫子似亡身
　　　　　　二害相权文君须接客

第二十九回　裸体受非刑休认人间无
地狱
违心说绝话愿陪主子到
阴曹

第 三十 回　临行才一祭可怜白骨早
成尘
小话已三更始信红丝能
系足

第三十一回　一曲凤求凰受愚误嫁伪
司马
几番羊遇虎拯溺全亏古
押衙

第三十二回　夫妻虽暂别一挑二逗不
成材
姊妹忽相逢万语千言难
出口

第三十三回　述往事翡翠吞金
　　　　　　瞒病人鸳鸯拜玉

第三十四回　抱恶种碧玉较圆通
　　　　　　报奇冤双姝偏独断

第三十五回　尖刀幸暗置二贼归阴　　　　红地
　　　　　大令惜迟来双姝毕命　　　　共呼淫妇墓死后犹含不
第三十六回　独占美人名坟前竟作传　　　白冤

汉宫二十八朝演义

宫闱小说。徐哲身著。上海新华书局。1928 年 2 月初版。自序 1 篇。插图 16 幅。8 册。64 万字。共 80 回。

第 一 回　神人感应帝子诞生　　　　　　　宿灵台梦兆飞熊
　　　　　鸟兽效顺天心点佑　　　第 十 二 回　文王磻溪访贤士
第 二 回　勤树艺后稷献奇才　　　　　　　　夷齐首阳阻义兵
　　　　　教稼穑唐尧任贤士　　　第 十 三 回　渡黄河白鱼跃舟
第 三 回　重农事公刘缵祖业　　　　　　　　信流言大风拔木
　　　　　入桑林玁鬻遇美人　　　第 十 四 回　穆天子西巡会王母
第 四 回　动众兴师狄人登难　　　　　　　　周宣王中兴伐猃狁
　　　　　卑礼厚币太王求和　　　第 十 五 回　应童谣枉杀民妇
第 五 回　避北狄开基立国　　　　　　　　　宠褒姒渎乱宫廷
　　　　　适西岐应天顺人　　　第 十 六 回　举烽火千金买笑
第 六 回　建号改朔周室始基　　　　　　　　召犬戎一怒兴师
　　　　　担簦提筐昆夷威服　　　第 十 七 回　救镐京诸侯起义
第 七 回　雀衔丹书生圣子　　　　　　　　　弃旧壤屏主迁都
　　　　　桥浮渭水配佳偶　　　第 十 八 回　周太子兴兵伐郑
第 八 回　姜后宫中抱沉冤　　　　　　　　　五大夫助逆叛君
　　　　　西伯驿内闻蜜语　　　第 十 九 回　定储位桓公尊周
第 九 回　醢九侯纣王无道　　　　　　　　　通隗后太叔奔狄
　　　　　饯长亭西伯失言　　　第 二 十 回　迁九鼎秦国称尊
第 十 回　囚羑里文王演卦　　　　　　　　　归一统周运告终
　　　　　入朝歌邑考丧身　　　第二十一回　居奇货吕不韦获利
第十一回　居羑里亲食子肉　　　　　　　　　焚古书孔夫子遭殃

第二十二回　死皇帝丞相行权
　　　　　　活阎王阉人治狱

第二十三回　陈胜功败垂成
　　　　　　刘邦义无反顾

第二十四回　吕雉倒凤颠鸾
　　　　　　赵高指鹿为马

第二十五回　慰人民约法三章
　　　　　　杀降卒冤魂廿万

第二十六回　宴鸿门刘邦脱险
　　　　　　封国土项羽酬庸

第二十七回　登坛拜将一军皆惊
　　　　　　辱国丧师三秦失守

第二十八回　情切切陈平盗嫂
　　　　　　喜洋洋刘季收姬

第二十九回　污薄氏魏豹偷生
　　　　　　怨霸王范增气死

第 三 十 回　划鸿沟假意修和
　　　　　　惧狮吼真心退让

第三十一回　楚霸王乌江丧命
　　　　　　汉高帝汜水登基

第三十二回　周昌争储位受宠若惊
　　　　　　刘季忌功臣多疑嗜杀

第三十三回　妃后争妍二人甘受辱
　　　　　　君臣相洽四皓贡良谋

第三十四回　讨淮南阵前伤御体
　　　　　　回沛邑枕上斩残花

第三十五回　忿雄狐汉高晏驾
　　　　　　看人彘惠帝成痴

第三十六回　袒左臂军士助刘
　　　　　　裸全身营门辱吕

第三十七回　邓通宠锡铜山
　　　　　　晁错私移太庙

第三十八回　相术有灵王美人作后
　　　　　　君言无效韩总监赐婚

第三十九回　美人获青眼
　　　　　　名将不白头

第 四 十 回　喜阿谀亲编宝鼎歌
　　　　　　悔愆尤幸下轮台诏

第四十一回　异想天开奸夫入卫
　　　　　　奇谈海外柳叶成文

第四十二回　偿私愿继作中宫
　　　　　　泄密谋亲捕乱党

第四十三回　萧望之言侵阉竖
　　　　　　冯婕好身当人熊

第四十四回　从旧制昭君妻长子
　　　　　　昵新欢成帝宠淫娃

第四十五回　惑圣德张放作龙阳
　　　　　　啄皇孙林开讥燕子

第四十六回　幼即有心王莽篡位
　　　　　　老而无用元后覆宗

第四十七回　刘文叔南阳起义
　　　　　　王巨君北殿寻欢

第四十八回　光武登基访故人
　　　　　　刘庄绘像遗私戚

第四十九回　马太后不护外家
　　　　　　汉和帝能惩诸舅

第 五 十 回　曹大家救兄归隐
　　　　　　阎太后立帝擅权

第五十一回　家奴犯上作变童
　　　　　　阉官行凶劫太后

第五十二回　忤权阉窦武遇害
　　　　　　致少帝董卓入都

第五十三回　曹孟德诡呈没壳刀
　　　　　王司徒巧献连环计

第五十四回　污嫠妇长男战死
　　　　　惧枭雄奸贼称兵

第五十五回　烧乔府孙策看佳人
　　　　　焚鸟巢曹瞒施毒计

第五十六回　刘玄德三次请军师
　　　　　孙夫人单身省老母

第五十七回　玄德进位汉中王
　　　　　孔明见疑刘后主

第五十八回　污深宫后主宣淫
　　　　　造大殿魏睿极欲

第五十九回　用权奸心无芥蒂
　　　　　废魏主样有葫芦

第 六 十 回　有心人痛亡三汉
　　　　　执笔者汇纪六朝

第六十一回　隋文帝威并南朝
　　　　　独孤氏伪阻北狩

第六十二回　得怪病皇后装疯
　　　　　入深宫将军捉鬼

第六十三回　红颜薄命流水葬桃花
　　　　　白璧微瑕惊飙搏柳絮

第六十四回　设伏线诡说梦中龙
　　　　　派先锋私通池上凤

第六十五回　奇谈海外鼠戏消闲
　　　　　异想天开人棋娱乐

第六十六回　临头炮当场出彩
　　　　　矫脚车易位邀功

第六十七回　光身露体坛上锡嘉名
　　　　　花貌雪肤盆中现妙相

第六十八回　起兽念东宫思少妹
　　　　　乱人伦西苑犯宣华

第六十九回　真调情御妹失身
　　　　　假动怒孤孀丧节

第 七 十 回　修苑囿争题院号
　　　　　选妃嫔大戮功臣

第七十一回　耀光绫竟体芬芳
　　　　　醒醉石周身娇艳

第七十二回　听新曲午夜伤春
　　　　　舞后庭深宵厌梦

第七十三回　袁宝儿能言博宠
　　　　　隋炀帝观画思游

第七十四回　萧怀静妄献开河策
　　　　　施小凤惭为驸马郎

第七十五回　彩女三千不及余桃断袖
　　　　　龙舟五百几成楚馆秦楼

第七十六回　共枕论琼花半文不值
　　　　　沿途栽柳树众女欢腾

第七十七回　窥沐浴牛乳遭殃
　　　　　建迷楼官星照命

第七十八回　如心果神仙赐警
　　　　　任意车处子销魂

第七十九回　春秋佳日舞剑感殊恩
　　　　　花月良宵曲肱惊噩梦

第 八 十 回　延残喘萧后事仇
　　　　　乞全尸阿摩亡国

红 灯 照

神怪剑侠小说。徐哲身著。上海时还书局。1936 年 12 月版。2 册。13.5 万字。自序 1 篇。共 32 回。

第 一 回 祀邪神假设红灯照
　　　　 谋废帝私联白发臣

第 二 回 珍妃裸体遭廷杖
　　　　 澜邸怀力借库银

第 三 回 溯本寻源细述神拳史
　　　　 贪生怕死未承盗首妻

第 四 回 满口保清朝功夸造化
　　　　 元神游敌舰冒失机关

第 五 回 黄莲圣母督院审洋人
　　　　 赤足天尊神坛宣秘术

第 六 回 毓巡抚关城屠教士
　　　　 徐中堂悬榜斥门生

第 七 回 假会议慈禧胸有竹
　　　　 真开衅光绪眼无花

第 八 回 识大势联衔拒诏
　　　　 贡遇忠舍命陈疏

第 九 回 陷阵冲锋联军惊劲敌
　　　　 轻裘缓带儒将误风流

第 十 回 掌刑曹监斩违清例
　　　　 居医职遗书泄弑谋

第十一回 空穴风来筵前调命妇
　　　　 后庭花放枕畔授京卿

第十二回 张德成戕官遇剑仙
　　　　 蒋本立嫖妓逢飞侠

第 十三 回 破碎危城人臣尽难
　　　　 仓皇就道天子蒙尘

第 十四 回 虎帐威严僭据仪鸾殿
　　　　 鸳衾冷落穷依影凤班

第 十五 回 温旧梦神女惑襄王
　　　　 昵新欢杨妃收义子

第 十六 回 深宫观怪折腾笑邻邦
　　　　 浅草莽芳骸题诗异域

第 十七 回 寒奸胆钗光剑影
　　　　 负腐尸补服朝珠

第 十八 回 延庆嘉名州官纡圣虑
　　　　 怀来驻跸县令放钦差

第 十九 回 治国无方空言罪已
　　　　 升官有径勇跃勤王

第 二十 回 施夏楚玉犬遭殃
　　　　 弃秋曹金蟾脱壳

第二十一回 鹿传霖请旨幸西安
　　　　　 龙奉日回函谈北阙

第二十二回 开和议伤心十二条
　　　　　 收饷银转瞬三千万

第二十三回 罗丰禄飞章劾罪魁
　　　　　 董福洋拍电讽恩主

第二十四回 料事如神早知今日
　　　　　 其言也善悔不当初

第二十五回　祸首亲王加恩圈黑狱
　　　　　　顽皮太子被废出青宫

第二十六回　一台飞秽血活现冤魂
　　　　　　卅载报前仇适符谶语

第二十七回　风平浪静择日回銮
　　　　　　雨过天青沿途接驾

第二十八回　受恶报恶棍凌迟
　　　　　　接仙缘仙姑卖笑

第二十九回　独流镇侠客诛凶
　　　　　　静海县匪魁被磔

第 三 十 回　使名称谢罪国耻毋忘
　　　　　　道号赐锄奸皇恩普及

第三十一回　天绿琳琅塵封昭德殿
　　　　　　御容凄恻梦阻紫微星

第三十二回　糊涂宴驾内幕收场
　　　　　　匆促登基全书结局

孝侠酬恩记

香艳武侠小说。徐哲身著。上海时还书局。1937 年 7 月重版。2 册。13 万字。自序 2 篇。共 32 回。

第一回　全身绝技荡子偷香
　　　　满口甜言佳人受骗

第二回　爱河愁起浪问计刁鬟
　　　　情海惧生波推恩黯婢

第三回　苦命女三更惊恶梦
　　　　慈心娘一笑恕亲生

第四回　弄假成真褫衣防女盗
　　　　喜新厌故衔恩获娇妻

第五回　锦上添花凤凰出世
　　　　雪中送炭麋鹿行医

第六回　含血喷人强凶如黑煞
　　　　饮酖止渴弹泪作红娘

第七回　死难瞑目黑夜投环
　　　　生不逢辰青年守节

第八回　眼前惊怪影劝主安心
　　　　鼻内现奇光累妻授首

第 九 回　看轻红拂易服私奔
　　　　　媲美缇萦上书乞赦

第 十 回　山骸川血大败官兵
　　　　　花貌雪肤分编匪队

第十一回　糟蹋夫人临时劳侑酒
　　　　　成全淑女当众吃交杯

第十二回　救僵尸无端诛兽怪
　　　　　避侠女不幸遇人妖

第十三回　母夜叉飞叉丧命
　　　　　神弹子击子亡身

第十四回　清风岭剑仙聚会
　　　　　赤石岗侠客求和

第十五回　掩耳盗铃金龙献诡计
　　　　　存心窃箭小虎失芳踪

第十六回　彬彬有礼一揖窃衣箱
　　　　　脉脉含情两番赠路费

第 十 七 回　柳下惠坐怀不乱
　　　　　　孟尝君着手成春

第 十 八 回　关山难越谁悲失路之人
　　　　　　萍水相逢尽是他乡之客

第 十 九 回　阶下囚翻为座上客
　　　　　　刀头肉竟作意中人

第 二 十 回　发热昏羊郎生笑病
　　　　　　说冷语牛姐受笞刑

第二十一回　异想天开刀尖炫处女
　　　　　　奇谈海外剑底匿痴人

第二十二回　闹笑话错认狐仙
　　　　　　抱不平代惩狗贼

第二十三回　巧匠弄玄虚传代孤孀传
　　　　　　代娼
　　　　　　名姝甘服伺有时小婢有
　　　　　　时娘

第二十四回　画容貌禄位长生

　　　　　　闻姓名魂灵出窍

第二十五回　恩仇夹杂窘煞迂儒
　　　　　　因果循环惨遭刺客

第二十六回　寻义女老先生仗义
　　　　　　审官司新大令辞官

第二十七回　入竹阁劫印辱妖姬
　　　　　　游兰亭题诗避少妇

第二十八回　收门徒勉释冤家
　　　　　　遇伙计误传噩耗

第二十九回　蓄心作妓妻妄爱风流
　　　　　　举目无亲仆从叹星散

第 三 十 回　避重就轻肩上惟添一点
　　　　　　改邪归正胸中尚惧三分

第三十一回　见财起意乳母托前仇
　　　　　　送礼上门奸商交大运

第三十二回　违父命辩明公理
　　　　　　报娘仇放弃私恩

昆仑剑侠传

神怪武侠小说。徐哲身著。上海春明书店。1919 年 1 月初版。2 册。13 万字。自序 1 篇。共 32 回。

第一回　姻缘美满夫妇下昆仑
　　　　行旅艰难弟兄谈剑侠

第二回　斗姥阁独斗山魈
　　　　雷公滩双擒水怪

第三回　复亲仇圣母现原形
　　　　变戏法村姑装丑相

第四回　痴娃戏姊姊眼具玄功

　　　　弱妹助哥哥拳逢劲敌

第五回　倒擂台暗救红颜女
　　　　入迷窟难为白面郎

第六回　异想天开家姬充土娼
　　　　奇谈海外师祖嫁徒孙

第七回　占鳌头魁星受窘
　　　　露马脚太岁遭殃

第 八 回　长街卖字孝子拾奇珍
　　　　　古寺烧香贤妃遗宝物

第 九 回　入法场闹笑话抱错亲夫
　　　　　进牢狱施奇方医痊病犯

第 十 回　落草英雄生成菩萨相
　　　　　贪花和尚死戴美人头

第十一回　笞犯人太太臀开花
　　　　　逐贤媳婆婆心泼墨

第十二回　窃法宝存心斗法
　　　　　发奸谋假手惩奸

第十三回　辞道号远走高飞
　　　　　见情书寻根究蒂

第十四回　偷天换日黜婢便宜
　　　　　舍己医人情郎苦恼

第十五回　苦命鸳鸯投桃报李
　　　　　销魂蛱蝶接木移花

第十六回　是日也女化为男
　　　　　非官乎人奚变犬

第十七回　主考拜门生文章吐气
　　　　　县尊求罪犯体统何存

第十八回　舌剑战唇枪专工戏谑
　　　　　心珠碎气弹大触霉头

第十九回　不夜城仙尊嘉伉俪
　　　　　中秋节佳偶庆团圆

第二十回　龟奴仗义追赶恩公
　　　　　鸨母无情殴伤病客

第二十一回　一场黑幕丈母嫁东床
　　　　　　千两黄金少爷游北里

第二十二回　梦里天堂开颜片刻
　　　　　　人间地狱饮恨终身

第二十三回　大茅山共赴尖刀会
　　　　　　小涧洞分尝铁汁汤

第二十四回　缉捕得力吴大令升官
　　　　　　溺爱不明魏乡绅失教

第二十五回　养虎伤身新房临恶煞
　　　　　　投鼠忌器弱质顺凶神

第二十六回　泼水难熔人心似铁
　　　　　　燃香可闷官法如炉

第二十七回　红颜薄命急雨逐飞花
　　　　　　白璧微瑕狂风催败柳

第二十八回　好色医生思通魏女
　　　　　　爱财店妇力任王婆

第二十九回　天际看飞头钗花剑影
　　　　　　灯前惭合卺靥晕心旌

第 三 十 回　鸳帐作蒲团劝郎学道
　　　　　　龙门修草稿赖鬼成名

第三十一回　一生一死乃见交情
　　　　　　半喜半忧须查凤孽

第三十二回　游地府吓煞众婵娟
　　　　　　进冰山放逃诸鬼犯

官眷香梦记

言情小说。徐哲身著。上海五友书局。1930 年 10 月版。4 册。43.3 万字。共 60 回。第一回至第三十回回目缺。

第三十一回　他乡遇故知西窗剪烛
　　　　　久旱逢甘雨北里留髡

第三十二回　不期而遇郡主病相思
　　　　　有挟以求县尊吃巴掌

第三十三回　瓮中捉鳖大少奶开心
　　　　　釜底抽薪七王爷尝脸

第三十四回　芳闺成腻友锦上添花
　　　　　绣阁劝贤婆雪中送炭

第三十五回　苦命人二次拒奸
　　　　　好色鬼双方陪罪

第三十六回　夸卫玠眉舒柳叶
　　　　　规文君舌粲莲花

第三十七回　喜升官荣膺遗缺府
　　　　　允作妾乐煞倒楣人

第三十八回　花枝招展官眷闹虚文
　　　　　莲瓣簇新奸夫呈实证

第三十九回　头脑全无害人终害己
　　　　　心肠忒辣欺女复欺娘

第 四 十 回　拔短梯无端生芥蒂
　　　　　探长监依样画葫芦

第四十一回　一场惨剧死了佳人
　　　　　万种柔情无违夫子

第四十二回　赤足游街激成民变
　　　　　剥皮揎草带得鬼回

第四十三回　死难瞑目棺内出吁声
　　　　　生不逢辰楼头吐怨语

第四十四回　拾堕欢调情谑白虎
　　　　　抄老账睁眼作乌龟

第四十五回　两姨太争宣丑史
　　　　　一钦差独审情由

第四十六回　兰摧玉折借病诳双娇
　　　　　月缺花残因疮死一妓

第四十七回　者番田地囚犯尚行凶
　　　　　如此江山嗣君应发急

第四十八回　会拍马当场认舅爷
　　　　　能吹牛到处夸仙女

第四十九回　引虎入门家奴真厚道
　　　　　投鼠忌器卫士假忠心

第 五 十 回　同命鸟黄泉圆破镜
　　　　　可怜虫赤体受尖刀

第五十一回　拾牙慧恭维革命党
　　　　　费心机巧置安乐窝

第五十二回　绿野堂闲种先生柳
　　　　　红叶阁娇吟隐士云

第五十三回　羞怯怯水中欺弱者
　　　　　乱哄哄火星烤群雌

第五十四回　剁肉浆如光应恶咒
　　　　　丢颜面新月跪亲生

第五十五回　两载奔波望梅空止渴
　　　　　一宵恩爱画饼也充饥

第五十六回　报深仇蹂躏贤妇
　　　　　泄宿忿糟蹋娇徒

第五十七回　死中求活小字改愁云
　　　　　苦尽甘来中途获善宝

第五十八回　诉离情悔不当初
　　　　　发狠话早知今日

第五十九回　见乞丐一一吐真情
　　　　　吓才郎双双说假话

第 六 十 回　离合悲欢奇文写官眷
　　　　　神奇怪诞香梦记分明

香国之春

长篇社会言情小说。徐哲身著。青鸟书局。1933 年 10 月初版。2 册。28 万字。序 1 篇。共 30 回。

第 一 回　慰亲心花开姊妹
　　　　　赴友难镜破鸳鸯
第 二 回　远道寻夫初谈往事
　　　　　深宵迁盗两救末珠
第 三 回　留宾设计荡妇思春
　　　　　替主分忧丫鬟侍疾
第 四 回　斗帐鸳魂梦中偿绮债
　　　　　杯弓蛇影病里恚流言
第 五 回　（缺）
第 六 回　（缺）
第 七 回　强调笑久别胜新婚
　　　　　报劬劳间关归旅槎
第 八 回　假正经残花骄败柳
　　　　　真尴尬弃妇讼新郎
第 九 回　认亲生鸿沟验痣
　　　　　媚外宠兔窟同衾
第 十 回　还旧帐娇女倒脱靴
　　　　　闹新房伴姑羞失履
第十一回　招魂古寺人迁良媒
　　　　　祈梦□□□□□□
第十二回　屋小于舟左拥右抱
　　　　　春深似海鼓瑟调琴
第十三回　穷内务八旗卖笑
　　　　　雌外交六国欢腾

第十四回　迷魂汤牛寡妇行奸
　　　　　近视眼猪医生吃屁
第十五回　痴和尚高谈御妻法
　　　　　俏尼僧秘授制夫经
第十六回　奇谈海外知事养私孩
　　　　　异想天开夫人充土娼
第十七回　欢喜冤家心迷活宝贝
　　　　　风流孽障裸责母妖精
第十八回　心伤禾黍贝子当龟
　　　　　舌妙莲花宫娥蓄犬
第十九回　莲蕊仙姿隔窗窥浴
　　　　　桃花人面扫壁题诗
第二十回　赘蒙古羞作并头花
　　　　　留大同巧逢赛脚会
第二十一回　吃樱桃少奶误拉花
　　　　　　卖橄榄老翁愁得宝
第二十二回　抛砖引玉才女出秦楼
　　　　　　买椟还珠武夫占楚馆
第二十三回　飞符捏诀缢鬼宣淫
　　　　　　枉法贪赃阉人漏网
第二十四回　六安县白狼屠城
　　　　　　三里集红香陷贼
第二十五回　赠路费匪众多情
　　　　　　割靴勒登徒大胆

第二十六回	星移目换便宜两个冤家 李代桃僵妄送一条人命		贪横财奸人送死
第二十七回	任侦探见义勇为 辩理由当仁不让	第二十九回	硬调奸美郎君受迫 强庆寿迂学士为难
第二十八回	阻借款贤妇规夫	第 三 十 回	发乎情连宵惊噩梦 守以礼漏夜遁空门

恐怖鬼侠

武侠小说。徐哲身著。上海春明书店。1947 年 4 月初版。1 册。13 万字。共 32 回。

第一回	大危险女侠脱重围 小机关淫僧又遁走		狐狸避雷深宵来美女
第二回	到秘阁重寻真线索 上石阶又堕恶机关	第十一回	随母上天庭泪珠似雨 代郎寻继室碧玉如花
第三回	栅栏如铸又遇恶僧来 石壁自移谁救侠女去	第十二回	老农家中来上客 鬼侠梦里示良缘
第四回	险里出奇沙弥馈酒食 死中作乐果腹赴阴曹	第十三回	恶作剧官府臀流红 大倒楣法师面急白
第五回	似有似无佳人先恍惚 忽隐忽现贼秃也迷离	第十四回	床中跃下裸体佳人 窗外飞来黑丑女子
第六回	倾冷水手下救残生 接飞镖门前施绝技	第十五回	妖道留丹陡消疾病 夜深人静准进监牢
第七回	因疑生恨质问负心时 受宠若惊机关随口泄	第十六回	衙内投书肩头救犯女 梦中指示树底有孩尸
第八回	妇人称祸水柳氏又闹奇文 男小受牢笼张郎几乎上当	第十七回	手中落物狗遭殃 梦里显灵狐仗义
第九回	玲珑手段乌龟笑 曲折心思黄鹤飞	第十八回	者番托梦为伸冤 久别重逢允雪恨
第十回	仙人赐药暮岁得文郎	第十九回	开玩笑粉汗淋漓 显玄功芳心忐忑

第 二 十 回　土地庙村众谢神
　　　　　　大公山剑仙对弈

第二十一回　奇光奇明二仙人山中对弈
　　　　　　忽隐忽现怪女子世上难知

第二十二回　鬼侠出场系孝女
　　　　　　田主收米到乡村

第二十三回　诞艳色文良劫弱女
　　　　　　严冬天小弟救娇躯

第二十四回　被淫污红玉惨遭丧生
　　　　　　保贞操惠英庆离虎窟

第二十五回　李家村乡姑得财源
　　　　　　峨嵋山知府进头香

第二十六回　遣公差雪中送炭

　　　　　　责孝女无功受禄

第二十七回　月下焚香割股疗慈亲
　　　　　　梦中求丹舍命追女神

第二十八回　子夜近三鼓鬼称小头
　　　　　　日色未黎明魅呼长脚

第二十九回　慈母弃养的款难筹备
　　　　　　同村孺子仗义允危城

第 三 十 回　罗掘已尽田主忽发天良
　　　　　　奇峰突出惠英含恨随归

第三十一回　侠女赴阴曹得赐奖旗
　　　　　　隐身有法术除暴安良

第三十二回　逆旅中群仙聚议斩妖
　　　　　　佛殿上淫僧恶贯满盈

鸳鸯女侠

武侠小说。徐哲身著。上海春明书店。1947 年 4 月初版。1 册。13 万字。自序 1 篇。共 32 回。

第一回　秋水神潜逃八卦炉
　　　　李峨嵋险死千丝索

第二回　花烛夜新郎教授风流学
　　　　大罗天老子演讲道德经

第三回　和尚行凶推拿孕妇
　　　　道人作法欺侮劳工

第四回　滑稽奸案粉黛变虔婆
　　　　势利财翁银钱造恶孽

第五回　种瓜得瓜收成有果
　　　　逢怪捉怪枉自成妖

第六回　得红裤毒蟒遭殃

　　　　失小衣新郎晦气

第 七 回　冷箭飞来逢敌手
　　　　　烈焰烧出毙尼姑

第 八 回　舌粲莲花戏调凤侣
　　　　　眉竖柳叶打进龙宫

第 九 回　女侠罩入镇海钟
　　　　　真人光临水晶殿

第 十 回　神仙天庭审巨案
　　　　　妓女玉貌染微瑕

第十一回　世妹爱师兄风情旖旎
　　　　　书僮遇黄狗腿肉淋漓

第 十 二 回　老父贪财卖娇女
　　　　　　尼姑作法误夫人

第 十 三 回　缢死鬼绳索无踪
　　　　　　桂花仙情丝牵合

第 十 四 回　恶判见色起淫心
　　　　　　阎王无私延女侠

第 十 五 回　剑侠夺公文难为小鬼
　　　　　　包公审巨案苦了判官

第 十 六 回　一道祥光直入清风岭
　　　　　　几声妙语联成姊妹花

第 十 七 回　仙子赠佳珍椿萱益寿
　　　　　　鱼精充太守提智求神

第 十 八 回　召天将釜底傲游鱼
　　　　　　变花猫瓮中来捉龟

第 十 九 回　人去怪去提督阻娇娃
　　　　　　道高魔高天师倩女侠

第 二 十 回　施法术剪纸为人
　　　　　　惧报仇求师助战

第二十一回　动凡心道人恋男色
　　　　　　戏穷鬼秀士卖贤妻

第二十二回　借裸体几胜雷公

　　　　　　好良心携归乞丐

第二十三回　让弟妇大伯有仁心
　　　　　　谋家财夫妻设毒计

第二十四回　出深渊贤兄保残喘
　　　　　　患妖病小姐遇良医

第二十五回　一时大运击毙大乌龟
　　　　　　万种娇羞存心赘快婿

第二十六回　遇亲兄忘却胸中恨
　　　　　　作乞丐犹思意外财

第二十七回　恶人受报案下遇妖精
　　　　　　女侠光临鼓中闻秘密

第二十八回　孤掌难鸣惟谨慎
　　　　　　一生好胜是英雄

第二十九回　厉害妖精收法宝
　　　　　　慈悲老祖返青牛

第 三 十 回　剿贼窠众女显奇能
　　　　　　济灾黎歹人思盗宝

第三十一回　匪夷所思色星照女侠
　　　　　　莫明其妙剑客遭病魔

第三十二回　寺有机关凤姑堕地道
　　　　　　僧行毒计女侠可强奸

峨嵋剑侠

　　长篇武侠小说。即峨嵋飞侠传。峨嵋续集。徐哲身著。春明书店。
1950 年 6 月再版。1 册。13 万字。共 31 回。

第一回　阴阳仍此理律贵诛心
　　　　生死仅移时魂偏罔觉

第二回　旗下营大出无头案

　　　　灵隐寺欣逢有约人

第三回　五雷神劳烦神将
　　　　千手塔污秽天尊

第 四 回　蛇怪本难饶两番现相
　　　　　儒鸿何太刻一样疑心

第 五 回　共枕同衾畅论名节事
　　　　　青天白日裸逼孝心人

第 六 回　万恶强徒行同禽兽
　　　　　一门善士跪祷神仙

第 七 回　怨告状挺身作保
　　　　　赞题诗发话有因

第 八 回　妖魔扇偷风火日
　　　　　剑侠命犯桃花劫

第 九 回　门前遥望大众讶金光
　　　　　釜底抽薪原神谒玉鼎

第 十 回　百善孝为先龟灵作伐
　　　　　一妖凶莫比龙甲施威

第十一回　筵前冀爱子科发三元
　　　　　阁上访仙姝花呈并蒂

第十二回　喜气重重大设仙家会
　　　　　阴气惨惨何来吊客星

第十三回　天开异想绣鞋与木脚齐飞
　　　　　海外奇谈丹药共明珠一色

第十四回　闹新房冤家初会面
　　　　　留东帖忍字要当心

第十五回　洞房将合昼忽拒乘龙
　　　　　金榜未题名先称驸马

第十六回　芙蓉脸面尽对少年郎
　　　　　锦绣文章难谐大主考

第十七回　座主回心门生发解
　　　　　剑仙赌气贤妇遭殃

第十八回　传宗接代孤女产英儿
　　　　　遇难呈祥娟仙居末位

第十九回　行旱道首先逢左道
　　　　　恃旁门口不答师门

第二十回　险里险还亏裸妇功
　　　　　情中情送到娇妻口

第二十一回　入山寨床中见丑态
　　　　　论门神路上显奇才

第二十二回　李榜眼因奸施辣手
　　　　　阿中堂奉旨审奇情

第二十三回　风平浪静相国极忠诚
　　　　　雨过天青皇恩真浩荡

第二十四回　二女调情明明争受孕
　　　　　一妖怒吼暗暗报前恩

第二十五回　味前因魔怪避恩人
　　　　　开杀戒仙家遭劫数

第二十六回　进恶阵拼命破红珠
　　　　　救情郎飞身入烈火

第二十七回　喜根基施恩嘉后进
　　　　　解冤业获胜不穷追

第二十八回　弃怨忘仇性情未改
　　　　　袒胸露腹礼数全无

第二十九回　吭伤疤看出心中事
　　　　　救急症将呈胆内功

第 三 十 回　制爱情娇妻都善意
　　　　　　兴大狱剑侠也无能

第三十一回　二郎神携犯上天庭
　　　　　八景宫施恩劳法驾

晚清三杰

历史小说。徐哲身著。出版单位和出版时间不详。自序 1 篇。1 册。共 60 回。

第 一 回　善士救奇灾全家入水
　　　　　名臣得预兆只手擎天

第 二 回　嵌字联生离死别
　　　　　落叶赋阴错阳差

第 三 回　分尸饮血神勇堪惊
　　　　　斗角钩心圣衷可测

第 四 回　风尘侠妓巨眼识才人
　　　　　草泽英雄倾心结奇士

第 五 回　奸商觅鸦片幕府求情
　　　　　战艇中鱼雷军门殉难

第 六 回　胡以晃三拳死恶霸
　　　　　洪宣娇一怒嫁情郎

第 七 回　弄玄虚两蛇入穴
　　　　　办团练双凤来朝

第 八 回　动热肠存心援要犯
　　　　　出恶气亲手剐淫娃

第 九 回　洪秀全金田起义
　　　　　谭绍洸铁岭鏖兵

第 十 回　越俎代谋本军看冷眼
　　　　　开诚相见清将死愚忠

第十一回　云山尽节全州道
　　　　　石氏求贤新旺村

第十二回　大智若愚秀成遭藐视
　　　　　从天而降钱氏运奇谋

第十三回　有挟而求情同蛰伏
　　　　　养痈成患误解狐言

第十四回　张国梁投诚分授职
　　　　　江忠济贪巧致亡身

第十五回　创营制分封举义人
　　　　　练乡团始述更名事

第十六回　曾国藩单求郭意诚
　　　　　洪宣娇拟殉萧朝贵

第十七回　睹耳语众将起疑团
　　　　　掷头颅孤孀几丧命

第十八回　三月围城军粮恃腐草
　　　　　一宵作法武器用鲜花

第十九回　贤邑令蓄心蔫幕客
　　　　　俏丫环有意作红娘

第二十回　制爱情双文贻艳服
　　　　　得奇梦公瑾授兵书

第二十一回　任水师保全湘省
　　　　　　遵秘计攻克岳州

第二十二回　宝石孕奇文太平天国
　　　　　　名将逢敌手獬面狼兵

第二十三回　真遭殃人民都变鬼
　　　　　　假被逼将士尽封王

第二十四回　李金凤代父复仇
　　　　　　彭玉麟寻师问难

第二十五回 儒宗谈理学实益人心
勇将壮声威伪装狗眼

第二十六回 陆总督携姬援小舅
钱军师遣将捉清官

第二十七回 锦上添花李忠王报捷
瓮中捉鳖吴观察生还

第二十八回 冯兆炳别母远投军
陆建瀛诵经求退敌

第二十九回 对的放矢屈辱将军
光头全命便宜和尚

第 三 十 回 恋金陵天皇取中策
笞玉臀徐后慑淫威

第三十一回 塔齐布拔帜选营官
李续宜挥旗卷敌师

第三十二回 手中落筯大将惊援兵
面上增辉如君认义母

第三十三回 隔省辞官起因黄太守
因祸得福种果左宗棠

第三十四回 蠢妇人多言遭身戮
好兄弟远道告军情

第三十五回 胡林翼致书述亡将
曾国藩洗脚戏门人

第三十六回 论文材详述文王卦
练侦探私抄敌国书

第三十七回 林威王称兵进谏
易太守举室全忠

第三十八回 钱军师遗书归隐
曾大帅奏报丁忧

第三十九回 刘丽川兴兵上海城
曾国华死节三河镇

第 四 十 回 信口雌黄曾国藩受骗

恃势凌人彭玉麟责子

第四十一回 孤军深入林凤翔身犯兵忌
勤王无术曾国藩口吞上谕

第四十二回 遣将调兵彭玉麟决策
声东击西李秀成扬威

第四十三回 刘连捷劫营覆全军
曾国藩听谎成事实

第四十四回 曾国藩自尽获救
彭玉麟斩子整纪

第四十五回 左宗棠奏陈援浙策
曾贞干捷报克皖文

第四十六回 洪宣娇淫荒乞媚药
温绍原御敌具奇谋

第四十七回 单骑闯敌营小将具胆
大军围孤县忠王纳谋

第四十八回 与县共存亡温令殉节
恨民长抵御忠王屠城

第四十九回 发热发狂断送要隘
忽和忽战贻笑邻邦

第 五 十 回 西太后用计斩权臣
彭玉麟诚心辞皖抚

第五十一回 缢鬼乞伸冤犹狞面目
玉姬甘下嫁别有衷肠

第五十二回 石达开飘然引去
周天受率尔求援

第五十三回 援安吉大败梅溪
弃杭州重奔宁国

第五十四回 画船绣幕清将忒风流
地网天罗包村号铁桶

第五十五回 王履谦昏庸祸绍
徐春晏误接奸朋

第五十六回	大军乏食杭垣再陷			
	小丑跳梁温州受害	第五十九回	曾国荃攻南京发财	
第五十七回	计善围杭蒋益澧全功		女闾三百繁衰市	
	志切复绍陈延寿死狱		貔貅十万待西征	
第五十八回	洪秀全在金陵崩驾	第六十回	安内复靖边号称中兴	
			禅官述遗事束结全书	

溥仪春梦记

宫闱小说。徐哲身著。国民书店。1932 年 10 月版。1 册。6.8 万字。平粉蝶评。自序 1 篇。溥仪与文绣、文绣与文珊合影照各 1 帧。共 16 回。

第一回	萧墙祸起废帝出清宫	第九回	御前会议宗室发空谈
	绣榻魂游贤妃临绿野		身后萧条亲邻集奠敬
第二回	太监设计矫诏勤王	第十回	顾全颜面皇帝畏官司
	贝勒争功擅权签约		解决离异贵妃回母宅
第三回	贤才济济加入一条牛	第十一回	骊唱赠良言弃姬有识
	圣意拳拳画来双角马		蛰居生妄念废帝无聊
第四回	心地光明恨谈宗社事	第十二回	万里河山人民讥失地
	宫帏专制悔到帝王家		三朝元老宰相欲擎天
第五回	破釜沉舟愿君绝爱	第十三回	如簧巧舌本庄下说辞
	披肝沥胆示我无他		似海愁肠溥仪纳直谏
第六回	远怨而近骄宫人下石	第十四回	外物所移私走天津道
	大谋在小忍胞姊陈谋		卖身重演投靠沈阳城
第七回	一纸沉冤岂能漠视	第十五回	傀儡登场早知今日
	九年完璧尚待详查		神仙眷属悔不当初
第八回	金蝉脱壳幸复自由	第十六回	疑真复疑假含忿锄奸
	青鸟传书编说礼教		如梦亦如烟拼命杀敌

古塔疑案

侦探小说。侦探小说精选第七集。徐疾编选。上海春江书局。1944年1月初版。1册。8.7万字。共10篇。

一　古塔疑案

二　假指纹

三　乒乓球命案

四　播音台血案

五　失珠奇案

六　夺宝案

七　侦探术测验——一个故事

八　周密的犯罪

九　弄巧成拙

十　黑影画

夜窗尸影

短篇侦探小说。侦探小说精选第六集。徐疾编选。上海春江书局。出版时间不详。1册。6.4万字。共8篇。

第一篇　夜窗尸影

第二篇　球鞋中的毒针

第三篇　录音片之谜

第四篇　摩莉潘派锄奸记

第五篇　快车中命案

第六篇　侦探术测验——珠宝店劫案

第七篇　失去的面包

第八篇　盗钻贼

宦海沉冤

侦探小说。侦探小说精选第五集。徐疾编。三民图书公司。1946年10月初版。1册。8万字。共9篇。

第一篇　宦海沉冤

第二篇　侦探术测验——书室里

第三篇　七人党

第四篇　旧货公司奇案

第五篇　法网难逃

第六篇　翡翠西瓜

第七篇　自投罗网

第八篇　绿色宝石

第九篇　两度身死的人

神出鬼没

侦探小说。侦探小说精选第一集。徐疾编。上海春江书局。1943 年 3 月初版。1 册。5.4 万字。共 5 篇。

一　神出鬼没

二　书的秘密

三　神秘的刀

四　美莉姑姑

五　恐怖舞台

恶贯满盈

侦探小说。侦探小说精选第八集。徐疾编。三民图书公司。1946 年 10 月新 1 版。1 册。8 万字。共 7 篇。

第一篇　恶贯满盈

第二篇　活蜘蛛

第三篇　不怕死的摩莉

第四篇　烟斗谋杀案

第五篇　毒药案

第六篇　黑暗中的怪眼睛

第七篇　电话的秘密

假刀杀人

短篇侦探小说。侦探小说精选第二集。徐疾编选。上海三民图书公司。出版时间不详。1 册。9.7 万字。共 6 篇。

第一篇 侦探术测验——白昼盗案
第二篇 假刀杀人
第三篇 咫尺凶魔
第四篇 死里逃生
第五篇 金发秘密
第六篇 死亡窟

沪滨神探录

社会小说。徐絜庐、绣虎生著。上海中正书局。1928 年 12 月版。4 册。20 万字。吴大愚弁言 1 篇。插图 96 幅。共 48 回。

第 一 回 孤灯客馆游侠续龙门
　　　　 残月荒村惊心探鼠窟
第 二 回 落雁辽天弋人设网罟
　　　　 飞霜燕地士子遭冤诬
第 三 回 吴淞江恶贼成擒
　　　　 鸭绿路尸箱出现
第 四 回 冰雪聪明女郎辨人类
　　　　 英雄肝胆学究赎东翁
第 五 回 教读先生慈悲宥学子
　　　　 当家老板机警捉强徒
第 六 回 人之无良冒提巨款
　　　　 鸽也为盗吞没奇珍
第 七 回 名侦探片言折狱
　　　　 狠淌白设计害人
第 八 回 绞脑费神名包探访案
　　　　 爱花丧命土老儿下场
第 九 回 偷香烟女工学兵士
　　　　 缉私铸巾帼亦英雄
第 十 回 骗子设计欺朝奉
　　　　 车夫无赖送财神
第十一回 监守自盗助理掉枪花
　　　　 昏夜乞灵妇人做幻梦
第 十二 回 打花会输钱又输命
　　　　 缉骗子拿贼先拿赃
第 十三 回 千奇百怪骗术翻新
　　　　 半夜三更偷儿感德
第 十四 回 情切切警官陈情辞
　　　　 恨绵绵佣妇谈恨事
第 十五 回 马面牛头秋宵鞫贼
　　　　 神荼郁垒月夜追人
第 十六 回 镜花楼春宵伴恩客
　　　　 水月里香饵诱哥儿
第 十七 回 奸夫淫妇半淞园遨游
　　　　 剧盗神探卡德路决斗
第 十八 回 卖馄饨伙计乔装
　　　　 吃喜酒名探遇害
第 十九 回 金龙大王下凡度众生
　　　　 神鹰使者八山猎多兽
第 二十 回 佛国无缘尼僧堕恶道
　　　　 善人好施乞丐被仁恩
第二十一回 接木移花芙蓉变态
　　　　 藏珠剖腹哈巴伤身

第二十二回　鬼影幢幢阔官僚丧胆
　　　　　　柔情款款电学家努力

第二十三回　浪荡子引诱薄命女
　　　　　　狼心妇虐待可怜虫

第二十四回　小贩有心不忘阿母
　　　　　　土豪无义怨煞妍头

第二十五回　名包探一显好身手
　　　　　　浪漫女独遭恶姻缘

第二十六回　三角恋爱老七毕命
　　　　　　大战剧盗肉票奋身

第二十七回　绑匪成擒两案铸铁
　　　　　　女郎失窃一串排珠

第二十八回　运灵机案情渐白
　　　　　　设巧计宝串归来

第二十九回　揭疑云小丫环述供
　　　　　　传警信大学生失踪

第 三 十 回　乔装小贩绑票犯成擒
　　　　　　局设美人瞽星士入壳

第三十一回　托名租屋忽阵艳尸
　　　　　　黑夜逾墙疑来暴客

第三十二回　西崽变强徒室藏肉票
　　　　　　念秧施妙术坐失巨金

第三十三回　大侦探捕获骗徒
　　　　　　碧眼儿翻印钞票

第三十四回　美人只履痴想入非非
　　　　　　协理一车灵思抽乙乙

第三十五回　寒宵梦觉神探触灵机

　　　　　　黑夜枪声匪徒撕肉票
第三十六回　隔墙属耳漏泄春光
　　　　　　大举出丧网罗匪众

第三十七回　多财招祸老妇丧生
　　　　　　手指留痕凶徒被获

第三十八回　孤哀子忽变阶下囚
　　　　　　侦探家权作挥金客

第三十九回　铃声丁丁赌窟传警信
　　　　　　车行缓缓半路遇强梁

第 四 十 回　霹雳一声巧破连环案
　　　　　　离奇巨窃初试妙手儿

第四十一回　一封书偷儿露马脚
　　　　　　五号室神探发窝赃

第四十二回　乐意未央情夫遭暗杀
　　　　　　忧心如捣寡母患黄疸

第四十三回　假医生识破病源
　　　　　　恶娘舅竟施毒手

第四十四回　夏屋渠渠一场新骗局
　　　　　　荒效寂寂半夜鬼惊人

第四十五回　卧月眠风深宵迹鬼
　　　　　　假须伪发地窟藏奸

第四十六回　杂货店中忽接恐吓信
　　　　　　疾行梯畔发现怪皮包

第四十七回　投信毁车奸徒暗算
　　　　　　欲擒故纵探伙追踪

第四十八回　罗绮丛中奸情忽吐
　　　　　　云天影里消息传来

空心大老官

社会小说。徐慎编著。上海新文书社。1935 年 10 月版。1 册。2.3 万字。共 10 回。

第一回	三弟兄同心游花国 杏花楼初次叫堂差	第六回	孔荀少摆空架子 屠劳贵做大老官
第二回	时髦妓片时即去 胡调女一见倾心	第七回	空心客明输暗赢 半淞园坐船遇艳
第三回	屠老官空叉袋下米 万里红二白板对煞	第八回	因比赛一见相识 坐汽车各拥艳姝
第四回	万里红冷待哑尔曼 赖胡调问计屠劳官	第九回	众少年疑入广寒宫 贾大少流连屋顶园
第五回	遇机会鸳鸯成两对 卖风流各道秘密事	第十回	翻门槛孔荀设计 现原因老官出走

江湖技击传

短篇武侠小说。奚燕子著。上海中央书店。1947 年 1 月 5 版。1 册。9.9 万字。4 篇。共 125 则。

绿沉沉馆笔记

刘虚舟劲敌

钱载扬神叉

顾超绿沉枪

镖局比武

纯钢指头

绳技

巨贼绝影飞

飞蝗石灰袋

铁骨余天罳

拳师鞠茂堂

铁腿

藤牌

独臂汉

铁枪王

大辫子阿三（一）

大辫子阿三（二）

缚虎

巨铃

徐勇

路石詹

查某

马永贞

跛道人

苏憨仙腿

铁指环

陆奇人

桃花村主

湿手巾

镖王擒盗

镖师一

镖师二

镖师三

搓人头

吴迪柳

顾六顾七

推仔第二楼笔记

某相国碑

信阳女盗

樵夫

铜镖

陈铁臂

绣云女士

黄家枪

镖师一

镖师二

镖师三

镖师四

气核

禾黍客

靖风道士

剧盗王六

黑衣女冠

侠盗

陈太守

昭休居士

黄大弟子

折柳道士

三姑

金猊王

易长雄

黄天雄

零陵老衲

罗铁足

华亭技人杂传

僧无能

裴夫人

巴山骑者

塞外三畸人传

宋胡

李巢筠女

向家客

忆红楼笔记

灵岩屡迹

翠袖伏猿

铁钵禅师

林进士

嵩山女侠

历城闻见录

针神

黑衣侠影

旅店婢

记侠盗云中燕兄妹事

盗葫芦客

卖药僧

卖解女儿

弱女复仇

赤指印

桃花剑

花光血影

猎虎缘

尼侠

历城僧侠

击柝翁

义盗薛玉

襟霞阁笔记

铁钵丐

铁骨熊

短匕女

钟将军

穿窬僧

朱瑞祥

绿绡女侠

陈美娘

卖解女

虬须客

双侠

木鱼老僧

王廷栋

江湖散人

美髯艄公

小白猿

碧霞

黄金满

赤眉道士

红丝女侠

石霸

李舜华

赤脚阿三

京师病丐

胡子剑仙

金钩狐狸

慧娘

山东老人

义仆苏朝卿

白衣少年

绮云

独眼龙

赵刚赵柔

新出金钱会

民间小说。高阳居士标点。东海散人校对。上海槐荫山房。1947 年 4 月版。4 册。6.8 万字。4 卷。共 36 回。

第 一 回　藕塘关群英聚会
　　　　　料高台奸贼施威

第 二 回　西番国进贡暗害
　　　　　永乐皇调将入京

第 三 回　草上飞界牌提调
　　　　　癫污龙火速回朝

第 四 回　窦岗杀败双角狸
　　　　　龙氏拜请玄女娘

第 五 回　龙氏难识琴中事
　　　　　玄女下凡破丝琴

第 六 回　贾标西番招驸马
　　　　　曹聘聚堂闹北京

第 七 回　受冤屈英雄发配
　　　　　这都是奸人设谋

第 八 回　四英雄由京起解
　　　　　龙彩云舍死追夫

第 九 回　天空僧见色起淫心
　　　　　龙彩云大闹山神祠

第 十 回　癫污龙智害诸奸
　　　　　因饥饿偶遇殃鸡

第十一回　大力神假装钦差
　　　　　没大魂法场遇救

第十二回　张汛官献出图像
　　　　　陈林将穴见孙宾

第十三回　没大魂途中潜逃
　　　　　水龙山群雄大聚

第十四回　小英雄结识金钱会
　　　　　北京城曹聘篡位

第十五回　凤凰村真主落难
　　　　　水龙山群英闻凶

第十六回　给散金钱群雄下山
　　　　　丝绦老将招军买马

第十七回　陈恒误入姻缘塘
　　　　　金翠娥勒逼招亲

第十八回　好汉应允婚姻事
　　　　　陈恒设计哄裙钗

第十九回　翠娥打战陈恒将
　　　　　夫妻争斗闹洞房

第二十回　陈恒犯咒食雀粪
　　　　　金氏作法见人心

第二十一回　曹璋奋勇发军将
　　　　　窦刚力杀众贼囚

第二十二回　窦呆子私打仗表
　　　　　曹奸贼大失仓皇

第二十三回　南洋拜请黑风道
　　　　　陈恒别妻下高山

第二十四回　陈恒身陷界牌关
　　　　　允乐私出关帝庙

第二十五回　丹凤岭上龙遭困
　　　　　　半路荒郊会土仙

第二十六回　爱人被人害
　　　　　　身落颠沛中

第二十七回　允乐主瘫哑水龙山
　　　　　　王清相四处请医生

第二十八回　大罗神仙救真主
　　　　　　王大元帅喜十分

第二十九回　水龙山大拷曹吟辉
　　　　　　允乐爹当殿拟罪

第 三 十 回　龙彩云擅阻圣马
　　　　　　金钱会闹界牌关

第三十一回　允乐皇旧疾重发
　　　　　　龙彩云大献神通

第三十二回　龙天虎劝女转念
　　　　　　众英雄复行入山

第三十三回　允乐爷真龙出献
　　　　　　金翠娥识破真龙

第三十四回　两呆瓜暗杀更夫
　　　　　　用巧计脱衣冒充

第三十五回　窦基救陈恒出关
　　　　　　乔林火烧界牌关

第三十六回　单凤岭明军大聚会
　　　　　　北京城曹兵捉丝绦

凤 凰 剑

武侠奇情小说。席灵凤著。上海中原书局。1946 年 6 月版。4 册。13 万字。卷头语 1 篇。汪景星序 1 篇。共 32 回。

第一回　争河界村长聘好手
　　　　短川资游手献神技

第二回　试真心马瘤子收徒
　　　　刺伪王倪培元移家

第三回　冒充大侠假驼子出丑
　　　　顺从良言两村长订约

第四回　识气运劝徒顺天心
　　　　占灵课谏主防刺客

第五回　突来警告识破杯中酒
　　　　未亲香泽先尝窗外镖

第六回　破重围单骑奋勇
　　　　谋起义四姓结盟

第 七 回　绝顶奇谈空烧红烛
　　　　　真有巧事偏失青骡

第 八 回　崇恩寺里未防冷眼
　　　　　俞家庄上难驻芳迹

第 九 回　铁奇龙获宝用非其才
　　　　　飞云子传艺得展所长

第 十 回　走捷径偷攻大寨
　　　　　遇劲敌计捉群英

第十一回　趁火打劫大营盗剑
　　　　　顺水推船狭路飞叉

第十二回　老济玄严拒门下士
　　　　　胖非僧恩结穷途客

第 十 三 回　喷污飞秽剑术无灵
　　　　　　掠娇劫美祸心包藏

第 十 四 回　破庙全贞双美拜孟老
　　　　　　深林救艳独力杀淫僧

第 十 五 回　酬恩报德订婚称佳侣
　　　　　　虑远图长迁地为良谋

第 十 六 回　鸽足传红轻舟接远客
　　　　　　浪花飞白高楼阅水军

第 十 七 回　歌声惊客束手受擒
　　　　　　惨语动人忍心坐视

第 十 八 回　预定计谋成败皆难测
　　　　　　故作娇羞进退得安宁

第 十 九 回　混进王府迭次遇风波
　　　　　　喧报刺客再审惊恶耗

第 二 十 回　剑跃言凶花容尽变色
　　　　　　楼空人去莲舌善生澜

第二十一回　拒忠言禁上软红楼
　　　　　　杀宠臣触怒靖南王

第二十二回　香消客寓遗语凄凉
　　　　　　魂飞城头临危情急

第二十三回　老英雄独救双义士
　　　　　　恶道人巧得两婵娟

第二十四回　宝物通灵救主惊邪道
　　　　　　枭雄谋乱借题起三军

第二十五回　搅场子秽语寻蛾眉
　　　　　　订后约会意送秋波

第二十六回　一片痴心落花空有意
　　　　　　满怀情绪赠刀感斯人

第二十七回　玉腕流红徒留羞事
　　　　　　利口生非漫作污言

第二十八回　拒绝要求夜探盗窟
　　　　　　难成好事怒禁璧人

第二十九回　破盗窟伊人独不见
　　　　　　飞石子救兵突然来

第 三 十 回　喜出望外姊妹护书生
　　　　　　悲从中来虎狼欺弱女

第三十一回　侠义心肠殷殷援弃妇
　　　　　　英雄儿女对对结良缘

第三十二回　不忠不孝骂名传千古
　　　　　　聚兵聚将谋略出万全

芙 蓉 剑

长篇武侠小说。席灵凤著。上海中原书局。1946 年 6 月版。4 册。6 万字。卷头语二绝总评各 1 篇。共 32 回。

第一回　佛头着粪慧眼识奇人
　　　　塔顶传光灵心通妙语

第二回　离险地娇女拜名师
　　　　闯寿筵恶客报前仇

第三回　翻云客误发子午掌
　　　　闹天宫巧用生死关

第四回　惆怅伊人空留蝴蝶字
　　　　踌躇此老枉想凤凰俦

第 五 回　表清白争传奇女子
　　　　　图非分安排恶心肠

第 六 回　薛月瑢险成俎上肉
　　　　　韩天兆幸脱网中鱼

第 七 回　夜探开封府窥破鬼蜮心肠
　　　　　独战狼咀山欣得芙蓉宝剑

第 八 回　逢异人独传秘术
　　　　　感灵气双化钢丸

第 九 回　露形踪沙弥施恶谑
　　　　　得真情公子救娇娃

第 十 回　软求威劫情急一封书
　　　　　计谋智取吓退众官兵

第十一回　奇鸦衔箭孤身探险地
　　　　　灵鹰拂剑双镖献技能

第十二回　秃柳儿力擒婵娟
　　　　　骆驼子巧败枭雄

第十三回　绿衣报信同猊触灵机
　　　　　红巾阻路换骑献威风

第十四回　中诡计山腰落陷阱
　　　　　露真情贼妇用机谋

第十五回　泼妇登堂好事反成噩梦
　　　　　孀雌跑地杀气顿化春风

第十六回　上官杰无心得宝剑
　　　　　薛月瑢着意找名驹

第十七回　错路径误入晏王庙
　　　　　蹈机关失落芙蓉剑

第十八回　老英雄奔波寻爱女
　　　　　美婵娟游戏戳凶人

第 十 九 回　逼寡再醮勾串行强暴
　　　　　挺身献厄扶助保安全

第 二 十 回　莽和尚下山报仇
　　　　　奇医生闭门拒客

第二十一回　破露行藏饮茶生意外
　　　　　访寻踪迹喝酒动无明

第二十二回　莽撞人偏多莽撞事
　　　　　薄命女空修薄命禅

第二十三回　媚语送秋波突受当头棒喝
　　　　　憨人窥春色难破袖里机关

第二十四回　詹菊芬巧救李如渊
　　　　　薛丹瑢暗合芙蓉剑

第二十五回　妙绝先生慨送医穷药
　　　　　苦哉剧盗难取元宝汤

第二十六回　化雌为雄天工巧夺
　　　　　移花接木鬼计多端

第二十七回　醒迷梦逃出是非门
　　　　　遇异人恢复女儿身

第二十八回　救村娃仗义入虎穴
　　　　　惩恶少献媚捧玉杯

第二十九回　雪刃飞红师前应誓语
　　　　　金钩显黑席上破计谋

第 三 十 回　错认冤家灵前行活祭
　　　　　误信虚言洞中遇怪物

第三十一回　识坐骑山洞救爱徒
　　　　　谋果腹村店会灵禽

第三十二回　一团欢喜如花美眷订良缘
　　　　　万种伤心锦绣山河归异族

桃 花 剑

长篇武侠写情小说。席灵凤著。上海好青年书店。1930 年 10 月初版。4 册。14 万字。陶寒翠序 1 篇。何一峰序 1 篇。自序 1 篇。徐哲身总评 1 篇。共 32 回。

第 一 回　风尘仆仆两美访罗七
　　　　　梨花细细侠女骂土豪

第 二 回　盖山东寿诞得佳婿
　　　　　朱雪娘献艺服高徒

第 三 回　女豪侠慈心怜弱质
　　　　　恶囚奴定计设危机

第 四 回　陈巡抚深夜失爱妾
　　　　　秦人凤飞壁劫美人

第 五 回　避去刀枪技巧夺婵娟
　　　　　喝断弦歌望影拜英雄

第 六 回　奇态横生雪塔缀桃花
　　　　　侠情如绘电剑练丹田

第 七 回　神剑通灵惊走独臂客
　　　　　妙手无踪追求青眼神

第 八 回　周家寨再失通灵剑
　　　　　飞来凤初探静月楼

第 九 回　鼓打三更头陀泄机密
　　　　　名扬万里神偷运奇谋

第 十 回　凤去楼空天涯追情侣
　　　　　波翻浪白海底献神通

第十一回　栖霞港慧眼识奇人
　　　　　百丈潭纵身捞金印

第十二回　古道荒凉女英雄何处归宿
　　　　　前途荆棘周美人涕泣投缳

第十三回　剑影刀光设计擒毛贼
　　　　　莺啼燕语假意做新娘

第十四回　伏虎岭三英遭劫难
　　　　　百花镇一贼肆招谣

第十五回　盗七宝二龙庄恶虎延宾
　　　　　救双娥藏春洞神偷献技

第十六回　火烧万象楼险离虎穴
　　　　　身丧消魂椅节操冰霜

第十七回　恶贼宣淫春光恰漏泄
　　　　　英雄杀阵机关旋乾坤

第十八回　惨雾愁云杨柳青一场混战
　　　　　思淫感欲赛嫦娥两番纵仇

第十九回　火烧二龙庄英雄碧血战
　　　　　　　恶霸
　　　　　情醉常春酒豪侠赤心杀
　　　　　　　淫娃

第二十回　义气如虹天涯逢知己
　　　　　凶猛似虎古庙斗魔王

第二十一回　叱咤风云江南七侠仗义
　　　　　　连珠信炮太湖一杰缔交

第二十二回　通臂猿神箭示威
　　　　　　旗门道慈亲匿迹

第二十三回　莺姐多情挥泪救故主
　　　　　　秦升报德慷慨探深仇

第二十四回　手足情深剑光飞黑夜
　　　　　　冤家路狭麦粥肆机谋

第二十五回　吴三急色毒手丧天良
　　　　　　徐俊昧心黑店剥人肉

第二十六回　莲钩血点受屈上公庭
　　　　　　艳妇冰心消灾离佛地

第二十七回　白光似电斗剑惊魔王
　　　　　　锦被生春栖身借古塔

第二十八回　移花接木小英雄遭擒
　　　　　　贪饵上钩贼淫妇中计

第二十九回　小华陀恋家闭门谢客
　　　　　　神偷手用诈仗剑行凶

第 三 十 回　剑底残生三英遭劫难
　　　　　　丹炉余火一道施极刑

第三十一回　救三侠云封洞仙道仗义
　　　　　　请五雷金鳌岛异人锄奸

第三十二回　花好月圆多成伉俪
　　　　　　琴心剑胆结束全书

崆峒奇侠传

武侠小说。席灵凤著。上海三星书局。1931 年 7 月版。4 册。16.2万字。徐哲身题诗 1 首。汪景星作序 1 篇。自序 1 篇。共 40 回。

第一回　九娘庙奇童败秋兴
　　　　牧马集娇女惊芳心

第二回　野店凄声小豪侠仗义
　　　　断桥试艺崆峒派收徒

第三回　泥团惊马祁云鹏无意会师兄
　　　　金针吮血刘百昌有心觅仇人

第四回　冯天德慈心救娇娃
　　　　玉佛寺惩徒宣戒律

第五回　濮阳春怒发七星掌
　　　　皇甫松功运一指禅

第六回　望风下拜敬服四灵
　　　　激气登门怒伤三小

第七回　灵前断指血泪凄凉
　　　　廊下折旗夸语张皇

第 八 回　调店离山二道沟上失镖车
　　　　　杀狗惊猴三奇莊里碎阶沿

第 九 回　诈中生诈惊散座上客
　　　　　巧上有巧伤去面前人

第 十 回　市中见鹤欣逢剑道人
　　　　　壁上留诗独奔冯家堡

第十一回　僧俗聚黄昏无私有弊
　　　　　机关通曲径绝处逢生

第十二回　错中巧淫僧空欢喜
　　　　　喜还恨恶女又逃生

第十三回　丑男子丑事偏多
　　　　　苦女儿苦况耐受

第十四回　熄烛惊芳心红颜命薄
　　　　　挂索恸衰年黑狱冤深

第 十 五 回 　雪股起寒光供语转莺簧
　　　　　　　斧口留血迹疑案得蛛丝

第 十 六 回 　得线索追踪寻凶手
　　　　　　　探消息假意献殷勤

第 十 七 回 　小哪吒三戏风火儿
　　　　　　　俏娘子酣闹卜雄虬

第 十 八 回 　满腹辛酸贤妇抱隐痛
　　　　　　　积年幽怨孝女记深仇

第 十 九 回 　离燕京大侠畅游踪
　　　　　　　走济南公子访疑案

第 二 十 回 　忽擒忽脱各显好身手
　　　　　　　亦惊亦喜倾听断肠声

第二十一回 　盗娇女陷害仇人
　　　　　　　戏荡妇吐露真情

第二十二回 　小鬼跌金刚总捕羞颜
　　　　　　　香伙赶和尚丐头伤心

第二十三回 　空想兴云几番难成好事
　　　　　　　巧赚离山一片飞来恶耗

第二十四回 　四面楚歌认罪伏剑
　　　　　　　连遭颠沛问路遇奸

第二十五回 　完骨肉盗印无锡县
　　　　　　　辨是非聚首白莲庵

第二十六回 　口舌纷争殿前评理
　　　　　　　肝肠别具宵半传言

第二十七回 　铃声传警线半夜徒劳
　　　　　　　网影飞铁柱瞬息成擒

第二十八回 　玄功凭指衔恨无穷
　　　　　　　恶谑抢三鞋结怨偏深

第二十九回 　一念之错造成恶果
　　　　　　　三生有幸巧得名师

第 三 十 回 　月夜巡风江心掠美
　　　　　　　更楼囚凤帐前拟策

第三十一回 　春光暗泄媚药无功
　　　　　　　白浪翻腾轻舟远遁

第三十二回 　水上救婵娟功深吸气
　　　　　　　江心飞柴草技熟通神

第三十三回 　游厢场巧遇镇南方
　　　　　　　施毒手暗发鬼阴箭

第三十四回 　大侠捐躯同抱义愤
　　　　　　　枭雄入网各显神通

第三十五回 　真绝交水战鄱阳湖
　　　　　　　假投降火烧老龙湾

第三十六回 　出水口双中滚龙刀
　　　　　　　扮渔人初探莲花套

第三十七回 　安排妙计真探虎穴
　　　　　　　陷入重围离逃水口

第三十八回 　化险为夷全仗天幸
　　　　　　　弄巧成拙徒费心机

第三十九回 　沙高草结第破莲花套
　　　　　　　旗飞船覆血战鄱阳湖

第 四 十 回 　姓氏空香反成遗臭
　　　　　　　志气独壮大得留芳

新鲜滑稽笑话

滑稽小说。席凤灵编著。上海时还书局。1937 年 5 月版。1 册。3 万

字。共 148 篇。

一	侦探束手(笑话独幕剧)		三十	狗头生的
二	装些体面		三十一	家里现成东西
三	不利语		三十二	嘲站门岗
四	要娶祖母		三十三	丫环联句
五	乌龟拼公分		三十四	不离本行
六	生死先生		三十五	瞎子扒灰
七	借看下部		三十六	哥哥妹妹
八	登坑诗		三十七	打白板
九	改唐诗		三十八	粪行门上的春联
十	烟酒并嘲		三十九	狗鸡爸
十一	遗嘱		四 十	对口说谎
十二	好说大话		四十一	本行口吻
十三	舐阴诗		四十二	做人门槛
十四	乌龟取名字		四十三	嘲秀才
十五	开老子玩笑		四十四	呆鸟
十六	再撒一堆屎		四十五	官场笑话
十七	五八加衔		四十六	削尖
十八	(缺)		四十七	怕吃
十九	蚊虫风流		四十八	鲍超求援
二十	打出去		四十九	凑数一百
二十一	呆子吃酒		五 十	白字先生
二十二	张三是这个		五十一	龟怕是非
二十三	嘲老人娶少妇		五十二	妙不可言
二十四	吃麻团		五十三	关岳比武
二十五	纸糊裤子		五十四	晶毳饭
二十六	留点与人看看罢		五十五	扒灰妙联
二十七	有作作酸		五十六	还债变父
二十八	下身的痣		五十七	老前辈
二十九	一刻千金		五十八	剧中的趣事

五十九	口头惯语	
六　十	戒说谎	
六十一	十七字诗	
六十二	米	
六十三	上下倒置	
六十四	生得低	
六十五	个个都受伤	
六十六	学生言虽	
六十七	一船磁器家伙	
六十八	验封	
六十九	还是处女	
七　十	自己会来	
七十一	官场趣事	
七十二	改诗无痕	
七十三	佛印滑稽	
七十四	不是不体贴他	
七十五	诗客留宿	
七十六	屁香	
七十七	妙联	
七十八	醉鬼	
七十九	嘲小儿科	
八　十	有了你的便没有我的	
八十一	奉承甚么	
八十二	死错了人	
八十三	土地一身债	
八十四	搂了债主	
八十五	祖宗尚在睡觉	
八十六	趣对	
八十七	尺贡老寿星	
八十八	刮地皮的祖师	
八十九	联珠妙诗	

九　十	无处可骂
九十一	再斟一杯
九十二	穷人遇贼
九十三	哑吧说话
九十四	五世其娼
九十五	被窝风大
九十六	捱打做诗
九十七	汉朝榔头
九十八	反诘
九十九	梅兰芳联
一　百	那还了得
一百零一	梦中娶妾
一百零二	表子生的
一百零三	赌东道
一百零四	大骗小骗
一百零五	胡子漱口
一百零六	老翁四要
一百零七	鼻头官
一百零八	千金子
一百零九	醉了来
一百十	嘲秃子
一百十一	一字笑话
一百十二	孝廉方正
一百十三	化子叫城
一百十四	犬像老爷
一百十五	问心
一百十六	虮蚤结拜
一百十七	半鲁
一百十八	头红
一百十九	傻三
一百二十	嘲看表

一百二十一　口头语

一百二十二　看上了

一百二十三　骡马市

一百二十四　五脏神

一百二十五　汤圆

一百二十六　试对

一百二十七　刻板

一百二十八　懒妇

一百二十九　萝卜对

一百三十　竹苞堂

一百三十一　打手式

一百三十二　禁止小便

一百三十三　骚来

一百三十四　蹩脚医生

一百三十五　拆字诗

一百三十六　淡而无味

一百三十七　说一字引人笑骂

一百三十八　（缺）

一百三十九　（缺）

一百四十　滑头骗人

一百四十一　切脉问猫

一百四十二　强盗王食人脑

一百四十三　佛寺题诗

一百四十四　呆子笑债

一百四十五　呆子学乖

一百四十六　鱼打乌龟

一百四十七　呆婿快马赞

一百四十八　缺一国民

花魂侠影

侠情小说。唐熊著。上海大中华书局。1933 年 4 月版。4 册。两集。16.9 万字。自序 1 篇。共 40 回。

正集

第一回　避匪氛作贾走异乡
　　　　讽良言襁衿诚爱女

第二回　捕风捉影佳儿詈师
　　　　巧语花言恶客诱美

第三回　蒙诱惑弱女害相思
　　　　引外援族人谋资产

第四回　春药迷情节妇遭厄
　　　　伦奴溺色夯儿寻芳

第五回　了宿愿一棹载名花

　　　　洋乌龟三英发怪论

第六回　见猎心喜险试飞刀
　　　　受诱寻仇直言比武

第七回　宴佳宾歌园逢旧雨
　　　　遣暴客旅邸起谲云

第八回　警莽汉指导投明师
　　　　斗凶僧归途访故友

第九回　消暑夜火铺谈往史
　　　　变纲常土墩埋佳儿

第十回　设奸谋青皮索债逋

遭窘迫逆子杀亲娘

第十一回　掘壁偷垣偷儿破金案

　　　　　压背炙心章琦受惨刑

第十二回　斩青皮和尚斥自治

　　　　　踹头陀镖师遭肉锋

第十三回　臭气浓浓溺器破巨案

　　　　　晦色笼笼高僧示迷津

第十四回　钱塘县里闲游惊异

　　　　　雷峰塔下卖解掀波

第十五回　仗势逞凶顽诱擒弱质

　　　　　谗言恋女色止绝男风

第十六回　惨遭轮奸香消玉殒

　　　　　情怀悲慨釜破舟沉

第十七回　睹风情蛾眉施白刃

　　　　　战群寇侠士救红颜

第十八回　破飞刀纸包藏妙诀

　　　　　延冥医阁老受虚惊

第十九回　片言决疑巾帼走天津

　　　　　四载阔别侠士赴胜会

第二十回　楚馆埋花魂羞见故旧

　　　　　韩庄惊侠影忿斩凶顽

续集

第 一 回　兰会盆开春云再展

　　　　　鹊巢鸠占醋海掀波

第 二 回　主仆通情妒妇施巧计

　　　　　人财两失丑汉患心痴

第 三 回　挥金遣小子撵回病汉

　　　　　把酒作长谈演说凶僧

第 四 回　投火铺黑夜惊血案

　　　　　战松林涉险中金镖

第 五 回　庆寿辰开樽浮缘蚁

　　　　　悚霹雳倚棹听黄鹂

第 六 回　悬崖悚巨物群占山魅

　　　　　洪涛复扁舟独斩水蛟

第 七 回　中馈无主胶续悍妇

　　　　　后母凌孤磨折佳儿

第 八 回　斩怪蟒飞刀飘柳叶

　　　　　投古刹异客讶女尼

第 九 回　空门极乐禅参欢喜

　　　　　釜底乾坤露水姻缘

第 十 回　借助脱樊笼光头醉倒

　　　　　辛艰驰远道侠士讴歌

第十一回　当道挥拳欣逢旧识

　　　　　筵前洒泪细诉离情

第十二回　报应彰彰荒丘抛死骨

　　　　　含情脉脉笑语作冰人

第十三回　喜订咬臂盟欣成佳偶

　　　　　小演无遮会穴漏春光

第十四回　一驴倩影淫尼遁迹

　　　　　半夜喧声店主虚悚

第十五回　双走剪刀峪智夺巾帼

　　　　　大闹性慧庵力战群雄

第十六回　除恶务尽杀人纵火

　　　　　临别赠言分道扬镳

第十七回　访劣迹初探天宝寺

　　　　　悚黑影巧逢二贤村

第十八回　破釜沉舟大演飞刀阵

　　　　　背城借一独抛烈火锤

第十九回　大破天宝寺凶僧授首

　　　　　酣战白衣庵淫妇自经

第二十回　闹洞房新婚燕尔

结全书洒泪完篇

绿林奇侠传

武侠小说。唐熊著。上海校经山房。1930 年 2 月版。1 册。3.5 万字。自序 1 篇。共 20 回。

第一回　谱裨官着手论楔子
　　　　怀疑卢传旨斩忠臣
第二回　圣主多疑将军授首
　　　　主帅执法侠女拒婚
第三回　督抚营老尼成佳偶
　　　　遏云阁雍正失人头
第四回　年公子遁迹回原籍
　　　　十三妹访友下江南
第五回　侠女开怀轮杯畅饮
　　　　土棍行凶白昼抢人
第六回　王瑞慈食赃正国法
　　　　范保儿妒奸杀孙彪
第七回　雪里霜芸娘遭危厄
　　　　因中果侠女抱不平
第八回　仗主势恶奴行凶
　　　　抱忿怀侠女飞剑
第九回　钱月娥诉说恶和尚
　　　　十三妹夜盗潘芸娘
第十回　挂首级赃官吃惊
　　　　避纠缠侠女宵遁

第十一回　仗义除恶巧逢故友
　　　　　登楼品茗蓦见英雄
第十二回　四眼虎怀忿寻侠士
　　　　　邱济龙平地受飞灾
第十三回　罗公鹤诉论江南侠
　　　　　普静僧独坝都天寺
第十四回　采花贼醉后失银包
　　　　　邱济虎黑夜遇仇寇
第十五回　恶贼诉苦都天寺
　　　　　众侠大闹品泉楼
第十六回　劫财帛恶施板刀面
　　　　　感盛德供奉禄位牌
第十七回　小豪杰计要大侠士
　　　　　苗知府挂冠归林泉
第十八回　拓地开疆优游天下
　　　　　合浦珠还天保下山
第十九回　现庐山小侠扮盗寇
　　　　　悚威名知府款贵客
第二十回　见异端妖邪兴风浪
　　　　　遭毒手初集暂收篇

咬舌奇案

社会小说。竞智图书馆编辑。竞智图书馆。1923 年 6 月版。1 册。30.2 万字。提要 1 篇。共 10 回。

第一回　老绅士溺爱纵娇儿
　　　　小滑头远行避妒妇
第二回　乡闱连捷穷儒扬眉
　　　　甥馆初开爱婿觌面
第三回　善巴结筵前联友谊
　　　　巧机缘意外得功名
第四回　送暖偷寒兄妹苟合
　　　　央媒作伐丁陶结婚
第五回　受虐待佳人悲薄命
　　　　挥重金厅长得优差

第六回　谋艳色长官施妙计
　　　　接归宁弱女诉冤情
第七回　主仆通奸荡妇昧良
　　　　人民请愿监督撤任
第八回　迎贤媳两番迁住宅
　　　　说风情百炼女贞心
第九回　诱奸导淫刘妾丧心
　　　　败伦灭纪陶熔断舌
第十回　丁谦祥衔冤递诉状
　　　　陶文泉诈死逃沪滨

脂余粉剩

言情小说。烟水阁主人（王无为）著。中华书局。1917 年 5 月初版。1 册。4.4 万字。未分章节。

人间地狱

社会小说。娑婆生（毕倚虹）著。上海自由杂志社。1930 年 5 月再版。6 集。53 万字。寒云、天笑、林屋山人、严独鹤、周瘦鹃、醉灵生、陈瀛一、周然、钟耕岩作序各 1 篇。作者作著者赘言 1 篇。叶楚伧、飞公、石征鸿、王蕴章、张丹斧、谢介子、赵叔雍、介子、陈老秋分别题词 1 首。插图 60

幅。共60回。人间地狱续集。包天笑著。2集。19.8万字。插图20幅。共20回。全书总计80回。

第 一 回　凤泊鸾飘青楼沦落
　　　　　珠香玉笑客邸迷藏

第 二 回　隽人儿辈商略芳名
　　　　　老妪片词敷陈媚术

第 三 回　杏花小酌慨说校风
　　　　　佳丽忽来重提影事

第 四 回　强割情丝独挥慧剑
　　　　　泪凝并烛肠断侯门

第 五 回　名士情怀将词买笑
　　　　　萧娘身世以信为家

第 六 回　对客挥毫佳人作态
　　　　　当阶屈膝买办乞怜

第 七 回　蛾眉设阱泛宅浮家
　　　　　豺虎磨牙抽厘助饷

第 八 回　红楼一角软语话杭州
　　　　　银烛三更柔情迷弱水

第 九 回　室迩人遐遗书零落
　　　　　灯昏语黯好梦惺忪

第 十 回　罗巾裹泪滴碎芳心
　　　　　银箭催人望穿秋水

第十一回　碎磁片片幽恨难伸
　　　　　夜漏沉沉佳期虚度

第十二回　疑雨痴云自寻烦恼
　　　　　弘规大业几费推蒇

第十三回　催花小帖细写嘉谟
　　　　　待燕疏帘不来佳客

第十四回　佳人窈窈纤手加衣
　　　　　学子莘莘奋拳飞碗

第十五回　惜取华年儿垦秀发
　　　　　暗藏春色一号香巢

第十六回　洋务世家密编脂粉队
　　　　　荒年生活堕落虎狼窝

第十七回　忽挂先客五爷匍匐
　　　　　强书债券稚子惊啼

第十八回　宵深看竹狎客输金
　　　　　岁莫典裘鸨儿寡义

第十九回　狱吏威严逞权飞黑索
　　　　　将军情重传片救红妆

第二十回　酒绿灯红乡亲联爱蒂
　　　　　筝繁弦沸野衲播情苗

第二十一回　鼠探要功黄金换良友
　　　　　疡医惊梦晓日逛张园

第二十二回　呼灯载酒艳说青帮
　　　　　雅谑隽谈题名粥桶

第二十三回　巨猾投资事先争量席
　　　　　深心待客屏后算和钱

第二十四回　和气生财狐言惊鼠胆
　　　　　同心参佛雪女引冰娘

第二十五回　凤姐魂销春宵苦短
　　　　　王郎福落密月难圆

第二十六回　狮吼河东风尘悲再坠
　　　　　花开陌上湖邸喜相逢

第二十七回　舞黑弓鞋未醒妄梦
　　　　　抛残电泪莫挽郎心

第二十八回　冷卡荒江王孙饮泪
　　　　　闲花野草稽核迷魂

第二十九回	旧燕飘零夕阳寻故垒		美人揽镜无术减痴肥
	伊人憔悴遥夜听疏钟	第四十五回	荡魄销魂苦留梅点
第 三 十 回	宛转千丝难迎桃叶		工愁善病别具芳心
	江城五月又落梅花	第四十六回	舞榭歌残春心飘荡
第三十一回	墨饱笔酣题名铜牓		琼楼宾退晓梦迷离
	风斜雨密雪涕银床	第四十七回	残月晓风催归嗔阿母
第三十二回	浊酒三升娇娃宣肺腑		锦心绣口腻语慰檀奴
	罗衫半截雅客步平康	第四十八回	资金捐款化作糊涂帐
第三十三回	珠镫千障热境诉幽情		把弟盟兄居然道义交
	凉月一丸轻车飞短梦	第四十九回	别具肺肝香车迎老妓
第三十四回	浅草平沙妖姬拾蟹		推翻嫡庶冢子唤亲娘
	黄昏花市艳邸描蛾	第 五 十 回	千里犇车寝台偷绮梦
第三十五回	秦宇宵开遥胆牙纛影		层楼孤馆角枕揾啼痕
	湘帘人静窃听腕铃声	第五十一回	万千烦恼丝并刀一剪
第三十六回	晓日密湖同心打桨		纠纷罗绮梦禅榻初醒
	生刍麦饭捧角下场	第五十二回	书痴金屋壁满新诗
第三十七回	身世感王孙凄凉旧梦		通客桐棺秋凉萧寺
	琵琶拨商妇沦落天涯	第五十三回	黄叶初凋伊人不见
第三十八回	陌上相逢酒和恨咽		宏基乍辟意见横生
	湖头称贷泪与言俱	第五十四回	将军起义先试屠龙手
第三十九回	碧月下桃林飚轮碾梦		赋友痴情偷翻历象编
	斜桥咽风露锦瑟悲年	第五十五回	雪夜度凄清量珠换梦
第 四 十 回	万恨千愁萦肠难入梦		银灯照憔悴射药回春
	一生九死剖腹苦求胎	第五十六回	小院微病偷闲弹泪
第四十一回	日暮途穷乞儿操霸术		荒村斜雨商略归魂
	江深月黑逻卒擅奇谋	第五十七回	憔悴花枝哀鹃啼野塚
第四十二回	浩荡空江片帆藏诡计		飘零书剑古驿吊斜阳
	凄清病榻短句写幽思	第五十八回	蜡泪酒痕徐娘温旧梦
第四十三回	万金一掷红黑分明		竹声花影月老示灵签
	两语三言肺肝如见	第五十九回	倩女情丝击郎空有愿
第四十四回	赌客追车诡谋遭侮辱		萧娘腹剑杀客锐无声

第 六 十 回　撩乱青丝锦衾怜月瘦
　　　　　　烧残红烛杯酒替花愁

第六十一回　松岛樱村有人似玉
　　　　　　娇莺乳燕好语如珠

第六十二回　缟衣素服红粉悼将军
　　　　　　玉噪珠喧碧瞳惊旅客

第六十三回　宦海沉沉相携乔梓
　　　　　　情波叠叠谁护燔铃

第六十四回　琼筵争宠不浪蛾眉
　　　　　　珠饵疗颜讵催鹤发

第六十五回　客邸清谈胸罗成竹
　　　　　　高楼静话舌粲妙莲

第六十六回　痴情宛转雨洗棠枝
　　　　　　别意缠绵风飘柳絮

第六十七回　凄凉雪夜秉烛送行人
　　　　　　旖旎春光烧香邀俊侣

第六十八回　鸿雁传书使催青鸟
　　　　　　骅骝在道命照红鸾

第六十九回　遥天缥渺飞去冥鸿
　　　　　　旧雨呢喃重寻故燕

第 七 十 回　语挟冰霜广兴文字狱
　　　　　　情深桃李空负绮罗香

第七十一回　伊人宛宛独致缠绵
　　　　　　此豸娟娟不愁飘泊

第七十二回　绣陌锦阡瞥驰红雨路
　　　　　　青裙缟袂小驻白云房

第七十三回　饭钟粥磬暂写双栖
　　　　　　梵舍禅房同参一偈

第七十四回　湖楼春晓好梦惺松
　　　　　　天竺人归新诗稠叠

第七十五回　临歧小别目送归鸿
　　　　　　蓦地相逢泪凝孤雁

第七十六回　一封书护花伸妙腕
　　　　　　三字狱成竹具灵心

第七十七回　幽枝密叶娇鸟乱啼花
　　　　　　剩粉残脂惊鸿初瞥影

第七十八回　新巢待筑翠袖出牢笼
　　　　　　故垒重寻红妆投陷阱

第七十九回　锦囊计妙三凤分飞
　　　　　　金屋妆成双鸳并宿

第 八 十 回　消除孽障叹息人间
　　　　　　破碎虚空翻腾地狱

红玫瑰的手巾

哀情小说。涅尔著。成都路明书店。1943 年 4 月初版。1 册。6 万字。自序 1 篇。未分章节。

滑稽英雄

滑稽小说。海上客著。上海育新书局。出版时间不祥。1 册。4.1 万字。共 10 回。

第一回　谭痛史演讲中华民国
　　　　辟教坊经营九大胡同

第二回　红姑娘怒飞英腿
　　　　大律师保障妓权

第三回　电报忽飞来吓伤饭桶
　　　　病房同划策利用清流

第四回　科学万能巧构隐形法
　　　　高衙一笑再试射光灯

第五回　谈原理试验制造品
　　　　悟复兄演说发明机

第六回　探声器空中传互语
　　　　无形艇天上降双姝

第七回　比目机同心拟鹣鲽
　　　　生花笔草檄起云烟

第八回　剑雨枪林当庭擒小子
　　　　花愁柳怨和泪拜元戎

第九回　轻银筒警告留音
　　　　惺忪雾糊涂缴械

第十回　掣电流光狙击金刚义士
　　　　安民济世群推鸭蛋英雄

一　线　天

探险小说。海上漱石生著。上海图书馆。1926 年 11 月版。1 册。4.3 万字。秋水生序 1 篇。未分章节。

一　粒　珠

侦探小说。海上漱石生著。上海图书馆。1923 年 7 月版。1 册。4.8 万字。共 10 章。

第一章　获珠　　　　　　　　　　骗珠

第九章	问樵	第十章	巧截
	拼殉		就获
	获珠		访倩
	会侠		对案
	活擒		议婚
	盘供		庭讯
	谲遁		决盗
	狂斗		珠圆

二 百 五

滑稽小说。海上漱石生著。上海图书馆。1926 年 11 月版。1 册。2 万字。共 7 节。

第一节	二百五之历史	第五节	二百五成丁至弱冠的时代
第二节	二百五坠地的时代	第六节	二百五少年至中年的时代
第三节	二百五孩提的时代	第七节	二百五晚年的时代
第四节	二百五童子的时代		

十 姊 妹

社会小说。海上漱石生(孙漱石)著。上海文明书局。1920 年 12 月版。6 册。22 万字。樗瘿作弁言 1 篇。颍川秋水、天台山农各题词 1 首。插图 24 幅。共 30 回。

第一回	一把火狂花敛艳	第三回	金钟罩小施魔力
	半帆风浪蝶追香		摩托卡大出风头
第二回	四川路秘密赁香巢	第四回	表爱情密赠项圈
	万家春欢迎开夜宴		结团体交联手帕

第 五 回　妙语环生学媛辟佛
　　　　　芳踪暗蹑浪子撩人

第 六 回　高堂老父振振有词
　　　　　陌路萧郎翩翩入座

第 七 回　蔡伯当花言诱淑女
　　　　　叶题红月夜访律师

第 八 回　一封恶信拒联姻
　　　　　十万遗资诬霸产

第 九 回　诈复诈奸徒密议
　　　　　输更输见证空邀

第 十 回　大结婚气倒叶耐冬
　　　　　巧解纷喜逢花如锦

第十一回　述往事狠心辣手
　　　　　订新和蜜语甜言

第十二回　叶题红尽馨私囊
　　　　　柳絮春打翻醋罐

第十三回　探秘窟暗施巧计
　　　　　闹香巢猛发雌威

第十四回　纠恶棍密议复仇
　　　　　做奸细狡谋设宴

第十五回　大相打急伤颜子美
　　　　　重结拜蓦遇钱伯蕃

第十六回　钱伯蕃酒楼设策
　　　　　柳絮春虹庙求签

第十七回　解签诗卖弄辩才
　　　　　诓存摺收回把柄

第十八回　斗心机棋高一着
　　　　　议律费贿索千金

第十九回　恃巧辩幸退官符
　　　　　表欢迎议开良会

第二十回　诉苦衷热气换冷气
　　　　　报宿怨钉头碰铁头

第二十一回　拿恶党一笛狂鸣
　　　　　　究前情两案并发

第二十二回　愁对薄淫娃遁迹
　　　　　　请离婚荡妇陈情

第二十三回　人财两失悲愤难言
　　　　　　计策一条淋漓尽致

第二十四回　受奇辱恹恹卧病
　　　　　　丧巨资切切兴悲

第二十五回　花如锦口蜜腹刀
　　　　　　叶题红山穷水尽

第二十六回　绝命留书珠沉玉碎
　　　　　　联欢缔约蝶醉蜂狂

第二十七回　觅欢娱巧遇床头人
　　　　　　听裁判急伤堂下母

第二十八回　索千金佯图翻案
　　　　　　尝一脔威逼回乡

第二十九回　恶下梢法律难逃
　　　　　　惨结果奸才何用

第 三 十 回　拆白躺牌同归于尽
　　　　　　金夫玉女各赋好逑

九仙剑正集

新奇侠义小说。海上漱石生著。上海时还书局。1929 年 12 月 4 版。

2 册。14 万字。颖川秋水序 1 篇。共 30 回。

第 一 回　空空儿炼剑授徒　　　　　　　访拳匪互探社书庙

姗姗女化装行侠　　第 十 六 回　二毛子横遭苛罚

第 二 回　白莲寺贞娃遇暴　　　　　　　三女侠愤抱不平

紫藤桥恶棍受惩　　第 十 七 回　诛恶棍借锄埋尸

第 三 回　防报复一片良言　　　　　　　戏泛官飞剑摘顶

探行藏三更暗杀　　第 十 八 回　中剑光大师兄扑地

第 四 回　中枪珠险遭毒手　　　　　　　悲拳祸三女侠还山

发弩箭别具会心　　第 十 九 回　说兴亡阐发天机

第 五 回　履险地单身盗手枪　　　　　　论生克研求物理

触危机孤掌劈炸弹　　第 二 十 回　试仙剑形形色色

第 六 回　毁匪巢猛施一把火　　　　　　跳火车去去来来

歼棍党巧制两枝香　　第二十一回　访秘密破屋暗追踪

第 七 回　救肉票复至释孩童　　　　　　露行藏高山明觌面

焚灵符高台捉妖魅　　第二十二回　贪重赏夫妻冒险

第 八 回　敕勒无灵坛中火起　　　　　　赋同仇豪杰扶危

吹嘘有力户外云封　　第二十三回　诱搜检恶盗中机

第 九 回　失仙剑女侠惊心　　　　　　　吐供招贪官出丑

中飞刀孽妖伤目　　第二十四回　杀贪官两侠士避地

第 十 回　破孽妖奋施正气　　　　　　　救灾民众剑仙下山

劝财虏苦进良言　　第二十五回　两宫出走太息穷途

第十一回　乞传道法愿列门墙　　　　　　一盗横行相逢狭路

卖弄玄虚图吞庙产　　第二十六回　入匪营三更夺骑

第十二回　遇劲敌当庭受创　　　　　　　侦盗窟半路追踪

惑邪言各处习拳　　第二十七回　遇匪党择地觅枝栖

第十三回　仗恶势霸屋阻来宾　　　　　　疑山魈轰天肆枪击

听悲声跳窗救淑女　　第二十八回　悯呼援血溅蜈蚣峡

第十四回　上弹章言官被谴　　　　　　　怒通匪愤剿螺蛳冈

恃护符拳匪横行　　第二十九回　聚群英会议探山

第十五回　送娇娥密寻御史船　　　　　　救双侠寻声哭涧

第三十回　破匪窟群凶授首　｜　返仙山众侠圆功

九仙剑续集

新奇侠义小说。海上漱石生著。上海时还书局。1929 年 12 月初版。2 册。14 万字。共 30 回。

第 一 回　降恶魔四方产军阀
　　　　　悯浩劫三次下尘寰

第 二 回　赤霞岭断绝人行
　　　　　红树村横遭兵燹

第 三 回　拉民夫惨离骨肉
　　　　　惩旅长血溅头皮

第 四 回　图远遁失却床头人
　　　　　急求援险作笼中鸟

第 五 回　探地窖三侠施巧智
　　　　　守洞门二鼠丧残生

第 六 回　蓦逢援救恶贯未盈
　　　　　细述经过祸机又起

第 七 回　残月晓风五更避难
　　　　　硝烟弹雨三省交锋

第 八 回　施毒手连劫二村
　　　　　奋侠心追斩三盗

第 九 回　论兵匪群侠会议
　　　　　卖差缺宠妾专权

第 十 回　夺民房强占丽春园
　　　　　筹军费大宴晚香榭

第十一回　拿正绅激成民变
　　　　　擒副官解散兵围

第十二回　装神救急顿脱羁囚

　　　　　化盗锄奸反遭枪击

第十三回　疗创伤服丹完侠骨
　　　　　施巧计投案认凶身

第十四回　苦心解散一师兵
　　　　　戮力难歼双巨盗

第十五回　运仙剑空空儿探险
　　　　　中飞砂姗姗女受惊

第十六回　破强敌八面环攻
　　　　　识英雄双方崇拜

第十七回　割耳刑薄惩善棍
　　　　　定身法巧儆恶徒

第十八回　天柱岭匪党伏诛
　　　　　石屏山弟兄议赈

第十九回　戒贪夫才长应变
　　　　　会群侠志切同仇

第 二 十 回　有心反正酌理准情
　　　　　诬指闹荒倚官托势

第二十一回　丧良心乘机贩灾女
　　　　　伸义愤访案救冤民

第二十二回　诉衷情兄妹泄隐谋
　　　　　完骨肉父女脱大难

第二十三回　一场火救出各灾女
　　　　　四把剑惊倒众兵丁

第二十四回　商量避地永免飞灾
　　　　　　集议剿山先清余孽
第二十五回　料通匪默滋疑窦
　　　　　　劝反正不听良言
第二十六回　遭枪击夫妇受伤
　　　　　　走弓弯匪徒脱险
第二十七回　赤霞岭分财散群盗

　　　　　　九曲山合力剿渠魁
第二十八回　闪电镖难破山顶枪
　　　　　　分水剑巧沉溪心舰
第二十九回　败官军半途袭击
　　　　　　中妙计双方起疑
第三十回　破匪窟三仗成功
　　　　　　返仙山双侠求道

飞仙剑侠大观

侠义小说。海上漱石生著。华兴图书馆。1927 年 7 月 6 版。2 册。12 万字。序 1 篇。共 30 回。

第一回　太元境群仙高会
　　　　软红尘五侠寻徒
第二回　黄衫客一剑斩妖
　　　　红线女单身杀盗
第三回　服仙丹素云换骨
　　　　衍宗派红线传术
第四回　白素云飞行绝迹
　　　　黄侠客来去无踪
第五回　报亲仇初试桃花剑
　　　　救女侠误中竹叶镖
第六回　雷一鸣回伤卧病
　　　　云万峰仗义复仇
第七回　竹叶镖万峰殒命
　　　　蒺藜抓一鸣被擒
第八回　白素云两番探虎穴
　　　　黄衫客一怒掣龙泉
第九回　传葵花剑仙收徒

　　　　破竹叶镖英雄哭友
第十回　白素云屡探卧虎营
　　　　黄侠客双祭飞龙店
第十一回　雪奇仇淫凶授首
　　　　　报私愤名妓蒙冤
第十二回　酷吏逼供飞霞下狱
　　　　　雏鬟诉屈素云探监
第十三回　文云龙仗义挥金
　　　　　薛飞霞守身如玉
第十四回　燕子飞见色劫狱
　　　　　聂隐娘救女上山
第十五回　访义士有心传道
　　　　　试侠肠无意怜香
第十六回　名士美人双学艺
　　　　　剑龙钗凤两联姻
第十七回　盗印信双侠警贪官
　　　　　寄书函一人传密报

第 十 八 回　秦相府夫妻行刺
　　　　　　刘公岛师弟重逢
第 十 九 回　抱不平打死乌天霸
　　　　　　施绝技惊走燕子飞
第 二 十 回　柳叶村燕子飞采花
　　　　　　松针岭虬髯公祭剑
第二十一回　剑击剑棋逢敌手
　　　　　　奸杀奸血溅僧头
第二十二回　柳员外击鼓鸣冤
　　　　　　方知县悬金缉犯
第二十三回　三岔道上血案重重
　　　　　　九折岩前人头累累
第二十四回　众差罗拜虬髯叟

　　　　　　群侠难擒燕子飞
第二十五回　燕子飞毒打珊珊女
　　　　　　虬髯公怒责空空儿
第二十六回　空空儿寒宵盗剑
　　　　　　珊珊女月夜飞刀
第二十七回　弄巧反拙故剑飞还
　　　　　　削铁成泥宝刀失色
第二十八回　缚情丝空使美人计
　　　　　　触剑锋几寒侠士心
第二十九回　收宝剑十侠下仙山
　　　　　　吐霜丸大娘开杀戒
第 三 十 回　十仙侠收徒归大道
　　　　　　飞仙剑传世演奇书

戏 迷 传

社会小说。海上漱石生著。上海锦章图书局。1915 年 3 月版。2 册。13 万字。江上人序。颖川秋水率题孙玉声先生戏迷传四绝。共 30 回。

第一回　金钱元卖产捐官
　　　　任顺福倾家事主
第二回　草上坡演官贻笑
　　　　兰花院请酒饯行
第三回　办官礼小住也是齐
　　　　夺上房大闹连升店
第四回　见上司奉差讨鱼税
　　　　贿亲随密献串龙珠
第五回　五面枷小展官威
　　　　一口剑大兴冤狱
第六回　羡优缺请署中牟县

　　　　保过班引见汴梁城
第 七 回　翠凤楼谒相拜干爷
　　　　　金马门派差接钦使
第 八 回　请开矿议挖银坑洞
　　　　　觅靠山私谒翠花宫
第 九 回　小盘殿交章荐贤
　　　　　中牟县捧檄到任
第 十 回　设保甲查封金刚庙
　　　　　办升科大闹白水滩
第十一回　劣绅私献双珠球
　　　　　赃官冤断一匹布

第 十 二 回　接官眷夜过池水驿
　　　　　　缉私枭朝发淤泥湖

第 十 三 回　三岔口县宰施威
　　　　　　十字坡都司耀武

第 十 四 回　丑表功驰书报捷
　　　　　　大保国开矿启争

第 十 五 回　审李七胡乱施刑
　　　　　　拿康八糊涂正法

第 十 六 回　金钱元荣升府篆
　　　　　　玉堂春误堕娼寮

第 十 七 回　奇奇奇太守冶游
　　　　　　笑笑笑夫人行炉

第 十 八 回　太守学罗章跪楼
　　　　　　公子效张顺打院

第 十 九 回　驱流妓玉堂春发配
　　　　　　赈饥民金钱元议捐

第 二 十 回　十万金半入私囊
　　　　　　九件衣又迁显爵

第二十一回　金钱元荣调华容道

　　　　　　任顺福夜闹蔡家庄

第二十二回　双盗印侠客警贪官
　　　　　　十道本都堂参酷史

第二十三回　福瑞山当殿办本
　　　　　　黄金台察院鸣冤

第二十四回　告御状报倒赃官
　　　　　　进蛮书要求大吏

第二十五回　黄鹤楼力持国体
　　　　　　金钱元遣戌军台

第二十六回　凤凰岭暴客除奸
　　　　　　鸳鸯楼贪官毕命

第二十七回　金顶山鸣冤捉盗
　　　　　　黄鹤楼含愤弃官

第二十八回　清风亭黄鹤楼题诗
　　　　　　芦花荡金顶山求乞

第二十九回　探阴山黄鹤楼入梦
　　　　　　游地府金钱元受刑

第 三 十 回　逍遥津悟彻浮生
　　　　　　富贵图惊醒幻梦

还 魂 茶

　　社会小说。退醒庐十种小说之一。海上漱石生著。出版者海上退醒庐。1923 年 6 月版。1 册。2 万字。未分章节。

你来了么

　　侦探小说。退醒庐十种小说之四。海上漱石生著。徐行素校。上海图书馆。1924 年 11 月初版。1 册。2.4 万字。未分章节。

金　钟　罩

武侠小说。退醒庐十种小说之六。海上漱石生著。上海图书馆。1926 年 11 月版。1 册。5.9 万字。未分章节。

金陵双女侠

武侠小说。海上漱石生著。上海时还书局。1931 年 7 月初版。3 册。20 万字。插图 64 幅。张镜影、郁荣申、沈梓痕各作序 1 篇。沈梓痕、郁汉清题词各 1 首。共 32 回。

第一回　围扬州群黎遭劫
　　　　出金陵双侠惩凶

第二回　杀醉兵首级斜飞
　　　　惩统领眼珠突出

第三回　放台枪屋顶人不见
　　　　避大队园里影潜藏

第四回　怡春园恶徒说亲
　　　　得月阁侠女定策

第五回　双婢华堂刺新贵
　　　　一人草地变胡奴

第六回　杜追踪厅角斩刁徒
　　　　谋避迹江心逢恶棍

第七回　化恶棍江心得安渡
　　　　遇追兵水面复遭围

第八回　双女侠惊退飞划船
　　　　两蠹差闹翻估衣巷

第九回　双剑施威得平大狱

　　　　一钱难取尽缴公庭

第　十　回　轻舟归去贤宰弃官
　　　　　毒箭飞来侠媛遭险

第十一回　访名医疗伤求药
　　　　　避胡虏闻耗易装

第十二回　缉女侠赏格纷悬
　　　　　探劣绅阴谋毕露

第十三回　老拳师细诘泥脚印
　　　　　双女侠同触地心桩

第十四回　双姊妹脱险锄奸
　　　　　两弟兄报仇捕敌

第十五回　别有机心扬州撤队
　　　　　惨无人道嘉定屠城

第十六回　探恶绅无意得冤情
　　　　　杀荡妇有心昭炯戒

第十七回　绅陷绅挟嫌排异己
　　　　　人吃人肆毒结同侪

第 十 八 回	诛恶煞奋斗刀牌		觉悔悟荡女回心
	教耆绅巧焚仓库	第二十六回	浏河一炮侠女虚惊
第 十 九 回	扣舟释舟全凭巧辩		嘉定三屠生灵浩劫
	避患防患别具狡谋	第二十七回	战胡虏连环鏖斗
第 二 十 回	树枝砍倒姊妹无踪		访故人凯切陈词
	帆影射沉弟兄绝技	第二十八回	勇女侠三闹冀家庄
第二十一回	三汊港侠媛惊失路		老英雄两探韩王庙
	九里墩海盗劫行船	第二十九回	镌级缉凶弟兄发愤
第二十二回	抢铁篙海底凿商船		约期鏖斗姊妹逞能
	放火箭浪中焚盗舰	第 三 十 回	助门徒激怒老英雄
第二十三回	火热水深匪魁鏖斗		缉女侠保举新统业
	烟昏雾暗荡女私奔	第三十一回	双女侠海中斩恶寇
第二十四回	无心大闹福缘庵		老英雄幕内刺参谋
	有意密访分司署	第三十二回	解亲仇两弟兄入山
第二十五回	惩拐逃登徒削鼻		遵师命双女侠浮海

孤 鸾 恨

哀情小说。退醒庐十种小说之五。海上漱石生著。上海图书馆。1926 年 11 月版。1 册。3.1 万字。未分章节。

海上燃犀录

社会小说。海上漱石生著。上海图书馆。1924 年 11 月版。3 册。20 万字。共 30 回。

第一回	托清游普陀避暑		一席酒胡言乱道
	践密约徐汇藏春	第三回	巧措词图充调查长
第二回	两封信热讽冷嘲		谋泄愤特作教唆人

第 四 回	诈中诈脱壳遁金蝉	
	奸里奸欺心钓玉蟹	
第 五 回	伺笑鬟登徒入幕	
	息疑谤荡妇还家	
第 六 回	反动力言比锋尖	
	自决心错成铁铸	
第 七 回	掘坟山鬼器啾啾	
	分家产人言藉藉	
第 八 回	空好看水中捞月	
	瞎胡调锦上添花	
第 九 回	散戏场巧遇对头人	
	借旅社毒设迷魂局	
第 十 回	反间计以曲作直	
	离婚书弄假成真	
第十一回	欺豪富大敲竹杠	
	吓瘟生横砍斧头	
第十二回	急央媒难断痴情	
	不赖债别开生面	
第十三回	信狂言贪夫受惑	
	拒婚约冤桶撚酸	
第十四回	制空气四面逐狂蜂	
	捣香巢三更惊野鹜	
第十五回	春在隔墙出人意外	
	花贪陌路入我彀中	
第十六回	作说客并蒂订新欢	
	遇歹人落花嗟小劫	
第十七回	悲切切还珠无望	
	语绵绵韫椟有心	
第十八回	看结婚笑倒旁观	
	逼串戏难为同学	
第十九回	骗珠花设词欺老母	
	妒钻戒见物恼登徒	
第二十回	遭毒手饱受冷拳	
	触酸心暗流热泪	
第二十一回	探伤势妒煞陌头花	
	变良心推出窗前月	
第二十二回	磷酒一樽冤孽毕命	
	火轮万里学子还乡	
第二十三回	见遗书代姐鸣冤	
	入外籍抗官蔑法	
第二十四回	脚底揩油恶徒遁迹	
	拳头发酵色鬼丧身	
第二十五回	究前情强索卖命钱	
	露真相引起疑心病	
第二十六回	荡妇下堂良心丧尽	
	淫娃末路恶智横生	
第二十七回	扶隐事逼索昧心钱	
	借谣传巧答滑头话	
第二十八回	接财神勒金赎命	
	侦恶党开枪示威	
第二十九回	下毒手同恶相残	
	奋雄心生灵遭劫	
第三十回	荡妇下场如是如是	
	恶徒结局快哉快哉	

嵩山拳叟

武侠小说。海上漱石生著。上海时还书局。1935 年 1 月 6 版。1 册。6.8 万字。自序 1 篇。共 36 章。

第 一 章	问之不肯道姓名	第 十九 章	贼矸不死神扶持
第 二 章	少年十五二十时	第 二十 章	西山寇盗莫相侵
第 三 章	一舞剑器动四方	第二十一章	长河浪头连天黑
第 四 章	洞房昨夜停红烛	第二十二章	野渡无人舟自横
第 五 章	石矶西畔问渔船	第二十三章	秋草独寻人去后
第 六 章	不见玉容空死处	第二十四章	被驱不异犬与鸡
第 七 章	炙手可热势绝伦	第二十五章	朔方健儿好身手
第 八 章	血污游魂归不得	第二十六章	地崩山摧壮士死
第 九 章	十生九死到官所	第二十七章	直挂云帆济沧海
第 十 章	云横秦岭家何在	第二十八章	富贵于我如浮云
第十一章	射杀山中白额虎	第二十九章	誓扫匈奴不顾身
第十二章	铁骑突出刀枪鸣	第 三十 章	奉帚平明金殿开
第十三章	不肯低头在草莽	第三十一章	拔剑四顾心茫茫
第十四章	山川萧条极边土	第三十二章	老夫不知其所往
第十五章	物换星移几度秋	第三十三章	寒声一夜传刁斗
第十六章	毡包席里可立致	第三十四章	身上无有完肌肤
第十七章	雪上空留马行处	第三十五章	野行万里无城廓
第十八章	行尽青山忽值人	第三十六章	少小离家老大回

樟 柳 人

怪异小说。退醒庐十种小说之七。海上漱石生著。上海图书馆。1926 年 1 月 15 日版。1 册。2.2 万字。未分章节。

倭袍记演义

民间小说。浪漫博士编。上海卿云书局。1933 年 5 月版。8 册。39 万字。提要 1 篇。共 100 回。

第 一 回　获奇鸟日使朝天阙
　　　　　赐倭袍唐氏荷君恩

第 二 回　衣紫腰金一门七贵
　　　　　珠围翠绕四美同宾

第 三 回　庆生辰借袍启衅
　　　　　遇故旧杯酒联欢

第 四 回　落日轻帆春风微浪
　　　　　孤灯永夜浅梦邻鸡

第 五 回　斗群雄小飞鸡显技
　　　　　欺弱客众流氓拆梢

第 六 回　萍水论交留宾下榻
　　　　　春风得意游园听琴

第 七 回　误曲无心当场献丑
　　　　　寻春有意折柳调情

第 八 回　螀绿灯红堂前见嫂嫂
　　　　　蜂狂蝶浪洞内唤哥哥

第 九 回　春社农家惊疑鸟篆
　　　　　深山古寺夜讯淫尼

第 十 回　刁南楼密室破奸情
　　　　　老学究穷途变节志

第十一回　胭脂虎扬州养瘦马
　　　　　张溜儿河内骗娇姝

第十二回　陌头杨柳少妇怀春
　　　　　客邸琵琶佳人诉怨

第十三回　移花接木一子守宗祧
　　　　　醉月飞觞三人小结义

第十四回　天涯沦落泪湿青衫
　　　　　万里长行痛留弱息

第十五回　逞豪强张爵主劫美
　　　　　惩恶霸唐云卿种仇

第十六回　当筵度曲痴公子填词
　　　　　灭烛留髡小佳人得耦

第十七回　唐云豹防秋设四镇
　　　　　铁木耳牧马窥三边

第十八回　洋花女藏军洞遇险
　　　　　熊耳山防秋镇缉私

第十九回　得警报一意安边
　　　　　讯私书三堂会审

第 二 十 回　寿筵大张奸王怙宠
　　　　　　行宫再幸天子荒淫

第二十一回　隔院品箫墙头调戏
　　　　　　凭栏望月弦外寄情

第二十二回　疑雨疑云胡天梦梦
　　　　　　是空是色画里真真

第二十三回　香泽微闻魂销荡子
　　　　　　桃花流水巧赚渔郎

第二十四回　花影过墙情丝系足
　　　　　　竹梯移壁软语规夫

第二十五回　女贞树苦树老无枝
　　　　　　夜合花开花香藏蝶
第二十六回　蜜意引檀郎消魂锦帐
　　　　　　正言劝爱婿笑语哄堂
第二十七回　紧鼓慢锣白日演活剧
　　　　　　尤云殢雨深宵捉醉蟹
第二十八回　春色无边茜窗窥秘戏
　　　　　　银河咫尺秋水望伊人
第二十九回　锦帐春深英雄气短
　　　　　　柳亭送别儿女情长
第 三 十 回　送灵符二娘触破奸情
　　　　　　觅鹤顶四婢同谋杀主
第三十一回　千里归舟刁南楼中毒
　　　　　　一声恶耗王二娘直言
第三十二回　文成哀诔祭婿有词
　　　　　　客吊同窗哭夫何语
第三十三回　宝器失踪主管查帐
　　　　　　典库舞弊伙计潜逃
第三十四回　一寸相思聊酬鱼雁
　　　　　　中宵反侧挑尽孤灯
第三十五回　跳花墙月明惊犬吠
　　　　　　寻药草石畔露情书
第三十六回　浴兰汤欣赏曲线美
　　　　　　听絮语私泄巧机谋
第三十七回　严门禁藏奸消夏
　　　　　　查典库伙计潜逃
第三十八回　刘贲下第赍恨终身
　　　　　　伯道无儿伤心绝嗣
第三十九回　争掌柜娇母护娇儿
　　　　　　窃行箧表兄诱表弟
第 四 十 回　幸五台唐相国谏主

　　　　　　袭三边蒙古王兴兵
第四十一回　四镇被围檄书告急
　　　　　　双山大战假旗惊人
第四十二回　颁朝典朱文贵矫诏
　　　　　　守边关唐云豹失机
第四十三回　赍夜夺关自裁完劲节
　　　　　　深山筑屋设计救孤孀
第四十四回　五台初临僧妃同梦
　　　　　　双山论罪义愤填膺
第四十五回　鹣鹩同尽父子骈诛
　　　　　　鸾凤分飞夫妻哭别
第四十六回　熊耳山怀恩埋骼骨
　　　　　　龟长老救急盗倭袍
第四十七回　蝇营狗苟卷土重来
　　　　　　凤泊鸾飘离歌再唱
第四十八回　调虎离山神骗盗军饷
　　　　　　焚琴煮鹤老鸨毙公堂
第四十九回　得京信散财遣众
　　　　　　抄相府易服潜逃
第 五 十 回　日暮途穷云卿遇盗
　　　　　　知恩图报桂童探监
第五十一回　风流云散妓女入空门
　　　　　　伏莽潜滋佳人陷盗窟
第五十二回　突重围唐小姐杀敌
　　　　　　走深山王七娘产儿
第五十三回　鼙鼓喧天丫头歼巨盗
　　　　　　旌旗蔽日小姐霸深山
第五十四回　阶囚座客小书童出险
　　　　　　弯弓盘马女寨主施威
第五十五回　乐极生悲野鸳鸯同命
　　　　　　发号施令众英雄下山

第五十六回　道念未坚恶魔乘夜入
　　　　　　至诚有感救主劈空来

第五十七回　卖卜相熊耳山访友
　　　　　　劫法场马中锡败兵

第五十八回　制胜出奇唐赛金诱敌
　　　　　　飞书告急胡镇藩兴师

第五十九回　张安抚城陷被擒
　　　　　　唐云卿骗书拒敌

第 六 十 回　整军备武御营大操
　　　　　　解甲归农荒山垦牧

第六十一回　考御史毛龙按湖广
　　　　　　访茶坊博士骂刁刘

第六十二回　哭奠生刍情殷旧雨
　　　　　　风开灵幕艳露红裳

第六十三回　访苍头毛巡按撰状
　　　　　　雇舟船小秀童被捆

第六十四回　儿女情长临歧怅惘
　　　　　　钦差威武拦舆呼冤

第六十五回　童理刑奉命拘奸犯
　　　　　　小秀童黑夜守空船

第六十六回　讲差费王文有贤妻
　　　　　　铺内监刘氏赖老母

第六十七回　阿正无私刘通政被拒
　　　　　　奉命交案毛巡按遄征

第六十八回　战三边熊耳山献策
　　　　　　夺西岭唐纬武施能

第六十九回　入河套铁木耳告急
　　　　　　赐翰林毛云从归京

第 七 十 回　边塞探险巧获奇兽
　　　　　　襄阳问信假托游人

第七十一回　初挂牌士绅同听审

第七十二回　重调查父老起谰言
　　　　　　劣秀才装呆瞒实供
　　　　　　傻丫头被骗说真情

第七十三回　搜血衣再获情书
　　　　　　吃夹棍初招供状

第七十四回　布疑阵恶讼师捣鬼
　　　　　　探监狱穷禁子敲钱

第七十五回　送书信许乳母探监
　　　　　　讲人情刘通政进省

第七十六回　翻供案刁刘氏解省
　　　　　　击堂鼓童理刑见都

第七十七回　会审远来详观案卷
　　　　　　开棺检验确定罪名

第七十八回　挥巨金梁虹嫖哑女
　　　　　　留养监徐氏骂淫娃

第七十九回　月里素娥霜中青女
　　　　　　人间七夕天上佳期

第 八 十 回　骑木驴疑未有之刑
　　　　　　建宝塔传通神之技

第八十一回　唐赛金初谐花烛
　　　　　　孟群芳巧配姻缘

第八十二回　破济农杨擒虎获胜
　　　　　　显道法七公主出家

第八十三回　使魔火惊走铁木耳
　　　　　　灭枪炮失守宁夏城

第八十四回　失三边杨擒虎殉难
　　　　　　守九环林载鹤邀功

第八十五回　天子褒功毛龙袭爵
　　　　　　佳人深锁子佩闯园

第八十六回　感旧恩张书昭认弟
　　　　　　会佳期薛翠华逢夫

第八十七回　雪冤狱唐驸马还朝
　　　　　　得矿金杨秀芳显策

第八十八回　刁龙虎榜登龙虎
　　　　　　柳明珠巧配明珠

第八十九回　饮酒楼毛唐重见面
　　　　　　考武场豪杰各争强

第 九 十 回　唐云骏征讨蒙古儿
　　　　　　洋花女大摆五云阵

第九十一回　强兵出塞步步为营
　　　　　　顽石点头心心是佛

第九十二回　破阵图洋花女败北
　　　　　　偷营寨张宣抚倒戈

第九十三回　指迷途巧救陈忠
　　　　　　战西岭活擒张保

第九十四回　贺兰山铁木耳撤兵
　　　　　　潮河川喇嘛僧作法

第九十五回　幻之又幻佛法无边
　　　　　　奇中出奇龟山遣将

第九十六回　大破阵七公主蜕化
　　　　　　定互市杜军师遗书

第九十七回　铁木耳强占唐古部
　　　　　　张宣抚充发沙门岛

第九十八回　张德龙暗通倭寇
　　　　　　唐吉安克复澎湖

第九十九回　平河套唐云骏班师
　　　　　　赐朝典朱文贵伏法

第 一 百 回　雪沉冤钦定双山案
　　　　　　受爵赏重建赐袍楼

施公洞庭传

民间长篇说部。陶觉先标点。上海大达图书供应社。1935 年 10 月再版。3 册。40 万字。序 1 篇。共 248 回。

第一回　康熙王临朝驭政
　　　　林状元奉旨查探

第二回　千岁府得会壮士
　　　　八里桥结义英雄

第三回　走钢鞭馆驿结义
　　　　飞天抓赠剑赐符

第四回　刘侠馆驿赠符剑
　　　　林朋沿途访土豪

第五回　天津文武接巡按
　　　　洞庭水寇探消息

第六回　岳州府岳刚行刺
　　　　景亭衙符剑救援

第七回　刘翼取剑留诗句
　　　　林朋接状访汉阳

第八回　景亭衙各官拜会
　　　　汉阳镇巡按私探

第九回　林朋黄衙假算命
　　　　素娥绣楼真许亲

第十回　黄小姐绣楼招打
　　　　林大人黄府受灾

第 十 一 回　扮男装商议避灾
　　　　　　死复生幸遇救星

第 十 二 回　林朋鱼棚遇杰士
　　　　　　刘清劝主追逃奴

第 十 三 回　林朋酒楼宴勇士
　　　　　　巡按返衙贬黄达

第 十 四 回　林大人怒贬黄达
　　　　　　黄素娥中途遇救

第 十 五 回　走钢鞭送折回京
　　　　　　林大人私访江夏

第 十 六 回　林朋有意探常府
　　　　　　赵盛无心诉冤情

第 十 七 回　丞相府奸臣识面目
　　　　　　八角井忠良受灾星

第 十 八 回　敖仙显法救忠良
　　　　　　用全捕猎会贤臣

第 十 九 回　得私书命人劫寨
　　　　　　闻信息移营避灾

第 二 十 回　奸臣改本害股肱
　　　　　　施公降职江夏城

第二十一回　行台辕施王遇刺
　　　　　　八里桥马套被擒

第二十二回　马义士弃暗投明
　　　　　　张副巡草地隐兵

第二十三回　施王江夏县上任
　　　　　　杨龙击锣告猛虎

第二十四回　李仲计议缉虎案
　　　　　　郡王私访遇水寇

第二十五回　三薛园施公遭险
　　　　　　洞庭湖李昌复仇

第二十六回　抓水虎讨令行刺

施郡王饮酒防凶

第二十七回　黄豹借刺投明主
　　　　　　李昌带伤回洞庭

第二十八回　抓水虎夜探常府
　　　　　　施不全议取印信

第二十九回　王李二役探黄龙
　　　　　　铁头僧人抢民妇

第 三 十 回　施公探访黄龙寺
　　　　　　喜童诉冤罗汉室

第三十一回　铁头僧吊打施郡王
　　　　　　乌鸦鹊报信江夏县

第三十二回　救郡王马奎展志
　　　　　　追恶僧黄豹示威

第三十三回　黄马二将战连云
　　　　　　施公全节妇团圆

第三十四回　马奎奉命拿虎案
　　　　　　义虎报恩露真情

第三十五回　刘正雄招冤下狱
　　　　　　义神虎报恩舍身

第三十六回　黄金花卖身葬母
　　　　　　田太守怜孝买媳

第三十七回　乳娘作伐配佳期
　　　　　　金花洞房擒贼人

第三十八回　黄豹见机回江夏
　　　　　　马奎迷途入盗庄

第三十九回　假洗脚马奎显勇
　　　　　　分宿房一姑防凶

第 四 十 回　放闷烟李虎丧命
　　　　　　救众人马奎困身

第四十一回　平山岭黄豹救危
　　　　　　退毛贼兄妹相逢

第四十二回　高伯周请示摆擂
　　　　　　碧眼僧行刺报仇

第四十三回　逼施公恶僧显法
　　　　　　捉刺客众杰受困

第四十四回　黄金花污片破法
　　　　　　碧眼僧败逃回京

第四十五回　汉阳镇英雄赴会
　　　　　　上擂台马奎输跌

第四十六回　侠女连胜夸海口
　　　　　　铁头打擂丧残生

第四十七回　李金龙赢擂招亲
　　　　　　高伯周宴接宾朋

第四十八回　尚程夜开八角井
　　　　　　伯美诳本害忠良

第四十九回　众奸谋图害施公
　　　　　　四眼虫怒斩索龙

第 五 十 回　施仕伦奉召回京
　　　　　　索伯美聚奸害良

第五十一回　圣主爷驾设早朝
　　　　　　施亲王午门问斩

第五十二回　黄衮飞石击奸佞
　　　　　　刘翼金光救贤臣

第五十三回　进士府施公暗藏身
　　　　　　上京城刘翼密探信

第五十四回　静山顶英雄聚会
　　　　　　龙川岭宾主重逢

第五十五回　东山席间激义士
　　　　　　马奎进宫刺索妃

第五十六回　康熙主西宫遇刺客
　　　　　　马侠士紫金梁上疏

第五十七回　马奎奏本辩含冤
　　　　　　张相领旨迎忠良

第五十八回　施仕伦应召回京
　　　　　　索伯美羞惭托病

第五十九回　施仕伦谏本阻圣驾
　　　　　　李东山授职镇汉阳

第 六 十 回　康熙主赏功罚罪
　　　　　　李大人访佞查奸

第六十一回　索贼通贿起反意
　　　　　　李昌洞庭逞干戈

第六十二回　施亲王奉诏平寇
　　　　　　索国舅押粮当先

第六十三回　西尔府施公别家
　　　　　　东校场索虎殒命

第六十四回　彭军门岳州失印绶
　　　　　　宋参谋洞庭访故人

第六十五回　联升店小二讲水寇
　　　　　　洞庭湖江望说通商

第六十六回　宋秀士假称米贩
　　　　　　汪军政诳言修船

第六十七回　神算子君山瞒水主
　　　　　　宋幕友岳州望故人

第六十八回　施亲王奉旨出征
　　　　　　众文武长亭祖饯

第六十九回　天津卫偶得敌信
　　　　　　北京城寻访故友

第 七 十 回　神算子得遇黄衮
　　　　　　王金童指引汪廉

第七十一回　传天书祖师指授
　　　　　　为印信弟兄结仇

第七十二回　龙海仙盗印受责
　　　　　　神算子大树夹身

第七十三回　回清营印信归旧主
　　　　　　反洞庭酒后吐真言

第七十四回　彭华移营泰山岛
　　　　　　施公兵扎岳州城

第七十五回　卜卦爻天书有准
　　　　　　遭危险奎宿现形

第七十六回　欲思援手访义士
　　　　　　彼此同心救良臣

第七十七回　见黑驴知主遭险
　　　　　　报黄马发兵救援

第七十八回　金钩胡君山传将令
　　　　　　神算子洞庭初交兵

第七十九回　抓水石舍死忘身
　　　　　　金钩胡断义绝情

第 八 十 回　敖髯沙滩赐金丹
　　　　　　汪廉后营卜神课

第八十一回　烈暴师赠波浪履
　　　　　　三级仙赐魁星笔

第八十二回　两郎舅相见叙苦
　　　　　　众弟兄会议报仇

第八十三回　神算子登台点将
　　　　　　铁脚板再打洞庭

第八十四回　铁脚板诈败诱李昌
　　　　　　田三级埋伏擒巨寇

第八十五回　红雁岛丁红中箭
　　　　　　五岳山少保救援

第八十六回　常和寄书通伯美
　　　　　　汪廉暗地嘱马奎

第八十七回　岳少保金殿受封
　　　　　　洞庭君午门枭首

第八十八回　铁銮銮某施巧计

　　　　　　索娘娘暗起毒心

第八十九回　借金遁李昌脱逃
　　　　　　赠路费伯美通情

第 九 十 回　铁銮暗器损玉斗
　　　　　　黄衰神石救良臣

第九十一回　索太师西宫求计
　　　　　　岳少保内廷承恩

第九十二回　少保宫中悬心吊胆
　　　　　　索妃席上巧语花言

第九十三回　康熙王勘问少保
　　　　　　索太师诳奏宰臣

第九十四回　众亲王朝房会议
　　　　　　二将军御前设谋

第九十五回　二龙巷得逢故友
　　　　　　刑部牢偶遇刺客

第九十六回　铁脚板岳州报信
　　　　　　施仕伦朝廷面君

第九十七回　施亲王直言谏圣
　　　　　　康熙主虔心问臣

第九十八回　奉圣旨查探水灾
　　　　　　献密计暗中行刺

第九十九回　豆腐店荆妈谈哑儿
　　　　　　热河岸施公探水怪

第 一 百 回　施公遇仙赐图画
　　　　　　黄侠访姐赠金银

第一百零一回　施亲王朝皇楼遇刺
　　　　　　　柳真人热河岸诛妖

第一百零二回　独角兽沙滩救哑儿
　　　　　　　众王兵腐店迎荆母

第一百零三回　拣花仙嵌火眼金睛
　　　　　　　抓水石接飞毛猴腿

第一百零四回　洞庭主脱难回山
　　　　　　　金鳌星现形湖岸

第一百零五回　施仕伦收妖回朝
　　　　　　　铁棱儿盟誓还乡

第一百零六回　岳少保府衙省亲
　　　　　　　洞庭君埋伏四面

第一百零七回　汪廉卜课焚珍珠香
　　　　　　　敖仙指迷赠莲花瓶

第一百零八回　九老洞二将盗宝油
　　　　　　　洞庭湖众贼庆中秋

第一百零九回　施王点兵三打洞庭
　　　　　　　军师遣将八面埋伏

第 一 百 十 回　武当山李昌修炼
　　　　　　　洞庭湖岳刚被擒

第一百十一回　水府君清营诉往事
　　　　　　　抓水石长亭报前仇

第一百十二回　解冤仇岳刚归故里
　　　　　　　求救兵马育助洞庭

第一百十三回　重整干戈常和为帅
　　　　　　　四打洞庭汪廉发兵

第一百十四回　九头鸟斩去五首
　　　　　　　众英雄各显一能

第一百十五回　青云子巧弄唇舌
　　　　　　　龙海山妖言入耳

第一百十六回　施仕伦五打洞庭
　　　　　　　青蛙道三面受攻

第一百十七回　二将军疆场丧命
　　　　　　　三道人现宝逞能

第一百十八回　六攻洞庭两路遭将
　　　　　　　三道被擒九头遭诛

第一百十九回　青蛙蒙恩归古洞

　　　　　　　飞龙被释锁莲池

第 一 百 二 十 回　独角兽遣哑儿报仇
　　　　　　　　敖金龙命门人救厄

第一百二十一回　荆伤约战五日限期
　　　　　　　　张云报效七打洞庭

第一百二十二回　柳占雄六人丧命
　　　　　　　　牛白川三将被擒

第一百二十三回　八打洞庭黄衮讨令
　　　　　　　　两发神石荆伤念情

第一百二十四回　三受暗器怒捉黄衮
　　　　　　　　九发洞庭差遣程恩

第一百二十五回　大清营同胞聚首
　　　　　　　　青云洞四侠隐身

第一百二十六回　卜神课天书现诗句
　　　　　　　　求宝旗奉命奔程途

第一百二十七回　抓水石中途受险
　　　　　　　　堕火坑西方见佛

第一百二十八回　带二旗收妖下红尘
　　　　　　　　第十次扫灭洞庭寇

第一百二十九回　心印佛显法烧水兽
　　　　　　　　柳真人解怨收荆伤

第 一 百 三 十 回　心印佛留赠锦囊
　　　　　　　　岳少保解开诗句

第一百三十一回　刘庆背本回朝见圣
　　　　　　　　殷龛奉旨挂帅出征

第一百三十二回　施王奉旨中军交令
　　　　　　　　殷帅接印北阙谢恩

第一百三十三回　亲王借故索仁枭首
　　　　　　　　元帅传令恒门扎兵

第一百三十四回　洒头陀改期刺驾
　　　　　　　　索太师疑斩老仆

第一百三十五回　岳州府施公起马
　　　　　　　黄草关索清显魂

第一百三十六回　众亲王行台接元帅
　　　　　　　马义士金殿封地仙

第一百三十七回　康熙王忆念忠义士
　　　　　　　施亲王面奏篡逆臣

第一百三十八回　并肩王承旨搜府
　　　　　　　索太师奉诏书押

第一百三十九回　施仕伦初搜索府
　　　　　　　索伯美巧言奉承

第一百四十回　　彭副帅面呈机宜
　　　　　　　汪军师意存观望

第一百四十一回　搜索府捕风捉影
　　　　　　　缴圣命以罪抵功

第一百四十二回　二搜索府张相承保
　　　　　　　五人密议白用刺公

第一百四十三回　晋标客借刺归隐
　　　　　　　众英雄鼓噪罢兵

第一百四十四回　三将帅解围白虎庙
　　　　　　　神算子诈病鸡头山

第一百四十五回　鸡头山副帅请将
　　　　　　　白虎庙军师谈兵

第一百四十六回　天子代酒首相招贬
　　　　　　　将军性急先生寄书

第一百四十七回　铁脚板接书登程
　　　　　　　黄天霸奉命还乡

第一百四十八回　刘庆兵部府投之
　　　　　　　天霸铁叉山生反

第一百四十九回　索贼定计借刀杀人
　　　　　　　施公出狱奉旨招安

第一百五十回　　铁叉山刘寇卷旗
　　　　　　　江都县施公接印

第一百五十一回　悬锣诉讼施公新创
　　　　　　　失银叫屈乌七鸣冤

第一百五十二回　传刁氏当堂问供
　　　　　　　审破坛借故查奸

第一百五十三回　打破坏坛土神附体
　　　　　　　斩决淫犯乌七出家

第一百五十四回　江都县孔目喊冤
　　　　　　　闵家庄施公勘验

第一百五十五回　假扮星士私查暗访
　　　　　　　巧遇磷火指引路程

第一百五十六回　施公探案天晚借宿
　　　　　　　莫义失信泄盗认亲

第一百五十七回　宴远客偷鸡盗酒
　　　　　　　泄命案谈怪说风

第一百五十八回　劝莫伦去邪从正
　　　　　　　命施达捕贼代差

第一百五十九回　莫伦辞亲会县宰
　　　　　　　施公喜义赐衣巾

第一百六十回　　江都衙莫伦奉命
　　　　　　　金山寺恒空下山

第一百六十一回　恒空显法收除驱尸
　　　　　　　正庸遵命过继莫伦

第一百六十二回　闵家庄施公问后事
　　　　　　　玉峰园刘寇身被擒

第一百六十三回　施仕伦报恩收子
　　　　　　　黄天霸更姓投旗

第一百六十四回　柳真人命弟子助战
　　　　　　　荆道童献奇计诈降

第一百六十五回　对水寇虚言假语
　　　　　　　献诡计调虎离山

第一百六十六回　通暗计荆伤用火攻
　　　　　　　　　得密信汪廉使埋伏

第一百六十七回　殷帅拜本水寇肃清
　　　　　　　　　学师代印施公回京

第一百六十八回　亲王昌州得喜信
　　　　　　　　　探花西府接家书

第一百六十九回　北京翁婿初会面
　　　　　　　　　行台郎舅两谈心

第一百七十回　将军奉诏初步金阶
　　　　　　　　亲王请旨三搜索府

第一百七十一回　索府搜赃仍属虚渺
　　　　　　　　　金殿复命依然嚎啕

第一百七十二回　并肩王向君辩本
　　　　　　　　　五剑仙受主敕封

第一百七十三回　索伯美奸情显露
　　　　　　　　　洒头陀质证明言

第一百七十四回　画影图形捉拿索豹
　　　　　　　　　痛哭流涕力保父亲

第一百七十五回　索妃承旨求施公
　　　　　　　　　天子传诏斩国舅

第一百七十六回　张朋格奏抄太师府
　　　　　　　　　索伯美发配白塔城

第一百七十七回　施公请旨降宛平
　　　　　　　　　林朋说媒至西府

第一百七十八回　施仕伦宛平上任
　　　　　　　　　索伯美兵部领文

第一百七十九回　伯美作囚宛平点解
　　　　　　　　　仕伦设谋二堂套供

第一百八十回　修密书托寄西宫
　　　　　　　　得凭证怒斩索贼

第一百八十一回　岳少保中途染病
　　　　　　　　　索国舅外省逃生

第一百八十二回　天津卫见图走小道
　　　　　　　　　金陵城听话访子登

第一百八十三回　侯京监款符八国舅
　　　　　　　　　范总督迎接小亲王

第一百八十四回　投建南主仆上路
　　　　　　　　　离宛平深夜回宫

第一百八十五回　施亲王文华殿复命
　　　　　　　　　索贵妃九龙口哭头

第一百八十六回　索娘娘仙剑丧命
　　　　　　　　　刘总兵因祸得福

第一百八十七回　圣天子得兆知来处
　　　　　　　　　康熙主起意拜菩萨

第一百八十八回　仁圣主改装出京
　　　　　　　　　殷元帅遵旨分营

第一百八十九回　滕天锡假装聋聩
　　　　　　　　　月姣女暗放迷药

第一百九十回　大清主饮泉水中毒
　　　　　　　　刘提督向行人问路

第一百九十一回　君臣住宿玉龙栈
　　　　　　　　　店东细谈五虎庄

第一百九十二回　修书信玉龙仗义
　　　　　　　　　备厚仪刘庆求方

第一百九十三回　铁脚板五虎寨下书
　　　　　　　　　夜叉妇滕家庄求药

第一百九十四回　迷魂掌打伤窦氏
　　　　　　　　　刁翎箭暗中天锡

第一百九十五回　为终身月娇吐真语
　　　　　　　　　求解药窦氏说假言

第一百九十六回　夜叉妇得解药回寨
　　　　　　　　　康熙王服灵丹返魂

第一百九十七回　鲍寨主玉龙店见驾
　　　　　　　　刘大人滕家庄逞能

第一百九十八回　老少豪杰双比武
　　　　　　　　男女英雄各显能

第一百九十九回　刘大人比武入赘
　　　　　　　　滕小姐喜配终身

第　二　百　回　翁婿畅饮情意绵绵
　　　　　　　　夫妻分袂细语滔滔

第二百零一回　　夫妻分手赠铜棍
　　　　　　　　君臣酬恩送宝珍

第二百零二回　　见铜棍应雄指路
　　　　　　　　错途程改道汉阳

第二百零三回　　汉阳镇协台接驾
　　　　　　　　行台署皇上传宣

第二百零四回　　验龙舟众百姓喊冤
　　　　　　　　看词状荆州府捉人

第二百零五回　　张志达代理荆州府
　　　　　　　　康熙主驾游洞庭湖

第二百零六回　　金鳌星原神见驾
　　　　　　　　圣天子游湖受灾

第二百零七回　　奉师命洞庭救主
　　　　　　　　指皇上驾游江南

第二百零八回　　东山得信心无主
　　　　　　　　月娇见夫喜重逢

第二百零九回　　观告示君臣愤怒
　　　　　　　　谈古今主仆闲游

第　二　百　十　回　同玩耍君臣观竞渡
　　　　　　　　双卖武夫妻受凌辱

第二百十一回　　英明主疏财仗义
　　　　　　　　侯恶霸仗势凌人

第二百十二回　　飞凤腿怒见不平

第二百十三回　　铁扁担扫退水寇
　　　　　　　　在芦塘细表姓名

第二百十四回　　寻旅店暂且栖身

第二百十五回　　叹穷途足踏生地
　　　　　　　　赠路费手草龙书

第二百十六回　　良夜迢迢谈恶迹
　　　　　　　　青天扰扰起欺心

第二百十七回　　凤翔衙二差奉命
　　　　　　　　麻姑山孝子别亲

第二百十八回　　麻姑山孝子别母
　　　　　　　　凤翔署清官问供

第二百十九回　　访恶霸故意吵大堂
　　　　　　　　怜孝子暗使探母亲

第二百二十回　　二君臣驾至黄花馆
　　　　　　　　众文武见圣明月楼

第二百二十一回　设御宴君臣谈往事
　　　　　　　　赐宝炬翁婿谢皇恩

第二百二十二回　升巡按文榜访江南
　　　　　　　　谏幼主义仆陈利害

第二百二十三回　余大人私探会场
　　　　　　　　夏道人细陈恶迹

第二百二十四回　夏道人闲谈往事
　　　　　　　　余文榜见事生情

第二百二十五回　借算命私探恶霸
　　　　　　　　用砚石打伤范林

第二百二十六回　侯监生乱击法鼓
　　　　　　　　倪县宰亲审口供

第二百二十七回　倪少卿审案假动怒
　　　　　　　　余文榜收监略灰心

　　　　　　　　奉官命李伦开刑具
　　　　　　　　闻哭声田让问根由

第二百二十八回　施巧计余文榜诈病
　　　　　　　　守官箴倪少卿开恩

第二百二十九回　留柬帖巡按再私访
　　　　　　　　请算命田母延先生

第二百三十回　借算命探听田孝子
　　　　　　　设酒宴款待徐先生

第二百三十一回　余大人欲行又止
　　　　　　　　田孝子会友探亲

第二百三十二回　辞田母私访乌江渡
　　　　　　　　余文榜暗探问行人

第二百三十三回　改规则高丰动怒
　　　　　　　　强出头文榜忘身

第二百三十四回　乌江渡高丰恶霸
　　　　　　　　落波心水神救援

第二百三十五回　失印信大人叫苦
　　　　　　　　说真情小姐伸冤

第二百三十六回　诉冤情小姐说真姓
　　　　　　　　检印信乳母谈婚姻

第二百三十七回　仗义救主义母舍命
　　　　　　　　爱护孝女知府显魂

第二百三十八回　苏小姐下关报信

　　　　　　　　老乳娘高庄亡身

第二百三十九回　文榜被擒东山口
　　　　　　　　李云护送高家庄

第二百四十回　倪青天大堂假问供
　　　　　　　余大人县衙苦受刑

第二百四十一回　二恶霸书房定计
　　　　　　　　老奸贼误听谗言

第二百四十二回　李禁子心存恻隐
　　　　　　　　余文榜吐露真情

第二百四十三回　李伦接书下关报信
　　　　　　　　余保巧伴迎接主人

第二百四十四回　进县衙余保露真情
　　　　　　　　搭天桥大人出监狱

第二百四十五回　李伦讲情伶牙俐齿
　　　　　　　　范宏得信说短道长

第二百四十六回　麻姑山田让接母
　　　　　　　　下关驿拜本回京

第二百四十七回　乌江渡高丰生反
　　　　　　　　凤翔县李伦投文

第二百四十八回　北京城田让瞻威仪
　　　　　　　　西尔府施主待义士

喜怒哀乐

社会小说。陶觉先编。上海大达图书供应社。1935 年 12 月再版。1 册。16.4 万字。作者小引 1 篇。共 12 篇。

一　你就是我的儿子　　　四　孀妇的罪愆

二　在江上　　　　　　　五　私奔

三　寻父　　　　　　　　六　丐妇和香伙

七 梦后的富贵

八 贪官与乌龟

九 玉箫

十 团鱼梦

十一 孝妇屠身

十二 烈女忏仇

无 头 盗

侦探小说。陶啸秋著。交通图书馆。1923 年 3 月版。1 册。3 万字。共 14 回。

一 鬼耶人耶

二 飞来之怪函

三 未来之皇帝

四 扑朔迷离之侦探家

五 心肝与卫生丸

六 一件活宝贝

七 死尸之奇变

八 牛头与马面

九 情敌之死

十 死人复活

十一 恐怖之窟

十二 虎穴之探险

十三 火窖握手

十四 就是你

中国侦探大观

侦探小说。陶啸秋著。上海世界书局。1921 年 7 月版。1 册。3 万字。提要 1 篇。共 19 则。

须美人

巨人头

白衣鬼

美人毒

黑手党

身外身

一刀仇

半夜人

车票毒

计中计

神怪毒

狼面盗

骷髅窟

贼知事

怪头颅	红蝎子
红粉狼	欢乐窟
被中人	

情场侦探案

侦探小说。陶啸秋编辑。上海世界书局。1926 年 3 月 7 版。1 册。3.3 万字。提要 1 篇。2 编。共 16 回。

正编

第一回　灯花中爆出凶僧
　　　　闺楼上飞来侠士

第二回　救珠珠血溅花容
　　　　失妹妹心惊字柬

第三回　乔装扮贼巢混迹
　　　　遭危险石壁倾身

第四回　情脉脉并肩挽颈
　　　　恶狠狠剖腹挖心

第五回　投医院挂念珠娘
　　　　劫女郎醉戏婆子

第六回　误桃源老羞成怒
　　　　拔竹竿涉险跳高

第七回　土窖中惊逢猛虎
　　　　被窝里闷死秃驴

第八回　披缁衣巧扮僧人
　　　　抛黑索横陈铁轨

续编

第 九 回　美人受骗中机关
　　　　　壮士奋身探地穴

第 十 回　死死生生心恍惚
　　　　　真真假假计安排

第十一回　重遭劫娇藏酒店
　　　　　双被擒身落山泉

第十二回　迷薰香困住英雄
　　　　　贪美色误伤徒弟

第十三回　缘绳救起年少侠
　　　　　问路偏逢假老人

第十四回　服醉药拘回山寺
　　　　　中恶计跌入江涛

第十五回　许婚姻同告奋勇
　　　　　识机关共议除奸

第十六回　说谎话剪除恶党
　　　　　诛凶僧缔结良缘

人间快活宫

长篇社会言情小说。陶寒翠著。上海醒民书局。出版时间不详。3册。12万字。序2篇。共32回。

第 一 回　迫环境风尘奔浪迹
　　　　　谋生活香海倚轻装

第 二 回　窃行李瘪三试身手
　　　　　迁乡友阿二吃皮拳

第 三 回　大辫垂垂顽童戏学究
　　　　　小胡撮撮公子学洋奴

第 四 回　迁瘟贼大闹大观园
　　　　　敬财神小游小世界

第 五 回　灭军阀商场成战垒
　　　　　施鬼计逆旅化营房

第 六 回　弹雨枪林舍身寻知己
　　　　　水深火热拼命救红妆

第 七 回　周凤祥避罪走长江
　　　　　石蕴玉多情凭一纸

第 八 回　运舛时乖门前拒绝
　　　　　途穷日暮江上轻生

第 九 回　施仁仗义水底庆重生
　　　　　恤苦怜贫途中逢老者

第 十 回　怜绮貌揭帷来艳侣
　　　　　闹新房鼓掌警芳心

第十一回　悲月夜淑媛思君子
　　　　　感风寒医士惊佳人

第十二回　滴滴馋涎狂生尝野雉
　　　　　瞵瞵饿眼跛客想天鹅

第十三回　孤窟风流柔情似水
　　　　　鲤庭斥训硬语如刀

第十四回　访友小勾留莺嘲燕谑
　　　　　挑灯谈底蕴鸳逸鸯飞

第十五回　有情校长硬作曹邱
　　　　　解意生徒权充翻译

第十六回　雅士丽姝花窗共读
　　　　　馋庞臭肉狭路相逢

第十七回　登徒子教授偷香术
　　　　　急色儿偏生窃玉心

第十八回　明月馆中鸳鸯成野合
　　　　　青天堂上鹣鲽判仳离

第十九回　假律师奇谋欺憨妇
　　　　　伪法官校舍作公堂

第二十回　三乐轩诙谐调雅谑
　　　　　半淞园邂逅迂知心

第二十一回　一往情深莺喉闻软语
　　　　　千寻气焰雀战误佳期

第二十二回　蜇语动人荡妇舌呈白菡萏
　　　　　鞭丝落帽鳏鱼头血变葫芦

第二十三回　破奁囊贼妇设奇谋
　　　　　中圈套贪夫上恶当

第二十四回　白镪飞来美人生翼
　　　　　黄金作祟商狯戕身

第二十五回	报蠹乞怜甘为牛马走	第二十九回	吞烟尝粪母女决雌雄
	文妖艳迂喜结燕莺俦		触景生情朋侪争测度
第二十六回	三角恋爱射鹿得獐	第 三 十 回	究底寻根群雌陈妙策
	一意缠绵僵桃李代		怜才爱貌一媪触前情
第二十七回	俏校长设谋敲竹杠	第三十一回	母女同情作成小妹子
	女教员行骗出风头		弟兄设计骗走老头皮
第二十八回	泄漏春光翻然悔约	第三十二回	灯红酒绿二玉完姻
	平分秋色拼死争名		花好月圆全书结束

无头大盗

中国侦探案。陶寒翠著。上海国华新记书局。1936 年 3 月 7 版。1 册。5 万字。提要 1 篇。共 20 章。

第一章	无头之影	第十一章	侦探上当
第二章	小婢惨死	第十二章	墙头黑影
第三章	悍仆受报	第十三章	党人会议
第四章	飞来警告	第十四章	党之组织
第五章	密室死尸	第十五章	淫僧缳首
第六章	阖城恐慌	第十六章	神秘少年
第七章	古塔灯光	第十七章	双雄决斗
第八章	酒楼怪客	第十八章	秘密之窟
第九章	仇人相见	第十九章	一场恶战
第十章	泄漏秘密	第二十章	鸿飞冥冥

民国艳史演义

历史小说。陶寒翠著。上海时还书局。1928 年 8 月版。9 册。60 万字。林屋山人、丹翁题陶寒翠艳史诗、词各 1 篇。西神作民国艳史演义总

评 1 篇。海上漱石生、周瘦鹃、漱六山房主人、赵苔狂、施济群、韦兰史、徐卓呆、徐哲身、徐耻痕作序各 1 篇。自序 1 篇。张恂子写民国艳史演义读法 1 篇。插图 1 册共 239 幅。何赓声跋 1 篇。共 120 回。

第 一 回	冰清玉洁锦幄窃奇香
	雨腻云酣迷留宫艳梦
第 二 回	铭心刻骨花底香盟
	荡气回肠灯边絮语
第 三 回	荒林探胜白马双驮
	黄土埋香红妆独拜
第 四 回	变起丁字街奸雄脱险
	血飞红罗厂志士杀身
第 五 回	卖宝藏市肆说新闻
	赴幽会御园传韵史
第 六 回	数语微言胜将药裹
	一冬小病空自相思
第 七 回	云房水殿花木遣生涯
	锦被罗衾云烟恣供养
第 八 回	闻私语密室定奇谋
	听枪声行辕惊巨变
第 九 回	争南朔代表逞雄辞
	论女权伟人甘雌伏
第 十 回	滔滔汩汩大放厥词
	燕燕莺莺又开会议
第十一回	闹议场总长受辱
	谒元首门役弄权
第十二回	猩唇欲滴微度口脂香
	鸳梦初圆已偿心上愿
第十三回	潋滟阳光枕边海棠睡
	濛笼月色池上野鸳飞
第十四回	遭拂逆愤斥娈僮
	发牢骚怒遣娇婢
第十五回	依依膝下娇女解诗首
	逐逐门前伟人学诌笑
第十六回	月满鸿沟妓流慵接客
	花开婪尾太监办离婚
第十七回	清宵腻语佳丽上韩庄
	白昼调奸奸媪迷黑窟
第十八回	耳提面命疗炉无灵
	泉洌酒香坐怀有义
第十九回	程七奶入人间地狱
	褚起乾游色界天堂
第二十回	莺语巧如簧笑拢花朵
	飙轮轻似燕愁辗杨枝
第二十一回	雀展选婿日下播新闻
	金屋藏娇江南来贺客
第二十二回	暗室亏心大错遂铸
	小楼密语毒计初筹
第二十三回	异想天开娇娃尝玉液
	慧心别具雅谑到鸡钟
第二十四回	谈借款丽姬明大义
	吟艳句骚客赋闲情
第二十五回	红烛傲傲圣人鼓老兴
	梁尘簌簌坤角发雌威
第二十六回	琴瑟静好贤妇劝儿夫
	毒雾弥漫辫郎骄美妾
第二十七回	辫子军城头决死战
	独眼女床笫设奇谋

第二十八回　兴惨祸仗枕畔一言
　　　　　　谢深恩看裙边三揖

第二十九回　逞威风初坐绿呢轿
　　　　　　叙天伦絮谈梵呗经

第 三 十 回　并枕寻欢女仙情切切
　　　　　　倚窗枯坐有美步迟迟

第三十一回　辟旅舍术者发危言
　　　　　　隶妆台爱姬掀大浪

第三十二回　拳去脚来衅起闺中
　　　　　　语蜜情浓谗生枕上

第三十三回　口蜜腹剑牛氏进言
　　　　　　币厚言甘章熏请罪

第三十四回　玉貌珠喉久闻艳誉
　　　　　　脂香粉腻饱看红妆

第三十五回　黄土一抔美人逝世
　　　　　　红丝十丈慈母提亲

第三十六回　留柬赠刀红颜充侠客
　　　　　　蛮靴绣服翠袖试雕弓

第三十七回　握手笑语又传胜利
　　　　　　乔装远走初蹈危机

第三十八回　杀淫汉客店飞刀
　　　　　　惩暴民河边献技

第三十九回　走壁飞檐身临险地
　　　　　　同衾并枕梦入柔乡

第 四 十 回　佳人脱险寂寂荒墟
　　　　　　剧盗宣淫恢恢法网

第四十一回　几阕高歌从客就义
　　　　　　一鞭快马狼狼收兵

第四十二回　名僧艳遇一首本事诗
　　　　　　食客现形一番欢进语

第四十三回　烟榻纵谈名流谋救国
　　　　　　勾栏买笑男变索缠头

第四十四回　慕中宾权为床下客
　　　　　　洋顾问初作剧秦文

第四十五回　攀龙附凤灶养梦封侯
　　　　　　玉笑珠香妖姬成内宠

第四十六回　珠泪沾巾深闺效鹣鲽
　　　　　　金蝉脱壳大蟿走龙蛇

第四十七回　匝地烽烟偏惊帝子
　　　　　　满场灯火重话江南

第四十八回　亦艳亦哀絮谈怜黛玉
　　　　　　忽啼忽笑冷语侵秋曹

第四十九回　罗襦乍解还我琼瑶
　　　　　　锦帐低垂罩彼莺燕

第 五 十 回　古先生书室玩莲钩
　　　　　　蠢婢子新房松藕覆

第五十一回　陈育俊酡边成绝倒
　　　　　　古鸿鸣脚底嗅奇香

第五十二回　求妾高人侈谈条件
　　　　　　听歌太傅细数秋波

第五十三回　铁面狰狞门公欺老妇
　　　　　　霜锋淬厉刺客说孀妁

第五十四回　江圣人闭门草诏
　　　　　　章辫帅扶醉陈辞

第五十五回　劫虫沙归魂怜皇帝
　　　　　　变猪仔酿款赎文姬

第五十六回　憔悴莺啼私吞花粉费
　　　　　　呢喃燕语商略卖淫钱

第五十七回　蓬门丽质秋水认芳名
　　　　　　空阁幽香明珠论身价

第五十八回　车影灯光采花施妙手
　　　　　　茗残歌阕同梦有伊人

第五十九回　帷薄贻羞心伤雀战
　　　　　　弹丸自杀肠断龟名

第 六 十 回　冶荡风骚装纹烟工媚术
　　　　　　陆离光怪鲁笑介玩新图

第六十一回　老去徐娘韶华随逝水
　　　　　　妆成西子蛱蝶戏春风

第六十二回　天坏王郎妆台司秽役
　　　　　　勾栏慧女醋劲发奇谭

第六十三回　美丈夫愤添疯疾
　　　　　　情小妹喜嫁萧郎

第六十四回　驰快马罚银两万块
　　　　　　倚高楼飞票一千金

第六十五回　三千面首奇女子钟情
　　　　　　一片拳飞大学生接吻

第六十六回　何敬廉消尽丈夫气
　　　　　　褚芹性乔装女子身

第六十七回　吕年清家破人亡
　　　　　　章运敏贪财好色

第六十八回　疝旅长花丛赊孽债
　　　　　　莽将军行馆试摩挲

第六十九回　督办多情元宵花照眼
　　　　　　省长好奇海上镜新磨

第 七 十 回　樱花糖美人留妙喻
　　　　　　楚囚泪元首泣穷途

第七十一回　新缲故素大闹集贤堂
　　　　　　低酌浅斟奉酬解纷客

第七十二回　开明园里舞影歌衫
　　　　　　桃花轩中珠联璧合

第七十三回　沈善方查禁模特儿
　　　　　　娄爱菽爱看人体画

第七十四回　谷钟琳关外起雄狮

　　　　　　安叔瘦阵中殉大节

第七十五回　谈风月艳设巴黎
　　　　　　遭神仙薄游瑞士

第七十六回　梁公子和血写情书
　　　　　　齐将军登车惊恶耗

第七十七回　丰姿楚楚张四妈遭疑
　　　　　　罪孽重重谭执政学佛

第七十八回　暗拢布被小妾伤心
　　　　　　偷吃唇脂大师得趣

第七十九回　仇瑛吉遣使聘佳人
　　　　　　羊韵诗把杯思故剑

第 八 十 回　择肥论瘦介弟发狂言
　　　　　　触目伤心御医惊病象

第八十一回　痛挥红泪娼女多情
　　　　　　愤断青丝老尼饶舌

第八十二回　魂归忍利曲院论情禅
　　　　　　月上柳梢良宵负佳约

第八十三回　杰阁崇楼吝人破钞
　　　　　　山珍海馐阔客评花

第八十四回　听摊簧狂花招浪蝶
　　　　　　捞淌白艳窟荡春魂

第八十五回　论恶癖忠言逆耳
　　　　　　说爱情愤语伤心

第八十六回　独卧空房自伤身世
　　　　　　再圆好梦喜遇知音

第八十七回　换口味功德林吃素
　　　　　　趁月明吴淞口兜风

第八十八回　娄正为倚醉听清歌
　　　　　　于曼艳投金入绿水

第八十九回　临老入花丛督军好色
　　　　　　含愁居草莽苗女全贞

第 九 十 回　打抽丰帐里言愁
　　　　　　翻新样座中问计

第 九 十 一 回　白书啭珠喉明星献技
　　　　　　　深宵飞钿毂伶女惊心

第 九 十 二 回　莽将军心迷女诸葛
　　　　　　　俏姑娘怀念旧情人

第 九 十 三 回　载酒看花别开生面
　　　　　　　佯啼忍笑做出奇闻

第 九 十 四 回　献殷勤娇婢生愁
　　　　　　　说运气名伶俯首

第 九 十 五 回　载言载笑清画论诗文
　　　　　　　胡帝胡天深宵醋舞蹈

第 九 十 六 回　意气扬扬夜仙初得知
　　　　　　　人情落落阿狗剧无聊

第 九 十 七 回　送乳腐蠢人逢艳侣
　　　　　　　施笞刑悍妇闹闺房

第 九 十 八 回　吃补品笑倒女仆
　　　　　　　说嫖规敲诈乡愚

第 九 十 九 回　杀野狗历历听枪声
　　　　　　　敬香烟频频窥怪状

第 一 百 回　问嫁装丽人生巧笑
　　　　　　说秘诀傻子发狂言

第 一 百 零 一 回　受监视少爷怀旧梦
　　　　　　　　破因缘二宝起新愁

第 一 百 零 二 回　半醉半醒隔房闻秘语
　　　　　　　　听风听雨浴室念伊人

第 一 百 零 三 回　孤枕单衾魂消黑夜
　　　　　　　　长吁短叹目断黄昏

第 一 百 零 四 回　斫斧头鸨母定计谋
　　　　　　　　翻门槛姑娘施巧计

第 一 百 零 五 回　真宿孽狗官惧内

　　　　　　　　昵武生荡妇钟情

第 一 百 零 六 回　饲金鱼惊鸿刚一瞥
　　　　　　　　买手帕绮思惹千端

第 一 百 零 七 回　破好事总管拿人
　　　　　　　　讯私情将军斥婢

第 一 百 零 八 回　悬梁自缢自是可怜虫
　　　　　　　　投水轻生终成同命鸟

第 一 百 零 九 回　蛇影杯弓京华添怪史
　　　　　　　　笳声花影海上起新潮

第 一 百 十 回　掷眼波有意遇无情
　　　　　　　　抛瓜子妙辞通戏语

第 一 百 十 一 回　白鼓浪当筵歌一曲
　　　　　　　　陶监督扫榻待双栖

第 一 百 十 二 回　姑苏台花事感萧条
　　　　　　　　黄歇浦风声惊急迫

第 一 百 十 三 回　英雄气短挥泪别佳人
　　　　　　　　纨袴无聊抠衣窥艳窟

第 一 百 十 四 回　玩秘本契友暗惊心
　　　　　　　　数年华主人抒妙论

第 一 百 十 五 回　泣穷途贫民行窃
　　　　　　　　中诡计荡子伤心

第 一 百 十 六 回　设寿筵忽来怪客
　　　　　　　　遭匪劫变出非常

第 一 百 十 七 回　闻枪声贺宾毕命
　　　　　　　　逞舌战憨妾娇啼

第 一 百 十 八 回　沈小龙举足戏情人
　　　　　　　　王大白良医治笃疾

第 一 百 十 九 回　伤心女跳海殉痴情
　　　　　　　　失恋人远游耽逸乐

第 一 百 二 十 回　蒲绿榴红逍遥海上
　　　　　　　　风潇雨晦撒手人间

苏台风月

社会言情小说。陶寒翠著。上海时还书局出版。1935 年 1 月初版。3 册。18.4 万字。王民范、李楚石、陶凤子作序各 1 篇。自序 1 篇。云痕题诗 1 首。闻香居士题词 1 首。共 32 回。

第 一 回　薄醉登山良朋倾肺腑
　　　　　轻车过市客子感繁华

第 二 回　索泥娃暗伤孽种
　　　　　闻艳句初茁情苗

第 三 回　痴书生游园惊倩影
　　　　　浮浪子逛庙起闲争

第 四 回　六街灯火傻儿访美趁良宵
　　　　　一角栏杆狎客无钱商妙计

第 五 回　欲仙欲死旅邸双飞
　　　　　胡帝胡天秦楼一夕

第 六 回　玉笑珠香花多解语
　　　　　灯红酒绿客自移情

第 七 回　宵深犹掉舌幺凤花间
　　　　　日上不回头冥鸿天外

第 八 回　乐极悲生少年蒙耻辱
　　　　　山穷水尽大汉解危难

第 九 回　借债还钱花丛添笑柄
　　　　　拾球问姓情海结奇缘

第 十 回　私询小字密语喃喃
　　　　　侜发娇嗔芳心可可

第十一回　眉情目意秋水送微波
　　　　　雨暴风狂莺花遭小劫

第十二回　亦狂亦侠侍叶传言

　　　　　非兽非禽妖童作态

第十三回　索新衣片言解惑
　　　　　寻旧好一笑回嗔

第十四回　作对偕来岂是鸳鸯同命鸟
　　　　　成双捉去翻成蝴蝶可怜虫

第十五回　并肩羁古寺佛也销魂
　　　　　失足恋荒伧卿真薄命

第十六回　囚凤笯鸾天堂犹地狱
　　　　　屏声对影铁栅比银河

第十七回　弱质苦伶仃溷中落絮
　　　　　离情感惆怅门外斜阳

第十八回　警痴迷贤妻频苦谏
　　　　　行方便慧婢效良媒

第十九回　诗情画意驴背看青山
　　　　　蛇影杯弓塔中生怪事

第二十回　佳人暂对谈笑生情
　　　　　俗客重逢语言乏味

第二十一回　狎贱倡学徒染疾
　　　　　　怜娇女寿母开颜

第二十二回　语带机锋深情苦见
　　　　　　心怀窈窕佳约重寻

第二十三回　愁罗恨绮情人心事总如潮
　　　　　　电影镜花神女生涯知是梦

第二十四回　打鸭惊鸳天外飞来遥卒
　　　　　　招蜂引蝶暗中骂走胞兄
第二十五回　三年梦断烟鬼拾前欢
　　　　　　一刹危生医师施妙术
第二十六回　魂归泉下缘结三生
　　　　　　金尽床头情甘一死
第二十七回　笑风泪雨儿戏登场
　　　　　　革履军装奸谋失着
第二十八回　力竭声嘶抢头痛哭

　　　　　　魂飞魄散屈膝哀求
第二十九回　囚车辘辘吓走旁观人
　　　　　　弱水粼粼羡生双宿鸟
第 三 十 回　证同心灵签初落地
　　　　　　歌鼓调豪气欲凌云
第三十一回　念佛婆严惩夫子妾
　　　　　　卖糕汉巧谥状元郎
第三十二回　客去三吴量珠申后约
　　　　　　书来一纸绝袂悔前非

荒山女侠

武侠小说。陶寒翠著。亚华书局。1932 年 1 月版。2 册。5.8 万字。共 25 回。第一至十四回回目缺。

第十五回　情念一起心头纷乱
　　　　　罪犯弥天欲救何能
第十六回　吕贵芳学艺受愚
　　　　　恶道人故弄玄虚
第十七回　抛家乡神昏志迷
　　　　　遇骨肉彼此心伤
第十八回　吕三娘父女离青州
　　　　　保恩寺光头逢侠客
第十九回　设妙计父女入秘室
　　　　　除恶僧黑夜斗贼秃
第二十回　恶贯满盈一旦失败

　　　　　途见不平拔刀相助
第二十一回　阅书信探出秘事
　　　　　　定计策相救冤者
第二十二回　陈竞甫落第羞返故乡
　　　　　　柯剥皮盘利反得佳儿
第二十三回　为争产祸起萧墙
　　　　　　寻代身殷勤留客
第二十四回　施诡计移花接木
　　　　　　探贼巢略献身手
第二十五回　诛奸道侠剑施威
　　　　　　宿缘荒山久住了

荒山奇侠

武侠小说。陶寒翠编。上海时远书局。1936 年 3 月重版。1 册。5.23 万字。楔子 1 篇。赵若狂、笑红生作序各 1 篇。共 16 回。

第一回　斩黑虺玄士设玄谭
　　　　传黄髯异人惊异语
第二回　梦尽红楼书生乞食
　　　　醉倾绿斝侠客留餐
第三回　骂活畜浴堂裸战
　　　　救穷人旅舍悲歌
第四回　玉洁冰清痴郎呈肉体
　　　　帷灯匣剑烈士发奇谋
第五回　逞慧心慧娟慧言
　　　　露丑态丑鸨丑叫
第六回　衾底麝脐香暗送轻轻暖暖
　　　　枕边鸳锁印深留惜惜怜怜
第七回　扭颈浅睐耳环微颤
　　　　振喉高呼颊鼍奋张
第八回　求他轻些什么此谑堪嗔
　　　　叫你怕到这样彼狂可热

第九回　笑昨事侠髯拊掌
　　　　悔前非败子回头
第十回　雪花纷飘红炉私拨
　　　　霜刃倏起碧血怒溅
第十一回　房落暗去三窥老七咋舌
　　　　　天外飞来一物玉笙掩眸
第十二回　壁上题书妾髻为谁断
　　　　　狱中叹月鬼魂作人言
第十三回　日暮经长吉切齿倭牒
　　　　　春晨入竹阴伤心腐尸
第十四回　品华女猥亵齐陈
　　　　　杀矮奸刀枪杂作
第十五回　法场逃死犯县官革职
　　　　　尘世感神仙奇侠还乡
第十六回　报小怨大星忽落
　　　　　埋新觜旧蜕犹存

剑底桃花

侠情小说。陶寒翠著。上海时还书局。1932 年版。2 册。11 万字。自序 1 篇。共 20 回。

第一回　莺啼花落春去江南　　　　　纸短情长书来日下

第 二 回　雨晦风潇只身离故里
　　　　　人亡物在双剑感前尘
第 三 回　刘树屏严拿凶犯
　　　　　祝君毅巧遇奇僧
第 四 回　滚滚黄尘红妆飞白马
　　　　　飘飘碧影绿野走青磷
第 五 回　杨公达夜上斗姆宫
　　　　　薛吉生晓登东岳庙
第 六 回　红面金毛猴危楼传密简
　　　　　青眉白玉虎萧寺别群英
第 七 回　袒雪胸张家郎毕命
　　　　　挥红泪戴侠女伤心
第 八 回　通客登楼山居观异景
　　　　　狂僧泣市酒肆讲新闻
第 九 回　浓情密意浪子销魂
　　　　　厉色严辞妖倡落魄
第 十 回　仇兆九受书离客店
　　　　　蓝衣女仗剑入深山
第十一回　红粉留情重逢成知己

　　　　　青萍结客一笑赠佳人
第十二回　访妖僧冯平礼佛
　　　　　迎香客静性移狮
第十三回　酒熟内香醉眠菩提寺
　　　　　唇枪舌剑大闹泰安城
第十四回　偎红倚翠菩萨尽低眉
　　　　　跨壁登墙英雄齐出手
第十五回　私探密窟义士奋忠心
　　　　　大破机关妖徒捐残命
第十六回　怪声起处侠客遭擒
　　　　　急智生时贼魁中计
第十七回　叠叠疑云三书含恐吓
　　　　　层层巧计一语破阴谋
第十八回　赛刘基赤心除逆党
　　　　　小洛妃青眼识狂郎
第十九回　逢凶兆一士暗伤怀
　　　　　张网罗群雄初失足
第二十回　启杀机灯边飞铁弹
　　　　　挥悲泪剑底落桃花

铁脐僧侠传

武侠小说。陶寒翠著。上海月星书局出版社。1930 年 9 月初版。4
册。13.5 万字。自序 1 篇。江荫香序 1 篇。插图 64 幅。共 32 章。

第一章　游子经商别开新面目
　　　　怪僧乞食掀起大风波
第二章　习习红衫草场抛石锁
　　　　昏昏醉眼客店负良宵
第三章　羊角溪壮汉寻仇

　　　　散花庵狂僧遇敌
第四章　刘锡棠束身投地窖
　　　　杨凤鸣问讯入荒庵
第五章　言多语杂悍妇效莺嗔
　　　　月黑星稀盟兄临虎窟

第 六 章　献媚言施洋受辱
　　　　　纵欢乐秀珍偷情

第 七 章　惊人怪事空屋闻奇声
　　　　　破我清眠官衙谈异案

第 八 章　陆知府清晨拿秃贼
　　　　　浦姨太半夜失香鞋

第 九 章　席师爷违心媚上
　　　　　吕道士披腹留宾

第 十 章　剩粉残脂心伤旧事
　　　　　高谈剧笑喜集今朝

第十一章　愤语滔滔前仇必报
　　　　　人才济济众志成城

第十二章　细柳街群雄似虎
　　　　　天与店鲜血如河

第十三章　睹血尸邻人惊惨祸
　　　　　虚前席幕客定奇谋

第十四章　水远山高独登蒋家店
　　　　　拳来脚去单打日新园

第十五章　侠男子破屋留金
　　　　　黠老翁深衙遇险

第十六章　活阎罗携家赴任
　　　　　陆知府去职还乡

第十七章　水尽山穷风波又起
　　　　　花明柳暗生路初开

第十八章　杨幕宾独访宝珠寺
　　　　　聋和尚酣眠石佛庵

第十九章　铁脐僧怀才就聘
　　　　　马猎户弃业从行

第二 十章　飞银马横扫铁脐僧
　　　　　挟快刀争围红粉盗

第二十一章　马猎户树底飞人头
　　　　　怪头陀脐中玩纤足

第二十二章　保全性命幸有一条河
　　　　　独发雄心要求三件事

第二十三章　杨拳师初登香积寺
　　　　　刘侠少重到泰安城

第二十四章　铁头陀连朝收怪信
　　　　　杨欣远数语破奸情

第二十五章　奸印雪深夜施阴谋
　　　　　莽张平清晨行暗杀

第二十六章　意皇皇群凶魄落
　　　　　情切切狎客魂销

第二十七章　粉哥儿私怜红袖女
　　　　　范达子反激玉颜郎

第二十八章　回肠荡气扇写新词
　　　　　刻骨伤心魂游古寺

第二十九章　明心事语尽遗书
　　　　　忆旧欢泪流绣枕

第 三 十章　诉真情施洋涎美色
　　　　　闻秘事菊影具深心

第三十一章　功败垂成一姝告密
　　　　　变生顷刻群盗遭围

第三十二章　剑影刀光侠僧诛强贼
　　　　　兰因絮果痴妓殉情郎

电话奇缘

言情小说。通俗小说社编。上海世界书局。1925 年 11 月版。1 册。2.7 万字。插图 16 幅。共 16 回。

第一回　演楔子旧调翻新曲
　　　　救同胞名士作良医
第二回　接电话闷煞局外人
　　　　询根由巧悉个中事
第三回　电音传去弱女伤心
　　　　急病飞来名医致力
第四回　佳哉医生好行其德
　　　　苦矣女子痛欲捐躯
第五回　施不望报古道可钦
　　　　受复奚辞孤怀莫释
第六回　列门墙欣得女弟子
　　　　辨义理难煞执柯人
第七回　着手成春沉疴立起
　　　　无心吐意疑阵又开
第八回　危言探索巧得真情
　　　　无计隐藏敷陈事实

第 九 回　坦腹东床丫环饶舌
　　　　　谈心密室主妇吞声
第 十 回　海角天涯无心遇旧
　　　　　良朋俊侣肆口谈情
第十一回　杨济安好心作媒妁
　　　　　张醒庐妙议辟婚姻
第十二回　老眼无花欣得佳婿
　　　　　有女如玉快慰私衷
第十三回　夙愿克偿秋郎快意
　　　　　佳期在即藏姊含羞
第十四回　悲耶喜耶一炉而冶
　　　　　离也合也并轨以驰
第十五回　兰闺雅谑妙绝一时
　　　　　俊侣清谈风生四座
第十六回　花好月圆悲欢尽致
　　　　　更残漏尽血泪齐挥

自由女现形记

社会小说。通俗小说社编。上海世界书局。1924 年 5 月版。1 册。3 万字。插图 16 幅。提要 1 篇。共 16 回。

第一回　奇花初胎娇女入学　　　　　世途乍历电局栖身

第二回　接线房中落花有意
　　　　编辑室内流水无心
第三回　闲庭昼永婚约细磋
　　　　绣阃春深鸿泥共话
第四回　贪欢爱急色儿伤身
　　　　斥淫邪老婆子斗口
第五回　窗外喧嚷公公解围
　　　　房内勃豀婆婆怕事
第六回　洪姑娘初下章氏堂
　　　　史富翁不近金钗队
第七回　倩影亭亭我魂销矣
　　　　钻石闪闪卿心动乎
第八回　贪美色财主作瘟生
　　　　动官迷好友充篾片
第九回　新潮澎湃远渡东瀛

　　　　醋海翻腾横飞黑铁
第 十 回　病榻缠绵欣逢良伴
　　　　房栊寂寞苦忆新知
第十一回　情切切医士遂初心
　　　　意绵绵书记承错爱
第十二回　结婚离婚律师受愚
　　　　禁赌聚赌庸奴被惑
第十三回　蠢哉牙医罔解风月
　　　　苦矣女士白费心机
第十四回　方议员小试外交术
　　　　洪女士巧得赔偿金
第十五回　旅邸凄凉感怀身世
　　　　门庭热闹缔结良缘
第十六回　噩耗惊传母家多难
　　　　灵心乍辟梵宇参禅

燕三小姐

哀情小说。通俗小说社编。上海世界书局。1921 年 3 月初版。1 册。
2.1 万字。提要 1 篇。共 20 回。

第一回　惨凄凄哭吊灵帏
第二回　意悬悬望穿秋水
第三回　谈侃侃请解婚约
第四回　话喁喁自表衷肠
第五回　恶狠狠驱逐佳儿
第六回　情款款赠金劝学
第七回　活泼泼登场跳舞
第八回　气愤愤辱骂狂徒
第九回　鬼祟祟密设阴谋

第 十 回　黑暗暗弱质遭冤
第十一回　态昂昂请求总长
第十二回　笑盈盈英雌闯席
第十三回　怒冲冲逼写供词
第十四回　假惺惺谎告情人
第十五回　勇纠纠醉闹车站
第十六回　闷昏昏回音叙话
第十七回　烈轰轰励志从军
第十八回　心恋恋钱别消魂

第十九回 　恨绵绵楼倾殒命 　｜ 　第二十回 　闹喧喧出殡遗哀

几家春色

社会小说。桑旦华（冯若梅）著。大连启东书社。1943 年 2 月初版。1 册。26 万字。共 28 节。

一	月季花朵朵开	十五	初次碰头都生病
二	吃不得风	十六	要你替他尽义务
三	自有用处	十七	我只当他死
四	都是骗骗你的	十八	白布丢在染缸里
五	兴尽而后已	十九	尽管去好了
六	弄他几张钞票	二十	锦衣玉食供养过你
七	我的未婚夫	二十一	我不喜欢你这样
八	两条刺目的文字	二十二	我们是我们人家是人家
九	天庙收管的和尚	二十三	逢人施爱
十	究竟是女人世界	二十四	嫉妒观念
十一	专门的邪气	二十五	你打得好
十二	钱是好东西	二十六	你又不舒服了
十三	年纪活在狗身上	二十七	跟踪察看
十四	大惑不解的疑问	二十八	不是我看你是你看我

无边风月

社会艳情小说。桑旦华（冯若梅）著。上海文友出版社。出版时间不详。4 册。50 万字。插图 147 幅。共 84 章。

一	闷在家里不是事	三	给我滚出去
二	不要脸的东西	四	可惜我学不会

五	老爷先打死你	三十六	那边去休息一会
六	骨头没四两重	三十七	家里去想个办法
七	确实有些吓人	三十八	不能伤了风
八	人家在门外等你	三十九	今天我睡在这床上了
九	你有女人没有	四十	我整天在劝他呢
十	三个人清清爽爽	四十一	你要我怎样
十一	身上有点小毛病	四十二	你不要昏了头
十二	弄堂里都是熟人	四十三	都是你害了我
十三	肚子痛吗	四十四	手枪放下来
十四	我觉得头痛	四十五	闭了眼睛干的事
十五	这几天里看颜色	四十六	幸而没有人知道
十六	我是怕事的人	四十七	又发现了新大陆
十七	太迟了呀	四十八	我情愿对你磕头
十八	换一条裤子	四十九	我去弄点心你吃
十九	三路包抄	五十	又是吃素碰到月大
二十	一再宣扬	五十一	那天晚上是什么人开你的门
二十一	我是找你的	五十二	不要高兴过了分
二十二	与你三十年夫妻	五十三	还有三个月可以过
二十三	却没有机会	五十四	我又没偷你们大悲寺的东西
二十四	真是做梦	五十五	将大腿压到我身上来了
二十五	我不要活了	五十六	用铁占子占个小眼
二十六	对不住对不住	五十七	自己负着很大的责任
二十七	请你不要吵	五十八	联络那些小和尚罢工
二十八	一定要现钞	五十九	看来我要死在这两处了
二十九	快些拿来	六十	风头仍与以前一样
三十	让他们去看	六十一	现在市面实在清
三十一	忍心看她受苦	六十二	而且是个雌老虎
三十二	怎么这样滑	六十三	留得青山不怕没柴烧
三十三	我与妹妹等得心焦	六十四	猪叫却听到过
三十四	你当在旅馆里吗	六十五	一个人还有什么趣味
三十五	男女授受不清	六十六	赛如欠你们的债

六十七　先替自己耽起心事来

六十八　不时有点外快收到

六十九　我当真会怕你

七十　头上出血是外科

七十一　奶奶要你上去

七十二　他已是只剩一口气的人

七十三　你现在先到外面去看看

七十四　我们三个人开圆桌会议

七十五　你又不肯告诉我

七十六　那些地方赌场很多

七十七　胭脂花粉打扮

七十八　小崇明看她可怜

七十九　那里去谈谈呢

八十　经验又像足了些

八十一　直闹得乌烟瘴气

八十二　连烟瘾也在发足了

八十三　我就带吸带戒吧

八十四　只拣伤心的地方想

东方神侠传

武侠小说。桑旦华(冯若梅)撰。震华书局。1937 年 5 月版。10 万字。共 31 回。第一回至十六回回目缺。

第 十 七 回　诱和尚屋脊大鏖兵
　　　　　　追穷寇森林遇剑光

第 十 八 回　使剑光和尚被捉
　　　　　　说苦情少女挥泪

第 十 九 回　收弟子佛殿赠刀
　　　　　　诛和尚庭心释缚

第 二 十 回　二僧同毕命
　　　　　　一贼施神技

第二十一回　传绝技承欢严亲
　　　　　　留纸条激怒娇娃

第二十二回　奇峰突出柳霜激文
　　　　　　旧事重提费桐试刀

第二十三回　错中错侍婢误擒
　　　　　　奇外奇燕子投帖

第二十四回　红鱼惊香闺

　　　　　　点穴动芳心

第二十五回　强做媒妖尼施术
　　　　　　失技能侠女被囚

第二十六回　饮异羹重苏筋力
　　　　　　脱罗网又逢难关

第二十七回　过木栅幸逃危机
　　　　　　借宿处巧窥秘密

第二十八回　刀枪不入侠士显奇能
　　　　　　烟火弥漫群英遭灾殃

第二十九回　骆龙如神力解火危
　　　　　　莫黑虎含羞说往事

第 三 十 回　假贞节新妇偷汉
　　　　　　真痴憨懦夫当龟

第三十一回　莫黑虎有意归正
　　　　　　费柳霜无心得锤

脂粉奴隶

社会小说。桑旦华(冯若梅)著。二酉出版社。1948 年 9 月初版。4
册。14 万字。插图 4 幅。共 14 章。

第一章　晚上热闹些

第八章　与他没有真爱情

第二章　奶奶再睡一盹的好

第九章　女朋友多不多

第三章　提心吊胆过了一夜

第十章　为什么不来捉奸

第四章　犯不上给他守着

第十一章　她的花样最多

第五章　怎样知道其中甘苦

第十二章　重新站到礼堂上去结婚

第六章　备给什么人睡的

第十三章　教我日后怎样做人

第七章　以后不能再有那种事了

第十四章　一条刺目的广告

婆媳之间

社会小说。桑旦华(冯若梅)著。文友出版社。1947 年 7 月初版。1
册。12 万字。插图 58 幅。共 34 回。

第一回　新娘的语音在发颤

第十一回　表哥在注意她这些行动

第二回　心一直跳到现在

第十二回　倒弄脏你的手帕了

第三回　接上是淙淙的零碎声音

第十三回　我有一个好玩的地方

第四回　太阳已经照上窗子了

第十四回　晚上睡觉也不可着凉

第五回　我不愿离开你

第十五回　你像一块牛皮糖

第六回　这床垫子很有弹性

第十六回　别累我心上发慌了

第七回　送君千里总须别

第十七回　表少爷就不像她

第八回　大家随便些好了

第十八回　幸而她转变得迅速

第九回　很想知道她的心事

第十九回　总不会是谣言了

第十回　你在想什么心事

第二十回　你一点不着慌

第二十一回	我就用这手枪自杀在这里	第二十八回	有了老婆忘了娘
第二十二回	与什么人在谈话	第二十九回	把眼睛眯成一条缝
第二十三回	你新少奶奶也赖不掉	第 三 十 回	新剥鸡头肉的滋味
第二十四回	未弥月的新嫁娘	第三十一回	照片里的男子是谁
第二十五回	始终认你是一个好表哥	第三十二回	晴天里起了一个霹雳
第二十六回	你真不识抬举	第三十三回	把自己性命牺牲了
第二十七回	该用什么方法逃避他	第三十四回	新婚不如小别

黑 寡 妇

社会小说。桑旦华(冯若梅)著。上海元昌印书馆。1949 年 3 月初版。26 万字。插图 150 幅。未分章节。

糕团西施

言情小说。桑旦华(冯若梅)著。上海二酉出版社。1942 年 11 月初版。1 册。10.8 万字。共 12 章。

一	小店出西施奇葩吐艳		名门扬丑态父子同槽
	富家生浪子借雨追求	七	逐走妖姬移情侍婢
二	盗劫檀郎鸳鸯惊别梦		潜踪麻女痴恋主翁
	兵争美色父女痛分飞	八	摸索床头偷香遇子
三	放胆复仇淫奴溺死		喧哗室外窃玉惊妻
	惊心遇侮瞎妇贪财	九	消息皆非晴天遭霹雳
四	冒雨逃生娇娃离险境		家庭离散末路感凄凉
	腹刀口蜜老媪设阴谋	十	劣子逼奇珍慈帏成病
五	义母心肠无非蛇蝎		佳儿吞白粉洋药提神
	财房面目如此狰狞	十一	潦倒穷途大学生捉虱
六	旅邸起风波夫妻交谪		安排陷阱小儿女投魔

十二　视死如归红粉保全贞洁　｜　逢凶化吉白头得庆团圆

神怪奇侠传

武侠小说。红枪会秘史。绣虎生著。大通图书社。1937 年 5 月版。3 册。13 万字。共 36 回。

第 一 回　突如其来之道士

第 二 回　民团之组织

第 三 回　红枪会与土匪激战

第 四 回　银鬃狮子　白净人肉

第 五 回　破庙中之一幕

第 六 回　惊钟忽响

第 七 回　匾中侠士

第 八 回　红枪会的排枪

第 九 回　良民　强盗

第 十 回　旗竿上的人头

第十一回　借刀杀人的妙计

第十二回　灵不灵当场试验

第十三回　处处是红枪

第十四回　处置土匪之毒刑

第十五回　红枪会真伪难分
　　　　　弄得人眼花撩乱

第十六回　一千里外钓鱼归

第十七回　大套魔术吗

第十八回　冤家遇着对头

第 十 九 回　一箭双雕

第 二 十 回　冤冤相报

第二十一回　侠士轻身入虎穴

第二十二回　深仇报复

第二十三回　铡刀下之义士

第二十四回　镇关西传檄绿林

第二十五回　飞将军从天而降

第二十六回　红胡子大败而归

第二十七回　红枪会四分五裂
　　　　　　黑学会乘机相犯

第二十八回　七口空棺　四种毒刑

第二十九回　义士一夜遇两鬼

第 三 十 回　打走了拳教师

第三十一回　车轮大战　以一敌七

第三十二回　英雄只怕病来磨

第三十三回　尼庵中的秘密

第三十四回　险哉侠士

第三十五回　拆字灵吗

第三十六回　剑客死矣

秦汉演义

历史小说。黄士恒著。上海商务印书馆。1917 年 5 月初版。4 册。13.3 万字。楚汉战争图 1 幅。吴敬恒、孙毓修作序各 1 篇。凡例 1 篇。插图 96 幅。共 48 回。

第 一 回　灭六国统一天下
　　　　　行专制愚弱人民

第 二 回　侈东封海上求仙
　　　　　肆南游江中遇险

第 三 回　博浪沙始皇遇刺
　　　　　下邳桥张良受书

第 四 回　游兰池始皇遇盗
　　　　　筑长城蒙恬防胡

第 五 回　焚诗书李斯建议
　　　　　筑阿房卢生进谋

第 六 回　兴大狱儒生受坑
　　　　　避暴秦方士入海

第 七 回　比封君传披货殖
　　　　　礼贞妇台筑怀清

第 八 回　惊恶兆始皇道死
　　　　　行废立赵高首谋

第 九 回　二世篡位咸阳宫
　　　　　始皇归葬骊山墓

第 十 回　听奸言大行杀戮
　　　　　纵淫乐遍肆诛求

第十一回　言壮志陇畔辍耕
　　　　　误军期戍卒发难

第十二回　假神道鱼腹藏书
　　　　　收众心狐鸣篝火

第十三回　谋激众胜广起兵
　　　　　谏称王耳余献策

第十四回　拒楚兵章邯胜敌
　　　　　略赵地武臣称王

第十五回　定燕地韩广自立
　　　　　救赵王厮卒奏功

第十六回　杀武臣李良叛赵
　　　　　刺陈胜庄贾降秦

第十七回　据江东项梁起义
　　　　　战胡陵秦嘉败亡

第十八回　谈神话汉祖感生
　　　　　屈下僚亭长肆志

第十九回　惊异表吕公妻女
　　　　　径大泽刘季斩蛇

第二十回　刘邦起义诛沛令
　　　　　范增献计立怀王

第二十一回　二世肆虐行督责
　　　　　　李斯下狱具五刑

第二十二回　章邯乘胜北围赵
　　　　　　沛公仗义西入关

第二十三回　屯安阳宋义被杀
　　　　　　救巨鹿项羽立功

第二十四回　盟洹南章邯投降
　　　　　　据陈留郦生献策

第二十五回　下宛城长驱进兵
　　　　　　愚二世指鹿为马

第二十六回　二世被杀望夷宫
　　　　　　赵高受戮咸阳市

第二十七回　入关中约法三章
　　　　　　屯新安坑卒廿万

第二十八回　项伯夜走灞上军
　　　　　　沛公身困鸿门宴

第二十九回　图沛公项庄舞剑
　　　　　　说项羽樊哙当筵

第 三 十 回　封诸将项羽称霸
　　　　　　送汉王张良进谋

第三十一回　漂母进食怜王孙
　　　　　　萧何单骑追韩信

第三十二回　韩信登台封大将
　　　　　　汉王起兵定三秦

第三十三回　项羽遣人杀义帝
　　　　　　陈平渡河投汉王

第三十四回　汉王为义帝发丧
　　　　　　项羽战彭城大捷

第三十五回　议灭楚张良运筹
　　　　　　勉事汉王陵有母

第三十六回　识薄姬许负善相
　　　　　　虏魏豹韩信立功

第三十七回　下井陉阵开背水
　　　　　　获左车计降强燕

第三十八回　随何舌辩动枭雄
　　　　　　汉王智术驭悍将

第三十九回　张良借前箸代筹
　　　　　　陈平用巨金行间

第 四 十 回　饭草具楚使中计
　　　　　　发背疽范增道亡

第四十一回　纪信诈降脱汉王
　　　　　　彭越乘虚袭梁地

第四十二回　汉王计夺韩信兵
　　　　　　彭越潜断楚军后

第四十三回　曹咎违令败汜水
　　　　　　项王挑战劫楼烦

第四十四回　分杯羹太公受难
　　　　　　降齐地郦生逞功

第四十五回　袭临淄郦生受祸
　　　　　　破龙且韩信称王

第四十六回　说韩信武蒯进策
　　　　　　划鸿沟楚汉议和

第四十七回　战垓下项王被困
　　　　　　歌楚帐虞姬殉节

第四十八回　楚霸王乌江殒生
　　　　　　汉高祖汜阳即位

生死冤家

社会言情小说。黄大白著。上海大众书局。1933 年 6 月初版。2 册。10 万字。自序 1 篇。共 20 回。

第一回　容与中流晴波涵艳影
　　　　回环妙谑娇语逗酸风

第二回　绣户缄愁多情怜弱质
　　　　小园步月无意遇佳人

第三回　身世悲凉空亭挥涕泪
　　　　梦魂颠倒吉士惹情魔

第四回　心上烧香萧郎情婉转
　　　　错中接吻妒女诉缠绵

第五回　当面提亲惊心成大错
　　　　公园赴约握手语衷肠

第六回　满志踌躇婚姻欣有约
　　　　小姑寂寞居处恨无郎

第七回　隔蓬山横波违咫尺
　　　　访檀郎瞥眼见狂且

第八回　得意忘形戏调车上客
　　　　因情致恨苦逼意中人

第九回　纵体投怀输忱求挚爱
　　　　椎心饮恨啮齿记深仇

第十回　怒发冲冠当筵闻恶耗
　　　　华灯媚夜侑酒召名花

第十一回　荡气回肠酒楼中复约
　　　　　含沙射影情海起狂澜

第十二回　恶语敷陈玲珑凭妙舌
　　　　　幽怀掩抑愁病袭娇躯

第十三回　良夜恼愁人肝肠欲断
　　　　　萧斋看密札惊喜如狂

第十四回　奸心利口黠婢伺空园
　　　　　妒眼谗唇宵人施诡计

第十五回　殷勤作伐间行堤岸看春潮
　　　　　婉转陈词打破天窗谈亮话

第十六回　无心雀战静女错冲和
　　　　　不速人来财奴疑暴客

第十七回　兜头一杓水勇气全消
　　　　　当面三鞠躬良心忽现

第十八回　荡女作冰人安排陷阱
　　　　　狂童求爱侣指点春星

第十九回　暴力压名姝天昏地黑
　　　　　穷途逢侠士鬼泣神惊

第二十回　黑夜挥拳冤家逢狭路
　　　　　红楼选梦清夜缔良缘

五日风声

中篇历史小说。黄小配(黄世仲)著。南越极连载。1911 年 5—6 月。1 册。3.2 万字。王俊年校后记 1 篇。共 11 章。

第一章　革命党发难

第二章　革命运动及组织

第三章　举事之定期及其暗号

第四章　督署之被炸及革命党之失机

第五章　夜后巷战之状况

第六章　黄兴之逃难及巷战余波

第七章　革命党在河南及乐从之举动

第八章　佛山之风鹤及官军之搜捕

第九章　营勇之搜查余党

第十章　党首出险之情形及被捕者之

供词

第十一章　黄花岗之冢墓及军火之检查

洪杨演义全集

历史小说。黄小配著。上海春明书店。1936 年 4 月初版。4 册。60 万字。自序 1 篇。例言 1 篇。8 卷。共 140 回。

第一卷

第 一 回　穆彰阿惑主害青宫
　　　　　钱东平访贤游幕府

第 二 回　会深山群英结大义
　　　　　游幕府智士释豪商

第 三 回　发伊犁钱东平充军
　　　　　入广西洪秀全传道

第 四 回　闹教堂巧遇胡以晃
　　　　　论嘉禾计赚杨秀清

第 五 回　杨秀清初进团练局
　　　　　洪秀全失陷桂平牢

第 六 回　罗大纲皈依拜上帝
　　　　　韦昌辉乘醉杀婆娘

第 七 回　韦昌辉义释洪秀全
　　　　　冯云山联合保良会

第 八 回　冯云山夜走贵县
　　　　　洪秀全起义金田

第 九 回　劫知县计穷石达开
　　　　　渡斜谷计讨乌兰泰

第 十 回　洪仁达误走张嘉祥
　　　　　钱东平重会胡元炜

第十一回　萧朝贵计劫梧州关

　　　　　冯云山尽节全州道

第 十二 回　洪秀全议弃桂林郡
　　　　　　钱东平智败向提台

第 十三 回　张国梁背义加官
　　　　　　赛尚阿单骑逃命

第 十四 回　李秀成百骑下柳郡
　　　　　　石达开传檄震湖南

第 十五 回　胡林翼冷笑掷兵书
　　　　　　曾国藩遵旨办团练

第二卷

第 十六 回　洪宣娇痛笑萧朝贵
　　　　　　钱东平大破曾国藩

第 十七 回　彭玉麟恤情赠军饷
　　　　　　郭嵩寿献策创水师

第 十八 回　左宗棠应聘入抚衙
　　　　　　洪天王改元续汉统

第 十九 回　封王位洪秀全拒谏
　　　　　　火汉阳曾天养鏖兵

第 二十 回　向荣大战武昌城
　　　　　　钱江独进兴王策

第二十一回　洪天王开科修制度

汤总兵绝命赋诗词

第二十二回　向荣怒斥陆建瀛

钱江计斩蒋文庆

第二十三回　勇鲍超独救江忠源

智钱江夜赚吴观察

第二十四回　萧王妃夺旆镇江城

洪秀全定鼎金陵郡

第二十五回　李秀成平定南康城

杨秀清败走武昌府

第二十六回　攻岳州智劫胡林翼

入庐郡赚斩江忠源

第二十七回　李秀成二夺汉阳城

林凤翔大战扬州府

第二十八回　林凤翔夜夺扬州府

韦昌辉怒杀杨秀清

第二十九回　钱东平挥泪送翼王

林凤翔定计取淮郡

第三卷

第 三 十 回　石达开诗退曾国藩

李秀成计破胡林翼

第三十一回　韦昌辉刎颈答钱江

李鸿章单骑谒曾帅

第三十二回　谭绍洸败走武昌城

钱东平遁迹鹅眉岭

第三十三回　李秀成一计下江苏

林凤翔十日平九郡

第三十四回　林凤翔大破讷丞柏

李开芳再夺卫辉城

第三十五回　李秀成出师镇淮郡

林凤翔败走陷天津

第三十六回　完大节三将归神

拔九江天王用武

第三十七回　陈英王平定江西地

刘丽川计取上海城

第三十八回　取铜城陈芒其麾兵

奉朝旨左宗棠拜将

第三十九回　向军门败死丹阳镇

胡林翼窥复武昌城

第 四 十 回　罗泽南走死兴国州

罗大纲夜夺扬州府

第四十一回　李忠王定计复武昌

陈玉成弃财破胜保

第四十二回　守六合温绍原尽忠

战许湾鲍春霆奏捷

第四十三回　金陵城大开男女科

李秀成义葬王巡抚

第四卷

第四十四回　张国梁投殁丹阳城

周天受战死宁国府

第四十五回　陈玉成大战蕲水城

杨制台败走黄梅县

第四十六回　李秀成义释赵景贤

林启荣大破塔齐布

第四十七回　曾国藩会兴五路兵

林启荣尽节九江府

第四十八回　龙虎战大破陈玉成

官胡兵会收武昌府

第四十九回　救九江曾国荃出身

战三河李续宾殒命

第 五 十 回　战桐城忠王却鲍超

下浦口玉成破胜保

第五十一回 何信义议献江苏城
石达开大战衡州府

第五十二回 李孟群战死卢州府
左宗棠报捷浮梁县

第五十三回 雷正琯密札访钱江
杨辅清匪兵破庆瑞

第五十四回 破曾军魏超成陷广信
降胜保李昭寿献除州

第五卷

第 一 回 去暗投明逢际会
礼贤纳士趁机缘

第 二 回 如愿以偿归清国
开欢畅饮慰功臣

第 三 回 四眼狗进兵围城
李昭寿拖刀诱敌

第 四 回 陈国瑞单身救主
陈玉成掘土破城

第 五 回 防患疏虞城失陷
施恩纵放虎归林

第 六 回 蜀道难祈神宿庙
营务紧遣将挥军

第 七 回 守坚城请令开战
劫营寨伏计遭擒

第 八 回 见机就计为降将
深谋泄露作忠魂

第 九 回 石达开去蜀回安庆
陈玉成由皖攻武昌

第 十 回 勇鲍超夜战森林道
张世杰巧败玉成军

第十一回 张鲍大捷玉成兵
天仇投见逆军寨

第十二回 天仇战败世杰军
鲍超身陷重围地

第十三回 李昭寿投奔团练局
詹启伦集聚忠义军

第十四回 破常州郝藩司惊毙
攻苏省李秀成施谋

第十五回 洪秀全设宴贺功
李秀成深夜被刺

第十六回 牛勇醉后泄真情
周俊图财贪富贵

第十七回 负友谊设计同谋
贪富贵反遭自陷

第十八回 诳报告夫妻受禁
从妒嫉兄弟同谋

第十九回 詹启伦酒醉弃总局
李昭寿同逃避乱军

第二十回 洪仁发占局逞军威
洪天王寿终金陵城

第二十一回 哭故主李秀成被执
投旧友陈玉成败兵

第二十二回 陈玉成投友丧命
李鸿章克复苏城

第二十三回 单身入寨通消息
八将诈降自遭殃

第二十四回 逆首君臣皆毙命
曾家兄弟尽恩荣

第二十五回 曾国荃下令搜余党
洪福瑱投奔桑落村

第二十六回 八马岭福瑱休息

九龙山郑标筵宾

第六卷

第二十七回　入深林踪身藏躲
　　　　　　出谷口失意遭擒

第二十八回　云中鹤当堂痛骂
　　　　　　席宝田听供起解

第二十九回　坐公堂触机诈病
　　　　　　希荣龙凭妄献谋

第 三 十 回　沈葆桢诳旨贪功
　　　　　　张文祥下山访友

第三十一回　乡老儿行善被跌
　　　　　　铁头僧爱色藏姣

第三十二回　田氏女立志轻生
　　　　　　铁头僧贪淫毙命

第三十三回　沈葆桢提拔识英雄
　　　　　　马新贻乱伦失友义

第三十四回　设盛宴泄机露奸谋
　　　　　　用尖刀刺腹医母病

第三十五回　仇志荣见利起盗心
　　　　　　殷孝子存善救邻里

第三十六回　刘季廷贪财赖婚
　　　　　　蕙兰女重节自尽

第三十七回　倚势害人反害自己
　　　　　　英雄成美有始有终

第三十八回　洪福瑱夜会郑头领
　　　　　　震百里醉闹悦宾楼

第三十九回　局长问供遭诧骇
　　　　　　新官到任看威仪

第 四 十 回　留园社立意看新官
　　　　　　九龙岗单身除猛虎

第四十一回　访故友细谈宿怨
　　　　　　恨伤心初探官衙

第四十二回　张文祥仗义除奸
　　　　　　马新贻贪淫遭祸

第四十三回　江宁府张侠士投案
　　　　　　天津城法领事行凶

第四十四回　淮阴市曾国藩题诗
　　　　　　办审案二钦差奉旨

第四十五回　公堂会审得实供
　　　　　　深夜求商思脱计

第四十六回　串口供二钦差失算
　　　　　　用奇谋两弟兄回山

第七卷

第四十七回　要犯已逃施计诡
　　　　　　什长舍命报恩深

第四十八回　盗人头李达施巧术
　　　　　　见佩刀国藩暗销魂

第四十九回　双福园二侠开盛宴
　　　　　　观音山一箭中飞鸦

第 五 十 回　偶逢异人说因果
　　　　　　梦游幻境识天机

第五十一回　万花冈奋斗猛兽
　　　　　　观音山施打棍徒

第五十二回　山寨众英哭故友
　　　　　　郑标一验假人头

第五十三回　大开宴二英重叙会
　　　　　　景阳坡孤身独夜行

第五十四回　假李达路旁遭辱打
　　　　　　真义士门外听奸言

第五十五回　刘发负心因丧命

刘龄避怨暗迁居

第五十六回　船户酒谈黄冈镇
　　　　　　贾文醉倒夕阳楼

第五十七回　花金钱室人指摘
　　　　　　贪色欲远道驾舟

第五十八回　花魔王求亲未遂
　　　　　　贾蒉片设计害良

第五十九回　入官衙私通贿赂
　　　　　　嘱仆役串盗攀供

第 六 十 回　遭惨刑狱卒传书信
　　　　　　送喜银挨户挂红灯

第六十一回　二痞棍恶盈毙命
　　　　　　两英雄行侠同心

第六十二回　掷首级县主吃惊
　　　　　　改心意刘龄开释

第六十三回　归山虎抢掠飞云岭
　　　　　　铁颈项骂战平顶山

第六十四回　李达一人战四虎
　　　　　　许义初更献联谋

第六十五回　露机关许义遭凶害
　　　　　　显阴灵李达脱迷途

第六十六回　集残兵李达伤感
　　　　　　灭群寇周铸施威

第八卷

第六十七回　胡孝子医亲割股
　　　　　　杨虎贼持刀抢银

第六十八回　铁颈项天井剖青石
　　　　　　一阵风客寓验人头

第六十九回　回大寨久别重会
　　　　　　开盛宴劝酒长谈

第 七 十 回　见书名存心暗算
　　　　　　贪饮酒大意失机

第七十一回　梦相逢雁行折翼
　　　　　　行强悍狮吼惊心

第七十二回　奸究害人反害己
　　　　　　英雄伤敌误伤朋

第七十三回　见奏折请旨办理
　　　　　　观献剧身梦幻情

第七十四回　失迷途梦游地府
　　　　　　逢万寿夜闯内城

第七十五回　西太后垂帘听政
　　　　　　安总管得幸邀恩

第七十六回　开寿宴私谈密语
　　　　　　盗玉杯下旨缉拿

第七十七回　报军情曾国藩病故
　　　　　　编营制洪福瑱兴师

第七十八回　轰汉城掘地开炸炮
　　　　　　试英才开科点状元

第七十九回　西太后闻耗哭贤
　　　　　　恭亲王为国选将

第 八 十 回　看淫戏西太后追思
　　　　　　劾奸徒桂大臣被斥

第八十一回　知预兆风折帅旗
　　　　　　暗偷营夜蹈敌寨

第八十二回　郭松林被围受困
　　　　　　刘铭传鏖战援兵

第八十三回　天德岭盛礼待贤人
　　　　　　张积中途献兴王策

第八十四回　立机关预防盗寨
　　　　　　恃武勇行刺木人

第八十五回　张文祥踹营被擒

榆树岭劫犯脱险 | 释偈语一梦冰销

第八十六回　听渔歌三军休息

新说部丛刊(第二集)

短篇社会小说。黄天石著。上海清华书局。1921 年 3 月版。1 册。5 万字。共 18 篇。

一　这样也过了一世

二　这是谁的罪恶

三　摩托车里的人

四　少爷—局长—车夫

五　那一个女儿快活

六　我杀的是谁

七　乞丐手里的钞票

八　小客栈—督军府

九　没目的底堕落

十　最后一面

十一　老爷回来了

十二　大雨里

十三　可怜的珠花

十四　月光底下

十五　一个堕落的女校长

十六　少奶奶的手

十七　大家庭底下的元旦

十八　秋坟

凄风苦雨记

哀情小说。黄权著。上海文明书局。1915 年 12 月初版。2 册。7.2 万字。提要 1 篇。共 22 回。

第一回　学新党御贫乏术
　　　　重交谊临别赠金

第二回　大海初经昏头晕脑
　　　　小人放肆忍气吞声

第三回　趁舢板初遇凑趣人
　　　　看华灯独下钟情泪

第四回　醉眼看花苦中作乐
　　　　痴心念旧兴尽生悲

第五回　听演说舟中聆妙论
　　　　核旅费客邸哭穷途

第六回　开别筵同饮蒙汗药
　　　　坠骗局饱受毒皮鞭

第 七 回　做猪仔如游地狱
　　　　　验牛痘迫上土山

第 八 回　种痘医生施毒手
　　　　　赠粮黑鬼发慈心

第 九 回　火灼水淋二人受苦
　　　　　神出鬼没奸贩施为

第 十 回　试啼声双投文岛
　　　　　作苦工独赴泥犁

第十一回　杀威棒甘心咬舌死
　　　　　化尸所不意伴蛇眠

第十二回　末路幸逢慈惠主
　　　　　穷途懒入自由天

第十三回　联对句尊为西席宾
　　　　　结婚姻选作东床客

第十四回　结婚夕娇客伤身世
　　　　　堆骨所书记神经病

第十五回　触目惊心伤往事
　　　　　深情密意慰离怀

第十六回　存心返国默运机谋
　　　　　设策招工广行骗术

第十七回　林仁卿破坏猪仔贩
　　　　　裴璞生奔走马尾街

第十八回　鹤入鸡群弋获猪贩
　　　　　里应外合攻破豕圈

第十九回　泥犁岛拐走三千元
　　　　　星加坡惨听双亡耗

第二十回　掘深坑二人绝食
　　　　　探锡矿大众伤生

第二十一回　听演说猪仔谋叛
　　　　　　阅工程大王遭殃

第二十二回　闻惨耗痛哭同盟
　　　　　　惊噩梦关心异域

杨 花 梦

哀情小说。黄花奴著。上海国华书局。1918 年 7 月。1 册。6.6 万字。吴承烜叙 1 篇。自序 1 篇。王睫盦、绛珠女史、琴仙女史、王奕僧、潘振华、何梅魂、苏海若、淅西老吃、吴门红红生题词各 1 首。江南懒叟评语 1 篇。共 22 章。

天涯奇人传

长篇侠义小说。黄南丁著。上海益新书社。1937 年 3 月 4 版。4 册。22 万字。叙 1 篇。自序 2 篇。共 80 回。

第 一 回　旧岁月畸人谈夜象
　　　　　新春秋孤客走天涯

第 二 回　旅邸敲金忽逢旧雨
　　　　　名山卓锡大起妖云

第 三 回　一杯酒弹铗遇高人
　　　　　十里坡采花逢侠客

第 四 回　新世界玉箫重现影
　　　　　长相思石鼓记余音

第 五 回　大泽深山斗恶怪
　　　　　电光石火斩淫魔

第 六 回　赠宝刀犊儿成器
　　　　　盗库银燕子归巢

第 七 回　画鬼符老道无法
　　　　　探魔窟倩女还魂

第 八 回　侠义娘替人发粟
　　　　　罗刹女背夫偷情

第 九 回　别琴堂男女双报仇
　　　　　渡庄河师徒五聚义

第 十 回　电掣雷轰恶奴丧命
　　　　　水深火热妖妇逃生

第十一回　一禅师嘘气灭虎穴
　　　　　三侠士联臂入雁门

第十二回　卖拳头仙女演偷桃
　　　　　练筋骨神童学打猎

第十三回　拒奸情卖菜女试针
　　　　　成好事打虎儿种玉

第十四回　雷光迪小试金刚手
　　　　　萧天伦精练太极拳

第十五回　系情丝巧留红线盒
　　　　　翻醋瓶吓倒黄菊花

第十六回　虬髯客山中放冷箭
　　　　　鹦衣娘意外结良缘

第十七回　上横山美人骑虎
　　　　　访古寺和尚拿蛇

第十八回　露丑态隔岸观火
　　　　　夺家私见雀磨刀

第十九回　开夜宴群雄斗法
　　　　　结茅蓬方士炼丹

第二十回　秘中秘初试房中术
　　　　　错里错广结方外缘

第二十一回　累官刑黑夜诛淫妇
　　　　　　话因果明月悟前身

第二十二回　长白山解愁做功德
　　　　　　闹红寺放毒制豪强

第二十三回　解冤仇收回白额虎
　　　　　　窥艳色重见黑妖狐

第二十四回　吸骨髓娼门迷汉子
　　　　　　吃心肝民家失小儿

第二十五回　起黑心剿灭杨家庄
　　　　　　保赤子调任博山县

第二十六回　封玉印大知事还乡
　　　　　　蹁金莲小姑娘出丑

第二十七回　覆雨翻云雌妇脱兔
　　　　　　兴波作浪雄姑伐蛟

第二十八回　柏柳岸姊妹两谈心
　　　　　　鸳鸯塚夫妻双殉义

第二十九回　吸旱烟于九爷献艺
　　　　　　放野火王二楞走镖

第三十回　舒猿臂泥心放铁弹
　　　　　　吐猩唇香口嚼金丸

第三十一回　系红丝欢联指腹婚
　　　　　　飞白简气阻齐眉寿

第三十二回　闹丛林厨役挥拳
　　　　　　打斋饭火夫烧腿

第三十三回　罗汉堂无碍挂单
　　　　　　弥陀寺冥报作恶

第三十四回　燕燕莺莺百美供职
　　　　　　停停等等五祖传薪

第三十五回　小妖妇暗使梅花箭
　　　　　　恶头陀索还柳叶刀

第三十六回　说风花计设迷魂阵
　　　　　　赶星月灵求化骨丹

第三十七回　白燕子抵死护翠玉
　　　　　　黄冠客问路射红灯

第三十八回　恶贯满盈蒋山授首
　　　　　　妖光收缩徐娘失踪

第三十九回　上三山禅师付灵药
　　　　　　除百害老祖斩情魔

第四十回　　朱陈村双合生花笔
　　　　　　首阳山重唱采薇歌

第四十一回　黄冠客二次出山
　　　　　　红须儿三角入教

第四十二回　哈哈笑痴婆饶舌
　　　　　　急急风好汉扶头

第四十三回　小英雄挥鞭退五虎
　　　　　　怪老道飞剑斗双龙

第四十四回　窥秘密妖姬露春色
　　　　　　显神通侠士斩淫魔

第四十五回　捆妖女闹翻圣姑会
　　　　　　结良朋期约范公祠

第四十六回　显奇能玉儿拜明师
　　　　　　挂榜文红巾逞英武

第四十七回　索影钩声英雄建奇策
　　　　　　刀光剑气豪杰斗强梁

第四十八回　血染沙场梅花传箭
　　　　　　春藏绣阁翡翠翻衾

第四十九回　顽道人千里结奇缘
　　　　　　罗巡抚一帆探邪教

第五十回　　访真仙一夫遁梅市
　　　　　　逢恶怪五鬼闹江山

第五十一回　困逆旅恃才行骗术
　　　　　　走天涯抱拳打不平

第五十二回　兰闺驱怪火枣易容颜
　　　　　　花舫寻幽士醪证手足

第五十三回　玄妙观双义访友
　　　　　　天平山一客传真

第五十四回　旧雨叙松林情怀故国
　　　　　　疾风来荆谷威震江湖

第五十五回　除巨害青面狼中箭
　　　　　　掀微波红脂虎插刀

第五十六回　失白杆问卜雨花台
　　　　　　演金棍拜客云叶镇

第五十七回　论英雄喷刀刺燕子
　　　　　　联姻娅吹弩射山君

第五十八回　石洞春光虎娘憔悴
　　　　　　秦车雷震牛子彷徨

第五十九回　祸福无因深仇起床笫
　　　　　　吉祥如意小变忆家庭

第六十回　　凉月照三更飞檐黑店
　　　　　　清风留一夕扰榻红闺

第六十一回　月明如水夜刃鸠盘荼
　　　　　　霜景添秋角酒梁山伯

第六十二回　柳叶青青满家洞访友
　　　　　　梅花粲粲淮阳道招亲

第六十三回	孝感奇冤技习红砂手 金陵大憨功成铁练身	第七十二回	绣榻乱妖氛阴阳莫辨 清斋定神器宇宙洪荒
第六十四回	二侠士奋武下桃源 半仙翁发笑入梅岭	第七十三回	天外飞行陡逢罗刹 地中伏处猛劫神瑛
第六十五回	月黑天昏鬼魂捣鬼 路遥人静因果含因	第七十四回	狗盗鸡鸣强师御强敌 风声鹤唳孤叟恤孤姬
第六十六回	荒山逐兔赤子葆仙书 萧寺飞龙黄儿破天网	第七十五回	憧憧黑影诳走老英雄 片片红光投来小妖怪
第六十七回	饮酒楼奇情留眼底 发征途异色授眉尖	第七十六回	飞元神青天追剑客 跨猛虎白日救英雄
第六十八回	三告警镖疑神疑鬼 单传号箭亦武亦威	第七十七回	三老斗智峰头积雪 四雄较艺山巅流云
第六十九回	黑气迷青夫妻同受困 红光逼白师弟互称雄	第七十八回	杖剑破敌义气凌碧宵 吟诗怀旧忠心贯赤日
第 七 十 回	天津道绿林聚义 江南路青党留盟	第七十九回	思故国孤岛起乡兵 感往事高僧留家信
第七十一回	佛殿会无遮宣淫白昼 娃宫见有碍采补春宵	第 八 十 回	人事无常干戈化玉帛 天心难挽尘世有桃源

杨乃武与小白菜

民间小说。即清代第一风流奇案。黄南丁著。上海移风出版社。
1935 年 3 月初版。4 册。23.3 万字。共 42 回。

第一回	谢良媒笨伯得喜偶 成孽障巧妻伴拙夫	第四回	手足耽耽鼠牙雀角 耳目逐逐燕语莺啼
第二回	末路悲风凄凉透骨 荒村苦雨岁月煎心	第五回	浪子有心出谷莺飞去去 文人无行联床蝶梦邃邃
第三回	椿树雕残萱花花折 桂华皎洁兰叶芬芳	第六回	合双成巫女襄王圆梦 迎百两淑姬君子同心

第　七　回　檐前鹦鹉小姑有口难防
　　　　　　室内鸳鸯贤嫂多情怂合

第　八　回　苦口婆心种成功德
　　　　　　甜言蜜语喜见祥和

第　九　回　金玉缘口开双和合
　　　　　　药石意语惜一娇娃

第　十　回　绿意赠妆奁可敬可喜
　　　　　　红情惊绮梦疑神疑鬼

第十一回　起罢风蠢夫忆家室
　　　　　　来疑雨村妇择芳邻

第十二回　三更圆梦规劝良人
　　　　　　五夜寒衾思怀吉士

第十三回　一纸寄鸾笺劈开情网
　　　　　　三迁营兔窟割断红丝

第十四回　度佳期花烛双双偕老
　　　　　　重瘟疫鸳鸯故故分飞

第十五回　看盛会万人聚小镇
　　　　　　缺妆奁一女泣空房

第十六回　贫儿暴富纳粟走邪途
　　　　　　贪夫殉财具呈持正义

第十七回　投声气论交仗有多金
　　　　　　乏兴味偕游惜无美色

第十八回　斗室中密语谈佳丽
　　　　　　茶寮地踞坐品清泉

第十九回　鬼蜮为心快饮醇酒
　　　　　　娇莺吐语初现桃花

第二十回　求计划浪掷金钱
　　　　　　诱美色先遣夫役

第二十一回　谋士巧施狡计暗室有亏
　　　　　　贤妇错认良心黄金虚掷

第二十二回　乱贞心一包春药

第二十三回　划极策两字秋瘟
　　　　　　急色儿覆雨翻云
　　　　　　痴婆子大惊小怪

第二十四回　卖风流黄金买笑
　　　　　　受贿赂白镪结交

第二十五回　明月清风魂销一刻
　　　　　　尤云滞雨胆怯终宵

第二十六回　返家庭荆妻成宿孽
　　　　　　应考试村夫结冤仇

第二十七回　求鱼水一夕定计谋
　　　　　　说风情片言明心迹

第二十八回　妒恨起毒心祸根隐伏
　　　　　　殷勤调汤药恶意难销

第二十九回　毒亲夫血棉袄作证
　　　　　　哭兄长白孝衣见官

第三十回　验尸身美小娘受冤
　　　　　　报家信好儿子求救

第三十一回　刁师爷移花接木害书生
　　　　　　老虔婆口蜜腹刀骗难女

第三十二回　布牢笼即席填供状
　　　　　　工罗织行文革衣冠

第三十三回　熬刑具酷吏存恶念
　　　　　　探监狱义仆报凶音

第三十四回　骨肉聚囚牢良言付托
　　　　　　炮烙定冤狱屈打成招

第三十五回　知府偏私受贿赂银二万
　　　　　　师爷公正拒昧心钱三千

第三十六回　初翻供又受非刑
　　　　　　诉冤状再提审问

第三十七回　按察得赃瞒天理
　　　　　　巡抚会审昧良心

第三十八回　再翻供公堂成黑暗
　　　　　　复告状大地见光明

第三十九回　世界昏暗夫妇入图圄
　　　　　　恩义分明母子得佳丽

第 四 十 回　入京师中堂仗义

　　　　　　下浙江钦使糊涂

第四十一回　告部状滚三寸钉板
　　　　　　私察访派一个清官

第四十二回　听秘密昭雪沉冤
　　　　　　议平反重见天日

荒乎其唐

滑稽小说。黄转陶、尤半狂著。上海世界书局。1928 年 8 月初版。1册。5.6 万字。黄转陶作序 1 篇。插图 20 幅。共 20 回。

第一回　刘白蛋脱离尼姑庵
　　　　肖仁心开讲堂子景

第二回　游花园有女同车
　　　　开房间一钱如命

第三回　两场和便宜小医生
　　　　一张铺搁浅乡下老

第四回　酸溜溜小傻子吃酸
　　　　色迷迷急色儿爬墙

第五回　半夜三更捉进偷花贼
　　　　四元六角吓杀守财奴

第六回　五路财神敲竹杠
　　　　一班穷鬼闹新闻

第七回　老秀才担任大主笔
　　　　狗财主留意小花娘

第八回　笔墨生涯一封书信
　　　　金钱魔力两度航船

第九回　碰大门五分荤巴掌
　　　　收裤带一夜破棉胎

第十回　借薪水板凳先生回甪直

　　　　赎当头乡下娘子上苏州

第十一回　请花酒收罗投稿家
　　　　　装肝阳避去讨债鬼

第十二回　废物利用痴人说梦
　　　　　穷形极相酒鬼打浑

第十三回　打报馆臭轿夫耀武
　　　　　买草纸穷小子做媒

第十四回　赏香味奇谈赞鲜脚
　　　　　打早起冷眼看梳头

第十五回　一步楼开广新眼界
　　　　　双交面大摆阔排场

第十六回　开旅馆百翼齐飞
　　　　　闯私门一场冷骂

第十七回　赛明星跳舞游艺会
　　　　　假亲眷投书交际花

第十八回　老魔子楠木厅出丑
　　　　　小滑头警察局逃脱

第十九回　撕照片先生归去
　　　　　贴召租蔑片收场

第二十回　四等票误乘无锡车　　|　　一壶茶归结苏州梦

鸳　鸯　泪

哀情小说。黄香阁著。上海励力出版社。1946 年 7 月出版。2 册。24.1 万字。共 25 回。

第 一 回　养疴寻胜地寒碧馆有女归来
　　　　　奋臂解重围葡萄棚维厐作合

第 二 回　量敌制胜叹巧思樗蒲感芳心
　　　　　把袂清谈吐衷曲泛澜对夜月

第 三 回　花间听密语使鬼魅奯夜进谗
　　　　　病里见真情怀腼腆背人视疾

第 四 回　绝艳惊逢喜孜孜端的前生孽障
　　　　　离情初谙闷恹恹难禁半日相思

第 五 回　天涯同恩尺书怀字字意偏长
　　　　　知己属倾城对影真真呼欲出

第 六 回　檀口温香腮情切切魂销月下
　　　　　冤家逢狭路意茫茫肠断灯前

第 七 回　十年伉俪昔日糟糠今同陌路
　　　　　一味缠绵苦求解约重缔良缘

第 八 回　山静月明林下诉幽怀终成恶谶
　　　　　意迷情热毫颠伸法理欲毁前盟

第 九 回　佳志竟难酬被压迫名姝辍学
　　　　　野兴忽勃发姿颠狂娇女遨游

第 十 回　百两购情书守前盟卑词谢过
　　　　　一纸申禁令安老母迁地为良

第十一回　侏儒得计伪谦恭极力献殷勤
　　　　　娇女滥情真浪漫丧心捐盟约

第十二回　德音无良赋谷风循环获果报

　　　　　藁砧有意期桑中缱绻度良宵

第十三回　撤回诉讼悔初心破镜庆重圆
　　　　　试作蹇修怀成见求婚遭婉拒

第十四回　情场逢误会疑团莫破竟成嫌
　　　　　身世痛畸零往事追思终致疾

第十五回　前倨后恭无非是梦魂颠倒
　　　　　联床夜话有分教悲喜缠绵

第十六回　邻室春深俟佳音虚窗逢鬼魅
　　　　　隔墙醉倒定妙策月夜访婵娟

第十七回　假殷勤礼品携来借故探虚实
　　　　　真激怒巨灵飞去蓄意儆刁顽

第十八回　记前隙存心媒孽滥作执柯人
　　　　　话离惊把臂酸辛忍听临别语

第十九回　解珮慰情痴临去有盟坚金石
　　　　　相思惊噩梦重圆无日痛化离

第二十回　千里绝音尘借地传书访旧雨
　　　　　一朝逢薄幸借端寻衅记前嫌

第二十一回　绣阁添愁浪子求金一心惟有利
　　　　　　公园窥美谗人挟怨只手欲遮天

第二十二回　一味蛮横强主婚后母怀惭

施压力

满腔委屈潜出走孤雏蓄志

殉痴情

扶病去

居山悲往事弥留伏枕毕竟

返魂难

第二十三回　心伤明月夜瞰瞰独赏慨念

　　　　　前尘

　　　　　肠断绝交书仆仆长途苦追

　　　　　艳迹

第二十四回　隔院闻谰言悲愤登舟可怜

第二十五回　泪尽血枯赍恨入黄泉到死

　　　　　终悭一面

　　　　　天荒地老同心投碧水此情

　　　　　永播千秋

掷 果 缘

艳情小说。黄退安著。上海乐雅小说社。1915 年 7 月初版。上海新中华书社。1916 年 5 月再版。1 册。8.2 万字。叙 1 篇。序 1 篇。共 30 章。

第 一 章　花好月圆

第 二 章　义执延师

第 三 章　北里来游

第 四 章　先容有婢

第 五 章　假山絮语

第 六 章　宝迩人远

第 七 章　赠物见志

第 八 章　情海潮生

第 九 章　异地怀人

第 十 章　重游蓬岛

第十一章　醋海生波

第十二章　月下订盟

第十三章　二老相信

第十四章　良宵泣别

第十五章　远涉重洋

第十六章　海外传情

第十七章　异域逼婚

第十八章　慈萱凋谢

第十九章　二竖为灾

第二十章　心药亲尝

第二十一章　彼美来东

第二十二章　尹邢见妒

第二十三章　酬酢劳形

第二十四章　良友言情

第二十五章　佳人回国

第二十六章　怀我好音

第二十七章　舅氏言情

第二十八章　文定厥祥

第二十九章　香车迎迓

第 三 十 章　二美从行

神秘之路

短篇社会小说。菊神女士著。广益书店。1934 年版。1 册。4.8 万字。共 32 篇。

一	神秘之路	十八	H 先生
二	春宴	十九	闻着烟味头晕了
三	她的辩才	二十	会客
四	讨苦吃	二十一	黄昏人语
五	穷人生富病	二十二	处女的心
六	挂炉——烤鸭	二十三	火车中
七	话剧的一瞥	二十四	膳厅速写
八	任她去吧	二十五	会场一霎
九	妈妈看我的腿	二十六	CZ 路上
十	生命之源	二十七	公园里
十一	谈天——散步	二十八	渺小的生命
十二	人生这样就完了吗	二十九	替他们斡旋
十三	最后的哀鸣	二十九	内心的叫喊
十四	回忆	三十	男子的心
十五	少女的回忆	三十一	我恕你
十六	湖中夜泛	三十二	婚前——婚后
十七	什么都死了		

颠倒家庭

社会哀情小说。梦中生著。上海新智书局。1933 年 11 月版。4 册。12.4 万字。席灵凤作序 1 篇。共 28 回。

第 一 回　乘轮逢窃儿物几半天
　　　　　返甬作店主岁不多时

第 二 回　债权恫吓风鹤警官司
　　　　　基本摧烧池鱼遭邻火

第 三 回　妻病阻游行料量汤药
　　　　　医灵伸感谢广作宣传

第 四 回　遣一介馈仪报酬循礼
　　　　　望两儿勤业灵蠢分途

第 五 回　顽儿歇业增累结冤缘
　　　　　爱女失踪着慌费跋涉

第 六 回　溺爱女挥金娇花媚月
　　　　　寄名儿返璞病叶惊雷

第 七 回　环境乍安乡邻又贻祸
　　　　　僦居暂息风雨猝添惊

第 八 回　受火主冤诬存心诉讼
　　　　　得访员查澈真相宣传

第 九 回　受尽辛劳纠会领保费
　　　　　谗临偃息妖梦逞暴行

第 十 回　两旅长争雄排枪架炮
　　　　　众同胞逃难喊地呼天

第十一回　避烽烟劫穴土费绸缪
　　　　　谋城市安议金求开拔

第十二回　炮架半云霄窥探濒死
　　　　　舟惊大风雨哭喊求生

第十三回　临危有断持静得舟安
　　　　　嗜赌若狂逃责几车阨

第十四回　为甥了赌负姨母心慈
　　　　　因媳诘贼窝君姑气愤

第十五回　罢事息争别谋离媳案
　　　　　讨饶求免空费太婆心

第十六回　为窃辞周婚圈吉欠吉
　　　　　凭媒谐谢女多福多殃

第十七回　饱受虚惊沉疴几不起
　　　　　姑存妄想末计太无聊

第十八回　满口张雌威拒媒抗婿
　　　　　一心争雄气娶媳招儿

第十九回　慨解金囊成衣甥获娶
　　　　　饱填欲壑发奁女于归

第二十回　妄求徒取辱虎逞狮威
　　　　　良业卒成空骥嗟驽伏

第二十一回　小疵苛求流氓籍虎势
　　　　　　微嫌暗害仇贼召狼群

第二十二回　假面巧装检查图饮食
　　　　　　直肠倾吐报告得冤仇

第二十三回　风浪乍平安父女感疾
　　　　　　病疴增剧烈母子同悲

第二十四回　妹魂离魄远祷路迢遥
　　　　　　子祸拉夫病惊神错乱

第二十五回　浪迹不得归姑忘父病
　　　　　　电惊旋速返大变亲客

第二十六回　躯壳魂离爱女悲殒命
　　　　　　臂肉齿啮浪子誓回头

第二十七回　脱险困穷途暂羁逆旅
　　　　　　接函觅妥使同伴返乡

第二十八回　儿庆生还遭丧旋哭父
　　　　　　母相继逝雪恨远投军

九 尾 狐

社会小说。梦花馆主著。交通图书馆。1918 年 7 月 5 版。6 集。6 册。30.6 万字。灵岩山樵序 1 篇。插图 122 幅。共 62 回。

第一集

第 一 回 谈楔子演说九尾狐
偿孽债愿为比翼鸟

第 二 回 醉月飞觞欣邀众友
依红偎翠召集群芳

第 三 回 骋怀娱目余兴倍添
下榻留髡恩情乍结

第 四 节 蔡谦良热心先纳宠
林黛玉冷眼作旁观

第 五 回 斗机锋细论蔡家事
议身价方成鸳侣盟

第 六 回 营金屋堂前增喜气
开华筵座上受惊疑

第 七 回 行酒令名园联雅集
调笑语绮席会群花

第 八 回 飞诗句七字成谶语
怨配偶一旦起淫心

第 九 回 丹桂园消闲观戏剧
番菜馆赴约会伶人

第 十 回 漏泄春光下堂求去
偿还夙债赁屋迁居

第十一回 筑香巢又遇新相识
张艳帜更换旧芳名

第十二回 大排场众客贺悬牌

小结尾淫娼重出局

第二集

第 一 回 梅子含酸一时争竞
杨花有意两面调停

第 二 回 郭绥之欢娱恋宝玉
朱子青懊恼失珠花

第 三 回 开愚园游春夸富丽
换香车过市独招摇

第 四 回 患天花郭绥之变相
看夜戏十三旦登场

第 五 回 十三旦应聘返京师
胡宝玉束装游广省

第 六 回 泛珠江珠娘齐减色
居粤地粤客尽输财

第 七 回 挂商标大人多赏赐
盈欲壑淫妓想归旋

第 八 回 一帆风满载返春申
三马路重思兴旧业

第 九 回 播香名喜见清河君
发奇想结交咸水妹

第 十 回 慕欧风额覆前刘海
尝异味身陪外国人

第三集

第一回 访宝玉气走张公子
 羡雪岩宠纳金黛云

第二回 同靴团拜未免有情
 饮酒联吟聊以解秽

第三回 七绝八章竞题妙咏
 千金一刻叙话春宵

第四回 名士品题平章风月
 英雄潦倒奔走江湖

第五回 夸神力猛士服黄须
 受聘金拳师进丹桂

第六回 马永贞台前工献技
 胡宝玉眼角暗传情

第七回 万人敌得银方息怒
 一洞天受刃竟亡身

第八回 淫娼妇私情欣续旧
 小伙计慕色起相思

第九回 施慷慨璧还下脚银
 恣淫欲浪费缠头锦

第十回 大争风看戏夺黄伶
 小胠箧乘间来黑夜

第四集

第一回 方节账筹借赴宁波
 得赆仪优游回故土

第二回 返歇浦喜获小偷儿
 过中秋恩赦众漂匪

第三回 感寒疾请医论医术
 惑巫言许愿存愿心

第四回 游龙华蓦地遇同胞
 看马戏无心逢蔑片

第五回 丁统领督队下江南
 申观察招游来沪北

第六回 蔑片一双艳称宝玉
 犒银三百惊掷多金

第七回 单趋贤开筵充阔客
 沈逸民吃醋阻从良

第八回 赏菊花登高重九天
 佩萸囊遥想十三旦

第九回 集名园骚人竞咏菊
 盛绮席雅士欲评花

第十回 身历香丛新修艳史
 梦游蕊阙重订花神

第五集

第一回 黄藏泉备载花神记
 胡宝玉拟作燕都游

第二回 猜心事尽言终逆耳
 整行装萍合记游踪

第三回 寓京城寻访十三旦
 张艳帜巧遇伍大人

第四回 出谷迁莺有人相助
 守株待兔他客先邀

第五回 美伶人读旧独寻欢
 众王公闻名皆折节

第六回 肆欲壑名优加白眼
 返歇浦淫妓感青春

第七回 胡宝玉避暑遣愁怀
 汪桂芬挥金消艳福

第八回 旧店重开忽来亲串
 佳人半老效作男装

第九回 收义女权作摇钱树

宴众客大开庆余堂

第十回　胡宝玉四十庆生辰

　　　　九尾狐三更惊恶梦

第六集

第一回　悟境难开深宵详梦

　　　　迷津永坠天竺进香

第二回　骚人鸨妇共载一船

　　　　信女善男同登天竺

第三回　东跨院中惊逢美容

　　　　西子湖上演说义妖

第四回　游苏堤贺尔霭吊古

　　　　入茅庵沈月春谈因

第五回　赋言旋便道赴嘉郡

　　　　访旧识在舟会蠡湖

第六回　叙幽情烟雨快联吟

　　　　善戏谑风雅新谈判

第七回　胡宝玉心急归沪渎

　　　　杜阿二病重请名医

第八回　勉从客意代斗牙牌

　　　　误服仙方顿成死症

第九回　夸豪富兄殓拟捐官

　　　　下讣闻商量请点主

第十回　单趋贤帮忙办丧事

　　　　胡宝玉越礼出棺材

金 屋 梦

社会小说。梦笔生著。上海春明书店。出版时间不详。2 册。29 万字。自序 1 篇。共 60 回。

第一回　生前造孽好色贪财

　　　　死后报应孤儿寡妇

第二回　欺主奴谋劫寡妇财

　　　　枉法赃贻累孤儿祸

第三回　贼杀贼来安先丧命

　　　　盗遇盗张大早伤身

第四回　来安妻出首贼赃

　　　　吴典恩拷逼主母

第五回　五岁儿难讨半文钱

　　　　一锭金连送四条命

第六回　望乡台西门庆思家

　　　　鄮都城武大郎告状

第七回　奈何桥奸雄愁渡

　　　　枉死城淫鬼传情

第八回　沈富翁结贵理金

　　　　袁指挥失魂救女

第九回　大发放业鬼轮回

　　　　造劫数奸臣伏法

第十回　梦金砖富翁得子

　　　　赐银瓶孽女归娼

第十一回　众女客林下结盟

　　　　　刘学官雪中还债

第 十 二 回　陷中原徽钦北狩
　　　　　　屠清河子母流离

第 十 三 回　应伯爵掠卖孝哥
　　　　　　吴月娘穷逢秋菊

第 十 四 回　沈乞儿故园归梦
　　　　　　翟员外少女迷魂

第 十 五 回　给孤寺残米收贫
　　　　　　兀术营盐船酬药

第 十 六 回　吴月娘千里寻儿
　　　　　　李娇儿邻舟逢旧

第 十 七 回　宋道君隔帐琵琶
　　　　　　张邦昌御床半臂

第 十 八 回　李银瓶梅花三弄
　　　　　　郑玉卿一箭双雕

第 十 九 回　宋宗泽单骑收东京
　　　　　　张邦昌伏法赴西市

第 二 十 回　翟云峰义送月娘
　　　　　　韩捣鬼路济玳安

第二十一回　翟员外大撒买花钱
　　　　　　郑玉卿稳吃新红酒

第二十二回　留高僧善士参禅
　　　　　　逢故主义仆得信

第二十三回　美偿美两场大棍
　　　　　　债还债一叶扁舟

第二十四回　薄幸郎贴金易色
　　　　　　痴心妇丧命偿债

第二十五回　淮安城月娘问渡
　　　　　　清江浦嫠妇同舟

第二十六回　蒋竹山官星妙药
　　　　　　苗员外卖富投诚

第二十七回　董玉娇明月一帆风
　　　　　　郑玉卿吹箫千里梦

第二十八回　瓜州渡樱桃死节
　　　　　　润州城郑子吹箫

第二十九回　汴河桥无心遇旧
　　　　　　法华庵有女伤春

第 三 十 回　拉枯桩双姬夹攻
　　　　　　扮新郎二女同床

第三十一回　风雨夜淫女奔邻
　　　　　　琉璃灯书生避色

第三十二回　排善类重立党人碑
　　　　　　杀忠贤再失河南地

第三十三回　清河县李铭传信
　　　　　　齐王府银姐逢时

第三十四回　翟员外伸冤元帅府
　　　　　　李师师官配马头军

第三十五回　三教堂青楼成净土
　　　　　　百花姑白骨演重门

第三十六回　大觉寺淫女参禅
　　　　　　莲花经尼僧宣卷

第三十七回　演邪教女郎迷性
　　　　　　闹斋堂贫子逢妻

第三十八回　孔梅玉爱嫁金二官
　　　　　　黎金桂不认穷癞婿

第三十九回　同床美二女炙香瘢
　　　　　　隔墙花三生争蜜约

第 四 十 回　闷佳人空房遭鬼魅
　　　　　　软浪子借馆效鸾凤

第四十一回　刘瘸子告状开封府
　　　　　　金桂姐鬼魅葡萄架

第四十二回　郑爱香伤心烹鸡
　　　　　　应花子失目喂狗

第四十三回 母夜叉髡剪玉佳人
孙雪娥梦诉生前恨

第四十四回 木瓜郎语小莫破
石女儿道大难容

第四十五回 莲净度梅玉出家
瘸子听骷髅入道

第四十六回 沈花子魂认前身
王六儿老还旧债

第四十七回 湖心寺月娘祝发
伽蓝殿孝子迷途

第四十八回 典金环婵女逢夫
受丝鞭佛子纳妇

第四十九回 刘学官弃职归山
龙大师传丹入海

第 五 十 回 苗员外括取扬州宝
蒋竹山遍选广陵花

第五十一回 韩世忠伏兵走兀术
梁夫人击鼓战金山

第五十二回 雪涧师破佛得珠
王杏庵捐家修寺

第五十三回 扬州城分剐苗员外
建康府箭射蒋竹山

第五十四回 鸳鸯帐新妇听经
锦屏女送夫赠衲

第五十五回 辽阳洪皓哭徽宗
天津秦桧别挞懒

第五十六回 走江口月娘认子
下南海孝子寻亲

第五十七回 面前母逐亲儿去
衣底珠寻旧主来

第五十八回 龙海珠还儿见母
金梅香尽色成空

第五十九回 玳员外建塔开金藏
空大师奉母上莲台

第 六 十 回 三教同归感应天
普世尽成极乐地

恶讼师恶计大观

社会传记小说。梅子七编著。上海大通图书社。出版时间不详。1 册。9.2万字。共63篇。

谢方樽

神妙的遗嘱

脱落了一个字

开棺见尸

毛萝卜

十字脱罪

失印归来

一语翻案

离婚妙状

一笔卸罪

拗口状词

鸭官司

诸福宝

圣旨无恙

当日签书

寿板与绰板

单汤

闻闻香味

还我衣袖

馄饨菱

娘舅死了

孝子不孝

陆世垣

八宝十六件

张秀伦

铜钱顶

白米五十石

钱士奎

水烟筒

借顶子

华亮畴

罗汉忏

杨方津

卖身文契

刘华东

腰斩木主

赵耕生

揽粪担

每分五十文

李必震

相烦注失！

吾儿撞下水去了

王儒望

取自媳妇枕边

借银一万两

尤汉卿

一元欤？三元欤？

牛

曹大公

一只猪猡

黄金砖

犬不识字

吴墨谦

苎赠之争

顾佳贻

如来佛与孙行者

丁震声

鸡是我的

两手一拱

做媒人

王惠舟

杀命破家

请命点墨存孤事

赵咸卿

同时入口

杨瑟严

度过了年关

初出茅庐第一功

一禀消灾

移祸江东

他是奸夫吗？

体面贼

张冠李戴

挖补

冯执中

以一敌五

春兰何处去?

小姨变了妻子

一顶大帽子

节妇沉冤

谣言无效

圣谕广训之威力

会典与青石条

梅花金钗记

民间小说。梅寄云著。上海中西书店。1936 年 8 月初版。1 册。2.3 万字。共 9 回。

第一回　侯白嘴见色生邪念

　　　　梁登榜拾金不昧心

第二回　飞白刃新郎毙命

　　　　起谰言贞女含怨

第三回　破财杀命失金钗

　　　　受屈遭刑陷黑狱

第四回　探监牢泪珠哭尽

　　　　拾金钗灾祸飞来

第五回　梁登榜畏刑认凶手

　　　　钱玉方仗义救甥儿

第六回　闻闲言玉芳留意

　　　　查礼簿文贵生疑

第七回　杨忠信细述前情

　　　　钱玉方侦查疑案

第八回　官衙中老妪投状

　　　　茶馆内凶手露形

第九回　天网恢恢凶徒伏法

　　　　皇恩浩浩义士蒙麻

碧玉簪全传

民间小说。梅寄云编著。上海大通图书社。出版时间不详。1 册。3.6 万字。小序 1 篇。共 14 回。

第一回　王翰林给假归荣

　　　　李尚书衡文相婿

第二回　王公子完婚

　　　　孙媒婆设计

第三回　王玉林书斋独宿

　　　　李秀英香阁生疑

第四回 因疑恨抛残杯酒 兴冤忿昏倒尘埃	遭刑罚媒婆供恶计
第五回 公子池中抛扇 丫环灯下放言	第 十 回 孙媒婆受官刑 王解元求慈母
第六回 小姐香闺谈妇道 女佣回府禀真情	第十一回 李小姐铁心抢夫婿 颜公子热情恋痴呆
第七回 王公子独占鳌头 李尚书退归林下	第十二回 李秀英新春愈病 王玉林金殿扬名
第八回 李尚书夤夜责娇娃 王解元书房陈隐秘	第十三回 王状元誓死抢婚 李尚书飞笺救婿
第九回 验手笔慧婢破疑团	第十四回 夫妻归和好 世代享荣华

情天奇侠传

香艳武侠小说。曹梦鱼著。上海南方书店。1935 年 3 月 3 版。4 册。
19.8 万字。金天明、王梅痷、周瘦鹃、程瞻庐作序各 1 篇。自序 1
篇。共 36 回。

第一回 剑光鬓影陌上惹相思 石破金开山前联密约	第 七 回 慧剑娘智点命门穴 恶了脱巧解束身方
第二回 珠花攒秃顶咳吐生风 莲瓣蹴锦波河流失色	第 八 回 白圭无玷骨肉喜重逢 青鸟多情书函慰小别
第三回 家山真个好柳暗花明 姊妹杳无踪粉残脂剩	第 九 回 借书将意情种亦情痴 李代桃僵奇人生奇想
第四回 相机行事香饵坠金波 惹草沾花轻功运玉笋	第 十 回 生闲隙同气似仇人 害相思呆儿怀爱侣
第五回 石榴裙下膜拜众头陀 流苏帐中心迷三恶少	第十一回 痴郎君多情思凤 憨小姐有意求鸾
第六回 风波生醋海同室操戈 琥珀醉金厄冤家中计	第十二回 冷嘲热讽小弟警阿姊 深怜密爱婢女幻男儿

第 十 三 回	邱起凤卖身入祖府
	蔡剑娘挥剑杀人妖
第 十 四 回	血花惊四溅侠女诛淫
	黑夜扇余波奸人讦主
第 十 五 回	女尸出花井忽变伟男
	白刃血青丝谁为凶手
第 十 六 回	闻哭声侠女怜孤寡
	肆毒意大猾欺善良
第 十 七 回	仗义锄奸快人做快事
	得陇望蜀淫贼动淫心
第 十 八 回	好梦未圆恶缘遘遇
	鸮音未变狗尾先伤
第 十 九 回	迷离扑朔走兔决雌雄
	傲睨疏狂飞龙争胜负
第 二 十 回	葛爱兰独游遇侠丐
	蔡剑娘故意试佳人
第二十一回	夫唱妇随至语出天真
	色舞眉飞拳功操胜局
第二十二回	惺惺相惜师弟情深
	咄咄逼人女儿胆落
第二十三回	冤家逢窄路幸遇救星
	平地起风波又遭祸事
第二十四回	一夕话助恶盗为殃
	五千金系仇人入狱
第二十五回	太突兀英雄除害马
	真蹊跷侠女作新郎
第二十六回	识行藏璇阁订金兰
	酬风情广场倾色相
第二十七回	绮障难除游蜂遭孽报
	良心未灭荡妇哭亲夫
第二十八回	淫荡妇忍辱叱掌珠
	市井儿戏言谑赌友
第二十九回	人情冷暖赌徒受气
	孽债循环弱女遭殃
第 三 十 回	香消玉碎绮梦太荒唐
	巢覆卵完奇情恣谑浪
第三十一回	克统领打擂遇劲敌
	姜小姐恃胜中迷香
第三十二回	文人遭忌泪竭心枯
	孝子丧亲天昏地黑
第三十三回	珠花飘金顶愧我居官
	血泪揾红巾强人作妾
第三十四回	语意透三分奸官中计
	生机萌一线烈女忧亲
第三十五回	苦命女急中生智
	侠性人酒后除奸
第三十六回	拒贿赂卫兵发严词
	还印章知县受薄惩
第三十七回	义女作门生克传绝技
	广场赛球术谁夺锦标
第三十八回	侠男儿神艺服狂奴
	贤总督苦心折疑狱
第三十九回	显本领岗上斗神狮
	欣遭逢途中遇女侠
第 四 十 回	他乡遇旧月下证前盟
	雅意怜才天涯访知己
第四十一回	老英雄赠物报恩
	小侠客冒险探狱
第四十二回	报大仇只手擒克峻
	闻凶耗一意访剑娘
第四十三回	鬼磷渔火白骨掩秋霜
	淡月凄风苍梧惊落叶

第四十四回	仇石樵酒边诉往事		蒙面人醉试痴情女
	葛爱兰旅次访佳人	第四十八回	针锋相对交颈作义形
第四十五回	大冤昭雪泉下感深恩		缅带双抛并肩成一字
	小雨羁迟刀边活故友	第四十九回	莺啭一声花飞叶落
第四十六回	哭师坟半夜走蒋山		猿啼两岸水立波平
	寻父骨千里宿酒店	第 五 十 回	风和暖日绮语亦缠绵
第四十七回	大力士病打小霸王		侠骨柔肠多情成眷属

啼啸鸳缘

言情小说。曹痴公著。上海图书公司。1932 年 5 月版。4 册。22 万字。海上漱石生序 1 篇。王薇子题辞 1 首。改庐题词 1 首。4 卷。共 40 回。

第一回	风景不殊扬鞭柳岸	第 九 回	呆书生有意献诗
	愁怀如此题壁旗亭		痴和尚无端入狱
第二回	纸醉金迷梨园播笑史	第 十 回	缧绁无辜苦心劝世
	镂红刻翠菊部谱芳词		恫瘝在抱良药活人
第三回	赏新曲清谈入妙	第十一回	书痴多情片言受绐
	逢旧交往事重题		文人好事小报丛兴
第四回	通眉语秋娘生巧智	第十二回	报宿仇参谋遭暗杀
	托微波青鸟传密言		演新剧妓女发雌威
第五回	钟情客会心画阁	第十三回	优孟登场亦讽亦谏
	急色儿受辱通衢		斯文扫地为利为名
第六回	红粉自怜感怀薄命	第十四回	刻羽引商各怀目的
	绿草遍乞维护名花		环肥燕瘦独出心裁
第七回	蹈法罚锾公私莫辨	第十五回	阻行旌周郎情切切
	分朋树党晋楚争雄		停歌板谢女病恹恹
第八回	张党势巧组俱乐部	第十六回	轻薄儿饱享巨灵掌
	增声价代作感怀诗		颠狂女浪酬荡子情

第 十 七 回　李代桃僵似真似幻
　　　　　　口诛笔伐谁是谁非
第 十 八 回　无赖文人骗去锦袍一袭
　　　　　　有情眷属联将鸳侣双飞
第 十 九 回　官长肆威竟发煌煌禁令
　　　　　　妄人出丑偏为楚楚衣冠
第 二 十 回　绿怨红愁无可奈何花落去
　　　　　　粉香脂艳似曾相识燕归来
第二十一回　蹴以莲钩蜂狂蝶恋
　　　　　　伤将玉臂燕妒莺娇
第二十二回　低唱浅斟诗成即席
　　　　　　面红耳赤彩击当场
第二十三回　金尽床头书生落魄
　　　　　　羞贻堂上倩女离魂
第二十四回　投笔从戎男儿远戍
　　　　　　围炉射虎佳客伤时
第二十五回　异帜独嫖蛾眉善妒
　　　　　　同床各梦蛇足贻讥
第二十六回　白雪阳春美人重上寿
　　　　　　红颜薄命假母大施威
第二十七回　弱女含颦绮筵饮泣
　　　　　　伧奴肆恶暗室亏心
第二十八回　诉衷情顿释疑团
　　　　　　（缺）

第二十九回　选优伶非非作奇想
　　　　　　封王号赫赫晋荣衔
第 三 十 回　敲竹杠评剧家收监
　　　　　　捐木梢纨绔子被殴
第三十一回　捧角丧身美人落泪
　　　　　　借题溺职法吏丢官
第三十二回　读小诗伤心失鸳侣
　　　　　　明大义苦口劝檀郎
第三十三回　订兰盟深宵累慈母
　　　　　　悲薤露月夜吊坤伶
第三十四回　赌气争权议员失利
　　　　　　痴心妄想市侩现形
第三十五回　遇拆白荡妇受骗
　　　　　　失小星律师逃禅
第三十六回　调虎离山小施计策
　　　　　　引狼入室大起风波
第三十七回　破赌窟恶徒结局
　　　　　　入空门名妓下场
第三十八回　结发夫妻甘心毁约
　　　　　　沽名君子低首认亲
第三十九回　指点湖山才人传韵事
　　　　　　逍遥沪渎浪子陷穷途
第 四 十 回　云散风流临歧挥别泪
　　　　　　台空凤去搁笔结全书

山东女侠盗

　　武侠小说。戚饭牛著。上海百新书店。1933 年 7 月 2 版。4 册。15 万字。金一明作序 1 篇。插图 16 幅。共 40 回。

第 一 回　赏秋月部堂怀嗣
　　　　　赋小星金屋藏娇
第 二 回　得子去官从军湖广
　　　　　移家避寇侨寓金陵
第 三 回　负君恩奸臣误国
　　　　　得主尸义仆还乡
第 四 回　搬灵柩忠臣归葬
　　　　　设函丈名士训蒙
第 五 回　吴公子展才惊座客
　　　　　许先生试句爱神童
第 六 回　许孔昭托友说亲
　　　　　吴振宗冠军入泮
第 七 回　吴公子乡试抢元
　　　　　魏先生督衙就幕
第 八 回　听歪诗面嘲俗汉
　　　　　因罚酒巧遇娇娃
第 九 回　得遗巾吴瑞麟染病
　　　　　求仙方许秀英赠诗
第 十 回　秀英淫奔开绣阁
　　　　　瑞麟应试上京城
第十一回　遇豪侠逗留清江浦
　　　　　差勇士护送商家林
第十二回　通书信老英雄仗义
　　　　　问真情活阎王退兵
第十三回　吴瑞麟献宝假道
　　　　　窦二东怜才许婚
第十四回　郑总兵执柯逞舌辩
　　　　　吴公子入赘结良缘
第十五回　毕新婚嘉宾筹北上
　　　　　识大义遣女护东床
第十六回　吴瑞麟携眷赴礼闱

　　　　　高必正抢亲逢义士
第十七回　侠女施威警草寇
　　　　　盗魁怀恨劫行装
第十八回　黄草坝解元结义
　　　　　金雀山侠女遇仙
第十九回　窦玉虹贼巢奋勇
　　　　　关瑞麟相府下书
第二十回　金店念交归产业
　　　　　中堂受贿认门生
第二十一回　吴会元礼闱高捷
　　　　　　柳夫人屏后相攸
第二十二回　钱谦益倾心求快婿
　　　　　　窦玉虹慷慨慰夫君
第二十三回　天官府千金受聘
　　　　　　保和殿吉士抢元
第二十四回　双庆园阔少喝鼻烟
　　　　　　福临堂状元说笑话
第二十五回　老夫人昵爱汇巨金
　　　　　　薄幸郎忍心烧密信
第二十六回　新殿撰完姻穷侈靡
　　　　　　老天官嫁女竞奢华
第二十七回　闹新房恶少浪谑
　　　　　　奏官制权相营私
第二十八回　买菊花无意遇同乡
　　　　　　谈案情行贿救侠客
第二十九回　过重阳宴会赋诗词
　　　　　　承简命巡按临浙闽
第 三 十 回　金銮殿奏请中军官
　　　　　　仪凤山巧逢双侠士
第三十一回　老龙窝巡按被难
　　　　　　毒蛇峪义士擒匪

第三十二回　祭祖坟新巡按荣归
　　　　　卸家政太夫人休养

第三十三回　巡按署钦差接任
　　　　　抚部院寿母称觞

第三十四回　靖南王拜寿耀军威
　　　　　大中丞弄幛庆双喜

第三十五回　太夫人痛孙丧命
　　　　　大中丞起服升官

第三十六回　赐宝刀经略四省

　　　　　募蛋户计遣三军

第三十七回　破台兵全军受赏
　　　　　征山寇经略出师

第三十八回　问樵夫瑞麟得敌情
　　　　　焚山寨尚义擒贼帅

第三十九回　庆侯爵奸王赠妖女
　　　　　犯奸情恶奴首主人

第 四 十 回　戡破孽缘侠女潜逃
　　　　　彰明果报逆臣伏法

色　迷

社会小说。介北逸叟(戚饭牛)著。上海百新公司。1917 年 11 月初版。1 册。4.4 万字。杞忧老人作序 1 篇。骈骝题诗 2 首。大错题词 1 阕。插图 2 幅。共 14 章。

第一章　孽根
第二章　警梦
第三章　求婚
第四章　避乱
第五章　出洋
第六章　求学
第七章　访艳

第 八 章　入迷
第 九 章　被劫
第 十 章　感旧
第十一章　致疾
第十二章　问信
第十三章　遭险
第十四章　觉迷

摇头痴官

滑稽小说。野蛮编。时事报馆。出版时间不详。1 册。6 万字。共 16 回。

第一回　讲笑话发明著小说
　　　　捐功名保护吃官司
第二回　讼老师演说苟薇斋
　　　　花通判欢迎龙禄庆
第三回　龙禄庆维持姊妹花
　　　　阎桂生承认回头货
第四回　花之泽占领小姨妹
　　　　苟薇斋集会众亲朋
第五回　大老爷恐慌筹计策
　　　　小王八决裂返家乡
第六回　龙禄庆主持两条计
　　　　苟薇斋决议一同解
第七回　小襟兄宣讲落日史
　　　　老校役评议葛烈人
第八回　大抡花要挟吃洋烟
　　　　盛妆奁改良用寿器

第九回　美司事报效肆淫凶
　　　　老童生钻营遇拐骗
第十回　葛教习铺张宾主情
　　　　金经董裁判基地案
第十一回　闹新房热嘲余小一
　　　　　谈旧事冷评黄鳝鱼
第十二回　滑稽语研究结发典
　　　　　克薄人推广自治名
第十三回　调查员吓诈偿医药
　　　　　似寺长文明毁庙宇
第十四回　放气量甘心驮巨石
　　　　　示祥瑞特别击太阳
第十五回　色中魔脑海起空波
　　　　　意外变神经受大病
第十六回　葛教习侦探返棹由
　　　　　金大人调排抽薪计

香奁重暖记

哀情小说。啸无生著。上海博文印刷公司。1918 年 1 月。1 册。1.6 万字。未分章节。

二乔蜕恨

爱情小说。欸乃、晕霞女史著。人和小说社。1914 年 12 月初版。1 册。3.8 万字。醉睫、宁华魂、汝南序各 1 篇。清河女史题词 1 首。清河女史题诗 1 首。共 10 章。

第一章　赋丽　　　　　　　　第二章　奔丧

第三章　思楼
第四章　相询
第五章　永诀
第六章　履险

第七章　泄密
第八章　坠溷
第九章　谒衬
第十章　舍生

夜劫孤鸾

武侠小说。望素楼主著。上海励力出版社。1948 年 11 月初版。5册。53 万字。共 13 回。

第一集

第一回　黄卷青灯一朝酬素志
　　　　晓风残月千里赴官程
第二回　见色起心贪夜劫孤鸾
　　　　穷凶极恶中途诛老叟
第三回　爱民具赤心权门应势
　　　　怀亲睹旧物寿堂前仇

第二集

第一回　挟技论交武林呈豪气
　　　　牵针引线奸恶付官刑
第二回　志节不亏石中天毕命
　　　　机缘巧遇虚无师认徒
第三回　酬主恩名山探奇迹
　　　　报亲仇拦道控权奸

第三集

第一回　妒才能祸乱起中军
　　　　行侠义逍遥履长道
第二回　毁容明志夹道遇救星
　　　　患难联姻深宵来暴客

第四集

第一回　因愤设擂当场现奇丑
　　　　拥兵自重边地肆淫威
第二回　边地春光英雄大聚会
　　　　朝廷宽大权臣赐自裁
第三回　斗顽强英雄陷绝境
　　　　闻凶报枭帅举叛旗

第五集

第一回　隆恩起重臣奉使南天
　　　　大法悟奇女遨游四海
第二回　德服蛮荒苗酋归化
　　　　怨伸绝域元老回朝

胜 字 旗

长篇武侠小说。望素楼主著。上海励力出版社。1948 年 5 月初版。
共 12 册。66 万字。共 45 回。

第 一 回　显绝技群子弟受创
　　　　　证锦囊胜字旗匿影

第 二 回　故乡遭凌辱豪杰弃家
　　　　　逆旅降英雏良母谢世

第 三 回　喜记高门小姑娘得所
　　　　　欣逢故旧大英雄逃名

第 四 回　戏纸鸢郊外嬉邀游
　　　　　画凤鸟凌晨谒亲墓

第 五 回　操旧业江湖尚侠风
　　　　　访知交酒后斩妖道

第 六 回　恩缘相结小姑娘失踪
　　　　　怨毒深中鲍洪涛寻仇

第 七 回　变起中途丢失璧光剑
　　　　　珠还合浦精绣胜字旗

第 八 回　午夜松风侠士访道观
　　　　　中秋明月奇女警元凶

第 九 回　病榻重致词归真返璞
　　　　　郊原初试马认父归宗

第 十 回　辞严亲囊旗走双骑
　　　　　遇贼寇挥剑断连环

第十一回　绝技惊人老广慧出丑
　　　　　大义服众胜字旗称尊

第十二回　逆旅他乡游子谒侠客
　　　　　青林黑塞琴剑托知音

第十三回　荐西宾有意作曹邱
　　　　　鄙小人无心遭毒害

第十四回　夺王旗重违严亲志
　　　　　迁怪客难解个中情

第十五回　探虎穴赍夜识侠客
　　　　　投军营绝域立奇功

第十六回　反恩为仇杀情妇锒铛入狱
　　　　　以德报怨戕长官鸿飞冥冥

第十七回　奉师命重登关山道
　　　　　重侠情同访龙驹村

第十八回　嘉宾高会怜才思旧友
　　　　　萍水相逢奇技捉贼人

第十九回　哈得明生剥二总管
　　　　　贾迁春热宠小玲珑

第 二 十 回　扫穴犁庭元凶无复逃罗网
　　　　　　烛奸照恶大会恢弘折狱才

第二十一回　瞻旗拜府贤劳独勤苦
　　　　　　惊艳悼亡恩怨未分明

第二十二回　关山履远道胜字旗飘扬塞
　　　　　　上风
　　　　　　雪夜失元凶星纹剑挥断莲
　　　　　　花雨

第二十三回　延上宾复启中离门
　　　　　　驯猛兽扬威四平坡

第二十四回　海国城雨凶伏诛
　　　　　　郭公镇双英结友

第二十五回　兄妹恩情深窦中书不违慈
　　　　　　母志
　　　　　　新郎难入选小姑娘代解严
　　　　　　课题

第二十六回　斗胜争强惨败逃尘网
　　　　　　坚心苦志至诚结仙缘

第二十七回　乐谱六英玉楼清界参师长
　　　　　　剑假昆吾海天月夜斩鲛人

第二十八回　美人天上来无心作嫁
　　　　　　丑女夜半至恃妒行凶

第二十九回　折冲心高限日追寻金秘返
　　　　　　图功志切死犹夺得锦旗归

第 三 十 回　狼子野心争艳忘旧友
　　　　　　莽夫大意涉险丧残生

第三十一回　履险探贼巢急迫仇敌得
　　　　　　奇士
　　　　　　临深取贡宝平添助力赖
　　　　　　明珠

第三十二回　具报陈情恳辞征庸恩
　　　　　　造因成果巧合鸳鸯谱

第三十三回　忆旧恨重述苦竹坪
　　　　　　宴新婚饱尝闭门羹

第三十四回　两袖清风遗爱永留召伯憩
　　　　　　一官归去长途写出塞驴诗

第三十五回　轻听恶人言妄逞意气
　　　　　　连遭奇耻辱无限伤心

第三十六回　山中警莽夫志切追寻阿
　　　　　　爷去
　　　　　　海外迁奇迹有人自道娘
　　　　　　亲来

第三十七回　深山拜父母平生愿慰
　　　　　　绝域迁奇人忘年论交

第三十八回　义气千秋壮仗剑诛妖得偕
　　　　　　仙侣
　　　　　　兄仇一旦报烧山放火劫应
　　　　　　群生

第三十九回　杀机伤造物拼将身命应
　　　　　　尘劫
　　　　　　大德论生元参成功果证
　　　　　　夙缘

第 四 十 回　补恨填愁入幻境聊慰结
　　　　　　发情
　　　　　　将真作假迁奇缘不变平
　　　　　　生志

第四十一回　灵光毕现欢迎忘形友
　　　　　　人月双圆喜产宁馨儿

第四十二回　流辉阁赠言启慧因
　　　　　　万松岩谒墓遭警变

第四十三回　卷土重来一败再败
　　　　　　铭碑志过辄复三思

第四十四回　故乡风景异履长途无心逢
　　　　　　旧雨
　　　　　　高第华筵张展空手奇技警
　　　　　　冥顽

第四十五回　小公爵想思中颠狂
　　　　　　奇少年绝技警官府

情海风波

言情小说。梁凤楼著。上海海左书局。1925 年 6 月初版。1 册。3.3
万字。顽石生作序 1 篇。共 28 章。

第 一 章	月下箫声	第 十 五 章	深情密谈
第 二 章	武夫逞威	第 十 六 章	倾吐肺腑
第 三 章	当筵一曲	第 十 七 章	疑谢媒人
第 四 章	忽惹新愁	第 十 八 章	全家被难
第 五 章	箫声凄咽	第 十 九 章	追念身世
第 六 章	伤心热泪	第 二 十 章	大仇昭雪
第 七 章	铁骨冰心	第二十一章	途遇强梁
第 八 章	悲叹身世	第二十二章	同探故塚
第 九 章	往事重提	第二十三章	收埋遗骸
第 十 章	不堪回首	第二十四章	墓前晕厥
第十一章	斗唇争舌	第二十五章	缠绵病体
第十二章	铁心意转	第二十六章	郎心伤矣
第十三章	深闺细诉	第二十七章	遽反太虚
第十四章	情海重波	第二十八章	春香顺节

镜花水月

言情小说。梁秉奇著。出版单位不详。1934 年 6 月初版。4 册。21
万字。张韶仙、许登如、梁回作序各 1 篇。自序 1 篇。共 20 回。

第一回	赏花卉水榭逢故友		执教席课堂喜重逢
	献谄媚俗客遭奇殃	第三回	阿堵来聊作章台客
第二回	归车中倚坐惊绝艳		飞蚨去屈就大碗居

第 四 回　汪小奎首次建奇谈
　　　　　林疏竹灯下效舌耕

第 五 回　赛网球双局频败北
　　　　　卧病榻一语感知音

第 六 回　有心人娇赠鲜花礼
　　　　　老乡愚午夜叩朱门

第 七 回　憩园亭乡愚谈往事
　　　　　惊妙曲座客赞优令

第 八 回　感君情益增闺房乐
　　　　　却欢筵详述毕业苦

第 九 回　汪小奎二次建奇谈
　　　　　陈东山首创废考论

第 十 回　扰清溪惊羡浣衣女
　　　　　悲妙喻哭比唐圣僧

第十一回　罗汉堂绮语动人怜
　　　　　毛毛雨殷勤阻客行

第十二回　汪小奎三次建奇谈

第十三回　林疏竹站台悲落寞
　　　　　银灯前最是睫毛美
　　　　　正名后从此一家人

第十四回　小四儿侈谈腌臜事
　　　　　风尘客无异淫书生

第十五回　闻喜讯故人膺县令
　　　　　苦攻读霪雨侵书斋

第十六回　马敬之口述堕落史
　　　　　叶安人预置新衣奖

第十七回　归途中横受霪雨欺
　　　　　不眠夜深感美人怜

第十八回　憨娇女软语欺阿母
　　　　　懒书生恬效腾文公

第十九回　汪小奎妙语赞银娃
　　　　　吴大士勇作绿衣人

第二十回　多情女空培镜花果
　　　　　痴书生身殉水月缘

打　单

秘密社会实事小说。梁犰(博陵居士)著。小说丛报社。1917 年 2 月初版。1 册。6.7 万字。共 30 章。

第 一 章　开端绪述

第 二 章　一隅之方士

第 三 章　要古之二堂

第 四 章　一哄之市

第 五 章　典商

第 六 章　琴音与归客

第 七 章　茶楼之虚惊

第 八 章　道语

第 九 章　叙大厅

第 十 章　打单与掳勒

第十一章　孤愤乎至言乎

第十二章　村人

第十三章　纪乡议

第十四章　群情

第十五章　赍书

第十六章　千五百元

第十七章　一夕语

第十八章　商隐

第十九章　荔枝罇酒折冲谈

第二十章　居然赍得锦囊归

第二十一章　出发

第二十二章　初晤

第二十三章　双枭入彀

第二十四章　惊耗

第二十五章　夙兴

第二十六章　气折群獠

第二十七章　顽石点头

第二十八章　乱世聊买一朝安

第二十九章　沪北之清谈

第三十章　例言

昙花情侣

短篇言情小说。梁溪飘萍著。上海醒民书局。1936 年 1 月初版。1 册。3.3 万字。共 7 篇。

一　昙花情侣

二　可怜她

三　还我清白

四　薄命

五　私奔的先锋队

六　她是雌儿中的健将

七　思潮中的云妹

情天绮语

社会小说。情禅室主辑。上海交通图书馆。出版时间不详。1 册。9.4 万字。庄病骸序 2 篇。共 52 篇。

林琴南　　春雯

香山无我　　吴生

铎　　馨儿

阙名　　王孙

　　　　谭生

小情种

某生

王翠翘

盗妹

血影

	佛殿鸳鸯	逸梅	紫鹃
	阿凤	市隐	桂银
	玉莲	拜吾	同命鸳鸯
王韬	鹦媒记	梦生	周鹃
	柔珠	德润	蕊玉
	鬟仙	天马	娟娟
	玉笋生		绣琴
	绿芸	黄花奴	苗女
	眉修	庄其黄	陈某
车心	荟英	禹甸	袭英
龋僧	小说家	酒丐	朱素芳
雪泥	朝云	傅钝根	赛绿江
闰生	憨女	生入	钱卓林
武神	林素芬	李蝶庄	芸孃
李警众	郑芝兰		王生
铁儿	错缘	亦僧	贵胄血
剑峰	桂儿	罗韦士	玉霞
佩兰	柳枝		盲生
庞檗子	恋敌交欢		焚券
胡寄尘	陈雨闻	无愁	阿翠
	崔素杜鹃	天逸倦鹤	梅仙

剑骨琴心

长篇武侠小说。惜红馆主著。出版单位不详。1929 年 8 月版。6 册。49.3 万字。序 1 篇。总评 1 篇。插图 100 幅。共 100 回。

第一回	路极避嫌真君子		脱水厄一女喜重逢
	情疏气走恶僧人	第三回	感深恩劫后托终身
第二回	遇风波同舟难共济		明大体佛前请结义

第 四 回　无情反觉更多情
　　　　　喜剧无端变恶剧

第 五 回　秃颅作法自焚身
　　　　　弱女逢凶幸脱祸

第 六 回　父女相逢恍如隔世
　　　　　夫妻知感恳挚留宾

第 七 回　送铺程感德难忘
　　　　　共枕席坐怀不乱

第 八 回　好事是真偏是幻
　　　　　别情半苦又半甜

第 九 回　大舅专心习武艺
　　　　　莽夫厮打遇知交

第 十 回　星士胡言当场出丑
　　　　　英雄赶路擒盗扬威

第十一回　净土翻成孽海
　　　　　绿林喜得英才

第十二回　离盗窟从头诉往事
　　　　　返家园奉命访彼妹

第十三回　徒使奇谋难藏事
　　　　　枉称铁腿竟无能

第十四回　遭劫数玉树共摧残
　　　　　了凡心头陀大解脱

第十五回　别后门庭殊冷落
　　　　　病中情绪太缠绵

第十六回　女华佗指到春回
　　　　　僧超凡人亡药在

第十七回　病榻昏沉痴郎感情婢
　　　　　官衙黑暗猾吏诈英雄

第十八回　拒官长烈士膝如金
　　　　　验贞操女儿身似玉

第十九回　恶讼师技穷露丑态

　　　　　贤大尹破格礼英豪

第 二 十 回　医天花急救犯嫌疑
　　　　　　闹龙舟卖解献绝技

第二十一回　娇娃走软索神术惊人
　　　　　　丹药失奇功良医束手

第二十二回　论解法热忱救急病
　　　　　　午铜屏独手运神功

第二十三回　走京师客途逢知己
　　　　　　摆擂台力士发狂言

第二十四回　卖解女打擂遇邪术
　　　　　　大英雄援手作冰人

第二十五回　空囊如洗北上无颜
　　　　　　平地风波奴才仗势

第二十六回　洛宁城两贤结拜
　　　　　　聚义厅群虎款宾

第二十七回　巧相逢遣人探消息
　　　　　　难取信闻语启疑心

第二十八回　荡渔船侠女赚人妖
　　　　　　换纱裙贞娘出虎穴

第二十九回　假尼姑月下诉真情
　　　　　　老比邱客中护逃犯

第 三 十 回　刁丫头饶舌二美招灾
　　　　　　穷夫妇得金六神无主

第三十一回　成公子着意偷香
　　　　　　尤琴姐碎诗明志

第三十二回　狮吼一声公子丧胆
　　　　　　鸟翻百舌姨娘进谗

第三十三回　服春药香消玉殒
　　　　　　惹情痴口是心非

第三十四回　知羞恶魂销鸾带
　　　　　　受惊恐病遭蜂媒

第三十五回　大妇怀夙怨谁能遣此
　　　　　　四嫂说风情不亦乐乎

第三十六回　疑云疑雨妙舌灿莲花
　　　　　　胡帝胡天凶音传警电

第三十七回　痴公子余痛悔前情
　　　　　　恶道人烧符惹冤鬼

第三十八回　赴清流绝处逢生
　　　　　　多苦厄重行遇难

第三十九回　全节烈娇娃出火坑
　　　　　　感身世命薄叹红颜

第 四 十 回　女神童当廷救义士
　　　　　　小典史纵役锁京官

第四十一回　灭门令尹暗使杀人心
　　　　　　待字闺媛重染相思病

第四十二回　病骨支离璇闺怀凤侣
　　　　　　红光掩映雪夜诞麟儿

第四十三回　千里逢迎主宾聚会
　　　　　　一门喜庆妻妾团圆

第四十四回　感深恩情痴挥热泪
　　　　　　怜弱质慰劝见慈心

第四十五回　戚玉珠肠断泪洒笺
　　　　　　周珮君喜服胎安药

第四十六回　弄蹊跷祀神选舞女
　　　　　　使狡狯大妇作新郎

第四十七回　鸾声凤和床笫无私
　　　　　　剑影刀光英雄本色

第四十八回　刀飞血溅四大归空
　　　　　　酒绿灯红群英聚首

第四十九回　摆阵图十步成灰烬
　　　　　　散毒药寸草杀龙驹

第 五 十 回　漫天撒飞网幸兑鸿离

　　　　　　蓦地起腥风险膏虎吻

第五十一回　恶僧道扑火自烧身
　　　　　　女豪杰煅批留配犯

第五十二回　萍水相逢英雄结契
　　　　　　命理胡诌婆媳腾欢

第五十三回　甜吟蜜咏美女情怀
　　　　　　裯冷衾单新郎惆怅

第五十四回　病榻怀春为郎憔悴
　　　　　　浊流饮恨愧我风尘

第五十五回　入候门美人守贞节
　　　　　　盗令箭婆媳脱藩笼

第五十六回　看供词千秋表节
　　　　　　宣偈语一佛涅槃

第五十七回　揭开黑幕燕语莺啼
　　　　　　踢破玉笼龙争虎斗

第五十八回　伤重身死玉瘗香埋
　　　　　　劫后余生郎痴妾爱

第五十九回　赛如意舍身报德
　　　　　　朱玲儿曲意允婚

第 六 十 回　血泪洒红笺痴情如醉
　　　　　　丹丸易紫脸妙计偏工

第六十一回　穷知县遇要钱太监
　　　　　　恶讼棍陷待罪生员

第六十二回　软玉温香小星在户
　　　　　　降妖捉怪异物怀恩

第六十三回　和尚变尼姑别开生面
　　　　　　英雄识好汉永缔神交

第六十四回　蓦地起波澜风生草木
　　　　　　互乡播恶俗香袭烟花

第六十五回　除淫神剑气干云
　　　　　　戮恶道冤魂出世

第六十六回　豪士贪杯失身落坑堑
　　　　　　侠女仗义飞壁劫英雄

第六十七回　责大义侠女动尘缘
　　　　　　重迷信船家说神话

第六十八回　划石橙朱明试刀
　　　　　　问根低隐娘作伐

第六十九回　定计劝樽酒灌醉新郎
　　　　　　孟娘系赤绳难为淑女

第 七 十 回　痛余痕娇娃自尽
　　　　　　剖奇冤女鬼陈情

第七十一回　英雄聚首有女寄螟蛉
　　　　　　月老多情劝人成家室

第七十二回　相机行事神算无差
　　　　　　纳采定婚佳期在迩

第七十三回　护龙岛剑娘行刺
　　　　　　飞虎寨血丐联姻

第七十四回　锦帐飞符三军争效命
　　　　　　红旗报捷众志克成城

第七十五回　探隐衷姊妹得和谐
　　　　　　怀旧恩英雄明肝胆

第七十六回　吐火吞刀幻民传异术
　　　　　　掀风作浪老蚌负扁舟

第七十七回　梦入华胥美人似玉
　　　　　　春生锦被粉面如荷

第七十八回　施妙术复活燕飞来
　　　　　　奉钧令悄探锦衣府

第七十九回　恶贯满盈苗政入狱
　　　　　　供证确凿左孝锄奸

第 八 十 回　狐假虎威苗人欺旅客
　　　　　　子顶父职巡检摆威风

第八十一回　孽种族紊乱血统
　　　　　　怪风俗颠倒婚姻

第八十二回　恶道人邪术感英雄
　　　　　　奇男子唾沫灭妖法

第八十三回　过路旅客作识途老马
　　　　　　当世良医有起死金丹

第八十四回　两雄握手贫贱缔交
　　　　　　一虎当山神力耀武

第八十五回　葵花峒平侠求医
　　　　　　玉壶天兰哥染病

第八十六回　青囊异术着手成春
　　　　　　南国佳人相思若渴

第八十七回　慧篁姑痴心怀侣凤
　　　　　　勇虎儿使性打良医

第八十八回　梦魂颠倒古庙遇贞娘
　　　　　　山谷蓉回洞天识神虎

第八十九回　诚可通灵贞猿谈峒势
　　　　　　事由前定石女侍衾稠

第 九 十 回　赤身峒毒龙肆淫威
　　　　　　虎弥山灵虎救奇士

第九十一回　枕席温存恩情深似海
　　　　　　珠玉作配倚梦暖于春

第九十二回　下蛊毒鬼蜮含沙
　　　　　　觅神医英雄落难

第九十三回　七蛊忽攻心险遭毒手
　　　　　　千日不解带感激深恩

第九十四回　用私刑激怒王夫人
　　　　　　杀校尉大闹丰城县

第九十五回　伟大夫孤身平匪乱
　　　　　　侠男儿胁力克苗强

第九十六回　落陷坑枭雄丧胆
　　　　　　张罗网毒蟒伤身

第九十七回　杯弓蛇影军事嫌疑
　　　　　　月谢瑶台玉人生活
第九十八回　寸衷怅惘儿女情长
　　　　　　战血模糊风云气壮

第九十九回　朱元帅统兵除寇乱
　　　　　　红孩儿杀阵种情花
第 一 百 回　急流勇退壮志赋归来
　　　　　　桂馥兰芬多情成眷属

续啼笑因缘

社会言情小说。惜红馆主著。上海小说林。1932 年 12 月版。1 册。24.5 万字。自序 1 篇。共 38 回。

第一回　妙计拯书生女情父侠
　　　　春光盈锦帐花好月圆
第二回　惊心谈侠士挥泪如珠
　　　　回首忆前尘守身似玉
第三回　玉洁冰清感情联翁婿
　　　　金迷纸醉合苕艳京华
第四回　因缘成嘉偶台阁生春
　　　　伉俪赴名园朋侪满座
第五回　含情脉脉天意遇彼姝
　　　　丽影双双鞠躬赡老母
第六回　兴尽悲来伤心谈往事
　　　　酒酣耳热豪兴发长歌
第七回　白雪点寒林无边景物
　　　　清波流幽韵难写心怀
第八回　蓦地相逢英雄空跋涉
　　　　黯然诀别儿女倍凄凉
第九回　局外听余音忧心似醉
　　　　津门传雅号极品为尊
第十回　誉出无心赧颜惊博学
　　　　客来不速握手道离情

第十一回　未免有情霞杯泛醇醴
　　　　　那知是梦绣榻忆丰神
第十二回　如梦亦如烟幻思顿觉
　　　　　疑真还疑假芳躅徒劳
第十三回　顾影自怜深闺增寂寞
　　　　　隐衷若揭雅座话缠绵
第十四回　流水高山知音今日遇
　　　　　提心吊胆幻梦几时休
第十五回　旅邸遇新知情怀碌碌
　　　　　孤灯谈旧雨绮恨绵绵
第十六回　起死回生古人不足拟
　　　　　伤离怨别浪子虚此行
第十七回　倩女情多托名访闺友
　　　　　秋娘肠断相遇泣穷途
第十八回　柳絮落风尘王嫱再世
　　　　　桃花留馆阁崔护重来
第十九回　多病多愁身痴心误认
　　　　　有恩有义客曲意垂怜
第二十回　肺腑难猜无端施雨露
　　　　　心神震骇平地起风波

第二十一回　惨目伤心佳人非本色
　　　　　　怜香惜玉名将自风流

第二十二回　今日幸登临回思往日
　　　　　　此生难晤见预卜来生

第二十三回　异想天开图圆皇帝梦
　　　　　　凶蛮似虎竟闯病人房

第二十四回　屈膝受淫威痛心曷极
　　　　　　无辜遭惨戮饮恨难穷

第二十五回　慑魄消魂巨灾生意外
　　　　　　反忧为喜大难化当前

第二十六回　豪侠行仁施恩不望报
　　　　　　奸邪受创有苦也难言

第二十七回　沧海变桑田不堪回首
　　　　　　同床感异梦难以慰情

第二十八回　消息传来津门探叔病
　　　　　　神情活现绣闱发坤威

第二十九回　欲耐又难堪思潮起伏
　　　　　　有言偏不语情致缠绵

第 三 十 回　机密共商量相倾肝胆
　　　　　　衷情微透露别具心胸

第三十一回　情海生波热心逢冷面
　　　　　　爱河息浪仇怨忽亲家

第三十二回　海誓山盟慰情联密约
　　　　　　心长计绌孤意闹离婚

第三十三回　即日演离文福无双至
　　　　　　连宵逃法网祸不单行

第三十四回　一纸见真情两心相印
　　　　　　经年劳给养千古同钦

第三十五回　薄命叹红颜昔非今是
　　　　　　存心张黑幕后果前因

第三十六回　聚散本无常浮生若梦
　　　　　　笑啼都不是相见成痴

第三十七回　喜气融融因缘原是巧
　　　　　　悲心戚戚忧乐自相倚

第三十八回　夫妇一心奔波华北道
　　　　　　反啼为笑魂绕紫阳岗

尼姑小传

惜花生撰。上海小说进步社。1918 年 2 月再版。2 册。5.3 万字。苕溪散人序 1 篇。坚匏、墨禅题词各 1 首。照片 11 幅。共 51 则。

一　杭州慈渡庵某氏女

二　杭州水月庵普航

三　杭州观音庵净尘

四　杭州木庵云林

五　嘉兴西庵秀文

六　嘉兴观音堂清全

七　嘉兴南庵净芳

八　嘉兴南庵小芸

九　嘉兴桂林庵月轮

十　嘉兴法云庵珠姑玉姑

十一　嘉善荷花楼顺宝

十二　王江泾瑞华庵小宝

十三	南浔太君庵松筠	三十三	盛泽白庙喜贞
十四	南浔大悲庵桂卿	三十四	盛泽净明庵小金
十五	南浔大悲庵阿洪	三十五	盛泽净明庵天锦
十六	南浔无疆庵隐秀	三十六	盛泽大悲庵天生
十七	南浔无疆庵妙缘	三十七	平望雨珠庵莲因
十八	南浔无疆庵阿香	三十八	梨里女贞庵爱金
十九	南浔无疆庵玉儿	三十九	梨里万寿庵双喜
二十	南浔园界庵法禅	四十	震泽新庵连生
二十一	南浔无疆庵四喜	四十一	震泽新庵玉宝
二十二	苏州染香庵松月	四十二	震泽老太庙阿文阿祯
二十三	苏州如意庵阿玉	四十三	震泽老太堂宝缘
二十四	苏州凤池庵小馥	四十四	金陵茶庵文漪
二十五	苏州吉祥庵三小姐	四十五	扬州明月庵诚修
二十六	苏州净莲庵某故绅妾	四十六	徐州延寿庵善云
二十七	无锡真如庵理贞	四十七	海州百子庵守先
二十八	无锡净绿山庄胜荷	四十八	上海净修庵兰英
二十九	洞庭山湘公庵阿巧	四十九	石港鱼湾静舍柳禅
三十	洞庭山湘公庵妙云爱宝	五十	木渎万寿庵松泉
三十一	洞庭山观音庵佛如	五十一	高淳青莲庵谷姓少妇
三十二	盛泽大悲庵顺宝		

红粉英雄

社会小说。彭云上著。上海芳记书局。出版时间不详。2 册。5.1 万字。周瘦鹃序 1 篇。自序 1 篇。共 20 回。

第一回	老国民痛洒伤时泪 小义士怒打不平拳	第三回	丑匹夫偏多丑历史 美如玉却少美姻缘
第二回	无心遇艳色鬼相思 束手成禽佳儿有志	第四回	纤纤弱质领袖群雄 款款深情倾倒彼美

第 五 回　诡计三番徒劳梦想
　　　　　幸逃一死再逞奸谋

第 六 回　血染长街眦睚酿祸
　　　　　情斟子夜孝义斯全

第 七 回　持爱宠妖姬多撒泼
　　　　　痛儿女慈母几牵肠

第 八 回　凤集兰闺宛规痴婢
　　　　　麟游柳巷笑骋轻车

第 九 回　奈何天里花好月圆
　　　　　鬼蜮阵中魄迷魂醉

第 十 回　弹雨横飞小厮受创
　　　　　忠言直谏公子逃生

第十一回　老头儿尝铁窗风味
　　　　　总司令得金屋佳人

第十二回　惆怅无家侯门似海
　　　　　迢遥去国东壁观光

第十三回　衾角谁温良宵虚度
　　　　　镜中人影归梦无踪

第十四回　刘国舅承恩初赐姓
　　　　　孟参军冒死再陈辞

第十五回　戎马干戈居然不死
　　　　　乾坤日月真是如浮

第十六回　吃官司富翁倾旧业
　　　　　惊噩耗侠女染沉疴

第十七回　密谋三窟老权献计
　　　　　别树一帜孺子成名

第十八回　抒肺腑汪汪珠坠泪
　　　　　递眉眼寂寂鬼成胎

第十九回　官役纷纷追随豪士
　　　　　忠仆咄咄空哭主人

第二十回　是假儿女乃真英雄
　　　　　遭大危难作小结束

烽火啼鹃

社会小说。董云裳著。上海校经山房书局。1934 年 7 月版。3 册。15.6 万字。照片 4 幅。黄曼倩、华骧、华忆骧小影各 1 帧。云裳题曼倩、华骧、忆骧各 1 首。胡憨珠、金雄白、柴骋陆、张良朔题词各 1 首。顽叟题烽火啼鹃本事七古 1 首。徐卓呆序 1 篇。自序 1 篇。插图 40 幅。共 40 回。

第一回　离妇悲伤深宵垂血泪
　　　　雏鬟明慧妙语解人颐

第二回　拍掌狂呼奇僧能爱国
　　　　叩头虔礼古佛似通灵

第三回　月下悲歌三军同感泣
　　　　营前细诉一往最情深

第四回　匍匐再攀辕凄然洒泪
　　　　激昂同杀敌快哉酬怀

第五回　思深成噩梦夜半娇啼
　　　　痛极诵长诗闺中决志

第六回　莫辨雌雄从戎偿素愿
　　　　难言恩怨撕柬问青天

第 七 回　广蓄娈童大言斥师傅
　　　　　甘为傀儡当众辱娇妻

第 八 回　晋祝万寿入宫嗟薄命
　　　　　投赠双弹出关试登台

第 九 回　壕中探消息乍喜乍惊
　　　　　袋内得片书难啼难笑

第 十 回　水尽山穷壮士失归路
　　　　　花明柳暗异客指迷津

第十一回　蜗角螺居乡姆惊令客
　　　　　指天划地遁世示玄机

第十二回　跳跃惊奇能老夫岂耄
　　　　　奔驰叹绝技童子其神

第十三回　崎岖山路积雪坠深岩
　　　　　侠义肝肠缘绳出冷窖

第十四回　妖媚多姿落花深有意
　　　　　正诚寡语流水终无情

第十五回　心旌摇曳一发系千钧
　　　　　脑海清澄片念驱诸欲

第十六回　逾墙潜逃情网自解脱
　　　　　展函叹息爱丝犹牵连

第十七回　夜色苍茫匆遽投黑店
　　　　　中心忐忑细诉剖丹枕

第十八回　畲夜除奸裂眦兼怒目
　　　　　清晨赶道策马更扬鞭

第十九回　优渥有加童子惊光宠
　　　　　推崇备至将军笑谦辞

第二十回　暗地祝平安自悲身世
　　　　　望夫聆危险深痛心神

第二十一回　托妹托姨此心早暗合
　　　　　　誓天誓日矢志弗违渝

第二十二回　巨弹丢来死生各有命

第二十三回　三军远去离合本无常
　　　　　　对面岂无言含情脉脉

第二十四回　追踪嗟乏术睹状皇皇
　　　　　　会攻难实现何以解嘲

第二十五回　独力岂能支聊为自慰
　　　　　　临电激昂封臂且喋血

第二十六回　围城奋勇枵腹又无眠
　　　　　　民众有何辜竟为瓮鳌

第二十七回　逆奸岂无惧甘作釜鱼
　　　　　　逆贼纵淫被污逾千百

第二十八回　名媛真殆受辱系刹那
　　　　　　不畏强暴烈妇誓捐躯

第二十九回　深愤枭淫贼酋几授首
　　　　　　触目惊心羞同为女子

第 三 十 回　剖肝析胆愧煞众须眉
　　　　　　赤血洒疆场受伤入院

第三十一回　痛心倒病榻细诉出神
　　　　　　遥传战报平地一声雷

第三十二回　梦诵家书呼天千行泪
　　　　　　转送兴安芳心惊复喜

第三十三回　彷徨病榻壮怀疑又悲
　　　　　　抚视伤痕落泪且流血

第三十四回　抨敲床柱怨天亦尤人
　　　　　　病榻修家书三事问妹

第三十五回　军营吟诗句两语慰卿
　　　　　　畲夜出征娇啼嘱珍重

第三十六回　清晨破敌长啸喜康宁
　　　　　　山鸣谷应将军独悲号

第三十七回　鬼哭神惊伉俪相对泣
　　　　　　率师退俄境国事休焉
　　　　　　抱首殉疆场此身已矣

第三十八回　老妇悲伤痴狂摔神像
　　　　　　小姨憧憬惘昧读姊函
第三十九回　遗书哀感将军投袂起

第 四 十 回　往事追维童子含泪悲
　　　　　　深情寄梦幻寡鹄怀思
　　　　　　浅语痛心脾嫠妇谢世

义侠惊奇录

长篇武侠小说。董荫狐著。流云出版社。1947 年 5 月再版。3 册。29.5 万字。共 10 回。

第一回　红鸾照命玉面侠巧订良缘
　　　　白虎当头紫衣僧强施恶化
第二回　飞剑横空触目惊心求授受
　　　　神镖破敌轰雷掣电辨高低
第三回　古庙深宵演出重重怪事
　　　　剑锋字迹逐出衮衮贪官
第四回　摆擂示威金毛吼受辱
　　　　仗义被困玉面侠解围
第五回　当场献艺巧服碧眼昆仑
　　　　狭路逢仇智赚金面太岁

第六回　大展神通强梁俯首
　　　　小施游戏豪杰惊心
第七回　公子爱娇娘不惜千金赌采
　　　　凶僧剚孕妇翻成一命归阴
第八回　窃镖银英雌施报复
　　　　偷玉鼠大盗显神通
第九回　提署下警告电掣雷轰
　　　　镖局决雌雄龙争虎斗
第十回　劈手解重围巧制白斑猛虎
　　　　惊心成两败再赢赤目飞龙

案中奇案

民间小说。清代三大冤狱之一。董荫狐著。上海百新书店。出版时间不详。共 2 册。12.75 万字。共 18 章。

第一章　元旦日之暗杀案
第二章　一怒而捕僧人
第三章　再怒而捕屠户
第四章　片言自示杀机

第五章　威逼下之证人
第六章　保甲局审讯之经过
第七章　构成冤狱
第八章　皎日难照覆盆

第 九 章　行刑前之遗嘱

第 十 章　异梦示兆

第十一章　破案前之草蛇灰线

第十二章　诱供引出奇供

第十三章　花牌命案之真相

第十四章　案情大白之后梗阻

第十五章　递诉呈枉费心机

第十六章　报师仇买折弹参

第十七章　访同年钦差侦案情

第十八章　天网难逃

新新外史

社会小说。董濯缨著。天津益世印字馆。1926 年 4 月初版。4 册。
30.1 万字。自序 1 篇。何懒云、曹鸿年、许世昌、吴英华、杨德懋、边汉民、
陶钧荷序各 1 篇。共 28 回。

第 一 回　谈气运学究具先知
　　　　　昐功名村翁训爱子

第 二 回　饮血酒共入同盟会
　　　　　剪发辫大闹公使馆

第 三 回　讲平等亲父称愚弟
　　　　　论发财使女胜名娼

第 四 回　美人计金国安入套
　　　　　铁血团徐天麒主盟

第 五 回　逞威风丧心洋进士
　　　　　奋羽翮投足法兰西

第 六 回　习庭参夫人帮演礼
　　　　　闹官派仆役错应声

第 七 回　擢优差学生登仕版
　　　　　传懿旨国戚请财神

第 八 回　开门纳五千万金寿礼
　　　　　挥手停四十八镇军操

第 九 回　大钦差覆旨进谗言
　　　　　贝子爷失仪招奇辱

第 十 回　怕刺客乔装回祖国
　　　　　被拘囚患难遇良朋

第十一回　纨绔子三月滞津门
　　　　　铁血团二次开会议

第十二回　外廊营祖孙大激战
　　　　　宗人府父子喜相逢

第十三回　遇荒旱老父乞哀怜
　　　　　传书信阍人遭申斥

第十四回　遇故人同床惊噩梦
　　　　　眷爱妓得电匿亲丧

第十五回　走汉阳美人敲竹杠
　　　　　滞郑州大盗劫金钱

第十六回　护宝瓶贡生遭奇祸
　　　　　别慈母孝子走天涯

第十七回　少林寺中名师授技
　　　　　瓦岗山上义士联盟

第十八回　假钦差报仇施妙计
　　　　　真对头丧命失多金

第 十 九 回	冒充观察沪上骗娇妻	第二十四回	烈士三枪只身酬祖国
	识破行藏途中谈革命		神父数语热泪洒天涯
第 二 十 回	徐天麒捐官求仕宦	第二十五回	铭中丞被刺滕王阁
	谢倩云报恨学貂蝉		徐烈士殉义南昌城
第二十一回	墨宝牵丝佳人欵佳士	第二十六回	老伶工得宠装宋江
	中丞作伐才女配才郎		大皇帝失时哭刘备
第二十二回	练陆军士卒同甘苦	第二十七回	海关纳贿昏夜乞怜
	打土匪观察立功名		盐政被参病床谢过
第二十三回	蓝田玉私奔长春府	第二十八回	皇太后下诏访名医
	安大本匿迹哈尔滨		穷秀才得时充上客

水底鸳鸯

言情小说。蒋景缄著。上海文明书局。1924 年 1 月。1 册。2 万字。提要 1 篇。共 12 章。

身 外 身

怪异小说。蒋景缄著。上海文明书局。1915 年 7 月版。1 册。3.2 万字。本书提要 1 篇。共 30 回。

第一回	述奇疾回忆梦中天	第五回	不速客冲破娘子军
	谈富豪忽逢身外我		老渴羌倾倒新醅酒
第二回	引迷津藤林供向导	第六回	悟当前沧桑过眼
	凑病名医士话伤寒		贪渴睡蠢仆抱关
第三回	道义硁硁春风不度	第七回	疑雨疑云故卢重返
	群雌粥粥妒焰初张		非人非我病榻相逢
第四回	簿计珠盘可儿肆谑	第八回	醒离魂生平历历
	笑风涕雨慧婢投怀		倾别愫情话浓浓

第 九 回　闷葫芦鸳鸯甘独宿
　　　　　暌琴瑟鸿鹄悔雄飞

第 十 回　惊异术沧海惧横流
　　　　　开幻境倾樽施狡狯

第十一回　貌合神离独悲远适
　　　　　医来病起又讲临床

第十二回　惊白足当门魂飞域外
　　　　　说霞膏身世神往宫中

第十三回　膏沐一施黑人出世
　　　　　义旗大举彩胜迎风

第十四回　诋虚文雌儿横议
　　　　　谈烟禁火谎惊人

第十五回　检庄票大盗不弯弧
　　　　　泛清波同舟欣共济

第十六回　议员觥觎苍生莫问
　　　　　旧游历历故我难逢

第十七回　隔院闻歌功同谈虎
　　　　　柔荑着颊气欲吞牛

第十八回　飞行机簌簌翻新
　　　　　漫游队星联璧合

第十九回　受压力痛哭莲饷
　　　　　舞长袖贻笑嫒嫘

第二十回　路世登云轻装减从
　　　　　人尤及地一发千钧

第二十一回　听水听风重洋刊涉
　　　　　　驱鳄驱鸟比附生新

第二十二回　大鸟成群楚歌迭起
　　　　　　回光返照灵镜忽疲

第二十三回　电话翻新施脚力
　　　　　　羽衣冲举驾飞机

第二十四回　小中华追陈祖德
　　　　　　迎宾馆欲驾爇车

第二十五回　论文字痛谈薄俗
　　　　　　听清歌诋斥新声

第二十六回　夜郎自大病入神经
　　　　　　羁客思归谋生肤箧

第二十七回　招待员披露春风面
　　　　　　留声机侵夺自由权

第二十八回　试枪操以水胜火
　　　　　　演攻取依隰包山

第二十九回　学西哲拳铳代鸣铃
　　　　　　制伧荒安眠施药水

第 三 十 回　以有易无傅君双翼
　　　　　　倦游返驾还我故吾

灵　鹣　梦

哀情小说。蒋景缄著。上海文明书局。1915 年 11 月初版。1 册。
4.7 万字。共 32 章。

秭 归 声

　　苦情小说。蒋景缄、贡少芹著。文明书局。1917 年初版。1 册。1.7 万字。提要 1 篇。共 10 章。

第一章	侦夫	第六章	购身
第二章	旅困	第七章	结婚
第三章	鸩谋	第八章	贻书
第四章	赚归	第九章	暗杀
第五章	舟话	第十章	歼凶

费 娥 剑

　　民间小说。蒋景缄著。上海文明书局。1915 年 8 月初版。1 册。3.85 万字。提要 1 篇。共 24 章。

第 一 章	悲凤	第 十 三 章	酒赚
第 二 章	撄狮	第 十 四 章	适馆
第 三 章	陨珠	第 十 五 章	冠狱
第 四 章	闻惊	第 十 六 章	话残
第 五 章	赚娇	第 十 七 章	拒侠
第 六 章	舟觊	第 十 八 章	谒石
第 七 章	酒哄	第 十 九 章	遣秦
第 八 章	党残	第 二 十 章	刀警
第 九 章	养疴	第二十一章	闻乐
第 十 章	梦骇	第二十二章	婚阻
第十一章	要逼	第二十三章	歌讶
第十二章	话险	第二十四章	歼银

情　孽

社会小说。蒋景缄著。上海文明书局。1915 年 8 月初版。1 册。4.7 万字。提要 1 篇。共 34 章。

第 一 章　婚约

第 二 章　晤讶

第 三 章　骑险

第 四 章　解职

第 五 章　贻书

第 六 章　探踪

第 七 章　警兄

第 八 章　辞楼

第 九 章　眴书

第 十 章　邸病

第十一章　影幻

第十二章　醋波

第十三章　攫环

第十四章　情悔

第十五章　款席

第十六章　劫约

第十七章　胅箧

第十八章　妪话

第十九章　赠刺

第二十章　金哄

第二十一章　赠币

第二十二章　期爽

第二十三章　绐嫂

第二十四章　遘暴

第二十五章　侦兰

第二十六章　梦警

第二十七章　疑伴

第二十八章　诇肆

第二十九章　悟奸

第三十章　园狱

第三十一章　拯误

第三十二章　鸾遁

第三十三章　舟话

第三十四章　决斗

帽影钗光录

社会小说。蒋景缄著。上海进步书局。1916 年 6 月。1 册。4.1 万字。提要 1 篇。共 22 章。

第 一 章　盗…官　　　　　第 十 二 章　练习…第二次之妒潮

第 二 章　拜…娼内　　　　第 十 三 章　阃教…作官有秘诀

第 三 章　鸦…大餐馆　　　第 十 四 章　查账…中央集女权

第 四 章　车…密室之酒　　第 十 五 章　哭女…宛如丧考妣

第 五 章　地图…荷囊之赠　第 十 六 章　购地…为女建祀祠

第 六 章　银纸…入幕宾　　第 十 七 章　催眠术…满载民贼赀

第 七 章　得金…忍心卖生女　第 十 八 章　报章…攻讦无余地

第 八 章　疑雾…叶氏之行　第 十 九 章　势力…摧残与论纸

第 九 章　王府…楼东　　　第 二 十 章　意外…半途逢细雨

第 十 章　美人语…升官捷径　第二十一章　密谈…握手话前因

第十一章　发…感恩私室　　第二十二章　起义…民贼遁沪上

湖海飘零记

社会小说。蒋景缄著。上海进步书局。1915 年 11 月初版。1 册。3.5 万字。提要 1 篇。共 12 回。

第一回　溯源头高谈商战略　　　第 七 回　施诡计潜行离间策

　　　　悲歧路巧遇赏音家　　　　　　　闻蜚语痛倒女贞花

第二回　撤手莲池慈闹物故　　　第 八 回　破疑团金闉回雁帛

　　　　相逢草泽豪客宵行　　　　　　　运米粮白下历鸥程

第三回　访故居华屋感荆榛　　　第 九 回　小人态店主说闲情

　　　　结新知苔岑联气味　　　　　　　大海萍尼庵逢阿母

第四回　瘗孤雏地泄朱提　　　　第 十 回　催宿逋巧遇广长舌

　　　　论箸室樽倾白堕　　　　　　　　焚絮袄喜获叶子金

第五回　吃虚惊愁遇撮合山　　　第十一回　还桑梓喜气溢庭闱

　　　　庇广厦欣依东道主　　　　　　　新轮奂猜疑生道路

第六回　访慈闱孝子辞家　　　　第十二回　振式微功归守藏

　　　　逢狭路苍头遇主　　　　　　　　结全书谊重分金

碧 血 巾

哀情小说。蒋景缄著。上海进步书局。1915 年 11 月初版。2 册。7.7 万字。提要 1 篇。共 36 章。

第 一 章　返国

第 二 章　婚刑

第 三 章　狙误

第 四 章　脱系

第 五 章　球险

第 六 章　奇遇

第 七 章　军别

第 八 章　狡诱

第 九 章　跳舞

第 十 章　噩耗

第十一章　螆谍

第十二章　奴赚

第十三章　党窟

第十四章　警援

第十五章　逐客

第十六章　侠殉

第十七章　鸿冥

第十八章　巾讶

第 十 九 章　雷移

第 二 十 章　猎游

第二十一章　谗走

第二十二章　煤楼

第二十三章　绳渡

第二十四章　鹹暴

第二十五章　晌书

第二十六章　羽衣

第二十七章　艇险

第二十八章　园晤

第二十九章　魔祠

第 三 十 章　铁蝠

第三十一章　药罇

第三十二章　盗翼

第三十三章　萍合

第三十四章　投狮

第三十五章　赝使

第三十六章　离恨

蝶 花 劫

哀情小说。蒋箸超、徐吁公著。上海民权出版部。1914 年 7 月初版。1 册。6.68 万字。蝶花劫著例 1 篇。蝶花劫勘误表 2 页。共 18 章。

第一章　定情
第二章　惜别
第三章　堕奸
第四章　沟院
第五章　脱饵
第六章　赛诗
第七章　题糕
第八章　完璧
第九章　惊信

第十章　卜女
第十一章　陷都
第十二章　驰救
第十三章　速母
第十四章　平反
第十五章　尾劫
第十六章　成眷
第十七章　自吊
第十八章　馀音

断 肠 花

哀情小说。蒋毓如著。上海新民书局。1935 年 1 月。1 册。3.9 万字。叙言 1 篇。共 16 回。

第一回　洪镜清幼年丧严父
　　　　顾慈母教子著贤声
第二回　延良师日勤讲介
　　　　应试场名列胶庠
第三回　看淫书大开情窦
　　　　见粲者枉费心机
第四回　遇缘人难成眷属
　　　　逢好友快慰相思
第五回　献文字雀屏中选
　　　　行聘礼雁奠迎亲
第六回　抱绝学大出风头
　　　　得娇妻维持家务
第七回　遇浪子入赌博窝
　　　　引痴人上迷魂阵
第八回　痛母心好语慰情
　　　　闻师训反颜抗命
第九回　图翻本田产荡尽
　　　　进忠言劝说不听
第十回　叙姻娅沿门托钵
　　　　坏心肠到处骗钱
第十一回　乔吉士情钟半子
　　　　　林凤春谊重学兄
第十二回　希望酬金江北老权充掮客
　　　　　假托访友山西人偷看彼姝
第十三回　欲保身名正言劝夫婿
　　　　　不顾面孔诡计弃糟糠
第十四回　沉瘾烟霞久疏妆阁
　　　　　传宣语意出卖妻孥
第十五回　暗地背人流泪
　　　　　清夜绝命吟诗

浪子忏悔史

改良社会小说。落魄沪滨一少年著。中外书局。1921 年 7 月版。1 册。2.6 万字。王寒光序。共 15 章。

第一章　浪子之中途遇友

第二章　浪子之初涉北里

第三章　浪子之征歌选色

第四章　浪子之误解用情

第五章　浪子之甘作花奴

第六章　浪子之随在留情

第七章　浪子之豪兴勃发

第八章　浪子之情深一往

第 九 章　浪子之羁留曲院

第 十 章　浪子之纸醉金迷

第十一章　浪子之挥金如土

第十二章　浪子之守身如玉

第十三章　浪子之醋海兴波

第十四章　浪子之欣逢彼美

第十五章　浪子之穷途追悔

名姬惨史

哀情小说。韩天啸著。大陆图书公司。1922 年 7 月初版。1 册。3.5 万字。陶一鄂序 1 篇。共 20 章。

第一章　产名花情天原有恨

　　　　欺弱女苦海本无边

第二章　潘老妇酿金开妓院

　　　　姚夫人救女出花丛

第三章　遇旧仆重入烟花薮

　　　　订新知初联露水缘

第四章　唱新词欢饮金谷酒

　　　　借乾铺偷度玉门关

第五章　小妹妹春风容再度

　　　　好哥哥秋夜摆双台

第六章　聘桃叶订交刚半载

　　　　夺柳枝巧计掷千金

第七章　拆白党惯作镶边客

　　　　泣红生竟同陌路人

第八章　结良缘注定三生石

　　　　纳新宠驾来七宝车

第 九 章　营金屋藏娇瞒妒妇　　　　第十五章　施奸计焚烧流翠院
　　　　　抢珠花拼命护佳人　　　　　　　　　庆更生跃入醉花亭

第 十 章　芙蓉帐相思萦蝶梦　　　　第十六章　伤薄命只身回故里
　　　　　翡翠衾别泪洒鲛绡　　　　　　　　　了残生祝发入空门

第十一章　睹鹣影多情怀崔护　　　　第十七章　画芳容血点桃花纸
　　　　　游龙华无意遇萧郎　　　　　　　　　进毒药愤投竹叶杯

第十二章　苦命人偏遇情场劫　　　　第十八章　诉离情含冤谈往事
　　　　　护花使难平醋海波　　　　　　　　　怜同病冷泪洒孤山

第十三章　玩西湖暂避庞狮吼　　　　第十九章　苦最苦苦情何处诉
　　　　　居北院惊闻杜宇啼　　　　　　　　　惨尤惨惨死有谁怜

第十四章　恨绵绵独赏闺中月　　　　第二十章　李梦公归结伤心史
　　　　　病恹恹倦抛枕畔书　　　　　　　　　谢桂荨惨留绝命诗

战场喋血之惨史

社会小说。韩天啸著。上海大通书局。1928 年 4 月初版。1 册。2.6 万字。自序 1 篇。说明书 1 篇。共 24 回。

第一回　产娇娃情天原有意　　　　　第 七 回　光闪闪英雄甘血战
　　　　救孤女苦海岂无边　　　　　　　　　　炮隆隆勇将葬沙场

第二回　牵一线订定三生石　　　　　第 八 回　惊恶梦枉洒秋风泪
　　　　闹三更迎来七宝车　　　　　　　　　　闻噩耗空归夜月魂

第三回　赏良辰中秋同醉酒　　　　　第 九 回　一封书句句伤心话
　　　　寻乐事深夜戏花灯　　　　　　　　　　三尺绫昏昏绝命时

第四回　联佳咏醉飞琥珀杯　　　　　第 十 回　袁公子贪淫施幻术
　　　　说情话欢仆芙蓉帐　　　　　　　　　　蒋流氓逼女入花丛

第五回　赴战场戎骑驰万里　　　　　第十一回　奇侠士怒焚金谷园
　　　　抛家乡别泪滴双行　　　　　　　　　　苦命人救出鬼门关

第六回　掷炸弹亡兵堆满地　　　　　第十二回　好妹妹开心谈往事
　　　　放排枪扑面舞飞沙　　　　　　　　　　苦姊姊瞑目赴仙乡

第十三回　缔良缘姚洪新下聘
　　　　　开战衅南北各争雄

第十四回　五云车良辰迎淑女
　　　　　九华帐深夜拥天仙

第十五回　非非子只身遭毒手
　　　　　空空儿垆逆害同胞

第十六回　冯玉帅通电招兵队
　　　　　姚汉卿别妻赴战场

第十七回　驶飞机空中掷炸弹
　　　　　守阵线地下埋火炮

第十八回　苦百姓洒遍拉夫泪
　　　　　勇将军惨留绝命诗

第 十 九 回　怕最怕梦中惊恶兆
　　　　　　愁更愁关外寄家书

第 二 十 回　芙蓉帐拥衾春卧病
　　　　　　牡丹亭饮酒夜谈心

第二十一回　化青磷陇中军士血
　　　　　　滴红泪月下美人来

第二十二回　得惊耗万里寻夫去
　　　　　　现灵魂三更入梦来

第二十三回　宿旅馆中宵逢劫贼
　　　　　　产佳儿半夜试啼声

第二十四回　破巨案凶徒投法网
　　　　　　救孤儿义仆报深恩

寡妇泪史

哀情小说。韩天啸编辑。上海大陆图书公司。1925 年 10 月。1 册。3 万字。王铭恩、徐恼公序各 1 篇。共 14 节。

第一节　发端

第二节　结婚

第三节　饮血

第四节　哭墓

第五节　探艳

第六节　葬花

第七节　拒奸

第 八 节　喷月

第 九 节　游湖

第 十 节　忏情

第十一节　诬闺

第十二节　构讼

第十三节　幻梦

第十四节　完贞

白杨残梦

哀情小说。粟寄沧著。新中华书社。1916 年 10 月。1 册。2.5 万字。

作者弁言 1 篇。未分章节。

罪　案

罪犯小说。景梅九著。北京国风日报社。1924 年 4 月初版。1 册。18 万字。共 265 篇。

丈夫自有事

义和拳之半赞成

薄天子而不为

入京时之感想

大学堂时代之荒唐

革命军之激动

恭喜恭喜

横海

下关最大之刺激

剪发

革命先入之言

欢迎会上之演说

运动同乡会

观日露战纪写怀书

迎鉴湖女侠

第一次回国之海上

真是烟录

大沽口之活动电影

治外法权

殊属不成事体

第一晋话报

出门具是看车人

人不吃饭真要命

奴根性

塔影

姑妄言之妄听之

羊驼寺夜开演说会

回澜公司产出

一封革命书

哥老会

北上太行山

大风大浪

惹起一片心

取缔风潮

虎头蛇尾

帝民与天民

西北革命第一线

争矿之决心

借题发挥

玉楼影中曲子

欢迎章太炎

小友与明明社

民报周年纪念会

匕首

何公馆

请坐吃社

灶爷故事

量入为出论

鳝鱼记

雁塔密诏

遗臭万年

柏林树

借此书

抄此书

惜别长安

女革命员二人

一篇起交涉的文字

独别张襄初

两袖清风

怪梦

行路难

洛阳石狮当铜驼

黄鹤楼怀古

江行安稳

海上遇秋心

好事者

神户旧感

唱和赠答

父亲哥哥

贱海

怀幸德秋水

宋钝初谈话

痢疾自治

美人目

得了个回国好机会

亡国惨况

夜渡鸭绿江

激动外务部

堕落

陈蕙亭妙语

香厂卖报

国风出世

老蔡

袜子小说之始末

竹杠失败

邯郸新梦的影子

诡辩白话文

刺客行

拔丁的运动大成功

冷落了无政府主义

逢刘冠三

怀旧友

快遇钟声

端午忆

杨三梅九

楚馆

我底摄政王

武昌起兵

鄂乱怀疑篇之底面

协和南下

留别亲友

平山绕道

小拿破仑翁

恶消息

遇何叙甫

电约张绍曾

罪案中心

筹款

政事部长

发挥种族主义的一封信

函拒段祺瑞

山西象一把刀

推袁作总统

娘子关失守

以退为进

汉阁遇贼

灵石城下避丸

李大哥来援

霹雳一声

两军合一

博士斩关

放囚快举

端溪忆家

程李的比较观

龙门直渡

路遇拳师

命阳阅报

遇子文同渡

高唱满江红

玉青革命失败谈

红灯照

勿幕保护玉青

骇杀告密绅士

冤家路窄

秀才办粮台

拔城队之发起

革命中一段韵话

体亭雪战死

勿幕班师的动机

老母的镇定

弱示之强

史村题壁

台林一是何官

夜话虎臣守城始末

大清关遇险

忧乐顿易

同官遇旧

秦川赛马

吊桥遇旧

几随波浪去

不要位置

庆祝共和

吓杀乔漪亭

病了

做了一回腐败事

辞家北上

看灵石

痛哭弼臣

重来燕市

厌弃政治

文章六不通

八十八扯

吴绥卿追悼会

夏期讲演会

陈心女士

欢迎中山入晋

玉青来

新剧团

另碎事件

堕马

衣食住行

湖口朝吟

西北垦植的提议

滕王阁百花洲偏车之覆

山东汾酒

别南昌

失却了手表

女流氓

杭州行

岳墓

西湖变态

杭绸买不得

天上人间

回忆金陵游

男女握手

打消辞议员意

千金报漂母

河东案始末记

游颐和园

书癖

罪案原起与终结

罪案附录目录

背叛主义

国会开幕

宋案略记

游天龙山

二次革命之动机

骑驴夜行词

秀女夭亡

故人一纸书

刘君孚若自述辛亥革命密史一节

践卓翁小说(第一辑)

短篇社会小说。践卓翁著。北京平报社。1913 年 11 月初版。1 册。2 万字。自序 1 篇。共 30 篇。

黄建人

伪观音

永清张家姑嫂

铡声

纤琼

文震

逆子

江天格

柯红豆

薛存姑

阿脂

玉蟾蜍

程拳师

破产知县

符箓	吴珊
竹影庵	董紫薇
宣城生	无意得金
糊涂案	煤黑子
刘王官	韩孝子
庄豫	银红
吴生	盈盈
醉徐	情梦

芸兰日记

言情小说。喻玉铎著。上海世界书局。1931 年 10 月 20 版。1 册。4.4 万字。喻血轮序 1 篇。共 47 篇。

怀旧	送花
登高	踏青
忆郎	观剧
鄂会	赠表
检箧	葬花
赏菊	却赠
索象	贻炼
绣枕	议婚
贺喜	规劝
得书	御婚
答覆	诊疾
卜运	求婚
团聚	视郎
调笑	哭友
春宴	庭训
复病	郎归

送别	自述
归感	忏悔
缠红	嘱弟
述病	病剧
噩耗	绝望
自伤	鬼影
索照	病危
哭郎	

双 薄 幸

哀情小说。喻血轮著。文明书局。1926 年 7 月版。1 册。3 万字。自序 1 篇。未分章节。

生死情魔

忏情小说。喻血轮著。文明书局。1917 年 2 月初版。1 册。2.3 万字。提要 1 篇。未分章节。

西厢记演义

民间小说。喻血轮著。上海广文书局。1918 年 10 月。1 册。3.4 万字。聂醉仁序 1 篇。剩言 1 篇。元稹会真记 1 篇。元稹诗 10 首。白居易、杜牧、沈亚之、李绅诗各 1 首。云先插图 1 幅。共 16 章。

第一章	惊艳	第四章	闹斋
第二章	借厢	第五章	寺警
第三章	酬韵	第六章	请宴

第 七 章　赖婚　　　　　第十二章　后候

第 八 章　琴心　　　　　第十三章　酬简

第 九 章　前候　　　　　第十四章　拷艳

第 十 章　闹简　　　　　第十五章　哭宴

第十一章　赖简　　　　　第十六章　惊梦

名 花 劫

　　哀情小说。喻血轮著。上海文明书局。1916 年 3 月初版。1 册。2.5
万字。提要 1 篇。未分章节。

林黛玉笔记

　　言情小说。喻血轮著。上海广文书局。1919 年 2 月初版。2 册。9.5
万字。吴醒亚叙 1 篇。吴醒亚题词 4 首。未分章节。

菊儿惨史

　　哀情小说。喻血轮著。上海中华书局。1916 年 6 月初版。1 册。1.8
万字。未分章节。

情 战

　　哀情小说。喻血轮著。上海文明书局。1916 年 3 月初版。1 册。4.2
万字。提要 1 篇。共 20 章。

情海风波

言情小说。喻血轮著。上海文明书局。1924 年 5 月初版。1 册。5.4 万字。共 32 章。

悲红悼翠录

哀情小说。喻血轮著。上海文明书局。1915 年 8 月版。1 册。3.4 万字。提要 1 篇。共 25 章。

蕙芳日记

社会小说。喻血轮著。上海世界书局出版。1918 年 6 月初版。1 册。7.1 万字。聂醉仁作序 1 篇。共 189 则。

元旦贺年	春宵偷饮
佯戏保罗	教员怪状
开布道会	窃听情谈
温习旧课	保罗挟妓
复素贞书	箴戒保罗
元宵欢宴	戏弄秋千
姊妹调笑	研究洋文
代措学费	兰谱订交
床头夜语	同辈学诗
素贞来汉	雏莺弄舌
讥诮玉梅	绣衣憎短
素贞涂背	勤习算术

红杏出墙

校中月假

保罗戏言

戏拒青莲

箴戒同学

勘破情关

鹊报喜音

学作小诗

观结婚礼

函慰保罗

阅牡丹亭

秘密指环

畅叙幽情

烦恼琴音

美玉入校

谈论女红

东施效颦

情敌相逢

论免费生

观剧感言

郊外踏青

斥艳妆女

结婚宜慎

教员被辞

闺人争友

影片趣谈

伤春心事

伤风染疾

床头述病

病后补记

对镜自怜

寄书保罗

保罗覆书

撕毁照片

隔墙有耳

怜惜落花

春宵欢宴

园内饯春

解释自由

佩兰入校

观画趣谈

薄幸情郎

偷阅禁书

自思病状

偕游刘园

窃聆妙谈

共戏莲兰

论地理学

制红绣鞋

来宾参观

金凤退学

曲全友谊

接得瑶园

再令保罗

掼碎醋瓶

端午聚饮

代人绘图

温习课程

校中季考

争捉迷藏

校中休假

参观毕业

耳鬓厮磨	校中上课
得素贞书	琼仙伤别
琼仙定婚	定婚趣谈
红闺教弟	缠胸之害
撕裂影片	自由之害
盛暑曝衣	微刺兰琼
纳凉相戏	读断肠诗
伴琼仙嫁	清莲得子
琼仙出嫁	中秋玩月
调谑新娘	偷阅情诗
闻素贞病	秘密名片
论断爱情	偶婴小疾
绣阁联吟	记双十节
游夜花园	郊外清游
传来恶札	决志游苏
面斥紫宸	料理行囊
江干散步	途中记事
春色撩人	过石头城
愧闻慈训	达目的地
刘姆戏语	谐游留园
七夕观剧	虎邱记胜
欢宴琼仙	寓书汉皋
读村歌本	佩兰赴沪
噩耗惊传	聂家宴会
恸哭素贞	论鸠朋友
送别剑华	游元妙观
私赠指环	参观女校
代郎检点	寄书保罗
自理行箧	游天平山
入校记事	久客思归
苦忆素贞	旅馆话别

临歧洒泪
安抵乡关
母氏谈婚
姊妹视疾
医来诊疾
得保罗书
覆保罗书
忽聆佳音
围炉絮语
喜极沾巾
猝遇狂且
往晤清莲
重会保罗
病愈入校
论聂瑜华
草场拍球
琼仙假归
自织绒衣
预备圣诞
圣诞佳节
团雪作戏

围炉夜饮
家中送衣
携赠绒衫
疯子笑史
婚事重题
旧病复发
病榻自伤
与母争婚
姊妹对泣
知保罗病
感怀身世
撤去菱镜
强余试衣
婚事告成
邀请冰人
校中寒假
吉日缠红
俯仰自羞
为鹃儿计
除夕忏悔

八 十 四

侦探小说。霍桑探案袖珍丛刊之三。程小青著。上海世界书局。1942 年 2 月初版。1 册。2.9 万字。柳存仁作序 1 篇。共 8 章。

一 雨夜的奇遇
二 难塘的一刹那
三 闷葫芦
四 推想
五 八十四号
六 善意的警告

七　活剧　　　　　　　　八　一件事

三　跛　子

　　侦探小说。短篇侦探小说选之十。程小青著。上海广益书局。1948年5月初版。1册。5.7万字。自序1篇。共3则。

一　三跛子　　　　　　　三　暮炮
二　第一课

五　福　党

　　侦探小说。霍桑探案袖珍丛刊之二十三。程小青著。上海世界书局。1942年2月初版。1册。7.3万字。姚苏凤作序1篇。作者自序1篇。共12章。附双殉。2.2万字。共7章。附魔力。1.5万字。共5章。

一　警耗　　　　　　　　　**附双殉**
二　一个线索　　　　　　　一　不如意事
三　催眠术　　　　　　　　二　卖文价格的新记录
四　勒索信　　　　　　　　三　侦查
五　意外之警　　　　　　　四　进行计划
六　赴约　　　　　　　　　五　如此相逢
七　失败的新闻　　　　　　六　局部结束
八　密谈　　　　　　　　　七　殉情者
九　摩星塔下
十　黑暗中的枪弹　　　　　**附魔力**
十一　医院中　　　　　　　一　请帖与电话
十二　来日大难　　　　　　二　摩登女子
　　　　　　　　　　　　　三　一段故事

四　变端

五　另一段故事

石像之秘

　　短篇侦探小说。短篇侦探小说选之一。程小青著。上海广益书局。1949 年 2 月版。1 册。6 万字。自序 1 篇。共 6 篇。

一　石像之秘

二　余恋

三　诱惑力

四　险交易

五　殉葬品

六　一条项链

龙　虎　斗

　　侦探小说。程小青著。世界书局。1944 年 3 月版。1 册。9 万字。程小青自写引言 1 篇。

钻石项圈

一　一种挑衅

二　面对面

三　难堪的局势

四　再不忍想像下去

五　打破了闷葫芦

潜艇图

一　多方面的情报

二　神秘的窃案

三　压力与线索

四　连续的变端

五　以牙还牙

六　最后一着

东方福尔摩斯

　　侦探小说。程小青著。上海大东书局。1926 年 4 月初版。1 册。6.2 万字。作者手迹 1 幅。共 7 篇。

一　试卷

二　怪别墅

三　断指余波

四　自由女子

五　霍桑的小友

六　黑鬼

七　异途同归

白 衣 怪

侦探小说。霍桑探案袖珍丛刊之八。程小青著。上海世界书局。1942 年 2 月初版。1 册。6 万字。柳存仁作序 1 篇。共 18 章。

一　古怪的来客

二　半个足印

三　白色怪物

四　意外的变动

五　凶案

六　一个患风病的人

七　发案经过

八　新的路线

九　几个推想

十　凶手已查明了

十一　拘捕

十二　霍桑的工作

十三　伊的供述

十四　义务辩护

十五　这怪物是谁

十六　我的见解

十七　出乎意料的发现

十八　两种供词

矛 盾 圈

侦探小说。霍桑探案袖珍丛刊之十。程小青著。上海世界书局。1942 年 2 月初版。1 册。12 万字。柳存仁作序 1 篇。共 14 章。

一　霍桑病了

二　"唉！我怎能敌得过这些魔鬼？"

三　四种疑点

四　无意中的发见

五　矛盾点

六　送信人

七　一席话

八　一个头

九　　殡舍中

十　　一张神秘的图画

十二　保荣的供词

十三　捕凶

十四　层层的魔障

灰 衣 人

侦探小说。霍桑探案袖珍丛刊之十四。程小青著。上海世界书局。1942 年 2 月初版。1 册。4.7 万字。陈蝶衣作序 1 篇。自序 1 篇。共 8 章。附血匕首。4.6 万字。共 14 章。

一　　雨夜枪声

二　　我的冒险

三　　线索

四　　皮包的发见

五　　离合问题

六　　黑夜中的活剧

七　　故事

八　　东道

附血匕首

一　　萍水相逢

二　　凶案

三　　一只金表

四　　谁是凶手

五　　推究案情

六　　我已发现了一个凶手

七　　袖口钮子

八　　血刀

九　　电话

十　　证人

十一　霍桑的见解

十二　实供

十三　没法投递的信

十四　结案

血 手 印

侦探小说。霍桑探案袖珍丛刊之二十九。程小青著。上海世界书局。1942 年 2 月初版。1 册。4.9 万字。姚苏凤作序 1 篇。自序 1 篇。共 9 篇。附反抗者。1.5 万字。共 5 章。附单恋。1.3 万字。共 4 章。附请君入瓮。1.3 万字。共 4 章。附别墅之怪。1.5 万字。共 3 章。附幻术家的

暗示。1.4 万字。共 3 章。附地狱之门。1.2 万字。共 3 章。

一　一个故事的辩证

二　求助人

三　他来了

四　理论和方针

五　曙光

六　警报

七　手印和碎砖

八　故事

九　不可解释的疑团

附反抗者

一　出走

二　死耗

三　推索

四　一幕活剧

五　苦肉计

附单恋

一　讨救兵

二　自杀与被杀

三　训诫

四　给女子们吐一口气

附请君入瓮

一　一个纸卷

二　冒险勾当

三　宵征

四　虚费的子弹

附别墅之怪

一　鬼故事

二　召鬼符

三　小头目

附幻术家的暗示

一　失着

二　不可思议

三　半真半假

附地狱之门

一　邮筒后

二　一头蛮牛

三　溺爱的后果

江 南 燕

侦探小说。程小青著。上海文业书局。1939 年 2 月 2 版。1 册。2.9 万字。作者写东方福尔摩斯侦探案 1 篇。共 12 章。

第一章　失珠　　　　　　　第 七 章　恫吓简

第二章　江南燕　　　　　　第 八 章　浴室中

第三章　勘案　　　　　　　第 九 章　一缕黑丝

第四章　侦探之理解　　　　第 十 章　破案

第五章　（缺）　　　　　　第十一章　伏罪

第六章　案情揣测　　　　　第十二章　结穴

江 南 燕

　　侦探小说。霍桑探案袖珍丛刊之十九。程小青著。上海世界书局。1942 年 2 月初版。1 册。4.3 万字。陈蝶衣作序 1 篇。自序 1 篇。共 12 章。附无头案。4.9 万字。共 12 章。

一　　珠　　　　　　　　　二　　无头之尸

二　　盗案　　　　　　　　三　　勘验

三　　察勘　　　　　　　　四　　空场上之足印

四　　足印　　　　　　　　五　　辩证

五　　侦探之理解　　　　　六　　耳环

六　　案情揣测　　　　　　七　　怪客

七　　恫吓信　　　　　　　八　　头

八　　浴室中　　　　　　　九　　隔窗语声

九　　一缕黑丝　　　　　　十　　惨果

十　　揭发　　　　　　　　十一　结穴

十一　擒贼　　　　　　　　十二　疯人

十二　意外之简

附无头案

一　　"断头！断头！"

两 粒 珠

侦探小说。霍桑探案袖珍丛刊之十三。程小青著。上海世界书局。1942 年 2 月初版。1 册。4.9 万字。姚苏凤、陈蝶衣作序各 1 篇。自序 1 篇。共 8 章。附轮痕与血迹。4.4 万字。共 12 章。

一 不可思议的符号
二 一粒珠
三 意外的波澜
四 两条线路
五 一线之光
六 霍桑的来客
七 故事
八 结束

附轮痕与血迹
一 野云寄庐的凶案
二 吕教授的嫌疑

三 这里有血呢
四 尸室中
五 霍桑的工作
六 老仆的供述
七 犬的问题
八 分工
九 关于一个骑自由车的人的消息
十 哑迷关键
十一 黑夜中的工作
十二 落网

青春之火

侦探小说。霍桑探案袖珍丛刊之二十二。程小青著。上海世界书局。1942 年 2 月初版。1 册。6.7 万字。姚苏凤作序 1 篇。自序 1 篇。共 12 章。附怪电话。2.7 万字。共 6 章。附浪漫余韵。2.4 万字。共 6 章。

一 听觉的比赛
二 案情
三 尸室中

四 察勘
五 分工
六 两重谋杀

七　阿荣

八　凶刀

九　意外发见

十　一个兜得转的人

十一　还是一个闷葫芦

十二　同归于尽

附怪电话

一　求救声

二　空屋中

三　矛盾点

四　匿名信

五　意外举动

六　妙计

附浪漫余韵

一　一位乡下主顾

二　奇怪的刀刺

三　陌生客

四　碰壁

五　意外线索

六　风雨之夜

轮　下　血

侦探小说。霍桑探案袖珍丛刊之四。程小青著。上海世界书局。1942 年 2 月初版。1 册。2.8 万字。姚苏凤作序 1 篇。共 9 章。

一　一件小小的侦探案

二　碾死了人啦

三　不同的意义

四　上乡间去

五　动人的故事

六　快破案了

七　想象力的活跃

八　奋斗史的一页

九　死人当然不会叫喊的啊

狐　裘　女

侦探小说。霍桑探案袖珍丛刊之二十五。程小青著。上海世界书局。1942 年 2 月初版。1 册。9.7 万字。姚苏凤作序 1 篇。自序 1 篇。共 12 章。附猫儿眼。1.5 万字。共 3 章。附嗣子之死。1.5 万字。共 3 章。附项圈的幻灭。1.5 万字。共 3 章。

一　骇人的揭发　　　　　　　一　一只燕子

二　察勘　　　　　　　　　　二　空盒子

三　一个女子　　　　　　　　三　一个劲敌

四　几种见解

五　访问　　　　　　　　**附嗣子之死**

六　女凶手　　　　　　　　一　一件看似平淡的案子

七　意外消息　　　　　　　二　推车撞壁

八　质证　　　　　　　　　三　一种考试

九　变化

十　近乎浪费的事实　　　　**附项圈的幻变**

十一　另一女子　　　　　　一　项圈与表链

十二　水落石出　　　　　　二　来踪去迹

　　　　　　　　　　　　　三　转变

附猫儿眼

夜半呼声

侦探小说。霍桑探案袖珍丛刊之十五。程小青著。上海世界书局。1942 年 2 月初版。1 册。5.9 万字。陈蝶衣作序 1 篇。自序 1 篇。共 12 章。附白纱巾。6.1 万字。共 12 章。

一　一个小窃　　　　　　　十　严玉冈

二　发案　　　　　　　　　十一　故事

三　失踪　　　　　　　　　十二　霍桑的辩证

四　两粒子弹

五　阿荣的谈话　　　　　**附白纱巾**

六　新发展　　　　　　　一　与虎谋皮

七　尸首　　　　　　　　二　自告奋勇

八　第二个证人　　　　　三　可怖的经历

九　几种证据　　　　　　四　一顶草帽

五　抽屉中的纱巾　　　九　自动的供词
六　几种理想　　　　　十　密谈
七　奔波　　　　　　　十一　不如意事
八　意外的消息　　　　十二　一个女客

沾　泥　花

侦探小说。霍桑探案袖珍丛刊之二十七。程小青著。上海世界书局。1942 年 2 月初版。1 册。5.5 万字。姚苏凤作序 1 篇。自序 1 篇。共 12 章。附第二弹。2.1 万字。共 5 章。附鹦鹉声。2.1 万字。共 5 章。附蜜中酸。1.8 万字。共 5 章。

一　一个怪客　　　　　四　共犯
二　人间地狱　　　　　五　辩白信
三　堕落史
四　线索　　　　　　　**附鹦鹉声**
五　拘捕　　　　　　　一　"救命！救命！"
六　对骂　　　　　　　二　对立的见解
七　暗杀　　　　　　　三　挂号信的收据
八　假鸳鸯　　　　　　四　一种证词
九　通信　　　　　　　五　谜团的抉破
十　入壳
十一　搏斗　　　　　　**附蜜中酸**
十二　"再回头已百年身！"　一　我的莽撞
　　　　　　　　　　　二　意外客
附第二弹　　　　　三　一段秘史
一　窗上的弹痕　　　　四　赴约
二　发案的经过　　　　五　一星子酸
三　意外消息

逃　犯

　　侦探小说。霍桑探案袖珍丛刊之二十八。程小青著。上海世界书局。1942 年 2 月初版。1 册。5 万字。姚苏凤作序 1 篇。自序 1 篇。共 8 章。附乌骨鸡。3 万字。共 6 章。附虱。3.6 万字。共 8 章。附断指余波。1.2 万字。共 3 章。

一　黑形与枪声

二　我的经历

三　疑点

四　供词

五　重要消息

六　奏凯

七　霍桑的闲情

八　公园中

附乌骨鸡

一　来历不明的礼物

二　玫瑰珠

三　理想的证实

四　偷鸡人

五　同党

六　珠的下落

附虱

一　自首

二　两种理解

三　一个白虱

四　闷葫芦

五　第二个关键

六　惊人的揭露

七　会面

八　故事

附断指余波

一　不可思议

二　也是一枚断指

三　依样葫芦

活　尸

　　侦探小说。霍桑探案袖珍丛刊之二十。程小青著。上海世界书局。1942 年 2 月初版。1 册。15 万字。姚苏凤、陈蝶衣作序各 1 篇。自序 1

篇。共 20 章。

一　阔老架子的意外反应	十一　重大的变化
二　画符动作	十二　徐教授的谈话
三　两条路线	十三　进攻与防御
四　奇怪的电话	十四　冒险的电话
五　一个摩登人物	十五　意外礼物
六　单身旅客	十六　秘密的钥匙
七　"只可智取,不可力敌。"	十七　杏生的供语
八　不劳而获的消息	十八　可怕的声音
九　舞场中	十九　解释
十　意外的岔子	二十　荣誉的道歉

珠 项 圈

侦探小说。霍桑探案袖珍丛刊之一。程小青著。上海世界书局。1942 年 2 月初版。1 册。2.6 万字。柳仁存作序 1 篇。共 8 章。

一　可疑的足音	五　我的失望
二　无可理喻	六　惊喜中的消息
三　警署中	七　餐馆中所见
四　项圈问题	八　种瓜得瓜

恐怖的话剧

侦探小说。霍桑探案袖珍丛刊之六。程小青著。上海世界书局。1942 年 2 月初版。1 册。3.4 万字。柳存仁作序 1 篇。共 9 章。

一　电影院中	二　一声枪声

三　窗外的人面

四　多嘴的老妈子

五　李壮飞

六　烦恼之夜

七　恐怖剧的复演

八　剧情的揭露

九　女子心理的分析

案　中　案

侦探小说。霍桑探案袖珍丛刊之二十一。程小青著。上海世界书局。1942 年 2 月初版。1 册。9.1 万字。姚苏凤作序 1 篇。自序 1 篇。共 12 章。附险婚姻。1 册。2.7 万字。共 7 章。

一　一个死人

二　一封信

三　无意中的线索

四　酸溜溜的问题

五　不速客

六　纷歧的消息

七　两粒泥点

八　霍桑的理解

九　意外波折

十　分工

十一　电话中的女子

十二　"谁才是正凶"？

附险婚姻

一　匿名信

二　废园中的疑迹

三　恶消息

四　小纸包

五　无聊的慰藉

六　难堪的谈判

七　奏凯

谁是奸细

侦探小说。程小青编。上海广益书局。1948 年 7 月版。1 册。6.1 万字。短篇侦探小说选之三。自序 1 篇。共 6 篇。

第一篇　谁是奸细

第二篇　蓝钻石

第三篇　一杯酒
第四篇　不祥之花
第五篇　侥幸的自由
第六篇　心刑

难兄难弟

侦探小说。霍桑探案袖珍丛刊之十八。程小青著。上海世界书局。1924 年 2 月初版。1 册。7.3 万字。陈蝶衣作序 1 篇。自序 1 篇。共 14 章。附窗。3.7 万字。共 6 章。

一　母子俩
二　惨杀的故事
三　红漆皮箱
四　太秘密了
五　推测
六　火车站的探问
七　觅尸
八　一个女子
九　回电
十　意外发见
十一　小小的辩论

十二　金钟罩
十三　惨史
十四　结局

附窗
一　香消玉碎
二　案情
三　霍桑的见解
四　两个病
五　两种假定
六　一个浅显的科学实验

黄浦江中

侦探小说。霍桑探案袖珍丛刊之二。程小青著。上海世界书局。1942 年 2 月初版。1 册。3.1 万字。姚苏凤作序 1 篇。共 8 章。

一　两封勒赎信
二　江南燕
三　上船上去

四　我们被拘捕了
五　霍桑的计划
六　血战

七　两节新闻　　　　　　　　八　一网打尽

假面女郎

侦探奇情小说。程小青著。上海复新书局。1947 年 11 月版。1 册。6.6 万字。共 7 章。

一　报贩喧腾盗耗震都市
　　玉人苏醒梦回忆匪踪
二　见疑泄秘夫妇参加领导
　　组党征员盗匪合作分工
三　施温柔骨髓换钞票
　　惩淫贱盗党作对头
四　仗势求婚少爷竟遭没落

　　殉情作盗金小姐出任先锋
五　媚上宾妖姬布迷阵
　　订密约黄雀遇弹弓
六　手套留绽痕累牵老父
　　地窟商对策仇报敌人
七　尤侦探勘案遭毒手
　　原子党离埠避锋头

断　指　团

侦探小说。霍桑探案袖珍丛刊之二十六。程小青著。上海世界书局。1942 年 2 月初版。1 册。7.4 万字。姚苏凤作序 1 篇。自序 1 篇。共 12 章。附一只鞋。2.7 万字。共 5 章。附楼头人面。1.8 万字。共 5 章。附催眠术。1.2 万字。共 5 章。

一　奇怪的邮包
二　谋杀案
三　求助
四　再来一个
五　血
六　警告
七　夜行

八　陷阱中
九　衔枚疾走
十　佛殿上
十一　惨别
十二　一封信

附一只鞋

一　一只女性式的男鞋

二　纸灰

三　首饰箱

四　回电

五　猜一猜

附楼头人面

一　手枪声

二　另一个男子

三　照片的下落

四　一个故事

五　十八只蹄子

附催眠术

一　扇子哲学

二　似乎为寻仇而来

三　倒串戏

四　"谈疗"

五　良医与良媒

紫　信　笺

侦探小说。霍桑探案袖珍丛刊之十一。程小青著。上海世界书局。1942 年 2 月初版。1 册。6.8 万字。姚苏凤作序 1 篇。共 10 章。附怪房客。1.4 万字。共 3 章。

一　深夜的来客

二　已往的事实

三　勘验的经过

四　一箭双雕

五　紫色的信笺

六　几种推想

七　不易解释的疑问

八　黑夜的工作

九　凶手在这里了

十　意外的结局

附怪房客

一　种种疑点

二　侦查的结果

三　"他已杀了人"

黑　地　牢

侦探小说。霍桑探案袖珍丛刊之三十。程小青著。上海世界书局。

1942 年 2 月初版。1 册。4 万字。姚苏凤作序 1 篇。自序 1 篇。共 9 章。附古钢表。1.5 万字。共 3 章。附黑脸鬼。1.2 万字。共 3 章。附王冤珠。8 千字。共 3 章。附打赌。1.3 万字。共 3 章。附一个绅士。1.3 万字。共 3 章。附毋宁死。1.4 万字。共 3 章。附试卷。0.7 万字。附录论侦探小说。0.9 万字。共 4 篇。

一　疑真疑假

二　蜜蜂与燕子

三　破题儿第一遭

四　匪窟中

五　谈判

六　诱饵

七　笼中鸟

八　冒险行动

九　奇怪的电话

附古钢表

一　酒能误事

二　听觉测验

三　圈套

附黑脸鬼

一　小主顾

二　捉鬼

三　好材料

附王冤珠

一　临别纪念

二　中计

三　另一个曲折

附打赌

一　一件小事

二　辩论

三　僵局

附一个绅士

一　掉换

二　黑吃黑

三　一本万利

附毋宁死

一　失踪

二　病女

三　退婚

附试卷

一　短短的历史

二　文学价值

三　功利观

四　结论

窝贼大王

侦探小说。圣徒奇案。程小青著。上海华联广告公司出版部。1940年2月初版。1册。6.5万字。共10章。

第一章　两件谋杀案　　　　第六章　少年探员的压力

第二章　难堪的谈判　　　　第七章　圣徒失踪了

第三章　大王尊号的由来　　第八章　笼中鸟

第四章　不幸的结局　　　　第九章　与死神的博斗

第五章　大王漏脸了　　　　第十章　精彩的表演

窗 外 人

侦探小说。程小青著。上海大东书局。1923年7月版。1册。1.1万字。插图2幅。共5节。

湖亭惨景

侦探小说。霍桑探案第二集第一册。程小青著。上海文华美术图书公司。1933年1月版。1册。6.5万字。严独鹤序一篇。朱王墥序一篇。孙东吴序一篇。范烟桥引子1篇。作者侦探小说的多方面1篇。共5篇。

一　湖亭惨景　　　　　　四　地狱之门

二　神龙　　　　　　　　五　失败史之一页

三　请君入瓮

催 命 符

侦探小说。霍桑探案袖珍丛刊之九。程小青著。世界书局。1942 年 2 月初版。1 册。11.2 万字。柳存仁作序 1 篇。共 16 章。

一	一张怪符	九	青鸟使
二	是吉是凶	十	强盗！强盗！
三	一段家庭秘史	十一	"好！我说实话"
四	紧急报告	十二	两个矛盾点
五	察勘	十三	间接线索
六	一个烟尾	十四	秘密勾当
七	丽芸的谈话	十五	以太的副作用
八	意外消息	十六	推想过程的说明

新 婚 劫

侦探小说。霍桑探案袖珍丛刊之十七。程小青著。上海世界书局。1942 年 2 月初版。1 册。4.3 万字。姚苏凤、陈蝶衣作序各 1 篇。自序 1 篇。共 6 章。附无罪之凶手。2 万字。共 4 章。附官迷。2 万字。共 5 章。附酒后。1.1 万字。共 3 章。附误会。1.3 万字。共 3 章。

一	远道归客	**无罪之凶手**	
二	怪信	一	一阵骚乱
三	变端	二	蛋壳
四	旅馆中	三	苦肉计
五	两条路线	四	失败了
六	霍桑的义务		

官迷

一　旧书中的新资料

二　怪声

三　惊呼

四　关键

五　训诫

酒后

一　枪声人影

二　尴尬局面

三　贱姓不幸

误会

一　隔室中

二　多事之夜

三　全武行

舞　女　血

侦探小说。霍桑探案汇刊二集。程小青著。上海文华美术图书公司。1933 年 1 月版。1 册。5.6 万字。

畸零女

一　不如意的女子

二　卖文价格的新记录

三　会晤

四　进行计划

五　如此相逢

六　局部的结束

七　畸零女子

舞女血

第一章　一个舞星

第二章　意外的嫉妒

第三章　密谈

第四章　波澜

第五章　危险的经历

第六章　察勘

第七章　贾三芝的手段

第八章　奇怪的景象

第九章　春云乍展

第十章　最后一幕

舞后的归宿

侦探小说。即雨夜枪声。霍桑探案袖珍丛刊之七。程小青著。上海世界书局。1942 年 2 月初版。1 册。16 万字。柳存仁、胡山源作序各 1 篇。穆一龙作插图 62 幅。共 12 章。

一　一位挺漂亮的小姐

二　一页往史

三　对立的情报

四　几种推想

五　恶消息

六　危险的经历

七　把他押起来

八　捉住了两个人

九　惊人消息

十　皮鞋问题

十一　赵伯雄的供词

十二　报告和解释

舞宫魔影

侦探小说。霍桑探案袖珍丛刊之二十四。程小青著。上海世界书局。1942 年 2 月初版。1 册。6.7 万字。姚苏凤作序 1 篇。自序 1 篇。共 10 章。附第二张照。2.7 万字。共 5 章。附犬吠声。1.7 万字。共 5 章。

一　红舞星

二　嫉妒

三　密谈

四　波澜

五　危险的经历

六　察勘

七　贾三芝的手段

八　奇怪的景象

九　春云乍展

十　指认与举证

附第二张照

一　秘密的照片

二　翡翠亭后

三　意外主顾

四　谈判

五　再来一手

附犬吠声

一　吠声中的血案

二　皮鞋印

三　一封信

四　黑夜中的哑剧

五　剧情的说明

裹　棉　刀

侦探小说。霍桑探案袖珍丛刊之五。程小青著。上海世界书局。1942 年 2 月初版。1 册。3 万字。柳存仁作序 1 篇。共 7 章。

一　一件没头没脑的凶案

二　尸室中一瞥

三　麻线印子

四　家庭史的一斑

五　几种理解

六　真相的揭露

七　裹棉刀和烛盘的解释

霍桑探案外集

侦探小说。程小青著。大众书局。1936 年 6 月版。6 册。47.8 万字。范烟桥、顾明道各作序 1 篇。自序 1 篇。共 6 集。16 编。

第一编　江南燕

第一章　失珠

第二章　江南燕

第三章　勘案

第四章　足印

第五章　侦探之理解

第六章　案情揣测

第七章　恫吓简

第八章　浴室中

第九章　一缕黑丝

第　十　章　破案

第十一章　伏罪

第十二章　结穴

第二编　无头案

第　一　章　无头之命案

第　二　章　死妇之夫

第　三　章　勘验

第　四　章　空场之足印

第　五　章　辩证

第 六 章　耳环

第 七 章　不知谁何之客

第 八 章　头

第 九 章　情苗

第 十 章　孽果

第十一章　结穴

第十二章　疯人

第三编　黑面团

第 一 章　可怖的发见

第 二 章　一种重要的线索

第 三 章　第一步理解

第 四 章　炳福的谈话

第 五 章　分工

第 六 章　谈素兰

第 七 章　黑暗中

第 八 章　发案时的情形

第 九 章　逮捕

第 十 章　另一线索

第十一章　可警的一幕

第十二章　病榻上的供词

第四编　无罪之凶手

第五编　白纱巾

第 一 章　与虎谋皮

第 二 章　自告奋勇

第 三 章　可怖的经历

第 四 章　一只草帽

第 五 章　抽屉中的纱巾

第 六 章　几种理解

第 七 章　奔波

第 八 章　意外消息

第 九 章　自动的供词

第 十 章　密谈

第十一章　不如意事

第十二章　一个女客

第六编　窗

第 一 章　香消玉碎

第 二 章　窗

第 三 章　发案的经过

第 四 章　霍桑的见解

第 五 章　这一点真不可思议了

第 六 章　黄守白的工作

第 七 章　两种假定

第 八 章　一种浅显的科学试验

第七编　灰衣人

第 一 章　雨夜枪声

第 二 章　我的冒险

第 三 章　线索

第 四 章　皮包的发现

第 五 章　离合问题

第 六 章　黑夜中的活剧

第 七 章　故事

第 八 章　东道

第八编　紫信笺

第 一 章　深夜的来客

第 二 章　已往的事实

第 三 章　勘验的经过

第 四 章　一箭双雕

第 五 章　紫色的信笺

第 六 章　几种理想

第 七 章　不易解释的疑问

第 八 章　黑夜的工作

第 九 章　凶手在这里了！

第 十 章　意外的结局

第九编　两粒珠

第 一 章　不可思议的符号

第 二 章　一粒珠

第 三 章　意外波澜

第 四 章　两条线路

第 五 章　一线之光

第 六 章　霍桑的来客

第 七 章　救事

第 八 章　结果

第十编　轮痕与血迹

第 一 章　野云寄庐的凶案

第 二 章　吕教授的嫌疑

第 三 章　"这里有血呢！"

第 四 章　尸室中

第 五 章　霍桑的工作

第 六 章　老仆的供述

第 七 章　犬的问题

第 八 章　分工

第 九 章　关于一个骑自由车的人的
　　　　　消息

第 十 章　哑谜的关键

第十一章　黑夜中的工作

第十二章　最后一幕

第十一编　怪房客

第十二编　误会

第十三编　官迷

第 一 章　旧书中的新资料

第 二 章　怪声

第 三 章　不好了

第 四 章　关键

第 五 章　训诫

第十四编　酒后

第十五编　新婚劫

第 一 章　远道归客

第 二 章　怪信

第 三 章　变端

第 四 章　旅馆中

第 五 章　两条路线

第 六 章　霍桑的义务

第十六编　霍桑的童年

霜刃碧血

侦探小说。霍桑探案袖珍丛刊之十六。程小青著。上海世界书局。

1942 年 2 月初版。1 册。9.2 万字。陈蝶衣作序 1 篇。自序 1 篇。共 12 章。附海船客。1.7 万字。共 5 章。

一	习习微风	十一	隔一层纱幕
二	发案的经过	十二	解释
三	几个关系人		
四	人证和物证	**附海船客**	
五	申壮飞的消息	一	奇怪的报告
六	追踪	二	警耗
七	手袋	三	海盗是我
八	又是一件凶案	四	巧计
九	隔室中的谈话	五	偶然的机缘
十	拘捕		

魔窟双花

侦探小说。霍桑探案袖珍丛刊之十二。程小青著。上海世界书局。1942 年 2 月初版。1 册。8 万字。陈蝶衣作序 1 篇。自序 1 篇。共 12 章。

一	可怖的发现	七	黑暗中
二	一副手套	八	发案时的情形
三	第一步理解	九	逮捕
四	炳福的谈话	十	另一线索
五	分工	十一	可惊的一幕
六	谈素兰	十二	病榻上的供词

倦云忆语

哀情小说。程善之著。江南书局。1914 年 10 月版。1 册。1.6 万字。

自序 1 篇。共 5 章。

第一章　趋庭

第二章　坠欢

第三章　师友

第四章　杂记

第五章　梦幻

月下葡萄

长篇侠情小说。程瞻庐著。上海世界书局。1933 年 3 月版。4 册。14 万字。共 24 回。

第一回　碧莲庵谢绛英别师
　　　　芙蓉村刘绿华访友

第二回　姊妹花踏月龙湫
　　　　比丘尼题词雁岭

第三回　赴春申穷途逢旧好
　　　　赏秋色别墅候新知

第四回　半淞园品茶论宝黛
　　　　金沙江投璧靖波涛

第五回　瓷碗映葡萄一钱不值
　　　　铁盆春玛瑙四座咸惊

第六回　傅木希驰名太素脉
　　　　亢铁山革职武昌城

第七回　红灯说剑雪小姐惊心
　　　　紫竹进香月姑娘侧目

第八回　夸健步拾级上青山
　　　　戒多言隔林抛红豆

第九回　日本宝刀三字笼手切
　　　　天涯游子一别暗魂消

第十回　林雪子访医城隍山
　　　　佟玉英脱险女儿坝

第十一回　怪道人胜比神行太保
　　　　　娇小姐艳称美化女皇

第十二回　骨董商怕翻角觚经
　　　　　眉寿僧怒跃听钟阁

第十三回　三生有幸月夜遇高人
　　　　　一醉便休春宵虚好梦

第十四回　黄金佛一夜生羽毛
　　　　　翠屏山片言成芥蒂

第十五回　照寒潭邂逅女道士
　　　　　擎顽石惩戒恶头陀

第十六回　金徽章秃奴夸阔绰
　　　　　竹连环新妇判贞淫

第十七回　候风信神龙酬宝物
　　　　　看月华灵鹤舞祥烟

第十八回　闹戏园驼子捱拳头
　　　　　入私塾学生描指甲

第十九回　盗红妆登楼萌欲念
　　　　　斩黑犬掣电失光芒

第二十回　莽头陀摔断双辉烛
　　　　　焦督军参详尺幅图

第二十一回　亢铁山欢迎甘延玉
　　　　　陆剑门戏斩石朝官

第二十二回　谢绛英客途遇怪道

第二十三回　林雪子村舍拜良师
　　　　　救弱女半夜逢双侠
　　　　　惩恶僧一气抵千钧

第二十四回　上官荣结客垣曲县
　　　　　李见超遇仙王屋山

众醉独醒

社会小说。程瞻庐著。上海自由杂志社。1924 年 10 月初版。3 册。29.1 万字。周瘦鹃、顾明道、陈莲痕作序各 1 篇。自序 1 篇。蒋吟秋、石征鸿、谢介子题词各 1 篇。共 62 回。

第一回　阔东家自有捏门诀
　　　　酸西席聊充醒酒汤

第二回　大宗师趾高气傲
　　　　小狗子心敏手灵

第三回　曹墨亭栏杆充数
　　　　伍青岩廉价投标

第四回　卖冬菜风凄雨苦
　　　　度春宵酒绿灯红

第五回　觅夫君天涯地角
　　　　认姊妹人面兽心

第六回　激众怒信口开河
　　　　抱奇冤走头无路

第七回　访旧友尝试碧螺茗
　　　　闻妙香静证木犀禅

第八回　拜金钱幼童屈膝
　　　　送寿联妙语解颐

第九回　寿母坠楼遭劫运
　　　　师爷坐轿发威风

第十回　屏门后丫头评学究
　　　　氍毹上夫子拜门生

第十一回　讲字母学究起怒容
　　　　点菜单圣人动食指

第十二回　办新村消除毒药水
　　　　赴车站邂逅酸醋瓶

第十三回　重色彩文人结习
　　　　悔卤莽道士通疏

第十四回　跑街坊两脚斗鸡
　　　　走门路一心拍马

第十五回　咬耳朵娓娓不休
　　　　嚼舌头津津有味

第十六回　管闲事先生通内线
　　　　进良言游子寄家书

第十七回　误青春抱无夫主义
　　　　坐蓝舆夸中将家风

第十八回　女公子姓名魁多士
　　　　老秀才著述冀千秋

第 十 九 回　鸳鸯面名目繁多
　　　　　　龙虾精形容毕肖

第 二 十 回　夸妙解发明宝训
　　　　　　设神位崇拜先师

第二十一回　绝苞苴侃侃发正言
　　　　　　借鞋袜串串挨毒骂

第二十二回　进茶寮夸谈幸福
　　　　　　设筵席强订婚姻

第二十三回　递条子暗通关节
　　　　　　送轴头饱受风霜

第二十四回　做活计补充学费
　　　　　　理乱丝赔贴功夫

第二十五回　祸延饭碗夫妇居哀
　　　　　　自录口供贪奴中计

第二十六回　出风头谈论未婚婿
　　　　　　觅戒指冤诬苦学生

第二十七回　戛玉敲金唐人诗意
　　　　　　焚膏继晷午夜机声

第二十八回　母护劣儿偏心有药
　　　　　　娘怜弱女补脑无丸

第二十九回　便园居士提倡风雅
　　　　　　高邻公所召集诗人

第 三 十 回　摘艳薰香丑人作怪态
　　　　　　行吟觅句狭路遇诗婆

第三十一回　千百个蜂蝇作怪响
　　　　　　五十年鹣鲽证前盟

第三十二回　伍学究巧肚巧肠
　　　　　　赵仙人鬼头鬼脑

第三十三回　事多拂意悍妇反唇
　　　　　　语出有心匪徒切口

第三十四回　绿闺寂寞烧桦烛

第三十五回　翠袖殷勤捧茗杯
　　　　　　惨凄凄借泪哭尸灵
　　　　　　话叨叨背人训娇女

第三十六回　贴报单邻舍惊心
　　　　　　买文凭先生染指

第三十七回　勃勃野心参观成绩
　　　　　　泠泠琴韵欢迓嘉宾

第三十八回　登讲台侈谈教育，
　　　　　　访吟朋伪托文明

第三十九回　拍胸脯闺闱审新郎
　　　　　　打脚背街坊骑醉汉

第 四 十 回　作壮游临别赠言
　　　　　　演怪剧旁观侧目

第四十一回　闻警报将信将疑
　　　　　　夸贞操有声有色

第四十二回　撰妙文逢迎社友
　　　　　　诵哀史演讲贞姬

第四十三回　隔板壁潜听毒计
　　　　　　坐包车误中奸谋

第四十四回　走羊肠有心谋弱女
　　　　　　脱虎口无意遇书生

第四十五回　运急智履险如夷
　　　　　　起异心转忧为喜

第四十六回　曹诗翁痴想文苑传
　　　　　　贾太史谬附逸民篇

第四十七回　照红鸾丈母怜女婿
　　　　　　放白鸽顽父骂亲儿

第四十八回　振木铎苦口警痴人
　　　　　　抱花瓶疑心生暗鬼

第四十九回　薛家园壶瓶开大会
　　　　　　妙严墓香火结仙缘

第 五 十 回　求福得祸误信观音
　　　　　　除旧布新改造空气
第五十一回　兴土木另辟桃源
　　　　　　试旗枪特开茶会
第五十二回　柴米生涯虚抛岁月
　　　　　　羹饭主义贻误儿孙
第五十三回　路迢迢休谈别怨
　　　　　　欲逐逐未戡邪心
第五十四回　结鬼缘未雨绸缪
　　　　　　闻仙乐漫天谎话
第五十五回　探锦被背人求子息
　　　　　　点明灯当众报娘恩
第五十六回　信妖言婆娘舐犊

　　　　　　夸妙计学究吹牛
第五十七回　得警报夫妻丧胆
　　　　　　酬香愿叔嫂失踪
第五十八回　一万金重归故主
　　　　　　三间屋深锁财神
第五十九回　救红妆秋水溯伊人
　　　　　　绘黑板课堂留肖像
第 六 十 回　舞木棒吕诗婆发颠
　　　　　　拥绣衾刘贞妇装病
第六十一回　流长飞短顿破机关
　　　　　　弄假成真枉钻圈套
第六十二回　乍合乍离前因后果
　　　　　　不缁不磷众醉独醒

快活神仙传

社会小说。程瞻庐著。世界书局。1929 年 5 月初版。5 册。32.5 万字。苕狂序 1 篇。共 50 回。

第一回　涤尘垢温泉试浴
　　　　遇仙灵石屋闻歌
第二回　身外现形电光一瞥
　　　　梦中徙宅日影半窗
第三回　灶下养吓退小军阀
　　　　门外汉批驳太史公
第四回　驱除障碍娘子解围
　　　　迎合潮流商人弋利
第五回　施压力半途退学
　　　　起暗潮中篝贻羞
第六回　剪刀落地祸起深闺

　　　　播鼓喧天门敲半夜
第 七 回　菩提水秃驴使机谋
　　　　观音庵死狗充代表
第 八 回　移花接木换别人头颅
　　　　返本还原坏自己体面
第 九 回　大开宴会孀妇慕虚荣
　　　　强合婚姻媒人说假话。
第 十 回　失庄折无意得仙丹
　　　　捧茶杯有心买痛泪
第十一回　无量斗作怪兴妖
　　　　没耻丸移情易性

第 十 二 回　　写长函丧却佳人素志

刊新书变做公子黑臀

第 十 三 回　　遭鼠窃温厅长伤心

捉狐仙邹法师丢脸

第 十 四 回　　肺肝如见吐露真实话

面目何存拆穿秘密戏

第 十 五 回　　天网恢恢贪官逢末日

鬼声唧唧孝女觅救星

第 十 六 回　　烈火燎原良缘暗订

斯文扫地奇疾难除

第 十 七 回　　登徒子轻弃鸳盟

著作家专工獭祭

第 十 八 回　　愆佳期老娘担忧虑

阅秘籍小婢起猜疑

第 十 九 回　　整校风斥退女学生

谈战况欢迎大记者

第 二 十 回　　打访员旅馆起风潮

遇凶徒家庭生变幻

第二十一回　　归正改邪江小姐生悔

热嘲冷骂乌先生寻仇

第二十二回　　衅由已开乌先生捶打

变生不测赵女士失踪

第二十三回　　赴吴郡沿途寻淑女

走阊门到处轧神仙

第二十四回　　看纸扇洞知心事

挥素巾移转眼光

第二十五回　　备筵席款待活神仙

拾葫芦访问怪博士

第二十六回　　入庙烧香口念噜苏咒

游行结队心醉净光王

第二十七回　　拜假仙亲娘屈膝

讨劣父儿子挥拳

第二十八回　　造谣言出卖销魂丸

揭便宜偷尝辟谷水

第二十九回　　涂穷日暮少年幻化白头人

鸟语花香浪子偷窥红粉女

第 三 十 回　　谈密话小流氓骂雀

遣闲情老道士吹牛

第三十一回　　涤虑洗心小试甘露味

喜新厌旧大打吗啡针

第三十二回　　戏柜台勾引白蹄膀

送花圈遮掩大肚皮

第三十三回　　除公敌打倒贞操

回娘家躲避邪氛

第三十四回　　勾魂香惊魂动魄

热性丹易性移情

第三十五回　　吃春药赔贴夫人

施敬礼欢迎女士

第三十六回　　圣母庙击鼓鸣钟

性育场挂灯结彩

第三十七回　　卖弄丰姿挑选精壮男子

取消淫妇敕封贞烈夫人

第三十八回　　求荣反辱媚猪现原形

谈古论今乌龟说大话

第三十九回　　瘟元帅造人间名册

鬼军师平地下风波

第 四 十 回　　闹私塾学子骂啬神

收夜市商家拒鬼卒

第四十一回　　张老太谈离合姻缘

朱仙人识阴阳途径

第四十二回　　定计画行台捉妖怪

冒牌号僻巷遇神仙

第四十三回　妖风起处老妇怀春
　　　　　　魔扇摇时真容变态

第四十四回　假出丧乡绅施鬼蜮
　　　　　　大劈棺闺女变猪猡

第四十五回　即空即色和尚做新郎
　　　　　　有势有财丈人看女婿

第四十六回　女弟子怒兴势力潮
　　　　　　老先生捱打神仙尺

第四十七回　清头脑孝子驱邪
　　　　　　变心肠财奴慢客

第四十八回　恶军阀嫉视衣冠
　　　　　　丑家庭大开筵宴

第四十九回　文明人打倒野蛮壳
　　　　　　自由女议添交际员

第 五 十 回　施小姐忏除己罪
　　　　　　沈少卿扑灭妖风

茶寮小史

社会言情小说。程瞻庐著。商务印书馆。1920 年 1 月初版。1921 年 10 月再版。1 册。3.5 万字。共 24 回。

第一回　说冷话挥拳用武
　　　　丢报纸扫地斯文

第二回　鹦鹉会针砭学子
　　　　蝙蝠派唾骂名流

第三回　谈教育痛诋公敌
　　　　论成绩大吹法螺

第四回　达目的不离于口
　　　　题浑名匪夷所思

第五回　五更调滥充杰著
　　　　尖文豪肇锡嘉名

第六回　中学生呼卢喝雉
　　　　穷措大嚼字咬文

第七回　出风头后生可畏
　　　　磨刀背文字无灵

第八回　写字据银钱入橐
　　　　刻诗稿笙磬同音

第 九 回　女相如僧寺对弈
　　　　　小才子胎里吟诗

第 十 回　菩萨蛮有声有色
　　　　　花鼓戏疑假疑真

第十一回　为止笑狠命捼大腿
　　　　　因哦诗凑口吃馒头

第十二回　茶博士直心快口
　　　　　管城子画角描头

第十三回　王轶千重临百宝肆
　　　　　茶博士高谈五老峰

第十四回　老世伯瑶池返驾
　　　　　娄先生煤井喷泉

第十五回　炫头衔卡片代润格
　　　　　守秩序学子奠生刍

第十六回　书房外馆僮窥秘密
　　　　　床铺下学究匿残看

第十七回　奋雌威巧遇骂街妇
　　　　　夸獭祭相烦速记生
第十八回　吃苦头偷鸡蚀米
　　　　　戳壁脚索疵吹毛。
第十九回　白罗衫沾染双污点
　　　　　黄寡老配列五高峰
第二十回　可骂则骂骂亦多术
　　　　　见怪不怪怪是用希

第二十一回　失馆地自取其咎
　　　　　　改门联何以为情
第二十二回　炫才情侈言谈学
　　　　　　善戏谑洗耳恭听
第二十三回　谈掌故出恭入敬
　　　　　　逢纪念彩烈兴高
第二十四回　考据家文章图结束
　　　　　　旁观派俚曲作收场

鸳鸯小印

哀情小说。程瞻庐著。中华书局。1917 年 1 月初版。1 册。1.7 万字。共 12 章。

唐祝文周四杰传

民间小说。程瞻庐编著。上海大众书局。1932 年 10 月初版。1933 年 1 月重版。8 册。32 万字。每回前均有朱凤竹绘图 2 幅。楔子：周美人影射张梦晋、铁先生演说唐解元。共 100 回。

第一回　桃花庵唐伯虎填词
　　　　丹桂轩祝枝山行令
第二回　未免有情九秋香满
　　　　谁能遣此一笑魂销
第三回　访秋容才子唤扁舟
　　　　谈往事村夫记细账
第四回　窥玉貌三生有幸
　　　　倾银盆二笑留情
第五回　客中况味又苦又甘

　　　　梦里因缘疑真疑幻
第六回　华秋香三笑留情
　　　　唐伯虎一身作仆
第七回　驮青石兄明恶作剧
　　　　进中门子畏惹人怜
第八回　乱磕头俊婢戏书生
　　　　频屈膝解元拜表妹
第九回　冯玉英苦口进良言
　　　　周文宾乔装赚名画

第 十 回　假书僮一戏呆公子
　　　　　痴丫环初识美解元

第 十 一 回　小厨房送抱推襟
　　　　　　天香堂出乖露丑

第 十 二 回　老相国刮目赏书僮
　　　　　　太夫人平心论义子

第 十 三 回　恋情人枉送鸳鸯帕
　　　　　　择佳婿虚张孔雀屏

第 十 四 回　沈画师游山坐小轿
　　　　　　文解元冒雨觅扁舟

第 十 五 回　传画学师生接席
　　　　　　诉衷情姊妹联床

第 十 六 回　祝枝山有心窥画室
　　　　　　杜月芳无意遇情人

第 十 七 回　赠良玉才子订良缘
　　　　　　藏画箱闺人闯画室

第 十 八 回　意外奇缘书生充画品
　　　　　　箱中人语淑女拜明神

第 十 九 回　因祸得福文征明乞婚
　　　　　　带讽含讥李寿姑遇窘

第 二 十 回　祝枝山设计换空箱
　　　　　　徐鸣皋奉命求唐画

第二十一回　有诗为证咏四字风怀
　　　　　　不速而来操两番月斧

第二十二回　柳儿语妙折服杜翰林
　　　　　　石榴情多痴想唐才子

第二十三回　搬唇舌太君训婢
　　　　　　收骨头华老还家

第二十四回　重科名门墙粘捷报
　　　　　　闹意见书馆记深仇

第二十五回　客中动秋感妙语双关

第二十六回　园内逼娇声伊人宛在
　　　　　　中宵煮水洗濯绣球风
　　　　　　重九制团欢迎菊花印

第二十七回　唐子畏戏弄王本立
　　　　　　华鸿山邀请宋悦峰

第二十八回　留情索狭路诉相思
　　　　　　恋主轩隔墙动食指

第二十九回　假公济私劝先生尽责
　　　　　　将功赎罪代公子捉刀

第 三 十 回　冯玉英冷笑破机关
　　　　　　王本立求荣钻圈套

第三十一回　大排筵席老相国酬师
　　　　　　小试文章呆公子出丑

第三十二回　即席挥毫气走老学究
　　　　　　书房伴读抬举小书童

第三十三回　写喜联老祝开心
　　　　　　送贺礼小厮滑脚

第三十四回　唐兴小试三寸舌
　　　　　　陆氏大起娘子军

第三十五回　赵星海贿买山间古木
　　　　　　祝枝山计赚云里观音

第三十六回　换对联新娘子生嗔
　　　　　　落船坞大和尚争座

第三十七回　张冠李戴移祸江东
　　　　　　旧事重提高歌湖畔

第三十八回　楼上闻歌徒呼负负
　　　　　　筵前把盏下拜盈盈

第三十九回　诗咏滑稽聊资雅谑
　　　　　　图题别送遽得多金

第 四 十 回　点墨全无嘲笑呆公子
　　　　　　薄言往愬激怒老皇封

第四十一回 结人缘婢女求情
描佛相书生赎罪

第四十二回 善才龙女肖我肖卿
犬子鸡雏侮人侮己

第四十三回 老讼师小破悭囊
贤主仆广行善举

第四十四回 三桩祈祷张木匠过年
两副门联徐秀才扫兴

第四十五回 何秀才批六言妙判
祝解元诵四句诗经

第四十六回 复读法片语服群儒
走样子只身逢二憾

第四十七回 打灯谜僮仆胜秀才
借服饰大娘规小叔

第四十八回 俏丫环多情怜俊仆
假村姑有意骗亲娘

第四十九回 月下添娇倾倒浪子
灯前含媚戏弄家奴

第五十回 拍吟肩公子灌迷汤
写便面解元中妙计

第五十一回 百花台欢迎闺眷
五骏骑遍访佳人

第五十二回 书馆春深错点鸳鸯谱
妆楼人静闲品凤凰箫

第五十三回 调寄百尺楼识曲聆音
缘订三生石推襟送抱

第五十四回 屏后听诗痴绝小婢女
灯前正拍颠倒虞美人

第五十五回 密语相商微闻脂粉气
纤尘不染戏继睡鞋诗

第五十六回 倚翠偎红偷傍游仙枕

第五十七回 珠啼玉笑催开并蒂花
镜里窥玉容丫环注目
堂中来怪客僮仆惊心

第五十八回 入密室殷勤授心诀
上闺楼仔细看眉峰

第五十九回 詈申申娇小姐含愤
情脉脉俏丫环居功

第六十回 白玉无瑕传言玉女
黄金有价愿作金人

第六十一回 石破天惊情场多阻
山穷水尽奇境特开

第六十二回 延翩续祝解元得子
释怨仇徐秀士做媒

第六十三回 磕响头梦魂惊锦瑟
谈密语消息逗秋香

第六十四回 大媒颊上茅草乱蓬蓬
娇女指尖梅花香拂拂

第六十五回 苔滑高峰娄妃谏主
花栽英苑崔女离乡

第六十六回 诗中才子非幻非真
梦里替人若无若有

第六十七回 河畔归舟欢腾内子
庙前论字倒写良人

第六十八回 必敬必恭佳人款客
不伦不类村汉通文

第六十九回 祝希哲片言熄怒火
冯太君千里归故乡

第七十回 唐解元大除夕行令
冯玉英上元夜张灯

第七十一回 觅竹叶宛转求姑母
取参枝邂逅遇娇娘

第七十二回　紫微堂俏婢子啼鹃
　　　　　　牡丹亭老太君看鹤

第七十三回　宵征肃肃公子把衾裯
　　　　　　夜语喁喁丫环同枕被

第七十四回　吉甫堂上相国集贤宾
　　　　　　学士桥边枝山授诡计

第七十五回　小施伎俩老相国受欺
　　　　　　大发牢骚众家奴集议

第七十六回　杜雪芳内堂誉俊婢
　　　　　　华相国书院训群僮

第七十七回　扭胸脯小杨争板凳
　　　　　　烘馒头痴婢闭房门

第七十八回　卅六名群芳都待选
　　　　　　五百年佳耦总无缘

第七十九回　尤石榴痛恨薄情郎
　　　　　　唐解元激怒老相国

第八十回　　璧合珠联佳人入选
　　　　　　波谲云诡才子遭殃

第八十一回　不速客来逢凶化吉
　　　　　　有心人至破涕为欢

第八十二回　娘子军秘密解围
　　　　　　女儿酒殷勤献客

第八十三回　夜行船悠扬闻棹唱
　　　　　　瓦茶壶淅沥听秋声

第八十四回　扁舟载艳美在其中
　　　　　　佛殿题诗变生意外

第八十五回　陆昭容惩戒狂夫
　　　　　　唐子畏忏除旧恶

第八十六回　访踪迹园内闹妖魔

　　　　　　破机关房中卧酒鬼

第八十七回　老太君哀哀哭俊婢
　　　　　　少夫人历历话书僮

第八十八回　呆公子自夸先见
　　　　　　老太师亲访逃奴

第八十九回　杜太史停舟迎远客
　　　　　　祝解元开帐索吟髭

第九十回　　欲壑难填尽情敲竹杠
　　　　　　良宵易误何处觅桃源

第九十一回　鸳梦未圆冷落唐才子
　　　　　　鹦哥如意推举女状元

第九十二回　宴白亭祝枝山设计
　　　　　　轮香堂华相国坐茶

第九十三回　平头文契签押六如
　　　　　　捧腹文章清空一气

第九十四回　红粉两行恍入女儿国
　　　　　　金尊三献欢饮寿星杯

第九十五回　李寿姑图赖相思债
　　　　　　华秋香羞进合欢樽

第九十六回　品玉箫同聆下雨歌
　　　　　　熄银灯戏赠催妆曲

第九十七回　秦姝顾女妙语解颐
　　　　　　吉士佳人良宵阻梦

第九十八回　唐解元巧对一双络索
　　　　　　祝希哲妄思三笑姻缘

第九十九回　一番秘策有意戏狂徒
　　　　　　两字罗帏无心成佳兆

第一百回　　扮演假秋香逢场作戏
　　　　　　结束真才子对酒当歌

情　　血

言情小说。程瞻庐、李东野著。上海世界书局。1924 年 5 月 2 版。1
册。20 万字。提要 1 篇。绘图 12 幅。共 18 回。

第一回　蹴球

第二回　咏诗

第三回　运动

第四回　流眄

第五回　失窃

第六回　游学

第七回　寄书

第八回　赠物

第九回　割臂

第 十 回　吻腕

第十一回　别美

第十二回　省父

第十三回　遭谗

第十四回　遇青

第十五回　诉愤

第十六回　疗疾

第十七回　露机

第十八回　题血

葫　　芦

滑稽小说。程瞻庐著。上海世界书局。1929 年 4 月初版。2 册。
11.5 万字。共 20 章。

第一章至第十章章目缺。

第十一章　入网的鱼

第十二章　过了她的红裙瘾

第十三章　臭皮匠想富十年穷

第十四章　她是一只偷油老鼠

第十五章　济公的一首诗

第十六章　不是玉胞肚却是草胞肚

第十七章　肚皮和日历作反比例

第十八章　拆穿西洋镜的石观音

第十九章　调羹里面的运命

第二十章　神仙葫芦踏一个瘪

黑暗天堂

长篇社会小说。程瞻庐著。新上海书局。1934 年 3 月初版。3 册。23 万字。序 3 篇。共 40 章。

第 一 章　白马涧的泉声

第 二 章　卖花声里人家

第 三 章　人和涧水竞走

第 四 章　蛇肚皮里的念头

第 五 章　管城子和淫僧

第 六 章　堵塞黄河坝的粉红手帕

第 七 章　女校长的口碑

第 八 章　两个塌饼一条血印

第 九 章　献出做娘的四川地图

第 十 章　战胜异性者的工具

第十一章　东昌顺添了一只耳朵

第十二章　室雅何须大,花香不在多

第十三章　乡下小子的技能

第十四章　站在一条战线上的四金刚

第十五章　饭碗打碎在磅秤底下

第十六章　邹先生的咸鸭蛋

第十七章　孙落拓的家世

第十八章　秋冬叠宝塔春夏剥笋壳

第十九章　门槛与裤子

第二十章　楚歌四面的未婚夫妇

第二十一章　骂人艺术的批评

第二十二章　前倨后恭的校长

第二十三章　馅啜声中的颂辞

第二十四章　银盾上的颂辞

第二十五章　杯酒话天良

第二十六章　两股恩怨不分明

第二十七章　写字间是日间的功课

第二十八章　香罗带的效力

第二十九章　盲词式的家书

第 三 十 章　明明这包东西没有落掉

第三十一章　欢喜庙中的香火不绝

第三十二章　向莺莺小姐索康密兴

第三十三章　我也不愿同性恋爱

第三十四章　拍! 拍!

第三十五章　她爱夜间写你便在夜间写

第三十六章　假使我要你睡着写呢

第三十七章　这四如一样都不如

第三十八章　女儿害了色情狂

第三十九章　缺口喇叭花登门告密

第 四 十 章　同堕落同不堕落

街谈巷语

滑稽小说。程瞻庐著。上海世界书局。1928 年 8 月初版。1 册。5.6 万字。自序 1 篇。共 12 回。

第一回　出风头小姑娘吃苦
　　　　喝汤脚老夫子垂涎
第二回　乘航船邂逅老僧
　　　　回乡里嘲弄酒鬼
第三回　马桶脚边虚应故事
　　　　牛屎弄里误抢新人
第四回　女学校高唱戒羞歌
　　　　小茶寮自赋催妆曲
第五回　老虔婆肚皮挨饿
　　　　养媳妇屁股揩油
第六回　提议案老板谋利益
　　　　挂灯谜小姐抱羞惭

第 七 回　伶牙俐齿谈菩萨
　　　　　挨肩擦背轧神仙
第 八 回　触霉头西席中谗言
　　　　　听壁脚东家发脾气
第 九 回　田萧九前倨后恭
　　　　　史伯通因祸得福
第 十 回　贵客临门雪中送炭
　　　　　乡邻赠物锦上添花
第十一回　酷相思阮囊羞涩
　　　　　空欢喜世态炎凉
第十二回　大请客动地惊天
　　　　　小收场笑风骂雨

湖海英雄

长篇武侠小说。程瞻庐著。上海文业书局。1936 年 10 月第 1 版。4 册。18 万字。自序 3 篇。共 32 回。

第一回　云儿胡同小侠出世
　　　　河南会馆剑客登场
第二回　夜静更阑黄衫说剑
　　　　风和日暖白夹同舟
第三回　击缶唱歌狂徒失色

　　　　当筵舞剑侠女施威
第四回　赵家庄剑下留情
　　　　大明湖舟中惊艳
第五回　惧遭强暴弱女避仇
　　　　私泄机谋恶奴卖主

第 六 回　削耳朵窦三悔罪
　　　　　割辫子国泰惊心

第 七 回　对画图祖师张目
　　　　　遭毒棒孤女捐躯

第 八 回　赠竹叶剑徒弟下山
　　　　　开白莲花魔王出世

第 九 回　医老娘七刲股边肉
　　　　　别师傅双还掌上珍

第 十 回　笛声嘹亮树下问仙童
　　　　　黑影速离山中遭伥鬼

第十一回　相公庙春社破黑幕
　　　　　迎仙桥月夜照红灯

第十二回　除妖魔打破升仙梦
　　　　　收弟子喧传却病方

第十三回　造迷楼春暖吃燕窝
　　　　　入宝刹宵深盗狮子

第十四回　返故里和尚拜母
　　　　　走长途孝子复仇

第十五回　掩大袖暗藏药饵
　　　　　盗奇珍误触机关

第十六回　歇凉亭头陀追积窃
　　　　　春凳庙总镇话前愆

第十七回　上弹章贤妇规夫
　　　　　题画幅淑姬讽主

第十八回　爱莲翘儿女情深
　　　　　访兰若英雄气壮

第十九回　泄春光玉软香温

　　　　　探消息机声灯影

第 二 十 回　牛教师擒贼飞云阁
　　　　　　李捕快求签天后宫

第二十一回　登城头混星子告密
　　　　　　上屋面官夫人失踪

第二十二回　对簿公庭激昂慷慨
　　　　　　藏春绣幄扑朔迷离

第二十三回　押忽大珠马秀娘献宝
　　　　　　庙堂器重王太守进贤

第二十四回　金屋恋鸳衾春生帷幄
　　　　　　铃辕闻豹吼祸起萧墙

第二十五回　剑出鞘客路失公文
　　　　　　佛扒墙行辕索美膳

第二十六回　牛教师深夜作刺客
　　　　　　李制军厚币赚英雄

第二十七回　王屋山远访粉太保
　　　　　　阁老坟戏斩石朝官

第二十八回　秘真传半年不语
　　　　　　献绝技十字留痕

第二十九回　除贪吏欢声腾乡里
　　　　　　宠次媳势利起家庭

第 三 十 回　恶婶母窗下起阴谋
　　　　　　小英雄院中练武艺

第三十一回　书斋访旧英雄识英雄
　　　　　　逆旅联床术士逢术士

第三十二回　惊堕瓦大隆归地府
　　　　　　读冤单小侠走天涯

滑　头　国

滑稽小说。程瞻庐编。大众书局。出版时间不详。1 册。2.3 万字。开卷语 1 篇。共 10 章。

第一章　三兄弟登舟

第二章　叮嘱三件事

第三章　快快停步

第四章　一塌糊涂

第五章　唐诗做菜吃

第六章　走路缠错膀

第七章　三套秘诀

第八章　丈母娘识相

第九章　滑头变做了滑脚

第十章　割头和割股

新旧家庭

社会新小说。程瞻庐编纂。商务印书馆。1922 年 3 月版。2 册。5.2 万字。程瞻庐自序。共 24 回。

第一回　运材料空中建楼阁
　　　　搬是非门外道家常

第二回　失家教纵容幼女
　　　　闯乡邻邂逅虔婆

第三回　洒痛泪孝女伤心
　　　　造谣言媒婆嚼舌

第四回　起冲突小姐骂街
　　　　听歌谣英姑谏父

第五回　赵玉麟忽闻狮吼
　　　　李梦生议续鸾弦

第六回　变宗旨妙论驳平权
　　　　述理由闺人下褒奖

第七回　背讲义跪伏蒲团
　　　　索茶点乱踏楼板

第八回　夸手段大套小套
　　　　谈心事你知我知

第九回　有口无心培卿款客
　　　　说长道短王妈梳头

第十回　雕笼内百灵弄舌
　　　　侧厢里病母酸心

第十一回　充司礼醋鬶喝鞠躬
　　　　　认晚爷油瓶称强项

第十二回　俏皮话结婚嘲曲脚
　　　　　泼辣货当众出风头

第十三回　李录事新房惊好梦
　　　　　陆秀才烟榻训亲儿

第十四回　侦探家实地调查
　　　　　贤淑女吁天怨痛

第十五回　捧遗像真面失庐山
　　　　　进谗言沸油浇烈火

第十六回　薄命女痛遭屈打
　　　　　娘子军力破重围

第十七回　陪小心低头服礼
　　　　　挑重担败兴归家

第十八回　凑现成先享口福
　　　　　瞧热闹大斗眼锋

第 十 九 回　吟艳诗搜肠索肚
　　　　　　唱哭调合节应弦

第 二 十 回　守孝幔抢地呼天
　　　　　　上楼梯改头换面

第二十一回　开园门淑女失踪
　　　　　　走备弄旁人饶舌

第二十二回　失首饰祇形其诈
　　　　　　论泪珠姑信为真

第二十三回　停针黹青灯说梦
　　　　　　报消息黑夜敲门

第二十四回　设毒计婆子贪财
　　　　　　堕奸谋英姑跳水

瞻庐小说集

短篇社会小说。程瞻庐著。上海世界书局。1916 年再版。1 册。3.2 万字。赵苕狂作程瞻庐君传 1 篇。共 8 篇。

一　女诗人的马桶
二　老鸨式的丈母
三　热心
四　七夕之家庭特刊
五　但求化作女儿身
六　眼睛器量
七　透视眼
八　瞒了鱼雁

三姨太太

社会小说。北京风流奇案。道上客编著。上海宏文图书馆。1921 年 5 月版。1 册。2 万字。共 30 章。

一　悼鼓盆李耘丧妻
二　充下陈玉兰议价

三	真懵懂不知固宠	十七	开药房私赠金钱
四	假殷勤有意惑人	十八	通书吏情殷旧好
五	庆元宵醉后寻芳	十九	恃势横行无忌惮
六	游公园花前遇美	二十	恋奸分赠一杯羹
七	擅专房恃宠生骄	二十一	真吃醋阴施毒手
八	贪夜赠鸾胶续赋	二十二	振乾纲聊以解嘲
九	较色艺名伶比美	二十三	人生一病真苦楚
十	造蜚语大妇遭殃	二十四	世间最毒妇人心
十一	装假病有意撒娇	二十五	贪淫人因淫丧命
十二	求嗣续下通厮养	二十六	争财产为财辱身
十三	看影戏险遭辱没	二十七	主中馈小妾掌权
十四	吃番菜破露私情	二十八	诉警厅大妇泄忿
十五	施管束门内勃谿	二十九	铁窗风味略亲尝
十六	耸危词口头要挟	三十	全案情形大宣露

洪　秀　全

历史小说。湖上渔隐标点。上海达文书店。1936 年 8 月重版。2 册。插图 10 幅。30.9 万字。共 29 回。

第一回	穆彰阿惑主害青宫 钱东平访贤游幕府	第六回	罗大纲皈依拜上帝 韦昌辉乘醉杀婆娘
第二回	会深山群英结大义 游督幕智士释豪商	第七回	韦昌辉义释洪秀全 冯云山联合保良会
第三回	发伊犁钱东平充军 入广西洪秀全传道	第八回	冯云山夜走贵县 洪秀全起义金田
第四回	闹教堂巧遇胡以晃 论嘉禾计赚杨秀清	第九回	劫知县智穷石达开 渡斜口计斩乌兰泰
第五回	杨秀清初进团练局 洪秀全失陷桂平牢	第十回	洪仁发误走张嘉祥 钱东平重会胡元炜

归　梦

言情小说。湘影著。上海中华书局。1915 年 12 初版。1 册。8.3 万字。自序 1 篇。共 40 章。

十一	摆伦之诗(其一)	二十七	周家庄(其三)
十二	摆伦之诗(其二)	二十八	新亭之泣
十三	忧时之泪	二十九	还望他凄凄惶惶的寄
十四	忌日	三十	黑风俗
十五	真耶梦耶	三十一	天道如斯
十六	春宵之怨	三十二	月夜清游
十七	文学家之伉俪	三十三	若有人兮
十八	长勿相忘花	三十四	危机一发
十九	借刀杀人计	三十五	碧血红泪
二十	白莲馆中之言(其一)	三十六	秋闺之梦
二十一	白莲馆中之言(其二)	三十七	士意脱荷姆
二十三	一喝一棒	三十八	裁缝寄远
二十四	兰香玉暖	三十九	永诀
二十五	周家庄(其一)	四十	西子湖上之月色
二十六	周家庄(其二)		

近十年目睹天津怪现状

社会小说。寓公著。大新书局。1928 年 5 月版。2 册。7 万字。共 12 回。

第一回	天涯客重游天津卫 吴小帆细述津沽形		庄淑英开会论公妻
第二回	充顾问侄女当外宅 谋参谋儿媳做姨太	第六回	因吃醋妻子大撒泼 躲狮威丈夫走他乡
第三回	估衣街军官当扒手 北马路丘八又撞磁	第七回	老泰山宽待东床客 小女婿丧心报德怨
第四回	俊俏书生陈仓暗渡 美艳教员偷暖送寒	第八回	兄妹宣淫廉耻丧尽 母子成奸伦常大变
第五回	胡剑侠婚姻结自由	第九回	王伯旦政界当掮客 真是规得差卖妻娇

第 十 回	诱奸导淫小妾丧心			天安里杜彭施密计
	败伦灭纪老翁断舌		第十二回	半句语足值五千两
第十一回	戏园内春芳发病狂			数句话父子反成奸

故都风月

社会小说。寓公著。上海新智书局。1935 年 3 月版。1 册。3.3 万字。引子 1 篇。共 10 回。

第一回	长腿将军有意延宾		第六回	军阀风流载歌载舞
	冶容女郎悉心献技			美人雪艳胡帝胡天
第二回	春色迷人梨花含雨		第七回	调虎离山窥探色欲
	柔情醉客蕙帐翻云			飞鸿入目强劫娇娃
第三回	移花接木疑假疑真		第八回	摇唇鼓舌来干女儿
	灯炧酒阑如痴如醉			入主出奴有小白脸
第四回	副官仗势虎视眈眈		第九回	鱼色于烟霏雾结中
	阿堵倾囊莺声呖呖			惊心向水驿山程去
第五回	狂蜂浪蝶弱女失身		第十回	群雌不已旧梦成尘
	纵欲宣淫莽夫得趣			一世之雄饮丸结果

飞絮欺花录

言情小说。谢直君编纂。上海商务印书馆。1918 年 4 月初版。2 册。5.7 万字。共 12 回。

第一回	宴珠江豪华征妙舞		第三回	筑债台家庭生机阱
	营金屋慈母训娇儿			萌妄念赌博误痴翁
第二回	产珠胎逐水怅杨花		第四回	憎弱妇有意说芦花
	悔前非投资营实业			访丈人无心逢旧侣

第五回　情网迷人望生复水
　　　　钱神有力势可熏天
第六回　刘公子斥浪蕊浮花
　　　　薛爱琴逞狡谋毒计
第七回　惑奸谗傍人怜弃妇
　　　　全友谊侠客拯佳人
第八回　处逆境烈士厉清标
　　　　访铁窗罗衫渍红泪

第九回　薛金娇张樊引雏鸟
　　　　方夫人赍恨入重泉
第十回　恶薛丙贿报布谰言
　　　　贞华兰引嫌辞侠客
第十一回　想天鹅恶氛侵绣闼
　　　　　逐魅影勇士捕奸徒
第十二回　忏宿冤妓女写遗书
　　　　　感坚贞画梁栖旧燕

阿 Q 小姐传

社会小说。蓝心撰述。上海天干出版社。1949 年 1 月版。1 册。6.5
万字。博士孔老鸦序 1 篇。周作人论阿 Q 正传附录 1 篇。江爱周、孔老鸦
等漫画 11 幅。共 8 章。

第一章　序言
第二章　革命
第三章　追求
第四章　订婚

第五章　入学
第六章　诱惑
第七章　逃婚
第八章　疯狂

儿戏夫妻

言情小说。蓝白黑著。天下出版社。1949 年 2 月初版。1 册。4 万
字。未分章节。

大嘴女郎

言情小说。蓝白黑著。洪翔出版社。1948 年 11 月初版。1 册。7 万

字。未分章节。

水 仙 花

艳情小说。蓝白黑著。上海影艺出版公司。1949 年 1 月初版。1 册。17 万字。未分章节。

色情世界

香艳言情小说。蓝白黑著。上海银花出版社。1949 年 2 月初版。1 册。4.8 万字。未分章节。

杏花春雨江南

言情小说。蓝白黑著。上海黑白编辑公司。1949 年 1 月初版。1 册。5.8 万字。章紫石、文海犁、匡成、欧阳秋、阿朱作序各 1 篇。未分章节。

灵肉之门

香艳言情小说。蓝白黑著。天蓝出版社。1949 年 3 月初版。1 册。6 万字。未分章节。

夜长梦多

社会小说。蓝白黑著。白黑编辑公司。1949 年 3 月初版。1 册。9.27 万字。序 2 篇。共 15 梦。

第一梦　　隔靴搔痒

第二梦　　越俎代庖

第三梦　　移尊就教

第四梦　　大道为公

第五梦　　秋之歌

第六梦　　惟物之灵

第七梦　　一曲哀歌

第八梦　　万里长风

第九梦　　人间天上

第十梦　　始作俑者

第十一梦　南国之春

第十二梦　竞走趣史

第十三梦　夺取锦标

第十四梦　五角喜剧

第十五梦　夜长梦多

荒唐先生

言情小说。蓝白黑著。世界书报社。1949 年 4 月初版。1 册。3.5 万字。未分章节。

荡　　妇

香艳言情小说。蓝白黑著。影艺出版公司。1948 年 12 月初版。1 册。4.7 万字。未分章节。

美　人　鱼

社会言情小说。蓝白黑著。上海华华书报社。1949 年 4 月初版。1 册。8 万字。共 20 章。

一　一条辫子晃呀晃

二　疑心你是卖淫的

三　一天一天高凸起来

四　骂声打声哭声

五　已经涂上了一笔

六　月经果然断了

七　从此不愿嫁人

八　个个都有牛性

九	是为治疗花柳病	十五	随意小酌一番吧
十	鬼鬼祟祟的张望	十六	你为什么取笑我
十一	买一只大钻戒	十七	你骂他不算忤逆
十二	一弹把疯狗打死	十八	女人都有秘密的
十三	不堕胎亦非办法	十九	内心感到愉快
十四	蓄意出卖外甥女	二十	那才是单调乏味

隔墙风月

言情小说。蓝白黑著。上海世界书局。1949 年 2 月初版。2 册。13.9 万字。未分章节。

新镜花缘

社会言情小说。蓝白黑著。上海世界出版社。1949 年 5 月初版。1 册。7.6 万字。未分章节。

政海野史

社会小说。即春江夜声。楚泽散人著。上海民立书局。1930 年 4 月版。4 册。9.3 万字。四水渔隐评订。共 40 回。

第一回	述缘起蒋文通分府 赠诗篇汪官方送行	第四回	巧钻营猴儿谋海运 枉贿赂员老得巡查
第二回	蒋励吾捧檄赴兰陵 汪栖元留宾敦友谊	第五回	娇儿瘦妻移居冷署 名花旧雨追叙前因
第三回	论匾额前任留笑史 和瑶章良友写牢骚	第六回	派收卷共冷官论学 得春差与睡翁失和

第 七 回	游惠山一枝春谈相 归萧寺六十翁迷魂
第 八 回	试游屐偶题名胜处 办巡差僻居古寺旁
第 九 回	蒋励吾营田庙办匪 裘元精保甲局留花
第 十 回	汪别驾寄诗催老宿 崔少府冒暑入昆陵
第 十 一 回	吟新诗名士庆同居 委巡查太尊遴老辈
第 十 二 回	残暑束装二人同伴 新秋卧病一命归泉
第 十 三 回	玉壶春茶楼讽气块 岳阳楼酒座聚狂且
第 十 四 回	特太尊调署镇江府 汪参军交卸常照厅
第 十 五 回	汪栖元吟诗怀旧宠 翁催命接篆谒比邻
第 十 六 回	走大路须太尊查夜 请病假真少尉回杭
第 十 七 回	门外汉骤得头段差 个中人争分度岁费
第 十 八 回	祭旧作名士沿旧典 贺新年俗吏出新闻
第 十 九 回	一纸求情依然接替 两人告假同被撤回
第 二 十 回	庆元宵崔老为东道 得三段胡尉到西瀛
第 二十一回	胡最仁代理顾山司 真自犬谋成分府缺
第 二十二回	领节敬愈尉得空分
	调武进来令到常州
第二十三回	代典史腐气块敛钱 结官场啬鸡精被骗
第二十四回	蒋文通瓜战营田庙 凌瘅人代理高桥司
第二十五回	翁参军谋佃姐作配 汪少尉偕弱女同来
第二十六回	赶中秋愈下流到郡 分节敬郑小运求援
第二十七回	开寿宇来大令设筵 斗转机蒋参军画石
第二十八回	重义气替下流贷款 被冤枉致最仁撤差
第二十九回	求实学作及门弟子 裁丽句送归里闲人
第 三 十 回	真自犬纳妾求友礼 蒋励吾巡夜写闲情
第三十一回	办巡警上下拟条陈 困经济因循仍保甲
第三十二回	留冬防阻入仕学馆 慨时奉独咏志怀诗
第三十三回	滕表扬玉壶春骂座 啬烧汤大树头牵衣
第三十四回	拍马屁啬烧汤破钞 入雉穴汪预婆受愚
第三十五回	愈尉到差十分得意 其妾入庙顷刻遗羞
第三十六回	交替挟仇大相龃龉 借贷不遂顿绝金兰
第三十七回	慕盛名秦大令延师 留娼妇愈少尉出丑

第三十八回	玉壶春下流苦求书		趋热路真少尉毕命
	小河沿是瘟酸吃醋	第 四 十 回	入烟馆迷恋天禧桥
第三十九回	闹端阳来大令解围		进幕府辞别昆陵驿

千 里 侠

武侠小说。南北武侠全书之十一。雷珠生著。上海华成书局。1931年1月版。1册。3.1万字。共10回。

第一回	赴金阊会商参知府	第六回	脱樊笼斩关赶长途
	到铜山问道访良朋		追逃犯要路遇劲敌
第二回	行路招灾挥拳殴流氓	第七回	彼众我寡英雌就缚
	登楼大嚼劈面遇仇人		急公好义公子解围
第三回	先发制人请兵捉凶首	第八回	剧盗畏罪迁徙他方
	拒捕失败被缚解官衙		公子探庄误蹈陷阱
第四回	两侠女入监蒙优待	第九回	厨夫忽至探出端倪
	二蠹役得贿昧良心		石室才离又逢劲敌
第五回	留刀寄柬开释无辜	第十回	访友登门老松报机密
	会哨请兵严防刺客		持杖入室伏虎显神通

飞侠红蝴蝶

武侠小说。南北武侠全书之十二。雷珠生著。上海华成书局。1931年1月版。1册。3.1万字。共10回。

第一回	中飞镖绝处遇救星	第三回	得名师专心习武
	怀匕首登楼刺公敌		报父仇腾空飞行
第二回	下毒药暗中杀仇敌	第四回	见侄女挥泪诉奇冤
	斗猛虎月下遇高人		救伤人登山乞灵药

第五回　探名庄芸姑斗悍匪
　　　　跨名马蒋成讨救兵
第六回　提亲事天雄受辱骂
　　　　敌官兵伏虎显能为
第七回　睹飞剑侠女生疑心
　　　　见美人恶僧起邪念

第八回　同入卧室握手求欢
　　　　狂骗脱身御风逃遁
第九回　孤女失路幸遇樵夫
　　　　二侠相逢同投黑店
第十回　师姐妹合力破黑店
　　　　野和尚恃勇摆擂台

江湖大盗

武侠小说。南北武侠全书之十六集。雷珠生著。上海华成书局。1931 年 1 月版。1 册。3.2 万字。共 10 回。

第一回　志切复仇以女悬赏
　　　　土遁行刺失耳逃归
第二回　掷飞刀李猛斩悍贼
　　　　撒神沙殷虬破妖兵
第三回　方芸姑行刺中埋伏
　　　　十三妹苦口作良媒
第四回　定奇谋奋勇攻山
　　　　触烟毒昏迷倒地
第五回　得惊报避祸挈娇妻
　　　　获仇人挖心祭亡父

第六回　侠士打尖风波平地起
　　　　县差谎报战祸立时开
第七回　周德探山乔装小贩
　　　　殷虬定计假意投降
第八回　剑光飞盗窟血雨腥风
　　　　喜气溢辕门交杯合卺
第九回　黄金贾祸下毒药英雌
　　　　黑夜奔波飞刀砍盗匪
第十回　绝处逢生芸姑出险
　　　　飞来横祸杨爱呼冤

侠盗燕飞来

武侠小说。南北武侠全书之九。雷珠生著。上海华成书局。1931 年 1 月版。1 册。3.2 万字。共 10 回。

第一回　山东道骡夫起恶意　　　　　鲁元村马汉戮强徒

第二回　绿林侠投宿遇怪客
　　　　采花盗见色起淫心
第三回　启戟遥临提督露真面
　　　　窃印远遁侠盗受嫌疑
第四回　逾限比追县官杖捕役
　　　　戕官顶替使女作夫人
第五回　贼秃颐倚势造地窖
　　　　官强盗采花杀贞女
第六回　燕飞来冲扫胜豪奴

　　　　吕天雄横行遇劲敌
第七回　大无畏伏虎服响马
　　　　抱不平北侠败庄丁
第八回　施妙手盗银中袖箭
　　　　募巨金信口鼓簧言
第九回　窃饷银韩方遇劲敌
　　　　逐侠盗松泉显神通
第十回　求后嗣美妇蹈陷阱
　　　　堕地窟使女作调人

剑侠十三妹

武侠小说。南北武侠全书之十三。雷珠生著。上海华成书局。1931年1月版。1册。3.2万字。共10回。

第一回　横祸飞来逃生遇悍匪
　　　　救星猝至绝处得名师
第二回　女师生打尖谈往事
　　　　众豪奴仗势欺娇娃
第三回　大难临头幸逢女侠
　　　　小打出手屈服豪奴
第四回　报深仇土豪奋斗
　　　　遇劲敌义侠解围
第五回　未脱魔星投亲遇火坑
　　　　奔逃佛室叩首诉苦衷

第六回　避灾祸化装奔西岳
　　　　报父仇单骑赶长途
第七回　闹菜馆猎户受辱
　　　　作调人庄主留宾
第八回　十三妹深山刺猛虎
　　　　姚金官绝处遇救星
第九回　闻密谋潜地报警讯
　　　　挥宝剑奋勇戮凶徒
第十回　月下试飞行金兰结义
　　　　筵前受重托星夜奔腾

剑侠轰天雷

武侠小说。南北武侠全书之十五集。雷珠生著。上海华成书局。

1931 年 1 月版。1 册。3.2 万字。共 10 回。

第一回　十三妹探庄遇妖法
　　　　方芸姑挥剑砍仇人
第二回　狄勇疆场擒敌将
　　　　裴雷土遁避飞刀
第三回　卧云僧长城投客店
　　　　方芸姑狭路遇冤家
第四回　避冤家误投盗窟
　　　　劫孤女使用闷香
第五回　战母子失足堕陷阱
　　　　救师妹飞剑斩盗婆

第六回　分斗牛农夫惊神勇
　　　　施阳掌和尚演受重伤
第七回　飞檐走壁李福逞威风
　　　　巧语花言殷虬擒巨盗
第八回　中刁计险遭灭顶尤
　　　　行路难误投强盗窟
第九回　陷铁室幸逢天雷殛
　　　　访名师巧遇比丘尼
第十回　投逆旅惊闻惨杀案
　　　　救娇娃恫吓恶土豪

神刀豪侠传

武侠小说。南北武侠全书之十四集。雷珠生著。上海华成书局。
1931 年 1 月版。1 册。3.2 万字。共 10 回。

第一回　探匪窟挥剑斩巨獒
　　　　触机关追敌中弩箭
第二回　二次探吕庄枪声人影
　　　　千里请道友礼重言甘
第三回　老道演飞刀神出鬼没
　　　　剑侠敌响马赤手空拳
第四回　三女不知难乔装卖解
　　　　一身都是胆拜寿登堂
第五回　耍绳技飞侠献神通
　　　　遇救星玉贞离密室

第六回　战匪窟剑侠逢劲敌
　　　　破飞刀妖道枉劳心
第七回　妖道送命父女脱逃
　　　　众侠破庄公子出险
第八回　感恩义张良臣求婚
　　　　见书札杨宝珠吃醋
第九回　生误会气走杨宝珠
　　　　报宿仇进攻方天寿
第十回　裴雷恃勇轻强敌
　　　　裘寿放枪虚受惊

豪侠英雄传

武侠小说。南北武侠全书之十集。雷珠生著。上海华成书局。1931年1月版。1册。3.2万字。共10回。

第一回	爱妻失踪上辕门赴诉 侠客仗义入匪窟侦查	第六回	英雌入牢笼临危不屈 侠士控魔窟勇往直前
第二回	探佛寺焕文踏机关 请飞侠提督遣胞妹	第七回	二侠救英雌斩除匪党 双妹追妖妇险触机关
第三回	贪赶长途病倒客店 误奔歧路猝遇魔星	第八回	横祸飞来无辜入监狱 乔装远去奉命请英雄
第四回	杀美男姊妹成仇敌 留佳客妖妇献殷勤	第九回	入寺挂单一去不返 发兵赴援两路夹攻
第五回	幸遇赛华佗沉疴立起 忽来千里侠破镜重圆	第十回	救飞侠力举落地钟 破地窖火烧报恩寺

天启宫闱秘纪

宫闱小说。虞山古香阁珍藏。上海大新书局。1923年11月版。0.75万字。未分章节。

白　牡　丹

民间小说。锦章书局。1948年9月版。1册。14.1万字。插图4幅。共46回。

第一回	明主遇美人入梦	金星救刘瑾为阉

第 二 回　穆府着棋收内监
　　　　焦彩翻案害王岳

第 三 回　买首级白冤遇害
　　　　假半仙看相赚金

第 四 回　刘瑾巧施纲财计
　　　　文贵怒逐狐犬群

第 五 回　焦穆诡施伪圣旨
　　　　李通验识假金牌

第 六 回　刘瑾毒谋收文符
　　　　李通巧计醉狂奴

第 七 回　吴芳惧罪瞒刘瑾
　　　　文贵迎母拜李通

第 八 回　刘瑾赚主幸苏州
　　　　梦雄同妹观圣驾

第 九 回　章士成留客结姻
　　　　刘宇瑞通家款友

第 十 回　宇瑞邀友探亲羔
　　　　桂金越墙听瑶琴

第十一回　刘小姐窥琴识女
　　　　李夫人戏婿交婚

第十二回　文俊催船委保驾
　　　　梦雄鏖战敌强徒

第十三回　圣驾高山脱罗网
　　　　奸监平地起风波

第十四回　英国公大破贼寇
　　　　司礼监密捉忠良

第十五回　刘宇瑞离家脱难
　　　　李梦雄代岳辨冤

第十六回　老元动请驾救忠
　　　　小游击受官访贼

第十七回　士成知机宿古祠

桂金急病投匪店

第十八回　追马匹兄妹中计
　　　　焚店房母子负逃

第十九回　士成祠里救桂金
　　　　梦雄途中逢宇瑞

第 二十 回　李梦雄密杀陆金
　　　　万人敌误结胜康

第二十一回　假梦雄大寨款舅
　　　　真桂金高山遇仇

第二十二回　胜康痴订鸳鸯侣
　　　　桂金假结鸾凤俦

第二十三回　匪徒贪美色遭殃
　　　　奸监谋重权造反

第二十四回　演武厅奸监受辱
　　　　金銮殿忠臣施威

第二十五回　功折罪梦雄呈信
　　　　假小监李通偷图

第二十六回　李通有意战人敌
　　　　桂金无心擒宇瑞

第二十七回　士成会婿知女信
　　　　李通怜才劝投诚

第二十八回　文贵剿贼三界山
　　　　梦雄征兵黑风寨

第二十九回　万人敌诈书救应
　　　　文提督暗约进剿

第 三十 回　全节义父女相逢
　　　　捉渠魁忠良奏绩

第三十一回　刘瑾知风潜逃遁
　　　　张茂领旨捉奸徒

第三十二回　权势败无人收容
　　　　运气来留客成功

第三十三回　居庸关奸监被拿
　　　　　　金銮殿阁老问供

第三十四回　奸佞误供正王法
　　　　　　老将辞职让金鞭

第三十五回　忠良对职完婚娶
　　　　　　圣主设醮禳疫瘟

第三十六回　瑞阳镇王合失主
　　　　　　周元家天子安身

第三十七回　天子吃鸡做良媒
　　　　　　周元棒扇订佳偶

第三十八回　吴大材奉旨赘婿
　　　　　　明正德乏费卖骑

第三十九回　六家店赌博呼子
　　　　　　王花内召神除妖

第四十回　扬州店看诗忆梦
　　　　　新庄银出世朝君

第四十一回　吹玉笛取笑渔娃
　　　　　　拾金钗调戏凤姐

第四十二回　李凤姐恩封西宫
　　　　　　定国公怒打权监

第四十三回　挥金银众女感恩
　　　　　　受封诰二姐应梦

第四十四回　正德斗宝拘幽室
　　　　　　黄虎陷主戮全家

第四十五回　江流获救超苦海
　　　　　　凤姐自误丧黄泉

第四十六回　凤姐建庙受配享
　　　　　　周元就职庆团圆

七世夫妻

民间小说。新文化书社。出版时间不详。1 册。7.5 万字。人物插图 8 幅。7 篇。共 24 节。

第一篇　头世夫妻：万杞梁、孟姜女
第一节　金玉投胎
第二节　避难园会
第三节　寻夫哭城

第二篇　二世夫妻：梁山伯、祝英台
第四节　求学结义
第五节　辞师留鞋
第六节　求亲愆期
第七节　挥泪赠银

第八节　得病丧身
第九节　裂墓殉情

第三篇　三世夫妻：郭华郎、王月英
第十节　游春遇美
第十一节　调情私许
第十二节　失约得病

第四篇　四世夫妻：王十朋、钱玉莲
第十三节　指腹定亲

第十四节　虐女自尽

第十五节　得讯寻尸

第五篇　五世夫妻：商琳、秦雪梅

第十六节　投亲赠画

第十七节　李代桃僵

第十八节　吊孝还魂

第十九节　投考荣归

第六篇　六世夫妻：韦燕春、贾玉珍

第二十节　遗书托孤

第二十一节　遭火遇鹿

第二十二节　蓝桥认尸

第七篇　七世夫妻：李奎元、刘瑞莲

第二十三节　游山拾子

第二十四节　摆擂招亲

新鲜九尾龟

社会小说。新华编辑社编。上海新华书局。1922 年 6 月版。1 册。2.5 万字。编者序 1 篇。共 20 回。

第一回　放风筝顽儿童逃学
　　　　看龙舟亲兄妹相争

第二回　游玩庵堂伯仁遇美
　　　　沉迷博局少甫挥金

第三回　败家子负债窃藏金
　　　　痴心女当筵亲劝酒

第四回　醉汉闹房便桶套颈
　　　　郎君戏婢醋海兴波

第五回　忤逆儿擎枪吓老母
　　　　纨袴子拍电雇轮舟

第六回　遗言训子义正词严
　　　　冷语嘲人泼酸使劲

第七回　挥金如土荡产倾家
　　　　入伍征兵游园肇祸

第八回　革命军兴男儿得志

　　　　负心汉去少女含愁

第九回　假筹饷联群施恫吓
　　　　报宿仇教唆杀无辜

第十回　销声匿迹避祸申江
　　　　酒绿灯红遍游花国

第十一回　发娇嗔宝儿使醋劲
　　　　　落圈套幼生化冤钱

第十二回　得陇望蜀枉用心机
　　　　　返剑还珠完成眷属

第十三回　大滑头有心弄狡狯
　　　　　小白脸假意献殷勤

第十四回　敲竹杠勾通乡下妇
　　　　　放白鸽断送俏姨娘

第十五回　兴尽悲来病魔常扰
　　　　　时衰运倒生计全无

第十六回　妄图革命深夜联盟
　　　　　漏泄奸谋吏书惨死
第十七回　遭阴谴恶绅士吃粪
　　　　　受恶报好儿郎暴之
第十八回　央人说项免罪归家

　　　　　设计敛钱酬神宴客
第十九回　遇旧客有心说旧话
　　　　　困穷途无计介穷愁
第二十回　妻孥离散末路谁怜
　　　　　病榻呻吟子身长逝

石 姻 缘

哀情小说。韵清女史。上海文明书局。1926 年 7 月 3 版。1 册。1.8 万字。提要 1 篇。未分章节。

返 生 香

言情小说。韵清女史（吕逸）著。上海竞智图书馆。1929 年 5 月续版。1 册。3.3 万字。共 14 回。

第一回　矮屋摇兰一宵风雪
　　　　画屏禅榻三梦因缘
第二回　治园亭会计炉览
　　　　邀围棋画师惊艳
第三回　送盆花娇鸟唤哥儿
　　　　进忠告少年规叔父
第四回　凉雨关怀二僮口角
　　　　深宵治疾一士心惊
第五回　事难言馥馥回眸
　　　　疾可讳丹初设策
第六回　水阁笛声人静后
　　　　镜屏倩影不言中
第七回　娱爱女禽言供雅谑

　　　　祝夫人凤烛示衰微
第 八 回　环珮遥闻中遗曲榭
　　　　　笛歌迭奏剧演阳关
第 九 回　咏折柳情见乎词
　　　　　赏梅花醉中得梦
第 十 回　喜出望外寿寿还乡
　　　　　变生不测静娴哭母
第十一回　采菊误心翠姐解意
　　　　　围炉促膝相公拒婚
第十二回　凤去台空泪痕遮望眼
　　　　　图穷匕见心事托和盘
第十三回　两番书到孝子同情
　　　　　三岛萍逢闺娃侍疾

第十四回　劫历沧桑图留无恙　　　｜　　　诚开金石香可返魂

神怪奇侠

　　武侠小说。静观子著。上海亚华书局。1929 年 8 月再版。2 册。10 万余字。自序 1 篇。未分章节。

风尘游侠传

　　武侠小说。静啸（周恨石）著。上海尚武书店。1929 年版。4 册。20 万字。唐文治、林苇损、吴承烜、张曾荫、陶德一、邹弢、姚民哀、冯焕绪等作序各 1 篇。吴观蠡、孙伯亮、王恨石、谢丰农、吴承坦、熊养和、程锦璐、吴清丽、聿英女士题词各 1 首，著者自题词 1 道。赵蔼士跋 1 篇。自跋 1 篇。共 60 回。

第一回　钱筱林游行逢美春
　　　　马月英斗艺结良缘

第二回　老邻翁离觞托家产
　　　　群侠客欢宴在田园

第三回　宴茅屋贺马娘得婿
　　　　约蓉湖替任妇报仇

第四回　话舟中叶生谈往事
　　　　斗湖上华老杀仇人

第五回　魅钱郎阴谋设阱槛
　　　　遇邻姬侥幸破机关

第六回　撤杯针鸳床谐好事
　　　　赠囊橐鸡伞脱危机

第七回　救李娃退抢亲强暴
　　　　归梓里乐顺聚妻孥

第八回　乘闲来急救垂髫子
　　　　招母至豫防行脚僧

第九回　撕恶僧患除由光母
　　　　憨稚子奇遇得真人

第十回　教龙超学神钩神剑
　　　　引虎卫见奇画奇书

第十一回　叙乡情述锡山经过
　　　　　于众怒脱铁索逃亡

第十二回　夺金标慧泉来众侠
　　　　　还玉盏御宴戏高宗

第十三回　千顷波过义夫辟地
　　　　　五斗米贡孝子比邻

第十四回　冒暑行无蝉闻击磬
　　　　　诧仙戏有蟒搭成棚

第 十 五 回　怪物啼引奇童见艳
　　　　　　成言践为美妇救夫
第 十 六 回　挥宝剑误入蟒蛇腹
　　　　　　彻金箍重加蠡螺头
第 十 七 回　消魔幛悟人间恶逆
　　　　　　入仙乡觉世外清高
第 十 八 回　泄元机说后来变化
　　　　　　入文网受群小包围
第 十 九 回　遇真人来去疑幻境
　　　　　　教奇侠游历守师箴
第 二 十 回　吝翁悭凌人多盛气
　　　　　　群女戏诲盗因冶容
第二十一回　卫氏庭却婚兵刃接
　　　　　　鲍家堡围解剑光寒
第二十二回　示卫璎剑术师承说
　　　　　　歼章虎禅家果报谈
第二十三回　丁大郎作两庄保障
　　　　　　何九娘授一钱源流
第二十四回　秃驴锋双刀施猛力
　　　　　　杀虎岭一弹救龙超
第二十五回　遇殷雷胜家书鱼腹
　　　　　　释无籁弭劫案豹头
第二十六回　遇薛襄萍水来同学
　　　　　　除鼠贼茶楼惬众心
第二十七回　整行装觅爷娘处所
　　　　　　逃法网述母子流离
第二十八回　贤伉俪沿途访名胜
　　　　　　真姓氏入寺遇仇僧
第二十九回　告太空阿璧求营救
　　　　　　由无碍屏业定机谋
第 三 十 回　破地牢救小林夫妇
　　　　　　烧佛殿灭觉显僧徒
第三十一回　战禅林斩淫僧塞洞
　　　　　　归尼院送姑嫂还家
第三十二回　遇侠僧得龙超消息
　　　　　　别道士感骊唱岁除
第三十三回　悟真诠现身说佛法
　　　　　　谈往事剪发入禅关
第三十四回　饮三人倾杯守除夕
　　　　　　谈二侠说剑溯当年
第三十五回　负恩人患难不相顾
　　　　　　好义士艰险皆弗辞
第三十六回　客窗中群英良宴会
　　　　　　歌楼上一侠破重围
第三十七回　斩权豪薛襄留姓氏
　　　　　　逢隐逸钱侠问端倪
第三十八回　宴寒宵畅停船饮酒
　　　　　　感迟暮说堕溷飘茵
第三十九回　老人居先机知客至
　　　　　　名妓唱法曲献仙音
第 四 十 回　见故剑知钱生斩蟒
　　　　　　闻远砧兔安女被禽
第四十一回　赠孤女赆仪归故里
　　　　　　恶鄙夫私栲毙穿窬
第四十二回　耳属垣私语闻埋贼
　　　　　　舌如剑呈词赴诉官
第四十三回　破悭囊免捉官里去
　　　　　　理行箧预备客中游
第四十四回　一灯明向村庄投宿
　　　　　　双标避替曹舍筹防
第四十五回　掷回标喜逢二师叔
　　　　　　飞上屋擒着两强徒

第四十六回　三侠行问途游泰岱
　　　　　　二女戏跪地唤玄姑
第四十七回　观日出太空锄老道
　　　　　　御风行孝侠觅严君
第四十八回　安乐庄卖枝赚殿叟
　　　　　　玄云洞结伴寻慈亲
第四十九回　良夜筵合离皆有数
　　　　　　古时剑得失咸无端
第　五　十　回　约柏先立期临吉席
　　　　　　别殷雷群侠赴邙山
第五十一回　遇诸涂八贤成小会
　　　　　　入鲍堡三姓议联婚
第五十二回　赋桃夭庆三家璧合
　　　　　　觞柏立喜二柄剑还
第五十三回　癸未生推命知除蟒

　　　　　　壬子日兴师卜斩蛇
第五十四回　女侠仙续二人肢体
　　　　　　老和尚广千佛心肠
第五十五回　助妆奁分金酬孝子
　　　　　　挥神剑破围逃教师
第五十六回　罗家寨问贪官梗概
　　　　　　寿阳城穷最恶根株
第五十七回　大本营登坛精选将
　　　　　　先锋队失道误逢妖
第五十八回　授阴符出奇攻蟒阵
　　　　　　飞暗剑趁势捣蛇窝
第五十九回　犒赏时认幢幡影里
　　　　　　凯歌处在铙钵声中
第　六　十　回　五台山隐居空四大
　　　　　　千世界佛法悟三乘

元史通俗演义

历史小说。蔡东藩著。上海会文堂新记书局。1935 年 5 月初版。2 册。30 万字。冀野序 1 篇。自序 1 篇。元代系统图 1 幅。共 60 回。

第一回　感白光孀姝成孕
　　　　劫红颜异儿得妻
第二回　拥众称尊创始立国
　　　　班师奏凯复庆生男
第三回　女丈夫执旗招叛众
　　　　小英雄逃难遇救星
第四回　追失马幸遇良朋
　　　　喜乘龙送归佳耦
第五回　合浦还珠三军奏凯

　　　　穹庐返幕各族投诚
第六回　帖木真独胜诸部
　　　　札木合复兴联军
第七回　报旧恨重遇丽姝
　　　　复前仇叠逢美妇
第八回　四杰赴援以德报怨
　　　　一夫拼命用少胜多
第九回　责汪罕潜师劫寨
　　　　杀脱里忒力兴兵

第　十　回　纳忽山孱主亡身
　　　　　　斡难河雄酋称帝

第十一回　西夏主献女乞和
　　　　　　蒙古军入关耀武

第十二回　拔中都分兵南略
　　　　　　立继嗣定议西征

第十三回　回酋投荒窜死孤岛
　　　　　　雄师追寇穷极遐方

第十四回　见角端西域班师
　　　　　　破钦察归途丧将

第十五回　灭西夏庸主复宋
　　　　　　遭大丧新君嗣统

第十六回　将帅迭亡乞盟城下
　　　　　　后妃被劫失守都中

第十七回　南北夹攻完颜赤族
　　　　　　东西遣将蒙古张威

第十八回　阿鲁思全境被兵
　　　　　　欧罗巴东方受敌

第十九回　姑妇临朝生暗衅
　　　　　　弟兄佐命立奇功

第二十回　勤南略赍志告终
　　　　　　据大位改元颁敕

第二十一回　守襄阳力屈五年
　　　　　　覆厓山功成统一

第二十二回　渔色徇财计臣致乱
　　　　　　表忠流血信国成仁

第二十三回　征日本全军尽没
　　　　　　讨安南两次无功

第二十四回　海都汗连兵构衅
　　　　　　乃颜王败走遭擒

第二十五回　明黜陟权奸伏法
　　　　　　慎战守老将骄兵

第二十六回　皇孙北返灵玺呈祥
　　　　　　母后西巡台臣匿奏

第二十七回　得良将北方靖寇
　　　　　　信贪臣南服丧师

第二十八回　蛮酋成擒妖妇骈戮
　　　　　　藩王入觐牝后通谋

第二十九回　诛奸慝怀宁嗣位
　　　　　　耽酒色嬖幸盈朝

第　三十　回　承兄位诛逐奸邪
　　　　　　重儒臣规行科举

第三十一回　上弹章劾佞无功
　　　　　　信憸言立储背约

第三十二回　争位弄兵藩王两败
　　　　　　挟私报怨善类一空

第三十三回　隆孝养迭呈册宝
　　　　　　泄逆谋立正典刑

第三十四回　满恶贯奸相伏冥诛
　　　　　　进良言直臣邀主眷

第三十五回　集党羽显行弑逆
　　　　　　扈銮跸横肆奸淫

第三十六回　正刑戮众恶骈诛
　　　　　　纵奸盗百官抗议

第三十七回　众大臣联衔入奏
　　　　　　老平章嫉俗辞官

第三十八回　信佛法反促寿征
　　　　　　迎藩王入承正统

第三十九回　大明殿称尊颁敕
　　　　　　太平王杀敌建功

第　四十　回　入长城北军败溃
　　　　　　援大都爵帅驰归

第四十一回　倒刺沙奉宝出降
　　　　　　泰定后别州安置

第四十二回　四女酬庸同时厘降
　　　　　　二使勤进克日登基

第四十三回　中逆谋途次暴崩
　　　　　　得御宝驰回御极

第四十四回　怀妒谋毒死故后
　　　　　　立储君惊遇冤魂

第四十五回　平全滇诸将班师
　　　　　　避大内皇儿寄养

第四十六回　得新怀旧人面重逢
　　　　　　纳后为妃天伦志异

第四十七回　正官方廷臣会议
　　　　　　遵顾命皇侄承宗

第四十八回　还嗣皇权相怀疑
　　　　　　遭冥谴太师病逝

第四十九回　履尊择配后族蒙恩
　　　　　　犯阙称兵豪宗复祀

第五十回　　辱谏官特权停科举
　　　　　　尊太后变例晋徽称

第五十一回　妨功害能淫威震主
　　　　　　竭忠报国大义灭亲

第五十二回　逐太后兼及孤儿
　　　　　　用贤相并征名士

第五十三回　宠女侍借加后服
　　　　　　闻母教才罢弹章

第五十四回　治黄河石人开眼
　　　　　　聚红巾群盗扬镳

第五十五回　失军心河上弃师
　　　　　　逐盗魁徐州告捷

第五十六回　番僧授术天子宣淫
　　　　　　嬖幸擅权丞相受祸

第五十七回　朱元璋濠南起义
　　　　　　董搏霄河北捐躯

第五十八回　扫强虏志决身歼
　　　　　　弑故主行凶逞暴

第五十九回　阻内禅左相得罪
　　　　　　入大都逆臣伏诛

第六十回　　群寇荡平明祖即位
　　　　　　顺帝出走元史告终

五代史通俗演义

历史小说。蔡东藩著。上海会文堂新记书局。1935 年 5 月版。2 册。33.2 万字。冀野序 1 篇。自序 1 篇。五代世系图 1 张。共 60 回。

第一回　　睹赤蛇老母党异征
　　　　　　得艳凤枭雄偿夙愿

第二回　　报亲恩欢迎朱母
　　　　　　探妻病惨别张妃

第三回　　登大宝朱梁篡位
　　　　　　明正义全昱进规

第四回　　康怀贞筑垒围潞州
　　　　　　李存勖督兵破夹寨

第 五 回　策淮南严可求除逆
　　　　　战蓟北刘守光杀兄

第 六 回　刘知俊降岐挫汴将
　　　　　周德威援赵破梁军

第 七 回　杀谏臣燕王僭号
　　　　　却强敌晋将善谋

第 八 回　父子聚麀惨遭刲刃
　　　　　君臣讨逆谋定锄凶

第 九 回　失燕土伪帝作囚奴
　　　　　平宣州徐氏专政柄

第 十 回　逾黄泽刘�失计
　　　　　袭晋阳王檀无功

第十一回　阿保机得势号天皇
　　　　　胡柳陂轻战丧良将

第十二回　莽朱瑾手刃徐知训
　　　　　病徐温计焚吴越军

第十三回　蜀嗣主淫昏失德
　　　　　唐监军谏阻称尊

第十四回　助赵将发兵围镇州
　　　　　嗣唐统登坛即帝位

第十五回　王彦章丧师失律
　　　　　梁末帝陨首覆宗

第十六回　灭梁朝因骄思佚
　　　　　册刘后以妾为妻

第十七回　房帏溺爱牝鸡司晨
　　　　　酒色亡家牵羊待命

第十八回　得后教椎击郭招讨
　　　　　遣兵乱刃逼李令公

第十九回　郭从谦突门弑主
　　　　　李嗣源据国登基

第二十回　立德光番后爱次子

　　　　　杀任圜权相报私仇

第二十一回　王德妃更衣承宠
　　　　　　唐明宗焚香祝天

第二十二回　攻三镇悍帅生谋
　　　　　　失两川权臣碎首

第二十三回　杀董璋乱兵卖主
　　　　　　宠从荣骄子弄兵

第二十四回　毙秦王夫妻同受刃
　　　　　　号蜀帝父子迭称雄

第二十五回　讨凤翔军帅溃归
　　　　　　入洛阳藩王篡位

第二十六回　卫州僻贼臣缢故主
　　　　　　长春宫逆子杀昏君

第二十七回　嘲公主醉语启戎
　　　　　　援石郎番兵破敌

第二十八回　契丹主册立晋高祖
　　　　　　述津后笑骂赵大王

第二十九回　一炬成灰到头孽报
　　　　　　三帅叛命依次削平

第 三 十 回　杨光远贪利噬人
　　　　　　王延羲乘乱窃国

第三十一回　讨叛镇行宫遣将
　　　　　　纳叔母嗣主乱伦

第三十二回　悍弟杀兄潜承汉祚
　　　　　　逆臣弑主大乱闽都

第三十三回　得主援高行周脱围
　　　　　　迫父降杨光远伏法

第三十四回　战阳城辽兵败溃
　　　　　　失建州闽主覆亡

第三十五回　拒唐师李达守危城
　　　　　　中辽计杜威设孤寨

第三十六回	张彦泽倒戈入汴 石重贵奉国降辽		攻晋州刘承钧折将
第三十七回	迁漠北出帝泣穷途 镇河东藩王登大位	第四十九回	降南唐马氏亡国 征东鲁周主督师
第三十八回	闻乱惊心辽主遄返 乘丧夺位燕王受拘	第 五 十 回	逐边镐攻入潭州府 拘刘言计夺武平军
第三十九回	故妃被逼与子同亡 御史敢言奉母出戍	第五十一回	滋德殿病终留遗嘱 高平县敌忾奏奇勋
第 四 十 回	徙建州晋太后绝命 幸邺都汉高祖亲征	第五十二回	丧猛将英主班师 筑坚城良臣被掳
第四十一回	奉密谕王景崇入关 捏遗诏社重威肆市	第五十三回	宠徐娘赋诗惊变 俘蜀帅得地报功
第四十二回	智郭威抵掌谈兵 勇刘词从容破敌	第五十四回	李重进涉水扫千军 赵匡胤斩关擒二将
第四十三回	覆叛巢智全符氏女 投火窟悔拒汉家军	第五十五回	唐孙晟奉使效忠 李景达丧师奔命
第四十四回	弟兄构衅湖上操戈 将相积嫌席间用武	第五十六回	督租课严夫人归里 尽臣节唐司空就刑
第四十五回	伏甲士骈诛权宦 溃御营窜死孱君	第五十七回	破山寨君臣耀武 失州城夫妇尽忠
第四十六回	清君侧入都大掠 遭兵变拥驾争归	第五十八回	楚北鏖兵阖城殉节 淮南纳士奉表投诚
第四十七回	废刘宗嗣主被幽 易汉祚新皇传诏	第五十九回	惩奸党唐主施刑 正乐悬周臣明律
第四十八回	陷长沙马希萼称王	第 六 十 回	得辽关因病返跸 殉周将禅位终篇

民国通俗演义

历史小说。蔡东藩、许廑父著。上海会文堂新记书局。1927 年 7 月初版。4 册。85 万字。卢冀野、蔡东藩、许廑父作序各 1 篇。共 160 回。

第 一 回　揭大纲全书开始
　　　　　乘巨变故老重来

第 二 回　黎都督复函拒使
　　　　　吴军统被刺丧元

第 三 回　奉密令冯国璋逞威
　　　　　举总统孙中山就职

第 四 回　复民权南京开幕
　　　　　抗和议北伐兴师

第 五 回　彭家珍狙击宗社党
　　　　　段祺瑞倡率请愿团

第 六 回　许优待全院集议
　　　　　允退位民国造成

第 七 回　请瓜代再开选举会
　　　　　迓专使特辟正阳门

第 八 回　变生不测蔡使遭惊
　　　　　喜如所期袁公就任

第 九 回　袁总统宣布约法
　　　　　唐首辅组织阁员

第 十 回　践夙约一方解职
　　　　　借外债四国违言

第十一回　商垫款熊秉三受谤
　　　　　拒副署唐少川失踪

第十二回　组政党笑评新总理
　　　　　嗾军人胁迫众议员

第十三回　统中华厘订法规
　　　　　征西藏欣闻捷报

第十四回　张振武赴京伏法
　　　　　黎宋卿通电辩诬

第十五回　孙黄并至协定政纲
　　　　　陆赵递更又易总理

第十六回　祝国庆全体胪欢

　　　　　窃帝号外蒙抗命

第十七回　示协约惊走梁如浩
　　　　　议外交忙煞陆子欣

第十八回　忧中忧英使索复文
　　　　　病上病清后归冥箓

第十九回　竞选举党人滋闹
　　　　　斥时政演说招尤

第二十回　宋教仁中弹捐躯
　　　　　应桂馨泄谋拘案

第二十一回　讯凶犯直言对簿
　　　　　　延律师辩讼盈庭

第二十二回　案情毕现几达千言
　　　　　　宿将暴亡又弱一个

第二十三回　开国会举行盛典
　　　　　　违约法擅签合同

第二十四回　争借款挑是翻非
　　　　　　请改制弄巧成拙

第二十五回　烟沉黑幕空具弹章
　　　　　　变起白狼构成巨祸

第二十六回　暗杀党骈诛湖北
　　　　　　讨袁军竖帜江西

第二十七回　战湖口李司令得胜
　　　　　　弃江宁程都督逃生

第二十八回　劝退位孙袁交恶
　　　　　　告独立皖粤联镳

第二十九回　郑汝成力守制造局
　　　　　　陈其美战败春申江

第三十回　占督署何海鸣弄兵
　　　　　　让炮台钮永建退走

第三十一回　逐党人各省廓清
　　　　　　下围城三日大掠

第三十二回	尹昌衡回定打箭炉 张镇芳怯走驻马店
第三十三回	遭弹劾改任国务员 冒公民胁举大总统
第三十四回	踬事增华正式受任 争权侵法越俎遣员
第三十五回	拒委员触怒政府 借武力追索证书
第三十六回	促就道副座入京 避要路兼督辞职
第三十七回	罢国会议员回籍 行婚礼上将续姻
第三十八回	让主权孙部长签约 失盛誉熊内阁下台
第三十九回	呈阴谋毒死赵智庵 改约法进相徐东海
第 四 十 回	返老巢白匪毙命 守中立青岛生风
第四十一回	谋世袭内府藏名 恋私财外交启衅
第四十二回	廿一款恃强索诺 十九省拒约联名
第四十三回	榻前会议忍辱陈词 最后通牒恃威恫吓
第四十四回	忍签约丧权辱国 倡改制立会筹安
第四十五回	贺振雄首劾祸国贼 罗文干立辞检察厅
第四十六回	情脉脉洪姨进甘言 语詹詹徐相陈苦口
第四十七回	袁公子坚请故军统
	梁财神发起请愿团
第四十八回	义儿北上引侣呼朋 词客南来直声抗议
第四十九回	竞女权喜赶热闹场 征民意咨行组织法
第 五 十 回	逼故宫劝除帝号 传密电强胁舆情
第五十一回	遇刺客险遭毒手 访名姝相见倾心
第五十二回	伪交欢挟妓侑宴 假反目遣眷还乡
第五十三回	五公使警告外交部 两刺客击毙镇守官
第五十四回	京邸被搜宵来虎吏 津门饯别夜赠骊歌
第五十五回	胁代表送上推戴书 颁申令接收皇帝位
第五十六回	贿内廷承办大典 结官眷入长女官
第五十七回	云南省宣告独立 丰泽园筹议军情
第五十八回	庆纪元于夫人闹宴 值正朔唐都督誓师
第五十九回	声罪致讨檄告中原 构怨兴兵祸延邻省
第 六 十 回	泄秘谋拒绝卖国使 得密书发生炸弹案
第六十一回	争疑案怒批江朝宗 督义旅公推刘显世
第六十二回	侍宴乞封两姨争宠 轻装观剧万目评花

第六十三回　洪宠妃卖情庇女党
　　　　　　陆将军托病见亲翁

第六十四回　暗刺明讥冯张解体
　　　　　　邀功争宠川蜀鏖兵

第六十五回　龙觌光孤营受困
　　　　　　陆荣廷正式兴师

第六十六回　埋伏计连败北军
　　　　　　警告书促开大会

第六十七回　撤除帝制洪宪销沉
　　　　　　怅断皇恩群姬环泣

第六十八回　迫退位袁项城丧胆
　　　　　　闹会场颜启汉行凶

第六十九回　伪独立屈映光弄巧
　　　　　　卖旧友蔡乃煌受刑

第七十回　　段合肥重组内阁
　　　　　　冯河间会议南京

第七十一回　陈其美中计被刺
　　　　　　陆建章缴械逃生

第七十二回　好迁怒陈妻受谴
　　　　　　硬索款周妈生嗔

第七十三回　论父病互斗新华宫
　　　　　　托家事做完皇帝梦

第七十四回　殉故主留遗绝命书
　　　　　　结同盟抵制新政府

第七十五回　袁公子扶榇归故里
　　　　　　李司令集舰抗中央

第七十六回　段芝泉重组阁员
　　　　　　龙济光久延战祸

第七十七回　撤军院复归统一
　　　　　　开国会再造共和

第七十八回　举副座冯华甫当选

　　　　　　返上海黄克强病终

第七十九回　目断乡关伟人又殁
　　　　　　衅开府院政客交争

第八十回　　议宪政法致内哄
　　　　　　办外交惹起暗潮

第八十一回　绝邦交却回德使
　　　　　　攻督署大闹蜀城

第八十二回　托公民捣乱众议院
　　　　　　请改制哗聚督军团

第八十三回　应电召辫帅作调人
　　　　　　撤国会军官甘副署

第八十四回　偕老友带兵入京
　　　　　　叩故宫贲夜复辟

第八十五回　梁鼎芬造府为说客
　　　　　　黎元洪假馆作寓公

第八十六回　誓马厂受推总司令
　　　　　　战廊房击退辫子军

第八十七回　张大帅狂奔外使馆
　　　　　　段总理重组国务院

第八十八回　代总统启节入都
　　　　　　投照会决谋宣战

第八十九回　筹军饷借资东国
　　　　　　遣师旅出击南湘

第九十回　　傅良佐弃城避敌
　　　　　　段祺瑞卸职出都

第九十一回　会津门哗传主战声
　　　　　　阻蚌埠折回总统驾

第九十二回　遣军队冯河间宣战
　　　　　　劫兵械徐树铮逞谋

第九十三回　下岳州前军克敌
　　　　　　复长沙迭次奏功

第 九 十 四 回　为虎作伥再借外债
　　　　　　　困龙失势自乞内援

第 九 十 五 回　闻俄乱筹备国防
　　　　　　　集日员会商军约

第 九 十 六 回　任大使专工取媚
　　　　　　　订合同屡次贷金

第 九 十 七 回　逞辣手擅毙陆建章
　　　　　　　颁电文隐斥段祺瑞

第 九 十 八 回　举总统徐东海当选
　　　　　　　申别言冯河间下台

第 九 十 九 回　应首选发表宣言书
　　　　　　　借外债劝告军政府

第 一 百 回　呼奥援南北谋统一
　　　　　　一庆战胜中外并胪欢

第一百零一回　集灵囿再开会议
　　　　　　　上海滩悉毁存烟

第一百零二回　赞和局李督军致疾
　　　　　　　示战电唐代表生嗔

第一百零三回　集巴黎欣逢盛会
　　　　　　　争胶澳勉抗强权

第一百零四回　两代表沪渎续议
　　　　　　　众学生都下争哗

第一百零五回　遭旁殴章宗祥受伤
　　　　　　　逾后垣曹汝霖奔命

第一百零六回　春申江激动诸团体
　　　　　　　日本国殴辱留学生

第一百零七回　停会议拒绝苛条
　　　　　　　徇外情颁行禁令

第一百零八回　迫公愤沪商全罢市
　　　　　　　留总统国会却咨文

第一百零九回　乘俄乱徐树铮筹边
　　　　　　　拒德约陆徵祥通电

第 一 百 十 回　罢参战改设机关
　　　　　　　撤自治收回藩属

第一百十一回　易总理徐靳合谋
　　　　　　　宴代表李王异议

第一百十二回　领事官袒凶调舰队
　　　　　　　特别区归附进呈文

第一百十三回　对日使迭开交涉
　　　　　　　为鲁案公议复书

第一百十四回　挑滇衅南方分裂
　　　　　　　得俄牒北府生疑

第一百十五回　张敬尧弃城褫职
　　　　　　　吴佩孚临席掳词

第一百十六回　罢小徐直皖开战衅
　　　　　　　顾大局江浙庆和平

第一百十七回　吴司令计败段芝贵
　　　　　　　王督军诱执吴光新

第一百十八回　闹京畿两路丧师
　　　　　　　投使馆九人避祸

第一百十九回　日公使保留众罪犯
　　　　　　　靳总理会叙两亲翁

第 一 百 二 十 回　废旧约收回俄租界
　　　　　　　拼余生惊逝李督军

第一百二十一回　月色昏黄秀山戕命
　　　　　　　牌声历碌抚万运筹

第一百二十二回　真开心帮办扶正
　　　　　　　假护法军府倒楣

第一百二十三回　莫荣新养痈遗患
　　　　　　　陈炯明负义忘恩

第一百二十四回　疑案重重督军自戕
　　　　　　　积金累累巡阅殃民

第一百二十五回 赵炎午起兵援鄂
梁任公驰函劝吴

第一百二十六回 取岳州吴赵鏖兵
演会戏陆曹争艳

第一百二十七回 醋海多波大员曳尾
花魁独占小吏出头

第一百二十八回 澡吏厨官仕途生色
叶虎梁燕交系弄权

第一百二十九回 争鲁案外交失败
攻梁阁内哄开场

第一百三十回 强调停弟兄翻脸
争权利姻娅失欢

第一百三十一回 启争端兵车络绎
肆辩论函电交驰

第一百三十二回 警告频施使团作对
空言无补总统为难

第一百三十三回 唱凯旋终息战祸
说法统又起政潮

第一百三十四回 徐东海被迫下野
黎黄陂受拥上台

第一百三十五回 受拥戴黎公复职
议撤兵张氏求和

第一百三十六回 围公府陈逆干纪
避军舰总理蒙尘

第一百三十七回 三军舰背义离黄埔
陆战队附逆陷长洲

第一百三十八回 离广州乘桴论时务
到上海护法发宣言

第一百三十九回 失名城杨师战败
兴大狱罗氏蒙嫌

第一百四十回 朱培德羊城胜敌
许崇智福建鏖兵

第一百四十一回 发宣言孙中山回粤
战北江杨希闵奏功

第一百四十二回 臧致平困守厦门
孙中山讨伐东江

第一百四十三回 战博罗许崇智受困
截追骑范小泉建功

第一百四十四回 昧先机津浦车遭劫
急兄仇抱犊崮被围

第一百四十五回 避追剿肉票受累
因外交官匪议和

第一百四十六回 吴佩孚派兵入四川
熊克武驰军袭大足

第一百四十七回 杨春芳降敌陷泸州
川黔军力竭失重庆

第一百四十八回 朱耀华乘虚袭长沙
鲁涤平议和诛袁植

第一百四十九回 救后路衡山失守
争关余外使惊惶

第一百五十回 发宣言改组国民党
急北伐缓攻陈炯明

第一百五十一回 下辣手车站劫印
讲价钱国会争风

第一百五十二回 大打武议长争总理
小报复政客失阁席

第一百五十三回 宴中兴孙美瑶授首
窜豫东老洋人伏诛

第一百五十四回 养交涉遗误佛郎案
巧解释轻回战将心

第一百五十五回 识巧计刘湘告大捷
设阴谋孙督出奇兵

第一百五十六回	失厦门臧杨败北 进仙霞万姓哀鸣
第一百五十七回	受贿托倒戈卖省 结去思辞职安民
第一百五十八回	假纪律浙民遭劫
第一百五十九回	真变化卢督下台 石青阳团结西南 孙中山宣言北伐
第一百六十回	筹军饷恢复捐官法 结内应端赖美人兵

后汉通俗演义

历史小说。蔡东藩著。上海会文堂新记书局。1935 年 5 月（改版后）初版。4 册。53.3 万字。冀野序 1 篇。自序 1 篇。后汉世系图 1 张。三国世系图 1 张。共 100 回。

第一回	假符命封及卖饼儿 惊连坐投落校书阁
第二回	毁故庙感伤故后 排外衅激怒外夷
第三回	盗贼如蝟聚众抗官 父子聚麀因奸谋逆
第四回	受胁迫廉丹战死 图光复刘氏起兵
第五回	立汉裔淯水升坛 破莽将昆阳扫敌
第六回	害刘缤群奸得计 诛王莽乱刃分尸
第七回	仗策相从片言悟主 坚冰待渡一德格天
第八回	投真定得婚郭女 平邯郸受封肖王
第九回	斩谢躬收取邺中 毙贾强扬威河右
第十回	光武帝登坛即位 淮扬王奉玺乞降
第十一回	刘盆子乞怜让位 宋司空守义拒婚
第十二回	掘园陵淫寇逞凶 张挞代降王服罪
第十三回	诛邓奉惩奸肃记 戕刘永献首邀功
第十四回	愚彭宠卧榻丧生 智王霸举杯却敌
第十五回	奋英谋三战平齐地 困强虏两载下舒城
第十六回	诣东都马援识主 图西蜀冯异定谋
第十七回	抗朝命甘降公孙述 重士节亲访严子陵
第十八回	借寇君颍上迎銮 收高峻陇西平乱

第 十 九 回　猛汉将营中遇刺
　　　　　　伪蜀帝城下拼生

第 二 十 回　废郭后移宠阴贵人
　　　　　　诛蛮妇荡平金溪穴

第二十一回　雒阳令撞柱明忠
　　　　　　日逐王献图通款

第二十二回　马援病殁壶头山
　　　　　　单于徙居美稷县

第二十三回　纳直言超迁张佚
　　　　　　信讦文怒斥桓谭

第二十四回　幸津门哭兄全孝友
　　　　　　图云台为后避勋亲

第二十五回　抗北庭郑众折强威
　　　　　　赴西竺蔡愔求佛典

第二十六回　辨冤狱寒郎力谏
　　　　　　送友丧范式全交

第二十七回　哀牢王举种投诚
　　　　　　匈奴兵望营中计

第二十八回　使西域班超焚虏
　　　　　　御北寇耿恭拜泉

第二十九回　拔重围迎还校尉
　　　　　　抑外戚曲海嗣皇

第 三 十 回　请济师司马献谋
　　　　　　巧架诬牝鸡逞毒

第三十一回　诱叛王杯酒施巧计
　　　　　　弹权威力疾草遗言

第三十二回　杀刘畅惧罪请师
　　　　　　击郅寿含冤毕命

第三十三回　登燕然山夸功勒石
　　　　　　闹洛阳市渔色贪财

第三十四回　黜外戚群奸伏法

　　　　　　歼首虏定远封侯

第三十五回　送番母市恩遭反噬
　　　　　　得邓女分宠启阴谋

第三十六回　鲁叔陵讲经称帝旨
　　　　　　曹大家上表乞兄归

第三十七回　立继嗣太后再临朝
　　　　　　解重围副尉连毙虏

第三十八回　勇梁慬三战著功
　　　　　　智虞诩一行平贼

第三十九回　作女诫遗编示范
　　　　　　拒羌虏增灶称奇

第 四 十 回　驳百僚班勇陈边事
　　　　　　畏四知杨震却遗金

第四十一回　黜邓宗父子同绝粒
　　　　　　祭甘陵母女并扬威

第四十二回　班长史捣破车师国
　　　　　　杨太尉就死夕阳亭

第四十三回　秘大丧还宫立幼主
　　　　　　诛元舅登殿滥封侯

第四十四回　救忠臣阉党自相攻
　　　　　　应贵相佳人终作后

第四十五回　进李固对策膺首选
　　　　　　举祝良解甲定群蛮

第四十六回　马贤战殁姑射山
　　　　　　张网驰抚广陵贼

第四十七回　立冲人母后摄政
　　　　　　毒少主元舅横行

第四十八回　父死弟孤文姬托命
　　　　　　夫骄妻悍孙寿肆淫

第四十九回　忤内侍朱穆遭囚
　　　　　　就外任陈龟拜表

第 五 十 回　定密谋族诛梁氏
　　　　　　嫉忠谏冤杀李云

第五十一回　受一钱廉吏迁官
　　　　　　劾群阉直臣伏阙

第五十二回　导后进望重郭林宗
　　　　　　易中宫函死邓皇后

第五十三回　激军心焚营施巧计
　　　　　　信谗构严诏捕名贤

第五十四回　驳问官范滂持正
　　　　　　嫉奸党窦武陈词

第五十五回　驱蠹贼失计反遭殃
　　　　　　感蛇妖进言终忤旨

第五十六回　段颎百战平羌种
　　　　　　曹节一网殄名流

第五十七回　葬太后陈球伸正义
　　　　　　规嗣主蔡邕上封草

第五十八回　弃母全城赵苞破敌
　　　　　　蛊君逞毒程璜架诬

第五十九回　诛大憝酷吏除奸
　　　　　　受重贿妇翁嫁祸

第 六 十 回　挟妖道黄巾作乱
　　　　　　毁贼营黑夜奏功

第六十一回　曹操会师平贼党
　　　　　　失俊用计下坚城

第六十二回　起义兵三雄同杀贼
　　　　　　拜长史群寇识尊贤

第六十三回　请诛奸孙坚献议
　　　　　　拼杀贼傅燮捐躯

第六十四回　登将坛灵帝张威
　　　　　　入宫门何进遇救

第六十五回　元舅召兵泄谋被害

权阉伏罪奉驾言归

第六十六回　逞奸谋擅权易主
　　　　　　讨逆贼歃血同盟

第六十七回　议迁都董卓营私
　　　　　　遇强敌曹操中箭

第六十八回　入洛阳观光得玺
　　　　　　出磐河构怨兴兵

第六十九回　骂逆贼节妇留名
　　　　　　遵密嘱美人献技

第 七 十 回　元恶伏辜变生部曲
　　　　　　多财取祸殃及全家

第七十一回　攻濮阳曹操败还
　　　　　　失幽州刘虞絷戮

第七十二回　糜竺陈登双劝驾
　　　　　　李傕郭汜两交兵

第七十三回　御跸蒙尘沿途遇寇
　　　　　　危城失守抗志捐躯

第七十四回　孟德乘机引兵迎驾
　　　　　　奉先排难射戟解围

第七十五回　略横江奋迹兴师
　　　　　　下宛城痴情猎艳

第七十六回　策十胜郭嘉申议
　　　　　　劝再追贾诩善谋

第七十七回　愎谏招尤吕布殒命
　　　　　　推诚待士孙策知人

第七十八回　穿地道焚死公孙瓒
　　　　　　杀国戚勒毙董贵妃

第七十九回　袁本初驰檄疗风疾
　　　　　　孙伯符中箭促天年

第 八 十 回　焚乌巢曹操屡施谋
　　　　　　奔荆州刘备再避难

第八十一回	守孤城审配全忠 嫁二夫甄氏失节		第九十一回	陆伯言定计毁连营 刘先主临危传顾命
第八十二回	出塞外绕途歼众虏 顾隆中决策定三分		第九十二回	尊西蜀难倒东吴使 平南蛮表兴北伐师
第八十三回	入江夏孙权复仇 走当阳赵云救主		第九十三回	失街亭挥泪斩马谡 返汉中授计戮王双
第八十四回	召周郎东吴主战 破曹军赤壁鏖兵		第九十四回	木门道张郃毙命 五丈原诸葛归天
第八十五回	续嘉耦老夫得少妻 上遗笺壮年悲短命		第九十五回	王子均昌言平乱 公孙浦战败受擒
第八十六回	拒马儿许褚效忠 迎虎主刘璋失计		第九十六回	承遗诏司马秉权 缴印绶将军赤族
第八十七回	失冀城马超奔难 逼许宫伏后罹殃		第九十七回	猛姜维北伐丧师 老丁奉乘兴杀敌
第八十八回	见外使奸雄代捉刀 察重伤功臣悬赐盖		第九十八回	司马师擅权行废立 毋邱俭失策致败亡
第八十九回	得汉中刘玄德称王 失荆州关云长殉义		第九十九回	满恶贯孙綝伏诛 竭忠贞王经死节
第 九 十 回	济父恶曹丕篡位 接宗祧蜀汉开基		第 一 百 回	失蜀土汉宗绝祀 篡魏祚晋室开基

两晋通俗演义

历史小说。蔡东藩著。上海会文堂新记书局。1935 年 5 月改版后初版。4 册。53.3 万字。冀野序 1 篇。自序 1 篇。两晋世系图 1 张。共 100 回。

第一回	祀南郊司马开基 立东宫庸雏伏祸			慰痴情少女偷香
第二回	堕诡计储君纳妇		第三回	杨皇后枕膝留言 左贵嫔掳才上颂

第 四 回　图东吴羊祜定谋
　　　　　讨西虏马隆奏捷

第 五 回　捣金陵数路并奉
　　　　　俘孙皓二将争功

第 六 回　纳群娃羊车恣幸
　　　　　继外孙螟子乱宗

第 七 回　指御座讽谏无功
　　　　　侍帝榻权豪擅政

第 八 回　怙势招殃杨氏赤族
　　　　　逞凶灭纪贾后废姑

第 九 回　遭反噬楚王受戮
　　　　　失后援周处捐躯

第 十 回　讽大廷徙戎著论
　　　　　诱小吏侍宴肆淫

第十一回　草逆书醉酒逼储君
　　　　　传伪敕称兵废悍后

第十二回　坠名楼名姝殉难
　　　　　夺御玺御驾被迁

第十三回　迎惠帝反正除奸
　　　　　杀王豹擅权拒谏

第十四回　操同室戈齐王毕命
　　　　　中诈降计李特败亡

第十五回　讨逆蛮力平荆土
　　　　　拒君命冤杀陆机

第十六回　刘刺史抗忠尽节
　　　　　皇太弟挟驾还都

第十七回　刘渊拥众称汉王
　　　　　张方持强劫惠帝

第十八回　作盟主东海起兵
　　　　　诛恶贼河间失势

第十九回　伪都督败回江左

呆皇帝暴毙宫中

第 二 十 回　战阳平苟晞破贼垒
　　　　　　佐琅琊王导集名流

第二十一回　北宫纯力破群盗
　　　　　　太傅越擅杀诸臣

第二十二回　乘内乱刘聪据国
　　　　　　借外援猗卢受封

第二十三回　倾国出师权相毕命
　　　　　　覆巢同尽太尉知非

第二十四回　执天子洛中遭巨劫
　　　　　　起义旅关右迓亲王

第二十五回　赍书归母难化狼心
　　　　　　行酒为奴终遭酖毒

第二十六回　诏江东愍帝征兵
　　　　　　援灵武麴允破虏

第二十七回　拘王浚羯胡吞蓟北
　　　　　　毙赵染晋相保关中

第二十八回　汉刘后进表救忠臣
　　　　　　晋陶侃合军破乱贼

第二十九回　小儿女突围求救
　　　　　　大皇帝衔璧投降

第 三 十 回　牧守联盟奉笺劝进
　　　　　　君臣屈辱蒙难丧生

第三十一回　晋王睿称尊嗣统
　　　　　　汉主聪见鬼亡身

第三十二回　诛逆登基羊后专宠
　　　　　　乘衅独立石勒称王

第三十三回　段匹磾受擒失河朔
　　　　　　王处仲抗表叛江南

第三十四回　镇湘中谯王举义
　　　　　　失石头元帝惊心

第三十五回　逆贼横行廷臣受戮
　　　　　　皇灵失驭嗣子承宗
第三十六回　扶钱凤即席用谋
　　　　　　遣王含出兵犯顺
第三十七回　平大憝群臣进爵
　　　　　　立幼主太后临朝
第三十八回　召外臣庾亮激变
　　　　　　入内廷苏峻纵凶
第三十九回　温峤推诚迎陶侃
　　　　　　毛宝负剑救桓宣
第 四 十 回　枭首逆戕乱成功
　　　　　　宥元舅顾亲屈法
第四十一回　察铃音异僧献技
　　　　　　失军律醉汉遭擒
第四十二回　并前赵石勒称尊
　　　　　　防中山徐遐泣谏
第四十三回　背顾命鸮子毁室
　　　　　　凛梦兆狐首归邱
第四十四回　尽愚孝适贻蜀乱
　　　　　　保遗孤终立代王
第四十五回　杀妻孥赵主寡恩
　　　　　　协君臣燕都却敌
第四十六回　议北伐蔡谟抗谏
　　　　　　篡西蜀李寿改元
第四十七回　饯刘翔晋臣受责
　　　　　　逐高钊燕主逞威
第四十八回　斩敌将进灭宇文部
　　　　　　违朝议徙镇襄阳城
第四十九回　擢桓温移督荆梁
　　　　　　降李势荡平巴蜀
第 五 十 回　选将得人凉州破敌

　　　　　　筑宫渔色石氏宣淫
第五十一回　诛逆子纵火焚尸
　　　　　　责病主抗颜极谏
第五十二回　乘羯乱进攻反失利
　　　　　　弑赵主易位又遭囚
第五十三回　养子覆宗冉闵复姓
　　　　　　孱王授首石氏垂亡
第五十四回　却桓温晋相贻书
　　　　　　灭冉魏燕王僭号
第五十五回　拒忠言殷浩丧师
　　　　　　射敌帅桓温得胜
第五十六回　逞刑戮苻生纵虐
　　　　　　恣淫威张祚杀身
第五十七回　具使才说下凉州
　　　　　　满恶贯变生秦阙
第五十八回　围广固慕容恪善谋
　　　　　　战东河诸葛攸败绩
第五十九回　谢安石应征变节
　　　　　　张天锡乘乱弑君
第 六 十 回　失洛阳沈劲死义
　　　　　　阻石门桓温退师
第六十一回　慕容垂避祸奔秦
　　　　　　王景略统兵入洛
第六十二回　略燕地连摧敌将
　　　　　　拔邺城追掳孱王
第六十三回　海西公遭诬被废
　　　　　　昆仑婢产子承基
第六十四回　谒崇陵桓温见鬼
　　　　　　重正朔王猛留言
第六十五回　失姑臧凉主作降虏
　　　　　　守襄阳朱母筑斜城

第六十六回　救孤城谢玄却秦军
　　　　　　违众议苻坚窥晋室

第六十七回　山墅赌弈寇来不惊
　　　　　　淝水交锋兵多易败

第六十八回　结丁零再兴燕祚
　　　　　　索邺城申表秦庭

第六十九回　据渭北后秦独立
　　　　　　入阿房西燕称尊

第七十回　　堕虏谋晋将逾绝涧
　　　　　　应童谣秦主缢新城

第七十一回　用僧言吕光还兵
　　　　　　依逆谋段随弑主

第七十二回　谋刺未成秦后死节
　　　　　　失营被获毛氏捐躯

第七十三回　拓跋珪创兴后魏
　　　　　　慕容垂讨灭丁零

第七十四回　智姚苌旋师惊噩梦
　　　　　　勇翟瑶斩将扫孱宗

第七十五回　失都城西燕被灭
　　　　　　压山寨北魏争雄

第七十六回　子逼母燕太后自尽
　　　　　　弟凌兄晋道子专权

第七十七回　殷仲堪倒柄授桓玄
　　　　　　张贵人逞凶弑孝武

第七十八回　迫诛奸称戈犯北阙
　　　　　　僭称尊遣将伐西秦

第七十九回　吕氏肆虐凉土分崩
　　　　　　燕祚浸衰魏兵深入

第八十回　　拓跋珪转败为胜
　　　　　　慕容宝因怯出奔

第八十一回　攻旧都逆子忘天理

第八十二回　通叛党兰汗弑君
　　　　　　诛贼臣燕宗复国

第八十三回　再发难王恭受戮
　　　　　　好惑人孙泰伏诛

第八十四回　戕内史独全谢妇
　　　　　　杀太守复陷会稽

第八十五回　失荆州参军殉主
　　　　　　弃苑川乾归逃生

第八十六回　受逆报吕纂被戕
　　　　　　据偏隅李暠独立

第八十七回　扫残孽南燕定都
　　　　　　立奸叔东宫失位

第八十八回　吕隆累败降秦室
　　　　　　刘裕屡胜走孙恩

第八十九回　覆全军元显受诛
　　　　　　夺大位桓玄行逆

第九十回　　贤孟妇助夫举义
　　　　　　勇刘军败贼入都

第九十一回　截江洲冯迁诛逆首
　　　　　　陷成都谯纵害疆臣

第九十二回　贪女色吞针欺僧侣
　　　　　　戕妇翁拥众号天主

第九十三回　葬爱妻遇变丧身
　　　　　　立犹子临终传位

第九十四回　得使才接眷还都
　　　　　　失兵机纵敌入险

第九十五回　覆孤城慕容超亡国
　　　　　　诛逆贼冯文起开基

第九十六回　何无忌战死豫章口
　　　　　　刘寄奴固守石头城

陷中山娇女作人奴

第九十七回	窜南交卢循毙命	第九十九回	入荆州驱除异党
	平西蜀谯纵伏辜		夺长安翦灭后秦
第九十八回	南凉王愎谏致亡	第一百回	招寇乱秦关再失
	西秦后败谋殉难		迫禅位晋祚永终

宋史通俗演义

历史小说。蔡东藩著。上海会文堂新记书局。1935 年 5 月改版后初版。4 册。52 万字。冀野序 1 篇。自序 1 篇。两宋世系图 1 幅。共100 回。

第一回	河洛降神奇儿出世		兴王师得平南汉
	弧矢见志游子离乡	第十一回	悬绘像计杀敌臣
第二回	遇异僧幸示迷途		造浮梁功成采石
	扫强敌连擒渠帅	第十二回	明德楼纶音释俘
第三回	忧父病重托赵则平		万岁殿烛影生疑
	肃军威大败李景达	第十三回	吴越王归诚纳土
第四回	紫金山唐营尽覆		北汉主穷蹙乞降
	瓦桥关辽将出降	第十四回	高梁河宋师败绩
第五回	陈桥驿定策立新君		雁门关辽将丧元
	崇元殿受禅登大位	第十五回	弄巧成拙妹情殉边
第六回	公主钟情再婚志喜		修怨背盟皇弟受祸
	孤臣败死一炬成墟	第十六回	进治道陈希夷入朝
第七回	李重进阖家投火窟		遁穷荒李继迁降虏
	宋太祖杯酒释兵权	第十七回	岐沟关曹彬失律
第八回	遣师南下戡定荆湘		陈家谷杨业捐躯
	冒雪宵来商征巴蜀	第十八回	张齐贤用谋却敌
第九回	破川军孱王归命		尹继伦奋力踹营
	受蜀俘美妇承恩	第十九回	报宿怨故王索命
第十回	戢兵变再定西川		讨乱党宦寺典兵

第 二 十 回	伐西夏五路出师		种谔诱降搜名山
	立新皇百官入贺	第三十六回	议新法创设条例司
第二十一回	康保裔血战亡身		谳疑狱狡脱谋夫案
	雷有终火攻平匪	第三十七回	韩使相谏君论弊政
第二十二回	收番部叛王中计		朱明府寻母竭孝思
	纳忠谏御驾亲征	第三十八回	弃边城抚臣坐罪
第二十三回	澶州城磋商和约		徙杭州名吏闲游
	承天门伪降帛书	第三十九回	藉父威竖子成名
第二十四回	孙待制空言阻西幸		逞兵谋番渠受虏
	刘美人邀宠继中宫	第 四 十 回	流民图为国请命
第二十五回	留遗恨王旦病终		分水岭割地界辽
	坐株连寇准遭贬	第四十一回	奉使命率军征交趾
第二十六回	王沂公劾奸除首恶		蒙慈恩减罪谪黄州
	鲁参政挽辇进忠言	第四十二回	伐西夏李宪丧师
第二十七回	刘太后极乐归天		城永乐徐禧陷殁
	郭正宫因争失位	第四十三回	立幼主高后垂帘
第二十八回	萧耨斤挟权弑主母		拜首相温公殉国
	赵元昊僭号寇边疆	第四十四回	分三党廷臣构衅
第二十九回	中虏计任福战殁		备六礼册后正仪
	奉使命富弼辞行	第四十五回	嘱后事贤后升遐
第 三 十 回	争和约折服契丹		绍先朝奸臣煽祸
	除敌臣收降元昊	第四十六回	宠妾废妻皇纲倒置
第三十一回	明副使力破叛徒		崇邪黜正党狱迭兴
	曹皇后智平逆贼	第四十七回	拓边防谋定致胜
第三十二回	狄青夜夺昆仑关		窃后位喜极生悲
	包拯出知开封府	第四十八回	承兄祚初政清明
第三十三回	立储贰入承大统		信阉言再用奸憝
	释嫌疑准请撤帘	第四十九回	端礼门立碑诬正士
第三十四回	争濮议聚讼盈廷		河湟路遣将复西蕃
	传颍王长男主器	第 五 十 回	应供奉朱勔承差
第三十五回	神宗误用王安石		得奥援蔡京复相

第五十一回　巧排挤毒死辅臣
　　　　　　喜招徕载归异族

第五十二回　信道教诡说遇天神
　　　　　　筑离宫微行探春色

第五十三回　挟妓纵欢歌楼被泽
　　　　　　屈尊就宴相府承恩

第五十四回　造雄邦恃强称帝
　　　　　　通远使约金攻辽

第五十五回　帮源峒方腊揭竿
　　　　　　梁山泊宋江结寨

第五十六回　知海州收降及时雨
　　　　　　破杭城计出智多星

第五十七回　入深岩得擒叛首
　　　　　　征朔方再挫王师

第五十八回　夸功铭石艮岳成山
　　　　　　覆国丧身屑辽绝祀

第五十九回　启外衅胡人南下
　　　　　　定内禅上皇东奔

第 六 十 回　遵敌约城下乞盟
　　　　　　满恶贯途中授首

第六十一回　议和议战朝局纷争
　　　　　　误国误家京城失守

第六十二回　堕奸谋阖宫被劫
　　　　　　立异姓二帝蒙尘

第六十三回　承遗祚藩王登极
　　　　　　发逆案奸贼伏诛

第六十四回　宗留守力疾捐躯
　　　　　　信王榛败亡失迹

第六十五回　招寇侮惊驰御驾
　　　　　　胁禅位激动义师

第六十六回　韩世忠力平首逆

第六十七回　金兀术大举南侵
　　　　　　巾帼英雄桴鼓助战
　　　　　　须眉豪气舞剑吟词

第六十八回　赵立中炮失楚州
　　　　　　刘豫降虏称齐帝

第六十九回　破剧盗将帅齐驱
　　　　　　败强虏弟兄著绩

第 七 十 回　岳家军克复襄汉
　　　　　　韩太尉保障江淮

第七十一回　入洞庭擒渠扫穴
　　　　　　返庐山奉榇奔丧

第七十二回　髯将军败敌扬威
　　　　　　愚参谋监军遇害

第七十三回　撤藩封伪主被絷
　　　　　　拒和议忠谏留名

第七十四回　刘锜力捍顺昌城
　　　　　　岳飞奏捷朱仙镇

第七十五回　传伪诏连促班师
　　　　　　设毒谋构成冤狱

第七十六回　屈膝求和母后返驾
　　　　　　刺奸被执义士丧生

第七十七回　立赵宗亲五嗣服
　　　　　　弑金帝逆贼肆淫

第七十八回　金主亮分道入寇
　　　　　　虞允文大破敌军

第七十九回　诛暴主辽阳立新君
　　　　　　堕前功符离惊溃变

第 八 十 回　废守备奸臣通敌
　　　　　　申和约使节还朝

第八十一回　朱晦翁创立社仓法
　　　　　　宋孝宗重定内禅仪

第八十二回	揽内权辣手逞凶 劝过宫引裾极谏
第八十三回	赵汝愚定策立新皇 韩侂胄弄权逐良相
第八十四回	贺生辰尚书钻狗窦 侍夜宴艳后媚龙颜
第八十五回	倡北伐丧师辱国 据西陲作乱亡家
第八十六回	史弥远定计除奸 铁木真称尊耀武
第八十七回	失中都金丞相殉节 获少女杨家堡成婚
第八十八回	寇南朝孱主误军谋 据东海降盗加节钺
第八十九回	易嗣君济邸蒙冤 逐制帅楚城屡乱
第九十回	诛逆首淮南纾患 戕外史蜀右被兵
第九十一回	约蒙古夹击残金

	克蔡州献俘太庙
第九十二回	图中原两军败退 寇南宋三路进兵
第九十三回	守蜀境累得贤才 劾史氏力扶名教
第九十四回	余制使忧谗殒命 董丞相被胁罢官
第九十五回	捏捷报欺君罔上 拘行人弃好背盟
第九十六回	史天泽讨叛诛李璮 贾似道弄权居葛岭
第九十七回	援孤城连丧二将 宠大憝贻误十年
第九十八回	报怨兴兵蹂躏江右 丧师辱国窜殛岭南
第九十九回	屯焦山全军告熸 陷临安幼主被虏
第一百回	拥二王勉支残局 覆两宫怅断重洋

明史通俗演义

历史小说。蔡东藩著。上海会文堂新记书局。1935 年 5 月初版。4册。50 万字。冀野序 1 篇。自序 1 篇。明帝世系图 1 幅。共 100 回。

第一回	揭史纲开宗明义 困涸辙避难为僧
第二回	投军伍有幸配佳人 捍孤城仗义拯主帅
第三回	攻城掠地迭遇奇才

	献币释嫌全资贤妇
第四回	登雉堞语惊张天祐 探虎穴约会孙德崖
第五回	郭家女入侍濠城 常将军力拔采石

第 六 回　取集庆朱公开府
　　　　　陷常州徐帅立功

第 七 回　朱亮祖战败遭擒
　　　　　张士德絷归绝粒

第 八 回　入太湖廖永安陷没
　　　　　略东浙胡大海荐贤

第 九 回　刘伯温定计破敌
　　　　　陈友谅挈眷逃生

第 十 回　救安丰护归小明王
　　　　　援南昌大战伪汉主

第十一回　鄱阳湖友谅亡身
　　　　　应天府吴王即位

第十二回　取武昌移师东下
　　　　　失平江阖室自焚

第十三回　檄北方徐元帅进兵
　　　　　下南闽陈平章死节

第十四回　四海归心诞登帝位
　　　　　三军效命直捣元都

第十五回　袭太原元扩廓中计
　　　　　略临洮李思齐出降

第十六回　纳降诛叛西徼扬威
　　　　　逐枭擒雏南京献俘

第十七回　降夏主荡平巴蜀
　　　　　击元将转战朔方

第十八回　下征书高人抗志
　　　　　泄逆谋奸相伏诛

第十九回　定云南沐英留镇
　　　　　征漠北蓝玉报功

第二十回　凤微德杳再丧储君
　　　　　鸟尽弓藏迭兴党狱

第二十一回　削藩封诸王得罪

戕使臣靖难兴师

第二十二回　耿炳文败绩滹沱河
　　　　　　燕王棣诈入大宁府

第二十三回　折大旗南军失律
　　　　　　脱重围北走还都

第二十四回　往复贻书囚使激怒
　　　　　　仓皇挽粟遇伏失粮

第二十五回　越长江燕王入京
　　　　　　出鬼门建文逊国

第二十六回　拒草诏忠臣遭惨戮
　　　　　　善讽谏长子得承家

第二十七回　梅驸马含冤水府
　　　　　　郑中官出使外洋

第二十八回　下南交杀敌擒渠
　　　　　　出北塞铭功勒石

第二十九回　徙乐安皇子得罪
　　　　　　闹蒲台妖妇揭竿

第 三 十 回　穷兵黩武数次亲征
　　　　　　疲命劳师归途宴驾

第三十一回　二竖监军黎利煽乱
　　　　　　六师讨逆高煦成擒

第三十二回　弃交趾甘隳前功
　　　　　　易中宫倾心内嬖

第三十三回　享太平与民同乐
　　　　　　儆权阉为主斥奸

第三十四回　王骥讨平麓川蛮
　　　　　　英宗败陷土木堡

第三十五回　诛党奸景帝登位
　　　　　　却强敌于谦奏功

第三十六回　议和钱别上皇还都
　　　　　　希旨陈词东宫易位

第三十七回　拒忠谏诏狱滥刑
　　　　　　定密谋夺门复辟

第三十八回　于少保沉冤东市
　　　　　　徐有贞充戍南方

第三十九回　发逆谋曹石复宗
　　　　　　上徽号李彭抗议

第 四 十 回　万贞儿怙权倾正后
　　　　　　纪淑妃诞子匿深宫

第四十一回　白圭讨平郧阳盗
　　　　　　韩雍攻破大藤猺

第四十二回　树威权汪直窃兵柄
　　　　　　善谲谏阿丑悟君心

第四十三回　悼贵妃促疾亡身
　　　　　　审聂女秉公遭谴

第四十四回　受主知三老承顾命
　　　　　　逢君恶八竖逞谗言

第四十五回　刘太监谤斥群贤
　　　　　　张吏部强夺彼美

第四十六回　入槛车叛藩中计
　　　　　　缚菜厂逆阉伏辜

第四十七回　河北盗横行畿辅
　　　　　　山东贼毕命狼山

第四十八回　经略西番镇臣得罪
　　　　　　承恩北阙义儿导淫

第四十九回　幸边塞走马看花
　　　　　　入酒肆游龙戏凤

第 五 十 回　觅佳丽幸逢歌妇
　　　　　　罪直谏杖毙言官

第五十一回　豢群盗宁藩谋叛
　　　　　　谢盛宴抚使被戕

第五十二回　守安庆仗剑戮叛奴

第五十三回　下南昌发兵征首逆
　　　　　　伍文定纵火擒国贼
　　　　　　王守仁押俘至杭州

第五十四回　教场校射技擅穿杨
　　　　　　古沼观鱼险遭灭顶

第五十五回　返豹房武宗晏驾
　　　　　　祭兽吻江彬遭囚

第五十六回　议典礼廷臣聚讼
　　　　　　建齐醮方士盈坛

第五十七回　伏朝门触怒世宗
　　　　　　讨田州诱诛岑猛

第五十八回　胡世宁创议弃边陲
　　　　　　邵元节祈嗣邀殊宠

第五十九回　绕法坛迓来仙鹤
　　　　　　毁行宫力救真龙

第 六 十 回　遣宫变妃嫔罹重辟
　　　　　　跪榻前父子乞私情

第六十一回　复河套将相蒙冤
　　　　　　扰都门胡虏纵火

第六十二回　追狡寇庸帅败还
　　　　　　开马市荩臣极谏

第六十三回　罪仇鸾剖棺正法
　　　　　　劾严嵩拼死留名

第六十四回　却外寇奸党冒功
　　　　　　媚干娘义儿邀宠

第六十五回　胡宗宪用谋赚海盗
　　　　　　赵文华弄巧忤权奸

第六十六回　汪寇目中计遭诛
　　　　　　尚美人更衣侍寝

第六十七回　海刚峰刚方绝俗
　　　　　　邹应龙应梦劾奸

第六十八回 权门势倒祸及儿曹
王府银归途逢暴客

第六十九回 破奸谋严世蕃伏法
剿宿寇戚继光冲锋

第 七 十 回 误服丹铅病归冥箓
脱身羁绁怅断鼎湖

第七十一回 王总督招纳降蕃
冯中官斥逐首辅

第七十二回 莽男子闯入深宫
贤法司力翻成案

第七十三回 夺亲情相臣极谏
规主阙母教流芳

第七十四回 王宫人喜中生子
张宰辅身后籍家

第七十五回 侍母膳奉教立储
惑妃言誓神缄约

第七十六回 据镇城哱氏倡乱
用说客叛党骈诛

第七十七回 救藩封猛攻平壤
破和议再战岛山

第七十八回 虎将征蛮破巢诛逆
蠹鱼食字决策建储

第七十九回 获妖书沈一贯生风
遣福王叶向高主议

第 八 十 回 审张差宫中折疑案
任杨镐塞外覆全军

第八十一回 联翠袖相约乞荣封
服红丸即夕倾大命

第八十二回 选侍移宫诏宣旧恶
庸医悬案弹及辅臣

第八十三回 大吃醋两魏争风
真奇冤数妃毕命

第八十四回 王化真失守广宁堡
朱燮元巧击吕公车

第八十五回 新抚赴援孤城却敌
叛徒归命首逆伏诛

第八十六回 赵中丞荡平妖寇
杨都谏纠劾权阉

第八十七回 魏忠贤喜得点将录
许显纯滥用非法刑

第八十八回 兴党狱缇骑被伤
媚奸珰生祠迭建

第八十九回 排后族魏阉谋逆
承兄祚信邸登基

第 九 十 回 惩淫恶阉家骈戮
受招抚渠帅立功

第九十一回 徐光启荐用客卿
袁崇焕入援畿辅

第九十二回 中敌计冤沉碧血
遇岁饥啸聚绿林

第九十三回 战秦晋曹文诏扬威
闹登莱孔有德亡命

第九十四回 陈奇瑜得贿纵寇
秦良玉奉诏勤王

第九十五回 张献忠伪降熊文灿
杨嗣昌陷殁卢象昇

第九十六回 失襄阳庸帅自裁
走河南逆闯复炽

第九十七回 决大河漂没汴梁城
通内线恭进田妃鴆

第九十八回 扰秦楚闯王僭号
掠东西献贼横行

第九十九回　周总兵宁武捐躯
　　　　　　明怀宗煤山殉国

第 一 百 回　乞外援清军定乱
　　　　　　复平壁明史收场

南北史通俗演义

长篇历史小说。蔡东藩著。上海会文堂新记书局。1935 年 5 月改版后初版。4 册。58.1 万字。冀野序 1 篇。自序 1 篇。世系图 2 幅。共 100 回。

第 一 回　射蛇首兴王呈预兆
　　　　　睹龙颜慧妇忌英雄

第 二 回　起义师入京讨逆
　　　　　迎御驾报绩增封

第 三 回　伐燕南冒险成功
　　　　　捍东都督兵御寇

第 四 回　毁贼船用火破卢循
　　　　　发军函出奇平谯纵

第 五 回　捣洛阳秦将败没
　　　　　破长安姚氏灭亡

第 六 回　失秦士刘世子逃归
　　　　　移晋祚宋武帝篡位

第 七 回　弑故主冤魂索命
　　　　　丧良将胡骑横行

第 八 回　废营阳迎立外藩
　　　　　反江陵惊闻内变

第 九 回　平谢逆功归檀道济
　　　　　入夏部击走赫连昌

第 十 回　逃将军弃师中虏计
　　　　　亡国后侑酒作人奴

第十一回　破氐帅收还要郡

第十二回　燕王弘投奔高丽
　　　　　魏主焘攻克姑臧

第十三回　捕奸党殷景仁定谋
　　　　　露逆萌范蔚宗伏法

第十四回　陈参军立栅守危城
　　　　　薛安都用矛刺虏将

第十五回　骋辩词张畅报使
　　　　　贻溲溺臧质覆书

第十六回　永安宫魏主被戕
　　　　　含章殿宋帝遇弑

第十七回　发寻阳出师问罪
　　　　　克建康枭恶锄奸

第十八回　犯上兴兵一败涂地
　　　　　诛叔纳妹只手满天

第十九回　发雄师惨屠骨肉
　　　　　备丧具厚葬妃嫱

第二十回　狎姑姊宣淫鸾掖
　　　　　辱诸父戏宰猪王

第二十一回　戕暴主湘东正位
　　　　　　讨宿孽江右麾兵

第二十二回　扫逆藩众叛荡平
　　　　　　激外变四川沦陷
第二十三回　杀弟兄宋帝滥刑
　　　　　　好佛老魏主禅统
第二十四回　江上堕谋亲王授首
　　　　　　殿中醉寝狂竖饮刀
第二十五回　讨权臣石头殉节
　　　　　　失镇地栎林丧身
第二十六回　篡宋祚废主出宫
　　　　　　弑魏帝淫妪专政
第二十七回　膺帝箓父子相继
　　　　　　礼名贤昆季同心
第二十八回　造孽缘孽儿自尽
　　　　　　全愚孝愚主终丧
第二十九回　萧昭业喜承祖统
　　　　　　魏孝文计徒都城
第 三 十 回　上淫下烝丑传宫掖
　　　　　　内应外合又及殿廷
第三十一回　杀诸王宣城肆毒
　　　　　　篡宗祚海陵沉冤
第三十二回　假仁袭义兵达江淮
　　　　　　易后废储衅传河洛
第三十三回　两国交兵齐师屡挫
　　　　　　十王骈戮萧氏相残
第三十四回　齐嗣主临丧哭秃鹙
　　　　　　魏淫后流涕陈巫蛊
第三十五回　泄密谋二江授首
　　　　　　遭主忌六贵洊诛
第三十六回　江夏王通叛亡身
　　　　　　潘贵妃入宫专宠
第三十七回　杀山阳据城传檄

　　　　　　立宝融废主进兵
第三十八回　张欣泰败谋罹重辟
　　　　　　王珍国惧祸弑昏君
第三十九回　谏远色王茂得娇娃
　　　　　　窃大宝萧衍行弑逆
第 四 十 回　萧宝夤乞师伏虏阙
　　　　　　魏邢峦遣将夺梁州
第四十一回　弟子舆尸溃师洛口
　　　　　　将帅协力战胜钟离
第四十二回　诬通叛魏宗屈死
　　　　　　图规复梁将无功
第四十三回　充华产子嗣统承基
　　　　　　母后临朝穷奢极欲
第四十四回　筑淮堰梁皇失计
　　　　　　害清河胡后被幽
第四十五回　宣光殿省母启争端
　　　　　　沃野镇弄兵开祸乱
第四十六回　诛元义再逞牝威
　　　　　　拒葛荣轻罹贼纲
第四十七回　萧宝夤称尊叛命
　　　　　　尔朱荣抗表兴师
第四十八回　丧君有君强臣谢罪
　　　　　　因敌攻敌叛王入都
第四十九回　设伏甲定谋除恶
　　　　　　纵轻骑入阙行凶
第 五 十 回　废故主迎立广陵王
　　　　　　煽众兵声讨尔朱氏
第五十一回　战韩陵破灭子弟军
　　　　　　入洛宫淫烝大小后
第五十二回　梁太子因忧去世
　　　　　　贺拔岳被赚丧身

第五十三回	违君命晋阳兴甲 谒行在关右迎銮		陈霸先盗国称尊
第五十四回	饮宫中魏主遭酖毒 陷泽畔窦泰死战场	第六十九回	讨王琳屡次交兵 谏高洋连番受责
第五十五回	用少击众沙苑交兵 废旧迎新柔然纳女	第 七 十 回	戮勋戚皇叔篡位 溺懿亲悍将逞谋
第五十六回	战邙山宇文泰败溃 幸佛寺梁主衍舍身	第七十一回	遇强暴故后被污 违忠谏逆臣致败
第五十七回	责贺琛梁廷草敕 防侯景高氏留言	第七十二回	遭主嫌侯安都受戮 却敌军段孝先建功
第五十八回	悍高澄殴禁东魏主 智慕容计擒萧渊明	第七十三回	背德兴师周师再败 揽权夺位陈主被迁
第五十九回	纵叛贼朱异误国 却强寇羊侃守城	第七十四回	昵奸人淫后杀贤王 信刁媪昏君戮胞弟
第 六 十 回	援建康韦粲捐躯 陷台城梁武中计	第七十五回	斛律光遭谗受害 宇文护稔恶伏诛
第六十一回	困梁宫君王饿死 攻湘州叔侄寻仇	第七十六回	选将才独任吴明彻 含妒意特进冯小怜
第六十二回	取公主侯景胁君 篡帝祚高洋窃国	第七十七回	韦孝宽献汉用兵 齐高纬挈妃避敌
第六十三回	陈霸先举兵讨逆 王僧辨却贼奏功	第七十八回	陷晋州转败为胜 擒齐王取乱侮亡
第六十四回	弑梁主大憝行凶 崇侯贼庶支承统	第七十九回	老将失谋还师被虏 昏君嗣位惨戮沉冤
第六十五回	杀季弟特遣猛将军 酖故主兼及亲生女	第 八 十 回	宇文妇醉酒失身 尉迟公登城誓众
第六十六回	陷江宁并戕梁元帝 诛僧辨再立晋安王	第八十一回	失邺城皇亲自刎 篡周室勋戚代兴
第六十七回	擒敌将梁军大捷 逞淫威齐主横行	第八十二回	挥刀遇救逆弟败谋 酣宴联吟艳妃专宠
第六十八回	宇文护挟权肆逆	第八十三回	长孙晟献谋制突厥 沙钵略稽首服隋朝

第八十四回	设行省遣子督师
	避敌兵携妃投井
第八十五回	据湘州陈宗殉国
	抚岭表洗氏平蛮
第八十六回	反罪为功筑宫邀赏
	寓剿于抚徒房实边
第八十七回	恨妒后御驾入山乡
	谋夺嫡计臣赂朝贵
第八十八回	太子勇遭谗被废
	庶人秀幽锢蒙冤
第八十九回	侍病父密谋行逆
	烝庶母强结同心
第 九 十 回	攻并州分遣兵戎
	幸洛阳大兴土木
第九十一回	促蛾眉宣华归地府
	驾龙舟炀帝赴江都
第九十二回	巡塞北厚抚启民汗

	幸河西穷讨吐谷浑
第九十三回	端门街陈戏示蕃夷
	观澜亭献诗逢鬼魅
第九十四回	征高丽劳兵动众
	溃萨水折将丧师
第九十五回	杨玄感兵败死穷途
	斛斯政拘回遭惨戮
第九十六回	犯乘舆围攻紫塞
	造迷楼望断红颜
第九十七回	御苑赏花巧演古剧
	隋堤种柳快意南游
第九十八回	麻叔谋罪发受金刀
	李玄邃谋成建帅府
第九十九回	追起兵李氏入关中
	嘱献书矮奴死阙下
第 一 百 回	弑昏君隋家数尽
	酖少主杨氏凶终

前汉通俗演义

历史小说。蔡东藩著。上海会文堂新记书局。1935 年 5 月改版后初版。4 册。53 万字。冀野序 1 篇。自序 1 篇。秦朝世系图 1 幅。共100 回。

第一回	移花接木计献美姬
	用李代桃欢承淫后
第二回	诛假父纳言迎母
	称皇帝立法愚民
第三回	封泰岱下山避雨
	过湘江中渡惊风

第四回	误椎击逃生遇异士
	见图计遣将造长城
第五回	信佞臣尽毁诗书
	筑阿房大兴土木
第六回	阬深谷儒诸毕命
	得原璧暴主惊心

第 七 回	寻生路徐市垦荒 从逆谋李斯矫诏	
第 八 回	葬始皇骊山成巨冢 戮宗室豜狱构奇冤	
第 九 回	充屯长中途施诡计 杀将尉大泽揭叛旗	
第 十 回	违谏议陈胜称王 善招抚武臣独立	
第 十 一 回	降真龙光韬泗水 斩大蛇夜走丰乡	
第 十 二 回	戕县令刘邦发迹 杀郡守项梁举兵	
第 十 三 回	说燕将厮卒救王 入赵宫叛臣弑主	
第 十 四 回	失兵机陈王毙命 免子祸婴母垂言	
第 十 五 回	从范增访立楚王孙 信赵高冤杀李丞相	
第 十 六 回	驻定陶项梁败死 屯安阳宋义丧生	
第 十 七 回	破釜沉舟奋身杀敌 损兵折将畏罪乞降	
第 十 八 回	智郦生献谋取要邑 愚胡亥遇弑毙斋宫	
第 十 九 回	诛逆阉难延秦祚 阬降卒直入函关	
第 二 十 回	宴鸿门张樊保驾 焚秦宫关陕成墟	
第二十一回	烧栈道张良定谋 筑郊坛韩信拜将	
第二十二回	用秘计暗渡陈仓	
第二十三回	受密嘱阴弑义帝 下河南陈平走谒 过洛阳董老献谋	
第二十四回	脱楚厄幸遇戚姬 知汉兴拼死陵母	
第二十五回	木罂渡军计擒魏豹 背水列阵诱斩陈余	
第二十六回	随何传命招英布 张良借箸驳郦生	
第二十七回	纵反间范增致毙 甘替死纪信被焚	
第二十八回	入内帐潜夺将军印 救全城幸得舍人儿	
第二十九回	贪功得祸郦生就烹 数罪陈言汉王中箭	
第 三 十 回	斩龙且出奇制胜 划鸿沟接眷修和	
第三十一回	大将奇谋鏖兵垓下 美人惨别走死江滨	
第三十二回	即帝位汉主称尊 就驿舍田横自到	
第三十三回	劝移都娄敬献议 伪出游韩信受擒	
第三十四回	序侯封优待萧丞相 定朝仪功出叔孙通	
第三十五回	谋弑父射死单于 求脱围赂遗番后	
第三十六回	宴深宫奉觞祝父寿 系诏狱拼死白王冤	
第三十七回	议废立周昌争储 讨乱贼陈豨败走	

第三十八回　悍吕后毒计戮功臣
　　　　　　智陆生善言招蛮酋

第三十九回　讨淮南箭伤御驾
　　　　　　过沛中宴会乡亲

第四十回　　保储君回皓与宴
　　　　　　留遗嘱高祖升遐

第四十一回　折雄狐片言杜祸
　　　　　　看人彘少主惊心

第四十二回　媚公主觍颜拜母
　　　　　　戏太后嫚语求妻

第四十三回　审食其遇救谢恩人
　　　　　　吕娥姁挟权立少帝

第四十四回　易幼主诸吕加封
　　　　　　得悍妇两王枉死

第四十五回　听陆生交欢将相
　　　　　　连齐兵合拒权奸

第四十六回　夺禁军捕诛诸吕
　　　　　　迎代王废死故君

第四十七回　两重喜窦后逢兄弟
　　　　　　一纸书文帝服蛮夷

第四十八回　遭众忌贾谊被迁
　　　　　　正阃仪袁盎强谏

第四十九回　辟阳侯受椎毙命
　　　　　　淮南王谋反被囚

第五十回　　中行说叛国降虏庭
　　　　　　缇萦女上书赎父罪

第五十一回　老郎官犯颜救魏尚
　　　　　　贤丞相当面劾邓通

第五十二回　争棋局吴太子亡身
　　　　　　肃军营周亚夫守法

第五十三回　呕心血气死申屠嘉

第五十四回　　主首谋变起吴王濞
　　　　　　信袁盎诡谋斩御史
　　　　　　遇赵涉依议出奇兵

第五十五回　平叛军太尉建功
　　　　　　保孱王邻封乞命

第五十六回　王美人有缘终作后
　　　　　　栗太子被废复蒙冤

第五十七回　索罪犯曲全介弟
　　　　　　赐肉食戏弄条侯

第五十八回　嗣帝阼董生进三策
　　　　　　应主召申公陈两言

第五十九回　迎母姊亲驰御驾
　　　　　　访公主喜遇歌姬

第六十回　　因祸为福仲卿得官
　　　　　　寓正于谐东方善辩

第六十一回　挑嫠女即席弹琴
　　　　　　别娇妻入都献赋

第六十二回　厌夫贫下堂致悔
　　　　　　开敌衅出塞无功

第六十三回　执国法王恢受诛
　　　　　　骂座客灌夫得罪

第六十四回　遭鬼祟田蚡毙命
　　　　　　抚夷人司马扬镳

第六十五回　窦太子好淫甘屈膝
　　　　　　公孙弘变节善承颜

第六十六回　飞将军射石惊奇
　　　　　　遇主父受金拒谏

第六十七回　失俭德故人烛隐
　　　　　　庆凯旋大将承恩

第六十八回　舅甥踵起一战封侯
　　　　　　父子败谋九重讨罪

第六十九回	勘叛案重兴大狱
	立战功还挈同胞
第 七 十 回	贤汲黯直谏救人
	老李广失途刎首
第七十一回	报私仇射毙李敢
	发诈谋致死张汤
第七十二回	通西域复灭南夷
	进神马兼还宝鼎
第七十三回	信方士连番被惑
	行封禅妄想求仙
第七十四回	东征西讨绝域穷兵
	先败后成贰师得马
第七十五回	入虏庭苏武抗节
	出朔漠李陵败降
第七十六回	巫蛊狱丞相灭门
	泉鸠里储君毙命
第七十七回	悔前愆痛下轮台诏
	授顾命嘱遵负扆图
第七十八回	六龄幼女竟主中宫
	廿载使臣重还故国
第七十九回	织诈书终惩逆党
	效刺客得毙番王
第 八 十 回	迎外藩新主入都
	废昏君太后登殿
第八十一回	谒祖庙骖乘生嫌
	嘱女医入宫进毒
第八十二回	孝妇伸冤于公造福
	淫姬失德霍氏横行
第八十三回	泄逆谋杀尽后族
	矫君命歼厥渠魁
第八十四回	询宫婢才识酬恩
第八十五回	擢循吏叠闻报绩
	两疏见机辞官归里
	三书迭秦罢兵屯田
第八十六回	逞淫谋番妇构衅
	识子祸严母知几
第八十七回	杰阁图形名标麟史
	锦车出使功让蛾眉
第八十八回	宠阉竖屈死萧望之
	惑谗言再贬周少傅
第八十九回	冯婕妤挺身当猛兽
	朱子元仗义救良朋
第 九 十 回	斩郅支陈汤立奇功
	嫁匈奴王嫱留遗恨
第九十一回	赖直谏太子得承基
	宠正宫词臣同抗议
第九十二回	识番情指日解围
	违妇言上书惹祸
第九十三回	惩诸舅推恩赦罪
	嬖二美夺嫡宣淫
第九十四回	智班伯借图进谏
	猛朱云折槛留旌
第九十五回	泄机谋酖死故后
	争坐位怒斥中官
第九十六回	忤重闱师丹遭贬
	害故妃史立售奸
第九十七回	莽朱博附势反亡身
	美董贤阖家同邀宠
第九十八回	良相遭囚呕血致毙
	幸臣失势与妇并戕
第九十九回	献白雉罔上居功
	惊赤血杀儿构狱

第 一 百 回　窃国权王莽弑帝　　　　　投御玺元后复宗

唐史通俗演义

历史小说。蔡东藩编辑。上海会文堂新记书局。1932 年 5 月版。10 册。55 万字。自序 1 篇。人物图 24 幅。每册前各有插图 10 幅。共 100 回。

第 一 回　溯龙兴开编谈将种 选蛾眉侍宴赚唐公	第 十 二 回　诛文干传首长安 却颉利修和突厥
第 二 回　定密计诱杀副留守 联外助自号大将军	第 十 三 回　玄武门同胞受刃 庐江王谋反被诛
第 三 回　攻霍邑阵斩宋老生 入长安拥立代五侑	第 十 四 回　纳弟妇东宫渎伦 盟胡虏便桥申约
第 四 回　记艳闻李郎遇侠 禅帝位唐室开基	第 十 五 回　偃武修文君臣论治 易和为战将帅扬镳
第 五 回　李密败绩入关中 秦王出奇平陇右	第 十 六 回　获渠魁扫平东突厥 统雄师深入吐谷浑
第 六 回　盛彦师设伏毙叛徒 窦建德兴兵诛逆贼	第 十 七 回　长孙后临终箴主阙 武媚娘奉召沐皇恩
第 七 回　啖人肉烹食段钦使 讨乱酋击走刘武周	第 十 八 回　灭高昌献俘观德殿 逐真珠击败薛延陀
第 八 回　河溯修和还旧俘 郑兵战败保孤城	第 十 九 回　强胡内乱列部纷争 逆迹上闻储君被废
第 九 回　擒渠歼敌耀武东都 奏凯还朝献俘太庙	第 二 十 回　易东宫亲授御训 征高丽连破敌锋
第 十 回　下江东梁萧铣亡国 战洺南刘黑闼丧师	第二十一回　东略无功全军归国 北荒尽服群酋入朝
第十一回　唐太子发兵平山左 李大使乘胜下丹阳	第二十二回　使天竺调兵擒叛酋 征龟兹入穴虏名王

第二十三回	出娇娃英主升遐
	逞奸情帝女谋变
第二十四回	武昭仪还宫夺宠
	褚遂良伏阙陈忠
第二十五回	下辣手害死王皇后
	遣大军擒归沙钵罗
第二十六回	许敬宗构陷三家
	刘仁轨荡平百济
第二十七回	发三箭薛礼定天山
	统六师李勣灭高丽
第二十八回	伐西羌连番败绩
	易东宫两次蒙冤
第二十九回	裴总管出师屡捷
	唐高宗得病告终
第 三 十 回	被废立庐陵王坐徙
	违良策徐敬业败亡
第三十一回	敕告密滥用严刑
	谋匡复构成大祸
第三十二回	武则天革命称尊
	狄仁杰奉制出狱
第三十三回	安金藏剖心明信
	僧怀义稔恶受诛
第三十四回	累次发兵才平叛酋
	借端详梦迭献忠忱
第三十五回	默啜汗悔婚入寇
	狄梁公尽职归天
第三十六回	证冤狱张说辨诬
	诛淫竖中宗复位
第三十七回	通三思正宫纵欲
	窜五王内使行凶
第三十八回	诛首恶太子兴兵
	押文臣上官恃宠
第三十九回	规夜宴特献回波辞
	进毒饼枉死神龙殿
第 四 十 回	讨韦氏扫清宿秽
	平谯王骈戮叛徒
第四十一回	应星变睿宗禅位
	泄逆谋公主杀身
第四十二回	赠美人张说得厚报
	破强虏王晙立奇功
第四十三回	任良相美政纪开元
	阅边防文臣平叛虏
第四十四回	信妾言皇后被废
	丛敌怨节使遭戕
第四十五回	张守珪诱番得虏首
	李林甫毒计害储君
第四十六回	却隆恩张果老归山
	开盛宴江梅妃献技
第四十七回	梅悴杨荣撒娇絮阁
	罗钳吉网党恶乱刑
第四十八回	洗禄儿中菁贻羞
	写幽怨长门拟赋
第四十九回	恋爱妃密誓长生殿
	宠胡儿亲饯望春亭
第 五 十 回	勤政楼童子陈箴
	范阳镇逆胡构乱
第五十一回	失潼关哥舒翰丧师
	驻马嵬杨贵妃陨命
第五十二回	唐肃宗称尊灵武
	雷海青殉节洛阳
第五十三回	结君心欢昵张良娣
	受逆报刺死安禄山

第五十四回　统三军广平奏绩
　　　　　　复两京李泌辞归

第五十五回　与城俱亡双忠死义
　　　　　　从贼堕节六等定刑

第五十六回　九节度受制鱼朝恩
　　　　　　两叛将投降李光弼

第五十七回　迁上皇阉寺擅权
　　　　　　宠少子逆胡速祸

第五十八回　弑张后代宗即位
　　　　　　平史贼蕃将立功

第五十九回　避寇乱天子蒙尘
　　　　　　耀军徽令公却敌

第 六 十 回　入番营单骑盟虏
　　　　　　忤帝女绑子入朝

第六十一回　定秘谋元舅除凶
　　　　　　窃主柄强藩抗命

第六十二回　贬忠州刘晏冤死
　　　　　　守临洺张伾得援

第六十三回　三镇连兵张家复祀
　　　　　　四王僭号朱氏主盟

第六十四回　叱逆使颜真卿抗节
　　　　　　击叛帅段秀实尽忠

第六十五回　僭帝号大兴逆师
　　　　　　解贼围下诏罪己

第六十六回　趋大梁德宗奔命
　　　　　　战贝州朱滔败还

第六十七回　朱泚败死彭原城
　　　　　　李晟诱诛田希鉴

第六十八回　窦桂娘密谋除逆
　　　　　　尚结赞狡计劫盟

第六十九回　格君心储君免祸

　　　　　　释主怨公主和番

第 七 十 回　陆敬舆斥奸忤旨
　　　　　　韩全义掩败为功

第七十一回　王叔文得君怙宠
　　　　　　韦执谊坐党贬官

第七十二回　擒刘辟戡定西川
　　　　　　执李锜荡平镇海

第七十三回　讨成德中使无功
　　　　　　策魏博名相定议

第七十四回　贤公主出闺循妇道
　　　　　　良宰辅免祸见阴功

第七十五回　却美妓渡水薄郾城
　　　　　　用降将冒雪擒元济

第七十六回　谏佛骨韩愈遭贬
　　　　　　缚逆首刘悟倒戈

第七十七回　平叛逆因骄致祸
　　　　　　好盘游拒谏饰非

第七十八回　河朔再乱节使遭戕
　　　　　　深州撤围侍郎申命

第七十九回　裂制书郭太后叱奸
　　　　　　信卜士张工头构乱

第 八 十 回　蛊敬宗逆阉肆逆
　　　　　　屈刘蕡名士埋名

第八十一回　诛叛帅朝使争功
　　　　　　诬相臣天潢坐罪

第八十二回　嫉强藩杜牧作罪言
　　　　　　除逆阉李训施诡计

第八十三回　甘露败谋党人流血
　　　　　　钧垣坐镇都市弭兵

第八十四回　奉皇弟权阉矫旨
　　　　　　迎公主猛将建功

第八十五回	兴大军老成定议 堕狡计逆竖丧元
第八十六回	信方士药死唐武宗 立太叔窜毙李首相
第八十七回	复河陇边民入觐 立郓矍内竖争权
第八十八回	平浙东王式用智 失安南蔡袭尽忠
第八十九回	易猛将进克交趾城 得义友夹攻徐州贼
第 九 十 回	斩庞勋始清叛孽 葬同昌备极奢华
第九十一回	曾元裕击斩王仙芝 李克用叛戮段文楚
第九十二回	镇淮南高骈纵寇 入关中黄巢称尊

第九十三回	奔成都误宠权阉 复长安追歼大盗
第九十四回	入陷阱幸脱上源驿 劫车驾急走大散关
第九十五回	襄王熅窜死河中 杨行密盗据淮甸
第九十六回	讨河东王师败绩 走山南阉党失机
第九十七回	三镇犯阙辇毂震惊 一战成功邠宁戡定
第九十八回	占友妻张夫人进箴 挟兵威刘太监废帝
第九十九回	以乱继乱劫迁主驾 用毒攻毒杀尽宦官
第 一 百 回	促乘舆朱全忠行弑 移国祚昭宣帝亡唐

清史通俗演义

历史小说。蔡东藩著。上海会文堂新记书局。1935 年 5 月改版后初版。4 册。55.5 万字。冀野序 1 篇。自序 1 篇。清代世系图 1 页。共 100 回。

第一回	溯往事慨谈身世 述前朝细叙源流
第二回	丧二祖誓师复仇 合九部因骄致败
第三回	祭天坛雄主告七恨 战辽阳庸帅覆全军
第四回	熊廷弼守辽树绩

	王化贞弃塞入关
第五回	猛参政用炮击敌 慈喇嘛偕使传书
第六回	下朝鲜贝勒旋师 守宁远抚军奏捷
第七回	为敌作伥满主入边 因间信谗明帝中计

第 八 回　明守将献城卖友　　　　　　　　失勇将三桂回军

　　　　　　清太宗获玺称尊　　第二十四回　两亲王因败为功

第 九 回　朝鲜主称臣乞降　　　　　　　　诸强藩束手听命

　　　　　　卢督师忠君殉节　　第二十五回　僭帝号遘疾伏冥诛

第 十 回　失辎重全军败绩　　　　　　　　集军威破城歼叛孽

　　　　　　迷美色大帅投诚　　第二十六回　台湾岛战败降清室

第 十 一 回　清太宗宾天传幼主　　　　　　尼布楚订约屈俄臣

　　　　　　多尔衮奉命略中原　　第二十七回　三部内哄祸起萧墙

第 十 二 回　失爱姬乞援外族　　　　　　　数次亲征荡平朔漠

　　　　　　追流贼忍死双亲　　第二十八回　争储位冢嗣被黜

第 十 三 回　闯王西走合浦还珠　　　　　　罹文网名士沉冤

　　　　　　清帝东来神京定鼎　　第二十九回　闻寇警发兵平藏卫

第 十 四 回　抗清廷丹忱报国　　　　　　　苦苛政倡乱据台湾

　　　　　　屠扬州碧血流芳　　第 三 十 回　畅春园圣祖宾天

第 十 五 回　弃南都昏主被囚　　　　　　　乾清宫世宗立嗣

　　　　　　捍孤城遗臣死义　　第三十一回　平青海驱除叛酋

第 十 六 回　南下麋兵明藩覆国　　　　　　颁朱谕惨戮同胞

　　　　　　西征奏凯清将蒙诬　　第三十二回　兔死狗烹功臣骈戮

第 十 七 回　立宗支粤西存残局　　　　　　鸿罹鱼网族姓株连

　　　　　　殉偏疆岩下表双忠　　第三十三回　畏虎将准部乞修和

第 十 八 回　创新仪太后联婚　　　　　　　望龙髯苗疆留遗恨

　　　　　　报宿怨中宫易位　　第三十四回　分八路进平苗穴

第 十 九 回　李定国竭忠扈驾　　　　　　　祝千秋暗促华龄

　　　　　　郑成功仗义兴师　　第三十五回　征金川两帅受严刑

第 二 十 回　日暮途穷投身异域　　　　　　降蛮酋二公膺懋赏

　　　　　　水流花谢撒手尘寰　　第三十六回　御驾南巡名园驻跸

第二十一回　弑故主悍帅徼功　　　　　　　王师西讨叛酋遭擒

　　　　　　除大憝冲人定计　　第三十七回　灭准部余孽就歼

第二十二回　蓄逆谋滇中生变　　　　　　　荡回疆贞妃殉节

　　　　　　撤藩镇朝右用兵　　第三十八回　游江南中宫截发

第二十三回　驰伪檄四方响应　　　　　　　征缅甸大将丧躯

第三十九回　传经略暂平南服
　　　　　　阿将军再定金川

第四十回　平海岛一将含冤
　　　　　定外藩两邦慑服

第四十一回　太和殿受禅承帝统
　　　　　　白莲教倡乱酿兵灾

第四十二回　误军机屡易统帅
　　　　　　平妖妇独著芳名

第四十三回　抚贼寨首领遭擒
　　　　　　整朝纲权相伏法

第四十四回　布德扬威连番下诏
　　　　　　擒渠献馘逐载报功

第四十五回　抚叛兵良将蒙冤
　　　　　　剿海寇统帅奏捷

第四十六回　两军门复仇慰英魄
　　　　　　八卦教煽乱闹皇城

第四十七回　闻警回銮下诏罪己
　　　　　　护丧嗣统边报惊心

第四十八回　愚庆祥败死回疆
　　　　　　智杨芳诱擒首逆

第四十九回　征浩罕王师再出
　　　　　　剿叛猺钦使报功

第五十回　饮鸩毒姑妇成疑案
　　　　　焚鸦片中外启兵端

第五十一回　林制军慷慨誓师
　　　　　　琦中堂昏庸误国

第五十二回　关提督粤中殉难
　　　　　　弈将军城下乞盟

第五十三回　效尸谏宰相轻生
　　　　　　失重镇将帅殉节

第五十四回　弈统帅因间致败

第五十五回　陈军门中炮归仁
　　　　　　江宁城万姓被兵
　　　　　　静海寺三帅定约

第五十六回　怡制军巧结台湾狱
　　　　　　徐总督力捍广州城

第五十七回　清文宗嗣统除奸
　　　　　　洪秀全纠众发难

第五十八回　钦使迭亡太平建国
　　　　　　悍徒狡脱都统丧躯

第五十九回　骆中丞固守长沙城
　　　　　　钱东平献取江南策

第六十回　陷江南洪氏定制
　　　　　攻河北林酋挫威

第六十一回　创水师衡阳发轫
　　　　　　发援卒岳州鏖兵

第六十二回　湘军屡捷水陆扬威
　　　　　　畿辅复安林李授首

第六十三回　那拉氏初次承恩
　　　　　　圆明园四春争宠

第六十四回　罗先生临阵伤躯
　　　　　　沈夫人佐夫抗敌

第六十五回　瓜镇丧师向营失陷
　　　　　　韦杨毙命洪酋中衰

第六十六回　智统领出奇制胜
　　　　　　愚制军轻敌遭擒

第六十七回　四国耀威津门胁约
　　　　　　两江喋血战地埋魂

第六十八回　战皖北诸将立功
　　　　　　退丹阳大营又溃

第六十九回　开外衅失律丧师
　　　　　　缔和约偿款割地

第 七 十 回　闻国丧长悲国士
　　　　　　护慈驾转忤慈颜

第七十一回　罪辅臣连番下诏
　　　　　　剿剧寇数路进兵

第七十二回　曾国荃力却援军
　　　　　　李鸿章借用洋将

第七十三回　战浙东包团练死艺
　　　　　　克江宁洪天王覆宗

第七十四回　僧亲王中计丧躯
　　　　　　曾大帅设谋制敌

第七十五回　溃河防捻徒分窜
　　　　　　毙敌首降将升官

第七十六回　山东圈剿悍酋成擒
　　　　　　河北解严渠魁自尽

第七十七回　戮权阉丁抚守法
　　　　　　办教案曾侯遭讥

第七十八回　大婚礼成坤闱正位
　　　　　　撤帘议决乾德当阳

第七十九回　因欢成病忽报弥留
　　　　　　以弟继兄旁延统绪

第 八 十 回　吴侍御尸谏效忠
　　　　　　曾星使功成改约

第八十一回　朝日生嫌酿成交涉
　　　　　　中法开衅大起战争

第八十二回　弃越疆中法修和
　　　　　　平韩乱清日协约

第八十三回　移款筑园撤帘就养
　　　　　　周龄介寿闻战惊心

第八十四回　叶志超败走辽东
　　　　　　丁汝昌丧师黄海

第八十五回　失律求和马关订约

市恩索谢虎视争雄

第八十六回　争党见新旧暗哄
　　　　　　行新政母子生嫌

第八十七回　慈禧后三次临朝
　　　　　　维党新六人毕命

第八十八回　立储君震惊匕鬯
　　　　　　信邪术扰乱京津

第八十九回　袒匪殃民联军入境
　　　　　　见危授命志士成仁

第 九 十 回　传谏草抗节留名
　　　　　　避联军蒙尘出走

第九十一回　悔罪乞和两宫返跸
　　　　　　出使归国二女入园

第九十二回　居大内闻耗哭遗臣
　　　　　　处局外严旨守中立

第九十三回　争密约侍郎就道
　　　　　　返钦使宪政萌芽

第九十四回　倚翠偎红二难竞爽
　　　　　　剖心刎颈两地招魂

第九十五回　遘奇变醇王摄政
　　　　　　继友志队长亡躯

第九十六回　二显官被谴回籍
　　　　　　众党员流血埋冤

第九十七回　争铁路蜀士遭囚
　　　　　　兴义师鄂军驰檄

第九十八回　革命军云兴应义举
　　　　　　摄政王庙誓布信条

第九十九回　易总理重组内阁
　　　　　　夺汉阳复失南京

第 一 百 回　举总统孙文就职
　　　　　　逊帝位清祚告终

飞剑游侠传

武侠小说。蔡陆仙、吴兴著。上海南星书店。1930 年 5 月版。4 册。16.4 万字。赵苕狂序 1 篇。自序 1 篇。共 40 回。

第 一 回	湖滨飞血浪利刃屠龙 岭上避深仇歧途遇虎
第 二 回	恃强凌弱独步称雄 以力假仁空拳锄暴
第 三 回	睹月心明沙弥证道 凌风雨化神技惊人
第 四 回	劫官银无意遇飞灾 访名师有心窥绝艺
第 五 回	货财渔色两妹判贞淫 推波助澜双僧分善恶
第 六 回	接木移花升官夸捷径 扳赃指盗仗义闹公堂
第 七 回	天网恢恢深宵来剑客 鸿飞冥冥野店遇奇人
第 八 回	合族毁宗祠荒唐怪诞 半山惊艳迹扑朔迷离
第 九 回	彩凤凌霄策蹇归来分骨肉 痴蛾投火余桃啖后失头颅
第 十 回	走青州妖人逢劲敌 探石窟女侠斗奇门
第十一回	云台山蕙风避难 日月剑慧海传徒
第十二回	高瞻阔步酒肆逞英雄 骏马雕弓山林丧胆魄
第 十 三 回	茅庵逢大侠棘地荆天 枫岭遇妖尼勾风引月
第 十 四 回	有意寻仇风尘仆仆 无心激斗身手翩翩
第 十 五 回	山环水曲打桨逗奚奴 柳暗花明维舟寻剧盗
第 十 六 回	净修僧赤手斩双雄 吕兆麟峨嵋依五侠
第 十 七 回	吕兆麟初下峨嵋岭 薛凤元大闹鹦鹉洲
第 十 八 回	高楼窃玉色胆包天 沧海求珠虚怀若谷
第 十 九 回	日观峰飞剑斩仇元 戴云岭惊人传绝技
第 二 十 回	歧路分金骊歌悲祖道 小人有母义士合风萍
第二十一回	钝秀才穷途逢大侠 贾绅士倚势占名媛
第二十二回	书生入狱平地风波 恶贼害人存心鬼蜮
第二十三回	施诡计爱妾卖风骚 闹洞房新娘飞雪掌
第二十四回	昏夜送人头县官失魄 深山寻剑侠淑女潜踪

第二十五回	秀才学武刻意练深功 强盗劫人无心遇好汉	第三十三回	眼角眉梢恍逢亲手足 剑光钗影险堕好头颅
第二十六回	销金帐底戏耍强人 押宝台前醉殴浪子	第三十四回	万顷风涛娇姿狼狈 一村渔舍小劫鸳鸯
第二十七回	坦腹乘龙弟兄巧遇 空拳制虎夫妇奇逢	第三十五回	僧寺缠绵良宵惊爱侣 风尘憔悴狭路遇冤家
第二十八回	天姥山侠女寻夫 江西省灾民乞赈	第三十六回	樊笼脱险力斩淫僧 荒岭追踪巧锄恶道
第二十九回	旅店遇妖人霄阑斗剑 荒山遭毒手野外寻医	第三十七回	斗灵猿细询异事 诛毒蟒顿释疑团
第 三 十 回	妙手起飞镖伐毛洗髓 神功窥竹箭贯风穿杨	第三十八回	作揖济川县官防水患 为丛殴爵巡抚丧天良
第三十一回	天矫神龙半山逢侠母 翩跹彩凤要路制强人	第三十九回	芙蓉帐底亲妹宠专房 杨柳梢头乃翁窥秘戏
第三十二回	诛草寇无心成爱友 坐蒲团有意要门人	第 四 十 回	斗群雄抚衙飞剑 诛首恶游侠还山

侠义江湖

长篇香艳武侠小说。蔡陆仙著。上海七星书店。1931 年 5 月版。6 册。32 万字。汪遯盦、张荣锦各题词 1 首。顾明道、陆士谔、张恂子、汪景星、陈慰祖各作序 1 篇。自序 1 篇。共 60 回。

第一回	数宗派畅谈内外功 习技击巧遇修髯叟		纵横酒肆寒士遇知音
第二回	珠光剑气茅屋隐高人 水碧沙明湖滨窥大侠	第五回	访大道衡岳求师 报深仇鄱湖挈眷
第三回	赐镖归里握手赠言 击楫中流挥金仗义	第六回	脱颖一朝扬眉成国士 报恩三世挥泪遣门徒
第四回	憔悴风尘名花遭浩劫	第七回	铜官山独力斗群雄 李新村三英小聚会

第 八 回　心豪气直要路惩凶
　　　　　耳热酒酣当筵角技

第 九 回　帖撒绿林金兰成契友
　　　　　镖飞深院霜月探英雄

第 十 回　堂上谒清廉请君入瓮
　　　　　途中周急难行客解囊

第十一回　入酒肆巧逢白马李
　　　　　夺银包义释野鸡毛

第十二回　山岭困骚狐冤家巧遇
　　　　　风尘寻响马侠士奇逢

第十三回　镇五岳还银说马虎
　　　　　北霸天仗义打张宏

第十四回　变尸身官民惊怪事
　　　　　擒恶霸县令判奇冤

第十五回　黄昏追刺客引玉抛砖
　　　　　白昼显冤魂惊心骇魄

第十六回　劫官银巧计蜕金蝉
　　　　　探贼巢先声惊土棍

第十七回　古寺殪强人孤身救友
　　　　　深闺盗盟嫂色胆包天

第十八回　斩凶僧初逢伍秋月
　　　　　扮客商智捉陆观云

第十九回　射雁空山父师罹浩劫
　　　　　横舟野渡兄妹拜奇人

第 二 十 回　柳青授首上谷村
　　　　　蒋雄气走沂州府

第二十一回　救清官三雄探地穴
　　　　　寻巨盗两侠走天涯

第二十二回　乡愚不孝兽口捐躯
　　　　　女侠豪情熊踏宴客

第二十三回　杯蛇弓影黑店布疑云

第二十四回　奇丐炫奇收徒显迹
　　　　　恶僧怙恶较艺成仇

第二十五回　好身手酒筵惊盗寇
　　　　　热心肠客路赈镖银

第二十六回　嗜异味狠心剖肚腹
　　　　　运神功赤手劈头颅

第二十七回　巧口如簧因擒得纵
　　　　　直心如矢仗义招尤

第二十八回　门楣羞玷学究怒冲冠
　　　　　云雨荒唐道人甘作茧

第二十九回　弹飞惊贼胆又结仇人
　　　　　旅夜发婆心何来怪客

第 三 十 回　换骨神工大盗送钏
　　　　　劫人奇案名捕追踪

第三十一回　琴堂屈膝县令戏刁绅
　　　　　棒喝当头老翁逢侠吏

第三十二回　探尼庵深宵窥艳色
　　　　　诳妖女借箸运奇谋

第三十三回　妖尼结果自溺爱河
　　　　　淫贼采花巧投罗网

第三十四回　发妙论称雄天马岭
　　　　　掠美色纵火双龙沟

第三十五回　少室山观演达摩剑
　　　　　真武岭初访太极拳

第三十六回　第五伦巧逢晏圣清
　　　　　武当年议救濮大勇

第三十七回　避祸落穷途乌龙闹店
　　　　　恃强掠艳色癫狗垂涎

第三十八回　鬼蜮嚣张奸绅兴大狱
　　　　　风波起伏娇女逐洪涛

第三十九回　宵阑诛酷吏侠士越牢
　　　　　　旅邸遇神偷塞翁失马

第四十回　　接木移花智盗龙驹马
　　　　　　僵桃代李气走鸳鸯锤

第四十一回　群雄失陷乌龙山
　　　　　　二侠夜走章邱县

第四十二回　伍秋月计取碧玉钗
　　　　　　陆锦枫巧斩白毛燕

第四十三回　古肆设奸谋商人指鹿
　　　　　　深宫传秽史父子聚麀

第四十四回　魇魔贾祸大内废皇储
　　　　　　春色撩人中宵劫宰辅

第四十五回　宫闱喋血太子捉奸
　　　　　　山寨救人英雄设饵

第四十六回　大侠报仇扬眉山寨
　　　　　　莽夫出丑曳尾泥涂

第四十七回　明月荡轻舟神童劫客
　　　　　　白绫缠利刃神技惊人

第四十八回　遣门徒盗刀惊刺客
　　　　　　充好汉劫路遇镖师

第四十九回　侠士乘龙喜逢旧雨
　　　　　　江村盗马叠起风波

第五十回　　山前却敌徒手搏戈矛
　　　　　　月下飞觞轩眉谈肺腑

第五十一回　探古寺无意救门徒
　　　　　　走荒村有心诛恶道

第五十二回　咄咄异闻市中谈虎
　　　　　　堂堂正气镇上除妖

第五十三回　靖妖氛昏夜毁淫祠
　　　　　　劫采舆中途惩恶霸

第五十四回　盗印报私仇府衙寄柬
　　　　　　开筵款大侠水泊鏖兵

第五十五回　帏灯匣剑侠女逗风情
　　　　　　夜月荒村凶僧猎艳色

第五十六回　露头角稚子称雄
　　　　　　涉风涛神僧解厄

第五十七回　传剑术矫矫运神功
　　　　　　破色界侃侃发妙论

第五十八回　石破天惊三雄斗剑
　　　　　　狐群狗党众志成城

第五十九回　越重垣山头举宝鼎
　　　　　　翻巨浪水面截艨艟

第六十回　　横行鬼魅如此江湖
　　　　　　大好河山同伸侠义

铁血莺花

长篇武侠小说。蔡陆仙著。上海时还书局。1936 年 11 月重版。4
册。23.5 万字。序 1 篇。共 64 回。

第一回　青虹剑割须惊响马
　　　　铁臂熊独掌毙神葵

第二回　寻仇复隙千里访名师
　　　　拉朽摧枯一篙惊水手

第 三 回	述仙踪敷陈宗派 抛人耳戏要徒儿		冰天雪窖刺客追踪
第 四 回	尝粪味土豪遭恶报 奋拳勇武士练神功	第 十 九 回	边塞作长城书生得耦 深宫兴大狱皇子蒙冤
第 五 回	混元一气功遇太乙奇门剑 金鹰拏云手斗独掌昆仑拳	第 二 十 回	黑卫尼风尘诛剧盗 白衣贾典鬻遇奇人
第 六 回	炼气驭神头陀传秘诀 投亲拜寿主仆歇荒村	第二十一回	肖巡按私访高家庄 白义士巧遇飞天鬼
第 七 回	冷月明古寺斩山魈 祁云彪太湖歼水寇	第二十二回	脱兔惊鸿翩跹一瞥 钗光剑影鹏燕双飞
第 八 回	短棹夷犹赠金逢侠妓 芳郊踯躅题壁识诗僧	第二十三回	丧气垂头贪官成瓮鳖 捉襟见肘奇丐溷风尘
第 九 回	昭庆寺书生惊艳质 金华县莽汉斗奇童	第二十四回	顺昌行宾主成契友 文殊院主仆遇凶僧
第 十 回	演武场白日闯轿 桂平府衾夜诛奸	第二十五回	黄鹂听隔叶谑语凭肩 红袖倚高楼淫髡觊面
第十一回	柔情冰雪两小无猜 高义云天同仇敌忾	第二十六回	玉软香温缠绵偎病榻 剑光镖影呼吸断僧元
第十二回	显身手小英雄摆擂 构谗谤老教师捐躯	第二十七回	闹市纵横来剑侠 深宵惝恍幻弓蛇
第十三回	酒楼联袂侠士遇高人 萍水缔姻蠡夫嫔丑妇	第二十八回	踏月挽人头猿腾猱捷 当筵飞玉盏燕叱莺嗔
第十四回	慧明僧误打墨玄坛 尉迟南巧戏欧阳姓	第二十九回	浔阳江口听盲女琵琶 黄鹤楼头迁仙翁铁笛
第十五回	昆仑岭剑侠辨仙源 小清河英雄惊怪事	第 三 十 回	青霜淬砺仗义殉身 白昼烝淫弥天造孽
第十六回	沿村疫厉塔上睹金灯 半夜星霜河干诛草莽	第三十一回	双夫妇盗石匣天书 众英雄入龙潭虎穴
第十七回	五妖人采战吸童阴 双孝子诛仇伸侠志	第三十二回	剑影刀光恩仇了了 月圆花好眷属双双
第十八回	纸醉金迷权臣纵欲	第三十三回	衾寒似铁夜话酸辛 貌艳于花春情缱绻

第三十四回　清樽浊酒云雨不成欢
　　　　　　白镪朱提风雷遭剧变

第三十五回　移花接木寒士沉冤
　　　　　　夜月空江乞儿御盗

第三十六回　维舟诛水寇游刃恢恢
　　　　　　点穴斗沙弥神功矫矫

第三十七回　老教师雪刃诛仇
　　　　　　急色儿荒村猎艳

第三十八回　调甥妇信口鼓牛皮
　　　　　　扮盗匪狠心敲竹杠

第三十九回　峨眉岭矢心成绝艺
　　　　　　凰皇村喋血报深仇

第四十回　　寡鹄孤雏三尺鲛绡悲薄命
　　　　　　佳人侠士一帆烟水订同盟

第四十一回　桃僵李代兄妹遇奇人
　　　　　　柳暗花明师徒诛剧盗

第四十二回　长途跋涉双剑结知音
　　　　　　窄路崎岖半山逢怪孽

第四十三回　拔山撼树武勇惊人
　　　　　　古殿荒村英雄斩鬼

第四十四回　解衣推食憔悴风尘
　　　　　　铁弹神弓交融水乳

第四十五回　割恩断义立地放屠刀
　　　　　　盗印劫银瞒天施巧计

第四十六回　寻宿怨李代桃僵
　　　　　　报深恩狼心狗肺

第四十七回　霍霍刀光督衙悬首领
　　　　　　喁喁情话病榻慰东床

第四十八回　北鹿阡三雄解纷排难
　　　　　　灵犀通一笑问暖嘘寒

第四十九回　众口销金含沙工射影

　　　　　　孤怀矢日负石愤沉江

第五十回　　涉洪涛江上遇神僧
　　　　　　练武功沙弥戏莽汉

第五十一回　歧途投古寺惹祸招灾
　　　　　　禅榻作阳台携云握雨

第五十二回　醋海狂澜操戈同室
　　　　　　霜天孤鹄脱网冲霄

第五十三回　恶家庭亲情成祸水
　　　　　　奇风俗女子夺夫权

第五十四回　呆大王错占洞房春
　　　　　　傻丫头戏入销金帐

第五十五回　清凉寺僧尼膏雪刃
　　　　　　江陵府侠客抢人头

第五十六回　煮鹤焚琴公堂留笑史
　　　　　　投金作饵寒士泣穷途

第五十七回　弹雨纷飞侠僧施妙手
　　　　　　神龙天矫宝剑遇硬头

第五十八回　莽夫贪酒色饱受拳头
　　　　　　俊侣逐风尘欢联手足

第五十九回　叠起风波双雄鏖战
　　　　　　纷持鹬蚌两侠解围

第六十回　　遇仇人侠女追踪
　　　　　　破色戒尼姑入彀

第六十一回　奔驰峻岭铁弹迁飞镖
　　　　　　邂逅歧途蠢姑救莽汉

第六十二回　伸义愤武场挫恶霸
　　　　　　报兄仇荒岭遇神尼

第六十三回　道童显身手驭气排空
　　　　　　恶贼坏心肠掀风播浪

第六十四回　结全书群奸遭显戮
　　　　　　缴双剑两侠缔良缘

花落瀛洲

言情小说。蔡钓徒著。上海社会书局。1936 年 4 月 1 日初版。1 册。22.4 万字。李浩然题词 1 首。严独鹤、周瘦鹃、徐卓呆作序各 1 篇。引言 1 篇。共 30 回。

第 一 回　远色诚青年同钦说论
　　　　　泛舟逢粲者共讶娇呼

第 二 回　油尽灯残孽缘徒一死
　　　　　情投意合嘉耦证三生

第 三 回　警察局中拘狎客
　　　　　飞来峰下系游船

第 四 回　影院撷酸双方痛詈
　　　　　客窗解惑一席长谈

第 五 回　许愿心求生贵子
　　　　　施毒计坑死情人

第 六 回　继姝工谗轻挑曼拨
　　　　　书商重利前倨后恭

第 七 回　杜三思巧布迷魂阵
　　　　　王超然监建体育场

第 八 回　飞来横祸顾校董成囚
　　　　　发现春宫女学生受窘

第 九 回　入水蓦逢浪漫女
　　　　　观书忽惹可怜虫

第 十 回　顾文莲佯为请教
　　　　　秦玉茵假作求援

第十一回　车中客演说查私货
　　　　　校里人高谈摸骨牌

第十二回　提巨款败露机关
　　　　　破活手安排陷阱

第十三回　瓮中捉鳖翻戏党入彀
　　　　　万里长征体育家出颖

第十四回　按步就班隔房施诱惑
　　　　　欲擒故纵依样画葫芦

第十五回　图穷匕见翻戏党出丑
　　　　　马壮兵强体育家登程

第十六回　江干惜别不尽依依
　　　　　车中惊逢顿增惘惘

第十七回　睹芳仪杰士倾心
　　　　　阅书报美人假读

第十八回　谑浪笑傲漫谈喜事
　　　　　端庄娴雅向往伊人

第十九回　面面相窥红晕佳人颊
　　　　　心心互印情牵吉士胸

第二十回　征车欣邂逅竟夕长谈
　　　　　鸳侣悲离析曦晨弹泪

第二十一回　远运夺锦为国争荣
　　　　　近事萦怀因情作蛹

第二十二回　竞赛逞英风将军姽婳
　　　　　角技怀彼美杰士缠绵

第二十三回　表响慕客室吐衷肠
　　　　　倾积愫名园揽胜景

第二十四回　葵向情殷茶社作长谈
　　　　　　黄梁乍觉簧宫惊噩梦

第二十五回　依稀忆往事不堪回首
　　　　　　锒铛悲入狱徒悔噬脐

第二十六回　系图圄悔罪发良知
　　　　　　困情网兰因种絮果

第二十七回　觇鸳鸯偶牵杰士心

　　　　　　馈资斧期成美人志

第二十八回　悉索敝赋罗掘应征需
　　　　　　一声河满凄黯惜远别

第二十九回　困穷乡苦学生受窘
　　　　　　惊艳遇富家子垂涎

第 三 十 回　目断征鸿人痛歇浦
　　　　　　情忏归雁花落瀛洲

情天惊鸿

短篇言情小说。裴小楚著。上海博文书店。1947 年 3 月版。1 册。2.5 万字。共 8 篇。

一　爱的泡沫
二　爱上了他后
三　纯朴的天真
四　幻变

五　"追求"与"拒绝"
六　婚后的情书
七　孩子的遗弃
八　礼教的铁链

桃源隐侠传

长篇武侠小说。睡狮著。上海亚华书局。1928 年 8 月初版。2 册。19.8 万字。

第一回　骖凤骖仙侣临凡
　　　　指龙湫神僧飞锡
第二回　逢密友慷慨谈心
　　　　论人情诙谐嘲世
第三回　松月波携酒玩芳菲

　　　　石莲峰赏花遇梅柳
第四回　柳丝悲寄长歌
　　　　石生情感二妓
第五回　空斋夜作有情痴
　　　　平康重访有娇面

第六回　遗书带密探梅柳
　　　　出简帖义激松云
第七回　赏□阳江上同游
　　　　吊灵均江中联句
第八回　义士捐金赎二美
　　　　佳人作画寄情郎

孤　雏　劫

奇情小说。瘦腰郎、胡寄尘编著。上海文明书局。1915 年 11 月版。1 册。2.7 万字。提要 1 篇。胡寄尘序 1 篇。共 8 章。

第一章　卖儿，私逃
第二章　被拐，遇救
第三章　乡居，应雇
第四章　奇遇，遭忌
第五章　郊游，访友
第六章　涉讼，冻馁
第七章　拒捕，逢友
第八章　经商，见母

九　尾　龟

社会小说。漱六山房（张春帆）著。出版单位和出版时间不详。88.6 万字。共 192 回。

第一回　谈楔子演说九尾龟
　　　　访名花调查青阳地
第二回　真抑塞粉墨登场
　　　　假从良姑苏遇旧
第三回　余香阁初点满堂红
　　　　章秋谷重过谈瀛里
第四回　金月兰无端受气
　　　　方幼恽有意寻芳
第五回　陆兰芬游园逢土地
　　　　方幼恽摆酒闹金刚
第六回　留夜厢假装阔客
　　　　抢汇票硬捉瘟生
第七回　车走雷声香尘一瞬
　　　　酒酣奇气名士高吟
第八回　章秋谷意气结新知
　　　　方幼恽平康逢旧识
第九回　章秋谷苦口劝迷途
　　　　陆兰芬惊心怜薄命

第 十 回　兆贵里刘厚卿行令
　　　　　吉升栈张书玉发标

第 十一 回　对酒当歌忽逢旧友
　　　　　阳春白雪快和新诗

第 十二 回　翻花样偷天换日
　　　　　吊膀子接木移花

第 十三 回　汪宏超花钱代审
　　　　　金汉良拼命吹牛

第 十四 回　一监生录遗受气
　　　　　两承差讨赏翻腔

第 十五 回　曲辫子坐轿出风头
　　　　　红倌人有心敲竹杠

第 十六 回　论妍媸畅谈电气
　　　　　谈嫖界痛骂官场

第 十七 回　吃花酒初遇假同知
　　　　　讽官场怒嘲真令尹

第 十八 回　设机关流氓传电报
　　　　　卖风情名妓访萧郎

第 十九 回　闯房间恶客怒生波
　　　　　圆好梦良宵花解语

第 二十 回　王云生安排扎火囤
　　　　　章秋谷踏破仙人跳

第二十一回　闹张园醋海起风潮
　　　　　苦劝和金刚寻旧好

第二十二回　香车宝马陌上相逢
　　　　　纸醉金迷花前旖旎

第二十三回　瘟富翁误堕迷途
　　　　　名校书安心溆浴

第二十四回　邱公子狠心惩爱妾
　　　　　林黛玉拼命闹华堂

第二十五回　恨无良闭户锁金刚
　　　　　消妒意开笼放鹦鹉

第二十六回　说瘟生平心论嫁娶
　　　　　评嫖客谈笑骂官商

第二十七回　林黛玉春宵倚凤
　　　　　王云生黑夜捉奸

第二十八回　吹大话满口牛屎
　　　　　露真情一箱石块

第二十九回　写伏辩光棍无颜
　　　　　听良言名花有主

第 三十 回　章秋谷乱叉麻雀
　　　　　陆畹香暗印灵犀

第三十一回　西安坊名士讲嫖经
　　　　　高升栈优伶夸大口

第三十二回　吊膀子小丑帮忙
　　　　　掉花枪秋娘中计

第三十三回　妍戏子苦劝陆畹香
　　　　　扳差头驳倒花小舫

第三十四回　杀风景莽客醉飞觞
　　　　　意缠绵良宵花解语

第三十五回　暗提调碰和叫局
　　　　　现开销当面坍台

第三十六回　说大话满口吹牛
　　　　　摆双台安心落局

第三十七回　真急色春宵圆好梦
　　　　　假堂差黑夜渡陈仓

第三十八回　还带挡做成圈套
　　　　　订白头再捉瘟生

第三十九回　陆兰芬雨后试新妆
　　　　　方子衡花前申旧约

第 四十 回　蓝桥咫尺旧雨不来
　　　　　芳草天涯王孙归去

第四十一回　骂瘟生西楼惊好梦
　　　　　　唱骊歌南浦黯销魂
第四十二回　吃大菜粲花生妙谑
　　　　　　错房间无意遇名姝
第四十三回　章秋谷痛骂无耻奴
　　　　　　王佩兰暗吃山西醋
第四十四回　有情人都成新眷属
　　　　　　懊恼记重仿玉台文
第四十五回　说官话小子无知
　　　　　　困春愁萧娘多病
第四十六回　争闲气怒掷缠头
　　　　　　恶跳槽气伤名妓
第四十七回　负心郎黄衫求作合
　　　　　　薄命女紫玉竟成姻
第四十八回　章秋谷惊散野鸳鸯
　　　　　　霍春荣排演花蝴蝶
第四十九回　方小松演说风流案
　　　　　　贝夫人看戏丽华园
第 五 十 回　巧姻缘良夜渡银河
　　　　　　杀风景三更飞黑索
第五十一回　美优伶驳翻堂上官
　　　　　　懦太史不问河东吼
第五十二回　霍春荣利口受官刑
　　　　　　宋子英丧心施骗局
第五十三回　弱书生几成薄幸郎
　　　　　　老学究怒责亲生女
第五十四回　拍马屁流氓讨好
　　　　　　抱春愁侠客传书
第五十五回　一封书琴心通绿绮
　　　　　　百尺楼黑夜盗红绡
第五十六回　真大胆登门报信

　　　　　　假小心曲意邀欢
第五十七回　贡春树一棹载名花
　　　　　　章秋谷良宵圆好梦
第五十八回　驰宝马争看绿衣郎
　　　　　　博枭卢埋怨曲辫子
第五十九回　萧静园输钱重约赌
　　　　　　王云生设计报前仇
第 六 十 回　吃大菜贵绅中计
　　　　　　游虎邱画舫嬉春
第六十一回　倒脱靴两番骗局
　　　　　　破机关一怒挥拳
第六十二回　讨局账当场出丑
　　　　　　托微波名士多情
第六十三回　会审官太祖黑心妇
　　　　　　金月兰不认薄情郎
第六十四回　章秋谷有心试名妓
　　　　　　王太史临老入花丛
第六十五回　老风流艳福难销
　　　　　　美少年名花独占
第六十六回　苦温柔太史多情
　　　　　　空缱绻秋娘薄幸
第六十七回　桃花人面惆怅刘郎
　　　　　　细雨斜风重寻关盼
第六十八回　花彩云有意骗痴郎
　　　　　　王太史两番逃爱宠
第六十九回　兆贵里翰林出丑
　　　　　　春申浦名士吟秋
第 七 十 回　好良宵诗征出阁词
　　　　　　留学生弹打章秋谷
第七十一回　李子霄他乡逢旧友
　　　　　　辛修甫谈笑讽良朋

第七十二回　章秋谷名花成眷属
　　　　　　张书玉陌上遇萧郎

第七十三回　李子霄销魂春照夜
　　　　　　沈剥皮拼命死贪财

第七十四回　假病危瞒天造谎
　　　　　　打官司教士分家

第七十五回　撩云拨雨夜渡银河
　　　　　　辣手狠心朝施毒计

第七十六回　假温柔瘟生中计
　　　　　　真湔浴名妓私奔

第七十七回　楼空燕子神女成虹
　　　　　　帘卷西风檀郎懊悔

第七十八回　洪月娥有心诇曲辫
　　　　　　沈仲思同病劝瘟生

第七十九回　论嫖界新小说收场
　　　　　　结全书九尾龟出现

第八十回　　通关节化钱遭巨骗
　　　　　　捐道员拜客出风头

第八十一回　演前文重见九尾龟
　　　　　　醒迷途续成新小说

第八十二回　送萧郎南浦赠将离
　　　　　　返故乡天涯留别恨

第八十三回　风凄缬帐泣凤悲麟
　　　　　　月冷空房鸾孤鹄寡

第八十四回　办交涉庸奴降秩
　　　　　　诏大官观察欺贫

第八十五回　负奇冤烈女骂奸雄
　　　　　　溅热血公堂飞白刃

第八十六回　归故里堂上奉慈亲
　　　　　　泛轻舟姑苏逢旧友

第八十七回　卖风情陌路遇萧郎

　　　　　　感华年高楼圆好梦

第八十八回　章秋谷意外得奇逢
　　　　　　贡春树开筵宴良友

第八十九回　闹房间流氓横索诈
　　　　　　惩无理名士怒挥拳

第九十回　　银汉仙槎刘郎惆怅
　　　　　　秋风莼菜张翰归来

第九十一回　开花榜名妓占鳌头
　　　　　　掷金钱瘟生游北里

第九十二回　红倌人安心施巧计
　　　　　　曲辫子拼命害相思

第九十三回　花低月亚虚度春宵
　　　　　　凤去台空可怜良夜

第九十四回　陈海秋痛恨花彩霞
　　　　　　章秋谷重游安垲地

第九十五回　当冤桶观察开心
　　　　　　吊膀子张园受辱

第九十六回　借洋钱硬捉瘟生
　　　　　　呼将伯欣逢故友

第九十七回　莺飞草长望断萧郎
　　　　　　添酒回灯重开夜宴

第九十八回　范彩霞安心慢客
　　　　　　东尚仁叫局碰和

第九十九回　叉麻雀名士讲牌经
　　　　　　卖风情倌人吊膀子

第一百回　　打茶围乌龟送礼
　　　　　　出奇谋嫖客施威

第一百零一回　扣局账陈海秋发标
　　　　　　　留夜厢范彩霞中计

第一百零二回　酒阑人散软语缠绵
　　　　　　　送客留髡深情缱绻

第一百零三回　味莼园遇旧感前游
　　　　　　金小宝寻春逢浪子

第一百零四回　跳空槽滑头得志
　　　　　　翻醋罐名妓争风

第一百零五回　祝小春得意占情郎
　　　　　　章秋谷正言讥浪子

第一百零六回　危崖勒马虚度清宵
　　　　　　宝镜孤鸾枉辜良夜

第一百零七回　游张园初看髦儿戏
　　　　　　访萧娘又遇意中人

第一百零八回　情切切密意慰檀郎
　　　　　　意绵绵深情回倩女

第一百零九回　梦巫山良宵圆好事
　　　　　　忆倾城名士苦相思

第 一 百 十 回　传眉语喜遇秋娘
　　　　　　托微波暗通青鸟

第一百十一回　赋高唐东墙窥宋玉
　　　　　　隔巫峰云雨恼襄王

第一百十二回　度良宵名花开并蒂
　　　　　　歌白纻病渴过三秋

第一百十三回　久安里旧雨续新欢
　　　　　　春申浦高朋宴良夜

第一百十四回　弃尘寰烈妇捐躯
　　　　　　征挽联豪绅仗义

第一百十五回　看马戏忽逢荡妇
　　　　　　闻狮吼惊散鸳鸯

第一百十六回　谋补缺观察入都
　　　　　　受苞苴奸奴作弊

第一百十七回　严选政部办吃虚惊
　　　　　　出奇兵名优施巧计

第一百十八回　闹相公尚书中计

　　　　　　告病假巡抚归田

第一百十九回　思洗浴名妓嫁衰翁
　　　　　　约空房家奴私爱妾

第一百二十回　王素秋看戏轧姘头
　　　　　　柳云飞当场施绝技

第一百二十一回　联美眷荡子迷香
　　　　　　破温柔滑头泼醋

第一百二十二回　闹茶楼杨慕陶受窘
　　　　　　抱不平章秋谷解围

第一百二十三回　大观园流氓争口舌
　　　　　　乐仁里名士见秋娘

第一百二十四回　王素秋家庭翻醋瓮
　　　　　　康己生中菁咏新台

第一百二十五回　闹花厅白昼敦伦
　　　　　　闯深闺黄昏惊梦

第一百二十六回　感风寒中丞卧病
　　　　　　乱人伦令子宣劳

第一百二十七回　锡佳名注释九尾龟
　　　　　　写牢骚演说烟花史

第一百二十八回　换桃符阳春回大地
　　　　　　喧爆竹风雪度残年

第一百二十九回　假漂账嫖客行权
　　　　　　真索债倡人受骗

第 一 百 三 十 回　享温柔误入销金窟
　　　　　　敲竹杠偏遇守财奴

第一百三十一回　聚家庭天伦全乐事
　　　　　　度残年骨肉庆团圆

第一百三十二回　设华筵良朋守岁
　　　　　　兜喜神名妓迎春

第一百三十三回　让房间安心慢客
　　　　　　受讥评当面坍台

第一百三十四回　忍恶气冤桶无颜
　　　　　　　　遭白眼瘟生致病

第一百三十五回　发电信开函惊老母
　　　　　　　　抱不平疗病出奇方

第一百三十六回　抱沉疴三宵占勿药
　　　　　　　　起乡心千里整归装

第一百三十七回　讲嫖经名士高谈
　　　　　　　　打茶围瘟生吃醋

第一百三十八回　洪素卿昧良施巧计
　　　　　　　　章秋谷谈笑破奸谋

第一百三十九回　闯房间痛骂滑头
　　　　　　　　驱恩客难为名妓

第一百四十回　　感良朋深交铭肺腑
　　　　　　　　论时艰极目痛山河

第一百四十一回　恨天涯深闺挥别泪
　　　　　　　　折将离南浦送檀郎

第一百四十二回　出吴淞离怀随逝水
　　　　　　　　走津沽壮志破长风

第一百四十三回　金观察夜走宝华班
　　　　　　　　章秋谷重到侯家后

第一百四十四回　舞衫歌扇清夜无愁
　　　　　　　　大道青楼良宵载酒

第一百四十五回　走章台良宵开夜宴
　　　　　　　　入花丛蓦地遇无盐

第一百四十六回　论交涉清言讥俗吏
　　　　　　　　纵微辞谈笑说官场

第一百四十七回　演活剧刻意绘春情
　　　　　　　　傲淫风当场飞黑索

第一百四十八回　印深情软语留春
　　　　　　　　谐好事平康选梦

第一百四十九回　遇秋娘一箭贯双雕
　　　　　　　　卖丰姿春风描倩影

第一百五十回　　矢从良缠绵倾肺腑
　　　　　　　　悲身世老大感年华

第一百五十一回　两调头翡翠共移巢
　　　　　　　　三鼎足鸳鸯齐比翼

第一百五十二回　循旧例双美拥檀郎
　　　　　　　　闹相公新知结幽愫

第一百五十三回　中和园书生听戏
　　　　　　　　升平班观察开筵

第一百五十四回　吃大菜安心寻绮梦
　　　　　　　　走歧途着意访名姝

第一百五十五回　访天台三士入桃源
　　　　　　　　定花榜群芳登上第

第一百五十六回　饯长亭良朋悲远别
　　　　　　　　脱火坑名士作冰人

第一百五十七回　解腰缠豪情成义举
　　　　　　　　翻醋瓮冷语试深心

第一百五十八回　逢醉鬼狭路动干戈
　　　　　　　　数前尘花丛谈掌故

第一百五十九回　范彩霞歇夏观盛里
　　　　　　　　陆丽娟独游味莼园

第一百六十回　　吊膀子淫伶得意
　　　　　　　　闹包厢戏馆争风

第一百六十一回　双泼醋当场争口舌
　　　　　　　　单相思狭路劫伶人

第一百六十二回　杜春心严亲怜少子
　　　　　　　　困债台名妓叹穷途

第一百六十三回　逢旧侍深宵谈秘戏
　　　　　　　　索新逋软语媚干娘

第一百六十四回　逼残年俉人借债
　　　　　　　　丧良心小子探囊

第一百六十五回　逐香尘游春驰绮陌
　　　　　　　骋飞车奋勇捉瘟生

第一百六十六回　巧机关深谋排陷阱
　　　　　　　奇遇合豪客入牢笼

第一百六十七回　蓄深心连环施妙策
　　　　　　　狙缠头反扑出奇文

第一百六十八回　假缠绵爱语稳痴人
　　　　　　　真懊恼芳心乖宿愿

第一百六十九回　阻观光无端婴小极
　　　　　　　喜同心着意护檀郎

第 一 百 七 十 回　发清言高论寄牢骚
　　　　　　　访桃源良朋联伴侣

第一百七十一回　证心期三生传慧业
　　　　　　　听媚语一晌醉风情

第一百七十二回　赋皇华小星随使节
　　　　　　　开绮席大尉遇佳人

第一百七十三回　慰离悰倾心结幽悰
　　　　　　　上手本屈膝拜红裙

第一百七十四回　暮夜金奸奴行重贿
　　　　　　　美人计相国赠明珠

第一百七十五回　联中外名妓说英雄
　　　　　　　闹平康宵人张谑焰

第一百七十六回　杀风景恶客试尊拳
　　　　　　　弃尘寰佳人悲薄命

第一百七十七回　罢风无赖折柳摧花
　　　　　　　媚语彷徨双心一抹

第一百七十八回　渡银河秋娘联旧好
　　　　　　　谐凤侣名士结新欢

第一百七十九回　真阅历发明攻战术
　　　　　　　正比例研究床笫谈

第 一 百 八 十 回　忆前尘同游钓鱼巷
　　　　　　　怀旧事重访莫愁湖

第一百八十一回　吃花酒骙儒得意
　　　　　　　入乡闱词客观光

第一百八十二回　闹新闻撞墙翻瓦罐
　　　　　　　洒霜毫论史出奇文

第一百八十三回　传急电游子还乡
　　　　　　　开花榜庸奴得赂

第一百八十四回　挥别泪红杏嫁东风
　　　　　　　讶奇遇仙云吐华月

第一百八十五回　辛修甫良宵逢旧识
　　　　　　　汤娟娘薄命堕风尘

第一百八十六回　证前因深情结遥誓
　　　　　　　出奇计险语试倾城

第一百八十七回　甘同梦永夜听鸡声
　　　　　　　困洪波长堤成漏泽

第一百八十八回　悯哀鸿仁人兴义举
　　　　　　　泛明湖好景入诗囊

第一百八十九回　吞存款市侩昧良
　　　　　　　萎慈萱北堂弃养

第 一 百 九 十 回　章秋谷闭门守制
　　　　　　　祁祖云挟忿兴谣

第一百九十一回　救灾黎大开赛珍会
　　　　　　　放焰火普照不夜城

第一百九十二回　阻星期曲房惊好梦
　　　　　　　行酒令东阁宴嘉宾

天王老子

武侠小说。即江湖大侠。漱六山房(张春帆)著。中央书局。1934 年 11 月版。2 册。15.8 万字。自序 1 篇。共 28 回。

第 一 回　走内线五城传笑柄
　　　　　振天威万乘忤慈颜

第 二 回　禁殿赐汤圆难为皇帝
　　　　　囚车临菜市哭煞昆仑

第 三 回　结团体同舟分敌国
　　　　　战豪奴奋臂救红颜

第 四 回　陆地飞腾蹑空施绝技
　　　　　豪情激越跋浪骂庸奴

第 五 回　弃微官放怀甘隐遁
　　　　　闹博场长笑受鞭笞

第 六 回　孝女痛亡亲投缳毕命
　　　　　佳人呈皓体折柳摧花

第 七 回　侠士归天临终除大憝
　　　　　盲官执法暴怒责顽儿

第 八 回　官威真赫奕廉访升堂
　　　　　铁弹忽飞来茶杯堕地

第 九 回　千秋疑案烛影摇红
　　　　　五路财神金光焕彩

第 十 回　撒手潜逃忠臣思走狗
　　　　　凭肩密语艳妾结同心

第十一回　大妻小妾节署争风
　　　　　荡妇狂童曲房借种

第十二回　介弟多情眉间传密意
　　　　　元戎悄立窗外听春声

第 十三 回　赤裸裸狭路刺将军
　　　　　白茫茫画船擒上客

第 十四 回　跌扑拳希夷传妙手
　　　　　玄武枪童子学神功

第 十五 回　苦争持血飞金锁甲
　　　　　奇解数风送绿沉枪

第 十六 回　豪气纵横残宵辞野店
　　　　　霜蹄蹴踏少女逐征车

第 十七 回　飞行绝迹鞋凤点飙轮
　　　　　叱咤当途枪风寒电影

第 十八 回　金叶飞尘有心追旅客
　　　　　香莲入握无意劈英雌

第 十九 回　八卦掌演成相对力
　　　　　双龙剑舞作满天霜

第 二十 回　宝剑摩空同心诛怪物
　　　　　神枪掣电奋勇战僵尸

第二十一回　盖世英豪庭前施绝艺
　　　　　同门兄妹席上缔良姻

第二十二回　儆奸徒清流抛浊骨
　　　　　斩荡妇热血溅兰房

第二十三回　玉软香温女领班欢联新
　　　　　眷属
　　　　　雷轰电闪莽门生怒击小
　　　　　师娘

第二十四回　覆雨翻云刹那分冷暖
　　　　　　三刀六洞慷慨表英雄

第二十五回　以假为真老百姓张拳争
　　　　　　骂座
　　　　　　有茶无点阔议员枵腹苦
　　　　　　从公

第二十六回　表丹忱步行追骏马

　　　　　　奋神威赤手仆骄兵

第二十七回　是真是幻真侠客笃病弃
　　　　　　风尘
　　　　　　疑死疑生死诸葛大名惊
　　　　　　小丑

第二十八回　误戎机双星迟晓梦
　　　　　　扶危局三侠保春江

反 倭 袍

社会小说。漱六山房著。上海大众书局。1932 年 8 月初版。7 册。51.4 万字。自序 1 篇。插图 144 幅。共 72 回。

第一回　旧案新翻驳倒当年说部
　　　　回黄转绿敷陈绝代佳人

第二回　衾绸颠倒都尉承恩
　　　　鱼水和谐王姬下嫁

第三回　隔座狂且舟中惊挟弹
　　　　西邻宋玉篱下见倾城

第四回　旧游如梦南陌骋香尘
　　　　倾盖相逢西园延上客

第五回　窣地惊心仓皇迎御驾
　　　　回波凝睇委宛送檀郎

第六回　芝兰结契莺燕作芳邻
　　　　笑语生风园林开夜宴

第七回　酒令喧阗花枝春照夜
　　　　微词隐约梅子煮含酸

第八回　霞思风情冬闺酣午梦
　　　　银花火树除夕试春灯

第九回　拜纶膏登朝匡幼主

　　　　诉衷肠挥泪忆前情

第 十 回　勇婵娟舍命救哥哥
　　　　　呆公子钟情怜姊姊

第十一回　天子微行群奸联死党
　　　　　宫嫔应选众女饯佳人

第十二回　叱燕嗔莺悬梁征异梦
　　　　　疑云幻雨僭号立中宫

第十三回　雷轰电掣县令捕妖人
　　　　　告庙献俘朝廷行大典

第十四回　低帏昵枕蜡枪头无奈良宵
　　　　　接木移花朱砂痣难为邻女

第十五回　裙带增光骑马横行驰御道
　　　　　纪纲扫地冲冠发怒骂奸臣

第十六回　冲破踏浪绮阁看龙舟
　　　　　怨锦啼珠清闺惊噩梦

第十七回　百两盈门出闺成大礼
　　　　　三星在户雪涕怨良人

第 十 八 回　含娇传玉茗呢夜乘龙
　　　　　　隔院听瑶琴吹箫引凤

第 十 九 回　折足懵腾登墙颠浪子
　　　　　　断簪痛哭揽颈慰贤妻

第 二 十 回　分鸾拆凤唾手劫倾城
　　　　　　白刃黄金伤心书伏办

第二十一回　覆雨翻云奸胥贪重贿
　　　　　　冰心铁面廉吏入豪门

第二十二回　忙里登堂太守权为和事老
　　　　　　怒中执法推官打出满堂红

第二十三回　抱不平楚馆逐宵人
　　　　　　喜相逢兰桡成密友

第二十四回　春透檀心西厢宵待月
　　　　　　风吹绮绪书室晓鸣琴

第二十五回　酒座纷纭怒拳楼上客
　　　　　　画图省识巧遇意中人

第二十六回　衣锦还乡钦使争风翻醋海
　　　　　　移船避难佳人逐浪赴清波

第二十七回　悍妇扬威咆哮惊远客
　　　　　　名花落溷痛哭见肖郎

第二十八回　膝上堕花枝惊鸿落地
　　　　　　酒边听笑语别馆成婚

第二十九回　淫妇奸夫春色满房关不住
　　　　　　蹀香躏玉冤家狭路又相逢

第 三 十 回　双姝护驾奋勇战奸奴
　　　　　　群小欺君弄权兴大狱

第三十一回　怒斩权珰阶前惊狗监
　　　　　　夜冲番幕城上看云车

第三十二回　星驰飙掣飞弹殪元戎
　　　　　　骇电惊霆行人须急诏

第三十三回　心上留香两面笑啼辞雨露

死中得活三边叱咤起风云

第三十四回　相府求婚双鱼贻玉佩
　　　　　　平台乞巧七夕敞琼筵

第三十五回　仓皇闻恶耗命妇分金
　　　　　　痛哭别高堂娇娃避难

第三十六回　省翁姑奉旨探天牢
　　　　　　闯慈宁拔刀威内监

第三十七回　闹中宵深宫惊圣母
　　　　　　发双镖菜市救忠臣

第三十八回　异地传书惊心归梓里
　　　　　　大庭比武瞥眼遇檀奴

第三十九回　颠倒武陵源接木移花难为
　　　　　　娇女
　　　　　　荒唐巫峡梦张冠李戴隐度
　　　　　　良宵

第 四 十 回　倚影怜声新婚同玩月
　　　　　　云鬟玉臂远道不胜情

第四十一回　华月良宵凄凉谈往事
　　　　　　兼葭秋水惆怅忆肖郎

第四十二回　蓦地惊心舟中成敌国
　　　　　　偶然相遇意外见孀姝

第四十三回　无可奈何英雄甘落草
　　　　　　旧曾相识侠客助调人

第四十四回　假夫妻奋威摧大敌
　　　　　　真姑嫂对酒作冰人

第四十五回　月亚花低巡山逢旧侣
　　　　　　莺飞燕舞比武战强徒

第四十六回　宝刀飞电影削铁如泥
　　　　　　令箭肃军威夺门惊座

第四十七回　屈膝输诚横波通一笑
　　　　　　舍愁诉臆痛哭结同心

第四十八回　芳心惊恶语远走寥天
　　　　　铁面镇乌台忽翻全局

第四十九回　投缳保节拒狂且烈妇捐躯
　　　　　狗肺狼心争贿赂贪夫逐利

第 五 十 回　黑狱无情淫徒罹重谳
　　　　　黄金有价犯妇赋高唐

第五十一回　负初心老拳恣楚挞
　　　　　赋小星艳婢抱衾裯

第五十二回　忍心害理大妇死金夫
　　　　　倚玉偎香幽囚圆绮梦

第五十三回　黑狱救娇鬟黄金续命
　　　　　罗帏陈玉体红粉酬恩

第五十四回　荡子弥留倾城甘一诺
　　　　　蛾眉卧病遗恨痛千秋

第五十五回　伤心刻骨撒手离尘
　　　　　玉貌珠衣当筵舞剑

第五十六回　乘鸾倚凤名妓侍行宫
　　　　　落叶哀蝉红颜悲薄命

第五十七回　移棹避狂生画鹢迟留山下路
　　　　　停车看倩影惊鸿错认意中人

第五十八回　托良媒间关求淑女
　　　　　画芳容咫尺隔银河

第五十九回　掩泪入宫门无可奈何传密札
　　　　　诈疯还故里不如归去访良朋

第 六 十 回　苦相思修文归地府

第六十一回　救同胞劫狱闹吴门
　　　　　荒江援旅客夫婿同归
　　　　　少主奋乾纲奸臣授首

第六十二回　失凤簪妃子叱宫官
　　　　　突御舟君王攘爱妾

第六十三回　战舰纵横御营当大敌
　　　　　龙船箫鼓童子报深仇

第六十四回　整归桡江干逢侠女
　　　　　妒春元旦下播流言

第六十五回　楼上看娇鬟惊鸿照眼
　　　　　坑前翻学究饿狗争花

第六十六回　狂奴故态才子作青衣
　　　　　太守飞书玳梁圆绮梦

第六十七回　琼札瑶缄双心合密意
　　　　　生离死别万里访萧郎

第六十八回　殉知音完贞归地府
　　　　　统雄师整队救珂乡

第六十九回　城头大帅黑夜破坚城
　　　　　水上红云御舟逢旧雨

第 七 十 回　闹沈阳凌波擒大将
　　　　　见君王战血溅征袍

第七十一回　报国精忠挥刀割刺客
　　　　　灭亲大义拔剑殪奸兄

第七十二回　仇家翻作亲家洞房花烛
　　　　　冤气化成喜气相府团圆

自 由 女

社会小说。漱六山房编著。中华图书馆。1922 年 7 月再版。1 册。30 万字。自序 1 篇。共 12 回。

第一回	说自由文明开女界	第 七 回	诓佳人计设瞒天网
	谈胜地风月擅珠江		逢侠客怒作不平鸣
第二回	游岭表初到第一楼	第 八 回	逐流氓尊拳毁鸡肋
	梦高唐忽逢自由女		受迷药狭路救佳人
第三回	唇枪舌剑约法三章	第 九 回	脱牢笼三更归倩女
	倚玉偎香温柔一晌		还旅舍一棹过珠江
第四回	解自由苦口劝迷途	第 十 回	标新辞演说自由魂
	结新欢巫山圆好梦		卖风情初遇怀春女
第五回	左瑶瑟密语惊芳心	第十一回	续鸾胶新郎得意
	伍闺英冤家逢狭路		毁家资荡妇潜逃
第六回	真解意有心听秘密	第十二回	联眷属喜赋小星诗
	暗惊心无意泄机关		结全书诠释自由女

球　　龙

武侠小说。漱六山房著。龙光书局。1930 年 9 月初版。4 册。19.2 万字。严独鹤、周瘦鹃、王钝根序各 1 篇。自序 1 篇。插图 48 幅。共 48 回。

第一回	海阔天空秋宵传警告		逢劲敌窣地见良朋
	乘风破浪战舰返中华	第 七 回	赤足炙肌肤甘心忍痛
第二回	一叶扁舟书生探虎穴		长亭挥涕泪稽首从师
	三更绮梦巨盗鞠元戎	第 八 回	逐蝇蚊回旋生弹力
第三回	洞房屈膝凤女救赃官		绾银铐仓卒受飞灾
	黑夜横刀高衙惊刺客	第 九 回	八卦掌炼成蝴蝶手
第四回	碧浪三山拏舟攻匪窟		一线天引出混元功
	银灯万盏列队送官军	第 十 回	遇深仇城楼追剧盗
第五回	阻鏖争湖心催宝剑		捕逆徒师傅拜门生
	奠灵旗门外接飞镖	第十一回	探同心头陀怀归傅
第六回	溯同门倾诚谈剑术		觅啼声官道听哀鸿

第 十 二 回　济困扶危凌寒援弱女
　　　　　　飞空蹑迹奋勇捕奸僧

第 十 三 回　抒抑塞一怒打娈童
　　　　　　运机谋几番夸海口

第 十 四 回　剑影横空当场逢敌手
　　　　　　刀光匝地鏖战识奇才

第 十 五 回　独指掷庸夫堂前骂贼
　　　　　　群奸摘侠士笑里藏刀

第 十 六 回　闹清闺暗飞裙里腿
　　　　　　阻公差力护病中人

第 十 七 回　累家属株连摘病母
　　　　　　奉慈姑慷慨入天牢

第 十 八 回　抱犊山避兵成福地
　　　　　　壁虎功弹指上高峰

第 十 九 回　报前仇画楼同授首
　　　　　　劫赃官狭路不容车

第 二 十 回　蛱蝶分花鸣枪惊霹雳
　　　　　　鸳鸯落水贪吏失头颅

第二十一回　石球登绝顶道士收徒
　　　　　　童子拜观音佳人中计

第二十二回　罗衣委地弱质露霜肤
　　　　　　妙手医伤香脐留黑影

第二十三回　无可奈何纵刀圈霜锋剖腹
　　　　　　出于意外思影事独夜惊心

第二十四回　血口喷人风波生划地
　　　　　　娇姿着眼咫尺看倾城

第二十五回　连环腿踢翻孔雀屏
　　　　　　负心人谋作东床婿

第二十六回　屋上看鏖争拔刀相助
　　　　　　灯前谈薄幸掩面娇啼

第二十七回　屈膝拜佳人黄金着地

　　　　　　悬河翻利口情海安澜

第二十八回　弃人寰浮生原是梦
　　　　　　认泰山瑶想软于云

第二十九回　薄幸郎负荆联眷属
　　　　　　奇女子放棹走江湖

第 三 十 回　泛兰桡瓜洲逢大侠
　　　　　　打擂台草舍见书生

第三十一回　诳同怀甘言充月老
　　　　　　拳娇客季父抖威风

第三十二回　偷梁换柱大利灭天亲
　　　　　　重义全贞金簪摩玉颈

第三十三回　拒东床书生呼将伯
　　　　　　摆擂台美女作商标

第三十四回　彩旗耀日比武出狂言
　　　　　　绣带翩风蹑空施绝技

第三十五回　俊产集瓜洲彩凤灵犀微波
　　　　　　乍逗
　　　　　　椎埋游燕市伧夫狡兔同气
　　　　　　相求

第三十六回　惊鸿飘瞥侠女飞来
　　　　　　倩影迟回征桡小驻

第三十七回　（缺）

第三十八回　奸计成空俏丫鬟无心忘
　　　　　　密札
　　　　　　奇峰忽起莽少年有意闯
　　　　　　华堂

第三十九回　换影移形倏显英雄真面
　　　　　　奇男侠女同联鸾凤良缘

第 四 十 回　萧寺寻师双雄空色相
　　　　　　丛林执法大盗入茶毘

第四十一回　枯骨嶙峋挥锄除怪物

高槐萧瑟奋勇捕逢蒙

第四十二回　惊鸿一瞥矫首望芳尘
　　　　　　回马三枪骑驴惊绝技

第四十三回　虎斗龙争江湖谈义气
　　　　　　登山涉水庭院见仇人

第四十四回　一口水力抵少林拳
　　　　　　八枝签惹出飞来祸

第四十五回　黠盗乔妆深更追盗贼
　　　　　　蛾眉拒敌宝剑剃眉毛

第四十六回　头颅悬太白吓倒贪官
　　　　　　颈血溅黄埃跌翻县令

第四十七回　银涛碧海侠女战妖龙
　　　　　　剑影雷声尊师逢旧弟

第四十八回　皓首映朱颜夫妇重逢喜圆
　　　　　　破镜
　　　　　　神龙摧敌舰华夷鏖战威震
　　　　　　环球

黑暗地狱

社会小说。漱六山房著。上海开明书店。1873 年 11 月初版。1 册。2.8 万字。共 24 回。

第 一 回　一声柝板闲将身世话当年
第 二 回　万顷芙蓉从此神州开浩劫
第 三 回　三杯酒陶写闲情
第 四 回　一盏灯消磨长夜
第 五 回　敲竹杠纵差捉赌
第 六 回　封米店动众投呈
第 七 回　劫官署太守私逃
第 八 回　捉强徒乡民权代
第 九 回　提门包家人叹穷气
第 十 回　立大班制帅纳私言
第十一回　小人得势首县联盟
第十二回　重利倾家妻孥准债
第十三回　闹公堂县官被劫
第十四回　见怪物乡老吃惊
第十五回　失意官连遭失意事
第十六回　惜命人甘抛养命钱
第十七回　守病人因倦吃烟
第十八回　管关吏为财枉法
第十九回　包内外行客挥金
第二十回　谋财命强徒拦路
第二十一回　案中案勾起正凶
第二十二回　劫外劫可怜生命
第二十三回　金去银来都台流涕
第二十四回　宾强主弱大府更新

海市人妖

社会小说。缥缈生著。上海中央书店。1929 年 2 月初版。4 册。20万字。褚玉生序 1 篇。共 40 回。

第 一 回　黄泥黑水饿鬼变文妖
　　　　　红粉青铅玻窗来荡妇

第 二 回　香喷喷鼻上解行缠
　　　　　辩滔滔塵间夸风雅

第 三 回　绝世豆芽香甜留齿颊
　　　　　撩人蛋饭辛苦好喉咙

第 四 回　一包酱肉千里寻师
　　　　　三尺馋涎群雄夺美

第 五 回　中宵拼碎镜影共心温
　　　　　盛夏拥重衾人沾鬼趣

第 六 回　面鹄衣鹑幽魂归夹板
　　　　　袴天席地酸气满高台

第 七 回　炮灰无恙韩庄血战美人猪
　　　　　矢橛有情鲍市骨争名士狗

第 八 回　留芳遗臭牛马儿孙
　　　　　惟器与名蹄筋叔侄

第 九 回　说界凄凉名家攘稿费
　　　　　议场枯寂艳妓散衣香

第 十 回　香水盆汤杨妃初洗禄
　　　　　胶猪南肉犬子乍求凰

第十一回　上议士烟榻发狂言
　　　　　穷教员谜摊营副业

第十二回　笑逐流莺游仙惊短梦
　　　　　自怜玉树神女爱姣童

第十三回　满纸云烟热心偎冷面
　　　　　中天雨露俊侣守空房

第十四回　动孺慕歌场添孝子
　　　　　敦人伦战地误乖儿

第十五回　利刃挥毫娇容傅粉
　　　　　寒泉喷玉妙舌翻莲

第十六回　独负骚情过江骑瘦马
　　　　　争夸异味剪烛论肥鹅

第十七回　搴帷一笑大声浪到石钟山
　　　　　刻骨三分纤掌轻开香粉弄

第十八回　红牙按拍秘室唱昆腔
　　　　　玉体横陈温泉观裸舞

第十九回　尤物试西装五花大绑
　　　　　骚人开报馆一味微醺

第二十回　刻舟求剑步步莲花
　　　　　睹物思人丝丝香草

第二十一回　谷口截来辕山人出洞
　　　　　　源头鸣活水商女隔江

第二十二回　绕膝承欢贤孙勤定省
　　　　　　挥金买笑狎客悟炎凉

第二十三回　把臂入林良朋祈战死
　　　　　　逢场作戏小丑喜情殇

第二十四回　语软声低翻跴山东路
　　　　　　笔歌墨舞惆怅天津桥

第二十五回　文星撰稿劳动百神
　　　　　　烈士殉名艰难一骂
第二十六回　桃花水腻举首便穷源
　　　　　　茆店鸡肥闻声空起舞
第二十七回　无可奈何鸡林尝果脯
　　　　　　聊复如此肉市买蹄筋
第二十八回　眉云聚恨懊恼掉枪花
　　　　　　爪雪留痕殷勤翻画谱
第二十九回　心慈口苦攘臂试神针
　　　　　　面冷肠炎携枪寻野雉
第 三 十 回　热被怜卿虚牝甘后补
　　　　　　浮名误我宝藏怕分开
第三十一回　无伦乐事擅口香腮
　　　　　　教育新方骚歌艳舞
第三十二回　倡门艺术改造大茶壶
　　　　　　裙带风光栽培小马弁
第三十三回　细皮白肉抵借两角车钱
　　　　　　花面朱圈宣传一张马票

第三十四回　酒食酬庸德惠常怀电影界
　　　　　　文章有价揄扬直到花烟间
第三十五回　积爱成痴推绣被忘形追
　　　　　　义子
　　　　　　移忠作孝典金钗拼命捧
　　　　　　亲娘
第三十六回　两美佐清谈萱草倚间皆
　　　　　　内宠
　　　　　　群芳放焰口香花如海聚
　　　　　　冤魂
第三十七回　琴中著意引鸾皇恭刊广告
　　　　　　马上相逢怀纸笔敬报平安
第三十八回　得意是何时只风驰电掣
　　　　　　埋愁宜此地又鬼哭神嚎
第三十九回　痴情思下水破釜沉舟
　　　　　　豪气欲凌云空拳赤手
第 四 十 回　双柑斗酒爱听莺啼
　　　　　　越管宣毫闲图鬼趣

梨园外史

社会小说。潘镜芙、陈墨香著。天津白城书店。1930 年 7 月初版。2
册。22 万字。吴梅识、李释堪各作序 1 篇。壶园主人撰读梨园外史漫笔 1
篇。共 30 回。

第一回　吃清茶放怀谈戏剧
　　　　游胜地无意得奇书
第二回　米喜子初隶四喜
　　　　方松龄重噪和春
第三回　赛松龄一曲擅清歌

　　　　刘赶三片言兴大狱
第四回　头角峥嵘小叫天出世
　　　　衣冠倾倒大老板登场
第五回　有酒学仙名伶机警
　　　　借花献佛豪杰心肠

第 六 回	遇同心灯下听书		余三胜能文善武
	抒孤愤狱中编戏	第 十九 回	延树楠畅谈因果报
第 七 回	错里错刘赶三蒙赏		李香萍情赋采菱篇
	侠中侠徐小香焚券	第 二 十 回	膺寄托美优伶仗义
第 八 回	论果报尘世泄天机		严禁例老中堂敬神
	发慈悲活人饶鬼命	第二十一回	梅巧玲筵上献新词
第 九 回	李按察虎帐论功		李香萍庙中闻后果
	王千总军营谈戏	第二十二回	显色相美伶裸体
第 十 回	王小玉舍命成功		争戏曲文士挥拳
	孙大个报丧被打	第二十三回	评花选民士风流
第十一回	孙大个立志做优人		说戏文枢臣寡陋
	沈芷秋热心荐票友	第二十四回	曹春山轻财全戚谊
第十二回	郝德宝畅谈戏曲		梅巧玲焚券见交情
	胡喜禄扫尽铅华	第二十五回	曹春山议翻旧曲
第十三回	福兴居酒余谈往事		明侍郎讲说佚闻
	安义堂灯下听清歌	第二十六回	李州牧义释谭金福
第十四回	用计谋毓四赚脚本		惇亲王怒打刘赶三
	施毒计得海杀伶人	第二十七回	沈天喜发心皈净土
第十五回	敬子斋片言解讼		杨月楼避难入京都
	侯老儿决意罢婚	第二十八回	悟真空脱离苦海
第十六回	酒店主有心寻衅隙		感业果坠落冥途
	花媒婆无意泄机关	第二十九回	大臣展才评戏曲
第十七回	逞雄心劫妻成婚		名将发怒哄歌楼
	施谲计拐友偕遁	第 三 十 回	延尚书讲论周德清
第十八回	郝兰田舍短用长		卢台子称扬祁嶲藻

正德皇帝历史

宫闱小说。历代风流皇帝辛集。燕山绮云著。双黛馆主辑。新华书局。1923 年 10 月版。1 册。2 万字。琴琴居士序 1 篇。共 20 章。

第一章　将相公侯列其间
　　　　富贵功名在蹴中

第二章　宦官专恣谋大臣
　　　　尚书毒策辱阉寺

第三章　受责打大杀威风
　　　　因哭诉朝诘廷臣

第四章　皇后辨状头夫人
　　　　一清伐安化郡王

第五章　虎帐雄兵惊神鬼
　　　　坐拥貔貅如困龙

第六章　麒麟门众士殴佞
　　　　玉皇殿孝子见母

第七章　土堡中真镭就擒
　　　　聚宝门刘瑾授首

第八章　庆永乐下旨南巡
　　　　闻上谕廷臣交谏

第九章　梅龙镇凤姐当垆
　　　　屯田邑施囚觐驾

第十章　恋民女祸起萧墙
　　　　践危境义儿为谋

第十一章　宁王围困西小县
　　　　　马雄率领大刀团

第十二章　叛宸濠武宗南下
　　　　　征反徒守仁用兵

第十三章　打勾栏勇士救主
　　　　　掇云石恶霸丧力

第十四章　杨府尊痛子辱帝
　　　　　王游击奋勇破牢

第十五章　结鸳侣一对玉人
　　　　　闻宫笛独访怨女

第十六章　火坑中自有青莲
　　　　　清平道斗呈怪象

第十七章　扬子江龙王来朝
　　　　　太岁庙金身羽化

第十八章　驻马驿中逢恶汉
　　　　　天灵寺里遇凶僧

第十九章　老宰相奉懿访帝
　　　　　不速客贺寿题诗

第二十章　自古红颜多薄命
　　　　　而今青眼有谁知

满清十三朝宫闱秘史

宫闱小说。燕北老人著。上海春明书店。1948 年 10 月版。1 册。14 万字。编纂大意 1 篇。宁山民、王大错作序各 1 篇。自序 1 篇。17 卷。共 25 则。

一　天命朝

清初皇族妇女之骄纵
开国前并吞诸部之美人计

半石米之大盉
太祖诅咒叶赫女之先见
畏惧明朝假都督之趣史

建国称帝之始

宁远大败而太祖殁

二　天聪朝

牧羊女为皇后之艳史

皇后与猎户之秽史

林丹妻之献玉玺

太宗幻梦之灵验

三　崇德朝

美人计之劝降洪承畴

大玉妃与小玉妃之醋风波

御前仪仗之数目

四　顺治朝

多尔衮谋夺侄妻为妃

太后下嫁摄政王之结婚证

不幸之皇后

出家之真原因

老僧再世之轶闻

多尔衮之杀小玉妃

皇父圣母欢乐时之遇险

太后之出家

董小宛别传

御撰之董妃行状

豫王妃刘氏别传

五　康熙朝

纳姑为妾之怪史

与汉臣易妻之奇闻

雍正幼时以兵法部勒白老鼠

卫妃体有异香

宫闱二月记

千六百余名宫监之分配

六　雍正朝

窃改遗诏之真相

伺察之严厉

血滴子器具之制法

雍和宫之诲淫

被刺时之确证

世宗外传

七　乾隆朝

高宗非满人之的证

待遇私生子之优宠

微行时之遇杨瑞莲

新岁时宫中特设之买卖街

皇太后万寿时之点缀品

南巡时之妇女曳纤

伪皇孙之奇案

坤宁宫祀灶之怪象

上朝时之鸣爆竹

眷恋香妃

宫妃再世之和珅

皇后寻短见

倡优蓄之协办大学士

日诵西域秘咒之迷信

可儿

女侠三姑娘之艳史

乔装男子之固伦公主

小楠木匣中之自动人物

七阿哥打碎碧玉盘

老头子之解说

权奸之善谑

奉旨纳妾之自夸

秘戏图中之御容

皇太后之圣慈

八 嘉庆朝

仁宗不喜如意之隐衷

圆明园中之刺客

林清叛变时宫中之金甲神

和珅跌倒嘉庆吃饱

宣宗冲龄时之神武

仁宗兴大狱之原因

煤黑子大战哈期门

九 道光朝

两军机御前之冲突

片儿汤

白玉鼻烟壶

惧内之皇帝

请先生吃尿之淳郡王

十 咸丰朝

南苑围猎时之假仁义

兰儿以善歌得宠

鹿血壮阳之御用卫生方

预防西宫放纵之遗诏

奇女之旗女之奇遇

行宫中之秘藏

孝钦与肃顺之龃龉

太后临终时之爱怜少子

鲜蒲桃肉之春药

铁中铮铮之满洲女童

皇上为兰儿讨饶

牡丹春之机警

皇太后之俭德

宫中之贤内助

孝贞之慈爱

杏花春之宠冠六宫

十一 同治朝

太后与太监之秽史

立后之暗潮

爪子金买玉版笺

节灭至二十四品之御膳

西太后怒碎遗诏

孝钦后作试帖诗之工雅

穆宗之掼交游戏

聪明天子

饿死皇后

五王爷与翠屏山

滑稽之皇叔

恭王受贿之特别法

皇太后之私生子

慈禧母女间之不睦

两后并尊之创制

饮凉粉偿银五百两

六王爷忠谏之不见机

皇帝门下之蔑骗

圆明园总管世家

十二　光绪朝

一口淡巴菰中产出新皇帝

宫闱中之连营寨

御驾前之翻筋斗与拜小狗

逼死皇后

杀人不见血之圣母

慈禧榻上之杨月楼

死刘气煞活李

西太后居然也肯屈膝

李莲英之作弄李鸿章

老佛爷为大姑娘做媒

蒙尘中卖官之大灭价

臭腐不堪之御馔

李莲英之机警

太监之行窃

小太监掀跌大皇帝

长跪宫门请早安

寇太监之忠谏西太后

李莲英学梳新式髻

假皇帝帮助真皇帝

西太后之斗雀

小匣中之烧饼

宫中之地道与秘窟

南府之来历

景帝圣德纪二则

德宗外交之大度

一万八千金之烟泡费

飞蛇惊坏老王爷

人尽夫也之慈谕

两景帝之同病相怜

小恭王请老张过瘾

珍妃坠井

皇帝奉懿旨行窃

隆裕后感激李莲英

管先生之恩宠

请安一次纳贿五十金

可怜之景帝

御袖中之汤圆

宫中之妖怪

十三　光绪纪

光绪帝外传

十四　宣统朝

隆裕太后之力主共和

你们不要难为他之遗诏

小恭王之皇帝热

御赐老臣小马军

拜不拜之圣聪

即位时朝班之紊乱

小德张之宠眷

跋扈太监之谦谨

兴修延熙宫

大珰家中陈饰之美丽

阉宦娶妻纳妾之艳福

肆无忌惮之张太监

七十万金之珠履

隆裕后与八姑奶奶之艳史

德宗变法密谕之出现

十五　杂录

拜堂之别说

三大戏台

内廷刑杖

妃嫔进御时之奇形怪状

宫中遗产之富

满人之头颅

祭堂子

交泰殿之大钟

卷帘军机

御用历书

满洲之怪风俗

行宫之宝藏

内务府之豪侈

十六　游记

奉天行宫游记

圆明园记

颐和园游记

三海游记

北海游记

十七　太平天国

宫中嫔妃之品级

打情骂俏之诏旨

诏谕中之自欺欺人

宫人穿开裆裤之妙用

红顶花翎之妖怪

天王御膳之特色

烹珠煮玉之秘法

妃嫔中之女刺客

红妃也中美人计

天王之起居注

洪宣娇之妒忌新法

断袖翩翩之女馆新总管

赵碧城与天王戴红帽子之奇闻

太平朝之女官制

太平公主之择婿法

宫中祭天之制度

也是一个三公主出家

徐妃

盛极一时之庆贺

人肉饺馒与甜露

入火不燃之奇宝

女秘书之香艳文章

宫中之佳节寿辰

多宝楼中之女学士

傅善祥之力谏

洪宣娇之构衅以泄忿

王舆中之飞花柳倒

朱九妹之烈节

也算得御沟红叶诗

九千岁之淫威

天王幼年之异迹

专制房中药之御医

东府中之玉石俱焚

地道中之密室

爱好天足之真识

青眼鬼想吃红莺儿

杨宫人之报复

府中扑朔迷离之兔子

张炳元之以毒攻毒

东王善用催眠术

洪宣娇年幼色盛时之淫功

天王御制之楹联　　　　　竟以割势为儿戏
廖四妹之死而为厉　　　　王宫之壮丽

续孽海花

社会小说。燕谷老人著。上海真善美书店。1943 年 12 月初版。1 册。30 万字。瞿兑之校订。瞿兑之前序、后序各 1 篇。拙野谈孽海花 1 篇。纪果庵作附录续孽海花人物谈 1 篇。楔子 1 篇。共 60 回。第一回至第三十回回目缺。

第三十一回　送丧车神龙惊破壁
　　　　　　　开赈会彩凤悔随鸦

第三十二回　露水孽缘挂牌燕庆里
　　　　　　　河山异色横议陶然亭

第三十三回　强学会国士逢挫折
　　　　　　　碧云寺侠客救孤忠

第三十四回　侠客白髯孤臣凭保护
　　　　　　　远航黄海大计定澄清

第三十五回　四子忧时纵横论青史
　　　　　　　二贤言志慷慨渡重溟

第三十六回　望平街胜流聚首
　　　　　　　彦丰里高会谈瀛

第三十七回　金粉楼台健儿献绝技
　　　　　　　江湖风浪老士访奇人

第三十八回　务起深山龙蛇生大泽
　　　　　　　日斜重幕燕雀闹华堂

第三十九回　兰鲍同堂洛闽分党派
　　　　　　　芝龟一室南北诉离情

第 四 十 回　白发老臣求才郎署
　　　　　　　青衫名士定策花丛

第四十一回　粤东馆中初开保国会
　　　　　　　唐常肃后续演黎金庵

第四十二回　保国会新翻猎官戏
　　　　　　　内务府高挂护花幡

第四十三回　曹梦兰新改赛金花
　　　　　　　孙公园重开保国会

第四十四回　戴胜佛出山收草寇
　　　　　　　唐常肃入署献危言

第四十五回　权上争权政策革旧
　　　　　　　梦中寻梦酒令翻新

第四十六回　琉璃厂春榜看红录
　　　　　　　鹁鸽峰归帆迎白头

第四十七回　党派纷纭老臣去国
　　　　　　　歌场游戏贵胄登台

第四十八回　南河沧观荷开大会
　　　　　　　赛金花戏竹见灵心

第四十九回　赛金花别筑藏春窟
　　　　　　　尹宗扬重探发纵谋

第 五 十 回　杨淑乔一封传密诏
　　　　　　　戴胜佛两眼误奸雄

第五十一回　颐和园垂帘重训政
　　　　　　梁超如易服作逋臣
第五十二回　飞鹰舰暗释唐圣人
　　　　　　菜市口冤斩六君子
第五十三回　段扈桥编歌得懿眷
　　　　　　尹震生奉旨阅新军
第五十四回　保皇党草檄驱密使
　　　　　　汉中府外简失天恩
第五十五回　沈北山联登高甲第
　　　　　　米筱亭悔结错姻缘
第五十六回　玉镜画眉沈北山难逃天

　　　　　　壤恨
　　　　　　木天断指龚樵孙坚阻上
　　　　　　书人
第五十七回　国闻报采风登正论
　　　　　　赛金花避难入危京
第五十八回　瓦大帅筹粮逢名妓
　　　　　　赛二爷救友得仇人
第五十九回　复仇杀罪魁国皆曰可
　　　　　　议和谋妓女朝无人矣
第 六 十 回　克林德恤典建牌坊
　　　　　　赛金花妙语结和局

新 倭 袍

　　言情小说。即续倭袍。蹉跎子（新人）著。上海新新小说社。1909 年 5 月版。2 册。9.3 万字。共 20 回。

第一回　　得第
第二回　　训侄
第三回　　离京
第四回　　登车
第五回　　济银
第六回　　游站
第七回　　觅馆
第八回　　嗤胡
第九回　　谒帅
第十回　　访唐

第十一回　闯院
第十二回　攫妓
第十三回　接电
第十四回　赴英
第十五回　惊艳
第十六回　夺标
第十七回　遇救
第十八回　留学
第十九回　聚义
第二十回　结婚

三山奇侠

武侠小说。魏兆良著。上海建国书局。1937 年 4 月第 4 版。4 册。13.4 万字。金季吾序一 1 篇。作者序二 1 篇。共 32 回。

第 一 回　论武侠三山分支派　无冤仇一鸟起争端

第 二 回　避暗器凤池救驾　订场规德发亮镖

第 三 回　蠢汉狂言隔墙有耳　镇台高手献技警人

第 四 回　月娥误蹈连珠箭　净根失踏机关亭

第 五 回　遇侠客无固吐真情　蹈机关郭龙破假虎

第 六 回　智马龙计售挡闸板　侠月娥情急踢纱窗

第 七 回　绝处逢至亲反疑梦境　急来求师姊觉悟前非

第 八 回　隔墙有耳双侠见义勇为　修德降祥一士逢凶化吉

第 九 回　北小店打尖避雨　报恩寺知客留宾

第 十 回　双侠锄强刀光剑影　一僧泄恨笑逐颜开

第十一回　游嵩山郭龙打猛虎　过太行玉瑛遇强人

第十二回　犬吠若沸鼎密探隐身　剑光如长虹追赶踏月

第十三回　儿女英雄情苗初发　名师劣徒羁绊难周

第十四回　探匪窟玉瑛作向导　战盗魁马龙显神通

第十五回　美玉瑛有缘得快婿　傻二姑使性闹喜堂

第十六回　情脉脉临别话唠叨　路迢迢长行历险阻

第十七回　穆家村跑堂话唠叨　兴王庄教徒作威福

第十八回　争男妾姊妹成仇敌　逢荡女侠士入牢笼

第十九回　谈技击荡女暗惊心　入牢笼雄英难用武

第二十回　双侠强毅破情关　二姑转圜留逃客

第二十一回　英雄聚会救友赴长途　父女探庄隔窗闻密语

第二十二回　探庄院郭虎粗中有细　觅机关月娥突如其来

第二十三回　破机关郭龙脱樊笼　截手腕美姑遭恶报

第二十四回　闻哭声马龙询原委　知厉害朱成话唠叨

第二十五回　老学究侈谈捉怪物
　　　　　　侠马龙飞剑戮僵尸

第二十六回　金叶飞尘女匪见财起意
　　　　　　马铃入耳英雄仗义扶危

第二十七回　笑面虎飞马觅仇人
　　　　　　醉金刚锐身退追骑

第二十八回　解军饷半路遇仇人
　　　　　　逞匪威深宵擒镖客

第二十九回　上辕门清兵受闲气
　　　　　　落客店打尖遇知己

第 三 十 回　诛钱元探出真消息
　　　　　　见罗豹撒诳假投降

第三十一回　罗恩举奋勇刺女匪
　　　　　　俞兆麟乘夜戮仇人

第三十二回　尼观遇仇人艺高一着
　　　　　　玉佛归原主结束全书

雍正剑侠奇案正编

侠义小说。澹秋生著。上海中国侦探会社。1919 年 9 月版。3 册。13.1 万字。冯涛序 1 篇。自叙 1 篇。作者缘起 1 篇。方寿祺、陈鸥、周墨亭、陈剑如题词各 1 首。共计 24 回。

第一回　故事奉行官吏捕盗
　　　　倾心结客兄弟留宾

第二回　见危难拔刀助孤客
　　　　提旧恨借剑杀仇人

第三回　濮知县借端轻索贿
　　　　吕廷献御盗痛亡身

第四回　钱师爷幕中施密计
　　　　陶健侯劝友走他乡

第五回　知恩报恩长途聘友
　　　　因义及义侠士探监

第六回　太行山老尼教剑术
　　　　盘山驿豪客戮金人

第七回　萧遁庵单身平巨寇
　　　　杨大洪千里觅恩师

第八回　田大郎演说乌风寨
　　　　萧勇士惊贼隆童山

第 九 回　浑府尹当堂受讽刺
　　　　　奇女子暗地寄刀函

第 十 回　诛双熊救取采参客
　　　　　斩妖蟒援手猎兽人

第十一回　看壁词神龙再见首
　　　　　献武技猛虎两倾心

第十二回　倾肝胆当筵发浩歌
　　　　　纵反间奇谋操胜算

第十三回　受巨创夷虏熄余烬
　　　　　明大义敌国献刀钚

第十四回　驰书柬老者取巨金
　　　　　试珍奇回人识异宝

第十五回　施奸计假佛济涂毒
　　　　　破阴谋困女出樊笼

第十六回　论英雄楚霸王赠药
　　　　　救佳丽云万里烧山
第十七回　破风水斩妖观音岩
　　　　　大报仇喋血关王庙
第十八回　风云会合黑狱翻身
　　　　　日月重明皇天开眼
第十九回　酬大功朝廷锡显爵
　　　　　奋异绩湖海斩神蛟
第二十回　觅妻孥身陷三面纲

　　　　　毙贼盗手演连珠枪
第二十一回　佛寺逢灾老人救难
　　　　　　空山较艺侠女留名
第二十二回　辨恩仇英雄恋儿女
　　　　　　赏忠直学士作将军
第二十三回　现真形贪官遭挫折
　　　　　　标劲节烈妇阐幽光
第二十四回　毒中毒条虫种因果
　　　　　　拐上拐县印惹风波

雍正剑侠奇案续编

侠义小说。澹秋生著。上海中国侦探会社。1919 年 9 月版。3 册。15.6 万字。自序 1 篇。共计 24 回。

第一回　唐提督座上荐英雄
　　　　何士衡湖滨逢艳丽
第二回　何中军借剑杀妻仇
　　　　萧副将冒险探贼窟
第三回　图复辟明社断中兴
　　　　谋报仇稚子走远道
第四回　突如其来舟中敌国
　　　　不期而会云外潜踪
第五回　少女送信情重恩深
　　　　老人执柯珠联璧合
第六回　杀新郎杨花摧并蒂
　　　　戏老鼠巧计设连环
第七回　遗家书萧遁庵中计
　　　　破密窟常再春遭擒
第八回　动侠肠长途劳贵妇

　　　　诛妖孽古庙助雷神
第九回　得明珠英雄埋白骨
　　　　盗金镯荡妇断青丝
第十回　妓女潜身两番拒捕
　　　　奸僧渔色共缔同心
第十一回　逞淫凶放火焚妓院
　　　　　奋侠义设策救途人
第十二回　送慧婢卖艺解酬恩
　　　　　毒亲夫小星甘认罪
第十三回　盗小孩婢女探私情
　　　　　投匕首侠客惊大宪
第十四回　存冰鉴心覆盆得雪
　　　　　运粲花舌强项低头
第十五回　具胆识慧心缉巨案
　　　　　衔恩德稚女得高名

第十六回	惩恶少数人从善行		斾员争艳两地和戎
	斩旱魃五邑建生祠	第二十一回	惩奸庸朝廷施显戮
第十七回	求荐郏包侉子投军		奋忠勇提督奏佳音
	巡城隍徐将军诱敌	第二十二回	奋螳臂石苗燃死灰
第十八回	抄后体巧夺庆远城		设香饵义民捉瓮鳖
	用降兵智败老鹰翅	第二十三回	了心愿萧伯爵完姻
第十九回	擒苗酋云万里定计		呈遗书凌祭酒尽职
	消罪案吕邦文出头	第二十四回	诛匪首夫妇受荣封
第二十回	元帅吟诗雪天斗韵		报深恩父女得善果

鬼 媒

哀情小说。澹然著。上海文明书局。1924 年 10 月版。1 册。3.6 万字。自序 1 篇。共 20 章。

新红楼梦

言情小说。孽缘手著。上海新华书局。1929 年初版。2 册。6.5 万字。望月子作序 2 篇。共 48 回。

第一回	游金山寺触景伤怀		返魂香告佳人薄命
	讲楞严经傲顽迷性	第六回	女学生推情慰薄命
第二回	异想天开只身探险		登徒子窥艳送寒衣
	途穷日暮冷眼观棋	第七回	戒轻浮萍姐重结义
第三回	指迷津法海恶作剧		述履历又芦增汗颜
	归故里又芦倏销魂	第八回	老学究演桑梓风云
第四回	泪眼人凄向孤灯伴		旧门生悲家庭涂炭
	伤心语惊教夜月寒	第九回	者番丧事真个艰难
第五回	闯灵椟何公子多情		偌大款赀亏他秘密

第 十 回	勸大事女学生哭灵 动悲哀老翰林出殡
第 十一 回	多愁多病留妹情殷 倾国倾城惹君没趣
第 十二 回	憨萍姐试问蜂蝶罪 妙又芦计得生平愿
第 十三 回	透真情效明皇故事 处困境觅封侯前程
第 十四 回	郑家桥红颜拜慈母 元宵夜泪眼饯郎君
第 十五 回	三唱阳关驿亭分手 重征远道逆旅留题
第 十六 回	噫堂堂政府出狐群 吁赫赫佛人钻狗洞
第 十七 回	狐臭气丑气脂粉气 燕语声娇声醋昙声
第 十八 回	唱谑歌乍然逢知己 闹花寿初次结美缘
第 十九 回	真好兴头升官发财 奈何晦气接电失火
第 二十 回	白折扇雅题风月句 雪涛笺勉和艳情诗
第二十一回	呈怪兆泣断琵琶弦 赴鹊桥欢联琴瑟韵
第二十二回	献美□赚得优差事 遗翠花引迷羡艳心
第二十三回	惜骚财儿落花流水 恨沙叱利攫软困红
第二十四回	色大人趣谈效炀帝 呆公子割爱赠文君
第二十五回	嫁妾嫁妹亲上加亲
	疑妖疑奸暗中又暗
第二十六回	金函玉穷断总长肠 姻花女毒遭军人手
第二十七回	颐和园大闹花烛会 重阳节欣开跳舞台
第二十八回	好良宵步赏风月景 真彩舆乍入温柔乡
第二十九回	李戴张冠夫人海量 家鸡野雉统领灰心
第 三十 回	病奄奄晦气遇活剧 意扬扬恨心施妙计
第三十一回	又乖又巧曼仙受愚 糊里糊涂萍姐言祸
第三十二回	通党人萍姐指密信 谈革命曼仙抱奇冤
第三十三回	开会审太太问夜堂 受嫌疑妈妈诉病状
第三十四回	是鸟胡为鸣此哀乎 亦天之将丧斯人也
第三十五回	咄咄怪事大抄花园 哀哀亡人焉得证据
第三十六回	午天清梦灵鬼伸病 窄路相逢蠢婢说报
第三十七回	阅墙声也竹竿声也 报馆怪哉绳子怪哉
第三十八回	虽事未行言犹在耳 其人可畏忠岂忘心
第三十九回	女包公层层辩疑案 昏总长处处遭怨言
第 四十 回	除障碍轮流等乐意 听谗言激将如嗾犬

第四十一回　凭空仇雠誓不戴天
　　　　　　偌大恩爱付之流水
第四十二回　雨打风摧湘若问病
　　　　　　香销玉殒萍姐归天
第四十三回　狗彘奴昧良盗家主
　　　　　　虎狼贼枉法劫夫人
第四十四回　影翠亭冤鬼泄仇恨
　　　　　　黄昏夜禅师发慈悲

第四十五回　说破病根和尚知己
　　　　　　偿完泪债阿侬悟空
第四十六回　释布种湘若了尘缘
第四十七回　野鹤闲云飘然而去
　　　　　　昙花泡影怪哉梦乎
第四十八回　混沌乾坤旁人扫兴
　　　　　　蹉跎岁月作者终篇

海上繁华梦

社会小说。警梦痴仙著。上海商务印书馆。1908 年 2 月初版。3 集。3 册。67.6 万字。警梦痴仙漱石氏自序 1 篇。古皖拜序 1 篇。情天觉梦人、曾经沧海客、周忠鋆、狎鸥子题词各 1 首。绣像 32 帧。共 100 回。

第一集
第一回　谢幼安花间感梦
　　　　杜少牧海上游春
第二回　长发栈行踪小住
　　　　集贤里故友相逢
第三回　款嘉宾一品香开筵
　　　　奏新声七盏灯演剧
第四回　升平楼惊逢冶妓
　　　　天乐窝引起情魔
第五回　攀相好弄假成真
　　　　遇拆梢将无作有
第六回　熊聘飞智伏拆梢党
　　　　凤鸣岐巧解是非围
第七回　开豪宴浪子挥金
　　　　题妙曲可人如玉

第 八 回　看跑马大开眼界
　　　　　戏拉缰险丧身躯
第 九 回　龙华寺广结香火缘
　　　　　高昌庙盛赛清明会
第 十 回　一席绮筵香温玉软
　　　　　千金孤注蝶舞蚨飞
第十一回　谢幼安识破机关
　　　　　杜少牧脱离陷阱
第十二回　指迷津凤鸣岐谏友
　　　　　接家书谢幼安还乡
第十三回　荡子临歧话别离
　　　　　美人布局迷魂易
第十四回　吟碧庐端阳开夜宴
　　　　　醉红楼消夏订香盟
第十五回　牢笼有术莲子侬心

来去不由藕丝郎意

第二集

第 十 六 回　大姐晒台骂大姐
　　　　　　先生妆阁拜先生

第 一 回　定归期谢幼安劝友
　　　　　　得头彩杜少牧央媒

第 十 七 回　茜纱窗下昨夜谁人
　　　　　　油碧车中深宵底事

第 二 回　送节盘厚犒俏娘姨
　　　　　　吃司菜急伤骚大姐

第 十 八 回　怒残花跳槽客去
　　　　　　争闲气摆酒人来

第 三 回　赏中秋回灯开宴
　　　　　　饮长夜击鼓催花

第 十 九 回　挹朝爽也是园赏荷
　　　　　　纳晚凉安垲地品茗

第 四 回　打房间替抱不平
　　　　　　还局账拆开好事

第 二 十 回　广肇山庄建醮
　　　　　　宁波总会碰和

第 五 回　庆通商盛举洋龙会
　　　　　　惊奇遇误走野鸡窠

第 二 十 一 回　对对和艳婢伴嗔
　　　　　　　双双台痴郎豪举

第 六 回　计万全设计寻仇
　　　　　　钱守愚破钱免祸

第 二 十 二 回　撒娇痴致真楼照相
　　　　　　　订盟约福安居谈心

第 七 回　娶名花傲居观盛里
　　　　　　贺新郎大宴聚丰园

第 二 十 三 回　巫楚云密语甜言
　　　　　　　花媚香打情俏骂

第 八 回　羡艳福又动痴情
　　　　　　感旧盛复修前好

第 二 十 四 回　逞豪情点戏一百出
　　　　　　　杀水气摆酒十六台

第 九 回　露命书有心笼络
　　　　　　滞归装无术挽回

第 二 十 五 回　白湘吟去而复来
　　　　　　　屠少霞溜之大吉

第 十 回　姚景桓大闹东尚仁
　　　　　　温生甫被围南兆贵

第 二 十 六 回　阿素偏寻大少爷
　　　　　　　志和初气颜如玉

第 十 一 回　解重围邓子通责妓
　　　　　　施毒计贾逢辰陷人

第 二 十 七 回　愁度节杜少牧觅友
　　　　　　　借嫖资贾逢辰作中

第 十 二 回　攀冶叶险中狡谋
　　　　　　赏菊花独夸豪举

第 二 十 八 回　现开消剜肉医疮
　　　　　　　假缠绵推心置腹

第 十 三 回　双富堂夏时行出丑
　　　　　　百福里花小桃打胎

第 二 十 九 回　杜少甫泛舟寻弟
　　　　　　　李子寻下榻留宾

第 十 四 回　花小桃死里逃生
　　　　　　屠少霞服中娶妾

第 三 十 回　田舍翁初次入花丛
　　　　　　　痴公子一心迷绮障

第 十 五 回　小房子阿珍泣别
　　　　　　天香院幼女谈禅

第十六回　宴徐园分咏九秋诗
　　　　　游虹口误打三复宝

第十七回　胡家桥钱守愚投水
　　　　　久安里潘少安跳墙

第十八回　犯众怒共谋潘少安
　　　　　发公论二气颜如玉

第十九回　新马路颜如玉借屋
　　　　　老旗昌荣锦衣开厅

第二十回　悲切切玉殒深宵
　　　　　恨茫茫花飞何处

第二十一回　游冶之因忿感疾
　　　　　　谢幼安刻意怜香

第二十二回　托终身沥胆披肝
　　　　　　呕锦心猜谜作对

第二十三回　吃年饭纵谈花事
　　　　　　开果盘各显神通

第二十四回　丝清竹脆小玉称觞
　　　　　　花好月圆天香下嫁

第二十五回　开盛筵醵资贺喜
　　　　　　定花榜走笔题春

第二十六回　两洋枪结果冤家
　　　　　　一场火烧光恶棍

第二十七回　游冶之迷楼染毒疾
　　　　　　郑志和深巷唱吴歌

第二十八回　负心妓如是下场
　　　　　　贪欢汉这般结局

第二十九回　谢幼安当筵解梦
　　　　　　杜少牧孽海回头

第三十回　挥慧剑不作狎邪游
　　　　　著奇文归结繁华梦

第三集

第一回　巫楚云入门悔嫁
　　　　潘小莲落院卖娼

第二回　探消息有意辱残花
　　　　觅枝栖无心逢冶叶

第三回　女总令楚云寻阿素
　　　　花烟间如玉访蓉仙

第四回　打野鸡出卖杨梅
　　　　叉麻雀何来竹笋

第五回　因羞愤投师习赌
　　　　借事端殴客拆梢

第六回　周策六曲院寻妻
　　　　平戟三胥台访友

第七回　求代死淑姬烈志
　　　　赋悼亡名士伤心

第八回　平戟三慰友劝游
　　　　杜少牧别兄访学

第九回　贾维新飞扬跋扈
　　　　甄敏士道学风流

第十回　斗繁华药业赛灯
　　　　轧热闹梨园串戏

第十一回　柳纤纤邀吃留头酒
　　　　　花好好误垫下脚钱

第十二回　打讨人恶鸨狠心
　　　　　觅空子赌龟毒眼

第十三回　骗开矿天花乱坠
　　　　　约游园焰火通明

第十四回　大资本一块金砖
　　　　　小输赢两张汇票

第十五回　金子富一败涂地
　　　　　周策六满载回乡

第 十 六 回　麦南出手办赌徒
　　　　　富罗迎头打大姐

第 十 七 回　许行云耐心服礼
　　　　　夏尔梅受气发标

第 十 八 回　忿跳槽夏尔梅卖老
　　　　　怒翻台金子多作威

第 十 九 回　杜少牧苦劝夏尔梅
　　　　　花笑桃痛骂周策六

第 二 十 回　落帐房笑桃受逼
　　　　　借干铺少牧担惊

第二十一回　半夕话唤醒柳纤纤
　　　　　一场和跌倒花好好

第二十二回　许行云央媒说嫁
　　　　　钱少愚瞒母冶游

第二十三回　夏尔梅做一月老公
　　　　　金子富借三分重债

第二十四回　卖田产弟兄反目
　　　　　施家教母子成仇

第二十五回　牙疼咒少愚受魇
　　　　　心虚病阿珍打鬼

第二十六回　空捣鬼返魂无术
　　　　　畏见娘落魄有由

第二十七回　全骨肉谢幼安执言
　　　　　看戏文屠少霞感旧

第二十八回　坐花楼淫姬吊膀
　　　　　开菊榜伶隐标名

第二十九回　妓嫖妓摆酒闹奇闻
　　　　　强遇强游园约鏖战

第 三 十 回　救吞烟手忙脚乱
　　　　　嬲吃酒眼笑眉开

第三十一回　谢幼安托讽蚰虫
　　　　　金子富狂斗蟋蟀

第三十二回　十台酒主人多似客
　　　　　双下脚冬至大如年

第三十三回　颜如玉议梱柳纤纤
　　　　　夏尔梅思娶花好好

第三十四回　柳纤纤求救济良所
　　　　　花好好被辱迎春坊

第三十五回　恶鸨二打花好好
　　　　　赌龟三卖叶蓁蓁

第三十六回　周策六两案并发
　　　　　夏尔梅一病深缠

第三十七回　平戟三治病发箴言
　　　　　夏尔梅临终授遗嘱

第三十八回　一封书雏姬脱籍
　　　　　三尺法恶鸨游街

第三十九回　颜如玉九曲桥发疯
　　　　　巫楚云百花里绝命

第 四 十 回　百回书总结繁华梦
　　　　　一本戏演出过来人

民国通俗小说评析

目 录

评王小逸《春水微波》……………………………………… 吴承惠 1777

迷失的"红楼梦"

　　——读王钝根小说《红楼劫》…………………… 王若海　向　晚 1781

新瓶旧酒　买椟还珠

　　——读王西神小说《陌上花飞》………………… 王若海　向　晚 1788

评平襟亚《人海潮》………………………………………… 周谷年 1790

读包天笑《留芳记》………………………………………… 吴承惠 1796

评冯玉奇《金屋泪痕》……………………………………… 吴承惠 1800

读毕倚虹《人间地狱》有感………………………………… 程乃珊 1803

因读朱贞木《七杀碑》而想起的…………………………… 钱谷融 1807

犹如一篇上海的故事

　　——《歇浦潮》评析………………………………… 王安忆 1810

关于情节、性格、心理描写

　　——《红杏出墙记》阅后…………………………… 王小鹰 1816

略论《春风回梦记》的情节描写…………………………… 钦　鸿 1821

平江不肖生《江湖奇侠传》读后…………………………… 树　棻 1826

平江不肖生《留东外史》读后……………………………… 周　天 1828

评江红蕉《萧郎画樱记》…………………………………… 芮和师 1835

为谁泣路

　　——文言小说《泣路记》读后感…………………… 陈　诏 1839

评许啸天《清宫十三朝演义》……………………………… 蒋星煜 1842

《严芙孙说集》读后………………………………………… 唐铁海 1846

《恋爱之镜》的善恶观与新闻写实手法…………………… 吴泽蕴 1850

《人海梦》受人瞩目的原因……………………………………………沈　寂　1853

《青城十九侠》的奇思妙想……………………………………………李关元　1856

不愧为武侠小说巨著

　　　——《蜀山剑侠传》简评………………………………………华耀祥　1859

读李定夷《吧城雁语》…………………………………………………刘扬体　1863

怎样看《广陵潮》………………………………………………………杜梦璞　1866

读吴双热《孽冤镜》……………………………………………………芮和师　1871

评何海鸣《老琴师》……………………………………………………贾植芳　1874

《说不得》阅后…………………………………………………………吴承惠　1882

评汪仲贤《恼人春色》…………………………………………………吴承惠　1886

张天翼的侦探小说《空室》……………………………………………吴福辉　1890

男人的好时光……………………………………………………………陈　村　1893

《新山海经》读后………………………………………………………鲍世远　1896

模仿《红楼梦》的杰作

　　　——读《金粉世家》……………………………………………袁　进　1899

评张恨水《啼笑因缘》…………………………………………………徐开垒　1903

浓厚而纯洁的感性

　　　——《悲苦之爱》读后…………………………………………彭新琪　1908

《玉田恨史》评介………………………………………………………张如法　1910

评陈辟邪《海外缤纷录》………………………………………………沙叶新　1915

评范烟桥《陆青天祝寿紫花布》………………………………………芮和师　1917

蜕变中的尴尬

　　　——《儒林新史》读后…………………………………………沈善增　1921

沉重的感慨

　　　——评《十里莺花梦》…………………………………………白　桦　1925

《鹰爪王》的新招与旧味………………………………………………陈继光　1927

评赵苕狂《时代的精神》………………………………………………刘扬体　1930

胡寄尘的短篇小说………………………………………………………刘　金　1933

《十二金钱镖》的现实主义手法………………………………………李关元　1938

《燕蹴筝弦录》读后 ………………………………… 陈鸣树　1941

评秦瘦鸥《秋海棠》 ………………………………… 黄　霖　1944

顾明道和他的《奈何天》 …………………………… 阿　章　1950

侠骨柔肠绘文章

　　——《荒江女侠》赏析 …………………………… 蒋丽萍　1956

一出催人泪下的寡妇恋爱悲剧

　　——读《玉梨魂》 ………………………………… 袁　进　1959

贵在雅俗共赏

　　——评小说《杨乃武与小白菜》 ……………… 鲍世远　1963

只是一本近代文学资料

　　——评《蝶花劫》 ………………………………… 周　劭　1966

程瞻庐和他的《众醉独醒》 ……………………… 马尚龙　1969

瞻庐的《透视眼》 …………………………………… 殷慧芬　1972

评王小逸《春水微波》

吴承惠

王小逸,是一个在上海旧社会的各种小报上常见的小说作者,但更多的时候是看到他的笔名:"捉刀人"。

当年王小逸写小说真是红极一时,几乎每家小报上都有他的作品,并以此为号召。一家小报约不到"捉刀人"写连载,就显得不够水平了。这是因为看小报的人也养成了一种"习性":报纸翻开来,没有"捉刀人"的东西,仿佛就不够有味了。

为什么王小逸写的小说这么"迷人"? 我武断地说一句,就是他写男女情事自有一套隐晦曲折、引人入胜的办法,但又是上海人容易领会的。真正地把这种事写得赤裸裸的,既会受到攻击,编报的人也担当不起。暗写,让你去琢磨,去品味,似乎更能引起"嗜痂者"的兴趣。王小逸有时又用文言来写,似是而非,模棱两可,更具有挑逗的作用。所以建国以后不久,上海有关方面查禁黄色书刊,认为王小逸的东西,有害程度反而更甚,不无道理。

认识王小逸的人都说他是个言谈举止都很朴讷的教书先生,怎么笔下会有这么浓郁的绮情艳思呢? 这就是所谓人不可貌相了。即使是表面上凛然不可侵犯的道学先生,你又能猜到他肚子里装的是本什么经? 还有写作商业化,要靠稿费来改善生活环境,也使王小逸不得不屈从于书商和小报老板的要求。到后来,他的这种小说越写越出名,约稿者接踵而至,到了这种地步,你说他是被迫还是自觉,是痛苦还是得意,都是不能简单地妄下结论的。

现在介绍的这部《春水微波》,出书于 1930 年,是王小逸早期的作品,与他后来写的相比,文字的花招似乎要少一些。整个故事大意如下:

女学生丁慧因已经长到十四五岁,是个亭亭玉立、很有青春魅力的少女。寡母洪氏自然对她非常宠爱,但目的是想把她当作一棵摇钱树,大大地从她身上发一笔财。

丁慧因家的隔壁是家电影公司,天天拍些男女爱情的场面。丁慧因有时临窗眺望,颇有感触。这时她已经有了一个意中人,就是家在苏州的表弟俞骝。

丁慧因有两个要好的同学:张春薇、张秋苓姐妹,她们常常到丁慧因家里来玩,说些打趣的话,也谈到了各人今后的理想,无非是嫁一个如意郎君。

有一天,洪氏告诉女儿,已经为她定好一门亲事,对方也是个学生,叫叶兆熊,人长得漂亮,家里开绸缎店,非常有钱。说着拿出了叶家给的存折、钻戒等。丁慧因虽不怎么情愿,也不怎么反抗。过了几天,洪氏即带女儿到杭州,与叶兆熊完婚。叶兆熊不但是个油滑的纨绔子弟,而且早已讨了老婆,叫许灵云,因为不会生育,叶家又抱孙心切,允许叶兆熊再讨一个女人做二房。那天丁慧因到半淞园游玩,被叶兆熊看中,挽了店里的管事陆有金想办法,通过丁慧因的舅舅洪志仁去说项,许以重金,打动洪氏。洪氏不惜拿女儿作牺牲品。

丁慧因从小姑花花的嘴里得知叶兆熊已有大妇,自己嫁过去不过是一个被人看不起的小老婆,大为悲恨,但经不起叶兆熊的甜言蜜语,既哄又骗,心情又渐渐地平静下来。回到上海,拜见过公婆之后,与叶兆熊另外租一处房子居住,权且安顿下来。

但是,洪氏经兄弟洪志仁的挑拨,把丁慧因骗回娘家,并请律师,告叶兆熊犯重婚罪,其实是想再狠狠地敲一笔财礼。叶家一时倒有点发慌。还是叶兆熊的老子叶德民有主意,请律师进行私了,许了一些条件,如把丁慧因同叶兆熊在外面住的房子的单契,交丁慧因执掌;以前给的珠宝首饰、定活款项,别人不得干涉;每月向老宅支取一百元作为日常开支,再给一千元作为请律师的费用。

另外,叶德民又写信给洪氏,保证丁慧因不是做小,而是与许灵云平分秋色,"两头大",将来在叶家享有与许灵云同等的地位,等等。于是,一场风波趋于平息。

不久,忽然传出浙江军阀孙传芳要打仗,住在上海华界的中国人惶惶不安,有钱的都逃到租界上来了。叶兆熊一家,包括丁慧因,也在租界上的一家旅馆内开了房间,躲避一时。这一晚,丁慧因与许灵云同居一屋,都不肯接纳叶兆熊,推来搡去的。叶兆熊一气,又跑回与丁慧因同居的房子里来,找使女阿琳鬼混了一夜,第二天一早回旅馆,不想遭匪徒绑架而去。过了一天有叶兆熊的亲笔信来,要家里拿出十万元去赎,否则就要"撕票"(致叶兆熊于死地的意思)。

叶家这下乱作一团。七嘴八舌,有说要报警的,有要去同匪谈判的,有主张不理的……最后还是决定满足绑匪的要求,但派人几次按着绑匪来信指定的地址去接头,都扑了个空。最后还传来一个惊人的消息,说叶兆熊已经被绑匪害死了。全家顿时一片惨戚之声,最为伤心的是叶兆熊的母亲,竟悲哀过度而亡。于是,叶德民宣布,家事由许灵云掌握,店务请陆有金照看,丁慧因任其自由,他自己出外"云游",是

否还要续弦,什么时候回家,都不要问,日后便知。

丁慧因退掉了与叶兆熊同居的房子,仍回娘家与母亲为伴。感情渐渐地有所平复,但空闺独守,也有春色撩人之叹,便不时看看隔壁拍电影以遣愁闷。有一天,电影公司女明星凤明霞竟然爬到丁家阳台上来拍了一个镜头,就此与丁慧因相识。凤明霞还介绍丁慧因在影片中担任一个配角。后来,凤明霞因自我作践,伤了身体,死了。电影公司就请丁慧因来主演一部名叫《千古恨》的影片,讲一个美丽的弱女子几次受骗失身的故事。在拍摄的过程中,影片的导演想设一圈套,引诱丁慧因上当,达到既霸占她的身体,又敲诈其钱财的目的。幸亏有个想嫁给导演的女明星,向丁慧因告发,导演的企图才未得逞。

《千古恨》终于上映。丁慧因与母亲到影院观看,发现自己在银幕上竟然成了好几个人的勾引对象,还有一些莫名其妙的镜头,觉得坐立不安,未及终场,即离座而去。亲友们有看了这部电影的,都议论纷纷。丁慧因的同学张春薇、张秋苓也看了这部电影。张春薇已经结婚,男方姓于,在南京读书。张春薇也移居南京,还准备把妹妹张秋苓接了去,张秋苓谈起她的姐夫来,过分地热情洋溢,样子不大对头。

丁慧因长日在家,十分烦闷,便与母亲、舅舅洪志仁,带了使女阿琳到苏

《春水微波》插图

州小住。叶家原有个男用人阿明,早就看中了阿琳,那时碍于叶兆熊从中作梗,不能如愿。现在机会来了,便求丁慧因做主,将阿琳许配给他,问了阿琳,她也不反对。随即成婚,新房就在丁慧因房间的楼下,丁慧因有时看到阿琳夫妇恩爱情景,感慨不已。

丁慧因还有一个同学叫周文美,是陆有金的女儿,随母姓,现在也到了苏州,有时来同丁慧因做伴。陆有金与洪志仁合谋,欲将丁慧因嫁给叶兆熊的父亲叶德民。这其实也是叶德民本人的意思,先前的一切安排,都是为了今天的结果。但阴错阳差,叶德民在旅馆里等待的一个美女,竟是陆有金的女儿周文美,糊里糊涂,成其好事。这是陆有金万万不曾料到的,把戏拆穿,丁慧因恨这个老家伙几次要弄奸谋,算

计自己,冲出房来,狠狠地给了陆有金一个巴掌。

这时,绑架叶兆熊的一个匪首,竟在苏州的姘妇家里失风,被逮捕归案,后来几个同案要犯也被捉住,经审定后判罪。据匪徒招供,叶兆熊并没有死,在被绑后没有多久,就逃了出来。丁慧因曾想遁入空门,削发为尼。忽然听说表弟俞骝也在苏州,又燃起希望。辗转寻觅,这一天,丁慧因终于同俞骝在旅馆相会了。

两人都是旧情难忘,缠绵悱恻,正欲重圆好梦,俞骝忽然从迷乱中惊醒,向表姐哭诉:自己已有妻室,今生结合无望了。

而俞骝的妻子,不是别人,正是丁慧因的同学张春薇。以前误传,以"俞"为"于"。更令丁慧因伤心的是:张春薇还推说自己不能生育,说服父母,将妹妹张秋苓也嫁给了俞骝。丁慧因受此刺激,随即偕母亲回到上海。这时,听说叶兆熊已经回家,在乡下躲难时,又讨了个老婆沈申影,竟是丁慧因当年的老师。

叶兆熊还想要丁慧因回来。但丁慧因留了一封遗书给母亲,说她离苏之际,死志已决。她到黄浦江上雇了一只小船板,行至江心,一跃而下,激起了几点浪花,春水微波,如此而已。

迷失的"红楼梦"

——读王钝根小说《红楼劫》

王若海　向　晚

　　作为一篇短篇小说,王钝根的《红楼劫》自然不可与鸳鸯蝴蝶派作家们为数不寡的无病呻吟之作同日而语。它描绘了一对少年男女自比宝黛、处处以宝黛言行为楷模,最后却禁不住一场战事的折腾,被冲得七零八落。这一故事揶揄了那些读红楼走火入魔之人,同时也是作者对当时颇为流行的程式化才子佳人小说的一个嘲讽与反拨。王国维在《人间词话》中说文学创作既要能入乎其内,又须出乎其外,这一原则同样适用于文学欣赏。唯有入,才能身临其境,推人及己,人我两忘;唯有出,才能超越感同身受的体验,得鱼忘筌,得意忘言。然而并非所有的人能出入自由,单调匮乏的环境与长期压抑的情绪往往使人更容易入而不出。对此,鲁迅先生曾指出:"中国人看小说,不能用赏鉴的态度欣赏它,却自己钻入书中,硬去充一个其中的角色。所以青年看《红楼梦》,便以宝玉、黛玉自居。"(《中国小说史略·清小说四派及其末流》)作者笔下的秣陵少年温如玉,因容貌姣好,性情温存,喜读红楼,便自以为是宝玉重生,并预先将未曾谋面的表妹武亚男安到黛玉的位置上浮想联翩,感叹"佳人难得,才子虚生,似水流年"。等表妹来到,就竭力加以重新塑造,使得一个本来有志于法律政治,并洋溢着崭新气息的热血青年也渐入角色,成了只知调脂粉吟诗词多愁多病的弱美人,常日捧心而颦,终年与药为伴。两人一个住在怡红院,一个住在潇湘馆,有桥无舟,徒添曲折,风雪之夜少年则学怡红公子披猩红斗篷踏雪折梅前往,行必如宝黛,言必及红楼,以至于新婚之夜再无例可援,不得已以唱诗词来加深"红楼"的气氛。然而战争的炮声惊破了他们的"红楼梦",夫妻俩为避战乱穷困潦倒,此时即便不食人间烟火如宝黛,也只得相对愁叹,诗兴索然,为柴米担忧,才子无能,佳人憔悴,落得个贫贱夫妻百事哀的结局。

　　当然这只是一个作者杜撰出来的故事,但自《红楼梦》写成后,模仿宝玉、黛玉行事的青年并不乏其人,真情形类似许多德国青年对歌德的少年维特的模仿乃至以死相效。这种无法把握欣赏尺度的病态依附失去了适度的心理距离,将情感过分投

入,幻想、迷狂,甚至于遗失了现实中的自我。《红楼劫》的作者以寥寥数笔艺术地再现这类情形,一笑之余,也颇有教益。其实,真正的相似总在于神而不在于形,如果仅以外表娟秀、才华横溢便可与宝玉、黛玉媲美,那么宝玉似乎只是一个俊秀而善体贴人的小伙子,黛玉也只是一个美丽娇弱的才女罢了。虽然身为鸳鸯蝴蝶派重要刊物《礼拜六》的创办者,王钝根并不赞同在当时拥有相当作者与读者的所谓才子佳人小说,对这些数量众多模式单一的作品,他说:"真真能言情耶? 试一究其内容,则自一痴男一怨女外无他人,一花园一香闺外无他处也,一年届破瓜、一芳龄二八外无他时代也,一携手花前、一并肩月下外无他节候也。……作者沾沾自喜,读者津津有味,不知小说为何物。"(《小说丛刊》序)正是基于这种认识,《红楼劫》并没有做成一个纯粹的悲欢离合爱情故事,它有社会背景,时代风暴最终席卷了少年与女郎的世外桃源,将他们从红楼梦境中赶出,生活变得真实和实际。这也是它有别于寻常才子佳人小说的地方。

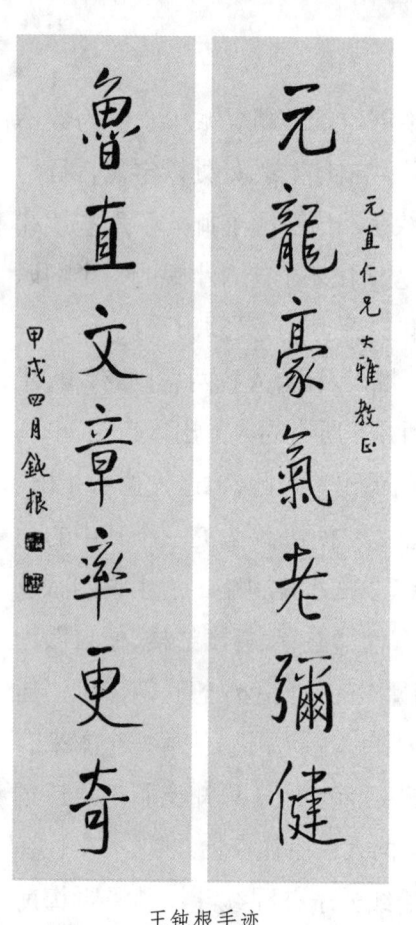

王钝根手迹

本来,《红楼梦》之所以能成为清季文坛写情的佳作,重要的原因便在于它写出了宝、黛之情,而宝、黛之情中最堪回味是他们的爱之深深又疑之重重。既然相爱,既是知己,却仍然爱得小心翼翼,爱得朝不保夕,所以他们不断地试探对方的真心底,所以他们不断地寻求爱情与爱情永远的证词与证据,所以他们总是说"你放心"而又总不能放心。这种难以言传的心灵关系、灵魂的悄然相遇与瞬间合离,被曹雪芹写得琐琐碎碎,又真真切切。相形之下,那些所谓言情小说,随手抬出两个美貌少年,凭空杜撰一段风流奇缘,仿佛只要才貌相当,普天下所有男女都可以配夫妻,只靠作者任意撮合,放到一部作品里就成。才子加佳人即是金玉良缘,木石前盟悄然退去,廉价的情人泪因煽情而潺潺,那笔细细密密的还泪账都成了绝响。

秣陵少年学宝玉,欲弥补宝黛遗憾于当时,一方面对林妹妹情真意切,一方面也不忘宝玉有宝钗,未能兼美,不妨兼取,任是无情也动人。《红楼劫》对此隐含讥讽之意,而许多才子佳人小说写的不过是这种悦于形貌的盲目痴情。作者沾沾自喜于能

写情、读者津津有味于能看情,而终不知情为何物。写得、看得卿卿我我的热闹,却写不得、看不得心心相印的微妙,这便是那些言情小说的单薄所在。

记得徐志摩在致梁启超的信中,针对老师善意而合乎情理的劝告这样回答:"我将于茫茫人海中访我唯一灵魂之伴侣,得之,我幸,不得,我命。"较之这样清新明朗的思想,才子佳人们的互悦互恋又算得了什么呢? 当然,王钝根在创作《红楼劫》时未必有以此深责温如玉的本意,然而正像所有具备一定内容与意趣的文学作品一样,它给我们留下了丰富的联想空间。

附:《红楼劫》(全文)

　　秣陵少年,拥紫貂裘,临窗而坐。窗外大雪初霁,瑶名玉树,疑是广寒宫阙。雪光穿窗而入,映射少年之面,莹洁如玉,然玉无温,少年之面则温而软,作浅绛色,奕奕飞动,盖雏鬟小雯方搴红绒窗帘近朝旭也。雏鬟初字阿娟,少年爱其慧,改名小雯。小雯笑曰:"公子熟读《红楼梦》,恐婢子粗陋,不足当晴雯奈何?"少年亦笑曰:"幸我室无袭人,必不使汝受委屈也。"于是小雯专司煮茗薰香之役,少年顾而乐之。

　　少年读《红楼梦》,如僧家诵经,晨起盥漱竟,必先焚香端坐,默诵数页。然后往省其母,母慈甚,亦不怒,且以为少年能读父书,勤敏可喜也。日者,少年读《石头记》牡丹亭艳曲警芳心,不禁拍案低唱曰:"原来是姹紫嫣红开遍,似这般都付与断井残垣,良辰美景奈何天,赏心乐事谁家院!"低徊数四,泣下沾襟,仰天叹曰:"天乎天乎! 天既生我宝玉,何不更生颦卿!"盖少年之意,以为天下之人,必聪明较好如宝玉者,始可读《红楼梦》,亦必有表妹妹如黛玉、宝钗者,始可读《红楼梦》。如我才貌,虽堪比美宝玉,而侨居客地,举目无亲,闻有一表妹,远在故乡,不知容貌何若,亦博雅能诗如黛玉否? 佳人难得,才子虚生,似水流年,那得不令人叹息也。

　　叹息未已,丫鬟忽报羊城武亚男小姐远道来此,太夫人命出相见。少年惊喜交集,掷卷狂奔,立抵母所,则见一女郎,笼东洋髻,系碧罗裙,窄袖蛮靴,与母对坐作雄谈,慷慨激昂,不可一世。少年私念是我表妹耶? 久萦梦寐,不图美丽如此,顾其举止乃如放荡少年,抑何可怪?

　　女郎见少年,立自坐跃起,问舅母曰:"此非表兄温如玉耶?"疾伸右臂握少年手,少年手痛作微呻,女郎不顾,滔滔自致其颂词曰:"鄙人在广东参政大学时,久仰大名,富于文学,实为当今革命志士,将来为国牺牲,铜像巍巍,华盛顿不足数矣。"少年大骇,红晕于颊,心忐忑,口嗫嚅,不能答一语。

　　母笑曰:"亚男小姐请坐,我家玉儿,长日闭楼中,见人辄腼腆,不似小姐出身洋学堂,习体操,讲外国话,只身走千里,胆略过人,表妹如此,阿兄愧死矣。"

　　少年曰:"妹在学堂中亦作诗否?"女郎微哂曰:"吾辈青年,当研究法律政治,预备将来做议员,任文法官,否则掷炸弹,放大炮,冲锋杀敌,谁耐烦做诗者!"少年曰:"然则弹洋琴唱短歌乎?"女郎曰:"然,此文明各国交际场中必要

之事,胡可弗学!"少年曰:"妹但爱歌,不知歌词浅鄙,不如诗远甚。今夫诗之为物,大足以赞天地之化育,小足以阐事物之精微,佳人才子,以之互达幽情,月夕花晨,以之排遣愁闷,妙思不竭,趣味无穷。妹如不弃,且在舍间宽住几时,破功夫寻得个中佳处,应叹吾言不谬也。"

母又笑曰:"汝但能作得几句歪诗,便絮絮向人家夸口。亚男小姐莫见笑,玉儿腹中墨水,不及汝多也。"女郎不答,盖女郎此时,忽起一种感想,又见少年温柔妩媚,自己豪迈之气,不完为之融化,颊上红云,亦渐渐而起。著者曰:冰霜之面,何幸得睹红云,此实破题儿第一遭也!

须臾进膳,肴馔纷陈,饭颗洁白,如初剖之珠,与象牙箸相映生采。女郎入坐,略不谦让,运箸如飞,立尽三盌。少年停箸错愕,念美人食量,岂宜如此之容。然女郎之五脏神,已愤然叫屈曰:"公子有所不知,我家姑娘,向非五碗不饱,今为公子故,饭量锐减,苦我神矣!"

夫人命诸婢为亚男小姐除治卧室,少年恐不安,躬自指挥,安沉香之床,设妃竹之几,铺翠饰之垫,又亲为之张绿窗帘,挂鹦哥架,又为手出一匾额曰:"潇湘馆",左右苦无竹,则立命园丁栽细竹,竹虽多而矮,远望有如骚胡之根,状殊弗雅,少年无如何也。

女郎入居"潇湘馆",初嫌其暗,既知出少年意,亦即安之。母拨一婢供使令,即初名菖蒲而少年改为小鹃者,粗率不解事,碎盌砸盆,动辄得咎。女郎初不需婢,则纵婢嬉,而自任汲水烹茶之役,少年来见之,诧曰:"妹起何早,衣薄如许,不畏寒耶?小鹃趣来,为小姐备洗脸水,煮参粥,添香瀹茗,饲鹦哥,皆汝分内事。汝曾见紫鹃姐几时顽劣如汝者?"小鹃喘息奔至,不解少年作何语,但木立呆视,少年无如何,乃抠衣挽袖,代婢执役,女郎止之。则曰:"宝玉待女儿,固当如是也。"

女郎自被少年感化,性格渐柔顺,晨起渐迟,饭量渐减,腰肢渐瘦,云鬓不整,脂粉慵施,常日捧心而颦,居然美人矣。少年大喜,盖复振顿精神,竭尽生平诗学,以授女郎。女郎固能文,习吟咏殊易事,读古诗数十首,即已摊笺弄翰,诗稿飞满一室,尝咏寒夜有句云:"窗外雨声催不住,锦衾如铁苦无温。"少年击节叹赏曰:"真情诗也!"少年又以女郎之名不类美人,特为更易曰翠黛。女郎亦善体少年意,常对镜学诸媚态,或斜倚湘妃榻作海棠娇睡,或扶婢行花径,轻盈袅娜,若不禁风。少年见之辄叹曰:"似这般多愁多病身,才不负了倾国倾城貌,小生何物,乃得享此绝代佳人,亦足为天下臭男子生色矣!"

少年所居曰"怡红院",院乃有楼,凭楼展眺,见万竹丛中有轻烟一缕飏出窗际者,则潇湘馆主煮药时也。潇湘馆与怡红院,仅隔一湖,然无舟楫可渡,必绕湖而东,过廿四桥,始得达。少年不辞跋涉,日必数至潇湘馆,时或深夜,则命小雯持绛纱灯为导,或遇风雪,则被猩红色斗篷,踏雪而行,折得梅花三两枝,持赠女郎,呼小鹃开葡萄酿,与女郎围炉共饮,搜索古人诗句为酒令,或共话身世,虑欢乐不常,日后如宝、黛之结局,则相对凄然泣下。女郎曰:"哥哥来此不便,胡弗当院更筑一桥。"少年曰:"惟其不便,情乃愈深,譬如牛郎织女,永隔银河,可望不可即,乃成长相思,相思滋味,久而弥永,以之为诗,亦愈佳妙,否则使贾宝玉与林颦卿同处一室,心满意足,一部《红楼梦》,更有何事可称耶?"

温太夫人年事已多,富有阅历,见彼两小无猜,知婚事不容再缓,则召少年而告之曰:"汝爱黛妹,汝姑丈也愿婿汝,惟吾观黛儿多病,不宜为吾家妇。"少年亟辩曰:"母言差矣!自古美人,俱甚娇弱,黛妹惟愁善病,是以称美,儿誓非黛妹弗娶,且母常言愿天下有情人都成着属,如儿与黛妹,是天特诞生为《红楼梦》弥补缺憾者,母宜玉成,勿复令宝、黛二人叫屈地下也。"

夫人复以试女郎,女郎俯首不答,若甚羞涩,然心中窃念,嫁呆何事,姑试之。少年亦念宝玉当日不急娶,遂致坐失黛玉,吾今早婚,可傲宝玉,惟宝玉有宝钗,我乃无之,使我他日更得宝钗者,其实不妨兼取。

新婚之夜,女郎逸兴遄飞,不复如曩日娇懒,少年则大费踌躇,以《红楼梦》无宝、黛成婚事,一切无可模仿,乃不得已自出心裁,特制新房仪注,先与女郎联句成定情诗八首,然后携手入帏。明日看女郎晓妆,亲执笔为画双眉,又咏眉样诗四首,又代女郎献姑嫜诗八首,又自作游仙诗十六首,又作无题诗一百首。闺房之内,吟哦声终日不绝。温太夫人笑而弗问,家人仆婢咸啧啧称美,谓新妇风雅如此,得未曾有。

更有一事,足以增进伉俪雅度者,则新婚多暇,相对吸雅片为消遣也,锦枕绣被,玉合银盘,香口微吹,麝烟四绕,此乐无极,何异登仙。少年乃谓娇弱女郎,斜卧吸阿芙蓉,天下为美之事,当无有逾此者,惜乎颦卿当日,未尝有此乐也。

"渔阳鼙鼓动地来,惊破霓裳羽衣曲。"当弄玉吹箫之际,正中原革命之秋。大炮一鸣,小民四窜,乱兵肆劫,富宝尽空,少年挈母妻仓皇逃避,饥驱四昼夜,中途失老母,夫妻蜷伏村寺中,困苦万状。及乱平,归省屋庐,仅存废址,售之得数百金。赁小屋三椽,苟且度日,佳人才子,落魄穷途,诗兴索然,相对愁叹。女

郎则花容憔悴,非复当年,又以烹调浣濯之事,素所不习,悉委少年为之。少年龟手灼肤,自顾泣下曰:"我本尝公子,自比贾宝玉,今乃贫困至此。"女郎亦泣曰:"我本健者,汝乃强人作林黛玉,娇弱如此,何堪执婢什之役!汝熟读《红楼梦》,亦曾见林黛玉有匍匐灶下时耶?"少年不能答。阅年余,金尽,驰书女郎父,乞贷,久不得复。少年乃作诗售于市,缠绵凄楚,见者酸鼻,相率掩面去,无购者。少年乃为人佣书,月得十金,仅足供女郎药饵。女郎长日倚枕,一如居潇湘馆时,然病益甚,衣垢不易,面垢不濯,少年有厌意。女郎作诗责之曰:"昔时娇懒君称妍,今时娇懒君生厌;不是侬颜异昔时,自是君心厌贫贱。"少年和之曰:"昔日颦卿令人欢,今日颦卿令人厌;非是颦卿有可增,只为颦卿处贫贱。"少年有佣书友,见诗叹曰:"我得丑妇心常欢,君得美人反生厌,美人只合住红楼,岂可与君共贫贱。"

(原刊《礼拜六》第 36 期,1915 年 2 月 20 日出版)

新瓶旧酒　买椟还珠

——读王西神小说《陌上花飞》

王若海　向　晚

上海世界书局 1924 年出版的《十家说粹》中的一家,是《西神小说集》。《陌上花飞》就是这集子中的一篇。

虽然,王蕴章(即王西神)的《陌上花飞》从内容到结构都落有唐人崔护《题都城南庄》一诗美丽传奇的痕迹,但这一小说仍然称不上是一篇动人之作。它的叙事结构方式似乎比它的内容本身更具可取之处,反映了西风东渐时中西技法杂陈、新旧印痕并存的过渡特征。

和中国传统小说素以情节为重,在情节的紧张展示中刻划与显示人物性格,在人物的语言、行动中,即动感性情节中写人叙事的手法不同,《陌上花飞》的作者尝试运用背景性叙事结构方式来剪裁这篇小说,这显然受有崔护诗的启发并糅入了西方小说的写作技巧。

崔护诗云:去年今日此门中,人面桃花相映红。人面不知何处去,桃花依旧笑春风。与其对应,小说同样描绘了相映相衬的两个场面:第一个场面是男主人公杨饮渌与江浩亭在龙华赏桃花时相会,各叙婚姻上的成功,春风得意,而他们的爱妻或爱妾也正对他们芳心脉脉,恩爱异常,这个时节看桃花,自然是"人面桃花相映红"了。第二个场面是一年之后,两位男主人公在桃花丛中重遇,则劳燕分飞,人情变异,桃花春风依旧,而人已无踪。这样的构思,从人面桃花到前后两个场景的安排,几乎与诗作同出一辙。同时,正是这种着重于对场面的描绘,使得这篇小说不像一般小说那样多以情节为串联,而是在背景点缀上写事与人。除了两位男主人公,其他人物,即使他们的妻妾,都被安放在背景上,如同龙华古塔、桃花或柳丝,许多必须交代的情节因素,如两个男主人公如何"恋爱"、"婚娶"、"离异"等等,都被推到场面的背景上略一涉笔,这种手法是受到了域外小说的影响,与我国传统小说以情节为主的叙事结构不尽相同。既受古诗启迪,又借外来技巧,这样合成的叙事处理写法在当时颇有新意。同时,在作品开头,作者花大量笔墨沿用了一个宋元话本小说式的"入

话"，使中西古今诸技法并存，这些也是《陌上花飞》整篇主要的价值所在。

令人不无失望的是小说所刻划的人物与表现的主旨。丹纳在《艺术哲学》中有这样的观点，认为"文学价值的等级每一级都相当于精神生活的等级"，而"文学作品的力量与寿命就是精神地层的力量与寿命"。思想的贫乏、人物的扁平是小说不协调于形式的致命伤。小说的主题无非是想说明婚姻应以真挚的爱情为基础，用金钱铸造的婚姻不幸福，不牢固。虽然，观点不错，却毫无新意，并非什么可资启蒙的新思想，也体现不出作为作家的王西神有其对社会人生的独到见解与崭新目光，并通过所描绘的特定的生活画面蕴藉或展现。用此敷衍成文，既使得崔护诗中梦幻般的色彩庸俗化了，也反映出作者生活体验与想象力的匮乏。江、杨作为男主人公却性格单薄，只是作者用来演绎他大众化爱情观的道具，苍白、粗浅，而他们的妻妾除了水性杨花外更是面目模糊，对十里洋场社会的反映也是空洞、浅层次的。尽管在结构上下了功夫，仍然无补于作品的内涵与深厚度，反之，形式本身具有的独立美学价值也因此变得黯淡无光。

自然，小说未必都需"载道"，都必须具备高深的哲理，都必须有启蒙作用，小说可以做游戏、消遣，但叶圣陶说得好："游戏也要高尚和真诚的啊！"津津乐道于颓废卑下的生存处境，思想与精神萎缩的文字，从本质上销蚀着人的超拔，沉滞猥琐的低级趣味比无可奈

王西神手迹

何的沉沦更可怕，所以"不仅是文学前途的渺茫和忧虑，竟是中国民族超升的渺茫和忧虑了"。(《侮辱人们的人》)思想上的贫乏，还使得即便吸收了某些西洋小说的技巧，也只是学其皮毛。以这篇小说来说，虽对背景性叙事结构方式有所运用，但并不是截取一个横截面，深入地描绘出各色人物，揭示时代的特征，使场面反映生活的容量增大，而只将场面描写变作了另一种流水账，浮光掠影，浅浅带过了事。

看《陌上花飞》之类的小说，仿佛喝了一杯白开水，精致的结构方式掩不住陈旧的思想观念，就像某些人所评价的：其俗在骨，倒不在乎什么行文骈四俪六或构思曲径通幽。

评平襟亚《人海潮》

周谷年

《人海潮》初版于 1926 年。1991 年上海古籍出版社出版《上海滩与上海人丛书》时,此书被收入。1990 年,九十六岁的文史掌故学者郑逸梅先生特为此书的再版写了引言。郑的引言中介绍自己是作者网蛛生(原名平襟亚)的好友,对作者生平十分熟悉。作者在二三十年代颇蜚声于上海文坛,他家穷,以卖文为生。因他本人和社会各阶层人士有广泛接触,又勤于记录所见所闻,所以在苏州闲居时,把在上海十年(约民国初年至二十年代初)中耳闻目睹的各种奇闻怪事(也包括苏州乡镇生活实况),以文艺笔法敷演成这一本五十万言的长篇说部《人海潮》。

平襟亚

《人海潮》是一部社会小说,取材于各种人物的社会活动。书中第八回主人公沈衣云对他的意中人陆湘林谈论著作家撰写社会小说应有的条件时说:

> 社会小说当真不易做,作者要有阅历,有胸襟,有文采,方能出色。而且书要读得多,路要走得远;描写社会情形,不能限于一地方、一等级,那真不容易啊!倘使只描写社会片段,随便可以写写,只算不来鸿篇巨著。

这该是作者本人多年创作的经验之谈吧。综观《人海潮》全书,可以知道作者与社会的接触是多方面的。《人海潮》中出现的人物,各个阶层都有,有学生、教师、作家、编辑、农民、商人、地主、苦力、小贩、小手工业者、和尚、尼姑、做官的、包租人、地痞、流氓等等。又因为作者对这些人物的生活、性格、品德、语言、习惯都比较熟悉,所以即使写同一类型的人物,并不雷同,而各有他们自己的特性。至于当时苏州村镇和上海十里洋场的种种奇闻怪事,即使现在从旧社会过来的六十岁以上的老人,

看了此书,也要自叹孤陋寡闻了。笔者粗略计算一下,全书五十回中,举出有代表性的社会奇闻竟有三四十个,其中有些当然是旧社会的必然现象,有些在今天新社会中也可找到它们的影子。这些奇闻怪事构成了我国二十世纪初期苏州村镇乡民和上海社会的生活画卷。

试举以下六个例子:

福熙镇城隍菩萨张太爷,讨死者陈金珠为妻,消息传开,全镇沸腾。城隍庙内张灯结彩,办酒席,并有傧相伴娘,乐队伴奏,一应俱全。县里一个委员居然捧一顶凤冠来,亲手给新娘塑像戴上。后来才知道那个陈金珠和苏州某绅士关系暧昧,陈暴亡后由绅士出主意让陈金珠下嫁城隍张太爷,于是才出现这桩哄动全镇的奇事。

地主沈祯祥患伤寒,病危时,命私塾老师贴出红条,上写明愿意减少佃农应交租谷,求神延长寿命。病愈后,红条不翼而飞,农民一场空欢喜。

一位清朝遗老邓雪斋,已是白发苍苍的人,但喜欢到院子里与姑娘们厮混。到八旬大庆时,许多好友馈赠各种礼品,他一概璧还,只有一个知己朋友,知道他的癖好,命一丫鬟送一只礼盒去,礼盒内一张礼束,上写:"谨呈姑苏治手杖一枝,伏维哂纳。"从此,那丫鬟随时伴在身边,邓雪斋出外时,把丫鬟当手杖,一手搭在她身上,由丫鬟搀扶行走。

在小报上写些小文章的文小雨、王散客等人,为了名利双收,用欺骗手段拉一些知名作家入伙,大登广告,广收费用,创办什么中国文学函授学校和文学研究所。发起人搞这个骗人勾当,到最后弄得名誉扫地,负债累累。

青年作家洪幼凤有文才,因稿费收入极少,生活清苦,二十二岁时患肺病不治早逝。他的妻子又因悲伤过度,香消玉殒。上海一些小说家,便把幼凤夫妇俩的结合当艳事争传,更把幼凤生前作品,大事宣扬拔高,称洪为王实甫再世,曹雪芹复生,更有人学着幼凤笔路,句摹字拟,杂凑成章,署上"幼凤遗著",出版商乘机大发其财。

在汪初益创办上海第一个交易所的影响下,柳一佛等人办起了"合群交易所",在报纸上还登了广告,居然使上海一些投机者哄动起来。马空冀等人也不甘落后,千方百计请到一位将军做筹备主任,闹猛一阵子,办起了南方交易所。不多时,上海刮起了办交易所风潮。可是事隔不久,关门的关门,解散的解散,不少人受骗上当,破产的破产,吃官司的吃官司。

作者平襟亚以卖文为生,对当时出版界的内幕更是了如指掌,他假借穷书生洪幼凤到处卖文鬻稿的遭遇,揭露了一切不法书贾唯利是图的心态。《人海潮》第三十二回对此作了淋漓尽致的叙述。请恕笔者多录些原文,让读者在读原著之前也能一

饱眼福。

一次，洪幼凤拿了他写的小说《银旗恨》和沈衣云到上海横盘街通商书局出售，一个交际员连稿子没看上一眼，便对他们说："我们这里编辑员常年养着一屋子，走到马路上，像盛杏荪大出丧一般，所以要编什么是什么，咄嗟立就，不比其他小书局，专收野鸡稿件。我们除上海、北京几位名流、博士特约撰述外，其他一律不收。"洪幼凤没法，又到麦家圈维新书局编辑部，一位编辑看了稿子第一页席雏凤的序文，说写得不差，接着又退还给幼凤说："小说稿件，我们一概不收。现在的小说愈弄愈糟，真要闹翻了，将来怕要像毛厕里遗弃的草纸一样不值钱。……足下别生气，现代小说家之多，多于垃圾桶里的微生虫，小说稿价格之低，贱于小菜场的臭咸鲞。……为保全血本起见，抱定宗旨不出版这种臭咸鲞式的小说。"洪幼凤和沈衣云憋了一肚子气，又到华文书局，书局的编辑王散客，为衣云之友。散客瞧瞧书名，说这种书稿过时了。没有读过，散客怎能说过时了呢？原来他熟悉上海出版内情，他下面一番话，倒是击中时弊，一针见血。他说：

> 上海出版潮流千变万化，这并不是书贾的欢喜变化，是阅者的眼光变化。……像这种"恨"、"怨"、"悲"、"魂"、"哀史"、"泪史"的名目，还有光复初年，哄动过一时，以后潮流就转移到武侠一类。……后来越出越多，闹翻了，做的人也实在太拆烂污，……简直像说梦话一样，看的人也就没有兴味了。书业潮流，便转移到黑幕上去。……什么《黑幕大观》、《黑幕汇编》、《黑幕里的黑幕》，这是笼统的，还分门别类，什么《姨太太黑幕》、《大小姐黑幕》、《和尚尼姑之黑幕》，……作者差不多要把娘老子的黑幕都写出来了。从此不到几时，那张牢不可破的幕，也就揭穿。后来潮流又转到财运上面去，什么《财运预算法》、《财运必得法》，风行一时。……大家想发财，发了财之后，饱暖思淫是免不得的，……今儿苗头已见，什么《隔壁桃花记》、《一枝红杏记》，听说成绩着实可观。……我正准备出一本《春醉芙蓉记》，总要把男女两性上的秘密，赤裸裸地描写出来。……这样淋漓尽致，才好一拳打倒西门庆，一脚踢翻权老实，包能一纸风行。

沈衣云听了这番高论，笑道："听君一夕话，胜读十年书。"平襟亚和出版界打交道多年，其中甘苦，其中"黑幕"，他是一清二楚的，他安插这一情节在书内，一是对当时文化出版事业的黑暗堕落情况表示愤慨，二是对像他一样的以卖文求生的穷知识

分子深表同情之心。作者虽然对当时出版界有所不满,可他也不能不考虑到广大市民阅读闲书的倾向性,考虑到出版商以赚钱多少为稿件取舍的标准,所以他还是一方面不敢恣意抨击当时出版商种种劣迹,一方面他在《人海潮》里,不惜笔墨描写一些文人游戏于春楼花丛之中。当然,平襟亚的生花妙笔,主要揭露那时社会上的丑态,他并没有以淫秽之词迎合一些读者的低级趣味。

《人海潮》中最为活跃的人物,大部分是和作者相类似的知识分子,他们有的专写通俗言情小说和游戏文章,有的当小报或书局编辑,有的当教师,有的是无固定职业的无聊文人。平襟亚是小说作家,同他接触最多的当然是这些人物。这些人物在小说里作为主要正面人物的沈衣云,除了极少数几回没有出现外,近四十五回都有他的踪迹。作者为什么着力塑造这个人物? 我认为作者是把沈衣云作为他自己的理想人物看待的。但作者并没有故意把理想中的文人拔得很高,沈衣云只是一个平凡的有血有肉的普通读书人。他父母双亡,在苏州农村里寄居叔父家,其叔富有,但无子女;他一贫如洗,叔父有意让他继承自己产业,延续香火。可他穷得有志气,平时勤奋学习,安分守己,对叔父家产毫无非分想法,后来离叔父家赴上海自谋生活。衣云幼时和同村富家之女陆湘林同在私塾读书,两小无猜。成年后他俩感情日笃,相互情深意切,但衣云自知一富一贫,将来难以撮合在一起。赴沪后,知道湘林被迫与钱福爷儿子钱玉吾订婚,他仍然不能忘情,尽管与一些文人好友出入于烟花巷中,始终不染污泥,守身如玉。在民国初年,作者看到上海的官僚、军阀、政客、流氓、遗老恶少、狎客娼妓和大大小小的冒险家,都把这块十里洋场视为自己的乐园,天天沉浸在灯红酒绿之中,另一方面,看到一般市民和一些读书人都似乎对社会上各种欺世盗名、腐化堕落的丑恶现象熟视无睹,作者有意把沈衣云从以上这些醉生梦死者分离出来,突出他的安分守己、坐怀不乱,信守与湘林的爱情誓言。在作者的心目中,衣云的品德是至高无上的了。过去不少评书者认为《人海潮》是一部劝世之作,如果确是如此,则书中沈衣云这一人物,就成为作者希望世人向他学习的楷模了。

作者写这部社会小说,其中小说结构、人物安排和铺叙方法,与吴趼人的《二十年目睹之怪现状》非常类似。吴趼人抬出由黑暗的"官场"转到他所认为开明"商场"的吴继之(在吴趼人心目中的正面人物),和一个十足衣冠禽兽的反面人物苟才,通过这两个人物的经历、生活和各种人物的接触中,暴露了 1884 年中法战争前后到 1904 年前后的二十多年内封建社会垂死时期的种种怪现象(特别是官场中的怪现象)。把几个主要人物放在一定位置上,牵出各种人物和许多不太相关的故事,在一定程度上反映了社会某些丑恶现象,于是形成一部长篇社会小说,这就是鲁迅

先生名之为"谴责小说"的根本笔法。这类小说主要的意图,是暴露社会黑暗面,谴责社会上存在的不道德、不公道,而作者们并不要求自己在小说中提出改变这些现象的理想和方案。《人海潮》大致也如此。例如书中一方面描写钱玉吾这一苏州阔少到上海后因嫖娼得梅毒而死的下场;可另一方面,他又用不少篇幅,写一个农村贫苦姑娘金银珠到上海后为父母所诱,堕入青楼,后来因为她的美貌,受到巨富们青睐,不久又嫁给一个腰缠万贯的军官,变成了阔太太,那军阀被人打死后,她又操旧业,隔不多久,她又转嫁给苏州的一个乡绅做姨太太,手头有了钱,连她的娘家也阔了起来,家里屋宇连云,呼奴使婢,由一个贫苦农民一跃而成了财主。当地一些农民反映:"爷娘究竟养女儿的好,养了女儿,尤其要送她到上海堂子里去,才有出息,才有翻身日子。"作者写这些,意识是什么,很模糊,看来没一点劝世警世的味道。

作者在社会采访调查中,曾经不无感触地发现了地主与农民、出版商与作家、富绅与婢女、老鸨和妓女……之间的尖锐矛盾,但作者对社会的认识非常肤浅,他不知道产生这些矛盾的根本原因,当然更不了解如何解决这些矛盾,改变人间的不平和痛苦。基于这样的认识,他在当时也只能是旧社会中的随波逐流者,为了满足城市小市民的偏好,全书差不多用一半以上的篇幅,不厌其烦地描绘无聊文人在青楼、酒馆的花天酒地的生活,这不能不使本书的品位大大下降,成为市侩、少奶奶、姨太太茶余饭后消遣之物了。

《人海潮》一书,笔者连读了两遍,其中处处迹象,都好像暗示着,沈衣云这人物实际上就是平襟亚的化身,理由有三:

一、沈衣云对陆湘林谈社会小说的创作问题,这正是作者本人的主张和想法。那时沈衣云还在农村生活,没写过什么小说,涉世见闻也少,他那时迫不及待对陆湘林畅谈创作经验,似乎来得太突兀,太蹊跷。作者所以要安插这段内容,一面要表露出沈衣云的才能,以求得陆湘林更多的倾向,而更重要的方面,则为了显示作者曾经有过这一段感人的经历。

二、据郑逸梅介绍,平襟亚家贫,以卖文为生。书中的沈衣云在农村依靠叔父为生,到了上海,衣云一边当教师,一边做环球书局编辑、钱庄管事,由于他的工作关系,和上海各种文人接触频繁。小说没有写他收集各种生活素材,但他确实同这些人物生活、工作在一起,对他们的习性、爱好、生活环境了如指掌。小说中许多人物的活动都离不开衣云,很明显,在衣云身上笼罩着作者的影子,是毫无疑问的。

三、衣云在上海的生活,表面上也常常在青楼、酒店出现,可他并不沉溺于声色

之中,到青楼、酒店不为了个人享乐,不为了度春宵,到底为什么,书中未说明,可只要仔细分析一下,他一切幕后的潜台词,是观察、体验那时形形色色的社会生活,以至观者的身份,或者以众醉我独醒的眼光冷静地看待众人的醉态丑行,目的是为了收集撰写社会小说的生活素材。这与作者的身份是吻合的。

还有一点,也值得一提。据郑逸梅在引言中透露的内情中说,平襟亚的夫人姓沈,他入赘妻家,在避祸于苏州时,韬晦藏身,改用妻的姓,化名为沈亚公。沈衣云这人物不姓别的,恐怕该是不谋而合吧。

平襟亚的作品有六七种,除《人海潮》外,有《人心大变》、《中国恶讼师》、《百大秘密》、《民国奇案大观》、《奇妙世界》等,大都为刻画民国时代芸芸众生离奇生活的社会小说。因文笔流畅,笔触所及颇深入实际生活,故颇受读者欢迎。

读包天笑《留芳记》

吴承惠

《留芳记》封面上印着一幅肖像,那是年轻时的梅兰芳先生。作者的署名是"吴门天笑生"。

现在且说作者。"吴门天笑生"者,就是苏州包天笑也。

《留芳记》书影

虽然后来的文化界对包天笑的评价不一,比如有的说他是"鸳鸯蝴蝶派"始作俑者(一说是写《玉梨魂》的徐枕亚),但他作为前辈、长者的形象,在我的心目中却是抹不去的。老先生克享高龄,晚年定居香港,写了《钏影楼笔记》,我读过一本(不知有几本,还是只出了一本),觉得文章写得非常平实,丝毫没有做作掩饰之处,我们从中可以了解到不少"当年事",也可以了解到老先生本人。读者有兴趣不妨找来一阅,我在这里就不再饶舌了。

再说梅兰芳先生这幅像,西装笔挺,还是老式的礼服了,玉面朱唇,单凭这仪表,就可以想像得出当年北京的一些王公士大夫,对他倾倒备至的情景,更不用说是粉上戏妆,登上舞台的风采了。

《留芳记》小说的开头,先写梅先生的祖父梅巧玲。他是个唱戏的,为人颇重侠义。有一个从四川来的读书人傅留青,一试不中,就在北京住下来,预备明年再考;平常自然也少不了与同乡故旧交游欢聚,在一次宴会中,认识了梅巧玲,很快就成为知己。傅留青带来的旅费用光了,还欠了会馆三个月的饭钱,受到冷遇。梅巧玲马上就将自己演戏积攒下来的几千两银子陆续借给傅留青。后来傅留青老是郁郁不

得志,染病身亡,景况很是凄惨。这时梅巧玲得信赶来吊丧,大家以为他要向傅留青老家人傅忠讨债,谁知梅巧玲却把傅留青生前的三张借据,当场放在火上烧成灰烬。不仅如此,又拿出五百两银子,让傅忠把傅留青的灵柩送回四川老家安葬。这件事,一传十,十传百,梅巧玲的侠义之声感染众人。他成亲以后,生了两个儿子,叫大琐、二琐。大琐就是有名的琴师梅雨田,二琐养的儿子,就是梅兰芳。书中写到梅兰芳降生时,梅巧玲夜里梦见傅留青含笑对着自己说:"感谢你的高义,我今天又到你家来了。"说着把手中的一朵兰花递与梅巧玲,然后转身往二琐媳妇房中跪去,梅巧玲上前拦阻,不想在门槛上绊了一跤,醒来时,家人报喜,二媳妇养了一个很美的男孩子。梅巧玲抱过来一看,觉得孩子眉目之间,似曾相识,这可能是心理作用的缘故。所以取名兰芳,也是梅巧玲梦中得来的灵感。

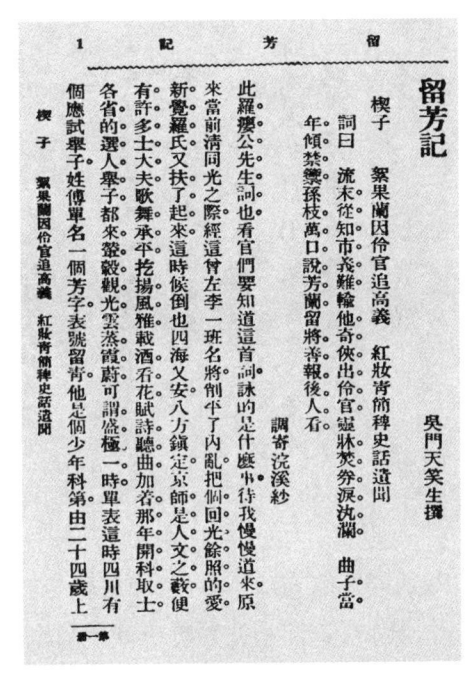

《留芳记》"楔子"

这个故事是否确实,作者自己也声明是"小说家故神其说",只可当作野史来读的。后来写到梅家想把兰芳送去学戏,一时又拿不定主意,不知是否妥当。有一天,梅雨田路过一个测字摊,突然心一动,何不拆一个,问问吉凶。他指到的是一个"始"字,测字先生叫吴子佩,经他一分析,竟是大吉大利,说这"始"字,一边是"女",一边是"台",孩子学的戏,如偏向阴性(唱花旦),必定能在舞台上大红大紫。小说这一段,写得有声有色。

这测字先生吴子佩,以后也大有作为。起先虽时运不济,连摆的测字摊也被大风卷走了,丢了全部吃饭家当,走投无望之际,忽然看见保定军官学校的招生启事,于是成了他的转运之机。

说道这吴子佩是谁?我猜就是北洋军阀之一的吴佩孚。他又号子玉。作者稍为搬弄一下,变成吴子佩,似真又假,这样写起来可以少负些历史真实的责任,多采纳些民间传闻,以增加小说趣味性。

从吴子佩又带出了一个人,其实是本书的主角,叫袁凯亭,字世展。他是谁?一看就知道是袁世凯。类似这种略改一二字,仍是在叙述历史人物事迹的例子已有许多,如黎元洪改为黎元宋,唐绍仪改为唐兆怡,熊希龄改为熊秉龄,宋教仁改为宋初

包天笑手迹

仁,汪兆铭改为汪常名等,不胜枚举。

因此,这部小说其实也就是写辛亥革命前后的政局变化,以及袁世凯从小站练兵,到隐居洹上,再被清廷弄出来做内阁总理大臣,然后做民国的大总统,最后以八十三天洪宪皇帝的丑剧终场。在大的关节上不违背史实的前提下,作者尽量撷拾一些内幕来作为小说的肌肉,再穿插一些梨园轶闻,花界艳史,这样读起来就没有枯寂之感。而听歌看花,原是那些王公大人生活的一部分,有些肮脏的政治交易就是妓院里谈成的。有些名妓还成了他们的小老婆。一旦这家人家官运不济,财势将亡,又拍拍屁股走了。书中讲到清朝的内务大臣奎喜峰,因为给皇室办差,侵吞了大笔款项,所以积财甚富。在家里,他最宠信的是六姨太。有什么秘密大事都不瞒她。这一天奎喜峰从外面回来,说起革命党闹事,恐怕京城早晚有变,得早些想法把现钱产业、金珠细软安置好。六姨太听了也不言语,仍旧尽心尽力地服侍奎喜峰。第二天,奎喜峰回到家,不见了六姨太,到了夜里两三点钟还是不见人影。再传贴身的当差方俊来问,方俊也不知去向。方俊本名方佩兰,原是内廷戏班子里的一个唱花旦的,奎喜峰赏识他,便把他带回来做心腹的随从,改名方俊。不想日子一久,方俊同

六姨太有了私情。现在,六姨太眼看奎喜峰大势已去,便暗暗开了首饰箱,把许多珠宝钻石装在一件贴身的小棉袄里,然后偕同方俊,私奔而去。奎喜峰气得不得了,事情传到其他满洲大员的耳朵里,也无可奈何。因清朝这棵大树已摇摇欲坠,他们这些猢狲也保不住了。

但是,共和政体这一方面,又何尝不是乱糟糟的。袁凯亭当了总统之后,第一任国务总理是唐兆怡。但这个国务总理实在不好当,主要是财政拮据,总向外国银行借钱过日子。有一天,唐兆怡在袁凯亭面前大谈裁军,说是可节约开支。但袁凯亭听了不以为然,见唐兆怡说得起劲,就拉拉他的袖子说:"老弟,您谨慎些儿呀,我这里四面八方尽是兵呀!"唐兆怡连忙将话煞住,回到府里,越想越不是滋味,觉得自己的处境艰难,而且危险,吓得夜里觉也睡不着。忽然又听见街上有"噼啪"声响,其实是人力车车胎爆裂,他以为袁凯亭派兵来捉他,连夜越墙而逃,先想到六国饭店躲一躲,但六国饭店大门紧闭,无法入内。又逃到车站,凄凄冷冷地等到天亮,坐了火车到天津,再也不肯回来当总理了。

乱虽然乱,但大员们听戏的兴致依然不减。梅兰芳开始露头角,声名已不输于已经走红的王惠芳。这时,他遇到了一位知己,就是军谘府的一位厅长,广东人,姓冯,名光牛,号霄纬,排行第五,人称冯五爷。其实就是冯六爷冯幼伟的化名,他是倾其一生的心力、财力,扶持梅兰芳的人。

小说写道:冯霄纬原来欣赏的是梆子花旦罗小宝(艺名响九霄)。但罗小宝恃宠而骄,动不动就发脾气。有天,冯霄纬去看他,见他因佣人打碎了一只茶碗,又使性子骂开了。冯霄纬劝他几句,反遭他的抢白,冯霄纬很不开心。过了一天,有人借梅兰芳家里请客,邀请的贵宾中,就有冯霄纬,见梅兰芳如此韵秀美丽,温文尔雅,马上就和罗小宝疏远了,从此与梅兰芳论交谈艺。梅兰芳后来在艺术上出类拔萃,得力于冯霄纬及其他一些文士名流的帮助不少。

仿佛又听说,可能也是在包天笑先生所著《钏影楼笔记》里,谈到《留芳记》出版后,梅兰芳有些看法,认为其中的一些有关他的描写并不确实。这桩公案到底如何,恐怕现在知道的人就极少了。

评冯玉奇《金屋泪痕》

吴承惠

冯玉奇这个名字,在 1949 年前上海文化界人士的言谈中,几乎是不屑一提的,但又不能不令人感到纳闷:怎么这个人写的小说,竟然会拥有那么多的读者!

不管这些读者大部分是属于低层次的,如小家碧玉、舞女、少奶奶、姨太太,也有小职员、女工,等等,当然他们都是有点文化知识的,但因为这一层次爱读他的作品,往往一传十,十传百,所以人数就相当可观的。

戏曲界也有着冯玉奇的市场。据我知道,冯玉奇就为越剧团编过戏。

冯玉奇小说中的男女主角,基本上也就是他的这些读者对象。稍为攀高一些,顶多是小老板之流;再高些,一到了冯玉奇的笔下,就显得小家子气了。

这里介绍的《金屋泪痕》,也可以说是冯玉奇的一部"代表作",故事大致如下:

在一个小城镇上,有一户穷苦人家,姓盛,四口人,父亲盛老实,拖塌车,母亲染病在床,儿子阿狗有点痴呆,女儿璞姑聪明秀丽,平常为人家做些针线活儿,贴补家用。

有一天晚上,密云不雨,空气沉闷。盛老实在外被新民纱厂的卡车撞倒,幸被邻居青年工人金志毅发现,扶回家来,当晚盛老实伤重身死。金志毅出于义愤,挽了阿狗到纱厂里去找经理张三爷算账。张三爷百般抵赖,金志毅怒火难抑,动手砸了张三爷的写字间。张三爷买通警察局,将金志毅抓去,关进监狱。

父死无以成殓,母亲本来已经奄奄一息,至此忧郁而亡。璞姑正在束手无策的时候,要好的小姐妹金宝劝璞姑自己去向张三爷求助。璞姑一时糊涂,听从了金宝的主意。张三爷是个好色之徒,见璞姑如此美貌,顿时神魂颠倒,垂涎三尺。当下就给了璞姑五百元,让她去料理丧事,同时暗下决心,要把璞姑搞到手。接着他便找情妇商量。

情妇就是金宝,本来也是纱厂女工,被张三爷看中,做了外室。金宝的哥哥大彪,因此在厂内做了工头。

经过一番密谋,张三爷租了一幢房子,作为金屋,先让金宝搬进去住。然后由金

宝出面,假说自己过生日,邀璞姑来作客,用酒将她灌醉,扶到后房。这一夜,璞姑又成了张三爷的占有物。

第二天璞姑醒来,发觉已经失身,自然痛哭不已,但经不起张三爷的甜言蜜语,又感处境孤苦无依,便与金宝一同做了张三爷的小老婆,被佣人徐妈称为大太太、二太太;璞姑的哥哥阿狗也进厂做了茶房。

金宝见璞姑夺去了张三爷的宠爱,妒心时时发作。不久璞姑怀了孕,而张三爷家里的大老婆是不会生孩子的,金宝也没有怀孕的迹象,将来璞姑如果生个儿子,更要专宠于她一身了,金宝由妒生恨,伺机暗害璞姑。

这一天,璞姑听阿狗来报,金志毅已经出狱,困守在家,便假说出去有事,却独自一人来看望金志毅。两人本来就有感情,金志毅又救过璞姑的父亲,为璞姑一家吃过官司,璞姑现在见了他,当然更加难舍难分了。

金宝打听得璞姑是去同金志毅相会,便命徐妈到厂里向张三爷告密。张三爷立刻悄悄地到金志毅家来窥视,见璞姑正为金志毅梳头,便断定两人是在通奸,等璞姑回到家中,便是一顿毒打。璞姑有孕在身,流血不止,被送到医院,病情危急。

金宝暗算了璞姑,心中却很慌张,一人坐在家里,疑神疑鬼,以为璞姑已死,鬼魂要来找她索命。

金志毅得知璞姑被打,决心报仇。这天晚上,扮作医院的仆役,将张三爷骗到路上无人之处,先是尽情凌辱一番,逼着张三爷吞吃自己吐出来的污秽之物,然后一刀将他刺死,连夜逃往上海去了。

第二天张三爷的尸身被发现,金宝本已心虚胆怯,经此一吓,神智更加错乱了,也被送到医院,所住病房就在璞姑的隔壁。

璞姑流产后,经过治疗,病情却日渐好转了。

张三爷的家里,还有父母,还有兄弟姐妹,还有他的发妻,对张三爷的死,虽然悲伤,却也知道他是整天在外拈花惹草,自取杀身之祸。当下决定,纱厂由张三爷

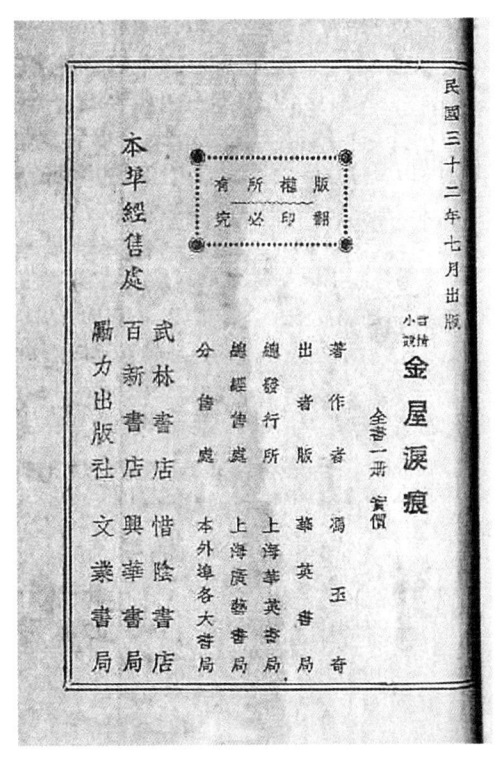

《金屋泪痕》版权页

的兄弟、读过大学的达四接任经理。并认为金宝、璞姑这两个女人是祸水,不再承认她们是张家的人了。

因为无人付钱,璞姑不能再在医院住下去,幸好身体复原,便一人来到上海,正愁无处寄宿,忽然在一条弄堂口碰见徐妈。徐妈在舞女王丽娜家中帮佣,便介绍璞姑来与王丽娜同住。后来在王丽娜的怂恿下,璞姑也当了舞女。而且因面孔漂亮,舞姿轻盈,很快地就成了红舞星,前来报效的舞客不少,其中,追求璞姑最为起劲的有两人,一是四十岁的银行温经理,一是二十多岁的纱厂张经理。

张经理就是张三爷的兄弟张达四。

张达四不晓得璞姑是兄长生前的外室。璞姑却知道张达四和张三爷。但张达四为人比他老兄诚恳,一再宣称要帮助璞姑脱离舞女生涯,让她读书。璞姑于是也经常答应和张达四约会。

金宝则被张三爷的司机阿三拐卖到上海长三堂子里当了妓女,因人虽美丽,但神情木呆,被称为"泥美人"。

有一天,璞姑跟了温四爷来看"泥美人"金宝,不想金宝突然疯病大发,不久就惊悸而死了。

璞姑在弄堂外面遇到了金志毅,他已当了邮差。两人一见,旧情复燃。璞姑毅然与金志毅结婚,起先日子过得倒也和美。不幸金志毅一日也被汽车撞倒,伤重不治,死在医院。璞姑悲恸欲绝,昏倒在侧,却有一人从后面赶来将她扶住。这人就是张达四。

本书便到此结束,但故事还将演变下去,这是作者最后说的。

从整个情节看来,作者也不是没有一点正义感,还是同情被压迫的穷苦人民的。而且善有善报,恶有恶报,坏人总归要受惩罚,好人总归有个理想的好结果。这本书里的好人死掉不少,璞姑的遭遇也颇多挫折,以后怎样,这是作者故意个关子,好让他把故事说下去。

也许冯玉奇的"成功"之处,就是能抓住他的读者的心理,善于编造博取读者同情之泪的故事。

文字太不高明了,谈不上是文学语言。

还有不少比较暴露的色情描写,这也是冯玉奇的书能获得畅销的原因。

读毕倚红《人间地狱》有感

程乃珊

　　不知何故，我这样的人，竟是很怀旧的。且怀的那类"旧"，往往是远在我出生之前的那段上海的一些人和事。前几天与几个友人闲谈，说过去的事，它的声像和磁像依然在我们空间存在，依然以我们不可设想的速度继续在传播。如果有那么一种仪器可以将那些磁场频率和声像光谱再重新组合，就可令时光倒流，重现那过去的踪迹……我不知世间究竟有无这种仪器问世，也不知有无可以唤回过去的特异功能，但我笃信文字，是我们可以"看见"过去的最好的仪器。而这文字，一定要是当时人持一种负责、敞开的态度写的文字。我以为《人间地狱》就是一部让我们可以回到民国初年的沪上生活的这样一部"仪器"。

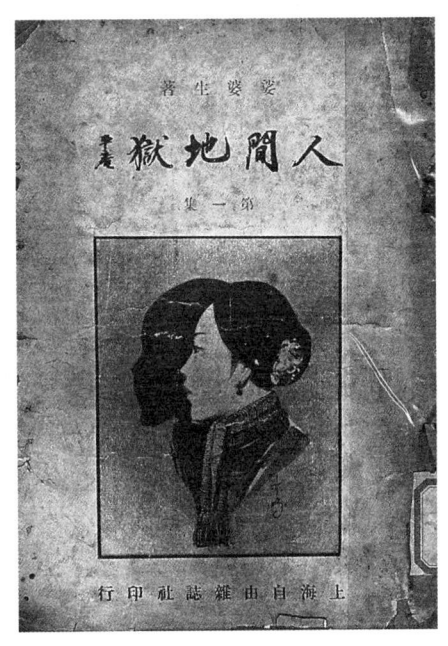

《人间地狱》书影

　　我的"怀旧"，倒不是恋旧，只是觉得，现在接着过去，现在也会成为过去。我爱生我育我的上海，所谓"爱到深处无怨言"，果然，我也对生我育我祖辈和父辈的旧上海，也执一片深情。爱，就是全盘接受。爱，就是渴求了解。

　　小说开头，杭州来的阿美一出场，就抓住了我。且看作者对她的描写：

　　　　却正是十七八岁，脸上虽不丰腴，体态却苗条有致。穿一身玄元色摹木锻袄裤，梳一根辫子，不扎把根，愈显得玉立亭亭。

　　一个民国初年的女孩子，活脱脱出现在我眼前。总觉得白描功夫，当今的我们一代作家，怎么也写不过老一辈。这除了与当今我们的古文根底不深外，阅历不深、美学修养不够等恐都有关系。有时看某些小说中描写女主角如何动人如何时髦，只

见作者满纸的"××色的纱巾,××牌牛仔裤或××名牌的套裙……"写得十分吃力,而读者——至少是我,却怎么也不觉得"她"有多美,多高贵!而此书中几次描写女性,不但可见作者的文字功力,且见作者对衣料、样式乃至品味,都有深邃的见解:

> 仔细看薇琴的打扮,穿一件咖啡色野鸡葛骆驼绒袄子,下面套一条小花头元色库锻裤子,裤子高高束起,露一双不甚过大的天然足。脚上穿着月白缎子绣黑蝴蝶的鞋子,衬着雪白的丝袜,周身分外觉得清秀高雅。梳了一根辫子,前刘海全梳上去,显出一个有红有白不肥不瘦的面庞。贾大人看了又看,向程藕舲道:真是天生丽质,我见犹怜。程藕舲微微的发了一笑,也不附和也不反对,静默默的吸着香烟不响。贾大人仍旧不住的瞧着薇琴,薇琴倒有些不好意思起来。

> 话犹未了,楼梯边登登登一阵脚步声音,走进一个娇小玲珑十五六岁的大小姐。滚圆一张小粉扑脸,脸上没一些脂粉,二颊上天然的一种红血色,仿佛和吃醉了有几分酒意似的。一嘴小细白牙齿笑一笑全露出来。穿一套黑哔叽的衣服,不加一些珠光宝气,可是走进门来,大家眼光不同地全向她身上一闪。

> 黎苑亭趁这当儿,将那女郎饱看,只看她身材甚小,可是雅有娉婷之致,并无委琐之形。一张肉多骨少的粉脸,带点鹅蛋形式。几根前刘海稀疏凌乱,随意覆着玉额,格外清新扑人。两叶柳眉浓而不浊,一双杏眼黑白分明,耳鼻也位置得宜,樱唇皓齿微笑嫣然。穿一件浅妃色野鸡葛的皮袄,上面罩一件元色丝枪锻。半臂下面高高的束一条浅蓝裤子,露出天足。穿一双湖色绣花高跟鞋,衬着蜜色丝袜,从丝袜里又露出肤肉的颜色,煞是动人。

我因为见过祖母一代二十年代初的生活照,因而这样的描写马上在我视觉中立体起来。浅妃色配元色,浅蓝裤配湖色鞋,再咖啡色配元色底小花头裤,再配月白绣黑蝴蝶绣花鞋……那种鲜艳,那种协调,跃然纸上。我又要提到电视剧。近年来有不少近代史上的名人都搬上了屏幕,遗憾的是,明明是名门闺秀,打扮却不伦不类。其实,即使是青楼女子,也有不同档次的。像该书中所提到的几位女性,如薇琴(阿

美)等,既然深得程二少这样的有一定财力才力的公子赏识,我想其口味装束,一定不俗。

因为家庭关系,我也认识几个当年沪上有名的青楼女子,俗称"名件"的。她们大都为世纪同龄人,现除一位我称范婆婆的尚健在外,其余几位均已作古。看了《人间地狱》,我似已看到它的第四册、第五册;薇琴她们几位的后半世命运,均让我读到了。

早听妈妈说过,长三堂子也有等级,像我家认识的那几位婆婆,都属卖艺不卖身的。她们有的说得一口好苏白,唱弹都行。也有写得一手好字,会画扇面的……生活本身是复杂的,不合乎推理的;这些婆婆们自然是出身贫寒,自小被卖出来,连亲爹娘都不知的,但凭着她们姿色和聪敏(其实姿色还在其次,聪敏,俗称"功夫"的,才是最主要的),她们结识得一帮达官贵人,纷纷被他们赎出青楼,自然也只有做妾和外室的份。但她们中不少因此步入上流社会,甚而出洋游海的,大大地开了眼界。说实在的,如果不入青楼,哪得这一番荣华富贵? 然而,任什么都得付出代价,且看碧艳、薇琴等,各人一掬伤心泪,"人间地狱"四字,一点不错。那些婆婆们的伤心泪,自然不会轻易向人透露,但我从碧艳、薇琴那里,已深有知晓了。然而冷眼看这些婆婆们在生活中的处世为人,我觉得要远远胜过不少小家碧玉乃至大家闺秀。

我识得一位吴婆婆,是扬州人,却讲着一口香甜糯的苏白,二十二岁上,被有海上××大王之称的吴公公赎出做妾。她很有功夫,偏遇上大太太自恃名门出身,骄横自私,便越发体现出吴婆婆的体贴温柔,从此吴公公出出进进只带她一人,反倒冷落了大太太。奇的是,连大太太的子女,也因着这姨娘的善解人意而亲近她。

当我在读《人间地狱》时,那些我熟悉的婆婆们的身影,总会浮现在我眼前,正如我说过的,似在为薇琴、碧艳之辈作续集。那么可信,那么真实。我不大懂小说理论,特别是什么拉美派黑色幽默派,然而我认为,文字贵在其实而不在其形式,贵在它所表现的生活气氛而不在其格局。而且,我们这一代作者——特别是我,不好好补上历史(不是历史事件上的历史,而是历史中的生活)及古文这两大课,我们的文学能否像这本《人间地狱》一样能让五六十年后的读者信服、佩服和折服,是很成问题的,更遑论要留下去了!

什么叫旧社会? 我们一度接受的对旧社会的认识,是那么抽象苍白,似乎只是地主狗咬穷人,穷人挨冻受饿……而对那个社会罪恶的本质的认识,则一片模糊。而《人间地狱》,作者只是从容不迫地把故事娓娓道来,然而却时时让人感慨、叹息。如第82页姚啸秋说的有关忆宝宝的身世,"如今世界之上最贵的就是金钱,有了钱

就有名誉,没有钱就是年高德劭的孔夫子也没人瞧得起"。那笑贫不笑娼的旧上海被勾勒得一览无余了。还有薇琴在杭州被巡捕行凶等等情节,无一不是对罪恶的旧上海的控诉。

作为一种文化现象,我以为妓女文化是研究旧上海一个不可缺少的环节。妓女文化不等于色情文学,这是绝对不能误会的。事实上,近代史中,我们也读到不少很有思想很有抱负的青楼女子,如小凤仙、赛金花、张玉良等。我以为,在中国历代封建思想桎梏下,在十九世纪末二十世纪初的中国妇女界中,除了极少数受西方民主思想影响因而家庭里出了几个近代新女性外,一般妇女,即使大家闺秀,反而更受束缚。笔者有一远房外婆,当时已报名入读沪上闻名的爱国女校,然而家里听说那学校要上体操课,觉得有失大家的风范,便禁止她入学。结果,那位千金成为旧式女子,错过了许多她本可享受的人生乐趣! 自然,这是题外之话。那个时代也正好是我祖父在上海这个舞台上搏杀的时代。他十四岁从乡下进上海中国银行,做个小小练习生。当程家二少爷、姚啸秋等人在吃花酒开局票之时,他正在抓紧时机读夜校补英文,为日后上舞台"唱主角"打基础。而几个当初提携他的阔少如程家二少之流,再也没想到,日后他们会落拓败黯。他们吃花酒时沾上的爱妾,到头还要我祖父接济。祖父一直负担着几个恩人的妻妾养老,直到她们归天。人生就是这样乱哄哄,你方唱罢我登场。在我读《人间地狱》时,小说和现实,历史和现在,不时交叠重印,竟令我深深投入。我在一篇文章中曾说过,读书的乐趣不在于读的是什么,而是书中所道出的对生活认识所引起的震惊。

年前,恰遇北京的毕朔望老师来上海小住,听他讲起,原来《人间地狱》作者乃毕老师的父亲。可见历史历史,尽管我们没有在那个历史时期生活过,但是无可避免的,我们每个人都与历史有着千丝万缕的瓜葛,我们是顺着历史的足迹步入人世的。

因读朱贞木《七杀碑》而想起的

钱谷融

《七杀碑》是朱贞木的作品,我过去没有读过。1988 年北方文艺出版社重印时才第一次读到。一拿上手就有些放不下,非要读完方休。在众多的新旧武侠小说中,《七杀碑》并不特别有名,但它的确写得不错,文字洗炼,情节生动,很有吸引力。除了难免有一些传统的才子佳人(或是英雄美人)式的庸俗观念以外,一般来说,趣味颇为不恶。我现在选了这小说的第一章和第八章,附在后面。第一章中描写"新娘子步步下蛋"情景的约三千六百多字,另一处是写豹子岗打擂台的,约有二万五千多字。我想,此书的思想艺术特色,从我所选取的两处中,已可略窥一二。至于其中的优点和缺失,则见仁见智,存乎其人,还是让读者自己去辨析吧。我倒是因为读的时候很为它所吸引,这种吸引力在读其他小说时很少感到,因此不免产生了一些关于小说创作的想法。只是临时想到,很不成熟。这里先把它写下来,错误之处,容以后再来改正吧。

这种认识上的进步,由于有很大的片面性,它所带来的后果就不一定都是积极的,甚至很可能反而会使小说的作用和价值,在实际上有所降低。因为,不把小说当"闲书",只是小说作者的单方面的认识,小说读者可不一定也是这么看的。对读者来说,小说仍旧未改变它的"用书"性质,他们仍是闲了才来看小说的。所谓"闲了",就是指工作之余,或者工作的间隙。工作时候要思想集中,精神总是比较紧张。休息了,可以放松一下,使精神得到调剂。如果看书,自然总希望能看一些生动有趣的,富有吸引力的故事之类的东西;因为这时他看书的目的主要是在找消遣,假如小说作者完全不了解读者的这种心理,只考虑到自己工作的严肃性,只从内容的积极有益上下功夫,而不顾读者是否有兴趣来读,是否能读得下去。结果,你的小说就会失去读者。没有人读的小说,怎么能起到小说能起的作用,体现小说应有的价值呢?这不是在实际上反而降低了小说的作用和价值,甚至使小说的作用和价值化为乌有了吗?

最近,在 1992 年第一期的《小说界》上读到韩少功同志一篇文章,他颇有感慨地

1988 年北方文艺出版社重印本《七杀碑》书影

说："小说似乎在逐渐死亡，除了一些小说作者和小说评论者肩负着阅读小说的职业性义务之外，小说杂志是越来越少有人光顾了。"这恐怕确有一定的事实根据，不完全是故意过甚其词。而其所以致此的原因，我以为当然也应该从作者和读者两个方面去找，不能一味责怪作者。但作者写了作品，总是希望人去读的，从某种意义上说，他就是为读者而写作的，他的头脑里应该时刻想着读者。作品不受读者欢迎，应该多从自己一方面去找原因。虽然读者是各种各样的，他们的爱好也不可能完全一样。但有一个基本点却是大致相同的，这就是上面说过的，小说是为满足人们精神上的需要，而且多半是在人们于工作之余，希望能调剂一下紧张的心情，松散一下疲劳的神经才来读的。不管你承认不承认，对多数人来说，小说实际上仍旧保持着它的"闲书"的身份。但我们的许多作者，却似乎把这个基本点完全丢到脑后去了。他们的作品之所以少有人读，恐怕这就是一个主要原因。

作者们可能会说，要我们记住小说原有的"闲书"性质，不要忘记它仍保持着的"闲书"身份，难道是要我们为了迎合读者、媚悦读者而都去写通俗小说，都要写那种情节离奇、内容怪诞的武侠小说之类的东西吗？我当然不是这个意思。不过，在一般小说的读者日见减少的情况下，居然有那么多人爱看通俗小说，通俗小说居然会有那么大、那么惊人的发行量，这至少说明它们在某些方面是能够满足人们对小说的要求的，它们对众多读者是很有吸引力的。同时自然也就表明它们的作者对读者的心理，对读者的兴趣、爱好，已相当了解的，这一点不就很值得我们的作者去借鉴、去认真思考吗？

所以，我觉得我们不应该轻视小说的"闲书"性质，而是应该重视它的这种性质。要在承认小说是"闲书"的基础上，认真考虑作为"闲书"的特殊要求，充分运用小说艺术的一切手段，来尽可能地发挥小说的最大作用、实现小说的最大价值。要使小说作品既有高度的思想性，又有浓厚的趣味性，能够以其特有的激动人性的艺术魅

力来满足人们精神上的多方面的需要。小说是种艺术,艺术是要给人以愉快和喜悦,使人的心灵得到静息和升华的。虽然读小说有时也会产生痛苦和忧伤,但这种痛苦和忧伤,总是能引起我们的思考,使我们变得聪明起来,变得心胸宽大起来;同时还会在我们的心头涌现出一种难以察觉的、不可名状的温馨甜蜜之感。这种温馨甜蜜之感,在一般哲学社会科学著作中是不可能得到的,只有杰出的小说、杰出的文学艺术作品才有这样的力量。但遗憾的是,这样的力量,在我们的小说中现在已很少见到了。当然,我也不能不指出,在发行量一向比较多的通俗小说中,则这种力量几乎可以说是从来就很少见到。一般说来,大多数通俗小说都有格调不高、比较庸俗的毛病,因此在人们的心目中,通俗小说的地位一向比较低。但是我想,通俗与庸俗毕竟是两回事,通俗小说也并不是必然格调不高的。过去的情形之所以令人失望,只能表明过去做得不够好而已,不能断定将来也一定做不好。同样,重视小说的"闲书"性质,会不会降低小说的艺术品格,削弱小说的激动人心的力量呢? 我想也是不会的。因为,从理论上来说,还看不出小说的"闲书"性质同小说的艺术品格和艺术表现力量之间存在着什么互不相容的必然抵触关系。自然,要使艺术的巨大力量和小说的"闲书"性质很好地结合起来,并不是很容易的。这需要作家们作多方面的艰苦的努力,除了进一步去了解读者的需要和爱好以外,更重要的是要从自己的阅历、学识修养和艺术表现能力方面去下功夫,最根本的,不消说还是要提高自己的心灵境界和做人品格。这确实是很不容易的。但正因为它很不容易,才更值得我们去努力探索和实践。严肃的、有抱负的小说家正大有用武之地,广大读者正热切地期待着你们去大献身手哩!

犹如一篇上海的故事

——《歇浦潮》评析

王安忆

在"鸳鸯蝴蝶派"小说中,有一支叫"社会小说",《歇浦潮》是其间有代表性的一部。作者朱瘦菊,笔名"海上说梦人"。小说洋洋一百回,写尽了人间的丑态,个个都是骗子,人人都是敌手。妓女骗嫖客的钱,嫖客娶妓女为妾,再骗妓女的钱;姨太太骗了老爷的钱,戏子骗了姨太太的钱;经理算计了众股东,伙计则算计了经理;骗了革命党的薪金,再出卖同志去骗复辟政府的赏银。有权的以舞弊谋钱,有买卖的以奸诈谋钱,有色相的以色相谋钱,一切皆无的则做掮客和皮条,于买卖双方之间谋钱。这些人求利忘义,手段则是拆白党式的。一大群男女拆白党中,即使寥寥几个有情有义的,下场皆落得个悲惨的结局。一对小儿女翠姐和铃荪,硬是被势利眼的父亲拆散,因此常人多了一点真情,便病的病,死的死;再是妓女贾宝玉和媚月阁,比常人多了一份骨气,结果一个惨死,一个败走;还有湖南乡巴佬倪

朱瘦菊

伯和与宁波乡巴佬吴筱山,虽是受了色欲的诱惑,但色欲毕竟还是自然的本性,不像"钱"那样远离人性,是十足的异化的产品,终还留有一些人心,结果也都都落下个始乱终弃的结局。这一对乡巴佬,加上北京来的媚月阁,均是外乡人,唯那贾宝玉不知身世来历,那对纯情小儿女又没长大成人,还未及染上上海的习气,或多或少保存了朴素的人生观,因此,面对了真正入道的上海人,便都失去了对峙的能力,纷纷败下阵来。上海人究竟是什么人呢? 上海究竟是一个什么样的地方呢?

《歇浦潮》开首便言:"据说春申江畔,自辛亥光复以来,便换了一番气象,表面上似乎进化,暗地里却更腐败。上自官绅学界,下至贩夫走卒,人人蒙着一副假面具。"我想这几行文字大致可概括了当时的背景。时间指的是民国初年,即上海开埠

之后七十年,进入了近代史,外国资本已经开花结果,城市规模大致已定,市民阶层亦已形成;"表面上似乎进化",自然指的是政治上共和制取代了帝制,经济资本化,工业的兴起,生活上则渐渐接受了西方文明影响;"暗地里却更腐败",说的则是人性的改变,几千年在农业社会基础上建立的道德,人生和价值的观念,在这城市的新社会里,全部破产。近代的城市是资本的产物,不像土地上的生产,是一个自然的诚实的过程,播下种子,必须风调雨顺,让它发芽开花结果,才可收获,来不得半点投机取巧。而资本的循环往复却是一个人为的过程,或说是一个再生自然的过程。在此过程中,产品不仅可供消费,还可转变为生产资料,以供加倍生产出加倍的产品。因此,产品是可以平方甚至立方的形式增进。并且,为了运行的方便,产品便以抽象的货币形式为代表,货币又可以更抽象地以期票、股票、债券、货单等形式做替身,来参与扩大再生产的运动,由此而来,其间便可演出多少出空城计和华容道,农人的诚实和正直大约就是在此上海竞技的舞台上丧失殆尽的。更要命的是,这一个城市的建成又缺乏一个自然形成的过程,是外国资本从天而降的果实。在这突如其来的资本社会面前,新的法律、规章、道德准则、价值观念都未做好上马的准备,这一个非自然的生产过程,又是需要更加严格的社会法则来约束规划的。而随外国资本一起带来的准则,也仅只在租界内部分地生效。因此,这一场大竞技是没有纪律和规则约束的,是彻底的"自由竞争"。此间人们,面临着许多发财和享乐的机会,且又没有任何约束与警戒,谁不野心勃勃,跃跃欲试? 在这一方实利的天下,诗书礼节,良心情感合成了务虚与务闲,没有一点实用价值,人们便卸下负担,轻装上阵了。

《歇浦潮》中,还留有一个旧学维持会,"会友一大半是本地绅士,其余不是诗人,便是词客,真所谓谈笑有鸿儒,往来无白丁,没一个不是圣人之徒"。而每一次开会集合,都须有茶点或大菜吸引,吃起来互不相让,可以争到翻脸的地步,毫不顾及风度。在人人凭本事吃饭的上海,这些旧学子们,除了一肚子酸文,再无长技,凭了一些有限的坐吃山空的祖产,一无进账,日益寒怆。靠着一个旧学维持会,方可继续做一个儒士,还可伺机打打某人的秋风,占点小便宜。其会长汪皙子,是一名土著绅士,他为谋取未婚女婿的五万遗产,可教女儿独守终身,做一名节妇,这便是上海的名节的幕后。

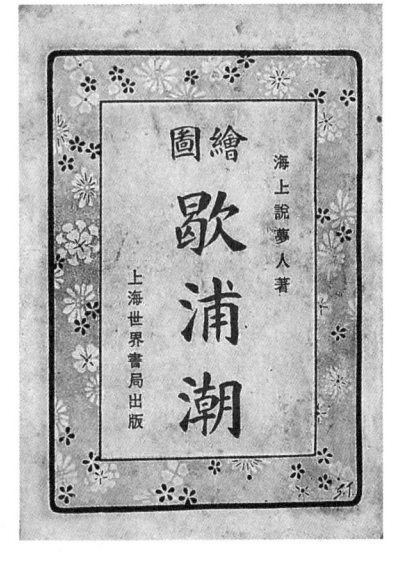

圖繪
歇浦潮
海上說夢人著
上海世界書局出版

《歇浦潮》书影

这时分,中国人长久信仰的儒教在上海人心里已消失殆尽,急于求胜的上海人已不在乎人格的完善,机会均等尊卑无分的上海人也已不在乎君臣父子的差异和尊严了。那帮"旧学维持会"毕竟保存了儒家的遗风,适时地向往参与政事,做一回治国平天下的志士。比如竞选议员。为运动选票,会员卫运国向会长汪晢子献策:给不问国事也不知选举为何事的乡里人送大肉面的学子写一张名片,说是衙门里差他们选举时必去写那名片上三个字,一定人人都去;都去竞选演说发表宣言四下活动,那些人当面一套,背后一定是另一套,也奈何他们不得,最后卫运国总结道:"故要运动知有权利的人,还不如运动不知有权利的笨伯为妙。"汪晢子采纳了他的意见,并信任他要派他去送面票和名片。岂不知卫运国替换了半数自己的名片,既然民主了,会长可竞选,会员也可竞选的,何况主意还是他卫运国的。结果,因票数分散,双双落选。汪晢子原本设想得很好,一级一级的官做上去,"倘使做了财政总长,大借款一次,便有数十万回扣,一任下来,不愁不多几千万银子"。借民主的机会,做一名官僚,以实现收获银子的理想,这便是从中国的封建政治中突然走进半殖民地的上海洋务的遗老的人生观念。他们还把世纪初风起云涌的政治舞台当作押宝的赌盘,或是一桩投机的买卖。听北京忽有人提倡帝制,便揣摩是得现任总统授意,跃跃着要抢拍第一个电报造成帝制,今后好得个官僚做做;再听有人抢了他们头里拍了电报,则又决定拍一个坚持共和的电报,等待日后复辟失败好向共和制讨一个省长市长做做的。这便是上海的儒士和政治了。

《歇浦潮》中的商界,大约是以钱如海为代表了。他表面上开了一家西药店,实际上却拳打脚踢,见孔就钻,从事各种投机生意。他可制作一百箱假烟土在银行作抵押借钱,又领衔集股开保险公司,用股东们的投资去偿还逼到眼前的期票,他拆东墙补西墙,勇往直前,只顾往前开路,从不作善后处理。其时企业各界章法又极混乱,给他留下无数空子。他穿大街走小巷,总是有他的路走,临到末了,保险公司年末查账时节,他竟将那假烟土保了火险,再一把火烧光,向保险公司索赔。赔款正好去补漏洞。最出其不意的是,他的账房杜鸣乾先生,则在钱如海摔死之后,吞没其巨额赔款,一夜之间,使钱家彻底破产。在资本兼并的过程中,正常出现的大鱼吃小鱼,到了此间,有时竟会是小鱼吃大鱼。兼并的方法,不是利用资本的运转规律的作用,而直接是流氓和无赖,没有一点道理好讲。在一个几乎是一夜之间矗立起来的资本的社会里,从土地上破产的地痞无赖们,被五光十色的财富和机会吸引,匆匆赶来。他们好吃懒做,不讲信义,破罐子破摔。他们以农民所不齿的狡黠目光窥视这个草创的资本世界中的大小漏洞,然后便大打出手。他们早已背叛了祖宗,无家可

归,身后只有一条叫花子和流氓群集的街道,他们再没什么可顾虑的了。因果报应在他们看来,也已是无稽之谈,阳间事情那样纷繁热闹,尚且还应接不暇,阴间便更虚无缥缈,早已消失得无影无踪,他们尽可以好事说尽,坏事做绝。这便是上海的商事的沉浮。

《歇浦潮》里占首位的故事恐怕是妓女和新剧家了。先是妓女做了嫖客的姨太了,然后新剧家出场,与姨太太有了勾搭。其间还专有一类人物,做着拉皮条的角色,如"白大块头",如"裁缝金阿姐";另有一些是兼职此营生的,比如二房东、梳头娘姨等等;小姐妹和新剧家同仁有时也互为这类角色,出于各种用心:或者让同伴分享好处,大家快活快活,如善于勾搭妇女的新剧家王漫游和织娘为新剧家裘天敏和云娘做伐;或者为拉人下水,给予自己方便,如贾少奶撮合媚月阁和裘天敏;或者是要某人让出空位,作为候补的自己可以上场,如吴奶奶拉拢玉玲珑和小松。在一个劳动商品化的社会中有妓女和皮条客不足为怪,有趣的是新剧家这类角色。新剧是什么?是中国话剧的前身:文明戏。这是当时城市知识青年从西方戏剧中学习而来的一个表演新形式,摆脱了中国传统戏曲严格的程式规定,可将先进思想意识迅速变作各类自由的表达,起到娱乐与教育的作用。这种新剧种在城市广泛传播,为人数众多的文化程度不高的市民所接受,迅速地世俗化和社会化了。在上海这样一个五方杂居的地方,急骤集中在此的居民们急需一种突破地方文化限制,大同的娱乐,这大约就是新剧所以在上海能被迅速接受的原因。同时,一种没有地域区别,没有乡土根源的大城市文化就此萌芽。这种世俗化的文化与中国的士大夫贵族文化大相径庭,只有在上海这样本土文化薄弱又遭冲击的新大陆才可生根开花,而如老派的湖南绅士倪伯和看新剧,便觉"非驴非马,很是可厌"。然而新剧家们在上海舞台上的命运却又落进了旧日戏子的窠臼,为一帮闲极无聊的太太小姐们所追逐,但却决然不是麒麟童与大家闺秀裘丽琳式的佳话,是要下作与无耻得多的丑闻。瞄准新剧家们的总是做了姨太太的妓女,或是如钱如海这样的暴发户家没有家教的女儿们。姨太太们瞄在新剧家身上满是欲念,新剧家看准的则是姨太太口袋里的钱,上海滩上便有了一批专谋女人饭吃的男人。这是些什么样的男人呢?脸蛋子生得俏,身无长技且肩不能挑手不能提,却生就一副厚脸皮。这世上,如没有"新剧"这一个行业,大约就再没他们可干的事了。照钱如海女儿秀珍所说,便是"却原来聚着一班淫棍,还要夸什么开通民智,教育社会,简直是伤风败俗罢了"。"新剧"成了他们卖淫的幌子,最后连幌子也不要了,直接开起了男妓院。

在商品经济大发展的新埠上海,不仅培养了本地的妓女,还吸引了外地的妓女,

如那位江西的何奶奶,在家乡弄得男女丑事一团糟后,就计划来上海,因她知道"上海地方妇女的销场很大,仗有几分姿色,不愁无饭吃"。在上海这一个大市场里,妓女队伍便很壮大,而传统的男女关系则在此得到奇异的扭曲。妓女们先在风流老爷家落了正籍,再去玩弄新剧家,可谓一报还一报。她们凭了自己的生存经验,总结出实利主义的人生观:既有钱,又有欲,欲能换钱,钱也能换欲,犹如资本的运转,只要得法,便可连连增值,天天向上。

《歇浦潮》里还有一伙革命党人,好比是一批街头青年,将革命当作热闹去赶,失败后则个个无所事事,苟且偷生。穷极无聊了,便有的搞出卖,有的搞诈骗,革命的经验被他们用作于拆白党的生计。作者借革命党中的叛徒尤仪芙之口说:"党人共有数十万,岂能人人同志,同志二字不过名目好听而已,其实真正热心国事的,十人中难得一二,其余都是热中权利,借党会自壮声势,现在闹得这样一败涂地,尽由此辈惹的祸。"这算不上道出了什么症结,只不过将其渣滓揭露出了一二。乡下的痞子阿 Q 闹革命,至多不过摘几个人家园里的萝卜,摸小尼姑一下头皮,坏不到哪里去,城市里的流氓无产者,手笔就要大得多。因阿 Q 终还要顾及一下赵老太爷,而上海的流氓无产者,则是真正一无所有,只有一件东西可使他们折服,那就是银子。因他们不如阿 Q 的地方是,阿 Q 再穷途潦倒,再为赵老太爷压迫,终还有一间祠堂可以睡睡。而他们如不急着去谋划银子,便只有饿死冻死一条路了。为了谋划银子,他们什么都可以干。而一旦有了银子,他们就什么都可以不干。到此,我们大约已可发现,无论是政治,是学问,是商事,是革命,是男欢女爱,到了上海,便都会奇异地走样和变种,其演变的依凭大约就是生存的需要,是一种在一个非自然的人造的世界里生存的需要。

《歇浦潮》里集中了上海最丑陋的人和事,没有一个人是正人君子,没有一桩事是光明磊落地做成,好比一本骗术大全。"海上说梦人"不是一个积极的历史唯物主义者,他无法看见这些丑陋的故事是中国这一个几千年的封建国家里,陡然出现了一个资本主义的因素,所必然产生的阴暗面,可说是进步的代价;他甚至也不是一个消极的历史倒退主义者,无法对这百丑众生作一个有力的批判,或发出一个悲悯的声音。虽然他也口口声声说其不好,竭尽尖酸刻薄之能事,但却无法掩饰他对其丑恶故事的津津乐道,并对自己讥诮本领的洋洋自喜。他骂嫖妓,一边却率领了我们一起逛妓院;他骂舞弊,同时却向我们展览舞弊的技法。他似乎是一道学才子,却抵不住声色犬马的诱惑,又深知其丑陋不堪,便骂上几句,来换得心理上的平衡。他领我们在一个黑暗的世界里漫游,最终也没有告诉我们,这个黑暗的世界是何以产生,

是托生在什么基础之上。这就是民国初期社会小说的重要缺陷,使我们无法给予优良的评价。但是,我们也必须承认,它为我们提供了研究上海社会的一部分资料。它所描绘的民国初年,上海各阶层的人物生态,是从事严肃艺术的知识分子所难以涉及的领域,尤其在上海这样一个从封建土地上突兀产生的资本社会里,其本身所具备的文化、教育、认识、觉悟都很不充分,因此在史料很缺乏的情况下,这些故事便更具有社会学的资料价值了。我们也当承认,此类小说和"鸳鸯蝴蝶派"的其他各支,在为一个士大夫文化的民族创造世俗文化所做出的一点贡献,以及这贡献里民主革命的意义。因此,"海上说梦人"和《歇浦潮》的产生,本身便是一个上海故事了。

关于情节、性格、心理描写

——《红杏出墙记》阅后

王小鹰

文学圈里的人十分热衷也十分困惑于纯文学与通俗文学的界线,因为那界线像被水化开了的墨线般模糊,很难准确地划在内容上,甚至也很难准确地划在形式上。把武侠、神怪、侦探、宫闱秘史等归于通俗之类,似乎歧义还少,而一些以描写社会生活及爱情纠葛为主线的小说就众说纷纭了。如果单单以内容上的"言情"和形式上的"章回"来划界,仿佛《红楼梦》也该属通俗之列,一百二十章回,写了荣宁两府那么多女子的悲欢离合,可谓"言情"至极。然而却没有人将《红楼梦》归为一般意义上的通俗小说,文学史上更尊之为中华民族的瑰宝。

有一种比较流行的说法:通俗小说只注重情节的安排,纯文学小说注重的是人物内心的刻划。笔者曾经赞同这种观点,最近却又产生了疑惑。

手中这部刘云若写的《红杏出墙记》是二十世纪四十年代初期的民国通俗小说,曾被搬上银幕,一度引起轰动。小说以民国时期天津卫的中下层市民生活为背景,周详备至地描述了几对知识男女之间恩恩怨怨、疯疯癫癫、凄凄切切的爱与恨,为当时一般市民阶层所欣赏,曾拥有广泛的读者群,是典型的社会通俗小说。

笔者在阅读了这部小说后,尝试着将它与《红楼梦》做了个粗浅的比较,它们有三个相同处,即都是章

刘云若

回体小说,都写男女情爱为主要内容,都是百万言以上的大部头作品。然而,它们却泾渭分明地分属于两种文学层次,这里便产生了一个颇有兴趣的问号,为什么?笔者试图以注重情节或注重心理刻划的标准来解释它,然而恰恰相反的是:《红杏出墙记》艺术上最大的特点就是大量运用了曲曲绕绕的细腻冗长的心理活动描写,这使它马上脱颖于大批粗陋的通俗故事而为广大读者注目。戏剧性的是《红楼梦》偏

偏却以近似白描的叙述语言描写了大量看似琐碎的日常生活场景,很少有长段的心理描述。于是对于纯文学与通俗文学一般意义上的划分在此已经失去意义了。带着这个问号,笔者便对《红杏出墙记》中比比皆是的心理描绘作了稍微深入的分析。

读《红杏出墙记》,可以说一开首便被它长长的一段情景交融的心理描写吸引住了:林白萍深夜回家,亲眼看见新婚不久的娇妻芷华与"自己同学七年、共事四载、总角之交又是金兰兄弟"的至友边仲膺同床共枕的情况,先生愤恨,出拳要打;又觉凄酸悲凉,想自杀身亡;又想得四大皆空,意欲出走;又难以割舍往日情爱,犹豫徘徊;最后下狠心飘离而去。这一段描写足有三千余字,跌宕起伏,委婉缠绵,并随心理的递进逐渐铺展情景,非常引人入胜,确实出手不凡。

笔者联想到《红楼梦》开头贾宝玉与林黛玉初会一幕,从宝玉进门、问安、更衣,与林妹妹相见,觉着面熟,问妹妹名字,可有玉否?及至摔玉,众人拣玉哄他戴上,一系列场景,字数并不太多,但却是写人动作、神态、语言,可以说笔笔精到,栩栩如生。

没有必要比较这两个故事开场孰高孰低。仔细品味一下,两者都为读者设置了悬念。所不同的在于:《红杏》的悬念是情节发展上的,林白萍出走后将如何?芷华与仲膺将如何?而《红楼》的悬念是人物性格发展上的,贾宝玉的任性张狂,林黛玉的拘谨孤僻,在贾府这么个封建大家庭里,他和她的命运将如何?这两种悬念的设置在故事以后的展开中起了决定性的作用。

看《红杏》,带着开首引起的强烈欲望读下去,读过了三分之一接近一半的时间,渐渐产生了一种疲倦感。心理描写仍是那样细腻深入,与情景的结合仍是那样圆滑漂亮,然而你开始感到厌烦,因为这种心理曲线的重复,不管是哪种性格的人物,不管是男是女,龙珍、淑敏、芷华、白萍、仲膺甚至钱畏先,他们遇到事情每每都有那样一波三折的反复,像跳华尔兹舞那样抑扬顿挫的慢三步。一旦心理描写有了固定的规律,那心理就不生动了,渐渐让人生出倦意,让人感到重复乏味。比如:淑敏与芷华应该说是性格完全相反的

《红杏出墙记》书影

女子,芷华在爱情上左顾右瞻,进退两难尚可理解,淑敏在对白萍表示爱意时也来个进进退退躲躲闪闪,就叫人觉得别扭。于是,是不是可以得出这样一个结论:《红杏》中的心理描写是根据情节发展的需要而安排的,并不是依据人物性格自然的流露,故而,大段的心理描写就显得重复,并且有许多不合逻辑之处。比如:淑敏爱白萍,愿为白萍的幸福放弃自己的爱,这是崇高的;她去说服仲膺离开芷华,让芷华回到白萍身边,也是情有可原的;然而她何以又会去勾引仲膺,让仲膺与自己发展关系呢?如果说她是想让仲膺有了自己而忘却芷华的话,她未免于感情上太无知了。她自己尚不能因为仲膺而立即忘怀白萍,又怎能企望仲膺与她初次见面,就因她而弃芷华呢?这在情理上是左右说不通的。又如:龙珍如此敬爱白萍,得知白萍真爱芷华,便遁入空门做了尼姑,后来如何会因为淑敏的介入而起谋害白萍之心呢?以至投毒于壶,误伤了淑敏。这个犯罪起因十分勉强。而后芷华明明已与仲膺远走高飞过安宁日子去了,偏偏又会偷偷从仲膺身边逃走,去为龙珍抵罪,这也让人百思不得其解。世上万物皆有因方有果,虽然《红杏》的作者在每个人种种行为前都有大段反反复复的心理描写,但却让人觉得这些行为没有内在的逻辑力量,以至不可信服。因为他的心理描写并不依据人物性格的发展,而是出于情节进展的需要来寻找自圆其说的理由。

还是与《红楼梦》作个比较。《红楼》中几乎找不出《红杏》中那样大段的心理描写,曹翁却有本领以一二句话一二个动作让人领悟后面隐藏着的心理因素。比如:薛宝钗在园中扑蝶,无意听到了丫环小红与别人的一段对话。小红觉察隔墙有人,推窗来看,宝钗连忙喊着:"林妹妹,你不要躲。"让小红以为是林黛玉偷听了她的话而记恨在心。这简单的一句话,人们可以理会,薛宝钗当时必想:千万不要让她们知道悄悄话让我听去了,园中上上下下关系都要搞好,这小红也是个厉害的角色,况且又是宝玉房中的人等等等等,还可以更深入地推测下去。这么简单的一句话却有雄厚的心理依据,这心理依据又来自宝钗这个人特有的性格,她的处世之理。而正是由于她的这种性格,她的处世为人,深得贾府上下欢心,才引起后来她与黛玉、宝玉之间的种种纠葛矛盾。

这里便引出了另外一个问题:关于情节设置的问题。曹翁写《红楼梦》,虽未完稿,然各个人物的结局,整个故事的框架都已在他前面的《红楼梦曲》和《金陵十二钗图册判词》中提示出来了。因为曹翁对他笔下的人物娴熟在心,对他们各各的性格特征了如指掌,根据这些人物的性格,设置他们与周围大环境以及亲属中各种人等可能发生的矛盾冲突乃至可能发生的结果,这便有了符合客观规律的情节发生。

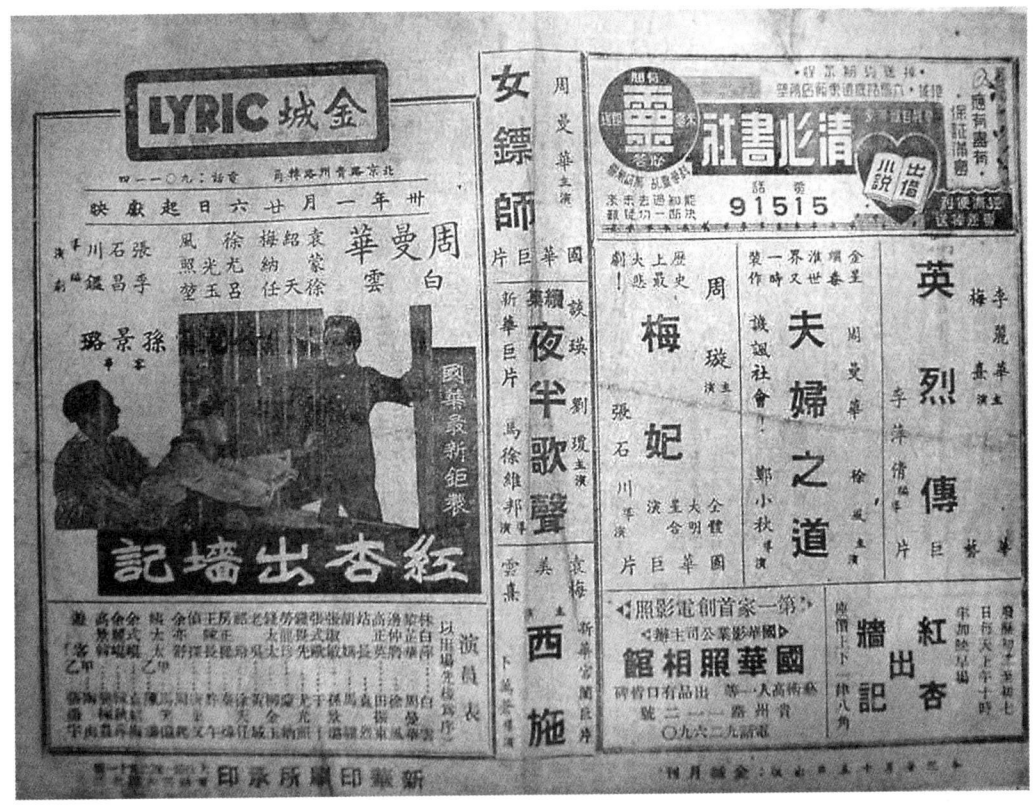

《红杏出墙记》同名改编电影海报

人们从这些情节中能获得许多揭示生活真谛的启示,这大概也是《红楼梦》能作为民族瑰宝百代流传的原因之一吧。

现在我们再来看《红杏》,作者希望以跌宕起伏、险象丛生的情节来制服读者,确实读来常有"山重水复疑无路,柳暗花明又一村"的兴奋感。然而,重了情节弱了性格,以情节发展为依据去安排各色人等的所作所为,使人物缺少性格的动力,有些情节违背了人物性格发展的内在逻辑性,从而使那情节也显出生硬而不可信。比如:故事结尾,仲膺咬下芷华舌头一节,以及后来众人假造白萍被绑架一节,牵强附会的痕迹很重。仲膺即已决心成全白萍、芷华去从军,何故临死前又顿生仇恨,如此毒害芷华?芷华即是爱着白萍,决心与白萍安度余生,且又有了好的事业,何故又旧情萌动,将自己的舌伸入垂死的仲膺口中?如此动作与善良温柔的芷华实在是风马牛不相及也。自然,喜欢以富有刺激性的情节娱乐自己的读者们有时并不太计较情节与人物性格的统一性;而有些人物在特殊的场景中亦是会做出违背常理的举动。

还有一个似乎不相关的问题,即人物性格形成与发展的依据,这个依据实际上

是很重要的。人在地球上绝不可能是孤立地存在着,人总是作为社会的一份子而存在,他的生活环境社会背景家庭氛围这些都潜移默化地斧凿着他的性格、脾气、世界观。《红楼梦》中,贾宝玉的叛逆性是因为他的周围有过多的约束与过多的宠爱;林黛玉的孤芳自赏是因为她的贵族出身和寄人篱下生活的矛盾;晴雯的桀骜不驯是因为她作为奴仆的身份以及耳濡目染了贵族家庭的生活方式等等。曹翁的伟大在于他在平凡的生活场景叙述中塑造出了那么多性格不同的人物,个个叫人难以忘怀。由于这些人物的思想、语言、行动构成了错综复杂的人物关系网,又由他们的矛盾冲突组成了跌宕曲折的情节线,让人读了有水到渠成的归宿感。又要说回到《红杏》上面。在这部洋洋百万言的小说中对于人物的社会背景历史背景现实氛围的描写是非常少的,所以有些人物情节的线索有无源之流、无根之木的感觉。比如,白萍、仲膺、芷华之间的感情纠葛,芷华为什么在白萍、仲膺之间选择了白萍?既选了白萍为什么又移情于仲膺?白萍已主动退出,芷华又为何离仲膺追寻白萍?在这里我们不知道主人公的出身和家庭背景,也不知道他们友情爱情发生的社会环境和发展进程,我们摸不到主人公情感的脉络,我们只有听作者告诉我们他如何她如何,这使我们在阅读中丧失了主动思维的场所,也丧失了很大一部分的阅读兴趣。

在经过了这样一番比较分析后,现在我们可以找到一个症结,《红杏》虽吸收了新小说注重心理描述的特点,然而作者骨子里的注重点仍在情节上。形式上的改造或者说创新是必要的,但并不能取代内容所决定的本质的东西。于是,这就出现了《红杏》在小细节小段落中的精彩而大段落以至整个章节整本书的拖沓这一矛盾现象,并因此造成了它在总体艺术上的不甚成功。它可以算作一部上乘的社会通俗小说,却无法升华至如《红楼梦》那样艺术瑰宝的地位。

略论《春风回梦记》的情节描写

钦　鸿

　　《春风回梦记》是鸳鸯蝴蝶派北派作家刘云若的成名作。历来文坛评论鸳鸯蝴蝶派小说时，挞伐多于评析，其实有欠公允。作为一个文学流派，它的存在必有其合理性。鸳鸯蝴蝶派小说，固然有许多下三流的货色，却也不乏上乘之作，刘云若的长篇社会言情小说《春风回梦记》即为其一。它那精巧奇妙的艺术构思、绘声绘形的形象描写、细腻深刻的心理剖白，等等，在在显示了作家不凡的文学素养和技巧，值得欣赏和借鉴。本文拟就其情节描写，作些粗浅的分析。

一

　　文似看山不喜平。中国古代优秀小说所以受到广大读者的欢迎，原因之一，在于其情节的奇幻多变。无论是长篇名著《红楼梦》，或是短篇佳作《聊斋志异》，其情节的跌宕起伏、迂回曲折，都是极见功夫的。唯其如此，才能紧紧抓住读者的心，使之始终处于惊奇、期待的状态中，从而获得极大的审美享受。刘云若的《春风回梦记》，同样以情节的曲折多变引人注目、动人心弦，成为它的艺术特色之一。

　　这部小说写的是卖唱女郎如莲与富家公子陆惊寰的爱情故事。由于两人地位的悬殊过甚，加上互相之间的性格矛盾，便决定了这场恋爱的曲折性。作者遵循人物性格的发展规律，笔走龙蛇，将这个美丽的故事描述得波澜起伏、委婉动人。如莲与陆惊寰一见倾心，两年相思，却如花隔云端，可望而不可即。两人为了能时相亲近，如莲决定卖身妓院，陆亦践约前往聚面。但陆的隐秘很快被乃父所知，从此陆被禁闭家中，不得越雷池一步。数月后，陆好不容易觅得机会来见如莲，却为如莲误会，置之不理。等到云消雾散，恩爱胜昔时，又有陆的表兄若愚夫妇出来阻挠，屡屡设计，在这对心心相印的恋人之间更立巨障，终使他们决然分手。然而感情的波澜并未从此平息。陆的心中始终未释如莲的影像，不久获悉如莲出于至诚之爱而忍痛离去的事实真相，他猛然醒悟，追悔莫及，决定不顾一切把她迎娶家中，以遂其平生之愿。然而斯时如莲已病入膏肓，奄奄一息，进门未久，便一命归西了。作者描述这

1821

个爱情故事时,避免了常见的平铺直叙、一览无余的弊病,而注意抓住这对恋人与反对、破坏他们的势力之间,以及这对恋人本身之间的矛盾冲突,并将它们结合起来加以表现,从而使情节发展呈错综复杂的状态,波澜重叠,此起彼伏,逶迤盘曲,摇曳多姿,极大地激发了读者的阅读兴趣。

作者不仅善于表现故事情节的曲折起伏,而且刻意在这浪起波伏之中,细腻地刻划人物的内心情感。换言之,作者善于将人物情感的变化与情节波澜的涨落结合起来,互为因果,相得益彰,更增强了小说的艺术感染力。且看两人在普天群芳馆会面一段。陆被禁闭数月后初见如莲,"心里一阵麻木,也直勾着两眼,欲动不能,欲言不得",这是写他内心的激动。而如莲却不理睬他,竟自飘然而去。陆由"惊疑"而"纳闷",而"诧异",而"焦急",而"只剩了难过,忍不住委屈要哭"。正在这时,如莲差伙计来请,陆"心里初而一惊,继而一喜",但进得屋里,仍不被如莲理睬。熬得闲人走尽,陆正想凑近如莲,她却应毛四爷电话之召又一次离去。陆"这一气非同小可",揣摩如莲是得新忘旧、水性杨花,不由咬牙暗恨上当。欲待负气而走,他又想起如莲的调皮性子和往日深情,便又"平下心去",自我宽慰。久而如莲返回,陆"心中一跳",刚要迎接,如莲却翩然进屋,把他撂在门外,空自"焦躁"。这时如莲隔屋借旧曲倾诉幽怨,陆才知悉她这些日子的苦楚,"不由得心中凄切,几乎落下泪来",但又自觉委屈,不敢申辩。最后,陆指天为誓,详诉首尾,未及说完,如莲已伏在他怀里呜咽起来,陆也"心里一阵舒适,倒把这些日的郁气都宣泄出来,竟自哭个无休无歇"。在这段故事中,作者把笔触伸入陆的内心深处,细致而有层次地揭示出他复杂的情感及其抑扬起伏的演变轨迹。而陆的内心情感的起伏演变过程,也即是他与如莲的误会逐渐消释的过程。无疑地,这里矛盾冲突的一波三折、旖旎多姿,也大得力于对于人物内心世界的精细的抒写。

二

展读《春风回梦记》,就像跟着一位出色的导游,观赏着大河巨川的雄奇景象。那波浪时而凌空而起,时而一落千丈,时而又直上九霄云天,推动得人们的感情之潮也大起大落,从而获得审美心理的惊喜和满足。

诚然,大河巨川的浪起波伏有着一定的规律,《春风回梦记》故事情节的或起或伏、或平缓或激烈,也自有其内在的联系。作者的高明,在于他用那支生花妙笔,不仅有声有色地描写了矛盾冲突的起伏波折和惊心动魄的情节高潮,而且周密安排、层层铺垫,把故事情节的发生、发展而逐步演进到高潮的过程,表现得有条不紊、入

情入理。作者为了组织如莲与陆惊寰爱情悲剧的高潮,分别从三条线索着笔作了多角度、多层次的艺术铺垫。第一条线索是以陆父和表兄若愚为代表的反对派势力的阻碍。由于如莲地位低贱,她与陆的恋爱不可能见容于封建家长陆父,不要说嫁娶,就是私下见面也被严厉禁止,这就从根本上决定了这场恋爱的悲剧性前途。而若愚夫妇的破坏,则是造成这场恋爱悲剧的导因。他俩或为弥补过失,或为实践许诺,其动机与陆父不尽相同,但他们对如莲和陆的伤害却与陆父是一致的,甚至要比陆父厉害得多、直接得多。小说详细地描写了他们绞尽脑汁,惨淡经营,先是策动地痞流氓阻止恋人会面,后又亲自出马逼使如莲放弃陆惊寰。正是他们的活动,直接导致了悲剧的发生。

　　第二条线索是如莲的内心活动。虽然这场悲剧的发生势不可免,但如果如莲不肯听从若愚夫妇劝导与陆决断,则悲剧可能呈另一种面目。所以,小说中的悲剧高潮,与如莲的性格发展关系甚密。推究如莲之所为,完全出于对陆的至诚之爱。为了能与陆随时见面,她不惜舍身下妓院;她对陆空房以待,进而恳求先拜天地,在月下老人那里登记注册;她把能与陆厮守相爱看成自己的生命所系,一旦绝望,则宁肯吞大烟寻死。如此等等,无不说明了她对陆的爱情的真挚与深切。正是在这样的铺垫之下,她经过痛苦的思想斗争,终于接受若愚夫妇的要求,下决心与陆彻底割断情丝,从而向悲剧高潮迈出了关键的一步。

　　第三条线索是陆惊寰的思想变化。如莲做戏给陆看,有意示之以移情别恋、私姘戏子的假象,可谓用心良苦。但这场爱情悲剧是由他俩共同完成的,如莲的表演须得取信于陆,进而激起陆的愤怒和决绝,才能奏效。为此,小说对陆的心理活动以及感情的演变,从两方面作了细腻的刻划。一方面对新妇的态度,新妇的美貌、娴静、温存、体贴,本使陆惊寰不无动心,只是因为不肯辜负如莲而熟视无睹。及至以后新妇积郁成疾,奄奄将亡,陆良心发现,自感罪孽深重,更是避而不敢正

《春风回梦记》书影

视。这些描写,可以说已为他日后"幡然悔悟",回归新妇怀抱,准备了伏笔。另一方面对如莲的态度。尽管他爱之弥深,却在内心深处仍不免有偏见。早在发生第一次误会时,他就暗忖如莲系"得新忘旧"、"水性杨花"的"风尘女子"。这想法纵然一闪而过,却并未消逝,而是深埋在他的心底,等到受了如莲暗姘戏子的假象的刺激时,便遽而膨胀起来,充斥了他的整个心房。他觉得这时才真正认清了如莲的"水性杨花"的本性,不禁痛自悔恨,决意改邪归正,以赎前愆。

上述三条线索,从矛盾的外部冲突和内部冲突的各个侧面远铺近垫,精心安排,充分地揭示了如莲与陆惊寰爱情悲剧的社会必然性和情节必然性,从而将悲剧产生、发展到高潮的全过程,表现得真切动人、有声有色。这样的描写,完全符合人物性格和矛盾冲突的内在规律,也颇切合读者审美心理的逻辑层次。

三

《春风回梦记》在情节描写上的另一个艺术特点,是细针密缝,环环相扣,前呼后应,蔚成一体。作者笔下的每一个情节,都有其独特的含义,和在整个故事发展中必不可少的地位,各各体现了作者缜密周至的艺术构思,对于凸显人物性格、揭示作品主题起着重要的作用。小说第二回描写新妇将若愚不慎泄露陆新婚之夜溜去莺春院的消息一事揽在自己身上,就相当精彩。从人物性格塑造的角度看,这一情节除了传出新妇对丈夫陆惊寰的关心爱护之外,还分明表现出她忠厚善良、委曲求全的性格特点。正是这一性格特点,酿成了她最后抑郁成疾、凄凄而死的悲惨命运。而从情节发展的角度看,这一描写又是至为关键的一环。陆本来犹豫于新妇与如莲之间的感情砝码,就因新妇好心揽过,而完全倾斜于如莲一方,造成新妇有苦难言的尴尬处境。由此才有新妇的抑郁成疾,才有若愚的内疚之情和离间之计,也才有如莲的决断,最后导致了全书悲剧高潮的产生。还有如莲后爹周七这个人物的描写,对于全书情节的安排,也有重要的意义。周七是个无业游民,每日尽在市井烟馆里讨生活。一天他与失散多年的妻子冯怜宝邂逅,从此有了归宿。但他听说如莲向怜宝商量下窑子,便"霍的立起身来,哈哈大笑了几声,拔步向外边走"。这里一"立"、一"笑"、一"走",就活生生写出了他粗野的性格中另有正直、侠义的一面。后来他救助欲殉情而死的陆惊寰和如莲,进而又"出卖"了若愚,都是由此而起。小说设置的周七其人,既是全书情节的一个有机组成部分,又为之增添了许多动人的波澜,曲折了陆与如莲爱情悲剧的发展进程。

作为情节描写的重要一环,《春风回梦记》在细节描写上,也颇多传神之笔。黑

格尔说过,细节描写使人们"对于外在自然才能得到一幅图画,一种清晰的印象"(《美学》第一卷)。一个优秀的细节,可以使人物性格血肉丰满,可以使故事情节流光溢彩。小说第一回有这样一段——如莲洗完脸,便从小几上端过一杯茶,笑着递给周七。周七连忙立起,恭恭敬敬的接过,如莲笑道:"爹,你坐着,干么跟自家的女儿还客气!"怜宝也从旁笑道:"孩子,你别管他。他哪是受过伺候的人!"说着又对周七做了个眼色道:"你还没有给女儿见面礼呢!"周七从口袋里一掏,便掏出一张五块钱的钞票来。如莲一见便认得这钞票是昨夜大明旅社听曲的客人所赏,正是自己交给娘的,心里不由好笑。这里有两个细节。一是周七"连忙立起,恭恭敬敬的接过"茶杯,写出他在见面之初对如莲的局促、客气。这与他嗣后对如莲下妓院时的"十分不耐烦,使劲甩脱如莲的手,竖眉立眼"地厉声呵斥,恰成鲜明的对照,从而表现出他令人可敬的品格。二是怜宝使眼色让周七给如莲的五块钱见面礼,如莲却认识这张钞票正是自己昨日挣得交给怜宝的,寥寥数笔,既照应了上文的描写,又惟妙惟肖地摹拟出夫妇俩的默契、怜宝的苦心、周七的寒伧等各种不同的情态。

还有第二回写道,因为如莲进莺花院收入颇丰,怜宝欢喜得"睡觉都是两样,时常在梦中手舞足蹈,把如莲闹得醒来"。这一细节,将冯怜宝这个风尘老手的贪婪、粗俗、寡廉、薄情的性格内涵,可说是表现得淋漓尽致。

在《春风回梦记》中,有些细节还前后呼应,层层递进,贯通了整个故事。譬如如莲与若愚的异母兄妹关系,在小说错综复杂的情节线索中,便有着举足轻重的作用。若愚煞费苦心,百般设计,活活地拆散了如莲与惊寰的生死之恋,因而将如莲推向绝境。殊不料,如莲竟是他的异母妹妹,而自己竟然亲手害死了自己的妹妹。这一惊心动魄、惨绝人寰的事情,为全书的情节高潮更掀巨澜,使读者在扼腕痛惜之余,更加深了对半封建半殖民地社会畸形现实的认识。然则最后这感人心魄的一笔,并非作者灵机一动,故作惊人之举。事实上,作者早就全局在胸,对全书人物纵横交错的关系,情节峰回路转的变幻演进,都有细致缜密的安排。若愚、如莲兄妹之间的悲剧故事,也复如此。小说一开头,便借怜宝等人之口,交代了如莲是何靖如的女儿,而何靖如还有一个儿子。尔后,作者又相继安排了两个重要细节:先是如莲乍见若愚,觉得"并不认识,却似乎瞧着面熟,自己也不知怎的,芳心忽然乱跳",这就暗示了若愚与她之间有着某种联系;后是若愚夫人去忆琴楼见到如莲,"又瞧着她十二分面熟,仿佛像是自己朝夕所常见的人,却只想不起。忽然转眼看见若愚,心里便不胜诧异",这里的暗示又进了一层。由于有了这样两个细节的铺垫,小说末尾的兄妹相认,便水到渠成,顺理成章。作者刘云若在情节描写上的艺术匠心和精湛笔法,也于此可见一斑。

平江不肖生《江湖奇侠传》读后

树　棻

我孩提时,没有电视,当然更无录像,虽有电影(那时叫影戏),但看的机会并不多,原因是对我负养育之责的祖母不甚爱看影戏,她和当时许多的老太太一样,爱看的是大戏。我不太清楚在南北各地城乡是否都是这样称呼,但在上海,"大戏"专指的是京戏,其他剧种如申曲、越剧、宁波滩簧、独脚戏等大概都算是"小戏"。我觉得这种说法倒也不失公允,因为无论以舞台、场面、演员人数等方面作比较,京戏的规模确实要比其他剧种显得"大"些。

常言道:内行看门道,外行看热闹。祖母虽爱看京戏,但看来还是个外行,因为她所看的大都是那些内容热闹的戏目,更具体些说,便是当时风行在上海京剧舞台上连台本戏。时隔半个世纪,我已无法记清跟着她看过多少部连台本戏了,只记得去过的剧场有卡尔登、天蟾舞台、共舞台等好几家,其中共舞台是去得最多的一家,而到那里去则是为了看《火烧红莲寺》。

上了点岁数的上海人一定还能记得《火烧红莲寺》这部戏,因为这部戏当时曾轰动沪上,可说是家喻户晓。我当时实在太小,还不大能理解其中剧情,但每回看着台上那些变化奇异的机关布景和热闹开打场面,兴奋与激动是不言而喻的。记得有一回,我坐在戏院楼下正厅里,忽地灯光一暗,有个穿夜行衣的"侠客"从后面楼厅上"飞"向舞台,正巧从我头上掠过,吓得我大叫起来。接着灯光大亮,舞台上又热烈开打……这"空中飞人"的一场对一个十来岁的小观众来说,确是够惊心动魄的,但可惜当夜回家我便发起了高烧,热度数日不退,这便很自然地把患病原因归结为看了那场惊险的戏,于是我从此便失去了继续看《火烧红莲寺》的机会……

时光流转过几年,我已是名初中生了……

我的父亲孙伯绳是研究文字学的,出版过两本训诂学方面的专著,他所研究的内容无疑是不需要想象力的,但他却又是个武侠小说的热心读者,在他的书斋里有整整一书橱武侠小说:《七侠五义》、《小五义》、《续小五义》、《七剑十三侠》、《蜀山剑侠传》、《青城十九侠》……受父亲的影响,我也曾是个武侠小说的爱好者,在念初

中的那三年里,我读遍了那口橱里的藏书,而在这些书中,最能吸引我的当属平江不肖生(原名向恺然)著的那部《江湖奇侠传》了。在看这部书时,我日夜捧读,废寝忘食,简直到了似痴如醉的程度,同时,也让我知道了《火烧红莲寺》的出处原来就在这部书里。究竟是何原因呢? 当时我是不甚了然的,只是觉得这部书好看而已,时隔四十余年,当今天再将这部书翻阅一遍时,似乎悟出了些其中因由——

我认为武侠小说大概可分成两类,一类小说,其中人物武艺出众,能飞檐走壁,会发射暗器,身怀绝技,闯荡江湖,他们成为侠盗,或当镖师,或隐身于市井,或出家为僧道,但无论行侠仗义或作恶害人,靠的还是技击本领,即轻功、硬功、软功、金钟罩、铁布衫之类,这便如《三侠五义》、《施公案》和此后的王度庐、白羽、郑证因等作品中所写之人物,读者读来往往会感到真实有余,而想象力则似有不足;另一类则是象《七剑十三侠》和《蜀山剑侠传》中的人物,个个都是口吐飞剑,身藏法宝,神通非一般能比,因此这些书与其说是武侠小说,倒不如说是神魔小说,读起来虽觉热闹好看,但总有些过分远离现实之感。

我辈靠卖文为生者常要寻找某些"结合点",如写小说要设法寻找文学性和可读性的最佳结合点,行文时要寻找简与繁的结合点,等等。我觉得《江湖奇侠传》作为一部武侠小说,是体现了"技击派"和"神魔派"之间的结合,其中有侠义,有悍盗,有术士,也有迹近神魔之类的人物;有技击,亦有斗法,更兼富有三湘风土民俗的特色。从这一点来说,也比有些武侠(神魔)小说到看完还弄不清故事到底发生在什么年代和什么地方要好得多。

我决无资格说《江湖奇侠传》是一部最好的武侠小说,甚至也不能说是我读过的最好的一部武侠小说,但无论如何,这是一部挺好看的书,是否如此,各见仁智,就请读者阅后自行评判吧。

《江湖奇侠传》书影

平江不肖生《留东外史》读后

周　天

《留东外史》，是平江不肖生(向恺然)的代表作品之一。

平江不肖生所写的《江湖奇侠传》，是近代早期武侠小说中的著名作品，也可能是他最吸引读者的作品。中国近代武侠小说和中国古典侠义小说相比，最大的区别

平江不肖生

就是，侠客们摆脱了皇帝和清官。古代侠义小说中，侠士们总是依附于好皇帝和清官的，如《三侠五义》以及其他一些公案小说，均是如此。古代侠义小说，大致是由说书人的口头文学演变而来，说书人是以说书作为糊口之计的，因此，必须要他说的书能在城市中作为商品招徕顾客，说书人也才能由此得到生计。这就造成了这些作品的情节紧张的特点；情节如不紧张，听书人哪会天天不间断地听下去呢？但是，这类作品要能在公开场合长期地说下去，它的意识形态就必须在两个方面符合要求：一是在官府方面，要符合统治者的需要；二是在听众方面，要符合百姓的胃口。而百姓却又是受到官吏和有钱人欺压的。怎么才能两面讨好呢？想来这些说书人确也是些聪明人，于是

就逐渐形成了中国古代侠义故事的基调，侠士们帮助老百姓除害，反对贪官污吏、土豪恶霸，同时又得到好皇帝和清官的支持。这一来，统治者和被统治者两不得罪，皆大欢喜。其实，何止古代侠义小说如此，我们仔细观察一下，即使是《三国演义》、《水浒》那样的古典名著，又何尝不是有着与古代侠义小说相近似的思想脉络呢？至于近现代的武侠小说，在意识上却发生了一个变化，侠士们同样除暴安良，但却渐渐和好皇帝、清官们脱离了关系，而逐渐和反抗皇权的力量挂上了钩。从根本上来说，这是因为，时代发生了一个大变化，辛亥革命从根本上冲击了皇权意识，同时，作者队伍也发生了变化。这些作者们，仍是受过封建教育的知识分子，但是，辛亥革命的

洗礼,却使他们的思想发生了某种变化,有了某种资产阶级意识的熏陶。不过,他们的变化,主要是对皇权的看法和古人不同,比较地持否定态度,但是在其他方面,封建意识的影响仍旧比较深。他们只不过是一些向现代意识过渡的过渡人物,并不能真正蜕变成为具有彻底的现代意识的新人。既然作者队伍是非驴非马的,所以写出来的作品不免也有些非驴非马。近代武侠小说正是这样一种非驴非马的东西。

这样看起来,同时写了《江湖奇侠传》和《留东外史》的平江不肖生,便正好给人们提供了一个特殊的视角。因为,《留东外史》写的是民国初年留学日本的一批政治家和知识分子们的生活,而这一切,也正好是近代武侠小说,或者广义地说,即人们称之为鸳鸯蝴蝶派的那一批作品的作者们的生活方式。所以,《留东外史》中的描写,便正好给这类作品的作者们的生活,录了个像,告诉人们,鸳鸯蝴蝶派的作者们的生活和意识是什么样子,为什么他们写出的作品,既不同于古典小说,而又不能进入现代文学的范围。

《留东外史》的写法,略近于今日的纪实文学。作者写了民国初年中国去日本的一部分官费留学生,以及因政治原因亡命日本的一些人,所用的方法,大体上是如实描绘其生活状况。小说开始时有一段说明:

> 原来我国的人,现在日本的,虽有一万多,然除了公使馆各职员及各省经理员外,大约可分为四种:第一种是公费或自费在这里实心求学的;第二种是将着资本在这里经商的;第三种是使着国家公费,在这里既不经商,也不求学,专一讲嫖经,谈食谱的;第四种是二次革命失败,亡命来的。第一种与第二种,每日有一定的功课职业,不能自由行动。第三种既安心虚费着国家公款,饱食终日,无所用心,就不因不由的有种种风流趣话演了出来。第四种亡命客,就更有趣了。诸君须知,此次的亡命客,与前清的亡命客,大有分别。前清的亡命客,多是穷苦万状,仗着热心毅力,拼的颈血头颅,以纠合同志,唤起国民。今日的亡命客,则反其事了。凡来在此里的,多半有卷来的款项,人数较前清又多了几倍。人数既多,就贤愚杂出,每日里丰衣足食,而初次来日本的,不解日语,以强欲出头领略各种新鲜滋味,或分赃起诉,或吃醋挥拳。丑事层见报端,恶声时来耳里。此虽由于少数害群之马,而为首领的有督率之责,亦在咎不容辞。

接着作者声明,他自己并不属于这四种人,"既非亡命,又不经商,用着祖先遗

物,说不读书,也曾进学堂,也曾毕过业。说是实心求学,一月倒有二十五天在花天酒地中"。这就说明,作者平江不肖生本人,就其在日本的经历而言,是介乎认真读书和在日本寻欢作乐的两种人之间的人物,而从"一个月倒有二十五天在花天酒地中"的说法来看,则他的经历似同第三种人有某些相近之处。同时,作者又声明,《留东外史》中着重写的是第三种人和第四种人。一般而言,一个作家往往很难写自己所完全不熟悉的生活,由此推测,平江不肖生在日本的生活经历中,必然也同时和亡命日本的政治家们有相当往来。就中所写的主要人物看,黄文汉的生活圈子颇近于第三种人,但为人要比一般的花天酒地的留学生正派得多,黄文汉又和亡命日本的政治家和军人们有一定的来往,作者对黄文汉的言行也持比较肯定的态度。由此可以推测,小说中所写的主人公之一的黄文汉身上,应该有作者平江不肖生自己的影子。自然,由这一声明,也可看出,作者自己是表示了,他是站在小说人物圈子之外或之上来描绘他们的,所以我们只说黄文汉身上有作者平江不肖生自己的影子,而不说黄文汉就是平江不肖生。这一点需要稍作说明,以免误会。

《留东外史》的结构,在相当程度上是学《儒林外史》的。一则故事接一则故事,连环式地进展;但整个看来,情节要比《儒林外史》稍觉集中些,这是因为,作者用周撰、黄文汉、林巨章等几个人物,把全书的情节大致串连起来,这可能是有些学西方文学作品的注意结构,但尚不能做到融会贯通,若就作者对这几个人物的态度而言,作者对周撰是完全否定的,对黄文汉基本上持肯定态度,对林巨章则是褒贬参半。我们今天来看小说对黄文汉这个人物的描写,纨绔子弟的味道是很重的,但作者并不讳言此事,而是把黄文汉作为纨绔子弟中的正面人物来描绘的。每个时代、每个圈子里的人物,都有其特定的时代、圈子中的道德标准,而在这些道德标准中,又有某些不同时代、不同圈子的人们间相互沟通的东西。这就是说,道德标准有时代性,同一时代的不同层次的人们中,道德标准也不一致,但是,不同时代、不同层次的人们中,又会有某些相通的道德标准。理解了这一点,我们就能懂得,作者在情节进程中贯串的道德评价,不必要也不可能和今天的读者一致,但是,作者所肯定的黄文汉,尽管有若干缺点、毛病,但在人品上要远远高于周撰等人,这一点,今天的读者也仍可在某种程度上接受作者的看法。

周撰本人是个孤儿,依开木行的叔父长大,叔父无子,将他养为己子。他原先并无去日本官费留学的机遇,恰好他有一个同学,求本县官僚,修了一封信,向湖北制台求一个官费留学名额,因病无法面见制台,周撰见机会来了,便假说自己要去湖北,愿为这个同学送信。同学将信交给周撰,周撰即在信中偷偷添上了自己名字,瞒

天过海地借别人力量为自己弄得了一个官费名额,得以去日本留学。这则故事,原是清末的事情,与书中情节无大关联,作者如此写,无非是说周撰从来心术不正、人品卑劣。周撰在民国后回国当了一名副官。此后他的表现,主要是在男女问题上,品行极其下流卑鄙。他原来在十六岁上已由叔父替他娶了妻,留学后即将妻子撇在家乡;回国当了副官后,看到一家栈房主人的女儿,名叫翁定儿的,有几分姿色,于是先通奸后迎娶,娶为二房。迎娶后不久,副官职位丢了,衣食无着,于是再度撇下翁定儿,第二次谋取官费留学生的名额,出洋到日本,从此翁定儿也就永远丢在他脑后了。到了日本以后,周撰根本不读书,整日过那嫖妓女、吊膀子的生活,钱不够用了,就到处用欺骗手段弄钱。才三四天工夫,就姘上了一个冒充女学生的暗娼樱井松子,于是在日本再一次结婚。他俩的所谓结婚,就是由周撰写一封婚书给樱井松子,就算办了结婚手续,实际上是姘居。过了一段时期,把樱井松子玩厌了,他手头的钱也花光了,于是对樱井松子假说要回国,却把樱井松子的一点财物也卷逃了,到日本的另一个地方居住,再继续他的搞女人的生涯。以后,周撰又看上了一个从中国去日本的女学生陈篙,假说自己从未结过婚,将陈篙骗上了手,打算再结一次婚。这陈篙生得十分漂亮,想动她脑筋的中国留学生颇多,这些垂涎陈篙的人出于忌妒,于是便联合了一些往日吃过周撰苦头或是看不惯周撰的人们,一方面煽动樱井松子出面

同周撰、陈篙闹,另一方面搜集了周撰的种种恶行,召开同乡会,以同乡会的名义要求取消周撰的官费,最后终于使周撰灰溜溜地回国。周撰最后姘识的女学生陈篙,是一个十分佩服袁世凯的人,这原是青年女学生的幼稚言行,但是,亡命日本的革命党人,见周撰要同这样的人结婚,而且他一贯行止不端,便怀疑他可能当了袁世凯的暗探,实际上这不过是亡命客的神经过敏;到袁世凯垮台后,周撰便因这个疑点,被糊里糊涂的真个当成暗探被枪决了。

和周撰相对比的,是黄文汉。黄文汉也是老资格的留日学生,同情革命,他自己虽非革命党,但却在力所能及的范围内

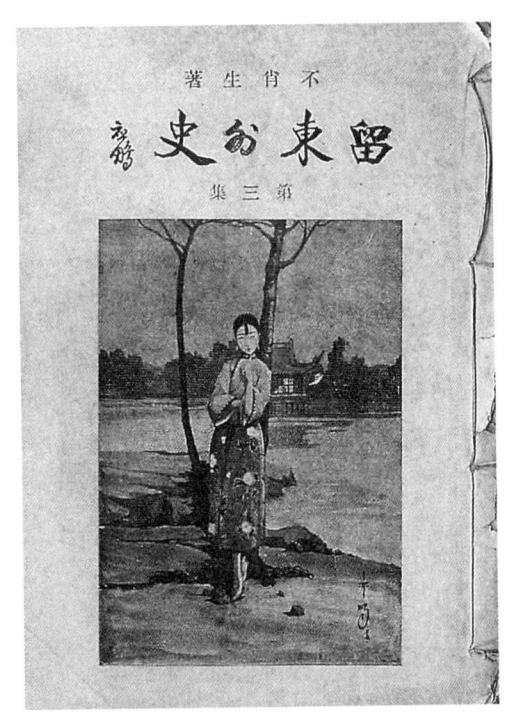

《留东外史》书影

帮助革命党人。黄文汉也嫖日本妓女,但只是逢场作戏。他和一个日本妓女圆子同居,起先只不过是露水夫妻,后来两人都渐渐产生了真感情。圆子当妓女时,自然是谁有钱就接谁,但与黄文汉同居后,就真心实意地从一而终;同时也不许黄文汉在外面宿娼。有一次,黄文汉因朋友应酬,在妓女处住了一宿,圆子便和黄文汉大闹,闹过以后,留下书信,离开了黄文汉。黄文汉到处找不到圆子,心中十分伤感,便离日本回国了。但是两个人却是谁也忘不了谁。圆子从此不再操妓女旧业,而是当上了饭馆的女侍者,靠微薄的工资养活自己,过着十分穷苦的日子;黄文汉回国后,真的改了脾气,从不再和任何妓女来往,并且托日本的留学生朋友打听圆子的下落。最后,黄文汉终于找到了圆子,接圆子回中国,成为正式夫妻。圆子也真的成了黄文汉的贤内助。

这只是说了两个主要人物的大致情况,其他一些次要人物,莫不有诸如此类的风流韵事。这类描写,占了书中的大部分篇幅,从中可以看到民国初年一部分官费留学生在日本的无聊生活。辛亥革命尽管对旧中国有所冲击。民国亦已建立,但是,当时中国知识分子中的大部分人,出身于封建家庭,即使出身于其他家庭,受的也是封建教育,所以他们的整个生活习惯、道德风尚都是封建主义的,尽管一些留洋学生不同程度地受到资产阶级的思想影响,但是,从封建生活风尚出发,常能把资产阶级生活方式中能和封建生活方式相通的东西,一下子就接受过来,所以,就出现了一批经浸染有某种新思想,但在生活方式上却仍然是遗老、遗少的人们,这是一支非驴非马的知识分子队伍。其实,黄文汉和周撰虽然在人品上有高下之分,但却都是这一支非驴非马的知识分子队伍中的成员。这也就间接地解释了,为什么民国初年及此后一段时期中出现的市民文学,既不同于封建文学而又明显受到资产阶级思潮的影响,又不能像中国现代文学那样具有明显的启蒙思想和忧患意识。非驴非马的知识分子队伍,造就了非驴非马的文学现象,人们称之为鸳鸯蝴蝶派的这一类文学作品,若从队伍上去找寻其产生原因,就是如此。《留东外史》中所写的这批花天酒地的、带有明显的封建遗少色彩的留日学生,恰恰为鸳鸯蝴蝶派作品的队伍形成提供了某种解释,也为"五四"后的武侠小说何以不同于封建社会中的侠义小说,同样提供了解释。

《留东外史》中的另一部分篇幅,则是为民国初年袁世凯复辟声中,中国去日本的亡命客们,提供了肖像画。其中林巨章这一人物,写得最生动活泼。作者称之为亡命客的人们,面貌是各式各样的。其中既有坚持斗争的革命党人,也有好勇斗狠、惹是生非的亡命之徒;既有因反袁而逃亡的各类军政要人,也有卷逃了巨资到日本

过逍遥日子的新贵。作者的写作方法是实录的,所以无意中客观记录了那一特定时期亡命日本的各类政治人物的真实面貌。另一方面,袁世凯政权的腐败,在作者的笔下也写得入木三分。这个政权要从日本购买十架飞机,驻日本公使馆拿了日本资本家的巨额回扣,立即买下了十架用废旧材料装配起来的飞机,正巧前来买办装运这十架飞机的航空学校校长冯润林是个内行,一检查,这批飞机根本不能用,于是同袁世凯政权的驻日本公使翻了脸,不同意购买这批飞机,忿忿回国。这边驻日公使馆怕受贿事露出马脚,赶快向袁世凯送上小报告说冯润林同革命党人勾结,恶人先告状。有趣的是,流亡日本的革命党人还担心这些飞机买回去用于镇压革命党,一度还打算大闹公使馆,甚至还有暗杀冯润林的计划。实际上,这批坏飞机一上天就会完蛋,根本起不了镇压革命党人的作用。这些情况说明,袁世凯政权腐败到了极点,真个是很快就不打自倒了。这一部分篇幅,是全书写得最精彩的篇幅之一,看来小说中这一部分材料仍是取材于现实生活中实有的人物,所以,革命者和袁世凯政权两方的人物,都不是按照理念而是按照生活实际写的,袁世凯政权一方也有冯润林这种忠于职守、一丝不苟的人物,然而他的购买飞机却又是有利于反动政权的;革命者一方也同样有许多沽名钓誉、口是心非的人物。而在总体上,袁世凯政权的腐朽透顶,却又跃然纸上。

小说同时还写了袁世凯政权对亡命客所采取的收买、分化活动。而在亡命客中,也有各种各样的反应。有的出于义愤,对袁世凯的狗腿子采取暗杀手段,另外一些人被收买,还有一些人则动摇不定。这当中,新式官僚林巨章的动摇心理,写得就颇细微。林巨章像是同盟会元老,曾任旅长,"文章经济都有可观",为人也还算正派、厚道,袁世凯复辟后,他手头上有一笔钱,便带了两个老部下,携着用五千元从老鸨那里买下的姨太太陆凤娇,到日本过流亡生活。在日本住了一段时期,因为开支颇大,不再有进款,加之不甘寂寞,心中便有些活动。那个妓女从良的姨太太陆凤娇就竭力劝他投诚袁世凯,混个一官半职,自己也好过一过官太太瘾。他起先还顾及自己的名声,一再犹豫,那陆凤娇就每天哭闹,逼他投诚,最后他终于完全动摇。把住在他家中的革命党人也赶走了,而且做好了投诚袁世凯的准备。恰好在这个时候,他带去日本的两个随从人员,一个同陆凤娇因有奸情而暴露出来,另一个偷盗他的财宝亦被发觉。他从国内一共带出了三个人,这三个人他自认为最亲密,最可信任,结果全部是不可靠的。他也并不向这三个人报复,倒是相当宽厚地遣走了他们,自己也因此而一度看破世情,甚至还想皈依佛教,自然也就不再考虑投诚袁世凯的问题了。小说中对林巨章的心理描写很细腻,人物性格也写得多面和复杂。后来国

民党人为什么在取得政权后迅速腐败,从林巨章这类人物身上已见端倪。《留东外史》中对当时这批政治人物的描写,真是说也奇怪,其现实主义的程度,甚至超过了相当一部分新文学作品。大约从现实生活出发,是其取得成功的根本原因。这本书在这方面的篇幅,是极有价值的。

实录性的作品,其艺术水准尽管有高有低,但却能做到客观地纪录特定时代、特定社会生活面。要了解那个特定时代,这类作品的作用几乎可以说是无法代替的。从这个意义上看,《留东外史》给我们留下了一个观察民国初年社会生活的特殊视角,它是那一段社会生活从某个角度的实录,有着特殊的认识价值和历史价值。

评江红蕉《萧郎画樱记》

芮和师

　　江红蕉(1898—1972)，原名铸，号镜心，江苏苏州人。他是受了包天笑、毕倚红的影响和栽培逐步走上写小说的创作道路的。他用的笔名很多，"红蕉"是从1922年在上海写《沥血记》开始署用的，后来即以此为常用的笔名。作品多数发表在《礼拜六》、《半月》、《星期》、《快活》、《红玫瑰》等刊物上，以言情短篇为多，也写了一些长篇社会小说，如《大千世界》、《交易所现形记》等。

　　《萧郎画樱记》是江红蕉的成名作，从这里可以了解他言情小说的一般内容和技巧。这篇小说写一个青年小说家李芳尘的艳遇。是篇有代表性的才子佳人的小说。佳人是两个不平常的妓女，才子就是李芳尘。佳人自然是"雪肤花貌，临风娉婷"，"风韵入画，令人心醉神驰"，才子也"出落得风神潇洒，隽逸无比"。他们在去跑马场的出租汽车上相遇了，发生了小说所写的故事，小说家得到两个(不是一个)"红尘知己"。

　　小说是从李芳尘与妓女相遇写起的。写了她们的美貌之后，便写芳尘一再摸不透这两位女郎是何等人物，直至画家说破她们是"花界大名鼎鼎的"，仍不能使他立即相信，可见这两个佳人不是一般庸俗的妓女。她们对他的作品评价很高，"我很喜欢你的小说。你的小说大都是言情之作，措

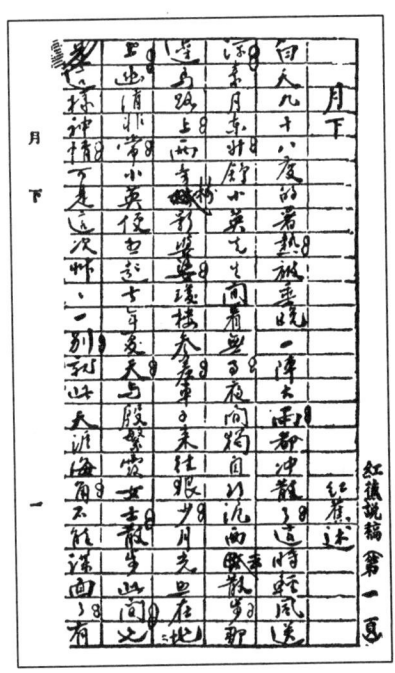

《红蕉说稿》书影

词很温婉，为女郎设想的很周到，有许多细微处，亏你想得到呢！""李先生的一篇《画樱记》真是百读不厌！我读了想起书中人物，好似真有其人。那篇绮腻熨帖，情细如发，花下读之，教人悠然神往。我以为先生著作，要推此篇为生平得意之作了！"使小说家深感她们有眼光。芳尘买赛马票输光了，她们主动借钱供他再买。婉如买

票赢了算是三个人赢的,硬是要三个人均分。她们见他用钱不肯顾惜,细问明了他写小说的收入情况,劝他节省,"以后用钱总要想到落笔时的辛苦"。"铜钱银子在有的时候,很不足奇,没有就见得珍贵了"。这两个佳人,有很好的文学鉴赏力,有钱而知道节约,德、才、貌似乎都集中在她们身上。原来她们做妓女并非自愿,"她们原是好人家出身,也读过八九年书,程度也很好,不幸堕落平康"。"堕落的原因"也"很悲惨"。

就在小说家还不知道她们是何等人物,又自己抱怨没有和她们约定后会日期的时候,故事有了转折,在请他吃饭的画师家里发现这两个美人的照片,而且由此又想起自己曾在这里给她们放大相片的樱唇上涂过颜色的。前文说过"你说初见,但我脑筋里记得,似乎与你们曾经见过的了"。"猛想此情此境,又好似在那里见过的"。正是这个情节的伏笔,而明霞称道的《画樱记》自然该是写的这一次给她们的樱唇着色了。《萧郎画樱记》里又谈到《画樱记》,"记"中有"记"。当画师明说她们是妓女,他自然不能相信。画师终于填马票把她们叫来。这是第二次在另一个场合的见面。见面的情况与在跑马场完全不同,三人相视许久都未开口,却彼此心心相印,"好像打了个秘密的长电,与说过话一般"。

情节急剧发展,身份已经明确的两个妓女,找到小说家的家里来了。她们嫁人之前特来告别的。他们之间萌发着爱情,但他们的爱情刚开始就不得不结束。她们说:"我们现在已成骑虎之势,不能不嫁了。所嫁的却是弟兄两个,表面上似乎很圆满,骨子里我们想起了你实在悲伤。"又说小说家从此将成为"萧郎"了,可知她们是爱他的。作者安排了一个突出的情节作为结束:婉如摸出胭脂,要求小说家也像在影像上着色一样的在她们的樱唇上着一着色。可是着了以后就该分手了,"从此萧郎是路人",这就是题目"萧郎画樱记"的由来。这第三次相见原就是最后一次相见,可一方说"怎样可以忘情"! 一方却说"将来或有再见的日子也论不定"! 故事结束了,而又余波不尽。

这篇小说的内容情节当然是虚构的,但前文小说家已认为这种"艳话""说给人家听,一定不信,以是齐东野话,又谁知天地间真有此等奇人,此等奇事么"! 在最后又加上一个尾巴,自己出面说,"江红蕉道:至情的人,至情的事,说不定天地间竟有此人,竟有此事,不能说这篇完全是虚诞的盲词。"企图进一步增强读者心中的真实感,使结尾摇曳生姿。在篇末由作者出面讲话,在当时有这种做法,这也是我国旧小说遗下的痕迹。有趣的是,刘云若在其所著《春风回梦记》的《自序》里说:"倘读吾书而能念其空帏凄苦之可怜人,知负之于今日,而遗憾将无穷,悚然归去,重拾旧欢,

《红蕉小说集》书影　　　　　　　　《江红蕉说集》书影

则此书不为妄作。至如莲之钟情虽至绝顶,惜为作者所产之小说中,实际绝无此物。……作者扬州梦觉,回首十年,敢以头颅为证。读者倘人挟《春梦回梦记》一册,长游北里以访其脑中之如莲,则吾罪孽真奇重矣!"一个声明是假,一个强调可能是真,两位作者的态度是大不一样的。

从以上情节细节的安排,应该承认小说结构是精巧的。写小说家的艳遇,写了两个妓女的主动,也着重写了小说家的心理活动。写小说家的心理活动,不是仅仅把小说家写得生动,也使两个妓女的性格更为突出。如小说对三个人物的刻划比较细腻,虽然对两个妓女的服饰容貌的描写,手段比较一般,语言也未免老套,但在写了她们的举止之后,以小说家的"暗想"写的两节,是确能概括她们的特点的:"再想婉如与明霞,又像女学生,又像纨绔小姐;瞧他的举止,似乎是一个放浪的女郎,又像是个女博士;并且一见如故,真识不透他们是何等人物"。"他们都是女郎,与一个陌生的男子高谈阔论,毫无顾忌,实在不成体统。况且同车并不许掺杂他客,尤属嫌疑,被老辈人听得,岂不笑话! 但是他们评论我的文字之处,却有眼光,又不像普通粗识之无的女子。"这时刻划这两个妓女的身份特点是很贴切的,突出这两个妓女是不寻常的妓女,只是不把"妓女"两字点破。如小说家在回答两个妓女关于写小说收入的询问,似乎就取自江红蕉的实际经历。如对跑马场的描述,也对今天的读者有

认识意义。如写小说家在车上与两个妓女初遇,攀谈之下,便萌生情爱,说"不知不觉的牵惹了无谓的情丝,好像蜘蛛结网,放出第一根长丝,荡漾在空际,被风一吹,黏在檐角,就在这根丝上,结成万端千绪的网子,再也不能摆脱"。尽管以蛛丝比情丝,立喻现在已不算新鲜,但这一节的描写还是细腻的。

这篇小说写在大半个世纪以前,在用字上还"他""她"不分,"哪""那"不分,语句还有点从文言到白话的"改组派"的味道。这篇小说,读了对"才子佳人"小说,对江红蕉这个通俗小说的作者,都可以有一定的了解。

为 谁 泣 路

——文言小说《泣路记》读后感

陈 诏

小说作者许指严,原名国英,字志毅,别号砚耕庐主、弹华阁主,江苏常州人,生活在清末民初,大概抗战前夕去世。初从事于教育界,后在政界、商界和出版界任职,曾组织弹华阁文艺社主持艺林雅事。工诗文,善书法,喜搜罗掌故,常以小说、笔记自遣,著有《近十年之怪现状》、《十叶野闻》、《新华梦》、《民国轶事大观》、《民国春秋演义》等小说、笔记多种。从他的创作来看,绝大多数是历史小说。

《泣路记》共二十回,以小说笔法写明末李自成攻临北京,崇祯皇帝第三子定王微服出逃、隐姓埋名、颠沛流离、苟全性命的一段苦难经历。最后由于一念和尚抗清造反失败,定王被捕,酿成斩首诛族的惨剧。作者题书名曰:"泣路记",取杜甫诗句"可怜王孙泣路隅"之意。

据《明史》记载,"定王(朱)慈炯,庄烈帝第三子……崇祯十七年,京师陷,不知所终。"由于清朝统治者入主中国以后,人心不服,揭竿而起者常常伪称"朱三太子",如山东王士元,福建蔡寅,北京扬起隆寺,但均被清廷一一镇压,株连无辜,杀戮累累,直到康熙四十六年(1707),太仓尚有人竖大明旗号起义,说有一念和尚给札聚众云。《泣路记》就是根据这些蛛丝马迹的史料记载,想象虚构,敷演成书的。

小说塑造定王形象,并不真切。按理说,定王是金枝玉叶般的天潢贵胄,即使在落难期间,也必然会回想起许多宫中往事,有优越感,有国破家亡之痛。可是小说中的定王,活像一个穷书生、酸秀才,只懂得安贫乐道,委曲求全,处处缺乏皇亲国戚应具有的气质和思想感情,这明显地是作者生活经历的局限,小说中的另一个人物——朱三太子的媳妇叶安庆,则被描绘成身怀武艺,有飞檐走壁、出生入死本领的女侠,落入旧武侠小说的窠臼,亦与全书的写实风格相悖。

第十六、十七两回,写张先生(定王改姓后的称呼)落入清廷魔掌以后,围绕着这一大案要案,展显各色人等的政治态度和思想风貌,文笔酣畅,渐入佳境,是全书中写得比较好的章节。如写清朝政府官员,先以甘言相诱;促张先生迁到官署居住,而

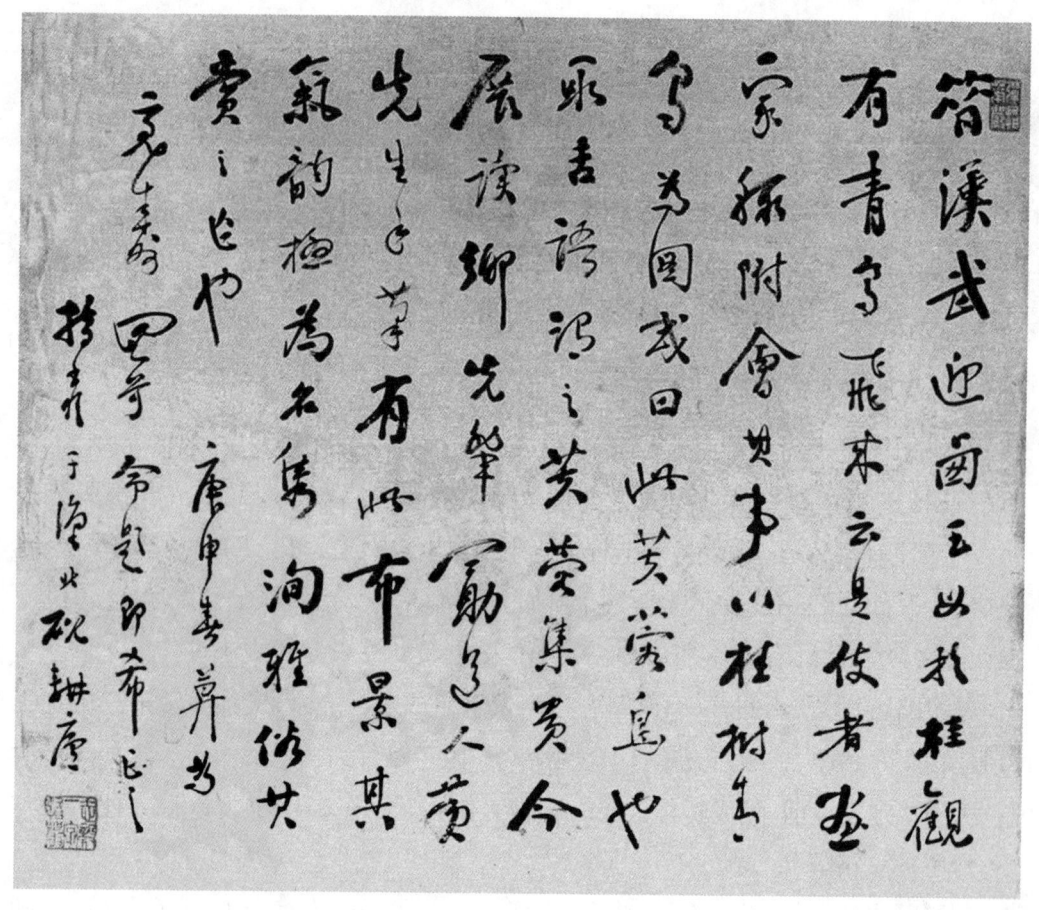

许指严手迹

且供馔丰腴，如待上宾；继而赴省城济南鞫讯，并捕家族，但眷属饮食居处还有某种自由。后来移解到南京，仍放出空气，谓朝廷对前朝帝胄，将另议待遇之礼，异日荣典特颁，必封公爵。其目的，都是为了诱使张先生供认是与一念和尚合谋造反的朱三太子。直到张先生坚执并无叛逆动机后，终于"图穷匕首见"，动用酷刑，锻炼成狱。这完全是统治阶级软硬兼施，步步逼讯的一套惯用手法。其间还包含了某些汉族官员，仰承上意，邀功求赏，不顾事实真相，严刑拷打，通供诱供，以扩大打击面，株连一大批，草草结案了事，充分暴露了这一批奴才、爪牙们的嘴脸。又如写张先生，自从官府登门拜谒后，就知道身份败露，凶多吉少。后来在问官追逼之下，他一不肯连累挚友李怀远，二不忍牵连家属，天真地想早早承认自己是朱三太子，听候处置，以期从宽发落。甚至乘囚车到了南京，在清朝官员诱说之下，还心存幻想，盼望有宽宥恩典。从张先生身上，可以看出这个"谦谦君子"的迂腐懦弱的本性，以及大难临头时的求生欲望。此外，首告人刘性初的求赏心切，陷害亲戚；王三德、僮寿、芙蓉辈

的捏造事实,提供伪证,都写得入木三分,证明了社会上确有一批丧尽天良的无耻之徒,这都是小说的成功之处。

许指严拥护共和,反对帝制,他在"楔子"中写道:

> 世界人道灭绝,实由于专制帝王。以彼之所以待人,引起人之所以待彼,辗转纠葛,胶胶扰扰,互相为因,互相为果,残杀淫掳,惨无天日。试问齐民平等,敢憨然行其暴乱无道,至于如此之极也乎?惟有英雄斯有酋长,兼并酋长而为帝王,由帝王入专制,以致觊觎者皆各有帝制自为之思想,各欲实行其专制之威权。朝一帝王,而残杀淫掳无算焉;暮一帝王,而残杀淫掳又无算焉。夲之此败之帝王,即为彼胜之帝王,残杀淫掳之轴心焦点,而无术可以解免。……可知帝王者,实残杀淫掳之大剧场与制造厂也。

可见他对封建帝制深恶痛绝。但同时,他的资产阶级民主主义思想却是不彻底的。从《泣路记》可以看出,他对清朝统治者极为不满,揭露其腐朽性残暴性,而对明朝末代皇帝崇祯及其太子定王,却又无限同情,深表惋惜,从而陷入不可自拔的矛盾之中。其实,皇朝更替,封建帝制仍旧不动一根毫毛。对老百姓来说,无论谁当皇帝,都不能逃脱被剥削被压迫被凌辱的命运。这位定王哭泣路隅,如果他为哀鸿遍地、民不聊生而悲戚,那是值得同情的;如果他仅仅为了失去王位,失去个人生命财产而哀痛,那就没有多大意思了。

据记载,二十世纪二十年代初,许指严在谈到当时的小说派别时曾说:"迩来小说派别多,竞争烈,然当此新旧交替之时;当新旧兼为之,殊不当以旧讥新,着新毁旧也。即我近作,亦为过渡主张,无论其写实派邪,旧浪漫派邪,新浪漫派邪,均将为之。"(参见1923年1月7日《小说月报·许指严》一文)这段话,确实反映实际情况。许指严处在从帝制转变为共和的新旧交替时期,他的脑子里是新旧观念兼而有之,也就是说,他虽然反对封建主义,倾向民主主义,但立足点并没有转移到人民大众这一边来,所以思想感情仍旧对落难的王孙公子藕断丝连,小说《泣路记》就是最好的说明。

评许啸天《清宫十三朝演义》

蒋星煜

在中国古代,采取章回形式的历史题材的小说,《三国演义》和《东周列国志》比较著名,这种小说在一定程度上受了《二十四史》一类史书的影响,往往以某一朝代的开始为开始,某一朝代的结束而结束,很有点断代史的味道。

许啸天

但在《三国演义》、《东周列国志》之后,类似的佳作却极少,原因之一是这类小说写作极为不易,既要有生花之笔去塑造人物描绘情节,同时又要对史实相当熟悉,使主要事件和历史能基本相符合,所以有的小说作者就视为畏途了。

一直到 1926 年,许啸天的《清宫十三朝演义》问世,才又重新掀起一阵断代的章回历史小说的高潮,但为时亦比较短暂,陆续出版了其他皇朝的演义之后,又趋于沉寂了。即使以《清宫十三朝演义》而论,影响仍旧远在《三国演义》之下,其他的更不在话下了。

《清宫十三朝演义》全书一百回,从女真族在长白山发祥写起,到第二十三回明代的崇祯皇帝在煤山自尽,清顺治皇帝登基。顺治、康熙两朝着墨不多,拣十分重大的宫内外的政治宫事行动以及帝后嫔妃们的爱情纠纷写了一下。对乾隆皇帝似有特别好感,给予大量篇幅,并强调了他是海宁陈阁老的后裔,所以要一再下江南寻亲。嘉庆、道光诸朝也只是一笔带过。从第七十回起,对慈禧太后如何入宫得咸丰皇帝的宠爱作了细腻的描写,自然也对康梁变法经过作为重点敷演了,最后则对辛亥革命前夜,朝政的腐败和满族大臣的昏庸愚昧揭露得淋漓尽致。

作者许啸天少儿时代住在杭州,亲眼看到过清代八旗子弟的腐败无能,他们名义上是驻防的军队(称为绿营),却毫无战斗气氛,也从不训练,只顾穿着袍褂提着鸟笼,捏捏铁弹子,坐坐茶馆。看到走路的或坐轿的汉族妇女经过,就去戏弄一番。许啸天对之深为反感,他后来之所以写这部书和这种思想感情当然有一定的关系。

对作者的写作动机,如果仅仅理解为民族矛盾或民族恩怨,显然估计仍然不足。作者有感于"八旗子弟……终日提鸟笼、坐茶馆、斗口打架、讲究吃着、调笑妇女……到了民国手里,一声革命,八旗子弟和他的皇帝都成了废人"。在这里,十分明确地提出了"忧患意识",认为一味贪图享乐,必然导致没落和消亡。这一教训却是任何历史时期都能适用的。曾经有人指责《清宫十三朝演义》是庸俗的作品,这可能因为他们发现里面对皇帝、太子、后妃之间的风流韵事写得太突出。是的,确是如此,例如第十六回《翠华园神宗醉玉肤 慈庆宫妃子进红丸》、第二十二回《露奸情太宗暴殂 见美色豫王调情》、第二十六回《入空门顺治逊国 陷情网康熙乱伦》、第四十三回《证前盟和珅弄权 结深欢高宗宿娼》、第六十九回《美人落魄遭横暴 天子风流选下陈》等等都是。但是,也要看到,那几回虽然渲染得十分有声有色,但也仅止于气氛的创造,皇帝、太子、世子他们对妇女们美色的欣赏和陶醉,却没有直接去写什么性生活中的动作和技术,所有类乎的场面都用正面表现,作了必要的铺叙之后,再没有在舞台上展览。床上戏用一句行话说:"就是用暗场交代罢了。"

事实确是如此,第十六回写明神宗在月光之下看两队宫女乘船在水面上交战,"身上穿的纱衫被水湿透了,黏住在身上,衬出雪也似的肌肤来,格外妖艳"。于是"神宗皇帝又把那两个领队的宫女宣上船来带回翠华宫临幸了"。到此为止。第二十六回虽然也没有具体写作爱的场面,但是康熙在位六十年之久,采取了许多发展农业生产的政策,也兴过多次残酷的文字狱,却把整整一回书全都写他和姑母的奸情以及在太监小如意陪同之下如何强抢民间妇女,显然失去了分寸。其所以受到人们的批评也是事出有因的。

《清宫十三朝演义》书影

我对书中最感兴趣的是第四十、四十一回乾隆皇帝在扬州一带听戏赏曲的描绘:

> 有一个江鹤亭,是个首富;他家中有座水竹园,修改得十分华丽。那班戏子里边有一个唱小旦的,名叫蕙风,长得玉肤花貌,又能妙舞清歌;……
>
> 同时有一个汪如龙,也是一位大盐商……他家中却有一班女戏子,个

个长得天姿国色,烟视媚行。……

只是那江绅士……忽然被他想出一个妙法来了。这法子叫水戏台;是把戏台造在船上,戏台上铺设得十分华丽。这戏台照样造成两双,又编了许多《皇母宴》、《封神传》、《金山寺》热闹的戏文……奏说:"是扬州绅士江鹤亭家的集庆班。扮这天仙的是领班的,名叫蕙风。"皇帝听了,点头叹赏。

按照李斗《扬州画舫录》的记载,扬州确是当时仅次于北京、苏州的一个戏曲演出中心,无论花部、雅部都有大量班社。盐商豪绅多有家班,相互争胜,到乾隆皇帝南巡之际,他们之间的关系就呈现了你死我活那种尖锐程度。最出名的家班是王山霭、江鹤亭两家。现在小说里写作为江如龙、江鹤亭向乾隆皇帝争宠献媚,姓名虽有了改动,但把那种气氛烘托出来了,确可作为戏曲史著作的补充。

另一处把戏曲演出作为重点关目的是第八十三回:

外面茶果摆齐,戏台上锣鼓一响,戏文开场:峒元道士早已把内廷供奉的几个戏子邀在观里,听候太后点戏。皇太后出来用茶果,果然点了一出《混元盒》、一出《赶三关》;皇上点了一出《回龙阁》,皇后知道皇太后是爱小旦戏的,便点了一出《鸿鸾禧》,太后十分欢喜。

这是写慈禧太后在白云观看戏的情况。第八十七回是描写颐和园大院的戏以及慈禧太后和光绪皇帝在一起看戏的情景。

高低共五层:二层系演神怪戏之用,所以布置的一切和神祠差不多。但第一层却同普通台一样,不过略为精致一点罢了。三层上面,是专制布景所用的,四层是些枰棱之类,备伶人的乔装;五层上却供着些神佛。戏台的旁边是一带平房,以便王公大臣恩赏听戏时所坐。台的对面,有三间一丈多高的房屋,为孝钦后自己听戏的时候坐卧之处。旁有两间休息室,放置长坑一具,太后每到听戏,或坐或卧,非常舒适。这天凡京津著名伶人,如谭叫天、汪桂芬等都被邀入大内。……西太后随手点了一出小叫天的《天雷报》,德宗点了一出《逍遥津》。

这里把五层的大戏台略作描写,也没有闹十分笑话,至于慈禧太后和光绪皇帝

相互利用点戏的机会讽刺对方,恐怕也是实有其事的。《天雷报》的故事是雷打张继保,因为张继保不孝顺父母,所以要遭天雷轰击。也就是说慈禧太后斥责光绪对她不孝顺。《逍遥津》是曹操迫汉献帝禅位的故事,光绪皇帝不甘示弱地指出慈禧太后的险恶用心。可以说勾心斗角到了剑拔弩张的地步。也确是有一定的史实依据的。

这三处牵涉到上演剧目的问题,乾隆皇帝在扬州听的《皇母宴》、《封神传》、《金山寺》,虽然花部也唱,当时仍以唱昆曲的可能性较多。而京剧(皮黄)要到乾隆末年嘉庆初年才开始形成,当然不会是唱京剧的。慈禧太后在白云观所听的《混元盒》、《赶三关》、《回龙阁》三剧,即使有唱昆曲的,也是皮黄班社唱的昆曲。颐和园所听的《天雷报》和《逍遥津》乃是地地道道的京戏了。

欣赏或评价一部历史小说,当然不以有没有戏曲演出的描写为标准,也不以这一类描写是否传神为标准,而是要以内容和形式的总的倾向来看,要从是否基本上符合历史的真实面貌来看,我之所以着重谈了戏曲演出,正因为这是此书的特点之一,而戏曲史又是我的学术研究专业。寻找到了这个最佳的结合点,文章就写成这个样子了。

文学作品原很难分什么等级,如果勉强要分,《清宫十三朝演义》大概可以列入中中。但是后来一系列的《×宫××朝演义》却是因此书颇有读者而陆续问世的。其影响可谓不小也。

《严芙孙说集》读后

唐铁海

《严芙孙说集》是上海大东书店出版于 1927 年 5 月的一本白话短篇小说集。"五四"新文化运动后,白话文的普遍提倡,兴起了所谓"标点小说"热。《严芙

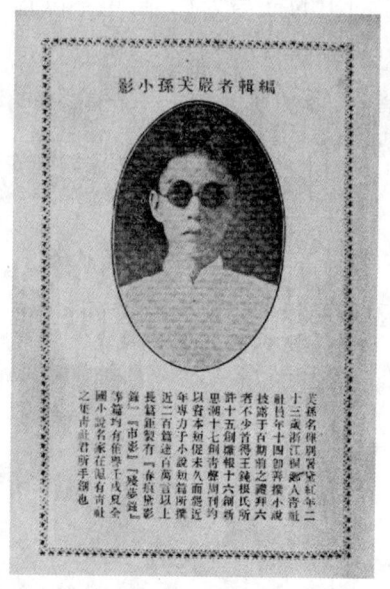

严芙孙

孙说集》全文没有标点符号,使用的仍是直排文字右侧加圈来断句的方式,但已分成段落。这是一本尚未完全摆脱古文痕迹的白话说集。

这本说集共收九个短篇。其中大部分篇末都是写少男少女恋爱婚姻的悲剧。首篇《不相关的爱》中的主人公是痴情青年季海容和薄命女子曾倩玉,他俩本来是风马牛不相关的一对青年,只因偶然的事变,他们各自殉情夭亡。"可惜季海容和曾倩玉都死了,不然把他俩撮合起来,这两段不相关的爱,就可变作一段相关的爱了",这反映了作者浪漫的幻想和残酷的现实之间的矛盾。作品没有触及社会的症结,流露出来的是一种宿命的伤感情绪。

《归宁》和《花轿》的情况就不一样,作者所正视的是血淋淋的现实生活。《归宁》中写一个娴淑姑娘影娘,远嫁给一个嫖妓成性、暗疾溃发的米店小伙计,她四次回娘家和慈母泣别后郁郁而死。《花轿》中则写一个字迹娟秀,能写哀艳故事的花轿店主女儿余慧芸,她在向《民意报》投稿中,与该报编辑、青年小说家罗觉平结成文字交,纯真的爱情又把他俩结成生死交,但慧芸难违父命,被迫嫁给从小订亲的肉店老板蓝朴仁;她明知新郎已身染危险的花柳绝症,要与这样一个将与人世告别的人结为夫妇,不啻自投火坑。她就在男家迎娶那天,悲壮地以一柄裁纸刀自戮于店里最华丽的花轿中。觉平获悉慧芸惨死,即精神失常。而急欲抱孙的老母匆匆给他成婚,在花轿临门之时,猛地在他面前晃动着慧芸的旧影,他恍惚中"只见花轿踏板上

深深的染上一抹惨红",断定是"当初慧芸最后的血渍",顷刻吐血身亡。这两个短篇在艺术表现上比《不相关的爱》较为丰满,扣人心弦,《归宁》通过四次回门,母女对泣,使那亲手包办女儿婚事的垂暮之年的慈母不禁失悔,发出"十年前隐伏的火线一旦爆裂……悲剧迟早总要实演"的哀鸣。《花轿》运用象征手法,那顶堂皇其表、浸透血泪的古老的花轿的反复出现,残杀了多少青年男女的青春和爱情?两个短篇的笔锋所向,都是直指吃人的封建买卖婚姻制度。

严芙孙的短篇小说曾得到二三十年代哀情小说大家周瘦鹃先生的赞赏,说是"着了他的道儿"。可是芙孙是个多面手,他的小说在选材和格式上力排单一,不拘一格。《说集》中既有哀情小说,也有讽刺小说和社会小说。《烦恼》中有一个将成为大学生的笛子文,当他知道意中人死后,忽然大彻大悟,他觉得人生在此都不免一死,何必自寻烦恼;于是不上学不吃饭……但饿了三天三夜,实在忍受不住,只好不顾烦恼地连吃三大碗饭。从此,他还是"循着穿衣吃饭娶妻生子那条烦恼的路上走"。

《杨奶奶的女儿》中求子心切的杨奶奶,不听穷汉丈夫限制生育的规劝,一连生子十八个女儿,丈夫累死也无力抚养她们,结果十八个女儿全部沦为莺花巷中的妓女。作者讥嘲的是杨奶奶的无知,鞭挞的是愚昧迷信的国民精神。

《嫁衣》中为了给女儿阿玫置办七十五套新嫁衣,当小学教员的父亲借了二千元印子债,被债主逼迫投河,几次救活,结果还是冻死在雪地里;阿玫在财棍丈夫把她从未上过身的新嫁衣都输光后,只落得个拥着一身未嫁时的破棉袄过冬的悲惨下场。上海人有句俗语,叫做"死要面子活受罪",作者针砭的是庸俗和虚荣,对受害者是哀其不幸的。至于《招牌》一篇,作者戏称是一篇"滑稽资料",那个"跟班少爷"(摩登叫花子)出身的贼伯伯贝卜仁发达后,成了上海滩头面人物,他最忌讳一个"贼"字,而其子小贝却在欢场中结识了其父生前是巨匪的戎女士,两人并私下订了婚;熟知隐私的报人为此在小报上刊登了一则《贝戎结婚》的花边新闻,把老贼贝卜仁的老《招牌》公之于世。

二三十年代白话小说有颇为流行的社会小说者,大凡是指作品涉猎到具备哄动效应的社会事件,大东书局曾出版过苕狂主编的《短篇社会小说大观》。《严芙孙说集》中《刑场欢声》和《双臂记》两篇,笔者认为是当时一批社会小说的佼佼者。

《刑场欢声》的故事情节并不乖张。作者集中地截取通裕钱庄劫案的罪犯侯蓉士被押赴刑场执行枪决这一场景,揭示各种人物对这幕惨剧的心理反应,探诉万恶的社会和世道均不公。作者较为细致地刻划死囚侯蓉士在行刑前接受刑警安排的

"钱别经宴"、满街示众时的哀怨心情,似泣如诉,丝丝入扣。他不是强盗惯匪,只不过是个拿笔杆儿的穷学生,为借贷无门的五百元聘金为娶得相爱五年的梅蕊英,才被迫铤而走险。面对死期,他悲愤交集,禁不住狂歌怒嚎,连铁石心肠的刑警也为他高唱的一曲绕指歌偷偷流泪。最后,作者描写梅蕊英在刑场上和侯蓉士诀别时疯狂的精神状态,坚决的殉情意志,令人心揪肠断,毛骨悚然。全篇始终以刑场上瞧热闹的民众不断的欢声、喝彩声和鼓掌声,来陪衬和对比这幕人间惨剧的演出和终场。以"城西的居户只听得(南操场——刑场)一片应天价响的欢声隐隐约约随着狂风送过来"作结,给读者留下无限的遐想和深思。成舍吾先生读后评曰:"芙孙此作蓄意深矣。夫刑场,悲惨之地也;临刑,悲惨之事也;而仍有众人之欢声以点缀其间,一若此刑场中之死囚果有大罪极恶,人人得而诛之以为快者;庸讵知彼所谓'罪人'之罪者,非其一己之罪,实万恶之社会,有以致之乎。被欢呼之众人者,亦即陷彼于罪之罪人也。社会杀之,众人杀之,而社会与众人反斥责之,辱笑之,……天下岂尚有是非黑白之可害!此芙孙作《刑场欢声》之原意欤?"

《双臂记》是一篇貌似侦探小说而不落侦探小说俗套的社会小说。作者通过两条断臂两件命案的阴差阳错而造成的一起冤狱,来编织真凶手是谁的悬念,颇为扑朔迷离,引人入胜。铸成铁厂工人阿柳的老父,在因工伤惨死的儿子的坟地里,捡回一条他误认为是丢失了的死者的断臂,恰好被正在搜捕谋杀毕厅长姨太太的凶手的警探所抓获,验明确系她被盗匪砍断的还留下那价值连城的钻镯印痕的粉臂,老柳于是瑯珰入狱。在此同时,有居户报案从附近拉圾桶里捡到另一条将要腐烂的断臂,警方把断臂送交医院检验时,又恰好被住院急诊的老柳的妻子发现,从断臂上一颗明显的黑痣确认是她儿子小柳的手臂无疑。在李院长与铸成厂主证明之下,官厅才将老柳释放,平反了冤狱,而谋杀官太太的真凶手,不久也被擒拿归案,认罪伏法。作者显然无意在侦破过程方面故弄玄虚,大作文章,而是对照同样的两件断臂命案,由于死者代表的阶级不同、贵贱不等,受到法律和道德的对待就全然不同,以此谴责社会的黑暗和世道的不公。毕姨太太艳妆诲盗断臂惨死是自取其咎,与人无尤,后来法律为她破案,凶手伏法,她在九泉也可瞑目。阿柳也是同样断臂惨死,他的死是为工作所逼,是铸成铁厂老板命令把工作时间延长到一天二十小时,致使阿柳劳累过度而发生工伤事故,这是不是他自取其咎?杀他的凶手又是谁?法律和道德又为何不为他主持正义,替他破案,"拿残忍的资本家捉住,当作凶手,也派他一个罪名呢"?这大概是伤者的立意所在吧!

《严芙孙说集》采用的是传统的说话小说文体。说话人以第三人称叙述一个故

事,既可夹叙夹议,也可在结尾中加上说话人评语,故事短小精悍,文字很口语化,适宜在报纸副刊上发表,甚受大众欢迎。《说集》中九个短篇在艺术上毋庸讳言都存在着一些疵点,可都具有鲜明的特色。

在取材上,作者把人道主义的爱和同情,倾注于现实生活的最底层的劳苦大众和知识分子,把憎恶和仇恨瞄准统治者十里洋场的上海滩的达官贵人、流氓强盗。作者又以民主主义的启蒙思想,向这半封建半殖民地的典型——上海滩上种种黑幕和罪恶,发出了一个知识分子悲愤的嘲讽和呐喊。这和明清才子佳人话本、辛亥革命前后流行的"鸳鸯蝴蝶派"某些作品相较,《说集》多少触及产生悲剧的社会根源。笔者有感于过去对二三十年代被普遍排除在新文学运动以外的,包括严芙孙先生在内的一批言情小说家,一律被冠以含有贬义的所谓"鸳鸯蝴蝶派"而妄加否定,窃以为这是缺乏具体分析,是极不公正的。《严芙孙说集》再被挖掘出来和对它重新研究,对我国现代文学史工作者来说,实在很有价值。不知当代的文学爱好者和热心的读者以为然否?

《恋爱之镜》的善恶观与新闻写实手法

吴泽蕴

《独鹤小说集》再版于民国十五年,即公元 1926 年,距今已六十六年,以今日之眼光读半个世纪以前之小说,似乎感到陈旧些,但却有另一种新鲜感,或许便是由时间距离而引起的新鲜感。

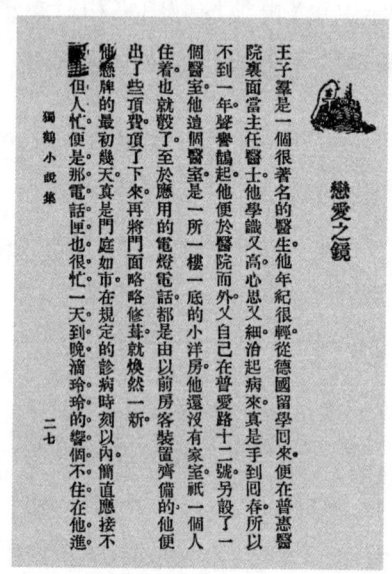

《独鹤小说集》书影

《独鹤小说集》共收有小说六篇,其中最长的一篇《恋爱之镜》不足一万一千字。几乎没有什么闲笔,笔墨极精炼,但故事情节却是波澜起伏,给现代人写起来,小则可写成一部中篇,大则可写成一部长篇,这是一点也不夸张的。今对《恋爱之镜》略加介绍和分析。

故事梗概如下:

从德国留学回来的王子群医生,年纪很轻,却已有一定名望。他在普惠医院当主任医生,并且出顶费顶下了普爱路 12 号一所小洋房,开设了一个诊所。开业之初,即门庭若市。王子群医寓开张的第二天傍晚,接到一个年轻女子打来的电话,说

打给张先生的,王子群回说没有张先生,并不在意。不料接连两天接到同样的电话。到第三天,王子群便断然回答,这里是姓王的,姓张的恐怕是以前的房客,早已搬走了。王子群后来从账房那里得知先前的那个房客是上海商界小有名气的张静逊,张静逊租了这房子自己不住,只在楼下挂了一块群业公司筹备处的牌子,楼上却让一位女子住,两人既不像正式夫妻也不像临时姘居。就在王子群搬来前一个礼拜,那女子忽然进女学堂读书去了。那女子去了不到两天,姓张的便把房子退了,而且不知去向。王子群打电话如实转告那位姓殷的女学生,对方听到这消息,竟发出了哭声。

一天,王子群接到一个抢救重危病人的紧急任务,诊断结果,发现这病人是服了磷毒,便尽全力抢救,总算把病人从死亡的边缘救了回来。

王子群的表姊余芷嫣,是成德女校的教务,她来看望女校急诊病人殷丽瑛。王子群听到这名字马上联想起那位与他通过电话的女学生,原来竟是她。王子群便把殷丽瑛的病情对芷嫣谈了。

余芷嫣又到医院来找王子群,她将在殷丽瑛枕头下找到的一封绝命书拿给他看,书中洋洋洒洒详细道明她厌世自尽的缘由。

殷丽瑛原是浙江籍大家闺秀,因遇人不淑,与家庭决裂,并被骗到上海,虽未遭到沾污,却在被骗去钱财后,遭人遗弃。后来殷丽瑛打听到此人已另有所好,于是又悔又恨,已到山穷水尽的地步,悲愤至极,决定一死作为一面镜子以戒后来者。

王子群读完这封绝命书感慨万分,对殷丽瑛产生怜悯同情之心,决定帮助她完成学业。王子群尤恐殷丽瑛不肯受人之惠,便借托余芷嫣师生之谊,出面资助,实则由王子群负担。一年以后,殷丽瑛以第一名的优异成绩毕业于成德女校。殷丽瑛当然对余芷嫣万分感激,此时余芷嫣便说出了全部真相,殷丽瑛听了如梦方醒。殷丽瑛见了王子群以后,忽然起了学医的念头,王子群便把她介绍到普惠医院充当练习生,由王子群亲自指点。

严独鹤手迹

余芷嫣到医院去探望殷丽瑛,见她勤奋好学,心悦大好,便想为两人做媒,让他们结一个美满姻缘。余芷嫣不料两面都碰了钉子。王子群认为自己基于热忱,真心

助人,并非出于私心,而殷丽瑛则说自己已心如死灰,而王子群也必不是施恩图报的人。

王子群的医名远播到外埠,一天他接到金华朋友来信,要他去诊治一位重病的亲戚,他不能推托,便到金华去了。隔了半月王子群给余芷嫣来一信,并附一信给殷丽瑛,两人看了都惊喜交集。原来王子群此番在金华抢救的重危病人,不是别人正是丽瑛的父亲。如今她父亲已知道了她的全部情况,悲喜之余,深感父女两人的命都由王子群所救,而王子群又才貌出众,便要将两人缔结姻缘,自己征求了王子群的意见,又写信给丽瑛,信中历述思女之情,又劝女忘却以往,以求来日的美满婚姻。终于丽瑛回心转意,同意与王子群结成夫妇。

隔了半年光景,医院里来了一个就医的男子,挂号簿上写着姓名张临初,浙江人。染的却是梅毒,受毒已深,虽王子群医术高超也无可救治,迁延了一个多月便危在旦夕。一天晚上他将王子群请到床边,对王子群说,我这病原是自作孽,如今死到临头,忏悔不及,我已将自己的罪状,详详细细毫不隐瞒地写了出来,希望王医师能破费将它印出来,教社会上一般青年看了,引以为戒。又说,他这两年负疚最深的,是一位大家闺秀被他骗到上海,拆散了她的家庭关系,骗走了她的钱财,将她生生抛弃,如今还不知她的下落如何,是死是活?王子群听了才知道张临初就是抛弃殷丽瑛的张静逊,王子群便把殷丽瑛被他抛弃后的这段经历向他说了。张静逊听罢便要求临终前与殷丽瑛见最后一面,向她表示忏悔。王子群为他所动,果然带了丽瑛来看他,那时张静逊已不能说话,只将头点了两点,像是叩首悔罪的意思,便闭上了眼睛。殷丽瑛忙用手帕掩面不忍见此惨状,但也忍不住落下几滴眼泪。

从以上的故事梗概中,可以看出作品的立意十分鲜明,劝善惩恶,以善恶的因果报应,作为人们立身处世借鉴之镜。小说的核心情节,环绕着恋爱过程中男女双方的真善美与假丑恶之间的尖锐对立,衬托出当事人待人处世的心理状态。小说的情节充分展示着小说的主题,不朦胧,不隐晦,一览无遗,这或许是严独鹤创作的特点吧!

就其小说的故事情节来看,虽然也还有不少落套的地方,但由于主题的鲜明,交代事件的清楚,文字的通晓明白,完全是用的写实的手法,读来便很有社会新闻的味道,真实感很强。这也许因为作者是新闻界人氏,真如集子前面的作者介绍中所提:"雅不欲专以小说鸣于时,……每发表政论,多主持正义。"故作者写小说显然以抨击社会之不良现象为目的,其写小说的手法也就为其目的所左右。

《人海梦》受人瞩目的原因

沈　寂

严独鹤早年就读于上海广方言馆,学贯中西。后从事新闻工作,长达三十五年,他跋足社会,混迹洋场,广采博闻,皆成文章。在主编《新闻报》副刊后,每日撰短稿一篇,抨击时弊,揭露黑暗,睿思隽语,笔墨酣畅,深得读者欢迎,有"每日必读"之誉,"一日不可无此君"之说。

严独鹤

严独鹤在撰写短文之余,与"星社"的包天笑、顾明道、周瘦鹃等小说家深交,自己在主编《红玫瑰》等刊物时,也发表短篇,结集出版,内容以言情、侦探为多。他唯一的长篇小说《人海梦》问世后,受人瞩目,被称为当世力作。

民国初期,上海文坛上除"鸳鸯蝴蝶派"、"黑幕小说"、"武侠小说"等外,有以都市生活为主,反对帝国主义侵略和暴露现实黑暗的作品,作者接受外国小说某些写作技法,主要受中国传统小说的影响,追求情节的传奇性、秘闻性和通俗性,采用"章回体",他们为了与"鸳鸯蝴蝶"、"黑幕"等相区别,自成一派,称为"民国旧派文学"。严独鹤的《人海梦》即此派的代表作。

《人海梦》的时代背景为清朝末年被称为十里洋场的上海,正经受着新潮思想的冲击和革命党人的反清反帝活动,终日处于新旧交锋矛盾的冲突之中,作品通过几个自浙江到上海来求学的青年学生在学校里和社会上的经历以及种种遭遇,生发出一个个千奇百怪的事件,出现无数形形色色的人物,形象生动地揭露十里洋场中各个方面——学校、官场和社会角落的怪现状,辛辣讽刺地刻画出生活在这罪恶之地的众生相。

《人海梦》并没有完整的情节,只是随着主人公的活动,依次叙述一个个故事。这些故事大都发生在别人身上,只是主人公的见闻而已,然而读者通过这一系列的

《人海梦》书影

小故事,或者见识到发生在社会上种种怪现象,能较为广泛而深入地认识社会,达到了解社会本质的效果。值得称道的是作者在罗列这些小故事时,并不是采用一般平铺直叙的创作手法,而是运用喜剧形式、加上嘲讽的笔墨,使读者常常在阅读之际发出讥笑、苦笑或会心的微笑,而笑声又成为"利刃",直刺万恶社会的心脏。作者在叙述故事时,又常用倒叙法,即先声夺人地突然爆发出一个"结果",使人堕入五里云中,然后设置种种悬念,逐步交代事件的经过,既引人入胜,又出人意外,获得巧妙无穷的喜剧效果。

每段故事,虽是独立成章,但互相间有内在联系,通过人物或情节的枝节,使所有故事贯穿在一起,成为浑然一体。

试举几例:青年学生在上海投考号称新派的官办学校,而该校在废除"科举"之后仍按"科举"排场招考学生,其中胡乱编写英文者,因监考者不识外语,居然让他名列榜首。学校当局为了庆贺西太后的万寿,举办庆祝会,规定学生游行并捐款,以报"皇恩"。学生虽然反对但也只得遵守,只是在王监督(校长)走近供桌去捧"万岁牌"时,发现桌下有一把"尿壶",臭气熏天,校方为了追查革命党,在学生宿舍中搜查禁书,结果在监学(教导长)儿子的书桌里发现淫书。另有纨绔子弟,先狎妓于先,后追逐官女,成婚之日,大闹喜堂。身为监督,原是好色之徒,在学生前丑态百出。在描写革命女士时也不是慷慨昂扬,一本正经,而是通过她在公共场所当场一一撕

毁情书,使洋场恶少难堪,显露她卓尔不群、洁身自好的品性。她又以家庭教师身份,潜入制台府中,戏弄教训官僚。被捕后,在革命同党帮助下,也以奇妙的"偷换术"逃出牢笼。书中又穿插叛徒被惩,道法揭穿,黑帮反受其害等等。设想新奇,妙趣横生,可称为在当时该类小说中具有独特风味的杰作。

《人海梦》出版三集,发表在《红玫瑰》杂志上尚有三回,没有结尾的作品象征着人生也永远不会结束。而千奇百怪的故事,形形色色的人物,也将随着社会的发展,永无止境,也不会绝种。

《青城十九侠》的奇思妙想

李关元

　　《青城十九侠》是还珠楼主(原名李寿民)继《蜀山剑侠传》之后的一部力作。写作时间长达十五年,开笔于 1935 年,直至 1949 年写到二十五集才搁笔,像《蜀山剑侠传》一样,本书也未写完。全书的框架是嵩山二老矮叟朱梅和伏魔真人姜庶开创青城一派。青城与峨眉,类乎一家,殊途同归,同属各门正派。因此本书与《蜀山》一书在情节上互相补充,有的人物如李英琼也在两书中互见。全书结构即以嵩山二老开创青城派收裘元、罗鹭、虞南绮、狄胜南、狄勿暴、纪异、吕灵姑、涂雷、颜虎等十九弟子为线索,逐一展开情节。在结构上,本书比《蜀山》紧凑,《蜀山》虽有一条模糊的主线,但作者敷衍铺陈,常节外生枝,错综复杂,漫无边际;而本书则基本上脉络分明,每写完一个青城弟子的故事即转入下一个弟子的叙写,故事及人物描写均相对集中,结构类似串糖葫芦。

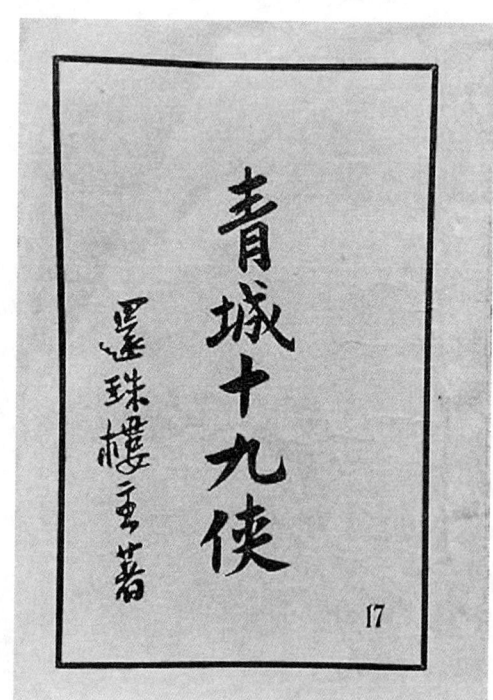

《青城十九侠》书影

　　曾有人说中国武侠小说几位名家各有所长,平江不肖生以江湖知识胜,金庸以历史知识胜,而还珠楼主则以地理知识胜。这确是真知灼见之评语。如果说还珠楼主的地理知识在《蜀山》中还未得到充分发挥的话,那么读完本书读者就不得不叹服作者渊博的地理知识。全书基本上以川、滇、黔三省为地理背景,对当地的名山大川、风土人情、民族生活、奇风异俗、珍禽异兽作了令人心驰神往的描绘,创造了一个奇异、瑰丽的艺术世界。

　　节选虎王颜虎率领众异兽在大雪封山前储粮一段,包括第三十六回及第三十七回前半部分。虎王前世是四川岷山白

马坡妙音奇神僧一尘禅师的弟子,法名能济,曾因救通灵的黑虎和白猿而违师命杀红蟒造孽,黑虎和白猿为报恩又去抢灵狐的内丹而发生争斗,能济再开杀戒。于是师命荼毗(即梵语火化)转劫,消这两层冤孽。能济转生颜家,黑虎与白猿同保虎王,白猿为虎王收服双猱后暂离。此段写大雪封山前为储粮而发生的一场奇异曲折的恶斗。苗山气候温暖,四时如春,虎王自小长大就没遇到过大雪,自恃武勇,又有黑虎、双猱、群豹相助,以为即使下雪也无关紧要。但黑虎知道此场大雪非同小可,坚持要储粮,那知本山上万只野羊竟不知去向,好不容易在山凹里面发现群羊,却又因地方狭窄,运输不便,所获不多。于是虎王率领群兽深入密林,发现大群西藏独角红犀,红犀力大猛恶,本不易猎获,偏有其克星山魈出现。虎王想引双方恶斗几乎遇险,最后还是被黑虎令双猱引群犀与山魈坠落山谷而猎得了大群红犀,并在大雪封山前运回山洞。

观这两回书,首先使人联想到美国埃德加·赖斯·巴勒斯笔下的人猿泰山,虎王就像泰山那样是群兽之王。但虎王年幼,童心未改,这跟泰山就有很大不同。如康康见群犀蠢笨,只是一味蛮撞,动了顽皮心思,一再引逗群犀,而虎王及而夸奖康康,叫它再逗,全忘了此来用意。又如当大雪初降时,虎王心里不但不急,反觉那雪大得有趣,不住口直喊“好!”不知危险已迫在眉睫。第二天起身,雪已积至七八尺厚,虎王看到处都是玉砌琼凝,宛如银装世界一般,不禁大喜。并喝止二猱,留雪好玩,不许再扫,全然不知大雪封冻山洞的危险。如果说把虎王比作幼主,那么黑虎便是忠心耿耿、力保幼主的军师。这一场恶斗,犹如两军对垒,全仗军师运筹帷幄。为军师的必须通晓天时、地理,是黑虎首先发现这一场大雪来得凶猛,必须抢在时间前面打猎。又是黑虎知道前有深谷,令双猱引诱群犀、山魈同堕深谷。为军师的必须知己知彼方能百战不殆,当黑虎一发现山魈便告诫连连:“不可妄动!这东西身逾坚钢,爪利如钩,周身只有双眼,和胸前当心一块极小的气穴是他要害。”这就为连连救虎王抓瞎山魈双目留下伏笔。为军师的必须赏罚分明。虎王约束群豹,每值出猎,不许无命偷吃。这次行猎,群豹辛苦跋涉了一整天未曾进食,仍在雪地中拼命,黑虎遂令群豹先在雪地里大嚼一顿,自然精力大长,方能继续前进。为军师的行军调度,必须进退有序。此节特别精彩的部分便是群豹运红犀回洞的细节描写。当大雪阻途无法行进时,黑虎下令:凡在离家五六十里以外的豹群,一齐将身上驮的红犀甩下,宁愿葬送百十只红犀,免得豹子陷身雪里,弃犀以后,速往回路赶来。超到前几拨犀群的前面,着五只一排,结成了队用力在雪上踏走,好替后面驮犀走的豹群压道开路。当雪积至二尺深时,黑虎又令开出单行行走的雪巷。正是靠了黑虎这样的调

度,群豹才得平安回洞。如果说黑虎是军师,那么双猱便是能征惯战的先锋。双猱对主人忠心耿耿,当虎王险中山魈之计时,是连连不计本身安危,奋不顾身,跃至山魈背上,照准其咽喉、眼目下手,主意并不高明,只要一个松手不及,被山魈回手抓住,连连就难以幸免。康康连连上阵搏杀,虽然勇猛绝伦,但也喜淘气。如连连在深谷中嫌受伤的山魈吼声刺耳难听,竟把山魈吊了上去,险些酿成大祸,连连因此挨了一阵打。

《青城十九侠》所写的珍禽异兽不下数十种。本节所写黑虎、双猱、群豹等都是现实生活中实有的动物,作者赋予他们以灵性与人性,令人喜爱。像这类动物还有吕灵姑豢养的鹦鹉等。至于恶兽、山魈、毒蟒、蛊蚕等,作者赋予它们以恶魔性,狰狞可怕,奇幻怪异。这些奇禽怪兽,在上古神话、六朝志怪、唐宗传奇及《山海经》等古籍中有记载。但作者不过是取些"因由",主要是依靠层出不穷的奇思妙想。黑格尔说:"如果谈到本领,最杰出的艺术本领就是想象。"(《美学》第一卷第 357 页)正是这种喷涌的文思和恣肆的想象才建构起还珠楼主式的"成人童话"世界。这种以写动物为主的、熔人情、老怪与武侠于一炉的创作,还珠楼主实是始作俑者,好像也没有后继者。

作者语言修养极深,文笔华瞻丰美,得力于六朝骈文,好用四字句,状物写景常如四六骈文的变体。如描写深谷是:"谷内两边高崖,壁立如削";描写瀑布是:"四处山洪暴发、水势就下,万流奔放,齐注谷内";描写平原是:"对岸一片平野,草木繁茂";描写老藤是:"两边石隙长着许多盘松老藤,怒出挺生,直沿到壁口之上,谷中气暖,经冬犹密。无望极似相联,却难飞渡。"又如形容双猱在雪中滑雪疾驶是:"眼看两条金黄色影子,在白雪地一泻数十百丈,恍如弹丸之坠斜坡,身影由大而小,晃眼剩一小黑点,一瞥即逝。"

不愧为武侠小说巨著

——《蜀山剑侠传》简评

华耀祥

《蜀山剑侠传》作者李寿民,出身四川官宦人家,少年时就有文名,经史百家、佛典道藏,多所涉猎,丰厚的文化修养奠定了日后创作武侠小说的基础。

弱冠以后赴天津求职,嗣后成家,为生活计,尝试创作《蜀山剑侠传》,1932 年以"还珠楼主"的笔名连载于天津《天风报》,哄动京津。1933 年,迁居北京,创作大量武侠小说,成为三十年代北派武侠小说大家。

还珠楼主

"七七"事变起,作者只身出走上海,继续创作武侠小说,除《蜀山剑侠传》外,还有《青城十九侠》、《云海争奇记》等数十部。解放后,先后任上海天蟾京剧团、总政文化部京剧团编导,停止了武侠小说的创作,写了《岳飞传》等京剧剧本和一些历史小说。1961 年去世,享年五十九岁。

读者可注意的是《蜀山剑侠传》第二十七集第四回后来起,至二十八集第一回止的乙休大闹铜椰岛事件(中间略去齐霞儿往寻大荒二老借宝情节)。原来,天痴七人因故与乙休结怨,已先在白犀潭与乙休之妻韩仙子邀斗,败归铜椰岛。乙休追来,苦斗三日,被压入地底,愤而欲引发地火炸毁铜椰岛。峨眉掌教妙一真人邀约友朋,率领门人消弭巨灾,劝和双方。这一段情节构思甚巧。

作为连载小说,《蜀山剑侠传》在报纸上绵延刊登了十九年,作者逐日应报馆要求捉笔成文,自然不可能有一完整构思。它不同于现在一些报纸编辑将一本已成的中长篇分日刊载,而是一日一段,随写随想。还珠楼主依恃自己的奇才妙思,真是无穷无尽地敷衍铺陈下去,《蜀山剑侠传》写了五百万字还没有结束。据说,作者曾声称要写一千万字。确实,书中还伏着不少情节等待展开。如果不是新中国成立后形

势变易,也许他会写到一千万字的。

这种连载小说,尤其是篇幅极长的,总体结构只能安排一个大致的框架。《蜀山剑侠传》以峨眉派的兴盛为主线,小说从"三英二云"之首的李英琼入道开始,各路弟子纷纷来归,至峨眉派凝碧崖开府为一收束;然后众弟子纷纷下山行道,各建洞府,光大峨眉。依书中所透露的,作者是想来一次峨眉三次斗剑,正邪大决战,峨眉大获全胜为止。但峨眉弟子第三个洞府的建立尚未写完,便告辍笔了。

还珠楼主只凭这么个大致框架,头绪纷繁地铺陈开去,从一个人物身上引出一段故事,大致自成段落,具有相对独立性,既附丽于主线,又与其他人物相连,多方向地延伸纠缠。一本《蜀山剑侠传》就像一棵硕大的仙人掌,全由一片片"掌"相连相交而成。这种结构承《水浒》、《西游》而来,不过更为复杂庞大。

这种仙人掌式的结构,总体上是松散的,但每一局部却是很紧凑的;否则,书就无法迷住千千万万的读者。试观大闹铜椰岛的这一段情节。

作者把这场争斗设计成三个段落:天痴上人与韩仙子在白犀潭斗法、铜椰岛乙休与天痴恶斗、妙一真人率众弭灾释仇。白犀潭之斗已经写得相当炽烈,使人产生作者将何以为继的担心。照理说,乙休与天痴两冤家之斗是正场戏,应该正面描写,重点处理,但是作者却以补叙处理,侧面描写,最着力评写的是如何将地心毒火引至

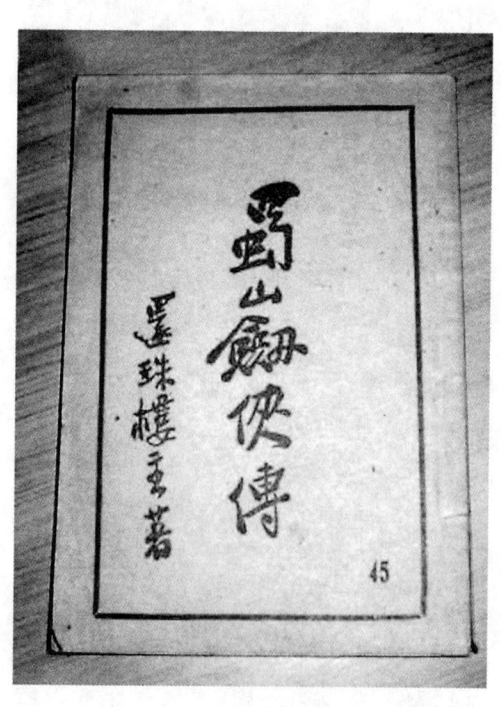

《蜀山剑侠传》书影

太空,使之化为劫灰下降。作者不惜笔墨,把这过程写得有声有色,中间还穿插了妖邪破坏,几酿成灾祸的波折,而且一次不足,竟写了两次!

作者如此安排,便使三个场面实虚实地相映,起伏转进,节奏分明;一场仇斗写得峰回路转,曲折有致。而且,这又不是作者故弄手段,乃是有其刻划人物的匠心在。由于乙休、天痴都是清修之士,并非正邪不能并立,定要斗个你死我活不可,所以作者构思时,把重点放在描写妙一真人身上。整部《蜀山剑侠传》,描写这位峨眉掌教的笔墨极少,这里正是最重要的一处。作者借他人的争斗写出了妙一真人道法通天、智计过人、谦和冲虚的泱泱然

领袖风度。我们所选的这部分,典型地表现了《蜀山剑侠传》总体松散、局部紧凑的结构特色。武侠小说离不开一个"打"字,打得奇,打得绝,自然是第一要务。但武侠小说内涵的深浅厚薄却在为什么打这一点上。换言之,武侠小说也要讲究人物性格与情节的关系。一场激烈的争斗如果是不可避免的性格冲突,就不仅可信,而且能表示一种哲理。乙休与天痴得道多年,为什么会酿成生死决斗?原来天痴高傲自大,心狭量浅;乙休则悻强任性,行事不计后果,对人不予宽容。峨眉弟子误犯铜椰岛,本是一件小事,天痴偏不肯罢休,定要小题大做,惹得乙休出头,双方成仇。争斗中,天痴屡屡失算,逼得他下了毒手;乙休失计遭困,愤怒欲狂,不惜铤而走险!整个事件由星星之火而起,却因双方个性之故,不由自主地越闹越大,几乎造下无边大孽。作者用"嗔念"二字诠释了这一场争斗,嗔念未除,六根不净,乃至祸之源。作者熟悉社会众生相,把这两类人的个性移植到剑仙身上,使读者对乙林与天痴有了亲切熟悉之感。武侠小说写人能到这地步,洵属难能了。

《蜀山剑侠传》最吸引人的是作者层出不穷的奇思妙想。其所创造的一个个神奇境界,强烈地吸引不同年龄、不同层次的读者。所写洞天福地、穷山恶水、法宝飞剑、法力阵图、奇禽怪兽,无不匪夷所思,令人目迷五色。即以所选而论,作者基于对火山爆发的想象,写峨眉众仙如何用法力把地火引出天外,冷却成灰,然后引导它下降海中,绘声绘色,惊心动魄。读者自可以原文中领略还珠楼主的生花妙笔。

所谓奇思妙想,并不是胡思乱想信口雌黄。《蜀山剑侠传》写的是剑仙,那是别一个世界,人物、行为、事件都应写得亦幻亦真。这里需要深切的社会体验与丰富的杂学知识。火山爆发本是自然现象,但一群剑仙与火山做斗争有何趣味?于是作者煞有介事地说成是混沌之初遗留下来的"太火",爆发乃是一万二千九百六十年一次的"劫数",而且正应在铜椰岛,应在乙休、天痴身上,"定数"难逃,妙一真人"知识玄机",于千钧一发之中挽救了过来。这样,一次火山爆发蒙上了神秘玄奥的色彩。然则何以又应在乙休与天痴身上呢?便是前面所说的二人一时嗔念作怪,肇此大劫。作者便是这样地利用谈道说玄将一场火山喷发写得波谲云诡,读来又绝无雌黄造作之感。读者明知其幻,又信其真,再加上瑰丽的文字,怎能不迷醉其中呢!

《蜀山剑侠传》很重视写景。全书写到天外神山,海底宫阙,无处不有。峨眉总府在峨眉后山凝碧崖,金蝉的光明境在南极之外,齐灵云的紫云宫在海底,易静的洞府在幻波池底山腹之内。出奇的环境描写为创造一个超绝人间的神仙世界起了重要作用。

自然环境在《蜀山剑侠传》中不只是人物活动的背景,而且被组入了人物的斗

争,成为人的一种力量。铜椰岛的磁峰能摄五金之宝,成为天痴上人法力的一部分,而地心毒火又被乙休利用,几乎炸翻了铜椰岛。自然力量的介入使一次次的斗法增添了许多变化,描写更加多姿多彩。

自然描写的出色,得力于作者的经历。《云海争奇记》中说:"第幼随宦辙,性适嬉游,长更旅食四方,频年流转,足迹所经,实半国内。……篇中道里山川之所由涉,风土人情之所履,以及草木鸟兽虫鱼之微,多半闻见身经,非尽向壁虚构也。"丰富的阅历赋予作者胸中万千丘壑,再加想象力之助,才有了一支生花妙笔。

《蜀山剑侠传》的语言有明显的文言痕迹。作家以白话文为基础,大量揉进文言词语和句式:白话中一些双音词往往按文言习惯用单音词,想是作者要使语言简短之故;白话中常常出现的语气词,如"了"字很少出现在作品中,想是作者嫌语气词用多了会导致啰唆;作者还喜欢用短句,小说中的句子大半在十个字以下:毫无疑问,这些都是作者有意为之。这种努力吸取文言的优点化进白话中的实践,虽然未必便是有普遍意义的探索,却也使《蜀山剑侠传》的语言有了简洁、干脆的特色,读来节奏明快流畅,别具一格。为适应阅读对象的文化水平,小说注意避免用生僻的文言词语。

也许作者喜读骈文,小说中四字句很多,它们与字数不一的散句结合着用以叙事,而描写时用得尤其多。不过,作者只取四字句的形式,而不拘泥于对偶、音韵的要求,摒弃了骈文的生涩的毛病。写得出色的段落使人觉得像六朝山水小赋。当然,四字句用多了,不免有模式化之处,缺乏自然形象的鲜明性。

作者非常喜欢通过人物之口来叙事,许多倒叙、补叙便简单地用人物语言交代,以致一张口能滔滔地说上几千字;还有,人物语言中议论多,作者让人物自己交代事情的来龙去脉,说明行为动机。大约作者很着重人物行动的根据,所以不厌其详,不辞其繁。

以人物语言叙事,可以简化次要的线索,构思省力;人物语言中多说明议论,其行为动机较为分明,增强了可信性。但是,造成了叙事节奏缓慢,语言冗长,远离生活实际,今天的青年读者读它要有一个适应过程。

让我以台湾著名作家白先勇的一段评论作结尾。他在《蓦然回首》中写:"还珠楼主的大著《蜀山剑侠传》,从头到尾,我读过数遍。这真是一本了不得的巨著,其设想之奇,气魄之大,文字之美,功力之高,冠绝武林,没有一本小说曾经使我那样着迷过。"

读李定夷《吧城雁语》

刘扬体

　　李定夷,江苏常州人,字健卿,别署墨隐庐主。早年肄业于上海南洋公学,教师为当时著名掌故小说家许指严,李之写小说颇受其影响。民国初年,《民权报》在沪创办时,李受聘为编辑,与当时善用骈文写哀情小说的徐枕亚、吴双热共事。《民权报》停刊后,李任《小说丛报》编辑,为国华书局主编《小说新报》,并自办《消闲钟》杂志,成为鸳鸯蝴蝶派著名多产作家之一。李擅文言长篇,所著《玉怨》、《红粉劫》、《湖潮》、《湖梦》、《茜窗泪影》、《伉俪福》等问世后,受到读者欢迎,国华书局曾为之刊印合集《李著十种》、《定夷丛刊》、《定夷说集》,一时与徐枕亚、吴双热被并称为骈体哀情小说"三鼎甲"。

　　就小说言,李作无论长篇短篇,大都为哭哭啼啼倾诉相思离别之苦,哀叹人命如"蝉翼之薄"的作品。为了改换读者口味,偶有变苦情为艳趣者:为数不多的这类作

李定夷作品书影

品,将旖旎的闺阁风光,新婚燕尔、夫唱妇随之乐,渲染得淋漓尽致,与一味哀感顽艳、悽悽惶惶似乎迥不相同,但骨子里所宣扬的仍然是改良封建主义的道德观、婚姻观、幸福观。在众多作品中,他的《廿年苦节记》和《双缢记》是表彰封建节烈观的代表作,前者还因此受到北洋政府教育部褒奖。

这里选出的《吧城雁语》,却是他小说中的罕见之作。它通过客居殖民地的华侨商人何广才一家的悲惨遭遇,沉痛地揭露了帝国主义对殖民地人民的掠夺,对华侨无助无援无祖国关怀、任人欺凌宰割的处境表示出深刻的同情。写于1915年的这篇作品,虽然不能代表李定夷及鸳蝴派小说的普遍倾向,但却反映了那时知识界的一种觉悟,一种国弱人民何以堪,远离祖国的侨民更何以堪的情绪,这种情绪自然包含着对帝国主义欺压弱国人民的义愤和憎恨。

从情节发展看,小说内容可分为四个段落。其一,描写粤籍商人何广才在吧城辛勤经营和苦苦撑持的情状。何经商往来于印尼的泗水、吧城间,历二十余年,最后定居吧城,成为该城华侨首富。没想到荷兰法律事事征税,荷吏又酷待华侨,其"所制税名,悉无定数,一视华侨财产为准";何氏眼见经商所得日渐短绌,又苦于荷方苛捐杂税盘剥,乃变更经营方略,购置两艘小火轮载客运煤,虽然,每轮每日无论风雨晦明,开驶停机,均须交纳高额税款,但货运所得除开支外,尚有利可图。这一段落重点在交待吧城这个荷属殖民地的社会政治环境,为何氏一家后来的悲惨遭遇埋下伏笔。

其二,写何氏轮船被荷方没收,何广才一病不起,更遭荷医毒手,财产被荷吏谋夺。这一段落涵泳着情节的两起变化:吧城侨民兴高采烈地迎接清廷派来的特使,箪食壶浆,唯恐不周到。众人齐集河滨,乘何氏轮船前往迎迓。谁知这样一来犯了荷人忌讳,竟以轮船桅顶违法悬挂龙旗为由,将二轮没收,侨民求助于清使,清使仅以一纸空文向荷吏咨询聊以塞责;何广才遭此变故,惨悷致疾,就诊于荷医。荷医先是有意延宕,以取利肥己,后来察知广才尚未为其子留下承袭财产之遗嘱,遂勾结荷吏谋夺财产,致使广才病情益笃,服其药后转而加重,以致殒命。

其三,何广才长子的伯瑾忠厚老成,次子仲慎佻达无行。广才死后,何氏财产除居宅外,被荷方按所谓遗产归属预在法悉数充公。伯瑾面对家境遽变,生计日益窘迫,思前想后,顿萌轻生之念。一夕月夜,竟自杀于庭隅之中。伯瑾妻胡氏以子尚幼,苦苦撑持年余,突染时疫,临终之前,嘱其子良福依附其叔仲慎。胡死后,幸赖邻家一沈姓工人代为埋葬。这一小段是广才遇害情节的延伸,也是全篇结局到来之前的铺垫。它表明何广才及其子媳,直接间接均死于荷人之手。

其四,不久,仲慎将良福送入距吧城十余里的梅龙市马来学校。随即拍卖住宅家藏器皿、衣饰。赌友甲出其偷盗之物与之合资设肆,被原主发现后控于荷署,甲处死刑,仲慎罚做苦工二十年,瘐死狱中。良福自救返家,宅邸已为荷人所据,良福成了奴仆,最后幸为工人沈某赎养。

小说叙事手法单一,结构方式袭用古典小说套路,以顺时空流程叙事为主体,人物形象、心理性格,只在叙事过程中间以白描手法稍加勾勒。四个情节发展段落中,值得注意的是第二段,从中可以看出殖民政权和殖民主义法律,不仅不能保护华侨,反而以华侨为鱼肉,随时向他们张开虎口。而殖民者一旦垂涎侨民财产必欲攫取时,则其所使用的手段,竟如此卑劣凶残! 那位勃基隆,哪里是什么治病救人的医生,完全是人面兽心的刽子手! 法律在殖民主义手里,成了致华侨于死地的陷阱。这从一个侧面表明,在殖民主义时代,华侨单凭辛勤劳作,光靠生财有道,是不能保护自己的,殖民政权不能保护他们,政治窳败社会贫弱的祖国也无法保护他们。从这篇小说中,读者可以体察到,直至二十世纪初叶,身在异国他乡的华侨仍是任人凌辱的"海外孤儿"。

从近代小说发展轮廓看,此篇叙事结构的单调和艺术上的粗糙,并不完全由于作者缺少驾驭小说的能力,而在于此时的小说作者还十分缺少将小说作为独立的审美形式来把握,将小说艺术价值作为美学追求目标来看待这样一种文学创作意识。不独李定夷如此,这时的小说作者大都是这样:一方面承袭着辛亥前以小说比附经史的教诲倾向,一方面又竞相卷入了将小说当作消闲品的潮流。所幸这篇作品既非旨在消闲又非一味教诲之作。它多少承袭着辛亥前后志士仁人为"强国保种、抵御外侮"而发出的意在警醒国人的呼吁,或者说,是这么一种与时代合拍的音调注入了作品的教诲意识之中,才使小说具有了明确的反帝倾向。同时又因为作者习惯于在艺术上把小说当作观念的载体,所以注重的不是形象的刻画,而是事件的叙述。

怎样看《广陵潮》

杜梦璞

李涵秋(1874—1923)著的《广陵潮》,是清末民初谴责小说中的扛鼎之作,应该说,这是一部现实主义的力作。

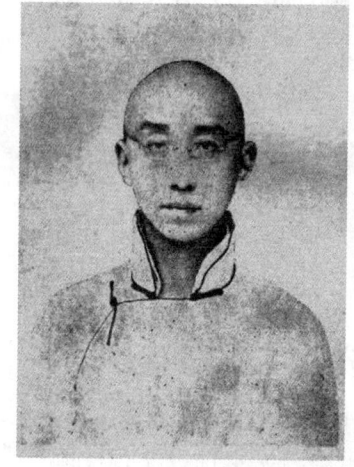

李涵秋

《广陵潮》原名《过渡镜》,开始写于清光绪三十四年(1908),最后大致完成于民国八年(1919)。先后在汉口《公论新报》、《震旦民报》、上海《大共和日报》、《神州日报》等报纸上连载,后又多次出版过单行本。全书一百回,所写的是清末民初的社会生活。书名原作《过渡镜》,可见作者的本意,是写清王朝的衰亡,而且认为清王朝的封建制度必将要向共和制度过渡,作者就是要求自己像镜子一样反映这一历史时期的社会生活。作者的文学主张,应该说是现实主义的,而且,以我们现在的观点看,这本小说在相当程度上也是达到了作者的主观设想的。

小说的主人公,是小知识分子云麟。云麟的父亲云锦,是开绣品铺子的小商人,在云麟出生前去世。云锦死后,小店被店伙逐步吞没,云麟在寡母的抚育下,读书成人,进了学,中了举。云麟一生的悲欢离合构成《广陵潮》的主要内容。

云麟的爱情婚姻生活上,共有三条线索。

第一条线索是他同表妹伍淑仪的爱情及其悲剧。

云麟的表妹伍淑仪,出身于封建官僚家庭,其父伍晋芳,是晚清的一位小官僚,为人正直,其正妻三姑娘是云麟的姨母,所生女即伍淑仪。云麟从小和伍淑仪青梅竹马,亲友们几乎一致认为,他们将来是一对好伴侣,并且常常取笑他俩,他们自己也是这样盼望着的。长大以后,他们订了亲,但伍家为这一对未来的夫妻算命,算命瞎子却说两人的八字不合,如果两人结婚,云麟就会克妻。伍家为了女儿的幸福,便单方提出,取消云麟和伍淑仪的婚事。云麟不知内情,只以为自己小商人家庭地位,

伍家嫌贫爱富,看不起自己。所以虽然心中百般委屈,却又自惭形秽,不能去争取。伍淑仪于是由家庭做主,许给一家官僚子弟富玉鸾,而富玉鸾虽是官僚子弟,却又思想激进,参加了革命党,婚后才几个月,就因为有人告密而被清廷杀害。淑仪年轻守寡,这时云麟却又已经结婚了,两人都无力冲破封建藩篱,各各抱恨终生,淑仪由此醉心佛学,悒郁而死。

伍晋芳除正妻三姑娘外,还有二太太朱二小姐和小妾小翠子。朱二小姐是伍淑仪的家庭教师,原是个才女,因为自视甚高,高不成低不就,耽搁成了老姑娘,年事渐大,守不住孤单生活,便和东家伍晋芳勾搭上了,终于腹中有孕,遂由伍晋芳收为二房。小翠子则是伍晋芳结婚前的邻居和情人,两人一度山盟海誓,但因门第相差太远,伍晋芳实际上不可能要小翠子为妻。到伍晋芳和三姑娘结婚以后,小翠子流落江湖,一度失身于土匪窝中,受尽磨难后,终于归伍晋芳为妾。朱二小姐对她十分妒忌,因为小翠子并非明媒正娶,百般折磨,终使小翠子不堪侮辱,自缢而亡。伍家家庭内部的种种纠葛,以及伍晋芳的仕途生涯和人际关系,也成了小说中的一条次要线索。

云麟的另外一条婚姻爱情线索,是妻子柳氏。当伍家悔婚以后,云麟便在家庭和媒妁的撮合下,另和柳家结亲。云麟起初对妻子柳氏很冷淡,后来发现柳氏是个才女,其文才在自己之上,夫妻关系才逐渐和睦;柳氏知书识礼,但她和云麟两人的关系,却是和睦而不亲密。云麟的心还是在已经守寡的伍淑仪身上,柳氏再贤惠,终究也不免有所忌妒,两人各有遗憾。云麟认为他和淑仪有情人不能成眷属,到底是因为自己这一方娶了柳氏碍了事;柳氏有一个满意的丈夫,但丈夫的心中却另有所爱。夫妻二人始终保持着这种和睦却又遗憾的关系。云麟的岳父柳克堂是富商,为人悭吝。其子柳春又是个纨绔子弟,到上海读书后,结识了新派女郎明似珠。明似珠在当时可以说是接受了西方思潮的人物,他和柳春一起到扬州来,办女学堂,同时她又实行性开放主义,她先和柳春订婚,但看到云麟一表人才,便又缠上了云麟,后又到上海成了都督的小老婆,当小老婆时又把柳春带在身边当侍卫。都督死后,她继承了一大笔遗产,原来准备和

《广陵潮》书影

柳春双双回扬州过富家日子,不料金银珠宝装上船回扬州时,在路上被船家卷逃。明似珠不甘于过穷困生活,于是和衙门中人勾结起来,拘捕公公柳克堂,想由此敲一大笔竹杠,谁知柳克堂视钱如命,宁愿坐牢,不肯拨一毛。云麟通过伍晋芳的关系,向县知事活动放出柳克堂来。明似珠阴谋败露,只得离开扬州。柳家的这一系列人和事,构成了《广陵潮》的又一条副线。

云麟的再一条爱情婚姻线索,是她同妓女红珠的离合。

红珠是一个相当走红的妓女,她与云麟一见倾心。但是红珠的鸨母视红珠为摇钱树,云麟为穷书生,无钱赎出红珠脱离火坑。所以他们之间,因经济上的问题被隔开了。尽管两个间也有着某些艳情故事,但两人间的往来,一天比一天困难;而云麟又非常痴心,十分迷恋红珠。红珠为了使云麟死心塌地离开自己,于是假装死去,暗中嫁给一位意总督为妾。巧的是,云麟因和革命党人富玉鸾有私交,被误当成革命党人关进了南京监狱,拟定要和富玉鸾一起处死。这件事被红珠知道了,于是红珠冒认云麟为兄,倚仗着意总督对自己的宠爱,硬逼着意总督开脱了云麟,放他出狱。清王朝灭亡后,意总督病死,红珠带着自己积下的一大笔私房钱,嫁给云麟为小妻,云麟终于人财两得。

云麟的姐姐云绣春,嫁给田福恩为妻。田福恩的父亲田焕,原是云家店铺里的伙计,云麟的父亲云锦死后,云麟的寡母不会理财,田焕和妻子周氏乘机逐步吞没了绣品店的财产。云家此后逐步衰落,田家夫妻对待媳妇云绣春凶狠刻薄。田福恩游手好闲,惹是生非,终于将其父田焕、其母周氏活活气死,田福恩自己也因生事而坐牢。出狱后改邪归正,和云绣春夫妻关系也转好,生了一个女儿,过着太太平平的日子,因为他们未生儿子,便把云麟的儿子过继为子,于是田家吞没云家的财产,终于仍由云家的后代继承。田家的这些人和事,成了《广陵潮》的又一条副线。

另外,书中还有一条更为次要的线索,就是云麟的老师何其甫的活动。何其甫是个腐儒,表面上道貌岸然,心中却有许多邪念。清亡后,何其甫为了表示忠于故主,约集了五个儒生到明伦堂自缢,以一死报清王朝。事前还发了帖子,遍告各人的亲友。到时候谁都不肯去死,正在一场闹剧无法收场时,五个寻死的酸儒

李涵秋手迹

中,有一个人曾经背地里做一个女人的约杠不成,反被这女人捉弄,写下了一张借条,这女人听说他在明伦堂寻死,便跪来大闹、讨债,于是,一场以死报答大清的闹剧就此收场,五个人中一个也没有死。何其甫在民国年间还纠集了一批文人反对白话文。总之,何其甫也不是什么坏人,但却是个喜剧人物,是旧制度消亡时留下的旧标本,他身上的种种闹剧,为此书增添了不少情趣。

《广陵潮》这部长篇小说,以主人公云麟爱情、婚姻以至家庭、师友等社会关系,带出了云家以外的几个家庭的变化。在写这些人物和家庭的历史时,小说又带出了清末民初许多重大历史事件,如辛亥革命、洪宪闹剧、张勋复辟以及文言白话之争等等。书中牵涉到的人物相当多,举凡封建官僚、革命党人、革命后的新官僚、旧式文人、半新半旧的文人、欧化东渐以后的知识分子、师爷、商人、官太太、姨太太、妓女、土匪等等,应有尽有。

晚清谴责小说,如《二十年目睹之怪现状》、《官场现形记》等,常是连环式的结构,有一个主人公贯串起来,似疑篇集锦,而《广陵潮》有所突破。《广陵潮》明显地是仿效《红楼梦》的结构,以几个人物和几家人家的关系和命运来构成全书,这样,整个小说就得到了一个完整的艺术结构。所以,这在写作倾向上虽有似于晚清谴责小说,但艺术结构上却有了较大的突破。因此,它出于谴责小说却又高于谴责小说,为清末的谴责小说,在艺术上写下了一个比较完满的总结。

《广陵潮》当然也有明显的不足之处。一个是小说中常常流露出因果报应思想,坏人做了坏事后,临死时常有冤鬼来报应他。这类情节在书中一再出现。实际上,明清佛教的因果报应思想在小说、笔记和戏剧中,即使像《聊斋志异》和《红楼梦》那样的伟大作品,也不同程度地有这方面的反映,所以我们虽然要指出这一点,却不必过分求全责备。另外,在社会原有道德观念处于崩溃的状况下,神道设教对于一般的市民群众而言,也未必就是副作用大过于正面作用。小说的读者面是多层次的,有些人不能接受较高层次的道德观念,神道设教对于这些人的免于道德崩溃,也不失为一道防线。这类问题,在"左"的思潮下面,人们往往研究得不够。实际上,即使在今天,小说的读者面仍旧是多层次的,神道设教仍旧未始没有其积极作用。我以为,对这个问题今后可以作进一步的探讨。

另外一个弱点是才子佳人气味。云麟对红珠的人财两得可以说是最能暴露《广陵潮》的才子佳人气的一笔。云麟的生活经历,在某种程度上有着作者李涵秋的影子,例如家世都是出身小商人家庭、商店财产也都被人吞没过、都是清末民初的小知识分子等等,但是李涵秋始终在教员岗位上,却并没有像云麟那样的佳人和钱财两

得的结局,这也许可以说,云麟是李涵秋自己在小说中被理想化了。中国的旧式知识分子,无非是想做官,或希望能有美人,或希望能富有,《聊斋》中也隐约地暴露出蒲松龄的这种愿望来,所以《广陵潮》中的才子佳人气,也不过是旧式知识分子的通病,不足为大疵。

《广陵潮》在一定深度上反映了清末民初的社会生活,因此它的现实主义精神还是值得我们重视的。过去人们一般地把《广陵潮》贬低为消闲文学,以和严肃文学的新文学相对立,这是不公平,也是不合理的。在具体分析各个文学作品时,不根据社会现实,只凭书内是否有谈情说爱,或者是否有劳动人民的反抗等等,作为划分革命文学和消闲文学的界限是不恰当的,也是不利于团结广大文学家的。《广陵潮》反映清末民初的社会生活,无论从深度或是广度上来说,都是取得了相当成就的。它实际上是上承《儒林外史》、《红楼梦》,下启"五四"现实主义新文学的一本过渡性作品。然而现在,人们习惯上都是这样分类了。对这种习惯性的分类方法,大约一下子也并不能改变它。所以我们顺便在这里提一提,以供有识之士的思考。

读吴双热《孽冤镜》

芮和师

　　吴双热(1884—1934),江苏常熟人。发表了"哀情小说"《兰娘哀史》,在读者中取得轰动的效应之后,接着又创作了同类作品《孽冤镜》,1912年起与徐枕亚的《玉梨魂》在上海《民权报》文艺版相间连载,即一天刊登《玉梨魂》,一天刊登《孽冤镜》,1913年出单行本。这是吴双热早期的名著。作者在《楔子》一章说:"是镜也,予尝以镜我,予今以镜人,愿人如我,对镜而触目怵心,翻然悔悟。须知真自由国,乃能缔美满之爱情。盖家庭无父母之专制,男女现平等之真像,此则情交之佳朕也。我国有此佳朕乎? 呜呼,未也! 自由结婚之权不大昌,爱情上便多一层魔障。呜呼休矣,毋痴于情,痴于情,死于情,毋乃不值乎! 谓予不信,试拭目观孽冤之镜。"在《自序》中又说:写《孽冤镜》"欲救普天下之多情儿女耳,欲为普天下之多情儿女向其父母之前,乞怜请命耳,欲鼓吹真确的自由结婚,从而淘汰情世界种种之痛苦,消释男女间种种之罪恶耳!"这就是他写这本书的目的。

　　《孽冤镜》共二十四章,分别为游春、逅艳、问津、旧恨、鳏居、读画、语冰、登楼、证盟、酒意、违面、侦探、恶耗、吊影、设谋、传书、发秘、鼠窃、楼空、惨剧、再误、憔悴、末日、尾声,约八万字。作者以主人公王可青的至友现身,目击王可青的婚姻悲剧,某些情节,作者也曾参与,作品即以第一人称叙述。全书故事写王可青,宦家子,其父曾主持一方盐税,在儿女婚姻上一心高攀,先为可青娶一盐商之女高曼

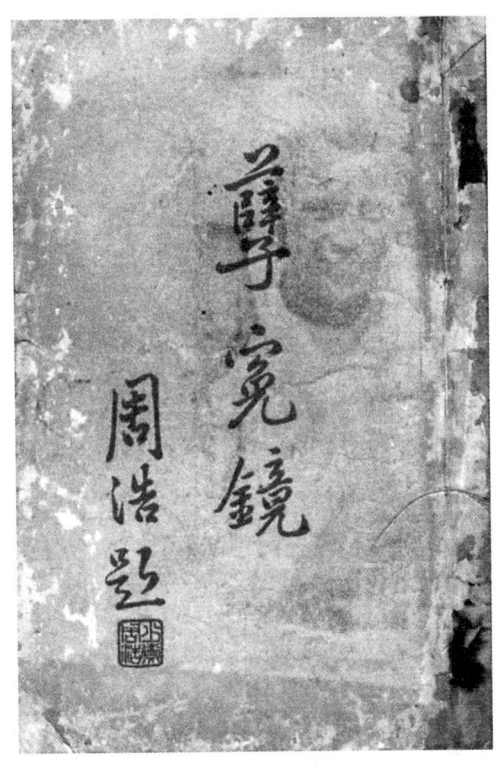

《孽冤镜》书影

云。曼云丑而悍，可青婚后极为苦恼。曼云三年后死去，可青极思自择一有才有德的对象。可青偶与作者春游常熟尚湖，瞥见正在小楼一角游目远眺的薛环娘，遂以吹箫、以吟诗表达自己的爱慕。后来，环娘也以箫、以诗表示了心许。再经过一番追求，环娘老母同意环娘与可青订婚。环娘父亲在世时应秋举只考上秀才，遂以教书为业。环娘也从父学习，经史诗词，皆所通晓。环娘有兄粹华，继父业不足糊口，弃而经商，又弃而卖卜，母女乃以针黹收入，共同维持一家生活。可青与环娘订婚形式殊为别致，在滨湖楼上，其母命各作诗十章，以代盟誓。环娘以钗，可青以怀表互赠作为信物，并各摄一影相互交换。孰料可青订婚回苏州时，其父又已高攀，为可青聘其长官之姪女素娘，坚不同意可青与环娘的婚约。认为环娘贫贱，不能为偶，认为"婚礼有常经，纳采委禽，须出之堂皇冠冕，焉有两相酬唱以证婚者"！可青遂遭禁足，不得出门，不得与友朋往来，被迫与素云结婚。久久以后，可青始得将回家后情况设法函告作者，并以致薛粹华、环娘信及环娘证盟诗，托作者转致环娘。作者置可青信于书桌上，灯花迸落，烧破封套，作者因即抽阅。（环娘兄粹华，体素弱，时发癫痫，不幸病死。环娘母女，又久不得可青消息，迁回南京。）

第十七章《发秘》先写环娘的证婚诗，即订婚时以诗表达自己的爱情和信守婚约的誓言。诗为七绝十首。开头先叙自己飘零的身世和迟暮的嗟叹。飘零的身世造成她的迟暮，爱情问题也即迟暮问题得到解决，飘零的身世就会得到改变。此刻回忆过去的境遇，正是突出了生活有了转折。这转折来之不易。接着，"双蝶无端上翠鬟"写幸福的消息，"小楼倦绣偶看山"之际的湖上的奇遇。可是对这幸福的奇遇仍不敢自信，"梦里奇逢梦后猜"。然而这并不是梦，意中人就在眼前。母亲的眉开眼笑是个明证。写母亲的高兴正反映了自己高兴。在自己高兴到极点时，以双燕窥帘竟也似对自己含着妒意，反映极高兴时的心理。环娘明确表示愿作许嫁东风的杨枝，愿作举案齐眉的梁鸿之妻孟光。又再次回顾身世，写与母亲的不能分离，要永远侍奉老母。这也是对美满生活的设想。环娘再次表示，两人的诗是订婚的明证，两人的情爱至死不变，谁也休生后悔。最后，写对前途花好月圆的信心。环娘的情绪已达到愉快的顶峰。综观全诗，环娘写了她择婿的心态变化，向王可青表白了自己。这部小说在前文里没有全面地写过环娘，现在通过证盟诗写了，却又是在可青与环娘的婚事遭到阻碍眼看是悲剧的结局时才"发秘"的。作者边读边联系环娘悲剧的命运加以评述，渲染环娘命运的悲剧性。"环娘守贫待字，可青失偶鳏居，一般惆怅，常唤奈何。一朝引凤得凰，求凰得凤，以为一阵筋斗云，翻出奈何天矣，而孰知大不然。情种遇情种，每无好结果。呜呼环娘，呜呼可青，从此登奈何天之最高处矣。千

金毁一诺,明月不再圆,人意与人事,相背而驰,而环娘当日,而可青当日,尚梦梦耳!呜呼伤矣!"这是作者对这一悲剧的总评。

紧接证婚诗之后,便是可青的绝婚信。这封信是血泪的哭诉,哭诉他和环娘的人生遭遇。如:

> 环娘环娘,予誓不负汝者也,而今竟负汝矣!予与汝楼上证盟之日,孰知正予父别委禽雁之日耶!
>
> 予爱汝之才之貌而婚汝,孰知予父竟尚富尚贵而不谋于予,遽为予许婚耶?
>
> 予以为尚可挽回,而孰知家庭专制之恶魔,竟不容些子情耶!

这封信的另一感人处,是在正文之后缀加给环娘阿兄粹华的几句话,可是粹华在可青与此信之前早就死了。可青被禁足,无从得知。然而这些话如环娘母女读了,其何以堪!即读者也会受到震撼的。这几句就大大地加重了悲剧结局的分量。

作者在篇末说:"可青之巨函,本一闷葫芦也。葫芦一揭,更是闷人。环娘之诗,可青之书,都是伤心材料。此一诗一书,不啻为彼两人之前因后果作一结束。"已说明了这一章在全书中的地位。这还不是全书的结局,还有更悲惨的结局在这后面。

杨义在《中国现代小说史》里认为:民初小说中"在结构方面,较为值得注意的是吴双热的哀情小说《孽冤镜》","吴双热的文笔,是以灵巧而在同派作家中显出特色的。这部小说的结构也颇灵巧,作者以书中人物的身份,采取第一人称,直接参与故事情节的发展。这个'我'既是王可青、薛环娘爱情的牵线人,又是爱情悲剧的见证人,一身兼叙事与抒情的双重责任。但以第一人称叙述别人至为曲折的爱情故事、至为隐秘的爱情心理,是很有局限性的,于是作者时以密友夜谈,时以长篇书信,时以贴身仆人的通风报信,不断地改换人称和叙事角度,交替使用倒叙、插叙、补叙手法,以弥补这种局限,增强结构的灵活性。可是由于叙事角度变化过多,穿针引线的作者酷似秘闻侦探,妨害作品艺术感染力。"这是值得我们参考的。

评何海鸣《老琴师》

贾植芳

我为《中国现代俗文学文库》写的《总序》中,谈了我对被称为"鸳鸯蝴蝶派"或"礼拜六派"作家的通俗文字作品的意见,我写道:

> 从文学史研究的角度来看,完全忽视这些作家作品作为一种文化现象的存在,却是不甚科学的。这类作品或多或少、或强或弱地反映了一些的社会生活内容和时代讯息,有其一些历史认识价值。……这类在传统文化哺育下成长起来的通俗作家,思想意识上虽然有较为严重的封建性的历史负担,但作为作家,他们只是卖文求墨的文人,而并非为虎作伥的官府爪牙;他们的衣食父母是读者大众,即所谓"看官",而非"帝王家"。他们把自己的作品看成是人们的消遣品,这也说明了他们已经自觉或不自觉地意识到了商品社会的价值观念……他们开始摆脱了在封闭性的农业经济社会里作家对官府的由人身依附到人格依附的附庸地位,成为具有自己独立人格和自食其力的社会个体,这是一种社会的进步。同时,他们作为平民百姓,也在"生活的地狱"里饱受煎熬之苦,因此在他们的作品里,也多少接触到历史事变、时局动态以及纷纭复杂的社会人生百态。

何海鸣

为什么我能下此断语呢? 因为这类作品,我看了不少,其中像《老琴师》这样对旧社会血泪控诉的短篇小说,决非个别的。从这篇小说的字里行间,我们似乎可以看到作者何海鸣(求幸福斋主人)仇视旧社会人吃人现象的目光,也似乎可以听到他盼望消灭这种现象的心声。故事很简单,一个在娼门卖艺糊口的老琴师,培育一个富有音乐天才的女孩子阿媛,他教她学唱

各种曲子。阿媛自小在农村里唱山歌，对于戏剧中各种曲子美妙动听的旋律，她都能心领神会，所以不但学得快，而且她那天真清脆的嗓音，常常把老琴师感动得掉下泪来。随着年龄的增长，唱曲子的艺术性提高了，少女的体态也更加楚楚动人了。这时老琴师把她看成是一个自己培养的艺术宠儿，可是妓院的老领家并不以阿媛卖唱收入为满足，而"天下决没有那样的瘟生嫖客，肯跑到堂子里诚心诚意去崇拜一个娼妓式的女子艺术，自然就有那些脑满肥肠饱暖不过的大少爷，要在这盛名之下艺术名妓的洁净肉体上，费一番钻营的工夫"。最后，阿媛在老领家的威逼下，一个晚上被一个出钱最多的军官老爷子残酷摧残。老琴师第二天为她拎琴伴奏时，发现阿媛的嗓音变了。只一宵工夫，一个女艺术家的天赋歌喉被毁了。作者悲痛地诉说："可怜她人生问题中两个重大部分，贞操和艺术都被万恶的金钱断送给那军官大爷了。"

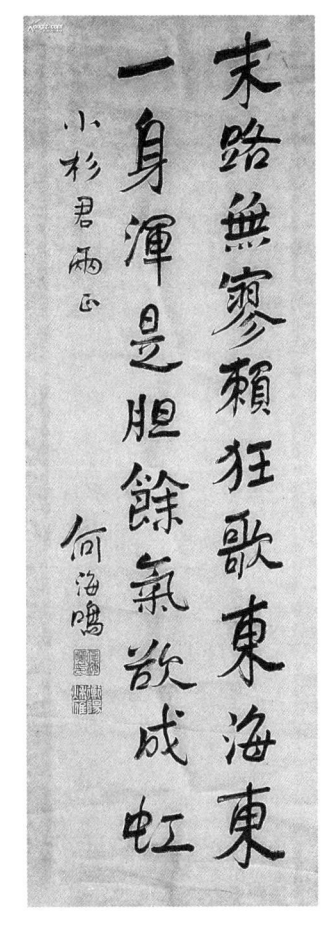

何海鸣手迹

阿媛的结局，十分悲惨。她病情一天一天严重，最后一天晚上，阿媛已被糟蹋得再也支持不下去了，那个军官大爷还一再迫令她唱曲，她心里一急，一口鲜血吐在地毯上，她怕被人看见，伸出一只脚，使劲擦去血迹，可老琴师早已看在眼里，心里如刀割一样。老琴师老泪交流，突然把琴弦拉断，冷笑地说："这是要人性命的勾当。我老头子不干了。"他把胡琴往地上一扔，走了。阿媛看见老琴师走了，更是悲痛万分，她也不想活了，一头猛撞在桌子角上，鲜血进流，就这样，一个天真烂漫并有艺术天才的女孩子被万恶的旧社会吞噬了。

这个故事，虽然取材于色情场所的生活，但作者的创作态度是严肃的，他以爱憎分明的生活态度，真实地写出了真实生活中的可怕的真实，以平凡的写实揭露了社会生活中某些本质的东西。

这篇短篇小说是平凡的，但也是深刻的，当时曾被旧派小说作家中的名家周瘦鹃推荐为"1922 年中国小说界的杰作"，并说它"有永久的流传价值"。这一评语，今天看来，仍然有其参考的价值。

附：老琴师（全文）

　　一个老头儿，拉得一手好胡琴，就在八大胡同各家清吟小班里，当下一名琴师，收了许多风尘中的女弟子，每日挨门户老态龙钟的去教授戏曲，什么西皮、二簧，青衣、老生，他都会教上几段。就中尤以青衣曲子教得最好。因为他少年的时候，在戏班子里唱过青衣，有许多精妙独到的腔调，为他人所无。所以他在胡同中教曲子，很有些老名气。大凡在北京开窑子和逛窑子的人，没有个不知道他的。

　　在三年以前，这位老琴师在一家南边班子里收下一个女徒弟，只有十二三岁，他的名字倒有些实派的风味，就叫做阿媛。她起初学曲子的时候，还是个天真烂漫的女孩子，虽说流落在这万恶的风流薮泽之内，她并不知道这里面悲惨和黑暗的真相，也不觉得有什么痛苦和抑郁。一位老领家买了她来，开头第一件大事，就是叫她学曲子。她对于音乐，自小就在自然的性灵上发生美感，况且她平日在乡下田庄子里，最好唱山歌，如今遇着这位和蔼可亲的老琴师，拉出悠扬动听的琴音，教她些二簧剧中的曲子，她觉得与她的性灵并不抵触，很肯尽心尽意的学。因为她的歌喉清脆，老琴师就教她唱青衣小嗓。唱起戏来，用不着张口大嚷，越发显出她的文静和真挚。有时因一两句或一两个字不合调，她紧靠着老琴师的膝下，好比小鸟依人的一样，静待老琴师的教正。她那种天然的美和人生的真，直打入老琴师心坎内，感动得要掉下泪来。所以这老琴师格外欢喜这个女弟子，将毕生的歌剧艺术，都十分诚恳的一样样传授了她。

　　她这样的学了一年，唱工是天天的进步，老琴师欢喜得了不得。她也觉着唱曲子唱得好了，是人生最娱快的事。但是她曲子唱好了，人也长大了，那位老领家妈妈，难道买了她来关在家里唱曲子自己消遣的么？对不起，登时替她上了一笔花捐，她就成了个法律上认可的娼妓。对于我们的国家，尽了她个人纳税的义务，换些个千金卖笑的权利供老领家妈妈一人受用。她的营业和她的人生责任，头一步就是出堂差条子。老琴师紧紧跟着，在他人酒席筵前，唱曲子给人家听。她起初不愿意，以为我唱得好，我自己听，我师傅听，我妈妈听，我的姊妹听，也就够了，为什么要亲自送上门去唱给陌生的人听？但是她那里有这股勇气，足以抵抗老领家妈妈的权

威,也就只好任他们掇弄,将她打扮成花姑娘一样,每天每晚,由一般伙计们娘姨们拥护着,带着个老琴师,不论暑天炎日,三更半夜,下雪刮风,总是颤巍巍地轮流不息出堂差。

这样糊里糊涂莫名其妙的堂差,出了足够一年多,到一处唱一处,唱得越好,叫条子的越多,出堂差的人越忙。她怕极了的时候,忽然大悟,觉得她的人生问题中不可思议的谜,居然有了答案。原来这位老领家妈妈买了她来,是专门唱曲子给人家听的。她在酒席筵前,常常受客人的侮辱和玩弄,也觉得她的生活是无意识,而且她的人生观念也非常烦闷。但是音乐和歌唱,究竟算一件优美高尚的艺术,一部分虽说不愿意唱给人家听,一部分却在那高唱入云的时候,自己对自己得着一个很大的安慰。她唱得高兴,自然就会自己安慰自己,说这是唱给我自己听的,或者是师傅听的,再或者是邻座姊妹们听的,他们都道好,她自己也觉得真不错。老琴师镇日价跟随着,每拉一次胡琴,听她唯一的心爱的徒弟唱一折青衣,便可同时得着客人一元大洋的赏赐,也觉高兴异常,承认这种生活合于人生正义。倘使这种生活能够多延长几时,这位阿媛和这位老琴师,对于他们的人生问题上,总算没有多大的缺憾。但是宇宙间的谜,是猜不透的,未来的人生,是越发不可思议的,世界上社会上人的生活,是一天不如一天的。

果然,这阿媛的歌剧艺术完成了,她的身体更出脱得美丽了。天下决没有那样的瘟生嫖客,肯跑到堂子里诚心诚意去崇拜一个娼妓式的女子艺术,自然就有那脑满肠肥饱暖不过的大少爷,要在这盛名之下艺科名妓的洁净肉体上,费一番钻营的工夫。那位老领家妈妈,不懂得什么叫做女子的贞操,更不懂得什么叫做艺术家的人格;她只知道娼妓卖身,是法律上许可的商业买卖行为。这第一次原封未动的肉体买卖,仿佛像市面上流行的交易所头批股票,有些奇货可居的性质。站在交易所拍卖的场中,谁出得价钱高,便卖给谁。自然也就有那般性欲上的奴隶,被性欲驱遣着,拿出他先人或自己造孽上积来的钱,纷纷向这位老领家妈妈的地方,踊跃争先的来投标竞买。结果有一位军官大爷,在那国库支出的兵饷内,克扣了一笔,约莫有五千多银子,悉数拿出来孝敬这位老领家妈妈,便如冲锋陷阵慷慨赴义的一般,得了这注头标,足够北京全城政学军商各界的冶游家,不约而同的发生一种羡慕和妒忌。不好了,天也黑了,这位军官爷大爷喜气重重的来到阿媛的房中,在这惨淡无光的电灯底下,摆着一台盛筵。临近的梳

妆台上，点着一对大号龙凤喜烛，照得人脑子痛，许多帮闲凑热闹的朋友，挤满了一屋子。明明当天晚上要出一件很重大的事情，老领家妈妈满面春风的在那里忙着招呼客人，伙计娘姨们知道有笔赏号的财喜，也在里里外外跑得格外起劲。同院姊妹们听着风声，看见阿媛房外的红色彩绸，也在那里纷纷议论，说短道长。就中只苦了阿媛一人，知道有些不妙，却又说不出个所以然来。有许多的客人和姊妹们向她恭喜，又拿种种不入耳的话来取笑她，只急得她又羞又怕。明知道门外的天老爷，是不管这闲事的，只好闷坐在桌子边，低着头将一双眼钉牢在地板上，希望地底下显出个地狱门来，让她钻了进去。但是地底下是不会有门的，只索忍耐着性子，坐在人间地狱中，任凭这一般狗男女的戏弄。她虽然也曾唱过一支曲子，她也不清楚唱的是什么，大概是哭不是唱，也未可知。她唱完了的时候，那老琴师得着一个很沉重的红封包，道了一声谢，便提着胡琴出去。阿媛恨不得一把将他拉住，叫他救护着自己一块儿走，他头也不回就走了，阿媛也没有法子可想。后来接二连三的人都走了。阿媛对于不拘何人的走，都想拉住，到了最后，却未曾拉住一个人，而且也没这勇气敢去拉。等到人都走尽了，单单剩下阿媛同那军官大爷，想他不走的人都走了想他走的人他偏偏不走。事已至此，还有什么话说，只好听天由命，任凭那军官大爷摆布，仿佛是他的俘虏一般。究竟这天晚上阿媛受了些什么痛苦，得了些什么教训，动了些什么感触，连做小说的人都不知道。因为做小说的人是个男子，更不曾做过娼妓，那里知道这里面的事，只好淡淡写上一笔"一宵无话"。

等到第二天，阿媛的房中，还在那里摆酒庆贺，可怜那阿媛自从经过这宵的痛苦教训和感触，越发怕得吃紧，羞得利害，连房门也不敢出一步，见着人总是低了头，就是老琴师来了，她也不敢望一眼。老琴师拉着琴，轻轻的问她唱什么，她也轻轻的说了一句，就此唱起曲子来。刚刚唱了两句，这老琴师点了点头。我们做小说的人不知道的事情，他从声音上听出来了。他一边拉着琴，一边想起昨宵的事，怎么只隔了一夜的工夫，阿媛的嗓音就变了。女孩子家成了人，却与声音发生变动的关系，这种变动，简直把一个女艺术家的天赋歌喉，由清脆变成了粗浊，咳！这个天生的女艺术家，给昨晚一宵轻轻的毁了。可怜她人生问题中两个重大部分，贞操和艺术都被万恶的金钱断送给那军官大爷了。老琴师在窑子里跑得勤，对于贞操问题，或者没有精密的研究，但对于艺术观念，非常清晰。他呕尽心血辛辛苦苦

教成的女弟子,便断送在昨晚一宵,也不觉暗地里叹息几声。

自从这老琴师发现了他的女弟子歌喉上疵点以后,从这第一次不满意偶叹其气的底下,阿媛的卖唱生活,一变而为卖皮肉的生活。那位老领家妈妈自小没做过艺术家,不懂得艺术的真价值,不知道艺术家歌喉比皮肉值钱,硬逼着那位女艺术家牺牲她的艺术和歌喉,专门去干那赤裸裸地直截了当的肉体营业。今天生张,明天熟魏,只要卖得钱出,多换几个生客人,进账反格外的加多。于是阿媛的干净身子,被他们活生生地糟蹋得不成人样。那嗓音不消说得,自然也是一天坏似一天了。虽说阿媛肉体上受的痛苦,只有她自己知道,然而她的艺术上受的挫折,那老琴师却十分了解。这样闹了半年,每逢阿媛嗓音败坏,从胡琴上高的调门跌下低的调门一字或半字的时候,老琴师总加倍的叹息,在这叹息声中,看了看阿媛憔悴的面容,回想起从前天真烂漫紧偎着膝前张着脸问词的情形,曾几何时,便到了这般田地。不由老琴师一阵阵地心痛,天可怜见,老琴师辛苦一生,只欢喜这个女弟子,也就只教成这个女弟子,眼睁睁看她毁了,他的希望也就完全断绝了。阿媛一天一天病着往死路上走,老琴师也就伤心着老得不成样子。他如今才知道娼妓这个玩艺,不是人干的,可惜他没有权力能阻挡这件事。

有一天晚上,阿媛房中又轮着这位军官大爷请客吃酒。他老先生毕竟是个军人,十分勇敢的在阿媛身上,抢了个先鞭,开了个先例,领着头让许多人来蹂躏阿媛。他还自鸣得意,以第一开山祖师自夸,算得是阿媛处所的老前辈,足以表率一世,耀祖扬宗。所以他不断的还来重温旧梦,多所报效。恰巧这一天阿媛病得十分沉重,她常常的痛定思痛,觉得她一生的恶运,都打从这位军官大爷而起,平素对着他,又怕又恨,从不正眼看他一下,当自己是个行尸走肉,任他播弄。这晚坐在筵前,老琴师拉开胡琴,她就随便唱了一折,声音唱得很低,军官大爷大不满意,说她从前唱得是何种好法,今日为何如此偷懒,却不知道她的唱工败坏,都是他自己的罪恶,他反吆喝着再唱一折,于是阿媛出于万不得已,又力竭声嘶的勉强唱了一折。他听了更不痛快,以为这个姑娘人人知道是他的相好,他出过五千元肉体的代价,就为她的唱工好,名气大。如今当着许多朋友面前,唱得这样坏,岂不坍了他的台,被人笑了他当初花了冤钱。于是暴跳如雷,不宁阿媛好好的再唱一折。阿媛这时已经万分支持不住了,心里一阵难过,便大大的

发一个狠，向老琴师道："拉反二簧唱六月雪，预备唱死他。"老琴师垂头不语，也就一丝没气的慢慢拉起反二簧的调子来。阿媛刚刚唱了一句，在那尾音上一口气接不上来，心里一急，哇的一声，吐出一口鲜血来。她恐怕被人看见，一只手用手巾遮住嘴，一只脚便在地毯上乱擦，想擦掉那块鲜血。老琴师一清二楚的看在眼中，心里如刀割的一般。磞的一声！……上帝呀！……他看在上帝的面上，拿出一百二十倍的勇气，做出一种有重大价值的破坏，……是世界上公理正义人道所许可的。……哎呀！这老头儿老泪交流，下了一个决心，把他恃为生活的一根琴弦，竟故意儿弄断了。

一时万籁无声，老琴师抱着他那把断弦的胡琴，颤巍巍地坐着。阿媛不知就里，躲在一旁咳嗽。军官大爷说："怎么呀！弦断了，接了弦再唱。"老领家妈妈急忙跑过来，叫了声："师傅，快点儿接了弦再拉。"老琴师发出一种极悲惨的冷笑，轻轻说道："这是要人性命的勾当。我老头子不干了。"把胡琴往地上一扔，立起来就走。

阿媛看见老琴师走了，她明白老琴师扭断琴弦的意义，和这破坏的价值。想了一想，她也不要活了，哭嚷着，把头往桌子角上碰，登时倒在地下，口里只吐鲜血。那把断了弦的胡琴，恰巧也卧在她的身旁，依然陪伴着她。老领家妈妈又气又吓，浑身发战，将阿媛抱起来，放在床上，如死尸一般。这是老领家妈妈四百块钱买来的奴隶和货物，也是那军官大爷五千元交易得来的战利品，如今成了这个样子，她那吹弹得破千娇百媚的容颜，到那里去了，她的霓裳羽衣妙舞清歌的艺术，也完全丧失得无影无踪了。老领家妈妈是一个窑子里面的资本家，军官大爷是一个经济作战的战胜者。如今奴隶和俘虏都被老琴师那根断弦轻轻的将他解放了。他们这一对坐在房子里的狗男女，总算是都失败了。那个拼命的可怜虫，眼见得要博个死亡的最后之胜利。这位老领家妈妈，还得假意殷勤，安慰这位有经济权威的军官大爷，说："这孩子大约是喝酒喝得太多，有些儿醉了，得罪了你大爷，千万别要动气，明日就会好的。"军官大爷一口闷气没得出路，只好拿那老琴师来臭骂，说这老该杀的疯子，叫伙计们撵他出去。随后伙计们进来，检拾起那把断了弦的胡琴出去往垃圾桶一丢，恶狠狠望着老琴师，说："结了罢，你还配拿这个玩艺吗？"

老琴师跑出院中，还在那里痛哭流涕的直嚷，说："他们在那里杀一个无罪的人，我救不了她，我也不能眼睁睁的看她死。完了，完了。我不干这

个造孽的事，不吃这门害人的饭了。"说完，就此出去，便没人知道他的下落。至今伙计们还在闲谈，说他这个人一块钱一曲的胡琴不要赚，敢莫是真疯了！上帝呀，这样的人算是疯人吗？至于那位喝醉了的阿媛，究竟后来醒了没有，大概只有那位死神爷爷知道，在下做小说的也打不出个交代来。横竖造物不仁，以万物为刍狗，她这样醉死了的人，窑子里多得紧，我懒得伤心，便再也不写下去也。

《说不得》阅后

吴承惠

此书叫《说不得》，何以名此？这里只好摘抄本书第一回开头一段的几句话："在下所谓'说不得'者，重在要把社会上说不得的事情，婉转说得出来。不过这部说不得的书中主人翁，个个都和活在世上的怪物有些相类，他们若认假作真，恨我冒昧替他作传，动了众怒，只怕我这一枝秃笔，当不起那些武朋友的枪支，阔佬们的尊拳，所以我要声明一句，这书是憎恶现社会随便写的。说不得的事事都是真情，却非全属想像；说不得个个都有所指，却非毫无影响。……"

这话其实已在告诉读者，书中的故事、人物，都来自当时的现实生活，不过作者下笔时移花接木，改头换面，故意弄了一些玄虚。用现在的话来说，就是进行了艺术加工，可以增加文字的可读性、吸引力；同时也是为了避免惹些是非。自古至今，这种使说不得的社会现象变得能够说出来，手法都是差不多的。

那么，《说不得》书中，究竟有些什么事情说不得呢？这里不妨简明地介绍一下。

故事是从一个名叫柳云仙的高等妓女身上开始的。她本来是苏州一个好人家的小姐，只因醉心恋爱自由，与上海一个专门写性生活的作家书信往来，被父亲发觉，将她赶了出来。柳云仙流落到上海，走投无路，就做了妓女。只因她通些文墨，容貌也好，不久便红了起来，前来向她报效的都是些官绅商贾。

这一天从北京来了两位阔客，一个叫庄四，曾做过总长；一个叫洪二，做过秘书，目前都暂时失意，到上海来是避风头的。他们两人都对柳云仙很有好感，各自使出手腕，竭力讨柳云仙欢心。柳云仙也想从他们两人中选择一个，作为从良的对象，但又不知选谁妥当。

先是洪二在柳云仙面前讲了许多庄四对女人的手段如何无情的话，把柳云仙骗到杭州，玩了几天，然后打算正式同居。不料洪二在上海的一个姨太太雪鸿，见洪二好多日不回来，起了疑心。于是庄四放风，雪鸿赶到杭州，将洪二逼了回去。

柳云仙受此打击，一气之下，生了一场病。在生病期间，庄四乘虚而入，对柳云仙悉心照料。柳云仙感恩图报，决心改嫁庄四。恰好此时北京传来风声，庄四的靠

山老总(即总统的代名词)重新上台,庄四自然有了复官之望,于是急急忙忙带柳云仙到北京定居去了。

庄四以前还有一个姨太太叫陈小玧,因庄四失势,她也遭到厄运,给北京的司令部抓去,被敲诈了不少积蓄。放出来后,回上海又与前夫应波恢复关系。但应波是个只知花钱的浪荡子,听说庄四在官场中又走红了,便怂恿陈小玧再去续修前好。陈小玧也惦记着庄四,马上与应波来到北京,找到庄四,不免哀诉一番。庄四对陈小玧旧情未断,就另外找了一处房子,安顿了陈小玧和应波,自己有空即来。一时倒也相安无事。有一天天气热,陈小玧打听到庄四在西山的旅馆里包了一个房间,便一个雇车前往,公然对旅馆茶房说自己是庄太太,在房间内洗了澡,躺着休息,静候庄四前来。

不料,房间外又响起了一个女子声音,也称自己是庄太太,茶房正莫名其妙之时,那女子已跨进房间,不用说,她就是柳云仙了。接着,柳云仙和陈小玧便演出了一场争风吃醋,互相打骂的好戏。庄四只好两面陪情。女人在气头上,总是要死要活的,气过了,也就算了。庄四依然整日在外,忙他营私舞弊的勾当。

洪二则从上海到奉天,本来好谋到一个重要的差使,但有别人作梗,只弄到一个顾问的头衔,不甚得意。后来再到北京,成了老总身边的重要帮手,凡是老总需要发出的文电,都由洪二起草代拟。洪二死了母亲,回天津奔丧,故作姿态,表示要在家守灵,暂时不出来工作了。老总急得不得了,打电报相催,把洪二召回北京,从此洪二比过去更加吃香了。

洪二的小老婆雪鸿,自从在西湖破坏了洪二与柳云仙的好事后,洪二对她的感情大为降低。回到北京后,洪二经常在外打野食吃,很少与雪鸿同房,雪鸿耐不住寂寞,一天出去看电影时,结识了一个年轻的机关职员,两个人自此秘密来往。

洪二有个贴身的男仆李贵,知道这件事,便写了一封匿名信给洪二,把雪鸿与那个小职员每次在什么旅馆相会都揭了出来。洪二看了这匿名信,表面上不声张,却来个突然袭击,闯到那家旅馆,见雪鸿果然在等候情人。雪鸿见事情已经败露,也不慌张,立即提出要下堂求去。洪二仗着官势,逼着雪鸿写了一张字据,然后命李贵押送雪鸿回上海。雪鸿本来想狠狠地敲洪二一笔钱财,后来只得了很少的一点钱。她年老色衰,要再吃堂子这碗饭是很为难的了。

书中围绕着庄四这个人物,又写了当时官场中的一些内幕。有两件使人颇开眼界的事:一件,庄四在火车上遇到一个在盐局做过事的老朋友林东甫,他想要庄四帮忙,在盐务上谋个差使,再捞他一票。庄四一口答应,便从日记簿上撕下一页,当

中写上林东甫的名字，在左上角写上"五竿青盐"四字，取出一个信封封好，盖了他的图章，命林东甫随带五千块钱，将这封信一起交给天津一个名叫李小妈的人，说这事保险有办法。

这李小妈是个五十左右的老太太，开了一个妓院，手下有三四十个姑娘，有的在门里接客，有的在外唱大鼓。

林东甫把庄四的信和五千块钱交给李小妈后，李小妈似乎根本不当一回事。林东甫心中七上八下，不知有无指望。等了好些天，李小妈随随便便给林东甫一张名片，林东甫后来果然如愿以偿。李小妈还说，这次她是做了一次亏本生意，五千元只玩了一场牌九就去掉了，将来要找林东甫补账的。

这一节，我认为写得最生动。李小妈出场时的那种打扮，那种派头，那种口气，简直叫人惊讶：一个开妓院的老鸨，竟然如此神通广大。这种人物在外国小说里是见过的，想不到我们早年的中国小说也有反映，可见东西方社会的黑暗，也有其相似之处。

另一件，是上海发生的烟土风潮。上海当时为著名烟窟，每年输入烟土在六七千箱左右，地方上各种有势力的人物都来染指。从北方又开来一团军队，也想分享这笔买卖。由于分赃不匀，相互攻讦，一直告到北京。北京派了大员前来查办。这位大员不是别人，正是庄四。上海闹事的人起先倒有些紧张，后来了解到庄四也是个著名的瘾君子，就放了心，他们知道只要花些运动费，自会了事。果然，庄四到了上海，只做些官样文章，暗地里却把烟土的收入情况摸得清清楚楚，然后向各方伸手，得了不少孝敬。他还插手一个专做烟土生意的参事会，从中取利。参事会的成员中有心中不服的，托人到北京告发。但北京当局信任庄四，并不追究。这时，烟土的风潮，仍未扑灭。庄四便出主意让烟土贩子拿出钱来鼓动学生工人借口外国工厂老板枪杀工人，游行示威，最后发生了惨案。北京当局忙于处理这桩案子，无心顾及烟土风潮，不久也不了了之。

书中还写了一个叫文茂梧的人物，说他如何在报上打笔墨官司，反对新文化运动；又如何对付学潮等等，这一人物，可能是作者影射章士钊的，但又不全是章士钊。还有其他人，即如庄四，有些事迹，也是有来源的。

书中最后写陈小钚决心与丈夫应波彻底决裂，由庄四付给应六千元，写下休书一纸，把老婆完全让给庄四。应波得了六千元，在天津胡乱花用。有一天碰到一个女学生打扮的姑娘，经过一番追逐，那姑娘将应波骗到旅馆房间，给他吃了一粒糖果，应波立刻朦胧睡去，等到醒来，口袋里的钱全部不翼而飞了。

应波人财两空,回北京找陈小玳,想再敲诈庄四。但庄四出了一个大岔子,已不知去向。至于什么大岔子,书中没有说,这是作者为结束此书,匆匆一笔,含糊了事。

至此,读者也已明白,书名《说不得》,是指当时的中国官场,卑鄙龌龊,难以想像,但表面上的尊严,又常有极大的欺骗性、威吓性。其实是被蒙着的一层油纸,只要稍为胆子大一些,用手一戳,便是一个极大的窟窿,于是种种奇闻怪事,就尽现于眼底了。

凡是不怕见人的事情,也是不怕说出来的;凡是说不得的事情,也是最怕见人的。

评汪仲贤《恼人春色》

吴承惠

汪仲贤,即汪优游,他是二十世纪二十年代一位曾经留学日本,回国后专门从事新剧推广运动的戏剧家,这种新剧从前都被称做是"文明戏"。与他同时代的还有不少人,良莠不齐发展不一,有的成了一代宗师,在中国戏剧史上具有承先启后的作用;有的声色犬马,在当时即趋于堕落了。

汪仲贤的境遇不怎么好,但他的笔底生花,封以"文学家"的头衔当然是过誉了,可他于旧文学有基础,驾驭文字的能力很强,这是肯定的。他的代表作是小说《歌场冶史》,这小说写两个演梆子戏的姐弟,他俩来到上海后,一唱便被人捧为"名角",可厄运也随之而来。姐姐成了一个巨贾的小老婆,失却自由,备受欺凌;弟弟被一个名妓看中,惹起一个眷恋名妓的官商的嫉妒,那官商使用手段,将这一对恋人绑架而去,不知所终。

由于作者对这方面的生活非常熟悉,或者说,他就是这个生活圈子里的人,因此刻划人物,都入木三分;对一些场景的描写,更是绘影绘声,引人入胜。

《恼人春色》是汪仲贤的另一部小说。

小说的正文之前有一篇"前事",写一个在汉口银行做事的小职员黄尔强,在从上海到汉口的轮船上,结识了一对姐妹,姐姐叫田玉莹,不到三天的功夫,两人就依依不舍,难解难分了。黄尔强写信给家乡的寡妇婶母,要求变卖田产,他从中得了五千元,与田玉莹结婚。婶母好久得不到黄尔强音讯,写信来问,不想信落在田玉莹的手里,这才知道,黄尔强不是什么富家子弟,觉得再厮守下去不会有什么好日子过,决心滑脚溜走。临走前,假说要回上海赎回父亲在世时被叔叔押出去的一块地皮,要黄尔强设法弄六千块钱来。黄尔强信以为真,就挪用银行里的公款,满足了田玉莹的要求。田玉莹钱财到手,趁黄尔强不在家,与妹妹席卷一空,连婚书也带走了。黄尔强回来一看,只剩了几只空箱子,这才明白是上了女骗子的当。银行因他侵吞公款,送官究办,被判处监禁三年。

以下进入了正文,简述为下:

上海有家南国百货公司,公司的化妆品柜台里有位年轻美丽的女职员,名叫陶留春,她有一个心上人,叫华秋塘,富家子弟,在大学里读书,两人已经有了啮臂之盟,就等华秋塘毕业后有了工作,便正式结婚。

华秋塘的父亲华佰礼是个官僚地主,在上海租界西区置了一所大洋房,并筑有别墅。只是华佰礼生性古板,不愿交际,尤其看不惯妇女的妖冶服装。他已经为儿子相中了一门亲事,是老友萧吟笙的二女儿,却不料儿子竟然一口拒绝,还说什么婚姻要经过自由恋爱,家庭才有幸福这类的话。华佰礼一气之下,便与儿子水火不容,平常和儿子连话也不说了。

不久,华秋塘已经与陶留春急着要办婚事,父亲不同意,怎么办?华秋塘便找华家的门客韦浩东商议。韦浩东有个儿子叫韦志刚,人颇有心计,在华佰礼面前假说华秋塘已回心转意,但为了摆脱与陶留春的关系决定出国留学,希望父亲给予资助。华佰礼听了大喜,马上拿出两千元,托韦志刚转交给华秋塘,从中韦志刚当然私扣了一些。华秋塘就用这笔钱,租了房子,与陶留春成婚。陶留春有个妹妹陶宜春,患晚期肺痨,也搬来与他们同住。

婚后第三朝,华秋塘与陶留春由韦志刚陪着去见父亲,顺便再要些钱。以为木已成舟,父亲大概不会有什么绝情的表示了。谁知华佰礼已是那样固执不化,还因为报上发表了华秋塘结婚的消息,内中牵扯到华佰礼,说他宦囊甚丰,脑筋陈旧云云,华佰礼看了几乎气昏过去,见了秋塘夫妇的面,睬也不睬,并对众宾客声称,儿子已经死了。事后又在报上刊登声明,要驱逐劣子,嗣后华秋塘在外一切行动,与华氏无涉,云云。

陶留春所以愿意嫁给华秋塘,其实是看中了他家的财富,现在此路已断,不免怨尤起来。华秋塘对她进行百般安慰,还写了一张字据给她,保证相守终生,永不抛弃。后来秋塘手头拮据,向陶留春借一只结婚时的钻戒去典当,由此又写了一张借据,说钻戒价值十万,今后一定还。

不久,华秋塘经朋友介绍,在洋行谋到一个小职员的位置,月薪只有一百二十元。但小家庭的开支却越来越大,陶留春受楼上邻居一个妓女出身的姨太太的引诱,染上了鸦片嗜好,又迷上了赌博,家里的东西几乎被她典当一空,作了赌本。而华秋塘供职的洋行因营业不佳而关闭,生计无着。这时陶留春完全露出了淫悍的本来面目,日夜吵闹不休。秋塘心灰意懒,在一天晚上,不告而别,乘车到了南京,想找几个已经做了官的旧日同学,助他一臂之力,但世态炎凉,连连碰壁。幸亏有在中学当教务长的同学王道一的帮忙,当了中学教员,华秋塘并改名为夏春圃,得以暂时

栖身。

闲来无事,华秋塘有天到鸡鸣寺去散心,遇见两位女学生来此野餐,其中一位,清丽中含有稚气,使华秋塘注目不已,还掏出笔来,为她画了一张速写。这位女学生的一支钢笔遗失了,被华秋塘捡起,送还与她,就此认识。钢笔上刻有英文"萧"字,殊不知,她就是华佰礼当年为儿子选中做媳妇的人,叫萧佩芝。

华秋塘仍不放心上海的陶留春,后来从韦志刚来信得悉陶留春如何徘徊无主,伤心憔悴。不多日,陶留春也有信来,说了许多肉麻的话,信纸上还留有泪水痕渍,华秋塘大受感动,前后寄去积聚的四百多元钱,希望陶留春料理好债务后到南京来过日子。但陶留春回信,一再推托,引起华秋塘的怀疑,在寒假中回上海探望,发现陶留春已与别人同居,烟瘾也越来越大。陶留春见了华秋塘,竟然说他姓夏,不是自己的丈夫,动手揪打。华秋塘夺门而出,即日乘船回南京,在船上遇见了萧佩芝,又逢江中大雾,两人经过两日的倾谈,都有了好感。有一天,华秋塘在五洲公园写生,又与萧佩芝相遇,还相救了一个投湖自尽的落魄男子,自言受女人之骗走投无路。他就是本书"前事"中的黄尔强。

华秋塘的父亲华佰礼自与儿子决裂后,移居南通乡下,日久渐生悔意,思念起儿子来。病危之际,立下遗嘱,除捐献一部家产作为地方善兴外,其余尽由儿子继承。遗嘱由萧吟笙签字作证,并暂时由他保管。韦志刚这时已成了律师,在旁作证,顿生歹意,要谋夺华家遗产。

华秋塘得知父亲病危,连夜赶到南通,父亲已经去世。秋塘悲恸万分,而萧佩芝已非他不嫁,他却有陶留春的羁绊之苦,无法应允,决计出国求学,先到上海继承产业,不想事情又有变化。

原来韦志刚先是谋夺华家产业不成,又生诡计,与陶留春商议(此时他们已经同居),毒死奄奄一息的妹妹陶宜春,对外声称死的是陶留春,诱惑华秋塘犯重婚罪,然后趁机大大地敲他一笔。

华秋塘听到陶留春病故的消息,果然心上一块石头落地,立即打消出国计划,兴冲冲赶回南通。又经过一番小小的波折,终于取得萧吟笙的同意,与萧佩芝结了婚。

盛大的婚礼在上海举行。燕尔之期,忽然闯进来一个泼妇,拿着华秋塘当年写的字据和借据,要索款十万元,否则就要告到法院。指控华秋塘犯了重婚罪,这泼妇不是别人,正是陶留春。

正在闹得不可开交之际,又闯进一个凶汉,一把抓住陶留春,大呼要与她清算当年受骗的欠账。这凶汉就是在南京五洲公园投水,又被华秋塘救起的黄尔强,陶留

春也就是在汉口卷款而逃的田玉莹了。

最后，陶留春、韦志刚等都被黄尔强用刀刺死。华秋塘请律师为黄尔强辩护，判了十年徒刑。黄出狱以后，华秋塘与萧佩芝已子女成行，在南通乡下办学，颇有成绩。黄尔强在学校里当了一个庶务员，终老此生。

整个故事，作者意在通过华秋塘这个人表达一种理想，即不受家庭富贵和旧礼教的束缚，追求真心的爱情，创立自己的事业。不管命运如何曲折崎岖，最后终能获得成功。

作者又想通过陶留春这人，表现生活在都市繁华中的时髦女子如何的变幻莫测，居心不良。告诫一些涉世不深的年轻男人，特别要当心，免受其惑。

萧佩芝无疑是作者在向当时读者指点的一个理想的典型。全文还贯串着旧小说常有的善有善报、恶有恶报的因果报应思想。

故事的情节也不能说不错综复杂，对二十世纪三十年代初的上海社会背景也有一些反映，但比起《歌场冶史》来，就显得单薄、肤浅得多了。人物刻划的生动性，场景描绘的真实性，也比《歌场冶史》要弱。一句话，作者在《歌场冶史》中所显露的那种文采，在《恼人春色》中也大大减色了。

可能这部《恼人春色》最初是逐日发表在小报上的连载小说，开始时，作者对故事虽然有个大体的构想，但信笔写来，却是随时有所发挥，人物的不稳定性也就显而易见。比如陶留春这人一开始给人的印象也并不怎么坏，如何一下子说变就变，变得那样泼辣恶毒呢？也可能作者自己从故事情节的发展，不顾人物前后性格之间的相互联系，就把人物来个一百八十度大转变。这样的处理手法未免有点简单化了。

一个作家，一生中写的小说，究竟有多少是一致公议的传世代表作，有的也许有好几部，有的也不过是一部两部。汪仲贤不以写作为专业，可能不像专业作家那样刻意求精，只是凭才气信笔而书。《歌场冶史》所写的想来是他积累已久的题材，写来自然得心应手。《恼人春色》就处处暴露出编造的痕迹。

是《歌场冶史》也罢，《恼人春色》也罢，虽然都不登大雅之林，但这类社会通俗文学，毕竟或多或少客观反映了作者所见所闻的社会某些现象，反映了一些人物对各种事物的观念和心态，它们对于我们研究当时作家的创作思想、写作方法等等，还是有一定价值的。

张天翼的侦探小说《空室》

吴福辉

　　《空室》为张天翼早期遣兴之作,不能看成是他叩响新文学门户前的纯游戏笔墨。新文学作家初在鸳鸯蝴蝶派杂志上起步的,不乏其人,如叶圣陶、刘半农等都是。鲁迅的《怀旧》,载 1913 年的《小说月报》,其时,恽铁樵主掌这个鸳蝴文学的重镇。后来茅盾对它进行破天荒的革新,是在整整七年之后。他们的这些作品属新旧文学转型期的试笔,所不同者,鲁迅、叶圣陶、刘半农皆十九世纪末出生,"五四"时期即完成了转折,而张天翼 1922 年、1923 年在《星期》、《半月》上接连用张无诤、无诤的署名发表《少年书记》、《人耶鬼耶》、《空室》、《遗嘱》、《玉壶》、《铁锚印》、《斧》、《x》等八篇侦探小说的时候,他还不过是个十六七岁的杭州中学生。一个也写旧通俗小说的朱狨,当时便说:"新进作家中,是当推张无诤先生,他所作《徐常云侦探案》,虽情节略嫌草率,然彼年未满念稔,能为此不背人情之侦探作品,已是令人咋舌而钦佩不止矣。"(《我之侦探小说杂评》)

　　侦探小说在近代,由西洋"舶来",是对中国小说叙事结构的现代化起过相当作用的文学品种。中国人听惯、看惯公案小说中的断狱案故事,从满足于真相大白、善恶有报的道理、审美的心理,到一度向欣赏侦破案件的弯曲进程,并无太大的困难。我们读《空室》,很容易想到英国柯南道尔的《福尔摩斯》,这是大约 1906 年便有了商务的译本。周桂笙首创"侦探小说"一词,后有程小青的《福尔摩斯全集本》,不绝如缕。法国勒勃朗的《亚森罗苹》稍晚,周瘦鹃译过。至于品类繁多的杂志中登载翻译或新制的侦探案更不胜枚举。张天翼自小处在"侦探热"的文化氛围中,据他在《我的幼年生活》中回忆说:"在通俗图书馆看了许多林琴南译的东西,还有许多侦探小说","什么《福尔摩斯》、《亚森罗苹》之类"。同学"老围着我叫我说故事","有时候不高兴讲也被拖着讲,我就造着:福尔摩斯跟着亚森罗苹到上海,一上岸亚森罗苹就飞似地跑,福尔摩斯拼命追,'哪,就这么追。'我拔腿跑着,装着追的样子,一直跑了去。"大概便在这种创造性的阅读与"转述"之中,不知不觉,福尔摩斯变成了徐常云,福尔摩斯的搭档华生医师变为龚仁之,背景移到杭州,演开了中国式的连本

破案故事。或许这里也有张天翼小学时就读过的《彭公案》等的影子。我甚至觉得私人侦探徐常云的名字就脱胎于浙江民间广为流传的徐文长。张天翼幼时家里有位老王妈，"每晚总得说个徐文长，说个'屁弹铜匠'之类"（《我的幼年生活》）。不知道这个富有传奇色彩的明代文人是否破过案，但徐文长和虚构的徐常云确实都聪睿过人，而且愿惩暴扶弱，具平民气质，这是一目了然的。

　　选择《空室》来介绍，并非特别看重此篇少年侠士为国除害的主题，而且《空室》细节上有明显纰漏，作者当年坦率承认"我那篇《空室》便有不对之处，这是梦鸥告诉我的。说假使是抽抽空气死，那尸首没有这么好看"（《小说杂谈（之二）》）。但《空室》自有其优处：第一，它体现了现代侦探小说重观察、重推理，对案情的分析丝丝入扣的特点。中国的公案依赖清官断案，靠的是伦理道德评判。假若清官判不清楚，便要仰仗神官，靠妖术，也有一点心理震慑的力量。徐常云却是根据死者遍体无伤、未曾注血，又非生病、中毒的迹象，一步步推断，从推敲天窗的房间，到发现楼下卧室边的抽气筒管道，都是实证思考的结果。第二，小说介入现代科学，设想奇妙。全篇构思建筑在抽气机和密封室的基础之上，建筑在现代科学之上。而且设置悬念，摆放烟蒂，如门房不知主人为谁，杀手扮作龙钟老人，都依靠现代的化装术。少年张天翼似乎对这种化装技术分外向往，于多处侦案中均有所运用。第三，超出了一般的情节铺叙，对大侦探徐常云能略施性格描写，所以人物带有立体感了。这方面还可多说上几句。

　　徐常云是一个私人侦探，独立于官府之外，可说是个自由职业者，这可能是近代的一个进步。作为徐常云的一个陪衬，和一个商讨案情的助手龚仁之，甚至连职业侦探也不是。两个人的共同陪衬是官方的侦探江德素。这个人的愚钝、无能，还要处处摆架子的习气，这种蔑视政府的情节安排，实在深藏着作者未来的讽刺才华。徐常云、龚仁之在小说开头讨论办案目的时有一席话，很有意味。徐批评江德素的警界说："他们的探案，全为了得功，心中委实讨厌这些事，便没兴味了。我的探案是满肚皮的高兴。"纯粹为了"兴味"而侦查案件实际很难做到，但这是一种高尚的理想，是一种现代的观念。在这种观念的支配下，徐常云能够藐视权贵和金钱，不为世俗的功利所动，为思考案情彻夜不眠，工作兢兢业业。他能承认失败，龚仁之夸奖他"生平探案是不大失败的"，他立刻正色道："你别把我抬得太高了"，说了一大篇话。也正因此，才能虚心听取、吸收他人的意见。龚仁之认为凶手要从死者是不是主人这两种可能性上加以考虑，徐常云"听了不作声，过了一会才道：'仁之，我很感激你。'"把仁之弄得莫名其妙。他是轻易不露声色的，工作精细，时时留意各种蛛丝马

迹。对案情无把握时他不说,使得他的朋友不免急得骂他"放刁"。就是有把握了,也不急于宣布,还要用猫来做一次演示,以证明密封空室的有效性质。不过,再沉着的侦探,当经过一番辛苦,终于摸到了门径的时候,他也会忍俊不住。徐常云发现抽气机的一刹那,"不作一声,满脸子的高兴,忽然嚷道:'呀,时候到了,时候到了,为甚还不吃饭?吃了饭再说罢!'"读者们都会感受到他的喜悦,他的天真与他的小小的"狡猾"。还未完全脱离模仿外国侦探小说藩篱的徐常云系列侦探案,能把主要人物写到如此程度,应当说相当难能可贵。

张天翼的早期侦探小说,已经预示了这位短篇小说家的某些天赋才能。他的丰盈、活泼的想象力,从这样一个神秘的空室,直到莫测的鬼土世界与奇妙的宝葫芦,都有线可寻。他组织故事的能力,显然在这时便得到训练:过去的案子如何与今次的案子相勾搭;徐常云根据龚头发散乱的方向,便可判断他在火车上与一位行坐在右边的陌生人谈天一节,又与本文中心的判案情节相关联;判明死因接着引出杀手的上门自白,一层一层的悬念丛生,扣人心弦。特别是整个叙述以第一人称出之,采用的是龚仁之的视角,是龚仁之切入案情、案理的心路,龚似乎在作读者的"导游"。这个叙述者并非全知全觉,是受到限制的。又加强了对主人公徐常云的从旁观察,更加客观,更加真实可信。在二十世纪初期,这类限制性的叙述方式刚刚由外国传入,侦探小说恰好充当了这个历史中介的角色。通俗的文学可以支持纯文学的发展,这也是一个有力的证据。

男人的好时光

陈 村

　　余生也晚,况又孤陋寡闻,在我读那两本书之前,从没听说过有一个叫张枕绿的小说家。《枕绿小说集》前有一小传,说先生乃江苏宝山县罗溪镇人氏,八岁丧母,十六岁丧父。其天资聪颖,十五岁时已在著作,十八岁出版专集,俨然一个青年小说家,据说在圈内是小有名气了。此书再版于民国十五年一月,即1926年1月,不知初版为何时。另外的一本为《张枕绿说集》,晚前书一年出版。不管怎么说,离现在总要近七十年了。

　　初读这样的小说,首先发觉的是段落的头上不空两格,与木刻古书一致。书自然是繁体直排,字的右手携一个圈圈,倘若没圈,便是断句的所在。我不知这样的标点法在出版界有个什么叫法,不过,看了一会觉得倒也干净。今天,我们用起了不下十样的新式标点,精确当然是精确了,点看起来是很烦的。读书的时候,除了记住课本内容外,一般也不仔细看它。接着,就是用词的不同。读这样的小说,就像阿Q进了城,总是发现不合乡例的东西。例如:"接着伊抿着嘴哼的一笑",这哼字用在笑上,我是第一次见到,细想倒也传神。又例如:将编辑称为编辑员,傧相称作护新人,实在是既古朴又新鲜。

　　读过小说,才知道时代确实不一样了。再早几年,张先生那一辈人是留着辫子的。那时的人和今天的人无疑不能互换,那时的小说家和今天的小说家也绝不类同了。其中最引人注目的观念差别,是关于女子的部分。

　　那时候的作品是无法转述的,非得亲自读过才有深刻的印象。那么,让我们先读读《阳春残华》中的开头吧。

　　　　和悦而带微寒的暮风吹皱一池春水。池旁大树荫中。正覆藏着一对少年爱侣。
　　　　少年著作家赵均斋身倚树下。举着右手攀那拂动的枝梢嫩叶。望着他意中人。要想吐他蕴积多时的话。绯红忽上他的白面庞。他又转眼去

闲看池面鱼跃的涡痕。

少年女画家抿唇对着他坐在一块青石上。又掌支颐。抬眼注视着他。野外写生的画具。抛在一旁青草地上。伊见他这样情形。懊恨压不住伊震跳的心。只得低倒了头。静候情弹的爆发。

这是怎样的一个时代呢？以前读民国初期出版的书,说军阀混战,民不果腹,谁知还有这样的一池吹皱的养着活鱼的水,有青色的草和白色的面庞,有抿着的唇和震跳的心。此外,还有即将爆发的情弹。这一切即便不像布景也和当年好莱坞的场景仿佛。接着,少年著作家对少年女画家说了:"我得了你的爱情尚不知足。可请连你的身子赐给我么。恕我鲁莽。"伊说:"我自惭不配。"这位少年著作家居然以为伊是客气。在差不多的时代,阿Q在对吴妈说:"我要和你困觉。"这边自然雅多了,布景不一样了,出场的人物的身份也不一样了,困觉化为将你的身子予赐给我,而且还请少女不要客气。我在文章的一开始说了,余生也晚,自由化的东西不多,总将有些天然的要求视为非分之想,竟读不懂那时候的逻辑了。

较为容易找到参照的是《项圈》一文。

可以确定的是,张枕绿一定是看过莫泊桑的《项链》的。《项圈》的结构和《项链》全都相同,情节也基本相同。故事说的是有个贫寒之家的女子,为了参加一个聚会,向亲戚借了价值三千大洋的钻石项圈,结果丢了。为了这一夜,她和丈夫付出了十二年半的光阴。要是故事仅仅是这样,张枕绿当然就不必写了。他有写下去的理由。笔锋一转,他写到夫妻两人去还最后一笔债了,债主是丈夫的姐姐,她把借据交给弟妇。全部的意蕴在这时出现了。这不是一张借据,而是十二年前丈夫写给姐姐的一封信。这个好弟弟好丈夫说:

……姊姊你当也知道的。我受伊靡费的累也已够了。我想趁此机会。设法改革伊一下子。你尽把贵重的东西借给伊。待我在伊身上偷去了。就假做按期赔偿你。你也认真索偿。代我储蓄。你更当不顾情面。竭力使伊难堪。这是我求你帮助的诚意。千万照办。将来伊觉悟后发觉这件秘密。当也格外感激你的。

小说的结局,一连用了两个惊叹号,一反古朴的简单标点,可见这感情确实浓烈到了无法形容的地步。

这时伊得到了意外的感受。何等的快乐。说不出的快乐啊！伊蓦地里站立起来。双手用力牵了他和那姊姊。非常感激的。对那姊姊说道"恕我错怪了你。多多得罪。你是一个救我志向的恩人啊！"

仅仅从张枕绿的描写看，这是男人们多好的时光啊，简直是男人的伊甸园。面对一个恶作剧般的举动，为此吃了十二年半的苦，辜负了美好的青春时光，牺牲了许多虚荣的机会，女子的反应竟然是感激莫名。天下竟有这样的改革。"救我志向的恩人"，这是多重的言语啊，而且不大像女子所能说的。所以，我终究怀疑，这也只是小说罢了，是青年著作家张枕绿先生的一个白日梦罢。

《新山海经》读后

鲍世远

　　《新山海经》不是讲述远古的神话传说,也并非描绘古代的地理名著,其中找不到如《精卫填海》、《夸父逐日》等神奇故事。它描写的是二十世纪二十年代旧中国的社会百态,悲欢离合,酸苦涩辣,斗角钩心,醉生梦死,它是具有一定代表性的一部"社会小说"。

　　小说实际上反映的是二十年代旧中国的社会丑态,今天的读者从这部小说里,可以窥察到旧社会的许多丑恶现象,可以引起一些思考,有利于了解中国社会的变迁情况,也便于了解处在当时丑恶社会之中人们的精神状态。

　　这部小说里面出现的人物不少,但总的说来不外乎这样几类:艺人、文人、职员、达官、贵妇、学生、妓女、奴仆、流氓、瘪三等等。概括起来不过三大类:艺人、女人、文人。艺人中有男旦艺人、坤角艺人之分;女人中有贵妇人、交际花、名妓、卖艺

《新山海经》书影

又卖身的女演员、下层娼妓之别;文人则有小说家、编辑、记者、穷职员等等。形形色色,无奇不有。这些人物,有的仗势靠权,飞黄腾达;有的失神落魄,穷极潦倒;有的情场失意,含怨离世;有的受骗上当,饮恨终身;有的铤而走险,谋财玩命……其中最悲剧痛苦的还是女人的遭际与命运。在旧社会里,女人被看作祸水,女人被当作玩物,女人也被称作弱者。有钱有势的人玩弄女性,娶一大堆姨太太;有钱无势的人也要寻欢作乐;即使是无钱无势的人,一旦有钱也要找女人以显示自己的阔绰。而女人也玩弄男人,用姿色容貌去吸引男人,得以活命养生。有个别女人,在订婚入洞房之前,遇一英俊青年,一见钟情,与

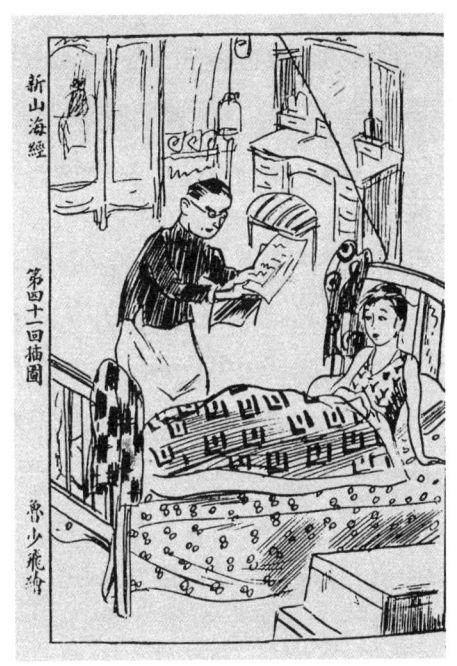

《新山海经》插图

那英俊青年幽会,以身相许。

更有这样的奇闻怪事:一个职员为求职务在见一位将军,听说这位将军大人是个乡下穷苦人出身,喜欢人家穷得土里土气,甚至破破烂烂,如果穿得稍微漂亮一点,他就看不顺眼。这个职员先向当差借衣服,但觉得当差的衣服还太阔,便到旧衣摊上去买,又觉得旧衣服总还能值两个钱,还太整齐。后来看到街上一个浑身生疮、浓血淋漓的叫花子,身上的破烂衣服,正合他的意,便给叫花子几块钱,换来了这套泥垢油腻的破烂衣服,穿在自己身上,喜滋滋地去求见将军大人。

还有好些奇事:一个落魄文人,独自办小报,从编辑、记者、排版、校对、发行到勤杂事务统由他一人兼任。无奈经费拮据,难以支撑,只得靠东借西贷聊以维持。他常常穷得身无分文,但每次登门向人借贷,总是雇汽车上门。别人问他,既然穷困,为何租车告贷?他说,只有坐汽车上门借钱,人家才觉得有面子,也放心,准能慷慨解囊,否则人家怎会理睬!

这两件奇闻,说明什么呢?在旧社会里,世态炎凉,势利成性,尔虞我诈,虚伪欺骗作为处世哲学。因此,穿叫花子的破衣去见官,坐汽车去借贷,这种极端虚伪欺瞒的表现,正符合当时人们的反常心态。这也反映了当时社会的本质,人们不使用极端虚伪欺瞒的手段,就不能与人相处,不能处世活命,也不能在社会上生存。

　　作者还描写了一些捧角人物的丑态。在当时社会,有些戏院里往往会发生以下这些怪现象:两派戏迷各捧各角,或怪声叫好,或抢先喝彩,或起哄谩骂,或相互攻击。也有坤角艺人上台,媚眼扫视,挑逗看客。于是,有小报记者撰写花稿,对名角庸俗吹捧。更有一些有权有势之人在小报上著文借捧角相互臭骂。甚至艺人之间,因争风吃醋而由文人捉刀造谣生事,毁损他人名誉以逞快于一时的。总之,戏院里往往看不到真正的表演艺术,看到的往往是那种种勾心斗角、乌烟瘴气的捧角场景。

　　从捧角想起《新山海经》的开头,那第一回写名流聚集黄浦码头,迎接乘临安轮南下的一位主座——男旦名角柳蕙芬的热烈场面。海上名流之中有穿海军制服的军人,有肠肥脑满的富商,有襟插自来水笔的记者先生,有革履西装像外交官的政客,有拿手杖俨若便衣侦探的阔佬,更有神气活现的公使大人。这许多三教九流的人物,一个个跂高着脚,伸长着头颈朝水面看望。原来临安轮误点,因此迟迟不见进港。作者暂且按下不提。直到小说的最后,第五十回才提到,临安轮到傍晚时分才抵埠,码头之上,一时鼓乐齐鸣,爆竹连声,大人先生们带领一群小喽啰,向柳蕙芬行拜见大礼,然后分乘几辆自留汽车,由武装保镖押着绝尘而去。第二天大小报纸上都有大同小异的一段"柳讽",其中突出的警句是:"我主圣明,天下太平;清歌一曲,举火万人。"小说以柳蕙芬开场,以柳蕙芬终结,首尾相应,也许不失为一种比较"天然的章法"。

　　作者自称:"我是个无用的庸人,丝毫不能尽国民的天职,私心说不出的忧郁和惶悚。我看不惯那些卑鄙龌龊的东西,而事实上又不能驱十万横磨剑尽斩天下倭人头。"因此,作者笔底下出现的各种人物,特别是那些小人物、可怜虫,处于当时的社会,只能是"今日有酒今日醉,明日悉来明日愁"混日子了。

　　让这种可诅咒的时代与社会一去不复返吧。

模仿《红楼梦》的杰作

——读《金粉世家》

袁 进

自从《红楼梦》问世以来,模仿者趋之若鹜,在所有模仿《红楼梦》的作品中,《金粉世家》无疑是最著名者之一。不知是什么缘故,张恨水本人却不愿承认这种模仿,但在《金粉世家》中,这种模仿的痕迹又是那么明显。在小说结构上,《金粉世家》以金燕西和冷清秋的恋爱、结婚、反目、离散为线索,描绘了北洋军阀统治时期国务总理金铨一家由盛而衰的过程。在人物设置上,金府的妇女也像贾府一样,"女儿一个个都是水做的骨肉",聪明伶俐,知书识礼,为人正直;而嫁过来的媳妇,除了主角冷清秋外,一个个都深藏心机,两面三刀,勾心斗角,争权夺利,都想骑到丈夫头上,

张恨水

犹如王熙凤、夏金桂。金府的子弟,仗着祖荫,不学无术,游手好闲,或者四处游逛,勾搭良家妇女;或者花天酒地,大捧坤角;或者留连妓院,一掷千金;或者钻进跳舞场,与时髦女郎鬼混:他们是一群醉生梦死、挥金如土的寄生虫,恰似贾珍、贾琏、薛蟠之流。在金代子弟的周围,又围着一群"詹光、单聘仁"式的帮闲,其中也不乏贾雨村式的人物。此外,我们在总理金铨身上可以找到贾政那种貌似端方,满口仁义,摆出一副"严父"的架子,却无法维持这个大家庭秩序的影子;在金太太身上,显然也有贾母、王夫人的痕迹。甚至在细节处理上,也可以看到《红楼梦》的影响,如第三回写金燕西对丫头小怜动手动脚,小怜似有情似无情地溜了,金燕西说她"又撩人,又要跑"。从语言到行动不都很像贾琏与平儿吗? 第七回小怜打碎了大嫂吴佩芳从巴黎带回来的香水,惟恐受到责骂,金燕西恰巧也有一瓶,便主动送给小怜;二十四回写金燕西与丫头打牌,还有帮丫头做事等,不都类似贾宝玉的行为吗? 在人物的退场入场及场景的转换上,相似之处就更多了。我们有理由认为,《金粉世家》是以《红

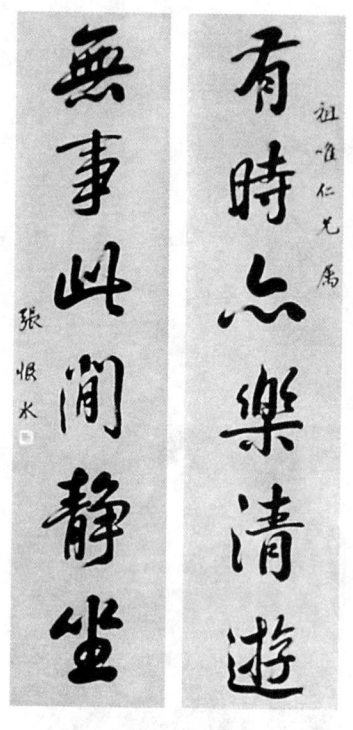

张恨水手迹

楼梦》为蓝本写作的。

以《红楼梦》为蓝本,是《金粉世家》得以成功的诀窍之一。在艺术上,《金粉世家》的结构不仅依据《红楼梦》,而且学习了《红楼梦》在人物行动对话中推进情节的写作特点,做到结构紧凑,情节曲折有致,九十万字浑然一体。它注意调动各种手段,多方面地塑造人物性格。例如,有意识地把诗词作为表现人物性格的手段,第十回金燕西组织诗会,一批帮闲们做的诗便表现了他们各自的文化修养和性格;冷清秋作的诗词,更是绝妙地表现了她孤高自傲的个性和心绪纷然的情境。从而使这些诗词都成为小说的有机部分。

和《红楼梦》一样,《金粉世家》的作者集中笔墨刻划高门巨族的精神面貌和荒淫无耻的生活。人与人的正常关系在这个冠冕堂皇的大家庭中被扭曲异化了。夫妻之间,嫡庶之间,母子之间都充满了利害的算计。金太太与金铨的小妾翠姨之间你争我夺;金燕西结婚不几天,又去追逐别的姑娘;吴佩芳瞒着丈夫放高利贷,又恰恰放到自己丈夫身上,她了解丈夫的经济状况,担心丈夫没有偿还能力,赶紧又通过中人将债款抽回。三嫂王玉芬瞒着丈夫,将自己的私房钱投资几万元于天津万发公司,风闻该公司行将倒闭,才不得不告诉丈夫鹏振,并借钱给他,要他到天津探听消息,将款子抽回;鹏振有了钱,趁机带了坤角到天津游玩,将探听消息之事置诸脑后,在妻子打电话时又"谎报军情",结果公司倒闭,玉芬气得吐血。

正如《红楼梦》所说,这家人"一个个就象乌眼鸡似的","连油瓶倒了也不肯扶一扶"。家庭之间正常的亲属关系消融在以金钱为主体的利害关系之中。这个家庭的家长金铨,虽有貌似通情达理慈祥可亲的一面,但作品也真实地揭露了他的虚伪与无耻。他反对儿子纳妾,自己却纳了两个妾,不是翠姨反对还要纳第三个妾。他在儿子结婚时大谈打破阶级观念,在家庭时要丫头与家人们坐在一起,还说"我解放你们,难道你们不要吗?"但他的小妾翠姨不过同吴佩芳一起到中外饭店屋面上看了一小时跳舞,他知道了,好几天不高兴,完全把翠姨当私有财产。他在子女面前那么道貌岸然,而在翠姨面前又那么丑陋不堪。作品未曾涉及他的国务总理的政治生涯,假如我们考虑到古人有"修身、齐家、治国、平天下"之说,那么他的政绩也是可以

想象的。作品对盐务署办公的描绘和对官场中相互庇护的揭露,也间接显示了他的政绩,暴露了这个肮脏的社会。总之,小说相当精确地描绘了这些场面,并且向人们暗示,这样腐朽的高门巨族,崩溃是必然的。

《金粉世家》继承了《红楼梦》的现实主义传统。它虽然也借用了《红楼梦》的细节、结构,但都融化到现代生活之中,读者看到的是现代的摩登青年、小家碧玉,尽管他们的关系同样缠绵,同样曲折,但是他们的思想,他们的心态已经完全现代化了。虽然金燕西同贾宝玉一样有着喜欢向妇女献殷勤的心理,但他已经是一个现代青年。他已可公开与丫头谈自由平等,口头上也不断标榜"我是很以出身于资产阶级自愧"。但他实际上,只有贾宝玉的以自己为中心,要求女孩儿为他牺牲一切的公子哥儿脾气,而很少有贾宝玉的叛逆精神。因此他从不想在脂粉队里觅一位知己,而是见一个爱一个,玩坤角,玩交际花。金燕西与贾宝玉的形象有如此相同之处,又有如此相异之处,但却都是真实的,都体现出作者忠于现实的精神。

作者的现实主义精神尤其表现在小说的主要亮点冷清秋的形象上。冷清秋不是五四新女性,爱慕虚荣使她被金燕西的外貌、金钱所迷惑,一步步萌生了爱情。嫁到金府以后,她逐步认清了金燕西纨绔子弟的真面目。但她依然幻想通过苦口劝说,委曲求全,使丈夫回心转意。她想成为贤妻良母,又想保持自己独立的人格。金铨暴死,金府发生经济危机,他们夫妻间的矛盾也激化了,她终于看到:"自己过去是让金燕西花钱买了这颗心了","女子屈服于金钱势力,实在可耻,作纨绔子弟的妻妾,真是人格丧尽"。她要另找出路,想到离婚,重获自由。贯穿于她这时的思想,是维持女子独立人格的要求和自我价值的追求。于是,她带着儿子自闭于小楼学佛,又在一场大火中抱着儿子悄然出走,宁可去过贫困的自由生活。应当充分肯定冷清秋的行动具有反封建意义。爱情是婚姻的基础,没有爱情的婚姻是不幸的婚姻。封建婚姻的基本特征之一就是维持没有爱情的婚姻。我们往往把敢于反抗包办婚姻,追求自由恋爱视为挣脱封建枷锁,而忽视了在缔结婚姻之后,敢于摆脱妇女对男子的从属地位,敢于冲出没有爱情的婚姻束缚,同样也是反封建的举动。正是二十年代的人道主义和妇女解放思潮,使冷清秋背离了"出嫁从夫"的纲常名教,克服了依靠丈夫生活的传统女性弱点,也超越了小市民善于计较利害得失的心态,走上了追求自由的道路。像她这样成功的以出走代离婚的正面形象,在中国的通俗小说中还是首次出现,她是作者受到当时新文学影响的产物,其思想意义自然不容低估。

与《红楼梦》相似,《金粉世家》试图以一种悲观主义哲学来把握全书。他在自序中几次重复:"人生宇宙间,岂非一玄妙不可捉摸之悲剧乎?"他想在人生哲理上刻

划高门巨族的精魂,把"金粉世家"的崩溃上升到人生哲理的高度。古往今来,模仿《红楼梦》的作品虽多,真正能在人生哲理上把握作品的却极为罕见,作者的这一尝试可谓接近《红楼梦》的真髓。因此,作者在写到冷清秋出走获得自由后,便笔锋一转,写成她看似获得解脱,其实没有,她又被各种问题所困扰,陷于新的困境。这种悲观主义人生观是否正确合理当然是可以讨论的,从功利需要看,它有消极作用也是毋庸置疑的;但是它在小说中却帮助作者站在人类的高度俯视芸芸众生,使得作品具有一种悲天悯人的态度,慨叹人世的无常,人生的悲哀与酸辛。它至少使得作品避免了通俗小说描绘人物时常见的那种"脸谱化"倾向,不再仅仅从道德上对人物作简单的"好坏"区分,而深入到人物的内心世界,寻找人物如此行动的心理原因。

《金粉世家》在艺术上最突出的贡献是在章回小说中大量引入内心独白。《红楼梦》是刻划人物心理极为成功的一部小说,但在分析描绘贾宝玉、林黛玉的心理状态时,也只有几句话。"小说的特出之处在于作者不但可以使用人物之间的言行来描述人物个性,而且可以让读者听到人物内心的独白。"(佛斯特《小说面面观》)《金粉世家》多次采用大段的内心独白,逐步揭示冷清秋从委曲求全到离家出走的心理状态的演变,细腻地描绘了它的发展过程。这是中国传统章回小说从未有过的,它显然来自外国文学和新文学的启示。它被引入章回小说,无疑大大丰富了章回小说的表现力,显示出作者对章回小说技巧发展的贡献。

当然,《红楼梦》是中国古代小说史上一部百科全书式登峰造极的巨著,而《金粉世家》则是一幅社会风俗画,一部有影响的通俗小说。曹雪芹出身于封建世家,他的童年和少年都在绮罗丛中度过,他熟悉上层社会的点点滴滴,《红楼梦》饱蘸着他辛酸的泪水,又是他"披阅十载,增删五次"的精心之作。而张恨水并未生活在世族阀阅之家,他仅仅是作为一个旁观者进出于高门,或者是通过其他渠道间接了解一些内幕。他对"金粉世家"的认识和把握便不能不停留在表面,他在描写时也常常有捉襟见肘之感。这也是他不得不从《红楼梦》和其它古代小说中借用细节的主要原因。《金粉世家》是一天写一段的连载小说,尽管作者很有才气,但人物性格仍缺少《红楼梦》那么丰富的内涵,表现的生活面也不及《红楼梦》那么宽广。《金粉世家》几乎未曾触及金府用以维持其豪奢生活的经济来源,很少提到丫头与主子,丫头与丫头之间的错综复杂的矛盾关系。这都是《金粉世家》无法与《红楼梦》相比的地方。不过,我们也不必过于苛求《金粉世家》,它毕竟只是一部通俗小说,而在通俗小说中,它无疑是一部上乘之作。

评张恨水《啼笑因缘》

徐开垒

　　书和人一样,生不逢辰,活该倒霉。《啼笑因缘》在 1930 年《新闻报》的《快活林》副刊上连载,正碰到三十年代左翼文化开始登场。纵然《啼笑因缘》在旧小说陈旧的创作方法上有所突破,但仍不免被声势浩大的革命潮流所冲击。尽管《啼笑因缘》在报上刊登时,编辑部收到过大量读者来信表示欢迎,出书后又再版十多次;改编成舞台剧,连演连满;搬上了银幕,又是长期卖座不衰;然而这样的盛况,不但不曾帮助《啼笑因缘》摆脱进步舆论界给它造成的困境,相反,它在广大市民层中所受到的非同寻常的待遇,更成为前进中的革命文学批评家所特别注目的对象。

　　《啼笑因缘》受到的责难,主要是作品思想没有掌握住时代精神,虽然写了一个在旧社会唱大鼓书的下层艺人沈凤喜的悲剧,但它仍以中上层人物樊家树作主体描写,并把解决社会矛盾的希望寄托在豪侠的"锄强扶弱"行为上。这就无异给阶级斗争的学说带来了对抗。当时无产阶级为求得革命胜利,对敢于与他们争夺读者与观众的《啼笑因缘》进行了严正的批评,是可以理解的。

　　革命胜利后,当年阶级严峻对立的形势,已经开始改变;在中共十一届三中全会召开以后,"以阶级斗争为纲"的不正确提法,更受到批判与纠正。今天,回过头去,再去看《啼笑因缘》,觉得它在当年顽强的存在,它的生命力甚至到现在还不曾消失,不是没有原因。近年来在书市中再次出现,依然得到畅销。海内外舞台,又多次出现它新改编的剧本。看来张恨水作为作家虽然已经亡故,

《啼笑因缘》书影

但他的作品,特别是他的《啼笑因缘》仍将健在。这样的历史和文学现象,值得我们注意的是什么问题,很耐人深思。我想着先应该承认它有艺术上的魅力。

现在让我们随便挑选一个章节来谈谈它的人物描写功夫。以第十四回"狼子攀龙贪财翻妙舌,兰闺藏凤炫富蓄机心"为例。这一节先写沈三玄乘樊家树离京赴杭探亲的时机,想进一步攀龙附凤,把他的侄女沈凤喜嫁到阔人家里去,以求自己得到好处。恰好这时有个旧邻居黄鹤声,在路上被沈三玄遇见。黄是个弹三弦的人,干的是与沈三玄同一个行当。但近来因为他的姑娘雅琴,嫁给了一个姓高的师长做了姨太太,他也由此当上了副官,举止阔绰起来了。这使沈三玄不胜羡慕,便约黄来到自己家中,与大嫂沈大娘和侄女沈凤喜见面。

书的第十回,正是从这里出发,展开对沈三玄的心理描写。当时他的思想很复杂,心中一直忐忑不安,因为他有三怕:一怕黄鹤声不为他开路;二怕沈大娘与他不是一条心;三怕沈凤喜不愿上钩。幸而黄鹤声本来就带着师长要为大帅找个"如夫人"的任务来到这里,所以他一听了沈三玄发的牢骚,——既嫌自己大嫂每天给的零用钱不够花,又怨侄女听樊家树安排,不唱大鼓书,进学校去当中学生,——黄鹤声早就胸中摸到了底,告别时一出门,就把两人之间的谜儿揭穿,这使沈三玄禁不住感激涕零,连说:"是了,是了,我明白了!黄爷,你看是有什么路子,提拔做小弟的,小弟一辈子忘不了!"

过了黄鹤声这一关,沈三玄面对的,还有沈大娘和沈凤喜这两道关。所以当第二天,黄鹤声要派汽车来接沈凤喜到师长家中,对沈三玄来说,真是兴奋又紧张极了!书的第十回作了非常精彩的描写,说他赶了个早,在院子里扫地。沈大娘起床后,开门出来,与他有一段绝妙的对话:

沈大娘笑道:"哟!咱们家要发财了吧,三叔会起来这么早,给我扫院子。"沈三玄笑了,因道:"我也不知道怎么着,天亮就醒了,老睡不着,早上闲着没有事,扫扫院子,比闲等着强。再说你们家人少,我又光吃光喝,凤喜更是当学生了,里里外外,全得您一个人照理,我也应该给你娘儿俩帮点忙了。"说道,用手向凤喜屋子里指了一指,轻轻地道:"她起来没有?尚太太那儿,她答应准去吗?她要是不去,你可得说着她一点。咱们现在好好的做起体面人家,也该要几门好亲好友走走。你什么事不知道!觉得我做兄弟这句话,说的对吗?"沈大娘笑道:"你这人今天一好全好,肯做事,说话也受听。"沈三玄笑道:"一个人不能糊涂一辈子,总有一天明白过来。好比就像那尚师长太太,从前唱大喜书的时候,不见得怎样开阔,可是如今一做了师长太太,连我们这样的老穷街坊,她也记起来了。说来说去,我们这侄姑娘到底是决定了去

没有?"沈大娘道:"这也没有什么决定不决定,汽车来了,让她去就是了。"沈三玄道:"让她去不成,总要她自己肯去才成呢。"沈大娘道:"唉!怪贫哟。你老说着做什么?"沈三玄见嫂嫂如此说,就不好意思再说了。

这一段,不论从语言文字讲,还是从表达人物思想性格的深度来看,都显得出作者的艺术手法极为成熟高明。沈三玄那早上忽然由懒汉变成勤劳者,从说惯泼皮话的市井无赖,转而成为认真处世的规矩人,"一好全好",这是为什么?无非是在描写他那狡猾、兴奋、紧张和不安的心态!作者并不在文字中间插加一二句旁白,或什么形容词,而是完全让沈三玄自己的行动和说话来暴露他的内心世界。而这种"暴露",又不是完全赤裸裸,却是通过他的某些作伪(似言假语,假正经),来写他那兴奋得急于求成的反常心情。

沈三玄的这种反常表现,在沈凤喜面前更为露骨。他站在院子里的槐树下,等着凤喜起床,却不料被开门出来的凤喜一盆洗脸水泼到身上,也一点不动气,甚至宽容得连一件蓝竹布大褂被泼湿得大半截也不想脱下来,却急着问对方:"要到尚师长家里去吗?"过后又不断找寻话头,探究凤喜是不是真准备去尚师长家里,当对方被问得急了,说:"早上我还没起来,就听见你问妈了。你想巴结阔人,让我给你当作引线,是不是?凭你这样一说,我要不去了,看你怎么样?"沈三玄面对侄女这样毫不客气的抢白,也还是忍气吞声,一句话也不敢回,唯恐得罪对方。他那做叔父的架势不知放到哪里去了。他只能在吃好午饭后,轻轻地关照沈大娘:"可别让她不去。"直到尚家派来的汽车来到,听沈大娘说"她不愿去,我也没法子",他竟泄气到几乎全身软瘫下来,连脑袋都歪到肩上。最后发现凤喜终于换了衣鞋出来,准备登车出门,沈三玄这才"喜出了一身汗",忙得后脚忘了跨门槛,竟然仰面摔了一大跤。

在民国二十年前后的小说创作中,特别在鸳蝴派的作品里,像《啼笑因缘》这样入木三分地刻划人物思想性格的,还是不多。这里所述第十回描写沈三玄,不过其中一例。《啼笑因缘》中有不少章节,具有类似第十回描写沈三玄那样的艺术功力。即在第十回中,除了描写沈三玄之外,同时还写了做了师长姨太太的雅琴,虽着墨不多,却也通过一些细节可以看出她那种炫耀富贵的心理。

张恨水写人物,不像当时他的那些同行,安排情节塑造角色,总是好人好到底,坏人坏到底。《啼笑因缘》中对沈凤喜的悲剧安排,使人觉得较为自然。因为它写凤喜被吊上钩,很早就有不少伏笔。就在第十回书中,它也隐隐约约地写了沈凤喜和沈大娘的小市民虚荣心。张恨水笔下的沈凤喜,当然是个天真可

爱的姑娘,但他并不曾把她写成纯洁得像一张一尘不染的白纸。她从小在社会底层生活,唱大鼓书不能不接触生活在天桥内外的各种人,同时她又在这么一个家庭中成长,沈大娘、沈三玄对她都有影响。因此,不论在她与樊家树结交中,还是在樊家树赴杭探亲后,作者在记述她的生活,描写她的可爱时,仍不忘写出她在性格上的缺憾,思想上的某些弱点。就在第十回中,作者虽然写了她与沈三玄的不同心态,甚至不想到尚家去作客,至少她觉得可去也可不去。但当她一登上尚家派来的自备汽车,便"不由得前后左右,看了个不歇"。见了路上行人对这辆汽车非常注意,她就"心想他们的意思,见我坐了带着护兵的汽车,哪还不会猜我是阔人家里的眷属吗?"

作者通过曲笔写出了凤喜在天真可爱之外,还有一些世俗给她留下的痕迹。看来是在给后来她进入师长家中,通过搓麻将,刘大帅故意输钱给她,以满足她的虚荣心,使她逐步落入圈套等细节,作了精细的预先安排。实际上,是在向观众点出了她终于成为悲剧人物的主观因素。张恨水比别的鸳蝴派作家高明,《啼笑因缘》到现在还保持着它的生命力,原因也许正是在这些方面。它的文字简洁,描写却十分细腻,人物性格鲜明,而又自然可信。显然,这与作者十分熟悉当时天桥艺人的生活,有很大关系。

当然,作者思想有所局限,缺乏对生活深层意义的探求意识,以致作品内容离时代精神较远,不免影响作品的品位,这也是事实。但也恰恰是在这一点上,它易为读者尤其是中下层市民群众所接受,这也无可否认。而且说到底,它终究还是以揭露军阀的罪恶,提倡人民的恋爱自由为其主题,不论怎么说,都无法把它说成是政治反动、内容黄色的作品。说句实在话,它比眼前书摊上流行的某些所谓"通俗"作品,不知要高尚、严肃几多倍。如果三十年代从事普罗文学的批评家们能在那时承认这一点,多从团结改造的愿望出发,既看到人家一些缺点,也看到人家一些长处,也许那时像《啼笑因缘》、《金粉世家》这一类作品,就不致被"胡子眉毛一把抓",一律划归到"鸳鸯蝴蝶派"或"礼拜六派"作品中去,说实在,让张恨水(也包括程小青、范烟桥、严独鹤、周瘦鹃等人)与这些人为伍,归根结底,这种过"左"的思想和做法,并不利于文学队伍的壮大。抗日战争开始后,张恨水的处境虽有所改善,但他的作品仍被还正统的文学界所排斥,难以登堂入室。几十年后,严峻的历史却无情地向人们揭示这样一个真相:它还活着,还在书市、书场舞台上和影视屏幕中不断出现,这一严酷的事实,向我们继续提出一系列问题,要我们作更多更深的思考。

书和人一样,既要经受当时的实际考察,也要经受长时期的历史检验。不管你有多少能耐,不管你有多少包揽;不管你在台上有几多声势浩大的批判,台下有几多权威为你颁奖;这些都是暂时的,这些都要过去的。

浓厚而纯洁的感性

——《悲苦之爱》读后

彭新琪

最近读到了张碧梧先生二十世纪二十年代发表的一篇小说《悲苦的爱》。整篇小说不过四千字,可是它真实、生动刻画出一位具有我国传统美德,有情有义、有血有肉的农村妇女形象,令人感动。

故事很简单:一个年轻的农村妇女,丈夫死后留下的瞎眼婆婆和两个幼儿,由她供养。本来她家租有半亩农田耕种,勉强可以糊口,后来又遭到战乱,田亩荒芜,无力交租,田主便收去土地,一家四口没法活了,她不得不背井离乡到城里帮佣……

作者在小说中不单单是讲述一个女人的悲惨遭遇,而是通过这个故事歌颂人类崇高的感情,控诉社会的不公。整个作品贯穿着作者对人性,对传统美德的呼唤,处处流露出作者的真情。作者的伦理观溶化在整个故事描写中,丝毫不影响艺术形象的完整真实,没有一点说教的味道,也没有给人一点虚假感。作者以巧妙的构思,层层切入的手法,把读者紧紧抓住。他精心设计了一个个悬念,然后串成一个整体,可以说天衣无缝,无懈可击。

小说一开头,作者就把女主人公王妈的前途命运摊在读者面前,引起读者关注:毫无过失可言的女佣王妈,在女主人婉珠家工作近一个月,不知为什么要被辞退了。

为什么要辞退王妈呢?她究竟有过错,或什么事得罪了东家?读者是这种急切心情,通过男主人敏之的口提了出来。夫妻间的谈话、争论、猜想,很自然地回答了这个问题:王妈常常暗自伤心流泪,还在洗衣服时对着男主人的衣服凝视苦想。这种绘声绘色的描述,为情节的发展深化埋下伏笔。

照常理看,人不伤心不落泪,王妈的叹气流泪心中必定藏着巨大的悲痛。作者像剥笋壳一般,对王妈叹气的原因作了探询。如果在这里,作者让王妈立即说出自己的悲愁的真实情况,这篇小说就脱离不了妇女遭受三座大山压迫的悲惨命运,这一常见的单纯的课题。作者没有这么做。他匠心独运,层层深化,使作品有更为丰富厚实的思想内容。用今天的话来说,是作品更具多义性,主题蕴含很深。

在王妈来说出真相以前,敏之就说过:"既是个人,便有情感。情感的浓淡是不以资质愚拙和聪慧分别的。我且以为越是那种愚拙的乡下人,秉赋感情越是浓厚而纯洁,因为他绝未受外界的恶势力新诱惑而剥蚀啊!"作者在这里,通过敏之的口,赞美了人间纯洁真诚的情爱,他认为人情不以贫富、聪慧愚拙分,而以真假、实虚来。

那么王妈的情感属于他所说的这一类吗?通过一次次的询问,一层一层的剥开,王妈终于讲出了她悲叹流泪的原因:惦着家乡无依无靠的祖孙三人是否有饭吃?难忘丈夫生前的恩爱。粗粗看来,这种惦记,这种怀念,也极一般。但作者笔下的王妈,却不是旧社会那种嫁鸡随鸡、嫁狗随狗,生是夫家人,死是夫家鬼的旧礼教的殉道者,她的惦记、怀念,已超出了单纯为人妻为人媳为人母的一般责任感,而饱含了真挚纯洁的亲情。

作者通过王妈的遭遇,不是简单地揭示了阶级原因,而也写出了她所处历史时期的特殊情况及因人而异的独特处境。可以用这么几句话来概括:贫穷无耕地,夫死缺劳力,兵燹民遭殃,瞎母哑儿依门立。

王妈是坚强的。她为了照顾好祖孙三人的生活,她租了田主半亩地耕种,使全家勉强糊口。可是连年军阀混战,散兵游勇骚扰,造成田亩荒芜,颗粒无收,于是田主收回了土地,王妈只有出来帮佣一条路。她是为爱而离家的,她也是为爱而落泪叹息的。用她自己的话说:"贫苦夫妻,平日里大家总是以真心对待,没有一点假意,所以他虽死几年,我仍不能即刻忘记他。"为什么她为此深情地怀念丈夫呢?原来王妈丈夫是为了伺候生了一个月病的她,过于劳累生了病又没舍得求医而死去的。简单地说,丈夫因爱她而死,她因爱丈夫,所以也爱丈夫的妈妈和孩子,愿为他们受苦。这就是"爱屋及乌"的崇高情愫。

王妈的遭遇,王妈为爱所作的一切,深深打动了女主人婉珠。婉珠非但不辞退她,还对她有更多的同情,整个作品就这么完整地自然地表现了人与人的理解,同情与爱心。

这里还要提一笔的是,作者在选择细节上,非常精炼,在文章结束前,王妈叙述自己触景伤怀时,提到了主人家养了一只猫每天要买三十文猫鱼,联想到自己儿子每天不能果腹的境遇,便发出人不及猫的慨叹。这一笔,看似作者对社会不公的鞭挞,实在加强了作品的真实性,也更突出了作品所歌颂的人性美!可见作者平时对生活的观察之细,感受之深,很值得我们借鉴!

《玉田恨史》评介

张如法

生我虚天

陈栩字
蝶仙别
号天虚
我生又
署栩园
主人年
三十五
藏浙江
杭县人

天虚我生

中西文化的碰撞,新旧艺术的交汇,造成了近代许多奇特的小说品种。《玉田恨史》即是一例。其以"史"名,又有类似《史记》"太史公曰"的评语——"天虚我生乃投笔而惊曰",但它绝对不是历史著作,也不是历史小说,它写的是玉田的感情历程,一部颇典型的心理小说。借用文中对英文小说《死缠绵》的剖析,作品"体贴儿女子爱情之处,直无异为 X 光镜所烛,掬肺腑所藏之隐秘,悉呈现于纸上"。其以"恨"咏,的确使我们想起了《长恨歌》一类的传统感伤咏叹诗作,和《牡丹亭》一类写情、颂情的剧作,但它绝对不是诗歌或戏曲,它虽有别于"作意好奇"的唐宋传奇,也迥异于脱胎自讲唱文学的明清"拟话本"和"平话",却的确是一种小说——情感小说。

中国传统小说少有正面的心理剖析,稀有直接的感情抒发,通常是在人物的言语行动中表述其心理与感情。就此而言,《玉田恨史》是小说家学习西洋小说艺术的产物,但又并非没有传统的影响,它明显接受了古代诗歌、戏曲的熏陶。小说写"人生至有乐趣之事,殆无过于小病"的感受,与夫小别后"一针一缕,心绪亦随之而转"的遐想,重逢时"自觉心中美满,实有甚于新嫁时"的喜悦,丈夫罹病至断气时哀恸欲绝的情态与恍惚迷离的幻觉,之后"以生为可悲,而以死为可乐,既存死志"的意念,筹措死术时的种种犹豫彷徨,死后灵魂出躯泉路寻夫不得的千万苦楚,乃至"予既不能见予澄郎,予又不能慰我慈姑,坐令予姑撄此痴疾,则予之死,负罪深矣"的悔恨感等等,无一不表现得细致形象。作者融中西文学之长处,调动一切艺术手段,极写人的内心细微曲折的思念与感受,达到了较高的水平。如抒写与澄郎别后的思念之情,想象有五:初念澄郎此时当换单衣,而单衣上有其离别检叠而落之伤感泪迹,

"澄郎见之,必悄然以悲";转而念及澄郎此时当已罢课,或登山,或临水,如用望远镜凭高眺远,能否见到家中临窗之白发龙钟与红颜憔悴二人?再设想若吴淞电话扩张营业,立杆挂线接至家屋,则能娓娓而谈,互倾积愫;继想若果有离魂之病,则患此病,当能将灵魂"托之飞鸟,投止于澄郎所居之处",但又不知澄郎就读之吴淞复旦公学究竟在何方何处,惧怕灵魂"飘没于无何有之乡";最后想到邮寄之路比较准确安全,"我若为离魂之倩女者,我之灵魂,当以附托于邮筒之内为最宜"。通过自述这种种遐想,把一个女子思念夫婿的情状,描摹得细致入微,惟妙惟肖。由于受西方文学的影响,采用的是长于描述的小说体裁,加之近代人的生活意识,所以比起当代文学常有的离情别绪的描写,是更丰富且带有现代化色彩的。

小说描写的是女子对夫婿爱得死去活来的感情历程,这是鸳鸯蝴蝶派作家最擅长表现的题材,也是人类艺术创作史上最古老而又永远新鲜的一种题材。作者的确很善于写情,很能赚人眼泪。除了心理描写细腻动人外,情节结构迂回曲折,浪漫的气氛与情调,悲剧的色彩与结局,也是使此部写情小说能吸引人的重要原因。此小说具有典型的鸳鸯蝴蝶派结构模式:初婚之幸福,心醉若化——顿生波折,瞀卜两命相犯,男女主人公处于不信又唯恐不幸而中的两难处境——依紫姑言,以暂时别离避难,双方苦于思念——重逢的喜悦,眼前的一切尽欣欣向荣,皆为有情之物——突生波折,乐极生悲,夫婿罹病,玉田割肉煎药,以起垂死之症——澄郎终于正寝,玉田哀恸欲绝——玉田心存死志,希冀在另一世界与夫婿共处——招魂不果,筹措了各种死法均觉不妥,终于选择了与夫婿同患伤寒之法,以为同病而死,死必能归同类——既死,则魂出寻澄郎,趋室,访冢,皆不得,而乃姑因失子丧媳竟撄痴疾,玉田深感负罪深矣。不消说,此种结构显然有故作曲折之嫌,但是对于增强打动人心的力量是奏效的。传统的一吟三叹手法的运用,加上西洋回旋曲式的构架,古今中外关于灵魂不死、任凭御风、随心所之的浪漫设想的借鉴,都增浓了这篇小说的艺术感情色彩。尤其是悲剧的结局,比之于旧小说普遍的大团圆结局,不能不说是一种进步。

从社会的历史的观点来分析,此篇小说的内容并无多少精彩之处。相反,比之古代揭示的社会黑暗、肯定民主倾向的爱情佳作,在思想观念上还有

《玉田恨史》书影

所退步。造成男女主人公暂时生离的原因,虽是出于迷信,但受过西学熏染的澄郎和玉田却把科学与鬼话搀杂在一起,十分软弱无力。"瞽者逞其盲说,谓予澄郎,乃犯羊刃,足以死我,解禳之法,则当纳一小星,与我异室而居,三年而后,庶几免焉"。"继而又有卜紫姑者,谓予与澄郎之缘,不过千日",如仿牛女姻缘,"一年之中,相见之时,仅只一夕","则百年夫妇之缘,当得十世"。澄郎虽不信瞽者的无稽之谈,但又害怕"不幸而中",及闻紫姑言则转忧为喜,以为"牛女之说,虽近穿凿,然以学理论之,亦自有本"。所以,才有别离求学之举。到重逢相欢而澄郎竟突然得伤寒而死,悲剧就完全属于偶然性的了。玉田的割肉救夫,就带有封建色彩,而她的以死相从、地泉百般寻夫,也无甚社会意义,只不过为了表现"茫茫泉路两难明,约梦相寻总未成;恐汝薄魂归不得,化为蝴蝶愿相迎","石可烂兮海可枯,心不死兮将何如"的鸳鸯蝴蝶式一贯主题而已。

内容与形式相比,形式明显大于内容——就此部中篇小说而言。

附：玉田恨史(节选)

　　时方春暮,陌头杨柳,黯然浓绿,映我窗户,尽成愁惨之色。迟迟之日,正不知有几千万晷刻,乃欲消遣此如年之日,诚觉难乎其难。每当亭阴转午,绿阴满地,虽不假寐,亦复恹恹如梦,偶凭珊枕,则即懵然睡去,徘徊于山纡水曲之间。然而梦魂无主,终不能于天涯地角,一见我澄郎之面。予姑见予昼寝,则又疑我为病。我亦自知,若不振作,病魔势必寻踵而至。乃取绣床,绷以素绢,题若兰之字,拈灵芸之针,聊以自遣。予姑顾而乐之,辄于窗次小坐,与我絮絮话家常。我则一针一缕,心绪亦随之而转。时而念及澄郎此时,当已换着单衣,此衣在濒行之际,予为检叠,曾沾泪颗,不识亦如我之枕函,竟有痕迹否。如其有之,则知澄郎见之,必悄然以悲。时而念及澄郎此时,当已罢课,或登山,或临水,听杜宇之声,望树云之色。假令以望远镜凭高眺远,其亦见此绿窗绣榻之旁,白发龙锺,红颜憔悴之两人否?假令吴淞电话,居然扩张其营业,立杆挂线,接至我室,则虽不觌面,亦得为娓娓之谈,以一倾其积愫。然而明知其不能也,我乃必为是想,以自乱我之心曲。我尝自斥其愚,惟此等思想,虽曰无益,而于无聊之中,得此一端妄念,因而寻绎,愈想愈远,至于渺邈而无涯岸,亦足以忘我之忧。故予每涉遐想,亦复愈想愈奇。尝思果有离魂之病,我若能患此病,则我之灵魂可以托之飞鸟,投止于澄郎所居之处。继而又思我尚不知所谓吴淞者,乃在何处,所谓复旦公学者,又在吴淞之何方,纵有双翅,随风所向,安知不飘没于无何有之乡,则飞鸟又不可托也。继而又思澄郎常以邮筒寄我,越日而至,则我寄与澄郎之邮筒,度必有人持之而去,付之澄郎之手,我若为离魂之倩女者,我之灵魂,当以附托于邮筒之内为最宜。凡此诸想,日必数十百端。久而久之,诸想亦穷。

　　正苦无赖,忽得一消愁之物,直为希世之珍,予遂罢绣,而赖此消愁之物以遣长日,黌何物欤,则澄郎自译之英文小说是也。小说之标名曰:《死缠绵》。巴黎女子,有所谓燕娜者,当革命事起,度不免于离散,乃与其夫,泛舟湖中,举酒相属,极醉尽欢,破舟自沉而死。死则灵魂不知为死,凭虚御风,随心所之,不食不饥,不衣不寒;时或化为鹣鹣之鸟,鲽鲽之鱼,连理

之树,并蒂之花,以示异征于人间。人间之人,美而艳之,乃祀之为爱情之神。文义优美,妙绪环生。其体贴儿女子爱情之处,直无异为 X 光镜所烛,掬肺腑所藏之隐秘,悉呈现于纸上。故予爱重此书,殆无异教徒之于《圣经》,朝夕诵之,辄能忘忧而消灾障。予乃作书厚谢澄郎。澄郎知予爱诵此类小说,辄于课罢余闲,尽情译寄。每日晨起,梳洗未竟,即有邮使踵门投信,剖而读之,约千余言,逐日衔接,靡有尽时。而予每接一函,辄为漫拟未来之情节,及明白得其续稿,则皆出我臆想之外。予由是,日必早起,以待邮使。若或一日不至,则予怅怅如有所失,至于无以自聊。予姑亦复习以为常,日必过我,听我演述,以博欢笑。一日不见澄郎之书,则戚戚然忧,疑其病矣。抚问之书甫发,而其书已续至。时予转自懊悔,不当促令译书,苦其心志;苟令勿译,予心又滋弗适,必令逐日寄我,又恐于学时有碍,度其译此书时,必在夜半,孤馆一灯,情景可想。故予每当五更睡醒,辄见隔帷灯影,蠕蠕而动,恍惚见我澄郎摇笔着纸,而梦寐之中,亦复数数见此情状。予念澄郎果若此者,久亦必病,乃作书以婉言止之,且谓老弗听者,我必忧虑而病。澄郎恐予病,遂亦罢译。知予好弄风琴,乃撰新谱,陆续寄我。我乃依谱寻声,日习一阕,颇足消遣。澄郎又时时以新制之歌词,嘱予演为复音之谱,予心遂为琴役,无复有愁烦之暇晷。光阴荏苒,薰风自来。海榴一树,火齐欲吐。予念暑假将近,澄郎归有日矣。临窗延睐,惟盼榴花之开,并不变其平素惜花之性,转复盼其早落,而此可憎之花,故故作态,若必待我澄郎之归,而后放其笑容。果如此花有知,特迟迟以待我澄郎之归者,我亦未尝不愿,奈之何其不然。嗟夫!可贵之光阴,寸金尺璧,宝贵汝者,自有其时,而今非其时也。安得鲁阳之戈,羲和之鞭,分而授之我与澄郎两人哉。

(原刊《申报》附刊《自由谈》,1913 年)

评陈辟邪《海外缤纷录》

沙叶新

　　陈辟邪的《海外缤纷录》是我国早期反映留学生生活的章回体通俗小说,凡四十回。1923 年作者还在德国留学时便有此创作意图,回国后于 1929 年完篇。小说先在上海《商报》上连载,后由上海卿云书局出版单行本,至 1933 年已连续发行四版,可见该小说在当时颇受欢迎。近几年来,中国的文坛亦流行留学生文学,眼下一部反映在澳洲打工和一部在纽约谋生的小说甚是走俏。如果以当今的留学生文学与《海外缤纷录》比较阅读,定会十分有趣,也许还会生发出意想不到的感慨。

　　《海外缤纷录》以巴黎为背景,内容来自作者的实际生活经历。为此书作序的冯都良说:"本书作者游历海外,罗有巨量的经验,至少也是'缤纷'中的一员,所以他的记述,都是凭着直觉的指挥,无虚诞的曲笔。"作者自己也承认他在留学期间"花花

《海外缤纷录》书影

絮絮,耳闻目击,却不甚少,当时便想把形形色色、奇奇怪怪的事写成一部小说"。正因为作者是"缤纷"中的一员,所以小说中描写的几乎全部都是中国官费生和自费生在巴黎和外国女郎的性爱故事,在作者笔下,每一个中国留学生都是好色之徒,每一个外国女郎都是妖姬淫娃,他们之间或为钱,或为色,或为猎奇,或为遣愁,或只为赤裸裸的性,于是相互追逐,彼此发泄,演示了一出出将肉麻当有趣的丑剧。他们的人生态度确如小说中的人物韩人中所说:"不作无益之事,何以遣有涯之生。"而寄情声色正是他们游戏人生的最大乐趣。留学生的腐败与糜烂,使他们自己也有所不满。小说中另一人物孟亚卿曾说:"他们那里配谈爱情,胡闹而已。其实留学生也胡闹的太过分了。他们到了法国,唯一的目的便是玩,只把求学做着幌子。这几年来,奇奇怪怪的事,也不少了。细想起来,留学生界的人物,实是令人齿冷!"这使我想起二十世纪初日本留学生的情况,陈天华在《绝命书》中写道:"近观吾国同学者,有为之士固多,可疵可指之事亦不少……其尤不肖者,则学问未事,私德生坏,如《朝日新闻》等直诋为放纵卑劣,其轻我不遗余地矣……惟留学生的皆放纵卑劣,则中国真亡矣!"陈天华悲愤欲绝,于是跳海而亡。《海外缤纷录》的作者虽然无陈天华这样决绝,甚至说:"我自己原晓得这部书不是有益世道人心之作,我是做着玩的。"其实作者在谴责与暴露中,态度自显,至少是"谈言微中,亦可以解纷"的,并非纯为消遣的游戏之作。

该小说的结构近似《儒林外史》,"全书无主干,仅驱使各种人物,引列而来,事与其来俱起,亦与其去俱讫。"所不同者,在叙述方法上,《海外缤纷录》的作者经常是通过小说的人物甲来介绍人物乙的故事,又由乙来介绍丁的故事,亦即经常是通过两个人物之间的交谈来谈出另一人物的故事。这在叙述方法上似乎过于单一了。

从总体而言,《海外缤纷录》尚不属这类小说中的上品,但在当今出国潮中,披阅此书,或许可以温故知新,对当今的留学者不无针砭作用。

评范烟桥《陆青天祝寿紫花布》

芮和师

范烟桥(1894—1967),江苏吴江人。二十世纪初就从事文学活动,从事通俗文学的创作。曾先后结"同南社",参加"南社"、"雪耻学社",又结"星社",参加"青社"。曾先后为包天笑主编《时报》副刊《余兴》及《星期》、严独鹤主编《新闻报》副刊《快活林》及《红杂志》、周瘦鹃主编《申报》副刊《自由谈》及《半月》、《紫罗兰》、毕倚红主编《时报》副刊《小时报》、江红蕉主编《新申报》副刊《小申报》及《家庭杂志》,以及《小说丛报》、《小说世界》、《快活》、《游戏杂志》、《红玫瑰》等等报刊写稿,自己编过《珊瑚》半月刊,因而在广大读者中,他的知名度是较高的。

范烟桥

范烟桥自少爱读通俗作品,开始创作后,更用心研究通俗文学的诸种形式。他的《陆青天祝寿紫花布》,题下注明"三言体",是发表在《珊瑚》上的。所谓《三言》,是明代冯梦龙编纂的《喻世明言》(旧题《古今小说》)、《警世通言》、《醒世恒言》的总称。这三部"话本"和"拟话本"短篇小说集,所收录的作品,有宋、元旧篇,也有明代的新作和冯梦龙的拟作,但已难一一分辨清楚。无论宋、元旧篇、明代新作,都程度不等的经过冯梦龙的增删和润饰。论者多称《三言》为明人拟宋、元话本的"拟话本"。所以也可以说,这篇《陆青天》,又是今人的"拟'拟话本'"了。话本是口头文学民间说唱的底本或记录,主要是供艺人为市民演出之用。拟话本则是文人模拟话本形式的书面文学,实际上就是白话短篇小说。

以男女爱情婚姻为题材的作品,在《三言》中占很大比重。《陆青天》则写的是清官。作者早期"不肯作言情小说。有以相质者,君曰:言情之乐者近乎荡,言情之哀者近乎伤,荡则为青年蛊,伤则为青年鸩,况近之世,堕落无状,与其消极讽刺,不若积极鼓励"(严芙孙《范烟桥传》)。从选材上可以让我们了解作者的创作态度。

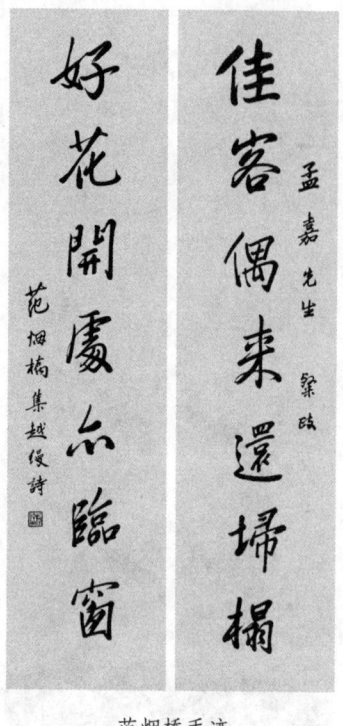

范烟桥手迹

虽然作者后来还是写了男女情爱方面的电影,并且写了几则流行很广的"电影歌曲"。这是抗战期间避居上海的事。

"拟话本"常常在"正话"即正文之前,先插入一段叙述和正话相类似或相反的故事,从正面或反面映衬正话,以甲事引出乙事作为对照。虽然在情节上和正话没有必然的逻辑联系,但对正话却有启发和映衬作用。这叫"头回"或"得胜头回"。《陆青天》没有这样,而是先挑出"白沙诗人俞鹤湖"的两句诗:"有官贫过无官日,去任荣于到任时",并就此议论来,先说它"文理不通",不合情理,后又说"谁知偏有一位陆青天,竟能符合这两句诗的"引入"正话"或称"正传",这就是"入话"。"入话"是话本的重要组成部分,《三言》里各篇没有"入话"的是很少的。这样,行文不仅简洁,而且能迅即攫住听众的注意力,引起听众欲知究竟的渴望。

"那陆青天名陇其,字稼书,浙江平湖县人",才是"正话"的开始。接着叙述了两个方面,一是"做了两年嘉定知县,亏了公款一千多两,士民……替他弥补"。陆青天两年来连吃粮还得从老家运来,赔贴不少,这是"有官贫过无官日"的具体情况;接着说他到任的时候,"一只小船,萧然独坐",离任的时候,"士民攀辕乞留"等等,这是"去任荣于到任时"的具体情况。这就证实了陆青天是符合于这两句诗的。这两句诗就不是"文理不通",而是"不可移易的绝唱"了。

既然是如此的清官,为什么却会去职,这又是听众要进一步了解的。接着就讲"讳盗"、"征粮不力"两件事,因为这是陆青天被革职的罪名。"讳盗"的事颇有戏剧性。陆青天口头虽谈"暂时搁置在一边",其实暗地里早在那里缉访,只怕被走漏风声,谁知事主偏偏不明就里,因而上控。盗案破了,正如陆青天最初的推断,而革职的札子也下来了。按一般人的想法,陆应向上级申诉,辨明实情,争取改正平反,而陆却深责自己不能感格百姓,使县城之内有伤人劫货的强盗,这就有罪。这一点最能见出陆的精神境界,陆的清官的品格。话本也可以作为"说话"的纲要使用,可以添枝加叶,单这个故事就可以说作一回。这里面有一句话"巡抚本来和他有些过不去",并未即刻详细说明,实则是一个故事发展的伏笔。

　　讲到"征粮",陆青天首先是苦劝和理喻,要未完纳的各户急速完纳,"县官也得安逸,可以全副精神替你们做些好事体"。对迟不完纳的大户,不用以前的催粮单,改用自己的名帖,请他们先完,做百姓的表率;散户,一次一次宽展限期,对于一个"张罗不出"的,竟因他"孝"父母,替他赔贴了。更突出的是一个排年竟卖了女儿来完纳,陆并不是收下就算,却探询他何以这次收集得如此迅速。及至发现真情,又做工作,让买卖女儿的两家结亲,"哄动了阖城的百姓,都说陆青天恩德无量"。小说写陆因宽厚待人,不是只顾征粮,还鼓励百姓尽孝,因而有一次受骗上当。他还体恤百姓痛苦,出面为媒,扭转卖女交粮的悲惨后果,但为此事,他被人上告为儿戏。这并不是嘲笑陆的发傻吃亏,相反地,是对陆一片老老幼幼、仁政爱民的慈心的赞颂。

　　接着,再提起"其实那上司憎恶他,别有一个缘故",遥接前文"巡抚和他有些过不去",将展开故事主体和叙述,但仍有一个过渡。一方面说陆的"政简讼清",闲着只是读书,而夫人仍然纺纱织布,从来没有空闲的白过一天。一方面说差役也无事可做,无钱可赚,陆青天教他们刻竹,因而嘉定竹刻这新兴工艺,成为一方的特产。这对清官的政绩赞颂,已达极点,看似平常,却是郅治的太平世界。紫花布和竹刻也是下文作为祝寿礼物重要物事。

　　巡抚做寿,在辖管之下的陆青天准备祝寿礼物一节,完全是通过陆夫妻的对话来写的。祝寿很重要的是备办礼物。以什么做礼物体现了祝寿者对祝寿这件事的态度。首先,陆没有临事张罗。及至端出礼物来,夫人先是一呆,接着提出疑问:"这些东西,可算寿礼么?"尽管陆有堂堂正正的解释,仍然不能说服夫人。夫人说:"别的县官,送的都是金银珠宝,谁希罕这个!"陆坚持他的做法:"希罕不希罕由他",我行我素。随着夫人的追问,一步步写深陆青天的守正不阿。

　　祝寿之行,离开嘉定,一是"独自一人,不带一个亲随",一是只买了一些青菜豆腐。到了苏州,也只是"悄悄提了包,向抚台衙门走来"。为长官祝寿是一件大事,县官出行也该一些排场,可陆却摒弃了。先期送礼是个关键,而接触到的并不是长官本人,而是门房。在传达室里,在陆青天和门房老头儿之间,展开了一场智斗,表现上陆似乎胜利了,他本应该胜利,观夫传达处的许多人,给陆笑得凛凛然,"窃窃私议门房老头儿不应和他厮缠,受了晦气",可为证明。其实却是失败了,只是他自己还不知觉。这里写了一个官府的门房老头儿的势利狡黠。在陆交上礼物的时候,那老头儿"从玳瑁边墨晶银镜上面斜去一道眼光来,向他看了几看,把红帖子慢吞吞的接了过去,一壁还是和人讲话,一壁把红帖子展开","也知道陆青天是个不好惹的人,所以不敢十分怠慢,要是差一点的,老早突出了两颗馋眼,把来人得罪了。"他对付陆

青天的办法是收下礼物和红帖子,却不给他登簿。他估定陆不会送"门包",就决定吞没下他的礼物。

对祝寿的场面,只是简括地说,"衣冠跻跄,笙歌喧闹,说不尽的荣华富贵",一笔带过。其他贺客对陆青天不甚注意。这冷落和热闹的相形,也就清廉和鄙俗的对照。

事后巡抚查对礼物,发现单单没有嘉定陆某的,"心上甚是不悦",这正说明了上文几次提起的和巡抚之间的矛盾。巡抚计较下级的奉承,而陆并未自大,还是能"做此官,行此礼"的。造成"连一点薄人情都不送"的是这门房老头子。这个门房老头子能对陆青天造成这么大的影响,也还是因为有这样的巡抚。

陆此后的浮沉,受祝寿的影响。本该因贤能擢升,而竟降级调用,而竟革职。巡官并不因为他是清官,主动举荐,相反地,却先发制人地给以打击。陆的终于复官,升为御史,并又着实干了几件有风骨的事,那是舆论的力量,也是陆的最后胜利。

清圣祖摒去众多推荐的人员不用,要派陆任江南学政,而此时陆已过世,圣祖只能嗟叹良久说:"本朝像这样的人不多得了!"这是借皇帝之口给陆以最高的评价。

话本、拟话本经常不是说完事件便告结束,而是把主要人物的一生也交代了。本篇正是如此。陆青天终于复官擢升,发挥了清官的威力,再加上皇帝也为其死悼叹,这是很能使听众满足的。

小说原已结束,作者又益之以诗。拟话本一般都有一个"煞尾",它与故事的结局不同。故事结局是情节发展的必然结果,是故事不可分割的有机组成部分。话本的煞尾却是附加的。往往缀以诗词或题目,具有相对的独立性。它是在结局之后,直接由说话人(或作者)自己出场,总结全篇大旨,或对听众加以劝诫,主要是对人物形象及现实斗争作出评定,含有明确的目的性。虽然这些话本"篇尾"的诗,与诗人之诗技术上高下往往不同,有时难免费解、诗味不足,因为这毕竟是说话人所作,说话人的水平是高下不一的。

蜕变中的尴尬

——《儒林新史》读后

沈善增

　　若不是从小就接受了历史唯物主义教育,那么,两册《儒林新史》读罢掩卷,我也许会被历史循环论俘虏过去。在"文革"中常常听到的一句话:"何其相似乃尔",开卷后就频频地从我心底里泛起。请看小说第一回:"演新篇博士创实业,讨欠账总理摆穷威",就写了两个来自上海的混客——顶着"日本法学博士"头衔的卓公侠与被称为"三浙文学泰斗"的沈天爵,他们跑到南京来是发展他们的"煤矿公司"的。卓公侠是这样大言不惭地向他的幼时同学蒋恕庵介绍他的公司:"这办实业的事,无所谓'有把握,没有把握'。只要股份筹得足,总能够办事的。我自日本得了法学博士归国,醉心'煤矿'两个字已是四五年了。('两个字'一语下得妙极——引者注)我以为中国各省,遍地皆可以开得煤矿,不必先要去调查的。而中国若想图富强,亦非开矿不可。所以我先创设一个总公司在上海,暂做各省同志的通信处,将来还得要推广的。"这类自大狂般的宏论,到了八十年代"全民经商"的鼎盛时期,每个稍有社会阅历的中国人,耳中听到的还少吗? 随着作者描写的深入,我们能看到的相似之处就越来越多。卓公侠给蒋恕庵看"煤矿公司"的《缘起》,又是一段这样的"绝妙好辞"。卓公侠先是"从衣袋里掏出许多纸稿儿",淡淡一句,活画出了这件宝货的尊容。蒋恕庵才看了《缘起》正文头上"呜呼"两个字,卓公侠就"一乎奇过,说道:'这些不过是照例文章,乃是天爵兄的手笔,没有什么看的。'(何等爽快,何等坦诚,何等海派! ——引者注)接次翻了一页,乃是《简章》。又翻了一页,忙递给蒋天庵看。只见第一行写的'本公司总理兼发起人卓公侠',第二行写了'赞成人'三个字。第一名就是黎元洪,第二名就是冯国璋。接着下去足有二百多人。卓公侠随手指着道('随手'两字又活画此君情状——引者注),这是教育部的佥事,这是财政部的秘书,这又是某洋行的买办,这又是某公司的经理,一一说了半晌的官衔,最末才是沈天爵。"看了以上这段描写,不知诸位读者的感想如何。我的直觉是,原来以为种种"皮包公司"、"空头中心"是国门打开后,同胞们想像力过度活跃、膨胀的产物,如今

才知道他们都是有所师承的。当然,创办这些"实业"的干才们不会那么"腐败"(这也是从这本小说中获知的当时的流行语,一如早些时候流行于中国大地的"僵化"),要从《儒林新史》之类的小说中去吸取经验、学习手法。他们是真正的无师自通,一脉相承。由此可见,这类事物,乃是真正的民族文化的积淀,是民族的集体无意识的结晶。"橘生淮南则为橘,生于淮北则为枳。"这种类"枳"公司能在神州大地上风行一时,所向披靡,除了说明我国的土壤还有许多不适宜"橘"生长的成分外,是否还说明我们大家的口味对"枳"倒很能接受、甚至很为欣赏呢?研究如何改良"土壤",是政治家、经济学家、社会学家、法学家等等专家们所要操心的,对民众"口味"的务虚则恐怕要由作家来挑大梁了。《儒林新史》的作者以细致入微的描写,为我们留下了一幅"五四"前后中国的世象图,不由得使我们联想到今天的现实,注意到了这个熟视无睹、隐而不显的"口味"问题,我想,这大概就是现实主义创作方法的魔力吧。

诚然,按我们从《文学概论》等教科书中学到的现实主义法则来衡量这篇作品,我们应该能也必须要指出它有种种的不足。这第一条不足,就是"典型化"的不足。既然作品反映的是"五四"前后的中国,但从这里面看不到帝国主义对中国的侵略与瓜分,看不到军阀混战与卖国,看不到工人阶级正在为登上历史舞台作着积极的准备,看不到先进的知识分子为引进马列主义进行鼓吹、呐喊,总之,从小说里看不到我们从小说从历史课本中经常读到的那个时代应有的一切,这怎么能算是写出了"典型环境中的典型人物"呢?可能就凭着这一条,应该把它划入"通俗小说"一类中去。但是,换个角度看,既然塞万提斯的仿骑士小说《堂吉诃德》也被诩为"欧洲最早的优秀现实主义长篇小说"(见《辞海》),那么,把《儒林新史》收容到现实主义小说的行列中来,我想还是可以的。时代那么大,现象那么繁富,尽可以允许各色人等从各种角度去观察,去采撷。哪怕瞎子摸象,只要真是自己态度认真地去摸索过,所言总含有部分的真理性。总可以为完成时代的整体形象添一砖片瓦,总可以给同时代人一点警策与启示,给后人留下一点经验和理性思辨的感性材料。正是从这个意义上来说,像《儒林新史》那样不太纯粹却透露出作者的真情实感的"小摆设",七十年后犹能拨动读者的心弦;而某些根据某种抽象教条演绎出来的似乎极为"典型"的"史诗般的巨作",却叫人硬着头皮也读不下去。

因此,我想作者如果有知,得悉把《儒林新史》划入通俗小说之中,一定会生出万千的感慨来。这点并不是我强加给作者的。小说中有两回专写蒋恕庵到上海投友办报,结果被"空头人家"黄汉民逮去当刀敕,炮制流行小说。小说是这样描写黄汉

民的"编辑社"的："见临窗并投设张方桌，桌面上铺着一条暖席，中央设了一瓶墨水，一瓶红水，一方破砚。一碗面糊业已霉得长绿毛。横放着二支上京水的秃笔。一把光灼灼大剪刀，看着却很锋利。东壁靠着二把椅子，西壁铺了一张板床。床上堆满了许多旧报纸，足有三四尺高。……再看两面壁上，长一条短一条的字纸条儿贴满了，也有从报纸上剪下来的，也有笔记的。仔细看过，都是些风花雪月的词句儿。那房顶上灰尘一条条挂得是有尺来长。"蒋恕庵到的当晚睡不着，"只得燃起那半只洋烛，拾起尿壶旁边的那本洋装本。劈头见那封面上画了一个美人，周身一丝不挂，斜躺在沙发椅上，低头敛眉，若有万种的相思，说不出口之况。……翻了一页，又见当头横写'黑幕奇观'四个字。中央又写了五个字，乃是'男女之秘密'。……好容易寻着书头儿，蒋恕庵便接着看下去，见当头一行题目是《拆白党之情爱》。"由以上描写可见，虽然当时的文坛尚没有"纯小说"与"通俗小说"的区分，但在作者的心目中，以针砭时世、匡救人心为己任的文人小说，与以媚俗趋利为目的的俚俗小说，还是泾渭分明，不可同日而语的。从小说的行文来看，作者恪守文人小说之正宗，尽管笔涉各种社会之丑态怪状（包括"男妓"现象），却是一肚皮的微言大义，没有一点窥秘猎奇、哗众取宠的描写，更不要说是"挂羊头卖狗肉"、"肉麻当有趣"了。当然，今天划分"纯小说"与"通俗小说"的标准与那时是大不相同了。这反映了小说艺术的发展与臻于完善。按照"纯小说是形式独创的，而通俗小说则是横式化的"这样一种现行的标准，把《儒林新史》列入通俗小说中也完全是可以的，因为从标题就可以看出作者是心甘情愿地遵循《儒林外史》的模式。不过，这种小说在当时却是文学的正宗与主流（请看《官场现形记》、《二十年目睹之怪现状》等）。以现行的标准来给旧时的作品定性，我总觉得有些勉强。

虽然孔夫子说："名不正，则言不顺"，但我想还是不要过多地纠缠于名义问题为好。且让我们从纯粹艺术的角度来看一下这篇小说。显然，讽刺暴露是它的基调，跟《儒林外史》等完全一样。在这类小说中，夸张是必不可少的；甚至可以说，夸张比写实更能充分表现作者的才气。《儒林外史》里，那个因中举而发疯的范进，那个伸着两个指头不肯咽气的严监生，都是使小说发出光彩来的炫目的亮点。在《儒林新史》中，夸张的技巧也运用得十分得心应手。如前所述的章节，都通过夸张恰到好处地使人物的情态毕现。其他如蒋恕庵初到上海时出的种种洋相，尊孔会长马大诚在明伦堂里被弟媳鲍氏揪打，收买乡民运动国会议员选票等情节，都有声有色，让人读后忍俊不禁。然而，与《儒林外史》相比，虽嫌夸张还未能推向极致，使艺术形象达到惊心动魄的程度。这也许与作者处于一个大动荡的时代，因而关心世道更甚于剖析

人心所致。在吴敬梓的眼里,是人心不古,导致世风日下;而在作者杨尘因看来,则是世事激荡,才使沉渣泛起。所以,扬尘因所着力刻划、揭示的,乃是那个不露面的大形象——时代的形象。不管他是否有能力有水平把握住这个大环境的典型性,从这样的创作动机出发,就使作品更倾向于写实。"失之桑榆,收之东隅",在夸张方面也许略显逊色,但却也使之避免了讽刺暴露之作最易犯的毛病;夸张失度,流于刻薄肤浅,乃至成为攻讦骂街之作。譬如作者写卓、沈两人,固然欺人,却也自欺,这就比把他们写成骗子更为深刻,更能揭示时代的本质。与《儒林外史》相比,作者刻划人物似乎更注重个性化而非类型化。这样,人物的性格特征虽不及类型化人物来得鲜明、强烈,却更加丰富了些。因为人物的丰富性还未能达到盖过类型化人物鲜明性的程度,所以它的艺术成就尚不能超过《儒林外史》,但是这种刻划人物的技巧变化、过渡的努力,还是应该予以充分肯定。作者叙述嵩尚简约,对话十分注意描摹人物特定的声口,无论表白都很讲究锻句炼字,如前面所引的"醉心'煤矿'两个字已是四五年了","一把光灼灼的大剪刀,看着却很锋利","拾起尿壶旁边的那本洋装书"之类,都于不动声色中一针以见血,足见作者有相当的文学修养。以作者的修养与阅历,这部小说本来还可以写得更加精彩些。可惜作者也许受了"无奇不传"的创作陈规的束缚,专挑些热热闹闹的事件来写,把一些发掘下去足以显露人物与环境本质的情节线索都轻易放过了,影响了作品的现实主义深度。(譬如蒋恕庵在第八回中还只是个在黄汉民的役使下敷衍混饭的穷酸文人,到第十六回重新露面,已摇身一变为海上闻人,阔佬作家。在仅仅一年多的时间里社会如何将一个人脱胎换骨,本是一篇现实主义小说的极好题材。)因此,小说在夸张与写实之间显得有些尴尬。这种尴尬是那个时期的暴露小说通常有的一种状况。尴尬也是小说形式蜕变过程中必然有的现象。在《儒林新史》问世之前的一年,鲁迅已经发表了他的第一篇白话小说《狂人日记》,给中国小说带来了全新的气象。与之相比,《儒林新史》更多地显示出受到了中国传统文人小说的影响与拘束。由此也可见,在改革的过程中(无论改革的是社会还是小说),积极地对外开放是何等的重要。

沉重的感慨

——评《十里莺花梦》

白　桦

我大约也算个写小说的人吧！虽然很多人称我为诗人、剧作家，我做小说也很有些年头了，读小说更多些。抗战期间，先读的是历史演义小说，之后是剑侠小说，再后是当时的所谓言情小说，最后才是新文艺小说和外国翻译小说。现代小说的上限在二十世纪三十年代中期，再早就没读过了。绍昌兄去年派给我一个任务，让我读读三十年代初上海三星书局出版的拂云生所著《十里莺花梦》，写一点读后感，选一段文字出来。任务是接下来了，一直拖了几年，实在是抱歉之至，并不是我不重视，也不是我轻看了这类早已淹没了的小说，而是文债太重、干扰甚多。书一到手就读了，而且是一口气读完，当代小说具有如此可读性的并不多。对于今天的人来说，这本书实在是别开生面，作者掀起二十年代帷幕的一角，让我们跟着一群畸形文人和畸形女子，在十里洋场随人之波、逐欲之流缓步走去，细细察看世态，品味人情。

虽然是红楼章法，却展现出另一种风景。当今许多小说运用了许多所谓新手法，有从西洋学来的，有从东洋学来的，说奇特也真奇特，说奥妙也真奥妙，展现给读者的却是一样的风景。我说的风景并非画面，而是包括人生百态的时代之总体形神。临摹的不是心灵的烙印和新鲜的社会生活，而是前人、洋人的思想轨迹，实在是乏味之至。

《十里莺花梦》写的是一些有闲文人和妓女们厮混的生活。使我对中国数千载举步维艰的内在原因，有了更多的了解，这是作者无意留给我们的思路。对于众多的中国人来说，拥有文化是一种比拥有金钱更奢侈的事。多少认得

《十里莺花梦》插图

几个字的人就要风雅一番,风月一番,风光一番,既要三"风",就得依附权,或依附钱。如若再去识更多的字,学有专长,学而问,问而思,思而后行……这种苦出来的文人实在是太少,半瓶醋太多了!在热闹中甘于寂寞的知识分子太少了,在显赫中能静思的知识分子则更少!所以我们经历了一百余年轰轰烈烈的大时代,都没有更多杰出的烛照时代的学者。一些可笑、可悲的故事一再无可奈何地重演。

这本也许是拂云生信手拈来写出的一本闲书,没有刻意要传世,警世,却引起我一番沉重的感慨来,说明即使是一些父辈或祖辈无意间留下的照片,已经褪色发黄,我们只要认真看一眼,也会心悸肉颤地感受到一点什么。这大约就是文学和历史的力量吧!

《鹰爪王》的新招与旧味

陈继光

郑证因肯定有某种写武侠小说的特别才能,在北派武侠小说家中,多产得惊人。据魏绍昌编纂的《鸳鸯蝴蝶派研究资料》"民国北派武侠小说书目"中,就辑录郑证因的小说书目有九十一种。就以《鹰爪王》来说,洋洋一百五十万言,他写的武侠小说的总字数恐怕有二千万字左右,而且还善于写长大系列,与《鹰爪王》中的故事有延伸,人物有串连的就有《淮上风云》、《天南逸叟》、《女屠户》、《黑凤凰》、《五凤朝阳刀》、《万山王》等数十部。

我在上小学时,看了不少武侠小说,《鹰爪王》就是在上小学三年级期间看的。先看了《鹰爪王》正集,又看了《鹰爪王》续集,再看了与《鹰爪王》有关联的《淮上风云》、《巴山剑客》等一连串武侠小说,一个长夏就这样对付过去了。多少年过去了,《鹰爪王》中的"鹰爪王"王道隆与西岳侠尼闯十二连环坞的情节,还有着印象。最近又重看了一遍《鹰爪王》,依然觉得还可以一看。尽管在小学三年级时是囫囵地吞着看,现在是挑剔地看,但还是有兴趣可以看这洋洋一百五十万字,并不令人有啃酸果与涩果那种硬着头皮读下去的感受。

尽管这部《鹰爪王》中,有用笔粗略的地方,也有啰唆累赘之处,而且有些章回中做文章的味道过重,把一些侠士的技击功夫描绘得过于离奇,为写铁蓑道人的神功几近仙妖。然而,在描写各式人物和复杂的情节上仍然有其艺术上的特点。

一是连环套式的情节结构。《鹰爪王》的中心情节,就是围绕淮阳派掌门人王道隆、西岳侠尼慈云,他们为了维护本门的尊严,与寻衅劫掳他们门人的凤尾帮拜山比武一决胜负。凤尾帮的总舵设在十二连环坞,故事就集中在闯十二连环坞。这样的故事与情节并没有什么新意,但郑证因以连环套式的结构,使情节发展如连环,环环紧扣,环环相套,从而有相当的可读性。

郑证因在《鹰爪王》中,特意设计了一个与故事相妥帖的连环套结构,这就使他在状物叙写时有了用武之地。据说,郑证因曾献艺江湖,惯使九环大刀。剑有剑术,刀有刀法,拳有拳路。每一部作品,也都有与每部作品相妥帖的情节。郑证因也许

是受武术的启发,撞进武侠小说之门时,就在《鹰爪王》一书中,摸到了一个可以事半功倍的结构。

二是在写法上拉得开场子。"拉得开场子"这句是借用了武术家献艺时的行话。在《鹰爪王》中,既有"鹰爪王"王道隆这根线,写单线访山;又写了与西岳侠尼一起双线寻徒;又写了多线——各派各门聚集连环坞,甚至还插进了一条官兵剿坞的这条线。这样,单线启动,双线发展,多线纠葛,使场面搞得热热闹闹,一幅江湖武林的群像图也就在多线交织中绘出了。

三是在《鹰爪王》中,郑证因除了写十八般兵器格斗之外,还特别描写了格斗技击中的新兵器,如孤形剑、离魂圈、日月轮等,这些新、奇、怪、异的新兵器,形成了一种武打的新格局,增强了可读性与吸引力。

如在第七十回中把子母离魂圈写得很有特点——

> 少林僧来势甚急,方便铲猛然砸到。上官云彤口中说一声:"这还像个少林僧。"人随身走,身躯"唰"然往左往右一个盘旋,他那两截的长衫随着他盘旋,全飞扬起来。就在这一转身间,见上官云彤往长衫下一探,猛然双手一张,两手中"唥唥"一声响,一对子母离魂圈,已分握在双掌内。这对兵刃每一只是两个钢圈子,形如一对妇女带的镯子,不过圈口可大,圈身可重。第一个圈子直径有六寸,是用十八寸长的纯钢做成;第二节略小,直径五寸,是十五寸的钢条圈起来。两只钢环连在一起,略小的圈子握在手中,这钢圈子有胡桃粗,稍一震动,发出一片声音。
> ……
> 少年僧羞恼之下,更因自己也是头一次见到有使用这种奇形兵器的,也觉惊心动魄。……这四个钢圈子,所发出的声音十分厉害,足以扰乱人的心灵……

"头一次见到有使用这种奇形兵器的。"

"头一次"很重要。作品中缺少了"头一次见到",就少了许多引人注目的魅力。"头一次"也不容易,因为要作者另辟蹊径。独辟蹊径不容易。

郑证因虽然只是在使用兵器上作了点"小改革",但给武侠小说中的武打搏击添了点新鲜味。

当这一类武侠小说看得多了,人们对新奇怪异的兵器又觉得不新鲜了,于是又

想看到更加稀奇古怪的兵器与新的对打。读者与作者就是这样互为影响,或者推向了一个新格局,或者是走向了一个死胡同。

《鹰爪王》的第四个特点是,打斗场面写得火爆而且较有力度。

我们不妨看看第七十回"杀孽难肖离魂圈恶战方便铲"。要从一百五十万字的长卷中,选出一万余字窥一斑见全豹,很难选出,尤其是采用连环套写法的长卷,选摘更难。然而,这节七十回,已是到了全书的高潮,我上面所说的这部长篇的长处与短处,特点与缺点,以及这部长卷的新招与旧味,在这一回中,似乎也较易突出。

从一定意义上来说,这部长卷的思想走向,与兵器"小改革"的新招来对照,则显得颇为陈旧。——这几乎是这一类武侠小说的老套子。甚至,都远不及太史公司马迁在《游侠列传》中的思想内涵。

如何把武侠小说写得有趣且有用,也可以说是个课题。即使到了原子时代,宇宙开发时代,不也还有"新武侠小说"么?——如果我们把"星球大战"之类的科幻影视与小说,也作为某种程度的"新武侠小说"来看的话。中子弹、质子弹、π射线、死光等等,人们手中的武器与兵器越来越新奇了。然而,连这一类作品的内容,也还是没有超越征服、绑架、称雄、称霸。

这是留给作者与读者的一个题目。

不过,不想也罢,对于这类武侠小说,包括这部写于二十世纪四十年代的《鹰爪王》,原本——大都只是供人们消遣而已。

评赵苕狂《时代的精神》

刘扬体

　　鸳鸯蝴蝶派作家中,赵苕狂的名气与他主编的《红玫瑰》杂志是分不开的。这份风行一时的杂志,作为《红》杂志的续篇创刊于 1924 年 7 月,开头是周刊,第四年起改为旬刊,前后办了七年。这在鸳蝴派众多刊物中是寿命很长、影响颇大、销路甚广的一份。几乎所有鸳蝴派成名作家都是这份刊物的撰稿人,几乎每一期刊在卷首的编者按语("花前絮语"),都由赵苕狂写出,有时一连数期,有时隔一二期,即有赵自己所写的作品在这刊物的前列登出。所以,不仅名气,他的才气也可说是因了《红玫瑰》才进一步喧腾起来的。

　　赵苕狂原名赵泽霖,字雨苍,别号忆凤,浙江吴兴人。早年在上海南洋公学肄业,与李定夷同为当时掌故小说家许指严的弟子。主持《红玫瑰》之前,1921 年曾任《四民报》编辑,同年,应大东书局之邀,与周瘦鹃一同编辑过《游戏杂志》;1923 年底加入《侦探世界》,与严独鹤、程小青、施济群共事;以后,还与顾明道合作编辑过短命的《玫瑰》周刊(1939 年 7—8 月)。由此可见,赵苕狂与许多鸳蝴派作家走的是同一道路:办一个同仁刊物来发表自己和朋友的作品,以此来养文养人。刊物畅销时,名利双收,办不下去了,也许跟着赔上一笔钱。

　　赵踏上文坛的时间先于当编辑,是鸳蝴派早期作家之一。但其与李定夷、吴双热、徐枕亚等不同的是,他并不倾全力于言情小说,更不以"哀情"为能事,文字上也能跟随时代潮流,不以古文更不以骈体取胜。他写作题材比较广泛,凡具有社会新闻价值、能引起市民读者欣赏趣味者,皆可入其笔端。比如,赵平素"喜购跑马票,每逢春秋赛事,必兴其感,以博胜负",于是写了小说《彩票的末日》;"又嗜酒,不醉不归",于是有小说《我醉了》发表在《游戏世界》上。一段时间内(1923—1924),写得比较集中的则是侦探小说。发表在《侦探世界》上的作品即有《奇怪的呼声》、《真盗假盗》、《本地风光》、《巴黎新骗术》等,并自号为门角落里的福尔摩斯。

　　这里选出的《时代的精神》作于 1929 年,应算是赵苕狂创作盛年期的作品。他在题记中说:"时代的力量,最是十分地可怕,不论什么事物,都要受他所支配的!"就

赵苕狂作品及其主编的《红玫瑰》

是这篇小说所欲表达的主题。虽然,它通过女主角吴雪珠对待婚姻的态度体现出来的思想及其所折射的时代变迁,表现还很肤浅,但它毕竟触及到了这样一种现象:古老的浸透着传统文化、传统礼教痼疾的婚姻,在新一代都市青年身上已经发生了很大的变化。它表现时代精神作为历史发展趋势的内在力量,具有不可抗拒的威力,在它的光照所及的地方,一定会给人们的观念和行为方式带来意想不到的变化。也许,变化中的观念还掺和着杂质,人们的行为方式的目标运作,与时代精神所指引的方向还有很大距离。但,因有的一切总是起了不小的变化。无论社会对此作出的解释有多大的歧义,对行为方式提供的种种选择,有多少新旧错杂令人莫衷一是乃至啼笑皆非的景象存在,变化总是在进行。小说中的吴雪珠与她的祖辈父辈大不相同了,她不仅不会像她姑母那样,为从来未见过面的"丈夫"殉情,而且也不认为,出于自愿结合的婚姻就该永久厮守在一起,就不可能有第二次选择!婚姻离开了爱,离开了"合宜于同居"这个前提,是可以改变的。在这一点上,吴雪珠的选择是站在社会前列的。虽然,她的思想境界比不上"五四"新文学作品中有独立人格追求的女性并且晚出现了许多年。可是,当我们看到她能振振有词地向秦立凡提出"不宜于同居"的三条理由来,那就表明她不但意识到了婚姻有权利以"宜于同居"的性爱为前提,也有权利要求对方理解婚姻不仅仅是一种契约、一种法律约束的结合,而是双方兴趣爱好和个性心理的全面结合。从这方面看,女主人公的思想个性较之男主人

公更加鲜明，其行为方式是敢于对自己负责的。所以，她能讲出"勉强二字，是绝对不适用于夫妇之间的"这样的话来。

不过，作者的态度似乎并不完全站在吴雪珠一边。小说的叙述视角以秦立凡所见所想为轴心，这样做有利于情节的提炼，一下子将两代人的婚姻观念、婚姻遭遇凝结在一起，但与此同时也流露出了作者对秦立凡所抱的同情，及对吴雪珠所存有的微讽。否则，他不会在描述秦吴对话时，说"她不住地冷笑"，以此来表现她的寡情；也不会说她很不耐烦听取秦的恳求，便"曳着她皮鞋素素的声音，走出了家门"，来表现她的倨傲了。从这里我们再一次看到，鸳蝴派作家如赵苕狂，在创作思想上是以迎合时尚为旨归的，他们并非都是封建道德的忠实维护者，但他们所迎合的时尚，又总是带有一定的媚俗性，反映在这篇作品里，其所讴歌的，其实是时代精神的副产品，而不是时代精神本身。

胡寄尘的短篇小说

刘 金

　　提起胡寄尘的短篇小说,现在知道的人已经不多。他在 1928 年出版的《胡寄尘近作小说集》的序言中说:"余自清末,学作小说,忽忽二十年。"则他始作小说时,现在的六旬老人尚未出生。他在自序中又说:"所作短篇小说六百种(篇),随作随刊,往往散失。"所以如今更难得见到了。

　　胡寄尘的小说,在新旧文学之交发生,是一种过渡性的文体。它既不同于以记叙事件和人物行状为主的笔记小说,也不同于以描绘世情和塑造人物形象见长的新文学小说。或者,反过来说,它既保存了旧小说简练质朴的文风,又吸取了新小说着力描摹现实人生、塑造典型人物形象的艺术方法。正如他在后来所作的《神秘的美人》中所说:"我这篇小说,完全是本着我个人的思想而写出来的。心里怎样想,笔下便怎样写。自己说不出是甚么体的,也说不出是甚么宗派(流派)……但是我决不是个旧小说家。我也决不是个新小说家。"

　　据郑逸梅所作的"小史"说:胡寄尘的哥哥胡朴庵"曾长苏省民政厅,显赫一时。奔走干禄者众。而君(寄尘)仍事故纸堆生活,不求仕进。其淡泊如此"。我们现在从他保留下来的小说中,亦多少可以窥见一些他这种淡泊清高的性格。他所作小说,对于靠盘剥起家的富人,往往给以无情的讥讽和鞭挞,而对挣扎于生活最底层的劳苦群众则寄予同情。如他刊行于 1923 年的《最短之短篇小说》中,他自己说是"很用心做出来"的"稍有价值"的《他的积蓄》,就是一篇这样的作品。它写了一个"手里狠积了几个钱"的富翁,把

《最短之短篇小说》书影

数目相当大的一批银元,非常秘密地藏在家中一个不为人知的地方,"每天夜里,等大家熟睡了的时候,必亲自去查点一回"。这夜他在查点的时候,忽然电灯灭了。在黑暗中,他忽然眼睛一花,只见银元上的袁大头忽然变做一个少年女子,冲着他说:"你欠了我三年工钱不给,反诬陷我,逼得我寻死路。我现在来向你讨钱,也向你讨命!"接着,洋钱上的袁大头又变做一个农夫,冲着他说:"田地遭了水灾,颗粒无收,你却逼我交租,把我送进监狱。害得我老母孩子都病死了,还要逼我将女儿卖掉……"就这样,银元上显出一个又一个的人,不是向他讨钱,就是向他讨命。终于吓得他昏厥过去,后来成了疯子。在小说中,作者没有说一句谴责这富人的话,只是通过他的潜意识和幻觉,把这些银元血泪斑斑的来历揭露出来,从而对这个吸血鬼进行了愤怒的控诉。

类似内容的小说,还有一篇极短小的《富家账簿之一页》。作者自述:"某先生评论我们的小说,道是记账式的"。作者"便夸口答道:只要做得好,便是记账式,又何尝不能成为小说"。于是和朋友打赌,在七天内做成这篇只有几行的记账式小说:有人从一个被火烧掉了的富家屋基上,拾到一页烧残了的账簿,只见上面写着:

八月一号,收张阿毛付还本洋三十元,利钱十五元。

又三号,支洋一元,施与张阿毛买棺材。

又十一号,支洋四十元,买丫头来喜。

又十六号,收洋一百六十元,嫁丫头来喜给李老四为妻。

又二十二号,收刘老五取赎押地本利洋一百二十元。

又二十九号,支洋一百元买刘老五之地。

九月三号,支洋二百元买米屯积。

九月十三号,收卖米洋四百八十元……

这篇小说,只有短短的几行,却淋漓尽致地揭露了这个吸血鬼盘剥人民的种种恶行。它的每一行都是经得起读者细细的咀嚼和回味的。虽然其中所蕴含的令人触目惊心的悲剧内容尚未化为鲜明可感的艺术形象,却留给了读者十分广阔的想象的余地。

胡寄尘对剥削者的鞭挞,时或旁敲侧击,以幽默讽刺的笔法出之。如《生活的压迫》中的杨明斋,因近年"生活程度"高了,衣食住行的费用,比三年前增高了一倍。新娶的第五房小老婆,又要增加他每月二百元的开支。所以他深感"生活的压迫"。

并把这"压迫"转嫁到工人的头上,"在这个工厂里算计","减扣工资,或是延长工作的时间"。回到家里,他又要受到另一种"生活的压迫"。他已在外面名菜馆里吃得饱饱的肚子,又被第五房妾硬塞进炒虾仁、炖肥鸭……

小说在极写杨明斋"觉得生活的压迫,竟这样厉害"的同时,以极省俭的笔墨,写了他的包车夫。那包车夫拉着老板跑了一天,饭也没有吃饱,又发着痧,肚子痛得厉害,可是只要听到一声呼唤,又得拉起主人出门。跑着,跑着,终于"深深的叹了一口气说:'老爷,我实在走不动了……'"就倒地不起了。

"生活的压迫",在老板杨明斋和包车夫之间,形成了如此强烈的对比!

胡寄尘的小说,对小市民中那种畸形的人情世态,常常报以辛辣的讽刺和轻蔑的鄙薄。如本来颇有几个钱的柳太太,对一女佣人非常刻薄。动不动就骂,就诬蔑,要赶出门去。但是一到这女佣人买彩票中了头彩,阔起来了,柳太太就转而去奉承她,甚至想把女儿塞给她为媳(《贫富阶级》)。又如一位甲先生,家里穷得没饭吃了,去见内兄乙先生,想借几个钱。乙先生一见妹丈,就滔滔不绝地讲开了表示亲热的话,而且讲个没完,根本不给妹丈开口的余地。甲先生没法子,只好空手而回(《没有说什么》)。还有一个滑学博士,他的博士论文是一本一百页的线装书,从头到尾,全是一列列的虚点,没有一个字。他说这文章有两大好处:一是顺读、倒读、横读都行,而且谁都读得来,不须查字典;二是既不恭维人,也不骂人,免去了时下出版物的通病。因此他获得了"滑学博士"的学位。后来又有人告发,说他的这篇博士论文,是抄的民国十二年出版的《不知所云集》的序(《滑学博士》)。胡寄尘开始作小说时,中国正处于日益沦为半殖民地的危急存亡之秋。所以一开始,他就把爱国救亡的思想,倾注于他的小说中。如那篇作于1919年前后的《爱国先生》,就表示了他对爱国者热情的赞颂和对不知爱国的人的慨叹。小说写一个青年,穿着中国老布长衫,拿了中国油纸雨伞,在上海马路上走,于是引起路人的各种议论。"野鸡"(即妓女)对他是鄙薄的:"阿要好看?"一个闲人也是鄙薄的:"活像一个算命先生。"一位店伙计却是敬佩的:"我们大家都应该如此,才算是爱国,国才可救。"胡寄尘就拿这情景做了一篇小说,小说的结尾,他满怀激情地说:"这爱国先生的头衔,是何等荣耀!"

紧接着,他又写了一篇小说,题为《无国之民》。他虚构了一个"被那不肖同胞将国弄亡了"的"无国之民",到处求人容许他居留几时。被请求的人责备地说:"当那亡国的时候,为何不知救国?""为何不将你们祖国恢复转来?"这实际上是作者对当时那些浑浑噩噩,不知爱国救国的同胞的当头棒喝。

胡寄尘冷眼觑着当时这个不合理的社会。一方面,他对那些受了洋人压迫不知反抗,反而转身又去压迫比他更低微的同胞的人不满意,却可怜他们的愚昧和麻木(《可怜的同胞》);另一方面,他希望有"积极要改进这社会的人"出现。那篇《死后的奋斗》,就寄托着他的这种期望。这篇小说,写作者的一个朋友陈先生,发出讣告说是已经死了。但过了一个多月,却看见陈先生在一个会场里,"演说改造社会的问题"。问他这是怎么一回事? 他答说:"我们改造社会,是替社会谋幸福,不是替我自己幸福。……所以我自己的一切毁誉荣辱、利害祸福都不能顾及。我自己一切精神上身体上的快乐,都无妨牺牲……我自己对于自己,只当死了看。"听了陈先生的这番话,作者"很佩服他的奋斗精神",并且自我解剖说:"我起初,也想借着奋斗的美名,替我私人谋些幸福。自从听了陈先生的话,不敢作此想了。"

如上所述,胡寄尘的短篇小说,通过对生活中鳞鳞爪爪的直录,揭示和讽刺了当时社会上畸形的人情世态,有些篇章对吸血鬼给了辛辣的嘲讽和鞭挞,有些篇章流露出热烈的爱国思想和朦胧的"要改进这社会"的想望。这是同时期别的小说("五四"新文学小说除外)所不及的。对此,我们应当给他一个恰如其分的足够的评价。

胡寄尘氏的短篇小说,虽大多是简短的、直白的、粗线条的,但也不乏构思精巧、描摹尽致的佳作。郑逸梅曾说他:"以一二千言状社会人物尽其致,读之舒畅纡徐,不觉其急促",是作短篇小说的"圣手"。"圣手"之称未免过誉,前面的那些评语却是中肯的。

他的《最短之短篇小说》中有一篇《律师欤疯子欤》,就写得很巧妙。律师刘先生,有一天在三等电车里,隔着玻璃门,看到头等车里自己的太太,和一个很时髦的男子"谈得很亲热"。他气极了,一拳将玻璃门打了个大洞。大家以为他疯了。他为了顾全脸面,不肯将真情说出,只好承认自己疯了。他被送到电车公司,公司的交际员认得他,说他不是疯子。但他坚执说:"我落实是疯子。"于是被送到疯人院。疯人院的院长和医生都认为他没有疯。但他坚执说:"我真疯了,实在疯了!"医院派人去问他太太。太太想了想说:"他真疯了,请你们将他永远留在院里。"过了几天,刘大律师说:"我如今不疯了,你放我回去吧。"但院长认为疯子的话不可信,不同意放他回去。

这个令人颤栗的故事,又荒唐,又有深刻的现实性,亏胡先生构思得出。这种使一个正常人无端成为疯子,永禁疯人院的故事,至今在外国小说和影视中还常可看到。我最近就看了一部为霸占遗产,哥哥将妹妹送进疯人院的美国影片。它们都步了胡先生的后尘了。

胡先生为了抨击封建节孝观念,别出心裁地写出一篇《鬼之痛语》来,借"鬼话"

以警醒世人。说是有一夜山行迷路,在荒坟乱塚之间,听见两个鬼在谈话。鬼甲说:"听说你和新死的王女士爱情很深,可是真的么?"鬼乙说:"我和王女士的恋爱的热度,可算是到一百分了。但是我的生妻还活着在那里替我守节,我怎样忍心又和别人结婚呢? 她一天不再嫁,我被良心的督责,是一天不能自由的。"鬼甲又问:"那她自己的意思又如何呢?"鬼乙说:"她自己是打算再嫁的。但一见了我的母亲和婶母,主意就变了。"作者听了这一席"鬼话",第二天就去找鬼乙的母亲,想劝说她准许寡媳改嫁。不料走到门口,就听见婆婆正在训诫媳妇,要她以自己为榜样,守寡一辈子。作者一时想不出"奉劝她的话将从何处讲起",只好走开了事。

这篇小说的巧妙之处在于,作者将虚构的"鬼乙"的一席话同他母亲的顽固态度对照起来,造成了强烈的反差,从而产生了一种振聋发聩的力量。

还有一篇《倩影》,写的是,作者的朋友杨耐寒死了,伴着他的讣闻而来的,是一封遗书和一个纸包,嘱托作者:等他手里有钱的时候,买一块地筑个坟墓,把纸包埋葬起来。纸包里的东西,原来是十几张美人照片。每张照片的背面多有题字。作者便将照片和题字依次地记述下来,居然成了一篇扑朔迷离而又令人凄然动情的衷情小说。这也是一篇"记账式的小说",但比之《富家账簿之一页》,又形象得多,动人得多。真可谓大巧若拙了。

胡先生作为一个小说家,深感自己社会责任的重大。在 1941 年广益书局出版的他的《短篇小说丛存》里,有一篇《文学家》,似可看作是他的"夫子自道"。小说中的"文学家"何自成,晚上一连写成了一篇半立意不同的小说。自己都不满意,想另写一篇。他的学生师静问他:"为什么不满意呢?"他回答说:"前一篇太迎合社会的心理了,这一篇又矫枉过正,都不免有流弊。"师静劝他说:"先生太拘泥了。我们做小说的,只要自己作得快意就是了。哪管得许多旁的事?"就在师静读他的小说稿时,他打了个瞌睡,做了个梦。梦见"日报上载着一条新闻,说是一对活泼的青年男女,因为失恋的关系,男的自杀了,女的失了踪。又有一对,因为恋爱成功了,而销磨了他们的壮志,渐渐变得堕落"。何自成觉得,这是自忆的"描写恋爱的小说,默示他们向这一条路走",自己实在很对他们不起。梦醒以后,不知道师静已把他的一篇半小说稿(那半篇,师静已替他续完了)拿去发表了。却下了狠心,把桌上的乱纸当作小说稿,抓起来撕得零零碎碎,塞入字纸篓去了。

正因胡寄尘抱着这样严肃的社会责任感写作小说,所以写了很多,却找不出一篇在二三十年代旧派小说中所常见的诲淫诲盗、庸俗低级的东西。这应当说是很难得的了。

《十二金钱镖》的现实主义手法

李关元

宫白羽

宫白羽(1899—1966)原名宫竹心,山东东阿人。二十世纪二十年代初,在北京一家邮局当小职员,爱好文学,在北京《晨报》等刊物发表作品,有幸得到鲁迅指教,《鲁迅全集》书信卷曾收有鲁迅给他的七封信。鲁迅评述他的作品说:"恕我直说,这只是一种 Sketch,还未达到结构较大的小说。但登在日报上的资格,是十足可以的,而且立意与表现法也并不坏,做下去一定还可以发展。"在鲁迅鼓励下,雄心勃勃的白羽辞去邮局职务,想走卖文求生之路,鲁迅劝阻不及。不久白羽连遭兵灾匪祸,家道中落,再谋职业已不可能,全家只得靠他卖文为生,生活极苦。1926 年左右在北京任《国民晚报》编辑。《国民晚报》停刊,张恨水在《世界日报》主编副刊《明珠》版,约他为特约撰述。后至天津,贫病交加,迫于生计,只好为报刊写长篇连载武侠小说,以宫白羽为笔名写的《十二金钱镖》首在天津《庸报》连载。不料一炮走红,从此一发不可收,写了二十几种武侠小说,成为此派四大武侠小说家之一。

宫白羽曾写过新文艺作品,故他写的武侠小说能运用现实主义创作方法,反映现实生活,在谋篇布局、塑造人物等方面有意识地借鉴新文学及欧洲文学的艺术技巧,不落武侠小说的俗套。除《十二金钱镖》外,《偷拳》堪称他的另一篇代表作。在纯文学的文学性与俗文学的可读性两者契合上,宫白羽作出了他的贡献,并获得了读者的喜爱。

《十二金钱镖》写鲁东名师丁朝威,废长立贤,把三弟子俞根纲(剑平)提拔为掌门弟子,并把爱女丁云秀配与俞剑平。性情暴戾的二弟子飞豹子袁振武也暗中喜爱丁云秀。这样,袁振武"既失衣钵之薪传,又夺琴剑之眷爱",一怒离师门,在辽东落草为寇。三十年后,袁为报此仇,在江苏范公堤上劫了俞剑平与胡孟刚联合保镖的二十万两盐帑。俞剑平出山率众寻镖。镖师九股烟乔茂被袁掳去,冒死逃出,并探

得敌踪。俞剑平得悉敌人行踪后定下六路排搜计;丁云秀获知劫镖人是袁师兄后赶来相助丈夫,在阵前劝说袁不成,群雄大战,被官军惊散。最后,机智老练的黑砂掌陆锦标探得镖银被沉埋在射阳湖底,俞剑平终于寻得镖银。

飞豹子范公堤劫镖一段,包括第二回及第三回的前半部分。整个劫镖过程可分为三个段落。第一段落为"探镖"。这一段落写得波谲云诡。袁振武一方侦骑四出,"踩盘子"的出没无常,俞剑平、胡孟刚一方临时改变路线以及最后终于走上范公堤险境。第二段落为"劫镖"。这一段落写的极富层次感。双方阵前对答,飞豹子是蛮横无理,既要劫镖,又要扣压镖旗,故意触动镖局大忌;胡孟刚则是先礼后兵,一番答话"软中带硬,锋利无比"。动手时先以缉私营张得功的武功稀松平常来烘托程岳的武艺高强。程岳连胜三场,大长安平镖局的威风。振通镖局一方金枪沈明谊不愿"坐观成败"出场遭险,被胡孟刚救下而导致双方主将上场,争斗场面,一场比一场写得火爆炽烈,最后飞豹子大胜胡孟刚和程岳,劫镖而去。第三段落为"追镖"写飞豹子的神出鬼没、工于心计,设卡阻拦胡孟刚的追镖,使胡孟刚陷于无线索可寻的绝境,同时又为九股烟乔茂探得贼踪而留下伏笔。

宫白羽善于写人物,往往着墨不多而能勾勒出人物的个性。为写胡孟刚的老成持重,先写他的为保镖银万无一失而请出俞剑平的镖旗;遇到"踩盘子"的临时改变路线。后写发现自己"输了眼"而夜登屋顶终于探得敌踪。胡孟刚又极重江湖义气,为在沈明谊恶斗遇险救下沈时却用"沈师傅,见好就收"一语,保住了沈的面子;追镖时发现乔茂不在,亲自率众尽全力寻找。此外飞豹子的蛮悍跋扈、程岳的年少气盛,差官颟顸无能,盐商狡猾势利,都写得很成功。尤其值得注意的是作者擅长人物心理描写,如写程岳在客栈与宋海鹏一场"争论",说得宋海鹏面红耳赤,但这明明又是程岳年少气盛所致,程岳说过后自己也后悔不已。又如在阵前双方唇枪舌剑,胡孟刚的一番话说得程岳暗翘大拇指,这里用对比的手法写出了胡孟刚的"老江湖"和程岳的内心微妙变化,他已不敢轻看振通镖局的人了。

《十二金钱镖》扉页

作者写人物的另一特点是"虚实并用"。全书主角是俞剑平,"俞剑平生平以拳、剑、镖三绝技蜚声江湖。他的十二只金钱镖,尤其是武林一

绝"。名利双收后已封刀归隐,此次实为迫于朋友情面和江湖侠义,才借镖旗给胡孟刚,并派弟子程岳联合护镖。但虽说主人公在劫镖时并不在场,却又处处在写他。无论是起镖时"十二金钱镖旗,走在前面",还是劫镖时,飞豹子口口声声要扣下镖旗,以及最后"飞豹留柬",处处都在虚写俞剑平,甚至于飞豹子所使用的兵器——烟杆,也专为接钱镖而设计的。这就为俞剑平的出山寻镖做了有力的铺垫。

宫白羽善于营造艺术氛围。第一回写"起镖",其阵仗实可说是"气象威武":两名趟子手各抱一面镖旗在前,后面是五十匹骡驮,单排首尾相接,四十名镖局伙计左右卫护,后面是缉私营哨官二十名兵丁跟随,众镖师压阵。趟子手喊一声起镖,嗓音洪亮,直传出半里多地,一支浩浩荡荡的队伍出发了。凭俞剑平的威名及这样的阵仗,一般强人是不敢染指的,但偏有飞豹子来捋虎须。当晚便有两名少年在和风驿客栈"踩盘子",胡孟刚沉着应付,嘱咐镖师们"加倍留神",九股烟乔茂却不住地说:"糟糕,新娘子给相了去了,明天管保出门见喜!"果然第二天出门,便有两匹快马,旋风般追上镖驮,这不能不引起胡孟刚的严重关注,于是便有绕道而行的计划。不料敌人仍是紧追不舍,在新的路线上,迎面又碰着两拨快马,傍着镖驮,一掠而过。按绿林道规矩,这是放哨的,先走四五里,一定再圈回来,但出乎意料,四匹马一去来回,并无事故。这正是疑云密布,令读者提心吊胆。正当胡孟刚怀疑自己"输了眼"时,却从一片杂乱的马蹄声中察觉贼踪,终于探明强人要在前面"安桩"劫镖。胡与众镖师商量,偏遇骄满的程岳不同意宋海鹏再折回原路的主意,这就迫使满怀疑虑的胡孟刚走上范公堤险境。在范公堤上遇着被强人逼着回头的船户,又迎头遇上四匹快马风驰电掣掠过骡驮。众镖师以为又像前天一样无事,胡孟刚却分析了当时的天色和地理,断定今晚决计脱不过去,并趁机点拨骄满的程岳,写出了胡孟刚越是大敌当前越是沉稳的个性。绿林道和镖行的争斗原是武侠小说的传统题材,但宫白羽不是一味写开打之火爆,而是善于营造艺术氛围,把这一段"探镖"写得一波三折,密云不雨、有声有色,这便是宫白羽笔墨不同凡响之处。

《燕蹴筝弦录》读后

陈鸣树

　　姚鹓雏的《燕蹴筝弦录》一书,1915 年由小说丛报社出版,翌年即获再版。姚名雄伯,江苏松江人,曾参加南社,编辑《太平洋报》、《民国日报》、《申报》以及《江东》、《七襄》、《春声》等杂志。著有《春奁艳影》、《鸿雪印》、《恨海孤舟》等小说。工于言情,为文十分钦慕林纾,论者或谓"抒情处婉约风华,却为畏庐所不及",似为过誉。如以林译《巴黎茶花女遗事》与姚著一比,泾渭立判。盖姚之为文,陈言未去,有伤清新,即以其名著《燕蹴筝弦录》也不免有此小疵。

姚鹓雏

　　《燕蹴筝弦录》就清代文学家朱彝尊(1629—1709)的《风怀二百韵》(《曝书亭集》卷七)演化而成说部,大部分回目即取自朱之原诗。"世传朱竹垞氏风怀一诗,实为小姨而作。考竹垞娶于冯,其妻名福贞,字海媛。妻之妹名寿常,字静志。诗中所云'巧笑元名寿,妍娥合唤嫦'者,最为明显。其余事迹,虽约略可得,但诗语迷茫,尚无正解。……夫竹垞氏号称博极群书,而韵史流传千秋不泯,其风怀一什,集中既存去不删,种种因缘不复自隐,情之真者不当如是乎?"(吹万居士:序一)此书尚有松陵亚子序二、古邗铁冷序三,以及徐枕亚之跋,徐跋以此书拟于《红楼梦》,谓"姚子此作,芳馨悱恻,真欲托影红楼,而纯粹处深刻处似又过之。"亦未免誉扬失当。

　　但《燕蹴筝弦录》毕竟还是一部值得一读的书,作者紧紧抓住一个"情"字,翻出笔底波澜。故事是很简单的,主人公诸鸳机世居莺脰湖滨,年少好学,敏慧过人,自以声名藉甚。恰逢其舅氏之二表妹来探亲,大妹名曰嫦姑,二妹名曰寿姑。儿时虽青梅竹马相与嬉戏,及至青年时期,便出落得如出水芙蕖一般。作者写嫦姑"浑如芍药春酣,临风破蕊……虽两颊微丰,然靓装炫服,视见其富丽而实不损其娇",作者更

极写寿姑"其全身之媚,乃在双晖,曼睐生光,斜睨似醉,有令人见之而魂销者"。于是,鸳机便一见钟情。作者又安排了寿姑也生小颖悟,耽情翰墨,及见鸳机诗卷,更是引为知音。于是相互唱和,益致情深。时遭乱离,患难中举家出走,鸳机为贼击昏,寿姑则隐乱石中幸存,于是两人携手相将,"不得不少轶礼法",遂使两人成为患难之交,又情深一层。无奈乱平之后,以母亲做主,将嫦姑许配鸳机,"而寿姑沉沉遂病"。全书极写寿姑与鸳机失恋之痛,当然少不了书诗往回。鸳机则曰:"虽彩凤双飞,未如凤愿,而灵犀一点,早许潜通,乃者好事多磨,横生别议",寿姑则曰:"生趣已尽,惟有礼佛待尽而已。惟此身不属哥而心之维系于哥者,乃永永至于无极,故宁舍蟾以全哥,宁舍躯壳之爱以全精神之爱"。这后一句话不免现代化了,托之以竹垞先生的恋爱史,产生了时间的差距。何况,情爱之必然进向的性爱,排除了"躯壳之爱"也只有进向毁灭的一途。后来故事的发展果然证实了这点。

"百忧成结辖,一病成膏肓"。寿姑由失恋而得病,复因不能自解而病转剧。最后,由诸母做主(自己父亲已在乱中病死)将寿姑许配高氏仲华,高氏又以时疫夭折,至此,寿姑更是百念俱灭,惟求以一死解脱。书中对寿姑之死的一些心理描写颇悱恻动人:

> 我乃以一愁病之身,横亘鸳机一家欢乐之道,……嗟呼!人生如是,生复奚为?何若早办一死之为愈也。且死一耳,他日未必遂胜。今日苟得姊氏及鸳机夫妇和谐,致政归来之日,以一瓯麦饭,几陌纸钱,呼我名而奠之,我亦当欣然一笑。冥中裣衽为二人贺,若然则死决矣,吾今日乃真可死矣。不知生之为乐,胡知死之为悲。逝乎逝乎,此其时矣!
>
> 于是寿姑摈弃药石,几至不饮不食,终以十九岁之青春年华,无可奈何地殉身的爱。临终时以手攫诗卷数卷,投床次暖炉中,顷刻立燃。取帕授垂丝(婢女)并力发一言曰:"我死后以此致公子。"

寿姑死后,鸳机自是十分悲痛。但嫦姑晓以大义,一是男子当建功立业,二是必须承担嗣续大事,三是要承欢母亲膝下。于是鸳机彻悟,愿"脱胎换骨,另为一世人,以前种种,譬如昨日死,以后种种,譬如今日生,以谢我过"。这样说来,寿姑岂不白死了,连在所爱的人心中也为时几何。篇末,作者安排了服侍寿姑刻已被遣的婢女垂丝,痛斥鸳机夫妇,其且哭且呼:"姑姑,天下人尽死矣。姑姑忌日,复活来墓门烧一陌纸钱,洒风滴痛泪。彼新婚燕尔者,方坐享闺房艳福,能不忘姑姑,唯有我耳。

姑姑今日撒手升天,一切付之不闻不见,亦自大幸。顾我则目睹天下人,乃薄幸至此,复何以堪。我苟身非弱女子而分非主婢者,直当痛掴其面。"后来垂丝适遇鸳机夫妇,然以余怒未已,微与为礼,掉头即行。小说至此遂告结束。

又此书虽以寿姑与鸳机的悲剧为线,中又插道子宠姬柳娘以妻悍迫令改适,柳娘遂以首触壁而死,益增书中悲凉气氛。

书竟有作者自跋:"鸹雏竟半月之力,草成此书,搁笔而成,十年绮障,未尽消磨,又堕一层泥犁地狱矣。虽然,窃自有说,世法能入,亦须能出,而不出者为凡夫,出而难入者为苦空,能入而复能出者,始为仙佛圣贤,永永不复退住。我为此书,为凡夫说出世法,为

《燕蹴筝弦录》书影

苦空行脚说入世法,为圣贤仙佛说入世复出世法,敛情存性,则复去吾辈,不写者不及情,太上忘情,情之所钟,正在吾辈。"如上所说,本书极写一个"情"字,由于以朱彝尊的一段韵史敷陈,不免有附会之处,有迎合旧的伦理道德之处。特别是为作序者所赞赏的"发乎情止乎礼义"的伦理观,正是本书的弱点。本书问世于1915年,我国小说家已开始觉醒,大量的小说已受到外来思潮的影响而对封建伦理道德开始发起攻击,而本书则洋溢着无可奈何的哀怨之声。寿姑之死客观上虽然也有对封建礼法的抨击作用,而其不失温柔敦厚之旨。至于苑机与嫱姑很快恢复的琴瑟和谐的常态生活,削弱了本书的悲剧性主旨,而趋向大团圆的套路。本书在美学上由于陈言太多而失去了陌生化的感染效果。

评秦瘦鸥《秋海棠》

黄　霖

　　《秋海棠》这本在一部部《中国现代文学史》上翻不到的现代名著,自 1941 年 1 月 1 日至 1942 年 2 月 13 日在《申报》上连载后随即印成单本以来,其版次印数之多,恐怕少有几部现代小说能与它匹敌。根据它改编的话剧、电影、戏曲,也一直接连不断。前不久,笔者还在电视中欣赏到由沪剧演唱的《秋海棠》,其哀怨的故事,凄婉的情调,使人久久不能平静。

　　整整半个世纪以来,秦瘦鸥创作的《秋海棠》之所以一直能扣人心弦,就因为作者致力于描绘了一幅人生的悲剧,一幅丑恶势力摧残美善情爱的大悲剧!

　　秋海棠虽不香艳,却是美的:浓浓的叶,淡淡的花。小说中的主角,用"秋海棠"作为艺名的吴钧也是美的。他的美,不仅仅是"长着一张怪清秀的脸庞,鼻子、耳朵、眉毛、嘴和眼睛,都搭配得非常整齐",是"一具美男子的模型";也不仅仅他是"一个唱旦红角儿",在舞台上出神入化的表演能给人的美的享受;而更重要的是他的灵魂是美的。他爱母亲,总想着把一碗热腾腾的雪白的大米饭端到穷苦一生的老娘面前;他爱朋友,对同科兄弟、搭班、跑包……都竭诚相待,尽力照顾;他尊重自己的人格,面对着邪恶,响亮地宣布"我不想出卖自己","我不能给他们说";他热爱多难的祖国,心里装着"恰像一片秋海棠叶子"似的国家,把自己的艺术和生命紧紧地与它联系在一起。而最能显示其灵魂美的,是他强忍着极大的屈辱和痛苦,把一片爱心倾注于罗湘绮与梅宝母女两人身上。

　　罗湘绮也是一朵美丽的花。她作为天津省立女子师范四年级的一个学生,成绩出众,品格端庄,长着"乌黑的头发,挺直的鼻子,发光的眼睛,微红的嘴唇"。可是,这"一朵长在荷池里尚未开放的莲花",很快就被邪恶势力的代表、军阀袁宝藩摧残了。

　　一个是受社会歧视的旦角,一个是被军阀侮辱的小妾,"同是天涯沦落人,相逢何必曾相识",当两颗善良而美丽的心不意而相撞的时候,就迸发出了爱情的火花。他们的爱情是洁如白玉的。然而,在那邪恶统治的世界里,有情人难成眷属,爱与淫

完全被颠倒了过来。秋海棠被恶魔们用刀在脸上划个"十"字,毁了面容,毁了艺术,毁了爱情,但毁不了两颗善良美丽的心,断不了两人生死相爱的情。当罗湘绮一旦挣脱了牢笼,就不顾生死,千方百计地去寻觅受苦受难的心上人。而秋海棠则出于爱心,却想方设法地回避罗湘绮,独自忍受着泪水的煎熬,呕心沥血地去保护着他俩的爱情结晶——女儿梅宝。当命运安排一对有情人重新相见之日,却还是秋海棠被社会吞噬之时。红极一时的秋海棠历尽了磨难,终于在风刀霜剑的侵逼之下凋零了。"人生本是一幕大悲剧"(秦瘦鸿《秋海棠前言》)。恶竟

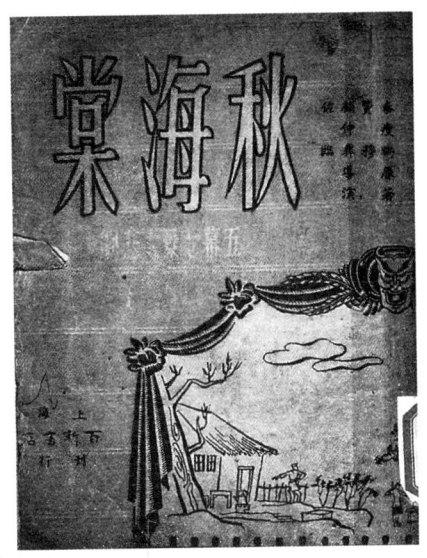

《秋海棠》同名改编剧本

然时时在扼杀着善,丑不断地吞噬着美。读完了《秋海棠》不能不使人嘘唏哀叹。但是,美毕竟是扼杀不了的。当一批批读者在捧读着《秋海棠》时,一颗颗向善而爱美的心总是会去诅咒恶,去赞颂美,去为秋海棠流泪,为秋海棠发怒。美是永存的,秋海棠也就会长期受到人们的同情和赞美。

一部《秋海棠》,之所以能较好地歌颂了美,控诉了恶,是与作者"用了全副力量来从事"创作分不开的。

据作者在《申报》上初刊《秋海棠》时发表的《前言》说,他创作这部小说,一是有了整整十九年的小说创作实践,曾经写了《孽海涛》一类颇受一时读者欢迎的作品;二是花了"三四个学期"从理论上钻研过"小说学",对于"小说"这种文学"略略有了一些头脑";三是有了较长时间的生活积累和创作酝酿。作者早年从事过新闻工作,又酷爱京剧艺术,与许多演员一直保持着联系。从考虑写《秋海棠》起,他又花了六年时间"搜集资料,实地考察,以及征询各方面的意见"。这种"落笔前的苦心准备和开始后的惨淡经营",无疑是他成功的基础。

在这里值得一提的是,作者为了艺术上的精益求精,在不违背历史精神和基本风貌的前提下,不止一次地进行了修改。例如,1942 年出版单印本时,作者就作了一些小小的加工;1956 年又作了一次修改,交上海文化出版社出版;1980 年重印时,"个别地方又作了一些微小的改动"。这些改动,大致是订正文字,剪除枝蔓,使情节发展更为合理,人物性格更趋鲜明,但有些也牵涉到作者思想认识上的变化。这里为了方便起见,不妨就将 1980 年与 1942 年出版的两本略作一些比较。

打开这新旧两本,一眼就看见有两章的题名就不同。一是第二章,将旧本的"良友与荡妇"改成了"诱惑";二是最后第十八章,将"归宿"改成了"戏还在唱下去"。第二章本来主要写袁绍文和王大奶奶两人的故事,一个是"良友",另一个是"荡妇"。如今抹去了"良友"而用"诱惑"来取代"荡妇",则清楚地表明了作者对袁绍文的认识有所改变。毫无疑问,袁绍文原是作者笔下的"高大形象"。他有学问,懂道理,有血性,讲义气,简直可以看作是秋海棠的领路人或保护人。然而,他毕竟是反动军阀袁宝藩的"一等秘书兼陆军第三十一混成旅旅长"。作者后来似乎觉得对这样一个人物不能拔得太高,于是在修改中一方面将他的"旅长"衔勾销,只给他一个"热河镇守使署秘书"的职务,并强化他与袁宝藩矛盾的笔墨,以淡化他与反动军阀的瓜葛;而另一方面则削弱他对秋海棠的影响。这在第二章的修改中表现得很充分。当写到王大奶奶用"玉一样白的脸庞,鲜红的嘴唇,加上富有磁性的媚笑"来诱惑秋海棠时,旧本写道:

　　他涨红了脸,完全失却了抵抗的力量。
　　"物必自腐,而后虫蛀之。……你要人家看重你,就得自己先看重自己……!"
　　良友的忠告,突然又在他耳朵边响起来了,使他顿时觉得头脑里清醒了许多。
　　几年来外界的诱惑,实际上他已经也受得很多,只是像这样短兵相接的局面,却还是初次碰到;他自己的理智显然已不能控制了,幸而还有袁绍文时刻不断的给予他的许多忠告,能够在紧要关头使他惊醒过来。
　　"做戏子没有什么可耻,可耻的惟有给人家称做淫伶的人!"绍文的沉着而有力的声音,仿佛越来越响了。
　　及至王大奶奶把那钻戒递到秋海棠的胸前时,一种天神似的光彩,已在这个唱戏的青年人的脸上透出来了。

而新本改道:

　　他涨红着脸,一下窘得手足无措。
　　"不……不,我不能给他们玩!"心神稍稍安定之后,他就渐渐有了反抗的力量。

几年来外界的诱惑,实际上他已经受得很多,只是象这样短兵相接的局面,却还是初次碰到。他除掉竭力运用自己的理智来应付之外,还有赵玉昆、袁绍文不断的给了他许多忠告,并在紧要关头给了他很大帮助。

"做戏子有什么丢脸呢? 咱们一样靠本领吃饭。可是只要给人家背后唤做淫伶,那就算连祖宗的脸也丢尽了!"玉昆的声音,仿佛越来越响了。

及至王大奶奶把那钻戒递到秋海棠的胸前时,一种凛然不可侵犯的神彩,已在这个唱戏的青年人的脸上透出来了。

显然,旧版中良友的忠告,绍文的声音,在新版中基本上由自己的力量、玉昆的劝告来取代了。于是乎本章着重描写的袁绍文不得不从"良友"的位置上撤了下来。当然,作者对袁绍文的某些修改,也有为了更准确地塑造这一形象。如第二章写到秋海棠向他打听时局时,删去了"把我问得很惭愧","反没他那么留心国事"一段话。这段话原想反衬秋海棠而把袁绍文写得太窝囊了。又如第七章秋海棠脸上被划上"十"字后,袁绍文说:"这是谁干的事? 我要跟他拼命!"接着又写了一连串暴躁过分的言行,都有悖于袁绍文和袁宝藩的性格刻划,作者修改后,就显得更合情合理了。

至于小说的结尾,是作者经过反复推敲过的。小说连载时的结尾太匆促,所以在旧版单印时已将最后一章扩充为两章,"使最后的一个高潮,在一种比较更自然的状态下发展出来"。但应该说,这个结尾在寻求"归宿"的思想指导下,格调是不高的。小说写到罗湘绮、梅宝母女相认后,同乘汽车去找秋海棠,想不到他们去得太迟了:

车子开到他们所住的那家小客寓门首,隔着车窗,湘绮就看见有一辆救火会派出来的病车,正缓缓地向西驶去,梅宝也发觉客栈前面,竟例外地挤着许多闲人,水门汀上又有一摊鲜血。

她才随着湘绮跨出车厢,突然就有一个人扑了过来。

"妹妹! 妹妹!"这是韩家姑娘,浑身发抖,脸色已吓成灰白。"你爸爸打楼上摔下来死了!"

秋海棠最后就这样自杀了。这是他"在老丑贫病交迫之下,经过了整整一夜的考虑"后,"决定了自己应所寻求的归宿"。他认为:"无论是富人或穷人,最后只有

一个归宿。那就是死。"当他发现一直放心不下的女儿终于寻到了母亲而有一个"暂时的归宿"时,他就决定自己寻找这一"永久的归宿"。这一结局比之连载时躺在床上无声无息地"得到他的归宿",用"四十六年尘梦,秋海棠"一语来煞尾时,虽然增加了一些悲剧气氛,但终究使全书的命意突不破苦海人生寻求归宿的圈圈。新版的结局,大不相同。秋海棠不是去自找"归宿",而是让他抱着重病,瞒着女儿,再去草台班子当"筋头虫",在"打英雄"中惨死在舞台上。小说写到梅宝陪着罗湘绮找到他时,他正在等待出坊。这突如其来的景象使他僵住了。正好后台喊他出坊,他糊里糊涂地跑出台,一头撞在假山上,顿时晕了过去。当大夫赶到给他打了强心针,才见他沉重的眼皮缓缓地张开:

他乏力地看着凑在他头边的湘绮和梅宝,黯然地苦笑了一笑,眼角上立刻有两滴豆大的泪珠挠了下来。

…………

"湘绮,瞧瞧我这张脸!"

…………

"爸爸,不要再说这些了!"哭得像泪人一样的梅宝,轻轻地用手抚摩着他的胸口,企图制止他说话。

"不……孩子,我要告诉你妈……就在这一张丑脸上……"秋海棠自知生命已到了尽头,急须把自己要说的话说出来"有……有着许多……东西,军阀的枪杆,季……兆雄……的刺刀,……生……活……活的……的煎熬……"说到这里,秋海棠的呼吸越来越急促了。

"钧!别说啦,我都知道啦!真苦了你!"湘绮终于忍不住抱住了他的一只胳膊,失声痛哭起来。

周围的人都惨然的望着这历尽艰辛的一家三口,心头酸溜溜的,谁也说不出话。

…………

秋海棠的呼吸停止了。

周围的人一齐低下头去。可是包括韩老头、罗少华、张银财,以及前两天才跟他学过四句散板的那个花旦在内,谁也没有知道这个悄悄地在后台死去的老艺人,竟是当年名震全国的红角儿——秋海棠!

台上,锣鼓时作时辍,戏还在唱下去。

与旧版相比,显然秋海棠死得更惨,更富有悲剧意义。它画龙点睛式地总结了这剧界的一朵名花,就在军阀的刀枪、生活的煎熬中悽惨地枯萎了。它又喻义双关地告诉读者:这类悲剧还将在社会上演下去,使人感到余韵未尽,回味无穷。

诚然,由于《秋海棠》的基本格局已定,在修改时有些思想上的缺陷难以突破,有些艺术上的表现也难大动,如用"美固然是美到了极处"(第四章中语)的美学观来塑造人物等。事实上,它作为一种历史的存在,已经立足在广大读者的心中,假如再作过多的雕琢,或许会显得有点多余的了。

顾明道和他的《奈何天》

阿 章

顾明道是鸳鸯蝴蝶派中的一位多产作家,据统计,他创作言情小说《奈何天》等十八部,社会小说《热血之花》等六部,武侠小说《荒江女侠》等十八部,侦探小说《红巾党》一部,历史小说《钗头凤》等四部,短篇集《茉莉花》等六部。他一生总共创作小说五十三部,其中《荒江女侠》长达六集之多。

顾明道

顾明道,生年不详,苏州人,苏州振声中学的高才生,毕业后留在该校担任讲席。他从小膝间生一疽,久治不愈,成为骨痨,因缺少运动,以致日益衰弱。加之生活维艰,营养不足,在贫病交迫之下不得不坚持写作,以维持生活。日寇侵略,滥施轰炸,他逃来上海,局居斗室,仍埋头写作,咳嗽不止,潮热不退。经医生诊断,肺病已至严重阶段,嘱他节劳休养。他为生活所迫,继续鬻文为生,以致肺病转入第三期,遗作《江南花雨》未竟而逝,时为抗战胜利前夕的 1944 年 5 月 14 日。

约略了解顾明道的简史,有助于阅读和理解他的《奈何天》一书。这部长达三十万字,分为二十四回的长篇社会言情小说,以家庭教师李大我为主要人物,以抗日战争以前、第二次国内革命战争时期为时代背景,描绘了杭州、上海的世情和人物遭际,文笔流畅,故事情节委婉动人,可读性强,绝非庸俗低下之作。

文中的主人公是高中学生李大我,他出身于地主之家,亲人和家庭毁于内战炮火,他被迫流落到杭州投靠舅父,饱尝舅母的白眼,受尽世态炎凉之苦。他从一个饭来张口、衣来伸手的学生少爷一蹶而为寄人篱下的家庭教师。经济地位的变化不能不影响李大我的思想变化,加之他是一个刚离开校门的青年学生,富有正义感,思想敏锐,愤世嫉俗,虽无力打击不仁的富豪,却往往发出同情弱者的慨叹,例如他曾对卖唱的阿梅母女发出的感慨:

"一个人生在世上,忧患多而安乐少,尤其是无产阶级,只好挺起身子去和环境奋斗。你们的身世因然可怜的,须知天地间尽有不少畸零痛苦之人呢。"(春明版《奈何天》上集第9页)

这些话岂止是小说主人公的感慨!简直是作者顾明道"夫子自道",哭黄连叹自身了。循着这一思路,作者进而描绘李大我的思想独白:

……那个可怜的歌女——阿梅,不也是一个好女子么?但是她的处境,她干的生活和起初来游的青红二女郎已大不相同了。一边是在学校里受教育,并且像有些有产阶级人家的所谓千金小姐;一边却是蓬门荜户中的女儿,严重生活压迫着她,使她不得不忍着痛苦,出来干这不愿意做的生涯。这是什么缘故呢?是谁造成她们有这样高低的甘苦的歧别呢?即使我遭逢祸难,寄人篱下,也是不得已而如此,却受尽人家冷淡,忍着一肚皮的闷气,抑郁无聊的过日子,自己也不知道前途如何……(见原著上集第13页)

从一个初出校门的高中学生、李大我眼里,观察这个不平等社会中,有天壤之别的贫富两种女子,心中不免有不平之鸣,并联想到自己的前途渺茫,难以自已。这段思想独白,令人感到真实亲切可信,有脉络可寻,有助于刻画李大我的性格。让读者隐隐感到:李大我是一位思想比较单纯、有一定正义感,并正在由现实生活逼迫他趋向进步的青年。

李大我的进步倾向在这部小说的第十一回还有所发展。这就是为报纸撰写小说的李大我在《西湖日报》上所登的那篇长篇小说《襟上泪痕》,忽然在十二月里出了一件料想不到的事。因为他写到某回时,借题发挥,指摘了一个枪毙新闻记者的要员,又描写一个工人受尽痛苦,以及被资本家压迫致死的事,便被当局认为挑起阶级战争,勒令即日停止这种含有过激意味的文艺作品,否则便不许出版(见原著上集第185页)。接下去大我就此事回答玉雪的提问时说:

"有上面公文下来,他们(指报馆)怎敢不照办?否则不是勒令停刊,便要封闭报馆。你想他们肯为了我的一篇小说而牺牲吗?就是我虽不能继续刊登我的作品,退一步说,还算侥幸,若加上了一个大大的反动罪名,

捉将官里去，那岂非更是不得了吗？"……玉雪想了一想，说道："可惜，可惜，这小说正在好看的当儿，突然停止了，你作的时候为什么不谨慎些？"大我笑道："不错，恐怕别人家也在这样埋怨我呢。但是骨鲠在喉，不得不吐，在握笔的时候尽情写将下去，谁顾及这个呢？"（见原著上集第186页）

以上这段文字颇为耐人寻味，而且出乎寻常，犹如在鸳鸯蝴蝶派中闪出一道电光，爆出一声鼓点，颇有点儿改弦更张之意。作者在二次革命战争时期，白色恐怖严重和文禁森严的上海发表了这部小说，而且居然有上述几段文字成了"漏网之鱼"得以见诸报章，大概当时的读者会为之击声、雀跃！这多少需要作者有一点勇气！也许作者是借李大我之口透露了心中的秘密："骨鲠在喉，不得不吐！"

当然，我们不能也不应在作者与作者笔下的主人公之间画等号，曹雪芹不等于贾宝玉，同样顾明道不等于李大我。但是作家的作品总是创造于作家的生活积累之上，作家的思想感情总是倾注于主要人物身上，并在字里行间流露出来，顾明道也不应例外。一个人在社会上的经济地位往往影响和左右他的政治态度。顾明道身罹痼疾，贫病交加，为维持生计不得不拼命写作，据说他的肺病已至严重阶段，仍同时为三份报刊写三部长篇小说：为《新闻报》写《明月天涯》，为《小说月报》写《小桃红》，为《永安月刊》写《处女心》。简直成了一部"写作机器"！试想陷于如此困境中的顾明道，借李大我之口发点牢骚，宣泄一点儿对现实的不满，岂不是顺理成章，而且是水到渠成的"神来之笔"吗？我们认为，就顾明道和他这个文学流派而言，在那风雨如晦的日子里，能有这么一点儿反抗的火花，进步的呼喊，实属不易，是十分难能可贵的。

时至今日，我们不应不加区别地将鸳鸯蝴蝶派的作家和作品一概否定，而应实事求是地对他们个人和他们的每部作品作具体分析。顾明道就是顾明道，他不同于鲁迅和茅盾，《奈何天》就是《奈何天》，它不同于《阿Q正传》、《子夜》，论者不能强求一律，也不必因为《奈何天》有一定的进步意识便无限夸大捧到九天之上。据我所看到的资料，三四十年代以至五十年代，对鸳鸯蝴蝶派的作品往往是大加挞伐，甚至对《啼笑因缘》也无视它的进步意义，被扣上数顶帽子，予以否定。持有左视眼的论者往往有意或无意地无视或贬低有益无害的作品。尽管他们标榜进步，以人民的代言人自居，其实他们在某种程度上脱离了人民，陷入了小圈子，对他们的批评文章，读者也只是认为是一家之言，他们各人还是根据作品的具体情况，得出自己的评价的。这是题外的话。

　　小说中主人公的行动必须随着思想性格的发展而发展。顾明道笔下的李大我由愤世嫉俗,思想进步,进而与"党人"交友往来,并为革命撰文了。请看书中第十八回,大我到上海谋生,租了一亭子间,拟当亭子间作家,遇到了楼下的房客韩奇林,韩原来是"党人",他对大我说:"……你写的东西只能给一般布尔乔亚作为消遣的读物,我劝你赶快改变作风才好,……我有一个朋友在本埠某书局里做编辑主任,编一种周报,名唤《丹心》,……稿费丰厚,并不拖欠,只要作品的技巧好,思想新,有力有胆,就合格了……"他们在小馆子吃喝时,大我说:"现在的时代,农村破产,一路痛哭,一般小民困苦流离,连饭也没吃……大都会的表面虽在力求繁荣,恐怕它四肢的血脉不流通,它的崩溃也是在一般人意想之中,到底是难免的……"两人又讲起著作的事来,韩奇林说:"我的意思,我们的著作总要有前进思想,打破不满的环境,博得读者热烈的同情,或是赤裸裸的把社会的罪恶,人类的丑态,在笔下完全暴露出来,我最不喜欢那些罗曼斯主义,描写一般理想的才人佳人,英雄壮士。密司脱李,请你不要再学那些鸳鸯蝴蝶派,要知今日我们的文坛,已别有一辈人取而代之,不容那些落伍文人厕身立足了……我们不要跟着这些无聊的文人,摇支秃笔,误尽天下苍生。希望你要加入我们的阵线。"(见原著下集第十九回)

　　李大我与"党人"韩奇林接触、交谈,思想观点趋于一致,并接受"党人"的引导,以"雷特"的笔名撰写激进的文章,"雷特"意在"文章好像天空中特别响的雷声,使人家闻而堕箸,震惊一时"。

　　读者也许会饶有兴味地关心着小说主人公李大我怎样走上革命的道路,如何在白色恐怖下进行斗争。但作者行文至此,突然笔锋陡转,"党人"韩奇林等和李大我同时被"警备司令部"持枪的便衣抓了去,"在韩先生房里抄获不少党人的印刷物和书籍,还有一面小旗,几个符号,证据确实,无可抵赖"。韩被作为要犯押送南京,李大我"没有进过什么党",经审讯后得以释放。

　　于是,小说中主人公李大我的进步倾向、革命言行便统统到此为止。李大我继续躲在亭子间里写鸳鸯蝴蝶派的小说,鬻文为生,继续与阿梅、玉雪等姑娘交往,发展他的罗曼斯。也许有的读者满心希望作者顾明道笔下的李大我向"党人"靠拢后,不断追求进步,在文化战线上、在地下斗争中做出一番成绩!如此的新人物新故事定能冲出鸳鸯蝴蝶派小说的窠臼,写出新意来,说不定能与柔石、蒋光慈的作品比美!但抱这样的希望,无异于对作者提出奇求,这对于顾明道先生来说,不免是强他之所难了。因为,第一,环境不允许,国共分裂以后,蒋介石一伙撕去伪装,凶相毕露,倾其全力清共剿共,对共产党"宁可错杀三千,不可放走一人",对文禁尤其森严,

宣传共产主义社会主义,宣传革命进步的书刊都在禁止之列,一批进步作家或被捕或被杀,或被迫逃亡。顾明道先生如果循着小说主人公李大我的思想性格发展,描写他的进步和斗争,并成为全书的主要内容,则这样一部作品不免会被蒋介石、国民党视为"宣传共产,煽动赤化",在彼时彼地不仅根本不可能发表、出版,并且作者很可能被戴上红帽子,遭致杀身之祸。第二,毕竟顾明道就是顾明道,他不同于鲁迅、茅盾,未必具有这两位文学巨人所具有的社会主义共产主义的伟大理想和执著的追求;他更不同于柔石、蒋光慈,未必具有这两位无产阶级作家的革命经历和为革命理想献身的觉悟。他,顾明道以残疾之身困居陋室,为糊口而日夜"爬格子",即使他同情革命,同情工农大众,但他缺乏直接的、间接的革命斗争实践,他无从积累这方面的生活,更难以通过文学作品正确、生动、形象、深刻地再现这一生活。因此,这也就决定了顾明道不可能淋漓尽致地描绘李大我从一个对现实不满、倾向进步的青年,通过斗争实践成为一个革命者,一个文学典型人物。缺乏这方面生活积累的顾明道,对进步青年李大我的描绘也只能浅尝辄止,草草收场,否则不免破绽百出,为读者和后世所诟。不妨指出,文中对"党人"的言行、活动和描写,出于作者主观想象颇多,疏漏不少,"党人"苍白无力,"知情人"一看就知道完全不是那么一回事。明显地表现出作者缺乏地下斗争的生活,因而力不从心,难以为继。由此可见"生活是创作的唯一源泉",是一条颠扑不破的真理,任谁也违背不得。但在另方面也应肯定,

《奈何天》书影

作者对教师的生活、对市民的生活是稔熟的，因而写来妙笔生花，深心应手。例如：作者写叶不凡的变心和叶妻桂宝的二期肺病；写宿儒姚先生的家庭教师席位被李大我取代后，无以为活，被迫自杀；写陈家账房毛小山欺负东家的孤儿寡妇，专横跋扈，欲取东家钱财据为己有，等等，无不活龙活现，丝丝入扣，跃然纸上。从而也再次证明作家应该写自己熟悉的生活。无本之木、无源之水是难心存在的。

鸳鸯蝴蝶派以"游戏笔墨，备人消闲"为主旨，提倡"不谈政治，不涉毁誉"、"有口不谈国事，寄情只在风花"。但这个派别的作家并不是铁板一块的，他们生活在那个时代，那个社会，他们的思想生活和作品不能不受时代和社会的影响。贫病交加的顾明道不免从思想感情上同情工农，同情进步，因而有所流露，有所表现。作者不知不觉地站在贫苦人民一边，反映他们的呼声和向往。应该说这是顾明道的思想，向好的方面变化，这是一种进步的表现。尽管这一变化微小，这进步的呼声微弱，但必须予以尊重和肯定。"九一八"事变以后鸳鸯蝴蝶派中的一批作家，鉴于民族大敌当前，全民共赴国难，他们政治态度有明显的转变，写了不少宣传爱国进步的作品。在日寇狂轰滥炸下被迫逃来上海租界、局居陋室的顾明道也应是其中的一员，因而他在《奈何天》一文中，描绘李大我追求进步、向往光明是顺理成章的。在他逝世将近半个世纪以后的今天，重读他这部作品，我们对他追求进步的倾向不能不由衷地钦佩并实事求是地予以肯定。

侠骨柔肠绘文章

——《荒江女侠》赏析

蒋丽萍

．　　一个是绝代佳人般的容貌,却又生得一副古道热肠,且有一身过人的武艺;一个是青年英雄,"气宇轩昂,如凌云白鹤",且与前者师出同宗,患难相交。

　　这一男一女相遇,怎能不引出许多故事来?《荒江女侠》全书四卷,一百二十万字,千回百转,叙述的,就是荒江女侠方玉琴与其师兄岳剑秋行侠四方的故事。

　　方玉琴替父报仇本是缘起,然贯穿全书的,却是一个"侠"字。第一回,方玉琴冒死独闯韩家庄,就是为了替旅途中所遇的书生祝彦华找独脚大盗韩天雄报杀妻劫财之仇。以后数十回里,琴(方玉琴)剑(岳剑秋)二人辗转四方,出生入死,大破天王索诛淫僧,巧斗白莲教杀妖女,仗义闯公署救善人,踏平邓家堡除七怪,弄沸太湖水捣横山等,无不出于"侠义"二字。其他正面人物,如玉琴之师—明禅师,剑秋之师云三娘,飞云神龙余观海,剑客闻天声等,亦是一样的敢除恶霸的侠义之士。洋洋四卷,读之令人痛快。但,痛快之余,却又对作品内涵之单一而略感不足。众侠士(女)虽也睥睨官府,但他们每有豪举,最后总是报告官府,让官府来作善后处理。有时,则干脆与官府携起手来共同行动。比如,与洛阳府吏谭永清一起翦除邓氏七怪;与淮安府祝彦华一起围剿洪泽湖的水寇等。虽然作者之意在歌颂他们的除暴安良,然当年的黑暗政治来看,他们的侠义行为有多少价值不免要大打折扣。好在作者提供的形象丰满,潇洒地读下去,还是挺顺的。

　　《荒江女侠》在刻划人物方面,还是很下功夫的,尤其是对琴剑二人。女侠玉琴武艺高强,且性如烈火,言行举止,莫不带有少女的任性;而剑秋呢,虽为剑侠,行动上却多了几分谨慎和克制,颇有伟男子的一种风度。两相配合,倒也相得益彰。琴剑二人的爱情纠葛因作者的善解人意,表现得既缠绵动人又很合情合理,读之令人感动。其他人物亦较生动。如韩天雄之女韩小香,虽为剧盗之女,但又不乏女儿之情,为嫉恨表姐的爱情,不惜暗算自家亲人,其中曲折,表现得徐缓有致,很是耐读。又比如小神童程远,年少气盛,后流落江湖,为常龙常虎常凤三兄妹所骗,一步一步

陷落匪地,情节曲折离奇,不能不为之一唱三叹。另外,如占岛为王的非非道人,风流儒雅的曾公子曾毓麟,别有怀抱的莲姑,老英雄云中凤、萧进忠等,都各有性格,刻划他们的行为举止,喜怒哀乐,绘声绘色,细腻动人。相反,倒是那些高人,如一明禅师、云三娘等,反倒苍白无力,显得平淡,好像在他们身上只有那股无所不能的仙气。

《荒江女侠》全书共八十七回,故事繁复曲折,却无疏漏之处,书中人物百余人,来龙去脉个个关照得妥妥帖帖,可见作者构思时考虑之缜密。全书虽枝节蔓生,却不脱离主干,桩桩件件都与俞琴二人相关,这也可看出作者的苦心孤诣。比如作者用很重的笔墨描写壮士李天豪在海岛上巧遇非非道人的经过,实是为日后剑秋落水为非非道人所救的经历作铺垫;又比如书中前几回就细读玉琴在鲍提督府中的遭遇,这又为第八十一回的"龙骧寨剑仙救大厄"埋下了伏笔。前三十四回中从红叶村逃窜的贾振威,到后八十一回中以"九龙取水"射中琴剑二人新婚罗帐;前十九回来飞虎痛失妻儿,看破红尘削发为僧;后七十三回中,却借了他的佛力,"洪泽湖驾舟追寇"。每每读到此,总会佩服作者的细针密线。由于故事曲折,却又首尾照应,一卷在手,往往会令人废寝忘食,欲罢不能。此书出版后被改编为连台本戏,想来大概是这个原因。

《荒江女侠》既是武侠小说,该是亦武亦侠的。依笔者愚见,此书写"侠"最是动情认真,写"武"却不见出奇。与后来的新派武侠小说相比,此书中的武打场面实属平平,略可玩味的便是那令人难心捉摸的"剑丸"。此物既非一种实物,却能抗敌杀人,书中对其来历未有详说,或许只是剑气凝聚而成也未可知。书中凡高手相遇,必以剑丸相斗,或是"倏的飞起两粒银丸来,银光回旋了一下,墙上的尖刀都已削平"(云三娘);或是"忽听一声巨响,从庵中飞起一道白光,寒光森森,在天空中忽大忽小,时上时下,矫捷非常"(虬云长老);或是"空中有一道白光如游鱼般倏来倏去,……接着嗤的一声响,峰上又飞起一道白光,其细如线,向那第一道白光缭绕不停。一会儿渐渐放大,粗如匹练,照耀人目;一会儿又有一道紫光如车轮般大,霍地飞起,迅如流电,白光便灭了"(金光和尚)。凡此种种,神奇莫测。

《荒江女侠》成书于半个多世纪以前,自然在语言上受着那个时代的影响。全书语言典雅干净,很是悦目。虽是白话,却不脱古文及古诗词的影响,读来别有一种趣味。比如书中第三十一回风流公子曾毓麟劫后余生,更对女侠倾慕不已:"琴妹此来亲入虎穴,把我救出,这样的恩德,教我如何图报?唉,怎样图报才好呢?我自前番琴妹走后,常有琴妹的一倩影,藏在我的心坎里,觉得人生聚散无常,最是一件憾事。最好字典内只有一个聚字,散字却用不着,别字也用不着。黯然销魂者惟'别'而已

矣……"这样跌宕缠绵的表白,很像明代话本中的语言,那节奏,则颇接近于宋词了,而总的基调,则与"五四"后的新文化提倡的白话文一脉相通。

若将《荒江女侠》与后来的小说相比,则文采不及梁羽生之盛;涵意不及金庸之深;境界上不及古龙之悲。不过,在旧派武侠小说中,《荒江女侠》显然不属下品,这是有目共睹的。

一出催人泪下的寡妇恋爱悲剧

——读《玉梨魂》

袁 进

寡妇是中国封建社会中处境最悲惨的妇女,作为"未亡人"的主要任务是为丈夫"守节",等待死亡的来临。假如死去的丈夫遗下子女,她又必须尽一切力量把子女抚养成人。善良的寡妇根本不能有谈情说爱的非分之想,理应过古井不波的孤寂生活。谁要是扰乱了寡妇的感情生活,谁就是对她不仁。因此"寡妇恋爱"题材是一个先天性的反封建题材,创作这样的作品本身就需要勇气。中国古代小说中不乏寡妇的形象,《红楼梦》中便有一位寡妇李纨,虽也参加诗社,当了主持人,却是个心如止水,夫死从子的标准寡妇。"威赫赫爵禄高登,昏惨惨黄泉路近"。曹雪芹描绘了这个寡妇丧失人生乐趣,最后被礼教吞噬的凄惨命运。但是"五四"前还没有人以充满同情赞颂的笔调,写过一个不能克制情欲,在爱情与礼教的冲突中被吞噬的寡妇。《玉梨魂》触及的是一个前人未曾触及又不敢触及的社会问题,追求寡妇的青年和热恋的寡妇都是作品歌颂的正面形象,这就使作品思想上有反封建意义。

《玉梨魂》不是杜撰的香艳故事,其中有着作者的亲身经历,人生体验。1909 年,徐枕亚到无锡鸿西小学堂执教,小学在西仓镇上,同治年间著名书法家蔡荫庭即往在此,他的两个儿子俱正病殁,孙子如松就在徐枕亚执教的班中,徐喜欢这个孩子,常常进行个别辅导。在这个过程中,他爱上了孩子的母亲寡妇陈佩芬,但两人碍于礼教无法缔结良缘,由陈佩芬做主,将蔡荫庭的孙女蔡蕊珠嫁给徐枕亚为妻。这可能是徐枕亚的初恋,一直珍藏在他心中,到了二十年代,有人看见他的卧室中还挂着陈佩芬的放大

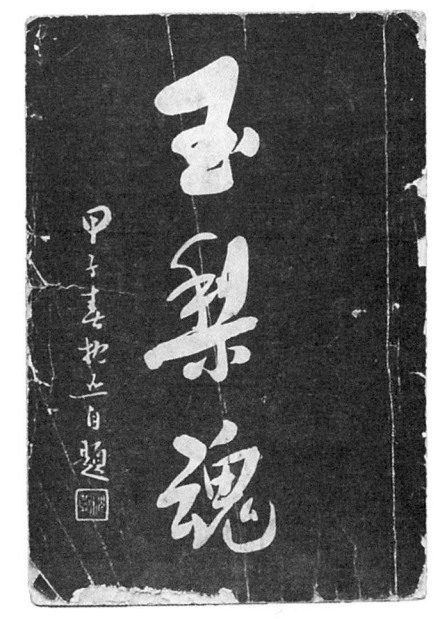

《玉梨魂》书影

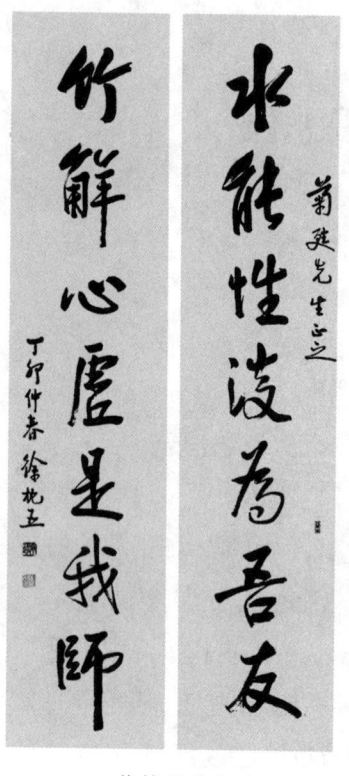

徐枕亚手迹

照片。1912 年,徐枕亚入《民权报》任编辑,便将这段恋情敷演成一部骈文小说,这就是《玉梨魂》。当时他只有二十三岁。

假如按照五四时期的新思想,徐枕亚可以将小说写成打倒吃人礼教的力作,然而徐枕亚是个深受封建礼教影响之人,如果没有这段亲身经历,很难设想他敢于创作这类小说。他要通过创作宣泄他失恋的苦闷,又力图使这段违背礼教的恋情得到礼教的认可,于是按照他的理想使这段爱情"升华",让主角从陷入"情孽"开始,以"殉情"告终。以此来调和爱情与礼教的冲突。

这样,小说中的人物便充满各种矛盾:尽管作者把守寡三年的梨娘作为理想人物,她还是颇有荡检逾闲之行的。她悄悄爱上了何梦霞,主动偷入梦霞卧室,取走他的诗稿,遗下茶花一朵,暗示取稿人是她而非别人。由此两人挑明了恋爱关系,鱼雁传书,络绎不绝。然而梨娘又意识到自己是"丧夫不祥之人",必须时时保重"名节"。她知道不可能与梦霞成婚,却又希望梦霞时时惦念她,主动赠送自己的玉照。在李某伪造梦霞信件欺骗她后,她深感世情险恶。一方面,她要竭力摆脱,时时带着罪恶感深自忏悔,自责"未亡人不能割断情爱守节抚孤",并劝梦霞不要再纠缠她;一方面,她仍然热恋着梦霞,真诚地为情人打算,要为他觅一佳偶。为了以后能经常见到梦霞,她一手包办梦霞与小姑筠倩的婚姻,全不顾两人有无爱情。对梦霞执着的痴情与服从礼教的虔诚构成她内心世界的两极,她在矛盾中徘徊,无法找到出路,陷于深深的痛苦之中,只好扔下八岁的儿子,以死求得解脱。她只要再向前跨出一步,戳破礼教这层纸,就可以获得爱情。可是她的信念不允许她这么干,她只能把这场恋爱看成是绝望的"孽缘"。"哀莫大于心死",心灵的束缚是最富于悲剧性的,从中显示出礼教束缚人心的威力和摧残人性的残酷。

问题在于作者与他的人物站在同一层次上,他也把这场恋情视为"名花多难,祸根种自前生",是命里注定的"魔劫"。梦霞就是"情魔",他的"用情失当"、"情、痴、毒"是造成悲剧的原因。对"情"持谴责态度。但在实际描绘中,他又是矛盾的,不仅没有把梦霞写成对寡妇"不仁"的恶棍,反而极力讴歌他们的爱情,甚至为他们的爱情找到一顶"爱国"的大帽子:"能为儿女之爱情而流血者,必能为国家之爱情流

血;为儿女之爱情惜其血者,安能为国家之爱情而拼其血乎?"作者从"情"出发,歌颂出于"至情"的情爱专一,又赞美主角的自顾"无礼",认为只有在自觉服从礼教中,爱情才能得到升华。但在对失去"名节"的恐惧中,我们却看见对"礼"的恐惧。"如此风波如此险,可怜还为恋情生"。主角都想用"礼"来克制"情",但"情"又克制不下去,只好将不能相爱归诸前生,相约来世再结良缘,露出屈服于"礼"的无可奈何,无能为力的悲哀。作者的本意是想用"发乎情止乎礼义"来调和"情"与"礼"的冲突,但是"止礼"的结果是"殉情",可爱的男女主角被迫自杀,实际上把"情"与"礼"置于尖锐对立的地位,使得读者的同情无疑是在"情"的一边。

　　结果,真诚热烈的情爱与呆板僵硬的说教组成不同的声部,很不协调地交织在一起,构成作品的病态情调;一种消极颓废的呻吟,自己折磨自己的痛苦。这种病态表现为男女主角真诚相爱却又为不"越礼犯分","避瓜李之嫌",一生只在万不得已时才见过两次面。他们不仅毫无砸烂封建枷锁大胆追求自由结合的愿望,反而自觉地用"礼"束缚自己,心甘情愿被礼教吞噬,并且认为这是崇高行为。既然没有勇气打破礼教的束缚,爱情悲剧的终场是排定了的,由此形成的黯淡前途规定了作品颓废缠绵,哀伤低沉的基调。它体现了作者的病态:要抒发自己失恋的苦闷,肯定这段叛逆的恋情,同时非但不以造成不幸的现存社会为非,反而想以这样的社会为依托,仍旧承认礼教的权威,试图改良礼教,在礼教中为"寡妇恋爱"寻到一席藏身之地。他把礼教当作信条,时时表现出压抑人性服从礼教的自觉感和光荣感,一种麻木不仁的沾沾自喜。他想使主角向社会道德认同,但他的亲身经历和人性要求给作品造成的实际影响又使小说提供的内容超出了作者的主观意图,实际上触及了寡妇有无权利去爱,爱情应否自主的社会问题。

　　平心而论,在小说中,任何道德说教都是苍白无力的,它的力量远不及作品中活生生的人物行动和心理描绘。《玉梨魂》问世后,是民初声誉最著的小说,在近代出版业还相当简陋的条件下,这部书居然翻版几十次,销数几十万,今天的读者已经难以想象,一部骈文小说也会这般流行。很难设想,一部小说能够依靠道德说教打动数百万读者,人们还是为梨娘之"苦"洒下一掬同情之泪。有一件事也许可以作为佐证:徐枕亚的续弦是清末最后一位状元刘春霖的女儿,她由阅读徐枕亚的《泣珠诗》到《玉梨魂》,被作者的才气所打动,不顾"状元小姐"的身份爱上这位小说家,一定要做他的妻子。此事理所当然遭到状元的强烈反对。这时,《玉梨魂》的"发情止礼"的道德说教和"以情为孽"的解脱途径几乎未对这位女士产生任何影响,她一意孤行,执着地要嫁徐枕亚,终于如愿以偿。

《玉梨魂》在艺术上运用了不少新手法：中国古代小说对人物心理的描绘一直是动态的,通过人物的语言行动,富有个性特征的细节来暗示人物的心理状态。这种写法虽有笔墨省俭,形象传神,耐人寻味的优点,但也往往影响对人物内心世界的深入挖掘。《玉梨魂》故事情节简单,人物极少,而又受到"礼义"束缚,处于被隔绝的状态,主角只好通过诗歌、书信、日记来剖白自己,交流人物的思想感情,推进故事情节的开展,从而使作品在叙述过程中不断出现静态的人物思想感情的描绘。徐枕亚是写信能手,专门编过一本情书手册《花月尺牍》,在民初很流行。《玉梨魂》中书信占了相当比重,这些信热情洋溢,忧伤沉痛,给作品带来特殊魅力。在此之前,中国的小说还从未意识到书信能在小说中发挥这么大的力量。正是这些书信、诗歌、日记,弥补了作品情节简单的不足,加强了对人物主观世界的描绘,刻划了他们丰富复杂的内心矛盾,向读者展示了小说的新天地。

在结构上,《玉梨魂》运用倒叙手法开头,增加作品的悬念感,突出人物的伤感气质。以后小说顺时叙述,慢慢道来,至结尾时又突然笔锋一转,拉出筠倩的日记,半年多时间一下跳过,从中显然可以看出模仿《巴黎茶花女遗事》的痕迹。《玉梨魂》描写景物不再如古代传统小说那样,从人物的眼中看出,也不像《老残游记》,景物写得虽好,但与小说的情节推进,人物性格的刻划关系不大。它有大段单纯的景物描写,大多是为渲染烘托气氛,描写人物心理服务的。从这些地方,我们可以看到《玉梨魂》吸收的西方小说营养,看到它为中国小说发展提供的新因素。

倘若与五四时期新小说比较,无论是思想上强调"人"的基本权利,打倒吃人的封建礼教;还是艺术上的情节淡化,从外部刻划人物转入内部的心理分析,以及倒叙和跳跃式结构,渲染气氛的单纯景物描写等等特征;都可以看出充满矛盾。新旧杂陈的骈文小说《玉梨魂》为五四时期新小说的问世是起了铺垫作用的,它是"改良"而不是"革命",它的过渡特性铺垫作用也恰恰体出在它的"改良"上。中国社会的状况、中国小说的发展都不会允许小说跳过清末民初的"改良",一下子就达到五四时期新小说的"革命"上,这就是《玉梨魂》"改良"的价值之所在。

贵在雅俗共赏

——评小说《杨乃武与小白菜》

鲍世远

一个演员的杰出表演,使观众为之倾倒;一幅名画展出,令观众赞叹神往,这都是由于艺术魅力起着重要的作用。

杨乃武一案是晚清四大奇案之一,名震中外。小说《杨乃武与小白菜》以这一奇案为依据,把杨乃武蒙冤受屈的案情作为主线,用通俗生动的笔触,深刻地揭露了清代朝政的腐败,抨击了封建制度的黑暗,描绘了民间的疾苦,官场的腐朽,表明杨乃武的冤案不只是个人的不幸遭遇,而与老百姓的祸福休戚相关;使杨乃武的冤案能不能平反昭雪,真凶能不能归案,成了老百姓关切倍至的问题。故事的曲折离奇,情节的波澜起伏,人物形象的生动鲜明,结局的深沉跌宕,这都是小说所以受人的赞赏的原因,也是小说艺术魅力之所在。

小说《杨乃武与小白菜》的作者黄南丁先生尊重实事,以民间故事与逸史轶闻为蓝本,历时两载才完稿,保持故事内容的通俗性和情节安排的离奇性,构成这部小说的特色之一。

故事内容的通俗性,是作品取得成功的主要因素。通俗性以实事为依据,辅以艺术加工,力求适应人民群众的欣赏习惯,采用章回体娓娓叙述故事的方式,有起有伏,有分有合,有张有弛,有声有色的描绘手法,将这件冤案的变迁和主人公的命运,始终紧紧扣住读者的心弦。文笔的朴素实在,内容的通俗易懂,摒弃低级色情的描绘,通俗而不庸俗,保持较好的可读性和一定的人民性,具备以上条件,就使《杨乃武与小白菜》成为一部流传深广的通俗小说。

情节安排的离奇性,是这部作品取得成功的又一个重要因素。离奇性同样是以实事为依据,并不一味为离奇而离奇,任意编造,陷入荒唐怪诞的泥淖。这部小说情节的铺排,是按两条线索交织变化发展的。一条是杨乃武蒙冤受屈,功名被革,他被酷刑逼供,锒铛入狱;但他始终不服,历尽痛苦,一再申诉,一再翻供,一再复审,多次受刑,历时三年,终于得到平反。另一条是以余杭知县刘锡彤为包庇儿子的罪行,仗

势弄权,层层打通关节,官官相护,欺世害民,以权谋私,欲置杨乃武于死地而后快。但是机关算尽,自以为得计,终于恶贯满盈,自食恶果。这两条线索,紧密纠葛,错综复杂,杨乃武濒临绝境,竟然九死一生;刘锡彤父子趾高气扬,满以为一手遮天,却落得个身败名裂,罪有应得。陷害与反陷害,翻案与反翻案,交织成许多曲折离奇的情节,扣人心弦的场面。从表面上看来,杨乃武得到平反,刘锡彤父子自食其果,似乎由于醇亲王的"贤明",慈禧大发慈悲。事实上,这是地方官权与朝廷官权之间的明争暗斗和矛盾冲突,在斗争冲突中,被主持"公道"的一派大员识破假象,才使冤情得到翻案。

这部小说对清代官场腐朽黑暗的揭露,为读者打开眼界,成为又一鲜明特色。刘锡彤以一个小小余杭县的芝麻绿豆官,本来没有什么了不起,可他有一个有名无实的在朝身居大学士的乡试同年宝鉴作为后台,狐假虎威,就可以无法无天,草菅人命。而且这个后台,成为刘锡彤公报私仇,欲置杨乃武于死地的得力靠山。

但是,杨乃武是新科举人,有功名在身,按照清朝刑律,必须先由知府剥夺杨乃武的功名,才能拘捕归案。这本来是刘锡彤的职权所难以办到的。可是他就仰仗朝廷的所谓靠山,贿赂杭州知府,居然革去杨乃武的功名,并将其逮捕入狱。

为了包庇自己儿子的罪行,刘锡彤挥金如土,层层贿赂各级官员达二十人之多,手法的卑鄙,行为的丑恶,罪行的吓人,手段的毒辣,令人发指,小说对其彻底曝光,深刻揭露。至于对蒙冤受屈的杨乃武,所用的酷刑,手段的狠毒,刑罚的残酷,使观众深刻地认识到清政府的黑暗腐朽。

小说《杨乃武与小白菜》,全书共四十二回,每个回目各有动人的故事描述。但其中个别回目,似已山穷水复,却又柳暗花明,异峰陡起,情节骤变,精彩纷呈,颇其魅力。第四十一回"告部状滚三寸钉板";第四十二回"听秘密昭雪沉冤",就是生动的例证。前者描写杨乃武的姐姐杨淑英,为救兄弟于死罪之中,冒死上告,忍受滚三寸钉板的果敢行为。这个情节将成为杨乃武得以起死回生,平反昭雪的契机。后者安排杨乃武与小白菜在刑部密室相会,刑部官员用隔板听秘密的巧计,使小白菜在关键时刻吐露真情,说出罪魁祸首。这是最终揭开沉冤的秘密,使冤案终于大白于天下。

《杨乃武与小白菜》作为清朝实事和民间故事,广为流传后,影响所及,出现了京剧、评弹、评剧、沪剧、越剧、曲剧、方言话剧、锡剧等剧种相继改编上演《杨乃武与小白菜》的新景象。

小说《杨乃武与小白菜》作者黄南丁先生,写作态度认真,他认识到杨案为一确

有其事的冤情,不能像某些武侠言情小说那样随意杜撰编造,所以他尊重事实,收集资料,参阅浙江提刑按察司的奏状、刑部奏状,以及杨案的全部案卷,力求案情的确切。如果说,小说在揭露和批判清代朝政的腐朽性,封建统治阶级的反动性,以及描写当时社会生活的复杂性等方面感到不够深刻,那主要是受历史条件的限制与作者对事物观察与分析能力的局限所造成的。

《杨乃武与小白菜》,奇案重重,冤情沉沉,读者从中窥察到封建朝政的黑暗,朝廷命官的腐败,读完全书,人们会有这样的共识:贵在雅俗共赏。

只是一本近代文学资料

——评《蝶花劫》

周 劭

　　《蝶花劫》一卷,十八章,约七万字,蒋箸超著,民权出版部 1917 年 11 月第三版,卷首有着作者甲寅六月《著例》,则成书当为 1914 年,即民国三年。蒋箸超生平不详,仅知为浙江绍兴府属人。所著除《蝶花劫》外,尚有《琵琶泪》、《绿凤钗》两种,为同一性质的小说。

　　蒋箸超当是旅居上海的旧派文人,与吴双热、徐吁公等交往,惟不逮吴、徐之知名。本书和著名小说《孽海花》一样,创始于金天翮,由曾朴就其所草五回写成全书。本书开头二章为崇明人徐吁公所草,中亦有吴双热的文字,由著者"修割终篇",其续写十多章中的诗词,也采用徐、吴的诗词作品,这是那时旧文场的一种风气。

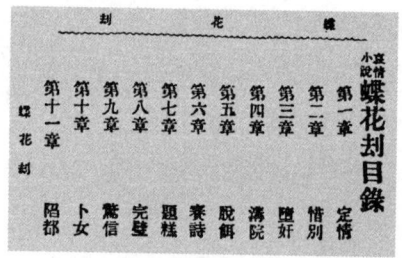

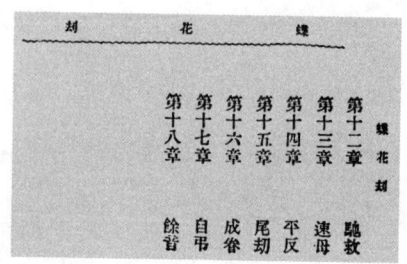

《蝶花劫》书影

本书的封面标明是"哀情小说",即是后来的"悲剧"。不过"悲剧"的含义较广,而"哀情"则总是演男女的恋情,这便是所谓"鸳鸯蝴蝶派"之由来。本书更是该派的正宗,它的书名中有一个"蝶"字,而且书中男主角"梦蝶"之姊名"梦鸳",鸳鸯与蝴蝶齐全了。说是该派的代表作品,殊为正确。

在"五四"新文学运动之前,我国写作通俗小说的,可分成两个系统,一是沿着唐人传奇用文言写作,另一则是本着宋、元话本用白话著述。后者根据说书人口述记录,文字通俗却不雅驯,不为士大夫所重视,但后来却附庸蔚为大国,凡是传世的经典作品,都是以白话写作的,直至晚清的四大小说,能够直接衔接新小说的出现。前者则除清初蒲松龄《聊斋志异》之外,文言小说几乎不曾出现过好的作品。但是一些自命高雅的文人,却死抱着僵硬的文言不放,在清末民初又掀起一股逆流,以徐枕亚为代表的"鸳鸯蝴蝶派"作品《玉梨魂》曾传诵一时,随之而来模仿之作,汗牛充栋,不可胜数,本书便是那时的产物。

其所以产生这些作品,其原因大致是出于作者的本身,他们大都是江浙人士,以苏州和绍兴为多。在清季废科举和改革官制之前,苏州是掇巍科取高官之乡,绍兴则游幕遍全国,俗称"绍兴师爷",他们的文笔都可超凌各省,一旦科第让给东西洋学生,幕友生涯让给实任官吏,他们一部分人失去了依傍,份份麇集上海十里洋场,恰逢那时印刷机器输入中国,报章杂志风起云涌,开始有了按字数计稿酬制度,为那些文人开辟了一条广阔的笔耕谋生之途。但他们多以文字游戏,不屑精心结构而粗制滥造,日成万言的作品便充塞于报章杂志和单行本上;我在少时收集那些作品便达数百种之多,可惜均付秦火,否则倒也是难得的文献。

另外一个促使文言小说的回潮,是受林译小说的影响,严复所译固都是学术著作,但都是用文言译的,高洁典雅,风行一时,为时人所喜,遂群起而摹仿之。然而他们所见到的只是林纾的译文,根本不会去研究原著的作者谁何和著书的宗旨何在。所谓"买椟返珠",仅袭取林译的皮毛,而于西洋文学的精义,一无所知。此汗牛充栋的作品之所以不数年只能充覆醅之用而已。

《蝶花劫》的故事,倘使用蒲松龄撰写《聊斋志异》的写法,七万言的小说,只可缩成数百字的短篇。其梗概大致是:有李花者,幼失怙,母女相依,教以诗本,为作男子装,出外就傅,游学申江,寄食于表舅徐某家。徐无赖,有子馨郎则犁牛之子,因馨郎而识梦蝶,郎才女貌,遂订三生。时辛亥冬,东南光复,惟南京未下,李花从女子军北伐而卧病军次,延军医诊视,传军医即梦蝶也。妙手回春,两情更深。时徐将赴

京,花亦欲同行,不知徐固视花为奇货,到京即货花于王参事为姬妾。不从,则被锢于密室,有仆妇周妈为之通饮食,哀其遇为之划策:王虽富而蠢,其继母及异怀妹则仁且侠,可托庇于两人以解其厄。事果谐,护花有主,不复畏沙吒利矣。王固江南籍,久思南归,于是挈花同行,然花母及梦蝶失花所在,并未知其忆脱阰南还也。于是蝶北上迹寻,则被徐、王诬以敌党,陷身图圄,几遭不测。又得王母凭其夫旧属之力,为之昭雪。蝶花有情人终成眷属焉。

这样简短的情节,中间虽然男女主角各有些曲折经历,却是以大团圆结束,并没有什么"劫"之可言,那末可以能以数百字的短章衍为七万言的长篇呢?便是中间插入许多作者自撰和他朋友们所写的诗词,这也是受徐枕亚《玉梨魂》的影响。那些诗文当然不能和曹雪芹代宝黛所撰相比,说它好也不好,坏也不坏,无非借书中人物来炫耀他们的诗情文采而已。

这一派文人的作品,所以为评论家所贬落,便是写作态度极不谨严,并无实际生活经验,凭空想象,率尔下笔。即有些时代背景,亦得之耳闻,并未身历,使人读来并无真实感。清末革命,虽有秋瑾这样人物,但光复联军攻打南京,焉有女子北伐军之组织。民国三年正是袁世凯图谋恢复帝制之时,以陆建章为首的军政执法处在北京大肆捕捉敌党,累及无辜,致酒楼茶肆均贴"莫谈国事"告诫,但梦蝶入狱与出狱均非如此之简单。本书的些微时代气息,如此而已。至王母母女以及周妈那些人,则全系那个时代不可能有的人物,作者只凭想象虚构。所以本书连同那些同类的书,也只能在专门研究近代通俗文学的著述中留下一个书名罢了。

程瞻庐和他的《众醉独醒》

马尚龙

《众醉独醒》写的是二十世纪二十年代苏沪几个新旧知识分子的故事。

作者程瞻庐,原名文棪,前清高等学校毕业,在苏州以教书为业。起初在王家坐馆,后来在晏成中学教国文。授课之余,他时常去听书,并和不少旧知识分子接触,其中有些还是科举人物。他与这些知识分子广泛交往中,熟悉他们的生活状况,了解他们的精神面貌。在过渡时期,新旧矛盾是很显著的,他有反映这个矛盾的条件,一是他善于以嘲笑的笔墨来刻划一切;二是他熟悉这些人的生活习惯和思想意识,并能运用说书人"绘声绘形"的技艺,写出动人的文艺作品,虽着墨不多,作品中的人物似可呼之欲出。因之,顾明道序《众醉独醒》评论道:"非瞻庐无比妙笔以继之。"

程瞻庐

程瞻庐显然是受了当时世界局势的影响,请看《众醉独醒》第一回的开头——

> 欧战告终,时局大变,蓦地里跳出一位大神大圣的劳动先生,生龙活虎般的在那社会里面出头露角起来。这是阶级制度的反响,肃复盈亏,称不得甚么意外奇变。但是资本家听了恰似青天里降下霹雳,只落得三魂去一,六魄少双。其实破除阶级不是绝对做不到的事。

就在这大变的时局中,围绕着苏州富翁刘邦平,几个新旧时代的文人粉墨登场了。

富翁的书记徐勉斋,倒也有些学问,只是一看到主人便低三下四,"好好一只宽

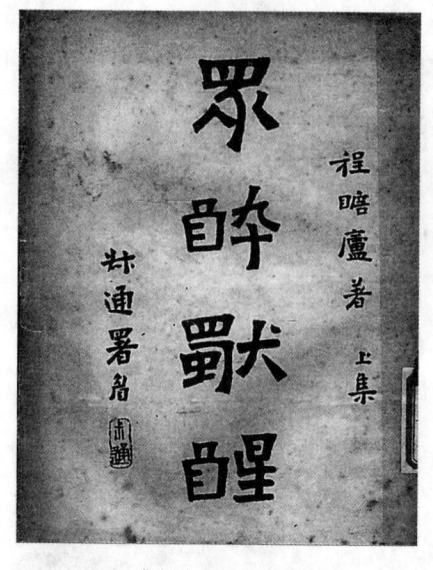

《众醉独醒》书影

大椅,他只坐了一小块,同坐那脚踏车的模样相似。只因富翁在座,便觉得自己的四体百骸都不由自己做主,说一句话,两肩耸得丫权似的,答一句话起码要连说六七个'是'字。"可是当他代东家为少爷,延请西席时,面对三个潦倒文人却是趾高气扬,一副东家派头,甚至要以对分西席酬金为条件。

但是比起被延请的西席伍青严、徐勉斋真可谓小巫见大巫了。伍青严虽是个旧文人,却是除了"之乎者也"外,什么都不会,这样滥竽充数的人,居然当上了少东家的先生。于此,作者肯定是想一箭双雕,来个双重讽刺,讽刺了伍青严之流的滑稽,也讽刺了起用伍青严的东家的可笑,而这个东家,大而广之,便是当时的社会。更有甚者,伍青严最后居然受到重用,赶走了书记徐勉斋,因为比起后者来,前者更加没有学问,更加没有道德,更加心狠手辣,直至席卷了主人三千元钱逃之天天。更加与旧时代合拍。

在这一片黑漆漆、乌沉沉的旧社会中,伍青严等人正是《众醉独醒》中的"众醉";那么"独醒"者竟是何许人也?他便是富翁刘邦平的大儿子刘玉如,以及一些接受了民主与科学思想的知识分子。虽为守财奴的儿子,但是刘玉如却从小即在外就学,所以"和他老子的思想起了绝大的冲突",几次写信劝说父亲要合乎民意,合乎潮流,虽被刘邦平视为孽子而不后悔,为了普及民主与科学的思想,他又积极参与"共产主义式"的新村建设。全书末尾,又以其唤醒沉醉多年的父亲为结束。作者对其厚望,亦可见一斑。

厚望归厚望,刘玉如及其乌托邦的新村却让后人忍俊不禁,这大概也与俄国"十月革命"之时的新闻媒介过于落后有关。这位程老先生一定认为,不管社会多少黑暗,只需有几个新文人,辟千百平方土地,篱笆一围,便形成一个可以脱离旧社会的新村。"村中的新业划分三大部,一是建筑部,二是家政部,三是教育部","窗明几净,心旷神怡",人人有饭吃,人人有书念,人人有道德。这一切,多令人向往,但又是那么幼稚,这恰恰显示出作者"读书人"的底色。陶渊明的"桃花源梦",在《众醉独醒》中也再让人回味一番,乌托邦的设计,基本上都是作者的美丽梦幻。

但是,这些并不妨碍《众醉独醒》作为旧派社会小说的存在,因为它的主要功能

是娱乐性和消遣性的,《众醉独醒》首先在《申报》上连载发表,便是例证。而程瞻庐尤其善于这类小说的写作。和作者同时代的旧派小说家严芙孙对作者有这么一段评介——

> 君于文无所不能,尤善为滑稽小说,描写下流社会中人口吻,维妙维肖。君偶出,见村妇骂街,辄足而听,借取小说材料。君得暇,啜茗于肆,闻茶博士之野淡,辄笔之于簿,君之细心又如此。君之著作,以沪上书刊报之最多。长篇巨制有商务印书馆刊行七部,中华书局刊行一部,均为时人所传诵。

所以,读《众醉独醒》常有着滑稽戏的感觉,有时好笑,有时亦不免流于庸俗,想来大概是很符合当时读者的口味的。

瞻庐的《透视眼》

殷慧芬

《透视眼》虽然归之为小说，我却觉得说它是讽刺性的寓言故事似乎更恰当些。

故事很有趣，一波三折，有惊无险。说的是一个名叫张光宗的十六岁的男孩，因不堪后母凌辱，逃到深山，经两只会说话的乌鸦指点，出发去寻找一种神奇的透视水，用它洗了眼，能看透人心，分清人的美丑善恶。

张光宗在山里几经周折，找到了透视洞，又在洞里几经磨难，先是遇见一对好心的梅花鹿，梅花鹿借给他闪闪发光的鹿须，使他得以在黑暗的山洞里似在电筒光照耀下行走一样，接着他又遇见一只斑斓猛虎，奇怪的是那竟是只受过戒的"出家"老虎，那老虎额上烫着七个香疤，自称"世上动不动便是吃人的两脚虎"决不能与他相提并论。猛虎赠给张光宗一串分水佛珠，仗着这串佛珠，张光宗安然涉过一片大水。

有了两次经验的张光宗，原以为前面还有更可怕的猛兽，没想到第三进洞竟是

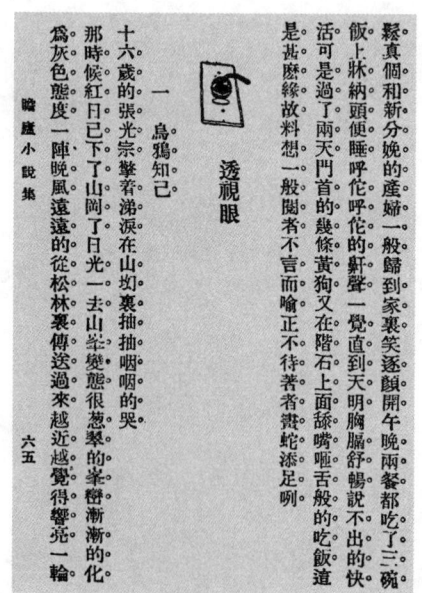

《瞻庐小说集》书影

一个琼瑶仙境。在两位天仙美女的导引下,只见里面亭台楼阁,奇花异草,美不胜收,而且笙箫琴瑟,仙音袅袅,草坪上二十多个粉搓玉琢的绝色美人在随乐起舞,说不尽的千娇百媚,且边舞边唱,张光宗正看得如痴如醉,却不料一曲终了,这些绝色美人摇身一变竟成了细腰尖嘴的狼群。

张光宗骇得转身就逃,却被先前的两位天仙拦住了,天仙啐他说,你的眼睛真是看不出好歹,这里四只脚的狼个个生有善心,世上两脚的人倒往往生就了狼心,说罢也现了狼形。

在狼的帮助下,张光宗叩见了洞主——一位慈眉善目的白发婆婆。白发婆婆款待了他吃喝,留他住宿,答应次日一早便把透视水给他。

第二天,张光宗径直走进大厅,一揭帘子,顿时魂飞魄散,哪里有什么白发婆婆,端坐堂上的竟是只大白熊!

白熊说,痴孩子,我虽是毛面畜生,却有一颗善婆婆的心,不比世上的善婆婆,反而是一颗毛面畜生的心,人的好坏不在于他的外表而在于他的心。白熊说完了,又款待张光宗吃喝,待吃喝完毕方才命人领张光宗去取透视水。

看管透视水的是条昂首吐舌的大蟒蛇,洞里人称它长姐儿。长姐儿也会说人话,还是那番蛇身人心、人身蛇心的理论。张光宗得了透视水,用它洗了眼,只觉清凉异常,浑身舒坦,眼睛仿佛揭去了一层障蔽,他终于拥有了透视眼。

有了透视眼的张光宗,再看大蟒蛇时,看到蟒蛇肚里是一颗端正的赤心,心坎里尽是些公正、诚实、勤劳的心眼,他在辞谢大白熊时,看见白熊的心,满是慈悲仁爱,又看见群狼的心一个个都是光明磊落。张光宗想,禽兽的心尚且如此,人的心一定格外的宝贵美丽。张光宗告别了好心的梅花鹿、老虎、乌鸦,回到人间。

岂知洞中方一日,世上已千年,张光宗回到家乡,山河依旧,人面全非了,他自己本人也成了一个白发老翁。张光宗的奇遇引起了世人的好奇,人们纷纷请他透视心灵,先是村人,张光宗一一看来,竟能丝毫不差地猜中他们的心思,诸如想买条牛啦,想发财啦,只是有一点他没说,就是村人的心一个个都不那么端正无邪、光明磊落,均在蟒蚁、猛虎之下,张光宗暗暗失望。后来张光宗又看了县太爷的心,发现县太爷的心不仅长歪了,且有半边是死灰的,远在村民之下。接着又看了大将军的心,只见那心乌黑乌黑的,且长在胳肢窝里。张光宗见了未免胆战心惊,哪里还敢相处。又见许多达官贵人的心,胸中无不是藏着狼心、狗心、虎心的,久而久之,张光宗想,与其提心吊胆与人面兽心的做朋友,不如和兽面人心的同志,当下不辞而别,回到深山老林,寻那白熊婆婆去了。

　　小说的劝善征恶、愤世嫉俗是相当明显的，作者讽刺、挖苦了那些达官贵人的禽兽之心，显然有感于当时（三十年代）的官场黑暗、世态炎凉，方才有这么一篇类似于泄愤的小说，令今人读来，依旧有痛快之感，它使我们很自然地联想到鲁迅先生对于国人劣根性的切齿痛恨，自然瞻庐和鲁迅不可同日而语，然而瞻庐先生的勇气和针砭时世的胆略亦令人敬佩。

　　这似乎与瞻庐本人的经历有关。

　　程君瞻庐，曾任吴中景海女学校中文教务长，并同时在江苏省高等学校等处兼教，屡执教鞭，苦于课卷删改之累，与人相处之难，忽一日，突然醒悟，觉着人生最珍贵的莫如优哉游哉，自行其是，便辞去了所有的教务，回到家里读书写作。这一举动很有点儿像张光宗，在阅尽人间黑暗后皈依透视洞。苦于手中没有更多的瞻庐的资料，但我猜想他的教育生涯一定不那么尽如人意，他内心也一定渴望有一个世外桃源可供逃遁，然而在当时的社会，他显然只能"躲进小楼成一统，哪管冬夏与春秋"了。

　　瞻庐显然是有点儿祖产的雅士，得以跟社会赎一个"自由身"，这又是吾等之辈所企望不及的了。

　　瞻庐的文笔亦有称道之处;《透视眼》的故事说不上精彩绝妙，但他写得情趣横溢、活泼俏皮，令人捧腹之余进入严肃的思考。通俗流畅、诙谐风趣的语言比比皆事，如猛虎、白熊、狼女的那些剖析兽心、人心的高论，把某些狼心狗肺、禽兽不如的世人剥露得体无完肤，然而小说也存在着明显的缺点，张光宗寻宝的过程写得一波三折、颇有趣味，张光宗获得神奇的透视功能后，透视人心的经历却写得平铺直叙，过分简扼，令人遗憾。

　　瞻庐的小说结构单纯，主线明确，前后呼应，一览无余，这都是当今小说的忌讳之处。

　　我想，也许再过半个世纪。瞻庐的小说将不再被人记起。但它毕竟存在过，在问世六十年以后还有人因为偶尔的原因读到它。

书目笔画索引

B. F. 党 …………………… 1438

一画

一夕殷勤 …………………… 943
一代红颜 …………………… 229
一朵花 ……………………… 1095
一字剑 ……………………… 1130
一条腿 ……………………… 456
一夜春晓 …………………… 350
一线天 ……………………… 1512
一粒珠 ……………………… 1512

二画

二少年 ……………………… 192
二百五 ……………………… 1514
二乔蜕恨 …………………… 1590
二舅 ………………………… 1377
十二金钱镖 ………………… 204
十二鸳鸯 …………………… 230
十七年后的 ………………… 903
十八反王 …………………… 12
十三妹演义 ………………… 515
十大奇侠传 ………………… 1109
十五度中秋 ………………… 994
十叶野闻 …………………… 435
十里莺花梦 ………………… 1084
十姊妹 ……………………… 1514
丁郎寻父 …………………… 1267

七山王 ……………………… 825
七子八婿大团圆 …………… 869
七世夫妻 …………………… 1686
七世奇缘 …………………… 86
七杀碑 ……………………… 316
七剑八侠 …………………… 999
七剑三奇 …………………… 1000
七剑下辽东 ………………… 1131
七美征西传 ………………… 390
八十一梦 …………………… 943
八十四 ……………………… 1629
八大奇人传 ………………… 825
八大剑侠传 ………………… 1002
八太保 ……………………… 826
人之初 ……………………… 1035
人心大变 …………………… 173
人间地狱 …………………… 1508
人间快活宫 ………………… 1539
人面兽心 …………………… 1188
人海梦 ……………………… 532
人海微澜 …………………… 343
人海潮 ……………………… 174
人兽关头 …………………… 917
儿戏夫妻 …………………… 1675
几家春色 …………………… 1552
九仙剑正集 ………………… 1515
九仙剑续集 ………………… 1517
九尾龟 ……………………… 1737

九尾狐 …………………… 1577

九命奇冤 …………………… 1269

刀笔地狱 …………………… 48

三画

三十二朝皇宫艳史 …………… 436

三十六宫春艳秘史 …………… 531

三人会 …………………… 94

三山奇侠 …………………… 1761

三白桃传（胡仪鄹）………… 1266

三白桃传（沈东讷）………… 859

三姑娘 …………………… 193

三剑客 …………………… 1002

三姨太太 …………………… 1670

三海秘录 …………………… 441

三探莲花观 ………………… 805

三探聚宝楼 ………………… 869

三盗梅花帐 ………………… 870

三情豪侠 …………………… 1066

三续今古 …………………… 794

三跛子 …………………… 1630

大刀王五 …………………… 392

大打龙虎擂 ………………… 871

大会沙家庄 ………………… 872

大江东去 …………………… 944

大明奇侠传 ………………… 866

大侠马如龙 ………………… 1398

大侠狄龙子 ………………… 704

大侠铁琵琶 ………………… 1131

大侠霍元甲 ………………… 206

大闹泰山观 ………………… 393

大泽龙蛇传 ………………… 207

大学皇后 …………………… 294

大战百雀寺 ………………… 806

大战霸王台 ………………… 872

大破金光阵 ………………… 873

大破笔架山 ………………… 1398

大探玲珑塔 ………………… 874

大盗胭脂虎 ………………… 875

大漠英雄 …………………… 705

大漠惊鸿 …………………… 1131

大嘴女郎 …………………… 1675

万山王 …………………… 1132

万里行云侠 ………………… 231

万里步行记 ………………… 757

万里孤侠 …………………… 706

万里情侠 …………………… 765

万奇全书 …………………… 1110

万喜良与孟姜女 …………… 381

上海历史演义 ……………… 913

上海风月 …………………… 457

上海春秋 …………………… 219

小天台 …………………… 1132

小扬州志 …………………… 350

小江平游沪记 ……………… 2

小阳秋 …………………… 1172

小红楼 …………………… 231

小侠万人敌 ………………… 232

小侠诛仇记 ………………… 766

小剑侠 …………………… 1004

小说集 …………………… 1173

山东大侠 …………………… 1224

山东女侠盗	……	1587
山东响马传	……	1361
山窗小品	……	945
巾帼阳秋	……	1091
巾帼英雄	……	1468
千里侠	……	1680
千金骨	……	591
千秋痕	……	549
个中苦	……	233
广笑林	……	592
广陵潮	……	645
广谐锋	……	1441
义侠惊奇录	……	1606
子母金梭	……	1132
子夜鹃啼	……	523
女儿阵	……	459
女丈夫	……	1103
女侠红裤子	……	1452
女侠夜明珠	……	706
女侠燕凌云	……	1133
女学生之秘密记	……	526
女学生外传	……	1296
女界宝	……	597
女虚无党	……	99
女屠户	……	1133
女僵尸	……	798
飞天神龙	……	317
飞仙剑侠大观	……	1518
飞侠红蝴蝶	……	1680
飞侠偷头记	……	478
飞剑游侠传	……	1729
飞絮欺花录	……	1674
乡愚游沪趣史	……	1207

四画

王公馆	……	26
王先生幽默谈	……	394
王先生游沪记	……	1097
天山飞侠	……	707
天山四义	……	1134
天王老子	……	1744
天启宫闱秘纪	……	1684
天南地北	……	1073
天晓得	……	1296
天笑短篇小说	……	221
天虚我生小说菁华	……	99
天堂春梦	……	459
天涯异人传	……	1330
天涯奇人传	……	1567
天涯孤女	……	996
元史通俗演义	……	1691
元史演义（田腾蛟）	……	196
元史演义（许慕羲）	……	479
元宫十四朝演义	……	480
无头大盗	……	1540
无头盗	……	1537
无边风月	……	1552
云中雁	……	1134
云片	……	1230
云雨潮	……	147
云破月圆	……	233
云海争奇记	……	707

云想花因记	222	比翼双飞	678
云碧虚恩怨记	673	少林大侠传	1038
丐侠	1134	少林女侠	829
艺海双珠	234	少林剑侠	880
五千年皇宫秘史	535	日暮途穷	235
五子登科	946	中华民国演义	1027
五日风声	1560	中兴平捻记	534
五凤朝阳刀	1135	中国女子小说	1203
五龙十三侠	826	中国女侦探	315
五代史通俗演义	1693	中国女海盗	1212
五代史演义	483	中国五千年宫闱秘史	433
五弟兄	828	中国抗战史演义	550
五英双艳	1135	中国奇案	49
五岳奇侠传	336	中国侦探大观	1537
五岳剑仙传	767	中国侦探在旧金山	7
五剑十八义	1271	中国侦探奇案	487
五狮一凤	317	中国侦探案全集	863
五美再生缘	484	中国侦探谈	1322
五彩姻缘	397	中国恶讼师	176
五福党	1630	中国新侦探案	1322
不可说	13	中原豪侠传	948
不夜城	172	水仙花	1676
不情人	522	水底鸳鸯	1608
不堪回首	1234	水性杨花	235
太平天国革命史演义	919	水浒新传	949
太平花	947	水珮风裳	351
太白奇女	1135	牛郎织女	87
太极阴阳剑	234	长恨天	806
太湖一雁	207	长眉真人	708
太湖女侠	487	化身美人	807
历代剑侠传	501	反三国志	1101

反倭袍 ·············· 1745

反聊斋 ·············· 755

反啼笑因缘 ·············· 1470

反啼笑姻缘 ·············· 855

父亲的女人 ·············· 1035

今古义侠奇观 ·············· 1006

今古不奇观 ·············· 308

公寓之血 ·············· 795

月下飞头记 ·············· 1129

月下葡萄 ·············· 1655

月夕花残 ·············· 807

月园 ·············· 1213

月缺花残 ·············· 236

月落乌啼 ·············· 236

风云儿女 ·············· 1057

风云会 ·············· 1399

风月泪史 ·············· 323

风月情鸳 ·············· 808

风尘三剑 ·············· 383

风尘奇侠传 ·············· 1331

风尘游侠传 ·············· 1689

风雨双龙剑 ·············· 65

风雨同舟 ·············· 29

风虎云龙 ·············· 1462

风飐芙蓉记 ·············· 1370

风流千金 ·············· 1104

风流女侠 ·············· 573

风流奇女子 ·············· 798

风流寡妇 ·············· 161

风雪中人 ·············· 1136

丹凤街 ·············· 951

乌龙山 ·············· 1137

凤城怪客 ·············· 1137

凤凰山 ·············· 1273

凤凰剑 ·············· 1497

六十四奇案 ·············· 1435

六月雪 ·············· 399

六桥春 ·············· 238

文武香球 ·············· 398

文素臣三集 ·············· 236

文素臣初集 ·············· 237

文素臣续集 ·············· 237

方外奇谈 ·············· 1404

火焚少林寺 ·············· 1138

斗 ·············· 239

斗艳记 ·············· 367

斗富奇谈 ·············· 106

巴山剑侠 ·············· 1138

孔子演义 ·············· 3

孔夫子 ·············· 163

双飞凤 ·············· 400

双云记 ·············· 1232

双凤奸仇 ·············· 1138

双凤伴凰 ·············· 643

双龙斗 ·············· 1058

双花记 ·············· 648

双枪王 ·············· 239

双钏记 ·············· 548

双侠破奸记 ·············· 344

双侠缘 ·············· 1402

双金锭全传 ·············· 401

双泪痕 ·············· 377

双城女子 ·················· 1438
双复仇 ···················· 1281
双剑奇侠传 ················ 1235
双剑缔姻记 ················ 770
双珠凤全传（江蝶庐）····· 402
双珠凤全传（杨志敏）····· 699
双珠泪 ···················· 600
双珠球全传 ················ 703
双热小说精华 ·············· 744
双热浪墨 ·················· 745
双热新嚼墨 ················ 747
双热嚼墨 ·················· 749
双雏记 ···················· 1192
双痴恨史 ·················· 898
双溺记 ···················· 907
双缢记 ···················· 600
双蝶怨 ···················· 1086
双薄幸 ···················· 1624
双鞭将 ···················· 1239
双鬟记 ···················· 1441
幻迹 ······················ 44

五画

玉人来 ···················· 239
玉龙冈 ···················· 317
玉田恨史 ·················· 99
玉如意 ···················· 378
玉玦金环录 ················ 114
玉雪夫妻侠 ················ 831
玉梨魂 ···················· 1441
玉蓉儿锄奸记 ·············· 674

玉蜻蜓演义 ················ 1264
玉霄双剑记 ················ 1174
玉蟾奇缘 ·················· 1108
玉夔龙 ···················· 403
未婚之妻 ·················· 908
打单 ······················ 1595
正德皇帝历史 ·············· 1753
古今义侠奇观 ·············· 1304
古今艳史 ·················· 1080
古戍寒笳记 ················ 186
古树魔影 ·················· 1129
古屋奇案 ·················· 799
古塔疑案 ·················· 1489
可怜虫 ···················· 100
可怜侬 ···················· 818
石头城外 ·················· 952
石头魂 ···················· 312
石姻缘 ···················· 1688
石破天惊录 ················ 881
石像之秘 ·················· 1631
石榴红 ···················· 29
龙山四友 ·················· 710
龙门剑侠 ·················· 884
龙凤双侠 ·················· 1139
龙凤花烛 ·················· 240
龙凤帕 ···················· 59
龙凤侠 ···················· 1462
龙凤缘 ···················· 831
龙舌剑 ···················· 208
龙江奇女 ·················· 1139
龙虎风云 ·················· 1139

龙虎斗 …………………… 1631

龙虎斗三湘 ……………… 1140

龙虎春秋 ………………… 116

龙虎剑侠缘 ……………… 240

龙虎铁连环 ……………… 66

龙套人语 ………………… 1370

平阳传 …………………… 1039

平沙梦 …………………… 649

平沪通车 ………………… 953

东方神侠传 ……………… 1554

东方福尔摩斯 …………… 1631

东洋猎艳记 ……………… 549

东游记 …………………… 1074

北方奇侠传 ……………… 1239

北方豪侠王五传 ………… 1298

北平小姐 ………………… 678

北国英雄传 ……………… 832

北国春秋 ………………… 680

北京花 …………………… 679

北海屠龙记 ……………… 711

北雁南飞 ………………… 953

归梦 ……………………… 1672

叶落西风 ………………… 241

甲子絮谈 ………………… 222

电话奇缘 ………………… 1550

电影巨头艳史 …………… 1104

电影明星艳史 …………… 1037

田家风月 ………………… 194

四十六刺客奇观 ………… 11

四大妖精 ………………… 554

四大美人 ………………… 168

四大清官演义 …………… 557

四香缘 …………………… 404

四海游龙 ………………… 1057

四海群龙记 ……………… 1361

四豪锄异传 ……………… 1045

生之哀歌 ………………… 242

生死板 …………………… 405

生死冤家(夏风) ………… 1399

生死冤家(黄大白) ……… 1559

生死情魔 ………………… 1624

生还 ……………………… 344

失足恨 …………………… 808

白山双侠 ………………… 1140

白山双侠(续集) ………… 1141

白门三剑客 ……………… 1400

白门秋 …………………… 242

白夫人 …………………… 585

白太官 …………………… 674

白日鬼 …………………… 1385

白衣天使 ………………… 680

白衣怪 …………………… 1632

白杨残梦 ………………… 1617

白牡丹 …………………… 1684

白侠 ……………………… 1006

白河月 …………………… 351

白话玉梨魂 ……………… 1443

白话牡丹亭 ……………… 1055

白眉大侠 ………………… 771

白眉毛 …………………… 406

白雪 ……………………… 1213

白骷髅 …………………… 711

白鹤图 ·················· 407

丛菊泪 ·················· 574

处女的心弦 ·············· 1402

鸟语花香 ················ 242

鸟啼花落 ················ 525

包天笑说集 ·············· 223

兰因记 ·················· 1037

兰闺恨 ·················· 1442

兰娘哀史 ················ 750

半片残照 ················ 832

半夜飞头记 ·············· 117

汉宫春色 ················ 460

汉宫艳史 ················ 95

汉宫秘史 ················ 296

写真缘 ·················· 167

让婿记 ·················· 1443

尼山劫 ·················· 1141

尼姑小传 ················ 1602

民国奇闻 ················ 758

民国奇案大观 ············ 178

民国春秋 ················ 685

民国春秋演义 ············ 443

民国艳史演义 ············ 1540

民国通俗演义 ············ 1695

民国野史 ················ 601

民哀说集 ················ 1363

民族魂 ·················· 243

边城侠侣 ················ 1143

边荒大侠 ················ 407

边荒异叟 ················ 1143

边塞风云 ················ 318

边塞双侠 ················ 1143

边塞英雄谱 ·············· 711

圣湖艳影 ················ 431

矛盾圈 ·················· 1632

丝绣平原记 ·············· 602

六画

老上海 ·················· 514

老上海见闻 ·············· 16

协作探案集 ·············· 1214

西风残照 ················ 59

西方美人 ················ 602

西施艳史 ················ 1324

西神小说集 ·············· 53

西厢 ···················· 462

西厢记演义 ·············· 1624

百大秘密 ················ 181

百合花开 ················ 243

百劫玫瑰 ················ 244

百花洲 ·················· 244

百花娘 ·················· 682

百侠英雄奇观 ············ 14

有夫之妇 ················ 202

夺艳记 ·················· 833

灰色眼镜 ················ 379

灰衣人 ·················· 1633

此中人语 ················ 327

此间乐 ·················· 955

贞娘屠虎记 ·············· 1144

尘海英雄传 ·············· 603

尘海浮沉 ················ 855

尘海燃犀录 ……………………… 526

吕洞宾全传 ……………………… 1327

同功茧 …………………………… 30

同命鸟 …………………………… 605

同命鸳鸯 ………………………… 351

同治嫖院 ………………………… 1061

回风舞柳记 ……………………… 352

回头崖 …………………………… 1144

肉 ………………………………… 1104

朱八嫁 …………………………… 820

朱鸳雏遗著 ……………………… 742

伏虎群雄 ………………………… 808

华山女侠 ………………………… 54

伉俪福 …………………………… 605

自由女 …………………………… 1747

自由女现形记 …………………… 1550

自由花范 ………………………… 649

自杀者 …………………………… 796

血手印 …………………………… 1633

血雨琼葩 ………………………… 1406

血昆仑 …………………………… 1193

血泪相思 ………………………… 799

血泪鸳鸯 ………………………… 800

血泪黄花 ………………………… 1007

血泪痕 …………………………… 860

血宝塔 …………………………… 833

血海仇 …………………………… 245

血海情花 ………………………… 246

血海潮 …………………………… 1196

血涤寒光剑 ……………………… 208

血溅青锋 ………………………… 1058

血溅莱茵湖 ……………………… 809

血滴子 …………………………… 1008

血滴心花 ………………………… 246

似水流年 ………………………… 955

后汉通俗演义 …………………… 1701

杀人的模特儿 …………………… 861

合欢草 …………………………… 247

众醉独醒 ………………………… 1656

危城记 …………………………… 1377

名花劫 …………………………… 1625

名姬惨史 ………………………… 1615

名媛夺婿录 ……………………… 167

多妻遗恨记 ……………………… 1029

色界天 …………………………… 921

色迷 ……………………………… 1589

色情世界 ………………………… 1676

壮志凌云 ………………………… 1400

壮姑杀贼记 ……………………… 865

冰弦弹月 ………………………… 352

交际花 …………………………… 800

交易所现形记 …………………… 1025

闯王外传 ………………………… 318

并头花 …………………………… 754

并头莲 …………………………… 650

并蒂莲 …………………………… 247

关东奇侠传 ……………………… 885

关外屠龙记 ……………………… 834

灯红酒绿 ………………………… 247

江上烟波 ………………………… 248

江汉侠踪 ………………………… 1144

江邨侠侣 ………………………… 435

江南大侠传 …………… 864

江南花雨 …………… 1406

江南英雄传 …………… 340

江南酒侠传 …………… 1299

江南豪杰 …………… 1086

江南燕 …………… 1634

江南燕 …………… 1635

江浙战事演义 …………… 1029

江浙著名尼姑小传(续编) ………… 341

江湖十八侠(陈扫花) ………… 1046

江湖十八侠(汪景星) ………… 836

江湖三十六侠 …………… 759

江湖大侠传 …………… 118

江湖大盗 …………… 1681

江湖小八侠 …………… 1349

江湖小侠传 …………… 119

江湖义侠传 …………… 120

江湖义贼传 …………… 916

江湖廿八侠 …………… 1439

江湖廿四侠 …………… 687

江湖历险记 …………… 771

江湖异人传 …………… 126

江湖好汉全传 …………… 1098

江湖技击传 …………… 1493

江湖英雄演义 …………… 1392

江湖奇侠传 …………… 126

江湖侠义传 …………… 818

江湖侠客传 …………… 836

江湖怪异传 …………… 131

江湖怪侠传 …………… 772

江湖剑侠 …………… 1009

江湖剑侠英雄传 …………… 1242

江湖剑客传 …………… 995

江湖铁血记 …………… 1200

江湖秘传 …………… 923

江湖游侠传 …………… 131

江湖豪侠传 …………… 1363

许指严说集 …………… 448

孙中山革命演义 …………… 345

如此江山(顾明道) …………… 1407

如此江山(张恨水) …………… 956

如此江湖 …………… 1295

如此社会 …………… 1094

如此青天 …………… 1385

如此京华 …………… 188

如此家庭 …………… 1071

如意劫 …………… 248

妃色丝巾 …………… 45

好青年 …………… 651

好梦难圆 …………… 353

戏迷传 …………… 1519

羽翠鳞红集 …………… 1175

欢喜冤家 …………… 957

红巾党 …………… 801

红手套 …………… 1031

红叶 …………… 1214

红白杜鹃 …………… 575

红妆侠影 …………… 1408

红羊佚闻 …………… 1266

红花瓶 …………… 1036

红杏出墙记 …………… 353

红玫瑰的手巾 …………… 1511

红侠 …………………………… 1010
红闺青灯 …………………………… 341
红闺轶闻大观 …………………………… 1332
红闺狮吼记 …………………………… 876
红屋 …………………………… 533
红蚕织恨记 …………………………… 1408
红粉英雄 …………………………… 1603
红粉金戈 …………………………… 1409
红粉骷髅记 …………………………… 204
红粉飘零 …………………………… 248
红梅劫 …………………………… 838
红情绿意 …………………………… 1378
红蕉小说集 …………………………… 380
红颜知己 …………………………… 1113
红颜铁血记 …………………………… 774
红鬃烈马 …………………………… 410
纨袴镜 …………………………… 166

七画

弄堂博士 …………………………… 1215
走马灯 …………………………… 1454
走马春秋 …………………………… 1276
赤胆赤心 …………………………… 153
孝女复仇记 …………………………… 644
劫外昙花 …………………………… 1091
劫后桑田 …………………………… 856
劫泪缘 …………………………… 249
芙蓉泪 …………………………… 379
芙蓉剑 …………………………… 1498
芙蓉娘 …………………………… 755
芙蓉影 …………………………… 100

芸兰日记 …………………………… 1623
芸兰泪史 …………………………… 895
花开花落 …………………………… 1069
花月争艳 …………………………… 250
花石因缘 …………………………… 250
花丛艳侠 …………………………… 1353
花花豹 …………………………… 1354
花迎春 …………………………… 251
花柳深情 …………………………… 1388
花娇莺啼 …………………………… 814
花烛之夜 …………………………… 1385
花萼恨 …………………………… 1410
花落花开 …………………………… 856
花落谁家 …………………………… 194
花落瀛洲 …………………………… 1735
花溅泪 …………………………… 251
花魂侠影 …………………………… 1505
花痴 …………………………… 1093
严芙孙说集 …………………………… 532
苏三艳史 …………………………… 876
苏台风月 …………………………… 1545
杏花春雨江南 …………………………… 1676
李飞探案集 …………………………… 1031
李铁拐全传 …………………………… 1325
杨乃武 …………………………… 877
杨乃武与小白菜 …………………………… 1570
杨三姐告状 …………………………… 525
杨花梦 …………………………… 1567
杨柳青青 …………………………… 958
杨贵妃秘史 …………………………… 608
求婚小史 …………………………… 368

两世冤仇 …………………………… 838
两全其美 …………………………… 251
两晋通俗演义 ……………………… 1704
两粒珠 ……………………………… 1636
丽绡记 ……………………………… 100
还娇记 ……………………………… 652
还魂茶 ……………………………… 1520
时代姑娘 …………………………… 189
吴苑莺声谱 ………………………… 608
县太爷 ……………………………… 303
别有世界 …………………………… 1087
帐中话 ……………………………… 1011
牡丹花缘 …………………………… 1069
乱世风波 …………………………… 252
私笑 ………………………………… 463
兵书侠 ……………………………… 712
何仙姑全传 ………………………… 1328
何海鸣说集 ………………………… 790
你来了么 …………………………… 1520
身外身 ……………………………… 1608
佛根奇缘 …………………………… 198
近十年之怪现状 …………………… 449
近十年目睹之怪现状 ……………… 652
近十年目睹天津怪现状 …………… 1673
近代侠义英雄传 …………………… 133
彷徨的一晚 ………………………… 45
返生香 ……………………………… 1688
返照楼台 …………………………… 354
余之妻 ……………………………… 1444
希夷梦 ……………………………… 1389
希奇古怪 …………………………… 1208

含泪 ………………………………… 463
饮恨终身 …………………………… 252
言情小说集 ………………………… 1113
疗妒针 ……………………………… 100
冷红日记 …………………………… 756
冷剑凄芳 …………………………… 66
冷魂峪 ……………………………… 713
弃妇艳 ……………………………… 31
闲话上海 …………………………… 19
沙漠里的玫瑰 ……………………… 1078
沧浪女侠（正集） ………………… 1058
沧浪女侠（续集） ………………… 1059
沧桑痕 ……………………………… 253
沪江风月传 ………………………… 505
沪滨神探录 ………………………… 1491
沪滨谈怪录 ………………………… 1300
沈禹钟说集 ………………………… 863
快活夫妻 …………………………… 751
快活神仙传 ………………………… 1658
宋史通俗演义 ……………………… 1708
宋宫十八朝演义（许慕羲） ……… 488
宋宫十八朝演义（李逸侯） ……… 670
宋宫历史演义 ……………………… 491
宋悟奇家庭侦探案 ………………… 997
宋徽宗演义 ………………………… 165
良人 ………………………………… 1075
初夜 ………………………………… 908
社会镜 ……………………………… 224
灵肉之门 …………………………… 1676
灵鹣梦 ……………………………… 1609
改良新聊斋 ………………………… 1294

张大嘴 …………………… 305

张枕绿说集 …………………… 904

张舍我说集 …………………… 907

张碧梧说集 …………………… 998

阿 Q 小姐传 …………………… 1675

陈七奶奶 …………………… 1031

姊妹血案 …………………… 588

姊妹花 …………………… 1398

姊妹花影 …………………… 993

姊妹侠 …………………… 924

姊妹泪 …………………… 253

姊妹淘 …………………… 32

纸上的贤妻 …………………… 253

纸醉金迷（冯玉奇）…………………… 254

纸醉金迷（张恨水）…………………… 959

八画

武当异人传 …………………… 714

武当剑侠 …………………… 889

武当豪侠传 …………………… 839

武则天秘史 …………………… 609

武林争雄记 …………………… 209

武林侠踪 …………………… 1145

武林秋 …………………… 1

武松全传 …………………… 878

武侠大观 …………………… 1335

武侠异闻 …………………… 610

武侠奇人传 …………………… 1351

武侠春秋 …………………… 8

武侠笔记精华 …………………… 743

青门十四侠 …………………… 714

青龙白虎 …………………… 878

青鸟 …………………… 464

青红帮史演义 …………………… 759

青衫红泪 …………………… 1079

青衫豪侠 …………………… 209

青春之火 …………………… 1636

青春乐 …………………… 1105

青城十九侠 …………………… 715

青剑碧血录 …………………… 349

青狼谷 …………………… 1145

青萍剑 …………………… 210

青楼镜 …………………… 11

青霜剑 …………………… 255

现代武学大观 …………………… 887

现代青年 …………………… 960

现代奇人传 …………………… 136

现代照妖镜 …………………… 785

玫瑰花 …………………… 691

垃圾马车 …………………… 992

茉莉花 …………………… 1411

苦中苦 …………………… 255

苦海春光 …………………… 354

苗山血泪 …………………… 1146

苗疆风云 …………………… 319

英娘 …………………… 58

英雄大八义 …………………… 1277

英雄天宝图 …………………… 410

英雄走国记 …………………… 1245

英雄走国记续编 …………………… 1249

英雄复仇记 …………………… 692

范烟桥说集 …………………… 1088

林黛玉笔记	1625	虎窟擒王记	840
枫菱渡	1147	昙花情侣	1596
枕亚浪墨初集	1445	昙花影	612
枕绿小说集	904	昆仑七侠	841
画带情丝	1211	昆仑剑	1148
卧虎藏龙	67	国难家仇	1412
雨过天青	224	明月重圆夜	256
雨后桃花	1056	明月谁家	35
雨濯莲花	820	明末痛史演义	1258
雨露群蜂	1386	明史通俗演义	1711
卖报童子	106	明史演义	1281
卖油郎	217	明代风流皇后	15
郁金香	320	明宫十六朝演义	464
矿山喋血	1147	明宫艳史	50
奈何天	816	明珠泪	256
奇人奇事录	757	明清二代	613
奇妙世界	183	明朝宫闱秘史	422
奇侠恐怖党	1114	忠魂鹃血	257
奇侠救国记	55	罗帐秋风	817
奇侠雌雄剑	576	罗刹夫人	320
奇侠精忠传	1253	岷江侠女	1149
奇童纵囚记	791	钗头凤	1413
奇童侦探案	1468	垂杨影外	257
轮下血	1637	牧野雄风	210
软监牢	1455	佳人之奇遇	185
叔鸾小说集	294	侍儿艳闻录	166
歧途	255	侠义五飞剑	413
卓呆小说集	1455	侠义五花图	257
虎爪山王	719	侠义江湖	1730
虎穴英雄	412	侠义英雄传	136
虎贲万岁	960	侠义奇缘	506

侠义佳人	……	378
侠义鸳鸯	……	1225
侠义锄奸记	……	385
侠女奇男传	……	1089
侠女诛仇记	……	889
侠女恩仇记	……	1012
侠女救夫记	……	496
侠丐樽者	……	720
侠凤奇缘	……	654
侠骨柔情	……	23
侠骨恩仇记	……	1414
侠艳猎奇记	……	842
侠恋记	……	741
侠盗飞龙传	……	1201
侠盗扬镖记	……	1149
侠盗鲁平奇案	……	513
侠盗燕飞来	……	1681
侠隐传技	……	211
侠婢奸情记	……	1301
侦探世界	……	754
侬本痴情	……	258
征	……	259
征,归,恨	……	259
征轮侠影	……	720
金刀访双煞	……	1150
金刚玉宝剑	……	67
金如意	……	414
金罗汉	……	1059
金肃秋殉情史	……	898
金钟罩	……	1521
金屋梦	……	1579
金粉世家	……	962
金陵双女侠	……	1521
金陵秋	……	815
金梭吕云娘	……	1150
金银花	……	327
斧魄冰魂	……	259
贪酷镜	……	191
念奴娇	……	1415
周宫艳史演义	……	497
周秦风流皇后	……	824
狐狸奇缘	……	415
狐裘女	……	1637
狗男女	……	1095
京华呓语	……	315
京华春色	……	354
京华春梦录	……	1061
京华碧血录	……	1091
夜长梦多	……	1676
夜半呼声	……	1638
夜半鹃夜	……	64
夜行飞侠传	……	416
夜劫孤鸾	……	1591
夜来香	……	35
夜取三义寨	……	1091
夜夜春宵	……	1105
夜莺啼月	……	259
夜猎记	……	513
夜深沉	……	966
夜窗尸影(徐疾)	……	1489
夜窗尸影(沈钟铨)	……	862
妾无罪	……	260

盲目之爱 …………………… 260

刻骨相思记 ………………… 1446

闹蝶儿 ……………………… 1386

河朔七雄 …………………… 211

沾泥花 ……………………… 1639

泪洒凌烟阁 ………………… 382

泪珠怨 ……………………… 809

泪珠缘 ……………………… 100

泣路记 ……………………… 454

泥马渡康王 ………………… 383

怪家庭 ……………………… 654

宝刀飞 ……………………… 68

宝马神枪 …………………… 1463

宝剑金钗 …………………… 69

定夷小说精华 ……………… 616

定夷丛刊二集 ……………… 617

定夷丛刊初集 ……………… 619

定夷说集 …………………… 622

官眷香梦记 ………………… 1479

空门血案 …………………… 843

空中飞弹 …………………… 1116

空心大老官 ………………… 1493

房东 ………………………… 7

弧形剑 ……………………… 1150

陌上花开 …………………… 36

陌头柳色 …………………… 261

孤灯幻影录 ………………… 585

孤芳集 ……………………… 1175

孤岛泪 ……………………… 262

孤鸾恨 ……………………… 1522

孤鸾遗恨 …………………… 168

孤鸿泪史 …………………… 899

孤鸿断肠史 ………………… 899

孤雏劫 ……………………… 1737

孤雏歼虎 …………………… 1151

孤雏喋血 …………………… 1060

孤雏感遇记 ………………… 225

姑嫂情深 …………………… 262

姐妹花（赵加林） ………… 1206

姐妹花（何可人） ………… 786

姐妹花骨 …………………… 656

九画

春之花 ……………………… 375

春之恋 ……………………… 1106

春天的落叶 ………………… 1032

春云疑雨 …………………… 262

春水沉冤记 ………………… 1282

春水情波 …………………… 801

春水微波 …………………… 37

春风回梦记 ………………… 355

春华露浓 …………………… 295

春江风月 …………………… 263

春江莺花 …………………… 507

春花浪蝶 …………………… 263

春衾艳影 …………………… 1371

春阿氏 ……………………… 816

春雨飞花 …………………… 264

春明外史 …………………… 967

春明新史 …………………… 970

春波影 ……………………… 164

春城歌女 …………………… 681

春残梦断	264	荒江女侠六集	1419
春秋戟	70	荒江女侠四集	1420
春闺人梦	626	荒江女侠初集	1421
春闺怨	264	荒江女侠续集	1422
春蚕	108	荒岛怪人	265
春宵梦	1415	荒唐大观	1372
春梦	527	荒唐女侠	305
春梦留痕	853	荒唐先生	1677
春痕秋影	92	荒唐梦	1375
珍珠塔	107	荒唐情侠	776
毒手魔王	843	茫茫飘萍	810
毒砂掌	212	荡妇	1677
毒蛇与毒草	796	故都风月	1674
毒蛇惨案	844	故都春痕	795
政海野史	1678	故都秘录	1072
赵苕狂说集	1215	胡寄尘近作小说集	1283
指严余墨	455	胡寄尘说集	1284
荆芸娘	1060	南方大侠	56
茜纱窗下	265	南北十大奇侠传	1365
茜窗泪影	626	南北史通俗演义	1715
巷战之夜	971	南北异人传	890
草上飞	1065	南北奇侠传	1340
草长莺飞	265	南北剑侠传	1032
草莽奇人传	1416	南巡秘记	454
茶寮小史	1660	南社小说集	1116
荒山女侠	1546	南明忠烈传	547
荒山奇侠	1547	南荒侠剑	1151
荒山豪侠	775	南游记	1076
荒乎其唐	1572	标准美人	627
荒江女侠三集	1418	相思草	1080
荒江女侠五集	1418	柳青青	1152

柳湖侠隐 ································ 721

柳絮飞 ································ 1402

柳暗花明 ································ 1422

歪嘴吹灯录 ································ 38

残阳影里 ································ 856

虿尾毒 ································ 113

战地莺花录 ································ 656

战场喋血之惨史 ································ 1616

冒失鬼游沪记 ································ 432

星海宿 ································ 1233

昭君艳史 ································ 1325

咬舌奇案 ································ 1508

幽魂谷 ································ 1153

香山侠女 ································ 71

香姑娘 ································ 1096

香闺花影（李涵秋）································ 657

香闺花影（张云石）································ 896

香艳大观 ································ 111

香艳丛话 ································ 1117

香衾重暖记 ································ 1590

香海恨 ································ 266

秭归声 ································ 1610

秋水长天 ································ 267

秋水红蕉 ································ 267

秋风 ································ 45

秋雨残花 ································ 810

秋波 ································ 909

秋翁说集 ································ 1316

秋海棠 ································ 1378

秋梦恨 ································ 862

顺治太后外纪 ································ 1012

顺治出家 ································ 1062

顺治演义 ································ 559

俏姑娘 ································ 268

鬼媒 ································ 1764

鬼魅江湖 ································ 844

禹钟小说集 ································ 863

剑门侠女 ································ 1152

剑气珠光 ································ 71

剑声花影 ································ 1013

剑侠十三妹 ································ 1682

剑侠女英雄 ································ 268

剑侠吕四娘演义 ································ 516

剑侠奇中奇 ································ 1280

剑侠轰天雷 ································ 1682

剑侠骇闻 ································ 1345

剑底莺声 ································ 1423

剑底桃花 ································ 1547

剑底惊魂 ································ 212

剑骨琴心 ································ 1597

剑胆琴心 ································ 971

剑胆琴心录 ································ 1215

剑胆箫心 ································ 553

剑珠缘 ································ 926

逃犯 ································ 1640

逃刑传 ································ 1463

逃婚 ································ 269

胜字旗 ································ 1592

胜利之光 ································ 269

狮头怪侠 ································ 387

狮林三鸟 ································ 213

独鹤小说集 ································ 533

怨凤啼凰	1301	浊世神龙	1426
哀	226	洞房花烛夜	13
哀鸿血泪	811	活尸	1640
哀滇泪	868	活现形	659
哀鹣记	1424	洛阳豪客	72
亭子间嫂嫂	1106	济颠僧传	797
施公洞庭传	1528	津门艳迹	678
闺中鹄影	270	浔州黑暗	1206
闺秀相思记	1030	恼人春色	821
闺房笑史	1216	恨不相逢未嫁时	355
闺阁豪赌记	106	恨海难填	1072
闺媛现形记	1068	恨海鹃声谱	48
闽江风云	1153	宦海沉冤	1489
闽江风云（续集）	1153	宫女遗花记	335
美人劫	527	穿金宝扇恨	417
美人鱼	1677	客中消遣录	170
美人恩	973	神刀豪侠传	1683
美人福	627	神出鬼没	1490
美人碧血记	1425	神州七侠传	846
迷人洞	927	神州新泪痕	693
迷人宫	152	神异奇观	91
迷娘	203	神枪太保	802
迷魂阵	1203	神怪奇侠	1689
迷魂阵	193	神怪奇侠传	1557
前汉通俗演义	1718	神怪剑侠传	517
前辈先生	191	神秘之路	1575
洪杨劫后奇人传	974	神秘盗	644
洪杨演义全集	1561	神眼莺儿	846
洪秀全	1671	神弹乾坤手	8
洪宪宫闱奇案	51	费娥剑	1610
洪宪宫闱秘史	94	姨太太	814

娇樱记 …………………………… 103
姽婳英雄 …………………………… 356
怒 …………………………………… 791
绝代艳后 ………………………… 1263
绝命血书 …………………………… 53

十画

艳红杯 …………………………… 1206
艳梦 ……………………………… 848
艳塔记 …………………………… 1202
艳魔岛 …………………………… 321
艳孀奇遇记 ……………………… 1427
秦汉演义 ………………………… 1558
秦良玉演义 ……………………… 155
秦岭风云 ………………………… 1154
秦淮世家 ………………………… 975
珠还合浦 ………………………… 270
珠项圈 …………………………… 1641
珠树重行录 ……………………… 993
盐枭残杀记 ……………………… 1367
埋石弃石记 ……………………… 227
袁世凯演义 ……………………… 498
都市风光 ………………………… 928
换空箱 …………………………… 419
换巢鸾凤（刘云若） …………… 356
换巢鸾凤（于星海） …………… 9
热血之花 ………………………… 976
热血冰心 ………………………… 270
热血花 …………………………… 271
热恋情书 ………………………… 109
恐怖的话剧 ……………………… 1641

莲心萱泪录 ……………………… 508
恶讼师恶计大观 ………………… 1581
恶贯满盈 ………………………… 1490
真西游记 ………………………… 1285
真假因缘 ………………………… 203
桃色惨案 ………………………… 802
桃花剑 …………………………… 1500
桃花恨 …………………………… 803
桃花扇演义 ……………………… 388
桃李门墙 ………………………… 681
桃李春风 ………………………… 271
桃傍李 …………………………… 46
桃源艳迹 ………………………… 1106
桃源隐侠传 ……………………… 1736
桃源痛史 ………………………… 186
夏春娘 …………………………… 860
逐水桃花 ………………………… 357
晓风残月 ………………………… 272
崂山剑侠 ………………………… 848
峨嵋七矮 ………………………… 722
峨嵋双剑 ………………………… 1154
峨嵋剑侠（徐哲身） …………… 1484
峨嵋剑侠（张个侬） …………… 891
峨嵋剑侠传 ……………………… 849
钱塘双剑 ………………………… 1155
铁马庄 …………………………… 1155
铁马银旗 ………………………… 1464
铁血鸳花 ………………………… 1732
铁血健儿 ………………………… 778
铁血情丝 ………………………… 977
铁伞先生 ………………………… 1156

铁冷丛谈	368	爱侣恩仇	325
铁冷碎墨	370	爱河历险记	1204
铁拂尘	1156	豹凤缘	273
铁指翁	1157	胭脂国	10
铁骨冰心	1106	胭脂泪	979
铁狮王	1157	胭脂盗	1428
铁狮旗	1157	脂余粉剩	1508
铁狮镖	1158	脂粉奴隶	1555
铁铃叟	1158	脂粉地狱（陈扫花）	1053
铁笔峰	1158	脂粉地狱（朱瘦菊）	328
铁脐僧侠传	1548	卿何薄命	1106
铁笛子	722	留东外史	139
铁骑银瓶	73	留东艳史	145
铁窗风味录	326	留东新史	145
铁窗艳影	789	留芳记	227
铁燕金蓑	1159	鸳鸯小印	1661
秘谷侠隐	213	鸳鸯血	104
秘密谷	978	鸳鸯池	761
秘密客	588	鸳鸯劫	62
秘密客（续集）	590	鸳鸯奇侠传	892
笑靥泪痕	323	鸳鸯泪	1573
倾国倾城	273	鸳鸯剑（冯玉奇）	274
倡门小说集	1117	鸳鸯剑（朱鹤影）	336
倡门红泪	792	鸳鸯梦	527
倭袍记演义	1525	鸳鸯潮	628
倦云忆语	1654	凄风	1217
皋兰异人传	724	凄风苦雨记	1566
徐卓呆说集	1456	恋爱之神	1286
爱个丝光	904	恋爱网	804
爱水碧痕小姐	468	恋家鬼	214
爱克司光录	660	郭子仪征西	879

离魂子母圈 …………………… 1159

离魂子母圈续集 ……………… 1159

唐小姐 …………………………… 1456

唐史通俗演义 ………………… 1722

唐史演义 ………………………… 499

唐代风流皇后 …………………… 374

唐明皇全史 …………………… 1064

唐明皇游月宫 …………………… 880

唐宫二十朝演义 ………………… 468

唐宫历史演义 …………………… 577

唐宫艳史 ………………………… 96

唐宫秘史 ………………………… 298

唐祝文周小四杰传 ……………… 786

唐祝文周四杰传 ……………… 1661

唐祝文周全传 …………………… 788

拳王 ……………………………… 723

粉红色的炸弹 ………………… 1107

粉墨筝琶 ………………………… 357

粉黛江湖 ………………………… 357

烦恼 …………………………… 1077

酒令 ……………………………… 185

酒侠神医 ………………………… 724

酒恶花愁录 …………………… 1354

酒眼灯唇录 ……………………… 358

海上大观园 ……………………… 149

海上风云 ………………………… 275

海上百大风流案 ………………… 763

海上虹霞 ………………………… 74

海上迷宫 ………………………… 929

海上销金窟 ……………………… 375

海上蜃楼 ………………………… 228

海上燃犀录 …………………… 1522

海上繁华梦 …………………… 1766

海上魔宫 ……………………… 1436

海天泪痕 ………………………… 789

海天鸿影 ………………………… 275

海外争霸记 …………………… 1428

海外缤纷录 …………………… 1070

海外裴航 ………………………… 104

海市人妖 ……………………… 1751

海市莺花 ………………………… 909

海鸣小说集 ……………………… 792

海滨艳梦 ……………………… 1401

海誓山盟 ………………………… 358

浮生梦 …………………………… 276

流水浮云 ………………………… 276

浪子末路 ………………………… 10

浪子忏悔史 …………………… 1615

浪墨三集 ……………………… 1447

浪墨四集 ……………………… 1447

浪墨续集 ……………………… 1449

家庭三杰 ……………………… 1226

家庭小说集（周瘦鹃）……… 1118

家庭小说集（胡寄尘）……… 1286

家庭恩怨记 ……………………… 434

案中奇案 ……………………… 1606

案中案 ………………………… 1642

谁为凶手 ………………………… 850

谁征服了谁 ……………………… 980

谁是奸细 ……………………… 1642

调笑录 ………………………… 1457

弱女飘零记 …………………… 1287

难夫难妇 …………………… 1054

难为情 …………………… 1056

难兄难弟 …………………… 1643

绣带银镖 …………………… 74

绣囊记 …………………… 1323

十一画

球龙 …………………… 1748

描金凤（汪蝶庐） …………………… 419

描金凤（杨志敏） …………………… 701

教师万岁 …………………… 277

掷果缘 …………………… 1574

菱花二媛 …………………… 1107

勒马悬崖 …………………… 857

黄金劫 …………………… 1287

黄金崇 …………………… 104

黄金祸 …………………… 277

黄浦江中 …………………… 1643

黄熟梅子 …………………… 1085

菊 …………………… 277

菊儿惨史 …………………… 1625

乾坤义侠传 …………………… 389

乾坤武侠传 …………………… 7

乾坤弩 …………………… 147

乾隆休妻 …………………… 1062

乾隆帝演义 …………………… 1064

乾隆演义 …………………… 562

梦里家园 …………………… 857

梦痕 …………………… 46

梅花女盗 …………………… 811

梅花金钗记 …………………… 1583

梅花姑娘 …………………… 1107

梅花暗杀团 …………………… 851

梅梦艳史 …………………… 1391

梅瓣集 …………………… 1178

梭金母子 …………………… 1160

曹国舅全传 …………………… 1328

雪儿复仇记 …………………… 1128

雪山四侠 …………………… 1161

雪地沉冤 …………………… 278

雪花缘 …………………… 629

雪里残红 …………………… 1429

雪鸿泪史 …………………… 1449

雪窗秘史 …………………… 61

野人山 …………………… 1161

野花香 …………………… 39

野鹤零默 …………………… 1326

曼倩新语 …………………… 309

晚清三杰 …………………… 1486

蛇蝎美人 …………………… 512

崆峒奇侠传 …………………… 1501

银汉双星 …………………… 980

银海花 …………………… 997

甜如蜜 …………………… 278

甜言蜜语 …………………… 630

甜香 …………………… 472

梨花魅影 …………………… 359

梨园世家 …………………… 359

梨园外史 …………………… 1752

梨筠泪史 …………………… 1450

移花接木 …………………… 868

第三者 …………………… 1379

偶像 ······ 981

假刀杀人 ······ 1490

假面女郎 ······ 1644

船家女 ······ 804

欲 ······ 1107

欲海狂澜 ······ 643

逸梅小品 ······ 1183

鸾飘凤泊 ······ 1227

庶人剑 ······ 321

庵堂风月 ······ 1203

康克姑娘 ······ 805

康熙演义 ······ 564

盗花 ······ 528

盗侠奇缘 ······ 52

盗陵案 ······ 1293

章台柳 ······ 1430

竟何如 ······ 1321

断头亭 ······ 851

断肠花(蒋毓如) ······ 1614

断肠花(吴双热) ······ 751

断指团 ······ 1644

断桥流水 ······ 279

烽火情侣 ······ 812

烽火啼鹃 ······ 1604

清风闸 ······ 420

清史通俗演义 ······ 1725

清史野闻 ······ 456

清史演义 ······ 1013

清代三百年艳史 ······ 1356

清代官场百怪录 ······ 111

清代剑侠奇观 ······ 1346

清代演义 ······ 81

清宫十三朝 ······ 87

清宫十三朝演义 ······ 472

清宫艳史 ······ 97

清宫秘史 ······ 301

清宫溅血记 ······ 1451

清朝全史演义 ······ 580

清朝奇案大观 ······ 518

清歌艳舞 ······ 281

混世魔王 ······ 281

淮上风云 ······ 1161

淫妇 ······ 1302

涵秋笔记 ······ 661

婆媳之间 ······ 1555

梁山伯与祝英台 ······ 982

梁海潮 ······ 1387

情天廿四侠 ······ 780

情天血泪 ······ 279

情天劫(天虚我生) ······ 104

情天劫(冯玉奇) ······ 279

情天奇侠传 ······ 1584

情天恨 ······ 1381

情天惊鸿 ······ 1736

情天绮语 ······ 1596

情天遗恨录 ······ 148

情奴遗爱录 ······ 294

情场侦探案 ······ 1538

情贞 ······ 106

情网蛛丝 ······ 104

情血 ······ 1665

情血 ······ 573

情花朵朵 ……………………… 110
情奔 …………………………… 280
情侠 …………………………… 1209
情战 …………………………… 1625
情海风波（梁凤楼）…………… 1594
情海风波（喻血轮）…………… 1626
情海归帆（冯玉奇）…………… 280
情海归帆（刘云若）…………… 359
情海同舟记 …………………… 852
情海指南 ……………………… 1450
情海恨 ………………………… 280
情海恩仇 ……………………… 281
情博士 ………………………… 1460
情焰肉香 ……………………… 162
情潮 …………………………… 475
情孽 …………………………… 1611
惊人奇侠传 …………………… 1260
惊人奇案 ……………………… 51
惊蝉盗技 ……………………… 214
屠沽英雄 ……………………… 1464
隋宫两朝秘史 ………………… 931
隋宫春色 ……………………… 933
隋宫艳史 ……………………… 98
隋宫秘史 ……………………… 1318
堕溷花 ………………………… 92
随风柳絮 ……………………… 858
隐刑 …………………………… 344
续啼笑因缘 …………………… 1601
续孽海花 ……………………… 1759
绿云哀史 ……………………… 900
绿杨飞絮 ……………………… 196

绿林奇侠传 …………………… 1507
绿林侠盗 ……………………… 343
绿林怪杰 ……………………… 664
绿林豪侠传 …………………… 1227
绿珠小姐 ……………………… 982
绿野恩仇 ……………………… 1162
绿窗泼墨 ……………………… 905
绿窗艳影 ……………………… 282
绿窗绮语 ……………………… 1380

十二画

琵琶怨 ………………………… 665
琴嫣小传 ……………………… 793
琼花劫（天虚我生）…………… 105
琼花劫（左玄父）……………… 171
琼楼春情 ……………………… 75
琅琊岛 ………………………… 1160
塔儿冈 ………………………… 322
喜 ……………………………… 1287
喜怒哀乐 ……………………… 1536
蛰龙惊蟒 ……………………… 1060
斯人记 ………………………… 983
联镖记 ………………………… 215
葫芦 …………………………… 1665
董小宛演义 …………………… 1292
蒋老五秘史 …………………… 1130
落花归燕 ……………………… 361
落花时 ………………………… 1387
落花残梦 ……………………… 812
落花梦 ………………………… 282
落泪梅花 ……………………… 1234

落絮飘香 …………………… 75

落魄崖 ……………………… 852

落霞孤鹜 …………………… 984

朝野艳异轶闻 ……………… 61

朝鲜亡国演义 ……………… 694

朝露相思 …………………… 76

雁南归 ……………………… 283

雁翅镖 ……………………… 216

悲欢因缘 …………………… 62

悲红悼翠录 ………………… 1626

紫凤镖 ……………………… 76

紫电青霜 …………………… 77

紫兰花片 …………………… 1119

紫色游泳衣 ………………… 513

紫罗兰庵言情丛刊 ………… 1125

紫罗兰集 …………………… 1126

紫陌红尘 …………………… 283

紫信笺 ……………………… 1645

紫藤萝 ……………………… 149

掌心剑 ……………………… 852

最近二十年目睹之社会怪现状 … 1288

最短之短篇小说 …………… 1289

践卓翁小说(第一辑) ……… 1622

遗产恨 ……………………… 283

鹃娘香史 …………………… 752

啼笑因缘(正续集) ………… 985

啼笑皆非 …………………… 284

啼啸鸳缘 …………………… 1586

啼鹃录 ……………………… 1430

啼鹃续录 …………………… 1431

帽影钗光录 ………………… 1611

黑天堂 ……………………… 295

黑凤凰 ……………………… 1162

黑地牢 ……………………… 1645

黑饭店 ……………………… 43

黑妖狐 ……………………… 1163

黑侠 ………………………… 1018

黑夜枪声 …………………… 893

黑海潮 ……………………… 936

黑森林 ……………………… 724

黑暗天堂 …………………… 1666

黑暗地狱 …………………… 1750

黑寡妇 ……………………… 1556

黑箱案 ……………………… 523

销魂地狱 …………………… 938

短篇小说丛存 ……………… 1289

短篇滑稽小说大观 ………… 1218

剩粉残脂录 ………………… 328

傲霜花 ……………………… 987

街谈巷语 …………………… 1667

禽兽世界 …………………… 1190

貂蝉全传 …………………… 169

貂蝉艳史 …………………… 1326

鲁平的胜利 ………………… 1218

蛮荒侠隐 …………………… 726

蛮荒怪侠 …………………… 1401

蛮荒剑侠传 ………………… 1229

童子剑 ……………………… 284

湖上 ………………………… 1078

湖上 ………………………… 1127

湖山味 ……………………… 998

湖山烟云 …………………… 361

湖亭惨景 …………………… 1647
湖海大侠 …………………… 782
湖海英雄 …………………… 1667
湖海侠踪 …………………… 164
湖海飘零记 ………………… 1612
湖滨艳迹 …………………… 107
湘娥泪 ……………………… 632
温如玉 ……………………… 421
滑头现形记 ………………… 1079
滑头国 ……………………… 1669
滑稽大王 …………………… 1211
滑稽世界 …………………… 1219
滑稽英雄 …………………… 1512
滑稽俱乐部 ………………… 567
滑稽探案集 ………………… 1221
滑稽魂 ……………………… 633
游侠外史 …………………… 1204
富人之女 …………………… 229
窝贼大王 …………………… 1647
窗外人 ……………………… 1647
窗前魅影 …………………… 853
裙带亲 ……………………… 1107
禅关妖梦 …………………… 901
隔墙风月 …………………… 1678
隔墙红杏记 ………………… 761
骚来女士外传 ……………… 40

十三画

魂断斜阳 …………………… 288
鼓盆遗恨 …………………… 1452
摇头痴官 …………………… 1589

蓝田女侠 …………………… 1262
蓝色响尾蛇 ………………… 514
蓝采和全传 ………………… 1329
蓬门红泪 …………………… 1432
蓉奴刺奸记 ………………… 675
蓉城三老 …………………… 1163
蒙边鸣筑记 ………………… 191
蜃海风光 …………………… 1317
蜃楼绮梦 …………………… 285
碎月影 ……………………… 285
碎琴楼 ……………………… 794
雾中花 ……………………… 988
暖谷生春 …………………… 286
歇浦春梦 …………………… 286
歇浦潮 ……………………… 330
蛾眉剑 ……………………… 939
罪 …………………………… 287
罪案 ………………………… 1618
蜀山剑侠传 ………………… 727
蜀山剑侠后传 ……………… 739
蜀山剑侠新传 ……………… 740
嵩山拳叟 …………………… 1524
嵩岭双侠 …………………… 1163
错结同心 …………………… 858
锦香亭 ……………………… 1109
锦囊秘密 …………………… 1462
稚莹 ………………………… 344
催命符 ……………………… 1648
傻儿游沪记 ………………… 528
微波 ………………………… 1221
微笑的涡 …………………… 476

鲍亦登侦探案 ……………………… 1036

触电 ……………………… 797

雏燕离巢 ……………………… 858

痴情泪 ……………………… 1437

痴情录 ……………………… 1212

新儿女英雄传 ……………………… 501

新九尾龟 ……………………… 1092

新大观园 ……………………… 364

新上海 ……………………… 1019

新上海现形记 ……………………… 637

新山海经 ……………………… 911

新广陵潮 ……………………… 665

新天地 ……………………… 166

新云山雾沼 ……………………… 1387

新五月演义 ……………………… 10

新太平花 ……………………… 894

新旧家庭 ……………………… 1669

新出金钱会 ……………………… 1496

新西游记(陈冷) ……………………… 1055

新西游记(包天笑) ……………………… 229

新华春梦记 ……………………… 695

新血滴子 ……………………… 77

新红楼梦 ……………………… 1764

新社会现形记 ……………………… 529

新斩鬼传 ……………………… 988

新官场现形记 ……………………… 819

新秋海棠 ……………………… 1127

新剑侠 ……………………… 1021

新宦海潮 ……………………… 218

新说部丛刊(第一集) ……………………… 1264

新说部丛刊(第二集) ……………………… 1566

新倭袍 ……………………… 1760

新野叟曝言 ……………………… 1023

新婚 ……………………… 476

新婚大血案 ……………………… 805

新婚劫 ……………………… 1648

新歇浦潮 ……………………… 333

新新外史 ……………………… 1607

新新聊斋 ……………………… 813

新鲜九尾龟 ……………………… 1687

新鲜笑话奇谈 ……………………… 1381

新鲜滑稽笑话 ……………………… 1502

新镜花缘(蓝白黑) ……………………… 1678

新镜花缘(张个侬) ……………………… 894

新儒林外史 ……………………… 1404

意可香 ……………………… 1388

意外奇缘 ……………………… 172

雍正七十侠 ……………………… 1347

雍正夺嫡 ……………………… 1063

雍正奇侠传 ……………………… 1026

雍正剑侠 ……………………… 85

雍正剑侠奇观 ……………………… 675

雍正剑侠奇案正编 ……………………… 1762

雍正剑侠奇案续编 ……………………… 1763

雍正谋皇秘史 ……………………… 366

雍正壹佰零八侠 ……………………… 1348

雍正游侠传 ……………………… 1024

雍正演义 ……………………… 570

满江红 ……………………… 988

满园花 ……………………… 105

满城风雨 ……………………… 990

满清十三朝宫闱秘史 ……………………… 1754

满清奇侠大观	477	僧道奇侠传	638
溥仪春梦记	1488	魅镜	668
塞外惊鸿	1164	裹棉刀	1651
塞外豪杰	1165	豪侠英雄传	1684
嫁后光阴	380	瘦马	349
缠绵	906	瘦鹃说集	1128
		潇湘雁影	1206

十四画

		潇潇夜雨	812
碧玉簪全传	1583	赛翠花歼妖记	676
碧血巾	1613	寡妇泪史	1617
碧血丹心于公传	156	翠陌归人	78
碧血丹心大侠传	158	翠袖黄衫	362
碧血丹心平藩传	159	翠堤春晓	1090
碧血鸳鸯	1465	翠楼杨柳	363
碧波残照	288		

十五画

碧海狂涛	78		
碧海青天	361	蕙芳日记	1626
碧海珠	1296	蕙娘小传	1205
碧梦痕	148	横江一窝蜂	216
瑶瑟夫人	667	樟柳人	1524
墙外桃花记	1221	飘茵怨	1316
歌场冶史	823	醇王妃自尽记	640
歌舞江山	362	霄孽的续集	290
歌舞春江	289	贾玉怨	641
雌蝶影	668	暴雨惊鸳	79
镀金小姐	296	蝶衣金粉	508
舞女血	1649	蝶花劫	1613
舞后的归宿	1650	蝶恋花（冯玉奇）	290
舞宫春艳	289	蝶恋花（王小逸）	41
舞宫魔影	1650	蝶媒恨	105
箬帽山王	1368	蝶魂花影	1432

蝴蝶姻缘 ·················· 790

摩云手 ··················· 216

潘金莲爱的反动 ·········· 478

鹤惊昆仑 ················· 80

十六画

燕三小姐 ················· 1551

燕子人家 ················· 363

燕子飞 ··················· 677

燕双飞 ··················· 1468

燕归来 ··················· 990

燕归巢 ··················· 859

燕市侠伶 ················· 79

燕尾镖 ··················· 1165

燕语莺啼 ················· 291

燕都黛影 ················· 363

燕雁离魂记 ··············· 1452

燕蹴筝弦录 ··············· 1371

薄命碑 ··················· 1323

颠倒夫妻 ················· 291

颠倒家庭 ················· 1575

霓裳曲 ··················· 291

霍桑探案外集 ············· 1651

镜中人影 ················· 669

镜花水月(梁秉奇) ········ 1594

镜花水月(李定夷) ········ 642

镜花月 ··················· 292

儒林新史 ················· 698

鲲岛逸史 ················· 1170

磨剑录 ··················· 1434

糕团西施 ················· 1556

十七画

霜刃碧血 ················· 1653

霜天雁影 ················· 1166

霞仙泪史 ················· 813

霞梦离魂 ················· 81

嬲史 ····················· 1303

魏晋六朝演义 ············· 85

黛痕剑影录 ··············· 1291

翼人影无双 ··············· 741

翼王传 ··················· 322

十八画

藕丝记 ··················· 1290

瞻庐小说集 ··············· 1670

鹰爪王 ··················· 1167

十九画

孽债 ····················· 196

孽海双鹣记 ··············· 702

孽海红莲 ················· 1369

孽海春潮 ················· 940

孽海鸳鸯录 ··············· 1222

孽海涛 ··················· 1379

孽海梦 ··················· 308

孽海情侣 ················· 859

孽海情波 ················· 364

孽海潮 ··················· 292

孽冤镜 ··················· 752

孽冤镜别录 ··············· 753

蟾宫艳史 ················· 293

编　辑　后　记

　　《民国通俗小说书目资料汇编》（以下简称《汇编》）的编纂工作，着手于 20 世纪 90 年代。当时，著名文史学者魏绍昌先生利用上海解放初期取缔"反动、淫秽、荒诞"书刊保留下来的资料，组织上海图书馆、上海市作协合作编写了一部《民国通俗小说大辞典》。辞典共收录民国小说 2000 余种，每种均著录书名、作者、出版信息及全书回目等。全书编成后，几经搁置迁延，一直未能刊布。二十多年后，更名为《民国通俗小说书目资料汇编》，列入上海书店出版社出版计划。

　　由于民国通俗小说浩如烟海又历经时代变迁，出版年代日渐久远，有些作品早已绝版，甚至已经散失或损坏，加上人力和物力的限制，不可能访遍群书，编写过程中难免存在疏漏和差错。并且，随着二十多年来相关领域研究的大幅度推进，无论理论阐述、文本解读，还是史料积累，所取得的成果都已在一定程度超越了这部《汇编》，进入新的阶段。尽管如此，《汇编》所做的开拓性和基础性工作仍有历史价值和借鉴意义，不仅有助于从总体上厘清民国通俗小说的作者群体、出版状况、内容倾向等；而且可以藉此考察解放初期社会主义文化改造的政策判断和工作实况，了解新时期通俗小说研究的关注视角及其把握方式。因此，相信《汇编》的出版能够为今天的研究提供相应的参考价值。

　　《汇编》的编纂，得到了上海市作协、上海市图书馆等单位的支持与帮助，谨向当年参与了这项工作的学者、作家和工作人员表示感谢。尤其向已故主编魏绍昌先生表示深深的致敬和纪念。

　　《汇编》的出版重新提上日程，得益于魏绍昌先生哲嗣魏燮方先生、上海市作协冯沛龄先生、上海书店出版社原总编辑俞子林先生等对于书稿价值的充分认识和妥善保存，谨向他们表达真诚的谢意。

　　感谢复旦大学黄霖教授欣然为本书作序，揭示了这项工作的学术价值和历史意义，并指出了书稿中存在的一些问题，为后期编辑工作提供了指引和帮助。同时感谢华东师范大学陈子善教授对出版进程的热忱关注和学术性指导。

特别感谢上海出版专项基金大力扶持,本书才得以现在的面貌问世。

鉴于主编魏绍昌先生业已逝世,当年的编写人员多已退休,书稿编成至今二十多年,也存在一定的散失缺损问题。编辑过程中,本着充分尊重原稿的原则,并征询多方专家意见,对全书进行了大量核对查证工作,剔除了一些明显不属于主题范围内的书目,补订了不少缺损的版本信息。统稿时,对各分册原稿在体例上的差异做了统一删改,汇编和修订了全书的目录索引,并增补了若干幅相关图片,力求保证全书的整体性、科学性、文献性和实用性。

本书编辑出版日程紧张,后期发现几处疏漏和疑问,但由于书稿已经付印,未能及时更正;加之编辑人员工作能力和经验有限,难免存在遗憾和不足。我们恳请海内外专家和读者给予指正、补订,并向继续关心本书完善化工作的诸位先生预致谢意。

上海书店出版社

2014 年 10 月

图书在版编目（CIP）数据

民国通俗小说书目资料汇编／魏绍昌主编. 一上海：上海
书店出版社，2014.12
　ISBN 978-7-5458-0958-9

　Ⅰ．①民… Ⅱ．①魏… Ⅲ．①通俗小说—图书目录—汇编
—中国—民国 Ⅳ．①Z88：I207.42

　中国版本图书馆CIP数据核字（2014）第225619号

特约编辑　薛　羽
责任编辑　张允允
装帧设计　郦书径　汪　昊

民国通俗小说书目资料汇编
魏绍昌　主编
上海世纪出版股份有限公司
上海书店出版社出版
（ 200001　上海福建中路193号　www.ewen.co ）
上海世纪出版股份有限公司发行中心发行
上海展强印刷有限公司印刷
开本 787×1092mm　1/16　印张 129　字数 2120千字
2014年12月第1版　2014年12月第1次印刷
印数1—300
ISBN 978-7-5458-0958-9/Z.25

定价 1500.00元（全三册）